M II 7

3V-Nr. 1/13

Ausgesondert siehe
Beleg-Nr. 4/2024

Großkommentare der Praxis

Wieczorek/Schütze

Zivilprozessordnung und Nebengesetze

—

Großkommentar

4., neu bearbeitete Auflage

begründet von
Dr. Bernhard Wieczorek
weiland Rechtsanwalt beim BGH

herausgegeben von
Professor Dr. Dr. h.c. Rolf A. Schütze
Rechtsanwalt in Stuttgart

Sechster Band
§§ 355–510c

Bearbeiter:
§§ 355–444, §§ 485–494a: Hans-Jürgen Ahrens
§§ 445–455, §§ 478–484: Barbara Völzmann-Stickelbrock
§§ 495–510c: Fabian Reuschle

DE GRUYTER

Stand der Bearbeitung: August 2013

Zitiervorschlag: z.B.: Wieczorek/Schütze/*Ahrens* § 373 ZPO Rn. 2

ISBN 978-3-11-024844-9
e-ISBN 978-3-11-024845-6

Bibliografische Information der Deutschen Nationalbibliothek
Die Deutsche Nationalbibliothek verzeichnet diese Publikation in der Deutschen
Nationalbibliografie; detaillierte bibliografische Daten sind im Internet
über http://dnb.d-nb.de abrufbar.

© 2014 Walter de Gruyter GmbH, Berlin/Boston
Datenkonvertierung und Satz: jürgen ullrich typosatz, Nördlingen
Druck und Bindung: Hubert & Co. GmbH & Co. KG, Göttingen
♾ Gedruckt auf säurefreiem Papier
Printed in Germany

www.degruyter.com

Die Bearbeiter der 4. Auflage

Professor Dr. **Hans-Jürgen Ahrens**, Universität Osnabrück, Richter am OLG Celle a.D.
Professor Dr. **Dorothea Assmann**, Universität Potsdam
Dr. **David-Christoph Bittmann**, Richter am LG Kaiserslautern
Professor Dr. **Wolfgang Büscher**, Richter am BGH, Honorarprofessor Universität Osnabrück
Dr. **Lothar Gamp**, Rechtsanwalt, Brandenburg
Professor Dr. **Martin Gebauer**, Universität Tübingen
Uwe Gerken, Vors. Richter am OLG Oldenburg
Dr. **Helge Großerichter**, Rechtsanwalt, München
Professor Dr. **Burkhard Hess**, Universitäten Heidelberg und Luxemburg, Direktor des Max Planck Institute for International, European and Regulatory Procedural Law, Luxemburg
Professor Dr. **Volker Michael Jänich**, Universität Jena, Richter am OLG Jena
Dr. **Ferdinand Kruis**, Rechtsanwalt, München
Professor Dr. **Wolfgang Lüke**, LL.M. (Chicago), Universität Dresden, Direktor des Instituts für Ausländische und Internationale Rechtsangleichung, Richter am OLG Dresden a.D.
Professor Dr. **Heinz-Peter Mansel**, Universität Köln, Direktor des Instituts für internationales und ausländisches Privatrecht
Professor Dr. **Dirk Olzen**, Universität Düsseldorf
Professor Dr. **Christoph G. Paulus**, LL.M. (Berkeley), Humboldt-Universität zu Berlin
Professor Dr. **Hanns Prütting**, Universität zu Köln, Direktor des Instituts für Verfahrensrecht
Dr. **Hartmut Rensen**, Richter am OLG Köln
Dr. **Fabian Reuschle**, Richter am LG Stuttgart
Professor Dr. **Mathias Rohe**, M.A., Universität Erlangen, Richter am OLG Nürnberg a.D.
Dr. **Stephan Salzmann**, Dipl.-Kfm., Rechtsanwalt, Steuerberater, München
Dr. **Christoph Schreiber**, Universität zu Kiel
Professor Dr. **Klaus Schreiber**, Universität Bochum
Professor Dr. **Götz Schulze**, Universität Potsdam
Professor Dr. Dr. h.c. **Rolf A. Schütze**, Rechtsanwalt, Stuttgart, Honorarprofessor Universität Tübingen
Professor Dr. **Stefan Smid**, Universität Kiel
Professor Dr. **Christoph Thole**, Universität Tübingen
Professor Dr. **Roderich C. Thümmel**, LL.M. (Harvard), Rechtsanwalt, Stuttgart, Honorarprofessor Universität Tübingen
Dr. **Eyk Ueberschär**, Rechtsanwalt/Mediator (BAFM), Lehrbeauftragter, Universität Potsdam
Professor Dr. **Barbara Völzmann-Stickelbrock**, FernUniversität Hagen
Dr. **Andreas Wax**, Maître en Droit, Rechtsanwalt, Stuttgart
Professor Dr. **Matthias Weller**, Mag. rer. publ., EBS Law School Wiesbaden
Professor Dr. **Stephan Weth**, Universität des Saarlandes
Dr. **Wolfgang Winter**, Rechtsanwalt, München

Inhaltsübersicht

Abkürzungsverzeichnis —— **XI**
Verzeichnis der abgekürzt zitierten Literatur —— **XXV**

Zivilprozessordnung

ZWEITES BUCH
Verfahren im ersten Rechtszug

Erster Abschnitt
Verfahren vor den Landgerichten

Titel 5
Allgemeine Vorschriften über die Beweisaufnahme
    § 355 Unmittelbarkeit der Beweisaufnahme —— **1**
    § 356 Beibringungsfrist —— **22**
    § 357 Parteiöffentlichkeit —— **34**
    § 357a (weggefallen) —— **45**
    § 358 Notwendigkeit eines Beweisbeschlusses —— **45**
    § 358a Beweisbeschluss und Beweisaufnahme vor mündlicher Verhandlung —— **51**
    § 359 Inhalt des Beweisbeschlusses —— **58**
    § 360 Änderung des Beweisbeschlusses —— **63**
    § 361 Beweisaufnahme durch beauftragten Richter —— **72**
    § 362 Beweisaufnahme durch ersuchten Richter —— **78**
    § 363 Beweisaufnahme im Ausland —— **83**
    § 364 Parteimitwirkung bei Beweisaufnahme im Ausland —— **126**
    § 365 Abgabe durch beauftragten oder ersuchten Richter —— **127**
    § 366 Zwischenstreit —— **130**
    § 367 Ausbleiben der Partei —— **133**
    § 368 Neuer Beweistermin —— **140**
    § 369 Ausländische Beweisaufnahme —— **141**
    § 370 Fortsetzung der mündlichen Verhandlung —— **142**

Titel 6
Beweis durch Augenschein
    § 371 Beweis durch Augenschein —— **146**
    § 371a Beweiskraft elektronischer Dokumente —— **167**
    § 372 Beweisaufnahme —— **186**
    § 372a Untersuchungen zur Feststellung der Abstammung —— **192**

Titel 7
Zeugenbeweis
    Vorbemerkungen vor § 373 —— **226**
    § 373 Beweisantritt —— **261**
    § 374 (weggefallen) —— **271**
    § 375 Beweisaufnahme durch beauftragten oder ersuchten Richter —— **271**
    § 376 Vernehmung bei Amtsverschwiegenheit —— **279**
    § 377 Zeugenladung —— **296**
    § 378 Aussageerleichternde Unterlagen —— **310**

§ 379 Auslagenvorschuss —— **315**
§ 380 Folgen des Ausbleibens des Zeugen —— **323**
§ 381 Genügende Entschuldigung des Ausbleibens —— **343**
§ 382 Vernehmung an bestimmten Orten —— **355**
§ 383 Zeugnisverweigerung aus persönlichen Gründen —— **356**
§ 384 Zeugnisverweigerung aus sachlichen Gründen —— **383**
§ 385 Ausnahmen vom Zeugnisverweigerungsrecht —— **400**
§ 386 Erklärung der Zeugnisverweigerung —— **417**
§ 387 Zwischenstreit über Zeugnisverweigerung —— **420**
§ 388 Zwischenstreit über schriftliche Zeugnisverweigerung —— **426**
§ 389 Zeugnisverweigerung vor beauftragtem oder ersuchtem Richter —— **426**
§ 390 Folgen der Zeugnisverweigerung —— **428**
§ 391 Zeugenbeeidigung —— **433**
§ 392 Nacheid; Eidesnorm —— **437**
§ 393 Uneidliche Vernehmung —— **438**
§ 394 Einzelvernehmung —— **439**
§ 395 Wahrheitsermahnung; Vernehmung zur Person —— **440**
§ 396 Vernehmung zur Sache —— **442**
§ 397 Fragerecht der Parteien —— **444**
§ 398 Wiederholte und nachträgliche Vernehmung —— **448**
§ 399 Verzicht auf Zeugen —— **452**
§ 400 Befugnisse des mit der Beweisaufnahme betrauten Richters —— **455**
§ 401 Zeugenentschädigung —— **456**

Titel 8
Beweis durch Sachverständige
Vorbemerkungen vor § 402 —— **459**
§ 402 Anwendbarkeit der Vorschriften für Zeugen —— **478**
§ 403 Beweisantritt —— **512**
§ 404 Sachverständigenauswahl —— **516**
§ 404a Leitung der Tätigkeit des Sachverständigen —— **525**
§ 405 Auswahl durch den mit der Beweisaufnahme betrauten Richter —— **541**
§ 406 Ablehnung eines Sachverständigen —— **542**
§ 407 Pflicht zur Erstattung des Gutachtens —— **564**
§ 407a Weitere Pflichten des Sachverständigen —— **566**
§ 408 Gutachtenverweigerungsrecht —— **577**
§ 409 Folgen des Ausbleibens oder der Gutachtenverweigerung —— **580**
§ 410 Sachverständigenbeeidigung —— **582**
§ 411 Schriftliches Gutachten —— **584**
§ 411a Verwertung von Sachverständigengutachten aus anderen Verfahren —— **595**
§ 412 Neues Gutachten —— **601**
§ 413 Sachverständigenvergütung —— **613**
§ 414 Sachverständige Zeugen —— **625**

Titel 9
Beweis durch Urkunden
Vorbemerkungen vor § 415 —— **630**
§ 415 Beweiskraft öffentlicher Urkunden über Erklärungen —— **638**
§ 416 Beweiskraft von Privaturkunden —— **653**

§ 416a Beweiskraft des Ausdrucks eines öffentlichen elektronischen Dokuments —— **667**
§ 417 Beweiskraft öffentlicher Urkunden über amtliche Anordnung, Verfügung oder Entscheidung —— **669**
§ 418 Beweiskraft öffentlicher Urkunden mit anderem Inhalt —— **672**
§ 419 Beweiskraft mangelbehafteter Urkunden —— **687**
§ 420 Vorlegung durch Beweisführer; Beweisantritt —— **693**
§ 421 Vorlegung durch den Gegner; Beweisantritt —— **706**
§ 422 Vorlegungspflicht des Gegners nach bürgerlichem Recht —— **712**
§ 423 Vorlegungspflicht des Gegners bei Bezugnahme —— **723**
§ 424 Antrag bei Vorlegung durch Gegner —— **726**
§ 425 Anordnung der Vorlegung durch Gegner —— **729**
§ 426 Vernehmung des Gegners über den Verbleib —— **731**
§ 427 Folgen der Nichtvorlegung durch Gegner —— **734**
§ 428 Vorlegung durch Dritte; Beweisantritt —— **737**
§ 429 Vorlegungspflicht Dritter —— **739**
§ 430 Antrag bei Vorlegung durch Dritte —— **742**
§ 431 Vorlegungsfrist bei Vorlegung durch Dritte —— **743**
§ 432 Vorlegung durch Behörden oder Beamte; Beweisantritt —— **745**
§ 433 (weggefallen) —— **752**
§ 434 Vorlegung vor beauftragtem oder ersuchtem Richter —— **752**
§ 435 Vorlegung öffentlicher Urkunden in Urschrift oder beglaubigter Abschrift —— **754**
§ 436 Verzicht nach Vorlegung —— **757**
§ 437 Echtheit inländischer öffentlicher Urkunden —— **759**
§ 438 Echtheit ausländischer öffentlicher Urkunden —— **761**
§ 439 Erklärung über die Echtheit von Privaturkunden —— **764**
§ 440 Beweis der Echtheit von Privaturkunden —— **767**
§ 441 Schriftvergleichung —— **771**
§ 442 Würdigung der Schriftvergleichung —— **778**
§ 443 Verwahrung verdächtiger Urkunden —— **780**
§ 444 Folgen der Beseitigung einer Urkunde —— **781**

Titel 10
Beweis durch Parteivernehmung
Vorbemerkungen vor § 445 —— **789**
§ 445 Vernehmung des Gegners; Beweisantritt —— **802**
§ 446 Weigerung des Gegners —— **813**
§ 447 Vernehmung der beweispflichtigen Partei auf Antrag —— **818**
§ 448 Vernehmung von Amts wegen —— **823**
§ 449 Vernehmung von Streitgenossen —— **842**
§ 450 Beweisbeschluss —— **847**
§ 451 Ausführung der Vernehmung —— **853**
§ 452 Beeidigung der Partei —— **859**
§ 453 Beweiswürdigung bei Parteivernehmung —— **865**
§ 454 Ausbleiben der Partei —— **868**
§ 455 Prozessunfähige —— **874**
§§ 456 bis 477 (weggefallen) —— **880**

Titel 11
Abnahme von Eiden und Bekräftigungen
- Vorbemerkungen vor § 478 —— **880**
- § 478 Eidesleistung in Person —— **883**
- § 479 Eidesleistung vor beauftragtem oder ersuchtem Richter —— **884**
- § 480 Eidesbelehrung —— **887**
- § 481 Eidesleistung; Eidesformel —— **890**
- § 482 (weggefallen) —— **895**
- § 483 Eidesleistung sprach- oder hörbehinderter Personen —— **895**
- § 484 Eidesgleiche Bekräftigung —— **896**

Titel 12
Selbständiges Beweisverfahren
- Vorbemerkungen vor § 485 —— **900**
- § 485 Zulässigkeit —— **926**
- § 486 Zuständiges Gericht —— **948**
- § 487 Inhalt des Antrages —— **954**
- §§ 488, 489 (weggefallen) —— **958**
- § 490 Entscheidung über den Antrag —— **958**
- § 491 Ladung des Gegners —— **964**
- § 492 Beweisaufnahme —— **966**
- § 493 Benutzung im Prozeß —— **972**
- § 494 Unbekannter Gegner —— **980**
- § 494a Frist zur Klageerhebung —— **983**

Zweiter Abschnitt
Verfahren vor den Amtsgerichten
- § 495 Anzuwendende Vorschriften —— **1008**
- § 495a Verfahren nach billigem Ermessen —— **1017**
- § 496 Einreichung von Schriftsätzen; Erklärungen zu Protokoll —— **1040**
- § 497 Ladungen —— **1045**
- § 498 Zustellung des Protokolls über die Klage —— **1050**
- § 499 Belehrungen —— **1052**
- §§ 499a bis 503 (weggefallen) —— **1055**
- § 504 Hinweis bei Unzuständigkeit des Amtsgerichts —— **1055**
- § 505 (weggefallen) —— **1059**
- § 506 Nachträgliche sachliche Unzuständigkeit —— **1059**
- §§ 507 bis 509 (weggefallen) —— **1069**
- § 510 Erklärung über Urkunden —— **1069**
- § 510a Inhalt des Protokolls —— **1072**
- § 510b Urteil auf Vornahme einer Handlung —— **1073**
- § 510c (weggefallen) —— **1087**

Abkürzungsverzeichnis

€	Euro
a.A.	anderer Ansicht
aaO	am angegebenen Ort
A.C.	The Law Reports, Appeal Cases
a.E.	am Ende
a.F.	alter Fassung
a.M.	anderer Meinung
Abk.	Abkommen
ABl.	Amtsblatt
abl.	ablehnend(e/er)
Abs.	Absatz
Abschn.	Abschnitt
Abt.	Abteilung
abw.	abweichend
AbzG	Abzahlungsgesetz
AcP	Archiv für die civilistische Praxis [Band (Jahr) Seite]
ADSp.	Allgemeine Deutsche Spediteurbedingungen
AEUV	Vertrag über die Arbeitsweise der Europäischen Union
AG	Aktiengesellschaft, auch Amtsgericht, auch Ausführungsgesetz, auch Die Aktiengesellschaft, Zeitschrift für das gesamte Aktienwesen (Jahr, Seite)
AGB	Allgemeine Geschäftsbedingungen
AGBG	Gesetz zur Regelung des Rechts der Allgemeinen Geschäftsbedingungen
AGS	Anwaltsgebühren spezial
ähnl.	ähnlich
AHK	Alliierte Hohe Kommission
AktG	Aktiengesetz
AktO	Aktenordnung
All E.R.	All England Law Reports
Allg.	Allgemein (e/er/es)
Allg.M.	allgemeine Meinung
Alt.	Alternative
Am. J. Comp. L.	American Journal of Comparative Law
Am. J. Int. L.	American Journal for International Law
AMBl BY	Amtsblatt des Bayerischen Staatsministeriums für Arbeit und soziale Fürsorge
AMG	Arzneimittelgesetz
amtl.	amtlich
ÄndVO	Änderungsverordnung
AnfG	Anfechtungsgesetz
Anh.	Anhang
Anl.	Anlage
Anm.	Anmerkung
AnwBl	Anwaltsblatt
AO	Abgabenordnung
AöR	Archiv des öffentlichen Rechts
AP	Arbeitsrechtliche Praxis, Nachschlagewerk des Bundesarbeitsgerichts
App.	Corte d'appello (Italien); Cour d'appel (Belgien, Frankreich)
Arb. Int.	Arbitration International
ArbG	Arbeitsgericht
ArbGG	Arbeitsgerichtsgesetz
ArbR	Arbeit und Recht
ArbuR	Arbeit und Recht
Art.	Artikel

Abkürzungsverzeichnis

art.	Article
Aufl.	Auflage
AUG	Auslandsunterhaltsgesetz
ausf.	ausführlich
AusfG	Ausführungsgesetz
AusfVO	Ausführungsverordnung
Ausg.	Ausgabe
ausl.	ausländisch
AuslInvestmG	Gesetz über den Vertrieb ausländischer Investmentanteile und über die Besteuerung der Erträge aus ausländischen Investmentanteilen
AVAG	Anerkennungs- und Vollstreckungsausführungsgesetz
AWD	Außenwirtschaftsdienst des Betriebsberaters
AWG	Außenwirtschaftsgesetz
BAföG	Bundesausbildungsförderungsgesetz
BAG	Bundesarbeitsgericht
BAGE	Entscheidungen des Bundesarbeitsgerichts, Amtliche Sammlung
BAnz.	Bundesanzeiger
BauR	Baurecht
bay.	bayerisch
BayObLG	Bayerisches Oberstes Landesgericht
BayObLGZ	Entscheidungen des Bayerischen Obersten Landesgerichts in Zivilsachen, Amtliche Sammlung
BayVBl.	Bayerische Verwaltungsblätter
BB	Betriebs-Berater
BBergG	Bundesberggesetz
BBl.	Bundesblatt der Schweizerischen Eidgenossenschaft
Bd.	Band
Bearb.	Bearbeitung
BeckOK	Beck'scher Online-Kommentar
BeckRS	Beck-Rechtsprechung
BEG	Bundesentschädigungsgesetz
begr.	begründet
Beil.	Beilage
Bek.	Bekanntmachung
belg.	belgisch
Bem.	Bemerkung(en)
Ber.	Bericht
ber.	berichtigt
BerDGVR	Berichte der Deutschen Gesellschaft für Völkerrecht
bes.	besonders
Beschl.	Beschluss
bestr.	bestritten
betr.	betreffend
BeurkG	Beurkundungsgesetz
BezG	Bezirksgericht
BfA	Bundesanstalt für Arbeit
BFH	Bundesfinanzhof
BFH/NV	Sammlung der Entscheidungen des Bundesfinanzhofs
BFHE	Sammlung der Entscheidungen und Gutachten des Bundesfinanzhofs
BFH-PR	Entscheidungen des Bundesfinanzhofs für die Praxis der Steuerberatung
BG	Bundesgericht (Schweiz)
BGB	Bürgerliches Gesetzbuch
BGBl	Bundesgesetzblatt
BGE	Entscheidungen des schweizerischen Bundesgerichts, Amtliche Sammlung

BGH	Bundesgerichtshof
BGHR	Systematische Sammlung der Entscheidungen des BGH
BGHZ	Entscheidungen des Bundesgerichtshofs in Zivilsachen; Amtliche Sammlung der Rechtsprechung des Bundesgerichtshofs
BinSchG	Binnenschifffahrtsgesetz
BinSchVerfG	Gesetz über das gerichtliche Verfahren in Binnenschifffahrtssachen
Bl.	Blatt
BMF	Bundesministerium der Finanzen
BNotO	Bundesnotarordnung
BörsG	Börsengesetz
BPatG	Bundespatentgericht
BR(-Drucks.)	Bundesrat(-sdrucksache)
BRAGO	Bundesgebührenordnung für Rechtsanwälte
BRAK-Mitt.	Bundesrechtsanwaltskammer Mitteilungen
BRAO	Bundesrechtsanwaltsordnung
Breith.	Sammlung von Entscheidungen aus dem Sozialrecht. Begr. v. Breithaupt
brit.	britisch
BSG	Bundessozialgericht
BSGE	Entscheidungen des Bundessozialgerichts, Amtliche Sammlung
BSHG	Bundessozialhilfegesetz
bspw.	beispielsweise
BStBl.	Bundessteuerblatt
BT(-Drucks.)	Bundestag(-sdrucksache)
Buchst.	Buchstabe
BVerfG	Bundesverfassungsgericht
BVerfGE	Entscheidungen des Bundesverfassungsgerichts, Amtliche Sammlung
BVerfGG	Gesetz über das Bundesverfassungsgericht
BVerwG	Bundesverwaltungsgericht
BVerwGE	Entscheidungen des Bundesverwaltungsgerichts, Amtliche Sammlung
BW	Baden-Württemberg
BWNotZ	Mitteilungen aus der Praxis, Zeitschrift für das Notariat in Baden-Württemberg
BYIL	The British Yearbook of International Law
bzw.	beziehungsweise
C.A.	Court of Appeal (England)
C.M.L.R.	Common Market Law Reports
Cahiers dr. europ.	Cahiers de droit européen
Cass. (Italien) S.U.	Corte di cassazione, Sezioni Unite
Cass. Civ. (com., soc.)	Cour de Cassation (Frankreich/Belgien); Chambre civile (commerciale, sociale)
Cc (cc)	Code civil (Frankreich/Belgien/Luxemburg); Codice civile (Italien)
ch.	Chapter
Ch. D.	Chancery Divison
CIM	Convention internationale concernant le transport des marchandises par chemins de fer; Internationales Übereinkommen über den Eisenbahnfrachtverkehr
CISG	Convention on the International Sale of Goods (Wiener Übereinkommen über Verträge über den internationalen Warenkauf)
CIV	Einheitliche Rechtsvorschriften für den Vertrag über die internationale Eisenbahnbeförderung von Personen und Gepäck (Anlage A zum COTIF)
Civ. J. Q.	Civil Justice Quarterly
Clunet	Journal du droit international (Frankreich)
CML Rev.	Common Market Law Review
CMR	Übereinkommen über den Beförderungsvertrag im internationalen Straßenverkehr
COTIF	Übereinkommen über den internationalen Eisenbahnverkehr
Cour sup.	Cour supérieure de justice (Luxemburg)

Abkürzungsverzeichnis

CPC, cpc	Codice di procedura civile (Italien); Code de procédure civile (Frankreich/Belgien/Luxemburg)
CPO	Civilprozeßordnung
CPR	Civil Procedure Rules
CR	Computer und Recht
d. i. p.	Droit international privé
D. S.	Receuil Dalloz Sirey
d.h.	das heißt
DAR	Deutsches Autorecht
das.	daselbst
DAVorm	Der Amtsvormund
DB	Der Betrieb (Jahr, Seite)
Dem. Rep.	Demokratische Republik
ders./dies./dass.	der-, die-, dasselbe
DGVZ	Deutsche Gerichtsvollzieherzeitung
DGWR	Deutsches Gemein- und Wirtschaftsrecht
diff.	differenzierend
Dir. Com. Scambi int.	Diritto communitario negli scambi internazionali
Dir. Comm. Int.	Diritto del commercio internationale
DIS	Deutsche Institution für Schiedsgerichtsbarkeit
DiskE	Diskussionsentwurf
Diss.	Dissertation
DJ	Deutsche Justiz, Zeitschrift für Rechtspflege und Rechtspolitik
DJT	Deutscher Juristentag
DJZ	Deutsche Juristenzeitung
DNotV	Zeitschrift des Deutschen Notarvereins
DNotZ	Deutsche Notarzeitschrift (früher: Zeitschrift des Deutschen Notarvereins, DNotV)
doc.	Document
DöV	Die öffentliche Verwaltung
DR	Deutsches Recht
DRiZ	Deutsche Richterzeitung
DRpfl	Der Deutsche Rechtspfleger
Drucks.	Drucksache
DRZ	Deutsche Rechts-Zeitschrift
DStR	Deutsches Steuerrecht
DStZ	Deutsche Steuerzeitung
dt.	deutsch
DTA	Datenträgeraustausch
DtZ	Deutsch-Deutsche Rechtszeitschrift
DuR	Demokratie und Recht
DVBl.	Deutsches Verwaltungsblatt
DVO	Durchführungsverordnung
DZWIR	Deutsche Zeitschrift für Wirtschafts- und Insolvenzrecht
E	Entwurf
E. C. C.	European Commercial Cases
ecolex	ecolex – Fachzeitschrift für Wirtschaftsrecht
EDV	Elektronische Datenverarbeitung
EFG	Entscheidungen der Finanzgerichte
EFTA	European Free Trade Association
EG	Einführungsgesetz; Europäische Gemeinschaft
EG-BewVO	Europäische Beweisaufnahmeverordnung
EGBGB	Einführungsgesetz zum Bürgerlichen Gesetzbuch

EGGVG	Einführungsgesetz zum Gerichtsverfassungsgesetz
EGMR	Europäischer Gerichtshof für Menschenrechte
EG-PKHVV	EG-Prozesskostenvordrucksverordnung
EGStGB	Einführungsgesetz zum Strafgesetzbuch
EGV	Vertrag zur Europäischen Gemeinschaft
EGZPO	Einführungsgesetz zur Zivilprozessordnung
EheG	Ehegesetz
Einf.	Einführung
EinfG	Einführungsgesetz
EingV	Einigungsvertrag
Einl.	Einleitung
EMRK	(Europäische) Konvention zum Schutze der Menschenrechte und Grundfreiheiten
ENA	Europäisches Niederlassungsabkommen
entspr.	entsprechend
Entw.	Entwurf
EO	Österreichische Exekutionsordnung
ErbbauVO	Verordnung über das Erbbaurecht
Erg.	Ergebnis
Erl.	Erläuterungen
ESA	Europäisches Übereinkommen über die Staatenimmunität
EStG	Einkommenssteuergesetz
EU	Europäische Union
EÜ	(Genfer) Europäisches Übereinkommen über die internationale Handelsschiedsgerichtsbarkeit
EuAÜ	Europäisches Rechtsauskunftsübereinkommen
EuBagatellVO/ EuBagVO	Verordnung (EG) Nr. 861/2007 des Europäischen Parlaments und des Rates vom vom11. Juli 2007 zur Einführung eines europäischen Verfahrens für geringfügige Forderungen
EuBVO	Verordnung (EG) Nr. 1206/2001 des Rates vom 28. Mai 2001 über die Zusammenarbeit zwischen den Gerichten der Mitgliedstaaten auf dem Gebiet der Beweisaufnahme in Zivil- oder Handelssachen
EuGH	Europäischer Gerichtshof
EuGHE	Entscheidungen des Gerichtshofs der Europäischen Gemeinschaft, Amtliche Sammlung
EuGVÜ	Brüsseler EWG-Übereinkommen vom 27.9.1968 über die gerichtliche Zuständigkeit und die Vollstreckung gerichtlicher Entscheidungen in Zivil- und Handelssachen
EuGVVO	Verordnung (EG) Nr. 44/2001 des Rates vom 22. Dezember 2000 über die gerichtliche Zuständigkeit und die Anerkennung und Vollstreckung von Entscheidungen in Zivil- und Handelssachen
EuInsVO	Verordnung (EG) Nr. 1346/2000 des Rates vom 29. Mai 2000 über Insolvenzverfahren
EuMahnVO	Verordnung (EG) Nr. 1896/2006 des Europäischen Parlaments und des Rates vom 12. Dezember 2006 zur Einführung eines Europäischen Mahnverfahrens
EuR	Europarecht
EuroEG	Euro-Einführungsgesetz
Europ. L. Rev.	European Law Review
EuÜHS	Europäisches Übereinkommen über die Handelsschiedsgerichtsbarkeit 1961
EuUhVO	Verordnung (EG) Nr. 4/2009 des Rates vom 18. Dezember 2008 über die Zuständigkeit, das anwendbare Recht, die Anerkennung und Vollstreckung von Entscheidungen und die Zusammenarbeit in Unterhaltssachen
EuVTVO	Verordnung (EG) Nr. 805/2004 des Europäischen Parlaments und des Rates vom 21. April 2004 zur Einführung eines europäischen Vollstreckungstitels für unbestrittene Forderungen
EuZPR	Europäisches Zivilprozessrecht
EuZustVO/EuZuVO	Verordnung (EG) Nr. 1393/2007 des Europäischen Parlaments und des Rates vom 13. November 2007 über die Zustellung gerichtlicher und außergerichtlicher

Abkürzungsverzeichnis

	Schriftstücke in Zivil- oder Handelssachen in den Mitgliedstaaten („Zustellung von Schriftstücken") und zur Aufhebung der Verordnung (EG) Nr. 1348/2000 des Rates
EuZVR	Europäisches Zivilverfahrensrecht
EuZW	Europäische Zeitschrift für Wirtschaftsrecht
EV	Vertrag zwischen der Bundesrepublik Deutschland und der Deutschen Demokratischen Republik über die Herstellung der Einheit Deutschlands – Einigungsvertrag –
evtl.	eventuell
EVÜ	Europäisches Schuldvertragsübereinkommen
EWG	Europäische Wirtschaftsgemeinschaft
EWGV	Vertrag zur Gründung der Europäischen Wirtschaftsgemeinschaft
EWiR	Entscheidungen zum Wirtschaftsrecht
EWIV	Europäische wirtschaftliche Interessenvereinigung
EWR	Europäischer Wirtschaftsraum
EWS	Europäisches Wirtschafts- und Steuerrecht
EzA	Entscheidungssammlung zum Arbeitsrecht
EzFamR aktuell	Entscheidungssammlung zum Familienrecht aktuell
f.	folgend(e)
FamFG	Gesetz über das Verfahren in Familiensachen und in den Angelegenheiten der Freiwilligen Gerichtsbarkeit
FamG	Familiengericht
FamR	Familienrecht
FamRÄndG	Familienrechtsänderungsgesetz
FamRZ	Zeitschrift für das gesamte Familienrecht
FamS	Familiensenat
ff.	folgende
FG	Finanzgericht; Festgabe; Freiwillige Gerichtsbarkeit
FGG	Gesetz über die Angelegenheiten der freiwilligen Gerichtsbarkeit
FGO	Finanzgerichtsordnung
FGPrax	Praxis der Freiwilligen Gerichtsbarkeit
FLF	Finanzierung, Leasing, Factoring
Fn.	Fußnote
Foro it.	Foro italiano
FoVo	Forderung & Vollstreckung
franz.	französisch
FS	Festschrift
Fundst.	Fundstelle(n)
FuR	Familie und Recht
G.	Gesetz
g.E.	gegen Ende
Gaz. Pal.	La Gazette du Palais (Frankreich)
GBBerG	Grundbuchbereinigungsgesetz
GBl	Gesetzblatt
GBO	Grundbuchordnung
GbR	Gesellschaft bürgerlichen Rechts
geänd.	geändert
GebrMG	Gebrauchsmustergesetz
gem.	gemäß
GenfA	Genfer Abkommen zur Vollstreckung ausländischer Schiedssprüche 1927
GenfP	Genfer Protokoll über die Schiedsklauseln 1923
GenG	Genossenschaftsgesetz
GeschMG	Geschmacksmustergesetz
GewO	Gewerbeordnung

GG	Grundgesetz für die Bundesrepublik Deutschland
ggf.	gegebenenfalls
ggü.	gegenüber
Giur it.	Giurisprudenza italiana
GK	Großkommentar
GKG	Gerichtskostengesetz
GmbH	Gesellschaft mit beschränkter Haftung
GmbHG	Gesetz betreffend die Gesellschaften mit beschränkter Haftung
GmbHR	GmbH-Rundschau
GmS-OGB	Gemeinsamer Senat der obersten Gerichtshöfe des Bundes
gr.	griechisch
GrS	Großer Senat
Gruchot	Beiträge zur Erläuterung des Deutschen Rechts, begründet v. Gruchot
GRUR	Gewerblicher Rechtsschutz und Urheberrecht
GS	Gedächtnisschrift
GSZ	Großer Senat in Zivilsachen
GVGA	Geschäftsanweisungen für Gerichtsvollzieher
GVBl.	Gesetz- und Verordnungsblatt
GVBl. RhPf.	Gesetz- und Verordnungsblatt Rheinland-Pfalz
GVG	Gerichtsverfassungsgesetz
GVKostG	Gesetz über die Kosten der Gerichtsvollzieher
GVO	Gerichtsvollzieherordnung
GWB	Gesetz gegen Wettbewerbsbeschränkungen
H	Heft
H. C.	High Court
Hinw.	Hinweis
H. L.	House of Lords
H. R.	Hoge Raad (Niederlande)
h.M.	herrschende Meinung
HaftpflG	Haftpflichtgesetz
HausTWG	Haustürwiderrufsgesetz
HBÜ	Haager Übereinkommen über die Beweisaufnahme im Ausland in Zivil- und Handelssachen
Hdb.	Handbuch
HessVGRspr	Rechtsprechung der Hessischen Verwaltungsgerichte
HGB	Handelsgesetzbuch
HinterlO	Hinterlegungsordnung
HKO	Haager Landkriegsordnung
hL	herrschende Lehre
HmbGVBl.	Hamburger Gesetz- und Verordnungsblatt
HO	Hinterlegungsordnung
HRR	Höchstrichterliche Rechtsprechung
Hrsg./hrsg.	Herausgeber, herausgegeben
Hs	Halbsatz
HZPA	Haager Zivilprozessabkommen 1905
HZPÜ	Haager Übereinkommen über den Zivilprozess
HZÜ	Haager Übereinkommen über die Zustellung gerichtlicher und außergerichtlicher Schriftstücke im Ausland in Zivil- oder Handelssachen
i. Zw.	im Zweifel
i.A.	im Auftrag
i.d.F.	in der Fassung
i.d.R.	in der Regel
i.d.S.	in dem/diesem Sinne

Abkürzungsverzeichnis

i.E.	im Ergebnis
i.e.S.	im engeren Sinne
i.H.v.	in Höhe von
i.R.v.	im Rahmen von
i.S.d.	im Sinne des
i.S.v.	im Sinne von
i.Ü.	im Übrigen
i.V.m.	in Verbindung mit
i.w.S.	im weiteren Sinne
ICC	International Chamber of Commerce (Internationale Handelskammer)
ICLQ	The International and Comparative Law Quarterly
IGH	Internationaler Gerichtshof
ILM	International Legal Materials
ILR	International Law Reports
insb.	insbesondere
int.	international
IPRax	Praxis des Internationalen Privat- und Verfahrensrechts
IWB	Internationale Wirtschaftsbriefe
IWF	Internationaler Währungsfonds
IZPR	Internationales Zivilprozessrecht
IZVR	Internationales Zivilverfahrensrecht
J. Bus. L.	The Journal of Business Law (England)
J. Int. Arb.	Journal of International Arbitration
JA	Juristische Arbeitsblätter
JbIntR	Jahrbuch für internationales Recht
JBl.	Justizblatt; Juristische Blätter (Österreich)
JbRR	Jahrbuch für Rechtssoziologie und Rechtstheorie
JFG	Jahrbuch für Entscheidungen in Angelegenheiten der freiwilligen Gerichtsbarkeit und des Grundbuchrechtes
JMBl.	Justizministerialblatt
JMBlNrw	Justizministerialblatt von Nordrhein-Westfalen
JN	Jurisdiktionsnorm (Österreich)
JOR	Jahrbuch für Ostrecht
JPS	Jahrbuch für die Praxis der Schiedsgerichtsbarkeit
JR	Juristische Rundschau
Judicium	Vierteljahresschrift für die gesamte Zivilrechtspflege
JURA	Juristische Ausbildung
JurBüro	Das juristische Büro
JurTag(s)	Juristentag(es)
JuS	Juristische Schulung
Justiz	Die Justiz, Amtsblatt des Justizministeriums Baden-Württemberg
JVBl	Justizverwaltungsblatt
JVEG	Justizvergütungs- und Entschädigungsgesetz
JW	Juristische Wochenschrift
JZ	Juristenzeitung
KAGG	Gesetz über Kapitalanlagegesellschaften
Kap.	Kapitel
KG	Kammergericht, Kommanditgesellschaft
KGaA	Kommanditgesellschaft auf Aktien
KGBl.	Blätter für Rechtspflege im Bezirk des Kammergerichts in Sachen der freiwilligen Gerichtsbarkeit, in Kosten-, Stempel- und Strafsachen
KO	Konkursordnung
KonsulG	Konsulargesetz

KostO	Kostenordnung
KostRÄndG	Kostenrechtsänderungsgesetz
KrG	Kreisgericht
krit.	kritisch
KTS	Zeitschrift für Konkurs-, Treuhand- und Schiedsgerichtswesen (Jahr, Seite)
KV	Kostenverzeichnis
KWG	Gesetz über das Kreditwesen
LAG	Gesetz über den Lastenausgleich; auch Landesarbeitsgericht
Lb	Lehrbuch
LG	Landgericht
Lit.	Buchstabe
LJ	The Law Journal (England)
LJV	Landesjustizverwaltung
LM	Nachschlagewerk des Bundesgerichtshofs, hrsg. v. Lindenmaier und Möhring
LMK	Lindenmaier-Möhring – Kommentierte BGH-Rechtsprechung, hrsg. v. Pfeiffer
LS	Leitsatz
LSG	Landessozialgericht
LuftfzRG	Gesetz über Rechte an Luftfahrzeugen
LuftVG	Luftverkehrsgesetz
LUG	Gesetz betr. das Urheberrecht an Werken der Literatur und der Tonkunst (LiteratururheberG)
LugÜ I	Lugano-Übereinkommen über die gerichtliche Zuständigkeit und die Vollstreckung gerichtlicher Entscheidungen in Zivil- und Handelssachen vom 16. September 1988
LugÜ II	Lugano-Übereinkommen über die gerichtliche Zuständigkeit und die Vollstreckung gerichtlicher Entscheidungen in Zivil- und Handelssachen vom 30.10.2007
lux.	luxemburgisch
LwAnpG	Gesetz über die strukturelle Anpassung der Landwirtschaft an die soziale und ökologische Marktwirtschaft in der Deutschen Demokratischen Republik (Landwirtschaftsanpassungsgesetz)
LwVfG	Gesetz über das gerichtliche Verfahren in Landwirtschaftssachen
LZ	Leipziger Zeitschrift für Deutsches Recht
m.	mit
m. ausf. N.	mit ausführlichen Nachweisen
m.w.N.	mit weiteren Nachweisen
maW	mit anderen Worten
MDR	Monatsschrift für Deutsches Recht
MittBayNot.	Mitteilungen des Bayerischen Notarvereins
MittRhNotK	Mitteilungen der Rheinischen Notarkammer
MittRuhrKn	Mitteilungen der Ruhrknappschaft Bochum
Mot.	Motive
MSA	Haager Minderjährigenschutzabkommen
MünchKomm-BGB	Münchener Kommentar zum BGB
MünchKomm-InsO	Münchener Kommentar zur Insolvenzordnung
MünchKomm	Münchener Kommentar zur Zivilprozessordnung
MuW	Markenschutz und Wettbewerb (Jahr, Seite)
N. C. p. c.	Nouveau Code de procédure civile
n.F.	neue Fassung; neue Folge
Nachw.	Nachweis(e/n)
Nds.Rpfl	Niedersächsische Rechtspflege
NdsVBl	Niedersächsische Verwaltungsblätter

Abkürzungsverzeichnis

NEhelG	Gesetz über die rechtliche Stellung der nichtehelichen Kinder
NJOZ	Neue Juristische Online-Zeitschrift
NJW	Neue Juristische Wochenschrift
NJW-CoR	Computerreport der Neuen Juristischen Wochenschrift
NJWE WettR	NJW-Entscheidungsdienst Wettbewerbsrecht
NJW-RR	Neue Juristische Wochenschrift – Rechtsprechungsreport Zivilrecht
NotBZ	Zeitschrift für die notarielle Beratungs- und Beurkundungspraxis
Nov.	Novelle
Nr.	Nummer
NRW	NW Nordrhein-Westfalen
NTS	NATO-Truppenstatut
NVwZ	Neue Zeitschrift für Verwaltungsrecht
NZA	Neue Zeitschrift für Arbeitsrecht
NZA-RR	Neue Zeitschrift für Arbeitsrecht – Rechtsprechungsreport
NZG	Neue Zeitschrift für Gesellschaftsrecht
NZI	Neue Zeitschrift für das Recht der Insolvenz und Sanierung
NZM	Neue Zeitschrift für Mietrecht
o.	oben
OFD	Oberfinanzdirektion
öffentl.	öffentlich
OGH	Oberster Gerichtshof (für die britische Zone, Österreich)
OGHZ	Entscheidungen des Obersten Gerichtshofs für die britische Zone in Zivilsachen
öGZ	(österr.) Gerichts-Zeitung
OHG	Offene Handelsgesellschaft
öJBl	Österreichische Juristische Blätter
ÖJZ	Österreichische Juristen-Zeitung
OLG	Oberlandesgericht
OLG-NL	OLG-Rechtsprechung Neue Länder
OLGR	OLG-Report: Zivilrechtsprechung der Oberlandesgerichte
OLGRspr	Die Rechtsprechung der Oberlandesgerichte auf dem Gebiete des Zivilrechts
OLGZ	Entscheidungen der Oberlandesgerichte in Zivilsachen
OrderlagerscheinV	Orderlagerscheinverordnung
ÖRiZ	Österreichische Richterzeitung
österr.	österreichisch
OVG	Oberverwaltungsgericht
PA	Patentamt
PAngV	Preisangabenverordnung
PatAnwO	Patentanwaltsordnung
PatG	Patentgesetz
PersV	Die Personalvertretung
PflVG	Pflichtversicherungsgesetz
PKH	Prozesskostenhilfe
PKHRL	Prozesskostenhilfe-Richtlinie
ProdHG	Produkthaftungsgesetz
Prot.	Protokoll
ProzRB	Der Prozess-Rechts-Berater
PStG	Personenstandsgesetz
PStV	Personenstandsverordnung
RabelsZ	Zeitschrift für ausländisches und internationales Privatrecht
RAG	Reichsarbeitsgericht
Rb.	Rechtsbank (Niederlande)

Rbeistand	Der Rechtsbeistand
RBerG	Rechtsberatungsgesetz
RdA	Recht der Arbeit
RdL	Recht der Landwirtschaft (Jahr, Seite)
Rdn.	Randnummer
Recht	Das Recht, Rundschau für den Deutschen Juristenstand
RefE	Referentenentwurf
RegBl	Regierungsblatt
RegE	Regierungsentwurf
ReichsschuldenO	Reichsschuldenordnung
RFH	Reichsfinanzhof; amtliche Sammlung der Entscheidungen des RFH
RG	Reichsgericht
RGBl	Reichsgesetzblatt
RGes.	Reichsgesetz
RGRK	Reichsgerichtsrätekommentar
RGSt	Entscheidungen des Reichsgerichts in Strafsachen (1.1880–77.1944; Band, Seite)
RGZ	Entscheidungen des Reichsgerichts in Zivilsachen; amtliche Sammlung der Reichsgerichtsentscheidungen in Zivilsachen
Rh.-Pf	Rheinland-Pfalz
RIDC	Revue internationale de droit comparé
RIW	Recht der Internationalen Wirtschaft
RL	Richtlinie
ROW	Recht in Ost und West
Rpfl.	Der Deutsche Rechtspfleger
RpflG	Rechtspflegegesetz
Rs	Rechtssache
Rspr.	Rechtsprechung
RuS	Recht und Schaden
RuStAG	Reichs- und Staatsangehörigkeitsgesetz
RVG	Rechtsanwaltsvergütungsgesetz
RzW	Rechtsprechung zum Wiedergutmachungsrecht
s.	siehe
S.	Seite/Satz
S. C.	Supreme Court
s.a.	siehe auch
s.o.	siehe oben
s.u.	siehe unten
SaBremR	Sammlung des bremischen Rechts
SachenRBerG	Sachenrechtsbereinigungsgesetz
Sachg	Sachgebiet
SächsVBl	Sächsische Verwaltungsblätter
SAE	Sammlung arbeitsrechtlicher Entscheidungen der Vereinigung der Arbeitgeberverbände
ScheckG	Scheckgesetz
SchiedsVZ	Zeitschrift für Schiedsverfahren
SchlHA	Schleswig-Holsteinische Anzeigen
SchRegO	Schiffsregisterordnung
SchRG	Schiffsregistergesetz
SchuldR	Schuldrecht
schw.	schweizerisch
SchwJbIntR	Schweizer Jahrbuch für Internationales Recht
Sch-Ztg	Schiedsmannszeitung
Sec.	Section
Sess.	Session

Abkürzungsverzeichnis

SeuffArch	Seufferts Archiv für Entscheidungen der obersten Gerichte in den deutschen Staaten
SeuffBl	Seufferts Blätter für Rechtsanwendung in Bayern
SGB	Sozialgesetzbuch
SGG	Sozialgerichtsgesetz
SJZ	Süddeutsche Juristenzeitung
sog.	sogenannte
SozG	Sozialgericht
Sp.	Spalte
StAZ	Zeitschrift für Standesamtswesen
StB	Der Steuerberater
StGB	Strafgesetzbuch
StIGH	Ständiger Internationaler Gerichtshof
StPO	Strafprozessordnung
str.	strittig
StRK	Steuerrechtsprechung in Karteiform. Höchstgerichtliche Entscheidungen in Steuersachen
stRspr.	ständige Rechtsprechung
StuB	Steuern und Bilanzen
StuW	Steuer und Wirtschaft
StVG	Straßenverkehrsgesetz
StVZO	Straßenverkehrs-Zulassungs-Ordnung
Suppl.	Supplement
SZIER	Schweizer Zeitschrift für internationales und europäisches Recht
T. P. R.	Tijdschrift voor Privaatrecht (Niederlande)
teilw.	teilweise
ThürBl	Blätter für Rechtspflege in Thüringen und Anhalt
Tit.	Titel
TranspR	Transportrecht
TRG	Gesetz zur Neuregelung des Fracht-, Speditions- und Lagerrechts
Trib.	Tribunal; Tribunale
Trib. com.	Tribunal de commerce (Belgien/Frankreich)
u.a.	und andere(m)
u.Ä.	und Ähnliche(s)
u.U.	unter Umständen
Übers.	Übersicht
Übk.	Übereinkommen
UFITA	Archiv für Urheber-, Film-, Funk- und Theaterrecht
UmweltHG	Umwelthaftungsgesetz
UN	United Nations
unstr.	unstreitig
UNÜ	New Yorker UN-Übereinkommen über die Anerkennung und Vollstreckung ausländischer Schiedssprüche vom 10. Juni 1958
UNUVÜ	New Yorker UN-Übereinkommen über die Geltendmachung von Unterhaltsansprüchen im Ausland vom 20. Juni 1956
Urt.	Urteil
usw.	und so weiter
UWG	Gesetz gegen den unlauteren Wettbewerb
v.	versus
VA	Versicherungsaufsicht
VAG	Gesetz über die Beaufsichtigung der privaten Versicherungsunternehmen und Bausparkassen (Versicherungsaufsichtsgesetz)
Var.	Variante

verb.	verbunden(e)
VerbrKrG	Verbraucherkreditgesetz
Verf.	Verfassung
VerfGH	Verfassungsgerichtshof
VerglO	Vergleichsordnung
Verh.	Verhandlungen
VerlG	Gesetz über das Verlagsrecht
VerlR	Verlagsrecht
VermA	Vermittlungsausschuss
VerschG	Verschollenheitsgesetz
VersR	Versicherungsrecht, Juristische Rundschau für die Individualversicherung
VerwAO	Verwaltungsanordnung
Vfg	Verfügung
VG	Verwaltungsgericht
VGH	Verwaltungsgerichtshof
vgl.	vergleiche
VIZ	Zeitschrift für Vermögens- und Immobilienrecht
VO	Verordnung
VOB/B	Verdingungsordnung für Bauleistungen Teil B
VOBl	Verordnungsblatt
Voraufl.	Vorauflage
Vorb.	Vorbemerkung
vorl.	vorläufige(r)
VR	Verwaltungsrundschau
VV	Vergütungsverzeichnis
VVaG	Versicherungsverein auf Gegenseitigkeit
VVG	Gesetz über den Versicherungsvertrag (Versicherungsvertragsgesetz)
VwGO	Verwaltungsgerichtsordnung
VwVfG	Verwaltungsverfahrensgesetz
VwVG	(Bundes-)Verwaltungsvollstreckungsgesetz
VZS	Vereinigte Zivilsenate
W. L. R.	Weekly Law Reports
w.N.	weitere Nachweise
WahrnG	Gesetz über die Wahrnehmung von Urheberrechten und verwandten Schutzrechten (Urheberrechtswahrnehmungsgesetz)
Warn.	Rechtsprechung des Bundesgerichtshofs in Zivilsachen, als Fortsetzung der von Otto Warneyer hrsg. Rechtsprechung des Reichsgerichts
WarnRspr	Warneyer, Rechtsprechung des Reichsgerichts, soweit sie nicht in der amtlichen Sammlung der Entscheidungen des RG abgedruckt ist, hrsg. v. Warneyer
WBÜ	Washingtoner Weltbankübereinkommen für Investitionsstreitigkeiten
WEG	Gesetz über das Wohnungseigentum und das Dauerwohnrecht (Wohnungseigentumsgesetz)
WertpBG	Wertpapierbereinigungsgesetz
WG	Wechselgesetz
WieDÜ	Wiener Übereinkommen 1961 (Diplomaten)
WieKÜ	Wiener Übereinkommen 1963 (Konsuln)
WiGBl	Gesetzblatt der Verwaltung des Vereinigten Wirtschaftsgebiets
WM	Wertpapier-Mitteilungen
WRP	Wettbewerb in Recht und Praxis
WuB	Entscheidungssammlung zum Wirtschafts- und Bankrecht
WÜD	Wiener Übereinkommen über diplomatische Beziehungen
WÜK	Wiener Übereinkommen über konsularische Beziehungen
WuM	Wohnungswirtschaft und Mietrecht
WuW	Wirtschaft und Wettbewerb

Abkürzungsverzeichnis

WVRK	Wiener Übereinkommen über das Recht der Verträge
WZG	Warenzeichengesetz
Yb. Eurp. L.	Yearbook of European Law
z.B.	zum Beispiel
z.T.	zum Teil
ZAkDR	Zeitschrift der Akademie für Deutsches Recht
ZAP	Zeitschrift für die Anwaltspraxis
ZBB	Zeitschrift für Bankrecht und Bankwirtschaft
ZBinnSch	Zeitschrift für Binnenschifffahrt
ZBlFG	Zentralblatt für die freiwillige Gerichtsbarkeit und Notariat
ZBlJugR	Zentralblatt für Jugendrecht und Jugendwohlfahrt
ZBR	Zeitschrift für Beamtenrecht
ZEuP	Zeitschrift für Europäisches Privatrecht (Jahr, Seite)
ZfA	Zeitschrift für Arbeitsrecht
ZfB	Zeitschrift für Betriebswirtschaft
ZfG	Zeitschrift für Gesetzgebung
ZfRV	Zeitschrift für Rechtsvergleichung (Österreich)
ZfS	Zeitschrift für Schadensrecht (Jahr, Seite)
ZfSH	Zeitschrift für Sozialhilfe
ZGB	Zivilgesetzbuch (DDR/Schweiz)
ZGR	Zeitschrift für Unternehmens- und Gesellschaftsrecht
ZHR	Zeitschrift für das gesamte Handelsrecht und Wirtschaftsrecht
Ziff.	Ziffer
ZIP	Zeitschrift für Wirtschaftsrecht und Insolvenzpraxis
ZIR	Niemeyers Zeitschrift für internationales Recht
ZLR	Zeitschrift für Luftrecht und Weltraumrechtsfragen
ZMR	Zeitschrift für Miet- und Raumrecht
ZnotP	Zeitschrift für die Notarpraxis
ZöffR	Zeitschrift für öffentliches Recht
ZPO	Zivilprozessordnung
ZPOuaÄndG	Gesetz zur Änderung der Zivilprozeßordnung und anderer Gesetze
ZPR	Zivilprozessrecht
ZRHO	Rechtshilfeordnung in Zivilsachen
ZRP	Zeitschrift für Rechtspolitik
ZS	Zivilsenat
ZSEG	Gesetz über die Entschädigung von Zeugen und Sachverständigen
ZSR	Zeitschrift für Schweizer Recht
zust.	zustimmend
ZustDG	EG-Zustellungsdurchführungsgesetz
ZustErgG	Zuständigkeitsergänzungsgesetz
ZustRG	Zustellreformgesetz
zutr.	zutreffend
ZVersWiss	Zeitschrift für die gesamte Versicherungswissenschaft
ZVG	Gesetz über die Zwangsversteigerung und die Zwangsverwaltung (Zwangsversteigerungsgesetz)
ZVglRWiss	Zeitschrift für vergleichende Rechtswissenschaft
zzgl.	zuzüglich
ZZP	Zeitschrift für Zivilprozess
ZZPInt	Zeitschrift für Zivilprozess International

Verzeichnis der abgekürzt zitierten Literatur

Abel	Zur Nichtigkeitsklage wegen Mängeln der Vertretung im Zivilprozeß, 1995
Anders/Gehle	Das Assessorexamen im Zivilrecht, 10. Aufl. 2010
AK/*Bearbeiter*	Alternativkommentar zur Zivilprozessordnung, hrsg. v. Ankermann/ Wassermann, 1987
Bachmann Fremdwährungsschulden	Bachmann Fremdwährungsschulden in der Zwangsvollstreckung, 1994
Bamberger/Roth/*Bearbeiter*	Beck'scher Online-Kommentar zum BGB, Stand: 1.5.2012, Edition 23
Baumann/Brehm	Zwangsvollstreckung, 2. Aufl. 1982
Baumbach/Lauterbach/*Bearbeiter*	Baumbach/Lauterbach/Albers/Hartmann, Zivilprozessordnung, 70. Aufl. 2012
Baur Studien	Studien zum einstweiligen Rechtsschutz, 1967
Baur/Stürner/Bruns	Zwangsvollstreckungsrecht, 13. Aufl. 2006
BeckOK ZPO/*Bearbeiter*	Beck'scher Online-Kommentar ZPO, Edition 8, Stand 15.1.2013
Bernhardt	Das Zivilprozessrecht, 3. Aufl. 1968
Blomeyer ZPR	Zivilprozessrecht, Erkenntnisverfahren 2. Aufl. 1985
Böhm	Ungerechtfertigte Zwangsvollstreckung und materiellrechtliche Ausgleichsansprüche, 1971
Brox/Walker	Zwangsvollstreckungsrecht, 9. Aufl. 2011
Bruns ZPR	Zivilprozessrecht, 2. Aufl. 1979
Bruns/Peters ZVR	Zwangsvollstreckungsrecht, 3. Aufl. 1987
Bunge	Zivilprozess und Zwangsvollstreckung in England und Schottland, 2. Aufl. 2005
Fasching	Lehrbuch des österreichischen Zivilprozessrechts, 2. Aufl. 1990
Furtner Urteil im Zivilprozess	Das Urteil im Zivilprozess, 5. Aufl. 1985
Furtner Vorläufige Vollstreckbarkeit	Die vorläufige Vollstreckbarkeit, 1953
Gaul/Schilken/Becker-Eberhard ZVR	Zwangsvollstreckungsrecht, 12. Aufl. 2010
Gaupp/Stein	Die Zivilprozessordnung für das deutsche Reich, 5. Aufl. 1902
Gebauer/Wiedmann	Zivilrecht unter europäischem Einfluss, 2. Aufl. 2010
Geimer Anerkennung	Anerkennung ausländischer Entscheidungen in Deutschland, 1995
Geimer IZPR	Internationales Zivilprozessrecht, 6. Aufl. 2009
Geimer/Schütze Internationale Urteilsanerkennung	Internationale Urteilsanerkennung, Bd. I/1 1983, Bd. I/2 1984, Bd. II 1982
Geimer/Schütze IRV	Internationaler Rechtsverkehr in Zivil- und Handelssachen, Loseblattsammlung, hrsg. v. Geimer/Schütze, Stand: 43. Ergänzungslieferung 6/2012
Geimer/Schütze EZVR	Europäisches Zivilverfahrensrecht, 3. Aufl. 2010
Gerhardt	Vollstreckungsrecht, 2. Aufl. 1982
Gerlach Ungerechtfertigte Zwangsvollstreckung	Ungerechtfertigte Zwangsvollstreckung und ungerechtfertigte Bereicherung, 1986
Gloy/Loschelder/Erdmann	Handbuch des Wettbewerbsrechts, 4. Aufl. 2010
Gottwald Gutachten 61. DJT	Empfehlen sich im Interesse eines effektiven Rechtsschutzes Maßnahmen zur Vereinfachung, Vereinheitlichung und Beschränkung der Rechtsmittel und Rechtsbehelfe des Zivilverfahrensrechts?: Gutachten A für den 61. Deutschen Juristentag/erstattet von Peter Gottwald. – München, 1996
Götz Zivilrechtliche Ersatzansprüche	Zivilrechtliche Ersatzansprüche bei schädigender Rechtsverfolgung, 1989
Grunsky	Zivilprozessrecht, 13. Aufl. 2008
Grunsky Grundlagen	Grundlagen des Verfahrensrechts, 2. Aufl. 1974
Häsemeyer Schadenshaftung	Schadenshaftung im Zivilrechtsstreit, 1979

Verzeichnis der abgekürzt zitierten Literatur

Hahn/Mugdan	Die gesamten Materialien zu den Reichsjustizgesetzen, Neudruck 1983 unter: *Hahn/Mugdan* Die gesamten Materialien zu den Reichs-Justizgesetzen; Band 2 Materialien zur Zivilprozessordnung Abt. 1, Hrsg. *Stegemann*, 2. Aufl. 1881; Band 2 Materialien zur Zivilprozessordnung Abt. 2, Hrsg. *Stegemann*, 2. Aufl. 1881; Band 8 Materialien zum Gesetz betr. Änderungen der Zivilprozessordnung, Gerichtsverfassungsgesetz und Strafprozessordnung, fortgesetzt von *Mugdan*, 1898
Hahn/Stegemann	Die gesamten Materialien zu den Reichsjustizgesetzen, 2. Band, Die gesammelten Materialien zur Civilprozessordnung und dem Einführungsgesetz zu derselben vom 30.1.1877, 1. und 2. Abt. 1881, Neudruck 1983 unter dem Titel: *Hahn/Mugdan*, Die gesamten Materialien zu den Reichs-Justizgesetzen, Bd. 2
Hellhake	Einstweilige Einstellung der Zwangsvollstreckung nach §§ 707, 719 Abs. 1 ZPO in direkter und analoger Anwendung, 1998
Hellwig Lehrbuch	Lehrbuch des deutschen Zivilprozessrechts, Band 1 (1903), Band 2 (1907), Band 3 (1909)
Hellwig System	System des deutschen Zivilprozessrechts, 2 Bände, 1912
Hertel Urkundenprozess	Der Urkundenprozeß unter besonderer Berücksichtigung von Verfassung (rechtliches Gehör) und Vollstreckungsschutz, 1992
Hess EuZPR	Europäisches Zivilprozessrecht, 2010
HK-ZPO/*Bearbeiter*	Zivilprozessordnung, Handkommentar, hrsg. v. Saenger, 4. Aufl. 2011
Jaeckel lex fori	Die Reichweite der lex fori im internationalen Zivilprozeßrecht, 1995
Jauernig/*Bearbeiter*	Bürgerliches Gesetzbuch, 14. Aufl. 2011
Jauernig/*Hess* ZPR	Zivilprozessrecht, 30. Aufl. 2011
Jauernig/*Berger* ZVR	Zwangsvollstreckungs- und Konkursrecht, 23. Aufl. 2010
Kallmann	Anerkennung und Vollstreckung ausländischer Zivilurteile und Vergleiche, 1946
Kegel/*Schurig* IPR	Internationales Privatrecht, 9. Aufl. 2004
Kerwer Erfüllung	Die Erfüllung in der Zwangsvollstreckung, 1996
Keßler Vollstreckbarkeit	Die Vollstreckbarkeit und ihr Beweis gem. Art. 31 und 47 Nr. 1 EuGVÜ, 1998
Kindl/Meller-Hannich/ Wolf/*Bearbeiter*	Gesamtes Recht der Zwangsvollstreckung, Handkomentar, Aufl. 2010
Knöringer Assessorklausur	Die Assessorklausur im Zivilprozess, 13. Aufl. 2010
Koch	Unvereinbare Entscheidungen i.S.d. Art. 27 Nr. 3 und 5 EuGVÜ und ihre Vermeidung, 1993
Kondring	Die Heilung von Zustellungsmängeln im internationalen Zivilrechtsverkehr, 1995
Kropholler/von Hein EuZPR	Europäisches Zivilprozessrecht, 9. Aufl. 2011
Lachmann	Handbuch für die Schiedsgerichtspraxis, 3. Aufl. 2008
Langendorf	Prozessführung im Ausland und Mängelrüge im ausländischen Recht, 1956 ff.
Linke/Hau IZPR	Internationales Zivilprozessrecht, 5. Aufl. 2011
Lüke ZPR	Zivilprozessrecht, 10. Aufl. 2011
Maier	Handbuch der Schiedsgerichtsbarkeit, 1979
Martiny	Handbuch Anerkennung ausländischer Entscheidungen nach autonomem Recht, in: Handbuch des Internationalen Zivilverfahrensrechts, Bd. III/1, 1984
Mayr/Czernich	Europäisches Zivilprozessrecht, 2006
Maurer Einstweilige Anordnungen	Einstweilige Anordnungen in der Zwangsvollstreckung nach Einlegung zivilprozessualer Rechtsbehelfe, 1981
MünchKomm/*Bearbeiter*	Münchener Kommentar zur ZPO, 4. Aufl. 2012
MünchKomm-BGB/*Bearbeiter*	Münchener Kommentar zum BGB, 6. Aufl. 2012 ff.
MünchKomm-InsO/*Bearbeiter*	Münchener Kommentar zur Insolvenzordnung, 2. Aufl. 2007/2008
Musielak Grundkurs	Grundkurs ZPO, 10. Aufl. 2010

Musielak/*Bearbeiter*	Kommentar zur Zivilprozessordnung, 9. Aufl. 2012
Nagel/*Gottwald* IZPR	Internationales Zivilprozessrecht, 6. Aufl. 2007
Niederelz Rechtswidrigkeit	Die Rechtswidrigkeit des Gläubiger- und Gerichtsvollzieherverhaltens in der Zwangsvollstreckung unter besonderer Berücksichtigung der Verhaltensunrechtslehre, 1974
Nikisch ZPR	Zivilprozessrecht, 2. Aufl. 1952
Oberhammer/*Bearbeiter*	Schweizerische Zivilprozessordnung, Basel 2010
Paulus ZPR	Zivilprozessrecht, 5. Aufl. 2013
Pecher Schadensersatzansprüche	Die Schadensersatzansprüche aus ungerechtfertigter Vollstreckung, 1967
Prütting/Gehrlein/*Bearbeiter*	ZPO, 4. Aufl. 2012/5. Aufl. 2013
Pukall ZPR	Der Zivilprozess in der Praxis, 6. Aufl. 2006
Rauscher/*Bearbeiter* EuZPR	Europäisches Zivilprozess- und Kollisionsrecht (EGVollstrTitelVO, EG-MahnVO, EG-BagatellVO, EG-ZustVO 2007, EG-BewVO, EG-InsVO), 3. Aufl. 2011
Reithmann/Martiny/*Bearbeiter*	Internationales Vertragsrecht, 7. Aufl. 2010
Riezler IZPR	Internationales Zivilprozessrecht und prozessuales Fremdenrecht, 1949 (Nachdruck 1995)
Rosenberg/Schwab/Gottwald ZPR	Zivilprozessrecht, 17. Aufl. 2010
Saenger/*Bearbeiter*	Zivilprozessordnung, Handkommentar, hrsg. v. Saenger, 4. Aufl. 2011
Saenger Einstweiliger Rechtsschutz	Einstweiliger Rechtsschutz und materiellrechtliche Selbsterfüllung, 1998
Schack	Einführung in das US-amerikanische Zivilprozessrecht, 4. Aufl. 2011
Schack IZVR	Internationales Zivilverfahrensrecht, 5. Aufl. 2010
Schellhammer ZPR	Zivilprozessrecht, 13. Aufl. 2010
Schilken ZPR	Zivilprozessrecht, 6. Aufl. 2010
Schlosser	Das Recht der internationalen privaten Schiedsgerichtsbarkeit, 2. Aufl. 1989
Schlosser ZPR I	Zivilprozessrecht I, Erkenntnisverfahren, 2. Aufl. 1991
Schlosser ZPR II	Zivilprozessrecht II, Zwangsvollstreckungs- und Insolvenzrecht, 1984
Schlosser EuZPR	EU-Zivilprozessrecht, 3. Aufl. 2009
Schmidt	Europäisches Zivilprozessrecht in der Praxis, 2004
Schönke/Kuchinke ZPR	Zivilprozessrecht, 9. Aufl. 1969
Scholz	Das Problem der autonomen Auslegung des EuGVÜ, 1998
Schuschke/Walker/*Bearbeiter*	Vollstreckung und Vorläufiger Rechtsschutz – Kommentar, 5. Aufl. 2011
Schütze	Ausgewählte Probleme des deutschen und internationalen Schiedsverfahrensrechts, 2006
Schütze	Schiedsgericht und Schiedsverfahren, 5. Aufl. 2012
Schütze DIZPR	Deutsches Internationales Zivilprozessrecht unter Einschluss des Europäischen Zivilprozessrechts, 2. Aufl. 2005
Schütze RV	Rechtsverfolgung im Ausland, 4. Aufl. 2009
Schütze/Tscherning/Wais	Handbuch des Schiedsverfahrens, 2. Aufl. 1990
Schwab/Walter	Schiedsgerichtsbarkeit, 7. Aufl. 2005
Stein/Jonas/*Bearbeiter*	ZPO, 22. Aufl. 2002
Stickelbrock	Inhalt und Grenzen richterlichen Ermessens im Zivilprozess, 2002
Stolz Einstweiliger Rechtsschutz	Einstweiliger Rechtsschutz und Schadensersatzpflicht, 1948
Thomas/Putzo/*Bearbeiter*	ZPO, 33. Aufl. 2012
Vogg Einstweiliger Rechtsschutz	Einstweiliger Rechtsschutz und vorläufige Vollstreckbarkeit, 1991
Vorwerk/Wolf/*Bearbeiter*	Beck'scher Online-Kommentar zur ZPO; hrsg. v. Vorwerk/Wolf, Stand 1.1.2013, Edition 7

Verzeichnis der abgekürzt zitierten Literatur

Waldner	Der Anspruch auf rechtliches Gehör, 2. Aufl. 2000
Walker Einstweiliger Rechtsschutz	Der einstweiliger Rechtsschutz im Zivilprozess und im arbeitsgerichtlichen Verfahren, 1992
Werner Rechtskraft	Rechtskraft und Innenbindung zivilprozessualer Beschlüsse im Erkenntnis- und summarischen Verfahren, 1983
Wolf	Gerichtliches Verfahrensrecht, 1978
Zeiss/Schreiber ZPR	Zivilprozessrecht, 11. Aufl. 2009
Zimmermann	Zivilprozessordnung, 9. Aufl. 2011
Zöller/*Bearbeiter*	Kommentar zur ZPO, 29. Aufl. 2012

ZWEITES BUCH
Verfahren im ersten Rechtszug

ERSTER ABSCHNITT
Verfahren vor den Landgerichten

TITEL 5
Allgemeine Vorschriften über die Beweisaufnahme

§ 355
Unmittelbarkeit der Beweisaufnahme

(1) Die Beweisaufnahme erfolgt vor dem Prozessgericht. Sie ist nur in den durch dieses Gesetz bestimmten Fällen einem Mitglied des Prozessgerichts oder einem anderen Gericht zu übertragen.

(2) Eine Anfechtung des Beschlusses, durch den die eine oder die andere Art der Beweisaufnahme angeordnet wird, findet nicht statt.

Schrifttum

Bachmann „Allgemeines Prozeßrecht" – Eine kritische Untersuchung am Beispiel von Videovernehmung und Unmittelbarkeitsgrundsatz, ZZP 118 (2005), 133; *Balzer* Beweisaufnahme und Beweiswürdigung im Zivilprozeß, 3. Aufl. 2011; *Bosch* Grundsatzfragen des Beweisrechts, 1963; *Geppert* Der Grundsatz der Unmittelbarkeit im deutschen Strafverfahren, 1978; *Haus* Übernahme von Prozeßergebnissen, insbesondere einer Beweisaufnahme, bei Verweisung eines Rechtsstreits, Diss. jur. Regensburg 1971; *Kern* Der Unmittelbarkeitsgrundsatz im Zivilprozess, ZZP 125 (2012), 53; *Koch, Michael* Die schriftliche Zeugenaussage gemäß § 377 Abs. 3 ZPO und die Grundsätze der Unmittelbarkeit und Parteiöffentlichkeit, Diss. jur. Köln 1996; *Koukouselis* Die Unmittelbarkeit der Beweisaufnahme im Zivilprozeß, insbesondere bei der Zeugenvernehmung, 1990; *Lindacher* Unmittelbarkeit der Beweisaufnahme im zivilprozessualen Regelverfahren und im Eheprozeß, FamRZ 1967, 195; *Musielak/M.Stadler* Grundfragen des Beweisrechts, 1984; *Pantle* Die Beweisunmittelbarkeit im Zivilprozeß, 1991; *Reichel* Die Unmittelbarkeit der Beweisaufnahme in der Zivilprozeßordnung, Diss. jur. Gießen 1971; *Rohwer* Materielle Unmittelbarkeit der Beweisaufnahme – ein Prinzip der StPO wie der ZPO?, 1972; *Schmidt, Burkhard* Richterwegfall und Richterwechsel im Zivilprozeß, Diss. jur. Hannover 1993; *E. Schneider* Die Stellung des beauftragten Richters im Verhältnis zum Prozeßgericht, DRiZ 1977, 13; *Schultze* Der Streit um die Übertragung der Beweisaufnahme auf den beauftragten Richter, NJW 1977, 409; *Schultzky* Videokonferenzen im Zivilprozeß, NJW 2003, 313 ff.; *Teplitzky* Der Beweisantrag im Zivilprozeß und seine Behandlung durch die Gerichte, JuS 1968, 71; *Völzmann-Stickelbrock* Unmittelbarkeit der Beweisaufnahme und Parteiöffentlichkeit – Nicht mehr zeitgemäße oder unverzichtbare Elemente des Zivilprozesses?, ZZP 118 (2005), 359 ff.; *Werner/Pastor* Der Grundsatz der „Unmittelbarkeit der Beweisaufnahme" nach der Änderung der ZPO, NJW 1975, 329; *Weth* Der Grundsatz der Unmittelbarkeit der Beweisaufnahme, JuS 1991, 34.

Übersicht

I. Eigene richterliche Wahrnehmung — 1
II. Geltungsbereich des § 355
  1. ZPO — 6
  2. FamFG
    a) Strengbeweisrecht — 7
    b) Rechtshilfe — 8
III. Formelle und materielle Beweisunmittelbarkeit
  1. Begriffliche Unterscheidungen — 9

  2. Materielle Unmittelbarkeit
    a) Konsequenz des Beibringungsgrundsatzes, Flexibilität der Beweiserhebung — 11
    b) Verfassungsrechtliche Vorgaben — 13
    c) Übergang zum sachnäheren Beweismittel
      aa) Vorteile der Protokollverwertung — 14

bb) Qualifizierung des „Protokollbeweises" —— 15
cc) Zulässiger Antrag auf Erhebung des unmittelbaren Beweises —— 17
d) Ermittlung von Amts wegen —— 19
3. Formelle Unmittelbarkeit
a) Historische Entwicklung —— 20
b) Normzusammenhänge —— 22
IV. Anwendung des § 355 Abs. 1
1. Das Prozessgericht —— 23
2. Richterwechsel in der Kammer
a) Aktenkundiger Eindruck —— 26
b) Rechtfertigung der Durchbrechung des Unmittelbarkeitsgrundsatzes —— 28
3. Rückübertragung auf kollegiale Spruchkörper —— 30
4. Videokonferenzvernehmung, Tele-Augenschein —— 31
5. Selbständige Ermittlungsarbeit Sachverständiger —— 33
V. Durchbrechung der formellen Unmittelbarkeit
1. Übertragung der Beweisaufnahme gem. Abs. 1 Satz 2 —— 37
a) Beauftragter Richter —— 41
b) Rechtshilfebeweiserhebung —— 42

2. Verwertung der Beweiserhebung anderer Gerichte
a) Verfahrensfremde Beweiserhebungen —— 44
b) Verwertung nach Verweisung desselben Verfahrens —— 45
c) Beweiserhebung erster Instanz im Berufungsverfahren —— 46
3. Verwertung der Ergebnisse des selbständigen Beweisverfahrens —— 50
4. Beweisaufnahme im Ausland —— 54
VI. Verletzung des Grundsatzes der formellen Unmittelbarkeit
1. Verfahrensfehler —— 55
2. Heilung gem. § 295 Abs. 1 —— 56
3. Berufung, Revision —— 60
VII. Unanfechtbarkeit von Beweisbeschlüssen
1. Ausschluss der sofortigen Beschwerde
a) Generelle Unanfechtbarkeit —— 63
b) § 355 Abs. 2 als pars pro toto prozessleitender Beweisanordnungen —— 64
c) Anerkannte Durchbrechungen —— 65
d) Unkorrigierbare Grundrechtsverletzung der Beweiserhebung —— 68
2. Urteilsanfechtung wegen fehlerhafter Beweisanordnungen
a) Meinungsstand —— 72
b) Stellungnahme —— 73

I. Eigene richterliche Wahrnehmung

1 § 355 normiert den beweisrechtlichen Grundsatz der **Unmittelbarkeit der Beweiserhebung**. Er gilt grundsätzlich (zu Ausnahmen unten Rdn. 37 ff.) für alle Beweismittel der §§ 373 bis 455. Mit der **Beweiswürdigung** steht er in **engem Zusammenhang**, weil er für deren Zuverlässigkeit entscheidende Voraussetzungen schafft.[1]

2 Das Gericht, das die erhobenen Beweise gem. § 286 zu würdigen hat, soll diese möglichst selbst erheben, um einen **direkten Eindruck** von der **Beschaffenheit des Beweismittels** und dem Verlauf der Beweisaufnahme zu bekommen. Diese Wertung ist im Gesetz selbst niedergelegt. So gestattet **§ 349 Abs. 1 Satz 2** dem Vorsitzenden der Kammer für Handelssachen die Beweiserhebung in Abwesenheit der ehrenamtlichen Handelsrichter (u.a.), wenn es für die sachgemäße Würdigung des Beweisergebnisses nicht auf den unmittelbaren Eindruck vom Verlauf der Beweisaufnahme ankommt. Gleichlautend sind die Formulierungen des § 375 Abs. 1 Satz 1 für die Übertragung der Beweisaufnahme auf den beauftragten und den ersuchten Richter sowie des § 375 Abs. 1a und des § 527 Abs. 2 Satz 2 für die Übertragung auf den beauftragten Richter.

3 Nicht betroffen ist § 355 Abs. 1 hingegen von Rechtshilfehandlungen, die der **technischen Durchführung einer Beweisaufnahme** des Prozessgerichts dienen. Dies betrifft etwa die Entfaltung unmittelbaren Zwangs gegen eine Testperson im Falle einer Blutentnahme.[2]

---

1 *Bosch* Grundsatzfragen, S. 112; *Völzmann-Stickelbrock* ZZP 118 (2005), 359, 368 f.
2 BGH NJW 1990, 2936, 2937.

So ist für die Beurteilung der **Glaubwürdigkeit eines Zeugen** nicht nur der Inhalt 4
seiner Aussage wichtig, sondern auch der persönliche Eindruck, die Art der sprachlichen
Wiedergabe, die Mimik und die Reaktion auf Fragen und Vorhaltungen. Ähnlich verhält
es sich beim Beweis durch **Augenschein:** Die eigene sinnliche Wahrnehmung vermittelt
dem Richter den zuverlässigsten Eindruck von der tatsächlichen Beschaffenheit eines
Gegenstandes oder einer Örtlichkeit. Jede Zwischenstation, beispielsweise in Gestalt eines Protokolls, das von dem beauftragten oder dem ersuchten Richter aufgenommen
worden ist, birgt die Gefahr der **Erzeugung von Fehlvorstellungen** und damit der Verschlechterung der Beweiswürdigung mit Konsequenzen für die Richtigkeit der Tatsachenfeststellung.

Die unmittelbare Beweiserhebung durch das Gericht kann auch zur **Beschleuni-** 5
gung des Verfahrens beitragen.[3] Dies gilt vor allem dann, wenn die vermeintlich leichter zugänglichen mittelbaren Beweismittel sich im Nachhinein als unzuverlässig oder
nicht eindeutig erweisen und deshalb das unmittelbare Beweismittel zusätzlich herangezogen werden muss. Es ist stets eine Frage des Einzelfalls, welches Beweismittel unter
prozessökonomischen Gesichtspunkten das geeignetere Mittel ist. Die **Prozessökonomie** spricht nicht von vornherein für das vermeintlich leichter erreichbare mittelbare
Beweismittel.

II. Geltungsbereich des § 355

1. ZPO. Die §§ 355 ff. sind in **allen Verfahren** nach **der ZPO** anzuwenden, also 6
grundsätzlich auch im selbständigen Beweisverfahren (§§ 485 ff.);[4] die §§ 371 ff. setzen die
Geltung der allgemeinen Vorschriften der §§ 355 ff. voraus. Für die Beweisführung mittels
Freibeweises (dazu § 284 Rdn. 38 ff.) ist der Unmittelbarkeitsgrundsatz nicht zu beachten. Zu Einschränkungen bei der Auslandsbeweisaufnahme s. § 363 Rdn. 44 f.

2. FamFG

a) Strengbeweisrecht. Im Verfahren der **freiwilligen Gerichtsbarkeit** gilt § 355, 7
soweit gem. § 30 Abs. 1 FamFG eine **förmliche Beweisaufnahme** durchgeführt wird
und die Vorschriften der ZPO anzuwenden sind, also abweichend von § 29 FamFG Beweis im Wege des Strengbeweises erhoben wird.[5] In **Ehesachen** und **Familienstreitsachen**, die sich seit dem 1.9.2009 unter Aufhebung des Buches 6 der ZPO nach dem
FamFG richten, sind gem. der Verweisung des § 113 Abs. 1 Satz 2 FamFG die Vorschriften
der ZPO über das Verfahren vor den Landgerichten anzuwenden und damit auch die
Vorschriften des **Strengbeweisrechts**. Für einzelne **Abstammungssachen** (§ 169 Nr. 1
und 4) ordnet § 177 Abs. 2 Satz 1 FamFG an, dass eine förmliche Beweisaufnahme stattzufinden hat. Dasselbe gilt für die obligatorische Einholung eines Sachverständigengutachtens bei **Bestellung eines Betreuers** oder Anordnung eines Einwilligungsvorbehalts
(§ 280 Abs. 1 Satz 1 FamFG), bei Genehmigung einer **Sterilisation** (§ 297 Abs. 6 Satz 1
FamFG) sowie bei Anordnung einer **Unterbringung** (§ 321 Abs. 1 Satz 1 FamFG).

---

[3] Vgl. *Rosenberg* ZZP 57 (1933), 185, 326; *Jauernig/Hess*[30] § 51 Rdn. 16; Stein/Jonas/*Berger*[22] § 355 Rdn. 6.
[4] OLG Celle NZM 1998, 158, 160.
[5] *Bumiller*/Harders FamFG[10] § 30 Rdn. 20; Keidel/*Sternal* FamFG[17] § 30 Rdn. 19. Zu § 15 FGG a.F.: BGH
NJW 1959, 1323, 1324; BayObLG ZIP 1994, 1767, 1769; BayObLG FamRZ 1988, 422, 423; BayObLG MDR 1984,
324; OLG Zweibrücken MDR 1989, 649; OLG Köln FamRZ 1992, 200; OLG Karlsruhe NJW-RR 1998, 1771,
1772; OLG München FamRZ 2008, 2047, 2048; OLG München NJW-RR 2009, 83, 85; *Pohlmann* ZZP 106
(1993), 181, 186.

8 **b) Rechtshilfe.** Die Einschaltung eines ersuchten Richters in die **Beweisaufnahme** richtet sich bei Geltung des Strengbeweisrechts gem. der Verweisung in § 30 Abs. 1 FamFG nach den Vorschriften der ZPO. Davon zu unterscheiden ist die **Anhörung der Beteiligten**. Ausdrücklich vorgesehen ist die Anhörung durch einen ersuchten Richter in § 128 Abs. 3 FamFG (Ehesachen) und in §§ 300 Abs. 1 Satz 2, 331 Satz 2 FamFG (vorläufige Maßnahmen in Betreuungs- und Unterbringungssachen). Zum Teil wird die Zulässigkeit der Übertragung auf einen ersuchten Richter davon abhängig gemacht, ob es auf den **persönlichen Eindruck** des entscheidenden Richters ankommt, so in § 278 Abs. 3 FamFG (Betreuungs- und Unterbringungssachen); zum Teil wird die Rechtshilfe ausgeschlossen, so in § 319 Abs. 4 FamFG (Unterbringungsmaßnahmen).

III. Formelle und materielle Beweisunmittelbarkeit

9 **1. Begriffliche Unterscheidungen.** Der Grundsatz der Unmittelbarkeit der Beweisaufnahme kennt zwei verschiedene Ausprägungen, nämlich die formelle und die materielle Unmittelbarkeit. **Formelle Unmittelbarkeit** bedeutet, dass die zu erhebenden Beweise vor dem vollständig besetzten Prozessgericht erhoben werden müssen, das den Rechtsstreit entscheidet.

10 **Materielle Unmittelbarkeit** verlangt, dass diejenigen Beweismittel herangezogen werden, die die Kenntnisnahme der beweiserheblichen Tatsachen am unmittelbarsten ermöglichen und dadurch die Gefahr fehlerhafter Tatsachenfeststellungen vermindern. Bei ihrer strengen Geltung ist die Inaugenscheinnahme von Fotos als Augenscheinssurrogat unzulässig, wenn das abgebildete Objekt selbst in Augenschein genommen werden kann. Die Vernehmung eines Zeugen vom Hörensagen als eines Beweissurrogats ist danach unzulässig, wenn auch ein Zeuge vernommen werden kann, der die fraglichen Beobachtungen selbst gemacht hat. Zurückgedrängt werden somit Beweismittel, die nicht direkt, sondern nur mittelbar über das Beweisthema berichten;[6] **bevorzugt wird** das **sachnähere Beweismittel** als höherwertigere Beweisstufe.

2. Materielle Unmittelbarkeit

11 **a) Konsequenz des Beibringungsgrundsatzes, Flexibilität der Beweiserhebung.** Für den **Strafprozess** wird die Geltung des Grundsatzes der **materiellen Unmittelbarkeit** in erster Linie aus der Aufklärungspflicht des § 244 Abs. 2 StPO abgeleitet. Der Grundsatz gilt nach ganz herrschender Meinung **nicht im Zivilprozess**.[7] Die materielle Unmittelbarkeit kann weder aus dem Wortlaut des § 355 Abs. 1 noch aus anderen Vorschriften entnommen werden.

12 Es ist **Aufgabe der Parteien**, solche **Beweismittel beizubringen**, die eine möglichst zuverlässige Wahrnehmung der beweiserheblichen Tatsachen ermöglichen. Bestehen insoweit erkennbare Defizite, geht dies in der Regel zu Lasten der beweisbelasteten Partei, weil das Gericht einem Beweismittel mit mangelnder Qualität keinen hinreichenden Beweiswert zuerkennen wird. Die freie Beweiswürdigung gem. § 286 dient als Korrektiv. Es steht demnach einer **Partei frei** zu versuchen, den ihr obliegenden **Beweis mit Hilfe mittelbarer Zeugen** zu führen. Die Vernehmung eines mittelbaren Zeugen darf

---

[6] BVerfGE 57, 250, 276.
[7] AK-ZPO/*Rüßmann* § 355 Rdn. 6; Musielak/*Stadler*[10] § 355 Rdn. 5; Stein/Jonas/*Berger*[22] § 355 Rdn. 4 und 29; *Koukouselis* S. 80; *Reichel* Unmittelbarkeit, S. 69; *Völzmann-Stickelbrock* ZZP 118 (2005), 359, 367 f.; *Weth* JuS 1991, 34, 35; **a.A.** *Bruns* ZPR[2] § 16 Rdn. 87; *Rohwer* Materielle Unmittelbarkeit, S. 63 ff.; *Bachmann* ZZP 118 (2005), 133, 140 ff.

nicht deshalb abgelehnt werden, weil stattdessen auch die Person mit der direkten Wahrnehmung als Zeuge hätte benannt werden können.[8] Dies gilt auch für den Beweis innerer Tatsachen bei einer bestimmten Person.[9] Die **Sachnähe des Beweismittels** zu berücksichtigen ist Aufgabe der **Beweiswürdigung**.

b) Verfassungsrechtliche Vorgaben. Kaum geklärt ist für den Zivilprozess, welche Fernwirkungen die **Rechtsprechung des BVerfG** zum Strafprozess hat. Soweit sich das Gericht dort mit den Grenzen der Überzeugungsbildung auf Grund mittelbarer Beweise, insbesondere des Zeugen vom Hörensagen, beschäftigt hat, hat es die Notwendigkeit zusätzlicher Beweisindizien aus dem Anspruch auf ein **faires Verfahren** abgeleitet, der seinerseits die Wurzel im Rechtsstaatsprinzip (Art. 20 Abs. 3 GG) hat.[10] Diese Rechtsprechung ist ihrer Begründung nach keine Spezialjudikatur zum strafprozessualen Beweisrecht. Indirekt und begrenzt auf eine Grundsatzaussage wird der **materiellen Beweisunmittelbarkeit** vielmehr **Verfassungsrang** zugemessen, woran das Zivilprozessrecht nicht vorbeigehen kann. Damit ist insbesondere dem Versuch zu begegnen, mittelbare Beweiserhebungen unter **gezielter Anonymisierung direkter Zeugen** durchzuführen, etwa indem deren Aussagen zum Inhalt eines notariellen Protokolls gemacht und als Urkunde in den Prozess eingeführt werden.[11] Unerlässlich zu wahrenden Geheimhaltungsbedürfnissen ist in anderer Weise Rechnung zu tragen (näher: vor § 284 Rdn. 44 ff.). 13

c) Übergang zum sachnäheren Beweismittel

aa) Vorteile der Protokollverwertung. Die Verwendung von Beweismitteln, die die Beweisaufnahme mediatisieren, kann von **Vorteil** sein, wenn dadurch **Zeit und Kosten gespart** werden, z.B. wenn durch Vorlage eines Augenscheinssurrogats (z.B. Fotos oder Filmaufnahmen, § 371 Rdn. 16, 52 ff.) ein Außentermin vermieden oder durch Beiziehung eines Vernehmungsprotokolls aus einem anderen Verfahren einem Zeugen eine erneute Vernehmung erspart wird.[12] Schriftliche Sachverständigengutachten aus anderen Verfahren dürfen nach § 411a verwertet werden. 14

bb) Qualifizierung des „Protokollbeweises". Die **Verwertung protokollierter Aussagen** aus anderen Verfahren (eingehend vor § 373 Rdn. 104 ff.) oder im selben Verfahren nach einem Richterwechsel wird – sprachlich lax, und wohl nur mit begrenzten rechtlichen Konsequenzen – vielfach als **„Urkundenbeweis"** eingestuft.[13] Diese **Qualifizierung** ist **teilweise sachlich unzutreffend**. Die Anforderungen an das jeweilige Beweismittel richten sich nach der zugrunde liegenden Beweiskategorie, auch wenn es über eine öffentliche Urkunde in das Verfahren eingeführt wird. Der mittelbare Zeugen- 15

---

8 BGH NJW 1992, 1899, 1900; BGH NJW-RR 2002, 1433, 1435 = WRP 2002, 1077, 1080 – Vergleichsverhandlungen.
9 BGH NJW 1992, 1899, 1900.
10 BVerfGE 57, 250, 275 ff. = NJW 1981, 1719, 1722; BVerfG (Kammer) NJW 1992, 168, NJW 1996, 448, 449. Anders noch – zu Art. 103 Abs. 1 GG – BVerfGE 1, 418, 429 = NJW 1953, 177, 178; dem zustimmend Zöller/Greger[29] § 355 Rdn. 1.
11 So in BAG SAE 1993, 302 m. abl. Anm. *Schilken*. Anders BGHZ 131, 90, 92 – Anonymisierte Mitgliederliste = JZ 1996, 736 m. Anm. *Ahrens*.
12 Vgl. dazu OLG Frankfurt OLGRep. 2008, 76 f.
13 Vgl. etwa BGHZ 53, 245, 257 – Anastasia; BGH NJW 1985, 1470, 1471 (dort sogar mit Zitierung der §§ 415 ff., 432 ZPO); BGH NJW 1991, 1180, BGH NJW 1991, 1302; BGH NJW 1995, 2856, 2857; BGH NJW 1997, 3096; BGH NJW-RR 1997, 506; BGH NJW-RR 2011, 43 Tz. 10. Zur Einführung einer schriftlichen Zeugenerklärung durch Privaturkunde als Zeugnisersatz BGH NJW-RR 2007, 1077 Tz. 17 = VersR 2007, 681.

beweis bleibt also auch dann Zeugenbeweis, wenn die Zeugenaussage mittels eines Protokolls Prozessinhalt wird. In entsprechender Weise ist auch die schriftliche Zeugenerklärung nach § 377 ein Zeugenbeweis und kein Urkundenbeweis. Soweit § 411a die Verwertung schriftlicher Sachverständigengutachten aus anderen Verfahren gestattet, ändert sich die Qualität als Sachverständigenbeweis nicht.

16 **Urkundenbeweis** ist die Verwertung eines Vernehmungsprotokolls oder eines Urteils nur **insofern**, als die niedergelegten **richterlichen Feststellungen** der Urkunde mit der **formellen Beweiskraft** einer öffentlichen Urkunde ausgestattet sind. Bewiesen wird dadurch freilich nicht, dass die beurkundeten Feststellungen inhaltlich richtig sind;[14] sie unterliegen der freien Beweiswürdigung nach § 286.[15] Zu beachten ist überdies, dass in einem strafprozessualen Protokoll nur die vom Richter diktierten Formalien einer Zeugenaussage an der Beweisqualität teilhaben, nicht hingegen etwaige Angaben zum Aussageinhalt, die ohne richterliches Diktat nach eigenem Gutdünken des Protokollführers niedergeschrieben wurden.

17 cc) **Zulässiger Antrag auf Erhebung des unmittelbaren Beweises.** Ist die gegnerische Partei mit der urkundlichen Beweisführung nicht einverstanden, so steht es ihr frei, rechtzeitig einen Beweisantrag auf **Einholung des unmittelbaren Beweises** zu stellen. Ein derartiger Antrag darf nicht wegen der vorhandenen Beweisurkunde zu demselben Beweisthema abgelehnt werden[16] (vor § 373 Rdn. 105); er ist **nicht** auf eine **wiederholte Zeugenvernehmung** im Sinne des § 398 Abs. 1 gerichtet (§ 398 Rdn. 3ff.), sondern stellt einen erstmaligen Beweisantritt dar.[17] Derartige Anträge sind nicht zu übergehen; anderenfalls würde das Gericht gegen die ihm obliegende Wahrheitserforschungspflicht und ggf. gegen das Verbot der vorweggenommenen Beweiswürdigung verstoßen (dazu auch unten Rdn. 44). Haben die Parteien weder einen Antrag auf Zeugenvernehmung noch einen Antrag auf Protokollverwertung gestellt, darf das Gericht Bekundungen von Zeugen aus einem anderen Verfahren mit gleichartiger Sachlage, z.B. dem häufig wiederkehrenden Abhandenkommen von Paketen bei einem Frachtführer, **nicht als gerichtsbekannt** ansehen.[18] Erst recht gilt dies für Bekundungen von Personen in anderen Verfahren, die von keiner Partei als Zeugen benannt worden sind.[19] **Unverwertbar** sind Feststellungen aus einem Strafurteil als Protokollbeweis, wenn das Urteil auf die Darstellung eines Zeugen gestützt wurde, der im Zivilprozess **Prozesspartei** ist.[20]

18 Hält das **Gericht** die **Überzeugungskraft** des mittelbar geführten Beweises wegen dessen fehlender materieller Unmittelbarkeit **nicht für ausreichend**, so hat es die Parteien darauf gem. § 139 Abs. 2 Satz 2 **hinzuweisen**, um ihnen die Möglichkeit zu geben, die unmittelbare Heranziehung des in dem Dokument dargestellten Beweismittels zu beantragen[21] (vor § 373 Rdn. 112). Der daraufhin erstinstanzlich gestellte Antrag auf unmittelbare Beweiserhebung kann dann nicht wegen Verfahrensverzögerung nach § 296

---

14 Vgl. BGH NJW-RR 2005, 1024, 1025; OLG Koblenz OLGRep. 2008, 362, 363.
15 OLG Koblenz OLGRep. 2008, 362, 363.
16 BGHZ 7, 116, 121 f.; BGH NJW 1983, 164, 165; BGH NJW-RR 1992, 1214, 1215; BGH NJW 1997, 3096; LAG Nürnberg, Bschl. v. 18.9.2006, AR-Blattei ES 160.7.2. Nr. 10; MünchKomm/*Heinrich*[4] § 355 Rdn. 10; *Musielak/Stadler* Grundfragen des Beweisrechts, S. 128.
17 BGHZ 7, 116, 117; BGH NJW 1995, 2856, 2857; LAG Nürnberg, Bschl. v. 18.9.2006, AR-Blattei ES 160.7.2. Nr. 10.
18 BGH NJW-RR 2011, 569 Tz. 9f. Ebenso gegen die amtswegige Verwertung von Zeugenaussagen aus einem früheren Parallelverfahren OG Zürich Bl. f. ZürchRspr. 2007, Nr. 14 S. 65f.
19 BGH NJW-RR 2011, 569 Tz. 10.
20 OLG Koblenz MDR 2006, 771.
21 Musielak/*Huber*[10] § 373 Rdn. 4.

Abs. 2 zurückgewiesen werden. In der Berufungsinstanz sind die §§ 529, 531 maßgebend, wenn der Antrag erst dort gestellt wird.[22]

d) Ermittlung von Amts wegen. Der Grundsatz der **materiellen Unmittelbarkeit** 19 gilt nach h.M. **nicht bei** der **Beweiserhebung von Amts wegen**. Dieses Ergebnis kann freilich nicht mit dem Verweis auf Verhandlungs- und Beibringungsgrundsatz begründet werden. **Tragend** sind vielmehr die soeben genannten **Effizienzgesichtspunkte**: Das Gericht kann nach pflichtgemäßem Ermessen selbst entscheiden, von welchem Beweismittel es eine hinreichende Aussagekraft erwartet. Es kann ferner für den Fall, dass diese Erwartung enttäuscht worden sein sollte, anschließend ein etwaiges unmittelbareres Beweismittel hinzuziehen. Schließlich steht es den Parteien frei, selbst ein unmittelbares Beweismittel einzuführen.

3. Formelle Unmittelbarkeit

a) Historische Entwicklung. Der Grundsatz der formellen Unmittelbarkeit wurde in 20 § 320 CPO 1877 als **Reaktion auf** die als unzweckmäßig angesehene **regelmäßige Delegierung** der Beweisaufnahme an einen beauftragten oder ersuchten Richter niedergelegt.[23] Er ist seither weder de lege lata noch de lege ferenda in Zweifel gezogen worden. Allerdings sind insbesondere in der Anfangszeit nach Schaffung der Norm so viele Ausnahmen anerkannt worden,[24] dass sich an der vom Gesetzgeber als unbefriedigend empfundenen Praxis zunächst wenig änderte und der Grundsatz der Unmittelbarkeit trotz Kodifizierung weitgehend bedeutungslos blieb. Der Beschluss zur Übertragung der Beweisaufnahme auf einen beauftragten oder ersuchten Richter war gem. §§ 320 Abs. 2, 473 CPO 1877 einer Kontrolle entzogen. Einen weiteren Bedeutungsverlust verursachte die Einführung der Möglichkeit einer **schriftlichen Zeugenvernehmung**, die im Jahre 1924 durch § 377 zur Entlastung der Gerichte erfolgte. Sie gewährt dem Gericht einen Ermessenspielraum, auf eine persönliche Anhörung des Zeugen zu verzichten, der aus heutiger Sicht zur Berücksichtigung der persönlichen Belastung des Zeugen (dazu § 377 Rdn. 30) zu nutzen ist.[25]

Die **weitreichenden Ausweichmöglichkeiten** wurden durch die ZPO-Novelle vom 21 27.10.1933 **beseitigt** und so das Gewicht des Unmittelbarkeitsgrundsatzes deutlich gestärkt. Der damals neu gefasste § 355 gilt unverändert bis heute; § 375 ist in den Jahren 1990 und 2001 in kleinerem Umfang modifiziert worden. Faktisch gestärkt worden ist der Unmittelbarkeitsgrundsatz 1974 durch das Gesetz zur Entlastung der Landgerichte und der Vereinfachung des gerichtlichen Protokolls (Einzelrichternovelle).[26] Die dortige Änderung der §§ 348 bis 350 hat vermehrt eine **Entscheidung** statt einer bloßen Beweisaufnahme **durch den Einzelrichter** geschaffen, was die Beachtung des Unmittelbarkeitsgrundsatzes erleichtert hat. Nicht geändert wurde allerdings der in § 355 Abs. 2 niedergelegte Ausschluss der selbständigen Anfechtbarkeit des Beweisbeschlusses (dort seit 1933, zuvor § 320 Abs. 2); er erschwert nach wie vor die Kontrolle der Beachtung des

---

22 Obsolet geworden ist insoweit BGH NJW 1983, 999, 1000.
23 Ausführlich *Koukouselis* Unmittelbarkeit der Beweisaufnahme, S. 15 ff.; *Reichel* Unmittelbarkeit der Beweisaufnahme, S. 87 ff.
24 Näher dazu *Koukouselis* S. 16 f.
25 Zu einem besonders krassen Fall der Belastung eines freiberuflich tätigen „Dauerzeugen" OLG Frankfurt OLGRep. 2008, 76 f.
26 BGBl 1974 I S. 3651 ff.; *Koch* Schriftliche Zeugenaussage, S. 16.

Unmittelbarkeitsgrundsatzes (dazu unten Rdn. 55 und 63ff.), auch wenn er im Übrigen rechtspolitisch nicht zu beanstanden ist.

22 **b) Normzusammenhänge.** Gemäß § 355 Abs. 1 Satz 1 erfolgt die Beweisaufnahme vor dem **Prozessgericht.** Dies wird von anderen Normen vorausgesetzt, vgl. § 279 Abs. 2, § 370 Abs. 1, § 411 Abs. 3. Dieser Grundsatz der Unmittelbarkeit der Beweisaufnahme verlangt also deren Durchführung vor dem **vollständigen Richterkollegium** des zuständigen Spruchkörpers. Der beweisrechtliche Grundsatz der Unmittelbarkeit steht in **Zusammenhang mit** dem in **§ 309** niedergelegten allgemeinen Unmittelbarkeitsgrundsatz, demgemäß das Urteil nur von denjenigen Richtern gefällt werden kann, die der dem Urteil zugrunde liegenden Verhandlung beigewohnt haben. Ferner enthält **§ 310** eine **zeitliche Komponente der Unmittelbarkeit**: Das Urteil soll möglichst bald auf die Verhandlung folgen. Eine ähnliche Wertung enthalten **§ 279 Abs. 3** und **§ 285 Abs. 1**, die eine **Verhandlung über das Beweisergebnis** direkt im Anschluss an die Beweisaufnahme anordnen. Dies fördert die Verfahrenskonzentration, weil die Parteien ihr weiteres Prozessverhalten sofort darauf einstellen können (dazu § 285 Rdn. 2), gewährleistet aber auch, dass alle Beteiligten bei der Verhandlung noch über eine möglichst vollständige Erinnerung an den Verlauf der Beweisaufnahme verfügen. All diese Regelungen greifen ineinander und dienen neben der Verfahrensbeschleunigung dem **Zweck** einer möglichst **zuverlässigen Beweiserhebung und -bewertung** sowie anschließender Entscheidung.

IV. Anwendung des § 355 Abs. 1

23 **1. Das Prozessgericht.** Durchzuführen ist die Beweisaufnahme vor dem Prozessgericht. Die Auslegung dieses Begriffs entscheidet über die Reichweite des formellen Unmittelbarkeitsprinzips. Prozessgericht in diesem Sinne ist der **Spruchkörper des** sachlich, örtlich und funktionell **zuständigen Gerichts** im institutionellen Sinn, der nach dem **Geschäftsverteilungsplan** zur Entscheidung berufen ist (vgl. § 21g Abs. 1 Satz 1 GVG).

24 Der **Spruchkörper** muss bei der Beweisaufnahme **vollständig** besetzt sein.[27] In Kammern für Handelssachen sind die ehrenamtlichen Handelsrichter gem. § 105 Abs. 2 GVG voll stimmberechtigte Mitglieder und somit Teil des Spruchkörpers; etwas anderes gilt nur im Falle der Alleinentscheidung durch den Vorsitzenden gem. § 349. In einem kollegialen Spruchkörper (Kammer, Senat), der mehr als die Zahl der nach §§ 75, 122 GVG zur Entscheidung berufenen Richtern umfasst, richtet sich die **Besetzung nach** der **internen Geschäftsverteilung**.

25 Ist der **Einzelrichter** gem. § 348, § 348a oder § 526 für die Entscheidung originär oder kraft Übertragung zuständig, so nimmt er **selbst** die Position des **Prozessgerichts** ein.[28] Der Einzelrichter hat also nicht nur allein Beweis zu erheben, sondern ihm allein obliegt **auch** die **Beweiswürdigung** und die Entscheidung des Rechtsstreits. Abweichend ist die vollständige Kammer zuständig, wenn sie die Sache gem. § 348 Abs. 3 oder § 348a Abs. 2 zur Entscheidung übernimmt.

---

27 BVerwG DVBl. 1973, 372f. (jedoch nach § 295 Abs. 1 verzichtbar); Stein/Jonas/*Berger*[22] § 355 Rdn. 9.
28 BGHZ 40, 179, 182. S. auch BVerfG NJW-RR 2010, 268 Tz. 22.

2. Richterwechsel in der Kammer

a) Aktenkundiger Eindruck. Wenn ein Richter des erkennenden Spruchkörpers 26 wechselt, zwingt der Grundsatz der formellen Unmittelbarkeit **nicht** zur **Wiederholung sämtlicher Beweiserhebungen**, an denen der nachgerückte Richter nicht persönlich teilgenommen hat.[29] Vielmehr kann der nachgerückte Richter an der Würdigung der Beweise mitwirken und darauf seine Entscheidung gründen, sofern Umstände, deretwegen eine persönliche Wahrnehmung notwendig erscheint, bei der seinerzeit erfolgten Beweisaufnahme protokolliert wurden und die Parteien Gelegenheit hatten, sich zu der Beweisaufnahme zu äußern.[30] Ist der **persönliche Eindruck** über eine Beweisperson rechtserheblich, darf er nur zugrunde gelegt werden, wenn dieser Eindruck im **Protokoll festgehalten** wurde und damit aktenkundig ist[31] (dazu auch vor § 373 Rdn. 110). Das **neu besetzte Gericht** ist insofern an die protokollierte Einschätzung z.B. der Glaubwürdigkeit eines Zeugen **gebunden**. Wenn das Gericht nach der Neubesetzung an der Glaubwürdigkeit eines Zeugen zu zweifeln beginnt, also von der in alter Besetzung getroffenen Einschätzung abweichen will, hat es die Beweisaufnahme zu wiederholen[32] (zum Berufungsverfahren unten Rdn. 46 ff.). Nimmt das Gericht ausdrücklich zur Glaubwürdigkeit Stellung, lässt sich diese Begründung nicht dahin umdeuten, es sei stattdessen die Glaubhaftigkeit der Aussage gemeint gewesen.[33]

In **analoger Anwendung des § 285 Abs. 2** ist das Ergebnis der vor der Neubeset- 27 zung durchgeführten Beweisaufnahme von den Parteien vorzutragen,[34] sofern nicht § 137 Abs. 3 Anwendung findet.

b) Rechtfertigung der Durchbrechung des Unmittelbarkeitsgrundsatzes. Gegen 28 die Protokollverwertung nach einem Richterwechsel wird vorgebracht, die Voraussetzungen der Delegation, wie sie für den beauftragten und den ersuchten Richter normiert sind, seien nicht erfüllt.[35] Richtig ist an diesem Einwand, dass ein gesetzlicher Tatbestand, wie ihn § 355 Abs. 1 verlangt, nicht gegeben ist. Die Berücksichtigung des Eindrucks, den die an der Beweisaufnahme teilnehmenden Richter von dem Beweismittel gewonnen haben, durch das neu besetzte Gesamtkollegium ist aber insofern mit dem Zweck der formellen Unmittelbarkeit vereinbar, als die festgehaltene persönliche **Einschätzung des ausgeschiedenen Richters in** das **Protokoll** als Urkunde eingegangen ist und der Urkundenbeweis unmittelbar erbracht werden kann. Dass der Inhalt eines Protokolls an die Stelle des unmittelbaren Eindrucks tritt, betrifft **nicht** die **formelle**, sondern lediglich die von § 355 Abs. 1 nicht verlangte materielle **Unmittelbarkeit** der Beweisaufnahme.

---

[29] Ganz h.M., BGH VersR 1967, 25, 26; BGH NJW 1964, 108, 109; BGHZ 32, 233, 234 = NJW 1960, 1252, 1253; BGHZ 53, 245, 256 f. – Anastasia = NJW 1970, 946; BGH NJW 1972, 1202; BGH NJW 1991, 1180; BGH NVwZ 1992, 915, 916; BGH NJW-RR 1997, 506; MünchKomm/*Heinrich*[4] § 355 Rdn. 6; zweifelnd *Grunsky* Grundlagen des Verfahrensrechts[2] § 42 I 1 (S. 437). **A.A.** Stein/Jonas/*Berger*[22] § 355 Rdn. 12; *Völzmann-Stickelbrock* ZZP 118 (2005), 359, 369 Fn. 49; *Stickelbrock* Inhalt und Grenzen richterlichen Ermessens, S. 584 ff., 587.
[30] BGHZ 53, 245, 257; BGH NJW 1991, 1180 f.; BGH NJW 1997, 1586; OLG Hamm MDR 2007, 1153 = OLGRep. 2007, 616, 617; OLG München NJW-RR 2009, 83, 85.
[31] BGH NJW 1992, 1966; BGH Rep. 2002, 391; OLG Hamm MDR 2007, 1153; OLG München NJW-RR 2008, 1523, 1524; OLG München NJW-RR 2009, 83, 85. Zum FGG-Verfahren OLG München FamRZ 2008, 2047, 2048.
[32] BGHZ 53, 245, 257 f.; OLG Schleswig MDR 1999, 761; *Leipold* ZGR 1985, 112, 123; *Weth* JuS 1991, 34, 35 (unter Berufung auf § 309).
[33] Vgl. BGH Rep. 2002, 391.
[34] MünchKomm/*Heinrich*[4] § 355 Rdn. 6; *Reichel* Unmittelbarkeit, S. 97, 103.
[35] Stein/Jonas/*Berger*[22] § 355 Rdn. 12.

29 Die tatbestandlichen Voraussetzungen der durch Gesetzesbestimmungen zugelassenen Durchbrechungen werden analog angewandt. **Verfassungsrechtlich geboten** ist diese richterrechtliche Durchbrechung zwecks Beachtung des Justizgrundrechts der **Gewährung effektiven Rechtsschutzes**, das aus dem Rechtsstaatsprinzip (Art. 20 Abs. 3 GG) in Verb. mit Art. 2 Abs. 1 GG abgeleitet worden ist. Richterwechsel können krankheitsbedingt eintreten, aus dem Zwang zur Überwindung vorübergehender personeller Engpässe in der Strafjustiz folgen oder nach dem Ausscheiden eines Richters wegen einer Abordnung, einer Beförderung oder einer Pensionierung geboten sein. Alle derartigen unplanbaren Gründe dürfen nicht zu Lasten der Prozessparteien gehen, die auf ein rasches Urteil Anspruch haben und denen nicht ex officio die Wiederholung einer – dann zumeist – zeitlich erstreckten Beweiserhebung nur deshalb aufgezwungen werden darf, damit dem ohnehin durchlöcherten Prinzip formeller Beweisunmittelbarkeit Geltung verschafft wird.

30 **3. Rückübertragung auf kollegiale Spruchkörper.** Die vorstehend formulierten Grundsätze gelten gleichfalls, wenn ein **originärer oder obligatorischer Einzelrichter** den Rechtsstreit gem. § 348 Abs. 3 bzw. § 348a Abs. 2 auf die Kammer **zurücküberträgt** und wenn im Berufungsverfahren der kraft Übertragung zuständige streitentscheidende Einzelrichter die Sache gem. § 526 Abs. 2 zurücküberträgt.[36] Eine Wiederholung ist nur dann durchzuführen, wenn es für eine sachgemäße Beweiswürdigung auf den unmittelbaren Eindruck von dem Verlauf der Beweisaufnahme ankommt.

31 **4. Videokonferenzvernehmung, Tele-Augenschein.** § 355 Abs. 1 erfordert nicht die **körperliche Anwesenheit des Beweismittels** vor dem Richter.[37] Relevant wird diese Frage insbesondere bei der Vernehmung von Zeugen mittels **Videokonferenz**. Gegen dieses Verfahren ist vor Schaffung des § 128a Abs. 2 im Jahre 2001 eingewandt worden, es gewährleiste keine hinreichend intensive Wahrnehmung des Verhaltens des Zeugen und genüge daher nicht den Anforderungen des Unmittelbarkeitsgrundsatzes.[38] Ferner ist die Möglichkeit eines technisch bedingten Fehleindrucks angeführt worden.[39] Diese Argumentation führt jedoch zu einer Vermischung des formellen Grundsatzes der Unmittelbarkeit mit dem materiellen Grundsatz: Auch bei einer Videokonferenz ist es der Richter des Prozessgerichts, der die Fragen stellt. Lediglich die **visuelle und akustische Übertragung** von Fragen und Antworten wird durch **technische Hilfe** vermittelt. Es steht aber keine weitere Person auf Seiten des Gerichts dazwischen, die die Wahrnehmungen trüben könnte. Vielmehr liegen die genannten Mängel in der Beschaffenheit des Beweismittels selbst begründet. Nach der oben Rdn. 9f. vorgenommenen Differenzierung ist dies jedoch allein ein Kriterium der materiellen Unmittelbarkeit, die von § 355 Abs. 1 gerade nicht verlangt wird. Mit der gesetzlichen Regelung für die Zeugen-, Sachverständigen- und Parteivernehmung haben sich die Einwände für diese Beweismittel erledigt.[40] § 1101 Abs. 2 hat die Zulässigkeit ortsferner Vernehmung von Zeugen, Sachverständigen und Parteien mit Wirkung vom 1.1.2009 auch für das europäische Verfahren für geringfügige Forderungen eingeführt. § 128a Abs. 2 gehört funktional zu den Beweisvorschrif-

---

36 MünchKomm/*Heinrich*[4] § 355 Rdn. 7.
37 *Völzmann-Stickelbrock* ZZP 118 (2005), 359, 372.
38 *Stein/Jonas/Berger*[21] § 355 Rdn. 10.
39 *Koukouselis* Unmittelbarkeit der Beweisaufnahme, S. 207f.
40 Dazu *Schultzky* NJW 2003, 313ff. Kritisch zur Umsetzung *Bachmann* ZZP 118 (2005), 133, 154ff. Zur Anwendung auf die Vernehmung eines in England lebenden Zeugen BPatG GRUR 2003, 176.

ten der §§ 355ff.[41] Soweit Zweifel an der **Qualität einer Videoaussage** geäußert werden, weil sich die Unwahrheit leichter in eine Kamera als ins Angesicht des Richters sagen lasse,[42] ist davon **§ 286**, nicht aber § 355 betroffen.

Die ursprünglichen Bedenken sind durch die gesetzliche Regelung nicht für die **Tele-Augenscheinseinnahme** erledigt. Auch dort sind sie aber nicht gerechtfertigt, wie sich bereits aus der Rechtsprechung zu Augenscheinssurrogaten (dazu § 371 Rdn. 52 ff.) ergibt. Es kann also z.B. mittels Videoübertragung die Ortsbegehung eines Geländes durch den Richter ersetzt werden.[43] 32

5. Selbständige Ermittlungsarbeit Sachverständiger. Ein Konflikt mit dem Grundsatz der formellen Unmittelbarkeit wird teilweise in der **Tatsachenfeststellung durch Nichtrichter** gesehen. Praktisch wird dies in erster Linie bei Sachverständigengutachten, die die Ermittlung bestimmter zu begutachtender Tatsachen voraussetzen. Es stellt sich dann die Frage, ob eine davor stattfindende Tatsachenfeststellung durch den Sachverständigen selbst mit dem Unmittelbarkeitsgrundsatz vereinbar ist. 33

Gem. § 404a Abs. 1 hat das **Gericht die Tätigkeit des Sachverständigen zu leiten** und ihm für Art und Umfang seiner Tätigkeit Weisungen zu erteilen sowie gem. § 404a Abs. 3 zu bestimmen, welche Tatsachen der Sachverständige der Begutachtung zugrunde legen soll. Gegebenenfalls sind ihm Sachverhaltsalternativen zwecks selbständiger Würdigung vorzulegen, wenn der zu begutachtende Sachverhalt nicht eindeutig feststeht.[44] Diese Tatsachen werden **Anschlusstatsachen** genannt (§ 404a Rdn. 7). Grundsätzlich hat also das Gericht diejenigen Beweistatsachen selbst zu ermitteln, die anschließend von dem Sachverständigen zu begutachten sind. Diese Fälle stehen mit dem Grundsatz der formellen Unmittelbarkeit in Einklang. Gegebenenfalls kann das **Gericht den Sachverständigen** zu der vom Gericht selbst durchgeführten Tatsachenermittlung **hinzuziehen**. Fehlt es an einer Leitung durch das Gericht, liegt eine „Beweiserhebung" durch eine nicht dem Prozessgericht angehörende Person vor, die den Grundsatz der formellen Unmittelbarkeit verletzt. 34

Ebenfalls unbedenklich sind die Fälle, in denen der Sachverständige zwar **eigene Tatsachenfeststellungen** trifft, diese aber seine **besondere Sachkunde** erfordern, sog. **Befundtatsachen** (§ 404a Rdn. 7). Das Gericht ist selbst nicht zu einer Gewinnung dieser Erkenntnisse in der Lage. Andere streitige Tatsachenfeststellungen durch den Sachverständigen sind nur dann zulässig, wenn er aus tatsächlichen oder rechtlichen Gründen **als Augenscheinsgehilfe** tätig werden muss (z.B. als Dachdecker oder Taucher oder zum Persönlichkeitsschutz einer zu betrachtenden Person als Arzt). 35

Ermittelt der Sachverständige auf Grund eigener Nachforschungen Tatsachen, die dem Gericht **bisher unbekannt** waren und deren Feststellung **nicht durch** die **vorstehend genannten Rechtfertigungsgründe gedeckt** ist, dürfen diese weder separat noch bei der Würdigung des Gutachtens ohne Beweisaufnahme zugrunde gelegt werden. 36

V. Durchbrechung der formellen Unmittelbarkeit

1. Übertragung der Beweisaufnahme gem. Abs. 1 Satz 2. Der Grundsatz der formellen Unmittelbarkeit gilt in der genannten Form uneingeschränkt. Ausnahmen werden in § 355 Abs. 1 Satz 1 an die **Bedingung** geknüpft, dass sie **gesetzlich vorgesehen** sind. 37

---

41 Vgl. *Stadler* ZZP 115 (2002), 413, 438.
42 *Erdinger* DRiZ 1996, 290; *Stadler* ZZP 115 (2002), 413, 440.
43 *Schultzky* NJW 2003, 313, 316. Ablehnend *Stadler* ZZP 115 (2002), 413, 442.
44 MünchKomm/*Heinrich*⁶ § 355 Rdn. 11; AK-ZPO/*Rüßmann* § 404 Rdn. 5.

38 Die Fälle zulässiger **Delegation** der Beweisaufnahme sind im Gesetz **abschließend aufgezählt**. Eine entsprechende Vorschrift mit jeweils speziellen Voraussetzungen findet sich für jedes der fünf Strengbeweismittel der §§ 371 bis 455. Die jeweiligen Regeln sind enthalten in § 372 Abs. 2 für den Augenschein,[45] § 375 für den Zeugenbeweis,[46] §§ 402, 405 in Verb. mit § 375 für den Sachverständigenbeweis, § 434 für den Urkundenbeweis und in § 451 in Verb. mit § 375 für die Parteivernehmung. Des Weiteren erlaubt § 349 eingeschränkt eine Beweisaufnahme allein durch den **Vorsitzenden der Kammer für Handelssachen**. Eide können gem. § 479 vom beauftragten oder ersuchten Richter abgenommen werden.

39 Eine Sonderregelung für das **Berufungsverfahren** findet sich in § 527. Demgemäß kann das Berufungsgericht, sofern es die Sache nicht gem. § 526 gänzlich dem Einzelrichter überträgt, einen Einzelrichter mit der Vorbereitung der Entscheidung betrauen, der gem. § 527 Abs. 2 Satz 2 zu diesem Zweck unter engen Voraussetzungen auch einzelne Beweise erheben darf (dazu § 527 Rdn. 10ff.). In **Ehesachen** darf ein **ersuchter Richter** nach § 128 Abs. 3 FamFG, der an die Stelle des § 613 Abs. 1 Satz 3 ZPO a.F. getreten ist, eine Parteianhörung oder eine Parteivernehmung durchführen.

40 Absatz 1 Satz 2 **unterscheidet** zwischen der **Übertragung auf** ein **Mitglied des** (kollegialen) **Prozessgerichts** (beauftragter Richter, § 361) und der Übertragung **auf ein anderes Gericht** (ersuchter Richter, § 362). Unzulässig ist die Übertragung auf andere Personen als Richter. Die Übertragung auf den beauftragten oder ersuchten Richter hat durch **Beweisbeschluss** zu erfolgen (§ 361 Rdn. 18 und § 362 Rdn. 7).

41 **a) Beauftragter Richter.** Bei der Übertragung auf ein Mitglied des Prozessgerichts wird die Beweisaufnahme von einem einzelnen Richter des Spruchkörpers durchgeführt. Eine **Übertragung auf *zwei* Richter** des Prozessgerichts widerspricht dem Wortlaut der Norm und ist **unzulässig**.[47] Der Grundsatz der Unmittelbarkeit würde dies zwar nicht zwingend verlangen. Jedoch entstehen mit einer zeitlich parallelen Beweiserhebung zu getrennten Beweisthemen durch zwei beauftragte Richter vermeidbare Beweiswürdigungsverluste. Würden Beweise zu denselben Beweisthemen von zwei Kammermitgliedern gemeinsam erhoben, etwa durch den Vorsitzenden und den Berichterstatter,[48] entstünde faktisch ein Übergewicht gegenüber dem dritten Richter,[49] das gegen das gerichtsverfassungsrechtlich vorgesehene **Kollegialprinzip** der Entscheidung durch drei Richter verstieße.

42 **b) Rechtshilfebeweiserhebung.** Soll die Beweisaufnahme dem **Richter eines anderen Gerichts** übertragen werden, gelten ergänzend die §§ 156ff. GVG (Durchführung von Rechtshilfe). Zuständig ist das gem. § 157 Abs. 1 GVG als **Rechtshilfegericht** zuständige Amtsgericht.

43 Für die **Verwertung der Beweisergebnisse** des beauftragten / ersuchten Richters gelten dieselben Regeln wie beim Richterwechsel und der Verwertung von Beweisergebnissen anderer Gerichte (dazu nachfolgend Rdn. 44ff.). Zum **Richterwechsel** in der laufenden Instanz oben Rdn. 26.

---

45 Dazu BGH NJW 1990, 2936, 2937 (Blutentnahme für Abstammungsuntersuchung, Delegation auf Rechtshilferichter).
46 Dazu BGH NJW 2000, 2024, 2025.
47 BGHZ 32, 233, 236 = NJW 1960, 1252, 1253; *Brüggemann* JZ 1952, 172, 173; Zöller/*Greger*[29] § 355 Rdn. 5.
48 So in BGHZ 32, 233.
49 Vgl. BGHZ 32, 233, 237/238.

2. Verwertung der Beweiserhebung anderer Gerichte

a) Verfahrensfremde Beweiserhebungen. Grundsätzlich besteht die Möglichkeit, 44 die Ergebnisse der Beweisaufnahme eines anderen Verfahrens **urkundlich** (zur Qualifizierung oben Rdn. 15) in die Verhandlung einzubringen. Sie besteht für sämtliche Beweismittel, die in anderen Prozessen herangezogen worden sind, was für Sachverständigengutachten ausdrücklich in § 411a geregelt ist. Die Berücksichtigung dieser Ergebnisse bedarf **nicht** der **Zustimmung des Gegners** des Beweisführers.[50] Allerdings steht es den Parteien frei, darüber hinaus oder zur Führung des Gegenbeweises die unmittelbare Heranziehung des in der Urkunde in Bezug genommenen Beweismittels zu beantragen (dazu oben Rdn. 17). Nur so können sie von ihrem **Fragerecht nach § 397 Abs. 1** Gebrauch machen. Das Einverständnis zur Verwertung der Ermittlungsakten bedeutet nicht ohne weiteres den Verzicht auf die beantragte Vernehmung eines Zeugen.[51] Wird ein Antrag nicht gestellt, gelten für die Verwertung der protokollierten Aussage dieselben Grenzen wie für die Verwertung nach einem Richterwechsel.[52]

b) Verwertung nach Verweisung im selben Verfahren. Eine besondere Konstella- 45 tion, die als Ausnahme vom Unmittelbarkeitsgrundsatz aufgefasst werden kann, bildet die Verweisung bei Unzuständigkeit gem. § 281. Das Verfahren vor dem verweisenden und dem zuständigen Gericht bilden eine Einheit[53] (§ 284 Rdn. 97). Deshalb haben die **Ergebnisse einer** schon vom verweisenden Gericht durchgeführten **Beweisaufnahme weiterhin Bestand.**[54] Die Beweisergebnisse finden somit Eingang in die Entscheidung, ohne dass auch nur ein Richter des zuständigen Gerichts daran teilgenommen hat. Es steht im Ermessen Gerichts, die Beweisaufnahme gem. §§ 398, 412, 451 zu wiederholen. Eine entsprechende Pflicht besteht nur unter denselben Voraussetzungen, die für den erstinstanzlichen Richterwechsel aufgestellt worden sind.

c) Beweiserhebung erster Instanz im Berufungsverfahren. Im Berufungsverfah- 46 ren sind die **Tatsachenfeststellungen** der **ersten Instanz** gem. § 529 Abs. 1 Nr. 1 grundsätzlich **zugrunde zu legen.** Das Berufungsgericht stützt sich auf Beweisergebnisse, an deren Gewinnung es zwar nicht teilgenommen hat. Jedoch hat das Eingangsgericht die Beweise erhoben, sie selbst gem. § 286 gewürdigt und auf dieser Grundlage ein Urteil gefällt. Es liegt also bereits eine Entscheidung vor, die den Unmittelbarkeitsanforderungen gerecht wird. Sie ist **nur** Gegenstand einer **Fehlerüberprüfung.** Von dem erstinstanzlichen Ergebnis darf ohne Feststellung von Fehlern nicht abgewichen werden (s. auch unten Rdn. 60 ff.).

Eine **Wiederholung** ist gem. §§ 529 Abs. 1 Nr. 1, 398 Abs. 1 (s. § 398 Rdn. 13 f.) not- 47 wendig, wenn das Berufungsgericht **von** den Feststellungen und Einschätzungen der **Eingangsinstanz abweichen** will, nämlich der Aussage eines Zeugen eine andere Tragweite, ein anderes Gewicht oder eine vom Wortsinn abweichende Auslegung geben will oder wenn es die protokollierten Angaben des Zeugen für zu vage und präzisie-

---

50 BGH VersR 1970, 322, 323; BGH VersR 1983, 667, 668; BGH NJW 1985, 1470, 1471; *Wussow* VersR 1960, 582.
51 OLG Hamm VersR 2003, 128 (LS).
52 Vgl. dazu BGH NJW-RR 1992, 1214, 1215.
53 BGH NJW 1953, 1139, 1140; BGH NJW 1984, 1901.
54 BGH LM ZPO § 648 Nr. 2; MünchKomm/*Heinrich*⁴ § 355 Rdn. 9; *Haus* Übernahme von Prozessergebnissen, S. 49.

rungsbedürftig hält;[55] dasselbe gilt für eine Parteivernehmung.[56] Zweifel an der Vollständigkeit und Richtigkeit der protokollierten Aussage eines Zeugen nötigen **nicht stets** zu einer **Wiederholung der Vernehmung**. Das Berufungsgericht kann darauf verzichten, wenn es seine Abweichung allein mit dem objektiven Aussagegehalt einer Zeugenaussage begründet. Es soll sich dann nur auf Umstände stützen dürfen, die weder die Urteilsfähigkeit, das Erinnerungsvermögen oder die Wahrheitsliebe des Zeugen noch die Vollständigkeit oder die Widerspruchsfreiheit seiner Aussage betreffen;[57] dieser Aussage ist hinsichtlich der **Abweichung wegen Widersprüchlichkeit** infolge Auslegung des protokollierten Aussagetextes zu widersprechen.

48 Auch bei einem **Verzicht auf** eine **erneute Vernehmung** darf das Berufungsgericht die vom erstinstanzlichen Gericht als glaubhaft gewürdigten Zeugenaussagen nicht unberücksichtigt lassen.[58] Zumindest hat es sich mit den Aussagen auseinander zu setzen und darzulegen, weshalb es gegen die Aussage sprechende Indizien ohne erneute Befragung des Zeugen für aussagekräftiger hält.[59] Dies gilt auch bei nur teilweiser Wiederholung der Zeugenvernehmung; das Ergebnis der nicht wiederholten Vernehmung darf bei der Entscheidungsfindung nur unberücksichtigt bleiben, wenn die Partei auf das Beweismittel verzichtet hat.[60] Eine **Wiederholung** ist auch **notwendig**, wenn das erstinstanzliche Gericht eine unzureichende, nämlich bloß formelhafte Beweiswürdigung vorgenommen hat und es wegen der Glaubwürdigkeitsbeurteilung auf den persönlichen Eindruck von den Zeugen ankommt.[61] Kein Fall abweichender Bewertung der Aussage ist gegeben, wenn das Berufungsgericht bei gleich bleibendem tatsächlichen Verständnis lediglich andere rechtliche Konsequenzen zieht.[62] Der Pflicht zur Wiederholung der Vernehmung kann sich das Berufungsgericht nicht dadurch entziehen, dass es die Aussage des Zeugen in ihrem umstrittenen Teil unberücksichtigt lässt, wenn der Beweiswert anderer Indizien nicht losgelöst von der Aussage zu beurteilen ist.[63]

49 Seit der Reform des Berufungsrechts findet die Überlegung zur etwaigen Abweichung von der Beweiswürdigung der ersten Instanz bei der Prüfung eines **Feststellungsfehlers gem. § 529 Abs. 1 Nr. 1** statt.[64] Ist die erstinstanzliche Würdigung insoweit zu beanstanden, besteht vielfach Anlass zur erneuten Vernehmung eines Zeugen oder einer Partei. Dafür gelten die Grundsätze, die schon vor der Neuordnung des Berufungsrechts angewandt wurden.[65] Wird der Antrag zur erneuten Vernehmung übergangen, liegt darin ein Verstoß gegen Art. 103 Abs. 1 GG.[66]

---

55 BGH NJW 1984, 2629; BGH NJW 1993, 64, 66 (insoweit nicht in BGHZ 119, 283); BGH NJW 1996, 663; BGH NJW-RR 1998, 1601, 1602; BGH NJW 1998, 2222, 2223; BGH NJW 1999, 363, 364; BGH NJW 1999, 2972, 2973; BGH NJW-RR 2000, 432, 433; BGH NJW 2000, 1199, 1200; BGH NJW-RR 2001, 1430; BGH NJW-RR 2002, 1500; BGH NJW-RR 2002, 1649, 1650; BGH Rep. 2003, 453; BGH NJW-RR 2006, 109, 110; BGH VersR 2006, 949 Tz. 2; BGH Beschl. v. 14.7.2009 – VIII ZR 3/09; BAG NZA 1990, 74.
56 BGH NJW 1999, 563, 564.
57 BGH NJW 1991, 3285, 3286; BGH NJW 1998, 2222, 2223; BGH Beschl. v. 14.7.2009 – VIII ZR 3/09; s. ferner BGH NJW 1988, 1138, 1139; BGH MDR 1979, 481, 482; BGH NJW-RR 2002, 1500; BGH NJW 2007, 372 Tz. 23 = VersR 2007, 102.
58 BGH NJW-RR 2002, 1649, 1650.
59 BGH NJW-RR 2002, 1649, 1650.
60 BGH NJW 2000, 1199, 1200.
61 BGH NJW-RR 2000, 432, 433 = VersR 2000, 227, 228.
62 KG KGR 2001, 389.
63 BGH Rep. 2005, 671.
64 BVerfG NJW 2005, 1487; BVerfG NJW 2011, 49 Tz. 14; BGH VersR 2006, 949 Tz. 2; BGH NJW 2011, 1364 Tz. 6; BGH NJW 2011, 989 Tz. 45; BGH NJW-RR 2012, 704 Tz. 6.
65 BGH NJW 2007, 372 Tz. 23.
66 BVerfG NJW 2005, 1487; BVerfG NJW 2011, 49 Tz. 11 mit 14.

3. Verwertung der Ergebnisse des selbständigen Beweisverfahrens. Eine ge- 50
setzliche **Ausnahme** vom Grundsatz der formellen Unmittelbarkeit enthält § 493 für die
Ergebnisse eines selbständigen Beweisverfahrens. Tatsachen, über die in diesem Verfahren Beweis erhoben worden ist, stehen Beweisergebnissen gleich, über die von dem Prozessgericht Beweis erhoben wird, sofern sie von einer Partei in das Hauptverfahren eingeführt werden.

Der Grundsatz der Unmittelbarkeit wird von dieser Regelung dann nicht einge- 51
schränkt, wenn das für das selbständige Beweisverfahren **zuständige Gericht** mit dem
Prozessgericht identisch ist; es gilt also § 375.[67] Eine solche Identität der Gerichte ist
stets gegeben, wenn das selbständige Beweisverfahren gem. § 486 Abs. 1 stattfindet, aber
regelmäßig auch im Falle des § 486 Abs. 2 bei erst nachfolgender Klageerhebung. Eine
echte Ausnahme entsteht lediglich im Falle des **§ 486 Abs. 3**, also der **Beweisaufnahme durch das Amtsgericht** bei dringender Gefahr des Beweismittelverlustes.

Das Ergebnis des selbständigen Beweisverfahrens wird gem. § 493 Abs. 1 **nicht** im 52
Wege eines **Urkundenbeweises** in den Hauptprozess eingeführt. Vielmehr sind die Beweise so zu berücksichtigen, wie sie im selbständigen Beweisverfahren erhoben worden
sind, d.h. als Augenscheins-, Zeugen- oder Sachverständigenbeweis. Eine Parteivernehmung kann im selbständigen Beweisverfahren nicht durchgeführt werden, § 485 Abs. 1
(arg. e contrario). Die Verwertung im Wege des Urkundenbeweises steht den Parteien
jedoch im Falle des § 493 Abs. 2 offen. Eine vermeintliche Benachteiligung des nicht
rechtzeitig geladenen Gegners i.S.d. § 493 Abs. 2 ist nicht zu befürchten, da dieser die
Erhebung des materiell unmittelbaren Beweismittels selbst beantragen und damit den
Urkundenbeweis widerlegen kann.

Eine **Wiederholung oder Ergänzung** der Beweisaufnahme des selbständigen Be- 53
weisverfahrens findet **nur** unter den Voraussetzungen der **§§ 398, 412** statt (§ 398 Rdn. 11
und § 492 Rdn. 18). Dem Beweisführer des selbständigen Beweisverfahrens dürfen die
dort erzielten Ergebnisse nicht ohne weiteres wieder genommen werden (§ 398 Rdn. 9).
Das hat das Gericht bei der Ausübung des durch § 398 und § 412 eingeräumten Ermessens zu berücksichtigen. Wegen der in § 493 ausdrücklich getroffenen Ausnahmeregelung bedarf es für eine Wiederholung eines besonderen Grundes.[68]

4. Beweisaufnahme im Ausland. Eine weitere **geschriebene Ausnahme** vom 54
Grundsatz der formellen Unmittelbarkeit besteht bei der Durchführung der Beweisaufnahme im Ausland. Zu den Einzelheiten siehe die Kommentierung zu § 363. Diese
Ausnahme trägt dem Umstand Rechnung, dass bei Unzulässigkeit der mittelbaren Beweisführung das im Ausland befindliche Beweismittel gar nicht herangezogen werden
könnte.

VI. Verletzung des Grundsatzes der formellen Unmittelbarkeit

1. Verfahrensfehler. Ein Verstoß gegen den Grundsatz der formellen Unmittelbar- 55
keit stellt einen Verfahrensfehler dar,[69] gleichgültig ob wegen im Einzelfall **unzulässiger
Delegierung**[70] oder wegen Nichtbeachtung der **Grundsätze zum Richterwechsel**. Der

---

67 MünchKomm/*Schreiber*[4] § 492 Rdn. 1; Stein/Jonas/*Berger*[22] § 355 Rdn. 26.
68 Demgegenüber für eine strikte Orientierung der Ermessensausübung des Prozessgerichts gem. § 398 am Unmittelbarkeitsprinzip Stein/Jonas/*Berger*[22] § 355 Rdn. 25.
69 BGH NJW 1991, 1302; BayObLG FamRZ 1988, 422, 423; *Pantle* NJW 1988, 2027, 2028; Musielak/*Stadler*[7] § 355 Rdn. 11.
70 So etwa in BGH NJW 1979, 2518; BGH NJW 1991, 1302.

Verfahrensfehler wird als ein Verstoß entweder gegen § 355,[71] gegen § 286[72] oder gegen § 398[73] angesehen. Die fehlerhaft durchgeführte Beweisaufnahme darf nicht verwertet werden und **ist zu wiederholen**,[74] sofern das Verfahren noch nicht abgeschlossen ist. Ein Beweisbeschluss, der die Übertragung der Beweisaufnahme auf einen beauftragten oder ersuchten Richter unter Missachtung der gesetzlichen Vorgaben anordnet und dadurch den Grundsatz der Unmittelbarkeit verletzt, ist allerdings wegen § 355 Abs. 2 nicht selbständig anfechtbar (dazu unten Rdn. 64).

56 **2. Heilung gem. § 295 Abs. 1.** Ein Verwertungsverbot besteht dann nicht, wenn der Mangel gem. § 295 geheilt worden ist, weil die betreffende Partei den Verfahrensfehler nicht rechtzeitig gerügt hat oder ein Rügeverzicht vorliegt. Der **Verstoß** gegen § 355 Abs. 1 **ist heilbar**.[75] Eine Heilung ist freilich nur dann möglich, wenn während der Verhandlung überhaupt Gelegenheit zur Rüge besteht. Das setzt Kenntnis der Parteien von dem Verfahrensfehler voraus. Zeigt sich ein **Verstoß** gegen den Unmittelbarkeitsgrundsatz erst **im gerichtlichen Urteil**, ist eine Heilung ausgeschlossen.[76]

57 **Umstritten ist**, **ob** bzw. unter welchen Voraussetzungen bei der rechtswidrigen Verwertung eines Vernehmungsprotokolls eine **Heilung** gem. § 295 Abs. 2 **ausgeschlossen** ist. Der BGH hat sich zu dieser Frage, sieht man von einem obiter dictum des I. Zivilsenats ab,[77] bisher nicht abschließend geäußert,[78] hat aber nicht schlechthin eine Parteidisposition darüber ausschließen wollen, ob und in welchem Umfang der Unmittelbarkeitsgrundsatz im Einzelfall zur Anwendung kommen soll.[79] Teile der Rechtsprechung und des Schrifttums halten die Heilung für ausgeschlossen. Sie sehen darin eine Verletzung des grundrechtlichen Anspruchs auf den gesetzlichen Richter gem. Art. 101 Abs. 1 Satz 2 GG.[80] **Dem steht entgegen**, dass der gesetzliche Richter das Prozessgericht ist und es auch im Falle einer Übertragung bleibt.[81] Die fehlerhafte Beweiserhebung durch einen beauftragten Richter stellt keine Entscheidung des Rechtsstreits dar; sie erfolgt vielmehr unverändert durch das Prozessgericht selbst. Andere Autoren halten den Grundsatz der Unmittelbarkeit im Interesse möglichst wirklichkeitsgetreuer Sachverhaltsrekonstruktion für so gewichtig, dass ein Verzicht ausgeschlossen sei.[82] Jedoch fehlt es angesichts der zahlreichen gesetzlichen Ausnahmen vom Unmittelbarkeitsgrundsatz an der für eine Unverzichtbarkeit erforderlichen Relevanz der Verletzung für das öffent-

---

71 BGH NJW 2000, 2024, 2025; BGH Rep. 2002, 391; BGH Rep. 2005, 671; OLG Hamm MDR 2007, 1153; LAG Nürnberg, Bschl. v. 18.9.2006, AR-Blattei ES 160.7.2. Nr. 10.
72 BGH NJW 1987, 3205/3206; BGH NJW-RR 2002, 1649, 1650. Beide Vorschriften nennend OLG Düsseldorf NJW 1992, 187, 188.
73 BGH Rep. 2005, 671.
74 BGH NJW 2000, 2024, 2025; Musielak/*Stadler*[10] § 355 Rdn. 11; Stein/Jonas/*Berger*[22] § 355 Rdn. 31.
75 BGH NJW 1964, 108, 109; BGH NJW-RR 1997, 506; BayObLG MDR 1984, 324; BayObLG FamRZ 1988, 422, 423; OLG Hamm MDR 1993, 1235, 1236; *Wussow* VersR 1960, 582, 583.
76 BGH MDR 1992, 777 f.; BGH NJW 1991, 1180; BGH NJW 1991, 1302; BGH NJW-RR 1997, 506; BGH NJW 2000, 2024, 2025; BGH NJW-RR 2011, 569 Tz. 11; OLG Düsseldorf NJW 1992, 187, 188; OLG Schleswig MDR 1999, 761 f.
77 BGH (I. ZS) NJW-RR 2011, 569 Tz. 11 (Frachtsache).
78 Vgl. BGHZ 32, 233, 236; BGHZ 40, 179, 183; BGH NJW 1979, 2518.
79 BGHZ 40, 179, 184 = NJW 1964, 108, 109. Stärker zugunsten einer Anwendung des § 295 Abs. 1 formulierend BGH NJW 1979, 2518 („in der Regel" keine Revision nach Rügeversäumnis).
80 OLG Köln NJW 1976, 1101; *Schneider* DRiZ 1977, 13, 15; **a.A.** *Müller* DRiZ 1977, 305, 306.
81 MünchKomm/*Heinrich*[4] § 355 Rdn. 18; Musielak/*Stadler*[10] § 355 Rdn. 12.
82 *Müller* DRiZ 1977, 305, 306; *Werner/Pastor* NJW 1975, 329, 331; MünchKomm/*Prütting*[4] § 295 Rdn. 19 f.; *Weth* JuS 1991, 34, 36; AK-ZPO/*Rüßmann* § 355 Rdn. 5.

liche Interesse.[83] § 295 Abs. 1 ist auch in Verfahren anzuwenden, für die der **Untersuchungsgrundsatz** gilt.[84]

Teilweise wird einschränkend angenommen, dass eine Anwendung des § 295 Abs. 1 **58** dann ausgeschlossen sei, wenn das betreffende Gericht **regelmäßig und systematisch** gegen den Grundsatz der Unmittelbarkeit **verstößt**.[85] Die Beurteilung eines Verfahrensverstoßes kann indes nicht davon abhängig gemacht werden, ob in anderen Verfahren gleichartige Verstöße vorgekommen sind;[86] § 295 Abs. 2 dient auch nicht der Disziplinierung der Gerichte.

Für die **Zulassung eines Verzichts** spricht zudem die Einfügung der Sätze 2 bis 4 in **59** § 284 durch das erste JuModG vom 24.8.2004.[87] Danach kann das Gericht auf Grund einer Vereinbarung der Parteien Beweis auch im Wege des Freibeweises erheben, wodurch es vom Grundsatz der formellen Unmittelbarkeit entbunden wird. Diese Entscheidung wird vor Durchführung der Beweisaufnahme getroffen. Der Gesetzgeber geht damit von der **Disponibilität des Unmittelbarkeitsgrundsatzes** aus, soweit der Verhandlungsgrundsatz gilt. Wenn ein vorheriger Verzicht möglich ist, muss er erst recht als nachträglicher Verzicht akzeptiert werden, bei dem die Folgen sehr viel überschaubarer sind.

3. Berufung, Revision. Ob ein Urteil im Falle fehlender Heilung gem. § 295 durch **60** Rechtsmittel angreifbar ist, hängt maßgeblich vom Verständnis des § 355 Abs. 2 ab. Die **fehlerhafte Übertragung** auf den ersuchten oder beauftragten Richter **oder** die **fehlerhafte Nichtwiederholung** der Beweisaufnahme (oben Rdn. 40f. und Rdn. 47f.) sind im Wege der Berufung und Revision **zu überprüfen**.[88]

Die Überprüfungsmöglichkeit wird z.T. mit der **Verletzung des § 286** begründet, die **61** mit dem Verstoß gegen § 355 Abs. 1 regelmäßig einhergehe. Diese Begründung – nicht das Ergebnis – ist fragwürdig, weil damit § 355 Abs. 2 schlechthin beiseite geschoben werden könnte. Der einzuschlagende Begründungsweg hängt von der generellen Stellungnahme ab, in welchem Umfang mit dem Rechtsmittel gegen das spätere Urteil die Beweisanordnungen der Vorinstanz angegriffen werden können, weil sich die darauf zurückgehende fehlerhafter Beweisaufnahme in den Tatsachenfeststellungen ausgewirkt hat oder haben könnte (näher dazu unten Rdn. 75).

In der Rechtsprechung des BGH ist folgendes Ergebnis gesichert: Überträgt das Eingangsgericht die Beweisaufnahme auf den Einzelrichter, obwohl die Voraussetzungen **62** des § 375 nicht vorliegen, weil die gegenläufigen Aussagen von Zeugen zu würdigen sind, kann das Berufungsgericht das Verfahren wegen eines **wesentlichen Verfahrensmangels** gem. § 538 Abs. 2 Nr. 1 an das Gericht des ersten Rechtszuges **zurückverweisen**.[89] Verstößt das Berufungsgericht gegen das Gebot der erneuten Zeugenverneh-

---

83 MünchKomm/*Heinrich*[4] § 355 Rdn. 18; Musielak/*Stadler*[10] § 355 Rdn. 12; Stein/Jonas/*Berger*[22] § 355 Rdn. 32.
84 MünchKomm/*Heinrich*[4] § 355 Rdn. 18; **a.A.** OLG Schleswig SchlHA 1967, 183, 184 (Ehescheidungsverfahren).
85 BGH NJW 1979, 2518 (Verstoß darf „nicht zur Regel" werden); OLG Düsseldorf BB 1977, 1377; OLG Köln NJW-RR 1998, 1143 = OLGRep. 1998, 56, 57 (systematische Verletzung bejaht); **a.A.** KG VersR 1980, 654; Musielak/*Stadler*[10] § 355 Rdn. 12. Besonders krass war die Missachtung des § 355 Abs. 1 nach den tatsächlichen Feststellungen des OLG Düsseldorf bis zu dessen Entscheidung in NJW 1976, 1103 in dessen Gerichtsbezirk.
86 MünchKomm/*Heinrich*[4] § 355 Rdn. 18.
87 BGBl I 2004 S. 2198.
88 BGH NJW 1991, 1302; BGH NJW-RR 2002, 1649, 1650; *Bosch* Grundsatzfragen, S. 113; *Schneider* DRiZ 1977, 13, 15 (bei willkürlicher Übertragung); *Teplitzky* JuS 1968, 71, 76; Zöller/*Greger*[29] § 355 Rdn. 8.
89 Vgl. BGH NJW 2000, 2024, 2025.

mung, liegt darin eine Verletzung des § 529 Abs. 1 Nr. 1.[90] Zugleich wird darin eine Verletzung des Anspruchs auf rechtliches Gehör gesehen.[91]

VII. Unanfechtbarkeit von Beweisbeschlüssen

1. Ausschluss der sofortigen Beschwerde

63 **a) Generelle Unanfechtbarkeit.** Die herrschende Meinung geht von der **absoluten Unanfechtbarkeit** des Beweisbeschlusses **mittels sofortiger Beschwerde** gem. § 567 aus[92] (dazu auch § 284 Rdn. 75). Nach anderer Ansicht soll die Unanfechtbarkeit auf das Verbot beschränkt sein, die Ausübung des dem Gericht bei der Übertragungsentscheidung eingeräumten Ermessens zu überprüfen. Eine Anfechtung sei zulässig, wenn offensichtlich sei, dass keiner der in § 375 Abs. 1 genannten Gründe vorliege; allerdings dürften sämtliche Tatbestandsbestandsmerkmale, deren Beurteilung eine Ermessensentscheidung des Gerichts verlangt, nicht überprüft werden.[93] Ähnlich argumentiert eine Auffassung, nach der eine Überprüfung im Wege der Beschwerde zulässig sein soll, **wenn offensichtlich** sei, dass zur Übertragung **jegliche Ermächtigung** fehlt, also das Ermessen missbräuchlich ausgeübt worden ist.[94]

64 **b) § 355 Abs. 2 als pars pro toto prozessleitender Beweisanordnungen.** Die Regelung des § 355 Abs. 2 über die Unanfechtbarkeit des Beschlusses zur Übertragung der Beweisaufnahme behandelt **nur** einen **Ausschnitt des Rechtsbehelfsausschlusses.**[95] Insofern ist die verkürzend zitierende Bezugnahme auf § 355 Abs. 2[96] als Beleg für die generelle grundsätzliche Unanfechtbarkeit von Beweisbeschlüssen und formlosen Beweisanordnungen (als bloßen Zwischenentscheidungen) irreführend. Vielmehr folgt dieses Ergebnis aus deren Charakter als **prozessleitenden gerichtlichen Anordnungen.**[97] Die Willensbildung des Gerichts im laufenden Verfahren obliegt allein dem entscheidenden Instanzgericht.[98] Daher sind Beweisanordnungen selbst dann **nicht beschwerdefähig**, wenn sie als formeller Beweisbeschluss ergehen.[99] Dasselbe gilt für die **Ablehnung des Antrags auf Erlass** eines Beweisbeschlusses, etwa zur Einholung eines Ergänzungsgutachtens des gerichtlich bestellten Sachverständigen.[100] Unterstützt wird die Wertung durch die Regelung des § 360 Satz 1 (s. dazu § 360 Rdn. 2).

65 **c) Anerkannte Durchbrechungen.** Wenn der Beweisbeschluss einen **Verfahrensstillstand** herbeiführt, weil die angeordnete Beweisaufnahme in absehbarer Zeit nicht

---

90 BGH Beschl. v. 14.7.2009 – VIII ZR 3/09.
91 BVerfG NJW 2005, 1487; BGH Beschl. v. 14.7.2009 – VIII ZR 3/09; BGH Beschl. v. 5.4.2006 – IV ZR 253/05, insoweit nicht in FamRZ 2006, 946.
92 Vgl. BGH NJW-RR 2007, 1375; Musielak/*Stadler*[10] § 355 Rdn. 11; Stein/Jonas/*Berger*[22] § 355 Rdn. 30; Deubner AcP 167 (1967), 455, 460.
93 MünchKomm/*Heinrich*[4] § 355 Rdn. 19; s. auch OLG Köln MDR 1990, 728 (dort: zur Beschwerde gegen Beweisaufnahme im PKH-Verfahren).
94 Rosenberg/Schwab/*Gottwald*[17] § 116 Rdn. 23; Seidel ZZP 99 (1986), 64, 84; OLG Düsseldorf NJW 1976, 1103, 1105; *Müller* DRiZ 1977, 305, 306; *Teplitzky* JuS 1968, 71, 76.
95 Vgl. OLG Brandenburg OLGR 2000, 436 = FamRZ 2001, 294.
96 So etwa BGHZ 164, 94, 95 = VersR 2006, 95; BGH (XII.ZS) NJW-RR 2007, 1375 = FamRZ 2007, 1728; OLG München, Bschl. v. 12.11.2007 1 W 2684/07; OLG Jena MDR 2010, 404.
97 Vgl. OLG München ZIP 2009, 1088 (FGG-Spruchverfahren).
98 Vgl. BGH GRUR 2009, 519, 520 Tz. 9 – Hohlfasermembranspinnanlage.
99 OLG Brandenburg FamRZ 2001, 294; OLG München ZIP 2009, 1088.
100 OLG München, Bschl. v. 12.11.2007 – 1 W 2684/07; OLG München ZIP 2009, 1088.

stattfinden kann, so dass der Beschluss einer Aussetzungsentscheidung gleichkommt, ist in **analoger Anwendung des § 252** die sofortige Beschwerde statthaft.[101] Einschlägige Sachverhalte betrafen früher vor allem die (heute überholte) Abstammungsfeststellung durch Einholung eines erbbiologischen Gutachtens, für das erst ein geeignetes Lebensalter des Kindes erreicht sein musste; vereinzelt ging es auch um eine Auslandsbeweisaufnahme bei unklarer Bereitschaft zur Gewährung internationaler Rechtshilfe. Das Beschwerdegericht darf in diesem Fall nur die prozessualen Voraussetzungen der Beweisanordnung überprüfen,[102] nicht aber die gerichtliche Entscheidung über die Entscheidungserheblichkeit und Beweisbedürftigkeit kontrollieren.[103]

Indirekt wird das Ergebnis einer Beweisanordnung überprüft, wenn die **Beweisperson** erfolgreich ein **Weigerungsrecht gem. §§ 386–389** in Anspruch nimmt. Über die Rechtmäßigkeit der Weigerung ist im Zwischenstreit nach § 387 durch Zwischenurteil zu entscheiden, gegen das das Rechtsmittel der **sofortigen Beschwerde** eingelegt werden kann. Verfassungsrechtlich zweifelhaft ist es, dass Parteiweigerungsrechte nicht ebenfalls in einem Zwischenstreit geklärt werden können (s. dazu auch nachfolgend Rdn. 70 f.). 66

Statthaft ist die **sofortige Beschwerde** abweichend von der Rechtslage im Erkenntnisverfahren auch dann, wenn ein Antrag im **selbständigen Beweisverfahren** zurückgewiesen wird, etwa auf Anhörung eines Sachverständigen. Der dazu ergehende Beschluss schließt das Verfahren ab; der Antragsteller kann nicht auf einen möglicherweise folgenden Rechtsstreit zur Hauptsache verwiesen werden.[104] 67

d) Unkorrigierbare Grundrechtsverletzung der Beweiserhebung. Zweifelhaft ist, ob die apodiktische Aussage zur generellen Unanfechtbarkeit auch aufrechterhalten werden kann, wenn die Ausführung des Beweisbeschlusses eine unmittelbare und auf andere zumutbare Weise nicht abwendbare **Verletzung von Grundrechten** zur Folge hat.[105] Derartige Konstellationen werden in erster Linie zu Lasten von Zeugen oder sonstigen dritten Beweispersonen vorkommen; deren Weigerungsrechte sind indes gesetzlich ausgeformt. 68

Der XII. Zivilsenat des BGH hat allerdings auf den Weg verwiesen, bei **Anordnung eines DNA-Gutachtens** zur Abstammungsfeststellung und nachfolgender Weigerung der Untersuchungsperson wegen Unzumutbarkeit der Untersuchung **nicht** den Ausgangsbeschluss der **Beweisanordnung** anzugreifen, **sondern** stattdessen vor der zwangsweisen Durchführung der Beweisaufnahme über die Rechtmäßigkeit der Weigerung **analog §§ 386 f. ein Zwischenurteil** herbeizuführen, das gem. § 387 Abs. 3 mit der sofortigen Beschwerde angegriffen werden könne[106] (dazu auch § 372a Rdn. 70). Die Statthaftigkeit 69

---

101 Vgl. OLG Bamberg FamRZ 1955, 217, 218; OLG Zweibrücken FamRZ 1984, 74, 75 (obiter dictum); OLG Hamm FamRZ 1958, 379; OLG Köln FamRZ 1960, 409, 410; OLG Köln NJW 1975, 2349; OLG Celle MDR 1967, 134; OLG Bremen NJW 1969, 1908, 1909; KG FamRZ 1982, 320, 321; OLG Brandenburg FamRZ 2001, 294, 295; Musielak/*Stadler*[10] § 252 Rdn. 2; Stein/Jonas/*Berger*[22] § 355 Rdn. 30 und § 359 Rdn. 5. **A.A.** BGH (XII. ZS) NJW-RR 2007, 1375 = FamRZ 2007, 1728, 1729; OLG Frankfurt NJW 1963, 912, 913 (jedoch nur hinsichtlich der Begründung abweichend). Offengelassen von BGH GRUR 2009, 519, 520 Tz. 11.
102 Vgl. OLG Hamm FamRZ 1958, 379, 380; OLG Celle MDR 1967, 134; OLG Köln NJW 1975, 2349; OLG Bremen NJW 1969, 1908, 1909; Stein/Jonas/*Berger*[22] § 359 Rdn. 5 in Fn. 10.
103 So jedoch OLG Bamberg FamRZ 1955, 217, 219; OLG Köln FamRZ 1960, 409, 410; *Schiedermair* FamRZ 1955, 282, 283.
104 BGHZ 164, 94, 95 = VersR 2006, 95.
105 So gleichwohl BGH NJW-RR 2007, 1375 Tz. 10 in einem obiter dictum.
106 BGH FamRZ 2007, 549; BGH NJW-RR 2007, 1375 Tz. 11; ebenso OLG Jena NJW-RR 2007, 1306, 1307. S. auch OLG Frankfurt NJW-RR 2006, 1228 (dort kein Untersuchungszwang zur Feststellung der elterlichen Erziehungsfähigkeit); BGH NJW 2010, 1351 Tz. 33.

eines Rechtsmittels gegen einen Beweisbeschluss vorzusehen, der ein Abstammungsgutachten anordne, sei eine vom Gesetzgeber zu beantwortende Frage der Zweckmäßigkeit; die geltende gesetzliche Regelung sei verfassungsrechtlich unbedenklich.

70   Denkbar ist ferner ein **Eingriff in Geschäfts- oder Betriebsgeheimnisse** einer Prozesspartei, etwa bei der Bestimmung des Umfangs von Aufklärungen eines Sachverständigen durch eine Beweisanordnung gem. § 404a Abs. 4. Der I. Zivilsenat des BGH hält eine **selbständige Anfechtbarkeit ausnahmsweise** für möglich, wenn die Zwischenentscheidung für die Partei einen bleibenden rechtlichen Nachteil zur Folge hat, der sich im weiteren rechtlichen Verfahren nicht mehr oder jedenfalls nicht mehr vollständig ausgleichen lässt.[107] Allerdings verweist dieser Senat die Partei für den Fall der **befürchteten Geheimnisverletzung** auf den Ausweg, die Beweisaufnahme durch Verweigerung des Zutritts zum Ort der Beweisaufnahme, etwa einem Betriebsgelände, in Ausübung des Hausrechts zu verhindern; prozessuale Nachteile seien damit nur verbunden, wenn die Weigerung unberechtigt sowie vorwerfbar und missbilligenswert erfolge. Das bedeutet die **Zuweisung** eines u.U. übermäßig **hohen Prozessrechtsrisikos**, weil der Parteistandpunkt nur mit der Berufung gegen das Endurteil – bei entsprechendem Kostenrisiko – einem Rechtsmittelrichter vorgetragen werden kann.

71   Die zur Anfechtung der Beweisanordnung berechtigende Grundrechtsverletzung kann auch in einer **Verletzung** des Anspruchs auf **rechtliches Gehör** liegen.[108] Der I. Zivilsenat des BGH hat sich in seiner einschlägigen Entscheidung vom 28.5.2009, die die **Anordnung eines Prozessfähigkeitsgutachtens** (dazu auch vor § 284 Rdn. 39) über einen Vollstreckungsgläubiger in einem Nachbarschaftsstreit zum Gegenstand hatte, nicht dazu geäußert, ob nicht auch unabhängig von der Gehörsverletzung[109] in derartigen, den **Schutzbereich des Art. 2 Abs. 1 GG** betreffenden Fällen eine sofortige Beschwerde zuzulassen ist. Das dürfte zu bejahen sein.[110]

2. Urteilsanfechtung wegen fehlerhafter Beweisanordnungen

72   **a) Meinungsstand. Streitig** ist, ob die Unanfechtbarkeit von Beweisanordnungen **über den Abschluss der Instanz hinaus** wirkt und zur Unüberprüfbarkeit in der **Berufungs- oder Revisionsinstanz** führt. Dabei wird nicht eindeutig zwischen dem unmittelbaren, wortlautgemäßen Anwendungsbereich des § 355 Abs. 2 und dessen wertender richterrechtlicher Erweiterung zu einem Ausschluss der Anfechtung sämtlicher prozessleitender Beweisanordnungen unterschieden. Das Reichsgericht hatte unter Hinweis auf **§§ 512, 557 Abs. 2** (= § 548 a.F.) verneint, dass auf die Verletzung des § 355 Abs. 1 ein Rechtsmittel gegen das Urteil gestützt werden kann, jedenfalls soweit die Sperre des § 355 Abs. 2 – in den Grenzen seines Wortlauts (?) – reicht.[111] Dem ist das Schrifttum teilweise uneingeschränkt gefolgt.[112] Die Auffassung stößt aber auch auf Ab-

---

107   BGH GRUR 2009, 519, 520 Tz. 12 = NJW-RR 2009, 995 – Hohlfasermembranspinnanlage, unter Berufung auf BVerfG (Kammer) NVwZ 2005, 681, 682.
108   BGH (I. ZS) NJW-RR 2009, 1223 Tz. 8.
109   Von der Gewährung rechtlichen Gehörs ist das Gericht nicht etwa deshalb entbunden, weil die Prozessunfähigkeit im Freibeweisverfahren (BAG NJW 2009, 3051 Tz. 4) festzustellen ist.
110   A.A. – jedoch ohne Erörterung des Verfassungsproblems – OLG München FamRZ 2006, 1555.
111   RGZ 149, 286, 290 f.; RGZ 159, 235, 242 (mit Offenhaltung einer Abweichung bei offensichtlichem Ermessensmissbrauch).
112   *Deubner* AcP 167 (1967), 455, 460; *Hampel* FamRZ 1964, 125, 129, wohl ebenso MünchKomm/*Heinrich*[4] § 355 Rdn. 21.

lehnung.[113] Dabei werden z.T. Differenzierungen der Überprüfungsreichweite vorgenommen.[114] Ausgangspunkt ist dafür der historische Wille des Gesetzgebers, das „diskretionäre Ermessen des Gerichts"[115] einer Überprüfung zu entziehen; die Anordnung soll auf einen Ermessensfehlgebrauch überprüft werden können.[116] Der **BGH** hat die Frage **bisher offen** gelassen,[117] lässt im Ergebnis aber eine Überprüfung des Beweisbeschlusses im Wege der Berufung und Revision zu, indem er § 355 Abs. 2 restriktiv auslegt.

b) Stellungnahme. Die **Kommission für** die **Reform des Zivilprozessrechts** hat sich in ihrem Bericht von 1977 dafür ausgesprochen, die von § 355 Abs. 1 Satz 1 abweichende Entscheidung **mit** dem **Rechtsmittel** gegen die Entscheidung **in der Hauptsache** für anfechtbar zu erklären.[118] Diese Regelung ist sachgerecht und ist auch de lege lata zu erreichen. 73

Die Vorstellungen zur **Überprüfbarkeit von Ermessensentscheidungen** haben sich im öffentlichen Recht seit der Schaffung der CPO grundlegend gewandelt; daran darf das Zivilprozessrecht nicht vorbeigehen. Die Regelung des § 355 Abs. 2 ist allerdings nicht allein mit dem Hinweis auf den Ermessenscharakter der Übertragungsentscheidung gem. § 355 Abs. 1 Satz 2 zu erklären. Im Interesse der **Verfahrensbeschleunigung** sollen Zwischenentscheidungen der selbständigen Anfechtbarkeit in der Instanz entzogen werden, sofern sie die Anfechtbarkeit nicht ausdrücklich gesetzlich zugelassen ist. Dieser **Zweck** ist von der Zulassung der Überprüfung **im Rechtsmittelverfahren gegen** das die Instanz abschließende **Urteil nicht berührt**. Allerdings ist es sinnlos, Beweisanordnungen der Vorinstanz schlechthin auf einen Rechtsfehler zu überprüfen, soweit sie sich auf die Tatsachenfeststellung des Urteils nicht ausgewirkt haben können. 74

Die **Verletzung des § 355 Abs. 1 Satz 1** ist nicht um ihrer selbst willen ein Überprüfungsgrund, sondern **nur soweit** der Verstoß die **Richtigkeit der Feststellungen betroffen** haben kann. Seit jeher wird die Beweisanordnung der Vorinstanz insoweit überprüft, als über die Relevanz der Tatsachenfeststellungen gemäß der Anwendung des materiellen Rechtssatzes aus der Sicht der Rechtsmittelinstanz entschieden wird. Danach kann eine Beweisaufnahme der Vorinstanz überflüssig sein oder es kann auf die Feststellung anderer streitiger Tatsachen ankommen. Überprüft wird aber völlig unstreitig auch die unrichtige Würdigung der Ergebnisse der Beweisaufnahme zu rechtlich relevanten Tatbestandsmerkmalen. Zweifel an der Richtigkeit des Ergebnisses der Vorinstanz können u.a. darauf beruhen, dass die Beweisaufnahme nicht vor dem Prozessgericht oder dem vollständigen Kollegialgericht in der Besetzung der letzten mündlichen Verhandlung stattgefunden hat. Dieses Ergebnis ergibt sich **für die Berufungsinstanz** zwanglos **aus § 529 Abs. 1 Nr. 1**, kann aber – in geringerem Umfang – auch auf eine Verletzung des § 398 wegen Ermessensfehlgebrauchs gestützt werden. Angesichts der von der ZPO-Reform zum Berufungsrecht betonten Funktion der Berufungsinstanz als Rechtskontrollinstanz und deren Annäherung an die Revision kann für das Revisionsgericht keine geringere Überprüfbarkeit auf Verfahrensfehler bei der Beweisaufnahme gelten. Dies folgt dann aus einer Anwendung des § 286. 75

---

113 OLG Düsseldorf NJW 1976, 1103, 1104, 1106; AK-ZPO/*Rüßmann* § 355 Rdn. 4; Musielak/*Stadler*[10] § 355 Rdn. 11. Generell zu Beweisanordnungen: OLG Karlsruhe OLGRep. 2003, 225, 226; OLG Frankfurt OLGRep. 2007, 877, 878.
114 OLG Köln NJW 1977, 249, 250; Stein/Jonas/*Berger*[22] § 355 Rdn. 31.
115 *Hahn/Stegemann* Mat. II/1 S. 305 (zu § 311).
116 So insbesondere Stein/Jonas/*Berger*[22] § 355 Rdn. 31.
117 BGHZ 40, 179, 183; BGH NJW 1979, 2518.
118 Bericht der Kommission S. 129, Normvorschlag zu § 352 neu Abs. 4 S. 333.

§ 356
Beibringungsfrist

Steht der Aufnahme des Beweises ein Hindernis von ungewisser Dauer entgegen, so ist durch Beschluss eine Frist zu bestimmen, nach deren fruchtlosem Ablauf das Beweismittel nur benutzt werden kann, wenn nach der freien Überzeugung des Gerichts dadurch das Verfahren nicht verzögert wird.

Schrifttum

Gottschalk Der Zeuge N.N., NJW 2004, 2939; *Greger/Stubbe* Schiedsgutachten, 2007; *Sass* Die Folgen der versäumten Zahlung des Auslagenvorschusses nach § 379 ZPO – Zugleich ein Beitrag zur Auslegung des § 356 ZPO, MDR 1985, 96; *E. Schneider* Der Auslagenvorschuß für Zeugen und Sachverständige, ZZP 76 (1963), 188; *E. Schneider* Die Tatsachenfeststellung, MDR 1964, 817; *Reinecke* Der Zeuge N.N. in der zivil- und arbeitsgerichtlichen Praxis, MDR 1990, 767; *Weth* Die Zurückweisung verspäteten Vorbringens im Zivilprozeß, 1988.

Übersicht

I. Beweismittelausschluss wegen Verfahrensverzögerung — 1	VI. Verhältnis zu § 296 und § 530
II. Anwendungsreichweite, konkurrierende Normen	1. Tatbestandliche Unterschiede — 21
1. Sondernormen, Einschränkungen — 4	2. Verschulden des Beweisführers als Fristsetzungsausschluss
2. Parallele Fristsetzungsbestimmungen, weitere Präklusionsnormen — 7	a) Mögliche Anknüpfung des Verschuldensurteils — 22
a) § 273 — 8	b) Folgen schuldhafter Hindernisherbeiführung — 24
b) § 230 — 9	3. Einzelheiten/Kasuistik
c) § 379 Satz 2, 402 — 10	a) Zeugenbeweis — 28
d) § 296 — 11	b) Zahlung eines Auslagenvorschusses — 31
III. Beweisrelevanz — 12	c) Fehlende Mitwirkungsbereitschaft Dritter — 34
IV. Beweiserhebungshindernis — 13	d) Fehlendes Schiedsgutachten — 37
1. Art der Hindernisse — 13	VII. Fristenbemessung — 38
2. Kein gleichwertiger anderer Beweis — 15	VIII. Fristsetzungsverfahren — 41
3. Behebbarkeit des Hindernisses — 16	IX. Ergebnisloser Fristablauf — 44
V. Hindernis mit bekannter Zeitdauer — 19	X. Rechtsmittelkontrolle — 48

I. Beweismittelausschluss wegen Verfahrensverzögerung

1   Auch wenn das Gericht die von den Parteien angebotenen Beweise grundsätzlich vollständig zu erheben und zu würdigen hat (§ 284 Rdn. 4 ff.),[1] erfordert die **Gewährung effektiven Rechtsschutzes**, nur solche Beweismittel zu berücksichtigen, die in angemessener Zeit tatsächlich erhoben werden können. Anderenfalls ließe sich das Verfahren durch geschickt gestellte Beweisanträge beliebig verzögern. Dem wollte der Gesetzgeber mit der Regelung des § 356 entgegentreten.[2] § 356 ermöglicht, für die **Sachverhaltsaufklärung** eine **zeitliche Grenze** zu setzen.

---

1 Vgl. BGHZ 53, 245, 259 – Anastasia; BGH JZ 1991, 371, 372; *Kollhosser* Beweisantragsrecht, FS Stree/Wessels, S. 1029, 1031.
2 Vgl. *Hahn/Stegemann* Mat. II/1 S. 305.

Die Vorschrift löst einen Konflikt zwischen den legitimen beiderseitigen Interessen 2
des Beweisführers und des Beweisgegners[3] und dient der **Verfahrensbeschleunigung**.[4]
Der Beweisführer erhält eine **Chance zur Hindernisbeseitigung**; zugunsten des Beweisgegners wird die dafür zur Verfügung stehende Zeit aber begrenzt. Die **Fristsetzung**
stellt die **Alternative** zur **sofortigen Zurückweisung des Beweisantrags** (nach teilweise vertretener Ansicht in Analogie zu § 244 Abs. 3 Satz 2 StPO)[5] dar.

Die Regelung ist mit Art. 103 Abs. 1 GG vereinbar. Das **Gebot rechtlichen Gehörs** 3
hindert den Gesetzgeber **nicht**, durch **Präklusionsvorschriften** auf eine Prozessbeschleunigung hinzuwirken, sofern den betroffenen Parteien ausreichend Gelegenheit
bleibt, sich zu allen für sie wichtigen Punkten zur Sache zu äußern.[6] Sie gibt dem Gericht
ein flexibles Instrument an die Hand, durch Bestimmung einer Beibringungsfrist eine
zeitgerechte Fortführung des Prozesses sicherzustellen. Allerdings ist die Anwendung
von Präklusionsvorschriften an eine sorgfältige Verfahrensleitung und die **Wahrnehmung der gerichtlichen Fürsorgepflicht** gebunden; zumutbare und damit prozessrechtlich gebotene richterliche Maßnahmen müssen darauf gerichtet werden, eine drohende Verzögerung zu vermeiden.[7]

II. Anwendungsreichweite, Konkurrierende Normen

1. Sondernormen, Einschränkungen. § 356 gilt als Teil des allgemeinen Beweis- 4
rechts für alle Strengbeweismittel. Anwendbar ist § 356 grundsätzlich auch in Verfahren
mit Amtsermittlung.[8] Eine **speziellere Vorschrift** enthält § 431 für den Urkundenbeweis,
wenn sich die betreffende **Urkunde** im Besitz eines Dritten befindet. Sie verdrängt § 356.
§ 431 findet kraft der Verweisung des § 371 Abs. 2 Satz 2 auch auf **Augenscheinsobjekte**
Anwendung.

§ 356 ist auf den **Sachverständigenbeweis unanwendbar**, sofern das Hindernis 5
von der Person des Sachverständigen und nicht von dem zu begutachtenden Gegenstand
oder der zu untersuchenden Person[9] ausgeht.[10] Die Möglichkeit der Begutachtung steht
und fällt nicht mit der Verfügbarkeit eines bestimmten Sachverständigen. In diesen Fällen fehlt es an einem Hindernis im Sinne des § 356 (dazu unten Rdn. 15). Das Gericht hat
notfalls einen anderen Sachverständigen zu beauftragen.

Unanwendbar ist § 356 dem Wortlaut nach, wenn der **Zeitpunkt der Hindernisbe-** 6
seitigung gewiss ist. In diesen Fällen ist aber ebenfalls zu prüfen, ob ein Abwarten der
Beseitigung dem Beweisgegner zugemutet werden kann (näher dazu Rdn. 19).

2. Parallele Fristsetzungsbestimmungen, weitere Präklusionsnormen. § 356 kon- 7
kurriert mit verschiedenen Normen, nämlich § 273 Abs. 2 Nr. 5, § 230, § 379 Satz 2 und
§ 296 Abs. 1 und 2.

a) § 273. Die Voraussetzungen des **§ 356 sind enger** als die des ebenfalls eine Frist- 8
setzung ermöglichenden § 273 Abs. 2 Nr. 5 in Verb. mit § 142 Abs. 1 Satz 2 oder § 144 Abs. 1

---
3 Vgl. BGH NJW 1972, 1133, 1134; BGH NJW 1993, 1926, 1928; Anm. *Gerhardt* ZZP 86 (1973), 63, 64;
Deubner JuS 1988, 221, 222.
4 OLG Hamm FamRZ 2003, 616, 617.
5 Offengelassen von OLG Hamm FamRZ 2003, 616, 617; für „Heranziehung" *Störmer* JuS 1994, 238, 241.
6 BVerfG NJW 1985, 3005, 3006; BVerfG NJW-RR 1994, 700.
7 BVerfG NJW 2000, 945, 946.
8 OLG Hamm FamRZ 2003, 616, 617.
9 Dazu BGH NJW 1972, 1133, 1134.
10 Stein/Jonas/*Berger*[22] § 356 Rdn. 3.

Satz 2, weil § 356 ein behebbares Hindernis erfordert; § 356 ist aber keine lex specialis zu den Anordnungsmöglichkeiten der §§ 142, 144 (dazu unten Rdn. 17).[11]

9   b) § 230. Versäumt eine Partei, eine Prozesshandlung innerhalb einer gesetzlichen oder richterlich gesetzten Frist vorzunehmen, ist sie gem. § 230 mit dieser Handlung ausgeschlossen, auch wenn die Fristversäumung unverschuldet erfolgt. § 356 geht als **speziellere Norm** vor, denn danach ist zusätzlich zu prüfen, ob das Verfahren durch die Benutzung des Beweismittels verzögert wird. Insofern gilt dasselbe wie für § 379 Satz 2.[12] Sowohl bei § 356 als auch bei § 379 ist eine Androhung der gesetzlichen Folgen (§ 231 Abs. 1) entbehrlich.[13]

10   c) § 379 Satz 2/§ 402. Der **Ausschluss** der Zeugenvernehmung oder der Einholung eines Sachverständigengutachtens wegen Nichtzahlung des Auslagenvorschusses ist an **Voraussetzungen** gebunden, die in gleicher Weise geregelt sind **wie** die der Fristversäumung nach **§ 356**. Das Verhältnis der beiden Normen bedarf daher keiner Klärung. Allerdings ist § 379 Satz 2 speziell für diesen Fall konzipiert.[14]

11   d) § 296. Das Verhältnis zwischen § 356 und §§ 296, 530 ist umstritten und bereitet der Rechtspraxis Schwierigkeiten.[15] Näher dazu unten Rdn. 21, 29, 33.

III. Beweisrelevanz

12   Zweck einer Fristsetzung ist die Lösung des Konflikts zwischen den Interessen von Beweisführer und Beweisgegner (oben Rdn. 2). Eine Fristbestimmung berücksichtigt die Interessen des zur Hinnahme der Verzögerung gezwungenen Beweisgegners nur dann hinreichend, wenn das **Interesse** des Beweisführers **an der Beweismittelbeschaffung** ein **gewisses Gewicht** hat. Daran fehlt es von vornherein, wenn das Beweismittel nicht zur Klärung beweiserheblicher Tatsachen erforderlich ist, etwa weil der Beweis bereits als erbracht anzusehen ist, wenn das beantragte Beweismittel ohnehin nicht verwertet werden dürfte oder wenn es aus anderen Gründen vom Gericht abgelehnt werden müsste.[16]

IV. Beweiserhebungshindernis

13   **1. Art der Hindernisse.** Ein Hindernis ist jeder Umstand, der der Beweiserhebung entgegensteht: Eine in Augenschein zu nehmende **Sache** kann **unauffindbar** sein. Ein **Zeuge** kann **verschwunden** oder sein Name und seine Anschrift können unbekannt sein[17] oder der Zeuge wechselt seinen ausländischen Aufenthaltsort geschäftlich bedingt in so kurzen Zeitabständen, dass die Auslandsbeweisaufnahme wegen deren zeitraubender Vorbereitung regelmäßig fehlschlägt. Ein Hindernis kann auch in der Person des Beweisführers selbst liegen, z.B. wenn er sich weigert, eine ärztliche Untersuchung über

---

11 Missverständlich Musielak/*Stadler*[10] § 356 Rdn. 1 einerseits, Rdn. 5 andererseits.
12 *Rixecker* NJW 1984, 2135, 2137.
13 BGH NJW 1998, 761, 762; MünchKomm/*Heinrich*[6] § 356 Rdn. 13.
14 Offengelassen von BGH NJW 1998, 761, 762; ebenso OLG Frankfurt, Urt. v. 19.11.2008 – 4 U 119/08.
15 Zur Anwendung des § 296 neben § 356 BVerfG NJW 2000, 945, 946.
16 Vgl. Musielak/*Stadler* Grundfragen des Beweisrechts Rdn. 35 ff.
17 Vgl. BGH NJW 1987, 893, 894; BGH NJW 1989, 227, 228; BGH NJW 1993, 1926, 1927 f.; BGH NJW 1998, 2368, 2369; KG MDR 2003, 471, 472; Stein/Jonas/*Berger*[22] § 356 Rdn. 5.

sich ergehen zu lassen (dazu auch unten Rdn. 17, 24), die eine geltend gemachte Gesundheitsbeeinträchtigung beweisen soll.

Ein Beweishindernis kann sich aus der derzeitigen **Undurchführbarkeit** der vom **14** Gericht für angemessen erachteten **Form der Beweisaufnahme** ergeben,[18] wenn die betreffende Form notwendig ist, weil sie Auswirkungen auf die Aussagekraft und den Inhalt der Beweisaufnahme hat. Dient sie nur der Bequemlichkeit der Beteiligten (z.B. der Zeugen, aber auch des Gerichts selbst), so besteht eine gleichwertige andere Möglichkeit der Beweiserhebung, die ein Hindernis ausschließt (vgl. dazu nachfolgend Rdn. 15).

2. Kein gleichwertiger anderer Beweis. Ein Hindernis liegt nur vor, wenn der an- **15** getretene Beweis auf gleichwertige andere Weise nicht erbracht werden kann.[19] Ein **nicht verfügbarer Sachverständiger** kann durch einen anderen Sachverständigen **ersetzt** werden.[20] Der Ausschluss des zeitweilig nicht verfügbaren Beweismittels zwingt den Beweisführer, auf andere Informationsträger auszuweichen, die weniger zuverlässig Informationen liefern. Die Einschätzung, ob dies der Fall ist, lässt sich aus der Sicht des Gerichts schwerlich ex ante treffen. Die **Versagung einer angemessenen Beibringungsfrist** unter Hinweis auf andere verfügbare Beweismittel kann daher gegen das **Verbot** der **antizipierten Beweiswürdigung** verstoßen. An die Bejahung der Gleichwertigkeit der Beweismittel sind strenge Anforderungen zu stellen. Bei der Zeugen- und der Parteivernehmung ist es wegen der Unterschiedlichkeit der subjektiven Wahrnehmungen und der daraus folgenden Aussagetüchtigkeit zweifelhaft, ob überhaupt ein gleichwertiges Beweismittel denkbar ist.

3. Behebbarkeit des Hindernisses. § 356 setzt ein Beweiserhebungshindernis von **16** **ungewisser Dauer** voraus. Es muss sich um ein **behebbares oder sich verflüchtigendes Hindernis** handeln, dessen Beseitigung **in absehbarer Zeit** zumindest **nicht ausgeschlossen** ist. Anderenfalls wäre eine Fristsetzung von vornherein zwecklos und der Beweisantrag müsste vom Gericht wegen Unerreichbarkeit des Beweismittels und damit Unmöglichkeit der Beweisaufnahme zurückgewiesen werden (dazu § 284 Rdn. 98). Die für eine **Beseitigungsmöglichkeit** sprechenden Umstände muss der Beweisführer darlegen.[21] An einer Beseitigungsmöglichkeit fehlt es z.B., wenn ein in Augenschein zu nehmender Gegenstand verschwunden oder zerstört ist, ein Zeuge untergetaucht, verstorben oder wegen chronischer Krankheit vermutlich für den Rest seines Lebens vernehmungsunfähig ist[22] oder wenn er wirksam von einem Zeugnisverweigerungsrecht Gebrauch gemacht hat.

Ist die **Mitwirkung sich weigernder Dritter** erforderlich, besteht eine Beseitigungs- **17** möglichkeit nur dann, wenn der Beweisführer gegen den Dritten einen Mitwirkungsanspruch hat (s. dazu Rdn. 34) oder wenn er glaubhaft machen kann, die betreffende Person anderweitig umstimmen zu können.[23] Das Gericht hat dann ggf. die Verhandlung **gem. § 148 auszusetzen**, um die klageweise Durchsetzung des Anspruchs zu ermöglichen (näher unten Rdn. 34). **Alternativ** kann das Gericht eine **Vorlage-** oder eine **Duldungsanordnung** gem. §§ 142, 144, 273 Abs. 2 Nr. 5 treffen und das Hindernis so schnel-

---

18 Vgl. dazu RG JW 1911, 221, 222; Stein/Jonas/*Berger*[22] § 356 Rdn. 3.
19 MünchKomm/*Heinrich*[4] § 356 Rdn. 2.
20 BGH NJW 1972, 1133, 1134.
21 Musielak/*Stadler*[10] § 356 Rdn. 3.
22 So der Sachverhalt in BAG NJW 1966, 2426 f.
23 Stein/Jonas/*Berger*[22] § 356 Rdn. 7.

ler beseitigen. In diesem Fall ist eine Fristsetzung gem. § 356 entbehrlich. Eine verweigerte Mitwirkungshandlung Dritter kann z.B. in der Weigerung liegen, einen Sachverständigen[24] oder einen Zeugen von einer diesen treffenden Schweigepflicht zu entbinden. Liegt das Hindernis in einer **Untersuchungsverweigerung des Beweisführers** selbst, so kann dies nur zur Unmöglichkeit der Hindernisbeseitigung führen, wenn diese Weigerung endgültig war.[25]

18 Eine **verweigerte Mitwirkung des Beweisgegners** ist nach den Regeln zur Beweisvereitelung zu behandeln (dazu § 444 Rdn. 5ff.). Bei verweigerter Parteivernehmung ist § 446 anzuwenden. Die Beweisvereitelungsregeln schließen eine Fristbestimmung nicht per se aus;[26] der Beweisführer hat u.U. einen **erzwingbaren** materiell-rechtlichen **Anspruch** auf Mitwirkung gegen den Beweisgegner.

V. Hindernis mit bekannter Zeitdauer

19 Ist gewiss, wann das Hindernis wegfallen wird, so ist § 356 dem Wortlaut nach nicht einschlägig. Abzulehnen ist eine analoge Anwendung des § 148.[27] Die Interessenlage ist vergleichbar mit dem geregelten Fall. **§ 356 ist** im Wege eines **Erst-Recht-Schlusses anzuwenden**, so dass zu prüfen ist, ob dem Beweisgegner das Abwarten der bekannten Zeitspanne zugemutet werden kann.[28] Bejahendenfalls ist die Beweisaufnahme so früh wie möglich durchzuführen. Anderenfalls ist der Beweisantrag zurückzuweisen. Ebenso ist zu verfahren, wenn gewiss ist, ab wann das Hindernis frühestens beseitigt sein kann, ohne dass gewiss ist, dass dies anschließend wirklich geschehen wird. **Die Unzumutbarkeit des Zuwartens** steht der Unerreichbarkeit des Beweismittels gleich.

20 Einen **Sonderfall in Abstammungssachen** (bis 1.9.2009: Kindschaftssachen) regelte § 640f a.F., der eine Aussetzung des Verfahrens bis zur Beseitigung des Hindernisses in Gestalt des mangelnden Alters des Kindes ohne jede Fristsetzung gestattet, auch wenn bis dahin sehr viel mehr Zeit verstreichen kann, als im Rahmen des § 356 als zumutbar erachtet werden könnte. § 356 war in diesen Fällen nicht anwendbar. Das FamFG hat diese Sonderregelung nicht aufgegriffen. Sie ist wegen der heute praktizierten Sachverständigenbeweise obsolet; diese Beweise sind nicht auf das Erreichen eines bestimmten Lebensalters des Kindes angewiesen.

VI. Verhältnis zu § 296 und § 530

21 **1. Tatbestandliche Unterschiede. § 356** betrifft – anders als § 296 Abs. 1 – **nur rechtzeitig benannte Beweismittel**.[29] Mit § 356 werden Verzögerungen bei der Beweisaufnahme erfasst. Darauf ist § 296 nicht anwendbar,[30] weil es sich nicht um verspäteten

---

24 LAG Köln MDR 2003, 462, 463.
25 Stein/Jonas/*Berger*[22] § 356 Rdn. 7 und 10; vgl. BGH NJW 1993, 1391, 1393 a.E.
26 Für ein Nebeneinander von § 356 und Beweisvereitelungsgrundsätzen BGH NJW 1986, 2371, 2372; BAG NZA 1997, 705, 709 (Nichtbindung eines ärztlichen Zeugen von der Schweigepflicht). **A.A.** Stein/Jonas/ *Berger*[22] § 356 Rdn. 7 und 12; *Stürner* JZ 1987, 44 f.
27 **A.A.** Baumbach/Lauterbach/*Hartmann*[71] § 356 Rdn. 6.
28 OLG Braunschweig JZ 1952, 530, 531 m. Anm. *Guggumos*; OLG Celle MDR 1967, 134; MünchKomm/ *Heinrich*[4] § 356 Rdn. 4; Musielak/*Stadler*[10] § 356 Rdn. 6; Stein/Jonas/*Berger*[22] § 356 Rdn. 8; wohl ebenso OLG Karlsruhe OLGZ 1990, 241, 243. Entgegen anderslautender Zitierung bei Musielak/*Stadler*[10] § 356 Rdn. 6 Fn. 24) wendet auch OLG Karlsruhe OLGZ 1990, 241, 243 den § 356 (analog) an und verweist nur – wie die allg. Meinung – hinsichtlich des Begriffs der Verzögerung auf §§ 296, 531, schlägt aber nicht deren analoge Anwendung vor.
29 BGH NJW 1992, 621, 622.
30 Ebenso die Abgrenzung bei Zöller/*Greger*[29] § 356 Rdn. 1.

Prozessvortrag handelt (vgl. § 296 Rdn. 58 f.); § 296 ist selbst dann nicht einschlägig, wenn die ladungsfähige Anschrift in einem im Übrigen zulässigen Zeugenbeweisantritt fehlt (dazu nachfolgend Rdn. 28 f., § 373 Rdn. 24 ff. und § 379 Rdn. 22 ff.).[31] Es gibt keinen über die Voraussetzungen des § 296 Abs. 1 und 2 hinausreichenden allgemeinen, tatbestandlich ungefassten Rechtsgrundsatz des Inhalts, dass eine Partei mit einem von ihr beantragten Beweismittel wegen grober Vernachlässigung ihrer Prozessförderungspflicht ausgeschlossen werden kann.[32] Die **Nichtbeachtung des Beweismittels** tritt **allein wegen** des **ergebnislosen Fristablaufs** ein und belastet die Partei damit stärker als die Regelungen des § 296 Abs. 1 und 2.[33] Unerheblich ist, ob der Antrag auf Aufnahme eines derzeit nicht verfügbaren Beweismittels zum Zwecke der Verfahrensverschleppung gestellt wird oder ob andere Beweismittel nicht zur Verfügung stehen. Der Ausschluss des Beweismittels erfolgt **nicht** wegen **Verletzung einer Prozessförderungspflicht**.[34] Er hängt also nicht davon ab, ob der Beweisführer die mangelnde Beibringbarkeit des Beweismittels zu vertreten hat.[35] Anders als die Regelungen in § 296 und § 530 hat § 356 **keinerlei Sanktionscharakter**[36] und darf auch nicht mit der Zielsetzung einer Sanktionsverhängung angewandt werden.

2. Verschulden des Beweisführers als Fristsetzungsausschluss

a) Mögliche Anknüpfung des Verschuldensurteils. Das Hindernis kann vom Beweisführer verschuldet sein. Dafür kommen zwei Anknüpfungspunkte in Betracht. So kann schon das **Entstehen des Hindernisses** auf einem Verschulden beruhen. Man könnte dann das Bestimmen einer Frist versagen, wenn dieses Verschulden eine gewisse Schwere aufweist. Die Bewältigung dieser Gestaltung ist umstritten (dazu nachfolgend Rdn. 24 f., 29, 31).

Zum anderen kann sich ein Verschulden auf die **Hindernisbeseitigung** beziehen und dazu führen, dass die **gesetzte Beseitigungsfrist erfolglos** verstreicht. In letzterem Fall kommt es von vornherein nicht auf ein Verschulden an, da allein das Verstreichen der Frist zum Ausschluss des Beweismittels führen soll. Der Beweisführer kann daher – anders als im Rahmen des § 296 – **nicht entlastend** geltend machen, das Hindernis habe mangels eigenen Verschuldens nicht beseitigt werden können; der Rechtsstreit soll vielmehr mit Fristablauf entscheidungsreif werden.

b) Folgen schuldhafter Hindernisherbeiführung. § 356 kann selbst dann angewandt werden, **wenn** der **Beweisführer das Hindernis** vorsätzlich **geschaffen** hat,[37] weil die Verschuldensfrage irrelevant ist. Damit entfällt der zusätzliche Aufwand, den

---

31 BGH NJW 1993, 1926, 1928; Musielak/*Huber*[10] § 296 Rdn. 4; **a.A.** wohl Baumbach/Lauterbach/*Hartmann*[71] § 356 Rdn. 5.
32 BGH NJW 1981, 1319.
33 BGH NJW 1989, 227, 228.
34 Anm. *Gerhardt* ZZP 86 (1973), 63, 65 f.; *Rixecker* NJW 1984, 2135, 2136; *Gottschalk* NJW 2004, 2939, 2940; Stein/Jonas/*Berger*[22] § 356 Rdn. 1 und 10; **a.A.** *Sass* MDR 1985, 96, 98 f.
35 BGH NJW 1987, 893, 894; BGH NJW 1989, 227, 228; BGH NJW 1993, 1926, 1928; s. auch BGH NJW 1972, 1133, 1134.
36 *Rixecker* NJW 1984, 2135, 2136; MünchKomm/*Heinrich*[4] § 356 Rdn. 1; Stein/Jonas/*Berger*[22] § 356 Rdn. 1 und 14; **a.A.** *Sass* MDR 1985, 96, 98 f.
37 BVerfG NJW 2000, 945, 946; BGH NJW 1972, 1133, 1134 (Untersuchungsverweigerung durch Beweisführer); BGH NJW 1981, 1319; BGH NJW 1989, 227; BGH NJW 1993, 1926, 1928; OLG Düsseldorf NZBau 2004, 553, 554; OLG Braunschweig NJW-RR 1992, 124; OLG München NJW 1967, 684; *Gerhardt* ZZP 86 (1973), 63, 66; Musielak/*Stadler*[10] § 356 Rdn. 3; Zöller/*Greger*[28] § 356 Rdn. 2; **a.A.** Baumbach/Lauterbach/*Hartmann*[71] § 356 Rdn. 2.

eine Erforschung des Verschuldens bedeuten würde. Die dem Beweisführer in diesen Fällen zu setzende **Frist** ist **sehr kurz** zu bemessen.[38]

25   Alternativ wird von *Heinrich* vorgeschlagen, eine Fristbestimmung überhaupt zu unterlassen und das Beweismittel **von vornherein** als **unerreichbar** zu betrachten, wenn das Hindernis **vorsätzlich zum Zwecke der Prozessverschleppung** herbeigeführt worden ist. Ein Verschulden wird also nicht pauschal für unbeachtlich erklärt.[39] Insbesondere in Fällen vorsätzlich geschaffener Hindernisse könne dann auf eine zusätzliche Fristsetzung verzichtet werden, unabhängig davon, ob und innerhalb welcher Zeit eine Hindernisbeseitigung möglich wäre. Nicht völlig klar ist an dieser Stellungnahme, ob die verschuldete Hindernisbereitung als eine Art negatives Tatbestandsmerkmal des § 356 zu verstehen sein soll, oder ob sie in sonstiger Weise erfasst werden soll. Jedenfalls kommt § 296 nicht in Betracht (s. oben Rdn. 21).

26   **Praktisch bedeutsam** wird der Streit, wenn die **Mitwirkung des Beweisführers** bei der Beweiserhebung erforderlich ist, er diese aber **verweigert**,[40] etwa durch **Nichtentbindung** eines Zeugen **von** dessen beruflicher **Schweigepflicht**, durch **Verweigerung des Zutritts** für den Beweisgegner zu einem Grundstück im Rahmen einer Beweisaufnahme (dazu auch § 357 Rdn. 19) oder durch **Nichterscheinen zu** einer ärztlichen **Untersuchung** durch einen Sachverständigen.[41] In dieser Situation drängt sich die Missbräuchlichkeit des gestellten Beweisantrags auf. Darauf abzustellen ist jedoch entbehrlich, abgesehen davon, dass eine Rechtsgrundlage nicht erkennbar ist. Die Vorschriften zu den einzelnen Beweismitteln enthalten teilweise Regeln für den Fall einer verweigerten Mitwirkungshandlung durch eine Partei (vgl. § 371 Abs. 3, § 446). Die Lösung ist dann über diese Vorschriften zu suchen. Entbehrlich ist eine Frist, wenn die Verweigerung der Mitwirkung endgültig ist,[42] was sich aus den Umständen ergeben kann. **Fehlt** es an einer **Sonderregelung** und ist eine endgültige Weigerung nicht anzunehmen, so ist eine **Frist** zu setzen, die **kurz** sein darf. Damit bestehen hinreichende Möglichkeiten, eventuellen Missbräuchen auch ohne Berücksichtigung und Ermittlung eines Verschuldens zu begegnen. Im Übrigen kann das Setzen einer kurzen Frist dazu führen, dass sich der Beweisführer der Folgen seiner Verweigerungshaltung bewusst wird und sich anders entscheidet.

27   Eine Anwendung der Grundsätze über die **Beweisvereitelung** soll ausscheiden, weil diese für eine Vereitelung des Beweises durch den **Gegner der beweisbelasteten Partei** und nicht durch diese selbst entwickelt wurden.[43] Indes ist die Würdigung des Prozessverhaltens im Rahmen des § 286 nicht ausgeschlossen (s. auch § 357 Rdn. 18).

3. Einzelheiten/Kasuistik

28   **a) Zeugenbeweis.** Umstritten ist die Notwendigkeit einer Fristsetzung, wenn der Beweisführer den **Namen des Zeugen oder dessen Anschrift** in einem Beweisantrag

---

38   *Gerhardt* ZZP 86 (1973), 63, 66.
39   MünchKomm/*Heinrich*[6] § 356 Rdn. 5.
40   Vgl. OLG Karlsruhe OLGZ 1990, 241, 242; OLG Hamm NZV 2004, 41 f. (Verhinderung der eigenen körperlichen medizinischen Untersuchung).
41   Gleichgestellt ist das Unterbleiben der Untersuchung wegen Nichtunterzeichnung eines Formulars über die erfolgte ärztliche Aufklärung, OLG Hamm MDR 2003, 1373, 1374.
42   BGH NJW 1993, 1391, 1393.
43   *Gerhardt* ZZP 86 (1973), 61, 64 f. Zum Wirksamwerden des Rechtsgedankens der Beweisvereitelung zu Lasten der *feststellungsbelasteten Partei* im Rahmen der Vaterschaftsfeststellung s. aber auch BGH NJW 1993, 1391, 1393; ferner BGH NJW 1986, 2371, 2372.

nicht benannt hat.[44] Der Zeugenbeweisantritt muss den **Mindestanforderungen des § 373** genügen (dazu § 373 Rdn. 26). Ein Beweisantrag „Zeugnis N.N." erfüllt dieses Erfordernis regelmäßig nicht, mit der Folge, dass das Vorbringen der Partei **lediglich** als **Ankündigung** eines entsprechenden Beweisantrages zu bewerten und die spätere vollständige Antragstellung an den §§ 296, 530, 531 Abs. 2 zu messen ist.[45]

Unvollständig ist der Beweisantrag indes nur, wenn die Person des Zeugen nicht einmal bestimmbar ist[46] und deshalb davon ausgegangen werden muss, dass es den betreffenden Zeugen gar nicht gibt. Ist der **Zeuge** – mit Namen oder Funktionsbeschreibung[47] – **individualisiert** und fehlt z.B. nur die ladungsfähige Anschrift, genügt der Antrag dem § 373.[48] Der Zeuge darf dann nur unter den Voraussetzungen des § 356 unberücksichtigt bleiben.[49] § 296 ist auf diese Prozesslage nicht anwendbar (s. zuvor Rdn. 21). Ursächlich wird in der Regel sein, dass der Beweisführer die für eine Ladung benötigten Daten **mangels eigener Kenntnis (noch) nicht nennen** konnte. Die Schwierigkeiten der Ermittlung sind bei der Bestimmung der Fristenlänge zu berücksichtigen. Wegen grundsätzlicher Unbeachtlichkeit eines Verschuldens ist eine (ggf. kurze) Fristsetzung aber auch dann erforderlich, wenn die beweispflichtige Partei die Daten nicht mitteilt, weil sie die Beweiserhebung hinauszögern will.[50] Eine **Berücksichtigung des Verschuldens würde** wegen des dafür erforderlichen Ermittlungsaufwands dem Beschleunigungszweck des § 356 u.U. mehr **schaden**, als dass sie Nutzen bringen könnte. 29

Umstritten ist die **zusätzliche Anwendung des § 139**. Nach teilweise vertretener Ansicht soll das Gericht nicht durch einen Hinweis gem. § 139 zur Vervollständigung der Informationen beitragen dürfen, um § 356 nicht zu unterlaufen.[51] Der BGH verneint eine Hinweispflicht.[52] Eine dritte Ansicht nimmt eine Pflicht zum Hinweis auf die drohende Rechtsfolge an, um dem Beweisführer Gelegenheit zur Nachbesserung zu geben.[53] **Gegen die Anwendung des § 139** spricht, dass dem Beweisführer die Unvollständigkeit seines Beweisantrages bekannt ist. Im Übrigen wird das Hinweisziel erreicht, wenn von vornherein gem. § 356 vorgegangen wird. 30

b) Zahlung des Auslagenvorschusses. Die fehlende Zahlung eines Auslagenvorschusses für einen Zeugen oder Sachverständigen gem. § 379 bzw. §§ 279, 402 stellt ein 31

---

44 Näher dazu *Gottschalk* NJW 2004, 2939 ff.; *Reinecke* MDR 1990, 767 ff.; *Rixecker* NJW 1984, 2135 ff.
45 BGH NJW 1987, 3077, 3080; BGH NJW 1983, 1905, 1908; MünchKomm/*Heinrich*[4] § 356 Rdn. 6; *Reinecke* MDR 1990, 767, 768; *Rixecker* NJW 1984, 2135 f.
46 BGH NJW 1998, 2368, 2369; BGH NJW 1993, 1926, 1927; OLG Düsseldorf NZBau 2004, 553, 554; Stein/Jonas/*Berger*[22] § 356 Rdn. 5. Großzügiger BAG NJW 1977, 727 f.
47 So in BGH NJW 1998, 2368, 2369 (trotz Angabe „N.N.", jedoch mit Benennung des Referats „IV4a" der klagenden Bundesanstalt für Arbeit). Unzureichend: „Zeugnis N.N. anwesende Miteigentümer", BGH NJW 2011, 1738 Tz. 8; „Mitarbeiter der X.", BGH GRUR 2012, 630 Tz. 43 – Converse II.
48 BVerfG NJW 2000, 945, 946; BGH NJW 1989, 1732, 1733; BGH NJW-RR 2011, 428 Tz. 6 = VersR 2011, 1158; BGH GRUR 2012, 630 Tz. 42.
49 BVerfG NJW 2000, 945, 946; BVerfG NJW 1984, 1026; BVerfG NJW 1985, 3005, 3006; BGH NJW 1982, 1905, 1908; BGH NJW 1989, 227, 228; BGH NJW 1993, 1926, 1928; BAG NJW 1977, 727, 728; OLG Köln OLGRep. 1998, 56, 57; Musielak/*Stadler*[10] § 356 Rdn. 2; Musielak/*Huber*[10] § 296 Rdn. 4.
50 BGH MDR 1998, 855, 856 (insoweit nicht in NJW 1998, 2368); Stein/Jonas/*Berger*[22] § 356 Rdn. 5; s. auch BGH NJW 1981, 1319.
51 Baumbach/Lauterbach/*Hartmann*[71] § 356 Rdn. 5; nicht hingegen *Schneider* MDR 1998, 1115 f. trotz gegenteiliger Zitierung bei Baumbach/Lauterbach/*Hartmann*[71] § 356 Rdn. 5.
52 BGH NJW 1987, 3077, 3080; ebenso *Mayer* NJW 1983, 858, 859; Zöller/*Greger*[29] § 356 Rdn. 4.
53 BAG NJW 1977, 727, 728; MünchKomm/*Heinrich*[4] § 356 Rdn. 6; *Gottschalk* NJW 2004, 2939, 2940; *Rixecker* NJW 1984, 2135, 2136 (sofern die Partei nicht erkennbar erst noch nach einem Zeugen sucht); *Schneider* MDR 1998, 1115, 1116.

Hindernis im Sinne des § 356 dar;[54] allerdings ist die Anwendung des unmittelbar einschlägigen § 379 Satz 2 vorzuziehen, der tatbestandlich von § 356 nicht abweicht (s. oben Rdn. 10). Auch bei Anwendung des § 356 ist **nach Versäumung der Einzahlungsfrist** nicht eine zweite Fristsetzung gem. § 356 mit Androhung der Nichtberücksichtigung des Beweismittels erforderlich.[55]

32 Die **Gründe der Nichtzahlung** sind für die Anwendung der Nichtberücksichtigungswirkung (dazu unten Rdn. 44) **bedeutungslos**. Das Vertretenmüssen einer Nichtzahlung müsste nur geklärt werden, wenn mit der – hier abgelehnten – Ansicht ein Verschulden die Fristsetzung nach § 356 entbehrlich machen würde. Die Nichtzahlung beruht **nicht stets** auf einer **Verzögerungsabsicht**, vielmehr können **fehlende finanzielle Mittel** der Grund sein. Der Grundsatz, „Geld hat man zu haben", ist in diesem Zusammenhang unbeachtlich.

33 § 296 kann bei Nichtzahlung des Vorschusses nicht herangezogen werden, weil die **Nichtzahlung** eines Vorschusses, der Fiskalinteressen des Staates und mittelbar des Gegners als eines Sekundärschuldners absichert, **kein Angriffs- oder Verteidigungsmittel** ist[56] (s. auch § 379 Rdn. 24).

34 **c) Fehlende Mitwirkungsbereitschaft Dritter.** Ein Hindernis kann auch in der fehlenden Mitwirkungsbereitschaft eines Dritten bestehen. Ob die Beweiserhebung nur einstweilen oder gänzlich undurchführbar ist, hängt davon ab, ob der Beweisführer einen **durchsetzbaren Anspruch** auf Mitwirkung **gegen den Dritten** hat.[57] Das Gericht kann eine für die klageweise Durchsetzung dieses Anspruchs ausreichende Frist setzen und das eigene Verfahren gem. § 148 aussetzen.[58]

35 Eine Regelung enthalten **für den Urkundenbeweis** die §§ 431, 430, 429, 424 Satz 1 Nr. 5, die gem. § 371 Abs. 2 Satz 2 auch **für den Augenscheinsbeweis** gelten. Der Beweisführer hat die Voraussetzungen des Herausgabeanspruchs gegen den Urkundenbesitzer glaubhaft zu machen. Das Gericht bestimmt eine Frist gem. § 431 Abs. 1 nur dann, wenn die Glaubhaftmachung den betreffenden Anspruch schlüssig ergeben hat (zu Einzelheiten § 431 Rdn. 2). Bei anderen Beweismitteln als Urkunden und Augenscheinsobjekten sind diese Vorschriften in Verbindung mit § 356 (in analoger[59] oder unmittelbarer[60] Anwendung) heranzuziehen. Fehlt ein entsprechender Anspruch, so ist eine Fristsetzung zwecklos und damit ausgeschlossen.

36 Alternativ kann das Gericht eine **Anordnung nach §§ 142, 144** erlassen.

37 **d) Fehlendes Schiedsgutachten.** Haben die Parteien einen Schiedsgutachtenvertrag geschlossen und fehlt die vereinbarte Schiedsbegutachtung, ist **umstritten, ob** eine **Frist zu bestimmen oder** die **Klage abzuweisen** ist. Umstritten ist auch, ob die Abweisung als derzeit unbegründet oder als unzulässig zu erfolgen hat. Eine verbreitete Mei-

---

54 BGH NJW 2007, 2122 Tz. 15; BGH Urt. v. 30.1.2007 VII ZR 99/06; OLG Frankfurt Urt. v. 19.11.2008 – 4 U 119/08; KG KGRep. 2006, 962 = VRS 111 (2006), 175; *Schneider* ZZP 76 (1963), 188, 193; Zöller/*Greger*[29] § 356 Rdn. 2; Musielak/*Stadler*[10] § 356 Rdn. 4; **a.A.:** *Bachmann* DRiZ 1984, 401, 403; MünchKomm/*Heinrich*[4] § 356 Rdn. 7; offen gelassen von BGH NJW 1998, 761, 762; s. auch BVerfG NJW-RR 2004, 1150, 1151.
55 BVerfG (Kammer) NJW-RR 2004, 1150; BGH NJW 1998, 761, 762 (keine „zweimalige" Fristsetzung); **a.A.** KG KGRep. 2006, 962 = VRS 111 (2006), 175, 177 (Kumulation von § 379 und § 356).
56 *Rixecker* NJW 1984, 2135, 2137.
57 MünchKomm/*Heinrich*[4] § 356 Rdn. 8. Musielak/*Stadler*[10] § 356 Rdn. 5 lässt auch *tatsächliche* Einwirkungsmöglichkeiten genügen.
58 OLG Nürnberg MDR 1983, 942; MünchKomm/*Heinrich*[4] § 356 Rdn. 8.
59 MünchKomm/*Heinrich*[4] § 356 Rdn. 8.
60 OLG Nürnberg MDR 1983, 942.

nung geht davon aus, dass das Gericht in Analogie zu den §§ 356, 431 (s. dazu zuvor Rdn. 35) eine Frist setzen kann.[61] Die Gegenauffassung[62] will die Klage mit der Begründung abweisen, durch eine Fristsetzung werde der von den Parteien mit dem Schiedsgutachtenvertrag verfolgte Zweck der Vermeidung[63] eines Prozesses vereitelt. Ein vorsätzlicher Verstoß gegen die Schiedsgutachtenvereinbarung lasse jedes berechtigte Interesse an einer Gelegenheit zur Hindernisbeseitigung entfallen. Dies ließe sich allerdings als eine nach dem Normzweck unzulässige Berücksichtigung eines Verschuldens des Beweisführers auffassen, sofern diesem nicht eine Verzögerungsabsicht nachgewiesen werden kann.

VII. Fristenbemessung

Hinsichtlich der Frage, ob eine Frist zu bestimmen ist, liegt eine gebundene Entscheidung vor.[64] Lediglich die **Bemessung der Länge der Frist** steht im **Ermessen des Gerichts**. Abzuwägen ist das Beweisführungsinteresse gegen das Interesse des Beweisgegners an einem zügigen Abschluss des Verfahrens. Dem Beweisführer muss Gelegenheit gegeben werden, Anhaltspunkte für den Zeitbedarf darzulegen und so die Einschätzung des Gerichts zu seinen Gunsten zu beeinflussen. Die Frist ist so zu bemessen, dass der **Beweisführer** das Hindernis **beseitigen kann**. Sie darf zur Wahrung des Grundsatzes eines fairen Verfahrens nicht so kurz sein, dass eine Hindernisbeseitigung dadurch unwahrscheinlich wird.[65] Die **Grenze** bildet die **Unzumutbarkeit** der Prozessunterbrechungsdauer **für den Beweisgegner**. Ist sicher oder sehr wahrscheinlich, dass das Hindernis nicht innerhalb einer zumutbaren Frist beseitigt werden kann, so steht dies der Unmöglichkeit der Beseitigung gleich; von einer Fristsetzung ist abzusehen. Bei einer **geringen Wahrscheinlichkeit** der Beseitigung des Beweishindernisses ist von einer Fristbestimmung abzusehen. 38

Die Frist muss stets **exakt bestimmt** werden, ungefähre Zeiträume, etwa die Angabe „unverzüglich", sind also nicht zulässig.[66] Bei der Bestimmung der **Fristlänge** ist das Gericht in den aufgezeigten Grenzen frei. Die materiell-rechtlichen Verjährungsfristen als Orientierungshilfe zu verwenden,[67] ist nicht sinnvoll, da diese Fristen keinerlei Bezug zu dem bestehenden Hindernis und den Anforderungen an seine Beseitigung aufweisen und auch über die Zumutbarkeit eines weiteren Zuwartens für den Beweisgegner nichts aussagen. Eine **Androhung** der gesetzlichen Folgen ist **nicht erforderlich** (oben Rdn. 9). 39

Die **Fristberechnung** richtet sich gem. § 222 Abs. 1 nach den §§ 187 bis 193 BGB. Gemäß § 224 ist eine Verkürzung oder Verlängerung der Frist möglich (näher dazu § 224 Rdn. 7 f.). Die Frist ist notfristähnlich; deshalb dürfen Beginn und Ende der Frist nicht ungewiss bleiben.[68] 40

---

61 BGH NJW-RR 1988, 1405 = JZ 1988, 1080, 1083 m. Anm. *Walter*; BGH NJW 1994, 586, 588; OLG Düsseldorf VersR 1962, 705, 706; AK-ZPO/*Röhl* vor § 1025 Rdn. 50; *Bruns* ZPR² § 64 Rdn. 335e; Stein/Jonas/*Schlosser*²² vor § 1025 Rdn. 40; *Wittmann* Struktur und Grundprobleme des Schiedsgutachtenvertrages, S. 73 f.
62 BGH LM § 1025 Nr. 15 (Abweisung als zur Zeit unbegründet); OLG Zweibrücken NJW 1971, 943, 944; OLG Frankfurt VersR 1982, 759; OLG Düsseldorf NJW-RR 1986, 1061; MünchKomm/*Heinrich*⁴ § 356 Rdn. 9; *Walchshöfer* FS Schwab (1990), 521, 528 f.; s. ferner OLG Celle NJW 1971, 288, 289; OLG Frankfurt MDR 1985, 150; Rosenberg/Schwab/*Gottwald*¹⁷ § 174 Rdn. 26.
63 Vgl. OLG Düsseldorf NJW-RR 1986, 1061.
64 BGH VersR 1973, 249, 250.
65 Vgl. OLG Hamm, Urt. v. 4.2.2007 – 21 U 109/06.
66 BGH NJW 1989, 1926, 1928.
67 So der Vorschlag von Stein/Jonas/*Berger*²² § 356 Rdn. 12.
68 BGH NJW 1989, 227, 228 (dort: zur Heilung von Zustellungsmängeln nach Ermessen des Gerichts).

VIII. Fristsetzungsverfahren

41 Liegen die Voraussetzungen des § 356 vor, ist das Gericht **von Amts wegen** verpflichtet, eine Beibringungsfrist zu setzen, ohne dass dafür ein Antrag der Gegenpartei erforderlich wäre. **Zuständig ist** das **Prozessgericht** (zum Begriff § 355 Rdn. 23 ff.), bei Kollegialgerichten also der gesamte Spruchkörper. Die Entscheidung ergeht durch Beschluss, wie das Gesetz seit der Änderung durch das ZPO-RG vom 27.7.2001[69] ausdrücklich vorsieht. Es handelt sich damit um eine richterliche Fristsetzung. Eine beispielsweise von der Geschäftsstelle eigenmächtig vorgenommene Fristsetzung entfaltet keinerlei Wirkung.[70] Aus § 128 Abs. 4 ergibt sich, dass eine mündliche Verhandlung nicht stattgefunden haben muss.[71]

42 **Adressat** ist der Beweisführer, also derjenige, der sich auf das Beweismittel berufen hat; ohne Bedeutung ist die Beweislastverteilung.[72]

43 Beschlüsse, die eine Frist in Lauf setzen, sind gem. § 329 Abs. 2 Satz 2 förmlich **zuzustellen**. Findet eine Zustellung dem zuwider nicht statt, beginnt die Frist nicht zu laufen (vgl. § 329 Rdn. 19). Dies gilt auch für die Fristsetzung nach § 356.[73]

IX. Ergebnisloser Fristablauf

44 Mit ergebnislosem Ablauf der Frist ist die beweisführende Partei **kraft Gesetzes** mit dem betreffenden Beweismittel **für die** betreffende **Instanz ausgeschlossen**. Die Beweisaufnahme selbst braucht nicht innerhalb der Frist durchgeführt zu werden, es kommt allein auf den Wegfall des Hindernisses an. Auch wenn das an die Vorschusszahlung gebundene Beweismittel wegfällt, hat das Gericht die Sachverhaltsaufklärung mit Hilfe der **anderen verfügbaren Beweismittel** und des bereits vorhandenen oder anzuregenden Parteivortrags zu klären.[74]

45 Ist das betreffende Hindernis beseitigt und tritt anschließend ein weiteres auf, so ist **§ 356 erneut anzuwenden**. Bei der Frage der Zumutbarkeit einer weiteren Unterbrechung hat das Gericht dann die bereits eingetretene Verzögerung zu berücksichtigen. In der **Berufungsinstanz** sollte das Beweismittel unter den Voraussetzungen des § 528 Abs. 2 und 3 a.F. jedoch wieder herangezogen werden können; es war nicht gem. § 528 Abs. 3 a.F. ausgeschlossen.[75] Nach **§ 531 Abs. 2 n.F.** ist der Beweisantritt allerdings ausgeschlossen, wenn nicht ein Zulassungsgrund gegeben ist. Nachlässigkeit im Sinne des § 531 Abs. 2 Nr. 3 liegt nicht vor, wenn das Hindernis, etwa die mangelnde Kenntnis der Zeugenanschrift, in der ersten Instanz nicht zu überwinden war.[76]

46 § 356 ordnet nicht den gänzlichen Ausschluss des betreffenden Beweismittels an. Auf das Beweismittel kann **trotz erfolglosen Fristablaufs** zurückgegriffen werden, wenn die Beweiserhebung – nach der freien Überzeugung des Gerichts – **nicht zu** einer **Verzögerung des Verfahrens** führt. Für die Frage, wann eine Verzögerung zu erwarten ist, bedarf es derselben gerichtlichen **Prognose wie im Rahmen des § 296**.[77] Die dort

---

[69] BGBl 2001 I S. 1887.
[70] BVerfG NJW 1985, 3005, 3006.
[71] Zöller/*Greger*[29] § 356 Rdn. 6.
[72] BGH NJW 1984, 2039.
[73] BGH NJW 1989, 227, 228.
[74] BGH NJW 2007, 2122 Tz. 15; OLG Naumburg NJW-RR 2012, 1535, 1536.
[75] BGH ZZP 86 (1973), 60, 62; OLG Karlsruhe NJW-RR 1994, 512; *Weth* Die Zurückweisung verspäteten Vorbringens, S. 107 f.; offen gelassen von BGH NJW 1989, 1926, 1928.
[76] KG MDR 2003, 471, 472.
[77] OLG Karlsruhe OLGZ 1990, 241, 243; s. auch OLG Frankfurt, Urt. v. 19.11.2008 – 4 U 119/08.

vorgesehene Exkulpation ist jedoch ausgeschlossen. Eine Verzögerung tritt nicht ein, wenn der zuvor nicht auffindbare Zeuge vom Beweisführer zur mündlichen Verhandlung sistiert wird und vernommen werden kann.[78] Tritt eine Verfahrensverzögerung ein, darf sie nur durch das von der Partei zu beseitigende Beweiserhebungshindernis ausgelöst werden. Hat hingegen eine **unzulängliche richterliche Verfahrensleitung mitgewirkt**, darf die Rechtsfolge des § 356 nicht angewandt werden, weil die Sache dann ohnehin nicht entscheidungsreif ist.[79] Ebenfalls nicht zuzurechnen ist ein mitwirkender Streik des Gerichtspersonals.[80]

Wird der betreffende Beweis trotz abgelaufener Frist erhoben, so ist er regulär zu würdigen und das Beweisergebnis kann vollumfänglich der Entscheidung zugrunde gelegt werden. § 356 soll der Beschleunigung des Verfahrens dienen, so dass ein Verfehlen dieser Zielsetzung im Einzelfall **kein Beweisverwertungsverbot** rechtfertigt.[81] **47**

X. Rechtsmittelkontrolle

Die Entscheidung gem. § 356 kann **mehrere Fehler** aufweisen: Es kann die Bestimmung einer Beibringungsfrist trotz Vorliegens der Voraussetzungen verweigert werden, sie kann trotz Fehlens der Voraussetzungen erfolgen und die bestimmte Frist kann zu kurz oder zu lang sein. Die Beeinträchtigungen, die mit diesen Fehlern verbunden sind, sind **unterschiedlich gravierend**. So kostet die ungerechtfertigte Bestimmung einer Frist oder eine zu lang bemessene Frist allenfalls Zeit. Die **ungerechtfertigte Versagung einer Fristbestimmung** bzw. eine zu kurze Frist kann hingegen dazu führen, dass die beweispflichtige Partei beweisfällig bleibt und infolge dessen unterliegt. **48**

Unzumutbar lange Fristen können wegen der Verfahrensverzögerung weder durch den Beweisführer noch durch dessen Gegner mit der sofortigen Beschwerde angefochten werden.[82] Eine **Ausnahme** gilt in **Analogie zu § 252** nur dann, wenn die Frist so lang ist, dass dies einer Aussetzung des Verfahrens gleichkommt,[83] also effektiver Rechtsschutz nicht mehr gewährleistet ist (s. dazu auch § 355 Rdn. 65). Eine **zu kurz bemessene Frist** ist in der laufenden Instanz nicht anfechtbar.[84] **49**

Gegen die ausdrückliche **Ablehnung einer Fristsetzung** ist die **sofortige Beschwerde** gem. § 567 Abs. 1 Nr. 2 statthaft.[85] Ebenso wenig wie die Bestimmung einer Frist ist sie einer Anordnung zur Beweisaufnahme oder deren Abänderung gleichzusetzen; die Sperre analog § 355 Abs. 2 gilt nicht. **50**

Das rechtsirrtümliche **Unterlassen einer Fristsetzung**,[86] deren bewusste Versagung oder die **zu kurze Bemessung der Frist**[87] und die anschließende Entscheidung ohne **51**

---

78 MünchKomm/*Heinrich*[4] § 356 Rdn. 13; Musielak/*Stadler*[10] § 356 Rdn. 8.
79 OLG Frankfurt, Urt. v. 19.11.2008 – 4 U 119/08 (dort: Sachverständiger, für den Vorschuss verlangt wurde, war noch nicht als Person festgelegt; insoweit jedoch zweifelhafte Rangordnung des richterlichen Vorgehens).
80 OLG Hamm MDR 2007, 855.
81 Vgl. *Schneider* MDR 1964, 817, 818; MünchKomm/*Heinrich*[4] § 356 Rdn. 13.
82 OLG Naumburg JW 1935, 3322 (Nr. 42).
83 OLG Köln FamRZ 1960, 409, 410; OLG Celle MDR 1967, 134; OLG Bremen NJW 1969, 1908, 1909; OLG Stuttgart ZZP 66 (1953), 60; MünchKomm/*Heinrich*[4] § 356 Rdn. 14; Musielak/*Stadler*[10] § 356 Rdn. 9; Stein/Jonas/*Berger*[22] § 356 Rdn. 15; **a.A.** zu dieser Begründung OLG Frankfurt NJW 1963, 912, 913 (jedoch die Möglichkeit eines Beschwerderechts bei Vereitelung der Beweiserhebung andeutend).
84 MünchKomm/*Heinrich*[4] § 356 Rdn. 14; Musielak/*Stadler*[10] § 356 Rdn. 9.
85 MünchKomm/*Heinrich*[4] § 356 Rdn. 14; Musielak/*Stadler*[10] § 356 Rdn. 9; Stein/Jonas/*Berger*[22] § 356 Rdn. 15. **A.A.** OLG Celle NJW-RR 2000, 1166; Zöller/*Greger*[29] § 356 Rdn. 6.
86 Vgl. BGH NJW 1974, 188, 189; BGH NJW 1989, 227, 228.
87 OLG Nürnberg MDR 1983, 942; OLG Hamm MDR 2007, 855.

Berücksichtigung des beantragten Beweismittels **beeinträchtigen** den **Anspruch auf rechtliches Gehör**. Das **Urteil** kann daher durch ein **statthaftes Rechtsmittel** angefochten werden.[88] Dabei ist ohne weiteres zu unterstellen, dass das Beweismittel hätte beigebracht werden können und das Urteil auf dem Mangel beruht.[89] Nach Erschöpfung des Rechtswegs ist auch die **Verfassungsbeschwerde** wegen Verletzung des Art. 103 Abs. 1 GG möglich.[90] Gleichzusetzen ist die Nichtzulassung des Beweismittels trotz fristgerechter Beseitigung des Hindernisses. Das Berufungsgericht kann den Rechtsstreit **gem. § 538 Abs. 2 Nr. 1 zurückverweisen**.[91]

§ 357
Parteiöffentlichkeit

(1) Den Parteien ist gestattet, der Beweisaufnahme beizuwohnen.

(2) Wird die Beweisaufnahme einem Mitglied des Prozessgerichts oder einem anderen Gericht übertragen, so ist die Terminsbestimmung den Parteien ohne besondere Form mitzuteilen, sofern nicht das Gericht die Zustellung anordnet. Bei Übersendung durch die Post gilt die Mitteilung, wenn die Wohnung der Partei im Bereich des Ortsbestellverkehrs liegt, an dem folgenden, im Übrigen an dem zweiten Werktage nach der Aufgabe zur Post als bewirkt, sofern nicht die Partei glaubhaft macht, dass ihr die Mitteilung nicht oder erst in einem späteren Zeitpunkt zugegangen ist.

Schrifttum

Höffmann Die Grenzen der Parteiöffentlichkeit, insbesondere beim Sachverständigenbeweis, Diss. jur. Bonn 1989; *Hohlfeld* Die Einholung amtlicher Auskünfte im Zivilprozeß, Diss. jur. Konstanz 1994; *Jankowski* Der Ortstermin im Zivilprozeßrecht und der Eingriff in die Unverletzlichkeit der Wohnung, NJW 1997, 3347; *Kersting* Der Schutz des Wirtschaftsgeheimnisses im Zivilprozeß, 1995; *Kürschner* Parteiöffentlichkeit vor Geheimnisschutz im Zivilprozeß, NJW 1992, 1804; *Müller* Der Sachverständige im gerichtlichen Verfahren, 3. Aufl. 1988; *Ploch-Kumpf* Der Schutz von Unternehmensgeheimnissen im Zivilprozeß unter besonderer Berücksichtigung ihrer Bedeutung in der Gesamtrechtsordnung, Diss. jur. Köln 1995; *Schnapp* Parteiöffentlichkeit bei der Tatsachenfeststellung durch den Sachverständigen, FS Menger (1985), S. 557; *E. Schneider* Rechtliches Gehör in der Beweisaufnahme, MDR 1991, 828; *Schwartz* Gewährung und Gewährleistung des rechtlichen Gehörs durch einzelne Vorschriften der Zivilprozeßordnung, Diss. jur. Hamburg 1975; *Späth* Die Parteiöffentlichkeit des Zivilprozesses, 1995; *Stürner* Die Aufklärungspflicht der Parteien des Zivilprozesses, 1976; *Völzmann-Stickelbrock* Unmittelbarkeit der Beweisaufnahme und Parteiöffentlichkeit – Nicht mehr zeitgemäße oder unverzichtbare Elemente des Zivilprozesses?, ZZP 118 (2005), 359.

Übersicht

I. Anwesenheitsrecht der Parteien
  1. Gesetzliche Herkunft —— 1
  2. Abgrenzung zum Öffentlichkeitsgrundsatz —— 2
  3. Bestandteil der Gewährung rechtlichen Gehörs —— 3
  4. Benachrichtigungserleichterung —— 6

II. Anwendungsbereich
  1. ZPO —— 7
  2. Freiwillige Gerichtsbarkeit: Beteiligtenöffentlichkeit —— 8
  3. Schiedsrichterliches Verfahren —— 9

---

88 BGH NJW 1974, 188, 189; BGH NJW 1989, 227, 228.
89 BGH NJW 1974, 188, 189.
90 BVerfGE 65, 305, 308 = NJW 1984, 1026; BVerfGE 69, 248, 255; BVerfG NJW 1985, 3005, 3006; BVerfG NJW-RR 1994, 700.
91 OLG Hamm MDR 2007, 855.

III. Berechtigte Personen
   1. Naturalparteien —— 10
   2. Prozessbevollmächtigte —— 11
   3. Sachkundige Parteiberater —— 12
   4. Nebenintervenienten —— 13
IV. Inhalt des Anwesenheitsrechts
   1. Art der Beweisaufnahme —— 14
   2. Recht zur physischen Anwesenheit —— 15
   3. Behinderung der physischen Anwesenheit durch Gegenpartei oder Dritte —— 16
   4. Parteiöffentlichkeit und Sachverständigenbeweis —— 20
   5. Geheimhaltungspflichten der Parteien —— 22
V. Ausnahmen vom Teilnahmerecht
   1. Geheimverfahren —— 25
   2. Verhandlungsstörung —— 27
   3. Untersagung eigenen Parteivortrags —— 28
   4. Förderung der Aussagewahrheit —— 29
   5. Schriftliche Zeugenaussage —— 32
   6. Auslandsbeweisaufnahme —— 33
VI. Mitteilung des Termins der Beweisaufnahme
   1. Allgemeine Regeln —— 34
   2. Erleichterung durch § 357 Abs. 2 —— 37
VII. Rechtsfolgen von Verstößen
   1. Verwertungsverbot —— 39
   2. Potentielle Kausalität als Voraussetzung des Wiederholungsgebots —— 40
   3. Heilung von Verstößen gem. § 295 —— 42
   4. Rechtsmittel —— 43
VIII. Kosten —— 44

I. Anwesenheitsrecht der Parteien

1. Gesetzliche Herkunft. Das Recht der Parteien, bei der Beweisaufnahme anwesend zu sein, war nach den Prozessordnungen verschiedener deutscher Staaten vor dem Inkrafttreten der CPO nicht ausdrücklich gegeben; es ist in dieser Form erst **durch § 322 CPO etabliert** worden.[1] Allerdings war es zuvor schon aus allgemeinen zivilprozessualen Vorschriften abzuleiten.[2]

2. Abgrenzung zum Öffentlichkeitsgrundsatz. Der Grundsatz der Parteiöffentlichkeit ist vom Grundsatz der **Öffentlichkeit der mündlichen Verhandlung** gem. §§ 169 ff. GVG **zu unterscheiden**.[3] Der Öffentlichkeitsgrundsatz, der dazu führt, dass grundsätzlich auch unbeteiligte Dritte als Zuschauer einer Verhandlung beiwohnen dürfen, ist kein Verfassungssatz, sondern eine Prozessmaxime für bestimmte Verfahrensarten.[4] Er hat sich nicht aus dem Wesen des Gerichtsverfahrens, sondern historisch als Forderung von Liberalismus und Aufklärung als Reaktion auf die Geheim- und Kabinettsjustiz des Absolutismus entwickelt, die zugunsten einer Kontrolle der Verfahren und der Richter durch das Volk beseitigen werden sollte.[5] Soweit die Öffentlichkeit ausnahmsweise ausgeschlossen ist, ist die Parteiöffentlichkeit der Beweisaufnahme gleichwohl herzustellen.

3. Bestandteil der Gewährung rechtlichen Gehörs. Die Teilnahme der Naturalparteien und ihrer Vertreter an der gerichtlichen Verhandlung ist Voraussetzung dafür, dass sie Einfluss auf den Verlauf des Prozesses nehmen und von ihren prozessualen Rechten Gebrauch machen können.[6] Der Grundsatz der Parteiöffentlichkeit gilt **nur im**

---

1 *Hahn/Stegemann* Mat.² II/1 S. 305 (zu § 312). Rechtshistorischer Überblick bei *Höffmann* Parteiöffentlichkeit, S. 3 ff.
2 *Hahn/Stegemann* Mat.² II/1 S. 305.
3 Stein/Jonas/*Berger*²² § 357 Rdn. 1.
4 BVerfGE 15, 303, 307 = NJW 1963, 757, 758.
5 KKStPO/*Diemer*⁵ § 169 GVG Rdn. 1.
6 Vgl. BVerfGE 19, 49, 51 = NJW 1965, 1267 (zur Geltung im FGG-Verfahren).

Parteiinteresse.[7] Er ist **auf** den Anspruch auf rechtliches Gehör gem. **Art. 103 Abs. 1 GG zurückzuführen**,[8] der das Recht auf Teilnahme an der Beweisaufnahme umfasst. Daneben wird auch der Grundsatz des fairen Verfahrens als verfassungsrechtliche Basis genannt.[9] Sofern es um die Parteiöffentlichkeit in Verfahren vor dem Rechtspfleger geht, wird verfassungsrechtlich auf das Recht auf ein faires Verfahren zurückgegriffen, das aus Art. 2 Abs. 1 GG in Verb. mit dem Rechtsstaatsprinzip abgeleitet wird;[10] Art. 103 Abs. 1 GG ist dort mangels richterlicher Funktion nicht anwendbar.[11]

4   Wegen der Bedeutung der Beweisaufnahme für den Ausgang des Prozesses ist die Parteiöffentlichkeit ausdrücklich normiert. Der **Grundsatz wird ergänzt** durch das Recht, über alle Handlungen des Gerichts und des prozessualen Gegners informiert zu werden und **Einsicht in die Akten** nehmen zu dürfen (§ 299).[12]

5   Die Anwesenheit ist eine notwendige, wenn auch nicht hinreichende Bedingung dafür, dass die Parteien auf die Beweisverhandlung auch tatsächlich Einfluss nehmen können. Das demselben Zweck dienende **Fragerecht** ist gesondert geregelt (§§ 397, 402, 451). Das Fragerecht und die **Möglichkeit**, zu den Ergebnissen der Beweisaufnahme **Stellung nehmen zu können**, verbessern das Ergebnis der Tatsachenfeststellung.[13] Die Parteien wissen besser als das Gericht und die Prozessbevollmächtigten um die tatsächlichen Umstände, die einem Rechtsstreit zugrunde liegen. Die Anwesenheit ist zudem Voraussetzung dafür, dass die Parteien über das Ergebnis der Beweisaufnahme verhandeln und ihre Einschätzung der Ergebnisse des Beweisverfahrens darlegen können.[14]

6   **4. Benachrichtigungserleichterung.** Absatz 2 stellt nur auf den ersten Blick eine die Parteiöffentlichkeit stärkende Regelung dar. Zwar kann von dem Recht der Teilnahme nur Gebrauch machen, wer **von Ort und Zeit** der Beweisaufnahme **Kenntnis** hat. Jedoch ist der Inhalt eines Beweisbeschlusses den Parteien gem. § 329 Abs. 2 ohnehin mitzuteilen und im Falle einer gleichzeitigen Terminsbestimmung ist die Mitteilung zuzustellen, § 329 Abs. 2 Satz 2. Von diesem Erfordernis macht **§ 357 Abs. 2** eine Ausnahme. Er stellt also nicht etwa sicher, dass die Parteien rechtzeitig von Ort und Termin der Beweisaufnahme erfahren, sondern **verringert die formellen Anforderungen** an die entsprechende Mitteilung (dazu unten Rdn. 37).

II. Anwendungsbereich

7   **1. ZPO.** Die Parteiöffentlichkeit der Beweisaufnahme gilt für **jedwede Art der Beweisaufnahme** nach der ZPO, auch dann wenn sie von Gerichts wegen geschieht. Teilweise verweisen die das Beweisverfahren regelnden Normen auf das allgemeine Beweisrecht, etwa in § 492 Abs. 1 für das **selbständige Beweisverfahren.** Das Bagatellver-

---

7   Stein/Jonas/*Berger*[22] § 357 Rdn. 1.
8   OLG München NJW-RR 1988, 1534, 1535; OLG Schleswig NJW 1991, 303, 304; BVerwG NJW 2006, 2058 (zu § 97 VwGO); *Blomeyer* ZPR[2] § 22 III (S. 126); *Kürschner* NJW 1992, 1804, 1805; *Schwartz* Gewährung rechtlichen Gehörs, S. 42 f.; *Grunsky* Grundlagen[2] § 42 I 1 (S. 437 f.); MünchKomm/*Heinrich*[4] § 357 Rdn. 1; Stein/Jonas/*Berger*[22] § 357 Rdn. 1.
9   BVerwG NJW 2006, 2058.
10 BVerfGE 101, 397, 404 = NJW 2000, 1709; VerfGH Berlin NJOZ 2004, 2684, 2687.
11 BVerfGE 101, 397, 404.
12 Rosenberg/Schwab/*Gottwald*[17] § 21 Rdn. 24; Musielak/*Stadler*[10] § 357 Rdn. 1.
13 *Grunsky* Grundlagen[2] § 42 I (S. 437 f.); *Hohlfeld* Einholung amtlicher Auskünfte, S. 131 f.; *Peters* ZZP 76 (1963), 145, 158.
14 Stein/Jonas/*Berger*[22] § 357 Rdn. 1.

fahren gem. § 495a erlaubt zwar ein Abweichen von den Regeln der §§ 355–455[15] bis hin zur Möglichkeit, auf eine Beweiserhebung weitgehend zu verzichten. Sofern und soweit Beweis erhoben wird, ist aber der Grundsatz der Parteiöffentlichkeit einzuhalten.[16] § 357 gilt auch im **Beschwerdeverfahren**[17] und bei der **vorterminlichen Beweisaufnahme** gem. § 358a. Wenn eine persönliche Anwesenheit der Beteiligten bei der Beweisaufnahme aus tatsächlichen Gründen nicht möglich ist, z.B. bei der Einholung schriftlicher Auskünfte, muss das Gericht eine gleichwertige Form der Beteiligung gewährleisten, indem z.B. durch das Zugänglichmachen des betreffenden Dokuments eine aktive Mitwirkung an der Auswertung des Beweismittels ermöglicht wird.[18]

2. Freiwillige Gerichtsbarkeit: Beteiligtenöffentlichkeit. Die Anwendung des § 357 **8** im FamFG bei förmlichen Beweisaufnahmen (§ 30 Abs. 2 FamFG), dort Beteiligungsöffentlichkeit genannt, entspricht der ganz herrschenden Auffassung.[19] Eine früher vertretene Gegenansicht[20] ist überholt.[21] Außerhalb des § 30 Abs. 2 FamFG ist Art. 103 Abs. 1 GG zu beachten (zum Freibeweis Rdn. 14).

3. Schiedsrichterliches Verfahren. Auch im schiedsrichterlichen Verfahren gilt der **9** Anspruch auf **rechtliches Gehör** (§ 1042 Abs. 1 Satz 2). Die Beteiligten dürfen somit bei der Beweisaufnahme anwesend sein und wie vor staatlichen Gerichten zu allen Tatsachen und Beweismitteln Stellung nehmen.[22] Der Anspruch zählt zu den **zwingenden** Vorschriften im Sinne des § 1042 Abs. 3;[23] eine das rechtliche Gehör beeinträchtigende Parteivereinbarung ist unwirksam.

III. Berechtigte Personen

1. Naturalparteien. Der Wortlaut des § 357 Abs. 1 gibt das Recht zur Teilnahme an **10** der Beweisaufnahme für die Parteien des Rechtsstreits. Das sind die **Naturalparteien und** ihre **gesetzlichen Vertreter**. Ist eine juristische Person oder ein gleichgestelltes selbständiges Rechtssubjekt, etwa eine verselbständigte Vermögensmasse ausländischen Rechts, Prozesspartei, steht das Recht den Organwaltern oder bevollmächtigten Mitarbeitern zu.

2. Prozessbevollmächtigte. Das Teilnahmerecht gilt **auch** für die **Prozessbevoll-** **11** **mächtigten** der Parteien.[24] Dass die Naturalparteien im Falle des Anwaltszwangs (§ 78)

---

15 LG Baden-Baden NJW-RR 1994, 1088; MünchKomm/*Deubner*[4] § 495a Rdn. 13; Musielak/*Wittschier*[10] § 495a Rdn. 6; ausführlich *Städing* NJW 1996, 691, 694f.
16 *Städing* NJW 1996, 691, 695.
17 OLG Hamm JMBl.NRW 1955, 222, 223; MünchKomm/*Heinrich*[4] § 357 Rdn. 2.
18 *Koch/Steinmetz* MDR 1980, 901, 903.
19 *Bumiller*/Harders FamFG[10] § 30 Rdn. 21; Kreidel/Sternal FamFG[17] § 30 Rdn. 28; Zöller/*Feskorn*[29] § 30 FamFG Rdn. 13. Zum FGG: BVerfGE 19, 49, 51 = NJW 1965, 1267; BayObLGZ 1967, 137, 146f. = NJW 1967, 1867; BayObLG NJW-RR 1996, 583, 584; KG FamRZ 1968, 605, 606 = OLGZ 1969, 88; OLG Hamm RPfleger 1973, 172; s. auch BayObLG FamRZ 1981, 595, 596.
20 OLG Frankfurt FamRZ 1962, 173, 174 m.w.N. (allerdings in einer Verfahrenssituation, die einen Beteiligtenausschluss rechtfertigen konnte); BayObLGZ 194851, 412, 417.
21 MünchKomm/*Heinrich*[4] § 357 Rdn. 3.
22 BGHZ 85, 288, 291 = NJW 1983, 867; Musielak/*Voit*[10] § 1042 Rdn. 3; MünchKomm/*Heinrich*[4] § 357 Rdn. 5; **a.A.** Stein/Jonas/*Schlosser*[22] § 1042 Rdn. 7.
23 Vgl. BGHZ 3, 215, 218 („Grundpfeiler des Schiedsgerichtsverfahrens").
24 MünchKomm/*Heinrich*[4] § 357 Rdn. 6; Musielak/*Stadler*[10] § 357 Rdn. 1; Stein/Jonas/*Berger*[22] § 357 Rdn. 5.

neben ihrem Bevollmächtigten an der Beweisaufnahme teilnehmen dürfen, begründet nicht die Befugnis, selbst Prozesshandlungen vornehmen zu dürfen. Insbesondere haben die Naturalparteien im Anwaltsprozess kein Fragerecht gem. §§ 397, 402, 451 (§ 397 Rdn. 5), sondern sind auf die Beobachtung der Beweisaufnahme und die vom Fragerecht zu unterscheidende Wortmeldung[25] (§ 137 Abs. 4) beschränkt. Die Einflussnahme erfolgt über den eigenen Anwalt.

12 **3. Sachkundige Parteiberater.** Die Parteien können auf die Hilfe sachkundiger Personen angewiesen sein, um die Beweisaufnahme nachvollziehen und gegebenenfalls beeinflussen zu können, so vor allem bei der Behandlung **technischer, medizinischer** oder **wirtschaftswissenschaftlicher Fragen**, die für einen Laien nicht ohne weiteres verständlich sind. In solchen Fällen ist sachkundigen Personen an der Seite der Parteien eine Teilnahme an der Beweisaufnahme zu gestatten,[26] um die Parteiöffentlichkeit nicht zu einer lediglich physischen Anwesenheitsberechtigung zu degradieren (zur Übertragung des Fragerechts nach § 397 s. dort Rdn. 5).

13 **4. Nebenintervenienten.** Nebenintervenienten (§§ 66 ff.) haben ebenfalls das **Recht auf Teilnahme** an der Beweiserhebung.[27] Ein Ausschluss würde die Ausübung der in § 67 genannten Rechte (näher dazu § 67 Rdn. 2) erschweren.

IV. Inhalt des Anwesenheitsrechts

14 **1. Art der Beweisaufnahme.** Für die Teilnahme ist es **unerheblich**, in welcher **Form und** an welchem **Ort** die Beweisaufnahme erfolgt. Sie kann auch außerhalb des Gerichtsgebäudes (§ 219) und vor dem beauftragten oder ersuchten Richter (§§ 361, 362) stattfinden. Einbezogen ist das **gesamte Beweisverfahren** einschließlich der Vernehmung und Beeidigung der Gegenpartei.[28] Die Parteiöffentlichkeit gilt nicht für Beweiserhebungen im Wege des **Freibeweises,**[29] allerdings müssen die Parteien Gelegenheit haben, zum Ergebnis der Beweisaufnahme Stellung zu nehmen.

15 **2. Recht zur physischen Anwesenheit.** Die Teilnahme an der Beweisaufnahme bedeutet **physische Anwesenheit der Parteien**. Eine Beschränkung auf mittelbare Möglichkeiten der Kenntniserlangung von den Vorgängen während der Beweisaufnahme ist grundsätzlich nur **bei Verzicht** der betreffenden Partei zulässig. **Video- oder Telefonkonferenzen sind** jedoch **zulässig**, wenn das Gericht diese Beweisaufnahmeform in zulässiger Weise auch für sich selbst gewählt hat. Die Möglichkeit einer **nachträglichen Information** über den Ablauf der Beweisaufnahme, z.B. mittels Videoaufnahme oder schriftlicher Dokumentation, **reicht nicht** aus, da in diesen Fällen nur eine Informations-, aber keine Einwirkungsmöglichkeit besteht. Das Gericht hat somit die Möglichkeit der physischen Anwesenheit auch bei einer **auswärtigen Beweisaufnahme** zu gewähr-

---

25 Vgl. MünchKomm/*Heinrich*[4] § 357 Rdn. 6; Musielak/*Stadler*[10] § 137 Rdn. 4.
26 OLG Düsseldorf MDR 1979, 409; OLG Düsseldorf BauR 1974, 72; OLG München NJW-RR 1988, 1534, 1535; OLG München NJW 1984, 807, 808; Musielak/*Stadler*[10] § 357 Rdn. 1; *Schneider* MDR 1991, 828; MünchKomm/*Heinrich*[4] § 357 Rdn. 6.
27 Stein/Jonas/*Berger*[22] § 357 Rdn. 4; MünchKomm/*Heinrich*[4] § 357 Rdn. 6.
28 Stein/Jonas/*Berger*[22] § 357 Rdn. 7.
29 *Pohlmann* ZZP 106 (1993), 181, 186 m.w.N.; Zöller/*Greger*[29] § 284 Rdn. 4. **A.A.** *Kollhosser* ZZP 93 (1980), 265, 279.

leisten.[30] Das Anwesenheitsrecht besteht auch dann, wenn die Öffentlichkeit nach §§ 171b, 172 GVG von der Verhandlung ausgeschlossen ist.[31]

3. Behinderung der physischen Anwesenheit durch Gegenpartei oder Dritte. 16
Wenn die Beweisaufnahme als Augenscheinseinnahme in Räumlichkeiten oder auf Grundstücken stattfinden soll, deren Betreten **kraft des Hausrechts** verboten werden kann, können persönliche Konfliktlagen dazu führen, dass einer Partei vom Gegner oder einem dritten Verfügungsberechtigten der **Zutritt verwehrt** wird. Wenn das Gericht die Parteiöffentlichkeit dann nicht gewährleisten kann, ist auf die Beweisaufnahme zu verzichten. Je nach Art der geplanten Beweisaufnahme und abhängig davon, wer die Unmöglichkeit herbeiführt, sind die rechtlichen Konsequenzen einer Behinderung unterschiedlich.

Das Gericht kann die **Einnahme des Augenscheins** sowie die **Begutachtung** durch 17
Sachverständige **gem. § 144 Abs. 1 Satz 1 anordnen.** Es kann zudem gem. § 144 Abs. 1 Satz 3 den Parteien oder einem Dritten die **Duldung einer Maßnahme** nach Satz 1 aufgeben, sofern nicht eine Wohnung betroffen ist. Die Ausnahme für die Wohnung trägt Art. 13 GG Rechnung, schießt aber im Detail über die verfassungsrechtlich gebotenen Grenzen hinaus (dazu vor § 284 Rdn. 29). Nach dem eindeutigen Wortlaut gilt die Regelung auch für die Parteien selbst. Daraus darf nicht der Schluss gezogen werden, es bestehe für die Parteien keine Pflicht zur Duldung der Inaugenscheinnahme eines in der eigenen Wohnung befindlichen Augenscheinsobjekts, so dass an die Weigerung auch keine Sanktion geknüpft werden könnte. **Es scheitert lediglich** die **zwangsweise Durchsetzung der Duldung.**[32] Hingegen dürfen zu Lasten der Partei im Rahmen der freien Beweiswürdigung (§ 286) negative Rückschlüsse aus ihrem Verhalten gezogen werden.[33] Ratio des § 144 Abs. 1 Satz 3 ist es allein, das Recht auf Unverletzlichkeit der Wohnung gem. Art. 13 GG zu schützen. Auch die Regelung des § 371 Abs. 3 entspricht dieser Sichtweise; sie sieht keine Einschränkungen hinsichtlich der Wohnung vor. Eine Weigerung führt somit nur dann nicht zu Nachteilen für die sich weigernde Partei, wenn ihr die Duldung der Augenscheinseinnahme nicht zumutbar ist.

Damit gilt folgendes: Ist die den Zutritt **verweigernde Partei beweispflichtig,** bleibt 18
sie **beweisfällig,**[34] sofern die Beweisaufnahme nicht an einem anderen Ort möglich ist, woran es bei einer Inaugenscheinnahme regelmäßig fehlen dürfte. Gegebenenfalls ist eine Frist gem. § 356 zu setzen[35] (dazu § 356 Rdn. 26). Einen Fall der **Beweisvereitelung** (näher: § 444 Rdn. 10) stellt es dar, wenn der **Gegner** der beweisführungsbelasteten Partei eine Inaugenscheinnahme verhindert[36] (s. auch § 402 Rdn. 92). Ihm wird also zur Abwendung negativer Folgerungen trotz § 144 Abs. 1 Satz 3 die Zutrittsgewähr zugemutet.

Die **Weigerung eines** in seiner eigenen Wohnung zu vernehmenden **Zeugen,** eine 19
Partei einzulassen, wird teilweise als **unberechtigte Aussageverweigerung** gewertet,[37]

---

30 OLG München OLGZ 1983, 355 = RPfleger 1983, 319.
31 Musielak/*Stadler*[10] § 357 Rdn. 1.
32 *Hök* BauR 1999, 221, 227.
33 OLG Nürnberg MDR 1961, 62 (LS); OLG Koblenz NJW 1968, 897; OLG München NJW-RR 1988, 1534, 1535; Musielak/*Stadler*[7] § 357 Rdn. 3; *Jankowski* NJW 1997, 3347, 3349.
34 AK-ZPO/*Rüßmann* § 357 Rdn. 2; Zöller/*Greger*[28] § 357 Rdn. 1. S. auch BGH GRUR 2009, 519 Tz. 14 = NJW-RR 2009, 995.
35 Stein/Jonas/*Berger*[22] § 357 Rdn. 2.
36 OLG Nürnberg MDR 1961, 62 (LS); OLG München NJW 1984, 807, 808; AK-ZPO/*Rüßmann* § 357 Rdn. 2; MünchKomm/*Heinrich*[4] § 357 Rdn. 10.
37 AK-ZPO/*Rüßmann* § 357 Rdn. 2; MünchKomm/*Heinrich*[4] § 357 Rdn. 10; Zöller/*Greger*[29] § 357 Rdn. 2.
A.A. – Berücksichtigung der Weigerungsmotive – *Jankowski* NJW 1997, 3347, 3349. Noch weitergehend

was den Zwang gem. § 390 nach sich zieht.[38] Eine Verpflichtung zur Einlassgewährung, deren Verweigerung einer Aussageverweigerung gleichsteht, gibt es jedoch nicht; **Art. 13 GG** und § 144 Abs. 1 Satz 3 **lassen** eine Einordnung als unberechtigte Aussageverweigerung mit Konsequenzen für die **Verhängung von Ordnungsmitteln nicht zu** (s. auch § 375 Rdn. 15). Von Bedeutung ist die Frage angesichts der Regelung des § 219 Abs. 1 aber nur dann, wenn dem betreffenden Zeugen das Erscheinen vor Gericht nicht möglich ist, insbesondere aus gesundheitlichen Gründen. Selbst dann dürfte in aller Regel aber eine Vernehmung außerhalb der eigenen Wohnung des Zeugen möglich sein, solange dieser sich in einem Zustand befindet, der eine Vernehmung überhaupt zulässt. Anderenfalls dürfte schon deshalb auf eine Vernehmung zu verzichten sein.

20 4. **Parteiöffentlichkeit und Sachverständigenbeweis.** Die **Ermittlung von Tatsachen durch** einen **Sachverständigen** zur Vorbereitung seines Gutachtens ist **keine Beweisaufnahme**,[39] so dass § 357 nicht schon aus diesem Grunde einzuhalten ist (§ 404a Rdn. 29). Die Beweisaufnahme durch Einholung eines Sachverständigengutachtens besteht vielmehr in der Entgegennahme des schriftlichen Gutachtens oder in der Befragung des Sachverständigen durch das Gericht. Entsprechendes gilt für die Zuziehung eines Augenscheinsgehilfen und einer anderen Hilfsperson.

21 § 357 Abs. 1 gewährt somit kein Recht der Parteien, an der Tatsachenermittlung durch Hilfspersonen teilzunehmen. Dennoch steht den Parteien grundsätzlich das **Recht** zu, auch **an der Tatsachenfeststellung** selbst **teilzunehmen**, etwa im Rahmen einer Ortsbesichtigung. Abzuleiten ist dieses Recht aus § 404a Abs. 4 (näher dazu § 404a Rdn. 32). **Ausgeschlossen** ist die Teilnahme, wenn sie unmöglich ist, den Beweisaufnahmezweck vereiteln würde,[40] etwa durch Teilnahme einer weiteren Person (z.B. eines Elternteils) bei der Exploration in Kindschaftssachen (vgl. § 163 FamFG),[41] oder wenn sie für den Sachverständigen oder – bei medizinischen Gutachten – für die zu untersuchende Person unzumutbar ist. Ausgenommen sind ferner Tatsachenermittlungen, die der Sachverständige zur **abstrakten** Erweiterung seiner Sachkunde vorgenommen hat. Näher zu den Grenzen § 404a Rdn. 35ff.

22 5. **Geheimhaltungspflichten der Parteien.** Das Gericht kann die Öffentlichkeit ausschließen und gem. **§§ 174 Abs. 3, 171b, 172 Nr. 2 und 3 GVG** die bei der Beweisaufnahme anwesenden Personen zur Geheimhaltung bzgl. des Inhalts der Beweisaufnahme verpflichten.[42] Damit ist die **Strafandrohung** des § 353d Nr. 2 StGB verbunden.

23 Umstritten ist, ob die **Geheimhaltungspflicht** auch für den **Anwalt gegenüber der eigenen Partei** besteht, wenn diese nicht selbst an der Verhandlung teilgenommen hat.[43] Praktisch relevant wird dies bei der Durchführung von Geheimverfahren (dazu nachfolgend Rdn. 25f.), die auf Grund des Teilnahmeverzichts einer Partei (§ 284 Satz 2) ermöglicht werden, etwa gem. der Düsseldorfer Beweisermittlungspraxis bei Verdacht

---

ablehnend Musielak/*Stadler*[10] § 357 Rdn. 3: nur Vernehmung im Gerichtsgebäude oder per Videokonferenz an drittem Ort.
38 AK-ZPO/*Rüßmann* § 357 Rdn. 2.
39 OLG München OLGZ 1983, 355 = RPfleger 1983, 319; OLG München NJW 1984, 807; OLG Dresden NJW-RR 1997, 1354; BVerwG NJW 2006, 2058; **a.A.** *Schnapp* FS Menger S. 557, 566.
40 OLG Koblenz MDR 2011, 1320 (dort: Ausschluss der Manipulation des Untersuchungsergebnisses).
41 Vgl. OLG Stuttgart MDR 2003, 172.
42 Dazu BVerfG VersR 2000, 214, 216 – Prämienerhöhung.
43 Für eine Geheimhaltungspflicht des Anwalts OLG Rostock JW 1928, 745; *Leppin* GRUR 1984, 695, 697 (kraft richterlicher Anordnung); *Kersting* S. 287 (analog § 174 Abs. 3 GVG); MünchKomm/*Heinrich*[4] § 357 Rdn. 7; **a.A.** Stein/Jonas/*Berger*[22] § 357 Rdn. 6; Rosenberg/Schwab/*Gottwald*[17] § 21 Rdn. 24.

einer Patentverletzung.[44] Für eine Geheimhaltungspflicht auch gegenüber dem eigenen Mandanten spricht, dass die Partei selbst mangels Anwesenheit nicht vom Wortlaut des § 174 Abs. 3 GVG erfasst wird und damit selbst keiner Geheimhaltungspflicht mehr unterliegt, also sanktionslos das betreffende Geheimnis weiterverbreiten könnte.[45] Kein Gegenargument folgt daraus, dass die Partei auch selbst an der Beweisaufnahme hätte teilnehmen können; in diesem Falle würde sie von § 174 Abs. 3 GVG erfasst worden und stünde unter der Strafandrohung des § 353d Nr. 2 StGB.

Die bestehende **Gesetzeslage** löst das Problem **unbefriedigend**, und zwar selbst für Verletzungsprozesse über Rechte des Geistigen Eigentums, für die die Richtlinie 2004/48/EG vom 29.4.2004[46] unter Anlehnung an die saisie contrefaçon des französischen Rechts und die search order (Anton Piller order) des englischen Rechts in Art. 7 einen vorprozessualen Beweisermittlungszwang vorsieht (dazu auch vor § 284 Rdn. 23 und § 485 Rdn. 6). Der deutsche Gesetzgeber hat **verfahrensrechtliche** Umsetzungsvorschläge zur **Optimierung des Geheimnisschutzes** bei der Durchsetzung materiellrechtlicher Besichtigungsansprüche (§ 140c PatG, § 24c GebrMG, § 46a GeschmMG, § 101a UrhG, § 19a MarkenG)[47] nicht aufgegriffen. 24

V. Ausnahmen vom Teilnahmerecht

1. Geheimverfahren. Der Grundsatz der Parteiöffentlichkeit gilt nicht unbeschränkt. Vielmehr kann er im Einzelfall zwecks **Wahrung höherrangiger Interessen** durchbrochen sein. Eingeschränkt wird er, wenn ein beweisrechtliches Geheimverfahren durchgeführt wird. Darunter sind Beweisverfahren zu verstehen, von denen eine Partei ausgeschlossen ist um sicherzustellen, dass sie keine Betriebs-, Geschäfts- oder sonstigen Geheimnisse ihres prozessualen Gegners erfährt, deren Offenlegung für die Beweiserhebung unumgänglich ist. Dabei sind **zwei Fallkonstellationen** zu unterscheiden: Die beweisbelastete Partei selbst kann ein Geheimverfahren bewahren wollen oder der Gegner der beweisbelasteten Partei möchte ein Geheimnis nicht preisgeben. 25

Die **Zulässigkeit** solcher Geheimverfahren wird **kontrovers diskutiert** (näher dazu vorstehend Rdn. 25, vor § 284 Rdn. 47 ff. und § 384 Rdn. 61). Lehnt man ein Geheimverfahren ab, muss sich die beweisbelastete Partei entscheiden, ob sie beweisfällig bleibt oder das Geheimnis offenbart. Die nicht beweisbelastete Partei sieht sich den Folgen einer Beweisvereitelung ausgesetzt, wenn die Offenbarung nicht als unzumutbar einzustufen ist.[48] 26

2. Verhandlungsstörung. Zwecks Aufrechterhaltung der Ordnung kann die **Entfernung** einer Partei **aus dem Sitzungszimmer** gem. § 177 GVG angeordnet werden. Der Partei ist im Anschluss das Ergebnis der Beweisaufnahme mitzuteilen.[49] 27

---

44 Dazu *Kühnen* GRUR 2005, 185, 187 ff. Aus der Rechtsprechung: BGH GRUR 2010, 318 – Lichtbogenschnürung (Vorinstanz: OLG München InstGE 10 Nr. 25 S. 186, 191 Tz. 53 – Laser-Schweißverfahren = GRUR-RR 2009, 191 m. krit. Bespr. *Müller-Stoy* GRUR-RR 2009, 161); OLG Düsseldorf InstGE 10 Nr. 27 S. 198 – zeitversetztes Fernsehen; OLG Düsseldorf InstGE 10 Nr. 16 S. 122 – Geheimverfahren; LG Düsseldorf InstGE 6 S. 189 – Walzen-Formgebungsmaschine I.
45 MünchKomm/*Heinrich*[4] § 357 Rdn. 7.
46 Berichtigte Fassung ABl. EU Nr. L 195 v. 2.6.2004 S. 16, umgesetzt durch Gesetz v. 7.7.2008, BGBl 2008 I S. 1191.
47 *Ahrens* GRUR 2005, 837, 838.
48 Vgl. *Kürschner* NJW 1993, 1804, 1805; *Stadler* NJW 1989, 1202, 1203. Zur Beweisvereitelung durch den Beweisführer bei Verweigerung der Teilnahme an Befunderhebung des Sachverständigen gegenüber Gegenpartei zum Schutz eines Betriebsgeheimnisses BGH GRUR 2009, 519 Tz. 14 – Hohlfasermembranspinnanlage = NJW-RR 2009, 995.
49 Stein/Jonas/*Berger*[22] § 357 Rdn. 16.

28 **3. Untersagung eigenen Parteivortrags.** Eine Einschränkung der Mitwirkungsrechte auf Grund der Parteiöffentlichkeit ermöglicht in **§ 157 Abs. 2 Satz 1**. Das Gericht darf einer Naturalpartei den weiteren Vortrag untersagen, wenn ihr die **Fähigkeit zum geeigneten Vortrag fehlt.** Sie kann dann zwar weiterhin anwesend sein, ihre Anwesenheit aber nicht vollumfänglich nutzen. Eine solche Beschneidung des Rechts auf Parteiöffentlichkeit setzt wegen Art. 103 Abs. 1 GG eine **schwerwiegende Beeinträchtigung der Verhandlung** voraus und kommt nicht schon bei unpräzisem oder unbeholfenem Vortrag in Betracht (näher dazu § 157 Rdn. 25 ff.).

29 **4. Förderung der Aussagewahrheit.** Eine weitere Einschränkung des Rechts auf Parteiöffentlichkeit ergibt sich aus einer **analogen Anwendung des § 247 StPO**.[50] Diese Vorschrift ermöglicht die Entfernung des Angeklagten aus dem Sitzungszimmer, falls zu erwarten ist, dass ein Mitangeklagter oder ein Zeuge in Gegenwart des Angeklagten **nicht die Wahrheit sagen** wird. Auszugleichen ist diese Einschränkung so weit wie möglich dadurch, dass die ausgeschlossene Partei anschließend durch das Gericht über den Inhalt der Zeugenaussage möglichst umfassend zu informieren ist. Nach einer vielfach einschränkungslos aufgestellten These soll der Partei sodann Gelegenheit gegeben werden, gem. § 397 Fragen an den Zeugen zu stellen.[51] Die Ausübung des Fragerechts muss allerdings technisch so gestaltet werden, dass der durch Anwendung des § 247 StPO erzielte Aussageerfolg nicht nachträglich vereitelt wird, indem der Zeuge nunmehr durch das Erscheinen der zunächst entfernten Partei verunsichert wird und seine Aussage unter diesem Eindruck modifiziert oder widerruft.

30 Der **Prozessbevollmächtigte** darf nach § 247 StPO **nicht entfernt** werden.[52] Die vorübergehende Entfernung einer Partei wird als vorrangig vor einer technisch möglichen Videoübertragung der Zeugenaussage angesehen.[53] Anzuwenden ist der Rechtsgedanke der Vorschrift im Zivilprozess auch dann, wenn keine Bedenken hinsichtlich der Beeinflussung einer Zeugenaussage bestehen, aber eine **Gesundheitsgefahr für den Zeugen** im Falle der Anwesenheit einer Partei droht.[54]

31 Für das **FamFG** ist dessen Regelung zum **Ausschluss eines Beteiligten** in § 33 Abs. 1 Satz 2 zu beachten, die dem Parteiausschluss entspricht.[55] Die Norm lautet: „Sind in einem Verfahren mehrere Beteiligte persönlich anzuhören, hat die Anhörung eines Beteiligten in Abwesenheit der anderen Beteiligten stattzufinden, falls dies zum Schutz des anzuhörenden Beteiligten oder aus anderen Gründen erforderlich ist." Die Erforderlichkeit ist zur Wahrung des Art. 103 Abs. 1 GG eng auszulegen. Ausdrückliche gleichartige Regelungen enthalten § 128 Abs. 1 Satz 2 FamFG für Ehesachen und § 157 Abs. 2 Satz 2 FamFG für Kindschaftssachen. Diese Regelungen gelten, obwohl für die **persönliche Anhörung** getroffen, auch für förmliche Beweisaufnahmen nach § 30 FamFG. Bei ihnen steht von vornherein der **Schutz eines Beteiligten** im Vordergrund, auf die es etwa in Gewaltschutzsachen ankommt.

---

50 OLG Frankfurt FamRZ 1994, 1400, 1401; OLG Frankfurt OLGRep. 2003, 130; AK-ZPO/*Rüßmann* § 357 Rdn. 6; MünchKomm/*Heinrich*[4] § 357 Rdn. 9; Stein/Jonas/*Berger*[22] § 357 Rdn. 15; Zöller/*Greger*[29] § 357 Rdn. 3a. **A.A.** – wegen Amtsermittlung im Strafverfahren – Baumbach/Lauterbach/*Hartmann*[71] § 357 Rdn. 2; *Späth* Die Parteiöffentlichkeit, S. 118; *Höffmann* Parteiöffentlichkeit, S. 102.
51 AK-ZPO/*Rüßmann* § 357 Rdn. 6; MünchKomm/*Heinrich*[4] § 357 Rdn. 9; Stein/Jonas/*Berger*[22] § 357 Rdn. 15; Zöller/*Greger*[29] § 357 Rdn. 3a.
52 Stein/Jonas/ *Berger*[22] § 357 Rdn. 15.
53 OLG Frankfurt OLGRep. 2003, 130, 131.
54 OLG Frankfurt OLGRep. 2003, 130.
55 Keidel/*Sternal* FamFG[17] § 30 Rdn. 28. Kein Anwesenheitsrecht von Angehörigen bei Anhörung eines Betroffenen über Betreuerbestellung, OLG Hamm MDR 2009, 1343.

5. Schriftliche Zeugenaussage. Eine Durchbrechung des Grundsatzes der Parteiöffentlichkeit stellt die Anordnung der schriftlichen Zeugenaussage gem. § 377 Abs. 3 dar.[56] Das **Fragerecht der Parteien** (§ 397) kann aber nachträglich erzwungen werden (§ 377 Rdn. 51 und § 397 Rdn. 6).

6. Auslandsbeweisaufnahme. § 364 Abs. 4 ordnet für eine Beweisaufnahme im Ausland die Benachrichtigung des Beweisgegners über Ort und Zeit an (Satz 1), räumt dem Gericht aber in Satz 2 hinsichtlich der **Rechtsfolge** einer **unterbliebenen Benachrichtigung** ein Ermessen ein[57] und weicht den Grundsatz der Parteiöffentlichkeit somit auf. Wie dieses Ermessen auszuüben ist, wird unterschiedlich beurteilt.[58] Beurteilungsleitend sind – vorrangig – die Möglichkeit einer zeitnahen formgerechten Wiederholung der Beweisaufnahme sowie die Wahrung des rechtlichen Gehörs und der Chancengleichheit der Parteien.

VI. Mitteilung des Termins der Beweisaufnahme

1. Allgemeine Regeln. Die Parteien können nur dann sinnvoll Gebrauch von ihrem Recht auf Teilnahme machen, wenn sie den Ort und die Zeit der Beweisaufnahme kennen.[59] Daher folgt aus dem Recht der Parteien auf Anwesenheit auch ein **Recht auf rechtzeitige Benachrichtigung** von Beweisterminen.[60]

Findet die Beweisaufnahme vor dem **Prozessgericht** statt, fallen mündliche Verhandlung und Beweisaufnahme zusammen (§ 370), so dass die Ladung zur mündlichen Verhandlung gem. § 274 Abs. 1 zugleich eine Ladung zur Beweisaufnahme darstellt. Die Ladung ist gem. § 329 Abs. 2 Satz 2 **förmlich zuzustellen**. Grundsätzlich ist gem. § 329 Abs. 2 Satz 2 aber auch die Mitteilung über einen Beweisbeschluss, der zugleich die Bestimmung eines Termins enthält, den Parteien von Amts wegen zuzustellen. Die Zustellung erfolgt gegenüber dem Prozessvertreter, sofern ein solcher bestellt ist[61] (vgl. § 172). Einzuhalten ist die **Ladungsfrist des § 217**.

Alternativ kann die **Terminsbestimmung verkündet** werden (§ 329 Abs. 1 Satz 1), wobei ebenfalls die Ladungsfrist zu berücksichtigen ist. In all diesen Fällen ist gewährleistet, dass die Parteien rechtzeitig und vollständig Kenntnis von Ort und Zeit der Beweisaufnahme erhalten und somit von ihrem Recht auf Parteiöffentlichkeit auch tatsächlich Gebrauch machen können. Verkündung und Mitteilung des Beweisbeschlusses machen gem. § 218 eine **Ladung der Parteien entbehrlich**.[62] Erscheint eine Partei nicht zu dem ordnungsgemäß mitgeteilten Termin, so gilt § 367 (zu den Folgen § 367 Rdn. 7 ff.). Im Falle eines entschuldigten Ausbleibens einer Partei zum Beweistermin kann aber gem. § 227 Abs. 1 vertagt werden.[63]

2. Erleichterung durch § 357 Abs. 2. § 357 Abs. 2 enthält für die Benachrichtigung über einen nicht verkündeten Beweisbeschluss mit Terminsbestimmung eine **Formvereinfachung**. Sie gilt nur für Beweisaufnahmen, die **vor** dem **beauftragten oder ersuch-**

---

56 MünchKomm/*Heinrich*[4] § 357 Rdn. 9.
57 BGHZ 33, 63, 64 f. = NJW 1960, 1950, 1951; Musielak/*Stadler*[10] § 363 Rdn. 7 und § 364 Rdn. 6.
58 Für Verwertung trotz fehlender Benachrichtigung regelmäßig nur bei Verzicht gem. § 295 Musielak/*Stadler*[10] § 364 Rdn. 6; großzügiger MünchKomm/*Heinrich*[4] § 364 Rdn. 3; Stein/Jonas/*Berger*[22] § 364 Rdn. 13.
59 BVerfGE 101, 397, 405; BPatG GRUR 1981, 651.
60 RGZ 6, 351, 353; RGZ 76, 101, 102; Stein/Jonas/*Berger*[22] § 357 Rdn. 3 und 11.
61 OLG Nürnberg OLGZ 1976, 480, 481.
62 Zöller/*Greger*[29] § 357 Rdn. 5; MünchKomm/*Heinrich*[4] § 357 Rdn. 11.
63 Stein/Jonas/*Berger*[22] § 357 Rdn. 3.

ten Richter stattfinden (dazu auch § 361 Rdn. 15), nicht hingegen für Beweisaufnahmen vor dem Prozessgericht.

38 Die **Erleichterung** betrifft dem Wortlaut des § 357 Abs. 2 Satz 1 entsprechend **nur die Form**.[64] Die Beachtung der **Ladungsfrist** (§ 217) ist nicht entbehrlich. § 357 Abs. 2 Satz 2 enthält eine durch Glaubhaftmachung zu widerlegende **Fiktion des Mitteilungszugangs** binnen eines bzw. zweier Werktage nach Aufgabe zur Post.

VII. Rechtsfolgen von Verstößen

39 **1. Verwertungsverbot.** Die Parteiöffentlichkeit ist ein wesentlicher Verfahrensgrundsatz, dessen Verletzung zur Folge hat, dass solchermaßen fehlerhaft gewonnene Beweisergebnisse **nicht verwertet** werden dürfen.[65]

40 **2. Potentielle Kausalität als Voraussetzung des Wiederholungsgebots.** Die **Beweisaufnahme** ist **zu wiederholen**, sofern nicht § 295 Abs. 1 anzuwenden ist (unten Rdn. 42). Die h.M. macht allerdings zur Voraussetzung, dass das **Beweisergebnis auf** diesem **Fehler beruhen kann**,[66] also die in Abwesenheit der Partei erhobenen Beweise möglicherweise anders festgestellt worden wären, wenn die Partei an der Beweisaufnahme hätte teilnehmen können. Es stellt eine ausreichende prozessuale Rüge der Rechtsverletzung dar, wenn der Gesetzesverstoß als solcher dargetan wird.[67] Die Anforderungen an die zugehörige gerichtliche Feststellung der Kausalität sind niedrig anzusetzen, da eine **zuverlässige Beurteilung** des hypothetischen Geschehens **oft kaum möglich** ist. Ein Beweis der Entscheidungserheblichkeit ist nicht erforderlich.[68]

41 Die Gegenansicht verlangt wegen der Beurteilungsschwierigkeiten und der Bedeutung des Grundsatzes der Parteiöffentlichkeit, die Beweisaufnahme in jedem Fall zu wiederholen.[69] Auch bei Zugrundelegung der h.M. ist eine **Wiederholung nur** dann **entbehrlich**, wenn das Gericht **mit Sicherheit feststellen** kann, dass die Abwesenheit der Partei keinerlei Auswirkung auf das Ergebnis der Entscheidung gehabt haben kann. Eine solche Gewissheit wird nur selten gegeben sein, so dass die beiden Ansichten in der Praxis kaum zu unterschiedlichen Ergebnissen führen. Eine Ausnahme vom generellen Wiederholungsgebot will auch die Gegenansicht zulassen, wenn der **versäumte Beweisaufnahmetermin nur** dazu dienen sollte, die Gegenpartei oder einen Zeugen zu **vereidigen**, weil die Gültigkeit des Eides nicht von der Anwesenheit dieser Partei abhinge und daher eine zweite Eidesleistung nicht verlangt werden könne.[70]

---

[64] OLG Köln MDR 1973, 856; *Teplitzky* NJW 1973, 1675, 1676; MünchKomm/*Heinrich*[4] § 357 Rdn. 11; Musielak/*Stadler*[10] § 357 Rdn. 6; Zöller/*Greger*[29] § 357 Rdn. 5; Stein/Jonas/*Berger*[22] § 357 Rdn. 13; **a.A.** RG JW 1932, 1137 (Nr. 8).
[65] RGZ 136, 299, 300; RG JW 1938, 3255, 3256; BPatG GRUR 1981, 651; *Peters* ZZP 76 (1963), 145, 158; AK-ZPO/*Rüßmann* § 357 Rdn. 5; MünchKomm/*Heinrich*[4] § 357 Rdn. 12; Musielak/*Stadler*[10] § 357 Rdn. 8; Stein/Jonas/*Berger*[22] § 357 Rdn. 21.
[66] BGH VersR 1984, 946, 947; RGZ 100, 174, 175 (dort: Verneinung der Kausalität); MünchKomm/*Heinrich*[4] § 357 Rdn. 12; Zöller/*Greger*[29] § 357 Rdn. 6; *Höffmann* Parteiöffentlichkeit, S. 80.
[67] RGZ 136, 299, 301.
[68] RGZ 136, 299, 301; MünchKomm/*Heinrich*[4] § 357 Rdn. 12; *Höffmann* Parteiöffentlichkeit, S. 80.
[69] AK-ZPO/*Rüßmann* § 357 Rdn. 5; Musielak/*Stadler*[10] § 357 Rdn. 8; Stein/Jonas/*Berger*[22] § 357 Rdn. 21.
[70] Stein/Jonas/*Berger*[22] § 357 Rdn. 21, insoweit RGZ 76, 101, 103 f. und RG SeuffArch 75 (1920), 245 folgend.

3. Heilung von Verstößen gem. § 295. Auf Verstöße gegen § 357 ist **§ 295 Abs. 1** 42 **anwendbar;**[71] sie sind also rügebedürftig. Die Verzichtbarkeit ergibt sich aus § 357 Abs. 1, wonach die Beweisaufnahme bei Nichterscheinen einer Partei trotz ordnungsgemäßer Terminsmitteilung durchgeführt werden darf.[72] In einem nachträglichen **Verzicht auf die Mitteilung der Terminsbestimmung** wird zugleich ein Verzicht auf das Recht zur Anwesenheit bei der Beweisaufnahme gesehen.[73]

4. Rechtsmittel. Die **sofortige Beschwerde** ist im Falle einer Verletzung des § 357 43 **nicht statthaft.**[74] In Betracht kommt nur ein **gegen die Endentscheidung** zulässiges Rechtsmittel.[75] Berufung oder Revision haben nur Erfolg, wenn das Urteil auf dem Fehler beruht. Das ist bereits dann anzunehmen, wenn der fehlende Einfluss auf den Entscheidungsausgang ungewiss ist[76] (dazu bereits oben Rdn. 40).

VIII. Kosten

Die Kosten, die die Teilnahme an einer Beweisaufnahme verursacht, sind **für** eine 44 zweckentsprechende **Rechtsdurchsetzung** oder Rechtsverteidigung **erforderlich** und damit erstattungsfähig.[77] Etwas anderes wird nur dann angenommen, wenn für die an der Beweisaufnahme teilnehmende Partei ex ante feststeht, dass ihre Anwesenheit keinen Einfluss auf die Tatsachenaufklärung haben wird und deshalb überflüssig ist. Dann fehlt es an der Notwendigkeit dieser Kosten und damit an einer Erstattungsfähigkeit.[78] Durch die Handhabung des § 91 ZPO darf die Ausübung des Fragerechts (§§ 397, 402, 451) und der Wortmeldung der Naturalpartei (§ 137 Abs. 4) nicht entwertet werden.

§ 357a
weggefallen

§ 358
Notwendigkeit eines Beweisbeschlusses

Erfordert die Beweisaufnahme ein besonderes Verfahren, so ist es durch Beweisbeschluss anzuordnen.

---

71 BGH LM § 13 StVO Nr. 7; BGH VersR 1984, 946, 947; *Höffmann* Parteiöffentlichkeit, S. 81 f.; Musielak/*Stadler*[10] § 357 Rdn. 8; MünchKomm/*Heinrich*[4] § 357 Rdn. 13.
72 Stein/Jonas/*Berger*[22] § 357 Rdn. 22.
73 Thomas/Putzo/*Reichold*[33] § 357 Rdn. 2; MünchKomm/*Heinrich*[4] § 357 Rdn. 13.
74 Musielak/*Stadler*[10] § 357 Rdn. 8; Stein/Jonas/*Berger*[22] § 357 Rdn. 23.
75 BGH VersR 1984, 946, 947; Stein/Jonas/*Berger*[22] § 357 Rdn. 23; MünchKomm/*Heinrich*[4] § 357 Rdn. 14.
76 BGHZ 31, 43, 47 = NJW 1959, 2213, 2214; Musielak/*Stadler*[10] § 357 Rdn. 8. Allgemein zur Kausalität der Verletzung rechtlichen Gehörs BGHZ 27, 163, 169.
77 OLG München NJW 1964, 1480; OLG Koblenz MDR 1977, 673; OLG Koblenz MDR 1986, 764; OLG Frankfurt MDR 1972, 617; OLG Frankfurt MDR 1980, 500 f.; MünchKomm/*Heinrich*[4] § 357 Rdn. 15.
78 OLG Düsseldorf NJW 1954, 1815 („in aller Regel" bei Bestellung eines Prozessbevollmächtigten nicht erforderlich; insoweit zu allgemein); OLG Frankfurt MDR 1980, 500, 501; MünchKomm/*Heinrich*[4] § 357 Rdn. 15.

Schrifttum

Engel Beweisinterlokut und Beweisbeschluß im Zivilprozeß, 1992; *Musielak/Stadler* Grundfragen des Beweisrechts: Beweisaufnahme, Beweiswürdigung, Beweislast, 1984; *Schöpflin* Die Beweiserhebung von Amts wegen im Zivilprozeß, 1992; *Zuleger* Der Beweisbeschluß im Zivilprozeß, Diss. jur. Regensburg 1989.

Übersicht

I. Förmlicher Beweisbeschluss als prozessleitende Anordnung
   1. Förmliche und formlose Beweisanordnungen — 1
   2. Klarstellung beweisbedürftiger Tatsachen — 3
   3. Bindungswirkung — 4
   4. Beschwerdefähigkeit — 7
II. Selektion der Beweistatsachen — 9
III. Begriff der Beweisaufnahme — 11
IV. Notwendigkeit des förmlichen Beschlusses
   1. Begriff des besonderen Verfahrens — 13
   2. Beschlusssachverhalte — 14
   3. Entbehrlichkeit eines förmlichen Beschlusses — 16
V. Verkündung, Zustellung — 18
VI. Rechtsfolgen von Verstößen, Heilung — 21
VII. Kosten (Beweisgebühr) — 24
VIII. Freiwillige Gerichtsbarkeit — 25

I. Förmlicher Beweisbeschluss als prozessleitende Anordnung

1   **1. Förmliche und formlose Beweisanordnungen.** Welche Tatsachen durch welche Beweismittel bewiesen werden sollen, ist in einer **Beweisanordnung** festzulegen, die in den von § 358 geregelten Fällen als **förmlicher Beweisbeschluss mit** dem **Inhalt des § 359** zu ergehen hat. § 358 unterscheidet inzident zwischen dem von ihm erfassten formellen Beweisbeschluss und einer formlosen Beweisanordnung, die in allen übrigen Fällen ergeht. Die **formlose Anordnung** ist nicht gesetzlich geregelt und muss nicht sämtliche in § 359 genannte Informationen enthalten.[1]

2   Die Vorschrift war bis 1900 mit gleichem Wortlaut in § 323 CPO enthalten. Sie geht inhaltlich auf das **gemeinrechtliche Beweisinterlokut** bzw. Beweisurteil und die damit verbundene Unterscheidung zwischen Behauptungs- und Beweisverfahren im Gemeinen Zivilprozess[2] zurück, weist zu diesem aber nur noch wenige Parallelen auf.[3]

3   **2. Klarstellung beweisbedürftiger Tatsachen.** Dem Beweisbeschluss kommt eine Klarstellungsfunktion zu (§ 359 Rdn. 2). Er bildet eine **schriftlich fixierte Grundlage** für den Beweistermin und stellt sicher, dass die in der streitigen Verhandlung herausgearbeiteten **streiterheblichen Tatsachen** nicht bis zum Beweisaufnahmetermin in Vergessenheit geraten und erneut geklärt werden müssen;[4] der eventuell tätige kommissarische Richter wird über den Inhalt der Rechtshilfemaßnahme unterrichtet. Diese Gefahr besteht nicht, wenn die Beweisaufnahme der streitigen Verhandlung in demselben Termin unmittelbar folgt (§ 279 Abs. 2). Den **Parteien erleichtert** es der Beschluss, die Reaktion des Gerichtes auf ihr bisheriges Vorbringen **einzuschätzen**.[5] In komplizierten Fällen dient er schließlich der **Klarstellung von Beweislast** und Person des **Kostenvorschussschuldners**. In diesen Fällen halten auch die Befürworter formloser Beweisanordnungen einen formellen Beweisbeschluss für angebracht.[6] Die Anordnung einer Parteivernehmung durch obligatorischen Beweisbeschluss (§ 450 Abs. 1 Satz 1) grenzt die formelle

---

1 Vgl. *Musielak/Stadler* Grundfragen des Beweisrechts Rdn. 2.
2 Eingehend dazu *Engel* Beweisinterlokut, passim.
3 Vgl. *Bruns* ZPR² Rdn. 175 (S. 263).
4 *Engel* Beweisinterlokut, S. 147 f.
5 *Engel* Beweisinterlokut, S. 147; Stein/Jonas/*Berger*²² § 359 Rdn. 1.
6 Musielak/*Stadler*¹⁰ § 358 Rdn. 2; s. auch Zöller/*Greger*²⁹ § 358 Rdn. 2.

Beweiserhebung von der bloßen Parteianhörung (§ 141 Abs. 1 Satz 1) ab. Wegen der Konkretisierungsfunktion hat die Kommission für den Zivilprozess ausdrücklich am Beweisbeschluss festgehalten.[7]

3. Bindungswirkung. Der formelle Beweisbeschluss ist eine **prozessleitende Anordnung** des Gerichts[8] (dazu auch § 355 Rdn. 64). Zuständig ist bei kollegialen Spruchkörpern das Gericht insgesamt, nicht der Vorsitzende allein. Anders als das gemeinrechtliche Beweisinterlokut führt die Anordnung **nicht** zu einer **Selbstbindung des Prozessgerichts.**[9] Er enthält weder über die Entscheidungserheblichkeit der Beweisthemen noch über die Beweislast eine der Endentscheidung vorgreifende Entscheidung.[10] Eine präjudizierende Wirkung hat der Beweisbeschluss nicht.[11] Gebunden werden allerdings der **beauftragte** und der **ersuchte Richter** (§§ 361, 362) gem. § 158 Abs. 1 GVG. Diesem steht aber wie dem Prozessgericht § 360 Satz 3 zur Seite. Eine auch für das Prozessgericht **bindende Entscheidung** über die Zulässigkeit eines Beweismittels kann allenfalls durch ein **Zwischenurteil** erfolgen.[12]

4 Der Beweisbeschluss kann **geändert oder aufgehoben** werden, und zwar auch außerhalb der mündlichen Verhandlung (näher dazu § 360 Rdn. 9). Das Gericht kann damit im Rahmen der Prozessleitung jederzeit von Amts wegen auf einen sich im Laufe der Verhandlung verändernden Sach- und Streitstand, aber auch auf eigene bessere Überzeugungen reagieren; an die Begrenzungen des § 360 ist es nicht gebunden. Ist bereits absehbar, dass sich eine Veränderung ergeben könnte, kann der Beweisbeschluss unter eine **auflösende oder aufschiebende Bedingung** gestellt werden.

5 Als aufschiebende Bedingung wird insbesondere die fristgerechte **Einzahlung des angeforderten Kostenvorschusses** aufgenommen, indem davon die Ladung eines Zeugen abhängig gemacht wird. Bei Eilbedürftigkeit kann die Ladung vorläufig erfolgen, aber unter eine auflösende Bedingung gestellt werden; tritt die Bedingung ein, wird der Zeuge wieder abgeladen. In Betracht kommt auch die **Verknüpfung mit der Nichtannahme** eines gerichtlichen **Vergleichsvorschlages.**[13]

6

4. Beschwerdefähigkeit. Die Willensbildung des Gerichts im laufenden Verfahren obliegt allein dem entscheidenden Gericht. Daher sind Beweisanordnungen selbst dann **nicht beschwerdefähig**, wenn sie als formeller Beweisbeschluss ergehen[14] (näher dazu § 355 Rdn. 64 und § 360 Rdn. 40).

7 Nur wenn der Beweisbeschluss einen **Verfahrensstillstand** herbeiführt, weil die angeordnete Beweisaufnahme in absehbarer Zeit nicht stattfinden kann, so dass der Beschluss einer Aussetzungsentscheidung gleichkommt, ist in analoger Anwendung des § 252 die sofortige Beschwerde statthaft (näher: § 355 Rdn. 65).

8

---

7 Kommissionsbericht (1977) S. 127.
8 RGZ 150, 330, 336; OLG Brandenburg FamRZ 2001, 294 = OLGRep. 2000, 436; OLG Frankfurt OLGRep. 2007, 877, 878.
9 OLG Brandenburg OLGRep. 2000, 436; Stein/Jonas/*Berger*[22] § 359 Rdn. 1.
10 OLG Brandenburg OLGRep. 2000, 436 = FamRZ 2001, 294; OLG Frankfurt OLGRep. 2007, 877, 878.
11 *Engel* Beweisinterlokut, S. 166; Musielak/*Stadler*[10] § 359 Rdn. 1.
12 Stein/Jonas/*Berger*[22] § 359 Rdn. 6.
13 OLG Hamburg MDR 1965, 57; *Teplitzky* JuS 1968, 71, 76.
14 OLG Brandenburg FamRZ 2001, 294.

II. Selektion der Beweistatsachen

9 Nach dem Beibringungsgrundsatz haben die Parteien den streitgegenständlichen Sachverhalt darzulegen. Soweit sich ihre tatsächlichen Darstellungen nicht decken, muss das Gericht den entscheidungserheblichen streitigen Tatsachenstoff im Wege der Beweiserhebung feststellen (dazu § 284 Rdn. 70 ff.). Vorauszugehen hat die Selektierung seiner **Entscheidungserheblichkeit** in Abhängigkeit von den anzuwendenden materiell-rechtlichen oder prozessualen Vorschriften. Die Entscheidungserheblichkeit muss das Gericht bereits vorab klären, um **überflüssige Beweiserhebungen** zu vermeiden. Dem tragen Vorschriften Rechnung, die das Gericht veranlassen sollen, die streitige Verhandlung und Beweisaufnahme umfassend vorzubereiten, damit sie innerhalb eines Termins durchgeführt werden können, vgl. §§ 272, 273, 279.

10 Wenn das Gericht die Erforderlichkeit eines Beweisbeschlusses prüft, ist es zu einer **umfassenden Vorbereitung der mündlichen Verhandlung** und weitreichenden Durchdringung des Streitstoffs gezwungen. Dies trägt zu einem sinnvollen und effizienten Management des Verfahrens bei.

III. Begriff der Beweisaufnahme

11 Eine **Beweisaufnahme** liegt vor, wenn das Gericht mit seinem Vorgehen streitige Tatsachen klären will.[15] Sie ist **abzugrenzen** von **vorbereitenden Maßnahmen** (§ 273)[16] (dazu § 358a Rdn. 6) und von der Sammlung und Sichtung von Tatsachen, die das Gericht durchführt, um sich die notwendige Grundlage für die Entscheidung über die Durchführung einer Beweisaufnahme zu verschaffen. Wenn etwa vorab **amtliche Auskünfte** eingeholt werden, diese dann aber nicht durch Beweisanordnung oder förmlichen Beweisbeschluss zum Gegenstand einer Beweisaufnahme gemacht, so liegt grundsätzlich keine Beweisaufnahme vor.[17]

12 Ob in der Heranziehung der **Akten des Hauptverfahrens in** einem parallelen **einstweiligen Verfügungsverfahren** eine Beweisaufnahme gesehen werden kann, ist umstritten.[18] Es gibt jedoch keinen Grund, die Aktenbeiziehung anders als andere Beweismittel zu beurteilen.[19] Sie ist also als herkömmlicher Urkundenbeweis einzuordnen, wenn sie nicht nur der Information dient, was durch Aufnahme in das Sitzungsprotokoll geklärt werden sollte. Eine Beweisaufnahme liegt daher auch in diesen Fällen vor, sofern streitige Tatsachen durch Glaubhaftmachung mittels der Akten geklärt werden sollen.

IV. Notwendigkeit des förmlichen Beschlusses

13 **1. Begriff des besonderen Verfahrens.** Für eine prozessleitende Beweisanordnung ist ein *formeller* Beweisbeschluss nur erforderlich, wenn die Beweisaufnahme in einem „besonderen Verfahren" stattfinden soll. Ein besonderes Verfahren liegt nach ganz h.M. nicht nur dann vor, wenn für das Verfahren besondere Regeln gelten, wie etwa im selb-

---

[15] OLG Naumburg JW 1935, 1726, 1727 (Einholung behördlicher Auskunft).
[16] BVerfGE 63, 148, 151.
[17] BVerfGE 63, 148, 151 f. Unsorgfältig OLG Düsseldorf MDR 1989, 363 (zum Anfall einer Beweisgebühr, allerdings nach vorherigem Erlass eines Teilurteils).
[18] Bejahend OLG München ZZP 53 (1928), 55; ablehnend *Kraemer* ZZP 53 (1928), 55 (bei Tätigkeit des Hauptsachegerichts).
[19] Ebenso für die Heranziehung von Akten aus einem nur eine Partei betreffenden Verfahren KG JW 1930, 727.

ständigen Beweisverfahren (§§ 485 ff.), sondern wenn die angeordnete **Beweiserhebung in** einem **neuen Termin** stattfindet.[20]

2. Beschlusssachverhalte. Ein förmlicher Beweisbeschluss ist notwendig für die 14 Einholung einer schriftlichen **Zeugenaussage** (§ 377 Abs. 3, näher dazu § 377 Rdn. 41), die **Übertragung** der Beweisaufnahme auf den **beauftragten** oder **ersuchten Richter** gem. §§ 361, 362,[21] den Erlass einer Beweisanordnung nach Lage der Akten gem. §§ 251a und 331a, die **Abstammungsuntersuchung** gem. § 372a[22] und die Einholung anderer **schriftlicher Sachverständigengutachten**. Ein weiterer Fall eines besonderen Verfahrens ist die Anordnung einer **Beweisaufnahme im Ausland**. Bei der **Ermittlung ausländischen Rechts** gem. § 293 durch Sachverständigengutachten oder Einholung einer Auskunft gem. dem Europäischen Übereinkommen vom 7.6.1968 ist ein Beweisbeschluss erforderlich, **nicht** hingegen bei Anwendung des Freibeweisverfahrens.

Für bestimmte Fälle ordnet das Gesetz an, dass ein Beweisbeschluss gem. § 358 – 15 und damit in der Form des § 359 – Grundlage der Beweiserhebung sein muss. Hierher gehören gem. § 450 Abs. 1 Satz 1 die **Vernehmung** – nicht die Anhörung – **einer Partei** sowie die **Vorlegung einer Urkunde** gem. § 425 (§ 425 Rdn. 6). Darüber hinaus ist auch in der Anordnung einer **Beweiserhebung vor der mündlichen Verhandlung** gem. § 358a ein Fall der Erforderlichkeit eines besonderen Verfahrens zu sehen.

3. Entbehrlichkeit eines förmlichen Beschlusses. Kein formeller Beweisbeschluss 16 ist erforderlich, wenn das betreffende **Beweismittel** von einer Partei sistiert wird, also während der mündlichen Verhandlung **präsent** ist, so dass die Beweisaufnahme sogleich ohne Vertagung durchgeführt werden kann.[23] Im Falle der **Glaubhaftmachung**, die gem. § 294 Abs. 1 neben der Vorlage eidesstattlicher Versicherungen auch durch die Heranziehung sämtlicher Beweismittel des Strengbeweises erfolgen kann, ist gem. § 294 Abs. 2 eine Vertagung zwecks Beweisaufnahme unzulässig. Ein formeller Beweisbeschluss ist daher stets entbehrlich. Dies gilt somit insbesondere für das **Arrest- und einstweilige Verfügungsverfahren** gem. §§ 920 Abs. 2, 935. Ferner ist ein Beweisbeschluss entbehrlich, wenn **zuvor** eine **Anordnung gem. § 273 Abs. 2** ergangen ist und das Beweismittel deshalb präsent ist. Bei Aufklärung **gerichtsinterner Vorgänge**, etwa der Funktionsfähigkeit eins Nachtbriefkastens zur Feststellung von Wiedereinsetzungsvoraussetzungen (§ 233) oder zur Feststellung von Ablehnungstatsachen (§ 42), ist ebenso wie für die **Beweiserhebung mittels Freibeweises** eine formlose Beweisanordnung ausreichend.

Dem Gericht steht es frei, auch in den vorgenannten Fällen einen formellen Beweis- 17 beschluss zu erlassen.[24] Die Auswahl zwischen beiden Formen ist eine **Ermessensentscheidung**. Die gelegentlich genannte Vermeidung einer möglichen Verfahrensverzögerung[25] ist kein ausschlaggebender Gesichtspunkt, wenn von § 358a Gebrauch gemacht wird.

---

20   MünchKomm/*Heinrich*[4] § 358 Rdn. 2; Stein/Jonas/*Berger*[22] § 358 Rdn. 1; AK-ZPO/*Rüßmann* § 358 Rdn. 1; Rosenberg/Schwab/*Gottwald*[17] § 116 Rdn. 29; *Engel* Beweisinterlokut, S. 142; **a.A.** Zöller/*Greger*[29] § 358 Rdn. 2; vermittelnd Musielak/*Stadler*[10] § 358 Rdn. 2.
21   BAG NJW 1991, 1252; s. auch BGH NJW 1990, 2936, 2937.
22   OLG Celle NdsRpfl. 1995, 269 (als Grundlage der zwangsweisen Blutentnahme).
23   Vgl. OLG Frankfurt AnwBl. 1978, 69 (dort: Augenscheinseinnahme über Aussehen einer Partei); *Engel* Beweisinterlokut, S. 168.
24   MünchKomm/*Heinrich*[4] § 358 Rdn. 3.
25   So von Zöller/*Greger*[29] § 358 Rdn. 3.

V. Verkündung, Zustellung

18 Der Beweisbeschluss ist gem. § 329 Abs. 1 Satz 1 zu **verkünden**, wenn er **auf Grund** einer **mündlichen Verhandlung** ergeht. Bei Verkündung **am Schluss der Sitzung** reicht für das Sitzungsprotokoll die Aufnahme der Formel, dass der Beschluss „seinem wesentlichen Inhalt nach" verkündet wurde. Die Verkündung kann in einem gesonderten Verkündungstermin erfolgen, wenn das Gericht die Beweiserheblichkeit der streitigen Tatsachenbehauptung noch einmal überprüfen will;[26] damit sind freilich Verzögerungen verbunden, die in der Regel auf einer unzureichenden vorangegangenen Aktenbearbeitung beruhen. Eine Verkündung des Beweisbeschlusses ist notwendig, wenn die Entscheidung nach **Lage der Akten** (§ 251a) erfolgt.[27]

19 Entgegen der h.M. ist der Beweisbeschluss **nicht zu verkünden** ist, wenn er mit Zustimmung der Parteien **im schriftlichen Verfahren** (§ 128 Abs. 2 Satz 2) ergeht. Weil eine Entscheidung im Sinne des § 128 Abs. 2 Satz 2 auch ein Beweisbeschluss sein kann[28] und mit dessen Erlass nach h.M. die Zustimmung der Parteien zur Durchführung eines schriftlichen Verfahrens verbraucht ist,[29] so dass im Anschluss an die Beweisaufnahme mündlich zu verhandeln ist (§ 285),[30] wird vielfach von dem Erfordernis einer Verkündung ausgegangen.[31] Dem steht entgegen, dass eine Entscheidung im Sinne des **§ 128 Abs. 2 Satz 2** nur die **Endentscheidung selbst oder** eine Entscheidung sein kann, die die **Endentscheidung sachlich vorbereitet** und die **ohne** § 128 Abs. 2 eine **mündliche Verhandlung** voraussetzen würde.[32] Das ist – wie § 358a zeigt – beim Beweisbeschluss nicht der Fall.[33] Der im schriftlichen Verfahren nach § 128 Abs. 2 ergehende Beweisbeschluss lässt sich als ein solcher gem. § 358a auffassen, der keine Verkündung erfordert (vgl. § 358a Rdn. 20).

20 Auf einen Beweisbeschluss, der im **Verfahren gem. § 128 Abs. 4** ohne mündliche Verhandlung ergeht, z.B. die Beweisanordnung im selbständigen Beweisverfahren (§ 490 Abs. 1), ist § 329 Abs. 2 anzuwenden.[34]

VI. Rechtsfolgen von Verstößen, Heilung

21 Der Nichterlass eines notwendigen förmlichen Beweisbeschlusses verletzt § 358. Eine davon abweichende prozessleitende Anordnung ist in derselben Instanz nicht selbständig anfechtbar (dazu § 355 Rdn. 64). **Rechtsschutz** gegen Verletzungen ist nur im Rahmen eines **Rechtsmittels gegen** das auf der nicht vorschriftsgemäß angeordneten Beweisaufnahme beruhende **Urteil** möglich.[35]

22 Der Verstoß ist ein Verfahrensmangel (Gegensatz: Urteilsmangel) im Sinne der **§§ 529 Abs. 2 Satz 1, 557 Abs. 3 Satz 2**. Sowohl für die Berufung wie für die Revision (vgl. dort: § 545 Abs. 1) gilt, dass die Verletzung der verfahrensrechtlichen Norm **für die Entscheidung ursächlich** gewesen sein muss, was zu bejahen ist, wenn nicht auszu-

---

26 MünchKomm/*Heinrich*[4] § 358 Rdn. 6.
27 MünchKomm/*Heinrich*[4] § 358 Rdn. 6.
28 Zu dieser Prozesslage: BGHZ 31, 210, 214, 215 (nicht in NJW 1960, 572).
29 Vgl. Stein/Jonas/*Leipold*[22] § 128 Rdn. 61; Musielak/*Stadler*[10] § 128 Rdn. 17.
30 Stein/Jonas/*Leipold*[22] § 128 Rdn. 61.
31 MünchKomm/*Heinrich*[4] § 358 Rdn. 6; Musielak/*Stadler*[10] § 358 Rdn. 3 und § 359 Rdn. 2; Zöller/*Vollkommer*[29] § 329 Rdn. 12; Zöller/*Greger*[29] § 358 Rdn. 3.
32 Rosenberg/Schwab/*Gottwald*[17] § 79 Rdn. 71.
33 Vgl. Stein/Jonas/*Leipold*[22] § 128 Rdn. 63.
34 Vgl. Musielak/*Stadler*[10] § 359 Rdn. 2; Stein/Jonas/*Berger*[22] § 359 Rdn. 5.
35 MünchKomm/*Heinrich*[4] § 358 Rdn. 7; Zöller/*Greger*[29] § 358 Rdn. 4.

schließen ist, dass die Entscheidung ohne Gesetzesverletzung anders ausgefallen wäre.[36] Dass ein Urteil auf einem Verstoß gegen § 358 beruht, dürfte regelmäßig auszuschließen sein. Die Durchführung der nur durch formlose Beweisanordnung eingeleiteten Beweisaufnahme müsste dafür anders verlaufen sein, wenn das Gericht einen formellen Beweisbeschluss erlassen hätte. Das Reichsgericht hat bei einem Verstoß gegen den Grundsatz der Parteiöffentlichkeit (§ 357) angenommen, der Verletzte brauche lediglich den Verstoß darzutun; die Beweisaufnahme sei regelmäßig unverwertbar, ohne dass es auf den Beweis der Entscheidungserheblichkeit ankomme.[37] Dem ist wegen der weitaus geringeren Bedeutung des § 358 für einen Verstoß gegen diese Norm nicht zuzustimmen. Im Übrigen lässt die Praxis zu § 357 den bloßen Verstoß ebenfalls nicht genügen, sofern gewiss ist, dass dieser Verstoß keinen Einfluss auf das Urteil hatte (§ 357 Rdn. 40, 43).

Der Verstoß kann gem. **§ 295** geheilt werden.[38] Dies gilt für Verstöße gegen die in 23 § 359 angeordnete Form in jedem Fall. Umstritten ist die Heilbarkeit bei Zuständigkeitsverstößen (näher dazu § 358a Rdn. 30).

VII. Kosten (Beweisgebühr)

Unter der Geltung der **BRAGO** erhielt der prozessbevollmächtigte Rechtsanwalt 24 nach § 31 Abs. 1 Nr. 3 eine volle Gebühr als Beweisgebühr für die Vertretung im Beweisverfahren. Umstritten war dabei, welche Tätigkeit der Anwalt vornehmen musste, um die Beweisgebühr zu verdienen. Seit Einführung des **RVG** zum 1.7.2004 fallen gesonderte Rechtsanwaltsgebühren für die Beweisaufnahme nicht mehr an. Relevant ist der genannte Meinungsstreit daher nur noch für Streitigkeiten über die Angemessenheit von Gebühren in Altfällen. Gerichtskosten entstehen weder für den Beweisbeschluss noch für die Durchführung der Beweisaufnahme selbst.

VIII. Freiwillige Gerichtsbarkeit

Ein formeller Beweisbeschluss ist im Verfahren nach dem **FamFG** entbehrlich, wenn 25 gem. §§ 29, 30 FamFG der Freibeweis zulässig ist.[39] Die Anwendung des § 358 wird in § 30 FamFG nicht angeordnet,[40] so dass es auch für die Anwendung des Strengbeweisrechts im **Ermessen des Gerichts** steht, einen formellen Beweisbeschluss oder eine formlose Beweisanordnung zu erlassen.[41]

§ 358a
Beweisbeschluss und Beweisaufnahme vor mündlicher Verhandlung

Das Gericht kann schon vor der mündlichen Verhandlung einen Beweisbeschluss erlassen. Der Beschluss kann vor der mündlichen Verhandlung ausgeführt werden, sofern er anordnet

---

36 Zur Revision: BGH NJW 1987, 781; BGH NJW 1995, 1841, 1842; MünchKomm/*Wenzel*[4] § 545 Rdn. 14; Musielak/*Ball*[10] § 545 Rdn. 11; Rosenberg/Schwab/*Gottwald*[17] § 142 Rdn. 35.
37 RGZ 136, 299, 301.
38 BGH MDR 1959, 638 f. (Parteivernehmung entgegen § 450).
39 Zum Freibeweisverfahren: *Peters* Der so genannte Freibeweis im Zivilprozess (1962), S. 185; *Musielak/Stadler* Grundfragen des Beweisrechts Rdn. 1; MünchKomm/*Heinrich*[4] § 358 Rdn. 4.
40 BGH NJW 2011, 520 Tz. 19.
41 A.A. Zöller/*Feskorn*[29] § 30 FamFG Rdn. 13.

1. eine Beweisaufnahme vor dem beauftragten oder ersuchten Richter,
2. die Einholung amtlicher Auskünfte,
3. eine schriftliche Beantwortung der Beweisfrage nach § 377 Abs. 3,
4. die Begutachtung durch Sachverständige,
5. die Einnahme eines Augenscheins.

Schrifttum

Hohlfeld Die Einholung amtlicher Auskünfte im Zivilprozeß, 1995; *E. Schneider* Gebührenrechtliche Folgen der Terminsvorbereitung nach §§ 273, 358a ZPO, MDR 1980, 177 ff.
S. ferner die Angaben zu § 355 und § 358.

Übersicht

I. Beweisrechtliche Vorbereitung des Haupttermins
   1. Beschleunigungsziel —— 1
   2. Konflikt mit Ziel der Güteverhandlung —— 3
   3. Verhältnis zur Vorbereitung nach § 273 Abs. 2 —— 6

II. Erlass des Beweisbeschlusses
   1. Inhalt —— 9
   2. Zeitpunkt der Anordnung —— 11
   3. Zuständiges Prozessgericht —— 16
   4. Ermessen —— 18
   5. Bekanntgabe —— 20

III. Vorterminliche Ausführung des Beweisbeschlusses
   1. Allgemeines —— 21
   2. Einzelerläuterungen zu den Nrn. 1–5
      a) Beweisaufnahme vor dem beauftragten oder ersuchten Richter —— 23
      b) Einholung amtlicher Auskünfte —— 24
      c) Schriftliche Zeugenaussage —— 26
      d) Begutachtung durch Sachverständige —— 27
      e) Augenscheinseinnahme —— 28

IV. Rechtsfolgen von Verstößen, Heilung —— 29

I. Beweisrechtliche Vorbereitung des Haupttermins

1 **1. Beschleunigungsziel.** § 358a wurde mit der Vereinfachungsnovelle vom 3.12.1976[1] in das Gesetz eingefügt. Satz 2 Nr. 3 wurde durch das Änderungsgesetz vom 17.12.1990[2] an den geänderten § 377 angepasst. Die Vorschrift dient der **Verfahrenskonzentration** und der **Verfahrensbeschleunigung**.[3] Sie soll den Gerichten die gem. § 272 Abs. 1 gebotene umfassende Vorbereitung des Haupttermins erleichtern und so zu einer Erledigung des Verfahrens innerhalb einer einzigen mündlichen Verhandlung beitragen. Vermieden wird, dass für die Beweiserhebung ein weiterer Termin anberaumt wird.

2 Das Beschleunigungsziel wird nach § 358a in zwei Schritten ermöglicht: Gem. Satz 1 kann eine **Beweisaufnahme** bereits vor der mündlichen Verhandlung angeordnet werden, so dass deren Durchführung **im Haupttermin vorbereitet** ist und dann tatsächlich – wie es § 279 Abs. 2 verlangt – die Beweisaufnahme der mündlichen Verhandlung unmittelbar folgen kann. Unter den Voraussetzungen des Satzes 2 kann aber auch die **Beweiserhebung** bereits **vorgezogen** werden. Im Haupttermin kann dann auf die Ergebnisse dieser Beweisaufnahme zurückgegriffen werden. Dies bietet sich vor allem dann an, wenn die entsprechende Beweisaufnahme schwerlich während des Haupttermins durchgeführt werden kann, etwa weil sie außerhalb des Gerichtssitzes stattfinden muss oder weil sie viel Zeit in Anspruch nimmt.

---

1 BGBl 1976 I S. 3281, 3288.
2 BGBl 1990 I S. 2847, 2848.
3 Vgl. RegE BT-Drucks. 7/2729, 36 f.; *Zuleger* Beweisbeschluss, S. 85. Auf die Beschleunigungswirkung hinweisend *Walchshöfer* ZZP 94 (1981), 179, 185.

2. Konflikt mit Ziel der Güteverhandlung. Die Gerichtspraxis sieht ein Vorgehen 3
nach § 358a vielfach als unzweckmäßig an. Ist eine Beweiserhebung bereits förmlich
beschlossen und sind die Beweismittel zum ersten Verhandlungstermin herbeigeschafft
worden, **sinkt** möglicherweise **die Bereitschaft** der Parteien, das Verfahren in der der
streitigen Verhandlung vorausgehenden Güteverhandlung (§ 278 Abs. 2) durch **Vergleich** zu erledigen. Selbst wenn zuvor der Versuch einer (gerichtlichen) Mediation unternommen und gescheitert ist, bedeutet dies nicht, dass nach Erörterung der Sach- und
Rechtslage mit dem streitentscheidenden Richter ein Vergleichsschluss aussichtslos
wäre. Ein Vorgehen nach § 358a kann die psychische Basis für eine erfolgreiche frühzeitige Streiterledigung ohne Urteil schwächen. Die zu unterschiedlichen Gesetzgebungszeitpunkten akzentuierten Ziele der Verfahrensbeschleunigung und der gütlichen Streiterledigung sind vom Gesetzgeber nicht aufeinander abgestimmt worden.

Bei **Zeugen**, die zum Termin geladen, aber dann **ohne Vernehmung entlassen** 4
werden, wird das Vorgehen des Gerichts zu Recht auf wenig Verständnis stoßen. Die
Justiz hat die **Zumutbarkeit** der Anordnung **öffentlich-rechtlicher Pflichten** (dazu
auch § 377 Rdn. 30) sorgsam zu erwägen.

Dieselben **prozesstaktischen Gründe**, die **gegen** den Erlass eines Beschlusses nach 5
§ 358a sprechen, stehen auch einer prozessleitenden Ladung durch **formlose Beweisanordnung** entgegen.

3. Verhältnis zur Vorbereitung nach § 273 Abs. 2. § 273 Abs. 2 verfolgt wie § 358a 6
das Ziel, den Haupttermin möglichst umfassend vorzubereiten und eine Entscheidung
schon auf Grund dieses Termins zu ermöglichen (näher dazu § 273 Rdn. 3). Die Mittel zur
Erreichung dieses Zwecks sind jedoch verschieden und klar voneinander getrennt. **§ 273
Abs. 2 erlaubt keine Beweisanordnung**, weder informell noch als formellen Beschluss.
Die **Abgrenzung** beider Vorschriften ist sowohl für die **Form des Handelns**, als auch für
die **Zuständigkeit** von Bedeutung. Gemäß § 273 Abs. 2 trifft der Vorsitzende oder ein von
ihm bestimmtes Mitglied des Prozessgerichts (der Berichterstatter) die in den Nrn. 1–5
genannten Vorbereitungsmaßnahmen, nicht aber das Prozessgericht selbst. Über eine
Beweiserhebung hat demgegenüber das Prozessgericht insgesamt zu beschließen (dazu
unten Rdn. 16 und § 355 Rdn. 23), nachdem die Beweiserheblichkeit der Tatsachen geprüft worden ist.

Amtliche Auskünfte und die Beiziehung von Urkunden oder ganzen Akten nach 7
§ 273 Abs. 2 Nr. 2 dürfen **lediglich** der informatorischen Sachverhaltsaufklärung oder der
vorsorglichen Bereitstellung von **Beweismitteln** dienen (näher: § 273 Rdn. 33). Dadurch kann das Verständnis des Sachverhalts gefördert und es können Tatsachen unstreitig gestellt werden. Sobald jedoch eine Beweisaufnahme anzuordnen oder durchzuführen ist, ist § 358a Satz 2 Nr. 2 einzuhalten[4] (dazu unten Rdn. 24). Für die vorsorgliche
Ladung von Zeugen und **Sachverständigen** gilt § 273 Abs. 2 Nr. 4 in Verb. mit Abs. 3;
auch sie hat nur vorbereitenden Charakter. Wenn Maßnahmen nach § 273 Abs. 2 teilweise „beweiserhebender Charakter" zugesprochen wird,[5] ist dies geeignet, Fehlvorstellungen auszulösen.

Im Einzelfall kann die **Abgrenzung** zwischen beiden Normen **Schwierigkeiten** be- 8
reiten. Die **gewählte Form** gibt einen **Hinweis** darauf, ob das Gericht nach § 273 Abs. 2

---

4 Vgl. KG JurBüro 1988, 471, 472 m. Anm. *Mümmler* (Abgrenzung im Hinblick auf Anfall einer
anwaltlichen Beweisgebühr); *Musielak/Stadler* Grundfragen des Beweisrechts Rdn. 2; *Schneider* MDR 1980,
177.
5 AK-ZPO/*Rüßmann* § 358a Rdn. 1 (für Einholung behördlicher Urkunden und Auskünfte); Musielak/
Stadler[10] § 358a Rdn. 1.

oder nach § 358a vorgehen wollte. Eine Abgrenzung kann aber nicht allein anhand der Form des Handelns erfolgen, damit nicht ein gem. § 358a erlassener und den § 359 missachtender Beweisbeschluss kurzerhand als formlose Maßnahme nach § 273 Abs. 2 eingestuft wird. Die Rechtmäßigkeit der getroffenen Maßnahme richtet sich nach der jeweils einschlägigen Vorschrift. Der quantitativ gesteigerte Einsatz des streitentscheidenden Einzelrichters hat die Zuständigkeitsfrage an Bedeutung verlieren lassen.

II. Erlass des Beweisbeschlusses

9 1. **Inhalt.** Auch der vorterminliche Beweisbeschluss gem. § 358a ist ein förmlicher Beweisbeschluss. Er unterliegt grundsätzlich denselben Regeln **wie ein Beweisbeschluss nach § 358**; sein **Inhalt** hat § 359 zu entsprechen.

10 Ein Beweisbeschluss gem. § 358a Satz 1 ist – anders als die vorterminliche Beweis-*aufnahme* gem. Satz 2 – **nicht** auf bestimmte **Beweismittel beschränkt**.[6] Die Beschränkung nach Satz 2 gilt nur für die Ausführung des Beschlusses vor der mündlichen Verhandlung. Soweit für das Verfahren der Verhandlungsgrundsatz gilt, darf das Gericht **antragsgebundene Beweise** nur erheben, wenn sie von einer Partei beantragt worden sind.[7] Das ist für die Anordnung und Durchführung einer Zeugenvernehmung auf schriftlichem Wege (§ 358a Satz 2 Nr. 3) von Bedeutung. **Ausreichend** ist für einen solchen Antrag eine entsprechende **Formulierung in den Schriftsätzen**. Ein Beweisantritt durch Antragstellung in der mündlichen Verhandlung ist nicht möglich und nach dem Zweck des § 358a überflüssig.[8]

11 2. **Zeitpunkt der Anordnung.** § 358a betrifft den vor der mündlichen Verhandlung ergehenden Beweisbeschluss. Diese Formulierung ist nur auf den ersten Blick eindeutig. **Unklar** bleibt, **welche mündliche Verhandlung** gemeint ist. Umstritten ist die Frage, ob ein Beweisbeschluss gem. § 358a Satz 1 und seine Durchführung gem. § 358a Satz 2 ausgeschlossen sind, wenn bereits ein – möglicherweise früher erster (§§ 272 Abs. 2, 275 Abs. 1) – Termin stattgefunden hat. Geht man von einem solchen Ausschluss aus,[9] so gelten mit Beginn der mündlichen Verhandlung die §§ 358, 359 und 360. Die Gegenansicht will demgegenüber § 358a auch auf Beweisbeschlüsse anwenden, die der Vorbereitung des Haupttermins oder einer weiteren mündlichen Verhandlung dienen.[10] Es kann dann **jeder „zwischenterminliche" Beweisbeschluss** erlassen werden, was für Tatsachen bedeutsam ist, die zwischen zwei Verhandlungen, z.B. in einem ergänzenden Schriftsatz, vorgebracht worden sind. Wegen des einheitlichen Verständnisses des Begriffs der mündlichen Verhandlung in den Sätzen 1 und 2 wirkt sich das weite Verständnis insbesondere positiv auf die Möglichkeit aus, den Beweisbeschluss vorterminlich gem. § 358a Satz 2 auszuführen. Mit der – rechtspolitisch verfehlten – Regelung des § 360 Satz 2 ist die Ausdehnung des § 358a nicht zu vereinbaren (s. auch § 360 Rdn. 22ff.).

12 Ein vorterminlicher Beweisbeschluss ist in jedem Fall möglich, wenn die Parteien sich auf ein **schriftliches Verfahren** (§ 128 Abs. 2) geeinigt haben, eine Partei ihre Prozesserklärung jedoch wirksam widerrufen hat.[11] In diesem Fall hat noch keine Verhandlung stattgefunden.

---

6 Stein/Jonas/*Berger*[22] § 358a Rdn. 11.
7 Stein/Jonas/*Berger*[22] § 358a Rdn. 10.
8 Musielak/*Stadler*[10] § 358a Rdn. 3; Rosenberg/Schwab/*Gottwald*[17] § 110 Rdn. 32.
9 So MünchKomm/*Heinrich*[4] § 358a Rdn. 4; Musielak/*Stadler*[10] § 358a Rdn. 2.
10 Stein/Jonas/*Berger*[22] § 358a Rdn. 5; Thomas/Putzo/*Reichold*[33] § 358a Rdn. 1.
11 Stein/Jonas/*Berger*[22] § 358a Rdn. 9.

Als **frühester** theoretisch denkbarer **Zeitpunkt** für den Erlass eines vorterminlichen 13 Beweisbeschlusses kommt die Anhängigkeit der Klage vor deren Rechtshängigkeit in Betracht.[12] Seine Wahl wäre jedoch grundsätzlich ermessensfehlerhaft (zu Ausnahmen unten Rdn. 19). Zu diesem Zeitpunkt ist mangels Erwiderung des Beklagten eine Ermittlung der streitigen Tatsachen noch gar nicht möglich[13] und es besteht in besonderem Maße die **Gefahr**, dass **überflüssige Beweiserhebungen** angeordnet und durchgeführt werden. Auch § 273 Abs. 3 legt fest, dass Anordnungen zur Zeugen- oder Sachverständigenladung erst ergehen sollen, nachdem der Beklagte dem Klageanspruch widersprochen hat.

Eine **Änderung des Beschlusses** ist ebenfalls bereits vor der mündlichen Verhand- 14 lung möglich, also gegebenenfalls unmittelbar nach dem Erlass des Beschlusses.[14] Die Änderung ist nicht an die Voraussetzungen des § 360 Satz 2 gebunden[15] (dazu § 360 Rdn. 6).

In der vorterminlichen Beweis*anordnung* eine **Durchbrechung des Mündlichkeits-** 15 **grundsatzes** (§ 128 Abs. 1) zu sehen,[16] erscheint zweifelhaft. Praktische Relevanz hat die Frage nicht.

3. Zuständiges Prozessgericht. Den Beweisbeschluss erlässt gem. § 358a Satz 1 das 16 Gericht. Damit ist das Prozessgericht (§ 355 Abs. 1 Satz 1) gemeint, bei einem **Kollegialgericht** also die gesamte Richterbank und nicht nur der Vorsitzende.[17]

Der **Einzelrichter** entscheidet auch dann allein, wenn er nicht originärer (§ 348), 17 sondern kraft Kammerübertragung obligatorischer Einzelrichter (§ 348a) ist,[18] weil auch dieser Richter in die Stellung der Kammer einrückt. Das gleiche gilt in der **Berufungsinstanz** für den Einzelrichter gem. § 526. Im Falle des vorbereitenden Einzelrichters gem. § 527 bleibt hingegen der Senat zuständig. Die Zuständigkeit des Vorsitzenden der **Kammer für Handelssachen** richtet sich nach § 349; grundsätzlich ist also auch hier die gesamte Kammer zuständig für den Beweisbeschluss, sofern nicht die unbeschränkte Entscheidungsbefugnis nach § 349 Abs. 3 gegeben ist.

4. Ermessen. Die Entscheidung über den vorterminlichen Erlass eines Beweisbe- 18 schlusses ist eine Ermessensentscheidung,[19] die sich an **prozessökonomischen Kriterien** orientiert. In die Abwägung einzubeziehen sind die Aussichten einer **gütlichen Einigung** und deren eventueller Störung durch Erlass eines vorterminlichen Beweisbeschlusses sowie die voraussichtliche Chance einer Erledigung des Rechtsstreits mit Beweisaufnahme in einer einzigen mündlichen Verhandlung.

Notwendig ist der Beweisbeschluss, wenn die **Beweisaufnahme vorterminlich** 19 **ausgeführt** werden soll (Satz 2). Diese Ausführung steht ebenfalls im Ermessen des Gerichts und ist eine eigenständige, von dem vorterminlichen Beweisbeschluss losgelöste Entscheidung.[20] Eine vorterminliche Ausführung eines vorterminlichen Beweisbeschlusses ist ebenfalls nur von **Zweckmäßigkeitsgesichtspunkten** abhängig. Die Zweckmä-

---

12 MünchKomm/*Heinrich*[4] § 358a Rdn. 4.
13 Vgl. Musielak/*Stadler*[10] § 358a Rdn. 2.
14 Vgl. MünchKomm/*Heinrich*[4] § 358a Rdn. 4.
15 MünchKomm/*Heinrich*[4] § 358a Rdn. 4 und § 360 Rdn. 11; Musielak/*Stadler*[10] § 360 Rdn. 1. **A.A.** Stein/Jonas/*Berger*[22] § 358a Rdn. 4.
16 So Stein/Jonas/*Berger*[22] § 358a Rdn. 3.
17 BVerfGE 63, 148, 151; BGHZ 86, 104, 112 = NJW 1983, 1793, 1795; *Schneider* MDR 1980, 177 f.
18 **A.A.** Baumbach/Lauterbach/*Hartmann*[71] § 358a Rdn. 1.
19 OLG Koblenz NJW 1979, 374; Musielak/*Stadler*[10] § 358a Rdn. 2; Stein/Jonas/*Berger*[22] § 358a Rdn. 12.
20 Vgl. Musielak/*Stadler*[10] § 358a Rdn. 6; Stein/Jonas/*Berger*[22] § 358a Rdn. 20.

ßigkeit ist in der Regel nur zu bejahen, wenn auf Grund der Einlassung des Beklagten zur Sache bereits beurteilt werden kann, welche Tatsachen überhaupt des Beweises bedürfen. Etwas anderes kann ausnahmsweise in Betracht kommen, wenn ein **Beweismittelverlust droht** und die Voraussetzungen eines selbständigen Beweisverfahrens gegeben sind.

20   **5. Bekanntgabe.** Der **Beweisbeschluss gem. § 358a** ergeht außerhalb einer mündlichen Verhandlung und kann daher **formlos mitgeteilt** werden (§ 329 Abs. 2 Satz 1). Er ist **zuzustellen**, wenn er eine **Termin-** oder eine **Fristbestimmung** enthält (§ 329 Abs. 2 Satz 2). Zuzustellen ist er bei Ernennung eines Sachverständigen, der gem. § 406 Abs. 2 Satz 1 nur binnen zwei Wochen abgelehnt werden kann; die Frist wird mit der Zustellung in Gang gesetzt.

III. Vorterminliche Ausführung des Beweisbeschlusses

21   **1. Allgemeines.** Der gem. § 358a Satz 1 erlassene Beweisbeschluss darf **nur** in den Fällen des **§ 358a Satz 2 vorterminlich ausgeführt** werden. In allen anderen Fällen hat dies hingegen im Haupttermin selbst zu geschehen. Die vorterminliche Ausführung setzt zwingend einen vorterminlichen Beweisbeschluss voraus. Ihr Ziel ist es, bereits in der späteren mündlichen Verhandlung auf das Ergebnis der Beweisaufnahme zurückgreifen zu können. Das Ergebnis wird grundsätzlich im Zuge der Einführung in den Sach- und Streitstand (vgl. § 278 Abs. 2 Satz 2) **durch** das **Gericht in** die mündliche **Verhandlung eingeführt.**[21] Etwas anderes gilt nur im Falle der vorterminlichen Beweisaufnahme durch einen beauftragten oder ersuchten Richter (§ 358a Satz 2 Nr. 1); in diesem Fall obliegt es gem. § 285 Abs. 2 den Parteien, das Beweisergebnis im Zuge der gem. § 285 Abs. 1 durchzuführenden Beweisverhandlung einzuführen.

22   Die vorterminliche Beweisaufnahme erfolgt im Übrigen nach denselben **Regeln wie** eine Beweisaufnahme **im Haupttermin**. Es sind also die Grundsätze der Unmittelbarkeit (§ 355 Abs. 1) und der Parteiöffentlichkeit (§ 357) zu beachten. Die rechtzeitige Mitteilung des Beweisaufnahmetermins an die Parteien ist dafür Voraussetzung.

2. Einzelerläuterungen zu den Nrn. 1–5

23   **a) Beweisaufnahme vor dem beauftragten oder ersuchten Richter.** Eine vorterminliche Beweisaufnahme durch den beauftragten (§ 361) oder ersuchten Richter (§ 362) ist unter den für eine solche Übertragung auch sonst geltenden Voraussetzungen (vgl. § 355 Rdn. 41 ff.) zulässig und ist **für die einzelnen Beweismittel** in den jeweiligen Abschnitten **gesondert geregelt**. Es gelten § 372 Abs. 2 für die Augenscheinseinnahme, § 375 für den Zeugenbeweis und in Verb. mit § 402 auch für den Sachverständigenbeweis, § 434 für den Urkundenbeweis und § 451 für die Parteivernehmung. Zu berücksichtigen ist, dass die Beweisaufnahme durch einen kommissarischen Richter nicht den sonstigen Beschränkungen des § 358a Satz 2 Nr. 2–5 unterliegt. Es kann also auch eine mündliche Zeugenvernehmung, eine Parteivernehmung oder eine Urkundenvorlegung durchgeführt werden. Die **Parteiöffentlichkeit** (§ 357) ist zu wahren.

24   **b) Einholung amtlicher Auskünfte.** Amtliche Auskünfte werden definiert als die auf eine Aufforderung des Gerichts hin abgegebene, von der Person des handelnden

---

[21] Rosenberg/Schwab/*Gottwald*[17] § 116 Rdn. 39.

Mitarbeiters unabhängige **Mitteilung einer Behörde über einen aktenkundigen Vorgang** oder über sonstige Aufzeichnungen.²² Die Einholung amtlicher Auskünfte durch das Gericht gem. § 358a Satz 2 Nr. 2 zu Beweiszwecken ist von dem **Ersuchen um** die **informatorische Erteilung** amtlicher Auskünfte durch den Vorsitzenden gem. § 273 Abs. 2 Nr. 2 zu unterscheiden (dazu oben Rdn. 7). Soll die Entscheidung auf informatorisch erteilte Auskünfte gestützt werden, müssen die Informationen als Beweismittel in das Verfahren eingebracht werden.

Die Rechtsnatur amtlicher Auskünfte ist umstritten. Nach h.M. sind die Auskünfte 25 selbst jedenfalls **Beweismittel**. Umstritten ist innerhalb der h.M., ob es sich um ein Beweismittel des Strengbeweises handelt, oder ob amtliche Auskünfte keinem gesetzlich geregelten Typus zuzuordnen sind. Zu den Einzelheiten siehe die Erläuterungen vor § 373 Rdn. 113.

c) **Schriftliche Zeugenaussage.** Unter den weiteren Voraussetzungen des § 377 26 Abs. 3 kann auch die schriftliche Beantwortung einer Beweisfrage vorterminlich erfolgen (§ 377 Rdn. 41). Der Zeuge muss von einer Partei benannt worden sein, da es sich um einen Fall des § 373 handelt und der Zeuge gem. § 377 Abs. 3 Satz 3 möglicherweise auch noch mündlich vernommen werden kann. Die Zahlung eines **Auslagenvorschusses** (§ 379) ist nicht ausdrücklich vorgesehen. Sie ergibt sich nicht aus § 379 selbst, da der Zeuge nicht geladen worden ist; es fehlt an der Voraussetzung des § 377 Abs. 2 Nr. 3.

d) **Begutachtung durch Sachverständige.** Für die vorgezogene Durchführung des 27 Sachverständigenbeweises gelten die **§§ 402 ff.** Unerheblich ist es, ob die Anforderung eines Sachverständigengutachtens von einer Partei beantragt oder durch das Gericht von Amts wegen (§ 144) angeordnet worden ist. Wenn anzunehmen ist, dass die Begutachtung längere Zeit in Anspruch nehmen wird, ist deren Durchführung bereits vor der mündlichen Verhandlung sinnvoll. Das Gutachten ist **schriftlich** (§ 411) **zu erstatten**. Das ergibt sich aus einem Vergleich mit Nr. 3, wonach ebenfalls nur eine schriftliche Zeugenaussage zugelassen ist. Eine **mündliche Anhörung** des Sachverständigen ist auf die Hauptverhandlung zu verschieben; sie kann vorterminlich nur angeordnet werden. Eine Ausnahme gilt, wenn das mündliche Gutachten in Kombination mit einem vorgezogenen Augenschein (Nr. 5) stattfinden soll, sich also auf die in Augenschein zu nehmende Sache bezieht.²³

e) **Augenscheinseinnahme.** Die allgemeinen Vorschriften für den Beweis durch 28 Augenschein (§§ 371 ff.) gelten auch hier. Gemäß § 144 kann die Augenscheinnahme **von Amts wegen** angeordnet werden. Sie kann mit einer Begutachtung durch Sachverständige verknüpft werden.²⁴ Die **Parteiöffentlichkeit** ist zu wahren; die Parteien sind rechtzeitig zu benachrichtigen (dazu § 371 Rdn. 55).

IV. Rechtsfolgen von Verstößen, Heilung

Verstöße sind **in mehrerlei Hinsicht denkbar**: Es kann eine nicht den Anforde- 29 rungen des § 359 genügende Beweisanordnung ergangen sein, obwohl ein förmlicher Beweisbeschluss erforderlich war; die Ausführung des Beweisbeschlusses kann ohne das Vorliegen der Voraussetzungen des § 358a Satz 2 stattgefunden haben; die Zustän-

---

22 Hohlfeld Einholung amtlicher Auskünfte S. 53 f.; Rosenberg/Schwab/*Gottwald*[17] § 122 Rdn. 1.
23 Stein/Jonas/*Berger*[22] § 358a Rdn. 24.
24 Stein/Jonas/ *Berger*[22] § 358a Rdn. 25.

digkeit kann missachtet worden sein, also eine Beweisanordnung durch den Vorsitzenden allein oder ein anderes Mitglied der Kammer statt durch das Prozessgericht erlassen worden sein. Wird der Anwendungsbereich des § 358a zeitlich beschränkt (oben Rdn. 11), liegt in der Missachtung dieser Beschränkung ebenfalls ein Verstoß.

30 Alle Verstöße sind grundsätzlich **gem. § 295 heilbar**.[25] Nur für Zuständigkeitsverstöße ist dies umstritten: Während eine Meinung ebenso wie bei anderen Verstößen von einer Heilbarkeit ausgeht,[26] lehnt die Gegenansicht dies mit dem Argument ab, es handele sich um eine fehlerhafte Besetzung der Richterbank, die als solche nicht heilbar sei.[27]

31 Findet eine Heilung nicht statt, so sind der **Beschluss und** ggf. die bereits erfolgte **Ausführung** in korrekter Form **zu wiederholen**. Die Ausführung eines fehlerhaften Beschlusses hat zu unterbleiben. Ergebnisse einer bereits ausgeführten Beweisaufnahme, die auf einem fehlerhaften Beschluss beruht, dürfen nicht verwertet werden.

32 Wie bei § 358 können Verstöße **nicht selbständig angefochten** werden (§ 355 Rdn. 63 und § 358 Rdn. 21). Möglich ist eine Überprüfung durch das Rechtsmittelgericht nur, wenn das Urteil auf diesem Fehler beruht (dazu § 358 Rdn. 22).

§ 359
Inhalt des Beweisbeschlusses

Der Beweisbeschluss enthält:
1. die Bezeichnung der streitigen Tatsachen, über die der Beweis zu erheben ist;
2. die Bezeichnung der Beweismittel unter Benennung der zu vernehmenden Zeugen und Sachverständigen oder der zu vernehmenden Partei;
3. die Bezeichnung der Partei, die sich auf das Beweismittel berufen hat.

Schrifttum

Bender/Belz/Wax Das Verfahren nach der Vereinfachungsnovelle und vor dem Familiengericht, München 1977; *Engel* Beweisinterlokut und Beweisbeschluß im Zivilprozeß, 1992; *Korwat* Der Beweisbeschluß in Bauprozessen aus der Sicht des Sachverständigen, DRiZ 1972, 203; *Krönig* Die Kunst der Beweiserhebung, Hamburg 1959; *Musielak/Stadler* Grundfragen des Beweisrechts: Beweisaufnahme, Beweiswürdigung, Beweislast, 1984; *Reinecke* Die Information des Zeugen über das Beweisthema, MDR 1990, 1061; *Schünemann* Beweisbeschluss contra Parteiherrschaft, in: Arbeitsgemeinschaft Rechtsanwälte im Medizinrecht (Hrsg.), 25 Jahre Arbeitsgemeinschaft – 25 Jahre Arzthaftung, 2011, S. 269; *Vogel* Beweisbeschlüsse in Bausachen – eine unendliche Geschichte?!, FS Thode (2005), S. 325.

Übersicht

I. Informationsfunktion des Beweisbeschlusses — 1
II. Reihenfolge der Beweiserhebung — 3
III. Bezeichnung des Beweisthemas
   1. Klärung der Beweiserheblichkeit — 4
   2. Notwendige Detailliertheit — 6
   3. Besonderheiten einzelner Beweismittel — 10
IV. Bezeichnung des Beweismittels — 12
V. Bezeichnung der beweisführenden Partei — 15
VI. Weitere inhaltliche Anforderungen — 16
VII. Anforderungen an die formlose Beweisanordnung — 17
VIII. Verstoß gegen die Inhaltsanforderungen — 18

---

25 MünchKomm/*Heinrich*[4] § 358a Rdn. 7; Zöller/*Greger*[29] § 358a Rdn. 4.
26 MünchKomm/*Heinrich*[4] § 358a Rdn. 7; Musielak/*Stadler*[10] § 358a Rdn. 5.
27 Baumbach/Lauterbach/*Hartmann*[71] § 358a Rdn. 11; Stein/Jonas/*Berger*[22] § 358a Rdn. 28.

I. Informationsfunktion des Beweisbeschlusses

Die Vorschrift bestimmt den **notwendigen Inhalt** eines **förmlichen** Beweisbeschlusses im Sinne der §§ 358 und 358a. Diese Anforderungen gelten **nicht**, wenn das Gericht eine **formlose** Beweisanordnung erlässt (dazu § 358 Rdn. 1). Die Novelle von 1933[1] hat § 359 an die zugleich erfolgte Ersetzung des Parteieides durch die Parteivernehmung angepasst; insbesondere wurde die Eidesformel der Nr. 4 gestrichen. 1

Der Beweisbeschluss hat eine **Klarstellungsfunktion** für das Gericht, für mögliche kommissarische Richter und für die Parteien (§ 358 Rdn. 3). Er bestimmt **Themen und Mittel einer Beweisaufnahme**, trägt so zur Organisation und Vorbereitung der Beweisaufnahme bei und gibt den Parteien Hinweise darauf, wie das Gericht den bisherigen Sachvortrag würdigt. Aus der Anordnung ergibt sich zugleich, wer nach Auffassung des Gerichts die **Beweislast** trägt und wer einen **Kostenvorschuss** zu leisten hat. Bindende Wirkung kommt dem Beschluss nicht zu (§ 358 Rdn. 4). 2

II. Reihenfolge der Beweiserhebung

Grundsätzlich können **beliebig viele Beweisbeschlüsse** ergehen. Aus verfahrensökonomischen Gründen sollte bereits der erste Beweisbeschluss das gesamte streitige Tatsachenmaterial und sämtliche Beweismittel abdecken. Gegebenenfalls kann der Beschluss nachträglich geändert werden (§ 360). Überflüssige Beweise lassen sich dadurch vermeiden, dass die Beweiserhebung unter eine auflösende oder aufschiebende Bedingung gestellt wird.[2] Angebotene Beweise sind in einer **zeitlichen Reihenfolge** zu erheben, die **prozessual zweckmäßig** ist. Es braucht also nicht eine Reihenfolge eingehalten zu werden, die sich aus den materiell-rechtlichen Ansprüchen und Gegenansprüchen sowie der Gliederung der Tatbestandsmerkmale in rechtsbegründenden und rechtshindernden Tatsachenstoff (dazu A vor § 286 Rdn. 72ff.) ergibt. Gebunden ist die Reihenfolge der Beweisaufnahme aber bei einer Stufenklage, einem Hilfsantrag oder einer Eventualaufrechnung. Geprüft werden muss ferner, ob das betreffende **Beweismittel zulässig** ist. 3

III. Bezeichnung des Beweisthemas

1. Klärung der Beweiserheblichkeit. Bei der Festlegung des Beweisthemas hat das Gericht seine bisherigen Erkenntnisse zur Lage des Verfahrens zu berücksichtigen. Dem Erlass des Beweisbeschlusses muss eine Prüfung vorausgehen, **welche Tatsachen entscheidungserheblich** und **beweisbedürftig** sind. Das schließt die Überprüfung der Schlüssigkeit der Klage ein.[3] 4

Das Gericht hat die **Beweislastregeln** zu beachten. Es darf insbesondere keinen Zeugenbeweis erheben, der von der beweisbelasteten Partei nicht angetreten worden ist. In Verfahren mit Verhandlungsmaxime führt grundsätzlich nur die beweisbelastete Partei den Beweis. Ein vom nicht beweisbelasteten Gegner angebotener **Gegenbeweis** (dazu § 284 Rdn. 32f.) ist nicht zu erheben, wenn entweder die beweisbelastete Partei keinen Beweis angeboten hat,[4] oder wenn er überflüssig und somit prozessverzögernd ist. 5

---

1 RGBl 1933 I S. 780, 786.
2 OLG Hamburg MDR 1965, 57; OLG Celle MDR 1965, 838; Stein/Jonas/ *Berger*[22] § 359 Rdn. 3.
3 Zur fehlerhaften Überwindung der Unschlüssigkeit durch Erhebung von Sachverständigenbeweis *Vogel* FS Thode, S. 325, 329 f.
4 OLG Celle VersR 1974, 663, 664; *Blomeyer* ZPR[2] § 69 IV 1 und 2 b; Stein/Jonas/*Leipold*[22] § 286 Rdn. 51; *Born* JZ 1981, 775, 776; Zöller/*Greger*[29] § 359 Rdn. 1; einschränkend *Walther* NJW 1972, 237, 238.

6   **2. Notwendige Detailliertheit. Wie genau** die **streitigen Tatsachen** dargestellt werden müssen, richtet sich nach dem Zweck des Beweisbeschlusses, nämlich **nach Art der Beweisaufnahme** und **Art des Beweismittels.** Der Beweisbeschluss soll sowohl das Gericht als auch die Parteien und ihre Prozessvertreter informieren, wenn sie nicht mehr unter dem unmittelbaren Eindruck der vorangegangenen Einführung in den Sach- und Streitstand stehen. Das Informationsbedürfnis ist **abhängig von** dem **zeitlichen, sachlichen und persönlichen Abstand** zu der vorangegangenen streitigen Verhandlung. Führt das Prozessgericht selbst die Beweisaufnahme durch, sind weniger präzise Ausführungen notwendig, als wenn die Beweisaufnahme vor dem beauftragten oder ersuchten Richter stattfinden soll. Bei der Einholung von **Sachverständigengutachten** wird dessen Inhalt bereits durch die Formulierung des Beweisthemas gelenkt (näher dazu Rdn. 11). **Einfache Rechtsverhältnisse**, die auch im Leben wie Tatsachen verwendet werden (Kauf, Miete), können in dieser Pauschalität genannt werden, wenn nicht gerade ihre rechtliche Qualifizierung im Streit steht[5] (s. auch § 284 Rdn. 16 und § 373 Rdn. 7). Die Empfehlung, die Darstellung des Klägers und des Beklagten zu einer einheitlichen Beweisfrage zusammenzuziehen, um eine Suggestivwirkung zu vermeiden,[6] hat nur Bedeutung, wenn man entgegen der hier vertretenen Auffassung (§ 377 Rdn. 26) nicht zwischen Beweisthemenangabe und Benennung des Vernehmensgegenstandes in der Zeugenladung trennt.

7   Dem **ersuchten Richter**, der die bisherige Verhandlung nicht kennt, sind alle notwendigen Informationen im Beweisbeschluss mitzuteilen (s. auch § 362 Rdn. 11). Er muss wissen, welche Tatsachen streitig sind und welches Beweismittel zu ihrer Klärung beitragen soll.[7] Der ersuchte Richter hat sich **anhand** der **Akten in** den **Sach- und Streitstand einzuarbeiten.**[8] Allerdings muss die Formulierung des Beweisthemas so bestimmt sein, dass ihm kein eigener Beurteilungsspielraum hinsichtlich der Klärungsbedürftigkeit einzelner Tatsachen verbleibt. Grenzwertig ist ein Rechtshilfeersuchen, einen Zeugen „über den Hergang" eines nach Ort und Zeit bestimmten Verkehrsunfalls zu vernehmen (zur Rechtsprechung § 362 Rdn. 11). In Einzelfällen kann es sinnvoll sein, **mögliche Zusatzfragen** einzuarbeiten, deren Beantwortung das Prozessgericht für notwendig hält und die sich dem ersuchten Richter bei einem Aktenstudium nicht ohne weiteres aufdrängen.[9] Keinesfalls darf sich der Beschluss auf die Benennung der zu klärenden Rechtsfrage beschränken.

8   Wenn ein **beauftragter Richter** tätig wird, braucht die Formulierung nicht präziser zu sein als im Falle einer Beweiserhebung durch das Prozessgericht selbst, da dieser Richter **in der Regel** der **Berichterstatter** ist, jedenfalls aber als Mitglied des Spruchkörpers an der bisherigen Verhandlung mitgewirkt und daher den gleichen Kenntnisstand hat wie dessen andere Mitglieder.

9   Wenn für alle Prozessbeteiligten hinreichende Klarheit durch **Bezugnahme auf** bestimmte Stellen in **Schriftsätzen** oder Protokollen gewährleistet ist, so kann dies zur

---

[5] *Lindemann* DRiZ 1952, 201. Auf fehlerhafte Beweiserhebung über Rechtsfragen in Bausachen hinweisend *Vogel* FS Thode, S. 325, 330 f.
[6] *Lindemann* DRiZ 1952, 201.
[7] BAG NJW 1991, 1252; OLG Koblenz NJW 1975, 1036; OLG Oldenburg NJW-RR 1992, 64 („Hergang des Unfalls", nach Datum bezeichnet); OLG Frankfurt NJW-RR 1995, 637.
[8] BGH FamRZ 1960, 399 (Nr. 181); OLG Köln OLGZ 1966, 40, 42; OLG Düsseldorf OLGZ 1973, 492, 493; OLG Koblenz NJW 1975, 1036; OLG Frankfurt JurBüro 1982, 1576, 1577; OLG Oldenburg NJW-RR 1992, 64; OLG Frankfurt NJW-RR 1995, 637; MünchKomm/*Heinrich*[6] § 359 Rdn. 4.
[9] MünchKomm/*Heinrich*[6] § 359 Rdn. 4.

Präzisierung ausreichen.[10] **Fehlt** es an der notwendigen **Präzisierung**, kann der **ersuchte Richter** die Beweisaufnahme **verweigern** (§ 158 Abs. 2 GVG), weil ihm selbst nicht die Kompetenz zukommt, die Lücken eigenverantwortlich zu schließen.[11]

3. Besonderheiten einzelner Beweismittel. Im Hinblick auf die einzelnen Beweismittel sind ebenfalls einige Besonderheiten zu beachten. Die Formulierung des Beweisthemas für eine **Zeugenvernehmung** darf **keine Suggestivwirkungen** erzeugen. Der Zeuge darf nicht erkennen können, welche Aussage für welche Partei vorteilhaft ist.[12] Die Gefahr wird vermieden, wenn man von einer wörtlichen Wiedergabe des Beweisbeschlusses in der Zeugenladung absieht.[13] § 377 Abs. 2 Nr. 2, der von „Gegenstand der Vernehmung" spricht, zeigt mit diesem Wortlaut, dass eine vom Beweisbeschluss abweichende Formulierung zulässig ist[14] (§ 377 Rdn. 26 u. 43). **10**

Bei der Anordnung eines **Sachverständigengutachtens** muss der Sachverständige über die **Anschlusstatsachen**, also die tatsächlichen Grundlagen, die er zu begutachten hat, in Kenntnis gesetzt werden (vgl. § 404a Abs. 3). Gegebenenfalls sind im Beweisbeschluss Sachverhaltsalternativen zwecks selbständiger Würdigung darzulegen, wenn der zu begutachtende Sachverhalt noch nicht eindeutig feststeht (§ 355 Rdn. 34). Die Formulierung der **Beweisthemen** kann Schwierigkeiten bereiten, wenn sie ihrerseits bereits **Sachkunde voraussetzt**. Für die Einholung **demoskopischer Gutachten** wird ein besonderer Einweisungstermin im Sinne von § 404a Abs. 2 empfohlen, in dem ein vom Gutachter formulierter Befragungsvorschlag mit den Parteien erörtert wird, damit das Gutachten später verwertbar ist.[15] **Arzthaftungssachen** überfordern nicht nur die klagenden Patienten, den Vorwurf einer Fehlbehandlung zu substantiieren. Die deshalb herabgesetzte Substantiierungslast wirkt sich auch auf den richterlichen Beweisbeschluss aus. Ein zunächst global formuliertes Beweisthema sollte in einem Erörterungstermin nach § 404a Abs. 5 Satz 2 aufgrund von Hinweisen des Sachverständigen konkretisiert werden. Die frühzeitige Einflussnahme der Parteien kann spätere Ergänzungsgutachten oder die Einholung eines weiteren Gutachtens nach § 412 ersparen.[16] **11**

IV. Bezeichnung des Beweismittels

Zeugen, Sachverständige oder Parteien, die im Wege der Parteivernehmung aussagen sollen, müssen **eindeutig identifiziert** werden können, d.h. es müssen die wesentlichen Daten wie **Name** und ladungsfähige Anschrift mitgeteilt werden (§ 356 Rdn. 28 und § 373 Rdn. 24 ff.). Sind diese Daten unbekannt, so kann dem Beweisführer gem. § 356 eine **Beibringungsfrist** gesetzt werden. **12**

Der **Sachverständige** kann durch **gesonderten Beschluss** bestimmt werden, wenn seine Person im Zeitpunkt des Erlasses des Beweisbeschlusses noch nicht feststeht, etwa **13**

---

10 OLG Hamburg OLGRspr. (Mugdan-Falkmann) 35, 85; KG OLGRspr. 40, 375; MünchKomm/*Heinrich*[4] § 359 Rdn. 4; Stein/Jonas/*Berger*[22] § 359 Rdn. 7; einschränkend Baumbach/Lauterbach/*Hartmann*[71] § 359 Rdn. 8; Musielak/*Stadler*[10] § 359 Rdn. 3.
11 Stein/Jonas/*Berger*[22] § 359 Rdn. 7.
12 *Bruns* ZPR[2] § 33 Rdn. 175b (S. 265); Musielak/*Stadler*[10] § 359 Rdn. 3; *Krönig* Kunst der Beweiserhebung[3], S. 16 und 21; *Bender/Belz/Wax* Verfahren nach der Vereinfachungsnovelle Rdn. 25.
13 Stein/Jonas/*Berger*[22] § 359 Rdn. 7; *Bruns* ZPR[2] § 33 Rdn. 175b; *Reinecke* MDR 1990, 1061, 1062f.; *Engel* Beweisinterlokut, S. 156.
14 Musielak/*Stadler*[10] § 359 Rdn. 3; *Reinecke* MDR 1990, 1061, 1062.
15 Ahrens/*Spätgens* Der Wettbewerbsprozess[7] Kap. 28 Rdn. 23 u. 25.
16 Eingehend dazu *Schünemann* in: AG Rechtsanwälte im Medizinrecht (Hrsg.), 25 Jahre Arbeitsgemeinschaft, S. 269, 272 ff.

weil erst eine Berufskammer oder sonstige berufliche Vereinigung um einen Benennungsvorschlag ersucht werden muss. Überdies kann die Bestimmung dem beauftragten oder ersuchten Richter überlassen werden (§§ 372 Abs. 2, 405). Nicht entscheiden darf der kommissarische Richter aber über die Frage, ob die betreffende Person als Zeuge oder als Sachverständiger zu vernehmen ist. Dies hat das Prozessgericht bindend in dem Beweisbeschluss anzuordnen.[17]

14   Anzuordnen ist ferner, **welche Streitgenossen** im Falle des § 449 **als Partei zu vernehmen** sind und ob im Falle der Geschäftsunfähigkeit einer Partei diese selbst oder ihr gesetzlicher Vertreter zu vernehmen ist (§ 455).

V. Bezeichnung der beweisführenden Partei

15   Die beweisführende Partei ist gem. Nr. 3 im Beweisbeschluss zu benennen.[18] Das ist ohne Rücksicht auf die Beweislast[19] diejenige **Partei, die** das **Beweismittel** – eventuell gegenbeweislich – **benannt** hat.[20] Zu vermerken ist bei Gegenbeweisantritten, welche Partei Hauptbeweisführer und welche Gegenbeweisführer ist; das ermöglicht zugleich die Kontrolle der Beweislastverteilung. Erfolgt eine Beweisaufnahme von Amts wegen, so ist dies mitzuteilen.[21] Die beweisführende Partei ist verpflichtet, im Falle der Ladung eines Zeugen oder eines Sachverständigen bzw. der Einholung eines Gutachtens einen **Auslagenvorschuss** gem. §§ 379, 402, 411 zu leisten[22] (dazu auch § 379 Rdn. 11). Haben beide Parteien dasselbe Beweismittel angeboten, ist der Träger der Beweislast alleiniger Auslagenschuldner.[23] Nur der Beweisführer hat gem. § 399 das **Recht**, auf die Vernehmung eines benannten Zeugen **zu verzichten** (§ 399 Rdn. 3).

VI. Weitere inhaltliche Anforderungen

16   Zu den in § 359 aufgeführten Angaben können weitere Einzelheiten der Durchführung der Beweisaufnahme hinzutreten, etwa die **Bestimmung des Gerichts** (Prozessgericht, beauftragter Richter (§ 361 Abs. 1), ersuchter Richter), die Festlegung des **Beweisaufnahmetermins**[24] (vgl. § 361 Abs. 1) oder – bei Übertragung der Beweisaufnahme auf den kommissarischen Richter – gem. § 370 Abs. 2 Satz 1 des Termins zur Fortsetzung der mündlichen Verhandlung vor dem Prozessgericht. Schließlich kann die Anordnung eines **Auslagenvorschusses** (§ 379), ersatzweise der Beibringung von **Zeugengebührenverzichtserklärungen**, notwendig sein. Im Falle einer **Videokonferenz** müssen die technischen Einzelheiten bestimmt werden. Eine **Begründung** des Beweisbeschlusses ist **entbehrlich** und erfolgt nicht.

---

17   OLG Köln OLGZ 1966, 188, 189; MünchKomm/*Heinrich*[4] § 359 Rdn. 5; Stein/Jonas/*Berger*[22] § 359 Rdn. 8.
18   BAG NJW 1991, 1252.
19   OLG Stuttgart MDR 1987, 1035.
20   Stein/Jonas/*Berger*[22] § 359 Rdn. 9.
21   Musielak/*Stadler*[10] § 359 Rdn. 5; Stein/Jonas/*Berger*[22] § 359 Rdn. 9.
22   MünchKomm/*Heinrich*[4] § 359 Rdn. 6; Zöller/*Greger*[29] § 359 Rdn. 6.
23   BGH NJW 1999, 2823, 2824; (zur Einholung eines Sachverständigengutachtens im Arzthaftungsprozess); Zöller/*Greger*[29] § 359 Rdn. 5 und § 379 Rdn. 4; **a.A.** *Bachmann* DRiZ 1984, 401.
24   **A.A.** Baumbach/Lauterbach/*Hartmann*[71] § 359 Rdn. 11: Terminsbestimmung ist kein Teil des Beweisbeschlusses.

VII. Anforderungen an die formlose Beweisanordnung

In der Praxis hat die **formlose** Beweisanordnung sehr viel **größere Bedeutung** als 17
der förmliche Beweisbeschluss. Die ZPO formuliert dafür keine Inhaltsanforderungen.
Die Beweisanordnung richtet sich nach Zweckmäßigkeitserwägungen. Um ihrer Funktion gerecht zu werden, muss auch die formlose Beweisanordnung das **Beweisthema ungefähr benennen**. Anderenfalls kann nicht abgegrenzt werden, welche Fragen der Parteien noch zum Beweisthema gehören.

VIII. Verstoß gegen die Inhaltsanforderungen

Rechtsverstöße gegen § 359 unterliegen **nicht** der **sofortigen Beschwerde** (dazu 18
§ 355 Rdn. 64). Da jedoch das Gericht seinen Beweisbeschluss ändern kann (§ 360), ist die Erhebung von **Gegenvorstellungen** zweckmäßig und zur Vorbereitung einer etwaigen Berufungsrüge wegen § 295 erforderlich.

§ 360
Änderung des Beweisbeschlusses

Vor der Erledigung des Beweisbeschlusses kann keine Partei dessen Änderung auf Grund der früheren Verhandlungen verlangen. Das Gericht kann jedoch auf Antrag einer Partei oder von Amts wegen den Beweisbeschluss auch ohne erneute mündliche Verhandlung insoweit ändern, als der Gegner zustimmt oder es sich nur um die Berichtigung oder Ergänzung der im Beschluss angegebenen Beweistatsachen oder um die Vernehmung anderer als der im Beschluss angegebenen Zeugen oder Sachverständigen handelt. Die gleiche Befugnis hat der beauftragte oder ersuchte Richter. Die Parteien sind tunlichst vorher zu hören und in jedem Fall von der Änderung unverzüglich zu benachrichtigen.

Schrifttum

Mertens Förmlicher Beweisbeschluß – Abänderbarkeit ohne erneute mündliche Verhandlung, MDR 2001, 666; *Schünemann* Beweisbeschluss contra Parteiherrschaft, in: Arbeitsgemeinschaft Rechtsanwälte im Medizinrecht (Hrsg.), 25 Jahre Arbeitsgemeinschaft – 25 Jahre Arzthaftung, 2011, S. 269.

Übersicht

I. Regelungsgehalt und Normzweck — 1	VI. Zustimmungsfreie Änderungen
II. Rechtspolitisch verfehltes Zustimmungserfordernis — 4	1. Berichtigung oder Ergänzung der Beweistatsachen — 22
III. Verhältnis zu § 358a — 6	2. Vernehmung anderer Zeugen oder Sachverständiger — 26
IV. Änderungssituationen	3. Sonstige Fälle — 32
1. § 360 Satz 2 als isolierte Teilregelung — 9	VII. Ermessen, Verfahren der Änderung — 33
2. Nichtdurchführung — 12	VIII. Befugnisse des Richterkommissars — 36
3. Aufhebung — 15	IX. Anhörung und Benachrichtigung der Parteien — 38
V. Zustimmung der Parteien — 18	X. Rechtsbehelfe — 40

I. Regelungsgehalt und Normzweck

1 Ursprünglich enthielt § 360 nur den heutigen Satz 1. Die Sätze 2 bis 4 sind durch die ZPO-Novelle von 1924[1] eingefügt worden. Sie erweiterten die schon vorher bestehende Möglichkeit des Gerichts, in Ausübung seiner **Prozessleitungsbefugnis** einen erlassenen Beweisbeschluss hinsichtlich der Beweisthemen und einzelner Beweismittel nachträglich zu ändern, **ohne** erneut zuvor **mündlich zu verhandeln**.

2 Satz 1 ist **Ausdruck der Prozessleitungsbefugnis** des Gerichts in Bezug auf die Beweiserhebung und unterstreicht die fehlende selbständige Anfechtbarkeit eines Beweisbeschlusses[2] (dazu § 355 Rdn. 64). Die **Sätze 2 bis 4** knüpfen die Änderung eines zuvor ergangenen förmlichen Beweisbeschlusses an bestimmte Voraussetzungen. Sie **schränken die Prozessleitungsbefugnis** des Gerichts **nicht ein**. Die zentrale Regelung des Satzes 2 bezweckt lediglich, einerseits die **Beachtung des Mündlichkeitsprinzips** sicherzustellen, andererseits aber auch vereinfachende Wege zur Änderung des Beschlusses ohne den zeitlichen Aufwand einer erneuten Verhandlung zu eröffnen. Satz 3 erstreckt die dem Prozessgericht eingeräumte erleichternde Befugnis auf den kommissarischen Richter und Satz 4 befasst sich mit der Gewährung des rechtlichen Gehörs außerhalb der mündlichen Verhandlung.

3 § 360 Satz 2 gilt **nur**, wenn ein Beweisbeschluss **außerhalb einer** erneuten **mündlichen Verhandlung** geändert werden soll. **Während einer mündlichen Verhandlung** ergibt sich die Befugnis zur **beliebigen Änderung** oder Nichtausführung – wie bereits vor Einfügung der Sätze 2 bis 4[3] – aus dem Charakter des Beweisbeschlusses als prozessleitender Maßnahme. Die Sätze 2 und 3 erweitern demnach lediglich den Entscheidungsspielraum des Gerichts im Umgang mit dem Mündlichkeitsprinzip, weil Änderungen – abhängig von den Kriterien des Satzes 2 – auch ohne erneute mündliche Verhandlung erfolgen dürfen.

II. Rechtspolitisch verfehltes Zustimmungserfordernis

4 Ungereimt erscheint das in Satz 2 angeordnete Erfordernis der Parteizustimmung. Es kann wegen der freien Überzeugungsbildung des Gerichts keine Bindung des Gerichts an einen einmal erlassenen Beweisbeschluss bewirken, sondern dessen **Änderung** oder förmliche Aufhebung **nur** bis zur nachfolgenden mündlichen Verhandlung **hinauszögern**. Bis dahin ist es dem Gericht unbenommen, den Beweisbeschluss nicht auszuführen, also bspw. einen Beweistermin aufzuheben oder Zeugen abladen. Die Parteien haben **weder** einen **Anspruch auf Änderung** (so ausdrücklich Satz 1), **noch** auf **Beibehaltung** bzw. **Durchführung** einer einmal erlassenen Beweisanordnung.

5 Sieht man den Zweck des formellen Beweisbeschlusses darin, dass er den Parteien Einblick in die Sichtweise des Gerichts gewähren und ihnen die Vorbereitung des Beweistermins ermöglichen soll (§ 358 Rdn. 7), dann erscheint es ausreichend, ihnen eine Möglichkeit zur Stellungnahme zu geben. Dem Grundsatz des rechtlichen Gehörs verschafft Satz 4 Geltung. Eine darüber hinausgehende **Differenzierung** zwischen einer Änderung während einer mündlichen Verhandlung und außerhalb derselben ist **rechtspolitisch nicht zu rechtfertigen**. Die Kommission für das Zivilprozessrecht hat sich 1977

---

[1] RGBl 1924 I S. 135.
[2] *Hahn/Stegemann* Mat. II/1 S. 306 (Schutz vor Störung und Verzögerung des Verfahrens); RGZ 3, 365, 369; MünchKomm/*Heinrich*[6] § 360 Rdn. 1, Stein/Jonas/*Berger*[22] § 360 Rdn. 4.
[3] MünchKomm/*Heinrich*[6] § 360 Rdn. 1.

folgerichtig dafür ausgesprochen, die inhaltliche Änderung eines Beweisbeschlusses ohne Parteizustimmung außerhalb der mündlichen Verhandlung zuzulassen.[4]

III. Verhältnis zu § 358a

Aus der Befugnis nach § 358a, einen Beweisbeschluss ohne mündliche Verhandlung zu erlassen, folgt auch die **Befugnis**, diesen Beschluss **jederzeit zu ändern oder aufzuheben, ohne** dass es auf das Vorliegen der Voraussetzungen des **§ 360 Satz 2** ankommt.[5] Zutreffend wird aber angenommen, dass zuvor jedenfalls eine Anhörung der Parteien durchzuführen ist.[6] Die Bedeutung dieser Frage zeigt sich insbesondere, wenn man § 358a auch nach Durchführung der ersten mündlichen Verhandlung anwenden will (s. dazu § 358a Rdn. 11). Findet in dieser Prozesslage ein Neuerlass nach § 358a statt, ergibt sich ein Wertungswiderspruch zu § 360 Satz 2, wenn die Änderung einschränkungslos gestattet wird.

6

Aus der fehlenden Anpassung des Wortlauts des § 360 Satz 2 bei Einfügung des § 358a ist der Schluss zu ziehen, dass der **Gesetzgeber** eine **Erstreckung auf** den Fall eines **vorterminlichen Beweisbeschlusses nicht gewollt** hat.[7] Dies erscheint im Hinblick auf die Wahrung des Mündlichkeitsgrundsatzes als Zweck des Satzes 2 folgerichtig: Da bereits der Erlass eines Beweisbeschlusses gem. § 358a vom Grundsatz der Mündlichkeit abweicht, ist nicht ersichtlich, warum für seine Aufhebung etwas anderes gelten sollte, zumal eine mündliche Verhandlung in jedem Falle folgen muss.[8] Die erhöhte Flexibilität, die das Gericht mit einem vorgezogenen Beweisbeschluss gewinnt, würde zunichte gemacht, wenn eine Aufhebung eines solchen Beschlusses nach Änderung der Rechtsauffassung des Gerichts an eine vorherige mündliche Verhandlung geknüpft wäre.[9]

7

Abzulehnen ist die vereinzelt vertretene Ansicht, **§ 360 Satz 2** sei seit der Einführung des § 358a **funktionslos**,[10] **auch wenn** die Norm **rechtspolitisch verfehlt** ist. Der Wortlaut lässt klar erkennen, dass § 360 Satz 2 für einen im Rahmen einer mündlichen Verhandlung erlassenen Beweisbeschluss Geltung beansprucht.[11] Weiter als der Anwendungsbereich des § 358a reicht auch die in dieser Norm zum Ausdruck kommende Ausnahme vom Grundsatz der Mündlichkeit nicht.

8

IV. Änderungssituationen

1. § 360 Satz 2 als isolierte Teilregelung. Die dem Gericht in § 360 Satz 2 eingeräumte Änderungsbefugnis stellt nur einen **Ausschnitt** aus den verschiedenen Änderungs- und Aufhebungsbefugnissen des Gerichts dar. Sie gilt **für** solche **Beweisanordnungen**, die auf Grund einer mündlichen Verhandlung ergangen sind und die **außerhalb** einer **mündlichen Verhandlung geändert** werden sollen. § 360 Satz 2 enthält **drei verschiedene Fallgruppen**, bei deren Vorliegen eine Änderung auch außerhalb einer

9

---

4 Kommissionsbericht S. 128, Vorschlag zu einem neuen § 357, S. 334 f.
5 AK-ZPO/*Rüßmann* § 360 Rdn. 4; MünchKomm/*Heinrich*[6] § 360 Rdn. 11; Stein/Jonas/*Berger*[22] § 360 Rdn. 3.
6 Musielak/*Stadler*[10] § 360 Rdn. 1; Stein/Jonas/*Berger*[22] § 360 Rdn. 3.
7 *Mertens* MDR 2001, 666, 667.
8 AK-ZPO/*Rüßmann* § 360 Rdn. 4.
9 Vgl. Stein/Jonas/*Berger*[22] § 360 Rdn. 3.
10 So Thomas/Putzo/*Reichold*[33] § 360 Rdn. 7. **A.A.** MünchKomm/*Heinrich*[4] § 360 Rdn. 11; Stein/Jonas/*Berger*[22] § 360 Rdn. 2.
11 Gegen einen Erst-recht-Schluss *Zuleger* Beweisbeschluss, S. 31 f.

mündlichen Verhandlung möglich ist, nämlich die Zustimmung der Parteien, die Berichtigung oder Ergänzung von Beweistatsachen und die Auswechslung von Zeugen oder Sachverständigen.

10 **Während einer mündlichen Verhandlung** sind **Aufhebungen und Änderungen** von Beweisbeschlüssen **ohne jede Einschränkung** zulässig.[12] Auf sie kommt es u.a. an, wenn zur Präzisierung eines Gutachtenauftrags ein Erörterungstermin nach § 404a Abs. 5 Satz 2 stattfindet (dazu § 359 Rdn. 11). Das gilt auch für eine teilweise Nichtdurchführung der angeordneten Beweisaufnahme. Deren **Abbruch** kann insbesondere dann sinnvoll sein, wenn sich nach Durchführung eines Teils der angeordneten Beweisaufnahme die Überflüssigkeit des noch fehlenden Teils herausstellt. In keinem Fall darf dies allerdings auf eine vorweggenommene Beweiswürdigung hinauslaufen.[13] Auch darf bei einer **Ausdehnung** des Beweisthemas der Beibringungsgrundsatz nicht verletzt werden.[14]

11 Fragen der Änderung eines Beweisbeschlusses sind **nicht zu verwechseln** mit der Frage, **welche Beweisangebote** der Parteien das Gericht **zu berücksichtigen** hat. Der Beweisbeschluss dient lediglich der Verfahrensorganisation und hat keinen darüber hinausgehenden Gehalt.

12 **2. Nichtdurchführung.** Aus dem Charakter des Beweisbeschlusses als prozessleitender Anordnung folgt, dass das Prozessgericht **von** der **Ausführung** des Beschlusses auch **ohne vorherige mündliche Verhandlung** absehen kann.[15] Ein einmal erlassener Beweisbeschluss bindet das Gericht in keinerlei Hinsicht und kann es somit auch nicht hindern, sich auf Grund neuer tatsächlicher oder rechtlicher Erkenntnisse gegen eine Durchführung der Beweiserhebung zu entscheiden.[16] In Betracht kommt insbesondere eine geläuterte rechtliche Beurteilung der Beweiserheblichkeit nach einem Richterwechsel. Die **Durchführung** des Beweisbeschlusses wäre dann eine **überflüssige Beweisaufnahme**.

13 Der Anspruch auf rechtliches Gehör gebietet eine **Anhörung der Parteien**, die es ihnen ermöglicht, Bedenken gegen das Absehen von der Beweiserhebung vorzubringen und ggf. durch weitere Substantiierung des eigenen Vorbringens oder durch Beantragung weiterer Beweise auf die veränderte Situation zu reagieren.[17] Die Gewährung rechtlichen Gehörs muss **nicht** in einer **mündlichen Verhandlung** erfolgen.[18]

14 Die **bloße Nichtausführung** ist **von** einer **formellen Aufhebung** des Beweisbeschlusses zu **unterschieden**.[19] Das Prozessgericht kann z.B. Beweistermine aufheben oder von der Ladung von Zeugen und Sachverständigen absehen.[20] Die Nichtausführung braucht nicht zwingend dazu zu führen, dass die Beweisaufnahme nicht mehr stattfindet, sondern sie kann auch in einem bloßen Aussetzen und einer späteren Fortsetzung der Beweiserhebung bestehen.

---

[12] RGZ 150, 330, 336.
[13] MünchKomm/*Heinrich*⁴ § 360 Rdn. 2; Musielak/*Stadler*¹⁰ § 360 Rdn. 2.
[14] Zöller/*Greger*²⁹ § 360 Rdn. 5.
[15] RG JW 1910, 191 Nr. 16; RG JW 1916, 133, 134; Musielak/*Stadler*¹⁰ § 360 Rdn. 2; Stein/Jonas/*Berger*²² § 360 Rdn. 14.
[16] RGZ 150, 330, 336; RGZ 97, 126, 127; MünchKomm/*Heinrich*⁴ § 360 Rdn. 2; Zöller/*Greger*²⁹ § 360 Rdn. 1.
[17] BVerwGE 17, 172, 173 = NJW 1964, 787; BVerwG NJW 1965, 413; OLG Köln NJW-RR 1992, 719, 720; Stein/Jonas/*Berger*²² § 360 Rdn. 14; Zöller/*Greger*²⁹ § 360 Rdn. 1.
[18] **A.A.** MünchKomm/*Heinrich*⁴ § 360 Rdn. 2. Wie hier wohl Zöller/*Greger*²⁹ § 360 Rdn. 1.
[19] Stein/Jonas/*Berger*²² § 360 Rdn. 14.
[20] RGZ 150, 330, 336.

3. Aufhebung. § 360 Satz 2 gilt seinem Wortlaut gemäß nur für die **Änderung** eines 15 Beweisbeschlusses. Umstritten ist, ob die **förmliche Aufhebung** eines Beweisbeschlusses außerhalb einer mündlichen Verhandlung ebenfalls **von** den Voraussetzungen des **§ 360 Satz 2 abhängt**.[21]

Die **Nichtanwendung des § 360 Satz 2** wird mit der Begründung angenommen, der 16 entscheidende Unterschied zwischen einer Aufhebung und einer Änderung bestehe darin, dass bei einer Änderung zur Aufhebung der Erlass eines neuen Beweisbeschlusses hinzutrete und ein Neuerlass grundsätzlich nur auf Grund einer mündlichen Verhandlung zulässig sei. Von der mündlichen Verhandlung werde nur gem. den Anforderungen des Satzes 2 dispensiert. Die Zulässigkeit einer Aufhebung ohne die Erfordernisses des Satzes 2 entspreche der Rechtslage vor der ZPO-Novelle von 1924, mit der die Sätze 2 bis 4 eingefügt worden sind; auch damals sei zwischen Änderung und Aufhebung unterschieden und die Aufhebung außerhalb von mündlichen Verhandlungen als zugelassen angesehen worden.[22] Die **Gegenansicht** geht davon aus, dass eine Aufhebung ebenso wie eine Änderung dem Prozess eine neue Wendung geben könne, so dass eine Aufhebung – egal ob vollständig oder teilweise – nur unter den Voraussetzungen des § 360 Satz 2 zulässig sein könne.[23] Zwischen Aufhebung und Änderung bestehe kein wesentlicher Unterschied.

Den Belangen der Parteien trägt **ausreichend** Rechnung, dass der förmlichen Auf- 17 hebung eine **Anhörung der Parteien voranzugehen** hat.[24]

V. Zustimmung der Parteien

Die **Änderung** eines Beweisbeschlusses außerhalb einer mündlichen Verhandlung 18 ist bei Zustimmung der Parteien zulässig. Die **Initiative** zu einer solchen Änderung kann **von einer Partei** ausgehen, die eine Änderung beantragt und damit zugleich ihr Einverständnis zum Ausdruck bringt. In diesem Fall muss die **gegnerische Partei zustimmen**.

Das Gericht kann aber auch **von Amts wegen** eine Änderung in Erwägung ziehen. 19 In diesem Fall müssen **beide Parteien zustimmen**. Die Zustimmung der Parteien ist unabhängig davon erforderlich, ob es sich um eine Änderung auf Parteiantrag hin oder um eine solche von Amts wegen handelt.[25] Aus der Gesetzesformulierung „Gegner" darf nicht der Schluss gezogen werden, dass ein Gegner nur bei Antragstellung durch eine Partei vorhanden sei und somit auf Initiative des Gerichts eine Änderung nur in den Fällen der Ergänzung der Beweistatsachen oder der Vernehmung anderer Zeugen bzw. Sachverständiger in Betracht komme.

Die Zustimmung ist eine **Prozesshandlung**. Sie ist nur wirksam, wenn Partei-, Pro- 20 zess- und auch Postulationsfähigkeit gegeben sind. Abzugeben ist die Zustimmung gegenüber dem Prozessgericht oder dem kommissarischen Richter.[26] Sie bedarf mangels einer einschlägigen Formvorschrift **nicht** der **Schriftform**.[27] Dass die Zustimmung nicht

---

21 So AK-ZPO/*Rüßmann* § 360 Rdn. 1; Stein/Jonas/*Berger*[22] § 360 Rdn. 11 (Analogie). **A.A.** RG HRR 1930 Nr. 1765; BayObLGZ 194951, 35, 36; MünchKomm/*Heinrich*[4] § 360 Rdn. 3; Musielak/*Stadler*[10] § 360 Rdn. 2; *Teplitzky* JuS 1968, 71, 76.
22 MünchKomm/*Heinrich*[4] § 360 Rdn. 3.
23 AK-ZPO/*Rüßmann* § 360 Rdn. 1; Stein/Jonas/*Berger*[22] § 360 Rdn. 11.
24 Zum Anhörungserfordernis: *Teplitzky* JuS 1968, 71, 76.
25 AK-ZPO/*Rüßmann* § 360 Rdn. 2; MünchKomm/*Heinrich*[4] § 360 Rdn. 7; Stein/Jonas/*Berger*[22] § 360 Rdn. 6; Zöller/*Greger*[29] § 360 Rdn. 4.
26 MünchKomm/*Heinrich*[4] § 360 Rdn. 6.
27 Rosenberg/Schwab/*Gottwald*[17] § 116 Rdn. 32. **A.A.** Baumbach/Lauterbach/*Hartmann*[71] § 360 Rdn. 6; Thomas/Putzo/*Reichold*[33] § 360 Rdn. 2.

widerruflich ist, ändert daran nichts. Die Zustimmung der Parteien rechtfertigt nur die Abweichung vom Grundsatz der Mündlichkeit. Auf dessen Einhaltung kann aber auch gem. § 128 Abs. 2 mündlich, und zwar in der mündlichen Verhandlung, verzichtet werden.[28]

21 Die Zustimmung muss sich sowohl auf den Akt der Beschlussänderung als auch auf den Inhalt des geänderten Beweisbeschlusses beziehen.[29] Anders als in den weiteren Fällen des § 360 Satz 2 sind der **Änderung bei Zustimmung** aber **keine inhaltlichen Grenzen** gesetzt; sie ist also nicht auf Korrekturen und Ergänzungen beschränkt.

VI. Zustimmungsfreie Änderungen

22 **1. Berichtigung oder Ergänzung der Beweistatsachen.** Die Berichtigung oder Ergänzung der im Beweisbeschluss angegebenen Beweistatsachen ist **unabhängig von** einer **Zustimmung der Parteien** möglich. Das Gericht hat dabei den **Beibringungsgrundsatz** zu beachten.[30] Für eine **Anwendung des § 319** besteht daneben kein Bedürfnis.[31]

23 Die Begriffe Berichtigung und Ergänzung zeigen, dass **keine beliebigen Änderungen** des Beweisbeschlusses möglich sind. Vielmehr erlaubt eine Berichtigung nur die Beseitigung von unbeabsichtigten Fehlern und die Ergänzung ermöglicht eine Präzisierung des bisher angegebenen Beweisthemas. Diese **Grenze** wird **überschritten**, wenn das **Beweisthema wesentlich verändert** oder sogar ausgetauscht wird, so dass neue Tatsachen hinzutreten, die mit dem Beschlussinhalt nicht in inhaltlichem Zusammenhang stehen.[32] Teilweise wird eine Ergänzung durch neue Tatsachen gänzlich abgelehnt.[33]

24 Die **praktische Relevanz** der Grenzziehung zwischen beiden Änderungsformen ist **gering**, da das Gericht nicht gehindert sei, neue Beweisthemen im Wege eines weiteren Beweisbeschlusses zu berücksichtigen, zu dessen Durchführung vorbereitende Anordnungen (z.B. Zeugenladungen) getroffen werden können. Obsolet wäre die Abgrenzung überhaupt, wenn man § 358a auf zwischenterminliche Beweisbeschlüsse anwenden würde (dazu § 358a Rdn. 11).

25 Die **Ergänzung** durch einen angetretenen, bisher aber noch nicht berücksichtigten **Gegenbeweis** ist zulässig. Dies gilt nicht nur für den direkten, sondern auch für den indirekten Gegenbeweis, der sich auf Indizien gegen die Richtigkeit der Hauptbeweistatsache bezieht.[34]

26 **2. Vernehmung anderer Zeugen oder Sachverständiger.** Ebenfalls **von Amts wegen** und ohne Zustimmung der Parteien kann der Beweisbeschluss insofern geändert werden, als **andere** als die benannten **Zeugen** vernommen oder **Sachverständige** bestellt werden können.

27 Der **Sachverständige** kann funktional ohne weiteres gegen eine in gleicher Weise qualifizierte Person ausgetauscht werden. Bedeutung hat die Ersetzung des ursprünglichen Sachverständigen etwa dann, wenn er **nachträglich** mitteilt, die Begutachtung aus

---

28 Stein/Jonas/*Leipold*[22] § 128 Rdn. 57; Musielak/*Stadler*[10] § 128 Rdn. 12.
29 Stein/Jonas/*Berger*[22] § 360 Rdn. 6.
30 Stein/Jonas/*Berger*[22] § 360 Rdn. 7; Zöller/*Greger*[29] § 360 Rdn. 5.
31 Musielak/*Stadler*[10] § 360 Rdn. 6; **a.A.** Stein/Jonas/*Berger*[22] § 360 Rdn. 7.
32 AK-ZPO/*Rüßmann* § 360 Rdn. 2; MünchKomm/*Heinrich*[4] § 360 Rdn. 8; Stein/Jonas/*Berger*[22] § 360 Rdn. 7.
33 Zöller/*Greger*[29] § 360 Rdn. 4.
34 **A.A.** MünchKomm/*Heinrich*[4] § 360 Rdn. 8.

fachlichen Gründen oder wegen anderweitiger Belastung nicht bzw. nicht fristgerecht ausführen zu können, oder wenn er unvorhergesehen **wegfällt**.

Wird das **Gutachten von** einer **anderen Person** als dem im Beweisbeschluss benannten Sachverständigen **verfasst, kann** dieser **Austausch** nach § 360 Satz 2 **gebilligt werden**.[35] Dieser dem Gericht zunächst verborgene Austausch kann in der Praxis vorkommen, wenn ein vom Gericht bestellter Instituts- oder Klinikdirektor die eigenverantwortliche Gutachtenabfassung **pflichtwidrig** ohne Rücksprache mit dem Gericht auf einen sachkundigen Mitarbeiter **delegiert** hat. Das Gericht darf ein derartiges Gutachten verwerten. Unschädlich ist, dass der Gutachter bei der Erstellung noch nicht formal zur Objektivität verpflichtet war; eine nachträgliche Übernahme dieser Pflicht ist ausreichend. Den Parteien ist ein Wechsel der Person des Sachverständigen mitzuteilen, damit sie vor Erlass des Urteils Gelegenheit haben, Bedenken gegen die Person zu äußern.[36]

28

Bei Zeugen kommt es auf die persönlichen Wahrnehmungen an, die aus verschiedenen Gründen selbst dann deutlich voneinander abweichen können, wenn verschiedene Zeugen sie aus ähnlicher Warte gemacht haben. Die **Vernehmung nachbenannter anderer oder weiterer Zeugen** wird akut, wenn sich die Naturalparteien erst bei bevorstehender Beweisaufnahme intensiver mit der Aussagefähigkeit bereits benannter Zeugen befassen oder wenn die **Aussage** der **anfänglich benannten Person unergiebig** war.

29

Differenziert anzuwenden ist § 360 Satz 2 auf die **Parteivernehmung von Streitgenossen**. Problemlos austauschbar sind Streitgenossen, deren Aussage nicht die Entscheidung im eigenen Prozess betrifft, weil der Antrag auf deren Vernehmung als Antritt eines Zeugenbeweises zu qualifizieren ist.[37] Über den Parteiantrag auf echte Parteivernehmung eines bestimmten Streitgenossen (§ 445) darf sich das Gericht nicht durch einen Personenaustausch hinwegsetzen.[38] Der Antrag auf Vernehmung der Gegenpartei, der dem Gericht gem. § 449 die Auswahl überlässt, und die Vernehmung von Amts wegen (§ 448) erlauben eine nachträgliche Änderung gem. § 360 Satz 2.[39]

30

Das Gericht kann ohne mündliche Verhandlung die Ersetzung einer Parteivernehmung gem. § 450 Abs. 2 durch die Vernehmung eines Zeugen beschließen, der erst nach Erlass des Beweisbeschlusses benannt worden ist. Es geht also um den **Austausch** einer **Partei gegen** einen **Zeugen**. Wenn eine Auswechslung von Zeugen und Sachverständigen ohne mündliche Verhandlung möglich ist, muss dies wegen der Subsidiarität der Parteivernehmung erst recht für diese Prozesssituation gelten.[40] Möglich ist hingegen nicht der **umgekehrte Austausch**, also der Übergang vom Zeugenbeweis zur Parteivernehmung.[41]

31

3. Sonstige Fälle. Der Beschlussinhalt, **von wem** die **Beweiserhebung durchzuführen** ist, also vom Prozessgericht selbst oder einem beauftragten oder ersuchten Richter, kann nachträglich ohne mündliche Verhandlung und ohne Zustimmung der Parteien **geändert** werden.[42] § 359 schreibt die Bestimmung, von wem die Beweisaufnahme

32

---

35 BGH VersR 1978, 1105, 1106 = MDR 1979, 126; BGH NJW 1985, 1399, 1400 = JZ 1986, 241, 243 m. Anm. Giesen; MünchKomm/*Heinrich*[4] § 360 Rdn. 10. **A.A.** BSG NJW 1965, 368 (vorherige Ernennung erforderlich); Friedrichs VersR 1979, 661.
36 BGH VersR 1978, 1105, 1106; BGH NJW 1985, 1399, 1400.
37 Stein/Jonas/*Leipold*[22] § 449 Rdn. 1.
38 Zöller/*Greger*[29] § 449 Rdn. 2.
39 Weniger differenzierend MünchKomm/*Heinrich*[4] § 360 Rdn. 10; Musielak/*Stadler*[10] § 360 Rdn. 8; Stein/Jonas/*Leipold*[22] § 449 Rdn. 3.
40 MünchKomm/*Heinrich*[4] § 360 Rdn. 10; **a.A.** Musielak/*Stadler*[10] § 360 Rdn. 8.
41 Musielak/*Stadler*[10] § 360 Rdn. 8; **a.A.** Zöller/*Greger*[29] § 360 Rdn. 4.
42 MünchKomm/*Heinrich*[4] § 360 Rdn. 9; Musielak/*Stadler*[10] § 360 Rdn. 8. Bedenken äußernd Stein/Jonas/*Berger*[22] § 360 Rdn. 12.

durchzuführen ist, **nicht** als **Inhalt des Beweisbeschlusses** vor. Das Ergebnis wird durch § 361 Abs. 1 bestätigt, der eine Bestimmung des beauftragten Richters *bei* der Verkündung des Beweisbeschlusses und durch den *Vorsitzenden* verlangt. Die Bestimmung des zuständigen Richters ist demnach nicht Teil des Beweisbeschlusses (dazu § 361 Rdn. 19). Derartige Änderungen werden von § 360 nicht erfasst. Nur dieses Ergebnis wird praktischen Bedürfnissen gerecht. Ob einem Zeugen wegen Hindernissen in seiner Person eine Reise zum Prozessgericht unzumutbar und eine Rechtshilfevernehmung deshalb zweckmäßig ist, wird sich häufig erst herausstellen, wenn der Beweisbeschluss erlassen und der Zeuge geladen worden ist.

VII. Ermessen, Verfahren der Änderung

33 Die Entscheidung über eine **Änderung auf Parteiantrag oder von Amts wegen** ist eine Ermessensentscheidung. Dies stellt nicht nur der Wortlaut des Satzes 2 („kann") klar, sondern auch der Inhalt des Satzes 1, indem er den Parteien einen Anspruch auf Änderung eines Beweisbeschlusses verwehrt. Das Gericht braucht keine mündliche Verhandlung anzuberaumen, um **Änderungsanträge abzulehnen**.[43] Nur wenn es einem Änderungsantrag stattgeben will, müssen entweder die Voraussetzungen des Satzes 2 vorliegen oder es muss eine neue mündliche Verhandlung stattfinden.

34 Änderung und Aufhebung sind **verfahrensleitende Anordnungen**.[44] Sie erfolgen grundsätzlich durch förmlichen Beschluss i.S.d. § 329.[45] Ausnahmsweise und wenn dadurch die Mitwirkungsrechte der Parteien gewahrt bleiben, ist eine **stillschweigende Änderung bzw. Aufhebung** möglich.[46] Vorstellbar ist dies hinsichtlich einer Aufhebung des Beschlusses bspw. durch Bestimmung eines Termins zur Urteilsverkündung[47] oder durch eine entsprechende Urteilsbegründung.[48] Eine Änderung kann sich auch während der Durchführung der Beweisaufnahme ergeben, wenn das Gericht auf Grund der bisherigen Ergebnisse z.B. **weiter gehende Fragen** an einen Zeugen stellt als zunächst vorgesehen.[49]

35 In jedem Fall ist den **Anforderungen des § 360 Satz 4** zu entsprechen,[50] da es um den Anspruch auf rechtliches Gehör geht (s. unten Rdn. 38). **Unzulässig** ist es, statt einer beschlossenen Beweisaufnahme einen **Termin zur Urteilsverkündung** anzusetzen und die Parteien damit vor vollendete Tatsachen zu stellen.[51]

VIII. Befugnisse des Richterkommissars

36 § 360 Satz 3 räumt dieselben Änderungsbefugnisse wie dem Prozessgericht auch dem beauftragten und dem ersuchten Richter ein. Gegen diese Möglichkeit werden verbreitet **rechtspolitische Bedenken** erhoben und es wird empfohlen, von dieser Möglichkeit nur ausnahmsweise Gebrauch zu machen und sich auf notwendige Änderungen

---

43 Stein/Jonas/*Berger*[22] § 360 Rdn. 5.
44 OLG Brandenburg FamRZ 2001, 294.
45 Musielak/*Stadler*[10] § 360 Rdn. 11.
46 BGH VersR 1978, 1105, 1106; BGH NJW 1985, 1399, 1400; OLG Zweibrücken NJW-RR 1999, 1368f.; Stein/Jonas/*Berger*[22] § 360 Rdn. 5; wohl auch Zöller/*Greger*[29] § 360 Rdn. 1.
47 BayObLGZ 194951, 35, 36; OLG Karlsruhe DAVorm 1974, 556; Stein/Jonas/*Berger*[22] § 360 Rdn. 12.
48 RAG ArbRspr 1931, 66; RAG ArbRspr 1931, 376, 378; Stein/Jonas/*Berger*[22] § 360 Rdn. 12.
49 Musielak/*Stadler*[10] § 360 Rdn. 9.
50 BGH NJW 1985, 1399, 1400.
51 Stein/Jonas/*Berger*[22] § 360 Rdn. 12.

zu beschränken,[52] also etwa Irrtümer zu korrigieren, oder Rücksprache mit dem Prozessgericht zu halten.

Eine **Aufhebung** des Beweisbeschlusses durch den beauftragten oder ersuchten Richter ist **unzulässig**.[53] Eine solche Entscheidung käme einer Ablehnung der Beweisaufnahme im Sinne des. § 158 Abs. 1 GVG gleich. Der **Erlass eines zusätzlichen Beweisbeschlusses** ist ebenfalls **unzulässig**.[54] Die Übertragung der Beweisaufnahme beschränkt sich auf den Gegenstand des vom Prozessgericht erlassenen Beweisbeschlusses. 37

IX. Anhörung und Benachrichtigung der Parteien

Satz 4 des § 360 verlangt, dass in Fällen einer Änderung nach Satz 2 oder 3 eine Anhörung der Parteien stattfinden soll und sie in jedem Fall unverzüglich von der Änderung in Kenntnis zu setzen sind. Die Wortlauteinschränkung „tunlichst" ist verfassungsrechtlich überholt; eine Anhörung ist regelmäßig *vor* der Änderungsentscheidung durchzuführen.[55] Das folgt aus dem Anspruch der Parteien auf **Gewährung rechtlichen Gehörs**.[56] **Satz 4** ist **analog** anzuwenden auf die **Aufhebung** eines Beweisbeschlusses **sowie** dessen **Aussetzung**. Auch in diesen Fällen sind die Parteien so früh wie möglich zu informieren und es ist ihnen Gelegenheit zur Stellungnahme zu geben. 38

Nur **in Ausnahmefällen** darf die Anhörung **nachträglich** durchgeführt werden. In Betracht kommt dies bei besonderer Eilbedürftigkeit, etwa wenn eine umgehende Anpassung des Beweisbeschlusses notwendig ist, um eine bereits begonnene Beweisaufnahme sinnvoll fortsetzen zu können. **Entbehrlich** ist eine Anhörung nur im Falle offensichtlicher Unrichtigkeit des Beweisbeschlusses.[57] Mit der Ausführung des geänderten Beschlusses entfällt nicht die Pflicht zur unverzüglichen **nachträglichen Information**. 39

X. Rechtsbehelfe

Ein auf § 358 oder § 358a beruhender Beweisbeschluss ist wegen seines Charakters als verfahrensleitende Anordnung **nicht selbständig anfechtbar** (dazu § 355 Rdn. 64). Dasselbe gilt, wenn ein **Antrag auf Abänderung** eines Beweisbeschlusses gem. § 360 **abgelehnt** oder ignoriert wird,[58] oder wenn sich eine Partei gegen die **Änderung** oder **Aufhebung** des ursprünglichen Beweisbeschlusses wendet.[59] Auch bei Vorliegen der Voraussetzungen des Satzes 2 steht die Änderung im Ermessen des Gerichts. **Ausnahmsweise** ist der Beweisbeschluss anfechtbar, wenn er zu einem einer Verfahrensaussetzung gleichstehenden **Verfahrensstillstand** führt.[60] 40

Nimmt das Gericht ohne Vorliegen der Voraussetzungen des Satzes 2 eine Änderung oder Aufhebung vor oder verletzt es die Anhörungs- und Informationspflichten des Sat- 41

---

[52] Mertens MDR 2001, 666, 671; MünchKomm/*Heinrich*[4] § 360 Rdn. 13; Stein/Jonas/*Berger*[22] § 360 Rdn. 15.
[53] Stein/Jonas/*Berger*[22] § 360 Rdn. 13 und 15.
[54] Stein/Jonas/*Berger*[22] § 360 Rdn. 15.
[55] BGH NJW 1985, 1399, 1400; Musielak/*Stadler*[10] § 360 Rdn. 12.
[56] BGH VersR 1978, 1105, 1106; BVerwGE 17, 172, 173 = NJW 1964, 787; MünchKomm/*Heinrich*[4] § 360 Rdn. 14.
[57] MünchKomm/*Heinrich*[4] § 360 Rdn. 14; Stein/Jonas/*Berger*[22] § 360 Rdn. 16.
[58] OLG Karlsruhe OLGRep. 2003, 225, 226.
[59] OLG Brandenburg OLGRep. 2000, 436 = FamRZ 2001, 294 (da Einheit mit Erlass des Beweisbeschlusses).
[60] Vgl. OLG Brandenburg OLGRep. 2000, 436/437 = FamRZ 2001, 294, 295.

zes 4, verbleibt nur die Möglichkeit eines **Rechtsmittels gegen das Urteil selbst**,[61] sofern das Urteil darauf beruht (zum Kausalitätserfordernis § 358 Rdn. 22). Die genannten Mängel können gem. **§ 295 Abs. 1 geheilt** werden.[62]

§ 361
Beweisaufnahme durch beauftragten Richter

(1) Soll die Beweisaufnahme durch ein Mitglied des Prozessgerichts erfolgen, so wird bei der Verkündung des Beweisbeschlusses durch den Vorsitzenden der beauftragte Richter bezeichnet und der Termin zur Beweisaufnahme bestimmt.

(2) Ist die Terminsbestimmung unterblieben, so erfolgt sie durch den beauftragten Richter, wird er verhindert, den Auftrag zu vollziehen, so ernennt der Vorsitzende ein anderes Mitglied.

Schrifttum

E. *Schneider* Die Stellung des beauftragten Richters im Verhältnis zum Prozeßgericht, DRiZ 1977, 13.

Übersicht

I. Durchbrechung der formellen Unmittelbarkeit — 1
II. Begriff des beauftragten Richters
   1. Delegation, nicht Substitution — 2
   2. Überbesetztes Kollegialgericht — 3
III. Beauftragungsgegenstand und Befugnisse des beauftragten Richters
   1. Begrenzte Zahl von Beauftragungsgegenständen — 6
   2. Abgrenzung: Güteverhandlung, Terminsvorbereitung — 7
   3. Befugnisse des beauftragten Richters
      a) Maßgeblichkeit der Einzelbeauftragung — 10
      b) Terminsbestimmung — 14
      c) Auslagenvorschuss — 16
      d) Sitzungsordnung — 17
IV. Beauftragung durch den Vorsitzenden des Prozessgerichts — 18
V. Besonderheiten des Verfahrens vor dem beauftragten Richter
   1. Anwaltszwang — 22
   2. Öffentlichkeit — 23
   3. Protokoll — 25
   4. Sitzungspolizei — 26
VI. Rechtsbehelfe — 27

I. Durchbrechung der formellen Unmittelbarkeit

1   Sofern die **Delegation der Beweisaufnahme** auf ein Mitglied des Prozessgerichts zulässig ist, regelt § 361 deren Durchführung. Mit der Übertragung findet eine Durchbrechung des Grundsatzes der formellen Unmittelbarkeit (dazu § 355 Rdn. 20 ff.) statt. Sie entspricht der in § 362 geregelten Möglichkeit, die Beweisaufnahme auf einen ersuchten Richter zu übertragen. Eine Beauftragung ist gem. § 355 Abs. 1 Satz 2 nur in den gesetzlich vorgesehenen Fällen zulässig; im Regelfall hat die Beweisaufnahme vor dem Prozessgericht selbst zu erfolgen (§ 355 Abs. 1 Satz 1). Während eine Beweiserhebung durch den ersuchten Richter gem. § 362 eine Beweiserhebung mit vertretbarem Aufwand häufig überhaupt erst ermöglicht, stehen bei § 361 **Effizienzgesichtspunkte** im Vordergrund: Die Beauftragung eines Mitglieds des Prozessgerichts entlastet die übrigen Richter des

---

61 Musielak/*Stadler*[10] § 360 Rdn. 13.
62 BGH VersR 1978, 1105, 1106; OLG Zweibrücken NJW-RR 1999, 1368 f.; MünchKomm/*Heinrich*[4] § 360 Rdn. 15.

Kollegialorgans (Kammer oder Senat) und ermöglicht diesen, während der Durchführung der Beweisaufnahme anderen Aufgaben nachzukommen (s. auch Rdn. 3 ff.).

II. Begriff des beauftragten Richters

1. Delegation, nicht Substitution. Der beauftragte Richter ist ein **Mitglied des kollegialen Prozessgerichts** und muss es sein; er wird von dessen Vorsitzenden mit der Durchführung der Beweisaufnahme beauftragt. Der streitentscheidende Einzelrichter am Landgericht kann die Beweisaufnahme nicht auf ein anderes Mitglied seiner Kammer als beauftragten Richter übertragen.[1] Im Falle einer Entscheidung des Rechtsstreits durch den originären oder den obligatorischen Einzelrichter ist dieser *selbst und allein* das Prozessgericht[2] (vgl. dazu auch § 355 Rdn. 25). Die Beauftragung eines anderen Kammermitglieds würde eine Übertragung an einen Richter bedeuten, der nicht dem Prozessgericht angehört; der beauftragte Richter würde sich unter dem Deckmantel dieses Begriffs **funktional** in einen ersuchten Richter **verwandeln**. Der streitentscheidende Einzelrichter kann sich auch nicht selbst zum beauftragen Richter nach § 361 bestellen, um damit den Anwaltszwang für einen Vergleichsabschluss abzuschütteln.[3]

2

2. Überbesetztes Kollegialgericht. Beauftragter Richter kann nicht ein Richter sein, der trotz Zugehörigkeit zu dem (überbesetzten) Kollegialgericht auf Grund des Geschäftsverteilungsplans nicht an der konkreten Entscheidung mitwirkt. Die Frage wird häufig gegenläufig beantwortet.[4] Dieses Vorgehen ist mit dem Wortlaut des § 361 und mit dem Grundsatz der formellen Unmittelbarkeit nicht in Einklang zu bringen. Der Begriff „Prozessgericht" findet sich sowohl in § 361 als auch in § 355. Als **Prozessgericht** in diesem Sinne ist grundsätzlich die nach dem kammer- oder senatsinternen Geschäftsverteilungsplan **zuständige Sitzgruppe** zu verstehen (vgl. § 355 Rdn. 24). So ist gewährleistet, dass bei der Entscheidung des Rechtsstreits wenigstens ein Richter mitwirkt, der auch an der Beweisaufnahme teilgenommen hat.

3

Wird die **Entscheidung** von einem Kollegialgericht **auf den Einzelrichter übertragen** (§ 348a, obligatorischer Einzelrichter), dann ist **dieser** das **Prozessgericht** und nicht etwa die gesamte Kammer vertreten durch den Einzelrichter. Zum Spruchkörper gehören nicht diejenigen Richter, die an der konkreten Entscheidung nicht zu beteiligen sind.

4

Auf ein gänzlich anderes Gericht kann die Beweiserhebung nur übertragen werden, wenn es sich um die Rechtshilfemaßnahme der Einschaltung eines **ersuchten Richters** handelt. Im Falle der Übertragung auf den ersuchten Richter liegt die Rechtfertigung der Durchbrechung des Unmittelbarkeitsprinzips in der fehlenden oder **erschwerten Durchführbarkeit der Beweisaufnahme vor** dem **Prozessgericht** und der daraus folgenden Notwendigkeit der Übertragung auf ein Gericht, das die Beweisaufnahme einfacher oder überhaupt erst durchführen kann. Im Falle des § 361 fehlt es an einer vergleichbaren Lage, vielmehr steht eine bloße **Reduzierung des personellen Aufwands** im Vordergrund (oben Rdn. 1).

5

---

1 **A.A.** Zöller/*Greger*[29] § 361 Rdn. 2.
2 Stein/Jonas/*Berger*[22] § 355 Rdn. 9.
3 OLG Frankfurt FamRZ 1987, 737.
4 BayObLGZ 1956, 300, 303; MünchKomm/*Heinrich*[3] § 361 Rdn. 3.

III. Beauftragungsgegenstand und Befugnisse des Richterkommissars

6 **1. Begrenzte Zahl von Beauftragungsgegenständen.** Die **Befugnisse** des beauftragten Richters sind **begrenzt** auf den Gegenstand der Beauftragung. Diese Beauftragung ist ihrerseits beschränkt; sie umfasst nicht sämtliche Aufgaben des Prozessgerichts. Die Fälle einer zulässigen Übertragung der Beweisaufnahme sind im Gesetz abschließend geregelt: die Einnahme des **Augenscheins** und ggf. die Ernennung eines hinzuzuziehenden Sachverständigen gem. § 372 Abs. 2; die **Zeugenvernehmung** gem. § 375; die Ernennung und **Vernehmung von Sachverständigen** gem. §§ 402, 405, 375; die **Urkundenvorlegung** gem. § 434; die **Parteivernehmung** §§ 451, 375 und schließlich die **Abnahme von Eiden** gem. § 479.

7 **2. Abgrenzung: Güteverhandlung, Terminsvorbereitung.** Ein **Güteversuch**, der gem. § 278 Abs. 5 Satz 1 ebenfalls vor dem beauftragten Richter stattfinden kann, ist **nicht Teil der Beweisaufnahme**. Die Durchführung der Güteverhandlung ist **gesondert durch Beschluss** (nicht: Beweisbeschluss) anzuordnen.[5] Für die Auswahl und Ernennung des konkreten Richters gelten dieselben Regeln wie für § 361. Eine Ermächtigung zur Durchführung einer Güteverhandlung geht nicht mit einer Beauftragung zur Durchführung der Beweisaufnahme einher.

8 Die Durchführung von **Vergleichsverhandlungen** und der Abschluss eines Vergleichs sind nach der ratio des § 278 Abs. 5 Satz 2 auch **ohne entsprechenden Beschluss** des Prozessgerichts zulässig, sofern die Parteien sich vergleichsbereit zeigen.[6] Ohne Ermächtigung ist auch die Vergleichsprotokollierung nach § 278 Abs. 6 zulässig.

9 Auch die **Vorbereitung des Termins** gem. § 273 Abs. 2 darf dem beauftragten Richter übertragen werden. Davon ist aber nur bei entsprechend eindeutiger Formulierung auszugehen.

3. Befugnisse des beauftragten Richters

10 **a) Maßgeblichkeit der Einzelbeauftragung.** Die **Reichweite** der Befugnisse hängt in erster Linie **von der konkreten Beauftragung** durch das Prozessgericht ab. Innerhalb dieser Grenzen stehen dem beauftragten Richter grundsätzlich sämtliche Befugnisse zu, die auch das komplett besetzte Prozessgericht oder dessen Vorsitzender hätte, wenn es/er die übertragene Aufgabe selbst ausführen würde.[7]

11 Für die Bestimmung von **Terminen und Fristen** ergibt sich dies aus § 229. Für die **Zeugenvernehmung** enthält § 400 eine besondere Regelung. Sie fasst einzelne Kompetenzen des beauftragten und des ersuchten Richters zusammen, ist aber nicht abschließend (näher: § 400 Rdn. 1). Nach § 400 stehen dem Richterkommissar weitgehend dieselben Kompetenzen zu wie dem Prozessgericht. Zu den Kompetenzen s. auch § 366 Rdn. 3.

12 Verschiedene Kompetenzen bleiben **stets beim Prozessgericht**. Dabei handelt es sich um Aufgaben, die eine **Bewertung der** bisherigen **Ergebnisse** des Beweisverfahrens voraussetzen und damit bereits eine der Entscheidung des Rechtsstreits nahe kommende Tätigkeit des beauftragten Richters verlangen. Erst recht gilt dies für die Entscheidung des Rechtsstreits selbst.

---

5 Vgl. MünchKomm/*Heinrich*⁴ § 361 Rdn. 7; *Schneider* DRiZ 1977, 13, 14.
6 MünchKomm/*Heinrich*⁴ § 361 Rdn. 7.
7 Stein/Jonas/*Berger*²² § 361 Rdn. 5.

Der beauftragte Richter kann unter den Voraussetzungen des § 365 die Beweisauf- 13
nahme **an ein anderes Gericht abgeben** (siehe dazu § 365).

b) Terminsbestimmung. Grundsätzlich ist die Bestimmung des Termins der Be- 14
weisaufnahme Aufgabe des **Vorsitzenden des Prozessgerichts** (§ 361 Abs. 1). Unterbleibt sie – wie regelmäßig – erfolgt sie nach § 361 Abs. 2 durch den **beauftragten Richter**. Die vereinzelt vertretene Ansicht, Absatz 1 beziehe die Worte „durch den Vorsitzenden" nur auf die Verkündung des Beweisbeschlusses, nicht aber auf die Bezeichnung des beauftragten Richters und die Bestimmung des Termins zur Beweisaufnahme,[8] lässt sich mit Abs. 2 Hs 1 nicht in Einklang bringen. Dass der beauftragte Richter die Terminsbestimmung vornehmen muss, wenn er denn ohnehin dafür zuständig wäre, hätte als Selbstverständlichkeit keiner Regelung bedurft; § 361 Abs. 2 Hs 1 wäre bei dieser Interpretation überflüssig. Sind **weitere Termine** zur Durchführung der Beweisaufnahme erforderlich, werden diese durch den beauftragten Richter selbst festgesetzt. Dies folgt aus § 229.

Mitgeteilt wird der **Termin** den Parteien gem. § 357 Abs. 2 Satz 1 grundsätzlich 15
formlos (näher dazu § 357 Rdn. 37), sofern die Terminsbestimmung nicht schon zusammen mit dem Beweisbeschluss verkündet worden ist (§ 329 Abs. 1 Satz 1). Analog § 172 Abs. 1 Satz 1 geht die Mitteilung **an den** bestellten **Prozessbevollmächtigten**. Die in § 357 Abs. 2 Satz 1 vorgesehene Absenkung der Anforderungen betrifft lediglich die Form der Ladung, nicht auch die **Ladungsfrist**, so dass § 217 **zu beachten** ist.

c) Auslagenvorschuss. Die Einzahlung eines **Auslagenvorschusses** für eine Zeu- 16
genvernehmung (§ 379) kann grundsätzlich **nur** vom **Prozessgericht**, nicht aber vom beauftragten Richter angeordnet werden. Allerdings kann auch diese Kompetenz auf den beauftragten Richter übertragen werden.[9] Sie fällt ihm ohne weiteres zu, wenn er gem. § 405 Satz 1 vom Prozessgericht zur Ernennung des Sachverständigen ermächtigt wird. Die Anordnung ist in der Regel bereits im Beweisbeschluss enthalten. Der Richterkommissar ist nicht berechtigt, von der in § 379 Satz 2 eröffneten Möglichkeit Gebrauch zu machen, bei ausbleibender Zahlung die Vernehmung nicht durchzuführen.[10]

d) Sitzungsordnung. Die Aufrechterhaltung der Ordnung während der Sitzung, ge- 17
gebenenfalls unter Anwendung dafür erforderlicher **Zwangs- und Ordnungsmittel**, obliegt gem. §§ 180, 176 ff. GVG dem beauftragten Richter selbst.

IV. Beauftragung durch den Vorsitzenden des Prozessgerichts

Eine **Übertragung** auf den beauftragten Richter ist gem. § 355 Abs. 1 nur in den ge- 18
setzlich bestimmten Fällen zulässig. Die Entscheidung darüber, *ob* von einer solchen gesetzlich eingeräumten Möglichkeit Gebrauch gemacht werden soll, hat das **Prozessgericht** zu treffen, weil es grundsätzlich für die Durchführung der Beweisaufnahme zuständig ist.[11] Die Entscheidung darüber ergeht **als Kollegialentscheidung** in der Form des **Beweisbeschlusses**.[12] Für diesen gelten die allgemeinen Regeln, so dass eine Über-

---

8 Baumbach/Lauterbach/*Hartmann*[71] § 361 Rdn. 5.
9 MünchKomm/*Heinrich*[4] § 361 Rdn. 6; Stein/Jonas/*Berger*[22] § 379 Rdn. 3 (einschränkend: nur zur Bestimmung der Betragshöhe).
10 Zöller/*Greger*[29] § 361 Rdn. 2.
11 BGHZ 86, 104, 111 f. = NJW 1983, 1793, 1794 a.E.
12 BGHZ 86, 104, 112 = NJW 1983, 1793, 1794 a.E.

tragung gem. § 358a auch im Rahmen eines vorterminlichen Beweisbeschlusses erfolgen und gem. § 360 im Wege der Änderung auch nachträglich in einen bereits zuvor erlassenen Beweisbeschluss eingefügt werden kann.[13]

19 Demgegenüber obliegt die Entscheidung über die **Person des beauftragten Richters**, also gewissermaßen die Entscheidung über das *wie*, dem **Vorsitzenden** des Prozessgerichts (§ 361 Abs. 1)[14] (dazu auch § 360 Rdn. 32). Die Auswahlentscheidung ist eine Ermessensentscheidung.[15] Er kann nur solche Richter beauftragen, die zur im Voraus bestimmten, für die Entscheidung zuständigen **Sitzgruppe der Kammer** oder des Senats gehören. Der Vorsitzende kann **auch sich selbst** als beauftragten Richter auswählen. Geht der Beweisbeschluss des Prozessgerichts über die Anordnung einer Übertragung hinaus und legt § 361 Abs. 1 zuwider bereits unmittelbar die Person des beauftragten Richters fest, so ist dies unschädlich und mit Rechtsbehelfen nicht angreifbar. Die alleinige Zuständigkeit des Vorsitzenden dient lediglich der Vereinfachung des Geschäftsbetriebs und berührt nicht die Interessen der Parteien.[16]

20 Die Entscheidung des Vorsitzenden muss unmissverständlich sein, so dass klar ist, welches Mitglied des Prozessgerichts die Beweiserhebung tatsächlich durchzuführen hat. Im Regelfall wird dies durch **namentliche Benennung** erfolgen. Dies ist nicht die einzig zulässige Form der Bezeichnung.[17] Möglich ist auch eine Bezeichnung mit der jeweils innerhalb der Sitzgruppe bekleideten Funktion (z.B. **„Berichterstatter"**).[18] Die Eindeutigkeit der Bezeichnung wird nicht in Frage gestellt, wenn mit der Bezeichnung der Funktion eine bestimmte Person gemeint ist, nämlich diejenige, die diese Funktion zum Zeitpunkt der Beauftragung ausübt. Für die Notwendigkeit namentlicher Bezeichnung spricht nicht der Anspruch auf den gesetzlichen Richter. Die Rechtsfigur eines „gesetzlichen Berichterstatters" ist eine Übersteigerung, die lediglich aus der mangelnden Bewältigung persönlicher Konfliktlagen innerhalb eines kollegialen Spruchkörpers entstanden ist.

21 Falls der beauftragte Richter den Auftrag nicht ausführen kann, weil er **verhindert** ist oder aus dem Prozessgericht ausscheidet, hat der Vorsitzende gem. § 361 Abs. 2 Hs 2 ein anderes Mitglied des Prozessgerichts zu beauftragen. Eine Neubenennung muss nicht zwingend erfolgen; der **Vertreter oder Amtsnachfolger** rückt ohne weiteres in die Aufgabe des beauftragten Richters ein.[19]

V. Besonderheiten des Verfahrens vor dem beauftragten Richter

22 **1. Anwaltszwang.** Vor dem beauftragten Richter besteht **kein Anwaltszwang** (§ 78 Abs. 5). Sämtliche Prozesshandlungen, die vor dem beauftragten Richter vorgenommen werden, sind ohne Mitwirkung eines Rechtsanwalts wirksam. Das gilt jedenfalls, soweit der beauftragte Richter sich im Rahmen seines Auftrags hält. Bedeutsam ist dies in den Fällen, in denen die Durchführung einer **Güteverhandlung** dem beauftragten Richter **nicht** von dem Prozessgericht **übertragen** worden ist, er diese aber auf Grund der bei den Parteien vorhandenen Vergleichsbereitschaft dennoch durchführt und auch zum Abschluss eines Vergleichs gelangt. In diesen Fällen ist der **geschlossene Vergleich**

---

13 BGHZ 86, 104, 112 = NJW 1983, 1793, 1794 a.E.
14 MünchKomm/*Heinrich*[4] § 361 Rdn. 4; Stein/Jonas/*Berger*[22] § 361 Rdn. 3.
15 Musielak/*Stadler*[10] § 361 Rdn. 2.
16 MünchKomm/*Heinrich*[4] § 361 Rdn. 4.
17 So aber Musielak/*Stadler*[10] § 361 Rdn. 2; Zöller/*Greger*[29] § 361 Rdn. 2.
18 MünchKomm/*Heinrich*[4] § 361 Rdn. 4; Stein/Jonas/*Berger*[22] § 361 Rdn. 3.
19 So Musielak/*Stadler*[10] § 361 Rdn. 2; Stein/Jonas/*Berger*[22] § 361 Rdn. 3; **a.A.** MünchKomm/*Heinrich*[4] § 361 Rdn. 4.

wirksam, auch wenn die **Parteien nicht anwaltlich vertreten** waren[20] (§ 78 Rdn. 42). Entscheidend für die Frage der Wirksamkeit eines geschlossenen Vergleichs ist die vorgelagerte Frage, ob der beauftragte Richter eine Güteverhandlung auch ohne explizite Übertragung durch das Prozessgericht durchführen darf (dazu bereits oben Rdn. 7). Da die Güteverhandlung auf eine Einigung der Parteien zielt, die grundsätzlich ebenso außergerichtlich getroffen werden könnte, besteht kein Grund, einem im Übrigen wirksam geschlossenen Vergleich durch die Parteien die Wirksamkeit nur wegen einer fehlenden Übertragung der Güteverhandlung auf den beauftragten Richter zu versagen.[21]

2. Öffentlichkeit. Da der beauftragte Richter nicht allein über den betreffenden Rechtsstreit entscheidet, ist er nicht das erkennende Gericht im Sinne des § 169 Satz 1 GVG. Daher ist die Beweisaufnahme nicht öffentlich, allerdings wegen § 357 Abs. 1 **parteiöffentlich**.[22] Sie kann auch dann nicht öffentlich erfolgen, wenn die Parteien damit einverstanden sind oder es gar wünschen. 23

Vor dem beauftragten Richter findet **keine mündliche Verhandlung** im Sinne des § 128 Abs. 1 statt.[23] Die Fortsetzung der mündlichen Verhandlung (§ 370 Abs. 2) erfolgt vor dem Prozessgericht. Dort haben die Parteien das Ergebnis der Beweisaufnahme vorzutragen (§ 285 Abs. 2). 24

3. Protokoll. Gemäß **§ 159 Abs. 2** ist vor dem beauftragten Richter ebenso wie bei einer Beweisaufnahme vor dem Prozessgericht Protokoll zu führen. 25

4. Sitzungspolizei. Der beauftragte Richter übt gem. **§ 180 GVG** die Sitzungsgewalt aus. Er kann **Ordnungsstrafen** verhängen. 26

VI. Rechtsbehelfe

Der eingeschränkte Aufgabenbereich des beauftragten Richters begrenzt auch die gegen seine Entscheidungen verfügbaren Rechtsbehelfe. Da er **lediglich verfahrensleitende Anordnungen** treffen kann, keinesfalls aber selbst die erhobenen Beweise würdigen oder gar den Rechtsstreit entscheiden darf, kommen Rechtsbehelfe gegen Entscheidungen, die materiell-rechtliche Fragen betreffen, von vornherein nicht in Betracht. 27

§ 573 enthält eine spezielle Regelung für Rechtsbehelfe gegen Entscheidungen des beauftragten Richters. Gegen sämtliche Entscheidungen des beauftragten Richters ist die **Erinnerung an das Prozessgericht** statthaft. Gegen dessen Entscheidung in erster Instanz ist gem. § 573 Abs. 2 die sofortige Beschwerde eröffnet. Da der beauftragte Richter lediglich Verfahrensfragen entscheiden kann, handelt es sich bei der auf die Erinnerung hin ergehenden Entscheidung des Prozessgerichts notwendig ebenfalls um eine **Entscheidung über Verfahrensfragen**. Die Erinnerung ist vor der Entscheidung des Prozessgerichts dem beauftragten Richter zuzuleiten, da dieser gem. §§ 573 Abs. 1 Satz 3, 572 Abs. 1 zur Abhilfe berechtigt ist. Hilft er nicht ab, entscheidet das Prozessgericht.[24] Einzu- 28

---

20 BGHZ 77, 264, 272f. = NJW 1980, 2307, 2309; OLG Hamburg MDR 1950, 292, 293; OLG Düsseldorf NJW 1975, 2298, 2299; **a.A.** OLG Celle RPfleger 1974, 319; s. auch OLG Koblenz NJW 1971, 1043, 1044f. m. abl. Anm. *Schneider*.
21 MünchKomm/*Heinrich*[4] § 361 Rdn. 7.
22 MünchKomm/*Heinrich*[4] § 361 Rdn. 8.
23 Zöller/*Greger*[29] § 361 Rdn. 1.
24 MünchKomm/*Heinrich*[4] § 361 Rdn. 9; Musielak/*Ball*[10] § 573 Rdn. 8.

legen ist die Erinnerung gem. §§ 573 Abs. 1 Satz 3, 569 Abs. 1 Satz 1 binnen einer **Notfrist von zwei Wochen**.

29 **Gegen sitzungspolizeiliche Maßnahmen** nach § 178 GVG ist die Beschwerde zum OLG eröffnet, § 181 Abs. 3 GVG.

§ 362
Beweisaufnahme durch ersuchten Richter

(1) Soll die Beweisaufnahme durch ein anderes Gericht erfolgen, so ist das Ersuchungsschreiben von dem Vorsitzenden zu erlassen.
(2) Die auf die Beweisaufnahme sich beziehenden Verhandlungen übermittelt der ersuchte Richter der Geschäftsstelle des Prozessgerichts in Urschrift; die Geschäftsstelle benachrichtigt die Parteien von dem Eingang.

Schrifttum

Berg Zulässigkeit eines Rechtshilfeersuchens, MDR 1962, 787; *Koukouselis* Die Unmittelbarkeit der Beweisaufnahme im Zivilprozeß, insbesondere bei der Zeugenvernehmung, 1990.

Übersicht

I. Durchbrechung der formellen Unmittelbarkeit —— 1	4. Notwendiger Beweisbeschluss —— 7
II. Begriff des ersuchten Richters —— 3	IV. Befugnisse des ersuchten Richters —— 10
III. Ersuchen durch den Vorsitzenden des Prozessgerichts oder den Einzelrichter	V. Besonderheiten des Verfahrens vor dem ersuchten Richter —— 18
1. Fälle zulässiger Übertragung —— 4	VI. Verhandlungsprotokoll —— 23
2. Entscheidung des Prozessgerichts —— 5	VII. Rechtsbehelfe —— 25
3. Auswechslung des Rechtshilfegerichts —— 6	VIII. Freiwillige Gerichtsbarkeit —— 28

I. Durchbrechung der formellen Unmittelbarkeit

1 Ebenso wie § 361 regelt § 362 die **Durchführung einer** abweichend von § 355 Abs. 1 delegierten **Beweisaufnahme**. Es handelt sich um eine **Rechtshilfemaßnahme** durch ein auswärtiges deutsches Gericht. Sie kommt auch in Betracht, wenn als Prozessgericht ein streitentscheidender Einzelrichter tätig wird. Die Delegation unterliegt bei bestimmten Beweismitteln Grenzen, die der Wahrung der formellen Unmittelbarkeit dienen sollen (dazu § 355 Rdn. 37 ff.). Soweit es von vornherein **nicht** auf einen **richterlichen Eindruck** von dem Beweismittel ankommt, etwa bei der **Überwachung** einer **zwangsweisen Blutentnahme** für eine Abstammungsuntersuchung am Wohnsitz der Testperson, ist § 355 Abs. 1 nicht berührt.[1] Noch stärker als § 361 weicht die Beweisaufnahme im Wege der Rechtshilfe von dem Grundsatz formeller Unmittelbarkeit ab. Während der beauftragte Richter immerhin auch an der Entscheidung des Rechtsstreits mitwirkt, ist der ersuchte Richter nicht Mitglied des Prozessgerichts. Die Übertragung auf einen ersuchten Richter dient der **Prozessökonomie** und **verhindert**, dass verzögernde und kostenträchtige **auswärtige Beweisaufnahmen des Prozessgerichts** durchgeführt werden müssen. Die Erleichterungen für die Mitwirkung eines ersuchten Richters reichen

---

1 So im Ergebnis BGH NJW 1990, 2936, 2937.

weiter als die mit einer Übertragung auf den beauftragten Richter verbundenen Erleichterungen.

§ 362 regelt nicht, in welchen Fällen die Beweisaufnahme überhaupt dem ersuchten Richter **übertragen** werden kann. Auch die Kompetenzverteilung zwischen ersuchtem Richter einerseits und Prozessgericht andererseits wird nur in Ansätzen geregelt. 2

II. Begriff des ersuchten Richters

Wer ersuchter Richter ist, ergibt sich aus § 157 Abs. 1 GVG. Zu richten ist das **inländische Rechtshilfeersuchen** gem. § 157 Abs. 1 GVG an das **Amtsgericht**, in dessen Bezirk die Beweisaufnahme vorgenommen werden soll. Eine Beweisaufnahme **im Ausland** kommt nur nach §§ 363, 364 in Betracht. Welcher Richter des Amtsgerichts die Beweisaufnahme durchzuführen hat, ergibt sich aus dem **Geschäftsverteilungsplan des Rechtshilfegerichts**. Anders als nach § 361 entscheidet also nicht das Prozessgericht bzw. dessen Vorsitzender, welche konkrete Person die Beweisaufnahme durchzuführen hat. 3

III. Ersuchen durch den Vorsitzenden des Prozessgerichts oder den Einzelrichter

1. Fälle zulässiger Übertragung. Die Beweisaufnahme ist **nur in** den **gesetzlich ausdrücklich vorgesehenen** Fällen zulässig (vgl. § 355 Abs. 1 Satz 2). Sie decken sich weitgehend mit denen der Übertragung auf den beauftragten Richter. Im Einzelnen sind dies § 372 Abs. 2, § 375 Abs. 1, § 402, § 434, § 451 und § 479. Nach § 278 Abs. 5 kann auch die **Güteverhandlung** einem ersuchten Richter übertragen werden. § 362 gilt dafür jedoch nicht. 4

2. Entscheidung des Prozessgerichts. Die Entscheidung über die **Übertragung** auf den ersuchten Richter ist eine **Kollegialentscheidung** des Prozessgerichts, auch wenn das Ersuchungsschreiben gem. § 362 Abs. 1 von dem Vorsitzenden des Prozessgerichts erlassen wird. Anders als bei der Übertragung auf den beauftragten Richter ist eine Übertragung auf den ersuchten Richter auch möglich, wenn der Rechtsstreit von einem Einzelrichter gem. §§ 348 f. zu entscheiden ist: Ein Entscheidungsspielraum über die Art und Weise der Durchführung steht dem Vorsitzenden bzw. dem Einzelrichter nach § 362 nicht zu. Das **Ersuchungsschreiben** an das zuständige Amtsgericht ist eine **prozessleitende Verfügung**.[2] 5

3. Auswechslung des Rechtshilfegerichts. Der Vorsitzende des Prozessgerichts ist befugt, **analog § 365** das im Beschluss genannte Gericht gegen ein anderes Rechtshilfegericht auszuwechseln, wenn sich dafür nach Erlass des Beschlusses ein Bedarf ergibt. Dazu bedarf es **keiner** vorherigen **Änderung des Beweisbeschlusses** gem. § 360, da auch der zunächst ersuchte Richter die Beweisaufnahme gem. § 365 an ein anderes Gericht abgeben kann;[3] dessen Entscheidung ist ebenfalls dem Prozessgericht entzogen. 6

4. Notwendiger Beweisbeschluss. Die Entscheidung des Prozessgerichts ergeht zwingend in der **Form des Beweisbeschlusses**, da die Beweisaufnahme durch den be- 7

---

[2] MünchKomm/*Heinrich*[6] § 362 Rdn. 4; Musielak/*Stadler*[10] § 362 Rdn. 3.
[3] Stein/Jonas/*Berger*[22] § 362 Rdn. 1.

auftragten wie den ersuchten Richter stets nur in einem neuen Termin stattfinden kann. Es gelten insoweit die allgemeinen Regeln für Beweisbeschlüsse. Die Übertragung kann auch durch vorterminlichen Beweisbeschluss gem. § 358a oder nachträglich gem. § 360 im Wege der Änderung eines bereits erlassenen Beweisbeschlusses angeordnet werden.[4]

8   An den **Inhalt des Beweisbeschlusses** zur Durchführung der Beweisaufnahme im Wege der Rechtshilfe sind **erhöhte Anforderungen** zu stellen. Während der beauftragte Richter an der bisherigen Verhandlung beteiligt war, die Akten kennt und damit weiß, auf die Klärung welcher Fragen die Beweisaufnahme vorrangig zielt, wird der ersuchte Richter erstmals mit dem betreffenden Rechtsstreit befasst. Er bedarf daher einer weitergehenden Einführung und Anleitung als der beauftragte Richter. Zur notwendigen Detailliertheit § 359 Rdn. 7.

9   Eine Ermessensentscheidung des **Vorsitzenden** ist auch die Entscheidung über die **Übersendung der Akten**;[5] eine Pflicht zur Übersendung besteht nicht.[6]

IV. Befugnisse des ersuchten Richters

10 Das ersuchte Gericht ist grundsätzlich **nicht berechtigt**, das Ersuchen gem. § 158 Abs. 1 GVG **abzulehnen**. Etwas anderes gilt lediglich gem. § 158 Abs. 2 Satz 1 GVG, wenn die vorzunehmende Handlung nach dem Recht des ersuchten Gerichts verboten ist und das Rechtshilfeersuchen von einem Gericht ausgeht, das dem Rechtshilfegericht nicht im ersten Rechtszuge vorgesetzt ist. **Vorgesetzte Gerichte** des Amtsgerichts im Sinne dieser Vorschrift sind das Landgericht und das Oberlandesgericht, in deren Bezirk sich das Amtsgericht befindet.[7] Diese Ausnahmevorschrift ist eng auszulegen.[8] Die vorzunehmende Handlung muss ohne Rücksicht auf die konkrete prozessuale Situation schlechthin unzulässig sein.[9] Im Übrigen sind **Verfahrensfehler des Prozessgerichts** nur im Rechtszug des Prozessgerichts überprüfbar.[10]

11 Das Ersuchen darf **zurückgewiesen** werden, wenn der Beweisbeschluss das **Beweisthema nicht exakt benennt**[11] (s. auch § 359 Rdn. 7). Anderenfalls wäre der ersuchte Richter gezwungen, entgegen seiner Befugnis zumindest teilweise selbst zu entscheiden, welche Tatsachen beweisbedürftig sind bzw. mit welchen Mitteln der Beweis geführt werden soll. Ein Fall dieser Art liegt jedoch nicht vor, wenn der ersuchte Richter **nur ergänzend die Akten hinzuziehen** muss, die zu klärenden Fragen aber insgesamt eindeutig benannt werden (§ 359 Rdn. 7). Die früher umstrittene Frage, ob die Vernehmung eines Zeugen „über den Hergang" eines Verkehrsunfalls, der nach Ort und Zeit bezeichnet worden ist, präzise genug formuliert ist, ist von der Rechtsprechung zugunsten der Verwendung dieser Formel entschieden worden.[12] **Nicht** zur Zurückweisung des Ersuchens ist der ersuchte Richter berechtigt, wenn er den Beweisbeschluss für **unzweckmäßig**[13] **oder** auf Grund einer anderen rechtlichen Beurteilung des streitigen Sachver-

---

[4] MünchKomm/*Heinrich*[4] § 362 Rdn. 4; Musielak/*Stadler*[10] § 362 Rdn. 3.
[5] MünchKomm/*Heinrich*[4] § 362 Rdn. 4; Stein/Jonas/*Berger*[22] § 362 Rdn. 2.
[6] OLG Düsseldorf NJW 1959, 298, 299.
[7] Zöller/*Lückemann*[29] § 158 GVG Rdn. 2.
[8] BGH NJW 1990, 2936; BAG NJW 2001, 2196, 2197.
[9] BGH NJW 1990, 2936; BAG NJW 2001, 2196, 2197.
[10] BGH JZ 1953, 230, 231; BAG NJW 2001, 2196, 2197.
[11] BAG NJW 1991, 1252; OLG Koblenz NJW 1975, 1036; OLG Frankfurt RPfleger 1979, 426 (Nr. 402).
[12] OLG Köln OLGZ 1966, 40, 41; OLG Frankfurt JurBüro 1982, 1576, 1577; OLG Düsseldorf OLGZ 1973, 492, 493; OLG Frankfurt NJW-RR 1995, 637.
[13] BGH NJW 1990, 2936, 2937; OLG Frankfurt RPfleger 1979, 426 (Nr. 402); Rosenberg/Schwab/*Gottwald*[17] § 22 Rdn. 6.

halts für **überflüssig** hält:[14] Er darf sich nicht in die Prozessführung des Prozessgerichts einmischen.

Umstritten ist, ob das Ersuchen mit der Begründung abgelehnt werden darf, die Beweiserhebung diene der **Ausforschung der gegnerischen Partei**.[15] Dies ist wegen des damit verbundenen Eingriffs in die Prozessleitungsbefugnisse des Prozessgerichts generell abzulehnen. 12

Eine **örtliche Unzuständigkeit** des ersuchten Gerichts führt nicht zur Ablehnung, sondern zu einer **Abgabe des Ersuchens** an das örtlich zuständige Gericht (§ 158 Abs. 2 Satz 2 GVG). Ferner kann der ersuchte ebenso wie der beauftragte Richter die Durchführung der Beweisaufnahme unter den Voraussetzungen des § 365 an ein anderes Gericht abgeben. 13

Die **Pflichten des ersuchten Richters** decken sich mit denen des beauftragten Richters. Zur Konkretisierung der Pflichten und zur Bestimmung des Grades der Bindung an den Beweisbeschluss wird gelegentlich bildhaft unter Verwendung kommunalrechtlicher Begriffe zwischen einem übertragenen und einem eigenen Aufgabenbereich unterschieden.[16] Inhaltliche Hilfe gibt diese Unterscheidung nicht. 14

Die **Änderungsbefugnisse** des ersuchten Richters sind **eng begrenzt**. Er ist vor allem an das Beweisthema (§ 359 Nr. 1) gebunden. Ohne Zustimmung der Parteien kann er gem. **§ 360 Sätze 2 und 3** nur **berichtigende Änderungen** der im Beschluss angegebenen Beweistatsachen vornehmen und im Übrigen lediglich Zeugen und Sachverständige austauschen. Der Austausch eines Zeugen kommt praktisch nur bei falscher Namensangabe im Beweisbeschluss in Betracht, so dass es sich letztlich um ein berichtigendes Eingreifen handelt. Da **alle anderen Änderungen** der **Zustimmung der Parteien** bedürfen, zu deren Schutz der Grundsatz der formellen Unmittelbarkeit letztlich dienen soll, besteht keine Gefahr, dass zu Lasten einer Partei weitreichende Änderungen vorgenommen werden. Eine über § 360 hinausreichende Abänderungsbefugnis, wie sie das Prozessgericht während der mündlichen Verhandlung hat, steht dem ersuchten Richter nicht zu. 15

Selbst mit Zustimmung der Parteien ist eine **Aufhebung** des durch das Prozessgericht erlassenen Beweisbeschlusses **ausgeschlossen**. Die Aufhebung entspräche einer unzulässigen Zurückweisung des Ersuchens gem. § 158 Abs. 1 GVG (§ 360 Rdn. 37). **Ebenso wenig** gestattet § 360 Satz 3 eine so **weitgehende Änderung** des Beweisbeschlusses, dass darin der Erlass eines neuen Beweisbeschlusses zu sehen wäre: Falls weitreichende Änderungen erforderlich werden, bspw. weil sich auf Grund veränderter tatsächlicher Umstände die angeordnete Art der Beweiserhebung erledigt hat, muss das Prozessgericht einen neuen Beweisbeschluss erlassen. 16

Eigene Befugnisse werden dem Richterkommissar in §§ 229, 365, 400 eingeräumt. Ihm stehen die **sitzungspolizeilichen Befugnisse** zu. 17

---

14 BAG NJW 2001, 2196, 2197; OLG München OLGZ 1976, 252, 253 (dort: Streit über Zulässigkeit der Haftanordnung nach § 901 ZPO).
15 Generell verneinend: OLG Frankfurt MDR 1970, 597 (Nr. 70); *Berg* MDR 1962, 787, 788; *Musielak/Stadler*[10] § 362 Rdn. 2; *Rosenberg/Schwab/Gottwald*[17] § 22 Rdn. 6. Ablehnend nur bei Offensichtlichkeit: OLG Düsseldorf NJW 1959, 298, 299; OLG München NJW 1966, 2125, 2126. Offengelassen von BGH JZ 1953, 230, 231; BGH FamRZ 1960, 399 (Nr. 181); BAG NJW 1991, 1252; OLG Karlsruhe FamRZ 1968, 536.
16 So *Musielak/Stadler*[10] § 362 Rdn. 4.

V. Besonderheiten des Verfahrens vor dem ersuchten Richter

18 Die Besonderheiten des Verfahrens decken sich weitgehend mit denen des Verfahrens vor dem beauftragten Richter (dazu § 361 Rdn. 22ff.). Die Verhandlung ist nur **parteiöffentlich**, da der ersuchte Richter nicht das erkennende Gericht im Sinne des § 169 Satz 1 GVG ist. Es besteht gem. § 78 Abs. 5 **kein Anwaltszwang**.

19 Gem. § 278 Abs. 5 Satz 1 ist auch vor dem ersuchten Richter die Durchführung einer **Güteverhandlung** möglich. Ein **ohne anwaltliche Beteiligung** geschlossener **Vergleich** ist wirksam, auch wenn die Durchführung der Güteverhandlung dem ersuchten Richter nicht gem. § 278 Abs. 5 Satz 1 übertragen worden ist (vgl. § 361 Rdn. 7).

20 Anders als der beauftragte Richter bestimmt der ersuchte Richter den **Termin der Beweisaufnahme**. Auch hier gelten die vereinfachten Anforderungen des § 357 Abs. 2, so dass eine **formlose Mitteilung** des Termins an die Parteien bzw. ggf. deren Prozessbevollmächtigten genügt (vgl. § 361 Rdn. 15). Die Erleichterung in § 357 Abs. 2 gilt allerdings nur für die Form der Ladung. Die **Ladungsfrist** gem. § 217 muss eingehalten werden. Die Bestimmung des Termins zur mündlichen Verhandlung nach Abschluss der Beweisaufnahme ist Aufgabe des Prozessgerichts, das diese Terminsbestimmung gem. § 370 Abs. 2 Satz 1 bereits in dem die Übertragung vorsehenden Beweisbeschluss vornehmen kann. Alternativ bestimmt das Prozessgericht den Fortsetzungstermin nach Abschluss der Beweisaufnahme von Amts wegen.

21 Über einen **Auslagenvorschuss** entscheidet hingegen grundsätzlich das **Prozessgericht**, sofern diese Aufgabe nicht dem ersuchten Richter durch das Prozessgericht übertragen worden ist (vgl. § 361 Rdn. 16).

22 Abgeschwächt sind die **Ausschlussgründe**. Der ersuchte Richter kann ebenso wie der beauftragte Richter gem. **§ 41 Nr. 6** auch dann die Rechtshilfemaßnahme vornehmen, wenn er bereits in einem vorhergehenden Rechtszug oder in einem schiedsrichterlichen Verfahren an dem Erlass der angefochtenen und nun zu überprüfenden Entscheidung mitgewirkt hat. Dies ist deshalb gerechtfertigt, weil ihm in dem Verfahren als Richterkommissar keine Entscheidungsbefugnisse zukommen. Aus demselben Grund wird vereinzelt angenommen, auch der **Ausschlussgrund des § 41 Nr. 3** gelte nicht für Richterkommissare.[17] Dies ist abzulehnen: Die Gefahr einer einseitigen Beeinflussung des Verfahrens auf Grund eines Verwandtschaftsverhältnisses reicht weiter als eine solche, die lediglich auf einer früheren Mitwirkung beruht. Anderenfalls könnten sämtliche Ausschlussgründe des § 41 unter Verweis auf die fehlende Entscheidungsbefugnis als hinfällig betrachtet werden. Die Ausnahme nach Nr. 6 ist nur deshalb hinzunehmen, weil sie gesetzlich angeordnet ist. In allen anderen Fällen ist keine unterschiedliche Behandlung von streitentscheidenden Richtern und beauftragten oder ersuchten Richtern angebracht.

VI. Verhandlungsprotokoll

23 Über die Beweisaufnahme ist ein Protokoll (§ 159 Abs. 1 Satz 1) anzufertigen. Das Protokoll hat eine weiter gehende Bedeutung als bei einer Beweisaufnahme durch den beauftragten Richter oder gar das Prozessgericht selbst. Mangels Mitwirkung eines die Beweisaufnahme durchführenden Richters an der Entscheidung des Rechtsstreits stellt das **Protokoll** die **einzige Grundlage für** die **Beurteilung** der beweisbedürftigen Tatsachen dar. Abweichungen für den Inhalt des Protokolls ergeben sich daraus aber schon

---

[17] Musielak/*Stadler*[9] § 362 Rdn. 1; Stein/Jonas/*Berger*[22] § 362 Rdn. 5.

deshalb nicht, weil § 160 für sämtliche Protokolle gleich hohe Inhaltsanforderungen stellt.

Gem. § 362 Abs. 2 Hs 1 übersendet der ersuchte Richter das **Protokoll in Urschrift** an die **Geschäftsstelle** des Prozessgerichts, die gem. § 362 Abs. 2 Hs 2 die Parteien über den Eingang der Protokolle formlos und unverzüglich benachrichtigt. Wie für alle Prozessakten besteht auch für dieses Protokoll ein **Akteneinsichtsrecht gem. § 299**. Vereinzelt wird angenommen, Art. 103 Abs. 1 GG verlange über den Wortlaut des § 299 hinaus eine Übersendung von Abschriften des Protokolls an die Parteien von Amts wegen.[18] Dazu besteht wegen der auch vor dem ersuchten Richter gewährleisteten Parteiöffentlichkeit ebenso wenig Anlass wie bei einer Beweisaufnahme vor dem Prozessgericht. Die **Übersendung** ist aber **zweckmäßig**. 24

VII. Rechtsbehelfe

Wie für die Beweisaufnahme vor dem beauftragten Richter ist gegen Entscheidungen des ersuchten Richters die **Erinnerung** gem. § 573 Abs. 1 statthaft (vgl. § 361 Rdn. 28). Der ersuchte Richter hat zuvor die Möglichkeit der Abhilfe. 25

Zu den möglichen Fehlern des ersuchten Richters gehört die **fehlerhafte Ablehnung des Ersuchens** gem. § 158 Abs. 2 (dazu § 375 Rdn. 28 ff.). In diesem Fall ist nicht § 573 maßgebend. Vielmehr ist gem. § 159 Abs. 1 Satz 1 GVG das **OLG anzurufen**, zu dessen Bezirk das ersuchte Gericht gehört. Gegen die gem. § 159 Abs. 2 GVG ohne mündliche Verhandlung ergehende Entscheidung des OLG ist die Beschwerde zum BGH gem. § 159 Abs. 2 Satz 2 und 3 GVG nur eröffnet, wenn das OLG die Rechtshilfe durch das ersuchte Gericht für unzulässig erklärt hat und das ersuchte und das ersuchende Gericht verschiedenen OLG-Bezirken angehören. 26

Rechtsschutz gegen **sitzungspolizeiliche Maßnahmen** erfolgt gem. § 181 Abs. 1 und 3 GVG im Wege der Beschwerde zum OLG, in dessen Bezirk sich das Rechtshilfegericht befindet. 27

VIII. Freiwillige Gerichtsbarkeit

§ 362 ist in Verfahren nach dem FamFG entsprechend anzuwenden,[19] soweit dort ein Rechtshilfeersuchen zulässig ist (§ 355 Rdn. 7). 28

§ 363
Beweisaufnahme im Ausland

(1) **Soll die Beweisaufnahme im Ausland erfolgen, so hat der Vorsitzende die zuständige Behörde um Aufnahme des Beweises zu ersuchen.**
(2) **Kann die Beweisaufnahme durch einen Bundeskonsul erfolgen, so ist das Ersuchen an diesen zu richten.**
(3) **Die Vorschriften der Verordnung (EG) Nr. 1206/2001 des Rates vom 28. Mai 2001 über die Zusammenarbeit zwischen den berichtenden Mitgliedstaaten auf dem Gebiet der Beweisaufnahme in Zivil- oder Handelssachen (Abl. EG Nr. L 174 S. 1) bleiben unberührt. Für die Durchführung gelten §§ 1072 und 1073.**

---

18 Baumbach/Lauterbach/*Hartmann*[70] § 362 Rdn. 6.
19 Zöller/*Feskorn*[29] § 30 FamFG Rdn. 13.

Schrifttum

(1) Inland

Adloff Vorlagepflichten und Beweisvereitelung im deutschen und französischen Zivilprozeß, 2007; *Adolphsen* Europäisches und internationales Zivilprozeßrecht in Patentsachen, 2005, Rn 348 ff.; *Alio* Änderungen im deutschen Rechtshilferecht: Beweisaufnahme nach der Europäischen Beweisaufnahmeverordnung, NJW 2004, 2706; *Bauer* Das sichere Geleit unter besonderer Berücksichtigung des Zivilprozeßrechts, 2006; *Bertele* Souveränität und Verfahrensrecht, 1998; *Blanchard* Die prozessualen Schranken der Formfreiheit: Beweismittel und Beweiskraft im EG-Schuldvertragsübereinkommen in deutsch-französischen Vertragsfällen, Diss. Heidelberg 2002; *Berger* Die EG-Verordnung über die Zusammenarbeit der Gerichte auf dem Gebiet der Beweisaufnahme in Zivil- und Handelssachen, IPRax 2001, 522; *Berger* Grenzüberschreitende Beweisaufnahme zwischen Österreich und Deutschland, FS Rechberger (2005), S. 39; *Blaschczok* Das Haager Übereinkommen über die Beweisaufnahme im Ausland in Zivil- und Handelssachen, 1986; *Böckstiegel/Schlafen* Die Haager Reformabkommen über die Zustellung und die Beweisaufnahme im Ausland, NJW 1978, 1073 ff.; *Brandt* Vorschläge zum Erlaß einer Urkundenvorlage-Verordnung nach dem Haager Beweisaufnahmeübereinkommen, 1987; *Brinkmann* Das Beweismaß im Zivilprozeß aus rechtsvergleichender Sicht, 2006; *Coester-Waltjen* Internationales Beweisrecht: Das auf den Beweis anwendbare Recht in Rechtsstreitigkeiten mit Auslandsbezug, 1983; *Coester-Waltjen* Einige Überlegungen zur Beschaffung von Beweisurkunden aus dem Ausland, FS Schlosser (2005), S. 147; *Daoudi* Extraterritoriale Beweisbeschaffung im deutschen Zivilprozeß – Möglichkeiten und Grenzen der Beweisbeschaffung außerhalb des internationalen Rechtshilfeweges, 2000; *Decker* Grenzüberschreitende Exhumierungsanordnungen und Beweisvereitelung – Zur Vaterschaftsfeststellung bei deutschem Vaterschaftsstatut und verstorbenem italienischen Putativvater, IPRax 2004, 229; *Dörschner* Beweissicherung im Ausland: Zur gerichtlichen vorprozessualen Beweisaufnahme in Deutschland, Frankreich und der Schweiz am Beispiel des privaten Baurechts sowie zur Beweissicherung bei Auslandssachverhalten und zur Verwertung ausländischer vorsorglicher Beweisaufnahmen im deutschen Hauptsacheprozeß, 2000; *Dötsch* Auslandszeugen im Zivilprozess, MDR 2011, 269; *Eschenfelder* Beweiserhebung im Ausland und ihre Verwendung im inländischen Zivilprozeß – Zur Bedeutung des US-amerikanischen Discovery-Verfahrens für das deutsche Erkenntnisverfahren, 2001; *Eschenfelder* Verwertbarkeit von Discovery-Ergebnissen in deutschen Zivilverfahren, RIW 2006, 443; *Gebhardt* Pre-Trail Discovery von elektronisch gespeicherten Dokumenten, IDR 2005, 30; *Reinhold Geimer* Internationales Zivilprozeßrecht, 6. Aufl. 2009, 8. Teil, S. 792; *Reinhold Geimer* Konsularische Beweisaufnahme, FS Matscher (1993), S. 133; *Ewald Geimer* Internationale Beweisaufnahme, 1998; *Gottwald* Grenzen zivilgerichtlicher Maßnahmen mit Auslandswirkung, FS Habscheid (1989), S. 119; *Geiss* Electronic Discovery, DAJV-Newsletter 2008, 74; *Habscheid* (Hrsg.), Der Justizkonflikt mit den Vereinigten Staaten von Amerika, 1986; *Hau* Gerichtssachverständige in Fällen mit Auslandsbezug, RIW 2003, 822; *Heck* Die Haager Konvention über die Beweisaufnahme im Ausland aus der Sicht der amerikanischen Prozessgerichte sowie der amerikanischen Regierung, ZVglRWiss 94 (1985), 208; *Heese* Sachaufklärung mittels exterritorialer Handlungsvollstreckung, ZZP 124 (2011), 73; *Heidenberger* Ein Beispiel amerikanischer Rechtsprechung zum Haager Beweisaufnahmeübereinkommen, RIW 1985, 270; *Heidenberger* Neue Interpretation des Haager Beweisübereinkommens durch die US-Regierung, RIW 1984, 841; *Heidenberger* Haager Beweisübereinkommen und Urkundenvorlage deutscher Parteien in den USA, Konsequenzen der Entscheidung Anschütz für Prozessparteien vor amerikanischen Gerichten, RIW 1985, 437; *Heidenberger* US Supreme Court zum Haager Beweisübereinkommen, RIW 1987, 50; *v. Hein* EG-Beweisaufnahmeverordnung, in: Rauscher, Europäisches Zivilprozeßrecht, 2. Aufl. 2006, S. 1275; *Hess* Neue Formen der Rechtshilfe in Zivilsachen im Europäischen Justizraum, GS Blomeyer (2004), S. 6187; *Hess* Europäische Zivilprozessrecht, 2010, § 8 II; *Hess* Kommunikation im europäischen Zivilprozess, AnwBl 2011, 321; *Hess/Müller* Die Verordnung 1206/2001/EG zur Beweisaufnahme im Ausland, ZZPInt 6 (2001), 149; *Hess/Zhou* Beweissicherung und Beweismittelbeschaffung im europäischen Justizraum, IPRax 2007, 183; *Hopt/Kulms/v. Hein* Rechtshilfe und Rechtsstaat, 2006; *Stefan Huber* Europäische BeweisaufnahmeVO in: Gebauer/Wiedmann, Zivilrecht unter europäischem Einfluß, 2005, Kapitel 29, S. 1337; *Stefan Huber* Die Europäische Beweisaufnahmeverordnung (EuBVO) – Überwindung der traditionellen Souveränitätsvorbehalte? GPR 2003, 115; *Stefan Huber* Entwicklung transnationaler Modellregeln für Zivilverfahren am Beispiel der Dokumentenvorlage, 2008; *Jastrow* Europäische Zustellung und Beweisaufnahme 2004 – Neuregelungen im deutschen Recht und konsularische Beweisaufnahme, IPRax 2004, 11; *Jayme* Extraterritoriale Beweisverschaffung für inländische Verfahren und Vollstreckungshilfe durch ausländische Gerichte, FS Geimer

(2002), S. 375; *Junker* Discovery im deutsch-amerikanischen Rechtsverkehr, 1987; *Junker* Electronic Discovery gegen deutsche Unternehmen, 2008; *Kersting* Der Schutz des Wirtschaftsgeheimnisses im Zivilprozeß – eine rechtsvergleichende Untersuchung anhand der FRCP und der ZPO, 1995; *Kessler* Zeugenvernehmung für einen Zivilprozeß in den USA, GRUR Int. 2006, 713; *Klinger* Vernichtet und verloren? Zum Einfluß der US-amerikanischen pre-trial discovery-Regeln auf die Obliegenheiten deutscher Unternehmen zur Aufbewahrung von Dokumenten und zur Sicherung elektronischer Daten, RIW 2007, 108; *Knöfel* Internationale Beweishilfe für Schiedsverfahren, RIW 2007, 832; *Knöfel* Vier Jahre Europäisches Beweisaufnahmeverordnung, EuZW 2008, 267; *Knöfel* Beweishilfe im deutsch-türkischen Rechtsverkehr, IPRax 2009, 46; *Knöfel* Nordische Zeugnispflicht, IPRax 2010, 572; *Koch* Zur Praxis der Rechtshilfe im amerikanisch-deutschen Rechtsverkehr – Ergebnisse einer Umfrage zu den Haager Zustellungs- und Beweisübereinkommen, IPRax 1985, 245; *Koziol/Wilcox* (Hrsg.), Punitive damages: common law und civil law perspectives, Wien 2009; *Kraayvanger/Richter* Die US-amerikanische Beweishilfe nach der Intel-Entscheidung des Supreme Court, RIW 2007, 177; *Kraayvanger* Discovery im deutschen Zivilprozess – über den Umweg der US-amerikanischen Beweishilfe, RIW 2007, 496; *Kurtz* US Discovery: An Introduction, DAJV-Newsletter 2012, 6; *Lange* Zur ausschließlichen Geltung des Haager Beweisaufnahmeübereinkommens bei Rechtshilfeersuchen aus den USA, RIW 1984, 504; *Leipold* Lex fori, Souveränität, Discovery, 1989; *Leipold* Neue Wege im Recht der internationalen Beweiserhebung – einige Bemerkungen zur Europäischen Beweisaufnahmeverordnung, FS Schlechtriem (2003), S. 91; *Linke/Hau* Internationales Zivilverfahrensrecht, 5. Aufl. 2011; *Mann* Neues Beweisrecht in den USA zum Vertraulichkeitsschutz zwischen Anwalt und beratenem Unternehmen, RIW 2010, 134; *Marauhn* (Hrsg.), Bausteine eines europäischen Beweisrechts, 2007; *Andreas L. Meier* Die Anwendung des Haager Beweisübereinkommens in der Schweiz, Diss. Basel 1999; *Migg* Das Beweisrecht bei internationalen Privatrechtsstreitigkeiten, 1999; *Mössle* Extraterritoriale Beweisbeschaffung im internationalen Wirtschaftsrecht, 1990; *Achim Müller* Grenzüberschreitende Beweisaufnahme im europäischen Justizraum, 2004; *Murray* Taking evidence abroad – Understanding American exceptionalism, ZZP Int. 10 (2005), 343; *Musielak* Beweiserhebung bei auslandsbelegenen Beweismitteln, FS Geimer, S. 761; *Myers/Valen/Weinreich* Die US-amerikanische Discovery als Rechtshilfe für ausländische und internationale Tribunale, RIW 2009, 196; *Nagel/Bajons* Beweis-Preuve-Evidence – Grundzüge des zivilprozessualen Beweisrechts in Europa, 2003; *Nagel/Gottwald*, Internationales Zivilprozessrecht, 7. Aufl. 2013; *Niehr* Die zivilprozessuale Dokumentenvorlegung im deutsch-englischen Rechtshilfeverkehr nach der deutschen und der englischen Prozessrechtsreform, 2004; *Nordmann* Die Beschaffung von Beweismitteln aus dem Ausland durch staatliche Stellen, 1979; *Pfeil-Kammerer* Deutsch-amerikanischer Rechtshilfeverkehr in Zivilsachen, 1987; *Rauscher* (Hrsg.) Europäisches Zivilprozess- und Kollisionsrecht, EG-BewVO u.a., Bearbeitung 2010; *Richter* Bessere Aussichten für das Haager Beweisübereinkommen? – Jüngste Gerichtsentscheidungen wecken Hoffnung, RIW 2005, 815; *Rollin* Ausländische Beweisverfahren im deutschen Zivilprozess unter besonderer Berücksichtigung von 28 USC § 1782(a), 2007; *Schabenberger* Der Zeuge im Ausland im deutschen Zivilprozeß, 1996; *Schädel* Die Bewilligung internationaler Rechtshilfe in Strafsachen in der EU: Das Spannungsfeld von Nationalstaatlichkeit und europäischer Integration, 2005; *Schaner* Obtaining Discovery in the USA for Use in German Legal Proceedings, AnwBl 2012, 320; *Schlosser* Der Justizkonflikt zwischen den USA und Europa, 1985; *Schlosser* Internationale Rechtshilfe und richterliche Unabhängigkeit, GS Constantinesco (1983), S. 653; *Schlosser* Extraterritoriale Rechtsdurchsetzung im Zivilprozeß, FS W. Lorenz (1991) S. 497; *Schlosser* EU-Zivilprozessrecht, 3. Aufl. 2009; *Uwe Schmidt* Europäisches Zivilprozessrecht – Das 11. Buch der ZPO, 2004; *Schoibl* Europäische Rechtshilfe der Beweisaufnahme in Zivil- und Handelssachen durch ordentliche Gerichte für Schiedsgerichte, FS Rechberger (2005) S. 513; *Schütze* Rechtsverfolgung im Ausland, 4. Aufl. 2009; *Schulze* Dialogische Beweisaufnahmen im internationalen Rechtshilfeverkehr, IPRax 2001, 527; *Sommer* Die Beweisbeschaffung im einstweiligen Rechtsschutz. Die Vorbereitung von Verletzungsverfahren urheber- und patentrechtlich geschützter Software nach Umsetzung der Enforcement-Richtlinie, Diss. jur. Saarbrücken 2013; *Spies/Schröder* Auswirkungen der elektronischen Beweiserhebung (eDiscovery) in den USA auf deutsche Unternehmen, MMR 2008, 275; *Stadler* Der Schutz des Unternehmensgeheimnisses im deutschen und US-amerikanischen Zivilprozeß und im Rechtshilfeverfahren, 1989; *Stadler* Grenzüberschreitende Beweisaufnahmen in der europäischen Union – Die Zukunft der Rechtshilfe in Beweissachen, FS Geimer (2002), S. 1281; *R. Stürner* Rechtshilfe nach dem Haager Beweisübereinkommen für Common Law Länder, JZ 1981, 521; *R. Stürner* Die Gerichte und Behörden der USA und die Beweisaufnahme in Deutschland, ZVglRWiss 81 (1982), 159; *R. Stürner* Der Justizkonflikt zwischen USA und Europa, in: Habscheid, Der Justizkonflikt mit den Vereinigten Staaten von Amerika, 1986, S. 3; *Stürner/Müller* Aktuelle Entwicklungstendenzen im deutsch-amerikanischen Rechtshilfeverkehr, IPRax 2008, 339; *Teske* Der Urkundenbeweis im französischen und deutschen Zivil- und Zivilprozeßrecht, 1990; *Thole/Gnauck* Electronic Discovery – neue Herausforderungen für grenzüberschreitende Rechtsstreitigkeiten, RIW 2012, 417; *Tiwisina* Sachverständigenbeweis im deutschen und englischen Zivilprozeß, Diss. Osnabrück 2005; *Trittmann* Anwendungsprobleme des Haager Beweisübereinkommens im Rechtshilfeverkehr zwischen der Bundesrepublik Deutschland und den Vereinigten Staaten von Amerika, 1989; *Trittmann/Leitzen* Haager Beweisübereinkommen und pre-trial discovery: Die zivilprozessuale Sachverhaltsermittlung unter Berücksichtigung der jeweiligen Zivilprozeßrechtsreformen im Verhältnis zwischen den USA und Deutschland, IPRax 2003, 7; *Volken* Die internationale Rechtshilfe in Zivilsachen, 1996; *Vorwerk* Beweisaufnahme im Ausland: Neue Wege für den deutschen Prozess, AnwBl 2011, 369.

(2) Schweiz:

Dörig Anerkennung und Vollstreckung US-amerikanischer Entscheidungen in der Schweiz, 1998, S. 410; *Fridolin Walther* Erläuterungen zum HBÜ, in: Walter u.a., Internationales Privat- und Verfahrensrecht, Bern 1999.

(3) Österreich:

Neumayr/Kodek in: Burgstaller/Neumayr, Internationales Zivilverfahrensrecht, 2004, Kap. 83; *Schulze* IPRax 2001, 527; *P. Mayr* in: Burgstaller/Neumayr, Internationales Zivilverfahrensrecht, 2004, Kap. 82; *Rechberger/McGuire* Die Umsetzung der EuBVO im österreichischen ZivilProzessrecht, ZZPInt 10 (2005), 81; *Rechberger/McGuire* Die europäische Beweisaufnahmeverordnung in Österreich, ÖJZ 2006, 829.

(4) Internetadressen:

Abruf der ZRHO über www.datenbanken.justiz.nrw.de

Das Europäische Justizportal der EU-Kommission ist erreichbar unter: http://e-justice.europa.eu.

Informationen zu den Rechtsordnungen der EU-Staaten werden auf dieser Website bereitgestellt. Unterseiten führen zum Europäischen Justiziellen Netz für Zivil- und Handelssachen und weiter zur Seite über Beweisaufnahme und Beweismittel.

Eine kostenpflichtige Seite des IPR-Verlages mit nationalen Entscheidungshinweisen ist erreichbar unter: www.unalex.eu

Zu Textfassungen und zum Geltungsbereich des HBÜ sowie zu darauf bezogenen weiteren Informationen s. die Internetseite des Ständigen Büros der Haager Konferenz:

http://www.hcch.net.

Übersicht

I. Grenzüberschreitende Beweisaufnahme
 1. Ort und Gegenstand der Beweisaufnahme — 1
 2. Beweismittelbeschaffung für das Inland — 5
 3. Methoden der Auslandsbeweisaufnahme — 6

II. Rechts- und Verwaltungsgrundlagen, Behörden
 1. Beachtung des Völkerrechts, Eingriff in ausländische Souveränität — 9
 2. HBÜ und andere völkerrechtliche Verträge — 13
 3. VO (EG) Nr. 1206/2001 (EuBVO) — 16
 4. § 363 ZPO, ZRHO — 20
 5. Lex fori, ausländisches Beweisrecht — 23
 6. Bundesamt für Justiz, Auslandsvertretungen — 26

III. Rechtshilfebeweisaufnahme
 1. Begriff der Rechtshilfe — 28
 2. Recht auf Auslandsbeweisaufnahme — 33
 3. Direkte (unmittelbare) Beweisaufnahme des Prozessgerichts — 38
 4. Rechtshilfebeweisaufnahme und Unmittelbarkeitsgrundsatz — 44
 5. Das Rechtshilfeersuchen — 46
 6. Allgemeines Beweisrecht, einzelne Beweismittel
  a) Allgemeine Beweisregelungen — 54
  b) Zeugenvernehmung, Parteivernehmung und Parteianhörung, behördliche Auskunft — 60
  c) Augenscheinsbeweis, Vorlage von Augenscheinsobjekten und Urkunden — 76
  d) Sachverständigenbeweis — 77
  e) Beweisermittlungen, Informationsbeschaffung
   aa) Stand der EuGH-Rechtsprechung — 80
   bb) Bewertung — 82
   cc) Internationale Beweishilfe und materielles Recht — 86

IV. Konsularische Beweisaufnahme
1. Beweisaufnahme durch Beamte —— 88
2. Befugnisse der Konsuln —— 89
3. Umfang der Beweisaufnahme —— 95
4. Rangordnung der Beweisaufnahmearten, Zweckmäßigkeit —— 96

V. Beweismittelbeschaffung der Parteien zur Beweiserhebung vor dem Prozessgericht
1. Zulässigkeit und Grenzen des Beweismitteltransfers —— 98
2. Dokumententransfer —— 100
3. Parteianhörung, Parteiaussage —— 101
4. Zeugenbeweis —— 102
5. Folgen verweigerter Mitwirkung —— 103
6. Beweismittelverwertung bei Völkerrechtsverstoß —— 105

VI. Beweiserhebung durch Beauftragte —— 106

VII. Rechtshilfe für das Ausland nach dem HBÜ
1. Grundsätzliche Pflicht zur Rechtshilfegewährung —— 108
2. Verfahren —— 111
3. Pre-Trial Discovery —— 119
4. Konkurrenz von HBÜ und lex fori des Prozessgerichts —— 124

VIII. Rechtshilfe für Gerichte aus EU-Staaten —— 128

I. Grenzüberschreitende Beweisaufnahme

1. Ort und Gegenstand der Beweisaufnahme. § 363 handelt von der Beweisaufnahme **für** ein **inländisches Erkenntnisverfahren**, die im Ausland durchzuführen ist. Davon zu unterscheiden ist die Beweisaufnahme, die im Inland für ein Erkenntnisverfahren vor einem ausländischen Gericht erfolgen soll. Sie wird von § 363 nicht behandelt. Ergänzt wird § 363 durch § 364 und § 369. 1

In Betracht kommen **alle Beweiserhebungen des Strengbeweises**, also Augenscheinseinnahme, Zeugenvernehmung, Sachverständigengutachten, Urkundenedition und Parteivernehmung. Diese Beweise können für ein ordentliches Verfahren erhoben werden, können aber auch – soweit nach § 485 zulässig – Gegenstand eines selbständigen Beweisverfahrens sein. Die **Parteianhörung nach § 141** (unten Rdn. 101) soll nicht unter die Vorschriften über die Auslandsbeweisaufnahme fallen, weil es sich nicht um ein echtes Beweismittel handelt (so § 1072 Rdn. 12). Zu bedenken ist allerdings, dass die Nichtteilnahme an einem Verhandlungstermin mit Ordnungsmitteln bedroht ist, soweit die Anhörung zur Sachaufklärung erforderlich ist, und dass die Parteiaussage auch außerhalb der formellen Vernehmung gem. §§ 445 ff. im Rahmen des § 286 gewürdigt werden darf, weshalb sie in der Gerichtspraxis in nicht unerheblichem Umfang faktisch an die Stelle der beweisrechtlichen Parteivernehmung getreten ist. **Für** die **EuBVO** ist die **informatorische Anhörung** nach hier vertretener Ansicht als **Beweisaufnahme** anzusehen (unten Rdn. 29, 74, 101). 2

Zur Auslandsbeweisaufnahme im deutschen **selbständigen Beweisverfahren** s. vor § 485 Rdn. 45 ff. Davon zu unterscheiden ist das Betreiben eines ausländischen Verfahrens, das der Beschaffung des Tatsachenstoffs für ein deutsches ordentliches Verfahren dient. Der US Supreme Court hat im Jahre 2004 die Anwendung der amerikanischen Pre Trial Discovery gem. Section 1782 Title 28 United States Code als Methode der Informationsgewinnung für – aus amerikanischer Sicht – ausländische, also auch deutsche Verfahren grundsätzlich zugelassen.[1] 3

Die **Ermittlung** des Inhalts **ausländischen Rechts** erfolgt von Amts wegen unter Beachtung des **§ 293**. Das ausländische Recht wird dabei als Rechtssatz und nicht als 4

---

[1] *Intel Corp. v. Advanced Devices, Inc.*, 542 U.S. 241 (2004). Zu den Auswirkungen der Entscheidung *Kraayvanger/Richter* RIW 2007, 177 ff.; *Kraayvanger* RIW 2007, 496 ff.; *Myers/Valen/Weinreich* RIW 2009, 196 ff. Anwendung in der Sache *Heraeus Kulzer v. Esschem* durch den US Court of Appeals (3rd Circuit), GRUR Int. 2011, 358 – Knochenzement I, und in der Sache *Heraeus Kulzer v. Biomet* durch den US Court of Appeals (7th Circuit), GRUR Int. 2011, 361 – Knochenzement II; dazu *Thole/Gnauck* RIW 2012, 417, 418.

Tatsache behandelt, auch wenn bei Einschaltung eines Sachverständigen im Rahmen einer förmlichen Beweisaufnahme die §§ 355 ff. und §§ 401 ff. anzuwenden sind.

5   **2. Beweismittelbeschaffung für das Inland.** Alternativ zur exterritorialen Beweisaufnahme kommt der **Transfer des Beweismittels ins Inland** in Betracht. Dann erfolgt die Beweisaufnahme unmittelbar (§ 355) vor dem Prozessgericht nach den deutschen Vorschriften über den Strengbeweis. Die Beschaffung von Beweismitteln aus dem Ausland wird durch § 363 nicht geregelt. Das Gericht kann einer **Prozesspartei aufgeben**, **Beweismittel**, über die sie Verfügungsmacht hat, für die Inlandsbeweisaufnahme **bereitzustellen** bzw. zu sistieren. Grundlage dafür sind die §§ 142, 144 und die indirekte Sanktion der Würdigung passiven Verhaltens als Beweisvereitelung (vgl. dazu § 444 Rdn. 5 ff.). Zur Vorlegung von Urkunden und beweglichen Augenscheinsobjekten unten Rdn. 100, zur Pflicht einer beweisbelasteten Prozesspartei, einem bei ihr angestellten, im Ausland ansässigen Zeugen die arbeitsrechtliche Weisung zu erteilen, vor dem Prozessgericht zu erscheinen, unten Rdn. 102.

6   **3. Methoden der Auslandsbeweisaufnahme.** § 363 Abs. 2 geht von der **vorrangigen** Beweiserhebung durch einen **deutschen Konsul** aus. Diese Rangfolge ist grundsätzlich richtig, weil es sich bei der Vernehmung einer Person in der Botschaft oder dem Konsulat des Gerichtsstaates um eine **inländische Beweiserhebung** des Gerichtsstaates handelt.[2] § 363 Abs. 1 sieht ferner den **Rechtshilfeweg**, also die Einschaltung einer ausländischen Behörde vor. Unter Behörde ist schlechthin eine ausländische Stelle zu verstehen, worunter auch und sogar in erster Linie ausländische Gerichte fallen. Die Leitung der Beweiserhebung obliegt dann einem ausländischen Rechtshilferichter, der unter Beachtung seines Prozessrechts den anwesenden Richtern des Prozessgerichts und den Parteien die Möglichkeit geben kann, Fragen zu stellen. § 13 ZRHO (zur ZRHO unten Rdn. 21) sieht entgegen der gesetzlichen Aufgabenverteilung vor, dass **deutsche Auslandsvertretungen** zur Erledigung in eigener Zuständigkeit **nur in Ausnahmefällen** in Anspruch genommen werden, wenn die zuständigen Stellen des ausländischen Staates zur Rechtshilfe nicht bereit sind, vorrangige Regelungen über die gemeinschaftsrechtliche oder zwischenstaatliche Rechtshilfe nicht bestehen oder im Einzelfall besondere Gründe vorliegen, etwa eine Eilbedürftigkeit gegeben ist.

7   Die Fortentwicklung des Rechts der grenzüberschreitenden Beweisaufnahme durch das Haager Beweisaufnahmeübereinkommen (HBÜ) und die Europäische BeweisaufnahmeVO (EuBVO) hat Verfeinerungen gegenüber § 363 geschaffen. So gibt es die **unmittelbare Beweisaufnahme** durch das Prozessgericht oder dessen beauftragten Richter, die entweder in Präsenz der Richter vor Ort im Ausland oder als distanzüberbrückende Videokonferenz (§ 128a Abs. 2) stattfinden kann. Dabei handelt es sich um eine **dialogische Beweiserhebung** durch Mitglieder des Prozessgerichts. Wesentlich ist dafür u.a., ob staatliche Zwangsmaßnahmen gegen eine Person (einen Zeugen oder einen Sachverständigen) ergriffen bzw. angedroht werden sollen, oder ob die Beweiserhebung unter freiwilliger Mitwirkung der Beweisperson stattfindet. Die EuBVO sieht den unmittelbaren Geschäftsverkehr zwischen dem ersuchenden Gericht und dem ersuchten Gericht vor.

8   In Betracht kommen auch Beweisaufnahmen durch **beauftragte Privatpersonen** (Commissioner, Art. 17 HBÜ; dazu unten Rdn. 106). Deutschland hat diese Art der Beweisaufnahme für sein Territorium unter einen Genehmigungsvorbehalt gestellt.

---

2   So für Österreich OGH ÖJZ 1999, 385.

II. Rechts- und Verwaltungsgrundlagen, Behörden

1. Beachtung des Völkerrechts, Eingriff in ausländische Souveränität. Beweis- 9
erhebungen sind **staatliche Hoheitshandlungen.** Werden sie im Ausland, also auf fremdem Hoheitsgebiet, vorgenommen, bedarf es zur Vermeidung eines Eingriffs in fremde staatliche Souveränität der Zustimmung des ausländischen Staates im Einzelfall, soweit nicht durch völkerrechtliche Verträge generell erleichternde Vereinbarungen mit Fixierung der tatbestandlichen Voraussetzungen getroffen worden sind.[3] Innerhalb der EU finden Beweisaufnahmen nach der EuBVO statt. Die **Begrenzung** gerichtlichen Handelns auf das eigene Territorium gilt **nicht nur für Zwangsakte** oder für Hoheitsakte, die Zwangsakte nach sich ziehen, sondern für sämtliche staatliche Ausübung von Hoheitsrechten.[4] Auch zwangsfreie gerichtliche Ermittlungen, z.B. eine Augenscheinseinnahme in Form der Besichtigung einer Straßenkreuzung, sind danach genehmigungsbedürftig[5] (str., dazu unten Rdn. 78). Aus der **internationalen Zuständigkeit** folgt also **nicht automatisch** eine **potentielle Universalität** der Gerichtsbarkeit.[6] Das ist evident in Fällen autonomer Festlegung der internationalen Zuständigkeit durch den Gerichtsstaat, die auf deren Völkerrechtskonformität u.U. keine Rücksicht nimmt, gilt aber auch bei staatsvertraglicher Vereinbarung internationaler Zuständigkeit oder bei deren gemeinschaftsrechtlicher Festlegung.[7]

Als Eingriff in die staatliche Souveränität, nämlich die Gebietshoheit, wird weithin 10
bereits die Vorbereitung einer Beweisaufnahme durch **Ladung eines Zeugen** oder **Sachverständigen** angesehen, auch wenn darin keine Zwangsmaßnahmen für den Fall des Nichterscheinens im Gerichtsstaat angedroht werden (unten Rdn. 61). Der **Schutz von natürlichen Personen**, die sich auf dem eigenen Staatsgebiet aufhalten, und von im eigenen Staatsgebiet ansässigen Unternehmensträgern vor der Ausübung fremder staatlicher Macht wird als Teil der Schutzgewährung angesehen, deren Kehrseite die Souveränitätsverletzung darstellt; die Souveränität der Bundesrepublik Deutschland ist danach faktisch ein Schutzschild für den Bürger[8] (vgl. unten Rdn. 109). Indem internationale Rechtshilfe gewährt wird, wird nicht nur ein ausländisches Prozessgericht unterstützt, gegebenenfalls durch Ausübung von Zwang, sondern durch das Bereitstellen entsprechender Regeln wird zugleich die **Rechtshilfegewährung** vom **ersuchten Staat kontrolliert** und gesteuert.[9]

Souveränitätsverletzungen sind geeignet, die **auswärtigen Beziehungen** zu beein- 11
trächtigen. Für die Pflege dieser Beziehungen ist nach **Art. 32 Abs. 1 GG** der **Bund** zuständig. Zur Vermeidung diplomatischer Konflikte nimmt die Justizverwaltung das Recht in Anspruch, ausgehende Rechtshilfeersuchen zu prüfen und die Art der Zustellung von Schriftstücken sowie der Durchführung von Beweisaufnahmen im Ausland zu reglementieren. **Nicht** davon **betroffen** ist der Erlass der Beweisanordnung durch **Beweisbeschluss**; das Prozessgericht entscheidet also in völliger Unabhängigkeit über die Not-

---

3 Allgemein zum Stand der völkerrechtlichen Diskussion über die Reichweite der Gerichtsbarkeit *R. Geimer* IZPR[6] Rdn. 156a ff. und 373 ff.
4 *Leipold* Lex fori-Souveränität-Discovery, S. 40 unter Berufung auf *Rudolf* Territoriale Grenzen der staatlichen Rechtsetzung, Berichte der Deutschen Gesellschaft für Völkerrecht, Heft 11 (1973), 33.
5 *Leipold* Lex fori-Souveränität-Discovery, S. 41.
6 *Gottwald* FS Habscheid (1989), S. 119 f., 128. Zur Auslandswirkung der Rechtsdurchsetzung auch *Schlosser* FS W. Lorenz (1991), S. 497, 504.
7 In der Sache anders *Schlosser* FS W. Lorenz, S. 497, 510, der nur auf eine Begründung der internationalen Zuständigkeit in „völkerrechtlich akzeptabler Weise" abstellt.
8 *Stürner* FS Nagel (1987), S. 455; *Stürner* JZ 1992, 331 bei Anm. 65; ablehnend *R. Geimer* IZPR[6] Rdn. 2184.
9 *Leipold* Lex fori-Souveränität-Discovery, S. 31.

wendigkeit und Zweckmäßigkeit der Beweiserhebung im Ausland.[10] Die Abwicklung der Beweisanordnung ist in der **ZRHO** geregelt, einer vom Bund und den Ländern erlassenen Verwaltungsvorschrift, durch die der Bund die Bundesländer und die ihnen zuzurechnenden Prüfstellen mit der Pflege der auswärtigen justiziellen Beziehungen in Straf- und Zivilsachen betraut hat[11] (unten Rdn. 21).

12 Es entscheidet also die Exekutive und nicht die Judikative über Zulässigkeit und Durchführung der internationalen Rechtshilfe bei ausgehenden wie bei eingehenden Ersuchen. Dadurch kann die Inanspruchnahme **richterlicher Unabhängigkeit** (Art. 97 GG) bei der Erledigung der Rechtsstreitigkeiten in Konflikt mit Art. 32 GG geraten. Der BGH (RichterdienstGH) interpretiert Art. 97 GG auf dem Gebiet der internationalen Rechtshilfe sehr restriktiv.[12] Er sieht die richterliche Tätigkeit als grundsätzlich auf den **eigenen Hoheitsbereich** beschränkt an. Daher könne die Bundesregierung einer richterlichen Tätigkeit im Ausland außenpolitische Bedenken entgegensetzen.[13] Das gelte auch für die Weiterleitung von Rechtshilfeersuchen an ausländische Staaten, in denen eine Zeugenvernehmung in Anwesenheit deutscher Richter begehrt werde.[14] Eine Ausnahme ist jedoch für den Fall gemacht worden, dass dem Richter durch Gesetz die Befugnis zur unmittelbaren Übermittlung von Rechtshilfeersuchen an die zuständige ausländische Behörde übertragen worden ist.[15] Weitergehend ist indes auch die **Interpretation von Staatsverträgen** über internationale Rechtshilfe und der dazu ergangenen Ratifizierungs- und Ausführungsgesetze eine alleinige Angelegenheit der Judikative.[16] Für die Auslegung der EuBVO besteht sogar eine **Vorlagepflicht an den EuGH** (Art. 267 Abs. 3 AEUV, zuvor Art. 68 in Verb. mit Art. 234 Abs. 3 EGV). Zum Anspruch auf Auslandsbeweisaufnahme unten Rdn. 33.

13 **2. HBÜ und andere völkerrechtliche Verträge.** Das **Haager Beweisaufnahmeübereinkommen** vom 18.3.1970[17] ist ein multilateraler völkerrechtlicher Vertrag. Er bindet Deutschland gegenüber zahlreichen Staaten der Welt, darunter den USA. Im Verhältnis zu den EU-Staaten hat die EuBVO Vorrang. Das Verzeichnis der **Vertragsstaaten** lässt sich im Internet auf der Seite mit Angaben zur ZRHO abrufen. Umstritten ist, ob das HBÜ im Rechtsverkehr mit Vertragsstaaten Ausschließlichkeitscharakter hat (näher: Rdn. 124). Geltung hat es für Zivil- und Handelssachen, wobei umstritten ist, inwieweit es im Verhältnis zu den USA auf Verfahren angewandt werden darf, in denen Punitive damages (Strafschadensersatz) geltend gemacht werden (dazu unten Rdn. 126). Ein Parallelabkommen der Rechtshilfegewährung ist das **Haager Zustellungsübereinkommen** von 1965 (HZÜ).

14 Die Haager Reformabkommen HBÜ und HZÜ sind im Verhältnis zu den Vertragsstaaten an die Stelle des **Haager Übereinkommens über den Zivilprozess** vom 1.3.

---

10 *R. Geimer* IZPR[6] Rdn. 2396; Stein/Jonas/*Berger*[22] § 363 Anh. Rdn. 52.
11 *Schlosser* GS Constantinesco (1983), S. 653, 660.
12 BGHZ 71, 9, 12 = NJW 1978, 1425; BGHZ 87, 385, 389 = NJW 1983, 2769, 2770; BGH NJW 1986, 664. Dem folgend die hM: Näher dazu *Pfennig* Die internationale Zustellung in Zivil- und Handelssachen, 1988, S. 47 ff.; *Schlosser* GS Constantinesco (1983), S. 653, 660 (für vertragslosen Bereich); *R. Geimer* IZPR[6] Rdn. 262a ff., 2395; Kommentierungen zu § 26 DRiG.
13 BGH NJW 1983, 2769, 2770; BGHZ 71, 9, 12 = NJW 1978, 1425. S. auch LSG NRW IPRax 2012, 243 Tz. 11.
14 BGH NJW 1983, 2769, 2770; BGH NJW 1986, 664 (Strafsachen als Ausgangsverfahren).
15 BGH NJW 1983, 2769, 2770.
16 *Schlosser* GS Constantinesco (1983), S. 653, 661.
17 BGBl 1977 II S. 1472 (Abdruck in Band VI S. 646 ff.). Ausführungsgesetz dazu v. 22.12.1977, BGBl 1977 I S. 3105 (Abdruck in Band VI, S. 658 ff.); Entwurf des Ratifizierungsgesetzes v. 17.3.1976: BT-Drucks. 7/4892.

1954[18] und des alten Haager Abkommens über den Zivilprozess vom 17.7.1905 getreten.[19] Zu den älteren Haager Abkommen existieren jeweils diverse bilaterale Zusatzvereinbarungen, die den Rechtsverkehr weiter erleichtern (entbürokratisieren) sollen; sie sind durch das HBÜ nicht obsolet geworden (Art. 31 HBÜ).

Bilaterale Rechtshilfeübereinkommen bestehen im Verhältnis zu Großbritannien (unter Einschluss von Staaten des Commonwealth), Griechenland, Marokko, Tunesien und der Türkei. Nähere Informationen enthält der Länderteil der ZRHO. Rechtshilfe wird außerdem im **vertragslosen Zustand** gewährt, wofür in der Regel der Grundsatz der Gegenseitigkeit maßgebend ist. Die bilateralen Abkommen bleiben nach Art. 32 HBÜ unberührt.[20] 15

3. VO (EG) Nr. 1206/2001 (EuBVO). Die grenzüberschreitende Beweiserhebung im **Rechtsverkehr zwischen den EU-Staaten** regelt die EuBVO[21] (Text: Band VI, S. 480 ff.). Diese Verordnung hat gem. der – deklaratorischen – Vorschrift des § 363 Abs. 3 Vorrang vor den Regelungen, die im autonomen nationalen Recht getroffen sind. Sie ist auf der Rechtsgrundlage des Art. 65 EGV (jetzt: **Art. 81 AEUV**) erlassen worden. Für die Auslegung der EuBVO-Normen ist das **Vorlageverfahren** des Art. 267 Abs. 3 AEUV zu beachten; die früher im Bereich der justiziellen Zusammenarbeit geltende Modifizierung (Art. 68 EGV) ist mit dem Vertrag von Lissabon entfallen. Für **Dänemark** gilt die EuBVO nicht, weil Dänemark nach dem Protokoll Nr. 5 (1997) nicht an den Maßnahmen gem. Art. 81 AEUV (ex Art. 65 EGV) beteiligt ist. Die justizielle Zusammenarbeit mit Dänemark erfolgt seit 1.7.2007 auf der Grundlage zweier Abkommen zwischen der Europäischen Gemeinschaft und Dänemark vom 19.10.2005,[22] bezieht sich insoweit aber nur auf die EuGVO und die EuZVO, nicht auf die EuBVO. Die EuBVO hat **keinen Exklusivitätscharakter**. Das Gericht kann deshalb eine in einem anderen Mitgliedstaat wohnhafte Partei als Beweisperson laden und nach der lex fori vernehmen,[23] oder es kann einen Sachverständigen im Ausland Untersuchungen vornehmen lassen, ohne das Verfahren gem. Art. 1 Abs. 1 lit. b, 17 EuBVO anzuwenden,[24] sofern damit keine Ausübung hoheitlicher Gewalt verbunden ist oder gegen rechtliche Beschränkungen des Mitgliedstaates verstoßen wird.[25] 16

Anzuwenden ist die EuBVO in **Zivil- und Handelssachen**. Zu qualifizieren ist nach der materiell-rechtlichen Natur der Rechtssache,[26] nicht nach der innerdeutschen Zuweisung zu einer bestimmten Gerichtsbarkeit. Bei einer Kombination von Straf- und Zivilsache in Form eines **Adhäsionsverfahrens** kann nicht danach differenziert werden, für welchen Verfahrensteil der Beweis benötigt wird. Vielmehr ist die Rechtshilferegelung für Strafsachen vorrangig.[27] 17

---

18 Zu dessen Anwendung Nagel/*Gottwald*[6] § 8 Rdn. 82 ff.
19 Zu dieser Teilrevision *Böckstiegel/Schlafen* NJW 1978, 1073, 1076.
20 Zum deutsch-türkischen Abkommen OLG Frankfurt IPRax 2009, 71, 72.
21 ABl. EG Nr. L 174 v. 27.6.2001 S. 1. Der Vorschlag für die VO geht auf eine Initiative der deutschen Regierung zurück, ABl. EG Nr. C 314 v. 3.11.2000 S. 1.
22 Abdruck des Abkommens zur Anwendung der EuGVO in ABl. EU v. 16.11.2005 Nr. L 299, S. 62; berücksichtigt im deutschen ÄndG zum AVAG v. 17.4.2007, BGBl I S. 529.
23 EuGH, Urt. v. 6.9.2012, Rs. C-170/11 – Lippens/Kortekaas, NJW 2012, 3771 Tz. 30 = EuZW 2012, 831 m. Anm. *Bach* = JZ 2013, 97 m. Anm. *Teixera de Sousa*.
24 EuGH, Urt. v. 21.2.2013, Rs. C-332/11 Tz. 49 – ProRail/Xpedys.
25 EuGH, Rs. C-332/11 Tz. 47.
26 Rauscher/v. *Hein*[(2010)] Art. 1 EG-BewVO Rdn. 2.
27 Anders Rauscher/v. *Hein*[(2010)] Art. 1 EG-BewVO Rdn. 5 m.w.N.

18 Die EuBVO geht wie das HBÜ vom Grundgedanken staatlicher Souveränität aus;[28] das Beweisrecht selbst wird nicht harmonisiert. Sie bedeutet dennoch einen Fortschritt gegenüber dem HBÜ, weil sie **direkte Beweisaufnahmen durch das Prozessgericht** im Ausland ohne Hinzuziehung des Rechtshilfegerichts ermöglicht, allerdings ohne Anwendung von Zwangsmaßnahmen und auch nur nach Genehmigung durch die Zentralstelle des Beweisaufnahmestaates. Die von jedem Mitgliedstaat gem. Art. 3 EuBVO einzurichtende **Zentralstelle** ist in ihrer Funktion nicht mit der Zentralen Behörde nach Art. 2 HBÜ vergleichbar. Sie hat vor allem Beratungsfunktion und erteilt die Genehmigung für unmittelbare Beweisaufnahmen des ausländischen Prozessgerichts gem. Art. 17 EuBVO,[29] hingegen hat sie keine inhaltliche Prüfungskompetenz.[30] Erleichtert wird die technische Abwicklung zudem durch **Formblätter** und ein regelmäßig aktualisiertes **Handbuch** der EU-Kommission (Art. 19 Abs. 1 EuBVO), die im Internet im Justizatlas in allen EU-Sprachen zur Verfügung stehen.

19 Die **nationalen Durchführungsvorschriften** finden sich im 11. Buch der ZPO in §§ 1072ff. Der Verzicht auf Souveränitätsrechte, der in der Zulassung unmittelbarer Beweisaufnahmen enthalten ist, ist durch tatbestandliche Voraussetzungen geordnet. Er kann **nicht durch** richterliche **Rechtsfortbildung erweitert** werden.

20 **4. § 363 ZPO, ZRHO.** § 363 ist als Vorschrift des **autonomen deutschen Zivilprozessrechts** anzuwenden, soweit nicht im Verhältnis zu anderen EU-Staaten das Gemeinschaftsrecht oder im Verhältnis zu Drittstaaten ein Staatsvertrag vorgeht. § 363 gilt mit seinen Abs. 1 und 2 also nur für den vertragslosen Verkehr mit Drittstaaten und für den vertraglichen Verkehr mit Drittstaaten nach Maßgabe des Vertragsinhalts. Die Verweisung des § 363 Abs. 3 auf die EuBVO hat lediglich informatorischen Charakter. Der Vorrang der EuBVO ergibt sich ohnehin aus der Normenhierarchie zwischen Gemeinschaftsrecht und nationalem Recht.

21 Wegen der möglichen Auswirkung grenzüberschreitender gerichtlicher Aktivitäten auf die auswärtigen Rechtsbeziehungen haben der Bund und die Länder eine **Rechtshilfeordnung für Zivilsachen** erlassen (ZRHO). Der Rechtsnatur nach handelt es sich um eine **Verwaltungsvorschrift**. Ihr Erlass setzt die Mitzuständigkeit der Justizverwaltung für diesen Bereich der Rechtspflege voraus, was aus Art. 32 GG abgeleitet wird (oben Rdn. 11). Die **ZRHO** ist vom BGH als für die Abwicklung des Rechtshilfeverkehrs **bindend** angesehen worden.[31] Ihr Geltungsbereich erstreckt sich auf die streitige und die freiwillige Gerichtsbarkeit (§ 1 ZRHO) sowie die Arbeitsgerichtsbarkeit. In die Übermittlung ausgehender Rechtshilfeersuchen sind **Prüfstellen** der Justizverwaltung eingeschaltet (dazu unten Rdn. 47).

22 § 363 regelt nur ausgehende Rechtshilfeersuchen. Für **eingehende Ersuchen** im **vertragslosen Verkehr** mit Nicht-EU-Staaten existieren keine gesetzlichen Vorschriften. Nimmt man an, dass der aus Art. 20 Abs. 3 GG abgeleitete Vorbehalt des Gesetzes es der Justizverwaltung verwehrt, **Beweispersonen** Belastungen ohne **gesetzliche Grundlage** aufzuerlegen,[32] wäre eine Rechtshilfegewährung unter Einsatz von Zwangsmitteln im

---

28 *Chr. Berger* IPRax 2001, 522, 527.
29 *Schlosser* EuZPR³ Art. 3 EuBVO.
30 Rauscher/*v. Hein*(2010) Art. 3 EG-BewVO Rdn. 1.
31 BGH NJW 1983, 2769.
32 So *Junker* JZ 1989, 121, 127, allerdings mit Blick auf das HBÜ und mit der zusätzlich auf Art. 3 Abs. 1 GG gestützten – allerdings abzulehnenden – Einschränkung, dass auf dessen Grundlage eine Beweisaufnahme für einen ausländischen Zivilprozess nicht weiter gehen dürfe als eine Beweiserhebung in einem inländischen Zivilverfahren.

vertragslosen Verkehr nicht statthaft.³³ Es dürfte indes **gewohnheitsrechtlich** anerkannt sein, dass Rechtshilfe nach Ermessen des Staates auch im vertragslosen Zustand gewährt werden kann, um damit zugleich die Basis für die Erledigung ausgehender Rechtshilfeersuchen zu schaffen. Gewohnheitsrecht ist Recht im Sinne des § 12 EGZPO. Ausreichend ist es nicht als Grundlage von **Grundrechtseinschränkungen** nach Art. 2 Abs. 2 GG.³⁴ Das betrifft indes nur die Freiheitsbeschränkung und den Zwang zur Entnahme von Blut oder Schleimhautzellen (vgl. § 372a, § 178 FamFG) als Eingriff in die körperliche Unversehrtheit, nicht hingegen die Verhängung **finanziell wirkender Ordnungsmittel**.

5. Lex fori, ausländisches Beweisrecht. Als selbstverständlicher Grundsatz des internationalen Verfahrensrechts gilt, dass das **Gericht** eines jeden Staates **sein eigenes Verfahrensrecht** anwendet (lex fori), ohne Rücksicht darauf, ob der zu entscheidende Fall Anknüpfungspunkte an andere Rechtsordnungen aufweist.³⁵ Er ist vorrangig eine **Zweckmäßigkeitsregel**, die dem Bezug des Prozessrechts auf die bereitgestellte Gerichtsorganisation und damit der Effektivität des Rechtsschutzes Rechnung trägt.³⁶ Sie ermöglicht zugleich wegen der Abstraktheit des Prozessrechts gegenüber dem jeweils anzuwendenden materiellen Recht die Wahrung der Gleichheit der Prozessparteien auch bei einem Auslandsbezug des Prozesses.³⁷ *Leipold* sieht darüber hinaus in der lex fori-Regel die Inanspruchnahme der Souveränität des eigenen Staates auf dem Gebiet der Rechtspflege und den **Respekt vor fremder Justizsouveränität**,³⁸ die sich bei der Anerkennung ausländischer Urteile ohne Überprüfung der Einzelheiten des ihnen zugrunde liegenden Verfahrens (bis zur Grenze des Ordre public-Verstoßes) in dem indirekten Bekenntnis zur grundsätzlichen Gleichwertigkeit der Prozessrechte niederschlage.³⁹ **23**

Wegen Geltung der lex fori-Regel richtet sich auch die Durchführung der Beweisaufnahme nach dem Recht des Staates, in dem die Beweisaufnahme stattfindet.⁴⁰ Die **EuBVO** bringt dies in den Erwägungsgründen 13 bis 15 und in den Regelungen der Art. 10 Abs. 2, 13 und 14 zum Ausdruck. Dieselbe Rechtsauffassung liegt aber auch dem staatsvertraglichen (vgl. **Art. 9 HBÜ**) und dem vertragslosen Rechtsverkehr mit Drittstaaten zugrunde. Dadurch können **ausländische Beweiserhebungsverbote** oder **Zwangsmittelregelungen** für eine Beweiserhebung innerhalb eines inländischen Erkenntnisverfahrens Wirkung erlangen. Umgekehrt setzen sich auch inländische Beweisrechtsnormen bei der Erledigung von Rechtshilfeersuchen eines ausländischen Gerichts durch. Zu beachten ist allerdings die Kumulation von Rechtspositionen der Aussagepersonen durch das **Meistbegünstigungsprinzip** (unten Rdn. 55), durch das sich Aussageprivilegien vergrößern können. Auch kann eine Beweisaufnahme nach dem Recht des ersuchenden Staates beantragt werden (Art. 10 Abs. 3 EuBVO, Art. 9 Abs. 2 HBÜ). Die **Zulässigkeit einzelner Beweismittel** richtet sich nach der inländischen lex fori.⁴¹ **24**

Der lex fori untersteht die **Beweis- und Verhandlungswürdigung** (§ 286), selbst wenn sich die sachlich-rechtlichen Beziehungen der Parteien nach einem fremden Recht **25**

---

33 So *Leipold* Lex fori-Souveränität-Discovery, S. 32; Stein/Jonas/*Schumann* ZPO, 20. Aufl., Einl. (1979) Rdn. 897; *Schack* IZPR⁵ Rdn. 210; *R. Geimer* IZPR⁶ Rdn. 2445 und 2513.
34 v. Mangoldt/Klein/*Starck* GG, Band 1, 6. Aufl. 2010, Art. 2 Rdn. 198 (nicht unstr.).
35 BGHZ 48, 327, 331.
36 *Leipold* Lex fori-Souveränität-Discovery, S. 28.
37 *Leipold* Lex fori-Souveränität-Discovery, S. 29.
38 Gegen diesen Begriff *Schlosser* FS W. Lorenz (1991), S. 497, 504.
39 *Leipold* Lex fori-Souveränität-Discovery, S. 30.
40 BGHZ 33, 63, 64; *Chr. Berger* FS Rechberger (2005), S. 39, 42; s. auch *Linke/Hau*⁵ Rdn. 338.
41 *Linke/Hau*⁵ Rdn. 350f.

als lex causae richten.[42] Dies schließt es ein, Schlussfolgerungen aus einer Behinderung der Tatsachenfeststellung durch **Beweisvereitelung** zu ziehen,[43] jedenfalls dann, wenn ein prozessuales Fehlverhalten dafür maßgebend ist und nicht an die Verletzung einer materiell-rechtlichen Pflicht, etwa zur Befundsicherung (näher: § 444 Rdn. 8), angeknüpft wird. Die ausreichende Substantiierung des Tatsachenvortrags ist demgegenüber eine Frage des anwendbaren materiellen Rechts.[44] Davon abzugrenzen ist die prozessual korrekte Ausschöpfung des Tatsachenvortrags der Parteien.[45] Ebenfalls dem materiellen Recht untersteht die **Beweislastverteilung**.[46] Beschränkungen der Beweisführung durch Anforderungen an die **zugelassenen Beweismittel** sind darauf zu untersuchen, ob darin eine versteckte materiell-rechtliche Anforderung zu sehen ist, die nach der lex causae statt der lex fori zu beurteilen ist.

26   **6. Bundesamt für Justiz, Auslandsvertretungen.** Die Aufgabe einer **zentralen Anlaufstelle** für den europäischen und internationalen Rechtsverkehr wird für den Bund vom Bundesamt für Justiz wahrgenommen.[47] Es ist eine Bundesoberbehörde im Zuständigkeitsbereich des Bundesministeriums der Justiz, auf die ausgegliederte Zuständigkeiten des Justizministeriums übertragen worden sind. Ihr kommt die **Funktion der Zentralen Behörde** im Sinne des HBÜ zu. Es unterstützt das Bundesjustizministerium u.a. bei der europäischen und internationalen rechtlichen Zusammenarbeit auf dem Gebiet der Rechtshilfe in Zivilsachen, der Vereinfachung des internationalen Rechtsverkehrs und der europäischen justiziellen Zusammenarbeit (**Europäisches Justizielles Netz**). Die **Übermittlungswege** können auf der Grundlage bilateraler Abkommen abweichen.[48]

27   Die **Zuständigkeit** der **deutschen Auslandsvertretungen** für Konsularsachen ergibt sich im Allgemeinen aus dem **KonsularG**.[49] Die konsularischen Amtsbezirke sind auf der Internetseite des Auswärtigen Amtes verzeichnet. Zu beachten ist, dass nicht jede Auslandsvertretung ständig mit einem Beamten besetzt ist, der gem. § 19 Abs. 2 KonsularG ermächtigt ist, Vernehmungsersuchen zu erledigen.

III. Rechtshilfebeweisaufnahme

28   **1. Begriff der Rechtshilfe.** Rechtshilfe ist nach der EuBVO für ein **Gericht** zu gewähren. Art. 1 Abs. 1 HBÜ spricht von einer „**gerichtlichen Behörde**", was darüber hinausgeht. Nicht darunter fallen **Schiedsgerichte**.[50] Sie müssen sich nach § 1050 an ein staatli-

---

42   BGH WM 1977, 793, 794; *Linke*[4] Rdn. 348.
43   *Linke/Hau*[5] Rdn. 299. Demgegenüber nimmt EuGH, Urt. v. 8.2.2001, Rs. C-350/99 – Lange/Schünemann, Tz. 33, an, dass die Regeln des nationalen Rechts über die Beweisvereitelung den Anwendungsbereich der materiell-rechtlich zu verstehenden Beweislastregeln betreffen.
44   BGH WM 1977, 793, 794; OLG Celle RIW 1988, 137.
45   BGH WM 1977, 793, 794.
46   BGHZ 3, 342, 346; OLG Celle RIW 1988, 137; *Coester-Waltjen* Internationales Beweisrecht, S. 284 ff.; *Linke/Hau*[5] Rdn. 344. S. auch EuGH, Urt. v. 8.2.2001, Rs. C-350/99 – Lange/Schünemann, Tz. 31 ff.: Anwendung der nationalen Beweislastregelungen nur, soweit das materielle Gemeinschaftsrecht keine Beweisregelung enthält, und Gebot der gemeinschaftsrechtskonformen Anwendung der nationalen Regelung.
47   § 2 Abs. 2 Nr. 3a des Gesetzes über die Errichtung des Bundesamtes für Justiz (BfJG) v. 17.12.2006, BGBl 2006 I S. 3171, in Kraft seit 1.1.2007; RegE BT-Drucks. 16/1827; dazu *Weinbörner* IPRax 2008, 486, 487.
48   Vgl. OLG Frankfurt IPRax 2009, 71, 72 m. Bespr. *Knöfel* IPRax 2009, 46.
49   Gesetz v. 11.9.1974 (BGBl 1974 I S. 2317), geändert durch Art. 12 des Gesetzes v. 4.5.1998 (BGBl 1998 I S. 833).
50   *Hess* EuZPR § 8 Rdn. 37; *Rauscher/v. Hein*[(2010)] Art. 1 EG-BewVO Rdn. 9; **a.A.** *Knöfel* RIW 2007, 832, 835 f.; *Knöfel* EuZW 2008, 267, 268.

ches Gericht wenden. Beschränkt ist die Rechtshilfeleistung auf **Zivil- und Handelssachen** (Art. 1 Abs. 1 HBÜ, Art. 1 Abs. 1 EuBVO; dazu oben Rdn. 17). Für den Rechtsverkehr innerhalb der Europäischen Union ist das traditionelle Verständnis der justiziellen Zusammenarbeit zu überwinden und durch das **Konzept** einer **richterlichen Kooperation** zu ersetzen. Ein legislativer Ansatzpunkt dafür ist bereits in Art. 20 des Vorschlags einer VO zur grenzüberschreitenden vorläufigen Kontenpfändung vom 25.7.2011 enthalten.[51] Gleichartige Anstrengungen zur Formulierung allgemeiner Prinzipien für die direkte richterliche Zusammenarbeit unternimmt das Ständige Büro der Haager Konferenz.[52]

Rechtshilfe besteht in der Unterstützung bei einer **Beweisaufnahme** oder durch eine **andere** gerichtliche **Handlung** (Art. 1 Abs. 1 HBÜ). Andere gerichtliche Handlung kann die informatorische Anhörung der Parteien sein.[53] Zu denken ist ferner an Ersuchen um Übernahme eines inländischen oder ausländischen Verfahrens (§§ 44 f. ZRHO), Ersuchen um behördliche Auskünfte (§ 47 ZRHO) und Ersuchen um Aktenübersendung (§ 49 ZRHO).[54] Die EuBVO erwähnt die Rechtshilfe durch Vornahme anderer gerichtlicher Handlungen nicht. Insoweit ist das HBÜ heranzuziehen.[55] Der Begriff „Beweisaufnahme" in Art. 1 EuBVO ist aber weit auszulegen. Soweit *Schlosser* davon „alle justiziellen Informationsbeschaffungsmaßnahmen" umfasst sieht,[56] greift er begrifflich zu weit.[57] Titulierte Auskunftsansprüche sind unter Heranziehung der EuGVO zu vollstrecken (unten Rdn. 87). Die informatorische Befragung einer Person, die nicht zeugnisfähig ist, lässt sich als Beweisaufnahme i.S.d. EuBVO verstehen.[58] Darunter fällt auch die Parteianhörung nach § 141[59] (dazu unten Rdn. 74 u. 101). 29

Ein Ersuchen um **Vollstreckungshilfe** für ein inländisches Verfahren als anderer gerichtlicher Maßnahme gibt es nicht[60] (s. auch § 41 ZRHO). Soweit **Körpermaterial einer Untersuchungsperson** unter Anwendung unmittelbaren Zwangs zwecks Begutachtung durch einen Sachverständigen in Deutschland beschafft werden soll, handelt es sich um eine besondere Form der Augenscheinseinnahme;[61] diese Beschaffung von Beweisgegenständen kraft richterlicher Anordnung des Prozessgerichts muss vom Recht des ersuchten Staates akzeptiert sein (dazu unten Rdn. 58). 30

Ausgeklammert ist nach Art. 1 Abs. 3 HBÜ die **Zustellung**; sie richtet sich auch dann nach dem Haager Zustellungsübereinkommen von 1965 (**HZÜ**), wenn eine im Ausland ansässige Auskunftsperson beweishalber vor das Prozessgericht geladen werden soll. Im Rechtsverkehr zwischen den **EU-Staaten** richtet sich die Zustellung ebenfalls nach einer gesonderten Regelung, nämlich der **EuZVO**.[62] 31

---

51 Kommissionsdokument KOM (2011) 445 endg.; 2011/0204 (COD).
52 Prel. Doc. No. 3A Revised July 2012, Emerging Guidance regarding the development of the International Hague Network of Judges.
53 So BT-Drucks. 7/4892 S. 52.
54 S. dazu auch Nagel/*Gottwald*[6] § 8 Rdn. 77 ff.
55 *Schlosser* EuZPR[3] Art. 1 EuBVO Rdn. 5.
56 *Schlosser* EuZPR[3] Art. 1 EuBVO Rdn. 6.
57 Kritisch auch Rauscher/v. *Hein*[(2010)] Art. 1 EG-BewVO Rdn. 13.
58 Rauscher/v. *Hein*[(2010)] Art. 1 EG-BewVO Rdn. 14; s. auch *Schlosser* EuZPR[3] Art. 1 EuBVO Rdn. 1.
59 *Hess* EuZPR § 8 Rdn. 42; Rauscher/v. *Hein*[(2010)] Art. 1 EG-BewVO Rdn. 15; **a.A.** (zum HBÜ) Stein/Jonas/*Berger*[22] § 363 Anh. Rdn. 61.
60 A.A. *Jayme* FS Geimer (2002), S. 375, 377, 378 (für Blutentnahme in Italien zur Begutachtung durch deutschen Sachverständigen im Abstammungsprozess); *Decker* IPRax 2004, 229, 235; *Schulze* IPRax 2001, 527, 529.
61 Überflüssig daher die Überlegungen von Rauscher/v. *Hein*[(2010)] Art. 1 EG-BewVO Rdn. 29 f. (Hinweise zum HBÜ und zu Art. 8 EMRK).
62 Zu deren abschließendem Charakter EuGH, Urt. v. 19.12.2012, Rs. C-325/11 – Alder/Orlowska, Tz. 24 f., 32, EuZW 2013, 187 m. Bespr. *Okinska* RIW 2013, 280 ff.

32 **Ausgeklammert** sind nach Art. 1 Abs. 3 HBÜ ferner „**Maßnahmen der Sicherung oder der Vollstreckung**". Davon werden künftige Sicherungen der Vollstreckung erfasst. Hingegen gilt das HBÜ für **Beweissicherungen**, wie Art. 1 Abs. 2 HBÜ mit der Erwähnung der Beweisverwendung in einem künftigen Verfahren klarstellt.[63] Damit sind ungeklärte Abgrenzungsprobleme verbunden,[64] deren Lösung dadurch erschwert wird, dass die **nationalen Prozessrechte** sehr **unterschiedliche Wege** der vorprozessualen und prozessualen Informationsbeschaffung beschreiten, nämlich materiell-rechtliche Ansprüche gewähren oder rein prozessuale Institute mit unterschiedlichem gerichtlichen Aktivitätsniveau bereitstellen oder – so das deutsche Recht – eine Gemengelage dieser Wege kennen, wobei der Befolgungszwang unmittelbar oder indirekt entfaltet werden kann (näher dazu unten Rdn. 80 ff.).

33 **2. Recht auf Auslandsbeweisaufnahme.** Für den Inlandsprozess ohne Auslandsberührung wird aus § 286 und Art. 103 Abs. 1 GG ein „**Recht auf Beweis**" abgeleitet[65] (§ 284 Rdn. 4). Das Nichterheben eines rechtlich erforderlichen Beweises stellt daher einen Verfahrensverstoß dar, der zum Angriff auf die darauf beruhende Endentscheidung mit den entsprechenden Rechtsbehelfen berechtigt. Für die Erhebung eines Auslandsbeweises gilt dies nicht in gleicher Weise.

34 Die **Gewährung von Rechtshilfe** im Rahmen völkerrechtlicher Verträge kann **nur der Staat** als Völkerrechtssubjekt und Vertragspartner verlangen, **nicht** aber eine einzelne **Prozesspartei**.[66] Davon zu unterscheiden ist das Recht der Prozessparteien, dass sich der deutsche Gerichtsstaat, also die Justizverwaltung, um die Gewährung ausländischer Rechtshilfe bemüht. Die Parteien haben einen Anspruch auf **fehlerfreie Ermessensausübung** der Justizverwaltung (dazu auch unten Rdn. 112), den sie nach Art. 23 EGGVG gerichtlich überprüfen lassen können[67] (nicht zu verwechseln mit einer Verletzung des § 286 durch das Prozessgericht).

35 Vor diesem Hintergrund ist die Auffassung des BGH zu würdigen, es stehe im Ermessen des Prozessgerichts, ob und inwieweit es eine im Ausland erfolgte – in concreto: fehlerhafte – Beweisaufnahme seiner Entscheidung zugrunde legen wolle.[68] An dieser unter der Geltung des HZPÜ von 1954 vertretenen Ansicht hat der BGH 1991 in einem Nichtannahmebeschluss für eine Rechtshilfevernehmung auf der Grundlage des HBÜ festgehalten;[69] dort ging es um die Verwertung einer Zeugenbeweisaufnahme aus Portugal. Da Portugal Rechtshilfe gewährt hatte, kam grundsätzlich ein **Anspruch auf Verwertung der Beweisaufnahme und** wegen deren Fehlerhaftigkeit auch auf eine **Wiederholung** in Betracht. Die obiter dictum getroffene Aussage ging also von falschen Prämissen aus. Ein Gegengrund kann nur darin gesehen werden, dass entweder der Justizgewährleistungsanspruch der Wiederholung einer zeitraubenden Auslandsbeweisaufnahme im Wege stehen kann, oder dass – so die Lage im konkreten portugiesischen Fall – der Verfahrensfehler nicht rechtlich erheblich ist.

36 **Unzutreffend** wäre es, eine mögliche **unmittelbare Beweisaufnahme im Ausland** durch einen beauftragten Richter des Prozessgerichts oder eine Rechtshilfevernehmung unter Teilnahme eines beauftragten Richters mit der Begründung **abzulehnen**, deutsche

---

63 *Schlosser* EuZPR³ Art. 1 HBÜ Rdn. 2 und 4.
64 *Hess* EuZPR § 8 Rdn. 82 ff.
65 Rosenberg/Schwab/*Gottwald* ZPR¹⁷ § 116 Rdn. 1.
66 *R. Geimer* IZPR⁶ Rdn. 3637 f.; *Schack* IZPR⁵ Rdn. 200.
67 *Schack* IZPR⁵ Rdn. 200.
68 BGHZ 33, 63, 64 f. = LM ZPO § 363 Nr. 1 m. Anm. *Johannsen* = ZZP 74 (1961), 86 m. Anm. *H. Schneider*.
69 BGHR ZPO § 357 Auslandsbeweisaufnahme 1.

Gerichte seien zu einer Beweisaufnahme im Ausland nicht verpflichtet.[70] Diese These war schon vor Inkrafttreten des § 128a Abs. 2 und der EuBVO nicht haltbar; seither ist sie mit den Wertungen des Gesetzes unvereinbar.

Unter der Geltung der **EuBVO** ist die These, das Prozessgericht entscheide nach Ermessen über die Verwertung – und konsequenterweise: auch über die Einholung – einer Auslandsbeweisaufnahme, nicht aufrecht zu erhalten.[71] Zwischen EU-Staaten ist die Beweisaufnahme rechtlich erheblich vereinfacht und die Staaten haben die **gemeinschaftsrechtliche Pflicht**, den **Gerichten anderer EU-Staaten Rechtshilfe** zu gewähren.[72] Angesichts dieser Rahmenbedingungen haben die Prozessparteien wegen ihres Rechts auf Beweis (oben Rdn. 33) einen Anspruch auf Durchführung einer Auslandsbeweisaufnahme. Eine Variante dieser Beweisaufnahmeverweigerung ist die Ablehnung des Antrags auf Vernehmung eines Auslandszeugen analog § 244 Abs. 3 Satz 2 StPO mit der Begründung, eine kommissarische Rechtshilfevernehmung erlaube nicht die erforderliche Beurteilung der persönlichen Glaubwürdigkeit.[73] Eine audiovisuelle Übertragung der Vernehmung ist zumindest in Erwägung zu ziehen (s. auch unten Rdn. 65). Innerhalb der EU ist die Nutzung der Möglichkeiten des Art. 17 EuBVO verfassungsrechtlich verpflichtend (dazu nachfolgend Rdn. 40, 45).

3. Direkte (unmittelbare) Beweisaufnahme des Prozessgerichts. Die HBÜ und – abgeschwächt – die EuBVO beruhen auf dem Konzept der Auslandsbeweisaufnahme durch einen ausländischen Rechtshilferichter. Dadurch wird der **Unmittelbarkeitsgrundsatz** durchbrochen. Vorzugswürdige direkte Beweisaufnahmen ermöglichen das HBÜ und die EuBVO in abgestufter Weise. Vertreten wird, dass der Grundsatz der Beweisunmittelbarkeit (§ 355 ZPO) zur Anwendung des Art. 17 EuBVO zwinge (dazu auch unten Rdn. 45).[74]

Das **HBÜ** hat in **Art. 17** die Grundlage für eine direkte Beweisaufnahme durch **Beauftragte des Prozessgerichts** geschaffen (unten Rdn. 106). Das können Privatpersonen ebenso sein wie Mitglieder des Prozessgerichts.[75] Deutschland hat der Anwendung dieser Bestimmung bei der Ratifizierung widersprochen. Ein deutsches Prozessgericht kann aber eines seiner Mitglieder zum beauftragten Richter gem. § 375 Abs. 1 oder 1a bestellen.[76]

Die **EuBVO** sieht in **Art. 17** direkte **Beweisaufnahmen des Prozessgerichts** in anderen Mitgliedstaaten der EU vor, die nicht auf die Mitwirkung eines Rechtshilferichters angewiesen sind. Notwendig ist allerdings eine **Genehmigung** durch die Zentralstelle (Art. 3 Abs. 3 EuBVO) des Beweisaufnahmestaates und ein darauf gerichtetes Ersuchen, das innerhalb von 30 Tagen zu erledigen ist, Art. 17 Abs. 4 EuBVO. Unmittelbare Beweisaufnahme i.S.d. Art. 17 EuBVO ist auch die Vernehmung des Auslandszeugen im Wege einer **Video- oder Telekonferenz**[77] (dazu § 371 Rdn. 36). Das Genehmigungserfordernis darf nicht dadurch umgangen werden, dass eine freiwillige Konferenzschaltung in eine ausländische Anwaltskanzlei zur vermeintlich „privaten" Vernehmung erfolgt.[78] Die Ge-

---

70 A.A. OLG Saarbrücken NJW-RR 1998, 1685 (Vernehmung in der Schweiz).
71 Für eine Relativierung auch Rauscher/*v. Hein*[(2010)] Art. 1 EG-BewVO Rdn. 39.
72 *Schlosser* EuZPR³ Art. 2 EuBVO Rdn. 3.
73 Vgl. etwa OLG Koblenz OLGRep. 2008, 362, 363.
74 *Vorwerk* AnwBl 2011, 369, 371f.; s. auch *Dötsch* MDR 2011, 269, 271 mit Hinweis auf eine unveröffentl. Entscheidung des OLG Stuttgart.
75 *Schack* IZPR⁵ Rdn. 815.
76 Nagel/*Gottwald*⁶ § 8 Rdn. 60.
77 *Hess* EuZPR § 8 Rdn. 55; Rauscher/*v. Hein*[(2010)] Art. 1 EG-BewVO Rdn. 22.
78 **A.A.** Nagel/*Gottwald*⁶ § 8 Rdn. 26.

nehmigung ist nicht nur für Zeugenvernehmungen erforderlich, sondern auch für schlichte Augenscheinseinnahmen etwa am Ort eines Verkehrsunfalls.[79] **Bedingungen** darf die Zentralstelle gem. Art. 17 Abs. 4 EuBVO festlegen. **Verweigert** werden darf die Genehmigung nur zur Wahrung wesentlicher Rechtsgrundsätze des ersuchten Mitgliedstaates, Art. 17 Abs. 5 EuBVO. Zuvor ist zu prüfen, ob die Zentralstelle die Rechtsverletzung nicht durch Beifügung von Bedingungen ausräumen kann.[80] Einen allgemeinen Ordre public-Vorbehalt nach dem Vorbild des Art. 12 HBÜ sieht die EuBVO nicht vor. Allenfalls kann über Art. 6 Abs. 2 EUV die **EMRK** angewandt werden.[81] Ein Anspruch auf **Bereitstellung von Räumen** oder Hilfsmitteln besteht nicht,[82] sofern nationale Durchführungsvorschriften nicht etwas anderes vorsehen.[83] Anzuwenden ist die Sprache gem. der lex fori des ersuchenden Gerichts.[84] Das **HBÜ** ist nach Ansicht des Ständigen Büros der Haager Konferenz eine geeignete Grundlage, um ebenfalls **Videobeweisaufnahmen** durchzuführen.[85]

41   Die Beweisaufnahme erfolgt durch das Prozessgericht nach dem **Prozessrecht des ersuchenden Staates**, soweit nicht der ersuchte Staat gem. Art. 17 Abs. 4 EuBVO Bedingungen festgelegt hat. Zwangsmaßnahmen sind nach Art. 17 Abs. 2 Satz 1 EuBVO verboten. Sind sie unerlässlich, muss der Rechtshilfeweg nach Art. 12 und 13 EuBVO beschritten werden. Das Prozessgericht hat Zeugen darauf hinzuweisen, dass die **Einlassung freiwillig** erfolgt, Art. 17 Abs. 2 Satz 2 EuBVO. Für die Sprache, in der der Hinweis erteilt wird, können von der Zentralstelle Vorgaben gemacht werden. Vor der Entscheidung über die Art der Beweisaufnahme hat das Prozessgericht die Mitwirkungsbereitschaft der Beweisperson zu klären, um bei positiver Erklärung nach Art. 17 EuBVO vorgehen zu können.[86] Nur als rechtspolitische Forderung ist die von *Stadler* vorgeschlagene Kombination von unmittelbarer Auslandsbeweisaufnahme und Unterstützung durch das Rechtshilfegericht bei der Ergreifung von Zwangsmaßnahmen zu verstehen.[87]

42   Die Einholung einer unmittelbaren **schriftlichen Auskunft** von einem Auslandszeugen gem. § 377 Abs. 3 Satz 1 ist als unzulässiger Eingriff in fremde Souveränitätsrechte angesehen worden[88] (dazu § 39 ZRHO), auch wenn mit der Aufforderung zur schriftlichen Aussage keine Sanktionsdrohung verbunden ist.[89] Dem ist zu widersprechen; die Bitte um eine **freiwillige Mitwirkung** in einem deutschen Verfahren, sei es durch schriftliche Aussage, sei es durch Erscheinen in einem Verhandlungstermin, ist dem Gericht **nicht verwehrt**.[90] Damit verbunden ist die Wertung, dass eine staatliche Kontrolle des Aufenthaltsstaates der Aussageperson hinsichtlich der Belehrung über etwaige Aussageverweigerungsrechte und Aussageverbote nicht zu den Schutzanforderungen des

---

79   *Chr. Berger* IPRax 2001, 522, 526.
80   Rauscher/*v. Hein*[(2010)] Art. 17 EG-BewVO Rdn. 9 f.
81   *Schlosser* EuZPR³ Art. 14 EuBVO Rdn. 2.
82   *Schlosser* EuZPR³ Art. 17 EuBVO Rdn. 5; **a.A.** Rauscher/*v. Hein*[(2010)] Art. 17 EG-BewVO Rdn. 13.
83   So in Österreich, *Rechberger/McGuire* ZZP Int. 10 (2005), 81, 105.
84   Rauscher/*v. Hein*[(2010)] Art. 17 EG-BewVO Rdn. 19.
85   Prel. Doc. No. 6 (Dezember 2008).
86   *Stadler* FS Geimer (2002), S. 1281, 1305.
87   *Stadler* FS Geimer (2002), S. 1281, 1301.
88   BGH NJW 1984, 2039; OLG Hamm NJW-RR 1988, 703; *Leipold* Lex fori-Souveränität-Discovery, S. 48 f. und 63. **A.A.** *Schlosser* Justizkonflikt, S. 28; Stein/Jonas/*Berger*[22] § 363 Anh. Rdn. 12 (Zustellung aber im Rechtshilfeweg).
89   *Leipold* Lex fori-Souveränität-Discovery, S. 63.
90   Rosenberg/Schwab/*Gottwald* ZPR[17] § 116 Rdn. 51; *Gottwald* FS Habscheid (1989), S. 119, 128; *Linke/Hau*⁵ Rdn. 358; *Musielak* FS Geimer (2002), S. 761, 768 f.; Rauscher/*v. Hein*[(2010)] Art. 1 EG-BewVO Rdn. 21; *Stadler* FS Geimer (2002), S. 1281, 1291 (innerhalb der EU); *R. Geimer* IZPR⁶ Rdn. 437; *Schulze* IPRax 2001, 527, 528.

Souveränitätsvorbehalts gezählt wird. Soweit eine **telefonische Zeugenbefragung** im Rahmen einer Freibeweiserhebung erfolgen darf, handelt es sich um eine unmittelbare Beweisaufnahme des Prozessgerichts. Sie soll völkerrechtlich ebenfalls unbedenklich sein,[91] obwohl sie von einer Vernehmung nach Strengbeweisrecht im Wege der Telekonferenz (vgl. Art. 10 Abs. 1, 17 Abs. 4 EuBVO) nicht zu unterscheiden ist.

Ein von einem deutschen Gericht im Ausland vernommener Zeuge steht ungeachtet der freiwilligen Mitwirkung unter der **Strafdrohung** des **§ 153 StGB**, der auch auf eine Auslandstat anzuwenden ist.[92] Bedingungen können für die Regelung des **Auslagenersatzes** eines Zeugen gemacht werden, der in der EuBVO nicht geregelt ist. Eine mitwirkungsunwillige Prozesspartei kann ein Beweisnachteil treffen[93] (unten Rdn. 103). 43

4. Rechtshilfebeweisaufnahme und Unmittelbarkeitsgrundsatz. Die **Vorteile unmittelbarer Beweiserhebung** durch das Prozessgericht (bessere Kenntnis des durch Beweisaufnahme ermittelten Prozessstoffes, Beschleunigung des Verfahrens) gebieten grundsätzlich die Beachtung des Unmittelbarkeitsgrundsatzes, wie sich aus § 355 Abs. 1 Satz 2 entnehmen lässt. Allerdings sind bei der Beweiswürdigung die erhobenen Beweise nicht schematisch danach zu unterteilen, ob es sich um ein unmittelbares (§ 355) oder – so bei der Auslandsvernehmung im Wege der Rechtshilfe – um ein mittelbares Beweismittel handelt.[94] 44

Eine **Durchbrechung** des Unmittelbarkeitsgrundsatzes bedarf der **Rechtfertigung**. Sie kann sich im Inlandsprozess bei der Zeugenvernehmung aus § 375 ergeben. Ungeklärt ist, ob § 363 für Auslandsbeweisaufnahmen generell von einer Beachtung des Unmittelbarkeitsprinzips entbindet, oder ob das Prozessgericht – so die vorzugswürdige Ansicht – eine Ermessensentscheidung zu treffen hat, die dem Unmittelbarkeitsprinzip Rechnung zu tragen hat und die zu einer **Begründung** der gewählten Beweisaufnahmeart **im Endurteil** zwingt.[95] Es gibt keine Anhaltspunkte dafür, dass die Staatsverträge oder § 363 von der Rechtshilfevernehmung als dem Regelfall ausgehen;[96] benannt werden dort nur die Modalitäten der Auslandsbeweisaufnahme. Das Tempo der jeweiligen Art der Beweiserhebung im Hinblick auf den Justizgewährungsanspruch, das Risiko eines Fehlschlags infolge zu befürchtender fehlender Mitwirkungsbereitschaft in Relation zum Vorbereitungsaufwand, die Entbehrlichkeit eines persönlichen Eindrucks des Prozessgerichts und die Gründe des § 375 Abs. 1 sind wesentliche **Gesichtspunkte der Ermessensausübung**[97] (s. auch oben Rdn. 37 und 38). Der Unmittelbarkeitsgrundsatz kann sowohl durch ein Vorgehen nach Art. 17 EuBVO[98] (oben Rdn. 40) als auch durch eine Beweismittelbeschaffung vor das Prozessgericht (unten Rdn. 100ff.) gewahrt wer- 45

---

91 *R. Geimer* IZPR[6] Rdn. 436b und 2385; Nagel/*Gottwald*[6] § 8 Rdn. 125.
92 *Chr. Berger* IPRax 2001, 522, 526.
93 *Schlosser* EuZPR[3] Art. 17 EuBVO Rdn. 2; *Stadler* FS Geimer (2002), S. 1281, 1299, 1305.
94 BVerfG NJW 1997, 999, 1000.
95 *Musielak* FS Geimer (2002), S. 761, 763f. in Auseinandersetzung mit BGH IPRax 1981, 57, 58, BGH NJW 1990, 3088, 3090 und BGH NJW 1992, 1768, 1769. S. dazu auch *R. Geimer* IZPR[6] Rdn. 2380; *Linke/Hau*[5] Rdn. 337; Stein/Jonas/*Berger*[22] § 363 Rdn. 5 (gegen eine Pflicht zur Beweismittelbeschaffung durch Ladung von Aussagepersonen). Von einer generellen Vorzugswürdigkeit der Vernehmung durch einen inländischen Richter, sei es auch eines Rechtshilferichters im grenznahen Gebiet, geht OLG Schleswig, RIW 1989, 910, 911, aus. Betonung des Unmittelbarkeitsgrundsatzes als Auswahlkriterium in Österreich: *Rechberger/McGuire* ZZP Int. 10 (2005), 81, 90.
96 So aber *Leipold* Anm. zu BGH ZZP 105 (1992), 500, 510; s. auch BGH IPRax 1981, 57, 58 = MDR 1980, 931, 932. Von einer Durchbrechung des Unmittelbarkeitsgrundsatzes „sui generis" sprechen Rauscher/v. *Hein*[(2010)] Art. 1 EG-BewVO Rdn. 35.
97 Zu weiteren Kriterien Rauscher/v. *Hein*[(2010)] Art. 1 EG-BewVO Rdn. 39.
98 Seinen Einsatz befürwortend *Stadler* FS Geimer (2002), S. 1281, 1305.

den. Bedeutsam ist die Entscheidung über den Weg vor allem für die Personalbeweismittel.[99]

46   **5. Das Rechtshilfeersuchen.** Der Inanspruchnahme ausländischer Rechtshilfe hat ein **Beweisbeschluss** voranzugehen. Nur auf dessen Grundlage kann die Einhaltung der Erfordernisse des Art. 3 HBÜ, insbesondere des Bestimmtheitserfordernisses, überprüft werden. Die **Übersendung von Akten** an ein ausländisches Rechtshilfegericht ist nicht zulässig (§ 19 Abs. 1 Satz 4 ZRHO). Deshalb ist eine detaillierte Ausformulierung des Fragenkatalogs bedeutsam.[100]

47   Nach § 9 ZRHO sind ausgehende Rechtshilfeersuchen von einer **Prüfstelle verwaltungsmäßig** darauf **zu überprüfen**, ob sie für eine Weiterleitung geeignet sind. **Zuständig** sind für Ersuchen der Spruchkörper des Amts- und Landgerichts die Landgerichtspräsidenten bzw. Amtsgerichtspräsidenten, für Ersuchen der Senate des Oberlandesgerichts der Präsident des Oberlandesgerichts. Die Prüfstelle hat gem. § 28 Abs. 1 ZRHO festzustellen, ob die Bestimmungen des Gemeinschaftsrechts, der einschlägigen Staatsverträge und der ZRHO beachtet worden sind, und ob das Ersuchen nach seiner inhaltlichen Fassung von einer mit dem deutschen Recht unvertrauten Stelle leicht erledigt werden kann. Die Prüfstelle leitet das korrekte Ersuchen auf dem **zugelassenen Beförderungsweg** an die zuständige Stelle weiter (§ 29 ZRHO). Für den Anwendungsbereich der EuBVO ist in Zweifel gezogen worden, ob die Beteiligung der Prüfstellen mit dem Gemeinschaftsrecht in Einklang steht.[101]

48   Welche **Beförderungswege für Rechtshilfeersuchen** an ausländische Stellen mangels gesetzlicher Regelung zu wählen sind, ergibt sich aus § 6 ZRHO und deren Länderteil. Ersuchen an Auslandsvertretungen sind auf dem Kurierweg des Auswärtigen Amtes zu übermitteln (§ 29 Abs. 2 ZRHO). Für den Rechtsverkehr zwischen EU-Staaten ist Art. 6 EuBVO maßgeblich, der auch Fax und E-Mail nicht ausschließt.[102]

49   Ausgehende Ersuchen sind nach Art. 2 Abs. 1 HBÜ **an die Zentrale Behörde** des Beweisaufnahmestaates zu richten, die ein Beweisaufnahmeersuchen an die dafür zuständige gerichtliche Behörde nach Prüfung weiterleitet. Zusatzvereinbarungen, die bilateral ergänzend zum HBÜ 1954 getroffen worden sind, bleiben nach Art. 31 HBÜ unberührt.

50   Die EuBVO ermöglicht Beweisaufnahmen im Rechtshilfewege (Art. 10 EuBVO) im **unmittelbaren Geschäftsverkehr** zwischen den Gerichten, Art. 2 EuBVO. **Form und Inhalt** des Ersuchens sind durch das Formblatt A festgelegt, dessen Inhalt Art. 4 EuBVO bestimmt. Die Beweisaufnahmen setzen spezifische Fragen mit spezifischen Beweismitteln voraus;[103] auch Urkunden und Augenscheinsobjekte müssen spezifiziert werden.[104] Art. 4 Abs. 1 lit. e EuBVO erlaubt die **Spezifizierung in zweierlei Gestalt**: entweder durch Formulierung von Fragen oder durch Benennung des Sachverhalts, über den eine Vernehmung stattfinden soll.[105] Anzugeben sind Verweigerungsrechte, die nach der lex

---

99   Gegen einen Vorrang der Inlandsbeweisaufnahme vor der Auslandsbeweisaufnahme bei der Dokumentenvorlegung *Niehr* Die zivilprozessuale Dokumentenvorlegung, S. 148.
100 *R. Geimer* IZPR[6] Rdn. 2413.
101 Verneinend Rauscher/*v. Hein*[(2010)] Art. 2 EG-BewVO Rdn. 4; **a.A.** Zöller/*Geimer*[29] § 1072 Rdn. 8 i.V.m. § 1069 Rdn. 1.
102 *Schlosser* EuZPR[3] Art. 6 EuBVO Rdn. 1.
103 *Schlosser* EuZPR[3] Art. 4 EuBVO Rdn. 1.
104 Rauscher/*v. Hein*[(2010)] Art. 4 EG-BewVO Rdn. 21.
105 Betonung des Alternativverhältnisses bei Rauscher/*v. Hein*[(2010)] Art. 4 EG-BewVO Rdn. 12, jedoch mit Warnung vor der Verwendung der zweiten Alternative.

fori des ersuchenden Gerichts bestehen, und der eventuelle Wunsch nach einer Vereidigung unter Benennung der Eidesformel.

Die Erledigung eines Rechtshilfeersuchens auf der Grundlage des HBÜ erfolgt in der **Sprache** der ersuchten Behörde. Davon zu unterscheiden ist die sprachliche Version des Rechtshilfeersuchens selbst. Neben der Landessprache der ersuchten Behörde kommen dafür nach Art. 4 Abs. 2 HBÜ die **französische** oder die **englische Sprache** in Betracht, sofern der ersuchte Staat nicht einen Vorbehalt gem. Art. 33 Abs. 1 HBÜ erklärt hat. Gemäß Art. 4 Abs. 4 HBÜ können daneben weitere Sprachen benannt werden. Beigefügte **Übersetzungen** bedürfen einer qualifizierten **Beglaubigung** (Art. 4 Abs. 5 HBÜ). Für die EU bestimmt Art. 5 EuBVO die zugelassenen Sprachen. 51

Die Erledigung eines Ersuchens wird innerhalb der EU durch die **Zeitvorgaben** in Art. 7 und 10 EuBVO besonders beschleunigt. Innerhalb von **sieben Tagen** ist eine Empfangsbestätigung des ersuchten Gerichts zu erteilen; die Erledigung hat innerhalb von **90 Tagen** durch das Rechtshilfegericht zu erfolgen. Fristüberschreitungen können Amtshaftungsansprüche begründen.[106] 52

Nach Art. 10 Abs. 2 EuBVO erledigt das ersuchte **Rechtshilfegericht** das Ersuchen in Anwendung seiner **lex fori**. Eine **Kostenregelung** enthält Art. 18 EuBVO (unten Rdn. 134). 53

6. Allgemeines Beweisrecht, einzelne Beweismittel

a) Allgemeine Beweisregelungen. Ob die **Parteien** ein **Anwesenheitsrecht** bei der Vernehmung haben (§ 357), richtet sich grundsätzlich nach dem Recht des ersuchenden Staates. Art. 11 Abs. 1 EuBVO schreibt das Recht der Parteien und ihrer Vertreter zur Teilnahme an der Beweisaufnahme ausdrücklich vor, verlangt allerdings dafür in Art. 11 Abs. 2 EuBVO einen im Rechtshilfeersuchen zu übermittelnden Antrag, damit das ersuchte Gericht die Teilnahmebedingungen festlegen kann (Art. 11 Abs. 3 und 4 EuBVO). Mit dieser Regelung wäre ein **Geheimnisschutz** durch Ausschluss einer Partei zu vereinbaren, wenn er innerstaatlich, etwa bei Umsetzung von Art. 7 der Richtlinie zur Durchsetzung der Rechte des Geistigen Eigentums vom 29.4.2004 oder aus verfassungsrechtlichen Gründen (zur Gewährleistung des Anspruchs auf effektiven Rechtsschutz), realisiert wird.[107] Nicht unter die Teilnahmebedingungen fallen **sitzungspolizeiliche Maßnahmen** (§ 177 GVG).[108] Das ersuchte Gericht kann über das Recht des ersuchenden Staates hinausgehend ein Teilnahmerecht der Parteien eröffnen (Art. 11 Abs. 5 EuBVO, unter Korrektur eines Redaktionsfehlers des deutschen Textes).[109] Weniger detailliert als die EuBVO bestimmt Art. 7 HBÜ, dass die ersuchte Behörde auf Verlangen der ersuchenden Behörde eine Benachrichtigung über Zeitpunkt und Ort der Beweisaufnahmehandlung zu erteilen hat, damit die Parteien und deren Vertreter anwesend sein können. Das **Fragerecht der Parteien** darf ohne Zustimmung der jeweiligen Gegenpartei nicht in einer Weise ausgeübt werden, die das im Rechtshilfeersuchen angegebene Beweisthema deutlich überschreitet.[110] Die Teilnahme der Parteien an der Beweisaufnahme kann unter zusätzlicher Heranziehung eines **ausländischen Rechtsanwalts** erfolgen. Dessen Kos- 54

---

106 *Schlosser* EuZPR³ Art. 10 EuBVO Rdn. 1. Für sanktionslos hält *Stadler* FS Geimer (2002), S. 1281, 1292, die Fristüberschreitung.
107 Zu restriktiv Rauscher/*v. Hein*⁽²⁰¹⁰⁾ Art. 11 EG-BewVO Rdn. 9.
108 *Chr. Berger* FS Rechberger, S. 39, 51.
109 Dazu *Schlosser* EuZPR³ Art. 11 EuBVO Rdn. 7; Rauscher/*v. Hein*⁽²⁰¹⁰⁾ Art. 11 EG-BewVO Rdn. 2.
110 *Schlosser* EuZPR³ Art. 11 EuBVO Rdn. 4.

ten sind im Inland bis zur Höhe der Gebühren eines deutschen Rechtsanwalts erstattungsfähig (§ 91).[111]

55 Nach Art. 11 Abs. 4 EuBVO hat das ersuchte Gericht Zeit und Ort des **Beweisaufnahmetermins** den Parteien und ihren Vertretern **mitzuteilen**. Es genügt dafür die Benachrichtigung der Prozessvertreter.[112] Dafür ist das Formblatt F zu verwenden. Zweckmäßig ist die in der EuBVO nicht vorgesehene Information auch des Prozessgerichts. Wird die Anwesenheit der Parteien durch **Unterbleiben der Terminsnachricht** vereitelt, ist die Beweisaufnahme mangelhaft, wenn nach der anzuwendenden lex fori bzw. der EuBVO oder einem Staatsvertrag ein Anwesenheitsrecht bestand.[113] Der ersuchende Richter hat die **Pflicht darauf hinzuwirken**, dass die **Verfahrensbeteiligten** von dem ausländischen Beweisaufnahmetermin rechtzeitig **benachrichtigt** werden.[114] Die Beweisaufnahme ist bei rechtzeitiger Rüge (§§ 369, 295) zu **wiederholen**, auch wenn eine Verwertung der mangelhaften Beweisaufnahme im Ermessen des Gerichts steht, wie sich mittelbar aus § 364 ergibt;[115] eine Verwertung ist unter diesen Voraussetzungen ermessensfehlerhaft.[116] Die Ausübung des Anwesenheitsrechts ist geeignet, leichtfertige Aussagen zu verhindern und auf Nuancierungen der Befragung und der Aussageprotokollierung Einfluss zu nehmen. Es kommt nicht auf einzelfallbezogene Feststellungen an, dass die Aussageperson auf Fragen oder Vorhaltungen der Partei hin anders ausgesagt hätte.[117] Sofern das **Anwesenheitsrecht** zum **Schutz der Aussageperson** – entsprechendes gilt für den Schutz von Untersuchungspersonen und den Schutz von Unternehmensgeheimnissen – nach einer der beteiligten Rechtsordnungen **eingeschränkt** ist, ist das Meistbegünstigungsprinzip (oben Rdn. 24, unten Rdn. 63) anzuwenden.[118] Die Beteiligten haben die Möglichkeit, auf eine Terminsnachricht zu verzichten, um die Durchführung der Beweisaufnahme zu beschleunigen; das Prozessgericht hat den Parteiwillen bei der Vorbereitung des Ersuchens zu erforschen (§ 38 Abs. 2 ZRHO).

56 **Mitglieder des ersuchenden Gerichts** haben als beauftragte Richter ein **Anwesenheitsrecht** nach Art. 12 Abs. 1 EuBVO. Art. 12 Abs. 2 EuBVO erstreckt dies auf andere Beauftragte, zu denen ausdrücklich gerichtlich bestellte **Sachverständige** gehören. Art. 8 HBÜ beschränkt das Anwesenheitsrecht auf „Mitglieder" der ersuchenden Behörde, also auf beauftragte Richter, und macht es von einer vorherigen Genehmigung des ersuchten Staates abhängig. Eine **aktive (dialogische) Mitwirkung** der Richter des ersuchenden Staates sieht die HBÜ nicht vor.[119] Art. 8 HBÜ spricht nur von der Möglichkeit der Anwesenheit. Allerdings kann die Mitwirkung des ersuchenden Richters als besondere Verfahrensform nach Art. 9 Abs. 2 HBÜ beantragt und genehmigt werden.[120] Demgegenüber geht Art. 12 Abs. 4 EuBVO von einer aktiven Beteiligungsmöglichkeit aus; sie muss aber beantragt werden. Sie reicht von Hinweisen an den Rechtshilferichter bis zu direkten Fragen an die Auskunftsperson und kann damit einer unmittelbaren Beweisaufnahme nahe kommen.[121] Darin liegt ein Fortschritt gegenüber einer traditionellen

---

111 BGH NJW-RR 2005, 1732, 1733.
112 *Schlosser* EuZPR³ Art. 11 EuBVO Rdn. 6.
113 So zur Missachtung der lex fori des französischen Rechtshilfegerichts BGHZ 33, 63, 64.
114 Vgl. BGHZ 33, 63, 65. Ebenso im Strafverfahren: BGH NJW 1988, 2187, 2188.
115 BGHZ 33, 63, 64 f.
116 BGHZ 33, 63, 65 = ZZP 74 (1961), 86 m. Anm. *Schneider* aaO 88.
117 BGHZ 33, 63, 65. Strenger wohl BGHR ZPO § 357 – Auslandsbeweisaufnahme 1 (ausdrückliche Feststellung der Irrelevanz); dem folgend *Schlosser* EuZPR³ Art. 7 HBÜ Rdn. 2.
118 *Chr. Berger* IPRax 2001, 522, 525.
119 *Schlosser* EuZPR³ Art. 8 HBÜ und Art. 12 EuBVO Rdn. 2.
120 *Schlosser* EuZPR³ Art. 8 HBÜ.
121 *Schulze* IPRax 2001, 527, 530, 532.

Rechtshilfevernehmung.[122] Die Bestimmungen über das Anwesenheitsrecht dispensieren nicht von **dienstrechtlichen Genehmigungserfordernissen** für Auslandsreisen;[123] davon stellt auch § 38a Abs. 1 ZRHO nicht frei.

Besondere Formen der Beweisaufnahme im Sinne des Art. 9 Abs. 2 HBÜ oder des Art. 10 Abs. 3 EuBVO können insbesondere bei Zeugenvernehmungen in Betracht kommen, etwa das Ersuchen, ein **Wortprotokoll** über die Aussage zu errichten[124] statt lediglich eine zusammenfassende richterliche Formulierung der Aussage in das Protokoll aufzunehmen, oder die Vernehmung als Kreuzverhör durchzuführen[125] (unten Rdn. 114 und Rdn. 132). Art. 10 Abs. 4 EuBVO sieht vor, dass auf Antrag des Prozessgerichts **Kommunikationstechnologien** wie **Videokonferenz** oder Telekonferenz (dazu auch § 371 Rdn. 35) zu verwenden sind, sofern das ersuchte Gericht über die technischen Voraussetzungen verfügt und seine lex fori nicht entgegensteht.[126] Das am Ort des ersuchten Gerichts geltende Recht kann bei grundsätzlicher Zulässigkeit des Einsatzes der Technik dafür Beschränkungen vorsehen, etwa – wie § 128a Abs. 3 Satz 1[127] – ein Verbot der Aufzeichnung enthalten. Eine besondere Form ist auch die **Geheimhaltung des Beweisergebnisses** vor den Parteien und ihren Vertretern.[128] 57

Vom Rechtshilfegericht zu ergreifende **Zwangsmaßnahmen** richten sich nach Art und Tatbestandsvoraussetzungen allein nach dem Recht des ersuchten Staates (Art. 13 EuBVO, Art. 10 HBÜ). Das ersuchende Gericht kann aber weitergehend im Rahmen der Verhandlungswürdigung (§ 286) prozessuale Nachteile an die Verweigerung der Mitwirkung knüpfen.[129] Zwangsmaßnahmen können nach Art, Umfang (Höhe des Ordnungsgeldes), gradueller Abstufung der Steigerungsmöglichkeiten und Dauer (etwa der maximal zulässigen Beugehaft), unterschiedlich gestaltet sein. Die Zwangsmittel des ersuchten Gerichts sind nicht durch das Recht des ersuchenden Gerichts beschränkt.[130] Verweigert eine im Ausland ansässige Untersuchungsperson eine **Blutentnahme**, hängt der Einsatz von Zwangsmitteln durch den Rechtshilferichter davon ab, dass die Rechtsordnung des ersuchten Staates eine Regelung enthält, die derjenigen des § 372a Abs. 2 entspricht[131] (dazu bereits oben Rdn. 30). Scheitert die Anwendung unmittelbaren Zwangs, kommen stattdessen **innerprozessuale Sanktionen** wegen **Beweisvereitelung** in Betracht.[132] Der deutsche Richter muss eine ausländische Prozesspartei als Untersuchungsperson jedoch deutlich darauf hinweisen, dass die Mitwirkungsverweigerung Rechtsnachteile bei der Beweiswürdigung nach sich ziehen kann.[133] Diese isolierte Androhung muss nicht im Wege der internationalen Rechtshilfe (als anderer gerichtlicher Maßnahme; zum Begriff oben Rdn. 29) erfolgen.[134] Das Prozessgericht darf nicht zusätzlich zu den dem ausländischen Rechtshilferichter zu Gebote stehenden Zwangsmaßnahmen 58

---

122 *Rechberger/McGuire* ZZP Int. 10 (2005), 81, 98.
123 *Rauscher/v. Hein*[(2010)] Art. 12 EG-BewVO Rdn. 5.
124 *Schlosser* EuZPR³ Art. 10 HBÜ Rdn. 3; Nagel/*Gottwald*⁶ § 8 Rdn. 16 (zur EuBVO).
125 *Hess* EuZPR § 8 Rdn. 42.
126 Dazu *Knöfel* RIW 2006, 302, 304 in Anm. zu House of Lords, Urt. v. 10.2.2005, *Polanski v. Condé Nast Publ.*, ebenda und [2005] 1 WLR 637.
127 Kritisch dazu *Prütting* AnwBl 2013, 330, 332.
128 Stein/Jonas/*Berger*²² § 363 Anh. Rdn. 55.
129 *Chr. Berger* IPRax 2001, 522, 525.
130 Nagel/*Gottwald*⁶ § 8 Rdn. 19; **a.A.** *Chr. Berger* FS Rechberger (2005), S. 39, 44.
131 Das trifft z.B. auf Italien nicht zu; dazu *Decker* IPRax 2004, 229, 231 f., 234 (auch zur Exhumierung).
132 BGHZ 121, 266, 276 ff.; *Musielak* FS Geimer (2002), S. 761, 776; Rauscher/*v. Hein*[(2010)] Art. 1 EG-BewVO Rdn. 28; *Stadler* FS Geimer (2002), S. 1281, 1299.
133 BGH NJW 1986, 2371, 2372; *Linke*⁴ Rdn. 321.
134 **A.A.** *Leipold* Lex fori-Souveränität-Discovery, S. 67 f.

ergänzenden Zwang im Inland ausüben, damit die Aussageperson vor dem Rechtshilferichter aussagt.[135]

59 Deutsche Gerichte dürfen nicht auf dem Umweg über die internationale Rechtshilfe von den Prozessparteien **weitergehend beweisrechtliche Mitwirkungshandlungen** erzwingen, als das deutsche Verfahrensrecht für einen reinen Inlandsprozess zulässt.[136] Allerdings dürfen sich Parteien der vom US Supreme Court zugelassenen Möglichkeit bedienen, für ein – aus US-Sicht: ausländisches – Verfahren die Aufklärungsmöglichkeiten der Pre-trial discovery einzusetzen (dazu oben Rdn. 3). In Betracht kann aber im Einzelfall kommen, die Sachaufklärung über **titulierte** materiell-rechtliche **Informationspflichten** und deren Zwangsvollstreckung zu erzwingen (s. auch unten Rdn. 87 und § 422 Rdn. 5ff.).

60 **b) Zeugenvernehmung, Parteivernehmung und Parteianhörung, behördliche Auskunft.** Die öffentlich-rechtliche **Zeugnispflicht** zum Erscheinen vor Gericht und zur Aussage gilt für Personen, die sich auf dem **Hoheitsgebiet des Prozessgerichts** aufhalten, unabhängig von deren Staatsangehörigkeit.[137] Grundsätzlich ist dies nicht an einen längeren Aufenthalt der Aussageperson in diesem Staat gebunden.[138] Steht allerdings die lediglich **vorübergehende Aufenthaltsdauer** fest, darf die Aussageperson nicht zwecks Vernehmung an der Ausreise gehindert und dadurch in ihrer **Bewegungsfreiheit** beschränkt werden.[139]

61 **Völkerrechtswidrig** ist es, eine hoheitliche **Beweisanordnung** an Ausländer im Nicht-EU-Ausland zuzustellen, **ohne** dafür **Rechtshilfe** in Anspruch zu nehmen.[140] Diese Beschränkung darf nicht dadurch umgangen werden, dass die Ladung unter formloser Auslandsbenachrichtigung fiktiv im Inland zugestellt wird oder die Zustellung an einen inländischen Zwangsrepräsentanten der Aussageperson erfolgt.[141] **Mittelbare Sanktionen** gegen Inlandsvermögen eines ausländischen Zeugen oder die Androhung von Nachteilen bei einer späteren Einreise sind ebenfalls unzulässig.[142] **Ausländischen Konzerngesellschaften** dürfen nicht unter Missachtung ihrer rechtlichen Selbständigkeit im Wege eines prozessualen Durchgriffs Parteimitwirkungspflichten auferlegt werden, weil eine inländische Gesellschaft desselben Konzerns Prozesspartei ist.[143] Da die Zeugnispflicht der Komplementärbegriff zum Aussageverweigerungsrecht ist, sind Normen über die Aussageverweigerungsrechte (Art. 14 EuBVO, Art. 11 HBÜ) darauf analog anzuwenden.[144]

62 Die **Zeugnispflicht** der Staatsangehörigen des Gerichtsstaates wird völkerrechtlich unabhängig von deren Aufenthaltsort mit der **Personalhoheit** des Staates gerechtfertigt,[145] weshalb ein deutscher Staatsangehöriger auch dann der deutschen Gerichtsbar-

---

135 Stein/Jonas/*Berger*[22] § 363 Anh. Rdn. 60.
136 So *E. Geimer* Internationale Beweisaufnahme, S. 166; offen gelassen von *Schlosser* EuZPR[3] Art. 1 HBÜ Rdn. 6.
137 Vgl. *R. Geimer* IZPR[6] Rdn. 2367; *Schack* IZPR[5] Rdn. 796; *Linke/Hau*[5] Rdn. 354.
138 Stein/Jonas/*Berger*[22] § 363 Rdn. 13. **A.A.** *Schlosser* FS W. Lorenz (1991), S. 497, 511; wohl auch *Stürner* in Habscheid, Justizkonflikt, S. 3, 20.
139 Ebenso *E. Geimer* Internationales Beweisrecht, S. 254/255.
140 *Gottwald* FS Habscheid (1989), S. 119, 128.
141 *Gottwald* FS Habscheid (1989), S. 119, 128.
142 *Gottwald* FS Habscheid (1989), S. 119, 128.
143 *Gottwald* FS Habscheid (1989), S. 119, 128f. (keine Pflicht zur Vorlage von Unterlagen im Inland).
144 Im Ergebnis ebenso *Chr. Berger* IPRax 2001, 522, 524. Teilweise **a.A.** Rauscher/*v. Hein*[(2010)] Art. 4 EG-BewVO Rdn. 18, Art. 10 Rdn. 3 und Art. 14 Rdn. 5: Anwendung der lex fori (nur) des ersuchten Gerichts.
145 Dazu *E. Geimer* Internationale Beweisaufnahme, S. 38ff., 114 m.w.N.; Nagel/*Gottwald*[6] § 8 Rdn. 5 und 123. S. auch LSG NRW IPRax 2012, 243 Tz. 12f. (dort: Anordnung nach § 141 ZPO zur Teilnahme an Auslandsbeweisaufnahme vor deutschem Konsul).

keit unterworfen ist, wenn er sich im Ausland aufhält.[146] Zwang kann gegen ihn auf fremdem Staatsgebiet allerdings nicht ausgeübt werden.

Für **Aussageverweigerungsrechte** und Aussageverbote gilt nach Art. 14 Abs. 1 EuBVO wie nach Art. 11 Abs. 1 HBÜ das **Meistbegünstigungsprinzip**. Die Auskunftsperson kann sich auf entsprechende Rechtspositionen sowohl im Recht des ersuchten als auch im Recht des ersuchenden Staates berufen[147] (s. auch oben Rdn. 55). Über ein im ersuchenden Staat bestehendes Aussageverweigerungsrecht entscheidet dessen Gericht mit bindender Wirkung. Nach Art. 14 Abs. 1 lit. b EuBVO wie nach Art. 11 HBÜ hat der ersuchende Richter das Verweigerungsrecht bereits in dem Ersuchen aufzuführen. Das ersuchte Gericht muss gegebenenfalls beim ersuchenden Gericht Rückfrage halten. Art. 14 EuBVO ist auf **sonstige Verweigerungsrechte** gegenüber der Informationsbeschaffung analog anzuwenden.[148] Ein Zeugnisverweigerungsrecht darf nicht durch ein Begehren auf Urkundenvorlage unterlaufen werden.[149] Eine in einer der beteiligten Rechtsordnungen bestehende **Verwendungsbeschränkung**, die eine Durchbrechung des Selbstbezichtigungsverbots ermöglichen soll, ist den Aussageverweigerungsrechten grundsätzlich gleichzustellen. Sie gilt aber nur für den Staat, der die Verwendungsbeschränkung angeordnet hat, um damit ein Aussageverweigerungsrecht aufzulockern. Eine **generelle Verwendungsbeschränkung** der Beweiserhebung auf das Verfahren, für das Rechtshilfe gewährt worden ist, kennen **weder** die **EuBVO noch** das **HBÜ**.[150] 63

Ungeregelt geblieben ist die **Zeugnisfähigkeit**. **Organpersonen** juristischer Personen, die nach deutscher Auffassung eine Parteiaussage statt einer Zeugenaussage machen, sind im Hinblick auf das auf Aussageverweigerungsberechtigungen anwendbare Recht (lex fori des ersuchenden oder des ersuchten Staates) einem Zeugen gleichzustellen. Eine Auslandspartei hat zur Anhörung nach § 141 zu erscheinen[151] (dazu auch unten Rdn. 101 und Rdn. 103). Möglich ist eine Anhörung im Rechtshilfeweg oder im Wege der Videokonferenz (dazu oben Rdn. 7, Rdn. 40, Rdn. 57). 64

Auf eine Vernehmung im Wege der internationalen Rechtshilfe darf der Richter nicht wegen vermeintlicher **Unerreichbarkeit eines Zeugen** verzichten, weil der Auslandszeuge zuvor zweimal inländischen Vernehmungsterminen mit langen Ladungsfristen nicht Folge geleistet hat.[152] Ob die Rechtshilfevernehmung eines Zeugen ausreichend ist, hat der Tatrichter unter Beachtung der durch § 286 begründeten Pflicht zur möglichst vollständigen Aufklärung des Sachverhalts zu entscheiden.[153] Stehen sich Zeugenaussagen unvereinbar gegenüber und kommt es auf die **Glaubwürdigkeit der Zeugen** an, 65

---

146   Schack IZPR[5] Rdn. 795; R. Geimer IZPR[6] Rdn. 427 i.V.m. 169, 2320, 2381 (jedoch mit der Einschränkung, dass es innerstaatlich an einer gesetzlichen Rechtsgrundlage fehle); mit gleicher Einschränkung E. Geimer Internationale Beweisaufnahme, S. 114. **A.A.** Stein/Jonas/Berger[22] § 363 Rdn. 11.
147   Hess EuZPR § 8 Rdn. 47.
148   Schlosser EuZPR3 Art. 14 EuBVO Rdn. 7. Ablehnend Stadler FS Geimer (2002), S. 1281, 1295 f.; Rauscher/v. Hein[(2010)] Art. 14 EG-BewVO Rdn. 7 f.; sie gehen von einer Schutzlücke aus.
149   Nagel/Gottwald[6] § 8 Rdn. 20.
150   Für die EuBVO ebenso Niehr Die zivilprozessuale Dokumentenvorlegung, S. 166 f. **A.A.** Justice Laddie in Dendron GmbH v. Regents of the University of California [2004] EWHC 589 (Pat); [2005] 1 WLR 200, 207 Tz. 24: Beweis durch deutschen Rechtshilferichter für ein englisches Gericht erhoben, Antrag auf Zulassung der Verwendung des Ergebnisses in deutschen und niederländischen Patentverletzungsverfahren und vor dem Europ. Patentamt abgelehnt. Für das HBÜ ebenso Stein/Jonas/Berger[22] § 363 Anh. Rdn. 27.
151   Rauscher/v. Hein[(2010)] Art. 1 EG-BewVO Rdn. 32; Schack IZPR[5] Rdn. 794; Nagel/Gottwald[6] § 8 Rdn. 130; Linke/Hau[5] Rdn. 367.
152   BGH NJW 1992, 1769, 1770 = ZZP 105 (1992), 500, 504 f.; zustimmend die Anm. von Leipold dazu, ZZP 105 (1992), 507; Nagel IPRax 1992, 301, 302.
153   BGH NJW 1990, 3088, 3089; s. ferner BGH NJW 1992, 1769, 1770.

darf die Glaubwürdigkeit des im Rechtshilfewege vernommenen Zeugen nur nach den sich aus dem Vernehmungsprotokoll ergebenden Umständen beurteilt werden.[154] Ergeben sich daraus keine Zweifel, muss versucht werden, einen persönlichen Eindruck von dem auswärtigen Zeugen zu gewinnen und dafür trotz verfahrensfehlerfreier erster Vernehmung im Wege der Rechtshilfe eine **erneute Vernehmung vor dem Prozessgericht** durchzuführen, in der beide Zeugen einander gegenübergestellt werden.[155] Derartige Fallkonstellationen sollten von vornherein dadurch vermieden werden, dass eine dialogische Beweisaufnahme – gegebenenfalls im Wege der Videokonferenz – durchgeführt wird. Steht fest, dass ein **Auslandszeuge** nicht am Gerichtsort erscheinen wird und dass eine Vernehmung durch einen ausländischen Rechtshilferichter zur Erkenntnis- und Überzeugungsbildung des Prozessgerichts nicht ausreicht, darf die Beweisaufnahme unterbleiben; der Zeuge ist **analog § 244 Abs. 3 Satz 2 StPO als unerreichbar** anzusehen.[156] Ist der Zeuge jedoch zur Aussage im Ausland bereit und kommt es auf den persönlichen Eindruck des inländischen Prozessgerichts an, muss das Prozessgericht sich bemühen, an der Vernehmung durch den ausländischen Rechtshilferichter teilzunehmen oder eine unmittelbare eigene Beweisaufnahme im Wohnsitzstaat des Zeugen durchführen[157] (dazu oben Rdn. 37, 38, 45).

66 Unzureichend geklärt ist allerdings, in welchem **Verhältnis** die Annahme der Unerreichbarkeit eines Zeugen **zur** Möglichkeit der **Videovernehmung** steht. Sie kann z.B. in Betracht kommen, wenn der Zeuge zwar aussagewillig ist, als **Justizflüchtling** aber die Anwesenheit im Staat des Prozessgerichts wegen drohender Verhaftung oder Auslieferung fürchtet,[158] oder wenn eine Prozesspartei bei gleichartiger Interessenlage nicht in den Staat der Rechtshilfevernehmung reisen will.[159] Das House of Lords hat für diese Situation die Videovernehmung als allein ermessensfehlerfreie Verfahrensgestaltung angesehen. In Deutschland scheint diese Vernehmung an die **Zustimmung beider Parteien** gebunden zu sein (§ 128a Abs. 2 Satz 1). Nur § 1101 Abs. 2 bindet in Übereinstimmung mit Art. 8 EUBagatellVerfVO die Videovernehmung nicht an den Parteiwillen. Dieses Ergebnis lässt sich für die grenzüberschreitende Beweisaufnahme durch eine **teleologische Reduktion des § 128a Abs. 2** erzielen, die im Interesse effektiven Rechtsschutzes (Art. 2 Abs. 1 GG in Verb. m. dem Rechtsstaatsprinzip) geboten ist. Alternativ kommen bei verweigerter Zustimmung Beweisnachteile wegen Beweisvereitelung in Betracht.

67 Die unmittelbare **Ladung** eines **Auslandszeugen vor das Prozessgericht**, die nicht schlechthin durch die Rechtshilfevernehmung im Ausland verdrängt wird,[160] ist im Rechtshilfewege zuzustellen (dazu oben Rdn. 31). Dabei ermöglicht Art. 14 EuZVO die Zustellung per Einschreiben gegen internationalen Rückschein.[161] Unterschiedlich sind die Ansichten dazu, ob bei förmlicher Ladung eine **Androhung von Zwangsmitteln** statthaft ist.[162] Vereinzelt wird die Auffassung vertreten, eine Bitte um Erscheinen des

---

154 BGH NJW 1990, 3088, 3089.
155 BGH NJW 1990, 3088, 3090.
156 OLG Saarbrücken NJW-RR 1998, 1685; OLG Koblenz OLGRep. 2008, 362, 363; s. auch BGH NJW 1992, 1769, 1770.
157 A.A. OLG Saarbrücken NJW-RR 1998, 1685.
158 So in OLG Koblenz OLGRep. 2008, 362, 363.
159 So der Regisseur *Polanski* als Kläger im Fall des House of Lords, *Polanski v. Condé Nast Publications Ltd.* [2005] 1 WLR 637 = RIW 2006, 301 m. Anm. *Knöfel* und Bespr. *Hess* in Marauhn (Hrsg.), Bausteine eines europ. Beweisrechts, S. 17.
160 *Leipold* Lex fori-Souveränität-Discovery, S. 64 mit Fn. 123.
161 Nagel/*Gottwald*[6] § 8 Rdn. 7.
162 Vgl. dazu Rauscher/v. *Hein*[(2010)] Art. 1 EG-BewVO Rdn. 20 m.w.N.; *Schack* IZPR[5] Rdn. 795 (für Auslandszeugen mit deutscher Staatsangehörigkeit); Nagel/*Gottwald*[6] § 8 Rdn. 123. Ablehnend für die

Auslandszeugen dürfe ohne Sanktionsdrohung auch per einfachem Brief unmittelbar übersandt werden; die Wirkung des vorangehenden Beweisbeschlusses sei auf das Inland beschränkt.[163] Erlaubt man die Androhung von Ordnungsgeld nach § 390, kann folgerichtig auch eine **Inlandsvollstreckung** eines **Ordnungsgeldbeschlusses** und der wegen des Ausbleibens festgesetzten Terminskosten (§§ 390, 103) erfolgen[164] (zur Parteianhörung unten Rdn. 101). Dies soll sogar auf die sanktionslose Anordnung der **Vorlage von Urkunden** erstreckt werden.[165] Die Ladung vor das Prozessgericht soll nach Ansicht einzelner Gerichte im Allgemeinen unterbleiben, weil sie meist keinen Erfolg verspreche;[166] dieser Auffassung ist nicht zu folgen.

Für ein **räumliches Entgegenkommen** an den Zeugen, dessen Inlandsvernehmung durch ein **grenznah gelegenes Amtsgericht** nach §§ 157, 158 GVG durchgeführt werden soll, fehlt es an den formellen inländischen Rechtshilfevoraussetzungen,[167] es sei denn, eine Rechtshilfevernehmung im Ausland stößt ausnahmsweise auf unüberwindbare Schwierigkeiten.[168] Ein **Ausnahmefall** wird seit Inkrafttreten der EuBVO regelmäßig nicht in Betracht kommen. Er lässt sich aber bejahen, wenn eine Zeugengegenüberstellung notwendig ist und der inländische Zeuge nicht ins Ausland reisen kann, etwa aus gesundheitlichen Gründen oder wegen Inhaftierung, oder wenn der ausländische Zeuge nur bereit ist, zu einem für ihn grenznahen inländischen Amtsgericht zu reisen.[169] 68

Freies Geleit für die Vernehmung eines Auslandszeugen im Inland ist für Zivilsachen nicht ausdrücklich gesetzlich geregelt und ergibt sich auch nicht aus einer allgemeinen Regel des Völkerrechts, selbst wenn sie in einzelnen Staatsverträgen über Rechtshilfe in Strafsachen vorgesehen ist.[170] Das erkennende Gericht kann **keine** darauf gerichtete **Zusage** erteilen, die andere inländische Behörden binden würde.[171] Anwendbar ist aber § 295 StPO auch auf eine Zivilsache.[172] Zu beachten ist jedoch die **Immunität der** natürlichen **Personen**, die unter **§§ 18 bis 20 GVG** fallen. Nach Art. 31 Abs. 2 des in § 18 GVG in Bezug genommenen Wiener Übereinkommens über diplomatische Beziehungen vom 18.4.1961[173] sind **Diplomaten** nicht verpflichtet, als Zeugen auszusagen. Anders sieht die Regelung für **Mitglieder einer konsularischen Vertretung** aus. Sie dürfen nach Art. 44 Abs. 1 des in § 19 GVG in Bezug genommenen Wiener Übereinkommens über konsularische Beziehungen vom 24.4.1963[174] in einem Gerichts- oder Verwaltungsverfahren als Zeugen geladen werden. Zwangs- oder Strafmaßnahmen dürfen wegen einer Aussageverweigerung nicht getroffen werden. Das Aussageverweigerungsrecht bezieht sich nach Art. 44 Abs. 3 auf dienstliche Angelegenheiten und auf Sachverständi- 69

Ladung von Parteien OLG München NJW-RR 1996, 59, 60; ablehnend für die Zeugenladung Stein/Jonas/*Berger*[22] § 363 Rdn. 11.
163 *Musielak* FS Geimer, S. 761, 770; *R. Geimer* IZPR[6] Rdn. 2389; *E. Geimer* Internationale Beweisaufnahme, S. 45 ff. (für eigene Staatsangehörige kraft deutscher Personalhoheit); **a.A.** *Leipold* Lex fori-Souveränität-Discovery, S. 64 mit Fn. 123.
164 Vgl. *Schack* IZPR[5] Rdn. 795.
165 *Musielak* FS Geimer, S. 761, 774.
166 OLG Hamm NJW-RR 1988, 703.
167 OLG München NJW 1962, 56, 57.
168 OLG München NJW 1962, 56, 57.
169 OLG Schleswig RIW 1989, 910 (Strafsache).
170 BGH (3.StrS) NJW 1988, 3105, 3106; *R. Geimer* IZPR[6] Rdn. 2390 und 2530 m.w.N.
171 BGH NJW 1988, 3105; *Bauer* Das sichere Geleit, S. 194 f. (Zuständigkeit des Strafrichters, Antragstellung dort durch Prozessgericht oder Partei, S. 207 f.).
172 BGH NJW 1991, 2500, 2501 – Markus Wolf; dem folgend *E. Geimer* Internationale Beweisaufnahme, S. 226; *Bauer* Das sichere Geleit, S. 193.
173 BGBl 1964 II S. 959, auszugsweise in diesem Kommentar in Band VI S. 79 ff.
174 BGBl 1969 II S. 1587, auszugsweise in Band VI S. 84 ff.

genauskünfte über das Recht des Entsendestaates. Unabhängig von §§ 18 bis 20 GVG kann sich ein Verbot der Ladung als Zeuge oder Sachverständiger aus der **Staatenimmunität** ergeben.[175]

70 Die **Mangelfreiheit** von Rechtshilfevernehmungen ist nach der **ausländischen lex fori** zu beurteilen. Nach ihr richtet sich z.B., ob das Vernehmungsprotokoll formgerecht abgefasst worden ist, etwa die notwendige richterliche Unterschrift auf das Protokoll gesetzt worden ist. Die **Rechtsfolgen** richten sich wegen § 369 indes nicht nach der ausländischen Prozessordnung;[176] vielmehr erfolgt eine Gewichtung der Fehlerbedeutung nach **deutschem Prozessrecht**, das auch über die Heilung nach § 295 entscheidet.

71 Zur **schriftlichen Auskunft** und zur **telefonischen Zeugenbefragung** oben Rdn. 42.

72 Das Gericht kann dem **Beweisführer** aufgeben, die **Zeugenaussage** nach § 364 Abs. 2 zu **beschaffen** (kritisch dazu § 364 Rdn. 6). Dabei handelt es sich nicht um eine private Beweisaufnahme, weil eine öffentliche Urkunde – z.B. vor einem Konsul – errichtet wird. In Betracht kommt auch die Beschaffung einer schriftlichen Zeugenaussage unmittelbar auf Veranlassung einer Partei, die kein Fall des § 377 Abs. 3 ist.[177] Der geminderte Beweiswert dieses den Personalbeweis substituierenden Urkundenbeweises ist bei der Beweiswürdigung zu berücksichtigen.

73 Die **Anordnung der Vernehmung** eines Zeugen im Wege der internationalen Rechtshilfe ist wegen § 355 Abs. 2 grundsätzlich **nicht anfechtbar**. Anders verhält es sich bei faktischem Eintritt eines **Verfahrensstillstandes**, der sich aus Verzögerungen bei der Erledigung von Rechtshilfeersuchen ergeben kann.[178] Ein Scheitern des Ersuchens soll noch nicht anzunehmen sein, wenn eine Zeugenvernehmung nach zwei Jahren noch nicht stattgefunden hat und die in die Übermittlung des Ersuchens eingeschaltete Deutsche Botschaft die Erledigung noch nicht für aussichtslos erklärt hat.[179]

74 Regelungen der EuBVO und des HBÜ für die grenzüberschreitende Zeugenvernehmung gelten auch für die **Parteivernehmung** nach §§ 441 ff. und die **Parteianhörung** nach § 141.[180]

75 **Behördliche Auskünfte** werden durch § 47 ZRHO geregelt. An ausländische **Konsularbehörden im Inland** dürfen sie nur ausnahmsweise nach völkerrechtlicher Übung oder auf Grund von Staatsverträgen gerichtet werden.

76 **c) Augenscheinsbeweis, Vorlage von Augenscheinsobjekten und Urkunden.** Eine Augenscheinseinnahme des Prozessgerichts im Ausland ist nur mit Genehmigung des ausländischen Staates zulässig[181] (oben Rdn. 9). Diese Beschränkung kann nicht durch Entsendung eines Augenscheinsgehilfen umgangen werden.[182] Zur Blutentnahme für einen Abstammungsbeweis oben Rdn. 58. Auf die **Verweigerung der Vorlage** von Augenscheinsobjekten – entsprechendes gilt für Urkunden – ist Art. 14 EuBVO analog anzuwenden.[183] Ein sachlicher Unterschied zwischen Personal- und Sachbeweis, etwa

---

175 BVerwG NJW 1989, 678, 679 (Antrag auf Ladung des indischen Verteidigungsministers in Asylsache).
176 **A.A.** LG Frankfurt/M. IPRax 1981, 218 f.
177 *Schack* IZPR[5] Rdn. 805.
178 LG Aachen NJW-RR 1993, 1407.
179 LG Aachen NJW-RR 1993, 1407.
180 *Hess* EuZPR § 8 Rdn. 35.
181 Kritisch dazu *Hess* EuZPR § 8 Rdn. 54.
182 *Musielak* FS Geimer, S. 761, 775; Rauscher/*v. Hein*[(2010)] Art. 1 EG-BewVO Rdn. 26; *Linke/Hau*[5] Rdn. 364.
183 Nagel/*Gottwald*[6] § 8 Rdn. 20.

beim Schutz von Unternehmensgeheimnissen, ist nicht erkennbar.[184] Das Prozessgericht kann die Vorlage von Urkunden und transportablen Augenscheinsobjekten anordnen (unten Rdn. 100). Die **Anordnung gegenüber** einem **Dritten**[185] kann unter denselben Voraussetzungen ergehen, die für die (umstrittene) Ladung eines Zeugen vor das Prozessgericht festgelegt werden (dazu oben Rdn. 67). In Betracht kommt die Durchführung einer Video-Augenscheinseinnahme durch unmittelbare Übertragung zum Prozessgericht[186] oder – als Augenscheinssurrogat – durch Videoaufzeichnung. Da die Vorlage bzw. das Zugänglichmachen von Urkunden und Augenscheinsobjekten durch Dritte nur freiwillig zu erfüllen ist, sind diese Personen darüber analog Art. 17 Abs. 2 Satz 2 EuBVO zu belehren.[187]

d) **Sachverständigenbeweis.** Zum Sachverständigen kann eine **im Ausland ansässige Person** ernannt werden. Völkerrechtliche Bedenken bestehen nicht.[188] § 8 Abs. 4 JVEG sieht dafür die Möglichkeit erhöhter Vergütung vor. Die Kontaktaufnahme mit der sachkundigen Person und deren Bestellung zum Sachverständigen bedürfen als Inanspruchnahme einer frei zu vereinbarenden Dienstleistung **keiner Genehmigung** durch eine ausländische Rechtshilfestelle des Wohnsitzstaates; die missverständliche Regelung des § 40 Abs. 1 ZRHO steht, sollte sie gegenteilig zu verstehen sein, in Widerspruch zur ZPO. Die zu bestellende Person kann allerdings **nicht nach § 407 Abs. 1 verpflichtet** werden, die Gutachtenerstattung zu übernehmen. Die dort genannten **öffentlich-rechtlichen Pflichten** sind territorial auf das Inland beschränkt. Sie gelten im Inland aber auch für Ausländer.[189] Ist die sachkundige Person auf Grund ihres Einverständnisses ernannt worden, trifft sie die **Gutachtenerstattungspflicht nach § 407 Abs. 2**, deren Missachtung nach § 409 Abs. 1 mit Ordnungsgeld wegen Ungehorsams geahndet werden kann.[190] Der Sanktion hat eine Androhung vorauszugehen, die nicht ohne Inanspruchnahme von Rechtshilfe im Ausland erfolgen darf. Rechtshilfe in Form der Verwaltungshilfe bedarf auch die **Wegnahme von Akten** und anderen Gutachtenunterlagen im Ausland. Eine Sachverständigenbestellung kann analog § 405 auch im Ausland – etwa für eine dortige Ortsbesichtigung – durch ein ausländisches Rechtshilfegericht auf Grund dessen Auswahl erfolgen.[191]

Umstritten ist, ob ein Sachverständiger durch eine das Gutachten **vorbereitende Ortsbesichtigung im Ausland** potentiell in fremde Hoheitsrechte eingreift.[192] Auch wenn der Sachverständige auf Grund eines öffentlich-rechtlichen Vertrages für das Gericht tätig wird, stellt seine Tätigkeit in der Regel keine Ausübung eines öffentlichen Amtes im Sinne des Amtshaftungsrechts (§ 839 BGB, Art. 34 GG) dar[193] (§ 1072 Rdn. 11), wie der Gesetzgeber durch Schaffung des § 839a BGB unterstrichen hat. Daraus sind indes keine Schlüsse auf die Beurteilung der Souveränitätsfrage zu ziehen. Maßgeblich sollte

---

184 Ebenso *Chr. Berger* FS Rechberger (2005), S. 39, 53.
185 Dazu Rauscher/*v. Hein*(2010) Art. 1 EG-BewVO Rdn. 31; *Linke/Hau*[5] Rdn. 362.
186 Rauscher/*v. Hein*(2010) Art. 10 EG-BewVO Rdn. 35.
187 Im Ergebnis ebenso Rauscher/*v. Hein*(2010) Art. 17 EG-BewVO Rdn. 17.
188 *Hau* RIW 2003, 822, 825.
189 *Hau* RIW 2003, 822, 824.
190 Zu undifferenziert ablehnend bei ausländischen Sachverständigen *Hau* RIW 2003, 822, 825; Stein/Jonas/*Berger*[22] § 363 Rdn. 17.
191 *Hau* RIW 2003, 822, 825; *Stadler* FS Geimer (2002), S. 1281, 1291; Rauscher/*v. Hein*(2010) Art. 17 EuBewVO Rdn. 15.
192 Verneinend *Daoudi* Extraterritoriale Beweisbeschaffung, S. 108, 129; *R. Geimer* IZPR[6] Rdn. 445; *Schack* IZPR[5] Rdn. 790; *Musielak* FS Geimer (2002), S. 761, 772; Nagel/*Gottwald*[6] § 8 Rdn. 25; Stein/Jonas/*Berger*[22] § 363 Rdn. 17.
193 BGH NJW 1973, 554.

insoweit sein, dass die Gesamtheit der Tätigkeiten des Sachverständigen als Richtergehilfe der Gerichtstätigkeit zuzurechnen ist. Deshalb ist der **ausländische Staat** grundsätzlich um eine **Genehmigung** als Form der Verfahrenshilfe zu ersuchen[194] (dazu auch oben Rdn. 10 und vor § 485 Rdn. 51 f.). Zweifelhaft ist der Vorschlag, in einem ergänzenden Einverständnis beider Parteien einen konkludenten Privatauftrag zu sehen, der von dem Genehmigungserfordernis dispensiert;[195] dem steht die Wertung des § 404 Abs. 4 entgegen. Der EuGH hat allerdings in der Rechtssache ProRail in einem obiter dictum angenommen, dass ein Sachverständiger Befundtatsachen in einem anderen Mitgliedstaat auch ohne Einschaltung von dessen Gerichten erheben dürfe, sofern er keine hoheitlichen Maßnahmen ergreife und das Recht des Beweiserhebungsstaates nicht entgegenstehe[196] (dazu auch Rdn. 18 u. 98). Die **Feststellung von Befundtatsachen** durch einen Sachverständigen im Wege unmittelbarer Beweisaufnahme ist nach **Art. 17 Abs. 3 EuBVO unbeschränkt** möglich; Tatsachenfeststellungen des Sachverständigen kommen also ungeachtet des missverständlichen textlichen Anschlusses des Art. 17 Abs. 3 an Art. 17 Abs. 2 EuBVO nicht nur im Wege der Befragung einer Person in Betracht.[197] Der EuGH hat in der Rechtssache ProRail die Befunderhebung außerhalb der Regeln der EuBVO zugelassen. Im spiegelbildlichen Fall der Tätigkeit eines Sachverständigen für ein ausländisches Gericht in Deutschland ist dies als andere gerichtliche Maßnahme im Sinne des Art. 1 Abs. 3 HBÜ zu genehmigen.[198] Aus einem Verstoß gegen Art. 17 EuBVO folgt kein Beweisverwertungsverbot.[199]

79 Aus dem **Recht zur Befragung** eines im Ausland wohnenden Sachverständigen zwecks Erläuterung seines schriftlichen Gutachten folgt **nicht**, dass der Tatrichter ihn **vor** das **Prozessgericht** zu laden oder um eine Verhandlungsteilnahme zu bitten hat; es sollen die Regeln über die Beweisaufnahme im Ausland angewandt werden.[200] Insoweit will der BGH die Befragung von Sachverständigen der Zeugenvernehmung gleichstellen. Unbedenklich ist es indes, den Sachverständigen zur Teilnahme an einem Verhandlungstermin vor dem Prozessgericht zu bitten.[201] Die Vernehmung kann auch durch **Videokonferenz** unter Inanspruchnahme von Rechtshilfe stattfinden.[202] Die Konsequenzen der Geltung des § 407 Abs. 2 sind noch nicht geklärt.

e) Beweisermittlungen, Informationsbeschaffung

80 **aa) Stand der EuGH-Rechtsprechung.** Für ein künftiges Verfahren wegen behaupteter Verletzung von Rechten des Geistigen Eigentums dürfen nach **Art. 7** der Richtlinie **2004/48/EG** v. 29.4.2004,[203] in Deutschland umgesetzt durch Gesetz vom 7.2.2008,[204] Beweisermittlungen durch Besichtigung verdächtiger Gegenstände zur **Verifizierung**

---

194 Im Ergebnis ebenso *Jessnitzer* Rpfleger 1975, 344, 345; *Schlosser* EuZPR³ Art. 1 HBÜ Rdn. 6 und 9; *Leipold* Lex fori-Souveränität-Discovery, S. 47; *Hess/Müller* ZZP Int. 6 (2001), 149, 175; *Hau* RIW 2003, 822, 824; Rauscher/v. Hein[(2010)] Art. 1 EG-BewVO Rdn. 25; *Stadler* FS Geimer (2002), S. 1281, 1305 f.; *Linke/Hau⁵* Rdn. 360. **A.A.** OLG Oldenburg MDR 2013, 547 (LS).
195 So aber *Schlosser* EuZPR³ Art. 1 HBÜ Rdn. 6. Wie hier *Hau* RIW 2003, 822, 824.
196 EuGH, Urt. v. 21.2.2013, Rs. C-332/11 Tz. 47, EuZW 2013, 313.
197 *Chr. Berger* FS Rechberger (2005), S. 39, 41; *Hau* RIW 2003, 822, 824; **a.A.** Rauscher/v. Hein[(2010)] Art. 1 EG-BewVO Rdn. 25.
198 *Schlosser* EuZPR³ Art. 1 HBÜ Rdn. 9.
199 OLG Oldenburg MDR 2013, 547.
200 BGH IPRax 1981, 57, 58 = MDR 1980, 931; BGH MDR 1981, 1014, 1015.
201 *Hau* RIW 2003, 822, 825.
202 *Hau* RIW 2003, 822, 825.
203 Berichtigte Fassung ABl. EU Nr. L 195 v.2.6.2004 S. 16.
204 BGBl 2008 I S. 1191: § 140c PatG, § 24c GebrMG, § 46a GeschmMG, § 101a UrhG, 19a MarkenG.

des **Anfangsverdachts** der **Rechtsverletzung** stattfinden. Umstritten ist, ob grenzüberschreitend dafür die EuBVO einzusetzen ist. Eine Entscheidung des EuGH zu diesem Problem ist noch nicht ergangen, doch **deutet** die – wenig differenzierende – Entscheidung in der Rechtssache St. Paul Dairy Industries[205] **auf eine Anwendung der EuBVO** hin. Sie betraf eine vorgezogene Zeugenvernehmung nach niederländischem Recht zur Abschätzung künftiger Prozessaussichten für einen gegebenenfalls in Belgien zu führenden Prozess; der EuGH hat diese Beweiserhebung aus dem Kreis einstweiliger Maßnahmen im Sinne der Zuständigkeitsregel des Art. 31 EuGVO ausgegrenzt, um die Zahl internationaler Zuständigkeiten nicht zu vermehren und den Anwendungsbereich der EuBVO nicht auszuhöhlen.[206]

Diese Einordnung wird durch ein **abgebrochenes weiteres Vorlageverfahren** unterstützt. Auf Grund der Art. 7 RL 2004/48/EG in Italien verwirklichenden Artt. 128, 130 Codice della Proprietà Industriale, die eine Beschreibung (descrizione) des Verletzungsgegenstandes durch einen Gerichtsvollzieher, unterstützt durch einen Sachverständigen, ermöglichen, sollte im Jahre 2005 für ein italienisches Gericht in England gestützt auf die EuBVO eine Beweisermittlung stattfinden. Wegen Ablehnung der Rechtshilfegewährung durch den Senior Master erfolgte eine Vorlage an den EuGH, die jedoch wegen anderweitiger Erledigung des Ausgangsrechtsstreits nicht entschieden wurde.[207] Der **Schlussantrag** der **Generalanwältin Kokott** v. 18.7.2007 war zuvor noch gestellt worden. Er kam zu dem Ergebnis, dass es sich um eine **unter** die **EuBVO fallende Beweisaufnahme** handelte.[208] 81

bb) Bewertung. Die Entscheidung „St Paul Dairy Industries" ist kritisch aufgenommen worden.[209] Sie hat die Frage unbeantwortet gelassen, **ob jegliche Informationsbeschaffungsmaßnahme**, die im Vorfeld eines eventuellen Prozesses stattfindet, als **Beweiserhebung** zu qualifizieren ist, auch wenn sie nach nationalem Systemverständnis Gegenstand eines präparatorischen materiell-rechtlichen Hilfsanspruchs ist (dazu auch vor § 485 Rdn. 53 ff.). Gegen die Anwendung der **EuBVO** ist zudem eingewandt worden, sie sei für Beweisbeschaffungen nach Art. 7 RL 2004/48/EG **zu schwerfällig** und es könne an einem „zu eröffnenden" Verfahren im Sinne des Art. 1 Abs. 2 EuBVO fehlen.[210] 82

Diese **Einwände überzeugen nicht.** Präparatorische Beweisermittlungen gegen den vermeintlichen Verletzer werden typischerweise im Hinblick auf ein geplantes Hauptverfahren eingeleitet, wenn ein Anfangsverdacht besteht und zur Brechung des Widerstandes mit staatlichem Zwang eine gerichtliche Anordnung ergehen soll; die Verdachtswahrscheinlichkeit ist dem anordnenden Gericht nachzuweisen. Mit der Maßnahme soll der Verdacht erhärtet werden, um mittels der gewonnenen Informationen die Substantiierung in einem künftigen Hauptsacheverfahren des Verletzten, gerichtet auf Unterlassung und/oder Schadensersatz, zu ermöglichen. Dass ein für den Antragsteller negativer Ausgang der Ermittlungen vernünftigerweise zum Abbruch der Verfolgung führen wird, steht dem **Bezug** der zuvor eingeleiteten Maßnahmen **auf** ein **künftiges Hauptverfahren** nicht entgegen. 83

---

205 EuGH, 28.4.2005 – Rs. C-104/03, IPRax 2007, 208 m. Bespr. *Hess/Zhou* IPRax 2007, 183 ff.
206 EuGH aaO (Fn. 205), Tz. 20 und 23.
207 EuGH, Rs. C-175/06, Tedesco/Tomasoni Fittings und RWO, Streichung aus dem Gerichtsregister ABl. EU Nr. C v. 22.12.2007 S. 31.
208 Zustimmend *Schlosser* EuZPR³ Art. 1 EuBVO Rdn. 6; eingehend *Ahrens* FS Loschelder (2010), S. 1 ff.
209 Dazu *Hess* EuZPR § 8 Rdn. 86 f.
210 *Hess/Zhou* IPRax 2007, 183, 188 f. Kritisch auch *Knöfel* EuZW 2008, 267, 268; mit Hinweis auf die Schwerfälligkeit *McGuire* in Burgstaller/Neumayr IZVR Art. 31 Rdn. 19; *Heinze* IPRax 2008, 480, 483; *Mankowski* JZ 2005, 1144, 1146.

84 Die **Schwerfälligkeit** grenzüberschreitender Rechtshilfe dürfte sich vom Zeitverbrauch der Auslandsvollstreckung einer inländischen Eilentscheidung nur wenig unterscheiden, sofern die Anerkennungsfähigkeit überhaupt gegeben ist (dazu vor § 485 Rdn. 56).

85 Grenzüberschreitende Beweisermittlung in Anwendung der EuBVO bedeutet im übrigen nicht, dass der **primäre Zugriff im Staat des Belegenheitsortes** unter Inanspruchnahme eines gerichtlichen Verfahrens dieses Staates ausgeschlossen ist.[211] Entgegen der Ansicht der Generalanwältin in der Rechtssache „Tomasoni Fittings"[212] wird dies durch die Entscheidung „St. Paul Dairy Industries" nicht ausgeschlossen, weil Art. 31 EuGVO gar nicht bemüht werden muss. Dem Verletzten stehen damit sowohl das primäre Vorgehen im Belegenheitsstaat, **als auch** der Weg über eine **Rechtshilfebeweisaufnahme**, ausgehend vom Staat des künftigen Prozessgerichts, zur Verfügung, wenn dafür **jeweils eine internationale deliktische Verletzungsortszuständigkeit** gegeben ist. Die Möglichkeit der Verfahrenseinleitung im Staat des künftigen Prozessgerichts hat sogar Vorteile, wenn nach materiellem Recht nur dort eine Verletzung bejaht werden kann, jedoch das Beweismaterial in einem anderen EU-Staat belegen ist, oder wenn – wie im Fall Tedesco/Tomasoni Fittings – Beweisermittlungen in mehreren Staaten stattzufinden haben, die vom Staat des künftigen Prozessgerichts aus gesteuert werden sollen. Für den Verletzten kann es auch eine **Erleichterung** bedeuten, die **Rechtshilfe unter Einschaltung** der Gerichte **seines Wohnsitzstaates** in Anspruch nehmen zu dürfen, wenn der primäre Zugriff auf das Verdachtsmaterial in einem anderen EU-Staat auf Schwierigkeiten der Selbstinformation über ein unvertrautes fremdes Beweisrecht und der Beauftragung geeigneter Rechtsberater stößt. Sehr unterschiedlich können zudem die Geheimhaltungsvorschriften ausgestaltet sein, die bis zur Verdachtsklärung gelten. Dem **Antragsteller** ist also ein **Wahlrecht** einzuräumen.

86 cc) **Internationale Beweishilfe und materielles Recht.** Zu fordern ist eine **differenzierende Beurteilung**, die der nationalen Regelungsdiversität der Beweisermittlungsmaßnahmen Rechnung trägt,[213] **auch wenn** grundsätzlich die **rechtstechnische Form** einer gerichtlichen Informationsanordnung **belanglos** sein sollte[214] (zur Abgrenzung von EuBVO und EuGVO auch vor § 485 Rdn. 56 ff.). Liegt das Schwergewicht der Maßnahme auf der Anordnung, eine Beweiserhebung notfalls unter Entfaltung staatlichen Zwangs dulden zu müssen, etwa die Besichtigung einer Maschine in den Geschäftsräumen auf Grund einer englischen search order, einer französischen saisie contrefaçon oder einer italienischen descrizione, ist dafür die **EuBVO heranzuziehen**. Dies gilt auch dann, wenn – wie nach deutschem Recht – die rechtstechnische Konstruktion eines materiell-rechtlichen Besichtigungsanspruchs nach § 809 BGB mit Vollstreckung nach § 892 ZPO zugrunde liegt. Kennt das in der Sache anwendbare materielle Recht (die lex causae) keine materiell-rechtlichen Informationsansprüche, weil – wie nach §§ 142, 144 –

---

211 So auch der Standpunkt der irischen und der britischen Regierung in der Rs. Tomasoni Fittings, allerdings abweichend vom obigen Standpunkt gestützt auf Art. 31 EuGVO, vgl. Schlussantrag der Generalanwältin Tz. 88. Möglicherweise inzident **a.A.** Hess/Zhou IPRax 2007, 183, 189 bei der Bewertung eines Vorgehens unter Anwendung des Art. 31 EuGVO als schneller, einfacher und effizienter. Zutreffend eine Exklusivität der EuBVO verneinend Hess EuZPR § 8 Rdn. 89.
212 Schlussantrag Tz. 93.
213 In Übereinstimmung mit Hess EuZPR § 8 Rdn. 91; Hess/Zhou IPRax 2007, 183, 189.
214 So Schlosser FS W. Lorenz (1991), S. 497, 505, 509.

mit prozessualen Vorlegungsverpflichtungen operiert wird, ist Rechtshilfe so zu gewähren, dass der Anspruch auf effektiven Rechtsschutz verwirklicht wird.[215]

Keine vom HBÜ oder der EuBVO erfasste Maßnahme ist die Durchsetzung eines 87 titulierten **materiell-rechtlichen Auskunftsanspruchs**, selbst wenn mit Hilfe der Auskünfte ein Hauptprozess vorbereitet werden soll. Eine dazu ergangene Entscheidung verlangt eine ausländische **Vollstreckbarerklärung** bzw. ein Vollstreckungsurteil nach den dafür vorgesehenen Regelungen. Für die Durchsetzung ist zwischen den EU-Staaten die **EuGVO** heranzuziehen. Dies gilt auch dann, wenn das Auskunftsbegehren ausnahmsweise unter Vorwegnahme des Hauptsacheergebnisses im Verfahren des einstweiligen Rechtsschutzes tituliert worden ist.

IV. Konsularische Beweisaufnahme

1. Beweisaufnahme durch Beamte. In der Staatenpraxis erfolgen konsularische 88 Beweisaufnahmen **sowohl** durch **diplomatische als auch** durch **konsularische Beamte** des Gerichtsstaates (s. auch Art. 15, 16, 18 und 21 HBÜ). Gleichwohl handelt es sich gem. Art. 3, 5 lit. j des Wiener Übereinkommens vom 24.4.1963 über konsularische Beziehungen immer um eine konsularische Aufgabe.[216] Die Beweisaufnahme erfolgt durch dazu ermächtigte **nichtrichterliche Personen**. Gleichwohl haben die konsularischen Amtshandlungen die gleiche rechtliche Qualität wie richterliche Vernehmungen und Beeidigungen und die aufgenommenen Niederschriften stehen gerichtlichen Vernehmungsprotokollen gleich (§ 15 Abs. 4 KonsularG).

2. Befugnisse der Konsuln. Detailliertere völkerrechtliche Regeln über die Beweis- 89 aufnahme durch Konsuln sind in Art. 15 und 16 HBÜ enthalten. Neben dem HBÜ sind die generellen Rechtshilfevorschriften des **HZPÜ von 1954** und der **bilateralen** Rechtshilfeabkommen zu beachten. Im **vertragslosen Zustand** besteht keine völkerrechtliche Verpflichtung zur Rechtshilfegewährung. Sie wird als im beiderseitigen Interesse liegend jedoch vielfach faktisch gewährt, ist dann aber von einer Einzelgenehmigung abhängig. Einzelheiten sind den **Länderberichten der ZRHO** zu entnehmen. Umstritten ist, ob die EuBVO eine konsularische Beweisaufnahme ausschließt.[217]

Nach **Art. 15 HBÜ** sind konsularische Vertreter befugt, in ihrem Amtsbezirk ohne 90 Anwendung von Zwang gegenüber **Staatsangehörigen ihres Entsendestaates** tätig zu werden. Abweichend von Art. 1 Abs. 2 HBÜ gilt dies nicht für künftige sondern nur für anhängige Verfahren. Die Termindurchführung erfolgt im Übrigen aber nach der lex fori, also der ZPO, wenn ein deutscher Konsul für ein deutsches Gericht tätig wird. Gegen eine **deutsche Prozesspartei** kann das Gericht daher gem. § 141 ZPO eine Pflicht zur Teilnahme an dem Auslandstermin anordnen und bei deren Nichtbeachtung ein **Ordnungsgeld** auferlegen.[218] Für eine Tätigkeit gegenüber **Staatsangehörigen des Empfangsstaates** oder dritter Staaten bedarf es nach Art. 16 Abs. 1 HBÜ einer **Genehmigung des Empfangsstaates**.[219] § 13 AusfG zum HBÜ[220] bestimmt für Beweisaufnahmen in Deutsch-

---

215 Zur rechtshilfefreundlichen Auslegung der EuBVO Schlussantrag der Generalanwältin in der Rs. Tomasoni Fittings Tz. 111; s. ferner *Niehr* Die zivilprozessuale Dokumentenvorlegung, S. 181 f.
216 *R.Geimer* FS Matscher (1993), S. 133 Fn. 3; dort insgesamt eingehend zur konsularischen Beweisaufnahme.
217 Eingehend dazu Rauscher/*v. Hein*(2010) Art. 21 EG-BewVO Rdn. 1 m.w.N. (im Ergebnis für Ausschluss). Gegen einen Ausschluss *Niehr* Die zivilprozessuale Dokumentenvorlegung, S. 150 f.
218 LSG NRW IPRax 2012, 243 Tz. 12 (§ 141 Abs. 3 ZPO in Verb. mit § 111 Abs. 1 SGG).
219 Vgl. dazu Nagel/*Gottwald*[6] § 8 Rdn. 56 ff.
220 BGBl 1977 I S. 3105.

land, dass für die Genehmigung die Zentrale Behörde des Landes zuständig ist, auf dessen Gebiet die Beweisaufnahme durchgeführt werden soll.

91 Der Grundsatz der **Freiwilligkeit der Zeugenmitwirkung**[221] wird im deutsch-britischen Abkommen vom 20.3.1928[222] **durchbrochen**. Nach dessen Art. 12 lit. a kann ein Gericht des ersuchten Staates darum ersucht werden, die Vernehmung von Zeugen oder Sachverständigen vor einem Konsularbeamten des ersuchenden Staates vornehmen zu lassen, selbst aber richterlichen Aussagezwang zu entfalten. Für entsprechende kombinierte Beweisaufnahmen in Deutschland ist nach Art. 2 der AusfVO das Amtsgericht am Sitz des zuständigen Konsularbeamten zuständig. Es wendet die §§ 380, 390, 407 ZPO an.

92 **Staatenlose** Personen sollen nach der deutschen Denkschrift zum HBÜ den Angehörigen dritter Staaten gleichgestellt werden.[223] Über **Mehrstaater** als Beweispersonen treffen einzelne bilaterale Staatsverträge[224] ausdrückliche Konfliktlösungsregelungen: Danach soll das Recht des Staates, in dem die Beweisaufnahme stattfinden soll, darüber entscheiden, welche der mehreren Staatsangehörigkeiten den Ausschlag geben soll. Ohne ausdrückliche Regelung ist das HBÜ geblieben. Auszugehen ist davon, dass für Deutschland die deutsche Staatsangehörigkeit den Ausschlag gibt, wenn sie sich unter den mehreren Staatsangehörigkeiten befindet. Dies dürfte eine häufig geübte Rechtspraxis sein, die darauf verzichtet, eine faktische effektive Staatsangehörigkeit zu ermitteln. Für das Verhältnis zu Drittstaaten bestimmt § 11 Satz 3 AusfG zum HBÜ ausdrücklich, dass bei Beweisaufnahmen in Deutschland die vom ersuchenden Staat erteilte Staatsangehörigkeit Vorrang vor einer gleichzeitigen dritten Staatsangehörigkeit hat und daher eine Genehmigung nach Art. 16 Abs. 1 HBÜ nicht erforderlich ist.

93 Ist **Deutschland Beweisaufnahmestaat**, also Empfangsstaat eines ausländischen Ersuchens, darf ein ausländischer konsularischer Vertreter des Entsendestaates **gegenüber deutschen Staatsangehörigen generell nicht tätig** werden.[225] Deutschland hat gemäß Art. 33 Abs. 1 HBÜ zu Art. 16 HBÜ einen entsprechenden völkerrechtlichen Vorbehalt gemacht. Abgestützt ist dies innerstaatlich durch § 11 Satz 1 AusfG zum HBÜ. Davon ist Deutschland **bilateral abgewichen** durch Art. 11 des deutsch-britischen Abkommens vom 20.3.1928,[226] das auch im Verhältnis zu Commonwealth-Staaten Geltung haben kann. Im Verhältnis zu den USA ist die Vernehmung deutscher Staatsangehöriger in Deutschland durch US-Konsuln in einem Notenwechsel von 1955/1956 festgehalten, der durch Verbalnote des Auswärtigen Amtes vom 17.10.1979 bekräftigt worden ist.[227] Ob dieser Beweiszugriff mit § 11 Satz 1 AusfG zum HBÜ, also dem Verbot der konsularischen Beweisaufnahme, vereinbar ist, ist zweifelhaft, jedoch wegen der freiwilligen Teilnahme an der Beweisaufnahme nicht Gegenstand von Entscheidungen geworden.[228]

94 Soweit die konsularische Beweisaufnahme einer **Genehmigung** bedarf, können darin **Auflagen** gemacht werden, die u.a. ein Teilnahmerecht eines Vertreters der Behörde

---

221 Dazu *R. Geimer* IZPR[6] Rdn. 448.
222 RGBl 1928 II S. 623 (Abdruck: Band VI S. 695ff.).
223 BT-Drucks. VIII/217 zu Art. 16 (Abdruck: Band VI S. 636).
224 Art. 6 S. 2 österreichisch-deutsche Zusatzvereinbarung zum HZPÜ v. 6.6.1959 (BGBl 1959 II S. 1523); Art. 12 Abs. 2 deutsch-marokkanischer Vertrag v. 29.10.1985 (BGBl 1988 II S. 1985, Abdruck: Band VI S. 718); Art. 26 S. 2 deutsch-tunesischer Rechtshilfevertrag (BGBl 1969 II S. 889, Abdruck: Band VI S. 756).
225 *R. Geimer* IZPR[6] Rdn. 452 und 2432 (mit Kritik daran).
226 RGBl II S. 623 (Abdruck: Band VI S. 695ff.).
227 Abgedruckt bei *Pfeil-Kammerer* Deutsch-amerikanischer Rechtshilfeverkehr, Anh. 13 = S. 575ff., und bei *E. Geimer* Internat. Beweisaufnahme, S. 106f. Dazu *v. Hülsen* RIW 1982, 537, 538f. (Prozessbericht über einen Produkthaftungsprozess gegen VW); *Koch* IPRax 1985, 245, 247; *R. Geimer* FS Matscher (1993), S. 133, 143.
228 Dazu *Geimer* FS Matscher (1993), S. 133, 144.

des Empfangsstaates begründen können. Die Freiwilligkeit der Teilnahme an der Beweisaufnahme schließt nicht aus, dass sich die Aussageperson auf ein **Aussageverweigerungsrecht** oder ein Aussageverbot beruft (Art. 21 lit. e HBÜ). Die Aussageperson darf einen **Rechtsberater** hinzuziehen (Art. 20 HBÜ).

3. Umfang der Beweisaufnahme. Art. 15 und 16 HBÜ sprechen schlechthin von der 95 Beweisaufnahme für ein Verfahren, machen also **keine Einschränkung für einzelne Beweismittel**. Davon geht auch Art. 21 lit. a HBÜ aus. Der konsularische Vertreter darf danach auch Eide abnehmen oder eine Bekräftigung entgegennehmen, soweit dies nicht mit dem Recht des Empfangsstaates unvereinbar ist oder in Auflagen der Genehmigungsbehörde ausgeschlossen ist. In Betracht kommt auch eine Blutentnahme durch einen Vertrauensarzt des Konsulats zwecks Erstellung eines Abstammungsgutachtens.[229] Tätig werden darf der Vertreter **nur für** Gerichte seines **Entsendestaates**.

4. Rangordnung der Beweisaufnahmearten, Zweckmäßigkeit. § 363 geht davon 96 aus, dass Beweisaufnahmen durch Konsularbeamte der primäre Beweisaufnahmeweg sind.[230] Unter den Rechtshilfebeweisaufnahmen haben sie den Vorteil, dass deutsches Verfahrensrecht angewandt (§ 15 Abs. 3 Satz 1 KonsularG) und zudem eine Beschleunigung erreicht wird. Vorrang hat immer die unmittelbare Beweisaufnahme durch das Prozessgericht, sei es im Gerichtsstaat, sei es nach Art. 17 EuBVO (dazu oben Rdn. 40). § 13 ZRHO steht einer regelmäßigen Inanspruchnahme des deutschen Konsulardienstes entgegen (oben Rdn. 6).

Von einer konsularischen Beweisaufnahme wird bei ausgehenden Ersuchen an 97 deutsche Konsuln wohl eher zurückhaltend Gebrauch gemacht, weil die **Freiwilligkeit** der Mitwirkung einer Aussageperson **ungewiss** ist. Der deutsche Behördenverkehr nimmt wegen des Übermittlungsweges durchaus mehrere Wochen in Anspruch, so dass jedenfalls gegenüber einer Beweisaufnahme nach der EuBVO **nicht zwingend ein Zeitvorteil** gegeben ist. Ein zur Aussage bereiter Auslandszeuge kann zur Beschleunigung des Verfahrens seine Aussage zum Thema des Beweisbeschlusses zum Gegenstand einer **notariellen Niederschrift** (§§ 36 ff. BeurkG) machen, die gem. § 10 KonsularG auch ein befugter Konsularbeamter aufnehmen darf.

V. Beweismittelbeschaffung der Parteien zur Beweiserhebung vor dem Prozessgericht

1. Zulässigkeit und Grenzen des Beweismitteltransfers. Ein Beweismitteltransfer 98 ohne Inanspruchnahme von Rechtshilfe (dazu auch vor § 485 Rdn. 45) auf Grund einer **Beweisanordnung gegenüber den Parteien** ist in der EuBVO nicht vorgesehen. Er ist durch die EuBVO aber auch nicht ausgeschlossen[231] (§ 1072 Rdn. 16). Dasselbe gilt für das HBÜ.[232] Der EuGH sieht den sachlichen Anwendungsbereich der EuBVO als auf Rechtshilfeersuchen an Gerichte in anderen Mitgliedstaaten und auf die unmittelbare Beweis-

---

[229] Stein/Jonas/*Berger*[22] § 363 Rdn. 35.
[230] *R. Geimer* IZPR[6] Rdn. 2348 und 2405; Stein/Jonas/*Berger*[22] § 363 Rdn. 22 (Pflicht des Gerichts zum Vorgehen auf diesem Weg; veraltet).
[231] *Chr. Berger* FS Rechberger (2005), S. 39, 41; *Chr. Berger* IPRax 2001, 522, 526; *Hess* EuZPR § 8 Rdn. 36; *Hess/Müller* ZZP Int. 6 (2001), 149, 175; Rauscher/*v. Hein*[(2010)] Art. 1 EG-BewVO Rdn. 18; *Stadler* FS Geimer, S. 1281, 1289, 1305; *Niehr* Die zivilprozessuale Dokumentenvorlegung, S. 143; *Rechberger/McGuire* ZZP Int. 10 (2005), 81, 115.
[232] *R. Geimer* IZPR[6] Rdn. 2364; *Schlosser* EuZPR[3] Art. 1 HBÜ Rdn. 6; s. auch Nagel/*Gottwald*[6] § 8 Rdn. 122.

aufnahme des Prozessgerichts in einem anderen Mitgliedstaat beschränkt an.[233] Dadurch wird nicht ausgeschlossen, dass das Prozessgericht eine in einem anderen Mitgliedstaat wohnhafte Partei nach seiner lex fori zur freiwilligen Aussage im Gerichtsstaat lädt[234] oder dass es einen Sachverständigen mit Befunderhebungen im Ausland beauftragt, sofern dafür keine hoheitlichen Maßnahmen erforderlich sind und keine Rechtsvorschriften des Beweisaufnahmestaates entgegenstehen[235] (dazu auch Rdn. 16 u. 78).

99 In dem Bemühen, US-amerikanische Beweismittelbeschaffungen nach nationalem Prozessrecht in Konkurrenz zur HBÜ zurückzudrängen, hat *Mössle* die Figur einer „**internationalen Beweiszuständigkeit**" für extraterritoriale Auskunftsverlangen im Rahmen der pre trial discovery schaffen wollen;[236] der begrenzende Faktor würde vor allem von dem Erfordernis eines Inlandsbezuges der Tatsachen ausgehen, auf die sich die angeforderten Beweisstücke beziehen. Eine derartige abgesonderte Zuständigkeit, die dann auch für den Erlass deutscher Beweisanordnungen gelten müsste, **gibt es** jedoch **nicht**.[237] Jedes Gericht entscheidet nach Bejahung seiner allgemeinen internationalen Zuständigkeit gemäß seiner lex fori über die Reichweite seiner Beweisanordnungen mit Auslandsbezug. Eine völkerrechtliche Kontrolle ist für die Festlegung internationaler Zuständigkeiten außerhalb bestehender Staatsverträge nicht anerkannt. Es gibt nur völkerrechtliche Grenzen, deren Verlauf noch nicht geklärt ist.

100 **2. Dokumententransfer.** Beweisanordnungen zur Vorlage von Unterlagen, die im Ausland belegen sind, kommen für bewegliche **Augenscheinsobjekte** (einschließlich elektronischer Dateien) und **Urkunden** ohne weiteres in Betracht;[238] es gibt keine Differenzierung der prozessualen Pflichten zwischen im Ausland wohnenden und inlandsansässigen Prozessparteien.[239] Allerdings darf eine gerichtspflichtige ausländische Partei nicht gezwungen werden, rechtliche Pflichten zu missachten, die ihr Heimatstaat ohne ihr Zutun aufgestellt hat.[240] Die pre trial-discovery in den USA (dazu unten Rdn. 119 ff.) erstreckt sich auch auf elektronische Dokumente (**eDiscovery**), deren technische Durchführbarkeit durch Löschungsverbote gesichert wird.[241]

101 **3. Parteianhörung, Parteiaussage.** Aussageperson kann eine **Partei selbst** sein (dazu auch oben Rdn. 74 u. 98), entweder bei förmlicher Parteivernehmung oder bei bloßer Parteianhörung (§ 141). Sie kann sich nicht auf ein Recht zur Rechtshilfevernehmung in ihrem Wohnsitzstaat berufen.[242] Von juristischen Personen als Partei kann das Er-

---

233 EuGH, Urt. v. 6.9.2012, Rs. C-170/11 – Lippens/Kortekaas Tz. 26, IPRax 2013, 262 m. Bespr. *Knöfel* IPRax 2013, 321 ff.
234 EuGH, Rs. Lippens/Kortekaas Tz. 30 f.
235 EuGH, Urt. v. 21.2.2013, Rs. C-332/11 – ProRail Tz. 47, EuZW 2013, 313.
236 *Mössle* Extraterritoriale Beweisbeschaffung, S. 200 (angelehnt an den vereinzelt verwendeten Begriff der „jurisdiction over evidence") mit Entwicklung einer Systematik dafür S. 307 ff., 431 f.
237 So auch *Kindler* ZZP 105 (1992), 375, 378, bei Anerkennung der Gedanken von *Mössle* als rechtspolitischer Zielsetzung für die Aushandlung von Staatsverträgen. Ablehnend auch *Schlosser* FS W. Lorenz (1991), S. 497, 510; Stein/Jonas/*Berger*[22] § 363 Rdn. 8; verhaltener *R. Geimer* IZPR[6] Rdn. 2383.
238 *Leipold* Lex fori-Souveränität-Discovery, S. 65 und 67; Rosenberg/Schwab/*Gottwald* ZPR[17] § 116 Rdn. 51; *Musielak* FS Geimer (2002), S. 761, 773; *Stadler* FS Geimer (2002), S. 1281, 1290, 1305; Rauscher/v. *Hein*[(2010)] Art. 1 EG-BewVO Rdn. 31; *Schack* IZPR[5] Rdn. 791; *R. Geimer* IZPR[6] Rdn. 440, 2366, 2380.
239 *Schlosser* Justizkonflikt, S. 20; *Schlosser* ZZP 101 (1988), 331; *Schlosser* ZZP 94 (1981), 369, 394; *R. Stürner* ZVglRWiss 81 (1982), 159, 213; *Gottwald* FS Habscheid (1989), S. 119, 125; Nagel/*Gottwald*[6] § 8 Rdn. 8. Zu Österreich: *Rechberger/McGuire* ZZP Int. 10 (2005), 81, 120.
240 *Gottwald* FS Habscheid (1989), S. 119, 121 f., 126.
241 Dazu näher *Spies/Schröder* MMR 2008, 275 ff.; *Geissl* DAJV-Newsletter 2008, 74 ff.; *Junker* Electronic Discovery, 2008, passim; *Klinger* RIW 2007, 108 ff.
242 *Gottwald* FS Habscheid (1989), S. 119, 125.

scheinen eines vertretungsberechtigten **Organwalters** vor dem Prozessgericht verlangt werden.[243] Dasselbe gilt für die Anordnung zur Teilnahme an einer Auslandsbeweisaufnahme.[244]

4. Zeugenbeweis. Der BGH nimmt an, dass den Parteien nicht aufgegeben werden darf, einen im Ausland lebenden **Zeugen für** die **Inlandsbeweisaufnahme zu stellen**, die Parteien dies vielmehr nur freiwillig tun können.[245] Dem ist in dieser Pauschalität zu widersprechen. Eine Partei kann gegenüber dem Zeugen ein **Weisungsrecht** besitzen, das sich aus einem Arbeitsverhältnis oder einer sonstigen Vertragsbeziehung ergeben kann, und das einzusetzen die Pflicht zur Mitwirkung an der Beweisaufnahme gebietet.[246] Aus einem Fehlschlag der Parteibemühungen können negative Beweisfolgen allerdings nur bei **schuldhafter Beweisvereitelung** gezogen werden, wobei das Verschuldensurteil von der Existenz ausländischer Verhaltenspflichten beeinflusst wird. Danach kann eine beweisbelastete Prozesspartei verpflichtet sein, einem bei ihr angestellten, im Ausland ansässigen Zeugen die arbeitsrechtliche Weisung zu erteilen, vor dem Prozessgericht zu erscheinen. 102

5. Folgen verweigerter Mitwirkung. Die Androhung und Anwendung rein **innerprozessualer Sanktionen** ist unbedenklich.[247] Für einen deutschen Prozess kommen weiterreichende Sanktionen gegen eine Auslandspartei nur begrenzt in Betracht (s. auch unten Rdn. 117). Die Verhängung eines **Ordnungsgeldes** gegen die zur Sachverhaltsaufklärung geladene, jedoch **nicht erschienene Partei** nach §§ 141 Abs. 3, 380 Abs. 1 Satz 2 ist nicht zulässig;[248] das Ordnungsgeld darf auch nicht zur Vollstreckung gegen Inlandsvermögen der Partei festgesetzt werden.[249] 103

Wenn ein **ausländisches Prozessgericht** nach seiner lex fori **Strafen oder Beugemittel** anwenden darf, soll deren Androhung gegen eine inländische Prozesspartei nach Ansicht von *Leipold* gegen die deutsche Gebietshoheit verstoßen.[250] Dem ist zuzustimmen. Soweit **ausländische** gerichtliche **Direktsanktionen** in Deutschland vollzogen werden sollen, kommt eine **Vollstreckbarerklärung** mangels Qualifizierung als Zivilsache nicht in Betracht. Umgekehrt darf durch **Inlandszwang des Prozessgerichts** keine außergerichtliche Beweiserhebung im Ausland erzwungen werden.[251] 104

6. Beweismittelverwertung bei Völkerrechtsverstoß. Ob Beweismittel, die **völkerrechtswidrig beschafft** wurden, einem prozessualen **Verwertungsverbot** unterliegen (generell zu Beweisverwertungsverboten vor § 286 B Rdn. 1ff.), bedarf noch der Klärung.[252] 105

---

243 *Gottwald* FS Habscheid (1989), S. 119, 126.
244 Vgl. LSG NRW IPRax 2012, 243 Tz. 12 (konsularische Anhörung der Gegenpartei in Israel).
245 BGH MDR 1980, 931, 932 = IPRax 1981, 57, 58; ebenso *Leipold* Lex fori-Souveränität-Discovery, S. 66; Linke/Hau[5] Rdn. 355; *Schlosser* EuZPR[3] Art. 1 HBÜ Rdn. 7; anders *Schlosser* Justizkonflikt, S. 30. Bedenken äußert *Gottwald* FS Habscheid (1989), S. 119, 126.
246 Zum spiegelbildlichen Fall in einem US-Prozess *Kessler* GRUR Int. 2006, 713ff.
247 *R. Geimer* IZPR[6] Rdn. 2381.
248 OLG Hamm NJW 2009, 1090 (dort: niederländischer Beklagter mit Wohnsitz in den Niederlanden); a.A. *Hess* EuZPR § 8 Rdn. 46.
249 OLG München NJW-RR 1996, 59, 60. Offengelassen von *R. Geimer* IZPR[6] Rdn. 2381.
250 *Leipold* Lex fori-Souveränität-Discovery, S. 66f.
251 *Gottwald* FS Habscheid (1989), S. 119, 127.
252 Zu pauschal bejaht von *R. Geimer* IZPR[6] Rdn. 2392. S. dazu auch OLG Oldenburg MDR 2013, 547.

VI. Beweiserhebung durch Beauftragte

106 Grundsätzlich ist staatsvertraglich die Möglichkeit anerkannt, die **Erhebung** von Auslandsbeweisen einem vom Prozessgericht bestellten Beauftragten (**Commissioner**) zu **überlassen**. Diese Methode ist im common law gebräuchlich.[253] Art. 17 HBÜ sieht diese private Beweisaufnahme vor, macht sie aber von einer Genehmigung durch den Beweisaufnahmestaat abhängig.[254] Das deutsche Recht erlaubt diesen Weg für deutsche Erkenntnisverfahren nicht.[255] Deutschland kann aber Parteibeweiserhebungen **für ausländische Verfahren** auf deutschem Hoheitsgebiet **genehmigen** und gerichtlich überwachen lassen (§ 12 AusfG zum HBÜ). Ohne Genehmigung erfüllt die Beweisaufnahme den objektiven Tatbestand der **Amtsanmaßung** (§ 132 StGB).[256] Das autonome deutsche Prozessrecht gestattet in § 364, ein Rechtshilfeersuchen im Parteibetrieb zu übermitteln und / oder im Parteibetrieb eine ausländische Beweisurkunde beizubringen. Art. 17 HBÜ kann auch für unmittelbare Beweisaufnahmen durch ein Mitglied des Prozessgerichts eingesetzt werden (oben Rdn. 39).

107 Völkerrechtlich und strafrechtlich unbedenklich ist es, Zeugen-, Partei- und Sachverständigenaussagen auf Veranlassung einer Partei oder ihres Rechtsvertreters im Ausland freiwillig schriftlich zu fixieren,[257] wenn der **private Charakter dieser Beweismittelsammlung** nicht verschleiert wird. Über die Aussage kann auch eine öffentliche (notarielle oder konsularische) **Urkunde** errichtet werden. Unter denselben Voraussetzungen sind sonstige **investigative Sachverhaltsermittlungen** durch Rechtsanwälte unbedenklich.[258]

VII. Rechtshilfe für das Ausland nach dem HBÜ

108 **1. Grundsätzliche Pflicht zur Rechtshilfegewährung.** Rechtshilfe wird in aktiver Form gewährt; Deutschland duldet als ersuchter Staat die ausländische Beweiserhebung also nicht nur passiv, sondern schaltet sich zumindest durch Prüfung von Genehmigungsvoraussetzungen aktiv in die Beweisaufnahme ein. Für **eingehende Rechtshilfeersuchen** gelten spiegelbildlich die Regelungen der Staatsverträge wie für ausgehende Ersuchen. Sie werden von einer **Zentralen Behörde** darauf überprüft, ob die Rechtshilfevoraussetzungen erfüllt sind. Ist dies der Fall, besteht eine völkervertragsrechtliche Pflicht zur Rechtshilfegewährung. Damit eine Rechtsprüfung stattfinden kann, gestattet Deutschland eine Parteibeweiserhebung durch einen Beauftragten (Commissioner) gem. Art. 17 HBÜ (dazu Rdn. 106) nur nach vorheriger Genehmigung durch die Zentrale Behörde.

109 Eine **äußerste Grenze** der Rechtshilfegewährung zieht **Art. 12 HBÜ**. Dessen **Ordre public-Vorbehalt** ist noch enger als das Verständnis des Ordre public im IPR (vgl. Art. 6 EGBGB) und im internationalen Prozessrecht bei der Anerkennung ausländischer Entscheidungen. Es kommt nach Art. 12 HBÜ darauf an, dass der ersuchte Staat die Erledigung des Rechtshilfeersuchens für geeignet hält, „seine Hoheitsrechte oder seine Sicherheit zu gefährden".[259] Diese Norm ist wörtlich aus Art. 11 Abs. 3 HZPÜ 1954 über-

---

253 Vgl. dazu *R. Geimer* IZPR[6] Rdn. 457 ff. und 2426 ff.; Nagel/*Gottwald*[6] § 8 Rdn. 33 und 59.
254 Generell zur Notwendigkeit einer Genehmigung *Leipold* Lex fori-Souveränität-Discovery, S. 44.
255 Stein/Jonas/*Berger*[22] § 363 Rdn. 21.
256 *Böhmer* NJW 1990, 3049, 3054.
257 *R. Geimer* IZPR[6] Rdn. 464a; Stein/Jonas/*Berger*[22] § 363 Rdn. 11.
258 *R. Geimer* IZPR[6] Rdn. 464; *E. Geimer* Internationale Beweisaufnahme, S. 14.
259 Dazu *Stiefel* RIW 1979, 509, 514 ff.; *v. Hülsen* RIW 1982, 537, 550; *R. Geimer* IZPR[6] Rdn. 2476 ff.

nommen. Da die Schutzgewährung für deutsche Inlandsbewohner entweder vom Begriff der staatlichen Souveränität (Justizhoheit)[260] oder von dem der Sicherheit[261] umfasst wird, kann Art. 12 HBÜ auch dann herangezogen werden, wenn **elementare Verfahrensrechte** einer natürlichen oder juristischen Person durch ein ausländisches Verfahren verletzt werden und die Verletzung durch Erledigung des Rechtshilfeersuchens verstetigt oder gar verstärkt wird (s. dazu auch vor § 485 Rdn. 46).

Nach einem älteren Vorschlag von *Schlosser* ist **Art. 12 HBÜ anzuwenden**, wenn 110 eine Vielzahl nur der Gattung nach bestimmter Dokumente vorgelegt werden soll, wenn für die Glaubwürdigkeitsbeurteilung einer Auskunftsperson deren Privatleben intensiv erfragt wird, und wenn die Beweisermittlung auf die Gewinnung vertraulicher Informationen gerichtet ist, deren Geheimhaltung dem nationalen Wirtschaftsinteresse entspricht.[262] Nunmehr hält *Schlosser* Art. 12 HBÜ für nicht anwendbar, wenn eine Person in einem nicht sachverhaltsbezogenen und daher **exorbitanten internationalen Gerichtsstand** verklagt wird und unter einen (evident unverhältnismäßigen?) Sanktionsdruck gesetzt wird.[263] Das Ansinnen zur Beantwortung von Fragen durch einen Zeugen, der sich damit der Strafverfolgung (z.B. nach § 203 StGB) aussetzen würde, ist durch Anwendung der Zeugnisverweigerungsrechte zurückzuweisen, nicht aber durch Anwendung des Art. 12 HBÜ.[264] Beweisermittlungsbegehren sind als solche nicht als Ordre public-Verstoß zu werten.[265]

2. Verfahren. Rechtshilfe ist nach Art. 1 Abs. 1 HBÜ **für eine „gerichtliche Behör-** 111 **de"** zu gewähren. Darunter können ausländische Einrichtungen der Streitentscheidung fallen, deren Handeln dem Staat zugerechnet werden kann. Die ausländische Zuständigkeit ist nicht nachzuprüfen.[266] **Übermittelt** werden darf das Rechtshilfeersuchen auch durch eine Prozesspartei;[267] diesen Weg sieht das autonome deutsche Prozessrecht in § 364 Abs. 1 für ausgehende Ersuchen ebenfalls vor. Abzufassen ist das Ersuchen in **deutscher Sprache**, § 9 AusfG zum HBÜ. Die Prüfung erfolgt durch die **Zentrale Behörde**, als die die jeweilige **Landesjustizverwaltung** bestimmt ist. Sie erledigt auch die Rückleitung nach Erledigung der Beweisaufnahme.

Die **Genehmigung** einer Beweiserhebung durch die Zentrale Behörde kann im **Ver-** 112 **fahren nach § 23 EGGVG gerichtlich überprüft** werden,[268] allerdings nur auf Ermessensfehler.[269] **Antragsberechtigt** ist gem. § 24 EGGVG, wer geltend macht, in seinen Rechten verletzt zu sein. Dazu gehören neben den Prozessparteien auch zu vernehmende Zeugen oder Sachverständige. Dritte, z.B. Arbeitgeber von Zeugen, können betroffen sein, wenn es um den Schutz ihrer Geschäftsgeheimnisse geht. Die einmonatige **Antragsfrist** beginnt mit der Zustellung oder schriftlichen Bekanntgabe der Genehmigungsentscheidung (§ 26 EGGVG). Die **Ablehnung** des Rechtshilfeersuchens unterliegt

---

260 Zu dieser Begriffsbildung allgemein *Leipold* Lex fori-Souveränität-Discovery, S. 15; ablehnend *Schlosser* FS W. Lorenz (1991), S. 497, 504.
261 So *Schlosser* EuZPR³ Art. 12 HBÜ Rdn. 1 (Sicherung des Freiheitsrahmens der deutschen Rechtsordnung).
262 *Schlosser* ZZP 94 (1981), 369, 382 f.
263 *Schlosser* EuZPR³ Art. 12 HBÜ Rdn. 1; zustimmend *Stadler* FS Geimer (2002), S. 1281, 1297 Fn. 47.
264 *Schlosser* EuZPR³ Art. 12 HBÜ Rdn. 1.
265 Vgl. *Schlosser* EuZPR³ Art. 12 HBÜ Rdn. 2 und Art. 23 HBÜ Rdn. 4.
266 Vgl. *R. Geimer* IZPR⁶ Rdn. 2454 (innerstaatliche Zuständigkeit).
267 OLG München ZZP 94 (1981), 462, 464.
268 Vgl. nur OLG München ZZP 94 (1981), 462, 463 = RIW 1981, 555 und OLG München ZZP 94 (1981), 468, 469 = RIW 1981, 554; OLG Celle IPRax 2008, 350.
269 OLG Celle IPRax 2008, 350; OLG Frankfurt IPRax 2009, 71, 72 m. Bespr. *Knöfel* IPRax 2009, 46, 48.

ebenfalls der Kontrolle nach §§ 23 ff. EGGVG. Gemäß § 29 Abs. 3 EGGVG kann Prozesskostenhilfe gewährt werden.[270]

113 Art und **Gegenstand der Rechtssache** müssen nach Art. 3 Abs. 1 lit. c HBÜ genügend gekennzeichnet sein.[271] Art. 3 Abs. 1 lit. e und f HBÜ verlangen eine gedrängte Darstellung des Sachverhalts und die Formulierung von Fragen, die an die Aussageperson zu richten sind, oder die Formulierung von Beweistatsachen, damit das **Beweisthema eingegrenzt** wird. Dazu ergangene Rechtsprechung des OLG München hat sich mit einer geringen Substantiierung begnügt.[272] Die Einhaltung der Anforderungen des Art. 3 HBÜ hat die **Zentrale Behörde** zu prüfen,[273] allerdings nur sie, wie sich aus Art. 5 HBÜ entnehmen lässt, nicht das anschließend gem. § 8 AusfG zum HBÜ tätige Rechtshilfegericht.[274] Eine nachträgliche **Ausweitung des Beweisthemas** darf nicht das Prüfungsrecht der Zentralen Behörde unterlaufen. Allerdings können sich die Prozessparteien mit der Ausweitung einverstanden erklären.

114 **Besondere Formen der Beweisaufnahme** im Sinne des Art. 9 Abs. 2 HBÜ bedürfen der **Genehmigung** durch die Zentrale Behörde. Sie sind auch dann genehmigungsfähig, wenn sie im deutschen Verfahrensrecht nicht vorgesehen sind.[275] Dies gilt auch für ein **Kreuzverhör** amerikanischen Stils;[276] dessen Genehmigung darf nur ausnahmsweise versagt werden[277] (s. auch Rdn. 132).

115 Sowohl die Parteien als auch Aussagepersonen und Sachverständige dürfen nach Art. 20 HBÜ **Rechtsberater beiziehen**. Das **Fragerecht** steht den deutschen anwaltlichen Parteivertretern zu. Sie können die Ausführung der Parteirechte jedoch gem. **§ 52 Abs. 2 BRAO** anderen Rechtsanwälten, die nicht selbst zum Prozessbevollmächtigten bestellt werden können, im Beistand des deutschen Anwalts überlassen.[278] Die Befragung ist in **deutscher Sprache** durchzuführen.[279]

116 Macht eine Aussageperson geltend, sie habe ein **Zeugnis- oder Auskunftsverweigerungsrecht**, was sich gem. Art. 11 HBÜ nach dem Recht des ersuchten Staates richtet, entscheidet darüber das Amtsgericht gem. § 383 f.[280] Mit der Gewährung von Schutz für **Geschäftsgeheimnisse** ist Deutschland im internationalen Vergleich besonders groß-

---

270 OLG Frankfurt IPRax 2009, 71, 73.
271 Zum Bestimmtheitserfordernis sowohl als Grundlage für eine sachgerechte Verteidigung der Gegenpartei als auch zum Schutz der Aussageperson und der Gegenpartei vor unzumutbarer Belastung *Schlosser* ZZP 94 (1981), 369, 379; *R. Stürner* Die Aufklärungspflicht der Parteien des Zivilprozesses, S. 113 ff.
272 OLG München ZZP 94 (1981), 462, 463 (Patentverletzungsvorwurf). Dazu und zum dieselbe Rechtssache betreffenden Beschluss OLG München ZZP 94 (1981), 468, Besprechungen von *Martens* RIW 1981, 725 ff., *Nagel* IPRax 1982, 138 ff., *Schlosser* ZZP 84 (1981), 369, 372 ff., 383 f., *R. Stürner* JZ 1981, 521 ff. und *F.A. Mann* JZ 1981, 840. Generell zur Bestimmtheit des Rechtshilfeersuchens *v. Hülsen* RIW 1982, 537, 551; er orientiert sich an dem Kriterium, ob eine Vernehmungsleitung durch den deutschen Rechtshilferichter möglich ist.
273 *v. Hülsen* RIW 1982, 537, 553.
274 *Martens* RIW 1981, 725, 731; *R. Geimer* IZPR[6] Rdn. 2462. **A.A.** *Schlosser* EuZPR[3] Art. 5 HBÜ Rdn. 1.
275 *Schlosser* EuZPR[3] Art. 10 HBÜ Rdn. 3. S. auch Zöller/*Geimer*[28] § 363 Rdn. 128 („sofern nicht zwingend deutsche Vorschriften entgegenstehen").
276 Bejahend *Schlosser* EuZPR[3] Art. 10 HBÜ Rdn. 3; *Junker* Discovery, S. 338. **A.A.** MünchKomm/*Heinrich*[3] IZPR HBÜ Art. 9 Rdn. 3 (jedoch für großzügige Handhabung des Rechts zur unmittelbaren Befragung).
277 *Schlosser* ZZP 94 (1981), 369, 387; Nagel/*Gottwald*[6] § 8 Rdn. 43 und 46.
278 Wohl **a.A.** Nagel/*Gottwald*[6] § 8 Rdn. 63 (im Beweisaufnahmestaat zugelassener Rechtsberater).
279 *Martens* RIW 1981, 725, 732; *Schlosser* ZZP 94 (1981), 369, 389.
280 Dazu AG München und LG München I RIW 1981, 850 = ZZP 95 (1981), 362 m. Anm. *Schlosser* (u.a. zur Kostenerstattung), ergangen in der Rechtshilfesache, die Gegenstand der Entscheidung des OLG München war. Zu gesetzlichen Verboten der Mitwirkung an der Beweiserhebung (blocking statutes) *v. Bodungen/Jestaedt* FS Stiefel (1987), S. 65, 67 f. Für Verweigerungsrechte aus objektiven Gründen und für Beweisverbote **a.A.** (Zentrale Behörde) MünchKomm/*Heinrich*[3] IZPR Art. 11 Rdn. 5.

zügig.[281] Die Beurteilung der Mitwirkungspflichten der Prozessparteien und der Folgen einer Missachtung ist allein Sache des Prozessgerichts;[282] das deutsche Recht kennt insoweit keine Sanktionen (s. oben Rdn. 103 und nachfolgend Rdn. 117). Die Subsidiarität der Parteivernehmung gem. §§ 445, 448 stellt keine Beschränkung dar, weil der deutsche Rechtshilferichter dafür in eine Prüfung des Prozessstoffes eintreten müsste, die ihm verschlossen ist.[283]

Über **Zwangsmittel** entscheidet das Amtsgericht. Für ein ausländisches Verfahren zur Abstammungsfeststellung richtet sich die Duldung der zwangsweisen **Blutentnahme** nach § 372a oder § 178 FamFG.[284] Über die Einbeziehung einer Untersuchungsperson in die Blutuntersuchung entscheidet allerdings allein das ausländische Prozessgericht.[285] Die Zwangsanwendung für ein ausländisches Verfahren reicht nach **Art und Umfang** nicht weiter, als es nach deutschem Prozessrecht für einen deutschen Zivilprozess zulässig ist.[286] Insbesondere kennt Deutschland anders als diverse ausländische Rechtsordnungen grundsätzlich keine Erzwingungsstrafen gegen Prozessparteien. Daher kommt Zwang gegen eine Prozesspartei, die ihre Mitwirkung verweigert, vom Sonderfall des § 372a bzw. § 178 FamFG abgesehen, nicht in Betracht.[287] Die Entfaltung von Zwang nach § 892 setzt einen Duldungstitel voraus. Eine andere Art prozessualer Erzwingung einer Besichtigung zur Durchführung einer Augenscheinseinnahme kommt nicht in Betracht.[288] 117

Obwohl **Gebühren und Auslagen** nach Art. 14 Abs. 1 HBÜ **nicht erstattet** werden, ist die kostenverursachende Zuziehung eines **Dolmetschers** durch das Rechtshilfegericht notwendig, wenn die Aussageperson die deutsche Sprache nicht beherrscht. Streitig ist, ob dies auch gilt, wenn ein der deutschen Sprache nicht mächtiger Richter des ersuchenden Gerichts mit Genehmigung der Zentralen Behörde an der Beweisaufnahme teilnimmt (§ 10 AusfG zum HBÜ).[289] Kosten für Sachverständige und Dolmetscher hat der ersuchende Staat nach Art. 14 HBÜ zu erstatten, wenn eine **besondere Form der Beweisaufnahme** nach Art. 9 Abs. 2 HBÜ beantragt und genehmigt worden ist. Kosten der Aufnahme eines Wortprotokolls fallen nicht unter die Erstattungsvorschrift.[290] 118

3. Pre-Trial Discovery. Im Prozessrecht der US-Staaten und der US-Bundesgerichtsbarkeit gehören **Beweisermittlungen**, die nach Einreichung einer allgemein gehaltenen Klageschrift der Hauptverhandlung (Trial) vorangehen,[291] zum Grundschema des Zivilprozesses (dazu auch vor § 485 Rdn. 41ff.). Sie sind nicht mit deutschen gerichtlichen Beweiserhebungen in einem dem ordentlichen Verfahren vorgelagerten selbständigen 119

---

281 *Schlosser* ZZP 94 (1981), 369, 398 ff.; *Schlosser* EuZPR³ Art. 14 EuBVO Rdn. 6; *Stadler* Der Schutz des Unternehmensgeheimnisses im deutschen und US-amerikanischen Zivilprozess, 1989, S. 367 f.;
M.O. Kersting Der Schutz des Wirtschaftsgeheimnisses im Zivilprozess, 1995, S. 174, 298; s. auch – rein national – *Ploch-Kumpf* Der Schutz von Unternehmensgeheimnissen im Zivilprozess unter besonderer Berücksichtigung ihrer Bedeutung in der Gesamtrechtsordnung, 1996.
282 *Schlosser* EuZPR³ Art. 11 HBÜ Rdn. 1.
283 **A.A.** *Nagel/Gottwald*⁶ § 8 Rdn. 44.
284 OLG Düsseldorf FamRZ 1986, 191, 192. Zu einem türkisch-schweizerischen Fall OG Zürich Bl. Zürch.Rspr. 107 (2008) Nr. 49 S. 178.
285 OLG Düsseldorf FamRZ 1986, 191, 192. Möglicherweise **a.A.** OLG Frankfurt/M. NJW-RR 1988, 714.
286 *R. Geimer* IZPR⁶ Rdn. 2359 und 2514; *Schlosser* EuZPR³ Art. 10 HBÜ Rdn. 2.
287 *Schlosser* EuZPR³ Art. 10 HBÜ Rdn. 2, Art. 11 HBÜ Rdn. 1.
288 *R. Geimer* IZPR⁶ Rdn. 2514 und 2522.
289 So *Martens* RIW 1981, 725, 732; **a.A.** *Junker* Discovery, S. 341.
290 **A.A.** *v. Hülsen* RIW 1982, 537, 554.
291 Zur Reform der pre-trial discovery von 1993 *St. Lorenz* 111 (1998), 35, 51 ff. Zu den Reformen von 1993 und 2000 *Trittmann/Leitzen* IPRax 2003, 7, 10 f.

Verfahren gleichzusetzen. Der Austausch potentieller Beweismittel zwischen den Parteien soll u.a. eine konzentrierte einheitliche mündliche Verhandlung ermöglichen, die u.a. wegen der Mitwirkung von Geschworenen in Zivilsachen (Jury) unerlässlich ist. Auch das englische Prozessrecht sieht dieses Institut (dort Disclosure genannt) vor, setzt es aber wesentlich zurückhaltender ein. Pre-trial discovery nach Rechtshängigkeit fällt in den **Anwendungsbereich des HBÜ**.[292]

120   Beweisermittlungen, die auf ihre **Erforderlichkeit** für ein konkretes Verfahren **nicht richterlich geprüft** worden sind, können wegen des damit verbundenen Personaleinsatzes und sonstiger mittelbar ausgelöster Kosten zum Nachteil der von einer Anordnung belasteten Prozesspartei sowie wegen der Gefahr einer Ausforschung irrelevanter und vertraulicher Interna **missbräuchlich eingesetzt** werden.[293] Zur Abwehr möglicher Rechtsmissbräuche durch die Handhabung des US-amerikanischen Prozessrechts hat Deutschland gem. Art. 23 HBÜ einen völkerrechtlichen **Vorbehalt** gemacht, der die Beweisermittlung **in Bezug auf Dokumente** (Pre-trial discovery of documents) ausschließt.[294] Das ist eine wenig sinnvolle Aufspaltung der Discovery. Insbesondere kann damit nicht verhindert werden, dass Zeugen zum Inhalt von Dokumenten befragt werden. Würden darauf gerichtete Fragen ausgeschlossen, wäre die Rechtshilfevernehmung weitgehend ausgeschlossen.[295]

121   Seit der **Neuregelung der §§ 142 und 144** sowie des darauf Bezug nehmenden § 371 Abs. 2 steht der pauschale deutsche Vorbehalt in einem Widerspruch zu den darin zum Ausdruck kommenden Wertungen. Im Schrifttum wird teilweise befürwortet, Art. 23 HBÜ auf alle Discovery-Beweisersuchen zu erstrecken, es sei denn, sie sind hinreichend spezifiziert.[296] *Schlosser* hat § 14 AusfG zum HBÜ, der Art. 23 HBÜ nach innen umsetzt, wegen seiner Willkürlichkeit als verfassungswidrig bezeichnet[297] und eine **verfassungskonforme Auslegung** verlangt, dass spezifizierte Urkundenvorlageersuchen zu erfüllen sind.[298] Von der **Ermächtigung** des § 14 Abs. 2 AusfG zum HBÜ, eine **Verordnung** über die Durchführung von Urkundenvorlagen zu erlassen, hat das Bundesjustizministerium keinen Gebrauch gemacht.[299]

122   Zum **Schutz von Rechten** des **Geistigen Eigentums** gestattet Art. 7 der Richtlinie 2004/48/EG Beweisermittlungen. Sie können grenzüberschreitend stattfinden (dazu oben Rdn. 80ff.). Auch diese für Deutschland geltende Regelung sollte Anlass für eine generelle Neubetrachtung und Neubewertung der Beweisermittlungsgefahren sein.

123   Ausländischen Urteilen, die auf Grund einer ausforschenden Beweisermittlung zustande gekommen sind, ist **nicht** wegen **Verstoßes** gegen den **verfahrensrechtlichen**

---

292 *Schlosser* ZZP 94 (1981), 369, 392.
293 Zu den Reaktionen anderer Industriestaaten *v. Hülsen* RIW 1982, 537, 540 ff.
294 Dazu OLG München ZZP 84 (1981), 468, 470 = IPRax 1982, 150. Den Art. 23 HBÜ als Indiz für ein Fehlverständnis des amerikanischen Prozessrechts durch die Teilnehmer der diplomatischen Konferenz haltend *Junker* Discovery, S. 284 ff.; *Junker* JZ 1989, 121, 128; ihm folgend *Paulus* ZZP 104 (1991), 397, 411. Zur Praxis anderer Staaten Nagel/Gottwald[6] § 8 Rdn. 68 f.
295 *Junker* Discovery, S. 285 f.; *Schlosser* ZZP 94 (1981), 369, 396.
296 *Junker* Discovery, S. 286, 296 f.; *Junker* JZ 1989, 121, 128; ihm folgend *Schlosser* ZZP 101 (1988), 327, 330 f. (in der Rezension des Werkes); *Beckmann* IPRax 1990, 203 f.; *Paulus* ZZP 104 (1991), 397, 411 f.; Stein/Jonas/Berger[22] § 363 Anh. Rdn. 104. Ablehnend OLG Celle IPRax 2008, 350, 351 m. Bespr. *Stürner/Müller* IPRax 2008, 339, 342; *Niehr* Die zivilprozessuale Dokumentenvorlegung, S. 131; Nagel/Gottwald[6] § 8 Rdn. 71 (mit zutreffendem Hinweis auf die Auslegungsmaximen für internationale Abkommen).
297 *Schlosser* EuZPR[3] Art. 23 HBÜ Rdn. 3.
298 *Schlosser* EuZPR[3] Art. 23 HBÜ Rdn. 5.
299 Zu den Gründen des Scheiterns andeutungsweise *Böhmer* NJW 1990, 3049, 3053. Zum abgeschwächten Verbot der Dokumentenrechtshilfegewährung in Frankreich Cour d'Appel de Paris IPRax 2005, 451 m. Bespr. *Reufels/Scherer* IPRax 2005, 456 ff.

ordre public (§ 328 Abs. 1 Nr. 4; Art. 34 Nr. 1 EuGVO) die Anerkennung und Vollstreckbarerklärung in Deutschland zu verweigern.[300]

4. Konkurrenz von HBÜ und lex fori des Prozessgerichts. Umstritten ist, ob die 124 HBÜ im Verhältnis der Vertragsstaaten **exklusiven Charakter** hat.[301] Der US Supreme Court hat diese Auffassung zu Recht abgelehnt.[302] Prozessparteien müssen sich deshalb von vornherein darauf einstellen, dass inländische Beweisrestriktionen zum Schutz von Geheimnissen, die nach dem HBÜ durchgesetzt werden, obsolet werden, wenn sie vom Gericht des Erkenntnisverfahrens nicht akzeptiert werden. **Faktisch** kann sich eine Partei der Beweisanordnung des ausländischen Prozessgerichts **nicht entziehen** und es in der Regel nicht darauf ankommen lassen, dass eventuell später die Anerkennung und Vollstreckbarerklärung einer negativen ausländischen Entscheidung in Deutschland scheitern könnte. In Betracht kommen kann aber, dass der durch ein Geheimnis Geschützte gegen die Offenbarung durch dritte Geheimnisträger, denen die Auskunftserteilung unter Strafandrohung (subpoena) aufgegeben worden ist, mit einer deutschen Unterlassungsverfügung vorgeht.[303]

Selbst wenn eine Beweisaufnahme im Rechtshilfewege in Deutschland stattgefun- 125 den hat, kann eine Beweisanordnung des ausländischen Gerichts zur **Wiederholung der Beweiserhebung** vor dem erkennenden Gericht ergehen, wenn dies zur Sachverhaltsfeststellung erforderlich erscheint.[304]

Hintergrund der Konkurrenzdiskussion ist die unterschiedliche Reichweite der Ge- 126 währung von Zeugnisverweigerungsrechten und Auskunftsverweigerungsrechten zum Schutz von Geschäftsgeheimnissen einer Prozesspartei.[305] Da bei Rechtshilfebeweisaufnahmen das **Meistbegünstigungsprinzip** gilt (oben Rdn. 63), setzt sich das eventuell strengere Recht des ersuchten Rechtshilfestaates im Rechtshilfeverfahren (vorläufig) durch. Auswirkungen hat auch der Streit, ob US-Verfahren, in denen **Punitive damages** (Strafschadensersatz) geltend gemacht werden, als **Zivil- bzw. Handelssache** gem.

---

300 A.A. *Hök* Discovery proceedings als Anerkennungshindernis, Diss. jur. Göttingen 1993, S. 311, 324; zurückhaltend *Leipold* Lex fori-Souveränität-Discovery, S. 70 (in extremen Fällen); differenzierend *Schütze* FS Stiefel (1987), S. 697, 703 ff. (bei unzulässiger, gegen den Parteiwillen erzwungener Ausforschung und Kausalität für die Entscheidung); *Schütze* WM 1986, 633, 635.
301 Bejahend *R. Stürner* in Habscheid, Der Justizkonflikt mit den Vereinigten Staaten von Amerika, 1984, S. 3, 49 (teilweise Exklusivität); *R. Stürner* Anm. zu BGH JZ 1987, 42, 45 m. Erwiderung *Schröder* und Schlusswort *R. Stürner* JZ 1987, 605 und 607; *Schütze* FS Stiefel, S. 697, 706; *Beckmann* IPRax 1990, 201, 205. Verneinend *R. Geimer* IZPR[6] Rdn. 2361; *Schlosser* EuZPR[3] Art. 1 HBÜ Rdn. 5 f.; *Musielak* FS Geimer (2002), S. 761, 766 f.; *Schack* IZPR[5] Rdn. 808; Stein/Jonas/*Berger*[22] § 363 Rdn. 8. Zu den unterschiedlichen Antworten von 28 Staaten, die im Jahr 2008 auf ein Questionaire der Haager Konferenz geantwortet haben s. *Knöfel* IPRax 2013, 231, 232 und Doc.prél n° 10 de decembre 2008.
302 Société Nationale Industrielle Aérospatiale et al. v. United States District Court for the Southern District of Iowa, 482 U.S. 522 (1987) = JZ 1987, 984 m. Anm. *Stürner*; Bespr. *Heidenberger* RIW 1987, 50 f., 540 f. und 666 ff.; *Heck* NJW 1987, 2128 f.; *Leipold* Lex fori-Souveränität-Discovery, S. 18 ff. Dazu auch *Lange* RIW 1984, 504 ff.; *Heidenberger* RIW 1984, 841 ff.; *Heidenberger* zum Fall *Anschütz* RIW 1985, 437, 438 ff. und RIW 1988, 310 f.; *v.Bodungen/Jestaedt* FS Stiefel (1989), S. 65, 71 ff. Zu späterer US-Rechtsprechung US District Court Utah, Urt. v. 21.1.2010, *Accessdata Corp. v. Alste Technologies GmbH*, RIW 2010, 402 m. Anm. *Knöfel* = MMR 2010, 275 m. Anm. *Spies/Schröder*; US District Court Eastern District of Pennsylvania, Entsch. v. 6.3.2012, *TruePosition Inc. v. LM Ericsson*, GRUR Int. 2012, 474. *Trittmann/Leitzen* IPRax 2003, 7, 8 f.; *Schütze* RIW 2004, 162, 163 f.; *Richter* RIW 2005, 815 ff.
303 So LG Kiel RIW 1983, 206 (dort: zum Schutz des Bankgeheimnisses); dazu *Schlosser* Der Justizkonflikt, S. 10 f., 40 f., allgemeiner S. 33 ff.; *Stiefel/Petzinger* RIW 1983, 242 ff.
304 Zu einem konkreten Patentrechtsfall *Kessler* GRUR Int. 2006, 713 ff.
305 Dazu *v. Hülsen* RIW 1982, 537, 551 f.

Art. 1 Abs. 1 HBÜ anzusehen sind.[306] Keine Schlussfolgerungen auf die Rechtshilfegewährung sind daraus zu ziehen, dass der BGH US-Urteilen, die Punitive damages in nicht unerheblicher Höhe neben dem Ersatz materieller und immaterieller Schäden pauschal zusprechen, in diesem Teilumfang gem. § 328 Abs. 1 Nr. 4 die **Vollstreckbarerklärung verweigert**.[307] Des ungeachtet hat der BGH Punitive damages, die dem Geschädigten zufließen, als Gegenstand einer Zivilsache angesehen.[308] Es ist also für ein Verfahren Rechtshilfe zu gewähren, in dem auf Punitive damages geklagt wird.[309] Das BVerfG hat im Jahre 2003 die Zustellung einer derartigen Klage in einem Fall behaupteter Urheberrechtsverletzung mit Bezifferung einer exorbitanten Schadensersatzforderung durch einstweilige Anordnung gestoppt, konnte dann aber nicht endgültig über die mögliche ordre public-Widrigkeit entscheiden.[310] In einer Kammerentscheidung vom 24.1.2007[311] wurde dann jedoch die Verfassungsbeschwerde gegen die Zustellungsanordnung in einem anderen Verfahren nicht zur Entscheidung angenommen. Das Gericht hat eine Anwendung der **Vorbehaltsklausel des Art. 13 HZÜ** wegen der bloßen Möglichkeit einer Verhängung von Punitive damages abgelehnt und deren Anwendungsbereich auf Fälle **evidenten Rechtsmissbrauchs durch** die **Klageerhebung** beschränkt; ein derartiger Missbrauch mit einem daraus folgenden Verstoß gegen das Rechtsstaatsprinzip könne in Betracht kommen, wenn die Strafschadensersatzforderung eine existenzgefährdende Höhe erreiche oder wenn eine Sammelklage (class action) mit einer unübersehbaren Anzahl von Klägern und einer entsprechenden Klageforderung erhoben und von einer Medienkampagne begleitet werde. Bekräftigt wurde dieser Standpunkt in einer weiteren Entscheidung derselben Kammer vom 14.6.2007 zur Zustellung einer class action nach dem HZÜ wegen eines behaupteten Preiskartells mit Geltendmachung von treble damages[312] und einen Kammerbeschluss vom 9.1.2013.[313]

127 Ein **völkerrechtlicher Gewohnheitsrechtssatz, Beweisaufnahmen nach** der **lex fori** mit exterritorialen Auswirkungen wegen überwiegender ausländischer Interessen **zu unterlassen**, lässt sich nicht feststellen.[314] Darin ist also keine Begrenzung der Beweisaufnahme durch US-Gerichte mit Wirkung gegen eine in Deutschland ansässige Prozesspartei zu sehen. Eine bloße Variante der gegenteiligen Ansicht ist die These, die Anordnung der Vorlage einer im Ausland belegenen Urkunde gem. der lex fori des Prozessgerichts sei eine die Souveränität des Belegenheitsstaates tangierende Auslandsbeweisaufnahme, weil es nicht auf die Verwertung, sondern auf das Sammeln des Beweismaterials ankomme.[315]

---

306 Dazu *Stiefel* RIW 1979, 509, 511 f. Zur weitgehenden Übereinstimmung von Strafschadensersatz und Kriminalstrafe s. die (dissentierende) Begründung des Richters Stevens in der Rs. *Philip Morris v. Williams* 549 U.S. 346 (2007): „There is little difference between the justification for a criminal sanction, such as a fine or a term of imprisonment, and an award of punitive damages."
307 BGHZ 118, 312, 334 ff. = NJW 1992, 3096, 3104 ff.
308 BGHZ 118, 312, 337 = NJW 1992, 3096, 3102.
309 OLG Celle IPRax 2008, 350 a.E.; *Schlosser* EuZPR³ Art. 12 HBÜ Rdn. 1.
310 BVerfGE 108, 238, 246 ff. = NJW 2003, 2598 (Klage gegen Bertelsmann nach Übernahme der Musiktauschbörse Napster). Dazu *Zekoll* NJW 2003, 2885 ff.; *Braun* ZIP 2003, 2225 ff.; *Oberhammer* IPRax 2004, 40 ff.; *R. Stürner* JZ 2006, 60 ff.; *Koch/Thiel* RIW 2006, 356 ff. Zur Verweigerung der Zustellung einer Sammelklage auf Zahlung von treble damages an Arzneimittelkonsumenten OLG Koblenz IPRax 2006, 25 = WuW/E DE-R 1557 m. Bspr. *Piekenbrock* IPRax 2006, 4 ff. und *Hopt/Kuhns/v. Hein* ZIP 2006, 973 ff.; anders OLG Naumburg WuW/E DE-R 1775 (Zustellung bejaht); OLG Düsseldorf NJW-RR 2007, 640, 641 f.
311 BVerfG 2 BvR 1133/04, VersR 2007, 964 = JZ 2007, 1046 m. Anm. *Stadler*; dazu *v. Hein* RIW 2007, 249 ff.; *Stürner/Müller* IPRax 2008, 339, 341.
312 BVerfG NJW 2007, 3709, 3710. Dem folgend OLG Düsseldorf NJW-RR 2010, 573, 575.
313 BVerfG NJW 2013, 990 Tz. 13 (ebenfalls treble damages betreffend).
314 Vgl. dazu *v. Bodungen/Jestaedt*, FS Stiefel (1987) S. 65, 75.
315 Vgl. dazu *R. Geimer* IZPR⁶ Rdn. 2366, der dies selbst als fragwürdig ansieht.

VIII. Rechtshilfe für Gerichte aus EU-Staaten

Wegen der Anwendung der EuBVO wird zunächst auf die obige Kommentierung für ausgehende Rechtshilfeersuchen verwiesen (oben Rdn. 33ff.). Für eingehende Ersuchen enthalten die §§ 1074 und 1075 **Durchführungsbestimmungen**. Zu beachten sind auch die Bestimmungen der ZRHO (dazu oben Rdn. 21 und § 1072 Rdn. 18). **Zuständig** für die Durchführung der Verfahrenshandlung sind die Amtsgerichte (§ 1074 Abs. 1 und 2); teilweise haben die Landesregierungen von der Konzentrationsermächtigung Gebrauch gemacht. 128

Die **ablehnende Entscheidung** des deutschen Rechtshilferichters über ein **Aussageverweigerungsrecht** auf der Grundlage des deutschen Rechts oder der lex fori des Prozessgerichts (Art. 14 Abs. 1 EuBVO) kann von der Aussageperson mit der sofortigen Beschwerde (§ 387 Abs. 3) angegriffen werden. Die **positive Entscheidung** belastet den Beweisführer, der dann gegen die Nichterledigung des Rechtshilfeersuchens nach § 387 Abs. 3 vorgehen kann. 129

Die Gewährung der Rechtshilfe unter **Übergehung** eines behaupteten **Informationsverweigerungsrechts einer Prozesspartei** ist nicht Gegenstand einer gerichtlichen Zwischenentscheidung. *Schlosser* befürwortet, die Erklärung des Rechtshilferichters, die Rechtshilfemaßnahme durchzuführen, als Justizverwaltungsakt im Sinne des § 23 EGGVG zu qualifizieren.[316] 130

Eine **Standard disclosure** nach englischem Recht fällt unter die EuBVO.[317] Eine **Specific disclosure**, die die Vorlage von nur mittelbar beweisrelevanten Dokumenten erzwingen will, soll eine unzulässige Beweisermittlung darstellen.[318] Diese auf der Basis einer veralteten Diskreditierung von Beweisermittlungen (oben Rdn. 121) beruhende Wertung ist abzulehnen. 131

Die Verwendung der deutschen Sprache ist für eingehende Ersuchen durch § 1075 vorgeschrieben. Auch die Beweisaufnahme erfolgt in **deutscher Sprache**; § 184 GVG ist nach Art. 5 Satz 1 EuBVO anwendbar. Zu den in Art. 10 Abs. 3 EuBVO genannten **besonderen Erledigungsformen** kann die Aufnahme eines fremdsprachigen Wortprotokolls[319] – etwa auf Tonträger – oder die Vernehmung im Wege des **Kreuzverhörs**[320] gehören. Ein Kreuzverhör hat allerdings rechtsstaatliche Vorgaben, die dem Schutz des Zeugen dienen, zu beachten, wofür der Rechtshilferichter die Verantwortung trägt.[321] 132

Wer als **Beauftragter** des ausländischen Prozessgerichts zuzulassen ist, hat der deutsche Rechtshilferichter nach deutschem Recht zu entscheiden.[322] Aus der ZPO ergeben sich keine Ausschlussgründe für die Teilnahme ausländischer Richter oder anderer Beauftragter (etwa eines Rechtsanwalts). Durch § 88a ZRHO darf der Personenkreis nicht eingeschränkt werden.[323] 133

Art. 18 Abs. 1 EuBVO geht vom Grundsatz der **Kostenfreiheit** bei der Erledigung von **Rechtshilfeersuchen** aus. Durchbrochen wird dies gem. Art. 18 Abs. 2 EuBVO in Bezug auf Aufwendungen für **Sachverständige** und **Dolmetscher** sowie für Auslagen, die durch den Wunsch nach einer besonderen Beweisaufnahmeform oder der Verwendung 134

---

316 *Schlosser* EuZPR³ Art. 14 EuBVO Rdn. 9.
317 Rauscher/v. *Hein*⁽²⁰¹⁰⁾ Art. 1 EG-BewVO Rdn. 47.
318 Rauscher/v. *Hein*⁽²⁰¹⁰⁾ Art. 1 EG-BewVO Rdn. 48f.
319 Rauscher/v. *Hein*⁽²⁰¹⁰⁾ Art. 10 EG-BewVO Rdn. 5 und 19, Art. 13 EG-BewVO Rdn. 9.
320 Rauscher/v. *Hein*⁽²⁰¹⁰⁾ Art. 10 EG-BewVO Rdn. 20; *Hess* EuZPR § 8 Rdn. 42; *Hess/Müller* ZZP Int. 6 (2001), 149, 154f.; Nagel/*Gottwald*⁶ § 8 Rdn. 16.
321 Rauscher/v. *Hein*⁽²⁰¹⁰⁾ Art. 10 EG-BewVO Rdn. 23.
322 Rauscher/v. *Hein*⁽²⁰¹⁰⁾ Art. 12 EG-BewVO Rdn. 8.
323 Rauscher/v. *Hein*⁽²⁰¹⁰⁾ Art. 17 EG-BewVO Rdn. 15.

von Kommunikationseinrichtungen entstanden sind. **Kostenschuldner** ist der Mitgliedstaat des ersuchenden Gerichts,[324] der seinerseits für eine Weiterbelastung auf die Parteien sorgen kann und wird. Art. 18 Abs. 2 EuBVO ist auf Auslagen des ersuchten Staates für die **Entschädigung** vernommener **Zeugen** nicht analog anzuwenden.[325] Zweifelhaft ist, ob etwas anderes für Kosten gilt, die anlässlich einer **unmittelbaren Beweisaufnahme** entstehen.[326]

§ 364
Parteimitwirkung bei Beweisaufnahme im Ausland

(1) Wird eine ausländische Behörde ersucht, den Beweis aufzunehmen, so kann das Gericht anordnen, dass der Beweisführer das Ersuchungsschreiben zu besorgen und die Erledigung des Ersuchens zu betreiben habe.

(2) Das Gericht kann sich auf die Anordnung beschränken, dass der Beweisführer eine den Gesetzen des fremden Staates entsprechende öffentliche Urkunde über die Beweisaufnahme beizubringen habe.

(3) In beiden Fällen ist in dem Beweisbeschluss eine Frist zu bestimmen, binnen der von dem Beweisführer die Urkunde auf der Geschäftsstelle niederzulegen ist. Nach fruchtlosem Ablauf dieser Frist kann die Urkunde nur benutzt werden, wenn dadurch das Verfahren nicht verzögert wird.

(4) Der Beweisführer hat den Gegner, wenn möglich, von dem Ort und der Zeit der Beweisaufnahme so zeitig in Kenntnis zu setzen, dass dieser seine Rechte in geeigneter Weise wahrzunehmen vermag. Ist die Benachrichtigung unterblieben, so hat das Gericht zu ermessen, ob und inwieweit der Beweisführer zur Benutzung der Beweisverhandlung berechtigt ist.

Übersicht

I. Vorrang der Beweisaufnahme von Amts wegen —— 1	II. Aussagebeibringung auf Parteiveranlassung —— 4
	III. Entbehrliche Wertungshilfen —— 7

I. Vorrang der Beweisaufnahme von Amts wegen

1   Die gesetzliche Vorschrift des § 364 ist heute, von fehlerhafter oder überflüssiger Anwendung abgesehen, **totes Recht** und sollte aufgehoben werden.

2   Wie zu § 363 erläutert regeln das Haager Beweisaufnahmeübereinkommen (HBÜ) und die Europäische Beweisaufnahmeverordnung (EuBVO) die grenzüberschreitende Beweisaufnahme. Sie kann entweder unter Inanspruchnahme **ausländischer Rechtshilfe** oder im Wege **unmittelbarer Beweisaufnahme** des Prozessgerichts (eventuell unter Inanspruchnahme von Kommunikationseinrichtungen) erfolgen, sofern es nicht gelingt, die Beweisaufnahme nach Transferierung der Beweismittel in das Inland am Sitz des Prozessgerichts oder vor einem grenznah tätigen deutschen Rechtshilferichter (in Kenntnis der Aktenlage) durchzuführen. § 363 geht davon aus, dass eine Beweisaufnahme im Ausland regelmäßig von Amts wegen durchzuführen ist.[1] Sie hat **Vorrang vor** der

---

324 Rauscher/v. Hein[(2010)] Art. 18 EG-BewVO Rdn. 2.
325 So Rauscher/v. Hein[(2010)] Art. 18 EG-BewVO Rdn. 4.
326 So Rauscher/v. Hein[(2010)] Art. 18 EG-BewVO Rdn. 4.

1   BGH NJW-RR 1989, 160, 161 = RIW 1989, 818.

Anordnung nach **§ 364 Abs. 1**; ein davon abweichendes Vorgehen ist ermessensfehlerhaft.[2]

Für § 364 bleibt angesichts der vorrangigen Beweisaufnahmemöglichkeiten nur der **vertragslose Rechtsverkehr** mit ausländischen Staaten übrig. Auch dann ist **vorrangig** der **diplomatische Verkehr** zu wählen, der den amtlichen Charakter des Rechtshilfeersuchens unterstreicht. Führt dieser Weg nicht zum Erfolg, erleidet ein Ersuchungsschreiben des Beweisführers nach § 364 Abs. 1 dasselbe Schicksal,[3] es sei denn, der Beweisführer verfügt über politische Einflussmöglichkeiten in dem Beweisaufnahmestaat, die einem rechtsstaatlichen Verfahren fremd sind.

II. Aussagebeibringung auf Parteiveranlassung

Die in § 364 Abs. 2 vorgesehene Beibringung einer **öffentlichen Urkunde** mit Protokollierung einer Aussage, die auch vor einem deutschen Konsul errichtet werden kann, hat gegenüber einer privatschriftlichen Aussage nach § 377 Abs. 3 den Vorteil, dass die **Identität der Aussageperson** festgestellt worden ist. Der Beweisführer wird von dieser Möglichkeit der Beweisführung im eigenen Interesse spätestens dann Gebrauch machen, wenn eine staatlich veranlasste Beweiserhebung zu scheitern droht.[4] Eine gerichtliche Beweisanordnung ist dafür unerheblich.

Für eine sinnvolle **Ermessensentscheidung** des Gerichts, eine Anordnung nach § 364 Abs. 2 zu treffen, ist **kein Raum**. Lässt sich eine Beweiserhebung unter Einschaltung einer Rechtshilfeinstanz im Ausland nicht durchsetzen, ist das Beweismittel als unerreichbar anzusehen. Es bedarf dann nicht noch einer Anordnung nach § 364 Abs. 2;[5] § 356 reicht zur Beendigung der Verfahrensungewissheit aus.

§ 364 Abs. 2 steht in einem **Wertungswiderspruch** zu der Haltung des Gesetzgebers in Bezug auf Art. 17 HBÜ und der darauf beruhenden Beschränkung in § 12 AusfG zum HBÜ. Die Existenz des § 364 Abs. 2 ist geeignet, einen **Ermessensmissbrauch** des Prozessgerichts zu **provozieren**.[6] Daher sollte auch diese Norm beseitigt werden.

III. Entbehrliche Wertungshilfen

§ 364 Abs. 4 wird über seinen unmittelbaren Anwendungsbereich hinausgehend als Wertungsgrundlage dafür angesehen, dass eine Auslandsbeweisaufnahme auch dann verwertet werden darf, wenn die **Parteiöffentlichkeit** wegen fehlender Benachrichtigung vom Termin **vereitelt** worden ist.[7] Dafür bedarf es keiner eigenständigen Norm.

§ 365
Abgabe durch beauftragten oder ersuchten Richter

Der beauftragte oder ersuchte Richter ist ermächtigt, falls sich später Gründe ergeben, welche die Beweisaufnahme durch ein anderes Gericht sachgemäß er-

---

2 BGH NJW-RR 1989, 160, 161.
3 Vgl. die Prozesslage in BGH NJW 1984, 2039.
4 S. auch OLG Hamm NJW-RR 1988, 703.
5 A.A. *R. Geimer* IZPR[6] Rdn. 2404.
6 Vgl. die grotesk falsche Entscheidung LG Neubrandenburg MDR 1996, 1186; ihr jedoch anscheinend zustimmend *R. Geimer* IZPR[6] Rdn. 2393 mit Fn. 263; s. ferner OLG Köln NJW 1975, 2349.
7 So BGHZ 33, 63, 65.

scheinen lassen, dieses Gericht um die Aufnahme des Beweises zu ersuchen. Die Parteien sind von dieser Verfügung in Kenntnis zu setzen.

Übersicht

I.	Beschleunigende Weiterübertragung —— 1	III.	Verfahren —— 11
II.	Voraussetzungen einer Weiterübertragung —— 2	IV.	Rechtsbehelfe —— 14

I. Beschleunigende Weiterübertragung

1 § 365 ermöglicht eine beschleunigte Reaktion auf veränderte Umstände, indem eine **Rückübertragung an** das **Prozessgericht vermieden** und die Weiterübertragungsentscheidung direkt vom Richterkommissar getroffen und umgesetzt wird. Die Norm ist vor dem Hintergrund der Kommunikationsverhältnisse des 19. Jahrhunderts zu sehen. Ein **rechtspolitisches Bedürfnis** besteht dafür **heute nicht mehr**. Trotz des weit gefassten Wortlauts des § 365 steht eine solche Weiterübertragung nicht im Belieben des Richterkommissars. Sie darf nur zur Korrektur einer bezogen auf den örtlichen Gerichtsbezirk sachwidrigen Übertragungsentscheidung eingesetzt werden.

II. Voraussetzungen einer Weiterübertragung

2 Der Richterkommissar ist **grundsätzlich** an den durch Beweisbeschluss ergangenen **Beweiserhebungsauftrag** bzw. das Ersuchen des Prozessgerichts **gebunden** (näher § 361 Rdn. 10) und hat den Beweisbeschluss so auszuführen, wie es das Prozessgericht vorgesehen hat. Dazu zählt grundsätzlich auch, dass er dies selbst tut. Für eine sinnvolle Umsetzung des Beweisbeschlusses können aber Korrekturen erforderlich sein. § 365 erlaubt wie § 360 Satz 3 die **Reaktion auf** nachträglich eingetretene oder erkannte **Veränderungen**, die die **örtliche Verbundenheit** der Beweisaufnahme mit seinem Gericht betreffen.

3 So kann bspw. der zu vernehmende **Zeuge** zwischenzeitlich aus dem Gerichtsbezirk des ersuchten Richters in einen dritten Gerichtsbezirk **verzogen** sein oder die vom Prozessgericht bei der Auswahl des zu ersuchenden Gerichts zugrunde gelegte **Ladungsanschrift** des Zeugen war schon bei Erlass des Beweisbeschlusses **unzutreffend**. Obwohl § 365 von Gründen spricht, die sich später – also nach der Abgabe an den Richterkommissar – ergeben, können auch schon vor der Übertragung existierende, jedoch erst später erkannte Umstände die Voraussetzungen des § 365 erfüllen.[1]

4 Voraussetzung einer Weiterübertragung ist die **Sachgemäßheit dieser Maßnahme**. Sie ist nach der im Beweisbeschluss zum Ausdruck kommenden Zielsetzung des Prozessgerichts zu beurteilen. Sachgemäß ist, was zu einer Beweiserhebung führt, die der erkennbaren Intention des Prozessgerichts Geltung verschafft. Grundsätzlich sind nur Korrekturen zulässig, die durch ursprüngliche Fehler des Beweisbeschlusses oder spätere Veränderungen der tatsächlichen Umstände erforderlich werden, um die mit dem Beweisbeschluss erstrebte Beweiserhebung dennoch durchzuführen. **Unzulässig** ist eine Weiterleitung wegen bloßer Arbeitsüberlastung oder wegen anderer Bewertung der rechtlichen oder tatsächlichen Situation.[2] Darin läge eine unzulässige Einmischung in

---

[1] MünchKomm/*Heinrich*⁴ § 365 Rdn. 2.
[2] MünchKomm/*Heinrich*⁴ § 365 Rdn. 2.

die Prozessleitungsbefugnis des Prozessgerichts und zugleich eine von § 158 Abs. 2 GVG nicht gedeckte Ablehnung des Rechtshilfeersuchens des Prozessgerichts.

Nicht von § 365 erfasst werden Fälle, in denen die Ausführung des Beweisbeschlusses an der **Person des** beauftragten oder ersuchten **Richters** selbst scheitert, etwa weil er gem. § 41 von der Ausübung des Richteramtes ausgeschlossen ist oder gem. § 42 wegen Befangenheit abgelehnt wird. In diesen Fällen darf er keinen weiteren Einfluss auf den Prozess nehmen. Die Durchführung der Beweisaufnahme verbleibt in aller Regel bei dem ausgewählten Rechtshilfegericht. Der konkret zuständige Richter wird im Falle einer Verhinderung durch die **Vertretungsregeln** des Geschäftsverteilungsplans festgelegt. 5

Die **Anwendung des § 36 Abs. 1 Nr. 1**[3] kann Bedeutung für den ersuchten Richter erlangen, wenn das gesamte zuständige Amtsgericht (§ 157 GVG) verhindert ist, also auch diejenigen Richter, die nach dem Geschäftsverteilungsplan zur Vertretung berufen sind. 6

§ 365 ist **nicht anwendbar**, wenn die Entscheidung des Prozessgerichts zur Übertragung auf einen kommissarischen Richter erst nachträglich getroffen werden soll und im Wege einer Beweisbeschlussänderung umgesetzt wird. Umstritten ist für diese Fälle lediglich, ob eine Übertragung auf den beauftragten oder ersuchten Richter nach § 360 Satz 2 der Zustimmung der Parteien bedarf (näher dazu § 360 Rdn. 32). 7

§ 365 ist ferner nicht anwendbar, wenn der beauftragte oder ersuchte Richter die Beweisaufnahme **an das Prozessgericht zurückübertragen** will oder wenn das von ihm ersuchte Gericht das Ersuchen zunächst annimmt, es aber später wieder zurückgeben will. § 365 setzt implizit voraus, dass das Gericht, an das abgegeben werden soll, ein solches sein muss, das die Entscheidung nicht seinerseits abgegeben hat. Anderenfalls würde dem Rechtshilfegericht ein Recht zur Zweckmäßigkeitskontrolle zugestanden, das ihm gegenüber dem ersuchenden Gericht nach §§ 158 Abs. 2, 159 Abs. 1 GVG gerade nicht zukommen soll. Haben sich die Umstände nach der Übertragung auf den beauftragten oder insbesondere den ersuchten Richter so verändert, dass nunmehr wieder eine Beweisaufnahme durch das Prozessgericht als allein sinnvoll erscheint, muss der Richterkommissar dem Prozessgericht dies mitteilen. Das **Prozessgericht hat** dann durch einen neuen oder geänderten Beweisbeschluss die **Übertragungsentscheidung rückgängig** zu machen. Gibt der Richterkommissar oder der nach § 365 ersuchte Richter dennoch an das ersuchende Gericht zurück, so ist § 159 GVG anzuwenden.[4] 8

Ist der zu vernehmende **Zeuge** zunächst aus dem Gerichtsbezirk des gem. § 362 ersuchten Richters in den Bezirk des gem. § 365 angerufenen Gerichts gezogen und **zieht** er nach der Abgabe der Beweisaufnahme entweder **in den Gerichtsbezirk des Prozessgerichts** oder zurück in den des gem. § 362 ersuchten Richters, dann ist das gem. § 365 angerufene Gericht örtlich unzuständig. Es kommt eine **erneute Abgabe** gem. § 158 Abs. 2 Satz 2 GVG in Betracht. 9

Zur **Abgabe an ausländische Gerichte** oder an ausländische Behörden sowie an deutsche Behörden im Ausland, z.B. deutsche Konsulate, ist der beauftragte oder ersuchte Richter **nicht befugt**.[5] Inwieweit **ausländische Behörden** ein Beweisaufnahmeersuchen **innerstaatlich weitergeben** dürfen, richtet sich im Geltungsbereich der Europäischen Beweisaufnahmeverordnung nach Art. 3 Abs. 1 lit. c EuBVO, im Übrigen nach Rechtshilfeverträgen (z.B. Art. 6 Haager Beweisaufnahmeübereinkommen). 10

---

[3] MünchKomm/*Heinrich*[4] § 365 Rdn. 2; Stein/Jonas/*Berger*[22] § 365 Rdn. 2.
[4] Stein/Jonas/*Berger*[22] § 365 Rdn. 5.
[5] MünchKomm/*Heinrich*[4] § 365 Rdn. 3.

III. Verfahren

11 Bei der Abgabe der Beweiserhebung an ein anderes Gericht handelt es sich wiederum um ein Rechtshilfeersuchen. Es darf gem. § 158 Abs. 1 GVG nicht zurückgewiesen werden. Etwas anderes gilt nur gem. § 158 Abs. 2 GVG. Das **Ersuchen** ist **an** das zuständige **deutsche Rechtshilfegericht** zu richten, also gem. § 157 Abs. 1 GVG an das Amtsgericht, in dessen Bezirk die Beweisaufnahme durchgeführt werden soll.

12 Die **Parteien** sind gem. § 365 Satz 2 von der Abgabe an ein anderes Gericht **in Kenntnis zu setzen**; einer Anhörung bedarf es nicht. Die Benachrichtigung bedarf keiner besonderen Form. Der Richter, der nachfolgend mit der Beweisaufnahme betraut ist, muss die Parteien neu laden und hat dabei die Ladungsfrist des § 217 zu beachten. In analoger Anwendung des § 357 Abs. 2 kann auch diese Ladung formlos erfolgen.

13 Auch das **Prozessgericht** ist von der Übertragung **in Kenntnis zu setzen**,[6] weil in der Abgabe der Beweisaufnahme eine Ablehnung seines Rechtshilfeersuchens liegt. Dem Prozessgericht muss die jederzeitige Lenkung des Verfahrens ermöglicht werden, gegebenenfalls durch Erlass eines neuen Beweisbeschlusses oder durch Änderung des bestehenden. Dem Gericht, an das die Beweisaufnahme abgegeben wird, haben der beauftragte oder der ersuchte Richter den **Beweisbeschluss sowie** die **Akten zu übersenden**.

IV. Rechtsbehelfe

14 Da die Abgabe ein **Rechtshilfeersuchen** betrifft, ist § 159 GVG unmittelbar auch auf die Fälle des § 365 anwendbar. Die Parteien und das abgebende Gericht, nicht jedoch das Prozessgericht, können gegen eine **ablehnende Übernahmeentscheidung** des Gerichts, *an das* gem. § 365 abgegeben wird, gem. § 159 Abs. 2 GVG vorgehen. Darüber hinaus können die Parteien und das Prozessgericht die **Abgabeentscheidung** des beauftragten oder ersuchten Richter auf Antrag gem. **§ 159 Abs. 2 GVG** von dem zuständigen OLG **überprüfen** lassen, da in der Abgabe eine Ablehnung des Rechtshilfeersuchens liegt.[7]

§ 366
Zwischenstreit

(1) Erhebt sich bei der Beweisaufnahme vor einem beauftragten oder ersuchten Richter ein Streit, von dessen Erledigung die Fortsetzung der Beweisaufnahme abhängig und zu dessen Entscheidung der Richter nicht berechtigt ist, so erfolgt die Erledigung durch das Prozessgericht.

(2) Der Termin zur mündlichen Verhandlung über den Zwischenstreit ist von Amts wegen zu bestimmen und den Parteien bekannt zu machen.

Übersicht
I. Folgen begrenzter Entscheidungsbefugnis des Richterkommissars —— 1
II. Entscheidungsbefugnisse bei vorgreiflichem Zwischenstreit —— 2
III. Verfahren —— 7
IV. Rechtsbehelfe —— 10

---

[6] MünchKomm/*Heinrich*⁶ § 365 Rdn. 4.
[7] MünchKomm/*Heinrich*⁶ § 365 Rdn. 5; Musielak/*Stadler*¹⁰ § 365 Rdn. 3; Stein/Jonas/*Berger*²² § 365 Rdn. 5; **a.A.** Zöller/*Greger*²⁹ § 365 Rdn. 1.

I. Folgen begrenzter Entscheidungsbefugnis des Richterkommissars

Die Entscheidung über Fragen, die über die bloße Durchführung der Beweisaufnahme hinausgehen und den Rechtsstreit selbst betreffen, gehört nicht zur Kompetenz des beauftragten und des ersuchten Richters, sondern ist allein Sache des Prozessgerichts. § 366 knüpft an die anderweitig vorgegebene Kompetenzabgrenzung an und regelt nur für bestimmte Fragen die Zuständigkeit des Prozessgerichts. Betroffen sind **Zwischenstreitigkeiten, von denen** die Durchführung der **Beweisaufnahme abhängt** und ohne deren Entscheidung die **Beweisaufnahme abgebrochen** werden müsste. Die Streitfragen können zwischen den Parteien, zwischen einer Partei und dem beauftragten oder ersuchten Richter oder zwischen einer Partei und einem Zeugen oder Sachverständigen bestehen. **1**

II. Entscheidungsbefugnisse bei vorgreiflichem Zwischenstreit

Der beauftragte oder ersuchte Richter darf grundsätzlich nur solche Entscheidungen selbst treffen, die sich auf die **Art und Weise der Durchführung der Beweisaufnahme** oder der ihm sonst übertragenen Aufgaben beziehen. Alle darüber hinausgehenden Fragen hat das Prozessgericht selbst zu entscheiden. **2**

Zu den **gesetzlich ausdrücklich vorgesehenen Kompetenzen** gehören diejenigen Maßnahmen, die die Beweisaufnahme selbst ausmachen. So ist er gem. § 372 Abs. 2 befugt, einen **Gegenstand in Augenschein** zu nehmen und erforderlichenfalls einen zuzuziehenden Sachverständigen zu benennen. Er ist ferner gem. § 375 bzw. §§ 375, 402 befugt, **Zeugen** sowie **Sachverständige zu vernehmen** und er darf dabei auch Vorhaltungen machen. **Sachverständige** darf er im Falle der Ermächtigung durch das Prozessgericht gem. § 405 selbst **ernennen** sowie gem. § 406 Abs. 4 über nach § 406 Abs. 2 gestellte **Ablehnungsanträge** hinsichtlich eines Sachverständigen entscheiden. § 400, der kraft der Verweisung des § 402 auch für den Sachverständigenbeweis gilt, enthält weitere nicht abschließend[1] aufgezählte Befugnisse des Richterkommissars. Sie gestatten ihm insbesondere, **Zwangsmaßnahmen** gegen einen **ausgebliebenen Zeugen** (§ 380) oder gegen einen das **Zeugnis** zu Unrecht **verweigernden Zeugen** (§ 390) zu treffen sowie diese Maßnahmen wieder aufzuheben. Ihm können gem. § 434 **Urkunden vorgelegt** werden und er kann gem. §§ 451, 375 mit der **Vernehmung einer Partei** betraut werden. Schließlich darf er gem. § 229 selbst Termine und Fristen bestimmen, zu denen allerdings **nicht** die in § 356 geregelte **Beibringungsfrist** zählt. Gemäß § 278 Abs. 5 Satz 1 kann er einen **Güteversuch** durchführen. Er übt die **sitzungspolizeilichen Befugnisse** der §§ 176 ff. GVG aus. **3**

Einzelne Normen ordnen ausdrücklich die **Zuständigkeit des Prozessgerichts** an, schließen also die Zuständigkeit eines kommissarischen Richters aus. Dies ist bspw. in § 387 Abs. 1 und in § 397 Abs. 3 der Fall bei Anordnung einer schriftlichen Zeugenaussage (§ 377 Abs. 3; dazu § 377 Rdn. 41). Häufiger sind die Fälle, in denen es an einer geschriebenen Zuständigkeit des Richterkommissars fehlt und deshalb nur das Prozessgericht zuständig ist. **4**

Für die **Beeidigung von Zeugen** gem. § 391 ist das Prozessgericht zuständig, das aber den kommissarischen Richter gem. § 375 ermächtigen kann.[2] Wenn die Vorausset- **5**

---

[1] Musielak/*Huber*[10] § 400 Rdn. 1.
[2] Musielak/*Stadler*[10] § 366 Rdn. 3; MünchKomm/*Heinrich*[4] § 366 Rdn. 2; Rosenberg/Schwab/*Gottwald*[17] § 120 Rdn. 31; **a.A.** – Beeidigung auch ohne Anweisung des Prozessgerichts – MünchKomm/*Damrau*[4] § 391 Rdn. 7; Stein/Jonas/*Berger*[22] § 391 Rdn. 21.

zungen des § 391 (Bedeutung der Aussage oder Herbeiführung einer wahrheitsgemäßen Aussage) gegeben sind, dürften die Voraussetzungen des § 375 kaum zu bejahen sein, also eine Beweisaufnahme durch einen kommissarischen Richter ausscheiden.

6   In Einzelfällen kann der beauftragte oder ersuchte Richter einen **Zwischenstreit** und damit eine Vorlage beim Prozessgericht dadurch **vermeiden**, dass er von der in § 360 Satz 3 eingeräumten Möglichkeit Gebrauch macht, den **Beweisbeschluss des Prozessgerichts** zu **ändern** (dazu § 360 Rdn. 36).

III. Verfahren

7   Um die Beweisaufnahme nicht unnötig zu verzögern, darf der Richterkommissar die **Beweisaufnahme zunächst** soweit **fortsetzen**, wie dies ohne die Beantwortung des Zwischenstreits möglich ist. Erst dann werden die Akten und das Protokoll der bisher durchgeführten Beweisaufnahme sowie eine Darstellung der im Zwischenstreit zu klärenden Fragen dem Prozessgericht vorgelegt.

8   Gem. § 366 Abs. 2 ist **über** den **Zwischenstreit mündlich zu verhandeln**. Da vor dem beauftragten oder ersuchten Richter keine mündliche Verhandlung stattfindet (§ 362 Rdn. 18), kann der Termin nur vom Prozessgericht bestimmt werden; dies hat von Amts wegen zu erfolgen. Der Termin ist den **Parteien** gem. § 366 Abs. 2 **formlos bekannt zu machen. Alle anderen** am Zwischenstreit **Beteiligten** sind gem. § 329 Abs. 2 Satz 2 zu **laden**.[3] Im Falle des § 389 Abs. 2 sind auch die Parteien zu laden. Wenn eine Partei diesen Termin versäumt, so beschränken sich ein **Versäumnisverfahren** und ein ggf. ergangenes Versäumnisurteil gem. § 347 Abs. 2 auf die im Zwischenstreit zu behandelnde Frage.

9   Der weitere **Fortgang der Beweisaufnahme** hängt von der **Entscheidung des Prozessgerichts** ab. Dies gilt nicht nur hinsichtlich der zu beantwortenden Frage selbst, die schon definitionsgemäß das weitere Schicksal der Beweisaufnahme bestimmt. Das Prozessgericht kann den Zwischenstreit auch zum Anlass für eine Entscheidung darüber nehmen, ob es selbst oder der Richterkommissar die Beweisaufnahme fortsetzen soll. Von dieser Entscheidung hängt auch die **Form der Entscheidung über** den **Zwischenstreit** ab. Wenn die Beweisaufnahme – wie ursprünglich vorgesehen – vom Richterkommissar zu Ende geführt werden soll, ergeht die Entscheidung über den Zwischenstreit gem. § 303 in Gestalt eines **Zwischenurteils**. Ein solches kann zwar auch dann ergehen, wenn das Prozessgericht beschließt, die Beweisaufnahme von nun an selbst weiterzuführen und den ursprünglichen Beweisbeschluss entsprechend ändert, jedoch ist von diesem Erfordernis entgegen § 303 eine Ausnahme zu machen, wenn der Zwischenstreit nur die Parteien und keine sonstigen Beteiligten betrifft und die Beweisaufnahme vom Prozessgericht weitergeführt werden soll. Dann wird über den Zwischenstreit gemeinsam mit dem **Endurteil** entschieden.[4]

IV. Rechtsbehelfe

10   Spezifische Rechtsbehelfe für Entscheidungen im Zwischenstreit gibt es nicht. **Nicht einschlägig** ist insbesondere die **Erinnerung gem. § 573**, da es sich bei der Entscheidung über den Zwischenstreit um eine Entscheidung des Prozessgerichts handelt und die Entscheidung des beauftragten oder ersuchten Richters, den Zwischenstreit dem Pro-

---

3   Musielak/*Stadler*[10] § 366 Rdn. 6; Stein/Jonas/*Berger*[22] § 366 Rdn. 5.
4   MünchKomm/*Heinrich*[6] § 366 Rdn. 3.

zessgericht vorzulegen, keiner eigenständigen Überprüfung bedarf. Daher ist auch § 329 Abs. 3 nicht anzuwenden. Das Prozessgericht als originär zuständiges Gericht kann in jedem Fall über die betreffende Frage entscheiden, wenn es den Beweisbeschluss entsprechend ändert und dem Richterkommissar die Beweiserhebung wieder entzieht, so dass die Parteien kein schutzwürdiges Interesse an einer Entscheidung durch den Richterkommissar haben.

Nur **ausnahmsweise** ist eine **Überprüfung von Zwischenurteilen** zulässig, sofern dies gesetzlich ausdrücklich vorgesehen ist. Dies ist der Fall bei § 387 Abs. 3, der gegen eine Entscheidung des Prozessgerichts über die **Rechtmäßigkeit einer Zeugnisverweigerung** die **sofortige Beschwerde** für zulässig erklärt. Dasselbe gilt gem. §§ 408 Abs. 1, 402 für die **Verweigerung** der Erstattung eines **Sachverständigengutachtens**. 11

§ 367
Ausbleiben der Partei

(1) Erscheint eine Partei oder erscheinen beide Parteien in dem Termin zur Beweisaufnahme nicht, so ist die Beweisaufnahme gleichwohl insoweit zu bewirken, als dies nach Lage der Sache geschehen kann.

(2) Eine nachträgliche Beweisaufnahme oder eine Vervollständigung der Beweisaufnahme ist bis zum Schluss derjenigen mündlichen Verhandlung, auf die das Urteil ergeht, auf Antrag anzuordnen, wenn das Verfahren dadurch nicht verzögert wird oder wenn die Partei glaubhaft macht, dass sie ohne ihr Verschulden außerstande gewesen sei, in dem früheren Termin zu erscheinen, und im Falle des Antrags auf Vervollständigung, dass durch ihr Nichterscheinen eine wesentliche Unvollständigkeit der Beweisaufnahme veranlasst sei.

Übersicht

I. Amtsbetrieb der Beweisaufnahme — 1
II. Anwendungsbereich — 2
III. Durchführung der Beweisaufnahme trotz Ausbleibens
　1. Möglichkeit der Durchführung — 5
　2. Folgen des Ausbleibens
　　a) Verlust des Fragerechts — 7
　　b) Präklusion, Beweisfälligkeit — 8
　　c) Beweisvereitelung — 11
　　d) Nachholung — 12
　3. Versäumnisurteil und Beweisaufnahme — 13
　4. Beweisaufnahme nach Aktenlage — 14
IV. Nachholung und Vervollständigung der Beweisaufnahme
　1. Nachholung als Ausnahme — 15
　2. Voraussetzungen einer Nachholung oder Vervollständigung
　　a) Gestaffelte Prüfung — 16
　　b) Verzögerung — 17
　　c) Unverschuldetes Ausbleiben — 18
　　d) Wesentliche Unvollständigkeit der Beweisaufnahme — 20
　3. Antragsgebundenes Verfahren — 21
V. Unbeschränkte Wiederholung des Beweisaufnahmetermins
　1. Unzureichende Terminsbenachrichtigung — 26
　2. Substituierende Einwilligung der gegnerischen Partei — 27
VI. Rechtsbehelfe — 29

I. Amtsbetrieb der Beweisaufnahme

§ 367 folgt aus dem Grundsatz des Amtsbetriebs und konstituiert die Pflicht des Prozessgerichts oder des beauftragten oder ersuchten Richters, Beweisbeschlüsse nach Möglichkeit auch **ohne Anwesenheit** oder gar Mitwirkung **der Parteien** auszuführen. Die Vorschrift entlastet zu vernehmende Zeugen und Sachverständige, indem sie deren wiederholtes Erscheinen vermeidet, und trägt zur Verfahrensbeschleunigung bei. 1

II. Anwendungsbereich

2 Absatz 1 regelt die **Folgen** des Ausbleibens **für den konkreten Beweistermin**, während Absatz 2 die Folgen für die **Beweisaufnahme insgesamt** bestimmt und entscheidet, ob Defizite der Beweisaufnahme, die sich wegen des Fehlens der Partei ergeben haben, durch das Nachholen oder Vervollständigen der Beweisaufnahme ausgeglichen werden müssen.

3 § 367 Abs. 1 spricht von dem „Termin *zur* Beweisaufnahme", was einen speziellen Beweistermin nahe legen könnte, dem ein Beweisbeschluss vorangegangen sein müsste. Das ist jedoch nicht der Fall. § 367 betrifft sowohl einen **gesonderten Termin zur Beweisaufnahme**, der wegen eines umzusetzenden Beweisbeschlusses angeordnet worden ist, **als auch** einen **Termin zur mündlichen Verhandlung**, in dem auf Grund formloser Beweisanordnung eine Vernehmung **vorbereitend** nach § 273 Abs. 2 Nr. 4 **geladener Zeugen** oder Sachverständiger stattfinden soll. Bei Abwesenheit einer Partei eine Beweiserhebung durch schlichte Beweisanordnung zu verfügen und gem. § 367 Abs. 1 auszuführen, ist nur zulässig, wenn eine ordnungsgemäße Benachrichtigung der Parteien nach § 273 Abs. 4 erfolgt ist. Die Benachrichtigung zeigt den Parteien deutlich, dass sich der mündlichen Verhandlung eine Beweisaufnahme anschließen kann. Unerheblich ist, ob der auszuführende Beweisbeschluss gem. § 358 oder § 358a ergangen ist. § 367 findet auch dann Anwendung, wenn ein **vorterminlicher Beweisbeschluss** gem. § 358a Satz 2 **vorterminlich ausgeführt** werden soll.

4 Die **Entscheidung nach Absatz 2** steht grundsätzlich **nur** dem **Prozessgericht** offen, während Absatz 1 auch für eine Beweisaufnahme vor dem beauftragten oder dem ersuchten Richter gilt. Bei einer Beweisaufnahme vor dem Richterkommissar ist der Antrag gem. § 367 Abs. 2 gegenüber dem Prozessgericht zu stellen (näher unten Rdn. 21).

III. Durchführung der Beweisaufnahme trotz Ausbleibens

5 **1. Möglichkeit der Durchführung.** Die Anwesenheit der Parteien kann im Gegensatz zur Anwesenheit von Zeugen und Sachverständigen nicht erzwungen werden; die Parteien haben lediglich ein Anwesenheits*recht*, § 357 Abs. 1.[1] Daher ist grundsätzlich auch in ihrer Abwesenheit ein Zeuge oder Sachverständiger zu vernehmen oder ein Gegenstand oder eine Urkunde in Augenschein zu nehmen. Die **ausgebliebene Partei muss nur ordnungsgemäß** von dem Termin **benachrichtigt** worden sein (§§ 357 Abs. 2, 218, 329 Abs. 2 Satz 2, 172, 273 Abs. 4 Satz 1),[2] insbesondere sind also Form und Frist (§ 217) der Ladung einzuhalten. Fehlt es daran, verletzt die Beweisaufnahme den Grundsatz der Parteiöffentlichkeit (§ 357 Abs. 1) und den sich darin konkretisierenden Anspruch auf rechtliches Gehör.

6 Vom Fall der unzureichenden Benachrichtigung abgesehen darf die Erhebung des Beweises nur unterbleiben, wenn die Durchführung von der Anwesenheit der fehlenden Partei abhängt. Dies ist z.B. der Fall, wenn die **zu vernehmende Partei nicht erscheint** – wobei in diesen Fällen die Sonderregelung des § 454 gilt –, oder wenn eine Partei ein **Augenscheinsobjekt oder** eine **Urkunde vorlegen** sollte, der betreffende Gegenstand also nicht zur Verfügung steht. Die Partei kann auch selbst Augenscheinsobjekt sein, z.B. wenn es um die Begutachtung von Verletzungen geht.

---

[1] *Jankowski* NJW 1997, 3347; Musielak/*Stadler*[10] § 367 Rdn. 2.
[2] RGZ 6, 351, 353; MünchKomm/*Heinrich*[4] § 367 Rdn. 4; Musielak/*Stadler*[10] § 367 Rdn. 1; Stein/Jonas/*Berger*[22] § 367 Rdn. 1.

2. Folgen des Ausbleibens

a) Verlust des Fragerechts. Das Ausbleiben hat prozessuale Folgen für die ausgebliebene Partei. Konnte die Beweisaufnahme trotz ihres Fehlens durchgeführt werden, so geht sie diesbezüglich sämtlicher **Mitwirkungs- und Fragerechte** (§§ 397, 402, 451) für die betreffende Instanz **verlustig**, und zwar unabhängig davon, ob sie beweisbelastet ist. Sie wird behandelt, als habe sie bei Anwesenheit von ihrem Fragerecht keinen Gebrauch gemacht. 7

b) Präklusion, Beweisfälligkeit. Fehlt die beweisbelastete Partei, deren Mitwirkung für die Durchführung der Beweisaufnahme erforderlich ist, etwa weil von ihr ein Gegenstand vorzulegen ist, und scheitert die Beweisaufnahme deshalb, ist die Partei **mit dem Beweismittel** in der betreffenden Instanz vorbehaltlich des § 367 Abs. 2 **ausgeschlossen** (§ 230). Damit ist zwar nicht zwingend gesagt, dass die Partei beweisfällig bleibt, weil sich andere Beweismittel, die zum Beweis derselben Tatsachen herangezogen wurden, als ergiebig genug erweisen. Häufig wird die Beweisführung aber scheitern. 8

Die Partei ist mit dem betreffenden Beweismittel jeweils **nur für das** benannte **Beweisthema präkludiert**. Aus § 367 ergibt sich lediglich, dass die für den jeweiligen Termin anberaumte Beweisaufnahme nicht mehr nachgeholt oder ergänzt werden darf, wenn nicht die Voraussetzungen des Absatzes 2 vorliegen. **Versäumte Beweishandlung** im Sinne des § 230 ist in den Fällen einer Verhinderung der Beweisaufnahme **lediglich** der konkrete Beweisantritt zum **Beweis einer bestimmten Behauptung**, denn ein Beweisantritt findet stets nur im Hinblick auf eine bestimmte Behauptung und nicht generell für das jeweilige Beweismittel statt. Darauf beschränkt sich demzufolge die Rechtsfolge des § 230. Unmöglich wird – vom Sonderfall des § 454 abgesehen – eine Beweiserhebung durch Ausbleiben einer Partei regelmäßig nur in den Fällen der §§ 371, 420, wenn das in Augenschein zu nehmende Objekt oder die Urkunde von der Partei hätte vorgelegt werden müssen. 9

Wird durch die Abwesenheit die Durchführung der Beweisaufnahme nicht beeinträchtigt, **entfällt lediglich das Fragerecht**, soweit es für das zu behandelnde Beweisthema bestanden hat. Wird der Zeuge, der von der Partei nicht befragt werden konnte, nachträglich zu einem Beweisthema vernommen, das nicht Gegenstand des versäumten Beweistermins gewesen ist, steht einer Vervollständigung der ursprünglichen Vernehmung nichts entgegen. 10

c) Beweisvereitelung. Trägt der Gegner der ausgebliebenen Partei die Beweisführungslast, so hängen die Rechtsfolgen von den Gründen des Ausbleibens ab. Das Ausbleiben ist nach § 286 frei zu würdigen. Es kann als **Beweisvereitelung** zu qualifizieren sein und der **Beweis als erbracht** gelten[3] (zur Beweisvereitelung generell § 444 Rdn. 5ff.). Für den Augenscheinsbeweis und den Urkundenbeweis enthalten §§ 372 Abs. 3, 427, 441 Abs. 3 Satz 3 und 444 Sonderregeln; für die Parteivernehmung ist § 454 zu beachten. 11

d) Nachholung. All diese Folgen werden nur vermieden, wenn eine Nachholung oder Vervollständigung der Beweisaufnahme gem. § 367 Abs. 2 durchgeführt werden kann. Sie bleiben ferner aus, wenn keine ordnungsgemäße Benachrichtigung der ausgebliebenen Partei über den Beweistermin erfolgt ist. Die Beweisaufnahme hätte dann we- 12

---

[3] Musielak/*Stadler*[10] § 367 Rdn. 4.

gen **Verstoßes gegen** den Grundsatz der **Parteiöffentlichkeit** nicht ohne die ausgebliebene Partei stattfinden dürfen.

13   **3. Versäumnisurteil und Beweisaufnahme.** Bleibt eine Partei bei der Beweisaufnahme vor dem Prozessgericht aus, wird sie in der Regel auch nicht an der anschließenden mündlichen Verhandlung (§ 370 Abs. 1) teilnehmen, so dass auf Antrag ein Versäumnisurteil erlassen wird. Gleichwohl wird die Durchführung der **Beweisaufnahme nicht entbehrlich**. Im Falle eines erfolgreichen Einspruchs gegen das Versäumnisurteil würde sonst die Anberaumung eines neuen Beweistermins und gegebenenfalls die erneute Ladung von Zeugen und Sachverständigen erforderlich. Es kann auch ein **Urteil nach Aktenlage** erlassen werden (§ 251a), sofern beide Parteien ausgeblieben sind; für dieses Urteil ist die Beweisaufnahme zu verwerten.[4]

14   **4. Beweisaufnahme nach Aktenlage.** Hat das Gericht zur Vorbereitung des Termins **gem. § 273 Abs. 2 Nr. 4** Zeugen oder Sachverständige zur mündlichen Verhandlung **geladen** und die Parteien von dieser Anordnung gem. § 273 Abs. 4 Satz 1 in Kenntnis gesetzt, darf trotz Ausbleibens *beider* Parteien eine Beweisaufnahme nach Aktenlage gem. § 251a Abs. 1 angeordnet und sogleich durchgeführt werden.[5] Im Falle des Ausbleibens nur *einer* Partei ist auf Antrag der erschienenen Partei das Gleiche gem. § 331a zulässig. Hinsichtlich der Vernehmung der geladenen Zeugen und Sachverständigen ist § 367 anzuwenden.

IV. Nachholung und Vervollständigung der Beweisaufnahme

15   **1. Nachholung als Ausnahme.** Gemäß § 367 Abs. 2 können **Defizite** der Beweisaufnahme, die durch das Ausbleiben der Partei entstanden sind, ausnahmsweise **nachträglich beseitigt** werden. Diese Möglichkeit besteht sowohl bei abwesenheitsbedingter Unvollständigkeit der Beweisaufnahme als auch bei deren völligem Unterbleiben. Beide Fälle unterscheiden sich nur hinsichtlich des Umfangs der durchzuführenden Ergänzungen.

2. Voraussetzungen einer Nachholung oder Vervollständigung

16   **a) Gestaffelte Prüfung.** Die Voraussetzungen einer Nachholung oder Vervollständigung sind **in drei Schritten zu prüfen**. Zunächst ist zu fragen, **ob das Verfahren** durch die Nachholung oder Vervollständigung **verzögert** werden würde. Ist eine Verzögerung nicht zu erwarten, kommt es auf die Gründe für das Ausbleiben nicht mehr an. Droht eine Verzögerung, so muss die ausgebliebene Partei glaubhaft machen, dass sie **unverschuldet** nicht zu dem Termin erscheinen konnte. Schließlich muss die Partei im Falle eines Antrags auf Vervollständigung zusätzlich glaubhaft machen, dass die trotz ihres Fehlens durchgeführte Beweisaufnahme wegen ihrer Abwesenheit **in wesentlichen Punkten unvollständig** geblieben ist. Konnte die Beweisaufnahme mangels Anwesenheit überhaupt nicht durchgeführt werden, so bedarf es keiner weiteren Darlegungen.

17   **b) Verzögerung.** Von einer Verzögerung gem. § 367 Abs. 2 ist unter denselben Voraussetzungen auszugehen **wie bei § 296 Abs. 1 und 2**.[6] Ob eine Verzögerung zu befürch-

---

[4] BGH NJW 2002, 301, 302.
[5] MünchKomm/*Heinrich*[4] § 367 Rdn. 3; Stein/Jonas/*Berger*[22] § 367 Rdn. 2; Zöller/*Greger*[29] § 367 Rdn. 1.
[6] MünchKomm/*Heinrich*[4] § 367 Rdn. 5; Musielak/*Stadler*[10] § 367 Rdn. 6; Stein/Jonas/*Berger*[22] § 367 Rdn. 6.

ten ist, beurteilt das Gericht also nach freier Überzeugung (§ 296 Abs. 1). Eine Verzögerung wird stets angenommen, wenn die Nachholung oder Vervollständigung einen zusätzlichen Beweistermin erforderlich macht, während die Sache ohne sie **bereits entscheidungsreif** wäre. Nicht entscheidend ist hingegen, ob durch die Nachholung der Beweisaufnahme diejenigen Termine, die ohnehin durchzuführen sind, jeweils mehr Zeit beanspruchen. Sind **noch weitere Beweistermine** abzuhalten und lässt sich die Nachholung oder Vervollständigung innerhalb dieses für das Verfahren vorgesehenen Zeitraums noch erledigen, so ist nicht von einer Verzögerung auszugehen.

c) **Unverschuldetes Ausbleiben.** Ist eine Verzögerung zu erwarten, so kommt eine 18 Nachholung oder Vervollständigung nur noch in Betracht, wenn das **Ausbleiben unverschuldet** war. Es darf der Partei also auch bei Einhaltung der im Verkehr erforderlichen Sorgfalt (§ 276 Abs. 2 BGB) nicht möglich gewesen sein, den Termin wahrzunehmen. Bereits leichte Fahrlässigkeit schadet. Das Verschulden des Prozessbevollmächtigten ist gem. § 85 Abs. 2 zuzurechnen.

Die Umstände, aus denen sich das **fehlende Verschulden** des Ausbleibens ergibt, 19 sind von der Partei **glaubhaft zu machen** (§ 294),[7] d.h. es ist eine substantiierte Darlegung erforderlich, aus denen sich die überwiegende Wahrscheinlichkeit der Wahrheit des Behaupteten ergibt.[8]

d) **Wesentliche Unvollständigkeit der Beweisaufnahme.** Wird eine Vervollstän- 20 digung beantragt, ist **glaubhaft zu machen**, dass die Beweisaufnahme auf Grund des Ausbleibens **unvollständig geblieben** ist. Entscheidend ist dafür nicht, ob die Beweisaufnahme anders verlaufen wäre, sondern **ob das Ergebnis ein anderes** hätte gewesen sein *können*. Dass sich ein anderes Ergebnis hätte ergeben *müssen*, ist hingegen nicht zu verlangen. Dies würde voraussetzen, dass sich aus einem bestimmten Vorgehen nur ein bestimmtes Ergebnis hätte ergeben können. Hätte die ausgebliebene Partei bspw. bei Anwesenheit eine Frage stellen wollen, die in der Beweisaufnahme nicht beleuchtete Sachverhaltsaspekte betrifft, dann ist nicht gewiss, wie die Antwort der Beweisperson auf diese Frage gelautet hätte. Es muss genügen, wenn auf Grund der beabsichtigten Fragestellung und der Sachverhaltsumstände eine Antwort vorstellbar gewesen wäre, die ein anderes Bild des Sachverhalts gezeichnet hätte. Daraus ergibt sich, dass die ausgebliebene Partei erstens darlegen muss, **was sie bei Anwesenheit unternommen** hätte,[9] und dass sie zweitens deutlich machen muss, **inwieweit** dies **zu abweichenden Ergebnissen hätte führen können**. Für die von der Partei intendierten Ergebnisse muss eine überwiegende Wahrscheinlichkeit sprechen. Anderenfalls ließe sich über das Behaupten einer beabsichtigten Frage nahezu problemlos die wesentliche Unvollständigkeit dartun.

3. **Antragsgebundenes Verfahren.** Nachholung und Vervollständigung der Be- 21 weisaufnahme können **nur auf Antrag** durchgeführt werden. Antragsberechtigt ist die ausgebliebene Partei. Sie hat den Antrag beim **Prozessgericht** bis spätestens zum Schluss der mündlichen Verhandlung zu stellen.[10]

---

7 BGH LM StVO § 13 Nr. 7.
8 Zu den Glaubhaftmachungsanforderungen: BVerfGE 38, 35, 39; BGHZ 156, 139, 142; OLG Zweibrücken MDR 2001, 413.
9 AK-ZPO/*Rüßmann* § 367 Rdn. 2; MünchKomm/*Heinrich*[6] § 367 Rdn. 5.
10 Stein/Jonas/*Berger*[22] § 367 Rdn. 10.

22 Wegen der weitreichenden Bedeutung für den weiteren Fortgang des Verfahrens kann die Entscheidung **nicht** von einem **beauftragten oder ersuchten Richter** getroffen werden.[11] Wird der Antrag bei ihm gestellt, ist er dem Prozessgericht vorzulegen. Das erübrigt sich nur, wenn der Richterkommissar die Beweisaufnahme aus anderen Gründen als der Säumnis der Partei als noch nicht abgeschlossen ansieht und deshalb **nach § 368** einen weiteren Beweistermin anberaumt. Dann hat die ausgebliebene Partei Gelegenheit, dem erneut geladenen Zeugen oder Sachverständigen ihre Fragen auch zu einem schon abgeschlossenen Komplex zu stellen.[12] Voraussetzung ist, dass die Akten noch nicht an das Prozessgericht zurückgesandt wurden. Dieses Vorgehen darf **nicht** zu einer **Umgehung des § 367** führen.[13]

23 Über den Antrag gem. § 367 Abs. 2 hat das Prozessgericht **mündlich zu verhandeln**.[14] Bei Vorliegen der Voraussetzungen des Absatzes 2 muss es dem Antrag stattgeben und die Nachholung bzw. Vervollständigung der Beweisaufnahme anordnen; ein Ermessensspielraum besteht nicht. Die Beweisaufnahme kann dann entweder noch im selben Termin stattfinden, sofern die Beweismittel zur Verfügung stehen, oder es muss ein **Beweisbeschluss** ergehen und ein Termin für die Beweisaufnahme bestimmt werden. In Betracht kommt auch die Anordnung der ergänzenden Zeugenvernehmung vor dem ersuchten Richter.[15] Wird der Antrag abgelehnt, ergeht die Entscheidung entweder in der Form eines nicht selbständig anfechtbaren **Zwischenurteils oder in** den **Gründen des Endurteils.**[16]

24 Über eine **Wiederholung gem. §§ 398 Abs. 1, 402** entscheidet das Prozessgericht nach pflichtgemäßem Ermessen und grundsätzlich **unabhängig von § 367 Abs. 2**. Eine **wiederholte Vernehmung** ist allerdings nicht gegeben, wenn **noch keine Erstvernehmung** stattgefunden hat. Die Wiederholung gem. § 368 ist also auf Fälle beschränkt, in denen die Wiederholung aus anderen Gründen als der Abwesenheit der Partei erforderlich ist.

25 Die **Nachholung** ist **analog § 295 Abs. 1 ausgeschlossen**, wenn der Antrag nicht im nächsten Termin gestellt wird.[17] In diesem Fall kommt nur noch ein Antrag auf Vervollständigung gem. § 367 Abs. 2 in Betracht.

V. Unbeschränkte Wiederholung des Beweisaufnahmetermins

26 **1. Unzureichende Terminsbenachrichtigung.** In Betracht kommt eine Präklusion mit durchbrechender Anwendung des § 367 Abs. 2 nur dann, wenn die **Parteien ordnungsgemäß** von dem Termin zur Beweisaufnahme **benachrichtigt** worden sind. Anderenfalls liegt in der Durchführung der Beweisaufnahme ein Verstoß gegen den Grundsatz der Parteiöffentlichkeit. In diesen Fällen kann die fehlinformierte Partei den Verstoß rügen und eine **Wiederholung** der Beweisaufnahme **unabhängig von** den Voraussetzungen des **§ 367 Abs. 2** verlangen, es sei denn, der Fehler ist gem. § 295 Abs. 1 geheilt worden. Die Heilung schließt zugleich eine Anwendung des § 367 Abs. 2 aus, soweit es um die Nachholung der Beweisaufnahme geht, so dass nur noch eine Vervollständigung

---

11 Zöller/*Greger*[29] § 367 Rdn. 2.
12 Wohl ebenso Musielak/*Stadler*[10] § 367 Rdn. 6; wohl weitergehend MünchKomm/*Heinrich*[4] § 367 Rdn. 7; Stein/Jonas/*Berger*[22] § 367 Rdn. 10.
13 Musielak/*Stadler*[10] § 368 Rdn. 1.
14 MünchKomm/*Heinrich*[4] § 367 Rdn. 8.
15 OLG Nürnberg OLGZ 1976, 480, 481.
16 Musielak/*Stadler*[10] § 367 Rdn. 6; Stein/Jonas/*Berger*[22] § 367 Rdn. 11.
17 MünchKomm/*Heinrich*[4] § 367 Rdn. 4; Zöller/*Greger*[29] § 367 Rdn. 2.

möglich bleibt.[18] Die Möglichkeit der Vervollständigung ist offen zu halten, da die Partei anderenfalls schlechter stünde als bei Abwesenheit trotz ordnungsgemäßer Benachrichtigung.

2. Substituierende Einwilligung der gegnerischen Partei. Umstritten ist, **ob bei Zustimmung** der gegnerischen Partei auch **unabhängig von** den **in § 367 Abs. 2 genannten Voraussetzungen** eine Nachholung oder Vervollständigung stattfinden kann. Die Einwilligung würde dann sämtliche andere Voraussetzungen überlagern. Die Vertreter dieser Ansicht sehen durch § 367 Abs. 2 lediglich die Interessen der gegnerischen Partei geschützt, so dass die Disponibilität der gesetzlichen Voraussetzungen durch Einwilligung in Betracht komme.[19] Begründet wird dies damit, dass die Praxis bereits vor der Vereinfachungsnovelle des Jahres 1924 entsprechend verfahren worden sei und der Gesetzgeber durch das Unterlassen einer diese Praxis unterbindenden Normänderung sein Einverständnis zum Ausdruck gebracht habe.[20]   27

Eine **Dispositionsbefugnis** ist **zu verneinen**.[21] Die gesetzliche Regelung bezweckt eine Verfahrensbeschleunigung, die Entlastung der Justiz im Interesse der **Funktionsfähigkeit der Rechtspflege** insgesamt und die **Entlastung** der unter staatlichem Zwang erschienenen **Beweispersonen**. Zudem wäre es widersprüchlich, einerseits von einem Grundsatz des Amtsbetriebs auszugehen und die Beweisaufnahme von der Mitwirkung der Parteien abzukoppeln, den Parteien aber dennoch die Möglichkeit einzuräumen, über eine Nachholung oder Vervollständigung zu entscheiden. Eine Nachholung bedeutet faktisch eine Vertagung der Beweisaufnahme. Einen hinreichenden Grund i.S.d. § 227 Abs. 1 Satz 1 dafür stellt das Einvernehmen der Parteien nach ausdrücklicher gesetzlicher Regelung in § 227 Abs. 1 Satz 2 Nr. 3 nicht dar.   28

VI. Rechtsbehelfe

Die Entscheidung des Gerichts, die Beweisaufnahme trotz Abwesenheit einer oder beider Parteien durchzuführen, kann **nicht durch selbständiges Rechtsmittel** angegriffen werden, ebenso wenig die Entscheidungen, die Beweisaufnahme nicht nachzuholen oder zu ergänzen oder die Nachholung bzw. Ergänzung jeweils zuzulassen.[22] Die Entscheidungen können jedoch zusammen **mit dem Endurteil** überprüft werden.[23]   29

Eine Beweisaufnahme ohne vorherige ordnungsgemäße Mitteilung an die ausgebliebene Partei führt zu einem Verstoß gegen den Grundsatz der **Parteiöffentlichkeit** nach § 357 Abs. 1. Ein solcher Verstoß zwingt zur **Wiederholung der Beweisaufnahme**. Der Fehler kann gem. § 295 Abs. 1 **geheilt** werden.   30

---

18 BGH LM StVO § 13 Nr. 7; MünchKomm/*Heinrich*[4] § 367 Rdn. 4.
19 Zöller/*Greger*[29] § 367 Rdn. 2.
20 Stein/Jonas/*Berger*[22] § 367 Rdn. 8 mit Fn. 5.
21 Ebenso MünchKomm/*Heinrich*[4] § 367 Rdn. 6; Musielak/*Stadler*[10] § 367 Rdn. 6.
22 Stein/Jonas/*Berger*[22] § 367 Rdn. 11.
23 MünchKomm/*Heinrich*[4] § 367 Rdn. 8.

§ 368
Neuer Beweistermin

Wird ein neuer Termin zur Beweisaufnahme oder zu ihrer Fortsetzung erforderlich, so ist dieser Termin, auch wenn der Beweisführer oder beide Parteien in dem früheren Termin nicht erschienen waren, von Amts wegen zu bestimmen.

Übersicht
I. Amtsbetrieb —— 1
II. Bestimmung von Fortsetzungsterminen —— 2
III. Terminsbekanntgabe —— 3

I. Amtsbetrieb

1   Das Gericht kann die gesamte **Beweisaufnahme**, vom Beweisantritt abgesehen, **ohne Mitwirkung der Parteien** durchführen. Es teilt diese Beweisaufnahme erforderlichenfalls auf mehrere Termine auf und verbindet die Termine organisatorisch miteinander. Insoweit gilt das **Prinzip des Amtsbetriebs**, das für die gesamte Leitung der Beweisaufnahme maßgebend ist. Dazu gehört die Terminsbestimmung (vgl. bereits § 216). Die Vorschrift stellt mittelbar die Parteiöffentlichkeit (§ 357) in Fortsetzungsterminen sicher.

II. Bestimmung von Fortsetzungsterminen

2   Die Beweisaufnahme ist erforderlichenfalls in Fortsetzungsterminen durchzuführen, und zwar unabhängig von der Anwesenheit der Parteien (vgl. § 367 Abs. 1). Dies gilt gleichermaßen für Beweisaufnahmen **vor** dem **Prozessgericht** wie vor dem **beauftragten oder ersuchten Richter**. Die Entscheidung über den sachgemäßen Abschluss der Beweisaufnahme und damit über die Erforderlichkeit eines Fortsetzungstermins steht im Ermessen des Gerichts.[1] § 368 betrifft insbesondere Fälle, in denen die Beweisaufnahme wegen des **Ausbleibens eines Zeugen** oder Sachverständigen oder wegen einer **Aussageverweigerung**, über die noch ein Zwischenstreit (§ 387) läuft, nicht in dem zunächst vorgesehenen Termin durchgeführt bzw. abgeschlossen werden konnte. Beim Ausbleiben der zu vernehmenden Partei ist § 454 Abs. 2 zu beachten. Für eine **wiederholte Vernehmung** von Zeugen und Sachverständigen enthalten die §§ 398, 402 eine Sonderregelung. Die §§ 251a, 330ff. sind nur in der mündlichen Verhandlung, d.h. nur vor dem Eintritt in die Beweisaufnahme oder nach deren Abschluss (vgl. §§ 279 Abs. 3, 285, 370 Abs. 1) anwendbar.

III. Terminsbekanntgabe

3   Der Fortsetzungstermin ist den **Parteien fristgerecht mitzuteilen**, § 217. Wird die Terminsbestimmung **verkündet, entfällt** die Notwendigkeit einer **Ladung gem. § 218**, auch wenn sie zu empfehlen ist. Die **Verkündung** ist **zweckmäßig**; eine Verpflichtung dazu ergibt sich aus dem Gesetz jedoch nicht, da die Bestimmung des Fortsetzungstermins während der Beweisaufnahme und damit außerhalb der mündlichen Verhandlung stattfindet und da es sich um eine Verfügung handelt, so dass § 329 Abs. 1 Satz 1 nicht eingreift. Wird verkündet, dann wirkt dies auch gegenüber abwesenden Parteien (§§ 329

---

[1] MünchKomm/*Heinrich*[4] § 368 Rdn. 1.

Abs. 1 Satz 2, 312 Abs. 1), sofern diese von dem Termin, in dem die Verkündung stattfindet, eine ordnungsgemäße Mitteilung erhalten hatten.

Bei ausgebliebener Verkündung ist die Mitteilung des Termins den Parteien gem. 4
§ 329 Abs. 2 Satz 2 **förmlich zuzustellen**. Soll der nächste Termin nicht vor dem Prozessgericht, sondern vor einem beauftragten oder ersuchten Richter stattfinden, so gelten die **erleichterten Voraussetzungen des § 357 Abs. 2 Satz 1**, dies auch dann, wenn der Termin vom beauftragten oder ersuchten Richter bestimmt wird, der neue Termin also die Fortsetzung der Beweisaufnahme vor dem Richterkommissar darstellt.

§ 369
Ausländische Beweisaufnahme

Entspricht die von einer ausländischen Behörde vorgenommene Beweisaufnahme den für das Prozessgericht geltenden Gesetzen, so kann daraus, dass sie nach den ausländischen Gesetzen mangelhaft ist, kein Einwand entnommen werden.

Übersicht
I. Fehlerhafte Beweisaufnahme — 1 | II. Fehlerwirkung — 3

I. Fehlerhafte Beweisaufnahme

Die Norm schließt an **§ 363** an. § 369 befasst sich mit den Folgen einer fehlerhaften 1
Rechtshilfebeweisaufnahme im Ausland, dies allerdings nur ausschnittweise. Wie eine ausländische Beweisaufnahme durchzuführen ist, richtet sich nach der **lex fori des Beweisaufnahmestaates**.[1] Die **Wirkung** dieser Beweiserhebung ist demgegenüber nach **deutschem Prozessrecht** zu beurteilen.

Fehler bei Durchführung der Beweisaufnahme betreffen in erster Linie die **Anwe-** 2
senheitsrechte der Parteien[2] und die Förmlichkeiten der **Protokollierung**. Bedeutung kann die lex fori des Beweisaufnahmestaates ferner hinsichtlich der **Aussageverweigerungsrechte** und Aussageverbote erlangen, die sowohl im HBÜ als auch in der EuBVO nach dem Meistbegünstigungsprinzip geregelt sind (§ 363 Rdn. 63).

II. Fehlerwirkung

Verstöße gegen die **ausländische lex fori** sind dann **unbeachtlich**, wenn das im 3
Wege einer Parallelwertung angewandte deutsche Prozessrecht in dem Vorgehen des Rechtshilferichters keinen Verfahrensverstoß sieht. Dadurch erlangt zugleich **§ 295 Abs. 1** einen über das deutsche Hoheitsgebiet hinausreichenden Geltungsbereich. Dessen **Heilungsmöglichkeit** für einen inländischen Verfahrensrechtsverstoß macht unter den tatbestandlichen Voraussetzungen des Verzichts oder der **nicht rechtzeitigen Rüge** auch den ausländischen Verfahrensrechtsverstoß unangreifbar.

---

[1] BGHZ 33, 63, 64.
[2] So in BGHZ 33, 63 für Frankreich (unterbliebene Terminsnachricht).

§ 370
Fortsetzung der mündlichen Verhandlung

(1) Erfolgt die Beweisaufnahme vor dem Prozessgericht, so ist der Termin, in dem die Beweisaufnahme stattfindet, zugleich zur Fortsetzung der mündlichen Verhandlung bestimmt.

(2) In dem Beweisbeschluss, der anordnet, dass die Beweisaufnahme vor einem beauftragten oder ersuchten Richter erfolgen solle, kann zugleich der Termin zur Fortsetzung der mündlichen Verhandlung vor dem Prozessgericht bestimmt werden. Ist dies nicht geschehen, so wird nach Beendigung der Beweisaufnahme dieser Termin von Amts wegen bestimmt und den Parteien bekannt gemacht.

Übersicht

I. Konzentration der Beweisverhandlung —— 1	V. Relevanz des Beweisergebnisses für Versäumnisurteil oder Urteil nach Lage der Akten
II. Einheit von Beweistermin und Termin zur mündlichen Verhandlung —— 4	1. Versäumnisurteil —— 10
III. Trennung in Ausnahmefällen —— 5	2. Entscheidung nach Lage der Akten —— 14
IV. Mündliche Verhandlung nach Abschluss der Beweisaufnahme —— 6	VI. Terminsbestimmung bei Beweisaufnahme vor kommissarischem Richter —— 15

I. Konzentration der Beweisverhandlung

1 § 370 Abs. 1 **korrespondiert mit § 279 Abs. 2 und 3**, die eine Beweisaufnahme im Haupttermin und eine mündliche Verhandlung über Inhalt und Ergebnisse der Beweisaufnahme im Anschluss an die Beweisaufnahme vorsehen. Auf Grund des Zusammenwirkens dieser Vorschriften soll **möglichst in einem einzigen Termin** eine mündliche Verhandlung mit anschließender Beweisaufnahme und sich daran anschließender Erörterung der Ergebnisse der Beweisaufnahme stattfinden. Im Falle einer Beweisaufnahme vor dem **beauftragten oder ersuchten Richter** ist eine solche Geschlossenheit des Verfahrensablaufs zwangsläufig nicht möglich. § 370 ist schon seit Inkrafttreten der CPO im Gesetz enthalten, während die weiteren Konzentrationsbemühungen des § 279 zur streitigen Verhandlung und zur Hervorhebung des Haupttermins auf die Vereinfachungsnovelle von 1976[1] (Neugestaltung des damaligen § 278) zurückgehen.

2 Eine mündliche Verhandlung im unmittelbaren Anschluss an die Beweisaufnahme fördert die **Qualität der Beweiswürdigung**, weil die **Eindrücke** der Beteiligten von der Beweisaufnahme **noch frisch** sind. Damit verbunden ist eine **verfahrensbeschleunigende Wirkung**. Die Parteien können Beweisantritte wegen des Risikos der Präklusion nicht aus prozesstaktischen Gründen zurückhalten.

3 § 279 Abs. 2 reicht weiter als § 370 Abs. 1 und belässt dieser Norm keinen Anwendungsbereich, wenn beide Vorschriften gleichzeitig einschlägig sind. § 370 ist **eigenständig nur** anwendbar, wenn es sich um einen **gesonderten Termin zur Beweisaufnahme** handelt, nicht aber wenn sich diese an die mündliche Verhandlung vor dem Prozessgericht unmittelbar anschließt. Der von § 370 Abs. 1 verwendete Begriff der „Fortsetzung" der mündlichen Verhandlung bedeutet nicht, dass die Verhandlung nicht auch schon im selben Termin begonnen worden sein kann. Die **Konsequenz der Verhandlungseinheit** zeigt sich, wenn der Prozessvertreter einer Partei zunächst mündlich verhandelt und die sich unmittelbar anschließende Beweisaufnahme abwartet, aber an-

---

[1] Gesetz v. 3.12.1976, BGBl 1976 I S. 3281.

schließend erklärt, er trete nicht mehr auf; dann liegt kein Fall der Säumnis vor.² Die mündliche Verhandlung **nach** der **Beweisaufnahme** erfordert **keine Wiederholung** der gestellten **Anträge**.³

II. Einheit von Beweistermin und Termin zur mündlichen Verhandlung

Da jeder Beweistermin vor dem Prozessgericht kraft Gesetzes zugleich Termin zur mündlichen Verhandlung ist, braucht die Durchführung einer mündlichen Verhandlung im Anschluss **nicht gesondert angeordnet** zu werden,⁴ wenngleich dies zwecks Klarstellung üblich ist. § 370 Abs. 1 gilt sogar dann, wenn die **Beweisaufnahme nicht an** der **Gerichtsstelle** stattfindet (§ 219).⁵ Wegen des Erfordernisses der **Öffentlichkeit** der Verhandlung (§ 169 Satz 1 GVG), die im Gegensatz zur für die Beweisaufnahme ausreichenden Parteiöffentlichkeit (§ 357 Abs. 1) bei **Lokalterminen** nicht vergessen werden darf, muss an der Gerichtsstelle durch **Aushang** auf den auswärtigen Verhandlungstermin hingewiesen werden. 4

III. Trennung in Ausnahmefällen

Eine **Trennung** von Beweistermin und mündlicher Verhandlung, also die Bestimmung eines reinen Beweistermins, steht **nicht im Belieben des Gerichts. Grund für ein Abweichen von § 370 Abs. 1** kann das Bestreben sein, **den Parteien** nach einer komplexen, langwierigen oder schwierigen Beweisaufnahme **Zeit für eine eigene Bewertung** und die Vorbereitung der sich anschließenden mündlichen Verhandlung zu geben, insbesondere wenn die Beweisaufnahme einen großen Umfang hatte und widersprüchliche Aussagen zu bewerten sind, wenn die Beweisaufnahme überraschende Ergebnisse abweichend von der bisherigen Sachdarstellung erbracht hat oder wenn Darlegungen von Sachverständigen überprüft werden sollen.⁶ Unter Umständen kann eine Trennung in diesen Fällen sogar zwingend geboten sein, um eine aus einer **mangelnden Vorbereitungsmöglichkeit** für die **Parteien** resultierende Verletzung des Anspruchs auf rechtliches Gehör zu verhindern.⁷ 5

IV. Mündliche Verhandlung nach Abschluss der Beweisaufnahme

Die mündliche Verhandlung muss den Parteien die Möglichkeit geben, über das Ergebnis der Beweisaufnahme zu verhandeln⁸ (§ 285 Abs. 1). Ein **Verstoß** gegen diese Norm ist nach § 295 Abs. 1 heilbar.⁹ In die fortgesetzte mündliche Verhandlung wird erst eingetreten, wenn die Beweisaufnahme vollständig abgeschlossen ist. Das hängt vom 6

---

2 BGHZ 63, 94, 95.
3 BGHZ 63, 94, 95.
4 OLG Düsseldorf OLGZ 1971, 185, 186.
5 MünchKomm/*Heinrich*⁴ § 370 Rdn. 2; Musielak/*Stadler*¹⁰ § 370 Rdn. 1. Wegen vermeintlich fehlender Öffentlichkeit verneinend Baumbach/Lauterbach/*Hartmann*⁷¹ § 370 Rdn. 4.
6 OLG Koblenz NJW-RR 1991, 1087; MünchKomm/*Heinrich*⁴ § 370 Rdn. 2; Stein/Jonas/*Berger*²² § 370 Rdn. 2.
7 BGH WM 1977, 948 = MDR 1978, 46 (schriftliche Zeugenaussage in kroatisch-serbischer Sprache); BGH NJW 2009, 2604 Tz. 8; BGH NJW 2011, 3040 Tz. 6; MünchKomm/*Heinrich*⁴ § 370 Rdn. 2; Musielak/*Stadler*¹⁰ § 370 Rdn. 2; Stein/Jonas/*Berger*²² § 370 Rdn. 2.
8 BGH VersR 1960, 321, 322; BGH MDR 1978, 46; Rosenberg/Schwab/*Gottwald*¹⁷ § 116 Rdn. 40; Zöller/*Greger*²⁹ § 370 Rdn. 1.
9 BGHZ 63, 94, 95.

Inhalt des auszuführenden Beweisbeschlusses ab; dieser muss grundsätzlich vollständig ausgeführt worden sein.

7 Die **Beweisaufnahme kann vorzeitig enden**, wenn der Beweisbeschluss undurchführbar wird, etwa weil eine Naturalpartei endgültig oder unentschuldigt (vgl. auch § 227 Abs. 1) ausbleibt, deren Anwesenheit für die vollständige Durchführung erforderlich ist, weil die beweisführende Partei den geforderten Vorschuss nicht gezahlt hat, weil das Gericht eine vollständige Durchführung nicht für sinnvoll hält und die Beweisaufnahme unter Aufhebung des Beweisbeschlusses abbricht, oder weil die **beweisführende Partei** auf die Beweiserhebung **verzichtet** (§ 399).

8 Durch einen Verzicht nach § 399 kann die Partei bspw. den **Weg für** ein **Versäumnisurteil** (§ 331) oder eine **Entscheidung nach Lage der Akten** (§ 331a) **freimachen**. Diese Entscheidungen können erst in der mündlichen Verhandlung **nach Ende** der – gegebenenfalls zu vertagenden (§ 368) – **Beweisaufnahme** ergehen (s. auch § 367 Rdn. 13 f.). Die im Falle eines Einspruchs gegen das Versäumnisurteil stattfindende Zurückversetzung der Verhandlung in den Zustand vor Eintritt der Säumnis (§ 342) ermöglicht die erneute Benennung und Vernehmung des Zeugen, auf den verzichtet wurde. Treten dann zeitverzögernde Hindernisse auf, kommt es für die **Anwendung des § 296 Abs. 2** auf die Handhabung des § 282 an. In der Wahrnehmung der Chance auf Erlass eines Versäumnisurteils kann eine nach der Prozesslage sorgfältige und auf Verfahrensförderung bedachte Prozessführung zu sehen sein,[10] wenn nicht von vornherein absehbar ist, dass Einspruch eingelegt werden wird.

9 Beim **Ausbleiben** eines **Zeugen oder Sachverständigen**, das nur den konkreten Termin betrifft, ist gem. § 368 ein Fortsetzungstermin anzuberaumen. Beim Ausbleiben der zu vernehmenden Partei ist § 454 zu beachten.

V. Relevanz des Beweisergebnisses für Versäumnisurteil oder Urteil nach Lage der Akten

10 **1. Versäumnisurteil.** Ein Versäumnisurteil darf nur ergehen, wenn die säumige Partei in der sich der Beweisaufnahme **anschließenden mündlichen Verhandlung** ausbleibt.[11] Sie wird, wie aus § 220 Abs. 2 abzuleiten ist, nicht säumig, wenn sie noch bis zum Schluss der mündlichen Verhandlung erscheint und verhandelt[12] (zur Säumnis auch oben Rdn. 8). Die Gefahr des Erlasses eines Versäumnisurteils im Falle des Nichterscheinens zu einem Beweisaufnahmetermin wird durch die Regelung des § 370 Abs. 1 erhöht. Die **Beweisaufnahme** ist **auch bei Säumnis** einer oder gar beider Parteien – sofern möglich (§ 367 Abs. 1) – zwingend **bis zum Ende durchzuführen** (dazu näher § 367 Rdn. 1).

11 Wird ein Versäumnisurteil in einer sich nach § 370 Abs. 1 unmittelbar anschließenden mündlichen Verhandlung erlassen, konnte über das Ergebnis der Beweisaufnahme noch nicht mündlich verhandelt werden. Streitig diskutiert wird, ob die **Beweisergebnisse im** gegen den Beklagten beantragten **Versäumnisurteil berücksichtigt werden dürfen bzw. müssen**, wenn es gem. § 331 auf die Schlüssigkeit des wegen des Versäumnisurteils als zugestanden geltenden Vorbringens des Klägers ankommt. Eine Berücksichtigung kann dazu führen, dass von der Geständniswirkung diejenigen bewiesenen Tatsachen ausgeschlossen sind, die dem Klägervorbringen entgegenstehen; die Klage ist

---

10 Stein/Jonas/*Berger*[22] § 370 Rdn. 5; vorsichtiger Baumbach/Lauterbach/*Hartmann*[71] § 370 Rdn. 5.
11 OLG Frankfurt OLGRep. 1992, 226, 227.
12 BGH NJW 1993, 861, 862.

dann durch unechtes Versäumnisurteil abzuweisen und der Beklagte ist nicht darauf angewiesen, Einspruch einzulegen, um dem Beweisergebnis Wirkung zu verleihen.

Drei Ansichten stehen sich gegenüber: (1) Die Geständnisfiktion wird durch ein 12 dem Vorbringen entgegenstehendes Beweisergebnis nur dann ausgeschlossen, wenn der **Kläger** wissentlich **gegen** seine **Wahrheitspflicht** (§ 138 Abs. 1) **verstoßen** hat und dies auf Grund der vorliegenden Beweisergebnisse offenkundig ist.[13] Im Übrigen hindert das objektive Entgegenstehen des Beweisergebnisses nicht den Erlass des Versäumnisurteils. (2) Das Gegenteil von erwiesenen Tatsachen kann **nicht zugestanden** werden.[14] Wenn dies jedoch schon nicht durch den Beklagten selbst möglich sei, dann könne auch keine entsprechende Fiktion existieren. (3) Eine **Berücksichtigung** des Beweisergebnisses **scheidet schlechthin aus**,[15] es sei denn, es betrifft die von Amts wegen zu prüfenden Prozessvoraussetzungen und damit die Zulässigkeit des Versäumnisurteils; für eine Berücksichtigung gebe es keine gesetzliche Grundlage und die von der h.M. geforderte Gewissheit der bewusst-subjektiven Wahrheitspflichtverletzung lasse sich auch aus einem scheinbar eindeutigen Beweisergebnis nicht zweifelsfrei ziehen, da Wahrnehmungen und Kenntnisse der Partei dadurch kaum erhellt würden; zudem verlange die Feststellung, dass das Vorbringen eindeutig widerlegt sei, ein Beweismaß, das über die Anforderungen des § 286 hinausgehe und das nicht praktikabel sei.

Zu folgen ist der dritten Ansicht. Die subjektive Überzeugung des Klägers, auf die 13 es nach § 138 Abs. 1 ankommt, muss nicht mit dem Ergebnis der Beweisaufnahme aus der Sicht des Prozessgerichts übereinstimmen, ohne dass die Beurteilungsdivergenz auf Uneinsichtigkeit oder gar Böswilligkeit des Klägers zurückzuführen ist.

2. Entscheidung nach Lage der Akten. Bei einer **Entscheidung nach Aktenlage** 14 ist das Beweisergebnis in jedem Fall zu berücksichtigen,[16] da es Aktenbestandteil und damit Entscheidungsgrundlage gem. § 331a ist. Das Gebot rechtlichen Gehörs und der Grundsatz eines fairen Verfahrens stehen nicht entgegen.[17]

VI. Terminsbestimmung bei Beweisaufnahme vor kommissarischem Richter

Nach einer Beweisaufnahme vor dem beauftragten oder ersuchten Richter muss die 15 mündliche Verhandlung vor dem Prozessgericht fortgesetzt werden. Der Termin dafür ist, sofern er nicht gem. § 370 Abs. 2 bereits im Beweisbeschluss enthalten ist, nach Abschluss der Beweisaufnahme vom Prozessgericht zu bestimmen. Eine **nachträgliche Terminsbestimmung** ist vorzugswürdig, weil in der Regel nicht abzusehen ist, wann die Beweisaufnahme vor dem beauftragten oder ersuchten Richter erledigt sein wird.[18]

Für die **Bekanntmachung der Terminsladung** gilt § 357 Abs. 2 nicht. Sie ist den 16 Parteien gem. § 329 Abs. 2 Satz 2 unter **Beachtung der Ladungsfrist** des § 217[19] **förmlich zuzustellen**,[20] da die Terminsbestimmung nicht auf Grund einer mündlichen Verhandlung ergeht und daher eine Verkündung gem. § 329 Abs. 1 Satz 1 ausscheidet. Da die Be-

---

13   AK-ZPO/*Rüßmann* § 370 Rdn. 3; *Henckel* JZ 1992, 645, 649 (aus eindeutiger Widerlegung die subjektive Unwahrheit der Behauptung ableitend); MünchKomm/*Heinrich*[4] § 370 Rdn. 5; Musielak/*Stadler*[10] § 370 Rdn. 5; *Olzen* ZPP 98 (1985), 403, 421 f.; Stein/Jonas/*Schumann*[20] § 370 Rdn. 6.
14   *Nikisch*, Zivilprozessrecht[2] § 67 II 1 (S. 263); *Bernhardt* FS Rosenberg (1949), S. 9, 32, 34.
15   Stein/Jonas/*Berger*[22] § 370 Rdn. 6; Zöller/*Greger*[29] § 370 Rdn. 1 (dann allerdings mit besonders strenger Schlüssigkeitsprüfung).
16   BGH NJW 2002, 301, 302; Musielak/*Stadler*[10] § 370 Rdn. 5; Zöller/*Greger*[29] § 370 Rdn. 1.
17   BGH NJW 2002, 301, 302; Stein/Jonas/*Berger*[22] § 370 Rdn. 7.
18   Zöller/*Greger*[29] § 370 Rdn. 2.
19   RGZ 81, 321, 323; Musielak/*Stadler*[10] § 370 Rdn. 6.

weisaufnahme nicht vor dem Prozessgericht stattgefunden hat, muss das Ergebnis der Beweisaufnahme nach § 285 Abs. 2 von den Parteien in der mündlichen Verhandlung vorgetragen werden.

TITEL 6
Beweis durch Augenschein

§ 371
Beweis durch Augenschein

(1) Der Beweis durch Augenschein wird durch die Bezeichnung des Gegenstandes des Augenscheins und durch die Angabe der zu beweisenden Tatsachen angetreten. Ist ein elektronisches Dokument Gegenstand des Beweises, wird der Beweis durch Vorlegung oder Übermittlung der Datei angetreten.

(2) Befindet sich der Gegenstand nach der Behauptung des Beweisführers nicht in seinem Besitz, so wird der Beweis außerdem durch den Antrag angetreten, zur Herbeischaffung des Gegenstandes eine Frist zu setzen oder eine Anordnung nach § 144 zu erlassen. Die §§ 422 bis 432 gelten entsprechend.

(3) Vereitelt eine Partei die ihr zumutbare Einnahme des Augenscheins, so können die Behauptungen des Gegners über die Beschaffenheit des Gegenstandes als bewiesen angesehen werden.

Schrifttum

Baltzer Elektronische Datenverarbeitung in der kaufmännischen Buchführung und Prozeßrecht, Gedächtnisschrift für Rudolf Bruns, 1980, S. 73; *Arnd Becker* Elektronische Dokumente als Beweismittel im Zivilprozeß, 2004; *Berger* Beweisführung mit elektronischen Dokumenten, NJW 2005, 1016; *Bergmann/Streitz* Beweisführung durch EDV-gestützte Dokumentation, CR 1994, 77; *Binder* Pflichten zur Offenlegung elektronisch gespeicherter Informationen im deutschen Zivilprozess am Beispiel der Unternehmensdokumentation, ZZP 122 (2009), 187; *Bleutge/Uschold* Digital versus analog – Verwendung digitalisierter Fotos in Gutachten, NJW 2002, 2765; *Britz* Beschränkung der freien Beweiswürdigung durch gesetzliche Beweisregeln?, ZZP 110 (1997), 61; *Bruns* Zur Systematik der gesetzlichen Beweisarten im Zivilprozeß, JZ 1957, 489; *Bull* Sechs Gebote für den Ortstermin im Zivilprozeß, JR 1959, 410; *Döhring* Die Erforschung des Sachverhalts im Prozeß, 1964, S. 312; *Feldmann* Das Tonband als Beweismittel im Strafprozeß, NJW 1958, 1166; *Geis* Zivilprozeßrechtliche Aspekte des elektronischen Dokumentenmangements, CR 1993, 653; *Geppert* Der Augenscheinsbeweis, JURA 1996, 307; *Goebel/Scheller* Elektronische Unterschriftsverfahren in der Telekommunikation, Braunschweig 1991; *Henkel* Die Zulässigkeit und die Verwertbarkeit von Tonbandaufnahmen bei der Wahrheitserforschung im Strafverfahren, JZ 1957, 148; *Heuer* Beweiswert von Mikrokopien bei vernichteten Originalunterlagen, NJW 1982, 1505; *Hiendl* Das Blutgruppen- und erbbiologische Gutachten im Alimentenprozeß des unehelichen Kindes, NJW 1963, 1662; *Huber, Stefan* Entwicklung transnationaler Modellregeln für Zivilverfahren, 2008; *Jöstlein* Technische Aufzeichnungen als Beweismittel im Zivilprozeß, DRiZ 1973, 409; *Kapoor* Die neuen Vorlagepflichten für Urkunden und Augenscheinsgegenstände in der Zivilprozessordnung, 2009; *Knopp* Digitalfotos als Beweismittel, ZRP 2008, 156; *Kuhn* Rechtshandlungen mittels EDV und Telekommunikation, München 1991; *Wilhelm Lang* Ton- und Bildträger, 1960; *Mühlhausen/Prell* Verwendung digitalisierter Fotos in technischen Gutachten, NJW 2002, 99; *Patti* Die Beweiskraft des elektronischen Dokuments im italienischen Recht, FS Manfred Rehbinder, 2002, S. 707; *Pleyer* Schallaufnahmen als Beweismittel im Zivilprozeß, ZZP 69 (1956), 321; *Rasche* Technische Grundlagen von optischen Archivsystemen, CR 1992, 693; *Raubenheimer* EDI im Bereich von Steuer und

---

20 MünchKomm/*Heinrich*[6] § 370 Rdn. 7.

Buchführung, CR 1993, 19; *Redeker* Geschäftsabwicklung mit externen Rechnern im Bildschirmtextdienst, NJW 1984, 2390; *Rihaczek* Rechtlicher Regelungsbedarf zur Beweiseignung elektronischer Kommunikation, DuD 1992, 409; *Roggemann* Das Tonband im Verfahrensrecht, 1962; *Rüßmann* Moderne Elektroniktechnologie und Informationsbeschaffung im Zivilprozeß, in: Schlosser (Hrsg.), Die Informationsbeschaffung für den Zivilprozeß, Veröffentlichungen der Wiss. Vereinigung für Internationales Verfahrensrecht, Band 8 1996, S. 137; *Siegert* Die außergerichtlichen Tonbandaufnahmen und ihre Verwertung im Zivilprozeß, NJW 1957, 689; *von Sponeck* Beweiswert von Computerausdrucken, CR 1991, 269; *Tschentscher* Beweis und Schriftform bei Telefax-Dokumenten, CR 1991, 141; *Welp* Strafrechtliche Aspekte der digitalen Bildbearbeitung, CR 1992, 291; *Zoller* Die Mikro-, Foto- und Telekopie im Zivilprozeß, NJW 1993, 429.

Übersicht

I. Gesetzesreformen 2001 — 1
II. Begriff der Augenscheinseinnahme
   1. Beweis durch Sinneswahrnehmungen — 2
   2. Augenscheinsobjekte, Augenscheinstatsachen — 5
   3. Wahrnehmung mittels technischer Hilfsmittel — 11
   4. Abgrenzung zur informatorischen Besichtigung — 12
III. Abgrenzung zu anderen Beweismitteln
   1. Allgemeines — 14
   2. Urkundenbeweis und Augenschein
     a) Augenscheinssurrogate — 16
     b) Elektronische und technische Aufzeichnungen (§ 371 Abs. 1 Satz 2)
       aa) Entwicklung der Diskussion
         (1) Rechtspolitische Alternativen — 17
         (2) Kommissinsvorschläge — 18
         (3) Rechtswissenschaftliche Diskussion — 20
       bb) Lex lata: Augenscheinsbeweis — 26
   3. Sachverständige als Augenscheinsmittler (Augenscheinsgehilfen) — 30
   4. Zeugenbeweis und Augenschein
     a) Zeugen als Augenscheinsmittler — 33
     b) Vernehmungssurrogate — 34
   5. Videosimultankonferenzen und vergleichbare Kommunikationstechniken — 35
IV. Beweisantritt, Beweiserhebung, Protokollierung
   1. Beweisbedürftigkeit — 38
   2. Anordnung nach § 144 von Amts wegen und auf Parteiantrag hin
     a) Anordnungen nach gerichtlichem Ermessen — 39
     b) Augenscheinsobjekte außerhalb einer Zugriffs- oder Zugangsmöglichkeit des Beweisführers — 40
   3. Beweisantrag einer Partei
     a) Ordnungsgemäßer Beweisantritt — 47
     b) Ablehnung des Antrags — 51
     c) Augenscheinssurrogate (Lichtbilder) — 52
   4. Öffentlichkeit der Beweisaufnahme — 55
   5. Wiederholung der Augenscheinseinnahme — 56
   6. Identität des Augenscheinsobjektes — 59
   7. Protokollierung — 60
V. Augenscheinseinnahme im Ausland — 61
VI. Gebühren — 63

I. Gesetzesreformen 2001

§ 371 bestand vor 2001 nur aus seinem heutigen Absatz 1 Satz 1. Das Formvorschriftenanpassungsgesetz vom 13. Juli 2001[1] hat partiell eine Ausdehnung bewirkt. **Elektronische Dokumente**, die formbedürftige Erklärungen in elektronischer Form (nach § 126a Abs. 2 BGB zur Substitution der Schriftform) oder in Textform (§ 126b BGB) enthalten, sind zum **Gegenstand des Augenscheinsbeweises** erklärt worden. Neu entstanden sind dadurch nur – dem Wortlaut nach – der jetzige § 371 Abs. 1 Satz 2 und – dem rechtli-

1

---

[1] BGBl 2001 I S. 1542.

chen Inhalt nach – dessen jetziger Absatz 2 Satz 2.[2] Diese Normergänzung sollte (u.a.) klarstellen, dass die Anwendung der Vorschriften über den Urkundenbeweis auf elektronische Dokumente *ganz allgemein nicht* gewollt ist.[3] Zugleich hat das FormVorschrAnpG mit § 292a ZPO a.F. (aufgrund des JKomG 2005 zu § 371a Abs. 1 Satz 2 modifiziert) unter der Überschrift „Anscheinsbeweis bei qualifizierter elektronischer Signatur" eine neue Beweisnorm geschaffen (dazu § 371a Rdn. 1). Mit dem ZPO-ReformG vom 27.7.2001[4] sind zeitlich parallel dazu die Editionspflichten für Dokumente ausgedehnt worden. Das ZPO-ReformG hat die überschneidende Gesetzgebung des FormVorschrAnpG versehentlich unberücksichtigt gelassen, was zu einer Divergenz der Normtexte führte. Durch Art. 5 Abs. 1a Nr. 1 SchuldRRefG vom 26.11.2001[5] sind die divergierenden Textfassungen aufeinander abgestimmt worden. Die Qualifizierung elektronischer Dokumente als Augenscheinsobjekte ist 2005 durch die Schaffung des § 371a bekräftigt worden.

II. Begriff der Augenscheinseinnahme

2 **1. Beweis durch Sinneswahrnehmungen.** Rechtlich ist Augenschein entgegen der Suggestion dieses Begriffes *jede* Sinneswahrnehmung von beweiserheblichen **streitigen** Tatsachen **durch** den **Richter persönlich** unter Ausschaltung dritter Wahrnehmungspersonen. Die Wahrnehmung kann nicht nur durch den Sehsinn, sondern durch **alle menschlichen Sinne** erfolgen, weshalb man besser von Wahrnehmungsbeweis sprechen sollte. Eine Augenscheinseinnahme kann auch durch Betasten (z.B. zur Feststellung der Stumpfheit oder Glätte einer Bodenfliese im Schwimmbad), durch Hören (z.B. des Lärms eines Betriebes), durch Riechen (z.B. der Rauchentwicklung einer Braunkohlenheizung oder der Gerüche eines Kompostwerkes oder eines Schweinemastbetriebes),[6] durch Fühlen (z.B. von Wärme oder Kälte) oder durch Schmecken (z.B. zur sensorischen Prüfung eines Getränks) erfolgen. Für den Besichtigungsanspruch nach § 809 BGB hat der Patentsenat des BGH eine Parallele zur Inaugenscheinnahme nach § 371 ZPO gezogen und alle Untersuchungsmethoden zugelassen, die ohne Substanzeingriff auskommen, z.B. Betasten oder Vermessen, Wiegen, Untersuchen mittels des Mikroskops, der Quarzlampe und dergleichen.[7] In Zivilsachen kann ein **blinder Richter** als Mitglied einer Kammer an einer Augenscheinseinnahme vor der gesamten Kammer mitwirken.[8]

3 Diese Sinneswahrnehmungen im Sinne des § 371 sind **Beweisaufnahme** im Unterschied zur informatorischen Besichtigung, die lediglich das Verständnis des Sachvortrags der Parteien erleichtern soll. **Sinneswahrnehmungen** können auch **bei anderen Beweismitteln** erforderlich werden, nämlich beim Urkundenbeweis, wenn die Urkunde zur Prüfung ihrer Echtheit betrachtet wird, und bei den Personalbeweisen (Zeugenbeweis, Parteivernehmung), die eine Beobachtung der Aussageperson (Mimik, Gesichtsverfärbung, Gestik) während der Aussage verlangen, damit deren Glaubwürdigkeit nach dem persönlichen Eindruck beurteilt werden kann. Derartige **Wahrnehmungen** gehören **unselbständig** zu den jeweiligen Beweismitteln, sind also nicht Augenschein im

---

2 Das FormVorschrAnpG sprach nur von § 371 S. 2 ZPO.
3 RegE BT-Drucks. 14/4987 v. 14.12.2000, S. 23.
4 BGBl 2001 I S. 1887, 1894.
5 BGBl 2001 I S. 3138, 3179.
6 BGHZ 140, 1, 8 f. = NJW 1999, 356, 358.
7 BGHZ 93, 191, 201 – Druckbalken = JZ 1985, 1096 m. krit. Anm. *Stürner/Stadler*, die aaO 1103 rügen, dass Substanzeingriffe durch Sachverständige in BGH MDR 1969, 379 = LM Nr. 28 zu § 286 (B) ZPO (Grabung zur Feststellung einer Wasserabsenkung) und zur Beurteilung von Baumängeln in stg. Rspr. zugelassen werden.
8 OLG Frankfurt MDR 2010, 1015, 1016.

engeren Sinne als eines speziellen Beweismittels der Strengbeweisarten (näher unten Rdn. 14f.). Die Beobachtung des Zeugen ist deshalb auch gegen dessen Willen zulässig, ohne dass die Duldungspflicht etwa analog § 372a eingeschränkt wäre.

Der Augenscheinsbeweis, der zur Gruppe der Sachbeweise gehört, ist ein beson- **4** ders **zuverlässiges Beweismittel** im Hinblick auf empirisch wahrnehmbare Tatsachen,[9] wenngleich Erwartungssuggestionen, Erinnerungstäuschungen oder veränderte Wahrnehmungsbedingungen gegenüber einem zu rekonstruierenden Beobachtungsvorgang (gesteigerte Aufmerksamkeit des Richters, Kollektivbesichtigung, Mitwirkung sich gegenseitig kontrollierender Prozessbeteiligter) zu Wahrnehmungsfehlern führen können.[10] Der hohe Beweiswert rechtfertigt im Restitutionsverfahren gleichwohl keine analoge Anwendung des § 580 Nr. 7b, wenn neue Augenscheinsobjekte aufgefunden werden; § 580 Nr. 7b verschafft nur Urkunden wegen deren überragenden Beweiswertes und der ihnen de lege lata in Ausnahme vom Grundsatz der freien Beweiswürdigung zuerkannten formellen Beweiskraft eine besondere Stellung.[11]

2. Augenscheinsobjekte, Augenscheinstatsachen

a) **Objekt** des Augenscheins kann alles sein, was sinnlich wahrgenommen werden **5** kann. Die Wahrnehmung muss aber zum Zwecke der **unmittelbaren Überzeugungsbildung** erfolgen, was nicht der Fall ist, wenn der Gegenstand nur als **Vernehmungshilfe** dient, um Aussagen von Zeugen, Sachverständigen oder Parteien zu veranschaulichen.[12]

aa) Zu den Wahrnehmungsgegenständen gehören die Lage oder die **Beschaffen-** **6** **heit von Personen, Tieren** und **Sachen** ebenso wie der **Ablauf von Vorgängen**. Bei der Beschaffenheit einer Person kann es z.B. um deren Identität (Fahrerfoto des Geschwindigkeitsmessgerätes,[13] Abgleich mit beim Passregister gespeicherten Lichtbild,[14] um die Existenz von Verletzungsspuren oder um Blutgruppe, Blutfaktoren sowie Merkmale und Formen des Körpers[15] gehen. Der Zustand eines Unfallfahrzeugs lässt sich mit Lichtbildern dokumentieren und kann seinerseits Indizienbeweis für einen vorangegangenen Vorgang, nämlich die Wucht eines Aufpralls und das Überschreiten der erlaubten Geschwindigkeit durch den Unfallverursacher sein,[16] eventuell in Kombination mit einem zusätzlichen Sachverständigengutachten und als Anknüpfungstatsache für den Sachverständigen. Um die Feststellung eines Sachzustandes geht es auch, wenn durch Zusammendrücken der innenliegenden Feder einer Sicherungsstange an einem Spielgerät der dafür notwendige Kraftaufwand ermittelt wird, um aufzuklären, ob die Sicherung ohne Fremdhilfe durch ein kleines Kind gelöst werden kann.[17] **Lebensvorgänge** können auch unmittelbar durch eine technische Aufzeichnung sichtbar gemacht werden: der Ablauf eines Überholvorgangs oder eine Geschwindigkeitsüberschreitung durch die verdeckte Videoaufnahme eines nachfolgenden Polizeifahrzeugs, die mimischen Begleitumstände einer im Fernsehen gefallenen Äußerung durch einen Mitschnitt der Sen-

---

9 *Döhring*, S. 314; AK-ZPO/*Rüßmann* vor § 371 Rdn. 2; *Bull* JR 1959, 410.
10 *Döhring*, S. 315f., ebenda S. 316ff. zu spezifischen Fehlermöglichkeiten.
11 BGHZ 65, 300, 302.
12 *Geppert* Jura 1996, 307, 309.
13 BayObLG NJW 2004, 241.
14 OLG Stuttgart NJW 2004, 83, 84.
15 *Hiendl* NJW 1963, 1662, 1663.
16 OLG Frankfurt AnwBl 1980, 367.
17 OLG Celle NJW-RR 2005, 755, 756 a.E.

dung,[18] der Ablauf von Tätlichkeiten zwischen Nachbarn durch Aufnahmen einer Videokamera.[19]

7 **bb)** Bewegliche Objekte können eventuell in den **Gerichtssaal** gebracht werden; unhandliche oder unbewegliche Objekte können im Original nur **vor Ort** im Rahmen eines – wegen des Zeitverlustes unbeliebten – Ortstermins besichtigt werden. Die Augenscheinseinnahme kann sich auch auf **Surrogate** des zu besichtigenden Objekts (dazu unten Rdn. 16) richten, nämlich Lagepläne, Landkarten, Modelle,[20] graphische Darstellungen, Fotografien,[21] Videoaufnahmen,[22] Schallplatten,[23] auf Tonträger aufgezeichnete Gespräche oder Lautäußerungen nichtverbaler Art,[24] visualisierbare Texte elektronischer Speicher.[25] Die Verwendung von Lichtbildern zwecks Beweisaufnahme macht aus dem Beweismittel **keinen Urkundenbeweis**.[26]

8 **cc) Negativ ausgrenzende Kriterien** gibt es für Augenscheinsobjekte **nicht**. Soweit verlangt wird, dass sie nicht der Wiedergabe eines **Gedankeninhalts** dienen dürfen,[27] werden damit keine qualitativen Anforderungen an Augenscheinsobjekte gestellt.[28] Vielmehr wird eine **Abgrenzung** zum **Urkundenbeweis** und/oder zum **mittelbaren Personalbeweis** gesucht. So darf in der Tat eine Zeugenvernehmung regelmäßig nicht durch das Abspielen eines Videobandes oder einer Tonkassette ersetzt werden, die anlässlich einer anderen Vernehmung aufgenommen wurden (dazu unten Rdn. 34). Allerdings können Aufzeichnungen von Vernehmungen ebenso wie schlechthin Aufzeichnungen von sprachlichen Äußerungen auch Objekt eines Augenscheinsbeweises sein, wenn nämlich die klangliche Reproduktion dem Beweis dient, mit welchem Inhalt eine Äußerung zum einem vergangenen Zeitpunkt gefallen ist, welcher Person eine Stimme zugeordnet werden kann (Anknüpfungstatsache für einen Stimmsachverständigen) oder unter welchen Begleitumständen (Sprechsituation, unzulässiger Vernehmungsdruck) die Äußerung getätigt wurde.[29] Ein bestimmtes **Mindestmaß an Fälschungs-**

---

18 OLG Hamburg MDR 1992, 1089 (Feststellung begleitender Auslegungsindizien des gesprochenen Textes einer politischen Magazinsendung: nüchtern-leidenschaftsloser Ton, moralisch-anklagende Gestik, süffisant-ironische oder pathetisch-bedeutungsschwangere Sprechweise).
19 OLG Düsseldorf NJW-RR 1998, 241 (Aufnahmen einer an der Grundstückszufahrt angebrachten Überwachungskamera.
20 Modelle können auch *originales* Augenscheinobjekt sein, etwa im Patentrecht zum Beweis der Vorbenutzung einer Erfindung, *Aúz Castro* GRUR Int. 1996, 1099, 1103 m. Hinw. auf Rechtsprechung des EPA.
21 BGHZ 65, 300, 304; OLG Frankfurt/M. AnwBl. 1980, 367; AnwBl. 1983, 183; BayObLG NJW-RR 2004, 1162, 1163; OVG Schleswig NJW 2004, 1195, 1196.
22 OLG Düsseldorf NJW-RR 1998, 241.
23 BGHZ 65, 300, 304.
24 OLG Köln NJW 1998, 763 m. Bespr. *Lachwitz* NJW 1998, 881: Lautäußerungen geistig schwer behinderter Menschen als Heimbewohner des Nachbargrundstücks.
25 *Goebel/Scheller*, Elektronische Unterschriftsverfahren S. 40; *Kuhn*, Rechtshandlungen mittels EDV, S. 251; *Baltzer* GdS Bruns, S. 81; *Geis* CR 1993, 653, 654; **a.A.** *Jöstlein* DRiZ 1973, 409, 412.
26 OLG Frankfurt/M. AnwBl. 1980, 367; LG Nürnberg-Fürth VersR 1997, 382 (LS).
27 Rosenberg/Schwab/*Gottwald*[17] § 118 Rdn. 3; Thomas/Putzo/*Reichold*[33] vor § 371 Rdn. 1; Zöller/*Greger*[29] § 371 Rdn. 2.
28 Wie hier Stein/Jonas/*Berger*[22] vor § 371 Rdn. 6; AK-ZPO/*Rüßmann* vor § 371 Rdn. 1.
29 *Henkel* JZ 1957, 148, 152.

sicherheit des Augenscheinsobjektes ist ebenfalls kein geeignetes einschränkendes Kriterium,[30] da selbst Urkunden leicht fälschbar sind.[31]

Tonbänder, Videobänder und **ähnliche Aufzeichnungen** können demnach auch im Hinblick auf das von ihnen Aufgezeichnete Augenscheinsobjekte sein. **Wahrnehmungsobjekt** ist **das Aufgezeichnete** selbst (auch etwaige dort festgehaltene Schriftstücke) und nicht bloß der Aufzeichnungsträger. Zur Ausgrenzung aus dem Anwendungsbereich des Urkundenbeweises im Zivilprozessrecht s. unten Rdn. 17 ff. 9

b) Augenscheinstatsache kann wie bei jeder Beweiserhebung eine Hilfstatsache oder eine Haupttatsache (beispielsweise die Nichtvaterschaft im Abstammungsprozess des nichtehelichen Kindes)[32] sein. 10

3. Wahrnehmung mittels technischer Hilfsmittel. Die Wahrnehmung der Augenscheinsobjekte kann **unmittelbar oder mittelbar**, nämlich unter Zwischenschaltung technischer Maßnahmen der Wahrnehmung (z.B. Fernglas, Mikroskop), erfolgen. Eine unmittelbare Wahrnehmung erfolgt z.B. bei einer (Orts-)Besichtigung des Originals. Eine mittelbare Wahrnehmung liegt vor bei der Betrachtung von Surrogaten des Augenscheinsobjekts wie Fotografien[33] oder bei der **Vernehmbarmachung** von Beweistatsachen **durch Messgeräte** oder ähnliche Instrumente. Aus diesem Grund kann es sich auch bei der Wahrnehmung des Inhalts von Tonbandaufnahmen und ähnlichen Aufzeichnungen um einen Augenscheinsbeweis handeln.[34] Nicht haltbar ist die teilweise vertretene Einschränkung, dass ein Augenscheinsbeweis dann nicht vorliegen könne, wenn sich sein Inhalt erst dem Denkvermögen erschließe, wodurch Tonbandaufnahmen ausgeschlossen werden sollen,[35] denn dies ist bei der Wahrnehmung durch Messgeräte immer der Fall. 11

4. Abgrenzung zur informatorischen Besichtigung. Von der Augenscheinseinnahme als Beweisaufnahme ist die formlose, nicht im Verhandlungsprotokoll festzuhaltende informatorische Besichtigung abzugrenzen. Sie dient nur Informationszwecken und soll dem Richter und den übrigen Prozessbeteiligten lediglich ein **besseres Verständnis der Situation** verschaffen, während eine Beweisaufnahme vorliegt, sobald es um die Feststellung einer *streitigen* Tatsache geht. Eine informatorische Besichtigung kann für die Rekonstruktion des Sachverhalts erhebliche Bedeutung haben; sie erfolgt nach § 144 **von Amts wegen**. 12

Verschafft sich der Richter **auf eigene Faust** und **ohne Anwesenheit der** übrigen **Prozessbeteiligten** einen unmittelbaren Eindruck von tatsächlichen Verhältnissen, die nicht Gegenstand streitigen Tatsachenvortrags sind, der durch Beweisaufnahme zu klären wäre, ist er an Vorgaben des Beweisrechts grundsätzlich nicht gebunden.[36] Es handelt sich bei der formlosen Aufklärungstätigkeit **nicht** um einen Akt der **Beweisaufnahme**, so dass 13

---

30 So aber ArbG Kassel BB 1955, 31(verneint für Tonbandaufnahme). Dort sollte wohl unter Umgehung des eigentlichen Rechtsproblems die Verwertung einer heimlichen Tonbandaufnahme zum Beweis beleidigender Äußerungen eines gekündigten Arbeitnehmers ausgeschaltet werden.
31 Stein/Jonas/*Berger*[22] vor § 371 Rdn. 6.
32 *Hiendl* NJW 1963, 1662, 1663.
33 BGHZ 65, 300, 304; OLG Frankfurt AnwBl 1980, 367; 1983, 183.
34 *Baltzer* FS Bruns S. 73, 82.
35 *Henkel* JZ 1957, 148.
36 LG Berlin MDR 1952, 558; Leitsätze der Prozessrichterlichen Vereinigung des Berliner Richtervereins, JR 1951, 371, 372.

sie auch nicht als ein Fall des Freibeweises zu qualifizieren ist.[37] Dieser Weg darf aber nicht dazu missbraucht werden, die Parteien mit einer Augenscheinseinnahme unter Verletzung des Prinzips der Parteiöffentlichkeit (§ 357) zu überraschen, um eine vorherige vorübergehende Veränderung des Zustandes nach Anordnung einer rechtlich einwandfrei durchzuführenden Augenscheineinnahme zu verhindern.[38] Den gegen die Loslösung der informatorischen Besichtigung von den Vorschriften des Beweisaufnahmerechts geäußerten Bedenken[39] ist insoweit Rechnung zu tragen, als der Richter das **Augenscheinsobjekt** jedenfalls nicht informell besichtigen darf, wenn es sich **im Gewahrsam einer Partei** befindet, die bei der Besichtigung anwesend ist oder mit der er dafür zumindest einseitig Kontakt aufnehmen muss. Ein solches Vorgehen begründet die **Besorgnis der Befangenheit**.[40] Dasselbe sollte aber auch gelten, wenn der Richter die örtlichen Verhältnisse auf einem öffentlich zugänglichen Parkplatz oder einer Straße auf eigene Faust ermittelt, um sein Wissen in die Entscheidung einfließen zu lassen. Art. 103 Abs. 1 GG ist nur berührt, wenn der Richter bei der Besichtigung gewonnenes privates Wissen, zu dem die bloß bessere Verständnismöglichkeit nicht gehört, im Prozess verwerten will; er muss über derartigen, nicht vorgetragenen Tatsachenstoff die Parteien informieren. Entschieden zu widersprechen ist dem BGH, der die Lichtverhältnisse an einem bestimmten Kalendertag morgens um 7.30 Uhr für privat ermittelbar gehalten hat, um damit die Schutzbedürftigkeit angesichts eines verkehrspflichtwidrigen Straßenzustandes zu klären.[41] Auf § 291 lassen sich nur Wissensermittlungen aus allgemein zugänglichen Quellen stützen.

III. Abgrenzung zu anderen Beweismitteln

14 1. Allgemeines. In der Regel ist mit Beweisaufnahmen eine sinnliche Wahrnehmung verbunden. Nach der Systematik der ZPO sind die Regelungen für die einzelnen Beweismittel als abschließend gedacht. Für notwendig mit ihnen verbundene Wahrnehmungsanteile sind deshalb nicht neben den spezifischen Regeln für den Urkundsbeweis, den Sachverständigenbeweis oder den Beweis durch Zeugen- und Parteivernehmung zusätzlich die Vorschriften über die Augenscheinseinnahme anzuwenden.[42] Ein derartiger „**unselbständiger Augenschein**" ist nicht gemäß § 160 Abs. 3 Nr. 5 zu protokollieren.[43] Die Regelungen der anderen Beweismittel gehen denen des Augenscheinsbeweises als leges speciales vor.[44] Dies schließt jedoch nicht aus, dass mit einer sich nach anderen Beweisregeln richtenden Beweisaufnahme ein Augenscheinsbeweis verbunden werden kann. Regelmäßig sagt ein Augenscheinsobjekt (die Beschaffenheit einer Sache oder einer Örtlichkeit) für sich allein nichts über die Beziehung des Objektes zum Sachverhalt aus.[45] Die Möglichkeit einer Verbindung zwischen Augenscheinsbeweis und Sachverständigenbeweis ist in §§ 372, 372a ausdrücklich vorgesehen.[46]

---

37 *Peters*, Der sogenannte Freibeweis im Zivilprozess, 1962, S. 157.
38 *Peters* Der sog. Freibeweis, S. 158 Fn. 138, gegen *Bull*, Prozesshilfen, 2. Aufl. 1960, S. 105 f.
39 Stein/Jonas/*Berger*[22] vor § 371 Rdn. 2 f.
40 So ist wohl auch der Leitsatz des Berliner Richtervereins zu verstehen, der vom pflichtgemäßen richterlichen Ermessen der Vermeidung des Eindrucks einseitiger Beeinflussung durch eine Partei spricht, JR 1951, 372.
41 BGH NJW 2007, 3211 Tz. 8.
42 Stein/Jonas/*Berger*[22] vor § 371 Rdn. 5; AK-ZPO/*Rüßmann* vor § 371 Rdn. 1; unklar Zöller/*Greger*[29] § 371 Rdn. 2.
43 Ebenso zu § 273 Abs. 1 StPO in einer Bußgeldsache OLG Zweibrücken MDR 1992, 1173.
44 Stein/Jonas/*Berger*[22] vor § 371 Rdn. 5; *Jöstlein* DRiZ 1973, 409, 411; *Siegert* NJW 1957, 689, 691.
45 BGHSt 14, 339, 341 = NJW 1960, 1582, 1583.
46 BGHZ 5, 302, 306 (Feststellung der Körpermerkmale für erbbiologische Gutachten ist Augenscheinseinnahme, die das Gericht dem Sachverständigen überlässt); BGH NJW 1990, 2936, 2937

Unselbständiger und selbständiger Augenschein müssen sorgfältig getrennt werden. **15**
Eine Identitätsfeststellung darf nicht anlässlich einer Zeugenvernehmung durch heimlichen Vergleich des äußeren Erscheinungsbildes des Zeugen mit einem bei den Akten befindlichen Foto erfolgen. Ein **selbständiger Augenscheinsbeweis** muss also mittels **ausdrücklicher** statt stillschweigender Feststellungen erhoben werden.[47] Ein gegenteiliges Vorgehen, von dem die Parteien erst aus dem Urteil erfahren, verstößt gegen das Prinzip eines fairen Verfahrens.

2. Urkundenbeweis und Augenschein

a) Augenscheinssurrogate. Augenscheinsobjekte können durch Surrogate in den **16** Prozess eingeführt werden (näher unten Rdn. 52ff.). Die Wiedergabe in Papierform zwecks Beweisaufnahme, etwa die Verwendung von Lichtbildern, macht aus dem Beweismittel keinen Urkundenbeweis.[48]

b) Elektronische und technische Aufzeichnungen (§ 371 Abs. 1 Satz 2)

aa) Entwicklung der Diskussion

(1) Rechtspolitische Alternativen. Seit den 50er Jahren des 20. Jahrhunderts ist **17** über die beweisrechtliche Einordnung zunächst von Tonbandaufnahmen und nachfolgend auch anderer technischer Aufzeichnungen gestritten worden. Als Alternativen standen die Regelungen über die Augenscheinseinnahme und den Urkundenbeweis einander gegenüber. Der **Strafrechtsreformentwurf von 1962**[49] sah in § 304 Nr. 1[50] vor, in einem Tonträger oder in einem anderen technischen Mittel verkörperte Erklärungen, die allgemein oder für Eingeweihte verständlich sind, die den Erklärenden erkennen lassen und die von Anfang an oder aufgrund nachträglicher Entwicklung zum Beweis einer rechtlich erheblichen Tatsachen bestimmt sind, den Urkunden gleichzustellen.[51] Das beeinflusste auch die Beweisrechtsdiskussion im Zivilprozessrecht, obwohl das Strafrecht im materiellen Recht einen eigenständigen, z.B. die Beweiszeichen einbeziehenden Urkundenbegriff entwickelt hat, der nicht in das Zivilprozessrecht übertragen werden kann.

(2) Kommissionsvorschläge. Die **Kommission für das Zivilprozessrecht** hat 1977 **18** gemeint, das materielle und formelle Beweisrecht der ZPO an die technische Entwicklung insbesondere der elektronischen Aufnahme- und Wiedergabesysteme anpassen zu sollen, allerdings ohne eine gesetzliche Definition der Urkunde vorzuschlagen. Hingewiesen wurde auf Lochkarten, Bildbände, audiovisuelle Systeme sowie elektronische In-

---

(Anordnung der Blutprobenentnahme gem. § 372a zwecks Untersuchung durch einen Sachverständigen ist Beweisaufnahme durch Augenschein); *Jauernig/Hess* Zivilprozessrecht[30] § 52 Rdn. 2; *Bruns* Zivilprozessrecht § 34 Rdn. 178, § 35 Rdn. 182c; *Hiendl* NJW 1963, 1662, 1663; anders: Rosenberg/Schwab/*Gottwald*[17] § 118 Rdn. 24 (Sachverständigenbeweis, bei dem Sachverständiger kein Augenscheinsgehilfe ist, der allerdings vom Gesetzgeber in § 372a als Augenschein behandelt wird); AK/*Rüßmann* § 372 Rdn. 2.
47   A.A. OLG Zweibrücken MDR 1992, 1173: Versteckter Vergleich von Radarmessungslichtbild mit dem als Zeuge vernommenen Bruder des Betroffenen bei unklarer Fahrereigenschaft in Bußgeldsache.
48   OLG Frankfurt/M. AnwBl. 1980, 367; LG Nürnberg-Fürth VersR 1997, 382 (LS).
49   BT-Drucks. IV/650.
50   BT-Drucks. IV/650 S. 60, Begr. dazu S. 478f.
51   S. dazu u.a. *Jöstlein* DRiZ 1973, 409, 412. So auch die Zürch. ZPO, BezG Meilen, Bl.ZürchRspr. 109 (2010) Nr. 8, S. 41, 43.

formations-, Speicherungs- und Rückgewinnungssysteme (Computer), aber auch auf die damals erst wenige Jahre alten Fotokopiermöglichkeiten und die Mikrofilmtechnik.[52] Derartige **technische Aufzeichnungen** sollten u.a. wegen der unübersehbaren künftigen Entwicklung der Technik nicht Gegenstand eines neu zu schaffenden selbständigen Beweismittels werden, sondern in das gegebene System der Beweismittel beim **Urkundenbeweis** eingeordnet werden; gleichzeitig wurde deren Behandlung im Rahmen des Augenscheins oder des Sachverständigenbeweises verworfen.[53] Diese Grundsatzentscheidung wurde jedoch in der Detailgestaltung für einzelne Arten technischer Aufzeichnungen nach kontroverser Diskussion nicht durchgehalten: Tonbandaufnahmen sollten wegen der Gefahr der Manipulation oder sonstigen Fälschung – im Unterschied zu Mikrofilmen und „Produkten von Speicheranlagen" – nicht als Mittel des Urkundenbeweises zugelassen werden,[54] was angesichts der gegebenen Begründung heute eher kurios erscheint und eine zeitliche Momentaufnahme des damaligen Wissensstandes über die Technik bedeutete. Vorgeschlagen wurde ein neu zu schaffender § 430 mit einem freilich sehr begrenzten und zudem restriktiven Regelungsgehalt:[55]

„Ist eine Urkunde vernichtet worden oder ihre Vorlegung sonst nicht durchführbar, so kann an ihrer Stelle die schriftbildliche Wiedergabe einer unmittelbaren Aufzeichnung vorgelegt werden, die auf einem Schrift-, Bild- oder anderen Datenträger hergestellt worden ist, sofern dabei in schriftlicher Form bestätigt wird, dass die Aufzeichnung mit der Urschrift übereinstimmt und die Urschrift keine Veränderungen aufwies, die als solche nach ihrem Zeitpunkt, ihrem Inhalt und nach ihrer Herkunft nicht ohne weiteres in der Aufzeichnung erkennbar sind."

19 Zugleich sollten die urkundenrechtlichen Regelungen der § 131 Abs. 1 und § 134 Abs. 1 durch eine Gleichstellung der technischen Aufzeichnungen (gem. der Definition in dem neu entworfenen § 430) mit Urkunden in ihrem sachlichen Gehalt ausgedehnt werden.[56] Auf eine nähere Beschreibung der Aufzeichnungstechnik wurde bewusst verzichtet.[57] Der Gesetzgeber hat diese **unausgereiften Vorschläge** nicht aufgegriffen.

20 (3) **Rechtswissenschaftliche Diskussion.** Auf **Tauglichkeitsmängel** der Anwendung des Urkundenbeweisrechts haben *Britz*[58] und *Rüßmann*[59] hingewiesen: Gleich ob man in **§ 416 ZPO** eine Beweisregel sieht, die für schriftliche Willenserklärungen (nicht: Wissenserklärungen) den Beweis für deren willentliche Entäußerung (im Unterschied zum nicht zurechenbaren Abhandenkommen)[60] oder für eine Abgabe im Sinne des § 130 BGB[61] erbringt und unverrückbar dem prozessualen Zweifel entzieht, und damit dem § 416 überhaupt eine Rechtsfolgewirkung beimisst, ist diese Norm für elektronische Dokumente wenig geeignet; die Anwendung würde zudem voraussetzen, dass die elektronischen Speicherungen überhaupt Willenserklärungen enthalten, während sonstige Datenbestände irrelevant wären. Im übrigen wäre die Anwendung des § 416 auf elektro-

---

52 Kommissionsbericht, S. 148 f.
53 Kommissionsbericht S. 149.
54 Kommissionsbericht S. 149.
55 Kommissionsbericht S. 352 f.
56 Kommissionsbericht S. 331.
57 Kommissionsbericht S. 150.
58 *Britz*, Urkundenbeweisrecht und Elektroniktechnologie, 1996.
59 *Rüßmann*, Moderne Elektroniktechnologie und Informationsbeschaffung im Zivilprozess, in: Schlosser, Die Informationsbeschaffung für den Zivilprozess, S. 137 ff.
60 So MünchKomm/*Schreiber*[4] § 416 Rdn. 9. Diese nicht überzeugende Ansicht würde zahlreiche Wirksamkeitsprobleme des Wertpapierrechts obsolet werden lassen und zu Scheinproblemen deklarieren.
61 So *Britz*, Urkundenbeweisrecht, S. 157.

nische Speicherungen auch eher belanglos, weil die spezifischen Probleme der **Beweisechtheit** elektronischer Archivierungen und ihrer Ausdrucke damit nicht lösbar sind.[62] Den von *Britz* und *Rüßmann* angestellten rechtsvergleichenden Untersuchungen haben sich keine Reformanregungen entnehmen lassen.[63]

Gegenstand spezifischer Erörterungen waren **Tonbänder und Videobänder.** Für 21 das Tonband als das älteste der problembeladenen Medien ist die Urkundeneigenschaft teilweise bejaht worden, weil es sich um eine „moderne Form der schriftlichen Niederlegung des gesprochenen Wortes" handele.[64] Indes lässt sich die auf physikalischen Gesetzen beruhende Aufzeichnung von Schallwellen nicht mit den von Menschen erdachten Symbolen für Sprachlaute gleichsetzen, ohne die Grenzen des gewöhnlichen Sprachgebrauchs für Schriftlichkeit zu sprengen.[65] Gegen die Behandlung als Urkunde spricht bei Tonbändern ferner, dass sie keine Garantie vor Verfälschungen bieten bzw. die Erkennbarkeit der Verfälschung erschwert ist,[66] auch wenn insoweit die Unterschiede zu herkömmlichen Urkunden zum Teil nur graduell sind.[67] Ebenso fehlt es an der Verkehrsfähigkeit des Beweismittels.[68] Gleiches gilt für **Videoaufnahmen**[69] (zur Verwertung heimlich aufgenommener Äußerungen unten Rdn. 34).

Neu entfacht wurde die Diskussion durch das Aufkommen **elektronischer und op-** 22 **tischer Speichermedien.** Für die Behandlung von Computerbänder, Disketten, CD-ROMs, Festplatten etc. hatte sich bis zur Reform von 2001 noch keine Praxis entwickelt. Elektronischen Speicherungen ist im Schrifttum die Urkundenqualität wegen fehlender Schriftlichkeit abgesprochen worden.[70] Der Ausdruck auf Papier ist teilweise als Urkunde angesehen worden, wenn das elektronische Dokument einen gedanklichen Inhalt hat.[71] Damit ist rechtlich wenig anzufangen, weil schon die Qualifizierung als Urschrift, Ausfertigung oder Abschrift nicht beantwortet wird. Eine starke Reformbewegung hatte sich dafür ausgesprochen – mit Unterschieden in den Einzelheiten –, elektronische Speicherungen wenigstens de lege ferenda den Urkunden gleichzustellen,[72] weil dies vermeintlich den Erfordernissen des modernen Wirtschaftslebens entspreche und Unsicherheiten der freien Beweiswürdigung zu fürchten seien.

Teilweise ist dem Anliegen durch das deutsche **Signaturgesetz** (zunächst von 1997 23 und dann in Anpassung an die Signaturrichtlinie der EG von 2000 in der Fassung von

---

62 *Britz* Urkundenbeweisrecht, S. 231, 233; *Rüßmann* (Fn. 59) S. 157.
63 Vgl. *Britz* Urkundenbeweisrecht, S. 86 f.; *Rüßmann* (Fn. 59) S. 192 f.
64 *Siegert* NJW 1957, 689, 691. Gegen die Gleichstellung von Tonbandaufnahmen mit Urkunden *Henkel* JZ 1957, 148, 153.
65 Ablehnend auch Stein/Jonas/*Berger*[22], vor § 371 Rdn. 6; *Feldmann* NJW 1958, 1166, 1167 (für Strafprozess); *Henkel* JZ 1957, 148, 152 f.; *W. Lang*, Ton- und Bildträger, S. 104 (unter Betonung der Konservierung eines Lebensvorgangs der Vergangenheit); *Pleyer* ZZP 69 (1956), 321, 322.
66 MünchKomm/*Zimmermann*[4] § 371 Rdn. 4; *Bruns* JZ 1957, 489, 493; *Henkel* JZ 1957, 148, 153; *W. Lang* Ton- und Bildträger, S. 108.
67 Stein/Jonas/*Berger*[22] vor § 371 Rdn. 6; *Pleyer* ZZP 69 (1956), 321, 322.
68 Ebenso MünchKomm/*Zimmermann*[4] § 371 Rdn. 4; *Bruns* JZ 1957, 489, 493.
69 Stein/Jonas/*Berger*[22] vor § 371 Rdn. 6.
70 Stein/Jonas/*Berger*[22] vor § 371 Rdn. 6 und Stein/Jonas/*Leipold*[22] vor § 415 Rdn. 3; *Baltzer*, GdS Bruns S. 73, 80; *Geis* CR 1993, 653; *Goebel/Scheller*, Elektronische Unterschriftsverfahren, S. 40; *Raubenheimer* CR 1993, 19; *Redeker* NJW 1984, 2390, 2394.
71 Stein/Jonas/*Berger*[22] vor § 371 Rdn. 7. **A.A.** *Goebel/Scheller* Elektronische Unterschriftsverfahren S. 40; *Kuhn*, Rechtshandlungen mittels EDV, S. 251 f.; *v. Sponeck* CR 1991, 269, 270. Differenzierend *Geis* CR 1993, 653, 654.
72 *Geis* CR 1993, 653, 657; *Jöstlein* DRiZ 1973, 409, 412; *Rihaczek* DuD 1992, 409, 417; *v. Sponeck* CR 1991, 269, 270. Gegen eine Reform: *Redeker* NJW 1984, 2390, 2394. Zu Beweiserleichterungen *Kuhn* (Fn. 71) S. 254.

2001)⁷³ sowie § 292a ZPO a.F. Rechnung getragen worden. Fortgesetzt hat der Gesetzgeber diese Linie 2005 mit der Schaffung einer Regelung für elektronische Dokumente, für die durch § 371 Abs. 1 Satz 1 und Abs. 2 Satz 1 auf die formellen Urkundenbeweisregeln unter einschränkenden Voraussetzungen verwiesen wird.

24 Eine **pauschale Gleichstellung mit Urkunden** ist rechtspolitisch **nicht** berechtigt. Der Grundsatz freier Beweiswürdigung erlaubt eine flexible Anpassung an die Besonderheiten der einzelnen Augenscheinsobjekte, insbesondere an deren unterschiedlichen Beweiswert⁷⁴ und an die schnell fortschreitende technische Entwicklung. Beweisunsicherheiten werden nach einer Übergangszeit durch Ausbildung richterlicher Beweisregeln vermindert. Für **optische Speichermedien** gelten keine anderen Überlegungen.⁷⁵

25 Der Aufzeichnung von Geräuschen oder Musik **fehlt die Eigenschaft einer Gedankenerklärung**; ein Tonband oder ein Videoband sind nicht wie eine Schrifturkunde als privilegiertes Beweismittel im Urkundenprozess einsetzbar. Die gescheiterten Gesetzgebungsvorschläge der Kommission für das Zivilprozessrecht haben zudem darauf aufmerksam gemacht, dass die Qualifizierung technischer Aufzeichnungen als Urkunde nicht ausreicht, um den Regelungsbedarf abzudecken; vielmehr hätten **Folgeprobleme** gelöst werden müssen. So bedarf der Entscheidung, ob der **Datenspeicher als „Urschrift"** der Urkunde anzusehen ist und die schriftbildliche Wiedergabe deren Abschrift darstellt.⁷⁶ Ebenso zeigte die von der Kommission vorgeschlagene Regelung, dass die Zulassung der schriftbildlichen Wiedergabe von technischen Aufzeichnungen nicht schlechthin deren Urkundenqualität bedeuten muss, sondern sie den **Rang** eines **bloß subsidiären Beweismittels** einnehmen und ihre Verwendung zudem an ergänzende schriftliche Versicherungen, die dem Beweis der Echtheit dienen, gebunden werden kann. Schließlich stellte sich die Kommission vor, nur die Wiedergaben von *unmittelbar* gewonnenen technischen Aufzeichnungen zur Vorlegung im Urkundenbeweisverfahren zu gestatten, hingegen mittelbare Aufzeichnungen, insbesondere wenn sie von einer Partei hergestellt worden sind, aus dem Urkundenbeweisrecht auszuklammern.⁷⁷

26 **bb) Lex lata: Augenscheinsbeweis.** Das FormVorschrAnpG von 2001 hat die Behandlung elektronischer Dokumente in § 371 Abs. 1 Satz 2 als Gegenstand des Augenscheinsbeweises geregelt (oben I Rdn. 1) und damit den Anwendungsbereich des Urkundenbeweises auf die Verkörperung unmittelbar wahrnehmbarer schriftlicher Gedankenerklärungen beschränkt. Diese Abgrenzung zum Urkundenbeweisrecht ist zu begrüßen. Mit der gesetzlichen Regelung in § 371 Abs. 2 Satz 2 ist auch die Frage **obsolet** geworden, ob **einzelne Vorschriften des Urkundenbeweisrechts** auf nichtschriftliche Verkörperungen von Gedankeninhalten ohne Papierausdruck **analog** anzuwenden sind,⁷⁸ beispielsweise die §§ 422f. zur Vorlegungspflicht oder die Beweisvereitelungsregelung des § 427.

27 Der Begriff des elektronischen Dokuments ist nicht auf Dateien mit Schrifttexten begrenzt. Zwanglos erfasst werden von § 371 Abs. 1 Satz 2 **auch** Dateien mit anderem Inhalt, also **Video-, Audio- oder Grafikdateien**.⁷⁹

---

73 BGBl 2001 I S. 876; geändert durch SigÄndG vom 4.1.2005, BGBl 2005 I S. 2.
74 Zum Beweiswert elektronischer Dokumentationen *Bergmann/Streitz* CR 1994, 77, 79ff.
75 Zu den technischen Grundlagen optischer Archivsysteme *Rasche* CR 1992, 693.
76 Von der Kommission abgelehnt, Kommissionsbericht S. 149.
77 Kommissionsbericht S. 150.
78 *Britz* Urkundenbeweisrecht S. 111, 125.
79 *Berger* NJW 2005, 1016, 1017.

Von den Reformen des Jahres 2001 werden **technische Aufzeichnungen**, die **keine** 28
elektronischen Dokumente darstellen, z.B. Tonbandaufnahmen in analoger Technik,
nicht erfasst. Derartige magnetische, optische und sonstige technischen Aufnahmen
bzw. Aufzeichnungen sind den Regeln des Augenscheinsbeweises zu unterstellen; **§ 371**
ist also **analog** anzuwenden.

Mit der Neuregelung des § 371 für elektronische Dokumente entstand zugleich Be- 29
darf für die „**aktenmäßige**" bzw. behördliche **Behandlung** elektronischer Dokumente.
In Parallele zu dem für Urkunden geltenden § 131 wurde § 130a geschaffen. Diese Norm
entfaltet erst und nur Wirkungen, wenn und soweit auf der Ermächtigungsgrundlage des
§ 130a Abs. 2 **ausführende Verordnungen** erlassen worden sind. Die elektronische Prozessaktenführung, die das seit dem 1.4.2005 geltende Justizkommunikationsgesetz (JuKoG)[80] u.a. für den Zivilprozess ermöglicht hat, ist davon zu unterscheiden. Zentralnorm
für elektronische Akten im Zivilprozess ist § 298a; die Akteneinsicht regelt § 299 Abs. 3.[81]

3. Sachverständige als Augenscheinsmittler (Augenscheinsgehilfen). Die Ab- 30
grenzung des Augenscheinsbeweises zum Sachverständigenbeweis rührt aus dem Problem her, ob die Einschaltung eines Sachverständigen zur Erhebung von Anknüpfungstatsachen durch Inaugenscheinnahme eines Augenscheinsobjektes den Sachverständigen zum Augenscheinsgehilfen des Richters macht und insoweit die rudimentären Regeln des **Augenscheinsbeweisrechts** anzuwenden sind, **oder** ob die Beweiserhebung
dann **insgesamt** nur dem Recht des **Sachverständigenbeweises** unterliegt.

Die Rechtsprechung ist nicht immer zu zutreffenden Einordnungen gelangt. Exem- 31
plarisch ist RG JW 1937, 3325 zu nennen: In einem Patentverletzungsrechtsstreit war ein
Beweisantrag auf Einholung eines Sachverständigengutachtens gestellt worden; bewiesen werden sollte die Verschiedenheit der vom Beklagten gewählten Ausführungsformen
vom Schutzumfang des für eine Verbrennungskraftmaschine erteilten Streitpatents, und
zwar in Bezug auf das Mischen des Brennstoffs mit der Verbrennungsluft, das den
Brennstoffverbrauch vermindern sollte. Das RG sah darin fälschlich einen Beweisantritt
auf Augenscheinseinnahme, bei der sich der Richter mangels eigener Sachkunde durch
den Sachverständigen vertreten lasse. Hier wurden **Anknüpfungstatsachen** und **Befundtatsachen verwechselt**. Dem Gesetzgeber ist es nicht unbedingt besser gegangen:
Die Blutentnahme für ein Abstammungsgutachten beim Augenscheinsbeweis zu regeln
(§ 372a) verkennt, dass das Blut des Probanden bei bestrittener Vaterschaft nicht Gegenstand beweisbedürftiger streitiger Augenscheinstatsachen ist; statt dessen geht es um
die durch einen Sachverständigen gutachtlich festzustellende Übereinstimmung der
Blutmerkmale zweier Personen (s. unten Rdn. 38).

Näher zum Augenscheinsmittler § 372 Rdn. 3 ff. 32

4. Zeugenbeweis und Augenschein

a) Zeugen als Augenscheinsmittler. Auch Zeugen, z.B. Polizeibeamte, die eine Un- 33
fallstelle ausgemessen haben, können als Augenscheinsmittler in Betracht kommen.
Näher dazu § 372 Rdn. 4.

b) Vernehmungssurrogate. Die Einführung einer **Zeugenaussage auf Tonband** 34
oder Videoband als Surrogat für eine *beantragte* Zeugenvernehmung ist grundsätzlich

---

[80] BGBl 2005 I S. 837. Dazu *Viefhues* NJW 2005, 1009.
[81] Zur Akteneinsicht in elektronische Behördenakten *Bachmann/Pavlitschko* MMR 2004, 370 ff.

nicht zulässig, weil damit gegen das Prinzip der **Beweisunmittelbarkeit** verstoßen wird.[82] Die Rechtslage entspricht derjenigen bei Heranziehung von Protokollen aus anderen Verfahren. Jedoch sind Durchbrechungen denkbar zum Schutz sowie zur effektiven Vernehmung kindlicher Zeugen, zur Unterstützung der Qualität beweissichernder Vernehmungen (etwa eines an Alzheimer leidenden Zeugen)[83] und in Fällen der Zeugenvernehmung im Ausland. In diesen Fällen wird allerdings regelmäßig ein Richterkommissar oder ein Konsularbeamter tätig werden. Im übrigen haben es die Parteien in der Hand, sich mit aufgezeichneten mittelbaren Aussagen zu begnügen.[84] Vorzugswürdig ist demgegenüber die Videokonferenz (dazu § 128a und die nachfolgenden Rdn. 35f.). Werden einem Zeugen zur Identifizierung einer Person Lichtbilder vorgelegt,[85] handelt es sich um einen Zeugenbeweis.

35 **5. Videosimultankonferenzen und vergleichbare Kommunikationstechniken.** Von der Beweiserhebung in Abwesenheit des Prozessgerichts ist das **Vorgehen nach § 128a** zu unterscheiden. Diese mit dem ZPO-ReformG 2001 eingeführte und durch das JustizkommunikationsG 2005 veränderte Vorschrift dispensiert von der zeitgleichen persönlichen Anwesenheit der Prozessparteien, ihrer Vertreter und der Beweispersonen im Gerichtssaal zugunsten einer **Videokonferenzschaltung**. Für den Strafprozess[86] waren zuvor schon durch das Zeugenschutzgesetz von 1998 u.a. die §§ 58a, 168e, 247a und 255a StPO geschaffen worden. Während die Regelungen der StPO den Opfer- und Zeugenschutz im Blick haben, geht es im Zivilprozess um die **Ersparung von Zeit und Kosten** infolge Reiseaufwands.[87] Das Gesetz vom 25.4.2013 intensiviert den Einsatz der Videokonferenztechnik und befreit ihn durch Änderung des § 128a ZPO vom Erfordernis des Einverständnisses der Parteien.[88]

36 Die VO (EG) Nr. 1206/2001 (EuBVO)[89] sieht die Möglichkeit der **Konferenzschaltungstechnik** auch **grenzüberschreitend innerhalb der EU** vor (ausgenommen: Dänemark). Das Prozessgericht kann nach Art. 10 Abs. 4 EuBVO darum ersuchen, dass das ausländische Rechtshilfegericht die Beweisaufnahme unter Verwendung von Kommunikationstechniken (Videokonferenz, Telekonferenz) durchführt; dem Ersuchen ist bei entsprechender technischer Ausrüstung des Gerichts grundsätzlich zu entsprechen. Art. 17 Abs. 4 Satz 3 EuBVO sieht dieselbe Technik für unmittelbare Beweisaufnahmen des Prozessgerichts im Ausland vor (dazu § 363 Rdn. 40). Sowohl für die Rechtshilfevernehmung nach Art. 10 EuBVO als auch für die auf Zwang verzichtende Vernehmung nach Art. 17 EuBVO darf die Verwendung der Technik **nicht** von einem **beiderseitigen Einverständnis der Parteien** abhängig gemacht werden, wie es § 128a (bis zur Realisierung der Reform, s. Rdn. 35) für reine Inlandsprozesse voraussetzt.[90] § 128a (bis zur Reali-

---

82 *Pleyer* ZZP 69 (1956), 321, 326; *Roggemann*, Das Tonband im Verfahrensrecht (1962), S. 47.
83 Beispielhaft dazu – unter Berücksichtigung von Art. 6 Abs. 3 lit. d EMRK – die strafrechtliche Entscheidung des englischen Court of Appeal Regina v. D. [2002] EWCA Crim. 990, [2002] 3 WLR 997.
84 *Pleyer* ZZP 69 (1956), 321, 325f.
85 Zum Beweiswert in Strafsachen BGH NJW 2012, 791.
86 Dazu BGH NJW 1999, 3788: Ausländische Rechtshilfeleistung durch zeitgleiche Bild- und Tonübertragung; ebenso NJW 2000, 2517, 2518. Zum Einsatz einer Videoaufzeichnung über die Vernehmung eines Fünfjährigen als Surrogat bei späterer Zeugnisverweigerung BGH NJW 2004, 1605 m. – am Sachverhalt vorbeigehender – Bespr. *Mitsch* JuS 2005, 102. Zu Erfahrungen mit Videovernehmungen in der bayrischen Strafjustiz *Schöch* FS Meyer-Goßner, 2001, S. 365ff.
87 Zu positiven Erfahrungen mit Videoverhandlungen beim FG Köln *Schaumburg* ZRP 2002, 313ff.
88 BGBl 2013 I S. 935; dazu Entwurf des Bundesrates vom 24.3.2010, BT-Drucks. 17/1224, S. 7 u. 13.
89 ABl. EU Nr. L 174 v. 27.6.2001 S. 1.
90 Generell für eine Differenzierung auch Rauscher/*v. Hein*, Europ. Zivilprozessrecht[(2010)] Art. 10 EG-Bew-VO Rdn. 37.

sierung der Reform, s. Rdn. 35) ist insoweit als Modifizierung des § 128 Abs. 1 (mündliche Verhandlung vor dem erkennenden Gericht), des § 169 GVG (öffentliche Verhandlung) und des § 355 Abs. 1 Satz 1 (Unmittelbarkeit) zu verstehen; diese Regelungen gelten nicht für eine notwendige Auslandsbeweisaufnahme. Das **Verbot der Videoaufzeichnung** einer Vernehmung (§ 128 Abs. 3 Satz 1) sollte für Vernehmungen im Ausland ebenfalls nicht angewandt werden. Der völlig überzogene inländische Persönlichkeitsschutz, der damit bewirkt werden soll[91] – sachgerechter demgegenüber § 93a Abs. 1 Satz 4 FGO –, sollte bei großzügigerer Haltung des Rechts am Ort der Beweisaufnahme nicht angewandt werden.[92] Im umgekehrten Fall einer inländischen Beweisaufnahme für ein ausländisches Gericht ist § 128a Abs. 3 Satz 1 jedoch zu beachten.[93]

Möglich ist neben der Vernehmung oder Anhörung einer Person (eines Zeugen, Sachverständigen oder einer Partei) in allen Prozessen, also unabhängig von einer extraterritorialen Beweisaufnahme, die Einnahme eines **Tele-Augenscheins**.[94] § 128a Abs. 2 steht dem schon deshalb nicht entgegen, weil es dort nur um Vernehmungen geht. Ein Tele-Augenschein ist als besonders taugliches **Augenscheinsurrogat** (dazu unten Rdn. 52) zu qualifizieren. **37**

IV. Beweisantritt, Beweiserhebung, Protokollierung

1. Beweisbedürftigkeit. Auf eine Beweiserhebung kommt es nur an, wenn **streitige Tatsachenbehauptungen** über das Augenscheinsobjekt festzustellen sind. Nur vordergründig und infolge einer wenig geglückten Einordnung durch den Gesetzgeber macht davon § 372a (Duldung einer Blutentnahme oder anderen Untersuchung) eine Ausnahme; die Regelung betrifft inhaltlich keine Feststellung über bestrittene Blutmerkmale der Augenscheinsperson, sondern die Duldungspflicht zur Ermittlung der Anknüpfungstatsachen eines Sachverständigenbeweises, die rechtssystematisch zum Sachverständigenbeweis gehört (zuvor schon Rdn. 31).[95] Von einer Beweiserhebung zu unterscheiden ist die **rein informatorische Besichtigung**.[96] Der Augenscheinsbeweis kann entweder von Amts wegen (§§ 371 Abs. 2 Satz 1 2. Alt., 144) oder infolge eines darauf gerichteten Beweisantrages einer Partei (§ 371 Abs. 1 Satz 1, § 371 Abs. 2 Satz 1) erhoben werden, und zwar auch schon zur Vorbereitung der mündlichen Verhandlung, § 273 Abs. 2 („insbesondere" markiert nur Beispiele geeigneter Vorbereitungsmaßnahmen). **38**

2. Anordnung nach § 144 von Amts wegen und auf Parteiantrag hin

a) Anordnungen nach gerichtlichem Ermessen. Die Erhebung des Augenscheinsbeweises gem. § 144 erfolgte nach der **bis zur ZPO-Reform 2001** geltenden Rechtslage von Amts wegen und hing allein vom **tatrichterlichen Ermessen** des Gerichts ab. Der Entscheidung über die Anordnung konnte eine Parteianregung vorausgehen, jedoch gab es kein Parteiantragsrecht zum Vorgehen nach § 144. Eine bloße Anregung war auch solchen Beweisanträgen zu entnehmen, die nicht den erforderlichen Voraussetzungen **39**

---
[91] *Schultzky* NJW 2003, 313, 317.
[92] So auch Rauscher/*v. Hein*[(2010)] Art. 10 EG-Bew-VO Rdn. 39.
[93] So auch *Schlosser*, EU-Zivilprozessrecht, 3. Aufl. 2009, Art. 10 EuBVO Rdn. 5.
[94] Rauscher/*v. Hein*[(2010)] Art. 10 EG-Bew-VO Rdn. 35 und 38 (für grenzüberschreitende Beweisaufnahmen).
[95] Ebenso Rosenberg/Schwab/*Gottwald*[17] § 118 Rdn. 24 (Sachverständigenbeweis, bei dem der Sachverständige kein Augenscheinsgehilfe ist, der allerdings vom Gesetzgeber in § 372a als Augenschein behandelt wird).
[96] BGHZ 66, 63, 68; RGZ 170, 264.

des § 371 Abs. 1 Satz 1 entsprach. Das Ermessen war in engen Grenzen durch die Rechtsmittelgerichte **nachprüfbar**.[97] Die für die gegenteilige Ansicht zitierten Urteile[98] betrafen die Durchführung einer informatorischen Besichtigung nach § 144. Sie steht nach wie vor im ungebundenen Ermessen des Gerichts, da es nur selbst beurteilen kann, ob es einer Verdeutlichung des Sachverhalts bedarf.[99] Bei Beweisbedürftigkeit von Tatsachen, die sinnlich wahrgenommen werden müssen, war die Ermessensausübung pflichtgebunden. Daran hat sich durch die Reform 2001 nichts geändert. **Fehlerhaft** ist das **Unterlassen persönlicher** richterlicher **Sinneswahrnehmung**, wenn es gerade auf das Empfinden des Tatrichters ankommt, etwa bei der Prüfung von Art und Intensität von Lärmbeeinträchtigungen, deren Lästigkeit durch Angabe von Messwerten nicht richtig wiedergegeben werden kann.[100]

Erweitert hat die Reform 2001 die Anwendung des § 144 für jene Sachverhalte, in denen sich das **Augenscheinsobjekt außerhalb der Verfügungsgewalt des Beweisführers** oder außerhalb einer öffentlichen Zugangsmöglichkeit befindet und daher die Beweiserhebung von der Mitwirkung, mindestens aber der duldenden Zustimmung seines Beweisgegners oder eines Dritten abhängig ist. Bewirkt worden ist dies durch die Regelungen in § 371 Abs. 2, § 144 Abs. 1 Sätze 2 und 3 und § 144 Abs. 2. Soweit in derartigen Fällen schon vor der Reform zutreffend die analoge Anwendung der §§ 422 ff. und damit ein prozessual wirkender Zugangsanspruch bejaht worden ist, bedeutet die Norm des § 371 Abs. 2 Satz 2 nur eine Klarstellung. Die geltende Regelung geht darüber aber noch hinaus.

40 **b) Augenscheinsobjekte außerhalb einer Zugriffs- oder Zugangsmöglichkeit des Beweisführers.** Die Reform 2001 stellt in ihrem Erweiterungsbereich (vorige Rdn.) das Vorgehen nach § 144 und die Erzwingung durch Parteiantrag unabgestimmt nebeneinander. Bei der Anwendung des § 144 auf den Augenscheinsbeweis – wie im übrigen auf die Erhebung der Anknüpfungstatsachen durch einen Sachverständigen – treten daher die gleichen Interpretationsprobleme auf wie bei § 142 im Bereich des Urkundenbeweises. Insoweit ist vorrangig auf die darauf bezogenen Ausführungen in § 420 Rdn. 12 zu verweisen. Betroffen sind Sachverhalte, in denen das **Augenscheinsobjekt** nicht der **Verfügungsgewalt** des Beweisführers, sondern entweder **des Beweisgegners oder eines Dritten** unterliegt, die daran den Besitz halten oder den Zugang (zu einem Grundstück bzw. einer Wohnung) eröffnen sollen. Missverständlich ist die Einbeziehung des Beweisgegners in die 1. Alt. des § 371 Abs. 2 Satz 1; ein Editionsverfahren neben dem Hauptprozess, das entsprechend § 428 gegen den Beweisgegner wie gegen einen Dritten betrieben werden könnte und für dessen Durchführung eine Frist zu setzen wäre, gibt es nicht.[101] In Betracht kommt gegen den Beweisgegner nur eine Anordnung nach §§ 425, 422, wenn gegen ihn ein materiell-rechtlicher Vorlegungsanspruch besteht; die Missachtung dieser Anordnung zieht die Anwendung des § 427 nach sich.

---

97 BGH NJW 1992, 2019 = MDR 1992, 876; BAGE 34, 158, 173 (Augenschein am Arbeitsplatz bei streitiger Eingruppierung). Anders MünchKomm/*Damrau*² § 371 Rdn. 3.
98 BGH VersR 1959, 30; BGHZ 66, 63, 68; RGZ 170, 264, 265.
99 RGZ 170, 264, 265.
100 BGH NJW 1992, 2019 = MDR 1992, 876 (überraschender impulsartiger Charakter des Lärms). Im Ergebnis ebenso zur Lärmemission einer Bundesstraße BGHZ 97, 361, 367 = NJW 1986, 2421 und das zugehörige 2. Revisionsurteil BGH WM 1992, 1712, 1714 = NVwZ 1992, 915, 916 (ausschließliche Feststellbarkeit der Notwendigkeit zur Anhebung der Sprechlautstärke bei geöffnetem Fenster, zur Wirkung einer Lichtzeichenanlage auf den Lärm im Pulk heranpreschender Fahrzeuge und zum störenden Eindruck der Tonfrequenzen von LKWs mittels subjektiven richterlichen Empfindens).
101 Insoweit zutreffend die Kritik von *Binder* ZZP 122 (2009), 187, 196 f.

Die 2001 neu eingeführte Möglichkeit der Anordnung gegen Dritte verdeutlicht in **41** besonderem Maße, dass es um eine Augenscheinseinnahme **zu Beweiszwecken** und nicht nur zu Informationszwecken geht. **Dritte** trifft eine **prozessuale Pflicht** zur Vorlage von Augenscheinsobjekten und zur Duldung von Maßnahmen der Beweiserhebung.[102] Dasselbe gilt für den **Beweisgegner**. Die Verweisung des § 371 Abs. 2 Satz 2 auf die entsprechend anzuwendenden §§ 422 und 423 hat praktische Bedeutung nur für Vorlegungspflichten, nicht aber für die von § 144 ebenfalls erfassten Duldungspflichten. Im unmittelbaren Geltungsbereich der §§ 422f., 429 für Urkunden ist das dortige Spannungsverhältnis zu § 142 dahin aufzulösen, dass die **gerichtliche Anordnung** sowohl gegenüber Dritten als auch gegenüber dem Beweisgegner der von der Anordnung begünstigten Partei **über** die Existenz von **Vorlegungsgründen** nach §§ 422 f. **hinausgehen** darf (§ 420 Rdn. 12). In entsprechender Weise ist die Anordnung der Vorlegung eines Augenscheinsobjekts weder gegenüber Dritten noch gegenüber dem Beweisgegner an die Existenz eines materiell-rechtlichen Anspruchs (vgl. § 422) oder an eine vorherige schriftsätzliche Bezugnahme des Vorlagepflichtigen auf das Augenscheinsobjekt (vgl. § 423) gebunden[103] (zu Urkunden s. § 420 Rdn. 13).

Die Anordnung gem. § 144 kann nach § 371 Abs. 2 Satz 1 von einer **Partei beantragt** **42** werden. Insoweit hat das Gericht **kein Ermessen**.[104] Wie bei § 142 hat das Gericht die **Verhandlungsmaxime** zu achten, weshalb die Anordnung zur Abwehr von Missbräuchen voraussetzt, dass der Beweisführer seinen Vortrag zu den beweisbedürftigen Tatsachen sowie zu Existenz und Besitz elektronischer Dokumente oder anderer Augenscheinsobjekte in zumutbarer Weise substantiiert; es sind dieselben Anforderungen wie für eine Anordnung nach § 142 zu stellen (dazu § 420 Rdn. 11). Vorrang vor einer Anordnung von Amts wegen hat die Stellung eines Antrags, auf den nach § 139 Abs. 1 Satz 2 hinzuwirken ist.[105] Das Gericht darf von einer Anordnung absehen, wenn und soweit der Beweisführer darauf nicht angewiesen ist, weil er ohne Zeitverlust einen **materiell-rechtlichen Vorlegungsanspruch** durchsetzen kann. Deshalb ist es erforderlich, dass der Beweisführer zu den Möglichkeiten einer materiell-rechtlichen Erzwingung nach § 422 auch dann substantiiert vorträgt, wenn er einen Antrag nach §§ 371 Abs. 2 Satz 1, 144 stellt.[106] Ein derartiger Anspruch beeinflusst auch die Abwägung über die Grenzen der Vorlage- und Duldungspflicht (dazu vor § 284 Rdn. 32).

Eine Anordnung von Amts wegen nach § 144 oder auf Parteiantrag nach §§ 371 Abs. 2 **43** Satz 1 in Verb. mit § 144 wird gegen **widerstrebende Dritte** nach §§ 144 Abs. 2 Satz 2, 390 durchgesetzt, indem **Ordnungsmittel** verhängt werden. Gegen den Beweisgegner der begünstigten Partei greifen die Grundsätze über die **Beweisvereitelung** ein (§ 371 Abs. 3, § 444). **Unmittelbarer Zwang** kommt **nicht** in Betracht, wie sich im Gegenschluss aus der besonderen Regelung des § 372a Abs. 2 Satz 2 ergibt. Die **Kosten** der Vorlegung oder einer mit Sicherungsaufwand verbundenen Duldung werden Dritten nach § 23 JVEG erstattet.

Begrenzt werden die Vorlage- und Duldungspflichten durch § 144 Abs. 2 Satz 1 nur **44** für Dritte und zwar vorrangig durch die **Zeugnisverweigerungsrechte** der §§ 383 bis 385, darüber hinaus durch unbenannte sonstige Zumutbarkeitsgesichtspunkte. Die **Grenze**

---

102 Stein/Jonas/*Leipold*[22] § 144 Rdn. 1.
103 A.A. Stein/Jonas/*Leipold*[22] § 144 Rdn. 20 und 22 für die Vorlagepflicht des Beweisgegners. Die Begründung des RegE befasst sich nur mit dem Dritten, BT-Drucks. 14/4722 S. 90 f. (im Sinne des obigen Textes).
104 Stein/Jonas/*Leipold*[22] § 144 Rdn. 15; *Binder* ZZP 122 (2009), 187, 198, 199.
105 Stein/Jonas/*Leipold*[22] § 144 Rdn. 5 und 7.
106 Anders MünchKomm/*Zimmermann*[3] § 371 Rdn. 16.

der **Zumutbarkeit** muss indes – wie in der Exegese zu § 142 dargelegt (§ 420 Rdn. 15) – auch für den Beweisgegner gelten; mittelbar ergibt sich dies auch aus § 371 Abs. 3 („zumutbare" Einnahme des Augenscheins).[107]

45   Für die Duldung des **Betretens eines Grundstücks** setzt § 144 Abs. 1 Satz 3 eine absolute Grenze, soweit eine **Wohnung** betroffen ist. Damit wird dem **Grundrecht des Art. 13 GG** Rechnung getragen.[108] Dessen Schutzumfang gemäß der Judikatur des BVerfG bestimmt die Anwendung des § 144 Abs. 1 Satz 3; Geschäfts- und Arbeitsräume sind daher mit dem BVerfG[109] als Wohnung anzusehen. Dasselbe soll für nicht allgemein zugängliche Nebengebäude gelten.[110] Diese Regelung ist **teleologisch zu reduzieren** auf Anordnungen von Amts wegen, die unmittelbar auf § 144 gestützt werden.

46   Wird ein **Parteiantrag** nach § 371 Abs. 2 Satz 1 gestellt und besteht ausnahmsweise eine materiell-rechtliche Duldungspflicht (vgl. §§ 371 Abs. 2 Satz 2, 422, gegebenenfalls in Verb. mit § 429), ist die **Duldung anzuordnen,**[111] damit im Falle einer Weigerung gegenüber einem Dritten die Ordnungssanktion der §§ 144 Abs. 2, 390 und gegenüber einer Partei die Beweisvereitelungsregelung des § 371 Abs. 3 wirksam wird. Hingegen darf **kein unmittelbarer Zwang** entfaltet werden; die Durchführung der Beweisaufnahme unterbleibt.[112] Denkbar ist freilich auch dann, dass die beweisführende Partei einen im Wege der Zwangsvollstreckung durchsetzbaren materiell-rechtlichen Anspruch darauf hat, dass ein Augenscheinsmittler die Wohnung betritt und besichtigt; für dessen Besichtigung ist der Zivilprozess auszusetzen. Die mit dem Besichtigungsanspruch (vgl. § 809 BGB) verbundene Duldungspflicht ist **nach** ihrer **Titulierung über § 892 real zu erzwingen** (dazu vor § 284 Rdn. 24). Der Schutz der Wohnung ist selbst dann einschlägig, wenn nicht die Wohnung selbst Augenscheinsobjekt ist, sondern ein darin befindlicher Gegenstand, der – wenn auch mit erheblichem Aufwand – herausgetragen werden könnte;[113] allerdings kann das Heraustragen angeordnet werden.

3. Beweisantrag einer Partei

47   **a) Ordnungsgemäßer Beweisantritt.** Ein ordnungsgemäßer Beweisantritt nach § 371 Abs. 1 Satz 1 verlangt eine **konkrete** Bezeichnung der durch Wahrnehmung zu beweisenden Tatsache (**Augenscheinstatsache**) und des **Augenscheinsobjektes.**[114] Dabei sollten an die **hinreichende Substantiierung** keine überspannten Anforderungen gestellt werden, weil es nicht leicht ist, das Ergebnis des Augenscheins gedanklich richtig zu übersetzen, wie u.a. missglückte richterliche Augenscheinsprotokolle zeigen. Ganz

---

107   Ebenso Stein/Jonas/*Leipold*[22] § 144 Rdn. 23.
108   Stein/Jonas/*Leipold*[22] § 144 Rdn. 25.
109   BVerfGE 32, 54, 75 = NJW 1971, 2299; 76, 83, 88 = NJW 1987, 2499; 97, 228, 265 = NJW 1988, 1627; NJW 2005, 883, 884. Zur Geltung des Art. 13 Abs. 1 GG für juristische Personen BVerfGE 106, 28, 43 = NJW 2002, 3619, 3622.
110   BGH NJW-RR 2009, 1393 Tz. 11.
111   Im Ergebnis ebenso Stein/Jonas/*Leipold*[22] § 144 Rdn. 26.
112   Stein/Jonas/*Leipold*[22] § 144 Rdn. 26; Musielak/*Stadler*[10] § 144 Rdn. 13. Für eine „Preisgabe" der geschützten Wohnung über in Art. 13 GG benannte Rechtfertigungsgründe hinaus bei bestehendem materiell-rechtlichen Anspruch auf Zutritt *Jankowski* NJW 1997, 3347, 3350.
113   Scheinbar weitergehend, jedoch wohl nur missverständlich formuliert die Aussage von MünchKomm/*Zimmermann*[4] § 371 Rdn. 19.
114   BGH LM § 909 BGB Nr. 14 = MDR 1972, 404 (dort, bei streitiger Grundstücksvertiefung: Bezeichnung des Hangfußes an der Grundstücksgrenze und Angabe des Anschneidens des Hangs an dieser Stelle); BGH VersR 1963, 192, 193 (insbesondere wegen Veränderungen der Örtlichkeit nach dem Unfall); s. ferner BGH NJW 1964, 1179; BGHZ 66, 63, 68.

allgemein gehaltene, formelhafte Behauptungen reichen nicht aus,[115] etwa der Satz, „eine richtige Würdigung könne nur in Kenntnis der örtlichen Gegebenheiten erfolgen",[116] oder ein Antrag „zum Beweis eines Unfallhergangs",[117] im Unterschied zu einem Antrag auf Besichtigung der Unfallstelle unter den Beleuchtungsverhältnissen des Unfallzeitpunktes zum Beweis dafür, dass Leitnägel in der Fahrbahnmitte bei gleichzeitiger Blickablenkung durch reflektierende Lichtschraffen nur schlecht hätten erkannt werden können, weil sie abgefahren seien.[118] In einer Urheberrechtssache, in der es um die Verstümmelung von 15 französischsprachigen Originalromanen Emil Zolas in Übersetzungen ging, hat es das RG als unzureichend angesehen, dass keine Beispiele angegeben waren, die dem Gericht eine gezieltere Prüfung ermöglichten.[119]

Seit der Reform von 2001 kann ein **Beweisantrag** auch auf der Grundlage der **§§ 371 Abs. 2 Satz 1, 144** gestellt werden. Dafür gelten im Rahmen der Verhandlungsmaxime dieselben Substantiierungsvoraussetzungen wie für einen Parteiantrag nach § 371 Abs. 1 Satz 1, soweit eine Substantiierung zumutbar ist (näher oben Rdn. 42). **48**

Leicht transportable und deshalb im Gericht präsentierbare **Augenscheinsobjekte im Besitz des Beweisführers** müssen zum Beweisantritt wie Urkunden (vgl. § 420) **vorgelegt** werden. Für **elektronische Dokumente** ist dies seit der Reform 2001 ausdrücklich im § 371 Abs. 1 Satz 2 geregelt. Diese Vorschrift ist auf **andere bewegliche Augenscheinsobjekte** analog anzuwenden. Besitz eines elektronischen Dokuments hat der Beweisführer, wenn er durch die Möglichkeit der Dateikopie und deren Weitergabe **Verfügungsgewalt über** den gespeicherten **Datenbestand** innehat; auf die tatsächliche Sachherrschaft über einen Datenträger kommt es nicht an, wenn die gespeicherte Datei das relevante Augenscheinsobjekt ist.[120] **49**

Für elektronische Dokumente kommt statt der Vorlage eines Datenträgers (Diskette, CD-ROM, DVD etc.) mit der gespeicherten Datei auch die elektronische Übermittlung der Datei an das Gericht in Betracht, sofern deren Bearbeitung durch das Gericht geeignet (vgl. § 130a Abs. 1 Satz 1) und die Übermittlung durch RechtsVO nach § 130a Abs. 2 zugelassen ist. Die zu § 420 entwickelten Einzelheiten sind auf § 371 Abs. 1 Satz 2 zu übertragen. Wie beim Urkundenbeweis muss das mit dem elektronischen Dokument zu beweisende **Beweisthema substantiiert vorgetragen** werden. Dies wird in der Regel bedeuten, die **gespeicherte Datei** in ihrem für das Verfahren relevanten Teil **auszudrucken**, sofern die Akten nicht elektronisch sondern in herkömmlicher Papierform geführt werden. Ein Abwarten mit der Vorlage des Datenträgers bzw. der Übermittlung bis zum Beweisbeschluss des Gerichts[121] ist nicht ordnungsgemäß. Beweisgegenstand ist der Inhalt der Datei, nicht der Datenträger;[122] dessen Qualität kann allerdings Bedeutung für den Beweiswert haben (zur Unversehrtheit und Echtheit von Augenscheinsobjekten unten Rdn. 59). Der formelle Beweiswert richtet sich nach § 371a oder § 416a. **50**

b) Ablehnung des Antrags. Ein ordnungsgemäß gestellter Antrag auf Augenscheinsbeweis kann nur aus Gründen abgelehnt werden, die **allgemein für die Zurückweisung** **51**

---

115 RGZ 130, 11, 21; BGH VersR 1963, 192, 193.
116 So in BGHZ 66, 63, 68.
117 So in BGH VersR 1963, 191, 193.
118 BGH VersR 1961, 801, 802.
119 RGZ 130, 11, 21.
120 *Berger* NJW 2005, 1016, 1017 f.
121 So die Forderung von *Bergmann*, Gedächtnisschrift Meurer (2002), S. 643, 647.
122 *Bergmann* Gedächtnisschrift Meurer (2002), S. 643, 648.

von **Beweismitteln** gelten;[123] die Ablehnung steht also nicht im Ermessen des Gerichts.[124] Insbesondere darf der Antrag nicht schon deshalb abgelehnt werden, weil ein Zeuge das Gegenteil der zu beweisenden Tatsache bekundet hat.[125] Anders soll es sein, wenn der Augenschein angesichts des Ergebnisses der übrigen Beweisaufnahme **völlig ungeeignet** wäre, die unter Beweis gestellten entscheidungserheblichen Tatsachen zu beweisen.[126] Vorstellbar ist eine derartige Gestaltung bei Indiztatsachen; allerdings dürften solche Indizien dann wohl kaum noch relevant sein. Fehlt dem Richter die erforderliche Sachkunde, muss er die Augenscheinseinnahme durch einen Sachverständigen anordnen.[127]

52   c) **Augenscheinssurrogate (Lichtbilder).** Bei Vorlage von Surrogaten des Augenscheinsobjektes, vor allem der Einreichung von Fotos einer Örtlichkeit,[128] kann die (zeitaufwendige und daher lästige) **Besichtigung des Originals** solange **abgelehnt** werden, als nicht vom Foto abweichende Merkmale behauptet werden.[129] Darin liegt keine unzulässige vorweggenommene Beweiswürdigung.[130] Das Surrogat muss aber einen ausreichenden Gesamteindruck der tatsächlichen örtlichen Gegebenheiten vermitteln können.[131] Entbehrlich ist es, einem **Zeugenbeweisantrag** über die Beschaffenheit bzw. den Zustand des Augenscheinsobjekts nachzugehen, wenn in das Wissen des Zeugen Beschaffenheitsbeschreibungen gestellt werden, die mit vorgelegten Lichtbildern nicht übereinstimmen, vorausgesetzt es ist nicht streitig, dass die Fotos das Objekt mit allen relevanten Sichtmerkmalen zeigen.[132] Der Zeugenbeweisantritt ist allerdings erheblich, wenn gleichzeitig vorgetragen wird, dass die Fotos einen unzutreffenden Eindruck vermitteln, und nur durch die Zeugenaussage eine korrekte Feststellung getroffen werden könne.

53   Lichtbilder und ebenso Videos haben den Vorteil, dass sie zur Zeit der Aufnahme vorhandene Einzelheiten dauernd festhalten können, und liefern eine Anschaulichkeit, die mit verbalen Beschreibungen nur unzureichend vermittelt werden kann; sie weisen aber auch **charakteristische Fehlbeurteilungsrisiken** auf.[133] Die Retuschiermöglichkeiten sind beliebig geworden, seit es digitale Aufnahmen gibt.[134] Losgelöst von bewussten **Fälschungen** können Fotos **falsche Eindrücke** durch die Wahl des Bildausschnitts oder der Perspektive vermitteln. Auch können Veränderungen des Augenscheinsobjekts zwi-

---

123   RG JW 1911, 370, 371; RG JW 1937, 3325 (mit im Ergebnis falscher Einordnung eines Sachverständigenbeweises als Augenscheinsbeweis); BGH LM § 909 BGB Nr. 14.
124   RG JW 1937, 3325; BGH LM § 909 BGB Nr. 14; BGH VersR 1961, 801, 802f.; BGH VersR 1963, 192, 193.
125   BGH LM § 909 BGB Nr. 14.
126   BGH LM § 909 BGB Nr. 14.
127   BGH LM § 909 BGB Nr. 14.
128   BGH NJW-RR 2006, 1677 Tz. 12f. (Bebaubarkeit eines Grundstücks); OVG Schleswig NJW 2004, 1195, 1196 (Fotodokumentation über den Zustand von Feldhecken).
129   BGH NJW-RR 1987, 1237 = MDR 1988, 42; OLG Köln NZV 1994, 279, 280; zustimmend Musielak/*Foerste*[10] § 284 Rdn. 22; Musielak/*Huber*[10] § 371 Rdn. 17. Für die Beurteilung der Entstellung eines Gesichts verneint BSG MDR 1994, 812, 813 die Ersetzung des Augenscheins durch Fotos (oder Sachverständigenbegutachtung). Zur Manipulierbarkeit von Digitalfotos *Knopp* ZRP 2008, 156, 157.
130   BGH MDR 1988, 42.
131   Verneint in BayObLG NJW-RR 2004, 1162, 1163, für eine schwarz-weiße Lichtbildkopie zur Beurteilung des optischen Nachteils einer baulichen Veränderung.
132   BGH NJW 1987, 590: Nach einem Lufttransport war die Eignung der Verpackung für beförderte zerbrechliche Gegenstände im Streit; der Sachverständige hatte das Gutachten aufgrund von Fotos des Koffers und seines Inhalts erstattet.
133   Näher dazu *Döhring*, Erforschung des Sachverhalts im Prozess, S. 326ff.
134   Zum Beweis der Aufnahme mit einer bestimmten Kamera unter Heranziehung der „Hot Pixel" LG München I, MMR 2008, 622 m. Anm. *Knopp* (Ablehnung des Beweisantrags).

schen rechtlich relevantem Zeitpunkt und Aufnahmezeitpunkt eingetreten sein, die u.U. schon durch einen veränderten Lichteinfall hervorgerufen werden.

Das Betrachten von Fotos, die in der Regel von einer Partei im Rahmen ihres Parteivortrags eingereicht werden, wird nur **selten Beweisaufnahme** sein. Die gemeinsame Erörterung von Fotos durch Gericht und übrige Prozessbeteiligte erfolgt mangels Beweisanordnung regelmäßig gem. §§ 278 Abs. 2 Satz 2, 136 Abs. 3, 138, 525 und hat **informatorischen Charakter**. Häufig wird danach kein Streit mehr über Augenscheinstatsachen bestehen, so dass eine **Beweisbedürftigkeit entfällt**. 54

4. Öffentlichkeit der Beweisaufnahme. Gemäß § 370 Abs. 1 ist eine Beweisaufnahme gleichzeitig zur Fortsetzung der mündlichen Verhandlung bestimmt. Dies gilt auch für **Termine**, die gemäß § 219 **außerhalb der Gerichtsstelle** abgehalten werden. Termine zur mündlichen Verhandlung müssen nach § 169 GVG den Grundsatz der Öffentlichkeit wahren, was einen entsprechenden Hinweis auf den Ort der Verhandlung voraussetzt. **Auswärtige Augenscheinseinnahmen** sind im Zivilprozess regelmäßig **isolierte Beweisaufnahmen** ohne nachfolgende mündliche Verhandlung, weshalb eine Terminbekanntmachung zur Unterrichtung der Öffentlichkeit in gleicher Weise wie bei der Beweisaufnahme vor dem beauftragten oder ersuchten Richter (§§ 361 f.) entbehrlich ist. Die **Parteiöffentlichkeit** (§ 357) ist aber auch hier herzustellen. 55

5. Wiederholung der Augenscheinseinnahme. Für die Wiederholung einer Augenscheinseinnahme gelten die gleichen Grundsätze wie beim Zeugenbeweis; § 398 findet entsprechende Anwendung. Insbesondere ist eine Wiederholung erforderlich, wenn das **Berufungsgericht** von der Beweiswürdigung abweichen will, die das erstinstanzliche Gericht aufgrund seiner Wahrnehmungen im Ortstermin getroffen hat, weil diese sich – „naturgemäß" (so der BGH) – nicht in allen Einzelheiten aus dem Protokoll ergeben.[135] 56

Nach einem **Richterwechsel** sollen die Ergebnisse eines früheren Augenscheins „im Wege des Urkundenbeweises"[136] durch Heranziehung des Augenscheinsprotokolls verwertet werden können.[137] Jedoch soll die Beweiswürdigung bei Meidung einer Verletzung des Unmittelbarkeitsgrundsatzes (§ 355 Abs. 1 Satz 1) nur Eindrücke berücksichtigen dürfen, die auf der persönlichen Erinnerung aller an der Entscheidung beteiligten Richter beruhen oder die (durch Protokoll oder Berichterstattervermerk) aktenkundig gemacht worden sind und zu deren schriftlicher Fixierung sich die Parteien äußern konnten.[138] Wegen der Schwierigkeiten einer Verbalisierung subjektiver Eindrücke ist selbst diese Konzession an die Aktenkundigkeit des Inhalts der Wahrnehmungen früher tätiger Richter bedenklich; sie läuft in der Sache auf ein Zwischenurteil über einzelne Tatsachenfeststellungen hinaus, wenn auch ohne Bindung der entscheidenden Richter. 57

---

135 BGH MDR 1986, 220 (zu verkehrssichernden Vorkehrungen gegen Überschwemmungsgefahren infolge Errichtung eines Autobahndamms).
136 Das ist fragwürdig; einem Parteiantrag auf Wiederholung der Augenscheinseinnahme müsste dann folgerichtig stattgegeben werden. Näher liegt die Parallele zu § 493. Wie der BGH Stein/Jonas/*Berger*[22] § 355 Rdn. 12, allerdings kritisch zu der Durchbrechung des Unmittelbarkeitsgrundsatzes überhaupt; zur Protokollverwertung einer Zeugenaussage und einem Verstoß gegen § 355 BGH NJW-RR 1997, 506.
137 BGH MDR 1992, 777 = WM 1992, 1712, 1713 f. (dort mit Wiedergabe des Protokollinhalts abgedruckt) = NVwZ 1992, 915, 916 (Augenscheinseinnahme zu Art, Intensität und Auswirkungen von Verkehrslärm nach Zurückverweisung durch BGHZ 97, 361 = NJW 1986, 2421).
138 BGH MDR 1992, 777 = NVwZ 1992, 915, 916 (dort enthielt erst das Berufungsurteil, nicht aber – entgegen § 160 Abs. 3 Nr. 5 – das Protokoll den Inhalt der richterlichen Sinneseindrücke); ebenso BGH NJW 1991, 1180 zum persönlichen richterlichen Eindruck von Zeugen.

58 Das in einem **anderen Verfahren protokollierte Ergebnis** einer Augenscheinseinnahme darf nicht zur Grundlage einer Tatsachenfeststellung gemacht werden, wenn die unmittelbare Augenscheinseinnahme beantragt wird.[139] Voraussetzung jeder Wiederholung ist die Wiederholbarkeit. Sie kann an einer zwischenzeitlichen Veränderung der tatsächlichen Verhältnisse scheitern; dann ist das Beweismittel nicht mehr erreichbar.

59 **6. Identität des Augenscheinsobjektes.** Bei einem Streit über die **Echtheit und Unversehrtheit** des Augenscheinsobjektes entscheidet das erkennende Gericht (vgl. § 366).[140] Die Beweislast für diese Hilfstatsache entspricht der Beweislast für die Haupttatsache sowohl bei der amtswegigen Augenscheinseinnahme als auch beim Beweisantritt einer Partei.

60 **7. Protokollierung.** Das Ergebnis eines Augenscheins ist nach §§ 160 Abs. 3 Nr. 5, 161 zu protokollieren. Es umfasst die **Wahrnehmung selbst**, also die tatsächliche Grundlage einer späteren Würdigung im Urteil.[141] Erst im Rahmen der Beweiswürdigung sind dann die Schlüsse aus der Wahrnehmung im Hinblick auf die zu beweisende Tatsache zu ziehen.[142] Demgegenüber bedarf ein „unselbständiger" Augenschein, etwa der Vergleich des vernommenen Zeugen mit einem bei einer Radarmessung aufgenommenen Lichtbild, keiner Protokollierung.[143] Ist die Protokollierung nach § 161 entbehrlich, muss das Ergebnis des Augenscheins im Urteil (zweckmäßigerweise im Tatbestand) festgestellt werden, ansonsten liegt ein Verstoß gegen § 313 Abs. 1 Nr. 5 vor.[144]

V. Augenscheinseinnahme im Ausland

61 Hat die Augenscheinseinnahme im Ausland zu erfolgen, finden die Regeln über die **internationale Beweisaufnahme** Anwendung, nämlich die VO (EG) 1206/2001 (EuBVO, dazu auch oben Rdn. 36 und § 363 Rdn. 76) die §§ 363, 364, 369 oder völkerrechtliche Verträge, insbesondere das Haager Beweisaufnahmeübereinkommen vom 18.3.1970. Es muss grundsätzlich die zuständige ausländische Behörde um die Augenscheinseinnahme ersucht werden, weil gerichtliche Tätigkeiten hoheitliche Handlungen sind und als **Souveränitätsverletzungen** des fremden Staates angesehen werden können. Aus der haftungsrechtlichen Entscheidung BGHZ 59, 310, 315, die den ärztlichen diagnostischen Fehler bei der Vorbereitung eines Gerichtsgutachtens zu beurteilen hatte und die Anwendung des Art. 34 GG verneinte, weil ein Gerichtssachverständiger keine öffentliche Gewalt für das Gericht ausübe, wird der Schluss gezogen, ein inländischer Sachverständiger handle wie ein Privatmann, wenn er zur Gutachtenvorbereitung **im Ausland** durch **Ortsbesichtigungen** oder **Untersuchungen** Befundtatsachen erhebe und unterliege daher auch bei der Tätigkeit als **Augenscheinsgehilfe** nach § 372 keinen Beschränkungen durch Rechtshilfeerfordernisse.[145] Das ist zu verneinen, weil die Qualifizierung als rein inländische Beweisaufnahme vom ausländischen Staat nicht geteilt werden muss und sowohl die indirekten Sanktionen bei Verweigerung der Mitwirkung an einer Au-

---

139 BGH LM § 445 ZPO Nr. 3.
140 *Bruns* § 34 Rdn. 179.
141 OLG Hamm NJW-RR 2003, 1006 = MDR 2003, 830.
142 RG JW 1903, 588 Nr. 6. Protokollierungsempfehlungen gibt *Bull* JR 1959, 410.
143 OLG Zweibrücken MDR 1992, 1173.
144 RG HRR 1934, 963; BGH LM Nr. 2 zu § 1362 BGB; BAG NJW 1957, 1492; s. auch OLG Hamm NJW-RR 2003, 1006 zur Behebung eines Protokollmangels.
145 So etwa Stein/Jonas/*Berger*[22] § 363 Rdn. 17; Zöller/*Geimer*[29] § 363 Rdn. 16 und 155.

genscheinseinnahme als auch die Beachtung von Förmlichkeiten wie die Parteibenachrichtigung dagegen sprechen.[146] Dazu auch vor § 485 Rdn. 51f.

Nach § 363 Abs. 2 hat die Inanspruchnahme eines deutschen Berufskonsuls Vorrang. **62**
Der Konsul darf nach **§ 15 KonsularG**[147] nur Vernehmungen durchführen und Eide abnehmen. Dadurch werden jedoch Augenscheinseinnahmen nicht ausgeschlossen (zur konsularischen Beweisaufnahme § 363 Rdn. 88ff.).

VI. Gebühren

Für die beantragte Augenscheinseinnahme gilt § 17 Abs. 1 GKG in Verb. mit KV **63**
9006ff. Sie soll erst nach vorheriger Zahlung eines **Auslagenvorschusses** erfolgen. Für die von Amts wegen durchgeführte Augenscheinseinnahme kann nach § 17 Abs. 3 GKG ein Auslagenvorschuss erhoben werden; von seiner Zahlung darf die Augenscheinseinnahme aber nicht abhängig gemacht werden.[148] Gerichtsgebühren werden nicht erhoben.

Unter Geltung des RVG ist die Beweiserhebung kein Gebührentatbestand mehr. **64**
Nach früherem, übergangsweise noch bedeutsamem Recht fällt für den Rechtsanwalt nach § 31 Abs. 1 Nr. 3 BRAGO eine Beweisgebühr an. Voraussetzung für die Entstehung der anwaltlichen Beweisgebühr und die Erhebung des Auslagenvorschusses ist das Vorliegen einer Beweiserhebung. Dafür ist eine förmliche Beschlussfassung über die Beweisaufnahme nicht erforderlich.[149] Entscheidend ist, ob bei objektiver Würdigung eine Beweisaufnahme vorliegt.[150] Daran fehlt es, wenn das Gericht nur eine informatorische Besichtigung vornimmt.[151] In Wettbewerbssachen und in Verfahren betreffend die Verletzung gewerblicher Schutzrechte werden häufig kollidierende verwechslungsfähige Kennzeichnungsmittel oder behauptete Produktnachahmungen im Original oder in Abbildungen vorgelegt. Ob sie nur der Verdeutlichung und Ergänzung des Sachverhalts dienen, ist im Einzelfall zu klären; eine einheitliche Praxis ist nicht erkennbar.[152]

§ 371a
Beweiskraft elektronischer Dokumente

(1) Auf private elektronische Dokumente, die mit einer qualifizierten elektronischen Signatur versehen sind, finden die Vorschriften über die Beweiskraft privater Urkunden entsprechende Anwendung. Der Anschein der Echtheit einer in

---

146 Vgl. dazu *Ahrens* FS Schütze, 1999, S. 1, 4. Zweifelnd auch MünchKomm/*Heinrich*[4] § 363 Rdn. 6.
147 BGBl 1974 I S. 2317.
148 MünchKomm/*Zimmermann*[4] § 371 Rdn. 31. Zur Einholung von Sachverständigengutachten ebenso BGH MDR 1976, 396 = LM GKG § 114 Nr. 1; KG NJW 1982, 111.
149 OLG Frankfurt AnwBl 1980, 367; OLG Koblenz MDR 1993, 1134; OLG München JurBüro 1990, 866, 867; OLG München JurBüro 1991, 684; OLG Hamburg MDR 1993, 286.
150 OLG Frankfurt AnwBl 1980, 367; OLG Hamburg MDR 88, 684, 685; MDR 1993, 286; OLG München JurBüro 1990, 866, 867; JurBüro 1991, 684.
151 KG JurBüro 1992, 398; OLG Bamberg JurBüro 1990, 721; OLG Hamburg MDR 1992, 1089; OLG Koblenz MDR 1993, 1134; OLG München JurBüro 1991, 684; OLG Oldenburg JurBüro 1992, 604; LG Heilbronn Rpfleger 1993, 174.
152 OLG Frankfurt JurBüro 1986, 226 (Vergleich von Leuchten und Mustern des vorbekannten Formenschatzes, Beweisaufnahme verneint); OLG Hamburg JurBüro 1988, 1171 = MDR 1988, 684 (Glasform von Honiggläsern, Beweisaufnahme bejaht); OLG München NJW 1964, 1527 (Beweisaufnahme bejaht); OLG Stuttgart, AnwBl. 1980, 510; OLG München JurBüro 1991, 684, 685 (Beweisaufnahme im Regelfall zu verneinen); OLG Oldenburg JurBüro 1992, 604 (Vergleich von Gebindeaufklebern, Beweisaufnahme verneint); OLG Hamburg MDR 1993, 286 (Ähnlichkeit von Puppen, Beweisaufnahme bejaht).

elektronischer Form vorliegenden Erklärung, der sich aufgrund der Prüfung nach dem Signaturgesetz ergibt, kann nur durch Tatsachen erschüttert werden, die ernstliche Zweifel daran begründen, dass die Erklärung vom Signaturschlüssel-Inhaber abgegeben worden ist.

(2) Auf elektronische Dokumente, die von einer öffentlichen Behörde innerhalb der Grenzen ihrer Amtsbefugnisse oder von einer mit öffentlichem Glauben versehenen Person innerhalb des ihr zugewiesenen Geschäftskreises in der vorgeschriebenen Form erstellt worden sind (öffentliche elektronische Dokumente), finden die Vorschriften über die Beweiskraft öffentlicher Urkunden entsprechende Anwendung. Ist das Dokument mit einer qualifizierten elektronischen Signatur versehen, gilt § 437 entsprechend.

Schrifttum

Abel Urkundenbeweis durch digitale Dokumente, MMR 1998, 644; *Chr. Berger* Beweisführung mit elektronischen Dokumenten, NJW 2005, 1016; *Bergfelder* Der Beweis im elektronischen Rechtsverkehr, 2006; *Bergmann* Beweisprobleme bei rechtsgeschäftlichem Handeln im Internet, Gedächtnisschrift Meurer, 2002, S. 643; *Bertsch/Fleisch/Michels* Rechtliche Rahmenbedingungen des Einsatzes digitaler Signaturen, DuD 2002, 69; *Bieser* Das neue Signaturgesetz, DStR 2001, 27; *Bitzer/Brisch* Digitale Signatur, Berlin 1999; *Bizer* Beweissicherheit im elektronischen Rechtsverkehr, in: Herausforderung an das Recht der Informationsgesellschaft, 1996; *Bizer/Hammer* Elektronisch signierte Argumente als Beweismittel, DuD 1993, 619; *Blaurock/Adam* Elektronische Signatur und europäisches Privatrecht, ZEuP 2001, 93; *Borges* Der neue Personalausweis und der elektronische Identitätsnachweis, NJW 2010, 3334; *Brenn* Das österreichische Signaturgesetz – Unterschriftenersatz in elektronischen Netzwerken, ÖJZ 1999, 587; *Brenn* Signaturgesetz, Wien 1999; *Brenn/Posch*, Signaturverordnung, Wien 2000; *Brisch/Brisch* Elektronische Signatur und Signaturgesetz, in: Hoeren/Sieber, Handbuch Multimediarecht, Stand August 2005; *Britz* Beschränkung der freien Beweiswürdigung durch gesetzliche Beweisregel?, ZZP 110 (1997) 61; *Czeguhn* Beweiswert und Beweiskraft digitaler Dokumente im Zivilprozeß, JuS 2004, 124; *Ebbing* Schriftform und E-Mail, CR 1996, 271; *Engel-Flechsig/Maennel/Tettenborn* Das neue Informations- und Kommunikationsdienste-Gesetz, NJW 1997, 2981; *Englisch, Susanne* Elektronisch gestützte Beweisführung im Zivilprozeß, Diss. Bielefeld 1999; *Erber-Faller* Gesetzgebungsvorschläge der Bundesnotarkammer zur Einführung elektronischer Unterschriften, CR 1996, 375; *Fina* Die rechtliche Gleichstellung von elektronischen Signaturen mit handschriftlichen Unterschriften im europäischen Gemeinschaftsrecht und US-amerikanischen Bundesrecht, ZfRV 2001, 1; *Fischer-Dieskau* Der Referentenentwurf zum Justizkommunikationsgesetz aus Sicht des Signaturrechts, MMR 2003, 701; *Fischer-Dieskau* Das elektronische signierte Dokument als Mittel zur Beweissicherung, 2006; *Fischer-Dieskau/Hornung* Erste höchstrichterliche Entscheidung zur elektronischen Signatur, NJW 2007, 2897; *Fischer-Dieskau/Steidle* Die Herstellererklärung für Signaturanwendungskomponenten, MMR 2006, 68; *Fischer-Dieskau/Gitter/Paul/Steidle* Elektronisch signierte Dokumente als Beweismittel im Zivilprozeß, MMR 2002, 709; *Fischer-Dieskau/Roßnagel/Steidle* Beweisführung am seidenen BIT-String? Die Langzeitaufbewahrung elektronischer Signaturen auf dem Prüfstand, MMR 2004, 451; *Gassen, Dominik* Digitale Signaturen in der Praxis – Grundlagen, Sicherheitsfragen und normativer Rahmen, Diss. Köln 2002; *Geis* Die digitale Signatur, NJW 1997, 3000; *Geis* Europäische Aspekte der digitalen Signatur und Verschlüsselung, MMR 1998, 236; *Geis* Zivilprozeßrechtliche Aspekte des elektronischen Dokumentenmanagements, CR 1993, 653; *Gottwald* Auswirkungen des elektronischen Rechtsverkehrs auf Parteivortrag und richterliche Sachbearbeitung im Zivilprozess, Festschrift Vollkommer (2006) S. 259; *Gravesen/Dumortier/van Eecke* Die europäische Signaturrichtlinie – Regulative Funktion und Bedeutung der Rechtswirkung, MMR 1999, 577; *Hähnchen* Das Gesetz zur Anpassung der Formvorschriften des Privatrechts und anderer Vorschriften an den modernen Rechtsgeschäftsverkehr, NJW 2001, 2831; *Hammer/Bizer* Beweiswert elektronisch signierte Dokumente, DuD 1993, 689; *Jandt* Die Mitwirkung Dritter bei der Signaturerzeugung, K&R 2009, 548; *Jandt/Wilke* Gesetzliche Anforderungen an das ersetzende Scannen von Papierdokumenten, K&R 2009, 96; *Jeep/Wiedemann* Die Praxis der elektronischen Registeranmeldung, NJW 2007, 2439; *Jungermann* Der Beweiswert elektronischer Signaturen. Eine Studie zur Verläßlichkeit elektronischer Signaturen und zu den Voraussetzungen und Rechtsfolgen des § 292a ZPO, Frankfurt 2002; *Kuner*

Das Signaturgesetz aus internationaler Sicht, CR 1997, 643; *Malzer* Zivilrechtliche Form und prozessuale Qualität der digitalen Signatur nach dem Signaturgesetz, DNotZ 1998, 96; *Malzer* Elektronische Beglaubigung und Medientransfer durch den Notar, DNotZ 2006, 9; *Mankowski* Für einen Anscheinsbeweis hinsichtlich der Identität des Erklärenden bei E-Mails, CR 2003, 44; *Mankowski* Wie problematisch ist die Identität des Erklärenden bei E-Mails wirklich?, NJW 2002, 2822; *Mankowski* Zum Nachweis des Zugangs bei elektronischen Erklärungen, NJW 2004, 1901 *Mankowski* Zum Nachweis des Zugangs bei elektronischen Erklärungen, NJW 2004, 1901; *Melullis* Zum Regelungsbedarf bei der elektronischen Willenserklärung, MDR 1994, 109; *Miedbrodt/Mayer* E-Commerce – Digitale Signaturen in der Praxis, MDR 2001, 432; *Müglich* Neue Formvorschriften für den E-Commerce. Zur Umsetzung der EU-Signaturrichtlinie in deutsches Recht, MMR 2000, 7; *Nöcker* Urkunden und EDI-Dokumente, CR 2000, 176; *Nowak* Der elektronische Vertrag – Zustandekommen und Wirksamkeit unter Berücksichtigung des neuen „Formvorschriftenanpassungsgesetzes", MDR 2001, 841; *Oertel* Elektronische Form und notarielle Aufgaben im elektronischen Rechtsverkehr, MMR 2001, 419; *Patti* Die Beweiskraft des elektronischen Dokuments im italienischen Recht, FS Manfred Rehbinder, 2002, S. 707; *Polenz* Der neue elektronische Personalausweis, MMR 2010, 671; *Pordesch* Die elektronische Form und das Präsentationsproblem, 2002; *Preuß* Verfahrensrechtliche Grundlagen für den „Elektronischen Schriftverkehr" im Zivilprozess, ZZP 125 (2012), 135; *Rechberger/McGuire* Die elektronische Urkunde und das Beweismittelsystem der ZPO, in: Rechberger, Die elektronische Revolution im Rechtsverkehr, Wien 2006, S. 1 ff.; *Reese* Vertrauenshaftung und Risikoverteilung bei Verwendung qualifizierter elektronischer Signaturen, 2007 (zugleich Diss. Osnabrück 2006); *Riehm* E-Mail als Beweismittel im Zivilgerichtsverfahren, SJZ 96 (2000) 497; *Roßnagel* Die Sicherheitsvermutung des Signaturgesetzes, NJW 1998, 3312; *Roßnagel* Anerkennung von Prüf- und Bestätigungsstellen nach dem Signaturgesetz, MMR 1999, 342; *Roßnagel* Europäische Signatur-Richtlinie und Optionen ihrer Umsetzung, MMR 1999, 261; *Roßnagel* Das Signaturgesetz nach zwei Jahren, NJW 1999, 1591; *Roßnagel* Auf dem Weg zu neuen Signaturregelungen, MMR 2000, 451; *Roßnagel* Das neue Recht elektronischer Signaturen, NJW 2001, 1817; *Roßnagel* Die neue Signaturverordnung, BB 2002, 261; *Roßnagel* Die fortgeschrittene elektronische Signatur, MMR 2003, 164; *Roßnagel* Elektronische Signaturen mit der Bankkarte?, NJW 2005, 385; *Roßnagel* Die Ausgabe sicherer Signaturerstellungseinheiten, MMR 2006, 441; *Roßnagel* Fremderzeugung von qualifizierten Signaturen?, MMR 2008, 22; *Roßnagel* Das DE-Mail-Gesetz, NJW 2011, 1473; *Roßnagel* Rechtsregeln für einen sicheren elektronischen Rechtsverkehr, CR 2011, 23; *Roßnagel/Fischer-Dieskau* Automatisiert erzeugte elektronische Signaturen, MMR 2004, 133; *Roßnagel/Fischer-Dieskau* Elektronische Dokumente als Beweismittel, NJW 2006, 806; *Roßnagel/Pfitzmann* Der Beweiswert von E-Mail, NJW 2003, 1209; *Rott* Die Auswirkungen des Signaturgesetzes auf die rechtliche Behandlung von elektronischem Datenmanagement und Datenaustausch – Eine Prognose, NJW-CoR 1998, 420; *Scheffler/Dresser* Vorschläge zur Änderung zivilrechtlicher Formvorschriften und ihre Bedeutung für den Wirtschaftszweig E-Commerce, CR 2000, 378; *Schemmann* Die Beweiswirkung elektronischer Signaturen und die Kodifizierung des Anscheinsbeweises in § 371a Abs. 1 Satz 2 ZPO, ZZP 118 (2005) 161; *Schippel* Die elektronische Form, FS Odersky, 1996, S. 657; *Schmidl* Die elektronische Signatur, CR 2002, 508; *Schnell* Signaturmissbrauch und Rechtsscheinhaftung, 2007; *Schriewer* Das spanische Gesetz für elektronische Signaturen, RIW 2005, 833; *Schuppenhauer* Beleg und Urkunde – ganz ohne Papier? – Welche Beweiskraft bietet das elektronische Dokument an sich?, DB 1994, 2041; *Schwoerer* Die elektronische Justiz, 2005; *Seidel* Das Recht des elektronischen Geschäftsverkehrs – Rahmenbedingungen, technische Infrastruktur und Signaturgesetzgebung, Wiesbaden 1997; *Spindler* Das DE-Mail-Gesetz – ein weiterer Schritt zum sicheren E-Commerce, CR 2011, 309; *Spindler/Rockenbauch* Die elektronische Identifizierung, MMR 2013, 139; *Stadler* Der Zivilprozeß und neue Formen der Informationstechnik, ZZP 115 (2002) 413; *Thomale* Die Haftungsregelung nach § 11 SigG, MMR 2004, 80; *Troiano* Die elektronische Signatur – Angleichung und Diversifizierung der Vorschriften auf EG-Ebene, im italienischen und im deutschen Recht, ZEuP 2005, 43; *Viefhues* Das Gesetz über die Verwendung elektronischer Kommunikationsformen in der Justiz, NJW 2005, 1009; *Wiebe* Die elektronische Willenserklärung. Kommunikationstheoretische und rechtsdogmatische Grundlagen des elektronischen Geschäftsverkehrs, Tübingen 2002; *Yonemaru/Roßnagel* Japanische Signaturgesetzgebung – Auf dem Weg zu „e-japan", MMR 2002, 798.

Übersicht

I. Gesetzesgeschichte, ergänzende Normen
   1. Zusammenwirken von Beweisrecht und Technikrecht — 1
   2. Beweisvorgaben des Gemeinschaftsrechts — 3
   3. Förderung des elektronischen Geschäftsverkehrs — 5
   4. Technische Sicherheitsvermutung — 6
II. Begriffsbildungen des SigG
   1. Digitale Signatur, elektronische Signatur — 10
   2. Fortgeschrittene, qualifizierte und akkreditierte Signaturen — 11
   3. Zertifizierungsdiensteanbieter — 13
   4. Prüf- und Bestätigungsstellen — 16
III. Verweisungen auf den Urkundenbeweis
   1. Entbehrliche Analogiebildung, formelle Beweisregeln — 17
   2. Private elektronische Dokumente
      a) Verweisung auf § 416 — 20
      b) Gesonderte Echtheitsprüfung — 23
      c) Elektronisches Originaldokument — 26
   3. Öffentliche elektronische Dokumente — 29
IV. Echtheitsbeweis für private elektronische Dokumente
   1. Normqualifizierung, Beweisgegenstand — 35
   2. Geltung für signierte Erklärungen — 39
   3. Das Verschlüsselungsverfahren — 41
   4. Voraussetzungen des Anscheinsbeweises
      a) Positive Anforderungsbestimmung — 45
      b) Unterscheidung qualifizierter und akkreditierter Signaturen — 47
      c) Ausschließliche Signatur — 48
      d) Identifizierung des Signaturschlüsselinhabers — 49
      e) Signaturerzeugung — 50
      f) Unverfälschtheit der Daten — 51
      g) Sicherheit der Signaturerstellungseinheit — 53
      h) Gültigkeit des Zertifikats — 54
   5. Erschütterung des Echtheitsanscheins — 56
   6. Hilfsweise: Beweiswürdigung nach § 286 — 60
   7. Ausländische elektronische Signaturen — 61
V. Echtheit öffentlicher elektronischer Dokumente — 63
VI. Sonstige elektronische Beweise
   1. Elektronischer Identitätsnachweis mittels maschinenlesbaren Personalausweises — 65
   2. Elektronische Post im De-Mail-Dienst — 69

I. Gesetzesgeschichte, ergänzende Normen

1. Zusammenwirken von Beweisrecht und Technikrecht. Vorläufervorschrift des § 371a war – mit anderem Wortlaut – § 292a. § 292a umfasste nur den Inhalt des § 371a Abs. 1 Satz 2 und sprach zudem von „Willenserklärung" statt „Erklärung". Die Verschiebung und Erweiterung der Norm erfolgte durch das JustizkommunikationsG (JKomG) vom 22.3.2005.[1] Geregelt sind **Beweisfolgen** der **Verwendung elektronischer Signaturen**.

Die **technischen Rahmenbedingungen** elektronischer Signaturen sind erstmals am 1.7.1997 durch das Gesetz zur digitalen Signatur (SigG 1997)[2] festgelegt worden; das SigG 1997 war Teil des Informations- und KommunikationsdiensteG (IuKDG). Als Reaktion auf einen dazu erstellten Evaluierungsbericht der Bundesregierung und auf die **Richtlinie 1999/93/EG** vom 13.12.1999[3] ist das **SigG vom 16.5.2001** entstanden,[4] das von

---

1 BGBl 2005 I S. 827 und S. 2022; RegE v. 13.8.2004, BT-Drucks. 15/4067.
2 BGBl 1997 I S. 1872.
3 Richtlinie über gemeinschaftliche Rahmenbedingungen für elektronische Signaturen, ABl. EG v. 19.1.2000 Nr. L 13 S. 12.
4 BGBl 2001 I S. 876.

der **Signaturverordnung** (SigV) vom 16.11.2001 flankiert wird.[5] Modifiziert bzw. ergänzt worden ist das SigG durch das FormvorschriftenanpassungsG (FormVAnpG) vom 13.7. 2001,[6] das Dritte Gesetz zur Änderung verwaltungsverfahrensrechtlicher Vorschriften (VwVfÄndG) vom 21.8.2002[7] und das Erste SigGÄndG vom 4.1.2005.[8] Partiell überholt werden diese Regelungen durch die Möglichkeiten zum Einsatz des **elektronischen Personalausweises** und des **DE-Mail-Dienstes** (unten Rdn. 65 ff.).

2. Beweisvorgaben des Gemeinschaftsrechts. Art. 5 Abs. 1 lit. b der Signaturrichtlinie 1999/93/EG ordnet an, dass qualifizierte Signaturen in Gerichtsverfahren **als Beweismittel zuzulassen** sind. Art. 5 Abs. 2 regelt zusätzlich, dass elektronischen Signaturen die Wirksamkeit und die Zulässigkeit als Beweismittel im Gerichtsverfahren nicht allein deshalb abgesprochen werden darf, weil sie in elektronischer Form vorliegt, nicht auf einem qualifizierten Zertifikat beruht, der Zertifizierungsdiensteanbieter nicht akkreditiert ist oder die Signatur nicht von einer sicheren Signaturerstellungseinheit erstellt worden ist. Nach Erwägungsgrund 21 berührt die Richtlinie nicht die mitgliedstaatlichen Vorschriften über die **freie gerichtliche Würdigung** von Beweismitteln.

Der Beweis wird durch die Richtlinienregelung nicht klassifiziert (Strengbeweis, Beweismittelart, Freibeweis). Auch wird dem nationalen Recht **kein bestimmter Beweiswert** vorgeschrieben. Art. 5 Abs. 2 gestattet es, auf die technischen Eigenarten der jeweils verwendeten Signatur Rücksicht zu nehmen und Differenzierungen zu treffen.[9]

3. Förderung des elektronischen Geschäftsverkehrs. Der Gesetzgeber hat den **Empfänger** qualifiziert signierter Erklärungen **vor** unbegründeten **Einwendungen des Verwenders schützen** wollen[10] und ist davon ausgegangen, dass ihm bei einem Streit um die Echtheit ein größerer Schutz als bei Vorlage einer privaten Schrifturkunde zuteil werde.[11] Eine eigenständige Regelung wurde für erforderlich gehalten, weil der Erklärungsempfänger so gut wie nie **Klarheit über die tatsächlichen Umstände der Signaturerstellung** erlangen kann, also nicht weiß, wie der Signaturverwender organisiert ist und welches **Sicherheitsniveau** er beim Umgang mit elektronischen Signaturen beachtet hat, und weil generell das **Vertrauen in die Signaturtechnik** und die **Verkehrsfähigkeit der elektronischen Erklärung gestärkt** werden sollten, um den elektronischen Geschäftsverkehr zu fördern.[12] Der Gesetzgeber greift mit dem Förderungsgedanken Erwägungsgrund 16 der Signaturrichtlinie auf, wonach die Richtlinie einen Beitrag zur Verwendung und rechtlichen Anerkennung elektronischer Signaturen in der Gemeinschaft leisten will.[13]

4. Technische Sicherheitsvermutung. Das SigG soll den Rahmen für die Verwendung der elektronischen Signatur schaffen. Seine Regelungen bilden die Grundlage für die **Sicherheitsinfrastruktur** „qualifizierter Signaturen". Unter welchen Voraussetzun-

---

5 BGBl 2001 I S. 3074; Ermächtigungsgrundlage: § 24 SigG.
6 BGBl 2001 I S. 1542.
7 BGBl 2002 I S. 3322.
8 BGBl 2005 I S. 2.
9 *Blaurock/Adam* ZEuP 2001, 93, 100.
10 RegE FormVAnpG, BT-Drucks. 14/4987 S. 13, 17 und 25.
11 BT-Drucks. 14/4987 S. 13 und 17.
12 BT-Drucks. 14/4987 S. 13, 17 und 44.
13 Der Bericht der EG-Kommission vom 15.3.2006 über die Anwendung der Richtlinie [KOM (2006) 120 endg.] bedauert die mangelnde Benutzung qualifizierter elektronischer Signaturen.

gen eine elektronische Signatur mit einer eigenhändigen Unterschrift gleichgestellt wird, hat das FormVAnpG geregelt, dessen Art. 1 die §§ 126 ff. BGB geändert hat.

7   Für die Beweisregelung des § 371a Abs. 1 Satz 2 ist u.a. die **Sicherheitsvermutung des § 15 Abs. 1 Satz 4 SigG** bedeutsam. Diese Norm lautet:

> „Mit diesen [sc.: Gütezeichen der zuständigen Behörde für akkreditierte Zertifizierungsdiensteanbieter] wird der Nachweis der umfassend geprüften technischen und administrativen Sicherheit für die auf ihren qualifizierten Zertifikaten beruhenden qualifizierten elektronischen Signaturen mit Anbieter-Akkreditierung zum Ausdruck gebracht."

8   **§ 15 Abs. 1 Satz 4 SigG** enthält eine objektive Beschreibung der Sicherheit. Danach kann beim **Gebrauch akkreditierter Signaturen** sicher davon ausgegangen werden, dass die Signatur mit dem zugrunde liegenden Signaturschlüssel erzeugt wurde und die **signierten Daten** danach **nicht verändert** wurden.[14] § 15 Abs. 1 Satz 4 SigG ist eine technische Basis der Beweisregelung des § 371a Abs. 1 Satz 2. Die Beweiswirkung des § 371a Abs. 1 Satz 2 beschränkt sich allerdings nicht auf diesen Anwendungsbereich, sondern gilt auch für qualifizierte Signaturen ohne Anbieter-Akkreditierung (zur Terminologie unten Rdn. 12).

9   **§ 15 Abs. 1 Satz 4 SigG** ist Nachfolgeregelung zu § 1 Abs. 1 SigG 1997. Die Interpretation des § 1 Abs. 1 SigG 1997 war streitig. Das ist darauf zurückzuführen, dass das SigG 1997 ausschließlich technische Rahmenbedingungen der digitalen Signatur regelte, während deren Rechtswirkungen einem gesonderten Gesetzgebungsverfahren vorbehalten bleiben sollten.[15] Der Evaluierungsbericht der Bundesregierung nahm an, dass die Sicherheitsvermutung zu einer Beweiserleichterung führe.[16] *Roßnagel* vertrat die Auffassung, es handele sich um eine Art „vorgezogener Anscheinsbeweis".[17] Einige Autoren sprachen der Norm jegliche Beweiswirkung ab.[18] Andere Autoren sahen in der Norm eine gesetzliche Vermutungsregel[19] oder eine tatsächliche Vermutung.[20] Kein Streit bestand darüber, dass das Prüfungsergebnis widerlegt werden darf, es sich also nicht um eine absolute Verkehrsschutzregelung handelt. Diese Auffassung ist auf § 15 Abs. 1 Satz 4 SigG zu übertragen. Es handelt sich bei § 15 Abs. 1 Satz 4 SigG um eine **widerlegbare technisch-organisatorische Sicherheitsvermutung**.[21]

II. Begriffsbildungen des SigG

10   **1. Digitale Signatur, elektronische Signatur.** § 2 Abs. 1 SigG 1997 benutzte den Begriff der „digitalen Signatur". Er ist im SigG 2001 durch den **technologieoffeneren Be-**

---

14 RegE zum SigG 2000, BT-Drucks. 14/4662, S. 28.
15 *Schemmann* ZZP 118 (2005), 161, 164. S. auch *Roßnagel* NJW 1998, 3312, 3315: Sicherstellung hoher faktischer Sicherheit.
16 BT-Drucks. 14/1191, S. 17.
17 *Roßnagel* NJW 1998, 3312, 3315 f.; *Roßnagel* Kommentar zum Multimediarecht (Stand: November 2000), 5. Teil: SigG § 1, Rdn. 42.
18 *Geis* NJW 1997, 3000, 3001; *Mertes* CR 1996, 769, 775.
19 *Abel* MMR 1998, 644, 647.
20 Mit Einschränkungen *Bitzer*, Beweissicherheit S. 160 f.; *Roßnagel* NJW 1998, 3312, 3317 ff.; unentschlossen *Bitzer/Brisch*, Digitale Signatur S. 129 f.; zur Vertiefung *Miedbrodt*, Signaturregulierung im Rechtsvergleich, Diss. Frankfurt am Main 2000, S. 66 f.; *Brückner*, Online Banking, Diss. München 1999, S. 139 ff.
21 *Schemmann* ZZP (2005), 161, 178. S. auch RegE zum SigG 2000, BT-Drucks. 14/4662 S. 28 (Sicherheitsvermutung mit besonders hohem Beweiswert).

griff der **elektronischen Signatur** ersetzt worden.[22] Sicherheit, wie sie mit der digitalen Signatur verbunden sein sollte, ist nach neuer Terminologie nur bei Verwendung qualifizierter elektronischer Signaturen gegeben.[23] § 2 SigG 2001 unterscheidet elektronische Signaturen, fortgeschrittene elektronische Signaturen und qualifizierte elektronische Signaturen.[24] Hinzu kommen qualifizierte elektronische Signaturen mit Anbieter-Akkreditierung gem. § 15 SigG.

2. Fortgeschrittene, qualifizierte und akkreditierte Signaturen. § 2 Nr. 2c SigG **11** verlangt für eine **fortgeschrittene elektronische Signatur** u.a., dass die Signatur mit Mitteln erzeugt wird, die unter alleiniger Kontrolle des Signaturschlüsselinhabers gehalten werden. Diese Signaturen sollen die **Identifizierung des Schlüsselinhabers** ermöglichen, setzen aber nicht die Erfüllung organisatorischer oder technischer Sicherheitsanforderungen voraus. Rechtswirkungen werden daran nicht geknüpft, also auch nicht die Wirkungen des § 371a Abs. 1 Satz 2 oder des § 15 Abs. 1 Satz 4 SigG. Die Beweiswirkungen des § 371a Abs. 1 Satz 2 und Abs. 2 Satz 2 treten erst bei Verwendung **qualifizierter Signaturen** (§ 2 Nr. 3 SigG) ein, die zusätzlich auf einem zum Zeitpunkt der Erzeugung gültigen **qualifizierten Zertifikat** beruhen und mittels einer sicheren Signaturerstellungseinheit erzeugt wurden. Zertifikate sind nach § 2 Nr. 6 SigG elektronische Bescheinigungen, mit denen Signaturprüfschlüssel einer Person zugeordnet werden und die Identität dieser Person bestätigt wird. **Ausgestellt** werden die Zertifikate von vertrauenswürdigen Dritten, den Zertifizierungsdiensteanbietern (Trust-Centern).

Akkreditierte Signaturen werden von einem **Zertifizierungsdiensteanbieter** aus- **12** gestellt (vgl. § 15 SigG), der sich einer Vorabprüfung durch die zuständige Kontroll- und Prüfbehörde (§ 3 SigG in Verb. mit § 66 TKG), nämlich die **Bundesnetzagentur** für Elektrizität, Gas, Telekommunikation, Post und Eisenbahnen, unterzogen hat. Akkreditierte Signaturen haben ein höheres Sicherheitsniveau als normale qualifizierte elektronische Signaturen. Diese Sicherheitsstufe muss nach § 1 Abs. 3 SigG[25] für öffentliche elektronische Dokumente nur eingehalten werden, wenn **für öffentlich-rechtliche Verwaltungstätigkeiten** eine entsprechende gesetzliche Anordnung getroffen worden ist; davon hat der Gesetzgeber **im VwVfÄndG** (oben Rdn. 2) **und** im **JKomG** (oben Rdn. 1) Gebrauch gemacht.[26]

3. Zertifizierungsdiensteanbieter. Zertifizierungsdiensteanbieter sind die natürli- **13** chen oder juristischen Personen, die qualifizierte Zertifikate und qualifizierte Zeitstempel ausstellen (§ 2 Nr. 8 SigG). In der Zertifikatausstellung erschöpft sich ihre Aufgabe allerdings nicht (unten Rdn. 15). Sie fungieren als **unabhängige vertrauenswürdige Dritte**, die mit dem der signierten Erklärung beigefügten Zertifikat für die Zuordnung von Identität und Prüfschlüssel sorgen. Notwendig ist die Einschaltung von Zertifizierungsdiensteanbietern, weil die Verschlüsselung durch ein Zusammenspiel eines privaten und eines öffentlichen Schlüssels erfolgt (unten Rdn. 41); der öffentliche Schlüssel erspart dem Empfänger der signierten Erklärung, denselben Schlüssel wie der Absender in Hän-

---

22 RegE zum SigG v. 16.11.2000, BT-Drucks. 14/4662, S. 18.
23 Zu den Signaturverfahren und den daran Beteiligten *Brisch/Brisch* in: Hoeren/Sieber/Holznagel, Handbuch Multimedia-Recht, Teil 13.3 (Stand 2012) Rdn. 64 ff.
24 Zur Differenzierung *Roßnagel* MMR 2003, 164 ff.
25 Norm eingefügt durch den BT-Ausschuss für Wirtschaft und Technologie, BT-Drucks. 14/5324.
26 *Reese*, Vertrauenshaftung S. 18. Zum Erfordernis einer qualifizierten Signatur als Wirksamkeitsvoraussetzung einer in elektronischer Form (§ 130a Abs. 1 S. 2 ZPO) eingereichten Berufungsbegründung BGH NJW 2010, 2134 Tz. 22.

den halten zu müssen.[27] Damit eine **Nachprüfung von Zertifikaten** möglich ist, müssen die Zertifizierungsdiensteanbieter gem. § 5 Abs. 1 Satz 2 SigG einen **Verzeichnisdienst** anbieten, der jederzeit über öffentlich erreichbare Kommunikationsverbindungen abrufbar sein muss. Dort müssen alle vom Zertifizierungsdiensteanbieter ausgestellten Zertifikate verzeichnet sein. Das Verzeichnis ist durch Zertifikatssperrungen (§ 8 Abs. 1 Satz 1 SigG), die ein Signaturschlüsselinhaber verlangen kann, jederzeit aktuell zu halten.

14 Die vertrauensbildende Infrastruktur der Zertifizierung ist nicht hoheitlich ausgestaltet, sondern **marktwirtschaftlich organisiert**. Zertifizierungsdiensteanbieter stehen untereinander im wirtschaftlichen Wettbewerb.[28] Sie bedürfen für ihre Tätigkeit zwar keiner Genehmigung. Die Zuverlässigkeit, Fachkunde und die Einhaltung des Sicherheitskonzepts wird aber **durch** die **Bundesnetzagentur überwacht** (§ 4 SigG). Die Bundesnetzagentur bildet in der Infrastruktur die oberste Instanz.

15 Der Zertifizierungsdiensteanbieter hat die Aufgabe einer **Registrierungsstelle und** einer **Zertifizierungsstelle**. Als Registrierungsstelle **identifiziert** er den Antragsteller als künftigen Teilnehmer des Signierverfahrens, registriert ihn und händigt ihm die Signaturkarte (Chipkarte) aus. Als Zertifizierungsstelle ist er für fünf wesentliche Verfahrensschritte des Schlüsselmanagements zuständig, nämlich die **Generierung** des Schlüsselpaares als Unikat in abstrahlsicheren Räumen, die **Zertifizierung** des Signaturschlüsselpaares durch elektronische Versiegelung der Verknüpfung von Schlüssel und Benutzeridentität, die **Personalisierung** des geheimen Schlüssels durch Übertragung auf ein Speichermedium (in der Regel die Signaturkarte), das Verwalten der **Verzeichnisdienste** mit den Listen der gültigen und gesperrten Zertifikate und das Betreiben des die Nutzung eines Zeitstempels ermöglichenden **Zeitstempeldienstes**. Biometrische Merkmale enthält das Speichermedium nicht.[29]

16 **4. Prüf- und Bestätigungsstellen.** Vom Zertifizierungsdiensteanbieter zu unterscheiden sind Prüf- und Bestätigungsstellen, die gem. §§ 18 SigG, 16 SigV von der Bundesnetzagentur anzuerkennen sind. Sie prüfen als **unparteiische Dritte** gem. §§ 15 Abs. 2 SigG, 2 SigV umfassend die **Sicherheitskonzepte** akkreditierter Zertifizierungsdiensteanbieter und bestätigen die Übereinstimmung **technischer** Komponenten bzw. **Produkte** mit den Sicherheitsanforderungen nach dem Stand von Wissenschaft und Technik (§§ 15 Abs. 7 Satz 1, 17 Abs. 4 SigG, 15 SigV).

III. Verweisungen auf den Urkundenbeweis

17 **1. Entbehrliche Analogiebildung, formelle Beweisregeln.** Die Verweisungen des § 371a Abs. 1 Satz 1 und des § 371a Abs. 2 Satz 1 machen frühere Überlegungen entbehrlich, unter welchen Voraussetzungen und in welchem Umfang formelle Beweisregeln des Urkundenbeweisrechts auf elektronische Dokumente analog anzuwenden sind. Zugleich hat der Gesetzgeber – ebenso bereits durch § 371 Abs. 1 Satz 2 – mit der Regelung anerkannt, dass **elektronische Dokumente** keine Urkunden sondern **Augenscheinsobjekte** sind. Der Beweis mit Hilfe elektronischer Dokumente ist ein Augenscheinsbeweis.[30]

18 § 371a ist im **Zusammenwirken mit § 371 Abs. 1 Satz 2** zu lesen, der Regelungen für alle elektronischen Dokumente enthält, ohne dass es auf die Verwendung einer qualifi-

---

27 Näher zu den sog. asymmetrischen Verfahren *Jungermann*, Beweiswert S. 9 ff.
28 Zur vergleichenden Werbung eines Anbieters OLG Köln NJWE-WettbR 1998, 56, 57.
29 *Preuß* ZZP 125 (2012), 135, 146.
30 RegE FormVAnpG, BT-Drucks. 14/4987 S. 23.

zierten Signatur ankommt. Die Vorschriften des Urkundenbeweises über den **Editionsanspruch** des Beweisführers (§§ 422 ff.) sind kraft der Verweisung in § 371 Abs. 2 Satz 2 anzuwenden. Der **Beweisantritt** ist eigenständig nach dem Vorbild des § 420 in § 371 Abs. 1 Satz 2 geregelt. Ebenfalls eigenständig geregelt ist in § 371 Abs. 3 die **Beweisvereitelung**, für die das Urkundenbeweisrecht in § 427, § 441 Abs. 3 Satz 3 und § 444 Spezialnormen enthält.

Verwiesen wird sowohl für **private** als auch für **öffentliche elektronische Dokumente** mit qualifizierter Signatur auf die Vorschriften über die Beweiskraft von Urkunden. Dabei handelt es sich um die speziellen **formellen Beweisregeln**, die in ihrem Anwendungsbereich den Grundsatz freier Beweiswürdigung (§ 286) verdrängen. Auf private elektronische Dokumente ist **§ 416** anzuwenden, auf öffentliche elektronische Dokumente sind es die **§§ 415, 417 und 418**. 19

2. Private elektronische Dokumente

a) Verweisung auf § 416. Für Privaturkunden bedeutet die Verweisung, dass die richterlichen Rechtsfortbildungen zu § 416 ebenfalls in Bezug genommen werden. Dementsprechend gilt die formelle Beweisregel auch für den **Beweis der willentlichen Inverkehrgabe** (näher: § 416 Rdn. 18) einer qualifiziert elektronisch signierten Erklärung. Im Beweis der Inverkehrgabe mit Willen des Ausstellers liegt die eigentliche Bedeutung des § 416. 20

§ 416 enthält keine Regelung über die Widerlegung des Ergebnisses der Beweisregelanwendung. Sie ist durch **analoge Anwendung des § 415 Abs. 2** in § 416 hineinzulesen (näher: § 416 Rdn. 18). Der Beweisgegner kann also den **Gegenteilsbeweis** führen, dass die elektronische Erklärung **abhanden gekommen** ist, also nicht mit Willen ihres vermeintlichen Ausstellers in den Verkehr gelangt ist (zum Bezugsgegenstand der Feststellung willentlicher Inverkehrgabe bzw. umgekehrt des Abhandenkommens s. unten Rdn. 24). 21

Der Beweis der willentlichen Inverkehrgabe einer qualifiziert signierten elektronischen Willenserklärung gegen den **Einwand des Abhandenkommens** kann aus **materiell-rechtlichen** Gründen **überflüssig** sein, wenn die Verwendung der Signaturmedien bzw. Identifizierungsmittel (Smartcard etc.) der als Aussteller erscheinenden Person zuzurechnen ist.[31] 22

b) Gesonderte Echtheitsprüfung. Die Bedeutung des § 416 ist gering, weil die **Echtheit einer Urkunde** von der Beweisregel nicht umfasst wird. Für die Echtheitsbeurteilung gelten die Regelungen der §§ 439 und 440. Die Echtheit einer Urkunde ist mit allen normalen Beweismitteln zu beweisen. Steht bei einer unterschriebenen Urkunde die Echtheit der Namensunterschrift fest, wird nach **§ 440 Abs. 2** vermutet, dass der über der Urkunde stehende Text vom Aussteller herrührt, also ebenfalls echt ist. Auf diese Regelung verweist § 371a Abs. 1 nicht. Für die Beurteilung der Echtheit einer privaten elektronischen Erklärung mit qualifizierter Signatur gilt die **Sonderregelung** des § 371a Abs. 1 Satz 2 (dazu unten Rdn. 35 ff.). 23

Der für § 416 zu führende Gegenteilsbeweis des Abhandenkommens einer Erklärung überschneidet sich mit der Erschütterung des Anscheins der Echtheit der qualifizierten Signatur (dazu unten Rdn. 56 ff.). Der Echtheitsbeweis gem. § 371a Abs. 1 Satz 2 kann 24

---

31 Dazu eingehend *Reese*, Vertrauenshaftung und Risikoverteilung bei Verwendung qualifizierter elektronischer Signaturen, S. 120 ff.; s. ferner *Schemmann* ZZP 118 (2005), 161, 174.

durch den Beweis widerlegt werden, dass die signierte Erklärung nicht vom Signaturschlüsselinhaber abgegeben wurde, weil ihm die **Signaturerstellungseinheit** (Signaturkarte) **abhanden gekommen** war und die zusätzlich benötigte PIN ausgespäht wurde.[32] Das bewiesene Abhandenkommen der Signaturkarte, also des privaten Schlüsselträgers, **zerstört** die Basis des **Echtheitsanscheins** der elektronischen Erklärung. Dann stammt selbstverständlich auch die Erklärung nicht vom Schlüsselinhaber. Gelingt diese Erschütterung nicht, ist die Erzeugung der Erklärung durch den Schlüsselinhaber persönlich oder einen von ihm autorisierten Dritten in Anwendung des § 371a Abs. 1 Satz 2 bewiesen. Er kann dann aber noch **zusätzlich** den gegen die Anwendung der formellen Beweisregel der §§ 371a Abs. 1 Satz 1, 416 gerichteten Beweis führen, dass die signierte **echte Erklärung** deshalb **nicht mit** seinem **Willen in den Verkehr gelangt** ist, weil es sich z.B. um einen verwechselten Entwurf handelte, weil die E-Mail-Absendefunktion versehentlich angeklickt wurde,[33] oder weil das Absenden unter Zwang oder Drohung einer dritten Person erfolgte.

25   Der Einwand des **Abhandenkommens des Signiermediums** richtet sich gegen die Echtheit des Dokuments, der Einwand des **Abhandenkommens der Erklärung** im Sinne des § 416 gegen deren willentliche Inverkehrgabe aus sonstigen Gründen jenseits der Signaturkartenverwendung.[34] Für die Verweisung des § 371a Abs. 1 Satz 1 auf § 416 und den damit verbundenen formellen Beweis der willentlichen Inverkehrgabe bleibt demgemäß fast kein Anwendungsbereich. Zu beachten ist überdies, dass materiell-rechtliche Zurechnungen den Gegenteilsbeweis zur Ausschaltung des § 416 vielfach irrelevant machen.

26   **c) Elektronisches Originaldokument.** Die Beweisregelungen des § 371a Abs. 1 gelten nur für **elektronische Originaldokumente**. Die **Transformation einer Papierurkunde** in ein elektronisches Dokument durch **nachträgliches Einscannen** lässt im elektronischen Dokument die Sicherheitsmerkmale des Papierdokuments verloren gehen.[35] Auf ursprünglich papiergebundene Privaturkunden, die in ein elektronisches Dokument überführt worden sind, ist die Beweisregel des § 416 grundsätzlich nicht kraft der Verweisung des § 371a Abs. 1 Satz 1 anzuwenden.

27   Eine eingescannte Privaturkunde kann allerdings unter denselben Voraussetzungen **wie** eine **Urkundenfotokopie**, die hinsichtlich Echtheit und Fehlerfreiheit der Urschrift und hinsichtlich der Übereinstimmung mit der Urschrift nicht umstritten ist, Grundlage der Anwendung des § 416 sein[36] (näher dazu § 420 Rdn. 22ff.). Das wird insbesondere in Betracht kommen, wenn die Papierurkunde durch das Einscannen als Bilddatei gespeichert, also nicht in ein digitales Textdokument umgewandelt wird. Soweit § 416 nicht anzuwenden ist, ist das durch Scannen hergestellte Dokument ein Augenscheinsobjekt, das das Gericht im Rahmen freier Beweiswürdigung zu bewerten hat. Auf **Papierausdrucke rücktransformierter** privater elektronischer **Dokumente**, die durch Einscannen von Papieroriginalen entstanden sind, ist das **Urkundenbeweisrecht nicht** anzuwen-

---

32 *Oertel* MMR 2001, 419, 420; *Fischer-Dieskau/Gitter/Paul/Steidle* MMR 2002, 709, 713; *Roßnagel/Fischer-Dieskau* MMR 2004, 134, 138; *Schemmann* ZZP 118 (2005), 161, 171 und 173; so auch RegE FormVAnpG, BT-Drucks. 14/4987 S. 24 f.
33 *Schemmann* ZZP 118 (2005), 161, 177.
34 Unklar ist der Standpunkt von *Schemmann* ZZP 118 (2005), 161, 177. Fehlende Differenzierung bei *Jungermann*, Beweiswert S. 121 ff.
35 *Roßnagel/Wilke* NJW 2006, 2145.
36 Unberücksichtigt geblieben bei *Roßnagel/Wilke* NJW 2006, 2145, 2148.

den. Insbesondere ist § 435 nicht analog anzuwenden;[37] dem steht die Beschränkung des § 416a entgegen.

Wird das gescannte Papierdokument mit einer qualifiziert signierten Erklärung der scannenden Stelle versehen, dass das Ausgangsdokument mit dem von ihr erzeugten elektronischen Dokument übereinstimmt, wird diese Erklärung von § 371a Abs. 1 Satz 1 erfasst. Die Echtheit der **elektronischen Übereinstimmungserklärung** wiederum ist in Anwendung des § 371a Abs. 1 Satz 2 zu beurteilen.[38] Zur Transformation von Papierurkunden in elektronische Dokumente durch einen Notar s. unten Rdn. 33. § 298a Abs. 2 ordnet für den mit **elektronischen Akten** geführten Zivilprozess an, dass dem Gericht eingereichte papiergebundene Unterlagen durch Einscannen zu transformieren sind, die Papierversion aber bis zum Verfahrensabschluss aufzubewahren ist. Das ist wegen des Beweisantritts durch Vorlage der Originalurkunde (§ 420) erforderlich.[39] 28

3. Öffentliche elektronische Dokumente. Öffentliche elektronische Dokumente können von einer **Behörde** oder einer mit öffentlichem Glauben versehenen Person, in der Regel einem **Notar**, herrühren. § 371a Abs. 2 Satz 1 greift die **Legaldefinition** des § 415 Abs. 1 Satz 1 für öffentlichen Urkunden auf. Die dortigen Ausführungen gelten entsprechend. 29

Anzuwenden sind nach § 371a Abs. 2 Satz 1 die **formellen Beweisregeln** des Urkundenbeweises gem. **§§ 415, 417 und 418**. Anders als für private elektronische Dokumente wird für öffentliche Dokumente von § 371a nicht verlangt, dass sie mit einer Signatur versehen sind. **Verzichtet** wird **schlechthin auf** eine **Signierung**, nicht nur auf die Anwendung eines besonderen Signierschlüssels. Es bleibt der Behörde oder Urkundsperson überlassen, durch interne Vorkehrungen für Authentizität des Dokuments zu sorgen. Insoweit gilt nichts anderes als bei der Errichtung öffentlicher Urkunden, etwa hinsichtlich der Verwendung von Dienstsiegeln. 30

Durch **öffentlich-rechtliche Spezialregelungen** (vgl. § 1 Abs. 3 SigG) wird für praktisch wichtige elektronische Kommunikationen angeordnet, dass öffentliche elektronische Dokumente **qualifiziert signiert** werden müssen (§ 3a VwVfG, § 36a SGB I, § 33 Abs. 3 SGB X, § 87a AO).[40] Teilweise ist die elektronische Form sogar ganz ausgeschlossen worden (z.B. in § 38a StAngG). Das JKomG schreibt für **gerichtliche elektronische Dokumente** ebenfalls die qualifizierte Signatur vor (§ 130b ZPO, § 46 ArbGG, § 41a Abs. 1 Satz 1 StPO, § 110 Abs. 1 Satz 1 OWiG, § 55a Abs. 1 Satz 3 VwGO, § 52a Abs. 1 Satz 3 FGO, § 65a Abs. 1 Satz 3 SGG).[41] Deren Missachtung führt zum Rechtsmittelverlust.[42] Da die qualifizierte elektronische Signatur an die Stelle der eigenhändigen Anwaltsunterschrift tritt, muss die Signatur nach Auffassung des BGH durch einen zur Vertretung berechtigten Anwalt erfolgen,[43] der bestimmende Schriftsätze wegen der darin enthaltenen unmit- 31

---

37 Für mikroverfilmte Dokumente unzutreffend **a.A.** *Bütter/Aicher* WM 2005, 1729, 1737 f.
38 *Roßnagel/Wilke* NJW 2006, 2145, 2148.
39 *Viefhues* NJW 2005, 1009, 1013.
40 Zur Versäumung der Form beim Widerspruch gegen einen Beitragsbescheid VGH Kassel MMR 2006, 257. Zur Beweiserleichterung *Roßnagel/Fischer-Dieskau* NJW 2006, 806, 807 f.
41 Für ein übertriebenes Sicherheitsdenken hält dies *Schwoerer*, Die elektronische Justiz, S. 78 ff., 148 ff.; kritisch auch *Viefhues* NJW 2005, 1009, 1001. Zur formgerechten Signierung einer Klageschrift bei monetärer Beschränkung der Signaturverwendungsmöglichkeit BFH DStRE 2007, 515 m. Bespr. *Fischer-Dieskau/Hornung* NJW 2007, 2897.
42 So in BGH NJW 2010, 2134 m. Bespr. *Hadidi/Mödl* NJW 2010, 2097. BFH NJW 2012, 334 Tz. 22 u. 26 stellt wesentlich auf die landesrechtliche Durchführungsverordnung (HbgERVV 2008) ab, deren Auslegung revisionsrechtlich nur beschränkt überprüfbar war.
43 BGH NJW 2011, 1294 m. Anm. *Hamm*.

telbar wirkenden Parteierklärung als Urheber ihres Inhalts verantworten soll. Es ist allerdings zweifelhaft, ob die möglicherweise delegierte Signierung als Problem der Formwirksamkeit erfasst werden sollte.[44]

32   **Ausdrucke** öffentlicher elektronischer Dokumente sind unter den Voraussetzungen des § 416a als Urkunden zu behandeln.

33   § 39a BeurkG, der durch das JKomG geschaffen wurde, lässt **elektronische notarielle Vermerkurkunden** zu. Notare können daher **öffentliche Beglaubigungen** in elektronischer Form durch eigene Signierung vornehmen, die in einem Attribut-Zertifikat den Schlüsselinhaber als Notar ausweist.[45] Die Einreichung einer Gesellschafterliste erfolgt durch Zeugnisurkunde, die neben der qualifizierten Signatur keiner zusätzlichen Beglaubigung bedarf.[46] Für eine qualifizierte Signatur steht dem Notar keine Gebühr gem. § 55 Abs. 1 KostO (= Nr. 25100 KV zum GNotKG von 2013) zu.[47] **Abschriftsbeglaubigungen** können sowohl bei der Umwandlung elektronischer Dokumente in Papierabschriften als auch bei Herstellung elektronischer Dokumente von papiergebundenen Erklärungen anfallen.[48] Die Transformation qualifiziert signierter elektronischer Dokumente in Papierausdrucke regelt § 42 Abs. 4 BeurkG.[49] Der Notar hat eine Signaturprüfung vorzunehmen und ihr Ergebnis in der Beglaubigung zu dokumentieren.

34   Die **Beurkundung von Willenserklärungen** und sonstiger Niederschriften in unmittelbarer elektronischer Form ist **nicht** gestattet. Von der papiergebundenen Urkundenurschrift dürfen beglaubigte Abschriften gefertigt werden, nicht aber elektronische Ausfertigungen.[50] Die **Verwahrung** privater elektronischer Dokumente durch einen Notar erspart bei Langzeitaufbewahrung Vorkehrungen gegen den Verfall des Signaturbeweiswertes (dazu Rdn. 51 f.).

IV. Echtheitsbeweis für private elektronische Dokumente

35   **1. Normqualifizierung, Beweisgegenstand.** § 371a Abs. 1 Satz 2 ist vom Gesetzgeber als ein gesetzlich geregelter Fall des **Anscheinsbeweises** angesehen worden.[51] Zur Erzeugung des Anscheins ist die Einhaltung von Vorgaben des Signaturgesetzes erforderlich (unten Rdn. 45). Bei der Verwendung einer qualifizierten elektronischen Signatur soll es sich um einen typischen Ablauf handeln, der eine Beweiserleichterung im Prozess rechtfertigt. Dem ist in der Literatur entgegengehalten worden, es handle sich um eine gesetzliche Vermutung, weil der Anscheinsbeweis auf **Erfahrungsannahmen des Gesetzgebers** beruhe, nicht aber auf richterlich festgestellten Erfahrungssätzen.[52] Im Gesetzgebungsverfahren hat der Bundesrat in seiner Stellungnahme zum RegE des § 292a

---

44   Eingehend dazu *Preuß* ZZP 125 (2012), 135, 151, 156 ff. (mit Hinweisen auf die Rspr. des BFH zur eingescannten Unterschrift).
45   Näher *Oertel* MMR 2001, 419, 422; *Malzer* DNotZ 2006, 9, 11 ff., 18 ff.; *Jeep/Wiedemann* NJW 2007, 2439, 2441 f.
46   OLG Schleswig DNotZ 2008, 709, 711; KG DNotZ 2011, 911, 912; **a.A.** OLG Jena ZIP 2010, 1939 = DNotZ 2010, 793 m. Anm. *Bettendorf/Mödl*.
47   OLG Düsseldorf MDR 2010, 595.
48   *Oertel* MMR 2001, 419, 422; *Malzer* DNotZ 2006, 9, 13.
49   *Malzer* DNotZ 2006, 9, 16 ff.
50   *Malzer* DNotZ 2006, 9, 12.
51   RegE zum FormVAnpG BT-Drucks. 14/4987, S. 22 und 44 („kein Fremdkörper innerhalb des zivilprozessualen Beweisrechts"). Dem folgend *Roßnagel* NJW 2001, 1817, 1826; *Fischer-Dieskau/Gitter/Paul/Steidle* MMR 2002, 709, 710; *Hähnchen* JuS 2001, 2831, 2833; *Tettenborn* CR 2000, 683, 689; *Jandt* K&R 2009, 548, 554.
52   *Schemmann* ZZP 118 (2005), 161, 182; ihm im Grundsatz folgend *Musielak* FS Vollkommer (2006), 237, 251.

ZPO a.F. die Existenz entsprechenden Erfahrungswissens in Abrede genommen, weil dieses Wissen erst im Umgang mit der elektronischen Signatur erworben werden könne.[53] Richtig ist zwar, dass die Basis des Anscheinsbeweises grundsätzlich (zu Einschränkungen unten Rdn. 56 ff.) vom Gesetzgeber vorgegeben ist; der Gesetzgeber wollte unterschiedliche richterliche Bewertungen in Bezug auf die bestehenden Erfahrungssätze ausschließen.[54] Die gesetzliche Regelung beruht gleichwohl auf Erfahrungswissen mathematischer und informationstechnischer Experten;[55] es darf von den Gerichten nicht generell in Zweifel gezogen werden.[56]

Von einem richterlich formulierten Anscheinsbeweis (dazu § 286 Rdn. 47 ff.) unterscheidet sich § 371a Abs. 1 Satz 2 nicht in Bezug auf die **Einschränkung der freien Beweiswürdigung**. Richterliche Erfahrungssätze sind revisibel; über einen vom BGH akzeptierten Erfahrungssatz und einen darauf gestützten Anscheinsbeweis darf sich die Instanzrechtsprechung nicht unter Berufung auf § 286 hinwegsetzen. Gleiches gilt für § 371a Abs. 1 Satz 2. 36

Die eintretende **Rechtsfolge** ist der Erfolg eines **Echtheitsbeweises**.[57] Mit der Begründung des Anscheins der Echtheit wird der **Nachweis** der **Integrität, Authentizität** und **korrekten Autorisierung** des Dokuments geführt.[58] Wie jeder Hauptbeweis kann der Echtheitsbeweis durch gegenläufige Indizien widerlegt werden. Die Qualifizierung als „Anscheinsbeweis" besagt also nur, dass die **Annahme der Echtheit** bei Vorliegen bestimmter technischer Rahmenbedingungen des SigG **gerechtfertigt** und geboten ist, dass sie aber durch bewiesene „Erschütterungstatsachen" widerlegt wird. Die „Erschütterung" bedeutet nicht die Führung eines Hauptbeweises des Gegenteils (zur Unterscheidung von Gegenbeweis und Gegenteilsbeweis § 415 Rdn. 35). 37

Ob § 371a Abs. 1 Satz 2 wirklich nur eine Beweiserleichterung bewirkt, ist in Zweifel gezogen worden, weil die vom SigG vorgesehenen technisch-organisatorischen Grundlagen der Feststellung des Echtheitsbeweises so streng seien, dass mit ihrer Feststellung mehr als ein bloßer Anschein bewiesen sei und es somit auf eine Anwendung des § 371a Abs. 1 Satz 2 nicht mehr ankomme.[59] **Bezweifelt wird** also, dass der **Anscheinsbeweis** angesichts der Grundlagen des Anscheins **faktisch erschüttert** werden kann. Letztlich hängt dies davon ab, was man als Feststellungsvoraussetzungen für den Echtheitsanschein ausreichen lässt; sie müssen im Rahmen richterrechtlicher Feinarbeit erst noch herausgearbeitet werden. 38

2. Geltung für signierte Erklärungen. Während § 292a nur für eine signierte „Willenserklärung" galt, ist dieser Begriff in § 371a Abs. 1 Satz 2 auf „Erklärung" erweitert worden. Damit erfasst die Norm **auch Wissenserklärungen** wie z.B. Quittungen.[60] Auf diese Weise lassen sich digitalisierte Fotos mit einer signierten Erklärung über die Entstehung der Fotos verbinden und als Kombination von schriftlicher Zeugenaussage (§ 377) und Augenscheinssubstitution (§ 371 Rdn. 16 u. 52) zu Beweiszwecken verwen- 39

---

53 RegE BT-Drucks. 14/4987 S. 37.
54 RegE BT-Drucks. 14/4987 S. 44.
55 RegE BT-Drucks. 14/4987 S. 44 (Gegenäußerung der BReg).
56 *Schemmann* ZZP 118 (2005), 161, 172.
57 *Schemmann* ZZP 118 (2005), 161, 165.
58 *Fischer-Dieskau/Gitter/Paul/Steidle* MMR 2002, 709, 710.
59 So zu § 292a ZPO a.F. *Roßnagel* NJW 2001, 1817, 1826; *Roßnagel* MMR 2000, 451, 459; *Oertel* MMR 2001, 419, 420.
60 RegE BR-Drucks. 609/04 S. 79; *Schemmann* ZZP 118 (2005), 161, 166.

den.[61] Anwendbar ist die Neuregelung ferner auf **rechtsgeschäftsähnliche Erklärungen** wie z.B. Mahnungen, Fristsetzungen oder Anzeigen.[62]

40   **Weggefallen** ist in § 371a Abs. 1 Satz 2 die vorherige **Bezugnahme auf § 126a BGB**. Daher ist belanglos, ob mit der zu beweisenden signierten Erklärung eine vorgeschriebene gesetzliche Schriftform ersetzt werden soll.[63]

41   **3. Das Verschlüsselungsverfahren.** Qualifizierte elektronische Signaturen beruhen auf einem mathematisch-wissenschaftlichen Verschlüsselungsverfahren.[64] Es handelt sich um ein Public Key Kryptoverfahren, das zwei einander komplementär zugeordnete mathematische Schlüssel benutzt. Verwendet werden ein geheimer **privater Schlüssel** und ein **öffentlich zugänglicher Schlüssel**, der Signaturprüfschlüssel. Die Schlüsselinhalte lassen sich bei Einhaltung des Standes von Wissenschaft und Technik nicht wechselseitig errechnen. Eine Entschlüsselung ist immer nur unter Einsatz des Komplementärschlüssels eines Schlüsselpaares möglich. Der öffentliche Signaturprüfschlüssel ist aus dem Verzeichnis des Zertifizierungsdiensteanbieters jederzeit für jedermann abrufbar.

42   Aus dem Klartext, dem die Signatur als ein Siegel beigefügt wird, wird ein **Hashwert** errechnet, in den Anzahl und Art der Zeichen sowie deren Reihenfolge eingerechnet werden. Der Hashwert wird mit dem privaten Schlüssel verschlüsselt (signiert), der sich auf einer **nicht auslesbaren Chipkarte** (Signaturkarte = Smartcard) befindet. Eingefügt wird der auf der Karte befindliche Schlüssel über ein an den Computer angeschlossenes Lesegerät. Zusätzlich muss eine mindestens sechsstellige PIN eingegeben (Kombination von Kartenbesitz und wissensbasierter Identifikation) oder ein biometrisches Verfahren benutzt werden. Als Ergebnis des Verschlüsselungsverfahrens steht die **digitale Signatur** zur Verfügung, die an die elektronische Datei **angehängt** und mit ihr übermittelt wird.

43   Die zu signierende **Datei selbst** wird **nicht verschlüsselt**. Digitale Signaturverfahren verschleiern die zu versendende Erklärung bzw. Information nicht. Soweit Zertifizierungsdiensteanbieter anbieten, die Chipkarte zusätzlich mit einem Textverschlüsselungsschlüsselpaar auszustatten und die Verschlüsselungsschlüssel zertifizieren, damit die Datenübertragung in verlässlich verschlüsselter Form stattfinden kann, ist dieses Schlüsselpaar **von** dem **Signaturschlüsselpaar nach** dem **SigG** technisch und organisatorisch **getrennt**; die rechtlichen Vorgaben des Echtheitsbeweises gem. § 371a Abs. 1 Satz 2 beziehen sich darauf nicht.

44   Zur **Feststellung der Identität des Verwenders** wird der **öffentliche Signaturprüfschlüssel** benutzt, der – einem Ausweis vergleichbar – von einem Zertifizierungsdiensteanbieter **garantiert** wird (**qualifiziertes Zertifikat**); das Zertifikat gibt Auskunft über die Echtheit des verwendeten öffentlichen Schlüssels des Absenders.[65] Der Empfänger der Datei muss die Echtheit des Schlüssels überprüfen. Die notwendigen Angaben erhält er durch das qualifizierte Zertifikat, das der eigentlichen Nachricht als Anhang beigefügt wird. Zusätzlich wird der **öffentliche Schlüssel des Zertifizierungsdiensteanbieters** benötigt, den die **Bundesnetzagentur ausgestellt** hat; er muss zu dem geheimen Schlüssel passen, mit dem der Zertifizierungsdiensteanbieter das Zertifikat sig-

---

61   Das Foto selbst ist nicht zu signieren, *Knopp* ZRP 2008, 156, 158.
62   *Schemmann* ZZP 118 (2005), 161, 166.
63   *Schemmann* ZZP 118 (2005), 161, 166.
64   Eingehend zur Technik *Bitzer/Brisch*, Digitale Signatur, 1999; *Jungermann*, Beweiswert S. 9 ff. (zur Methode der asymmetrischen Algorithmen).
65   Zur Organisation des Vertrauens *Jungermann*, Beweiswert S. 27 ff.

niert hat. Auf dessen Überprüfung ist der erste Prüfungsschritt gerichtet. Wenn die Echtheit des öffentlichen Schlüssels des Absenders feststeht (Feststellung der **Authentizität**), hat der Empfänger zu prüfen, ob die gesendeten Daten mit dem Hashwert des Originaltextes übereinstimmen, oder ob dieser Text während des Versendens verändert wurde (Feststellung der **Integrität**).

4. Voraussetzungen des Anscheinsbeweises

a) Positive Anforderungsbestimmung. Der Gesetzeswortlaut des § 371a Abs. 1 Satz 2 stellt nicht die Grundlagen des Anscheins in den Vordergrund, sondern dessen Erschütterung, also den Gegenbeweis.[66] Voraussetzung des Anscheins ist „eine **Prüfung nach dem Signaturgesetz**". Diese Prüfung soll ermitteln, ob das elektronische Dokument mit einer (zumindest) qualifizierten Signatur im Sinne des SigG versehen ist.[67] Das ist der Fall, wenn die Signierung mit dem geheimen Schlüssel des Inhabers des den Schlüssel speichernden Signaturmediums erfolgt ist und der Schlüsselinhaber identifiziert worden ist. Die **Einzelanforderungen der Sicherheitsbewertung** ergeben sich aus § 2 Nr. 2a)–d) und Nr. 3a und b SigG. In der signaturrechtlichen Literatur wird die Ansicht vertreten, auch die Einhaltung der Voraussetzungen des § 17 SigG sei Voraussetzung der Anwendung des Anscheinsbeweises.[68] 45

So wie beim Urkundenbeweis unter Geltung der Verhandlungsmaxime einzelne Voraussetzungen der Anwendung formeller Beweisregeln nach der Rechtsprechungspraxis von den Parteien unstreitig gestellt werden können (§ 420 Rdn. 21 u. 23), ist es auch bei der Prüfung einer elektronischen Signatur grundsätzlich möglich, **einzelne tatbestandliche Voraussetzungen** einer qualifizierten Signatur **unstreitig** werden zu lassen. Allerdings sind zentrale gesetzliche Signaturanforderungen immer zu überprüfen, wenn die Signaturechtheit bestritten wird.[69] Dazu wird man jedenfalls die Verwendung eines privaten und eines öffentlichen Schlüssels und die Einschaltung eines Zertifizierungsdiensteanbieters rechnen müssen, die überhaupt erst die Einordnung als qualifizierte elektronische Signatur erlauben. 46

b) Unterscheidung qualifizierter und akkreditierter Signaturen. Der Anscheinsbeweis der Echtheit kann nur mit qualifizierten Signaturen oder höherwertigeren qualifizierten Signaturen mit Anbieter-Akkreditierung geführt werden (zu den Sicherheitsstufen oben Rdn. 11 f.). Einzelne Einwendungen gegen die Signatur sind leichter zu überwinden, wenn der Signaturschlüssel von einem **durch** die **Bundesnetzagentur akkreditierten** Zertifizierungsdiensteanbieter ausgegeben worden ist und es sich daher um eine akkreditierte Signatur handelt. 47

c) Ausschließliche Signatur. Voraussetzung höherstufiger Signaturen ist die ausschließliche Zuordnung der Signatur zum Signaturschlüsselinhaber;[70] Signaturschlüsselinhaber ist eine natürliche Person (§ 2 Nr. 9 SigG). Die Ausschließlichkeit hat der Zertifizierungsdiensteanbieter zu prüfen. Er prüft auch die Verwendung von Komponenten, die 48

---

66 *Bergmann*, Gedächtnisschrift Meurer (2002) S. 643, 649 (zu § 292a ZPO a.F.); *Musielak* FS Vollkommer (2006), 237, 250 f. **A.A.** wohl *Knopp* Anm. zu LG München I MMR 2008, 622, 624, der einen Umkehrschluss gegen einen Anscheinsbeweis aus dem Nichtvorliegen des § 371a ZPO zieht.
67 *Bergmann*, Gedächtnisschrift Meurer S. 643, 649.
68 *Fischer-Dieskau/Roßnagel/Steidle* MMR 2004, 451, 452; Fischer-Dieskau/Gitter/Paul/Steidle MMR 2002, 709, 712.
69 *Schemmann* ZZP 118 (2005), 161, 167 m.w.Nachw. (kein pauschaler Verzicht).
70 *Fischer-Dieskau/Gitter/Paul/Steidle* MMR 2002, 709, 711.

für die Erzeugung von Signaturschlüsseln zugelassen sind, damit die **Einmaligkeit des privaten Schlüssels** gewährleistet ist.[71] Damit wird nachgewiesen, dass das **Dokument mit** dem **privaten Schlüssel** des Signaturverwenders **signiert** worden sein muss. Für die gerichtliche Überprüfung ist auf die Dokumentation des Zertifizierungsdiensteanbieters zurückzugreifen.

49   **d) Identifizierung des Signaturschlüsselinhabers.** Der Schlüsselinhaber wird mittels des Zertifikats identifiziert. Das setzt wiederum die **Gültigkeit des Zertifikats** voraus. Dessen langfristige Überprüfung ist nur bei Verwendung der Zertifikate akkreditierter Zertifikatdiensteanbieter gewährleistet.[72]

50   **e) Signaturerzeugung.** Die Signatur muss mittels einer **Signaturerstellungseinheit** erfolgt sein, die der Signaturschlüsselinhaber **unter** seiner **alleinigen Kontrolle** halten kann, in der Regel einer Signaturkarte (Smartcard). Der Signaturschlüssel muss dafür auf einem Datenträger gespeichert sein, der nur einmal vorhanden ist und aus dem nicht kopiert werden kann.[73] Darüber hinaus ist ein Schutzmechanismus gegen Finder, Diebe und andere Unberechtigte erforderlich, etwa die Verwendung einer PIN oder biometrischer Merkmale.[74] Der Zertifizierungsdiensteanbieter muss sich davon überzeugt haben, dass der Schlüsselinhaber eine sichere Signaturerstellungseinheit besitzt.[75]

51   **f) Unverfälschtheit der Daten.** Die Signatur muss mit den signierten Daten in einer Weise verknüpft sein, dass nachträgliche Datenveränderungen erkannt werden können. Die Verknüpfung geschieht durch **sichere Hash- und Signaturverfahren**. Deren Sicherheitseignung hängt von der Verwendung von **Algorithmen** ab, die nach publizierter Einschätzung der Bundesnetzagentur, der das Bundesamt für Sicherheit in der Informationstechnik[76] zuarbeitet, sicher sind. Sie dürfen im Zeitpunkt der Sicherheitsbewertung **nicht älter als sechs Jahre** sein. Die Zeitschranke trägt dem Umstand Rechnung, dass die zur Verschlüsselung benutzten Algorithmen aufgrund technischen Fortschritts entschlüsselt werden können[77] und daher der **Signaturbeweiswert im Zeitablauf sinken** kann.[78] Digitale Signaturen haben also ein „Verfallsdatum"; das SigG gewährt ihnen keine zeitlich unbegrenzte Vermutung der Echtheit.

52   Eine archivierende Aktualisierung (Konservierung) kann entweder durch eine erneute Signierung (Übersignierung, §§ 6 Abs. 1 Satz 1 SigG, 17 SigV) erfolgen, die dann allerdings in der Regel nicht der Aussteller der Erstsignatur vornehmen wird, oder – vorzugswürdig – durch automatische **Zufügung eines** qualifizierten **Zeitstempels** (§ 9 SigG).[79] Die Prüfung von Zeitstempeln ist nicht dem Prüfverfahren nach § 17 Abs. 2 Satz 2 SigG unterworfen.[80]

---

71 Vgl. *Fischer-Dieskau/Gitter/Paul/Steidle* MMR 2002, 709, 711; *Roßnagel* MMR 2003, 164, 165.
72 *Fischer-Dieskau/Gitter/Paul/Steidle* MMR 2002, 709, 711.
73 *Roßnagel* MMR 2003, 164, 165.
74 *Roßnagel* MMR 2003, 164, 166.
75 *Fischer-Dieskau/Gitter/Paul/Steidle* MMR 2002, 709, 711.
76 Www.bsi.de.
77 Dazu *Jungermann*, Beweiswert S. 20 ff., 45 f.
78 Vgl. *Schemmann* ZZP 118 (2005), 161, 168.
79 *Schemmann* ZZP 118 (2005), 161, 168; s. ferner *Fischer-Dieskau/Gitter/Paul/Steidle* MMR 2002, 709, 712; *Fischer-Dieskau/Roßnagel/Steidle* MMR 2004, 451, 452.
80 Zur Kritik daran *Schemmann* ZZP 118 (2005), 161, 168 f.

g) **Sicherheit der Signaturerstellungseinheit.** Zur Sicherung der **Geheimhaltung** 53
und Einmaligkeit der Signaturerstellungseinheit (Smartcard) ist erforderlich, dass
der Zertifizierungsdiensteanbieter die Signaturerstellungseinheit vor Ausstellung des
Zertifikats überprüft und das Ergebnis dokumentiert.[81]

h) **Gültigkeit des Zertifikats.** Die Signatur muss auf einem qualifizierten Zertifikat 54
beruhen, das im Zeitpunkt ihrer Erstellung gültig ist. Ausgestellt werden kann ein qualifiziertes Zertifikat nur von einem **Diensteanbieter, der** die gesetzlich vorgeschriebenen
technisch-organisatorischen Sicherheitsanforderungen erfüllt. Ist der Diensteanbieter bei der Bundesnetzagentur **akkreditiert**, bedarf es dafür keiner weiteren Beweismittel.[82] Ohne Akkreditierung muss ein gerichtlicher Sachverständiger auf die Dokumentation des Diensteanbieters zurückgreifen.

Die Echtheitsvermutung des **§ 15 Abs. 1 Satz 4 SigG** erleichtert bei Verwendung akk- 55
reditierter Signaturen die Feststellung des Echtheitsanscheins (oben Rdn. 8). Sie umfasst
aber nur die technischen und organisatorischen Prozesse des Zertifizierungsdiensteanbieters.[83]

5. Erschütterung des Echtheitsanscheins. Der Beweisgegner, der sich an der sig- 56
nierten Erklärung nicht festhalten lassen will, muss Erschütterungstatsachen vorbringen, wenn die Echtheit vorläufig feststeht. Ungeklärt ist, **welche Tatsachenbehauptungen** der Parteien **zur Führung des Anscheinsbeweises** gehören und welche der
Erschütterung des vorläufigen Echtheitsbeweises zuzuordnen sind. Dies gilt insbesondere für die Detailanforderungen an die Organisationssicherheit der Zertifizierungsstellen
als Vertrauensinstanz.[84] Das bedarf noch näherer technischer und rechtlicher Untersuchungen. Beeinflusst wird die Fixierung der technischen Standards auch von Einzelfallerkenntnissen, die aus zivilprozessualen Beweisverfahren gewonnen werden; sie können
Grundlage für eine Anpassung technischer Standards sein. Zieht man den Umfang der
Prüfungserfordernisse für die Ermittlung der Anscheinsechtheit zu weit, geht der Charakter einer Beweiserleichterung verloren; der gesetzgeberische Zweck (dazu oben
Rdn. 5) wird dann vereitelt. In der Rechtsanwendungspraxis muss der **Inhalt einer technischen Standardprüfung, die** die widerlegbare **Echtheitsvermutung trägt**, näher herausgearbeitet werden.

Unklar ist z.B., ob die Verwendung eines Schlüssels, der vom Zertifizierungsdienste- 57
anbieter auf einer auslesbaren Diskette ausgeliefert wurde, so dass zum Signieren nicht
eine sichere Signaturerstellungseinheit verwendet wurde, eine Erschütterung des vorläufig geführten Echtheitsanscheins bedeutet,[85] oder ob ein derartiges Fehlverhalten bereits
in Form eines Negativbeweises Gegenstand der die Anscheinsechtheit tragenden Feststellungen des gerichtlichen Sachverständigen sein muss und ohne dazu getroffene
Feststellungen schon die vorläufige beweismäßige Feststellung der Echtheit scheitert.

Erschütterungstatsache ist das Vorbringen des Beweisgegners, die für das Signieren 58
benutzte **Smartcard samt PIN** sei von einem Dritten **unautorisiert verwendet** worden,
etwa weil sie gestohlen oder anderweitig abhanden gekommen und die PIN ausgespäht

---

81   Zum Auseinanderfallen von Zertifizierungsdiensteanbieter und Ausgeber der sicheren
Signaturerstellungseinheit *Roßnagel* MMR 2006, 441 ff.
82   *Fischer-Dieskau/Gitter/Paul/Steidle* MMR 2002, 709, 712.
83   *Schemmann* ZZP 118 (2005), 161, 178.
84   Unklar ist die von *Jungermann*, Beweiswert S. 113 vorgeschlagene Reduzierung der
Anscheinsvoraussetzungen auf die positive Überprüfung der qualifizierten elektronischen Signatur nach
dem SigG.
85   So wohl *Schemmann* ZZP 118 (2005), 161, 167.

worden ist (oben Rdn. 24). Einwenden können soll der Beweisgegner auch, dass die **Daten** beim Signieren **fehlerhaft oder unvollständig angezeigt** worden sind, weil die dafür verwendeten Anwendungskomponenten fehlerhaft gearbeitet haben,[86] dass vom Zertifizierungsdiensteanbieter das Zertifikat und damit die Schlüssel einer falschen Person zugeordnet worden sind,[87] dass § 5 Abs. 1 Satz 1 SigG zuwider eine **fehlerhafte Personenidentifizierung** stattgefunden hat,[88] dass ein Zertifikat **nicht** weisungsgemäß **gesperrt** worden ist (§ 8 Abs. 1 Satz 1 SigG),[89] dass die verwendeten Signaturalgorithmen nicht mehr als sicher gelten[90] oder dass der **Identifizierungs- und Übergabeprozess** des Zertifizierungsdiensteanbieters systematische **Defizite** aufweist.[91]

59 **Streitige Erschütterungstatsachen** müssen vom Beweisgegner ihrerseits bewiesen werden, ehe sie die Anscheinsechtheit erschüttern können.[92]

60 **6. Hilfsweise: Beweiswürdigung nach § 286.** Sofern es nicht gelingt, den Echtheitsanschein mittels § 372a Abs. 1 Satz 2 zu beweisen, können die festgestellten Sicherheitsmerkmale gleichwohl beweiserhebliche Bedeutung im Rahmen **freier Beweiswürdigung** erlangen.[93] Es kommt dann auf **zusätzliche Beweisindizien** an. Dazu gehört z.B., ob ein Fälschungsinteresse erkennbar ist.[94] Zum Beweis der Absendung von E-Mails, deren Papierausdruck als Beweismittel verwendet werden soll, s. § 416 Rdn. 17.

61 **7. Ausländische elektronische Signaturen.** Ausländische Signaturen sind inländischen qualifizierten Signaturen mit und ohne Anbieter-Akkreditierung unter den Voraussetzungen des § 23 Abs. 1 und 2 SigG gleichgestellt. Formelle Voraussetzung ist gem. § 18 Abs. 2 SigV die **Feststellung gleichwertiger Sicherheit** durch die Bundesnetzagentur.[95] Sichere Signierungen aus anderen EU-Staaten dürfen gegenüber inländischen Signaturen nicht benachteiligt werden.[96]

62 Für andere ausländische elektronische Dokumente und das ihnen zugrunde liegende Sicherheitssystem gilt § 286.[97]

V. Echtheit öffentlicher elektronischer Dokumente

63 Öffentliche Dokumente erlangen ihren erhöhten Beweiswert wegen der Mitwirkung einer Amtsperson. Für sie verlangt § 371a Abs. 2 Satz 1 grundsätzlich nicht die Verwendung einer qualifizierten Signatur, damit die formellen Beweisregeln anzuwenden sind. Die Verwendung einer **qualifizierten Signatur** ist aber durch **Spezialvorschriften** für in der Praxis wichtige Dokumente vorgeschrieben (oben Rdn. 31).

---

86 *Fischer-Dieskau/Gitter/Paul/Steidle* MMR 2002, 709, 713. Zur Anzeige der zu signierenden Daten auch *Roßnagel/Fischer-Dieskau* MMR 2004, 134, 136; *Jungermann* Beweiswert, S. 127.
87 *Schemmann* ZZP 118 (2005), 161, 172.
88 *Schemmann* ZZP 118 (2005), 161, 172.
89 *Schemmann* ZZP 118 (2005), 161, 172.
90 *Schemmann* ZZP 118 (2005), 161, 175.
91 *Roßnagel* NJW 2005, 385, 388.
92 *Malzer* DNotZ 2006, 9, 30. Unzutreffend **a.A.** *Schröter* WM 2000, 2134 („nur plausibel dartun"); *Jungermann*, Beweiswert S. 127.
93 Vgl. RegE zum SigG 2000, BT-Drucks. 14/4662 S. 28: Beweiswert im Rahmen von § 292a ZPO (a.F.) „und im Rahmen der freien Beweiswürdigung"; *Roßnagel* NJW 2005, 385, 388.
94 Vgl. *Fischer-Dieskau/Roßnagel/Steidle* MMR 2004, 451, 454.
95 Nach *Jungermann*, Beweiswert S. 131 nicht Voraussetzung des Echtheitsanscheinsbeweises.
96 *Blaurock/Adam* ZEuP 2001, 93, 98.
97 Zum elektronischen Konnossement „Bolero – bill of lading" im Seefrachtverkehr *v.Bernstorff* RIW 2001, 504, 509 f.

Die **Echtheitsvermutung des § 437** für **inländische** öffentliche Urkunden ist auf öf- 64
fentliche elektronische Signaturen nur anzuwenden, wenn das Dokument qualifiziert
signiert worden ist (§ 371a Abs. 2 Satz 2). Für **ausländische** öffentliche **elektronische
Dokumente** gilt die Echtheitsvermutung nicht, auch wenn § 23 Abs. 1 SigG unter dort
bezeichneten Voraussetzungen ausländische und inländische Signaturen mit qualifiziertem Zertifikat innerhalb der EU und des Europäischen Wirtschaftsraums gleichstellt
(s. auch § 438 Rdn. 10). Grenzen setzt dieser Ungleichbehandlung nur das gemeinschaftsrechtliche Diskriminierungsverbot (dazu vor § 415 Rdn. 20).

VI. Sonstige elektronische Beweise

1. Elektronischer Identitätsnachweis mittels maschinenlesbaren Personalaus- 65
weises. Das am 1.11.2010 in Kraft getretene Personalausweisgesetz (PAuswG) sieht vor,
dass ein in den Ausweis integrierter Chip die Personaldaten enthält und die Verwendung
des Ausweises als **Signaturkarte** ermöglicht. Als Signaturerstellungseinheit unterliegt
der Ausweis den Vorgaben des SigG. Nach § 22 PAuswG gilt der Ausweis als sichere Signaturerstellungseinheit.

Elektronisch nachgewiesen wird mittels der Chipdaten die Identität der Person, die 66
als Urheber einer Handlung, insbesondere einer Willenserklärung festzustellen ist. Die
Authentisierung unter Verwendung des Ausweises und der zugehörigen PIN ist als solche Gegenstand eines **Anscheinsbeweises**, der durch konkrete Anhaltspunkte für einen
Trojanerangriff zu erschüttern ist[98] oder durch die ernsthafte Möglichkeit der Weitergabe
oder des Abhandenkommens des Ausweises (s. dazu auch oben Rdn. 24 f.).[99] Eine etwaige Rechtsscheinhaftung bleibt davon unberührt (s. oben Rdn. 22).

Aufgrund bewiesener Authentisierung ist die Vornahme der **Handlung durch** den 67
Ausweisinhaber im Wege des **Anscheinsbeweises** bewiesen. Für die Beuteilung der
Echtheit einer damit verbundenen Erklärung gilt dann § 440 Abs. 2 (s. oben Rdn. 23).
Erschüttert wird der Anschein durch konkrete Anhaltspunkte für eine Infizierung des
Rechners durch einen Trojaner.[100]

Die EU hat einen Verordnungsvorschlag vorgelegt (KOM [2012] 238/2), der die elekt- 68
ronische Identifizierung **unionsrechtlich** regeln soll.[101]

2. Elektronische Post im De-Mail-Dienst. Das DE-Mail-Gesetz vom 28.4.2011 soll 69
nach seinem § 1 Abs. 1 einen sicheren, vertraulichen und nachweisbaren Geschäftsverkehr im Internet ermöglichen. Beweisrechtlich von Bedeutung sind der Postfach- und
Versanddienst gem. § 5 und der Identitätsbestätigungsdienst gem. § 6. § 5 Abs. 7 regelt
die **Versandbestätigung**, Abs. 8 die **Bestätigung des Eingangs** einer Nachricht im DE-
Mail-Postfach des Empfängers und Abs. 9 die **Abholbestätigung** bei förmlichen Zustellungen durch eine öffentliche Stelle nach den Vorschriften der Prozessordnungen. Mit
dem DE-Mail-Dienst darf der ungesicherte **E-Postbrief** der Deutschen Post AG nicht verwechselt werden. Bei derartigen Diensten trägt der Empfänger ein Risiko in zeitlicher
Hinsicht, weil es für den Zugangszeitpunkt auf die bloße Wahrnehmbarkeit im Emp-
fangsbereich ankommt.

---

98 Abweichend *Borges* NJW 2010, 3334, 3338: Führung des Anscheinsbeweises nur bei Ausschluss eines
Trojanerangriffs.
99 *Borges* NJW 2010, 3334, 3338.
100 *Borges* NJW 2010, 3334, 3337.
101 Kritisch dazu *Spindler/Rockenbauch* MMR 2013, 139 ff.

70 Die **Identitätsdaten** werden übermittelt, wenn sich der Nutzer dieser Möglichkeit bedient und der akkreditierte Diensteanbieter die Nachricht mit einer qualifizierten elektronischen Signatur versieht. Dafür gilt dann § 371a. Diese Authentisierungsmöglichkeit tritt in **Konkurrenz** zu derjenigen nach **§ 18 PAuswG**.[102]

71 Da die **Abholbestätigung** nach § 5 Abs. 9 Satz 5 DE-MailG mit einer qualifizierten elektronischen Signatur zu versehen ist, gelten dafür §§ 371a Abs. 2, 415 und 437 ZPO.[103] Die **Versandbestätigung** und die **Eingangsbestätigung** sind nach § 5 Abs. 7 Satz 3 bzw. nach § 5 Abs. 8 Satz 4 mit einer qualifizierten elektronischen Signatur zu versehen. Dafür gilt dann § 371a Abs. 1 ZPO. Da es sich um **private Dokumente** handelt, ist § 416 ZPO anzuwenden (s. oben Rdn. 20).[104]

§ 372
Beweisaufnahme

(1) Das Prozessgericht kann anordnen, dass bei der Einnahme des Augenscheins ein oder mehrere Sachverständige zuzuziehen sind.
(2) Es kann einem Mitglied des Prozessgerichts oder einem anderen Gericht die Einnahme des Augenscheins übertragen, auch die Ernennung der zuzuziehenden Sachverständigen überlassen.

Schrifttum

Girnth Der Augenscheinsmittler und seine Einordnung in die Beweismittel des Strengbeweises, Diss. jur. Bonn 1997; *Goldschmidt* Der Prozeß als Rechtslage, 1925, S. 434 ff.; *Lent* Zur Abgrenzung des Sachverständigen vom Zeugen im Zivilprozeß, ZZP 60 (1936/37), 9; *Pieper* Richter und Sachverständiger im Zivilprozeßrecht, ZZP 84 (1971), 1 ff.; *Schmidhäuser* Zeuge, Sachverständiger und Augenscheinsgehilfe, ZZP 72 (1959) 365 ff.; *Tropf* Die erweiterte Tatsachenfeststellung durch den Sachverständigen im Zivilprozeß, DRiZ 1985, 87; *Rosemarie Werner* Der Konflikt zwischen Geheimnisschutz und Sachaufklärung im Kartellverfahren, FS Pfeiffer, 1988, S. 821.

Übersicht

I. Durchbrechung des Unmittelbarkeitsgrundsatzes —— 1
II. Übertragung der Augenscheinseinnahme auf Augenscheinsmittler (Augenscheinsgehilfen)
  1. Augenscheinsvermittlung als Ausnahme —— 3
  2. Anschluss- und Befundtatsachen als Gegenstand der Ermittlung des Sachverständigen —— 5
  3. Anerkannte Gründe der Übertragung
    a) Begrenzung —— 7
    b) Tatsächliche und rechtliche Feststellungshindernisse, Befundtatsachen —— 8
    c) Körperliche Untersuchungen —— 9
4. Übertragungs- und Zuziehungsermessen —— 10
5. Der Augenscheinsmittler als Zeuge und Sachverständiger
  a) Einheitslösung —— 11
  b) Einzelnormanalyse
    aa) Anordnung der Beweiserhebung —— 12
    bb) Ablehnung des Augenscheinsmittlers —— 13
    cc) Vereidigung —— 14
    dd) Pflicht zur Übernahme —— 15
    ee) Vergütung —— 16
III. Beauftragter oder ersuchter Richter, § 372 Abs. 2 —— 17
IV. Protokollierung —— 19

---

[102] *Roßnagel* NJW 2011, 1473, 1476.
[103] *Roßnagel* NJW 2011, 1473, 1477.
[104] Dazu auch *Spindler* CR 2011, 309, 315; *Preuß* ZZP 125 (2012), 135, 167.

I. Durchbrechung des Unmittelbarkeitsgrundsatzes

§ 372 ist als **Ausnahmevorschrift zu § 355** zu verstehen. Grundsätzlich soll das Prozessgericht den Augenschein selbst einnehmen. Dies geschieht auch außerhalb des Gerichtsgebäudes „an Ort und Stelle", § 219 ZPO. Außerhalb des Gerichtsbezirks – jedoch im Gerichtsinland – ist die Amtshandlung ohne Zustimmung des dortigen Gerichts zulässig, § 166 GVG. § 372 Abs. 2 stellt einen der in § 355 Abs. 1 Satz 2 genannten gesetzlich bestimmten Fälle dar, in denen die Beweisaufnahme einem Mitglied des Prozessgerichts oder einem anderen Gericht übertragen werden kann. 1

§ 372 Abs. 1 stellt nur klar, dass zur Beweisaufnahme durch Augenscheinseinnahme **Sachverständige hinzugezogen** werden können, etwa um dem Richter *dessen* Wahrnehmungen zu erläutern oder um dem Sachverständigen unter Aufsicht des Richters die Grundlage des Gutachtens zu verschaffen. Die Kommission für das Zivilprozessrecht hielt diesen Teil der Norm 1977 für entbehrlich.[1] Von der Zuziehung eines Sachverständigen ist die **vollständige Übertragung** der Augenscheinseinnahme auf einen Sachverständigen zu unterscheiden. Sie ist vom Wortlaut des § 372 Abs. 1 nicht erfasst, was sich aus der Formulierung in § 372 Abs. 2 ergibt, der von „Übertragung" spricht und diese personell eingrenzt. Das bloße Zuziehen eines Sachverständigen ist im Hinblick auf den Unmittelbarkeitsgrundsatz nicht problematisch, denn die **Wahrnehmung** erfolgt (auch) **durch** den **Richter** selbst. 2

II. Übertragung der Augenscheinseinnahme auf Augenscheinsmittler (Augenscheinsgehilfen)

1. Augenscheinsvermittlung als Ausnahme. Die **vollständige** Übertragung der Beweisaufnahme durch Augenscheinseinnahme **auf** einen **Dritten** widerspricht dem Unmittelbarkeitsgrundsatz, weil eine teilweise Delegation richterlicher Aufgaben auf den Dritten stattfindet. Hierfür enthält § 372 Abs. 1 keine Ermächtigung. Die Augenscheinsvermittlung ist in der ZPO nicht geregelt.[2] Es ist aber von Rechtsprechung und Literatur anerkannt, dass eine Übertragung in **eng umgrenzten** Ausnahmefällen gestattet ist. 3

Uneinheitlich ist die **Terminologie**: Teils werden alle Personen, denen das Gericht die Augenscheinseinnahme überträgt, Augenscheinsmittler oder Augenscheinsgehilfe genannt,[3] teils nur diejenigen, die keine Sachverständigen sind.[4] Der in Abwesenheit eines Richters eigene Wahrnehmungen treffende **Sachverständige** kann durchaus Augenscheinsmittler genannt werden, wenn damit nur ein faktischer Vorgang beschrieben werden soll und rechtliche Bewertungen, nämlich die Anwendung bestimmter beweisrechtlicher Vorschriften, nicht von der Benennung abhängig gemacht werden. Bei den anderen Mittelspersonen wird zumeist ebenfalls eine gewisse Sachkunde vorhanden sein,[5] so dass auf den Augenscheinsmittler Vorschriften über den Sachverständigenbeweis anzuwenden sein können (dazu nachfolgend Rdn. 5f. und Rdn. 11).[6] Ohne prakti- 4

---

1 Kommissionsbericht S. 152.
2 AK/*Rüßmann* § 372 Rdn. 2; *Schilken*, ZPR 6. Aufl. 2010, Rdn. 517.
3 MünchKomm/*Zimmermann*[4] § 372 Rdn. 4; *Bruns* § 34 Rdn. 178; *A. Blomeyer*, Zivilprozessrecht[2], § 76, 3; *Goldschmidt* S. 434 bei und in Fn. 2285; *Werner* FS Pfeiffer S. 821, 835.
4 *Pieper* ZZP 84 (1971), 1, 11; Musielak/*Huber*[10] § 372 mit Differenzierung in den Rdn. 3 und 4; Rosenberg/Schwab/*Gottwald*[17] § 118 Rdn. 24; *Schmidhäuser* ZZP 72 (1959), 365, 397, 402.
5 MünchKomm/*Zimmermann*[4] § 372 Rdn. 4.
6 Vgl. *Schmidhäuser* ZZP 72 (1959), 365, 402.

sche Bedeutung ist die Frage, ob der Augenscheinsmittler als Vertreter des Gerichts[7] anzusehen ist.[8] Im Übrigen ist die Qualifizierung unzutreffend; eine rechtlich statthafte Vertretung des Richters durch nichtrichterliche Personen gibt es nicht.[9] Irreführend ist die These, die Wahrnehmung des Augenscheinsgehilfen sei eine eigene Wahrnehmung des Richters.[10]

5 **2. Anschluss- und Befundtatsachen als Gegenstand der Ermittlung des Sachverständigen. Befunderhebungen** eines **Sachverständigen** durch Besichtigung einer Maschine, eines Bauwerks etc., die **Befundtatsachen** (dazu sowie zur Terminologie: § 404a Rdn. 7 und Rdn. 16 ff.) für die *eigene* Begutachtung liefern sollen, gehören in vollem Umfang zur Beweiserhebung durch Einholung eines Sachverständigengutachtens[11] und dürfen von den für dieses Beweismittel geltenden Vorschriften nicht abgespalten werden.[12] Dieser Teil der Materialbeschaffung obliegt dem Sachverständigen (näher § 404a Rdn. 17). Davon zu unterscheidende **Anschlusstatsachen** können sich auf Details des Augenscheinsobjektes beziehen. Sie müssen die Parteien streng genommen selbst vortragen, weil zu ihrer Feststellung keine Sachkunde notwendig ist; ihre Feststellung ist im Streitfalle aus demselben Grunde Sache des Richters. Auf deren Vortrag werden die Parteien oft verzichten, weil der Sachverständige das Objekt zum genauen Verständnis seiner Aufgabe ohnehin besichtigen muss. Denkbar ist auch, dass Anschlusstatsachen wegen geminderter Darlegungslast einer Partei nicht vorgetragen werden müssen (§ 404a Rdn. 11). Die Abgrenzung zu Befundtatsachen kann dann Schwierigkeiten bereiten. Eine puristische Scheidung von Anschluss- und Befundtatsachen ist in solchen Fällen entbehrlich, wenn **vor Beginn** der Tätigkeit des Sachverständigen über sie **kein Streit** besteht. Sollten Anschlusstatsachen **nach ihrer Ermittlung** durch den Sachverständigen in **Streit** geraten, hat sie der Richter im Falle von Augenscheinstatsachen durch eigene Augenscheinseinnahme (Grenzen: s. nachfolgend zur tatsächlichen und rechtlichen Unmöglichkeit Rdn. 8) oder – bei zwischenzeitlicher Unzugänglichkeit des Objekts (z.B. wegen Fertigstellung des zu begutachtenden Rohbaus) – durch Vernehmung des Sachverständigen als sachverständiger Zeuge prozessual ordnungsgemäß festzustellen. Für **Anschlusstatsachen** (wie für Zusatztatsachen) hat der **Sachverständige keine selbständige Aufklärungsbefugnis**; vielmehr bestimmt der Richter den Aufgabenbereich des Sachverständigen,[13] wie sich aus § 404a Abs. 4 ergibt (näher § 404a Rdn. 11). Der Richter kann ihre Feststellung in jedem Stadium der Begutachtung an sich ziehen; bei Augenscheinstatsachen nimmt er dann – zweckmäßig unter Zuziehung des beauftragten Sachverständigen – den Augenschein ein.

6 Wird ein **Sachverständiger nur** beauftragt, auf der Grundlage eines Besichtigungsanspruchs **nach § 809 BGB Befundtatsachen festzustellen**, etwa zur Beschaffenheit einer Maschine oder eines Software-Quellcode, die in beweisermittelnder Weise den Verdacht einer Schutzrechtsverletzung klären sollen (vgl. Art. 7 der EU-Richtlinie zur Durchsetzung der Rechte des geistigen Eigentums), so wird der Sachverständige wie ein

---

7 So qualifizierend RG JW 1937, 3325 mit abl. Anm. *Kisch*; LG Bonn JMBl NRW 1955, 245, 255.
8 *Bruns* § 34 Rdn. 178.
9 S. auch Stein/Jonas/*Berger*[22] vor § 371 Rdn. 15.
10 So Musielak/*Huber*[10] § 372 Rdn. 4.
11 **A.A.** RG JW 1937, 3325 m. abl. Anm. *Kisch*. Wie hier, allerdings ohne Differenzierung nach Befund- und Anschlusstatsachen *Pieper* ZZP 84 (1971), 1, 11; MünchKomm/*Zimmermann*[4] § 372 Rdn. 4; Rosenberg/Schwab/*Gottwald*[17] § 118 Rdn. 25; *Schilken* ZPR[6] Rdn. 517.
12 Vgl. auch BGHZ 5, 302, 306 (keine gespaltene Anwendung der Verfahrensregeln aus praktischen Gründen bei Abstammungsgutachten).
13 Vgl. BGHZ 37, 389, 394.

Augenscheinsmittler tätig,[14] bleibt aber Sachverständiger (dazu vor § 284 Rdn. 23 ff.). Er trifft Beobachtungen, die Grundlage einer späteren Begutachtung werden können. Wesentlich ist zunächst nur, Tatsachen zu ermitteln, die der Schutzrechtsinhaber in einem späteren Verletzungsprozess substantiiert vortragen kann; allerdings wird sich durch die Feststellungen der sachkundigen Person der Streit um die Rechtsverletzung selbst häufig erledigen. Bleiben die Wahrnehmungen des Sachverständigen zu den tatsächlichen Verhältnissen streitig, ist er darüber als sachverständiger Zeuge (§ 414) zu vernehmen.[15]

3. Anerkannte Gründe der Übertragung

a) Begrenzung. Die Zulässigkeit der Übertragung ist anerkannt für Fallgruppen, in denen die **Übertragung unumgänglich** ist. Werden die Grenzen der Übertragung verkannt, verlieren die Parteien ihr Recht zur Rüge dieses Verfahrensmangels unter den Voraussetzungen des **§ 295 Abs. 1 ZPO**. Was der BGH insoweit zum Einverständnis der Parteien mit Tatsachenfeststellungen in Form von Zeugenvernehmungen durch Sachverständige angenommen hat,[16] ist auf Tatsachenfeststellungen in Form einer Augenscheinseinnahme durch Augenscheinsmittler zu übertragen.[17]   7

b) Tatsächliche und rechtliche Feststellungshindernisse, Befundtatsachen. Die Notwendigkeit der Übertragung kann auf **tatsächlichen Gründen** beruhen.[18] Schulbeispiel ist die Inspektion eines gesunkenen Schiffes durch einen Taucher. Realitätsnäher erscheint die Besichtigung eines Schornsteins durch einen Dachdecker oder Schornsteinfeger. Auch **rechtliche Gründe** können eine Übertragung auf einen Dritten erfordern. Schließlich ist anerkannt, dass eine Übertragung erfolgen darf – nach hier vertretener Auffassung sogar muss –, wenn die **Wahrnehmung** überhaupt **nur bei** besonderer **Sachkunde** möglich ist, es also um Befundtatsachen geht.[19]   8

c) Körperliche Untersuchungen. Zur Fallgruppe der rechtlichen Gründe gehören körperliche Untersuchungen durch einen Arzt, gegebenenfalls aber auch durch anderes medizinisches Personal (z.B. eine Hebamme). Der Arzt hat aus **verfassungsrechtlichen Gründen** (Art. 2 Abs. 1, nicht: Art. 1 Abs. 1 GG) die erforderliche Untersuchung anstelle des Richters zu treffen. Insoweit kommt es darauf an, ob die Wahrnehmung durch einen Richter **für die untersuchte Person zumutbar** ist. Antiquiert und rechtlich verfehlt ist die Beschränkung, die konkludent in dem dafür in der Literatur genannten Beispiel zum Ausdruck kommt, nämlich der Feststellung des körperlichen Zustandes einer Person[20] oder – noch enger – der Besichtigung von Narben am Unterleib einer Frau.[21] Bei der   9

---

14 Von einer gleichartigen Differenzierung geht BGHZ 5, 302, 306 für § 372a aus.
15 Musielak/*Huber*[10] § 372 Rdn. 3.
16 BGHZ 23, 207, 213 f. = NJW 1957, 906 m. abl. Anm. *Bruns*.
17 MünchKomm/*Zimmermann*[6] § 372 Rdn. 3; Musielak/*Huber*[10] § 372 Rdn. 3. BGHZ 23, 207, 214 und Zöller/*Greger*[29] § 355 Rdn. 2 gehen möglicherweise weitergehend von einer zulässigen Übertragung mit Einverständnis der Parteien aus, also von einer echten Parteidisposition, die dann die Zahl der zulässigen Übertragungsgründe vermehren würde.
18 Stein/Jonas/*Berger*[22] vor § 371 Rdn. 14; MünchKomm/*Zimmermann*[6] § 372 Rdn. 3; AK-ZPO/*Rüßmann* § 372 Rdn. 2; *Werner* FS Pfeiffer S. 821, 835.
19 RG JW 1937, 3325; BGH NJW 1974, 1710; BGHZ 37, 389, 394; AK-ZPO/*Rüßmann* § 372 Rdn. 2; MünchKomm/*Zimmermann*[6] § 372 Rdn. 3; Stein/Jonas/*Berger*[22] vor § 371 Rdn. 19; Zöller/*Greger*[29] § 355 Rdn. 2.
20 Rosenberg/Schwab/*Gottwald*[17] § 118 Rdn. 24.
21 MünchKomm/*Zimmermann*[6] § 372 Rdn. 3.

Augenscheinsvermittlung durch einen Arzt aus Gründen der Zumutbarkeit ist die Geschlechtsverschiedenheit der untersuchten Person zum Richter kein tragender Grund.[22]

10 **4. Übertragungs- und Zuziehungsermessen.** Muss ein Sachverständiger tätig werden, weil das Gericht **nicht** über **eigene Sachkunde** zur *Würdigung* der Augenscheinstatsachen verfügt, steht es im Ermessen des Tatrichters, ob er den Sachverständigen zu einer richterlichen Augenscheinseinnahme zuzieht, oder ob er die Feststellung der wahrnehmbaren Tatsachen dem Sachverständigen allein überträgt.[23] Dies gilt grundsätzlich sowohl für Anschluss- als auch für Befundtatsachen. Ermessensfehlerhaft ist es aber, bereits in Streit geratene Anschlusstatsachen den Sachverständigen alleine ermitteln zu lassen. Verfügt der Richter nicht einmal über die notwendige Sachkunde zur *Wahrnehmung* der Augenscheinstatsachen, muss er zur richterlichen Augenscheinseinnahme einen Sachverständigen zuziehen. Es gelten dafür dieselben Überlegungen wie für die Begutachtung durch Sachverständige.

5. Der Augenscheinsmittler als Zeuge und Sachverständiger

11 **a) Einheitslösung.** Auf den gesetzlich nicht geregelten Augenscheinsmittler können die Beweisvorschriften entweder für **Zeugen oder** für **Sachverständige** Anwendung finden. Beispielsweise kann der Sachverständige als Augenscheinsmittler bei der Befunderhebung Wahrnehmungen machen, die nicht wiederholbar sind; insoweit gleicht er einem Zeugen. Für die Ermittlung der zutreffenden Beweisnormen wird teilweise danach differenziert, ob für die Wahrnehmung besondere Sachkunde erforderlich ist. In diesem Fall soll der Augenscheinsmittler wie ein Sachverständiger, anderenfalls wie ein Zeuge behandelt werden.[24] Nach anderer Ansicht soll es darauf ankommen, ob Tatsachen berichtet oder Schlussfolgerungen gezogen werden; im ersten Fall wird der Augenscheinsmittler als sachverständiger Zeuge angesehen, im zweiten Fall als Sachverständiger.[25] Bedeutung hat die Abgrenzung für die Anwendbarkeit des **selbständigen Beweisverfahrens**, weil § 485 Abs. 2 zwar den Sachverständigenbeweis, nicht aber den Augenscheinsbeweis zulässt. Eine **generalisierende Abgrenzung** führt **nicht** zu **angemessenen** Ergebnissen. Es ist jeweils eine gesonderte Betrachtung erforderlich, welche Vorschrift nach ihrem Zweck am besten auf den Augenscheinsmittler passt.[26]

b) Einzelnormanalyse

12 **aa) Anordnung der Beweiserhebung.** Bei Übertragung der Augenscheinseinnahme auf einen Augenscheinsmittler erfolgt stets eine Augenscheinseinnahme. Daher ist § 144 anwendbar und eine Beauftragung des Gehilfen **von Amts wegen** möglich.[27] § 485

---

22 Anders aber wohl *Schilken*[6] Rdn. 517. Zutreffend auf das Schamgefühl abstellend Stein/Jonas/*Berger*[22] vor § 371 Rdn. 14; ähnlich, aber nicht identisch spricht AK-ZPO/*Rüßmann* § 372 Rdn. 2 von der Wahrung der Intimsphäre.
23 BGH LM § 909 BGB Nr. 14 Bl. 3; Zöller/*Greger*[29] § 372 Rdn. 1; MünchKomm/*Zimmermann*[4] § 372 Rdn. 2.
24 AK-ZPO/*Rüßmann* § 372 Rdn. 2, der jedoch *vor* Einnahme des Augenscheins den Zeugniszwang des § 390, der dann in Wirklichkeit ein Besichtigungszwang wäre, nicht anwenden will; *Goldschmidt*, S. 436 Fn. 2288 für die Beeidigung.
25 *Blomeyer* Zivilprozessrecht[2] § 76, 3; *Lent* ZZP 60 (1936/1937), 9, 42.
26 Stein/Jonas/*Berger*[22] vor § 371 Rdn. 15; MünchKomm/*Zimmermann*[4] § 372 Rdn. 4; *Schmidhäuser* ZZP 72 (1959), 365, 401 f.
27 MünchKomm/*Zimmermann*[4] § 372 Rdn. 4; *Lent* ZZP 1960 (1936/1937), 9, 41; BGHZ 5, 302, 307 für Fälle des § 372a.

Abs. 2 ist nicht anwendbar; ein selbständiges Beweisverfahren kommt also nur zu Sicherungszwecken bei drohendem Beweismittelverlust nach § 485 Abs. 1 in Betracht.

bb) Ablehnung des Augenscheinsmittlers. Kriterium für die Anwendung des 13 § 406 auf den Augenscheinsmittler ist die Ersetzbarkeit der Mittelsperson.[28] Bei Unersetzbarkeit gelten die Regeln des Zeugenbeweises und eine Ablehnung ist nicht möglich;[29] anderenfalls wäre die Wahrheitsfindung eingeschränkt.

cc) Vereidigung. Die Vereidigung hängt davon ab, ob der Augenscheinsmittler über 14 den Tatsachenbericht hinaus auch Schlussfolgerungen zieht. Berichtet er nur über Tatsachen, so ist er als Zeuge zu vereidigen; zieht er Schlussfolgerungen, ist er als Sachverständiger zu vereidigen.[30] Soll der Eid sowohl Tatsachen als auch Schlussfolgerungen bekräftigen, ist er wegen der mit einer Doppelvereidigung verbundenen Entwertung des Eides[31] nur als Sachverständiger zu vereidigen.

dd) Pflicht zur Übernahme. Eine Pflicht des Augenscheinsmittlers zur Übernahme 15 der Besichtigung des Augenscheinsobjektes besteht grundsätzlich nicht; für einen Zwang zur Unterstützung der Gerichte bei der Wahrnehmung der Augenscheinstatsachen fehlt eine gesetzliche Grundlage.[32] Ist der Augenscheinsmittler Sachverständiger, gelten für die Pflichtenbegründung § 407 Abs. 1 und § 407 Abs. 2 (freiwillige Bereiterklärung). Die aus § 407 Abs. 1 folgende Gutachtenerstattungspflicht ist zu modifizieren, soweit die Wahrnehmung von Befundtatsachen besondere körperliche Anforderungen voraussetzt. Der Sachverständige kann ebenso wie ein Richter die Wahrnehmung ablehnen, wenn tatsächliche Hinderungsgründe in seiner Person bestehen. Auf andere Augenscheinsmittler als Sachverständige ist ausschließlich § 407 Abs. 2 analog anzuwenden, d.h. es kommt auf die freiwillige Bereiterklärung an. Ist die Wahrnehmung nicht wiederholbar, gleicht der Augenscheinsmittler insofern also einem Zeugen, sind nach erfolgter Wahrnehmung die Regeln über den Zeugenbeweis anwendbar, so dass der Augenscheinsmittler dem Zeugniszwang nach § 390 unterliegt.[33]

ee) Vergütung. Der Augenscheinsmittler, der nicht aufgrund besonderer Sachkun- 16 de, sondern aufgrund besonderer anderer Fähigkeiten tätig wird, sollte in Bezug auf die Gebühren dem Sachverständigen gleichgestellt werden.[34]

III. Beauftragter oder ersuchter Richter, § 372 Abs. 2

Die Durchführung der Augenscheinseinnahme kann nach § 372 Abs. 2 einem beauf- 17 tragten oder ersuchten Richter (§§ 361, 362) übertragen werden. Diese Übertragung erfolgt nach pflichtgemäßem Ermessen des Prozessgerichts.[35] Der kommissarische Richter

---

28 *Schmidhäuser* ZZP 72 (1959), 365, 397.
29 *Schmidhäuser* ZZP 72 (1959), 365, 397 f.
30 MünchKomm/*Zimmermann*[4] § 372 Rdn. 4.
31 *Schmidhäuser* ZZP 72 (1959), 365, 399.
32 AK-ZPO/*Rüßmann* § 372 Rdn. 2; *Goldschmidt* S. 435 Fn. 2288; *Lent* ZZP 60 (1936/1937), 9, 40; *Schmidhäuser* ZZP 72 (1959), 365, 402.
33 AK-ZPO/*Rüßmann* § 372 Rdn. 2.
34 Anders *Schmidhäuser* ZZP 72 (1959), 365, 401, der eine Vergütung nach Vertragsrecht vorschlägt.
35 BGH NJW 1990, 2936, 2937; Stein/Jonas/*Berger*[22] § 372 Rdn. 3; MünchKomm/*Zimmermann*[4] § 372 Rdn. 6.

hat dies grundsätzlich hinzunehmen.[36] Für die Übertragung müssen **keine besonderen Gründe** vorliegen; § 375 ist nicht, auch nicht entsprechend, anwendbar.[37] Der Sache nach darf sich das Prozessgericht allerdings nicht über den Rechtsgedanken des § 375 Abs. 1 hinwegsetzen.[38] Das Übertragungsermessen wird falsch ausgeübt, wenn es – wie vielfach beim Augenschein – auf den **unmittelbaren Eindruck** aller Mitglieder des Gerichts ankommt. Die Kommission für das Zivilprozessrecht schlug deshalb sogar einschränkende gesetzliche Voraussetzungen vor.[39]

18   Aus der Formulierung des § 372 Abs. 2, dass das Prozessgericht dem kommissarischen Richter die Zuziehung eines Sachverständigen überlassen *kann*, folgt im Umkehrschluss, dass es ihm die **Zuziehung** eines oder mehrerer Sachverständige **vorschreiben** kann. Der kommissarische Richter kann eine solche Anordnung nicht widerrufen. Ohne Anordnung des Prozessgerichts liegt die Zuziehung im Ermessen des kommissarischen Richters.[40] Die Anordnungen können ohne erneute mündliche Verhandlung getroffen oder widerrufen werden (§ 360 Satz 2). Aus § 360 Satz 3 folgt, dass der kommissarische Richter auch von sich aus Sachverständige hinzuziehen darf. Das Prozessgericht darf ihm nicht vorschreiben, dass *kein* Sachverständiger hinzugezogen werden darf.

IV. Protokollierung

19   Auf die Protokollierung der Augenscheinseinnahme durch einen kommissarischen Richter finden die §§ 160 Abs. 3 Nr. 5, 161 Anwendung. Bei ihm ist eine förmliche Protokollierung niemals entbehrlich, vgl. § 161 Abs. 1 Nr. 1. Hat ein nichtrichterlicher Augenscheinsmittler den Augenschein eingenommen, muss er als Sachverständiger die seiner Beurteilung zugrunde liegenden Tatsachen nachprüfbar angeben.[41] Dasselbe gilt für einen sonstigen Augenscheinsmittler. Nur wenn eine schriftliche Aufzeichnung angefertigt wird, sind die Beobachtungen für die Zukunft gerichtskundig zu bewahren.[42] Ein der Revision unterliegendes Urteil hat das Ergebnis eines richterlichen Augenscheins, der nicht protokolliert worden ist, getrennt von der Beweiswürdigung wiederzugeben.[43]

§ 372a
Untersuchungen zur Feststellung der Abstammung

(1) Soweit es zur Feststellung der Abstammung erforderlich ist, hat jede Person Untersuchungen, insbesondere die Entnahme von Blutproben, zu dulden, es sei denn, dass die Untersuchung dem zu Untersuchenden nicht zugemutet werden kann.

(2) Die §§ 386 bis 390 gelten entsprechend. Bei wiederholter unberechtigter Verweigerung der Untersuchung kann auch unmittelbarer Zwang angewendet,

---

36 BGH NJW 1990, 2936, 2937.
37 BGH NJW 1990, 2936, 2937; Stein/Jonas/*Berger*[22] § 372 Rdn. 3; Zöller/*Greger*[29] § 372 Rdn. 2.
38 Ähnlich AK-ZPO/*Rüßmann* § 372 Rdn. 3.
39 Kommissionsbericht S. 116 mit S. 133 (Vorschlag einer generellen Übertragungsnorm für alle Beweismittel, einschlägig § 352 Abs. 2 Nr. 4).
40 Zöller/*Greger*[29] § 372 Rdn. 2; MünchKomm/*Zimmermann*[4] § 372 Rdn. 6.
41 MünchKomm/*Zimmermann*[4] § 372 Rdn. 5. Generell so für vom Sachverständigen festgestellte Tatsachen: BGH VersR 1960, 998, 999; MDR 1963, 830; BayObLG FamRZ 1986, 726, 727.
42 *Bruns* § 34 Rdn. 178.
43 BGH NJW 1999, 2815, 2816 – Papierreißwolf.

insbesondere die zwangsweise Vorführung zum Zwecke der Untersuchung angeordnet werden.

§ 372a a.F.
Untersuchungen zur Feststellung der Abstammung

(1) Soweit es in den Fällen der §§ 1600c und 1600d des Bürgerlichen Gesetzbuches oder in anderen Fällen zur Feststellung der Abstammung erforderlich ist, hat jede Person Untersuchungen, insbesondere die Entnahme von Blutproben zum Zwecke der Blutgruppenuntersuchung, zu dulden, soweit die Untersuchung nach den anerkannten Grundsätzen der Wissenschaft eine Aufklärung des Sachverhalts verspricht und dem zu Untersuchenden nach der Art der Untersuchung, nach den Folgen ihres Ergebnisses für ihn oder einen der in § 383 Abs. 1 Nr. 1 bis 3 bezeichneten Angehörigen und ohne Nachteil für seine Gesundheit zugemutet werden kann.

(2) Die Vorschriften der §§ 386 bis 390 sind entsprechend anzuwenden. Bei wiederholter unberechtigter Verweigerung der Untersuchung kann auch unmittelbarer Zwang angewendet, insbesondere die zwangsweise Vorführung zum Zwecke der Untersuchung angeordnet werden.

Schrifttum

Anslinger/Rolf/Eisenmenger Möglichkeiten und Grenzen der DNA-Analyse, DRiZ 2005, 165; *Beitzke/Hosemann/Dahr/Schade* Vaterschaftsgutachten für die gerichtliche Praxis, 3. Aufl. 1978; *Böhm/Graf v. Luxburg/Epplen* DNA-Fingerprinting, ein gentechnologisches Verfahren erleichtert, beschleunigt und verbilligt die Vaterschaftsfeststellung durch Gutachten, DAVorm 1990, 1101; *Böhm/Waldenmaier/Epplen/Krawczak-Bartel*, Diskussion: Die humangenetische Abstammungsbegutachtung, Stellungnahmen zu den Ausführungen von Ritter in FamRZ 1991, 646, FamRZ 1992, 275; *Boennecke* Beweislast- und Rechtskraftprobleme beim Zahlvaterschafts- und beim Abstammungsrechtsstreit in der gerichtlichen Praxis, NJW 1953, 1085; *Bosch* Die Pflicht zur Duldung von Untersuchungen gemäß § 372a ZPO 1950, DRiZ 1951, 137; *Bosch* Von der richtigen Grenzziehung zwischen Pflicht und Freiheit, DRiZ 1951, 107; *Bosch* Untersuchungen zur Feststellung der Abstammung, SJZ 1947, 314; *Brinkmann* Das neue Vaterschaftsgutachten, Münster 1997; *Brosius-Gersdorf* Das Kuckucksei im Familiennest – Erforderlichkeit einer Neuregelung der Vaterschaftsuntersuchung, NJW 2007, 806; *Eichberger* Aktuelle Probleme der Feststellung der Abstammung (§ 372a ZPO), Diss. jur. Regensburg 1988; *Dunz* Der unzulässige Ausforschungsbeweis, NJW 1956, 769; *Esser* Kann die Duldung einer Blut- bzw. erbbiologischen Untersuchung mit der Begründung, sie sei als Ausforschungsbeweis unzulässig, verweigert werden?, MDR 1952, 537; *Haußer* Nochmals: Aktuelle Fragen der Zahlvaterschaft, NJW 1959, 1811; *Häsemeyer* Drittinteressen im Zivilprozeß, ZZP 101 (1988), 385; *Hausmann* Internationale Rechtshilfe in Abstammungsprozessen und Beweisvereitelung im Ausland, FamRZ 1977, 302; *Helms, Tobias* Die Feststellung der biologischen Abstammung. Eine rechtsvergleichende Untersuchung zum deutschen und französischen Recht, 1999; *Helms, Tobias* Das neue Verfahren zur Klärung der leiblichen Abstammung, FamRZ 2008, 1033; *Henrichs* Keine Verfassungsbeschwerde wegen angeblich zu Unrecht angeordneter Blutentnahme nach § 372a ZPO?, FamRZ 1956, 274; *Hiendl* Das Blutgruppen- und erbbiologische Gutachten im Alimentenprozeß des unehelichen Kindes, NJW 1963, 1662; *Hildebrandt* Der positive Vaterschaftsnachweis aufgrund statistischer Auswertung von Blutgruppenbefunden, Diss. jur. Göttingen 1997; *Hoff* Aktuelle Fragen der Zahlvaterschaft, NJW 1959, 803; *Hoppe* Ausschöpfung von Beweismitteln im Vaterschaftsprozeß, DAVorm 1986, 11; *Hoppe/Kramer/Pahl/Bassy* Neue Wege im Abstammungsgutachten, DAVorm 1997, 13 u. 495, dazu Stellungnahmen von *Gathof/Henke/Martin/Ritter* DAVorm 1997, 497 und *Hummel* DAVorm 1997, 257; *Hummel* Welcher Nutzen für die biologische Verwandtschaftsbegutachtung ist von DNS-Analysen zu erwarten?, DAVorm 1989, 33; *Hummel* Voraussetzungen für die Verwendung einer DNS-Analyse mit Single- und Multi-Locus-Sonden in Fällen strittiger Blutsverwandtschaft, NJW 1990, 753; *Hummel/Mutschler* Zum Umfang der Beweisaufnahme bei gerichtlicher Vaterschaftsfeststellung, NJW 1991, 2929; *Jescheck* Die Entwicklung der Zivilprozeßpraxis seit 1945, ZZP 65 (1952), 364; *Kalkhoff* Zeugungsfähigkeit (Oligospermie, Prostataexpression), DAVorm 1974, 85; *Kretschmer*

Eingriffe in die körperliche Integrität im Zivilprozeß, dargestellt an § 372a ZPO, Diss. jur. Würzburg 1976; *Lang* Der Ausforschungsbeweis im Unterhaltsprozeß des unehelichen Kindes, DRiZ 1962, 229; *Lüderitz* Ausforschungsverbot und Auskunftsanspruch bei Verfolgung privater Rechte, Tübingen 1966; *Merkert* Nochmals: Das Blutgruppen- und erbbiologische Gutachten im Alimentenprozeß des unehelichen Kindes, NJW 1963, 2361; *Meyer* § 372a ZPO und der Abstammungsprozeß, DRiZ 1951, 34; *Niemeyer* Die Pflicht zur Duldung von Blutuntersuchungen, MDR 1952, 199; *Oepen/Ritter* Das anthropologisch-erbbiologische Gutachten im Abstammungsprozeß, NJW 1977, 2107; *Pohle* Das neue einheitliche Zivilprozeßrecht, MDR 1950, 642; *Rath* Die Bedeutung der Vaterschaftsvermutung nach § 1600d Abs. 2 BGB unter besonderer Berücksichtigung der gegenwärtigen medizinisch-naturwissenschaftlichen Möglichkeiten der Blutgruppenbegutachtung, Diss. jur. Münster 1998; *Reichenbach* Zivilprozessuale Verwertbarkeit rechtswidrig erlangter Informationen am Beispiel heimlicher Vaterschaftstests, AcP 206 (2006) 598; *Reichelt* Verfahren, Zulässigkeit und Auswirkungen der DNA-Technologie (genetischer Fingerabdruck) auf den Anwendungsbereich der Vaterschaftsvermutung im Rahmen des § 1600o II BGB, Schriften zum deutschen und europäischen Zivil-, Handels- und Prozeßrecht Band 136, 1992; *Reichelt* Anwendung der DNA-Analyse (genetischer Fingerabdruck) im Vaterschaftsfeststellungsverfahren, FamRZ 1991, 1265; *H. Ritter* Die humangenetische Abstammungsbegutachtung, FamRZ 1991, 646; *H. Ritter* Diskussionsschlußwort, FamRZ 1992, 277; *Ritter/Martin* Die humangenetische Abstammungsbegutachtung, DAVorm 1999, 663; *Chr. Rittner* Begründung für eine serologische Zweistufen-Begutachtung im Abstammungsprozeß, NJW 1974, 590; *Roth-Stielow* Der Abstammungsprozeß, 2. Aufl. 1978; *Roth-Stielow* Zum Beweiswert des Blut- und Ähnlichkeitsgutachtens, NJW 1977, 2114; *Sautter* Die Pflicht zur Duldung von Körperuntersuchungen nach § 372a ZPO. Zugleich ein Beitrag zur Verfassungsmäßigkeit des § 81a StPO, AcP 161 (1962) 215; *Schultz* DNA-Tests in der Migrationskontrolle, ZRP 2009, 115; *Senge* Strafverfahrensänderungsgesetz – DNA-Analyse, NJW 1997, 2409; *Senge* Gesetz zur Änderung der Strafprozeßordnung (DNA-Identitätsfeststellungsgesetz), NJW 1999, 253; *Sieg* Verweigerung der Blutentnahme im Zivilprozeß bei Gefahr strafrechtlicher Verfolgung eines Angehörigen, MDR 1980, 24; *Sonnenfeld* Das neue Recht zur Klärung der leiblichen Abstammung unabhängig vom Anfechtungsverfahren, Rpfleger 2010, 57; *Spielmann* Blutgruppenzweitgutachten bzw. Ergänzungsgutachten, DAVorm 1982, 253; *Taroni/Mangin* L'expert et la preuve génétique ADN: le rapport analytique est-il encore suffisant?, SchwJZ 94 (1998) 505; *Teplitzky* Das Vaterschaftsgutachten in der neueren Rechtsprechung, NJW 1965, 334; *Weber* Körperliche Untersuchung eines Dritten im Abstammungsprozeß, NJW 1963, 574; *Wiegand/Kleiber/Brinkmann* DNA-Analytik, Kriminalistik 1996, 720; *Wieser* Das neue Verfahren der Vaterschaftsanfechtung, MDR 2009, 61; *Zender* Rechtshilfe bei Zwangsmaßnahmen zur Blutentnahme?, NJW 1991, 2947; *Zeuner* Zur Tragweite negativer Abstammungsentscheidungen, FS Schwind, Wien 1988, S. 383.

Übersicht

I. Duldungspflicht und unmittelbarer Zwang als Mittel der Stoffsammlung
 1. Gesetzesgeschichte —— 1
 2. Qualifizierung des Beweismittels —— 4
II. Betroffene Interessen —— 5
III. Sachlicher und personeller Anwendungsbereich —— 11
IV. Untersuchungsart/Wissenschaftliche Methoden
 1. Allgemeines
  a) Beweisthemen —— 13
  b) Beweismethoden —— 14
 2. Untersuchung herkömmlicher (phänotypbestimmter) Blutgruppensysteme —— 17
 3. DNA-Analyse —— 19
 4. Biostatistische (serostatistische) Begutachtung —— 23

V. Voraussetzungen der Duldungspflicht
 1. Erforderlichkeit —— 26
  a) Entscheidungserheblichkeit und Beweisbedürftigkeit —— 27
  b) Ausreichende Substantiierung/Ausforschungsbeweis —— 28
  c) Vorrangige Ausschöpfung anderer Beweismittel —— 33
  d) Entgegenstehende Rechtskraft eines Anfechtungsurteils —— 35
 2. Aufklärbarkeit —— 38
 3. Zumutbarkeit
  a) Allgemeines —— 40
  b) Art der Untersuchung und Zumutbarkeit —— 43
  c) Folgen der Untersuchung und Zumutbarkeit —— 44
  d) Gesundheitsnachteil und Zumutbarkeit —— 51

VI. Umfang der Duldungspflicht
   1. Personenkreis —— 53
   2. Duldungs-, nicht Mitwirkungspflicht —— 57
VII. Zeitpunkt der Untersuchungsanordnung, Rechtshilfedurchführung —— 59
VIII. Verweigerung der Untersuchung
   1. Allgemeines —— 61
   2. Weigerung ohne Angabe von Gründen —— 63
   3. Weigerung unter Angabe von Gründen
      a) Verfahren —— 64
      b) Rechtsmittel —— 67
      c) Relevante Weigerungsgründe —— 70
   4. Nichterscheinen zum Untersuchungstermin —— 74
   5. Wiederholte Weigerung
      a) Unmittelbarer Zwang —— 80
      b) Schlussfolgerungen im Rahmen der Beweiswürdigung (§ 371 Abs. 3) —— 82
IX. Ausländische Testperson, Auslandsbeweisaufnahme —— 86

I. Duldungspflicht und unmittelbarer Zwang als Mittel der Stoffsammlung

1. Gesetzesgeschichte. § 372a ist **für Abstammungsverfahren** seit der Reform des FGG von 2008 mit Wirkung ab 1.9.2009 **durch § 178 FamFG ersetzt** worden und hat nur noch eingeschränkte Bedeutung für nicht vom Familiengericht zu entscheidende Prozesse, in denen die Abstammung als Vorfrage geklärt werden muss, etwa zur Klärung der Erbenstellung. Inhaltlich unterscheiden sich § 372a n.F. und § 178 FamFG nicht. § 372a geht auf das Gesetz über die Änderung und Ergänzung familienrechtlicher Vorschriften vom 12.4.1938 [RGBl I S. 380] zurück. In dessen Art. 3 § 9 Abs. 1 wurde in Anlehnung an den am 24.11.1933 geschaffenen § 81a StPO [RGBl I S. 1000] erstmals eine gesetzliche Pflicht für Parteien und Zeugen normiert, sich in familienrechtlichen Streitigkeiten, soweit dies zur Feststellung der Abstammung eines Kindes erforderlich ist, „**erb- und rassenkundlichen Untersuchungen**" zu unterwerfen, insbesondere die **Entnahme** von Blutproben für Blutgruppenuntersuchungen zu **dulden**. Bei einer Weigerung „ohne triftigen Grund" konnte nach § 9 Abs. 2 **unmittelbarer Zwang** angewendet werden. Durch die Verordnung über die Angleichung familienrechtlicher Vorschriften vom 6.2.1943 [RGBl I S. 80] wurde die Duldungspflicht auf alle streitigen Verfahren und auf Verfahren der freiwilligen Gerichtsbarkeit erweitert sowie in personeller Hinsicht auf Beteiligte und auf Eltern und Großeltern erstreckt. Außerdem wurde bestimmt, dass die Gefahr strafrechtlicher Verfolgung kein triftiger Grund für eine Weigerung ist.

Der 1950 durch das Gesetz zur Wiederherstellung der Rechtseinheit in die bundeseinheitliche ZPO eingefügte § 372a [BGBl I S. 455] verankerte dort eine **erzwingbare Duldungspflicht** für Untersuchungen zur Feststellung der Abstammung. Im Hinblick auf die betroffenen Verfahren haben § 372a und § 178 FamFG einen genauso weiten Anwendungsbereich wie die Vorschrift der Verordnung von 1943. In personeller Hinsicht gehen sie sogar darüber hinaus („jede Person"). Getilgt wurden 1950 die rassekundlichen Untersuchungszwecke. Im übrigen **verringerte** § 372a die **Eingriffsmöglichkeiten**, indem das Recht zur Untersuchungsverweigerung erheblich ausgedehnt wurde; Gefahren für die Gesundheit, der Erfolg der Sachverhaltsaufklärung unter Berücksichtigung anerkannter Grundsätze der Wissenschaft und die Zumutbarkeit nach Art und Auswirkungen der Untersuchung wurden als begrenzende Tatbestandsmerkmale normiert.[1]

Die beispielhafte Verweisung des § 372a a.F. auf Vorschriften des BGB ist Änderungen des materiellen Kindschaftsrechts angepasst worden. Mit dem Kindschaftsreformgesetz vom 16.12.1997 (BGBl I S. 2942) sind die §§ 1600c und 1600d BGB in Bezug genommen worden. Zuvor war durch das Nichtehelichengesetz vom 19.8.1969 (BGBl I S. 1243)

---

[1] Vgl. RegE BT-Drucks. I/530, S. 18.

die Benennung des § 1717 durch § 1600o BGB ersetzt worden. Mit der Verlagerung der wesentlichen Beweiserhebungen zur Abstammungsfeststellung im Verfahren nach § 178 FamFG ist der **Wortlaut** des § 372a n.F. **verschlankt** und dem Normtext des § 178 FamFG angepasst worden. Für genetische Abstammungsuntersuchungen ist **§ 17 GenDG** idF vom 31.7.2009 zu beachten.

4 **2. Qualifizierung des Beweismittels.** Die Abstammungsfeststellung erfolgt durch Sachverständige. Erforderlich ist dafür ein Sachverständigengutachten und nicht bloß eine richterliche Wahrnehmung von Blutgruppenmerkmalen bzw. DNA-Analysematerial durch einen ärztlichen Sachverständigen als Augenscheinsmittler.[2] Insofern ist die Vorschrift systematisch falsch platziert; sie hätte zum Recht des **Sachverständigenbeweises** gehört.[3] Die **Gewinnung der Befundtatsachen** erfolgt jedoch **abweichend** von anderem Untersuchungsmaterial notfalls unter Anwendung staatlichen Zwangs, was diesen Teil der Beweisführung in den Mittelpunkt der Bewertung gerückt hat.

II. Betroffene Interessen

5 Während die beiden Vorläufer des § 372a a.F. in erster Linie dem Ziel dienten, der nationalsozialistischen Rassenideologie Geltung zu verschaffen (vgl. den Wortlaut: „erb- und rassenkundliche Untersuchungen"),[4] zieht § 372a nur in etwas autoritärer Form[5] die prozessrechtliche Konsequenz aus der Bedeutung, die das materielle Recht einer zweifelsfreien Feststellung der **genetischen Abstammung** (biologischen Herkunft) einräumt, und nutzt die dafür vorhandenen naturwissenschaftlichen Möglichkeiten. Das BVerfG hat § 372a a.F. als **verfassungsgemäß** angesehen; die Entnahme einer kleinen Blutmenge für eine Blutgruppenuntersuchung taste nicht den Wesensgehalt des Art. 2 Abs. 2 GG an.[6] Die Norm dient dem **Parteiinteresse** an der Abstammungsfeststellung, die nur mit Hilfe einer Blutentnahme oder einer sonstigen körperlichen Untersuchung möglich ist. In der Abstammungsfeststellung schlägt sich eine kulturelle Bewegung nieder, die im letzten Viertel des 20. Jahrhunderts von Nordeuropa ausgehend in weitere europäische Staaten vorgedrungen ist und in der Erforschung der Blutsbande einen hohen kulturellen Wert erblickt, und die sogar die Inkognitoadoption mit Misstrauen betrachtet. Den romanischen Familienrechtsordnungen war diese Betrachtungsweise bis in die 70-iger Jahre des 20. Jahrhunderts völlig fremd.

6 Das Bundesverfassungsgericht hat einen **verfassungsrechtlichen Anspruch** des Kindes **auf Kenntnis seiner Abstammung aus Art. 2 Abs. 1 GG** hergeleitet, wenn auch mit der Einschränkung, es bestehe „kein Recht auf Verschaffung von Kenntnissen der eigenen Abstammung", sondern nur ein Schutz „vor der Vorenthaltung erlangbarer Informationen".[7] Ein entsprechendes Recht statuiert Art. 7 des UN-Übereinkommens vom

---

2 So aber *Pohle* NJW 1950, 642, 644.
3 Vgl. AK-ZPO/*Rüßmann* § 372a Rdn. 1; Rosenberg/Schwab/*Gottwald*[17] § 118 Rdn. 25.
4 *Bosch* SJZ 1947, 314, 324; s. RGZ 169, 223, 225: Der Untersuchungszwang beruhe „auf der volkspolitischen Bedeutung einer Klärung der Abstammungsverhältnisse", hinter der „persönliche Belange der Beteiligten zurückzutreten" hätten.
5 *Bruns* § 34 Rdn. 181a.
6 BVerfGE 5, 13, 15 = NJW 1956, 986; kritisch dazu *Henrichs* FamRZ 1956, 274 f.
7 BVerfGE 79, 256, 269 = NJW 1989, 891, 892 (zur Verweigerung der gerichtlichen Abstammungsfeststellung durch Ehelichkeitsanfechtung auf Antrag eines volljährigen Kindes; Gründe: „vielschichtiger ... Vorgang der Individualitätsfindung", „biologisch gesicherte Erkenntnisse keineswegs allein ausschlaggebend"); ebenso BVerfGE 90, 263, 271 = NJW 1994, 2475; BVerfGE 117, 202, 226 = NJW 2007, 753; BVerfG NJW 2010, 3772 Tz. 14, gegebenenfalls unter Aufwand hoher Kosten wegen der

20.11.1989 über die Rechte des Kindes.[8] Art. 8 EMRK gewährt demgegenüber **keinen Anspruch** eines erwachsen gewordenen adoptierten Kindes auf Gewährung von Abstammungsinformationen aus Behördenakten unter Aufhebung der Geburtsanonymität, die das französische Recht traditionell kennt.[9] **Art. 8 EMRK** gebietet auch nicht, eine zwangsweise Durchsetzung von DNA-Tests in den nationalen Rechtsordnungen vorzusehen,[10] kann aber dazu verpflichten, das mittels einer DNA-Analyse ermittelte Abstammungsergebnis bei rechtlichen Konsequenzen für das Kindschaftsverhältnis zu berücksichtigen.[11] Zu der Rechtsprechung des BVerfG zum Anspruch des Kindes auf Kenntnis seiner Abstammung in Kontrast stand die familienrechtliche Rechtsprechung, die sich gegen **heimlich eingeholte private DNA-Vaterschaftstests** wandte, mit deren Ergebnis ein begründeter Anfangsverdacht für fehlende Abstammung und damit für eine hinreichend substantiierte Anfechtungsklage[12] geweckt oder die Grundlage für die Zulässigkeit einer Restitutionsklage geschaffen werden sollte.[13]

Ein **Justizinteresse des Staates** an einer richtigen Entscheidung ist als von § 372a 7 oder § 178 FamFG geschütztes Interesse **nicht anzuerkennen**.[14] Es gibt keinen Grund, das öffentliche Interesse an der Wahrheitsfindung in zivilrechtlichen Verfahren um die genetische Abstammung höher zu bewerten als in anderen Prozessen. Verfehlt ist es, Verbindungslinien zum Strafprozess zu ziehen. Der außergewöhnliche Charakter der Norm in Bezug auf Nichtparteien hat sich insofern abgeschwächt, als **Mitwirkungspflichten Dritter** an der Sachverhaltsaufklärung insbesondere durch das ZPO-ReformG von 2001 **verstärkt** worden sind (dazu vor § 284 Rdn. 8, 10 ff. und 28): Dritten kann aufgegeben werden, sonstige Unterlagen einschließlich elektronischer Dokumente vorzulegen (§ 142 Abs. 1 und 2, § 371 Abs. 2 Satz 2 in Verb. mit § 428), ein Augenscheinsobjekt vorzulegen oder die Augenscheinseinnahme (ausgenommen die Wohnungsbesichti-

---

Beschreitung wissenschaftlichen Neulandes zur Ermittlung eines von zwei monozyten Zwillingsbrüdern als Vater, aaO Tz. 15. Aus der Fachgerichtsbarkeit: OLG München FamRZ 1997, 1170; OLG Hamm NJW 2013, 1167, 1169 (Anspruch auf Information gegen Arzt nach heterologer Insemination). Ebenso MünchKommBGB/*Maurer*, 6. Aufl. 2012, vor § 1741 Rdn. 35 u. 39 m.w.N. In der Schweiz wird dem Grundsatz nach ein Recht des volljährigen Kindes auf Kenntnis der wahren biologischen Abstammung bejaht nach Zeugung durch künstliche Fortpflanzung (BGE 125 I 257, 260 ff.) und im Falle der Adoption gegen die Adoptiveltern (BGE 128 I 63, 68 ff.), hinsichtlich der Adoption im Vorgriff auf einen neuen Art. 268c ZGB.
8 Convention of the Rights of the Child, ein Abkommen, das nicht unmittelbar bindend (self-executing) ist; BGBl 1992 II S. 122. Darauf (sowie auf Art. 254 Nr. 2 ZGB) hat die schweiz. BG eine dem Kindesrecht korrespondierende Pflicht gestützt, einen Eingriff in die körperliche Integrität und damit das Recht der persönlichen Freiheit zu dulden, nämlich sich einen Abstrich der Wangenschleimhaut zur Durchführung einer die Vaterschaft klärenden DNA-Analyse gefallen zu lassen; Urt. vom 20.2.2002 – 5P.466/2001.
9 EGMR (Große Kammer), Urt. v. 13.2.2003 – 4326/98, Rs. Odièvre/Frankreich, NJW 2003, 2145, Tz. 44 ff. m. Bespr. *Verschraegen* ÖJZ 2004, 1 ff.
10 EGMR, Urt. v. 7.2.2002, 53176/99, Rs. Mikulic/Kroatien Tz. 64.
11 EGMR, Urt. v. 16.6.2011, 19535/08, Rs. Pascaud/Frankreich, NJW 2012, 2015 Tz. 57, 64 ff.
12 Zu diesem Erfordernis BGH NJW 1998, 2976; kritisch dazu *Mutschler* FamRZ 2003, 74, 75; Entschließungsantrag der FDP-Fraktion vom 11.3.2005, BT-Drucks. 15/4727.
13 BGHZ 162, 1, 5 ff. = BGH NJW 2005, 497, 498 f. = JZ 2005, 624 m. Anm. *Ohly* (Vorinstanzen: OLG Jena FamRZ 2003, 944 und OLG Celle NJW 2004, 449), Bespr.: *Rittner/Rittner* NJW 2005, 945 ff., *A. Wolf* NJW 2005, 2417 ff., *Wellenhofer* FamRZ 2005, 665 ff.; fortgesetzt von BGH NJW 2006, 1657, 1659; **a.A.** OLG Schleswig FamRZ 2005, 1097 (im PKH-Verfahren); OLG Dresden FamRZ 2005, 1491, 1492. Zu dem Konflikt wegen eines Rechts des Vaters auf Kenntnis der Vaterschaft *Rittner/Rittner* NJW 2002, 1745, 1749.
14 So aber *Eichberger* S. 17; *Sautter* AcP 161 (1962), 215, 217 (allerdings mit Bedauern und rechtspolitischer Kritik); wohl auch *Bosch* SJZ 1947, 314, 315. Zweifelhaft auch die Sentenz in OLG Brandenburg FamRZ 2010, 1826 zum „hohen Interesse der Allgemeinheit an der Aufdeckung einer eventuell vorgetäuschten Vaterschaft", nämlich einer Gefälligkeitsanerkennung zur Erlangung der dt. Staatsangehörigkeit.

gung) bzw. die Begutachtung durch einen Sachverständigen zu dulden (§ 144 Abs. 1 und 2, § 371 Abs. 2 Satz 1) und sich als Zeuge vor der Aussage durch Einsichtnahme in Aufzeichnungen und andere Unterlagen aktiv zu informieren bzw. das Gedächtnis aufzufrischen sowie das Material zum Vernehmungstermin mitzubringen. Hingegen ist nicht in Anlehnung an § 372a die Verpflichtung einer Partei begründet worden, sich bei Zweifeln an ihrer Prozessfähigkeit durch einen ärztlichen Sachverständigen untersuchen zu lassen. Ein entsprechender Diskussionsvorschlag ist in der Kommission für das Zivilprozessrecht mit großer Mehrheit abgelehnt worden, weil eine derartige Duldungspflicht einen schwerwiegenden Eingriff in das Persönlichkeitsrecht darstelle.[15]

8   Dem Parteiinteresse an der Abstammungsfeststellung steht das **Integritätsinteresse** der **zu untersuchenden Person** gegenüber. In einer auf Entnahme biologischen Materials angewiesenen Untersuchung liegt selbst dann ein Eingriff in die **körperliche Unversehrtheit** (Art 2 Abs. 2 Satz 1 GG),[16] wenn der Eingriff – wie für die meisten Personen bei der Blutentnahme – relativ geringfügig ist. Die Anordnung zur Duldung einer Untersuchung stellt zudem unabhängig von deren Zeitverbrauch (etwa bei erbbiologischen Begutachtungen) wegen des Gebotes, sich bei Meidung möglichen unmittelbaren Zwangs (§ 372a Abs. 2 Satz 2, § 178 Abs. 2 Satz 2 FamFG) zum Vorladungszeitpunkt am Untersuchungsort einzufinden, einen Eingriff in die **persönliche Freiheit** (Art. 2 Abs. 2 Satz 2 GG) dar.[17]

9   Nicht abschließend geklärt ist, ob die Vornahme einer DNA-Analyse einen Eingriff in die freie **Entfaltung der Persönlichkeit** (Art. 2 Abs. 1 GG) bedeuten kann.[18] Das daraus abgeleitete Recht auf informationelle Selbstbestimmung ist betroffen, wenn zur Beweisführung in künftigen Strafverfahren das DNA-Identifizierungsmuster („genetischer Fingerabdruck") von Straftätern auf der Grundlage des § 2 DNA-IdentitätsfeststellungsG in Verb. mit § 81g StPO festgestellt und gespeichert wird.[19] Dass eine Untersuchung in den Schutzbereich eines Grundrechtes fällt, gibt noch keine Auskunft über das abschließende Ergebnis der verfassungsrechtlichen Würdigung. **Zu verneinen** ist, dass durch die denkbaren Untersuchungsmethoden die **Menschenwürde** (Art 1 Abs. 1 GG) tangiert sein

---

15 Kommissionsbericht S. 153.
16 OLG München FamRZ 1997, 1170; OLG Frankfurt NJW 1988, 832; OLG Stuttgart NJW 1972, 2226; *Beitzke*, Anm. zu OLG Nürnberg NJW 1955, 1883; *Roth-Stielow*, Abstammungsprozess, Rdn. 296; *Weber* NJW 1963, 574; offengelassen von BVerfGE 5, 13, 15; KG NJW 1987, 2311. **A.A.** OLG Nürnberg FamRZ 1970, 597, 599; *Pohle* MDR 1950, 642, 645.
Zu § 81a StPO bejaht von BVerfG NJW 1996, 771, 772 (Blutprobe für DNA-Analyse); NJW 1996, 3071, 3072; v. Mangoldt/Klein/*Starck*, GG 5. Aufl. 2005, Art. 2 Rdn. 218. BVerfGE 47, 239, 248 = NJW 1978, 1149 sieht in der zwangsweisen Veränderung der Haar- und Barttracht zur Aufklärung einer Straftat nach § 81a StPO einen Eingriff in den Schutzbereich der körperlichen Unversehrtheit. Ebenso nach schweizerischem Verfassungsrecht für Blutentnahme und Wangenschleimhautabstrich BGE 124 I 80, 82 f.; BG, Urt. v. 29.5.2002, sic! 2002, 602 – DNA-Analyse.
17 OLG Hamm JMBlNRW 1951, 172 (erbbiologische Untersuchung); *Weber* NJW 1963, 574. Die h.M. zu Art. 2 Abs. 2 S. 2 GG klammert allerdings – mit unklarer Reichweite – die Ausübung staatlichen Zwangs mit bloßen Nebenfolgen für die Selbstbestimmung über den Aufenthaltsort aus dem Schutzbereich aus; vgl. dazu v. Mangoldt/Klein/*Starck*[5] Art. 2 Rdn. 196 m.w.N.
18 BVerfG NJW 1996, 771, 772 f. hat „nach dem heutigen Stand wissenschaftlicher Erkenntnis" keine Bedenken gegen die Untersuchung einer Blutprobe zur Ermittlung von Straftätern nach § 81a StPO „im nicht-codierenden Bereich der DNA, die keine Informationen über erbliche Eigenschaften des Beschuldigten vermittelt".
19 BVerfG NJW 2001, 879, 880 m. Bespr. *Fluck* NJW 2001, 2292 ff. und BVerfG NJW 2001, 2320, 2321. DNA-IFG v. 7.9.1998 (BGBl I S. 2646) mit nachfolgenden Änderungen. Zu geklärten und ungeklärten Fragen *Krause* FS Rieß (2002) S. 261 ff. Das schweiz. BG sieht von der Erstellung eines DNA-Profils ebenfalls den Schutzbereich des Rechts auf informationelle Selbstbestimmung betroffen, Urt. v. 29.5.2002 – 1P.648/2001, sic! 2002, 602, 603. Zum englischen Recht Attorney-General's Reference (No. 3 of 1999) [2004] 3 W.L.R. 1165 (C.A.).

kann.[20] **Keinen Zuspruch** verdiente die vom BGH vertretene Ansicht, ein **heimlich eingeholtes** privates DNA-Abstammungsgutachten dürfe im Verfahren über die Anfechtung der Vaterschaft **nicht** zur Begründung eines Anfangsverdachts **verwertet** werden, weil es gegen das informationelle Selbstbestimmungsrecht des Kindes verstoße.[21] Die Abstammungsbeziehung berührt als zweiseitige Beziehung in gleicher Weise das Persönlichkeitsrecht des angeblichen Vaters, dessen Aufklärungsinteresse nicht von Verfassungs wegen hinter ein Vertuschungsinteresse des Kindes (faktisch: seiner Mutter) zurücktreten muss.[22] Auf Hinweise des BVerfG zur notwendigen Bereitstellung eines geeigneten Verfahrens allein zur Feststellung der Vaterschaft hat der Gesetzgeber 2008 reagiert und den **Anspruch auf Klärung der Abstammung**[23] (§ 1598a BGB) geschaffen und das Verfahren zur Anfechtung der Vaterschaft (§§ 1600ff. BGB) **neu** geordnet.

Wegen der Grundrechtsrelevanz sind die tatbestandlichen Voraussetzungen der 10 §§ 372a, 178 FamFG stets **streng zu prüfen**.[24] Dem Gebot der **Verhältnismäßigkeit** kommt dabei entscheidende Bedeutung zu. Im Rahmen der Zumutbarkeitsprüfung ist das Interesse an der Wahrheitsfindung gegen die Weigerungsinteressen der Untersuchungsperson auf der Grundlage der gesetzgeberischen Vorgaben abzuwägen.[25] Eine allgemeine Zumutbarkeitsprüfung findet allerdings nicht statt.[26]

III. Sachlicher und personeller Anwendungsbereich

§ 372a a.F. war anwendbar in **allen** zivilprozessualen Verfahren und in den Verfah- 11 ren der freiwilligen Gerichtsbarkeit, in denen es auf den Nachweis der **Abstammung** ankommt. Das waren nicht nur Kindschafts- und Unterhaltssachen nach §§ 640ff. a.F.[27] In § 372a a.F. explizit genannt wurden die quantitativ häufigen Fälle der §§ 1600c und 1600d BGB. Bei den „anderen Fällen" konnte es sich zum Beispiel um einen Erbschaftsprozess oder um einen Streit über das Namensführungsrecht handeln. Nur die zuletzt genannten Fälle sind dem § 372a n.F. verblieben, während die quantitativ wichtigeren Fälle, die vor dem Familiengericht zu verhandeln sind, in den inhaltsgleichen § 178 FamFG abgewandert sind; insoweit ist § 372 a.F. aber noch auf Altfälle anwendbar. Es muss nicht immer um die Feststellung der **Vaterschaft** gehen. Auch die Feststellung der **genetischen Mutter** kann Gegenstand der Untersuchung sein,[28] was z.B. für Fälle der Kindesverwechslung auf der Entbindungsstation oder der (in Deutschland rechtswidrigen) Leihmutterschaft bedeutsam ist (s. auch unten Rdn. 13).

Ob die Abstammungsfeststellung **Streitgegenstand** des Prozesses oder bloße **Vor-** 12 **frage** (z.B. im Unterhaltsprozess) ist, ist für die Abgrenzung des § 372a gegen § 178 FamFG von Bedeutung. Dieser Punkt kann auch die Beurteilung der Zumutbarkeit beeinflussen.[29] § 372a soll nicht anwendbar sein, wenn die Abstammung nicht zu den tat-

---

20 So aber Stein/Jonas/*Berger*[22] § 372a Rdn. 1.
21 BGHZ 162, 1, 6ff.; BGH NJW 2006, 1657, 1658; BGH NJW-RR 2008, 449; bestätigt von BVerfG NJW 2007, 753. Gegen diese Rechtsprechung *Reichenbach* AcP 206 (2006), 598, 617ff., 623, wegen Unvereinbarkeit eines Sachvortragsverbots mit dem Justizgewährungsanspruch.
22 Von BGHZ 162, 1, 8 mit falscher Akzentsetzung gewürdigt.
23 Dazu OLG Stuttgart NJW-RR 2010, 77; OLG Karlsruhe NJW-RR 2010, 365; OLG Jena NJW-RR 2010, 300.
24 Stein/Jonas/*Berger*[22] § 372a Rdn. 1; Zöller/*Greger*[29] § 178 FamFG Rdn. 1.
25 Stein/Jonas/*Berger*[22] § 372a Rdn. 11; AK-ZPO/*Rüßmann* § 372a Rdn. 2.
26 **A.A.** MünchKomm/*Zimmermann*[6] § 372a Rdn. 13.
27 BGHZ 133, 110, 116/117, hat offen gelassen, ob dies auch zur Klärung des Haftungsschadens in einem Regressprozess gilt, den der Mann, dessen Vaterschaft festgestellt worden ist, gegen seinen früheren Anwalt führt.
28 Stein/Jonas/*Berger*[22] § 372a Rdn. 2.
29 **A.A.** MünchKomm/*Zimmermann*[6] § 372a Rdn. 14.

bestandlichen Voraussetzungen gehört, sondern nur als **tatsächliches Indiz** Bedeutung hat.[30] Konsequenter erscheint es, diesen Umstand erst im Rahmen der Zumutbarkeitsprüfung zu berücksichtigen,[31] da der Wortlaut des § 372a für eine solche Beschränkung des Anwendungsbereiches nichts hergibt. Dem Verhältnismäßigkeitsgrundsatz kann durch einzelfallbezogene restriktive Auslegung der Kriterien der Erforderlichkeit und Zumutbarkeit besser entsprochen werden. Unanwendbar sind § 372a bzw. § 178 FamFG, wenn im Auftrag einer künftigen Prozesspartei ein neues Gutachten zur Ermöglichung eines **Restitutionsverfahrens** nach § 641i a.F. bzw. § 185 FamFG benötigt wird,[32] da dann noch kein Rechtsstreit anhängig ist.[33] Auch eine analoge Anwendung des § 372a bzw. des § 178 FamFG oder der §§ 809 ff. BGB in diesen Fällen ist abzulehnen.[34] Ihr steht der ausdrücklich abweichende Wille des Gesetzgebers entgegen.[35] Auch ein selbständiges Beweisverfahren ist zur Schaffung der Restitutionsvoraussetzungen nicht zulässig.[36]

IV. Untersuchungsart/Wissenschaftliche Methoden

1. Allgemeines

13 a) **Beweisthemen.** Abstammungsfeststellungen können eine doppelte Richtung haben, nämlich entweder die **Verneinung** oder die **Bejahung der Elternschaft** bezwecken. Die Regelung der gesetzlichen Mutterschaft gem. § 1591 BGB sieht trotz der medizinischen Möglichkeiten artifizieller Fortpflanzung keine Korrektur vor, wenn Austragung des Kindes und biologisch-genetische Abstammung auseinanderfallen. Insoweit ist eine Mutterschaftsabstammung nicht beweisbedürftig. Davon können ausländische Familienrechtsordnungen jedoch abweichen.[37] Ein Kindschaftsverfahren nach § 640 Abs. 2 Nr. 1 ZPO a.F. bzw. ein Abstammungsverfahren nach § 169 FamFG zur Klärung der Mutterschaft kennt das deutsche Recht in Fällen der Kindesverwechslung oder Kindesunterschiebung. Denkbar ist schließlich eine statusfreie Abstammungsfeststellungsklage nach § 256 ZPO. Im Regelfall geht es um die **Feststellung der Vaterschaft**. Beim **negativen** Vaterschaftsbeweis soll ausgeschlossen werden, dass ein bestimmter Mann der Vater des Kindes ist; beim **positiven Vaterschaftsbeweis** wird ein bestimmter Mann als Erzeuger bewiesen. Der Vaterschaftsausschluss engt die verbleibenden Abstammungskonstellationen ein; standen nach der Beweislage zwei Putativväter zur Wahl, bedeutet der Ausschluss, dass nur der andere Mann als Vater in Betracht kommt.

---

30 Stein/Jonas/*Berger*[22] § 372a Rdn. 2; Beispiel: Beweis des Ehebruchs nach früherem Scheidungsrecht; ablehnend zur Beweiserhebung vor allem wegen Verstoßes gegen die Sperrwirkung des § 1593 BGB a.F. BGH NJW 1966, 1913, 1914.
31 So die ergänzenden Erwägungen in BGH NJW 1966, 1913, 1914 (Zumutbarkeit für Kind verneint wegen fehlenden Interesses des Kindes oder der Allgemeinheit).
32 OLG Celle FamRZ 1971, 592, 593; OLG Düsseldorf FamRZ 1978, 206; OLG Stuttgart FamRZ 1982, 193, 194; OLG Zweibrücken NJW-RR 2005, 307 = MDR 2005, 400; Stein/Jonas/*Berger*[22] § 372a Rdn. 2 Fn. 6; *Gaul* FS Bosch, 1976, S. 241, 261; *Roth-Stielow*, Abstammungsprozess, Rdn. 237.
33 OLG Celle FamRZ 1971, 592, 593.
34 OLG Stuttgart FamRZ 1982, 193, 194; MünchKomm/*Zimmermann*[4] § 372a Rdn. 3; *Roth-Stielow* Rdn. 237; a.A. *Odersky*, Kommentar zum NichtehelichenG, 4. Aufl. 1978, § 641i Anm. II 4. Zur Verwertung eines einverständlich eingeholten Privatgutachtens OLG Brandenburg FamRZ 2009, 1931.
35 BT-Drucks. V/3719, S. 42; LG Berlin FamRZ 1978, 835, 836; OLG Stuttgart FamRZ 1982, 193, 194; *Roth-Stielow*, Abstammungsprozess, Rdn. 237.
36 OLG Celle NJW-RR 2000, 1100, 1101; OLG Zweibrücken MDR 2005, 400.
37 Art. 1 S. 2 des Brüsseler CIEC-Übereinkommens über die Feststellung der mütterlichen Abstammung nichtehelicher Kinder vom 12.9.1962 (BGBl 1965 II S. 23) sieht vor, dass die durch Geburtseintrag festgestellte mütterliche Abstammung bestritten werden kann.

b) Beweismethoden. Zu den naturwissenschaftlichen Methoden, die für die Abstammungsfeststellung theoretisch in Betracht kommen,[38] lassen sich heute nur noch die **Blutgruppenuntersuchung**, die **serostatistische Zusatzberechnung** und die molekularbiologische **DNA-Analyse** zählen; die leistungsfähige und kostengünstige DNA-Analyse steht inzwischen im Vordergrund.[39] Früher zur Abstammungsfeststellung herangezogene Methoden wie das **erbbiologische Ähnlichkeitsgutachten**, die **Tragzeitanalyse** und die **Zeugungsfähigkeitsbestimmung** gehören wegen der Verlässlichkeit der zuerst genannten Methoden der Vergangenheit an. Für die Abstammungsgutachten der ersten Gruppe gibt es jeweils aktualisierte **Richtlinien des Robert-Koch-Instituts** (Teilnachfolgeinstitution des 1994 aufgeteilten Bundesgesundheitsamtes = **BGA**), die jedoch nur Mindestanforderungen für die Untersuchungen darstellen und durch den wissenschaftlichen Fortschritt überholt sein können.[40] Die Richtlinien haben keine unmittelbare rechtliche Bindungswirkung.[41]

14

Die Reihenfolge der Untersuchungen steht im Ermessen des Gerichts.[42] Der früher bevorzugte Beginn mit einer Blutgruppenuntersuchung[43] ist wegen des wissenschaftlichen Fortschritts bei der DNA-Analyse nicht mehr geboten. **Gesichtspunkte** für die **Ermessensausübung** sind vorrangig der Beweiswert und die Beweissicherheit der Untersuchungsmethode unter den Umständen des konkreten Falles, ferner die eventuell unterschiedliche Zugänglichkeit des Untersuchungsmaterials, die Belastungsintensität für die Untersuchungspersonen, die Zahl einzubeziehender Untersuchungspersonen, der mögliche Zeitpunkt des Abschlusses der Beweiserhebung und die Höhe der Untersuchungskosten unter Berücksichtigung der Wahrscheinlichkeit von Folgeuntersuchungen.

15

Die Abstammungsbegutachtung der nachfolgend unter Nr. 2 und 3 skizzierten Methoden setzt voraus, dass **Untersuchungsmaterial für Vergleichszwecke** zur Verfügung steht. Es wird in erster Linie vom Kind,[44] der Mutter und dem Eventualvater entnommen. Fehlendes Material kann durch Material weiterer Blutsverwandter (Eltern, Geschwister) ersetzt werden. Eine DNA-Analyse kann statt mit **Blutzellen** auch mit **anderen** (gegebenenfalls von Leichen entnommenen) **Körperzellen** (z.B. aus Speichel, Haarwurzeln) durchgeführt werden. Die Arbeitsgemeinschaft der Sachverständigen für Abstammungsgutachten sieht jedoch im Regelfall eine Blutprobe als notwendiges Mate-

16

---

38 Übersichtlich kurze Darstellung (die genetischen und biostatistischen Grundlagen einschließend) bei Erman/*Holzhauer*, BGB, 11. Aufl. 2004, § 1600c Rdn. 5 ff. und (ausführlicher, vor allem zu den untersuchten Merkmalen) MünchKommBGB/*Wellenhofer*[6] § 1600d Rdn. 62 ff.
39 Zu deren Unerlässlichkeit OLG Oldenburg NJW 2011, 941.
40 Abdruck der Fassung 1996 in Bundesgesundheitsblatt 1996, 312–316 und in FamRZ 1997, 344 mit Sachverständigenkritik in NJW 1997, 784 f. Die Novellierung trat an die Stelle der BGA-Richtlinien für Blutgruppengutachten vom 15.3.1990, Bundesgesundheitsblatt 1990, 264–268. Daneben galten die BGA-Richtlinien für DNA-Abstammungsgutachten von 1992 fort (Abdruck in Bundesgesundheitsblatt 1992, 592 f.). 2002 sind gemeinsam von Bundesärztekammer und Robert-Koch-Institut neue „Richtlinien für die Erstattung von Abstammungsgutachten" als Mindestanforderungen veröffentlicht worden (Dt. Ärzteblatt 2002, 665 ff.), die auf Kritik von Sachverständigen gestoßen sind (FamRZ 2003, 76 f.); die Arbeitsgemeinschaft der Sachverständigen für Abstammungsgutachten hat am 29.3.2003 ergänzende Leitlinien verfasst (FamRZ 2003, 81 f.).
41 BVerfG NJW 2010, 3772 Tz. 19.
42 MünchKomm/*Zimmermann*[4] § 372a Rdn. 7.
43 Vgl. KG NJW 1974, 608, 609; AK/*Rüßmann* § 372a Rdn. 5.
44 Eine serologische Begutachtung ist ab dem 8. Lebensmonat möglich, eine DNA-Analyse sofort, sogar schon pränatal.

rial einer optimalen Untersuchung an.⁴⁵ Sie fordert dafür einen höheren Standard als bei der international üblichen Erfassung des genetischen Fingerabdrucks von Straftätern.

17   **2. Untersuchung herkömmlicher (phänotypbestimmter) Blutgruppensysteme.** Die Blutgruppenuntersuchung, die **Merkmale** kombinierter **Blutzellsysteme** (z.Zt. Erythrozyten-Membranantigene, Serum-Proteinsysteme, Erythrozyten-Enzymsysteme, das die Antigene der weißen Blutkörperchen untersuchende HLA-System und DNA-Single-Locus-Polymorphismen) unter Berücksichtigung der Mendelschen Erbregeln **vergleicht**, eignet sich zum **Ausschluss der Vaterschaft**. Sie beruht auf der Erkenntnis, dass das Blut eines jeden Menschen **unveränderliche Merkmale** besitzt, die ausschließlich auf erblichen Faktoren beruhen. Hat ein Kind ein bestimmtes Blutmerkmal, muss es dies von seinen Eltern geerbt haben. Stammt das Merkmal nicht von der Mutter, muss es vom Vater stammen. Fehlt dem Eventualvater dieses Merkmal, kann er nicht der Vater des Kindes sein (klassischer oder Faktorenausschluss). Beeinflusst werden die Ausschlussmöglichkeiten davon, ob Anlagen reinerbig oder mischerbig vorhanden und ob sie bei Mischerbigkeit dominant oder rezessiv sind. Beim Reinerbigkeitsausschluss lässt sich auch ohne Kenntnis der Blutmerkmale der Mutter ein Eventualvater ausschließen, nämlich dann, wenn der Vater ein Merkmal vererbt haben muss, das Kind dieses Merkmal aber nicht hat. Ein Reinerbigkeitsausschluss ist nicht in allen Merkmalssystemen möglich. Seine Sicherheit wird durch die Möglichkeit stummer Merkmale beeinträchtigt. Daneben gibt es andere **seltene Unregelmäßigkeiten**, die einen **Ausschluss vortäuschen** können. Aufgrund der Anzahl der bei einer Standardbegutachtung untersuchten Merkmalssysteme besteht für einen Nichtvater eine **Wahrscheinlichkeit** von über 97%, dass er als Vater ausgeschlossen wird. Bei Einbeziehung weiterer Systeme liegt diese Wahrscheinlichkeit bei über 99,9%.⁴⁶

18   Bereits an die serologischen Gutachten hat die Rechtsprechung Aussagen zur **Einschränkung der Beweiswürdigung** geknüpft. **Erfahrungssätzen** für einen Ausschluss der Vaterschaft bei bestimmten Ausschlusskonstellationen ist **absolute Beweiskraft** zuerkannt worden;⁴⁷ eine Beweiswürdigung mit dem Inhalt, die angewandten Erfahrungssätze seien im streitigen Einzelfall nicht anwendbar, sollte also nicht in Betracht kommen. Als Voraussetzung für den endgültigen Beweisschluss hat es die Rechtsprechung angesehen, dass die Feststellung der Merkmale auf einer fehlerfreien Bestimmung im Einzelfall beruhte. Eine Frage der **freien Beweiswürdigung** blieb, ob bei der Begutachtung Fehler unterlaufen sein konnten, z.B. eine Identitätstäuschung, die Verwendung schlechter Testreagenzien oder Sorgfaltswidrigkeit der Merkmalsbestimmung. Theoretisch mögliche Unregelmäßigkeiten (Mutationen, stumme Gene, sonstige Sonderfälle) konnten den Beweiswert nur zusammen mit sonstigen Beweisumständen relativieren.⁴⁸ Bei Anzeichen für eine Unsicherheit des Ausschlusses gebot der Amtsermittlungsgrundsatz eine weitere Begutachtung.⁴⁹ Verstöße gegen diesen Grundsatz in einem rechtskräftig abgeschlossenen Verfahren hinderten eine Wiederaufnahme nach § 641i nicht.⁵⁰ Der

---

45   *Martin/Muche/Zang* FamRZ 2003, 76, 77. Ohne Beanstandung der Verwendung eines Mundschleimhautabstrichs aufgrund sachverständiger Beratung BGH NJW 2006, 3416 Tz. 30 (zugleich zur Wahrscheinlichkeit bei biostatistischen Werten aus afrikanischen Populationen).
46   *Ritter* FamRZ 1991, 646, 647.
47   Zu allgemein formuliert in BGHZ 2, 6, 11 (für die Merkmale ABO, M, N); BGHZ 12, 22, 36 f. (A1, A2); BGHZ 21, 337, 338 (Cc).
48   Zu Vortäuschung eines Faktorausschlusses durch Mutation vgl. BGH FamRZ 1991, 185, 186 (Vorinstanz: OLG Karlsruhe FamRZ 1990, 1145); s. auch BGHZ 2, 6, 10.
49   Vgl. BGH NJW 1993, 1928, 1929.
50   BGH NJW 1993, 1928, 1929.

Zuwachs an wissenschaftlichen Erkenntnissen über neue Merkmalssysteme schlug sich in der Reichweite der Sachaufklärung nieder. Bei Entwicklung neuer Systeme mit erweiterten Aufklärungsmöglichkeiten war einem neuen Beweisantrag stattzugeben.[51] Auch eine Wiederaufnahme des Verfahrens nach § 641i wurde eröffnet.

3. DNA-Analyse. Die DNA-Analyse zur Abstammungsuntersuchung **untersucht unmittelbar** das **Genom** und nicht nur genetische Merkmale, die sich im Phänotyp ausprägen. Das menschliche Genom besteht aus je 23 Chromosomen von der Mutter und dem Vater, die zum größten Teil aus dem Erbmolekül (DNA = Desoxyribonucleid Acid) aufgebaut sind. Es setzt sich zusammen aus informationstragenden Abschnitten („codierenden" Bereichen), den Genen und regulatorischen Sequenzen, und aus Abschnitten ohne bekannte Funktion („nicht-codierenden" Bereichen), die keine genetische Information enthalten, also keine Aussagen über Merkmale der Person wie Aussehen, Gesundheit etc. erlauben. Die DNA-Analyse beruht auf der durch umfassende Untersuchungen verifizierten Hypothese, dass die **nicht-codierenden**, sog. „hypervariablen" **Abschnitte der DNA** bei jedem Menschen ein **individuelles Muster**, einem Fingerabdruck vergleichbar, aufweisen. Durch unterschiedliche Techniken, deren Zahl seit Einführung der DNA-Analyse zugenommen hat, wird ein individuelles Bandenmuster (genetischer Fingerabdruck) sichtbar gemacht, das in allen Geweben des menschlichen Körpers identisch ist. Bei einem molekulargenetischen Vaterschaftstest werden 15 und mehr verschiedene DNA-Regionen der zu untersuchenden Personen analysiert und miteinander verglichen. Eine **biostatistische Berechnung**, wie sie auch schon mit der Untersuchung phänotypbestimmter Blutgruppensysteme verbunden wurde, erlaubt **Aussagen zur Wahrscheinlichkeit der Vaterschaft**. Mathematische Grundlage dafür sind Häufigkeitsverteilungen, die für europäische, afrikanische und asiatische Populationen ermittelt wurden. Bei der Vaterschaftsanalyse wird von der statistischen Erkenntnis ausgegangen, dass der leibliche Vater und die Mutter jeweils die Hälfte ihrer Sequenzblöcke an ihre Kinder weitergeben. Nach Abzug der mütterlichen Sequenzblöcke in der DNA des Kindes bleiben die väterlichen übrig. Werden diese beim Eventualvater nicht gefunden, kann er nicht der Vater des Kindes sein.[52] Die erreichbare statistische Wahrscheinlichkeit beträgt mindestens 99,9%, so dass auch ein **positiver Vaterschaftsnachweis** möglich ist.[53] Allerdings ist zu beachten, dass das Ergebnis auf einer Wahrscheinlichkeitsbewertung beruht und ein absoluter Beweis nicht möglich ist.[54]

Über die **Zuverlässigkeit** der DNA-Analyse als Methode zur Vaterschaftsfeststellung bestand noch zu Beginn der 90er Jahre ein inzwischen obsolet gewordener medizinischer Streit, an den sich eine Diskussion um die rechtliche Zulässigkeit dieses Verfahrens anschloss. Einigkeit bestand allerdings sehr bald über die Tauglichkeit der DNA-Analyse als **ergänzendes Verfahren** zu den herkömmlichen serologischen Gutachten.[55] In bestimmten Sonderfällen, in denen die traditionellen serologischen Gutachten keine eindeutigen Feststellungen erlauben (z.B. Defizienzfälle, Brüderfälle, Vater-Sohn-Fälle, isolierte Reinerbigkeitsausschlüsse), sind mit Hilfe der DNA-Analyse Aussagen über die

---

51 BGH NJW 1964, 1184; NJW 1975, 2246, 2247; NJW 1976, 366.
52 *Böhm* u.a. DAVorm 1990, 1101, 1105.
53 Vgl. BGH NJW 1994, 1348, 1349.
54 BGH NJW 1991, 2961, 2962; *Hummel/Mutschler* NJW 1991, 2929, 2930.
55 BGH NJW 1991, 749, 751; NJW 1991, 2961, 2962; OLG Hamm FamRZ 1992, 455; OLG Karlsruhe FamRZ 1990, 1145, 1146; *Reichelt* FamRZ 1991, 1265, 1269.
Aus der medizinischen Diskussion: *Böhm* u.a. DAVorm 1990, 1101; *Hummel* DAVorm 1989, 33, 34; NJW 1990, 753; *Hummel/Mutschler* NJW 1991, 2929, 2931; *Ritter* FamRZ 1991, 646, 649; DNA-Resolution der Deutschen Gesellschaft für Rechtsmedizin, NJW 1990, 754.

Vaterschaftswahrscheinlichkeit möglich.[56] Die DNA-Analyse eröffnet ferner Untersuchungsmöglichkeiten in Fällen mit Auslandsbeteiligung, für die konventionelle Untersuchungen wegen zu langer Transportzeiten des Blutes ausscheiden.[57] Die Vorteile der DNA-Analyse gegenüber den herkömmlichen serologischen Untersuchungen haben zu deren generellen Einsatz geführt.[58] Für den **Einsatz** der DNA-Analyse **als Basisgutachten** spricht auch eine erhebliche Kostenersparnis.[59]

21 **Anfängliche medizinischen Einwände** gegen die DNA-Analyse bezogen sich auf die Verlässlichkeit des Systems.[60] Der wichtigste Einwand behauptete eine mangelnde Kontrollmöglichkeit und Reproduzierbarkeit der Ergebnisse;[61] diese Kritik ist inzwischen überholt. Viele der im Rahmen des kriminaltechnischen Einsatzes der DNA-Analyse vorgebrachten Bedenken ließen sich auf die Abstammungsuntersuchung nicht übertragen. Die Fehlerquellen resultierten dort aus den Schwierigkeiten der Beschaffung des notwendigen Zellmaterials.[62] Auch sie sind durch andere Untersuchungstechniken beherrschbar geworden. **Rechtliche Einwände** gegen die DNA-Analyse, die zunächst auf **Art. 2 Abs. 1 GG** gestützt wurden, sind nicht gerechtfertigt.[63] Bei der DNA-Analyse für die Vaterschaftsbegutachtung werden nur nichtcodierende DNA-Sequenzen untersucht, die keine Erbinformationen enthalten.[64]

22 Für die **strafprozessuale Ermittlung** ist die DNA-Analyse durch das **DNA-Identitätsfeststellungsgesetz** vom 7.9.1998 (mit mehrfachen nachfolgenden Änderungen) geregelt worden; durch die Gesetzesnovelle vom 12.8.2005[65] ist sein Inhalt in vollem Umfang in die StPO überführt worden. § 81e StPO begrenzt die festzustellenden Tatsachen (genannt wird u.a. die Abstammungsfeststellung); § 81f StPO benennt die zur Anordnung der Untersuchung berechtigten Personengruppen, beschränkt den Kreis der Sachverständigen und ordnet das Untersuchungsverfahren zur Vermeidung unzulässiger Analysen sowie zur Sicherung der Geheimhaltung. Auf eine Unterscheidung zwischen codierenden und nichtcodierenden Merkmalen hat der Gesetzgeber in Abkehr von einer dazu zuvor vertretenen Meinung verzichtet.[66] § 81h StPO ordnet die Durchführung von DNA-Reihenuntersuchungen.

23 **4. Biostatistische (serostatistische) Begutachtung.** Biostatistische Auswertungen[67] der **bei den Blutgruppengutachten** erhobenen Untersuchungsbefunde, die als solche nur einen Ausschluss der Vaterschaft zu einer untersuchten Person erlauben, haben die **Vaterschaftswahrscheinlichkeit** mit Hilfe der mathematischen Wahrscheinlichkeitsrechnung zu berechnen ermöglicht. Durch eine derartige biostatistische Berechnung kann die Vaterschaft naturwissenschaftlich nie zu 100% festgestellt werden.

---

56 *Reichelt* FamRZ 1991, 1265, 1267f.
57 *Reichelt* FamRZ 1991, 1265, 1267; *Böhm* u.a. DAVorm 1990, 1101, 1105.
58 Mangels Schwierigkeiten der Feststellung ist die Beiordnung eines Anwalts nicht geboten, OLG Oldenburg NJW 2011, 941.
59 *Böhm* u.a. DAVorm 1990, 1101, 1105; *Reichelt* FamRZ 1991, 1265, 1268; **a.A.** *Ritter* FamRZ 1992, 277, 278.
60 Dazu *Ritter* FamRZ 1991, 646, 648.
61 *Ritter* FamRZ 1991, 646, 649; *Reichelt* FamRZ 1991, 1265, 1269; dagegen *Böhm* u.a. FamRZ 1992, 275, 276.
62 *Böhm* u.a. DAVorm 1990, 1101, 1107.
63 BVerfG NJW 1996, 771, 772f. S. auch § 17 GenDG.
64 Vgl. BVerfG NJW 1996, 771, 772f. (zu § 81a StPO); Berl.VerfGH NJW 2006, 1416, 1417; BGH NJW 1990, 2944, 2945 (zur Spurendiagnostik im Strafverfahren); LG Berlin NJW 1989, 787; LG Heilbronn NJW 1990, 784, 785; s. auch LG Darmstadt NJW 1989, 2338, 2339.
65 BGBl 2005 I S. 2360.
66 Vgl. BT-Drucks. 13/667, S. 6, 9, 11.
67 Näher dazu MünchKommBGB/*Wellenhofer*[6] § 1600d Rdn. 73ff.; *Hildebrandt*, Diss jur. Göttingen 1997.

Die Rechtsprechung hat darauf gleichwohl **positive Abstammungsfeststellungen** als praktisch erwiesen gestützt. Eine biostatistische Zusatzberechnung erfolgte dann, wenn ein Eventualvater durch ein Blutgruppengutachten nicht ausgeschlossen werden konnte.[68]

Die Auswertungen stützten sich bei den Blutgruppenmerkmalen auf die (unterschiedliche) Häufigkeit bestimmter Blutmerkmale in der Gesamtbevölkerung bzw. der ethnischen Population, der die untersuchten Personen angehören, und prüften, inwieweit die Befunde bei den Verfahrensbeteiligten damit übereinstimmen. Über die Art des mathematisch-statistischen Verfahrens, das einer solchen Berechnung zugrunde zu legen war, bestand kein Konsens. Der **BGH** hat eine Berechnung nach dem **Essen-Möller-Verfahren** anerkannt. BGHZ 61, 165, 172 ist im Anschluss an *Hummel* davon ausgegangen, dass ab einem Essen-Möller-Wert von 99,8% die Vaterschaft als praktisch erwiesen angesehen werden kann. Der BGH hat jedoch betont, dass auch bei einer Wahrscheinlichkeit von 99% und darüber allen sich aus dem Sachverhalt ergebenden Anhaltspunkten nachgegangen werden müsse, die gegen die Vaterschaft sprechen.[69] Der Wahrscheinlichkeitswert gab dem Tatrichter Anhaltspunkte, die für eine Einheitlichkeit der Rechtsprechung in Vaterschaftssachen sorgen sollten, banden ihn aber nicht.[70] 24

Die überlegene DNA-Analyse hat die serostatistische Berechnung ebenso wie die Blutgruppengutachten verdrängt. 25

V. Voraussetzungen der Duldungspflicht

1. Erforderlichkeit. Die in § 372a normierte Duldungspflicht für Abstammungsuntersuchungen setzt zunächst voraus, dass eine solche Untersuchung zur Abstammungsfeststellung erforderlich ist. 26

a) Entscheidungserheblichkeit und Beweisbedürftigkeit. Die Abstammungsfeststellung muss als solche für die Entscheidung erheblich und beweisbedürftig sein.[71] An der Entscheidungserheblichkeit fehlt es beispielsweise, wenn die Frist des § 1600b BGB (früher: § 1594 BGB) für die Vaterschaftsanfechtung nach § 1599 BGB verstrichen ist.[72] Beweisbedürftigkeit ist gegeben, wenn die Abstammung bestritten wird oder wenn in einem Verfahren mit Amtsermittlungsgrundsatz das Gericht noch keine volle Überzeugung in Bezug auf die Abstammung erlangt hat. Zur Reihenfolge der Beweiserhebung s. nachfolgend Rdn. 33f. 27

b) Ausreichende Substantiierung/Ausforschungsbeweis. In den Statusverfahren nach § 169 FamFG gilt der **Untersuchungsgrundsatz** der §§ 26, 177 FamFG, so dass das Gericht die Abstammung des Kindes aus eigener Initiative klären muss. Gleichwohl müssen die **Parteien** die entscheidungsrelevanten **Tatsachen beibringen**. Beweiserhebungen sind als Mittel der Erforschung neuer entscheidungserheblicher Tatsachen zulässig, ohne dass der Gesichtspunkt eines unzulässigen „Ausforschungsbeweises" entgegensteht, wobei anzumerken ist, dass selbst in Verfahren mit uneingeschränkter Geltung des Beibringungsgrundsatzes die richterliche „Waffe" der Annahme einer Ausforschungsbehauptung „ins Blaue hinein" nur sehr zurückhaltend und unter Beachtung zumutbarer 28

---

[68] BGHZ 61, 165, 171.
[69] BGH NJW 1974, 1428; FamRZ 1987, 583, 584; NJW 1990, 2312; NJW 1994, 1348, 1349f.
[70] BGHZ 61, 165, 172.
[71] OLG Stuttgart NJW 1972, 2226; OLG Oldenburg NJW 1973, 1419; OLG Stuttgart DAVorm 1979, 356, 357.
[72] OLG Oldenburg NJW 1973, 1419; OLG Stuttgart DAVorm 1979, 356, 357.

Substantiierungsmöglichkeiten der Parteien angewandt werden darf, um Beweisanträgen der Parteien auszuweichen.[73]

29 **Beweisanträge** der Parteien dürfen auch im Abstammungsverfahren nur **in entsprechender Anwendung** der Gründe **des § 244 Abs. 3 StPO zurückgewiesen** werden.[74] Zu beachten ist, dass die Abstammungsbegutachtung auf die Feststellung bestimmter einzelner Indizien gerichtet ist.[75] Ein beantragtes weiteres Gutachten muss unter Berücksichtigung des bis dahin ermittelten Beweisergebnisses noch eine weitere Aufklärung erheblicher Umstände erwarten lassen, die als ernst zu nehmende Indizien gegen die Vaterschaft sprechen. Ein **Beweismittel** kann daher als **ungeeignet** zurückgewiesen werden, wenn es lediglich zum Ziel hat, einen festgestellten hohen Wahrscheinlichkeitswert für die Vaterschaft des in Anspruch genommenen Mannes zu relativieren, ohne dass sonstige Umstände dargetan sind, die zu einem Vaterschaftsausschluss führen können.[76] Darin liegt keine unzulässige vorweggenommene Würdigung eines noch nicht erhobenen Beweises. Uneinsichtigkeit der Parteien bei der Akzeptanz des Ergebnisses von Sachverständigengutachten reduziert sich im übrigen, wenn die Beweiserhebung durch Einholung eines weiteren Sachverständigengutachtens auf Parteiantrag hin von der Zahlung eines **Auslagenvorschusses** abhängig gemacht wird (§§ 402, 379). Für die Abstammungsbegutachtung – und davon gesteuert die Duldung der Entnahme von Untersuchungsmaterial – gelten somit die generellen Beweiserhebungsvoraussetzungen.[77]

30 Eine Abstammungsfeststellung nach § 1600d BGB oder eine Anfechtungsentscheidung nach § 1599 BGB setzen **regelmäßig** voraus, dass ein nach naturwissenschaftlicher Methode erstattetes **Abstammungsgutachten** eingeholt worden ist.[78] Von einer (weitere) Aufklärung versprechenden Begutachtung darf nach (leugnender) Vernehmung der Mutter über ihren geschlechtlichen Verkehr nicht schon deshalb abgesehen werden, weil der am Prozess beteiligte Eventualvater, Ehemann der Mutter oder sonst feststehende Vater keinen konkreten Mehrverkehrszeugen benannt hat.[79] Der Gesetzgeber des § 1600o BGB (jetzt: § 1600d) wollte die in Unterhaltsprozessen weit verbreitete Praxis beenden, ein Beweisangebot des Vaters auf Abstammungsbegutachtung als unzulässigen Ausforschungsbeweis zurückzuweisen.[80]

31 Die **personelle Reichweite der Begutachtung** hängt davon ab, welche Personen als Eventualväter bezeichnet worden sind. Der früher vehement ausgetragene Streit um die ausreichende Substantiierung der Benennung von Eventualvätern, also um den Vortrag von Anhaltspunkten für außerehelichen Verkehr und/oder Mehrverkehr, und damit verbunden die auf den Gesichtspunkt unzulässiger Ausforschung gestützte Weigerung zur Einholung von Abstammungsgutachten[81] betraf neben dem Ausmaß der Zeugenbeweiserhebung über eine etwaige Beiwohnung und deren Zeitpunkt den notwendigen

---

73 Ähnlich MünchKomm/*Prütting*[4] § 284 Rdn. 79.
74 BGH FamRZ 1988, 1037, 1038; NJW 1994, 1348, 1349.
75 BGH NJW 1994, 1348, 1350.
76 BGH NJW 1994, 1348, 1350.
77 Vgl. BGHZ 40, 367, 376 f. = NJW 1964, 723 (gekürzt); NJW 1964, 1179 f. (gekürzt; beide Entscheidungen zur zusätzlichen erbbiologischen Begutachtung); dazu Bespr. von *Teplitzky* NJW 1965, 334.
78 *Beitzke*, in: Beitzke/Hosemann/Dahr/Schade, Vaterschaftsgutachten für die gerichtliche Praxis, S. 16.
79 Vgl. OLG Nürnberg FamRZ 1971, 590, 592; OLG Hamburg FamRZ 1975, 107, 109.
80 RegE BT-Drucks. V/2370, S. 37 (zu § 1600o Abs. 2).
81 Vgl. nur BGHZ 5, 302, 306; OLG Celle NJW 1971, 1086, 1087 f.; OLG Bamberg DAVorm 1974, 184, 185; *Bosch* DRiZ 1951, 107, 110; *Dunz* NJW 1956, 769, 772; *Esser* MDR 1952, 537, 538; *Haußer* NJW 1959, 1811, 1812; *Hiendl* NJW 1963, 1662; *Hoff* NJW 1959, 803, 804; *Lang* DRiZ 1962, 229, 230; *Lüderitz*, Ausforschungsverbot, S. 44; *Merkert* NJW 1963, 2361, 2362; *Teplitzky* NJW 1965, 334, 335.

Schutz vor unberechtigter Einbeziehung in das Begutachtungsverfahren;[82] mittelbar ging es um die Erforderlichkeit der Beweiserhebung. Dieses Problem ist mit der Beendigung der Diskussion um eine unzulässige Ausforschung nicht ausgeräumt worden.

Die **Prozessparteien** können sich nicht auf mangelnde Beweisbedürftigkeit berufen. Für andere am Prozess **unbeteiligte Dritte** sind hingegen Einschränkungen zu machen. Zwar scheidet eine Einbeziehung in den Kreis der zu untersuchenden Personen nicht schlechthin schon deshalb aus, weil eine Zeugenbeweisaufnahme ergeben hat, dass der Dritte mit der Mutter während der Empfängniszeit keinen Geschlechtsverkehr gehabt hat; der Zeugenbeweis ist wegen des Eigeninteresses der Beteiligten am Verfahrensausgang zu unsicher.[83] **Spekulative Annahmen für intime Beziehungen** berechtigen jedoch nicht zu einer körperlichen Untersuchung.[84] Ob dies für das bloße gemeinsame Wohnen in einer Wohngemeinschaft gilt,[85] hängt von den näheren Umständen ab; der Begriff der „Wohngemeinschaft" umfasst ein breites Spektrum von Lebensformen. 32

c) **Vorrangige Ausschöpfung anderer Beweismittel.** Aus den vorstehenden Überlegungen (zuvor Rdn. 28 ff.) ergibt sich zugleich die Antwort auf die Streitfrage, ob der Abstammungsbegutachtung eine Beweisaufnahme mit allen anderen Beweismitteln voranzugehen hat.[86] Zwar muss wegen des berechtigten, verfassungsrechtlich geschützten Interesse des zu Untersuchenden am Unterbleiben einer körperlichen Untersuchung der Verfahrensablauf so gestaltet werden, dass gleich geeignete Aufklärungsmaßnahmen zur Ermittlung der Abstammung vorgezogen werden. Generell lässt sich jedoch gerade nicht sagen, dass die Abstammung mit anderen Beweismöglichkeiten ebenso sicher festgestellt werden kann. Eine körperliche Untersuchung des Eventualvaters ist erfolgversprechender als die **Parteivernehmung** der **Mutter** und/oder die **Vernehmung** von **Mehrverkehrszeugen**.[87] Gleichwohl hat die Erhebung von Personalbeweis voranzugehen, ohne dass dem der Gesichtspunkt einer Vorbeugung gegen Eidesverletzungen[88] als Ermessensgesichtspunkt entgegengehalten werden kann. Die aus der Abstammungsbegutachtung ausnahmsweise auszuscheidenden Sachverhalte (s. vorstehend Rdn. 32) werden auf andere Weise nicht zu ermitteln sein. Nicht erforderlich ist eine körperliche Untersuchung ferner, wenn schon durch Einnahme **einfachen Augenscheins** festgestellt werden kann, dass das Kind von einem anderen Vater als dem behaupteten Eventualvater abstammen muss, etwa weil es eine von der Mutter und dem Eventualvater abweichende Hautfarbe hat.[89] 33

Eine Rangordnung der Beweiserhebung ist im Grundsatz auch für die **Abstammungsbegutachtungen untereinander** aufzustellen, soweit diese für die Untersuchungsperson unterschiedlich belastend sind. Das war früher für erbbiologische Ähnlichkeitsgutachten bedeutsam, ist mit dem wissenschaftlichen Fortschritt bei den mole- 34

---

82 So richtig *Dunz* NJW 1956, 769, 773.
83 BGH NJW 1993, 1392, 1393; OLG Celle NJW 1971, 1086, 1087.
84 Strenger: OLG Stuttgart NJW 1972, 2226; OLG Karlsruhe FamRZ 1973, 48; KG NJW 1987, 2311; MünchKomm/*Zimmermann*[4] § 372a Rdn. 5. Sie fordern bei der Untersuchung von Dritten konkrete Anhaltspunkte, warum diese als mögliche Väter in Betracht kommen.
85 Untersuchung bejaht von KG NJW 1987, 2311; MünchKomm/*Zimmermann*[4] § 372a Rdn. 5; zweifelnd Zöller/*Greger*[29] § 178 FamFG Rdn. 2.
86 Dies befürwortend OLG Köln JMBlNRW 1951, 137, 138; Zöller/*Greger*[29] § 178 FamFG Rdn. 2; *Bosch* DRiZ 1951, 107, 110. **A.A.** OLG Schleswig SchlHA 1955, 360, 362; OLG Stuttgart DAVorm 1979, 356, 358 f.; MünchKomm/*Zimmermann*[4] § 372a Rdn. 4; *Sautter* AcP 161 (1962), 213, 223.
87 Vgl. BGH NJW 1993, 1392, 1393.
88 Dafür aber OLG Schleswig SchlHA 1955, 360, 362; *Sautter* AcP 161 (1962), 213, 223, 224; vgl. auch BGHSt 12, 235, 241.
89 OLG Schleswig SchlHA 1989, 78.

kularbiologischen Untersuchungen aber gegenstandslos geworden. Obsolet geworden ist dadurch auch die Frage, ob erbbiologische Gutachten wegen des Beweisergebnisses vorangegangener Blutgruppengutachten in Verb. mit Personalbeweiserhebungen unter dem rechtlichen Gesichtspunkt der Erforderlichkeit zu entfallen haben.[90]

35 **d) Entgegenstehende Rechtskraft eines Anfechtungsurteils.** Umstritten ist, welche Wirkung ein rechtskräftiges Anfechtungsurteil nach § 1599 BGB, das auf einem Abstammungsgutachten beruhend rechtsgestaltend die Nichtabstammung des Kindes vom ehelichen oder sonstigen Scheinvater festgestellt hat, auf die **Beweisaufnahme** in einem **nachfolgenden Vaterschaftsfeststellungsprozess** hat. Auseinanderzuhalten sind dabei vier Rechtsprobleme: die Anwendung des Merkmals der Erforderlichkeit erneuter körperlicher Untersuchung, die Rechtskraftwirkung des Urteils erga omnes gem. § 640h a.F. bzw. § 184 Abs. 2 FamFG, dessen eventuelle Interventionswirkung und die Konsequenz des wertungsmäßig überhöhten, aber vom BVerfG bejahten verfassungsrechtlichen Anspruchs des Kindes auf Kenntnis seiner Abstammung (s. oben Rdn. 6).

36 Teilweise ist vertreten worden, nach Ausschluss des Scheinvaters als Erzeuger des Kindes sei eine **erneute Beweisaufnahme über** seine **biologische Vaterschaft** aus Rechtskraftgründen unzulässig.[91] Diese Ansicht misst der Rechtskraftwirkung eine unzutreffende Reichweite zu. BGHZ 83, 391 und 92, 275 haben angenommen, dass im Ehelichkeitsanfechtungsprozess nur der *Status* des Kindes rechtskräftig festgestellt werde, nicht aber die fehlende Abstammung vom Scheinvater als zugrundeliegende Tatsache.[92] Auf den Anfechtungsprozess nach § 1599 BGB lässt sich diese Begründung zwar nicht ohne weiteres übertragen, weil er auf die *Nichtabstammung* und nicht auf den fehlenden Status eines ehelichen Kindes gerichtet ist. Auch bei dieser Modifizierung geht es aber um die Feststellung eines **Rechtsverhältnisses, nicht** um die zugrunde liegende **biologische Feststellung**. Eine Einschränkung der Rechtskraftwirkung ist geboten, weil sonst bei aufeinander folgenden Verfahren mehrerer Vaterschaftsaspiranten die Verteidigungsmöglichkeiten unberechtigt eingeschränkt werden. Ein weiteres Gutachten mit gegenteiligem Ergebnis ist Grundlage für ein Wiederaufnahmeverfahren gem. § 185 FamFG.

37 **Interventionswirkungen zu Lasten** eines **Vaterschaftsaspiranten** konnten nach dem bis zum Inkrafttreten des FamFG geltenden Recht eintreten, wenn das Kind ihm gem. § 640e Abs. 2 a.F. den Streit verkündete; eine Beiladung des Dritten und ein darauf gestützter Beitritt nach § 640e Abs. 1 a.F. waren nicht zulässig. Die Folgen der Streitverkündung richteten sich nach den allgemeinen Vorschriften. Der Streitverkündete war über die Rechtskraftwirkung hinaus an die tatsächliche Feststellung gebunden, dass das Kind biologisch nicht vom Scheinvater abstammte. Daraus folgte jedoch **nicht**, dass ein **neues Abstammungsgutachten schlechthin** nicht erforderlich und deshalb **unzulässig** war. Das neue Verfahren war in begrenztem Umfang so zu führen, als sei das frühere Gutachten im aktuellen Prozess erstattet worden. Neuen Aufklärungszweifeln hatte das Gericht von Amts wegen nachzugehen. Ein Beweisantrag des Vaters konnte über die Grund-

---

90 Bejahend BGH JZ 1951, 643; AK-ZPO/*Rüßmann* § 372a Rdn. 4.
91 OLG München NJW 1977, 341, 342 (Unzulässigkeit der Einbeziehung des Scheinvaters in Blutgruppenuntersuchung, Präjudizialität des ersten Urteils); *Deneke* Anm. zu BGH ZZP 99 (1986), 98, 101, 103; *Roth-Stielow* Rdn. 291; zum alten Recht LG Göttingen FamRZ 1965, 231 (zulässig, aber Einbeziehung als Vergleichsperson bei erbbiologischer Begutachtung). **A.A.** OLG Frankfurt NJW 1988, 832; MünchKomm/*Zimmermann*[4] § 372a Rdn. 6.
92 Zu § 640h a.F.: BGHZ 83, 391, 394f.; BGHZ 92, 275, 278 = JZ 1985, 338, 339 m. krit. Anm. *Braun* = ZZP 98 (1986), 98 m. abl. Anm. *Deneke*. Ebenso OLG Frankfurt NJW 1988, 832; *Häsemeyer* ZZP 101 (1988), 385, 398; *Zeuner* FS Schwind S. 383, 386, 395. Zu § 184 FamFG: MünchKomm/*Coester-Waltjen*/*Hilbig* § 184 FamFG Rdn. 9.

sätze des § 244 Abs. 3 StPO hinausgehend im Umfang der Interventionswirkung des § 68 zurückgewiesen werden. Mit Inkrafttreten des FamFG und Aufhebung des 6. Buches der ZPO ist die Streitverkündungsmöglichkeit des § 640e Abs. 2 beseitigt worden.[93]

2. Aufklärbarkeit. Die Abstammungsuntersuchung muss nach den *anerkannten* 38 Grundsätzen der Wissenschaft eine Aufklärung des Sachverhalts versprechen. An diesem Erfordernis hat sich durch die Verkürzung des Normtextes in § 372a n.F. nichts geändert. Die Untersuchung muss **allgemein und konkret** methodisch **geeignet** sein, die Abstammung zu klären.[94] Daran fehlt es, wenn eine Reihe von Wissenschaftlern grundlegende Einwände gegen die Methode erhebt und damit den Beweiswert der Untersuchung in Zweifel zieht.[95] Ob Zweifel ernst zu nehmen sind, hat das Gericht zu entscheiden (§ 286). Nehmen die Vertreter konkurrierender wissenschaftlicher Standpunkte jeweils für sich in Anspruch, dass die Einwände der Gegenseite nicht grundlegend seien, hilft die Verweisung auf die Auffassung der medizinisch-biologischen Wissenschaft nicht weiter. Auf eine Anerkennung durch eine staatliche Behörde kommt es nicht an.[96]

Potentielle Eignung der Untersuchung reicht aus; nicht erforderlich ist, dass eine 39 Aufklärung in allen bisherigen Anwendungsfällen eingetreten ist.[97] Nach der allgemeinen und konkreten **Eignung** richtet sich auch, **welcher Personenkreis** in eine Untersuchung sinnvoll einzubeziehen ist.[98] Daraus kann sich beispielsweise ergeben, dass die Einbeziehung des Halbbruders des Kindes, dessen Abstammung festgestellt werden soll, eine Aufklärung des Sachverhalts verspricht.[99]

3. Unzumutbarkeit

a) Allgemeines. Die Untersuchungsperson kann die Untersuchung verweigern, 40 wenn sie für diese Person unzumutbar ist. Ob dies der Fall ist, ist aufgrund einer **umfassenden Interessenabwägung** zu beurteilen.[100] Geklärt werden die Zumutbarkeitsgründe bei Verweigerung der Untersuchung im Zwischenstreitverfahren (unten Rdn. 61). Nicht ganz eindeutig ist, welches Interesse dem Weigerungsinteresse des zu Untersuchenden gegenüberzustellen ist. Entgegen einer früher von der Rechtsprechung vertretenen Auffassung, dass das Interesse der *Allgemeinheit* und der Rechtspflege an der Wahrheitsfindung in die Abwägung einzugehen habe,[101] und sei es auch nur neben dem Interesse der Parteien an der Wahrheitsfindung,[102] ist ausschließlich auf das Interesse

---

93 MünchKomm/*Coester-Waltjen/Hilbig*[3] § 172 FamFG Rdn. 14.
94 OLG Düsseldorf NJW 1958, 265 (für erbbiolog. Gutachten); Stein/Jonas/*Berger*[22] § 372a Rdn. 7.
95 Stein/Jonas/*Berger*[22] § 372a Rdn. 7; *Sautter* AcP 161 (1962), 215, 225; OLG Celle NJW 1954, 1331 für den Löns-Test.
96 BGH NJW 1976, 1793 (zur Einbeziehung des HLA-Systems in die serologische Begutachtung und der ausstehenden Anerkennung durch das Bundesgesundheitsamt).
97 Stein/Jonas/*Berger*[22] § 372a Rdn. 7; s. dazu auch OLG München FamRZ 1969, 655, 656 (zum vergleichenden Wirbelsäulengutachten nach Kühne).
98 Stein/Jonas/*Berger*[22] § 372a Rdn. 7; *Sautter* AcP 161 (1962), 215, 226.
99 LG Göttingen DAVorm 1985, 517.
100 Stein/Jonas/*Berger*[22] § 372a Rdn. 8; AK-ZPO/*Rüßmann* § 372a Rdn. 6; im Ergebnis wohl auch MünchKomm/*Zimmermann*[4] § 372a Rdn. 13, der zutreffend eine allgemeine Zumutbarkeitsprüfung ablehnt.
101 OLG Köln NJW 1952, 149; OLG München JZ 1952, 426, 427; OLG Nürnberg NJW 1953, 1874, 1875; KG NJW 1969, 2208, 2209.
102 OLG Hamburg NJW 1953, 1873, 1874; OLG Köln DAVorm 1972, 350, 354; ebenso *Sautter* AcP 161 (1962), 215, 233.

des zu Untersuchenden und der Parteien abzustellen (s. schon oben Rdn. 7).[103] Im Rahmen der Interessenabwägung ist von der gesetzgeberischen Entscheidung auszugehen, dass **grundsätzlich** eine **Duldungspflicht** besteht, also dem Interesse an der Wahrheitsfindung der Vorrang einzuräumen ist, und somit besondere Umstände vorliegen müssen, wenn das Interesse des zu Untersuchenden vorgehen soll.[104] Mit der Neufassung der Norm im Jahre 2009 ist zum Ausdruck gebracht worden, dass die Zumutbarkeit keine positiv festzustellende Voraussetzung ist, sondern nur noch die **Unzumutbarkeit** einen **Ausschlussgrund** bildet.[105]

41 Das Gesetz nannte in seiner früheren Fassung **drei Gesichtspunkte**, die bei der Zumutbarkeitsprüfung zu berücksichtigen sind: die Art der Untersuchung, die Folgen der Untersuchung und drohende Gesundheitsnachteile. Diese Aufzählung war **nicht abschließend**;[106] sie gilt in der Sache fort (s. jedoch Rdn. 44). Abwägungsgesichtspunkt kann für § 372a n.F. sein, dass das Aufklärungsinteresse nur der **Klärung einer prozessualen Vorfrage** dient (s. dazu schon oben Rdn. 12), oder ein Verfahren mit geringer wirtschaftlicher[107] oder ideeller Bedeutung betrifft. Eine generelle Aussage zum Ausgang der Abwägung im Einzelfall ist mit der Aufzählung denkbarer Sachverhalte nicht verbunden; anderenfalls hätte der Gesetzgeber eine entsprechende abstrakte Einschränkung des Anwendungsbereichs vornehmen müssen.

42 **Zumutbar** ist eine Blutentnahme **für Zeugen Jehovas**; deren Glaubensvorschriften verbieten eine Blutentnahme nicht.[108] Offengelassen hat der BGH, ob eine Duldungspflicht zur Entnahme von Untersuchungsmaterial bei Mutter und Kind besteht, wenn der Mann nach verlorenem Vaterschaftsprozess von seinem Anwalt **wegen pflichtwidriger Prozessführung Schadensersatz** verlangt und der Schaden oder die Kausalität der Pflichtwidrigkeit streitig sind.[109] Relevant kann dies bei der Beurteilung der Zumutbarkeit sein. Sie ist nicht etwa deshalb zu verneinen, weil ein neues Gutachten mittelbar das Ergebnis des Vorprozesses erschüttern, nämlich Grundlage für eine Restitutionsklage werden könnte, obwohl ohne diese Verfahrenskonstellation eine außerprozessuale Untersuchung zur Vorbereitung einer Restitutionsklage nicht erzwungen werden könnte (s. oben Rdn. 12).

43 **b) Art der Untersuchung und Zumutbarkeit.** Als Beispiel für eine Unzumutbarkeit nach der Untersuchungsart wird in der Literatur ein **erzwungener Samenerguss** für eine Fertilitätsuntersuchung genannt.[110] Der dafür herangezogene Art. 1 Abs. 1 GG (Verstoß gegen die Menschenwürde) ist allerdings gar nicht relativierbar und insoweit nicht abwägungsfähig. Ferner sind Untersuchungen ihrer Art nach unzumutbar, wenn sie mit einem intensiveren Eingriff in die körperliche Unversehrtheit verbunden sind, der außer

---

103 OLG Düsseldorf DAVorm 1973, 162, 163; OLG Stuttgart DAVorm 1979, 356, 359; OLG Karlsruhe FamRZ 1992, 334; OLG Nürnberg NJW-RR 1996, 645.
104 OLG Dresden NJW-RR 1999, 84, 85; OLG Karlsruhe DAVorm 1983, 147, 149; OLG Köln DAVorm 1972, 350, 354; KG NJW 1969, 2208, 2209; OLG Köln NJW 1952, 149; OLG München JZ 1952, 426, 427; OLG Stuttgart ZZP 65 (1952), 157, 158; OLG Hamburg NJW 1953, 1873, 1874; OLG Nürnberg NJW 1953, 1874, 1875; Stein/Jonas/*Berger*[22] § 372a Rdn. 11.
105 OLG München NJW 2001, 2892, 2893 = FamRZ 2012, 57, 58.
106 AK-ZPO/*Rüßmann* § 372a Rdn. 6.
107 AK-ZPO/*Rüßmann* § 372a Rdn. 6.
108 OLG Düsseldorf FamRZ 1976, 51, 52; Zöller/*Greger*[28] § 372a Rdn. 10; AK-ZPO/*Rüßmann* § 372a Rdn. 5 (dort erweitert auf religiös begründete Weigerungen schlechthin).
109 BGHZ 133, 110, 116/117.
110 *Bosch* DRiZ 1951, 107, 110; *Sautter* AcP 161 (1962), 215, 235; Stein/Jonas/*Berger*[22] § 372a Rdn. 9; MünchKomm/*Zimmermann*[4] § 372a Rdn. 14; AK-ZPO/*Rüßmann* § 372a Rdn. 6. Zur Fertilitätsuntersuchung *Kalkhoff* DAVorm 1974, 85.

Verhältnis zur Bedeutung der Streitsache steht,[111] was allerdings angesichts der heute praktizierten Untersuchungsmethoden keine Rolle spielt.

c) Folgen der Untersuchung und Zumutbarkeit. Die körperliche Untersuchung 44 muss nach den **Folgen des Beweisergebnisses** für den zu Untersuchenden oder einen Angehörigen im Sinne des § 383 Abs. 1 Nr. 1 bis 3 (Verlobte, Ehegatten, Lebenspartner, Verwandte und Verschwägerte) zumutbar sein. Unzumutbarkeit liegt vor, wenn das mögliche Ergebnis höherwertige Interessen der Untersuchungsperson oder seiner Angehörigen verletzen kann.[112] Auch dieser Abwägungsgesichtspunkt kann nur ausnahmsweise den Ausschlag geben. Die **unmittelbaren Folgen** der Abstammungsuntersuchung sind – obwohl ungünstig – **zumutbar**;[113] sonst würde § 372a leerlaufen. Gegenüber dem Recht des Kindes auf Kenntnis seiner genetischen Abstammung hat der Schutz der Intimsphäre der Mutter zurückzutreten.[114] Der Vorrang der Abstammungsaufklärung ist aber nicht daran gebunden, dass das Kind an der Abstammung interessiert ist. Die Neufassung des Gesetzes im Jahre 2009 hat klarer als die bis dahin geltende Fassung zum Ausdruck gebracht, dass sich die Unzumutbarkeitsprüfung auf die Durchführung der Untersuchung, nicht aber auf die Folgen der Abstammungsfeststellung beziehen soll.[115]

Aus der Rechtsprechung ist – soweit ersichtlich – nur ein Fall publiziert worden, in 45 dem ein **Interesse am Unterbleiben der Untersuchung** wegen deren Folgen (für Angehörige) als überwiegend angesehen wurde.[116] Selbst die dortige Begründung zur Unzumutbarkeit für das Kind war für das Ergebnis nicht allein tragend. Eingeschränkt wurde sie ferner durch die vom BGH hervorgehobene Besonderheit, dass die Untersuchung ausschließlich dem Zweck gedient hätte, im Scheidungsprozess gegen die Mutter den Scheidungsgrund des Ehebruchs oder einen Meineid der Mutter nachzuweisen, ohne dass ein Nutzen für das Kind oder für öffentliche Interessen erkennbar war.

Als **zumutbar** wurden angesehen: die Feststellung der Nichtehelichkeit des Kin- 46 des,[117] Einbußen des Ansehens, gesellschaftliche Nachteile oder ein für die Untersuchungsperson unehrenhaftes Ergebnis,[118] eine Gefährdung des ehelichen Friedens[119] bzw. drohende Ehezerrüttung,[120] eine Störung des Familienfriedens durch die Feststellung der Person des Vaters bei beabsichtigter Adoption des nichtehelichen Kindes durch den Ehemann seiner Mutter,[121] eine Beeinträchtigung des Andenkens Verstorbener,[122] der Nachweis der Abstammung aus einer Inzest-Beziehung,[123] ein ungünstiges Prozesser-

---

111 *Sautter* AcP 161 (1962), 215, 236.
112 OLG Karlsruhe FamRZ 1992, 334 (Inzest-Verdacht); Zöller/*Greger*[29] § 178 FamFG Rdn. 5; MünchKomm/*Zimmermann*[4] § 372a Rdn. 15.
113 OLG Köln JMBl NRW 1951, 54, 56; OLG Nürnberg NJW 1953, 1874, 1875; OLG München NJW 2011, 2892, 2894; *Dünnebier* Anm. zu OLG München JZ 1952, 426, 429; Stein/Jonas/*Berger*[22] § 372a Rdn. 10.
114 OLG Nürnberg NJW-RR 1996, 645; vgl. auch OLG Köln DAVorm 1972, 350, 354; s. ferner OLG Karlsruhe DAVorm 1983, 147, 149.
115 OLG München NJW 2011, 2892, 2894.
116 BGHZ 45, 356, 360 = NJW 1966, 1913, 1914.
117 OLG Köln NJW 1952, 149; Stein/Jonas/*Berger*[22] § 372a Rdn. 10; AK-ZPO/*Rüßmann* § 372a Rdn. 6.
118 OLG Hamburg NJW 1953, 1873. 1874; LG Flensburg MDR 1953, 114, 115; LG Köln MDR 1951, 496.
119 OLG Nürnberg FamRZ 1961, 492, 493; OLG Stuttgart DAVorm 1979, 356, 361; *Beitzke* in Anm. zu OLG Nürnberg NJW 1955, 1883.
120 LG Flensburg MDR 1953, 114, 115; **a.A.** OLG Hamburg NJW 1953, 1873, 1874.
121 OLG Nürnberg NJW-RR 1996, 645.
122 BVerfG DAVorm 1983, 361; OLG Karlsruhe DAVorm 1983, 147, 149.
123 OLG Karlsruhe FamRZ 1992, 334, 335 (mit dem ergänzenden Hinweis, dass der Verdacht bereits in der Welt ist); OLG Hamm NJW 1993, 474, 475; MünchKomm/*Zimmermann*[4] § 372a Rdn. 15.

gebnis.[124] Zumutbare **vermögensrechtliche Nachteile**[125] können sowohl im Verlust von Unterhalts- oder Erbansprüchen[126] bestehen als auch in der Inanspruchnahme als Unterhaltsschuldner,[127] wobei selbst ein rechtskräftiges anderslautendes Urteil nicht entgegensteht.[128]

47 Nicht einheitlich wird beurteilt, ob die **Gefahr strafrechtlicher Verfolgung** eine Unzumutbarkeit begründet. Im Gegensatz zur ursprünglichen Gesetzesfassung wird die Gefahr der Strafverfolgung nicht mehr ausdrücklich als irrelevant aufgeführt. Häufig ist die Auffassung vertreten worden, dass **im Einzelfall** abzuwägen sei, ob wegen Gefahr der Strafverfolgung eine Unzumutbarkeit vorliege,[129] wobei teilweise die Gefahr der Verfolgung wegen eines Aussagedelikts generell für zumutbar gehalten wird.[130] Daneben stehen Entscheidungen, die davon ausgehen, dass die Gefahr der Strafverfolgung **grundsätzlich zumutbar** ist, weil § 372a sonst erheblich an praktischer Bedeutung verliert,[131] wobei sich diese Ausführungen teilweise nur auf Aussagedelikte beziehen.[132] Dass die Gefahr der Strafverfolgung generell unzumutbar sei, ist nur vereinzelt – unrichtig – in der Literatur behauptet worden.[133] Schließlich werden Differenzierungen nach der Schwere der Straftat (Verbrechen, Vergehen) vorgeschlagen,[134] oder es wird darauf abgestellt, dass die zu untersuchende Person sich die Gefahr der Strafverfolgung selbst zuzuschreiben habe.[135]

48 Die **Abstammungsuntersuchung** kann wegen Gefahr der Aufdeckung einer Straftat **allenfalls** – und dies mehr im Sinne einer salvatorischen Klausel – **in seltenen Einzelfällen unzumutbar** sein. Dabei ist insbesondere die Wertung zugrunde zu legen, dass Delikte, die mit Abstammungsprozessen in einem charakteristischen Zusammenhang stehen (z.B. Falschaussagen über Beziehungen zwischen Kindesmutter und bestimmten Männern), nicht zu Unzumutbarkeit führen.

49 Die **Zeugnisverweigerungsrechte** nach §§ 383 und 384 lassen sich **nicht** auf § 372a übertragen,[136] was sich schon daraus ergibt, dass sie in der Verweisung des § 372a Abs. 2

---

124 OLG Nürnberg NJW 1953, 1874, 1875; OLG Stuttgart MDR 1957, 553; OLG Stuttgart DAVorm 1979, 356, 360; *Beitzke* Anm. zu OLG Nürnberg NJW 1955, 1883; *Dünnebier* Anm. zu OLG München JZ 1952, 426, 429; *Niemeyer* MDR 1952, 199, 200; unrichtig **a.A.** *Meyer* DRiZ 1951, 34.
125 OLG Stuttgart DAVorm 1979, 356, 360; OLG Frankfurt NJW 1979, 1257; OLG Karlsruhe FamRZ 1962, 395, 396; OLG Frankfurt NJW 1955, 110; LG Köln MDR 1951, 496.
126 OLG Köln JMBl NRW 1951, 54, 55; OLG Köln JMBl NRW 1951, 137.
127 OLG Bremen FamRZ 2009, 802, 803; OLG Düsseldorf DAVorm 1973, 162, 163; OLG Nürnberg FamRZ 1970, 597, 599; OLG Nürnberg NJW 1955, 1883; OLG Köln JMBl NRW 1951, 54, 55; LG Flensburg MDR 1953, 114, 115.
128 OLG Nürnberg NJW 1955, 1883; OLG Düsseldorf DAVorm 1973, 162, 163 (mögliches Ergebnis unter der früheren Rechtslage, die bloße „Zahlvaterschaft" kannte).
129 OLG Hamm NJW 1993, 474, 475; OLG Karlsruhe FamRZ 1992, 334, 335; OLG Frankfurt NJW 1979, 1257; OLG Köln JMBl NRW 1951, 137, 138; OLG Hamm JMBl NRW 1952, 167; OLG München JZ 1952, 426, 427; OLG Stuttgart ZZP 65 (1952), 157, 159; AK-ZPO/*Rüßmann* § 372a Rdn. 6; Stein/Jonas/*Berger*[22] § 372a Rdn. 11; s. auch BGH NJW 1964, 1469, 1471.
130 Zöller/*Greger*[29] § 178 FamFG Rdn. 5; AK-ZPO/*Rüßmann* § 372a Rdn. 6.
131 OLG München JZ 1952, 426, 427; OLG Hamburg NJW 1953, 1873, 1874; OLG Karlsruhe FamRZ 1962, 395, 396; OLG Nürnberg FamRZ 1970, 597, 599; OLG Stuttgart DAVorm 1979, 356, 360; ebenso *Jescheck* ZZP 65 (1952), 364, 380.
132 OLG Köln JMBl NRW 1951, 137, 138 f.; KG NJW 1969, 2208, 2209; *Niemeyer* MDR 1952, 199, 200.
133 *Meyer* DRiZ 1951, 34; *Sieg* MDR 1980, 24.
134 *Sautter* AcP 161 (1962), 215, 262 f.
135 OLG Hamm NJW 1993, 474, 475; Zöller/*Greger*[28] § 372a Rdn. 11; vgl. auch *Dünnebier* Anm. zu OLG München JZ 1952, 426, 429.
136 OLG Köln DAVorm 1974, 255, 256; OLG Köln DAVorm 1972, 350, 354; OLG Nürnberg FamRZ 1970, 357, 359; OLG Köln JMBl NRW 1951, 137, 138; OLG Hamm JMBl NRW 1952, 167; LG Köln MDR 1951, 496; *Pohle*

nicht enthalten sind, obwohl die Norm in § 372a Abs. 1 auf § 383 Abs. 1 Nr. 1 bis 3 Bezug nimmt.[137] Unrichtig ist also das Argument, wer nicht mit dem Munde auszusagen habe, brauche auch nicht mit dem Körper zu bekunden.[138] Die ratio der Zeugnisverweigerungsrechte trifft auf die Abstammungsuntersuchung nicht zu: Weder wird die zu untersuchende Person zu einer aktiven Handlung gezwungen, die sie in einer Gewissenskonfliktlage erfüllen müsste,[139] noch ist der Beweiswert einer solchen Untersuchung – anders als derjenige einer Zeugenaussage in einer Konfliktsituation – zweifelhaft.[140] **Glaubensgründe**, also Art. 4 GG, können nicht eingewandt werden.[141]

Unbrauchbar ist das Argument, ohne Bejahung genereller Unzumutbarkeit werde 50 § 81c Abs. 3 Satz 1 StPO umgangen.[142] **Für die Abstammungsuntersuchung** im Zivilprozess gibt es eben **keine dem § 81c StPO entsprechende Vorschrift**. Ihre Anwendung hätte auch nur sehr begrenzte Bedeutung. Sie käme von vornherein nur für die Untersuchung von Angehörigen der Person in Betracht, die vor der Aufdeckung einer Straftat bewahrt werden soll, da für den Beschuldigten gem. § 81a StPO kein Weigerungsrecht besteht.[143] Die entsprechend begründete Weigerung würde schon für sich genommen den Verdacht einer strafbaren Handlung auslösen, was im Regelfall die Einleitung eines strafrechtlichen Ermittlungsverfahrens zur Folge hätte, in dem § 81a StPO anzuwenden wäre.[144]

d) Gesundheitsnachteil und Zumutbarkeit. Die körperliche Untersuchung muss 51 der Untersuchungsperson im Hinblick auf die gesundheitlichen Folgen der Untersuchung zumutbar sein. Ein Nachteil für die Gesundheit ist gegeben, wenn von der Untersuchung gesundheitliche **Schäden körperlicher** oder **seelischer Art** zu befürchten sind, sei es auch nur in seltenen Fällen. Diese Beeinträchtigungen müssen ihrer Art nach **mehr als völlig geringfügig** sein[145] und über die Untersuchungsdauer erheblich hinauswirken.[146] Bei der Beurteilung der Frage, ob derartige Schäden ausnahmsweise zu befürchten sind, ist von den individuellen Verhältnissen des Duldungspflichtigen auszugehen.[147] Bloße Unannehmlichkeiten sind unbeachtlich.[148]

Von einer **venösen Blutentnahme**, die für die heute praktizierten Untersuchungen 52 ausreicht, sind körperliche Schäden **nicht** zu erwarten. Eine akute Krankheit kann die Untersuchung nur verzögern, nicht aber endgültig verhindern. Die gelegentlich als Sonderfall genannte Bluterkrankheit[149] hat angesichts deren heutiger Behandlung keine rechtliche Bedeutung. **Psychische** Schäden sind mehr als ein bloßes psychisches Unbe-

---

MDR 1950, 642, 645; Sautter AcP 161 (1962), 215, 237; Stein/Jonas/*Berger*[22] § 372a Rdn. 10; Zöller/*Greger*[29] § 178 FamFG Rdn. 6.
137 OLG Frankfurt NJW 1979, 1257; KG NJW 1969, 2208; OLG Hamm JMBl NRW 1952, 167; OLG Hamburg NJW 1953, 1873, 1874; OLG Nürnberg NJW 1953, 1874, 1875; LG Köln MDR 1951, 496; s. ferner OLG Köln JMBl NRW 1951, 54, 55.
138 So aber *Meyer* DRiZ 1951, 34.
139 OLG Nürnberg FamRZ 1970, 597, 599; OLG Hamm JMBl NRW 1952, 167 f.; s. auch OLG München JZ 1952, 426, 427; OLG Hamburg NJW 1953, 1873, 1874; *Pohle* MDR 1950, 642, 645.
140 OLG Nürnberg FamRZ 1970, 597, 599; OLG Hamburg NJW 1953, 1873, 1874; LG Köln MDR 1951, 496.
141 OLG Brandenburg MDR 2010, 701, 702 = FamRZ 2010, 1826.
142 *Sieg* MDR 1980, 24 (für Strafverfahren gegen Angehörige).
143 OLG Hamm NJW 1993, 474, 476; OLG Hamm JMBl NRW 1952, 167, 168; OLG Stuttgart DAVorm 1979, 356, 360.
144 Vgl. OLG Hamm JMBl NRW 1952, 167, 168.
145 Vgl. OLG Koblenz NJW 1976, 379, 380.
146 So zu § 81c Abs. 2 und § 81a StPO *Meyer-Goßner*, StPO, 55. Aufl. 2012, § 81a Rdn. 17 und § 81c Rdn. 19.
147 *Pohle* MDR 1950, 642, 645; Stein/Jonas/*Berger*[22] § 372a Rdn. 13.
148 OLG München NJW 2011, 2892, 2893.
149 *Pohle* MDR 1950, 642, 645.

hagen; sie setzen voraus, dass aus ärztlicher Sicht ein **Krankheitswert** gegeben ist. Dies kann auf eine Spritzenphobie zutreffen.[150] Dann ist aber von der Untersuchungsperson zu verlangen, dass sie sich einer Behandlung ihrer Neurose unterzieht. Für die DNA-Analyse ist in einem derartigen Fall ein **Mundschleimhautabstrich** vorzunehmen.[151] Ausreichend ist im Übrigen auch schon eine Kapillar-Blutentnahme.[152]

VI. Umfang der Duldungspflicht

53 **1. Personenkreis.** Die in § 372a normierte Duldungspflicht erstreckt sich auf *alle* **Personen**, nicht nur auf Parteien oder Zeugen (zum Auslandsbezug unten Rdn. 86). Im Gegensatz zu den Vorgängerregelungen des § 372a wird nach § 372a der Kreis der duldungspflichtigen Personen nur durch die sachlichen Voraussetzungen der Duldungspflicht eingeschränkt (oben Rdn. 40). **Einschränkungen** können sich insbesondere daraus ergeben, dass vor der Untersuchung Dritter ausreichende Anhaltspunkte für die Abstammung vorliegen müssen,[153] und dass die Untersuchung eine Aufklärung des Sachverhalts versprechen muss. Bejaht wurde die Untersuchungspflicht – bei älteren Entscheidungen gesteuert durch den jeweiligen biologisch-medizinischen Wissensstand, der der Begutachtungsmethode zugrunde lag – für die Eltern eines Mehrverkehrszeugen,[154] für einen Halbbruder des klagenden Kindes[155] sowie für eine Mutter, die ihr Kind zur Adoption freigegeben hat, bis zur Bewirkung der Adoption.[156]

54 Wenn die Abstammung nur durch **Probenentnahme von** einem **Toten** festzustellen ist, steht das Recht zur Untersuchungsverweigerung den Totensorgeberechtigten zu.[157] Das Recht des Kindes auf Klärung der Abstammung geht dann dem Recht des Totenfürsorgeberechtigten vor.[158] In Betracht kommen kann eine **Exhumierung**, um eine Gewebeprobe eines Verstorbenen untersuchen zu können.[159] Auch insoweit trifft die zur Totensorge Berechtigten analog § 372a Abs. 1 bzw. § 178 Abs. 1 FamFG eine Duldungspflicht.[160] Alternativ zu einer Exhumierung kann die Einbeziehung naher Verwandter des Verstorbenen in eine DNA-Analyse in Betracht kommen.[161] Bei der Zumutbarkeitsbeurteilung ist davon auszugehen, dass die Exhumierung Vorrang vor einer Einbeziehung wi-

---

150 OLG Koblenz NJW 1976, 379, 380; zustimmend Stein/Jonas/*Berger*[22] § 372a Rdn. 13 Fn. 41; MünchKomm/*Zimmermann*[6] § 372a Rdn. 16; ablehnend Zöller/*Greger*[29] § 178 FamFG Rdn. 4 (allerdings unter Verfälschung des in der Entscheidung wiedergegebenen psychiatrischen Gutachtens).
151 Den Abstrich nach dem Stand der Wissenschaft im Jahre 2011 regelmäßig als ausreichend ansehend OLG München NJW 2011, 2892, 2894.
152 OLG München NJW 2011, 2892, 2894.
153 KG NJW 1987, 2311 = FamRZ 1987, 294; OLG Karlsruhe FamRZ 1973, 48 (LS).
154 LG Göttingen NdsRpfl 1953, 180.
155 LG Göttingen DAVorm 1985, 517.
156 OLG Köln DAVorm 1977, 375.
157 Vgl. zu einer solchen Konstellation OLG Düsseldorf FamRZ 1978, 206 (dort: Beweissicherungsantrag für Wiederaufnahmeverfahren, fehlendes Einverständnis der nächsten Angehörigen); OLG München FamRZ 2001, 126, 128; OLG Celle NJW-RR 2000, 1100, 1102 (dort: Antrag im selbständigen Beweisverfahren für nicht statthaftes Wiederaufnahmeverfahren, Bestimmung der Totensorgeberechtigten analog § 2 FeuerbestattungsG).
158 OLG Dresden MDR 2002, 1070; OLG München FamRZ 2001, 126, 128; *Decker* IPRax 2004, 229, 231. A.A. – bei Exhumierung Zustimmung der zur Totenfürsorge Berechtigten verlangend – OLG Köln FamRZ 2001, 931; OLG Celle FamRZ 2000, 1510, 1512. Offengelassen von KG IPRax 2004, 255, 257.
159 OLG Köln FamRZ 2001, 931 = NJWE-FER 2001, 131, 132; OLG München FamRZ 2001, 126, 127; OLG Celle NJW-RR 2000, 1100.
160 *Decker* IPRax 2004, 229, 231.
161 So die Konstellation in KG IPRax 2004, 255, 257 (dort: dessen leibliche Kinder).

derstrebender unbeteiligter Dritter hat,[162] sofern der zu erwartende Zustand des Gewebes oder des Knochenmaterials verlässliche Untersuchungsergebnisse liefern kann.

Für **Minderjährige**, die noch nicht selbst die geistige und sittliche Reife besitzen, 55 um Bedeutung und Tragweite der Entnahme von Untersuchungsmaterial zu ermessen, trifft der **gesetzliche Vertreter**, hilfsweise ein Ergänzungspfleger, die Entscheidung über die Gestattung des Eingriffs.[163] Wie bei der Einwilligung in medizinische Eingriffe liegt die **Altersgrenze** der Urteilsfähigkeit bei etwa 14 Jahren;[164] es kommt jedoch auf die Umstände des Einzelfalles an.

Verweigert der Vertreter die Einwilligung ungerechtfertigt, sind gegen ihn **Ord-** 56 **nungsmittel** zu verhängen. [165]Eine gegenteilige Ansicht verneint eine Rechtsgrundlage und verweist auf das Verfahren nach § 1666 BGB[166] (s. auch § 380 Rdn. 18). Indes geht es nicht um die Ersetzung einer Einwilligungserklärung im Interesse des Kindeswohls (§ 1666 Abs. 3). Außerdem hilft § 1666 BGB nicht, wenn – in Steigerung der Sanktionen – physischer Zwang anzuwenden ist, weil der Vertreter den Minderjährigen durch tatsächliche Hinderungsmaßnahmen von der Probenentnahme fernhält; auch dann richtet sich der Zwang gegen den Vertreter. Maßgebend für die Verhängung der Ordnungsmittel soll § 9 Abs. 1 Nr. 3 OWiG sein.[167] Statt dessen wird man die **Rechtsgrundlage unmittelbar in § 372a** bzw. § 178 FamFG sehen müssen; die Duldungspflicht trifft unmittelbar diejenige Person, auf deren Willen es rechtlich ankommt.

2. Duldungs-, nicht Mitwirkungspflicht. Die Untersuchungsperson ist nur ver- 57 pflichtet, die Untersuchung zu dulden. **Aktive Mitwirkungshandlungen**, die nicht durch den Vorgang der Entnahme zu untersuchender Blut- oder Gewebeproben und deren verfahrensmäßige Abwicklung durch den Sachverständigen bedingt sind, sind nicht zu erbringen.[168] Darin unterscheidet sich die Duldungspflicht vom Aussagezwang des Zeugen. Der Unterschied **rechtfertigt** zugleich die **Differenzierung** bei der Bereitstellung gesetzlicher **Weigerungsrechte**; die Zeugnisverweigerungsrechte nach § 384 ZPO sind auf die Duldungspflicht der §§ 372a ZPO, 178 FamFG nicht zu übertragen.[169] Die duldungspflichtige Person ist als nicht verpflichtet angesehen worden, Lichtbilder eines verstorbenen Angehörigen für eine erbbiologische Untersuchung herauszugeben[170] oder einen stationären Klinikaufenthalt auf sich zu nehmen.[171]

Allerdings darf sich die Untersuchungsperson auch **nicht völlig passiv verhalten**. 58 Sie hat vielmehr alle im Vorfeld liegenden Handlungen vorzunehmen, die eine ordnungsgemäße **Untersuchung ermöglichen**.[172] Dazu gehören z.B. das Erscheinen zum Untersuchungstermin beim Sachverständigen,[173] die Mitwirkung an der Identitätsfest-

---

162 Vgl. OLG Nürnberg FamRZ 2005, 728.
163 OLG München FamRZ 1997, 1170; OLG Karlsruhe FamRZ 1998, 563, 564.
164 OLG Karlsruhe 1998, 563, 564.
165 OLG München FamRZ 1997, 1170.
166 Stein/Jonas/*Berger*[22] § 372a Rdn. 15; Zöller/*Greger*[29] § 178 FamFG Rdn. 9; ablehnend *Ahrens* FS G. Fischer (2010), S. 1, 10.
167 OLG München FamRZ 1997, 1170; MünchKomm/*Zimmermann*[4] § 372a Rdn. 31.
168 OLG Hamm JMBl NRW 1952, 167, 168; OLG Nürnberg NJW 1953, 1875; OLG Köln FamRZ 1976, 548; *Sautter* AcP 161 (1962), 215, 221; Stein/Jonas/*Berger*[22] § 372a Rdn. 6. Zur aktiven Beteiligung bei strafprozessualen Untersuchungsmaßnahmen (§ 81a und § 81c StPO) BGHSt 34, 39, 45f.; *Meyer-Goßner*[55] § 81a StPO Rdn. 11 und § 81c Rdn. 16.
169 OLG Hamm JMBl. NRW 1952, 167, 168; OLG Nürnberg NJW 1953, 1875.
170 OLG Schleswig SchlHA 1953, 207; MünchKomm/*Zimmermann*[4] § 372a Rdn. 17.
171 *Sautter* AcP 161(1962), 215, 221.
172 OLG Köln FamRZ 1976, 548; *Sautter* AcP 161 (1962), 215, 221.
173 Stein/Jonas/*Berger*[22] § 372a Rdn. 6.

stellung,[174] das Ermöglichen der Blutentnahme durch Öffnen und Aufkrempeln eines Ärmels oder Ausziehen eines Kleidungsstücks, das Öffnen des Mundes zur Entnahme einer Schleimhautgewebsprobe oder die Einnahme einer untersuchungsbedingten Körperhaltung. Die **Weigerung** zur Vornahme derartiger **Vorbereitungshandlungen** steht einer Verweigerung der Untersuchung mit den sich daraus ergebenden Folgen gleich.[175]

VII. Zeitpunkt der Untersuchungsanordnung, Rechtshilfedurchführung

59 Die **Anordnung** der Beweiserhebung nach § 372a erfolgt durch das **Prozessgericht**.[176] Sie kann von Amts wegen (§ 144 Abs. 1 Satz 1) oder auf Antrag (§ 371 Abs. 1 Satz 1) erfolgen.[177] Die amtswegige Augenscheinseinnahme ist nicht auf Statusprozesse (§§ 169 ff. FamFG) beschränkt. In Verfahren mit Verhandlungsmaxime darf die Erforderlichkeit der Untersuchung allerdings wegen der Eingriffstiefe erst aufgrund der mündlichen Verhandlung bejaht und **nicht** bereits nach § 358a **vor der mündlichen Verhandlung** angeordnet werden.[178] Beweisbedürftig ist die Abstammung zwar schon dann, wenn sie in vorbereitenden Schriftsätzen streitig gestellt worden ist. Da das Bestreiten aber u.U. nach Erörterung der Sach- und Rechtslage in der mündlichen Verhandlung nicht mehr aufrecht erhalten wird, entscheidet sich die Beweisbedürftigkeit endgültig erst zu diesem Zeitpunkt. Die Anordnung kann jedoch im **selbständigen Beweisverfahren** zur Beweissicherung getroffen werden, wenn die Materialentnahme – etwa bei einem noch nicht beigesetzten Verstorbenen – eilbedürftig ist; eine Exhumierung würde eine intensivere Störung der Totenruhe bedeuten.[179]

60 Die **Durchsetzung der Materialentnahme**, insbesondere die Verhängung von Zwangsmaßnahmen gem. § 372a Abs. 2, kann im **Rechtshilfewege** erfolgen[180] (s. auch unten Rdn. 87). Allerdings entscheidet über die Rechtmäßigkeit einer Untersuchungsverweigerung, die unter Angabe von Gründen erfolgt, allein das Prozessgericht (§§ 387 Abs. 1, 372a Abs. 2 Satz 1); der beauftragte oder ersuchte Richter kann dafür die Entscheidungsgrundlagen beschaffen.[181] Bei einer Weigerung ohne Angabe von Gründen ordnet der Rechtshilferichter die Maßnahmen nach § 390 an.[182]

VIII. Verweigerung der Untersuchung

61 **1. Allgemeines.** Bei einer Untersuchungsverweigerung lassen sich **drei mögliche Fälle** unterscheiden: die Verweigerung unter Angabe von Gründen, die Verweigerung ohne Angabe von Gründen und das bloße Nichterscheinen zum Untersuchungstermin. Für den Fall einer Untersuchungsverweigerung verweist § 372a Abs. 2 Satz 1 auf die Vorschriften der §§ 386 bis 390, die den **Zwischenstreit über** die **Rechtmäßigkeit** der Zeugnisverweigerung und die Folgen einer unberechtigten Weigerung regeln; § 372a Abs. 2 Satz 2 verschärft die für den Zeugen vorgesehenen **Zwangsmittel** um die Möglichkeit der Anwendung unmittelbaren Zwangs gegen die Untersuchungsperson (dazu

---

[174] OLG Köln FamRZ 1976, 548 (Unterschriftsleistung zur Identitätsfeststellung); AG Hohenstein FamRZ 2006, 1769 (Fertigung von Lichtbildern und Fingerabdrücken); MünchKomm/*Zimmermann*[3] § 372a Rdn. 17.
[175] OLG Köln FamRZ 1976, 548.
[176] BGH NJW 1990, 2936, 2937.
[177] Stein/Jonas/*Berger*[22] § 372a Rdn. 4; MünchKomm/*Zimmermann*[4] § 372a Rdn. 19.
[178] MünchKomm/*Zimmermann*[4] § 372a Rdn. 19; **a.A.** Baumbach/Lauterbach/*Hartmann*[71] § 372a Rdn. 18.
[179] S. den Fall OLG Düsseldorf FamRZ 1978, 206; s. ferner OLG Dresden MDR 2002, 1070.
[180] BGH NJW 1990, 2936, 2937; OLG Naumburg FamRZ 1993, 1099, 1100.
[181] BGH NJW 1990, 2936, 2937.
[182] BGH NJW 1990, 2936, 2937.

§ 390 Rdn. 27). Aus der Verweisung ausgeklammert sind der Tatbestand des § 380 über die Folgen des Nichterscheinens eines Zeugen und die nicht einschlägige Aufzählung der Rechte zur Zeugnisverweigerung aus persönlichen (§ 383)[183] und sachlichen Gründen (§ 384); damit wird auch nicht auf § 383 Abs. 2 verwiesen, der eine Pflicht zur Belehrung über die Möglichkeit der Zeugnisverweigerung vorsieht. Demgegenüber sieht das Gesetz für den Fall der Untersuchungsverweigerung **keine** derartige **Belehrungspflicht** vor. Sie wird zu Recht verneint.[184] Eine **Belehrung** wird z.T. gleichwohl **empfohlen**.[185] Belehren kann man indes nur in standardisierter Form, was tatbestandlich gefasste Rechte voraussetzt. Das Recht zur Verweigerung der Untersuchung durch einen Minderjährigen wird von dessen gesetzlichen Vertreter ausgeübt, wenn der Minderjährige nicht über die notwendige Verstandesreife verfügt, anderenfalls nach h.M vom Minderjährigen allein[186] (zur Problematik § 385 Rdn. 48).

Eine **zunächst freiwillig** erfolgte **Mitwirkung** bei der Blutentnahme zwecks Begutachtung kann **nicht** wie ein Geständnis analog § 290 **widerrufen** werden. Auf das Vorliegen von Widerrufsgründen kommt es nicht an.[187] 62

2. Weigerung ohne Angabe von Gründen. Wird die Untersuchung ohne Angabe 63
von Gründen verweigert, sind nach § 390 Zwangsmaßnahmen wie gegen einen Zeugen zulässig: Gegen die Untersuchungsperson ist als **Ungehorsamssanktion** durch Beschluss ein Ordnungsgeld, ersatzweise Ordnungshaft, und bei wiederholter Weigerung primäre Ordnungshaft zu verhängen; außerdem sind ihr die durch die Weigerung verursachten Kosten aufzuerlegen. Unabhängig davon[188] kommt bei wiederholter Weigerung die **unmittelbare Erzwingung** der Untersuchung hinzu (§ 372a Abs. 2 Satz 2). Eine Weigerung ohne Grund liegt schon dann vor, wenn der Grund nicht in der in § 386 Abs. 1–3 vorgeschriebenen Form angegeben wird,[189] oder wenn ein völlig unsinniger und unsachlicher Grund genannt wird.[190] Vor der Verhängung eines Ordnungsmittels oder der Anwendung von Zwang ist eine **Belehrung über** die **Pflichten** aus § 372a und die **Folgen** einer unberechtigten Verweigerung erforderlich.[191] Dies folgt aus einer Analogie zu §§ 141 Abs. 3, 377 Abs. 2 Nr. 3 in Verb. mit §§ 380, 402.[192] Eine Belehrung ist ausnahmsweise entbehrlich, wenn das sonstige Prozessverhalten der Untersuchungsperson den sicheren Schluss zulässt, dass eine Belehrung für sich genommen nicht geeignet ist, die Untersuchungsperson zu einem rechtmäßigen Verhalten zu veranlassen.[193]

Weitgehend Einigkeit herrscht darüber, dass bei einer Weigerung ohne Angabe von Gründen ein Zwischenstreit und ein **Zwischenurteil entbehrlich** sind.[194] Teilweise wird

---

183 Zur Nichtgeltung für einen Zeugen als Untersuchungsperson OLG Köln DAVorm 1974, 256.
184 MünchKomm/*Zimmermann*[4] § 372a Rdn. 22; Zöller/*Greger*[29] § 178 FamFG Rdn. 8; *Eichberger* S. 108f.; *Bosch* DRiZ 1951, 137, 139; *Meyer* DRiZ 1951, 34 Fn. 3; **a.A.** Stein/Jonas/*Berger*[22] § 372a Rdn. 17.
185 *Bosch* DRiZ 1951, 137, 139; *Meyer* DRiZ 1951, 34 Fn. 3.
186 OLG Karlsruhe FamRZ 1998, 563, 564 = NJWE-FER 1998, 89.
187 **A.A.** aber OLG Oldenburg NJW-RR 2005, 1022, 1023.
188 OLG Karlsruhe FamRZ 1962, 395, 396.
189 OLG Düsseldorf JMBl NRW 1964, 30.
190 OLG Hamm JMBl NRW 1951, 172; OLG Celle MDR 1960, 679, 680.
191 OLG Schleswig SchlHA 1972, 205; OLG Koblenz FamRZ 1974, 384; OLG Köln FamRZ 1976, 548; MünchKomm/*Zimmermann*[4] § 372a Rdn. 26.
192 OLG Schleswig SchlHA 1972, 205; OLG Zweibrücken FamRZ 1979, 1072, 1073; MünchKomm/*Zimmermann*[4] § 372a Rdn. 26.
193 OLG Zweibrücken FamRZ 1979, 1072, 1073.
194 OLG Hamm JMBl NRW 1951, 172; OLG Karlsruhe FamRZ 1962, 395, 396; OLG Schleswig SchlHA 1963, 169; OLG Köln FamRZ 1976, 548; OLG Zweibrücken FamRZ 1979, 1072; OLG Düsseldorf FamRZ 1986, 191, 192; wohl vorausgesetzt in OLG Celle MDR 1960, 679, 680; Stein/Jonas/*Berger*[22] § 372a Rdn. 17; *Eichberger* S. 119; **a.A.** OLG Nürnberg MDR 1964, 242 = FamRZ 1964, 98.

ein Zwischenurteil sogar für unzulässig gehalten.[195] Die Untersuchungsperson kann gegen die Festsetzung des Ordnungsmittels nach § 390 Abs. 3 mit einer **sofortigen Beschwerde** vorgehen. Beruft sie sich darin auf ein Verweigerungsrecht, führt dies zur Durchführung eines Zwischenstreits.[196] Die sofortige Beschwerde kann nach § 569 Abs. 3 Nr. 3 zu Protokoll der Geschäftsstelle erklärt werden, da der zu Untersuchende kraft der Verweisung des § 372a Abs. 2 Satz 1 einem Zeugen gleichzustellen ist. Die Regelung über die sofortige Beschwerde gilt auch, wenn unmittelbarer Zwang angewandt wird.

3. Weigerung unter Angabe von Gründen

64   **a) Verfahren.** Gibt der zu Untersuchende Gründe für seine Weigerung an, bestimmt sich das Verfahren nach den §§ 386–389. Nach § 386 Abs. 1 sind die **Gründe** entweder vor dem Termin schriftlich oder zu Protokoll der Geschäftsstelle oder im Termin mündlich anzugeben und **glaubhaft zu machen** (§ 294, nicht auch § 386 Abs. 2). Es reicht jedoch nicht aus, die Gründe dem Sachverständigen gegenüber zu nennen; „Termin" i.S.d. § 386 ist ein Gerichtstermin, nicht ein Untersuchungstermin, in dem allein der Sachverständige anwesend ist.[197] Der Sachverständige wird den sich Weigernden an das Gericht verweisen. Hat sich der zu Untersuchende formgerecht geweigert, was auch gegenüber einem beauftragten oder ersuchten Richter geschehen kann (§ 389 Abs. 1),[198] so braucht er zur Untersuchung nicht zu erscheinen (§ 386 Abs. 3). Von der Weigerung sind die Parteien (zu Händen ihrer Prozessbevollmächtigten, § 172 Abs. 1 Satz 1 i.d.F. vom 1.7.2002) zu benachrichtigen (§ 386 Abs. 4).

65   Über die Berechtigung der Verweigerung findet sodann ein **Zwischenverfahren vor dem Prozessgericht** mit mündlicher Verhandlung (§ 387 Abs. 1) statt.[199] Mündlich zu verhandeln ist auch dann, wenn bei einer von Amts wegen angeordneten Untersuchung keine der Prozessparteien zu der Weigerung Stellung genommen hat. Im Zwischenstreit gilt für die zu untersuchende Person **kein Anwaltszwang** (§ 387 Abs. 2). Ist sie zugleich Partei, muss sie sich in dieser Prozessrolle im Anwaltsprozess vertreten lassen. Auch eine sofortige Beschwerde gegen das Zwischenurteil kann nach § 387 Abs. 3 in Verb. mit §§ 569 Abs. 3 Nr. 3, 78 Abs. 3 von der zu untersuchenden Person ohne Mitwirkung eines Anwalts eingelegt werden, da sie durch die Verweisung des § 372a Abs. 2 Satz 1 als Augenscheinsobjekt einem Zeugen gleichgestellt ist.[200]

66   Die Entscheidung über die Rechtmäßigkeit der Weigerung ergeht positiv wie negativ durch **Zwischenurteil**.[201] Kann sich die zu untersuchende Person auf mehrere Verweigerungsgründe berufen, ist sie **nicht** gezwungen, **alle Gründe gleichzeitig** geltend zu machen. Die Rechtskraft des Zwischenurteils erstreckt sich nur auf die geltend gemachten Gründe, so dass die nachträgliche Geltendmachung weiterer Untersuchungsverweige-

---

195   MünchKomm/*Zimmermann*[4] § 372a Rdn. 26.
196   OLG Schleswig SchlHA 1963, 169; MünchKomm/*Zimmermann*[4] § 372a Rdn. 26.
197   **A.A.** Stein/Jonas/*Berger*[22] § 372a Rdn. 18, der meint, der Sachverständige habe die ihm genannten Gründe an das Gericht weiterzuleiten.
198   BGH NJW 1990, 2936, 2937.
199   OLG Karlsruhe OLGRep. 2007, 127 = FamRZ 2007, 738, 739; OLG Dresden NJW-RR 1999, 84, 85.
200   OLG Düsseldorf JMBl NRW 1964, 30; OLG Düsseldorf FamRZ 1971, 666.
201   BGH NJW 2007, 3644 Tz. 9; BGH NJW 2006, 1657, 1659; BGH NJW 1990, 2936, 2937; RG JW 1896, 130 (Nr. 3); OLG Celle MDR 1960, 679, 680; OLG Schleswig SchlHA 1963, 169; OLG Frankfurt NJW-RR 1988, 714; vgl. auch OLG Schleswig SchlHA 1953, 207, das eine Entscheidung in Beschlussform ihrem sachlichen Gehalt nach als Zwischenurteil behandelt.
Zur Entscheidung im Zwischenstreitverfahren bei Anwendung des § 178 FamFG OLG Brandenburg FamRZ 2011, 397; OLG München FamRZ 2012, 57, 58 = NJW 2011, 2892, 2893.

rungsgründe nicht präkludiert wird.[202] Die **Ordnungsmaßnahmen** des § 390 Abs. 1 dürfen **erst nach** Eintritt der **Rechtskraft** des Zwischenurteils angeordnet werden.[203] Ihre Anordnung im Zwischenurteil ist somit unzulässig.[204] Die nach § 390 möglichen Maßnahmen kann nach § 400 auch der beauftragte oder ersuchte Richter treffen.[205] Die **Kosten** des Zwischenverfahrens, die durch die erste unberechtigte Weigerung entstanden sind, trägt die zu untersuchende Person nach § 91.[206] Hat sich die Weigerung als berechtigt erwiesen, trägt die Kosten des Zwischenstreits die Partei, die der Weigerung widersprochen hat (§ 91).[207] Hat keine der Parteien widersprochen oder wird die Untersuchung von Amts wegen angeordnet, folgen die Kosten der Kostenentscheidung in der Hauptsache.[208]

b) Rechtsmittel. Gegen das im ersten Rechtszug erlassene Zwischenurteil kann **67** nach §§ 387 Abs. 3, 567 Abs. 1 Nr. 1 **sofortige Beschwerde** eingelegt werden (dazu auch § 387 Rdn. 27). Haben das LG oder das OLG als Berufungs- oder Beschwerdegericht entschieden, ist eine (weitere) Beschwerde seit der am 1.1.2002 wirksam gewordenen Prozessrechtsreform unzulässig. Eine Abhilfeentscheidung durch das Gericht des ersten Rechtszuges (§ 572 Abs. 1) wird durch die Bindungswirkung des Zwischenurteils versperrt (§§ 318, 572 Abs. 1 Satz 2), so dass eine an einen erstinstanzlichen Erfolg der zu untersuchenden Person anknüpfende sofortige Beschwerde durch eine Prozesspartei nicht denkbar ist. Gegen Beschwerdeentscheidungen ist eine **Rechtsbeschwerde** mangels gesetzlicher Zulassung nur nach Maßgabe des § 574 Abs. 1 Nr. 2 (richterliche Zulassung) möglich. Zu befürworten ist überdies eine analoge Anwendung des § 321a auf die Geltendmachung von Grundrechtsverletzungen anderer Art als der Verletzung rechtlichen Gehörs (Art. 103 Abs. 1 GG), damit ein Weg der Selbstkorrektur zur Vermeidung einer Verfassungsbeschwerde eröffnet wird.

Wenn die Verweigerung der Untersuchung für unberechtigt erklärt worden ist, ist **68** nur die zu untersuchende Person **beschwerdeberechtigt**.[209] Die Partei, die ein Interesse daran hat, dass die Untersuchung nicht durchgeführt wird, ist nicht beschwert, da es kein Recht auf Nichtvornahme einer Untersuchung gibt.[210] Gibt das Beschwerdegericht der Weigerung statt, ist die (gleichgültig ob unter Geltung des Untersuchungsgrundsatzes oder des Beibringungsgrundsatzes) mit der Beweisführung belastete Partei für eine Rechtsbeschwerde beschwerdeberechtigt; nur sie ist beschwert.[211]

Mit Beendigung des Zwischenstreits tritt nicht nur eine **Bindung** der Instanz bis zum **69** Endurteil ein (§ 318), sondern wegen der materiellen Rechtskraftwirkung des Zwischen-

---

202 RG JW 1889, 169 (Nr. 9); **a.A.** KG JW 1928, 738 m. abl. Anm. *Striemer; Bosch* DRiZ 1951, 137, 138, tritt für eine Präklusion nach der zweiten mit Gründen versehenen Weigerung ein.
203 OLG Karlsruhe FamRZ 1962, 395, 396; OLG Frankfurt NJW-RR 1988, 714; OLG Dresden NJW-RR 1999, 84 (dort: Rechtskraft des Beschlusses im FGG-Verfahren); s. auch OLG Zweibrücken FamRZ 1979, 1972; OLG Düsseldorf FamRZ 1986, 191, 192.
204 OLG Frankfurt NJW-RR 1988, 714.
205 BGH NJW 1990, 2936, 2937; **a.A.** *Zender* NJW 1991, 2947.
206 Stein/Jonas/*Berger*[22] § 387 Rdn. 6; Zöller/*Greger*[29] § 387 Rdn. 5.
207 MünchKomm/*Zimmermann*[4] § 372a Rdn. 24; **a.A.** – Antragsteller – Zöller/*Greger*[29] § 387 Rdn. 5.
208 MünchKomm/*Zimmermann*[4] § 372a Rdn. 24.
209 Stein/Jonas/*Berger*[22] § 372a Rdn. 20; für den Zeugen: RGZ 20, 378, 379 f.; OLG Frankfurt MDR 1983, 236; vgl. auch BFH BB 1982, 1353.
210 So zum Zeugenbeweis RGZ 20, 378, 380; OLG Frankfurt MDR 1983, 236.
211 MünchKomm/*Zimmermann*[4] § 372a Rdn. 25; **a.A.** – *jede* der Parteien – Stein/Jonas/*Berger*[22] § 372a Rdn. 20.

urteils[212] auch eine Bindung der Rechtsmittelgerichte (Berufungsgericht: § 512, Revisionsgericht: § 557 Abs. 2).

70   c) **Relevante Weigerungsgründe.** Die Untersuchungsverweigerung kann auf das Fehlen jeder der in § 372a genannten Voraussetzungen gestützt werden, also auch darauf, dass eine **Untersuchung** (aus Rechtsgründen, z.B. mangels Entscheidungserheblichkeit) **nicht erforderlich** ist[213] (dazu auch § 355 Rdn. 69). Dies gilt für zu untersuchende Personen, die **nicht selbst Prozesspartei** sind, aber auch für eine zu untersuchende Partei.[214] Dem kann nicht entgegen gehalten werden, dass ein Zeuge seine Zeugnis- und Eidespflicht nicht mit der Begründung verweigern dürfe, die Beweisanordnung sei nicht notwendig.[215] Die Pflicht zur Duldung einer Untersuchung begründet einen schwerwiegenderen Eingriff als die allgemeine Zeugnispflicht; insoweit darf eine zu untersuchende Person nicht mit einem Zeugen gleichgestellt werden.[216]

71   **Gegen** die Prüfung der Erforderlichkeit spricht auch **nicht** die Strukturentscheidung des Zivilprozessrechts, die **selbständige Anfechtbarkeit** von Beweisbeschlüssen **auszuschließen**,[217] auch wenn die Prüfung ausreichender Substantiierung des Beweisantrages und die Festlegung der Reihenfolge der Beweiserhebung im Hinblick auf verfügbare andere Beweismittel untrennbar mit dem Erlass des Beweisbeschlusses verbunden ist. Mit Art. 19 Abs. 4 GG wäre es jedoch unvereinbar, einen Eingriff in das Grundrecht der körperlichen Unversehrtheit (Art. 2 Abs. 1 GG) durch eine nicht nachprüfbare Ermessensentscheidung zuzulassen.[218] Eine fehlerhafte Beurteilung der Erforderlichkeit der Untersuchung könnte im Instanzenzug nach Anfechtung des Endurteils nicht mehr ausreichend korrigiert werden, da die Untersuchung bis dahin erzwungen worden ist (s. dazu auch § 355 Rdn. 68 f.). Überdies könnte der am Prozess nicht beteiligte Dritte das Endurteil mangels eigener Beschwer gar nicht angreifen, so dass ihm der Rechtsschutz insgesamt vorenthalten würde.[219] Mit dem Ansatz einer Überprüfung auch der Erforderlichkeit im Zwischenverfahren ist nicht der skurrile Versuch eines rechtlichen Kompromisses zu vereinbaren, das Beschwerdegericht an die Rechtsauffassung und Beweiswürdigung des Gerichts der Hauptsache zu binden.[220]

72   Nicht erforderlich ist ein Beweisantrag, der **im selbständigen Beweisverfahren zur Durchführung** eines **Restitutionsverfahrens** gestellt wird und mit dem ein Gutachten

---

212   BGHZ 121, 266, 276.
213   BGH NJW 2006, 1657, 1659; BGH NJW-RR 2007, 1728; OLG Stuttgart FamRZ 1961, 490, 491 (für den Dritten); OLG München NJW 1977, 341, 342; OLG Frankfurt NJW 1988, 832; implizit auch OLG Stuttgart NJW 1972, 2226 m. Anm. *Sautter*; OLG Oldenburg NJW 1973, 1419; OLG Düsseldorf FamRZ 1986, 191, 192; OLG Nürnberg FamRZ 2005, 728; *Bosch* DRiZ 1951, 107, 110; *Esser* MDR 1952, 537; *Weber* NJW 1963, 574; offen gelassen in BGHZ 121, 266, 276 = NJW 1993, 1391, 1393 und OLG Karlsruhe NJWE-FER 1998, 89. **A.A.** u.a. OLG München JZ 1952, 426, 427.
214   BGH NJW 2006, 1657, 1659.
215   So indes OLG Celle NJW 1955, 1037; OLG Düsseldorf NJW 1958, 265.
216   Vgl. OLG München NJW 1977, 341, 342.
217   **A.A.** OLG Celle NJW 1955, 1037; OLG Düsseldorf NJW 1958, 265; OLG Karlsruhe FamRZ 1962, 395, 396 (Zweckmäßigkeit und Rechtmäßigkeit sind der Nachprüfung entzogen); *Eichberger* S. 111 f.; *Niemeyer* MDR 1952, 199 f.; *Haußer* NJW 1959, 1811, 1812; *Jescheck* ZZP 65 (1952), 364, 379; *Sautter* AcP 161 (1962), 215, 228. Sophistisch ist allerdings die zur Überwindung des Gegenarguments getroffene Unterscheidung zwischen Anfechtung des Beweisbeschlusses und Geltendmachung eines Durchführungshindernisses in OLG Schleswig SchlHA 1955, 360.
218   OLG Stuttgart FamRZ 1961, 490, 491; OLG Oldenburg NJW 1973, 1419; OLG Frankfurt NJW 1988, 832; *Weber* NJW 1963, 574.
219   OLG Stuttgart FamRZ 1961, 490, 491; *Weber* NJW 1963, 574, 575.
220   OLG Stuttgart FamRZ 1961, 490, 491; OLG Oldenburg NJW 1973, 1419; *Weber* NJW 1963, 574, 575.

als Zulässigkeitsvoraussetzung des Restitutionsverfahrens erst beschafft werden soll. Ein derartiger Beweisantrag ist unzulässig.[221]

Auf eine die Untersuchung **verweigernde Prozesspartei** sind die vorstehenden 73 Überlegungen nicht zu übertragen. Für sie bedeutet eine Beschränkung der Nachprüfung durch das Beschwerdegericht zwar ebenfalls eine Verkürzung des Rechtsschutzes. Außerdem gilt auch für sie, dass rechtswidrige Grundrechtseingriffe nicht stattfinden dürfen. Die Ausgestaltung des Verfahrens darf aber grundrechtskonform berücksichtigen, dass im Grad der Justizunterworfenheit **zwischen Prozessparteien und Dritten** zu **differenzieren** ist (s. beispielhaft die Regelung der §§ 142, 144) und dass zugunsten ebenso wie zum Nachteil der Prozessparteien konfligierende Ziele wie das der Verfahrensbeschleunigung durch Begrenzung der Anfechtbarkeit von Entscheidungen und damit das Ziel der Effektivität des Rechtsschutzsystems in eine Abwägung einzubeziehen sind. Eine Prozesspartei kann die Weigerung daher nur auf das Argument stützen, die Untersuchung sei unzumutbar oder bewirke gesundheitliche Nachteile.

4. Nichterscheinen zum Untersuchungstermin. Während die Fälle einer Untersu- 74 chungsverweigerung mit und ohne Angabe eines Grundes durch die Verweisung des § 372a Abs. 2 auf §§ 386–390 gesetzlich geregelt sind, lässt sich das **bloße Nichterscheinen** zum Untersuchungstermin **nicht klar einordnen**. Denkbar ist, dass die zu untersuchende Person bei grundsätzlicher Untersuchungsbereitschaft – wie es auch einem Zeugen widerfahren kann – den Untersuchungstermin schlicht vergessen hat oder dass sie an seiner Wahrnehmung aus von ihr beeinflussbaren oder aus fremdbestimmten Gründen gehindert war. Die näheren Umstände sind dem Gericht zunächst unbekannt.

Für den **Zeugenbeweis** ist das **Ausbleiben des Zeugen**, für das dem Gericht nicht 75 rechtzeitig eine Erklärung bekannt geworden ist, in § 380 mitgeregelt, während die unberechtigte Zeugnisverweigerung in § 390 gesondert behandelt worden ist. Die Sanktionsregelung der §§ 380 Abs. 1 und 390 Abs. 1 ist für beide Sachverhalte allerdings identisch: Es können dem Zeugen sofort die **Kosten auferlegt** und es kann gegen ihn ein **Ordnungsgeld festgesetzt** werden. Jedoch hat der Zeuge gem. § 381 Abs. 1 Satz 2 und 3 die Möglichkeit, sein Ausbleiben im Vernehmungstermin unter Glaubhaftmachung der tatsächlichen Umstände **nachträglich zu entschuldigen** mit der Folge, dass die nachteilige Kostenentscheidung und das bereits festgesetzte Ordnungsmittel wieder aufzuheben sind.

Gegen die aus unbekanntem Grund nicht zur Untersuchung erscheinende Person so- 76 fort die Sanktionsinstrumente des § 390 einzusetzen, trifft sie grundsätzlich nicht härter als die Anwendung des § 380 auf den aus unbekanntem Grund nicht zur Vernehmung erschienenen Zeugen. **Bei Nichterscheinen** der zu untersuchenden Person ist deshalb wegen der durch § 372a Abs. 2 angeordneten entsprechenden Anwendung **generell § 390 anzuwenden**, ohne dass es auf die vorherige Aufklärung ankommt, worauf das bloße Nichterscheinen im Einzelfall zurückzuführen ist.[222]

Auf eine **Analogie zu § 380** ist der Einsatz der Sanktionsmittel **nicht** angewiesen.[223] 77 Ebenso wenig ist es für die Anwendung des § 390 erforderlich, das bloße Nichtherschei-

---

221 OLG Celle NJW-RR 2000, 1100, 1101 (dort auf Exhumierung gerichtet).
222 Ebenso MünchKomm/*Zimmermann*[4] § 372a Rdn. 29; Zöller/*Greger*[29] § 178 FamFG Rdn. 10. Für vorherige Einzelfallaufklärung hingegen OLG Neustadt NJW 1957, 1155, 1156; OLG Karlsruhe FamRZ 1972, 395; OLG Zweibrücken DAVorm 1973, 489, 491; OLG Zweibrücken FamRZ 1986, 493; s. ferner OLG Nürnberg MDR 1964, 242; OLG Düsseldorf JMBl NRW 1964, 30, 31; OLG Düsseldorf FamRZ 1971, 666; OLG Zweibrücken FamRZ 1979, 1072; Stein/Jonas/*Berger*[22] § 372a Rdn. 22.
223 So aber LG Bonn JMBl NRW 1955, 245, 246; JMBl. NRW 1965, 31.

nen fiktiv als Untersuchungsverweigerung ohne Angabe eines Grundes zu qualifizieren. Zu vermeiden ist lediglich eine gekünstelte Ausklammerung dieser Sachverhaltsgestaltung aus § 390, die auf eine schematische Übertragung der Normaufteilung im Recht des Zeugenbeweises zurückgeht und dadurch eine vermeintliche Gesetzeslücke[224] erzeugt. Die gegenteilige noch h.M. ist im übrigen letztlich auch darauf angewiesen, bei wiederholtem Nichterscheinen ohne Bekanntgabe von Gründen § 390 anzuwenden,[225] obwohl die dann gezogene Schlussfolgerung auf eine konkludente Weigerung keineswegs zwingend ist. Allerdings ist **zusätzlich § 381 analog** anzuwenden, wenn die zu untersuchende Person das Ausbleiben in einem Untersuchungstermin, zu dem sie ordnungsgemäß durch das Gericht geladen worden ist, nachträglich erfolgreich entschuldigt. Es besteht kein sachlicher Grund, die Fälle des mitwirkungspflichtigen Augenscheinsbeweises strenger zu behandeln als die Fälle der Nichterfüllung einer Zeugnispflicht.

78   Die **sofortige Anwendung des § 390** mit Einräumung einer **nachträglichen Entschuldigung** ermöglicht eine sachgerechte Erfassung des wiederholten Nichterscheinens und gestattet insbesondere eine zeitigere Anwendung unmittelbaren Zwangs. Da es weder auf eine Analogie zu § 380 noch auf die Fiktion ankommt, das Nichterscheinen als Untersuchungsverweigerung anzusehen, wird **Art. 103 Abs. 2 GG** (nullum crimen sine lege) **nicht missachtet**, der auch im Ordnungswidrigkeitenrecht anzuwenden ist[226] und der deshalb – erneut unzutreffend – Anlass zu der Schlussfolgerung gegeben hat, er sei auf Ordnungsmittel, die gegen einen Zeugen im Falle seines unentschuldigten Ausbleibens verhängt werden, wegen deren Strafcharakters anzuwenden.[227] Die mit einer Analogie zu § 380 operierende Ansicht will diese Norm in Bezug auf die Kostentragungspflicht anwenden,[228] verweigert aber die Anwendung der dort genannten Ordnungsmittel wegen Art. 103 Abs. 2 GG.[229]

79   Die **Ladung** der zu untersuchenden Person muss, wenn wegen Missachtung des Termins Sanktionen verhängt werden sollen, **förmlich** erfolgen, nämlich analog § 377.[230] Dabei kann aber die Ladung des Gerichts pragmatisch mit der gesonderten Terminfestsetzung des Sachverständigen verbunden werden, indem das Gericht eine „Rahmenladung" ausspricht, in der auf die nachfolgende Zeitbestimmung des Sachverständigen verwiesen wird.[231]

5. Wiederholte Weigerung

80   **a) Unmittelbarer Zwang.** Im Falle wiederholter Weigerung der zu untersuchenden Person kann nach § 372a Abs. 2 Satz 2 die Anwendung unmittelbaren Zwangs, insbesondere die **zwangsweise Vorführung** angeordnet werden (dazu auch § 390 Rdn. 27). Eine erste Weigerung, die unter Angabe eines Grundes erfolgte, der dann rechtskräftig für un-

---

[224] Sie wird z.B. behauptet von LG Bonn JMBl. NRW 1955, 245, 246.
[225] Vgl. etwa OLG Zweibrücken FamRZ 1986, 493.
[226] BVerfGE 71, 108, 114.
[227] So OLG Neustadt NJW 1957, 1155, 1156; LG Bonn JMBl NRW 1965, 31, 32; Stein/Jonas/*Berger*[22] § 372a Rdn. 22. Zum Strafcharakter der Ordnungsmittel nach § 890 und dem daraus abgeleiteten Erfordernis eines Verschuldens BVerfGE 20, 323, 331; 84, 82, 87; die zweite Entscheidung sagt allerdings ausdrücklich, Art. 103 Abs. 2 GG sei im zivilgerichtlichen Verfahren nicht anwendbar.
[228] OLG Neustadt NJW 1957, 1155, 1156; LG Bonn JMBl NRW 1965, 31; Stein/Jonas/*Berger*[22] § 372a Rdn. 22.
[229] OLG Neustadt NJW 1957, 1155, 1156; OLG Zweibrücken DAVorm 1973, 489, 491; LG Bonn JMBl NRW 1965, 31, 32; Stein/Jonas/*Berger*[22] § 372a Rdn. 22.
[230] OLG Brandenburg FamRZ 2001, 1010 = NJWE-FER 2001, 130, 131; OLG Frankfurt OLGRep. 1993, 170; Zöller/*Greger*[29] § 178 FamFG Rdn. 10.
[231] **A.A.** und abweichend von der Vorinstanz OLG Brandenburg FamRZ 2001, 1010.

erheblich erklärt wurde, wird nicht mitgezählt, wie sich aus § 390 ergibt. Trotz der Verweisung des § 372a Abs. 2 Satz 1 auf § 390 kommt für den Fall wiederholter Weigerung **keine Beugehaft** in Betracht. § 372a Abs. 2 Satz 2 ist demgegenüber die speziellere Vorschrift.[232] Nach der Systematik der ZPO wird Beugehaft nur dann angeordnet, wenn eine unvertretbare Handlung, z.B. eine Zeugenaussage, erzwungen werden soll. Die Duldung der Abstammungsuntersuchung ist statt dessen ähnlich wie das Erscheinen eines Zeugen (§ 380) **direkt physisch erzwingbar**. Bei nicht verstandesreifen Minderjährigen richtet sich der Zwang gegen den personensorgeberechtigten Elternteil.[233] Aus dem Verhältnismäßigkeitsgrundsatz folgt, dass vor der Durchsetzung der Untersuchung im Wege unmittelbaren physischen Zwangs ein Ordnungsmittel nach § 390 Abs. 1 verhängt worden sein muss,[234] das neben seiner nach h.M. strafähnlichen Wirkung auch Beugecharakter hat (zur Ordnungsmittelfunktion § 380 Rdn. 6 ff.).

Der unmittelbare **Zwang** wird auf Anordnung des Gerichts (funktionell zuständig ist 81 der Rechtspfleger, § 31 Abs. 3 RPflG) **durch** den **Gerichtsvollzieher** ausgeübt. Zuständig ist der Gerichtsvollzieher des Wohnsitzes der zu untersuchenden Person, und zwar auch bei größeren Entfernungen.[235] Die zwangsweise Vorführung steht nur beispielhaft für die Ausübung des unmittelbaren Zwanges; der Gerichtsvollzieher kann auch anderen geeigneten Zwang anwenden, z.B. die Testperson auf einem Stuhl festbinden. Der Gerichtsvollzieher kann nach Landesrecht polizeiliche Hilfe in Anspruch nehmen.[236] Sie dient nicht nur seinem persönlichen Schutz, sondern erstreckt sich auf die Mitwirkung bei der Vollstreckungshandlung.

b) Schlussfolgerungen im Rahmen der Beweiswürdigung (§ 371 Abs. 3). Der 82 Wortlaut des § 372a Abs. 2 Satz 2 („kann") stellt die Erzwingung der Untersuchung in das Ermessen des Gerichts. Theoretische Alternative wäre, gegen eine die Untersuchung verweigernde Prozesspartei im Rahmen der Beweiswürdigung nachteilige Schlüsse zu ziehen.[237] Dies widerspräche in Abstammungssachen (§ 169 FamFG) zur Feststellung der Vaterschaft nach § 1600d BGB oder deren Anfechtung nach § 1599 Abs. 1 BGB dem (eingeschränkten) **Amtsermittlungsgrundsatz** (§§ 26, 177 Abs. 1 FamFG) und dem dort verfolgten Ziel, die biologische Abstammung möglichst festzustellen,[238] auch wenn bis zur Rechtskraft eines angestrebten feststellenden Urteils eine Disposition durch Vaterschaftsanerkennung möglich ist. Die **ideologische Überhöhung der Kenntnis** biologischer Abstammung hat sich gegen Ende des 20. Jhdts. von nordeuropäischen Familienrechtsordnungen ausgehend kulturell und rechtlich verfestigt (oben Rdn. 5). Das Gericht muss sich daher um die Aufklärung der Abstammungsfrage bemühen und deshalb alle Zwangsmöglichkeiten ausschöpfen.[239] Für die Nicht-Statusverfahren wird man dies bezweifeln müssen.

---

[232] MünchKomm/*Zimmermann*[4] § 372a Rdn. 28; *Eichberger* S. 119.
[233] OLG Naumburg OLGRep. 2000, 156; OLG Karlsruhe OLGRep. 2007, 127, 128. Eingehend zu minderjährigen Zeugen und Untersuchungspersonen *Ahrens* FS G. Fischer (2010).
[234] OLG Frankfurt NJW-RR 1988, 714; OLG Celle OLG Rep. 1998, 290, 291; offengelassen in OLG Dresden NJW-RR 1999, 84, 85 a.E.; **a.A.** MünchKomm/*Zimmermann*[4] § 372a Rdn. 28.
[235] LG Regensburg DGVZ 1980, 171, 172; MünchKomm/*Zimmermann*[4] § 372a Rdn. 28; *Zender* NJW 1991, 2947, 2948.
[236] Zöller/*Greger*[29] § 178 FamFG Rdn. 11; vgl. die Bekanntmachung für Bayern, BayGVBl 1953, 189.
[237] So praktiziert von OLG Hamburg DAVorm 1982, 691, 692 f.
[238] S. dazu RegE zu § 1600o BGB (Vorläufer des § 1600d BGB), BT-Drs. V 2370 S. 37.
[239] BGH JZ 1987, 42, 43 m. Anm. *Stürner*; OLG Zweibrücken DAVorm 1973, 489, 491. Gegen voreilige Annahme der Beweisvereitelung durch die Vorinstanz OLG Hamm FamRZ 2003, 616.

83 Sind die erreichbaren Beweismöglichkeiten ausgeschöpft und bleiben die **Aufklärungsbemühungen erfolglos**, etwa weil der Aufenthaltsort der zu untersuchenden Person unbekannt ist[240] oder sie sich im Ausland aufhält und das ausländische Recht keine zwangsweise Untersuchung vorsieht,[241] oder weil eine zwangsweise Untersuchung mit Grundrechten unvereinbar wäre, oder weil der zu untersuchende Beklagte sich über zehn Jahre hinweg einer Blutentnahme widersetzt und den mit der Vorführung beauftragten Gerichtsvollzieher tätlich angegriffen hat,[242] darf eine endgültige Weigerung bei der **Beweiswürdigung zum Nachteil** der zu untersuchenden **Prozesspartei** berücksichtigt werden.[243]

84 Die Grundlage einer nachteiligen Beweiswürdigung wurde früher in einer Anwendung der Beweisvereitelungsgrundsätze der §§ 427, 444 gesehen.[244] Seit dem 1.1.2002 ist **§ 371 Abs. 3** die maßgebliche **Rechtsgrundlage**. Die zu untersuchende Partei darf so behandelt werden, als ob die Untersuchung keine schwerwiegenden Zweifel an ihrer Vaterschaft nach § 1600d Abs. 2 Satz 2 BGB (= § 1600o Abs. 2 Satz 2 BGB a.F.) erbracht hätte.[245] Vor einer nachteiligen Berücksichtigung ist sie **auf** die **Folgen** einer endgültigen Weigerung **hinzuweisen**.[246] Regelmäßig ist eine **Frist** nach § 356 zu setzen,[247] sofern dies nicht sinnlos ist, etwa wegen unbekannten Aufenthaltes oder bereits bekannter ernsthafter und endgültiger Weigerung.[248] Handelt es sich bei der Testperson um einen **Zeugen**, auf den der Beklagte keinen Einfluss hat, kann die Weigerung nicht zu seinen Lasten berücksichtigt werden.[249]

85 Grundsätzlich anders ist auch die Frage zu beurteilen, ob eine **berechtigte Weigerung** zu Lasten des sich Weigernden berücksichtigt werden darf. Dieses Problem ist nach den gleichen Grundsätzen wie bei der berechtigten Zeugnisverweigerung zu lösen.[250]

---

240 OLG Karlsruhe DAVorm 1976, 627, 630.
241 Italien betreffend: BGH JZ 1987, 42, 43; OLG Stuttgart DAVorm 1975, 372, 375; OLG Karlsruhe FamRZ 1977, 341, 342; OLG Koblenz DAVorm 1979, 661, 663; OLG Köln DAVorm 1980, 850, 852f.; OLG Braunschweig DAVorm 1981, 51, 54f.; KG IPRax 2004, 255, 258; *Hausmann* FamRZ 1977, 302, 305; *Decker* IPRax 2004, 229, 232; *Rizzieri* Studium Juris (ital. Zeitschrift) 2003, 132; Hindernis für die Anwendung unmittelbaren Zwangs ist die Verbürgung der Unverletzlichkeit der persönlichen Freiheit durch Art. 13 Cost. Kanada betreffend: KG DAVorm 1985, 1001, 1005f. Portugal betreffend: AG Hamburg FamRZ 2003, 45, 46.
242 AG Berlin-Wedding FamRZ 2005, 1192.
243 BGH NJW 1993, 1391, 1393 = FamRZ 1993, 691, 692; BGH JZ 1987, 42, 43; OLG Stuttgart DAVorm 1975, 372, 375; OLG Karlsruhe DAVorm 1976, 627, 630; OLG Koblenz DAVorm 1979, 661, 663; OLG Köln DAVorm 1980, 850, 852; OLG Braunschweig DAVorm 1981, 51, 54; LG Kassel NJW 1957, 1193, 1194; **a.A.** OLG Karlsruhe FamRZ 1977, 341, 342 (unter unzutreffender Berufung auf die Untersuchungsmaxime).
244 BGH NJW 1993, 1391, 1393; BGH JZ 1987, 42, 43; OLG Stuttgart DAVorm 1975, 372, 375; OLG Braunschweig DAVorm 1981, 51, 54; OLG Hamburg DAVorm 1987, 354, 362; OLG Stuttgart DAVorm 1990, 82, 84; LG Kassel NJW 1957, 1193, 1194.
245 BGH NJW 1993, 1391, 1393; BGH JZ 1987, 42, 43; KG DAVorm 1985, 1101, 1106; OLG Stuttgart DAVorm 1975, 372, 375; OLG Karlsruhe DAVorm 1976, 627, 630; OLG München DAVorm 1978, 354, 356; OLG Köln DAVorm 1980, 850, 852; OLG Braunschweig DAVorm 1981, 51, 54; OLG Hamburg DAVorm 1987, 359, 362f.; OLG Stuttgart DAVorm 1990, 82, 84; OLG Hamm FamRZ 1993, 473, 474. Bei anderer Argumentationsgrundlage ebenso *Stürner*, Anm. zu BGH JZ 1987, 42, 44; Stein/Jonas/*Berger*[22] § 372a Rdn. 23.
246 BGH NJW 1993, 1391, 1393; BGH JZ 1987, 42, 44; OLG Koblenz DAVorm 1979, 661, 663; AG Hamburg FamRZ 2003, 45, 46.
247 BGH NJW 1986, 2371, 2372 = JZ 1987, 42, 44.
248 BGH NJW 1993, 1391, 1393; OLG Stuttgart DAVorm 1975, 372, 375; OLG Karlsruhe DAVorm 1976, 627, 630; OLG Köln DAVorm 1980, 850, 853.
249 OLG Köln FamRZ 1983, 825, 826.
250 Vgl. *Bosch* DRiZ 1951, 137, 139; Stein/Jonas/*Berger*[22] § 372a Rdn. 24.

IX. Ausländische Testperson, Auslandsbeweisaufnahme

Die Duldungspflicht nach § 372a besteht, soweit deutsches Prozessrecht als lex fori **86**
gilt; **irrelevant** sind nach h.M. die **Staatsangehörigkeit** und ein ausländischer **Aufenthaltsort** des Beklagten oder eines Dritten, der sich einer Abstammungsuntersuchung unterziehen soll.[251] Soweit Ausländer der Duldungspflicht unterliegen, kann diese nicht als öffentlich-rechtliche *Staatsbürger*pflicht bezeichnet werden; sie folgt aus der Gebietshoheit des Staates. Weigerungsrechte richten sich nach der (deutschen) lex fori. Gegenüber einem Ausländer mit ausländischem Aufenthaltsort, der kein Prozessbeteiligter ist, kann die Erfüllung der von der h.M. behaupteten Duldungspflicht nicht erzwungen werden.[252] Mangels Personal- und Gebietshoheit des Gerichtsstaates über derartige Dritte sollte statt dessen bereits eine Duldungspflicht der lex fori verneint werden.[253] Die **internationale Zuständigkeit** deutscher Gerichte für Verfahren nach § 169 FamFG wird gem. § 100 FamFG durch den gewöhnlichen Aufenthalt einer Prozesspartei im Inland oder durch deren deutsche Staatsangehörigkeit begründet.

Für die Durchführung der Beweisaufnahme im Ausland gelten die Vorschriften über **87**
Beweisaufnahmen im Wege **internationaler Rechtshilfe**. Maßgeblich sind vorrangig völkerrechtliche bindende multilaterale Staatsverträge wie das Haager Übereinkommen über den Zivilprozess (HZPÜ) v. 1.3.1954[254] und das an dessen Stelle tretende Haager Beweisaufnahmeübereinkommen (HBÜ) v. 18.3.1970[255] oder bilaterale Rechtshilfeabkommen, seit 1.1.2004 im Rechtsverkehr der **EG-Staaten** (mit Ausnahme Dänemarks) die **VO (EG) Nr. 1206/2001 v. 30.5.2001** über die Beweisaufnahme in Zivil- und Handelssachen[256] und im Übrigen § 363 (Gesamtkommentierung dort). Unterzieht sich die Untersuchungsperson freiwillig der Abstammungsuntersuchung, kann diese in vielen Staaten durch den deutschen Konsul veranlasst werden (vgl. u.a. Art. 15, 16, 21 HBÜ). Bei einer Weigerung ist ein Rechtshilfeersuchen nach Art. 4 EuBVO, Art. 1 bis 3 HBÜ bzw. Art. 8 und 9 HZPÜ zu stellen. Nach Art. 9 HBÜ bzw. Art. 14 HZPÜ richtet sich die Durchführung der Beweisaufnahme nach dem Recht des ersuchten Staates.

Zwangsmaßnahmen wenden die Behörden des ersuchten Staates nur in den Fällen **88**
und in dem Umfang an, wie es dessen Recht für die Erledigung gleichartiger inländischer Beweiserhebungen vorsieht (Art. 13 EuBVO, Art. 10 HBÜ, Art. 11 HZPÜ).[257] Für die zwangsweise Durchsetzung von Abstammungsuntersuchungen kommt es also darauf an, ob das **Recht des ersuchten Staates** die **zwangsweise Durchführung** von Abstammungsuntersuchungen vorsieht.[258] Gegenüber Ländern, von denen bekannt ist, dass ein Rechtshilfeersuchen auf zwangsweise Durchführung der Abstammungsuntersuchung keinen Erfolg verspricht (z.B. Italien), ist ein Ersuchen überflüssig. Auf einen Beklagten, der die Probenentnahme im Ausland verweigert, sind im Inlandsprozess die Grundsätze zur

---

251 BGH NJW 1986, 2371, 2372 = JZ 1987, 42, 43; *Nagel/Gottwald*, Internationales Zivilprozessrecht, 6. Aufl. 2006, § 9 Rdn. 164; *Musielak* FS Geimer (2002) S. 761, 776.
252 *Musielak* FS Geimer S. 761, 776 („sanktionslose Bitte").
253 So wohl MünchKomm/*Zimmermann*⁴ § 372a Rdn. 18.
254 BGBl 1958 II, S. 576.
255 BGBl 1977 II, S. 1472.
256 ABl. EG Nr. L 174 S. 1 v. 27.6.2001.
257 OLG Düsseldorf FamRZ 1986, 191, 192; OLG Bremen FamRZ 2009, 802, 803 = NJW-RR 2009, 876 (zu Belgien); *Hausmann* FamRZ 1977, 302, 305.
258 Zur Rechtslage in einzelnen Ländern vgl. *Nagel/Gottwald*, Internationales Prozessrecht⁶, § 9 Rdn. 165–180.

Beweisvereitelung nach der lex fori (oben Rdn. 83) anzuwenden.[259] Auch Italien wendet entsprechende Grundsätze an.[260] Bevor von einer endgültigen Weigerung mit den sich daran anschließenden Folgen für die Beweiswürdigung gesprochen werden kann, sind alle Möglichkeiten auszuschöpfen, den im Ausland lebenden Beteiligten zur Klärung der Abstammungsfrage anzuhalten.

89 Abzulehnen ist die Figur der **Vollstreckungshilfe** als „anderer gerichtlicher Handlung" i.S.d. Art. 1 HBÜ, die auf die ausländische Beschaffung des Untersuchungsmaterials (Blut- oder Gewebeprobe) für eine im Inland durchzuführende Begutachtung gerichtet sein soll.[261] Bei territorialer Spaltung zwischen dem Ort der Ermittlung bzw. Beschaffung der zu begutachtenden Befundtatsache und dem Ort der anschließenden Gutachtenerstellung zerfällt die Abstammungsuntersuchung in den Augenscheinsteil und den Sachverständigenteil. Hinsichtlich der **Beschaffung des Untersuchungsmaterials** liegt eine **Rechtshilfegewährung** des ausländischen Staates **für** einen **Augenscheinsbeweis** vor.[262]

90 Beispielhaft zum Verfahren eines deutschen Gerichts auf **Ersuchen** eines **ausländischen Gerichtes**: OLG Düsseldorf FamRZ 1986, 191 sowie OLG Frankfurt NJW-RR 1988, 714.

TITEL 7
Zeugenbeweis

Vorbemerkungen
vor § 373

Schrifttum

Balzer Beweisaufnahme und Beweiswürdigung im Zivilprozeß, 3. Aufl. 2011; *Barfuß* Die Stellung besonderer Vertreter gem. § 30 BGB in der zivilprozessualen Beweisaufnahme, NJW 1977, 1273; *Berk* Der psychologische Sachverständige in Familienrechtssachen, 1985; *Bertram* Zeugenvernehmung des 15 Jahre alten Klägers?, VersR 1965, 219; *Blomeyer* Schadensersatzansprüche des im Prozeß Unterlegenen wegen Fehlverhaltens Dritter, 1972; *Bogisch* Nemo testis in re sua. Das Problem der Zeugnisfähigkeit bei der Anwendung der deutschen Zivilprozeßordnung von 1877, 1998; *Bosch* Grundsatzfragen des Beweisrechts, 1963; *Bötticher* Erbe und Gemeinschuldner als gewillkürte Prozeßstandschafter des Nachlaß- und Konkursverwalters, JZ 1963, 582; *Brunkow* Der Minderjährige als Beweisperson im Straf- und Sorgerechtsverfahren, Diss. Freib. i.Br. 2000; *Bürck* der prozeßbevollmächtigte Rechtsanwalt als Zeuge im Zivilprozeß, NJW 1969, 906; *Buß/Honert* Die „prozeßtaktische" Zession, JZ 1997, 694; *Dräger* Isolierte Drittwiderklage – Sinn und Unsinn von prozeßtaktischen Abtretungen, MDR 2008, 1373 f.; *Dreymüller* Der Zeugenbeweis im Zivilprozeß im common law und im deutschen Recht, Diss. Münster 2000; *Einmahl* Zeugenirrtum und Beweismaß im Zivilprozeß, NJW 2001, 469; *Findeisen* Der minderjährige Zeuge im Zivilprozeß, 1992; *Foerste*, Zum Beweisverwertungsverbot bei einem heimlichen Mithören eines Telefongesprächs, JZ 1998, 793 f.; *Frank* Die Verschiebung von Prozeßrechtsverhältnissen mit Hilfe der gewillkürten Prozessstandschaft, ZZP 92 (1979), 321; *Grundmann* Der Minderjährige im Zivilprozeß, 1980; *Hällmayer* Zur Beweislastverteilung im vom Versicherer geführten Rückforderungsprozeß und zur urkundenbeweislich erfolgenden Verwertung protokollierter Zeugenaussagen aus einem Strafverfahren, NZV 1992, 481; *Hauser* Der Zeugen-

---

259 BGH JZ 1987, 42, 43 f. m. Anm. *Stürner*; dazu *Schröder* JZ 1987, 605 und erneut *Stürner* JZ 1987, 607; vgl. auch OLG Koblenz DAVorm 1979, 661, 663.
260 Corte di Cassazione, Urt. v. 24.2.1997, n. 1661, Fam. e dir. 1997, 105; 19.9.1997, n. 9307, Fam. e dir. 1997, 505; *Decker* IPRax 2004, 229, 232.
261 Dafür *Jayme* FS Geimer S. 375, 378; ihm folgend *Decker* IPRax 2004, 229, 231.
262 So wohl auch *Musielak* FS Geimer S. 761, 776.

beweis im Strafprozeß mit Berücksichtigung des Zivilprozesses, 1974; *Heilmann* Kindliches Zeitempfinden und Verfahrensrecht, 1998; *Himmelsbach* Der Schutz des Medieninformanten im Zivilprozeß, 1998; *Hohlfeld* Die Einholung amtlicher Auskünfte im Zivilprozeß, 1995; *Hueck* Die Vertretung von Kapitalgesellschaften im Prozeß, in: FS für Bötticher, 1969, S. 197; *Janetzke* Die Beweiserhebung über die Glaubwürdigkeit des Zeugen im Strafprozeß, NJW 1958, 534; *Kämmerer* Die Rechtsnatur der Offenen Handelsgesellschaft, NJW 1966, 801; *Kirchhoff* Richter als Zeugen – Bericht über ein Wahrnehmungsexperiment, MDR 2001, 661; *Kluth/Böckmann* Beweisrecht – Die zivilprozessuale Partei im Zeugenmantel, MDR 2002, 616; *Knöfel* Nordische Zeugnispflicht – Grenzüberschreitende Zivilrechtshilfe à la scandinave, IPRax 2010, 572; *Koukouselis* Die Unmittelbarkeit der Beweisaufnahme im Zivilprozeß, insbesondere bei der Zeugenvernehmung, 1990; *Kube/Leineweber* Polizeibeamte als Zeugen und Sachverständige, 2. Aufl., 1980; *Kube/Leineweber* Der Jurist im Spannungsfeld der Psychologie, in: FS für die Deutsche Richterakademie, 1983; *Lent* Zeugenvernehmung einer nicht parteifähigen Prozeßpartei, ZZP 52 (1927), 14; *Lenz/Meurer* Der heimliche Zeuge im Zivilprozeß, MDR 2000, 73; *Meyke* Die Funktion der Zeugenaussage im Zivilprozeß, NJW 1989, 2032; *Müller* Parteien als Zeugen, 1992; *Nagel/Bajons* Beweisrecht, 3. Aufl. 2003; *Peters* Der sogenannte Freibeweis im Zivilprozeß, 1962; *Pieper* Richter und Sachverständiger im Zivilprozeßrecht, ZZP 84 (1971), 1; *Prange* Materiell-rechtliche Sanktionen bei Verletzung der prozessualen Wahrheitspflicht durch Zeugen und Parteien, 1995; *Reichart/Hafner* Private Zeugenbefragung durch den Anwalt im Zivilprozess, SJZ 107 (2011), 201; *Rose* Der Auslandszeuge im Beweisrecht des deutschen Strafprozesses, 1999; *Rüßmann* Einziehungsermächtigung und Klagebefugnis, AcP 172 (1972), 520; *Rüßmann* Zur Mathematik des Zeugenbeweises, in: FS für Nagel (1987), S. 329; *Rüßmann* Praktische Probleme des Zeugenbeweises im Zivilprozeß, KritV 1989, 361; *Schabenberger* Der Zeuge im Ausland, 1997; *Schlosser* EMRK und Waffengleichheit im Zivilprozeß, NJW 1995, 1404; *Schmitz* Die Vernehmung des GmbH-Geschäftsführers im Zivilprozeß, GmbH-R 2000, 1140; *E. Schneider* Der Streitgenosse als Zeuge, MDR 1982, 372; *E. Schneider* Beweis und Beweiswürdigung, 5. Aufl. 1994; *Schneider* Nonverbale Zeugnisse gegen sich selbst usw., 1991; *Werner* Zeugenvernehmung eines Rechtsanwalts in der Funktion eines anwaltlichen Beistands im Sinne des § 52 Abs. 2 BRAO, AnwBl. 1995, 113; *Wunderlich* Zivilprozessuale Möglichkeiten für ein gemeinschaftliches Vorgehen geschädigter Kapitalanleger, DB 1993, 2269.

S. auch unten VI.

Übersicht

I. Geltungsbereich der Vorschriften zum Zeugenbeweis — 1
II. Abgrenzung des Zeugenbeweises von den übrigen Beweismitteln
   1. Abgrenzungsbedarf — 2
   2. Zeugenbeweis und Beweis durch Augenschein — 3
   3. Zeugenbeweis und Sachverständigenbeweis — 5
   4. Zeugen- und Parteibeweis
      a) Formelle Parteistellung als Abgrenzungsmaßstab — 9
      b) Parteianhörung zum Ausgleich von Beweisnot — 11
III. Persönliche Fähigkeiten der Aussageperson — 15
IV. Zuordnung zu Zeugenbeweis und Parteivernehmung
   1. Bedeutung der Beweismittelzuordnung — 19
   2. Abgrenzungsmaßstab des § 455
      a) Natürliche und juristische Personen — 20
      b) Natürlich Personen als prozessunfähige Parteien — 21
      c) Gesetzliche Vertreter natürlicher Personen — 23
   3. Fallgruppen
      a) Juristische Personen; nichtrechtsfähiger Verein — 28
      b) Personengesellschaften
         aa) Handelsgesellschaften — 31
         bb) GbR — 33
      c) Gütergemeinschaft, andere Güterstände — 34
      d) Erbengemeinschaft — 35
      e) Prozessstandschaft — 36
      f) Partei kraft Amtes — 37
      g) Streitgenossen — 38
      h) Streitverkündeter, Streithelfer — 42
      i) Rechtsnachfolge — 44
   4. Änderung der Zeugen- oder Parteiqualität
      a) Wechsel der Partei oder des gesetzlichen Vertreters im Laufe des Verfahrens — 45
      b) Zeugenfähigkeit bei verbleibender Kostenbeteiligung — 48

c) Änderung durch prozesstaktische Maßnahmen
   aa) Zulässige Prozesstaktik —— 50
   bb) Abtretung —— 51
   cc) Vertreterauswechslung —— 56
   dd) Drittwiderklage, Klageerweiterung —— 58
d) Umgang mit der Änderung
   aa) Bevorstehende Beweisaufnahme —— 60
   bb) Verwertung der Beweisaufnahme —— 63
5. Fehlende Vernehmung als Partei oder Zeuge
   a) Wiederholung der Beweisaufnahme —— 65
   b) Aussageverweigerung —— 66
   c) Würdigung der Parteivernehmung als Zeugenaussage —— 67
   d) Benennung als Zeuge statt als Partei —— 69

V. Beweishindernisse
1. Beweiserhebungs- und Beweisverwertungsverbote
   a) Verstöße gegen Verfahrensvorschriften —— 70
   b) Unterbliebene Belehrung im vorangegangenen Strafverfahren —— 71
   c) Sonstige rechtswidrige Beweismittelerlangung —— 73
2. Richter, Urkundsbeamte, Prozessbevollmächtigte als Zeugen —— 74

VI. Pflichten und Rechte des Zeugen
1. Zeugnispflicht
   a) Öffentlich-rechtliche Pflicht —— 75
   b) Territoriale Reichweite: ausländische Zeugen, Zeugen im Ausland —— 78
   c) Pflichtenumfang —— 81
2. Rechte und Schutz des Zeugen
   a) Aussageverweigerung —— 85
   b) Zeugenbeistand —— 90
   c) Schutz des Persönlichkeitsrechts —— 92
3. Haftung des Zeugen —— 93

VII. Würdigung der Zeugenaussage
1. Mögliche Fehlerquellen —— 94
2. Wahrnehmungsfehler —— 95
3. Glaubhaftigkeit der Aussage —— 96
4. Glaubwürdigkeitsbeurteilung
   a) Prüfungskriterien —— 98
   b) Verbot richterrechtlicher Beweisregeln —— 99
   c) Glaubwürdigkeitsuntersuchung —— 102

VIII. Verwertung des Inhalts anderer Verfahrensakten
1. Protokollbeweis als Ersatz der Zeugenvernehmung —— 104
2. Beweiswert von Vernehmungsniederschriften —— 109

IX. Auskünfte von Behörden —— 113

I. Geltungsbereich der Vorschriften zum Zeugenbeweis

1   Die Vorschriften des siebten Titels gelten gem. § 30 Abs. 1 FamFG auch für den Zeugenbeweis im Verfahren der Freiwilligen Gerichtsbarkeit, sofern eine förmliche Beweisaufnahme durchzuführen ist. Im FG-Verfahren kann nicht als Zeuge vernommen werden, wer am Verfahren formell beteiligt ist oder als materiell Beteiligter in Frage kommt (Muss- und Kann-Beteiligte nach § 7 Abs. 1–3 FamFG).[1]

II. Abgrenzung des Zeugenbeweises von den übrigen Beweismitteln

2   **1. Abgrenzungsbedarf.** Der Zeugenbeweis gehört zu den fünf gesetzlichen Mitteln des **Strengbeweises**. Diese sind nach unterschiedlichen Kriterien voneinander abzugrenzen und lassen sich nicht einheitlich systematisieren. Es handelt sich um einzelne typische Erkenntnismöglichkeiten, die der Gesetzgeber genauer geregelt hat.[2]

---

[1] BayObLG NJW-RR 1993, 85, 86; BayObLG FamRZ 1997, 772, 773; *Bumiller*/Harders FamFG[10] § 30 Rdn. 15; Keidel/*Sternal* FamFG[17] § 30 Rdn. 45.

[2] *Hahn/Stegemann* Mat. II/1 S. 268 [S. 199 der Begründung des Entwurfs]; *Hohlfeld* Einholung amtlicher Auskünfte, S. 92.

2. Zeugenbeweis und Beweis durch Augenschein. Erhoben wird der Zeugenbe- 3
weis wie der Parteibeweis (zur Abgrenzung Rdn. 9) durch Vernehmung eines Menschen
über seine vergangenen – ausnahmsweise auch gegenwärtigen – **Tatsachenwahrnehmungen** (§ 284 Rdn. 13, § 373 Rdn. 6). Der Zeuge nimmt Tatsachen, d.h. konkrete, nach
Zeit und Raum bestimmte, der Vergangenheit oder der Gegenwart zugehörende Geschehnisse oder Zustände[3] wahr, übersetzt seine Wahrnehmungen in Gedanken und gibt
diese wieder. Die Tatsachenbekundung ist Verstandestätigkeit. Gewisse **Wertungen** sind
im Rahmen der Zeugenaussage daher nicht auszuschließen.[4] Der Zeuge darf die von ihm
wahrgenommenen Tatsachen aber **nicht rechtlich werten**.[5]

Wenn die zu beweisende Tatsache im Zeitpunkt der Beweisaufnahme nicht mehr 4
existiert oder sich verändert hat, ist der Zeugenbeweis das einzige verfügbare Beweismittel. Ein Zeuge einer bestimmten vergangenen Tatsache ist deshalb bestenfalls durch einen anderen Zeugen derselben Tatsache ersetzbar. Ist der Beweisgegenstand noch unverändert vorhanden, ist grundsätzlich der **Beweis durch Augenschein** (§ 371) vorzugswürdig. Die Wahrnehmung des Gerichts mit den eigenen Sinnesorganen erlaubt
einen direkten und damit verlässlicheren Zugang zu der Beweistatsache als die Vernehmung eines Zeugen, der über seine subjektiven Tatsacheneindrücke berichtet. Der **Augenscheinsgehilfe**, der das Gericht nach § 372 bei der Augenscheinseinnahme unterstützt, vermittelt diesem zwar wie der Zeuge seine Tatsachenwahrnehmungen. Er ist aber
anders als der Zeuge durch jede andere Person ersetzbar. Soll über gegenwärtige Tatsachen Beweis erhoben werden, geschieht dies durch Augenscheinseinnahme, wenn die
Tatsachen für jedermann wahrnehmbar sind. Kann hingegen nur eine bestimmte Person
sie wahrnehmen, wie z.B. eigene Schmerzen und andere **innere Tatsachen**, ist diese als
Zeuge zu vernehmen. Eine Augenscheinseinnahme wäre insoweit allenfalls bezüglich
äußerlich in Erscheinung tretender Indizien für die innere Tatsache denkbar, z.B. für ein
schmerzverzerrtes Gesicht.

3. Zeugenbeweis und Sachverständigenbeweis. Zeugenbeweis (wie Parteibeweis) 5
und Sachverständigenbeweis unterscheiden sich im Abstraktionsgrad der durch sie gewonnenen Erkenntnisse. Während der der Zeuge die Besonderheiten des Einzelfalls (die
Tatsachen) wahrnimmt, erfasst und bewertet der Sachverständige das Allgemeine des
Geschehens (zur Abgrenzung auch § 402 Rdn. 5ff.). Er vermittelt dem Gericht **Fachwissen zur Beurteilung von Tatsachen**[6] bzw. misst ihm vorgegebene Tatsachen an wissenschaftlichen Erfahrungssätzen und Maßstäben und zieht daraus Schlüsse für den konkreten Fall.[7] Dabei kommt es nur auf seine besondere Sachkunde an, weshalb der
Sachverständigenbeweis von jedem Sachkenner mit gleichem Ergebnis zu bringen ist.
Dagegen ist die **Wahrnehmung des Zeugen einmalig**, so dass er nicht ausgewechselt
werden kann.[8]

Die Allgemeingültigkeit der Aussage des Sachverständigen bedingt, dass der Sach- 6
verständige auch **Prognosen** über die zukünftige Entwicklung von Tatsachen erstellen
kann. Im Gegensatz zum Zeugen- und (Partei)beweis erstreckt sich der Sachverständigenbeweis daher nicht nur auf Vergangenes oder Gegenwärtiges, sondern **auch auf Zukünftiges**. Welchen Erlös ein Grundstück bei der Zwangsversteigerung voraussichtlich

---

3   BAG VersR 2000, 1143, 1144.
4   RG JW 1902, 166.
5   RG Warn. 1920, 170, Nr. 141: keine Vertragsauslegung.
6   BGH NJW 1993, 1796, 1797 = MDR 1993, 579, 580 = LM § 373 ZPO Nr. 14 Bl. 1 f.; BGH MDR 1974, 382.
7   RG JW 1910, 1007, 1008; BGH MDR 1974, 382.
8   OLG Hamm MDR 1988, 418.

erbringen wird, kann, auch wenn die wertbildenden Faktoren feststehen, nur auf Grund besonderer Sachkunde beurteilt werden. Ein Gericht kann sich dieses Wissen grundsätzlich nicht im Wege des Zeugenbeweises verschaffen.[9]

7   Der **sachverständige Zeuge** (§ 414), der seine besondere Sachkunde zur Wahrnehmung von Tatsachen verwendet, ist nur Zeuge,[10] selbst wenn er etwas aufzunehmen in der Lage ist, was ein nicht sachverständiger Zeuge nicht aufnehmen kann. Doch wird der Sachverständigenbeweis noch nicht zum Zeugenbeweis dadurch, dass der Sachverständige sich erkundigt, um urteilen zu können, solange diese Erkundigungen jedem, der sachverständig ist, möglich und allgemein gehalten sind. Wer **im Auftrag einer Partei** ein **Gutachten** erstattet hat, ist sachverständiger Zeuge und nicht Sachverständiger, wenn er im Rechtsstreit nur darüber vernommen wird, welche Feststellungen er bei der Besichtigung des Streitobjekts auf Grund seiner besonderen Sachkunde getroffen hat.[11] Geht es indessen vorrangig nicht um die Ermittlung der Befund- und Zusatztatsachen, sondern um die objektive Bewertung eines im Wesentlichen feststehenden Sachverhalts, so ist der Zeugenbeweis ungeeignet und ein Sachverständigengutachten einzuholen.[12]

8   **Zeugen- und Sachverständigenbeweis können** durchaus **zusammenfallen**. Eine Person kann sowohl als (sachverständiger) Zeuge wie als Sachverständiger vernommen werden, so etwa der Arzt, der – als sachverständiger Zeuge – den Umfang des Leidens feststellt und sich zugleich – als Sachverständiger – gutachtlich über die Heilungsaussicht oder die Erwerbsfähigkeit[13] äußert.

4. Zeugen- und Parteibeweis

9   **a) Formelle Parteistellung als Abgrenzungsmaßstab.** Zwischen Zeugen- und Parteivernehmung bestehen inhaltlich keine Unterschiede: Beide Beweismittel sind auf die **Wiedergabe von Tatsachenwahrnehmungen** gerichtet. Sie unterscheiden sich jedoch darin, dass eine Parteivernehmung – anders als die formlose Parteianhörung, die kein Beweismittel ist – nur subsidiär in Betracht kommt, während der **Zeugenbeweis stets zulässig** ist. Diese Differenzierung beruht auf der Überlegung, dass das Interesse der Parteien am Ausgang des Rechtsstreits der Wahrheitsfindung abträglich ist, die in dem römisch-rechtlichen Gedanken Ausdruck gefunden hat, dass niemand in eigener Sache Zeuge sein soll („nemo testis in re sua"). Wegen der Subsidiarität der Parteivernehmung sind die Vernehmungsrollen nicht beliebig austauschbar und stehen nicht zur Disposition der Partei.[14] In der ZPO ist geregelt, wer als Partei zu vernehmen ist, nicht aber wer Zeuge sein kann. Entscheidend ist danach nicht die Stärke oder das Gewicht des Interesses der zu vernehmenden Person an der Streitsache, sondern die **formale Parteistellung** im Prozess.[15] Da es einem allgemeinen Grundsatz des Prozessrechts entspricht, dass jedermanns Tatsachenkenntnis für den Prozess verwertet werden soll,[16] müssen alle Per-

---

9   BGH NJW 1993, 1796, 1797 = MDR 1993, 579, 580 = LM § 373 ZPO Nr. 14 Bl. 1 f.
10 RGZ 91, 208, 209; BGH LM § 414 ZPO Nr. 2 = MDR 1974, 382.
11 BGH LM § 414 ZPO Nr. 2.
12 BGH LM § 414 ZPO Nr. 2; BGH NJW 1993, 1796, 1797.
13 RG JW 1899, 145.
14 Stein/Jonas/*Berger*[22] vor § 373 Rdn. 2.
15 Schönke/*Kuchinke* ZPR[9] § 65 II. Anders *Müller* Parteien als Zeugen, S. 132: Die aus der Abgrenzung zwischen Zeugen- und Parteibeweis resultierenden Probleme seien im Rahmen der Beweiswürdigung nicht lösbar; wegen des Grundsatzes „nemo testis in re sua" sei eine materielle Abgrenzung anhand des jeweiligen Interesses einer Aussageperson am Ausgang des Rechtsstreits erforderlich.
16 BGH NJW 1965, 2253, 2254 = LM § 373 Nr. 4; BGH NJW-RR 1994, 1143, 1144; OLG Düsseldorf MDR 1971, 56; BAG JZ 1973, 58, 59.

sonen, die nicht als Partei zu vernehmen sind, Zeuge sein können. Für die Abgrenzung zwischen beiden Vernehmungsrollen ist deshalb der persönliche **Anwendungsbereich** der Vorschriften über die **Parteivernehmung** (§§ 445ff.) maßgeblich.

Da sich die Vernehmungsrolle im Laufe des Prozesses ändern kann, ist bei der Abgrenzung von Zeugen- und Parteibeweis auf den **Zeitpunkt der Vernehmung** abzustellen.[17] Danach kann Zeuge in einem konkreten Prozess zu einem bestimmten Zeitpunkt jede Person sein, die nicht zugleich den Vorschriften der Parteivernehmung unterliegt.[18] Dadurch steht jede Person für das Beweisverfahren zur Verfügung,[19] so dass grundsätzlich das gesamte vorhandene Wissen über den Streitgegenstand für die Tatsachenaufklärung genutzt werden kann.

b) Parteianhörung zum Ausgleich von Beweisnot. Aus den engen Voraussetzungen der Parteivernehmung ergibt sich, dass eine Person, die wegen ihrer Stellung im konkreten Prozess den Vorschriften der Parteivernehmung unterliegt, unter Umständen nicht vernommen werden darf, so dass ihr Wissen bei der Beweisaufnahme nicht verwertet werden kann. Gerät die beweisbelastete Partei dadurch in Beweisnot, kann es nach der **Rechtsprechung des EGMR** in besonders gelagerten Fällen im Interesse der prozessualen Waffengleichheit geboten sein, sie gleichwohl als Partei zu vernehmen[20] (dazu auch § 284 Rdn. 7 und § 286 Rdn. 29).

In dem **vom EGMR entschiedenen Fall** oblag es der antragstellenden Gesellschaft zu beweisen, dass bei einem Treffen eine mündliche Vereinbarung zwischen ihr und der Bank bezüglich der Ausweitung bestimmter Kreditlinien tatsächlich zustande gekommen war. Anwesend waren bei dem Treffen jeweils ein Repräsentant der antragstellenden Gesellschaft und der Bank. Obwohl der Repräsentant der antragstellenden Gesellschaft deren Alleingesellschafter war, musste nach Auffassung des EGMR auch diesem Gelegenheit gegeben werden, als Zeuge auszusagen, da beide auf gleicher Grundlage verhandelt hatten und auch der Repräsentant der gegnerischen Bank als Zeuge zugelassen worden war.[21]

Das **Prinzip der „Waffengleichheit"** im Zivilprozess i.S. einer „fairen Balance" zwischen den Parteien leitet der EGMR aus dem Begriff „faire Anhörung" in Art. 6 Abs. 1 EMRK ab. Danach muss jeder Partei eine vernünftige Möglichkeit eingeräumt werden, ihren Fall – einschließlich ihrer Aussage – vor Gericht unter Bedingungen zu präsentieren, die für diese Partei keinen substantiellen Nachteil im Verhältnis zu ihrem Prozessgegner bedeuten. Bei **Gesprächen unter vier Augen** verlangt der Grundsatz der prozessualen Waffengleichheit, dass die Aussagen beider Gesprächspartner in gleicher Weise als Beweismittel zugelassen werden. Für das BVerfG folgt dies aus dem Anspruch auf Gewährung rechtlichen Gehörs (Art. 103 Abs. 1 GG).[22]

Eine Vernehmung als Zeuge, wie sie der EGMR verlangt hat, durchbräche allerdings das System der ZPO und dürfte auch im Interesse der „prozessualen Waffengleichheit" nicht notwendig sein. In Betracht kommt nach der ZPO streng genommen nur eine **informatorische Parteianhörung**. Zu weit geht es, § 448 im Lichte der Entscheidung des

---

17 RGZ 45, 427, 429 = 46, 318, 320; BGH MDR 1965, 287 = JR 1965, 146 = LM § 448 ZPO Nr. 4; OLG Düsseldorf FamRZ 1975, 100, 101; ebenso MünchKomm/*Damrau*[4] § 373 Rdn. 16; Stein/Jonas/*Berger*[22] vor § 373 Rdn. 18.
18 BGH NJW 1965, 2253, 2254; BGH NJW-RR 1994, 1143, 1144; BAG JZ 1973, 58, 59; BFH NJW-RR 1998, 63.
19 Baumbach/Lauterbach/*Hartmann*[71] Übers § 373 Rdn. 11.
20 EGMR NJW 1995, 1413 – *Dombo Beheer B.V./Niederlande*; dazu *Schlosser* NJW 1995, 1404, 1405.
21 EGMR NJW 1995, 1413 – *Dombo Beheer B.V./Niederlande*.
22 Schlosser NJW 1995, 1404 m. Nachweisen zur Rspr. des BVerfG.

EGMR schlechthin neu zu interpretieren und den gesetzlichen Vertreter zur Parteivernehmung zuzulassen.[23]

III. Persönliche Fähigkeiten der Aussageperson

15 Die Zeugnisfähigkeit ist in Hinblick auf das Prinzip der freien Beweiswürdigung bewusst nicht gesetzlich geregelt.[24] **Zeugnisfähig** sind **ausschließlich natürliche Personen**.[25] Dass die Fähigkeit, bestimmte Tatsachen wahrzunehmen, zu erinnern und wiederzugeben sowie Fragen zu verstehen und zu beantworten, von Person zu Person variiert, hat grundsätzlich keinen Einfluss auf die Zeugnisfähigkeit. Die Zeugnisfähigkeit ist **weder** mit der **Geschäftsfähigkeit** und deren Abstufungen **noch** mit der **Eidesfähigkeit** (§ 393) gleichzusetzen.[26] Zeugnisfähigkeit und Einsichtsvermögen in Wesen und Tragweite des Zeugnisverweigerungsrechts (§ 383) können, müssen aber nicht zusammenhängen.[27]

16 Die Fähigkeit als Zeuge auszusagen, ist grundsätzlich **altersunabhängig**,[28] weshalb **Minderjährige** unabhängig von ihrem Alter vernommen werden können. Erforderlich ist nur die Verstandesreife, tatsächliche Wahrnehmungen zu machen und auf Befragung zu reproduzieren.[29] Ein siebenjähriges Kind, das beobachtet hat, wie ein Brief unter der Tür eines Geschäftslokals durchgeschoben wurde, kann wegen dieser Beobachtung als Zeuge vernommen werden.[30] Eine andere Frage ist, ob die Vernehmung Minderjähriger wegen Gefährdung des Kindeswohls unterbleiben soll.[31] Auch **geistige Gebrechen** beseitigen die Zeugnisfähigkeit nicht schlechthin.[32] Ein 14-jähriges schwachsinniges Kind kann im Einzelfall zeugnisfähig sein.[33]

17 Losgelöst von der Zeugnisfähigkeit ist zu beurteilen, **wer** bei nicht voll geschäftsfähigen Aussagepersonen das **Zeugnisverweigerungsrecht ausüben** darf. Heranzuziehen ist § 52 Abs. 2 StPO[34] (zum Minderjährigen s. auch § 383 Rdn. 81). Eine Beweisperson, welche die zum Verständnis eines Zeugnisverweigerungsrechts erforderliche geistige Reife nicht besitzt, darf grundsätzlich nur mit der **Zustimmung** ihres zur Personensorge berechtigten **gesetzlichen Vertreters**, der auch an ihrer Stelle entsprechend zu belehren ist, vernommen werden.[35] Sind im staatsanwaltlichen Ermittlungsverfahren Zweifel an der Aussagetüchtigkeit eines Zeugen bejaht worden, rechtfertigt dies nicht ohne weiteres die Annahme, der Zeuge sei auch im Zivilprozess ein ungeeignetes Beweismittel,

---

23 So aber *Schlosser* NJW 1995, 1404, 1405.
24 *Findeisen*, Der minderjährige Zeuge S. 22 f.
25 OLG Düsseldorf MDR 1988, 593 = JurBüro 1988, 1005.
26 Stein/Jonas/*Berger*[22] vor § 373 Rdn. 3.
27 BGH NJW 1967, 360; Stein/Jonas/*Berger*[22] vor § 373 Rdn. 3; *Findeisen* S. 31; Zöller/*Greger*[29] § 373 Rdn. 3.
28 AG Bergisch Gladbach WuM 1994, 193; *Findeisen* S. 22 f.; *Grundmann* Der Minderjährige im Zivilprozess S. 89.
29 Zöller/*Greger*[29] § 373 Rdn. 3. *Findeisen* S. 34 ff., 175 plädiert dafür, die Zeugnisunfähigkeit vor Erreichen des sechsten Lebensjahres widerlegbar zu vermuten.
30 AG Bergisch Gladbach WuM 1994, 193.
31 *Findeisen* S. 31.
32 *Janetzke* NJW 1958, 534.
33 BGH NJW 1967, 360.
34 MünchKomm/*Damrau*[4] § 383 Rdn. 8.
35 GSSt BGHSt 12, 235 = NJW 1959, 445; BGHSt 14, 159, 160 = BGH NJW 1960, 1396; NJW 1967, 360; BayObLG NJW 1967, 206 = FamRZ 1966, 644; OLG Stuttgart FamRZ 1965, 515, 516; MünchKommBGB/*Huber*[6] § 1626 Rdn. 51; *Grundmann*, Der Minderjährige im Zivilprozess S. 91 ff.

weil hierfür die völlige Ungeeignetheit des Beweismittels feststehen muss[36] (zur Ungeeignetheit § 284 Rdn. 96).

Bei **hör- und sprachbehinderten Personen** sind gemäß § 186 GVG die zur Verständigung erforderlichen technischen Hilfsmittel bereitzustellen; bei Bedarf ist ein Dolmetscher hinzuziehen. Ist ein Zeuge der deutschen Sprache nicht mächtig, muss das Gericht gemäß § 185 GVG ebenfalls einen **Dolmetscher** hinzuziehen, und zwar auch dann noch, wenn die beweisführende Partei auf die Notwendigkeit eines Dolmetschers beim Beweisantritt nicht hingewiesen hat.[37] 18

IV. Zuordnung zu Zeugenbeweis und Parteivernehmung

1. Bedeutung der Beweismittelzuordnung. Da die Voraussetzungen der Parteivernehmung nicht durch die Benennung als Zeuge unterlaufen werden dürfen, ist im Einzelfall sorgfältig zu prüfen, ob eine bestimmte Person nach der **Art ihrer Beteiligung am konkreten Verfahren**[38] als Zeuge in Betracht kommt. In Ausnahmefällen kann nach der Rechtsprechung allerdings offen bleiben, ob die Vernehmung als Zeuge oder als Partei erfolgt, so z.B., wenn nicht klar ist, ob die vernommene Person noch gesetzlicher Vertreter ist.[39] Dies setzt voraus, dass das Beweisverfahren den gesetzlichen Anforderungen an den Zeugenbeweis (z.B. Belehrung) wie an die Parteivernehmung (z.B. beiderseitiges Einverständnis nach § 447, Voraussetzungen der Anordnung von Amts wegen) genügt.[40] Zweifel an der Partei- oder Zeugeneigenschaft sind nur bei der Beweiswürdigung zu berücksichtigen.[41] 19

2. Abgrenzungsmaßstab des § 455

a) Natürliche und juristische Personen. Aus § 455, der nur für den Fall der Prozessunfähigkeit einer Partei gilt, ergibt sich im Umkehrschluss, dass eine **prozessfähige Partei** stets der Parteivernehmung unterliegt, also nie Zeuge sein kann. Ist die Partei dagegen nach §§ 52, 53 **prozessunfähig**, ist nach § 455 zu prüfen, ob die Partei oder ihr gesetzlicher Vertreter der Parteivernehmung unterliegt bzw. als Zeuge vernommen werden darf. Unproblematisch ist dies, wenn es sich bei der prozessunfähigen Partei um eine **juristische Person** oder eine **Personengesellschaft** handelt. Diese können als solche naturgemäß nicht Zeuge sein.[42] Gleiches gilt für ihre gesetzlichen Vertreter. Diese unterliegen nach § 455 Abs. 1 stets dem Parteibeweis. Insoweit ist lediglich zu klären, wer im jeweiligen Prozess vertretungsberechtigt ist (nachfolgend Rdn. 28 ff.). Ist die prozessunfähige Partei dagegen eine **natürliche Person**, finden die Ausnahmevorschriften des § 455 Abs. 2 Anwendung, was sich unter Umständen auf die Vernehmungsrollen der Partei und ihrer gesetzlichen Vertreter (nachfolgend Rdn. 21, 23) auswirkt. 20

b) Natürliche Personen als prozessunfähige Parteien. Eine natürliche Person kann als prozessunfähige Partei Zeuge sein, wenn sie nicht nach § 455 Abs. 2 als Partei 21

---

36 OLG Celle OLGRep. 2000, 195, 196 f.
37 OLG Hamm MDR 2000, 657.
38 KG DAVorm 1977, Sp. 174, 176.
39 RG Warn. 1937 Nr. 129, S. 300; BGH LM § 373 Nr. 3 = WM 1957, 877 = ZZP 71 (1958), 114; Stein/Jonas/*Berger*[22] vor § 373 Rdn. 2.
40 Stein/Jonas/*Berger*[22] vor § 373 Rdn. 2.
41 BGH NJW 1965, 2254; Zöller/*Greger*[29] § 373 Rdn. 7.
42 OLG Düsseldorf MDR 1988, 593 = JurBüro 1988, 1005.

vernommen wird.⁴³ In diesem Fall ist nach **§ 455 Abs. 1** ihr gesetzlicher Vertreter (§ 51) an ihrer Stelle nach den Regeln des Parteibeweises zu vernehmen. Dies ist ausnahmslos der Fall, wenn die prozessunfähige Partei noch nicht 16 Jahre alt ist. Die Möglichkeit einer Parteivernehmung besteht für prozessunfähige Parteien in zwei Fällen. Nach **§ 455 Abs. 2 Satz 1** kann die nach § 52 prozessunfähige Partei zur Parteivernehmung zugelassen werden, wenn sie mindestens 16 Jahre alt ist, und nach **§ 455 Abs. 2 Sätze 2, 1** die an sich prozessfähige, im Prozess aber durch einen Betreuer oder Pfleger vertretene und deshalb nach § 53 prozessunfähige Partei. Die Entscheidung hierüber liegt nach § 455 Abs. 2 Satz 1 im Ermessen des Gerichts. Die Parteivernehmung nach § 455 Abs. 2 ist allerdings auf eigene Wahrnehmungen der Partei beschränkt.

22   Danach kann beispielsweise der Kläger im Unfallhaftpflichtprozess über den Unfallhergang als Zeuge vernommen werden, wenn er das **16. Lebensjahr** noch nicht vollendet hat.⁴⁴ Auch kann eine Partei als Zeuge vernommen werden, wenn der für sie zur Vertretung bestellte Betreuer die Prozesshandlungen genehmigt, die sie während ihrer Prozessunfähigkeit vorgenommen hat.⁴⁵

23   **c) Gesetzliche Vertreter natürlicher Personen.** Ohne weiteres können die gesetzlichen Vertreter eines **Minderjährigen**, der in dem konkreten Rechtsstreit nach § 52 in Verb. mit §§ 112, 113 BGB **prozessfähig** ist, Zeuge sein. Die gesetzlichen Vertreter eines **prozessunfähigen Kindes**, d.h. in der Regel die Eltern (§ 1629 Abs. 1 Sätze 1 und 2 in Verb. mit § 1626 Abs. 1 Satz 1 oder § 1626a Abs. 1 BGB) bzw. ein Elternteil (§ 1629 Abs. 1 Satz 3 oder Satz 4 BGB), ggf. der Vormund (§ 1793 Abs. 1 BGB) oder der Ergänzungspfleger (§ 1909 BGB), sind dagegen **stets als Zeugen ausgeschlossen**, wenn das von ihnen vertretene Kind noch nicht sechzehn Jahre alt ist.

24   Die gesetzlichen Vertreter eines mindestens **sechzehn Jahre alten** prozessunfähigen **Kindes** und der im Prozess als gesetzlicher Vertreter auftretende Betreuer (§ 1902 BGB) oder Pfleger (§§ 1909, 1911, 1915, 1793 Abs. 1 BGB) **einer** an sich **prozessfähigen Person** unterstehen im Regelfall nach § 455 Abs. 1 der Parteivernehmung. Sie sind aber – beschränkt auf die in § 455 Abs. 2 genannten Beweisthemen – **als Zeugen** zu vernehmen, wenn und soweit das Gericht **§ 455 Abs. 2** anwendet.⁴⁶ Dies ergibt sich zunächst aus Wortlaut und Systematik des § 455, der die Vernehmung des gesetzlichen Vertreters als Partei nach § 455 Abs. 1 unter den Vorbehalt der Vorschrift in § 455 Abs. 2 stellt. Danach ist die Vernehmung des gesetzlichen Vertreters als Partei unzulässig, wenn die prozessunfähige Partei selbst vernommen wird.⁴⁷ Nach allgemeinen Grundsätzen steht der gesetzliche Vertreter dann als Zeuge zur Verfügung.

25   Die **Parteivernehmung nach § 455 Abs. 2** ist auf Tatsachen beschränkt, die in eigenen Handlungen des Vernommenen bestehen oder Gegenstand seiner Wahrnehmung gewesen sind. Daher muss über andere Tatsachen der gesetzliche Vertreter als Partei vernommen werden. Insoweit scheidet er stets als Zeuge aus. Dies führt **nur scheinbar** zu einer **Aufspaltung des Beweisgegenstandes**, denn Beweisthema ist ohnehin die einzelne Tatsache. Zu den Tatsachen, über die die prozessunfähige Partei nicht als Partei vernommen werden darf, gehören entgegen anderer Ansicht⁴⁸ nicht notwendig Hand-

---

43   BGH NJW 2000, 289, 291 (obiter dictum, in BGHZ 143, 122 nicht mit abgedruckt); OLG Stettin ZZP 59 (1935), 218 f.; Stein/Jonas/*Berger*²² vor § 373 Rdn. 4; *Bertram* VersR 1965, 219 f.; zum früheren Eidesrecht: *Lent* ZZP 52 (1927), 14, 16; **a.A.** RGZ 12, 188, 189; RGZ 17, 365, 366 f.
44   OLG Hamm OLGRep. 2003, 181 f. = VersR 2003, 473.
45   BGH NJW 2000, 289, 290 f. (obiter dictum, in BGHZ 143, 122 nicht mit abgedruckt).
46   Zöller/*Greger*²⁹ § 455 Rdn. 3; MünchKomm/*Damrau*⁴ § 373 Rdn. 8 u. 9.
47   A.A. offenbar Stein/Jonas/*Leipold*²² § 455 Rdn. 11.
48   MünchKomm/*Schreiber*⁴ § 455 Rdn. 2; Baumbach/Lauterbach/*Hartmann*⁷¹ § 455 Rdn. 5.

lungen des Gegners, des Vertreters oder des Rechtsvorgängers der Partei. Diese sind zwar nicht eigene Handlungen der prozessunfähigen Partei (§ 455 Abs. 2 Satz 1 1. Alt.), können aber durchaus Gegenstand ihrer eigenen Wahrnehmung (2. Alt.) sein.

Die gesetzlichen Vertreter unterliegen der Parteivernehmung nur, sofern sie den Prozess führen dürfen,[49] die **Prozessführung** also **in ihren Vertretungsbereich** fällt.[50] Die Mutter kann im Vaterschaftsprozess ihres Kindes Zeugin sein, soweit ihre elterliche Sorge durch Anordnung der **Amtspflegschaft** eingeschränkt ist, weil sie in den dem Amtspfleger übertragenen Angelegenheiten der elterlichen Sorge nicht gesetzliche Vertreterin ihres Kindes ist.[51] Steht der **Mutter** dagegen die **volle elterliche Gewalt** zu, kann sie als gesetzliche Vertreterin ihres Kindes in Kindschafts- und Abstammungssachen nach §§ 111 Nr. 2 und 3, 151, 169 FamFG nur als Beteiligte (§§ 5, 30 FamFG, 455 ZPO) vernommen werden.[52] Der Beitritt nach **§ 640e Abs. 1 Satz 2 ZPO a.F.** auf Grund einer **Beiladung** führte zur Parteivernehmung. Diese Vorschrift hat im Abstammungsverfahren nach §§ 169 ff. FamFG kein Äquivalent erhalten, jedoch hat die Beteiligtenregelung des § 172 FamFG für das Beweisrecht eine vergleichbare Wirkung.[53] 26

Der **Vormund** kann Zeuge sein in Sachen, für die ein **Pfleger** bestellt ist (§ 1794 BGB)[54] oder bezüglich derer seine Vertretungsmacht nach § 1795 BGB ausgeschlossen bzw. ihm nach § 1796 BGB entzogen ist. Nicht Zeuge sein kann ein Vormund auf Grund der Bestellung eines **Gegenvormunds** nach §§ 1792, 1799 BGB, weil dieser nicht gesetzlicher Vertreter des Mündels ist. 27

3. Fallgruppen

a) Juristische Personen; nichtrechtsfähiger Verein. Nicht Zeuge sein können als gesetzliche Vertreter (zuvor Rdn. 20) die **Vorstandsmitglieder** eines Vereins,[55] einer AG[56] und einer eingetragenen Genossenschaft sowie die **Geschäftsführer einer GmbH**.[57] Dies gilt, solange sie ihr Amt ausüben.[58] Als Zeuge vernommen werden können Vorstandsmitglieder einer AG hingegen, wenn nach § 147 Abs. 2 AktG an ihrer Stelle ein besonderer Vertreter als gesetzlicher Vertreter für den Prozess bestellt ist, weil § 455 dann keine Anwendung findet;[59] dasselbe gilt, wenn der Aufsichtsrat die AG gem. § 112 AktG gegenüber Vorstandsmitgliedern vertritt. **Mitglieder** eines rechtsfähigen **Vereins**, die nicht zum Vorstand gehören und deshalb nicht gesetzliche Vertreter des Vereins sind, können als Zeugen vernommen werden. Gleiches gilt für Mitglieder eines nichtrechtsfähigen Vereins, weil dieser im Prozess einem rechtsfähigen Verein gleichsteht.[60] Zeuge ist auch der **Aktionär** im Prozess der AG,[61] ebenso ein **Aufsichtsratsmitglied**, außer wenn 28

---

49 BGH FamRZ 1964, 150, 152.
50 Stein/Jonas/*Berger*[22] vor § 373 Rdn. 6.
51 OLG Karlsruhe FamRZ 1973, 104; KG DAVorm 1977, Sp. 174, 175.
52 Ebenso zu Kindschaftssachen nach § 640 ZPO a.F. – Parteivernehmung – OLG Karlsruhe FamRZ 1973, 104.
53 Vgl. dazu MünchKomm/*Coester-Waltjen/Hilbig*[3] § 172 FamFG Rdn. 1 und 38.
54 Zöller/*Greger*[29] § 373 Rdn. 5.
55 RG JW 1892, 180.
56 RGZ 2, 400.
57 Baumbach/*Hueck/Fastrich*, GmbHG[20] § 13 Rdn. 8; *Roth/Altmeppen*, GmbHG[7] § 35 Rdn. 24; *Barfuß* NJW 1977, 1273, 1274.
58 OLG Koblenz DB 1987, 1036, 1037 für AG und GmbH.
59 *Hueck*, FS Bötticher (1969) S. 197, 202.
60 RG Warn. 1908 Nr. 679, S. 552.
61 *Barfuß* NJW 1977, 1273, 1274.

es zugleich gesetzlicher Vertreter der Gesellschaft ist.[62] Mitglieder des Aufsichtsrats einer durch den Vorstand vertretenen eingetragenen Genossenschaft können ebenfalls Zeugen sein.[63] Der **Gesellschafter** einer GmbH ist im Zivilprozess als Zeuge zu vernehmen,[64] und zwar auch, wenn er „faktischer Geschäftsführer" ist.[65]

29 Das Vertretungsorgan einer **juristischen Person** des **öffentlichen Rechts** kann nicht Zeuge sein.[66] Erfolgt die Vertretung durch eine kollegial organisierte Behörde, scheidet auch das einzelne Behördenmitglied als Zeuge aus.[67] In einer Gemeinde, in der der Bürgermeister die rechtsgeschäftliche Vertretung innehat, kann ein Gemeinderatsmitglied, das weder allgemein noch im besonderen Fall mit der Stellvertretung des Bürgermeisters beauftragt ist, nicht als Vertreter der Gemeinde angesehen und daher nicht zur Parteivernehmung nach § 455 zugelassen werden, also im Rechtsstreit der Gemeinde als Zeuge aussagen.[68]

30 Ob satzungsmäßig berufene **besondere Vertreter nach § 30 BGB** Zeugen sein können, ist umstritten.[69]

b) Personengesellschaften

31 aa) **Handelsgesellschaften.** Im Prozess der OHG und KG sind deren **vertretungsberechtigte Gesellschafter** als **Partei** zu vernehmen.[70] Der Gesellschafter einer **OHG**, der durch den Gesellschaftsvertrag von der Vertretung der Gesellschaft ausgeschlossen ist, kann dagegen Zeuge sein.[71] Das Gleiche gilt bei der **KG** für die durch den Gesellschaftsvertrag von der Vertretung ausgeschlossenen Gesellschafter (§ 125 HGB) und die **Kommanditisten**, weil diese kraft Gesetzes zur Vertretung der Gesellschaft nicht ermächtigt sind (§ 170 HGB).[72] Der Kommanditist kann im Rechtsstreit der KG auch dann als Zeuge vernommen werden, wenn ihm Prokura erteilt ist.[73] Ein Prokurist ist nicht als Partei, sondern als Zeuge zu vernehmen.[74] Nicht als Zeuge vernommen werden darf hingegen grundsätzlich der **Komplementär**.[75] Doch kann der persönlich haftende Gesellschafter einer in Liquidation befindlichen Kommanditgesellschaft, sofern er nicht Liquidator ist, im Rechtsstreit der Gesellschaft nicht als Partei vernommen werden,[76] also als Zeuge aussagen.

32 Der **Geschäftsführer einer GmbH und Co. KG** kann im Prozess der Gesellschaft nicht Zeuge sein, weil er als gesetzlicher Vertreter der Komplementär-GmbH (§ 35 Abs. 1

---

62 OLG Koblenz DB 1987, 1036, 1037; *Barfuß* NJW 1977, 1273, 1274.
63 RG SeuffArch. 49, 470 f., Nr. 285.
64 RG JW 1899, 673; Baumbach/*Hueck/Fastrich*, GmbHG[20] § 13 Rdn. 8; *Barfuß* NJW 1977, 1273, 1274.
65 OLG München OLGRep. 1999, 336 = NZG 1999, 775, 776 (dort: im Prozess des klagenden Mitgesellschafters).
66 RGZ 45, 427 = 46, 318.
67 RGZ 45, 427, 428 f. = 46, 318; OLG Celle ZZP 36 (1907), 177, 178.
68 BayObLGZ 1962, 341, 360 f.
69 Bejahend *Barfuß* NJW 1977, 1273; Thomas/Putzo/*Reichold*[33] Vorbem. § 373 Rdn. 7; Zöller/*Greger*[29] § 373 Rdn. 6; verneinend Baumbach/Lauterbach/*Hartmann*[71] Übers § 373 Rdn. 14, in Widerspruch dazu Rdn. 23.
70 BGHZ 42, 230, 232 = NJW 1965, 106; Baumbach/*Hopt* HGB[35] § 124 Rdn. 43; *Kämmerer* NJW 1966, 801, 805.
71 BGHZ 42, 230, 231; BGH NJW 1965, 2253, 2254 = LM § 373 ZPO Nr. 4; **a.A.** RGZ 17, 365, 370 f.; RGZ 35, 388.
72 BGH NJW 1965, 2253, 2254; BGHZ 34, 293, 297 = NJW 1961, 1022: keine Differenzierung nach Vertretungsberechtigung, Gesellschafter können nicht Zeuge sein.
73 BAG BB 1980, 580.
74 RGZ 102, 328, 331 (dort: Prokurist eines Einzelkaufmanns).
75 ArbG Wiesbaden DB 1978, 2036.
76 BGHZ 42, 230, 231 = NJW 1965, 106.

GmbHG), die gemäß §§ 161 Abs. 2, 125 Abs. 1 HGB gesetzlich die GmbH & Co. KG vertritt, deren Prozessunfähigkeit ergänzt und somit als Partei zu vernehmen ist.[77] Benennt eine KG den Geschäftsführer ihrer persönlich haftenden Gesellschafterin als Zeugen, obwohl dieser nur als Partei vernommen werden darf, kann das Beweisangebot als Anregung zu einer Parteivernehmung aufzufassen sein. Das Gericht muss insoweit auf eine Klärung hinwirken und die Möglichkeit einer Parteivernehmung prüfen.[78]

bb) GbR. Die **BGB-Außengesellschaft** ist von der Rechtsprechung hinsichtlich der Rechtssubjektqualität der OHG gleichgestellt worden.[79] Ihre **geschäftsführenden Gesellschafter** (§ 714 BGB) sind als **Partei** und nicht als Zeugen zu vernehmen.[80] Als Zeuge steht nur zur Verfügung, wer durch den Gesellschaftsvertrag von der gesetzlichen Vertretung ausgeschlossen ist.[81] 33

c) Gütergemeinschaft, andere Güterstände. Eheleute, die in **Gütergemeinschaft** leben, sind im Rechtsstreit um das Gesamtgut stets **beide Partei**. Zeuge sein kann ein Ehepartner nur, soweit der andere das Gesamtgut allein verwaltet (§§ 1421 Satz 1, 1422 Satz 1 BGB) und deshalb allein Partei ist. Besteht keine Gütergemeinschaft, kann ein Ehepartner im Prozess des anderen Zeuge sein. 34

d) Erbengemeinschaft. Im Rechtsstreit betreffend den Nachlas sind grundsätzlich **sämtliche Mitglieder** einer Erbengemeinschaft **Partei**. Zeuge sein können sie allerdings, soweit ein Testamentsvollstrecker oder Nachlassverwalter den Prozess als Partei kraft Amtes betreibt (nachfolgend Rdn. 37). Auch ein am Nachlassprozess formell nicht beteiligter Miterbe ist Zeuge.[82] 35

e) Prozessstandschaft. Prozessstandschafter sind formell Partei und deshalb nie Zeuge. Der jeweilige Rechtsträger kann dagegen als Zeuge vernommen werden. Dies gilt nach h.M. für Fälle der **gesetzlichen** (z.B. § 265 ZPO, §§ 1629 Abs. 3, 1368, 1422 BGB) wie der **gewillkürten**[83] Prozessstandschaft. Nicht zu folgen ist der für die gewillkürte Prozessstandschaft vertretenen Auffassung, eine an den Interessenwertungen ausgerichtete Auslegung der §§ 445 ff. verlange es, den ermächtigenden Rechtsinhaber im Rechtsstreit des Ermächtigten den Regeln der Parteivernehmung zu unterwerfen, weil der Rechtsinhaber wie eine Partei am Ausgang des Rechtsstreits interessiert sei;[84] die Interessenbeteiligung zu berücksichtigen ist Aufgabe der Beweiswürdigung. 36

f) Parteien kraft Amtes. Führt ein **Verwalter** den Rechtsstreit als Partei kraft Amtes, unterliegt er der Parteivernehmung. Der jeweilige **Rechtsinhaber** ist als **Zeuge** zu vernehmen,[85] es sei denn er tritt als gewillkürter Prozessstandschafter[86] oder streitgenös- 37

---

[77] LG Oldenburg BB 1975, 983, 984.
[78] BGH NJW-RR 1994, 1143, 1144.
[79] BGHZ 146, 341, 343 ff.
[80] OLG Stuttgart, Urt. v. 21.10.2009 – 3 U 64/09.
[81] Baumbach/Lauterbach/*Hartmann*[71] Übers § 373 Rdn. 15.
[82] Baumbach/Lauterbach/*Hartmann*[71] Übers § 373 Rdn. 13.
[83] BGH NJW 1972, 1580; Stein/Jonas/*Berger*[22] vor § 373 Rdn. 5; Zöller/*Greger*[29] § 373 Rdn. 5; *Frank* ZZP 92 (1979), 321, 325.
[84] *Rüßmann* AcP 172 (1972), 520, 544 f.
[85] Stein/Jonas/*Berger*[22] vor § 373 Rdn. 6; MünchKomm/*Damrau*[6] § 373 Rdn. 12.
[86] Zur Zulässigkeit Stein/Jonas/*Bork*[22] vor § 50 Rdn. 59.

sischer Nebenintervenient (§ 69)[87] des Verwalters auf.[88] Danach ist der Erbe im Rechtsstreit des Testamentvollstreckers[89] und des Nachlassverwalters[90] Zeuge. Gleiches gilt für den Eigentümer im Prozess des **Zwangsverwalters**.[91] Der **Gemeinschuldner** ist nach dem Eintritt des Insolvenzverwalters in den Rechtsstreit betreffend die Insolvenzmasse kein Beteiligter mehr; er kann als Zeuge vernommen werden.[92] Dagegen hat der Insolvenzgläubiger im Insolvenzverfahren die Stellung einer Partei.[93]

38 **g) Streitgenossen.** Aus § 449 ergibt sich, dass Streitgenossen grundsätzlich den Regeln der Parteivernehmung unterstehen. Dies gilt für den **notwendigen Streitgenossen** (§ 62) in Bezug auf beide Prozessrechtsverhältnisse.

39 Bei **einfachen Streitgenossen** (§ 60) ist zu differenzieren. Nach der Rechtsprechung des Reichsgerichts durften sie **im Prozess des anderen Streitgenossen** nicht Zeugen sein.[94] Nunmehr entspricht es jedoch gefestigter Rechtsprechung und herrschender Lehre, dass ein einfacher Streitgenosse über solche **Tatsachen** als Zeuge vernommen werden kann, die **ausschließlich andere Streitgenossen betreffen**.[95] Für diese Ansicht spricht, dass bei der Streitgenossenschaft eine Mehrheit voneinander unabhängiger Prozessrechtsverhältnisse vorliegt und ein Streitgenosse für den anderen keine Prozesshandlungen vornehmen kann. Die begrenzte Zulassung der Zeugenvernehmung bei einfachen Streitgenossen ist erforderlich, weil eine Streitgenossenschaft in weiter Auslegung der §§ 59, 60 schon dann zulässig ist, wenn eine gemeinsame Verhandlung und Entscheidung zweckmäßig ist. Sie vermindert den Anreiz, einen missliebigen Zeugen als Streitgenossen mitzuverklagen, um seine Vernehmung als Zeuge zu vereiteln.[96] Ob ein Streitgenosse selbst am Ausgang des Rechtsstreits des anderen Streitgenossen interessiert ist, ist erst bei der Erörterung seiner Glaubwürdigkeit zu berücksichtigen.[97]

40 Nicht ganz eindeutig ist, was damit gemeint ist, dass die unter Beweis gestellten Tatsachen den als Zeugen zu vernehmenden Streitgenossen nicht betreffen dürfen. Überwiegend wird darunter die *Erheblichkeit* der Tatsachen **für beide Prozessrechtsverhältnisse** verstanden.[98] So soll ein Streitgenosse innerhalb der Widerklage eines anderen Streitgenossen als Zeuge nur vernommen werden können, wenn er Tatsachen bekunden soll, die ausschließlich für den anderen Streitgenossen „in Betracht kommen", wenn er hinsichtlich der Widerklage „ganz unbeteiligt" ist, was nicht der Fall sei, wenn die Tat-

---

87 MünchKomm/*Damrau*[4] § 373 Rdn. 12.
88 Zu dieser Konstruktion BGHZ 35, 180, 183; BGHZ 38, 281; *Bötticher* JZ 1963, 582.
89 RG JW 1901, 760; OLG Hamburg OLGRspr. (Mugdan-Falkmann) 4, 122, 123; Schönke/*Kuchinke* ZPR[9] § 65 II.
90 MünchKomm/*Damrau*[4] § 373 Rdn. 12.
91 MünchKomm/*Damrau*[4] § 373 Rdn. 12.
92 RGZ 29, 29 f. u. 38; RG JW 1895, 263; BFH NJW-RR 1998, 63 = BB 1997, 2205; Zöller/*Greger*[29] § 373 Rdn. 5; *Uhlenbruck* InsO[13] § 80 Rdn. 13; MünchKommInsO/*Ott/Vuia*[2] § 80 InsO Rdn. 79; Schönke/*Kuchinke* ZPR[9] § 65 II.
93 OLG Düsseldorf NJW 1964, 2357 (zur Rechtslage unter der KO); Baumbach/Lauterbach/*Hartmann*[71] Übers § 373 Rdn. 18.
94 RGZ 29, 370; RGZ 91, 37, 38.
95 BAGE 24, 355, 359 = JZ 1973, 58, 59; BGH LM § 59 ZPO Nr. 4 = MDR 1984, 47 = NJW 1983, 2508 (LS); BGH NJW-RR 1991, 256; BGH NJW 1999, 135, 136; OLG Düsseldorf MDR 1971, 56; OLG Hamm NJW-RR 1986, 391, 392; MünchKomm/*Damrau*[4] § 373 Rdn. 15; Stein/Jonas/*Bork*[22] § 61 Rdn. 11; Stein/Jonas/*Leipold*[22] § 449 Rdn. 1; OLG Köln VersR 1973, 285: unzulässig, soweit Beweistatsachen für sämtliche Ansprüche erheblich sind.
96 BAGE 24, 355, 359 = JZ 1973, 58, 59.
97 BAGE 24, 355, 359; Zöller/*Greger*[29] § 373 Rdn. 5a.
98 So explizit Rosenberg/Schwab/*Gottwald*[17] § 120 Rdn. 9, § 48 Rdn. 17.

sachen auch für die gegen ihn gerichtete Klage von „entscheidender" Bedeutung seien.[99] Auf dieser Argumentationslinie beruhend hat das OLG Hamm entschieden, dass bei Unschlüssigkeit der Klage gegen einen von mehreren einfachen Streitgenossen dieser Beklagte über Tatsachen, die folglich nur für die Entscheidung gegen den anderen Beklagten von Bedeutung seien, als Zeuge gehört werden könne.[100] Zum Ausscheiden aus dem Verfahren nachfolgend Rdn. 46.

Teilweise wird auf den **gemeinsamen Lebenssachverhalt** abgestellt.[101] In diesem Sinne hat der BGH in einem Fall, in dem einfache Streitgenossen auf Schadensersatz verklagt wurden und einer von ihnen außerdem auf Herausgabe von Gegenständen, entschieden, die vom Herausgabebegehren nicht betroffenen Streitgenossen dürften gleichwohl nicht als Zeugen vernommen werden, wenn Herausgabeanspruch und Schadensersatzanspruch auf demselben Sachverhalt (dort: arglistiger Täuschung) beruhten.[102] 41

h) Streitverkündeter, Streithelfer. Der **Streitverkündete**, der dem Rechtsstreit (noch) nicht beigetreten ist (§§ 72, 74 Abs. 2), ist als Zeuge zu vernehmen.[103] Aber auch der beigetretene Streitverkündete (§§ 72, 74 Abs. 1, 67) und der **Nebenintervenient** bzw. gewöhnliche oder unselbständige Streithelfer (§ 67) sind nicht Partei[104] und stehen deshalb als Zeugen zur Verfügung.[105] Dagegen ist der als Streitgenosse der unterstützten Hauptpartei (§ 59) geltende **streitgenössische Nebenintervenient** (§ 69) als Partei zu vernehmen.[106] 42

Der **Hauptintervenient** (§ 64) ist Partei eines eigenen neuen Rechtsstreits und kann daher im ursprünglichen Verfahren Zeuge sein. 43

i) Rechtsnachfolge. Bei einer Rechtsnachfolge **vor Prozessbeginn** wird der Rechtsnachfolger Partei. Der Rechtsvorgänger ist also ohne weiteres als Zeuge zu vernehmen, und zwar auch, wenn er das Recht – wie z.B. bei der Einziehungsermächtigung – nur treuhänderisch übertragen hat.[107] Dem Versuch einer Ausschaltung des Zedenten als Zeuge durch Erhebung einer Widerklage gegen ihn kann durch Verneinung der Voraussetzungen des § 33 begegnet werden (s. dazu auch unten Rdn. 58).[108] Zur Rechtsnachfolge im Laufe des Prozesses nachfolgend Rdn. 51 ff. 44

4. Änderung der Zeugen- oder Parteiqualität

a) Wechsel der Partei oder des gesetzlichen Vertreters im Laufe des Verfahrens. Da sich die Zeugenfähigkeit nach dem **Zeitpunkt der Vernehmung** bestimmt (Rdn. 10), können sich hier im Laufe des Verfahrens Änderungen ergeben. Eine **ausgeschiedene** frühere **Partei** kann ebenso wie ein ehemaliger gesetzlicher Vertreter oder 45

---

99 KG OLGZ 1977, 244.
100 OLG Hamm NJW-RR 1986, 391, 392; vergleichbar zur Eideszuschiebung nach altem Recht OLG Köln JW 1930, 3328.
101 MünchKomm/*Damrau*[4] § 373 Rdn. 15. Auf „Identität des Anspruchsgrundes" abstellend Zöller/*Greger*[29] § 373 Rdn. 5a.
102 BGH LM § 59 ZPO Nr. 4 = MDR 1984, 47.
103 Stein/Jonas/*Berger*[22] vor § 373 Rdn. 5; MünchKomm/*Damrau*[4] § 373 Rdn. 15.
104 BGH NJW 1986, 257; BGH NJW 1997, 2385, 2386.
105 RGZ 46, 404, 405; MünchKomm/*Damrau*[4] § 373 Rdn. 15; Stein/Jonas/*Berger*[22] § 373 Rdn. 5.
106 RG Warn. 1914 Nr. 314; OLG Hamm FamRZ 1978, 204, 205; Rosenberg/Schwab/*Gottwald*[17] § 50 Rdn. 72; MünchKomm/*Damrau*[4] § 373 Rdn. 15; Baumbach/Lauterbach/*Hartmann*[71] § 69 Rdn. 9, Übers § 373 Rdn. 22.
107 MünchKomm/*Damrau*[4] § 373 Rdn. 14.
108 LG Aurich NJW-RR 2007, 1713.

Streitgenosse als Zeuge vernommen werden.[109] Dasselbe gilt für eine später eintretende Partei. Zeuge sein kann auch der ausgeschiedene Personengesellschafter.[110] Der Gegner des Vorprozesses kann im **Regressprozess** gegen den Rechtsanwalt als Zeuge vernommen werden, auch wenn er im Vorprozess wegen seiner Parteistellung nicht als Zeuge zur Verfügung stand.[111] Die Partei muss aber rechtskräftig aus dem Verfahren ausgeschieden sein, um Zeuge sein zu können.

46 Dies gilt auch für **einfache Streitgenossen** bezüglich beide Genossen betreffende Tatsachen (zuvor Rdn. 39). Verfolgt unter Streitgenossen einer einen Herausgabeanspruch und der andere einen Schadensersatzanspruch und beruhen beide Ansprüche auf demselben Sachverhalt, dürfen die vom Herausgabebegehren nicht betroffenen Streitgenossen nach einem nicht rechtskräftigen Teilurteil über den Herausgabeanspruch in der Rechtsmittelinstanz nicht als Zeugen vernommen werden.[112] Ist der als Zeuge benannte Streitgenosse hingegen nach Verfahrenstrennung[113] nicht mehr beteiligt oder durch rechtskräftige sachliche Erledigung des Rechtsstreits aus dem Verfahren ausgeschieden,[114] so durch Vergleich[115] oder auf Grund rechtskräftigen Teilurteils, steht seiner Vernehmung nichts entgegen.

47 Tritt während des Prozesses eine **Rechtsnachfolge** ein und führt der Rechtsvorgänger den Prozess nach § 265 Abs. 2 Satz 1 als Partei in gesetzlicher **Prozessstandschaft** für den Rechtsnachfolger unverändert fort, unterliegt er der Regelung über die Parteivernehmung. Dem Rechtsnachfolger fehlt dagegen grds. trotz des Rechtsübergangs auf ihn die Prozessführungsbefugnis, so dass er Zeuge sein kann. Übernimmt der Rechtsnachfolger ausnahmsweise den Prozess – bei Zustimmung des Gegners nach § 265 Abs. 2 Satz 2 oder im Falle des § 266 Abs. 1 – ist er als Partei zu vernehmen.

48 **b) Zeugenfähigkeit bei verbleibender Kostenbeteiligung.** Verbleibt eine Partei allein **wegen** der **Kostenentscheidung im Prozess**, hindert dies nicht ihre Vernehmung als Zeuge, wenn die Kostenentscheidung nicht streitig ist[116] oder wenn deren Belastungsanteil durch die Vernehmung nicht mehr beeinflusst werden kann.[117] Die Zeugenvernehmung eines früheren Widerbeklagten ist zulässig, wenn dieser in erster Instanz rechtskräftig aus dem Rechtsstreit ausgeschieden und insoweit nur noch wegen der Kosten beteiligt ist.[118] **Nimmt** einer von mehreren Berufungsführern **sein Rechtsmittel** wirksam **zurück**, steht seiner späteren Vernehmung als Zeuge nicht entgegen, dass er wegen der einheitlich zu treffenden Kostenentscheidung noch Verfahrensbeteiligter ist, weil die Kostenfolge kraft Gesetzes eintritt und deshalb mit der Rücknahme der Berufung die streitige Beteiligung entfällt.[119]

49 Ob und inwieweit die Zeugenvernehmung eines einfachen Streitgenossen ausgeschlossen ist, wenn er – beispielsweise nach Ergehen eines sich auf ihn beziehenden

---

109 So implizit BGH NJW 1999, 2446 zum abberufenen Geschäftsführer der Komplementärin der Beklagten; Stein/Jonas/*Berger*[22] vor § 373 Rdn. 9.
110 RGZ 49, 425, 426f. (für OHG).
111 BGHZ 72, 328, 331f. = NJW 1979, 819, 820; BGH NJW 1984, 1240 (LS) = JZ 1984, 391; zum Strafprozess Stein/Jonas/*Berger*[22] vor § 373 Fn. 3.
112 BGH LM § 59 ZPO Nr. 4 = MDR 1984, 47 = NJW 1983, 2508 (LS).
113 RGZ 91, 37, 38.
114 RGZ 29, 370; RG Gruchot 63 (1919) 493, 494.
115 RGZ 91, 37, 38.
116 KG MDR 1981, 765; OLG Celle NJW-RR 1991, 62f.; OLG Koblenz NJW-RR 2003, 283.
117 OLG Celle OLGR 1996, 45; Zöller/*Greger*[29] § 373 Rdn. 5a; **a.A.** RGZ 91, 37, 38; RG Warn. 1914 Nr. 99; RG LeipZ 1932, 1488; Baumbach/Lauterbach/*Hartmann*[71] Übers § 373 Rdn. 22.
118 OLG Celle OLGR 1998, 139, 140.
119 OLG Koblenz NJW-RR 2003, 283.

Teilurteils – nur noch an der zu treffenden Kostenentscheidung beteiligt ist, ist umstritten. Während teilweise vertreten wird, schon die **formelle Beteiligung an** der **Kostenentscheidung** schließe die Zeugenvernehmung des Streitgenossen aus, weil sich nur so eine klare Grenze ziehen lasse,[120] kommt es nach anderer Auffassung darauf an, ob der Streitgenosse noch streitig an der Kostenentscheidung beteiligt ist[121] oder ob die Kostenentscheidung durch die Vernehmung noch beeinflusst werden kann.[122] Nach einer weiteren Ansicht kommt es nur auf das rechtskräftige Ausscheiden des Streitgenossen aus dem Rechtsstreit an; das Ausstehen der Kostenentscheidung soll die Zeugenvernehmung nicht hindern.[123] Einer Entscheidung des OLG Düsseldorf zufolge ist die Zeugenvernehmung des einfachen Streitgenossen, nachdem die Klage gegen ihn abgewiesen wurde, trotz offener Kostenfrage zulässig.[124] *Greger* wendet **gegen** den **Ausschluss** eines **nur noch wegen** der **Kosten beteiligten Streitgenossen** als Zeugen zutreffend ein, dass das mögliche Kosteninteresse als ein mittelbares Vermögensinteresse am Ausgang des Rechtsstreits den Streitgenossen nicht nach § 384 zur Zeugnisverweigerung berechtigt und deshalb erst recht nicht seine Zeugenstellung ausschließen kann.[125]

c) Änderungen durch prozesstaktische Maßnahmen

aa) Zulässig Prozesstaktik. Inwieweit die Parteien die Zeugenfähigkeit einer Person durch prozesstaktische Maßnahmen (Abtretung, Auswechselung des gesetzlichen Vertreters, Widerklage, Klage- und Berufungserweiterung) beeinflussen dürfen, ist umstritten. Während der **BGH** die gezielte Schaffung oder Beseitigung der Zeugenstellung mit prozessualen Mittel als solche **nicht missbilligt**, halten andere solche Maßnahmen teilweise schon wegen ihres Zwecks für rechtsmissbräuchlich.[126] So wird vertreten, die Zeugenstellung dürfe nicht erschlichen werden; auch dürfe die jetzige Partei die erschlichene Aussage der früheren Partei nicht ausnutzen, das Gericht sie nicht verwerten.[127]

50

bb) Abtretung. Eine Abtretung, die dazu dient, dem **bisherigen Rechtsinhaber** der Forderung im Prozess die Stellung als **Zeuge** zu verschaffen und dadurch die Beweislage zu verbessern, ist **grundsätzlich zulässig**, weil der Zedent lediglich von einem ihm durch das Gesetz gewährten Recht Gebrauch macht.[128] Das regelmäßig starke Interesse des Zedenten am Ausgang des Rechtsstreits kann und muss bei der Beweiswürdigung nach § 286 berücksichtigt werden. Auch ist gegebenenfalls eine Gegenüberstellung des Zeugen mit dem Schuldner und dessen Anhörung oder auch Vernehmung geboten.[129] Ein **Rechtsschutzversicherer** ist aber nicht verpflichtet, für den Prozess des Zessionars seines Versicherungsnehmers Deckungsschutz zu gewähren.[130]

51

---

120 Baumbach/Lauterbach/*Hartmann*[71] Übers § 373 Rdn. 22.
121 KG MDR 1981, 765; OLG Celle NJW-RR 1991, 62f.; *E. Schneider* MDR 1982, 372, 373: bei wechselseitiger Abhängigkeit.
122 OLG Celle OLGRep. 1996, 45.
123 MünchKomm/*Damrau*[6] § 373 Rdn. 15.
124 OLG Düsseldorf FamRZ 1975, 100, 101.
125 Zöller/*Greger*[29] § 373 Rdn. 5a.
126 MünchKomm/*Damrau*[6] § 373 Rdn. 14.
127 Baumbach/Lauterbach/*Hartmann*[71] Übers § 373 Rdn. 11.
128 RGZ 81, 160, 161; OLG Nürnberg BB 1967, 227; OLG Nürnberg VersR 1969, 46; KG VersR 2009, 1557, 1558; *Wunderlich* DB 1993, 2269, 2271.
129 RGZ 81, 160, 161; BGH WM 1976, 424; BGH NJW 1980, 991; BGH NJW 2001, 826, 827; OLG Nürnberg BB 1967, 227; OLG Nürnberg VersR 1969, 46; OLG Karlsruhe NJW-RR 1990, 753; Zöller/*Greger*[29] § 373 Rdn. 4.
130 OLG Köln NJW-RR 2009, 1692.

52 **Umstritten ist**, welche **Bedeutung § 138 BGB** für die Beurteilung zukommt. Einigkeit besteht darüber, dass eine Zession zur Verbesserung der Beweislage wegen Sittenwidrigkeit nach § 138 BGB nichtig ist, wenn die daran Beteiligten wissen, dass die Forderung in Wahrheit nicht besteht und sie die **Forderung mit** Hilfe einer **unwahren Aussage** des Zedenten bei Gericht **durchsetzen** wollen.[131] Ob die Forderung besteht, ist indes gerade das aufzuklärende Beweisthema. Die Formel ist daher unbrauchbar. Sie verschiebt nur das Beweisthema, ohne dass sich die Beweismittellage verändert; ihre Anwendung läuft gegebenenfalls auf eine vorweggenommene Beweiswürdigung hinaus.

53 **Weitergehend** halten *Buß/Honert* die Verschaffung der Zeugenstellung durch **Zession** für **sittenwidrig**, sofern die Voraussetzungen der §§ 447, 448 unterlaufen werden.[132] Nach anderer Ansicht soll der Zedent nach § 138 BGB als Zeuge ausgeschlossen sein, wenn die Abtretung nur erfolgt, um ihm die Stellung eines Zeugen zu verschaffen.[133] Gegen eine solche generelle Lösung auf der Ebene des materiellen Rechts wenden sich *Kluth/Böckmann*: Der Vorwurf der Sittenwidrigkeit, der unter Umständen in der beabsichtigten Umgehung von Vorschriften des prozessualen Beweismittelrechts gesehen werden könne, liege nicht im materiell-rechtlichen Bereich.[134] Sie wollen unter Berufung auf den Grundsatz der prozessualen Waffengleichheit die beweisrechtlich benachteiligte Partei auch dann zur Parteivernehmung zulassen, wenn die gesetzlichen Voraussetzungen dafür nicht vorliegen, und dadurch einer etwaigen beweisrechtlichen Schieflage begegnen. Hierzu soll auf die nach § 448 erforderliche Anfangswahrscheinlichkeit verzichtet werden und das Ermessen des Gerichts bei einem Antrag auf Parteivernehmung auf Null reduziert sein.[135] Diese Gleichstellung von Zeugen- und Parteibeweis ist de lege lata jedoch nicht vertretbar.

54 *Müller* schlägt vor, für die Abgrenzung zwischen Parteivernehmung und Zeugenbeweis auf den **Grad des Eigeninteresses** an dem Rechtsstreit abzustellen. Die gezielte Schaffung der Zeugenstellung begründe eine Vermutung für ein Eigeninteresse des neu geschaffenen Zeugen, weswegen dieser nur nach den Regeln der Parteivernehmung vernommen werden könne.[136] Diese Argumentation zielt lediglich auf die **ohnehin unerlässliche Beweiswürdigung** und rechtfertigt nicht die Abkehr von der Abgrenzung nach der formellen Parteistellung.

55 **Alle abtretungsfeindlichen Lösungen kranken** daran, dass **spekulative Motivforschung** betrieben werden muss und das Ergebnis der Motivbeurteilung stark vom Formulierungsgeschick des Prozessvertreters abhängt. Die bewirkte **gekünstelte Zurückdrängung der Parteivernehmung** ist angesichts der verschwimmenden Grenze zwischen Parteianhörung nach § 141 und Parteivernehmung[137] (zuvor Rdn. 11) auch rechtspolitisch kaum noch zu rechtfertigen.

56 **cc) Vertreterauswechselung.** Ein **Wechsel des gesetzlichen Vertreters**, insbesondere des Geschäftsleiters einer Kapitalgesellschaft oder des geschäftsführenden Gesellschafters einer Personengesellschaft, zwecks Schaffung der Zeugenstellung ist **grund-**

---

[131] BGH WM 1976, 424; OLG Karlsruhe NJW-RR 1990, 753; Baumbach/Lauterbach/*Hartmann*[71] Übers § 373 Rdn. 13; *Kluth/Böckmann* MDR 2002, 616, 618.
[132] *Buß/Honert* JZ 1997, 694, 695, 697.
[133] KG DJZ 1908, 597; MünchKomm/*Damrau*[4] § 373 Rdn. 14. Ähnlich *Meyke* NJW 1989, 2032 Fn. 14, der auf Rechtsmissbrauch abstellt.
[134] *Kluth/Böckmann* MDR 2002, 616, 618; ebenso *Buß/Honert* JZ 1997, 694, 697.
[135] *Kluth/Böckmann* MDR 2002, 616, 621.
[136] *Müller* Parteien als Zeugen S. 100.
[137] S. dazu auch KG VersR 2009, 1557, 1558.

sätzlich erlaubt.[138] Eine gegenteilige Lösung würde nur unaufklärbare ablenkende Prozessbehauptungen provozieren. Auch für diesen Sachverhalt ist § 138 BGB als rechtliche Grenze genannt worden. Die Vernehmung als Zeuge soll unzulässig sein, wenn die Gegenpartei nicht beweist, dass damit ein sittenwidriger Zweck im Sinne des **§ 138 BGB** verfolgt wird, insbesondere eine Tatsache der Wahrheit zuwider bewiesen werden soll;[139] im Übrigen sei der Zweck des Ausscheidens als gesetzlicher Vertreter lediglich bei der Beweiswürdigung zu berücksichtigen.[140] Dieser Einschränkung stehen dieselben Gründe entgegen wie dem behaupteten Verbot der Abtretung (dazu vorstehend Rdn. 52).

Der Ausschluss des gesetzlichen Vertreters eines Kindes in dessen Rechtsstreit als Zeuge soll für sich genommen allerdings **nicht** die **Anordnung einer Ergänzungspflegschaft** rechtfertigen.[141] Sofern ein Wechsel der Vertretung zu diesem Zweck erschlichen worden sei, sei der frühere gesetzliche Vertreter nicht als Zeuge zu vernehmen, eine bereits gemachte Aussage nicht zu verwerten.[142]

dd) Drittwiderklage, Klageerweiterung. Nach der Rechtsprechung des BGH ist es auch dann zulässig, eine **Widerklage** auf am Klagverfahren **nicht beteiligte Personen** zu erstrecken, wenn diese infolgedessen als Zeugen ausscheiden.[143] Danach musste ein Verband zur Förderung gewerblicher Belange des Kraftfahrzeuggewerbes, der eine Kfz-Händlerin wegen angeblicher Wettbewerbsverstöße verklagt hatte, es hinnehmen, dass seine Testkäufer infolge einer Widerklage der Beklagten nicht mehr als Zeugen aussagen konnten. Die Drittwiderklage wird insbesondere als Instrument eingesetzt, nach einer Zession auf der Aktivseite des Verfahrens den **Zedenten in** das **Verfahren einzubeziehen**.[144] Obwohl der BGH in „schutzwürdigen Interessen des Widerbeklagten" eine Grenze für dessen Einbeziehung in den Rechtsstreit und damit für die Zulässigkeit der Widerklage sieht,[145] ist die **Ausschaltung als Zeuge nicht** als entsprechendes **Hindernis** angesehen worden. Im Gegenteil hat der BGH zu Recht darauf hingewiesen, dass durch die Drittwiderklage gegen den Zedenten nur die prozessuale Ausgangssituation der Beweisführung vor der Zession hergestellt werde und die Drittwiderklage in dieser Konstellation für „Waffengleichheit" sorge.[146] Die Voraussetzungen des § 33 sind allerdings streng zu prüfen.[147]

Nach einer Entscheidung des OLG Celle soll die sachlich nicht begründete **Erweiterung der Klage in der Berufungsinstanz** auf einen Dritten mit dem offenkundigen Ziel, diesen als Zeugen zu eliminieren, rechtsmissbräuchlich und deshalb unzulässig sein.[148] Dieser Begründung ist zu widersprechen. Eine zeitliche Grenze wird der Klageerweiterung nach heutigem Berufungsrecht nur durch § 531 Abs. 2 und § 533 gezogen. Jedoch ist die **Klageerweiterung als solche** genauso **zulässig** wie die anfängliche subjektive Klagenhäufung (§§ 59 ff.).

---

138 A.A. *Schmitz* GmbH-Rundschau 2000, 1140, 1143 (zur Abberufung eines GmbH-Geschäftsführers).
139 LG München JW 1921, 864, 865 m. zust. Anm. *Rosenberg*.
140 LG München JW 1921, 864, 865 m. zust. Anm. *Rosenberg*.
141 OLG Hamm RPfleger 1984, 270, 271. In der Sache ebenso, wenn auch weitergehend formulierend KG OLGRspr. (Mugdan-Falkmann) 46, 197, 198; OLG Dresden JW 1931, 1380; MünchKomm/*Damrau*⁴ § 373 Rdn. 9.
142 MünchKomm/*Damrau*⁴ § 373 Rdn. 9.
143 BGH WM 1987, 1114, 1115. **A.A.** in einem gleich gelagerten Sachverhalt OLG Karlsruhe BB 1992, 97.
144 So – mittels negativer Feststellungswiderklage – in BGH NJW 2007, 1753; BGH NJW 2008, 2852.
145 BGH NJW 2007, 1753 Tz. 10, BGH NJW 2008, 2852 Tz. 27.
146 BGH NJW 2007, 1753 Tz. 16.
147 Vgl. LG Aurich NJW-RR 2007, 1713.
148 OLG Celle OLGRep. 1996, 45.

d) Umgang mit der Änderung

60 **aa) Bevorstehende Beweisaufnahme.** Da sich das Gericht bei der Beweisanordnung zunächst nach der Partei- bzw. Zeugeneigenschaft zu diesem Zeitpunkt richtet, stellt sich die Frage, wie mit einer Änderung umzugehen ist, die erst nach der Beweisanordnung erfolgt.

61 Wird die Partei Zeuge, steht der **Durchführung** der angeordneten **Parteivernehmung als Zeugenvernehmung** nichts im Wege.[149] **Wird** hingegen der **Zeuge Partei**, kommt es wegen der Subsidiarität der Parteivernehmung darauf an, ob die Voraussetzungen für eine Parteivernehmung vorliegen.[150] Ist der Vernommene Partei, muss ein förmlicher Beweisbeschluss vorangegangen sein, ist er Zeuge, bedarf es dessen nicht.

62 Der **Beweisbeschluss** darf **nicht nach § 360 Abs. 1 Satz 2 geändert** werden, sondern es muss neu verhandelt werden. Auch kann der Beweisbeschluss dann schlechtlich entfallen, da die Anregung, selbst vernommen zu werden, kein Vernehmungsbeweisantritt ist und weil der Antritt des Zeugenbeweises nicht in den des Vernehmungsbeweises umgedeutet werden darf, wenn die eigene Partei zu vernehmen wäre.[151]

63 **bb) Verwertung der Beweisaufnahme.** Der spätere Wechsel der Partei- bzw. Zeugeneigenschaft führt nicht zur Unzulässigkeit der bereits durchgeführten Vernehmung. Die einmal gemachte **Aussage bleibt verwertbar.**[152] Hat die **ehemalige Partei** bereits als Zeuge ausgesagt, muss sie in der Regel nicht nochmals als Zeuge vernommen werden.[153] Die Aussage eines **ursprünglichen Zeugen** ist als solche zu berücksichtigen, auch nachdem dieser z.B. durch eine Widerklage[154] oder durch Prozessverbindung[155] Partei geworden ist.[156] Dies gilt auch dann, wenn er die Parteieigenschaft rückbezogen auf die Zeit der Vernehmung erhält.

64 **Abzulehnen** ist die Ansicht, die frühere Vernehmung einer Partei als Zeuge sei nur als **urkundlich festgelegte Parteierklärung** zu würdigen.[157] Die Aussage ist Beweismittel. Allerdings besagt dies nichts über ihren Wert im Rahmen der Beweiswürdigung nach § 286. Mit dem Eintritt in den Prozess werden die Aussagen als Zeuge zugleich zur außerprozessualen Parteierklärung. Bei späteren entgegenstehenden Parteierklärungen im Verfahren ist § 138 Abs. 1 zu beachten. Die Zeugenaussage hat **keine Wirkung als gerichtliches Geständnis** (§ 288). Scheidet die Aussageperson als Partei (gegebenenfalls als deren gesetzlicher Vertreter) aus dem Prozess aus, hat die Würdigung der Aussage als Zeugenaussage zu erfolgen.

---

149 Stein/Jonas/*Berger*[22] vor § 373 Rdn. 9; MünchKomm/*Damrau*[4] § 373 Rdn. 16.
150 Stein/Jonas/*Berger*[22] vor § 373 Rdn. 10.
151 **A.A.** offenbar Stein/Jonas/*Berger*[22] vor § 373 Rdn. 10: Ein weiterer Beschluss nach § 450 sei nicht erforderlich, weil auf Grund des vorherigen Beschlusses für die Partei erkennbar sei, dass ihre Aussage als Beweismittel und nicht nur als persönliche Anhörung nach § 141 Bedeutung gewinne.
152 RGZ 29, 343, 344; RG JW 1907, 263; MünchKomm/*Damrau*[4] § 373 Rdn. 16.
153 Stein/Jonas/*Berger*[22] vor § 373 Rdn. 10.
154 OLG Karlsruhe VersR 1979, 1033, 1034.
155 RG JW 1907, 263.
156 RGZ 29, 343, 344; RG JW 1907, 263; MünchKomm/*Damrau*[4] § 373 Rdn. 16; Stein/Jonas/*Berger*[22] vor § 373 Rdn. 10; Zöller/*Greger*[29] § 373 Rdn. 6a.
157 RG HRR 1931 Nr. 1257.

5. Fehlerhafte Vernehmung als Partei oder Zeuge

a) Wiederholung der Beweisaufnahme. Wird jemand unzulässigerweise als Zeuge 65 vernommen, obwohl er im Zeitpunkt der Vernehmung Partei ist, oder wird ein Zeuge umgekehrt fälschlich als Partei vernommen, kann dieser Verfahrensfehler **nach § 295 geheilt** werden,[158] sofern der Vernommene aussagt. Hat eine Person bei ihrer Vernehmung ausgesagt, ist nämlich durch ihre fälschliche Bezeichnung als Zeuge statt als Partei oder umgekehrt in der Regel keine Partei verletzt.[159] Die Aussage der **irrtümlich** als **Zeuge** vernommenen Partei ist als **Parteiaussage** zu würdigen.[160] Im umgekehrten Fall dürfte eine **Wiederholung** der Vernehmung notwendig sein, da die unwahre Aussage eines Zeugen strenger sanktioniert ist als die einer Partei.[161]

b) Aussageverweigerung. Verweigert die **als Zeuge vernommene Partei** die Aussage, 66 muss sie sich ihrer Parteistellung klar sein. Aus der Weigerung können nämlich **Schlüsse gemäß § 446** gezogen werden, aus der Berufung auf ein Zeugnisverweigerungsrecht hingegen nicht.[162] Dies zwingt zu einer **Wiederholung der Vernehmung**. Verweigert der Vernommene die Aussage als Partei, obwohl er Zeuge ist, bedarf es wegen der unterschiedlichen Weigerungsgründe und ihrer Rechtsfolgen ebenfalls einer Wiederholung nach den richtigen Vorschriften.[163]

c) Würdigung der Parteivernehmung als Zeugenaussage. Die (fälschliche) Be- 67 handlung einer Parteiaussage als Zeugenaussage im Urteil ist **unschädlich**, wenn keine Anhaltspunkte dafür vorliegen, dass das Gericht die Aussage höher bewertet hat als eine Parteiaussage.[164] Der Aussage eines **Zeugen** kommt **nicht per se** auf Grund seiner formalen Stellung im Prozess ein **höheres Gewicht** zu.[165] Behandelt das Gericht im Urteil eine Parteiaussage fälschlich als Zeugenaussage und umgekehrt, besteht allerdings grundsätzlich die **Gefahr**, dass die **Beweiswürdigung fehlerhaft** ist.[166]

Die Würdigung der Aussage der (unzutreffend) **als Zeuge vernommenen Partei** 68 kommt mit Rücksicht auf die **Subsidiarität des Parteibeweises** nur dann in Betracht, wenn das Gericht die (Partei-)Vernehmung, sei es auch nur nach § 448, anordnen durfte und sonst angeordnet hätte. Liegen diese Voraussetzungen nicht vor, entsteht die Rügemöglichkeit erst durch die Entscheidung, so dass ein Fall des § 295 bis zum Erlass des Urteils nicht eintritt.[167] Ist indes jemand als Zeuge (eidlich) vernommen, der als Partei (eidlich) zu vernehmen wäre, so erübrigt sich die nochmalige Vernehmung als Partei.

d) Benennung als Zeuge statt als Partei. Wird jemand als Zeuge benannt, obwohl 69 er nur als Partei vernommen werden darf, kann das Beweisangebot als **Anregung zu**

---

158 RG Warn. 1937 Nr. 129 S. 300; BGH NJW 1965, 2253, 2254; BGH LM § 27 DBG Nr. 2; BGH WM 1977, 1007, 1008; Stein/Jonas/*Berger*[22] vor § 373 Rdn. 2; MünchKomm/*Damrau*[4] § 373 Rdn. 17; anders noch RGZ 91, 37, 38 bezogen auf die Rechtslage vor Einführung der Parteivernehmung.
159 BGH LM § 27 DBG Nr. 2; BGH WM 1977, 1007, 1008, aber dort nicht entscheidungserheblich; Stein/Jonas/*Berger*[22] vor § 373 Rdn. 2.
160 BGH WM 1977, 1007, 1008; Stein/Jonas/*Leipold*[22] vor § 445 Rdn. 13; **a.A.** RG JW 1892, 180: keine Verwendung der Erklärung als Erkenntnisquelle für die Entscheidung des Rechtsstreits.
161 Stein/Jonas/*Leipold*[22] vor § 445 Rdn. 13.
162 Baumbach/Lauterbach/*Hartmann*[71] Übers § 373 Rdn. 25; MünchKomm/*Damrau*[4] § 373 Rdn. 17.
163 Stein/Jonas/*Leipold*[22] vor § 445 Rdn. 14.
164 BGH WM 1968, 1099, 1100.
165 KG VersR 2009, 1557, 1558.
166 Stein/Jonas/*Leipold*[22] vor § 445 Rdn. 14.
167 Insoweit zutreffend RGZ 91, 37, 38; **a.A.** BGH LM § 27 DBG Nr. 2 (inzident).

einer **Parteivernehmung** aufzufassen sein. Das Gericht muss insoweit auf eine Klärung hinwirken und die Möglichkeit einer Parteivernehmung prüfen.[168] Der Hinweis auf den rechtlichen Irrtum soll auch Gelegenheit zur Nachbenennung einer anderen Person als Zeuge geben.

V. Beweishindernisse

1. Beweiserhebungs- und Beweisverwertungsverbote

70 **a) Verstöße gegen Verfahrensvorschriften.** Ein Beweiserhebungsverbot besteht, wenn der **Zeugenbeweis als solcher nicht statthaft** ist wie im Urkundenprozess (§§ 595 Abs. 2, 605 Abs. 1, 605a) oder zum Beweis der Förmlichkeiten der Verhandlung (§ 165 Satz 1) bzw. zur Entkräftung des Beweises für das mündliche Parteivorbringen (§ 314 Satz 2). Die Erhebung des Zeugenbeweises ist ferner unzulässig, wenn der Zeuge von einem **Zeugnisverweigerungsrecht** (§§ 383ff.) Gebrauch macht.

71 **b) Unterbliebene Belehrung im vorangegangenen Strafverfahren.** Ist die Partei des Zivilprozesses in einem vorangegangenen Strafverfahren als Beschuldigter entgegen §§ 163a Abs. 4, 136 Abs. 1 Satz 2 StPO nicht über ihr Schweigerecht belehrt worden, was im Wege des Freibeweises festgestellt werden darf, folgt im **nachfolgenden Zivilprozess** nicht allein daraus ein Beweiserhebungs- oder Beweisverwertungsverbot bezüglich der **Vernehmung** der **Verhörperson** als Zeuge und der **urkundlichen Verwertung** der (polizeilichen) Niederschrift über diese Vernehmung.[169] Der **Schutz des Beschuldigten** vor einer aktiven Mitwirkung an der eigenen strafrechtlichen Verfolgung ist **auf** den **Strafprozess beschränkt**; die strafprozessuale Pflicht zur Belehrung bezweckt nicht den Schutz vor einer zivilgerichtlichen Inanspruchnahme.[170] Über die Verwertbarkeit ist auf Grund einer **Interessen- und Güterabwägung im Einzelfall** zu entscheiden. Jedenfalls wenn das Strafverfahren zu einem Freispruch geführt hat, ist ein Schutzbedürfnis des Beschuldigten grundsätzlich nicht mehr gegeben.[171]

72 Anders verhält es sich bei der Aussage eines Zeugen, der im Strafverfahren bzw. Ermittlungsverfahren rechtswidrig **nicht** über sein **Aussageverweigerungsrecht als Angehöriger belehrt** wurde. Dessen protokollierte Aussage darf im Zivilprozess **nicht verwertet** werden, wenn der Betroffene dort von seinem Weigerungsrecht Gebrauch macht.[172] Der der Verwertung entgegenstehende Mangel wird jedoch **nach § 295 geheilt**, wenn der im Ermittlungsverfahren Vernommene im späteren Zivilprozess nach ordnungsgemäßer Belehrung bereit ist, als Zeuge auszusagen.[173]

73 **c) Sonstige rechtswidrige Beweismittelerlangung.** Die Frage der Verwertung unzulässig erlangter Beweismittel ist im Zivilprozess nicht ausdrücklich geregelt. **Rechtswidrig geschaffene oder erlangte Beweismittel** sind im Zivilprozess nicht schlechthin unverwertbar. Näher zu Beweisverboten B vor § 286.

---

168 BGH NJW-RR 1994, 1143, 1144.
169 BGHZ 153, 165, 170 = NJW 2003, 1123, 1124 = JZ 2003, 630, 631 m. Anm. *Leipold* = ZZP 116 (2003), 371 m. Anm. *Katzenmeier*; **a.A.** BGH (VI.ZS) NJW 1985, 1470, 1471. Zur fehlenden Wahrheitspflicht bei einer Beschuldigtenaussage nach Belehrung und den Konsequenzen für die Beweiswürdigung der Protokollaussage OLG Hamm NVersZ 1998, 44.
170 BGHZ 153, 165, 171.
171 BGHZ 153, 165, 171 = NJW 2003, 1123, 1124.
172 BGH NJW 1985, 1470, 1471; BGHZ 153, 165, 171.
173 BGH NJW 1985, 1158; BGH NJW 1985, 1470, 1471; OLG Hamm NVersZ 2002, 478 = OLGRep. 2002, 320.

2. Richter, Urkundsbeamte, Prozessbevollmächtigte als Zeugen. Richter[174] oder 74
Urkundsbeamte dürfen als Zeugen vernommen werden, sind in demselben Prozess aber
gemäß § 41 Nr. 5 bzw. §§ 41 Nr. 5, 49 **von der Ausübung ihres Amtes ausgeschlossen.**
Die Stellung als Prozessbevollmächtigter und Zeuge sind dagegen miteinander vereinbar. Der Prozessbevollmächtigte einer Partei kann deshalb unter Beibehaltung seines
Mandats als Zeuge vernommen werden.[175] Auch im Strafprozess rechtfertigt die bloße
Möglichkeit, als Belastungszeuge in Frage zu kommen, für sich noch nicht den Ausschluss von der Verteidigung.[176]

VI. Pflichten und Rechte des Zeugen

1. Zeugnispflicht

a) Öffentlich-rechtliche Pflicht. Die Zeugnispflicht ist eine **öffentlich-rechtliche,** 75
staatsbürgerliche Verpflichtung;[177] dasselbe gilt für die **Vorlageanordnungen** gegen
Dritte nach §§ 142, 144. Der Zeuge erhält **keine Vergütung** sondern nur eine Entschädigung (§ 401 Rdn. 3). Neben die staatliche Pflicht kann eine (arbeits-)**vertragliche Aussagepflicht** treten.[178]

Nach Ansicht von *Berger* besteht die Zeugnispflicht aus Gründen der **Verhältnis-** 76
mäßigkeit nur, soweit die Voraussetzungen für die Erhebung des Zeugenbeweises erfüllt sind, nicht also, wenn die **Tatsache,** zu deren Beweis ein Zeuge benannt ist, **nicht**
beweisbedürftig ist.[179] Die Zeugnispflicht entsteht jedoch ohnehin erst mit der ordnungsmäßigen Ladung des Zeugen bzw. durch die richterliche Anordnung der Zeugenvernehmung,[180] und diese darf – auch prozessleitend – nur ergehen, wenn die Voraussetzungen für die Anordnung des Zeugenbeweises und mithin die Beweisbedürftigkeit
vorliegen.

Das Gericht hat **Belange des Zeugen in Erwägung zu ziehen,** etwa bei der Ent- 77
scheidung über die Gestattung einer schriftlichen Aussage (§ 377 Rdn. 30). Für den Zivilprozess gilt in gleicher Weise wie für den Strafprozess das dictum, dass die Verpflichtung
zur Wahrheitsermittlung auf die **Achtung der Würde** eines Zeugen Bedacht zu nehmen
hat;[181] der Zeuge hat Anspruch auf angemessene Behandlung und Ehrenschutz, was die
Zurückweisung nicht erforderlicher Fragen nach entehrenden Tatsachen (§ 384 Nr. 2)
sowie unzulässiger, ungeeigneter und nicht zur Sache gehörender Fragen umfasst.[182]
Begrenzt wird die **Pflicht** durch **Aussageverweigerungsrechte** nach §§ 383 ff. Dokumentenvorlageanordnungen nach § 142 oder Besichtigungsanordnungen nach § 144
werden ebenfalls durch die Zeugnisverweigerungsrechte und den allgemein gefassten
Grund der **Unzumutbarkeit** beschränkt. Geboten sein kann eine Modifizierung der Be-

---

174 RGZ 89, 14, 16: Richter als Zeuge im Amtshaftungsprozess.
175 BGH NJW 2007, 3069 Tz. 15; OLG München JurBüro 1967, 254; OLG Hamm MDR 1977, 142; Zöller/
Greger[29] § 373 Rdn. 5; *Bürck* NJW 1969, 906, 909 f.; *Werner* AnwBl. 1995, 113, 116; anders BGH NJW 1953,
1600 f. für den Verteidiger im Strafprozess: Zeugen können nur am Verfahren unbeteiligte Personen sein;
dagegen BGH NJW 1967, 404: kein Verlust der Verteidigerstellung bei Beweisantritt, solange kein
vorübergehender Ausschluss durch das Gericht erfolgt.
176 BVerfGE 16, 214, 218.
177 BVerfG NJW 1979, 32; BVerfG NJW 1988, 897, 898; BGHZ 41, 318, 324; OLG Celle FamRZ 1998, 1534;
Stein/Jonas/*Berger*[22] vor § 373 Rdn. 18.
178 *Rieble* ZIP 2003, 1273, 1275 f.
179 Stein/Jonas/*Berger*[22] vor § 373 Rdn. 23.
180 Rosenberg/Schwab/*Gottwald*[17] § 120 Rdn. 10.
181 BGH NJW 2005, 1519, 1520.
182 BGH NJW 2004, 239, 240.

weisaufnahmemodalitäten, etwa eine Durchbrechung des § 355, zum Schutz von Opfern eines Strafverfahrens. Für das Strafverfahren geltende Besonderheiten, etwa die Vernehmung in einem gesonderten Raum (§ 247a StPO),[183] die Videovernehmung Jugendlicher (§ 58a Abs. 1 Satz 2 Nr. 1 StPO) oder der Zeugenschutz nach § 68 StPO, haben auch für den Zivilprozess Bedeutung.

78   b) **Territoriale Reichweite: ausländische Zeugen, Zeugen im Ausland.** Die Zeugnispflicht trifft jeden, der gemäß §§ 18 bis 20 GVG der deutschen Gerichtsbarkeit unterworfen ist.[184] **Deutsche Staatsangehörige** sind kraft **Personalhoheit** auch dann im Inland **zeugnispflichtig**, wenn sie sich im Ausland aufhalten,[185] wobei das Übermaßverbot unter Umständen die Einholung einer schriftlichen Zeugenaussage gebietet[186] (zu Besonderheiten bei der Ladung § 377 Rdn. 18). Auch kommt eine Zeugenvernehmung **im Ausland** im Wege der **Rechtshilfe** in Betracht.[187]

79   **Ausländer**, die sich **im Geltungsgebiet der ZPO** aufhalten, sind verpflichtet, nach deutschem Prozessrecht auszusagen (dazu auch § 377 Rdn. 13); ob ihnen nach dem Prozessrecht ihres Heimatlandes die Zeugenfähigkeit fehlt, ist unerheblich.[188] **Nicht zeugnispflichtig** sind hingegen **Ausländer, die sich im Ausland aufhalten**; sie können aber freiwillig aussagen.[189]

80   **Nicht verpflichtet** als Zeugen auszusagen sind nach Art. 31 Abs. 2 des Wiener Übereinkommens über diplomatische Beziehungen vom 18.4.1961[190] in Verb. mit. § 18 GVG die **Mitglieder diplomatischer Missionen**, ihre Familienmitglieder und ihre privaten Hausangestellten. **Mitglieder internationaler Organisationen** sind durch völkerrechtliche Verträge weitgehend von der deutschen Zivilgerichtsbarkeit befreit.[191] Zeugnispflichtig sind hingegen gemäß Art. 44 des Wiener Übereinkommens über konsularische Beziehungen vom 24.4.1963[192] in Verb. mit § 19 GVG grundsätzlich die **Mitglieder einer konsularischen Vertretung** in der Bundesrepublik.[193]

81   c) **Pflichtenumfang.** Die Zeugnispflicht umfasst verschiedene Pflichten, die im Einzelnen in den §§ 380ff. geregelt sind. Wenn nicht ausnahmsweise nach § 377 Abs. 3 die schriftliche Beantwortung der Beweisfrage angeordnet wurde, muss der Zeuge mündlich in dem zur Beweisaufnahme bestimmten Termin aussagen. Zu diesem Zweck ist der Zeu-

---

183   Zum Rahmenbeschluss 2001/220/JI vom 15.3.2005 über die Stellung des Opfers im Strafverfahren s. EuGH NJW 2005, 2839 – Pupino; EuGH NJW 2012, 595 Tz. 26ff.
184   Stein/Jonas/*Berger*[22] vor § 373 Rdn. 18; Rosenberg/Schwab/*Gottwald*[17] § 120 Rdn. 10.
185   *Schack* Internationales Zivilverfahrensrecht[5] (2010) Rdn. 795; *R. Geimer* Internationales Zivilprozessrecht[6] (2009) Rdn. 427.
186   *Geimer* Internationales Zivilprozessrecht[6] Rdn. 428; s. ferner *Linke/Hau*, Internationales Zivilprozessrecht[5] (2011) Rdn. 358.
187   LG Aachen NJW-RR 1993, 1407.
188   *Nagel/Gottwald*, Internationales Zivilprozessrecht[6] (2006), § 9 Rdn. 72 (mit Beispielen Rdn. 78ff.); *Linke/Hau*, Internationales Zivilprozessrecht[5] Rdn. 354.
189   *Geimer* Internationales Zivilprozessrecht[6] Rdn. 430; *Schack* Internationales Zivilverfahrensrecht[5] Rdn. 796. Keine erzwingbare Parteianhörung gegen im Ausland lebende ausländische Partei, OLG Hamm NJW 2009, 1090.
190   BGBl 1964 II S. 957; in Kraft seit dem 11.12.1964, Bek. v. 13.2.1965, BGBl 1965 II S. 147.
191   Stein/Jonas/*Berger*[22] § 377 Rdn. 12; Stein/Jonas/*Schumann*[20] (1979) Einl. Rdn. 661; *Wenckstern* in: Handbuch des Internationalen Zivilverfahrensrechts, Bd. II/1, Die Immunität internationaler Organisationen (1994) Rdn. 527, 540, 570.
192   BGBl 1969 II S. 1587; für die BRep. Deutschland in Kraft seit 7.10.1971, Bek. v. 30.11.1971, BGBl 1971 II S. 1285.
193   *Geimer* Internat. Zivilprozessrecht[6] Rdn. 808.

ge grundsätzlich verpflichtet, vor Gericht zu **erscheinen**,[194] vgl. § 377 Abs. 2 Nr. 3 (zu Ausnahmen §§ 375 Abs. 2, 382, 386 Abs. 3). Das **Erscheinen** kann nach § 380 **zwangsweise durchgesetzt** werden (§ 380 Rdn. 2). Zur schriftlichen Äußerung ist der Zeuge nicht verpflichtet.[195] Befolgt der Zeuge eine zur schriftlichen Beantwortung der Beweisfrage nicht, muss das Gericht den Zeugen zunächst laden und dann wie üblich nach §§ 380, 390 vorgehen.

Weiter ergibt sich aus §§ 391, 392 und 395 bis 398, dass der Zeuge verpflichtet ist, **wahrheitsgemäß** und **vollständig** auszusagen (§ 396 Rdn. 4). Die Aussage kann, sofern kein Zeugnisverweigerungsrecht besteht, nach § 390 **indirekt erzwungen** werden. In der Regel sagt der Zeuge nicht unter Eid aus. Um den Zeugen zu einer wahrheitsgetreuen und vollständigen Aussage anzuhalten, kann das Gericht aber nach § 391 verlangen, dass der Zeuge seine Aussage **beeidigt** (§ 391 Rdn. 10). Dasselbe Ziel verfolgen Strafvorschriften, nach denen der Zeuge bei einer unrichtigen oder unvollständigen Aussage bestraft werden kann (§§ 153 ff. StGB), evt. auch wegen (versuchten) Prozessbetrugs (§ 263 StGB). 82

Nach § 378 Abs. 1 trifft den Zeugen die Pflicht, sein **Gedächtnis anhand** seiner **Unterlagen** zum Beweisthema **aufzufrischen**; er muss jedoch keine anderweitigen Vorbereitungen treffen oder gar sich erstmals Kenntnis vom Beweisgegenstand verschaffen (§ 378 Rdn. 2).[196] An freiwilligen weitergehenden Nachforschungen ist der Zeuge nicht gehindert.[197] 83

Eine **körperliche Untersuchung** muss der Zeuge in der Regel nicht dulden.[198] Zur Duldung ist er nach § 372a ZPO und § 178 Abs. 1 FamFG aber dann verpflichtet, wenn er zwecks Abstammungsuntersuchung zugleich Gegenstand des Augenscheins ist (§ 372a Rdn. 26 ff., 53 ff.). Nicht davon betroffen ist die Sicherheitskontrolle am Eingang zum Gerichtsgebäude. 84

2. Rechte und Schutz des Zeugen

a) Aussageverweigerung. Der Zeuge darf das Zeugnis verweigern, wenn ihm ein gesetzliches **Zeugnisverweigerungsrecht** zusteht (§§ 383 bis 390). Unter Umständen ist er auch zur Eidesverweigerung berechtigt (§§ 390 Abs. 1, 391, s. § 391 Rdn. 18). Macht der Zeuge von diesen Rechten nicht Gebrauch, treffen ihn die Zeugenpflichten ohne Einschränkung. Hierüber ist der Zeuge zu belehren. 85

Zeugen können sich vor Gericht **nicht** mit Erfolg auf eine lediglich **vertraglich vereinbarte Schweigepflicht** berufen, weil die Verpflichtung zur wahrheitsgemäßen Aussage eine öffentlich-rechtliche Pflicht ist[199] und der Grundsatz der Aussagepflicht keine Ausweitung auf in der Prozessordnung nicht ausdrücklich genannte Fälle der Aussageverweigerung zulässt.[200] 86

Materiell-rechtliche Äußerungsbeschränkungen haben auch dann **keine Geltung** für Aussagen im Rahmen einer Zeugenvernehmung, wenn sie **auf** einem **vollstreckungsfähigen Titel** beruhen. Für den Bereich des gerichtlichen Aussageverhaltens werden materiell-rechtliche Pflichten grundsätzlich durch das Verfahrensrecht überla- 87

---

194 OLG Celle FamRZ 1998, 1534.
195 Stein/Jonas/*Berger*[22] § 377 Rdn. 27.
196 RGZ 48, 392, 397; OLG Köln ZZP 87 (1974), 484 m. Anm. *Peters*; Musielak/*Huber*[10] § 373 Rdn. 9; MünchKomm/*Damrau*[4] § 373 Rdn. 25; Stein/Jonas/*Berger*[22] vor § 373 Rdn. 19.
197 Stein/Jonas/*Berger*[22] vor § 373 Rdn. 19.
198 Musielak/*Huber*[10] § 373 Rdn. 9.
199 OLG Frankfurt NJW-RR 2001, 1364 (obiter dictum); Zöller/*Greger*[29] § 373 Rdn. 2.
200 OLG Frankfurt NJW-RR 2001, 1364 (obiter dictum).

gert, das insoweit eine spezielle und abschließende Regelung enthält.[201] Für den Inhalt von Zeugenaussagen geht somit die verfahrensrechtliche Pflichtbestimmung der materiell-rechtlichen vor.[202] Das Bestehen und auch die rechtskräftige Feststellung eines Äußerungsverbots kann deshalb einen Zeugen nicht von seiner öffentlich-rechtlichen Pflicht entbinden, in einem Rechtsstreit wahrheitsgemäß, also entsprechend seinem tatsächlichen Kenntnisstand auszusagen. Es bedarf vielmehr einer besonderen verfahrensrechtlichen Norm, um einer bestehenden materiell-rechtlichen Verpflichtung im Rahmen einer gerichtlichen Zeugenvernehmung Geltung zu verschaffen, wie z.B. § 54 Abs. 1 StPO und § 376 für die in u.a. in §§ 61, 62 BBG geregelte Schweigepflicht der Beamten.[203]

88   Auch können **Zeugenaussagen** in Verwaltungs- oder Gerichtsverfahren grundsätzlich **nicht** mit **Ehrenschutzklagen abgewehrt** werden, weil das Ausgangsverfahren nicht durch eine Beschneidung der Äußerungsfreiheit der daran Beteiligten beeinträchtigt werden soll.[204] Die Zeugen sollen ihre Bekundungen frei von der Befürchtung, mit einer Widerrufs- oder Unterlassungsklage überzogen zu werden, machen können. Die Wahrheit der Aussage wird bei der Beweiswürdigung in dem Verfahren geprüft, in dem die Aussage gemacht worden ist, ggf. auch in einem anschließenden Strafverfahren.[205] Für eine Widerrufs- oder Unterlassungsklage fehlt daher regelmäßig das Rechtsschutzbedürfnis.[206] Gegen die **Wiederholung** der Aussage **außerhalb des Gerichtssaales** kommt dagegen eine Abwehrklage in Betracht.[207]

89   **Materiell-rechtliche Auskunftsansprüche** gegen den Zeugen berühren den Umfang der Zeugnispflicht nicht.[208] Ein bestimmter **Inhalt der Aussage** kann daher weder verlangt noch wirksam (wegen § 138 Abs. 1 BGB) vereinbart werden.[209]

90   **b) Zeugenbeistand.** Der Zeuge hat grundsätzlich das Recht, zu seiner Vernehmung einen Rechtsanwalt als Beistand hinzuziehen und dessen Rat einzuholen.[210] Er darf sich bei der Aussage aber nicht vertreten lassen,[211] weil nur er selbst aus eigener Wahrnehmung berichten kann – ein Vertreter wäre lediglich Zeuge vom Hörensagen. Der **Rechtsbeistand** des Zeugen hat nicht mehr Befugnisse als dieser selbst. Selbständige Antragsrechte, Akteneinsicht oder etwa die Anwesenheit außerhalb der Vernehmung des Zeugen (§§ 58 Abs. 1, 243 Abs. 2 StPO) stehen ihm nicht zu. Der Zeuge muss von vornherein in Begleitung eines Rechtsbeistandes erscheinen, falls er das in Anbetracht des

---

201 OLG Frankfurt NJW-RR 2001, 1364.
202 OLG Frankfurt a.M. NJW-RR 2001, 1364f.
203 OLG Frankfurt a.M. NJW-RR 2001, 1364, 1365.
204 BGH NJW 1962, 243; BGH NJW 1965, 1803; BGH NJW 1971, 284; BGH MDR 1973, 304; BGH NJW 1977, 1681, 1682 (insoweit nicht in BGHZ 69, 181, obiter dictum); BGH NJW 1987, 3138, 3139; BGH NJW 1988, 1016 (obiter dictum); BGH NJW 1999, 2736 (obiter dictum); OLG München OLGZ 1971, 144; anders bei Äußerungen eines Konkursverwalters in seinem Erstbericht gegenüber der Gläubigerversammlung BGH NJW 1995, 397 (obiter dictum); BGH NJW 1992, 1314, 1315 (obiter dictum): anders bei ehrkränkenden Äußerungen außerhalb der prozessualen Rechtsverfolgung; entsprechend für erwiesenermaßen unrichtigen Prozessvortrag der Parteien OLG Celle NJW-RR 1999, 385. Zu Parteiäußerungen vor Gericht s. auch BGH NJW 2008, 996, 998; *Ahrens* FS Deutsch II (2009) S. 701, 715f.
205 BGH NJW 1962, 243; BGH NJW 1965, 1803; BGH NJW 1977, 1681, 1682; zum Strafverfahren BGH NJW 1986, 2502, 2503; BGH NJW 1988, 1016 (obiter dictum); OLG Celle NJW-RR 1999, 385; MünchKomm/*Damrau*[4] § 373 Rdn. 24; Stein/Jonas/*Berger*[22] vor § 373 Rdn. 41.
206 BGH NJW 1965, 1803; BGH NJW 1986, 2502; BGH WM 1987, 1114; MünchKomm/*Damrau*[3] § 373 Rdn. 24.
207 Stein/Jonas/*Berger*[22] vor § 373 Rdn. 41.
208 Stein/Jonas/*Berger*[22] vor § 373 Rdn. 41.
209 MünchKomm/*Damrau*[4] § 373 Rdn. 24; Stein/Jonas/*Berger*[22] vor § 373 Rdn. 54.
210 BVerfGE 38, 105, 112 = NJW 1975, 103; Rosenberg/Schwab/*Gottwald*[17] § 120 Rdn. 45.
211 BVerfGE 38, 105, 116 = NJW 1975, 103, 106.

Beweisgegenstandes für erforderlich hält.[212] Der **Ausschluss eines Rechtsbeistandes** des Zeugen von der Zeugenvernehmung verstößt im Allgemeinen gegen das im Rechtsstaatsprinzip enthaltene Recht auf ein faires Verfahren. Er ist nur dann mit dem Rechtsstaatsprinzip vereinbar, wenn er unter Wahrung des Verhältnismäßigkeitsgebots zur Aufrechterhaltung einer funktionsfähigen, wirksamen Rechtspflege erforderlich ist.[213]

Der Zeuge trägt selbst die Kosten, die ihm durch die Heranziehung eines Rechtsbeistandes entstehen[214] (s. aber auch § 401 Rdn. 9). Für Verdienstausfall und Auslagen steht ihm eine **Entschädigung** nach dem Gesetz über die Entschädigung von Zeugen und Sachverständigen zu (§ 401). 91

c) Schutz des Persönlichkeitsrechts. Die richterliche Vernehmung hat auf das **allgemeine Persönlichkeitsrecht des Zeugen** Rücksicht zu nehmen, der als unbeteiligter Dritter in den Prozess verwickelt wird. Orientierungspunkt dafür ist § 68a StPO. Dem Zeugenschutz in allen Verfahren dient die Möglichkeit, die Öffentlichkeit unter den Voraussetzungen des § 171b GVG auszuschließen. Das Gericht kann auch verpflichtet sein, den Zeugen, der sich wegen des staatlichen Aussagezwangs nicht ausreichend verteidigen kann, vor **herabwürdigenden Angriffen anderer Prozessbeteiligter** zu schützen (dazu auch oben Rdn. 77). Rechtswidrige Angriffe können in scheinbar emotionsfreien Fragestellungen zur Person des Zeugen gekleidet sein, die **vorgeblich** der **Glaubwürdigkeitsbeurteilung** (zu Glaubwürdigkeitsgutachten unten Rdn. 102) dienen. Die abwägungsfrei[215] gewährleistete Menschenwürde in der engen Auslegung dieses Rechtsbegriffs aus Art. 1 Abs. 1 GG durch das BVerfG wird in der Rechtspraxis deutscher Gerichte kaum betroffen sein.[216] 92

3. Haftung des Zeugen. Entsteht einem Prozessbeteiligten durch eine **vorsätzliche Falschaussage** des Zeugen ein Schaden, so haftet der Zeuge hierfür zivilrechtlich nach § 823 Abs. 2 BGB in Verb. mit §§ 153, 154, 155, 156 und 263 StGB[217] sowie nach § 826 BGB. Für eine **fahrlässige Falschaussage** haftet der Zeuge nur, wenn er sie beeidigt hat (§ 823 Abs. 2 BGB in Verb. mit § 163 StGB).[218] Als Schutzgesetze kommen nur die Strafvorschriften in Betracht.[219] Nach anderer Ansicht soll § 823 Abs. 2 BGB in Verbindung mit den verfahrensrechtlichen Vorschriften über die prozessuale Wahrheitspflicht einen umfassenden Schutz vor Schäden eines Prozessbeteiligten infolge einer schuldhaften Verletzung der Wahrheitspflicht bieten, wobei die Haftung nur bei grober Fahrlässigkeit eintreten soll.[220] Hat die geschädigte Partei nicht alle erfolgversprechenden Möglichkeiten ausgeschöpft, um das auf der Falschaussage des Zeugen basierende Urteil zu verhindern oder durch Rechtsmittel zu beseitigen, trifft sie unter Umständen ein **Mitverschulden**.[221] Für eine Falschaussage haftete der Zeuge nur persönlich und nicht etwa über § 31 BGB die GmbH, deren Geschäftsführer er ist.[222] 93

---

212 BVerfGE 38, 105, 116 = NJW 1975, 103, 104.
213 BVerfGE 38, 105, 112 = NJW 1975, 103.
214 BVerfGE 38, 105, 116 = NJW 1975, 103, 104.
215 v. Mangoldt/Klein/*Starck* GG[6] Art. 1 Rdn. 34 f.
216 Vor deren Verletzung jedoch warnend Stein/Jonas/*Berger*[22] vor § 373 Rdn. 26.
217 Zöller/*Greger*[29] § 373 Rdn. 13; Rosenberg/Schwab/*Gottwald*[17] § 120 Rdn. 29.
218 Zöller/*Greger*[29] § 373 Rdn. 13; wohl auch Baumbach/Lauterbach/*Hartmann*[71] Übers § 373 Rdn. 26.
219 Rosenberg/Schwab/*Gottwald*[17] § 120 Rdn. 29.
220 *Prange* Materiell-rechtliche Sanktionen S. 73 ff., 83.
221 *Prange* Materiell-rechtliche Sanktionen S. 101 ff., 102; Zöller/*Greger*[29] § 373 Rdn. 13.
222 OLG Düsseldorf MDR 2012, 43.

VII. Würdigung der Zeugenaussage

Schrifttum

Arntzen Psychologie der Zeugenaussage, 5. Aufl. 2011; *Arntzen* Vernehmungspsychologie, 3. Aufl. 2008; *Bender* Merkmalskombinationen in Aussagen usw., 1987; *Bender/Nack* Tatsachenfeststellung vor Gericht, Band I: Glaubwürdigkeits- und Beweislehre, 2. Aufl. 1995, Band II: Vernehmungslehre, 2. Aufl. 1995; *Bender/Nack/Treuer* Tatsachenfeststellung vor Gericht, 3. Aufl. 2007; *Deckers* Glaubwürdigkeit kindlicher Zeugen, NJW 1999, 1365; *Foerste* Parteiische Zeugen im Zivilprozess, NJW 2001, 321; *Goldstein/Weiner* (Hrsg.), Handbook of Psychology, Vol.11: Forensic Psychology (2003); *Greuel/Fabian/Stadler* Psychologie der Zeugenaussage (1997); *Greuel/Offe* u.a. (Hrsg.), Glaubhaftigkeit der Zeugenaussage (1998); *Greuel* Wirklichkeit – Erinnerung – Aussage (2001); *Hess/Weiner* Handbook of Forensic Psychology 2 (1999); *Köhnken/Wegener* Zur Glaubwürdigkeit von Zeugenaussagen, Zeitschrift für experimentelle und angewandte Psychologie, 1982, S. 92 ff.; *Prange* Materiell-rechtliche Sanktionen bei Verletzung der prozessualen Wahrheitspflicht durch Zeugen und Parteien, 1995; *Reinecke* Die Krise der freien Beweiswürdigung im Zivilprozess oder über die Schwierigkeit, einem Zeugen nicht zu glauben, MDR 1986, 630; *Ross/Read/Toglia* Adult eyewitness testimony (1994); *Rüßmann* Die Zeugenvernehmung im Zivilprozess, DRiZ 1985, 41; *Sporer/Malpass/Köhnken* (Hrsg.), Psychological issues in eyewitness identification, 1996; *Stimpfig* Prüfkriterien für den Aussagewert beim Zeugenbeweis, MDR 1995, 451 ff.; *Trankell* Der Realitätsgehalt von Zeugenaussagen, 1971; *Undeutsch* Beurteilung der Glaubhaftigkeit von Zeugenaussagen, in: Handbuch der Psychologie, Bd. 11, Forensische Psychologie, 1967, hrsg. v. Undeutsch, S. 26–167; *Weigelin* Die Heranziehung von Fachpsychologen als Gerichtsgutachter, JR 1949, 84, 85 f.; *Wetzels* Psychologische Glaubwürdigkeitsbegutachtung in Zivilverfahren, Rundbrief der Sektion Forensische und Kriminalpsychologie im BDP, 1990, 13 ff.; *Yuille* Credibility asessment (1990).

94 **1. Mögliche Fehlerquellen.** Bei der Würdigung von Zeugenaussagen ist zu berücksichtigen, dass diese **hochgradig subjektiv** und deshalb grundsätzlich unzuverlässig sind.[223] Welches Maß an Objektivität einer Zeugenaussage zukommt, hängt von zahlreichen Faktoren ab, die sich auswirken auf die **Möglichkeit**, **Fähigkeit** und **Bereitschaft** des Zeugen, bestimmte **Wahrnehmungen zu machen, zu erinnern** und **wiederzugeben**.[224] Objektive Einflüsse sind z.B. die Witterungsbedingungen und der Geräuschpegel während der Wahrnehmung. Subjektive Faktoren sind die generelle und momentane geistige und körperliche Verfassung des Zeugen. Kurzsichtigkeit und Schwerhörigkeit, Alkoholisierung, Medikamentierung, Müdigkeit, Stress, Unausgeglichenheit und Ablenkung, u.U. auch Alter, Bildungsstand und Übung, beeinflussen sein Wahrnehmungsvermögen. Zeitablauf und Gedächtnis wirken sich auf die Erinnerung aus. Von Bedeutung sind auch die seelische Verfassung des Zeugen bei der Vernehmung und die Vernehmungssituation.

95 **2. Wahrnehmungsfehler.** Nach *Bender/Nack* wird die Wahrnehmung beeinflusst durch das Interesse (die Aufmerksamkeit), das Verständnis (tatsächliches und vermeintliches Verstehen) und die Motive (die gefühlsmäßige Beteiligung) des Wahrnehmenden.[225] Die **Selektivität der Wahrnehmung** führe zu Wahrnehmungsfehlern.[226] Von Bedeutung seien dabei die unterschiedliche **Qualität des Reizes** (Stärke, Veränderung, Umgebung und Kontrast, Neuheit),[227] die **Grenzen der Sinnesorgane** (Auge: Dämmerungssehen, Dunkelanpassung, Zeitbedarf beim Sehen; Ohr: bei länger bekannter menschlicher Stim-

---

223 *Kirchhoff* MDR 2001, 661, 666; *Stimpfig* MDR 1995, 451.
224 *Weigelin* JR 1949, 84, 85 f.; ähnlich *Schneider* Beweis und Beweiswürdigung⁵ Rdn. 910 ff.
225 *Bender/Nack*² Bd. I Rdn. 18 ff.
226 *Bender/Nack*² Bd. I Rdn. 18 ff.; *Stimpfig* MDR 1995, 451 ff.
227 *Bender/Nack*² Bd. I Rdn. 21 ff.; *Bender/Nack/Treuer*³ Rdn. 45 ff.

me sicher, bei unbekannter Stimme oder Geräuschen unsicher; Tastsinn: unzuverlässig; Geruchs- und Geschmackssinn: unsicher, Ausnahme: gut bei Wiedererkennung von Gerüchen)[228] und die beschränkte Simultankapazität[229] des Wahrnehmenden sowie die **Tendenz, die Beobachtung zu interpretieren** (Ausfüllungsneigung, Schlussfolgerungen, Anpassung und Kontrast).[230] Wahrnehmungsfehler werden grds. im Laufe der Erinnerung verstärkt.[231] Hinzu kommen Erinnerungsfehler, die auf der mit dem **Zeitablauf** zusammenhängenden Verblassungstendenz und Anreicherungstendenz[232] oder auf rückwirkendem Gedächtnisschwund[233] oder Gedächtnishemmung[234] beruhen. Auch der **Gefühlswert des Erlebten** beeinflusst die Erinnerung.[235] „Erlernte" Reflexreaktionen und „routinemäßige Handlungsabläufe" werden grundsätzlich nicht erinnert. Zeugen können allenfalls berichten, wie sie sich in bestimmten Situationen zu verhalten pflegen.[236] Auch der **Gegenstand der Erinnerung** bestimmt die Zuverlässigkeit der Erinnerung mit.[237] Die Zusammenziehung mehrerer ähnlicher Vorfälle zu einem einzigen und die Erinnerung nur des Besonderen führen zu Fehlern.[238] Auch die **verstandesmäßige Rechtfertigung** (Rationalisierung) von Ereignissen, die Verleugnung oder Verdrängung der Realität, die Projektion und die Verkehrung ins Gegenteil verfälschen die Wahrnehmung.[239] Schließlich kommt es zu **Wiedergabefehlern**, wenn der Zeuge nicht in der Lage ist, dem Vernehmenden ein Bild von dem zu vermitteln, was er in seinem Gedächtnis gespeichert hat. Fehlerquellen sind ein zeitweiliger Gedächtnisverschluss, Auslassungen und Hinzufügungen, Missverständnisse sowie die Schwierigkeit, erinnerte Zeiträume, Entfernungen, Geschwindigkeiten und Menge richtig zu schätzen.[240]

3. Glaubhaftigkeit der Aussage. Herkömmlich wird bei der Beurteilung einer Zeugenaussage zwischen der **Glaubhaftigkeit** der Aussage und der **Glaubwürdigkeit** des Zeugen unterschieden. In der Regel wird von „Glaubhaftigkeit" in Bezug auf die Sachdarstellung und von „Glaubwürdigkeit" hinsichtlich der Persönlichkeit des Zeugen gesprochen.[241] Beide Aspekte sind bei der Beweiswürdigung gesondert zu prüfen. Der Richter muss nicht nur begründen, warum er die **Glaubhaftigkeit** einer Zeugenaussage bzw. die **Glaubwürdigkeit** eines Zeugen **verneint**, sondern auch, warum er diese **bejaht**.[242] Es gibt **keinen Regeltatbestand** der Glaubhaftigkeit, von dem ausgehend man bei Meidung eines Verstoßes gegen § 286 nach Anhaltspunkten für das Gegenteil zu suchen hat.[243] Bei den Anforderungen an die Begründung muss berücksichtigt werden, dass es mitunter schwierig ist sein kann, die subjektive richterliche Überzeugung sprachlich umzusetzen.[244] 96

---

228 *Bender/Nack*² Bd. I Rdn. 34 ff.; *Bender/Nack/Treuer*³ Rdn. 20 ff.
229 *Bender/Nack*² Bd. I Rdn. 49 ff.; *Bender/Nack/Treuer*³ Rdn. 60 ff.
230 *Bender/Nack*² Bd. I Rdn. 58 ff.; *Bender/Nack/Treuer*³ Rdn. 66 ff.
231 *Bender/Nack*² Bd. I Rdn. 110; *Bender/Nack/Treuer*³ Rdn. 115.
232 *Bender/Nack*² Bd. I Rdn. 115 ff.; *Bender/Nack/Treuer*³ Rdn. 122 ff.
233 *Bender/Nack*² Bd. I Rdn. 125; *Bender/Nack/Treuer*³ Rdn. 133.
234 *Bender/Nack*² Bd. I Rdn. 128 ff.; *Bender/Nack/Treuer*³ Rdn. 138.
235 *Bender/Nack*² Bd. I Rdn. 132 ff.; *Bender/Nack/Treuer*³ Rdn. 142 ff.
236 *Bender/Nack*² Bd. I Rdn. 135 f.; *Bender/Nack/Treuer*³ Rdn. 146 ff.
237 *Bender/Nack*² Bd. I Rdn. 137.
238 *Bender/Nack*² Bd. I Rdn. 139 ff.; *Bender/Nack/Treuer*³ Rdn. 151 f.
239 *Bender/Nack*² Bd. I Rdn. 148 ff.; *Bender/Nack/Treuer*³ Rdn. 160 ff.
240 *Bender/Nack*² Bd. I Rdn. 162 ff.; Bd. II Rdn. 567574; *Bender/Nack/Treuer*³ Rdn. 182 ff.
241 BGH NJW 1991, 3284; *Zimmermann* ZPO § 286 Rdn. 69; *Schneider* Beweis und Beweiswürdigung⁵ Rdn. 905 f.
242 *Reinecke* MDR 1986, 630, 636.
243 Vgl. AG Marbach MDR 1987, 241.
244 Vgl. *Schneider* Beweis und Beweiswürdigung⁵ Rdn. 704 f.

97 Um zu prüfen, ob eine **Aussage glaubhaft** ist, ist diese zunächst auf ihre **Widerspruchsfreiheit** zu untersuchen. Zusätzlich können **andere gesicherte Umstände**, die die Aussage bestätigen oder ihr widersprechen, – in erster Linie andere Beweismittel – der Glaubhaftigkeitskontrolle dienen. **Weniger aufschlussreich** dürften dagegen die Aussagekonstanz, die Detailgenauigkeit und die Neigung des Zeugen zu Selbstkritik, Selbstüberschätzung oder Übertreibung sein. Auch die **Wahrscheinlichkeit der Aussage nach** der **Lebenserfahrung** ist nur begrenzt ein Indiz. Fehlt es an solchen Kontrollkriterien, bleibt häufig nichts, als die Glaubhaftigkeit einer Aussage auf ihre Widerspruchsfreiheit zurückzuführen. Mit dieser Feststellung ist – allen Bedenken zum Trotz[245] – jedenfalls ein Minimum an Objektivität gewonnen.

4. Glaubwürdigkeitsbeurteilung

98 a) **Prüfungskriterien.** Bei der Prüfung der **Glaubwürdigkeit** des Zeugen kommt gemeinhin eine Vielzahl von Gesichtspunkten zum Tragen, die nicht sehr verlässlich sind und deshalb **nicht schematisch** abgehandelt und bewertet werden dürfen, so die **Beziehungen** des Zeugen **zu** einer **Prozesspartei**, ein mögliches **Interesse am Ausgang** des Verfahrens,[246] seine Persönlichkeit, etwaige Vorstrafen wegen Aussagedelikten und Betruges,[247] die Vorgeschichte der Zeugenbenennung, das Verhalten des Zeugen während der Vernehmung. Sind die einzigen zur Verfügung stehenden unmittelbaren Aussagepersonen beide in gleicher oder ähnlicher Weise nicht neutral, wäre es willkürlich, den Wert ihrer gegensätzlichen Aussagen von vornherein aus formalen prozessualen Gründen (einerseits Zeuge, andererseits informatorisch angehörte Partei) unterschiedlich zu gewichten.[248]

99 b) **Verbot richterrechtlicher Beweisregeln.** Bei der **Würdigung** der Aussage eines **sachverständigen Zeugen** ist Gründen, die seine Ablehnung hätten rechtfertigen können, wenn er Sachverständiger gewesen wäre, Rechnung zu tragen.[249] Das Alter **eines Zeugen** lässt als solches keinen Schluss auf dessen Erinnerungsvermögen zu; es gibt **keinen Erfahrungssatz**, dass Neunzigjährige sich nicht mehr an das erinnern können, was sie zwei Wochen zuvor vereinbart haben.[250]

100 Einer besonders sorgfältigen und kritischen Würdigung müssen Aussagen von **Zeugen „vom Hörensagen"** unterzogen werden.[251] Der Zeuge „vom Hörensagen" gibt seine Wahrnehmung von der Wiedergabe einer Wahrnehmung durch einen Dritten wieder. Es besteht deshalb die Gefahr, dass er die ihm gemachten Angaben entstellt oder unvollständig wiedergibt.[252] Die **Verdoppelung der Fehlerquellen** führt regelmäßig zu einer erheblichen Minderung des Beweiswerts solcher Zeugenaussagen.[253]

---

245 Musielak/*Huber*[10] § 373 Rdn. 15.
246 Dazu *Foerste* NJW 2001, 321.
247 OLG Stuttgart VersR 2012, 1032, 1034.
248 OLG Karlsruhe NJW-RR 1998, 789, 790; siehe auch EGMR NJW 1995, 1413 – *Dombo Beheer B.V./ Niederlande.*
249 BGH MDR 1974, 382.
250 BVerfG Beschl. v. 7.7.1999 – 1 BvR 346, 99, ZMR 1999, 680, 681.
251 BVerfGE 57, 250, 288, 292ff., NJW 1996, 448, 449 und NStZ 2000, 265 zum Strafprozess; BGH NStZ 1988, 144; OLG Stuttgart NJW 1972, 66, 67; *Schneider* Beweis und Beweiswürdigung[5] Rdn. 878ff.; Musielak/*Huber*[10] § 373 Rdn. 17; *Bender/Nack*[2] Bd. I Rdn. 917ff. und *Bender/Nack/Treuer*[3] Rdn. 1339ff. (zum Zeugen vom Hörensagen im Strafprozess).
252 BGH NStZ 1988, 144.
253 Musielak/*Huber*[10] § 373 Rdn. 17.

Die **Beifahrerrechtsprechung** (dazu § 286 Rdn. 28), nach der den Aussagen un- **101** fallbeteiligter Fahrzeuginsassen nur dann Beweiswert zuerkannt werden kann, wenn sonstige objektive Anhaltspunkte für ihre Richtigkeit sprechen, verstößt gegen § 286 Abs. 1.[254] Es gibt keinen Erfahrungssatz des Inhalts, dass die Aussagen der Insassen unfallbeteiligter Kraftfahrzeuge stets von einem „Solidarisierungseffekt" beeinflusst und deshalb grundsätzlich unbrauchbar sind.[255] Ebenso wenig können Aussagen von Unfallzeugen, die mit einem Unfallbeteiligten verwandt oder verschwägert sind, als von vornherein parteiisch und unzuverlässig gelten. Zwar sind bei der Würdigung der Zeugenaussagen Umstände wie die verwandtschaftliche oder freundschaftliche Verbundenheit mit einem Beteiligten oder die Möglichkeit einer bewussten oder unbewussten Solidarisierung mit dem Fahrer zu berücksichtigen.[256] Die **Glaubwürdigkeit eines Zeugen** darf aber nicht allein deshalb verneint werden, weil der Zeuge einer der Prozessparteien nahesteht und/oder am Abschluss des streitgegenständlichen Vertrages beteiligt war und bei seiner Vernehmung keine Umstände zutage getreten sind, die die von vornherein angenommenen Bedenken gegen die Glaubwürdigkeit des Zeugen zerstreut hätten.[257] Die Aussage verliert allerdings an Wert, wenn der Anwalt einer Partei den Zeugen vorprozessual befragt, also eine „private Zeugeneinvernahme" durchgeführt hat[258] oder gar mit dem Zeugen „geübt" hat. Die Glaubwürdigkeit einer Aussage ist **bei gegensätzlichen Aussagen** entsprechend allgemein anerkannten Grundsätzen der **forensischen Aussagepsychologie** positiv zu begründen.[259] Ist das Aussagematerial nicht umfangreich genug, um aussagepsychologische Methoden der Aussageinhaltsanalyse ansetzen zu können, muss das Gericht auch auf andere Umstände als den Aussageinhalt abstellen, etwa die Neutralität oder anderweit erkennbare Objektivität einer Aussageperson mit ausreichender Beobachtungsfähigkeit und ausreichender Erinnerungskritik.[260]

c) Glaubwürdigkeitsuntersuchung. **Glaubwürdigkeitsgutachten** sind im Zivil- **102** prozess, anders als im Strafprozess, **selten**.[261] Sie kommen aber in besonders gelagerten Fällen wegen Beurteilungsschwierigkeiten in Betracht, etwa bei medizinischen oder entwicklungspsychologischen Bewertungen. Zu § 81c StPO hat das OLG Hamm entschieden, es sei unzulässig, über die Glaubwürdigkeit eines Zeugen in der Weise Beweis zu erheben, dass der Zeuge gegen seinen Willen in Gegenwart eines Sachverständigen Fragen über seinen Werdegang, seine Krankheiten, nervenärztliche Behandlungen, Therapien usw. zu beantworten habe, um auf diese Weise eine Begutachtung seines Geisteszustandes zu ermöglichen.[262] Die Anordnung einer **Untersuchung** nach § 81c StPO zur Feststellung der Glaubwürdigkeit eines Zeugen ist bei **fehlender Einwilligung** des Be-

---

254 BGH NJW 1974, 2283 = VersR 1974, 1196, 1197 zu Zeugenaussagen von Besatzungsmitgliedern unfallbeteiligter Schiffe; BGH NJW 1988, 566, 567; KG VersR 2009, 1557, 1558; zustimmend *Greger* NZV 1988, 13.
255 BGH NJW 1988, 566, 567 = VersR 1988, 416; fehlerhaft LG Köln NZV 1988, 28 unter Berufung auf die über zehn Jahre lange Erfahrung der Kammer mit Beifahrern.
256 BGH NJW 1988, 566, 567; BGH NJW 1974, 2283.
257 BGH NJW 1988, 566, 567; BGHZ 128, 307 = NJW 1995, 955; OLG Köln MDR 1972, 957 Nr. 61; Rosenberg/Schwab/*Gottwald*[17] § 120 Rdn. 57. Anders *Foerste* NJW 2001, 321, 326: Bereits das Risiko einer Falschaussage soll die Glaubwürdigkeit erschüttern können, wenn sonstige Anhaltspunkte fehlen.
258 OG Zürich ZürchRspr. 106 (2007) Nr. 14 = S. 65, 73; zurückhaltend auch schweiz. BG BGE 136 II 551 (Begrenzung durch sachliche Notwendigkeit) m. Bespr. *Reichart/Hafner* SJZ 107 (2011), 201 ff.
259 OLG Karlsruhe NJW-RR 1998, 789, 790. Zum Thema Aussage gegen Aussage *Bender/Nack/Treuer*[3] Rdn. 1357 ff.
260 OLG Karlsruhe NJW-RR 1998, 789, 790.
261 Musielak/*Huber*[7] § 373 Rdn. 16 a.E. und § 403 Rdn. 4.
262 OLG Hamm JZ 1957, 186.

troffenen **unzulässig**.[263] Dies gilt auch für den Zivilprozess.[264] Die rechtliche Zustimmung kann bei einem Geisteskranken nur der Vormund oder Pfleger geben.[265]

103   Will der Tatrichter bei der Entscheidung über die Glaubwürdigkeit eines Zeugen, die eine **besondere Sachkunde** voraussetzt, von der Zuziehung eines Sachverständigen absehen, weil er eine eigene Sachkunde für sich in Anspruch nimmt, die regelmäßig nur durch besondere Ausbildung erworben werden kann, so muss er diese durch nähere Ausführungen nachweisen.[266] Bei der Beurteilung der Glaubwürdigkeit **kindlicher Zeugen** sind entwicklungspsychologische Erkenntnisse zu berücksichtigen.[267]

VIII. Verwertung des Inhalts anderer Verfahrensakten

104   **1. Protokollbeweis als Ersatz der Zeugenvernehmung.** Die **Verwertung richterlicher Vernehmungsniederschriften** und schriftlicher Zeugenaussagen kann den Zeugenbeweis ersetzen[268] (dazu auch § 355 Rdn. 14). Eine Parallelvorschrift zu § 250 StPO gibt es in der ZPO nicht. Die Möglichkeit, die **Akten eines anderen Rechtsstreits** als Beweisurkunde heranzuziehen, erschöpft sich nicht in der Verwertung von Beweisprotokollen aus dem früheren Verfahren, in gleicher Weise können tatsächliche Feststellungen des dortigen Urteils verwertet werden.[269] Die größte Bedeutung hat jedoch die Heranziehung schriftlicher Aussagen sowie Protokolle über die Aussagen von Zeugen in einem anderen Verfahren.

105   **Protokolle** aus anderen Verfahren dürfen im Wege des **Urkundenbeweises** in den Zivilprozess eingeführt und dort gewürdigt werden, wenn dies von der beweispflichtigen Partei beantragt wird.[270] **Beantragt eine Partei** hingegen die **Vernehmung** eines Zeugen, ist die Verwertung seiner früheren Aussage im Wege des Urkundenbeweises anstelle seiner Vernehmung im anhängigen Verfahren unzulässig[271] (s. auch § 355 Rdn. 17 und § 373 Rdn. 4). Neben dem Zeugenbeweis kann die frühere Aussage jedoch ohne weiteres als Urkundenbeweis berücksichtigt werden.[272] Die von einer Partei beantragte Verwertung einer Zeugenaussage aus einem anderen Verfahren im Wege des Urkundenbeweises bedarf **nicht** der **Zustimmung des Gegners**, so dass dessen Widerspruch die Verwertung nicht hindert.[273] Will der Gegner die Vernehmung des Zeugen vor dem Prozessgericht erreichen, muss er sich zum Gegenbeweis auf diesen berufen, also seine Vernehmung nach § 373 beantragen.[274]

---

263   GSSt BGHSt 12, 235 = NJW 1959, 445; BGHSt 14, 21, 23 = NJW 1960, 586; NJW 1970, 1242; *Peters*, Anm. zu BGH JR 1970, 67, 68; *Janetzke* NJW 1958, 534; **a.A.** BGH JR 1970, 67 f.: Duldungspflicht als Folge der Zeugenpflicht.
264   Musielak/*Huber*[10] § 403 Rdn. 4; Stein/Jonas/*Berger*[22] vor § 373 Rdn. 28 und 33.
265   *Peters* Anm. zu BGH JR 1970, 67, 68.
266   OLG Hamm NJW 1970, 907.
267   *Deckers* NJW 1999, 1365; *Peters*, Anm. zu BGH JR 1970, 151, 152.
268   RGZ 46, 410, 412; RGZ 28, 411, 412 ff. für Protokolle über Beweisaufnahme zur Sicherung des Beweises.
269   BGH WM 1973, 560, 561.
270   BGH NJW-RR 1992, 1214, 1215 = VersR 1992, 1028, 1029; BGH NJW 1995, 2856, 2867 = VersR 1995, 1370, 1371; BGH NJW 2000, 1420, 1421.
271   RGZ 105, 219, 221; BGHZ 7, 116, 122; BGH NJW 1991, 1180; BGH VersR 1971, 177, 178; BGH NJW-RR 1992, 1214, 1215 = VersR 1992, 1028, 1029; BGH NJW 1995, 2856, 2867 = VersR 1995, 1370, 1371; BGH FamRZ 1997, 1270, 1271; BGH NJW 2000, 1420, 1421; BGH Urt. v. 11.7.2001 – IV ZR 122/00.
272   RG Warn. 1914 Nr. 229, S. 326.
273   Stg. Rspr.: RGZ 105, 219, 221; RG JW 1935, 2953; BGH VersR 1970, 322, 323; VersR 1983, 667, 668; OLG Zweibrücken NJW-RR 2011, 496, 497.
274   RG JW 1935, 2935; BGH VersR 1964, 70, 71; BGH VersR 1970, 322, 323; BGH VersR 1983, 667, 668; BAG NJW 1968, 957 = AP § 522a Nr. 4 m. Anm. *Baumgärtel* und *Scherf*.

Widerspricht eine Partei der Verwendung eines Beweisprotokolls, muss das Gericht nach § 139 darauf **hinweisen**, wenn es den Widerspruch nicht als konkludenten Antrag auf Vernehmung des betreffenden Zeugen sehen will.[275] **Stimmt** der **Gegner zu**, beinhaltet dies **keinen endgültigen Verzicht** auf die Vernehmung des Zeugen[276] (s. auch § 399 Rdn. 5). Das Einverständnis einer Partei mit der Verwertung protokollierter Zeugenaussagen anstelle der Zeugenvernehmung kann nicht unbegrenzt widerrufen werden. So hat es das OLG Oldenburg in einem Erbscheinsverfahren für grob nachlässig und mithin verspätet gemäß §§ 528 Abs. 2, 282 Abs. 1 a.F. (531 Abs. 2 Nr. 3 n.F.) gehalten, dass der Kläger, der sich in erster Instanz mit der urkundenbeweislichen Verwertung von Vernehmungsprotokollen einverstanden erklärt hatte, erstmals in der Berufungsinstanz die Vernehmung des betreffenden Zeugen beantragt hatte, obwohl er nicht davon ausgehen konnte, dass das LG über die protokollierten Zeugenaussagen zu einer für ihn günstigen Würdigung gelangen werde.[277]

106

Bezieht sich eine Partei auf Zeugenaussagen in Beiakten und geht dabei von einer vertretbaren Würdigung dieser Aussagen aus, kann sie die **Benennung** dieser Zeugen ohne Verletzung ihrer Prozessförderungspflicht **in** der **Berufungsbegründung nachholen**, wenn das erstinstanzliche Gericht die in den Strafakten enthaltenen Zeugenaussagen zu Ungunsten der Partei würdigt, ohne sie vorher nach § 139 darauf hinzuweisen.[278] Nach § 531 Abs. 2 Nr. 2 und Nr. 3 ist die Benennung der Zeugen unter diesen Umständen in der Berufungsinstanz zulässig, weil sie im ersten Rechtszug infolge eines Verfahrensmangels (Nr. 2) bzw. nicht auf Grund einer Nachlässigkeit der Partei (Nr. 3) unterblieben ist.

107

Zur **Verwertung bei mangelnder Belehrung über Weigerungsrechte** s. oben Rdn. 71f.

108

2. Beweiswert von Vernehmungsniederschriften. Einer Urkunde über die frühere Vernehmung eines Zeugen in einem anderen Verfahren kommt im Allgemeinen ein **geringerer Beweiswert** zu als dem unmittelbaren Zeugenbeweis; er kann je nach Sachlage sogar gänzlich fehlen.[279] Der **persönliche Eindruck** des Zeugen, die Anwesenheit der Parteien, das ihnen eingeräumte Fragerecht sowie die Möglichkeit und Zulässigkeit der Gegenüberstellung von Zeugen bieten eine Gewähr für die Ermittlung der Wahrheit, die dem Vortrage in der Niederschrift wiedergegebener Zeugenaussagen, also dem Urkundenbeweise auch dann mangelt, wenn in einem früheren Prozess die Vernehmung in Anwesenheit derselben Parteien über denselben Gegenstand stattgefunden hat.[280] Hieraus ergeben sich insbesondere dann erhebliche Probleme, wenn es auf die **Glaubwürdigkeitsbeurteilung** des Zeugen ankommt.[281]

109

Die Beurteilung der **Glaubwürdigkeit** eines Zeugen setzt nach den Grundsätzen der **Unmittelbarkeit der Beweisaufnahme** voraus, dass sie auf der Wahrnehmung der an der Entscheidung beteiligten Richter beruht (dazu § 355 Rdn. 26 und 48, § 398 Rdn. 13) oder die für die Würdigung maßgeblichen Umstände in den Akten festgehalten worden

110

---

[275] OLG Köln VersR 1993, 1366f.
[276] BGH VersR 1964, 70, 71.
[277] OLG Oldenburg FamRZ 2000, 834, 836.
[278] So zu § 528 Abs. 2 a.F. BGH NJW 1983, 999, 1000 m. Anm. *Deubner*.
[279] BGH VersR 1970, 322, 323; BGH NJW 1995, 2856, 2857 = VersR 1995, 1370, 1371; BGH NJW 2000, 1420, 1421.
[280] RGZ 46, 410, 412f.; BGHZ 7, 116, 122 = NJW 1952, 1171, 1172; BGH NJW 1982, 580 = VersR 1981, 1127; BGH NJW-RR 1988, 1527, 1528; BGH NJW 2000, 1420, 1421.
[281] BGH NJW 2000, 1420, 1421.

sind und die Parteien Gelegenheit hatten, sich dazu zu erklären.[282] In den Akten festgehaltene maßgebliche Umstände können den persönlichen Eindruck von einem Zeugen nur dann ersetzen, wenn es sich um solche Umstände handelt, zu denen die Parteien nach eigener Möglichkeit der Kenntnisnahme sachlich Stellung zu beziehen vermögen. Dies ist etwa der Fall, wenn es sich um offenkundige oder den Parteien bekannte Tatsachen oder um Umstände handelt, die sich im Verfahrensgang des anhängigen Rechtsstreits ergeben; dazu können **Vermerke** gehören, die der Richter einer Vorinstanz, ein Einzelrichter des nunmehr durch das Kollegium erkennenden Gerichts oder ein früherer Richter vor einem Richterwechsel etc. **über** die parteiöffentliche **Vernehmung** eines Zeugen gefertigt und in – oder zusammen mit – der Vernehmungsniederschrift den **Parteien zugänglich** gemacht hat.[283] An derartigen Voraussetzungen fehlt es, wenn sich über Umstände einer Zeugenvernehmung in einem anderen (etwa Straf-)Verfahren, an welcher die vorliegend betroffenen Parteien nicht teilnehmen konnten, in beigezogenen Akten Vermerke oder dergleichen finden, die sich einer inhaltlichen Kontrolle der Beteiligten des nunmehr anhängigen Zivilrechtsstreits gänzlich entziehen.[284] Falls bei einem **Richterwechsel** nach der Beweisaufnahme das anders besetzte Gericht in der Schlussverhandlung die vom vernehmenden Richter bejahte persönliche Glaubwürdigkeit eines Zeugen anzweifeln oder davon abweichen will oder meint, dass es für die Entscheidung maßgeblich auf einen eigenen Eindruck ankomme, ist eine **Wiederholung der Beweisaufnahme** vor dem Prozessgericht in der neuen Besetzung unumgänglich.[285]

111 Das Gericht darf die **Richtigkeit** einer **urkundenbeweislich verwerteten Zeugenaussage** aus einem anderen Verfahren nicht aus Gründen anzweifeln, die sich nicht aus der Urkunde selbst ergeben und für die sich auch sonst keine belegbaren Umstände finden lassen.[286] Einschränkend nimmt *Hällmayer*[287] an, das Prozessgericht dürfe lediglich die Glaubwürdigkeit eines von dem Prozessgericht nicht vernommenen Zeugen nicht in dieser Weise beurteilen. Es könne dem Tatrichter nach § 286 Abs. 1 nicht verwehrt sein, an der Richtigkeit einer urkundlich verwerteten Aussage Zweifel zu haben, da die Urkunde nicht die inhaltliche Richtigkeit der Aussage beweise.[288]

112 Hegt das Gericht **Zweifel am Beweiswert** des urkundenbeweislich zu verwertenden Inhalts einer Verfahrensakte, muss es den Beweisführer darauf nach § 139 Abs. 1 und 2 hinweisen, damit dieser die Vernehmung des Zeugen beantragen kann[289] (s. auch § 355 Rdn. 18).

---

[282] BGHZ 53, 245, 257; BGH NJW 1991, 1180; BGH NJW 1991, 3284; BGH NJW 1991, 1302; NJW 1992, 1966; BGH NJW 1995, 2856, 2857 = VersR 1995, 1370, 1371; BGH NJW 1997, 1586, 1587; BGHR ZPO § 355 Abs. 1 Unmittelbarkeit 4; BGH NJW 2000, 1420, 1421.
[283] BGHR § 355 Abs. 1 ZPO – Unmittelbarkeit 4; BGH NJW 1991, 1180; BGH NJW 2000, 1420, 1422.
[284] BGH NJW 1995, 2856, 2857; BGH NJW 2000, 1420, 1421.
[285] BGH LM § 398 ZPO Nr. 2; BGH NJW 1964, 2414; BGHZ 53, 245, 257 f. – Anastasia = NJW 1970, 546; BGH LM § 398 ZPO Nr. 39.
[286] BGH NJW 1982, 580, 581 = VersR 1981, 1127; BGH NJW-RR 1992, 1214, 1215 = VersR 1992, 1028.
[287] *Hällmayer* NZV 1992, 481.
[288] *Hällmayer* NZV 1992, 481; ebenso *Hartung* VersR 1982, 141.
[289] BGH VersR 1983, 667; MünchKomm/*Damrau*[4] § 373 Rdn. 21; vgl. auch BGH NJW 1983, 999, 1000: kein Verstoß gegen Prozessförderungspflicht im Berufungsverfahren, wenn Zeuge nur deshalb nicht in erster Instanz benannt, weil mangelnder Beweiswert erst im Urteil erkennbar gewesen ist.

IX. Auskünfte von Behörden

Die Vernehmung von Mitarbeitern einer **Behörde** als Zeugen kann ersetzt werden 113 durch die Einholung einer amtlichen Auskunft der betreffenden Behörde[290] (zur Erstattung von Gutachten § 402 Rdn. 25 ff.). Die Einholung einer amtlichen Auskunft ist in den Vorschriften über die Beweisaufnahme nicht geregelt, aber nach § 273 Abs. 2 Nr. 2, § 358a Satz 2 Nr. 2 zulässig (dazu auch § 402 Rdn. 25). Während vereinzelt vertreten wird, die Einholung einer amtlichen Auskunft stelle keine Beweisanordnung, sondern lediglich eine vorbereitende Maßnahme dar,[291] geht die überwiegende Ansicht davon aus, dass die **amtliche Auskunft** ein **Beweismittel** ist,[292] wenn sie auch nicht zu den förmlichen Beweismitteln der ZPO zählt.[293] Streitig ist, ob sie ein Beweismittel eigener Art[294] oder je nach ihrem Inhalt Zeugen- oder Sachverständigenbeweis[295] ist. Umstritten ist auch, ob die Einholung der amtlichen Auskunft dem Freibeweis unterliegt[296] oder dem Strengbeweis mit der Konsequenz, dass die §§ 355 ff. und die Verfahrensvorschriften des Zeugen- bzw. Sachverständigenbeweises anzuwenden sind.[297]

Die amtliche Auskunft kann **von Amts wegen oder auf Antrag** einer Partei eingeholt 114 werden.[298] Sie kann den Zeugenbeweis jedoch nur ersetzen, soweit die beweisführende Partei nicht auf der Vernehmung des Behördenmitarbeiters als Zeugen besteht, wobei der Zeugenbeweis dann nach **§ 377 Abs. 3** eingeholt werden kann.[299] Dadurch wird verhindert, dass die Vorschriften über den Zeugenbeweis umgangen werden.[300] Erhebt das Gericht in Bezug auf eine erhebliche Tatsache einen angebotenen Zeugenbeweis nicht, weil es diesem neben einer eingeholten behördlichen Auskunft nicht mehr allzuviel Gewicht beimisst, stellt dies eine vorweggenommene Beweiswürdigung dar, die den

---

290 BGH LM § 402 ZPO Nr. 16 = MDR 1964, 223 = WM 1964, 202, 204; BGHZ 89, 114, 119 = NJW 1984, 438; Ahrens/*Bähr*, Der Wettbewerbsprozess[7] Kap. 27 Rdn. 17 f. („Wissensmitteilungen"); MünchKomm/*Damrau*[4] § 373 Rdn. 22; Musielak/*Huber*[10] § 373 Rdn. 5; Zöller/*Greger*[29] § 373 Rdn. 11.
291 *Schneider* JurBüro 1969, 465, 470.
292 KG JW 1936, 3332; BGH LM § 272b ZPO Nr. 4 = WM 1957, 1193, 1195; BGH LM § 402 ZPO Nr. 16 = WM 1964, 202, 204; BGH BB 1976, 480; BGH NJW 1979, 266, 268; OLG Hamm NJW 1966, 1370 m.w.N. unter Abkehr von OLG Hamm NJW 1958, 1242, 1243; **a.A.** für Gutachten des Vorstands der Rechtsanwaltskammer im Gebührenrechtsstreit OLG München MDR 1975, 500 m.w.N.; OLG Frankfurt MDR 1983, 327.
293 Rosenberg/Schwab/*Gottwald*[17] § 122 Rdn. 6.
294 BGH LM § 272b ZPO Nr. 4; BVerwG NVwZ 1986, 35, 36; BVerwG NJW 1986, 3221; KG JW 1936, 3332; OLG Frankfurt FamRZ 1980, 705, 706; MünchKomm/*Damrau*[4] § 373 Rdn. 22; *Teplitzky*, Wettbewerbsrechtliche Ansprüche[10] Kap. 47 Rdn. 14 (sechstes Beweismittel); unklar Baumbach/Lauterbach/*Hartmann*[71] Übers § 373 Rdn. 32; *Brüggemann* Judex statutor und judex investigator (1968), S. 375.
295 BGH BB 1976, 480; BGHZ 89, 114, 119 für die Auskunft einer Behörde der gesetzlichen Rentenversicherung im Versorgungsausgleichsverfahren; Musielak/*Stadler* Grundfragen des Beweisrechts Rdn. 30; Stein/Jonas/*Berger*[22] vor § 373 Rdn. 44; *Peters*, Der so genannte Freibeweis im Zivilprozess S. 122 f. Das Gutachten des Gutachterausschusses nach §§ 192 ff. BauGB ist Sachverständigenbeweis, BGHZ 62, 93, 95 zu §§ 136 ff. BBauG a.F.; LG Köln AnwBl 1985, 329; BayObLGZ 2002, 376, 384.
296 BGH LM § 272b ZPO Nr. 4 = WM 1957, 1193, 1195; BGH NJW 1979, 266, 268. Für Auskünfte des Auswärtigen Amtes in Asylsachen BVerwG NVwZ 1986, 35, 36; BVerwG NJW 1986, 3221; Baumbach/Lauterbach/*Hartmann*[71] Übers § 373 Rdn. 32.
297 BGH BB 1976, 480; BVerwG NJW 1988, 2491: kein Umgehen der Vorschriften über Zeugen- und Sachverständigenbeweis; MünchKomm/*Damrau*[4] § 373 Rdn. 22; Stein/Jonas/*Berger*[22] vor § 373 Rdn. 44; *Pieper* ZZP 84 (1971), 1, 22; *Hohlfeld* S. 82 f. Kein Sachverständigengutachten ist die Äußerung des Gutachterausschusses nach §§ 192 ff. BBauG als Kollegialbehörde, BGHZ 62, 93, 95: Verfahrensvorschriften vorrangig (zu § 136 BBauG a.F.).
298 BGH LM § 272b ZPO Nr. 4 = WM 1957, 1193, 1196; Rosenberg/Schwab/*Gottwald*[17] § 122 Rdn. 9.
299 Musielak/*Huber*[10] § 373 Rdn. 5; MünchKomm/*Damrau*[4] § 373 Rdn. 22.
300 Zu dieser Gefahr Stein/Jonas/*Berger*[22] vor § 373 Rdn. 44.

Anspruch auf rechtliches Gehör (Art. 103 Abs. 1 GG) verletzt.[301] Das Gericht darf die Einholung einer amtlichen Auskunft nicht mit der Begründung ablehnen, der zu befragenden Auskunftsperson (Chef des Bundeskanzleramts) sei von ihrem Dienstvorgesetzten die Aussagegenehmigung verweigert worden, weil damit nicht ohne weiteres feststeht, dass dem zu Befragenden auch die Erteilung einer schriftlichen Auskunft untersagt worden ist.[302]

115   Es ist von einem **weiten Behördenbegriff** auszugehen. Auskünfte von öffentlichen Sparkassen, Kirchengemeinden, Rundfunkanstalten, Rentenversicherungsträgern,[303] Industrie- und Handelskammern sowie Handwerkskammern sind amtlich.[304] Die Auskunft einer **ausländischen Behörde** kann mit Zustimmung beider Parteien eingeholt werden.[305]

116   Die **dienstliche Äußerung eines Beamten** steht einer amtlichen Auskunft gleich. Sie kann vom Gericht auch dann verwertet werden, wenn sie ihm ohne vorherige Anordnung zugegangen ist.[306] Der Beweiswert einer behördlichen Auskunft kann durch etwaige **Befangenheit** oder sonstige Interessiertheit des die Auskunft erteilenden Beamten beeinträchtigt sein, was im Einzelfall zu prüfen ist.[307] Auskünfte, die **in** einem **anderen Verfahren eingeholt** worden sind, können im Wege des Urkundenbeweises – auch ohne Zustimmung der Beteiligten – herangezogen und gewürdigt werden.[308]

117   Keinen Ersatz für den Zeugenbeweis stellt die Einholung einer **privaten Auskunft** dar, weil diese gesetzlich als Beweismittel nicht vorgesehen ist.[309] Die Einholung einer **Bankauskunft** kann aber als Einholung einer **schriftlichen Zeugenaussage gemäß § 377 Abs. 3** aufzufassen sein.[310] Die Lohnauskunft des **privaten Arbeitgebers** ist als nicht-amtliche Auskunft kein Beweismittel,[311] gleiches gilt für die Auskunft einer privaten **Bank**[312] oder einer privaten **Versicherung**.[313] Sind beide Parteien damit einverstanden, oder stellen sie die betreffende Tatsache unstreitig, ist eine eingeholte private Auskunft gleichwohl verwertbar;[314] mangels Rüge tritt Heilung nach § 295 ein.[315]

---

301   BVerfG NJW-RR 2001, 1006, 1007.
302   BGH NJW 1979, 267, 268.
303   BGHZ 89, 114, 119 = NJW 1984, 438, 429; OLG Celle JurBüro 1979, 1016, 1017; OLG Hamm MDR 1980, 65, 66; **a.A.** OLG Bamberg JurBüro 1979, 851, 852: Beweismittel nur, wenn Auskunft zur Klärung streitiger Tatsachen eingeholt wird; ebenso OLG Frankfurt JurBüro 1979, 704; OLG Nürnberg MDR 1980, 65; wieder anders OLG Koblenz JurBüro 1979, 535 f.: nicht entscheidend, ob zur Aufklärung streitiger Tatsachen.
304   Baumbach/Lauterbach/*Hartmann*[71] Übers § 373 Rdn. 33.
305   BGH WM 1977, 478, 479 (zum früheren § 272b).
306   BGH LM § 272b ZPO Nr. 4 = WM 1957, 1193, 1195 = NJW 1957, 1440 (Ls).
307   BGH LM § 402 ZPO Nr. 16 = WM 1964, 202, 204.
308   BVerwG NJW 1986, 3221.
309   OLG Hamm NJW 1966, 1370, 1371; OLG Zweibrücken JurBüro 1982, 1846, 1847; OLG Düsseldorf MDR 1988, 593 = JurBüro 1988, 1005; *Schneider* JurBüro 1969, 465, 467; *Schöpflin* Die Beweiserhebung von Amts wegen im Zivilprozess S. 311 ff.; MünchKomm/*Damrau*[4] § 373 Rdn. 23; **a.A.** *Brüggemann* judex statutor, 1968, S. 403: nichtbehördliche Auskunft zwar gesetzlich nicht vorgesehen, aber in den Grenzen des § 377 Abs. 3 bei Beweisantritt kraft Gewohnheitsrechts zulässig; dagegen *Schöpflin* S. 313.
310   OLG Hamm NJW 1966, 1370, 1371; KG MDR 1975, 500.
311   OLG Saarbrücken JurBüro 1981, 1354f; OLG Zweibrücken JurBüro 1982, 1196, 1197; OLG Zweibrücken JurBüro 1982, 1846, 1847; OLG Düsseldorf RPfleger 1987, 219; MünchKomm/*Damrau*[4] § 373 Rdn. 23; *Schöpflin*, Beweiserhebung von Amts wegen S. 311.
312   KG MDR 1975, 500.
313   OLG Hamm NJW 1966, 1370, 1371; Musielak/*Huber*[10] § 373 Rdn. 5; MünchKomm/*Damrau*[4] § 373 Rdn. 23.
314   Musielak/*Huber*[10] § 373 Rdn. 5.
315   *Bender/Belz/Wax* Das Verfahren nach der Vereinfachungsnovelle und vor dem Familiengericht (1977), S. 13, Rdn. 20; MünchKomm/*Damrau*[4] § 373 Rdn. 23.

§ 373
Beweisantritt

Der Zeugenbeweis wird durch die Benennung der Zeugen und die Bezeichnung der Tatsachen, über welche die Vernehmung der Zeugen stattfinden soll, angetreten.

Schrifttum

Gießler Vernehmung des nicht geladenen Zeugen, NJW 1991, 2885; *Heusler* Die Grundlagen des Beweisrechts, AcP 62 (1879), 209; *Kollhosser* Das Beweisantragsrecht usw., FS für Stree und Wessels (1993), S. 1029; *Teplitzky* Der Beweisantrag im Zivilprozeß und seine Behandlung durch die Gerichte, JuS 1968, 71. S. ferner die Literatur zu § 356.

Übersicht

I. Antragsbindung des Zeugenbeweises — 1
II. Antragsinhalt — 3
III. Benennung des Beweisthemas
   1. Tatsachen als Beweisgegenstand
     a) Wahrnehmungen — 6
     b) Rechtsfragen als Tatsachenbenennung — 7
     c) Bewertungen — 8
     d) Wahrnehmung von Indiztatsachen — 9
     e) Äußere und innere Tatsachen — 10
   2. Substantiierung und Ausforschungsbeweis
     a) Funktion der Konkretisierung — 13
     b) Pauschale Beweisthemenangabe — 15
     c) Herkunft der Parteiinformation, Spekulation über Zeugenwissen — 16
     d) Quelle des Zeugenwissens, Indizienbeweis über Absichten Dritter — 18
     e) Hinweispflicht des Gerichts — 21
   3. Reichweite der Beweisaufnahme — 23
IV. Benennung der Zeugnisperson — 24
V. Ablehnung der Beweiserhebung — 32
VI. Anordnung der Zeugenvernehmung — 36

I. Antragsbindung des Zeugenbeweises

Der Zeugenbeweis setzt – soweit der Verhandlungsgrundsatz gilt[1] – stets den Beweisantritt einer Partei voraus. Im Gegensatz zu den übrigen Beweismitteln des Strengbeweises darf der **Zeugenbeweis nicht von Amts wegen** erhoben werden. § 373 regelt den **Antritt des Zeugenbeweises**. Die Anforderungen daran orientieren sich an den Prinzipien der Prozessförderung und der Prozesswirtschaftlichkeit. Beschränkungen des Zeugenbeweises, wie man sie im 19. Jahrhundert kannte,[2] gibt es nicht mehr. 1

Die **Beschränkung** des Zeugenbeweises **auf** eine von einer Partei **beantragte Vernehmung** ergibt sich u.a. aus § 273 Abs. 2 Nr. 4. Danach kann das Gericht zur Vorbereitung des Termins nur solche Zeugen laden, auf die sich eine Partei schriftlich bezogen hat. Ist dem Vortrag einer Partei nicht mit der nach § 373 gebotenen Bestimmtheit zu entnehmen, dass eine bestimmte Person als Zeuge aussagen soll, steht diese Möglichkeit nach dem Parteivortrag aber im Raum, muss das Gericht der Partei durch einen **Hinweis nach § 139** Gelegenheit zur Klarstellung geben.[3] Dies gilt auch, wenn ein in erster Instanz gestellter Beweisantrag in der Berufungsinstanz nicht wiederholt wird, obwohl er erst dort seine eigentliche Bedeutung erlangt.[4] 2

---

1 Musielak/*Huber*[10] § 373 Rdn. 10.
2 Hahn/Stegemann Mat. II/1 S. 308.
3 BGH VersR 1999, 1373, 1374.
4 BGH NJW 1998, 155, 156.

II. Antragsinhalt

3 Der Beweisantritt besteht in dem Antrag einer Partei, eine **bestimmte Person über bestimmte Tatsachen** (das Beweisthema) **zu vernehmen**. Der Antrag ist als echter Prozessantrag in der mündlichen Verhandlung zu stellen; im Anwaltsprozess soll er darüber hinaus in einem vorbereitenden Schriftsatz unterbreitet werden (§§ 129 Abs. 1, 130 Nr. 5).[5]

4 Wird die Vernehmung von Zeugen beantragt, die bereits in einem anderen Verfahren ausgesagt haben, kann die Beweiserhebung nicht mit der Begründung abgelehnt werden, dass bereits die **Niederschrift über** die **frühere Vernehmung** vorliege (vor § 373 Rdn. 105). Mit einem solchen Antrag wird ein Zeugenbeweis angetreten, nicht die „wiederholte" Vernehmung der Zeugen im Sinne des § 398 angestrebt[6] (§ 355 Rdn. 17). Gleiches gilt für die Bitte um „Wiederholung" der Beweisaufnahme aus dem Strafverfahren.[7] Wird ein Antrag, einen bestimmten Zeugen zu vernehmen, nicht gestellt, ist es hingegen möglich, frühere Zeugenbekundungen in einem anderen Rechtsstreit im Wege des „Urkundenbeweises" zu verwerten (§ 355 Rdn. 15). Will eine Partei – auch die an sich nicht beweispflichtige Partei – einen derartigen Urkundenbeweis nicht gelten lassen, muss sie sich spätestens im Berufungsverfahren gegenbeweislich auf die Vernehmung des Zeugen berufen.[8]

5 Behauptet der **Berufungsführer**, neue Tatsachen oder Beweismittel seien ihm erst nach Schluss der ersten Instanz bekannt geworden, hat er zur **Vermeidung des Vorwurfs der Nachlässigkeit** darzulegen, warum er sich trotz entsprechender Anhaltspunkte nicht früher um entsprechende Kenntnis bemüht hat; anderenfalls ist nach § 531 Abs. 2 mit den neuen Tatsachen und dem entsprechenden Beweismittel ausgeschlossen.[9]

III. Benennung des Beweisthemas

1. Tatsachen als Beweisgegenstand

6 **a) Wahrnehmungen.** Gegenstand des Zeugenbeweises sind Tatsachen, d.h. konkrete, nach Zeit und Raum bestimmte, der Vergangenheit oder der Gegenwart zugehörende Geschehnisse oder Zustände[10] (s. auch § 284 Rdn. 12ff.). Die in § 414 verwendete Formulierung „Tatsachen oder Zustände" ist insofern redundant, als auch Zustände Tatsachen sind. In der Regel wird ein Zeuge benannt, damit er über seine **vergangenen Tatsachenwahrnehmungen** berichtet. Ein Zeuge kann aber auch schildern, was er **in der Gegenwart**, also im Zeitpunkt der Vernehmung **wahrnimmt**, z.B. ob und welche aus einer Verletzung herrührenden Schmerzen er spürt.[11] Auch kann sich die Vernehmung des Zeugen auf seine Wahrnehmungsfähigkeit (etwa die Sehtauglichkeit), also etwas Gegenwärtiges erstrecken.

7 **b) Rechtsfragen als Tatsachenbenennung. Nicht zulässig** ist es, einen Zeugen **zu streitigen Rechtsfragen** zu benennen. So ist die Frage der vertragsgemäßen Durchfüh-

---

5 *Teplitzky* JuS 1968, 71.
6 BGHZ 7, 116, 122 = NJW 1952, 1171, 1172; BGH VersR 1964, 70, 71; BGH VersR 1971, 177, 178; BGH NJW-RR 1988, 1527, 1528; BGH NJW-RR 1992, 1214 = VersR 1992, 1028, 1029; BGH NJW 2000, 1420, 1421; BGH, Urt. v. 11.7.2001 – IV ZR 122/00; LAG Nürnberg AR-Blattei ES 160.7.2 Nr. 10.
7 BGH VersR 1967, 475, 476.
8 BAG NJW 1968, 957.
9 KG MDR 2003, 471, 472.
10 BAG VersR 2000, 1143, 1144 = ZIP 2000, 630, 632.
11 MünchKomm/*Damrau*⁴ § 373 Rdn. 2.

rung eines Mietvertrages Ergebnis einer Rechtsanwendung und keine Tatsache, die in das Wissen eines Zeugen gestellt werden kann.[12] Wohl aber können **einfache Rechtsbegriffe** (Kauf, Tausch usw.) zur Kennzeichnung des Beweisthemas genügen, sofern nicht die Rechtsnatur eines Vertrages bestritten ist[13] (s. auch § 284 Rdn. 16 und § 359 Rdn. 6).

c) **Bewertungen.** Der Zeuge soll grundsätzlich nur Tatsachen, **nicht** aber **Werturteile oder Schlussfolgerungen** mitteilen.[14] Da eine Tatsachenwiedergabe ohne vorherige gedankliche Verarbeitung des Wahrgenommenen aber unmöglich ist, lässt es sich nicht vermeiden, dass die Tatsachenbekundung ein wertendes Element enthält. **Schlussfolgerungen** und Wertungen des Zeugen sind häufig **unverzichtbar**, wenn tatsächliche Beobachtungen in verständlicher Weise übermittelt werden sollen. Sie sind jedenfalls dann als Aussage über Tatsachen anzusehen, wenn sie **seiner Lebenserfahrung entstammen**.[15] Zulässig ist danach z.B. eine Zeugenvernehmung darüber, ob jemand angetrunken,[16] schwatzhaft[17] oder glaubwürdig[18] ist.[19] Unzulässig ist hingegen die Erhebung des Zeugenbeweises über die Qualität des Sprachverständnisses, weil es sich um eine Wertung und nicht um eine Tatsachenfeststellung handelt.[20] 8

d) **Wahrnehmung von Indiztatsachen.** Ein Zeuge kann nicht nur über seine Wahrnehmungen in Bezug auf Tatsachen vernommen werden, die die gesetzlichen Tatbestandsmerkmale ausfüllen, sondern auch über seine **Wahrnehmungen betreffend** solcher **Beweisanzeichen** (Indizien), die auf das Vorliegen der zum gesetzlichen Tatbestand gehörenden Tatsachen schließen lassen. Einen solchen Indizienbeweis liefert auch der **Zeuge „vom Hörensagen"**, der darüber vernommen wird, wie sich andere Personen zum Beweisthema geäußert haben.[21] Auch der Zeuge vom „Hörensagen" äußert sich über seine eigenen Wahrnehmungen und ist deshalb kein mittelbares, sondern ein unmittelbares Beweismittel.[22] Seine Vernehmung **verletzt nicht** den Grundsatz der **Unmittelbarkeit der Beweisaufnahme**[23] (§ 284 Rdn. 77 und § 355 Rdn. 11). Bei der Bewertung solcher Aussagen ist allerdings besondere Vorsicht geboten (§ 286 Rdn. 30 und vor § 373 Rdn. 109 ff.).[24] Sind sie rechtswidrig durch einen **„Lauschzeugen"** erlangt, kann ihre Verwertung unzulässig sein (B vor § 286 Rdn. 36). 9

e) **Äußere und innere Tatsachen.** Der Zeuge kann nicht nur über **„äußere"** Tatsachen berichten, d.h. solche, die er in seiner Umgebung wahrgenommen hat oder wahrnimmt, sondern auch über **„innere" Tatsachen**, d.h. eigene innere Vorgänge (die Absichten, Beweggründe, Erwägungen und Entschließungen),[25] z.B. der Selbstnutzungs- 10

---

12 BFH/NV 2002, 528.
13 RG Warn. 1936 Nr. 142, S. 270.
14 MünchKomm/*Damrau*⁴ § 373 Rdn. 3.
15 BGH nach *Holtz* MDR 1979, 807; RGSt 37, 371 f.
16 BGH nach *Holtz* MDR 1979, 807; BayObLG DRiZ 1929 (Rechtsprechung) Nr. 422; RG JW 1916, 1027 Nr. 4.
17 RG HRR 1933 Nr. 1059.
18 RG JW 1930, 760 f.
19 MünchKomm/*Damrau*⁴ § 373 Rdn. 3.
20 OLG Nürnberg NJW-RR 2002, 1255.
21 BVerfG NJW 2001, 2245, 2246; BGHSt 17, 328, 383 f. = NJW 1962, 1876; Musielak/*Huber*¹⁰ § 373 Rdn. 2; MünchKomm/*Damrau*⁴ § 373 Rdn. 3.
22 BGHSt 17, 382, 383 = BGH NJW 1962, 1876; *Heusler* AcP 62 (1879), 209, 277 ff.
23 BGH NJW 1962, 1876.
24 OLG Stuttgart NJW 1972, 66, 67.
25 BVerfG NJW 1993, 2165; BGH NJW 1983, 2034, 2035 (insoweit nicht abgedruckt in BGHZ 87, 227); BGH NJW 1868, 1233, 1234; MünchKomm/*Damrau*⁴ § 373 Rdn. 3.

wunsch des Vermieters[26] oder der Kenntnisstand des Geschäftsführers einer Partei.[27] Einer Partei darf der Zugang zur Tatsachenfeststellung nicht mit der Begründung verwehrt werden, bei der rechtlich erheblichen inneren Tatsache handele es sich um eine rein innere Willensentscheidung, die dem Beweis nicht zugänglich sei.[28] Die **Feststellung** solcher Tatsachen ist jedenfalls in der Weise **möglich**, dass Umstände festgestellt werden, die nach der Lebenserfahrung auf das Vorhandensein der festzustellenden Tatsache schließen lassen.[29] Für den Fall ernsthafter Zweifel („non-liquet") gestatten Beweislastregeln eine Entscheidung.[30]

11   Sollen innere Tatsachen Gegenstand einer Beweiserhebung sein, darf es sich **nicht nur um allgemeine Eindrücke und Überzeugungen** eines Zeugen handeln.[31] Zu den inneren Tatsachen gehören auch **hypothetische innere Tatsachen** (§ 284 Rdn. 13), d.h. was jemand getan hätte, wenn sich etwas ereignet oder nicht ereignet hätte,[32] etwa der Entschluss, den ein zu Vernehmender gefasst hätte, wenn ein nicht eingetretener Fall eingetreten wäre,[33] oder ob eine Behörde sich anders verhalten hätte, wenn sie ihr unbekannte Tatsachen zur Zeit ihrer Entscheidung gekannt hätte.[34]

12   Ob und wie weit die **Aussage eines Zeugen** darüber, **was er** in einem bestimmten nicht eingetretenen Fall **getan haben würde**, für glaubhaft zu erachten ist, ist Sache der **Beweiswürdigung**. Eine solche Aussage kann, auch wenn die Möglichkeit einer objektiven Nachprüfung fehlt, glaubhaft sein, weil der Zeuge glaubwürdig ist.[35] Doch werden dies häufig Fälle des **Anscheinsbeweises** sein, in denen der Richter den hypothetischen Verlauf auf Grund von Erfahrungssätzen feststellt (dazu A vor § 286 Rdn. 171). Trägt eine Partei hinsichtlich innerer Tatsachen bei einer bestimmten Person die Beweislast, ist sie nicht gehalten, in erster Linie die betreffende Person als unmittelbaren Zeugen zu benennen. Es steht ihr – insbesondere wenn sie von dieser Person keine wahrheitsgemäße Aussage erwartet – **frei**, andere Zeugen, denen gegenüber die betreffende Person sich über ihr Wissen und ihre Absichten geäußert hat, zu benennen und so von vornherein einen **mittelbaren Beweis der inneren Tatsache** anzustreben.[36]

2. Substantiierung und Ausforschungsbeweis

13   **a) Funktion der Konkretisierung.** Die beweisführende Partei muss die Tatsachen, zu denen der Zeuge vernommen werden soll, **hinreichend substantiiert** bezeichnen. Dafür genügt es nicht, die abstrakte Tatbestandstatsache zu nennen; angegeben werden muss die konkrete Tatsache des Einzelfalls. Sind die behaupteten Tatsachen zu allgemein gehalten und zielt der Beweisantritt erst auf die Ermittlung von Einzelheiten, welche der Partei die schlüssige Darlegung des Sachverhalts ermöglichen sollen, liegt ein unzulässiger Ausforschungsbeweisantritt oder **Beweisermittlungsantrag** vor.[37] Zu be-

---

26 BVerfG NJW 1993, 2165.
27 BGH WM 2003, 2456, 2457.
28 BVerfG NJW 1993, 2165.
29 BVerfG NJW 1993, 2165; BGH WM 2003, 2456, 2457.
30 BVerfG NJW 1993, 2165.
31 OGH nach *Delbrück* MDR 1949, 280, 282.
32 RG LZ 1910, Sp. 624; MünchKomm/*Damrau*[4] § 373 Rdn. 3.
33 RG JW 1909, 464 Nr. 28; RGZ 32, 375, 376; RGZ 62, 415, 416.
34 RG Gruchot 54 (1910), 1148.
35 RG JW 1909, 464 Nr. 28.
36 BGH NJW 1992, 1899, 1900; NJW 1992, 2489, 2490; BGH, Urt. v. 8.5.2002, BGHR ZPO § 373 – Tatsache, innere 2.
37 RG HRR 1928 Nr. 1940; RG JW 1902, 166 Nr. 19; RG JW 1897, 81 Nr. 12; auch bei einer Vernehmung nach § 448: RG Warn. 1935 Nr. 127, S. 265 f.; RG Gruchot 65 (1921) 495, 496; BGH NJW 1984, 2888,

achten ist jedoch, dass die **Darlegungslast herabgesetzt** sein kann oder dass die Gegenpartei eine **sekundäre Darlegungslast** trifft (näher: A vor § 286 Rdn. 59 ff.).

Die Abgrenzung von unzulässigem Ausforschungsbeweis und zulässigem Beweisantritt ist fließend. Die **Anforderungen an die Substantiierung** („bestimmte Tatsachen",[38] „bestimmte Einzelheiten"[39]) dürfen **nicht überspannt** werden (dazu A vor § 286 Rdn. 41 und 44). Die Ablehnung eines nach § 373 angetretenen Zeugenbeweises für eine möglicherweise beweiserhebliche Tatsache ist nur dann zulässig, wenn die unter Beweis gestellten **Tatsachen ungenau bezeichnet** sind, dass ihre **Erheblichkeit nicht beurteilt** werden kann, oder wenn sie zwar in das Gewand einer bestimmten Behauptung gekleidet, aber aufs Geratewohl gemacht, gleichsam **„ins Blaue" aufgestellt**, mit anderen Worten aus der Luft gegriffen sind und sich deshalb als Rechtsmissbrauch darstellen.[40] Wie weit die Partei ihren Tatsachenvortrag – und damit das Beweisthema – substantiieren muss, hängt von ihrem Kenntnisstand ab.[41] Sie kann Vermutungen zum Gegenstand ihres Sachvortrags machen, **solange** das **nicht offensichtlich willkürlich oder** sonst **rechtsmissbräuchlich** ist.[42] Was erforderlich ist, hängt letztlich vom Einzelfall ab.

14

b) Pauschale Beweisthemenangabe. Auf **unzulässige Ausforschung** gerichtet ist die Benennung eines Zeugen „zum Hergang der Auseinandersetzung".[43] Nicht hinreichend konkretisiert ist auch die pauschale Benennung verschiedener Zeugen für die von einem Mieter ausgehenden Lärmstörungen, wenn nicht zu jeder einzelnen Störung angegeben wird, was welcher Zeuge dazu bekunden kann.[44] Auf unzulässige Ausforschung des Zeugen soll ferner die Benennung eines Zeugen dafür zielen, dass aus einem Wasserrohr Wasser ausgetreten sei, wenn nicht näher bezeichnet wird, um welches Rohr in einem Raum es geht.[45] Stellt die Partei **lediglich Tatbestandsmerkmale** unter Beweis, ohne jedoch tatsächliche Umstände darzutun, aus denen sich die behauptete Rechtsfolge herleiten ließe, ist eine Zeugenvernehmung unzulässig, so bei einem Beweisantritt dafür, dass „höchstenfalls von einer Teilnichtigkeit auszugehen [sei] für die Regelung des Vorkaufsrechtes, da im übrigen der Vertrag auch ohne die Gewährung eines Vorkaufsrechtes als Mietvertrag abgeschlossen worden wäre" und „dass der Regelung des Vorkaufsrechtes keine vertragserhebliche Bedeutung" zugekommen sei.[46] Über das **allgemeine Verhalten eines Menschen**, etwa als Kaufmann, darf dagegen Beweis erhoben werden, etwa dass er gewisse Geschäfte betreibe.[47] Auch genügt die Angabe, dass sich jemand wie ein Geisteskranker verhalten habe, wenn dessen Geisteszustand streitig ist. Die gesteigerte gerichtliche Aufklärungspflicht im **Arzthaftungsprozess** entbindet die Parteien nicht von dem Erfordernis, den ihnen bekannten oder zugänglichen Tatsachenstoff vorzutragen, aus dem das Gericht etwaigen weiteren Klärungsbedarfs erken-

15

2889; BGHR § 373 ZPO – Ausforschungsbeweis 1; BAG VersR 2000, 1143, 1144 = ZIP 2000, 630, 632.
38 RG Warn. 1917 Nr. 111, S. 170; RG Warn. 1913 Nr. 345; RG Warn. 1908 Nr. 97.
39 RG HRR 1930 Nr. 1662.
40 BVerfG NJW 2009, 1585 Tz. 26; BGH JZ 1985, 183, 184; BGH NJW 1968, 1233, 1234.
41 BGH NJW-RR 1988, 1529, 1530.
42 BGH NJW-RR 1987, 335 = BGHR ZPO § 373 – Ausforschungsbeweis 2 und 3; BGH NJW 1988, 2100, 2101; BGH NJW 2012, 296 Tz. 14.
43 OLG Köln MDR 1976, 407, 408.
44 AG Hamburg NZM 2003, 60; AG Rheine WuM 1998, 378.
45 OLG Köln r+s 1998, 295.
46 BGHR ZPO § 373 – Ausforschungsbeweis 6.
47 RG JW 1909, 666.

nen kann; dessen Ermittlung von Amts wegen durch Befragung von Zeugen oder (nach § 141) einer Prozesspartei ist nicht zulässig.[48]

16   **c) Herkunft der Parteiinformation, Spekulation über Zeugenwissen.** Die Partei muss **nicht darlegen,** wie **sie selbst zu** dem **Beweisantritt kommt.**[49] Es kann nicht als Ausforschungsbeweis angesehen werden, wenn die Partei die Tatsachen weder selbst wahrgenommen hat noch darlegt, wie sie sie erfahren hat[50] (s. auch § 284 Rdn. 85). Es kommt auch **nicht darauf an, ob** die **Partei selbst** daran **glaubt,** was sie unter Beweis stellt,[51] solange sie nicht vom Gegenteil überzeugt ist (§ 138 Abs. 1).[52]

17   Die Partei muss **nicht im voraus angeben, was** der von ihr benannte **Zeuge** im Detail über die beweiserhebliche Tatsache **weiß.**[53] Sie kann auch über solche Tatsachen eine Beweisaufnahme erwirken, über die sie eine genaue Kenntnis gar nicht haben kann (z.B. weil es sich um die Wahrnehmung anderer Personen handelt), die sie aber **nach Lage der Verhältnisse** für **wahrscheinlich oder möglich** hält.[54]

18   **d) Quelle des Zeugenwissens, Indizienbeweis über Absichten Dritter.** Eine Angabe, **wie der Zeuge** die in sein Wissen gestellte **Tatsache erfahren** hat, kann **grundsätzlich nicht verlangt** werden,[55] wohl aber u.U., ob er sie vom Hörensagen oder unmittelbar wahrgenommen hat. **Anders** ist dies nach der Rechtsprechung, wenn der Zeuge über eine *innere* Tatsache **bei** einem **Dritten** vernommen werden soll.[56]

19   Ein Zeugenbeweis betreffend **innere Vorgänge bei einem anderen** ist **stets Indizienbeweis,** weil der Zeuge nur äußere Umstände bekunden kann, die den Schluss auf den zu beweisenden inneren Vorgang zulassen.[57] Deshalb muss das Gericht vor der Beweiserhebung die Schlüssigkeit der Indizien prüfen, d.h. ob die Gesamtheit aller vorgetragenen Indizien – ihre Richtigkeit unterstellt – es von der Wahrheit der Haupttatsache überzeugen würde.[58] Misst das Gericht dem **Indiz keine Beweiskraft** zu, kann es die **Beweiserhebung** hierüber nach seinem Ermessen **ablehnen.**[59]

20   In einem solchen Fall ist **anzugeben, woraus** sich für den Zeugen die **Absichten,** Kenntnisse oder **Willensentschlüsse** der dritten Person **ergeben.**[60] So muss die Partei, die einen Zeugen dafür benennt, dass ein Dritter Kenntnis vom Anfechtungsgrund (§ 121 Abs. 1 BGB) besessen hat, darlegen, auf Grund welcher Umstände der Zeuge erfahren habe, dass dem Dritten sein Irrtum bewusst geworden sei.[61] Das Gericht muss die Partei nach tatsächlichen Anhaltspunkten für die Kenntnis der Abredewidrigkeit beim Erwerb

---

48   OLG Koblenz VersR 2009, 833, 834.
49   Musielak/*Huber*[10] § 373 Rdn. 11.
50   RG HRR 1931 Nr. 258; RG Gruchot 65 (1921) 495, 496.
51   BGH NJW 1968 1233, 1234; Stein/Jonas/*Leipold*[22] § 138 Rdn. 4.
52   Stein/Jonas/*Leipold*[22] § 138 Rdn. 4.
53   RG SeuffArch. 47 (1892) 101.
54   BGH NJW 1968, 1233, 1234.
55   BGH NJW 1983, 2034, 2035 (insoweit in BGHZ 87, 227 nicht abgedruckt); BGH NJW-RR 1987, 590, 591; BGH FamRZ 1987, 1019, 1020 = NJW-RR 1987, 1403, 1404; BGH NJW-RR 1988, 1087; BGH ZMR 1996, 122, 124; BGHR ZPO § 373 Substantiierung 1; Musielak/*Huber*[10] § 373 Rdn. 11; MünchKomm/*Damrau*[4] § 373 Rdn. 19; Stein/Jonas/*Berger*[22] § 373 Rdn. 2.
56   BGH NJW-RR 1987, 590, 591; BGH NJW 1983, 2034, 2035.
57   BGH NJW-RR 1987, 1529.
58   BGH LM § 539 ZPO Nr. 1; BGHZ 21, 256, 262; 53, 245, 261 = NJW 1970, 946, 950; BGH DRiZ 1974, 27, 28; BGH NJW 1983, 2034, 2035; BGH NJW 1992, 2489; OLG München OLGRep. 1998, 280.
59   BGHZ 53, 245, 261 = NJW 1970, 946, 950; BGH DRiZ 1974, 27, 28.
60   RG LZ 1907, Sp. 740; BGH NJW 1983, 2034, 2035.
61   BGH NJW 1983, 2034, 2035 (insoweit in BGHZ 87, 227 nicht abgedruckt).

nach Art. 10 WG befragen, bevor es diese Behauptung als willkürliche Vermutung unberücksichtigt lässt.[62] Der Vermieter, der für eine Kündigung seinen Selbstnutzungswunsch zu beweisen hat, muss die Indiztatsachen, die einen Schluss auf diese Absicht zulassen, vortragen und ggf. beweisen, so etwa Gespräche, die er mit Dritten hierüber geführt hat.[63]

e) Hinweispflicht des Gerichts. Soweit das Gericht einen Beweisantritt für **zu unbestimmt** und deshalb als Ausforschungsbeweis für unzulässig hält, muss es nach **§ 139 Abs. 1 Satz 2** darauf hinweisen.[64] Als willkürliche Vermutung kann eine Behauptung erst dann unberücksichtigt bleiben, wenn das Gericht mit der Partei erörtert hat, welche greifbaren Anhaltspunkte sie für ihre Behauptung vorbringen will[65] oder wenn auf den Hinweis hin keine weitere Substantiierung erfolgt.[66] Zur Behebung des Mangels ist keine Frist gem. § 356 zu setzen.[67] 21

Auch auf **Widersprüche** muss das Gericht nach § 139 hinweisen.[68] So darf es einen für sich genommen hinreichend substantiierten Beweisantritt nicht wegen eines Widerspruchs zum übrigen Parteivortrag als unbeachtlich zurückweisen, wenn der Widerspruch möglicherweise auf einer falschen Bezeichnung beruht.[69] Anders ist dies mit Beweisangeboten, die mit dem bisherigen Prozessvorbringen nicht in Einklang stehen, weil dann § 138 Abs. 1 durchgreift.[70] 22

3. Reichweite der Beweisaufnahme. Durch die Angabe des **Beweisthemas** wird die Beweisaufnahme nicht beschränkt,[71] vielmehr sind auch darüber hinausgehende Fragen zulässig, vgl. § 396 Abs. 2. Bei erheblich verändertem Beweisthema steht allerdings dem Gegner nach der Beweisaufnahme ein Äußerungs- oder Vertagungsrecht zu (s. auch § 370 Rdn. 5). 23

IV. Benennung der Zeugnisperson

Mit der Benennung des Zeugen muss die Partei das Gericht grundsätzlich in die Lage versetzen, den Zeugen zu laden.[72] Voraussetzung für eine ordnungsgemäße Ladung ist die **Angabe ladungsfähiger Personalien** und einer **ladungsfähigen Anschrift** der als Zeuge zu vernehmenden Person.[73] 24

Nicht alle Daten, die das Gericht benötigt, um den **Zeugen laden zu können**, sind aber erforderlich, damit ein nach § 373 **beachtlicher Beweisantritt** vorliegt.[74] Beachtlich, 25

---

62 BGH NJW 1968, 1233, 1234.
63 BVerfG NJW 1993, 2165 f.
64 RGZ 91, 208, 210; BGH NJW 1968, 1233, 1234; BAG AP § 139 Nr. 3: wenn Beweistatsachen so ungenau oder unklar bezeichnet sind, dass ihre Erheblichkeit nicht ohne Rückfrage geklärt werden kann, m. zust. Anm. *Schumann*; Stein/Jonas/*Berger*[22] § 373 Rdn. 5; MünchKomm/*Damrau*[4] § 373 Rdn. 18.
65 BGH NJW 1968, 1233, 1234; BGHR ZPO § 373 – Substantiierung 1.
66 Anders noch OLG Köln MDR 1976, 407, 408.
67 **A.A.** MünchKomm/*Damrau*[4] § 373 Rdn. 18, der sich in dieser Allgemeinheit zu Unrecht auf BVerfGE 69, 248 = NJW 1985, 3005, 3006 beruft.
68 Stein/Jonas/*Berger*[22] § 373 Rdn. 5.
69 BGH NJW-RR 1988, 1087.
70 RG Warn. 1931 Nr. 59, S. 122; BGH NJW-RR 1987, 1469 = VersR 1988, 158.
71 Stein/Jonas/*Berger*[22] § 373 Rdn. 5.
72 RGZ 97, 126; BGH NJW 1974, 188 f.; LG Berlin MDR 2001, 532; Stein/Jonas/*Berger*[22] § 373 Rdn. 1; MünchKomm/*Damrau*[4] § 373 Rdn. 18.
73 BGHZ 145, 358, 364 (Klagezustellung am Arbeitsplatz ohne Möglichkeit der Ersatzzustellung).
74 BGH NJW 1974, 188; **a.A.** OLG Düsseldorf MDR 1969, 673 (LS): wirksamer Beweisantritt nur, wenn Name und Anschrift richtig.

wenn auch nicht vollständig, ist ein Beweisantritt bereits dann, wenn die Partei angibt, wer ihr Zeuge sein soll. Der **Zeuge muss individualisiert** sein[75] (dazu auch § 356 Rdn. 29).

26 Individualisiert ist ein Zeuge häufig schon dann, wenn ausschließlich sein Name mitgeteilt wird.[76] Grundsätzlich **ungenügend** ist die Angabe „Zeugnis N.N.",[77] es sei denn, die namentlich nicht genannte Person wird auf andere Weise eindeutig individualisiert. Der BGH hat die Benennung eines Zeugen mit „N.N." als beachtlich angesehen, weil der Zeuge durch die Angabe, es handele sich um den Mitarbeiter, der bei der beklagten Behörde im zuständigen Referat „IV a 4" arbeite, „hinreichend individualisierbar"[78] sei. Besser wäre es, hier von „Identifizierbarkeit" zu sprechen, denn der mit „N.N." benannte Zeuge war lediglich nicht identifiziert, auf Grund eindeutiger Angaben betreffend seines Arbeitsplatzes aber durchaus individualisiert. Entscheidende Voraussetzung für einen beachtlichen Beweisantritt ist, dass die als Zeuge benannte **Person unverwechselbar feststeht**.[79] Denkbar wäre beispielsweise die Benennung eines Busfahrers „N.N." als Zeugen, der an einem bestimmten Tag zu einer bestimmten Uhrzeit den Bus einer bestimmten Linie fuhr. Ist der Zeuge auf Grund der Angaben im Beweisantritt nicht identifizierbar, liegt überhaupt kein beachtlicher Beweisantritt nach § 373 vor.[80] Ein Beweisantritt durch die Formulierungen „Beweis aaO" oder „Beweis: wie vor" ist ausreichend, wenn er sich auf einen vorher ausformulierten Beweisantrag bezieht.[81]

27 Die Angabe einer **ladungsfähigen Anschrift** ist im Regelfall **für die Individualisierung nicht erforderlich**. Ist ein Zeuge, der nicht namentlich oder nicht unter einer ladungsfähigen Anschrift benannt wurde, gleichwohl individualisiert und identifizierbar, würde die Ablehnung des Beweisantritts als unbeachtlich den Anspruch des Beweisführers auf Gewährung rechtlichen Gehörs verletzen.[82] Das Gericht muss in einem solchen Fall nach **§ 356** verfahren[83] (näher § 356 Rdn. 29). Dem Beweisführer ist eine **Frist zur Beibringung der Anschrift** zu setzen. Nach fruchtlosem Fristablauf darf das Gericht das Beweisangebot ablehnen, wenn nach seiner freien Überzeugung die spätere mögliche Berücksichtigung des Beweismittels den Rechtsstreit verzögern würde; §§ 282, 296 sind nicht anwendbar[84] (dazu näher § 356 Rdn. 21). Eine Verzögerung tritt nicht ein, wenn der Zeuge zum Termin erscheint.[85] Die Beschaffung der ladungsfähigen Anschrift eines Zeugen gebietet **nicht** die **Aussetzung des Prozesses nach § 149**.[86]

---

75 BVerfG NJW 1999, 945, 946; BGH NJW 1993, 1926, 1927; BGH GRUR 2012, 630 Tz. 42 – Converse II.
76 LG Berlin MDR 2001, 532.
77 BGH NJW 1983, 1905, 1908; BGH NJW 1987, 3079, 3080; BGH NJW 1989, 227; BGH NJW-RR 1989, 1323, 1324; OLG Düsseldorf VersR 1993, 1167, 1168; *Schneider* MDR 1987, 725, 726: „prozessuales Nichts"; *Reinecke* MDR 1990, 767, 769.
78 BGH NJW 1998, 2368, 2369 m. Anm. *Schneider* MDR 1998, 1115.
79 Beispiele für Möglichkeiten der Präzisierung eines Beweisantrags ohne Name und Anschrift bei *Schneider* MDR 1998, 1115, 1116.
80 BGH NJW 1987, 3079, 3080; BGH NJW 1983, 1905, 1906; anders wohl MünchKomm/*Damrau*⁴ § 373 Rdn. 18, der nicht zwischen beachtlichem und unbeachtlichem Beweisantritt differenziert und BGH NJW 1993, 1926 und NJW 1998, 2368 zu Unrecht verallgemeinert.
81 OLG Celle NJW-RR 1992, 703.
82 BVerfGE 65, 305, 307 f. = NJW 1984, 1026; offen gelassen in BGHZ 69, 248, 255 = NJW 1985, 3005, 3006; *Reinecke* MDR 1990, 767 f.
83 BVerfGE 65, 305, 307 f. = NJW 1984, 1026; BVerfG NJW 2000, 945 f.; BGH VersR 1973, 249, 250; BGH NJW 1974, 188 f.; BGH NJW 1989, 227; BGH NJW 1989, 1732, 1733; BGH NJW 1993, 1926, 1927 (bei Fehlen einer Anschrift); BGHZ 69, 248, 255 = NJW 1985, 3005, 3006 (bei falscher Anschrift).
84 BVerfGE 65, 305, 307 f. = NJW 1984, 1026; BVerfGE 69, 248, 255 = NJW 1985, 3005, 3006; BGH NJW 1974, 188 f.; BGH MDR 1987, 567; BGH NJW 1989, 227; BGH NJW 1993, 1926, 1927 f.; BGH NJW 1998, 2368.
85 Baumbach/Lauterbach/*Hartmann*⁷¹ § 356 Rdn. 11.
86 Offen gelassen von OLG Oldenburg OLGRep. 1997, 272, 273 (wegen Vorrangs der Prozessbeschleunigung; der Zeuge war bereits ein Jahr zur Aufenthaltsermittlung bzw. Verhaftung ausgeschrieben).

Als ladungsfähige Anschrift muss **nicht notwendig** die **Wohnanschrift** des Zeugen 28
angegeben werden. Vielmehr ist grundsätzlich jede Anschrift ladungsfähig, unter der
das Gericht den Zeugen erreichen kann. Das ist insbesondere auch dessen Dienst- oder
Geschäftsanschrift[87] oder die Anschrift des Arbeitgebers.[88] Ob diese genügen, hängt aber
vom Einzelfall ab;[89] in einer größeren Organisation muss die Untergliederung (z.B. Referat oder Dezernat einer Behörde, Abteilung eines Krankenhauses) angegeben werden.
Der Privatanschrift bedarf es erst dann, wenn eine Ladung über die von der Partei angegebene Anschrift keinen Erfolg hatte und das Erscheinen des Zeugen zwangsweise
durchgesetzt werden muss. Nur dann muss das Gericht nach § 356 vorgehen.[90] Die Angabe des Postfachs genügt nicht.[91]

Verfügt nur der Beweisgegner über den Namen und die ladungsfähige Anschrift ei- 29
nes Zeugen, ist er zur Preisgabe dieser Daten nicht unter dem Gesichtspunkt der **sekundären Darlegungslast** verpflichtet. Die Mitteilung der nach § 373 notwendigen Angaben
ist nicht Teil des den Parteien obliegenden Tatsachenvortrags, sondern Element der sich
anschließenden Beweisführung. Die Nichtpreisgabe durch den Gegner ist im Rahmen
der Beweiswürdigung als **Beweisvereitelung** zu berücksichtigen.[92] Benötigt ein Patient
für die Benennung seines **behandelnden Arztes** als Zeugen im Prozess dessen Privatanschrift, steht ihm **gegenüber** dem beklagten **Krankenhausträger** auf Grund des mit
diesem geschlossenen Behandlungsvertrages (§ 611 BGB) nach Treu und Glauben (§ 242
BGB) ein darauf bezogener Auskunftsanspruch zu.[93]

Es bedarf nicht der Mitteilung, ob der **Zeuge der deutschen Sprache** mächtig ist. Die 30
Vernehmung eines vom Gericht geladenen und erschienenen Zeugen, welcher der deutschen Sprache nicht mächtig ist, darf nicht mit der Begründung abgelehnt werden, der Beweisführer habe es versäumt, auf die Erforderlichkeit eines Dolmetschers hinzuweisen.[94]

Der **Begriff „Zeuge"** muss nicht verwendet werden, solange eindeutig ist, dass eine 31
bestimmte Person als Zeuge – und nicht etwa als Partei – vernommen werden soll.[95] Auf
eine bestimmte **Anzahl von Zeugen** darf der Beweisführer nicht beschränkt werden,
doch braucht das Gericht u.U. nicht alle zu vernehmen.

V. Ablehnung der Beweiserhebung

Zeugen werden nur vernommen, wenn ihre Vernehmung richterlich angeordnet 32
ist.[96] **Vor Anordnung der Zeugenvernehmung** muss das Gericht von Amts wegen prüfen, ob die unter Beweis gestellte **Tatsache** erheblich und **beweisbedürftig**, der Zeugenbeweis geeignet und der Beweisantritt nach § 373 zulässig ist[97] sowie der Beweiserhebung keine sonstigen Hindernisse (vor § 373 Rdn. 70 ff.) entgegenstehen. Erhebliche Beweisanträge müssen nach Art. 103 Abs. 1 GG in Verb. mit den Grundsätzen der ZPO

---

87 BGH NJW 1993, 1926, 1927.
88 BGHZ 145, 358, 364, **a.A.** LG Hagen MDR 1984, 1034: wegen fehlender Möglichkeit der
Ersatzzustellung nur, wenn Zeuge auch beim Arbeitgeber angetroffen wird.
89 Wegen Ladungsschwierigkeiten kritisch Baumbach/Lauterbach/*Hartmann*[71] § 373 Rdn. 5.
90 LG Berlin MDR 2001, 532.
91 BVerwG NJW 1999, 2608, 2610 zu § 82 Abs. 1 VwGO (bzgl. der ladungsfähigen Anschrift des Klägers).
92 BGH NJW 2008, 982 Tz. 18.
93 AG Offenbach NJW 1990, 2321, 232. Zum Anspruch auf Einsicht in Patientenakten s. BVerfG NJW 1999,
1777; BGHZ 85, 327 = NJW 1983, 328 m. Bespr. *Ahrens* NJW 1983, 2609; BGH NJW 1985, 674; BGH NJW 1989,
764.
94 OLG Hamm MDR 2000, 637.
95 MünchKomm/*Damrau*[4] § 373 Rdn. 18; Baumbach/Lauterbach/*Hartmann*[71] § 373 Rdn. 7.
96 Rosenberg/Schwab/*Gottwald*[17] § 120 Rdn. 37.
97 *Teplitzky* JuS 1968, 71, 74 f.

berücksichtigt werden, wenn ihre Ablehnung im Prozessrecht keine Stütze findet (dazu § 284 Rdn. 90). Andernfalls ist der Anspruch auf rechtliches Gehör wegen vorweggenommener Beweiswürdigung verletzt[98] (§ 284 Rdn. 4 ff.).

33 Genügt der Beweisantrag nicht den **Anforderungen des § 373** oder sind Beweiserhebungshindernisse nicht nach § 356 beseitigt worden, ist er unzulässig und nach allgemeinen Regeln abzulehnen. Zum Verhältnis von § 139 zu § 356 s. § 356 Rdn. 30. Abzulehnen ist ein Beweisantritt auch dann, wenn der Zeugenvernehmung ein **Beweiserhebungsverbot** entgegensteht. Die Gründe einer Ablehnung des Beweisantrags nach § 356 oder wegen eines Beweisverbotes sind im Urteil zu erörtern.[99] Unzulässig ist die Ablehnung eines Beweisantrages, weil sich das Gericht wegen der **persönlichen Nähe des Zeugen zu den Beteiligten** davon keine Aufklärung des Sachverhalts verspricht. Eine solche vorweggenommene Beweiswürdigung findet im Prozessrecht keine Stütze und verstößt deshalb gegen Art. 103 Abs. 1 GG.[100]

34 Dem **erneuten Begehren** auf Vernehmung eines Zeugen, der schon von seinem **Zeugnisverweigerungsrecht** Gebrauch gemacht hat, braucht nur stattgegeben zu werden, wenn hinreichende Anhaltspunkte dafür vorliegen, dass der Zeuge nunmehr aussagen wird (§ 398 Rdn. 5).[101]

35 Kündigt der Berufungskläger in der Berufungsbegründung an, sein Geschäftsführer werde demnächst abberufen und werde als Zeuge zu streitigem Sachvortrag zur Verfügung stehen, kann das Berufungsgericht den in mündlicher Verhandlung gestellten **Antrag auf Vernehmung** des inzwischen abberufenen Geschäftsführers als Zeugen nicht nach §§ 523, 296 Abs. 2, 282 Abs. 2 a.F. als **verspätet** zurückweisen, auch wenn der Zeuge bei rechtzeitiger Mitteilung hätte vorbereitend geladen werden können.[102] Bezieht sich eine Partei auf Zeugenaussagen in Beiakten und geht sie dabei von einer vertretbaren Würdigung dieser Aussagen aus, kann sie die Benennung dieser Zeugen ohne Verletzung ihrer Prozessförderungspflicht aus § 528 Abs. 2 a.F. in der Berufungsbegründung nachholen, wenn das erstinstanzliche Gericht die in den Strafakten enthaltenen Zeugenaussagen zu Ungunsten der Partei würdigt, ohne sie vorher nach § 139 darauf hinzuweisen.[103] Nach § 531 Abs. 2 Nr. 2 und Nr. 3 n.F. wäre die Benennung der Zeugen in der Berufungsinstanz ebenfalls zulässig, weil sie im ersten Rechtszug infolge eines Verfahrensmangels (Nr. 2) bzw. nicht auf Grund einer Nachlässigkeit der Partei (Nr. 3) unterblieben ist.

VI. Anordnung der Zeugenvernehmung

36 Die Beweisanordnung ergeht **formlos oder** durch **förmlichen Beweisbeschluss** des Prozessgerichts nach §§ 358 ff. (§ 358 Rdn. 1 u. 13). Die formlose Beweisanordnung ist möglich, wenn ein Zeuge im Verhandlungstermin anwesend ist, weil er nach § 273 Abs. 2 Nr. 4 vorsorglich prozessleitend geladen wurde, weil er von einer Partei zum Termin mitgebracht worden oder weil er zufällig anwesend ist,[104] und der Beweis sofort erhoben werden kann. Einen **förmlichen Beweisbeschluss** kann das Gericht nach § 358a bereits

---

98 Stg. Rspr. des BVerfG: BVerfGE 69, 141, 143 f. = NJW 1986, 833 m.w.N.; BVerfG NJW-RR 2001, 1006, 1007; BVerfG NJW 2009, 1585 Tz. 21; ebenso BerlVerfGH NJW-RR 2009, 1362, 1363; OVG Berlin NVwZ 2000, 1432; OLG Frankfurt OLGRep. 1992, 226, 227.
99 Musielak/*Huber*[10] § 373 Rdn. 13.
100 BVerfG NJW-RR 1995, 441.
101 BGH NJW-RR 1987, 445; LAG Köln MDR 2000, 1337; LAG Köln NJW 1975, 2074.
102 BGH NJW 1999, 2446 f.
103 BGH NJW 1983, 999, 1000 m. Anm. *Deubner*.
104 Rosenberg/Schwab/*Gottwald*[17] § 120 Rdn. 37; *Gießler* NJW 1991, 2885; **a.A.** OLG Schleswig NJW 1991, 303 f.

vor der mündlichen Verhandlung erlassen. Der Zeuge wird von Amts wegen formlos geladen, es sei denn das Gericht ordnet nach § 377 Abs. 1 und 2 die Zustellung der Ladung an (§ 377 Rdn. 6).[105]

§ 374
weggefallen

§ 375
Beweisaufnahme durch beauftragten oder ersuchten Richter

(1) Die Aufnahme des Zeugenbeweises darf einem Mitglied des Prozessgerichts oder einem anderen Gericht nur übertragen werden, wenn von vornherein anzunehmen ist, dass das Prozessgericht das Beweisergebnis auch ohne unmittelbaren Eindruck von dem Verlauf der Beweisaufnahme sachgemäß zu würdigen vermag, und
1. wenn zur Ausmittlung der Wahrheit die Vernehmung des Zeugen an Ort und Stelle dienlich erscheint oder nach gesetzlicher Vorschrift der Zeuge nicht an der Gerichtsstelle, sondern an einem anderen Ort zu vernehmen ist;
2. wenn der Zeuge verhindert ist, vor dem Prozessgericht zu erscheinen und eine Zeugenvernehmung nach § 128a Abs. 2 nicht stattfindet;
3. wenn dem Zeugen das Erscheinen vor dem Prozessgericht wegen großer Entfernung unter Berücksichtigung der Bedeutung seiner Aussage nicht zugemutet werden kann und eine Zeugenvernehmung nach § 128a Abs. 2 nicht stattfindet.

(1a) Einem Mitglied des Prozessgerichts darf die Aufnahme des Zeugenbeweises auch dann übertragen werden, wenn dies zur Vereinfachung der Verhandlung vor dem Prozessgericht zweckmäßig erscheint und wenn von vornherein anzunehmen ist, dass das Prozessgericht das Beweisergebnis auch ohne unmittelbaren Eindruck von dem Verlauf der Beweisaufnahme sachgemäß zu würdigen vermag.

(2) Der Bundespräsident ist in seiner Wohnung zu vernehmen.

Übersicht

I. Normentwicklung, Geltungsbereich — 1
II. Normzwecke
   1. Sicherung des notwendigen persönlichen Eindrucks — 3
   2. Ungestörte Amtsausübung des Bundespräsidenten — 7
III. Voraussetzungen des § 375 Abs. 1 und 1a
   1. Regelungsgrundsätze — 8
   2. Sachgemäße Würdigung ohne unmittelbaren Eindruck — 10
   3. Sachdienlichkeit der Vernehmung am Geschehensort — 12
   4. Auswärtige Vernehmung von Ministern und Abgeordneten — 13

5. Verhinderung des Erscheinens
   a) Hinderungsgründe; Hausrecht des Zeugen — 14
   b) Ausschluss bei Video-Vernehmung — 16
6. Unzumutbarkeit wegen großer Entfernung — 17
7. Verhandlungsvereinfachung — 20
IV. Vernehmung des Bundespräsidenten — 21
V. Verfahren
   1. Übertragung — 23
   2. Verfahrensfehler — 26
VI. Ablehnung des Rechtshilfeersuchens — 28

---

[105] Rosenberg/Schwab/*Gottwald*[17] § 120 Rdn. 37.

I. Normentwicklung, Geltungsbereich

1 Die ursprünglich in § 340 CPO enthaltene Regelung ist mehrfach geändert worden, nämlich durch die Novelle von 1924,[1] die Novelle von 1933,[2] die Novelle von 1950[3] und besonders stark durch Art. 1 Nr. 19 des **Rechtspflege-Vereinfachungsgesetzes** von 1990.[4] Die Möglichkeiten der Übertragung auf ein Mitglied des Prozessgerichts oder auf ein anderes Gericht wurden 1990 durch **Hinzufügung des Abs. 1a** erweitert. Zugleich wurde die Übertragung nach Abs. 1 und 1a erschwert, indem sie **auf** solche **Fälle beschränkt** wurde, in denen von vornherein anzunehmen ist, dass das Prozessgericht das Beweisergebnis auch **ohne unmittelbaren Eindruck** von der Zeugenvernehmung sachgemäß zu würdigen vermag. Durch Art. 2 Abs. 1 Nr. 58a Zivilprozessreformgesetzes v. 27.7.2001[5] wurde die Fassung der Vorschrift geringfügig verändert. Im Zuge der Einführung der Vernehmung im Wege der **Bild- und Tonübertragung** wurde die Übertragung der Zeugenvernehmung auf den beauftragten oder ersuchten Richter nach § 375 Abs. 1 Nr. 2 und 3 unter den Vorbehalt gestellt, dass keine Zeugenvernehmung nach § 128a Abs. 2 stattfindet.

2 In Verfahren der **Freiwilligen Gerichtsbarkeit** finden über § 30 Abs. 1 FamFG bei förmlicher Beweisaufnahme die §§ 355 und 375 Anwendung.[6]

II. Normzwecke

3 **1. Sicherung des notwendigen persönlichen Eindrucks.** In § 375 sind verschiedene **Ausnahmen** vom Grundsatz der **Unmittelbarkeit der Beweisaufnahme** (§ 355) geregelt. Zuständig zur Vernehmung eines Zeugen ist nach § 355 Abs. 1 Satz 1 grundsätzlich das **Prozessgericht**, d.h. der zur Entscheidung berufene Spruchkörper. Abweichend davon gestattet § 355 Abs. 1 Satz 2, in den gesetzlich geregelten Fällen die Beweisaufnahme einem Mitglied des Prozessgerichts (als beauftragtem Richter, § 361) oder einem anderen Gericht (als ersuchtem Richter, § 362) zu übertragen.

4 Für den Zeugenbeweis bestimmt § 375 Abs. 1 und 1a die Voraussetzungen, unter denen die Beweisaufnahme ausnahmsweise nicht vor dem Prozessgericht zu erfolgen braucht. Aus § 355 Abs. 1 Satz 2 und § 375 Abs. 1 („nur") ergibt sich, dass § 375 die Funktion hat, die Fälle der **Übertragung** der Zeugenvernehmung zu **begrenzen**.[7] Die strikte Eingrenzung beruht darauf, dass die Unmittelbarkeit der Beweisaufnahme für den Zeugenbeweis besondere Bedeutung hat.[8] Der **persönliche Eindruck** des erkennenden Gerichts von den Zeugen ist für die Beweiswürdigung in der Regel unverzichtbar. Aus diesem Grund setzt die Übertragung der Zeugenvernehmung in allen Fällen des § 375 Abs. 1 und 1a die Annahme des Prozessgerichts voraus, dass es das Beweisergebnis auch ohne unmittelbaren Eindruck von dem Verlauf der Beweisaufnahme sachgemäß zu würdigen vermag. Hierdurch wird der aus § 355 abzuleitende Grundsatz formeller Unmittelbarkeit der Beweisaufnahme betont[9] (dazu § 355 Rdn. 11).

---

1 RGBl 1924 I S. 437.
2 RGBl 1933 I S. 780.
3 BGBl 1950 I S. 455.
4 BGBl 1990 I S. 2847.
5 BGBl 2001 I S. 1887.
6 Keidel/*Sternal* FamFG[17] § 30 Rdn. 19 ff.
7 *Hahn/Stegemann* Mat. II/1 S. 309.
8 *Hahn/Stegemann* Mat. II/1 S. 309.
9 BT-Drucks. 11/3621 S. 38.

Mit § 375 Abs. 1a verfolgt der Gesetzgeber den Zweck, den Prozessbeteiligten und 5
dem Gericht die mit der **Durchführung umfangreicher Beweisaufnahmen** (z.B. in Bauprozessen) vor der Kammer verbundenen Verzögerungen und Erschwernisse zu ersparen, wenn es eines unmittelbaren Eindrucks der Kammer vom Gang der Beweisaufnahme nicht bedarf.[10] Diese Durchbrechung der Unmittelbarkeit aus prozessökonomischen Gründen wird teilweise kritisiert.[11] Die Bedeutung der Vorschrift ist aber durch die **Zunahme von Einzelrichterentscheidungen** auf Grund des Rechtspflege-Entlastungsgesetzes 1993 (§ 348 a.F.) und des Zivilprozessreformgesetzes 2002 (§§ 348, 348a) stark gesunken.[12]

Keinen Einfluss hat § 375 auf die Abgrenzung der Entscheidungszuständigkeit von 6
Einzelrichter und Kammer, die sich nach §§ 348, 348a richtet. Ist der **Einzelrichter** zur Streitentscheidung zuständig, ist er nicht Mitglied des Prozessgerichts, sondern **selbst Prozessgericht**. Vernimmt das Prozessgericht im Rahmen eines Lokaltermins nach § 219 Abs. 1 einen Zeugen an Ort und Stelle, fällt dies nicht unter § 375.

2. Ungestörte Amtsausübung des Bundespräsidenten. § 375 Abs. 2 regelt den **Ort** 7
der Vernehmung des Bundespräsidenten und ist damit ein Fall des § 375 Abs. 1 Nr. 1 2. Alt. Die Bestimmung hatte ursprünglich den Zweck, die in den Landesgesetzen und Hausverfassungen der Landesherren enthaltenen und als Ausfluss ihrer „souveränen" Stellung verstandenen Vorrechte[13] in ganz Deutschland für verbindlich zu erklären.[14] *Berger* hält das Vorrecht des Bundespräsidenten zutreffend für rechtspolitisch überholt und auch nicht mit der Sicherung ungestörter Amtsausübung vernünftig begründbar. **Zeitgemäß** ist es, den Bundespräsidenten wie die in § 382 genannten Verfassungsorgane **am Amtssitz** oder Aufenthaltsort zu vernehmen.[15]

III. Voraussetzungen des § 375 Abs. 1 und 1a

1. Regelungsgrundsätze. Die Übertragung der Zeugenvernehmung auf den **beauf-** 8
tragten Richter im Sinne des § 361 ist in den Fällen des § 375 Abs. 1 und 1a möglich, die Übertragung auf den **ersuchten Richter** im Sinne des § 362 nur in den Fällen des § 375 Abs. 1. Die Vernehmung durch den beauftragten oder ersuchten Richter ist **nicht öffentlich**. Das Recht der Parteien zur Anwesenheit bei der Beweisaufnahme (§ 357 Abs. 1) wird dadurch nicht berührt.

Die Voraussetzungen des § 375 gelten **nach § 451** auch für die **Parteivernehmung**.[16] 9

2. Sachgemäße Würdigung ohne unmittelbaren Eindruck. Gemeinsame Voraus- 10
setzung für die Übertragung der Zeugenvernehmung nach § 375 Abs. 1 und 1a ist, dass das Prozessgericht zu einer sachgemäßen **Würdigung** des Beweisergebnisses auch **ohne unmittelbaren Eindruck** von dem Verlauf der Zeugenvernehmung imstande ist. Die Beurteilung dieser Voraussetzung obliegt der pflichtgemäßen Einschätzung des Prozessgerichts, dem insoweit eine **Beweisprognose** abverlangt wird.[17] Dabei kommt es sowohl auf das Beweisthema als auch auf die Person des Zeugen an. Stellt sich im Nachhinein

---

10 BT-Drucks. 11/8283 S. 47; kritisch dazu *Baumgärtel* DNotZ 1992, 269, 270.
11 Stein/Jonas/*Berger*[22] § 375 Rdn. 2; *Baumgärtel* DNotZ 1992, 269, 270.
12 Musielak/*Huber*[10] § 375 Rdn. 4.
13 *Hahn*, Materialien zum GVG², Bd. I/1 S. 184 f., Motive zu § 5 EGGVG a.F.
14 Stein/Jonas/*Berger*[22] § 375 Fn. 11.
15 Stein/Jonas/*Berger*[22] § 375 Rdn. 12.
16 BGHZ 32, 233, 236.
17 Musielak/*Huber*[10] § 375 Rdn. 2.

heraus, dass eine sachgerechte Würdigung des Beweisergebnisses ohne persönlichen Eindruck des Prozessgerichts nicht möglich ist, muss die **Zeugenvernehmung vor** dem **Prozessgericht wiederholt** werden (§ 398).[18] Anwendungsfälle sind nach der Vorstellung des Gesetzgebers z.B. Bauprozesse.[19]

11   Eine sachgemäße Würdigung des Beweisergebnisses ohne persönlichen Eindruck von den Zeugen kann das Prozessgericht nicht erwarten, wenn **von vornherein** mit **widersprechenden Zeugenaussagen** zu rechnen ist, weil es dann auf die Glaubwürdigkeit der Zeugen ankommt, deren Wertung grundsätzlich die Vernehmung der Zeugen durch alle erkennenden Richter voraussetzt[20] (zur Glaubwürdigkeitsbeurteilung vor § 373 Rdn. 98 ff.).

12   **3. Sachdienlichkeit der Vernehmung am Ort des Geschehens.** Die Vorschrift erlaubt die Vernehmung **außerhalb der Gerichtsstelle** (§ 219) am Ort des Geschehens, z.B. am **Unfallort**, wenn dies der Wahrheitsfindung dienlich ist. Die Ortsbesichtigung kann die Aufklärung des Sachverhalts fördern, weil sie dem Zeugen die Erinnerung erleichtert[21] und ihm erlaubt, seine Aussage in Hinblick auf die örtlichen Verhältnisse zu erläutern.[22] Sie stärkt auch den Beweiswert der Zeugenaussage.[23] Zudem kann das Gericht durch **gleichzeitige Augenscheinseinnahme** (§ 371) die Wahrnehmungsfähigkeit des Zeugen und den Wahrheitsgehalt der Zeugenaussage überprüfen.[24] Die Vernehmung am Ort des Geschehens dient auch dann der Wahrheitsfindung, wenn eine Gegenüberstellung (§ 394 Abs. 2) am Tatort oder mit einem Zeugen, der nicht an der Gerichtsstelle erscheinen kann, erfolgen soll.[25]

13   **4. Auswärtige Vernehmung von Ministern und Abgeordneten.** Die **auswärtige Vernehmung** ist gesetzlich vorgeschrieben für den **Bundespräsidenten** nach § 375 Abs. 2 (oben Rdn. 7) und für **Regierungsmitglieder** und **Abgeordnete** nach § 382 (§ 382 Rdn. 2 u. 5). Sie gilt nach Maßgabe völkerrechtlicher Verträge auch für Konsularbeamte (vor § 373 Rdn. 80 und § 377 Rdn. 14).

5. Verhinderung des Erscheinens

14   **a) Hinderungsgründe; Hausrecht des Zeugen.** Die Vorschrift betrifft Verhinderungen von einiger Dauer, in erster Linie bei **Krankheit, hohem Alter, Reiseunfähigkeit** und **Haft**.[26] **Finanzielle Engpässe** des Zeugen sind **kein Hinderungsgrund**, weil die für die Reise erforderlichen Mittel ggf. nach § 401 in Verb. mit § 3 JVEG (zuvor § 14 ZSEG) vorzuschießen sind[27] (§ 401 Rdn. 14). Kann der am Erscheinen vor dem Prozessgericht verhinderte Zeuge im Wege der Rechtshilfe durch den ersuchten Richter vernom-

---

18   Musielak/*Huber*[10] § 375 Rdn. 2.
19   BT-Drucks. 11/8283 S. 47.
20   BGH NJW 2000, 2024; BGH NJW-RR 1997, 152; OLG Köln NJW-RR 1998, 1143; LG Berlin VerkMitt 1991, 15, 16 (für Verkehrsunfall mit sich widersprechenden Unfallversionen der jeweiligen Insassen der unfallbeteiligten Fahrzeuge).
21   Musielak/*Huber*[10] § 371 Rdn. 8; *Bender/Nack* Tatsachenfeststellung vor Gericht[2] Rdn. 583.
22   Stein/Jonas/*Berger*[22] § 375 Rdn. 6.
23   *Bender/Nack* Tatsachenfeststellung vor Gericht[2] Rdn. 583.
24   Musielak/*Huber*[10] § 371 Rdn. 8.
25   Musielak/*Huber*[10] § 375 Rdn. 3.
26   MünchKomm/*Damrau*[4] § 375 Rdn. 4; Musielak/*Huber*[10] § 375 Rdn. 3.
27   Stein/Jonas/*Berger*[22] § 375 Rdn. 9; MünchKomm/*Damrau*[4] § 375 Rdn. 4.

men werden, darf ein angetretener Zeugenbeweis nicht mit der Begründung abgelehnt werden, das Beweismittel sei unerreichbar.[28]

Ob der Zeuge, der aus diesen Gründen in seiner Wohnung vernommen wird, den Parteien, deren Prozessbevollmächtigten und anderen Zeugen, denen er gegenübergestellt werden soll, den **Zutritt zu seiner Wohnung** gestatten muss, ist umstritten. Teilweise wird die Ansicht vertreten, der Zeuge müsse die Parteien einlassen, weil der Grundsatz der Parteiöffentlichkeit (§ 357) auch insoweit gelte[29] bzw. er nur so seiner Zeugnispflicht genüge.[30] Lehne er die Anwesenheit einer Partei unter Berufung auf sein Hausrecht ab, sei dies als **Aussageverweigerung** mit den Folgen des § 390 zu werten.[31] Nach **zutreffender Ansicht** darf der Zeuge den Parteien den **Zutritt verweigern**[32] (dazu auch § 357 Rdn. 19). Sein Hausrecht wird durch das Grundrecht auf **Unverletzlichkeit der Wohnung** (Art. 13 GG) geschützt. Es besteht weder eine verfassungsrechtlich zulässige Eingriffs- oder Beschränkungsmöglichkeit noch eine gesetzliche Grundlage für sie.[33] Die Beweisaufnahme an diesem Ort scheitert dann, weil die Parteiöffentlichkeit (§ 357) gewahrt werden muss. Der Zeuge muss wegen seiner Zeugnispflicht ersatzweise **im Gericht erscheinen** oder nach § 128a Abs. 2 an einem anderen Ort vernommen werden.[34]

15

b) Ausschluss bei Video-Vernehmung. Nach der Ergänzung des § 375 Abs. 1 Nr. 2 ist die Beweisaufnahme durch einen beauftragten oder ersuchten Richter nicht zulässig, wenn der Zeuge **nach § 128a Abs. 2** im Wege einer „Video-Konferenz" vernommen wird. Nach dem Wortlaut des Gesetzes schließt zwar nicht schon die tatsächliche (technische) Möglichkeit einer solchen Vernehmung, sondern erst deren Anordnung die kommissarische Vernehmung aus. Teilweise wird vertreten, das Gericht müsse bei Verhinderung des Zeugen **vorrangig** die Möglichkeit der Vernehmung im Wege der **Video-Konferenz** nutzen.[35] Dafür spricht, dass der Grundsatz der Unmittelbarkeit der Beweisaufnahme dadurch weniger stark eingeschränkt wird, weil die Video-Vernehmung anders als die kommissarische Vernehmung dem Prozessgericht einen persönlichen Eindruck von dem Zeugen vermittelt, wenngleich der Eindruck nicht von gleicher Intensität und Qualität wie eine Vernehmung im Gerichtssaal ist.[36] Doch wiegt dieses Argument nicht besonders schwer, denn die Vernehmung durch einen kommissarischen Richter darf ohnehin nur erfolgen, wenn es auf die Glaubwürdigkeit des Zeugen nicht ankommt.

16

6. Unzumutbarkeit wegen großer Entfernung. Die Beweisaufnahme durch einen beauftragten oder ersuchten Richter setzt im Falle des § 375 Abs. 1 Nr. 3 voraus, dass dem Zeugen das Erscheinen vor dem Prozessgericht wegen großer Entfernung unter Berücksichtigung der Bedeutung seiner Aussage nicht zugemutet werden kann. Wann eine Entfernung groß im Sinne der Vorschrift ist, hängt von den **jeweiligen Verkehrsverbin-**

17

---

28 BAG AP § 355 ZPO Nr. 1.
29 Musielak/*Huber*[10] § 375 Rdn. 3; **a.A.** *Jankowski* NJW 1997, 3347, 3349.
30 MünchKomm/*Damrau*[4] § 373 Rdn. 4; AK-ZPO/*Rüßmann* § 357 Rdn. 2.
31 MünchKomm/*Heinrich*[4] § 357 Rdn. 10; AK-ZPO/*Rüßmann* § 357 Rdn. 2.
32 Stein/Jonas/*Berger*[22] § 375 Rdn. 9; Musielak/*Stadler*[10] § 357 Rdn. 3; *Jankowski* NJW 1997, 3347, 3349. In zwei von *Stadler* hierfür zitierten Entscheidungen (OLG Nürnberg MDR 1961, 62; OLG Koblenz NJW 1968, 897) wird lediglich die Frage verneint, ob eine Partei durch Ordnungsmittel zur Gewährung des Zutrittsrechts gezwungen werden kann.
33 Stein/Jonas/*Berger*[22] § 375 Rdn. 9.
34 Musielak/*Stadler*[10] § 357 Rdn. 3.
35 Musielak/*Stadler*[10] § 128a Rdn. 7; Musielak/*Huber*[10] § 375 Rdn. 3; wohl auch Stein/Jonas/*Berger*[22] § 375 Rdn. 9.
36 Musielak/*Stadler*[10] § 128a Rdn. 6 f.

dungen ab.[37] Es kommt auf die Besonderheiten des Falles an.[38] Entscheidend ist nicht so sehr die zu überwindende Distanz, als vielmehr der mit der Reise verbundene **(Zeit-)Aufwand**, der durch eine Flugverbindung vermindert werden kann.[39] Die **Höhe der Reisekosten** ist nicht maßgeblich, weil diese nach § 401 erstattet werden und ggf. vorzuschießen sind.

18   Mit dem Merkmal „Bedeutung der Aussage" hat der Gesetzgeber 1990 einen unbestimmten Rechtsbegriff eingeführt. Das Gericht muss neben der entfernungsbedingten Unzumutbarkeit der Reise auch die **Bedeutung der Aussage** berücksichtigen. Hierzu hat es zwischen den Belangen des Zeugen und der Bedeutung seiner Aussage für den Rechtsstreit abzuwägen.[40] *Berger* kritisiert, es seien kaum Voraussetzungen denkbar, unter denen eine erforderliche Zeugenvernehmung eine geringere Bedeutung haben könne.[41] Die Zeugenaussage kann weniger bedeutsam sein, wenn andere, nicht gegenbeweislich benannte Zeugen für dasselbe Beweisthema zur Verfügung stehen,[42] der Zeuge die Aussage anderer Zeugen also nur bestätigen soll. Auch in einem solchen Fall kann sich aber eine **nochmalige Vernehmung vor** dem **Prozessgericht** (§ 398) als notwendig erweisen, wenn der Zeuge anders ausgesagt hat, als nach dem Beweisantritt zu erwarten war. Fraglich ist, ob auch die **Folgen des Prozesses für** den **Beweisführer** eine Rolle spielen dürfen.[43] Nicht zulässig ist die Übertragung, um den Arbeitsaufwand für die Zeugenvernehmung zu vermeiden.[44]

19   In § 375 Abs. 1 Nr. 3 tritt mit dem Merkmal der **Bedeutung der Aussage** eine weitere **Voraussetzung zur Stärkung der Unmittelbarkeit** der Beweisaufnahme hinzu. Im Rahmen der Abwägung kommt es auf andere Gesichtspunkte als die mutmaßliche Glaubwürdigkeit des Zeugen an. Dass **keine Anhaltspunkte für die Unglaubwürdigkeit** des Zeugen vorliegen, ist nach § 375 stets Voraussetzung für eine Übertragung der Zeugenvernehmung (vgl. oben Rdn. 4) und darf als Kriterium nicht doppelt verwertet werden.[45]

20   **7. Verhandlungsvereinfachung.** Nach § 375 Abs. 1a kann die Zeugenvernehmung einem Mitglied des Prozessgerichts auch dann übertragen werden, wenn dies die Verhandlung vor dem Prozessgericht vereinfacht. Die Beurteilung dieser Voraussetzung liegt im pflichtgemäßen Ermessen des Prozessgerichts. Maßgeblich für die **Zweckmäßigkeitserwägungen** ist in erster Linie der **Zeitaufwand der Vernehmung** durch die Kammer, der die Erledigung anderer Rechtspflegeaufgaben verzögert.[46] Nicht in Betracht kommt die Übertragung nach Abs. 1a, wenn die Kammer den Rechtsstreit wegen tatsächlicher Schwierigkeiten nach § 348 Abs. 3 Satz 1 Nr. 1, Satz 2 von dem originären Einzelrichter übernommen hat oder wenn sie aus demselben Grund von einer Übertragung auf den obligatorischen Einzelrichter nach § 348a Abs. 1 Nr. 1 abgesehen hat. Typische Fälle sind nach der Vorstellung des Gesetzgebers **Bauprozesse**.[47]

---

37   Musielak/*Huber*[10] § 375 Rdn. 3.
38   *Hahn/Stegemann* Mat. II/1 S. 309.
39   Stein/Jonas/*Berger*[22] § 375 Rdn. 10.
40   BT-Drucks. 11/3621 S. 38.
41   Stein/Jonas/*Berger*[22] § 375 Rdn. 10.
42   MünchKomm/*Damrau*[4] § 375 Rdn. 5.
43   So Musielak/*Huber*[10] § 375 Rdn. 3.
44   Stein/Jonas/*Berger*[22] § 375 Rdn. 10.
45   Anders OLG Saarbrücken ZfS 2002, 587 (dort als Begründung für die Vernehmung zweier in Sizilien wohnhafter Zeugen durch das Tribunale di Agrigento benutzt).
46   Musielak/*Huber*[10] § 375 Rdn. 4.
47   BT-Drucks. 11/8283 S. 47.

IV. Vernehmung des Bundespräsidenten

Die Vernehmung **in** der **Wohnung** ist ein **Vorrecht** des Bundespräsidenten, auf das er **verzichten kann**.[48] Er kann darum bitten, an seinem Amtssitz vernommen zu werden oder vor dem Prozessgericht erscheinen. Das Privileg ist **nicht** auf den **verfassungsmäßigen Vertreter** des Bundespräsidenten anzuwenden.[49] § 375 Abs. 2 berührt nicht das Recht der Parteien, bei der Vernehmung zugegen zu sein.[50]

Auch die Zeugenvernehmung des Bundespräsidenten kann durch einen **beauftragten oder ersuchten Richter** erfolgen. Zwar lässt der Wortlaut des Abs. 2 dies nicht erkennen. Die Vorschrift ist aber ein Fall des § 375 Abs. 1 Nr. 1 2. Alt. Das Prozessgericht ist deshalb an die **Voraussetzungen des Abs. 1** gebunden, wenn es die Vernehmung des Bundespräsidenten einem kommissarischen Richter übertragen will. Sieht es sich zu einer sachgemäßen Würdigung des Beweisergebnisses ohne persönlichen Eindruck nicht in der Lage, muss es selbst den Bundespräsidenten in seiner Wohnung aufsuchen.

V. Verfahren

1. Übertragung. Die Beweisaufnahme vor einem **kommissarischen Richter** kann nur in einem **Beweisbeschluss** des Kollegiums (§§ 361, 358a) oder in einem Änderungsbeschluss (§ 360) angeordnet werden. Der Vorsitzende kann eine Beweisaufnahme vor dem beauftragten Richter nach Maßgabe des § 358a Satz 2 Nr. 1 auch nicht im Wege einer Maßnahme nach § 273 Abs. 2 anordnen.[51] Zu den Einzelheiten der Übertragung s. § 361 für die Beweisaufnahme durch den beauftragten Richter und § 362 für die Beweisaufnahme durch den ersuchten Richter.

Für die **Vernehmung** von Zeugen **im Ausland** gelten die Beweisaufnahmevorschriften des **Gemeinschaftsrechts**, die Rechtshilfevorschriften der Deutschland bindenden **internationalen Verträge** sowie § 363. Auf Zeugenvernehmungen für ein deutsches Verfahren in Zivil- und Handelssachen durch das Gericht eines anderen Mitgliedstaats der EU oder unmittelbar durch das deutsche Gericht in diesem Mitgliedstaat ist die **VO (EG) Nr. 1206/2001** über die Zusammenarbeit zwischen den Gerichten der Mitgliedstaaten auf dem Gebiet der Beweisaufnahme in Zivil- oder Handelssachen[52] anzuwenden. Im Übrigen gilt das **Haager Beweisaufnahmeübereinkommen** (HBÜ) für den Verkehr mit dessen Vertragsstaaten. Im Einzelnen dazu § 363 Rdn. 13, 29, 38, 51, 56, 63, 90, 108 ff.

Können Zeugen in absehbarer Zeit nicht – auch nicht im Wege der Rechtshilfe – gerichtlich vernommen werden, können von ihnen abgegebene **schriftliche Äußerungen** einschließlich **eidesstattlicher Versicherungen** in Anwendung des Rechtsgedankens des § 251 Abs. 2 StPO zu verwerten sein, **auch wenn** die Voraussetzungen des **§ 377 Abs. 3 nicht** vorliegen.[53] Aufwendungen für die Wahrnehmung von Beweisterminen durch den Prozessbevollmächtigten sind in der Regel notwendige Kosten einer zweckentsprechenden Rechtsverfolgung (näher: § 357 Rdn. 44).

---

48 Stein/Jonas/*Berger*[22] § 375 Rdn. 13; Musielak/*Huber*[10] § 375 Rdn. 6.
49 Stein/Jonas/*Berger*[22] § 375 Rdn. 13.
50 MünchKomm/*Damrau*[4] § 375 Rdn. 7.
51 BGHZ 86, 104, 111 f. = NJW 1983, 1793, 1794 f.
52 VO (EG) Nr. 1206/2001 v. 28.5.2001, ABl. EG 2001 Nr. L 174 S. 1.
53 So für ein Statusverfahren LG Mannheim NJW 1970, 1929.

26 **2. Verfahrensfehler.** Verstöße gegen § 375 stellen **wesentliche Verfahrensfehler** dar, die mit Rechtsmitteln gerügt werden können, die aber auch **gemäß § 295 heilbar** sind.[54] Näher dazu § 355 Rdn. 56 ff.

27 In **Verfahren nach dem FamFG** ist § 375 bei Anwendung der **Strengbeweisregeln** gem. **§ 30 FamFG** zu beachten. Die Vernehmung von Zeugen darf nur dann einem kommissarischen Richter übertragen werden, wenn sie aus den in § 375 aufgeführten Gründen nicht an der Gerichtsstelle vor allen entscheidenden Richtern durchgeführt werden kann.[55] Wenn eine förmliche Beweisaufnahme stattzufinden hat, werden die Voraussetzungen des § 375 nicht gegeben sein. § 295 soll nach der Rechtsprechung zum FGG in nichtstreitigen Verfahren wie Erbscheinsverfahren[56] oder Verfahren der Ersetzung der Einwilligung nach § 1748 BGB[57] **nicht entsprechend anwendbar** sein. Eine fehlerhafte Beauftragung des Berichterstatters mit der Zeugenvernehmung wirkt sich in Verfahren der freiwilligen Gerichtsbarkeit dann nicht aus, wenn das Gericht bei der Beweiswürdigung nicht auf eine förmliche Zeugenvernehmung und den persönlichen Eindruck der Zeugen abstellt, also die Aussagen der vom Berichterstatter vernommenen Zeugen im Rahmen des **Freibeweises** verwerten darf.[58] Liegen die Voraussetzungen des § 375 vor, steht die Anordnung einer Rechtshilfevernehmung im Ermessen des erkennenden Gerichts und stellt keinen Verfahrensfehler dar.[59]

VI. Ablehnung des Rechtshilfeersuchens

28 Gemäß § 158 Abs. 1 GVG darf das ersuchte Gericht ein Rechtshilfeersuchen nicht ablehnen. Eine **Ablehnung** des Rechtshilfeersuchens eines nicht im Rechtszuge vorgesetzten Gericht ist **nach § 158 Abs. 2 Satz 1 GVG** nur dann statthaft, wenn die vorzunehmende Amtshandlung nach dem Recht des ersuchten Gerichts verboten ist. Nach einhelliger Meinung in Rechtsprechung und Literatur handelt es sich dabei um eine eng auszulegende Ausnahmevorschrift.[60]

29 Der Wortlaut des § 158 Abs. 2 Satz 1 GVG schließt es aus, dass das ersuchte Gericht die Durchführung der **Beweisaufnahme ablehnt**, weil es sie für **überflüssig, unzweckmäßig** oder **wenig erfolgversprechend** hält.[61] Eine von dem ersuchten Gericht vorzunehmende Handlung ist vielmehr nur dann verboten, wenn sie schlechthin unzulässig ist.[62] Das bedeutet, dass sie ohne Rücksicht auf die konkrete prozessuale Situation (abstrakt) rechtlich unzulässig sein muss.[63] Die Frage der **Zulässigkeit** der Rechtshilfe **im konkreten Fall** obliegt hingegen allein der **Beurteilung durch** das **ersuchende Gericht**. Dieses hat zu überprüfen, ob die gesetzlichen Voraussetzungen zur Vornahme der

---

54 BGH MDR 1996, 1140; BGH NJW 1979, 2518; OLG Düsseldorf VersR 1977, 1131, 1132; OLG Düsseldorf NJW 1977, 2320; OLG Köln OLGZ 1977, 491, 493; *Schultze* NJW 1977, 409, 412; *Dinslage* NJW 1977, 1509, 1510.
55 OLG Frankfurt NJW-RR 1998, 870, 871 = FGPrax 1998, 62, 63; OLG Köln MDR 1983, 326 f.; OLG Stuttgart MDR 1980, 1030.
56 BayObLG FamRZ 1988, 422, 423.
57 BayObLG FamRZ 1988, 871, 873.
58 OLG Frankfurt NJW-RR 1998, 870, 871 = FGPrax 1998, 62, 63; BayObLG WuM 1993, 490, 491; NJW-RR 1992, 73, 74; BayObLG FamRZ 1988, 871, 873; BayObLG FamRZ 1988, 422, 423; OLG Stuttgart MDR 1980, 1030, 1031.
59 OLG Köln MDR 1970, 596.
60 BGH NJW 1990, 2936 f.; BAG NJW 2001, 2196, 2197; BAGE 92, 330 = NZA 2000, 791; OLG Koblenz OLGZ 1989, 367; *Zöller/Lückemann*[29] § 158 GVG Rdn. 3.
61 BAG NJW 2001, 2196, 2197; *Zöller/Lückemann*[29] § 158 GVG Rdn. 4; *Kissel/Mayer* GVG[6] § 158 Rdn. 36 ff.
62 RGZ 162, 316, 317; BGH NJW 1990, 2936 f. m.w.N.
63 BAG NJW 2001, 2196, 2197; *Kissel/Mayer* GVG[6] § 158 Rdn. 11 m.w.N.

Rechtshilfe im einzelnen Fall zutreffen.[64] Daraus folgt, dass das ersuchte Gericht grundsätzlich nicht zu prüfen hat, ob der Beweisbeschluss verfahrensrechtlich zu beanstanden ist.

Der ersuchte Richter ist der „verlängerte Arm" des Prozessgerichts. Dessen **Verfahrensfehler** sind nur **im Rechtszug des Prozessgerichts überprüfbar**.[65] Das ersuchte Gericht hat die Beweisaufnahme grundsätzlich so durchzuführen, wie von dem ersuchenden Gericht begehrt, auch dann, wenn es um die Ausführung eines Ausforschungsbeweises ersucht wird.[66] Auch darf ein Ersuchen um Rechtshilfe von dem ersuchten Gericht nicht mit der Begründung abgelehnt werden, das Prozessgericht habe die Voraussetzungen für eine Beweisaufnahme nach **§ 375 Abs. 1 Nr. 3 verkannt**.[67]

30

§ 376
Vernehmung bei Amtsverschwiegenheit

(1) Für die Vernehmung von Richtern, Beamten und anderen Personen des öffentlichen Dienstes als Zeugen über Umstände, auf die sich ihre Pflicht zur Amtsverschwiegenheit bezieht, und für die Genehmigung zur Aussage gelten die besonderen beamtenrechtlichen Vorschriften.
(2) Für die Mitglieder des Bundestages, eines Landtages, der Bundes- oder einer Landesregierung sowie für die Angestellten einer Fraktion des Bundestages oder eines Landtages gelten die für sie maßgebenden besonderen Vorschriften.
(3) Eine Genehmigung in den Fällen der Absätze 1, 2 ist durch das Prozessgericht einzuholen und dem Zeugen bekanntzumachen.
(4) Der Bundespräsident kann das Zeugnis verweigern, wenn die Ablegung des Zeugnisses dem Wohl des Bundes oder eines deutschen Landes Nachteile bereiten würde.
(5) Diese Vorschriften gelten auch, wenn die vorgenannten Personen nicht mehr im öffentlichen Dienst oder Angestellte einer Fraktion sind oder ihre Mandate beendet sind, soweit es sich um Tatsachen handelt, die sich während ihrer Dienst-, Beschäftigungs- oder Mandatszeit ereignet haben oder ihnen während ihrer Dienst-, Beschäftigungs- oder Mandatszeit zur Kenntnis gelangt sind.

Schrifttum

Brenner Der Einfluß von Behörden auf die Einleitung und den Ablauf von Zivilprozessen, 1989; *Düwel* Das Amtsgeheimnis, 1965; *Feller* Persönliche und gegenständliche Reichweite der Vorschriften über die Verpflichtung zur Aussagegenehmigung, JZ 1961, 628; *Ignor/Sättele* Plädoyer für die Stärkung der Pressefreiheit im Strafrecht, ZRP 2011, 69; *Jansen* Geheimhaltungsvorschriften im Prozeßrecht, Diss. Bochum 1989; *Kube/Leineweber* Polizeibeamte als Zeugen und Sachverständige, 1980; *Lamprecht* Fragwürdige Schweigepflicht, ZRP 2010, 117; *Merkl* Die Zeugenaussage nichtbeamteter Personen des öffentlichen Dienstes vor Zivil- und Strafgerichten, Diss. Regensburg 1973; *Schork* Das Gesetz zur Stärkung der Pressefreiheit im Straf- und Strafprozessrecht – Vorstellung und Kritik, NJW 2012, 2694; *Schuldt* Geheimnisverrat – Die

---

64 BAG NJW 2001, 2196, 2197.
65 BAG NJW 2001, 2196, 2197; BGH JZ 1953, 230, 231 m. Anm. *Schwoerer*; BFHE 142, 17, 19; Hess. LSG NZS 1994, 576; **a.A.** SG Frankfurt Die Sozialversicherung 1981, 162, 163.
66 BAGE 92, 330 = NZA 2000, 791, 792 m.w.N.; OLG Frankfurt NJW-RR 1995, 637 m.w.N.; OLG Frankfurt a.M. MDR 1970, 597 unter Aufgabe von OLG Frankfurt MDR 1952, 499; offen gelassen von BGH JZ 1953, 230 und BAG NJW 1991, 1252 m.w.N.
67 BAG NJW 2001, 2196, 2197. **A.A.** für offenbaren Rechtsmissbrauch *Fischer* MDR 1993, 838, 839.

Beteiligung von Journalisten an der Verletzung von Dienstgeheimnissen, 2011; *Stromberg* Über das Zeugnisverweigerungsrecht und die Genehmigungsbedürftigkeit von Zeugenaussagen kirchlicher Bediensteter, MDR 1974, 893; *Trips-Hebert* Cicero, WikiLeaks und Web 2.0 – der strafrechtliche Schutz von Dienstgeheimnissen als Auslaufmodell?, ZRP 2012, 199; *Waldner* Der Anspruch auf rechtliches Gehör, 2. Aufl. 2000; *Ziegler* Die Aussagegenehmigung im Beamtenrecht, 1989.

Übersicht

I. Schutz der Amtsverschwiegenheit —— 1
II. § 376 Abs. 1 und 2 als grundrechtsbeschränkende Blankettnormen
   1. Rechtliches Gehör und öffentliche Geheimhaltungsinteressen —— 4
   2. Blankettnorm und Verweisungstechnik
      a) Besondere Vorschriften —— 8
      b) Beamtenrechtliche bzw. maßgebende Vorschriften —— 9
      c) Blankettnorm —— 10
III. Personen des öffentlichen Dienstes als Zeugen
   1. Zeugnispflicht contra Verschwiegenheitspflicht —— 11
   2. Beamte —— 12
   3. Richter
      a) Begriff des Richters —— 15
      b) Allgemeine Dienstverschwiegenheit —— 16
      c) Verschwiegenheit über Beratung und Abstimmung —— 17
   4. Andere Personen des öffentlichen Dienstes
      a) Umfassender Personenkreis der öffentlichen Hand —— 19
      b) Angestellte Arbeitnehmer
          aa) Notwendige gesetzliche Grundlage —— 20
          bb) Fehldeutung der Novelle 1950 —— 22
          cc) Bedeutung des Verpflichtungsgesetzes —— 23
          dd) Fehlender Genehmigungsvorbehalt —— 24
          ee) Zeugnisverweigerungsrecht keine Auffangregelung —— 25
          ff) Ergebnis: unbeschränkte Aussagepflicht —— 28
      c) Kirchenbedienstete —— 29
      d) Mitglieder von Selbstverwaltungsgremien —— 30
      e) Soldaten und Zivildienstleistende —— 31
      f) Sonstige für den öffentlichen Dienst besonders Verpflichtete —— 32
      g) Notare —— 33
      h) Schiedsmänner —— 34
      i) Bedienstete der EG —— 35
      k) Ehemalige Bedienstete der DDR —— 36
IV. Regierungsmitglieder, Abgeordnete und Fraktionsangestellte —— 37
V. Einholung der Aussagegenehmigung —— 42
VI. Zeugnisverweigerungsrecht des Bundespräsidenten —— 49
VII. Anhang
   1. BeamStG —— 50
   2. BBG —— 51
   3. Statut EG-Bedienstete —— 52
   4. Verpflichtungsgesetz —— 53
   5. Tarifvertrag öffentlicher Dienst —— 54

I. Schutz der Amtsverschwiegenheit

1 Der aus § 341 CPO entstandene § 376 wurde mehrfach inhaltlich geändert, nämlich durch die Novelle 1924,[1] das Reichsministergesetz vom 27.3.1930,[2] das Gesetz zur Änderung des Verfahrens in bürgerlichen Rechtsstreitigkeiten vom 27.10.1933,[3] die Novelle 1950[4] und durch das Gesetz vom 4.11.1994.[5]

2 Unter **Einschränkung** der **allgemeinen Zeugnispflicht** schützt die Vorschrift die Amtsverschwiegenheit der dort genannten Personen vor Gericht. Anders als die Zeugnis-

---

1 RGBl 1924 I S. 135; Neubekanntmachung RGBl 1924 I S. 437.
2 RGBl 1930 I S. 96.
3 RGBl 1933 I S. 780, Neubekanntmachung RGBl 1933 I S. 821, Berichtigung RGBl 1933 I S. 1020.
4 BGBl 1950 I S. 455; Neubekanntmachung BGBl 1950 I S. 533.
5 BGBl 1994 I S. 3346, 3349.

verweigerungsrechte aus §§ 383, 384 dient § 376 dem **Gemeinwohl. Im öffentlichen Interesse** ermöglicht die Vorschrift die **Geheimhaltung** von Tatsachen, die den betroffenen Personen bei der Wahrnehmung ihrer öffentlichen Funktionen bekannt geworden sind. Damit nimmt der Gesetzgeber in Kauf, dass die Aufklärung der materiellen Wahrheit erschwert oder verhindert wird.

Der Geheimnisschutz durch die in § 376 Abs. 1 und 2 genannten Personen wird dadurch verwirklicht, dass diese nach Maßgabe des für ihren jeweiligen Aufgabenbereich geltenden Rechts zur Verschwiegenheit verpflichtet sind und **nur mit Genehmigung ihres Dienstvorgesetzten** als Zeugen aussagen dürfen. Das Verfahren der Einholung der Aussagegenehmigung regelt § 376 Abs. 3 (unten Rdn. 42). Die Geheimhaltung durch den Bundespräsidenten ist in Abs. 4 gesondert geregelt (unten VI Rdn. 49). § 376 Abs. 5 schützt die Amtsverschwiegenheit der in Abs. 1, 2 und 4 genannten Personen **auch nach Beendigung** ihrer **Tätigkeit im öffentlichen Dienst**. Strafrechtlich werden Dienstgeheimnisse durch § 353b StGB geschützt, jedoch werden Aufklärungsansätze bei Veröffentlichungen durch Journalisten dadurch vereitelt, dass deren typische Beihilfehandlungen 2012 für rechtswidrig erklärt wurden.[6] 3

II. § 376 Abs. 1 und 2 als grundrechtsbeschränkende Blankettnormen

1. Rechtliches Gehör und öffentliche Geheimhaltungsinteressen. Der Konflikt zwischen allgemeiner Zeugnispflicht und Amtsverschwiegenheit ist nicht nur Ausdruck eines **Spannungsverhältnisses** zwischen **Funktionsfähigkeit der Rechtspflege** und **öffentlichen Geheimhaltungsinteressen**, sondern auch zwischen öffentlichen Geheimhaltungsinteressen und dem **Beweisführungsrecht der Parteien**. Das Beweisführungsrecht der Parteien dient der Verwirklichung des Grundrechts auf rechtliches Gehör aus Art. 103 Abs. 1 GG (§ 284 Rdn. 4ff.). Dieses **Grundrecht** in Verb. mit den Grundsätzen der ZPO gibt der Partei nicht nur das Recht, bei der gerichtlichen Durchsetzung ihrer materiellen Rechte zur Sache vorzutragen, sondern auch ihren **Sachvortrag** mit den ihr geeignet erscheinenden Beweismitteln **zu beweisen**. Die Partei kann deshalb grundsätzlich verlangen, dass die von ihr zum Beweis beweisbedürftiger Tatsachen benannten Zeugen vernommen werden. Entsprechend muss das Gericht erhebliche Beweismittel berücksichtigen.[7] 4

Das **Beweisführungsrecht der Parteien** besteht gegenüber dem Prozessgericht. Über die allgemeine Zeugnispflicht entfaltet es Wirkung gegenüber den Zeugen. **Ausnahmen von der Zeugnispflicht** schränken deshalb das Beweisführungsrecht der beweispflichtigen Partei und damit ihr Recht auf rechtliches Gehör ein.[8] Da Art. 103 Abs. 1 GG das Recht auf rechtliches Gehör schrankenlos gewährleistet, können **Einschränkungen** nur im Dienste anderer Verfassungsgüter und **nur** durch Gesetz oder **auf gesetzlicher Grundlage** erfolgen.[9] 5

Die notwendige gesetzliche Grundlage kann § 376 als Blankettnorm (unten Rdn. 10) allein nicht liefern. Vielmehr bedarf auch die durch § 376 in Bezug genommene **Verpflichtung** von Personen in öffentlicher Funktion **zur Wahrung der Amtsverschwie-** 6

---

6 Zur überschießenden Umsetzung des Cicero-Urteils des BVerfG (NJW 2007, 1117) *Schork* NJW 2012, 2694 ff. und *Trips-Hebert* ZRP 2012, 199, 200.
7 BVerfGE 60, 247, 249 = NJW 1982, 1804; BVerfGE 60, 250, 252 = NJW 1982, 2425; BVerfGE 65, 305, 307 = NJW 1984, 1206; BVerfGE 69, 141, 143 f. = NJW 1986, 833; BVerfG NJW 2002, 3619, 3624; NVwZ 1995, 1096, 1097; Rosenberg/Schwab/*Gottwald*[17] § 82 Rdn. 10; Dreier/*Schultze-Fielitz* GG Bd. III (2000) Art. 103 I Rdn. 65; *Waldner* Anspruch auf rechtliches Gehör S. 28 Rdn. 68.
8 Kritisch dazu *Feller* JZ 1961, 628.
9 Dreier/*Schultze-Fielitz* GG Bd. III (2000) Art. 103 I Rdn. 80.

genheit vor Gericht einer verfassungsmäßigen **gesetzlichen Grundlage**. Inhaltlich kann die Einschränkung des rechtlichen Gehörs nur durch andere Güter von Verfassungsrang gerechtfertigt werden. Die Amtsverschwiegenheit gehört zwar für Beamte zu den hergebrachten Grundsätzen des Berufsbeamtentums im Sinne des Art. 33 Abs. 5 GG und hat als solche Verfassungsrang.[10] Sie hat diese Bedeutung aber nicht um ihrer selbst willen, sondern weil sie öffentliche Geheimhaltungsinteressen sichert.

7   Im Einzelfall hängt die **Rechtfertigung des Aussageverbots** deshalb davon ab, ob das **betroffene öffentliche Interesse verfassungsrechtliche Qualität** hat. Diese Prüfung erfolgt im Rahmen der Entscheidung über die Erteilung einer Aussagegenehmigung. Durch die Versagung der Aussagegenehmigung für eine als Zeuge benannte Person in öffentlicher Funktion wird das Beweisführungsrecht der Parteien beschränkt. Dagegen ist mit der **Aufhebung der Schweigepflicht** durch die Erteilung einer Aussagegenehmigung **kein Grundrechtseingriff** verbunden. Vielmehr bedeutet die Genehmigung der Aussage, dass der mit der Anordnung der Schweigepflicht vorbehaltene Grundrechtseingriff vermieden wird. Insoweit dienen die Vorschriften über die Erteilung der Aussagegenehmigung auch den Interessen des Prozessbeteiligten, der sich auf das Zeugnis der in öffentlicher Funktion beschäftigten Person berufen hat.[11] **Für die Befreiung** von der Schweigepflicht durch den jeweiligen Dienstherrn, wie sie etwa in § 68 Abs. 4 BBG (§ 61 Abs. 2 Satz 1 BBG a.F.) und § 37 BeamtStG (früher: § 39 Abs. 2 Satz 1 BRRG) vorgesehen ist, besteht daher **kein Gesetzesvorbehalt**.

2. Blankettnorm und Verweisungstechnik

8   **a) Besondere Vorschriften.** § 376 Abs. 1 verweist für die Zeugenvernehmung von „Richtern, Beamten und anderen Personen des öffentlichen Dienstes" über Tatsachen, die der Verschwiegenheitspflicht unterliegen, sowie für die Erteilung der Aussagegenehmigung auf die „besonderen beamtenrechtlichen *Vorschriften*". Für Abgeordnete, Regierungsmitglieder und Fraktionsangestellte gelten nach § 376 Abs. 2 die „für sie maßgebenden besonderen *Vorschriften*". Der Begriff „Vorschrift" ist hier im Sinne eines Rechtssatzes zu verstehen. **Nur eine Rechtsnorm genügt** verfassungsrechtlichen Anforderungen an die **Einschränkung des** hinter der allgemeinen Zeugnispflicht stehenden **Anspruchs auf rechtliches Gehör** in seiner Ausprägung als Beweisführungsrecht der Parteien (zuvor Rdn. 5). § 376 Abs. 1 und Abs. 2 sind hierfür mangels inhaltlicher Bestimmtheit allein keine ausreichende Grundlage. Mit den Blankettverweisungen hat der Gesetzgeber der ZPO zwar klargestellt, dass die Beschränkung der allgemeinen Zeugnispflicht und damit des Beweisführungsrechtes der Parteien im öffentlichen Geheimhaltungsinteresse prinzipiell zulässig ist. Die Bestimmung von **Inhalt und Umfang der Verschwiegenheitspflicht** bleibt aber dem jeweiligen Dienstherrn überlassen. Auch insoweit bedarf es einer **Rechtsnorm**.

9   **b) Beamtenrechtliche bzw. maßgebende Vorschriften.** Die Verwendung des Begriffs „beamtenrechtlich" in § 376 Abs. 1 beruht darauf, dass die Vorschrift **ursprünglich nur Beamte** betraf. Bei der Erweiterung des Anwendungsbereichs des § 376 Abs. 1 um Richter und andere Personen des öffentlichen Dienstes durch die Novelle 1950 wurde der Wortlaut der Verweisung nicht geändert. Die Verweisung bezieht sich nach Sinn und Zweck der Vorschrift aber **nicht nur auf** die für **Beamte im statusrechtlichen Sinne**

---

10   BVerwGE 37, 265, 268 f. = NJW 1971, 1229; BVerwGE 66, 39, 42 = NJW 1983, 638.
11   BVerwGE 34, 252, 254 = NJW 1971, 160.

geltenden Normen, sondern auf die jeweils einschlägigen Geheimhaltungsvorschriften des öffentlichen Dienstes.[12] Dies ergibt auch ein Vergleich mit dem später eingefügten § 376 Abs. 2, der für die dort genannten Personen entsprechend auf die „für sie maßgebenden besonderen Vorschriften" verweist.

c) Blankettnorm. Als Blankettnorm gibt § 376 selbst keine Auskunft darüber, ob für die im Einzelfall als Zeuge benannte Person des öffentlichen Dienstes ein Beweiserhebungsverbot besteht. Die Vorschrift überlässt es den Verfassern der **jeweils maßgeblichen Vorschriften des öffentlichen Dienstes**, den Konflikt der allgemeinen Zeugnispflicht mit öffentlichen Geheimhaltungsinteressen zu lösen und die Einzelheiten der Einschränkung der allgemeinen Zeugnispflicht festzulegen. Den jeweiligen Vorschriften über die Rechtsverhältnisse der in § 376 Abs. 1 und 2 aufgeführten Personen ist zu entnehmen, welchen Inhalt und Umfang die Verschwiegenheitspflicht im jeweiligen Tätigkeitsbereich hat.[13] In Bezug auf die danach der Verschwiegenheit unterliegenden Tatsachen erlaubt § 376 die **Einschränkung der allgemeinen Zeugnispflicht**, soweit die in den jeweiligen Geheimhaltungsvorschriften festgelegten Voraussetzungen für eine Versagung der Aussagegenehmigung im Einzelfall vorliegen. Auch die **Zuständigkeit** für die Entscheidung über die Erteilung einer **Aussagegenehmigung** in Bezug auf den einzelnen Beweisantritt richtet sich nach den jeweils maßgeblichen Vorschriften. 10

III. Personen des öffentlichen Dienstes als Zeugen

1. Zeugnispflicht contra Verschwiegenheitspflicht. Richter, Beamte und andere Personen des öffentlichen Dienstes dürfen nach § 376 Abs. 1 prinzipiell nur nach Maßgabe der für sie geltenden Geheimhaltungsvorschriften als Zeugen vernommen werden. Voraussetzung für die Anwendbarkeit des § 376 ist aber, dass **Rechtssätze außerhalb der ZPO** existieren, die die jeweils betroffenen Personen **zur Verschwiegenheit** über die in öffentlicher Funktion wahrgenommenen Tatsachen **verpflichten** und die Aussage vor Gericht von einer Genehmigung abhängig machen. Ist dies nicht der Fall, muss angesichts der Herleitung des Beweisführungsrechts der Parteien aus Art. 103 Abs. 1 GG die allgemeine Zeugnispflicht vorgehen (näher dazu oben Rdn. 5). Unrichtig ist daher die Verallgemeinerung, Mitarbeiter des öffentlichen Dienstes dürften nur mit Genehmigung der zuständigen Stelle als Zeugen aussagen.[14] 11

2. Beamte. Unter den Begriff des Beamten fallen nur die **inländischen Beamten** im Sinne der **Beamtengesetze** des Bundes und der Länder, d.h. die Bediensteten des Bundes, der Länder, Gemeinden, Gemeindeverbände und der sonstigen Körperschaften sowie Anstalten und Stiftungen des öffentlichen Rechts, die zu Beamten auf **Lebenszeit**, auf **Zeit**, auf **Probe** oder auf **Widerruf** ernannt sind.[15] Die für die Zulässigkeit der Zeugenaussage von Beamten maßgeblichen Regelungen finden sich für **Bundesbeamten** in §§ 67 und 68 BBG (unten Rdn. 51). Entsprechende Regelungen enthalten gem. § 37 BeamStG (unten Rdn. 50) die **Beamtengesetze der Länder**. 12

Gemäß § 67 Abs. 1 BBG, § 37 Abs. 1 BeamStG hat der Beamte über die ihm bei seiner amtlichen Tätigkeit bekanntgewordenen Angelegenheiten Verschwiegenheit zu bewahren, soweit es sich nicht um **Mitteilungen im dienstlichen Verkehr** oder um offenkun- 13

---

12 MünchKomm/*Damrau*[4] § 376 Rdn. 2; *Merkl*, Zeugenaussage nicht beamteter Personen S. 82.
13 MünchKomm/*Damrau*[4] § 376 Rdn. 1; *Merkl* S. 81 f.
14 So unzutreffend LG Göttingen NJW-RR 2003, 117.
15 Zöller/*Greger*[29] § 376 Rdn. 3.

dige bzw. ihrer Bedeutung nach **nicht geheimhaltungsbedürftige Tatsachen** handelt. Die Verschwiegenheitspflicht von Beamten erstreckt sich **nicht** auf dienstliche Mitteilungen an andere Behörden im Rahmen der **Amtshilfe**. Daher benötigt ein Bediensteter des Gesundheitsamts keine Aussagegenehmigung gemäß § 376 Abs. 1 für eine telefonische Auskunft gegenüber dem Gericht im familiengerichtlichen Verfahren nach § 1666 Abs. 1 BGB, § 151 Nr. 1 FamFG.[16]

14 § 68 Abs. 1 BBG nimmt in Anknüpfung an § 67 BBG eine **Abwägung** zwischen den widerstreitenden Interessen des **Staatswohls** und der Erfüllung öffentlicher Aufgaben einerseits und dem Interesse an einer umfassenden und uneingeschränkten **Wahrheitsfindung** sowie den damit zusammenhängenden Interessen andererseits vor.[17] Die Vorschrift räumt dem Interesse an der Wahrheitsfindung grundsätzlich Vorrang gegenüber dem Interesse an der Geheimhaltung ein.[18] Gemäß § 68 Abs. 1 BBG darf einem Beamten die Aussagegenehmigung nur versagt werden, wenn die Aussage dem **Wohle des Bundes oder** eines **deutschen Landes Nachteile** bereiten würde oder die **Erfüllung öffentlicher Aufgaben** ernstlich gefährden oder erheblich erschweren würde. Anderenfalls ist sie ihm zu erteilen. Der Dienstvorgesetzte hat nach dem Wortlaut des Gesetzes bei dieser Entscheidung **kein Ermessen**.[19] Werden die vom Gesetzgeber für die Versagung der Aussagegenehmigung geforderten Voraussetzungen festgestellt, folgt daraus regelmäßig, dass die in § 68 Abs. 1 BBG geschützten Interessen der Allgemeinheit überwiegen, so dass eine weitere Abwägung der widerstreitenden Interessen in der Regel nicht erforderlich ist.[20] Ausnahmen sollen nach der Rechtsprechung gelten, wenn verfassungsrechtlich geschützte Rechtsgüter berührt sein können, so z.B. im Strafprozess.[21] Gemeint sind damit aber wohl lediglich materielle Verfassungsgüter, nicht hingegen der ohnehin betroffene Anspruch auf rechtliches Gehör aus Art. 103 Abs. 1 GG.

3. Richter

15 **a) Begriff des Richters.** Richter im Sinne des § 376 sind diejenigen Personen, die nach § 1 DRiG die rechtsprechende Gewalt ausüben, also **Berufsrichter und ehrenamtliche Richter**.[22] Zu den Berufsrichtern zählen nach § 8 DRiG Richter auf Lebenszeit, auf Zeit, auf Probe und kraft Auftrags. Nach der Rechtsprechung fallen auch **Schiedsrichter**[23] und Rechtsanwälte als Mitglieder der **Anwaltsgerichtsbarkeit**[24] unter § 376. Unerheblich ist, dass Schiedsrichter keine öffentliche Funktion ausüben. Entsprechendes gilt für **Schiedsgutachter** und **Sachverständige**.

16 **b) Allgemeine Dienstverschwiegenheit. Ausschließlich Berufsrichter** sind nach § 46 DRiG in Verb. mit § 67 Abs. 1 Satz 2 BBG, § 37 Abs. 1 Satz 2 BeamtStG bzw. nach den entsprechenden Landesrichter- und Landesbeamtengesetzen bezüglich **allgemeiner**

---

16 BayObLG NJW 1990, 1857, 1858 = FamRZ 1990, 1012, 1013.
17 BVerwGE 66, 39, 42 = NJW 1983, 638.
18 BVerwGE 66, 39, 42 = NJW 1983, 638.
19 BVerwGE 46, 303, 307; BVerwGE 66, 39, 42 = NJW 1983, 638, 639.
20 BVerwGE 66, 39, 42 = NJW 1983, 638, 639.
21 BVerwGE 66, 39, 42f. = NJW 1983, 638, 639 m.w.N.
22 Stein/Jonas/*Berger*[22] § 376 Rdn. 17; **a.A.** für ehrenamtliche Richter Baumbach/Lauterbach/*Hartmann*[71] § 376 Rdn. 6, anders Rdn. 5.
23 BGHZ 23, 138, 141; RGZ 129, 15, 17f.: soweit keine abweichenden Vereinbarungen getroffen; Zöller/*Greger*[29] § 376 Rdn. 2. Stein/Jonas/*Berger*[22], § 376 Rdn. 19 i.V.m. § 383 Rdn. 74, zieht Schiedsrichter wohl nur unter § 383; ebenso MünchKomm/*Damrau*[4] § 376 Rdn. 3.
24 RG JW 1931, 1069.

dienstlicher Angelegenheiten zur Verschwiegenheit verpflichtet.[25] Die Genehmigung für eine Zeugenaussage über der allgemeinen Dienstverschwiegenheit unterliegende Umstände ist beim jeweiligen **Dienstvorgesetzten** einzuholen.[26] Ihre Verweigerung ist Verwaltungsakt, nicht Justizverwaltungsakt im Sinne des § 23 EGGVG.[27]

c) **Verschwiegenheit über Beratung und Abstimmung.** Die dienstrechtliche Aussagegenehmigung bezieht sich nicht auf Tatsachen, die dem **Beratungsgeheimnis** unterliegen. Die Verschwiegenheit über Beratung und Abstimmung, die Berufsrichtern durch § 43 DRiG und ehrenamtlichen Richtern durch §§ 43, 45 Abs. 1 Satz 2 DRiG auferlegt ist, soll die **richterliche Unabhängigkeit sichern.** Über Vorgänge aus der außerhalb der öffentlichen Sitzung stattfindenden Beratung und Abstimmung darf nur in seltenen Fällen Beweis erhoben werden, so etwa im Streit um die zivilrechtlichen Folgen einer strafbaren Rechtsbeugung.[28] Kommt eine Zeugenvernehmung über dem Beratungsgeheimnis unterliegende Vorgänge ausnahmsweise in Betracht, ist zu beachten, dass das **Beratungsgeheimnis auch gegenüber** der obersten **Dienstbehörde** gilt.[29] Diese kann folglich von der Verschwiegenheitspflicht hinsichtlich Beratung und Abstimmung nicht entbinden und eine Aussagegenehmigung nicht erteilen.[30] 17

Der **Richter** muss **selbst entscheiden**, ob er das **Beratungsgeheimnis brechen und aussagen** darf.[31] Abzulehnen ist die Ansicht, die das Prozessgericht entscheiden lassen will.[32] Eine **Zuständigkeit des** vernehmenden **Gerichts** lässt sich weder aus § 376 noch aus dem DRiG oder dem GVG herleiten.[33] Sie ist auch systematisch **nicht vertretbar**, weil § 376 mit seiner Blankettverweisung die Beweisaufnahme im Zivilprozess dem für den Zeugen maßgeblichen Dienstrecht gleichsam unterordnet. Eine Entscheidung des Prozessgerichts über den Bruch der richterlichen Schweigepflicht würde dieses Verhältnis auf den Kopf stellen. Auch könnte das Prozessgericht in Unkenntnis der dem Beratungsgeheimnis unterliegenden Umstände die erforderliche Abwägung gar nicht treffen. Richter sind nach § 383 Nr. 6 außerdem berechtigt, das Zeugnis zu verweigern. 18

4. Andere Personen des öffentlichen Dienstes

a) **Umfassender Personenkreis der öffentlichen Hand.** Auf Grund der Erweiterung des von § 376 Abs. 1 betroffenen Personenkreises um „andere Personen des öffentlichen Dienstes" kann die Zeugenaussage **sämtlicher bei** der **öffentlichen Hand beschäftigter Personen** von einer Aussagegenehmigung abhängig gemacht werden, sofern den verfassungsrechtlichen Anforderungen für die Beschränkung der Zeugnispflicht Genüge getan ist (oben Rdn. 5). 19

b) **Angestellte Arbeitnehmer**

aa) **Notwendige gesetzliche Grundlage.** Ob für Zeugenaussagen von Arbeitnehmern des öffentlichen Dienstes über Tatsachen, die der Verschwiegenheit unterliegen, 20

---

25 Stein/Jonas/*Berger*[22] § 376 Rdn. 20; Zöller/*Greger*[29] § 376 Rdn. 2.
26 BVerwGE 34, 252, 254 = NJW 1971, 160.
27 Stein/Jonas/*Berger*[22] § 376 Rdn. 15.
28 Stein/Jonas/*Berger*[22] § 376 Rdn. 18.
29 *Schmidt-Räntsch* DRiG[6] § 43 Rdn. 19.
30 Zöller/*Greger*[29] § 376 Rdn. 2; Stein/Jonas/*Berger*[22] § 376 Rdn. 18.
31 Stein/Jonas/*Berger*[22] § 376 Rdn. 18; AK-ZPO/*Rüßmann* § 376 Rdn. 3.
32 *Schmidt-Räntsch* DRiG[6] § 43 Rdn. 19; *Spendel* ZStW 65 (1953), 414 ff.
33 Stein/Jonas/*Berger*[22] § 376 Rdn. 18. Fehl verstanden von *Lamprecht* ZRP 2010, 117.

eine Aussagegenehmigung nach § 376 eingeholt werden muss, ist umstritten. Nach überwiegender Ansicht bedürfen **auch Arbeitnehmer** des öffentlichen Dienstes einer **Aussagegenehmigung** ihres Arbeitgebers, soweit sie über Tatsachen berichten sollen, die der Dienstverschwiegenheit unterliegen.[34]

21 Dieser Auffassung kann nicht gefolgt werden.[35] Sie **verkennt** die **verfassungsrechtliche Problematik**, die darin liegt, dass es keine Vorschriften des Bundes und der Länder über die Verschwiegenheitspflicht dieser Arbeitnehmer gibt. Zwar finden sich in den **Tarifverträgen** des öffentlichen Dienstes[36] (dort: § 3 Abs. 1, Abdruck unten Rdn. 54) Bestimmungen über die Verschwiegenheitspflicht der Angestellten und Arbeiter des öffentlichen Dienstes, die für Gewerkschaftsmitglieder unmittelbar und für nicht tarifgebundene Arbeitnehmer in der Regel auf Grund individueller Vereinbarung im **Dienstvertrag** gelten.[37] Den Tarifverträgen für den öffentlichen Dienst fehlt aber die Qualität eines allgemeinen Rechtssatzes (dazu oben Rdn. 8). Da der Eingriff in das Beweisführungsrecht der Parteien einer gesetzlichen Grundlage bedarf, die § 376 als Blankettnorm nicht liefert (näher dazu oben Rdn. 10), kann die **tarifliche Vereinbarung von Verschwiegenheitspflichten** entgegen der h.M. eine **Beschränkung** der Zeugnispflicht von Arbeitnehmern des öffentlichen Dienstes **nicht** verfassungsrechtlich **rechtfertigen**.

22 **bb) Fehldeutung der Novelle 1950.** Die **h.M.** stützt ihre Ansicht in erster Linie darauf, dass die Erweiterung des in § 376 Abs. 1 genannten Personenkreises um „andere Personen des öffentlichen Dienstes" mit der Novelle 1950 die Amtsverschwiegenheit auch dort sicherstellen sollte, wo nicht verbeamtete Personen in öffentlicher Funktion tätig sind.[38] Dieses nicht näher begründete Anliegen des Gesetzgebers muss aber im Zusammenhang mit der Bedeutung des § 376 gesehen werden. Als **Blankettnorm stellt** die Vorschrift **lediglich klar**, dass die allgemeine **Zeugnispflicht keinen unbedingten Vorrang** vor dem öffentlichen Interesse hat und dass die Zuständigkeit für die Konfliktlösung nicht beim Gesetzgeber der ZPO liegt (oben Rdn. 10). Die **Norm sichert** die Amtsverschwiegenheit also **nur insoweit**, als sie die besonderen **Vorschriften außerhalb der ZPO** über die Rechtsverhältnisse der in öffentlicher Funktion tätigen Personen **respektiert**. Dies hat zur Folge, dass das für die Zeugenvernehmung zuständige Prozessgericht keine eigene Abwägung zwischen allgemeiner Zeugnispflicht und Amtsverschwiegenheit vornehmen darf, soweit besondere Vorschriften im Sinne des § 376 existieren. Fehlt es an solchen Vorschriften, geht § 376 ins Leere. Dies war für Arbeitnehmer des öffentlichen Dienstes indes bei Verabschiedung der Novelle 1950 nicht der Fall. Zu diesem Zeitpunkt galten noch die Tarifordnung A für Angestellte im öffentlichen Dienst (TAO) und die Allgemeine Tarifordnung für Arbeitnehmer im öffentlichen Dienst (ATO) vom 1.4.1938, die als Rechtsverordnungen allgemein verbindlich waren.[39]

---

34 LG Göttingen NJW-RR 2003, 117 für Angestellte einer Sparkasse, soweit das Beweisthema dem Bankgeheimnis unterliegt; Baumbach/Lauterbach/*Hartmann*[71] § 376 Rdn. 5; MünchKomm/*Damrau*[4] § 376 Rdn. 5; Zöller/*Greger*[28] § 376 Rdn. 4.
35 Stein/Jonas/*Berger*[22] § 376 Rdn. 24.
36 Zuvor: § 9 des Bundesangestelltentarifvertrages (BAT) vom 23.2.1961 (MinBlFin 214) und § 11 des Manteltarifvertrages für Arbeiter des Bundes (MTB II vom 27.2.1964, GMBl. 194, MinBlFin 210) bzw. der Länder (MTL II vom 27.2.1964).
37 *Bredemeier/Neffke* BAT/ BAT-O, Bundesangestelltentarifvertrag[2] (2003), § 1 Rdn. 1, 2 und 6. Darauf Bezug nehmend LG Göttingen NJW-RR 2003, 117, 118; OLG Zweibrücken MDR 1995, 202 = FamRZ 1995, 679; ebenso Stein/Jonas/*Berger*[22] § 376 Rdn. 24 und 26; Baumbach/Lauterbach/*Hartmann*[71] § 376 Rdn. 6; insoweit auch MünchKomm/*Damrau*[4] § 376 Rdn. 5.
38 BT-Drucks. 1950 Nr. 530, Anl. II (Änderungsvorschläge des Deutschen Bundesrates), S. 8; BT-Drucks. 1950 Nr. 1138, S. 29; LG Göttingen NJW-RR 2003, 117; MünchKomm/*Damrau*[4] § 376 Rdn. 5.
39 Stein/Jonas/*Berger*[22] § 376 Rdn. 26.

cc) **Bedeutung des Verpflichtungsgesetzes.** Da § 376 in Ermangelung besonderer 23
(beamtenrechtlicher) Vorschriften auf Arbeitnehmer im öffentlichen Dienst nicht anwendbar ist,[40] lässt sich die Anwendbarkeit des § 376 auf Arbeitnehmer im öffentlichen Dienst auch nicht damit begründen, dass die Schweigepflicht in § 3 TVöD (Abdruck unten VII 5) sich auf Aussagen vor Gericht erstrecke.[41] Entgegen *Damrau*[42] ergibt sich die Anwendbarkeit des § 376 auf Arbeitnehmer im öffentlichen Dienst **ebenso wenig aus** dem Umstand, dass diese **bei ihrer Einstellung** nach dem **Verpflichtungsgesetz** (Abdruck unten Rdn. 53) **zur Geheimhaltung verpflichtet** werden,[43] weil dieses den Inhalt und Umfang der Schweigepflicht nicht regelt.

dd) **Fehlender Genehmigungsvorbehalt.** Nicht entscheidend ist, dass die genann- 24
ten Tarifverträge einen Genehmigungsvorbehalt des öffentlichen Arbeitgebers nicht regeln,[44] denn in der Erteilung der Genehmigung liegt kein Grundrechtseingriff (oben Rdn. 7). In der Diskussion über die Anwendbarkeit des § 376 auf Arbeitnehmer des öffentlichen Dienstes wird nicht hinreichend berücksichtigt, dass begründungsbedürftig nur die **Durchsetzung der Schweigepflicht gegenüber** dem **Beweisführungsrecht der Parteien** ist (oben Rdn. 4). Dass der jeweilige Arbeitgeber auf die Wahrung der Schweigepflicht im Einzelfall verzichten kann, folgt bereits aus seiner Zuständigkeit für das jeweils betroffene öffentliche Interesse und bedarf keiner weiteren Rechtfertigung. Er muss sich die Genehmigung der Aussage also nicht ausdrücklich vorbehalten.

ee) **Zeugnisverweigerungsrecht keine Auffangregelung.** Die verfassungskritische 25
Auffassung verweist darauf, dass der **Geheimnisschutz durch** die **Zeugnisverweigerungsrechte** aus §§ 383 Abs. 1 Nr. 6, 384 Nr. 3 in Verbindung mit den in den Tarifverträgen bzw. in Einzelarbeitsverträgen und unter Bezugnahme auf die Tarifverträge vereinbarten Verschwiegenheitspflichten der Arbeitnehmer und Arbeiter des öffentlichen Dienstes sowie über die Strafdrohung des § 353b StGB **hinreichend gewährleistet** werde.[45] Dieser **Auffassung ist nicht zu folgen.**

Es ist **nicht** ohne weiteres davon auszugehen, dass § 383 Abs. 1 Nr. 6 und § 384 Nr. 3 26
staatliche Geheimhaltungsinteressen schützen (§ 383 Rdn. 46).[46] Selbst wenn dies der Fall wäre, könnte das Zeugnisverweigerungsrecht nur eine zusätzliche Absicherung für den Fall darstellen, dass das Prozessgericht sich der Erforderlichkeit eines Antrags nach § 376 Abs. 2 nicht bewusst ist. Der jeweilige öffentliche Arbeitgeber kann sich nicht darauf verlassen, dass sein als Zeuge benannter Arbeitnehmer die Geheimhaltungsbedürftigkeit einer Tatsache im Einzelfall richtig einzuschätzen weiß und ein Zeugnisverweigerungsrecht entsprechend ausübt. Der Dienstvorgesetzte vermag in der Regel besser zu beurteilen, ob die durch seine Behörde vertretenen Interessen des Gemeinwohls im konkreten Fall nur durch die Wahrung des Dienstgeheimnisses hinreichend geschützt sind.

Die Amtsverschwiegenheit vor Gericht wird mit gutem Grund **nur** in den Fällen aus- 27
schließlich **über ein Zeugnisverweigerungsrecht** sichergestellt, in denen der **Zeuge keinen Dienstvorgesetzten hat**, eine Aussagegenehmigung also nicht eingeholt werden kann, so beim Bundespräsidenten nach § 376 Abs. 4 (unten Rdn. 49) und bei Rich-

---

40 Stein/Jonas/*Berger*[22] § 376 Rdn. 25; zustimmend ohne eigene Begründung BayObLG NJW 1990, 1857, 1858 = FamRZ 1990, 1012, 1013.
41 OLG Zweibrücken MDR 1995, 202 = FamRZ 1995, 679 (zu § 9 BAT).
42 MünchKomm/*Damrau*[4] § 376 Rdn. 5; ebenso Musielak/*Huber*[10] § 376 Rdn. 2.
43 Kritisch zu Verpflichtungen nach § 3 S. 2 ZSHG Zöller/*Greger*[29] § 376 Rdn. 4.
44 Anders wohl Stein/Jonas/*Berger*[22] § 376 Rdn. 25.
45 Stein/Jonas/*Berger*[22] § 376 Rdn. 25 a.E. und 28; Zöller/*Greger*[29] § 376 Rdn. 4.
46 MünchKomm/*Damrau*[4] § 376 Rdn. 5.

tern, soweit das Beratungsgeheimnis und damit ihre Unabhängigkeit betroffen ist (oben Rdn. 17). Es wäre systemwidrig, diesen Personen die in den Behördenaufbau hierarchisch eingebunden Arbeitnehmer rechtlich gleichzustellen. Auch kann nicht davon ausgegangen werden, dass die Strafdrohung des § 353b StGB ausreicht, um die Amtsverschwiegenheit zu wahren. Die Strafvorschrift schützt nicht vor einer fahrlässigen Verletzung der Verschwiegenheitspflicht. Diese droht z.B. dann, wenn der Arbeitnehmer von seinem Zeugnisverweigerungsrecht aus § 383 Abs. 1 Nr. 6 keinen Gebrauch macht, weil er die Geheimhaltungsbedürftigkeit einer Tatsache aus Unkenntnis falsch einschätzt.

28   **ff) Ergebnis: Unbeschränkte Aussagepflicht.** Arbeitnehmer des öffentlichen Dienstes sind daher auch über Tatsachen, die der tariflich oder individualvertraglich vereinbarten Schweigepflicht unterliegen, **ohne Aussagegenehmigung** ihres Arbeitgebers als Zeugen **zu vernehmen.** Es bleibt den betroffenen Anstellungskörperschaften aber unbenommen, die vorhandene Regelungslücke zu schließen, um entsprechend den beamtenrechtlichen Vorschriften ein Vernehmungsverbot zu begründen.

29   **c) Kirchenbedienstete.** § 376 Abs. 1 gilt ferner für die Bediensteten von Religionsgemeinschaften, **soweit** sie nach Art. 140 GG, Art. 137 Abs. 5 WRV **Körperschaften öffentlichen Rechts** sind.[47] Für Kirchenbeamte und Pfarrer ist als besondere beamtenrechtliche Vorschrift § 46 Abs. 2 **Kirchenbeamtengesetz** maßgeblich.[48] Auch auf **Angestellte im kirchlichen Dienst** soll § 376 anwendbar sein, wenn der kirchliche Dienst öffentlicher Dienst ist.[49] Danach bedarf eine von einer Diözese als **Eheberaterin** angestellte Diplom-Psychologin zur Aussage über Umstände, die ihrer nach dem Arbeitsverhältnis bestehenden Verschwiegenheitspflicht unterliegen, der Genehmigung ihres Dienstherrn.[50] Gegen die Anwendung des § 376 bestehen hier jedoch **dieselben Bedenken wie** bei Arbeitnehmern im **sonstigen öffentlichen Dienst** (zuvor Rdn. 21).

30   **d) Mitglieder von Selbstverwaltungsgremien.** Sie sind Personen des öffentlichen Dienstes im Sinne des § 376, bedürfen für ihre Zeugenaussage vor Gericht aber nur dann einer Genehmigung, wenn und **soweit** sie auf Grund einer **gesetzlichen Regelung** zur Verschwiegenheit verpflichtet sind (vgl. oben Rdn. 8).[51] Dies gilt für die **Beschlussgremien kommunaler Selbstverwaltungskörperschaften** (Gemeinderäte,[52] Landkreistage), **Universitäten und Hochschulen** (Senate, Konzile etc.) und **Rundfunkräte**.[53] Sind die Angehörigen dieser Gremien Beamte, ist das Beamtenrecht maßgeblich. Im Übrigen kommt es auf die jeweiligen Regelungen in den Gemeinde- und Landkreisordnungen, Hochschul- und Rundfunkgesetzen an.[54]

---

47   OLG Zweibrücken MDR 1995, 202 = FamRZ 1995, 679; MünchKomm/*Damrau*⁴ § 376 Rdn. 6; im Ergebnis zustimmend, aber mit anderer Begründung *Feller* JZ 1961, 628, 629; *Merkl* S. 28, 136 f.; zu § 54 StPO *Stromberg* MDR 1974, 893.
48   MünchKomm/*Damrau*⁴ § 376 Rdn. 6.
49   OLG Zweibrücken MDR 1995, 202; **a.A.** MünchKomm/*Damrau*⁴ § 376 Rdn. 6 (mangels Anwendbarkeit des Verpflichtungsgesetzes).
50   OLG Zweibrücken MDR 1995, 202.
51   Ähnlich Stein/Jonas/*Berger*²² § 376 Rdn. 33.
52   OVG Münster MDR 1955, 61 zu § 54 StPO: Genehmigung des Rates der Gemeinde; MünchKomm/*Damrau*⁴ § 376 Rdn. 6; Stein/Jonas/*Berger*²² § 376 Rdn. 34.
53   Stein/Jonas/*Berger*²² § 376 Rdn. 34.
54   Stein/Jonas/*Berger*²² § 376 Rdn. 34.

e) Soldaten und Zivildienstleistende. Auch diese gehören zu den „anderen Personen des öffentlichen Dienstes" im Sinne des § 376. Inhalt und Umfang der Dienstverschwiegenheit und die Befreiung von der Schweigepflicht richten sich bei Soldaten nach § 14 SoldG, bei Zivildienstleistenden nach § 28 ZDG. Für Angehörige **ausländischer Streitkräfte** gilt Art. 38 Zusatzabkommen zum NATO-Truppenstatut.[55]

f) Sonstige für den öffentlichen Dienst besonders Verpflichtete. Betroffen von der Regelung des § 376 Abs. 1 sind außerdem sonstige Personen, deren Tätigkeit mit der öffentlichen Funktion einer Behörde im weitesten Sinne zusammenhängt,[56] soweit sie nach dem Verpflichtungsgesetz vom 2.3.1974 (Abdruck unten VII 3) besonders zur Verschwiegenheit verpflichtet sind, so z.B. **V-Leute der Polizei**,[57] die Bediensteten von Unternehmen der **Rüstungsindustrie**[58] und die **Datenschutzbeauftragten** des Bundes und der Länder.[59]

g) Notare. § 376 gilt **nicht für Notare**, das Beamtenrecht findet auf sie keine Anwendung.[60] Ihre Verschwiegenheitspflicht nach § 18 BNotO besteht **ausschließlich im Interesse der Beteiligten.** Notare benötigen deshalb für ihre Aussage keine Genehmigung ihrer Aufsichtsbehörde. Sie besitzen aber ein **Zeugnisverweigerungsrecht** gemäß § 383 Abs. 1 Nr. 6 und sind nach § 385 Abs. 2 zur Aussage verpflichtet, wenn sie von ihrer Verschwiegenheitspflicht entbunden sind (§ 383 Rdn. 67, § 385 Rdn. 45, 57).

h) Schiedsmänner. Schiedsmänner im Strafverfahren sind andere Personen des öffentlichen Dienstes im Sinne von § 54 StPO (= § 376). Die **Genehmigungsbedürftigkeit** der Zeugenaussage eines Schiedsmannes über beleidigende Äußerungen im Sühnetermin ergibt sich nach der Rechtsprechung aus der unmittelbaren Anwendbarkeit des Beamtenrechts.[61]

i) Bedienstete der EG. Auf Bedienstete der Europäischen Gemeinschaften findet Art. 19 der VO Nr. 31 (EWG) 11 (EAG) über das **Statut der Beamten** und über die Beschäftigungsbedingungen für die sonstigen Bediensteten der EWG und der EAG vom 18.12. 1961[62] (Abdruck unten Rdn. 52) i.d.F. der VO (EWG) Nr. 259/68 v. 29.2.1968[63] Anwendung. Kompetenzgrundlage ist seit dem 1.12.2009 Art. 336 AEUV.[64] Die betroffenen Personen dürfen über die Tatsachen, die ihnen bei ihrer amtlichen Tätigkeit bekannt geworden sind, vor Gericht nur mit Zustimmung ihrer Anstellungsbehörde aussagen. Versagt werden darf die Zustimmung nur, wenn die Interessen der Gemeinschaft es erfordern und die Versagung für den Beamten keine strafrechtlichen Folgen haben kann.

---

55 BGBl 1961 II 1218, 1248.
56 *Stromberg* MDR 1974, 892, 893.
57 BGH NStZ 1981, 70 zum gleich lautenden § 54 Abs. 1 StPO: Die Verpflichtung zur Verschwiegenheit könne nur durch wirksame förmliche Verpflichtung nach dem Verpflichtungsgesetz vom 2.3.1974 begründet werden; Zöller/*Greger*[29] § 376 Rdn. 4; Löwe/Rosenberg/*Ignor*/Bertheau StPO[26] § 54 Rdn. 9.
58 MünchKomm/*Damrau*[4] § 376 Rdn. 6.
59 MünchKomm/*Damrau*[4] § 376 Rdn. 6.
60 MünchKomm/*Damrau*[4] § 376 Rdn. 8 (dort auch zum bad. Bezirksnotariat); Stein/Jonas/*Berger*[22] § 376 Rdn. 29.
61 BVerwGE 18, 58, 61f. = NJW 1964, 1088 zu § 54 StPO; im Ergebnis gleich, aber Rückgriff auf das Landesbeamtenrecht AG Werne MDR 1965, 599; MünchKomm/*Damrau*[4] § 376 Rdn. 6.
62 ABl. EWG Nr. 45 v. 14.6.1962 S. 1385 = BGBl 1962 II S. 953, 959.
63 ABl. EG Nr. L 56 S. 1.
64 Vertrag über die Arbeitsweise der Europäischen Union (Lissabon-Vertrag) v. 9.5.2008, ABl. EU Nr. C 115 S. 47.

36 **k) Ehemalige Bedienstete der DDR.** Schweigepflichten, die nach dem Recht der ehemaligen DDR begründet wurden, gelten nicht fort, weil der **Einigungsvertrag** hierzu **keine Regelung** enthält.[65]

IV. Regierungsmitglieder, Abgeordnete und Fraktionsangestellte

37 Genehmigungsbedürftig sind nach § 376 Abs. 2 (in Verb. mit Abs. 1) auch Zeugenaussagen von Mitgliedern der Bundesregierung und der Landesregierungen, soweit sie Tatsachen betreffen, die der Schweigepflicht unterliegen. **Mitglieder der Bundesregierung** sind nach § 6 Abs. 1 BMinG in der Fassung vom 27.7.1971[66] verpflichtet, über die ihnen amtlich bekannt gewordenen Angelegenheiten Verschwiegenheit zu bewahren, soweit es sich nicht um dienstliche Mitteilungen oder um offenkundige oder ihrer Bedeutung nach nicht geheimhaltungsbedürftige Tatsachen handelt. Aus § 6 Abs. 2 BMinG ergibt sich, dass für eine Aussage vor Gericht die **Genehmigung der Bundesregierung** erforderlich ist. § 7 Abs. 1 BMinG regelt die Voraussetzungen für eine Versagung der Genehmigung. Erforderlich ist in der Regel die Prognose, dass die Aussage dem Wohle des Bundes oder eines deutschen Landes Nachteile bereiten oder die Erfüllung öffentlicher Aufgaben ernstlich gefährden oder erschweren würde. Für die **Mitglieder der Landesregierungen** finden sich entsprechende Regelungen in den Landesgesetzen.

38 Der Status **parlamentarischer Staatssekretäre** richtet sich nach den §§ 6f. BMinG (§ 7 Ges. v. 24.7.1874).[67] Beamtete Staatssekretäre fallen unter das BBG.

39 Die Ergänzung in § 376 Abs. 2 durch Gesetz vom 4.11.1994[68] stellt klar, dass auch **Mitglieder** des **Bundestages** und der **Landtage** sowie **Angestellte** von **Bundestags- und Landtagsfraktionen** nur nach den für sie maßgeblichen Vorschriften als Zeugen aussagen dürfen. Dies gilt für **Bundestagsabgeordnete** ungeachtet des ihnen durch Art. 47 GG eingeräumten Zeugnisverweigerungsrechts. Bei Bundestagsabgeordneten betrifft die Genehmigungspflichtigkeit nach § 44c Abs. 1 AbgG in der Fassung der Bekanntmachung vom 21.2.1996[69] Angelegenheiten, die auf Grund eines Gesetzes oder nach der **Geschäftsordnung des Bundestages** der Verschwiegenheit unterliegen. Die Aussagegenehmigung erteilt nach § 44c Abs. 2 Satz 1 AbgG der **Bundestagspräsident**, wobei es nach Abs. 2 Satz 2 unter Umständen des Einvernehmens außerhalb des Bundestags beteiligter Stellen bedarf.

40 Bei **Angestellten der Bundestagsfraktionen** erstreckt sich die Verschwiegenheitspflicht nach § 49 Abs. AbgG auf die ihnen bei ihrer Tätigkeit bekanntgewordenen Angelegenheiten mit Ausnahme offenkundiger oder ihrer Bedeutung nach nicht geheimhaltungsbedürftiger Tatsachen. Zuständig für die nach § 49 Abs. 2 Satz 1 erforderliche Aussagegenehmigung ist gemäß Abs. 2 Satz 2 der jeweilige **Fraktionsvorsitzende**.

41 Für die **Mitglieder der Landtage** und **Angestellte von Landtagsfraktionen** existieren entsprechende Regelungen in den Landesgesetzen.

---

65 Zöller/*Greger*[29] § 376 Rdn. 1a; zur StPO *Rein*/*Hilger* DtZ 1993, 261, 265 ff.
66 BGBl 1971 I S. 1166.
67 BGBl 1974 I S. 1538.
68 BGBl 1994 I S. 3346, 3349.
69 BGBl 1996 I S. 326.

V. Einholung der Aussagegenehmigung

Nach § 376 Abs. 3 muss das Prozessgericht die Aussagegenehmigung einholen.[70] Es ist selbst nicht befugt, die Aussagegenehmigung zu erteilen. Ist nach dem Beweisantrag damit zu rechnen, dass das Beweisthema der Amtsverschwiegenheit unterliegt, muss das **Prozessgericht von sich aus** die Genehmigung der Zeugenaussage beantragen. Dies ist stets der Fall bei einer Aussage über dienstliche Vorgänge. Das Gesetz spricht von Genehmigung, der Sache nach handelt es sich aber um eine vor der Zeugenaussage einzuholende Zustimmung, also um eine **Einwilligung**. Diese ist aus Gründen der Prozessökonomie einzuholen, **bevor** der **Zeuge geladen** wird.[71] 42

Für die **Befreiung** von der Verschwiegenheitspflicht ist der **Dienstherr des Zeugen** zuständig,[72] nach Ausscheiden aus dem öffentlichen Dienst – im Sinne des Abs. 5 – der zuletzt zuständige Dienstherr. Die Aussagegenehmigung muss den Beweisgegenstand vollständig umfassen.[73] Sie kann auch für die Aussage über bestimmte Tatsachen vorab durch Erlass erteilt werden.[74] Bis sie erteilt wird, ist die **Vernehmung** des Zeugen **verboten**.[75] Deshalb ist das Beweismittel ohne Aussagegenehmigung ungeeignet.[76] 43

Ist die Aussagegenehmigung erteilt, gilt sie grundsätzlich **für alle Rechtszüge**.[77] Das Prozessgericht muss dem Zeugen die Genehmigung bekannt machen, § 376 Abs. 3. Dies geschieht am besten mit der Ladung, damit der Zeuge über die Reichweite der Aussagegenehmigung informiert ist, wenn er sich nach § 378 auf seine Aussage vorbereitet. Unterlässt das Prozessgericht die Bekanntmachung, gilt der **Zeuge** analog § 386 Abs. 3 als **entschuldigt**, wenn er nach schriftlicher Aussageverweigerung nicht zum Termin erscheint.[78] Die Versagung einer Einwilligung zur mündlichen Aussage schließt die Erteilung einer schriftlichen Auskunft nicht notwendig aus.[79] 44

Keine förmliche Genehmigung ist erforderlich, wenn die an sich zuständige Stelle selbst Partei und Beweisführer ist. In dem Beweisantritt ist dann eine konkludente Aussagegenehmigung zu sehen.[80] 45

Die **Erteilung** wie die **Versagung** der Aussagegenehmigung sind **Verwaltungsakte**,[81] die nur von demjenigen angefochten werden können, der ein rechtliches Interesse an der Aussage hat.[82] Regelmäßig steht daher der **beweisführenden Partei**, nicht dem Prozessgericht, der Verwaltungsrechtsweg offen, wenn die Aussagegenehmigung nicht erteilt wird.[83] Das Vorliegen eines Versagungsgrundes unterliegt uneingeschränkter gerichtlicher Prüfung.[84] Liegen die gesetzlichen Voraussetzungen für eine Versagung nicht 46

---

70 MünchKomm/*Damrau*⁴ § 376 Rdn. 12.
71 Zöller/*Greger*²⁹ § 376 Rdn. 8.
72 LG Göttingen NJW-RR 2003, 117, 118.
73 Zöller/*Greger*²⁹ § 376 Rdn. 8.
74 **A.A.** Baumbach/Lauterbach/*Hartmann*⁷¹ § 376 Rdn. 12.
75 MünchKomm/*Damrau*⁴ § 376 Rdn. 11; Zöller/*Greger*²⁹ § 376 Rdn. 8.
76 Zöller/*Greger*²⁹ § 376 Rdn. 8.
77 BGH DB 1969, 703 = LM § 376 ZPO Nr. 1.
78 Ebenso Zöller/*Greger*²⁹ § 376 Rdn. 8; **a.A.** MünchKomm/*Damrau*⁴ § 376 Rdn. 12: Anwendung von § 380, wenn der Zeuge nach Ausbleiben der Genehmigung der Ladung nicht Folge leistet.
79 BGH NJW 1979, 266, 268.
80 Musielak/*Huber*¹⁰ § 376 Rdn. 6.
81 BVerwGE 18, 58, 59 = NJW 1964, 1088, 1089; BVerwGE 34, 252, 254 = NJW 1971, 160; BVerwGE 66, 39, 42 = NJW 1983, 638 m. Anm. *Hantel* JuS 1984, 516 f.
82 BVerwGE 34, 252, 254 = NJW 1971, 160; OLG Zweibrücken MDR 1995, 202 = FamRZ 1995, 679; MünchKomm/*Damrau*⁴ § 376 Rdn. 15.
83 BVerwGE 34, 252, 254 = NJW 1971, 160.
84 BVerwGE 34, 252, 254 = NJW 1971, 160.

vor, hat die beweisführende Partei einen Anspruch darauf, dass die Genehmigung erteilt wird.[85] Das **Prozessgericht** ist **nicht befugt**, die **Rechtmäßigkeit der Versagung** zu **prüfen**,[86] es muss eine Frist nach § 356 setzen[87] und das Beweismittel bei Versagung der Genehmigung als nicht verfügbar behandeln.[88] Es kann den Zivilprozess auch bis zur rechtskräftigen Entscheidung des Verwaltungsgerichts über die Erteilung der Genehmigung **nach § 148 aussetzen**; bei der Ausübung des ihm insoweit zustehenden Ermessens muss das Gericht die **Aussichten des Rechtsstreits über** die **Erteilung der Genehmigung** berücksichtigen.[89] Hat der Dienstvorgesetzte die Genehmigung ohne ausdrückliche Beschränkung auf die erste Instanz verweigert, braucht das Berufungsgericht dem in der Berufungsinstanz wiederholten Beweisantrag nicht stattzugeben, es sei denn, dass Umstände vorliegen oder dargetan werden, wonach mit einer abweichenden Beurteilung durch den Dienstvorgesetzten gerechnet werden kann.[90] Ist das nicht der Fall, kann das Berufungsgericht es dem Beweisführer überlassen, die Genehmigung im Verwaltungsrechtswege zu erzwingen.

47 Das Prozessgericht darf bei der Beweiswürdigung **Schlüsse aus** der **Versagung** der Aussagegenehmigung **ziehen**, wenn die Behörde Partei und Beweisgegner ist.[91] Hat das Prozessgericht den Zeugen trotz Fehlens der Aussagegenehmigung vernommen, soll dies **kein Verwertungsverbot** begründen.[92]

48 Unabhängig von der Pflicht des Prozessgerichts zur Einholung einer Aussagegenehmigung muss die als **Zeuge** benannte Person **selbst prüfen**, ob sie durch eine Aussage ihre Verschwiegenheitspflicht verletzen würde und im Zweifel eine Genehmigung ihrer vorgesetzten Dienstbehörde einholen bzw. die Aussage verweigern.[93] Verweigert der Zeuge die Aussage, findet ein Zwischenverfahren nach § 387 statt. § 390[94] ist erst anzuwenden, wenn der Zeuge nach Einholen der Aussagegenehmigung die Aussage verweigert, ohne sich auf ein Zeugnisverweigerungsrecht nach §§ 383 ff. zu berufen. Das Einzelinteressen schützende **Zeugnisverweigerungsrecht** gemäß § 383 Abs. 1 Nr. 6 wird **durch** die **Aussagegenehmigung**, für die nur Rücksichten des öffentlichen Rechts in Betracht kommen, **nicht berührt**.[95] Der Zeuge hat daher im Hinblick auf § 203 Abs. 2 StGB (§ 353b StGB) selbst zu prüfen, ob er die Aussage verweigern muss.[96] Wird der Zeuge durch die Parteien von seiner Verschwiegenheitspflicht ihnen gegenüber entbunden, erstreckt sich diese Befreiung nicht auf die dienstliche Schweigepflicht.[97]

---

85 MünchKomm/*Damrau*⁴ § 376 Rdn. 15.
86 OLG Zweibrücken MDR 1995, 202 = FamRZ 1995, 679; Stein/Jonas/*Berger*²² § 376 Rdn. 42; Zöller/*Greger*²⁹ § 376 Rdn. 8.
87 OLG Hamm MDR 1977, 849; MünchKomm/*Damrau*⁴ § 376 Rdn. 16.
88 Zöller/*Greger*²⁹ § 376 Rdn. 8.
89 OLG Zweibrücken MDR 1995, 202; MünchKomm/*Damrau*⁴ § 376 Rdn. 16.
90 BGH LM § 376 ZPO Nr. 1.
91 MünchKomm/*Damrau*⁴ § 376 Rdn. 14; Zöller/*Greger*²⁹ § 376 Rdn. 9.
92 So ohne Begründung Baumbach/Lauterbach/*Hartmann*⁷¹ § 376 Rdn. 8; Zöller/*Greger*²⁹ § 376 Rdn. 9 unter nicht nachvollziehbarem Hinweis auf BGH NJW 1952, 151: der BGH meint lediglich, die Verletzung des § 54 StPO stelle keinen Revisionsgrund dar, weil die Vorschrift nicht den Angeklagten schütze.
93 RGSt 48, 38; RG Recht 1918 Nr. 1639 zur StPO a.F.: Recht zur Zeugnisverweigerung, bis die Behörde entscheidet; MünchKomm/*Damrau*⁴ § 376 Rdn. 12.
94 Danach verfahren will MünchKomm/*Damrau*⁴ § 376 Rdn. 12.
95 RGZ 54, 1, 2.
96 RGZ 54, 1, 2.
97 Baumbach/Lauterbach/*Hartmann*⁷¹ § 376 Rdn. 1.

VI. Zeugnisverweigerungsrecht des Bundespräsidenten

Als Staatsoberhaupt besitzt der Bundespräsident keinen Dienstvorgesetzten. Er **49** kann deshalb nur **nach eigenem, nicht überprüfbarem**[98] **Ermessen** entscheiden, ob seine Aussage Nachteile für das Wohl des Bundes oder eines Landes hätte. § 376 Abs. 4 räumt ihm deshalb im Interesse des Gemeinwohls ein Zeugnisverweigerungsrecht ein. Dabei muss er prinzipiell dieselben Erwägungen anstellen wie in den Fällen des § 376 Abs. 1 und 2 der jeweilige Dienstherr bei seiner Entscheidung über die Erteilung einer Aussagegenehmigung.

VII. Anhang

1. Gesetz zur Regelung des Statusrechts der Beamtinnen und Beamten in den Ländern (BeamtStG)[99]

§ 37
Verschwiegenheitspflicht

(1) Beamtinnen und Beamte haben über die ihnen bei oder bei Gelegenheit ihrer **50** amtlichen Tätigkeit bekannt gewordenen dienstlichen Angelegenheiten Verschwiegenheit zu bewahren. Dies gilt auch über den Bereich eines Dienstherrn hinaus sowie nach Beendigung des Beamtenverhältnisses.
(2) Absatz 1 gilt nicht, soweit
1. Mitteilungen im dienstlichen Verkehr geboten sind,
2. Tatsachen mitgeteilt werden, die offenkundig sind oder ihrer Bedeutung nach keiner Geheimhaltung bedürfen, oder
3. gegenüber der zuständigen obersten Dienstbehörde, einer Strafverfolgungsbehörde oder einer durch Landesrecht bestimmten weiteren Behörde oder außerdienstlichen Stelle ein durch Tatsachen begründeter Verdacht einer Korruptionsstraftat nach den §§ 331 bis 337 des Strafgesetzbuches angezeigt wird.

Im Übrigen bleiben die gesetzlich begründeten Pflichten, geplante Straftaten anzuzeigen und für die Erhaltung der freiheitlichen demokratischen Grundordnung einzutreten, von Absatz 1 unberührt.

(3) Beamtinnen und Beamte dürfen ohne Genehmigung über Angelegenheiten, für die Absatz 1 gilt, weder vor Gericht noch außergerichtlich aussagen oder Erklärungen abgeben. Die Genehmigung erteilt der Dienstherr oder, wenn das Beamtenverhältnis beendet ist, der letzte Dienstherr. Hat sich der Vorgang, der den Gegenstand der Äußerung bildet, bei einem früheren Dienstherrn ereignet, darf die Genehmigung nur mit dessen Zustimmung erteilt werden. Durch Landesrecht kann bestimmt werden, dass an die Stelle des in den Sätzen 2 und 3 genannten jeweiligen Dienstherrn eine andere Stelle tritt.

(4) Die Genehmigung, als Zeugin oder Zeuge auszusagen, darf nur versagt werden, wenn die Aussage dem Wohl des Bundes oder eines deutschen Landes erhebliche Nachteile bereiten oder die Erfüllung öffentlicher Aufgaben ernstlich gefährden oder erheblich erschweren würde. Durch Landesrecht kann bestimmt werden, dass die Verweigerung der Genehmigung zur Aussage vor Untersuchungsausschüssen des Deut-

---

[98] **A.A.** Stein/Jonas/*Berger*[22] § 376 Rdn. 47 (Aussageverweigerung unzutreffend als Verwaltungsakt qualifizierend).
[99] BGBl 2008 I S. 1010.

schen Bundestages oder der Volksvertretung eines Landes einer Nachprüfung unterzogen werden kann. Die Genehmigung, ein Gutachten zu erstatten, kann versagt werden, wenn die Erstattung den dienstlichen Interessen Nachteile bereiten würde.

(5) Sind Beamtinnen oder Beamte Partei oder Beschuldigte in einem gerichtlichen Verfahren oder soll ihr Vorbringen der Wahrnehmung ihrer berechtigten Interessen dienen, darf die Genehmigung auch dann, wenn die Voraussetzungen des Absatzes 4 Satz 1 erfüllt sind, nur versagt werden, wenn die dienstlichen Rücksichten dies unabweisbar erfordern. Wird sie versagt, ist Beamtinnen oder Beamten der Schutz zu gewähren, den die dienstlichen Rücksichten zulassen.

(6) Beamtinnen und Beamte haben, auch nach Beendigung des Beamtenverhältnisses, auf Verlangen des Dienstherrn oder des letzten Dienstherrn amtliche Schriftstücke, Zeichnungen, bildliche Darstellungen sowie Aufzeichnungen jeder Art über dienstliche Vorgänge, auch soweit es sich um Wiedergaben handelt, herauszugeben. Die gleiche Verpflichtung trifft ihre Hinterbliebenen und Erben.

2. Bundesbeamtengesetz[100]

§ 67
Verschwiegenheitspflicht

51 (1) Beamtinnen und Beamte haben über die ihnen bei oder bei Gelegenheit ihrer amtlichen Tätigkeit bekannt gewordenen dienstlichen Angelegenheiten Verschwiegenheit zu bewahren. Dies gilt auch über den Bereich eines Dienstherrn hinaus sowie nach Beendigung des Beamtenverhältnisses.

(2) Absatz 1 gilt nicht, soweit
1. Mitteilungen im dienstlichen Verkehr geboten sind,
2. Tatsachen mitgeteilt werden, die offenkundig sind oder ihrer Bedeutung nach keiner Geheimhaltung bedürfen, oder
3. gegenüber der zuständigen obersten Dienstbehörde, einer Strafverfolgungsbehörde oder einer von der obersten Dienstbehörde bestimmten weiteren Behörde oder außerdienstlichen Stelle ein durch Tatsachen begründeter Verdacht einer Korruptionsstraftat nach den §§ 331 bis 337 des Strafgesetzbuches angezeigt wird.

Im Übrigen bleiben die gesetzlich begründeten Pflichten, geplante Straftaten anzuzeigen und für die Erhaltung der freiheitlichen demokratischen Grundordnung einzutreten, von Absatz 1 unberührt.

(3) Beamtinnen und Beamte dürfen ohne Genehmigung über Angelegenheiten nach Absatz 1 weder vor Gericht noch außergerichtlich aussagen oder Erklärungen abgeben. Die Genehmigung erteilt die oder der Dienstvorgesetzte oder, wenn das Beamtenverhältnis beendet ist, die oder der letzte Dienstvorgesetzte. Hat sich der Vorgang, der den Gegenstand der Äußerung bildet, bei einem früheren Dienstherrn ereignet, darf die Genehmigung nur mit dessen Zustimmung erteilt werden.

(4) Beamtinnen und Beamte haben, auch nach Beendigung des Beamtenverhältnisses, auf Verlangen der oder des Dienstvorgesetzten oder der oder des letzten Dienstvorgesetzten amtliche Schriftstücke, Zeichnungen, bildliche Darstellungen sowie Aufzeichnungen jeder Art über dienstliche Vorgänge, auch soweit es sich um Wiedergaben handelt, herauszugeben. Entsprechendes gilt für ihre Hinterbliebenen und Erben.

---

100 BGBl 2009 I S. 160.

§ 68
Versagung der Aussagegenehmigung

(1) Die Genehmigung, als Zeugin oder Zeuge auszusagen, darf nur versagt werden, wenn die Aussage dem Wohle des Bundes oder eines deutschen Landes Nachteile bereiten oder die Erfüllung öffentlicher Aufgaben ernstlich gefährden oder erheblich erschweren würde.

(2) Sind Beamtinnen oder Beamte Partei oder Beschuldigte in einem gerichtlichen Verfahren oder soll ihr Vorbringen der Wahrnehmung ihrer berechtigten Interessen dienen, darf die Genehmigung auch dann, wenn die Voraussetzungen des Absatzes 1 erfüllt sind, nur versagt werden, wenn die dienstlichen Rücksichten dies unabweisbar erfordern. Wird die Genehmigung versagt, haben die oder der Dienstvorgesetzte der Beamtin oder dem Beamten den Schutz zu gewähren, den die dienstlichen Rücksichten zulassen.

(3) Über die Versagung der Genehmigung entscheidet die oberste Dienstbehörde. Sie kann diese Befugnis auf andere Behörden übertragen.

3. Verordnung Nr. 31 (EWG) 11 (EAG) über das Statut der Beamten und über die Beschäftigungsbedingungen für die sonstigen Bediensteten der Europäischen Wirtschaftsgemeinschaft und der Europäischen Atomgemeinschaft[101]

Artikel 19

Der Beamte darf die ihm bei seiner amtlichen Tätigkeit bekannt gewordenen Tatsachen nicht ohne Zustimmung seiner Anstellungsbehörde vor Gericht vorbringen oder über sie aussagen. Die Zustimmung darf nur versagt werden, wenn die Interessen der Gemeinschaften es erfordern und die Versagung für den Beamten keine strafrechtlichen Folgen haben kann. Diese Verpflichtung besteht für den Beamten auch nach seinem Ausscheiden aus dem Dienst.

Absatz 1 gilt nicht für Beamte oder ehemalige Beamte, die in Sachen eines Bediensteten oder ehemaligen Bediensteten der drei europäischen Gemeinschaften vor dem Gerichtshof der europäischen Gemeinschaften oder vor dem Disziplinarrat eines Organs als Zeuge aussagen.

4. Gesetz über die förmliche Verpflichtung nichtbeamteter Personen (Verpflichtungsgesetz)[102]

§ 1

(1) Auf die gewissenhafte Erfüllung seiner Obliegenheiten soll verpflichtet werden, wer, ohne Amtsträger (§ 11 Abs. 1 Nr. 2 des Strafgesetzbuches) zu sein,
1. bei einer Behörde oder bei einer sonstigen Stelle, die Aufgaben der öffentlichen Verwaltung wahrnimmt, beschäftigt oder für sie tätig ist,
2. bei einem Verband oder sonstigen Zusammenschluß, einem Betrieb oder Unternehmen, die für eine Behörde oder sonstige Stelle Aufgaben der öffentlichen Verwaltung ausführen, beschäftigt oder für sie tätig ist oder
3. als Sachverständiger öffentlich bestellt ist.

---

[101] ABl. EWG Nr. 45 vom 14.6.1962 S. 1385.
[102] BGBl 1974 I S. 469, 1942.

(2) Die Verpflichtung wird mündlich vorgenommen. Dabei ist auf die strafrechtlichen Folgen einer Pflichtverletzung hinzuweisen.

(3) Über die Verpflichtung wird eine Niederschrift aufgenommen, die der Verpflichtete mit unterzeichnet. Er erhält eine Abschrift der Niederschrift; davon kann abgesehen werden, wenn dies im Interesse der inneren oder äußeren Sicherheit der Bundesrepublik Deutschland geboten ist.

(4) Welche Stelle für die Verpflichtung zuständig ist, bestimmt
1. in den Fällen des Absatzes 1 Nr. 1 und 2 bei Behörden oder sonstigen Stellen nach Bundesrecht die jeweils zuständige oberste Dienstaufsichtsbehörde oder, soweit eine Dienstaufsicht nicht besteht, die oberste Fachaufsichtsbehörde,
2. in allen übrigen Fällen diejenige Behörde, die von der Landesregierung durch Rechtsverordnung bestimmt wird.

5. Tarifvertrag für den öffentlichen Dienst der Länder (TV-L)

54   vom 12. Oktober 2006 in der Fassung des Änderungstarifvertrages Nr. 2 vom 1. März 2009

§ 3
Allgemeine Arbeitsbedingungen

(2) Die Beschäftigten haben über Angelegenheiten, deren Geheimhaltung durch gesetzliche Vorschriften vorgesehen oder vom Arbeitgeber angeordnet ist, Verschwiegenheit zu wahren; dies gilt auch über die Beendigung des Arbeitsverhältnisses hinaus.

§ 377
Zeugenladung

(1) Die Ladung der Zeugen ist von der Geschäftsstelle unter Bezugnahme auf den Beweisbeschluss auszufertigen und von Amts wegen mitzuteilen. Sie wird, sofern nicht das Gericht die Zustellung anordnet, formlos übermittelt.

(2)
Die Ladung muss enthalten:
1. die Bezeichnung der Parteien;
2. den Gegenstand der Vernehmung;
3. die Anweisung, zur Ablegung des Zeugnisses bei Vermeidung der durch das Gesetz angedrohten Ordnungsmittel in dem nach Zeit und Ort zu bezeichnenden Termin zu erscheinen.

(3) Das Gericht kann eine schriftliche Beantwortung der Beweisfrage anordnen, wenn es dies im Hinblick auf den Inhalt der Beweisfrage und die Person des Zeugen für ausreichend erachtet. Der Zeuge ist darauf hinzuweisen, dass er zur Vernehmung geladen werden kann. Das Gericht ordnet die Ladung des Zeugen an, wenn es dies zur weiteren Klärung der Beweisfrage für notwendig erachtet.

Schrifttum

G. Bauer Das sichere Geleit unter besonderer Berücksichtigung des Zivilprozeßrechts, 2006; *Hansens* Die wichtigsten Änderungen im Bereich der Zivilgerichtsbarkeit aufgrund des Rechtspflege-Vereinfachungsgesetzes, NJW 1991, 953; *Koch* Neues im arbeitsgerichtlichen Verfahren, NJW 1991, 1856; *Koch* Die schriftliche Zeugenaussage gemäß § 377 Abs. 3 ZPO und die Grundsätze der Unmittelbarkeit und Parteiöffentlichkeit, Diss. Köln 1996; *Reinecke* Die Information des Zeugen über das Beweisthema, MDR 1990, 1061; *Stadler* Schriftliche Zeugenaussagen und pre-trial discovery im deutschen Zivilprozeß, ZZP 110 (1997), 137; *Voelskow-Thies* Zur neueren Entwicklung der Zivilprozeßordnung, NJ 1991, 161.

Übersicht

I. Gesetzesänderungen — 1
II. Bedeutung der Zeugenladung — 2
III. Verfahren, Form
  1. Gerichtliche Ladung — 3
  2. Gebührenvorschuss — 5
  3. Formlose Mitteilung, Zustellung — 6
  4. Vorbereitungszeit — 8
IV. Prozessunfähige (minderjährige) Zeugen — 10
V. Ausländische Zeugen im Inland — 13
VI. Zeugen im Ausland
  1. Rechtshilfevernehmung, Vernehmung im Inland — 16
  2. Form der Auslandsladung — 18
VII. Inhalt der Zeugenladung
  1. Folgen fehlender Ordnungsmäßigkeit — 23
  2. Bezeichnung der Parteien — 24
  3. Angabe des Vernehmungsgegenstandes — 25
  4. Anordnung des Erscheinens und Ordnungsmittelandrohung — 29

VIII. Schriftliche Zeugenaussage
  1. Unmittelbarkeit der Beweisaufnahme — 31
  2. Voraussetzungen in der Person des Zeugen
    a) Antwortfähigkeit des Zeugen — 34
    b) Glaubwürdigkeitsbeurteilung — 39
  3. Verfahren der schriftlichen Beweiserhebung
    a) Beweisanordnung des Prozessgerichts — 41
    b) Mitteilung des Beweisthemas — 43
    c) Hinweis- und Belehrungspflicht — 45
  4. Kein Zwang zur schriftlichen Beantwortung — 48
  5. Ergänzung bzw. Erläuterung der Aussage — 51
  6. Beweiswert — 55
IX. Rechtsfolgen bei Verstoß — 56

I. Gesetzesänderungen

§ 377, hervorgegangen aus § 342 CPO, ist mehrfach inhaltlich geändert worden. Die **1** Änderungen reichen von der Novelle 1898[1] über die Novelle 1924,[2] das Gesetz vom 9.7. 1927,[3] die Verordnung vom 17.6.1933,[4] die Novelle 1974[5] bis zum **Rechtspflege-Vereinfachungsgesetz** vom 17.12.1990,[6] das **Abs. 3 neu gefasst** und Abs. 4 gestrichen hat. Mittelbar betroffen ist die Norm durch die Änderung des Zustellungsrechts am 25.6.2001.[7]

II. Bedeutung der Zeugenladung

§ 377 Abs. 1 und 2 behandelt die Zeugenladung. Die Ladung **informiert den Zeugen** **2** über Ort, Zeit und Gegenstand der Vernehmung und **begründet** seine öffentlich-rechtliche **Pflicht zum Erscheinen** im Termin (vor § 373 Rdn. 75). Eine **vorschriftsmäßige** Ladung ist Voraussetzung für die **Anwendung von Zwangsmitteln** nach § 380 (§ 380 Rdn. 20). Die Anforderungen gelten nicht nur für Zeugenladungen auf Grund eines

---

[1] RGBl 1898 I S. 256.
[2] RGBl 1924 I S. 135.
[3] RGBl 1927 I S. 175.
[4] RGBl 1933 I S. 394.
[5] BGBl 1974 I S. 469.
[6] BGBl 1990 I S. 2847.
[7] BGBl 2001 I S. 1206.

Beweisbeschlusses, sondern **auch für** bloß **vorbereitende Zeugenladungen** nach § 273 Abs. 2 Nr. 4.[8] Wegen der Ladung von **Regierungsmitgliedern und Parlamentariern** vgl. § 382.

III. Verfahren, Form

3 **1. Gerichtliche Ladung.** Zeugen werden im Zivilprozess ausschließlich **durch das Gericht** geladen, weil der Gesetzgeber davon ausging, dass bei der Beweisaufnahme der Grundsatz des Amtsbetriebs gilt.[9] Der **Urkundsbeamte** der Geschäftsstelle des Prozessgerichts oder des ersuchten Gerichts fertigt die Ladung aus. Eine Ladung des Zeugen durch die beweisführende Partei sieht die ZPO – anders als § 220 StPO – nicht vor. Entsprechend ist die Partei nicht verpflichtet, die von ihr benannten Zeugen zu stellen.[10] Stellt sie gleichwohl einen Zeugen, kann sie dessen Vernehmung nicht erzwingen.

4 Der **notwendige Inhalt der Ladung** ergibt sich aus § 377 Abs. 2 (dazu unten Rdn. 23 ff.). **Ordnungsmittel** nach § 380 kommen **nur** gegen einen Zeugen in Betracht, dessen Ladung die **vorgeschriebenen Angaben**, insbesondere den Gegenstand der Vernehmung, enthält[11] (unten Rdn. 23).

5 **2. Gebührenvorschuss.** Aus § 379 ergibt sich, dass das Gericht die Ladung von der Zahlung eines zur Deckung der **Kosten der Zeugenvernehmung** hinreichenden **Vorschusses** durch die beweisführende Partei abhängig machen soll. Damit werden jedoch nur Fiskalinteressen gesichert (§ 379 Rdn. 1).

6 **3. Formlose Mitteilung, Zustellung.** Die Ladung wird dem Zeugen von Amts wegen **mitgeteilt** (Abs. 1 Satz 1). Gemäß § 377 Abs. 1 Satz 2 wird die Ladung dem Zeugen regelmäßig formlos übermittelt. Wird die **Beweisaufnahme vertagt**, reicht es aus, wenn der Zeuge mündlich aufgefordert wird, erneut zu erscheinen.[12] Das Gericht kann die **Zustellung nach §§ 166 ff.** anordnen, um nachweisen zu können, dass der Zeuge die Ladung erhalten hat. Aus Kostengründen wird davon aber zunehmend abgesehen.

7 Die Zustellung ist zum **Nachweis** der Übermittlung der Ladung erforderlich, wenn der **Zeuge im Termin ausbleibt** und angibt, die Ladung nicht erhalten zu haben. Eine Zustellung ist denkbar in Eilfällen oder wenn das Gericht Anhaltspunkte für die Vermutung hat, der Zeuge werde sich der Vernehmung entziehen wollen. Aus der dem Gericht eingeräumten Zustellungsoption folgt nicht, dass die Ladung an den Ort zu übermitteln ist, an dem eine Zustellung zu erfolgen hätte.[13] Solange das Gericht keine Zustellung beabsichtigt, bedarf es der Einhaltung der für die Zustellung vorgesehenen Förmlichkeiten nicht. Erst wenn sich eine Zustellung als notwendig erweist, weil die formlose Ladung erfolglos geblieben ist, kommt es auf die Zustellungsvorschriften an.

8 **4. Vorbereitungszeit.** Eine **Ladungsfrist**, wie sie § 217 für die Ladung von Parteien und Prozessbevollmächtigten vorschreibt, **gilt für Zeugen nicht**. Zeugen können daher grundsätzlich auch noch am Sitzungstag telefonisch geladen werden.[14] Allerdings muss

---

8 OLG Frankfurt AnwBl. 1985, 207; OLG Celle OLGZ 1977, 366, 368; KG NJW 1976, 719, 720; **a.A.** LAG Baden-Württemberg ArbuR 1964, 248.
9 *Hahn/Stegemann* Mat. II/1 S. 310 zu § 331.
10 RG JW 1905, 28.
11 OLG Frankfurt MDR 1979, 236.
12 Stein/Jonas/*Berger*[22] § 377 Rdn. 2.
13 **A.A.** LG Hagen MDR 1984, 1034.
14 Zöller/*Greger*[29] § 377 Rdn. 4b.

dem Zeugen genügend Zeit bleiben, sich auf seine **Vernehmung vorzubereiten** (§ 378). Auch kann bei einer kurzfristigen Ladung nicht erwartet werden, dass der Zeuge sich **terminlich** auf die Beweisaufnahme **einstellen** kann. Ist er dann verhindert, wird sein Fernbleiben zumeist nach § 381 entschuldigt sein.[15]

Bringt die beweisführende **Partei** einen **nicht geladenen Zeugen zum Termin mit**, soll dieser nach einer abzulehnenden Auffassung des OLG Schleswig nicht vernommen werden dürfen.[16] Wenn der von der Partei gestellte Zeuge den Gegenstand der Vernehmung bereits kennt und ihm Zeit zur Überlegung verbleibt, spricht nichts dagegen, ihn ohne vorherige Ladung **spontan** zu **vernehmen**.[17] Ist er nicht aussagebereit, dürfen mangels ordnungsgemäßer Ladung aber keine Ordnungsmittel nach § 380 angeordnet werden. 9

IV. Prozessunfähige (minderjährige) Zeugen

Die (formlose) Ladung prozessunfähiger Zeugen, d.h. in erster Linie minderjähriger Zeugen, ist in der ZPO nicht ausdrücklich geregelt. § 170 Abs. 1 bestimmt allerdings, dass Zustellungen an nicht prozessfähige Personen an deren **gesetzlichen Vertreter** ergehen müssen (Satz 1) und an die nicht prozessfähige Person unwirksam sind (Satz 2). Diese Vorschrift gilt seit der Neufassung der Zustellungsvorschriften im Jahre 2002 allgemein für Zustellungen,[18] also auch für die Zustellung von Zeugenladungen.[19] Der Wortlaut des § 170 Abs. 1 soll gegenüber der Regelung in § 171 Abs. 1 a.F. klarstellen, dass nicht nur Zustellungen an Parteien erfasst sind.[20] Kann die förmliche Ladung eines prozessunfähigen Zeugen nur an seine **gesetzlichen Vertreter** ergehen, muss dies **auch für** die **formlose Ladung** gelten. 10

Im Zusammenhang mit der früher geführten Diskussion über die analoge Anwendbarkeit des § 171 a.F. wurde die Ansicht vertreten, es komme darauf an, ob der Zeuge fähig sei, der Ladung aus eigenem Entschluss und ohne Begleitung seines gesetzlichen Vertreters Folge zu leisten und die Bedeutung der Ladung zu erfassen. Diese Ansicht wird ohne erkennbare Berücksichtigung der Änderung des Zustellungsrechts z.T. fortgeschleppt.[21] Nach diesem Maßstab sollen **minderjährige Zeugen ab dem 14. Lebensjahr** regelmäßig **selbst zu laden** sein,[22] bei jüngeren Zeugen hingegen der gesetzliche Vertreter mit der Aufforderung, das Kind mitzubringen.[23] 11

Diese Ansicht ist **bedenklich** und wenig praktikabel. Dies zeigt sich auch in dem Ratschlag,[24] im Zweifelsfall sowohl den minderjährigen Zeugen als auch seine gesetzlichen Vertreter zu laden. Zwar ist die **Zeugnisfähigkeit** anders als die Prozessfähigkeit grundsätzlich **altersunabhängig** (vor § 373 Rdn. 16). Die geringeren Anforderungen an die Zeugnisfähigkeit beruhen aber darauf, dass für die Zeugnisfähigkeit allein die Fähigkeit maßgeblich ist, sich an einen wahrgenommenen Sachverhalt zu erinnern und ihn wiederzugeben. Um die **rechtliche Bedeutung der Zeugenladung** zu begreifen, dürfte 12

---

15 OLG Düsseldorf OLGRep. 1994, 170; Zöller/*Greger*[29] § 377 Rdn. 4b.
16 OLG Schleswig NJW 1991, 303 f.
17 Ähnlich Stein/Jonas/*Berger*[22] § 377 Rdn. 2.
18 Musielak/*Wolst*[10] § 170 Rdn. 2.
19 A.A. ohne Begründung Zöller/*Stöber*[29] § 170 Rdn. 2; MünchKomm/*Häublein*[4] § 170 Rdn. 1 Fn. 2.
20 BR-Drucks. 492/00, S. 33; Musielak/*Wolst*[10] § 170 Rdn. 2. Insoweit zustimmend MünchKomm/*Häublein*[4] § 170 Rdn. 1.
21 Stein/Jonas/*Berger*[22] § 377 Rdn. 3; MünchKomm/*Damrau*[4] § 377 Rdn. 4.
22 So Stein/Jonas/*Berger*[22] § 377 Rdn. 3.
23 MünchKomm/*Damrau*[4] § 377 Rdn. 4; Musielak/*Huber*[10] § 377 Rdn. 2.
24 Stein/Jonas/*Berger*[22] § 377 Rdn. 3.

hingegen die **Geschäftsfähigkeit erforderlich** sein, so dass es bei minderjährigen Zeugen sinnvoll ist, **stets den gesetzlichen Vertreter zu laden**.[25] Aus der Möglichkeit, einen 16 Jahre alten Zeugen zu vereidigen, kann nichts Gegenteiliges geschlossen werden. Die schriftliche Ladung macht dem minderjährigen Zeugen die Bedeutung seiner Zeugnispflicht nicht so eindringlich deutlich wie die mündliche Vereidigung vor Gericht. Die notwendige Anschaulichkeit wird erst durch Vermittlung des gesetzlichen Vertreters sichergestellt.

V. Ausländische Zeugen im Inland

13   Für ausländische Zeugen, die sich im Inland aufhalten, gelten **keine Sonderregelungen** (vor § 373 Rdn. 79). Dem deutschen Recht unterworfen sind auch Mitglieder der in Deutschland stationierten **NATO-Streitkräfte** (Art. 39 Zusatzabkommen zum NATO-Truppenstatut vom 3.8.1959[26]) und Mitglieder **sonstiger Streitkräfte** (Art. 7 Streitkräfteaufenthaltsgesetz vom 20.7.1995).[27]

14   **Ausländische Exterritoriale** dürfen selbst dann **nicht geladen** werden, wenn sie sich im Inlande aufhalten. Sie unterstehen nicht der inländischen Staatsgewalt und sind deshalb nicht zeugnispflichtig (vor § 373 Rdn. 80). **Ausländische Konsuln** sind **nicht exterritorial**, haben aber das Recht, ihr Zeugnis **in der Wohnung** bzw. den Räumen der Vertretung oder schriftlich abzugeben, damit ihre dienstliche Tätigkeit nicht beeinträchtigt wird (vgl. Art. 44 Abs. 2 Wiener Übereinkommen über konsularische Beziehungen vom 24.4.1963).[28]

15   Mit manchen Staaten bestehen (daneben) **bilaterale Konsularverträge** oder sonstige bilaterale Verträge mit einer „Meistbegünstigungsklausel" ähnlichen Inhalts. Die bilateralen Verträge sind nach Art. 73 Abs. 1 Konsularkonvention vorrangig heranzuziehen, soweit sie den Konsularbeamten stärker privilegieren. Im Übrigen ist die Konsularkonvention gemäß § 19 Abs. 1 Satz 2 GVG auch anzuwenden, wenn der Entsendestaat des betroffenen Konsularbeamten nicht Vertragspartei ist. Die Ladung muss auf die völkerrechtlich vereinbarten Privilegien abgestimmt werden.

VI. Zeugen im Ausland

16   **1. Rechtshilfevernehmung, Vernehmung im Inland.** Zeugen, die sich im Ausland aufhalten, können **im Inland vernommen und** zu diesem Zweck vom Prozessgericht oder einem kommissarischen Richter **geladen** werden,[29] sofern sie nicht **Immunität** genießen.[30] Lädt das Prozessgericht einen fremden Staatsangehörigen, der sich im Ausland befindet, als Zeugen, ist es allerdings darauf angewiesen, dass dieser **freiwillig** zum Termin erscheint, weil es auf fremdem Hoheitsgebiet keine Zwangsmittel einsetzen darf.[31]

17   **Erzwingen** kann das Prozessgericht die Aussage nur, indem es sich über § 363 Abs. 2 **internationaler Rechtshilfe** bedient[32] und den Zeugen im Ausland vernehmen

---

25 Zöller/*Greger*[29] § 377 Rdn. 1a.
26 BGBl 1961 II S. 1218.
27 BGBl 1995 II S. 554.
28 BGBl 1969 II S. 1585 ff.
29 BGH NJW 1990, 3088, 3090; BGH NJW 1992, 1768, 1769 = ZZP 105 (1992), 500 m. krit. Anm. *Leipold* S. 507 ff.; *R. Geimer* Internationales Zivilprozessrecht[6] (2009), Rdn. 416, 2083.
30 BVerwG NJW 1989, 678, 679.
31 BGH NJW 1990, 3088, 3090; *Schack* Internationales Zivilverfahrensrecht[5] Rdn. 796; *Geimer* Int. Zivilprozessrecht[6] Rdn. 430.
32 Rosenberg/Schwab/*Gottwald*[17] § 120 Rdn. 12; *Schack* Int. Zivilverfahrensrecht[5] Rdn. 797.

lässt (näher § 363). Einfacher ist die Vernehmung vor dem Prozessgericht, weshalb zunächst versucht werden sollte, den Zeugen (nicht förmlich) vor das deutsche Gericht zu laden.[33] **Erscheint** der **Auslandszeuge nicht,** ist § 356 anwendbar.[34] Allerdings soll das Gericht seine Bemühungen um Vernehmung des Zeugen nicht schon deshalb einstellen dürfen, weil der Zeuge an dem zunächst vorgesehenen Termin verhindert ist.[35] Aus dem Ausland einreisende Zeugen können **freies Geleit nicht** beanspruchen.[36] Doch kann das Gericht dem Auslandszeugen nach seinem Ermessen **entsprechend § 295 StPO** sicheres Geleit gewähren, wenn es dies in Hinblick auf das Interesse einer Partei an der Vernehmung eines Zeugen durch das Prozessgericht für geboten hält.[37] Der Justizgewährungsanspruch der Parteien ist bei der Ermessensausübung zu berücksichtigen.[38]

2. Form der Auslandsladung. Eine **formlose Ladung** von Zeugen im Ausland ist **unproblematisch** möglich. Die Übermittlung der Ladung durch schlichten Postbrief verletzt nicht die Souveränität des ausländischen Staates, weil der deutsche Hoheitsakt in Deutschland vollzogen wird und die Übersendung ins Ausland lediglich der Benachrichtigung darüber dient.[39] Anders ist dies, wenn die Ladung im Ausland zugestellt werden soll, weil die **Zustellung** als beurkundete Übergabe ein **Hoheitsakt** ist.[40] 18

Für die Zustellung der Ladung in andere EU-Mitgliedstaaten[41] gelten vorrangig die Vorschriften der **EU-ZustellungsVO**[42] in Verb. mit **§§ 1068, 1069 ZPO**, und zwar auch vor zweiseitigen Abkommen der Mitgliedstaaten (Art. 30 Abs. 1 EuZVO), soweit diese nicht weiter gehende Vereinfachungen enthalten (Art. 20 Abs. 2 EuZVO).[43] Danach besteht u.a. grundsätzlich die Möglichkeit einer Zustellung durch die Post, deren Modalitäten die Mitgliedstaaten bestimmen dürfen (Art. 14 EuZVO), und einer unmittelbaren Zustellung, soweit die Mitgliedstaaten diese in ihrem Hoheitsgebiet zulassen (Art. 15 EuZVO). 19

Außerhalb des Geltungsbereichs des EuZVO ist **§ 183 ZPO** anzuwenden, soweit nicht Staatsverträge über Auslandszustellungen vorgehen. § 183 Abs. 1 Nr. 1 ermöglicht die Zustellung durch **Einschreiben mit Rückschein,** soweit **auf Grund völkerrechtlicher Vereinbarungen** Schriftstücke unmittelbar durch die Post übersandt werden dürfen. 20

Das **Haager Zustellungsübereinkommen** von 1965 lässt die Postzustellung in Zivil- oder Handelssachen grundsätzlich zu (Art. 10 lit. a HZÜ), räumt den Vertragsstaaten[44] aber ein Widerspruchsrecht ein.[45] Teilweise sind Besonderheiten in bilateralen Zusatz- 21

---

33 Ähnlich MünchKomm/*Damrau*[4] § 377 Rdn. 5; *Schabenberger* Der Zeuge im Ausland (1997), S. 223 f.; a.A. *Leipold* ZZP 105 (1992), 507, 511: Rechtshilfevernehmung nach § 363 als Normalfall.
34 OLG Düsseldorf JW 1911, 221, 222; BGH NJW 1992, 1768.
35 BGH NJW 1992, 1768, 1769 = ZZP 105 (1992), 500 m. krit. Anm. *Leipold* 507 ff.
36 BGH MDR 1988, 598 f.; *Geimer* Int. Zivilprozessrecht[6] Rdn. 2390.
37 BGH NJW 1991, 2500, 2501; *Geimer* Int. Zivilprozessrecht[6] Rdn. 2390 Fn. 254; *Nagel/Gottwald* Internationales Zivilprozessrecht[6] (2007), § 4 Rdn. 11; *G. Bauer* Das sichere Geleit S. 193 ff.
38 *Nagel/Gottwald* Int. Zivilprozessrecht[6] § 4 Rdn. 10.
39 *Geimer* Int. Zivilprozessrecht[6] Rdn. 416, 2083 m.w.N. in Fn. 30.
40 *Geimer* Int. Zivilprozessrecht[6] Rdn. 2075, 2083; kritisch *Schack* Int. Zivilverfahrensrecht[5] Rdn. 663.
41 Für Dänemark gilt ab 1.7.2007 das Abk. v. 19.10.2005, ABl. EU Nr. L 300 S. 55 mit der Möglichkeit der Erstreckung der VO auf Grund entsprechender Erklärung, die abgegeben wurde.
42 Verordnung (EG) Nr. 1393/2007 des Rates vom 13.11.2007 über die Zustellung gerichtlicher und außergerichtlicher Schriftstücke in Zivil- oder Handelssachen in den Mitgliedstaaten, ABl. EU Nr. L 324 v. 10.12.2007 S. 79. Rechtsgrundlage ist seit Inkrafttreten des Lissabon-Vertrages am 1.12.2009 Art. 81 AEUV.
43 *Nagel/Gottwald* Int. Zivilprozessrecht[6] § 7 Rdn. 46.
44 Auflistung bei *Nagel/Gottwald* Int. Zivilprozessrecht[6] § 7 Rdn. 64.
45 Näher dazu *Schack* Int. Zivilverfahrensrecht[5] Rdn. 682 ff.

abkommen[46] geregelt. Auch soweit das HZÜ nicht gilt, existieren vielfach **bilaterale Rechtshilfeabkommen.**[47]

22 **Fehlen Vereinbarungen mit** dem **ausländischen Staat**, in dem sich der Zeuge aufhält, ist eine **unmittelbare Zustellung** im Ausland **ausgeschlossen**, weil diese die Souveränität des betroffenen Staates verletzen würde. Als Alternative zur Postzustellung kommt gemäß § 183 Abs. 1 Nr. 2 von vornherein oder nachträglich ein Ersuchen des Vorsitzenden des Prozessgerichts um **Zustellung** der Ladung **durch die Behörden des fremden Staates** oder durch die in diesem Staat residierende diplomatische oder konsularische Vertretung des Bundes in Betracht. Handelt es sich bei dem Zeugen um einen Deutschen, der das Recht der Immunität genießt und einer deutschen Vertretung im Ausland angehört, muss der Vorsitzende des Prozessgerichts gemäß § 183 Abs. 1 Nr. 3 das Auswärtige Amt um Zustellung der Ladung ersuchen.

VII. Inhalt der Zeugenladung

23 **1. Folgen fehlender Ordnungsmäßigkeit.** Eine **ordnungsgemäße Ladung** liegt nur vor, wenn die Voraussetzungen des § 377 Abs. 2 erfüllt sind. Nur in diesem Fall können gegen den ausgebliebenen Zeugen **Ordnungsmittel nach § 380** verhängt werden. Gleichwohl verpflichtet auch eine nicht vorschriftsmäßige Ladung den Zeugen zum Erscheinen und zur Aussage.[48] Die Ladung muss auf den Beweisbeschluss Bezug nehmen. Soweit eine vorbereitende Zeugenladung nach § 273 Abs. 2 Nr. 4 ergeht, ist auf die richterliche Anordnung der Ladung zu verweisen, zumindest das Beweisthema aufzuführen.[49]

24 **2. Bezeichnung der Parteien.** Nach § 377 Abs. 2 Nr. 2 sind die Parteien des Rechtsstreites (einschließlich der Streithelfer) in der Ladung des Zeugen zu nennen. Der Zeuge soll auf Grund der **Mitteilung der Parteien** ersehen können, ob ihm ein **Zeugnisverweigerungsrecht** zusteht. Es kommt deshalb darauf an, dass beim Zeugen keine Zweifel über die Identität der Parteien aufkommen können.[50] Die regelmäßig entscheidenden Kennzeichnungsmerkmale ergeben sich aus § 130 Nr. 1.

25 **3. Angabe des Vernehmungsgegenstandes.** Nach § 377 Abs. 2 Satz 2 ist dem Zeugen der Gegenstand seiner Vernehmung bekannt zu geben. Der Zeuge muss erfahren, worüber er vernommen werden soll, damit er zur **Vorbereitung auf die Aussage** seine Erinnerung schärfen und etwaigen Notizen einsehen kann (dazu § 378).[51] Dadurch soll einer Vereitelung des Beweistermins vorgebeugt werden.[52] Ferner soll der Zeuge sich auch schlüssig werden, ob er angesichts des Vernehmungsgegenstandes von einem **Zeugnisverweigerungsrecht Gebrauch** machen will.[53]

26 Der „Gegenstand der Vernehmung" ist **nicht identisch mit** den zu beweisenden Tatsachen, also dem in der Beweisfrage formulierten **Beweisthema** (§ 359 Rdn. 6). Dies zeigt schon ein Vergleich des Wortlauts von § 377 Abs. 2 Nr. 2 mit der Formulierung von § 373 bzw. § 359. Während § 373 für den Beweisantritt die Angabe von „Tatsachen" ver-

---

46 Dazu *Nagel/Gottwald* Int. Zivilprozessrecht[6] § 6 Rdn. 9.
47 Näher *Nagel/Gottwald* Int. Zivilprozessrecht[6] § 6 Rdn. 12ff., § 7 Rdn. 128ff.
48 Zöller/*Greger*[29] § 377 Rdn. 4a.
49 OLG Frankfurt AnwBl 1985, 207.
50 Stein/Jonas/*Berger*[22] § 377 Rdn. 6.
51 *Hahn/Stegemann* Mat. II/1 S. 310 zu § 331; OLG Celle OLGZ 1977, 366, 367.
52 *Hahn/Stegemann* Mat. II/1 S. 310.
53 OLG Celle OLGZ 1977, 366, 367.

langt und § 359 vorschreibt, dass im Beweisbeschluss die „streitigen Tatsachen, über die der Beweis zu erheben ist" zu bezeichnen sind, geht es in § 377 Abs. 2 Nr. 2 ganz allgemein um den Gegenstand der Vernehmung.[54] Daher braucht dem Zeugen der Beweisbeschluss – falls ein solcher ergangen ist – weder vollständig noch auch nur auszugsweise wortwörtlich mitgeteilt zu werden, wenngleich dies häufig geschieht. Die **Mitteilung der Beweisfrage** ist **nicht zweckmäßig**, weil die Gefahr besteht, dass die präzise Formulierung des Beweisthemas Suggestivwirkung entfaltet, also dem Zeugen eine bestimmte Aussage nahe legt[55] (§ 359 Rdn. 10, unten Rdn. 43). Auch fordert die Beweisfrage den Zeugen heraus, seine Aussage auf ein „Ja" oder „Nein" zu beschränken bzw. unerwünschte eigene Schlussfolgerungen anzustellen, um die Beweisfrage beantworten zu können.

Für die Angabe des Gegenstands der Vernehmung genügt regelmäßig die **summarische Bezeichnung des** vom Zeugen zu erfragenden **Sachverhalts**[56] nach Datum, Ort und Begebenheit. Welche Genauigkeit dabei erforderlich ist, hängt davon ab, welche Angaben der Zeuge im Einzelfall benötigt, um den in der Beweisaufnahme behandelten Vorgang einordnen und sein Gedächtnis auffrischen zu können.[57] Haben die Zeugen den Vorgang **im Rahmen** ihrer **beruflichen Tätigkeit** als einen von vielen Vorfällen wahrgenommen, wie etwa Polizisten, Ärzte oder Testkäufer, dürften präzisere Angaben erforderlich sein[58] als bei Privatpersonen. Eine genauere Bestimmung ist regelmäßig auch bei länger zurückliegenden Ereignissen notwendig.[59] Nicht zulässig ist es, dem Zeugen aufzugeben, seine Aussage schriftlich vorzubereiten und zum Beweistermin mitzubringen, weil dadurch die Voraussetzungen des § 377 Abs. 3 unterlaufen werden.[60] 27

Wird der Gegenstand der Vernehmung nicht[61] oder so allgemein mitgeteilt, dass der **Zeuge sich** nicht auf seine Vernehmung **vorbereiten kann**,[62] ist er **nicht ordnungsgemäß geladen** im Sinne des § 380. Bleibt er in einem solchen Fall im Termin aus, darf gegen ihn nicht nach § 380 vorgegangen werden.[63] Dem erschienenen Zeugen wird man auf Verlangen **Zeit zur Nachforschung** und Überlegung geben müssen. Kann der Zeuge die ihm gestellte Frage sogleich beantworten, muss sie ihm nicht mitgeteilt werden; sofern er nicht sogleich antworten kann, muss ihm Zeit zur Überprüfung eingeräumt werden. 28

4. Anordnung des Erscheinens und Ordnungsmittelandrohung. § 377 Abs. 2 Nr. 3 verlangt, dass der Zeuge in der Ladung aufgefordert wird, zu einer bestimmten Zeit (§ 220) an einem bestimmten Ort (§ 219) zum Termin zu erscheinen. Wird der Zeuge in seiner Wohnung (§ 375 Abs. 1 Nr. 2, 219 bzw. § 375 Abs. 2) oder an seinem Aufenthaltsort (§ 382) vernommen, richtet sich die Anordnung darauf, sich zum angegebenen Zeitpunkt dort bereitzuhalten.[64] Darüber hinaus muss der Zeuge darauf hingewiesen werden, welche **Folgen** die ZPO für den Fall **seines Ausbleibens** vorsieht. Dabei genügt ein **Hinweis auf** die in § 380 generell **vorgesehenen Ordnungsmittel**; der konkreten Androhung eines bestimmten Ordnungsmittels bedarf es nicht. Wird die Verhandlung vertagt und 29

---

54 *Reinecke* MDR 1990, 1061, 1062.
55 *Reinecke* MDR 1990, 1061, 1062.
56 OLG Celle OLGRep. 1994, 286; OLG Celle OLGZ 1977, 366, 367.
57 OLG Celle OLGRep. 1994, 286.
58 *Reinecke* MDR 1990, 1061, 1062.
59 OLG Celle OLGRep. 1994, 286.
60 LG Aurich Nds. RPfl 1956, 212.
61 OLG Frankfurt MDR 1979, 236.
62 OLG Celle OLGRep. 1994, 286.
63 OLG Celle OLGRep. 1994, 286; OLG Frankfurt MDR 1979, 236; OLG Celle OLGZ 1977, 366, 367.
64 Zöller/*Greger*[29] § 377 Rdn. 1a.

der erschienene, ordnungsgemäß geladene Zeuge mündlich zu dem neuen Termin geladen, muss er erneut auf die Folgen des § 380 hingewiesen werden.

VIII. Schriftliche Zeugenaussage

30 1. **Unmittelbarkeit der Beweisaufnahme.** § 377 Abs. 3 lässt in **Durchbrechung** des Grundsatzes der **Unmittelbarkeit der Beweisaufnahme** die schriftliche Beantwortung der Beweisfrage durch den Zeugen zu. Sie soll das Verfahren in geeigneten Fällen vereinfachen und beschleunigen, indem **dem Zeugen**, den Parteien und dem Gericht der **Zeitaufwand für** einen **Beweisaufnahmetermin** und die damit verbundenen Kosten **erspart** bleiben.[65] Dabei sind die grundrechtlich geschützte allgemeine **Handlungsfreiheit des Zeugen** und dessen **Freiheit der Berufsausübung** als Grundlagen des Entlastungszwecks gegen den voraussichtlichen Erkenntnisgewinn einer persönlichen Vernehmung statt einer schriftlichen Aussage abzuwägen[66] (s. auch vor § 373 Rdn. 77).

31 Da das Gericht anhand der schriftlichen Aussage die **Glaubwürdigkeit** eines Zeugen **nicht beurteilen** kann, ist die schriftliche Zeugenaussage **auf** die **Ausnahmefälle beschränkt**, in denen das Gericht davon ausgehen kann, dass die schriftliche Beantwortung der Beweisfrage ohne persönlichen Eindruck des Gerichts vom Zeugen und ohne Mitwirkung der Parteien bei der Beweisaufnahme – insbesondere ohne Ausübung ihres Fragerechts (§ 397) – ausreichen wird, um die richterliche Überzeugung zu begründen.[67] Es muss also ein **vollwertiger Ersatz einer Zeugenaussage zu erwarten** sein.[68] Auch ohne diese Erwartung darf eine schriftliche Aussage im FamFG-Verfahren angeordnet werden.[69]

32 Die Schriftlichkeit der Aussage ändert nichts daran, dass es sich um eine **besondere Form des Zeugenbeweises** handelt, die Regeln über den **Urkundenbeweis also nicht** anwendbar sind.[70] Auch der schriftliche Zeugenbeweis darf daher – abgesehen von den Offizialverfahren – nur auf Beweisantritt einer Partei im Sinne des § 373 erhoben werden. Darin unterscheidet er sich von der Verwertung eines Aussageprotokolls aus anderen Verfahren, die im Wege des Urkundenbeweises in den Zivilprozess eingeführt werden.[71] Im Gegensatz zur **amtlichen Auskunft** gemäß § 273 Abs. 2 Nr. 2, die den Kenntnisstand der Behörde mitteilt, gibt die schriftliche Zeugenaussage die persönliche Wahrnehmung der Auskunftsperson wieder.[72] **Keine schriftliche Zeugenaussage** sondern Sachverständigengutachten ist die **Ermittlung der Verkehrsauffassung** durch demoskopisches Gutachten.

33 § 377 Abs. 3 ist auch auf **Zeugen** anwendbar, die sich **im Ausland aufhalten**.[73] Da eine Pflicht zur eidesstattlichen Versicherung nicht mehr besteht, ist ein Eingriff in fremde Hoheitsrechte nicht zu befürchten.[74] Jedenfalls darf die Ablehnung der Einholung

---

65 BT-Drucks. 11/3621 S. 22.
66 OLG Frankfurt OLGRep. 2008, 76 (dort: gleichartige Anträge auf Vernehmung eines Steuerberaters durch dieselbe Anwaltskanzlei in 300 gleichartigen Kapitalanlagefällen zur Frage, ob ein notarielles Vertragsangebot zu einem bestimmten Zeitpunkt vorgelegen hatte).
67 BT-Drucks. 11/3621 S. 22.
68 LG Gießen MDR 1996, 200; Baumbach/Lauterbach/*Hartmann*[71] § 377 Rdn. 10.
69 Baumbach/Lauterbach/*Hartmann*[71] § 377 Rdn. 10.
70 KG JW 1936, 1309, 1310.
71 *Stadler* ZZP 110 (1997), 137, 139.
72 *Stadler* ZZP 110 (1997), 137, 139 Fn. 8.
73 *Musielak* FS Geimer (2002), S. 761, 767 ff.; Musielak/*Huber*[10] § 377 Rdn. 7; Stein/Jonas/*Berger*[22] § 377 Rdn. 35; MünchKomm/*Damrau*[4] § 377 Rdn. 14.
74 Musielak/*Huber*[10] § 377 Rdn. 7; anders zur alten Rechtslage BGH NJW 1984, 2039 (Ghana); OLG Hamm NJW-RR 1988, 703 (Polen).

einer schriftlichen Zeugenaussage im Ausland nicht mit der vagen Annahme begründet werden, der betroffene Staat betrachte dies als Eingriff in seine Gerichtshoheit.[75]

2. Voraussetzungen in der Person des Zeugen

a) Antwortfähigkeit des Zeugen. Die Anordnung der schriftlichen Vernehmung nach § 377 Abs. 3 liegt (regelmäßig) im pflichtgemäßen **Ermessen** des Prozessgerichts. Die Anordnung der schriftlichen Beantwortung der Beweisfrage setzt wie jede Beweisanordnung eine streitige Einlassung der Parteien voraus.[76] Nach Erleichterung der Voraussetzungen durch das Rechtspflege-Vereinfachungsgesetz ist die schriftliche Beantwortung der Beweisfrage nicht mehr auf Auskünfte beschränkt, die der Zeuge anhand seiner Bücher oder anderer Aufzeichnungen zu geben hat bzw. die vom Einverständnis der Parteien abhängen. Die derzeitige Regelung fasst die bisherigen Regelungen zusammen.[77] Es kommt danach lediglich darauf an, ob das Gericht die schriftliche Zeugenaussage mit Rücksicht auf den **Inhalt der Beweisfrage** und die **Person des Zeugen** für ausreichend hält.[78] Dabei ist zu berücksichtigen, dass beide Aspekte in Wechselwirkung miteinander stehen.[79] Ist zu erwarten, dass der Zeuge im Nachhinein noch zur Vernehmung geladen werden muss, kann die schriftliche Zeugenaussage nicht als ausreichend angesehen werden.[80] Soweit in der Entwurfsbegründung indes von der „Eignung der Beweisfrage"[81] die Rede ist, ist mit diesem Kriterium für die Auslegung der Vorschrift nichts gewonnen.

Ob das Gericht eine schriftliche Zeugenaussage einholt, muss es vor Abfassung des Beweisbeschlusses entscheiden, also vor Formulierung der Beweisfrage. **Nicht die Beweisfrage, sondern deren Inhalt** ist nach dem Gesetzeswortlaut **maßgeblich**. Deshalb ist die Konkretheit der Beweisfrage[82] kein brauchbares Kriterium für die Anwendbarkeit des § 377 Abs. 3.[83] Der Abstraktionsgrad der Beweisfrage korreliert nicht mit ihrem Inhalt, sondern hängt ausschließlich von ihrer Formulierung ab: jeder Inhalt lässt sich mehr oder weniger konkret erfragen.

Die Berücksichtigung des Inhalts der Beweisfrage setzt eine **Prognose** voraus, ob sich der Gegenstand der Vernehmung für eine schriftliche Aussage eignet. Dies hängt in erster Linie von der **Einfachheit** bzw. **Komplexität des Beweisgegenstandes** ab.[84] Je komplexer der Sachverhalt ist, den der Zeuge schildern soll, desto schwieriger wird es für ihn sein, seine Wahrnehmungen ohne Rückfragen geordnet wiederzugeben. Die Komplexität steigt mit der Anzahl einzelner Wahrnehmungen. Auch sind Vorgänge (z.B. der Hergang eines Unfalls) komplexer als Zustände (z.B. Wetterverhältnisse; die Kleidung einer Person). Mit Rücksicht auf den Inhalt der Beweisfrage genügt danach eine schriftliche Erklärung des Zeugen darüber, ob er Stammkunde einer Bank ist.[85] Bereitet die geordnete Darstellung des Sachverhalts Schwierigkeiten, ist abzusehen, dass das Gericht dem Zeugen weitere Fragen stellen wird (§ 396 Abs. 2 und 3) oder dass die Parteien ihr Recht zu unmittelbaren Fragen an den Zeugen ausüben werden (§ 397). Umfang-

---

75 OLG Frankfurt NJW-RR 1996, 575 (Spanien).
76 OLG Hamm 1966, 1370.
77 BT-Drucks. 11/3621 S. 38.
78 BT-Drucks. 11/3621 S. 38, 68, 74; BT-Drucks. 11/8283 S. 47.
79 Ähnlich Musielak/*Huber*[10] § 377 Rdn. 4.
80 BT-Drucks. 11/3621 S. 68; BT-Drucks. 11/8283 S. 47.
81 BT-Drucks. 11/3621 S. 38.
82 *Hansens* NJW 1991, 953, 956.
83 Kritisch auch *Koch* Schriftliche Zeugenaussage, S. 111 f.
84 MünchKomm/*Damrau*[4] § 377 Rdn. 7.
85 BGH NJW 1985, 860.

reiche oder komplizierte Fragen eignen sich tendenziell weniger für die schriftliche Beantwortung.[86] Zu weit geht die Forderung, die Beweisfrage müsse sich mit „ja" oder „nein" beantworten lassen,[87] weil dies eine Suggestivwirkung entfalten würde, die unbedingt zu vermeiden ist (zuvor Rdn. 26).

37 Wie leicht sich die Beweisfrage schriftlich beantworten lässt, hängt aber auch vom **Bildungsgrad und** sprachlichen **Ausdrucksvermögen des Zeugen** ab. Schon die Schilderung eines scheinbar einfachen Sachverhaltes kann Schwierigkeiten bereiten.[88] Der Zeuge muss daher so gut lesen und schreiben können, dass die Schriftlichkeit seine Wiedergabefähigkeit nicht beeinträchtigt.[89] Ist zu erwarten, dass der Zeuge seine Wahrnehmungen mündlich besser vermitteln kann, ist von einer schriftlichen Aussage abzusehen, weil dadurch nur eine unnötige Fehlerquelle geschaffen würde.

38 Die Fähigkeit zu einer schriftlichen Aussage kann in **Korrelation zur Berufstätigkeit des Zeugen** stehen. Gehört das Abfassen von Schriftstücken zu seinem Berufsbereich, sind ihm auch schriftliche Zeugenaussagen über komplexere Sachverhalte zuzutrauen. So wird ein **Rechtsanwalt** als Nachlassverwalter ohne weiteres imstande sein, minutiös Ablauf und Reichweite einer streitigen Zustimmungserteilung zur Prozessführung durch den Erben zu schildern. Dasselbe gilt für einen **Steuerberater**, der die Aussage nach dem Inhalt seiner Akten zu erteilen hat.[90]

39 **b) Glaubwürdigkeitsbeurteilung.** Die Person des Zeugen ist für die Anwendung des § 377 Abs. 3 auch insofern von Bedeutung, als die schriftliche Aussage dem Gericht keinen unmittelbaren Eindruck von dem Zeugen vermittelt. Deshalb kommt eine schriftliche Aussage nicht in Betracht, wenn auf Grund des schriftlichen Vorbringens **abzusehen** ist, dass die **Glaubwürdigkeit des Zeugen** eingehender **Erörterung bedarf.** Anhaltspunkte dafür sind etwa die Verwicklung des Zeugen in das streitige Geschehen, z.B. seine eigene Unfallbeteiligung oder seine persönliche Nähe zu einer der Parteien,[91] z.B. bei Angehörigen einer Partei.[92] Auch wenn einander widersprechende Aussagen zu erwarten sind oder der Zeuge dem Gericht auf Grund früherer Aussagedelikte[93] **von vornherein nicht vertrauenswürdig**[94] erscheint, muss das Gericht den Zeugen persönlich anhören. Die schriftliche Aussage wird in solchen Fällen vielfach auch deshalb nicht ausreichen, weil mit einer Gegenüberstellung (§ 394 Abs. 2) oder einer Vereidigung des Zeugen (§ 391) zu rechnen ist.

40 Sehr problematisch ist die Begründung der Zulässigkeit der schriftliche Aussage eines Berufskraftfahrers in einem Verkehrsunfallprozess damit, der Hergang eines „alltäglichen" Verkehrsunfalls sei eine „Beweisfrage, die von einem Berufskraftfahrer ohne weiteres erfasst und beantwortet" werden könne.[95] Denn die **Alltäglichkeit eines Vorfalls besagt** noch **nichts** darüber, **wie leicht** er sich **schriftlich schildern** lässt. Gerade

---

86 Stein/Jonas/*Berger*[22] § 377 Rdn. 37.
87 *Koch* Schriftliche Zeugenaussage, S. 113 f.
88 *Stadler* ZZP 110 (1997), 137, 140.
89 Zöller/*Greger*[29] § 377 Rdn. 8 verlangt die für eine schriftliche Auskunft besondere Erkenntnis- und Erklärungsfähigkeit; *Stadler* ZZP 110 (1997), 137, 141: Schreibgewandtheit und Formulierungskunst müssen für eine brauchbare schriftliche Aussage ausreichen.
90 Vgl. OLG Frankfurt OLGRep. 2008, 76.
91 MünchKomm/*Damrau*[4] § 377 Rdn. 7; Zöller/*Greger*[29] § 377 Rdn. 8; *Stadler* ZZP 110 (1997), 137, 141; *Koch* Schriftliche Zeugenaussage S. 124.
92 *Voelskow-Thies* NJ 1991, 161, 163; *Hansens* NJW 1991, 953, 956.
93 *Koch* Schriftliche Zeugenaussage, S. 125.
94 Zöller/*Greger*[29] § 377 Rdn. 8.
95 So LG Gießen MDR 1996, 200.

Verkehrsunfälle zeichnen sich durch eine hohe Komplexität aus. Auch besagt die berufsmäßige Teilnahme am Straßenverkehr auch nichts über die Fähigkeit, die Abfolge der Ereignisse bei einem Verkehrsunfall korrekt wiederzugeben. Das Argument, der als Zeuge benannte Berufskraftfahrer habe im Rahmen einer polizeilichen Vernehmung schon einmal brauchbare Angaben zum Unfallhergang gemacht, die mit den objektiven Unfallspuren übereingestimmt hätten und deshalb als wahr zu erachten gewesen seien,[96] basiert auf einer **Glaubwürdigkeitsbeurteilung**, die das Gericht verfahrensfehlerhaft ausschließlich auf Grund der beigezogenen Akten des Strafverfahrens vorgenommen hat. Zwar ist es richtig, dass das Arbeitsverhältnis mit der Klägerin und die eigene Unfallbeteiligung allein nicht die Unglaubwürdigkeit des Zeugen begründen konnten,[97] beide Umstände schlossen aber die Beschränkung auf eine schriftliche Zeugenaussage aus.

3. Verfahren der schriftlichen Beweiserhebung

a) Beweisanordnung des Prozessgerichts. Für die Anordnung der schriftlichen 41 Zeugenaussage ist das Prozessgericht zuständig, der beauftragte oder ersuchte Richter kann sie nicht erlassen.[98] Will das Gericht einen Zeugen schriftlich vernehmen, muss es dies durch **Beweisbeschluss** anordnen.[99] Das Gericht kann die Anordnung nach § 377 Abs. 3 **schon vor** der **mündlichen Verhandlung** treffen (§ 358a Satz 1) und **ausführen** lassen (§ 358a Satz 2 Nr. 3), damit das Beweisergebnis im Termin vorliegt und erörtert werden kann (dazu § 358a Rdn. 26). Wie schon früher nach § 273b Abs. 2 Nr. 4 a.F.,[100] der als vorbereitende Maßnahme die Erhebung der schriftlichen Zeugenaussage vor der mündlichen Verhandlung ermöglichte, wird die Beweisaufnahme auch nach § 358a mit Anordnung der schriftlichen Zeugenaussage durchgeführt und nicht erst vorbereitet. Eine vorbereitende Maßnahme nach § 273 scheidet daneben aus;[101] der frühere § 272b Abs. 2 Nr. 4 a.F. ist durch § 358a ersetzt und im Vorfeld der Anordnungen nach § 358a bedarf es keiner weiteren Vorbereitung.

Nach Eingang eines Zeugenschreibens kann dessen Verwertung als schriftliche 42 Vernehmung **im Nachhinein nicht angeordnet** werden,[102] auch nicht wenn ein unter Angabe des vollen Beweisthemas geladener Zeuge, der sich mit Krankheit entschuldigt hat, die Beweisfrage von sich aus umfassend schriftlich beantwortet hat.[103] Diese Vorgehensweise lässt sich nicht damit begründen, dass die Voraussetzungen des § 377 Abs. 3 Satz 1 vor Erteilung der Auskunft vorgelegen hätten. Die Erhebung des Zeugenbeweises setzt zwingend die Belehrung des Zeugen über seine Wahrheitspflicht voraus. Diese kann bei einer nachträglichen Anordnung der schriftlichen Aussage nicht nachgeholt werden.[104] Eine Verwertung der schriftlichen Ausführungen kommt daher ohne deren vorherige Anordnung **ausschließlich** im Wege des **Urkundenbeweises** in Betracht.[105]

---

96 LG Gießen MDR 1996, 200.
97 LG Gießen MDR 1996, 200.
98 MünchKomm/*Damrau*[4] § 377 Rdn. 15; Musielak/*Stadler*[10] § 366 Rdn. 3.
99 So auch Musielak/*Huber*[10] § 377 Rdn. 5.
100 KG JW 1936, 1309, 1310; KG MDR 1975, 500; OLG Hamm NJW 1966, 1370.
101 Musielak/*Huber*[10] § 377 Rdn. 5; Stein/Jonas/*Berger*[22] § 377 Rdn. 29; **a.A.** ohne Begründung Baumbach/Lauterbach/*Hartmann*[71] § 377 Rdn. 12.
102 Zöller/*Greger*[29] § 377 Rdn. 11.
103 **A.A.** OLG Koblenz OLGZ 1994, 460.
104 In diesem Sinne auch Stein/Jonas/*Berger*[22] § 377 Rdn. 28.
105 Zöller/*Greger*[29] § 377 Rdn. 11.

43 **b) Mitteilung des Beweisthemas.** Fraglich ist, ob dem Zeugen der **genaue Wortlaut der Beweisfrage** mitgeteilt werden muss, weil in § 377 Abs. 3 anders als in § 377 Abs. 2 Nr. 2 von der Beantwortung der Beweisfrage die Rede ist. **Dagegen spricht** jedoch, dass im Beweisbeschluss stets die sich auf einzelne zu beweisende Tatsachen beziehenden Behauptungen der Parteien aufzunehmen sind. In ihm sind die Beweisfragen deshalb so formuliert, dass sie sich mit „ja" oder „nein" beantworten lassen. Würde man dem Zeugen diese Fragen zur schriftlichen Beantwortung vorlegen, hätte dies eine **unerwünschte Suggestivwirkung** (s. auch oben Rdn. 26).

44 Dies schließt aber nicht aus, dass dem Zeugen der **Gegenstand** der Vernehmung **in Form** einer **konkreten Frage** mitgeteilt wird. Dies ist sogar wünschenswert, weil es dem Zeuge besser verdeutlicht, auf welche Wahrnehmungen es dem Gericht ankommt. Die Formulierungen des Gerichts dürfen dem Zeugen also einerseits **keine bestimmte Antwort nahe legen**, sollen andererseits aber so präzise sein, dass sie ohne weitere Erläuterungen verständlich sind. Diese Anforderungen an die Formulierung einer jeden zur schriftlichen Beantwortung durch einen Zeugen bestimmten Beweisfrage dürfen nicht mit den Kriterien für die Anwendbarkeit des § 377 Abs. 3 verwechselt werden.[106]

45 **c) Hinweis- und Belehrungspflicht.** Nach § 377 Abs. 3 Satz 2 ist der Zeuge bei der Anforderung seiner schriftlichen Aussage darauf **hinzuweisen**, dass er zur Vernehmung **geladen werden kann**. Auch ein Hinweis auf die **Freiwilligkeit** der schriftlichen Aussage soll notwendig sein.[107] Außerdem ist der Zeuge über seine **Wahrheitspflicht** (§ 395) sowie über das Recht der **Zeugnisverweigerung** (§ 383 Abs. 2) zu belehren. Die Bestimmungen der ZPO über die Belehrung des Zeugen vor seiner Vernehmung gelten mangels Sonderregelung bei der Anordnung der schriftlichen Anhörung unmittelbar.[108]

46 Die im Regierungsentwurf zur Neufassung vorgesehene Verpflichtung zur **eidesstattlichen Versicherung** der Richtigkeit der schriftlichen Bekundungen wurde im Laufe des Gesetzgebungsverfahrens **gestrichen**, um den Zeugen bei einer späteren Vernehmung nicht in eine Zwangslage zu bringen. Aus etwaigen Missverständnissen bei der bloß formularmäßigen Belehrung sollten dem Zeugen keine Nachteile erwachsen.[109] Mangels Pflicht zur eidesstattlichen Versicherung bedarf es auch keiner Belehrung über das Eidesverweigerungsrecht (§ 395 Abs. 1).[110]

47 Sind die Verfahrensvoraussetzungen nicht eingehalten, liegt zwar keine Zeugenauskunft im Sinne des § 377 Abs. 3 vor. Die **schriftliche Auskunft** kann aber als **Urkundenbeweis** verwertet werden.[111]

48 **4. Kein Zwang zur schriftlichen Beantwortung.** Der Zeuge kann zur schriftlichen Beantwortung der Beweisfrage – anders als ein Sachverständiger gemäß § 411 Abs. 2 – nicht gezwungen werden, ebenso wenig zur Abgabe einer Versicherung an Eides statt.[112] **§ 380 ist nicht anwendbar.**[113]

49 Beantwortet der Zeuge die Beweisfrage nicht, muss er **zur Vernehmung geladen** werden. Der Beweisbeschluss ist dann nach § 360 Abs. 1 Satz 2 in diesem Punkt zu än-

---

106 Dazu auch *Koch* Schriftliche Zeugenaussage, S. 114 f.
107 Stein/Jonas/*Berger*[22] § 377 Rdn. 27.
108 BT-Drucks. 11/3621 S. 38.
109 BT-Drucks. 11/8283 S. 47.
110 Anders noch die Begründung des Regierungsentwurfs BT-Drucks. 11/3621 S. 38.
111 OLG Hamburg VersR 1990, 610 in Bezug auf die früheren Verfahrensanforderungen.
112 Die frühere Verpflichtung zur Beantwortung der Beweisfrage „unter eidesstattlicher Versicherung ihrer Richtigkeit" besteht nach heutiger Rechtslage nicht mehr.
113 MünchKomm/*Damrau*[4] § 377 Rdn. 15; Musielak/*Huber*[10] § 377 Rdn. 6.

dern. Es ist zweckmäßig, dem Zeugen für die schriftliche Aussage eine **Frist** zu setzen, die so zu bemessen ist, dass er noch rechtzeitig zum nächsten Termin geladen werden kann, wenn er nicht antwortet.[114] Das Gericht kann den Zeugen aber auch sogleich zum neuen Termin laden lassen und ihn vom Erscheinen entbinden, wenn er sich nach § 377 Abs. 3 erklärt.

Geht die schriftliche Aussage ein, muss das Gericht dies den Parteien formlos mitteilen und unverzüglich einen **alsbaldigen Termin zur mündlichen Verhandlung** und zur Erörterung der Beweise festsetzen.[115] 50

5. Ergänzung bzw. Erläuterung der Aussage. Das **Gericht kann** von dem Zeugen auch eine **schriftliche Ergänzung** einer Auskunft verlangen und dabei bestimmte Einzelfragen stellen oder Vorhalte machen.[116] Die Parteien haben nicht das Recht, den Zeugen selbst um eine schriftliche Auskunft bzw. um deren Ergänzung oder Erläuterung zu bitten.[117] **Fragen der Parteien nach § 397** dürfen durch die schriftliche Zeugenaussage aber **nicht abgeschnitten** werden. Auf Verlangen einer Partei muss das Gericht den Zeugen im Anschluss an die schriftliche Auskunft grundsätzlich **vor Gericht vernehmen**.[118] Hiervon ging auch der Gesetzgeber aus.[119] Die nachträgliche Vernehmung liegt nicht im Ermessen des Gerichts, denn mit ihr wird keine wiederholte Vernehmung im Sinne des § 398 angestrebt.[120] Um eine **wiederholte Vernehmung** im Sinne des § 398 handelt es sich erst, wenn die Partei inzwischen verhandelt hat, ohne nach § 295 zu rügen. Der Wunsch einer Partei, den Zeugen mündlich zu befragen, zeigt, dass eine schriftliche Zeugenaussage wider Erwarten nicht ausreicht. In einem solchen Fall kann die schriftliche Zeugenaussage ihre Ersatzfunktion nicht entfalten. Über den Umweg der schriftlichen Zeugenaussage kommt es deshalb zur **ersten Vernehmung**. Da die anfängliche Beweisprognose des Gerichts hinfällig wird, wenn eine Partei den Zeugen mündlich befragen will, darf seine nachträgliche Ladung auch nicht mit der Begründung abgelehnt werden, die Voraussetzungen für eine schriftliche Aussage hätten vorgelegen.[121] 51

Da § 377 Abs. 3 die Belastung des Zeugen auf Grund dessen öffentlich-rechtlicher Zeugnispflicht vermindern will (zuvor Rdn. 30), können die Parteien die **Ladung nicht nach Gutdünken erzwingen**.[122] Sie steht unter dem Vorbehalt des **Rechtsmissbrauchs** (§ 397 Rdn. 6). Das Parteifragerecht gem. § 397 kann auch schriftlich ausgeübt werden, so 52

---

114 Musielak/*Huber*[10] § 377 Rdn. 6.
115 Zöller/*Greger*[29] § 377 Rdn. 10.
116 BT-Drucks. 11/3621 S. 38.
117 BGH LM § 377 ZPO Nr. 5 Bl. 2f. unter Hinweis darauf, dass die in BGH LM § 377 ZPO Nr. 4 für notwendig gehaltene Durchbrechung dieses Grundsatzes auf das Verfahren in Entschädigungssachen beschränkt bleiben müsse; MünchKomm/*Damrau*[4] § 377 Rdn. 17.
118 *LG Berlin* NJW-RR 1997, 1289, 1290; Stein/Jonas/*Berger*[22] § 377 Rdn. 33; MünchKomm/*Damrau*[4] § 377 Rdn. 13; *Hansens* NJW 1991, 953, 956; *Voelskow-Thies* NJ 1991, 161, 163; *E. Schneider* MDR 1998, 1133, 1135. Die Rechtsprechung zur mündlichen Befragung eines Sachverständigen, auf die in diesem Zusammenhang in der Literatur teilweise verwiesen wird, ist hierfür nicht aussagekräftig; BGHZ 6, 398 = NJW 1952, 1214 für den Sachverständigen; BGHZ 24, 9 = NJW 1957, 870 für den Antrag auf dessen Vernehmung nach schriftlichem Gutachten; BGH MDR 1960, 659 für die schriftliche Befragung eines im Ausland ansässigen Sachverständigen.
119 BT-Drucks.11/3621 S. 39.
120 Stein/Jonas/*Berger*[22] § 377 Rdn. 33; Musielak/*Huber*[10] § 377 Rdn. 8; *E. Schneider* MDR 1998, 1133, 1135; **a.A.** die verfehlte Entscheidung des LG Gießen MDR 1996, 200.
121 So aber das LG Gießen MDR 1996, 200.
122 Anders anscheinend *Völzmann-Stickelbrock* ZZP 118 (2005), 359, 371.

dass in geeigneten Fällen Nachfragen zumindest vorläufig schriftlich gestellt und beantwortet werden können.[123]

53 Die **schriftliche Formulierung der beabsichtigten Fragen** kann nicht verlangt werden,[124] jedoch muss die Partei erkennbar machen, welche Tendenz ihre Vorhalte verfolgen sollen, damit eine Beurteilung auf Missbrauch des § 397 ermöglicht wird (näher § 397 Rdn. 6).

54 Kommt es zur richterlichen Vernehmung, darf in ihr nicht § 377 Abs. 3 angewandt werden. Vielmehr muss die **Vernehmung mündlich** durchgeführt werden. Stellt sich dann allerdings heraus, dass die schriftlich vorbereitete Aussage mit der mündlichen übereinstimmt, darf auf sie als Anlage zum Protokoll Bezug genommen werden.[125]

55 **6. Beweiswert.** Lagen die Voraussetzungen für eine schriftliche Zeugenaussage vor, ist deren **Beweiswert nicht notwendig geringer** als der einer mündlichen Aussage.[126] Die schriftliche Zeugenaussage ist anders als ein im Wege des Urkundenbeweises verwertbares Aussageprotokoll immerhin vom Zeugen selbst formuliert. Sie kann sogar ergiebiger und wahrheitsgetreuer als die Aussage vor Gericht sein, weil der Zeuge sie zu Hause unter Umständen mit mehr Ruhe und Konzentration anfertigt.[127] Das Gericht muss aber berücksichtigen, dass es **keinen persönlichen Eindruck** von dem Zeugen gewonnen hat,[128] darf also **nicht** etwa **Glaubwürdigkeitserwägungen** auf Grund der schriftlichen Aussage anstellen.

IX. Rechtsfolgen bei Verstoß

56 Ein Verstoß gegen § 377 ist ein **Verfahrensfehler**, der gemäß § 538 zur Zurückweisung führen kann. Er ist **heilbar** durch Rügeverzicht (§ 295).[129] Eine nicht ordnungsgemäße Ladung führt für den gleichwohl erschienenen Zeugen lediglich zur Nichtanwendbarkeit des § 380. Seine Vernehmung bleibt aber zulässig und die Zeugenaussage verwertbar.

§ 378
Aussageerleichternde Unterlagen

(1) Soweit es die Aussage über seine Wahrnehmungen erleichtert, hat der Zeuge Aufzeichnungen und andere Unterlagen einzusehen und zu dem Termin mitzubringen, wenn ihm dies gestattet und zumutbar ist. Die §§ 142 und 429 bleiben unberührt.

(2) Kommt der Zeuge auf eine bestimmte Anordnung des Gerichts der Verpflichtung nach Absatz 1 nicht nach, so kann das Gericht die in § 390 bezeichneten Maßnahmen treffen; hierauf ist der Zeuge vorher hinzuweisen.

---

[123] So LAG Köln MDR 2002, 465, 466 (Zeuge dort auf Grund seiner beruflichen Stellung als außerordentlich glaubwürdig und aussagefähig bewertet, Ladungsantrag nur gestützt auf Kürze der Aussageformulierung).
[124] LG Berlin NJW-RR 1997, 1289, 1290; **a.A.** *Koch* NJW 1991, 1856, 1859 (Zweck: Vermeidung einer Entwertung des § 377 Abs. 3).
[125] RGZ 142, 116, 119 f.
[126] Musielak/*Huber*[10] § 377 Rdn. 8; **a.A.** offenbar *Stadler* ZZP 110 (1997), 137, 148.
[127] *Stadler* ZZP 110 (1997), 137, 149.
[128] Musielak/*Huber*[10] § 377 Rdn. 8.
[129] BVerwG NJW 1961, 379.

Übersicht

I. Vorbereitungspflicht des Zeugen — 1
II. Konkrete Vorbereitungsanordnungen
   1. Eigeninitiative des Zeugen — 3
   2. Inhalt und Gegenstand der Vorbereitungspflicht
      a) Nachforschungen — 4
      b) Begrenzung durch Vernehmungsgegenstand — 5
      c) Aussageerleichternde Unterlagen — 6
      d) Einschränkungen der Vorbereitungspflicht
         aa) Entgegenstehende Rechte Dritter — 9
         bb) Unzumutbarkeit der Vorbereitung — 11
   3. Inhalt der Vorbereitungspflicht, Verhältnis zur Vorlegungspflicht — 12
   4. Richterliche Anordnung — 14
III. Erzwingung der Vorbereitung — 19

I. Vorbereitungspflicht des Zeugen

1 § 378 wurde durch das Rechtspflege-Vereinfachungsgesetz vom 17.12.1990[1] eingefügt. Die in der Vorschrift normierte Pflicht des Zeugen, sich auf seine Aussage vorzubereiten, soll **wiederholte Vernehmungen vermeiden** helfen und dadurch zur Verfahrensbeschleunigung beitragen.[2]

2 Eine **Vorbereitungspflicht** des Zeugen bestand zwar auch **schon vor Einfügung des § 378**. So ging der Gesetzgeber der CPO davon aus, dass der Zeuge vor seiner Aussage seine Erinnerung schärfen und etwaige Notizen einsehen müsse, und rechtfertigte damit die in § 377 Abs. 2 Nr. 2 (früher § 342 CPO) normierte Pflicht zur Mitteilung des Vernehmungsgegenstandes in der Zeugenladung.[3] Entsprechend nahm das RG an, dass der Zeuge verpflichtet sei, vor seiner Vernehmung von dem ihm zu Gebote stehenden Mitteln zur Schärfung und Auffrischung seines Gedächtnisses, insbesondere durch Einsicht in vorhandene schriftliche Aufzeichnungen, Gebrauch zu machen.[4] Die Vorbereitung des Zeugen war aber **vor Einfügung des § 378** mangels gesetzlicher Grundlage **keine echte Rechtspflicht** und nicht erzwingbar. Nach § 378 kann das Gericht die Vorbereitung des Zeugen nunmehr anordnen und ggf. mit den Maßnahmen **nach § 390 erzwingen**.

II. Konkrete Vorbereitungsanordnungen

3 **1. Eigeninitiative des Zeugen.** Der Zeuge ist nach § 378 Abs. 1 **auch ohne Anordnung** des Gerichts **zur Vorbereitung** auf seine Aussage verpflichtet. Eine besondere Anordnung (unten Rdn. 14) ist erforderlich, wenn das Gericht dem Zeugen konkrete Vorgaben für seine Vorbereitung machen und deren Befolgung nach § 390 erzwingen (unten Rdn. 20) will.

2. Inhalt und Gegenstand der Vorbereitungspflicht

4 **a) Nachforschungen.** Der Zeuge soll nach § 378 Abs. 1 Satz 1 sein **Gedächtnis auffrischen** und zu diesem Zweck Aufzeichnungen und andere Unterlagen, die ihm seine Aussage erleichtern können, einsehen und zum Termin mitbringen.[5] Die Information des Zeugen darf immer nur seiner **Erinnerung an frühere Wahrnehmungen** dienen. Die

---

1 BGBl 1990 I S. 2847.
2 BT-Drucks. 11/3621 S. 22.
3 *Hahn/Stegemann* Mat. II/1 S. 310, zu § 331.
4 RGZ 48, 392, 396.
5 Zöller/*Greger*[29] § 378 Rdn. 1.

Kenntnis bisher nicht wahrgenommener Tatsachen muss sich der Zeuge nicht verschaffen.[6] Wer zur Beweisfrage weder etwas weiß noch gewusst hat, ist mangels eigener Wahrnehmungen als Zeuge ungeeignet.[7] Die Pflicht des Zeugen zur Auffrischung seines Gedächtnisses umfasst **nicht** die Erforschung oder **Ermittlung des Sachverhalts**.

5 **b) Begrenzung durch Vernehmungsgegenstand.** Die Vorbereitungspflicht bezieht sich stets auf den **Vernehmungsgegenstand**, der dem Zeugen mit der Ladung mitgeteilt wurde.[8] Dieser muss auf einem bestimmten Beweisantritt einer der Parteien beruhen, so dass die Vorbereitungspflicht nicht die Gefahr einer unzulässigen Ausforschung birgt.[9]

6 **c) Aussageerleichternde Unterlagen.** Nach § 378 muss die Einsichtnahme in Unterlagen und deren Mitnahme zum Termin dem Zeugen die Aussage über seine Wahrnehmungen erleichtern. Unterlagen im Sinne des § 378 sind außer **Schriftstücken** (Akten, Geschäftsbücher) auch **elektronische Dokumente, bildliche Darstellungen** wie Skizzen, Photographien und Filme, magnetisch gespeicherte Daten etc. Der Begriff ist also umfassender als der Urkundenbegriff der §§ 415 ff. (vor § 415 Rdn. 1 und 4, § 415 Rdn. 2 ff.).[10]

7 Da die Unterlagen dem Zeugen die Aussage über seine Wahrnehmungen erleichtern sollen, kommen ausschließlich Unterlagen in Betracht, die mit den Wahrnehmungen des Zeugen in Zusammenhang stehen. Nur solche Unterlagen können als Gedächtnisstütze fungieren, dem Zeugen helfen, **seine Wahrnehmung zu vergegenwärtigen**. Es genügt nicht, dass die Unterlagen Informationen über das Beweisthema enthalten, denn diese kann auch ein anderer erlangt haben. Darin unterscheidet sich die Sichtung der Unterlagen durch den Zeugen von der Einsichtnahme in die **Akten** durch eine Behörde, die nach § 273 Abs. 2 Nr. 2 eine amtliche Auskunft abgeben soll. Während diese den **nicht personengebundenen Kenntnisstand der Institution** aufbereitet, ruft sich der Zeuge seine eigenen Wahrnehmungen in Erinnerung.

8 Die Verwendung **wahrnehmungsbezogener Unterlagen** soll die Erinnerung des Zeugen nur verbessern und dadurch die **Übereinstimmung von Aussage und Wahrnehmung fördern**. Die Aussageerleichterung ist deshalb immer zu bejahen, wenn Unterlagen mit Bezug zu der fraglichen Wahrnehmung des Zeugen vorhanden sind. Ein Entscheidungsspielraum in Bezug auf die Verwendung besteht bei Existenz wahrnehmungsbezogener Unterlagen nur in Hinblick auf das Merkmal der **Zumutbarkeit** (nachfolgend Rdn. 11). Auch wenn seit der Wahrnehmung nur kurze Zeit vergangen ist, wird die Einsicht in vorhandene Unterlagen die Erinnerung fördern.

d) Einschränkungen der Vorbereitungspflicht

9 **aa) Entgegenstehende Rechte Dritter.** Die Vorbereitungspflicht besteht nur, soweit der Zeuge Unterlagen einsehen und zum Termin mitbringen darf. Diese Einschränkung soll die Interessen anderer Personen schützen.[11] Die Verwendung der Unterlagen ist dem Zeugen nur gestattet, wenn sie nicht die Rechte Dritter verletzt.[12] Dabei können auch

---

6 BT-Drucks. 11/3621, S. 39; OLG Köln NJW 1973, 1983 f. = ZZP 87 (1974), 484 m. Anm. *Peters*; Stein/Jonas/*Berger*[22] § 378 Rdn. 1.
7 OLG Köln NJW 1973, 1983 f.
8 OLG Celle OLGRep. 1994, 286 (dort: unpräzise summarische Bezeichnung).
9 BT-Drucks. 11/3621 S. 39.
10 Stein/Jonas/*Berger*[22] § 378 Rdn. 2.
11 BT-Drucks. 11/3621 S. 39.
12 Stein/Jonas/*Berger*[22] § 378 Rdn. 4.

vertragliche (Unterlassungs-)Pflichten zum Tragen kommen.[13] So darf z.B. nach der Vorstellung des Gesetzgebers ein abhängig beschäftigter Zeuge Unterlagen, die ihm **im Rahmen seines Beschäftigungsverhältnisses** zugänglich sind, bei entgegenstehender Weisung des Arbeitgebers nicht für die Aussage verwenden.[14]

Abzulehnen ist die Auffassung, der Zeuge müsse – ggf. auf Anordnung des Gerichts – um eine **Erlaubnis nachsuchen**, wenn er die aussageerleichternden Unterlagen nicht ohne Zustimmung einsehen und zum Termin mitbringen darf.[15] Solche Bemühungen können dem Zeugen, wenngleich sie effizient erscheinen mögen, nicht abverlangt werden. Eine derartige Pflicht würde wie jede Zeugenpflicht den Zeugen in seiner Handlungsfreiheit beschränken und **bedürfte** deshalb einer **gesetzlichen Grundlage**, die § 378 nicht liefert. Ist der Zeuge an der Vorbereitung mit den für seine Aussage relevanten Unterlagen wegen entgegenstehender Rechte Dritter gehindert, kommt nur eine **Vorlegungsanordnung** nach § 142 bzw. § 429 **gegenüber dem Dritten** in Betracht, vgl. § 378 Abs. 1 Satz 2. 10

bb) Unzumutbarkeit der Vorbereitung. Die Vorbereitungspflicht des Zeugen ist ferner insoweit eingeschränkt, als der **persönliche Aufwand** der Vorbereitung für den Zeugen **zumutbar** bleiben muss.[16] Dieses Verhältnismäßigkeitskriterium trägt der bisherigen Rechtsprechung[17] Rechnung. Bereits das RG hatte entschieden, dass die Informationspflicht des Zeugen nicht unbegrenzt ist, sich vielmehr nur auf solche Ermittlungen erstreckt, welche dem Streben nach gewissenhafter Erfüllung der Zeugenschaftsverpflichtung Genüge tun, aber **nicht** zu schwierigen, einen **außergewöhnlichen Zeitaufwand** in Anspruch nehmenden Nachforschungen nötigt.[18] Die dem Zeugen abverlangte Mühe darf nicht außer Verhältnis zu der **Bedeutung der Aussage** für den Rechtsstreit stehen. 11

3. Inhalt der Vorbereitungspflicht; Verhältnis zur Vorlegungspflicht. Der Zeuge muss die für seine Aussage bedeutsamen Unterlagen vor dem zur Beweisaufnahme bestimmten Termin (bzw. vor Anfertigung einer schriftlichen Aussage nach § 377 Abs. 3) **einsehen**, d.h. lesen oder betrachten, um sich auf seine Vernehmung vorzubereiten. Außerdem muss er die **Unterlagen zum Termin mitbringen**, damit er bei Bedarf darauf zurückgreifen kann. § 378 Abs. 1 Satz 2 stellt dabei klar, dass der Zeuge nach dieser Vorschrift **nicht verpflichtet** ist, die Aufzeichnungen und Unterlagen den Parteien oder dem Gericht **vorzulegen**.[19] Vorlegungspflichten bestehen ausschließlich, soweit sie prozessual in § 142 und § 429 vorgesehen sind.[20] Irreführend ist die Annahme, § 378 Abs. 1 Satz 2 „verweise" auf § 142 derart, dass der Zeuge nach § 378 „i.V.m." § 142 Abs. 2 zur Vorlegung der Unterlagen verpflichtet werden könne.[21] Da § 142 nach § 378 Abs. 1 Satz 2 „unberührt" bleibt, ist die Möglichkeit einer Anordnung nach § 142 unabhängig von § 378. 12

---

13   **A.A.** ohne Begründung Stein/Jonas/*Berger*[22] § 378 Rdn. 4.
14   BT-Drucks. 11/3621 S. 39.
15   So ohne Begründung MünchKomm/*Damrau*[4] § 378 Rdn. 4; **a.A.** Stein/Jonas/*Berger*[22] § 378 Rdn. 4; Baumbach/Lauterbach/*Hartmann*[71] § 378 Rdn. 7.
16   BT-Drucks. 11/3621 S. 39.
17   OLG Köln NJW 1973, 1983 f.
18   RGZ 48, 392, 397.
19   BT-Drucks. 11/3621 S. 39.
20   BT-Drucks. 11/3621 S. 39.
21   So offenbar Musielak/*Huber*[10] § 378 Rdn. 4.

13 Handelt es sich bei den Unterlagen um **gespeicherte Daten**, muss der Zeuge diese notfalls **in eine mobile Form überführen**, um sie zum Termin mitbringen zu können. Soweit dem Zeugen dadurch **Auslagen** entstehen, sind ihm diese nach § 401 in Verb. mit §§ 19 Abs. 1, 7 Abs. 2 JVEG zu erstatten (§ 401 Rdn. 10). Ohne ausdrückliche Anordnung ist der Zeuge nicht verpflichtet, einen Ausdruck gespeicherter Daten oder eine Kopie auf einem mobilen Datenträger anzufertigen;[22] der Zeuge muss die Daten **nach § 378** im Termin **nicht vorlegen** (vgl. zuvor Rdn. 12), sondern soll sie ausschließlich selbst als Unterlage verwenden.[23]

14 **4. Richterliche Anordnung.** Will das Gericht mittels § 390 erzwingen (nachfolgend Rdn. 19 ff.), dass sich der Zeuge mit bestimmten Unterlagen auf seine Aussage vorbereitet, muss es zuvor eine bestimmte Anordnung nach § 378 Abs. 1 treffen, vgl. § 378 Abs. 2. In der Anordnung muss das Gericht dem Zeugen **konkrete Vorgaben für** die **Vorbereitung** machen, d.h. die Unterlagen, die der Zeuge einsehen und mitbringen soll, in der Anordnung genau bezeichnen.[24] Die **unspezifische Aufforderung**, „etwa **vorhandene Unterlagen**" einzusehen und mitzubringen, reicht nicht aus.[25] Voraussetzung ist daher, dass das Gericht von der Existenz bestimmter aussagerelevanter Unterlagen weiß. Sobald dies der Fall ist, kann die Anordnung nach § 378 Abs. 1 ergehen, wenn möglich **mit der Ladung** des Zeugen zum Termin.[26]

15 Im Zusammenhang mit der Einfügung des § 378 hat der Gesetzgeber **§ 273 Abs. 2 Nr. 4** um die Möglichkeit einer **vorbereitenden Anordnung** nach § 378 Abs. 1 ergänzt,[27] so dass die Anordnung auch vor Erlass eines Beweisbeschlusses zur Terminsvorbereitung zulässig ist. Im Interesse der Verfahrensbeschleunigung sollte bereits mit der Anordnung der nach § 378 Abs. 2 Satz 2 für Maßnahmen nach § 390 vorausgesetzte Hinweis erteilt werden.

16 Eine „bedingte Anordnung" der Einsichtnahme in bestimmte Unterlagen für den Fall, dass der Zeuge diese besitzt,[28] ist zwar als Hinweis auf die Vorbereitungspflicht denkbar. Gerade weil eine derartige **hypothetische Anweisung** als Grundlage für die Verhängung von Maßnahmen **nach § 390 nicht ausreicht**, stellt sie keine echte Anordnung im Sinne des § 378 Abs. 2 und § 273 Abs. 2 Nr. 4 dar.

17 Das Gericht entscheidet über den Erlass einer Anordnung nach § 378 Abs. 1 nach pflichtgemäßem **Ermessen**. Weigert sich der Zeuge trotz Vorliegen der Voraussetzungen des § 378 Abs. 1, seine Unterlagen zu sichten, ist es unter Umständen **zur Ausschöpfung des Beweismittels** im Sinne des § 286[29] geboten, eine **Anordnung** nach § 378 Abs. 1 zu treffen. So hat der BGH es zur Sachverhaltsaufklärung für zwingend gehalten, eine Anordnung gegen einen Rechtsanwalt zu erlassen, der als Zeuge über einen fast sechs Jahre zurückliegenden Vorgang berichten sollte, seine damaligen Akten aber nicht durchgesehen hatte und deshalb zu keiner ergiebigen Aussage imstande war.[30]

18 **Gegen** die **Anordnung** steht dem Zeugen wegen deren Charakters als prozessleitende Entscheidung **kein Rechtsmittel** zu.[31] Mit der sofortigen Beschwerde kann er sich

---

22 A.A. Stein/Jonas/*Berger*[22] § 378 Rdn. 2 (bis zur Zumutbarkeitsgrenze).
23 MünchKomm/*Damrau*[4] § 378 Rdn. 6.
24 Stein/Jonas/*Berger*[22] § 378 Rdn. 8.
25 Musielak/*Huber*[10] § 378 Rdn. 5; Zöller/*Greger*[29] § 378 Rdn. 3.
26 Zöller/*Greger*[29] § 378 Rdn. 3.
27 BT-Drucks. 11/3621 S. 39.
28 MünchKomm/*Damrau*[4] § 378 Rdn. 7; Stein/Jonas/*Berger*[22] § 378 Rdn. 8.
29 Zöller/*Greger*[29] § 378 Rdn. 5.
30 BGH ZIP 1993, 1307, 1308.
31 MünchKomm/*Damrau*[4] § 378 Rdn. 13; Stein/Jonas/*Berger*[22] § 378 Rdn. 11; Zöller/*Greger*[29] § 378 Rdn. 4.

nach §§ 378 Abs. 2, 390 Abs. 3 erst gegen einen etwaigen nachfolgenden **Zwangsmittelbeschluss** wehren.

III. Erzwingung der Vorbereitung

§ 378 Abs. 2 Hs 1 erlaubt dem Gericht, die **in § 390 bezeichneten Maßnahmen** zu treffen, wenn der Zeuge auf eine bestimmte Anordnung des Gericht seinen Pflichten nicht nachkommt.

Die Verhängung der Ordnungs- und Zwangsmaßnahmen setzt zunächst voraus, dass das Gericht **zuvor** eine **Anordnung** nach § 378 Abs. 1 (Rdn. 14) getroffen hat. Weiter muss der Zeuge die in der Anordnung enthaltenen **konkreten Vorgaben** für seine Vorbereitung **missachtet** haben. Schließlich muss das Gericht den Zeugen darüber **belehrt** haben, dass es die in § 390 bezeichneten Ordnungs- und Zwangsmittel verhängen kann, wenn der Zeuge der Anordnung nicht nachkommt, vgl. § 378 Abs. 2 Hs 2.

Ob das Gericht bei Vorliegen dieser Voraussetzungen die in § 390 vorgesehenen **Ordnungs- und Zwangsmittel** verhängt, steht anders als nach § 390 (§ 390 Rdn. 13) in seinem **pflichtgemäßen Ermessen** („kann").[32] Dies gilt auch für die Anordnung von Zwangshaft nach § 390 Abs. 2,[33] die einen Antrag voraussetzt.[34]

Die Maßnahmen des § 390 werden durch **Beschluss** angeordnet. Zuvor muss der Zeuge gehört werden, d.h. der Zeuge kann seine mangelnde Vorbereitung **entschuldigen**.[35] § 381 ist entsprechend anzuwenden.[36] Gegen den Beschluss steht dem Zeuge gemäß § 390 Abs. 3 das Recht der sofortigen Beschwerde zu.

§ 378 lässt das Recht zur **Verweigerung des Zeugnisses** unberührt.[37] Maßnahmen nach § 390 scheiden deshalb aus, wenn der Zeuge sein Zeugnisverweigerungsrecht ausübt.[38]

§ 379
Auslagenvorschuss

Das Gericht kann die Ladung des Zeugen davon abhängig machen, dass der Beweisführer einen hinreichenden Vorschuss zur Deckung der Auslagen zahlt, die der Staatskasse durch die Vernehmung des Zeugen erwachsen. Wird der Vorschuss nicht innerhalb einer bestimmten Frist gezahlt, so unterbleibt die Ladung, wenn die Zahlung nicht so zeitig nachgeholt wird, dass die Vernehmung durchgeführt werden kann, ohne dass dadurch nach der freien Überzeugung des Gerichts das Verfahren verzögert wird.

Schrifttum

Bachmann Der Zeugen- und Sachverständigenvorschuß, DRiZ 1984, 401; *Berding/Deckenbrock* Der Streithelfer als Kosten- und Vorschußschuldner bei Beweisanträgen, NZBau 2006, 337; *Gießler* Vernehmung des nicht geladenen Zeugen, NJW 1991, 2885; *Heistermann* Vorschußanordnung vor der Beweisauf-

---

32 MünchKomm/*Damrau*[4] § 378 Rdn. 8.
33 Stein/Jonas/*Berger*[22] § 378 Rdn. 10.
34 Stein/Jonas/*Berger*[22] § 378 Rdn. 10; **a.A.** MünchKomm/*Damrau*[4] § 378 Rdn. 9.
35 Stein/Jonas/*Berger*[22] § 378 Rdn. 10.
36 MünchKomm/*Damrau*[4] § 378 Rdn. 9; Stein/Jonas/*Berger*[22] § 378 Rdn. 10.
37 BT-Drucks. 11/3621 S. 39.
38 Stein/Jonas/*Berger*[22] § 378 Rdn. 6; Zöller/*Greger*[29] § 378 Rdn. 3.

nahme – Folgen der fehlerhaften Zahlung, MDR 2001, 1085; *Rixecker* Vermeintliche Randprobleme der Beschleunigung des Zivilprozesses, NJW 1984, 2135; *Röbke* Vorschußpflicht, Antragstellerhaftung für Auslagen des Gegners und unrichtige Sachbehandlung, NJW 1986, 237; *Sass* Die Folgen der versäumten Zahlung des Auslagenvorschusses nach § 379 ZPO – Zugleich ein Beitrag zur Auslegung des § 356 ZPO, MDR 1985, 96; *Schmid* Die Vorschußpflicht nach § 379 ZPO, MDR 1982, 94; *Schneider* Der Auslagenvorschuß für Zeugen und Sachverständige, ZZP 76 (1963), 188; *Varrentrapp* Die Widerruflichkeit der Entschädigungsverzichtserklärung eines Zeugen, NJW 1962, 903; *Weber* Zur Bedeutung des § 379 Satz 2 ZPO, MDR 1979, 799.

Übersicht

I. Normzweck und Anwendungsbereich
    1. Sicherung der Fiskalinteressen —— 1
    2. Anwendungsbereich —— 3
II. Anordnung der Vorschusszahlung
    1. Ermessen —— 6
    2. Zahlungspflicht des Beweisführers —— 11
    3. Befreiung von der Vorschusspflicht —— 13
    4. Bemessung des Vorschusses —— 16
    5. Fristsetzung —— 17
    6. Rechtsmittel —— 20
III. Unterbleiben der Ladung —— 22

I. Normzweck und Anwendungsbereich

1. Sicherung der Fiskalinteressen. § 379 soll sicherstellen, dass die **Gerichtsauslagen gedeckt** werden, die der Staatskasse durch die Entschädigung des Zeugen (bzw. Sachverständigen) für seine Zeitversäumnis und Auslagen entstehen.[1]

Nach der ursprünglichen Fassung der Vorschrift konnte das Gericht die Ladung des Zeugen von der Hinterlegung eines Vorschusses zur Deckung der durch die Vernehmung des Zeugen erwachsenen Auslagen abhängig machen. Die **Einforderung des Vorschusses** war nicht obligatorisch, weil das Verfahren bei „zweifellos vermögenden Prozessparteien" nicht ohne Not verzögert werden sollte.[2] Die Bekanntmachung von 1933[3] machte die Anordnung der Vorschusszahlung zur Regel („soll"). Durch die Vereinfachungsnovelle von 1976[4] wurde § 379 wieder als **Kannvorschrift** ausgestaltet.[5]

2. Anwendungsbereich. § 379 hat als **lex specialis**[6] in seinem Anwendungsbereich **Vorrang vor § 17 GKG** und § 16 FamGKG, die allgemein den Auslagenvorschuss für Handlungen betreffen, die das Gericht auf Antrag vornimmt. Die Norm stimmt mit § 356 tatbestandlich überein; auch gegenüber § 356 ist von einem Vorrang des § 379 Satz 2 auszugehen (dazu § 356 Rdn. 10, 31). § 379 ist nicht nur bei Ladung eines Zeugen zur Vernehmung, sondern auch bei seiner schriftlichen Befragung nach § 377 Abs. 3[7] anzuwenden. Außerdem gilt die Vorschrift nach § 402 entsprechend für die Ladung eines Sachverständigen zur mündlichen Befragung oder die Anordnung eines **schriftlichen Sachverständigengutachtens** gemäß § 411 (§ 402 Rdn. 99 ff.),[8] wenn der Sachverständigenbeweis auf Antrag einer Partei erhoben wird.[9] Ordnet das Gericht den Sachverständi-

---
1 *Hahn/Stegemann* Mat. II/1 S. 310, zu §§ 332, 333.
2 *Hahn/Stegemann* Mat. II/1 S. 310, zu § 333.
3 RGBl 1933 I S. 821.
4 BGBl 1976 I S. 3281.
5 *Schmid* MDR 1982, 94.
6 OLG Bamberg FamRZ 2001, 1387; *Schmid* MDR 1982, 94; *Hartmann* Kostengesetze[42] § 17 GKG Rdn. 1.
7 *Musielak/Huber*[10] § 379 Rdn. 2.
8 BT-Drucks. 7/2729 S. 84; BGH LM § 379 ZPO Nr. 1 = MDR 1964, 501, 502 = NJW 1964, 658 (LS); Zöller/*Greger*[29] § 379 Rdn. 1.
9 BGH LM § 379 ZPO Nr. 1 = MDR 1964, 501, 502; BGH NJW 1991, 2961, 2963 a.E. = FamRZ 1991, 426; OLG München OLGZ 1978, 484 = MDR 1978, 412.

genbeweis hingegen nach § 144 Abs. 1 **von Amts wegen** an, gilt § 379 nicht[10] (§ 402 Rdn. 100). In einem solchen Falle kann auch § 17 Abs. 3 Satz 1 GKG nicht als Grundlage für eine Vorschussanforderung herangezogen werden.[11]

Soweit im Zivilprozess ausnahmsweise der **Amtsermittlungsgrundsatz** gilt, ist **§ 379** **4** **nicht** anwendbar. Hält das Gericht allerdings im Kindschaftsprozess eine DNA-Analyse für nicht erforderlich, weil es schon auf Grund eines serologischen Gutachtens überzeugt ist und deshalb kein Anlass besteht, von Amts wegen weiter aufzuklären, kann es die von einer Partei beantragte Einholung des DNA-Gutachtens nach §§ 379, 402 von einem Auslagenvorschuss abhängig machen.[12] In der **Zwangsvollstreckung** gilt § 379 trotz deren Charakters als Amtsverfahren im Erinnerungs-, Widerspruchs- und Beschwerdeverfahren, weil insoweit keine Amtsprüfung stattfindet.[13]

§ 379 ist auch anzuwenden, wenn bei der Vernehmung eines Zeugen ein **Dolmet-** **5** **scher** benötigt wird, weil dessen **Entschädigung** zu den gerichtlichen Zeugenauslagen zählt.[14] Nicht anwendbar ist § 379 hingegen auf einen Dolmetscher, der nach § 185 GVG hinzugezogen wird, wenn eine Prozesspartei die deutsche Sprache nicht beherrscht,[15] denn der Dolmetscher wird dann von Amts wegen eingeschaltet. **Keine Anwendung** findet § 379 auf die Ladung der Partei zur **Parteivernehmung** gemäß § 445, weil ein Ausgleich der Auslagen nur nach §§ 91, 104 erfolgt.[16]

II. Anordnung der Vorschusszahlung

1. Ermessen. Ob das Gericht die Ladung eines Zeugen oder eines Sachverständigen **6** bzw. deren schriftliche Befragung von der Zahlung eines Auslagenvorschusses abhängig macht, steht nach § 379 Satz 1 in seinem **freien Ermessen**.[17] Die Kann-Vorschrift des § 379 hat als Spezialregelung Vorrang vor der Soll-Vorschrift des § 17 Abs. 1 Satz 2 GKG[18] (oben Rdn. 3). Eine regelmäßige Vorschussanforderung kommt daher nicht in Betracht.[19]

Das Gericht muss bei seinen Ermessenserwägungen einerseits berücksichtigen, dass **7** die Vorschusspflicht entgegen dem Beschleunigungsgrundsatz zu erheblichen **Prozessverzögerungen** führen kann.[20] Andererseits kann es bei **kostspieligen Beweisaufnahmen** im fiskalischen Interesse und aus Gründen der Prozessökonomie ratsam sein, die Beweiserhebung von der vorherigen Sicherstellung der Kosten abhängig zu machen.[21] Bei einer von dem Beklagten beantragten Beweisaufnahme kann dies auch im **Interesse des Klägers** liegen, weil dieser nach Maßgabe des § 22 Abs. 1 Satz 1 GKG auch dann für sämtliche Gerichtskosten haftet, wenn dem Beklagten die Verfahrenskosten auferlegt werden.[22] Irrelevant ist, ob die Beweisaufnahme dem Gericht unökonomisch

---

10 BGH FamRZ 1969, 477, 478; BGH NJW 2000, 743, 744; BGH GRUR 2010, 365 Tz. 19 = NJW-RR 2010, 1059; BGH NJW 2012, 3512 Tz. 31 – Delcantos Hits; OLG Hamburg FamRZ 1986, 195; KG MDR 1962, 744.
11 BGH NJW 2000, 743, 744; OLG Bamberg FamRZ 2001, 1387.
12 BGH NJW 1991, 2961, 2963 a.E.
13 KG Rpfleger 1968, 328.
14 Stein/Jonas/*Berger*[22] § 379 Rdn. 5; MünchKomm/*Damrau*[4] § 379 Rdn. 11; Zöller/*Greger*[29] § 379 Rdn. 1.
15 LG Bonn JMBlNRW 1965, 209, 210; Stein/Jonas/*Berger*[22] § 379 Rdn. 5; Zöller/*Greger*[29] § 379 Rdn. 1; *Schmid* MDR 1982, 94, 97.
16 Zöller/*Greger*[29] § 379 Rdn. 3.
17 BT-Drucks. 7/2729 S. 84 f.; *Röbke* NJW 1986, 237, 238; *Schmid* MDR 1982, 94.
18 OLG Bamberg FamRZ 2001, 1387; *Röbke* NJW 1986, 237, 238.
19 *Schmid* MDR 1982, 94.
20 BT-Drucks. 7/2729 S. 84.
21 BT-Drucks. 7/2729 S. 84.
22 BT-Drucks. 7/2729 S. 84.

erscheint, weil die Beurteilung des Prozesskostenrisikos ausschließlich Sache der Parteien ist.[23]

8 Nach der Vorstellung des Gesetzgebers soll die Anordnung einer Vorschusszahlung bei „zweifellos vermögenden Prozessparteien" nicht notwendig sein,[24] weil dann **kein Vollstreckungsrisiko** bestehe. Aber auch wenn die Deckung der Auslagen nicht gesichert ist, darf das Gericht nach seinem freien Ermessen dem **Beschleunigungsinteresse** Vorrang einräumen und von der Erhebung eines Vorschusses absehen.[25] Es liegt deshalb keine unrichtige Sachbehandlung im Sinne von § 21 Abs. 1 Satz 1 GKG darin, dass das Gericht von der Anordnung der Vorschusszahlung absieht, obwohl die Vermögenslosigkeit des Beweisführers aktenkundig ist.[26]

9 Sichert ein **Rechtsanwalt** die gegenüber seinem Mandanten angeordnete Vorschusszahlung zu, indem er **sich** dafür „**stark sagt**", spricht nichts dagegen, dass das Gericht von einer Vorauszahlungsanordnung Abstand nimmt, weil der Anwalt dann analog § 29 Nr. 2 GKG n.F. als weiterer Kostenschuldner haftet.[27] Die **Übernahmehaftung** aus einer „Starksagung" erfasst allerdings nicht ohne weiteres den durch eine Zeugenvernehmung tatsächlich entstandenen Entschädigungsaufwand, wenn dieser den gerichtlich angeforderten Auslagenvorschuss übersteigt.[28]

10 Hat das Gericht nach seinem Ermessen von der Anordnung der Vorschusspflicht abgesehen, kann durch den Beweisbeschluss keine Kostenschuld entstanden sein. Sie entstehen auch nach Abschluss des Verfahrens nicht mehr durch eine **Anordnung des Kostenbeamten** nach § 17 GKG n.F. (§ 68 GKG a.F.), weil diese Vorschrift nur einer kostenmäßigen Absicherung einer erst vorzunehmenden, jedenfalls noch nicht abgeschlossenen gerichtlichen Handlung dient.[29]

11 **2. Zahlungspflicht des Beweisführers.** Der Vorschuss ist **ohne Rücksicht auf** die **Beweislast** von dem Beweisführer zu leisten, also von derjenigen Partei, die den Beweisantrag gestellt hat[30] (zu den Folgen für den Inhalt des Beweisbeschlusses § 359 Rdn. 15). Auch darf der **Gegenbeweis** nicht erhoben werden, solange der Hauptbeweis noch nicht angetreten ist.[31] Wer die **Anhörung des Sachverständigen** gemäß § 411 Abs. 3 beantragt, trägt insoweit die Vorschusslast, auch wenn das schriftliche Gutachten vom Gegner beantragt worden war.[32] Beim Beweisantritt eines Streithelfers ist die von ihm unterstützte Partei Beweisführer.[33]

12 Die Beweislast spielt dann eine Rolle, wenn **beide Parteien dasselbe Beweismittel** benennen. In einem solchen Fall trifft die Vorschusspflicht nach richtiger und nunmehr h.M. in Rechtsprechung und Literatur nur die **beweisbelastete Partei**, weil aus einer

---

23 BVerfG NJW 1979, 414.
24 *Hahn/Stegemann* Mat. II/1 S. 310, zu § 333.
25 *Röbke* NJW 1986, 237, 238.
26 OLG Düsseldorf VersR 1985, 504; *Röbke* NJW 1986, 237, 238.
27 OLG Düsseldorf NJW-RR 1997, 826, 827; OLG Düsseldorf MDR 1991, 161; Stein/Jonas/*Berger*[22] § 379 Rdn. 10; Zöller/*Greger*[29] § 379 Rdn. 2.
28 OLG Düsseldorf NJW-RR 1997, 826, 827.
29 OLG Bamberg FamRZ 2001, 1387.
30 BGH (VI. ZS) NJW 1999, 2823, 2824 f.; BGH (VI.ZS) NJW 2000, 1420, 1422; BGH (VII. ZS) NJW 2000, 743; BGH (I. ZS) GRUR 2010, 365 Tz. 18.
31 *Schneider* ZZP 76 (1963), 188, 197.
32 BGH LM § 379 ZPO Nr. 1 = MDR 1964, 501, 502; Zöller/*Greger*[29] § 379 Rdn. 4 (Ausnahme bei Gutachterbestellung von Amts wegen); *Schneider* ZZP 76 (1963), 188, 195.
33 MünchKomm/*Damrau*[4] § 379 Rdn. 3; Stein/Jonas/*Berger*[22] § 379 Rdn. 2; Zöller/*Greger*[29] § 379 Rdn. 4; *Schneider* ZZP 76 (1963), 188, 193; **a.A.** *Bachmann* DRiZ 1984, 401, 402: Beweisführer i.S.d. § 379 ist der Streithelfer selbst; ebenso *Berding/Deckenbrock* NZBau 2006, 337, 340.

unterbliebenen Vorschusszahlung zu Lasten der nicht beweisbelasteten Partei für die Hauptsacheentscheidung ohnehin keine Folgerungen gezogen werden dürfen.[34] Soll ein von beiden Parteien benannter **Zeuge zu mehreren Beweisthemen** mit unterschiedlicher Beweislast aussagen, ist diejenige Partei vorschusspflichtig, deren Vortrag relationstechnisch vorgeht, also die für die anspruchsbegründenden Tatsachen beweispflichtige Partei im Verhältnis zu der Partei, die für die einredebegründenden Tatsachen beweispflichtig ist.[35]

3. Befreiung von der Vorschusspflicht. Nicht vorschusspflichtig ist, wer **nach § 2 GKG keine Gerichtskosten** tragen muss. Auch eine Partei, der **Prozesskostenhilfe bewilligt** wurde, ist gemäß § 122 Abs. 1 Nr. 1a im Allgemeinen von der Vorschusspflicht befreit. Dies gilt jedoch nicht, wenn die beantragte Beweiserhebung keine hinreichende Aussicht auf Erfolg bietet und der Antrag daher mutwillig erscheint, weil das soziale Recht der Prozesskostenhilfe insgesamt unter dem Vorbehalt der Voraussetzungen der §§ 114 ff. steht.[36] Hat das Gericht **keine Ratenzahlungsanordnung** getroffen, ist gemäß § 122 Abs. 2, 1 Nr. 1a auch der **Gegner einstweilen** von der Vorschusspflicht **befreit**,[37] es sei denn, die zu beweisenden Behauptungen sind ausschließlich für eine Widerklage erheblich, weil der Gegner nur Befreiung genießt, soweit er nicht Angreifer ist.[38] Wird **nachträglich Prozesskostenhilfe** bewilligt, erübrigt sich die Vorschusspflicht. 13

Die Vorschusspflicht wird nach allgemeiner Praxis ferner durch eine dem Gericht zugegangene **Zeugenentschädigungsverzichtserklärung** beseitigt, auch wenn die Vorschussleistung bereits angeordnet war.[39] An einer solchen Verzichtserklärung muss der Zeuge grundsätzlich festgehalten werden, weil er dadurch bewirkt hat, dass eine sonst eingeholte Deckung für eine Ausgabe der Staatskasse nicht vorhanden ist.[40] Allerdings kann der Zeuge seine Erklärung nach den Regeln des öffentlichen Rechts wegen Täuschung, Drohung und Erklärungsirrtums **anfechten** und wegen Veränderung der Geschäftsgrundlage[41] **widerrufen**.[42] Ein Wegfall der Geschäftsgrundlage ist z.B. anzunehmen, wenn der Verzicht auf die Auslagenerstattung wegen fortgeschrittenen Alters des Zeugen erkennbar zur Voraussetzung hatte, dass die Vernehmung im Wege der Rechtshilfe am Wohnsitzgericht des Zeugen stattfindet und deshalb allenfalls begrenzte Auslagen entstehen.[43] Der Widerruf wegen Wegfalls der Geschäftsgrundlage ist aber nur wirksam, wenn er unverzüglich nach Eintritt der maßgeblichen Umstände und jedenfalls vor der Vernehmung dem Gericht gegenüber erklärt wird.[44] 14

---

34 BGH NJW 1999, 2823, 2824 f.; BGH NJW 2000, 1420, 1422; BGH NJW 2000, 743; BGH GRUR 2010, 365 Tz. 18; KG JW 1932, 666; OLG Stuttgart NJW-RR 2002, 143 unter Aufgabe seiner früheren abweichenden Rechtsprechung; Stein/Jonas/*Berger*[22] § 379 Rdn. 2; Zöller/*Greger*[29] § 379 Rdn. 4; *Schneider* ZZP 76 (1963), 188, 197; **a.A.** OLG Düsseldorf MDR 1974, 321: Haftung beider Parteien als „Gesamtschuldner"; ebenso OLG Zweibrücken RPfleger 1989, 81; *Bachmann* DRiZ 1984, 401f: aber keine gesamtschuldnerische Haftung, sondern bloße Obliegenheit.
35 MünchKomm/*Damrau*[4] § 379 Rdn. 3; ebenso *Schneider* ZZP 76 (1963), 188, 199, **a.A.** aber für zwei Zeugen zu zwei gleichen Themen: beiden Parteien müsse der volle Vorschuss für beide Zeugen auferlegt werden.
36 OLG Hamm FamRZ 1992, 455 f.
37 OLG Hamm MDR 1999, 502; *Heistermann* MDR 2001, 1085 f.
38 KG OLGZ 1971, 423, 424; MünchKomm/*Damrau*[4] § 379 Rdn. 4.
39 OLG München NJW 1975, 2108; *Varrentrapp* NJW 1962, 903.
40 OLG München NJW 1975, 2108.
41 OLG Düsseldorf NJW-RR 1997, 826, 827.
42 OLG Frankfurt KostRspr. § 15 ZSEG Nr. 3; OLG München OLGRep. 1995, 94; *Varrentrapp* NJW 1962, 903, 904.
43 OLG Düsseldorf MDR 1991, 66 f.
44 OLG München NJW 1975, 2108; OLG München OLGRep. 1995, 94.

15   Das Unterlassen der Vorschusszahlung ist allein **kein Anlass**, die Beweisaufnahme **von Amts wegen anzuordnen**.[45] Allerdings muss das Gericht prüfen, ob eine Anordnung von Amts wegen zu treffen ist, wenn der Vorschuss nicht gezahlt wird.[46] Der aus **eigenen Mitteln des Prozessbevollmächtigten** für eine Beweisaufnahme gezahlte Auslagenvorschuss kann ungeachtet nachfolgender Entschädigungsverzichtserklärungen der zu vernehmenden Zeugen auf ausstehende Gerichtskosten der vertretenen Partei verrechnet werden, wenn diese bei Einzahlung des Vorschusses fällig waren.[47]

16   **4. Bemessung des Vorschusses.** Der Vorschuss muss sich im Rahmen dessen halten, was an Auslagen zu erwarten ist, und sich deshalb an der **nach** dem **JVEG** voraussichtlich **zu zahlenden Entschädigung** orientieren. Ein Befangenheitsantrag nach § 42 soll nicht darauf gestützt werden können, dass der Richter den Kostenvorschuss für ein Sachverständigengutachten zu hoch festgesetzt hat.[48]

17   **5. Fristsetzung.** Für die Anforderung des Auslagenvorschusses ist das **Prozessgericht** zuständig. Es ordnet die Zahlung eines bestimmten Betrages an. Mit der Vorschussanordnung soll es dem Beweisführer eine **Frist zur Zahlung** setzen, § 379 Satz 2. Die Fristsetzung kann jedoch nachgeholt werden. Immer aber muss die **Frist angemessen** sein,[49] d.h. so lang, dass eine zahlungsfähige Partei den Vorschuss noch rechtzeitig überweisen kann. **Im Anwaltsprozess** darf die Frist im Regelfall nicht wesentlich kürzer sein als drei Wochen.[50] Eine **Fristverlängerung** auf Antrag des Beweisführers ist nach § 224 Abs. 2 zulässig. War indes die erste Frist unangemessen kurz, muss von Amts wegen eine neue angemessene Frist gesetzt werden. Die **Fristsetzung erübrigt sich**, wenn die Partei sich weigert, den Vorschuss zu bezahlen. Dann ist die Partei so zu behandeln, als wäre ihr vergeblich eine Frist gesetzt worden, d.h. § 379 Satz 2 ist anzuwenden. In der Anordnung ist ferner mitzuteilen, bei welcher Gerichtskasse der Vorschuss einzuzahlen ist, andernfalls ist bei Fristversäumung nach dem Verbleib der Zahlung zu fragen.[51]

18   Die Vorschussanordnung ist dem Beweisführer wegen der mit ihr verbundenen Fristsetzung **zuzustellen** (§ 329 Abs. 2 Satz 2), sofern sie ihm nicht in der mündlichen Verhandlung verkündet wird.[52]

19   **Nachdem** der **Zeuge geladen** worden ist, scheidet eine Anordnung der Vorschusspflicht aus.[53] Zeigt sich nach anfänglicher Vorschusszahlung, dass die Kosten der Beweisaufnahme höher sein werden als ursprünglich erwartet, kann das Kostensicherungsinteresse eine **Nachforderung** erforderlich machen. Ist der Zeuge bereits geladen oder der Sachverständige schon beauftragt, kann die erneute Vorschussanordnung nur noch auf § 17 Abs. 3 GKG gestützt werden.[54] Deshalb können die Folgen des § 379 Satz 2 nicht

---

45   OLG Düsseldorf MDR 1974, 321.
46   BGH GRUR 1976, 213 m. Anm. *Pietzcker* = MDR 1976, 396 zu § 114 Abs. 1 S. 2 GKG a.F. (= § 17 Abs. 1 S. 2 GKG n.F.) i.V.m. § 42 Abs. 2 S. 1 PatG (Fassung bis 31.12.1980, entspricht § 110 PatG 1981 i.d.F. bis 31.10.1998).
47   OLG Oldenburg JurBüro 1987, Sp. 1197.
48   OLG Karlsruhe OLGZ 1984, 102, 103.
49   OLG Frankfurt NJW 1986, 731; s. auch OLG Hamm MDR 2007, 855.
50   OLG Frankfurt NJW 1986, 731, 732; Musielak/*Huber*[10] § 379 Rdn. 7; *Heistermann* MDR 2001, 1085, 1086.
51   BVerfG NJW-RR 1996, 1533; Zöller/*Greger*[29] § 379 Rdn. 6.
52   MünchKomm/*Damrau*[4] § 379 Rdn. 8; Zöller/*Greger*[29] § 379 Rdn. 6.
53   OLG Frankfurt OLGZ 1968, 436, 438; Musielak/*Huber*[10] § 379 Rdn. 5; Stein/Jonas/*Berger*[22] § 379 Rdn. 1.
54   MünchKomm/*Damrau*[4] § 379 Rdn. 7; vgl. auch *Heistermann* MDR 2001, 1085, 1086.

eintreten, wenn die vorschusspflichtige Partei die Aufforderung zur Zahlung eines weiteren Auslagenvorschusses nicht befolgt.[55]

6. Rechtsmittel. Weder die Anordnung der Vorschusszahlung noch die Fristsetzung ist selbständig durch Rechtsbehelf oder Rechtsmittel angreifbar. Eine **sofortige Beschwerde** nach § 567 **scheidet aus**, weil sie in § 379 nicht ausdrücklich vorgesehen ist und durch die Vorschussanordnung auch kein das Verfahren betreffendes Gesuch zurückgewiesen wird.[56] Eine Anfechtung nach dem GKG kommt nicht in Betracht, weil die Vorschussanordnung ihre Grundlage ausschließlich in der ZPO hat.[57] Eine Rüge kommt aber im Rahmen eines **Rechtsmittels gegen** die **Entscheidung in der Hauptsache** nach §§ 512, 548 in Betracht.[58] Auch können die Parteien im Wege einer **Gegenvorstellung** anregen, dass das Gericht seine Anordnung von Amts wegen ändert. 20

Hat das Gericht die **Vorschusszahlung** angeordnet, **obwohl Prozesskostenhilfe** bewilligt worden war, steht der betroffenen Partei die gegen die Versagung der Prozesskostenhilfe nach § 127 Abs. 2 Satz 1 vorgesehene sofortige Beschwerde zu,[59] weil in der Anordnung ein Eingriff in die durch die Bewilligung der Prozesskostenhilfe begründeten Rechte zu sehen ist;[60] die Aufhebung ist nur unter den Voraussetzungen des § 124 zulässig. 21

III. Unterbleiben der Ladung

§ 379 Satz 2 regelt die Folgen für den Fall, dass der Vorschuss nicht innerhalb der gesetzten Frist gezahlt wird. Die Nichtzahlung des Vorschusses rechtfertigt **nicht** die **Aufhebung des Beweisbeschlusses**;[61] der festgesetzte Termin bleibt bestehen.[62] Die nicht fristgerechte Zahlung des Auslagenvorschusses führt unter den weiteren Voraussetzungen des § 379 Satz 2 – auch für die Berufungsinstanz – **nicht** zu einem **Ausschluss des Beweismittels**,[63] sondern nur dazu, dass die **Ladung des Zeugen unterbleibt**.[64] Diese Rechtsfolge muss nicht angedroht werden, vgl. § 231 Abs. 1.[65] Sie setzt auch **kein Verschulden** voraus.[66] Der Rechtsstreit wird ohne Rücksicht auf den Beweisantrag fortgesetzt,[67] jedoch **bleibt** der **Beweisbeschluss bestehen**. Gemäß § 379 Satz 2 unterbleibt die Zeugenladung nur, wenn die Zahlung nicht so zeitig nachgeholt wird, dass die Vernehmung durchgeführt werden kann, ohne dass dadurch nach der freien Überzeugung des Gerichts das Verfahren verzögert wird.[68] Bei **nachträglicher Zahlung** des Vorschus- 22

---

55 Zur Erhöhung des Auslagenvorschusses beim Sachverständigenbeweis RG LZ 1933, 1032, 1033; OLG München OLGZ 1978, 484 = MDR 1978, 412; OLG Düsseldorf NJW 1970, 1980, 1981; **a.A.** OLG Frankfurt OLGZ 1968, 436, 438.
56 OLG Frankfurt RPfleger 1973, 63.
57 OLG Frankfurt RPfleger 1973, 63.
58 OLG Stuttgart HRR 1930, 829 Nr. 1969; OLG Frankfurt RPfleger 1973, 63.
59 RGZ 42, 368, 369.
60 RGZ 55, 268, 269, 270; KG OLGZ 1971, 423, 424; Stein/Jonas/*Berger*[22] § 379 Rdn. 11.
61 OLG Jena JW 1938, 1271.
62 OLG Düsseldorf NJW-RR 1997, 1085.
63 BVerfGE 69, 145, 149f. = NJW 1985, 1150f.; BVerfG NJW 2000, 1327; BVerfG NJW-RR 2004, 1150, 1151; BGH NJW 1980, 343, 344; BGH NJW 1982, 2559, 2560; BGHZ 94, 92, 97; BGH NJW 1997, 3311, 3312; OLG München OLGRep. 1994, 214; OLG Hamm NJW-RR 1995, 1151, 1152; OLG Köln NJW-RR 1997, 1291, 1292; Zöller/*Greger*[29] § 379 Rdn. 7; **a.A.** *Weber* MDR 1979, 799.
64 OLG Düsseldorf NJW-RR 1997, 1085.
65 BGH NJW 1998, 761, 762; Zöller/*Greger*[29] § 379 Rdn. 7.
66 BGH NJW 1982, 2559, 2560.
67 OLG Jena JW 1938, 1271, vgl. auch OLG Hamm NJW-RR 1995, 1038; Stein/Jonas/*Berger*[22] § 379 Rdn. 6.
68 BVerfG NJW 2000, 1327.

ses ist das Gericht also verpflichtet, den Zeugen noch zu laden, soweit dies technisch möglich ist.[69] Es ist aber nicht verpflichtet, den bereits anberaumten Verhandlungstermin zu verlegen, um die Zeugenvernehmung zu ermöglichen.[70] Die Partei wird nicht automatisch beweisfällig, weil andere Erkenntnismöglichkeiten ausreichen können.[71]

23 Unterbleibt die Ladung, ohne dass diese Voraussetzung vorliegt oder ohne dass ihr Vorliegen hinreichend begründet wird, verletzt dies den Anspruch der beweisführenden Partei auf **rechtliches Gehör** (Art. 103 Abs. 1 GG).[72] Maßgeblich ist, ob nach Eingehen der Zahlung bei ordnungsgemäßem Geschäftsgang die Ladung noch vor dem Termin möglich gewesen wäre.[73] Unterbleibt in Hinblick auf § 379 die Ladung eines Zeugen, so hindert dies die Partei nicht daran, den **Zeugen zum Termin zu bestellen** oder bis zur letzten mündlichen Verhandlung den Antrag auf Zeugenvernehmung aufrechtzuerhalten.[74] Es tritt **keine automatische Präklusion** hinsichtlich des Beweismittels ein.[75]

24 Das Gericht hat dann darüber zu entscheiden, ob es den Zeugen gleichwohl lädt oder davon wegen eintretender Verfahrensverzögerung absieht. In gleicher Weise **wie bei § 356** ist **§ 296** auf diesen Sachverhalt **nicht anwendbar**[76] (dazu § 356 Rdn. 21 und Rdn. 33); die **Nichtzahlung** des Auslagenvorschusses ist **kein Angriffs- oder Verteidigungsmittel**. Es kommt also auf ein Verschulden des Beweisführers nicht an. Die für die **gegenteilige Ansicht zitierte BGH-Rechtsprechung**[77] ist unergiebig, allerdings unklar formuliert. Alle drei BGH-Entscheidungen sind zur „Aufrechterhaltung" des Beweisantrages trotz unterbliebener Ladung ergangen und haben im Übrigen die Verneinung der Beweismittelpräklusion im Blick, die ein Sistieren des Zeugen zum Verhandlungstermin ermöglicht. Unerheblich ist nach der hier vertretenen Auffassung, dass die nicht rechtzeitige Zahlung des Auslagenvorschusses auf Gründen beruhen kann, die nicht auf grobe Nachlässigkeit hindeuten,[78] wie dies für eine Anwendung des § 296 Abs. 2 erforderlich wäre (dazu § 356 Rdn. 32). **Gegenteilige Rechtsprechung des BVerfG**[79] lässt eine Subsumtion unter die Tatbestandsmerkmale des § 296 Abs. 2 völlig vermissen.

25 Ein zusätzlicher Hinweis nach § 139 auf die Pflicht zur Vorschusszahlung ist nicht geboten.[80] Damit das Gericht bei Fristablauf sicher beurteilen kann, ob die von ihm zur Zahlung des Kostenvorschusses gesetzte Frist eingehalten wurde, ist es grundsätzlich nötig, dass das Prozessgericht **vor einer Entscheidung** bei der zahlungspflichtigen Partei oder ihrem Anwalt **anfragt** und gegebenenfalls den Eingang der Zahlungsanzeige abwartet.[81]

---

69 OLG München OLGRep. 1994, 214. Entsprechend auch die Bemühungen des Gerichts in OLG Celle OLGRep. 1994, 287.
70 OLG Hamm NJW-RR 1995, 1038, 1039.
71 BGH NJW 2007, 2122 Tz. 15.
72 BVerfG NJW 2000, 1327; BVerfGE 69, 141, 144 = NJW 1986, 833; BVerfGE 69, 145, 149 f. = NJW 1985, 1150 f.
73 BVerfGE 69, 141, 144 = NJW 1986, 833.
74 BVerfG NJW-RR 2004, 1150, 1151; BGH NJW 1980, 343, 344; BGH NJW 1982, 2559, 2560; BGH NJW 1998, 761, 762.
75 MünchKomm/*Damrau*⁴ § 379 Rdn. 10.
76 MünchKomm/*Damrau*⁴ § 379 Rdn. 10; *Weber* MDR 1979, 799; *Rixecker* NJW 1984, 2135, 2137; **a.A.** BVerfGE 69, 145, 149 f. = NJW 1985, 1150, 1151; BVerfG NJW-RR 2004, 1150, 1151; KG KGRep. 2006, 962; LG Berlin NJW-RR 2007, 674, 675 (zu §§ 402, 379); inzident OLG München OLGRep. 1994, 214.
77 BGH NJW 1980, 343, 344; BGH NJW 1982, 2559, 2560; BGH NJW 1998, 761, 762; OLG Köln NJW-RR 1997, 1291, 1292.
78 BGH NJW 1980, 343, 344; BGH NJW 1982, 2559, 2560; OLG Hamm NJW-RR 1995, 1151, 1152.
79 BVerfG NJW 1985, 1150, 1151; BVerfG NJW-RR 2004, 1150, 1151.
80 **A.A.** OLG Hamm NJW-RR 1995, 1151, 1152; *Heistermann* MDR 2001, 1085, 1086.
81 BVerfG NJW-RR 1996, 1533; *Heistermann* MDR 2001, 1085, 1086.

Die Nichtzahlung des Vorschusses hindert die Ladung nicht mehr, wenn zwischen- 26
zeitlich **Zeugengebührenverzichtserklärungen** bei Gericht eingehen.[82]

Das Beweiserhebungshindernis darf nur in der Nichtzahlung des Vorschusses beste- 27
hen; eine **unzulängliche** richterliche **Verfahrensleitung darf nicht mitwirken** (§ 356
Rdn. 46). Dasselbe gilt für andere Störungen aus der Sphäre des Gerichts wie einen
Streik des Gerichtspersonals.[83]

§ 380
Folgen des Ausbleibens des Zeugen

(1) Einem ordnungsgemäß geladenen Zeugen, der nicht erscheint, werden, ohne dass es eines Antrags bedarf, die durch das Ausbleiben verursachten Kosten auferlegt. Zugleich wird gegen ihn ein Ordnungsgeld und für den Fall, dass dieses nicht beigetrieben werden kann, Ordnungshaft festgesetzt.

(2) Im Falle wiederholten Ausbleibens wird das Ordnungsmittel noch einmal festgesetzt; auch kann die zwangsweise Vorführung des Zeugen angeordnet werden.

(3) Gegen diese Beschlüsse findet die sofortige Beschwerde statt.

Schrifttum

Bergerfurth Das Ausbleiben des Zeugen im Zivilprozeß, JZ 1971, 84; *Grüneberg* Ordnungsmittel gegen einen ausgebliebenen Zeugen?, MDR 1992, 326; *Michel* Der betrunkene Zeuge, MDR 1992, 544; *Molketin* Der nicht erschienene Zeuge und § 51 StPO, DRiZ 1981, 385; *Schmid* Ordnungsmittel gegen einen nicht benötigten Zeugen?, MDR 1980, 115; *Mümmler* Zuständigkeit zur Vollstreckung von Ordnungsgeld bzw. Ordnungshaft gemäß §§ 141 Abs. 3 S. 1 und 380 Abs. 1 ZPO, JurBüro 1975, 580; *E. Schneider* Wartepflichten bei der Zeugenvernehmung, MDR 1998, 1205; *Skupin* Die Folgen beim Ausbleiben eines kindlichen oder eines jugendlichen Zeugen im Strafverfahren, MDR 1965, 865; *Winter* Vollzug der Zivilhaft, 1987.

Übersicht

I.	Erzwingung des Erscheinens, Rechtsfolgen unentschuldigten Ausbleibens — 1	IX.	Rechtsfolgen
			1. Festsetzung von Ordnungsgeld — 30
II.	Anwendungsbereich — 3		2. Festsetzung von Ersatzordnungshaft — 31
III.	Funktion der Ordnungsmittel — 6		3. Auferlegung der Kosten — 32
IV.	Zeugnispflichtige Personen	X.	Verfahren der Anordnung
	1. Ausländische Staatsangehörige — 12		1. Anordnungspflicht, Zeitpunkt der Anordnungen, Adressat — 35
	2. Minderjährige Zeugen		2. Form der Entscheidung, Zuständigkeit, rechtliches Gehör — 39
	a) Sanktionen gegen den Minderjährigen — 13		3. Ermessensausübung gegenüber nichterschienener Partei — 42
	b) Sanktionen gegen den Personensorgeberechtigten — 17		4. Verkündung, Zustellung — 45
V.	Ordnungsgemäße Ladung, Belehrung — 20	XI.	Maßnahmen bei wiederholtem Ausbleiben
VI.	Nichterscheinen zum Vernehmungstermin — 23		1. Erneute Terminierung und Ladung — 46
VII.	Fehlen einer genügenden Entschuldigung — 26		2. Erneute Festsetzung des Ordnungsmittels — 47
VIII.	Unzulässigkeit der Anordnungen — 28		

---

[82] OLG Düsseldorf NJW-RR 1997, 1085; Stein/Jonas/*Berger*[22] § 379 Rdn. 9.
[83] OLG Hamm MDR 2007, 855.

3. Zwangsweise Vorführung — 51
4. Auferlegung der weiteren Kosten — 53
XII. Sofortige Beschwerde
1. Rechtsmittel gegen Beschlüsse nach § 380 Abs. 1 und 2
   a) Erinnerung an das Prozessgericht, sofortige Beschwerde — 54
   b) Beschwerdeberechtigung — 55
   c) Abgrenzung zum Aufhebungsantrag — 59
   d) Einlegungsfrist — 61
   e) Form — 63
   f) Rechtsbehelf gegen Beschwerdeentscheidung — 64
2. Änderung der Beschlüsse von Amts wegen — 65
3. Rechte der Parteien bei Aufhebung/Unterbleiben der Kostenentscheidung — 66
4. Kosten der sofortigen Beschwerde — 67
XIII. Vollstreckung
1. Auferlegung der Kosten — 71
2. Ordnungsmittel — 73
3. Zwangsweise Vorführung — 76
XIV. Anhang: Art. 7–9 EGStGB — 79

I. Erzwingung des Erscheinens, Rechtsfolgen unentschuldigten Ausbleibens

1 § 380 ist aus § 345 CPO hervorgegangen. Jüngere Änderungen erfolgten durch Gesetz vom 2.3.1974[1] und durch das ZPO-ReformG vom 27.7.2001.[2] Das Erscheinen des Zeugen ist technische **Voraussetzung für** seine **Vernehmung** und damit für die Erfüllung der staatlichen Zeugnispflicht. Die Anordnungen nach § 380 sollen das **Erscheinen des Zeugen sichern**. Die übrigen Zeugenpflichten (**Pflicht zur Aussage** und ggf. zur Beeidigung) werden nach § 390 durchgesetzt.

2 Das Gericht muss gegen den ordnungsgemäß geladenen, aber **unentschuldigt nicht erschienenen Zeugen** ein **Ordnungsgeld** (mit Ersatzhaft) festsetzen, gegebenenfalls auch wiederholt. Bei fruchtloser Ordnungsgeldfestsetzung ist der Zeuge **zwangsweise vorzuführen**. Zugleich sind ihm die durch sein Ausbleiben verursachten **Kosten** aufzuerlegen.

II. Anwendungsbereich

3 § 380 gilt ebenso wie § 381 sowohl für den **nach § 377 Abs. 1, 2** zur Vernehmung **geladenen Zeugen** als auch für den **prozessleitend** nach **§ 273 Abs. 2 Nr. 4** zum Termin geladenen Zeugen,[3] **nicht aber für die schriftliche Äußerung** nach § 377 Abs. 3.

4 Nicht anwendbar ist § 380 im Fall der Pflicht zur Teilnahme an einer **Abstammungsuntersuchung**. Abstammungsuntersuchungen für Statusverfahren richten sich seit dem 1.9.2009 nach den §§ 169 ff. FamFG und der Beweisaufnahmevorschrift des § 178 FamFG; der mit § 178 FamFG inhaltlich identische § 372a ZPO hat nur noch Bedeutung für Abstammungsfeststellungen als Vorfrage in nichtfamilienrechtlichen Verfahren, z.B. in einem Erbschaftsrechtsstreit.[4] § 372a Abs. 2 ZPO und § 178 Abs. 2 FamFG verweisen ausschließlich auf § 390 und enthalten in ihren Absätzen 1 zusätzlich die Grundlage für die **Anordnung physischen Zwangs** gegen die zu untersuchende Testperson.

5 Ordnet das Gericht nach § 141 bzw. nach § 273 Abs. 2 Nr. 3[5] das **persönliche Erscheinen der Parteien** an, sind die §§ 380, 381 gemäß § 141 Abs. 3 bzw. gemäß §§ 141 Abs. 3 in Verb. mit 273 Abs. 4 Satz 2 entsprechend anzuwenden. Dasselbe gilt gemäß

---

1 BGBl 1974 I S. 469.
2 BGBl 2001 I S. 1887.
3 KG NJW 1976, 719 f.; OLG Celle OLGZ 1977, 366, 368 = NJW 1977, 540; OLG Frankfurt OLGZ 1983, 458, 459.
4 Keidel/*Engelhardt* FamFG[17] § 178 Rdn. 2.
5 OLG Düsseldorf OLGZ 1994, 576, 577.

§ 128 Abs. 4 Hs 1 FamFG für das persönliche Erscheinen der Ehegatten in Ehesachen, allerdings unter Ausschluss von Ordnungshaft. Allgemein regelt **§ 33 Abs. 3 FamFG** die Zwangsmaßnahmen bei unentschuldigtem **Fernbleiben eines Beteiligten**, dessen persönliches Erscheinen angeordnet worden ist. Verhängt werden kann danach Ordnungsgeld; im Falle wiederholten Ausbleibens kann die **Vorführung** angeordnet werden. Für den **Sachverständigen** gelten die Vorschriften der §§ 409, 411 Abs. 2; § 402 verweist also insoweit nicht auf § 380.

III. Funktion der Ordnungsmittel

Ordnungsgeldfestsetzung und zwangsweise Vorführung stehen in einem Stufenverhältnis, das durch das Verhältnismäßigkeitsprinzip bestimmt wird. Die **Kostentragung** für das Erfordernis eines zusätzlichen Termins tritt **unumkehrbar** ein. Demgegenüber hängt der endgültige Charakter der Ordnungsgeldfestsetzung von der Funktion dieses Zwangsmittels ab. Sieht man darin allein ein Mittel zur **Willensbeugung**, wird diese Funktion **gegenstandslos**, wenn das **Verfahren endet, ohne dass** die **Vernehmung** des Zeugen dafür **notwendig** war, etwa wegen eines nachträglichen Vergleichsschlusses oder wegen eines Verzichts der Parteien auf den Zeugen,[6] oder wenn die Beweiserheblichkeit entfällt, weil die Beweistatsache unstreitig gestellt wird, das Beweisergebnis anderweitig festgestellt wurde[7] oder nach einem Richterwechsel die Rechtslage anders beurteilt wird. Die bereits angeordnete zwangsweise Vorführung ist unter diesen Voraussetzungen aufzuheben, die bereits erfolgte Ordnungsgeldfestsetzung bleibt hingegen bestehen, wenn sie auch Sanktion für Ungehorsam ist.[8] Eine vergleichbare Situation entsteht bei **Nichterscheinen einer Partei**, die nach § 141 geladen ist, wenn die Sachaufklärung durch das Fernbleiben der Partei nicht erschwert wird.[9] Die **nachlässige Funktionsbestimmung** der Verhängung von Ordnungsgeldern **durch** den **Gesetzgeber** führt immer wieder zu Qualifizierungsschwierigkeiten.[10]

6

In Übereinstimmung mit den Gesetzesmaterialien zur CPO, die angesichts eines gewandelten Verständnisses des Verhältnisses Bürger/Staat jedoch keine Bedeutung mehr haben, wird dem Ordnungsgeld z.T. ein auch **repressiver Charakter** zugemessen.[11] Das hätte in den zuvor geschilderten Verfahrenssituationen der Streiterledigung ohne Beweiserhebung zur Konsequenz, das Ordnungsgeld gleichwohl festzusetzen. Ein halbherziger **Mittelweg** ist die Herabsetzung des Ordnungsgeldes wegen **geringfügigen Verschuldens**[12] (dazu auch unten Rdn. 27), der schon wegen der gleichzeitig notwendigen

7

---

6 Vgl. zu diesen Situationen OLG Celle OLGRep. 1994, 286, 287; OLG Frankfurt OLGZ 1983, 458.
7 LG Hamm NJW-RR 2013, 384.
8 Der Gesetzgeber der CPO ging davon aus, dass ein Verzicht des Beweisführers auf die Vernehmung der Parteien oder die Erübrigung der Vernehmung aus anderen Gründen auf die „durch den Ungehorsam verwirkte Strafe" des Zeugen ohne Einfluss seien, vgl. Hahn/Stegemann Mat. II/1 S. 311, zu §§ 334, 335. Dies hing damit zusammen, dass nicht die Beugefunktion, sondern die Straffunktion der Anordnung in den Vordergrund gestellt wurde.
9 Vgl. dazu BGH (VI.ZS) NJW-RR 2007, 1364 = VersR 2008, 231 Tz. 16.
10 Vgl. zu § 355 HGB – Ordnungsgeld wegen verspäteter Offenlegung des Jahresabschlusses – BVerfG ZIP 2009, 2094 f.
11 BFHE 216, 500 = BStBl. II 2007, 463, 464; OLG Frankfurt OLGRep. 2009, 113; Stein/Jonas/*Berger*[22] § 380 Rdn. 1; in der Sache ebenso Zöller/*Greger*[29] § 380 Rdn. 3. **A.A.** OLG Saarbrücken NJW-RR 2005, 1661 = OLGRep. 2005, 960, 961; OLG Frankfurt OLGRep. 2008, 187; Musielak/*Huber*[10] § 380 Rdn. 4; Baumbach/Lauterbach/*Hartmann*[71] § 380 Rdn. 2 (keine Bestrafung). In sich widersprüchlich OLG Celle OLGRep. 1994, 286, 287: trotz grundsätzlicher Qualifizierung als Ungehorsamsfolge Nichtfestsetzung bei Verfahrenserledigung durch Vergleich.
12 OLG Jena, Beschl. v. 31.1.2002 – 6 W 43/02; OLG Frankfurt OLGRep. 2009, 113.

Entscheidung über die Kostentragung unbrauchbar ist. Mit einer Ordnungsstrafe wegen **Missachtung des Gerichts** hat die Qualifizierung in keinem Falle zu tun[13] (unten Rdn. 43).

8 Ein identischer Streit wird um die Qualifizierung der **Ordnungsgeldes nach § 890** geführt. Anders als das reine Beugemittel des Zwangsgeldes nach § 888 wird das Ordnungsgeld nach § 890 **doppelfunktional** als Beugemaßnahme und als Reaktion auf das Unrecht des Titelverstoßes verstanden.[14] Allerdings ist die Sanktion dem Beugezweck untergeordnet. Die **Qualifizierung** ist **kein Selbstzweck**; sie **folgt** der **Aufgabenerfüllung der Norm**. Die Vollstreckung von Unterlassungstiteln kann nur nachtatlich auf Titelverstöße reagieren, lenkt aber mit der **Präventivwirkung der drohenden Sanktion** für den Titelverstoß den Willen des Titelschuldners auf die Titelbeachtung. Zu beachten ist nur, dass das Beugeverständnis nicht zur faktischen Entwertung befristeter Titel führen darf, gegen die aus Zeitgründen von vornherein nur zeitlich begrenzt verstoßen werden kann. Die Präventivwirkung der Bestrafung fördert auch in diesen Fällen die Beachtung des übergeordneten Zwecks, den Willen des Titelschuldners auf die Titelbeachtung einzustellen. Soll die Wirkung des Titels erhalten bleiben, muss auch nach dem Fristablauf noch eine Sanktion ausgesprochen werden können.[15] Ungeachtet dessen ist bei § 890 eine in einem Titelverstoß zutage tretende **rechtsfeindliche Gesinnung** für den Normzweck **irrelevant**.[16]

9 Beim **Ordnungsgeld nach § 380** hat die Ordnungsgeldfestsetzung bei Nichterscheinen eines Zeugen ebenfalls **allein** die Aufgabe, den **Willen** des Zeugen zu **beugen**. Ein Zeuge, für den der Beugezweck des Ordnungsgeldes nicht ausreicht, wird zwangsweise vorgeführt.

10 Auch bei der Anwendung des § 380 auf die trotz Anordnung des persönlichen Erscheinens **ausbleibende Partei** kommt es nur auf den Beugezweck der Präventivwirkung an. Wie bei Verstößen gegen befristete Unterlassungstitel muss **um der Beugefunktion willen nach** Verstreichen des maßgeblichen **Verhandlungstermins** das **Ordnungsgeld** festgesetzt werden können. Hat sich allerdings das Nichterscheinen der Naturalpartei auf das Sachaufklärungsbedürfnis nicht ausgewirkt,[17] ist die Festsetzung von Ordnungsgeld unzulässig (näher unten Rdn. 43).

11 Ist das Ordnungsgeld **rechtskräftig festgesetzt** worden, ist damit ein selbständiger Titel entstanden, der **trotz Wegfalls des Beweiserhebungsbedarfs** grundsätzlich zu **erfüllen** ist. In Erwägung zu ziehen sind lediglich eine analoge Anwendung des § 79 BVerfGG in Verb. mit §§ 1, 2 StrEG oder eine Anwendung der §§ 775 Nr. 1, 776 Nr. 1 ZPO.[18]

IV. Zeugnispflichtige Personen

12 **1. Ausländische Staatsangehörige.** Anwendbar ist die Norm nur auf Personen, die **zeugnispflichtig** sind (vor § 373 Rdn. 78f.). Gegen einen im Inland lebenden ausländischen Staatsangehörigen, der als Zeuge geladen ist, darf bei Ausbleiben im Termin ein

---

13 OLG Hamm NJW-RR 2013, 384. LSG Berlin-Brandenburg, Beschl. v. 17.7.2009 – L 5 AS 1110/09 B; Musielak/*Huber*[10] § 380 Rdn. 4.
14 Ahrens/*Spätgens* Wettbewerbsprozess[7] Kap. 64 Rdn. 30 m. Nachw. in Fn. 49; **a.A.** Schuschke/Walker/ *Sturhahn* Vollstreckung[4] § 890 Rdn. 6.
15 Dazu Ahrens/*Ahrens* Wettbewerbsprozess[7] Kap. 66 Rdn. 17.
16 Ahrens/*Ahrens* Wettbewerbsprozess[7] Kap. 68 Rdn. 21.
17 Dazu LSG Berlin-Brandenburg, Beschl. v. 17.7.2009 – L 5 AS 1110/09 B.
18 Ahrens/*Ahrens* Wettbewerbsprozess[7] Kap. 68 Rdn. 21.

Ordnungsmittel auch dann verhängt werden, wenn er sich zu dieser Zeit im Ausland aufhält.[19]

2. Minderjährige Zeugen

a) Sanktionen gegen den Minderjährigen. Besondere Probleme wirft die Anwendung des § 380 auf **prozessunfähige**, insbesondere **minderjährige** Zeugen auf (zu deren Zeugnisfähigkeit vor § 373 Rdn. 16). § 380 ist in Anlehnung an die strafrechtlichen Vorschriften über die Strafmündigkeit anwendbar, wenn der minderjährige Zeuge **14 Jahre alt** und seine **Schuldfähigkeit** analog § 3 Satz 1 JGG, § 12 Abs. 1 OWiG zu bejahen ist.[20] Bestätigt wird die Anwendung des § 380 auf minderjährige Zeugen durch die Judikatur zur **Zwangsanwendung gegen minderjährige Testpersonen**, die sich weigern, sich gem. § 178 Abs. 1 FamFG, § 372a Abs. 1 ZPO eine Blutprobe für eine Abstammungsuntersuchung entnehmen zu lassen. Auch bei ihnen wird auf die tatsächliche Verstandesreife und nicht auf die Vollendung des 18. Lebensjahres abgestellt (dazu § 390 Rdn. 8). Daraus darf allerdings entgegen der h.M. **nicht** eine den **gesetzlichen Vertreter verdrängende** Rechtsstellung des Minderjährigen konstruiert werden. Verlängert wird die These über die selbständige und isolierte Verantwortlichkeit des verstandesreifen Minderjährigen – ebenso unzutreffend – bis in die Behauptung einer selbständigen Beschwerdeberechtigung des Minderjährigen[21] (dazu unten Rdn. 56). Darin liegt die **gesetzwidrige Erfindung** einer **Teilprozessfähigkeit**.

Voraussetzung der Verhängung von Ordnungsgeld oder Ordnungshaft gegen einen Jugendlichen ist, dass er die **Bedeutung seiner Pflicht** zum Erscheinen und eines Verstoßes gegen diese Pflicht **einsehen** kann. Die **Prüfung der Einsichtsfähigkeit** ist angesichts des damit verbundenen zusätzlichen Aufwands **prozessökonomisch aufwendig**. Das Gericht muss sich zunächst einen unmittelbaren Eindruck von dem Jugendlichen verschaffen, was voraussetzt, dass der Jugendliche vor Gericht erscheint.[22] Damit ist der Beugezweck des § 380 aber erreicht, auch ohne dass ein Ordnungsmittel verhängt worden ist. Der Zeuge kann bei seinem Erscheinen vernommen werden, die Prüfung der Einsichtsfähigkeit führt zu weiteren Verfahrensverzögerungen. Wenn das Ordnungsmittel nur noch nachträglich beschlossen werden kann und damit keine individuelle Beugewirkung mehr entfaltet, ist die **Ordnungssanktion entbehrlich**. Sie könnte nur mit dem hier abgelehnten repressiven Charakter und der generalpräventiven Wirkung begründet werden (oben Rdn. 7f.).

Die **Einsichtsfähigkeit** in die Bedeutung der Pflicht zum Erscheinen im Falle der ersten erwogenen Anordnung dürfte **vielfach zu verneinen** sein. Die Pflicht des Zeugen zum Erscheinen vor Gericht gehört nicht zu den konkreten zwischenmenschlichen Verhaltensnormen, die üblicherweise schon im frühen Kindesalter vermittelt werden, wie etwa die Achtung der körperlichen Unversehrtheit anderer und die Achtung fremden Eigentums. Vielmehr erfordert die Einsicht in den zwingenden Charakter der Pflicht zum Erscheinen ein abstraktes Verständnis von der Funktionsweise der Rechtspflege, über das ein jugendlicher Zeuge im Allgemeinen nicht verfügen wird.

---

19 A.A. OLG Hamburg MDR 1967, 686 zu § 51 StPO.
20 Vgl. LAG Nürnberg MDR 1999, 1342 (Bejahung selbständiger Beschwerdebefugnis nach Ordnungsgeldbeschluss gegen 16-jährigen Zeugen).
21 So LAG Nürnberg MDR 1999, 1342; MünchKomm/*Damrau*[4] § 380 Rdn. 16.
22 Anders offenbar LAG Nürnberg MDR 1999, 1342: kein Vorbringen von Umständen, die gegen Einsichtsfähigkeit sprechen, durch minderjährigen Beschwerdeführer, allerdings Reduzierung des Ordnungsgeldes nach Aktenlage auf die Hälfte (aaO nicht abgedruckt).

16   Die in § 380 vorgesehenen **Ordnungsmittel** sind für einen jugendlichen Zeugen **nicht** deshalb **unangemessen**, weil sie – anders als das dem JGG zugrunde liegende Sanktionensystem – dem Erziehungsgedanken keine Rechnung tragen. Ihre Festsetzung ist durch die Beugefunktion gerechtfertigt. Möglich ist die **zwangsweise Vorführung** eines Minderjährigen, weil seine Aussage sonst nicht erzwungen werden könnte.

17   **b) Sanktionen gegen den Personensorgeberechtigten.** Die Folgen des § 380 sollen nach h.M. nur gegenüber dem minderjährigen Zeugen selbst in Betracht kommen, **nicht gegenüber seinem gesetzlichen Vertreter** bzw. Personensorgeberechtigten, weil es dafür keine gesetzliche Grundlage gebe.[23] Dem ist zu widersprechen und dem steht auch die Judikatur zu verstandesreifen minderjährigen Testpersonen entgegen, denen eine Blutprobe für eine Abstammungsuntersuchung gem. § 372a Abs. 1 und § 178 Abs. 1 FamFG entnommen werden soll (näher: § 372a Rdn. 55 und § 390 Rdn. 8, 27).

18   Die Ansicht der **h.M.**, die **nur Maßnahmen nach § 1666 BGB** für möglich hält, ist in sich widersprüchlich, soweit dort für Kinder unter 14 Jahren pragmatisch angenommen wird, der gesetzliche Vertreter sei zu laden und müsse das Kind zum Termin mitbringen.[24] Für Maßnahmen nach § 1666 BGB, §§ 151 Nr. 1, 157 FamFG[25] käme es auf eine abzuwehrende Beeinträchtigung des körperlichen, geistigen oder seelischen Wohls des Kindes an, die in dem Nichterscheinen zum Vernehmungstermin gesehen werden müsste, was indes zu verneinen sein dürfte. Kommt man über dieses Hindernis hinweg, soll der elterliche Widerstand durch **Zwangsgeld nach § 35 Abs. 1 Satz 1 FamFG** gebrochen werden. Ein funktionaler Vergleich dieser Wirkung lässt keinen Unterschied erkennen, sieht man von den unterschiedlichen gerichtlichen Zuständigkeiten ab.

19   Die **h.M.** dürfte ein **Opfer der Theorie** von der **repressiven Funktion** des Ordnungsgeldes geworden sein. Sie hat im übrigen das mit dem Kindeswohl schwer vereinbare Ergebnis zur Folge, dass der ausgebliebene minderjährige Zeuge zwangsweise vorgeführt werden muss, weil der personensorgeberechtigte gesetzliche Vertreter von der Ladung des Minderjährigen keine Kenntnis hat und nicht einschreiten kann, oder weil er selbst der Erscheinenspflicht ablehnend oder gleichgültig gegenüber steht, jedoch nicht zu der weniger belastenden vorgeschalteten Zwangsmaßnahme des Ordnungsgeldes verurteilt werden soll. **Ohne zusätzliche Ladung** des **gesetzlichen Vertreters**, die zugleich Basis eines Beugezwangs gegen ihn selbst ist, würde der Vertreter von der Vernehmung nicht sicher erfahren und könnte sein **Personensorgerecht** in Bezug auf einen Jugendlichen im Alter zwischen 14 und 18 Jahren **nicht ausüben**, obwohl sich das Personensorgerecht auch auf die Beurteilung eines etwaigen Zeugnisverweigerungsrechts auswirkt.

V. Ordnungsgemäße Ladung, Belehrung

20   § 380 Abs. 1 setzt die ordnungsgemäße **Ladung zu einem Termin** voraus.[26] Die Betonung liegt dabei auf der **Ordnungsmäßigkeit** der Ladung. Für die verspätete oder gar die unterbliebene schriftliche Äußerung gilt § 380 nicht. In diesem Fall muss der Zeuge erst geladen werden. Eine Ladung nach § 377 oder § 273 Abs. 2 Nr. 4 ist ordnungsgemäß,

---

23 OLG Hamm NJW 1965, 1613; MünchKomm/*Damrau*[4] § 380 Rdn. 16; Musielak/*Huber*[10] § 380 Rdn. 3b; Stein/Jonas/*Berger*[22] § 380 Rdn. 14; Zöller/*Greger*[29] § 380 Rdn. 7; *Skupin* MDR 1965, 865, 867.
24 Musielak/*Huber*[10] § 377 Rdn. 2; MünchKomm/*Damrau*[4] § 377 Rdn. 4; Stein/Jonas/*Berger*[22] § 377 Rdn. 3.
25 Dafür MünchKomm/*Damrau*[4] § 380 Rdn. 16.
26 BGH NJW-RR 2011, 1363 Tz. 12; OLG Celle OLGRep. 1994, 286; OLG Saarbrücken OLGRep. 2005, 960, 961; KG FamRZ 2007, 2084 (zu § 141 Abs. 3).

wenn die Anforderungen des **§ 377 beachtet** sind (§ 377 Rdn. 3f.).[27] Sie muss deshalb nicht förmlich zugestellt werden, vgl. § 377 Abs. 1 Satz 2. Das Gericht muss den Zugang der Ladung nicht belegen können,[28] doch muss der Zugang der Ladung wahrscheinlich sein.[29] Im Zweifel empfiehlt es sich, beim Ausbleiben des Zeugen durch Rückfrage zu klären, ob er die Ladung erhalten hat.[30] Im Falle der Untersuchung einer Testperson nach § 372a Abs. 1, § 178 Abs. 1 FamFG ist zu beachten, dass die Ladung mit Belehrung durch das Gericht erfolgen muss; die Ladung durch ein Untersuchungslabor reicht für die Anwendung von **Zwang nach § 390 Abs. 1** oder nach **§ 372a Abs. 2 Satz 2, § 178 Abs. 2 Satz 2 FamFG** nicht aus (dazu § 390 Rdn. 27).

Eine **Ladungsfrist**, wie sie § 217 für die Parteien vorschreibt, **besteht nicht**.[31] Geladen werden kann auch für einen Termin am Folgetag.[32] Die Ladung muss dem Zeugen jedoch genügend Zeit lassen, sich auf den Termin einzurichten und vorzubereiten.[33] Je kürzer die Ladungsfrist, desto eher greifen Entschuldigungsgründe (dazu § 381 Rdn. 13). Ist eine Partei mit **falschem Ladungsformular** geladen und deshalb **falsch** über die Folgen ihres Ausbleibens **belehrt** worden, darf ein Ordnungsmittel nur verhängt werden, wenn die nachgeholte Belehrung vollständig ist.[34] Fordert der Zeuge einen **Reisekostenvorschuss** (§ 401 Rdn. 14), muss ihm auch dieser zuvor noch gewährt worden sein;[35] dies gilt auch bei nach Aktenlage erkennbarer Bedürftigkeit. 21

Für einen während seines Verweilens **im Inland geladenen Ausländer** gilt § 380 auch dann, wenn er sich während des Termins wieder an seinem Wohnsitz im Ausland aufhält.[36] Wird ein Zeuge zum zweiten Termin mündlich geladen, muss er **erneut auf** die **Folgen** des Nichterscheinens **hingewiesen** werden.[37] Wenn der Zeuge dem Gericht gegenüber auf eine Ladung verzichtet, nachdem er von dem Termin erfahren hat, sind weitere Mitteilungen an ihn entbehrlich;[38] dies gilt auch bei nach Aktenlage erkennbarer Bedürftigkeit. 22

VI. Nichterscheinen zum Vernehmungstermin

Weitere Voraussetzung des § 380 ist, dass der Zeuge – ohne sich auf einen Weigerungsgrund berufen zu haben (§ 386 Abs. 3) – nicht erscheint, also in dem in der Ladung zur Vernehmung bestimmten Termin ausbleibt. Es kommt nur darauf an, dass der Zeuge zu der Zeit, zu der er vernommen werden soll, **nicht zugegen** ist. Ein bezogen auf den in der Ladung genannten Zeitpunkt **verspätetes Erscheinen schadet nicht**, solange der 23

---

27 KG NJW 1976, 719; zur Mitteilung des Gegenstandes der Vernehmung: OLG Celle OLGZ 1977, 366 = NJW 1977, 540 (LS); OLG Frankfurt MDR 1979, 236; OLG Frankfurt OLGRep. 2000, 187; OLG Celle OLGRep. 1994, 286; OLG Saarbrücken OLGRep. 2005, 960, 961 = NJW-RR 2005, 1661; *Reinecke* MDR 1990, 1063.
28 MünchKomm/*Damrau*[4] § 380 Rdn. 3; Stein/Jonas/*Berger*[22] § 380 Rdn. 2.
29 Baumbach/Lauterbach/*Hartmann*[71] § 380 Rdn. 7.
30 Baumbach/Lauterbach/*Hartmann*[71] § 380 Rdn. 7.
31 OLG Düsseldorf OLGRep. 1994, 170.
32 OLG Düsseldorf OLGRep. 1994, 170.
33 OLG Posen OLGRspr. 23, 180 = Seuff.Arch. 65 (1910), 294, 295; OLG Düsseldorf OLGRep. 1994, 170; nach Baumbach/Lauterbach/*Hartmann*[71] § 380 Rdn. 7 muss nur genügend Zeit zur Organisation des Erscheinens bleiben.
34 OLG Koblenz VersR 1974, 1230.
35 MünchKomm/*Damrau*[4] § 380 Rdn. 3.
36 LG Göttingen JW 1932, 3833, 3834; **a.A.** OLG Hamburg, MDR 1967, 686 zu § 51 StPO: keine Ordnungsstrafe gegen Zeugen, der sich zur Zeit der Hauptverhandlung im Ausland aufhält.
37 OLG Hamm NJW 1957, 1330.
38 MünchKomm/*Damrau*[4] § 380 Rdn. 3; Stein/Jonas/*Berger*[22] § 380 Rdn. 3.

Termin andauert und der Zeuge noch während des Termins vernommen werden kann.[39] Die Zeit der Prozessbeteiligten wird dann nicht unnötig in Anspruch genommen bzw. ihnen entsteht kein Mehraufwand.[40] Etwas anderes gilt allerdings, wenn der Zeuge einem anderen Zeugen gegenübergestellt werden soll und der andere Zeuge wegen der Verspätung bereits wieder entlassen worden ist.

24 Als nicht erschienen ist auch ein Zeuge anzusehen, der zwar zu Beginn der festgesetzten Zeit erschienen ist, sich aber **unentschuldigt vor seiner Vernehmung entfernt**[41] (vgl. § 390 Rdn. 7). Wird der Zeuge nach § 177 GVG **sitzungspolizeilich entfernt**, können ihm auf Antrag ebenfalls nach § 380 die durch sein „Ausbleiben" verursachten Kosten auferlegt werden, vgl. § 158; für die Verhängung von Ordnungsmitteln gelten allerdings die Spezialvorschriften der §§ 177, 178 GVG.[42] Erschöpft sich das Verhalten des Zeugen nicht in der eigenmächtigen Entfernung, ist **darüber hinaus § 178 GVG** anwendbar.[43] So macht sich ein Zeuge, der entgegen der Weisung des Gerichts während der Vernehmung einen Anruf auf seinem Mobiltelefon entgegennimmt und den Sitzungssaal verlässt, um das Gespräch zu führen, einer **Ungebühr** nach § 178 GVG schuldig.[44]

25 § 380 ist auch anwendbar auf einen Zeugen, der schuldhaft in einem **nicht vernehmungsfähigen Zustande** erscheint.[45] Der wegen seines betrunkenen Zustandes vernehmungsunfähige Zeuge ist deshalb als nicht erschienen zu behandeln.[46] Dagegen zieht die unberechtigte Verweigerung der Aussage nicht die Sanktionen des § 380, sondern die des § 390 nach sich.

VII. Fehlen einer genügenden Entschuldigung

26 Maßnahmen nach § 380 setzen voraus, dass der Zeuge **schuldhaft** ausbleibt,[47] wie sich aus § 381 ergibt. Das Gesetz schließt hierauf allerdings aus der Tatsache des Ausbleibens. Das **Verschulden** braucht also **nicht besonders begründet** zu werden.[48] Handelt der Zeuge schuldlos, kann er die gesetzliche **Verschuldensvermutung** nach § 381 entkräften. Gelingt ihm dies, müssen die Anordnungen nach § 380 unterbleiben oder aufgehoben werden.

27 Für eine Festsetzung von Ordnungsmitteln besteht entsprechend dem Rechtsgedanken der **§ 153 StPO, § 47 Abs. 2 OWiG** ausnahmsweise kein Anlass, wenn nur von einem **geringen Verschulden** gesprochen werden kann[49] und das Ausbleiben weder für die Parteien noch für das Gericht nachteilige Auswirkungen gehabt hat (dazu oben Rdn. 7 und nachfolgend Rdn. 30). Sind Kosten entstanden, dürfen sie allerdings nicht den Par-

---

39 OLG Bremen JurBüro 1979, Sp.189; *E.Schneider* MDR 1998, 1205.
40 Zustimmend *Bergerfurth* JZ 1971, 84, 85; **a.A.** offenbar für § 51 StPO a.F. KG GA 69 (1925), 230.
41 OLG Köln JR 1969, 264.
42 *Bergerfurth* JZ 1971, 84, 85.
43 OLG Hamburg NJW 1997, 3452.
44 OLG Hamburg NJW 1997, 3452.
45 OLG Königsberg JW 1930, 2598 Nr. 46 zu § 51 StPO.
46 OLG Königsberg JW 1930, 2598 Nr. 46 zu § 51 StPO; KMR/*Neubeck* StPO (2006) § 51 Rdn. 6; *Michel* MDR 1992, 544; entsprechend auch BGHSt 23, 334 zur Anwendung von § 329 Abs. 1 StPO auf den im betrunkenen Zustand erschienenen Angeklagten.
47 OLG Köln JR 1969, 264.
48 RGZ 54, 430, 431 f.
49 OLG Hamm JMBl.NRW 1971, 282 = VRS 41 (1971), 283, 284; OLG Frankfurt NJW 1972, 2093; OLG Koblenz MDR 1979, 424; OLG Köln VersR 1993, 718; LG Trier NJW 1975, 1044; Stein/Jonas/*Berger*[22] § 380 Rdn. 4; Rosenberg/Schwab/*Gottwald*[17] § 120 Rdn. 14; *Schmid* MDR 1980, 115, 116; *Grüneberg* MDR 1992, 326, 330; **a.A.** OLG Frankfurt OLGZ 1983, 458, 459 f.: keine Aufhebung.

teien zur Last fallen; sie sind dem **Zeugen** auch bei geringem Verschulden **aufzuerlegen** (§ 381 Rdn. 11).[50]

VIII. Unzulässigkeit der Anordnungen

Trotz ordnungsgemäßer Ladung darf nach § 380 nicht gegen den Zeugen vorgegangen werden, wenn der **Termin** trotz unzureichender Entschuldigung **aufgehoben** wird,[51] selbst wenn der Zeuge von der Terminsaufhebung nichts gewusst hat.[52] Dies gilt ferner, wenn sich die Vernehmung aus einem **sonstigen Grund erübrigt**, sei es, dass die Partei auf die Vernehmung verzichtet,[53] sei es, dass das Gericht von ihr Abstand nimmt (dazu oben Rdn. 6 und 27). In all diesen Fällen sind weder das Gericht bzw. die Parteien unnötig bemüht worden, noch sind durch das Ausbleiben besondere Kosten entstanden.[54] Die Berücksichtigung der **Vernehmungsentbehrlichkeit** ist eine **mit** der **Kostengrundentscheidung** und nicht erst im Kostenfestsetzungsverfahren **zu entscheidende Frage**. Anders zu bewerten ist es, wenn der Termin gerade deswegen vertagt wurde, weil der Zeuge ausgeblieben ist,[55] wenn ein neuer Vernehmungstermin für den ausgebliebenen Zeugen bestimmt werden muss, oder wenn der Zeuge einem anderen ebenfalls ausgebliebenen Zeugen gegenüberzustellen war. Denn dann hat sein Ausbleiben zur Verlegung geführt. **28**

Ein Beschluss nach § 380 darf auch dann nicht ergehen, wenn der nicht erschienene Zeuge nicht zu erscheinen brauchte, weil §§ 375 Abs. 2, 382 (Vernehmung in der Wohnung bzw. am Amtssitz) bzw. § 386 Abs. 3 (vorterminliche Geltendmachung eines Weigerungsrechts) Anwendung finden. Dagegen **genügt** es **nicht**, dass bisher **keine Erlaubnis der vorgesetzten Dienststelle** vorliegt (§ 376 Abs. 1, 2), es sei denn, sie ist schon verweigert. Auch reicht das **Bestehen eines Zeugnisverweigerungsrechts nicht** aus, sofern der Zeuge sich darauf nicht berufen hat, vgl. § 386 Abs. 3. Beruft er sich zu Unrecht auf ein Weigerungsrecht, ist er grundsätzlich zunächst von der Erscheinenspflicht befreit (§ 386 Rdn. 11). **29**

IX. Rechtsfolgen

1. Festsetzung von Ordnungsgeld. Das Ordnungsgeld beträgt mindestens € 5, höchstens € 1.000, vgl. Art. 6 Abs. 1 Satz 1 EGStGB. Kriterien für die Bemessung des Ordnungsgeldes sind z.B. der **Grund der Pflichtverletzung** und die **wirtschaftlichen Verhältnisse** des Betroffenen, evt. auch die Bedeutung der Aussage für den Rechtsstreit.[56] **30**

---

50 OLG Hamm VRS 41 (1971), 283, 284; ebenso MünchKomm/*Damrau*[4] § 380 Rdn. 5; *Grüneberg* MDR 1992, 326, 329; weitergehend OLG Koblenz MDR 1979, 424: auch Absehen von Kostenfolge bzw. Aufhebung der gesamten Anordnung.
51 Vgl. dazu OLG Koblenz, Beschl. v. 27.4.2004 – 11 WF 422/04.
52 KG Seuff.Arch. 56 (1901), 33 f. Nr. 18, zustimmend *Bergerfurth* JZ 1971, 84, 86; OLG Koblenz, Beschl. v. 27.4.2004 – 11 WF 422/04.
53 Musielak/*Huber*[10] § 380 Rdn. 4; **a.A.** OLG Frankfurt (17. ZS) OLGZ 1983, 458, 460; MünchKomm/*Damrau*[4] § 380 Rdn. 5; Stein/Jonas/*Berger*[22] § 380 Rdn. 7; Baumbach/Lauterbach/*Hartmann*[71] § 380 Rdn. 8.
54 OLG Frankfurt (13. ZS) NJW 1972, 2093; ebenso *Bergerfurth* JZ 1971, 84, 86; Thomas/Putzo/*Reichold*[33] § 380 Rdn. 9. **A.A.** OLG Frankfurt (17. ZS) OLGZ 1983, 458, 459: das Gesetz stelle gerade nicht darauf ab, ob die Sachaufklärung die Vernehmung gebiete, sondern lasse eine ordnungsgemäße Ladung genügen; MünchKomm/*Damrau*[4] § 380 Rdn. 5.
55 BFH DB 1988, 1836 (LS).
56 OLG Köln OLGRep. 2004, 154; BDH NJW 1960, 550 zum Ordnungsgeld bei unberechtigter Zeugnisverweigerung. Faustregel: 50 bis € 150, ersatzweise 2 bis 3 Tage Haft, Musielak/*Huber*[10] § 380 Rdn. 3.

Die Bemessung muss sich dabei stets an den Umständen des Einzelfalls orientieren.[57] Entnimmt das Gericht die Höhe des Ordnungsgeldes dem oberen Betragsrahmen des Art. 6 Abs. 1 EGStGB, bedarf dies der Begründung.[58] Nach Art. 7 Abs. 1 EGStGB kann das Gericht die Ordnungsgeldfestsetzung mit der **Bewilligung einer Zahlungserleichterung** verbinden. Das Gericht hat von der Verhängung von Ordnungsgeld abzusehen, wenn das Ausbleiben für die Parteien und das Gericht keine nachteiligen Auswirkungen gehabt hat[59] (zum Zusammenhang mit der Funktionsbestimmung der Ordnungsgeldsanktion oben Rdn. 6ff.); unerheblich ist es unter diesen Umständen, ob das Verschulden des Zeugen gering ist.[60]

31   **2. Festsetzung von Ersatzordnungshaft.** Mit dem Ordnungsgeld ist sogleich für den Fall, dass das Ordnungsgeld nicht beigetrieben werden kann, die Ersatzhaft festzusetzen (Abs. 1 Satz 2 Hs 2). Ist dies unterblieben, darf der Beschluss später ergänzt werden, vgl. Art. 8 EGStGB. Die Ordnungshaft beträgt mindestens einen Tag, **höchstens sechs Wochen**, vgl. Art. 6 Abs. 2 Satz 1 EGStGB.

32   **3. Auferlegung der Kosten.** Bei einer ungenügenden Entschuldigung sind dem Zeugen die durch sein Ausbleiben verursachten Kosten aufzuerlegen. Dies sind nach Sinn und Zweck des § 380 Abs. 1 Satz 1 aber nicht sämtliche Kosten des gescheiterten Termins, sondern nur diejenigen, die dem Zeugen persönlich anzulasten sind, also **nur die Mehrkosten**, die dadurch entstanden sind, dass der Zeuge die sich abzeichnende Verspätung dem Gericht nicht rechtzeitig mitgeteilt hat.[61] Dies sind in erster Linie besondere **Auslagen**, die **bei jedem Termin neu entstehen** wie Reisekosten der Parteien oder anderer Zeugen, die noch einmal anreisen müssen.[62] Zu den besonderen Verfahrenskosten gehören aber auch diejenigen Kosten, die dadurch entstehen, dass das Gericht die Wahrheit einer Entschuldigung des Zeugen nachprüft.

33   Die Parteien haben einen **Rechtsanspruch** darauf, **von den Kosten**, die durch nicht genügend entschuldigtes Ausbleiben eines Zeugen entstehen, **freigestellt** zu werden.[63] Von der Pflicht zur Auferlegung der Kosten können nur beide Parteien gemeinsam entbinden, da im Zeitpunkt der zu treffenden Anordnung noch nicht feststeht, welche der Parteien die Kosten endgültig zu tragen hat.[64]

34   Da der Kostenausspruch ein **Kostengrundtitel** ist, prüft das Gericht grundsätzlich nicht, ob durch das Ausbleiben des Zeugen tatsächlich besondere Kosten entstanden sind (zur Ausnahme s. oben Rdn. 23). Dies geschieht erst im Rahmen der **Kostenfestsetzung** durch den Rechtspfleger nach §§ 103, 104. Erstattungsfähig sind die notwendigen Kosten zweckentsprechender Rechtsverfolgung oder Rechtsverteidigung.[65] Dazu gehören die Auslagen des Rechtsanwalts, der mit der Prozessführung beauftragt ist und an der Zeugenvernehmung vor dem Rechtshilfegericht teilnimmt.[66] Die Partei und ihr Prozess-

---

57   Einzelfälle: OLG Köln OLGRep. 2004, 154: € 400; OLG München OLGRep. 1994, 202: 200 DM; dazu kritisch Zöller/*Greger*[29] § 380 Rdn. 5.
58   BFH DB 1988, 1836 (LS).
59   OLG Frankfurt OLGRep. 2009, 113.
60   A.A. OLG Frankfurt OLGRep. 2009, 113.
61   OLG Nürnberg NJW-RR 1999, 788, 789 = MDR 1998, 1432.
62   MünchKomm/*Damrau*[4] § 380 Rdn. 6.
63   BayVerfGH JR 1966, 195, 197 zu § 51 StPO.
64   MünchKomm/*Damrau*[4] § 380 Rdn. 5; Musielak/*Huber*[10] § 380 Rdn. 4; **a.A.** Stein/Jonas/*Berger*[22] § 380 Rdn. 11: Freistellung durch die Parteien unzulässig, da der Staat einen Kostenschuldner verlöre.
65   BGH NJW-RR 2005, 725, 726 – Baseball-Caps; OLG Celle OLGRep. 2009, 79 = NJW-RR 2009, 503.
66   BGH NJW-RR 2005, 725, 727 – Baseball-Caps.

bevollmächtigter erhalten Reisekosten für den neuen Termin, die Partei ferner eine Entschädigung für Zeitversäumnis, der Prozessbevollmächtigte das Tage- und Abwesenheitsgeld gem. Nr. 7005 RVG-VergVerz, nicht jedoch gesonderten Verdienstausfall.[67]

X. Verfahren der Anordnung

1. Anordnungspflicht, Zeitpunkt der Anordnungen, Adressat. Bei der Entscheidung über den Erlass der Anordnungen steht dem Gericht **kein Ermessen** zu, soweit § 380 gegen Zeugen unmittelbare Anwendung findet (zur Parteianhörung nachfolgend Rdn. 42). Dies gilt nach § 128 Abs. 4 FamFG auch, wenn das Gericht einem beteiligten Ehepartner in Familiensachen entsprechend § 380 ein Ordnungsgeld auferlegt oder wenn Ordnungsgeld nach § 33 Abs. 3 Satz 1 FamFG verhängt wird (oben Rdn. 5). 35

Über die Anordnungen wird **von Amts wegen** entschieden. Doch **können** die Parteien auch **beantragen**, dem Zeugen die Kosten aufzuerlegen.[68] Folgt das Gericht einem Antrag der Parteien nicht, wird dieser durch Beschluss zurückgewiesen (zu Rechtsmitteln der Parteien unten Rdn. 66).[69] 36

Die Anordnungen können **in dem Termin** getroffen werden, **in dem** der Zeuge **ausgeblieben** ist. Vorsichtige Richter erlassen den Beschluss bisweilen erst einige Tage später, u.U. erst im neuen Termin, dann aber auch, wenn der Zeuge zu diesem erscheint, sein Ausbleiben im ersten aber nicht nach § 381 Abs. 1 Satz 2 genügend entschuldigt. Sind die Anordnungen schon getroffen, sind sie nach § 381 Abs. 1 Satz 3 wieder aufzuheben. 37

Die Anordnungen ergehen **gegenüber** dem **nicht erschienenen Zeugen**. Wenn es sich um einen **minderjährigen** Zeugen handelt, sind nach hier vertretener Ansicht **auch** die mitgeladenen und erschienenen personensorgeberechtigten **gesetzlichen Vertreter** Adressat wegen Nichtgestellung des geladenen Kindes[70] (dazu oben Rdn. 17). 38

2. Form der Entscheidung, Zuständigkeit, rechtliches Gehör. Die Anordnungen nach § 380 ergehen durch **Beschluss**, vgl. § 380 Abs. 3. **Zuständig** ist das Gericht, das den Zeugen vernehmen soll, gemäß § 400 **auch der beauftragte** oder der **ersuchte Richter**, wobei dem Prozessgericht in einem solchen Fall im Rahmen der Erinnerung nach § 573 Abs. 1 (§ 400 Rdn. 5) die Abänderungsbefugnis[71] zusteht. Findet der Termin vor dem **Prozessgericht** statt, entscheidet dieses **in voller Besetzung**, weil es sich nicht nur um eine prozessleitende Verfügung handelt.[72] Setzt ein Kollegialgericht ein Ordnungsmittel fest, bedarf der Beschluss der Unterschriften aller mitwirkenden Richter.[73] Eine Heilung des Mangels der fehlenden Unterschriften durch einen von anderen Richtern gefassten Nichtabhilfebeschluss kommt jedenfalls dann nicht in Betracht, wenn dieser die Mängel des Ursprungsbeschlusses nicht beseitigt.[74] 39

Die **vorherige Gewährung rechtlichen Gehörs** ist **nicht** vorgeschrieben, wenngleich vielfach üblich. Hat der Zeuge vor dem Vernehmungstermin eine Verhinderung, etwa einen Krankenhausaufenthalt, angezeigt, die das Gericht glaubhaft gemacht sehen 40

---

67 OLG Celle OLGRep. 2009, 79, 80 = NJW-RR 2009, 503, 504.
68 RG Seuff.Arch. 46 (1891), 223 Nr. 144; OLG Dresden SächsArch 2 (1907), 88, 89.
69 MünchKomm/*Damrau*[4] § 380 Rdn. 9.
70 **A.A.** OLG Hamm NJW 1965, 1613.
71 Entsprechend schon RGZ 68, 66f. zu § 576 ZPO a.F.
72 LAG Bremen MDR 1993, 1007 m.w.N.
73 OLG Brandenburg JurBüro 1999, 155 und OLG Hamm OLGRep. 1994, 154 zur Auferlegung von Ordnungsgeld nach § 141 Abs. 3.
74 OLG Brandenburg JurBüro 1999, 155.

möchte, darf die Verhängung eines Ordnungsgeldes erst nach Einräumung dieser Möglichkeit erfolgen.[75] Aus § 381 ergibt sich, dass der **Zeuge** auf Wunsch (zumindest) **nachträglich** gehört wird. Den **Parteien** ist zur Frage der Auferlegung der Kosten rechtliches Gehör zu gewähren, weil sie bei Unterbleiben dieser Anordnung mit den Kosten belastet werden.[76] Sie dürfen sich in dem Termin äußern, in dem der Zeuge vernommen werden sollte, bei Bedarf aber auch später.

41 Das Ordnungsmittelverfahren ist **durch Beschluss einzustellen,** wenn der Zeuge verstirbt, bevor über seine Beschwerde gegen die Festsetzung von Ordnungsgeld entschieden ist.[77] Die Unterbrechungswirkung des **Insolvenzverfahrens** gegen eine Partei (§ 240) gilt nicht für das Ordnungsgeldverfahren gegen einen Zeugen.[78]

42 **3. Ermessensausübung gegenüber nichterschienener Partei.** Soweit § 380 in sonstigen Verfahren über **§ 141 Abs. 3 entsprechend** zur Anwendung gelangt, liegt die Festsetzung eines Ordnungsgeldes anders als beim Zeugen gemäß § 141 Abs. 3 Satz 1 im **Ermessen** des Gerichts („kann").[79] Das Gericht hat deshalb in seiner Ordnungsgeldentscheidung zu begründen, warum es unter pflichtgemäßer Abwägung des Für und Wider ein Ordnungsgeld verhängt und auch eine Entschuldigung der Partei für nicht genügend angesehen hat,[80] weil von der Festsetzung eines Ordnungsgeldes gegen die trotz einer Anordnung nach § 141 Abs. 1 nicht erschienene Partei nur zurückhaltend Gebrauch gemacht werden sollte.[81] Ein Verschulden des Anwalts ist der Partei nicht zuzurechnen; § 85 Abs. 2 ist im Rahmen des § 141 Abs. 3 nicht anzuwenden.[82] Gegen eine im Ausland lebende **ausländische Partei** darf nicht nach § 380 vorgegangen werden.[83]

43 Die Verhängung von Ordnungsgeld ist auch gegenüber einer Partei (zum Zeugen oben Rdn. 7) **keine Sanktion für** die **Missachtung der** richterlichen **Anordnung des Erscheinens.**[84] Sanktionsgrund ist die pflichtwidrige Behinderung der gerichtlichen Sachverhaltsaufklärung und die Vereitelung des Vorantreibens des Verfahrens.[85] Bei der Ausübung seines Ermessens hat das Gericht deshalb allein das **Ziel** zugrunde zu legen, dass die Anordnung des persönlichen Erscheinens der Parteien die **Aufklärung des Sachverhalts** erleichtern und beschleunigen soll.[86] Ist dieses Ziel ungeachtet der Abwesenheit der Partei oder deren nicht ordnungsgemäßer Vertretung im Sinne des § 141 Abs. 3 Satz 2 auf anderem Wege erreicht worden, indem etwa der Rechtsstreit in dem maßgeblichen Termin durch Urteil entschieden werden konnte, ist die Festsetzung von

---

75 OLG Köln OLGRep. 2004, 26 (allerdings mit dafür nicht überzeugender Bezugnahme auf § 381 Abs. 1 S. 1).
76 OLG Dresden SächsArch 2 (1907), 88, 89; BayVerfGH JR 1966, 195, 196 f. zu § 51 StPO.
77 BFHE 210, 500 = BStBl II 2007, 463, 464.
78 OLG Zweibrücken OLGRep. 2009, 73, 74.
79 LAG Bremen MDR 1993, 1007; OLG Düsseldorf OLGZ 1994, 576, 578; KG FamRZ 2007, 2084.
80 BGH NJW-RR 2011, 1363 Tz. 17; OLG Köln VersR 1992, 254; OLG Düsseldorf OLGZ 1994, 576, 578; OLG Brandenburg JurBüro 1999, 155.
81 OLG Köln VersR 1992, 254; OLG Düsseldorf OLGZ 1994, 576, 578; OLG Hamburg MDR 1997, 781 (gegen ein gedankenloses und routinemäßiges Ankreuzen des Ladungskästchens). OLG Brandenburg JurBüro 1999, 155; Stein/Jonas/*Leipold*[22] § 141 Rdn. 53; s. auch BVerfG NJW 1998, 892, 893; wohl **a.A.** Zöller/*Greger*[29] § 141 Rdn. 12.
82 GH NJW-RR 2011, 1363 Tz. 10.
83 OLG Hamm NJW 2009, 1090.
84 BGH NJW-RR 2011, 1363 Tz. 16; OLG Hamm MDR 1997, 1061; LAG Niedersachsen MDR 2002, 1333, 1334; KG FamRZ 2007, 2084, 2085; OLG Hamm NJW-RR 2011, 1696 (zu § 33 FamFG).
85 BGH NJW-RR 2011, 1363 Tz. 16; OLG Frankfurt NJW-RR 1986, 997; LAG Niedersachsen MDR 2002, 1333, 1334.
86 LAG Niedersachsen MDR 2002, 1333, 1334; KG FamRZ 2007, 2084, 2085; Stein/Jonas/*Leipold*[22] § 141 Rdn. 1 und 53.

Ordnungsmaßnahmen ermessensfehlerhaft[87] (dazu auch oben Rdn. 10). Dasselbe gilt bei **Entscheidungsreife** des Verfahrens.[88] Erfolgt die Ladung im Hinblick auf die Durchführung einer **Güteverhandlung** (§ 278 Abs. 3 Satz 1), reicht die Entsendung eines zum Vergleichsabschluss ermächtigten Vertreters.[89] Die hohe Zahl der bei juris gespeicherten Entscheidungen zu §§ 141, 380 belegt ein **hohes Konfliktpotential**, das aus allzu schematischer Anwendung des § 141 und verborgenem Richterärger resultieren dürfte.

Ist Partei eine **juristische Person**, so ist deren Geschäftsleiter (Vorstand, GmbH-Geschäftsführer) zu laden. Bei dessen Nichterscheinen ist das **Ordnungsgeld gegen** die **juristische Person** festzusetzen,[90] nicht aber gegen den Organwalter.[91]

44

4. Verkündung, Zustellung. Der Beschluss ist gemäß § 329 Abs. 1 zu **verkünden**, wenn er **nach mündlicher Verhandlung** ergeht. Anderenfalls ist er gemäß § 329 Abs. 3 zuzustellen, weil er einen Vollstreckungstitel bildet bzw. der sofortigen Beschwerde oder Erinnerung unterliegt. Ein Ordnungsgeldbeschluss bei Nichterscheinen einer **Partei** ist abweichend von der Ladung gemäß § 141 Abs. 2 Satz 2 nicht dieser **persönlich** mitzuteilen, sondern dem Prozessbevollmächtigten.[92] Es gelten die allgemeinen Regeln für den Anwaltsprozess und nicht die Norm für den am Prozess nicht beteiligten Zeugen. Anders als die Ladung muss der **Ordnungsgeldbeschluss** aber **zugestellt** werden (§ 329 Abs. 3).

45

XI. Maßnahmen bei wiederholtem Ausbleiben

1. Erneute Terminierung und Ladung. Ist der Zeuge im Termin nicht erschienen, wird ein neuer Termin festgesetzt und der Zeuge hierzu geladen. Bleibt er wiederholt aus, ist nach **§ 380 Abs. 2** zu verfahren. Voraussetzung der **zwangsweisen Vorführung** ist allerdings, dass bereits nach dem ersten Ausbleiben ein Beschluss nach § 380 Abs. 1 gegen ihn ergangen ist.[93] Es kommt hingegen nicht darauf an, ob aus dem ersten Beschluss vollstreckt wurde und ob er freiwillig oder überhaupt nicht erfüllt wurde. Wiederholtes Ausbleiben bedeutet, dass der Zeuge im Laufe des Verfahrens nochmals dem Termin fernbleibt. Das erneute Ausbleiben braucht sich **nicht unmittelbar an** das **erste Fernbleiben anzuschließen**; § 380 Abs. 2 greift auch ein, wenn der Zeuge zwischendurch zu einem Termin erschienen ist.

46

2. Erneute Festsetzung des Ordnungsmittels. Erscheint der Zeuge erneut nicht zum Termin, erlaubt § 380 Abs. 2, das nach § 380 Abs. 1 festgesetzte Ordnungsmittel **noch einmal** festzusetzen. Dem Beugezweck entspricht es, die **Höhe** des Ordnungsgeldes zu **steigern**. Ob es für die erneute Festsetzung des Ordnungsmittels gegen einen wiederholt trotz ordnungsgemäßer Ladung ausgebliebenen Zeugen eine **Obergrenze** gibt, ist **umstritten**.

47

---

87 BGH NJW-RR 2007, 1364 Tz. 16 = VersR 2008, 231; BAG NJW 2008, 252 Tz. 6 m. abl. Anm. *Griebling*; OLG Frankfurt NJW-RR 1986, 997; LAG Niedersachsen MDR 2002, 1333, 1334; Stein/Jonas/*Leipold*[22] § 141 Rdn. 55; **a.A.** Zöller/*Greger*[29] § 141 Rdn. 12 unter Betonung der Verfehlung konsensualer Konfliktlösung.
88 LG Hamm NJW-RR 2011, 1696.
89 GH NJW-RR 2011, 1363 Tz. 20; **a.A.** AG Meldorf MDR 2010, 520.
90 KG KGRep. 1996, 63 = GmbHR 1996, 210; LAG Hamm MDR 1999, 825; OLG Frankfurt OLGRep. 2005, 681 = MDR 2006, 170; OLG Saarbrücken, Beschl. v. 19.8.2009 – 5 W 224/09; OLG Dresden MDR 2012, 543; **a.A.** OLG Nürnberg OLGRep. 2001, 290, 291.
91 LG Hamm NJW-RR 2013, 575, 576.
92 OLG Hamburg, Beschl. v. 29.4.2010 – 13 W 5/10; OLG Bremen MDR 2012, 428; **a.A.** OLG Hamburg OLGRep. 2003, 50.
93 **A.A.** MünchKomm/*Damrau*[4] § 380 Rdn. 10.

48 Während eine Auffassung dahin geht, dass das Ordnungsmittel bei jedem, auch dritten Ausbleiben erneut festgesetzt werden muss,[94] darf der Zeuge nach anderer Ansicht in demselben Verfahren **nicht häufiger als zweimal** mit einem Ordnungsmittel belegt werden.[95] Dies wird insbesondere mit dem Wortlaut der Vorschrift begründet.[96] Indes ist die dabei vorausgesetzte Betonung des Wortes „einmal" künstlich. Bei natürlicher Sprechweise ist das Wort „noch" betont.[97] Dann ist die Vorschrift so zu verstehen, dass das Ordnungsmittel **bei *jedem* erneuten Ausbleiben** noch einmal festzusetzen ist. Nur diese Auslegung ist auch mit der vom Gesetzgeber gewählten Formulierung „im Falle *wiederholten* Ausbleibens" vereinbar. Diese spricht nämlich dafür, dass die Vorschrift jeden Wiederholungsfall meint. Sofern man überhaupt mit hypothetischen Formulierungen des Gesetzgebers argumentiert,[98] müsste man annehmen, der Gesetzgeber hätte die Ordnungsmittelfestsetzung ausdrücklich auf ein zweites Ausbleiben des Zeugen begrenzen müssen, wenn er eine solche Beschränkung angestrebt hätte (etwa: „Bleibt der Zeuge ein zweites Mal aus,"). Nicht aufschlussreich ist auch der Hinweis auf die Parallelvorschrift des § 51 Abs. 1 Satz 4 StPO,[99] weil dort nicht deutlicher formuliert ist als in § 380 Abs. 2 Hs 1.

49 Der Gesetzgeber hat die Festsetzung der „Ordnungsstrafe" „fort und fort", d.h. **notfalls auch öfter als zwei Mal**, kontrovers diskutiert und mehrheitlich befürwortet.[100] Hiergegen kann nicht eingewandt werden, der Gesetzgeber sei in jüngerer Zeit trotz der in Praxis und Schrifttum geführten Diskussion untätig geblieben.[101] Der Gesetzgeber hat bei einer späteren Änderung der Vorschrift hierzu ausdrücklich keine Stellung bezogen, sondern auf die Notwendigkeit einer Klärung der Frage im Rahmen der beabsichtigten Gesamtüberprüfung des Beweisrechts der ZPO hingewiesen.[102]

50 Es widerspräche dem Zweck der Vorschrift, das Erscheinen des Zeugen sicherzustellen, wenn man die Ordnungsmittelfestsetzung insgesamt höchstens zweimal zuließe. So könnte der Zeuge durch **dauernden Ungehorsam** seiner Zeugnispflicht entgehen.[103] In einem solchem Fall mag zwar die **zwangsweise Vorführung** ohnehin **zweckmäßiger** sein,[104] die eine weitere Ordnungsgeldfestsetzung ausschließt. Die Durchsetzung der Zeugenpflicht ist aber gefährdet, wenn eine zwangsweise Vorführung gemäß § 380 Abs. 2 Hs 2 (nachfolgend Rdn. 51) trotz zweimaligen Ausbleibens des Zeugen nach pflichtgemäßem Ermessen ausscheidet. Dies ist z.B. denkbar, wenn der Zeuge zwar beim zweiten

---

94 KG NJW 1960, 1726 = MDR 1960, 768; Baumbach/Lauterbach/*Hartmann*[71] § 380 Rdn. 16; Zöller/*Greger*[29] § 380 Rdn. 8.
95 OLG Karlsruhe NJW 1967, 2166; OLG Dresden MDR 2012, 1088; Stein/Jonas-*Berger*[22] § 380 Rdn. 19; MünchKomm/*Damrau*[4] § 380 Rdn. 10. Ebenso zu der im Wesentlichen wortgleichen Vorschrift des § 51 Abs. 1 S. 4 StPO: *Meyer-Goßner* StPO[55] § 51 Rdn. 19; KK/*Senge*[6] § 51 Rdn. 7; Löwe/Rosenberg/*Ignor/Bertheau* StPO[26] § 51 Rdn. 20. Die entsprechende Entscheidung des OLG Celle OLGZ 1975, 372, 377 zu dem in den entscheidenden Punkten wortgleichen § 411 Abs. 2 für die wiederholte Fristversäumnis eines Sachverständigen stützt diese Ansicht nur begrenzt, weil der Sachverständige ersetzt werden kann, wenn er mehr als zweimal nicht erscheint, so dass eine Begrenzung auf eine zweimalige Ordnungsmittelfestsetzung die Sachaufklärung nicht dauerhaft hindert; gleiches gilt für OLG Koblenz OLGRep. 2001, 369 und OLG Dresden MDR 2002, 1088 zu § 411 Abs. 2.
96 OLG Karlsruhe NJW 1967, 2166; OLG Dresden MDR 2002, 1088 zu § 411 Abs. 2; Stein/Jonas/*Berger*[22] § 380 Rdn. 19; MünchKomm/*Damrau*[4] § 380 Rdn. 10.
97 Baumbach/Lauterbach/*Hartmann*[71] § 380 Rdn. 16.
98 So OLG Dresden MDR 2002, 1088 (zu § 411 Abs. 2).
99 MünchKomm/*Damrau*[4] § 380 Rdn. 10 (dort wiederum nur den Wortlaut i.V.m. § 1 StGB betonend).
100 Hahn/Stegemann Mat. II/1 Protokolle der Kommission (S. 149), S. 641 f.; näher KG NJW 1960, 1726.
101 So OLG Karlsruhe NJW 1967, 2166; Stein/Jonas/*Berger*[22] § 380 Fn. 30.
102 BT-Drucks. 7/550 S. 380 (Begründung zum Entwurf für das EGStGB).
103 Baumbach/Lauterbach/*Hartmann*[71] § 380 Rdn. 16.
104 So das OLG Karlsruhe NJW 1967, 2166.

Termin erschienen ist, aber im dritten Termin erneut ausbleibt. Dann hat das Gericht nämlich wegen der Befolgung der zweiten Ladung keinen Anlass für die Zustellung der dritten Ladung gehabt[105] und kann deshalb die zwangsweise Vorführung nicht ohne weiteres begründen. Auch kann das Ordnungsgeld nur dann zurückhaltend dosiert werden, wenn auch nach wiederholtem Ausbleiben noch eine Steigerung möglich ist. Dürfte ein Ordnungsgeld nur einmal wiederholt festgesetzt werden, müsste das Gericht von vornherein einen höheren Betrag wählen, um eine ausreichende Beugewirkung zu erzielen.

3. Zwangsweise Vorführung. Das (vollständig besetzte)[106] Gericht darf bei erneutem Ausbleiben des Zeugen nach § 380 Abs. 2 Hs 2 die zwangsweise **Vorführung des Zeugen** anordnen. Anders als die Auferlegung der Kosten und die Festsetzung von Ordnungsmitteln nach § 380 Abs. 1 handelt es sich um eine Entscheidung, die der Richter nach pflichtgemäßem Ermessen zu treffen hat.[107] Entsprechend genügt nicht das wiederholte Ausbleiben allein; vielmehr muss Grund zu der Annahme bestehen, dass der Zeuge nicht nur infolge eines – wenn auch unentschuldbaren – Versehens nicht erschienen ist, sondern die Ladung ohne triftige Gründe unbeachtet gelassen hat und auch einer erneuten Ladung trotz der Festsetzung des Ordnungsgeldes nicht folgen wird.[108] Die Zustellung der Ladung ist dafür keine zwingende Voraussetzung.[109] **Die Anordnung kann unbeschränkt oft** ergehen. Wenn der Zeuge sein Ausbleiben nach § 381 (nachträglich) genügend entschuldigt (§ 381 Rdn. 8), ist eine Vorführungsanordnung trotz wiederholten Ausbleibens nicht mehr gerechtfertigt[110] (s. auch § 381 Rdn. 4). 51

Die **zwangsweise Vorführung** muss zuvor **angedroht** werden; mit der Ladung zu einem ersten Anhörungstermin darf die Androhung allerdings nur verbunden werden, wenn sich bei den Akten bereits Beweisunterlagen befinden, die die Annahme rechtfertigen, der Betroffene werde zum Termin unentschuldigt nicht erscheinen und sei zu einem Erscheinen auch durch die Androhung milderer Mittel nicht zu bewegen.[111] 52

4. Auferlegung der weiteren Kosten. Bleibt der Zeuge erneut aus, sind ihm auch die durch sein wiederholtes Ausbleiben verursachten Kosten aufzuerlegen. Insoweit gilt für **sämtliche** im Laufe des Verfahrens durch das ein- oder mehrmalige Ausbleiben des Zeugen entstandenen **Kosten** allgemein **§ 380 Abs. 1 Satz 1**. 53

XII. Sofortige Beschwerde

1. Rechtsmittel gegen Beschlüsse nach § 380 Abs. 1 und 2

a) **Erinnerung an Prozessgericht, sofortige Beschwerde.** Gegen die Beschlüsse nach § 380 Abs. 1 und 2 ist gemäß § 380 Abs. 3 das Rechtsmittel der sofortigen Beschwerde gegeben, für das die Vorschriften der §§ 567 ff. maßgeblich sind. Hat ein **beauftragter oder ersuchter Richter** die Anordnungen getroffen, ist allerdings zunächst deren Überprüfung durch das Prozessgericht im Wege der **Erinnerung** vorgesehen (§ 573 Abs. 1), erst im Anschluss daran ist gemäß § 573 Abs. 2 die sofortige Beschwerde zulässig. Hierfür 54

---

105 Deshalb ist die von Musielak/*Huber*[10] § 380 Rdn. 5 zur Umgehung des Streits empfohlene Zustellung der Ladung nicht immer eine Lösung.
106 OLG Naumburg OLGRep. 2004, 383 f.
107 BT-Drucks. 14/4722 S. 91.
108 BT-Drucks. 14/4722 S. 91.
109 MünchKomm/*Damrau*[4] § 380 Rdn. 10 m. Fn. 38; a.A. *Bergerfurth* JZ 1971, 84, 86 Fn. 58.
110 BT-Drucks. 14/4722 S. 91; BayObLGZ 1990, 37, 40.
111 BayObLGZ 1990, 37, 40 (zu §§ 33, 50b FGG a.F.).

ist das dem Prozessgericht übergeordnete Gericht auch dann zuständig, wenn der ersuchte Richter entschieden hat.[112]

55 **b) Beschwerdeberechtigung.** Die sofortige Beschwerde nach § 380 Abs. 3 steht dem **Zeugen** zu, der von den Anordnungen nach § 380 Abs. 1 und 2 betroffen ist. Der Zeuge kann seine Beschwerde darauf stützen, dass die **Ladung nicht ordnungsgemäß** (oben Rdn. 20), er dem Termin **nicht ferngeblieben** oder das Ordnungsgeld **unangemessen hoch** gewesen sei.[113]

56 Ein **jugendlicher Zeuge** soll gegen einen Ordnungsgeldbeschluss wegen Nichterscheinens vor Gericht **selbständig** sofortige Beschwerde einlegen können, sofern er strafmündig ist.[114] Dies ist **allerdings abzulehnen**, weil für die Einhaltung gesetzlicher Pflichten der für den Aufenthalt des Minderjährigen zuständige Personensorgeberechtigte verantwortlich ist. Die Ansicht erklärt sich nur aus der hier abgelehnten Auffassung (oben Rdn. 13 und § 387 Rdn. 8), den **über 14 Jahre alten Minderjährigen** als **teilprozessfähig** zu behandeln.

57 § 380 Abs. 3 gilt entsprechend für die **nach § 141 Abs. 3 Satz 1** mit einem Ordnungsgeld belegte **Partei**.[115]

58 Eine **Beschwerdesumme** muss **nicht** erreicht werden, soweit es um die Kostenbelastung geht,[116] da es sich um eine einheitliche Sanktion handelt. Auch bliebe dem Zeugen der ihm nach Art. 19 Abs. 4 Satz 1 GG zustehende **erstmalige Rechtsschutz verwehrt**.

59 **c) Abgrenzung zum Aufhebungsantrag.** Das Rechtsmittel der sofortigen Beschwerde nach § 380 Abs. 3 ist abzugrenzen von dem **Aufhebungsgesuch** nach **§ 381 Abs. 1 Satz 3**, mit dem der Zeuge sein **Ausbleiben nachträglich entschuldigt**. Dabei ist nach der Art der Einwände des Zeugen zu differenzieren. Rügt der Zeuge, die Voraussetzungen des § 380 Abs. 1 oder 2 hätten nicht vorgelegen, ist nur die sofortige Beschwerde statthaft, weil sich das Aufhebungsgesuch nur auf Entschuldigungsgründe stützen kann. Bringt der Zeuge **Entschuldigungsgründe** an, ist das **Aufhebungsgesuch vorrangig**. Eine sofortige Beschwerde kommt insoweit erst dann in Betracht, wenn das Gericht die Aufhebung seiner Beschlüsse abgelehnt hat. Deshalb ist eine „Beschwerde", die das Ausbleiben des Zeugen nachträglich entschuldigt, als Anzeige nach § 381 Abs. 2 zu werten, über die erneut das Gericht beschließen muss, das die Anordnungen nach § 380 getroffen hat.[117]

60 Wird ein **Ordnungsmittelbeschluss** wegen nachträglicher genügender Entschuldigung nach § 381 Abs. 1 Satz 3 **aufgehoben**, ist das Ordnungsmittelverfahren erledigt; gegen die das Ordnungsmittel **aufhebende Entscheidung** ist ein **Rechtsmittel** mangels Beschwer nicht statthaft. Allerdings sind die **Parteien** wegen der dann auf sie entfallenden Kosten **beschwerdeberechtigt** (s. auch unten Rdn. 66).[118]

61 **d) Einlegungsfrist.** Die nach der Neufassung des § 380 Abs. 3 als Rechtsmittel vorgesehene sofortige Beschwerde ist nach § 569 Abs. 1 binnen einer **Notfrist von zwei Wo-**

---

112 RGZ 68, 66; a.A. LG Frankenthal NJW 1961, 1363, 1364.
113 MünchKomm/*Damrau*[4] § 380 Rdn. 10.
114 LAG Nürnberg MDR 1999, 1342 zu § 380 Abs. 3 a.F.; Musielak/*Huber*[10] § 380 Rdn. 7 i.V.m. 3b.
115 KG FamRZ 2007, 2084.
116 Baumbach/Lauterbach/*Hartmann*[71] § 380 Rdn. 17; Musielak/*Huber*[10] § 380 Rdn. 7; a.A. MünchKomm/*Damrau*[4] § 380 Rdn. 11.
117 OLG Hamm GA 1972, 88.
118 OLG Hamm NJW-RR 1987, 815 zu § 381 a.F.

chen einzulegen. Die **Einlegungsfrist beginnt** mit der Zustellung des Beschlusses zu laufen, bei einer Anordnung gegen eine Partei mit der Zustellung an diese, nicht erst zu dem Zeitpunkt, zu dem sie dem Prozessbevollmächtigten formlos mitgeteilt wird.[119]

Die **Fristenbindung** wird für den Zeugen immer dann **problematisch**, wenn sich seine sofortige Beschwerde dagegen richtet, dass das Gericht seine nachträgliche **Entschuldigung nicht akzeptiert** und deshalb sein Aufhebungsgesuch gemäß § 381 Abs. 1 Satz 3 abgelehnt hat (zu diesem Fall auch § 381 Rdn. 8 f.). Angesichts der Befristung der sofortigen Beschwerde müsste der Zeuge die sofortige Beschwerde nämlich auch dann innerhalb von zwei Wochen einlegen, wenn über seinen Aufhebungsantrag noch nicht beschieden ist.[120] Der Zeuge kann den Aufhebungsantrag mit der sofortigen Beschwerde/Erinnerung verbinden. Im Zweifel ist sein Vorbringen in diesem Sinne auszulegen. Alternativ lässt sich das Problem dadurch lösen, dass man den **laufenden Aufhebungsantrag** als **Wiedereinsetzungsgrund** im Sinne des § 236 Abs. 2 ansieht. Dann ist dem Zeugen auf Antrag Wiedereinsetzung in den vorigen Stand nach §§ 233 ff. zu gewähren, falls die Anordnungen nach § 380 nicht nach § 381 Abs. 1 Satz 3 aufgehoben worden sind. Entsprechendes muss für die befristete Erinnerung beim Prozessgericht (§ 573 Abs. 1) gelten, falls der beauftragte oder ersuchte Richter die Anordnungen getroffen hat. 62

e) **Form.** Wird die sofortige Beschwerde von einem **Zeugen** erhoben, kann sie gemäß § 569 Abs. 3 Nr. 3 durch **Erklärung zu Protokoll der Geschäftsstelle** eingelegt werden. Gleiches gilt für die Partei gemäß § 569 Abs. 3 Nr. 1, wenn der Rechtsstreit im ersten Rechtszug nicht als Anwaltsprozess zu führen ist. Im **Anwaltsprozess** unterliegt die **Partei** dagegen gemäß § 78 Abs. 1 dem **Anwaltszwang**. 63

f) **Rechtsbehelf gegen Beschwerdeentscheidung.** Eine Rechtsbeschwerde nach §§ 574 ff. ist gegen die Entscheidung des Beschwerdegerichts nicht ausdrücklich vorgesehen. Sie kommt **nur** in Betracht, wenn sie nach § 574 Abs. 1 Nr. 2, Abs. 3, Abs. 2 **zugelassen** wurde. 64

2. Änderung der Beschlüsse von Amts wegen. Ob und inwieweit das Gericht den **Beschluss von Amts wegen ändern** darf, ergibt sich aus § 381 Abs. 1 Satz 3. Das Gericht muss den Beschluss ferner von Amts wegen aufheben, wenn der **Zeuge verspätet erscheint** und ein Ordnungsgeldbeschluss bereits erlassen ist.[121] Da die Anordnung der zwangsweisen Vorführung im Ermessen des Gerichts steht, darf sie jederzeit geändert werden. Soweit hiernach eine Änderungsbefugnis des Gerichts ohne Antrag zu bejahen ist, darf sie auch auf **Gegenvorstellung** hin vorgenommen werden, selbst wenn die Entscheidung nicht beschwerdefähig ist. Erkannte Ordnungsmittel dürfen in der Beschwerdeinstanz wegen des **Verschlechterungsverbotes** nicht neu erkannt bzw. erhöht, wohl aber ermäßigt werden. 65

3. Rechte der Parteien bei Aufhebung/Unterbleiben der Kostenentscheidung. Soll der sofortigen Beschwerde des Zeugen stattgegeben werden, haben die **Parteien** angesichts der damit auf sie zukommenden Kosten ein Recht gehört zu werden.[122] Bei Verletzung dieses Anspruchs kommt die **Gehörsrüge nach § 321a** in Betracht. Darüber 66

---

119 OLG Hamburg OLGRep. 2003, 50.
120 So wohl Zöller/*Greger*[29] § 381 Rdn. 5.
121 OLG Bremen JurBüro 1979, 1889; *E.Schneider* MDR 1998, 1205.
122 OLG Dresden SächsArch 2 (1907), 88, 89. Ebenso im Strafverfahren der Angeklagte, BayrVerfGH JR 1966, 195, 196 f.

hinaus haben die Parteien wegen der unterbliebenen Kostenentscheidung ein **Beschwerderecht**. So können sie sofortige Beschwerde einlegen, wenn das Gericht seinen **Beschluss**, in dem es dem Zeugen die **Kosten** auferlegt hat, **aufhebt**[123] oder den Antrag einer Partei, dem Zeugen die Kosten aufzuerlegen, zurückweist (zuvor Rdn. 60). Da die sofortige Beschwerde der Parteien nur die Kosten betrifft, muss der **Wert des Beschwerdegegenstandes** gemäß § 567 Abs. 2 € 200 übersteigen.

67   **4. Kosten der sofortigen Beschwerde.** Umstritten ist, ob bei Aufhebung von Ordnungsmaßnahmen gegen säumige Zeugen und Parteien durch das Beschwerdegericht eine Kostenentscheidung zu ergehen hat und wem die Kosten aufzuerlegen sind.[124] Dabei kann es sich **nur** um **außergerichtliche Kosten** handeln, weil Gerichtsgebühren bei einer erfolgreichen Beschwerde nicht anfallen.[125]

68   Da es in dem Beschwerdeverfahren keinen Gegner gibt, andererseits notwendige außergerichtliche Auslagen des Zeugen nach § 401 in Verb. mit §§ 7 Abs. 1 Satz 1, 19 Abs. 1 Nr. 3 JVEG zu erstatten sind,[126] liegt es nahe, etwaige außergerichtliche Kosten des Beschwerdeführers den **allgemeinen Prozesskosten** zuzuordnen mit der Folge, dass sie letztlich von der **unterlegenen Partei** zu tragen sind.[127] Dabei kann eine unbillige Belastung der unterliegenden Partei durch § 21 GKG n.F. (= § 8 GKG a.F.) verhindert werden; hierüber ist jedoch nicht im Beschwerdeverfahren zu entscheiden.[128] Nach anderer Ansicht sind die außergerichtlichen Kosten des Beschwerdeführers in entsprechender Anwendung von § 46 OWiG, § 467 Abs. 1 StPO der **Staatskasse aufzuerlegen**, weil das unentschuldigte Fernbleiben vor Gericht dem Wesen nach zu den Ordnungswidrigkeiten gehöre.[129] Im Beschwerdeverfahren über das Ordnungsgeld gegen eine **ferngebliebene Partei** ergeht **keine Kostenentscheidung**, weil es sich nicht um ein kontradiktorisches Verfahren handelt; Auslagen einer erfolgreichen Partei sind nicht analog § 46 OWiG der Staatskasse aufzuerlegen, sondern gehen zu Lasten der nach dem Schlussurteil kostenpflichtigen Partei.[130]

69   **Gegen** eine **entsprechende Anwendung** dieser Vorschriften spricht, dass es angesichts der nach § 401 in Verb. mit dem JVEG vorgesehenen Kostenerstattung an einer **Gesetzeslücke fehlt**.[131] Auch unterscheiden sich die für das Zivil- und Straf- bzw. Ordnungswidrigkeitenverfahren geltenden Kostenregelungen zu sehr, als dass eine Analogie in Betracht käme.[132] So soll die Ordnungsmittelfestsetzung nach § 380 jedenfalls auch

---

123 OLG Dresden SächsArch 2 (1907), 88, 89; OLG Darmstadt JW 1916, 1593; **a.A.** KG OLGRspr. 25, 107.
124 Für Kostentragung der unterlegenen Partei BGH NJW-RR 2007, 1364 Tz. 23; BAG NJW 2008, 252 Tz. 9; verneinend BFHE 216, 500; LSG Berlin-Brandenburg, Beschl. v. 17.7.2009 – L 5 AS 1110/09 B.
125 OLG Zweibrücken MDR 1996, 533.
126 OLG Düsseldorf RPfleger 1979, 467.
127 BGH NJW-RR 2007, 1364 Tz. 23. Noch zu § 11 ZSEG OLG Zweibrücken MDR 1996, 533; OLG Brandenburg JurBüro 1999, 155f.; OLG Düsseldorf MDR 1985, 60; OLG Frankfurt RPfleger 1984, 106 = MDR 1984, 322; OLG Celle JurBüro 1982, 1089 = NdsRpfl. 1982, 45; OLG Karlsruhe Justiz 1977, 97, 98; LAG Frankfurt MDR 1982, 612. Ebenso Zöller/*Greger*[29] § 380 Rdn. 10; Musielak/*Huber*[10] § 380 Rdn. 7.
128 OLG Düsseldorf MDR 1985, 60; OLG Düsseldorf RPfleger 1979, 467.
129 BFH BStBl. II 1986, 270; OLG Jena, Beschl. v. 31.1.2002 – 6 W 43/02; OLG Bamberg MDR 1982, 585f.; OLG Hamm MDR 1980, 322 = RPfleger 1980, 72; OLG Hamm OLGR 1994, 154; OLG Koblenz NJW 1967, 1240; LG Heilbronn MDR 1995, 753; AG Meldorf NJW-RR 2009, 576 (rechtswidrige Ordnungsgeldfestsetzung gegen eine Partei, Beschwerdekosten); MünchKomm/*Damrau*[4] § 380 Rdn. 13; Stein/Jonas/*Berger*[22] § 380 Rdn. 16. Mit anderer Begründung, im Ergebnis aber ebenso OLG Braunschweig NdsRpfl. 1977, 232: entsprechend § 91, weil unterliegender Gegner in diesem Fall der Staat sei.
130 GH NJW-RR 2007, 1364 Tz. 23; BGH NJW-RR 2011, 1363 Tz. 23; BAG NJW 2008, 252 Tz. 9.
131 Noch zu § 11 ZSEG: OLG Hamburg MDR 1971, 685; OLG Celle JurBüro 1982, 1089f. = NdsRpfl. 1982, 45; OLG Düsseldorf MDR 1985, 60; OLG Zweibrücken MDR 1996, 533; OLG Brandenburg JurBüro 1999, 155f.
132 LAG Frankfurt MDR 1982, 612.

nach h.M. (dazu oben Rdn. 6) primär nicht ordnungswidriges Verhalten ahnden, sondern die Beweisaufnahme im Interesse einer Streitentscheidung für die Parteien ermöglichen.[133] Im Übrigen werden außergerichtliche Kosten auch in sonstigen Fällen einer unrichtigen Sachbehandlung[134] nicht der Staatskasse auferlegt. Nach § 21 GKG kommt lediglich eine Niederschlagung der Gerichtskosten in Betracht.[135] Nach richtiger Auffassung **entfällt** deshalb eine **Kostenentscheidung** in der Entscheidung, die der Beschwerde eines Zeugen stattgibt.[136]

Die **Anwaltsgebühren** für die sofortige Beschwerde richten sich nach § 2 RVG i.V.m. **70** der amtlichen Vorbemerkung 3.2.1, Nr. 3200 (Verfahrensgebühr 1,6) oder 3500 VV. Bleibt die sofortige Beschwerde erfolglos, hat der Beschwerdeführer die Kosten zu tragen. Nach Nr. 1812 KV fällt eine Gerichtsgebühr von € 50 an.

XIII. Vollstreckung

1. Auferlegung der Kosten. Der Kostenbeschluss nach § 380 Abs. 1 Satz 1 ist als **71** **Kostengrundentscheidung** ein **Vollstreckungstitel** im Sinne des § 794 Abs. 1 Nr. 3. Dieser ist gemäß § 103 Abs. 1 Voraussetzung für das **Kostenfestsetzungsverfahren** nach §§ 103, 104. Die Partei, der besondere Kosten oder Auslagen entstanden sind, muss die Kostenfestsetzung gegen den Zeugen beantragen.

Ist glaubhaft gemacht, dass die **Kosten** beim Zeugen **uneinbringlich** sind, kann die **72** obsiegende Partei die **Kostenfestsetzung gegen** die **unterliegende Partei** beantragen.[137] Zugleich muss sie den Anspruch an die unterliegende Partei abtreten.[138] Der im Kostenfestsetzungsverfahren erwirkte Kostenfestsetzungsbeschluss bildet einen Vollstreckungstitel im Sinne des § 794 Abs. 1 Nr. 2, der nach allgemeinen Regeln vollstreckt wird.

2. Ordnungsmittel. Die Vollstreckung der Ordnungsmittel richtet sich nach § 890. **73** Für Zahlungserleichterungen, nachträgliche Anordnungen und Verjährung gelten **Art. 7 bis 9 EGStGB** (unten XIV Rdn. 79). Vollstreckt wird von Amts wegen.

Ordnungsgeld wird gemäß § 1 Abs. 1 Nr. 3 JBeitrO, § 1 Abs. 1 Nr. 3 EBAO nach §§ 2ff. **74** JBeitrO und §§ 3ff. EBAO[139] beigetrieben, und zwar nach § 31 Abs. 3 RPflG durch den Rechtspfleger, soweit sich nicht das Gericht die Vollstreckung im Einzelfall ganz oder teilweise vorbehält. Nach Art. 7 Abs. 2 EGStGB können auch nach Festsetzung des Ordnungsgeldes noch **Zahlungserleichterungen** gewährt werden. Auch hierfür ist gemäß Art. 7 Abs. 2 Satz 1 EGStGB i.V.m. § 31 Abs. 3 RPflG grundsätzlich der Rechtspfleger zuständig.[140] Über Einwendungen dagegen entscheidet nach Art. 7 Abs. 4 EGStGB die Stelle, die das Ordnungsgeld festgesetzt hat, auch wenn sie nicht für die Vollstreckung zuständig ist.

---

133 OLG Zweibrücken MDR 1996, 533; OLG Karlsruhe Justiz 1977, 97.
134 Jedoch auf fehlendes fehlerhaftes Parteihandeln abstellend MünchKomm/*Damrau*[4] § 380 Rdn. 13.
135 OLG Brandenburg JurBüro 1999, 155, 156; OLG Frankfurt RPfleger 1984, 106 = MDR 1984, 322.
136 BGH NJW-RR 2007, 1364 Tz. 23; OLG Karlsruhe Justiz 1977, 97, 98; OLG Düsseldorf RPfleger 1979, 467; MDR 1985, 60; OLG Celle JurBüro 1982, 1089 = NdsRpfl. 1982, 45; OLG Frankfurt RPfleger 1984, 106; OLG Zweibrücken MDR 1996, 533; OLG Brandenburg JurBüro 1999, 155 f.; Zöller/*Greger*[29] § 380 Rdn. 10.
137 OLG München NJW 1968, 1727 (LS) = JurBüro 1968, 645; MünchKomm/*Damrau*[4] § 380 Rdn. 6; Stein/Jonas/*Berger*[22] § 380 Rdn. 18.
138 Zöller/*Greger*[29] § 380 Rdn. 4.
139 Einforderungs- und Beitreibungsanordnung, Bundesfassung abgedruckt bei Hartmann Kostengesetze[42] Teil IX B.
140 OLG Karlsruhe NJW-RR 1997, 1567.

75   Wegen der Vollstreckung der **Ersatzordnungshaft** vgl. § 390 Rdn. 15 zur Ordnungshaft.

76   **3. Zwangsweise Vorführung.** Die zwangsweise Vorführung erfolgt durch den **Gerichtswachtmeister** oder nach § 191 GVGA durch den **Gerichtsvollzieher**. Wohnt der Zeuge in einem anderen Gerichtsbezirk, ist der Gerichtsvollzieher des Bezirks zuständig, in dem der Wohnsitz liegt, auch wenn dieser vom Prozessgericht weit entfernt liegt.[141] Dem Gerichtsvollzieher sind der Vorführungsbeschluss, der Vorschuss und der Vorführungsauftrag zu übersenden. Der Gerichtsvollzieher kann nach dem jeweiligen **Landesrecht polizeiliche Vollzugsorgane** hinzuziehen, wenn er damit rechnet, dass der Zeuge Widerstand leistet. Auch Soldaten werden nach einem Erlass des Bundesministers der Verteidigung vom 23. Juli 1998[142] durch die allgemeinen Behörden vorgeführt.

77   Die zwangsweise Vorführung soll nicht dazu berechtigen, den Zeugen bei weiter Entfernung vom Gerichtsort über Nacht in einer JVA zu **inhaftieren**.[143] Das würde faktisch einen Ausschluss der Vorführung bedeuten oder das Gericht zwingen, die Vernehmung am Wohnsitz des Zeugen durchzuführen.

78   Die **Kosten des Gerichtsvollziehers** für die Vorführung zählen zu den **Auslagen des Gerichts**. Gemäß § 9 GvKostG, KVGv Nr. 270 fällt eine Gebühr von € 30 an; hinzu kommen etwaige Auslagen des Gerichtsvollziehers nach KVGv Nr. 700 ff.

XIV. Anhang: Einführungsgesetz zum Strafgesetzbuch

Art. 7
Zahlungserleichterungen bei Ordnungsgeld

79   (1) Ist dem Betroffenen nach seinen wirtschaftlichen Verhältnissen nicht zuzumuten, das Ordnungsgeld sofort zu zahlen, so wird ihm eine Zahlungsfrist bewilligt oder gestattet, das Ordnungsgeld in bestimmten Teilbeträgen zu zahlen. Dabei kann angeordnet werden, dass die Vergünstigung, das Ordnungsgeld in bestimmten Teilbeträgen zu zahlen, entfällt, wenn der Betroffene einen Teilbetrag nicht rechtzeitig zahlt.

(2) Nach Festsetzung des Ordnungsgeldes entscheidet über die Bewilligung von Zahlungserleichterungen nach Absatz 1 die Stelle, der die Vollstreckung des Ordnungsgeldes obliegt. Sie kann eine Entscheidung über Zahlungserleichterungen nachträglich ändern oder aufheben. Dabei darf sie von einer vorausgegangenen Entscheidung zum Nachteil des Betroffenen nur auf Grund neuer Tatsachen oder Beweismittel abweichen.

(3) Entfällt die Vergünstigung nach Absatz 1 Satz 2, das Ordnungsgeld in bestimmten Teilbeträgen zu zahlen, so wird dies in den Akten vermerkt. Dem Betroffenen kann erneut eine Zahlungserleichterung bewilligt werden.

(4) Über Einwendungen gegen Anordnungen nach den Absätzen 2 und 3 entscheidet die Stelle, die das Ordnungsgeld festgesetzt hat, wenn einer anderen Stelle die Vollstreckung obliegt.

---

141 LG Regensburg DGVZ 1980, 171, 172; Zöller/*Greger*[29] § 380 Rdn. 8.
142 VMBl. 1998, S. 246; geändert 10.3.2003, VMBl. 2003, S. 95, und 14.6.2004, VMBl. S. 109. Abgedruckt in Auszügen bei Zöller/*Stöber*[29] vor § 166 Rdn. 7.
143 OLG Naumburg OLGRep. 2004, 383 f. (Freiheitsbeschränkung und Freiheitsentziehung unterscheidend).

Art. 8
Nachträgliche Entscheidungen über die Ordnungshaft

(1) Kann das Ordnungsgeld nicht beigetrieben werden und ist die Festsetzung der für diesen Fall vorgesehenen Ordnungshaft unterblieben, so wandelt das Gericht das Ordnungsgeld nachträglich in Ordnungshaft um. Das Gericht entscheidet nach Anhörung der Beteiligten durch Beschluß.

(2) Das Gericht ordnet an, dass die Vollstreckung der Ordnungshaft, die an Stelle eines uneinbringlichen Ordnungsgeldes festgesetzt worden ist, unterbleibt, wenn die Vollstreckung für den Betroffenen eine unbillige Härte wäre.

Art. 9
Verjährung von Ordnungsmitteln

(1) Die Verjährung schließt die Festsetzung von Ordnungsgeld und Ordnungshaft aus. Die Verjährungsfrist beträgt, soweit das Gesetz nichts anderes bestimmt, zwei Jahre. Die Verjährung beginnt, sobald die Handlung beendet ist. Die Verjährung ruht, solange nach dem Gesetz das Verfahren zur Festsetzung des Ordnungsgeldes nicht begonnen oder nicht fortgesetzt werden kann.

(2) Die Verjährung schließt auch die Vollstreckung des Ordnungsgeldes und der Ordnungshaft aus. Die Verjährungsfrist beträgt zwei Jahre. Die Verjährung beginnt, sobald das Ordnungsmittel vollstreckbar ist. Die Verjährung ruht, solange
1. nach dem Gesetz die Vollstreckung nicht begonnen oder nicht fortgesetzt werden kann,
2. die Vollstreckung ausgesetzt ist oder
3. eine Zahlungserleichterung bewilligt ist.

§ 381
Genügende Entschuldigung des Ausbleibens

(1) Die Auferlegung der Kosten und die Festsetzung eines Ordnungsmittels unterbleiben, wenn das Ausbleiben des Zeugen rechtzeitig genügend entschuldigt wird. Erfolgt die Entschuldigung nach Satz 1 nicht rechtzeitig, so unterbleiben die Auferlegung der Kosten und die Festsetzung eines Ordnungsmittels nur dann, wenn glaubhaft gemacht wird, dass den Zeugen an der Verspätung der Entschuldigung kein Verschulden trifft. Erfolgt die genügende Entschuldigung oder die Glaubhaftmachung nachträglich, so werden die getroffenen Anordnungen unter den Voraussetzungen des Satzes 2 aufgehoben.

(2) Die Anzeigen und Gesuche des Zeugen können schriftlich oder zum Protokoll der Geschäftsstelle oder mündlich in dem zur Vernehmung bestimmten neuen Termin angebracht werden.

Schrifttum

Molketin Der nicht erschienene Zeuge und § 51 StPO, DRiZ 1981, 385; *Schmid* Zustellungsvorsorge für Zeugenladungen?, NJW 1981, 858.

Übersicht

I. Entschuldigungslast des Zeugen
   1. Initiative des Zeugen —— 1
   2. Zeitmomente der Entschuldigung —— 2
II. Rechtzeitige genügende Entschuldigung
   1. Genügende Entschuldigung —— 3
   2. Rechtzeitigkeit der Entschuldigung —— 5
III. Entschuldigung der Verspätung —— 6
IV. Entschuldigung nach erfolgten Anordnungen
   1. Bezugspunkt der Entschuldigung —— 7
   2. Nachträgliche Entschuldigung des Ausbleibens —— 8
   3. Nachträgliche Glaubhaftmachung der Verspätungsentschuldigung —— 9
   4. Rechtsfolgen —— 10
   5. Geringes Verschulden des Zeugen —— 11
V. Einzelne Entschuldigungsgründe
   1. Ladungsmängel
     a) Unterbliebene oder verspätete Ladung —— 12
     b) Verspätete Kenntnisnahme —— 14
     c) Ersatzzustellung —— 15
     d) Mangelnde Ordnungsmäßigkeit —— 17
     e) Persönliches Erscheinen einer Partei —— 18
   2. Pflichtenkollisionen —— 19
   3. Verkehrsstörungen —— 23
   4. Gesundheitliche Gründe —— 24
   5. Unzumutbare Wartezeit —— 25
   6. Fehlbeurteilung der Erscheinens- und Anwesenheitspflicht, sonstige Säumnisse —— 26
VI. Verfahren der Entschuldigung
   1. Zuständigkeit —— 28
   2. Anbringen der Entschuldigungsgründe
     a) Überzeugungsgrad —— 29
     b) Darlegungslast und Amtsermittlung
       aa) Vortragslast des Zeugen —— 32
       bb) Nachweis der Tatsachen —— 33
     c) Form —— 39
   3. Entschuldigungsvorbringen und Persönlichkeitsrechte des Zeugen —— 41
VII. Rechtsmittel —— 45
VIII. Kosten —— 46

I. Entschuldigungslast des Zeugen

1 1. Initiative des Zeugen. Der durch das Zivilprozessreformgesetz vom 27.7.2001 nach dem Vorbild des § 51 Abs. 2 StPO neu gefasste § 381 Abs. 1[1] soll sicherstellen, dass die **Anordnungen nach § 380** nur den Zeugen treffen, der entweder **schuldhaft ausgeblieben** ist oder der sein Ausbleiben **nicht rechtzeitig entschuldigt** hat. Anzuwenden ist die Norm in **allen Einsatzbereichen des § 380** (dazu § 380 Rdn. 3 ff.). Es obliegt dem Zeugen, sein Ausbleiben zu entschuldigen (s. auch unten Rdn. 32 ff.). Das Gericht muss also das schuldhafte Ausbleiben nicht begründen, um die Anordnungen nach § 380 erlassen zu dürfen.

2 2. Zeitmomente der Entschuldigung. § 381 Abs. 1 regelt insgesamt **vier verschiedene Fallkonstellationen** der Entschuldigung und stellt hierfür jeweils unterschiedliche Voraussetzungen auf. Dabei betreffen Satz 1 und 2 die Entschuldigung des Zeugen **vor** dem **Erlass von Anordnungen** gem. § 380, Satz 3 die Entschuldigung **danach**. Geht die ausreichende und rechtzeitige Entschuldigung ein, bevor Anordnungen gegen den Zeugen ergangen sind, unterbleiben Ordnungsmaßnahmen gem. Satz 1 (näher unten Rdn. 4). Erfolgt die Entschuldigung verspätet, jedoch vor Erlass von Anordnungen, gelten nach Satz 2 zusätzliche Voraussetzungen (näher unten Rdn. 6). Satz 3 betrifft die **Aufhebung der** bereits getroffenen **Anordnungen** in zwei Fällen nicht rechtzeitiger genügender Entschuldigung und unterwirft sie den Voraussetzungen des § 381 Abs. 1 Satz 2 (näher unten Rdn. 7 ff.).

---

[1] BGBl 2001 I S. 1887; RegE BT-Drucks. 14/4722 S. 91.

II. Rechtzeitige genügende Entschuldigung

1. Genügende Entschuldigung. Nach der seit 2001 geltenden Fassung des § 381 3
Abs. 1 Satz 1 setzt das Unterbleiben der Anordnungen nach § 380 stets eine genügende Entschuldigung des Ausbleibens voraus. Dies bedeutet, dass der Zeuge einen **triftigen Grund** haben muss, um sein Ausbleiben zu rechtfertigen (Einzelfälle s. unten Rdn. 12ff.). Mangelt es daran, ist die **Entschuldigung ungenügend** und **wie eine fehlende Entschuldigung** zu behandeln.[2]

Anders als in der bis 2001 geltenden Fassung wird in der aktuellen Fassung des § 381 4
Abs. 1 **nicht** mehr **ausdrücklich** festgestellt, dass die Anordnung der **zwangsweisen Vorführung** des Zeugen **unterbleibt**, wenn dieser sich genügend entschuldigt. Damit wird aufgegriffen, dass eine zwangsweise Vorführung, die nach § 380 Abs. 2 im Falle wiederholten Ausbleibens angeordnet werden kann, bei genügender Entschuldigung ohnehin nicht zulässig ist (zu den Voraussetzungen § 380 Rdn. 51).[3] Auch hat der Gesetzgeber auf die **frühere Differenzierung** zwischen der Glaubhaftmachung, dass die **Ladung nicht rechtzeitig zugegangen** ist, und der **genügenden Entschuldigung** des Ausbleibens verzichtet. Er war der Auffassung, der nicht rechtzeitige Zugang der Ladung bedürfe keiner ausdrücklichen Erwähnung, weil er einen genügenden Entschuldigungsgrund darstelle.[4]

2. Rechtzeitigkeit der Entschuldigung. Eine wesentliche Änderung gegenüber 5
dem bisherigen § 380 Abs. 1 Satz 1 besteht darin, dass die Auferlegung der Kosten und die Festsetzung eines Ordnungsmittels nach Satz 1 der Neufassung nur unterbleiben, wenn das Ausbleiben des Zeugen rechtzeitig entschuldigt wird. Da die **frühere Gesetzesfassung** nicht ausdrücklich auf die **Rechtzeitigkeit der Entschuldigung** abstellte, ließen Teile der Rechtsprechung auch die verspätete genügende Entschuldigung ausreichen.[5] Dies hatte zur Folge, dass das **Ausbleiben eines Zeugen** häufig auch dann **nicht so frühzeitig entschuldigt** wurde, dass der Termin noch verlegt sowie die zur Verhandlung geladenen Personen abbestellt werden konnten, wenn dies noch im gewöhnlichen Geschäftsbetrieb möglich gewesen wäre.[6] Hierdurch kam es nicht nur zu einem **vermeidbaren Arbeitsaufwand** für Gerichte, Rechtsanwaltschaft und Parteien; auch wurden die durch das Ausbleiben des Zeugen verursachten Kosten nach den allgemeinen Kostenregeln verteilt.[7] Der Gesetzgeber hat dies als unzuträglich gesehen und deshalb wie schon mit dem Strafverfahrensänderungsgesetz 1979 vom 5.10.1978[8] auch für den zivilprozessualen Bereich auf die Rechtzeitigkeit der Entschuldigung des Zeugen abgestellt.[9] Rechtzeitig ist die Entschuldigung danach nur, wenn sie so frühzeitig bei Gericht eingeht, dass der **Termin noch verlegt** und die zur Verhandlung **geladenen Personen** noch **im gewöhnlichen Geschäftsbetrieb umgeladen** werden können.[10] Zur Abladung

---

[2] *Bergerfurth* JZ 1971, 84, 85.
[3] BT-Drucks. 14/4722 S. 91.
[4] BT-Drucks. 14/4722 S. 91.
[5] BT-Drucks. 14/4722 S. 91.
[6] BT-Drucks. 14/4722 S. 91.
[7] BT-Drucks. 14/4722 S. 91.
[8] BGBl 1978 I S. 1465; BT-Drucks. 8/976 S. 36.
[9] BT-Drucks. 14/4722 S. 91.
[10] BT-Drucks. 14/4722, S. 91; Musielak/*Huber*[10] § 381 Rdn. 4. Zu § 51 Abs. 2 StPO *Meyer-Goßner* StPO[55] § 51 Rdn. 8; KK/*Senge*[6] § 51 Rdn. 10; Löwenberg/Rose/*Ignor*/*Bertheau* StPO[26] § 51 Rdn. 9.

sind alle verfügbaren modernen Kommunikationsmittel zu nutzen. Eine sofortige (unverzügliche) Entschuldigung ist hingegen nicht erforderlich.[11]

III. Entschuldigung der Verspätung

6 § 381 Abs. 1 Satz 2 der Neufassung regelt in Entsprechung zu § 51 Abs. 2 Satz 3 StPO, dass der Zeuge, dessen Entschuldigung verspätet ist, den Anordnungen nach § 380 entgehen kann, wenn er auch die **fehlende Rechtzeitigkeit der Entschuldigung** nach Satz 1 **entschuldigt**.[12] Dazu muss der Zeuge Tatsachen vortragen, die die Verspätung rechtfertigen, und diese **glaubhaft machen** (§ 294).

IV. Entschuldigung nach erfolgten Anordnungen

7 **1. Bezugspunkt der Entschuldigung.** § 381 Abs. 1 Satz 3 regelt **zwei Fälle** der nachträglichen Entschuldigung. **Nachträglich** erfolgt die Entschuldigung dann, wenn das Gericht **bereits Beschlüsse** gemäß § 380 Abs. 1 oder 2 **gefasst** hat. Diese Situation kann auch noch im Termin eintreten, wenn der Zeuge verspätet erscheint. Allerdings entfällt in diesem Fall die Rechtmäßigkeit der Anordnungen, weil das verspätete Erscheinen nicht als Nichterscheinen zu werten ist, wenn die Vernehmung noch im Termin nachgeholt werden kann (§ 380 Rdn. 23). Da die Anordnungen nach § 380 das Ausbleiben des Zeugen im Vernehmungstermin voraussetzen, ist die nachträgliche Entschuldigung notwendig verspätet. Sie betrifft also immer einen Fall des § 381 Abs. 1 Satz 3.

8 **2. Nachträgliche Entschuldigung des Ausbleibens.** § 381 Abs. 1 **Satz 3** erfasst zum einen die Konstellation, dass der Zeuge nachträglich sein **Ausbleiben** genügend **entschuldigt**. In diesem Fall setzt die Aufhebung der nach § 380 getroffenen Anordnungen seit der Neufassung der Norm im Jahre 2001 **zusätzlich** voraus, dass den Zeugen an der **Verspätung** seiner **Entschuldigung kein Verschulden** trifft. Dies muss der Zeuge glaubhaft machen. Insoweit hat der Gesetzgeber die Vorschrift dem § 51 Abs. 2 Satz 3 StPO angeglichen.

9 **3. Nachträgliche Glaubhaftmachung der Verspätungsentschuldigung.** Zum anderen gilt § 381 Abs. 1 Satz 3 für den Fall, dass Anordnungen nach § 380 nur deshalb ergangen sind, weil die Entschuldigung des Zeugen verspätet war und er **lediglich nicht rechtzeitig** – wie es Satz 2 verlangt – **glaubhaft gemacht** hat, dass ihn **an der Verspätung kein Verschulden** trifft. Holt der Zeuge die Glaubhaftmachung nach und entschuldigt zugleich deren Verspätung, sind die Anordnungen aufzuheben.[13]

---

11 OLG Frankfurt OLGRep. 2000, 187.
12 BT-Drucks. 14/4722 S. 91.
13 BT-Drucks. 14/4722 S. 91; Musielak/*Huber*[10] § 381 Rdn. 11. So schon zu § 381 a.F. – der Norm zuwider – OLG Düsseldorf MDR 1969, 149 f.; OLG Karlsruhe FamRZ 1993, 1470 (LS); OLG Nürnberg NJW-RR 1999, 788 = MDR 1998, 1432. Überholt ist die der Gesetzeslage bis 2001 geschuldete gegenteilige Auffassung, vertreten von OLG Karlsruhe NJW 1972, 589; OLG Braunschweig Nds.Rpfl. 1977, 232; OLG Bremen OLGZ 1978, 116, 117; OLG Frankfurt/M OLGRep. 1999, 138 = MDR 1999, 824; OLG Frankfurt OLGRep. 2000, 187; OLG Celle MDR 1999, 437 f.; OLG Hamburg JR 1962, 351 zu § 51 StPO; überholt auch die Ansicht, die Aufhebung sei bei verspäteter Entschuldigung auf den Ordnungsmittelbeschluss zu beschränken, vgl. etwa OLG Stuttgart JR 1963, 187.

4. Rechtsfolgen. Sind die Voraussetzungen der Vorschrift gegeben, sind **sämtliche** 10
Anordnungen nach § 380 aufzuheben. Eine **Differenzierung** zwischen der Festsetzung
eines **Ordnungsmittels** und der Auferlegung der **Kosten** ist **nicht zulässig**.[14]

5. Geringes Verschulden des Zeugen. Die Aufhebung eines Ordnungsgeldbeschlus- 11
ses kann auch dann gerechtfertigt sein, wenn das **Verschulden** des ausgebliebenen
Zeugen **gering** ist (vgl. § 380 Rdn. 27).[15] Dies ist z.B. der Fall, wenn ein auswärtiger Zeuge
nach Erhalt der Ladung um eine Vernehmung im Wege der Rechtshilfe bittet und auf
sein Schreiben vom Gericht keine Antwort erhält, weil er dann erwarten darf, dass seine
Bitte vom Gericht beantwortet wird.[16] Hat das Ausbleiben Kosten verursacht, dürfen bei
geringfügigem Verschulden nur die Ordnungsmittel aufgehoben werden; der **Kostenbeschluss** muss **bestehen bleiben**[17] (§ 380 Rdn. 27).

V. Einzelne Entschuldigungsgründe

1. Ladungsmängel

a) Unterbliebene oder verspätete Ladung. Das Ausbleiben des Zeugen ist genü- 12
gend entschuldigt, wenn er die **Ladung nicht oder nicht rechtzeitig** erhalten hat.

Bei **verspäteter Ladung** (dazu § 380 Rdn. 20), d.h. wenn dem Zeugen nicht ausrei- 13
chend Zeit blieb, sich auf den Termin einzurichten und vorzubereiten, muss der Zeuge
glaubhaft machen, wann ihm die Ladung zugegangen ist. Dabei dürfen an den Entschuldigungsversuch des Zeugen vor dem Termin **keine allzu strengen Anforderungen**
gestellt werden.[18] Die Wahrnehmung eines Termins am Folgetag kann bei einem selbständigen Unternehmer z.B. daran scheitern, dass er betriebsbedingt unabkömmlich
ist.[19]

b) Verspätete Kenntnisnahme. Ein genügender Entschuldigungsgrund ist auch, 14
dass der Zeuge trotz rechtzeitigen Zugangs von der **Ladung** (unverschuldet) **keine**[20] oder
zu spät[21] **Kenntnis** erhält, etwa **weil er abwesend** war. Dies soll nicht für einen Rechtsanwalt gelten, der infolge eines Verschuldens seines Personals von einer Zeugenladung
keine Kenntnis erhalten hat (zw.).[22] Da die Ladung den Zeugen regelmäßig unvorbereitet
trifft, darf ihm kein Vorwurf daraus gemacht werden, dass ihm Ladungen nicht nachgesandt werden, sofern er abwesend ist.[23] Wer eine ständige Wohnung hat und diese nur
vorübergehend nicht benutzt, braucht für diese Zeit **keine besonderen Vorkehrungen**
hinsichtlich möglicher Zustellungen zu treffen.[24]

---

14 Insoweit auch nach § 381 Abs. 1 S. 2 a.F. zutreffend OLG Karlsruhe NJW 1972, 589.
15 OLG Köln VersR 1993, 718.
16 OLG Köln VersR 1993, 718.
17 OLG Hamm VRS 41 (1971), 283, 284 = JMBl. NRW 1971, 282.
18 OLG Düsseldorf OLGRep. 1994, 170.
19 OLG Düsseldorf OLGRep. 1994, 170.
20 OLG Nürnberg MDR 1998, 1369.
21 OLG Posen OLGRspr. 23/180 = Seuff.Arch. 65 (1910), Nr. 150, 294, 295.
22 OLG Hamm NJW 1956, 1935.
23 KG Recht 1928, 107 Nr. 464.
24 BVerfGE 25, 158, 166; BVerfGE 26, 315, 319; BVerfGE 34, 154, 156.

15   **c) Ersatzzustellung.** Die **Unkenntnis** des Zeugen **von** der **Ersatzzustellung reicht als Entschuldigungsgrund** im Allgemeinen aus.[25] Nach überwiegender Ansicht muss allerdings ein Bürger, der sich nur sehr selten an einem Wohnsitz aufhält oder der sich für längere Zeit – etwa ab sechs Wochen – von seiner ständigen Wohnung entfernt, geeignete Vorkehrungen treffen, damit ihn behördliche Ladungen erreichen.[26] Die Pflicht, bei längerer Abwesenheit die Weiterleitung der Post sicherzustellen, gilt aber ohne besonderen Anlass allenfalls für Anschriften, unter denen eine Ersatzzustellung zulässig wäre.[27]

16   Ein im Wege der Ersatzzustellung geladener Zeuge muss für ein **Verschulden des Ersatzempfängers**, der die Ladung für ihn entgegengenommen hat, nicht einstehen.[28] Es besteht keine generelle Verpflichtung, den Posteingang für den Fall möglicher Ersatzzustellungen entsprechend zu organisieren.[29] **Anlass zu Sicherungsvorkehrungen** soll nach überwiegender Ansicht allenfalls dann bestehen, wenn der Zeuge mit einer konkreten Postzustellung in einem bestimmten Zeitraum rechnen musste oder wenn Ersatzzustellungen bereits mehrfach fehlgeleitet worden waren und die Ursache hierfür im Einfluss- und Verantwortungsbereich des Empfängers lag.[30]

17   **d) Mangelnde Ordnungsmäßigkeit.** Der Zeuge ist auch entschuldigt, wenn die **Ladung nicht ordnungsgemäß** erfolgt ist (dazu § 380 Rdn. 20). Dass die Ladung nicht ordnungsgemäß war, wird durch ihre Vorlegung nachgewiesen. Der **Formmangel** der Ladung wird durch Kenntnisnahme von der Ladung **nicht geheilt**. Ist eine Person **als Zeuge geladen, obwohl** sie **als Partei zu vernehmen** wäre, können gegen sie keine Anordnungen nach § 380 getroffen werden.[31]

18   **e) Persönliches Erscheinen einer Partei.** Wird das **persönliche Erscheinen einer Partei** durch das Gericht (§ 141) oder durch den Vorsitzenden oder den Berichterstatter (§ 273 Abs. 2) **angeordnet**, muss die **Partei selbst geladen** (§ 141 Abs. 2 Satz 2) und ihr Prozessbevollmächtigter davon benachrichtigt werden (§ 176).[32] Für die Ladung ist § 170 zu beachten.[33] Unterbleibt die Information an den Prozessbevollmächtigten und erklärt dieser seiner Partei (u.U. gerade deswegen), sie brauche nicht zum Termin zu kommen, wird dadurch ihr Fernbleiben in aller Regel entschuldigt.[34]

19   **2. Pflichtenkollisionen.** Eine genügende Entschuldigung ist nur bei **schwerwiegenden Gründen** anzunehmen.[35] Die Pflicht eines Zeugen, vor Gericht zu erscheinen, **geht privaten Pflichten und Geschäften** oder beruflichen Verpflichtungen **vor**.[36] Diese

---

[25]   OLG Düsseldorf NJW-RR 1995, 1341, 1342 = MDR 1995, 1166, 1167.
[26]   OLG Düsseldorf NJW 1980, 2721; OLG Nürnberg MDR 1998, 1369 (obiter dictum); Löwe/Rosenberg/*Ignor/Bertheau* StPO[26] § 51 Rdn. 10 (bei Rechnenmüssen mit Ladung); *Molketin* DRiZ 1981, 385; **a.A.** *Schmid* NJW 1981, 858.
[27]   OLG Nürnberg MDR 1998, 1369.
[28]   OLG Düsseldorf NJW-RR 1995, 1341 f. = MDR 1995, 1166, 1167.
[29]   OLG Düsseldorf NJW-RR 1995, 1341, 1342; *Schmid* NJW 1981, 858.
[30]   OLG Düsseldorf NJW-RR 1995, 1341, 1342; vgl. auch OLG Darmstadt JW 1916, 1593. Ablehnend gegen derartige Ausnahmen unter Hinweis auf die abschließende Regelung der Zeugenpflichten *Schmid* NJW 1981, 858.
[31]   OLG Karlsruhe FamRZ 1973, 104 = Justiz 1973, 135 (LS).
[32]   Anders aber bei Zustellung eines Ordnungsgeldbeschlusses, OLG Bremen MDR 2012, 428.
[33]   BGH NJW-RR 2011, 1363 Tz. 12.
[34]   OLG Köln NJW 1978, 2515 m. Anm. *Schneider* NJW 1979, 987; OLG Köln MDR 1975, 320; für Zeugen OLG Oldenburg MDR 1976, 336 (LS).
[35]   BFH DB 1977, 2312.
[36]   OLG Hamm MDR 1974, 330 (LS).

genügen nur in besonders gelagerten Ausnahmefällen als Entschuldigung für ein Ausbleiben im Termin, namentlich dann, wenn der Zeuge sonst unverhältnismäßig große, ihm schlechterdings unzumutbare Nachteile in Kauf nehmen müsste.[37] **Schwer aufschiebbare Geschäfte**[38] können deshalb entschuldigen. „Angst" vor dem Angeklagten reicht im Strafprozess in aller Regel nicht als Entschuldigungsgrund für einen Zeugen aus.[39]

Wer eine Terminsladung erhält, muss sich diesen **Termin grundsätzlich freihalten**. Daher darf der Zeuge in der Regel nach Erhalt der Ladung keine Reise mehr buchen, die ihn hindert, an dem Termin teilzunehmen, es sei denn das Erscheinen ist unter Berücksichtigung der Umstände und der Bedeutung der Sache nicht zumutbar.[40] So war nach einer Entscheidung des OLG Koblenz das Ausbleiben in einem Fall entschuldigt, in dem eine Reise bereits vor der Terminsladung reserviert und nur die endgültige schriftliche Bestätigung erst nach dem Erhalt der Ladung erfolgt war; eine Verlegung der Reise sei unzumutbar gewesen.[41]

Überschneidet sich der **Vernehmungstermin** mit einem **anderen wichtigen Termin** des Zeugen, ist zu differenzieren: Der BFH hat anerkannt, dass sich ein **Rechtsanwalt**, der am selben Tag zur gleichen Zeit einen Termin als Zeuge und einen Termin als Vertreter einer Partei wahrzunehmen hat, in einem Interessenwiderstreit befindet.[42] Seien die Auftraggeber des Rechtsanwalts **mit** der Bestellung eines **Terminsvertreters nicht einverstanden**, müsse das Gericht deshalb versuchen, einen anderen Termin zur Beweisaufnahme unter Berücksichtigung der sonstigen Termine des Rechtsanwalts zu bestimmen. Lasse sich auf diese Weise in nächster Zeit kein Termin zur Beweisaufnahme finden, gehe die Zeugenpflicht vor. Hingegen sei das Nichterscheinen des Rechtsanwalts zum Vernehmungstermin genügend entschuldigt, wenn das **Gericht** sich **um eine Terminsverlegung** erst gar **nicht bemühe**.[43] Auch hat der BFH einen Zeugen als entschuldigt angesehen, der dem Vernehmungstermin ferngeblieben ist, weil gleichzeitig ein anderer, nicht verlegbarer Termin stattfand, bei dem ein Strafprozess gegen ihn vorbereitet wurde.[44]

Ein **Sachverständiger**, für den allerdings § 409 die Anordnungsgrundlage ist, kann sein Fernbleiben von einem Termin, zu dem er geladen wurde, damit entschuldigen, dass seine Auswahl für ihn unzumutbar ist, weil er dringende andere Aufgaben zu erfüllen hat und anderweitig für eine fachgerechte Begutachtung gesorgt ist.[45]

3. Verkehrsstörungen. Verkehrsstörungen können den davon betroffenen Zeugen u.U. entschuldigen. Ein nicht erschienener Zeuge ist **nicht** genügend entschuldigt, wenn er die **Fahrt** zum Gerichtsort **mit dem Pkw so spät antritt**, dass er sich schon bei einer geringen Verzögerung im Straßenverkehr verspätet.[46] Andererseits ist einem Zeugen sein Ausbleiben im Termin nicht vorzuwerfen, wenn er nicht rechtzeitig erscheint, weil sich seine Anreise, die üblicherweise 6–7 Stunden dauert, wegen unvorhersehbarer Verkehrs-

---

37 OLG Hamm MDR 1974, 330 (LS).
38 OLG Bamberg Seuff.Arch. 70 (1915), 211 Nr. 117.
39 OLG Hamm MDR 1974, 330 (LS).
40 OLG Koblenz VRS 70 (1986), 150, 152.
41 OLG Koblenz VRS 70 (1986), 150, 152.
42 BFH NJW 1975, 1248.
43 BFH NJW 1975, 1248.
44 BFH DB 1981, 924.
45 LG Bochum NJW 1986, 2890 f.
46 OLG Schleswig MDR 1978, 323 (LS); **a.A.** *Schneider* MDR 1998, 1205: der Zeuge müsse sich nur auf die regelmäßig benötigte Fahrtzeit einstellen.

störungen erheblich länger hinzieht als die sicherheitshalber eingeplante Reisedauer von 9 Stunden.[47] Der Zeuge muss das **Gericht** allerdings im Rahmen seiner Möglichkeiten und der Zumutbarkeit **von der sich abzeichnenden Verspätung verständigen**.[48]

24 **4. Gesundheitliche Gründe. Krankheit**,[49] Besuch bei bzw. Betreuung von schwer erkrankten Angehörigen und gleich gewichtige Gesundheitsgründe entschuldigen den Zeugen. Krankheitsbedingte **Arbeitsunfähigkeit** ist **für sich allein kein** ausreichender Hinderungsgrund, vor Gericht zu erscheinen, weil Arbeitsunfähigkeit etwas anderes ist als **Reise- oder Verhandlungsunfähigkeit**. Krankheit steht dem Erscheinen vor Gericht nur dann entgegen, wenn der Kranke entweder nicht imstande ist, die Terminstelle aufzusuchen,[50] insbesondere zum Gerichtsort anzureisen, oder aus gesundheitlichen Gründen an der mündlichen Verhandlung nicht teilnehmen kann (zum Nachweis der Verhandlungsunfähigkeit unten Rdn. 38 und 41).[51]

25 **5. Unzumutbare Wartezeit.** Hat sich der Zeuge **vorzeitig** wieder **entfernt**, muss das **Gericht** berücksichtigen, ob und inwieweit dies auf seine **eigene Unpünktlichkeit** zurückzuführen ist. Nach Ansicht von *Schneider* darf man dem Zeugen keine längere **Wartezeit** als **eine Stunde** zumuten.[52]

26 **6. Fehlbeurteilung der Erscheinens- und Anwesenheitspflicht, sonstige Säumnisse. Nicht vorgeworfen** werden kann der Partei, dass sie in einem Prozess, in dem sie anwaltlich vertreten sein muss, ihre Anwesenheit nicht mehr für erforderlich hält, wenn der **Prozessbevollmächtigte sich entfernt** und eine mündliche Verhandlung deshalb nicht mehr stattfinden kann.[53] Das Gericht darf nicht die eigenen Verfahrensfehler als zureichenden Grund für einen Ordnungsgeldbeschluss nehmen.[54] Dagegen soll sich ein Zeuge auf eine **falsche Auskunft seines Prozessbevollmächtigten** nicht verlassen dürfen.[55] Ersucht der Zeuge das Gericht unter Angabe eines Entschuldigungsgrundes um Verlegung des Termins und erhält hierauf keine Antwort, kann er unter Umständen darauf vertrauen, das Gericht werde seiner Bitte entsprechen.[56]

27 Der Zeuge muss auch dann erscheinen, wenn er glaubt, er sei irrtümlich vorgeladen. Hat ein Zeuge trotz unmissverständlicher Ladung **Zweifel an** der **Erscheinenspflicht**, muss er beim Gericht nachfragen; ein Irrtum kann nur ausnahmsweise entschuldigen.[57] Der Zeuge muss sich aus der Ladung auch über den genauen Ort und die Zeit seiner Vernehmung informieren.[58] Nicht zur Entschuldigung genügt, dass der Zeuge den **Terminstag** versehentlich **verwechselt oder vergessen**[59] oder sich wegen der Umstellung auf die Sommerzeit in der Uhrzeit geirrt[60] hat.

---

47 OLG Nürnberg NJW-RR 1999, 788 = MDR 1998, 1432.
48 OLG Nürnberg NJW-RR 1999, 788.
49 RG JW 1904, 68.
50 OLG Köln OLGR 1999, 415.
51 OLG Zweibrücken JurBüro 1976, 1255f.
52 *Schneider* MDR 1998, 1205, 1207.
53 OLG Köln JR 1969, 264.
54 *Schneider* NJW 1979, 987.
55 OLG Köln OLGRep. 1999, 14; Baumbach/Lauterbach/*Hartmann*[71] § 381 Rdn. 6.
56 OLG Bamberg Seuff.Arch. 70 (1915), 211, 212 Nr. 117; **a.A.** KG Seuff.Arch. 56 (1901), 33 Nr. 18: Nichtbeantwortung der Anzeige entschuldigt stets.
57 BFH BFH/NV 2008, 232 (erfolglose Verfassungsbeschwerde dagegen).
58 OLG Jena, Beschl. v. 31.1.2002 – 6 W 43/02.
59 BFH DB 1977, 2312; OLG München NJW 1957, 306f.
60 OLG Darmstadt JW 1916, 1593.

VI. Verfahren der Entschuldigung

1. Zuständigkeit. Für die Entscheidung darüber, ob der Zeuge sein Ausbleiben genügend entschuldigt hat, ist das **Gericht** zuständig, **das** die **Anordnungen** nach § 380 **getroffen** hat.[61] Dies gilt auch, wenn der **ersuchte** oder **beauftragte Richter** sie beschlossen hat. Das **Prozessgericht** ist dann nur für die in diesem Fall der sofortigen Beschwerde vorgeschaltete **Erinnerung** nach § 573 zuständig.

28

2. Anbringen der Entschuldigungsgründe

a) Überzeugungsgrad. Ob zur genügenden Entschuldigung des Ausbleibens **stets** die **Glaubhaftmachung** der rechtfertigenden Tatsachen **ausreicht**,[62] lässt sich auch nach der Neufassung des § 381 aus dem Gesetzestext nicht beantworten. Ungeklärt ist deshalb, ob die entschuldigenden Tatsachen **bewiesen** werden müssen,[63] **oder** ob es genügt, wenn das Gericht zu einem **geringeren Grade** von diesen Tatsachen **überzeugt** ist.

29

Der **Gesetzgeber des ZPO-Reformgesetzes** von 2001 hat sich mit dieser Frage **nicht befasst. Soweit** im Gesetzestext und in der **Begründung des Entwurfs**[64] von **Glaubhaftmachung** die Rede ist, geht es nur um die Entschuldigung der Verspätung der Entschuldigung, nicht aber um die Entschuldigung des Ausbleibens. Der Umstand, dass der Gesetzgeber den nicht rechtzeitigen Zugang der Ladung als Unterfall eines Entschuldigungsgrundes angesehen hat, ist zwar ein Indiz dafür, dass hinsichtlich der Glaubhaftmachung keine Änderung beabsichtigt war und auch bei allen anderen Entschuldigungsgründen die Glaubhaftmachung genügen sollte. Die Zusammenfassung aller Fälle der genügenden Entschuldigung könnte in Bezug auf das Mittel ihres Nachweises aber auch eine Nachlässigkeit des Gesetzgebers sein.

30

Nach Sinn und Zweck des § 380 muss das Vorliegen des Entschuldigungsgrundes **nicht stets zu voller richterlicher Überzeugung** festgestellt werden. Regelmäßig strengere Anforderungen zu stellen als sie die Glaubhaftmachung verlangt, würde einen Wertungswiderspruch zu Abs. 1 Satz 2 entstehen lassen,[65] wonach die Entschuldigung der Verspätung nur glaubhaft zu machen ist. Eine Beweiserhebung über die rechtfertigenden Tatsachen bringt einen erheblichen zusätzlichen Aufwand mit sich, der prozessökonomisch nur vertretbar ist, wenn das Gericht den Eindruck gewinnt, dass sich ein Zeuge hartnäckig seiner Vernehmung entzieht.

31

b) Darlegungslast und Amtsermittlung

aa) Vortragslast des Zeugen. § 381 geht davon aus, dass der Zeuge sein Ausbleiben und ggf. die Verspätung seiner Entschuldigung zu entschuldigen hat. Zwar muss das Gericht einen ihm **bekannten Entschuldigungsgrund von Amts wegen** beachten.[66] Kennt das Gericht die entschuldigenden Tatsachen nicht, muss der Zeuge Tatsachen vor-

32

---

[61] OLG Hamm GA 1972, 88 zu § 51 StPO.
[62] So MünchKomm/*Damrau*[4] § 381 Rdn. 8.
[63] Stein/Jonas/*Berger*[22] § 381 Rdn. 11: Strengbeweisverfahren trotz Glaubhaftmachung.
[64] BT-Drucks. 14/4722 S. 91.
[65] MünchKomm/*Damrau*[4] § 381 Rdn. 8.
[66] Baumbach/Lauterbach/*Hartmann*[71] § 381 Rdn. 4; Stein/Jonas/*Berger*[22] § 381 Rdn. 11.

tragen, die dem **Gericht** die **Prüfung ermöglichen**, ob die von ihm vorgebrachten Gründe sein Fernbleiben rechtfertigen.[67]

33 **bb) Nachweis der Tatsachen.** Umstritten ist, ob und **inwieweit** der Zeuge verpflichtet ist, dem Gericht die **Überzeugung von der Wahrheit** der entschuldigenden Tatsachen zu vermitteln. Umstritten ist, ob der Zeuge die Beweislast für die entschuldigenden Tatsachen trägt.[68]

34 **Gegen** die Annahme einer „**Beweislast" des Zeugen** spricht der **Zwangscharakter** der Anordnungen nach § 380. Die im Straf- und Ordnungswidrigkeitenverfahren geltende **Unschuldsvermutung** muss bei den milderen Ordnungsmitteln erst recht gelten. Es wäre aus rechtsstaatlicher Sicht nicht vertretbar, wenn ein materiell-rechtlich entschuldigter Zeuge die Sanktionen des § 380 lediglich aus Mangel an Beweisen nicht verhindern könnte.[69]

35 Gleichwohl **reicht** es **nicht** aus, dass der Zeuge die sein Ausbleiben rechtfertigenden **Tatsachen vorträgt**. Eine genügende Entschuldigung liegt nur dann vor, wenn der Zeuge diese Tatsachen auch in irgendeiner Form **wahrscheinlich macht**. Würde man hierauf verzichten, bliebe die Androhung bzw. Anordnung der Ordnungsmittel bei einem pflichtvergessenen Zeugen wirkungslos.

36 Der **Amtsermittlungsgrundsatz** gilt **nicht in reiner Form**. Dies hat bereits die Rechtsprechung des RG angenommen. Das RG ging zunächst davon aus, der Zeuge müsse dem Gericht die Überzeugung von der Wahrheit der entschuldigenden Tatsachen „vermitteln".[70] Es hielt die Glaubhaftmachung durch den Zeugen lediglich insoweit nicht für zwingend, als – weitergehend – auch der Beweis zulässig sei. Etwas später entschied das RG, das Gericht müsse die Wahrheit von Amts wegen ermitteln, wenn es sich mit einem von dem Zeugen vorgelegten ärztlichen Attest nicht begnügen wolle.[71] In beiden Entscheidungen kommt aber die Ansicht zum Ausdruck, der Zeuge sei **zumindest** zur **Glaubhaftmachung des Entschuldigungsgrundes** verpflichtet.[72] Danach muss das Gericht die Richtigkeit der Angaben des Zeugen nur dann von sich aus prüfen, wenn es den vollen Beweis der entschuldigenden Tatsachen verlangt. Dies ist aber nicht zwingend. Deshalb kann das Gericht Ermittlungen von Amts wegen anstellen, ohne hierzu verpflichtet zu sein.[73]

37 Das Gericht kann **nach** seinem **Ermessen** die **Glaubhaftmachung des Entschuldigungsgrundes** verlangen.[74] Da Glaubhaftmachung **nur für** die Entschuldigung eines **Verspätungsgrundes**, nicht aber für die Entschuldigung des Ausbleibens **gesetzlich vorgesehen** ist,[75] gelten nicht die Anforderungen des § 294, auch nicht die Beschränkungen des § 294 Abs. 2. Die Anforderungen an die Darlegung sind von der **Art des Entschuldigungsgrundes** und der **Häufigkeit des Ausbleibens** abhängig zu machen. Wird der nicht rechtzeitige Zugang einer formlosen Ladung geltend gemacht, wird eine eidesstattliche Versicherung zu fordern sein. Bei Krankheit kann die Vorlage eines ärztlichen Attestes (auf Kosten des Gerichts) verlangt werden.

---

67 OLG Frankfurt NJW 1957, 1725.
68 So wohl MünchKomm/*Damrau*[4] § 381 Rdn. 10. **A.A.** Stein/Jonas/*Berger*[22] § 381 Rdn. 12.
69 Ähnlich Stein/Jonas/*Berger*[22] § 381 Rdn. 12.
70 RGZ 54, 430, 432.
71 RGZ 56, 79, 80.
72 RGZ 54, 430, 432; RGZ 56, 79, 80.
73 OLG Nürnberg MDR 1999, 315.
74 So OLG Köln OLGRep. 2004, 26.
75 OLG Köln OLGRep. 2004, 26 f. (dort: telefonische Anzeige des Krankenhausaufenthalts).

Ein **ärztliches Attest**, das einem Zeugen aus Gesundheitsgründen die Fähigkeit abspricht, den Vernehmungstermin wahrzunehmen, stellt **grundsätzlich** eine **genügende Entschuldigung** dar.[76] Das Gericht muss sich aber nicht mit der ärztlichen attestierten Feststellung begnügen, der Zeuge bzw. die Partei sei „aus gesundheitlichen Gründen nicht verhandlungsfähig".[77] Vielmehr steht es dem Gericht im Rahmen der richterlichen Beweiswürdigung frei, ob es **zusätzliche Erläuterungen** fordert oder gar eine **amtsärztliche Untersuchung** verlangt.[78] Will das Gericht einem von dem Zeugen zu seiner Entschuldigung vorgelegten Attest seines behandelnden Arztes keinen Glauben schenken, kann es allerdings **nicht** verlangen, dass der **Zeuge auf eigene Kosten** ein amtsärztliches Attest vorlegt; es muss die Wahrheit von Amts wegen aufklären.[79]

c) **Form.** Nach § 381 Abs. 2 kann der Zeuge seine Entschuldigung **schriftlich** formulieren und bei Gericht einreichen. Dies ist bei Vorliegen der Voraussetzungen des § 130a auch **in elektronischer Form** möglich. Die Vorschrift stellt aber klar, dass der Zeuge zu einer schriftlichen Eingabe nicht verpflichtet ist. Der Zeuge kann sich **mündlich zu Protokoll der Geschäftsstelle** oder in dem zur Vernehmung bestimmten **neuen Termin** entschuldigen.

Das Gesetz spricht davon, dass der Zeuge **Anzeigen und Gesuche** anbringt. Auswirkungen auf die Form der Entschuldigung hat die begriffliche Unterscheidung nicht. Der Begriff „Anzeige" bezieht sich lediglich auf das Vorbringen von Entschuldigungsgründen vor Erlass eines Beschlusses nach § 380, während der Begriff „Gesuch" den Antrag auf Aufhebung der Anordnung meint.

3. Entschuldigungsvorbringen und Persönlichkeitsrechte des Zeugen. Die Vorlage eines ärztlichen Attestes kann zu einem Konflikt mit **Geheimhaltungsinteressen des Zeugen** oder der Partei führen. Legt der Zeuge ein ärztliches Attest vor, soll dies nach einer Entscheidung des OLG Köln die konkludente Entbindung des ausstellenden Arztes von seiner Schweigepflicht bezüglich etwaiger Nachfragen des Gerichts beinhalten.[80]

Wünscht der Betroffene, dass die Art oder Einzelheiten seiner Erkrankung **gegenüber** den **übrigen Verfahrensbeteiligten** nicht offenbart werden, **muss** das **Gericht** zwischen dem allgemeinen Persönlichkeitsrecht des Betroffenen und den Interessen der Parteien an der Offenbarung dieser Umstände **abwägen**. Das Gericht hat dafür Sorge zu tragen, dass die Art oder Einzelheiten der Erkrankung nur solchen Verfahrensbeteiligten bekannt werden, die dieser Information aus prozessualen Gründen unbedingt bedürfen.[81] Dies kann dadurch sichergestellt werden, dass die **ärztliche Bescheinigung** samt eventueller Erläuterungen **nicht zu** den **Hauptakten** genommen, sondern in einem der Akteneinsicht nicht unterliegenden Sonderheft verwahrt wird.[82]

Diese Verfahrensweise findet eine **Parallele im Prozesskostenhilfeverfahren**. Dort bestimmt § 117 Abs. 2 Satz 2, dass die Erklärung und Belege über die persönlichen und wirtschaftlichen Verhältnisse dem Gegner nur mit Zustimmung des Antragstellers zugänglich gemacht werden dürfen. Was für wirtschaftliche und allgemein-persönliche

---

76 OLG Köln OLGRep. 1999, 415.
77 OLG Nürnberg MDR 1999, 315 (zur Partei).
78 OLG Nürnberg MDR 1999, 315 (zur Partei).
79 RGZ 56, 79, 80 = JW 1904, 68, 69; OLG Köln OLGRep. 1999, 415.
80 OLG Köln OLGRep. 1999, 415.
81 OLG Nürnberg MDR 1999, 315.
82 OLG Nürnberg MDR 1999, 315.

Angelegenheiten gilt, hat für höchstpersönliche Angelegenheiten wie die Art und Erscheinungsform einer Krankheit erst recht zu gelten, vorausgesetzt die Krankheit hat mit dem eigentlichen Gegenstand des Prozesses nicht zu tun.[83]

44 Das Gericht darf **ärztliche Atteste**, die ein Zeuge zur Entschuldigung seines Ausbleibens vorlegt, nicht deshalb als nicht vorhanden behandeln, weil der Zeuge auf ihrer Geheimhaltung vor den übrigen Prozessbeteiligten besteht.[84] **Zweck** der nach § 381 Abs. 1 geforderten genügenden Entschuldigung ist **ausschließlich**, dem **Gericht** eine **hinreichende Grundlage für** seine **Entscheidung** zu verschaffen, ob der Zeuge von seiner Erscheinenspflicht für den konkreten Termin – gegebenenfalls nachträglich – zu befreien ist.[85] Diese Entscheidung betrifft primär den Zeugen und hat auf die Parteien allenfalls sekundäre Auswirkungen in Hinblick auf die Tragung etwaiger Säumniskosten.[86] Das Verlangen eines Zeugen nach Geheimhaltung personenbezogener Umstände, die nicht Gegenstand des aufzuklärenden Prozessstoffs sind, hat bei der Entscheidung über die genügende Entschuldigung nach § 381 grundsätzlich Vorrang vor dem Kosteninteresse der sonstigen Prozessbeteiligten, das bei einer Aufhebung der Auferlegung der Säumniskosten auf den Zeugen betroffen wäre.[87] Dafür spricht die **Wertung des Gesetzgebers in § 117 Abs. 2 Satz 2**.[88] In beiden Fällen ist der Vorrang der Geheimhaltung mit dem Anspruch der sonstigen Prozessbeteiligten auf Gewährung rechtlichen Gehörs vereinbar.[89]

VII. Rechtsmittel

45 Zu den Rechtsmitteln siehe § 380 Rdn. 60 und 66.

VIII. Kosten

46 Die Kosten der **Inanspruchnahme anwaltlicher Hilfe** bei der Abfassung eines Entschuldigungsschreibens können, auch wenn der Zeuge diese im Allgemeinen nicht benötigt, eine dem Zeugen nach §§ 7, 19 Abs. 1 Nr. 3 JVEG zu ersetzende **notwendige Auslage** sein[90] (§ 401 Rdn. 9). Die Kosten, die einem Zeugen durch Inanspruchnahme eines Anwalts bei Aufhebung eines Ordnungsmittelbeschlusses erwachsen, sind zumindest dann **keine erstattungsfähigen** notwendigen **Auslagen**, wenn der Anwalt zur Entschuldigung der Säumigkeit des Zeugen lediglich vorträgt, dieser habe die Ladung zum Termin nicht erhalten.[91]

---

83 OLG Nürnberg MDR 1999, 315.
84 OLG München MDR 2000, 413.
85 OLG München MDR 2000, 413.
86 OLG München MDR 2000, 413.
87 OLG München MDR 2000, 413.
88 OLG München MDR 2000, 413.
89 OLG München MDR 2000, 413.
90 OLG Hamburg MDR 1971, 685.
91 LG Gießen MDR 1981, 959 zu der entsprechenden Vorschrift des § 51 Abs. 2 StPO mit krit. Anm. *Herfurth*.

§ 382
Vernehmung an bestimmten Orten

(1) Die Mitglieder der Bundesregierung oder einer Landesregierung sind an ihrem Amtssitz oder, wenn sie sich außerhalb ihres Amtssitzes aufhalten, an ihrem Aufenthaltsort zu vernehmen.
(2) Die Mitglieder des Bundestages, des Bundesrates, eines Landtages oder einer zweiten Kammer sind während ihres Aufenthaltes am Sitz der Versammlung dort zu vernehmen.
(3) Zu einer Abweichung von den vorstehenden Vorschriften bedarf es:
für die Mitglieder der Bundesregierung der Genehmigung der Bundesregierung,
für die Mitglieder einer Landesregierung der Genehmigung der Landesregierung,
für die Mitglieder einer der im Absatz 2 genannten Versammlungen der Genehmigung dieser Versammlung.

Übersicht

I.	Schutz der Staatsorgane — 1	III.	Gesetzgebungsorgane — 5
II.	Betroffene Regierungsmitglieder — 2	IV.	Abweichende Genehmigung — 6

I. Schutz der Staatsorgane

Geschützt wird durch § 382 ausschließlich die **Funktionsfähigkeit** der dort genannten **Staatsorgane**,[1] deren **Beratungen und Beschlussfassungen** oder sonstige Dienstausübung durch die auswärtige Zeugenvernehmung beeinträchtigt werden könnte. Erspart bleibt den Mitgliedern dieser Organe der Zeitaufwand, der mit einer Reise zur ortsfremden Gerichtsstelle verbunden wäre. 1

II. Betroffene Regierungsmitglieder

Nach § 382 Abs. 1 sind die Mitglieder der **Bundesregierung** oder einer **Landesregierung** an ihrem Amtssitz zu vernehmen, wenn nicht nach § 382 Abs. 3 hiervon abgewichen wird (unten Rdn. 6). § 382 Abs. 1 gilt nicht für den Bundespräsidenten. Für ihn ist die Regelung des § 375 Abs. 2 über die Vernehmung in seiner Wohnung maßgeblich (§ 375 Rdn. 21). **Nicht** privilegiert sind die **Organe der kommunalen Verbände**. 2

Unter **Mitgliedern** der Bundes- bzw. Landesregierung sind nur die **Minister** zu verstehen, in den Stadtstaaten Berlin, Hamburg und Bremen die **Regierenden Bürgermeister und Senatoren**, grundsätzlich **nicht** hingegen die beamteten und die parlamentarischen **Staatssekretäre** bzw. Staatsräte. Das Landesrecht kann allerdings abweichende Regelungen enthalten. 3

Amtssitz ist die **politische Gemeinde**, in der sich das Gebäude des Ministeriums befindet, nicht das Gebäude selbst. Ist das Ministerium auf verschiedene Orte verteilt, kommt es darauf an, wo das zu vernehmende Regierungsmitglied regelmäßig zu arbeiten pflegt bzw. empfängt. Die Vernehmung findet an der für diesen Ort zuständigen Gerichtsstelle statt. Hält sich das Regierungsmitglied zeitweilig nicht an seinem Amtssitz auf, erfolgt die Vernehmung an der Gerichtsstelle des jeweiligen Aufenthaltsortes. 4

---

[1] Stein/Jonas/*Berger*[22] § 382 Rdn. 1.

III. Gesetzgebungsorgane

5 § 382 Abs. 2 betrifft die Mitglieder der Gesetzgebungsorgane des Bundes und der Länder, also die **Mitglieder des Bundestages** und Bundesrates sowie der **Landtage** bzw. in den Stadtstaaten die Mitglieder der Bürgerschaften. Sie sind am Sitz der Versammlung zu vernehmen, sofern sie sich dort aufhalten. **Sitz der Versammlung** ist die **politische Gemeinde**, in der sich das Sitzungsgebäude befindet. Die Sonderregelung des § 382 Abs. 2 gilt **nur während des Aufenthaltes** am Sitz der Versammlung. Das zu vernehmende Mitglied der gesetzgebenden Versammlung muss sich am Tag der Vernehmung an diesem Ort aufhalten. Ob das Plenum oder die Ausschüsse tagen, ist unerheblich.[2] Die Vernehmung findet an der jeweils zuständigen Gerichtsstelle statt. Hält sich das Mitglied der gesetzgebenden Versammlung andernorts auf, gelten für den Ort der Vernehmung – anders als bei Regierungsmitgliedern nach § 382 Abs. 1 (zuvor Rdn. 4) – keine Besonderheiten.

IV. Abweichende Genehmigung

6 § 382 Abs. 3 **gestattet** es, von den Vorschriften der ersten beiden Absätze **abzuweichen**, sofern die Regierung bzw. die gesetzgebende Versammlung, deren Mitglied vernommen werden soll, dies genehmigt.

7 Das Prozessgericht beschließt die **Einholung der Genehmigung nach** pflichtgemäßem **Ermessen**. Das jeweilige Staatsorgan kann selbst regeln, in welchem Verfahren die Genehmigung zu erteilen ist und ob es die Vernehmung am Gerichtsort in bestimmten Fällen auch ohne Genehmigung im Einzelfall zulässt, so etwa für die Vernehmung eines Mitglieds einer gesetzgebenden Versammlung außerhalb der Sitzungsperioden und Sitzungstage der Ausschüsse.[3]

8 Auch wenn § 382 die Funktionsfähigkeit des betroffenen Staatsorgans schützt, darf sein als Zeuge zu vernehmendes Mitglied **auch ohne Genehmigung** am Gerichtsort vernommen werden, wenn es sich **hierzu bereit** erklärt.[4] Aus der Vernehmung ohne Genehmigung kann keine prozessuale Rüge hergeleitet werden. Ist der Zeuge entgegen § 382 **ohne Genehmigung** am Gerichtsort vernommen worden, hindert dies nicht die Verwertung seiner Aussage,[5] da die Vorschrift nicht die Prozessparteien schützt.

§ 383
Zeugnisverweigerung aus persönlichen Gründen

(1) Zur Verweigerung des Zeugnisses sind berechtigt:
1. **der Verlobte einer Partei oder derjenige, mit dem die Partei ein Versprechen eingegangen ist, eine Lebenspartnerschaft zu begründen;**
2. **der Ehegatte einer Partei, auch wenn die Ehe nicht mehr besteht;**

---

2 Stein/Jonas/*Berger*[22] § 382 Rdn. 3; MünchKomm/*Damrau*[4] § 382 Rdn. 4 u. 7. **A.A.** – für Beschränkung auf Sitzungswochen und Ausschusstermine – Musielak/*Huber*[10] § 382 Rdn. 2; Zöller/*Greger*[29] § 382 Rdn. 3.
3 Vgl. Punkt C der Grundsätze in Immunitätsangelegenheiten und in Fällen der Genehmigung gemäß § 50 Abs. 3 StPO und § 382 Abs. 3 sowie bei Ermächtigungen gemäß § 90b Abs. 2, § 194 Abs. 4 StGB (GOBT Anlage 6).
4 MünchKomm/*Damrau*[3] § 382 Rdn. 6; **a.A.** Stein/Jonas/*Berger*[22] § 382 Rdn. 5.
5 Stein/Jonas/*Berger*[22] § 382 Rdn. 5.

2a. der Lebenspartner einer Partei, auch wenn die Lebenspartnerschaft nicht mehr besteht;
3. diejenigen, die mit einer Partei in gerader Linie verwandt oder verschwägert, in der Seitenlinie bis zum dritten Grad verwandt oder bis zum zweiten Grad verschwägert sind oder waren;
4. Geistliche in Ansehung desjenigen, was ihnen bei der Ausübung der Seelsorge anvertraut ist;
5. Personen, die bei der Vorbereitung, Herstellung oder Verbreitung von periodischen Druckwerken oder Rundfunksendungen berufsmäßig mitwirken oder mitgewirkt haben, über die Person des Verfassers, Einsenders oder Gewährsmanns von Beiträgen und Unterlagen sowie über die ihnen im Hinblick auf ihre Tätigkeit gemachten Mitteilungen, soweit es sich um Beiträge, Unterlagen und Mitteilungen für den redaktionellen Teil handelt;
6. Personen, denen kraft ihres Amtes, Standes oder Gewerbes Tatsachen anvertraut sind, deren Geheimhaltung durch ihre Natur oder durch gesetzliche Vorschrift geboten ist, in Betreff der Tatsachen, auf welche die Verpflichtung zur Verschwiegenheit sich bezieht.

(2) Die unter Nummern 1 bis 3 bezeichneten Personen sind vor der Vernehmung über ihr Recht zur Verweigerung des Zeugnisses zu belehren.

(3) Die Vernehmung der unter Nummern 4 bis 6 bezeichneten Personen ist, auch wenn das Zeugnis nicht verweigert wird, auf Tatsachen nicht zu richten, in Ansehung welcher erhellt, dass ohne Verletzung der Verpflichtung zur Verschwiegenheit ein Zeugnis nicht abgelegt werden kann.

Schrifttum

(1) Allgemein
Rodriguez Der Geheimnisschutz in der neuen Schweizerischen ZPO, ZZP 123 (2010), 303; *Schumacher* Geheimnisschutz im Zivilprozess aus österreichischer Sicht, ZZP 123 (2010), 283; *Stadler* Geheimnisschutz im Zivilprozess aus deutscher Sicht, ZZP 123 (2010), 261.

(2) zu § 383 Nr. 1–3
Coester-Waltjen Die Lebensgemeinschaft – Strapazierung des Parteiwillens oder staatliche Bevormundung?, NJW 1988, 2085; *Gießler* Das Beweisverbot des § 383 Abs. 3 ZPO, NJW 1977, 1185; *Haas/Beckmann* Justizgewährungsanspruch und Zeugenschutzprogramm, FS für Schumann (2001), S. 171.

(3) zu § 383 Nr. 4–6
Baumann Die Auseinanderentwicklung der Prozeßrechte, FS für Baur (1981), S. 187; *Baumgärtel* „Geheimverfahren" im Zivilprozeß zur Wahrung von Geschäftsgeheimnissen nach Schweizer Vorbild?, FS für Habscheid (1989), S. 1; *L. Beck* Mediation und Vertraulichkeit, 2009; *Eckardt/Dendorfer* Der Mediator zwischen Vertraulichkeit und Zeugnispflicht – Schutz durch Prozeßvertrag, MDR 2001, 786; *Fischedick* Die Zeugnisverweigerungsrechte von Geistlichen und kirchlichen Mitarbeitern, 2006; *Fischedick* Das Beicht- und Seelsorgegeheimnis, DÖV 2008, 584; *Haas* Zeugnisverweigerungsrecht des Geistlichen, NJW 1990, 3253; *Gottwald* Zur Wahrung von Geschäftsgeheimnissen im Zivilprozeß, BB 1979, 1780; *Groß* Zum Zeugnisverweigerungsrecht der Mitarbeiter von Presse und Rundfunk, Festschrift für Schiedermair (1976), S. 23; *Groß* Zum journalistischen Zeugnisverweigerungsrecht, ZUM 1994, 214; *Groth/v. Bubnoff* Gibt es „gerichtsfeste" Vertraulichkeit bei der Mediation?, NJW 2001, 338; *Habscheid* Das Persönlichkeitsrecht als Schranke der Wahrheitsfindung im Prozeßrecht, in: Gedächtnisschrift für H. Peters (1967), S. 840; *Henssler* Das anwaltliche Berufsgeheimnis, NJW 1994, 1817; *Himmelsbach* Der Schutz der Medieninformanten im Zivilprozeß, 1998; *Jansen* Geheimhaltungsvorschriften im Prozeßrecht, 1989; *Kanzleiter* Verschwiegenheitspflicht des Notars und Zeugnisverweigerungsrecht, DNotZ 1981, 662; *Kersting* Der Schutz des Wirtschaftsgeheimnisses im Zivilprozeß, 1995; *Kuchinke* Ärztliche Schweigepflicht, Zeugniszwang und Verpflichtung zur Auskunft nach dem Tod des Patienten, Gedächtnisschrift für Küchenhoff (1987), S. 371; *Lachmann* Unternehmensgeheimnisse im Zivilprozeßrechtsstreit, dargestellt am Beispiel des EDV-Prozesses, NJW 1987,

2206; *Lenckner* Aussagepflicht, Schweigepflicht und Zeugnisverweigerungsrecht, NJW 1965, 321; *Lichtner* Die Verschwiegenheitspflicht des Wirtschaftsprüfers im Vergleich mit den sonstigen rechts- und steuerberatenden Berufen, Diss. jur. Osnabrück 1999; *Ling* Zum Geistlichenprivileg im Strafrecht, GA 2001, 325; *Magnus* Das Anwaltsprivileg und sein zivilprozessualer Schutz, 2010; *Mayer* Geschäfts- und Betriebsgeheimnis oder Geheimniskrämerei?, GRUR 2011, 884; *Menne* Zum berufsbedingten Zeugnisverweigerungsrecht des Verfahrensbeistandes, FamRZ 2012, 1356; *Müller-Jacobsen* Schutz von Vertrauensverhältnissen zu Rechtsanwälten im Strafprozess, NJW 2011, 257; *Ploch-Kumpf* Der Schutz von Unternehmensgeheimnissen im Zivilprozess, 1996; *Priebe* Die Entbindung des Wirtschaftsprüfers und des Steuerberaters von der Schweigepflicht durch den Insolvenzverwalter, ZIP 2011, 312; *Randacher* Das Zeugnisverweigerungsrecht aus Berufsgeheimnis im Zivilprozess, Zürich 2002; *Schäckel* Der Rechtsberater als Zeuge in Erbstreitigkeiten, 2000; *Schumann* Der Name des Geheimnisses. Umfaßt die anwaltliche und ärztliche Schweigepflicht auch den Namen des Mandanten und Patienten?, FS für Henckel (1995), S. 773; *Spielmann* Das anwaltliche Berufsgeheimnis in der Rechtsprechung des EGMR, AnwBl. 2010, 373; *Stürner* Die gewerbliche Geheimsphäre im Zivilprozeß, JZ 1985, 453; *Wagner* Sicherung der Vertraulichkeit von Mediationsverfahren durch Vertrag, NJW 2001, 1398; *Walter* Zur Problematik beweisrechtlicher Geheimverfahren usw., FS für Schneider (1987), S. 147; *Wichmann* Das Berufsgeheimnis als Grenze des Zeugenbeweises, 2000.

Übersicht

I. Gesetzesgeschichte — 1
II. Systematik der §§ 383 bis 385 — 2
III. Zeugnisverweigerungsrechte von Angehörigen
   1. Normzweck — 6
   2. Reichweite des Weigerungsrechts — 7
   3. Verlöbnis, Partnerschaftseingehungsversprechen
     a) Gesetzliche Kategorien — 9
     b) Gleichgestellte Beziehungen — 13
   4. Ehe — 18
   5. Lebenspartnerschaft — 21
   6. Verwandtschaft und Schwägerschaft
     a) Blutsverwandtschaft — 23
     b) Nichteheliches Kind — 25
     c) Gesetzliche Verwandtschaft — 28
IV. Zeugnisverweigerungsrechte von Berufsgeheimnisträgern
   1. Schutz der Vertrauensbeziehungen — 29
   2. Geistliche
     a) Normzweck — 30
     b) Begriff „Geistlicher" — 31
     c) In Ausübung der Seelsorge anvertraute Tatsachen — 34
   3. In Presse und Rundfunk tätige Personen
     a) Funktionsschutz als Normzweck — 38
     b) Umfang des Schutzes — 39
   4. Durch Amt, Stand oder Gewerbe zur Verschwiegenheit Verpflichtete
     a) Normzweck, Aufbau der Vorschrift — 46
     b) Kreis der berechtigten Personen — 47
     c) Geheimhaltung kraft Verkehrssitte
       aa) Vertrauensstellung in gewerblichen Unternehmen und Verbänden — 52
       bb) Mediation — 54
       cc) Sozialbereich — 56
     d) Bestimmung der Verschwiegenheitspflicht — 58
     e) Kasuistik zur beruflichen Verschwiegenheitspflicht
       aa) Heilberufe — 61
       bb) Rechtspflegeberufe — 64
       cc) Gewerbliche Wirtschaft — 70
       dd) Bankgeheimnis — 74
     f) Rechtfertigende Durchbrechungen der Schweigepflicht — 75
     g) Abgeordnete — 77
V. Belehrungspflicht — 79
VI. Vernehmungsverbot
   1. Inhalt — 83
   2. Verwertbarkeit bei Verstoß — 85
VII. Gesetzeserweiternde Anerkennung von Weigerungsgründen — 87
VIII. Beweiswürdigung — 89

I. Gesetzesgeschichte

Der aus § 348 CPO hervorgegangene § 383 wurde erstmalig 1975 geändert,[1] als das bis dahin in § 383 Abs. 1 Nr. 5 verankerte Zeugnisverweigerungsrecht der **Berufsgeheimnisträger** zu Nr. 6 wurde und unter § 383 Abs. 1 Nr. 5 ein Zeugnisverweigerungsrecht für **Presseangehörige** eingefügt wurde. Durch das Adoptionsgesetz von 1976[2] wurde § 383 Abs. 1 Nr. 3 geändert. Zuletzt wurde 2001 mit dem **Lebenspartnerschaftsgesetz**[3] § 383 Abs. 1 Nr. 2a eingefügt und gleichzeitig die Nr. 1 erweitert.

II. Systematik der §§ 383 bis 385

Die §§ 383 bis 385 behandeln das Recht zur Verweigerung des Zeugnisses. Die Weigerungsgründe der **§§ 383, 384** gelten nach § 408 Abs. 1 Satz 1 bzw. § 402 **auch für** den gerichtlich bestellten **Sachverständigen**. In §§ 383, 384 sind die zur Zeugnisverweigerung berechtigenden Gründe geregelt, **§ 385** schränkt diese Ausnahmen von der Zeugnispflicht für bestimmte Fälle wieder **ein** (§ 385 Rdn. 1 f.).[4]

Gemeinhin wird angenommen, dass die Zeugnisverweigerungsrechte des § 383 auf „**persönlichen Gründen**" beruhen, die des § 384 hingegen auf „**sachlichen Gründen**" (§ 384). Diese seit der ZPO-Reform 2002 durch die amtlichen Überschriften zu § 383 und § 384 abgesegnete Unterscheidung geht zurück auf die Entwurfsbegründung zur CPO. Danach beruhen sämtliche Weigerungsgründe des **§ 383 a.F.** auf einem **persönlichen Verhältnis zwischen** dem **Zeugen und** einer **Partei**, das im Fall der Nr. 1 bis 3 allgemein und im Fall der Nr. 4 und Nr. 6 (= Nr. 5 a.F.) in Bezug auf den Gegenstand des Zeugnisses besteht. Die Weigerungsgründe des § 384 sollen dagegen durch die mögliche **Rückwirkung der Aussage auf den Zeugen** motiviert sein.[5] Indes lassen sich die **Grenzen** jedenfalls nach dem heutigen Verständnis der Weigerungsgründe **so klar nicht** ziehen. Die Vorschriften der Nr. 4 und 6 des § 383 Abs. 1 **schützen** nach heutiger Auffassung nicht nur die Verschwiegenheitspflicht gegenüber einer Partei, sondern **auch gegenüber Dritten**. Die persönliche Beziehung des Zeugen zu einem Dritten ist auch für die Weigerungsgründe des § 384 maßgebend, soweit es um die Interessen eines Angehörigen des Zeugen geht (§ 384 Rdn. 21).

Dagegen geht es bei dem 1975 unter § 383 Abs. 1 Nr. 5 eingefügten Zeugnisverweigerungsrecht für Presseangehörige in erster Linie um den **Schutz der Pressefreiheit**, nicht um das persönliche Verhältnis zu dem Informanten (unten Rdn. 38). Schließlich gründen sich sämtliche Zeugnisverweigerungsrechte auf der Überlegung, dass eine **Aussage Nachteile für den Zeugen selbst** haben könnte.

Systematisch stehen die Weigerungsgründe des § 383 Abs. 1 Nr. 4–6 denen des § 384 mindestens so nah wie denen des § 383 Abs. 1 Nr. 1–3. Die Zeugnisverweigerungsrechte der in § 383 Nr. 4 – 6 aufgeführten Personen sind nämlich wie bei den Weigerungsgründen des § 384 (§ 384 Rdn. 1) auf **bestimmte Beweisthemen** beschränkt, während die Zeugnisverweigerungsrechte in den Fällen des **§ 383 Nr. 1–3 umfassend** gewährt werden.

---

[1] Gesetz vom 25.7.1975, BGBl I S. 1973.
[2] BGBl 1976 I S. 1749.
[3] BGBl 2001 I S. 266.
[4] *Hahn/Stegemann* Mat. II/ 1 S. 312, zu §§ 336–338.
[5] *Hahn/Stegemann* Mat. II/1 S. 312, zu §§ 336–338.

III. Zeugnisverweigerungsrechte von Angehörigen

6 **1. Normzweck.** Die Weigerungsgründe des § 383 Abs. 1 Nr. 1–3 beruhen auf der Überlegung, dass ein Zeuge, der mit einer der Parteien familiär verbunden ist, mit großer Wahrscheinlichkeit in einen **Konflikt** zwischen **Wahrheitspflicht** und **familiärer Rücksichtnahme** gerät, wenn er über Tatsachen aussagen soll, die für den Angehörigen nachteilig sind. Vor diesem Hintergrund befürchtete der Gesetzgeber, dass eine Zeugnispflicht der nächsten Angehörigen einer Partei „das Familienband lockern und zu falschem Zeugnisse Anlass geben" könne.[6] Der Zeuge soll weder durch eine wahre Aussage zuungunsten des Angehörigen die Integrität der Familie gefährden, noch aus Rücksicht auf den Angehörigen falsch aussagen. Die Zeugnisverweigerungsrechte aus § 383 Abs. 1 Nr. 1–3 schützen mit der Familie den Bereich, der **typischerweise zur engeren Privatsphäre des Zeugen** gehört. Das BVerfG hat für § 52 StPO zudem angenommen, dass das Weigerungsrecht nicht nur die Vermeidung von Loyalitäts- und Gewissenskonflikten des Zeugen bezweckt, sondern auch Interessen des Angeklagten schütze; der Schutz des Angehörigenverhältnisses gehöre zum Kernbestand eines fairen Verfahrens.[7] Die beweisführende Partei soll den Zeugen, der ohne eigenes Zutun zum Prozessbeteiligten wird, nicht zwingen können, über das zu berichten, was er (allein) auf Grund seiner Zugehörigkeit zum Familienkreis weiß. Dies gilt auch dann, wenn das Angehörigenverhältnis zwischen dem Zeugen und der beweisführenden Partei besteht. **Ohne Einfluss** auf das Recht zur Zeugnisverweigerung ist es, ob der nach § 383 Abs. 1 Nr. 1–3 zur Zeugnisverweigerung berechtigte Zeuge bei einer Aussage **tatsächlich emotional in** den beschriebenen **Konflikt** geraten würde.[8]

7 **2. Reichweite des Weigerungsrechts.** Die Weigerungsgründe des § 383 Abs. 1 Nr. 1–3 berechtigen die betroffenen Zeugen grundsätzlich dazu, die Aussage **insgesamt zu verweigern. Ausgenommen** sind lediglich die in § 385 Abs. 1 genannten Beweisthemen, über die auch die nächsten Angehörigen aussagen müssen (§ 385 Rdn. 1). Nach § 383 Abs. 2 sind die **betroffenen Personen** über ihr Zeugnisverweigerungsrecht **zu belehren** (unten Rdn. 79).

8 Bei **Parteien kraft Amtes** kommt es ausnahmsweise auf den materiellen Parteibegriff, also den **Inhaber des verwalteten Vermögens** an.[9]

3. Verlöbnis, Lebenspartnerschaftseingehungsversprechen

9 **a) Gesetzliche Kategorien. Verlobt** sind zwei Personen **verschiedenen Geschlechts**,[10] die sich gegenseitig versprochen haben, einander zu heiraten. Prozessual **gleichgestellt** ist entsprechend der materiell-rechtlichen Gleichstellung in § 1 Abs. 4 LPartG das **Versprechen**, eine **Lebenspartnerschaft** begründen zu wollen. Die nachfolgenden Ausführungen zum Verlöbnis geltend entsprechend.

10 Das **Verlöbnis** bedarf **keiner besonderen Form**,[11] weshalb der Vertrag auch durch schlüssiges Verhalten zustande kommen kann;[12] auch häufig benutzte äußere Zeichen

---

6 Hahn/Stegemann Mat. I/ 1 S. 312, zu §§ 336–338, dort zu den in Nr. 1, 2 und 3 geregelten Weigerungsgründen.
7 BVerfG (K) NStZ 2000, 489, 490; BVerfG (K) NJW 2010, 287 Tz. 9f.
8 MünchKomm/Damrau⁴ § 383 Rdn. 1.
9 Stein/Jonas/Berger²² § 383 Rdn. 21 und 25.
10 Palandt/Brudermüller⁷² Einf. vor § 1297 Rdn. 1.
11 RG JW 1928, 3047 Nr. 18 zu § 157 S. 2 StPO.
12 Palandt/Brudermüller⁷² Einf. vor § 1297 Rdn. 2.

wie Ringtragen oder Bekanntgabe der Verlobung sind nicht erforderlich.[13] Doch muss das wechselseitige Versprechen der künftigen Eheschließung **ernst gemeint** sein.[14] Ein geheimer Vorbehalt, das Erklärte nicht zu wollen, ist gemäß § 116 BGB unbeachtlich.[15]

Das Zeugnisverweigerungsrecht setzt grundsätzlich voraus, dass das Verlöbnis **zivilrechtlich wirksam** ist. Ehefähigkeit (§§ 1303 ff. BGB) oder für Ausländer das Ehefähigkeitszeugnis (§ 1309 BGB) sind hierzu nicht erforderlich. Das Verlöbnis darf aber **nicht nichtig** sein wie etwa grundsätzlich das Verlöbnis mit einem Verheirateten wegen Sittenwidrigkeit gemäß § 138 Abs. 1 BGB[16] oder ein zweites Verlöbnis, solange nicht das erste gelöst ist.[17] Auch das Verlöbnis mit einem **Geschäftsunfähigen** begründet wegen Nichtigkeit gemäß § 105 BGB keinen Weigerungsgrund. Bestehen hingegen lediglich Wirksamkeitshindernisse, die noch beseitigt werden können, genügt dies vom Standpunkt des § 383 Abs. 1 Nr. 1 aus. So berechtigt ein nach § 108 BGB schwebend unwirksames **Verlöbnis eines Minderjährigen**[18] zur Verweigerung der Aussage, solange die Genehmigungsentscheidung des gesetzlichen Vertreters noch aussteht. Nicht anzuwenden ist hingegen § 1303 BGB, weil ein Verlöbnis die Ehemündigkeit nicht voraussetzt. 11

Der **frühere Verlobte muss** – anders als der frühere Ehepartner (Nr. 2) oder Lebenspartner (Nr. 2a) – **aussagen**.[19] Das Verlöbnis besteht nicht mehr, wenn es durch Rücktritt (vgl. §§ 1298 f. BGB), der keiner Begründung bedarf, aufgelöst worden ist.[20] Die regelmäßig empfangsbedürftige Willenserklärung kann ausdrücklich oder konkludent abgegeben werden, so dass die Auflösung einer Verlobung auch in der öffentlichen Verlobung mit einem anderen liegen kann. 12

b) Gleichgestellte Beziehungen. § 383 Abs. 1 Nr. 1 ist **weder** auf **Liebesbeziehungen**[21] **noch** auf **Freundschaften** analog anzuwenden,[22] weil die persönliche Bindung in diesem Rahmen von so unterschiedlicher Intensität sein kann, dass nicht regelmäßig von der für die Zeugnisverweigerungsrechte des § 383 Abs. 1 Nr. 1–3 typischen Konfliktlage ausgegangen werden kann. 13

Doch kommt eine entsprechende Anwendung des § 383 Abs. 1 Nr. 1 auf **nichteheliche Lebensgemeinschaften** in Betracht.[23] Der hiergegen erhobene Einwand, der Gesetzgeber habe nicht auf die Konfliktsituation, sondern auf formale Kriterien abgestellt,[24] ist nicht überzeugend, weil es ein **formales Kriterium** gerade **beim Verlöbnis nicht** gibt. Der Gesetzgeber hat sich bei den Weigerungsgründen des § 383 Abs. 1 Nr. 1–3 an 14

---

13 RG JW 1928, 3047 Nr. 18; Palandt/*Brudermüller*[72] Einf. vor § 1297 Rdn. 1.
14 RGZ 149, 143, 148; BGHSt 3, 215, 216 zu § 52 Abs. 2 StGB; Palandt/*Brudermüller*[72] Einf. vor § 1297 Rdn. 3.
15 RGZ 149, 143, 148, a.M. BGHSt 3, 215, 216 zu § 52 Abs. 2 StGB für das Verlöbnis mit einem Heiratsschwindler.
16 RGZ 170, 72, 75f; RG Seuff.Arch. 78 Nr. 191, S. 315; OLG Karlsruhe NJW 1988, 3023; zu § 52 Abs. 1 Nr. 1 StPO vgl. BVerfG NJW 1987, 2807 (LS): kein Zeugnisverweigerungsrecht wegen Verlöbnisses, wenn die Ehe noch nicht wirksam geschieden ist; BGH FamRZ 1984, 386; BGH VRS 36, 20, 22: jedenfalls nicht, solange Ehescheidung noch nicht betrieben wird; zu § 11 Abs. 1 Nr. 1 StGB BayObLG FamRZ 1983, 277; Palandt/*Brudermüller*[72] Einf. vor § 1297 Rdn. 1; ausnahmsweise anders OLG Schleswig NJW 1950, 899 für das Verlöbnis der Ehefrau, die vom Tod ihres vermissten Ehemannes überzeugt ist.
17 RGZ 105, 245 f.
18 RGZ 61, 267, 271 f.; RG JW 1906, 9.
19 RGSt 31, 142 (zu § 51 StPO).
20 RGZ 80, 88, 90; RGZ 163, 280, 286.
21 RGSt 24, 155, 156; RG JW 1928, 3047 Nr. 18.
22 MünchKomm/*Damrau*[4] § 383 Rdn. 15.
23 So auch Staudinger/*Löhnig* (2012) Anh. zu §§ 1297 ff. Rdn. 264 m.w.N.; **a.A.** MünchKomm/*Damrau*[4] § 383 Rdn. 15; Zöller/*Greger*[29] § 383 Rdn. 8.
24 MünchKomm/*Damrau*[4] § 383 Rdn. 15.

den gesetzlich geregelten familienrechtlichen Kategorien orientiert. Mittlerweile ist jedoch die nichteheliche oder eheähnliche Lebensgemeinschaft eine **faktisch etablierte familienrechtliche Kategorie**, deren Auflösung besonderen Rechtsregeln unterworfen wird (zu den Auswirkungen auf Kinder unten Rdn. 25). So versteht die Rechtsprechung unter der eheähnlichen Gemeinschaft eine Lebensgemeinschaft zwischen einem Mann und einer Frau, die auf Dauer angelegt ist, daneben keine weitere Lebensgemeinschaft gleicher Art zulässt und sich durch **innere Bindungen** auszeichnet, die ein gegenseitiges Einstehen der Partner füreinander begründen, also über die Beziehungen in einer reinen Haushalts- und Wirtschaftsgemeinschaft hinausgeht.[25] Mit Hilfe dieser inhaltlichen Kriterien dürfte die Feststellung einer nichtehelichen Lebensgemeinschaft keine größeren Schwierigkeiten bereiten als die Feststellung eines Verlöbnisses. Da das Verlöbnis ein Zusammenleben der Verlobten nicht voraussetzt, ist die Gefahr einer missbräuchlichen Berufung auf § 383 Abs. 1 Nr. 1 dabei sogar größer als bei der nichtehelichen Lebensgemeinschaft.[26]

15 Kein überzeugendes Argument gegen die entsprechende Anwendung der Nr. 1 auf **nichteheliche Lebensgemeinschaften** ist der Umstand, dass der Gesetzgeber der CPO gezögert hat, das Verlöbnis als Weigerungsgrund anzuerkennen.[27] Denn der **Gesetzgeber** hat Verlobte einer Partei **trotz gewisser Bedenken berücksichtigt**, weil er meinte, dass Verlobten „bei dem zwischen ihnen bestehenden nahem Verhältnisse das Recht der Zeugnisablehnung nicht füglich entzogen werden könne" und dass eine missbräuchliche Berufung auf ein bestehendes Verlöbnis nur in seltenen Fällen vorkommen werde.[28] Die Entscheidung für die Anerkennung des Verlöbnisses als Weigerungsgrund ist danach gerade darauf zurückzuführen, dass es dem Gesetzgeber wesentlich auf die bei Verlobten vermutete Konfliktlage ankam. In Anbetracht der bei Partnern einer nichtehelichen Lebensgemeinschaft vergleichbaren, wenn nicht auf Grund des eheähnlichen Zusammenlebens verschärften Konfliktlage muss es deshalb unbillig erscheinen, die nichteheliche Lebensgemeinschaft nicht als Weigerungsgrund anzuerkennen. Dabei ist auch zu berücksichtigen, dass **heute** nicht das Verlöbnis, sondern die nichteheliche Lebensgemeinschaft ein **häufig übliches Vorstadium zur Ehe** ist, mit dem das für eine Ehe typische Vertrauensverhältnis begründet und ein gemeinsamer privater Lebensraum geschaffen wird. Zu bedenken ist weiter, dass ein Verlöbnis zu Zeiten der Verabschiedung der CPO nicht einmal bedeutete, dass die Verlobten zusammen lebten. Ein Ausmaß an Familiarität, wie es in der nichtehelichen Lebensgemeinschaft üblich ist, wird deshalb bei Verlobten selten bestanden haben. Gleichwohl hat der Gesetzgeber der CPO das „nahe Verhältnis" zwischen den Verlobten als ausreichenden Grund für ein Zeugnisverweigerungsrecht angesehen.

16 Der in allen Fällen des § 383 Abs. 1 Nr. 1–3 zu erwartende **Konflikt** zwischen prozessualer Wahrheitspflicht und Rücksichtnahme auf ein privat begründetes Vertrauensverhältnis tritt **in gleicher Weise** auf, wenn der Zeuge mit einer Partei **in nichtehelicher Lebensgemeinschaft** lebt. Die derzeitige Rechtslage für nichteheliche Lebensgemeinschaften ist nicht mehr zeitgemäß. Es liegt eine **planwidrige Regelungslücke** vor, die nachträglich durch den Wandel der üblichen Formen familiären Zusammenlebens entstanden ist. Um die Wertungswidersprüche, die durch die Privilegierung des Verlöbnisses als klassisches Vorstadium der Ehe entstanden sind, zu beseitigen, ist eine **analoge**

---

25 BVerfGE 87, 234, 264 = NJW 1993, 643, 645; BVerfG FamRZ 1999, 1053.
26 In diesem Sinne auch Staudinger/*Löhnig* (2012) Anh. zu §§ 1297 ff. Rdn. 264.
27 So MünchKomm/*Damrau*³ § 383 Rdn. 15 zur Begründung der Gegenauffassung.
28 *Hahn/Stegemann* Bd. II/1 S. 312, zu §§ 336–338 CPO.

Anwendung des § 383 Abs. 1 Nr. 1 auf die nichteheliche Lebensgemeinschaft geboten.²⁹

Ein über die gesetzliche Vorschrift hinausgehendes Zeugnisverweigerungsrecht wegen einer **engen Beziehung** zwischen dem Zeugen und einer Partei **außerhalb** einer **noch bestehenden Ehe scheidet** dagegen **aus**, weil dies dem Schutz der Ehe durch Art. 6 Abs. 1 GG zuwiderliefe.³⁰ 17

4. Ehe. Nach § 383 Abs. 1 Nr. 2 ist zur Zeugnisverweigerung berechtigt, wer mit einer Partei verheiratet ist oder verheiratet war. Kein Recht zur Zeugnisverweigerung folgt aus einer „**Nicht-Ehe**", d.h. wenn der Eheschließungsakt wegen eines schwerwiegenden Fehlers gescheitert ist, etwa weil er im Inland nicht vor einem Standesbeamten stattgefunden hat (§ 1310 Abs. 1 Satz 1 BGB), oder weil nicht von beiden Personen eine Ehewillenserklärung vorliegt. Hingegen berechtigt eine nach § 1313 BGB **aufhebbare Ehe** zur Zeugnisverweigerung, weil die Eheschließung trotz ihrer Fehlerhaftigkeit nicht unbeachtlich ist und die Ehe wegen des Fehlers nur für die Zukunft aufgehoben werden kann. 18

Besteht eine Ehe „nicht mehr", ändert dies nach § 383 Abs. 1 Nr. 2 nichts an dem Recht, das Zeugnis zu verweigern, wenn der frühere Ehepartner Partei ist. In Betracht kommen insoweit **nur Fälle**, in denen die **Ehe geschieden oder aufgehoben** ist. Ist die Ehe **durch Tod aufgelöst**, kommt allenfalls ein Zeugnisverweigerungsrecht aus § 384 in Frage (§ 384 Rdn. 48). Eine Ehe, die als zweite Ehe wegen Verletzung des Verbots der **Doppelehe** (§ 1306 BGB) aufhebbar, aber wirksam ist, berechtigt bis zu ihrer Aufhebung zur Zeugnisverweigerung gemäß § 383 Abs. 1 Nr. 2.³¹ 19

Kein Zeugnisverweigerungsrecht **nach** § 383 Abs. 1 **Nr. 2** besitzt der Partner einer Partei, der mit dieser in nichtehelicher Lebensgemeinschaft lebt³² (zur analogen Anwendung des § 383 Abs. 1 Nr. 1 s. zuvor Rdn. 16). 20

5. Lebenspartnerschaft. Die Vorschrift berechtigt **amtlich registrierte gleichgeschlechtliche Lebenspartner** zur Zeugnisverweigerung in einem Rechtsstreit, in dem ihr Lebenspartner Partei ist. Auf **nicht registrierte** gleichgeschlechtliche Lebenspartner findet die Vorschrift **keine Anwendung**. Insoweit gilt nichts anderes als für nach Nr. 2 für die Partner einer nichtehelichen Lebensgemeinschaft (zuvor Rdn. 20). 21

Für die **Belehrung** nach § 383 Abs. 2 gelten grundsätzlich keine Besonderheiten. Da die Bedeutung des Begriffs „Lebenspartner" im Sinne der Nr. 2 vom gewöhnlichen Sprachgebrauch abweicht, kann es allerdings geboten sein, die **rechtliche Begriffsbedeutung klarzustellen**. Anderenfalls könnten auch die Partner einer nichtehelichen Lebensgemeinschaft oder nicht im Lebenspartnerschaftsregister erfasste gleichgeschlechtliche Lebenspartner die Vorschrift irrtümlich auf sich beziehen. 22

6. Verwandtschaft und Schwägerschaft

a) Blutsverwandtschaft. Die mit einer Partei näher verwandten und verschwägerten Personen sind zeugnisverweigerungsberechtigt. Verwandtschaft und Schwägerschaft ist solche im Sinne der **§§ 1589 ff. BGB**. § 383 Abs. 1 Nr. 3 **unterscheidet** zwischen der Verwandtschaft bzw. Schwägerschaft in **gerader Linie** und in der **Seitenlinie**. Während 23

---

29 Ebenso Staudinger/*Löhnig* (2012) Anh. zu §§ 1297 ff. Rdn. 264 f.; *Gzriwotz* Nichteheliche Lebensgemeinschaft³ § 11 Rdn. 54; *Coester-Waltjen* NJW 1988, 2085, 2087.
30 Zu der Parallelvorschrift des § 52 Abs. 1 Nr. 1 StPO vgl. BVerfG FamRZ 1999, 1053.
31 Vgl. RGSt 41, 113, 114 ff.
32 Zöller/*Greger*²⁹ § 383 Rdn. 9; Stein/Jonas/*Berger*²² § 383 Rdn. 27.

das Zeugnisverweigerungsrecht in der Seitenlinie vom Grad der Verwandtschaft oder Schwägerschaft abhängt, sind **in gerader Linie sämtliche** verwandten oder verschwägerten Personen zeugnisverweigerungsberechtigt, wenn einer von ihnen Partei ist.

24   In **gerader Linie verwandt** (§ 1589 Abs. 1 Satz 1 BGB) sind Kinder mit ihren Eltern, Großeltern, Urgroßeltern etc., in gerader Linie **verschwägert** (§§ 1590 Abs. 1, 1589 Abs. 1 Satz 1 BGB) sind die Schwiegersöhne und -töchter mit ihren Schwiegereltern, Schwiegergroßeltern etc. In der **Seitenlinie** (§ 1589 Abs. 1 Satz 2 BGB) gehören zu den Verwandten zweiten Grades (§ 1589 Abs. 1 Satz 3 BGB) die halb- und vollbürtigen Geschwister und zu den Verwandten dritten Grades die halb- und vollbürtigen Geschwister der Eltern. Die **Schwägerschaft** berechtigt in der Seitenlinie **nur bis zum zweiten Grad** zur Zeugnisverweigerung. Verweigerungsberechtigt sind also nur die Ehepartner der Geschwister einer Partei, nicht aber Schwippschwäger, also der Ehepartner eines Geschwisters, wenn der Ehepartner des anderen Geschwisters Partei ist, und ebenso wenig Verwandte des Ehepartners eines Geschwisters.

25   **b) Nichteheliches Kind.** Sind die **Eltern** eines Kindes **nicht** miteinander **verheiratet**, besteht **zwischen Vater und Kind** nur dann ein Verwandtschaftsverhältnis im Rechtssinne, wenn beide Elternteile (und ggf. das Kind) die Vaterschaft nach §§ 1594 ff. **BGB anerkannt** haben **oder** die Vaterschaft **gerichtlich festgestellt** worden ist. Entsprechend ist auch ein Zeugnisverweigerungsrecht nach § 383 Abs. 1 Nr. 3 im **Verhältnis Vater-Kind** etc. nur dann gegeben, wenn das jeweilige Verwandtschafts- bzw. Schwägerschaftsverhältnis zwischen dem Zeugen und einer Partei feststeht. Herrscht hierüber Unklarheit, scheidet ein Aussageverweigerungsrecht gemäß § 383 Abs. 1 Nr. 3 aus, bis die Verwandtschaftsbeziehungen in einem Vaterschaftsfeststellungsverfahren (§ 1600d BGB) rechtskräftig festgestellt sind.[33]

26   Die nicht miteinander verheirateten **Eltern** eines Kindes sind miteinander weder verwandt noch verschwägert und haben deshalb **untereinander kein Zeugnisverweigerungsrecht**. Dies ist besonders misslich, wenn die Eltern eine **nichteheliche Lebensgemeinschaft** führen (dazu Rdn. 14 ff.).

27   Die erfolgreiche **Anfechtung der Vaterschaft** nach § 1599 BGB **beseitigt** die auf die vermeintliche Vaterschaft gegründeten Zeugnisverweigerungsrechte,[34] da das Gestaltungsurteil die Vaterschaft mit **Rückwirkung** auf den Tag der Geburt des Kindes beseitigt[35] und somit frühere Verwandtschaft nicht vorliegt.

28   **c) Gesetzliche Verwandtschaft.** Eine **Adoption** ist ohne Einfluss auf die bisherigen Zeugnisverweigerungsrechte wegen Verwandtschaft und Schwägerschaft, weil sie ihre **Wirkung ex nunc**[36] entfaltet und nach § 383 Abs. 1 Nr. 3 auch **frühere Verwandtschaft oder Schwägerschaft** zur Zeugnisverweigerung berechtigen. Die Adoption Volljähriger ändert schon deshalb nichts an den **bisherigen Zeugnisverweigerungsrechten**, weil sie das Verhältnis zu den leiblichen Verwandten ohnehin nicht berührt[37] (§ 1770 BGB). Mit der Adoption treten aber Zeugnisverweigerungsrechte hinzu, soweit **neue Verwandtschafts- und Schwägerschaftsverhältnisse** begründet werden, also bei der Annahme eines Minderjährigen gemäß § 1754 BGB in vollem Umfang, bei der Annahme als Volljäh-

---

33 Vgl. insoweit etwa OLG Karlsruhe NJW 1990, 2758.
34 Anders, aber unrichtig, weil sie nicht zwischen dem Erlöschen der Verwandtschaftsverhältnisse *ex nunc* und *ex tunc* differenzieren, Stein/Jonas/*Berger*[22] § 383 Rdn. 27; MünchKomm/*Damrau*[4] § 383 Rdn. 18.
35 Palandt/*Brudermüller*[72] § 1599 Rdn. 7.
36 Vgl. Staudinger/*Frank* (2001) § 1755 Rdn. 7.
37 Palandt/*Götz*[72] § 1770 Rdn. 2.

riger gemäß § 1770 BGB nur in Bezug auf den Annehmenden, soweit die Annahme nicht ausnahmsweise mit den Wirkungen der Minderjährigenannahme (§ 1772 BGB) erfolgt. Eine spätere **Aufhebung der Annahme** ändert nichts an den durch die Adoption begründeten Zeugnisverweigerungsrechten,[38] da auch die Aufhebung Wirkung nur **für die Zukunft** entfaltet (§ 1764 Abs. 1 Satz 1 BGB) und damit frühere Verwandtschaft bzw. Schwägerschaft vorliegt.

IV. Zeugnisverweigerungsrechte von Berufsgeheimnisträgern

1. Schutz der Vertrauensbeziehung. Die in § 383 Nr. 4–6 normierten Zeugnisverweigerungsrechte schützen aus verschiedenen Gründen die **Vertrauensbeziehung**, die die Berechtigten **auf Grund** ihrer **beruflichen Stellung** zu Dritten aufbauen, indem sie den betroffen Berufsgeheimnisträgern ermöglichen, Vertraulichkeit über die im Rahmen ihrer beruflichen Tätigkeit erlangten Informationen zu wahren. Während § 383 Abs. 1 Nr. 4, 6 das den Berufsgeheimnisträgern entgegengebrachte Vertrauen um des Vertrauensgebers willen schützen, zielt die nachträglich eingefügte Vorschrift des § 383 Abs. 1 Nr. 5 auf den Schutz der Presse- und Rundfunkfreiheit.

29

2. Geistliche

a) Normzweck. § 383 Abs. 1 Nr. 4 betrifft Geistliche, **soweit** sie **seelsorgerisch tätig** sind. Nach der Vorstellung des Gesetzgebers der CPO schützt die Vorschrift das Beichtsiegel und die **geistliche Amtsverschwiegenheit**.[39] Bei § 383 Abs. 1 Nr. 4 dient der Schutz der Vertrauensbeziehung zunächst – wie bei Nr. 6 – der **Wahrung der Persönlichkeitsrechte** desjenigen, der sich dem Seelsorger anvertraut. Das seelsorgerische Gespräch mit einem Geistlichen gehört zum Kernbereich privater Lebensführung, in den der Staat nicht eingreifen darf.[40] Darüber hinaus schützt § 383 Abs. 1 Nr. 4 die **Religionsfreiheit** (Art. 4 Abs. 1 und 2 GG),[41] denn die Inanspruchnahme der seelsorgerischen Tätigkeit ist Religionsausübung. Hierdurch ist auch die gesonderte Regelung des Zeugnisverweigerungsrechts geistlicher Seelsorger gerechtfertigt.

30

b) Begriff „Geistlicher". Eine genaue Bestimmung des Geltungsumfangs der Vorschrift ist schwierig, weil die Begriffe des Geistlichen und der Seelsorge im **allgemeinen Sprachgebrauch nicht einheitlich** verwendet werden und auch ihre rechtliche Bedeutung streitig ist. Der Begriff „Geistlicher" ist seit dem 15. Jhdt. **Standesbezeichnung für den Klerus**,[42] d.h. nach katholischem Kirchenrecht für denjenigen, der durch die Diakonatsweihe dem geistlichen Dienst geweiht ist; die Weihe grenzt ihn von den Laien ab.[43] Der BGH hat der Funktionsübertragung der Seelsorgeausübung auf weisungsunabhängig tätige Laien in der katholischen Kirche Rechnung getragen, die dem Priestermangel geschuldet ist, und hat **Laien ohne Priester- oder Diakonatsweihe** als Geistliche statt als deren Berufshelfer anerkannt.[44]

31

---

38 Stein/Jonas/*Berger*[22] § 383 Rdn. 27; überholt ist die Gegenauffassung des BGH NJW 1969, 1633 zu § 52 Abs. 1 Nr. 3 StPO.
39 *Hahn/Stegemann* Mat. II/1 S. 312, zu §§ 336–338 CPO.
40 BVerfG (K) NJW 2007, 1865 Tz 18.
41 BVerfGE 109, 279 = NJW 2004, 999, 1004 – akustische Raumüberwachung.
42 Brockhaus – Die Enzyklopädie[20], Bd. 8, Artikel ‚Geistliche'.
43 Brockhaus – Die Enzyklopädie[20], Bd. 12, Artikel ‚Klerus'.
44 BGH NJW 2007, 307 Tz. 8 f. (zu § 53 StPO, hauptamtliche Tätigkeit als Seelsorger in JVA; Verfassungsbeschwerde dagegen verworfen von BVerfG NJW 2007, 1865); ebenso *Ling* GA 2001, 325, 332.

32 Wegen des staatlichen Neutralitätsgebotes ist der Rechtsbegriff nicht den Angehörigen der katholischen Kirche vorbehalten. Vielmehr ist er auf die eigenverantwortlich tätigen **seelsorgerischen Diener sämtlicher Religionsgesellschaften** im Sinne der Art. 4 Abs. 1 und 2 GG, Art. 137 Abs. 2 WRV in Verb. mit Art. 140 GG anzuwenden.

33 Der Begriff des Geistlichen im Sinne des § 383 Abs. 1 Nr. 4 umfasst nicht nur die Amtsträger der **staatlich anerkannten öffentlich-rechtlichen Religionsgesellschaften** (Art. 140 GG i.V.m. Art. 137 Abs. 5 WRV),[45] sondern auch Personen mit einer vergleichbaren Stellung **in anderen Vereinigungen mit religiösen Zielen**, die unter Art. 137 Abs. 2 WRV subsumiert werden können.[46] Bei **nicht staatlich anerkannten** Religionsgesellschaften wird man verlangen müssen, dass nicht nur die Stellung als Geistlicher, sondern auch das Vorliegen einer **Glaubensgemeinschaft** glaubhaft gemacht wird (zur Glaubhaftmachung § 386 Rdn. 7). Wenig überzeugend ist es, die Anwendung der Vorschrift auf Religionsdiener **nicht staatlich anerkannter Glaubensgemeinschaften** damit zu begründen, dass es nicht auf das Amt, sondern auf die Vertrauensstellung ankomme.[47] Die Vertrauensstellung ist gerade kein selbständiges Spezifikum der Nr. 4 (s. auch § 385 Rdn. 42). Auch fiele der Geistliche andernfalls nicht zwangsläufig unter Nr. 6,[48] denn als **Amt im Sinne der Nr. 6** lassen sich **kirchliche Ämter nicht** ohne weiteres begreifen.

34 **c) In Ausübung der Seelsorge anvertraute Tatsachen.** Nach Nr. 4 darf ein Geistlicher das Zeugnis nur verweigern, soweit er über Tatsachen aussagen soll, die ihm bei der Ausübung der Seelsorge anvertraut sind. **Unklar** ist, was unter dem **Begriff der Seelsorge** zu verstehen ist. Der Sprachgebrauch der Kirchen ist uneinheitlich,[49] und es haben sich im 20. Jhdt. beachtliche Bedeutungsverschiebungen ergeben.[50]

35 Heute ist der Begriff der Seelsorge gebräuchlich für die **kirchliche Hilfe für Einzelne und Gruppen** in Krisen und Konflikten unter seelischem Aspekt und mit seelischen Mitteln, wobei eine theologisch qualifizierte Reflexion, Motivation und Intention notwendig ist.[51] In der Praxis steht **nicht mehr** die **Beichte** im Vordergrund, **sondern** das **Seelsorgegespräch**, das zufällig, bei Hausbesuchen, im Pfarrhaus, in Beratungsstellen, an Freizeitorten oder bei Notfällen stattfinden kann.[52] Es ist deshalb richtig, auch den Versuch eines Geistlichen, **in** einem **Ehestreit zu vermitteln**,[53] als Ausübung der Seelsorge zu begreifen.

36 **Anvertraute Tatsachen** sind sämtliche Tatsachen, die der Geistliche **bei** seiner **seelsorgerischen Tätigkeit wahrgenommen** hat und die eine Geheimhaltung verlangen.[54] Unerheblich ist, ob der Geistliche zur Geheimhaltung aufgefordert worden ist. Es

---

45 So aber Zöller/*Greger*[29] § 383 Rdn. 11; MünchKomm/*Damrau*[4] § 383 Rdn. 22 (lediglich Zeugnisverweigerungsrecht nach Nr. 6). Entsprechend zu § 53 Abs. 1 Nr. 1 StPO Löwe/Rosenberg/*Ignor*/*Bertheau* StPO[26] § 53 Rdn. 21. Wie hier BGH (4. StS) NStZ 2010, 646 Tz. 18 (mit dem staatlichen Neutralitätsgebot argumentierend); *Meyer-Goßner* StPO[55] § 53 Rdn. 12.
46 Ähnlich *Peters* Strafprozess[4], S. 350; *Haas* NJW 1990, 3253, 3254 zu § 53 Abs. 1 Nr. 1 StPO.
47 So Baumbach/Lauterbach/*Hartmann*[71] § 383 Rdn. 5; Stein/Jonas/*Berger*[22] § 383 Rdn. 29; wohl auch BGH (4. StS) NStZ 2010, 646 Tz. 23.
48 So aber Stein/Jonas/*Berger*[22] § 383 Rdn. 29; Zöller/*Greger*[29] § 383 Rdn. 11.
49 *Holtz* in: Die Religion in Geschichte und Gegenwart[3], Bd. 5, Artikel ‚Seelsorge'.
50 *Müller* Lexikon für Theologie und Kirche[3] Bd. 9, Artikel ‚Seelsorge', Sp. 383ff.
51 *Stollberg* Evangelisches Kirchenlexikon[3] Bd. 4, Artikel ‚Seelsorge', Sp. 175.
52 *Hauschildt* Theologische Realenzyklopädie Bd. 31, Artikel ‚Seelsorge II', S. 40ff.
53 LG Nürnberg-Fürth FamRZ 1964, 513.
54 OLG Nürnberg FamRZ 1963, 260, 261; LG Nürnberg-Fürth FamRZ 1964, 513, 514; vgl. Stein/Jonas/*Berger*[22] § 383 Rdn. 30 Fn. 50 zur Verwendung des Begriffes ‚anvertraut' unter Hinweis auf die

ist gleich, wie er die Tatsachen erfahren hat, solange ihr Bekanntwerden mit der Seelsorge in Zusammenhang steht. Kritisch zu sehen ist eine vom BGH benutzte Formel, die darauf abstellt, ob der Geistliche die Beweistatsache nicht in seiner Eigenschaft als Seelsorger, sondern nur „bei Gelegenheit der Ausübung der Seelsorge" erfahren hat.[55] Anzuwenden ist ein **objektiver Maßstab**. In Zweifelsfällen soll aber die **Gewissensentscheidung** des Geistlichen maßgebend sein.[56] Ein Aussageverweigerungsrecht besteht daher **nicht nur** hinsichtlich des **Inhalts der Beichte**, sondern auch in Bezug auf die Frage, **ob jemand gebeichtet** hat.[57]

Nicht Teil der **Seelsorge** sind Tätigkeiten ausschließlich **karitativer, erzieherischer oder verwaltender Natur**,[58] etwa der Vermögenserwerb für die Kirche.[59] **Nicht** erfasst ist auch, was einem Geistlichen **außerhalb** der Seelsorge anvertraut ist.[60] Gleiches gilt für Mitteilungen, die der Geistliche einem Dritten über seine seelsorgerische Tätigkeit gemacht hat.[61] 37

3. In Presse und Rundfunk tätige Personen

a) **Funktionsschutz als Normzweck.** Die Vorschrift ist 1975 eingefügt worden. Die 38 darin bezeichneten Personen besaßen allerdings überwiegend auch zuvor ein Zeugnisverweigerungsrecht, soweit es sich aus § 383 Nr. 6 oder § 384 Nr. 3 ergab. § 383 Abs. 1 Nr. 5 **ähnelt** der Vorschrift des **§ 53 Abs. 1 Satz 1 Nr. 5 StPO**,[62] hat nach dessen Neuregelung aber einer **geringere Reichweite** als diese. Die durch § 383 Abs. 1 Nr. 5 geschaffene Ausnahme von der allgemeinen Zeugnispflicht ist kein persönliches Privileg der Presseangehörigen.[63] Vielmehr soll § 383 Abs. 1 Nr. 5 die **Funktionsfähigkeit von Presse und Rundfunk** gewährleisten, weil diese **als Kontrollorgane in der Demokratie** unverzichtbar sind.[64] Notwendige Bedingung dafür ist der Schutz der Vertraulichkeit des Worts und der Information im Verhältnis zwischen Informanten und Mitarbeitern von Presse und Rundfunk.[65] Presse und Rundfunk können auf private Mitteilungen nicht verzichten; diese Informationsquelle fließt aber nur dann, wenn sich der Informant grundsätzlich auf die **Wahrung des Redaktionsgeheimnisses** verlassen kann.[66] Dabei darf aber nicht außer Acht gelassen werden, dass § 383 Abs. 1 Nr. 5 die Vertraulichkeit anders als § 383 Abs. 1 Nr. 6, der im Einzelfall ebenfalls angewendet werden kann, nicht um ihrer selbst willen schützt: Grund und Zweck des Zeugnisverweigerungsrechts gemäß § 383

Entstehungsgeschichte der Parallelvorschrift des § 53 Abs. 1 Nr. 1 StPO; siehe auch RG HRR 1928 Nr. 1674 zu § 53 Abs. 1 Nr. 3 StPO.
55 BGH NJW 2007, 307 Tz. 6, gebilligt von BVerfG NJW 2007, 1865 Tz. 14 (Ausklammerung der Weiterleitung von Briefen).
56 BGH NJW 2007, 307 Tz. 6.
57 RG HRR 1928 Nr. 1674 zu § 53 Abs. 1 Nr. 3 StPO.
58 BGH NJW 2007, 307 Tz. 6 (zu § 53 StPO); *Dallinger* JZ 1953, 436.
59 A.A. OLG Zweibrücken Seuff.Arch. 57 (1902), 475 f., Nr. 253 für den Empfang von Geld zu seelsorgerischen Zwecken.
60 OLG Nürnberg FamRZ 1963, 260, 261.
61 RG Seuff.Arch. 39 (1884), 91 Nr. 58.
62 Dazu etwa BGHSt 36, 298 = NJW 1990, 525; vgl. auch BT-Drucks. 7/2539 S. 14.
63 BVerfGE 20, 162, 176; BVerfGE 36, 193, 204; BVerfG NJW 2002, 592; BGH NJW-RR 2012, 159 Tz. 11.
64 BVerfGE 36, 193, 204 = NJW 1974, 356, 358; OLG München OLGZ 1989, 327 = NJW 1989, 1226; OLG Dresden NJW-RR 2002, 342. Ebenso EGMR NJW 2008, 2563 Tz. 64 zur EMRK.
65 BVerfGE 66, 116, 133 ff. = NJW 1984, 1741, 1742; BGH NJW-RR 2013, 159 Tz. 11; OLG Dresden NJW-RR 2002, 342 f.
66 BVerfGE 20, 162, 176; BVerfGE 36, 193, 204 = NJW 1974, 356, 358; BVerfGE 66, 116, 134 = NJW 1984, 1741, 1742.

Abs. 1 Nr. 5 ist der Schutz der **Institution der Presse**.[67] Deshalb ist es auch nicht an die Schweigepflicht gebunden.[68]

39   **b) Umfang des Schutzes.** Die Reichweite des Zeugnisverweigerungsrechts ist mit Blick darauf zu bestimmen, dass die Funktionsfähigkeit von Presse und Rundfunk gewahrt werden soll.[69] Vor diesem Hintergrund wird der **Informant** durch § 383 Abs. 1 Nr. 5 **umfassend vor** seiner **Enttarnung geschützt**.[70] Das Zeugnisverweigerungsrecht besteht deshalb nicht nur bei Fragen unmittelbar nach der **Identität des Betroffenen**, sondern auch bei solchen, aus denen sich diese nur mittelbar ergeben kann.[71] Pressevertreter sind grundsätzlich weder verpflichtet, über die **Person** des Verfassers eines Artikels,[72] des Gesprächspartners, Einsenders oder Gewährsmannes auszusagen, noch über den **Inhalt der** von diesen Personen erlangten Auskünfte, Unterlagen oder sonstigen **Mitteilungen**.[73]

40   Dem **Informantenschutz** unterliegt nicht nur das Wissen, das der Zeuge durch die verbalen Mitteilungen des Informanten erlangt hat, sondern **alles, was** er bei der Anbahnung, Durchführung und Verwertung eines Interviews **infolge der Bereitschaft** des Informanten zu einem Interview **erfahren** hat.[74] Auch Fragen nach dem Zustandekommen oder den **Umständen eines Interviews** sowie über Tatsachen, die sich in dem Interview bzw. der Presseveröffentlichung nicht niedergeschlagen haben, muss der Journalist nicht beantworten.[75] Ohne Bedeutung ist dabei, ob der Informant von sich aus an den Pressevertreter herangetreten ist und dessen Verschwiegenheit erwartet oder ob der Journalist den Informanten erst nach eigenen Recherchen gefunden hat.[76]

41   **Ergebnisse eigener Recherchen** muss der Journalist preisgeben, es sei denn sie können im Einzelfall zur Enttarnung des Informanten führen, weil sie mit der „Fremdinformation" **untrennbar** verbunden sind.[77]

42   Der Gesetzgeber hat das Zeugnisverweigerungsrecht auf den **redaktionellen Teil** von Presseerzeugnissen beschränkt, da in der Regel nur dieser, **nicht** aber der **Anzeigenteil** der Kontrolle und der Meinungsbildung dient.[78] Zwar genießt auch der Anzeigenteil den Schutz der Pressefreiheit, weil das Anzeigengeschäft die Unabhängigkeit der Presse sichert. Das gebietet es, das Vertrauensverhältnis zwischen Presse und Auftraggeber einer **Chiffreanzeige** zu schützen.[79] Jedoch ist bei der **Abwägung**, die die **Schranken** gem. Art. 5 Abs. 2 GG bestimmt, zu berücksichtigen, dass Anzeigen regelmäßig keinen Beitrag zur öffentlichen Meinungsbildung enthalten und nichts mit den Kontroll-

---

67   BVerfGE 20, 162, 176; BVerfGE 36, 193, 204 = NJW 1974, 356, 358; BVerfGE 109, 279 = NJW 2004, 999, 1004 – akustische Raumüberwachung; OLG München OLGZ 1989, 327, 328 = NJW 1989, 1226.
68   *Groß* ZUM 1994, 214, 223.
69   Vgl. zu § 53 Abs. 1 S. 1 Nr. 5 StPO BGHSt 36, 298, 301 = NJW 1990, 525, 526; BGHSt 28, 240, 247 = NJW 1979, 1212, 1215 f.
70   Zu § 53 Abs. 1 S. 1 Nr. 5, S. 2 StPO BGHSt 36, 298, 303 = NJW 1990, 525, 526.
71   OLG Dresden NJW-RR 2002, 342, 343; zu § 53 Abs. 1 S. 1 Nr. 5, S. 2 StPO BGHSt 36, 298, 303 = NJW 1990, 525, 526; BT-Drucks. 7/2539 S. 14 unter Hinweis auf die Begründung zu § 53 Abs. 1 Nr. 5 StPO S. 10.
72   Darauf gestützt auch einen Auskunftsanspruch im Rahmen eines behaupteten Deliktsrechtsverhältnisses verneinend OLG Frankfurt, Urt. v. 28.7.2009 – 16 U 257/08.
73   OLG Dresden NJW-RR 2002, 342, 343; OLG Frankfurt, Beschl. v. 24.10.2006 – 2 Ws 159/06; Zöller/*Greger*[29] § 383 Rdn. 15. Zur strafprozessualen Beschlagnahmefreiheit von Datenträgern BVerfGE 117, 244 = NJW 2007, 1117 – Cicero.
74   Zu § 53 Abs. 1 S. 1 Nr. 5 StPO BGHSt 36, 298, 301 = NJW 1990, 525, 526.
75   Zu § 53 Abs. 1 S. 1 Nr. 5 StPO BGHSt 36, 298, 302 = NJW 1990, 525, 526.
76   Zu § 53 Abs. 1 S. 1 Nr. 5 StPO BGHSt 28, 240, 251 f. = NJW 1979, 1212; 36, 298, 302 = NJW 1990, 525, 526.
77   Vgl. zu § 53 Abs. 1 S. 1 Nr. 5 StPO BGHSt 36, 298, 301 = NJW 1990, 525, 526.
78   BT-Drucks. 7/2539, S. 14, 11 der Begründung.
79   BVerfGE 64, 108 = NJW 1984, 1101 – Chiffreanzeige.

aufgaben der Presse zu tun haben.[80] Bei redaktionell unbearbeitet in ein **Internetforum** eingestellten Äußerungen besteht ebenfalls kein Zeugnisverweigerungsrecht der Mitarbeiter des Onlinedienstes.[81]

Das Zeugnisverweigerungsrecht gilt auch für **Mitteilungen mit kriminellem Hintergrund**, enthält also keine Einschränkung bei schweren Straftaten. Dies gilt für den Zivilprozess noch mehr als für den Strafprozess.[82] 43

Der Schutzbereich des § 383 Abs. 1 Nr. 5 ist **nicht** mehr **berührt**, wenn ein Pressevertreter **sich selbst als Autor** eines Artikels bezeichnet und hierin seinen Gewährsmann mit wörtlichen Zitaten bekannt gegeben hat. Denn **im Umfang der** bereits erfolgten **Veröffentlichung** kann das Vertrauensverhältnis zwischen Presse und Gewährsmann, das im Interesse der Sicherung der **Nachrichtenbeschaffung** von § 383 Abs. 1 Nr. 5 zu schützen wäre, durch die Zeugenaussage **nicht tangiert** werden.[83] Entweder ist es – bei Veröffentlichung ohne Einwilligung des Gewährsmannes – **nachträglich entfallen**, oder es bedurfte bei entsprechender Einwilligung des Gewährsmanns – **von vornherein keines Schutzes**. 44

Will das Gericht den Pressevertreter nur über die Frage vernehmen, ob bereits **veröffentlichte Informationen zutreffen**, besteht **kein Zeugnisverweigerungsrecht**, weil weder der Inhalt des Informationsgesprächs im Übrigen noch bei falscher Zuschreibung der Information die Identität des wahren Informanten offenbart werden müssen.[84] Etwas anderes gilt aber, wenn der Pressevertreter nach dem **Aufenthalt** eines **Gewährsmannes** befragt wird, dessen Identität er in der Presseveröffentlichung preisgegeben hat.[85] 45

4. Durch Amt, Stand oder Gewerbe zur Verschwiegenheit Verpflichtete

a) Normzweck; Aufbau der Vorschrift. Die Vorschrift schützt mit der Vertraulichkeit die **Privatsphäre**[86] des Vertrauensgebers und damit sein **Persönlichkeitsrecht**[87] im Zivilprozess, indem sie die gegenüber jedermann, auch gegenüber Behörden, Gerichten und anderen Stellen geltende Verschwiegenheitspflicht des Berufsgeheimnisträgers respektiert. Da die Verschwiegenheitspflicht dem Berufsgeheimnisträger nicht um seiner selbst oder seines Berufes willen zuerkannt ist, kann der **Vertrauensgeber** ihn davon **entbinden**, mit der Folge, dass er gemäß § 385 Abs. 2 zur Aussage verpflichtet ist[88] (§ 385 Rdn. 38). Zur Abgrenzung des Schutzes **eigener** und **fremder Geheimnisse** § 384 Rdn. 62. 46

b) Kreis der berechtigten Personen. § 383 Abs. 1 Nr. 6 erfasst Personen bestimmter Berufsgruppen, deren Tätigkeit eine Vertrauensstellung gegenüber Dritten mit sich bringt. Das Zeugnisverweigerungsrecht steht ausschließlich Personen zu, „denen kraft Amtes, Standes oder Gewerbes Tatsachen anvertraut sind, deren Geheimhaltung durch ihre Natur oder durch gesetzliche Vorschrift geboten ist". Damit setzt das Zeugnisver- 47

---

80 BVerfGE 64, 108 = NJW 1984, 1101 – Chiffreanzeige.
81 LG Duisburg MMR 2013, 334 m. Anm. *Heidrich/Quante*.
82 OLG München OLGZ 1989, 327 = NJW 1989, 1226.
83 BVerfG NStZ 1982, 253, 254. Ebenso BGH NJW-RR 2013, 159 Tz. 12 f.
84 OLG Dresden NJW-RR 2002, 342, 343.
85 Andeutend in einem obiter dictum OLG Dresden NJW-RR 2002, 342, 343; a.A. BGHSt 28, 240, 248 f. = NJW 1979, 1212 zu § 53 Abs. 1 Nr. 5 StPO: nach Preisgabe der Identität nur ausnahmsweise Zeugnisverweigerungsrecht bezüglich des Aufenthaltsorts.
86 Vgl. MünchKomm/*Damrau*⁴ § 383 Rdn. 2.
87 OLG München AnwBl. 1975, 159, 160.
88 OLG Düsseldorf MDR 1985, 507.

weigerungsrecht zunächst eine **beruflich begründete Vertrauensstellung** zwischen dem Zeugen und einem Dritten voraus. Dafür **genügt nicht** schon die **Zugehörigkeit** des Zeugen **zu einer Berufsgruppe**, in der typischerweise Vertrauensverhältnisse zu Dritten entstehen. Vielmehr ist ein **konkretes Vertrauensverhältnis erforderlich** („Personen, denen [...] Tatsachen anvertraut *sind* [...]"). Aus dem Schutzzweck der Vorschrift folgt außerdem, dass sich die Zeugenaussage auf dieses Vertrauensverhältnis beziehen muss: die Tatsache muss die vertrauende Person betreffen.[89] **Anvertrauende** Person ist bei einem Mandatsverhältnis zu einer **juristischen Person** nur diese selbst, **nicht** aber deren **Organwalter**.[90] Die Konsequenzen zeigen sich nach einem Wechsel des Organwalters oder dem Übergang der Verwaltung auf einen Insolvenzverwalter; der frühere Organwalter ist nicht mehr zur Befreiung von der Verschwiegenheitsverpflichtung befugt.[91]

48 Da die „Geheimhaltung" der anvertrauten Tatsachen „durch ihre Natur oder durch gesetzliche Vorschrift geboten" sein muss, berechtigen nur solche Vertrauensstellungen zur Verweigerung der Aussage, in denen der Zeuge **objektiv geheimhaltungsbedürftige Tatsachen** erfährt. Nicht der subjektive Wunsch des Zeugen oder des Dritten nach Vertraulichkeit ist also ausschlaggebend, sondern die Sicht der Rechtsgemeinschaft. Während sich unschwer ermitteln lässt, in welchen Fällen **gesetzliche Vorschriften** die Geheimhaltung anvertrauter Tatsachen vorsehen, ist die Begründung einer Schweigepflicht mit der **Natur der anvertrauten Tatsachen** problematisch. Fehlt eine gesetzliche Regelung der Verschwiegenheitspflicht, kommt es darauf an, ob eine Geheimhaltungspflicht **verkehrsüblich** ist. Dies ist anzunehmen bei Personen, die nach der Verkehrssitte auf Grund ihrer Tätigkeit eine den gesetzlich geregelten Fällen vergleichbare Vertrauensstellung erlangen.[92] Dazu gehört der gem. § 158 Abs. 1 FamFG bestellte **Verfahrensbeistand**, z.B. ein Anwalt, Psychologe oder Sozialarbeiter.[93]

49 Weiter müssen den Zeugen „**kraft ihres Amtes, Standes oder Gewerbes**" Tatsachen anvertraut" sein. § 383 Abs. 1 Nr. 6 betrifft seinem Wortlaut nach die Berufsgeheimnisträger dreier Gruppen: erstens **Amtsträger** im weitesten Sinne, d.h. Personen des öffentlichen Dienstes wie etwa Beamte, Angestellte und Arbeiter, zweitens **Freiberufler**, die **berufsrechtlich** an Geheimhaltungsvorschriften gebunden sind, wie etwa Ärzte, Zahnärzte, Apotheker, Hebammen, Rechtsanwälte, Steuerberater und Wirtschaftsprüfer[94] sowie deren Berufshelfer,[95] und drittens **Gewerbetreibende**, die **gewohnheitsrechtlich** oder **nach Verkehrssitte** zur Geheimhaltung verpflichtet sein können. Das Zeugnisverweigerungsrecht gemäß § 383 Abs. 1 Nr. 6 ist allerdings nicht auf diese Berufsgruppen beschränkt, sondern steht auch den **Angehörigen sonstiger Berufe** zu, deren Ausübung die Kenntnis schutzwürdiger Geheimnisse Dritter bedingt.[96] **Berufshelfer eines Berufsgeheimnisträgers** sind in das Vertrauensverhältnis zwischen diesem und demjenigen, der sich dessen Dienste bedient, einbezogen. Der Berufshelfer bedarf der **Aussagegenehmigung des Hauptgeheimnisträgers**,[97] sofern nicht die vorrangige Schweigepflichtentbindung durch den Dienstberechtigten erteilt worden ist.[98]

---

89 OLG Düsseldorf MDR 1985, 507.
90 Vgl. die strafprozessualen Entscheidungen BVerfG NStZ-RR 2004, 83; OLG Nürnberg NJW 2010, 690, 691; LG Bonn ZIP 2012, 2119, 2120.
91 OLG Nürnberg NJW 2010, 690, 691 m. Bespr. *Priebe* ZIP 2011, 312; LG Bonn ZIP 2012, 2119, 2120.
92 Ähnlich OLG Stuttgart WRP 1977, 127, 128; Stein/Jonas/*Berger*[22] § 383 Rdn. 58.
93 OLG Braunschweig FamRZ 2012, 1408, 1409 m. zust. Bespr. *Menne* FamRZ 2012, 1356.
94 OLG Koblenz WM 1987, 480, 482.
95 BGH MDR 1985, 597.
96 OLG Hamm NJW-RR 1992, 583, 584 = FamRZ 1992, 201, 202.
97 BGH NJW 2005, 2406, 2410.
98 BGH NJW 2005, 2406, 2410.

Bei der Geheimhaltungspflicht wegen der Natur der anvertrauten Tatsachen im Sinne des § 383 Abs. 1 Nr. 6 ist die **Auffassung der Rechtsgemeinschaft** maßgeblich, **nicht der Wille von Vertragsparteien**.

Die **zivilprozessuale Vorschrift** gewährt anders als § 53 Abs. 1 StPO einen **umfassenden Schutz der** durch eine berufliche Tätigkeit begründeten **Vertrauenssphäre**.[99] Im Zivilprozess steht der Schutz des privaten Lebensbereichs des Einzelnen im Vordergrund, während im Strafverfahren das Interesse der Allgemeinheit an vollständiger Sachaufklärung[100] die Beschränkung des Zeugnisverweigerungsrechts auf bestimmte Berufsgruppen rechtfertigt. § 383 Abs. 1 Nr. 6 kommt daher immer dann in Betracht, wenn ein Zeuge auf Grund seiner beruflichen Tätigkeit eine Vertrauensstellung genießt und einer Verschwiegenheitspflicht unterliegt.

c) Geheimhaltung kraft Verkehrssitte

aa) Vertrauensstellung in gewerblichen Unternehmen und Verbänden. § 383 Abs. 1 Nr. 6 meint **nicht nur** solche Personen, die dem Publikum gegenüber eine amtliche oder **berufsmäßige** Vertrauensstellung haben,[101] sondern erfasst auch Personen, die eine vergleichbare Vertrauensstellung innerhalb eines gewerblichen oder kaufmännischen Unternehmens haben.[102] Zu den zeugnisverweigerungsberechtigten Personen gehören danach auch Geschäftsführer einer GmbH, weil deren Berufsausübung die Kenntnis schutzwürdiger Geheimnisse der Gesellschaft bedingt[103] und § 85 GmbHG – auch nach dem Ausscheiden aus dem Dienstverhältnis – die unbefugte Offenbarung von Betriebs- oder Geschäftsgeheimnissen verbietet.[104] Das Gleiche gilt für Vorstands- und Aufsichtsratsmitglieder einer Aktiengesellschaft gemäß § 93 Abs. 1 Satz 2 bzw. §§ 116, 93 Abs. 1 Satz 2 und § 404 AktG.[105]

Eine Vertrauensstellung und Geheimhaltungspflicht können die **Organwalter und Angestellten eines Verbands** zur Förderung gewerblicher Interessen im Sinne des § 8 Abs. 3 Nr. 2 UWG haben (zum Umfang der Schweigepflicht unten Rdn. 72).[106]

bb) Mediation. Ob Mediatoren unabhängig von ihrem Beruf allein auf Grund der von ihnen ausgeübten Tätigkeit ein Zeugnisverweigerungsrecht gemäß § 383 Abs. 1 Nr. 6 besitzen, war früher streitig.[107] Da die Mediationstätigkeit nicht an die Ausübung eines bestimmten Berufs gebunden ist, gibt es keinen „Berufsstand" des Mediators.[108] Auch betreibt der Mediator nicht notwendig ein Gewerbe,[109] selbst wenn man eine gewerbliche

---

99 OLG Hamm NJW-RR 1992, 583, 584 = FamRZ 1992, 201, 202.
100 Vgl. BVerfG NJW 1972, 2214, 2215 = JZ 1973, 780, 781.
101 So noch RGZ 53, 40, 41.
102 OLG Koblenz WM 1987, 480, 482; vgl. auch OLG Stuttgart WRP 1977, 127, 128 zur kaufmännischen Angestellten eines Wettbewerbsvereins.
103 OLG München NJW-RR 1998, 1495, 1496; Stein/Jonas/*Berger*[22] § 383 Rdn. 60; **a.A.** Baumbach/Hueck/Haas GmbHG[20] § 85 Rdn. 21: nur Zeugnisverweigerungsrecht aus § 384 Nr. 3.
104 OLG München NJW-RR 1998, 1495, 1496; OLG Koblenz WM 1987, 480, 482; *Scholz/Tiedemann* GmbHG[11] § 85 Rdn. 4 und 27.
105 OLG Koblenz WM 1987, 480, 482.
106 OLG Stuttgart WRP 1977, 127, 128 (zu § 13 UWG a.F.).
107 Bejahend Stein/Jonas/*Berger*[22] § 383 Rdn. 59; ablehnend Musielak/*Huber*[10] § 383 Rdn. 6. Dazu *L. Beck* Mediation und Vertraulichkeit, S. 175 ff.
108 Ebenso AnwGH Celle NJW-RR 2003, 129 (zur Unzulässigkeit einer Sozietät zwischen Rechtsanwalt und Mediator). Allgemein dazu *Hartung/Wendenburg* NJW 2009, 1551.
109 **A.A.** offenbar *Groth/v. Bubnoff* NJW 2001, 338, 340.

Nebentätigkeit genügen lässt.[110] Der **vertraglichen Vereinbarung** der Vertraulichkeit im Mediationsverfahren durch ein Zeugnisverweigerungsrecht prozessuale Geltung zu verschaffen, hätte zu einer **Aushöhlung der allgemeinen Zeugnispflicht** geführt; ein solches Zeugnisverweigerungsrecht kraft Vereinbarung hätte sich nicht auf die Teilnehmer am Mediationsverfahren beschränken lassen.[111]

55 In Umsetzung des Art. 7 Abs. 1 der **Richtlinie 2008/52/EG** vom 21.5.2008[112] zur Mediation ist für Mediatoren und in das Mediationsverfahren eingebundene Personen in Zivil- und Handelssachen ein Aussageverweigerungsrecht in § 4 MediationsG[113] geschaffen worden.

56 **cc) Sozialbereich. Sozialarbeiter** und **Sozialpädagogen** können gemäß § 383 Abs. 1 Nr. 6 zur Zeugnisverweigerung berechtigt sein[114] (s. auch Rdn. 48), zumal § 203 Abs. 1 Nr. 5 StGB die unbefugte Offenbarung eines zum persönlichen Lebensbereich gehörenden Geheimnisses durch einen Sozialarbeiter oder staatlich anerkannten Sozialpädagogen unter Strafe stellt.[115] Der Anwendungsbereich von § 383 Abs. 1 Nr. 6 deckt sich allerdings nicht mit dem des § 203 StGB,[116] so dass Umkehrschlüsse verfehlt wären.

57 Zu dem von § 383 Abs. 1 Nr. 6 erfassten Personenkreis gehören ferner **gerichtlich bestellte Betreuer**. Der Betreuer erlangt bei der Ausübung seiner Tätigkeit die Kenntnis von Tatsachen, an deren Geheimhaltung der Betreute ein schutzwürdiges Interesse hat.[117]

58 **d) Bestimmung der Verschwiegenheitspflicht.** Das Zeugnisverweigerungsrecht erstreckt sich auf sämtliche Tatsachen, auf die sich die Verpflichtung zur Verschwiegenheit der genannten Personen bezieht („in Betreff der Tatsachen, auf die"). § 383 Abs. 1 Nr. 6 **verweist** damit für den Umfang des Zeugnisverweigerungsrechts ohne Einschränkung **auf das jeweilige Berufsrecht** des Zeugen. Soweit die Verschwiegenheitspflicht **nicht gesetzlich** geregelt ist, kommt es darauf an, ob die **Natur der** unter Beweis gestellten **Tatsachen** deren Geheimhaltung gebietet. Dies muss das Gericht unter Berücksichtigung der **Verkehrssitte** und der berechtigten Erwartungen der Vertrauensgeber beurteilen.

59 **Offenkundig gewordene Tatsachen** fallen nicht mehr unter die Verschwiegenheitspflicht.[118] Offenkundig sind Tatsachen aber nicht schon, sobald sie den Prozessparteien oder sonst im kleinen Kreis bekannt geworden sind.[119] Das Bedürfnis nach Geheimhaltung gegenüber jeder anderen Person und gegenüber staatlichen Stellen besteht fort,

---

110 So *Eckardt/Dendorfer* MDR 2001, 786, 789.
111 Der Zeugniszwang würde auch dann untergraben, wenn man der im Mediationsvertrag vereinbarten Schweigepflicht durch Nichtbeachtung eines ihr zuwiderlaufenden prozessualen Vortrags und Beweisantritts Geltung verschüfe, so *Wagner* NJW 2001, 1398, 1400; Zöller/*Greger*[29] § 383 Rdn. 3.
112 ABl. EU Nr. L 136 v. 24.5.2008 S. 3.
113 Gesetz v. 21.7.2012, BGBl I S. 1577.
114 OLG Hamm NJW-RR 1992, 583, 584 = FamRZ 1992, 201, 202; LG Kiel StraFo 2009, 382 (Betreuer in staatlich anerkannter Beratungsstelle für Drogensüchtige); Stein/Jonas/*Berger*[22] § 383 Rdn. 55; Zöller/*Greger*[29] § 383 Rdn. 18; **a.A.** BayObLG FamRZ 1990, 1012, 1013; offen gelassen von OLG Köln FamRZ 1986, 708, 709.
115 OLG Hamm NJW-RR 1992, 583, 584 = FamRZ 1992, 201, 202.
116 OLG Braunschweig FamRZ 2012, 1408, 1409.
117 OLG Köln NJWE-FER 1999, 191.
118 RG Gruchot 52 (1908), 445 f.; KG OLGRspr. 5, 69; OLG Düsseldorf MDR 1951, 681.
119 Unklar ist, was Stein/Jonas/*Berger*[22] § 383 Rdn. 65 mit „Tatsachen, die sich in öffentlichen Verhandlungen vollzogen haben", meint; der Inhalt von Schriftsätzen wird jedenfalls durch die mündliche Verhandlung nicht öffentlich.

weil geheime Tatsachen erst dann die **Natur eines Geheimnisses verlieren**, wenn sie **allgemein bekannt** (offenkundig) oder jedermann ohne weiteres zugänglich sind.[120] Dem Rechtsanwalt der Partei eines Eherechtsstreits steht ein Aussageverweigerungsrecht zu, wenn er als Zeuge über den Inhalt einer Scheidungsvereinbarung vernommen werden soll; es handelt sich bei dem zwischen den Parteien erzielten Verhandlungsergebnis um Tatsachen, die ihm auf Grund der beruflichen Zuziehung in der Erwartung ihrer Geheimhaltung zugänglich gemacht worden sind.[121] In diesem Fall sind die Tatsachen zwar beiden Parteien bekannt, nicht aber notwendig auch der Allgemeinheit.

Bei der Ermittlung der sachlichen Reichweite des Zeugnisverweigerungsrechts bedarf es nach der hier vertretenen Auffassung **keiner zusätzlichen Prüfung, ob** die **Tatsachen** dem Vertrauensgeber „**anvertraut**" sind, weil das Merkmal der „anvertrauten Tatsachen" nach dem klaren Wortlaut der Vorschrift **allein** bei der **Bestimmung des persönlichen Anwendungsbereichs** der Vorschrift relevant wird. Die Gegenauffassung prüft dieses Merkmal im Zusammenhang mit der sachlichen Reichweite des Zeugnisverweigerungsrechts,[122] muss dann aber den Begriff „anvertraut" weit auslegen,[123] um zu begründen, dass sich das Zeugnisverweigerungsrecht auch auf solche Tatsachen erstreckt, die der Vertrauensnehmer auf Grund seiner Vertrauensstellung oder im Zusammenhang damit erfahren hat.[124] Die **persönlichen und sachlichen Tatbestandsvoraussetzungen** müssen sorgfältig **auseinander gehalten** werden. Der Berufsverschwiegenheit unterliegen in der Regel nicht nur Tatsachen, die der Vertrauensgeber dem Vertrauensnehmer explizit mitgeteilt hat, sondern auch solche, deren **Kenntnis nicht auf** einem **besonderen Vertrauensakt** beruht. Eine zusätzliche sachliche Begrenzung des Zeugnisverweigerungsrechts über das Merkmal der „anvertrauten Tatsachen", stünde außerdem in Widerspruch zu der gesetzlichen Verweisung auf die sich aus dem jeweiligen Berufsrecht ergebende Verschwiegenheitspflicht, weil sie einer Rückverweisung auf die ZPO gleichkäme.

60

e) Kasuistik zur beruflichen Verschwiegenheitspflicht

aa) Heilberufe. Das Zeugnisverweigerungsrecht des **Arztes** umfasst grundsätzlich alle Tatsachen, deren Kenntnis der Arzt **auf Grund seiner Vertrauensstellung oder im Zusammenhang damit** erlangt hat, gleichviel, ob ihm die Gelegenheit dazu freiwillig vom Patienten gewährt oder auf Grund gesetzlicher Vorschriften zwangsweise verschafft worden ist.[125] Wie bei allen der Schweigepflicht unterliegenden Freiberuflern gilt die Pflicht auch für die Mitarbeiter, die darauf zu verpflichten sind. Soweit ausnahmsweise eine gesetzliche **Pflicht zur Duldung** einer **ärztlichen Untersuchung** in einem **Strafverfahren** besteht, hat der als **gerichtlicher Sachverständiger** auftretende Arzt zwar im Strafverfahren weder eine Schweigepflicht noch ein Zeugnisverweigerungsrecht,

61

---

120 BGHZ 40, 288, 292 (zum Zeugnisverweigerungsrecht des Arztes); BGH WM 1983, 653, 655 (zum Zeugnisverweigerungsrecht des Steuerberaters).
121 Unrichtig a.A. KG FamRZ 1975, 164, 165.
122 Vgl. etwa BGHZ 40, 288, 293f.; BGHZ 91, 392, 398 = NJW 1984, 2893, 2894; BGH ZIP 1983, 735; OLG Koblenz WM 1987, 480, 482: die Vernehmung der Zeugen erstrecke sich auf Tatsachen, „die den Zeugen anvertraut seien **und** deren Geheimhaltung geboten sei".
123 Vgl. BGHZ 40, 288, 293f.; BGHZ 91, 392, 398 = NJW 1984, 2893, 2894; OLG Düsseldorf MDR 1975, 1025; KG FamRZ 1975, 164, 165.
124 Vgl. BGHZ 40, 288, 293f.; BGHZ 91, 392, 398 = NJW 1984, 2893, 2894; OLG Düsseldorf MDR 1975, 1025; KG FamRZ 1975, 164, 165; OLG München AnwBl. 1975, 159, 160.
125 BGHZ 40, 288, 294; BGH MDR 1985, 597.

wohl aber in einem **späteren Zivilverfahren**, in dem er als Zeuge vernommen werden soll.[126]

62 Zu den Tatsachen, deren **Geheimhaltung ihrer Natur nach** geboten ist und die der Arzt daher grundsätzlich verschweigen muss, gehören auch solche Umstände, die darauf hindeuten, dass der Patient in seiner Testierfähigkeit (§ 2229 Abs. 2 BGB) beschränkt sein könnte. Derartige Anzeichen weisen vielfach auf **dauernde Persönlichkeitsdefekte** hin (Störungen der Geistestätigkeit und damit zusammenhängende Beeinträchtigungen der freien Willensbestimmung, der Einsichts- und der Steuerungsfähigkeit), deren Bekanntwerden für den Patienten schwere Nachteile mit sich bringen kann. Der Arzt darf sie daher keinesfalls beliebig verbreiten.[127] Zur Reichweite **über** den **Tod des Patienten hinaus** s. § 385 Rdn. 58 ff.

63 Das Zeugnisverweigerungsrecht einer **Krankenschwester** umfasst auch **Wahrnehmungen**, die sie **bei der Aufnahme eines Patienten** in das Krankenhaus gemacht hat, so etwa die Merkmale des Pkw, mit dem der Patient im Krankenhaus eingetroffen ist, und die **Identität seines Begleiters**; denn diese Wahrnehmungen stehen in unmittelbarem und innerem Zusammenhang mit der Erfüllung ihrer beruflichen Aufgabe, sich um die ärztliche Versorgung eines behandlungsbedürftigen Verletzten zu kümmern.[128]

64 **bb) Rechtspflegeberufe.** Das Zeugnisverweigerungsrecht des **Rechtsanwalts** korrespondiert mit der **Verschwiegenheitspflicht nach § 43a Abs. 2 BRAO**, die sich auf alles erstreckt, was dem Anwalt „in Ausübung seines Berufes bekannt geworden ist". Das Weigerungsrecht bezieht sich auf alle Tatsachen, die eine Beziehung zum Mandanten persönlich haben, die ihn jedenfalls betreffen, auch wenn nicht er selbst sie dem Anwalt persönlich anvertraut hat.[129] Es muss ein innerer Zusammenhang mit der spezifischen Eigenschaft als Rechtsanwalt bestehen; daran fehlt es bei der Bestellung zum Verfahrensbeistand gem. § 158 Abs. 1 FamFG, weil diese Funktion von jeder geeigneten Person wahrgenommen werden kann.[130] Das Weigerungsrecht erstreckt sich **nicht** auf Mitteilungen, die der Mandant dem Rechtsanwalt **zur Weitergabe an Dritte** gemacht hat, da der Mandant in einem solchen Fall eine **Geheimhaltung** erkennbar **nicht gewollt** hat.[131] Der Rechtsanwalt soll ebenfalls kein Zeugnisverweigerungsrecht besitzen, wenn er die Tatsachen **nicht auf Grund seiner Vertrauensstellung** erfahren hat, denn dann stehe der Mandant dem Rechtsanwalt wie einer beliebigen fremden Person gegenüber, so dass dieser die erlangte Kenntnis wie ein beliebiger Dritter offenbaren dürfe.[132] Dies soll etwa der Fall sein, wenn der Rechtsanwalt die Tatsachen in seiner Eigenschaft als Vorstand einer AG wahrgenommen hat, selbst wenn sie Rechtsgeschäfte und sonstige Rechtshandlungen der AG gegenüber dem Mandanten betreffen.[133] Diese **Einschränkung ist abzulehnen**; es kommt nicht darauf an, dass die Kenntnis auf einem besonderen Vertrauensakt beruht.[134]

65 Untersteht der **Mandant** (z.B. als Arzt) einem **Berufsgeheimnis**, das er zur Wahrnehmung eigener Interessen im Rahmen einer Güterabwägung durchbrechen darf, hat sich der mit der Prozessführung beauftragte Anwalt, dem das Geheimnis im Rahmen der

---

126 BGHZ 40, 288, 295.
127 BGHZ 91, 392, 397 f. = NJW 1984, 2893, 2894.
128 BGH MDR 1985, 597.
129 BGH NJW 2011, 1077 Tz. 10 f.; OLG Düsseldorf MDR 1985, 507.
130 OLG Braunschweig FamRZ 2012, 1408, 1409.
131 OLG Düsseldorf MDR 1975, 1025.
132 OLG Düsseldorf MDR 1975, 1025; obiter BGH NJW 2011, 1077 Tz. 10.
133 OLG Düsseldorf MDR 1975, 1025.
134 Vgl. BGH NJW 2005, 1948, 1949 = VersR 2006, 239, 240 (betr. Notar).

Prozessinstruktion anvertraut wurde, an die durch den Grundsatz der Erforderlichkeit gezogenen Grenzen zu halten. Die Einbeziehung von Berufsgeheimnissen ergibt sich aus § 43a Abs. 2 Satz 2 BRAO, der nicht auf die Person des Informanten abstellt, sondern nur auf das Anvertrauen in Ausübung des Anwaltsberufes.

Die Berechtigung zur Aussageverweigerung **endet nicht mit dem Tod des Mandanten**, weil es sich bei der Verschwiegenheitspflicht des Anwalts und seinem Recht zur Zeugnisverweigerung um Ausflüsse des Persönlichkeitsrechts des Vertrauensgebers handelt, das auch nach dem Tode noch Wirkungen entfaltet[135] (zur mutmaßlichen Entbindung von der Schweigepflicht § 385 Rdn. 58). Der **Insolvenzverwalter des Mandanten** kann die Herausgabe der die anwaltliche Tätigkeit betreffenden Akten nach § 667 BGB verlangen; modifiziert wird der Anspruch durch § 50 BRAO.[136] Die Schweigepflicht steht dem nicht entgegen, weil sie nicht die eigenen Interessen des Rechtsanwalts schützt.[137] 66

Das Zeugnisverweigerungsrecht des **Notars** erstreckt sich auch auf die dem Notar **bei** seinen **Amtshandlungen bekanntgewordenen Angelegenheiten**;[138] einbezogen in die Verschwiegenheitspflicht sind Tatsache, Zeit und Ort einer Inanspruchnahme des Notars als Amtsträger sowie die Identität der betreffenden Personen.[139] § 383 Abs. 1 Nr. 6 enthält keine anderweitige gesetzliche Regelung der Verschwiegenheitspflicht des Notars im Sinne des § 18 BNotO, die die allgemeine Verschwiegenheitspflicht des Notars nach § 18 BNotO beschränken würde.[140] Die **Verweisung** auf den Umfang der Verschwiegenheitspflicht in § 383 Abs. 1 Nr. 6 bedeutet, dass der unvollständige Tatbestand des Zeugnisverweigerungsrechts aus § 383 Abs. 1 Nr. 6 im Fall des Notars durch die für seine Verschwiegenheitspflicht maßgebliche Vorschrift des **§ 18 BNotO** vervollständigt wird.[141] Da die Amtstätigkeit des Notars im Interesse aller Beteiligten ausgeübt wird, muss die **Befreiung** von der Schweigepflicht (§ 385 Abs. 2) auch **von allen Beteiligten** erklärt werden.[142] 67

Bei **Rechtsanwälten wie Notaren** kommt es nicht darauf an, ob eine Vertretung oder lediglich eine Beratung[143] stattgefunden hat, und ob sie eine **Tätigkeit abgelehnt**[144] oder aus einem anderen Grund nicht ausgeübt[145] haben. 68

Der Umfang der Verschwiegenheitspflicht von **Steuerberatern und Steuerbevollmächtigten** ergibt sich aus § 57 Abs. 1 StBerG. Sie müssen ihre Gehilfen, die nicht selbst Steuerberater oder Steuerbevollmächtigte sind, zur Verschwiegenheit verpflichten (§ 62 StBerG). Die Pflicht zur Verschwiegenheit bezieht sich auf **alles, was** dem Steuerberater in Ausübung oder bei Gelegenheit seiner Berufstätigkeit anvertraut worden oder **bekannt geworden ist**, auch auf solche Tatsachen, die keine unmittelbare Verbindung zur eigentlichen Berufstätigkeit haben.[146] 69

---

135 OLG München AnwBl. 1975, 159, 160.
136 BGHZ 109, 260, 265 = NJW 1990, 510, 511.
137 BGHZ 109, 260, 268 f. = NJW 1990, 510, 511 a.E.
138 RGZ 54, 360, 361; OLG Frankfurt OLGRep. 2004, 81, 83. **A.A.** OLG München MDR 1981, 853, 854 = DNotZ 1981, 709.
139 BGH NJW 2005, 1948, 1949 = VersR 2006, 239, 240.
140 BGH NJW 2005, 1948, 1949.
141 Vgl. auch *Kanzleiter* DNotZ 1981, 662 f., der die Entscheidung des OLG München zu recht kritisiert, seine Kritik allerdings unzutreffend mit der angeblichen Spezialität von § 18 BNotO begründet; ebenso Arndt/Lerch/*Sandkühler* BNotO⁵ § 18 Rdn. 25.
142 BGHZ 109, 260, 273 = NJW 1990, 510, 513.
143 OLG Karlsruhe OLGRspr.13, 158: auch wenn nur Rat eingeholt; Stein/Jonas/*Berger*²² § 383 Rdn. 64.
144 BGH NJW 2005, 1948, 1949 (Notar); Stein/Jonas/*Berger*²² § 383 Rdn. 64.
145 RGZ 54, 360, 361 (Notar); Stein/Jonas/*Berger*²² § 383 Rdn. 64.
146 BGH WM 1983, 653, 655 = ZIP 1983, 735, 737.

70 cc) **Gewerbliche Wirtschaft.** Was ein Geschäftsgeheimnis ist, wird in **§ 17 UWG**, der seinen strafrechtlichen Schutz bewirkt, nicht definiert. Jedoch gibt es dazu umfangreiche Rechtsprechung, deren Ergebnisse für das Zeugnisverweigerungsrecht bedeutsam sind (s. dazu auch § 384 Rdn. 52 ff.).[147] Ein Geheimnis einer GmbH, das der Zeuge nicht offenbaren darf und über das er demgemäß nicht aussagen muss, liegt dann vor, wenn es eine Tatsache betrifft, die im Zusammenhang mit einem Geschäftsbetrieb steht, **nicht offenkundig** ist[148] und nach dem **bekundeten Willen** der Gesellschaft **geheim gehalten** werden soll. Dabei muss der Wille der Gesellschaft durch ein **berechtigtes wirtschaftliches Interesse** an der Geheimhaltung gedeckt sein[149] (dazu auch § 384 Rdn. 59). Ein solches schutzwürdiges Interesse an der Geheimhaltung von Tatsachen wird nicht allein durch den Geheimhaltungswillen der Gesellschaft begründet, weil eine danach willkürliche Einordnung den **Interessen der Allgemeinheit** zuwiderliefe. Ein schutzwürdiges wirtschaftliches Interesse an der Geheimhaltung von Tatsachen ist deshalb nur dann anzuerkennen, wenn diese Tatsachen für das Ansehen oder die Wettbewerbsfähigkeit des Unternehmens Bedeutung haben.[150] Sie müssen **keinen Vermögenswert** haben[151] (dazu auch § 384 Rdn. 59).

71 Als **Geschäfts- und Betriebsgeheimnisse** kommen Kundenlisten, Modelle, Musterbücher, Jahresabschlüsse, Preisberechnungen, Kalkulationsunterlagen, Unterlagen zur Kreditwürdigkeit, getätigte oder beabsichtigte Vertragsabschlüsse und ähnliche Geschäftsvorgänge in Betracht.[152] Keine Bedeutung für die Wettbewerbsfähigkeit soll der bloße Umstand haben, ob eine bestimmte Information in wettbewerbswidriger Weise an einen möglichen Kunden weitergegeben wurde, weil sie nur insofern von wirtschaftlichem Wert sei, als von ihr der Ausgang eines Rechtsstreits abhängen könne.[153]

72 Das OLG Stuttgart hat ein Zeugnisverweigerungsrecht der Organwalter und Angestellten eines **Verbandes zur Förderung gewerblicher Interessen** verneint, soweit es darum ging, ob die Mitglieder des Verbandes und sein Vorstand von der Aktivität des Verbandes wussten und ob die Prozessbevollmächtigten Wettbewerbsverstöße von sich aus aufzusuchen und auf Grund generell erteilter Vollmachten geltend zu machen pflegten.[154]

73 Ein **Gewerkschaftssekretär** darf als Zeuge in einem Verfahren, in dem der Arbeitgeber Beteiligter ist, die Nennung der **Namen** der vom Arbeitgeber beschäftigten **gewerkschaftsangehörigen Arbeitnehmer**, die ihm auf Grund seiner Stellung als zuständiger Sekretär für den Betrieb bekannt geworden sind, verweigern, wenn die Arbeitnehmer mit der Nennung nicht einverstanden sind.[155]

---

147 Näher dazu *Harte-Bavendamm* in: Gloy/Loschelder/Erdmann, Handbuch des Wettbewerbsrechts[4] § 77 Rdn. 8 ff.
148 BGH WRP 2008, 1085 Tz. 19 – Schweißmodulgenerator: neuheitsschädliche Tatsache schließt Geheimnisschutz nach § 17 UWG nicht aus; BGH GRUR 2012, 1048 Tz. 31 – Movicol-Zulassungsantrag: verneint für Kenntnis größeren, jedoch nur dienstlich mit Unterlagen befassten Personenkreises.
149 OLG München NJW-RR 1998, 1495, 1496; *Scholz/Tiedemann* GmbHG[11] § 85 Rdn. 7; *Köhler*/Bornkamm WettbewerbsR[31] § 17 UWG Rdn. 4.
150 *Scholz/Tiedemann* GmbHG[11] § 85 Rdn. 12; *Köhler*/Bornkamm WettbewerbsR[31] § 17 UWG Rdn. 9.
151 BGH NJW 2006, 3490 = GRUR 2006, 1044 Tz. 19 – Kundendatenprogramm; *Köhler*/Bornkamm WettbewerbsR[31] § 17 UWG Rdn. 11.
152 BVerfGE 115, 205, 231 = DVBl. 2006, 694, 696; OLG München NJW-RR 1998, 1495, 1496.
153 OLG München NJW-RR 1998, 1495, 1496.
154 OLG Stuttgart WRP 1977, 127, 128.
155 LAG Hamm BB 1995, 51 (LS).

dd) Bankgeheimnis. Unter § 383 Nr. 6 fällt auch das Bankgeheimnis.[156] Das Geheimnis ist gesetzlich nicht geregelt, wird aber von verschiedenen Normen (§ 9 Abs. 1 KWG, § 32 BBankG, § 30a AO, § 12 GWG) vorausgesetzt; z.T. wird **Gewohnheitsrecht als Rechtsquelle** behauptet.[157] Bei öffentlich-rechtlichen Kreditinstituten wird die Aussage z.T. von der Genehmigung des Dienstvorgesetzten (§ 376) abhängig gemacht.[158] Die Geltung des § 376 und damit das Genehmigungserfordernis setzt allerdings voraus, dass die Schweigepflicht für Arbeitnehmer des öffentlichen Dienstes überhaupt gilt (dazu § 376 Rdn. 20). Sähe man die Rechtsquelle des Bankgeheimnisses allein in einer vertraglich vereinbarten Schweigepflicht – so das OLG Naumburg[159] – gäbe es kein Zeugnisverweigerungsrecht der Bank, weil der mit dem Kontoinhaber geschlossene Vertrag keine Drittwirkung entfaltet. Das Geheimnis umfasst kundenbezogene Tatsachen und Wertungen, die einem Kreditinstitut auf Grund oder aus Anlass der Geschäftsverbindung zum Kunden bekannt geworden sind.[160] Ausreichend sind eigene Wahrnehmungen in geschäftlicher Eigenschaft, auch wenn sie nicht auf einem besonderen Vertrauensakt beruhen.[161] Bei offensichtlichen **Verletzungen** von Rechten des **Geistigen Eigentums** begründen die einschlägigen Schutzgesetze einen Auskunftsanspruch u.a. gegen Dienstleister, deren Tätigkeit für die Rechtsverletzung genutzt wird (§ 19 Abs. 2 Nr. 3 MarkenG, § 140b Abs. 2 Nr. 3 PatG, § 24b Abs. 2 Nr. 3 GebrMG, § 37b Abs. 2 Nr. 3 SortSchG, § 101 Abs. 2 Nr. 3 UrhG, § 46 Abs. 2 Nr. 3 GeschmMG). Dienstleistung dieser Art kann auch die **Abwicklung** des **unbaren Zahlungsverkehrs** sein.[162] Der Auskunftsanspruch, in der Verletzungssituation gerichtet auf **Benennung des Kontoinhabers**, steht unter dem Vorbehalt der Weigerungsrechte nach §§ 383–385 ZPO. Sie sind ihrerseits unionsrechtskonform nach der Richtlinie 2004/48/EG vom 29.4./2.6.2004 auszulegen. Maßgebend ist dafür die Reichweite des Art. 8 Abs. 3 lit. e RL, der den Schutz der Vertraulichkeit von Informationsquellen regelt. **Abzulehnen** ist die Ansicht, der Bankkunde (als der Rechtsverletzer) sei hinsichtlich der Kontostammdaten eine „Informationsquelle" der Bank.[163] Die betreffenden Daten verdienen keinen stärkeren Schutz als die Verkehrsdaten, die Internet-Provider speichern, gegen die sich die Auskunftspflicht von an der Verletzung unbeteiligten Dienstleistern vornehmlich richtet.[164] Art. 15 der Datenschutzrichtlinie 2002/58/EG für elektronische Kommunikation in Verb. mit Art. 13 Abs. 1 lit. g der Richtlinie 95/46/EG gestattet die Weitergabe der Verkehrsdaten zum Schutz u.a. der Rechte des Geistigen Eigentums.[165] Auch wenn die Mitgliedstaaten keine Verpflichtung zur Schaffung einer

---

156 OLG Köln DB 1968, 1533; LG Göttingen ZIP 2002, 2269, 2270 = NJW-RR 2003, 117; Schimansky/Bunte/Lwowski/*Bruchner*/*Krepold* BankRHdb[3] § 39 Rdn. 282; Derleder/Knops/Bamberger/*Beckhusen* HdbBankR[2] § 6 Rdn. 28. Zum Bankgeheimnis s. auch BGHZ 166, 84 = NJW 2006, 830 Tz. 35; BGHZ 171, 180 = NJW 2007, 2106 Tz. 17.
157 Schimansky/Bunte/Lwowski/*Bruchner*/*Krepold* BankRHdb[3] § 39 Rdn. 9 m.w.N.; zurückhaltend BGHZ 171, 180 Tz. 23 f.
158 So LG Göttingen ZIP 2002, 2269; Schimansky/Bunte/Lwowski/*Bruchner*/*Krepold* BankRHdb[3] § 39 Rdn. 283; Derleder/Knops/Bamberger/*Beckhusen* HdbBankR[2] § 6 Rdn. 29. **A.A.** wohl OLG Köln DB 1968, 1533.
159 OLG Naumburg GRUR-RR 2012, 388, 389; **a.A.** wohl OLG Stuttgart GRUR-RR 2012, 73, 74 = NJW-RR 2012, 171.
160 BGHZ 116, 84 Tz. 35 = NJW 2006, 830; OLG Stuttgart GRUR-RR 2012, 73/74.
161 OLG Stuttgart GRUR-RR 2012, 73, 74.
162 OLG Stuttgart GRUR-RR 2012, 73; OLG Naumburg GRUR-RR 2012, 388, 389.
163 So aber OLG Naumburg GRUR-RR 2012, 388, 390 (Revisionsverfahren: I ZR 51/12); im Ergebnis ebenso OLG Stuttgart GRUR-RR 2012, 73, 75.
164 Vgl. zu dieser Anwendungseinschätzung *Wirtz* Verletzungsansprüche im Recht des geistigen Eigentums, S. 243 Tz. 433.
165 EuGH, Urt. v. 29.1.2008, Rs. C-275/06 Tz. 53 – Promusicae = GRUR 2008, 241; EuGH, Beschl. v. 19.2.2009, Rs. C-557/07 Tz. 27 – LSG/Tele2 = GRUR 2009, 579; dazu *Wirtz* (Fn. 164) S. 251 Tz. 447.

entsprechenden Regelung aufgrund der unionsrechtlichen Datenschutzbestimmungen trifft, müssen sie doch ein Gleichgewicht zwischen den unionsrechtlichen Grundrechten des Eigentumsschutzes und dem Recht auf Achtung des Privatlebens treffen.[166] Dementsprechend hat der deutsche Gesetzgeber eine Auskunftspflicht geschaffen (vgl. nur § 19 Abs. 9 MarkenG). Für die Kontostammdaten kann wertungsmäßig nichts anderes gelten.

75 **f) Rechtfertigende Durchbrechungen der Schweigepflicht.** Steht das Zeugnisverweigerungsrecht im Einzelfall im Widerspruch zu einer **gesetzlichen Auskunftspflicht**, sind die Bedeutung der Verschwiegenheitspflicht und der Auskunftspflicht im konkreten Fall gegeneinander **abzuwägen.** Teilweise wird der Auskunftspflicht auch ohne Abwägung Vorrang eingeräumt.[167] So sind etwa öffentliche und private Stellen im Verfahren über den Versorgungsausgleich nicht zur Zeugnisverweigerung berechtigt, weil § 220 FamFG klarstellt, dass die zuständigen Behörden, Rentenversicherungsträger, Arbeitgeber, Versicherungsgesellschaften und sonstigen Stellen gegenüber dem Familiengericht über Angelegenheiten des Versorgungsausgleichs Auskünfte erteilen müssen. Vorrang haben auch Verpflichtungen nach **§ 138 StPO** oder nach dem **Geldwäschebekämpfungsgesetz.**[168] Eine der Geheimhaltung unterliegende Tatsache ist nicht über die Pfändung eines Informationsanspruchs ermittelbar;[169] ein gegenteiliges Ergebnis ergibt sich nicht aus der Auskunftspflicht des Drittschuldners nach § 836 Abs. 3.[170]

76 **Freiberufler** sind durch ihre Verschwiegenheitspflicht **nicht** daran **gehindert,** einen **Prozess um** ihre **Gebühren** zu führen und dabei zur Erfüllung ihrer **Darlegungs- und Beweislast** Umstände aus dem Mandatsverhältnis vorzutragen, soweit dies zur Durchsetzung ihres Gebührenanspruchs erforderlich ist.[171] Das Geheimhaltungsinteresse des Mandanten/Patienten muss gegenüber den berechtigten Interessen des Steuerberaters, Rechtsanwalts oder Arztes zurücktreten, weil der Mandant durch seine Zahlungsverweigerung den Interessenkonflikt verursacht hat.[172] Dem Freiberufler muss dabei auch **ermöglicht** werden, seinen Vortrag, soweit er bestritten wird, **durch** die in der ZPO vorgesehenen Beweismittel, etwa die Vorlage von Urkunden oder die Vernehmung von Zeugen, **zu beweisen.** Das kann aber nur geschehen, wenn Zeugen, die sonst ihrerseits zur Verschwiegenheit verpflichtet wären, ausnahmsweise aussagen dürfen, ohne gegen ihre Verschwiegenheitspflichten zu verstoßen.[173] Deshalb steht im **Honorarprozess** eines Steuerberaters oder Rechtsanwalts einem als Zeugen benannten **Mitarbeiter** grundsätzlich **kein Zeugnisverweigerungsrecht** zu, auch wenn er vom früheren Mandanten nicht von der Verschwiegenheitspflicht entbunden wurde.[174] Allerdings dürfen zur Durch-

---

166 EuGH – Promusicae Tz. 66 ff.; EuGH – LSG/Tele2 Tz. 28.
167 So *Feuerich/Weyland* BRAO⁷ § 43a Rdn. 27 zur Auskunftspflicht gemäß § 807 nach Verurteilung eines Rechtsanwalts zur Abgabe einer eidesstattlichen Versicherung; *Hillermeier* FamRZ 1976, 577, 581 zur Auskunftspflicht öffentlicher und privater Stellen im Verfahren über den Versorgungsausgleich gemäß § 53b Abs. 2 FGG a.F.
168 BGHSt 50, 64 = NJW 2005, 2406, 2409 = JZ 2005, 1173, 1177 m. Anm. *Barton.*
169 BGH ZIP 2013, 1071 Tz. 12 f.
170 BGH ZIP 2013, 1071 Tz. 14.
171 BGHZ 122, 116, 120 = NJW 1993, 2371; OLG Brandenburg MDR 2000, 905 f. = OLGRep. 2002, 323 (für Steuerberater); OLG Stuttgart MDR 1999, 192 = OLGRep. 1998, 427 f. (für Rechtsanwälte); *Henssler* NJW 1994, 1817, 1822; Henssler/Prütting BRAO³ § 43a Rdn. 102; *Feuerich/Weyland* BRAO⁷ § 43a Rdn. 28.
172 BGHZ 122, 116, 120 = NJW 1993, 2371; OLG Stuttgart MDR 1999, 192; OLG Brandenburg MDR 2000, 905 f. = OLGRep. 1998, 427 f.; Henssler/Prütting/*Eylmann* BRAO² § 43a Rdn. 80.
173 OLG Stuttgart MDR 1999, 192 = OLGRep. 1998, 427 f.; OLG Brandenburg MDR 2000, 905 f. = OLGRep. 2002, 323.
174 OLG Stuttgart MDR 1999, 192 = OLGRep. 1998, 427 f.; OLG Brandenburg MDR 2000, 905 f. = OLGRep. 2002, 323.

setzung minimaler Honoraransprüche nicht Geheimnisse von hochrangiger Bedeutung verraten werden.[175] Entsprechendes muss gelten, wenn Ärzte und Angehörige anderer Berufsgruppen ihre Mitarbeiter als Zeugen benennen, um ihre Honoraransprüche durchzusetzen.

g) Abgeordnete. Art. 47 Satz 1 GG räumt den Abgeordneten des **Deutschen Bundestages** unabhängig von § 383 Abs. 1 Nr. 6 ein auch im Zivilprozess geltendes Zeugnisverweigerungsrecht ein. Die Abgeordneten dürfen das Zeugnis verweigern über **Personen**, die ihnen in ihrer Eigenschaft als Abgeordnete oder denen sie in dieser Eigenschaft Tatsachen anvertraut haben, sowie über diese **Tatsachen selbst.**[176] 77

Für **Landtagsabgeordnete** vereinheitlicht § 383 Abs. 1 Nr. 6 die durch die Landesverfassungen gewährten Zeugnisverweigerungsrechte. Außerdem schließt die Vorschrift die Lücke, die sich daraus ergibt, dass die Zeugnisverweigerungsrechte in den Landesverfassungen nur die Landesgerichte binden.[177] 78

V. Belehrungspflicht

Das Gesetz sieht eine Belehrungspflicht (dazu auch vor § 373 Rdn. 71 f.) **nur in den Fällen des § 383 Abs. 1 Nr. 1–3** vor, **nicht** jedoch in den Fällen des **§ 383 Abs. 1 Nr. 4–6.**[178] Eine Belehrung ist in den Fällen des § 383 Abs. 1 Nr. 4–6 entbehrlich, weil den betroffenen Personen bekannt ist, dass sie zur Verschwiegenheit verpflichtet sind.[179] Für die Belehrung ist keine besondere Form vorgeschrieben, doch muss dem Zeugen gesagt werden, weshalb er sich weigern darf. Die Frage, ob er Angaben machen wolle, ist keine Belehrung.[180] Dem Zeugen braucht aber **nicht** klargemacht zu werden, welche **rechtliche Bedeutung** die Zeugnisverweigerung hat. Die Belehrung erübrigt sich, wenn der Zeuge von sich aus erklärt, von dem Zeugnisverweigerungsrecht keinen Gebrauch machen zu wollen. Nicht erforderlich ist der Hinweis, dass der Zeuge seine Weigerung auch später noch erneuern kann.[181] 79

Der Zeuge kann bereits **mit der Ladung** belehrt werden. Wird er **im Termin** belehrt, ist dies ins Protokoll aufzunehmen. Soll er die Beweisfrage gemäß § 377 Abs. 3 **schriftlich beantworten**, muss er bei der schriftlichen Aufforderung zur Abgabe der Erklärung schriftlich belehrt werden. 80

Ist der **Zeuge minderjährig**, müssen sowohl **er selbst als auch** sein **personensorgeberechtigter gesetzlicher Vertreter** über das Zeugnisverweigerungsrecht belehrt werden. Will der minderjährige Zeuge aussagen, können die gesetzlichen Vertreter seine Vernehmung ungeachtet der zuvor erteilten Zustimmung verhindern, indem sie das Zeugnisverweigerungsrecht ausüben. Andererseits können die gesetzlichen Vertreter den Minderjährigen nicht hindern, von seinem Zeugnisverweigerungsrecht Gebrauch zu machen.[182] S. dazu auch § 380 Rdn. 17, § 386 Rdn. 3, § 387 Rdn. 8 u. § 390 Rdn. 27. 81

---

175 OLG Stuttgart MDR 1999, 192 = OLGRep. 1998, 427 f. (obiter dictum); *Feuerich/Weyland* BRAO[7] § 43a Rdn. 28; vgl. auch OLG Frankfurt OLGRep. 2004, 81, 83 zur Abwehr von Schadensersatzansprüchen gegen einen Notar.
176 Dazu *Nolte* MDR 1989, 514 f.
177 Vgl. insoweit *Dallinger* JZ 1953, 436.
178 BayObLG NJW-RR 1991, 6, 7 für Rechtsanwalt und Steuerberater.
179 BayObLG NJW-RR 1991, 6, 7 für Rechtsanwalt und Steuerberater.
180 RG JW 1924, 1609 Nr. 16 zu § 52 StPO.
181 RG JW 1936, 3548.
182 BayObLG NJW 1967, 207.

82   Ist die vorgeschriebene Belehrung unterblieben, kann die Zeugenaussage gleichwohl verwertet werden, wenn der Verfahrensfehler **nach § 295 geheilt** ist.[183]

VI. Vernehmungsverbot

83   **1. Inhalt. § 383 Abs. 3** betrifft Zeugen, die nach § 383 Abs. 1 Nr. 4–6 zur Aussageverweigerung berechtigt wären, von diesem Recht aber keinen Gebrauch machen. Die Vorschrift begründet für das Gericht ein **Vernehmungsverbot** hinsichtlich solcher Tatsachen, die **offenkundig der Verschwiegenheitspflicht** des Zeugen unterliegen, über die der Zeuge also nicht aussagen könnte, ohne gegen seine Verschwiegenheitspflicht zu verstoßen.[184]

84   Das in § 383 Abs. 3 enthaltene Vernehmungsverbot ist **von Amts wegen** zu beachten. Deshalb muss der Zeuge, der das ihm durch § 383 Abs. 1 Nr. 6 gewährte Zeugnisverweigerungsrecht nicht gebrauchen, **schonend befragt** werden.[185] Das Gericht darf schon dann **nicht fragen** (lassen), wenn sich die **Verschwiegenheitspflicht** des Zeugen **aus dem Parteivortrag** ergibt. Dies gilt gleichermaßen, wenn der Gegner bestreitet, dass der Zeuge in der hier in Betracht kommenden Eigenschaft überhaupt tätig geworden ist, wie wenn die einseitige Parteibehauptung mit der Begründung des außerprozessualen Anspruchs zusammenfällt. Lässt sich ausnahmsweise aus dem Parteivortrag nichts entnehmen, was auf eine Verschwiegenheitspflicht des Zeugen hindeutet, besteht für das Gericht **kein Anlass zur Nachforschung**. Der Zeuge muss auf seine Verschwiegenheitspflicht hinweisen, wenn er die Aussage verweigern will.

85   **2. Verwertbarkeit bei Verstoß. Umstritten** ist, ob eine entgegen dem Vernehmungsverbot zustande gekommene Aussage verwertbar ist. Ein **Verwertungsverbot** wird **im Schrifttum teilweise** mit Sinn und Zweck der Vorschrift begründet. § 383 Abs. 3 sei, soweit er sich auf Vertrauenspersonen beziehe (§ 383 Abs. 1 Nr. 4, 6) keine lediglich den Verfahrensgang regelnde Ordnungsvorschrift, sondern solle dem **persönlichkeitsrechtlichen Schutz** des privaten Geheimbereichs dienen. Damit dieser Sinn nicht verfehlt werde, müsse sich das in § 383 Abs. 3 ausgesprochene Vernehmungsverbot in einem Verbot zur Verwertung der unzulässig erlangten Aussage fortsetzen.[186] Dagegen setzt **nach überwiegender Ansicht** der Umstand, dass der Zeuge sich des Bruchs eines Berufsgeheimnisses schuldig macht, der Verwertung der Bekundung **keine Schranke**.[187] Etwas anderes soll allenfalls dann gelten, wenn der Zeuge durch verfahrenswidrige Maßnahmen zu seiner Aussage bestimmt worden ist. Dazu genüge aber nicht die bloße Vernehmung zu den von der Verschwiegenheitspflicht erfassten Umständen, von der nach § 383 Abs. 3 abzusehen ist.[188] Der Verstoß gegen die Schweigepflicht sei lediglich bei der Beweiswürdigung als wesentlicher Umstand zu berücksichtigen.[189]

---

183   BGH NJW 1985, 1158 = LM § 295 ZPO Nr. 33 (obiter dictum).
184   BGH ZIP 1994, 1103, 1110.
185   *Lachmann* NJW 1987, 2206, 2207.
186   *Gießler* NJW 1977, 1185, 1186; *Lenckner* NJW 1965, 321, 326; *Habscheid* GS für H. Peters (1967), S. 840, 870.
187   BGH ZIP 1994, 1103, 1110; BGH NJW 1990, 1734, 1735 (obiter dictum) = ZZP 1990 (103), 464 m. abl. Anm. *Bork*; BGH NJW 1977, 1198, 1199; BayObLG NJW-RR 1991, 6, 7 (obiter dictum); LG Göttingen NJW-RR 2011, 140, 141 (Verneinung eines Unterlassungsanspruchs gegen evtl. Zeugenaussage in Kartellbußgeldverfahren); zustimmend MünchKomm/*Damrau*[4] § 383 Rdn. 42; Stein/Jonas/*Berger*[22] § 383 Rdn. 19; Zöller/*Greger*[29] § 383 Rdn. 22; *Gottwald* BB 1979, 1780, 1781.
188   BGH NJW 1990, 1734, 1735 (obiter dictum).
189   BayObLG NJW-RR 1991, 6, 7 f.; OLG Köln OLGZ 1986, 59, 61 = RPfleger 1985, 494.

Die **Verwertbarkeit** lässt sich **nicht** mit den Argumenten der h.M. **begründen**. Deren Ansicht geht zurück auf eine Entscheidung zum Zeugnisverweigerungsrecht von Berufsgeheimnisträgern nach § 53 StPO, nach der eine etwaige sachlichrechtliche Rechtswidrigkeit der Offenbarung schweigepflichtiger Tatsachen nicht die verfahrensrechtliche Unverwertbarkeit des Zeugnisses nach sich ziehe.[190] Diese Ansicht ist nicht auf den Zivilprozess übertragbar. In der StPO gibt es kein dem § 383 Abs. 3 vergleichbares Vernehmungsverbot. Die Vernehmung eines Zeugen unter **Verstoß gegen § 383 Abs. 3** ist nicht nur materiell rechtswidrig, sondern **zugleich prozessrechtswidrig**. Der BGH hat zu Unrecht dahingestellt sein lassen, ob ein Zeugnisverweigerungsrecht nach § 383 Abs. 1 Nr. 6 gegeben war, weil der Zeuge davon keinen Gebrauch gemacht hatte.[191] Gerade dies begründet aber die Anwendung des § 383 Abs. 3, sofern ein Zeugnisverweigerungsrecht besteht. Die hier befürwortete Unverwertbarkeit begründet indes **keinen** vorbeugenden **Unterlassungsanspruch** des durch das Zeugnisverweigerungsrecht Geschützten zur Unterbindung der Aussage in einem gerichtlichen Verfahren; die Prüfung der Aussageverpflichtung und des Rechts zur Weigerung ist ein innerprozessualer Vorgang, der nicht von außen durch ein weiteres Verfahren zu steuern ist.[192]

86

VII. Gesetzeserweiternde Anerkennung von Weigerungsrechten

Die Zeugnisverweigerungsrechte sind **Ausnahmetatbestände** von der **allgemeinen Zeugnispflicht** für besondere, gesetzlich bestimmte Fälle. Weil die allgemeine Zeugnispflicht nicht nur den Interessen der Parteien, sondern auch der Funktionsfähigkeit der Rechtspflege dient und die Befreiung vom **Zeugniszwang** deshalb **nicht zur Disposition der Parteien** steht, können Zeugnisverweigerungsrechte nicht durch Vereinbarung der Parteien begründet werden. Ein Zeuge ist grundsätzlich auch dann zur Aussage verpflichtet, wenn ihm dies unangenehm ist oder er Repressalien einer Partei wegen des Inhalts seiner Aussage befürchtet.[193]

87

Allerdings kann nach der Rechtsprechung des **BVerfG** über die gesetzliche Regelung hinaus im Einzelfall unter besonders strengen Voraussetzungen eine **Begrenzung des Zeugniszwangs unmittelbar aus** der **Verfassung** folgen.[194] Doch hat ein Zeuge im Zivilprozess, dessen Ferngespräche mit einer der Parteien **heimlich abgehört** und auf Tonband aufgenommen worden sind, kein Zeugnisverweigerungsrecht auf Grund seines allgemeinen Persönlichkeitsrechts, wenn ihm die Verletzung seines Rechtsguts zur Aufklärung der Verletzung eines gleich- oder höherrangigen Rechtsgutes zuzumuten ist.[195] Das Recht auf körperliche Unversehrtheit aus Art. 2 Abs. 2 GG kann grundsätzlich nur dann Vorrang vor dem Interesse an einem geordneten Verfahren haben, wenn auf Grund objektiver Anhaltspunkte von einer akuten erheblichen Gefahr für den Zeugen oder seine Angehörigen auszugehen ist.[196] Allerdings haben Zeugen, die dem **Zeugenschutz** nach dem ZeugenschutzG v. 11.12.2001[197] unterliegen, gemäß § 10 Abs. 1 Satz 1 ZSHG das Recht, **Angaben zur Person** auf ihre frühere Identität zu beschränken und unter Hinweis auf

88

---

190   BGHSt 9, 59, 61 = NJW 1956, 599, 600. Unkritisch übernommen von BGH NJW 1977, 1198, 1199 und BGH NJW 1990, 1734, 1735.
191   BGH NJW 1977, 1198, 1199.
192   Vgl. insoweit LG Göttingen NJW-RR 2011, 140, 141 a.E.
193   OLG Hamm OLGZ 1989, 468.
194   BVerfG NJW 1972, 2214 ff. = JZ 1973, 780; BVerfG NJW 1988, 2945 zum Strafprozess.
195   KG NJW 1967, 115.
196   OLG Hamm OLGZ 1989, 468, 469.
197   BGBl 2001 I S. 3510.

den Zeugenschutz Angaben, die Rückschlüsse auf die gegenwärtigen Personalien sowie den Wohn- und Aufenthaltsort erlauben, zu verweigern[198] (s. auch § 395 Rdn. 3).

VIII. Beweiswürdigung

89 Aus der befugten Zeugnisverweigerung dürfen bei der Beweiswürdigung in den Fällen des § 383 Abs. 1 Nr. 1–3 **keine Schlüsse zum Nachteil der Partei** gezogen werden, zu der der Zeuge eine **Nähebeziehung** hat.[199] Dieses Verbot gilt auch dann, wenn der Angehörige nur Angaben macht, die für die Beurteilung der Tatfrage ohne Bedeutung sind, sich im Übrigen aber auf sein Zeugnisverweigerungsrecht beruft.[200] Zur abweichenden Behandlung der Weigerung nach § 384 Nr. 2 s. dort Rdn. 19.

90 Anders als § 252 StPO schließt die Zeugnisverweigerung eines Zeugen im Zivilprozess nicht aus, dass **Niederschriften über** dessen **frühere Vernehmung** als Beschuldigter im Strafverfahren oder als Zeuge in einem anderen Verfahren **verwertet** werden.[201] Eine andere Beurteilung ergibt sich auch nicht daraus, dass der Zeuge seine Angaben im Strafverfahren als Beschuldigter gemacht hat, sofern er ordnungsgemäß belehrt worden ist[202] (zur unterbliebenen Belehrung vor § 373 Rdn. 71f.). Dass ein Beschuldigter nicht der Wahrheitspflicht unterliegt und geneigt sein kann, sich auf Kosten einer späteren Partei des Zivilrechtsstreits zu entlasten, ist im Rahmen der Beweiswürdigung zu berücksichtigen, nämlich bei der Frage, ob das Gericht die betreffende Aussage in Ansehung auch dieses Umstands für wahr hält.[203]

91 Macht der Zeuge erst **in zweiter Instanz** von seinem **Weigerungsrecht** Gebrauch, ist das Problem irrelevant, ob analog § 252 StPO[204] ein Verwertungsverbot anzunehmen ist, weil das Berufungsgericht keinen Spielraum hat, unter Rückgriff auf das Vernehmungsprotokoll des erstinstanzlichen Gerichts von dessen Glaubwürdigkeitsbeurteilung abzuweichen.[205]

92 Der **Verfahrensmangel** eines **ohne Belehrung** zustande gekommenen polizeilichen Protokolls wird **geheilt**, wenn der Zeuge bei seiner Vernehmung im Zivilprozess nach ordnungsgemäßer Belehrung über sein Zeugnisverweigerungsrecht **nunmehr zur Aussage bereit** ist.[206] Deshalb darf einer Zeugin, die sich nach Belehrung gemäß § 383 Abs. 2 in beiden Instanzen zur Aussage bereit gefunden hat, der Inhalt ihrer Angaben am Unfallort vorgehalten werden und zudem auch der Polizeibeamte als Zeuge über den Inhalt dieser Angaben befragt werden.[207]

---

198 Vgl. auch zur Rechtslage vor Verabschiedung des ZSHG und zu § 68 S. 2 StPO OLG Celle NJW 1988, 2751; OLG Hamm OLGZ 1989, 468.
199 BGH NJW 2012, 296 Tz. 18. Zu §§ 52, 261 StPO BGHSt 22, 113f. = NJW 1968, 1246.
200 Zu §§ 52, 261 StPO BGH NStZ 1981, 70.
201 BGH NJW-RR 2013, 159 Tz. 17; OLG Hamm NVersZ 1998, 44; OLG Köln VersR 1993, 335f; OLG Braunschweig NdsRpfl. 1960, 162; MünchKomm/*Damrau*[4] § 383 Rdn. 20.
202 OLG Köln VersR 1993, 335, 336; OLG Hamm NVersZ 1998, 44.
203 OLG Köln VersR 1993, 335, 336; OLG Hamm NVersZ 1998, 44.
204 Zu dessen Grenzen BGH NJW 2012, 3192 Tz. 7.
205 BGH NJW 2007, 372, 375.
206 BGH NJW 1985, 1470; OLG Hamm NVersZ 2002, 478 = OLGRep. 2002, 320.
207 OLG Hamm NVersZ 2002, 478 = OLGRep. 2002, 320.

§ 384
Zeugnisverweigerung aus sachlichen Gründen

Das Zeugnis kann verweigert werden:
1. über Fragen, deren Beantwortung dem Zeugen oder einer Person, zu der er in einem der im § 383 Nr. 1 bis 3 bezeichneten Verhältnisse steht, einen unmittelbaren vermögensrechtlichen Schaden verursachen würde;
2. über Fragen, deren Beantwortung dem Zeugen oder einem seiner im § 383 Nr. 1 bis 3 bezeichneten Angehörigen zur Unehre gereichen oder die Gefahr zuziehen würde, wegen einer Straftat oder einer Ordnungswidrigkeit verfolgt zu werden;
3. über Fragen, die der Zeuge nicht würde beantworten können, ohne ein Kunst- oder Gewerbegeheimnis zu offenbaren.

Schrifttum

Baumann Kein Aussageverweigerungsrecht bei Gefahr disziplinarrechtlicher Verfolgung?, FS für Kleinknecht, 1985, S. 19; *Dillenburger/Pauly* Zeugnisverweigerungsrecht für den Ehebruchzeugen?, MDR 1995, 340; *Enchelmaier* Durchsetzung von Immaterialgüterrechten vs. Schutz von Betriebsgeheimnissen im englischen Zivilprozessrecht, GRUR Int. 2012, 503; *Garber* Der Schutz von Geschäfts- und Betriebsgeheimnissen im Zivilprozess – ein Überblick, ÖJZ 2012, 640; *Geerds* Auskunftsverweigerungsrecht oder Schweigebefugnis? Zur Problematik der §§ 55, 56 StPO, FS für Stock (1966), S. 171; *Helbach* Der gestufte Schutz von Betriebs- und Geschäftsgeheimnissen vor Parlament, Presse und jedermann, 2012; *Kazemi* Der durch eine Nichtangriffsabrede gebundene Dritte als Zeuge im Löschungsverfahren vor den ordentlichen Gerichten, GRUR 2006, 210; *Mayer* Geschäfts- und Betriebsgeheimnis oder Geheimniskrämerei?, GRUR 2011, 884; *McGuire/Joachim/Künzel/Weber* Der Schutz von Geschäftsgeheimnissen durch Rechte des Geistigen Eigentums und durch das Recht des unlauteren Wettbewerbs, GRUR Int. 2010, 829; *Nagel/Hopfe* Informationspflichten beim Kontrollerwerb an nichtbörsennotierten Gesellschaften und der Schutz von Betriebs- und Geschäftsgeheimnissen, ZIP 2010, 817; *Odenthal* Auskunftsverweigerungsrecht nach § 55 StPO bei Gefahr ausländischer Strafverfolgung NStZ 1985, 117; *Siebert* Geheimnisschutz und Auskunftsansprüche im Recht des Geistigen Eigentums, 2011.

Übersicht

I. Grundlagen
   1. Eingeschränkter Umfang des Weigerungsrechts —— 1
   2. Verfahren
      a) Befragung des Zeugen —— 10
      b) Belehrungspflicht, unrichtige Belehrung —— 12
      c) Berufung auf § 384 —— 15
      d) Glaubhaftmachung —— 17
      e) Entscheidung über die Berechtigung —— 18
   3. Beweiswürdigung —— 19
II. Schutz des Zeugen und seiner nächsten Angehörigen
   1. Allgemeines —— 21
   2. Schutz des Vermögens —— 24
   3. Schutz des Persönlichkeitsrechts
      a) Normzweck —— 30
      b) Gefahr der Verfolgung wegen einer Straftat oder Ordnungswidrigkeit —— 31
      c) Gefahr der Offenbarung unehrenhafter Tatsachen —— 40
   4. Schutz von Kunst- und Gewerbegeheimnissen
      a) Wirtschaftlicher Schutz —— 52
      b) Geheimnisbegriff —— 53
      c) Gewerbebegriff —— 54
      d) Kunstbegriff —— 56
      e) Geheimhaltungsinteresse —— 59
      f) Verfahrensrechtlicher Geheimnisschutz —— 61
      g) Geheimnisse Dritter —— 62
      h) Kasuistik —— 64

I. Grundlagen

1. Eingeschränkter Umfang des Weigerungsrechts. Während sich die Weigerungsgründe des § 383 Nr. 1–3 auf die gesamte Zeugenaussage erstrecken (§ 383 Rdn. 5), berechtigen die sich aus § 384 ergebenden Zeugnisverweigerungsrechte den Zeugen lediglich dazu, solche **Beweisfragen nicht zu beantworten**, die ihn in die gesetzlich bestimmte **Konfliktlage** bringen können.[1] Mit Beweisfrage meint das Gesetz wie in § 377 Abs. 3 Satz 1 die – nicht notwendig als Frage formulierte – Aufforderung an den Zeugen, sich zu einem **bestimmten Beweisgegenstand** zu erklären. Anders als in den Fällen des § 383 Abs. 1 Nr. 1 bis 3 darf der Zeuge **nicht insgesamt** die **Aussage verweigern**, sondern sein Weigerungsrecht ist an auf die Beantwortung bestimmter Fragen gegenständlich beschränkt, so dass ihm zunächst einmal Fragen zu stellen sind.[2] Hat er in einem parallelen Rechtsstreit die Aussage verweigert, ist er nicht als unerreichbares Beweismittel im Sinne des analog anzuwendenden § 244 Abs. 2 Satz 2 StPO zu behandeln; die Nichtvernehmung verletzt das Recht auf Beweis (Art. 103 Abs. 1 GG),[3] was besondere Bedeutung erlangt, wenn man gestattet, aus der Weigerung Schlussfolgerungen zu ziehen (dazu Rdn. 19).

Ein Fall des § 384 liegt **nur** vor, wenn der Zeuge bei **wahrheitsgemäßer Bekundung** Tatsachen mitteilen müsste, die einen Tatbestand des § 384 erfüllen.[4] Die **gegenteilige Auffassung der Rechtsprechung**, die die überwiegende Literatur übernommen hat,[5] geht auf etliche Entscheidungen des RG zurück, in denen es ausschließlich darum ging, ob die Befragung des Zeugen nach ehebrecherischem oder ehewidrigem Umgang mit einer der Parteien die Voraussetzungen des § 384 Nr. 2 erfüllt. Für diese Fälle war das RG der Auffassung, ein Zeuge brauche sich gar nicht zu äußern zu Fragen, deren Beantwortung in einem bestimmten Sinn, sei es bejahend oder verneinend, ihm Unehre bringen oder ihn der Gefahr strafgerichtlicher Verfolgung aussetzen würde.[6]

Die **herrschende Meinung** ist **weder für** andere Fälle des **§ 384 Nr. 2 noch für** die **übrigen Tatbestände** des § 384 **überzeugend**. Die Annahme, die Auskunftsverweigerungsrechte des § 384 würden ohne Rücksicht darauf gewährt, wie die wahrheitsgemäße Auskunft lauten müsste, findet **im Wortlaut** des § 384 **keine Stütze**. Sie ist auch deshalb nicht haltbar, weil sie zu **unvertretbaren Folgen** führt.

Dies ist **ohne weiteres einsichtig für** die in **§ 384 Nr. 1, 3** normierten Tatbestände, bei denen es auch die Gegenauffassung keineswegs genügen lässt, dass die wahrheits*widrige* Auskunft einen Vermögensschaden verursachen (§ 384 Nr. 1) oder ein Kunst- bzw. Gewerbegeheimnis enthüllen würde (§ 384 Nr. 3). Hier wird zu Recht ausschließlich auf die tatsächliche Situation des Zeugen abgestellt,[7] denn bei Zugrundelegung möglicher wahrheitswidriger Angaben ließen sich beliebig fiktive Vermögensschäden und Kunst- bzw. Gewerbegeheimnisse erdenken.

Gleiches gilt auch in den Fällen des **§ 384 Nr. 2 2. Alternative**. So ist bei jeder nicht bloß zu bejahenden oder verneinenden Beweisfrage eine wahrheits*widrige* Antwort denkbar, die den Zeugen in die Gefahr der Verfolgung wegen einer Straftat oder Ord-

---

1 BGH NJW 1994, 197, 198.
2 BGH NJW 1994, 197, 198.
3 BGH NJW 2012, 296 Tz. 12 mit 16.
4 So auch RG Warn. 1909, 231, 232 Nr. 248; RG Seuff.Arch. 64 (1908), 428 Nr. 204.
5 RG Warn. 1919 Nr. 123; 1919 Nr. 143; 1920 Nr. 212; RG HRR 1933, Nr. 539; BGHZ 26, 391, 400 = NJW 1958, 826, 827; OLG Hamburg FamRZ 1965, 277; OLG München NJW 2011, 80, 81; MünchKomm/*Damrau*[4] § 384 Rdn. 4; Musielak/*Huber*[10] § 384 Rdn. 2; Zöller/*Greger*[29] § 384 Rdn. 2.
6 RG Warn. 1919 Nr. 123; RG Warn. 1919 Nr. 143; RG Warn. 1920 Nr. 212; RG HRR 1933 Nr. 539.
7 So etwa OLG Celle NJW 1953, 426 zu § 384 Nr. 1 ZPO.

nungswidrigkeit bringen würde. Beispielsweise könnte ein völlig unbescholtener Zeuge eines Verkehrsunfalls wahrheitswidrig antworten, er sei gerade über die Absperrung zwischen Bürgersteig und Fahrbahn geklettert oder er habe vom Bürgersteig aus einen Stein auf die Windschutzscheibe eines der Unfallfahrzeuge geworfen. Nach der herrschenden Ansicht müsste man dem Zeugen wegen dieser möglichen wahrheitswidrigen Antworten ein Zeugnisverweigerungsrecht gemäß § 384 Nr. 2 2. Alt. zubilligen, weil die Beantwortung der Frage in einem bestimmten Sinne ihn in die Gefahr der Verfolgung wegen § 25 Abs. 4 Satz 1 in Verb. mit § 49 Abs. 1 Nr. 24a StVO bzw. § 315b Abs. 1 Nr. 3 StGB bringen könnte, obwohl die wahrheitsgemäße Antwort des Zeugen, er habe die Fahrzeuge beobachtet, als er am Fußgängerüberweg auf das grüne Lichtzeichen gewartet habe, völlig unverfänglich wäre. Auf der Grundlage der h.M. lassen sich also auch hier unbegrenzt Zeugnisverweigerungsrechte konstruieren.

Dieselben Erwägungen lassen sich für **§ 384 Nr. 2 1. Alt.** bei allen allgemein gehal- 6 tenen Beweisfragen durchspielen. Die in der Rechtsprechung behandelte **Frage nach außerehelichem Sexualverkehr** stellt insofern einen **Sonderfall** dar, als schon das Thema der Frage das Schamgefühl verletzt. Allein deshalb muss der Zeuge in diesem Fall ausnahmsweise das Recht haben, die Antwort auch dann zu verweigern, wenn er die Frage bei wahrheitsgemäßer Auskunft verneinen müsste. Dieses **Ergebnis** ergibt sich entweder **im Wege** einer **verfassungskonformen Auslegung** des § 384 Nr. 2 1. Alt. im Hinblick auf das allgemeine Persönlichkeitsrecht oder unmittelbar aus Art. 2 Abs. 1 in Verb. mit Art. 1 Abs. 1 GG (näher dazu Rdn. 47). Es lässt sich aber **nicht für sämtliche Tatbestände** des § 384 **verallgemeinern**. Allenfalls für die gezielte Frage nach der Begehung bestimmter Straftaten wäre eine ähnliche Lösung denkbar.

Für die h.M. spricht auch **nicht** das vom RG vorgebrachte Argument,[8] bei Zugrun- 7 delegung der wahrheitsgemäßen Antwort müsste zum Zwecke der Entscheidung über die Berechtigung zur Zeugnisverweigerung erst festgestellt werden, in welchem Sinne der Zeuge die Frage beantworten würde. Dieser **Einwand berührt** das Problem der von § 386 geforderten **Glaubhaftmachung des Weigerungsgrundes,** das sich bei sämtlichen Tatbeständen des § 384 stellt, sofern sich der Weigerungsgrund nicht schon aus dem Thema der Beweisfrage ergibt. Das RG konnte eine Auseinandersetzung hiermit nur deshalb vermeiden, weil bei den Fragen nach außerehelichem Sexualverkehr schon „der Inhalt der Frage die Voraussetzungen des Zeugnisverweigerungsrechtes ohne weiteres glaubhaft" machte.[9] Ergeben sich die Voraussetzungen des § 384 erst aus dem Inhalt der Antwort, muss die Glaubhaftmachung auch nach der h.M. problematisch sein (zu den Anforderungen an die Glaubhaftmachung und zur Entscheidung über die Berechtigung s. Rdn. 17f. und § 386 Rdn. 7).

Die aus den Tatbeständen des § 384 Nr. 2 resultierenden **Probleme** bei der **Beweis-** 8 **würdigung** (näher dazu Rdn. 19f.) lassen sich **auch bei Befolgung der h.M. nicht vermeiden.** Auch bei deren Auslegung besteht die Gefahr, dass die Tatsache der Auskunftsverweigerung gegen den Zeugen verwendet wird. Eine Einbeziehung dieses Umstandes in die freie Beweiswürdigung wird von der h.M. gebilligt, sofern die Tatsache der Auskunftsverweigerung nur als ein Indiz neben sonstigen Umständen und mit Vorsicht gewertet wird.[10] Dabei geht die h.M. teilweise ausdrücklich davon aus, dass ein Zeuge, der

---

8 RG Warn. 1919 Nr. 133.
9 So ausdrücklich RG HRR 1933 Nr. 539; ebenso OLG München OLGRspr. 20, 326.
10 BGH NJW 1994, 197, 198; BGHZ 26, 391, 400 = NJW 1958, 826, 827 = LM § 384 Nr. 2 ZPO (LS) m. zust. Anm. *Johannsen;* KG FamRZ 1969, 421, 424; MünchKomm/*Damrau*[4] § 384 Rdn. 4; Zöller/*Greger*[29] § 384 Rdn. 3; *Dillenburger/Pauly* MDR 1995, 340, 342; *Musielak/Stadler* Grundfragen des Beweisrechts Rdn. 154; *Bruns* ZPO[2] Rdn. 185e.

nicht fürchten muss, sich zu belasten, nach der Lebenserfahrung nicht unter Berufung auf § 384 die Aussage verweigern wird.[11] Angesichts solcher Schlussfolgerungen ist der gegen die hier vertretene Auffassung erhobene Einwand, der Zeuge würde die zu beweisende Tatsache durch seine Weigerung offenbaren, wenn man für den Weigerungsgrund auf die wahrheitsgemäße Aussage abstellt,[12] nicht nachvollziehbar. Diesem Problem kann man eher dadurch begegnen, dass man die Tatsache der Zeugnisverweigerung grundsätzlich gar nicht bei der Beweiswürdigung berücksichtigt (Rdn. 19).

9   Die hier vertretene Lösung ist auch deshalb vorzugswürdig, weil es in Anbetracht der prozessualen Wahrheitspflicht widersinnig wäre, wenn die ZPO auf potentiell wahrheitswidrige Aussagen des Zeugen Rücksicht nähme. Bei richtiger Auslegung kann **§ 384** dem Zeugen und seinen Angehörigen daher **grundsätzlich nur Schutz vor** den **nachteiligen Folgen einer wahrheitsgemäßen** Aussage bieten.[13]

2. Verfahren

10 **a) Befragung des Zeugen.** Es liegt grundsätzlich **beim Zeugen, sich auf** sein **Recht zu berufen**, eine Beweisfrage im Sinne des § 384 nicht zu beantworten.[14] Damit ihm dies möglich ist, müssen **zunächst** einzelne **Beweisfragen an** den **Zeugen** gerichtet werden.[15] Nicht etwa darf ein Zeuge gar nicht erst zur Sache befragt werden, weil er in eine der in § 384 genannten Konfliktlagen geraten könnte.[16] Auch dürfen **Fragen der Parteien** gemäß § 397, bezüglich derer der Zeuge ein Zeugnisverweigerungsrecht nach § 384 hat, **nicht** als **unzulässig** abgewiesen werden.[17]

11 Das Gericht kann die Reichweite des Zeugnisverweigerungsrechts bis zu einem gewissen Grade durch die Formulierung der Beweisfragen beeinflussen. Stellt das Gericht **zahlreiche detaillierte Fragen**, ist die Wahrscheinlichkeit größer, dass einzelne Fragen nicht unter § 384 zu fassen sind, als wenn das Gericht eine unspezifische Beweisfrage formuliert. Dabei ist allerdings die mögliche Suggestivwirkung detaillierter Fragen zu bedenken.

12 **b) Belehrungspflicht, unrichtige Belehrung.** Eine **Pflicht zur Belehrung** über die Weigerungsgründe gemäß § 384 besteht **nicht**.[18] Dies ergibt sich im Umkehrschluss aus der Beschränkung der Belehrungspflicht des § 383 Abs. 2 auf die Weigerungsgründe des § 383 Abs. 1 Nr. 1–3 (§ 383 Rdn. 79). Gleichwohl ist eine **Belehrung ratsam**.[19]

13 **Nicht prozessfähige Zeugen** sind auch in den Fällen des § 384 zumindest darüber zu belehren, dass sie ohne **Zustimmung** ihres **gesetzlichen Vertreters** nicht auszusagen brauchen.

---

11 RG Warn. 1919 Nr. 143; *Johannsen* Anm. zu BGH LM § 384 Nr. 2 ZPO.
12 Anm. *Johannsen* zu BGH LM § 384 ZPO Nr. 2; RG Warn. 1919 Nr. 123.
13 Zum Schutzzweck BGH (III.ZS) NJW 2007, 155, 156. Ebenso zum Schutzzweck Musielak/*Huber*[10] § 384 Rdn. 1 (aber in Widerspruch dazu in Rdn. 2 Anschluss an die h.M.).
14 BGH NJW 1994, 197, 198.
15 BGH NJW 1994, 197, 198.
16 BGH NJW 1994, 197, 198.
17 MünchKomm/*Damrau*[4] § 384 Rdn. 3; Stein/Jonas/*Berger*[22] § 384 Rdn. 18. Vgl. zu § 55 StPO RGSt 9, 426 wegen Fragen der Verteidigung an den Zeugen; RG JW 1931, 3560 m. Anm. *Bohne*.
18 RG Warn. 1920 Nr. 212; BayObLGZ 1968, 172, 178; OLG Köln OLGZ 1986, 59, 61 = RPfleger 1985, 494; Stein/Jonas/*Berger*[22] § 384 Rdn. 18.
19 MünchKomm/*Damrau*[4] § 384 Rdn. 3; Stein/Jonas/*Berger*[22] § 384 Rdn. 18 (für § 384 Nr. 1 und 2); Zöller/*Greger*[29] § 384 Rdn. 1a.

Wird der Zeuge belehrt, darf die Belehrung nicht unrichtig sein.[20] Doch wirkt sich 14
eine **falsche Belehrung** in den meisten Fällen nicht auf das Hauptsacheverfahren aus,
weil § 384 nicht die Parteien schützt.[21] Nur wenn der Zeuge infolge der unrichtigen Belehrung Fragen nicht beantwortet, die er an sich beantworten müsste, ist das **Beweisführungsrecht der Parteien** verletzt.[22] Die irrige Bejahung eines Zeugnisverweigerungsrechts wird aber **nach § 295** geheilt, wenn eine Partei die vom Gericht gebilligte Aussageverweigerung nicht beanstandet.[23]

c) **Berufung auf § 384**. Der **Zeuge muss** die ihm unterbreiteten Beweisfragen im 15
Einzelnen daraufhin **überprüfen**, ob sie ihn nach § 384 Nr. 1–3 zur Zeugnisverweigerung
berechtigen und gegebenenfalls für jede Beweisfrage gesondert entscheiden, ob er sie
beantworten will. Nur wenn bei sämtlichen Beweisfragen ein Zeugnisverweigerungsrecht besteht, braucht der Zeuge gar nicht auszusagen.[24] Wegen der Ausübung seines
Zeugnisverweigerungsrechts kann er sich **anwaltlich beraten** lassen.[25]

Will der Zeuge die Auskunft verweigern, muss er dies **ausdrücklich erklären**.[26] Al- 16
lerdings wird der nicht rechtskundige oder nicht rechtlich beratene Zeuge die Beantwortung einer entsprechenden Beweisfrage nur intuitiv ablehnen können. Deshalb kann es
sein, dass der Zeuge ohne nähere Begründung erklärt, eine bestimmte Beweisfrage nicht
beantworten zu wollen. In einem solchen Fall muss das **Gericht durch Rückfragen klären**, welchen Weigerungsgrund des § 384 der Zeuge geltend machen will. Ist der Zeuge
zur Antwort auf eine an ihn gerichtete Beweisfrage bereit, muss er diese vollständig beantworten, weil die Zeugnisverweigerungsrechte des § 384 **keine partielle Antwort** gestatten. Der Zeuge kann **bis** zum **Abschluss der Vernehmung** von § 384 Gebrauch machen und ggf. seine bisherigen Angaben zur Sache **widerrufen**.[27]

d) **Glaubhaftmachung**. Streitig ist, inwieweit der Zeuge begründen muss, dass die 17
Voraussetzungen eines Tatbestandes des § 384 bei ihm vorliegen. Grundsätzlich ist auch
hier § 386 anzuwenden (näher § 386 Rdn. 7). Dem Zeugen müssen aber **solche Angaben
erspart** bleiben, **die** das **enthüllen** würden, was er nach § 384 gerade verschweigen dürfen soll. Einer **Glaubhaftmachung** des Weigerungsgrundes bedarf es nach der Rechtsprechung in den Fällen **nicht**, in denen **bereits** der **Inhalt der Frage** erkennen lässt,
dass die Voraussetzungen eines Zeugnisverweigerungsrechts bestehen.[28] Dies wird in der
Regel nur bei gezielten Fragen nach begangenen **Straftaten** oder Ordnungswidrigkeiten
sowie nach Umständen, deren Beantwortung dem Zeugen zur **Unehre** gereicht, vorkommen. Umstände, die einen **Vermögensschaden** erwarten lassen, muss der Zeuge
hinreichend genau darlegen. Insoweit hat etwa das OVG Lüneburg den pauschalen Vortrag, eine Aussage begründe die Gefahr der Nichteinstellung in den öffentlichen Dienst

---

20 RG Warn. 1920 Nr. 212.
21 MünchKomm/*Damrau*[4] § 384 Rdn. 3; vgl. zu § 55 Abs. 1 StPO BGHSt (GS) 11, 213, 217 (kein Schutz des Angeklagten).
22 MünchKomm/*Damrau*[4] § 384 Rdn. 3.
23 BGH NJW 1964, 449 (insoweit nicht abgedruckt in BGHZ 40, 288); BGH LM § 295 ZPO Nr. 9.
24 BGH NJW 1994, 197, 198; MünchKomm/*Damrau*[4] § 384 Rdn. 2.
25 BVerfGE 38, 105, 113 ff. = NJW 1975, 103 f.; MünchKomm/*Damrau*[4] § 384 Rdn. 3.
26 BGH NJW 1994, 197, 198.
27 OLG München OLGRspr. 20, 326; MünchKomm/*Damrau*[4] § 384 Rdn. 2. Zu § 55 StPO BGH NStZ 1982, 431; RGSt 44, 44; Löwe/Rosenberg/*Ignor/Bertheau* StPO[26] § 55 Rdn. 19.
28 RG HRR 1933 Nr. 539; RG Warn. 1912, 256 Nr. 229; OLG München OLGRspr. 20, 326.

oder der Entlassung, ohne konkrete Schilderung der beruflichen Lage des Einzelnen nicht genügen lassen.[29]

18   **e) Entscheidung über die Berechtigung.** Das Gericht muss grundsätzlich **auf Grund der Angaben des Zeugen** entscheiden, ob ein Zeugnisverweigerungsrecht nach § 384 besteht. Ist der Vortrag des Zeugen geeignet, ein Zeugnisverweigerungsrecht aus § 383 Abs. 1 und § 384 zu begründen, muss das Gericht beides prüfen.[30] Soweit dem Zeugen eine nähere Begründung des Weigerungsgrundes nicht abverlangt werden kann, weil er sonst die zur Zeugnisverweigerung berechtigenden Tatsachen offenbaren müsste (zuvor Rdn. 17), muss es dem Zeugen obliegen, **nach bestem Gewissen** zu prüfen, ob die Voraussetzungen eines der Tatbestände des § 384 auf ihn zutreffen. Insoweit ist wie bei § 383 Abs. 1 Nr. 4–6 zu verfahren; auch dort muss primär der schweigepflichtige Zeuge prüfen, ob eine von ihm erfragte Tatsache seiner Verschwiegenheitspflicht unterliegt und er deshalb das Zeugnis verweigern darf (§ 383 Rdn. 79).

19   **3. Beweiswürdigung.** Die Tatsache der Zeugnisverweigerung darf nach der hier vertretenen Auffassung **nicht bei** der **Beweiswürdigung** gemäß § 286 **berücksichtigt** werden, auch nicht als ein Indiz in Verbindung mit anderen Ergebnissen des Verfahrens, wie dies von der h.M. für zulässig erachtet wird.[31] Sie gehört **entgegen verbreiteter Ansicht nicht** zu den **nach § 286 Abs. 1 zu berücksichtigenden Umständen**, weil sie einerseits nicht den Verhandlungen, sondern dem Verfahrensabschnitt der Beweisaufnahme zuzuordnen ist, andererseits aber **kein Ergebnis der Beweisaufnahme** ist. Die berechtigte Aussageverweigerung gem. § 384 führt dazu, dass die **angestrebte Erhebung des Zeugenbeweises** in Bezug auf die jeweiligen zu beweisenden Tatsachen **entfällt**. Der Zeuge ist aber gleichwohl zunächst zu befragen (zuvor Rdn. 1).

20   Die **Lücke** in der Beweisaufnahme kann man **nicht** durch einen **„indirekten" Zeugenbeweis füllen**, indem man die Weigerung des Zeugen bei der Beweiswürdigung verwertet. Vielmehr gibt es insoweit mangels Beweisaufnahme kein Ergebnis der Beweisaufnahme im Sinne des § 286. Gegen die Berücksichtigung der Aussageverweigerung bei der Beweiswürdigung spricht auch, dass für die **Parteivernehmung** die freie Würdigung der Verweigerung der Aussage bzw. des Eides in § 446 ggf. in Verb. mit § 453 Abs. 2 **ausdrücklich geregelt** ist. Diese Vorschriften haben nur als **Sonderregelung** für die Parteivernehmung einen Sinn. Zwar mag sich die Funktion des § 453 Abs. 1 darauf beschränken, nach dem Wegfall formeller Beweisregeln die Geltung des Grundsatzes der freien Beweiswürdigung für die Parteivernehmung klarzustellen.[32] Dies gilt aber nicht für die Verweisung in § 453 Abs. 2 auf § 446. Wäre die Tatsache der Verweigerung bereits nach § 286 frei zu würdigen, bedürfte es nicht der Regelung des § 453 Abs. 2. Auch kann anders als bei den Parteien bei Zeugen nicht davon ausgegangen werden, dass ihre Aussageverweigerung durch ein Interesse am Ausgang des Rechtsstreits motiviert ist, so dass sich über den Zusammenhang zwischen Weigerung und zu beweisender Tatsache bloß spekulieren lässt. Die richterliche **Überzeugung** kann deshalb auch bei „vorsichtiger" bzw. „zurückhaltender" Würdigung unter Berücksichtigung denkbarer Motive des

---

29   OVG Lüneburg NJW 1978, 1493, 1494.
30   OLG Kiel JW 1936, 2941, 2942 zu § 383 Abs. 1 Nr. 6 und § 384 Nr. 3.
31   BGH NJW 1994, 197, 198; BGH NJW 2012, 297 Tz. 18; OLG München NJW 2011, 80, 81; MünchKomm/*Damrau*[4] § 384 Rdn. 4; Stein/Jonas/*Berger*[22] § 384 Rdn. 19.
32   S. dazu Stein/Jonas/*Leipold*[22] § 453 Rdn. 1.

Zeugen und sonstiger Verfahrensergebnisse[33] **nicht auf** die Tatsache der **Zeugnisverweigerung** gestützt werden.

II. Schutz des Zeugen und seiner nächsten Angehörigen

1. Allgemeines. Die Weigerungsgründe der Nr. 1 und 2 des § 384 sind durch die 21 mögliche Rückwirkung der Zeugenaussage auf die Verhältnisse **des Zeugen und seiner Angehörigen** motiviert. Die Vorschriften sollen einerseits Meineide in Fällen verhüten, in denen die **Gefahr eines Meineides** besonders **nahe liegt,** andererseits durch die Rücksichtnahme auf die Interessen der Angehörigen des Zeugen den **Familienfrieden** sicherstellen.[34] Anders als bei § 383 Abs. 1 Nr. 1–3 muss ein **Angehöriger** im Sinne dieser Vorschriften bei § 384 Nr. 1 und 2 **nicht Partei sein.** Ist er dennoch Partei, ist das sich aus § 383 Abs. 1 Nr. 1–3 ergebende Zeugnisverweigerungsrecht fast immer umfassender. In einem solchen Fall ist § 383 Abs. 1 Nr. 1–3 wegen der unterschiedlichen Auswirkungen auf die Beweiswürdigung auch dann anzuwenden, wenn der Zeuge die Aussage nur teilweise verweigern will.[35] Sind die Zeugnisverweigerungsrechte nach § 383 Abs. 1 Nr. 1–3 durch § 385 Abs. 1 ausgeschlossen, kann ein Zeugnisverweigerungsrecht gemäß § 384 Nr. 2 zu bejahen sein,[36] während ein Zeugnisverweigerungsrecht aus § 384 Nr. 1 ebenfalls nach § 385 entfällt.

In den Fällen des **§ 384 Nr. 1 und 2** darf der **Zeuge aussagen**, auch wenn er sich 22 oder seine Angehörigen damit belastet, ohne dass er deswegen zur Rechenschaft gezogen werden kann. Denn gesetzlich ist die **Aussage als solche nicht verboten** und eine vertraglich vereinbarte Schweigepflicht ließe die öffentlich-rechtliche Zeugnispflicht nach h.M. nicht entfallen.

Anders ist dies in den Fällen des **§ 384 Nr. 3.** Hier kann die Äußerung **gesetzlich** 23 (vgl. etwa § 17 UWG) **wie vertraglich wirksam untersagt** sein, so dass sich der Zeuge durch die Aussage strafbar bzw. ersatzpflichtig machen kann. Allerdings gilt dies auch hier nur, soweit der Zeuge nach § 384 Nr. 3 die Aussage verweigern darf, nicht falls er aussagen muss, selbst wenn er sich einem zu Unrecht ergangenen Gerichtsbeschluss beugt. Die Aussage ist im Prozess aber ohne Rücksicht auf dieses Verbot zu bewerten.

2. Schutz des Vermögens. § 384 Nr. 1 setzt voraus, dass der Zeuge oder ein Angehö- 24 riger des Zeugen infolge der Beantwortung der Frage einen unmittelbaren vermögensrechtlichen Schaden erleiden kann.[37] Ein **unmittelbarer Schaden droht**, wenn die **Beantwortung** der Frage die tatsächlichen Voraussetzungen für einen **Anspruch gegen den Zeugen oder** einen nahen **Angehörigen schaffen** oder die Durchsetzung einer schon bestehenden Verpflichtung durch das Beweismittel der Aussage erleichtern könnte.[38] Das Zeugnisverweigerungsrecht besteht auch, soweit man berechtigterweise an dem

---

33 Vgl. insoweit MünchKomm/*Damrau*[4] § 384 Rdn. 4; Stein/Jonas/*Berger*[22] § 384 Rdn. 19; Zöller/*Greger*[29] § 384 Rdn. 3.
34 *Hahn/Stegemann* Mat. II/1 S. 312, zu § 337 CPO.
35 Vgl. zu § 52 und § 55 StPO BGH StV 1983, 353; Löwe/Rosenberg/*Ignor/Bertheau* StPO[26] § 55 Rdn. 3.
36 RG JW 1899, 536 Nr. 15.
37 OLG Celle NJW 1953, 426; Stein/Jonas/*Berger*[22] § 384 Rdn. 3.
38 BGH NJW 2007, 155, 156; OLG Celle NJW 1953, 426; OLG Stuttgart NJW 1971, 945; OLG Karlsruhe NJW 1990, 2758; OVG Lüneburg NJW 1978, 1493, 1494; Stein/Jonas/*Berger*[22] § 384 Rdn. 3; Zöller/*Greger*[29] § 384 Rdn. 4; **a.A.** RGZ 32, 381; RG Seuff.Arch. 47 (1892) Nr. 168); OLG Kassel OLGRspr. 21, 83 (bloße Erleichterung der Verfolgung des Anspruchs reicht nicht aus); MünchKomm/*Damrau*[3] § 384 Rdn. 7 (bloße Möglichkeit des Schadens genügt nicht). Zur Abrede des Nichtangriffs auf ein registriertes Recht des Geistigen Eigentums *Kazemi* GRUR 2006, 210, 212.

Bestehen des Haftungsgrundes oder des Rechtsgrundes **zweifeln** kann. Ein Zeugnisverweigerungsrecht aus § 384 Abs. 1 Nr. 1 besteht z.B., wenn durch die Aussage die Inanspruchnahme des Zeugen als nichtehelicher Vater erleichtert wird.[39] Gleiches gilt, wenn durch die Aussage ein nach § 129 InsO oder §§ 3 ff. AnfG **anfechtbarer Erwerb** bekannt werden würde.[40] Ein **Regressschaden kann genügen.**[41]

25   **Mittelbare Schäden** sollen außer Betracht bleiben. Geschützt wird nach dieser Maßgabe nur das **Interesse des Zeugen und seiner Angehörigen als Vermögensträger, nicht** etwa das einer von ihm bzw. diesen gesetzlich oder gar rechtsgeschäftlich **vertretenen Person**. Daraus ist abgeleitet worden, es genüge nicht ein Schaden, welcher der durch den Zeugen vertretenen **juristischen Person** droht.[42] Der BGH hat dazu bisher nicht Stellung genommen, hat aber für die Anordnung der Vorlage von Dokumenten durch Dritte und deren Begrenzung durch das nach **§ 142 Abs. 2 Satz 1** zu beachtende Zeugnisverweigerungsrecht auch die **Interesse der vertretenen Kapitalgesellschaft** als geschützt angesehen.[43]

26   Der **Gesellschafter einer Kapitalgesellschaft** hat nach der bislang noch h.M. kein Weigerungsrecht, wenn die Gesellschaft betroffen ist, während der **Gesellschafter einer OHG**, einer Reederei oder einer KG das Zeugnis verweigern darf, wenn es um die Gesellschaft geht, weil deren Prozessverlust seinen Gewinn unmittelbar schmälern würde. Entsprechendes muss für die BGB-Gesellschaft gelten. Überzeugend ist die Ziehung der Grenzlinie nicht.[44]

27   Das **Mitglied** eines **nicht rechtsfähigen Vereins** hat kein Zeugnisverweigerungsrecht, **soweit** der **Verein haftet** und er wegen Haftungsausschlusses nicht in Anspruch genommen werden kann, auch nicht ein Gläubiger, der durch seine Aussage die Zahlungsunfähigkeit seines Schuldners herbeiführt[45] oder der infolge seiner Aussage **allgemeine geschäftliche Nachteile** erleidet, der Steuerzahler, wenn die Gemeinde im Prozess verliert[46] oder der Anwalt, der mit der Aussage über den Inhalt seiner Handakten sein Zurückbehaltungsrecht wegen einer offenen Gebührenforderung als Druckmittel entwertet.[47] Für einen Beamten ist es kein unmittelbarer Nachteil, zum Nachteil seines Dienstherrn aussagen zu müssen, auch wenn dadurch **Beförderungschancen verloren** gehen.[48] Ebenso wenig entsteht ein unmittelbarer Vermögensschaden, wenn der Zeuge mit seiner Aussage eine vertragliche Schweigepflicht verletzt[49] oder eine **Vertragsstrafe** verwirkt.[50]

28   **Materiell-rechtliche Äußerungsbeschränkungen** haben auch dann **keine Geltung** für Aussagen im Rahmen einer Zeugenvernehmung, wenn sie auf einem Titel beruhen.[51] Die im öffentlichen Interesse liegende Zeugnispflicht schließt eine Sanktion nach § 890 aus, wenn der Zeuge mit seiner Aussage einem **Unterlassungstitel zuwiderhan-**

---

39   OLG Karlsruhe NJW 1990, 2758.
40   BGHZ 74, 379, 382 = NJW 1979, 1832; Musielak/*Huber*[10] § 384 Rdn. 3.
41   OLG Oldenburg JurBüro 1991, 1255.
42   OLG München NJW-RR 1998, 1495, 1496; Stein/Jonas/*Berger*[22] § 384 Rdn. 4; Zöller/*Greger*[29] § 384 Rdn. 4; **a.A.** Baumbach/Lauterbach/*Hartmann*[71] § 384 Rdn. 4. Offen gelassen von BGH NJW 2007, 156 Tz. 6.
43   Vgl. dazu BGH NJW 2007, 155 f.
44   Stein/Jonas/*Berger*[22] § 384 Rdn. 4.
45   Zöller/*Greger*[29] § 384 Rdn. 4.
46   Stein/Jonas/*Berger*[22] § 384 Rdn. 4.
47   OLG Frankfurt JW 1933, 530 Nr. 4, 531 m. Anm. *Friedländer*.
48   OLG Nürnberg BayJMBl. 1963, 10; MünchKomm/*Damrau*[4] § 384 Rdn. 7; Zöller/*Greger*[29] § 384 Rdn. 4.
49   KG JW 1920, 154, 155; OLG Dresden JW 1930, 767 Nr. 6 = OLGRspr. 5, 69; Stein/Jonas/*Berger*[22] § 384 Rdn. 4; Zöller/*Greger*[29] § 384 Rdn. 4.
50   Zöller/*Greger*[29] § 384 Rdn. 4.
51   OLG Frankfurt OLGRep. 2000, 311.

delt, so dass er daraus kein Zeugnisverweigerungsrecht gemäß § 384 Nr. 1 herleiten kann.[52] Wer über ein von ihm abgegebenes formungültiges Schenkungsversprechen aussagen muss, schädigt sich nicht. Dasselbe gilt auch von der **Aussage über** Scheingeschäfte oder sonst **nichtige Rechtsgeschäfte** oder auch über durch Aufrechnung beseitigte oder sonst rückgängig gemachte Geschäfte, soweit es auf den Haftungsgrund ankommt; anders verhält es sich, wenn der Zeuge aus der Rechtsbeständigkeit Rechte herleiten will, die er verlieren könnte.

Das Zeugnisverweigerungsrecht kann aber auch dann **nicht** bestehen, **wenn** der **Zeuge unabhängig von** seiner **Aussage haften würde**, also etwa der einen Partei haftet, wenn er eine Frage bejaht, oder der anderen Partei, wenn er sie verneint, oder wenn seine Rechte entweder gegenüber der einen oder der anderen Partei gegeben sind. Geht es um die Frage der **Vertretungsmacht** für einen anderen, kann das Zeugnis nicht mit Rücksicht auf **§ 179 BGB** einerseits und die Haftung gegenüber dem Vertreter andererseits verweigert werden. 29

3. Schutz des Persönlichkeitsrechts

a) Normzweck. Die Ausnahmevorschrift des § 384 Nr. 2 konkretisiert das **Persönlichkeitsrecht des Zeugen**; sie dient der Achtung seiner Würde und soll ihm den Konflikt zwischen Aussagepflicht und Gefahr eigener Belastung ersparen.[53] 30

b) Gefahr der Verfolgung wegen einer Straftat oder Ordnungswidrigkeit. Nach der 2. Alt. des § 384 Nr. 2 kann die Beantwortung von Fragen verweigert werden, die den Zeugen oder einen seiner nächsten Angehörigen in die Gefahr der Verfolgung wegen einer Straftat oder einer Ordnungswidrigkeit bringen. Diese Vorschrift ist eine Konsequenz des im Straf- und Ordnungswidrigkeitenverfahren geltenden Grundsatzes, dass der **Beschuldigte** oder Betroffene **zur Aussage nicht gezwungen** werden darf und auch ein Zwang zur Ablegung eines Zeugnisses gegen nahe Angehörige, gegen die ein solches Verfahren läuft, nicht zulässig ist.[54] 31

Die **Straftat** muss bereits **vor** der **Zeugenaussage begangen** worden sein.[55] Dies trifft auch auf eine **falsche erstinstanzliche Aussage** zu, wenn der Zeuge zweitinstanzlich erneut vernommen wird.[56] Eine nunmehrige Berichtigung der Aussage kann nach Erlass der erstinstanzlichen Entscheidung nicht mehr strafverschonend berücksichtigt werden (vgl. § 158 StGB). 32

Für die **Gefahr der Verfolgung** wegen einer Straftat oder einer Ordnungswidrigkeit bedarf es **nicht der Gewissheit der Bestrafung**[57] oder Ahndung. Es genügt, dass die Einleitung eines Ermittlungsverfahrens droht, weil der Zeuge bestimmte Tatsachen angeben müsste, die einen **Anfangsverdacht** für das Vorliegen einer Straftat oder einer 33

---

52 OLG Frankfurt OLGRep. 2000, 311.
53 OVG Lüneburg NJW 1978, 1493, 1494; zu § 55 Abs. 2 StPO BVerfGE 38, 105, 114 f. = NJW 1975, 103, 104.
54 Vgl. *Hahn/Stegemann* Mat. II/1 S. 312, zu 336338 CPO, zu § 337 Nr. 2 CPO; BVerfG NJW 1999, 779 (zu § 55 StPO).
55 BGH NJW 2008, 2038 Tz. 13. Zu § 55 Abs. 1 StPO ebenso BVerfG NStZ 1985, 277; BGHSt 50, 318, 322 = NJW 2006, 785 Tz. 10.
56 BGH NJW 2008, 2038 Tz. 14.
57 RG JW 1902, 168 Nr. 21; 1903, 241 Nr. 15.

Ordnungswidrigkeit begründen würden.[58] Nicht ausreichend sind allerdings die bloße Vermutung oder die rein theoretische Möglichkeit.[59]

34 **Keine Gefahr** der Verfolgung besteht, wenn der Zeuge ersichtlich Rechtfertigungs- oder Entschuldigungsgründe hat oder wenn der Zeuge bzw. Angehörige bei der Begehung der Tat **strafunmündig** war.[60] Gleiches gilt, wenn die Verfolgung **verjährt** ist,[61] die Antragsfrist abgelaufen ist oder der Zeuge wegen einer Amnestie nicht mehr verfolgt werden kann, ferner soweit gemäß § 264 StPO **Strafklageverbrauch** eingetreten ist.[62]

35 Ist der Zeuge **rechtskräftig freigesprochen** worden, ist die Gefahr der Strafverfolgung zu bejahen, wenn das **Verfahren** zuungunsten des Zeugen **wiederaufgenommen** werden könnte[63] oder wenn mit Wiedereinsetzung in den vorigen Stand zu rechnen ist.[64] Sie kann jedoch nicht mit der entfernten, nur theoretischen Möglichkeit begründet werden, dass es zur Wiederaufnahme eines Strafverfahrens kommt, wenn die Wiederaufnahmevoraussetzungen nicht vorliegen würden.[65] Keine Rolle spielt, ob die Tat im **Inland oder** im **Ausland** begangen wurde oder ob der Zeuge die deutsche Staatsangehörigkeit besitzt.[66] Einbezogen ist auch die drohende **willkürliche Verfolgung im Ausland**.

36 Es genügt, wenn der Zeuge über Tatsachen aussagen müsste, die den **Verdacht mittelbar begründen**,[67] so wenn sie sich mit anderen **Beweisstücken mosaikartig zusammenfügen** und deshalb zur Belastung des Zeugen beitragen können[68] oder wenn erst die Aussage die Gefahr der Verfolgung begründet, etwa wegen §§ 153 ff., 164 StGB, weil die wahrheitsgemäße Auskunft von einer **früheren (falschen) Aussage** des Zeugen oder eines Angehörigen abweichen würde.[69] Die gegenteilige Ansicht kann nicht damit begründet werden, dass der Zeuge das Risiko der Verfolgung wegen eines Aussagedelikts durch die Erfüllung seiner Wahrheitspflicht abwenden könne,[70] denn dann müsste man ihm auch bei anderen Straftaten vorhalten, dass er die Verfolgung durch ihre Nichtbegehung hätte abwenden können. Übergewichtet ist die Befürchtung, bei Anerkennung eines schutzwürdigen Strafverfolgungsrisikos könne jeder Zeuge die Aussage verweigern.[71] Betroffen sind lediglich Zeugen, die bereits wahrheitswidrige Angaben gemacht haben,[72] denn bei der Anwendung der Vorschrift ist darauf abzustellen, **welche Wirkungen** die **wahrheitsgemäße Beantwortung** der Frage hätte[73] (näher dazu oben

---

58 Zu § 55 Abs. 1 StPO BGH NStZ 1994, 499, 500 = MDR 1994, 929; BGH NJW 1999, 1413; OLG Hamburg NJW 1984, 1635, 1636; MünchKomm/*Damrau*⁴ § 384 Rdn. 10.
59 Zum Begriff der Gefahr in § 55 Abs. 1 StPO BGH NStZ 1994, 499, 500 = MDR 1994, 929; BGHR § 55 Abs. 1 StPO Verfolgung 2; OLG Koblenz StV 1996, 474, 475; OLG Hamburg NJW 1984, 1635 f.; Löwe/Rosenberg/ *Ignor/Bertheau* StPO²⁶ § 55 Rdn. 10.
60 MünchKomm/*Damrau*⁴ § 384 Rdn. 10; KK/*Senge* StPO⁶ § 55 Rdn. 4.
61 OLG Oldenburg NJW 1961, 1225; OLG Stuttgart NJW-RR 2007, 250, 251.
62 BGH NJW 1999, 1413; zu § 55 Abs. 1 StPO BVerfG NJW 2002, 1411, 1412; BGHR § 55 Abs. 1 StPO Verfolgung 3.
63 RG JW 1912, 473 Nr. 20.
64 OLG Celle NStZ 1983, 377.
65 OLG Celle NJW-RR 1991, 62, 63.
66 *Odenthal* NStZ 1985, 117; MünchKomm/*Damrau*⁴ § 384 Rdn. 10.
67 BVerfG NJW 2002, 1411, 1412: wegen weiterer im Raum stehender nicht vom Strafklageverbrauch erfasster Delikte; BGHR § 55 Abs. 1 StPO Verfolgung 1.
68 RG Warn. 1909, 231, 232 Nr. 248. Zu § 55 Abs. 1 StPO BGH StV 1987, 328, 329; OLG Celle StV 1988, 99; OLG Zweibrücken StV 2000, 606.
69 BGH nach *Dallinger* MDR 1953, 402; Löwe/Rosenberg/*Ignor/Bertheau* StPO²⁶ § 55 Rdn. 12; **a.A.** Zöller/ *Greger*²⁹ § 384 Rdn. 6; Musielak/*Huber*¹⁰ § 384 Rdn. 4.
70 So Zöller/*Greger*²⁹ § 384 Rdn. 6.
71 So aber Zöller/*Greger*²⁹ § 384 Rdn. 6.
72 **A.A.** MünchKomm/*Damrau*⁴ § 384 Rdn. 9; Zöller/*Greger*²⁹ § 384 Rdn. 6 u. 2.
73 RG Warn. 1909, 231, 232 Nr. 248; vgl. zu § 55 Abs. 1 StPO BGH NStZ 1994, 499, 500 = MDR 1994, 929.

Rdn. 2). Eine Ausuferung des § 384 Nr. 1 2. Alt. ist dann nicht zu befürchten. Dies gilt auch angesichts der Möglichkeit, den Zeugen noch im laufenden Verfahren durch eine Strafanzeige zu verunsichern.[74]

Die Gefahr der Verfolgung muss noch im **Zeitpunkt der Vernehmung** bestehen. 37 Doch darf der **Zivilprozess nicht** wegen eines schwebenden Strafverfahrens **ausgesetzt** werden, um die anschließende Vernehmung des Zeugen zu ermöglichen.[75]

Nach h.M. ist § 384 Nr. 1 2. Alt. entsprechend anzuwenden, wenn dem Zeugen oder 38 einem seiner Angehörigen die Gefahr einer **berufsgerichtlichen oder disziplinarrechtlichen Verfolgung** droht;[76] auch hier tritt das rechtsstaatliche Interesse an der Wahrheitsfindung im Prozess hinter dem Grundsatz zurück, dass niemand gezwungen werden darf, sich selbst zu belasten. Nach anderer Ansicht soll ein Zeugnisverweigerungsrecht hingegen nur nach § 384 Nr. 2 1. Alt. in Betracht kommen.[77] Die Gefahr der Verfolgung besteht auch bei einem jugendlichen Zeugen, dem ein **jugendgerichtliches Verfahren** droht.[78]

Soll ein Zeuge zu der Frage vernommen werden, ob der Kaufpreis in einer Rechnung 39 gegenüber dem in Wahrheit gezahlten Betrag heraufgesetzt wurde, um bei einer Hausratsversicherung eine überhöhte Entschädigungsleistung zu erlangen, zieht die Aussage des Zeugen die Gefahr seiner Verfolgung wegen einer Straftat nach sich, weil es um die Frage geht, ob er bei einem **versuchten Versicherungsbetrug** mitgewirkt hat.[79]

c) Gefahr der Offenbarung unehrenhafter Tatsachen. Die Beantwortung einer 40 Frage würde dem Zeugen **zur Unehre gereichen**, wenn die Preisgabe der erfragten Tatsachen sein Ansehen herabsetzen würde.[80] Maßstab hierfür ist nicht das subjektive Empfinden des Zeugen bzw. seines Angehörigen, sondern das **sittliche Bewusstsein der Rechtsgemeinschaft** unter Beachtung der Wertordnung des Grundgesetzes; frühere Wertvorstellungen sind nicht maßgeblich.[81] Dieses ist unter Berücksichtigung der Anschauung der jeweiligen **örtlichen und gesellschaftlichen Verhältnisse** zu ermitteln, denen der Zeuge bzw. sein Angehöriger angehört,[82] wobei atypische Vorstellungen bestimmter Gruppen auszuklammern sind.[83]

Nach **überwiegender Ansicht** braucht der Zeuge auf solche Fragen, deren Beant- 41 wortung, wenn sie in einem bestimmten Sinne erfolgen sollte, ihm Unehre bringen wür-

---

74 Dies befürchtend Musielak/*Huber*[10] § 384 Rdn. 4.
75 KG MDR 1983, 139; MünchKomm/*Damrau*[4] § 384 Rdn. 10; Zöller/*Greger*[29] § 384 Rdn. 6.
76 BGHZ 71, 162 (LS) = BGHSt 27, 374, 377 f. = BGH NJW 1979, 324: Anwendung von § 55 StPO bei Gefahr anwaltsgerichtlicher Verfolgung; *Baumann* FS Kleinknecht S. 19; Stein/Jonas/*Berger*[22] § 384 Rdn. 7; MünchKomm/*Damrau*[4] § 384 Rdn. 12; Musielak/*Huber*[10] § 384 Rdn. 4; Zöller/*Greger*[29] § 384 Rdn. 6. **A.A.** Baumbach/Lauterbach/*Hartmann*[71] § 384 Rdn. 6.
77 AK-ZPO/*Rüßmann* §§ 383385 Rdn. 18. Zu § 55 Abs. 1 StPO OLG Hamburg MDR 1984, 335; *Geerds* FS Stock S. 171, 174: verneinend für disziplinarrechtliche Verfolgung, bejahend für Abgeordneten- und Ministeranklage.
78 Vgl. zu § 55 Abs. 1 StPO BGHSt 9, 34, 35 f.
79 BGH NJW-RR 1987, 445.
80 Zum Schutz der Würde des Zeugen als Wirkung des Rechtsstaatsprinzips BGH NJW 2004, 239, 240; BGH NJW 2005, 1519, 1520.
81 OLG Karlsruhe NJW 1984, 528; OLG Stuttgart FamRZ 1981, 67; OVG Lüneburg NJW 1978, 1493, 1494.
82 OLG Karlsruhe NJW 1994, 528; OLG Stuttgart NJW-RR 2007, 250, 251 (zur Vorlage eines Emissionsprospekts nach § 142 Abs. 2 S. 1); AK-ZPO/*Rüßmann* §§ 383385 Rdn. 17; MünchKomm/*Damrau*[4] § 384 Rdn. 8; Musielak/*Huber*[7] § 384 Rdn. 4; Zöller/*Greger*[29] § 384 Rdn. 5; **a.A.** offenbar OVG Lüneburg NJW 1978, 1493, 1494.
83 AK-ZPO/*Rüßmann* §§ 383–385 Rdn. 17; MünchKomm/*Damrau*[4] § 384 Rdn. 8 (religiöse Sekten nennend); Zöller/*Greger*[29] § 384 Rdn. 5.

de, überhaupt keine Antwort zu geben.[84] Der Zeuge brauche schon dann nicht zu antworten, wenn nur die Bejahung der Frage ihm Unehre bringen könnte. Richtigerweise ist indes, wie oben eingehend dargelegt (Rdn. 2), grundsätzlich auf die **Auswirkungen einer wahrheitsgemäßen Antwort** abzustellen, weil nach der gegenteiligen Ansicht beliebig Zeugnisverweigerungsrechte begründbar sind. Letztlich orientiert sich auch die h.M. bei ihrer Definition der Tatbestandsmerkmale daran, wie sich eine wahrheitsgemäße Antwort des Zeugen auswirken würde.

42 Nach dem Wortlaut des § 384 Nr. 2 1. Alt. muss es **sicher** sein, dass eine Aussage des Zeugen sein **Ansehen herabsetzen** würde.[85] Dies ergibt sich im Umkehrschluss aus § 384 Nr. 2 2. Alt., bei der die Gefahr der Verfolgung ausreicht.

43 Teilweise wird unter Hinweis auf den Kontext mit der zweiten Alternative des § 384 Nr. 2 vertreten, dass die **Gefahr für die Ehre** des Zeugen **erheblich** und in ihrem Gewicht der einer Straftat oder Ordnungswidrigkeit gleichwertig sein müsse, weil es anderenfalls genügt hätte, die erste Alternative – Unehre – anzuführen.[86] Dem wird **zu Recht entgegengehalten**, dass es heute eine Reihe von Ordnungswidrigkeiten wie Falschparken oder eine Geschwindigkeitsüberschreitung gibt, deren Begehung eine – wenn überhaupt – nur unerhebliche Gefährdung des Ansehens in der Öffentlichkeit bedeutet und deshalb aus dem Kontext mit der zweiten Alternative nicht gefolgert werden kann, die Gefahr für die Ehre müsse erheblich sein.[87]

44 Die **gegenteilige Ansicht** lässt sich auch **nicht mit** der **ratio legis begründen**.[88] Während bei der 1. Alt. nämlich anhand des sittlichen Maßstabes der Rechtsgemeinschaft feststellbar ist, ob ein Bekanntwerden der fraglichen Tatsachen das Ansehen des Zeugen herabsetzen würde, hängt die Verfolgung des Zeugen bzw. seiner Angehörigen wegen einer Straftat oder Ordnungswidrigkeit nicht von einer bloßen Anwendung von Rechtsbegriffen ab, sondern auch vom Ermessensgebrauch der Verfolgungsbehörde. Aus diesem Grund kann bei der 2. Alt. stets nur die Gefahr der Verfolgung festgestellt werden.

45 Ein Fall des § 383 Nr. 2 1. Alt. liegt vor, wenn der Zeuge über **Vorstrafen** Auskunft geben soll.[89] Es kommen sämtliche **unter § 138 BGB fallenden Verhaltensweisen** in Betracht. Die Norm ist heute nicht mehr anwendbar, wenn ein Wettbewerber einen Arbeitnehmer zum **Bruch des Arbeitsvertrags** verleitet.[90]

46 Zur Unehre gereichen dem Zeugen nach h.M. Angaben über einen eigenen **Ehebruch** wie über seine Mitwirkung an einem fremden Ehebruch.[91] Man wird darüber hinausgehend generell ein Zeugnisverweigerungsrecht **in sexuellen Angelegenheiten** annehmen müssen. Zwar setzen sexuelle Kontakte zwischen unverheirateten Personen das Ansehen nach heutiger Ansicht nicht herab. Doch kommt es nicht auf die gesellschaftliche Akzeptanz einer bestimmten sexuellen Beziehung an. Entscheidend ist vielmehr,

---

84 BGHZ 26, 391, 400 = NJW 1958, 826, 827 = LM § 826 [Fa] BGB Nr. 8 LS m. Anm. *Johannsen*; OLG Karlsruhe NJW 1994, 528.
85 Ebenso MünchKomm/*Damrau*[4] § 384 Rdn. 8; Zöller/*Greger*[29] § 384 Rdn. 5; **a.A.** *Dillenburger/Pauly* MDR 1995, 340, 341.
86 OVG Lüneburg NJW 1978, 1493, 1494; in diese Richtung auch Zöller/*Greger*[29] § 384 Rdn. 5: „spürbare" Herabsetzung.
87 OLG Karlsruhe NJW 1994, 528.
88 So aber *Dillenburger/Pauly* MDR 1995, 340, 341.
89 BGHSt 5, 25, 27 = NJW 1953, 1922, 1923.
90 Überholt daher OLG Kassel OLGRspr. 21, 83.
91 OLG Stuttgart FamRZ 1981, 67; OLG Karlsruhe NJW 1994, 528; **a.A.** zur Mitwirkung an fremdem Ehebruch offenbar KG NJW 1967, 115, 116; auf den Einzelfall abstellend *Dillenburger/Pauly* MDR 1995, 340, 342.

dass ein Zwang zur Aussage darüber, mit einer bestimmten Person sexuell verkehrt zu haben, nach allgemeinem sittlichen Empfinden (derzeit) das Schamgefühl verletzt. Der darin liegende Eingriff in den **Kern des allgemeinen Persönlichkeitsrechts** lässt sich durch das Interesse an der Wahrheitsfindung im Prozess allein schwerlich rechtfertigen. Denkbar ist eine verfassungsrechtliche Rechtfertigung allenfalls dann, wenn auf Seiten des Beweisführers höherrangige Interessen berührt sind. Für § 383 Nr. 2 1. Alt. muss es grundsätzlich genügen, dass die **öffentliche Beantwortung** sexualitätsbezogener Fragen **peinlich** ist. Dies entspricht dem mit § 384 Nr. 2 verfolgten Anliegen, das Persönlichkeitsrecht des Zeugen und seiner nächsten Angehörigen zu schützen.

Lehnt man angesichts des Wortlauts der Vorschrift („Unehre") eine verfassungskonforme Auslegung oder analoge Anwendung der Vorschrift ab, wird man bei Fragen, die **sexuelle Kontakte** betreffen, **jedenfalls** aus **Art. 2 Abs. 1 in Verb. mit Art. 1 Abs. 1 GG** ein Zeugnisverweigerungsrecht ableiten müssen, es sei denn die Verletzung des Persönlichkeitsrechts ist dem Zeugen zur Aufklärung eines höherwertigen Rechtsguts zuzumuten.[92] **47**

Das Zeugnisverweigerungsrecht des § 384 Nr. 2 besteht auch **nach dem Tod des Angehörigen** fort, dem die Beantwortung der Beweisfrage zur Unehre gereicht hätte.[93] Zwar verweist § 384 auf § 383 Abs. 1 Nr. 2, der nicht gilt, wenn die Ehe wegen Auflösung durch Tod nicht mehr besteht[94] (§ 383 Rdn. 19), doch wirkt der Ansehensschutz über den Tod hinaus. So durfte – im Ergebnis zutreffend – nach einer Entscheidung des OLG Nürnberg eine Witwe das Zeugnis verweigern, weil die Beantwortung der Frage über ein ehebrecherisches Verhältnis ihres verstorbenen Ehemannes diesem zur Unehre gereicht hätte; die hierfür preiszugebenden Tatsachen hätten die über seinen Tod fortbestehende sittliche Wertschätzung ihres Ehemannes herabsetzen können.[95] **48**

Kein Weigerungsgrund im Sinne des § 384 Nr. 2 ist das Interesse, den angeblich als Geldgeber fungierenden **Freund nicht** gegen dessen Willen **in den Rechtsstreit hineinzuziehen** und das mit diesem vereinbarte Schweigen zu wahren,[96] oder ein ehrenwörtliches Diskretionsversprechen.[97] Wollte man die **Nichteinhaltung einer Verschwiegenheitsabrede** als unehrenhaft im Sinne von § 383 Nr. 2 verstehen, könnte durch bloße Absprache des Zeugen mit einer Partei oder einem Dritten ein Zeugnisverweigerungsrecht begründet werden.[98] Um dies zu verhindern, muss die Prüfung, ob die Beantwortung einer Frage dem Zeugen zur Unehre gereicht, nach Auffassung des OLG Hamm nicht an die Tatsache anknüpfen, dass ausgesagt wird, sondern an den Inhalt der Aussage als der zu offenbarenden Tatsache.[99] Dem wird man indes nur insoweit folgen können, dass dem Zeugen nicht jede beliebige Tatsache allein auf Grund ihrer Äußerung im Prozess zur Unehre gereichen kann. Bei **Tatsachen aus** der **Privatsphäre** des Zeugen ist unter Umständen gerade die **öffentliche Verlautbarung** prekär, so dass die zu offenbarenden Tatsachen erst in Verbindung mit der Tatsache ihrer öffentlichen Äußerung das Zeugnisverweigerungsrecht rechtfertigen (oben Rdn. 46). Der Wortlaut des § 384 Nr. 2 1. Alt. lässt es ohne weiteres zu, neben dem Inhalt der Aussage auch zu **berücksichti- 49**

---

92 Vgl. zu der Abwägung zwischen Persönlichkeitsrecht und Wahrheitsfindung im Prozess BVerfG NJW 2002, 3619, 3624 (heimliche Tonbandaufnahme).
93 OLG Nürnberg MDR 1975, 937.
94 **A.A.** OLG Nürnberg MDR 1975, 937.
95 OLG Nürnberg MDR 1975, 937.
96 OLG Hamm FamRZ 1999, 939.
97 OLG Dresden OLGRspr. 5, 69, 70.
98 OLG Hamm FamRZ 1999, 939, 940.
99 OLG Hamm FamRZ 1999, 939, 940.

gen, wie sich die **öffentliche Beantwortung** der Beweisfrage auf das Ansehen des Zeugen **auswirkt**.

50 Keine spürbare Herabsetzung des Ansehens ist mit der **prozessualen Vorlage** eines noch mehrere Jahre vor Beginn des Zivilprozesses öffentlich verbreiteten, für den grauen Kapitalmarkt bestimmten **Emissionsprospekts** verbunden, die auf Anordnung nach § 142 Abs. 2 Satz 1 erfolgen soll, auch wenn der Inhalt eine **verjährte Straftat offenbaren** würde.[100]

51 Der Zeuge darf das Zeugnisverweigerungsrecht nicht durch bloßes (Ver-)Schweigen ausüben, sondern muss die Aussage **ausdrücklich verweigern**.[101]

4. Schutz von Kunst- und Gewerbegeheimnissen

52 **a) Wirtschaftlicher Schutz.** Das durch Nr. 3 gewährte Aussageverweigerungsrecht schützt Kunst- und Gewerbegeheimnisse wegen ihrer **Bedeutung für** das **wirtschaftliche Leben**. Geschäftsgeheimnisse genießen ihrerseits **verfassungsrechtlichen Schutz** nach Art. 12 Abs. 1 GG.[102] Die Zeugnispflicht endet dort, wo der Zeuge eigene Kunst- und Gewerbegeheimnisse offenbaren müsste, weil er nicht im eigenen Interesse aussagt, sondern im Interesse der Parteien.[103] Die Aussage soll für den Zeugen **keine beruflichen Nachteile** begründen.[104]

53 **b) Geheimnisbegriff.** Der Begriff des Geheimnisses deckt sich mit dem des § 383 Abs. 1 Nr. 6.[105] Eine Tatsache ist nur dann ein **Geheimnis**, wenn sie nur bestimmten Personen bekannt sein soll und bekannt ist.[106] Die Tatsache darf also zum einen **nicht offenkundig** sein. Zum anderen muss der Geschützte den erkennbaren **Willen** haben, sie auch weiterhin **geheim zu halten**.[107] So ist ein eingetragenes Patent kein Geheimnis, weil die Patentrolle öffentlich, also jedermann zugänglich ist.[108] Die berücksichtigungsfähigen Vertraulichkeitsinteressen sind gesetzlich abschließend geregelt. Soweit §§ 384 f. von § 142 Abs. 2 für die Anordnung der Dokumentenvorlage in Bezug genommen werden, darf für diese Interessen nicht ergänzend eine Zumutbarkeitsprüfung angestellt werden.[109]

54 **c) Gewerbebegriff. Gewerbe** im Sinne des § 384 Nr. 3 ist jede Tätigkeit eines Unternehmers, mit der er nachhaltig Entgelt erzielen will. Geschützt wird nicht bloß die gewerbliche Produktion,[110] sondern auch die übrige **Geschäftstätigkeit von Gewerbetrei-**

---

100 OLG Stuttgart NJW-RR 2007, 250, 251.
101 Vgl. zur StPO RGSt 57, 152.
102 BVerfGE 115, 205, 229 = DVBl. 2006, 694, 696 – In camera-Verfahren.
103 Vgl. *Gottwald* BB 1979, 1780, 1781; in diesem Sinne auch *Stürner* JZ 1985, 453, 454.
104 Zöller/*Greger*[29] § 384 Rdn. 7.
105 Stein/Jonas/*Berger*[22] § 394 Rdn. 10.
106 BVerfGE 115, 205, 230 = WuW/E DE-R 1715; RG Gruchot 52 (1908), 445 f.; OLG Hamm JMBlNRW 1952, 178 f. Zum Geheimnis wegen großen Zeit- und Kostenaufwands der Zusammenstellung veröffentlichter Unterlagen BGH GRUR 2012, 1048 Tz. 21 – Movicol-Zulassungsantrag.
107 Vgl. BGH (I. StrS) NJW 1995, 2301; BGH NJW-RR 2003, 618, 620 = GRUR 2003, 356, 358 – Präzisionsmessgeräte; BGH WRP 2008, 1085 Tz. 19 – Schweißmodulgenerator; BGH NJW 2009, 1420 = GRUR 2009, 603 Tz. 13 – Versicherungsuntervertreter.
108 RG Gruchot 52 (1908), 445 f.
109 OLG Stuttgart NJW-RR 2007, 250, 251.
110 So aber OLG Dresden OLGRspr. 5, 69; offen gelassen von RGZ 53, 15, 18.

benden.[111] **Nicht** umfasst ist die Tätigkeit als **Betriebsrat**, die allenfalls unter § 383 Abs. 1 Nr. 6 fällt.[112]

Gewerbegeheimnisse kann auch ein **Verband zur Förderung gewerblicher Interessen** haben.[113] Dem steht nicht entgegen, dass ein solcher Verband ein eingetragener Idealverein ist und sein Zweck deshalb nach § 21 BGB nicht auf einen wirtschaftlichen Zweck gerichtet sein darf. Die Interessenlage erfordert eine **ausdehnende Auslegung** des § 384 Nr. 3 in Richtung auf ein umfassendes Geschäftsgeheimnis. Die Schutzwürdigkeit eines Geheimnisses kann nicht davon abhängen, dass der Geheimnisträger eine auf Erwerb gerichtete Tätigkeit ausübt. Auch ein Verein, der nur mittelbar die gewerblichen Interessen seiner Mitglieder fördert, hat ein berechtigtes Interesse an einer Geheimsphäre. Das gilt schon deshalb, weil ein solcher Verein mit Gewerbetreibenden in Konflikt geraten kann und diesen gegenüber in ungerechtfertigter Weise benachteiligt sein könnte. 55

d) Kunstbegriff. Bisher **weitgehend ungeklärt** ist der Begriff des **Kunstgeheimnisses** in § 384 Nr. 3. Die Motive schweigen hierzu; eine Ermittlung des Begriffsverständnisses im ausgehenden 19. Jhdt. würde heutigen Bedürfnissen auch kaum gerecht werden. Anwendungsfälle aus der Rechtsprechung sind nicht ersichtlich. Im Schrifttum wird auf eine gesonderte Kommentierung des Begriffs überwiegend verzichtet. *Berger* will den Begriff auf urheberrechtsfähige Werke im Sinne des § 2 UrhG beziehen,[114] „Wissenschaftsgeheimnisse" aber vom Schutz des § 384 Nr. 3 ausnehmen.[115] Letzteres überzeugt insofern nicht, als § 2 UrhG neben Werken der Literatur und Kunst auch Werke der Wissenschaft schützt. 56

Indes ist es fraglich, ob die Schutzgegenstände des UrhG mehr als eine Orientierung bieten können. Die durch § 2 UrhG geschützten Ergebnisse der schöpferischen Tätigkeit erscheinen im Zivilprozess weniger schutzbedürftig als die **bei der Entstehung des geistigen Werkes verwendeten Ideen**, Mittel und Methoden, die keinen Urheberrechtsschutz genießen. Gegen eine Ausrichtung am Schutzbereich des UrhG spricht auch, dass dann zwar die Geschäftsgeheimnisse von Gewerbetreibenden durch § 384 Nr. 3 umfassend geschützt wären, die Angehörigen der freien Berufe aber mit Ausnahme zukünftiger geistiger Urheber keinen Schutz erführen. 57

Es liegt näher, den Kunstbegriff im weitesten Sinne zu verstehen als **jede auf Wissen und Übung gegründete Tätigkeit**,[116] so dass **freiberufliche Tätigkeiten**[117] unabhängig davon geschützt sind, ob aus ihnen urheberrechtsfähige Werke hervorgehen. Zu den Geheimnissen, über die Ärzte, Rechtsanwälte, Steuerberater und Wirtschaftsprüfer etc. nach § 384 Nr. 3 die Aussage verweigern dürfen, gehören nach der hier vertretenen Auffassung allerdings nicht die Tatsachen, zu deren Geheimhaltung sie auf Grund ihrer beruflichen Verschwiegenheitspflicht gegenüber Dritten verpflichtet sind (dazu § 383 Rdn. 61 ff.), sondern lediglich die **eigenen Arbeitsmethoden** etc. 58

e) Geheimhaltungsinteresse. § 384 Nr. 3 schützt nach überwiegender Auffassung nur solche Geheimnisse, hinsichtlich derer **objektiv** ein **Geheimhaltungsinteresse** be- 59

---

111 RG Seuff.Arch. 49 (1894) Nr. 213; RGZ 53, 40, 42; 54, 323, 325; RG JW 1905, 344 Nr. 19; OLG Hamburg OLGRspr. 13, 138, 159; 21, 83; OLG Karlsruhe HRR 1932 Nr. 170.
112 Stein/Jonas/*Berger*[22] § 384 Rdn. 10.
113 OLG Stuttgart WRP 1977, 127, 128.
114 Stein/Jonas/*Berger*[22] § 384 Rdn. 11.
115 So aber Stein/Jonas/*Berger*[22] § 384 Rdn. 12.
116 Vgl. Artikel „Kunst" in: Brockhaus Enzyklopädie[20] Bd. 12.
117 Vgl. dazu auch OLG Hamm JMBl. NRW 1952, 178: Kfz-Schätzer; Baumbach/Lauterbach/*Hartmann*[71] § 384 Rdn. 8.

steht (dazu auch § 383 Rdn. 48 u. 70). Derjenige, der die Kunst ausübt oder das Gewerbe betreibt, muss an der Geheimhaltung der Tatsachen ihrer Natur nach im Einzelfall ein **erhebliches und unmittelbares Interesse** haben.[118] Dies ist der Fall, wenn sich aus den geheim zu haltenden Tatsachen ein materieller oder ideeller Vorteil für die Ausübung des freien Berufs oder des Gewerbes ergibt. Eine Beschränkung des Zeugnisverweigerungsrechts auf Geheimnisse von materiellem Wert ist nicht sinnvoll, weil das materielle Recht vielfach **auch Geheimnisse von ideellem Wert** schützt (vgl. § 2 UrhG, § 85 GmbHG)[119] und Kunstgeheimnisse häufig erst mit ihrem Bekanntwerden materiellen Wert gewinnen werden.

60   In der neueren Rechtsprechung wird teilweise wie bei § 383 Abs. 1 Nr. 6 darauf abgestellt, ob das **Geheimhaltungsinteresse** des Zeugen **berechtigt oder schutzwürdig** ist.[120] In jedem Fall ist wie bei § 383 Abs. 1 Nr. 6 eine richterliche Wertung erforderlich, um die Erheblichkeit und Unmittelbarkeit bzw. Schutzwürdigkeit eines Geheimnisses festzustellen.[121] **Kriterien** hierfür können dem **materiellen Recht** entnommen werden, so etwa § 72 Abs. 2 Satz 4 GWB,[122] § 85 GmbHG[123] oder § 17 UWG.[124] Der Zeuge muss sein Geheimhaltungsinteresse näher begründen.[125]

61   **f) Verfahrensrechtlicher Geheimnisschutz.** Bei Geschäftsgeheimnissen ist ein Ausschluss des Weigerungsrechtes sinnvoll in Fällen, in denen die Öffentlichkeit ausgeschlossen ist (§ 172 Nr. 2 GVG), die anwesenden **Verfahrensbeteiligten** mit strafbewehrter **Schweigepflicht** belegt sind (§§ 174 Abs. 3 GVG, 353d Nr. 2 StGB) und ein Konkurrenzverhältnis zwischen dem Zeugen und den anwesenden Verfahrensbeteiligten nicht besteht[126] (zum Schutz durch Verfahrensgestaltung vor § 284 Rdn. 47 ff. und § 357 Rdn. 22 ff., 25 f.).

62   **g) Geheimnisse Dritter.** § 384 Nr. 3 schützt nach h.M. **nicht nur eigene Geheimnisse des Zeugen**,[127] sondern auch **Kunst- oder Gewerbegeheimnisse Dritter**, denen gegenüber der Zeuge zur Geheimhaltung verpflichtet ist;[128] zumeist geht es um Geheimnisse des Arbeitgebers[129] oder der Gesellschaft, deren Organ der Zeuge war.[130] Der Zeuge

---

118 RGZ 54, 323, 325; OLG Hamburg OLGRspr. 13, 158, 159; 25, 109; OLG Dresden JW 1930, 767, 768; OLG Hamburg MDR 1977, 761; abweichend RGZ 53, 40, 43 und OLG Düsseldorf MDR 1978, 147: ein aus dem Umständen erkennbares Geheimhaltungsinteresse.
119 Vgl. BGH ZIP 1996, 1341, 1342; Baumbach/Hueck/*Haas* GmbHG[20] § 85 Rdn. 9.
120 KG OLGRep. 1999, 378; vgl. zur Notwendigkeit eines berechtigten Interesses bei Geschäftsgeheimnissen i.S.d. § 383 Abs. 1 Nr. 6 OLG München NJW-RR 1998, 1495, 1496. Zu Art. 12 Abs. 1 GG: BVerfGE 115, 205, 230. Zu § 85 GmbHG: BGH ZIP 1996, 1341, 1342; Baumbach/Hueck/*Haas* GmbHG[20] § 85 Rdn. 9; Scholz/*Tiedemann* GmbHG[11] § 85 Rdn. 7 u. 12. Zu § 17 UWG: BGH NJW 1995, 2301; Köhler/Bornkamm, WettbewerbsR[31] § 17 UWG Rdn. 4 u. 9; a.A. OLG Karlsruhe HRR 1932 Nr. 170 (Schutzwürdigkeit im konkreten Falle nicht maßgebend).
121 OLG München NJW-RR 1998, 1495, 1496.
122 KG OLGRep. 1999, 378.
123 Dazu OLG München NJW-RR 1998, 1495, 1496; Scholz/*Tiedemann* GmbHG[11] § 85 Rdn. 6, 12, 23.
124 *Köhler*/Bornkamm WettbewerbsR[31] § 17 UWG Rdn. 4 ff.
125 OLG Hamburg OLGRspr. 25, 109.
126 *Stürner* JZ 1985, 453, 455.
127 So wohl *Gottwald* BB 1979, 1780, 1781: in den streitigen Fällen liege ohnehin meist ein Zeugnisverweigerungsrecht nach § 383 Abs. 1 Nr. 6 vor.
128 RGZ 53, 40, 42; Baumbach/Lauterbach/*Hartmann*[71] § 384 Rdn. 9; Stein/Jonas/*Berger*[22] § 384 Rdn. 17; *Schlosser* ZZP 95 (1982), 365 (Anm. zu LG München I, aaO 362); *Stürner* JZ 1985, 453, 454.
129 RGZ 53, 40, 42; OLG Hamburg OLGRspr. 5, 67; 13, 160, 161; OLG Braunschweig OLGRspr. 27, 97; OLG Bamberg OLGRspr. 17, 160, 161; KG JW 1920, 154.
130 So in OLG Karlsruhe MDR 2006, 591 (ehemaliger GmbH-Geschäftsführer).

ist allerdings entsprechend § 385 Abs. 2 zur Aussage verpflichtet, wenn der **Dritte**, dem der Zeuge zur Geheimhaltung verpflichtet ist, auf die Geheimhaltung seines Kunst- und Gewerbegeheimnisses **verzichtet**,[131] es sei denn, es handelt sich zugleich um ein eigenes Geheimnis des Zeugen.[132] Dafür ist die **analoge Anwendung des § 385 Abs. 2** erforderlich, damit die von ihrer Verschwiegenheitspflicht befreiten Berufsgeheimnisträger auch tatsächlich aussagen müssen: Der Berufsgeheimnisträger, dessen Zeugnisverweigerungsrecht aus § 383 Abs. 1 Nr. 6 nach § 385 Abs. 2 entfällt, könnte sich sonst immer noch auf § 384 Nr. 3 berufen.

Einer **entsprechenden Anwendung** des § 385 Abs. 2 **bedarf es nicht**, wenn man **fremde** Geheimnisse **nur** unter **§ 383 Abs. 1 Nr. 6** subsumiert (zu diesem Weigerungsgrund § 383 Rdn. 46 ff.). Auch entfällt dadurch eine weitere Einschränkung des § 384 Nr. 3, die unverzichtbar ist, wenn man der h.M. folgt. Danach kann die **Einbeziehung** nämlich **nicht** gelten für Kunst- oder **Gewerbegeheimnisse der Parteien**, zu deren Wahrung der Zeuge verpflichtet ist.[133] 63

h) Kasuistik. Ein Geschäftsinhaber braucht weder seine Ermittlungen für den Geschäftsbetrieb[134] mitzuteilen noch sonstige im Wettbewerb bedeutsame Vorgänge[135] wie einzelne **Geschäftsabschlüsse**[136] (z.B. den Inhalt abgeschlossener Verträge eines Verlegers mit Urhebern literarischer Werke,[137] **Bezugsquellen**[138] oder besondere Bezugsbedingungen,[139] den Umfang des Bezugs,[140] je nach Sachlage im Einzelfall **Einkaufspreise**,[141] die Preisbestimmung eines Syndikates für die Zukunft,[142] den Stand des Gewerbes, auch nicht wenn die Geschäftslage günstig ist,[143] die Angabe des Handelsmaklers über vermittelte Geschäfte,[144] die Quellen und den Inhalt der von einer Auskunftei erteilten Auskünfte sowie deren Vorgehensweise bei der Sammlung des Materials[145]), es sei denn, es geht um eine den Parteien erteilte Auskunft.[146] 64

Mit einer Wettbewerbswirtschaft unvereinbar ist die Ansicht, auszugrenzen seien **Verkaufspreise**, selbst wenn sie verschiedenen Kunden gegenüber verschieden bemes- 65

---

131 Ebenso *Stürner* JZ 1985, 453, 454; MünchKomm/*Damrau*⁴ § 384 Rdn. 13 (Verzicht konkludent im Beweisantrag); Stein/Jonas/*Berger*²² § 384 Rdn. 17.
132 *Stürner* JZ 1985, 453, 454.
133 LG München I ZZP 95 (1982), 362; MünchKomm/*Damrau*⁴ § 384 Rdn. 13; Zöller/*Greger*²⁹ § 384 Rdn. 7; *Stürner* JZ 1985, 453, 454, 457.
134 OLG München JW 1926, 618, 619: Auskünfte über die Zuverlässigkeit eines Stellenbewerbers durch früheren Arbeitgeber.
135 OLG Hamburg OLGRspr. 33, 69.
136 OLG Hamburg OLGRspr. 21, 83: aus Sorge vor dem Bekanntwerden der Kalkulationsgrundlagen.
137 RG JW 1905, 344 Nr. 19.
138 OLG Hamburg OLGRspr. 5, 67, 68 (obiter dictum); 33, 69: je nach Einzelfall; offen gelassen RGZ 53, 15, 18 f.
139 RG JW 1902, 21.
140 OLG Hamburg OLGRspr. 33, 69.
141 Verneinend RGZ 54, 323, 326.
142 RG Seuff.Arch. 49 (1894) Nr. 213; RG JW 1903, 49 Nr. 13; nicht aber bzgl. einer nicht mehr gültigen Preisvereinbarung in der Vergangenheit RG JW 1903, 49 Nr. 13.
143 OLG Celle OLGRspr. 17, 162.
144 OLG Hamburg Seuff.Arch. 71 (1916) Nr. 100.
145 OLG Hamburg OLGRspr. 5, 67: bejaht für Auskunftsquellen einer Auskunftei; 27, 97: bejaht für den Inhalt der Auskunft (auch § 383 Abs. 1 Nr. 6); OLG München OLGRspr. 25, 108: bejaht bezüglich der Vorgehensweise bei der Sammlung des Materials; OLG Kiel JW 1936, 2941, 2942 bejaht bzgl. Quellen und Zustandekommen der Auskunft sowie Auskunftgeber; verneinend aber OLG Colmar OLGRspr. 25, 108 für den Abonnenten einer Auskunftei (ebenso wenig § 383 Abs. 1 Nr. 6).
146 OLG Dresden JW 1930, 767, 768.

sen waren,[147] die Höhe der Miete oder Pacht,[148] die Einnahmen und Ausgaben eines Theaters.[149] Der **Geschäftsverkehr** einer **Bank mit ihren Kunden** (näher dazu § 383 Rdn. 74) kann unter ein Auskunftsverweigerungsrecht nach **§ 383 Abs. 1 Nr. 6** fallen, etwa einer Bank über die gewährten **Bankkredite**.[150]

66 Zu den schutzwürdigen Geheimnissen gehören auch die **steuerlichen Verhältnisse von Gewerbetreibenden**, so etwa einer KG, deren persönlich haftender Gesellschafter der Zeuge ist.[151] Dies ergibt sich mittelbar aus § 30 AO, der den Steuerpflichtigen vor einer Weitergabe der Tatsachen schützt, die dem Amtsträger im Zusammenhang mit der Besteuerung bekannt geworden sind.[152] Gewerbegeheimnisse sind ferner die Feststellungen des anerkannten Schätzers einer **Kfz-Schätzungsstelle** bei Untersuchungen eines Pkw.[153]

67 **Nicht erfasst** ist ein „Parteigeheimnis", ungeachtet der Praxis der politischen Parteien, **Angaben über Parteimitglieder** weitgehend geheim zuhalten.[154] Ein Zeugnisverweigerungsrecht ergibt sich insoweit auch nicht aus dem Parteienprivileg nach Art. 21 GG oder aus dem Grundsatz der negativen Bekenntnisfreiheit (Art. 4 Abs. 1 GG).[155]

§ 385
Ausnahmen vom Zeugnisverweigerungsrecht

(1) In den Fällen des § 383 Nr. 1 bis 3 und des § 384 Nr. 1 darf der Zeuge das Zeugnis nicht verweigern:
1. über die Errichtung und den Inhalt eines Rechtsgeschäfts, bei dessen Errichtung er als Zeuge zugezogen war;
2. über Geburten, Verheiratungen oder Sterbefälle von Familienmitgliedern;
3. über Tatsachen, welche die durch das Familienverhältnis bedingten Vermögensangelegenheiten betreffen;
4. über die auf das streitige Rechtsverhältnis sich beziehenden Handlungen, die von ihm selbst als Rechtsvorgänger oder Vertreter einer Partei vorgenommen sein sollen.

(2) Die im § 383 Nr. 4, 6 bezeichneten Personen dürfen das Zeugnis nicht verweigern, wenn sie von der Verpflichtung zur Verschwiegenheit entbunden sind.

Schrifttum

Ahrens Wider die Teilprozessfähigkeit Minderjähriger als Fernwirkung medizinrechtlichen Denkens, Festschrift G. Fischer (2010), S. 1; *Eidenmüller* Der Auskunftsanspruch des Kindes gegen seine Mutter auf Benennung des leiblichen Vaters, JuS 1998, 789; *Kazemi* Der durch eine Nichtangriffsabrede gebunden Dritte als Zeuge im Löschungsverfahren vor den ordentlichen Gerichten, GRUR 2006, 210; *Koch* Der Anspruch des Deszendenten auf Klärung der genetischen Abstammung – ein Paradigmawechsel im Abstammungsrecht, FamRZ 1990, 569; *Müller* Zeugnispflicht bei heterologer Fertilisation, FamRZ 1986, 635; *Priebe*

---

147 So aber RGZ 53, 40, 43.
148 So Stein/Jonas/*Berger*[22] § 384 Fn. 35.
149 So OLG Hamburg JW 1918, 108; kritisch Stein/Jonas/*Berger*[22] § 384 Fn. 34.
150 OLG Dresden OLGRspr. 40, 377.
151 OLG Düsseldorf MDR 1978, 147 f.
152 OLG Düsseldorf MDR 1978, 147 f.
153 OLG Hamm JMBlNRW 1952, 178 f.
154 OVG Lüneburg NJW 1978, 1493, 1494.
155 OVG Lüneburg NJW 1978, 1493, 1494.

Die Entbindung des Wirtschaftsprüfers und des Steuerberaters von der Schweigepflicht durch den Insolvenzverwalter, ZIP 2011, 312; *Rieble* Schuldrechtliche Zeugenpflicht von Mitarbeitern, ZIP 2003, 1273.

Übersicht

I. Systematischer Zusammenhang mit Weigerungsrechten
   1. Verhältnis zu §§ 383 und 384 —— 1
   2. Weitere Beschränkungen —— 3
II. Abfassung eines Rechtsgeschäfts —— 5
III. Personenstandsangelegenheiten —— 8
IV. Familiäre Vermögensangelegenheiten
   1. Normzweck —— 16
   2. Familieninterne Streitigkeit —— 19
   3. Familienverhältnis —— 20
   4. Vermögensangelegenheiten —— 22
   5. Einzelfälle —— 27
V. Handlungen eines Rechtsvorgängers oder Vertreters
   1. Normzweck —— 30
   2. Rechtsvorgänger, Vertreter
     a) Rechtsvorgänger —— 31
     b) Vertreter —— 32
   3. Rechtsverhältnis; diesbezügliche Handlungen —— 33
   4. Verfahren —— 35
VI. Schweigepflichtentbindung
   1. Normzweck —— 38
   2. Abgrenzung zur Aussagegenehmigung nach § 376 —— 41
   3. Irrelevanz bei Geistlichen —— 42
   4. Rechtsnatur der Befreiung —— 43
   5. Befreiungserklärung zu Lebzeiten des Geschützten
     a) Befreiungsbefugnis —— 44
     b) Verfahrensfragen —— 50
   6. Entbindung nach dem Tode des Geschützten
     a) Persönlichkeitsrechtliche Verankerung —— 55
     b) Höchstpersönliche Angelegenheiten —— 58
     c) Dispositionsbefugnis Dritter —— 63

I. Systematischer Zusammenhang mit Weigerungsrechten

1. Verhältnis zu §§ 383 und 384. § 385 beschränkt die **Aussageverweigerungsrechte**, die sich aus §§ 383 Nr. 1–3, 4 und 6 sowie § 384 Nr. 1 ergeben. § 385 Abs. 1 betrifft ausschließlich die Fälle, in denen die Voraussetzungen für ein Zeugnisverweigerungsrecht nach § 383 Abs. 1 Nr. 1–3 oder § 384 Nr. 1 vorliegen. Die Vorschrift schränkt diese Zeugnisverweigerungsrechte **in Bezug auf bestimmte Beweisthemen** ein, bei denen die Interessen des Zeugen aus unterschiedlichen Gründen als nicht schutzwürdig gelten (näher dazu die Kommentierung der einzelnen Tatbestände). 1

§ 385 Abs. 2 lässt die **Aussagepflicht** in den Fällen des § 383 Abs. 1 Nr. 4 und 6 **wieder aufleben**, wenn der **Zeuge von** seiner **Schweigepflicht befreit** ist. Dagegen sieht die ZPO bei den Zeugnisverweigerungsrechten aus § 383 Abs. 1 Nr. 5 sowie § 384 Nr. 2 und 3 keinerlei Beschränkungen vor. 2

2. Weitere Beschränkungen. Außer den Beschränkungen nach § 385 gibt es auch **Beschränkungen aus allgemeinem Recht**. Überall dort, wo eine **Pflicht zum Reden kraft öffentlichen Rechts** begründet ist, besteht kein Aussageverweigerungsrecht (§ 383 Rdn. 75). 3

Eine **Auswirkung zivilrechtlicher Auskunftsansprüche** einer Partei gegenüber dem Zeugen auf die Zeugnisverweigerungsrechte wird **überwiegend abgelehnt**. So soll etwa das Zeugnisverweigerungsrecht der Mutter nicht wegen eines zivilrechtlichen Anspruchs[1] ihres Kindes auf Nennung des leiblichen Vaters entfallen.[2] Doch kann der Ausschluss des Zeugnisverweigerungsrechts der Mutter aus § 383 Abs. 1 Nr. 3 unter Umstän- 4

---

[1] BVerfGE 96, 56 = NJW 1997, 1769 = JZ 1997, 777 m. krit. Anm. *Starck*; LG Bremen FamRZ 1998, 1039; AG Rastatt FamRZ 1996, 1299, 1301 r.Sp.; *Eidenmüller* JuS 1998, 789 ff.; kritisch *Koch* FamRZ 1990, 569, 572.
[2] Vgl. nur Stein/Jonas/*Berger*[22] § 385 Rdn. 3.

den damit begründet werden, dass sich das – in der jüngsten Rechtsgeschichte freilich deutlich überhöhte – verfassungsrechtlich begründete **Recht des Kindes auf Kenntnis** seiner **Abstammung** auch zivilprozessual auswirken muss. Wird bei der Abwägung der verfassungsrechtlich geschützten Interessen des Kindes mit den persönlichkeitsrechtlichen Interessen der Mutter ein zivilrechtlicher **Auskunftsanspruch** des Kindes **gegen** seine **Mutter** bejaht, könnte man es als **folgerichtig** ansehen, zugunsten des Kindes auch das **Zeugnisverweigerungsrecht der Mutter zu versagen**.[3] Argumente lassen sich jedenfalls nicht daraus herleiten, dass es keine materiell-rechtlich begründeten Zeugnisverweigerungsrechte gibt. Verfassungsrechtlich begründete Zeugnisverweigerungsrechte sind in Ausnahmefällen denkbar (dazu § 384 Rdn. 47).

II. Abfassung eines Rechtsgeschäfts

5   Wer **zur Errichtung eines Rechtsgeschäfts als Zeuge** hinzugezogen war, ist wegen des **Verbots widersprüchlichen Verhaltens** verpflichtet, über dessen Abschluss und Inhalt auszusagen.[4] § 385 Abs. 1 Nr. 1 gilt für Zeugen, die bei der Errichtung eines Rechtsgeschäfts **förmlich hinzugezogen** wurden.[5] Dies sind vor allem Personen, die bei der **Beurkundung** nach dem Beurkundungsgesetz mitwirken (§§ 22 ff. BeurkG), wobei Besonderheiten für Verfügungen von Todes wegen gelten (§§ 27 ff. BeurkG, §§ 2229 ff. BGB), ferner die bei der **Eheschließung** Hinzugezogenen (§ 1312 Abs. 1 Satz 2 BGB) sowie der nach § 16 Abs. 3 BeurkG hinzugezogene **Dolmetscher**.

6   Es **genügt nicht** die **bloße Anwesenheit** des Zeugen,[6] ebenso wenig die Hinzuziehung nur durch eine Partei. Der Zeuge muss **herangezogen** worden sein, **um das Zustandekommen eines Rechtsgeschäfts im Falle eines späteren Rechtsstreits zu bezeugen**, nicht zu anderen Zwecken wie etwa zur Unterstützung und Beratung. Bei § 22 BeurkG ist dies erst dann der Fall, wenn der Person bewusst ist oder sie wenigstens damit rechnet, bei der Errichtung einer öffentlichen Urkunde mitzuwirken, und wenn sie mit Rücksicht hierauf dem Vorgang Aufmerksamkeit widmet und der Verhandlung mit dieser Verantwortung beiwohnt.[7] Es genügt, dass die Errichtung eines Rechtsgeschäfts bezweckt wurde.

7   **Keine Förmlichkeitszeugen** sind diejenigen Personen, die nur bei den **Vorverhandlungen** mitgewirkt haben.[8] Aus den Vorverhandlungen kann weder auf das Zustandekommen noch auf den Inhalt des Rechtsgeschäfts geschlossen werden. Ist streitig, ob jemand als Förmlichkeitszeuge hinzugezogen worden ist, hat die **Beweislast** dafür der **Beweisführer**[9] ohne Rücksicht darauf, ob der Zeuge zum Hauptbeweis oder zum Gegenbeweis aussagen soll. Die Aussagepflicht besteht nur, soweit der Zeuge über die Errichtung des Rechtsgeschäfts oder seinen Inhalt aussagen soll; die **Auskunft über andere** damit nicht in Verbindung stehende **Vorgänge** darf er verweigern.

---

3   In diesem Sinne wohl *Eidenmüller* JuS 1998, 789, 795.
4   Stein/Jonas/*Berger*[22] § 385 Rdn. 2; Zöller/*Greger*[29] § 385 Rdn. 1.
5   RG JW 1901, 251 Nr. 8: Solemnitätszeugen.
6   RG JW 1901, 251 Nr. 8.
7   BayObLGZ 1984, 141, 145.
8   Vgl. insoweit auch RG JW 1901, 251 Nr. 8; **a.A.** offenbar MünchKomm/*Damrau*[4] § 385 Rdn. 2.
9   OLG Breslau OLGRspr. 20, 326: die der Zeugnisverweigerung widersprechende Partei muss die tatsächlichen Voraussetzungen beweisen.

III. Personenstandsangelegenheiten

§ 385 Abs. 1 Nr. 2 zwingt den unter § 383 Abs. 1 Nr. 1–3 oder § 384 Nr. 1 fallenden Zeugen dazu, über gewisse familienrechtliche Vorgänge auszusagen. Die Ausschlussgründe des § 385 Abs. 1 Nr. 2 geben dem öffentlichen Interesse an der **Richtigkeit der Personenstandsbücher** Vorrang vor den Interessen des Zeugen, der wegen der Aussage über die fraglichen Personenstandsangelegenheiten kaum in einen Interessenkonflikt geraten wird.[10] Die Auskunftspflicht des Zeugen beschränkt sich auf diejenigen Tatsachen, die **anlässlich der** jeweiligen **Personenstandsänderung** in die Personenstandsbücher einzutragen sind. Darüber hinaus muss der Zeuge über das jeweilige Ereignis nichts berichten. 8

So ist der Zeuge verpflichtet, über **Ort, Tag und Stunde der Geburt** Auskunft zu geben (§ 21 PStG), nicht aber über die sie bedingende Zeugung oder den Geschlechtsverkehr mit einer bestimmten Person.[11] Aus prozessrechtlichen Gründen entfällt das **Zeugnisverweigerungsrecht der Mutter** aus § 383 Abs. 1 Nr. 3 daher weder bei der Vaterschaftsanfechtungsklage des Ehemannes gegen das möglicherweise fremde Kind noch bei der Abstammungsklage des Kindes gegen den mutmaßlichen Vater, wenn die Mutter als Zeugin darüber vernommen werden soll, von wem das Kind erzeugt worden ist.[12] Denkbar wäre allenfalls, dass materiell-rechtliche Gründe wie ein zivilrechtlicher Anspruch des Kindes auf Benennung des Vaters das Zeugnisverweigerungsrecht der Mutter aufheben können, was aber stark umstritten ist (näher dazu oben Rdn. 4). Indes wird es in solchen Fällen einer Zeugenaussage meist nicht bedürfen, weil eine DNA-Analyse zur Feststellung der Abstammung gemäß § 372a ohnehin das zuverlässigere Beweismittel ist. Eine Ermittlung des mutmaßlichen Vaters über die Zeugenaussage wäre als Ausforschungsbeweis unzulässig. 9

Auch bei **Sterbefällen** beschränkt sich die Aussagepflicht auf die in das Sterbebuch einzutragenden Tatsachen (§ 37 PStG), die Todesursache muss also nicht angegeben werden. 10

Die Aussagepflicht über Verheiratungen betrifft die Frage, **ob und mit wem ein Familienmitglied verheiratet** ist und umfasst damit nicht nur die **Eheschließung** eines Familienmitglieds, sondern auch die Feststellung des **Nichtbestehens** einer Ehe sowie die **Aufhebung** oder die **Scheidung**[13] seiner Ehe. Diese im Familienbuch einzutragenden Tatsachen (§ 14 PStG) sind, anders als die Verlobung, nicht bloß dem Umfeld der Eheschließung zuzuordnen.[14] Wäre ein Zeuge nur verpflichtet, über die Eheschließung eines Familienmitglieds Auskunft zu geben, nicht aber über dessen Scheidung etc., wäre seine Aussage in vielen Fällen unbrauchbar, wenn nicht irreführend. Ein Zeugnisverweigerungsrecht in Bezug auf Scheidungen etc. liefe auch dem Zweck der Vorschrift zuwider, zutreffende Angaben über den Personenstand eines bestimmten Familienmitglieds zu einem bestimmten Zeitpunkt zu erlangen. Bedeutung kann die Zeugnispflicht insbesondere bei einer **Privatscheidung** erlangen, soweit diese **nach ausländischem Scheidungsstatut** wirksam ist. 11

---

10 Stein/Jonas/*Berger*[22] § 385 Rdn. 3.
11 RGZ 169, 48, 49 f.; LSG Darmstadt NJW 1989, 2710, 2711; MünchKomm/*Damrau*[4] § 385 Rdn. 3; Stein/Jonas/*Berger*[22] § 385 Rdn. 3; *Müller* FamRZ 1986, 634, 635. Für entsprechende Anwendung des § 385 Abs. 1 Nr. 2 Staudinger/*Rauscher* (2011) Einl. §§ 1589 ff. Rdn. 134.
12 RGZ 169, 48, 49 f.
13 A.A. ohne Begründung Stein/Jonas/*Berger*[22] § 385 Rdn. 3; MünchKomm/*Damrau*[4] § 385 Rdn. 3.
14 So aber für die Scheidung MünchKomm/*Damrau*[4] § 385 Rdn. 3.

12　**Familienmitglieder** im Sinne des § 385 Abs. 1 Nr. 2 sind sämtliche mit dem Zeugen **verwandten und verschwägerten Personen** sowie der **Ehepartner** des Zeugen,[15] nicht nur die in § 383 Abs. 1 Nr. 1–3 genannten Personen. Der Zeuge muss mit dem Familienmitglied **nicht** in **häuslicher Gemeinschaft** leben.

13　Soll der nach § 383 Abs. 1 Nr. 1–3 weigerungsberechtigte Zeuge über Geburten, Verheiratungen und Todesfälle von Personen, die nicht seiner Familie angehören, vernommen werden, ist **§ 385 Abs. 1 Nr. 2 entsprechend anzuwenden.** Es ist nicht ersichtlich, weshalb der Zeuge, der aus familiären Gründen ein Zeugnisverweigerungsrecht besitzt, zur Aussage über den Personenstand seiner Familienmitglieder verpflichtet sein sollte, nicht aber über den Personenstand sonstiger Personen.

14　Die **Beweislast** für die Voraussetzungen der Bestimmung trifft den **Beweisführer**.

15　Die **praktische Relevanz** der Vorschrift ist **gering**, weil die Einholung einer **amtlichen Auskunft** über den Personenstand meist **zuverlässiger** ist als die Zeugenaussage. Bedeutsam wird sie dann, wenn der Beweisführer eine nicht eingetragene Personenstandsveränderung behauptet. **Scheitert** die Einholung einer **amtlichen Auskunft** daran, dass der Ort der Eheschließung bzw. Scheidung im Inland unbekannt ist, kann die Zeugenvernehmung Abhilfe schaffen, es sei denn, die Ermittlung auch nur des Ortes der Eheschließung/Scheidung wird als unzulässiger Ausforschungsbeweis gewertet.

IV. Familiäre Vermögensangelegenheiten

16　**1. Normzweck.** § 385 Nr. 3 schließt zugunsten der nächsten Angehörigen die Zeugnisverweigerungsrechte in Vermögensangelegenheiten aus, die auf dem Familienverhältnis beruhen. Der **Gesetzgeber** hat die Ausnahmevorschrift damit begründet, dass die in Frage stehenden Angelegenheiten nach der **herrschenden Sitte** lediglich im Kreise der Familie verhandelt würden und in Streitigkeiten über solche Angelegenheiten das Recht der Zeugnisverweigerung mit den Interessen anderer Familienmitglieder leicht in Kollision treten könne.[16] § 385 Abs. 1 Nr. 3 ist danach grundsätzlich für **Rechtsstreitigkeiten innerhalb der Familie** gedacht, denn nur dann kann die Zeugnisverweigerung aus Rücksicht auf die familiäre Bindung zu einer Partei den Interessen anderer Familienmitglieder zuwiderlaufen.

17　Die **beweisführende Partei** wird bei solchen Streitigkeiten vielfach **auf Zeugen aus der Familie angewiesen** sein. Andere Beweismittel werden häufig fehlen, weil Vermögensangelegenheiten der Familie erfahrungsgemäß nicht nach außen getragen werden.[17] Die daraus resultierenden Beweisschwierigkeiten lassen befürchten, dass die **Zeugnisverweigerung** aus familiären Gründen bei familieninternen Streitigkeiten **dem Familienfrieden nicht dienlich ist.** Kann die Zeugnisverweigerung aber nicht zur Wahrung des Familienfriedens beitragen, verliert das Zeugnisverweigerungsrecht aus familiären Gründen seine Rechtfertigung.

18　Die **Aussagepflicht** lässt sich auch damit erklären, dass sie zumindest bei erbrechtlichen oder unterhaltsrechtlichen Streitigkeiten häufig **mit materiell-rechtlichen Auskunftsansprüchen** der betroffenen Familienmitglieder **korrespondieren** wird. Diese materiell-rechtlichen Ansprüche in familien- und erbrechtlichen Vermögensangelegen-

---

15　So wohl RG Recht 1910 Nr. 1785; MünchKomm/*Damrau*[4] § 385 Rdn. 3; Stein/Jonas/*Berger*[22] § 385 Rdn. 3.
16　*Hahn/Stegemann* Mat. II/1 S. 312; Prot. der Kommission zur Ausarbeitung des Entwurfes einer CPO für die Staaten des Norddeutschen Bundes, Berlin 1869, Bd. 2, 130. Sitzung, S. 730.
17　RGZ 40, 345, 347; RG JW 1903, 24, 25 (Nr. 14); OLG Hamm OLGRspr. 37, 145; OLG Düsseldorf FamRZ 1980, 616.

heiten sind Ausdruck des hohen Stellenwerts, den die Sachverhaltsaufklärung in diesen Fragen genießt. Es ist deshalb plausibel, wenn das Gesetz dem Aufklärungsinteresse **Vorrang vor** der **Rücksichtnahme auf** die **familiäre Bindung** des Zeugen (§ 383 Abs. 1 Nr. 1–3) **oder** auf einen **möglichen Vermögensschaden** des Zeugen oder seines Angehörigen (§ 384 Nr. 1) einräumt.

2. Familieninterne Streitigkeit. Wie bei allen Tatbeständen des § 385 Abs. 1 muss der Zeuge auch hier **mit** einer der **Parteien** im Sinne des § 385 Abs. 1 Nr. 1–3 **familiär verbunden** sein, weil die Vorschrift ein Weigerungsrecht nach § 383 Abs. 1 Nr. 1–3 oder § 384 Nr. 1 voraussetzt. Doch muss grundsätzlich **auch die andere Partei zum Kreise der Familie** gehören, weil die Vorschrift für familieninterne Streitigkeiten gedacht ist. Das OLG Düsseldorf hat die Vorschrift indes auch in einem Fall angewendet, in dem ein Land, den **nach § 37 BAföG übergegangenen Unterhaltsanspruch** eines Kindes gegen seine Eltern geltend machte, weil es sich zwar nicht um einen Widerstreit der Interessen von Mitgliedern derselben Familie handele, aber das Land sonst in Beweisnot geraten würde.[18] Die Entscheidung ist nicht ohne weiteres verallgemeinerbar, weil insofern eine Sondersituation vorlag, als die im Streit stehenden Interessen von Mitgliedern derselben Familie sich durch die Legalzession nur zufällig verlagert hatten. **19**

3. Familienverhältnis. Mit dem Familienverhältnis in § 385 Abs. 1 Nr. 3 ist das **familiäre Band des Zeugen zu einer Partei** gemeint.[19] Die Ausnahmeregelung des Abs. 1 Nr. 3 findet auch dann Anwendung, wenn das Familienverhältnis, etwa auf Grund einer Scheidung, **nicht mehr besteht**.[20] **20**

Der **persönliche Anwendungsbereich** der Ausnahmenorm ist mit dem des **§ 383 Abs. 1 Nr. 1–3 kongruent.** Der **geschiedene Ehegatte** besitzt (zur Reichweite des § 383 Abs. 1 Nr. 2 s. § 383 Rdn. 18 f.) in Bezug auf Vermögensangelegenheiten, die durch das frühere Familienverhältnis bedingt sind, **kein Zeugnisverweigerungsrecht**. Dies ergibt sich auch aus Sinn und Zweck der Regelung. Wenn das Zeugnisverweigerungsrecht schon innerhalb eines bestehenden Familienverhältnisses eingeschränkt wird, muss dies erst recht gelten, wenn durch die Scheidung der Ehe die **persönlichen Berührungspunkte wesentlich vermindert** und in aller Regel für die Zukunft sogar ausgeschlossen sind, so dass die Konfliktgefahr erheblich herabgesetzt ist.[21] **21**

4. Vermögensangelegenheiten. § 385 Abs. 1 Nr. 3 ist anwendbar, wenn der Zeuge über Tatsachen aussagen soll, die **durch das Familienverhältnis bedingte Vermögensangelegenheiten** betreffen.[22] Das Familienverhältnis muss also für die Vermögensangelegenheit ursächlich sein. Wie der geforderte **Zusammenhang im Einzelnen** beschaffen sein muss, ist **umstritten**. **22**

Anknüpfungspunkt ist zumeist die **ältere Rechtsprechung des RG**, der zufolge es darauf ankommt, dass die konkrete Vermögensangelegenheit ihren Grund im Familienverband hat.[23] Diese Formulierung ist indes ebenso unbestimmt wie der Gesetzestext. Sie ist in einigen Entscheidungen dahin gehend präzisiert worden, dass rein zufällige Ge- **23**

---

18 OLG Düsseldorf FamRZ 1980, 616, 617.
19 So wohl RG Recht 1910 Nr. 1785.
20 OLG Nürnberg FamRZ 1992, 1316, 1317.
21 OLG Nürnberg FamRZ 1992, 1316, 1317. **A.A.** OLG Stuttgart FamRZ 2013, 803, 804, u.a. wegen – abzulehnender – Kongruenz der Reichweite mit § 383 Abs. 1 Nr. 3.
22 OLG Celle OLGRspr. 17, 330.
23 RGZ 40, 345, 347 f.; RG JW 1899, 814 Nr. 6.

schehnisse und willkürliche Handlungen, wie sie auch zwischen nicht verwandten Personen vorkommen können, nicht unter die Vorschrift fielen.[24] Der Zeuge ist danach nur zur Aussage verpflichtet, soweit ein **spezifischer Zusammenhang** zwischen **Familienverhältnis** und **Vermögensangelegenheit** besteht, die tatsächliche Verknüpfung also nicht nur rein zufällig ist. Dies ist etwa bei **familien- und erbrechtlichen Streitigkeiten** der Fall, nicht aber bei allgemeinen geschäftlichen Angelegenheiten zwischen Familienmitgliedern. Anderen Entscheidungen zufolge soll der Zeuge **auch** über **Rechtsgeschäfte allgemeiner Art** aussagen müssen, wenn die Vermögensangelegenheit nur im konkreten Fall das familienrechtliche Band als ihren Grund hat.[25]

24 Sieht man die Erleichterung der Beweisführung bei familieninternen Streitigkeiten als Hauptziel der Aussagepflicht an, wird man diese immer dann bejahen müssen, wenn **Familienmitglieder** des Zeugen **über interne Vermögensangelegenheiten streiten**, denn die Beweisführung dürfte nicht nur dann schwierig sein, wenn Familienmitglieder um erb- oder familienrechtliche Ansprüche streiten, sondern auch, wenn es um Bürgschaften, Mietfragen, Darlehen oder ähnliches geht, für die Vermögensangelegenheiten von Bedeutung sind.

25 Doch spricht auch einiges für die **enge Auslegung der Vorschrift**. Denn es ist nicht ersichtlich, weshalb die beweisführende Partei bei allgemeinen Geschäften mit einem Familienangehörigen des Zeugen auf Grund ihrer Zugehörigkeit zur Familie gegenüber familienfremden Geschäftspartnern privilegiert sein sollte. Auch kann das Fehlen von Beweismitteln die Beschränkung der Aussagepflicht auf Vermögensangelegenheiten nicht erklären. Diese Begrenzung ist aber dann sinnvoll, wenn die Aussagepflicht einem **erhöhten Interesse an** der **Aufklärung** des Sachverhalts in Bezug auf familieninterne Vermögensangelegenheiten Rechnung trägt. Ein solches Interesse besteht nur **bei genuin erbrechtlichen und familienrechtlichen Streitigkeiten**, nicht jedoch beim Streit über allgemeine geschäftliche Angelegenheiten zwischen den Familienangehörigen.

26 Die Aussagepflicht ist auf Tatsachen beschränkt, die die **familieninterne Vermögensangelegenheit betreffen**. Dabei kommt es nicht darauf an, dass die Tatsache eine rechtliche Bedeutung für die Entscheidung hat, sondern dass sie mit der durch das Familienverhältnis bedingten Vermögensangelegenheit in einem tatsächlichen Zusammenhang steht, der für die Wissenschaft des Zeugen von Bedeutung sein kann.[26]

27 **5. Einzelfälle.** Im Einzelnen findet § 385 Abs. 1 Nr. 3 Anwendung beim Streit über die Annahme oder Ausschlagung von **Erbschaften**[27] und **Vermächtnissen**, Pflichtteilsansprüche[28] wie sonstige erbrechtliche Ansprüche,[29] über Verfügungen des Kindes über den

---

24 RG JW 1902, 20, 21; Seuff.Arch. 64 (1909), 351 Nr. 167: nicht bei Einwilligung in Fortführung der Firma bei Ausscheiden eines Gesellschafters, auch wenn Gesellschaftsvertrag zwischen Verwandten geschlossen worden sei; nicht ganz eindeutig RG Gruchot 56 (1912), 1059 Nr. 108; OLG München OLGRspr. 21, 84: nicht bei Bürgschaftsverpflichtung, weil Zusammenhang ganz äußerlich und rein zufällig sei; KG HRR 1929 Nr. 1879; ebenso wohl MünchKomm/*Damrau*[4] § 385 Rdn. 4; Stein/Jonas/*Berger*[22] § 385 Rdn. 5; Zöller/*Greger*[28] § 385 Rdn. 5.
25 RG Seuff.Arch. 54 (1899), 222 Nr. 117; RGZ 40, 345, 348: zum Mitgiftversprechen eines Vaters, obgleich die Mitgift auch durch einen Dritten gewährt werden könne; RG JW 1899, 814 Nr. 6: die Verfügungen eines Sohnes über den Nachlass der Mutter beruhten auf dem Familienband, auch wenn ein Dritter sich ebenfalls als Erbe gerieren könne; RG JW 1909, 319 Nr. 19.
26 RG JW 1903, 24 Nr. 14, 25; BayObLGZ 8, 487, 490; OLG Celle OLGRspr. 17, 330.
27 OLG Celle Seuff.Arch. 55 (1900), 469 Nr. 243.
28 OLG Celle OLGRspr. 17, 330; **a.A.** bzgl. der Höhe des Pflichtteils Baumbach/Lauterbach/*Hartmann*[71] § 385 Rdn. 6.
29 RG JW 1895, 8 Nr. 19; OLG Oldenburg Seuff.Arch. 47 (1892), 102 Nr. 72.

Nachlass der Eltern[30] und Vereinbarungen darüber, wie die **Auseinandersetzung** innerhalb einer **Erbengemeinschaft**,[31] Abfindungen von Kindern durch ihre Eltern bzw. Abfindungsansprüche erbberechtigter Kinder[32] und Pflichtteilsberechtigter, **Hofüberlassungen** an Familienmitglieder,[33] das Bestehen von Nachlassschulden unter Miterben, **familienrechtliche Ansprüche** aus **ehelichem Güterrecht**,[34] auch darüber Vereinbartes,[35] Mitgiftversprechen,[36] Unterhaltsansprüche und -versprechen,[37] jedoch unter **Ausklammerung** von **auf Behörden** kraft Gesetzes **übergegangenen Unterhaltsansprüchen**.[38]

§ 385 Abs. 1 Nr. 3 ist **nicht anzuwenden** bei der Vernehmung des Zeugen über die 28 Höhe des **Vermögens der Ehepartner** zur **Zeit** der **Eingehung der Ehe**, weil sie nicht durch die Ehe bedingt ist.[39] Auch bei einer Klage auf **Feststellung** des Bestehens oder Nichtbestehens **der Vaterschaft** scheidet die Anwendung der Vorschrift aus, weil es nicht um eine durch das Familienverhältnis bedingte Vermögensangelegenheit geht.[40] Die Frage wirkt sich im Ergebnis indes nicht aus, weil nach der hier vertretenen Auffassung bei Fragen nach dem Erzeuger wegen der darin enthaltenen Frage nach dem Sexualverkehr mit einer bestimmten Person jedenfalls ein Zeugnisverweigerungsrecht aus § 384 Nr. 2 1. Alt. gegeben wäre, das nach § 385 nicht entfiele (§ 384 Rdn. 46).

§ 385 Abs. 1 Nr. 3 gilt auch nicht für die Vernehmung über den **Lebenswandel einer** 29 **Person**, auch wenn er die Entziehung des Pflichtteils rechtfertigen kann, weil der Lebenswandel sich nicht auf eine Vermögensangelegenheit bezieht.

V. Handlungen eines Rechtsvorgängers oder Vertreters

1. Normzweck. § 385 Abs. 1 Nr. 4 ist in Hinblick auf die mit der **Einführung der Par-** 30 **teivernehmung** geänderte Vorschrift des § 449 a.F. (bis 1900 § 414 CPO) geschaffen worden, wonach über Handlungen eines Rechtsvorgängers der frühere Beweis durch Eideszuschiebung entfiel.[41] In diesen Fällen sollte die Vorschrift des § 385 Abs. 1 Nr. 4 den Nachweis der Handlungen von Rechtsvorgängern oder Vertretern auch dann ermöglichen und sichern, wenn diese zu denjenigen Personen gehörten, die sonst nach § 383 Abs. 1 Nr. 1–3 und § 384 Nr. 1 zur Verweigerung des Zeugnisses berechtigt waren.[42] Diese **Motivation kann** den § 385 Abs. 1 Nr. 4 **heute nicht mehr rechtfertigen**, weil die Parteivernehmung über Handlungen eines Rechtsvorgängers nicht ausgeschlossen ist und die zu beweisende Tatsache bei Aussage- oder Eidesverweigerung der Partei nach § 446 (gegebenenfalls in Verb. mit § 453 Abs. 2) je nach Sachlage als erwiesen angesehen werden kann.

---

30 RG JW 1899, 814 Nr. 6.
31 OLG Breslau OLGRspr. 21, 84.
32 RG Seuff.Arch. 45 (1890), 101 Nr. 52; OLG Hamm OLGRspr. 37, 145.
33 OLG Celle OLGRspr. 17, 330.
34 RG Gruchot 56 (1912), 1059, 1060 Nr. 108; OLG Oldenburg Seuff.Arch. 47 (1892), 102 Nr. 72.
35 BayObLGZ 7, 201, 205.
36 RGZ 40, 345, 348.
37 OLG Oldenburg Seuff.Arch. 47 (1892), 102 Nr. 72; OLG Düsseldorf FamRZ 1980, 616, 617.
38 Baumbach/Lauterbach/*Hartmann*[71] § 385 Rdn. 6; **A.A.** OLG Karlsruhe FamRZ 1989, 764, 765.
39 RG Seuff.Arch. 51 (1896), 227, 228 Nr. 145.
40 RGZ 169, 48, 50; LSG Darmstadt NJW 1989, 2711.
41 Vgl. RG JW 1895, 294 Nr. 11.
42 RG JW 1895, 294 Nr. 11 m.w.N.

2. Rechtsvorgänger, Vertreter

31 **a) Rechtsvorgänger.** Die Begriffe „Rechtsvorgänger" und „Vertreter" sind im Sinne der Vorschriften bürgerlichen Rechts zu beurteilen.[43] Rechtsvorgänger ist die Person, von der die Partei den streitigen Anspruch im Wege der **Einzel- oder Gesamtrechtsnachfolge** erworben hat (§ 325 Rdn. 23, 45, 50), so etwa der Zedent einer Forderung,[44] bei dem Streit um eine Hypothek neben dem Zedenten auch deren Besteller.[45] Rechtsvorgänger sind ferner die Ehepartner hinsichtlich ihres in eine Gütergemeinschaft eingebrachten Vermögens.[46]

32 **b) Vertreter.** Nach h.M. sind unter **Vertreter** im Sinne der Vorschrift nur Vertreter im Rechtssinne zu verstehen, also alle **gesetzlichen** oder **rechtsgeschäftlich bestellten Stellvertreter** im Sinne des § 164 BGB,[47] nicht aber Personen, für deren Handlungen die Partei aus sonstigen Gründen einstehen muss,[48] also **nicht Verrichtungsgehilfen** oder so genannte „**tatsächliche Vertreter**" wie Makler, Ratgeber, Beistände oder andere Unterstützungspersonen einer Partei.[49] Dritte, die in Gegenwart einer Partei an deren Stelle sprechen und verhandeln, ohne dass die Partei widerspricht, sind entgegen zweier älterer Entscheidungen nicht als „Werkzeug" oder „Mundstück" bloße Wortführer[50] oder Unterstützungspersonen[51] der Partei, sondern zumindest konkludent bevollmächtigte Vertreter.[52]

33 **3. Rechtsverhältnis; diesbezügliche Handlungen.** Der Begriff des **Rechtsverhältnisses** entspricht dem des § 253. Die **Handlungen** müssen sich **auf das streitige Rechtsverhältnis beziehen**, und die Rechtsnachfolge oder Vertretung muss sich gerade auf dieses Rechtsverhältnis bezogen haben.[53] Unter Handlungen sind Handlungen aller Art zu verstehen, die für das fragliche Rechtsverhältnis von Bedeutung sind, nicht bloß die Begründung neuer Rechtsverhältnisse,[54] **auch Unterlassungen**.[55] So bezieht sich die Aussagepflicht etwa auf die Kenntnisnahme und Genehmigung einer Vereinbarung, die Lieferung von Ware, die Entgegennahme einer Bestellung und deren Ausführung.[56] Ob die Handlungen vor der Rechtsnachfolge[57] oder der Übernahme der Vertretung vorgenommen worden sind, ist gleichgültig.

34 Nach der Rechtsprechung besteht die **Aussagepflicht** nach § 385 Abs. 1 Nr. 4 **nicht**, wenn der Zeuge nur für Wahrnehmungen benannt ist.[58] Gemeint ist damit, dass der Zeu-

---

43 RGZ 13, 355, 356.
44 OLG Dresden OLGRspr. 19, 112.
45 RG Gruchot 38, 984, 989 f.; RG JW 1897, 186 Nr. 5.
46 Vgl. RGZ 13, 416, 417.
47 RGZ 13, 355, 357; RG Gruchot 48, 1102, 1104; RG Warn. 1911 Nr. 298 = JW 1911, 489 Nr. 15; OLG Dresden OLGRspr. 15, 137, 138; OLG Köln NJW 1955, 1561; OLG München OLGRep. 1996, 242; Zöller/*Greger*[29] § 385 Rdn. 6; Baumbach/Lauterbach/*Hartmann*[71] § 385 Rdn. 7; offen gelassen von OLG Hamm OLGRspr. 40, 377.
48 RGZ 13, 255.
49 OLG Köln NJW 1955, 1561; OLG München OLGRep. 1996, 242; **A.A.** Stein/Jonas/*Berger*[22] § 385 Rdn. 6; MünchKomm/*Damrau*[4] § 385 Rdn. 5.
50 So aber OLG Dresden OLGRspr.15, 137, 138.
51 So aber RG Warn. 1911 Nr. 298 = JW 1911, 498 Nr. 15.
52 OLG Hamm OLGRspr. 40, 377; OLG München OLGRep. 1996, 242.
53 RG JW 1899, 257 Nr. 5; OLG Hamburg OLGRspr. 17, 162, 163.
54 RGZ 47, 430, 432.
55 RGZ 13, 355, 357.
56 OLG Dresden OLGRspr. 19, 112.
57 OLG Celle Seuff.Arch. 36 (1881), 479 Nr. 307.
58 RGZ 53, 111, 112; OLG Hamburg OLGRspr. 17, 162, 163; OLG München OLGRep. 1996, 242.

ge nur zur Aussage über solche **Wahrnehmungen** verpflichtet ist, **die seine eigenen Handlungen** in Bezug auf das streitige Rechtsverhältnis **betreffen**, nicht aber, soweit er wegen seiner sonstigen Wahrnehmungen als Zeuge benannt ist. Hiermit dürfte auch die vermeintliche Gegenauffassung übereinstimmen, § 385 Abs. 1 Nr. 4 verpflichte den Zeugen, über seine mit den eigenen Handlungen in Zusammenhang stehenden Wahrnehmungen zu berichten.[59] Dagegen kann die in der Literatur verbreitete Interpretation, Wahrnehmungen des Zeugen würden von § 385 Abs. 1 Nr. 4 nicht erfasst,[60] schon deshalb nicht richtig sein, weil Zeugen stets über Wahrnehmungen berichten.

4. Verfahren. Welche Seite den Zeugen benannt hat, ob der Rechtsnachfolger bzw. der Vertretene oder dessen Gegner, ist gleichgültig. Die Vorschrift ist aber nur anwendbar, wenn der **Beweisführer positiv behauptet**, der Zeuge habe als Vertreter oder Rechtsvorgänger der Partei gehandelt, **nicht** wenn er dieses **bestreitet**.[61] Beruft sich der Gegner auf § 385 Abs. 1 Nr. 4, muss die Erhebung des Gegenbeweises erforderlich sein. 35

Nicht erforderlich ist, dass die **Vertretereigenschaft feststeht**; vielmehr **genügt** die bloße **Behauptung** des Beweisführers, dass der Zeuge als Vertreter oder Rechtsvorgänger der Partei gehandelt hat, weil sich die Aussagepflicht nach dem Wortlaut des § 385 Abs. 1 Nr. 4 auf die Handlungen bezieht, die von dem Rechtsvorgänger bzw. Vertreter vorgenommen „sein sollen".[62] Eines Beweises der Voraussetzungen des § 385 Abs. 1 Nr. 4 bedarf es danach nicht.[63] Einen Beweis der Voraussetzungen kann man schon deshalb nicht verlangen, weil die fraglichen Tatsachen für das in der Hauptsache streitige Rechtsverhältnis von Bedeutung sind und deshalb im Zusammenhang damit und **nicht im Rahmen eines Zwischenstreits** über das Zeugnisverweigerungsrecht endgültig zu klären sind. 36

Ob und wie der **Zeuge** die Anwendung des § 385 Abs. 1 Nr. 4 **abwenden kann**, ist ebenfalls umstritten. Der Zeuge ist nach hier vertretener Ansicht **nicht berechtigt**, die Behauptung des Beweisführers **durch eidesstattliche Versicherung zu widerlegen**.[64] Er hat also keine Möglichkeit, seine Vernehmung zu verhindern, sofern sich der Beweisführer auf § 385 Abs. 1 Nr. 4 beruft. Dagegen soll der Zeuge **nach anderer Ansicht** über seine Vertretereigenschaft zu vernehmen sein und die weitere Aussage ablehnen können, wenn er behauptet, nicht als Vertreter (oder Rechtsvorgänger) gehandelt zu haben.[65] Diese Auffassung findet keine Stütze im Gesetz. Sie macht auch das aus dem Wortlaut der Vorschrift abgeleitete Privileg des Beweisführers zunichte, die Handlungen des Zeugen als Rechtsvorgänger oder Vertreter der Partei bloß behaupten zu müssen. 37

---

59 Baumbach/Lauterbach/*Hartmann*[71] § 385 Rdn. 7; Thomas/Putzo/*Reichold*[33] § 385 Rdn. 4.
60 MünchKomm/*Damrau*[6] § 385 Rdn. 5; Stein/Jonas/*Berger*[22] § 385 Rdn. 6; Zöller/*Greger*[29] § 385 Rdn. 6.
61 RG JW 1895, 294 Nr. 11; RGZ 53, 111; RG JW 1903, 24 Nr. 12; RG Warn. 1911 Nr. 298 = JW 1911, 498.
62 OLG Marienwerder Seuff.Arch. 48 (1893) 353 Nr. 222. Dies ist soweit ersichtlich, die einzige Entscheidung, die diese Frage ausdrücklich erörtert; ebenfalls zu dieser Frage, aber ohne Begründung und mit unzutreffendem Zitat OLG Kassel OLGRspr. 21, 83. In den sonst vielfach hierzu zitierten Entscheidungen geht es lediglich darum, dass sich nur der *Beweisführer* auf § 385 Abs. 1 Nr. 4 berufen kann (RG Warn. 1911 Nr. 298 = JW 1911, 498; RGZ 53, 111).
63 MünchKomm/*Damrau*[6] § 385 Rdn. 5; Stein/Jonas/*Berger*[22] § 385 Rdn. 7; Thomas/Putzo/*Reichold*[33] § 383 Rdn. 4. Zöller/*Greger*[29] § 385 Rdn. 6 (unter Aufgabe der früheren gegenteiligen Ansicht).
64 OLG Kassel OLGRspr. 21, 83.
65 OLG Celle Seuff.Arch. 51 (1896), 358 Nr. 231; zustimmend MünchKomm/*Damrau*[6] § 385 Rdn. 5.

VI. Schweigepflichtentbindung

38 **1. Normzweck.** § 385 Abs. 2 **zwingt** Zeugen, die ein Zeugnisverweigerungsrecht nach § 383 Abs. 1 Nr. 4 oder Nr. 6 besitzen, **zur Aussage**, wenn der **Geschützte** sie von ihrer Verschwiegenheitspflicht ihm gegenüber **entbunden hat**. Die in dem Zeugnisverweigerungsrecht liegende Ausnahme von der allgemeinen Zeugnispflicht ist nicht gerechtfertigt, wenn der Geschützte an der Geheimhaltung nicht interessiert ist, weil das Weigerungsrecht ausschließlich um seinetwillen besteht.

39 **Nicht erwähnt** ist in § 383 Abs. 2 der Fall des **§ 383 Abs. 1 Nr. 5**, weil der durch diese Vorschrift bewirkte Vertrauensschutz in erster Linie dem **öffentlichen Interesse** an einer **freien Presse** dient (§ 383 Rdn. 38), über das der Informant als Vertrauensgeber nicht disponieren kann.

40 Bei den Zeugnisverweigerungsrechten nach **§ 383 Abs. 1 Nr. 1–3 bzw. § 384 Nr. 1** ist der Zeuge **nicht gezwungen zu reden**, wenn er eine **Aussageerlaubnis seines Angehörigen** erhält, denn diese Zeugnisverweigerungsrechte schützen auch die Privatsphäre des Zeugen. Doch kann der Zeuge seinen Angehörigen nicht daran hindern auszusagen.

41 **2. Abgrenzung zur Aussagegenehmigung nach § 376.** Die Entbindung von der Schweigepflicht gemäß § 385 Abs. 2 ist **nicht gleichzusetzen mit** der nach § 376 einzuholenden **Aussagegenehmigung für Angehörige** des **öffentlichen Dienstes**. Während letztere der Wahrung öffentlicher Geheimhaltungsinteressen dient und stets einzuholen ist (§ 376 Rdn. 3), wird die Entbindung eines Angehörigen des öffentlichen Dienstes von seiner Schweigepflicht gemäß § 385 Abs. 2 nur relevant, wenn ein Zeugnisverweigerungsrecht gemäß § 383 Abs. 1 Nr. 6 besteht. Dies setzt aber voraus, dass das Beweisthema in Hinblick auf konkrete Individualinteressen von der Verschwiegenheitspflicht des Amtsträgers umfasst ist. **Berührt die Zeugenaussage eines Amtsträgers** sowohl öffentliche Interessen als **auch Individualinteressen**, muss nicht nur die Aussagegenehmigung des Dienstvorgesetzten, sondern auch die Befreiung von der Schweigepflicht vorliegen.[66]

42 **3. Irrelevanz bei Geistlichen.** Bei **katholischen Geistlichen** beseitigt eine Entbindung von der Schweigepflicht deren Zeugnisverweigerungsrecht nicht, weil sie nach **Art. 9 des Reichskonkordats** vom 20.7.1933[67] nicht zur Aussage gezwungen werden können.[68] Im Reichskonkordat, das als innerstaatliches Gesetz gilt und gegenüber § 385 Abs. 2 spezieller ist,[69] ist diese Möglichkeit der Aussageerlaubnis nicht vorgesehen, weil es vor allem ein Schutzgesetz für Kirche und Seelsorger ist.[70] Für **Geistliche anderer Religionsgesellschaften**[71] im Sinne der Art. 4 Abs. 1 und 2 GG, Art. 137 Abs. 2 WRV in Verb. mit Art. 140 GG **kann nichts anderes gelten**, weil die Religionszugehörigkeit keine Ungleichbehandlung rechtfertigt (Art. 3 Abs. 3 Satz 1 GG).

43 **4. Rechtsnatur der Befreiung.** Die **Entbindung von der Verschwiegenheitspflicht** ist eine **einseitige, empfangsbedürftige Willenserklärung**. Nicht entgegen

---

66 Stein/Jonas/*Berger*[22] § 385 Rdn. 8 f.
67 RGBl 1933 II S. 679, 681.
68 LG Nürnberg-Fürth FamRZ 1964, 513, 514; *Bosch* Anm. zu OLG Nürnberg FamRZ 1963, 260, 262; Stein/Jonas/*Berger*[22] § 385 Rdn. 11.
69 Stein/Jonas/*Berger*[22] § 385 Rdn. 11.
70 LG Nürnberg-Fürth FamRZ 1964, 513, 514; vgl. auch Zöller/*Greger*[29] § 385 Rdn. 7: die Schweigepflicht des Geistlichen sei über den Schutz des Einzelnen hinaus zur institutionellen Garantie erhoben.
71 Stein/Jonas/*Berger*[22] § 385 Rdn. 12 m.w.N.; *Bosch* FamRZ 1963, 262.

steht die Rechtsprechung zum ärztlichen Heileingriff, der zufolge die Einwilligung in die ärztliche Heilbehandlung oder Untersuchung wegen der darin liegenden Verfügung über das Leben und die körperliche Unversehrtheit keinen rechtsgeschäftlichen Charakter hat.[72] Sie ist weder auf die Befreiung von der ärztlichen Schweigepflicht übertragbar[73] noch auf die Verschwiegenheitspflicht anderer Berufsgruppen,[74] weil in der **Entbindung von der Verschwiegenheitspflicht keine Disposition über** den **menschlichen Körper** liegt. Vielmehr entscheidet der durch die Schweigepflicht Geschützte in Ausübung seines Persönlichkeitsrechts lediglich darüber, wie der Vertrauensnehmer mit den über ihn erlangten Informationen umgehen darf. Der höchstpersönliche Charakter solcher Daten schließt eine rechtsgeschäftliche Verfügung hierüber nicht aus, zumal derartige Informationen vielfach wirtschaftlich verwertet werden.

5. Befreiungserklärung zu Lebzeiten des Geschützten

a) Befreiungsbefugnis. Die Befugnis zur Befreiung des Vertrauensnehmers obliegt als **Teil des Persönlichkeitsrechts** grundsätzlich demjenigen, den die Verschwiegenheitspflicht schützt;[75] der „Geheimnisherr" disponiert über das Geheimnis, so dass das Zeugnisverweigerungsrecht wegfällt.[76] Der Geschützte ist **nicht notwendig mit** dem **Anvertrauenden identisch.** So ist der Patient auch dann für die Befreiung des Arztes von der Schweigepflicht zuständig, wenn ein Dritter den Arzt zugezogen oder beauftragt hatte.[77] Auch wenn **Hilfskräfte des Vertrauensnehmers als Zeugen** aussagen sollen, ist für die Entbindung von der Verschwiegenheitspflicht nicht etwa der Geschäftsherr, sondern der Geschützte zuständig.[78] Erteilt eine **juristische Person** das Mandat, ist nur sie selbst geschützt (§ 383 Rdn. 47). Die Schweigepflichtentbindung erteilt ausschließlich der aktuelle Organwalter bzw. im Falle der Insolenz der Insolvenzverwalter.[79] 44

Ist der **Zeuge mehreren Personen** zur Verschwiegenheit **verpflichtet**, wie der **Notar**, muss ihn auch jede von ihnen von der Verschwiegenheitspflicht entbinden.[80] Hat der Notar mehrere Rechtsgeschäfte mit unterschiedlichen Beteiligten beurkundet, ist jeweils nur die Befreiung derjenigen Beteiligten erforderlich, über deren Rechtsgeschäft der Notar aussagen soll.[81] Nach § 18 Abs. 2 2. Hs oder Abs. 3 BNotO ist für die Befreiung des Notars von der Verschwiegenheitspflicht **ausnahmsweise** auch die **Aufsichtsbehörde** zuständig[82] (s. auch unten Rdn. 57). 45

Ist der Geschützte **geschäftsunfähig** (§§ 104 ff. BGB), ist grundsätzlich sein **gesetzlicher Vertreter** zur Entbindung von der Verschwiegenheitspflicht berufen.[83] Dies gilt stets **in vermögensrechtlichen Angelegenheiten**. Im Insolvenzverfahren steht die **Befugnis zur Befreiung** von der Verschwiegenheitspflicht hinsichtlich früher für den Gemeinschuldner tätig gewordener Steuerberater, Wirtschaftsprüfer oder Rechtsanwälte 46

---

72 BGHZ 29, 33, 36.
73 So aber BayObLGZ 1985, 53, 55 f. = RPfleger 1985, 192.
74 So verallgemeinern MünchKomm/*Damrau*[4] § 385 Rdn. 9 und wohl auch Zöller/*Greger*[29] § 385 Rdn. 10.
75 Zum Anwaltsgeheimnis und zum Notargeheimnis: BGHZ 109, 260, 268 f. = NJW 1990, 510, 512. Zur Bestimmung der geschützten natürlichen Personen bei Beratung einer juristischen Person OLG Nürnberg NJW 2010, 690, 691; AG Bonn NJW 2010, 1390.
76 BGHZ 109, 260, 269; BGH NJW 2011, 1077 Tz. 12.
77 OLG Karlsruhe NJW 1960, 1392; Zöller/*Greger*[29] § 385 Rdn. 10; Stein/Jonas/*Berger*[22] § 385 Rdn. 14.
78 BGH NJW 2005, 2406, 2410; RG HRR 1928 Nr. 1361; MünchKomm/*Damrau*[4] § 385 Rdn. 7.
79 BGHZ 109, 260, 270 = NJW 1990, 520; *Priebe* ZIP 2011, 312, 315.
80 BGHZ 109, 260, 273 = NJW 1990, 510, 513.
81 RG Seuff.Arch. 64 (1909), 122 f. Nr. 59.
82 BGHZ 109, 260, 271; OLG Köln DNotZ 1981, 716 f.
83 OLG München JW 1932, 2176; Zöller/*Greger*[29] § 385 Rdn. 10.

dem **Insolvenzverwalter** zu, wenn die Aufklärung der Tatsachen, über die die betreffenden Personen als Zeuge vernommen werden sollen, für die Insolvenzmasse von Bedeutung ist[84] (s. auch Rdn. 44).

47 Geht es hingegen um **höchstpersönliche Angelegenheiten** eines geschützten Minderjährigen, kann der gesetzliche Vertreter den Vertrauensnehmer **nicht gegen den Willen des** voll einsichtsfähigen[85] geschützten **Minderjährigen** von seiner Verschwiegenheitspflicht **befreien**.[86]

48 **Abzulehnen** ist die Ansicht, der zufolge der **Minderjährige allein** über die Befreiung entscheiden dürfen soll, wenn er die notwendige Einsichts- und Urteilsfähigkeit besitzt, weil die Entbindungserklärung kein rechtsgeschäftliches Handeln sei.[87] Die dieser Auffassung zugrunde liegende Entscheidung **verallgemeinert zu Unrecht** die **Rechtsprechung** des BGH **zum ärztlichen Heileingriff**. Danach kann der einsichts- und urteilsfähige Minderjährige selbst in den Heileingriff einwilligen, weil die Einwilligung in die ärztliche Heilbehandlung oder Untersuchung wegen der darin liegenden Verfügung über das Leben und die körperliche Unversehrtheit keinen rechtsgeschäftlichen Charakter hat.[88] Diese Argumentation ist weder auf die Befreiung von der ärztlichen Schweigepflicht übertragbar[89] noch auf die Verschwiegenheitspflicht anderer Berufsgruppen,[90] weil in der **Entbindung von** der **Verschwiegenheitspflicht keine Disposition über** den **menschlichen Körper** liegt. Vielmehr entscheidet der durch die Schweigepflicht Geschützte in Ausübung seines **Persönlichkeitsrechts** darüber, wie der Vertrauensnehmer mit den über ihn erlangten Informationen umgehen darf.

49 Wollte man den **rechtsgeschäftlichen Charakter** der Verfügung über die persönlichen Daten verneinen, müsste man dies auch bei Verträgen über die (wirtschaftliche) Verwertung solcher Daten tun. Die Befreiungserklärung ist deshalb wie eine Willenserklärung im Sinne der §§ 130 ff. BGB zu behandeln und kann nicht ohne Zustimmung des gesetzlichen Vertreters wirksam werden. Unabhängig davon dürfte eine **eigenverantwortliche Entscheidung** über die Befreiung auch den „einsichtsfähigen" Minderjährigen **regelmäßig überfordern**, weil sich die Konsequenzen der Offenbarung der vertraulichen Daten weitaus weniger leicht veranschaulichen lassen als die Tragweite eines ärztlichen Heileingriffs. Zudem ließe sich die konkrete Einsichts- und Urteilsfähigkeit des Minderjährigen nicht ohne eine Offenbarung der relevanten Tatsachen gerichtlich feststellen.

50 **b) Verfahrensfragen.** Der **Entbindungswille** muss dem **Zeugen gegenüber erklärt** werden.[91] Doch genügt es, wenn das Gericht diesem die Erklärung mitteilt.[92] Auch sonstige Dritte können dem Zeugen die Erklärung übermitteln, doch muss dieser sich dann vergewissern, ob der Dritte tatsächlich die Erklärung des Geschützten überbringt.

---

84 BGHZ 109, 260, 270; OLG Nürnberg OLGZ 1977, 370, 372 f. = MDR 1977, 144, 145; OLG Düsseldorf OLGZ 1994, 461, 462 = NJW-RR 1994, 958, 959; LG Hamburg WM 1988, 1008, 1010.
85 Stein/Jonas/*Berger*[22] § 385 Rdn. 17.
86 Vgl. insoweit auch zur Ausübung des Zeugnisverweigerungsrechts durch den Minderjährigen BayObLG NJW 1967, 207.
87 So aber BayObLGZ 1985, 53, 55 f. = RPfleger 1985, 192; MünchKomm/*Damrau*[4] § 385 Rdn. 9; Baumbach/Lauterbach/*Hartmann*[71] § 385 Rdn. 9. Zur altersbedingten Zurückdrängung der Rechtsbefugnisse der Eltern s. auch RhPfVerfGH NJW 2012, 1345, 1349.
88 BGHZ 29, 33, 36; *Deutsch/Spickhoff* Medizinrecht[6] Rdn. 255; **a.A.** *Ohly* Volenti non fit iniuria, 2002, S. 201 ff., 238 ff. und 469.
89 So aber BayObLGZ 1985, 53, 55 f. = RPfleger 1985, 192. **A.A.** *Ahrens* FS G. Fischer (2010), S. 1, 8.
90 So verallgemeinern aber offenbar Zöller/*Greger*[29] § 385 Rdn. 10; MünchKomm/*Damrau*[4] § 385 Rdn. 9.
91 OLG Hamburg OLGRspr. 19, 110.
92 RG JW 1896, 586 Nr. 9.

Die Entbindung von der Schweigepflicht kann auch **konkludent** abgegeben werden und liegt beispielsweise darin, dass der Geschützte den Geheimnisträger als Zeugen benennt.[93] Sagt derjenige, der zur Erteilung der Erlaubnis befugt ist, im Prozess aus, liegt darin ebenfalls regelmäßig die konkludente Einwilligung in eine Aussage des schweigepflichtigen Zeugen.

Die **Entbindung von der Verschwiegenheitspflicht** ist eine **materiell-rechtliche Erklärung**, die innerhalb oder außerhalb des Prozesses erklärt werden kann. Die außerprozessuale Erklärung ist nie Prozesshandlung,[94] als innerprozessuale Erklärung kann sie dies allenfalls dann sein, wenn der Geschützte Partei ist oder eine parteiähnliche Stellung hat.[95] Doch wirkt sich die Erklärung auch dann nur indirekt auf den Prozess aus, im Vordergrund steht die materiell-rechtliche Wirkung auf das Verhältnis zwischen dem Geschützten und dem Zeugen. Die Befreiungserklärung ist deshalb auch dann **nicht** als **Prozesshandlung** zu qualifizieren, wenn sie von einer Partei stammt.[96] Ihre Abgabe **unterliegt** folglich auch im Anwaltsprozess **nicht** dem **Anwaltszwang**.[97] Die Erklärung der Befreiung ist bis zum Abschluss der Vernehmung frei widerruflich,[98] sofern der Geschützte nicht vertraglich gebunden ist. Sie ist insoweit wie eine Vollmacht zu behandeln (§ 168 Satz 2 BGB).[99] Die Befreiung ist als Willenserklärung (oben Rdn. 43) außerdem **nach §§ 119 ff. BGB anfechtbar**. Wird die Befreiung während oder nach der Vernehmung widerrufen, ist das, was der Zeuge bereits ausgesagt hat, **verwertbar**.[100] 51

Hat sich der **Geschützte** dem Gegner oder einem Dritten, der auch der Zeuge selbst sein kann, gegenüber **vertraglich verpflichtet**, den Zeugen von seiner Verschwiegenheitspflicht zu entbinden, kann der Beweisführer auf Abgabe der Befreiungserklärung klagen. Ohne rechtskräftiges Urteil (§ 894) gilt sie aber nicht als erteilt. Gegenüber dem eigenen Arbeitgeber kann der Arbeitnehmer schuldvertraglich zur Aussage verpflichtet sein.[101] 52

Die prozessuale **Beweislast** für die Entbindung von der Schweigepflicht trifft den Beweisführer.[102] Im Streit hierüber ist nach § 387 (§ 387 Rdn. 19) zu entscheiden. 53

Wird der Zeuge **nicht** von seiner Verschwiegenheitspflicht **entbunden**, ist die **Beweisaufnahme unzulässig**. Das Gericht darf das Beweisangebot zurückweisen[103] und die Ladung des Zeugen ablehnen. Die h.M. überlässt dem Gericht die Bewertung der Ablehnung völlig frei nach § 286.[104] Dagegen spricht jedoch, dass der Gesetzgeber die freie 54

---

93 BDH NJW 1960, 550; OLG Celle NdsRpfl. 1962, 260, 261.
94 OLG Celle NdsRPfl. 1962, 260, 26; MünchKomm/*Damrau*[4] § 385 Rdn. 11.
95 Vgl. zum Begriff der Prozesshandlung Zöller/*Greger*[29] Vor § 128 Rdn. 14.
96 A.A. BayObLG FamRZ 1990, 1012, 1013; Thomas/Putzo/*Reichold*[33] § 385 Rdn. 5.
97 Zöller/*Greger*[29] § 385 Rdn. 11.
98 BGH NJW 1986, 3077, 3079 (insoweit nicht abgedruckt in BGHZ 98, 32); OLG Celle NdsRPfl. 1962, 260, 261: jedenfalls die stillschweigende, in der Zeugenbenennung liegende Erklärung; OLG Celle OLGRspr. 19, 110, 111 f.; ebenso MünchKomm/*Damrau*[4] § 385 Rdn. 11; Stein/Jonas/*Berger*[22] § 385 Rdn. 21. Vgl. auch zu § 53 Abs. 2 StPO RGSt 57, 63, 66; BGHSt 18, 146, 150 = NJW 1963, 723, 724; A.A. BayObLG FamRZ 1990, 1012, 1013; KG OLGRspr. 39, 57, 58 f: als Prozesshandlung mangels ausdrücklicher anderslautender Regelung unwiderruflich; ebenso KG JW 1916, 1144; OLG Dresden OLGRspr. 31, 58, 59: Widerruf jedenfalls nach eigener Benennung des Zeugen und wiederholter Bestätigung der Befreiungserklärung nicht statthaft.
99 Ebenso MünchKomm/*Damrau*[4] § 385 Rdn. 11.
100 MünchKomm/*Damrau*[4] § 385 Rdn. 11; Stein/Jonas/*Berger*[22] § 385 Rdn. 21; vgl. BGHSt 18, 146, 149 f. = NJW 1963, 723 zur Parallelvorschrift des § 53 Abs. 2 StPO.
101 *Rieble* ZIP 2003, 1273, 1275 f.
102 Ebenso Stein/Jonas/*Berger*[22] § 385 Rdn. 20.
103 RG Warn. 1912 Nr. 130.
104 BGH NJW 1967, 2012 = LM § 286 (B) Nr. 24; MDR 1984, 48 = LM § 383 Nr. 2 ZPO; OLG Hamburg OLGRspr. 6, 126, 128: nachteilige Schlüsse aus der Ablehnung der Befreiung sind zulässig, wenn der Geschützte trotz materiell-rechtlicher Offenbarungspflicht auf der Wahrung der Verschwiegenheitspflicht

Würdigung der Aussageverweigerung und der Verweigerung des Eides zwar für die Parteivernehmung (§§ 446, 453 Abs. 2), nicht aber für den Zeugenbeweis ausdrücklich geregelt hat. Auch § 286 bezieht sich ebenso wenig wie beim Zeugenbeweis auf die Tatsache der Verweigerung (näher § 384 Rdn. 19f.). Die Ablehnung darf deshalb jedenfalls dann nicht zum Vorteil des Beweisführers verwertet werden, wenn die Ablehnung an einer Nichtpartei scheitert. Scheitert sie am Prozessgegner, kommt eine entsprechende Anwendung des § 446 in Betracht.[105]

6. Entbindung nach dem Tode des Geschützten

55 **a) Persönlichkeitsrechtliche Verankerung.** Die Verschwiegenheitspflicht der Berufsgeheimnisträger besteht als Konsequenz des **postmortalen Persönlichkeitsschutzes**[106] nach dem Tode des Geschützten grundsätzlich fort. Sie dient nach dem Ableben des Geschützten dazu, die Offenbarung von Tatsachen zu verhindern, die der Geheimnisträger als Vertrauensnehmer erfahren hat und an deren Geheimhaltung auch nach dem Tode der Verstorbene interessiert war. Für die Anwendung des § 385 Abs. 2 ist deshalb zunächst der noch **zu Lebzeiten** ausdrücklich oder konkludent **erklärte Wille des Verstorbenen** maßgeblich.[107] Ob der Verstorbene den Zeugen von seiner Verschwiegenheitspflicht entbunden hat, muss das Gericht im Streitfall gemäß § 387 nach Anhörung des Beweisführers und des Zeugen feststellen (§ 387). Der Beweisführer muss die **Tatsachen**, aus denen sich die **Befreiung** von der Schweigepflicht ergeben soll, **glaubhaft** machen (§ 386).

56 In den meisten Fällen wird eine positive Willensäußerung des Verstorbenen fehlen oder nicht feststellbar sein. Dann kommt es auf dessen **mutmaßlichen Willen** an, also darauf, ob der Verstorbene die konkrete Offenlegung mutmaßlich gebilligt oder missbilligt haben würde.[108] Im Streitfall ist es Sache des Beweisführers, die für eine mutmaßliche Entbindung von der Verschwiegenheitspflicht sprechenden Tatsachen glaubhaft zu machen. Etwaige **Gegenanzeichen muss** der die Aussage verweigernde **Zeuge vorbringen.** Der mutmaßliche Wille ist unter Berücksichtigung des **wohlverstandenen Interesses** des Verstorbenen zu ermitteln. **Abzulehnen** ist die Aufladung der Interessenerforschung mit **spekulativen Erwägungen** über die gewollte Förderung der Solidargemeinschaft der Sozialversicherten bei Regressnahme der Krankenkasse gegen den schweigepflichtigen Arzt wegen eines Behandlungsfehlers;[109] es fehlt insoweit an einem

---

beharrt; MünchKomm/*Damrau*[4] § 385 Rdn. 12; Stein/Jonas/*Berger*[22] § 385 Rdn. 20: mit Vorsicht und Zurückhaltung.
105 Vgl. auch *Stürner* Die Aufklärungspflicht der Parteien des Zivilprozesses, S. 203 u. 249: Entbindung als prozessuale Aufklärungspflicht der nicht risikobelasteten Partei, deren Verletzung in der Regel die Fiktion des Aufklärungsergebnisses nach sich zieht, das der risikobelasteten Partei günstig ist; **A.A.** noch RG JW 1915, 1361 Nr. 7; RG Warn. 1912 Nr. 130: die Weigerung der geschützten Partei, den Zeugen von der Verschwiegenheitspflicht zu entbinden, begründe nicht die Feststellung, dass sie dem Gegner die Beweisführung unmöglich gemacht hat, und habe deshalb keine Beweislastumkehr wegen Beweisvereitelung zur Folge.
106 So *F. Bydlinski* JBl. 1999, 553, 555.
107 Für höchstpersönliche Angelegenheiten BGHZ 91, 392, 399 = NJW 1984, 2893, 2895 = FamRZ 1984, 994, 996 (ärztliche Schweigepflicht); BDH NJW 1960, 550; BayObLG NJW 1987, 1492; OLG Köln NJWE-RR 1999, 191 (Verschwiegenheitspflicht eines gerichtlich bestellten Betreuers).
108 BGHZ 91, 392, 399 = NJW 1984, 2893, 2895; BAG NJW 2010, 1222 Tz. 13 (ärztliche Auskunft über Gesundheitszustand eines verstorbenen Zeugen); OLG München MDR 2011, 1496 (Arzthaftungsstreit); BayObLG NJW 1987, 1492; OLG Köln NJWE-RR 1999, 191 (Verschwiegenheitspflicht eines gerichtlich bestellten Betreuers).
109 So aber OLG München MDR 2011, 1496.

feststellbaren Willen (zu den Folgen Rdn. 62). Für die Geltendmachung durch die Erben und die vorbereitende Schweigepflichtentbindung zur Einsicht in die Krankenakten wird aber regelmäßig der mutmaßliche Wille des Erblassers sprechen.[110]

Die Dispositionsbefugnis kann allerdings auch von einem **Rechtsnachfolger** wahrgenommen werden[111] oder ohne Beteiligung eines Rechtsnachfolgers in sonstiger Weise erteilt werden, etwa durch die **Notaraufsicht**[112] (dazu auch oben Rdn. 45). In kantonalen Anwaltsrechten der Schweiz findet sich die rechtspolitisch beachtenswerte Regelung, dass die Entbindung vom Anwaltsgeheimnis durch die anwaltliche Aufsichtkommission erfolgen kann. 57

b) Höchstpersönliche Angelegenheiten. Die **Anforderungen an** die Annahme einer **mutmaßlichen Befreiungserklärung** hängen von der **Art des Beweisthemas** ab. Bei manchen Umständen spricht eine tatsächliche Vermutung dafür, dass sie nach dem Tode nicht mehr geheim gehalten, sondern gerade offenbart werden sollen. Dies gilt z.B. für den **Aufbewahrungsort des Testaments**,[113] seinen Inhalt und die Auslegungsumstände.[114] Dies gilt auch dann, wenn der Erblasser den Geheimnisträger zu Lebzeiten mehrfach auf seine Verschwiegenheitspflicht angesprochen hat, weil dem lediglich der Wille des Erblassers zu entnehmen ist, dass zu seinen Lebzeiten niemand von dem Inhalt der letztwilligen Verfügung erfahren sollte.[115] Auch soll sich die Verschwiegenheitspflicht von **Ärzten, Rechtsanwälten und Steuerberatern** grundsätzlich nicht auf Tatsachen erstrecken, die die Willensbildung des Erblassers und das Zustandekommen der letztwilligen Verfügung betreffen.[116] 58

Streitig ist hingegen, inwieweit anzunehmen ist, dass die **Aufklärung der Testierfähigkeit** durch eine Zeugenaussage des Geheimnisträgers dem **mutmaßlichen Willen des Erblassers entspricht**. Nach der Rechtsprechung des BayObLG und des OLG Köln kann der mutmaßliche Erblasserwille vernünftigerweise nur dahingehen, dass die **gewollte letztwillige Verfügung realisiert** wird. Im Interesse des Erblassers könne es nur liegen, dass die Rechtsnachfolge so sicher wie möglich festgestellt werde und die zur Verfügung stehenden Erkenntnisquellen benutzt würden.[117] Deshalb könne es nur seinem mutmaßlichen wirklichen Willen entsprechen, die Frage seiner Testierfähigkeit nach seinem Tode durch eine Vernehmung des Geheimnisträgers aufklären zu lassen.[118] **Demgegenüber** hat das **LG Düsseldorf** entschieden, es entspreche dem mutmaßlichen Willen des Erblassers, den ärztlichen Zeugen nicht von seiner Schweigepflicht zu entbinden, wenn der Zeuge die Geschäftsunfähigkeit des Erblassers bekunden könnte. Ältere Menschen seien üblicherweise daran interessiert, ihren Hinterbliebenen und Bekann- 59

---

110 OLG München VersR 2009, 982 m. Bespr. *Schultze-Zeu* VersR 2009, 1050, 1051 f. in kritischer Auseinandersetzung mit den Weigerungsangaben des Arztes; Fortschreibung von BGH NJW 1983, 2627, 2629 f.
111 BGHZ 109, 260, 271 = NJW 1990, 510, 512.
112 BGHZ 109, 260, 271 = NJW 1990, 510, 512; BGH Beschl. v. 14.7.1986 – NotZ 4/86 = BGHR ZPO § 383 Abs. 1 Nr. 6 Notar 1.
113 OLG Stuttgart MDR 1983, 236, 237.
114 OLG Köln OLGZ 1982, 1, 5; ähnlich BayObLG NJW-RR 1991, 6, 8.
115 OLG Köln NJWE-RR 1999, 191.
116 BayObLG FamRZ 1991, 1461 = NJW-RR 1991, 1288 zur ärztlichen Verschwiegenheitspflicht; NJW-RR 1991, 6, 7 f. = FamRZ 1991, 231, 233; BayObLG FamRZ 1991, 962, 963 zur Verschwiegenheitspflicht von Rechtsanwälten und Steuerberatern.
117 OLG Köln NJWE-RR 1999, 191; BayObLG NJW-RR 1991, 6, 8; BayObLG NJW 1987, 1492, 1493; OLG Köln OLGZ 1982, 1, 4; KG OLGRspr. 29, 120, 121.
118 OLG Köln NJWE-RR 1999, 191; OLG Köln OLGZ 1986, 59, 61 f. = RPfleger 1985, 494; BayObLG NJW 1987, 1492.

ten **als geistig rege** und nicht als „geschäftsunfähig" **in Erinnerung zu bleiben**, weshalb nicht davon auszugehen sei, dass sie mit einem Verfahren einverstanden wären, das die Bezeugung ihrer Geschäftsunfähigkeit zur Folge haben könnte.[119] Dies darf indes nicht überbewertet werden und lässt sich keinesfalls verallgemeinern.

60 **Richtig** dürfte die **Annahme BGH** sein, dass es zwar stets auf die Umstände des Einzelfalls ankommt, die Aufklärung von Zweifeln an der Testierfähigkeit aber **in aller Regel** im wohl verstandenen **Interesse des Erblassers** liegt.[120] Denn bei der Bestimmung des mutmaßlichen Willens ist auch der **materiell-rechtliche Schutz des testierunfähigen Erblassers** zu berücksichtigen.[121] In Hinblick darauf wird zunächst zu vermuten sein, dass der Erblasser die Aufklärung seiner Testierfähigkeit gewünscht hätte, so dass es zunächst keiner Glaubhaftmachung seitens des Beweisführers bedarf. Doch **kann** der **Zeuge die Vermutung** im Einzelfall **entkräften**, wenn er Tatsachen vorträgt und glaubhaft macht, die darauf schließen lassen, dass seine Aussage dem mutmaßlichen Willen des Erblassers widerspräche. Gelingt ihm dies, obliegt es dem **Beweisführer**, etwaige **für das Gegenteil sprechende Umstände darzulegen** und glaubhaft zu machen.

61 Das **Gericht entscheidet** im Zwischenverfahren **nach § 387**. Gleichwohl trägt der **Geheimnisträger** die **Hauptverantwortung für** die **Einhaltung der Schweigepflicht**, weil er die für die Feststellung des mutmaßlichen Willens des Verstorbenen relevanten Umstände am besten kennt.[122] Der **Geheimnisträger muss** deshalb **gewissenhaft prüfen**, ob nach dem ihm aus der Vertrauensbeziehung bekannten Gesamtumständen von einem mutmaßlichen Willen des Erblassers ausgegangen werden kann, dass der Geheimnisträger nach seinem Tode von der Verschwiegenheitspflicht entbunden sein solle,[123] **und darlegen**, auf welche Belange des Verstorbenen er seine Weigerung stützt.[124] Von der erkennbar gewordenen oder zu vermutenden Willensrichtung des Verstorbenen nicht gedeckte Verweigerungsgründe sind sachfremd und daher unbeachtlich.[125] Es kann aber z.B. sein, dass der Zeuge bestimmte Krankheiten oder Rechtsgeschäfte nicht einmal seinen Angehörigen hätte mitteilen wollen.

62 **Fehlen jegliche Anhaltspunkte für** den **mutmaßlichen Willen** des Verstorbenen, stellt sich die Frage, **ob ein Dritter** den Zeugen von der Verschwiegenheitspflicht **entbinden kann**. Unrichtig wäre es, einen etwaigen Rechtsnachfolger in die Befreiungsbefugnis zu verpflichten, sich am mutmaßlichen Willen des Verstorbenen zu orientieren. Die Ausübung der Befreiungsbefugnis durch einen Dritten kommt ausschließlich in den Fällen in Betracht, in denen weder ein wirklicher noch ein mutmaßlicher Wille des Verstorbenen zu Lebzeiten feststellbar sind. **In erbrechtlichen Streitigkeiten** kann sich die Frage der Ausübung der Befreiungsbefugnis durch einen Dritten nach der hier vertretenen Auffassung nicht stellen, weil bei Fehlen anderer Anzeichen die tatsächliche **Vermutung stets für** ein **Aufklärungsinteresse des Erblassers** spricht und der mutmaßliche Wille damit feststeht (zuvor Rdn. 60). Dies gilt auch für die höchstpersönlichen

---

119 LG Düsseldorf NJW 1990, 2327.
120 BGHZ 91, 392, 399 = NJW 1984, 2893, 2895; OLG Stuttgart MDR 1983, 236, 237; LG Hanau NJW 1979, 2357 (ärztliche Schweigepflicht).
121 In diesem Sinne BGHZ 91, 392, 399 = NJW 1984, 2893, 2895.
122 BGHZ 91, 392, 399 = NJW 1984, 2893, 2895; OLG Stuttgart MDR 1983, 236, 237; LG Hanau NJW 1979, 2357 (ärztliche Schweigepflicht); *Lenckner* NJW 1965, 321, 324.
123 OLG Stuttgart MDR 1983, 236, 237; LG Hanau NJW 1979, 2357 (ärztliche Schweigepflicht).
124 BGHZ 91, 392, 399 = NJW 1984, 2893, 2895; BayObLG NJW 1987, 1492, 1493; *Erdsiek* NJW 1963, 632, 633.
125 BGHZ 91, 392, 399 = NJW 1984, 2893, 2895.

Tatsachen, die für die Testierfähigkeit des Verstorbenen bedeutsam sind.[126] Unabhängig davon wäre beim Streit um die Erbfolge die Ausübung der Befugnis etwa durch die Erben schon deshalb abzulehnen, weil der Erbprätendent dadurch übervorteilt würde.[127]

c) Dispositionsbefugnis Dritter. Denkbar ist die **Ausübung der Befreiungsbefugnis durch** einen **Rechtsnachfolger**, wenn es weder um den letzten Willen noch um die Testierfähigkeit des Verstorbenen geht. Die **Ausübung der Befreiungsbefugnis** durch einen Dritten setzt voraus, dass das Recht zur Entbindung von der Verschwiegenheitspflicht **übertragbar** ist. Nach teilweise vertretener Auffassung gehört die Befreiungsbefugnis zu den nicht übertragbaren höchstpersönlichen Rechten und geht deshalb mit dem Tod weder auf die Erben noch auf die nächsten Angehörigen über.[128] Nach **hier vertretener Ansicht** ist das Recht auf Verschwiegenheit **kein höchstpersönliches Recht**, sondern Ausfluss des Rechtsverhältnisses, dem die geheim zu haltende Tatsache angehört, mit der Folge, dass ein Übergang der Befreiungsbefugnis auf die **Erben** möglich ist, soweit die geheim zu haltende Tatsache unmittelbar **vermögensrechtliche Verhältnisse** des Erblassers betrifft.[129] Dies wird bestätigt durch die Marlene-Dietrich-Entscheidung des BGH zum postmortalen Persönlichkeitsrecht, der zufolge die **vermögenswerten Bestandteile des Persönlichkeitsrechts vererblich** sind.[130]

63

§ 386
Erklärung der Zeugnisverweigerung

(1) Der Zeuge, der das Zeugnis verweigert, hat vor dem zu seiner Vernehmung bestimmten Termin schriftlich oder zum Protokoll der Geschäftsstelle oder in diesem Termin die Tatsachen, auf die er die Weigerung gründet, anzugeben und glaubhaft zu machen.
(2) Zur Glaubhaftmachung genügt in den Fällen des § 383 Nr. 4, 6 die mit Berufung auf einen geleisteten Diensteid abgegebene Versicherung.
(3) Hat der Zeuge seine Weigerung schriftlich oder zum Protokoll der Geschäftsstelle erklärt, so ist er nicht verpflichtet, in dem zu seiner Vernehmung bestimmten Termin zu erscheinen.
(4) Von dem Eingang einer Erklärung des Zeugen oder von der Aufnahme einer solchen zum Protokoll hat die Geschäftsstelle die Parteien zu benachrichtigen.

---

126 In der älteren Rechtsprechung wird die Frage dagegen vielfach im Zusammenhang mit der Beweiserhebung über die Testierfähigkeit diskutiert: OLG Celle NJW 1955, 1844.
127 Vgl. KG OLGRspr. 29, 121, 122.
128 So OLG München AnwBl. 1975, 159, 161; BayLSG München NJW 1962, 1789, 1790; OLG Dresden OLGRspr. 13, 161, 162; LG Hanau NJW 1979, 2357; *Erdsiek* NJW 1963, 632 (Anm. zu BayLSG München NJW 1962, 1789).
129 OLG Celle NJW 1955, 1844: Befreiung durch einen Generalbevollmächtigten möglich; BayObLG MDR 1966, 765; OLG Köln OLGZ 1982, 1, 3 f.; OLG Stuttgart, MDR 1983, 236, 237; OLG München Seuff. Arch. 66 (1911), 332, 333 f. Nr. 170: Übergang bei vermögensrechtlich bedeutsamen Tatsachen trotz des höchstpersönlichen Charakters.
130 BGHZ 143, 214, 223 = NJW 2000, 2195, 2197; BGHZ 151, 26, 29 = NJW 2002, 2317 – Werbung für Presseerzeugnis; *Götting* NJW 2001, 585.

Übersicht

I. Ausübung des Zeugnisverweigerungsrechts — 1
II. Glaubhaftmachung der Grundlagen des Zeugnisverweigerungsrechts
   1. Spezifizierung und Nachprüfung der Gründe — 6
   2. Nachweis der Tatsachen — 7
   3. Verfahren — 9
III. Befreiung des Zeugen von der Erscheinenspflicht — 11

I. Ausübung des Zeugnisverweigerungsrechts

1   Liegt ein Verhältnis des **§ 383 Abs. 1 Nr. 1–3** vor, hat das **Gericht** den **Zeugen zu belehren** (§ 383 Abs. 2). Kenntnis erlangt das Gericht durch eine Befragung des Zeugen zu seinen persönlichen Verhältnissen, sofern dazu nicht schon schriftsätzlich von den Parteien vorgetragen worden ist oder der Zeuge die Möglichkeit eines Verweigerungsrechts von sich aus angesprochen hat. In den Fällen der **§§ 376, 383 Abs. 1 Nr. 4–6** hat das Gericht **nicht** von sich aus zu **fragen**. In den Fällen des § 384 hat die **Initiative vom Zeugen** auszugehen, ohne dass eine Belehrungspflicht des Gerichts besteht.

2   Nimmt das Gericht ein Verhältnis an, das zur Zeugnisverweigerung berechtigt, und verweigert der Zeuge die Aussage, kann die **belastete Partei** geltend machen, dass das betreffende Verhältnis nicht oder nicht mehr besteht. Sie muss dies wegen § 295 vortragen. Die fehlerhafte Beurteilung durch das Gericht kann zusammen mit dem Endurteil als Verstoß gegen § 286 angegriffen werden.

3   Beruft sich der Zeuge auf ein Weigerungsrecht und folgt das Gericht dieser Auffassung nicht, so hat das Gericht nach **§ 387** vorzugehen. Für die Ausübung des Zeugnisverweigerungsrechts eines **Minderjährigen** trifft die ZPO keine Regelung. Entsprechend dem Gesetzgebungsvorschlag der Kommission für das Zivilprozessrecht von 1977[1] ist § 52 Abs. 2 StPO analog anzuwenden.[2] Bei mangelnder geistiger Reife ist die Zustimmung des zur Personensorge berechtigten gesetzlichen Vertreters erforderlich (zu dessen Belehrung s. § 383 Rdn. 81). **Abzulehnen** ist ein **Alleinentscheidungsrecht** des verstandesreifen **Minderjährigen**, das erhebliche prozessuale Konsequenzen für das Weigerungsverfahren hätte[3] (zur Schweigepflichtentbindung § 385 Rdn. 48, zur Belehrung § 383 Rdn. 81, zum Zwischenstreit § 387 Rdn. 8, zu den Sanktionen § 380 Rdn. 17ff. und § 390 Rdn. 27).

4   Die **Weigerung** kann **vor** dem **Termin** schriftlich oder zu Protokoll der Geschäftsstelle erklärt werden. Sie kann hingegen **nicht konkludent** durch Fernbleiben von einem Vernehmungs- oder Untersuchungstermin ausgeübt werden. Ein Zwischenverfahren nach §§ 386 ff. kann dann nicht sinnvoll durchgeführt werden. Vielmehr ist gegen den Zeugen **sofort Ordnungsgeld** zu verhängen.[4]

5   Die von einer Aussage **belastete Partei** kann **nicht verhindern**, dass der Zeuge aussagt. Sie kann ihn nur auf sein Weigerungsrecht hinweisen, wenn das Gericht eine Belehrung unterlassen hat. Die in Kenntnis des Weigerungsrechts gemachte **Aussage** ist **voll zu verwerten**, ohne dass die beschwerte Partei selbst dies rügen könnte. Unterbleibt eine Befragung zur Sache, weil das Gericht ein Weigerungsrecht annimmt, sind Fragen einer Partei zurückzuweisen.

---

1 Kommissionsbericht S. 136, 344.
2 Zum Erfordernis der Bestellung eines Ergänzungspflegers OLG Nürnberg MDR 2010, 996; OLG Brandenburg Rpfleger 2012, 101; OLG Karlsruhe Rpfleger 2012, 536 = MDR 2012, 653.
3 *Ahrens* FS G. Fischer (2010), S. 1, 7, 11.
4 **A.A.** OLG Nürnberg MDR 1964, 242.

II. Glaubhaftmachung der Grundlagen eines Weigerungsrechts

1. Spezifizierung und Nachprüfung der Gründe. Das Gericht hat die Gründe nachzuprüfen, auf die der Zeuge ein Weigerungsrecht stützt. Schwierig wird die Angabe von Gründen, wenn der Zeuge darzulegen hat, inwieweit er unehrenhaft gehandelt hat, sich der Gefahr einer strafgerichtlichen Verfolgung aussetzen würde oder ein schützenswertes Geheimnis offenbaren müsste, ohne dass der Inhalt der gegebenenfalls berechtigt verweigerten Aussage bereits dargestellt wird. Das **Geheimnis braucht nicht offenbart** zu werden, wohl aber die **Art des Geheimnisses**.

2. Nachweis der Tatsachen. Die Tatsachen, auf die sich der Zeuge zu seiner Weigerung stützt, etwa das persönliche Verhältnis zu einer Partei, sind von ihm **glaubhaft zu machen** (zur Glaubhaftmachung § 384 Rdn. 17). Anzuwenden ist **§ 294**. Einer eidesstattlichen Versicherung bedarf es nicht, wenn sich der Zeuge als Vertrauensperson oder als Richter oder Beamter auf seine Verschwiegenheitspflicht beruft, oder wenn sich das Weigerungsrecht in sonstiger Weise aus dem Beweisthema ergibt. Auch dann kann jedoch zweifelhaft sein, ob der Zeuge die zu bekundende Tatsache in dienstlicher Eigenschaft oder als Privatperson wahrgenommen hat. Bei Bedenken über das Bestehen eines Verlöbnisses hat der BGH es für geboten gehalten, sich die Richtigkeit der Tatsachen eidlich versichern zu lassen.[5]

Fehlt es an einer **Glaubhaftmachung** oder sieht das Gericht die Glaubhaftmachung als unzureichend an, hat das Gericht nach § 387 vorzugehen. § 390 ist zunächst noch nicht anzuwenden. Die Weigerung ist dann als unzulässig und nicht als unbegründet zu erklären.

3. Verfahren. Die Erklärungen des Zeugen unterliegen **nicht** dem **Anwaltszwang** (vgl. § 386 Abs. 3). Der Zeuge ist nicht verpflichtet, **mehrere** in Betracht kommende **Weigerungsrechte** gleichzeitig vorzubringen. Wird ein zunächst vorgebrachter Grund vom Gericht nicht akzeptiert, hat der Zeuge unbeschränkt die Möglichkeit, einen neuen Grund vorzubringen (s. auch § 387 Rdn. 21 und § 390 Rdn. 11). Eine unzureichende oder fehlende Glaubhaftmachung kann nachgeholt werden, solange über den Weigerungsgrund nicht rechtskräftig durch Zwischenurteil (§ 387 Abs. 3) entschieden worden ist.

Von einer Weigerung und dem dafür vorgebrachten Grund sind die **Parteien formlos in Kenntnis** zu setzen (§ 386 Abs. 4). Sie haben dann die Möglichkeit, auf den Zeugen zu **verzichten**, was auch konkludent durch Nichtbestreiten des Weigerungsgrundes oder durch rügeloses Verhandeln geschehen kann, oder eine notwendige **Schweigepflichtentbindung** zu erklären.

III. Befreiung des Zeugen von der Erscheinenspflicht

Der Zeuge ist nach § 386 Abs. 3 vom Erscheinen vor Gericht befreit, wenn er sich dem Gericht gegenüber zuvor **schriftlich** oder durch Erklärung zu Protokoll der **Geschäftsstelle** auf sein Weigerungsrecht berufen hat. Das Kollegialgericht wird darüber nach § 388 informiert. Die Befreiung gilt solange, **bis** über das Bestehen eines Weigerungsrechtes **rechtskräftig entschieden** worden ist.[6] Nicht einschlägig sind die Fälle der schriftlichen Zeugenaussage (§ 377 Abs. 3).

---

5 BGH NJW 1972, 1334 (zur StPO).
6 OLG Düsseldorf MDR 2010, 712.

12   Der Zeuge braucht einer **erneuten Ladung zur Vernehmung nicht** Folge zu leisten, etwa wenn er die Weigerung gegenüber dem kommissarischen Richter erklärt hat und anschließend vom Prozessgericht geladen wird. Unerheblich ist, ob die Weigerung zulässig oder begründet ist; darüber ist zunächst im Verfahren nach § 387 zu entscheiden.

13   Weigert sich der Zeuge **ohne Angabe von Gründen**, ist er vom Erscheinen nicht befreit. Gegen ihn kann sofort nach § 390 vorgegangen werden.

§ 387
Zwischenstreit über Zeugnisverweigerung

(1) Über die Rechtmäßigkeit der Weigerung wird von dem Prozessgericht nach Anhörung der Parteien entschieden.
(2) Der Zeuge ist nicht verpflichtet, sich durch einen Anwalt vertreten zu lassen.
(3) Gegen das Zwischenurteil findet sofortige Beschwerde statt.

Übersicht

I. Zwischenstreit	V. Zwischenentscheidung
1. Anwendungsbereich — 1	1. Entscheidungsform — 20
2. Zuständigkeit — 4	2. Entscheidungsgegenstand — 21
3. Streitparteien — 5	3. Reichweite der Entscheidung — 22
4. Aufnahme des Zwischenstreits — 13	4. Nachfolgende Vernehmung — 23
II. Fortdauer der Beweisbedürftigkeit — 15	VI. Kostenentscheidung — 24
III. Anhörung der Parteien — 17	VII. Rechtsmittel
IV. Beweiserhebung — 19	1. Sofortige Beschwerde — 27
	2. Rechtsbeschwerde — 32

I. Zwischenstreit

1   **1. Anwendungsbereich.** § 387 sieht ein Zwischenverfahren als Teil des Beweisaufnahmeverfahrens[1] vor. Die Norm gilt nicht nur für die **Überprüfung von Weigerungsgründen** des **Zeugen**, sondern auch des **Sachverständigen** (kraft Verweisung durch § 402; s. dort Rdn. 105 und § 408 Rdn. 5). Darüber hinaus wird in dem Zwischenverfahren gem. § 372a Abs. 2 Satz 1 bzw. § 178 Abs. 2 Satz 1 FamFG über die Weigerung von Personen entschieden, die sich einer medizinischen **Untersuchung zur Abstammungsfeststellung** unterziehen müssen.[2] **Nicht am Prozess beteiligte Dritte**, die Urkunden, Dokumente oder sonstige Gegenstände gem. § 142 Abs. 2 vorlegen oder deren Besichtigung nach § 144 Abs. 2 dulden müssen[3] und denen ein Zeugnisverweigerungsrecht zusteht oder die sich auf fehlende Zumutbarkeit berufen, müssen die Weigerung ebenfalls im Zwischenverfahren klären lassen.

2   § 387 regelt **nur den verfahrensmäßigen Ablauf** des Zwischenstreits. Das Verfahren soll dem Zeugen bzw. einer Untersuchungsperson oder einem von einer Anordnung betroffenen Dritten einen **förmlichen Rechtsschutz** eröffnen.[4] Ein Zwischenstreit erübrigt sich in Verfahren, wenn keine Partei das Weigerungsrecht bestreitet.[5] Das Nicht-

---

1   Stein/Jonas/*Berger*[22] § 387 Rdn. 2.
2   OLG München NJW 2011, 2892, 2893.
3   Dazu OLG Stuttgart NJW 2011, 1745, 1746 m. Anm. *Stadler* = VersR 2011, 1463 = MDR 2011, 753.
4   Musielak/*Huber*[10] § 387 Rdn. 1.
5   Musielak/*Huber*[10] § 387 Rdn. 1; einschränkend Zöller/*Greger*[29] § 387 Rdn. 2.

bestreiten des Weigerungsgrundes bedeutet einen **konkludenten Verzicht** des Beweisführers auf den Zeugen oder auf die Ausübung des Rechts nach § 399 durch den Beweisgegner.[6] Soweit der Amtsermittlungsgrundsatz gilt und das Gericht selbst einen Zeugen heranzieht, findet die Prüfung des Weigerungsrechts von Amts wegen statt[7] (dazu auch unten Rdn. 9).

Die **Weigerungsgründe** sind den §§ 383 f. bzw. den §§ 142 Abs. 2, 144 Abs. 2 zu entnehmen.[8] § 372a Abs. 2 und § 178 Abs. 2 FamFG enthalten für die Verweigerung der Abstammungsuntersuchung eine eigenständige und abschließende Regelung.[9] Ob der **Beweisbeschluss** zu Recht erlassen worden ist, kann im Zwischenverfahren grundsätzlich **nicht überprüft** werden (vgl. dazu auch § 355 Rdn. 64).[10] Jedoch gibt es verfassungsrechtlich begründete **Durchbrechungen** des Grundsatzes (dazu § 355 Rdn. 68 ff.). Werden Weigerungsgründe nicht vorgebracht, sondern wird nur die Beweiserhebung durch Nichterscheinen oder Nichtaussage behindert, bedarf es keines Zwischenverfahrens. 3

2. Zuständigkeit. Über den Zwischenstreit zum Zeugnisverweigerungsrecht entscheidet das **Prozessgericht** auf Grund mündlicher Verhandlung oder im schriftlichen Verfahren.[11] Dazu sind die Parteien hinzuzuziehen. Der **ersuchte** oder der **beauftragte Richter** sind für die Entscheidung **nicht** zuständig. Zuständig ist allerdings der deutsche Rechtshilferichter für eine Weigerungsprüfung gegenüber einem **ausländischen Rechtshilfeersuchen**,[12] weil sich die Weigerungsgründe nach dem Recht des Beweisaufnahmestaates richten. 4

3. Streitparteien. Der Zwischenstreit findet regelmäßig zwischen den Parteien und dem Zeugen statt.[13] Der sich weigernde **Zeuge** hat im Zwischenstreit die **Stellung einer Partei**.[14] Sein **Gegner** ist der **Beweisführer** bzw. im Falle des § 399 der Beweisgegner.[15] Im erweiterten Anwendungsbereich des § 387 (oben Rdn. 1) stehen dem Zeugen die zu untersuchende Person, der Sachverständige oder der prozessunbeteiligte Dritte[16] gleich. 5

Soweit Tatsachen von Amts wegen zu ermitteln sind, kommt es auf das Verhalten der Parteien nicht an. Für den Zwischenstreit über die Pflicht zur **Duldung einer Abstammungsuntersuchung** kann der zu untersuchenden Person **Prozesskostenhilfe** bewilligt werden.[17] 6

Der Zeuge muss prozessfähig sein, benötigt nach § 387 Abs. 2 aber anders als die Parteien **keinen Anwalt**. Jedoch darf er sich eines Anwalts oder sonstigen Vertreters bedienen (zur Kostenerstattung § 401 Rdn. 9). 7

Der nicht prozessfähige Zeuge wird durch seinen **gesetzlichen Vertreter** vertreten, der notfalls zu laden ist; dies gilt auch für den über 14 Jahre alten **einsichtsfähigen** 8

---

6   Stein/Jonas/*Berger*[22] § 387 Rdn. 5.
7   MünchKomm/*Damrau*[4] § 387 Rdn. 1 u. 4.
8   Vgl. dazu OLG Stuttgart NJW-R 2007, 250, 251; s. ferner OLG Köln OLGRep. 2004, 337, 338.
9   OLG Karlsruhe OLGR 2007, 127, 128 = FamRZ 2007, 738, 740.
10 BGH FamRZ 2007, 549; OLG Stuttgart NJW-RR 2007, 250, 252. Zu einem Sonderfall der Überprüfung auch der Beweisanordnung im Zwischenstreit um ein heimlich eingeholtes DNA-Vaterschaftsgutachten BGH NJW 2006, 1657 Tz. 29.
11 OLG Frankfurt NJW 1968, 1240.
12 Ebenso MünchKomm/*Damrau*[4] § 387 Rdn. 6.
13 RGZ 13, 414; RGZ 20, 378, 379; RGZ 28, 437, 439.
14 OLG Frankfurt NJW 1968, 1240; OLG Köln MDR 1973, 857.
15 OLG Hamburg MDR 1963, 852; OLG Köln VersR 1974, 553.
16 OLG Stuttgart NJW 2011, 1745, 1746.
17 OLG Hamburg FamRZ 2009, 1232.

minderjährigen Zeugen[18] oder dessen Untersuchungsverweigerung[19] im Rahmen der Begutachtung zur Abstammungsfeststellung. Offenbar parallel zur Behandlung der Einwilligungsfähigkeit bei anderen medizinischen Untersuchungen soll es nach Ansicht des **BGH** abweichend von der hier vertretenen Auffassung und abweichend von der gesetzlichen Regelung der §§ 51 Abs. 1, 52 ZPO in Verb. mit § 106 BGB auf die **tatsächliche Verstandesreife** des Minderjährigen ankommen.[20] Diese Reife kann schon vor Vollendung des 18. Lebensjahres gegeben sein, auch wenn daran ein strenger Maßstab anzulegen sein dürfte, weil die Reichweite der statusrelevanten Feststellungen nichts mit dem Verständnis der körperlichen Untersuchung (Blutentnahme) zu tun hat. Konsequent muss ein derartiger Minderjähriger dann auch ohne Zustimmung des gesetzlichen Vertreters selbst den Zwischenstreit (einschließlich der Rechtsmitteleinlegung) führen können, wie das OLG Celle angenommen hat.[21] Daran zeigt sich die Bedenklichkeit des Abstellens auf die tatsächliche Verstandesreife (ablehnend zur Teilprozessfähigkeit § 380 Rdn. 13 u. 56).

9   Erfolgt die **Vernehmung von Amts wegen** (dazu auch oben Rdn. 2), **kann** das **Gericht** durch **Zwischenurteil** entscheiden, auch wenn sich keine Partei gegen die Aussageverweigerung wendet. Wendet sich in diesem Fall eine Partei gegen die Weigerung, ist die Entscheidung durch Zwischenurteil zweckmäßig. Das Gericht kann aber auch dann die Entscheidung dem Endurteil vorbehalten. Es muss sich zu der Berechtigung äußern, wenn eine **Partei** ausdrücklich die **Vernehmung** des Zeugen **beantragt**.

10 Der **Beweisgegner** darf nicht ohne weiteres als Streitgenosse des Beweisführers auftreten.[22] Er hat nur die Möglichkeit, sich durch **gegenbewegliche Benennung** desselben Zeugen zur Partei des Zwischenstreits zu machen. Zwischenstreitpartei wird der Beweisgegner auch, wenn er gem. § 399 zum Beweisführer wird,[23] weil der ursprüngliche Beweisführer auf den Zeugen angesichts dessen Weigerung verzichtet.

11 Bekämpfen **beide Parteien gemeinsam** die Weigerung des Zeugen, sind sie **notwendige Streitgenossen**.[24] Bekämpft nur der Beweisführer die Weigerung ausdrücklich, während sich der Beweisgegner nicht äußert, bleibt ihm der nachträgliche Eintritt in den Zwischenstreit möglich, und zwar auch mit dem Rechtsmittel. Der **Beweisgegner kann** dem Zwischenstreit auch **auf Seiten des Zeugen beitreten** und ist dann dessen notwendiger Streitgenosse.[25]

12 Beruft sich der Zeuge auf eine Verschwiegenheitspflicht, wird der **Inhaber des Geheimnisses**, etwa die Dienstbehörde, **nicht** zum Streitbeteiligten.[26]

13 **4. Aufnahme des Zwischenstreits.** Wenigstens der **Beweisführer** muss den Zwischenstreit aufnehmen. Erklärt er sich zu der Weigerung des Zeugen nicht, liegt darin ein **schlüssiger Verzicht** auf den Zeugen (oben Rdn. 2, zur Rechtsfolge nachfolgend Rdn. 15). Der **Beweisgegner** kann sich dann aber seinerseits gem. § 399 gegenbeweglich auf den Zeugen berufen und damit den Zwischenstreit aufnehmen, immer vorausgesetzt,

---

18 A.A. MünchKomm/*Damrau*[4] § 387 Rdn. 7; Stein/Jonas/*Berger*[22] § 387 Rdn. 2; Zöller/*Greger*[29] § 387 Rdn. 3.
19 OLG Jena NJW-RR 2007, 306, 1307.
20 BGH NJW 2006, 1657 Tz. 30; ebenso OLG Jena NJW-RR 2007, 1306, 1307 (ab Vollendung des 14. Lebensjahres).
21 OLG Celle OLGRep. 1998, 290, 291.
22 OLG Hamburg MDR 1963, 852; **a.A.** OLG Köln VersR 1974, 553.
23 OLG Hamburg MDR 1963, 852.
24 RGZ 28, 437, 439; **a.A.** OLG Hamburg FamRZ 1965, 277.
25 Musielak/*Huber*[10] § 387 Rdn. 2; MünchKomm/*Damrau*[4] § 387 Rdn. 7.
26 **A.A.** OLG München BayMBl. 1955, 205 (für Dienstbehörde).

das Beweisaufnahmeerfordernis besteht fort, weil der Beweisführer versucht, den Hauptbeweis mit anderen Beweismitteln zu führen.

Der **Streit erledigt sich**, wenn der Zeuge seine Ansicht wechselt und aussagt. 14

II. Fortdauer der Beweisbedürftigkeit

Die Vernehmung und damit die Relevanz der Aussageverweigerung **entfällt**, wenn 15 der **Beweisführer auf** den **Zeugen** ausdrücklich oder konkludent **verzichtet**. Das kann auch dadurch geschehen, dass der Beweisführer den Weigerungsgrund anerkennt[27] oder die Unrechtmäßigkeit der Weigerung nicht rügt.[28] Besteht der Weigerungsgrund in fehlender **Entbindung von der Schweigepflicht** durch eine Partei und tritt die Partei der Weigerung des Zeugen nunmehr entgegen, liegt darin die Erteilung der Erlaubnis.

Bezieht sich die Weigerung nur auf eine **einzelne Beweisfrage** und sieht das Ge- 16 richt die Frage als **nicht entscheidungserheblich** an, kann die unterliegende Partei lediglich die Verletzung des § 286 rügen.

III. Anhörung der Parteien

Über den Zwischenstreit ist **vor** dem **Prozessgericht** zu verhandeln. § 387 Abs. 1 17 schreibt die Anhörung der Parteien vor. Die Weigerung kann aber **auch ohne Anhörung abgelehnt** werden.

Ein **Versäumnisverfahren** findet **weder gegen** die **Partei noch** gegen den **Zeugen** 18 (vgl. § 388) statt. Aus der Abwesenheit der Partei kann weder auf einen Verzicht auf die Vernehmung noch auf eine Anerkennung des Weigerungsgrundes geschlossen werden. Wird der Weigerung stattgegeben, bedarf es der Anhörung der Partei nur, wenn sie sich bis zum Erlass der Zwischenentscheidung äußert. Zum **Verfahren** vor dem **beauftragten oder ersuchten Richter** s. § 389.

IV. Beweiserhebung

Außerhalb des § 294 werden **keine Beweise** erhoben. Hängt die Berechtigung der 19 Weigerung von einer noch beschaffbaren Erlaubnis eines anderen ab (§§ 376, 385 Abs. 2), so ist **im Falle des § 376** diese Voraussetzung **von Amts wegen** zu klären. Im Falle des § 385 Abs. 2 gilt dies aber nur, wenn auch der Beweis von Amts wegen erhoben wird. Im Übrigen ist dem Beweisführer eine **Frist gem. § 356** zu setzen. Die Beweislast für das Vorliegen einer Schweigepflichtentbindung trifft den Beweisführer (§ 385 Rdn. 53). Stellt der Beweisführer keine **Beweisanträge zur Tatsachenbasis des Weigerungsgrundes**, bleibt der Weigerungsgrund offen; es ergeht keine Zwischenentscheidung.

V. Zwischenentscheidung

1. Entscheidungsform. Die Entscheidung ergeht nach § 387 Abs. 3 durch **Zwi-** 20 **schenurteil**. Regelmäßig wird das Urteil **verkündet**. Zugestellt wird es nur im Verfahren ohne mündliche Verhandlung nach § 128 Abs. 2. Im freigestellten mündlichen Verfahren darf auch durch **Beschluss** entschieden werden.[29] Durch Beschluss ist auch im FGG-Verfahren zu entscheiden, soweit das FamFG auf die Beweisaufnahme nach ZPO-Regeln ver-

---

27 RGZ 28, 378, 380.
28 BGH MDR 1954, 678; RG Warn. 1912, 229; RG JW 1999, 534.
29 Zum Insolvenzverfahren so OLG Düsseldorf NJW 1964, 2357.

weist.[30] **Notwendig** ist aber eine **förmliche Entscheidung** über den Weigerungsgrund, etwa bei Verweigerung einer **Abstammungsuntersuchung;** eine formlose Meinungsäußerung des Gerichts reicht als Voraussetzung für Zwangsmaßnahmen nach § 372a Abs. 2 Satz 1 und 2 bzw. § 178 Abs. 2 Satz 1 und 2 FamFG nicht aus.[31]

21   2. **Entscheidungsgegenstand.** Die Entscheidung enthält den Ausspruch über die **Bestätigung oder** die **Ablehnung** der Weigerung des Zeugen über den geltend gemachten Weigerungsgrund.[32] **Nach Rechtskraft** der Entscheidung darf der Zeuge **andere** gesetzliche **Weigerungsgründe** vorbringen.[33] Soweit § 387 kraft der Verweisung in §§ 142 Abs. 2, 144 Abs. 2 anwendbar ist, ist nicht nur über das Vorliegen eines Zeugnisverweigerungsrechts zu befinden, sondern auch über die **Unzumutbarkeit der Dokumentenvorlage;**[34] dabei treten Zumutbarkeitserwägungen nicht als selbständiger Prüfungsgesichtspunkt neben die gesetzlich ausgeformten Weigerungsrechte.[35] Weitere Themen, etwa die Zulässigkeit der Beweisanordnung bzw. Dokumentenvorlage unter dem Gesichtspunkt unzulässiger Ausforschung, sind nicht zu prüfen.[36]

22   3. **Reichweite der Entscheidung.** Die **rechtskräftige Entscheidung** über die Zeugnisverweigerung **wirkt für** das **gesamte Verfahren,**[37] nicht aber darüber hinaus. Allerdings darf der Zeuge noch nachträglich auf sein Weigerungsrecht verzichten. Damit steht seine Vernehmung offen.

23   4. **Nachfolgende Vernehmung.** Der sich weiterhin weigernde Zeuge ist **nicht vor Rechtskraft** des Zwischenurteils zu **vernehmen** (§ 390 Abs. 1). Hat der Zeuge erfolgreich von seinem Weigerungsrecht Gebrauch gemacht, ist einem **erneuten Beweisantrag** auf seine Vernehmung nur stattzugeben, wenn anzunehmen ist, dass der Zeuge bestimmt zur Aussage bereit ist. Diese Voraussetzung hat die antragstellende Partei in der Regel durch eine schriftliche Erklärung des Zeugen zu belegen.[38]

VI. Kostenentscheidung

24   Im Zwischenurteil ist über die (zusätzlichen) Kosten des Zwischenverfahrens zu entscheiden.[39] Mangels Kostenausspruchs ist § 321 anzuwenden. Wird die **Weigerung** für **begründet** erklärt, sind die Kosten der Partei aufzuerlegen, die das Recht bestritten hat, regelmäßig also dem Beweisführer. Den Beweisgegner treffen ebenfalls die Kosten, wenn er am Streit beteiligt ist; er ist dann Gesamtschuldner. Ist der Beweis von Amts wegen zu erheben, treffen den Beweislastträger die Kosten. Die Kostenverteilung ändert sich nicht, wenn die Aussage an der fehlenden Erlaubnis einer Partei, gleich welcher, scheitert.[40]

25   Wird die **Weigerung** für unzulässig oder **unbegründet** erklärt, werden die **Kosten** nach § 91 dem **Zeugen auferlegt.** Die Kostengrundentscheidung umfasst die Kosten der

---

30 OLG München NJW 2011, 2892, 2893.
31 OLG Dresden NJW-RR 1999, 84 = FamRZ 1999, 448, 449.
32 OLG Hamm FamRZ 1999, 939, 940; Musielak/*Huber*[10] § 387 Rdn. 3.
33 Stein/Jonas/*Berger*[22] § 386 Rdn. 4.
34 OLG Köln OLGRep. 2004, 337, 338.
35 OLG Stuttgart NJW-RR 2007, 250, 251.
36 OLG Stuttgart NJW-RR 2007, 250, 252.
37 RG Warn. 1909, 249.
38 OLG Köln NJW 1975, 2074.
39 OLG München Rpfleger 1969, 358; BFH BB 1972, 119.
40 OLG Köln LZ 1925, 162.

Parteien. Besondere Kosten entstehen aber nicht, wenn der Zeuge, nachdem die Unbegründetheit festgestellt worden ist, sich noch in derselben Verhandlung zur Vernehmung bereit erklärt. Wird dem Antrag des Zeugen zum Teil entsprochen, ergeht die Kostenentscheidung nach § 92.

Die Kostenentscheidung ist für **vorläufig vollstreckbar** zu erklären. 26

VII. Rechtsmittel

1. Sofortige Beschwerde. Gegen das Zwischenurteil des **erstinstanzlichen Gerichts** ist die **sofortige Beschwerde** statthaft (§ 387 Abs. 3). Entscheidungen der Oberlandesgerichte unterliegen nicht der sofortigen Beschwerde. 27

Die Beschwerde steht nur dem **beschwerten Teil** zu. Das ist der **Zeuge**, wenn sein Weigerungsrecht verworfen worden ist,[41] nicht aber auch der Beweisgegner, weil er die Aussage des aussagebereiten Zeugen nicht verhindern kann. Dem **Beweisführer** steht das Beschwerderecht zu, wenn das Gericht den Weigerungsgrund bestätigt.[42] Der **Beweisgegner** ist beschwert, wenn er die Vernehmung erzwingen kann und will. Kann der Zeuge seine Weigerung auf ein Grundrecht stützen, hat er die Möglichkeit einer **Verfassungsbeschwerde** gegen das ablehnende rechtskräftige Zwischenurteil[43] (s. auch § 355 Rdn. 68 ff.). 28

Wird **fehlerhaft erst im Endurteil** über die Zeugnisverweigerung entschieden, ist die sofortige Beschwerde ebenfalls gegeben.[44] Allerdings eröffnet die fehlerhafte Aufnahme in die Endentscheidung kein Rechtsmittel, wenn gegen das Endurteil in der Hauptsache kein Rechtsmittel gegeben ist, oder wenn die sofortige Beschwerde nicht statthaft ist, weil ein Oberlandesgericht entschieden hat. 29

Die **Frist** für die Einlegung der sofortigen Beschwerde beginnt **mit der Zustellung** des Zwischenurteils. 30

Die sofortige Beschwerde **hindert nicht** den **Fortgang des Hauptverfahrens**. Kommt es aber gerade auf die Vernehmung des Zeugen an und ist seine Einrede verworfen worden, so ist die Rechtskraft des Zwischenurteils abzuwarten. Nach Eintritt der Rechtskraft ist von Amts wegen neuer Termin zu bestimmen Die sofortige Beschwerde wird gegenstandslos, wenn das Hauptverfahren rechtskräftig beendet worden ist, nicht aber, wenn nur die Instanz beendet worden ist oder wenn das Revisionsgericht das Berufungsurteil nebst dem ihm zugrunde liegenden Verfahren aufgehoben und zurückverwiesen hat.[45] 31

2. Rechtsbeschwerde. Die Rechtsbeschwerde ist nur unter den Voraussetzungen des § 574 statthaft. Sie kann nicht analog § 522 Abs. 1 Satz 4 erhoben werden, weil die **Erstbeschwerde als unzulässig verworfen** wurde; diese Norm ist auf Rechtsmittel gegen Endurteile beschränkt.[46] 32

---

41 RGZ 20, 378, 379.
42 RGZ 20, 378; KG JW 1938, 738; OLG Hamburg MDR 1963, 852.
43 BVerfGE 5, 13, 14.
44 RG JW 1928, 1344; RGZ 106, 57, 58; KG JW 1926, 1597.
45 **A.A.** BayObLG NJW 1957, 386.
46 BGH FamRZ 2007, 549.

§ 388
Zwischenstreit über schriftliche Zeugnisverweigerung

Hat der Zeuge seine Weigerung schriftlich oder zum Protokoll der Geschäftsstelle erklärt und ist er in dem Termin nicht erschienen, so hat auf Grund seiner Erklärungen ein Mitglied des Prozessgerichts Bericht zu erstatten.

Weigert sich der Zeuge unter Angabe einer Begründung schon **vor Beginn der mündlichen Verhandlung**, kann er seine Gründe schriftlich oder zu Protokoll der Geschäftsstelle erklären. Er braucht dann gem. § 386 Abs. 3 **nicht** zum Verhandlungstermin **zu erscheinen**. In diesem Falle übernehmen der Berichterstatter des Verfahrens oder der Vorsitzende selbst den **Vortrag der Gründe in** der **mündlichen Verhandlung**.

§ 389
Zeugnisverweigerung vor beauftragtem oder ersuchtem Richter

(1) Erfolgt die Weigerung vor einem beauftragten oder ersuchten Richter, so sind die Erklärungen des Zeugen, wenn sie nicht schriftlich oder zum Protokoll der Geschäftsstelle abgegeben sind, nebst den Erklärungen der Parteien in das Protokoll aufzunehmen.

(2) Zur mündlichen Verhandlung vor dem Prozessgericht werden der Zeuge und die Parteien von Amts wegen geladen.

(3) Auf Grund der von dem Zeugen und den Parteien abgegebenen Erklärungen hat ein Mitglied des Prozessgerichts Bericht zu erstatten. Nach dem Vortrag des Berichterstatters können der Zeuge und die Parteien zur Begründung ihrer Anträge das Wort nehmen; neue Tatsachen oder Beweismittel dürfen nicht geltend gemacht werden.

Übersicht

I. Weigerung vor einem beauftragten oder ersuchten Richter — 1	2. Prozessgericht — 5
II. Verfahren	III. Rechtshilfe für ausländisches Gericht — 9
1. Kommissarischer Richter — 3	

I. Weigerung vor einem beauftragten oder ersuchten Richter

1 § 389 regelt nur das Verfahren bei der Zeugnisverweigerung vor dem beauftragten oder ersuchten Richter. Wird die Aussage vor dem beauftragten oder ersuchten Richter verweigert, entscheidet über die **Berechtigung der Gründe** das **Prozessgericht**. Der kommissarische Richter kann aber die dafür erforderlichen Grundlagen schaffen.[1]

2 Ohne Wirkung ist eine Weigerung **ohne Angabe von Gründen**. In diesem Falle darf und muss der kommissarische Richter nach §§ 390, 400 Entscheidungen treffen, wenn der Zeuge verpflichtet ist, Gründe anzugeben.[2]

---

1 BGH NJW 1990, 2936, 2937.
2 BGH NJW 1990, 2936, 2937.

II. Verfahren

1. Kommissarischer Richter. Der kommissarische Richter hat die **im Vernehmungstermin** abgegebenen Erklärungen des Zeugen zum Weigerungsgrund in das **Protokoll** aufzunehmen (Abs. 1). Die Erklärungen der anwesenden Parteien sind ebenfalls zu protokollieren. Ihr Schweigen ist auch in dieser Verfahrenssituation als Verzicht auf den Zeugen (§ 399) zu bewerten[3] (§ 399 Rdn. 6). Erscheint die Partei nicht, ist darin kein Verzicht auf die Vernehmung des Zeugen zu sehen.

Der Zeuge kann ihm die Gründe allerdings auch **schon vorher schriftlich** übermitteln **oder der Geschäftsstelle zu Protokoll** geben. Die Parteien sind von einer vor dem Vernehmungstermin erklärten Weigerung von der Geschäftsstelle zu benachrichtigen (§ 386 Abs. 4). Der kommissarische Richter hat den Vernehmungstermin abzusagen und die Akten dem Prozessgericht zurückzugeben. Die Sache ist dann so zu behandeln, als habe der Zeuge die Weigerung gegenüber dem Prozessgericht erklärt.

2. Prozessgericht. Weigert sich der Zeuge gegenüber dem Prozessgericht, so benachrichtigt dieses die Parteien und fordert die Akten vom kommissarischen Richter zurück. **§ 389** ist dann **nicht anzuwenden**.

Werden die Akten berechtigterweise an das Prozessgericht zurückgegeben, setzt das Prozessgericht **Termin** an und **lädt den Zeugen** als Partei des Zwischenstreits **und die Parteien zur mündlichen Verhandlung** über den Weigerungsgrund. Die mündliche Verhandlung beginnt mit dem Bericht über die vom Zeugen und den Parteien abgegebenen Erklärungen.

Der Zeuge ist ebenso wie die Prozessparteien[4] **mit** im Termin **nachgeschobenen Tatsachen** und Beweismitteln **ausgeschlossen**, die den geltend gemachten Weigerungsgrund zusätzlich stützen oder bekämpfen sollen.[5] Der Zwischenstreit soll auf Grund des Termins abschließend entschieden werden können. Dies schließt auch ein nachträgliches Vorbringen nach dem Termin aus.[6] Zulässig ist es, die vorgebrachten Tatsachen unter anderem rechtlichen Gesichtspunkt zu würdigen. Unabhängig von der Regelung des Abs. 3 2. Hs kann der Zeuge ein **neues Weigerungsrecht** vor dem Prozessgericht geltend machen.

Entschieden wird wie im Falle des § 387 durch **Zwischenurteil**.

III. Rechtshilfe für ausländisches Gericht

Hat ein deutsches Gericht im Wege der Rechtshilfe eine **Blutentnahme** für einen ausländischen Abstammungsprozess vornehmen zu lassen, richtet sich die Verpflichtung zur Duldung der Blutentnahme nach deutschem Recht. **Abweichend von § 389 Abs. 2** entscheidet über den Zwischenstreit, der über die Rechtmäßigkeit einer Verweigerung der Blutentnahme geführt wird, das ersuchte deutsche Gericht.[7]

---

3 Musielak/*Huber*[10] § 389 Rdn. 1; **a.A.** MünchKomm/*Damrau*[4] § 389 Rdn. 4; Stein/Jonas/*Berger*[22] § 389 Rdn. 1.
4 Insoweit **a.A.** Thomas/Putzo/*Reichold*[33] § 389 Rdn. 2; wohl auch Stein/Jonas/*Berger*[22] § 389 Rdn. 2. Wie hier Zöller/*Greger*[29] § 389 Rdn. 2.
5 Teilweise **a.A.** MünchKomm/*Damrau*[4] § 389 Rdn. 6: Vorbringen des Zeugen im Termin zulässig bis zur Berichterstattung.
6 MünchKomm/*Damrau*[4] § 389 Rdn. 6.
7 OLG Frankfurt NJW-RR 1988, 714.

§ 390
Folgen der Zeugnisverweigerung

(1) Wird das Zeugnis oder die Eidesleistung ohne Angabe eines Grundes oder aus einem rechtskräftig für unerheblich erklärten Grund verweigert, so werden dem Zeugen, ohne dass es eines Antrages bedarf, die durch die Weigerung verursachten Kosten auferlegt. Zugleich wird gegen ihn ein Ordnungsgeld und für den Fall, dass dieses nicht beigetrieben werden kann, Ordnungshaft festgesetzt.

(2) Im Falle wiederholter Weigerung ist auf Antrag zur Erzwingung des Zeugnisses die Haft anzuordnen, jedoch nicht über den Zeitpunkt der Beendigung des Prozesses in dem Rechtszug hinaus. Die Vorschriften über die Haft im Zwangsvollstreckungsverfahren gelten entsprechend.

(3) Gegen die Beschlüsse findet die sofortige Beschwerde statt.

Übersicht

I. Durchsetzung der Zeugnispflicht ── 1
II. Kumulierende Ursachen der Nichtaussage
   1. Abgrenzungsbedarf (§ 380/§ 390) ── 3
   2. Anfängliche begründungslose Aussageverweigerung ── 4
   3. Anfängliches Nichterscheinen ── 5
   4. Wiederholte Aussageverweigerung mit unzureichender Begründungsangabe ── 6
   5. Freiwilliges Entfernen des Zeugen, zwangsweise Entfernung ── 7
   6. Nichterscheinen der Testperson zur Untersuchung ── 8
III. Unberechtigte oder verworfene Weigerungsgründe
   1. Nichtangabe von Gründen ── 9
   2. Mangelhafte Begründung, erfolgloses Zwischenverfahren ── 10
IV. Zwangsmaßnahmen
   1. Ordnungsgeld ── 12
   2. Ordnungshaft
     a) Haftzweck ── 15
     b) Antragserfordernis ── 17
     c) Anordnungsbeschluss, Haftbefehl ── 18
   3. Vollzug der Haftanordnung, Haftrecht ── 21
   4. Haftdauer, Haftende ── 24
   5. Erzwingung medizinischer Untersuchungen ── 27
   6. Erzwingung der Vorlage von Dokumenten und der Duldung von Besichtigungen ── 28
V. Kostenbeschluss, Haftung des Zeugen ── 29
VI. Rechtsmittel ── 31

I. Durchsetzung der Zeugnispflicht

1 § 390 regelt die Zwangsmaßnahmen gegen einen Zeugen, der **zwar** zum Vernehmungstermin **erschienen** ist, jedoch unberechtigt die **Aussage oder** den **Eid verweigert**, oder der sich **nicht** gem. § 378 Abs. 1 **vorbereitet** hat, obwohl eine konkrete richterliche Anordnung (§ 378 Rdn. 14) getroffen war. Mittels der Festsetzungen des Ordnungsgeldes und – die Sanktion steigernd – der Beugehaft, die **auf** den **Willensentschluss** des Zeugen **einwirken** sollen (zur Beugefunktion s. § 380 Rdn. 6), wird die Erfüllung der staatsbürgerlichen Zeugnispflicht (vor § 373 Rdn. 75) erzwungen. § 390 ist auf die Erzwingung der **Abstammungsuntersuchung** gem. § 372a Abs. 2 Satz 1 und § 178 Abs. 2 Satz 1 FamFG entsprechend anzuwenden.

2 Die Anordnungen nach § 390 setzen voraus, dass der Zeuge die Aussage verweigert, **ohne irgendeinen Grund anzugeben**, der in einem Zwischenstreitverfahren nach §§ 387 f. geklärt werden könnte, oder dass seine Einrede in einem Verfahren nach §§ 387 f. rechtskräftig verworfen wurde. Das **Erscheinen des Zeugen** als Vorstufe der Aussagebereitschaft wird mittels der Anordnungen des **§ 380** erzwungen. Die Sachverhalte, die **§ 380 und § 390** regeln, **können sich überschneiden**. Gesetzestechnisch ist die Aufteilung (dazu unten Rdn. 3) auf zwei Normen misslungen. Für das Verhältnis zwischen

§ 372a Abs. 2 bzw. § 178 Abs. 2 FamFG und § 390 sowie §§ 142 Abs. 2 und 144 Abs. 2 zu § 390 gilt dies nicht.

II. Kumulierende Ursachen der Nichtaussage

1. Abgrenzungsbedarf (§ 380/§ 390). § 390 und § 380 betreffen unterschiedliche Arten des begründungslosen Weigerungsverhaltens, nämlich das **Nichterscheinen** im Termin einerseits und das **Erscheinen ohne Aussagebereitschaft** andererseits, ohne dass Anlass für ein Zwischenverfahren gegeben ist; sie stimmen in den Rechtsfolgen ihrer Absätze 1 aber überein. Die Abgrenzung erlangt erst Bedeutung, wenn die Weigerung wiederholt wird, allerdings das begründungslose Weigerungsverhalten modifiziert, nämlich zur jeweils anderen Methode der Weigerung übergegangen wird. In der Behandlung der **Wiederholungsweigerung** fallen die Rechtsfolgen des § 380 Abs. 2 (erneutes Ordnungsgeld oder Vorführung) und des § 390 Abs. 2 (Beugehaft) auseinander.

2. Anfängliche begründungslose Aussageverweigerung. Weigert sich der Zeuge auszusagen und ist deshalb gegen ihn nach § 390 Abs. 1 vorgegangen worden, so ist nach § 390 Abs. 2 und nicht nach § 380 Abs. 2 zu verfahren, wenn er **im folgenden Termin ausbleibt**. Dann ist davon auszugehen, dass er auf seiner Weigerung beharrt. Hatte er allerdings vor dem Wiederholungstermin **erklärt, aussagen zu wollen**, ist § 380 Abs. 2 anzuwenden. § 380 Abs. 1 kommt nicht zur Anwendung, weil die Sanktion erster Stufe durch § 390 Abs. 1 verbraucht ist.

3. Anfängliches Nichterscheinen. Erscheint der Zeuge, der zunächst ausgeblieben und daher mit Sanktionen **nach § 380 Abs. 1** belegt worden ist, im Wiederholungstermin, sagt aber nicht aus und weigert sich, Gründe anzugeben, so ist **nur noch § 390 Abs. 2 anzuwenden**. Die erststufige Sanktion des § 390 Abs. 1 ist durch die Anwendung des § 380 Abs. 1 verbraucht.

4. Wiederholte Aussageverweigerung mit unzureichender Begründungsangabe. Gibt der Zeuge im Wiederholungstermin unzureichende Weigerungsgründe an, nachdem er im ersten Termin ausgeblieben war oder begründungslos nicht ausgesagt hatte, ist darüber das **Zwischenverfahren der §§ 386 f.** durchzuführen und rechtskräftig abzuschließen. Bleibt der Zeuge danach wiederum aus, ist er gem. § 380 Abs. 2 **zwangsweise vorzuführen**; verweigert er dann weiterhin die Aussage, ist Beugehaft gem. § 390 Abs. 2 anzuordnen.

5. Freiwilliges Entfernen des Zeugen, zwangsweise Entfernung. Dem Nichterscheinen im Sinne des § 380 Abs. 1 steht das **vorzeitige freiwillige Verlassen des Gerichts** vor Beginn der Vernehmung gleich. Der Zeuge ist dann zum nächsten Termin vorzuführen. Wird der Zeuge wegen einer Störung der Verhandlung auf Grund einer Ordnungsmaßnahme nach § 177 GVG **gewaltsam** aus dem Gerichtssaal **entfernt**, bevor es zu einer Aussage kommt, ist dieses Verhalten ebenfalls nach § 380 und nicht nach § 390 Abs. 1 zu behandeln; es steht dem Nichterscheinen und nicht einer begründungslosen Aussageverweigerung gleich (näher dazu § 380 Rdn. 24).

6. Nichterscheinen der Testperson zur Untersuchung. Erscheint eine zu untersuchende Person nicht gem. § 372a Abs. 1 zur Entnahme der Blutprobe, **ohne** einen **Weigerungsgrund** entsprechend der (abschließenden) Regelung der § 372a Abs. 1 und § 178 Abs. 1 FamFG **angegeben zu haben** und obwohl sie belehrt und ordnungsgemäß gerichtlich geladen wurde, ist nach § 372a Abs. 2 Satz 1 bzw. § 178 Abs. 2 Satz 1 FamFG in Verb. mit § 390 Abs. 1 ein Zwangsgeld festzusetzen. Bei **Minderjährigen** unter 14 Jahren oder bei älteren Jugendlichen ohne entsprechende Verstandesreife ist das **Zwangsgeld gegen** dessen **Personensorgeberechtigten** festzusetzen. Dies sollte auch für Minderjährige über 14 Jahren mit entsprechender Verstandesreife – dann kumulativ – gelten (näher dazu § 380 Rdn. 13ff., s. auch unten Rdn. 27) Wird eine Begründung angegeben, muss zunächst in einem **Zwischenverfahren nach § 387** die Stichhaltigkeit des Weigerungsgrundes rechtskräftig überprüft worden sein.[1]

III. Unberechtigte oder verworfene Weigerungsgründe

9   **1. Nichtangabe von Gründen.** § 390 Abs. 1 betrifft in seinem ersten Fall die **Weigerung ohne jegliche Begründung**.[2] Anzuordnen ist zunächst **Ordnungsgeld**, ersatzweise Ordnungshaft. Wiederholt der Zeuge sein Verhalten im erneuten Termin, hat also die Festsetzung eines Ordnungsgeldes keinen Überzeugungswandel herbeigeführt, ist **Beugehaft** zu verhängen.

10   **2. Mangelhafte Begründung, erfolgloses Zwischenverfahren.** Eine bloß mangelhafte Begründung der Weigerungshaltung oder die fehlende Glaubhaftmachung eines Weigerungsgrundes rechtfertigen **kein Vorgehen nach § 390 Abs. 1**. Vielmehr muss ein **Zwischenverfahren nach §§ 386f.** durchgeführt werden. Der Anordnung von Zwangsmaßnahmen hat also eine **förmliche Entscheidung** über die Rechtmäßigkeit der Weigerung **voranzugehen**.[3] Die Begründung der Aussageverweigerung kann der Zeuge vor dem Termin, im Termin bei Durchführung der Vernehmung oder danach bis zum Erlass einer Maßnahme nach § 390 Abs. 1 erklären. Dies gilt auch für die Weigerung hinsichtlich der Beantwortung einzelner Fragen.

11   § 390 Abs. 1 ist jedoch anzuwenden, wenn der Zeuge seine Weigerungshaltung nicht aufgibt, obwohl die **Einrede rechtskräftig verworfen** worden ist. Festzusetzen ist eine Ordnungsmaßnahme. Allerdings ist es dem Zeugen unbenommen, sich sofort oder im erneuten Verhandlungstermin auf einen **neuen Weigerungsgrund** zu berufen (§ 387 Rdn. 21 u. § 386 Rdn. 9). Dann hat erneut ein Zwischenverfahren stattzufinden. Dies gilt **nicht** für eine **neue Begründung** zu dem rechtskräftig verworfenen Grund, sofern sich der neue Sachverhalt nicht erst nach Eintritt der Rechtskraft ergeben hat, etwa der zulässige nunmehrige Widerruf einer Aussageerlaubnis.

IV. Zwangsmaßnahmen

12   **1. Ordnungsgeld.** Die Festsetzung von Ordnungsgeld und Ersatzordnungshaft ist die erste Stufe der Sanktion gegen einen aussageunwilligen oder mangelhaft vorbereiteten Zeugen, die seinen **Willen** im Sinne einer Kooperation mit dem Gericht **beugen** soll. Die Willensbeugung wird von der Präventionswirkung drohender nachträglicher Ordnungsgeldverhängung erhofft. **Voraussetzung aller Zwangsmaßnahmen** ist angesichts dieses Normzwecks, dass ein **Aussagebedürfnis fortbesteht** (vgl. dazu § 380 Rdn. 6, 28, 43). Daran fehlt es, wenn der Beweisführer nunmehr auf den Zeugen **verzichtet** und der Beweisgegner nicht seinerseits auf der Vernehmung besteht (vgl. § 399).

---

1   OLG Karlsruhe OLGRep. 2007, 127 = FamRZ 2007, 738.
2   BGH NJW 1990, 2936, 2937.
3   OLG Frankfurt NJW-RR 1988, 714; OLG Dresden NJW-RR 1999, 84 = FamRZ 1999, 448, 449.

Während die Festsetzung von Ordnungsgeld **bei Nichtaussage zwingend** ist, steht sie bei **unzureichender Vorbereitung** des Zeugen im Ermessen des Gerichts (§ 378 Rdn. 21). 13

Zur **Höhe** des Ordnungsgeldes vgl. § 380 Rdn. 30, zu seiner **Beitreibung** § 380 Rdn. 74. 14

2. Ordnungshaft

a) **Haftzweck.** Die Haft dient nur der **Erzwingung des Zeugnisses**. Mit ihr ist **kein** 15 **Strafzweck** verbunden. § 390 Abs. 2 Satz 2 erklärt deshalb die Vorschriften der Haft im Zwangsvollstreckungsverfahren für entsprechend anwendbar, also die **§§ 901 bis 914**. Diese Normen sind nur für die primäre Erzwingungshaft maßgebend, **nicht** für die **Ersatzordnungshaft** nach § 390 Abs. 1. Verweigerte Eidesleistung berechtigt nicht zur Haftanordnung (§ 391 Rdn. 19).

Seit dem 1. Januar 2013 gelten anstelle der §§ 901 ff. die **§§ 802g, 802h und 802j**, die 16 durch das Gesetz zur Reform der Sachaufklärung in der Zwangsvollstreckung v. 29.7. 2009 geschaffen wurden.[4]

b) **Antragserfordernis.** Die Anordnung der Haft setzt regelmäßig einen **Antrag des** 17 **Beweisführers** oder der Gegenpartei voraus.[5] Unterbleibt der Antrag, liegt darin ein Verzicht auf das Zeugnis oder die Beeidigung. Der Antrag ist wegen der erheblichen **Haftkosten** erforderlich, für die der Antragsteller aufzukommen hat. Der Kostenansatz ergibt sich aus KV 9011 GKG. Auf die Kosten ist gem. § 17 GKG ein **Vorschuss** zu leisten.[6]

c) **Anordnungsbeschluss, Haftbefehl.** Angeordnet wird die Haft durch Beschluss. 18 Eine Zeitdauer ist darin nicht anzugeben. Der Beschluss wird entweder verkündet oder den Parteien formlos mitgeteilt.[7] Dem Zeugen ist der Beschluss zuzustellen (§§ 329 Abs. 3 Satz 2, 750 Abs. 1). **Mit** der **Anordnung** der Haft hat das Gericht zugleich einen **Haftbefehl** zu erlassen. Der Haftbefehl wird der antragstellenden Partei ausgehändigt, die für die Verhaftung zu sorgen hat.

Von der Ordnungshaftvollziehung sind auf Verlangen des Inhaftierten **Angehörige** 19 oder jedenfalls eine sonstige Vertrauensperson zu **benachrichtigen**. Die Regelung für die Untersuchungshaft gem. § 114c StPO ist auf diesen Fall zu übertragen.[8]

Gegen den Anordnungsbeschluss oder gegen die Ablehnung der Anordnung bzw. 20 die Aufhebung ist die **sofortige Beschwerde** statthaft (§ 390 Abs. 3). Der **Zeuge** kann die Beschwerde zu Protokoll der Geschäftsstelle erklären, unterliegt damit also – anders als die Partei – **nicht** dem **Anwaltszwang**. Für den Zeugen hat die sofortige Beschwerde **aufschiebende Wirkung**.

3. Vollzug der Haftanordnung, Haftrecht. Die **Verhaftung** wird **durch** den **Ge-** 21 **richtsvollzieher** bewirkt (§ 909 Abs. 1), der von der antragstellenden Partei beauftragt wird. Er muss den Haftbefehl dem Zeugen vorzeigen und auf Verlangen abschriftlich mitteilen. Vor der Verhaftung muss der Beschluss dem Zeugen zugestellt worden sein (§ 750 Abs. 1).

---

[4] BGBl 2009 I S. 2258.
[5] MünchKomm/*Damrau*[4] § 390 Rdn. 11; Zöller/*Greger*[29] § 390 Rdn. 6.
[6] Die nach § 911 ZPO a.F. bis 1979 geltende Regelung ist entfallen, ZwangsvollstreckungsÄndG v. 1.2.1979, BGBl 1979 I S. 127.
[7] Für obligatorische Verkündung MünchKomm/*Damrau*[4] § 390 Rdn. 11.
[8] Zur Ordnungs- und Beugehaft nach § 70 StPO ebenso KK/*Graf* StPO[6] § 114b (a.F.) Rdn. 2.

22 Ist der Zeuge ein **Beamter,** muss der Gerichtsvollzieher die beabsichtigte Verhaftung der vorgesetzten Dienststelle mitteilen und die Erlaubnis der Behörde abwarten (§ 910). Die Verhaftung eines **Abgeordneten** bedarf der Einwilligung des Parlaments (§ 904 Nr. 1). Die Verhaftung eines **Kranken** ist unzulässig (§ 906).

23 Der Vollzug der Haft richtet sich nach den Strafvollzugsvorschriften. **§ 171 StVollzG,**[9] den einzelne Landesstrafvollzugsgesetze in Bezug nehmen, verweist für den Vollzug gerichtlich angeordneter Ordnungshaft u.a. auf die im StVollzG normierten Vorschriften über den **Vollzug der Freiheitsstrafe,** soweit nicht Eigenart und Zweck der Haft entgegenstehen.

24 **4. Haftdauer, Haftende.** Die Haftzeit beträgt in ein und demselben Verfahren **maximal 6 Monate** (§ 913). Unerheblich ist, ob der Zeuge zu mehreren Beweisthemen[10] die Aussage verweigert. Unerheblich ist auch, ob nacheinander beide Parteien die Verhaftung bewirkt haben. Die Gesamtdauer darf auch dann nicht überschritten werden, wenn die Verhaftung in der Rechtsmittelinstanz erneut erfolgt.

25 Die Haft **endet mit** der **Vernehmung** oder Beeidigung des Zeugen. Der Zeuge darf **jederzeit** seine **Vernehmung** beantragen. Dafür ist unverzüglich ein Termin anzuberaumen, zu dem die Parteien zu laden sind. Ohne Ladung der Parteien ist der Zeuge nicht zu vernehmen.

26 Die Haft endet auch, wenn die Partei **auf** den **Zeugen verzichtet.** Im Falle des Verzichts gilt § 399 nicht zugunsten des Beweisgegners. Allerdings kann der Beweisgegner selbst die Verhaftung beantragen, für die er dann vorschusspflichtig ist. Die Haft endet ferner mit der **Beendigung des Verfahrens** in der Instanz oder mit der Anordnung des **Ruhens** des Verfahrens oder der **Aussetzung** oder mit der **Unterbrechung des Verfahrens;** in diesen Fällen kann keine Zeugenvernehmung stattfinden.

27 **5. Erzwingung medizinischer Untersuchungen.** Die Verweisung des § 372a Abs. 2 Satz 1 und des § 178 Abs. 2 Satz 1 FamFG (**Abstammungsuntersuchung**) auf § 390 betrifft nur die Anordnung von Ordnungsgeld. Bei wiederholter unberechtigter Verweigerung der Blutentnahme wird **physischer Zwang** ausgeübt; die zu untersuchende Person wird zwangsweise zur Untersuchung vorgeführt (§ 372a Rdn. 80). Eine sofortige Vorführung ohne vorherige Festsetzung von Ordnungsgeld ist nicht zulässig.[11] Dies ergibt sich unmittelbar aus § 372a Abs. 2 Satz 2 bzw. § 178 Abs. 2 Satz 2 FamFG und nicht aus § 390. **Ordnungsgeld** kann nur festgesetzt werden, wenn die zu untersuchende Person zu dem fehlgeschlagenen Blutentnahmetermin **ordnungsgemäß gerichtlich geladen** worden war;[12] die Ladung durch das Testinstitut reicht nicht aus (dazu § 380 Rdn. 20). Ordnungsgeld kommt auch in Betracht, wenn die Person die zur **Feststellung** ihrer **Identität** erforderlichen Maßnahmen verhindert, etwa ihre Unterschrift verweigert; die allgemeine Belehrung über die Folgen einer unberechtigten Verweigerung einer Blutentnahme reicht dafür als Belehrung aus.[13] Festzusetzen sind die Zwangsmaßnahmen **gegen** den personensorgeberechtigten **gesetzlichen Vertreter,** sofern die Testperson minderjährig ist und nicht die notwendige Verstandesreife zur Beurteilung der Weigerung (dazu § 387

---

9 Gesetz v. 16.3.1976, BGBl 1976 I S. 581, 2088, i.d.F. vom 29.7.2009, BGBl 2009 I S. 2274.
10 Ebenso MünchKomm/*Damrau*[4] § 390 Rdn. 13; **a.A.** Zöller/*Greger*[29] § 390 Rdn. 7; wohl auch Stein/Jonas/*Berger*[22] § 390 Rdn. 11.
11 OLG Frankfurt NJW-RR 1988, 714; OLG Celle OLGRep. 1998, 290, 291.
12 OLG Frankfurt OLGRep. 1993, 170.
13 OLG Köln FamRZ 1976, 548.

Rdn. 8) besitzt.[14] Nach hier vertretener Auffassung gilt dies ebenso für den Vertreter einer verstandesreifen Testperson im Alter zwischen 14 und 18 Jahren (dazu § 380 Rdn. 17 und oben Rdn. 8).

6. Erzwingung der Vorlage von Dokumenten und der Duldung von Besichtigungen. Wegen der Verweisung in §§ 142 Abs. 2, 144 Abs. 2 auf § 390 kommt eine Erzwingung durch Ordnungsgeld, Ersatzordnungshaft oder Beugehaft auch gegen einen nicht am Prozess beteiligten Dritten in Betracht (dazu auch vor § 284 Rdn. 28). Die Verhängung von Sanktionen darf **bei Angabe von Weigerungsgründen** erst stattfinden, wenn zuvor das **Zwischenverfahren** nach § 387 stattgefunden hat.[15] 28

V. Kostenbeschluss, Haftung des Zeugen

Die Parteien haben **Anspruch darauf**, dass bei Vorliegen der Voraussetzungen des § 390 Abs. 1 ein **Kostenbeschluss** ergeht. Näher dazu § 380 Rdn. 33. 29

Von den Maßnahmen des § 390 wird nicht die Frage berührt, ob der sich unberechtigt weigernde Zeuge **nach materiellem Recht** auf **Schadensersatz** in Anspruch genommen werden kann, nämlich aus Vertrag oder aus Delikt (§ 826 BGB). Dasselbe gilt für einen sich unberechtigt weigernden Dritten, gegen den eine Anordnung nach §§ 142 oder 144 getroffen wurde. 30

VI. Rechtsmittel

Gegen die Anordnungen nach § 390 ist gem. Abs. 3 die **sofortige Beschwerde** statthaft (vgl. dazu § 380 Rdn. 54). Beschwert ist der **Zeuge** durch die ihn belastenden Anordnungen. Die **Partei** kann nach § 793 sofortige Beschwerde einlegen, wenn die Zwangshaft nach § 390 Abs. 2 abgelehnt[16] oder aufgehoben wird. 31

§ 391
Zeugenbeeidigung

Ein Zeuge ist, vorbehaltlich der sich aus § 393 ergebenden Ausnahmen, zu beeidigen, wenn das Gericht dies mit Rücksicht auf die Bedeutung der Aussage oder zur Herbeiführung einer wahrheitsgemäßen Aussage für geboten erachtet und die Parteien auf die Beeidigung nicht verzichten.

Schrifttum

E. Schneider Die Beeidigung des Zeugen im Zivilprozeß, MDR 1969, 429; *H. Schneider* Zeugeneid und Aufklärungspflicht des Gerichts, NJW 1966, 333; *H. Schröder* Der Eid als Beweismittel, ZZP 64 (1951), 216.

---

14 OLG München FamRZ 1997, 1170; OLG Naumburg OLGRep. 2000, 156; s. ferner OLG Karlsruhe OLGRep. 2007, 127, 128 = FamRZ 2007, 738, 740 (mit Andeutung der Überprüfung der Erziehungseignung gem. § 1666 BGB).
15 OLG Köln OLGRep. 2004, 337, 338.
16 A.A. MünchKomm/*Damrau*[4] § 390 Rdn. 16: mangels Anordnung kein Zwangsvollstreckungsverfahren.

Übersicht

I. Eideszweck —— 1	2. Gegenstand der Beeidigung —— 12
II. Verzicht der Parteien —— 3	3. Zuständigkeit —— 13
III. Entscheidung über die Beeidigung	IV. Begründung, Rechtsmittelkontrolle —— 16
1. Ermessen des Gerichts —— 6	V. Eideszwang, Eidesverweigerung —— 18

I. Eideszweck

1 Die Beeidigung dient der Wahrheitserforschung, indem sie als subjektives Druckmittel[1] eine **förmliche Bekräftigung der Richtigkeit der Aussage** verlangt. Sie war **ursprünglich religiös motiviert** und stützte sich auf den Glauben an ein höheres Wesen, das den Meineidigen verfolgt. Die **Eidesformel des § 392** enthält keine Berufung auf Gott, sondern nur auf das eigene Gewissen des Zeugen. Von den Rechtsfolgen her gedacht bewirkt die Vereidigung nur eine **Verschärfung der Strafdrohung** für eine Falschaussage, weil Meineid (§ 154 StGB) mit einer höheren Strafdrohung als die uneidliche Falschaussage (§ 153 StGB) belegt ist. Einen höheren Beweiswert erlangt die Aussage durch die Beeidigung nicht.

2 Die Vorschrift gilt kraft der Verweisung des § 402 auch für **Sachverständige**; § 410 Abs. 1 regelt nur eine abweichende Form der Beeidigung.[2] Die **Abnahme des Eides** richtet sich jeweils nach §§ 478 ff. An die Stelle des Eides mit oder ohne religiöse Beteuerung (§ 481) kann die eidesgleiche Beteuerung (§ 484) treten.

II. Verzicht der Parteien

3 Die Parteien können auf eine Beeidigung verzichten, **soweit die Verhandlungsmaxime gilt**. In Verfahren mit Untersuchungsgrundsatz hindert der Verzicht das Gericht nicht an einer Ermessensentscheidung; das Gericht hat sein Ermessen auszuüben.[3] Partei ist jeder Streitgenosse und selbständige Streitgehilfe.

4 Das Gericht **darf** bei wirksamem Parteiverzicht **nicht vereidigen**. Vereidigt das Gericht gleichwohl, lässt sich darauf allerdings keine Verfahrensrüge stützen. Hat das Gericht Zweifel an der Wahrheit der Zeugenaussage, erfolgt die **freie Beweiswürdigung** nach § 286 unbeeinflusst von dem Parteiverzicht. Die Aussage ist wegen des Verzichts nicht etwa als wahr zu unterstellen.

5 Der Verzicht ist eine **einseitige prozessuale Willenserklärung**, die gegenüber dem Gericht abzugeben ist. Sie ist widerruflich. Unwirksam ist ein Verzicht, der vor der Vernehmung des Zeugen erklärt wird. Ein Verzicht ergibt sich nicht schon daraus, dass die Parteien – wie in der Regel – keine Anträge auf Beeidigung des Zeugen stellen. Die Entscheidung ist dann vom Gericht zu treffen. Die fehlende Antragstellung ist kein Argument zur Begründung der Nichtvereidigung.

III. Entscheidung über die Beeidigung

6 **1. Ermessen des Gerichts.** Die ZPO kennt keine Pflicht zur Vereidigung.[4] Die Vereidigung steht im **Ermessen** des Gerichts,[5] **sofern** sie **nicht** überhaupt wegen relevanten

---

1 Zöller/*Greger*[29] § 391 Rdn. 3.
2 BGH NJW 1998, 3355, 3356.
3 BVerwG NJW 1998, 3369.
4 Seit 1.9.2004 hat auch § 59 StPO eine weniger strenge Fassung.
5 BGHZ 43, 368, 370 = NJW 1965, 1530; BGH NJW 1998, 3355, 3356 (für die Sachverständigenvereidigung).

Verzichts der Parteien oder des Verbots nach § 393 **ausgeschlossen** ist. Zulässig ist die Beeidigung eines **Teils der Aussage**.⁶

Bezugspunkt der Entscheidung ist alternativ die Bedeutung der Aussage oder die Herbeiführung einer wahrheitsgemäßen Aussage. Zusätzlich muss das Gericht die Beeidigung für geboten erachten. Maßstab ist, ob die **Überzeugungsbildung des Gerichts** von der Wahrheit der Aussage durch die Beeidigung **gefestigt** werden kann. Das Gesetz will zwar überflüssige Eide verhindern, sieht im Eid aber ein geeignetes Mittel, einen Zeugen zur wahrheitsgemäßen Aussage zu veranlassen.⁷ **Im Regelfall** sind Zeugen **uneidlich** zu vernehmen; ihre Aussagen sind nur dann zu beeiden, wenn es dafür besondere Gründe gibt.⁸ Faktisch wird von der Möglichkeit zur Beeidigung einer Zeugenaussage im Zivilprozess kaum Gebrauch gemacht. 7

Was von einer beeideten Aussage zu halten ist, lässt sich erst feststellen, nachdem die Beeidigung angeordnet worden ist und feststeht, wie sich der Zeuge daraufhin verhält.⁹ Anders verhält es sich, wenn auf Grund besonderer konkreter Umstände schwerwiegende Zweifel an der Glaubwürdigkeit begründet sind oder sonst Tatsachen vorliegen, die den Beweiswert der Aussage von Anfang an erheblich mindern oder der Aussage ihre Bedeutung nehmen, etwa wenn bereits gegenteilige beeidete Aussagen anderer Zeugen oder der Parteien vorliegen.¹⁰ Für die **freie Beweiswürdigung** nach § 286 ist unerheblich, ob eine Aussage beeidet worden ist; sie hat im Falle der Beeidigung **keinen höheren Beweiswert** als die uneidliche Aussage.¹¹ 8

Bedeutsam ist die Aussage, wenn allein von ihr die Entscheidung des Gerichts abhängt. Selbst dann besteht aber keine Pflicht zur Beeidigung, weil die Relativierung des Gebotenseins auch für diese Alternative gilt. 9

Zur **Herbeiführung einer wahrheitsgemäßen Aussage** ist zu beeidigen, wenn das Gericht die Aussage für erheblich ansieht und **Zweifel an der Glaubwürdigkeit** des Zeugen hegt.¹² Die Glaubwürdigkeitsbeurteilung ist **von** der **Glaubhaftigkeit** der Aussage **zu trennen**; auch ein glaubwürdiger Zeuge kann trotz größter Anspannung seines Gewissens wegen Fehlern bei der der Wahrnehmung oder der Wiedergabe seiner Beobachtungen eine objektiv unwahre Aussage machen.¹³ **Aussagefehler, die** auf dem Weg von der Beobachtung bis zur Wiedergabe eintreten und **nicht vom guten Willen** des Zeugen **abhängen**, lassen sich durch eine Beeidigung nicht beseitigen.¹⁴ Auch kann sich ein Zeuge aus Trotz, Scham oder anderen psychischen Umständen so in eine bestimmte Vorstellung verrannt haben, dass er durch einen Eid nicht zu einer Änderung seiner ursprünglichen Aussage veranlasst werden kann. Der Richter hat bei seiner Ermessensentscheidung zu erwägen, inwieweit derartige bei der Vernehmung zu beobachtende Umstände wirksam geworden sind und die Eidesleistung daran etwas zu ändern vermag.¹⁵ 10

Geboten ist die Beeidigung nur, wenn das Gericht **nach** dieser **Bekräftigung der** uneidlichen **Aussage von deren Wahrheit** ausgehen will. Anderenfalls dient die Beeidigung nicht der Überzeugungsbildung des Gerichts. Bei **sich widersprechenden Zeu-** 11

---

6 MünchKomm/*Damrau*⁴ § 391 Rdn. 5.
7 BGHZ 43, 368, 371.
8 BGH DRiZ 1967, 361 (bewusste Ergänzung zu BGHZ 43, 368).
9 BGHZ 43, 368, 371 f.
10 BGHZ 43, 368, 372.
11 S. auch KG VersR 2009, 1557, 1558 (Parteierklärung gegen beeidete Zeugenaussage).
12 BGHZ 43, 368, 371; BGH NJW 1972, 584 f.
13 BGH DRiZ 1967, 361.
14 BGH DRiZ 1967, 361.
15 BGH DRiZ 1967, 361.

genaussagen kann eine Beeidigung die Wahrheitsfindung dann nicht fördern, wenn der Widerspruch mit Rücksicht auf die Persönlichkeit der Zeugen nur durch **Erinnerungsfehler** zu erklären ist; der Eid kann die Erinnerungsleistung nicht heben.[16]

12 **2. Gegenstand der Beeidigung.** Die eidliche Bekräftigung der Wahrheit erstreckt sich nicht nur auf die **Aussage zur Sache**, sondern auch auf sämtliche **Angaben zu** den **persönlichen Verhältnissen** im Sinne des § 395 Abs. 2.

13 **3. Zuständigkeit.** Die Entscheidung trifft das **Prozessgericht**. Dem **Richterkommissar** steht diese Befugnis **nicht** zu.[17] Vereidigt der kommissarische Richter gleichwohl, so ist die Vereidigung wirksam. Vereidigt er nicht, hält das Prozessgericht die Beeidigung aber für erforderlich, so ist die Vereidigung nachzuholen. Gemäß § 479 kann der Eid auch **isoliert** vor einem beauftragten oder einem ersuchten Richter **abgenommen werden**, wenn dem Zeugen die Reise zum Prozessgericht nicht zumutbar ist oder wenn andere Gründe dem Erscheinen an der Gerichtsstelle entgegenstehen.

14 Im **selbständigen Beweisverfahren** kommt eine Zeugenvernehmung nur bei drohendem Beweismittelverlust in Betracht. Die Voraussetzungen des § 392 werden sich außerhalb des Hauptprozesses nicht positiv beantworten lassen. Ist der Zeuge im späteren Hauptsacheverfahren noch erreichbar, entscheidet nunmehr das Prozessgericht über die Vereidigung.

15 Die Beeidigung kann erstmals in der **Berufungsinstanz** angeordnet werden.

IV. Begründung, Rechtsmittelkontrolle

16 Mit der **Berufung** ist die Ermessensausübung des erstinstanzlichen Prozessgerichts angreifbar.[18] Die **Revisionsinstanz** kann die Entscheidung eingeschränkt darauf überprüfen, ob das Gericht von den **Grenzen des Ermessens** eine unrichtige Vorstellung gehabt hat oder sich der Grenzen überhaupt nicht bewusst war.[19] Das Unterlassen einer Vereidigung ist in der auf die Beweisaufnahme folgenden mündlichen Verhandlung **gem. § 295 Abs. 1** zu **rügen**; bei Verlust des Rügerechts findet keine Rechtsmittelkontrolle statt.[20]

17 Eine **generelle Begründung** der richterlichen Ermessensentscheidung ist von § 391 **nicht** vorgesehen.[21] Das Berufungsgericht braucht nicht darauf hinzuweisen, weshalb es selbst eine Beeidigung unterlassen hat.[22] Soweit eine Begründung für die Nichtvereidigung gegeben worden ist, kann sich daraus die Fehlerhaftigkeit der Ermessensausübung ergeben.[23] Zur Ermöglichung einer Verfahrenskontrolle ist die Entscheidung über die Nichtbeeidigung aber zu **begründen**, wenn eine **Partei** die **Vereidigung beantragt** hat.[24]

---

16 OLG Köln MDR 1971, 933.
17 Musielak/*Huber*[10] § 391 Rdn. 3; Zöller/*Greger*[29] § 391 Rdn. 6; **a.A.** MünchKomm/*Damrau*[4] § 391 Rdn. 7; Stein/Jonas/*Berger*[22] § 391 Rdn. 16.
18 BGH NJW 1972, 684.
19 BGHZ 43, 368, 370 f.; BVerwGE 52, 11, 16; BVerwG NJW 1998, 3369.
20 BVerwG NJW 1998, 3369.
21 BVerwG NJW 1998, 3369. **A.A.** MünchKomm/*Damrau*[4] § 391 Rdn. 8; Zöller/*Greger*[29] § 391 Rdn. 6.
22 BGH NJW 1952, 384; offen gelassen von BGHZ 43, 368, 373.
23 BGHZ 43, 368, 373.
24 BVerwG NJW 1998, 3369.

V. Eideszwang, Eidesverweigerung

Beschließt das Gericht die Vereidigung, ist der Zeuge zur Eidesableistung verpflichtet (§ 390 Abs. 1 Satz 1). Der Eid kann aus **denselben Gründen** verweigert werden, die auch eine **Zeugnisverweigerung** rechtfertigen (§§ 383ff.). Ist der Zeuge vernommen worden, ohne sich auf sein Zeugnisverweigerungsrecht zu berufen, kann er gleichwohl die Eidesleistung verweigern.[25] Über eine mit Gründen versehene Weigerung ist gem. § 387 zu entscheiden. 18

Erzwungen wird die Ablegung des Eides gem. § 390 Abs. 1 Satz 2 durch **Ordnungsgeld**. Ordnungshaft kommt nach dem Wortlaut des § 390 Abs. 2 nicht in Betracht.[26] 19

Die trotz Anordnung der Beeidigung **uneidlich bleibende Aussage** ist frei zu würdigen. Dem Umstand der Eidesverweigerung kann Bedeutung für die Beweiswürdigung zukommen, insbesondere wenn eine gegenteilige Aussage beeidet worden ist.[27] 20

§ 392
Nacheid; Eidesnorm

Die Beeidigung erfolgt nach der Vernehmung. Mehrere Zeugen können gleichzeitig beeidigt werden. Die Eidesnorm geht dahin, dass der Zeuge nach bestem Wissen die reine Wahrheit gesagt und nichts verschwiegen habe.

Übersicht
I. Zeitpunkt der Beeidigung, Belehrung —— 1
II. Eidesformel —— 3
III. Ergänzende Verhaltensweisen —— 5

I. Zeitpunkt der Beeidigung, Belehrung

Vorgeschrieben wird die **nachträgliche Vereidigung**. Ein dem zuwider abgenommener Voreid ist aber ebenfalls ein wirksamer Eid. Der Nacheid ermöglicht die **vorherige richterliche Bewertung** der Aussage bei der Entscheidung über die Erforderlichkeit einer Beeidigung (dazu § 391 Rdn. 7). Die protokollierte oder auf Tonträger aufgenommene Aussage (§ 160 Abs. 3 Nr. 4) ist dem Zeugen vor der Eidesabnahme zur Genehmigung vorzulesen bzw. vorzuspielen (§ 162). Der Zeuge hat die **Möglichkeit der Aussagekorrektur** (§ 158 StGB). Wird der Zeuge nach der Abnahme des Nacheids **noch einmal vernommen**, handelt es sich insoweit um eine uneidliche Aussage. Anzuwenden ist dann § 398, wenn auch die weitere Aussage beeidet werden soll, was aber nicht zwingend ist. 1

Da der Eid eine **feierliche Bekräftigung** der Aussagerichtigkeit zum Gegenstand hat, muss der Richter den Zeugen gem. § 480 in angemessener Weise über die **Bedeutung des Eides belehren**. Von mangelnder Eidesreife handelt § 393. Zu belehren hat der Richter auch darüber, dass der Eid mit oder ohne religiöse Beteuerung geleistet werden kann. 2

---

25 BGHZ 43, 368, 374.
26 Stein/Jonas/*Berger*[22] § 392 Rdn. 5.
27 BGHZ 43, 368, 374.

II. Eidesformel

3 Die Eidesnorm gibt Satz 2 wieder. Die Verwendung einer anderen Formel ist unschädlich, wenn sich der Zeuge nur darüber im Klaren ist, dass er einen Eid leistet, nämlich **förmlich die Wahrheit** der Aussage **beteuert**. Für den Sachverständigen gilt die abweichende Formel des § 410 Abs. 1 Satz 2. Wird ein **sachverständiger Zeuge** fehlerhaft nach der für den Sachverständigen geltenden Formel vereidigt, steht dies einer Wertung als eidliche Zeugenaussage nicht entgegen.[1]

4 Der Eid kann nach § 481 ohne oder mit **religiöser Beteuerung** geleistet werden. Dabei kann die Gottesanrufung von Mitgliedern nichtchristlicher Religions- oder Bekenntnisgemeinschaften durch eine Beteuerungsformel ersetzt werden, die diese Gemeinschaft verwendet.

III. Ergänzende Verhaltensweisen

5 Der Schwörende soll nach § 481 Abs. 4 bei der Eidesleistung die **rechte Hand erheben**, ohne dass dies Bedeutung für die Wirksamkeit des Eides hat. Das Herausstrecken von drei Fingern entspricht einem alten Brauch und bedeutet, dass die Dreieinigkeit Gottes angerufen wird. Der Richter hat darauf zu achten, dass der Zeuge nicht die Ernsthaftigkeit der Eidesleistung für sich selbst in Zweifel zieht, indem er entsprechend regionalen Bräuchen den Eid mit der anderen Hand ableitet.

§ 393
Uneidliche Vernehmung

Personen, die zur Zeit der Vernehmung das 16. Lebensjahr noch nicht vollendet oder wegen mangelnder Verstandesreife oder wegen Verstandesschwäche von dem Wesen und der Bedeutung des Eides keine genügende Vorstellung haben, sind unbeeidigt zu vernehmen.

Übersicht

I. Eidesunfähigkeit —— 1	III. Mangelnde Verstandesreife —— 3
II. Eidesmündigkeit —— 2	

I. Eidesunfähigkeit

1 Die in § 393 genannten Personen sind **stets unbeeidigt** zu vernehmen, auch wenn das Gericht es gem. § 391 für geboten halten würde, sie zur Herbeiführung einer wahrheitsgemäßen Aussage zu beeidigen. Eine gleichwohl erfolgte Vereidigung ist wirksam; die Aussage ist als eidliche zu werten. Das Gesetz kennt nicht mehr die Eidesunfähigkeit des wegen Meineids Vorbestraften. Soweit die Abnahme des Eides verboten ist, darf auch **keine eidesstattliche Versicherung** zur Glaubhaftmachung nach § 294 gefordert werden. Der uneidlichen Vernehmung steht die Eidesunfähigkeit nicht entgegen.

---

[1] **A.A.** Thomas/Putzo/*Reichold*[33] § 391 Rdn. 11; Zöller/*Greger*[29] § 391 Rdn. 6.

II. Eidesmündigkeit

§ 393 beschreibt in seiner ersten Alternative die **altersbedingte Eidesunmündigkeit**. Die Eidesmündigkeit beginnt mit dem Beginn des Geburtstages zum 17. Lebensjahr (vgl. § 187 Abs. 2 Satz 2 BGB). Personen, die aus Altersgründen vereidigt werden dürfen, sind von der Beeidigung nur ausgeschlossen, wenn im Einzelfall die Voraussetzungen der zweiten Alternative, also die mangelnde Vorstellung von der Bedeutung des Eides, positiv festgestellt werden kann. **2**

III. Mangelnde Verstandesreife

§ 393 beschreibt in seiner zweiten Alternative den **Ausschluss von Zeugen**, die wegen fehlender Verstandesreife oder wegen Verstandesschwäche eidesunfähig sind. Das mangelnde **Verständnis** ist **auf** die **Bedeutung des Eides bezogen**. Gedächtnisschwäche, Geisteskrankheit oder Trunksucht sind für sich genommen kein Ausschlussgrund; derartige Personen zu vereidigen, wird aber in der Regel ermessensfehlerhaft sein (zur Ermessensausübung § 391 Rdn. 6 ff.). Der Zustand der Trunkenheit steht einer Vereidigung ebenso entgegen wie einer uneidlichen Aussage dieser Person. **3**

Das Gericht hat die Eidesfähigkeit **von Amts wegen** zu **klären**. Dazu bedarf es regelmäßig der vorherigen Anhörung des Zeugen, durch die sich das Gericht über dessen geistigen Zustand vergewissert. **4**

§ 394
Einzelvernehmung

(1) Jeder Zeuge ist einzeln und in Abwesenheit der später abzuhörenden Zeugen zu vernehmen.
(2) Zeugen, deren Aussagen sich widersprechen, können einander gegenübergestellt werden.

Schrifttum

Berlit Die Behandlung des Zeugen vor Gericht, DRiZ 1965, 91; *Ostermeyer* Die Behandlung des Zeugen vor Gericht, DRiZ 1965, 162; *Rüßmann* Die Zeugenvernehmung im Zivilprozeß, DRiZ 1985, 41.

Übersicht

I. Vernehmungstechnik — 1
II. Gegenüberstellung — 4
III. Rechtsmittel — 5

I. Vernehmungstechnik

§ 394 regelt wie § 396 die **Technik** der Vernehmung von Zeugen. Mit ihr soll ein **kollusives Zusammenwirken** von Zeugen **verhindert** werden. § 394 gilt nicht für Sachverständige, wohl aber für **sachverständige Zeugen** (§ 414). Die Vernehmung von **tauben oder stummen** Zeugen ist in § 186 GVG geregelt. **1**

Die Zeugen sind **einzeln** zu vernehmen. Die noch nicht vernommenen Zeugen haben den **Verhandlungsraum** zu **verlassen**, damit sie ihre eigene Aussage nicht auf das Aussageverhalten der vorher vernommenen Zeugen einrichten können. Auch an der Erörterung des Sach- und Streitstandes (§ 278 Abs. 2 Satz 2) in der der Beweisaufnahme **2** vorangehenden mündlichen Verhandlung dürfen die Zeugen nach der Wertung des § 394 Abs. 1 nicht teilnehmen.[1] Den **Parteien** steht ein **Anwesenheitsrecht** nach § 357 zu.

3   **Nach ihrer Vernehmung** können die Zeugen im Verhandlungssaal bleiben, sofern das Gericht dies gestattet. Durch ihre Anwesenheit wird nicht – die für die Beweisaufnahme nicht vorgesehene – Öffentlichkeit hergestellt. Die Zeugen dürfen sich **erst** von der Gerichtsstelle **entfernen**, wenn das Gericht dies gestattet, sie also **entlässt**.

II. Gegenüberstellung

4   Widersprechen sich die Aussagen, kann das Gericht die Gegenüberstellung der Zeugen anordnen. Die Entscheidung steht im **Ermessen** des Gerichts.[2] Dadurch kann es zu einer wiederholten Vernehmung im Sinne des § 398 kommen. Die Parteien haben keinen Anspruch auf eine Gegenüberstellung.

III. Rechtsmittel

5   Der Verstoß gegen die Sollvorschrift des Abs. 1 begründet für sich genommen kein Rechtsmittel.[3] Darin kann aber ein Grund für eine **unzureichende Sachaufklärung** liegen, die Zweifel an der Richtigkeit der entscheidungserheblichen Tatsachenfeststellungen im Sinne des § 529 Abs. 1 Nr. 1 begründen.

§ 395
Wahrheitsermahnung; Vernehmung zur Person

(1) Vor der Vernehmung wird der Zeuge zur Wahrheit ermahnt und darauf hingewiesen, dass er in den vom Gesetz vorgesehenen Fällen unter Umständen seine Aussage zu beeidigen habe.

(2) Die Vernehmung beginnt damit, dass der Zeuge über Vornamen und Zunamen, Alter, Stand oder Gewerbe und Wohnort befragt wird. Erforderlichenfalls sind ihm Fragen über solche Umstände, die seine Glaubwürdigkeit in der vorliegenden Sache betreffen, insbesondere über seine Beziehungen zu den Parteien vorzulegen.

Übersicht

I. Ermahnung des Zeugen — 1	III. Inhalt eidesstattlicher Versicherungen — 9
II. Vernehmung zu den persönlichen Verhältnissen — 3	

I. Ermahnung des Zeugen

1   Der vernehmende Richter hat den Zeugen **vor der Vernehmung zur Wahrheit** zu ermahnen. Zugleich hat er ihn wegen des Nacheids (§ 392 Satz 1) auf die **Möglichkeit der Vereidigung** hinzuweisen, damit der Zeuge sich der erhöhten Strafbarkeit des Meineids schon vor Beginn seiner Aussage bewusst wird. Ein gesonderter **Hinweis auf** die

---

1 Stein/Jonas/*Berger*[22] § 394 Rdn. 1.
2 BAG NJW 1968, 566.
3 OLG Düsseldorf MDR 1979, 409; OLG Köln FamRZ 1996, 310, 311; RG Warn. 1928, 154; BFH, Bschl. v. 15.10.2008 – X B 120/08, BFH/NV 2009, 41.

Strafbarkeit einer falschen uneidlichen oder eidlichen Aussage ist nicht vorgeschrieben, ist aber üblich. Eine Verletzung der Vorschrift hat keine zivilprozessualen Folgen.

Sind im selben Termin **mehrere Zeugen** zu vernehmen, werden sie im Allgemeinen alle **gemeinsam** im Voraus **belehrt**. Eine Einzelbelehrung ist im Gegensatz zur Einzelvernehmung nicht vorgeschrieben. Bei dieser Gelegenheit können die Zeugen auch allgemein in ein gemeinsames Thema der Beweisaufnahme eingeführt werden.[1]

II. Vernehmung zu den persönlichen Verhältnissen

Die Zeugenbefragung beginnt mit der **Vernehmung zur Person**. Sie dient der Feststellung der **Identität**. Dies gilt in erster Linie für die Fragen nach Vor- und Zunamen sowie privatem Wohnort, kann aber auch für die weiteren Angaben des Abs. 2 Satz 1 zutreffen. Analog § 68 Abs. 1 Satz 2 StPO darf der Zeuge bei Wahrnehmungen in amtlicher Eigenschaft statt des Wohnortes den Dienstort angeben. Von der Wohnortangabe kann zur Vermeidung einer **Zeugengefährdung** analog § 68 StPO abgesehen werden.[2] § 10 Abs. 1 ZeugenschutzG (ZSHG)[3] berechtigt Personen, die unter § 1 ZSHG fallen, zur Verweigerung von Angaben, die Rückschlüsse auf die gegenwärtigen Personalien sowie den Wohn- und Aufenthaltsort erlauben.

Die Frage nach dem **Alter in vollen Lebensjahren** ist wegen der Feststellung der Eidesmündigkeit (§ 393) erforderlich. Bedeutung hat die Antwort aber auch für die Würdigung der Lebenserfahrung des Zeugen und damit für die Beweiswürdigung. Ebenfalls der Beweiswürdigung dienen die Fragen nach „Stand oder Gewerbe". Unter Stand ist die berufliche Stellung zu verstehen, nicht der Familienstand.[4]

Die **Generalfragen** gem. Abs. 2 Satz 2 sollen dem Gericht ein Bild von der **Glaubwürdigkeit** des Zeugen bzw. von Faktoren, die die Glaubwürdigkeit in Zweifel ziehen könnten, vermitteln. Generalfragen braucht der Zeuge nicht zu beantworten, wenn er von einem **Zeugnisverweigerungsrecht** Gebrauch macht. Allerdings sind die Voraussetzungen eines Zeugnisverweigerungsrechts anzugeben und glaubhaft zu machen. Auf die Angaben nach Abs. 2 erstreckt sich der **Eid** im Falle einer Vereidigung des Zeugen.

Zu den Generalfragen rechnet das Gesetz die Fragen nach der **Beziehung des Zeugen zu den Parteien**. In erster Linie, aber nicht nur geht es um die Feststellung der Voraussetzungen eines **Zeugnisverweigerungsrechts**. Erheblich ist auch, ob der Zeuge ein wirtschaftliches oder sonstiges **Interesse am Ausgang des Rechtsstreits** haben kann, etwa weil er Rechtsvorgänger einer Partei war oder weil persönliche Freundschaft oder Feindschaft die Aussage beeinflussen können. **Abhängigkeiten** des Zeugen von einer Partei, etwa die Stellung als Arbeitnehmer, können aus demselben Grund bedeutsam sein. Angaben zur Person betreffen zugleich die Vernehmung zur Sache, wenn es um die Quelle geht, aus der das Wissen des Zeugen stammt.

Fragen nach **Vorstrafen** können zulässig sein, soweit aus ihnen Schlüsse auf eine fehlende **persönliche Zuverlässigkeit** des Zeugen gezogen werden können; sie sollten zur Schonung des Zeugen allerdings erst gestellt werden, wenn sich auf Grund der Aussage konkret abzeichnet, dass es darauf für die Entscheidung des Rechtsstreits ankommt.

Fragen nach dem **religiösen Bekenntnis** sind wegen der **negativen Bekenntnisfreiheit** regelmäßig unzulässig. Mittelbar ist eine Angabe aber erforderlich, wenn der Zeuge vereidigt werden soll und eine religiöse Beteuerung (§§ 481f.) erklären will.

---

1 Baumbach/Lauterbach/*Hartmann*[71] § 394 Rdn. 2.
2 MünchKomm/*Damrau*[4] § 395 Rdn. 3; Musielak/*Huber*[10] § 395 Rdn. 2.
3 Gesetz v. 11.12.2001, BGBl 2001 I S. 3510; dazu BGHSt 50, 318 = NJW 2006, 785 Tz. 13 ff.
4 Stein/Jonas/*Berger*[22] § 395 Rdn. 2.

III. Inhalt eidesstattlicher Versicherungen

9 Nach § 294 kann zur **Glaubhaftmachung** die Versicherung an Eides statt erfolgen. Bei ihr handelt es sich der Sache nach um eine **schriftliche Aussage**, die **an die Stelle einer Zeugenaussage** tritt, die allerdings auch von einer Partei – ohne Beschränkung auf die Voraussetzungen der Parteivernehmung – abgegeben werden kann. Sie ist insbesondere im Verfahren der **einstweiligen Verfügung** oder des Arrests zur **Feststellung des Tatsachenstoffes** zugelassen (§ 920). § 377 Abs. 3 a.F. sah die eidesstattliche Versicherung auch für die schriftliche Zeugenaussage vor.

10 Die Versicherung ist **nur** dann ein **geeigneter Ersatz einer mündlichen Aussage** im Strengbeweisverfahren, wenn sich ihr Inhalt auf **alle Angaben** erstreckt, die **bei** einer **Zeugenvernehmung** in der mündlichen Verhandlung von Bedeutung sind.[5] So muss sich aus ihr ergeben, dass sich der Versichernde über die Bedeutung und die **Strafbarkeit** einer falschen eidesstattlichen Versicherung im klaren ist. Zu offenbaren sind ferner alle **Umstände**, die nach § 395 Abs. 2 Satz 2 Gegenstand der **Generalbefragung** wären, und die **Herkunft seines Wissens** gem. § 396 Abs. 2.[6]

§ 396
Vernehmung zur Sache

(1) Der Zeuge ist zu veranlassen, dasjenige, was ihm von dem Gegenstand seiner Vernehmung bekannt ist, im Zusammenhang anzugeben.

(2) Zur Aufklärung und zur Vervollständigung der Aussage sowie zur Erforschung des Grundes, auf dem die Wissenschaft des Zeugen beruht, sind nötigenfalls weitere Fragen zu stellen.

(3) Der Vorsitzende hat jedem Mitglied des Gerichts auf Verlangen zu gestatten, Fragen zu stellen.

Schrifttum

Arntzen Vernehmungspsychologie, 3. Aufl. 2008; *Bender/Nack/Treuer* Tatsachenfeststellung vor Gericht, 3. Aufl. 2007; *Bernhardt* Die Aufklärung des Sachverhalts im Zivilprozeß, FS Rosenberg (1949), S. 42; *Geerds* Vernehmungstechnik, 5. Aufl. 1976; *Hellwig* Psychologie und Vernehmungstechnik, 4. Aufl. 1951, S. 204 ff., 299 ff.; *Krönig* Die Kunst der Beweiserhebung, DRiZ 1960, 178; *Prange* Materiellrechtliche Sanktionen bei Verletzung der prozessualen Wahrheitspflicht durch Zeugen und Parteien, 1995; *E. Schneider* Beweis und Beweiswürdigung, 5. Aufl. 1994, Rdn. 872 ff.; *J. Stoll* Überlegenheit des deutschen Zivilprozesses bei der Zeugenvernehmung?, ZRP 2009, 46.

S. auch Literatur 1 vor § 373.

Übersicht

I. Vernehmungsgrundsatz, zusammenhängender Zeugenbericht —— 1
II. Protokollierung —— 6

III. Befragung
   1. Ziel der Befragung —— 7
   2. Frageberechtigte Personen —— 9
   3. Beanstandung der Fragestellung —— 12

---

5 BPatG GRUR 1978, 358, 359 (zu § 377 a.F.) – Druckbehälter.
6 BPatG GRUR 1978, 358, 359.

I. Vernehmungsgrundsatz, zusammenhängender Zeugenbericht

Die Vernehmung durch zusammenhängende Äußerung des Zeugen steht im Gegensatz zum gemeinen Recht, nach dessen Regelung dem Zeugen bestimmte Fragen zur Beantwortung vorzulegen waren. **Erst nach** der **eigenständigen Äußerung** des Zeugen zum Beweisthema sind ihm **Vorhaltungen** zu machen, die sich etwa aus früheren Aussagen anderer Zeugen ergeben können. Einen zusammenhängenden Vortrag kann man nur erwarten, wenn der Zeuge Gelegenheit zum Nachdenken gehabt hat. 1

Der Zeuge darf **nicht** auf ein von ihm **überreichtes Schriftstück** verweisen.[1] Dem Zeugen ist aber zuzubilligen, seine Notizen einzusehen, die er sich zur Stützung seines Gedächtnisses im Hinblick auf die Vernehmung gemacht hat (vgl. § 378 Rdn. 6). Die mündliche Erklärung darf auch nicht dadurch ersetzt werden, dass dem Zeugen sein Schriftstück vorgelesen und das Schriftstück zur Protokollanlage gemacht wird. 2

Die **Abgrenzung zur schriftlichen Zeugenaussage** nach § 377 ist flüssig, wenn es um Bekundungen geht, die sich auf Dokumente beziehen, an deren Errichtung der Zeuge beteiligt war. Auch dann ist der Zeuge zunächst anzuhalten, im Zusammenhang über das Zustandekommen des Dokuments zu berichten. **Unzulässig** ist die substituierende **Bezugnahme auf** ein von einer Partei verfasstes **Schriftstück**, das der Zeuge nur unterschrieben oder nach Diktat einer Partei niedergeschrieben hat. Die schriftliche Erklärung darf die mündliche Erklärung nicht voll ersetzen.[2] Eine nachträgliche schriftliche Erklärung des Zeugen darf nach § 377 Abs. 3 oder im Wege des Urkundsbeweises verwertet werden. Weicht sie von der Vernehmung ab, ist der Zeuge erneut zu vernehmen. 3

Der Zeuge hat **lückenlos alles** anzugeben, was **mit den Beweistatsachen im Sachzusammenhang** steht und für die Entscheidung erheblich ist. Stets Vernehmungsgegenstand sind Tatsachen, nach denen der Zeuge vom Richter oder mit richterlicher Genehmigung von den Parteien gefragt wird.[3] **Ungefragt** hat der Zeuge solche Tatsachen anzugeben, deren **Erheblichkeit** als Beweisgegenstand er auf Grund des ihm mitgeteilten Beweisbeschlusses oder der gestellten Fragen **erkennt**.[4] 4

Eine **fehlerhafte Vernehmung** wird mangels Rüge der Parteien nach § 295 geheilt. 5

II. Protokollierung

Über die Aussage des Zeugen ist eine **Niederschrift** aufzunehmen, die auf dem Diktat des Richters beruht. Die mit dem Diktat verbundene Verfremdung ist so gering wie möglich zu halten. Das Diktat hat in den entscheidenden Formulierungen die **eigenen Worte des Zeugen** wiederzugeben.[5] Jedenfalls muss die richterlich fixierte Wiedergabe der Vernehmung dem Inhalt der Aussage entsprechen. 6

III. Befragung

1. Ziel der Befragung. Die Befragung im Anschluss an die Protokollierung der zusammenhängenden Aussage dient der weiteren **Aufklärung des Tatsachenstoffes** sowie der Ermittlung der Glaubhaftigkeit der Aussage und der Glaubwürdigkeit des Zeugen. Bei der Aufklärungspflicht des § 396 Abs. 2 handelt es sich um eine **Sondervor-** 7

---

1 RGZ 16, 116, 116; RG JW 1900, 71.
2 RGZ 49, 374, 375.
3 BGHSt 2, 90, 92.
4 BGHSt 2, 90, 92.
5 Vgl. dazu RGZ 149, 287, 288.

schrift zu § 139.[6] Ihre Verletzung stellt einen wesentlichen Verfahrensmangel im Sinne des § 538 Abs. 2 Nr. 1 dar.[7]

8   Beschreibt ein Zeuge den Gegenstand seiner Wahrnehmung plausibel, hat das Gericht keinen Anlass, seine Angaben kritisch zu hinterfragen; sieht eine Partei ihrerseits Anlass zur Nachfrage, muss sie selbst von ihrem Fragerecht (§ 397) Gebrauch machen.[8] Unterbleiben in dieser Situation Nachfragen des Gerichts, lassen sich darauf keine **Zweifel an** der Richtigkeit der **Feststellungen** im Sinne des **§ 529 Abs. 1 Nr. 1** stützen. Bei schriftlichen Erklärungen des Zeugen ist die Aufklärungspflicht besonders groß. Wenn schriftliche Unterlagen über das Beweisthema vorhanden sind, ist der Zeuge auch darüber zu befragen.[9]

9   **2. Frageberechtigte Personen.** Im **Kollegialgericht** stellt regelmäßig der Vorsitzende die Fragen, sofern die Vernehmung nicht dem Berichterstatter überlassen wird. Außer dem Vernehmenden darf aber auch jedes andere Mitglied des Spruchkörpers unmittelbar fragen (§ 396 Abs. 3). Das Fragerecht der **Parteien** ist in § 397 geregelt.

10   Ein **Sachverständiger** hat kein unmittelbares Fragerecht. Das Gericht kann ihm aber die Befragung überlassen, soweit dies der unmittelbaren Ermittlung des für sein Gutachten benötigten Sachverhalts dient. Auch dann ist der Inhalt der Aussage vom Gericht in das Protokoll zu diktieren.

11   Ein **anderer Zeuge** darf bei einer Gegenüberstellung nicht unmittelbar fragen. Allerdings sind spontane Reaktionen für die Beurteilung der Glaubwürdigkeit wertvoll und sollten nicht vorschnell unterbunden werden.

12   **3. Beanstandung der Fragestellung.** Die Zeugenbefragung hat sich thematisch an den Beweiserfordernissen auszurichten, wie sie sich gegebenenfalls aus einem Beweisbeschluss ergeben. Eine Fragestellung darf **von** jedem mitwirkenden **Richter** sowie jeder **Partei** und deren **Vertreter** beanstandet werden, nicht aber von Sachverständigen oder von Zeugen. Über die Beanstandung **entscheidet** das **Gericht** (§ 397 Abs. 3).

13   Beanstandungen sollten **in das Protokoll** aufgenommen werden. Der Beschluss, der die Beanstandung übergeht oder ihr stattgibt, ist selbständig nicht anfechtbar. Aus einer unrichtigen Verfahrensbehandlung kann sich aber ein mit dem **Rechtsmittel gegen** die **Endentscheidung** angreifbarer Verstoß gegen § 286 ergeben.

§ 397
Fragerecht der Parteien

(1) Die Parteien sind berechtigt, dem Zeugen diejenigen Fragen vorlegen zu lassen, die sie zur Aufklärung der Sache oder der Verhältnisse des Zeugen für dienlich erachten.

(2) Der Vorsitzende kann den Parteien gestatten und hat ihren Anwälten auf Verlangen zu gestatten, an den Zeugen unmittelbar Fragen zu richten.

(3) Zweifel über die Zulässigkeit einer Frage entscheidet das Gericht.

---

6   OLG Koblenz NJW-RR 1991, 1471.
7   OLG Koblenz NJW-RR 1991, 1471.
8   OLG Brandenburg, Urt. v. 21.1.2008 – 12 U 247/06.
9   BGH NJW 1961, 363 = MDR 1961, 230.

Schrifttum

J. Stoll Überlegenheit des deutschen Zivilprozesses bei der Zeugenvernehmung?, ZRP 2009, 46.

Übersicht

I. Anwendungsbereich —— 1
II. Voraussetzungen
   1. Zeugenbefragung —— 3
   2. Fragerecht bei schriftlicher Zeugenussage —— 6
   3. Sachverständigenbefragung —— 7
III. Folgen der Nichtbefragung —— 9
IV. Beanstandung von Fragen —— 11

I. Anwendungsbereich

§ 397 gilt für **Zeugenvernehmungen** in **allen Verfahren der ZPO**. Anzuwenden ist 1
die Norm auch auf den **Sachverständigenbeweis** (§ 402), auf die schriftliche Zeugenvernehmung (§ 377 Abs. 3),[1] die Parteivernehmung (§ 451) und das **selbständige Beweisverfahren** (§ 492).

Im **arbeitsgerichtlichen Verfahren** sind die Verbandsvertreter (§ 11 ArbGG) wie 2
„Anwälte" (§ 397 Abs. 2) zu behandeln.[2] Die Vorschrift gilt gemäß § 30 FamFG auch in Verfahren der **Freiwilligen Gerichtsbarkeit**.[3]

II. Voraussetzungen

1. Zeugenbefragung. Wegen des Grundsatzes der Parteiöffentlichkeit von Beweis- 3
aufnahmen (§ 357) dürfen die Parteien an der Beweisaufnahme teilnehmen (zum Inhalt des Anwesenheitsrechts § 357 Rdn. 14 f.). Sie dürfen dem Zeugen dann auch einzelne Fragen vorlegen. In § 397 konkretisiert sich der **Anspruch auf rechtliches Gehör**.[4] Voraussetzung ist eine Vernehmung durch das Prozessgericht oder einen kommissarischen Richter. Will eine Partei das Fragerecht ausüben, darf sie sich nicht mit der Verwertung eines Protokollbeweises aus einem fremden Verfahren begnügen (dazu § 355 Rdn. 44).

§ 397 begründet **kein primäres Fragerecht** der Parteien in Form der Überlassung 4
der Vernehmung (**Kreuzverhör**).[5] Gem. § 397 Abs. 1 haben die Parteien lediglich das Recht, dem Zeugen **über das Gericht Fragen vorlegen** zu lassen. Das Fragerecht der Parteien ist gegenüber der richterlichen Vernehmung nach § 396 nachrangig.[6] Ob das Gericht dabei die Parteifrage für **sachdienlich** hält, ist grundsätzlich irrelevant. **Unzulässige Fragen** darf und muss das Gericht nach Abs. 3 zurückweisen.[7] Neben den Parteien sind auch deren Streithelfer frageberechtigt.

Nach Abs. 2 **kann** der Vorsitzende den Parteien das **Recht einräumen**, an den Zeu- 5
gen **unmittelbar Fragen zu richten**. Direkt fragen dürfen bei anwaltlicher Vertretung aber nur die **Rechtsanwälte**. Im Anwaltsprozess (§ 78) kann die Partei ebenfalls ein direktes Fragerecht erbitten, hat aber keinen Anspruch darauf. Die Partei kann sachkundige Berater hinzuziehen (§ 357 Rdn. 12) und ihnen ihr Fragerecht überlassen.[8]

---

[1] LG Berlin NJW-RR 1997, 1289, 1290.
[2] *Germelmann*/Matthes/Prütting/Müller-Glöge ArbGG⁷ § 11 Rdn. 89; *Hauck/Helml* ArbGG⁴ § 11 Rdn. 19.
[3] KG NJW 1962, 2114; OLG Hamm FamRZ 1991, 466; OLG Zweibrücken FamRZ 2001, 639.
[4] BVerfG NJW 1998, 2273 (dort: Sachverständigenanhörung im FGG-Verfahren); BGH NJW-RR 2007, 1294; BGH VersR 2009, 69 Tz. 4 = NJW-RR 2009, 409.
[5] Stein/Jonas/*Berger*²² § 397 Rdn. 1.
[6] Stein/Jonas/*Berger*²² § 397 Rdn. 1.
[7] KG MDR 1993, 797.
[8] BGH VersR 2009, 69 Tz. 8 = NJW-RR 2009, 409.

6 **2. Fragerecht bei schriftlicher Zeugenaussage.** Wird nach einer schriftlichen Zeugenaussage die Befragung beantragt, soll die vorherige schriftliche Formulierung der beabsichtigten Fragen nicht verlangt werden können.[9] Das ist in dieser apodiktischen Form nicht überzeugend. Dem Antrag auf Ladung des Zeugen zwecks Ausübung des Fragerechts ist zwar grundsätzlich zu entsprechen, jedoch ist der **Antrag zurückzuweisen**, wenn er zur Verfahrensverschleppung oder sonst **rechtsmissbräuchlich** gestellt wird.[10] Ob ein Ausnahmefall vorliegt (dazu auch § 377 Rdn. 52f.), kann sich nur aus dem Inhalt des Ladungs- und Befragungsantrags ergeben. Durch die Ausübung des Fragerechts darf die Entlastungswirkung der schriftlichen Aussage (dazu § 377 Rdn. 30) nicht entwertet werden. Der **Antrag** muss erkennen lassen, **worin** die Partei **Unklarheiten und Erläuterungsbedarf** sieht und in welche Richtung sie ihr Fragerecht ausüben will.[11]

7 **3. Sachverständigenbefragung.** Das Antragsrecht des § 397 besteht **unabhängig von § 411 Abs. 3**.[12] Ein Sachverständiger muss auf Parteiantrag zur Befragung selbst dann geladen werden, wenn die schriftliche Begutachtung aus Sicht des Gerichts ausreichend und überzeugend ist.[13] **Grenzen** setzen die Verspätung der Antragstellung und der **Rechtsmissbrauch**.[14] Die Frist beginnt bei Stellung eines Ablehnungsantrags gegen den Sachverständigen erst zu laufen, wenn über diesen Antrag rechtskräftig entschieden worden ist.[15] Aus Art. 103 Abs. 1 GG folgt **nicht**, dass die Befragung durch eine **mündliche Anhörung** zu erfolgen hat.[16]

8 Die Partei muss ihre **Fragen nicht im voraus konkret formulieren**; es genügt, wenn sie allgemein angibt, in welche Richtung sie durch ihre Fragen eine weitere Aufklärung herbeizuführen wünscht.[17] Unzulässig ist der Antrag aber, wenn er nur „vorsorglich und hilfsweise" zur „Klärung offener Fragen" gestellt wird.[18] Ist ein **selbständiges Beweisverfahren** durchgeführt worden, ist die Befragung vor dem Prozessgericht durchzuführen, weil die vorgezogene Beweisaufnahme nach § 493 Abs. 1 einer Beweisaufnahme vor dem Prozessgericht gleichsteht.[19] Das Übergehen des Antrags rechtfertigt die **Zurückverweisung** durch das Berufungsgericht nach § 539.[20] Einem erstmals in der Berufungsinstanz gestellten Antrag auf Anhörung hat das Gericht stattzugeben, wenn er entscheidungserhebliche Gesichtspunkte betrifft, die das Gericht erster Instanz auf Grund einer fehlerhaften Beurteilung der Rechtslage übersehen hat.[21]

---

9 LG Berlin NJW-RR 1997, 1289, 1290.
10 OLG Hamm NJW-RR 1992, 1469; LG Berlin NJW-RR 1997, 1289, 1290. In der Sache einen Rechtsmissbrauch annehmend LAG Köln MDR 2002, 465, 466.
11 Ebenso zur Sachverständigenbefragung OLG Oldenburg OLGRep. 2001, 173; s. auch BGH NJW 1997, 802, 803.
12 BGH VersR 2006, 950 Tz. 6; BGH NJW-RR 2007, 1294; BGH VersR 2007, 1697 Tz. 3; OLG Oldenburg OLGRep. 2001, 173.
13 BGH NJW 1992, 1684, 1686; BGH NJW 1997, 802; BGH NJW-RR 2007, 1294; BGH NJW-RR 2009, 409 Tz. 4.
14 BVerfG NJW 1998, 2273; BGH NJW-RR 2009, 409 = VersR 2009, 69 Tz. 4; BGH NJW-RR 2009, 1361 Tz. 10.
15 OLG Schleswig OLGRep. 2002, 351.
16 BVerfG NJW 1998, 2273, 2274.
17 BGHZ 24, 9, 14; BGH VersR 2006, 950 Tz. 6; BGH NJW-RR 2007, 1294; BGH VersR 2007, 1697 Tz. 3.
18 OLG Hamburg OLGRep. 2001, 257, 258.
19 BGH NJW-RR 2007, 1294.
20 OLG Oldenburg OLGRep. 2001, 173.
21 BGH VersR 2007, 376.

III. Folgen der Nichtbefragung

Es besteht keine Fragepflicht der Parteien, sondern lediglich eine **Fragelast**. Soweit eine Frage nicht gestellt wird, liegt darin ein **Verzicht auf die Fragestellung** (§ 295) mit der Folge, dass das Nichtbefragen über eine bereits früher aufgeworfene Frage im Rechtsmittelverfahren nicht mehr gerügt werden darf.[22] Das gilt auch, wenn der Zeuge oder der Sachverständige nur schriftlich vernommen worden ist (§ 377 Abs. 3 bzw. § 411 Abs. 1) und die Partei den Antrag auf mündliche Vernehmung nicht stellt.[23] 9

Die Partei ist nicht gehalten zu fragen, wenn sie glaubt, der Zeuge sage die Unwahrheit. Aus dem **zivilprozessualen Fragerecht** kann **kein Verstoß gegen** eine **strafbewehrte Pflicht** hergeleitet werden, etwa als mögliche Beihilfe zu Aussage- bzw. Eidesdelikten. 10

IV. Beanstandung von Fragen

Anstelle des Vorsitzenden **entscheidet** das **Gericht** nach Abs. 3, wenn Zweifel an der Zulässigkeit einer Frage geäußert werden. § 397 Abs. 3 ist anzuwenden, wenn der Vorsitzende die Frage für unzulässig hält oder wenn die Formulierung der Frage des Vorsitzenden von dem abweicht, was die Parteien wissen wollen. Wird die Vernehmung durch den **Richterkommissar** durchgeführt, trifft er die Entscheidung. Die Entscheidung ergeht durch zu begründenden und zu verkündenden **Beschluss**.[24] Sie ist stets vorläufiger Natur, kann also bis zur Beendigung der Instanz korrigiert werden. Den Beschluss eines Richterkommissars kann das Prozessgericht korrigieren. 11

Unzulässig ist eine Frage, wenn ihrer Beantwortung ein ausgeübtes **Zeugnisverweigerungsrecht** (§§ 383 Abs. 3, 376) entgegensteht, wenn sie **bereits beantwortet** ist oder wenn sie **nicht** auf **tatsächliche Wahrnehmungen** gerichtet ist, da Schlussfolgerungen und Werturteile Aufgabe des Gerichts und nicht des Zeugen sind.[25] Dasselbe gilt, wenn die Frage **außerhalb des Beweisthemas**[26] liegt oder gar mit dem Streitgegenstand in keinerlei Verbindung steht, also nicht der Aufklärung der Sache oder der Verhältnisse der Zeugen dient. Unzulässig sind Suggestivfragen. 12

Der Beschluss ist **nicht isoliert anfechtbar**, weil er die Verfahrensleitung (§ 355 Rdn. 64) betrifft. Etwaige Rechtsfehler des Beschlusses können nur im Rahmen eines Rechtsmittels gegen das Endurteil zur Überprüfung gestellt werden.[27] Zweckmäßig ist daher, wenn das – dazu nicht verpflichtete Gericht – eine nicht zugelassene Frage wortwörtlich ins Protokoll aufnimmt.[28] 13

---

22 RAG ARS 29, 218.
23 Zur Sachverständigenbefragung RG Warneyers Rspr. 1932 Nr. 151 S. 313, 314; RG Seuff.Arch 91 Nr. 124 S. 283, 284; RG Warneyers Rspr. 1935 Nr. 118 S. 243; RG JW 1935, 2432.
24 KG KGRep. 1999, 153, 154.
25 Musielak/*Huber*[10] § 397 Rdn. 2.
26 OLG Hamburg OLGRspr. (Mugdan-Falkmann) 23 S. 193; KG MDR 1993, 797; s. auch OLG Oldenburg NJW-RR 1999, 178 (Sachverständigenbefragung).
27 KG MDR 1993, 797; Baumbach/Lauterbach/*Hartmann*[71] § 397 Rdn. 9.
28 Zöller/*Greger*[29] § 397 Rdn. 5.

§ 398
Wiederholte und nachträgliche Vernehmung

(1) Das Prozessgericht kann nach seinem Ermessen die wiederholte Vernehmung eines Zeugen anordnen.
(2) Hat ein beauftragter oder ersuchter Richter bei der Vernehmung die Stellung der von einer Partei angeregten Frage verweigert, so kann das Prozessgericht die nachträgliche Vernehmung des Zeugen über diese Frage anordnen.
(3) Bei der wiederholten oder der nachträglichen Vernehmung kann der Richter statt der nochmaligen Beeidigung den Zeugen die Richtigkeit seiner Aussage unter Berufung auf den früher geleisteten Eid versichern lassen.

Schrifttum

Nassall Die Grenzen des Ermessens des Berufungsgerichts bei der Anordnung der Wiederholung einer erstinstanzlichen Zeugenvernehmung, ZZP 98 (1985), 313; *Pantle* Die Pflicht des Berfungsgerichts zur Wiederholung einer erstinstanzlich durchgeführten Beweisaufnahme, NJW 1987, 3160; *Pantle* Erneute Zeugenvernehmung in der Berufungsinstanz, NJW 1988, 2027.

Übersicht

I. Klärung des Aussageinhalts —— 1	b) Wiederholung in der Berufungsinstanz —— 13
II. Begriff der wiederholten Vernehmung —— 3	3. Verfahren —— 16
III. Anordnung der erneuten Vernehmung als Ermessensentscheidung	IV. Nachträgliche Vernehmung —— 17
1. Grundsatz —— 9	V. Beeidigung der erneuten Aussage —— 18
2. Einschränkungen	
a) Wiederholung in derselben Instanz —— 11	

I. Klärung des Aussageinhalts

1   Zweck der wiederholten Vernehmung ist die **Ausräumung von Unklarheiten** der früheren Aussage oder der schriftlichen Erklärung (§ 377 Abs. 3) des Zeugen. Die Anordnung steht im pflichtgemäßen **Ermessen** des Richters; das gilt auch für die Berufungsinstanz (§ 355 Rdn. 47). Denkbar ist die Wiederholung auch **zur Gegenüberstellung** mit anderen Zeugen (§ 394 Abs. 2). Sowohl die Anordnung als auch die Ablehnung eines darauf gerichteten Antrags ergehen durch Beschluss ohne mündliche Verhandlung.[1] Der Beschluss ist als prozessleitende Anordnung unanfechtbar (näher § 355 Rdn. 63).

2   **Nicht** anwendbar ist § 398 auf die **Nichtigkeits-** und **Restitutionsklage**.[2]

II. Begriff der wiederholten Vernehmung

3   Eine erneute Vernehmung liegt vor, wenn derselbe Zeuge **zu demselben Beweisthema** bereits **ausgesagt** hat,[3] auch in anderer Instanz[4] oder im selbständigen Beweis-

---

1 Stein/Jonas/*Berger*[22] § 398 Rdn. 7.
2 Stein/Jonas/*Berger*[22] § 398 Rdn. 15.
3 RGZ 48, 386, 390; RG JW 1902, 361; BAG AP § 398 ZPO Nr. 1; OLG Schleswig OLGZ 1980, 58 f.
4 BGHZ 35, 370, 372 = NJW 1961, 2308; BGH NJW 1968, 1138; BGH NJW 1972, 584, 585.

verfahren.[5] Daran fehlt es, wenn das Beweisthema ursprünglich zu eng gefasst war, nicht aber, wenn es nur nachträglich substantiiert wird. Ohne Bedeutung ist, ob zu dem Beweisthema eine formlose oder eine förmliche Beweisanordnung ergangen war. Keine Auswirkung hat eine frühere Vernehmung vor dem Prozessgericht oder einem kommissarischen Richter (§ 400), wenn der Zeuge in demselben Verfahren zu außerhalb des früheren Beweisthemas liegenden Tatsachen befragt werden soll.

Abzustellen ist auf die Vernehmung **im selben Verfahren**, so dass auch eine Beweisaufnahme unter anderem rechtlichen Blickwinkel nicht zu einer erneuten Vernehmung führt, etwa wenn der Zeuge zur Behauptung einer unerlaubten Handlung ausgesagt hat und es nachfolgend um die Verwertung der Aussage bei der Anfechtung wegen arglistiger Täuschung geht. Die Vernehmung im **selbständigen Beweisverfahren** ist wie eine Vernehmung im Hauptprozess zu behandeln (dazu § 355 Rdn. 53).

Keine technisch erneute Vernehmung findet statt, soweit der Zeuge, der zuvor von einem Zeugnisverweigerungsrecht Gebrauch gemacht hat, nunmehr aussagebereit ist. Dasselbe gilt, wenn unter Verletzung des § 286 zunächst eine Frage nicht zugelassen worden war. Dem Antrag auf Vernehmung des Zeugen, der die **Aussage zunächst verweigert** hatte, ist zur Vermeidung unzulässigen Drucks auf den Zeugen und einer Verzögerung des Rechtsstreits nur stattzugeben, wenn die antragende Partei belegen kann, dass der Zeuge nunmehr zur Aussage bereit ist, was in der Regel durch eine **schriftliche Erklärung des Zeugen** zu erfolgen hat.[6] **Erstmalig** sagt auch ein Zeuge aus, der **in einem anderen Verfahren**, z.B. im Strafverfahren, **vernommen** worden war und jetzt als Zeuge im Zivilprozess benannt wird.[7] Eine Verwertung der Aussagen aus dem anderen Verfahren im Wege der **Protokollverwertung** („Urkundenbeweis") ist grundsätzlich möglich, scheidet aber aus, wenn die Vernehmung des Zeugen im Zivilprozess beantragt wird; die dann vorzunehmende Zeugenvernehmung ist nicht „wiederholt" i.S.d. § 398 (§ 355 Rdn. 17 und 44). Dies gilt auch dann, wenn die Partei zunächst mit dem Urkundenbeweis einverstanden war.

Ebenfalls eine erste Vernehmung liegt vor, wenn der Zeuge gem. § 377 Abs. 3 **schriftlich ausgesagt** hat, die **Antwort** aus Sicht der Parteien aber **unzulänglich** war und er zur weiteren Klärung der Beweisfrage mündlich angehört werden muss;[8] die Ladung steht dann nicht im Ermessen des Gerichts. Die Parteien üben damit ihr Fragerecht nach § 397 aus.[9] Wendet man stattdessen § 398 an,[10] hat die Ermessensausübung im Sinne einer vollständigen Tatsachenaufklärung zu erfolgen. Näher dazu § 377 Rdn. 51 ff. und § 397 Rdn. 6.

Eine **„informatorische Anhörung"** ist **kein Ersatz für** die **Vernehmung**.[11] Eine informatorische Anhörung kann nur insoweit erfolgen, als sich das Gericht die Überzeugung vom Vorhandensein von Tatsachen auch im Wege des **Freibeweises** verschaffen darf, z.B. bei den Zulässigkeitsvoraussetzungen eines Rechtsmittels; dagegen **nicht** bei der Beweiserhebung über materiellrechtlich maßgebliche Vorgänge, die dem **Strengbeweis** unterliegen. Darüber hinaus enthält das Sitzungsprotokoll keinerlei Vermerke über

---

5 BGH NJW 1970, 1919, 1920: Zeugenvernehmung im selbständigen Beweisverfahren mit Verwertung nach § 493 Abs. 1 ist erste Vernehmung.
6 OLG Köln NJW 1975, 2074.
7 LAG Nürnberg AR-Blattei ES 160.7.2 Nr. 10; Musielak/*Huber*[10] § 398 Rdn. 2.
8 Stein/Jonas/*Berger*[22] § 398 Rdn. 2.
9 MünchKomm/*Damrau*[6] § 398 Rdn. 2.
10 So die Lösung von BGH MDR 1968, 132 (LS) = LM Nr. 4 zu § 377 ZPO (Wiedergutmachungssache, Verallgemeinerung abzulehnen).
11 BGH NJW-RR 1998, 1601.

die Anhörung, so dass insoweit auch tatsächliche Feststellungen des Berufungsgerichts fehlen, die die Beweiswürdigung rechtfertigen.[12]

8 Von der erneuten Vernehmung desselben Zeugen über denselben Beweisgegenstand ist die **neue Vernehmung eines anderen Zeugen** zu unterscheiden. Dessen Vernehmung darf nicht nach § 398 zurückgewiesen werden, sondern allenfalls wegen verspäteter Antragstellung.

III. Anordnung der erneuten Vernehmung als Ermessensentscheidung

9 **1. Grundsatz.** Die Entscheidung über eine wiederholte Vernehmung steht im Ermessen des Gerichts. Das Ermessen ist **pflichtgebunden**. Auszuüben ist es unter Beachtung des Grundsatzes der **formellen Unmittelbarkeit** der Beweisaufnahme (näher dazu § 355 Rdn. 37 ff.). Von dem Ermessen ist im **Interesse des Zeugen** nur zurückhaltend Gebrauch zu machen, um einen Missbrauch des **Zeugenzwangs** zu vermeiden.[13] Um **Beweiserhaltungsinteressen** des Beweisführers geht es, wenn Ergebnisse eines selbständigen Beweisverfahrens vom Gegner im Hauptprozess in Zweifel gezogen werden (dazu § 355 Rdn. 53). Die Parteien können die erneute Vernehmung nicht erzwingen, jedoch kann deren Verweigerung bei fehlerhafter Ermessensausübung einen Verfahrensfehler darstellen, der in der Rechtsmittelinstanz überprüfbar ist.

10 Das **Berufungsgericht** ist gem. § 529 Abs. 1 Nr. 1 an die Feststellungen der ersten Instanz **gebunden**, darf also eine erneute Vernehmung nur anordnen, wenn **konkrete Zweifel** an der Feststellungsrichtigkeit bestehen.

2. Einschränkungen

11 **a) Wiederholung in derselben Instanz.** Die Wiederholung ist anzuordnen, wenn die **erste Vernehmung** verfahrensrechtlich **fehlerhaft** war.[14] Der Verfahrensfehler darf durch Rügeverzicht (§ 295) nicht geheilt oder nicht heilbar[15] sein (§ 355 Rdn. 56 ff.). Sie kann auch nach einem Richterwechsel geboten sein (näher dazu § 355 Rdn. 26 und 45).

12 Ein **berechtigtes Interesse** besteht, wenn einer **Partei neue Informationen** vorliegen, die zum Gegenstand der ergänzenden Befragung gemacht werden sollen, etwa Vorhaltungen aus Schriftwechsel, der zur ersten Vernehmung noch nicht zugänglich war. Dasselbe gilt, wenn der Zeuge auf Grund des Auffindens eigener Aufzeichnungen oder aus sonstigen Gründen ergänzende Angaben machen kann.

13 **b) Wiederholung in der Berufungsinstanz.** Eine wiederholte Vernehmung durch das **Berufungsgericht** ist **zwingend erforderlich**, soweit die Beweiswürdigung der ersten Instanz für eine Entscheidung nicht verwertbar ist, weil Zweifel im Sinne des § 529 Abs. 1 Nr. 1 bestehen und die **abweichende Würdigung** der protokollierten Aussagen gegen § 355 verstoßen würde[16] (eingehend dazu § 355 Rdn. 47 und vor § 373 Rdn. 110). Unter den Voraussetzungen des § 538 Abs. 2 Nr. 1 kommt stattdessen auch eine **Zurückverweisung an** die **erste Instanz** in Betracht. Einer erneuten Vernehmung bedarf es z.B., wenn das Gericht die **Glaubwürdigkeit** eines Zeugen **abweichend beurteilen**

---

12 BGH NJW-RR 1998, 1601, 1602.
13 LAG Köln MDR 2001, 712 = NZA-RR 2001, 550.
14 BGH NJW 1994, 2960: fehlender Vorhalt an Zeugen; BGH NJW 2000, 2024: Beweisaufnahme durch „Berichterstatter als Einzelrichter"; s. auch Hess. Staatsgerichtshof, Beschl. v. 9.2.2000 – P.St. 1457.
15 BGH NJW 1994, 941, 942: Nichtvereidigung eines Dolmetschers.
16 BGH NJW-RR 2009, 1291 Tz. 5 m.w.N.; BGH NJW 2011, 1364 Tz. 6.

will;[17] Erklärungen anders auslegen will als die Vorinstanz,[18] etwa weil es die protokollierten Angaben des Zeugen für zu vage und präzisierungsbedürftig hält;[19] wenn es protokollierte Aussagen abweichend würdigen bzw. gewichten will;[20] wenn es die Zeugenaussage im Hinblick auf die Erinnerungsfähigkeit des Zeugen abweichend würdigen will;[21] wenn es den Bekundungen des Zeugen eine andere Tragweite oder anderes Gewicht beilegen will.[22]

Eine **Wiederholung** der Vernehmung ist **nicht erforderlich**, wenn sich das Berufungsgericht für seine abweichende Würdigung nur auf solche Umstände stützt, die weder die Urteilsfähigkeit, das Erinnerungsvermögen oder die Wahrheitsliebe des Zeugen noch die Vollständigkeit oder Widerspruchsfreiheit seiner Aussage betreffen.[23] Eine von einem Zeugen bekundete **(Willens-)Erklärung** darf auch ohne erneute Vernehmung **anders ausgelegt** werden, wenn der objektive Erklärungswert vom Empfängerhorizont (§§ 133, 157 BGB) aus zu bewerten ist und das Berufungsgericht bei der Auslegung dieselben Tatsachen zugrunde legt wie das Ausgangsgericht.[24] Die protokollierte erstinstanzliche Aussage darf vom Berufungsgericht gewürdigt werden, wenn das angefochtene Urteil der Aussage keine Bedeutung beigemessen und sie deshalb überhaupt nicht gewürdigt hatte.[25] 14

Sieht das Berufungsgericht Anlass zur erneuten Vernehmung eines Zeugen und macht der **Zeuge in** der **Berufungsinstanz** von einem **Zeugnisverweigerungsrecht** Gebrauch, so verfügt das Berufungsgericht nicht über einen erweiterten Beurteilungsspielraum; es darf die Glaubwürdigkeit nicht abweichend vom erstinstanzlichen Urteil würdigen und darauf die Tatsachenfeststellung stützen.[26] 15

3. Verfahren. Die erneute Vernehmung darf **ohne mündliche Verhandlung** angeordnet werden. Die Vernehmung kann erneut dem Richterkommissar zugewiesen werden. Dafür ist allerdings ein neuer Beschluss erforderlich; eine frühere Zuweisung ist erschöpft. Wird ein Antrag auf erneute Vernehmung abgelehnt, darf dies in den Gründen des Endurteils erfolgen. 16

---

17 BVerfG NJW 2011, 49 Tz. 14; BGH NJW 1991, 3285 f. (Bevorzugung eines Zeugen durch Berufungsgericht ohne erneute Vernehmung bei zwei sich widersprechenden Aussagen, denen das Erstgericht beiden nicht geglaubt hatte); BGH NJW 1997, 466 (Verneinung der Glaubwürdigkeit wegen einiger objektiver Gegenindizien); BGH Rep. 2002, 391; BGH, Urt. v. 21.12.2004 – XI ZR 17/03; BGH NJW 2011, 989 Tz. 43.
18 BGH NJW 1996, 663, 664 (erstinstanzliche Feststellung eines Scheingeschäfts auf Grund bekundeter Äußerungsumstände verworfen).
19 BGH NJW 2000, 3718, 3720; BGH NJW-RR 2002, 1500, 1501; BGH NJW 2011, 1364 Tz. 9.
20 BGH NJW-RR 1989, 380 = WM 1988, 1654 f.; BGH NJW 1991, 1183; BGH NJW-RR 1991, 829 = WM 1991, 963 f.; BGH NJW 1992, 741 f.; BGH NJW 1993, 64, 66 = WM 1992, 2104, 2107; BGH NJW 1993, 668; BGH NJW-RR 1993, 510; BGH NJW 1998, 385 f.; BGH NJW-RR 1998, 1601, 1602; BGH NJW 1999, 2972; BGH NJW-RR 2009, 1291 Tz. 5; BGH WM 2011, 1533 Tz. 7.
21 BGH NJW 1984, 2629.
22 BGH NJW-RR 1986, 285 = VersR 1985, 342; BGH NJW 1986, 2885 = VersR 1986, 970 f.; BGH NJW 1992, 741 = VersR 1992, 237; BGH NJW 1997, 466 = VersR 1997, 256; BGH NJW 1998, 2222.
23 BGH NJW 1991, 3285 m.w.N.; BGH NJW-RR 1993, 510; BGH NJW 1998, 2222; BGH NJW-RR 2002, 1500, 1501; BGH Beschl. v. 14.7.2009 – VIII ZR 3/09; BGH NJW 2011, 3780 Tz. 16; BGH WM 2011, 1533 Tz. 7; BGH GRUR-RR 2012, 312; BGH NJW-RR 2012, 704 Tz. 7.
24 BGH NJW 1998, 384, 385: Abberufung einer Partei vom Vorstandsamt in AG zugleich als (konkludente) Kündigung.
25 BGH NJW 1972, 584, 585.
26 BGH NJW 2007, 372 Tz. 25 = VersR 2007, 102.

IV. Nachträgliche Vernehmung

17 Von der wiederholten Vernehmung unterscheidet Absatz 2 die nachträgliche Vernehmung im Anschluss an eine Vernehmung durch den beauftragten oder ersuchten Richter. Sie kann **nur durch** das **Prozessgericht angeordnet** werden. Ihre Durchführung darf aber wiederum dem kommissarischen Richter übertragen werden. Wie gegen andere prozessleitende Entscheidungen steht den Parteien kein Beschwerderecht zu.

V. Beeidigung der erneuten Aussage

18 Sofern eine Beeidigung der früheren Aussage stattgefunden hat, erfolgt die förmliche Bekräftigung der erneuten Aussage gem. Abs. 3 in modifizierter Form, nämlich durch **Versicherung der Richtigkeit** unter Berufung auf den früher geleisteten Eid. Diese Versicherung ist Eidesleistung. Sie hat auch dann die Wirkung einer Eidesleistung, wenn sich das Beweisthema verändert hat und der Zeuge dann neu beeidigt werden müsste. Versichert werden kann auch, wenn der Zeuge in der **Berufungsinstanz** erneut vernommen wird.

19 Die Versicherung ist **in mündlicher Verhandlung** zu erklären; eine schriftliche Versicherung des Zeugen ist nicht zulässig, auch nicht im Rahmen des § 377 Abs. 3. Sie ist gem. § 392 nach der erneuten Vernehmung abzugeben.

§ 399
Verzicht auf Zeugen

Die Partei kann auf einen Zeugen, den sie vorgeschlagen hat, verzichten; der Gegner kann aber verlangen, dass der erschienene Zeuge vernommen und, wenn die Vernehmung bereits begonnen hat, dass sie fortgesetzt werde.

Schrifttum

Tiedemann Erstinstanzlicher Verzicht auf Zeugen im reformierten Berufungsverfahren, MDR 2008, 237.

Übersicht

I. Bedeutung des Verzichts, Nutzen — 1	2. Fehlerhafte Auslegung des Verzichts — 7
II. Verzichtserklärung	IV. Verzichtswirkung, erneuter Beweisantrag — 8
1. Prozesserklärung des Antragstellers — 3	V. Verhältnis zum Beweisgegner — 10
2. Form der Erklärung — 4	VI. Fehlender Vortrag des Inhalts kommissarischer Beweisaufnahme — 12
III. Auslegung der Erklärung	
1. Konkludenter Verzicht — 5	

I. Bedeutung des Verzichts, Nutzen

1 Der Verzicht auf einen Zeugen ist **Prozesshandlung**. Ein Verzicht ist nur solange möglich, als der Zeuge noch nicht abschließend vernommen wurde; nach erfolgter Beweisaufnahme kann die **Beweisverwertung nicht mehr** einseitig **verhindert** werden. Belanglos ist der Verzicht, wenn das Gericht das Beweismittel von sich aus hören darf und hört. In gleicher Weise kann der Antrag auf Parteivernehmung nach § 445 zurückgenommen werden.[1]

Der **prozessuale Nutzen** des Verzichts liegt für den Beweisführer in der Prozessverkürzung. Eventuell kann er damit auch den **Weg** für die Vermeidung einer Vertagung (§ 368) und einen Übergang in die mündliche Verhandlung (§ 370 Abs. 1) frei machen, so dass die Voraussetzungen **für** den Erlass eines **Versäumnisurteils** oder einer Entscheidung nach Lage der Akten entstehen (näher dazu § 370 Rdn. 8, 10, 14, s. auch § 367 Rdn. 13, 14). 2

II. Verzichtserklärung

1. Prozesserklärung des Antragstellers. Der Verzicht auf die **Vernehmung**, der vom Verzicht auf die **Vereidigung** zu unterscheiden ist, ist als einseitige prozessuale Willenserklärung gegenüber dem Gericht abzugeben. Er ist vom Beweisantragsteller zu erklären, also von der Partei, die den Zeugen – eventuell gegenbeweislich – benannt hat (dazu auch § 359 Rdn. 15). Im Anwaltsprozess (§ 78) unterliegt er dem **Anwaltszwang**. 3

2. Form der Erklärung. Erklärt werden kann der Verzicht **schriftsätzlich oder zu Protokoll** des Prozessgerichts oder des Richterkommissars. Der Verzicht muss **unzweideutig**, also grundsätzlich ausdrücklich erklärt werden. 4

III. Auslegung der Erklärung

1. Konkludenter Verzicht. Prozesshandlungen sind auslegbar. Ein **konkludenter Verzicht** durch schlüssige Handlung ist daher **möglich und zulässig**,[2] kommt jedoch **nur ausnahmsweise** in Betracht (dazu auch vor § 373 Rdn. 106). Ein konkludenter Verzicht liegt nicht schon dann vor, wenn die schriftsätzlich beantragte Vernehmung in der mündlichen Verhandlung ungeachtet der Anwesenheit der gegnerischen Partei nicht wiederholt wird; weder die bloße Nichtverlesung eines schriftlichen Beweisantrages noch ein Stillschweigen bei noch ausstehender Beweisaufnahme können als Verzicht behandelt werden.[3] An einem **Verzicht fehlt** es auch, wenn der Beweisführer schriftsätzlich nur erklärt, auf eine Vernehmung zu verzichten, sofern das Gericht das Protokoll über die Aussage desselben Zeugen in einem vorangegangenen Verfügungsverfahren als Grundlage eines erbrachten Beweises ansehe.[4] Allerdings hat das im Verhandlungstermin erklärte **Einverständnis mit** einer **urkundenbeweislichen Verwertung** einer polizeilichen Aussage der Zeugnisperson zu dem Geschehen die Bedeutung eines Verzichts auf die persönliche Vernehmung.[5] Kein genereller Verzicht liegt vor, wenn es nur an der Abgabe einer Erklärung des Beweisführers zu den Voraussetzungen einer Vernehmung im Wege der Rechtshilfe fehlt. 5

Von einem **stillschweigenden Verzicht** kann erst dann ausgegangen werden, wenn das Gericht bei einer **sukzessiv durchgeführten Beweisaufnahme** vernünftigerweise 6

---

1 BAG NJW 1974, 1349.
2 BGH NJW 1969, 1112 = MDR 1969, 462; BGH MDR 1969, 746; BGH NJW-RR 1987, 1403, 1404 = FamRZ 1987, 1019, 1020; BGH MDR 1988, 49; BGH NJW 1994, 329 = MDR 1994, 200; BGH NJW-RR 1997, 342.
3 BGH NJW-RR 1996, 1459, 1460; BGH NJW-RR 1987, 1403, 1404.
4 OLG Köln NJW-RR 2000, 1073.
5 KG KGRep. 2008, 569 = NZV 2008, 252; **a.A.** OLG Hamm VersR 2003, 128. Anders auch bei schriftsätzlich beantragter gegenbeweislicher Vernehmung, OLG Celle OLGRep. 1994, 13.

nicht mehr damit rechnen muss, dass an dem Beweisantrag festgehalten wird,[6] weil die Partei aus dem Prozessverlauf erkennen kann, dass das Gericht seine Aufklärungstätigkeit als erschöpft ansieht.[7] Ein stillschweigender Verzicht kommt auch in Betracht, wenn der **Zeuge** sich auf ein **Weigerungsrecht** beruft und der Beweisführer sich dazu nicht äußert bzw. die Weigerungsberechtigung nicht in Zweifel zieht.[8] Im Zweifel hat das Gericht den **Willen des Beweisführers** nach § 139 **aufzuklären**.[9]

7 **2. Fehlerhafte Auslegung als Verzicht.** Nimmt das Gericht **fälschlich** einen **Verzicht** nach § 399 an und erlässt es statt eines Beweisbeschlusses oder statt Durchführung einer Beweisaufnahme ein Urteil, liegt ein **Verstoß gegen § 139** vor, der in derselben Instanz nicht durch rügeloses Einlassen gemäß § 295 geheilt werden kann. Der Verstoß kann erst im **zweiten Rechtszug** gerügt werden. Das Wiederaufgreifen der Zeugenbenennung ist dann kein neues Beweismittel, das in der ersten Instanz nicht vorgebracht wurde und das nur unter den Voraussetzungen des § 531 Abs. 2 zuzulassen ist.[10]

IV. Verzichtswirkung, erneuter Beweisantrag

8 Der Verzicht ist **widerruflich**.[11] Ein Fall des Verzichts auf eine Verfahrensrüge gem. § 295 Abs. 1 ist nicht gegeben. Wirksam ist der Verzicht nur in den Tatsacheninstanzen bis zum Schluss der mündlichen Verhandlung. Unwirksam ist ein Verzicht **nach Abschluss der Vernehmung**, gleichgültig ob die Aussage schon protokolliert worden ist.

9 Infolge eines wirksamen Verzichts **unterbleibt die Zeugenvernehmung**, sofern der Gegner nicht die Fortsetzung der Befragung verlangt; das gilt grundsätzlich auch im zweiten Rechtszug.[12] Der Verzicht wirkt jeweils **nur für die Instanz**.[13] Der Zeuge kann nach wirksamem Verzicht später erneut zum selben Beweisthema benannt werden.[14] Dieser Beweisantrag kann aber **gem. §§ 282, 296 Abs. 2, 531 Abs. 2 präkludiert** sein (dazu auch § 370 Rdn. 8). Wird der Zeuge trotz des Verzichts weiter befragt, obwohl der Gegner nicht die Fortsetzung der Befragung verlangt, liegt darin ein Verstoß gegen den Grundsatz der Parteiherrschaft; die Aussage ist bei Widerspruch des Beweisführers nicht verwertbar.[15] Hat eine Partei **erstinstanzlich** auf die Vernehmung eines Zeugen **verzichtet** und kann dessen Aussage für den Berufungsrechtszug Bedeutung beikommen, muss das **Berufungsgericht nachfragen**, ob der Verzicht auch für die zweite Instanz gelten soll.[16]

V. Verhältnis zum Beweisgegner

10 Der Verzicht greift nicht in Rechte des Beweisgegners ein. Der **Gegner** ist nicht gehindert, **seinerseits den Zeugen** als Beweismittel zu **benennen**. Der Gegner wird dann

---

6 BGH NJW-RR 1987, 1403; BGH NJW 1994, 329; BGH NJW-RR 1996, 1459.
7 BGH NJW 1969, 1112; BGH NJW-RR 1987, 1403, 1404; BGH NJW 1994, 329; BGH NJW-RR 1997, 342.
8 Vgl. OLG Köln JMBl. NRW 1989, 188; OLG Brandenburg, Urt. v. 16.1.2008 – 4 U 145/06.
9 BGH NJW 1994, 329; OLG Köln NJW-RR 2000, 1073.
10 BGH NJW 1994, 329, 330.
11 BAG NJW 1974, 1349.
12 OLG Karlsruhe NJW-RR 1986, 864.
13 BGH NJW-RR 2002, 1500, 1501; Zöller/*Greger*[29] § 399 Rdn. 3.
14 BAG NJW 1974, 1349.
15 Zöller/*Greger*[29] § 399 Rdn. 1.
16 BGH NJW-RR 2002, 1500, 1501.

zum Beweisführer.[17] Allerdings kommt es auf das Führen eines Gegenbeweises nicht an, wenn durch den Verzicht der **Hauptbeweis überhaupt nicht** mehr **geführt** wird. Ist der geladene Zeuge nicht erschienen und erklärt der Beweisführer den Verzicht, so hat der Beweisgegner bei Entscheidungsreife des Verfahrens keinen Anspruch auf eine nochmalige Ladung des Zeugen, wenn er ihn nicht schon rechtzeitig vor dem Verhandlungstermin gegenbeweislich benannt hatte.[18]

Verzichtet der **Beweisführer erst in** der mündlichen **Verhandlung auf** einen **erschienenen Zeugen**, kann der Gegner die Vernehmung stets erzwingen. Stellt der Gegner den Antrag vor dem Richterkommissar, der den Antrag unberechtigt ablehnt, ist kein Fall des § 399 gegeben. 11

VI. Fehlender Vortrag des Inhalts kommissarischer Beweisaufnahme

Unterbleibt der Vortrag einer **Beweisaufnahme, die vor** dem **Richterkommissar** stattgefunden hat, vor dem Prozessgericht, ist dies in den Fällen des § 285 Abs. 2 bedeutsam. Die Beweisaufnahme ist dann nicht als ungeschehen beiseite zu lassen; ihr Inhalt darf verwertet werden. 12

§ 400
Befugnisse des mit der Beweisaufnahme betrauten Richters

Der mit der Beweisaufnahme betraute Richter ist ermächtigt, im Falle des Nichterscheinens oder der Zeugnisverweigerung die gesetzlichen Verfügungen zu treffen, auch sie, soweit dies überhaupt zulässig ist, selbst nach Erledigung des Auftrages wieder aufzuheben, über die Zulässigkeit einer dem Zeugen vorgelegten Frage vorläufig zu entscheiden und die nochmalige Vernehmung eines Zeugen vorzunehmen.

Übersicht

I.   Regelungsausschnitt der Befugnisse — 1
II. Befugnisse des Richterkommissars bei der Zeugenvernehmung — 2
III. Rechtsbehelfe — 5

I. Regelungsausschnitt der Befugnisse

§ 400 nennt nur einen Ausschnitt der Befugnisse des beauftragten oder des ersuchten Richters. **Weitere Befugnisse** ergeben sich aus den §§ 360–362 und § 366. Im Beweisaufnahmetermin übt er die Sitzungsgewalt aus (§§ 176 ff. GVG). Er vernimmt den Zeugen und vereidigt ihn (§ 391), er stellt ihm andere Zeugen gegenüber (§ 394 Abs. 2) und er wiederholt gegebenenfalls die Vernehmung (§ 398), solange die Akten noch bei ihm liegen, der Auftrag also noch nicht erledigt ist. Zu den Kompetenzen allgemein § 366 Rdn. 2 ff. 1

---

17 OLG Hamburg FamRZ 1965, 277.
18 OLG Jena OLGRep. 2004, 170, 171.

II. Befugnisse des Richterkommissars bei der Zeugenvernehmung

2   Bei **Ausbleiben des Zeugen** oder bei Zeugnisverweigerung ohne Angabe von Gründen ist der beauftragte oder ersuchte Richter zu **Maßnahmen nach §§ 380, 381, 390** ermächtigt. Verweigert also ein Zeuge ohne Angabe von Gründen eine Aussage oder die Untersuchung von Körpermaterial nach § 372a bzw. § 178 FamFG, kann der kommissarische Richter die Zwangsmaßnahmen nach § 390 treffen.[1] Von ihm angeordnete Maßnahmen darf er zurücknehmen, soweit darüber nicht rechtskräftig entschieden ist. Hat auch das Prozessgericht selbst eine Änderungsbefugnis und hat es davon Gebrauch gemacht, darf der Richterkommissar darin nicht eingreifen.

3   Die **Festsetzung der Entschädigung** der vom Richterkommissar gehörten Zeugen und Sachverständigen obliegt diesem Richter. Der Zeuge darf eine richterliche Festsetzung von ihm fordern.

4   Der kommissarische Richter darf **weder** über den **Zwischenstreit** (§§ 366, 386 ff.), **noch** über die Frage der **Beeidigung** entscheiden. Er darf auch **nicht** die **schriftliche Beantwortung** der Fragen anordnen.

III. Rechtsbehelfe

5   Gegen Anordnungen und Maßnahmen oder Entscheidungen über die Zulässigkeit von Fragen ist gem. § 573 Abs. 1 die **Erinnerung** an das Prozessgericht gegeben, dessen Entscheidung der **sofortigen Beschwerde** unterliegt. Gegen sitzungspolizeiliche Maßnahmen findet die Beschwerde statt (§ 181 GVG), ebenso gegen die Festsetzung der Zeugenentschädigung (§ 4 Abs. 3 JVEG).

§ 401
Zeugenentschädigung

Der Zeuge wird nach dem Justizvergütungs- und -entschädigungsgesetz entschädigt.

Schrifttum

Hartmann Kostengesetze, 43. Aufl. 2013; *Meyer/Höver/Bach* JVEG, Kommentar, 26. Aufl. 2013.

Übersicht

I. Gesetzesentwicklung, Aufbau des JVEG —— 1	3. Nicht geladener Zeuge —— 6
II. Entschädigungsgrundsatz	4. Sachverständiger Zeuge —— 7
1. Vergütungslose öffentlich-rechtliche Pflichterfüllung —— 3	III. Entschädigungsumfang
	1. Auslagen, Aufwand —— 8
2. Geladener Zeuge, schriftliche Aussage —— 4	2. Zeitverlust, Verdienstausfall —— 11
	IV. Abrechnungsverfahren —— 12

I. Gesetzesentwicklung, Aufbau des JVEG

1   Ursprünglich enthielt § 401 eine Verweisung auf die Gebührenordnung für Zeugen und Sachverständige und gewährte daneben ein Recht auf Zeugenentschädigung nach

---

[1] BGH NJW 1990, 2936, 2937.

dem Recht des Aufenthaltsortes und auf Vorschuss. Durch das KostenänderungsG vom 26.7.1957[1] wurden die Kostenregelungen im Gesetz über die Entschädigung von Zeugen und Sachverständigen (**ZSEG**) gebündelt. Art. 2 des Kostenrechtsmodernisierungsgesetzes vom 5.5.2004[2] hat das ZSEG durch das Justizvergütungs- und -entschädigungsgesetz (**JVEG**) ersetzt.

Das JVEG regelt **abschließend** (§ 1 Abs. 1 Satz 2: „nur") **Grund und Höhe** des öffentlich-rechtlichen – gegen den Bund oder ein Land gerichteten – Anspruchs auf Zeugen- oder Sachverständigenentschädigung. **Abschnitt 5 des JVEG** betrifft mit den §§ 19–722 die Entschädigung von **Zeugen**, während **Abschnitt 3** die Vergütung von **Sachverständigen**, Dolmetschern und Übersetzern behandelt. **Gemeinsame Vorschriften** enthält Abschnitt 1 über Fahrtkostenersatz, Entschädigung für Aufwand und Ersatz sonstiger Aufwendungen.

II. Entschädigungsgrundsatz

1. Vergütungslose öffentlich-rechtliche Pflichterfüllung. Die Zeugnispflicht ist 3 eine staatsbürgerliche Pflicht, für deren Erfüllung keine Vergütung gezahlt wird. Jedoch soll der Zeuge eine **angemessene Entschädigung** (§ 19 JVEG) erhalten. § 1 Abs. 1 Satz 1 Nr. 3 JVEG knüpft sie daran, dass der Zeuge zu Beweiszwecken „herangezogen" wurde.

2. Geladener Zeuge, schriftliche Aussage. Findet eine Zeugenvernehmung statt, 4 kann der Zeuge auch dann eine Entschädigung verlangen, wenn er **ohne Ladung erschienen** ist oder wenn er von einer Partei im Termin gestellt wurde. Der Anspruch besteht auch, wenn der geladene und erschienene Zeuge **nicht vernommen** wurde. Dies gilt ebenso für den irrtümlich geladenen Zeugen,[3] jedenfalls soweit er nicht erkennen konnte, dass er nicht zu erscheinen braucht. Zu entschädigen ist ein Zeuge auch dann, wenn er außerhalb einer Verhandlung eine **schriftliche Aussage** macht.[4]

Für den gestellten und vernommenen Zeugen, der **keinen Abrechnungsantrag gestellt** hat, weil er **Leistungen** auf seine notwendigen Auslagen **direkt von der Partei** in bar oder als Naturalleistung (Fahrkarte) erhalten hat, kann die Partei ihre Aufwendungen im **Kostenfestsetzungsverfahren** geltend machen, dies aber nur bis zur Höhe der Entschädigung nach dem JVEG. Dasselbe gilt für den geladenen Zeugen, den die Partei entschädigt, weil er die Dreimonatsfrist des § 2 Abs. 1 JVEG versäumt hat, nach deren Ablauf der Entschädigungsanspruch erlischt.[5]

3. Nicht geladener Zeuge. Ein mitgebrachter oder freiwillig erschienener, aber 6 **nicht angehörter Zeuge** kann keine Kostenerstattung nach dem JVEG verlangen, sondern muss die **Partei** gemäß **§ 670 BGB** in Anspruch nehmen,[6] die ihn als Zeugen benannt hat bzw. zu benennen beabsichtigte. Wird der Zeuge hingegen angehört, ist er wie ein geladener Zeuge zu behandeln, weil er im Sinne des § 1 JVEG „herangezogen" wurde. Die Auslagen der Partei für einen sistierten Zeugen, die sie für erforderlich halten durfte, sind in Höhe der Sätze des JVEG von der unterlegenen Partei zu erstatten.[7]

---

1 BGBl 1957 I S. 861, 902, 932.
2 BGBl 2004 I S. 718, 776.
3 Stein/Jonas/*Berger*[22] § 401 Rdn. 3.
4 MünchKomm/*Damrau*[4] § 401 Rdn. 4.
5 So OLG Karlsruhe JurBüro 1991, 1514.
6 Musielak/*Huber*[10] § 401 Rdn. 1.
7 OLG Nürnberg NJW-RR 2011, 1292 (sistiert im Verfügungsverfahren ohne Vernehmung).

7 **4. Sachverständiger Zeuge.** Der sachverständige Zeuge, der die zu bekundenden Wahrnehmungen auf Grund besonderer Sachkunde getroffen hat, wird **grundsätzlich wie** ein **Zeuge** entschädigt.[8] Jedoch ist er als Sachverständiger zu entschädigen, wenn er trotz Ladung als Zeuge nach dem Inhalt seiner Befragung als Sachverständiger herangezogen worden ist, nämlich Fragen des Gerichts über auf seiner Sachkunde beruhende subjektive Wertungen, Schlussfolgerungen oder Hypothesen zu beantworten hatte.[9]

III. Entschädigungsumfang

8 **1. Auslagen, Aufwand.** Zu den erstattungsfähigen Auslagen des Zeugen gehören die **Fahrtkosten** (§ 5 JVEG), der durch Abwesenheit vom Aufenthaltsort oder durch die Wahrnehmung eines Termins am Aufenthaltsort entstandene **Aufwand** (§ 6 JVEG) und sonstige **notwendige bare Auslagen** (§ 7 JVEG). Der Anspruch auf Ersatz der Reisekosten verringert sich, wenn der Zeuge einen Wechsel des Aufenthaltsortes schuldhaft nicht rechtzeitig anzeigt und der Zeuge vor einem dem neuen Aufenthaltsort näher gelegenen Gericht hätte vernommen worden werden können.[10]

9 Unter die sonstigen Auslagen fallen Kosten für den Nachweis des entschuldigten Ausbleibens eines Zeugen oder Sachverständigen, etwa die Kosten eines **ärztlichen Attests**[11] oder der **Beauftragung eines Anwalts**, der den Zeugen im Beschwerdeverfahren wegen unentschuldigten Ausbleibens oder im Zwischenverfahren über ein Zeugnisverweigerungsrecht vertreten hat[12] (s. auch § 381 Rdn. 46).

10 Auslagen sind auch Aufwendungen, die durch die **Verpflichtung nach § 375 Abs. 1** entstehen, etwa Kosten des Ausdrucks gespeicherter Daten (§ 378 Rdn. 13).

11 **2. Zeitverlust, Verdienstausfall.** Zeitverlust (§ 20 JVEG) und Verdienstausfall (§ 22 JVEG) werden ebenfalls entschädigt. Dazu gehört auch der Zeitverlust bei der **Haushaltsführung** (§ 21 JVEG).

IV. Abrechnungsverfahren

12 Grundsätzlich erfolgt die Festsetzung der Entschädigung von Amts wegen in einem reinen Verwaltungsverfahren durch den **Urkundsbeamten** der Geschäftsstelle. Eine **gerichtliche Festsetzung** erfolgt auf Antrag des Zeugen oder soweit das Gericht die Festsetzung für angemessen hält (§ 4 Abs. 1 Satz 1 JVEG). Gegen die gerichtliche Festsetzung ist unter den Voraussetzungen des § 4 Abs. 3 JVEG – Wert des Beschwerdegegenstandes von mehr als € 200 oder grundsätzliche Bedeutung – die **Beschwerde** zulässig.

13 Im Einzelfall kann **unklar** sein, ob eine **Zeugen- oder Sachverständigenvernehmung** vorliegt. Das Gericht ist bei der Festsetzung nicht an Beweisbeschluss oder Beweisantritt gebunden, sondern kann vielmehr danach entscheiden, wie die Beweisaufnahme verlaufen ist.[13]

---

8 OLG Hamm NJW 1972, 2003, 2004, OLG München JurBüro 1981, 1699; OLG Rostock OLGRep. 2009, 226.
9 OLG Rostock OLGRep. 2009, 226; s. ferner OLG Hamm NJW 1972, 2003, 2004, OLG München JurBüro 1981, 1699. S. auch OLG Nürnberg NJW-RR 2011, 1292.
10 *Hartmann* Kostengesetze[42] § 5 JVEG Rdn. 22 f.; Stein/Jonas/*Berger*[22] § 401 Rdn. 3.
11 *Hartmann* Kostengesetze[42] § 7 JVEG Rdn. 5.
12 OLG Düsseldorf MDR 1985, 60; OLG Düsseldorf MDR 1997, 893; VGH Bad-Württ. NVwZ-RR 1996, 478, 479; *Hartmann* Kostengesetze[42] § 7 JVEG Rdn. 8.
13 OLG Düsseldorf VersR 1983, 544, 545; OLG Hamm MDR 1988, 418; OLG Hamm JurBüro 1991, 1259; OLG Hamburg JurBüro 1985, 1218; OLG Köln MDR 1993, 391, 392; *Hartmann* Kostengesetze[42] § 19 JVEG Rdn. 3.

§ 3 JVEG sieht auf Antrag eine **Vorschusszahlung** aus der Staatskasse vor, soweit dem Zeugen voraussichtlich erhebliche Fahrtkosten oder sonstige Aufwendungen entstehen werden. Auf die **Zumutbarkeit der Verauslagung** aus eigenen Mitteln, etwa angesichts der eigenen finanziellen Verhältnisse, kommt es **nicht** an. Durch Ablehnung eines Vorschusses entfällt die Zeugenpflicht nicht.[14]

TITEL 8
Beweis durch Sachverständige

Vorbemerkungen
vor § 402

Übersicht

I. Generelle Literaturangaben
1. Allgemein —— 1
2. Besondere Verfahren/Gutachten —— 5
II. Die Rechtsstellung des Sachverständigen
1. Tätigkeitspflicht —— 28
2. Kompetenzen des Sachverständigen —— 29
3. Vergütung des Sachverständigen —— 30
4. Zwangsbefugnisse des Sachverständigen —— 31
5. Der öffentlich bestellte und vereidigte Sachverständige —— 32
III. Berufsbezeichnung „Sachverständiger" —— 35
IV. Haftung des Sachverständigen
1. Haftung des gerichtlich bestellten Sachverständigen
   a) Haftungsgründe
      aa) Amtshaftung —— 39
      bb) Vertragshaftung —— 41
      cc) Deliktischer Rechtsgüterschutz nach § 823 Abs. 1 BGB —— 42
      dd) Schutz primärer Vermögensinteressen —— 43
         (1) Gerichtliche Verteidigung —— 44
         (2) Haftung des nichtvereidigten Sachverständigen —— 46
         (3) Verzögerte Begutachtung —— 48
      b) § 839a BGB, Immunität des Sachverständigen
         aa) Das rechtspolitische Problem —— 49
         bb) Beschränkung auf Vorsatz und grobe Fahrlässigkeit —— 50
         cc) Kritik pro Haftungsverschärfung —— 52
         dd) Ausgestaltung des § 839a BGB —— 54
      c) Verjährung, Streitverkündung —— 58
      d) Unterlassung und Widerruf von Gutachtenäußerungen —— 60
      e) Unrichtige Gutachten als Basis eines Vergleichs —— 63
2. Haftung des Privatgutachters
   a) Schaden des Auftraggebers —— 64
   b) Haftung gegenüber Dritten —— 65
   c) Schiedsgerichtsgutachter; Schiedsgutachter —— 66
V. Tätigkeitsschutz —— 68

I. Generelle Literaturangaben

1. Allgemein

Aufsätze: *Bode* Schutzpflicht des Staates und Fehler in Sachverständigen-Gutachten, DRiZ 1995, 348; *Broß* Richter und Sachverständiger, dargestellt anhand ausgewählter Probleme des Zivilprozesses, ZZP 102, 413; *Franzki* Der Sachverständige – Diener oder Herr des Richters?, DRiZ 1991, 314; *Meyer* Übermacht des Sachverständigen – aus der Sicht des Richters, DRiZ 1992, 125; *Pieper* Perspektiven des Gerichtsgutachtens, WiVerw

---
14 Stein/Jonas/*Berger*[22] § 401 Rdn. 10.

1988, 47; *Oehler* Zur Problematik der Sachverständigenauswahl, ZRP 1999, 285; *Reynolds/Rinderknecht* Die Rolle des Sachverständigen in England und in Deutschland, ZVglRWiss 92 (1993) 215; *Rudolph* Die Zusammenarbeit des Richters und des Sachverständigen, WiVerw 1988, 33; *Schlehe* Wert- und Kostenbegriffe im Sachverständigenwesen, DRiZ 2012, 110; *Schneider* Der technische Experte als Mitarbeiter für Richter und Anwälte, SJZ 1991, 151; *Stamm* Zur Rechtsstellung des Sachverständigen im Zivilprozess und den daraus resultierenden Möglichkeiten zur Verbesserung der Zusammenarbeit mit dem Gericht, ZZP 124 (2011), 433; *Vierhaus* Sachverstand als Vierte Gewalt?, NVwZ 1993, 36; *Wietschorke/Stockmann/Pieper* Der Übergang von der herkömmlichen zur digitalen Fotografie bei Schadengutachten, NZV 2000, 486.

2   **Handbücher, Verzeichnisse**: *Bayerlein* Praxishandbuch Sachverständigenrecht, 4. Aufl., München 2008; *Bremer* Der Sachverständige, 2. Aufl., Heidelberg 1973; Bundesverband freier Sachverständiger, Sachverständigen-Verzeichnis (Auflistung nach Sachgebieten), Internet: www.bvs-ev.de; *Jessnitzer/Ulrich* Der gerichtliche Sachverständige, 12. Aufl., Köln 2007; *Müller* Der Sachverständige im gerichtlichen Verfahren, 3. Aufl., Heidelberg 1988; *Wellmann* Der Sachverständige in der Praxis, 6. Aufl., Düsseldorf 1997. Zeitschrift: Der Sachverständige, Beck Verlag.

3   **Monographien**: *Bartelsberger* (Hrsg.), Der Experte bei der Beurteilung von Gefahren und Risiken, Berlin 2001; *Kerameus* Die Entwicklung des Sachverständigenbeweises im deutschen und griechischen Zivilprozeßrecht, Köln 1963; *Krammer* Die „Allmacht" des Sachverständigen, Wien 1990; *Kruchen* Der gerichtliche Sachverständige als Organ der Zivilrechtspflege, Diss. Frankfurt a.M. 1973; *Ludolph* Der Unfallmann, Begutachtung der Folgen von Arbeitsunfällen, privaten Unfällen und Berufskrankheiten, 13. Aufl. 2012; *Marburger* Wissenschaftlich-technischer Sachverstand und richterliche Entscheidung im Zivilprozeß, Heidelberg 1986; *Nicklisch* (Hrsg.), Der technische Sachverständige im Prozeß, Landesberichte und Generalbericht zum VII. Internationalen Kongreß für Prozeßrecht 1983, Heidelberg 1984; *Pieper/Breunung/Stahlmann* Sachverständige im Zivilprozeß – Theorie, Dogmatik und Realität des Sachverständigenbeweises, München 1982; *Martin Schwab* Rechtsfragen der Politikberatung im Spannungsfeld zwischen Wissenschaftsfreiheit und Unternehmensschutz, 1999; *Toepel* Grundstrukturen des Sachverständigenbeweises im Strafprozeßrecht, 2002; *Volze* Sachverständigenfragen: Ausgewählte Probleme aus der Praxis, 3. Aufl. 2010; *Zuschlag* Das Gutachten des Sachverständigen: Rechtsgrundlagen, Fragestellungen, Gliederung, Rationalisierung, Göttingen u.a. 1992; *Zwiehoff* Das Recht auf den Sachverständigen: Beiträge zum strafprozessualen Beweisrecht, 2000.

4   **Rechtsvergleichung**: *AIPPI* (Association internationale pour la protection de la proriété industrielle) Jahrbuch 1998/III, Die Rolle und Funktion von Experten in Patentstreitigkeiten (Frage Q 136), Zürich 1998; *Nagel/Bajons* (Hrsg.) Beweis-Preuve-Evidence, 2003; *Nagel/Gottwald* Internationales Zivilprozeßrecht, 7. Aufl. 2013, § 9 Rdn. 182ff.; *Rüffler* Der Sachverständige im Zivilprozeß, Wien 1995; *Stürner* Der Sachverständigenbeweis im Zivilprozeß der Europäischen Union, FS Sandrock, 2000, S. 959; *Tiwisina* Sachverständigenbeweis im deutschen und englischen Zivilprozeß, Göttingen 2005.

2. Besondere Verfahren/Gutachten

5   **Atomrecht**: *Roßnagel* Kritischer Verstand für die praktische Vernunft? – Die Rechtsprechung zu „kritischen" Sachverständigen in atomrechtlichen Verwaltungsverfahren, DVBl. 1995, 644.

Abschnitt 1. Verfahren vor den Landgerichten — **Vor § 402**

Arzthaftung/Medizingutachten: Arbeitsgemeinschaft Rechtsanwälte im Medizin- 6
recht e.V. (Hrsg.), Der medizinische Sachverständige: Richter in Weiß?, Köln u.a. 1995;
Dettmeyer/Madea Rechtsmedizinische Gutachten in arztstrafrechtlichen Ermittlungsverfahren, MedR 1999, 533; *Fritze* Die ärztliche Begutachtung: Rechtsfragen, Funktionsprüfungen, Beurteilungen, 8. Aufl. 2012; *Ehlers* (Hrsg.), Praxis des medizinischen Gutachtens im Prozeß, 2. Aufl. 2000; *Stegers/Hansis/Alberts/Scheue* Sachverständigenbeweis im Arzthaftungsrecht, 2. Aufl. 2008; *Marx* Medizinische Begutachtung: Grundlagen und Praxis, 6. Aufl. 1992; *Gerda Müller* Spielregeln für den Arzthaftungsprozeß, DRiZ 2000, 259; *Nedopil* Verständnisschwierigkeiten zwischen den Juristen und dem psychiatrischen Sachverständigen, NStZ 1999, 433; *Oehler* Nochmals: Der medizinische Sachverständige im Arzthaftungsprozeß, VersR 2001, 1354; *Plagemann/Hantschik* Medizinische Begutachtung im Sozialrecht, 3. Aufl. 1996; *Rumler-Detzel* Anforderungen an ein ärztliches Gutachten aus der Sicht der Zivilgerichte, VersR 1999, 1209; *Sandvoß/Sandvoß* Gutachten in Arzthaftpflichtverfahren: Qualitätsnormen und Standards, MedSach 91 (1995), 20; *Scheppokat/Neu* Zur ärztlichen Begutachtung in Arzthaftpflichtsachen, VersR 2001, 23; *Stegers* Der medizinische Sachverständige im Arzthaftungsprozeß, VersR 2000, 419; *Stegers* Der Sachverständigenbeweis im Arzthaftungsrecht – Neue Entwicklungen, in: Arzthaftungsrecht – Rechtspraxis und Perspektiven (Hrsg.: Arbeitsgemeinschaft Rechtsanwälte im Medizinrecht e.V.), 2006, S. 139; *Volland* Zur Problematik der Sachverständigenauswahl, ZRP 1999, 491; Zeitschrift: Versicherungsmedizin, Verlag Versicherungswirtschaft.

Bauprozeß: *Bayerlein* Der Sachverständige im Bauprozeß, BauR 1989, 397; *Jessnit-* 7
zer Ortsbesichtigungen und Untersuchungen durch Bausachverständige und ihre gerichtliche Verwertung, BauR 1975, 73; *Kamphausen* Prozeßrechtliche Praxisprobleme bei der Untersuchung von Bau- und Wohnungsmängeln durch gerichtliche Sachverständige, BauR 1998, 500; *Kniffka/Koeble* Kompendium des Baurechts, 3. Aufl. 2008; *Staudt/Seibel* Handbuch für den Bausachverständigen, 3. Aufl. 2013; *Volze* Rechtsfragen zur Stellung und Funktion des Bausachverständigen in versicherungsvertraglichen Streitigkeiten, VersR 1996, 1337. Zeitschrift: Der Bausachverständige, Bundesanzeiger Verlag/Fraunhofer IRB Verlag.

Demoskopische Gutachten: *Becker* Das demoskopische Gutachten als zivilprozes- 8
suales Beweismittel, 2002; *Eichmann* Gegenwart und Zukunft der Rechtsdemoskopie, GRUR 1999, 939; *Eichmann* in Hasselblatt (Hrsg.), Gewerblicher Rechtsschutz, 4. Aufl. 2012, § 9; *Niedermann/Schneider* Der Beitrag der Demoskopie zur Entscheidungsfindung im schweizerischen Markenrecht: Durchgesetzte Marke – berühmte Marke, sic! 2002, 815; *Niedermann* Empirische Erkenntnisse zur Verkehrsdurchsetzung, GRUR 2006, 367; *Spätgens* in: Ahrens, Der Wettbewerbsprozeß, 7. Aufl. 2013, Kap. 28; *Pflüger* in: Gloy/Loschelder/Erdmann, Handbuch des Wettbewerbsrechts, 4. Aufl. 2010, § 20.

DNA-Analyse: S. bei § 372a. 9

EDV: *Bartsch* Der EDV-Sachverständige, Stuttgart 1987; *Bergmann/Streitz* Beweiser- 10
hebung in EDV-Sachen, NJW 1992, 1726; *Streitz* Beweisführung bei Verwendung EDV-gestützter Verfahren, NJW-CoR 1996, 309.

Familiensachen: *Berk* Der psychologische Sachverständige in Familienrechtssa- 11
chen, Stuttgart 1985; *Klenner* Vertrauensgrenzen des psychologischen Gutachtens im Familienrechtsverfahren, FamRZ 1989, 804; *Nickl* Das steuerrechtliche Sachverständigen-

gutachten im Unterhaltsprozeß, NJW 1989, 2091; Richtlinien für die Erstattung von Abstammungsgutachten, Robert-Koch-Institut Berlin, Bundesgesundheitsblatt 1996, 312; *Salzgeber* Familienpsychologische Gutachten, 5. Aufl., München 2011.

12 **Grundstücksbewertung:** *Fischer/Lorenz/Biederbeck* Die Erstellung von Gutachten bei Zwangsversteigerungen, Rpfleger 2002, 337. Zeitschrift: Der Immobilienbewerter, Bundesanzeiger Verlag.

13 **Haftpflichtprozeß:** *Bruns/Heiermann* Der Haftpflicht-Schaden, Karlsruhe 1990.

14 **Insolvenzverfahren:** *Wessel* Der Sachverständige im Konkurseröffnungsverfahren, Köln 1993.

15 **Kartellrecht:** *Christiansen/Locher* Die neuen Standards des BKartA für ökonomische Gutachten in der Kartellrechtsanwendung, WuW 2011, 444; *Doris Hildebrand* The role of economic analysis in the EC competition rules, Europäische Schule, 2. Aufl. 2002; *Rauh/Zuchandke/Reddemann* Die Ermittlung der Schadenshöhe im Kartelldeliktsrecht, WRP 2012, 173; Ökonomische Gutachten durch: European Economic & Marketing Consultants, Brüssel, http://www.ee-mc.com; Dr. Nothhelfer, PriceWaterhouseCoopers, Competition Economics; Prof. Dr. Lademann, Lademann & Associates GmbH Hamburg.

16 **Kfz:** *Berger* Unfallanalytik und Biomechanik – beweisrechtliche Bedeutung, SchweizJZ 102 (2006), 25; *Buck/Krumbholz* Sachverständigenbeweis im Verkehrsrecht, 2. Aufl. 2013; *Freyberger* Rekonstruktion eines Verkehrsunfalls – Typische Probleme mit Sachverständigengutachten, MDR 2000, 1281; *Haffner/Skopp/Graw* Begutachtung im Verkehrsrecht, 2011; *Hörl* Der Kfz-Sachverständige in der Unfallschadenregulierung, zfs 2000, 422; *Numberger* Der Sachverständige für Altautoverwertung, UPR 2000, 11; *Roß* Rechtliche Probleme bei Kfz-Sachverständigengutachten, NZV 2001, 321; *Wietschorke/Stockmann/Pieper* Der Übergang von der herkömmlichen zur digitalen Fotografie bei Schadengutachten, NZV 2000, 486. Zeitschrift: Der Kfz-Sachverständige, Bundesanzeiger Verlag.

17 **Lebensmittelrecht:** *Kurz-Beckhaus* Wissenschaftliche Sachverständige im Lebensmittelrecht, Diss. München 1983.

18 **Mietsachen:** *Kamphausen* Beurteilungsaufgaben des Sachverständigen bei Schönheitsreparaturen, ZMR 1988, 361; *Reinecke* Der Sachverständige im gerichtlichen Mieterhöhungsverfahren – überflüssiger Halbgott?, WuM 1993, 101.

19 **Patentsachen:** AIPPI (Hrsg.), Yearbook 1998 Teil III, Groups Reports Q 136: The role and function of experts in patent disputes, Zürich 1998; *Maxeiner* Der Sachverständige in Patentrechtsstreitigkeiten in den USA und Deutschland, GRUR Int 1991, 85.

20 **Psychologische, psychiatrische** Gutachten: *Baer* Psychatrie für Juristen, München-Stuttgart 1988; *Boerner* Das psychologische Gutachten: ein praktischer Leitfaden, 7. Aufl. 2004; *Gehrmann/Undeutsch* Das Gutachten der MPU und Kraftfahrereignung, 1995; *Göppinger* Handbuch der forensischen Psychiatrie, Bd. 2, Teil D: Der Sachverständige, Gutachten und Verfahren, Berlin 1972; *Haefeli* Asylverfahren und posttraumatische Belastungsstörung: Die Beweiskraft von psychiatrischen Parteigutachten, SchwJZ 96 (2000) 237; *Hirt* Medizinisch-psychologische Gutachten über die Kraftfahreignung, VBl-

BW 1991, 332; *Iffland* Facharzt oder Medizinisch-psychologische Untersuchung von erstmals alkoholauffälligen Kraftfahrern, NZV 1998, 270; *Maier/Möller* Das gerichtspsychiatrische Gutachten gem. Art. 13 StGB, Zürich 1999; *Mitterauer* Aktuelle Fragen der Begutachtung der Zurechnungsfähigkeit, ÖJZ 1991, 662; *Müller-Fahlbusch* Für den Juristen nachvollziehbare Grundsätze der sachverständigen Beurteilung seelischer und psychosomatischer Störungen, FamRZ 1990, 1197; *Nedopil/Müller* Forensische Psychiatrie, 4. Aufl. 2012; *Nedopil* Verständnisschwierigkeiten zwischen dem Juristen und dem psychiatrischen Sachverständigen, NStZ 1999, 433; *Rill/Vossel* Psychophysiologische Täterschaftsbeurteilung („Lügendetektion", „Polygraphie"): Eine kritische Analyse aus psychophysiologischer und psychodiagnostischer Sicht, NStZ 1998, 481; *Rode/Legnaro* Psychatrische Sachverständige im Strafverfahren, München 1994; *Salzgeber* Familienpsychologische Gutachten, 5. Aufl. 2011; *Schneider/Frister/Olzen* Begutachtung psychischer Störungen, 2. Aufl. 2010; *Schreiber* Die Rolle des psychiatrisch-psychologischen Sachverständigen im Strafverfahren, FS Wassermann (1985), S. 1007; *Tzschadschel* Die Information des Beschuldigten über das psychiatrisch-psychologische Gutachten, NJW 1990, 749; *Venzlaff/Foerster* Psychiatrische Begutachtung, 5. Auflage 2009; *Westhoff/Kluck* Psychologische Gutachtenschreiben und beurteilen, 5. Aufl. 2008; *Wolff* Erreichen Gutachten ihre Adressaten?, NJW 1993, 1510.

Schriftgutachten: *Hecker* Forensische Handschriftenuntersuchung: eine systematische Darstellung von Forschung, Begutachtung und Beweiswert, 1993; *Köller* Probabilistische Schlußfolgerungen in Schriftgutachten: zur Begründung und Vereinheitlichung von Wahrscheinlichkeitsaussagen im Sachverständigengutachten, München 2004; *Seibt* Forensische Schriftgutachten, München 1999. 21

Sozialrecht, Sozialgerichtliches Verfahren: *Bonnermann* Der ärztliche Sachverständige und das Rechtspflege-Vereinfachungsgesetz aus der Sicht der gesetzlichen Unfallversicherung, SGb1995, 53; *Friedrichs* Der medizinische Sachverständigenbeweis im sozialgerichtlichen Verfahren, FS Hans Grüner, Percha a. Starnberger See 1982; *Grunwaldt* Einzelne Probleme des medizinischen Sachverständigenbeweises im Sozialgerichtsverfahren, Kiel 1974; *Louven* Die Abhängigkeit des Richters der Sozialgerichtsbarkeit von ärztlichen Sachverständigen, DRiZ 1988, 241; *Plagemann* Sachverständigenanhörung im Sozialgerichtsverfahren, NJW 1992, 400; *Plagemann* Medizinische Begutachtung im Sozialrecht, 3. Aufl., Essen 1996; *Udsching* Besonderheiten des Sachverständigenbeweises im sozialgerichtlichen Verfahren, NZS 1992, 50. 22

Strafverfahren: *Barton* Sachverständiger und Verteidiger, StrV 1983, 73; *Barton* Der psychowissenschaftliche Sachverständige im Strafverfahren, Heidelberg 1983; *Detter* Der Sachverständige im Strafverfahren – eine Bestandsaufnahme, NStZ 1998, 57; *Detter* Der von der Verteidigung geladene psychiatrische Sachverständige – Konfliktverteidigung oder Ohnmacht der Tatgerichte?, FS Meyer-Goßner (2001), S. 431; *Dippel* Die Stellung des Sachverständigen im Strafprozeß, Heidelberg 1986; *Dölp* Der Sachverständige im Strafprozeß, ZRP 2004, 235; *Hartmann/Rubach* Verteidiger und Sachverständiger – Eine Falldarstellung, StrV 1990, 425; *Krekeler* Der Sachverständige im Strafverfahren, insbesondere im Wirtschaftsstrafverfahren, wistra 1989, 52; *Poppen* Die Geschichte des Sachverständigenbeweises im Strafprozeß des deutschsprachigen Raumes, Göttingen 1984; *Rasch* Forensische Psychiatrie, 4. Aufl. 2013; *Steinke* Der Beweiswert forensischer Gutachten, NStZ 1994, 16; *Täschner* Bemerkungen zur „Auswahl des richtigen Psycho-Sachverständigen im Strafverfahren", NStZ 1994, 221; *Witter* Der psychiatrische Sachverständige im Strafrecht, Berlin u.a 1987. 23

24   **Umweltrecht:** *Janauer/Kerschner/Oberleitner* Der Sachverständige im Umweltverfahren, Wien 1999; *Schottelius* Der zugelassene Umweltgutachter – ein neuer Beruf, BB 1996, 1235.

25   **Versicherungsrecht:** *Volze* Das Sachverständigenverfahren, VersR 1989, 233; *Heinrich* Das Sachverständigenverfahren im Privatversicherungsrecht, 1996; *Mehrhoff/Meindl/Muhr* Unfallbegutachtung, 12. Aufl. 2010; *Schmidbauer* Der Wert der Dinge, 2012.

26   **Verwaltungsverfahren und -prozeß:** *Skouris* Grundfragen des Sachverständigenbeweises im Verwaltungsverfahren und im Verwaltungsprozeß, AöR 197 (1982), 215.

27   **Verzeichnisse von Gutachtern:** Verzeichnis des Deutschen Industrie- und Handelskammertages unter www.svv.ihk.de; Bundesverband öffentlich bestellter und vereidigter sowie qualifizierter Sachverständiger e.V., www.bvs-ev.de; Bundesverband Freiberuflicher Forstsachverständiger, www.bvff-ev.de.

II. Die Rechtsstellung des Sachverständigen

28   **1. Tätigkeitspflicht.** Siehe dazu bei § 407 Rdn. 2.

29   **2. Kompetenzen des Sachverständigen.** Siehe dazu bei § 404a Rdn. 16 ff.

30   **3. Vergütung des Sachverständigen.** Siehe dazu bei § 413 Rdn. 1.

31   **4. Zwangsbefugnisse des Sachverständigen.** Siehe dazu bei § 402 Rdn. 94.

32   **5. Der öffentlich bestellte und vereidigte Sachverständige**

Schrifttum

Bleutge Die neuere Rechtsprechung zu § 36 GewO, GewArch 1990, 113; *Broß* Ist das Verfahren der IHK für die öffentliche Bestellung von Sachverständigen verfassungswidrig?, ZfBR 1992, 51; *Jahn* Zur Höchstaltersgrenze für öffentlich bestellte und vereidigte Sachverständige, GewArch 1991, 247; *Jahn* Zur Bedürfnisprüfung im Sachverständigenwesen – BVerfG, NJW 1992, 2621, JuS 1993, 643; *Kamphausen* Zur Sachkundeüberprüfung bei der öffentlichen Bestellung von Sachverständigen (§ 36 GewO), GewArch 1991, 124; *Konstantinou* Die öffentliche Bestellung von Sachverständigen nach § 36 GewO, Köln 1993; *Stober* Der öffentlich bestellte Sachverständige zwischen beruflicher Bindung und Deregulierung, Köln 1991; *Tettinger/Pielow* Die aktuelle Rechtsentwicklung bei der öffentlichen Bestellung und Vereidigung von Sachverständigen, GewArch 1992, 1.

33   Die öffentliche Bestellung ist in mehreren Bundes- und Landesgesetzen geregelt. Zentrale Vorschrift, nach der auf den Gebieten der Wirtschaft (einschließlich des Bergwesens), der Hochsee- und Küstenfischerei sowie der Land- und Forstwirtschaft einschließlich des Garten- und Weinbaus Sachverständige öffentlich bestellt werden, ist § 36 GewO. Die Bestellung erfolgt in den meisten Fällen durch die **Industrie- und Handelskammern.** Entsprechende Kompetenzen bestehen – im Rahmen ihres jeweiligen Aufgabenbereiches – für die **Landwirtschaftskammern,** die **Architektenkammern** und die **Ingenieurkammern.** In einigen Bundesländern ist die Zuständigkeit für beson-

dere Fachgebiete Behörden der unmittelbaren Staatsverwaltung zugewiesen.[1] Für das Handwerk und handwerksähnliche Arbeiten bestellen gemäß § 91 HdwO die **Handwerkskammern** öffentliche und beeidigte Sachverständige. Gemäß §§ 1 Abs. 1, 2 Abs. 3 Nr. 1 WPO sind **Wirtschaftsprüfer** auf dem Gebiet der *wirtschaftlichen Betriebsprüfung* als vereidigte Sachverständige öffentlich bestellt (vgl. § 129 Abs. 3 Nr. 1 WPO für vereidigte Buchprüfer).

Die öffentliche Bestellung erfolgt durch **Verwaltungsakt**. Er bewirkt keine Beleihung des Sachverständigen; der Sachverständige übt bei der Begutachtung daher keine hoheitliche Tätigkeit aus.[2] Die Bestellung darf nicht von einer Bedürfnisprüfung abhängig gemacht werden.[3] Das Bestellungssystem ist **nicht** identisch mit einem **Zertifizierungssystem** zur Qualitätssicherung. Der Bestellung durch die zuständige Behörde hat eine Prüfung der **Sachkunde** vorauszugehen, wofür es kein formalisiertes Verfahren gibt, sofern nicht auf der Grundlage des § 36 Abs. 3 GewO eine einschlägige landesrechtliche Rechtsverordnung erlassen worden ist.[4] Verweigert werden kann die Bestellung bei fehlender uneingeschränkter **Zuverlässigkeit** und **Vertrauenswürdigkeit**.[5] § 36 GewO ist eine Berufszulassungsregelung, die von einer noch ausstehenden Umsetzung der Allgemeinen Dienstleistungsrichtlinie 2006/123/EG betroffen sein wird. Eine generelle Höchstaltersgrenze darf von der IHK nicht festgesetzt werden.[6]

III. Berufsbezeichnung „Sachverständiger"

Die Bezeichnung „öffentlich bestellter und vereidigter Sachverständiger" ist über 35 § 132a Abs. 1 Nr. 3 und Abs. 2 StGB **gesetzlich geschützt**. Der Sachverständige ist verpflichtet, die Bezeichnung sowie den verliehenen Rundstempel zu führen.[7] Für reglementierte Berufe gilt zudem der lauterkeitsrechtliche Schutz der Bezeichnung über § 4 Nr. 11 UWG, der mit Art. 4 der Richtlinie 2005/36/EG vereinbar ist.[8]

Als „Sachverständiger" darf sich auch eine andere Person bezeichnen, die **sach-** 36 **kundig** ist und sich zur Gutachtenerstellung erbietet. Dafür ist keine Anerkennung durch eine private Organisation erforderlich; es handelt sich dann um Sachverständige kraft Selbstbezeichnung bzw. um sog. **selbsternannte Sachverständige**. Eine Grenze zieht das **Irreführungsverbot des § 5 UWG**. Der Verkehr erwartet – in Kenntnis der hohen Anforderungen, die an Sachkunde und Unabhängigkeit der öffentlich bestellten und vereidigten Sachverständigen gestellt werden –, dass auch ein schlichter Sachverständiger uneingeschränkt fundiertes Fach- und Erfahrungswissen besitzt.[9] Nicht unerhebliche Teile des Verkehrs erwarten darüber hinaus, dass derjenige, der als Sachverständiger

---

1 Vgl. dazu *Schulze-Werner* in Friauf, GewO (Stand: 2012) § 36 Rdn. 61; Tettinger/Wank/*Ennuschat* GewO[8] § 36 Rdn. 62.
2 *Schulze-Werner* in Friauf, GewO (Stand: 2012) § 36 Rdn. 70; Tettinger/Wank/*Ennuschat* GewO[8] § 36 Rdn. 63.
3 BVerfG NJW 1992, 2621.
4 Vgl. VG Gießen NJW-RR 2002, 1719; VG Frankfurt/Oder NVwZ-RR 2001, 741.
5 VG Gießen NJW-RR 2002, 1719, 1720 (dort: unzulässiges Aufzeichnen und Mithörenlassen von Telefongesprächen, unsachliche und pauschale Angriffe auf andere Sachverständige, Verstoß gegen ein rechtskräftiges wettbewerbsrechtliches Urteil).
6 BVerwGE 141, 385 = NJW 2012, 1018 (zuvor: BVerfG NJW 2012, 518 (LS) = GewArch 2012, 23).
7 OLG Hamm GewArch 1995, 341. Zur Fortführung des Hinweises nach Ablauf der Bestellung und zur Vermeidung einer Irreführung OLG Köln WRP 2012, 1449, 1451.
8 BGH NJW-RR 2011, 43 Tz. 15 f.
9 BGH WRP 1997, 946, 947.

auftritt, sich die **erforderliche Sachkunde auf nachprüfbare Weise angeeignet** hat.[10] Die Qualifikation wird im Regelfall in einem Ausbildungsgang mit förmlicher Abschlussprüfung erworben, kann ausnahmsweise aber auch auf andere Weise erlangt werden, etwa durch eine langjährige Mitarbeit bei einem anerkannten Sachverständigen. Allenfalls in seltenen Ausnahmefällen kommt eine Kenntniserlangung auf autodidaktische Weise in Betracht.[11]

37 **Irreführend** kann der werbende Hinweis auf Sachverständigentätigkeit sein, wenn damit der Eindruck erweckt wird, auch sonstige gewerbliche und freiberufliche Tätigkeiten würden mit überdurchschnittlicher Sach- und Fachkunde erbracht.[12] Zulässig ist jedoch der **Hinweis auf** die Erstattung von **Gerichtsgutachten** als freier Sachverständiger; dadurch wird nicht der Eindruck einer Anerkennung durch eine staatliche Institution erweckt.[13] Von einem „anerkannten" Sachverständigen erwartet der Verkehr, dass der Werbende ein Fachwissen besitzt, das den Standard der Berufsangehörigen übersteigt und durch eine umfassende Prüfung nachgewiesen ist.[14] Der werbende Hinweis „Bausachverständiger" ist als irreführend angesehen worden, weil eine Einzelperson überdurchschnittliche Sachkunde in allen das Bauwesen betreffenden Sachgebieten besitzen könne.[15] Irreführend dürfen hoheitliche und privatwirtschaftliche Tätigkeiten nicht miteinander verknüpft werden.[16] Soweit die für öffentlich bestellte und vereidigte Sachverständige geltende Sachverständigenordnung vorsieht, dass diese Bezeichnung bei der gutachtlichen Tätigkeit und sonstigen Aufgabenerfüllung auf dem Fachgebiet zu führen ist, stellt dies ein Verstoss gegen diese Pflicht zugleich einen Verstoß gegen § 3 UWG dar.[17] Eine private Organisation, die als Sachverständiger für **Prüfungen gem. § 29 StVZO** anerkannt ist, kann einem vertraglich für sie tätigen Ingenieur, der wegen manipulierter Gutachten straffällig geworden ist, die Tätigkeit wegen **Unzuverlässigkeit** untersagen.[18]

IV. Die Haftung des Sachverständigen

38 **Schrifttum**

Altenburger Grundlagen der Dritthaftung von Sachverständigen für fahrlässig falsche Beleihungswertgutachten, WM 1994, 1597; *J. Blomeyer* Schadensersatzansprüche des im Prozeß Unterlegenen wegen Fehlverhaltens Dritter, 1972; *Böckermann* „Ablehnung" eines Sachverständigen oder Richters durch Streitverkündung oder Klageerhebung, MDR 2002, 1348; *Bockholdt* Keine Streitverkündung gegenüber dem gerichtlich bestellten Sachverständigen?, NJW 2006, 122; *Büttner* Umfang und Grenzen der Dritthaftung von Experten, 2006; *Canaris* Die Haftung des Sachverständigen zwischen Schutzwirkungen für Dritte und Dritthaftung aus culpa in contrahendo, JZ 1998, 603; *Canaris* Die Reichweite der Expertenhaftung gegenüber Dritten, ZHR 163 (1999) 206; *Döbereiner/v. Keyserlingk* Sachverständigenhaftung, 1979; *Eickmeier* Die Haftung des gerichtlichen Sachverständigen für Vermögensschäden, Köln 1993; *Etzel* Außergerichtliche

---

10 BGH WRP 1997, 946, 948; LG Saarbrücken WRP 2002, 1463, 1465; LG Kiel GRUR-RR 2009, 184, 185. Eine „überdurchschnittliche" Sachkunde verlangt OLG Hamm WRP 1997, 973, 974; eine „herausgehobene" Sachkunde verlangt OLG Köln NJWE-WettbR 1998, 2, 3.
11 BGH WRP 1997, 946, 948. Zur erneuten Entscheidung des OLG München nach Zurückverweisung durch den BGH s. WRP 2000, 803 f.
12 OLG Dresden WRP 2001, 840, 842 (konkretes Ergebnis allerdings zweifelhaft).
13 Mit verfassungswidriger Auslegung **a.A.** OLG Dresden WRP 2001, 840, 842.
14 LG Duisburg WRP 2002, 853, 854.
15 OLG Stuttgart WRP 2008, 151, 153; LG Köln WRP 2005, 924 (LS); LG Regensburg WRP 2003, 122, 123.
16 OLG Nürnberg WRP 2001, 1455, 1456.
17 OLG Hamm WRP 1996, 443, 445 (zu § 1 UWG a.F.).
18 OLG Saarbrücken NZV 1999, 167.

Schadensfeststellung durch Sachverständige bei Straßenverkehrsunfällen, VersR 1993, 405; *Finn* Zur Haftung des Sachverständigen für fehlerhafte Wertgutachten gegenüber Dritten, NJW 2004, 3752; *B. Grunewald* Die Haftung des Experten für seine Expertise gegenüber Dritten, AcP 187 (1987) 285 ff.; *Hübner* Haftungsprobleme der technischen Kontrolle, NJW 1988, 441; *Hübner* Die Berufshaftung – ein zumutbares Risiko? NJW 1989, 5; *Jacobs* Haftung des gerichtlichen Sachverständigen, ZRP 2001, 489; *Kääb/Jandel* Zum Ersatz von Sachverständigenkosten bei objektiv unrichtigem Gutachten, NZV 1992, 16; *Kaiser* Das Ende der Steitverkündung gegenüber dem gerichtlichen Sachverständigen, NJW 2007, 123; *Kannowski/Zumbansen* Gemeinwohl und Privatinteresse – Expertenhaftung am Scheideweg? NJW 2001, 3102; *Keilholz* Zur Haftung des Sachverständigen in (schieds-)gerichtlichen Bausachen, insbesondere bei von ihm veranlaßten Sanierungsmaßnahmen gelegentlich einer (schieds-)gerichtlichen Begutachung, BauR 1986, 377 ff.; *Kilian* Die Haftung des gerichtlichen Sachverständigen nach § 839a BGB, VersR 2003, 683; *Klein* Die Rechtsstellung und die Haftung des im Zivilprozeß bestellten Sachverständigen, Diss. Mainz 1994; *Littbarski* Strenge Haftung des Sachverständigen – Sicherheit für den Auftragggeber?, ZIP 1996, 812; *v. Mutius* Zur Staatshaftung bei Erfüllung staatlicher Aufgaben durch Private, VerwArch 64 (1973) 433; *Nieberding* Sachverständigenhaftung nach deutschem und englischem Recht, 2002; *Niemöller* Zur Haftung des gerichtlichen Sachverständigen in Bausachen, FS Thode (2005), S. 309; *Pieper* Rechtsstellung des Sachverständigen und Haftung für fehlerhafte Gutachten, Gedächtnisschrift für R. Bruns, 1980, S. 167; *Plötner* Die Rechtsfigur des Vertrags mit Schutzwirkung für Dritte und die sog. Expertenhaftung, 2003; *Rickert/König* Die Streitverkündung gegenüber dem gerichtlich bestellten Sachverständigen, NJW 2005, 1829; *Schaub* Gutachterhaftung in Zwei- und Mehrpersonenverhältnissen, JURA 2001, 8; *Schinkels* „Dritthaftung" von Gutachtern in Deutschland und England im Lichte der Verordnung ROM II, JZ 2008, 272; *Schreiber* Die zivilrechtliche Haftung von Prozeßbeteiligten, ZZP 105 (1992) 129; *Martin Schwab* Rechtsfragen der Politikberatung im Spannungsfeld zwischen Wissenschaftsfreiheit und Unternehmensschutz, 1999; *Speckmann* Haftungsfreiheit für gerichtliche Sachverständige auf Kosten des Geschädigten?, MDR 1975, 461; *Spickhoff* Die neue Sachverständigenhaftung und die Ermittlung ausländischen Rechts, FS Heldrich (2005), S. 419; *Spitzer* Streitverkündung gegenüber einem gerichtlich bestellten Sachverständigen, MDR 2006, 908; *Sprenger* Internationale Expertenhaftung, 2008; *Stillig* Haftung des gerichtlich bestellten Sachverständigen, 2007; *Thole* Die Haftung des gerichtlichen Sachverständigen nach § 839a BGB, 2004; *Thole* Die Haftung des gerichtlichen Sachverständigen – Haftungsfalle für den Prozeßanwalt?, AnwBl. 2006, 91; *Traugott* Verkehrswert-Gutachterhaftung und Gegenläufigkeit der Interessen, NZM 1998, 462; *Volze* Die Haftung des Sachverständigen, ZfS 1993, 217; *Wagner/Thole* Die Haftung des Wertgutachters gegenüber dem Ersteigerer, VersR 2004, 275; *Wasner* Die Haftung des gerichtlichen Sachverständigen, NJW 1986, 119.

1. Haftung des gerichtlich bestellten Sachverständigen

a) Haftungsgründe

aa) Amtshaftung. Der gerichtlich bestellte Sachverständige übernimmt mit der **Begutachtung** grundsätzlich **keine hoheitliche** Aufgabe. Der Zusammenhang zwischen der Tätigkeit des Sachverständigen und der Spruchtätigkeit des Gerichts ist nicht so eng, dass es gerechtfertigt wäre, die Begutachtung insoweit als hoheitliche Tätigkeit anzusehen. Daher kommt eine **Staatshaftung** gemäß Art. 34 GG, § 839 BGB für Fehler des gerichtlich bestellten Sachverständigen grundsätzlich **nicht** in Betracht,[19] auch wenn die Beziehungen zwischen Gericht und Gerichtsgutachter **öffentlich-rechtlicher** Natur sind[20] (§ 404a Rdn. 6). 39

---

[19] BGHZ 59, 310, 315 f. = NJW 1973, 554 (Ärztl. MdE-Gutachten für ein LSG, Verletzung des Klägers bei einer Untersuchung zur Gutachtenvorbereitung); BGH NJW 2003, 2825, 2826 = VersR 2003, 1049; OLG Nürnberg NJW-RR 1988, 791; OLG Hamm VersR 1995, 225 = BauR 1994, 129; Stein/Jonas/*Leipold*[22] vor § 402 Rdn. 69; *Klein* Rechtsstellung u. Haftung des SV (Rdn. 38) S. 51; *Eickmeier* Haftung des SV (Rdn. 38), S. 134; a.A. *Pieper* Gedächtnisschrift Bruns, S. 178 f.; kritisch auch *v. Mutius* VerwArch 64 (1973), 433, 437 f.; noch anders *Speckmann* MDR 1975, 461, 462, der einen Aufopferungsanspruch annimmt.
[20] BGHZ 59, 310, 311; BGH NJW 2003, 2825, 2826; OLG Rostock OLG-NL 2001, 111; offengelassen in BGH LM Nr. 1 zu § 831 (Fc) BGB.

40 Etwas anderes wird dann angenommen, wenn ein Hoheitsträger ein Gutachten im Rahmen seiner Amtstätigkeit erstattet[21] (z.B. Gutachten eines Gewerbeaufsichtsamtes,[22] Landesgerichtsarztes,[23] amtsärztliches Zeugnis des Gesundheitsamtes,[24] Sachwertberechnung des kommunalen Gutachterausschusses für Grundstückswerte,[25] sonstige Gutachten).[26] In diesen Fällen trifft die begutachtende Behörde die Amtspflicht, der Begutachtung die gleiche Sorgfalt wie allen dienstlichen Angelegenheiten zuzuwenden und das Gutachten richtig, sachkundig und vollständig sowie unter Hinweis auf in der Sache begründete Zweifel[27] zu erstatten. Der BGH hat insoweit auch eine **drittschützende Funktion** der Amtspflicht gegenüber dem Angeklagten in einem Strafverfahren angenommen.[28] In der Übermittlung eines Gutachtenauftrages an ein Krankenhaus in öffentlicher Trägerschaft ist aber, auch wenn konkrete Ärzte nicht benannt werden, regelmäßig keine Beauftragung des Krankenhauses (mit der Folge möglicher Amtshaftung) zu sehen, sondern eine Beauftragung individueller (dort: der behandelnden) Ärzte als Privatpersonen (zur Subsidiarität von Behördengutachten § 402 Rdn. 36).[29]

41 **bb) Vertragshaftung.** Mit der Beauftragung des Sachverständigen durch das Gericht werden keine Sonderrechtsbeziehungen zwischen den Parteien und dem Gutachter begründet, so dass der Sachverständige für eventuelle Fehler bei der Begutachtung den Parteien **nicht aus Vertrag** oder einer vertragsähnlichen Beziehung haftet.[30] Daran ändert sich auch nichts, wenn die Grundlage einer Expertenhaftung für Privatgutachten gegenüber Dritten, die außerhalb der vertraglichen Beziehung stehen, nicht mehr in einem Vertrag mit Schutzwirkung zugunsten Dritter, sondern in einer Vertrauenshaftung gesehen wird (dazu vor § 402 Rdn. 65).

42 **cc) Deliktischer Rechtsgüterschutz nach § 823 Abs. 1 BGB.** Es kommt grundsätzlich nur eine deliktische Haftung in Frage (§§ 823 Abs. 1 und 2, 824, 826 BGB). Die Haftung nach § 823 Abs. 1 BGB setzt die Verletzung eines der dort aufgezählten oder rechtsfortbildend anerkannten Rechte bzw. Rechtsgüter durch den Sachverständigen voraus, so dass danach primäre Vermögensschäden, etwa der Verlust einer aufgrund des Gutachtens aberkannten Forderung,[31] nicht ersetzbar sind. Am ehesten dürften insoweit

---

21 BGH NJW 2003, 2825, 2826.
22 BGH VersR 1962, 1205, 1206.
23 Vgl. Bay.Gesetz über den öffentlichen Gesundheitsdienst vom 12.7.1986, BayGVBl S. 120.
24 BGH NJW 2001, 2799, 2801.
25 OLG Hamm NVwZ-RR 2001, 493.
26 Verifizierer der Verbrauchsangaben nach dem TEHG BGH VersR 2012, 317 Tz. 15. Keine Haftung für fehlerhafte TÜV-Bescheinigung, BGH NJW 2004, 3484.
27 BGH VersR 1962, 1205, 1206.
28 BGH VersR 1962, 1205, 1206 (Gutachten des Gewerbeaufsichtsamtes für die Staatsanwaltschaft über die Ursache eines Brandes, Schadensersatzbegehren des freigesprochenen Beschuldigten wegen Kosten der Strafverteidigung).
29 Vgl. OLG Oldenburg VersR 1996, 59, 60 (Fehlerhafte Unterbringung nach NdsPsychKG und Pflegschaft für Klägerin, Eigentumsverlust infolge irreversibler Übereignungen durch den Pfleger im vermeintlichen Interesse der Klägerin); zur Delegation der gerichtliche Auswahlbefugnis auf Außenstehende vgl. § 404 Rdn. 15.
30 BGH LM Nr. 1 § 831 (Fc) BGB (Verwechslung der Blutproben für Blutgruppengutachten durch Laborassistentin); OLG Hamm VersR 1995, 225; OLG Rostock OLG-NL 2001, 111; OLG Brandenburg WM 2001, 1920, 1921 = MDR 2000, 1076 (Verkehrswertgutachten für Vollstreckungsgericht). Gleichstellung der Haftung des gerichtlichen Sachverständigen mit der Haftung des Privatgutachters unter Einbeziehung der Interessen von Dritten in Österreich: OGH JBl. 2001, 227, 228 (Schriftgutachten im Strafprozess).
31 So in BGH LM Nr. 1 zu § 831 (Fc) BGB.

Gesundheitsverletzungen durch Kunstfehler bei vorbereitenden ärztlichen Untersuchungen,[32] Freiheitsentziehungen[33] infolge fehlerhafter Gutachten und Persönlichkeitsrechtsverletzungen[34] in Betracht kommen. Erstattet beispielsweise ein Sachverständiger im Rahmen eines Unterbringungsverfahrens ein falsches Gutachten, auf dessen Grundlage das Gericht zu Unrecht eine Unterbringung anordnet, so haftet der Sachverständige dem Geschädigten aus § 823 Abs. 1 BGB für den entstandenen materiellen und immateriellen Schaden.[35] Auch wenn es nicht zu einer Freiheitsentziehung kommt, kann das fehlerhafte Gutachten einen Schadensersatzanspruch wegen Verletzung des allgemeinen Persönlichkeitsrechts begründen. Nach Auffassung des BGH stellt ein leichtfertig erstelltes unrichtiges Gutachten, das die Unterbringung des Betroffenen befürwortet, eine rechtswidrige Verletzung des Persönlichkeitsrechts dar, die wegen der damit verbundenen unsicheren Situation für den Betroffenen auch dann nicht unwesentlich sei, wenn es anschließend zu keiner Unterbringung kommt.[36]

dd) Schutz primärer Vermögensinteressen. Verletzt der Sachverständige durch das 43 fehlerhafte Gutachten ausschließlich die Vermögensinteressen einer Partei, so kommt eine Inanspruchnahme nach **§ 823 Abs. 2** oder **§ 826 BGB** in Betracht.

(1) Gerichtliche Vereidigung. Ist der Sachverständige vereidigt worden (§ 410), so 44 verstößt er durch die unrichtige Begutachtung gegen § 154 StGB (Meineid), gegen § 163 StGB (fahrlässiger Falscheid) oder gegen §§ 155 Nr. 2, 154 StGB (falsche Versicherung unter Berufung auf einen früheren Sachverständigeneid). Diese Normen sind nach h.M. **Schutzgesetze** im Sinne von **§ 823 Abs. 2 BGB** zugunsten der Prozessparteien.[37] Die schriftliche Begutachtung steht im Zivilprozess der mündlichen Gutachtenerstattung gemäß § 411 gleich. Daher stellt – entgegen der h.M.[38] – auch die **schriftliche Begutachtung** eine „Aussage" im Sinne der §§ 153 ff. StGB dar.[39] Der vereidigte Sachverständige haftet danach bereits für leicht fahrlässig verursachte Vermögensschäden. In der Versicherung, das Gutachten nach bestem Wissen und Gewissen erstattet zu haben (vgl. § 410 Abs. 1), in Verbindung mit dem beigefügten Stempelabdruck, der den Sachverständigen als **„öffentlich bestellten und vereidigten"** Sachverständigen ausweist, ist jedoch noch keine Bezugnahme auf den geleisteten Eid (§ 410 Abs. 2) zu sehen, die gemäß § 155 Nr. 2 StGB in Verb. mit § 163 StGB, § 823 Abs. 2 BGB zu einer Haftung führen würde; der Stempel weist nur auf die allgemeine Beeidigung hin.[40] Verneint worden ist der Schutz-

---
32 BGHZ 59, 310, 316; BGHZ 62, 54, 62.
33 Vgl. z.B. OLG Nürnberg NJW-RR 1988, 791 ff. (Grob fahrlässig falsches ärztliches Attest mit Anregung der sofortigen Unterbringung des Kl. durch Ordnungsamt der Gemeindeverwaltung, bei der der Kl. beschäftigt war, Schmerzensgeldforderung und Widerrufsbegehren); OLG Schleswig NJW 1995, 791 f. (Vorläufige Unterbringung nach PsychKG aufgrund ärztlicher Bescheinigung des Bekl. über akute Fremd- und Selbstgefährdung); OLG Frankfurt VersR 2008, 649, 650 (Freiheitsentziehung aufgrund anthropologischen Gutachtens).
34 Vgl. z.B. BGH NJW 1989, 2941, 2943.
35 OLG Nürnberg NJW-RR 1988, 791; vgl. auch OLG Schleswig NJW 1995, 791 f.
36 BGH NJW 1989, 2941, 2943 (Keine Rechtfertigung durch Recht zur freien Meinungsäußerung, Geldentschädigung).
37 Vgl. BGHZ 42, 313, 318 = NJW 1965, 298, 299; BGHZ 62, 54, 57 = NJW 1974, 312, 313; OLG Düsseldorf MDR 2006, 92 (LS); OLG Brandenburg WM 2001, 1920, 1922 = MDR 2000, 1076; OLG Hamm ZSW 1984, 106 m. Anm. *Müller*; OLG Hamm ZSW 1989, 158, 159 m. insoweit zust. Anm. *Müller*; vgl. auch BGH LM Nr. 8 zu § 823 Abs. 2 (Be) BGB (zu § 156 StGB).
38 OLG Frankfurt ZSW 1984, 106, 107 (eingehend); OLG München VersR 1984, 590; *Fischer*[60] § 153 Rdn. 3; *Ruß* in Leipziger Kommentar[12] § 153 StGB Rdn. 4; MünchKommStGB/*H. E. Müller*[2] § 153 Rdn. 8.
39 Schönke/Schröder/*Lenckner*/*Bosch*[28] Vorbem. §§ 153 ff. StGB Rdn. 22; *Müller* ZSW 1984, 108, 110.
40 OLG Oldenburg VersR 1989, 108, 109; OLG München VersR 1984, 590.

gesetzcharakter für § 410[41] und für § 407a.[42] Zum Rückgriff auf die von § 410 vorausgesetzte Pflicht zur Abgabe eines unparteiisch und gewissenhaft erarbeiteten Gutachtens vgl. nachfolgend Rdn. 47.

45   Die **Kommission für das Zivilprozessrecht** hat die Kritik an der Rechtsprechung zur Haftung für beeidete Falschgutachten aufgegriffen und in der darin liegenden Anknüpfung eine Übersteigerung der Bedeutung des Sachverständigeneides gesehen; der Eid sei kein geeignetes Mittel, Zweifel an der Überzeugungskraft eines Gutachtens auszuräumen und sei rechtspolitisch überhaupt verzichtbar.[43] In der Tat ist der **Eid kein geeignetes Kriterium** für eine Haftungsbegründung. Bei genauerem Zusehen fehlt es denn auch an der Erfüllung der Haftungsvoraussetzungen. Zu verneinen ist im Regelfall, dass der Schaden, den die durch ein unrichtiges Gutachten benachteiligte Partei erlitten hat, gerade wegen des besonderen Beweiswertes der Beeidigung entstanden ist.[44] Rechtstatsächlich bildet die Vereidigung die Ausnahme, so dass der Geltungsbereich einer an die Eidesleistung anknüpfenden Haftung denkbar gering ist. Bejaht man ein rechtspolitisches Bedürfnis nach einer Haftbarkeit von Gerichtssachverständigen für unvorsätzliche Falschbegutachtung, so ist die nach der Rechtsprechungslösung eintretende faktische **Haftungsdifferenzierung willkürlich** und konzeptionslos.

46   **(2) Haftung des nichtvereidigten Sachverständigen** für primäre Vermögensschäden. Unstreitig haftet der Sachverständige schon gemäß **§ 826 BGB**, wenn er **grob leichtfertig** und **gewissenlos** handelt und den Schaden der Partei billigend in Kauf nimmt,[45] so etwa wenn er sich seines Gutachtenauftrages durch nachlässige Ermittlungen oder Angaben „ins Blaue hinein" entledigt.[46] „Leichtfertigkeit" darf allerdings den Vorsatztatbestand des § 826 BGB nicht zu einer bloßen Fahrlässigkeitshaftung umgestalten.[47] Ebenso haftet der Sachverständige bei einer **vorsätzlichen** uneidlichen Falschbegutachtung gemäß § 153 StGB in Verb. mit § 823 Abs. 2 BGB, sofern man den Schutzgesetzcharakter und die Zugehörigkeit des Schadens zum Schutzbereich bejaht.

47   Streitig ist, ob der Sachverständige gemäß § 410 in Verb. mit § 823 Abs. 2 BGB für **fahrlässige uneidliche Falschbegutachtung** in Anspruch genommen werden kann. § 410 regelt in seinem Wortlaut lediglich die Fassung der Eidesformel. Gleichwohl wird die Auffassung vertreten, § 410 setze die Pflicht des Sachverständigen voraus, sein Gutachten

---

41   BGHZ 42, 313, 317 = NJW 1965, 298, 299 (SV im Schiedsgerichtsverfahren); BGH NJW 1968, 787, 788 (zu § 79 StPO); BGHZ 62, 54, 57; OLG Hamm VersR 1995, 225 (jedenfalls mangels Vereidigung); OLG Brandenburg WM 2001, 1920, 1922 = MDR 2000, 1076; OLG Oldenburg VersR 1989, 108, 109; OLG Hamm ZSW 1989, 158, 159 m. abl. Anm. *Müller*; OLG Düsseldorf NJW 1986, 2891; OLG Frankfurt/M. ZSW 1984, 106, 107; OLG München (20.ZS) VersR 1984, 590; OLG München (5.ZS) MDR 1983, 403; OLG Hamm MDR 1983, 933, 934 = BauR 1984, 664; so auch bereits LG Stuttgart NJW 1954, 1411, 1412; der Rspr. folgend: *Jessnitzer/Ulrich* Der gerichtliche Sachverständige[11] Rdn. 459; Stein/Jonas/*Leipold*[21] vor 402 Rdn. 46; *Wessel* in: Praxishandbuch Sachverständigenrecht[3] § 36 Rdn. 14; so auch *Eickmeier* Haftung des SV (Rdn. 38) S. 120. Insoweit a.A. *Spickhoff* Gesetzesverstoß und Haftung, 1998, S. 116.
42   OLG Rostock OLG-NL 2001, 111, 112.
43   Kommissionsbericht S. 143.
44   *Spickhoff* Gesetzesverstoß und Haftung S. 116.
45   BGH NJW 2003, 2825, 2826 = VersR 2003, 1049, 1050; OLG Brandenburg WM 2001, 1920, 1923; OLG München MDR 1983, 403, 404; OLG Hamm ZSW 1989, 158, 159 m. Anm. *Müller*; OLG Hamm VersR 1995, 225; OLG Koblenz VersR 2013, 367; vgl. auch BGH WM 1962, 933, 935; BGH NJW 1991, 3282ff.
46   BGH NJW 2003, 2825, 2826 (Verkehrswertgutachten im Zwangsversteigerungsverfahren mit Hinweisen auf Schätzungen und Vermutungen im Fließtext); s. ferner OLG Köln VersR 1994, 611, 612 = BauR 1994, 390: Haftung aus § 826, wenn Verkehrswertsachverständiger im Zwangsversteigerungsverfahren den Eindruck erweckt, das Gebäude von innen besichtigt zu haben, obgleich ihm der Zutritt verwehrt war.
47   Vgl. BGHZ 62, 54, 56; OLG Rostock OLG-NL 2001, 111, 112.

nach bestem Wissen und Gewissen zu erstatten, und sei in diesem Sinne als Schutzgesetz zugunsten der Parteien zu verstehen.[48] Diese Auffassung übersieht, dass § 410 einen entsprechenden gesetzlichen Normbefehl nicht enthält, demgemäß kein Verbotsgesetz darstellt und daher schon aus formellen Gründen keine geeignete Rechtsgrundlage im Sinne von § 823 Abs. 2 BGB sein kann.[49] Die h.M. verneint die Schutzgesetzqualität, wenn auch mit der unrichtigen Begründung, es fehle an einem Individualschutz (vorstehend Rdn. 44). Andere Schutzgesetze sind nicht existent. Mangels Normcharakters stellen die Sachverständigenordnungen der Handwerks- oder Industrie- und Handelskammern keine Schutzgesetze dar.[50]

(3) Verzögerte Begutachtung. § 411 Abs. 1 Satz 2 stellt ebenfalls kein Schutzgesetz **48** zu Gunsten der Parteien dar, so dass der Sachverständige von den Parteien nicht wegen verzögerter Erstattung des Gutachtens in Anspruch genommen werden kann.[51]

b) § 839a BGB, Immunität des Sachverständigen

aa) Das rechtspolitische Problem. Die willkürliche Differenzierung der Haftungs- **49** voraussetzungen (vgl. vorstehend Rdn. 45) gebot dringend eine gesetzliche Regelung der Sachverständigenhaftung. Klärungsbedürftig war auch, ob bzw. **inwieweit** Gerichtssachverständige für fehlerhafte Gutachten[52] von einer **Haftung freizustellen** sind, um durch Verminderung ihres Haftungsrisikos die Bereitschaft zur Gutachtenübernahme zu fördern sowie ihre innere Unabhängigkeit zu stärken, um das Wiederaufrollen des entschiedenen Rechtsstreits im Gewande eines Haftungsprozesses zu vermeiden und um dem Gesichtspunkt Rechnung zu tragen, dass der Sachverständige mit der Gutachtenerstattung eine staatsbürgerliche Pflicht erfüllt, deren unzureichende Ausführung nicht mit übermäßigen Sanktionen belegt werden darf.[53] Das sind überwiegend Erwägungen, die das **Funktionieren der Rechtspflege** und damit Belange der Allgemeinheit betreffen. Ähnliche Überlegungen sind auch in anderen Rechtsordnungen anzutreffen.[54] Die Antworten auf die Immunitätsfrage sind de lege lata unterschiedlich ausgefallen. Sie kreisen um eine Reduktion des Verschuldensmaßstabs. Der Gesetzgeber hat mit dem Schadensersatzänderungsgesetz von 2002 in § 839a BGB den Tatbestand der Haftung des gerichtlichen Sachverständigen geschaffen (nachfolgend Rdn. 54 ff.). Dieser Tatbestand

---

48 OLG Düsseldorf MDR 2006, 92 (LS); OLG Hamm MDR 1950, 221, 222; *Blomeyer* Schadensersatzansprüche (Rdn. 38), S. 124 ff., 156, 196 ff.; *Müller* Der Sachverständige im gerichtlichen Verfahren[3], S. 946 f. m.w.Nachw.; *Müller* ZSW 1989, 159, 164; *Pieper/Breuning/Stahlmann* Sachverständige im Zivilprozess, S. 41; *Schreiber* ZZP 105 (1992), 129, 135 f.; vgl. auch *Klein* Die Rechtsstellung und die Haftung des im Zivilprozess bestellten Sachverständigen S. 137 f.
49 BGHZ 62, 54, 58; *Spickhoff* Gesetzesverstoß und Haftung S. 116/117.
50 Im Ergebnis ebenso BGH BB 1966, 918 f.: Individualschutz verneint; s. auch LG Köln MDR 1990, 821 (dahingestellt gelassen).
51 *Klein* Die Rechtsstellung und die Haftung des im Zivilprozess bestellten Sachverständigen S. 156 f.
52 Keine Privilegierung bei sonstigen Schädigungen durch den Sachverständigen, vgl. BGHZ 59, 310, 316.
53 Zu diesen Überlegungen BGHZ 62, 54, 59 f. = NJW 1974, 312, 314; s. ferner BGH NJW 1968, 767, 768.
54 Vgl. für England vor der Justizreform von 1999, als der Sachverständigenbeweis ein reiner Zeugenbeweis war, *Stanton v. Callaghan* [1999] 2 WLR 745 C.A. und RSC Order 38 rule 38. Immunität aufgegeben vom Supreme Court durch *Jones v. Kaney* [2011] 2 WLR 823, vgl. insbesondere Tz. 55 ff. per Lord Philipps of Worth Matravers PSC. Hintergrund ist das gespaltene Pflichtenregime gegenüber der Partei und dem Gericht; die Pflichtenstellung des Sachverständigen gegenüber dem Gericht behandelt CPR rule 35.3 (2).

lässt wegen seiner begrenzten Reichweite die übrigen Anspruchsgrundlagen nicht obsolet werden.

50 **bb) Beschränkung auf Vorsatz und grobe Fahrlässigkeit.** BGHZ 62, 54, 61 hat die Auffassung vertreten, der gerichtlich bestellte Sachverständige könne nur für vorsätzlich falsche Gutachten in Anspruch genommen werden;[55] im dortigen Fall war dem Geschädigten aufgrund eines psychiatrischen Gutachtens die Freiheit entzogen worden. Das **BVerfG** ist dem BGH entgegengetreten: § 823 Abs. 1 BGB stelle eine „Jedermann-Haftung" auf, die auch für Sachverständige gelte. Soweit das durch Art. 2 Abs. 2 GG verbürgte Recht des Geschädigten auf persönliche Freiheit betroffen sei, überschreite ein Haftungsausschluss für grob fahrlässiges Verhalten die Grenzen richterlicher Rechtsfortbildung.[56] Da die anderen in § 823 Abs. 1 BGB genannten Rechtsgüter ebenfalls mit Verfassungsrang ausgestattet sind, mussten die verfassungsgerichtlichen Erwägungen zum Rechtsgut der Freiheit (Art. 2 Abs. 1 GG) auf den Haftungstatbestand des § 823 Abs. 1 BGB insgesamt übertragen werden.[57] Sie gelten konsequenterweise ferner dort, wo es um Anspruchsgrundlagen mit primärem Vermögensschutz (z.B. § 823 Abs. 2 BGB) geht, weil und soweit das Vermögen in den Eigentumsschutz des weit ausgelegten Art. 14 GG einbezogen ist.

51 **Zeitlich nachfolgende Rechtsprechung** bejahte dementsprechend eine Haftung der Sachverständigen für jede vorsätzliche oder grob fahrlässige Verletzung der in § 823 Abs. 1 BGB genannten Rechte und Rechtsgüter.[58] Diese Haftungslage entsprach dem Regelungsvorschlag der Kommission für das Zivilprozessrecht, die **alternativ** zur unmittelbaren Sachverständigenhaftung eine **Staatshaftung mit Regressmöglichkeit** erwogen, dies aber zur Herausstellung der persönlichen Verantwortung des Sachverständigen und unter Berücksichtigung der Versicherbarkeit verworfen hatte.[59] Die Kommission hatte einen selbständigen Tatbestand der Sachverständigenhaftung für alle vorsätzlich oder grob fahrlässig herbeigeführten Vermögensschäden vorgesehen.

52 **cc) Kritik pro Haftungsverschärfung.** Kritiker befürworteten **darüber hinausgehend** eine Haftung auch für **leichte Fahrlässigkeit**.[60] Für die Bejahung einer Grundrechtsverletzung durch den vom BGH angenommenen Ausschluss der Haftung bei leichter Fahrlässigkeit hat sich indes keine Mehrheit der Bundesverfassungsrichter gefunden.[61]

53 Zuzugeben ist der Kritik, dass die Rechtssicherheit nicht unbedingt zu einem Haftungsprivileg nötigt. Mit dem gleichen Argument könnte man eine Haftungsbeschränkung für Rechtsanwälte im Falle des Regresses befürworten.[62] Allerdings gilt einschränkend, dass die Regresssituationen psychisch nicht gleichwertig sind. Schwieriger ist der Topos der inneren Unabhängigkeit zu bewerten. Vordergründig erscheint der Einwand, der BGH habe Unbefangenheit gesagt, faktisch aber eine gewisse Sorglosigkeit zugelassen. Statt dessen geht es um die **Ausschaltung** präventiv wirkender **verzerrender**

---

55 BGHZ 62, 54, 61 = NJW 1974, 312, 315 = JZ 1974, 548 m. krit. Anm. *Hopt*.
56 BVerfGE 49, 304, 319 ff. (gegen BGHZ 62, 54).
57 *Jessnitzer/Ulrich* Der gerichtliche Sachverständige[11] Rdn. 460.
58 OLG Nürnberg NJW-RR 1988, 791; OLG Schleswig NJW 1995, 791, 792.
59 Kommissionsbericht S. 143; Vorschlag für einen neuen § 839a BGB S. 358 f.
60 So *Arndt* DRiZ 1974, 185, 186; *Eickmeier* Haftung des SV (Rdn. 38), S. 106; *Müller* Der Sachverständige im gerichtlichen Verfahren[3] Rdn. 961 ff.; *Müller* ZSW 1989, 159, 162; *Wasner* NJW 1986, 119, 120; wohl auch MünchKomm/*Damrau*[2] § 402 Rdn. 13; diff.: *Klein* Die Rechtsstellung und die Haftung des im Zivilprozess bestellten Sachverständigen S. 157 ff. **A.A.** OLG Schleswig NJW 1995, 791, 792.
61 BVerfGE 49, 304, 323 f. (Stimmenverhältnis 4:4); der tragenden Auffassung zustimmend *Jessnitzer/Ulrich* Der gerichtliche Sachverständige[11] Rdn. 462 Fn. 41.
62 *Hopt* JZ 1984, 551, 553.

Einflüsse auf die **Urteilsbildung des Sachverständigen,** der sich nicht von der Furcht beeinflussen lassen soll, selbst bei gewissenhafter Begutachtung mit der jeweils unterlegenen Partei in Dauerstreitigkeiten mit Auswirkungen auf seine Reputation verwickelt zu werden, und der nicht die Sorge um seine künftige Verteidigung bereits mitbedenken soll. Eine Begutachtung führt im Zivilprozess stets dazu, dass eine Partei infolge des Gutachtens unterliegt, entweder weil der beweisbelasteten Partei der Beweis mittels des Sachverständigen gelingt, oder weil das Gutachten unergiebig ist und infolgedessen die beweisbelastete Partei den Prozess verliert. Ist das Gutachten aus der Sicht einer Partei vermeintlich fehlerhaft und die Klageschwelle niedrig, so ist der Anreiz zur Erhebung von Regressklagen hoch, nämlich entweder durch den Beweisgegner oder durch die beweisbelastete Partei. Den berechtigten Interessen des gerichtlichen Sachverständigen kann nicht ausreichend durch die angemessene Sorgfaltspflichtbestimmung im Einzelfall genügt werden, etwa durch Zubilligung einer gerichtlich nicht überprüfbaren Einschätzungspraerogative bei Gutachten mit prognostischem Charakter.[63] Maßgebend ist, wie sich die **Haftungsdrohung im Bewusstsein des Sachverständigen** spiegelt. Dafür müssen Grenzen gezogen werden, die von juristischen Laien als schützend klar erkannt und empfunden werden. Kein beachtliches Gegenargument gibt es zu dem Hinweis des BGH auf die Vermeidung von Übermaßsanktionen als Kompensation des Gutachtenzwangs nach § 407.

dd) **Ausgestaltung des § 839a BGB.** § 839a BGB begrenzt die Haftung auf **Vorsatz** 54 und **grobe Fahrlässigkeit.** Diese Entscheidung des Gesetzgebers ist auf andere Anspruchsgrundlagen zu übertragen, die die Haftung des gerichtlichen Sachverständigen für unrichtige Gutachten außerhalb der tatbestandlichen Grenzen des § 839a BGB erfassen. Streitig ist, ob es für die Beurteilung der Fahrlässigkeit auf eine schwere subjektive Vorwerfbarkeit ankommt[64] oder ob – wie generell im Zivilrecht – ein objektivierter Maßstab gilt.[65] Der Umfang des Gutachtens richtet sich nach dem Verwendungszweck. Ist für ein Zwangsversteigerungsverfahren der Verkehrswert eines Grundstücks zu ermitteln, sind unerwähnt bleibende Baumängel irrelevant, die den Toleranzrahmen der Wertermittlung nicht beeinflussen.[66]

Der Schaden muss **durch** eine **gerichtliche Entscheidung** verursacht worden sein, 55 was eine Haftung nach § 839a ausschließt, wenn das Verfahren in anderer Weise endet, etwa durch Vergleich,[67] Erledigungserklärung oder Klagerücknahme; die Haftung kann dann den Prozessbevollmächtigten treffen, der nicht über diese Nebenfolge belehrt hat. Der Sachverständige muss die gerichtliche Entscheidung zudem durch sein Gutachten beeinflusst haben. Daran – oder jedenfalls am Zurechnungszusammenhang – fehlt es bei Anerkenntnis- und Verzichtsurteilen.[68] **Nicht** ausreichend ist der Einfluss durch die Aussage als **sachverständiger Zeuge.** Die Haftung trifft nur den Sachverständigen persön-

---

63 Ein Haftungsausschluss für leichte Fahrlässigkeit im Bereich der Forschung wird von *Hübner* vertreten, NJW 1989, 5, 9.
64 Vgl. BGH VersR 1967, 910; BGH VersR 1970, 570; BGH JZ 1972, 164; *Deutsch* VersR 1987, 113, 115. Subjektiv grobe Sorglosigkeit verlangend OLG Hamm VersR 2010, 222, 223; OLG Koblenz VersR 2007, 960.
65 Für Objektivierung OLG Köln VersR 2012, 1128/1129 (inzident); MünchKommBGB/*Wagner*[5] § 839a Rdn. 18; *Chr. Huber* Das neue Schadenersatzrecht, 2003, § 5 Rdn. 61; **a.A.** *Niemöller* FS Thode (2005), S. 309, 320; *Spickhoff* FS Heldrich (2005), S. 419, 428.
66 OLG Rostock MDR 2009, 146.
67 OLG Nürnberg MDR 2011, 750, 751 = NJW-RR 2011, 1216.
68 **A.A.** MünchKommBGB/*Wagner*[5] § 839a Rdn. 23; *Spickhoff* FS Heldrich (2005) S. 419, 433. Offengelassen von BGH NJW 2006, 1733, 1734.

lich, nicht auch den hinzugezogenen Mitarbeiter.[69] Soweit Behörden als Gutachter beauftragt werden, haften sie nach § 839 BGB[70] (oben Rdn. 40).

56 **Gläubiger** des Anspruchs können nur **Verfahrensbeteiligte** sein. Dazu zählt bei unrichtigen Verkehrswertgutachten im Zwangsvollstreckungsverfahren der Ersteigerer des Grundstücks;[71] maßgebliche Entscheidung ist der Zuschlagsbeschluss.[72] Der Begriff des Verfahrensbeteiligten ist auf das Verfahren zu begrenzen, für das das Gutachten erstattet worden ist. Das selbständige Beweisverfahren und das zugehörige Hauptsacheverfahren, in dem die Verwertung gem. § 493 stattfindet, sind insoweit als Einheit anzusehen. Einbezogen sind der Streithelfer[73] und der Streitverkündungsempfänger wegen der unmittelbaren Bindungswirkung. Bei Verwertung des Gutachtens nach § 411a sind die Parteien des Folgeverfahrens nicht als Verfahrensbeteiligte anzusehen.[74]

57 Die Schadensersatzpflicht tritt nicht ein, wenn es der Geschädigte schuldhaft unterlässt, ein **Rechtsmittel** einzulegen, § 839a Abs. 2 in Verb. mit § 839 Abs. 3 BGB. Notwendig ist es dafür, von § 411 Abs. 4 Gebrauch zu machen und **Einwendungen** gegen das Gutachten und **Ergänzungsfragen** vorzubringen oder formelle Beweisanträge auf Einholung eines weiteren Gutachtens zu stellen.[75]

58 **c) Verjährung, Streitverkündung.** Soweit ein gerichtlich bestellter Sachverständiger haftet, beginnt die **Verjährungsfrist** bereits **mit** der **ersten** dem Geschädigten nachteiligen **Entscheidung** zu laufen und nicht erst mit deren Bestätigung in den Rechtsmittelinstanzen.[76] Mit Erlass der Entscheidung ist der Vermögensschaden eingetreten und der Anspruch i.S.d. § 199 Abs. 1 Nr. 1 BGB entstanden. Kenntnis von der Person des Schädigers erlangt der Geschädigte mit der Bekanntgabe des Gutachtens, Kenntnis von den anspruchsbegründenden Umständen mit Zustellung der mit Gründen versehenen Entscheidung.

59 Eine **Streitverkündung an** den **Sachverständigen** im laufenden Prozess ist **unzulässig**.[77] Der Sachverständige ist als Richtergehilfe kein Dritter i.S.d. § 72.[78] Das 2. JustizmodernisierungsG hat dies in § 72 Abs. 2 klargestellt. Derartige Streitverkündungen haben das Ziel, den Sachverständigen nach Erstattung eines ungünstigen Gutachtens zu Reaktionen zu veranlassen, die seine Ablehnung begründen können. Damit stören sie die Funktionsfähigkeit des gerichtlichen Verfahrens. Die Streitverkündungsschrift ist dem Sachverständigen gar nicht erst zuzustellen.[79] Ist die Schrift zugestellt worden und

---

69 *Spickhoff* FS Heldrich S. 419, 429.
70 A.A., nämlich § 839a BGB anwendend, *Kilian* VersR 2003, 683, 685.
71 BGH (3.ZS) NJW 2006, 1733, 1734 (dort auch zur Schadensberechnung); zuvor schon für eine weite Auslegung BGH NJW 2004, 3488, 3489. Gegen die Qualifizierung als Verfahrensbeteiligter *Wagner/Thole* VersR 2004, 275, 278. Für Haftung des Sachverständigen in Österreich OGH ÖJZ 2000, 892, 893 (Rechtsprechungsänderung).
72 BGH NJW 2006, 1733, 1734.
73 *Niemöller* FS Thode, S. 309, 319.
74 *Cahn* Einführung in das neue Schadensersatzrecht, 2003, Rdn. 151; *Spickhoff* FS Heldrich S. 419, 426 (allerdings von der Verwertung als Urkundenbeweis als Argumentationsbasis ausgehend); a.A. MünchKommBGB/*Wagner*[5] § 839a Rdn. 30; *Saenger* ZZP 121 (2008), 139, 157.
75 BGH NJW-RR 2006, 1454 Tz. 11; BGH WM 2007, 2159 Tz. 8; *Spickhoff* FS Heldrich S. 419, 434.
76 OLG Zweibrücken VersR 2004, 345, 346 = NJW-RR 2004, 27, 28.
77 Vgl. dazu aus der Zeit vor der Gesetzesänderung BGH BauR 2006, 716 f. = NJW-RR 2006, 1221; BGH NJW 2006, 3214; BGH NJW 2007, 919; BGH NJW-RR 2007, 1293. Nur materielle Wirkungslosigkeit der Streitverkündung annehmend *Niemöller* FS Thode, S. 309, 321.
78 *Rickert/König* NJW 2005, 1829, 1831; *Böckermann* MDR 2002, 1348, 1350; **a.A.** *Bockholdt* NJW 2006, 122, 123.
79 *Rickert/König* NJW 2005, 1829, 1831; *Böckermann* MDR 2002, 1348, 1352; **a.A.** *Bockholdt* NJW 2006, 122, 124.

tritt der Sachverständige einer Partei bei, ist der Sachverständige nicht kraft Gesetzes ausgeschlossen.[80]

d) Unterlassung und Widerruf von Gutachtenäußerungen. Den Parteien steht 60 in der Regel **kein Anspruch auf Widerruf der gutachterlichen Äußerungen** zu, weder auf schadensersatzrechtlicher noch auf negatorischer Grundlage. Das Ergebnis eines Sachverständigengutachtens ist grundsätzlich als Werturteil anzusehen, das einem Widerruf deswegen nicht zugänglich ist, weil es mit Art. 5 Abs. 1 GG nicht vereinbar wäre, dessen Verfasser im Wege staatlichen Zwangs zur Rücknahme seiner subjektiven Überzeugung zu veranlassen, die auf seinen speziellen Kenntnissen, Erfahrungen und Untersuchungen beruht.[81] Soweit der Sachverständige demgegenüber innerhalb der Begutachtung unwahre Tatsachenbehauptungen aufstellt, ist ein Widerrufsanspruch grundsätzlich denkbar. Diese Fälle dürften jedoch selten sein. Nach Auffassung des BGH sind diejenigen Äußerungen des Gutachters, die Ergebnis der sachverständigen Entscheidungsfindung sind, **grundsätzlich** als **Werturteile** anzusehen, auch wenn sie äußerlich in die Form einer Tatsachenbehauptung gekleidet sind.[82] Dies bedeutet, dass **Befundtatsachen** regelmäßig **nicht** mit einer **Widerrufsklage** bekämpft werden können, hingegen die Behauptung unwahrer Anschlusstatsachen im Einzelfall (vgl. § 404a Abs. 3) als unwahre Tatsachenbehauptung einer Widerrufsklage zugänglich ist. Eine generelle Beschränkung auf grob fahrlässige Verstöße kommt insoweit schon deswegen nicht in Betracht, weil ein negatorischer Widerrufsanspruch kein Verschulden, sondern nur eine fortwirkende Störung voraussetzt.[83] Einem Unterlassungsbegehren stünde nach Verfahrensabschluss das Fehlen der Wiederholungsgefahr entgegen.

Noch ungeklärt ist, ob Abwehransprüche gegen Gutachteräußerungen nicht auch 61 daran scheitern, dass sie **für** ein (gegenwärtiges oder zukünftiges) **gerichtliches Verfahren** aufgestellt worden sind,[84] so wie gesonderte Ehrenschutzklagen gegenüber Parteivorbringen in engem und unmittelbarem Zusammenhang mit einem Verfahren und gegenüber Zeugenaussagen nach ständiger Rechtsprechung ausgeschlossen sind.[85]

Der BGH hat weiterhin angenommen, das Ergebnis eines Sachverständigengutach- 62 tens könne unter Umständen als unwahre Tatsachenbehauptung angesehen werden, wenn die **methodische Untersuchung** oder die Anwendung spezieller Kenntnisse nur **vorgetäuscht** oder **grob leichtfertig** vorgenommen ist.[86] Die unzutreffende Tatsachen-

---

80 BGH BauR 2006, 716 f. = MDR 2006, 887 f.
81 BGH NJW 1978, 751, 752 = VersR 1978, 229 f.; für Widerruf ärztlicher, insbesondere psychiatrischer Diagnosen so auch: BGH NJW 1989, 774, 775 = VersR 1988, 827, 828 (Verdachtsdiagnose mitgeteilt an Privatverrechnungsstelle und im Arztbrief an Hausarzt); BGH NJW 1989, 2941, 2942; BGH NJW 1999, 2736 („Zeichen chronischer Alkoholintoxikation", wertende Befundangabe in orthopädischem Gutachten für BG); KG MDR 1999, 1068; vgl. auch OLG Hamm MDR 1990, 821, 822 = MedR 1990, 197; LG Aachen NJW 1999, 2746 (Verdachtsdiagnose „Armvenenthrombose"). Zur rechtswidrigen Verhängung einer berufsrechtlichen Sanktion gegen einen Arzt wegen Behauptung leichtfertig ausgestellter Atteste eines anderen Arztes BVerfG NJW 2003, 961.
82 BGH NJW 1978, 751, 752; ebenso OLG Hamm MDR 1990, 821, 822.
83 Übersehen von LG Köln MDR 1990, 821.
84 Offengelassen in BGH NJW 1999, 2736; BGH NJW 1989, 2941, 2942. Jedenfalls kann während des Vorprozesses kein selbständiges Beweisverfahren gegen den Gerichtssachverständigen betrieben werden, BGH NJW-RR 2006, 1454 Tz. 12.
85 BGH NJW 1999, 2736; BGH NJW 1995, 397; BGH NJW 1992, 1314, 1315; BGH NJW 1988, 1016 = VersR 1988, 379, 380 (keine Übertragung auf Abwehr widerrechtlich erlangter Beweismittel wie Tonbandaufnahmen); BGH NJW 1986, 2502, 2503; BGH NJW 1977, 1681, 1682 = VersR 1977, 836, 837 f.; OLG Köln MDR 1999, 1351 (Beschwerde über Rechtsanwalt bei der Rechtsanwaltskammer); LG Hamburg NJW 1998, 85; *Helle* GRUR 1982, 207 ff. Für Österreich ebenso OGH JBl. 1999, 313, 314.
86 BGH NJW 1978, 751, 752; BGH NJW 1999, 2736, 2737.

behauptung soll in diesen Fällen darin liegen, dass das Gutachten konkludent die unwahre Tatsachenbehauptung enthalte, dass es auf der in Wirklichkeit nicht in Anspruch genommenen fachlichen Grundlage erstellt worden sei.[87] Das ist zweifelhaft, weil der Anspruch dann nicht auf Widerruf des Gutachtenergebnisses, sondern nur auf Beseitigung der konkludenten Behauptung gerichtet sein könnte. Es dürfte zutreffender sein, die Inanspruchnahme des Sachverständigen in diesen Fällen damit zu begründen, dass das Grundrecht des Sachverständigen aus Art. 5 Abs. 1 GG hinter die Grundrechte des Verletzten zurücktritt.

63 e) **Unrichtige Gutachten als Basis eines Vergleichs.** Die Richtigkeit der Feststellungen eines gerichtlichen Sachverständigen sind kein von den Parteien als feststehend zugrunde gelegter Sachverhalt, der Grundlage eines abgeschlossenen Vergleichs ist. Der beiderseitige Irrtum der Vergleichsparteien führt nicht zur Unwirksamkeit des Vergleichs nach § 779 BGB.[88]

2. Haftung des Privatgutachters

64 a) **Schaden des Auftraggebers.** Im Gegensatz zum gerichtlichen Sachverständigen haftet der Privatgutachter der beauftragenden Partei auch aus Vertrag. Nach ständiger Rechtsprechung des BGH stellt der Privatgutachtervertrag in der Regel einen **Werkvertrag** dar.[89] Der Gutachter haftet also gemäß §§ 633 ff. BGB für Mängel des Gutachtens. Ein Mangel kann darin zu sehen sein, dass das Gutachten zu einem objektiv fehlerhaften Ergebnis kommt. Auch bei objektiv richtigem Ergebnis kann das Gutachten, wenn es zur Verwendung im Prozess gedacht war, mangelhaft sein, wenn es **prozessual nicht verwertbar** war, beispielsweise wegen fehlerhafter Untersuchungsmethoden oder unverständlicher Darstellungsweise. Betreibt der Auftraggeber im Vertrauen auf das objektiv unrichtige Gutachten einen Prozess, haftet der Gutachter für die entstandenen Kosten im Falle des gerichtlichen Unterliegens aus § 280 Abs. 1 BGB.[90] Der Sachverständige haftet auch im umgekehrten Fall aus § 280 Abs. 1 BGB, wenn wegen seines fehlerhaften Gutachtens außerprozessual unberechtigte Zahlungen geleistet werden.

65 b) **Haftung gegenüber Dritten.** Der Informationswert von Gutachten wird auch von Dritten genutzt, die nicht Auftraggeber des Sachverständigen waren. Ihnen gegenüber besteht nur eingeschränkt eine Haftung, in erster Linie wenn das Gutachten von einem öffentlich bestellten und vereidigtem Sachverständigen (vgl. § 36 GewO) verfasst worden ist, aber – abhängig vom Willen der Vertragsparteien – auch weitergehend.[91] Die her-

---

87 BGH NJW 1989, 2941, 2942.
88 OLG Hamm VersR 2006, 562.
89 BGHZ 127, 378, 384 = NJW 1995, 392, 393; BGH BB 1974, 578 m.w.Nachw. (chem. Wasseranalyse für Trinkwassererschließung).
90 Vgl. zur positiven Forderungsverletzung nach altem Schuldrecht OLG Karlsruhe MDR 2006, 206 f. (Erhöhung der Verfahrenskosten durch streitwerterhöhende Widerklage); AG Königswinter MDR 1991, 1135, 1136 (Wiederbeschaffungswert eines Unfallfahrzeugs).
91 Aus der umfangreichen Rechtsprechung: BGH NJW-RR 2011, 462 Tz. 10 f. = VersR 2011, 890; BGH NJW 2010, 1808 Tz. 33 (verneint für Jahresabschlussprüfer) = VersR 2010, 1508; BGH NJW 2009, 512 Tz. 5 (Haftung nach §§ 316 ff. HGB); BGH NJW-RR 2007, 1329 = VersR 2007, 1665 m. Bespr. BGH NJW 2006, 1975, 1976; *Lettl* NJW 2006, 2817. (Bestätigungsvermerk des Abschlussprüfers einer AG für geplanten Börsengang); BGH NJW 2004, 3420, 3421 (Wirtschaftsprüfer als Garant aus Prospekthaftung); BGH NJW 2004, 3035, 3038 (Grundstückswertermittlung) m.Bspr. *Finn* NJW 2004, 3752 ff.; BGH NJW 2002, 3625, 3626 (Todesfallbericht für Unfallversicherer zu Lasten der Witwe); BGH VersR 2002, 72, 75 (Prüftestate eines Wirtschaftsprüfers als Mittelverwendungskontrolleur); BGH NJW 2001, 3115, 3117 = VersR 2001, 1390,

kömmlich genannte Grundlage der Haftung ist ein Vertrag mit Schutzwirkung für Dritte; nach alternativer Deutung handelt es sich um eine Dritthaftung aus culpa in contrahendo (jetzt: § 311 Abs. 3 BGB).[92] Im **Zusammenhang mit** Verfahren bzw. der Abwicklung von **Rechtsstreitigkeiten** kann ein Vertrag mit Schutzwirkung zugunsten Dritter z.B. gegeben sein, wenn ein unrichtiges Gutachten, das der Geschädigte in Auftrag gegeben hatte, dem regulierenden Haftpflichtversicherer vorgelegt wird, der daraufhin Zahlungen leistet.[93] In diesem Fall haftet der Privatgutachter dem Haftpflichtversicherer wegen Pflichtverletzung des mit dem Geschädigten geschlossenen Gutachtervertrages.[94] Auch im umgekehrten Fall, wenn der Versicherer dem Sachverständigen den Gutachtenauftrag erteilt, entfaltet dies Schutzwirkungen zu Gunsten des Geschädigten.[95] Eine deliktische Haftung für primäre Vermögensschäden kommt nur nach § 826 BGB in Betracht, setzt aber leichtfertiges oder gewissenloses Verhalten voraus.[96]

c) Schiedsgerichtsgutachter; Schiedsgutachter. Der Gutachter im **schiedsgerichtlichen** Verfahren haftet den Parteien prinzipiell auch **aus Vertrag**, weil das Schiedsgericht bei der Beauftragung im Namen und mit Vollmacht der Verfahrensbeteiligten tätig wird.[97] Da im Zweifel nicht anzunehmen ist, dass der Gutachter im schiedsgerichtlichen Verfahren schärfer haften will als der von einem Staatsgericht zugezogene Sachverständige, soll er im schiedsgerichtlichen Verfahren kraft stillschweigender Parteivereinbarung nur wie ein gerichtlich bestellter Sachverständiger haften.[98] Dies hat zur Konsequenz, dass der Sachverständige im schiedsgerichtlichen Verfahren de facto nicht aus Vertrag haftet.[99]   66

Der Schiedsgutachter (z.B. im **versicherungsrechtlichen Sachverständigenverfahren**, bei der Festlegung von Gesellschafterabfindungen oder bei der Zuweisung von Baumängelverantwortlichkeiten) übernimmt es, als Dritter die einer Vertragspartei obliegende Leistung zu bestimmen (§ 317 BGB). Die Leistungsbestimmung ist gem. § 319 BGB bei *offenbarer* Unrichtigkeit für die Vertragsparteien unverbindlich.[100] Unterhalb dieser Fehlerschwelle müssen die Vertragsparteien die Leistungsbestimmung untereinander akzeptieren. Dieses Ergebnis kann nicht durch einen Regress gegen den Schieds-   67

1392 m.Bspr. *Kannowski/Zumbansen* NJW 2001, 3102 f.; BGH NJW 2001, 514, 516 = VersR 2001, 1388, 1390 (Bodenprobengutachten zu Altlasten); BGH NJW 1998, 1059, 1060 (Verkehrswertgutachten für Krediterlangung); BGH ZIP 1998, 826, 827 (Ankündigung unrichtigen Testats eines Abschlussprüfers für Anteilserwerb); BGHZ 127, 378, 386 f. = NJW 1995, 392 = VersR 1995, 225, 226 (Verkehrswertgutachten für Verkaufszwecke); OLG Düsseldorf VersR 2003, 743 (Wirtschaftsprüfergutachten zum GmbH-Wert); OLG Köln VersR 2003, 122, 123 (Haftung des dem Hauptgutachter zuarbeitenden Spezialgutachters); OLG Dresden NJW-RR 1997, 1456 (Verkehrswertgutachten für Verkaufszwecke); OLG Schleswig VersR 1997, 1025, 1026 (tierärztliche Pferdeankaufsuntersuchung). Eingehende Analyse der Expertenhaftung gegenüber Dritten durch *Canaris* ZHR 163 (1999), 206 ff. Zur Beihilfe zum Betrug des Sachverständigen: BGH NJW 1996, 2517. Für Österreich: OGH JBl. 2009, 174, 175 f.
92 Dafür *Canaris* ZHR 163 (1999), 206, 220 ff.; *Canaris* JZ 1998, 603, 605. Der BGH trennt die Anspruchsgrundlagen: BGH NJW-RR 2011, 462 Tz. 10 u. 14.
93 OLG München NZV 1991, 26 (Wiederbeschaffungswert des Unfallfahrzeugs).
94 OLG München NZV 1991, 26; LG Gießen MDR 2001, 1237.
95 OLG Celle MDR 1994, 996 (LS; medizin. Gutachten zur Feststellung des Umfangs unfallbedingter Verletzungen). Abgelehnt für Unfallsversicherung von OLG Schleswig NJW-RR 2011, 252, 253.
96 BGH VersR 2001, 1390, 1392 = NJW 2001, 3115, 3117; BGH NJW 2004, 3025, 3038. Strenger die Anforderungen nach Art. 41 Schweiz. OR: absichtliche, wissentliche und willentliche Schädigung, OG Zürich Bl.f.Zürch.Rspr. 1996, Nr. 8 S. 23, 26.
97 BGHZ 42, 313, 315 = BGH NJW 1965, 298 f.; BGH NJW 1965, 1523, 1524.
98 BGH NJW 1965, 298, 299. S. auch BGH NJW 2013, 1296 Tz. 13.
99 Zustimmend: *Müller* Der Sachverständige im gerichtlichen Verfahren[3] Rdn. 959.
100 Dazu BGH NJW 2013, 1296 Tz. 13.

gutachter wegen Verletzung seiner Vertragsverpflichtungen korrigiert werden. Eine derartige Haftung entspricht angesichts der Eigenart der Schiedsgutachtertätigkeit – schwierige Bewertung in einem nicht zu eng bemessenen Spielraum, u.U. unter Vornahme von Schätzungen – nicht dem Willen derjenigen, die einen Schiedsgutachtervertrag schließen.[101] Der Gutachter haftet nur, wenn das Gutachten wegen offenbarer Unrichtigkeit wertlos ist; er verliert damit seinen Vergütungsanspruch.[102] Vertragsabwicklungen mit Drittbeteiligten auf der Basis des Gutachtens können unmittelbare werkvertragliche Schadensersatzansprüche auch für nicht an der Schiedsgutachtenabrede beteiligte Partner begründen, ohne dass die Vergünstigung des § 839 Abs. 2 BGB anzuwenden ist.[103]

V. Tätigkeitsschutz

68   Der Inhalt eines schriftlichen Sachverständigengutachtens genießt in seiner konkreten Formulierung als Sprachwerk **Urheberrechtsschutz** (§ 2 Abs. 1 Nr. 1 UrhG).[104] Für darin enthaltene Lichtbilder besteht der Lichtbildschutz nach § 72 UrhG.[105] Die Einstellung geschützter Gutachtenteile verstößt gegen das dem Urheber vorbehaltene Verwertungsrecht der öffentlichen Zugänglichmachung (§ 19a UrhG), soweit nicht der Auftraggeber oder ein Rechtsnachfolger daran ein ausschließliches Nutzungsrecht erworben hat. Der Gutachtenvertrag (§ 631 BGB) verlangt nicht mehr als die Übertragung eines einfachen Nutzungsrechts, was nach der Zweckübertragungsregel des § 31 Abs. 5 Satz 2 UrhG maßgeblich ist.[106] Unlauter ist die Weigerung eines Versicherers, Gutachten zur Regulierungsgrundlage zu machen, wenn die Bildverwertung verweigert wird.[107]

69   Die **Bezeichnung eines Gutachters** als „namenlos" in einem Presseartikel ist eine wertende Äußerung. Sie soll keine Schmähkritik und damit keine Verletzung des allgemeinen Persönlichkeitsrechts darstellen.[108]

70   Ein Kfz-Haftpflichtversicherer, der Geschädigten **Hinweise** zur kostengünstigen Beauftragung eines Sachverständigen und **zur Verteidigung gegen überhöhte Honorare** gibt, nimmt damit wirtschaftliche Eigeninteressen wahr und besorgt keine fremden Rechtsangelegenheiten.[109] Das Honorar eines nach einem Verkehrsunfall beauftragten Sachverständigen ist nämlich regelmäßig Herstellungsaufwand i.S.d. § 249 Abs. 2 BGB, den der Schädiger bzw. sein Versicherer zu ersetzen hat.[110]

§ 402
Anwendbarkeit der Vorschriften für Zeugen

Für den Beweis durch Sachverständige gelten die Vorschriften über den Beweis durch Zeugen entsprechend, insoweit nicht in den nachfolgenden Paragraphen abweichende Vorschriften enthalten sind.

---

101   BGHZ 43, 374, 377 = BGH NJW 1965, 1523, 1524; OLG Schleswig NJW 1989, 175 = VersR 1989, 487, 488.
102   BGH NJW 1965, 1523, 1524; OLG Schleswig NJW 1989, 175.
103   BGH NJW 2013, 1296 Tz. 18.
104   KG WRP 2011, 932 (LS) = GRUR-RR 2011, 448 (LS); zweifelnd *Blankenburg* VersR 2009, 1444, 1445.
105   LG Hamburg ZUM-RD 2010, 80, 82.
106   Vgl. BGH GRUR 2010, 623 Tz. 21, 25 – Restwertbörse = NJW 2010, 2354; OLG Köln NJW-RR 2012, 565, 566 (€ 5 pro Bild Schadensersatz).
107   OLG Celle GRUR-RR 2013, 108, 109.
108   BGH NJW-RR 2008, 913 Tz. 16.
109   BGH NJW 2007, 3570 Tz. 22f.
110   BGH VersR 2007, 560 Tz. 11.

Übersicht

I. Entwicklung des Sachverständigenbeweisrechts, Gutachtendilemma — 1
II. Abgrenzung des Sachverständigenbeweises zu anderen Beweismitteln
  1. Differenzierung der Beweismittel im Strengbeweisrecht — 4
  2. Abgrenzung zum Zeugenbeweis
    a) Tatsachenwahrnehmung — 5
    b) Tatsachenbeurteilung — 6
    c) Zeitlicher Bezug der Wahrnehmung — 7
    d) Individualität der Wahrnehmung — 8
    e) Gegenstand der richterlichen Würdigung — 11
    f) Art der Ladung — 12
  3. Insbesondere: Sachverständiger Zeuge
    a) Tatsachenwahrnehmung kraft Sachkunde — 13
    b) Wahrnehmung als Beweisperson — 14
    c) Kriterium der Sachkunde — 16
    d) Fortdauer der Beweismittelstellung — 17
  4. Abgrenzung zum Augenscheinsbeweis — 18
  5. Abgrenzung zum Urkundenbeweis — 19
  6. Keine Substitution des Richters durch den Sachverständigen — 20
  7. Rechtsgutachten — 21
  8. Demoskopische Gutachten — 23
  9. Strukturveränderungen de lege ferenda — 24
III. Behördengutachten (amtliche Auskünfte), Dolmetscher
  1. Normenmangel
    a) Besonderheit des Behördengutachtens — 25
    b) Rechtliche Ansätze — 26
  2. Analoge Anwendung des Sachverständigenbeweisrechts
    a) Stellung im System des Strengbeweise — s28
    b) Behörden — 30
    c) Analogie — 32
      aa) Vernehmung des Sachbearbeiters — 33
      bb) Befangenheitsablehnung — 35
  3. Subsidiarität behördlicher Sachverständigentätigkeit — 36
  4. Behördenentschädigung — 40
  5. Gerichtsdolmetscher — 41
IV. Hinzuziehung des Sachverständigen
  1. Kein Verzicht auf Sachkunde — 42
  2. Abwägungsfaktor Kostenbelastung — 44
  3. Schadensschätzung — 47
V. Entbehrlichkeit des Sachverständigen
  1. Funktion des Richters als Sachkundiger — 49
  2. Eigene Sachkunde des Gerichts
    a) Grad der Sachkunde — 50
    b) Quellen der Sachkunde
      aa) Kollegialgericht — 51
      bb) Studium der Fachliteratur — 52
      cc) Gleichgelagerte Fälle — 53
    c) Dokumentation, Offenbarung in mündlicher Verhandlung
      aa) Rechtliches Gehör — 55
      bb) Offenlegung in den Entscheidungsgründen — 56
      cc) Hinweis auf beabsichtigte Verwendung — 57
    d) Insbesondere: medizinische Sachverhalte — 62
    e) Glaubhaftigkeitsbeurteilung, Lügendetektor — 66
  3. Verwertung anderer Gutachten
    a) Privatgutachten
      aa) Parteivortrag — 68
      bb) Verhältnis zum Sachverständigenbeweis — 70
    b) Gutachten aus anderen Verfahren — 73
  4. Erfahrungssätze
    a) Funktion von Erfahrungssätzen, Anwendungskontrolle — 74
    b) Erfahrungssätze zur Verkehrsauffassung — 78
    c) Verkehrssitten, Handelsbräuche — 81
VI. Ungeeignetheit und Unergiebigkeit, Unzulässigkeit des Beweises
  1. Ungeeignetheit
    a) Generelle Ungeeignetheit — 82
    b) Einzelfallbezogene Ungeeignetheit — 84
  2. Unzulässigkeit — 85
VII. Vereitelung des Sachverständigenbeweises — 90
VIII. Zwangsbefugnisse des Sachverständigen — 94
IX. Entsprechende Anwendung der Zeugenbeweisvorschriften
  1. Rechtstechnik der Verweisung — 95

2. Anwendbare Vorschriften
a) § 375 – Vernehmung durch kommissarischen Richter —— 96
b) § 376 – Vernehmung bei Amtsverschwiegenheit —— 97
c) § 377 Abs. 1 und Abs. 2 – Ladung —— 98
d) § 379 – Auslagenvorschuss —— 99
e) § 381 – Nachträgliche Entschuldigung des Ausbleibens im Termin —— 102
f) § 382 – Vernehmung am Amtssitz —— 103
g) §§ 383–385 – Gutachtenverweigerungsrecht —— 104
h) §§ 386–389 – Verfahren bei Gutachtenverweigerung —— 105
i) § 391 – Beeidigung des Sachverständigen —— 106
k) § 395 – Ermahnung, Belehrung, Vernehmung zur Person —— 107
l) § 396 – Ablauf der Vernehmung zur Sache —— 108
m) § 397 – Fragerecht der Parteien —— 109
n) § 398 – Wiederholte Vernehmung —— 110
o) § 400 – Befugnisse des beauftragten oder ersuchten Richters —— 111
3. Nicht anwendbare Vorschriften
a) § 373 – Beweisantritt —— 112
b) § 377 Abs. 3 – Schriftliche Begutachtung —— 113
c) § 378 – Aussagevorbereitung —— 114
d) § 380 – Ausbleiben des Sachverständigen —— 115
e) § 385 – Ausnahmen vom Gutachtenverweigerungsrecht —— 116
f) § 390 – Zwangsmittel bei Gutachtenverweigerung —— 117
g) § 392 Satz 2 – Eidesformel —— 118
h) § 393 – Fehlende Eidesmündigkeit —— 119
i) § 394 Abs. 1 – Einzelvernehmung —— 120
k) § 399 – Verzicht auf Sachverständigen —— 121
l) § 401 – Entschädigung des Sachverständigen —— 122

I. Entwicklung des Sachverständigenbeweisrechts, Gutachtendilemma

1 Obwohl der Sachverständige in der forensischen Praxis eine herausragende Bedeutung erlangt hat, die ihm bei Schaffung der CPO noch nicht zukam, ist seine rechtliche Regelung als eines der fünf klassischen Beweismittel seither wenig geändert worden. Das Rechtspflege-Vereinfachungsgesetz[1] vom 17.12.1990 hat nur einen Teil der Vorschläge umgesetzt, die von der 1964 vom Bundesjustizminister einberufenen Kommission für das Zivilprozessrecht erarbeitet worden sind (Bericht 1977). Beibehalten worden ist die unglückliche Anlehnung an den Zeugenbeweis durch die in § 402 ausgesprochene Verweisung.

2 Schwierigkeiten bereiten aus Richtersicht die **Auswahl geeigneter** und bereitwilliger Sachverständiger, **Eigenmächtigkeiten** und Kompetenzüberschreitungen der Sachverständigen, mangelnde Sorgfalt, eine schwer verständliche **Fachsprache** und lange Erledigungszeiten; Sachverständige nennen als Schwierigkeiten eine ungenügende **Anleitung**, verspätete Beauftragung ohne Einfluss auf die sachgerechte Fassung der Beweisfrage, mangelnde Erläuterung des Auftrages und unzureichende Angabe der tatsächlichen Begutachtungsgrundlage bzw. der Arbeitshypothesen bei streitigem Sachverhalt.[2] Darauf lässt sich mit Normen des Beweisrechts nur wenig Einfluss nehmen;[3] wesentlicher ist die beiderseitige Bereitschaft zur zufriedenstellenden Zusammenarbeit in Kenntnis der jeweiligen Schwierigkeiten.

3 Gerichtliche Sachverständigengutachten teilen das Schicksal, dem Expertisen für andere gesellschaftliche Aufgabenbereiche unterliegen: Verschiedene Gutachten zu ei-

---

[1] Materialien: RegE vom 1.12.1988, BT-Drucks. 11/3621.
[2] Analyse der Kommission für das Zivilprozessrecht, Bericht (1977) S. 138.
[3] Das strebte aber das Rechtspflegevereinfachungsgesetz an, BT-Drucks. 11/3621, S. 22.

nem Problem erzielen **divergierende**, nicht selten sogar widersprüchliche **Resultate**, was das Vertrauen in deren wissenschaftliche Rationalität erschüttert. Gleichwohl ist daran festzuhalten, dass es in den Naturwissenschaften nur eine gesicherte Wahrheit geben kann; die These „alternativer Wissenschaft" ist falsch.[4] Beweisfähige Wissenschaft, deren Erkenntnis sich vom jeweiligen Forscher gelöst und wissenschaftliches Gemeingut geworden ist, weil jeder, der die methodischen und intellektuellen Voraussetzungen mitbringt, zu demselben Ergebnis gelangen wird, kommt vor allem dann zu gutachtlichen Widersprüchen, wenn ein Gutachter mehr behauptet, als er wissenschaftlich beweisen kann, vor allem bei Ermessensurteilen. Der Dissens ist bei fachlich Kompetenz und moralischer Integrität der Experten dadurch zu überwinden, dass durch Zusammenarbeit (z.B. in einem Punkt-für-Punkt-Vergleich) die jeweiligen Prämissen verdeutlicht werden[5] (zur ungewissen wissenschaftlichen Methode § 404 Rdn. 6 f.).

II. Abgrenzung des Sachverständigenbeweises zu anderen Beweismitteln

Schrifttum

Becker, Ralf Das demoskopische Gutachten als zivilprozessuales Beweismittel, 2002; *Lent* Zur Abgrenzung von Sachverständigen und Zeugen im Zivilprozeß, ZZP 60 (1936/37) 9; *Schmidhäuser* Zeuge, Sachverständiger und Augenscheinsgehilfe, ZZP 72 (1959) 365.

1. Differenzierung der Beweismittel im Strengbeweisrecht. Die Beweismittel 4 folgen **jeweils eigenständigen Vorschriften** und bedürfen deshalb der Abgrenzung untereinander. Dies gilt insbesondere für das Verhältnis des Zeugen- zum Sachverständigenbeweis. So hat z.B. das Gericht einem Beweisantrag auf Vernehmung eines sachverständigen Zeugen über eine relevante Beweistatsache zur Gewährung rechtlichen Gehörs zu entsprechen, während es über die Einholung von Sachverständigengutachten nach Ermessen entscheidet.[6] Der Sachverständige ist dasjenige Beweismittel, das der **Vermittlung** der dem Gericht fehlenden **Sachkunde** dient.[7] Kein Fall des Sachverständigenbeweises ist die Bindung der Feststellungen an das Ergebnis eines **Schiedsgutachtens**. Ebenso wenig handelt es sich um einen Sachverständigenbeweis, wenn im Baurecht die Beschleunigung der Zahlung fälliger Werklohnforderungen mit einer **Fertigstellungsbescheinigung gem. § 641a BGB** bewirkt wird, die im Urkundenverfahren eingesetzt werden kann; einzelne Vorschriften aus dem Sachverständigenbeweisrecht können allerdings analog anzuwenden sein.[8]

2. Abgrenzung zum Zeugenbeweis

a) Tatsachenwahrnehmung. Die Abgrenzung zum Zeugen ist grundsätzlich vom 5 **Beweisgegenstand** her vorzunehmen. Gegenstand des Zeugenbeweises ist die **Bekun-**

---

[4] *Mohr* Das Expertendilemma, in: Nennen/Garbe (Hrsg.) Das Expertendilemma – Zur Rolle wissenschaftlicher Gutachter in der öffentlichen Meinungsbildung, Springer Verlag Berlin, 1997, S. 7; zur Auswahl von Sachverständigen im Konflikt zwischen Schulmedizin und alternativen Heilmethoden *Franz* Naturheilmittel und Recht, Köln 1992, S. 334 ff.
[5] Vgl. *Mohr* Das Expertendilemma S. 8 f.
[6] VGH Kassel MDR 1997, 97, 98 = NVwZ-Beilage 1996, 43.
[7] BGH NJW 1974, 1710 (1710); BGH NJW 1993, 1796 (1797) = WM 1993, 1603; VGH Kassel NVwZ-Beilage 1996, 43 (besondere Erfahrungssätze und Fachkenntnisse).
[8] Dazu *Jaeger/Palm* BB 2000, 1102, 1104.

dung wahrgenommener Tatsachen, Gegenstand des Sachverständigenbeweises die **Vermittlung von Sachkunde**.[9] Steht ein Unfall im Streit, so ist Zeuge, wer das Zustandekommen des Unfalls gesehen (Augenzeuge), gehört (z.B. die Abgabe von Hupsignalen oder Bremsenquietschen), gefühlt (beim Abtasten von Verletzungen) usw. hat. Zeuge ist aber auch der, dem ein anderer etwas über den Unfall erzählt hat (Zeuge vom Hörensagen); dieser Zeuge gibt die Erzählung des anderen wieder, die er wahrgenommen (gehört) hat.

6 **b) Tatsachenbeurteilung.** Der Unterschied zwischen Zeugen- und Sachverständigenbeweis kann nicht ausschließlich darin gesehen werden, ob Tatsachen zu berichten oder zu beurteilen sind; die **Unterscheidung** zwischen **Bericht** über eine Tatsache und **Beurteilung** der Tatsache ist **unergiebig**. Zum Begriff der Tatsache gehört an sich schon ein Urteil. Wahrnehmung ist ohne Denken nicht möglich und Wiedergabe des Wahrgenommenen bedeutet dessen Übersetzung in Gedanken. Daher kommt die Wahrnehmung, soweit der Richter nicht selbst wahrnimmt (dann Augenscheinsbeweis, eventuell Urkundenbeweis), an das Gericht schon beim Zeugenbeweis als Übersetztes, also mit dem Urteil des Zeugen heran. Auch zum Begriff der wahrgenommenen Tatsache gehört also das Urteil. Ein meteorologischer Sachverständiger, der über den Niedergang von Hagel in einem bestimmten Gebiet zu einer bestimmten Zeit berichtet, ist Sachverständiger; berichtet er über seine konkreten Beobachtungen auf dem Grundstück einer Partei, die Ansprüche gegen ihren Hagelversicherer erhebt, ist er Zeuge.

7 **c) Zeitlicher Bezug der Wahrnehmung.** Der Zeugenbeweis bezieht sich regelmäßig auf Wahrnehmungen aus der **Vergangenheit**. Sagt der Zeuge aber etwas aus, was noch wahrnehmbar ist, so geht dies in den Augenscheinsbeweis und in den Sachverständigenbeweis über. Wenn § 372 es ausdrücklich zulässt, zur besseren Wahrnehmung „Sachverständige" heranzuziehen, so grenzt er damit den Zeugenbeweis vom Sachverständigenbeweis zeitlich ab; der Zeugenbeweis bezieht sich auf das Vergangene, der Sachverständigenbeweis auf das Gegenwärtige. Jeder der über gegenwärtig Wahrnehmbares vernommen wird, unterliegt deshalb den Regeln des Sachverständigenbeweises.

8 Die Bekundungen des Zeugen reichen grundsätzlich nicht in die **Zukunft**, während der Sachverständige in einer Reihe von Fällen gerade die zukünftige Entwicklung umreißen soll (wie eine Krankheit verläuft, mit welchen Unfallfolgen zu rechnen ist). Die Voraussage der zukünftigen Entwicklung ist indes nur auf Grund der Erfahrung möglich, d.h. der Sachverständige muss ähnliche Entwicklungen in der Vergangenheit kennen, entweder durch unmittelbare Wahrnehmung, durch Hörensagen, durch Lesen von Büchern etc.

9 **d) Individualität der Wahrnehmung.** Darauf, ob **jeder Beliebige** das Vergangene hätte wahrnehmen können, stellt die Prozessordnung nicht ab, wohl aber darauf, ob die **Beobachtung allgemeiner Art** ist oder sich auf den konkreten Prozess bezieht. Insoweit ist auch eine sachverständige Bekundung **über Vergangenes** zulässig. Sie ist von der Bekundung des Zeugen dadurch unterscheidbar, dass der Zeuge über die Einzeltatsachen, die Grundlage des Prozesses sind, vernommen wird, während der Sachverständige solche Tatsachen bekundet, die über den konkreten Streit hinausgehen (Erfahrungstatsachen). Das Urteil des Sachverständigen ist durch das eines anderen Sachverständigen

---

[9] BGH NJW 1993, 1796 (1797) = WM 1993, 1603; OLG Brandenburg VersR 2006, 237, 238; BFH HFR 1965, 487 (488); BVerwG NJW 2011, 1983 Tz. 5; BPatG GRUR 1978, 358 (359).

ersetzbar. Sachverständige Bekundung ist deshalb die über einen Handelsbrauch (§ 346 HGB), über die Verkehrsgeltung eines Kennzeichens (MarkenG), über das Ergebnis einer Meinungsumfrage oder über Rechtssätze nach § 293.

Dass der Sachverständige seine Äußerung über ein von ihm schon in der Vergangenheit gebildetes Urteil abgibt, macht ihn nicht zum Zeugen über seine eigene Urteilsbildung. 10

e) Gegenstand der richterlichen Würdigung. Beim Zeugenbeweis hat der Richter die Wahrnehmungsfähigkeit, den Wahrnehmungswillen, die Erinnerungsfähigkeit und den Erinnerungswillen des Zeugen zu ergründen. Darauf stützt er sein Urteil über die Glaubwürdigkeit des Zeugen und die Glaubhaftigkeit der Aussage. Zur Würdigung von Sachverständigengutachten vgl. § 412 Rdn. 1 ff. 11

f) Art der Ladung. Unerheblich ist, ob jemand als Zeuge oder als Sachverständiger geladen worden ist.[10] 12

3. Insbesondere: Sachverständiger Zeuge

a) Tatsachenwahrnehmung kraft Sachkunde. Besonders problematisch ist die Abgrenzung in jenen Fällen, in denen das Beweismittel der Feststellung von Tatsachen dient, die nur kraft besonderer Sachkunde festgestellt werden können (vgl. § 414). In diesen Fällen, die wegen der Ambivalenz des Beweisgegenstandes beiden Kategorien zugerechnet werden könnten, ist unter Beachtung des Rechts auf Beweis auf die unterschiedliche Funktion der Beweismittel abzustellen. Der Sachverständigenbeweis dient im Grundsatz der Vermittlung allgemeiner Erfahrungssätze; Ermittlungen dazu kann jeder fachkundige Sachverständige anstellen. Kennzeichnend ist also, dass der einzelne **Sachverständige grundsätzlich auswechselbar** ist. Dem trägt z.B. § 406 Rechnung. Demgegenüber ist der **Zeuge**, dessen Bekundung sich auf die konkrete Wahrnehmung vergangener Tatsachen bezieht, im Hinblick auf diese konkrete Wahrnehmung **grundsätzlich unersetzbar**. Daher ist die Abgrenzung in jenen Fällen, in denen es um den Beweis von Tatsachen geht, die nur kraft besonderer Sachkunde wahrgenommen werden können, danach vorzunehmen, ob die konkrete Beweisperson zur Beantwortung der Beweisfrage **ersetzbar** (Sachverständiger) oder **unersetzbar** (sachverständiger Zeuge, dazu § 414) ist.[11] 13

b) Wahrnehmung als Beweisperson. Die ebenfalls gebräuchliche Abgrenzungsformel, wonach es darauf ankommen soll, ob die zu bekundenden Tatsachen von der Beweisperson in ihrer **Eigenschaft als Beweisperson** wahrgenommen werden,[12] ist demgegenüber zu formal. Ein Privatgutachter, der an einem zwischenzeitlich zerstörten Gegenstand zuvor Mängel festgestellt hatte, ist im Falle seiner Vernehmung zur Frage, ob Mängel seinerzeit vorgelegen haben, in einem späteren Gewährleistungsprozess sach- 14

---

[10] Musielak/*Huber*[10] § 414 Rdn. 2.
[11] BGH MDR 1974, 382; OLG München JurBüro 1981, 1699, 1700; OLG Hamm NJW 1969, 567; VGH Kassel MDR 1997, 97, 98 = NVwZ-Beilage 1996, 43; weiterhin: BVerwG NJW 1986, 2268; OVG Koblenz NVwZ-RR 1992, 592; OLG Düsseldorf VersR 1983, 544; OLG Hamm NJW 1972, 2003 (2204); OLG Hamm MDR 1988, 418; HansOLG JurBüro 1975, 82, 83; OLG Düsseldorf JurBüro 1986, 1686 = Rpfleger 1987, 40; Näher dazu die Kommentierung zu § 414.
[12] So *Müller* Der Sachverständige im gerichtlichen Verfahren³, Rdn. 507c; so auch RGZ 91, 208 (209); s. ferner VGH Kassel NVwZ-Beilage 1996, 43 (Wahrnehmung des sachverst. Zeugen *ohne* Zusammenhang mit einem gerichtlichen Gutachtenauftrag).

verständiger Zeuge (§ 414) und nicht Sachverständiger.[13] Es ist kein plausibler Grund ersichtlich, diese Beweisperson abweichend in einem späteren Prozess als Sachverständigen einzuordnen, wenn sie die zu bezeugenden Beobachtungen seinerzeit nicht als Privatgutachter, sondern als Sachverständiger z.B. innerhalb eines zeitlich vorgelagerten Strafverfahrens oder eines selbständigen Beweisverfahrens gemacht hat.

15   Erst wenn feststeht, dass die Beweisperson ersetzbar ist (etwa, weil sie über jederzeit feststellbare Wahrnehmungen berichtet), ist **in zweiter Linie** darauf abzustellen, ob die **Wahrnehmungen als Beweisperson** gemacht worden sind. Insoweit gilt, dass für die Feststellungen des gerichtlichen Sachverständigen zu differenzieren ist. Die Feststellung der Befundtatsachen (zum Begriff § 404a Rdn. 7 und § 404a Rdn. 16 ff.) im gerichtlichen Auftrag ist Sachverständigentätigkeit; die Bekundung des Sachverständigen über Zusatztatsachen (zum Begriff § 404a Rdn. 7, § 404a Rdn. 11 und § 404a Rdn. 20 ff.) stellt, sofern diese zwischen den Parteien streitig werden sollten, Zeugentätigkeit dar (näher § 404a Rdn. 24).[14]

16   **c) Kriterium der Sachkunde. Unergiebig** ist es, auf die **Sachkunde** einer Person abzustellen. Wahrnehmung und Wiedergabe der Wahrnehmung setzen stets Erfahrung oder Sachkunde voraus, ohne dass über deren Grad generelle Aussagen möglich sind. Wer sie besitzt, kann die Wahrnehmung treffen, gleichviel, ob ihm diese besondere Kunde durch Berufung in ein Amt, Anerkennung durch eine Zertifizierungsstelle oder in sonstiger Weise attestiert worden ist.

17   **d) Fortdauer der Beweismittelstellung.** Wer im selben Verfahren einmal Sachverständiger war, ist auch in einem späteren Zeitpunkt des Verfahrens nicht als Zeuge anzusehen. Geht es um dieselbe Bekundung, so **bleibt** er auch dann **Sachverständiger**, wenn er erst auf Veranlassung des Gerichts die für den einzelnen Fall erforderliche Sachkunde erworben hat oder wenn er später über vergangene (Prozess-)Tatsachen vernommen wird, die er als gerichtlicher Gutachter wahrgenommen hat. Das gilt insbesondere für **Befundtatsachen**, die er zur Erstattung des Gutachtens in Erfüllung des gerichtlichen Auftrags gesammelt hat. Um **dasselbe Verfahren** in diesem Sinne handelt es sich auch im Verhältnis des selbständigen Beweisverfahrens zum zugehörigen Hauptverfahren oder im Verhältnis von Erstprozess zum Wiederaufnahmeverfahren.

18   **4. Abgrenzung zum Augenscheinsbeweis.** Soweit der Sachverständige wegen seiner Sachkunde zur Tatsachenfeststellung innerhalb des Verfahrens herangezogen wird, übernimmt er auch die Aufgabe eines **Augenscheinsgehilfen** (näher § 372 Rdn. 6). Der Sachverständigenbeweis kann in der Praxis in den Augenscheinsbeweis übergehen, muss davon aber doch getrennt werden, weil den Richter im Falle des Augenscheinsbeweises grundsätzlich eine Pflicht zur eigenen, richterlichen Wahrnehmung trifft und weil die Parteien beim Augenscheinsbeweis ein Recht auf Beweiserhebung haben. Für fehlerhaftes Vorgehen gilt § 295.

19   **5. Abgrenzung zum Urkundenbeweis.** Das schriftliche Sachverständigengutachten unterscheidet sich von sonstigen nach h.M. (dazu § 411a Rdn. 5 f.) im Wege des **Urkundenbeweises** zu würdigenden Äußerungen sachverständiger Stellen dadurch, dass es vom Verfasser in seiner Eigenschaft als vom Gericht ernannter Sachverständiger ange-

---

13 BGH MDR 1974, 382.
14 Vgl. auch MünchKomm/*Zimmermann*[6] § 414 Rdn. 3; Musielak/*Huber*[10] § 414 Rdn. 2.

fertigt worden ist.[15] Zur Frage, wann sich das Gericht mit der Heranziehung eines schriftlichen Gutachtens aus einem anderen Verfahren begnügen darf, s. § 402 Rdn. 73 und § 411a.

6. Keine Substitution des Richters durch den Sachverständigen. Abzugrenzen 20 ist die Tätigkeit von der des Richters. Auch wenn der Sachverständige häufig schlagwortartig als „**Gehilfe des Richters**" bezeichnet wird, ist er letztlich **nur Beweismittel**. Ihm kommt keine Kompetenz zur Aufklärung des Sachverhalts zu, soweit diese nicht besonderen Sachverstand voraussetzt.[16] Welche Tatsachen der Sachverständige seiner Begutachtung zugrunde legen soll und inwieweit er den Sachverhalt aufzuklären hat, ist in § 404a Abs. 3 und 4 geregelt (dazu § 404a Rdn. 16ff.). Die Rechtsanwendung ist dem Richter vorbehalten,[17] wobei die Abgrenzung im Einzelfall Schwierigkeiten bereiten kann.[18] Die Delegation auf den Sachverständigen ist unzulässig;[19] rechtliche Ausführungen des Sachverständigen binden das Gericht nicht.[20]

7. Rechtsgutachten. Zur Feststellung des Inhalts **deutschen** Rechts oder des **euro-** 21 **päischen Gemeinschaftsrechts** darf eine Begutachtung nicht angeordnet werden. Dies gilt für das Landesrecht eines anderen Bundeslandes als dem des entscheidenden Gerichts ebenso wie für bundesrechtliche Rechtsvorschriften aus Sachgebieten, für die im Interesse kompetenter Entscheidung Rechtswegzuweisungen an andere Gerichtsbarkeiten erfolgt sind. Der entscheidende Richter hat sich in diese Materien selbst einzuarbeiten und fachliche Unkenntnis damit zu überwinden, muss also z.B. als Zivilrichter steuerrechtliche Normen kraft eigener Sachkunde anwenden. Die Heranziehung eines Sachverständigen zur **Überprüfung** der **Schlussrechnung im Insolvenzverfahren** (§ 66 Abs. 2 InsO) durch das Insolvenzgericht ist keine verkappte Rechtsprüfung.[21] Die **übliche Vergütung** nach § 612 Abs. 2 BGB ist eine tatsächliche Frage, die durch das Gutachten eines Marktforschungsinstituts beantwortet werden kann.[22]

Zulässig ist es nur, den Inhalt **ausländischen Rechts**, der gem. § 293 festzustellen 22 ist, durch Einholung von Rechtsgutachten zu ermitteln. Auch dafür ist die vorangehende kollisionsrechtliche Beurteilung, ob das deutsche IPR (unter Einbeziehung unmittelbar verbindlicher Staatsverträge) auf eine ausländische Rechtsordnung verweist, vom entscheidenden Richter zu treffen; ob das ausländische IPR eine Rück- oder Weiterverweisung ausspricht, ist hingegen Teil der Beweiserhebung über die ausländische Rechtsordnung.

---

15 BSG NJW 1965, 368.
16 BGHZ 23, 207 (213); BGHZ 37, 389, 393f. = BGH NJW 1962, 1770, 1771; BGH NJW 1974, 1710.
17 Vgl. OLG Hamburg ZSW 1983, 43, 44 m. Anm. *Müller.*
18 Vgl. einerseits BGH NJW 1995, 776, 777: Festlegung ärztlicher Standards i.S. der erforderlichen Sorgfalt gemäß § 276 BGB im Arzthaftungsprozess ist eine durch den Sachverständigen zu klärende Tatfrage; andererseits Beurteilung, ob Verletzung von Fachstandards groben Verstoß darstellt, soll Rechtsfrage sein, OLG Düsseldorf NJW-RR 1994, 477 (478); BGH VersR 1996, 1369f. = NJW-RR 1996, 1044 zur Ermittlung des rein fachsprachlichen Sinns einer Bauherrnweisung im Rahmen einer Vertragsauslegung nach §§ 133, 157 BGB (Verständnisalternative: Rohbauöffnung oder lichte Höhe).
19 OLG Hamburg ZSW 1983, 43, 44.
20 Vgl. OLG Düsseldorf NJW-RR 1994, 477, 478; OLG Hamm VersR 1989, 584 zum versicherungsrechtlichen Sachverständigenverfahren.
21 Näher dazu *Keller* Rpfleger 2011, 66, 68.
22 LG Bamberg VersR 2013, 448.

23 **8. Demoskopische Gutachten.** Die Erstattung demoskopischer Gutachten ist dem Recht des **Sachverständigenbeweises zuzuordnen.**[23] Die Befragung einer Stichprobe von Personen, die für eine näher definierte Grundgesamtheit der Bevölkerung repräsentativ ist, wenn statistische Methoden der Sozialwissenschaften beachtet werden, ist nicht wegen deren individuellen Äußerungen bedeutsam. Vielmehr sind die Befragungspersonen anders als Zeugen bei Beachtung der methodischen Grundlagen beliebig austauschbar. Kern der Erhebung sind die korrekte Stichprobenziehung, die Festlegung des Erhebungsbogens, die Durchführung der Interviews und die wissenschaftliche Auswertung. Dafür kommt es allein auf die fachwissenschaftliche Erfahrung an.

24 **9. Strukturveränderungen de lege ferenda.** Reformvorschläge zum Sachverständigenbeweis liefen gelegentlich darauf hinaus, die **Stellung** des Sachverständigen **gegenüber** dem **Gericht** grundlegend zu verändern. Die Kommission für das Zivilprozessrecht ist dem zutreffend und einstimmig nicht gefolgt.[24] Dies gilt für den Eingriff in die freie Beweiswürdigung durch Verbindlicherklärung bestimmter Arten von Gutachten ebenso wie für die Vorstellung, **Sachverständige** nach dem Vorbild der technischen Beisitzer des Bundespatentgerichts oder der fachkundigen ehrenamtlichen Beisitzer der Kammer für Handelssachen **in** die **Richterbank einzugliedern.** Mangelnde richterliche Sachkunde wäre dadurch nicht zu kompensieren. Statt dessen würde der Zwang zur Aufklärung von Verständnisschwierigkeiten vermindert, unter denen auch die Prozessparteien zu leiden haben, und der allein garantiert, dass ein rationaler Dialog zwischen den Prozessbeteiligten über den entscheidungserheblichen Tatsachenstoff stattfinden kann. Gefährdet wäre auch die gegebenenfalls notwendige kritische Auseinandersetzung mit dem Gutachten. An die Stelle richterlicher Überforderung würde zudem die Überforderung des Fachbesitzers bei der Entscheidung über alle übrigen Sach- und Rechtsfragen treten. Ein Teil dieser Bedenken spricht auch gegen die Idee, den Sachverständigen an der **Beratung** und **Urteilsabfassung** zu **beteiligen**;[25] Expertenwissen darf nicht in intransparenter Weise Eingang in die gerichtliche Entscheidung finden und das Beweismittel darf nicht der Kontrolle durch die Parteien, deren Anwälte und deren Privatgutachter entzogen werden.

III. Behördengutachten (amtliche Auskünfte), Dolmetscher

Schrifttum

Dästner Zur Anwendbarkeit des § 74 StPO auf Polizeibedienstete als Sachverständige, MDR 1979, 545 ff.; *Hohlfeld, Ulrike* Die Einholung amtlicher Auskünfte im Zivilprozeß, Konstanz 1995; *Leineweber* Die Rechtsstellung der Polizeibediensteten als Sachverständige vor Gericht, MDR 1980, 7 ff.; *Mümmler* Zur Gutachtenerholung nach § 12 Abs. 2 BRAGO, JurBüro 1985, 9 ff.; *Schnellbach* Sachverständigengutachten kollegialer Fachbehörden im Prozeß, Bamberg 1964; Seyler, Behördengutachten im Strafprozeß, Diss. Mainz 1987; *Sonnemann* Amtliche Auskunft und Behördengutachten im Zivilprozeß, Diss. Hannover 1994.

---

23 Ahrens/*Spätgens* Wettbewerbsprozess⁷ Kap. 28 Rdn. 5; *Becker* Das demoskopische Gutachten S. 104 ff., 278 f.
24 Bericht der Kommission (1977) S. 138 f.
25 Zur Teilnahme eines geladenen technischen Sachverständigen an der gerichtsinternen Beratung über einen Vergleichsvorschlag OLG Stuttgart NJW-RR 1996, 1469 f. (kein Grund zur Befangenheitsablehnung; gleichwohl prozessrechtswidrig).

1. Normenmangel

a) Besonderheit des behördlichen Gutachtens. Die amtliche Auskunft unterscheidet sich vom Zeugen- oder Sachverständigenbeweis dadurch, dass sie nicht das persönliche Wissen eines Beamten wiedergibt, sondern den amtsbekannten **Kenntnisstand einer Behörde** mitteilt. Im Gegensatz zur StPO (vgl. §§ 83 Abs. 3, 256 Abs. 2 StPO) ist das Behördengutachten (die **sachverständige amtliche Auskunft**) in der ZPO nicht ausdrücklich geregelt. In §§ 273 Abs. 2 Nr. 2, 358a Nr. 2 wird nur allgemein die amtliche behördliche Auskunft als zulässiges Informations- und Beweismittel genannt. Besondere Regelungen über die Behandlungen sachverständiger amtlicher Auskünfte fehlen weitgehend; die §§ 402 ff. sind ersichtlich auf **Einzelpersonen als Beweismittel** zugeschnitten.

25

b) Rechtliche Ansätze. Als **rudimentäre Regelung** der amtlichen Auskunft war in der Urfassung der Zivilprozessordnung nur die jetzt in § 437 Abs. 2 geregelte Auskunft über die Echtheit inländischer öffentlicher Urkunden enthalten.[26] Einzelne Regelungen für weitere Bereiche sind später hinzugekommen, nämlich die terminvorbereitende Einholung amtlicher Auskünfte gem. § 273 Abs. 2 Nr. 2[27] und Erhebungen im Prozesskostenhilfeverfahren gem. § 118 Abs. 2 Satz 2.[28] Ähnlich zu werten sind dienstliche Äußerungen im eigenen Geschäftsbereich, etwa zu Ablehnungsgründen §§ 44 Abs. 3, 48, 49.

26

Die **Kommission für das Zivilprozessrecht** hat 1977 vorgeschlagen,[29] die amtliche Auskunft, die als ein zuverlässiges und leicht erreichbares Beweismittel anzusehen sei, unter Beschränkung auf Behörden und Amtsträger **als** von Amts wegen einzuholendes **formelles Beweismittel einzuführen**, deren Erteilung nur versagt werden sollte, wenn Geheimhaltung geboten oder durch die Auskunft dem Wohl des Bundes oder eines deutschen Landes Nachteile bereitet würden. Der Gesetzgeber hat den Vorschlag, der sich Besonderheiten des Sachverständigenbeweises nicht zuwandte, nicht aufgegriffen. Wegen des Fehlens von Regelungen ist die **dogmatische Einordnung** und prozessuale Behandlung **des Behördengutachtens umstritten**.

27

2. Analoge Anwendung des Sachverständigenbeweisrechts

a) Stellung im System des Strengbeweises. Zum Teil werden amtliche Auskünfte, soweit sie der Vermittlung von Sachkunde dienen, kurzerhand als Sachverständigenbeweis eingeordnet[30] (zur Ersetzung des Zeugenbeweises vor § 373 Rdn. 113 ff.). Nach anderer Auffassung können Behörden grundsätzlich nicht die Funktionen von Sachverständigen übernehmen; soweit ein Behördengutachten eingeholt wird, sei die **begutachtende Einzelperson** als Sachverständiger im Sinne der §§ 402 ff. anzusehen.[31] *Zimmermann* will danach differenzieren, ob die Behörde eine öffentlich-rechtlichen Auftrag zur Begutachtung hat (z.B. § 58 MarkenG, § 29 PatG, § 193 Abs. 1 Nr. 4 BauGB, § 73 Abs. 2 Nr. 8 BRAO) oder ob sie die Auskunft auf der Grundlage allgemeiner Amtshilfe erteilt; im ersten Fall soll es sich um Sachverständigenbeweis handeln, während die zweite Katego-

28

---

26 Vorläufer: § 402, Fassung 1877.
27 Vorläufer waren § 501 in der Fassung von 1909 (für das amtsgerichtliche Verfahren, 1923 ausgedehnt auf das landgerichtliche Verfahren und 1924 gestrichen) und später § 272b Abs. 2 Nr. 2.
28 Eingeführt durch § 118a Abs. 1 S. 3, Fassung 1931/33.
29 Bericht der Kommission, 1977, S. 137 und 355 (Normtext).
30 *Jessnitzer/Ulrich* Der gerichtliche Sachverständige[11] Rdn. 86; aufgegeben in der 12. Aufl.
31 *Müller* Der Sachverständige im gerichtlichen Verfahren[3] Rdn. 149b.

rie als amtliche Auskunft zu qualifizieren sei.[32] Das BVerwG stuft das Behördengutachten als selbständiges schriftliches Beweismittel ein, das im Wege des Freibeweises zu erheben sei.[33] Der BGH hat sich bislang nicht festgelegt; er führt aus, dass es sich bei sachverständigen amtlichen Auskünften „der Sache nach" um Sachverständigenbeweis handelt, auf den die §§ 402 ff. aber nicht uneingeschränkt angewendet werden können.[34]

29   Behördliche Gutachten sind grundsätzlich als amtliche Auskunft und damit als **selbständiges Beweismittel** außerhalb des Katalogs der klassischen Beweismittel des Strengbeweises einzuordnen,[35] wobei es für die rechtliche Einordnung unerheblich ist, ob die Gutachtenerstattung der jeweiligen Behörde kraft öffentlich-rechtlicher Kompetenz ausdrücklich zugewiesen ist. Dem entspricht, dass in § 1 JVEG zwischen der Entschädigung des Sachverständigen (§ 1 Abs. 1 Nr. 1 JVEG) und der Entschädigung von Behörden für die Erbringung sachverständiger Leistungen (§ 1 Abs. 3 JVEG) differenziert wird, ohne dass es wiederum für die Entschädigung nach § 1 Abs. 3 JVEG darauf ankäme, ob die Behörde kraft besonderer Kompetenz oder im Wege einfacher Amtshilfe tätig geworden ist.[36]

30   **b) Behörden. Behörden** sind auch autonome öffentlich-rechtliche Körperschaften oder selbständige Anstalten des öffentlichen Rechts; sie werden staatsorganisationsrechtlich als Einrichtungen der mittelbaren Staatsverwaltung angesehen. Dazu gehören z.B. die Industrie- und Handelskammern, Handwerkskammern und Landwirtschaftskammern, die Kammern freier Berufe (Ärzte, Apotheker, Rechtsanwälte etc.), die Gemeindeprüfungsanstalt Baden-Württemberg,[37] die Gutachterausschüsse zur Feststellung der Grundstückswerte.[38]

31   Die Einholung eines **Kammergutachtens** gemäß §§ 4 Abs. 4 Satz 2, 14 Abs. 2 RVG stellt eine **Rechtsauskunft** und keine Beweiserhebung dar.[39] Auf diese Gutachten finden die §§ 402 ff. keine Anwendung; der Gutachtenverfasser ist nicht zur Erläuterung zu laden.[40] Notwendig war die Qualifizierung unter Geltung der BRAGO wegen der Frage, ob die Einholung eines Gutachtens eine anwaltliche Beweisgebühr auslöste.[41] Mit der Abschaffung dieses Gebührentatbestandes im RVG hat sich dieses Problem erledigt.

32   **c) Analogie.** Die auf natürliche Personen als Beweismittel zugeschnittenen §§ 402 ff. passen nur mit Einschränkungen auf die gutachterliche behördliche Äußerung, sind aber vorsichtig analog anzuwenden.[42] Die Einholung derartiger Äußerungen darf **nicht** zu einer **Verkürzung** der prozessualen **Rechte der Parteien** führen.[43]

---

32   MünchKomm/*Zimmermann*[4] § 404 Rdn. 3 f.
33   BVerwG NVwZ 1986, 35, 36; vgl. BGH LM Nr. 4 zu § 272b ZPO; Musielak/*Huber*[7] § 402 Rdn. 7.
34   BGHZ 62, 93, 95; BGHZ 89, 114 (119); BGH BB 1976, 480; vgl. auch BGH LM § 402 Nr. 16.
35   So zutreffend: KG NJW 1974, 1848; OLG Stuttgart NJW-RR 1987, 190; LG Berlin NJW 1964, 672 zum Gutachterausschuss nach BauGB; unentschieden OLG Hamm NJW-RR 1990, 1471.
36   Vgl. OLG Düsseldorf NStZ 1990, 581, 582 m.w.N.
37   BGH NJW 1998, 3355, 3356 = VersR 1998, 591, 593.
38   Bedeutsam für Entschädigungsfeststellungen; vgl. BayObLGZ 2002, 383, 384; OLG Köln AnwBl. 1985, 329.
39   OLG Celle NJW 1972, 203: unverbindliches Rechtsgutachten oder Tatsachengutachten; teilweise **a.A.** *Hartmann* Kostengesetze[42] § 14 RVG Rdn. 33: Abgrenzung zum Sachverständigenbeweis.
40   OLG Celle NJW 1972, 203.
41   Keine Beweisgebühr bei Gutachtenerstattung: SchlHOLG JurBüro 1989, 1679; OLG München JurBüro 1989, 1680, 1681 beide m.w.N.; LG Konstanz AnwBl. 1999, 487; *Mümmler* JurBüro 1985, 9, 12.
42   BayObLGZ 2002, 383, 384.
43   Auf die ausreichende Sicherung der Parteirechte bei der Beweisaufnahme stellt auch BGHZ 44, 75, 79/80 ab (Verwertung eines ärztlichen Gutachtens im Entschädigungsrechtsstreit nach dem BEG, das von der Entschädigungsbehörde eingeholt worden war).

aa) Vernehmung des Sachbearbeiters. Analog § 411 Abs. 3 kann das Erscheinen 33 des Sachbearbeiters in der mündlichen Verhandlung angeordnet werden.[44] Entsprechend ist den Parteien jedenfalls dann, wenn die behördliche Auskunft nach dem Willen des Gerichts den Sachverständigenbeweis im Sinne der §§ 402 ff. ersetzen soll, analog §§ 402, 397 das Recht einzuräumen, das Erscheinen des Sachbearbeiters in der mündlichen Verhandlung verlangen zu können. Eine Vereidigung des Sachbearbeiters kommt nicht in Betracht.[45]

Einschränkungen können sich dort ergeben, wo es sich um das gemeinsame Gutachten einer **kollegialen Behörde** wie z.B. des Gutachterausschusses nach BauGB handelt. Hier dürfte den Rechten der Parteien genügt sein, wenn ein Mitglied des Ausschusses und nicht sämtliche Angehörige zur Erläuterung im Termin erscheinen (vgl. § 256 Abs. 2 StPO).[46] Die gegenteilige Ansicht des BVerwG, wonach das Gericht von den Parteien nicht zur Ladung des Sachbearbeiters gezwungen werden könne, weil die amtliche Auskunft sonst ihre Eigenschaft als selbständiges schriftliches Beweismittel verlöre und damit ein Wechsel vom Freibeweis in das formalisierte Beweisverfahren der §§ 402 ff. einträte, ist zu formalistisch und überzeugt nicht. Es ist nicht ersichtlich, dass mit der Einführung der amtlichen Auskunft, die zur Ersetzung des Sachverständigenbeweises führen kann, eine Verkürzung von Parteirechten beabsichtigt war. Die Auffassung des BVerwG ließe sich nur aufrechterhalten, wenn man dem Gericht die Möglichkeit abspräche, im Wege der amtlichen Auskunft den Sachverständigenbeweis zu ersetzen. Bei **Rechtsauskünften** nach dem Europäischen Übereinkommen betr. Auskünfte über ausländisches Recht (BGBl 1974 II 997; dazu Auslands-RechtsauskunftsG, BGBl 1974 I 1433) ist die Vernehmung der Auskunftsperson gesetzlich ausgeschlossen (§ 4 AuRAG).

bb) Befangenheitsablehnung. Nach h.M. scheidet eine Ablehnung der Behörde 35 wegen Befangenheit analog § 406 aus.[47] Die Besorgnis der Befangenheit soll allenfalls den Beweiswert der amtlichen Auskunft mindern, so dass das Gericht gehalten sein kann, weiteren Beweis durch Ernennung eines unabhängigen Sachverständigen zu erheben.[48] Zutreffender dürfte es sein, den Parteien das Recht einzuräumen, den jeweiligen **Sachbearbeiter der Behörde** analog § 406 ablehnen zu können (näher § 406 Rdn. 2).

3. Subsidiarität behördlicher Sachverständigentätigkeit. Die sachverständige 36 amtliche Auskunft kann den **Sachverständigenbeweis ersetzen**. Das Gericht ist nicht gezwungen, zur Gewinnung von Sachverstand zusätzlich einen Sachverständigen im Sinne der §§ 402 ff. zu beauftragen.[49] Besonderheiten können sich auch aus dem materiellen Recht ergeben. So sieht § 192 BauGB die Grundstücksbewertung durch einen Gutachterausschuss vor, der als Kollektiv tätig wird.[50] Dessen Gutachten kann an die Stelle der Begutachtung durch einen individuell ernannten Sachverständigen treten.[51] Die generelle Zulässigkeit der Einholung von Behördengutachten darf aber nicht dazu ausge-

---

[44] Vgl. BGH BB 1976, 480, 481.
[45] *Ulrich* Der gerichtliche Sachverständige[12] Rdn. 643.
[46] Vgl. BGHZ 62, 93, 95.
[47] BGH LM § 402 Nr. 16; BGHZ 62, 93, 94; OLG Nürnberg NJW 1967, 401; OLG Frankfurt NJW 1965, 306; KG NJW 1971, 1848, 1848 f.; OLG Stuttgart NJW-RR 1987, 190, 190 f.; OLG Hamm NJW-RR 1990, 1471; **a.A.:** BVerwG NJW 1988, 2491; BVerwG NVwZ 1988, 1019, 1020.
[48] BGH LM § 402 Nr. 16.
[49] BGHZ 62, 93, 94; BGH BB 1976, 480, 481.
[50] Vgl. dazu BGHZ 62, 93, 94.
[51] BGHZ 62, 93, 94; **a.A.** OLG Düsseldorf MDR 1968, 766 m.abl. Anm. *Behmer*.

nutzt werden, die Erhebung **personengebundenen Sachverständigenbeweises** zu **umgehen**, indem ein Kollektivauftrag an eine Behörde erteilt wird.

37 Die **Kommission für das Zivilprozessrecht** hatte den – vom Gesetzgeber nicht umgesetzten – Regelungsvorschlag unterbreitet, subsidiär Fachbehörden oder sonstige Institutionen wie z.B. Forschungsanstalten oder Technische Überwachungsvereine als Sachverständige zuzulassen. Sie sollten aber nur bestellt werden dürfen, wenn das gesammelte Fachwissen einer solchen Einrichtung oder die Zusammenarbeit eines dort zusammengefassten Personenkreises nutzbar zu machen ist oder wenn eine geeignete natürliche Person nicht zur Verfügung steht.[52] Dieser Einschränkung ist für den regelungslosen Rechtszustand de lege lata grundsätzlich zuzustimmen; sie ist aber schärfer zu fassen und auf einen einheitlichen Nenner zu bringen. Es muss sich um **spezifisches kollektives Behördenwissen** handeln, für das es nicht auf das Fachwissen eines individuellen Bediensteten ankommt. Das wird z.B. gegeben sein, wenn kriminaltechnische oder sonstige Laboruntersuchungen benötigt werden, die routinemäßig erstellt werden und deren Ergebnisse keiner einzelfallbezogenen Interpretation bedürfen. Unerheblich ist, ob die Erstattung von Gutachten zu den gesetzlichen oder im Errichtungserlass vorgesehenen Aufgaben der Behörde gehört,[53] wenngleich sich die Ansammlung abfragbaren Fachwissens mit dem Errichtungszweck der Behörde decken wird.

38 Danach sind ärztliche, psychologische oder sonstige Gutachten, z.B. in Haftungs- und Versicherungsfällen oder in Familienrechtsfällen, die eine Begutachtung individueller Personen nach vorangehender eigener Anamnese des Sachverständigen oder nach Aktenlage verlangen, **nicht** als **Kliniks-** oder **Institutsgutachten** in Auftrag zu geben.[54] Vielmehr ist eine natürliche Einzelperson zu bestellen. Eine Universitätsklinik verfügt insoweit weder über spezifisches Behördenwissen, noch gehört derartige Gutachtenerstattung zu dem vorgesehenen Aufgabenbereich. Es handelt sich bei einer solchen Adressierung des Gutachtenauftrags typischerweise darum, dass eine vorherige richterliche Aufklärung über den benötigten Bedarf an Fachwissen unterblieben ist. Auch werden es seltene Ausnahmefälle sein, in denen die Wechselwirkung von Beweisthemen, die verschiedenen Fachrichtungen angehören, zu einer personellen Zusammenfassung der Gutachter schon bei der Erarbeitung und Ausarbeitung des Gutachtens zwingen.[55] Soweit eine gemeinschaftliche Begutachtung notwendig ist, ist die Auftragserteilung an Einzelpersonen durchaus möglich. Unter derartigen Bedingungen kann ein Kollektivgutachten unter Außerachtlassung individueller Bestellung von Sachverständigen allerdings zulässig sein.

39 Von der Beauftragung eines Instituts oder einer Klinik zu unterscheiden ist die **anonyme**, jedoch individuell gemeinte **Beauftragung** „des Leiters" der Einrichtung,[56] die u.U. noch mit dem Zusatz versehen wird „oder eines von ihm zu bestellenden Vertreters". In dem Substitutionsrecht, das die interne personelle Auswahl einer gerichtsfremden Person überlässt, ist ein Verstoß gegen § 404 Abs. 1 zu sehen (näher dazu § 404 Rdn. 15); faktisch handelt es sich um ein Behördengutachten.[57] Wiederum eine andere Frage ist es, ob eine in einem **Verwaltungsverfahren mit Amtsprüfung** vertretene be-

---

52 Bericht der Kommission, S. 140, 346 (Textvorschlag).
53 Wohl **a.A.** BGH NJW 1998, 3355, 3356, wo einer Revisionsrüge entgegengehalten wird, die Erstattung gerichtlicher Gutachten gehöre zum gesetzlichen Aufgabenbereich der dortigen Gemeindeprüfungsanstalt.
54 OLG Düsseldorf FamRZ 1989, 1101; OLG München NJW 1968, 202, 203; OLG München NJW 1974, 611.
55 Vgl. dazu OLG München NJW 1974, 611, 612.
56 Hinsichtlich der Unterscheidbarkeit richtig BVerwG NJW 1969, 1591; ihm folgend VGH München NVwZ-RR 1996, 328, 329. Zur Auslegung der Beauftragung eines „Kreiskrankenhauses" als Beauftragung individuell (behandelnder) Ärzte mit Konsequenzen für die Sachverständigenhaftung (dazu vor § 402 Rdn. 40) OLG Oldenburg VersR 1996, 59, 60.
57 **A.A.** OLG Koblenz NJWE-VHR 1998, 88, 89; BVerwG NJW 1969, 1591.

hördliche Ansicht als sachverständige Stellungnahme zu berücksichtigen ist,[58] was Konsequenzen für die Ermessensentscheidung über die Bestellung eines gerichtlichen Sachverständigen (dazu nachfolgend § 402 Rdn. 42) haben kann.

4. Behördenentschädigung. Gebührenrechtlich ist die Beweiserhebung durch Einholung amtlicher Auskünfte wie der Sachverständigenbeweis zu behandeln.[59] Das JVEG findet ebenfalls Anwendung (§ 1 Abs. 3 JVEG). **40**

5. Gerichtsdolmetscher. Der Gerichtsdolmetscher (§ 185 GVG) ist **keine Beweisperson** und daher kein Sachverständiger. Seine Aufgabe ist es nur, die Verständigung der Verfahrensbeteiligten zu ermöglichen.[60] Wird der anwesende Dolmetscher jedoch dazu eingesetzt, eine außerhalb des Prozesses erfolgte beweiserhebliche Äußerung zu übersetzen, so handelt es sich insoweit um Sachverständigentätigkeit.[61] Auch kann ein Dolmetscher zusätzlich als Sprachsachverständiger beauftragt werden. **41**

IV. Hinzuziehung des Sachverständigen

Schrifttum

Gehrlein Keine Ersetzung eines Gerichtsgutachtens durch Privatgutachten, VersR 2003, 574; *Hardenberg, Rüdiger Graf v.* Das Privatgutachten im Zivilprozeß – unter Berücksichtigung der Rechtslage im Strafprozeß, Diss. Nürnberg/Erlangen 1975; *Schöpflin* Die Beweiserhebung von Amts wegen im Zivilprozeß, Frankfurt 1992; *Schumacher* Das Fachwissen des Richters, ÖJZ 1999, 132; *Sommer* Lebenserfahrung – Gedanken über ein Kriterium richterlicher Beweiswürdigung, FS Rieß, 2002, S. 585; *Spühler* Wann sind Grundsätze der Lebenserfahrung allgemeine Rechtssätze? SchwJZ 93 (1997) 392.

1. Kein Verzicht auf Sachkunde. Soweit die Zuziehung des Sachverständigen nicht gesetzlich vorgeschrieben ist, steht die Erhebung des Sachverständigenbeweises im pflichtgemäßen **Ermessen** des Gerichts.[62] Es kann den Beweis **von Amts wegen** erheben, § 144 (näher § 403 Rdn. 1). **42**

Wenn eine erhebliche Tatsache nicht ohne besondere Sachkunde geklärt werden kann, muss das Gericht – sofern die erforderliche Sachkunde nicht auf anderem Wege vermittelt werden kann (dazu § 402 Rdn. 50) – Sachverständigenbeweis erheben, so z.B. in der Regel bei der Aufklärung medizinischer[63] oder technischer Sachverhalte.[64] Aller- **43**

---

[58] BGH WRP 1998, 883, 885 – Regenbecken: Berücksichtigung der Entscheidung der Technischen Beschwerdekammer des Europäischen Patentamtes aus dem Erteilungsverfahren im späteren Nichtigkeitsverfahren oder Verletzungsverfahren, jedoch keine Bindungswirkung für das spätere Verfahren.
[59] LG Köln AnwBl 1985, 329; keine Beweisgebühr entsteht dagegen im Verwaltungsprozess, sofern es um die Verwertung von Gutachten der am Verwaltungsstreitverfahren beteiligten Behörde geht, die dem Gericht als Teil des Verwaltungsvorgangs vorgelegt worden sind, vgl. VGH Kassel MDR 1993, 389 = NVwZ-RR 1993, 222.
[60] BGH NJW 1998, 1087 (LS).
[61] BGH NJW 1965, 643; BGH NJW 1998, 1087; vgl. auch OLG Stuttgart Rpfleger 1983, 416.
[62] BGH NJW 1951, 481, 482; BGH VersR 1959, 392.
[63] BGH VersR 1954, 290; BGH NJW 1994, 794, 795; BGH NJW 1995, 1619; OLG Stuttgart VersR 1991, 229, 230; vgl. BVerwG NVwZ-RR 1989, 257 f.; BGH NStZ 1990, 8; OLG Frankfurt/M. NStZ-RR 1997, 366 (Schuldfähigkeit nach früherem Unfall mit Gehirnschädigung); vgl. auch BGH NJW 1995, 776, 777: Festlegung ärztlicher Standards i.S. der erforderlichen Sorgfalt (§ 276) in Arzthaftungsprozessen regelmäßig durch Sachverständige zu klären.
[64] BGH NJW-RR 1997, 1108 = JR 1998, 70 (seltene Spezialkonstruktion im Brückenbau); NJW 1997, 2748, 2749 (Schadstoffemission trotz Einhaltung der Einzelgrenzwerte der TA-Luft); OLG Oldenburg MDR 1991, 546 (Feststellung von Immissionsschäden); vgl. auch OLG Hamm NZV 1993, 361.

dings ist das Gericht nicht verpflichtet, jeder nur erdenklichen Beweisanforderung von Amts wegen nachzugehen. Es kann, um die Beweiserhebung von der Einzahlung eines **Vorschusses** abhängig machen zu können (§§ 402, 379; s. § 402 Rdn. 99 und § 403 Rdn. 2), ohne gegen § 144 zu verstoßen, auf die Hinzuziehung des Sachverständigen verzichten, wenn die beweisbelastete Partei trotz gerichtlichen Hinweises einen entsprechenden Beweis nicht angetreten hat.[65]

44 **2. Abwägungsfaktor Kostenbelastung.** Nicht abschließend geklärt, ist bislang, inwieweit der Gedanke der **Prozessökonomie** bzw. der **Kostenersparnis** einen zulässigen Abwägungsgesichtspunkt im Rahmen des tatrichterlichen Hinzuziehungsermessen darstellt.

45 Nach der Rechtsprechung des BGH können die Kosten, die durch die Beauftragung eines Sachverständigen entstünden, nur insoweit bei der Ermessensbetätigung berücksichtigt werden, als das Gericht von zwei **gleich geeigneten Beweismitteln** (z.B. Beauftragung eines Meinungsforschungsinstituts oder Anfrage bei IHK zur Ermittlung einer Verkehrsauffassung; Beauftragung eines SV oder Benutzung eines Mietspiegels zur Ermittlung ortsüblicher Vergleichsmieten) das kostengünstigere zu wählen hat.[66] Er wäre demgegenüber ermessensfehlerhaft mit dem Hinweis auf die höheren Kosten ein **unsichereres Beweismittel** zu wählen oder gar auf die Erhebung des Sachverständigenbeweises ganz zu verzichten, etwa weil die zu erwartenden Kosten den Streitwert überstiegen.[67] De lege lata kann das Gericht in derartigen Fällen nur versuchen, etwaige Unverhältnismäßigkeiten in diesem Zusammenhang über § 279 zu vermeiden, oder aber die Erhebung des Sachverständigenbeweises von der **Zahlung** eines entsprechend zu bemessenden **Vorschusses abhängig** machen (dazu § 402 Rdn. 99 und § 403 Rdn. 2). Dies wird in Wettbewerbs- und Markensachen bei der Einholung eines häufig **extrem teueren** (und wegen methodischer Mängel oft erfolgreich angreifbaren) **demoskopischen Gutachtens** in Betracht kommen; derartige Kostenbelastungen dürfen der unterliegenden Partei nicht von Amts wegen über die nachträgliche Erstattung der Gerichtsauslagen aufgedrängt werden. Übernimmt ein privater Anbieter aufgrund wissenschaftlichen Interesses die hohen Kosten einer wissenschaftlichen Untersuchung zur Erweiterung des Wissens (dort: whole genome sequenzing zur Vaterschaftsfeststellung bei monozygoten Zwillingen als potentiellen Vätern), soll die Beauftragung bei besonderem Interesse des Antragstellers (dort: des Kindes an der Abstammung) verpflichtend sein; hingegen ist ohne diese Besonderheiten von einer Unaufklärbarkeit auszugehen, wenn angesichts geringer Aussicht auf weiteren Erkenntnisgewinn der finanzielle Aufwand deutlich unangemessen ist.[68]

46 Etwas anderes soll nach Auffassung *Städings*[69] im **vereinfachten Verfahren** gemäß § 495a zu gelten haben; in diesem Geringfügigkeitsverfahren komme dem Richter die Kompetenz zu, auf die Erhebung des Sachverständigenbeweises generell zu verzichten; der Richter könne vergleichbar dem Fall des § 287 (dazu unten) „schätzen". Dem ist zu widersprechen. § 495a berechtigt den Richter **nur** dazu, das **Verfahren** nach seinem **Ermessen** zu gestalten; dies bedeutet, dass er sich mit amtlichen Auskünften, telefonischen Auskünften etc. begnügen darf, ohne die Vorschriften des Strengbeweises beach-

---
65 OLG Frankfurt MDR 1993, 81, 81 f.; zustimmend *Peters* ZZP 107 (1994), 264, 267 f.; **a.A.** *Schöpflin* Die Beweiserhebung von Amts wegen im Zivilprozess, S. 166 f.
66 BGH NJW 1962, 2149, 2152; vgl. auch LG Frankfurt NJW-RR 1991, 14.
67 **A.A.** offensichtlich OLG Düsseldorf VersR 1994, 1322 (LS).
68 BVerfG NJW 2011, 3772 Tz. 16 f.; nachfolgend OLG Celle v. 30.1.2013 – 15 UF 51/06.
69 *Städing* NJW 1996, 691, 695.

ten zu müssen. Dies kann jedoch nicht bedeuten, dass er inhaltlich auf die zur Streitentscheidung notwendige Sachkunde verzichten dürfte; die von *Städing* so apostrophierte „Schätzung" zum Anspruchsgrund stellt **richterliche Willkür** par excellence dar.

3. Schadenschätzung. Ein **erweiterter Ermessensspielraum** wird dem Tatrichter 47 allerdings gemäß § 287 Abs. 1 Satz 2 im Bereich der Schadensschätzung eingeräumt. Dieser Norm kann entnommen werden, dass dem Tatrichter insoweit grundsätzlich ein über § 144 Abs. 1 hinausgehendes Hinzuziehungsermessen eingeräumt werden soll.[70] Indessen ist der BGH auch insoweit sehr zurückhaltend.

Soweit es um die Frage geht, ob das Gericht **überhaupt** auf **sachkundige Beratung** 48 verzichten darf, führt § 287 zu keiner Erweiterung des Hinzuziehungsermessens; die auf Vereinfachung und Beschleunigung des Verfahrens zielende Vorschrift rechtfertigt es nicht, in für die Streitentscheidung zentralen Fragen auf fachliche Erkenntnisse zu verzichten.[71] Allerdings kann sich der Tatrichter im Bereich des § 287 im Gegensatz zu den sonstigen Fällen (vgl. § 402 Rdn. 62) z.B. mit der formlosen Auskunft eines behandelnden Arztes begnügen, wenn ihm in dieser Weise der notwendige Sachverstand vermittelt worden ist. Er verstößt nicht gegen §§ 144 Abs. 1, 286, wenn er in einem solchen Fall auf die Erhebung eines Sachverständigenbeweises gemäß §§ 402ff. verzichtet.[72]

V. Entbehrlichkeit eines Sachverständigen

1. Funktion des Richters als Sachkundiger. Die Erhebung des Sachverständigen- 49 beweises kann entbehrlich sein, wenn das Gericht über **ausreichende eigene Sachkunde** schon verfügt oder sich solche Sachkunde durch andere gutachterliche Äußerungen als ein Gerichtsgutachten verschaffen kann. Der berechtigte Verzicht auf ein Sachverständigengutachten führt nicht dazu, dass die Entscheidungsbegründung zu dem potentiellen Beweisthema als ein nunmehr vom Richter abgegebenes Gutachten zu qualifizieren ist. Ein bereits ohne Hilfe eines Sachverständigen sachkundiger Richter **bleibt Richter** und schlüpft **nicht** in die zusätzliche Rolle eines **Beweismittels**.[73] Über die Sachkunde des Gerichts kann kein Beweis erhoben werden. Die Entscheidungsbegründung muss bei Inanspruchnahme eigener Sachkunde in gleicher Weise schlüssig (einleuchtend und nachvollziehbar)[74] sein wie ein Gutachten, dem sich das Gericht anschließen will.

2. Eigene Sachkunde des Gerichts

a) Grad der Sachkunde. Grundsätzlich ist der Sachverständigenbeweis entbehrlich, 50 wenn das Gericht selbst über **besondere Sachkunde** (Fachkunde) verfügt, die ihm die Entscheidung des Falles ermöglicht. Besondere Sachkunde ist **von dem Wissen kraft Allgemeinbildung** und **allgemeiner Lebenserfahrung zu unterscheiden**, das seinerseits variabel ist, weil es mangels stetiger schulischer oder gesellschaftlicher Konventionen keinen gefestigten Bildungskanon gibt und weil (geringfügiges) Mehrwissen der Richter von deren individuellen Neigungsgebieten sowie ihrem Lebensalter abhängt. Die

---

70 So z.B. MünchKomm/*Prütting*[4] § 287 Rdn. 24.
71 BGH VersR 1976, 389, 390; NJW-RR 1988, 534, 535; BGH NJW 1995, 1619; NJW 1997, 1640, 1641 (Würdigung der Persönlichkeit bei Verdacht auf Begehrensneurose).
72 BGH VersR 1971, 442, 443; vgl. aber OLG Köln MDR 1972, 957 (LS).
73 Vgl. zu dieser skurrilen Diskussion im österreichischen Recht *Schumacher* ÖJZ 1999, 132, 138.
74 Vgl. BGH NJW 1997, 1446 = VersR 1991, 510.

Unterscheidung ist schwer durchführbar,[75] wegen zusätzlicher prozessualer Anforderungen (Dokumentation in den Entscheidungsgründen, Verhandlungshinweis, s. nachfolgend Rdn. 55 ff.), die die Parteien vor einer richterlichen Selbstüberschätzung schützen sollen, bei Inanspruchnahme eigener richterlicher Fachkunde aber erforderlich. Für die Beurteilung der Reichweite eigener Sachkunde kann es darauf ankommen, ob das Gericht nur ein gerichtlich bestelltes Sachverständigengutachten ohne Einholung eines weiteren Gutachtens abweichend würdigen will, oder ob es völlig auf sachverständige Beratung verzichten will.[76]

b) Quellen der Sachkunde

51   **aa) Kollegialgericht.** Ausreichend ist es, wenn die erforderliche Sachkunde anstelle des Sachverständigen durch **ein Mitglied** eines **Kollegialgerichts** an die Richterkollegen vermittelt wird.[77] Das ist in § 114 GVG für kaufmännische Begutachtungen und die Feststellung von Handelsbräuchen vorgesehen; dabei handelt es sich um einen allgemeinen Grundsatz. Dasselbe gilt für die technischen Richter des BPatG.[78]

52   **bb) Studium der Fachliteratur.** Die Sachkunde kann sich aus der Zuhilfenahme von Fachliteratur ergeben. Da aber schon die **Auswertung** der Fachliteratur in der Regel ein Grundmaß an **Sachkunde voraussetzt**, dürfte das Studium der Fachliteratur in den seltensten Fällen die Erhebung eines Sachverständigenbeweises entbehrlich machen.[79] Wenn ein Gericht gleichwohl in dieser Weise entscheidet, hat es in den Urteilsgründen darzulegen, worauf seine **Sachkunde zur Auswertung** der Fachliteratur beruht.[80] Regelmäßig wird das Studium der Fachliteratur den Richter lediglich dazu befähigen, ein bereits vorliegendes Gutachten kritisch zu würdigen.[81] Etwas anderes hat nur dort zu gelten, wo die Auswertung erkennbar keinen besonderen Sachverstand voraussetzt, wie etwa die Benutzung von Tabellen zur Feststellung der ortsüblichen Vergleichsmiete.[82]

53   **cc) Gleichgelagerte Fälle.** Eigene Sachkunde kann der Richter auch aus häufiger Bearbeitung anderer gleichgelagerter Fälle gewinnen.[83] Er erwirbt dadurch nicht nur die Fähigkeit zur kritischen Würdigung fachlicher Gutachten, sondern ein darüber hinausgehendes, bei der Urteilsfindung verwertbares eigenes Wissen.[84] Gründet er seine Sachkunde auf eine solchermaßen begründete langjährige Erfahrung, ist er **nicht** gehalten, im Einzelnen **darzulegen, welche Fälle** und Begutachtungen die **Grundlage seines**

---

75 Darauf hat schon *Stein* Das private Wissen des Richters, 1893, S. 83, hingewiesen.
76 Vgl. BGH NJW 1991, 2824, 2825. Zu computertechnischen Kenntnissen BGH NJW-RR 2007, 357 Tz. 14.
77 Die Kommission für das Zivilprozessrecht hat diese Meinung geteilt, auch wenn sie sich im Übrigen nicht über die Voraussetzungen der Erhebung des Sachverständigenbeweises einigen konnte, Kommissionsbericht S. 139.
78 BPatG GRUR 2013, 165, 170 – Traglaschenkette.
79 Vgl. BGH NJW 1993, 2378 f. = VersR 1993, 749; BGH NJW 1984, 1408, 1408; OLG Naumburg NJW 2001, 3420, 3421.
80 BGH NJW 1993, 2378 f.; BGH NJW 1994, 2419, 2421 = VersR 1994, 984.
81 BGH NJW 1984, 1408.
82 Zutreffend LG Frankfurt NJW-RR 1991, 14, 14 f.
83 BGHZ 44, 75, 82; BGH RzW 1967, 371, 372; BGH GRUR 1991, 436, 440 – Befestigungsvorrichtung II; BGH WRP 2002, 1184, 1185 – Zahnstruktur; BGH GRUR 2003, 789, 791 (Patentstreitsachen); BGH NJW-RR 2009, 715 Tz. 18 u. 20 (havariebedingter Nutzungsausfall) = VersR 2009, 419; vgl. auch LG Hamburg VersR 1989, 1065 f. Verneint trotz langjähriger Tätigkeit in einem Bausenat für Spezialkonstruktion im Brückenbau BGH NJW-RR 1997, 1108.
84 BGHZ 44, 75, 82; BGH NJW 1991, 2824, 2825.

Erfahrungswissens bilden. Insoweit reicht der allgemeine Hinweis auf die richterliche Erfahrung aus.[85] Anderes gilt, wenn der Richter seine Sachkunde zur Entscheidung des Falles auf konkrete Gutachten aus einem anderen Rechtsstreit stützt (dazu § 402 Rdn. 73). In diesem Fall muss er den Parteien die Möglichkeit geben, die Gutachten einzusehen und zu ihnen Stellung zu nehmen.[86] Die **ortsübliche Vergleichsmiete** ist in der Regel durch Sachverständigengutachten zu ermitteln, wenn kein qualifizierter Mietspiegel nach § 558d BGB vorhanden ist, doch kann das Gericht davon absehen, wenn es über die erforderliche Ortskenntnis verfügt.[87]

Ob die durch jahrelange Befassung mit gleichartigen Rechtsstreitigkeiten erworbene Sachkunde die Beweistatsache gerichtskundig und damit offenkundig im Sinne des § 291 macht und eine Beweiserhebung daher nach **§ 291** entfällt[88] oder ob dieses Ergebnis nur – so die hier befürwortete Ansicht – aus einer **sachgerechten Ermessensausübung** bei der Entscheidung über die Einholung eines Sachverständigengutachtens folgt,[89] ist praktisch folgenlos. Auswirkungen auf die Art der Gewährung rechtlichen Gehörs sind damit nicht zu verbinden.[90] Beide Ansichten decken sich darin, dass eine Beweiserhebung nicht stattfindet. **54**

c) Dokumentation, Offenbarung in mündliche Verhandlung

aa) Rechtliches Gehör. Anders als nach § 364 der österr. ZPO (Fassung seit 1983) kommt es für die Entscheidung aufgrund besonderer Sachkunde **nicht** auf eine **Zustimmung der Parteien** an. Das österreichische Recht will mit seiner Regelung sicherstellen, dass den Parteien **rechtliches Gehör** zum Bestehen der Sachkunde gewährt wird. Dieser Gesichtspunkt bestimmt auch das deutsche Prozessrecht, für das man sich aber zur Kontrolle der **Nachvollziehbarkeit** und **Überprüfbarkeit** mit weniger begnügt. Die Parteien müssen Gelegenheit haben, sich zu den Grundlagen der Wissensfeststellung zu äußern.[91] Das darf allerdings nicht undifferenziert gefordert werden, weil die Herkunft von Erfahrungswissen nicht beliebig aufklärbar ist. Wollte man daraus eine uneingeschränkte Regel bilden, müsste in letzter Konsequenz auch der gerichtliche Sachverständige die Quellen seiner Sachkunde offenbaren und es müsste der Grad allgemeiner richterlicher Lebenserfahrung erforscht werden. **55**

bb) Offenlegung in den Entscheidungsgründen. Entscheidet das Gericht ohne Hinzuziehung eines Sachverständigen Fragen, die üblicherweise nur unter dessen Zuhilfenahme beantwortet werden können, weil sie außerhalb der allgemeinen Lebenserfahrung liegen, so ist es verpflichtet, im Urteil **näher darzulegen, worauf** seine **Sachkunde** beruht[92] (s. auch § 412 Rdn. 23). Zwar ist zwischen ungenügender Sachkunde und unzulänglicher Dokumentation des richterlichen Wissens in den Urteilsgründen zu unter- **56**

---

85 BGH RzW 1967, 371, 372; BGH NJW 1991, 2824, 2825.
86 BGH NJW 1991, 2824, 2825 f.
87 BGH NJW 2011, 2284 Tz. 20.
88 So BGH WRP 1998, 881, 882 – Vitaminmangel; anders und eingehend BGH NJW 2004, 1163, 1164 – Marktführerschaft (dazu § 402 Rdn. 75 ff.).
89 Ebenso Zöller/*Greger*[29] § 291 Rdn. 1a.
90 Vgl. BGH WRP 1998, 881, 883: Hinweis auf dienstliche Bekanntheit im Verhandlungstermin des Berufungsgerichts und Möglichkeit des „Gegenbeweisantritts".
91 BGH NJW 1991, 2824, 2825.
92 BGH ZIP 2011, 766 Tz. 25 f. (branchenübliche Techniken bei Unternehmensplanung); BGH VersR 2009, 698 Tz. 3; BGH VersR 2007, 1008 Tz. 3; BGH NJW 1999, 1860, 1861 = VersR 1999, 644, 645; BGH RzW 1967, 371, 372; BGH MDR 1970, 321; BVerwG NVwZ-RR 1990, 375, 376.

scheiden; jedoch ist bei einem solchen Darstellungsmangel nicht auszuschließen, dass die Entscheidung von einem Mangel an Sachkunde beeinflusst ist.[93]

57   **cc) Hinweis auf beabsichtigte Verwertung.** Kein klares Bild liefert die Judikatur, unter welchen Voraussetzungen der Richter bereits die beabsichtigte Inanspruchnahme besonderer eigener Sachkunde **in der mündlichen Verhandlung offenzulegen** hat.[94] BGH NJW 1991, 2825 bejaht dies abstrakt, wenn sich der Tatrichter *„entscheidend"* auf die eigene, ihm durch zahlreiche Gutachten vermittelte Sachkunde stützen will. Diese – einschränkend gemeinte – Aussage ist nichtssagend, weil es um Sachkunde geht, die einen Sachverständigenbeweis verdrängt, und Beweis ohnehin immer nur über entscheidungsrelevante Tatsachen zu erheben ist. Tatsächlich ging es in der zitierten Entscheidung um die Heranziehung von Gutachten aus konkreten anderen Verfahren, in die den Parteien auf Antrag hätte Einsicht gewährt werden müssen.[95]

58   Geboten ist eine differenzierte Antwort, die das **Bedürfnis der Parteien** nach Offenbarung des richterlichen Fachwissens in der mündlichen Verhandlung sowie die möglichen **Rechtsfolgen unterbliebener Offenlegung** ins Auge fasst.

59   **(1)** Sinn macht die Offenlegung nur, wenn zugleich die Quellen genannt werden müssen, aus denen der Richter sein Fachwissen schöpft, so dass die Parteien darin Einblick nehmen, durch eigenen Vortrag auf die Grenzen der Aussagefähigkeit aufmerksam machen sowie die weitere Sachaufklärung durch Beweisanträge steuern können. Die **Benennung konkreter Quellen** kann jedoch nur verlangt werden, soweit die Sachkunde aus Gutachten stammt, die in bestimmten einzelnen Verfahren eingeholt wurden,[96] nicht hingegen bei Herkunft des Wissens aus langjähriger Berufserfahrung (dazu vorstehend Rdn. 53). Nichts anzufangen wäre in der mündlichen Verhandlung mit dem abstrakten Hinweis auf eine langjährige Berufserfahrung. **Keinesfalls** wären die Parteien befugt, den Richter in ein **Prüfungsgespräch** über die Qualität seines Fachwissens zu verwickeln. Beweisanträge auf Einholung von Sachverständigengutachten können losgelöst von der richterlichen Mitteilung gestellt werden; ihre Notwendigkeit ergibt sich bereits aus dem Gegenstand des Sachvortrags der Parteien.

60   **(2)** Ein Urteil, das wegen der **Anmaßung nicht bestehender Sachkunde** möglicherweise falsch ist, ist aus diesem Grunde zu revidieren, nicht aber, weil ein Verfahrensfehler darin zu sehen wäre, dass es unterblieb, die beabsichtigte Inanspruchnahme eigener Sachkunde in der mündlichen Verhandlung zu offenbaren. Die Erhärtung oder Ausräumung des einschlägigen Verdachts erfolgt allein über die Darlegungen zur Herkunft der Sachkunde in den Entscheidungsgründen des Urteils.

61   **(3)** Die weitergehende gegenteilige Auffassung zur Offenlegung der Fachkompetenz in der mündlichen Verhandlung beruht unausgesprochen auf einer **fehlerhaften Gleichsetzung** der richterlichen Bewertung **mit** einem **Gutachten**. Indes erstattet der Richter trotz der Inanspruchnahme eigener Sachkunde selbst kein Gutachten. Sonst müsste man

---

93 So OLG Düsseldorf StrV 1991, 553, 554; vgl. auch BayObLG ZSW 1986, 98, 99 m. Anm. *Müller*; BGH NJW 1951, 481, 482.
94 Vgl. BGH RzW 1962, 76, 77; BGH RzW 1967, 371, 372 (mit nicht plausibler Abgrenzung zur erstzitierten Entscheidung); BGH NJW-RR 2007, 357 Tz. 14.
95 BGH NJW 1991, 2826; irritierend allerdings die Formulierung aaO 2825: „in *einer Reihe* einschlägiger Prozesse".
96 So im Fall OLG Naumburg NJW 2001, 3420, 3421: Recherche zu medizinischen Erkenntnissen im Internet.

das Gericht sogar als verpflichtet ansehen, das Ergebnis seiner zu verkündenden Beurteilung bereits in der mündlichen Verhandlung – zur Vermeidung einer Überraschung, nämlich wegen zeitraubender Eigeninformation der Parteien als Voraussetzung intervenierender Reaktion, je nach Schwierigkeitsgrad eventuell sogar noch früher – zu offenbaren.[97]

d) Insbesondere: medizinische Sachverhalte. In der Regel hat der Richter zur Beurteilung medizinischer Sachverhalte ein **Gutachten** einzuholen.[98] Dies gilt für Arzthaftungsprozesse ebenso wie für andere Prozesse mit medizinischer Problematik. Unklarheiten und Zweifel bei den Bekundungen des Sachverständigen sind durch eine gezielte Befragung zu klären.[99] 62

In **Arzthaftungsangelegenheiten** gehören die Krankenunterlagen der zu beurteilenden Behandlung zur Tatsachengrundlage des Gutachtens.[100] Auf Mängel der ärztlichen Dokumentation ist hinzuweisen. Das ärztliche oder pflegerische Vorgehen ist **zunächst** aufgrund einer **ex post-Betrachtung** zu **bewerten**. Standards der Behandlung sind unter Berücksichtigung der zu begutachtenden Versorgungsstufe zu bilden. Publizierte Leitlinien der Fachgesellschaften geben dabei Anhaltspunkte. Ein ex post gesehen fehlerhaftes Verhalten muss auf ein **Verschulden** untersucht werden, für das die **Sicht ex ante** maßgebend ist, nämlich unter Zugrundelegung von Daten und Informationen, die dem Arzt zur Verfügung standen oder stehen konnten. Ein vermeidbarer Arztfehler ist sodann auf seine **Wirkungen** für die behauptete körperliche Einbuße zu untersuchen, wobei zwischen der ersten Beeinträchtigung und Folgewirkungen wegen unterschiedlicher Anforderungen an die Kausalitätsfeststellung (§ 286 oder § 287 ZPO) zu differenzieren ist (s. auch § 287 Rdn. 19 f.). 63

Der berufsfachliche **Sorgfaltsstandard** darf nur auf einer medizinischen Grundlage festgelegt werden, die durch Sachverständige ermittelt worden ist.[101] Die wertende Entscheidung, ob ein **grober Behandlungsfehler** vorliegt, an den sich Beweiserleichterungen anschließen (A vor § 286 Rdn. 190), muss ebenfalls auf durch einen Sachverständigen ermittelten tatsächlichen Anhaltspunkten beruhen.[102] Allerdings obliegt die juristische Wertung selbst nicht dem Sachverständigen, der entsprechend den rechtlichen Kriterien anzuleiten ist.[103] Äußerungen medizinischer Sachverständiger in Arzthaftungsprozessen sind kritisch auf ihre **Vollständigkeit und Widerspruchsfreiheit** zu prüfen.[104] **Eigene Literaturrecherchen** des Gerichts sind, auch wenn sie unter Nutzung der breiten Informationsmöglichkeiten des Internet betrieben werden, nur zur Vorbereitung einer Beweisaufnahme durch einen Sachverständigen oder zur kritischen Überprüfung seines Gutachtens geeignet, können aber im Regelfall keine hinreichende medizinische Sach- 64

---

97 Zur Diskussion dieser Konsequenzen im österreichischen Recht s. nur *Schumacher* ÖJZ 1999, 132, 137.
98 BGH VersR 1990, 297, 298 (Vorerkrankung als Ursache des Versicherungsfalls); BGH NJW 2002, 3112, 3113 (Bestimmung des Blutalkoholgehalts von Leichenblut); BGH NJW 2003, 3411, 3412 (medizinische Indikation für Schwangerschaftsabbruch); *Kullmann* FS Salger (1995) S. 651, 652.
99 BGH NJW 2010, 3230 Tz. 14.
100 Zum Aufbau medizinischer Gutachten vgl. die auf langjähriger Erfahrung beruhenden Empfehlungen von *Rumler-Detzel* VersR 1999, 1209 ff. und *Schneppokat/Neu* VersR 2001, 23 ff.
101 BGH NJW 1995, 776, 777; OLG Saarbrücken NJW-RR 2001, 671, 672.
102 BGH VersR 1997, 315, 316 = NJW 1997, 798; BGH VersR 1998, 585, 586 = NJW 1998, 1782, 1783; BGH VersR 2001, 1030 = NJW 2001, 2792, 2793; BGH NJW 2001, 2794; BGH NJW 2001, 2795, 2796; BGH VersR 2002, 1026, 1027.
103 Vgl. BGH VersR 2012, 362 Tz. 9 (Verstoß gegen elementare medizinische Erkenntnisse oder Behandlungsstandards?); s. ferner OLG Koblenz NJW-RR 2012, 1302, 1303.
104 BGH VersR 1997, 191, 192; BGH VersR 2001, 783, 784; BGH NJW 2004, 1871 = VersR 2004, 790, 791; OLG Karlsruhe NJW-RR 2006, 205, 206.

kunde vermitteln.[105] Vor Einholung eines Gutachtens hat das Gericht in aller Regel die **Krankenunterlagen beizuziehen** und dem Sachverständigen zugänglich zu machen.[106] Bei der **Anwendung des § 531 Abs. 2** ist darauf zu achten, dass der Patient als Kläger nur einer herabgesetzten Informations- und Substantiierungspflicht unterliegt. Vorbringen erster Instanz, das danach bereits schlüssig ist, kann in der Berufungsbegründung durch weitere Tatsachenbehauptungen konkretisiert werden, ohne dass es als prozessual neu qualifiziert werden darf.[107]

65 Ist der **Geisteszustand** einer Person zu untersuchen, setzt dies in der Regel eine hinreichende eigene Exploration durch den psychiatrischen Gutachter voraus.[108] Die **Mitwirkung** zur Einholung eines **kinderpsychologischen Gutachtens** durch Teilnahme des Kindes an einer Untersuchung kann gegen einen Elternteil nicht durch Zwangsgeld nach § 33 Abs. 3 FamFG erzwungen werden; das Weigerungsverhalten soll nach den Grundsätzen der Beweisvereitelung zu würdigen sein.[109] Indes knüpft die Anwendung der Beweisvereitelungsgrundsätze (dazu bei § 444) an vorwerfbares, missbilligenswertes Verhalten an, das bei Verweigerung einer Exploration nicht zu bejahen ist, weil damit in das Allgemeine Persönlichkeitsrecht des sich weigernden Probanden eingegriffen würde.[110] In kindschaftsrechtlichen Familiensachen, u.a. solchen zur Entziehung der elterlichen Sorge nach § 1666 BGB, gebietet das Kindeswohl (Art. 6 Abs. 2 Satz 2 GG) eine Verfahrensgestaltung, bei der vorhandene Ermittlungsmöglichkeiten ausgeschöpft werden.[111] Das persönliche Erscheinen der Beteiligten kann gem. § 33 FamFG erzwungen werden, damit eine gerichtliche Anhörung erfolgen kann,[112] an der ein Sachverständiger (ohne Befragungsrecht) teilnehmen kann.[113] **Anthropologische Vergleichsgutachten**, die eine bestimmte Zahl deskriptiver morphologischer Merkmale einer Person mit Lichtbildaufnahmen vergleichen, können sich nicht auf standardisierte Verfahren stützen.[114] Soll eine **Betreuungsbedürftigkeit** gutachterliche geprüft werden, ist der Betroffene vor Erlass einer Beweisanordnung persönlich anzuhören.[115] Das Gutachten muss so gefasst sein, dass dem Gericht eine Überprüfung auf wissenschaftliche Begründung, innere Logik und Schlüssigkeit ermöglicht wird.[116] Regelmäßig ist ein Arzt mit psychiatrischer Erfahrung als Gutachter zu bestellen; Abweichungen bedürfen besonderer Begründung.[117] Bei fehlender hinreichender Qualifikation darf das Gutachten nicht verwertet werden.[118]

---

105 OLG Naumburg NJW-RR 2004, 964, 965; OLG Naumburg NJW 2001, 3420, 3421.
106 OLG Oldenburg NJW-RR 1997, 535; OLG Saarbrücken MDR 2003, 1250.
107 BGH VersR 2004, 1177, 1179.
108 OLG Köln NJWE-FER 1999, 90; BayObLG FamRZ 1999, 1595; s. auch BayObLG FamRZ 2003, 391. Zur Begutachtung der Testierfähigkeit eines Erblassers OLG Düsseldorf NJW-RR 2012, 1100 m.w.N. Zur Anfechtbarkeit der Beweisanordnung zur psychiatrischen Begutachtung KG FamRZ 2002, 970, 971 = NJW-RR 2002, 944, 945; OLG Düsseldorf NJW 2005, 3731; OLG Rostock FamRZ 2006, 554.
109 OLG Koblenz FamRZ 2000, 1233; OLG Karlsruhe FamRZ 1993, 1479, 1480. Zur Ersetzung der Zustimmung OLG Karlsruhe FamRZ 2002, 1210.
110 BGH NJW 2010, 1351 Tz. 25f.
111 BVerfG FamRZ 2009, 399, 400; BGH NJW 2010, 1351 Tz. 29f.
112 BGH NJW 2010, 1351 Tz. 33.
113 BGH NJW 2010, 1351 Tz. 34; OLG Frankfurt NJW-RR 2006, 1228.
114 BGH (3.StS) NJW 2000, 1350, 1351.
115 BVerfG NJW 2011, 1275. Zur Übertragung dieses Gesichtspunktes auf die Anordnung einer röntgenologischen Untersuchung zwecks Altersbestimmung einer möglicherweise minderjährigen Person OLG Köln MDR 2013, 286, 287 (Folge: Zulassung sofortiger Beschwerde gegen richterl. Genehmigung zur Einholung eines Altersgutachtens).
116 BGH NJW-RR 2011, 649 Tz. 12 = FamRZ 2011, 637; BGH NJW 2012, 317 Tz. 16 m. Bespr. *Fröschle* FamRZ 2012, 88f.
117 BGH NJW-RR 2012, 962 Tz. 12f.; BGH NJW-RR 2012, 1473 Tz. 10.
118 BGH NJW 2011, 520 Tz. 16.

e) Glaubhaftigkeitsbeurteilung, Lügendetektor. Die Beurteilung der Glaubhaftig- 66
keit einer Zeugenaussage aufgrund **aussagepsychologischer Gutachten** hat insbesondere bei kindlichen Zeugen in erster Linie die Strafjustiz beschäftigt. Die einschlägige Rechtsprechung verdeutlicht beispielhaft, dass der Grundsatz freier Beweiswürdigung den Tatrichter nicht davon entbindet, **intersubjektiv akzeptable** und daher revisionsrechtlich **kontrollierbare Ergebnisse** zu erzielen.[119] Schon die obligatorische Beiziehung eines psychologischen Sachverständigen bedeutet ein Bekenntnis zur eingeschränkten Kompetenz des Strafrichters.[120] Selbst dem Sachverständigen wird eine Strukturierung der Begutachtung vorgegeben, die eine Überprüfung des Würdigungsvorgangs ermöglicht. Der BGH hat dafür **Mindeststandards** aufgestellt.[121] Er benennt als methodische Mindestanforderungen die kriterienorientierte Aussageanalyse, die Trennung von Befundtatsachen und Wertungen, die Angabe des Testverfahrens sowie des Zwecks der Anwendung, die Bildung zutreffender untersuchungsleitender Hypothesen (Nullhypothese als gedanklicher Ausgangspunkt, Alternativhypothesen) und die Darstellung nach den Grundsätzen der Transparenz und der Nachvollziehbarkeit (Mitschrift, Tonband- oder Videoaufzeichnungen als Gutachtenanhang). Prüfungselemente sind die Inhaltsanalyse, die auf die Aussagekompetenz zielende Persönlichkeitsanalyse, die Fehlerquellen- bzw. Motivationsanalyse, die Entstehung und Entwicklung der Aussage, mögliche Schädigungsmotive und Beeinflussungsmomente.

In Strafsachen hat der BGH den Einsatz **polygraphischer Untersuchungen** (des 67
Lügendetektors) als **völlig ungeeignetes** Beweismittel i.S.d. § 244 Abs. 3 Satz 2 Alt. 4 StPO bewertet, soweit es um den Kontrolltest oder den Tatwissenstest geht.[122] Im Zivilprozess gelten keine anderen Überlegungen[123] (s. auch B vor § 286 Rdn. 53).

3. Verwertung anderer Gutachten

a) Privatgutachten

aa) Parteivortrag. Die Parteien können sich im Zivilprozess privater Gutachter bedienen. Vorgelegte Privatgutachten sind keine Beweismittel im Sinne der §§ 355 ff.[124] Die Einführung des Gutachtens in den Prozess geschieht im Wege des Parteivortrages.[125] Irreführend ist es, wenn in diesem Zusammenhang von „urkundlich belegtem Parteivortrag"[126] die Rede ist bzw. die Frage problematisiert wird, ob Privatgutachten im Wege des **Urkundenbeweises** verwertet werden können (näher dazu § 411a Rdn. 5). Diese Frage stellt sich gar nicht, weil das Privatgutachten kein Beweismittel, sondern bloßer qualifizierter Parteivortrag ist.[127] Im Wege des Urkundenbeweises wäre nur zu klären, ob der Aussteller die beurkundete Erklärung abgegeben hat. Nur wenn diese Tatsache bestritten würde, wäre Beweis i.S. der §§ 415 ff. zu erheben. Ob das Gutachten inhaltlich richtig

---

119 *Sommer* FS Rieß (2002) S. 585, 598 f.
120 *Sommer* FS Rieß S. 585, 599.
121 BGH NJW 1999, 2746, 2747 ff.; BGH NStZ 2001, 45 f. Dazu *Offe* NJW 2000, 929 f.; *Jansen* StV 2000, 224 ff.; s. auch BGH NJW 2002, 1813.
122 BGH NJW 1999, 657, 658; s. auch BVerfG NJW 1998, 1938.
123 LAG Rheinland-Pfalz NZA 1998, 670 (LS).
124 BGH VersR 1997, 1158, 1159. Zu Privatgutachten im Arzthaftungsprozess *Hattemer/Rensen* MDR 2012, 1384 ff.
125 RG DR 1942, 905 (LS); BGH VersR 1963, 1188 (LS); BayObLGZ 1987, 260, 265.
126 Z.B. in BGH NJW 1982, 2874, 2875; BGH VersR 1997, 1158, 1159.
127 Stein/Jonas/*Leipold*[22] vor § 402 Rdn. 74; vgl. BGH VersR 2009, 698 Tz. 3; BGH NJW 2005, 1650, 1652; BGH NJW-RR 2003, 69, 71; BGH NJW 2001, 77; BGH NJW-RR 1998, 1527, 1528.

ist (Geltung und Anwendung allgemeiner Erfahrungssätze, Feststellung der Befundtatsachen) und der konkrete Fall damit in einem bestimmten Sinne zu entscheiden ist, ist nicht Gegenstand des Urkundenbeweises.

69   Eine davon zu trennende Frage ist, in welcher Weise das Gericht Privatgutachten würdigen darf und ob es angesichts eines Privatgutachtens auf die Erhebung des Sachverständigenbeweises verzichten darf. Das Gericht hat das **Privatgutachten als Parteivortrag zu würdigen**. Daraus folgt, dass eine Partei der richterlichen Berücksichtigung des in den Prozess eingeführten Privatgutachtens nicht widersprechen kann,[128] dass kein prozessuales Fragerecht besteht[129] und dass das Gericht nicht verpflichtet ist, den Privatgutachter einer Partei zur gerichtlichen Anhörung des gerichtlich bestellten Sachverständigen zu laden.[130]

70   **bb) Verhältnis zum Sachverständigenbeweis.** Da das Privatgutachten jedoch nur Parteivortrag darstellt und das Gesetz das förmliche Verfahren der §§ 402 ff. vorsieht, das in §§ 406, 410, 411 Abs. 3, 402, 397 zahlreiche Richtigkeitsgarantien zu Gunsten der Parteien enthält,[131] ist das Privatgutachten in der Regel **nicht** geeignet, den Sachverständigenbeweis zu **ersetzen**.[132] In diesem Zusammenhang ist auch zu berücksichtigen, dass die vorprozessuale privatgutachterliche Tätigkeit für eine der Parteien anerkanntermaßen einen Ablehnungsgrund i.S.v. § 406 darstellt (näher bei § 406 Rdn. 23 f.). Dies Ablehnungsrecht würde konterkariert, ließe man Privatgutachter als gleichwertige Erkenntnisquelle zu.[133] Der von *Müller*[134] kategorisch formulierte Grundsatz, wonach ein Privatgutachten nie den Sachverständigenbeweis ersetzen könne, auch wenn es die volle Überzeugung des Tatrichters herbeigeführt hat, geht in dieser Allgemeinheit allerdings zu weit. Nach der vom BGH gebrauchten, allerdings ebenfalls etwas weit geratenen Formulierung darf der Tatrichter seine Überzeugung dann aus dem Privatgutachten gewinnen, wenn er durch das Privatgutachten in den Stand gesetzt wird, ohne Rechtsfehler zu einer **zuverlässigen Beantwortung der Beweisfrage** zu gelangen.[135] Dies kann ausnahmsweise dann der Fall sein, wenn gegen das Privatgutachten keine substantiierten Einwände erhoben werden und der Tatrichter sicher ausschließen kann, dass das Privatgutachten durch (zumindest unbewusste) Parteinahme beeinflusst worden ist. Letzteres kann im Einzelfall dann gegeben sein, wenn das Gutachten ohne besondere Sachkunde auch im Detail nachvollziehbar und überzeugend ist und das Ergebnis des Gutachters durch weitere Indizien bestätigt wird[136] oder der Gutachter dem Gericht auch als gerichtlicher Sachverständiger schon seit langem bekannt ist,[137] so dass der Tatrichter mit Sicherheit ausschließen kann, der Privatgutachter habe sein Gutachten beeinflusst durch Parteilichkeit erstellt. Demgegenüber darf der Tatrichter **bei** zwei widerstreitenden Pri-

---

128   Im Erg. so BGH VersR 1962, 450, 451.
129   BGH VersR 1962, 231; BGH VRS 26 (1964), 86.
130   OLG Koblenz VersR 1990, 53, 54; zur Mitwirkung des Privatgutachters bei Augenscheinsterminen vgl. unten § 404a Rdn. 22 ff.
131   Darauf stellt *Leipold* zutreffend ab, Stein/Jonas/*Leipold*[22] vor § 402 Rdn. 57.
132   BGH VersR 1981, 576, 577; *Gehrlein* VersR 2003, 574, 575.
133   *Müller* Der Sachverständige im gerichtlichen Verfahren[3] Rdn. 56.
134   *Müller* Der Sachverständige Rdn. 55b f.
135   So die Formulierung des BGH in BGH NJW 1993, 2382, 2383 = MDR 1993, 797; BGHR § 402 – Privatgutachten 1; BGH VersR 1987, 1007, 1008; BGH VersR 1989, 587, 587; OLG Köln VersR 2005, 679; OLG Köln VersR 2001, 755/756; vgl. auch OLG Hamm NJW-RR 1993, 1441, 1442. Enger: BGH NJW-RR 1994, 255, 256: ausreichende Entscheidungsgrundlage *nur*, wenn Parteien der Verwertung zugestimmt haben; ebenso OLG Oldenburg NJW-RR 2000, 949, 950.
136   Vgl. BGH VersR 1989, 587, 587; dem folgend OLG Oldenburg VersR 1996, 843 (LS).
137   Vgl. LG Hamburg VersR 1992, 864, 864.

vatgutachten[138] oder **widerstreitenden Gutachten** eines gerichtlichen und eines privaten Gutachters[139] nicht das Privatgutachten als Erkenntnisquelle zugrundelegen;[140] in diesem Fall muss der Widerspruch durch erneute Befragung des gerichtlichen Sachverständigen bzw. durch Beauftragung eines (weiteren) gerichtlichen Sachverständigen geklärt werden[141] (zur Würdigung widerstreitender Gutachten vgl. auch § 412 Rdn. 13 ff.). Unklar ist, unter welchen Voraussetzungen der Patentsenat des BGH aus qualifiziertem technischen Sachvortrag die Möglichkeit erfahrener Patentrichter zu einer eigenen Beurteilung ohne Hinzuziehung eines Sachverständigen als gegeben sieht, wenn ein Patentanspruch aus der Sicht eines Durchschnittsfachmanns auszulegen ist[142] (s. auch § 404a Rdn. 15).

In jedem Fall kann das Gericht sich auf die Verwertung des Privatgutachtens beschränken, wenn die **Parteien** übereinstimmend der Verwertung „wie eines gerichtlich angeforderten Sachverständigengutachtens" **zustimmen**,[143] weil sie in dieser Weise auf die aus den §§ 402 ff. folgenden Rechte verzichten. 71

Die Bedeutung des Privatgutachtens ist allerdings regelmäßig weniger in der Ersetzung des Sachverständigenbeweises zu sehen, als vielmehr darin, dass die Parteien durch Privatgutachten das erkennende Gericht zur **kritischen Würdigung** des von einem **gerichtlichen** Sachverständigen erstatteten **Gutachtens** zwingen können. Ist Sachverständigenbeweis i.S. der §§ 402 ff. erhoben und greift eine Partei das ihr ungünstige Gutachten mit einem Privatgutachten an, so hat sich das Gericht mit dem Privatgutachten genauso gründlich auseinanderzusetzen wie mit dem abweichenden Gutachten eines weiteren, gerichtlich bestellten Sachverständigen[144] (s. auch § 412 Rdn. 15). Es wäre in dieser Situation verfehlt, dem Gutachten des gerichtlich bestellten Sachverständigen mit dem pauschalen Argument den Vorzug zu geben, es könne nicht ausgeschlossen werden, dass das Privatgutachten durch Parteilichkeit beeinflusst sei. Das Gericht hat in diesen Fällen wenigstens den gerichtlich bestellten Sachverständigen zu den privatgutachterlichen Einwänden zu befragen und nötigenfalls ein weiteres Gutachten einzuholen.[145] 72

b) Gutachten aus anderen Verfahren. Nach h.M. können Gutachten aus anderen Verfahren zu einer **Ersetzung** des Sachverständigenbeweises i.S. der §§ 402 ff. führen, **soweit** mit ihnen alle **klärungsbedürftigen Fragen beantwortet** werden können. Diese richterrechtlich entwickelte Praxis (zu ihr § 411a Rdn. 3) ist vom Gesetzgeber im Jahre 2004 mit der Regelung des § 411a aufgegriffen worden. Das im **selbständigen Beweisverfahren** erstattete Gutachten eines gerichtlich bestellten Sachverständigen ist kein Gutachten aus einem anderen Verfahren, sondern steht gemäß § 493 Abs. 1 der Beweis- 73

---

138 So der Fall BGH NJW 1993, 2382, 2383.
139 So der Fall BGH VersR 1981, 587, 587.
140 Vgl. BGH VersR 1981, 576, 577.
141 BGH VersR 1981, 576, 577; BGH NJW 2002, 1651, 1654.
142 Vgl. BGHZ 112, 140, 150 = NJW 1991, 178 – Befestigungsvorrichtung II; BGH GRUR 2004, 413, 416 – Geflügelkörperhalterung; s. ferner BGH GRUR 2004, 411, 413 – Diabehältnis (Wissen des Fachmanns über die erfindungsgemäße Lösung am Prioritätstag, Erkrankung des gerichtlichen Sachverständigen am Tag der mündlichen Verhandlung).
143 BGHZ 98, 32, 40 = NJW 1986, 3077, 3079; BGH VersR 1993, 899, 900; BGH VersR 1997, 1158, 1159; OLG Oldenburg NJW-RR 2000, 949, 950.
144 BGH VersR 1981, 752; BGH NJW 1997, 794, 795; BGH NJW-RR 1998, 1117 – Ladewagen; BGH NJW 2001, 77, 78 = VersR 2001, 525, 526; BGH GRUR 2000, 138, 140 = WRP 1999, 1297, 1300 – Knopflochnähmaschinen; zurückhaltender noch BGH VersR 1963, 1188 (LS); BGH NJW 2008, 2846 Tz. 25; BGH VersR 2011, 552 Tz. 10 = NJW-RR 2011, 609.
145 BGH VersR 1981, 752.

erhebung vor dem Prozessgericht gleich. Näher zur Substitution einer erneuten schriftlichen Begutachtung § 411a.

4. Erfahrungssätze

74 **a) Funktion von Erfahrungssätzen, Anwendungskontrolle.** Erfahrungssätze gehören **zusammen mit den Denk- und Naturgesetzen zu** den objektivierenden **Grenzen**, die dem Grundsatz **freier** richterlicher **Beweis- und Verhandlungswürdigung** gezogen werden und die damit eine willkürliche Überzeugungsbildung nach rein subjektiven Faktoren ausschließen. Erfahrungssätze sind damit Hilfsmittel bei der rationalen, intersubjektiv akzeptablen Feststellung von Tatsachen, die für den Subsumtionsschluss benötigt werden.[146] Sie können aus der (richterlichen) Lebenserfahrung erwachsen und sich zu überindividueller Gewissheit verdichten. Ihre Akzeptanz hängt von dem Grad an Ergebnisgewissheit ab, der unterschiedlich hoch sein kann.

75 **Lebenserfahrung** in rechtlichen Kategorien zu erfassen, hat für die **Revisionskontrolle strafrichterlicher Beweiswürdigungen** insbesondere dann Bedeutung, wenn Urteile auf der Grundlage erfahrungswidriger Würdigungen aufgehoben werden sollen. Lebenserfahrung spiegelt Einsichten der Richter, die verallgemeinernd aus der Beobachtung von Einzelfällen gewonnen wurden.[147] Sie kann sich so verdichten, dass ihre Beachtung schlechthin zwingend ist. Erfahrungssätze werden zum Teil in ein **gestuftes Verhältnis** zur allgemeinen Lebenserfahrung gesetzt. Sie beinhalten ihr gegenüber eine höhere Qualität, wie sich in dem Definitionsversuch des 2. Strafsenats des BGH[148] dokumentiert: „Erfahrungssätze sind die aufgrund allgemeiner Lebenserfahrung oder wissenschaftlicher Erkenntnisse gewonnenen Regeln, die keine Ausnahme zulassen und eine an Sicherheit grenzende Wahrscheinlichkeit zum Inhalt haben". Klare und generell **akzeptierte Abgrenzungen zwischen Erfahrungssätzen und Lebenserfahrung** gibt es jedoch **nicht**.[149] Erfahrungssätze sind teilweise der empirischen wissenschaftlichen Feststellung durch Sachverständige zugänglich, können aber auch aus der Beobachtung des täglichen Lebens gewonnen werden.[150] Als Grundlage kommen sowohl die allgemeine Lebenserfahrung als auch eine besondere Fach- oder Sachkunde in Betracht.[151]

76 Grundsätzlich ist die Anwendung von **Lebenserfahrung** eine **Aufgabe tatrichterlicher Würdigung**, die nicht der Rechtskontrolle des Revisionsgerichts unterliegt. Sie bedarf aber auch im Zivilrecht einer die Rechtsanwendung vereinheitlichenden Kontrolle durch den BGH, wie insbesondere konträre instanzgerichtliche Entscheidungen zu völlig gleichartigen Lebenssachverhalten im Wettbewerbs- und Markenrecht anschaulich zeigen, die jeweils unter Berufung auf richterliche Lebenserfahrung ergangen sind (s. nachfolgend Rdn. 78). Zu verteilen sind die Aufgaben zwischen Tatrichter und Revisionsrichter in der Weise, dass offenkundig bzw. **evident erfahrungswidrige Tatsachenfeststellungen** kraft Lebenserfahrung der **Überprüfung durch** den **Revisionsrichter** unterliegen; er darf insoweit seine Lebenserfahrung an die Stelle des Tatrichters setzen

---

146 Zur Verknüpfung von Erkenntnissen der Wissenschaftstheorie mit dem Beweisrecht *Mummenhoff* Erfahrungssätze im Beweis der Kausalität, 1997; dazu die eingehende Rezension von *Windel* ZZP 112 (1999), 385 ff.
147 *Sommer* FS Rieß (2002) S. 585, 593.
148 BGH, Beschl. v. 8.9.1999, BGHR StPO 261, Erfahrungssatz 6; dazu *Sommer* FS Rieß, S. 592.
149 *Sommer* FS Rieß, S. 593. Kritisch zur praktischen Brauchbarkeit der Einteilung von Erfahrungssätzen in unterschiedliche Zuverlässigkeitsstufen *Risthaus*, Erfahrungssätze im Kennzeichenrecht, 2. Aufl. 2007, S. 335 ff., 339 Rdn. 826 (bei abweichender Terminologie).
150 *Sommer* FS Rieß S. 593.
151 Vgl. Rosenberg/Schwab/*Gottwald*[17] § 111 Rdn. 11.

und den Fall ohne Zurückverweisung an die Tatsacheninstanz durchentscheiden. Die **offensichtliche Nichtbeachtung** oder **Fehlbewertung** der Lebenserfahrung ist wie die Missachtung anerkannter Erfahrungssätze **revisibel**. Sie wird wie die Verletzung materiellen Rechts behandelt,[152] bedarf also keiner an die Frist des § 551 Abs. 2 gebundenen Verfahrensrüge aus § 286.[153]

Entbehrt werden kann ein **Sachverständigengutachten**, wenn Erfahrungssätze 77 im Sinne der vorgenannten Definition als Teil der richterlichen Lebenserfahrung den Schluss auf Tatsachen erlauben.[154] Dem Gericht unbekannte Erfahrungssätze bedürfen der Feststellung durch Sachverständige, Inhalte berechtigt in Anspruch genommener allgemeiner Lebenserfahrung oder besonderer richterlicher Sachkunde hingegen nicht.

b) Erfahrungssätze zur Verkehrsauffassung. Erfahrungssätze werden zur **Fest-** 78 **stellung des Verkehrsverständnisses** angewandt, etwa im Markenrecht bei der Ermittlung tatsächlicher Grundlagen der Verwechslungsgefahr oder im Recht gegen unlauteren Wettbewerb bei der Feststellung einer Irreführungsgefahr.[155] Sie treten dann an die Stelle von Beweiserhebungen durch demoskopische Gutachten[156] oder IHK-Umfragen.[157] Die Feststellungen werden auf der Grundlage **allgemeiner Erfahrungssätze** oder spezifischer **richterlicher Sachkunde** getroffen. Der BGH spricht von „Sachkunde und Lebenserfahrung" des Tatrichters.[158] Ermittelt wird damit das Verständnis der angesprochenen Verkehrskreise aus der **Sicht eines** durchschnittlich informierten, verständigen und situationsadäquat aufmerksamen **Durchschnittsverbrauchers**.[159] Begrenzend wirkt nur, dass die Feststellungen nicht außerhalb des Erfahrungsbereichs des Tatrichters liegen dürfen.[160] Damit werden Vorgaben des EuGH übernommen.[161] Die Anleitung zur Ermittlung der „mutmaßlichen Erwartung eines solchen Verbrauchers" begreift der EuGH nicht als Gegensatz zur Suche nach dem tatsächlichen Verkehrsverständnis, denn den nationalen Gerichten wird die Befugnis eingeräumt, das Verkehrsverständnis „durch ein Sachverständigengutachten oder eine Verbraucherbefragung zu ermitteln".[162] Bei der gleichartig angelegten Feststellung der **Verwechslungsgefahr**, in die wertende Vorga-

---

152 Ahrens/*Bornkamm* Wettbewerbsprozess[7] Kap. 30 Rdn. 37; **A.A.** *Risthaus* Erfahrungssätze im Kennzeichenrecht[2], S. 278 Rdn. 631f., S. 339 Rdn. 827, S. 341 Rdn. 833f. („eigene Kategorie mit Nähe zur Tatsache"). Im Strafprozess wird der tatrichterliche Umgang mit verbindlichen Erfahrungssätzen in der Beweiswürdigung ebenfalls der Rechtsfrage zugeordnet: BGHSt 31, 86, 89 (zu § 121 Abs. 2 GVG); *Sommer* FS Rieß S. 593.
153 Wohl **a.A.** *Risthaus* Erfahrungssätze im Kennzeichenrecht[2], S. 389f. Rdn. 962 und 964, S. 394 Rdn. 975; **a.A.** eventuell auch Rosenberg/Schwab/*Gottwald*[17] § 142 Rdn. 12.
154 Vgl. etwa BGH NJW 1999, 2190, 2191 – Auslaufmodelle I.
155 Dazu *Risthaus* Erfahrungssätze im Kennzeichenrecht S. 369ff.; *Bornkamm* WRP 2000, 830ff.; Köhler/*Bornkamm* Wettbewerbsrecht[31] § 5 UWG Rdn. 3.10.
156 Zu den Anforderungen an demoskopische Gutachten Ahrens/*Spätgens* Wettbewerbsprozess[7] Kap. 28; Gloy/Loschelder/Erdmann/*Pflüger*, Handbuch des Wettbewerbsrechts[4] § 42; *Eichmann* GRUR 1999, 939ff.; *Niedermann* GRUR 2006, 367ff.; *Berlit* GRUR 2006, 542, 543f.
157 Zum Rückgriff auf Erkenntnisse der Linguistik bei der Beurteilung von Markenanmeldungen *F. Albrecht* GRUR 2000, 648ff.
158 BGH NJW 2002, 1718, 1720 = GRUR 2002, 550, 552 = WRP 2002, 527, 529 – Elternbriefe; BGH GRUR 2003, 247, 248 – Thermalbad; s. auch BGH NJW 1999, 2190, 2191 – Auslaufmodell I.
159 BGH GRUR 2000, 619, 621 = NJW-RR 2000, 1490, 1491 – Orientteppichmuster; BGH GRUR 2000, 1106, 1108 – Möbel-Umtauschrecht; BGH GRUR 2002, 182, 183 = NJW-RR 2002, 329, 330 – Das Beste jeden Morgen; BGH GRUR 2003, 247, 248 – Thermalbad.
160 BGH GRUR 2003, 247, 248 – Thermalbad; s. ferner BGH GRUR 2002, 550, 552 – Elternbriefe.
161 EuGH WRP 1998, 848, 850 Tz. 31 – Gut Springenheide; EuGH WRP 1999, 307, 311 Tz. 36 – Sektkellerei Kessler; EuGH WRP 2000, 289, 292 Tz. 27 – Lifting-Creme; EuGH WRP 2000, 489, 491 Tz. 20 – Darbo.
162 EuGH WRP 2000, 289, 292 Tz. 31 – Lifting-Creme; EuGH WRP 1998, 848, 851 Tz. 35 u. 37 – Gut Springenheide.

ben in stärkerem Maße einfließen, geht es im Ausgangspunkt ebenfalls um Sinneswahrnehmungen, nämlich um fehlgeleitete Wahrnehmungen aufgrund ungenauer Gedächtnisleistungen des angesprochenen Verkehrs.

79 Die **Dokumentation der Herkunft** des Erfahrungssatzes ist **nicht erforderlich**. Irritierend ist, dass Feststellungen von spezialisierten OLG-Richtern zur Verkehrsauffassung, die zu gleichartigen Sachverhalten in verschiedenen Gerichtsbezirken zeitgleich getroffen werden und in die Revisionsinstanz gelangen, zu konträren Ergebnissen führen.[163] Dies gebietet, die angewandten Erfahrungssätze zum **Gegenstand einer Beweisaufnahme** machen zu können. Problematisch ist, **unter welchen Voraussetzungen** sie **erschüttert** werden können, damit eine Beweisaufnahme stattfindet. § 291 ist **nicht anwendbar**; eine Verkehrsauffassung sieht der BGH nicht als offenkundige Tatsache an.[164] Deren Feststellung stütze sich auf Erfahrungswissen, das nicht durch Zeugenbeweis zu ermitteln sei, sondern im Falle einer Beweisaufnahme mit Hilfe eines Sachverständigen und aufgrund einer Meinungsumfrage.

80 Der BGH sieht die **Feststellung der Verkehrsauffassung ohne Beweisaufnahme** als die Anwendung eigenen richterlichen Erfahrungswissens an, für dessen Inanspruchnahme dieselben Regeln gelten, wie auch sonst bei Beantwortung der Frage, ob ein Gericht auf die Einholung eines Sachverständigengutachtens verzichten und kraft eigener Sachkunde entscheiden kann.[165] Dies bedeutet: Hat das Gericht geurteilt, obwohl es nicht sachkundig ist, oder hat es eine mögliche, aber keineswegs selbstverständliche eigene Sachkunde nicht dargelegt, verstößt es gegen § 286, was in der Revisionsinstanz uneingeschränkt gerügt werden kann.[166] **Sachkunde** ist im Allgemeinen **gegeben**, wenn der Richter selbst zu den angesprochenen Verkehrskreisen gehört, unabhängig davon, ob er bei Irreführungssachverhalten eine Irreführung bejahen oder verneinen will.[167] Eine Beweisaufnahme ist auch nicht zwingend geboten, wenn keiner der erkennenden Richter durch die fragliche Werbung angesprochen wird.[168] So kann es bei Konsumartikeln um eine Irreführung über den Preis gehen. Bei Leistungen für Fachkreise können deren besondere Kenntnisse und Erfahrungen entweder irrelevant sein[169] oder der spezialisierte Richter kann die erforderliche Sachkunde besitzen. Einem Beweisantrag auf Einholung eines Sachverständigengutachtens (demoskopischen Gutachtens) ist stattzugeben, wenn **Anhaltspunkte** bestehen, dass Besonderheiten des Sachverhalts **Zweifel an** der Geltung des **Erfahrungssatzes** begründen.[170] Das kann schon mit dem Ergebnis einer privat in Auftrag gegebenen, kostengünstig einzuholenden Befragung geschehen, deren Stich-

---

163 Vgl. Köhler/*Bornkamm*[31] § 5 UWG Rdn. 3.15, beispielhaft den Fall BGHZ 139, 368 = GRUR 1999, 264 – Handy für 0,00 DM nennend. Zur Divergenz von Lebenserfahrung in verschiedenen Gerichtsbezirken auch *Risthaus*, Erfahrungssätze[2] S. 279 Rdn. 634.
164 BGH GRUR 2004, 244, 245 = NJW 2004, 1163, 1164 = WRP 2004, 339, 341 – Marktführerschaft, unter Distanzierung von den Senatsentscheidungen BGH GRUR 1990, 607, 608 – Meister-Kaffee und GRUR 1992, 406, 407 – Beschädigte Verpackung I; anders auch BGH GRUR 1998, 1052, 1053 – Vitaminmangel: Anwendung des § 291 auf dienstliche Kenntnis aus einer Vielzahl früherer Rechtsstreitigkeiten über die Deckung des Vitaminbedarfs durch die normale Nahrung.
165 BGH GRUR 2004, 244, 245 = NJW 2004, 1163, 1164 – Marktführerschaft.
166 BGH NJW 2004, 1163, 1164 – Marktführerschaft.
167 BGH NJW 2004, 1163, 1164; BGH GRUR 2010, 365 Tz. 15 = WRP 2010, 531 = NJW-RR 2010, 1059; OLG Köln WRP 2012, 478, 479 – Sparkling Tea (dort unabhängig von den Leitsätzen des Deutschen Lebensmittelbuches nach § 15 LFBG) = GRUR-RR 2012, 222.
168 BGH NJW 2004, 1163, 1164.
169 So in OLG Hamburg GRUR-RR 2004, 267, 268 – Leistungsspitze.
170 Vgl. BGH NJW 2002, 1718, 1720: Umstände, die eine bestimmte Auffassung als bedenklich erscheinen lassen.

probe nicht repräsentativ für die Grundgesamtheit ist.[171] Die Inanspruchnahme eigener Sachkunde kann danach nicht in einem Umfang durch Beweisaufnahme erschüttert werden, wie es der **österreichische OGH** gestattet. Nach dessen Judikatur steht es den Parteien „immer frei, selbst Erfahrungssätze zu behaupten und unter Beweis zu stellen oder den Beweis der Unrichtigkeit von Erfahrungssätzen anzutreten".[172]

c) Verkehrssitten, Handelsbräuche. Verkehrssitten und Handelsbräuche sind **Erfahrungssätzen gleichzustellen.**[173] Prozessual sind sie daher wie Rechtsnormen und nicht wie Tatsachen zu behandeln.[174] Ihre Feststellung hat von Amts wegen zu erfolgen. Auf § 293 kommt es dafür nicht an.[175] 81

VI. Ungeeignetheit und Unergiebigkeit, Unzulässigkeit des Beweises

1. Ungeeignetheit

a) Generelle Ungeeignetheit. Dem Antrag auf Erhebung des Sachverständigenbeweises ist nicht zu entsprechen, wenn der Sachverständigenbeweis zur Beantwortung der Beweisfrage ungeeignet ist (s. auch § 284 Rdn. 96). Es handelt sich um eine Vorhersage der **Ergebnislosigkeit der Beweisaufnahme**. Im Gegensatz zur StPO, die dem Richter bei „völliger" Ungeeignetheit des Beweismittels (§ 244 Abs. 3 StPO) ein **Ablehnungsrecht** einräumt, regelt die ZPO dies nicht ausdrücklich.[176] Es ergibt sich aber aus der richterlichen Pflicht zur Prozessbeschleunigung und Kostenminimierung, auch wenn der Zivilprozess gegen gezielt verschleppend gestellte Beweisanträge weniger anfällig ist. Da sich die Ungeeignetheit nur im Wege der Vorausschau klären lässt, handelt es sich insoweit um eine Ausnahme vom Verbot der **Beweisantizipation**.[177] Sie bedarf deshalb der näheren Begründung. Die Vorwegnahme der Beweiswürdigung ist unzulässig, wenn nur die – möglicherweise sogar naheliegende – Erwartung besteht, bei der beantragten Beweiserhebung „komme nichts heraus".[178] 82

Die Ungeeignetheit kann sich aus der Person des Sachverständigen und der damit verbundenen **mangelnden Kompetenz** zur Beantwortung der Beweisfrage ergeben. Da der „Parapsychologie" keine gesicherten wissenschaftlichen Erkenntnisse zugrunde liegen, ist die Benennung einer **Hellseherin** zum Beweis äußerer, nicht von ihr wahrgenommener Tatsachen ungeeignet.[179] Die Ungeeignetheit kann sich auch aus dem **Beweisthema** ergeben. So ist der Sachverständigenbeweis definitionsgemäß ungeeignet zum Beweis bestrittener Anschlusstatsachen.[180] Ein ärztliches Sachverständigengutachten kann nicht beweisen, wie eine jugoslawische Kommission den dort gestellten Antrag einer Frau auf einen Schwangerschaftsabbruch entschieden hätte.[181] Ein Sachverständi- 83

---

171 Zur Einholung eines kostspieligen Privatgutachtens für die Berufungsbegründung OLG München GRUR-RR 2005, 296 (Erstattungsfähigkeit bejaht).
172 OGH ÖBl. 2000, 126, 129 – Tipp des Tages III m.w.N.; OGH ÖBl. 1998, 41, 42 – Inserate-Kombischaltung m.w.N.
173 *Oestmann* JZ 2003, 285, 288.
174 *Oestmann* JZ 2003, 285, 288.
175 A.A. *Oestmann* JZ 2003, 285, 289.
176 Zur Anwendung des § 244 Abs. 3 StPO im Zivilprozess BGH NJW 1994, 1348, 1349.
177 *Müller* Der Sachverständige im gerichtlichen Verfahren³ Rdn. 103 (zu § 244 StPO).
178 BVerwG NVwZ-RR 1999, 336: Das Sachverständigengutachten sollte die aus verschiedenen Indizien gewonnene Überzeugung zur Haupttatsache erschüttern.
179 BGH NJW 1978, 1207.
180 Vgl. OLG Düsseldorf VersR 1993, 1167, 1168.
181 OLG Hamburg VersR 1987, 1145, 1146 a.E.

gengutachten zur „marktgerechten" Preisgestaltung kommunaler Abfallentsorgungsgebühren ist taugliches Beweismittel, wenn ein Markt für die Leistungen vorhanden ist.[182]

84 **b) Einzelfallbezogene Ungeeignetheit.** Der Sachverständigenbeweis kann auch wegen einzelfallbezogener Unergiebigkeit entbehrlich sein, die allerdings nicht scharf von der (generellen) Ungeeignetheit zu unterscheiden ist. Einschlägige Fälle werden vielfach der Gruppe der Ungeeignetheit zugeordnet, dies insbesondere wegen des umfassend verstandenen Terminus der Ungeeignetheit in § 244 Abs. 3 StPO. Unergiebig ist die Gutachteneinholung, wenn die zur Beweiserhebung notwendigen Anschlusstatsachen (Definition § 404a Rdn. 16) unaufklärbar sind und dem Sachverständigen damit jede **tatsächliche Grundlage fehlt**.[183] Hierbei ist jedoch einschränkend zu beachten, dass der Sachverständigenbeweis, auch wenn keine sicheren und zwingenden Schlüsse möglich sein sollten, u.U. zumindest den Beweis einer gewissen Wahrscheinlichkeit der Beweistatsache erbringen kann, der zusammen mit anderen Umständen die gerichtliche Überzeugung herbeiführen kann (zur Würdigung von Sachverständigengutachten vgl. § 412 Rdn. 11).[184] Auf die Hinzuziehung des Sachverständigen wegen Unergiebigkeit darf nur dann verzichtet werden, wenn der Tatrichter ohne besondere Sachkunde zu entscheiden in der Lage ist, dass die fehlenden Anschlusstatsachen zur Ermittlung der Befundtatsachen zwingend notwendig sind. Demgegenüber darf der Tatrichter nicht ohne Darlegung der eigenen Sachkunde im Wege der vorweggenommenen Beweiswürdigung prüfen, ob ein Sachverständiger in der Lage wäre, aus den vorhandenen Anschlusstatsachen Befundtatsachen zu ermitteln.[185] Auf die Vervollständigung des Vortrags der Anknüpfungstatsachen hat der Tatrichter nach § 139 Abs. 1 Satz 2 hinzuwirken.[186]

85 **2. Unzulässigkeit.** Die Erhebung des Sachverständigenbeweises kann im Einzelfall unzulässig sein. Die Unzulässigkeit kann sich aus dem **Beweisthema**, aus der **Art der Beweiserhebung** oder aus einem **Beweiserhebungsverbot** nach allgemeinem Beweisrecht ergeben.

86 Unzulässig ist die Einholung von **Rechtsgutachten** („iura novit curia") mit Ausnahme der in § 293 eröffneten Möglichkeit, über die Geltung ausländischen Rechts (zu dem nicht das EU-Recht zu zählen ist),[187] Gewohnheitsrechts oder von Statuten Beweis erheben zu dürfen (s. oben § 402 Rdn. 21f.). Dementsprechend ist bei der Formulierung des Beweisthemas zu beachten, dass dem Sachverständigen nicht die Subsumtion unter juristische Tatbestandsmerkmale überlassen werden darf.[188]

87 Eine weitere Einschränkung gilt für solche Bereiche, in denen sachverständige Gremien **Beurteilungsrichtlinien** als antizipierte Sachverständigengutachten erlassen haben, denen wegen des Gebots gleichmäßiger Handhabung seitens der Verwaltung (Art 3 Abs. 1 GG) **normähnliche Wirkungen** zukommen. In diesem Zusammenhang hat das BSG für die sogenannten „Anhaltspunkte für die ärztliche Gutachtertätigkeit (AHP)" ent-

---

182 BVerwG NVwZ-RR 1999, 336.
183 BGH StV 1990, 7 (Feststellbarkeit der Vernehmungsfähigkeit eines heroinabhängigen Zeugen anlässlich früherer polizeilicher Vernehmung); KG VersR 2008, 275; vgl. auch BGH VersR 1959, 392 und OLG Düsseldorf VersR 1993, 1067, 1168.
184 BGH NStZ 1995, 97, 98; OLG Düsseldorf NStZ 1990, 506 (Vergleichsschriftgutachten aufgrund von 3 Worten).
185 Vgl. BGH VRS 71 (1986), 133, 135 (Ursachen einer Schiffskollision).
186 BGH VersR 2009, 517 Tz. 8.
187 Vgl. nur *Nicolaysen* EuR 1988, 411.
188 OLG Hamburg ZSW 1983, 43, 44 m. Anm. *Müller* (Ermittlung des Minderwertes nach § 472 BGB).

schieden, dass die AHP im Hinblick auf ihre generelle Richtigkeit nicht durch Einzelfallgutachten widerlegt werden können.[189]

Die Gerichte haben **vorrangige Beurteilungskompetenzen** der **Legislative und** 88
der **Exekutive** zu beachten und dürfen deren Einschätzungen ungewisser komplexer Gefährdungslagen nicht nach sachverständiger Beratung durch eigene Einschätzungen ersetzen. Werden ungewisse Gefährdungen für die menschliche Gesundheit, denen Menschen wegen des Betriebs technischer Anlagen ausgesetzt sind, z.B. von **Mobilfunkanlagen** ausgehenden hochfrequenten elektromagnetischen Feldern, vom Gesetzgeber oder einem Verordnungsgeber auf der Grundlage des Wissens von Expertenkommissionen bei noch fehlenden verlässlichen wissenschaftlichen Erkenntnissen einer eigenständigen **Risikoeinschätzung** unterworfen und wird mit der Festsetzung von **Risikogrenzwerten** ein angemessener Entscheidungsspielraum genutzt, haben die **Gerichte** nur eine **eingeschränkte Prüfungsbefugnis** der komplexen Gefährdungslage. Sie müssen die Verteilung der Verantwortungsbereiche respektieren.[190] Es ist Sache des Gesetz- oder Verordnungsgebers, den Erkenntnisfortschritt der Wissenschaft mit geeigneten Mitteln zu beobachten und zu bewerten sowie geänderte Schutzmaßnahmen zu treffen.[191] Eine gerichtliche Beweiserhebung anlässlich eines konkreten Streitfalls, z.B. einer Nachbarrechtsklage, ist nicht geeignet, die gebotene Gesamteinschätzung des komplexen wissenschaftlichen Erkenntnisstandes zu leisten.[192]

Nach Auffassung des OLG Düsseldorf soll die Erhebung des Sachverständigenbewei- 89
ses dann unzulässig sein, wenn das Gutachten zur Aufklärung eines behaupteten ärztlichen Behandlungsfehlers (fehlerhafte Tubensterilisation durch Thermokoagulation des Eileiters) nur bei **Durchführung** einer operativen Inspektion der dafür zu eröffnenden Bauchhöhle erstattet werden kann, die **mit** allgemeinen **Operationsrisiken** für **Leben** und **Gesundheit** verbunden ist, und gleichzeitig der Erfolg einer derartigen prozessualen Sachaufklärung ungewiss ist. Dies soll selbst dann zu gelten haben, wenn sich die (beweisbelastete) Prozesspartei mit der Operation einverstanden erklärt hat und andernfalls als beweisfällig zu behandeln ist.[193]

VII. Vereitelung des Sachverständigenbeweises

Der Sachverständige hat keine öffentlich-rechtlichen Eingriffsbefugnisse (dazu § 402 90
Rdn. 94). Die Erhebung des Sachverständigenbeweises ist deshalb unmöglich und wird vereitelt, wenn eine der Parteien oder eine am Prozess nicht beteiligte dritte Person Mitwirkungshandlungen unterlässt, die zur Gutachtenerstattung notwendig sind. Zu denken ist etwa an die Teilnahme an einer ärztlichen Untersuchung, die Gestattung des Zugangs zu einem Grundstück,[194] die Inbetriebnahme einer Maschine oder Anlage oder die Nichtzustimmung zu einer Bauteilöffnung (§ 404a Rdn. 16). In Betracht kommt aber auch die aktive Veränderung des Zustandes eines Inspektionsgegenstandes.

---

189 BSG NZS 1993, 512, 513.
190 BVerfG NJW 2002, 1638, 1639 – Mobilfunkanlage; OLG Frankfurt NJW-RR 2005, 1544, 1545.
191 BVerfG NJW 2002, 1638, 1639. Zum Moment der Unwissenheit als Merkmal von
Risikoeinschätzungen *Jaeckel* JZ 2011, 116 ff.
192 BVerfG NJW 2002, 1638, 1639. Unrichtig daher die Beschlussanfechtungsentscheidung OLG Hamm NJW 2002, 1730, 1731 mit der Gleichsetzung von Ungewissheit und tatsächlicher Beeinträchtigung i.S.d. § 14 Nr. 1 WEG durch Errichtung einer Mobilfunkantenne.
193 OLG Düsseldorf NJW 1984, 2635.
194 So in OLG Koblenz NJW 1968, 897.

91 Soweit die **beweisbelastete Partei** die Mitwirkung vorenthält, kann sie gem. **§ 356** nach fruchtloser Fristsetzung[195] mit dem **Beweismittel ausgeschlossen** werden.[196] Sodann ergeht auf der Grundlage der Beweislast eine Entscheidung gegen sie, weil sie beweisfällig geblieben ist.

92 Soweit der **Beweisgegner** die Befunderhebung blockiert und damit der beweisbelasteten Partei die Führung des Sachverständigenbeweises unmöglich macht, finden die Grundsätze zur Beweisvereitelung Anwendung. Der Tatrichter kann im Wege der freien Beweiswürdigung das **Verhalten des Beweisgegners würdigen** und im Einzelfall ein dem Beweisführer günstiges Beweisergebnis unterstellen[197] (näher dazu vor § 284 Rdn. 16 und § 357 Rdn. 18). Entzieht sich der mögliche Kindesvater einer **Abstammungsuntersuchung** durch Flucht ins Ausland, kann analog § 444 von seiner Vaterschaft ausgegangen werden.[198] Verweigert der auf Vaterschaftsfeststellung in Anspruch genommene Mann unberechtigt notwendige Untersuchungen und können diese nicht zwangsweise durchgesetzt werden, kann er nach vorherigem Hinweis so behandelt werden, als hätten die Untersuchungen keine schwerwiegenden Zweifel an seiner Vaterschaft erbracht.[199] Vereitelt der Beweisgegner in einem Baumangelprozess die Erhebung des Sachverständigenbeweises durch **arglistigen Weiterbau** oder voreilige Sanierung, darf der Tatrichter analog § 444 von der Richtigkeit des Tatsachenvortrages des Beweisführers ausgehen.[200] Verweigert der auf Zahlung vor Abnahme in Anspruch genommene Käufer von Individualsoftware die **Vorlage der Originaldisketten** und vereitelt er in dieser Weise den vom Kläger mittels Sachverständigengutachten zu führenden Beweis der Mangelfreiheit, darf das Gericht in freier Beweiswürdigung von der Mangelfreiheit ausgehen.[201] Eine prozessordnungsgemäße Durchführung der Beweisaufnahme wird auch vereitelt, wenn anlässlich der in einem Bauprozess notwendigen Augenscheinseinnahme durch einen gerichtlichen Sachverständigen, die parteiöffentlich ist, der vom Prozessgegner beauftragte Privatgutachter unter Berufung auf das Hausrecht vom Grundstück verwiesen wird; § 444 ist anzuwenden.[202]

93 Gegen den Beweisgegner oder gegen **dritte Personen**, auf die eine Prozesspartei nicht durch Weisungen (etwa als Arbeitgeber) einwirken kann, besteht allenfalls ein **materiellrechtlicher Duldungs- oder Mitwirkungsanspruch**, der dann in einem gesonderten Verfahren tenoriert werden muss.[203] In Betracht kommt insbesondere § 809 BGB (dazu vor § 284 Rdn. 23 ff.). Dieser Anspruch ist nach der Titulierung durch unmittelbaren Zwang nach §§ 890, 892 durchzusetzen. S. dazu auch § 404a Rdn. 9. Zur Mitwirkung in Kindschaftssachen nach FamFG s. oben Rdn. 65.

---

195 Entbehrlich ist die Fristsetzung, wenn sie angesichts ernsthafter Weigerung eine bloße Förmelei wäre, BGH NJW 1993, 1391, 1393.
196 OLG Braunschweig NJW-RR 1992, 124 f. (Fernbleiben von ärztlicher Untersuchung); s. ferner OLG Hamm VersR 2001, 249 (fehlende Entbindung von der Schweigepflicht zur Beiziehung der ärztlichen Dokumentation als Grundlage der Begutachtung).
197 OLG Koblenz NJW 1968, 897.
198 OLG Braunschweig DAVorm 1981, 52 f.
199 BGH NJW 1993, 1391, 1393 (auch zur streitigen Begründung der Rechtsfolge).
200 OLG Düsseldorf BauR 1980, 289 f.
201 LG Köln BB 1994, 13, 13 f.
202 Vgl. OLG München MDR 1989, 71.
203 Vgl. BVerfG NJW 1987, 2500, 2501: Betreten einer Wohnung für Schallmessungen; Anwendbarkeit des Art. 13 Abs. 3 GG als zweifelhaft angesehen, jedoch nicht abschließend entschieden. Zur Beschwer einer Duldungsklage im Zugewinnausgleichsverfahren BGH FamRZ 1999, 647, 648; zum Streitwert OLG Zweibrücken FamRZ 1998, 1308.

VIII. Zwangsbefugnisse des Sachverständigen

Der Sachverständige hat nach der ZPO **keine** eigenständigen **Eingriffsbefugnisse**. 94
Er unterliegt in seiner Eigenschaft als (Augenscheins-)Gehilfe des Gerichts denselben verfassungsrechtlichen **Bindungen wie das Gericht**, z.B. beim Betreten und Besichtigen einer Wohnung dem Art. 13 GG.[204] Demnach bedürfte der Sachverständige zur Vornahme von Grundrechtseingriffen einer formell-gesetzlichen Ermächtigungsgrundlage, welche die ZPO mit Ausnahme des § 372a nicht bereit hält. Außerhalb des Anwendungsbereichs des § 372a kann also die **Duldung** von Maßnahmen des Sachverständigen prozessrechtlich weder gegen Dritte noch gegenüber dem Prozessgegner erzwungen werden.[205] Zu beweisrechtlichen Konsequenzen sowie zum Bestehen etwaiger materiell-rechtlicher Duldungsansprüche § 402 Rdn. 93. Das Allgemeine Persönlichkeitsrecht steht der Anfertigung dokumentierender Fotos aus dem Intimbereich oder der Wiedergabe von Einzelheiten eines Untersuchungsgesprächs nicht entgegen[206] (s. auch § 407a Rdn. 36). Zur Rechtsstellung des Sachverständigen s. vor § 402 Rdn. 28 ff.

IX. Entsprechende Anwendung der Zeugenbeweisvorschriften

1. Rechtstechnik der Verweisung. Unübersichtlich und inhaltlich **unpassend** ist 95
der eigentliche Regelungsgehalt des § 402 wegen seiner Verweisung auf die Vorschriften über den Zeugenbeweis. Die Kommission für das Zivilprozessrecht hat vergeblich vorgeschlagen, § 402 zu streichen und die Regeln zum Sachverständigenbeweis neu und aus sich heraus verständlich zu fassen.[207]

2. Anwendbare Vorschriften

a) § 375 – Vernehmung durch **kommissarischen Richter** 96

b) § 376 – Vernehmung bei **Amtsverschwiegenheit.** Besonderheiten in § 408 Abs. 2. 97

c) § 377 Abs. 1 und Abs. 2 – **Ladung** 98

d) § 379 – **Auslagenvorschuss.** § 379 findet entsprechende Anwendung. Das Gericht 99
kann gemäß §§ 402, 379 die Einholung eines **beantragten** (§ 403) Sachverständigengutachtens von der Zahlung eines **Auslagenvorschusses abhängig** machen.[208] Das Gericht darf sowohl die Beauftragung mit der Anfertigung eines schriftlichen Gutachtens als auch die (beantragte) mündliche Erläuterung des Gutachtens jeweils von der Zahlung

---

204 BVerfG NJW 1987, 2500, 2501 (Sachverständiger dort Augenscheinsgehilfe; keine abschließende Aussage zu Art. 13 GG. Es ging um Schallmessungen für den fremden Zivilprozess des Erwerbers der angrenzenden Doppelhaushälfte gegen deren Verkäufer). Zum Insolvenzgutachter, der im Eröffnungsverfahren nicht zugleich vorläufiger Insolvenzverwalter ist, BGH NJW 2004, 2015, 2017 = MDR 2004, 1022, 1023; davon ausdrücklich abweichend AG Duisburg ZIP 2004, 1376.
205 Zur zwangsweisen Gewinnung von Testmaterial des Beschuldigten im strafrechtlichen Ermittlungsverfahren EGMR NJW 2006, 3117, 3120.
206 LG Bonn NJW-RR 2006, 1552 f. (dort: im ärztlichen Schlichtungsverfahren).
207 Kommissionsbericht S. 139.
208 BGH MDR 1964, 501, 502 = NJW 1964, 658 (nur LS); BGH NJW 1999, 2823, 2824 = VersR 1999, 1515, 1516. Unterbleibt die Anordnung eines Auslagenvorschusses, kann der Kostenbeamte dem Antragsteller die Kosten gleichwohl in Rechnung stellen, OLG Koblenz JurBüro 1988, 1684, 1685. Zu § 68 Abs. 1 S. 1 GKG a.F. vgl. auch OLG Stuttgart MDR 1987, 1035 f.; OLG Koblenz JurBüro 1990, 618 f.

eines Vorschusses abhängig machen.[209] **Kostenschuldner** ist die **beweisbelastete Partei.**[210] Irrelevant ist, ob beide Parteien den Sachverständigenbeweis angetreten haben, weil es nicht auf die formelle Beweisführung ankommt.[211] Die nicht vorschusspflichtige Partei kann den Auslagenvorschuss anstelle des säumigen Kostenschuldners leisten. Hat das Gericht auf Antrag einen Sachverständigen beauftragt und zum Zeitpunkt des Beweisbeschlusses auf die Erhebung eines Vorschusses verzichtet, etwa weil dem Antragsteller anfänglich Prozesskostenhilfe bewilligt worden war, kann das Gericht die Beweiserhebung gleichwohl auch noch nachträglich (bis zur Gutachtenerstattung) von der Zahlung eines Vorschusses abhängig machen, wenn nachträglich Änderungen die Erhebung eines Vorschusses nunmehr rechtfertigen.[212] Die Weiterleitung eines bereits erstatteten Gutachtens darf nicht von der vorherigen Zahlung eines Vorschusses abhängig gemacht werden.[213]

100   Demgegenüber scheidet eine Anwendung des § 379 bei einer Beweiserhebung **von Amts wegen** (§ 144) aus[214] (§ 379 Rdn. 3). In diesen Fällen kann das Gericht einen Vorschuss auch nicht gemäß § 17 Abs. 3 GKG (= § 68 Abs. 3 Satz 1 GKG a.F.) verlangen[215] (s. auch § 403 Rdn. 3).

101   Aus der Nichtanwendung des § 379 auf die Beweiserhebung gemäß § 144 folgt, dass das Gericht nicht ohne weiteres auf die Erhebung des Sachverständigenbeweises verzichten darf, wenn der Antragssteller den geforderten Vorschuss nicht gezahlt hat. In Verfahren, in denen der **Untersuchungsgrundsatz** gilt, oder soweit eine – davon zu unterscheidende – **Prüfung von Amts** wegen vorzunehmen ist, muss das Gericht nunmehr von Amts wegen Beweis erheben.[216] Handelt es sich um eine Beweiserhebung im Geltungsbereich der **Verhandlungsmaxime** (des Beibringungsgrundsatzes), so hat der Tatrichter zu prüfen, ob er sein Ermessen dahin ausüben will, den Sachverständigen gem. § 144 zu laden; der Beweisführer darf nicht „automatisch" als beweisfällig angesehen werden.[217] Zahlt die beweisbelastete Partei den angeforderten Vorschuss nicht, handelt das Gericht regelmäßig **nicht ermessensfehlerhaft**, wenn es auf die amtswegige Erhebung des Beweises **verzichtet**.[218] Wird der Vorschuss verspätet gezahlt, kann der Beweisführer mit dem Beweismittel u.U. gemäß § 296 Abs. 2 (nicht Abs. 1) ausgeschlossen sein.[219]

102   e) § 381[220] – **Nachträgliche Entschuldigung** des Ausbleibens im Termin

---

209   BGH MDR 1964, 501, 502; BGH NJW 2000, 870, 871 – Tierheilpraktiker. Dasselbe gilt für die Erhöhung der Vorschussanforderung, OLG München OLGZ 1978, 484.
210   BGH NJW 1999, 2823, 2824 = VersR 1999, 1515, 1517.
211   BGH NJW 1999, 2823, 2824/2825.
212   **A.A.** OLG Frankfurt/M. OLGZ 1968, 436, 437 f. aufgrund unzutreffender Gleichsetzung mit Vernehmung des bereits erschienenen Zeugen; bei anderer Fallkonstellation gegen OLG Frankfurt: OLG München OLGZ 1978, 484 f.
213   OLG Frankfurt MDR 2004, 1255, 1256.
214   BGH FamRZ 1969, 477, 478 (Begutachtung der Prozessfähigkeit einer Partei); BGH NJW 2000, 743, 744; BGH GRUR 2010, 365 Tz. 18 = WRP 2010, 521 = NJW-RR 2010, 1059; KG MDR 1962, 744 (LS).
215   BGH NJW 2000, 743, 744; BGH NJW-RR 2010, 1059 Tz. 19; Zöller/*Greger*[29] § 379 Rdn. 3. Übergangen in BGH NJW 2012, 3512 Tz. 29 ff. – Delcantos Hits. Unklar ob SV-Beweiserhebung in BGH GRUR 2013, 164 Tz. 20 – Führungsschiene gem. § 144 erfolgte.
216   BGH MDR 1976, 396 (Patentnichtigkeitsverfahren; zu § 87 PatG).
217   OLG Köln JMBl. NW 1984, 33, 34; vgl. auch RGZ 155, 38, 39.
218   BGH NJW 2000, 870, 871 – Tierheilpraktiker; OLG Düsseldorf MDR 1974, 321; LG Itzehoe SchlHA 1963, 246 f.; zustimmend *Peters* ZZP 107 (1994), 264, 267 f.; **a.A.** *Schöpflin*, Die Beweiserhebung von Amts wegen im Zivilprozess, Frankfurt 1992, S. 166 f.
219   OLG Hamm NJW-RR 1995, 1151 f.; s. ferner OLG Köln JMBl. NW 1984, 33, 34.
220   LG Bochum NJW 1986, 2890.

f) § 382 – **Vernehmung am Amtssitz** 103

g) §§ 383–385 – **Gutachtenverweigerungsrecht.** Auf diese Vorschriften wird durch 104
§ 408 verwiesen.

h) §§ 386–389[221] – Verfahren bei **Gutachtenverweigerung.** Vgl. die Erläuterungen 105
zu § 408.

i) § 391[222] – **Beeidigung** des Sachverständigen. Eine Vereidigung ist zur Ermittlung 106
der Wahrheit wegen der Ersetzbarkeit des Sachverständigen bei Zweifeln an der Richtigkeit des Gutachtens **in der Regel nicht** geboten. Etwas anderes gilt, wenn der Sachverständige einem Zeugen gleichsteht, weil er zur Vorbereitung des Gutachtens eigene Wahrnehmungen oder Beobachtungen gemacht hat.[223]

k) § 395[224] – Ermahnung, Belehrung, **Vernehmung zur Person** 107

l) § 396 – Ablauf der **Vernehmung zur Sache** 108

m) § 397[225] – **Fragerecht der Parteien.** Vgl. im Einzelnen die Erläuterungen zu § 411 109
und zu § 397.

n) § 398[226] – **Wiederholte Vernehmung** 110

o) § 400 – **Befugnisse des beauftragten oder ersuchten Richters** 111

3. Nicht anwendbare Vorschriften

a) § 373 – **Beweisantritt.** Ersetzt durch § 403. 112

b) § 377 Abs. 3 – **Schriftliche Begutachtung.** Schriftliche Begutachtung ist in der 113
Praxis die Regel, auch wenn deren Anordnung im Ermessen des Gerichts steht. Die Begrenzungen des § 377 Abs. 3 gelten nicht.[227] Vgl. die Erläuterungen zu § 377 und zu § 411.

c) § 378 – **Aussagevorbereitung.** Obsolet wegen § 411. 114

d) § 380 – **Ausbleiben** des Sachverständigen. Ebenso wie § 390 praktisch ersetzt 115
durch § 409 und § 411 Abs. 2. Vgl. Erläuterungen zu § 409 und § 411.

e) § 385 – Ausnahmen vom **Gutachtenverweigerungsrecht** 116

---

221 OLG Bamberg BayJMBl. 1952, 237, 238.
222 RG DR 1939, 185; BayObLG FamRZ 1991, 618, 619 f. (Erbscheinsverfahren).
223 RG DR 1939, 185 f.
224 BVerwG RdL 1971, 70, 71 (zu § 395 Abs. 1).
225 BGHZ 6, 398, 400 f. = NJW 1952, 1214; BGHZ 24, 9, 14; 35, 370, 371; BGH VersR 1962, 231, 232; BGH RIW 1994, 878, 879 (Anwendung auf Begutachtung ausländischen Rechts); BGHZ 164, 94, 96 f. = VersR 2006, 95; BFHE 98, 467, 469; BVerwG NJW 1986, 3221; OLG Hamm NJW-RR 1992, 1469, 1470 = MDR 1992, 1085, 1086 (FGG-Verfahren).
226 BGH NJW 1993, 2380, 2381 (von Vorinstanz abweichende Würdigung).
227 Vgl. BGHZ 6, 398, 400.

117 **f) § 390 – Zwangsmittel** bei Gutachtenverweigerung. Vgl. zuvor zu § 380 und Erläuterungen zu § 409.

118 **g) § 392 Satz 2 – Eidesformel.** Es gilt § 410 Abs. 1 Satz 2.

119 **h) § 393 – Fehlende Eidesmündigkeit.** Irrelevant, weil Begutachtung durch diesen Personenkreis nicht denkbar ist.

120 **i) § 394 Abs. 1 – Einzelvernehmung.** Ist eine gemeinschaftliche Begutachtung angeordnet worden, so können die Sachverständigen ihr schriftliches Gutachten gemeinschaftlich erstatten. Dasselbe gilt dann auch für ein mündliches Gutachten[228] oder die gemeinschaftliche Erläuterung.[229]

121 **k) § 399 – Verzicht auf Sachverständigen.** Gutachteneinholung von Amts wegen möglich, § 144; vgl. aber Erläuterungen zu § 402 Rdn. 71 zur Dispositionsbefugnis der Parteien.

122 **l) § 401 – Entschädigung** des Sachverständigen. Ersetzt durch § 413.

§ 403
Beweisantritt

Der Beweis wird durch die Bezeichnung der zu begutachtenden Punkte angetreten.

Übersicht

I. Bedeutung des Beweisantrages — 1
II. Inhalt des Antrages
   1. Benennung des Sachverständigen — 5
   2. Konkretisierung des Beweisthemas — 6
III. Antragsrücknahme — 9
IV. Auslagenvorschuss — 10

Schrifttum

Stackmann Richterliche Anordnungen versus Parteiherrschaft im Zivilprozess, NJW 2007, 3521.

I. Bedeutung des Beweisantrages

1 Das Gericht kann Sachverständigenbeweis **von Amts wegen** erheben (§ 144), ist also auf einen Beweisantritt gemäß § 403 nicht angewiesen. Der Beweisantrag hat insoweit nur die Bedeutung einer **Anregung**.[1] Die beweisbelastete Partei verdeutlicht damit, dass ihres Erachtens der Prozess nicht ohne Inanspruchnahme sachverständiger Hilfe

---

[228] RGZ 8, 343, 345.
[229] BGH MDR 1959, 653: Wenn beide beauftragt sind, müssen auch *beide* mündlich erläutern; Vertretung wegen Verstoßes gegen § 355 nicht zulässig.

[1] Unrichtig daher KG MDR 2010, 345 (Verletzung der Prozessförderungspflicht behauptet). Zur Anwendung des § 144 s. BGH NJW 2004, 1163, 1164 – Marktführerschaft (zur Ermittlung der Verkehrsauffassung); BGH GRUR 2010, 314 Tz. 28 f. – Kettenradanordnung II; BGH NJW 2012, 3512 Tz. 29 ff. – Delcantos Hits; BGH GRUR 2013, 316 Tz. 23 ff. – Rohrmuffe (Verknüpfung mit Beweisermittlungsvoraussetzungen nach § 140c PatG).

entschieden werden kann. Übergeht das Gericht den Antrag, so hat es in den Entscheidungsgründen darzutun, warum es auf die Hinzuziehung eines Sachverständigen verzichtet hat (eigene Sachkunde, Unerheblichkeit, Ungeeignetheit, Unzumutbarkeit; näher dazu § 402 Rdn. 50 und § 402 Rdn. 82ff.).

Legt die beweisbelastete Partei ein Privatgutachten vor, das qualifizierten Sachvortrag darstellt, und vermag das Gericht die Feststellungen nicht kraft eigener Sachkunde zu treffen, hat es einen gerichtlichen Sachverständigen **von Amts wegen hinzuzuziehen**.[2] Unzutreffend ist die Ansicht, in Verfahren, für die der Beibringungsgrundsatz gilt, komme die Einholung eines Sachverständigengutachtens von Amts wegen nur ausnahmsweise in Betracht.[3] Richtig ist nur, dass die Begutachtung mit der Zahlung eines Auslagenvorschusses zu verknüpfen ist (nachfolgende Rdn. 10). 2

Das Gericht kann die Erhebung des Sachverständigenbeweises **von** der Stellung eines **Parteiantrages abhängig machen**, soweit für die gutachtlich zu beweisende Tatsache die Verhandlungsmaxime gilt. Betroffen ist davon die Zahlung eines Auslagenvorschusses gemäß §§ 402, 379 (näher dazu § 402 Rdn. 99). Hat die beweisbelastete Partei keinen Beweis angetreten, hält das Gericht eine sachverständige Begutachtung aber für erforderlich, hat es auf die Notwendigkeit der Begutachtung und eines Beweisantritts hinzuweisen. Bleibt ein Beweisantrag der beweisbelasteten Partei trotz eines entsprechenden Hinweises aus, so handelt das Gericht in der Regel nicht ermessensfehlerhaft, wenn es auf die Einholung eines Gutachtens von Amts wegen verzichtet.[4] Dies hat vor allem Bedeutung, wenn mit **hohen Gutachtenkosten** zu rechnen ist, die für die unterliegende Partei entsprechende Erstattungspflichten auslösen würden. Unter diesen Umständen muss das Gericht prüfen, ob eine Beweisanordnung nach § 144 nicht unverhältnismäßig ist, und es muss überdies die Parteien auf die zu erwartende Kostenbelastung hinweisen.[5] 3

Übergeht das Gericht den **Beweisantrag**, ohne die Entbehrlichkeit der Begutachtung darzutun, handelt es sich um einen **wesentlichen Verfahrensfehler**, der zur Zurückverweisung gemäß § 538 Abs. 2 Nr. 1 berechtigt.[6] Insoweit ist der Parteiantrag als echter Beweisantritt und nicht nur als Anregung zur Beweiserhebung von Amts wegen anzusehen. Zur Anwendung des § 538 auf unterbliebene Tatsachenfeststellungen s. näher dort. Können Behauptungen nur durch Sachverständigenbeweis geklärt werden, darf die beantragte **Prozesskostenhilfe** nur verweigert werden, wenn aus besonderen Gründen offensichtlich ist, dass die Behauptungen nicht erweislich sind.[7] Im **Urkundenprozess** ist der Sachverständigenbeweis kein statthaftes Beweismittel (§ 595 Abs. 2). Diese Beschränkung kann nicht durch die Vorlage eines schriftlichen Privatgutachtens umgangen werden.[8] 4

---

2   Vgl. BGH NJW 2005, 1650, 1653.
3   So aber OLG Oldenburg NJW-RR 2000, 949, 950.
4   OLG Frankfurt NJW-RR 1993, 169, 170 = MDR 1993, 81, 82; s. ferner BGH NJW 2000, 870, 871 = GRUR 2000, 73, 75 – Tierheilpraktiker; BGH NJW 2012, 3512 Tz. 31 f. – Delcantos Hits.
5   OLG Naumburg FamRZ 2003, 385, 386 (Niederschlagung von Gutachtenvorbereitungskosten zur Ermittlung unterhaltsrechtlich relevanten Einkommens).
6   SchlOLG SchlHA 1986, 153 f. (Verfahrensfehler wegen Verstoßes gegen Art 103 GG durch Übergehen des entscheidungserheblichen Beweisantrages); OLG München VersR 1994, 621 (LS); OLG München NJW 2011, 3729, 3731; KG VersR 2012, 774, 775.
7   OLG Stuttgart VersR 2008, 1373.
8   OLG Koblenz NJW 2012, 941, 942.

II. Inhalt des Antrages

5 **1. Benennung des Sachverständigen.** Der Sachverständige muss grundsätzlich **nicht namentlich benannt** werden.[9] Das ist auch im selbständigen Beweisverfahren nicht (mehr) erforderlich, vgl. § 487 Nr. 3. Benannt wird statt dessen das Beweisthema mit dem Zusatz, dass darüber eine Begutachtung begehrt wird. Diese inhaltliche Beschränkung folgt aus dem Wortlaut des § 403 sowie dem Auswahlrecht des Prozessgerichts (§ 404 Abs. 1 Satz 1). Eine als **Anregung** für das Gericht zu verstehende spontane persönliche Benennung ist bei fehlender Aussicht auf eine Einigung der Parteien (§ 404 Abs. 4) nicht zweckmäßig, weil damit Einwände der Gegenseite gegen die benannte Person wegen geargwöhnter Parteilichkeit provoziert werden. Allerdings kann das Gericht den Beweisführer gemäß § 404 Abs. 3 auffordern, geeignete Personen zu benennen. Gemäß § 404 Abs. 4 können die Parteien das Gericht durch **einverständliche Benennung** eines Sachverständigen binden.

6 **2. Konkretisierung des Beweisthemas.** Hinsichtlich der Bestimmtheit des Beweisantrages wird häufig formuliert, die **summarische Benennung** des **Beweisthemas** reiche aus; im Gegensatz zu den Beweisthemen eines Zeugenbeweises sei eine genaue Bezeichnung der zu beweisenden Tatsachen nicht erforderlich.[10] § 403 nimmt damit auf die Informationsnot der beweispflichtigen Partei Rücksicht und verlangt keine wissenschaftliche (sachverständige) Substantiierung.[11] Es muss das Ergebnis mitgeteilt werden, zu dem der Sachverständige kommen soll.[12] Der BGH hat eine dezidierte Benennung der notwendigen Anschlusstatsachen im Sachvortrag der Partei als entbehrlich angesehen, soweit der Sachverständige bei Beweiserhebung ohnehin eine Augenscheinseinnahme des Beweisobjektes durchzuführen hat und insoweit notwendige Anschlusstatsachen als Zusatztatsachen regelmäßig selbst ermittelt[13] (näher dazu § 404a Rdn. 11).

7 Das ist insoweit zutreffend, als ein zu unbestimmter Antrag das Gericht nicht von seiner Pflicht befreit, gegebenenfalls von Amts wegen (§ 144) Beweis zu erheben. Unrichtig ist aber, in der verminderten Substantiierungslast ein Spezifikum des Sachverständigenbeweises oder gar des § 403 zu sehen. Welcher **Grad an zumutbarer Substantiierung** für den Parteivortrag zu verlangen ist, richtet sich u.a. nach der **Sachkunde der Parteien**.[14] Die Anforderungen an die Substantiierung erhöhen sich nicht, weil die darlegungspflichtige Partei aus einem anderen Verfahren ein Gutachten vorlegt, das der Tatrichter als unzureichend ansieht.[15] Daraus ergeben sich Differenzierungen, die für einzelne materielle Rechtsgebiete typisch sind. So gelten beispielsweise im **Arzthaftungsprozess** für den regelmäßig nicht sachkundigen Patienten stark abgesenkte Anforderungen an den Parteivortrag zum medizinischen Geschehen.[16] Eine verminderte

---

9 BayObLGZ 1967, 104, 110.
10 RG JW 1899, 398 Nr. 14 (streitig war die vertragswidrige Übernahme eines Verfahrens zur Herstellung eines Produkts, Beweisantritt ohne detaillierte Darstellung der technischen Unterlagen); BGH NJW 1995, 130, 131; BVerwG NJW 1987, 970, 971; MünchKomm/*Damrau*² § 403 Rdn. 3.
11 BGH NJW 1995, 130, 131; *R. Söllner* Der Beweisantrag im Zivilprozess, Diss. Erlangen 1972, S. 67 f.
12 BGH NJW 1995, 130, 131.
13 BGH NJW-RR 1995, 715, 716 (dort: Beschaffenheit nicht mehr sinnvoll nutzbarer Gaststättenräume zur Stützung des zu beweisenden Umsatzausfalls).
14 Vgl. z.B. BGH NJW 1974, 1710; OLG München OLGZ 1979, 355, 356 f.; OLG Hamm VersR 2002, 448 (LS).
15 BGH NJW-RR 2008, 1311 Tz. 2.
16 BGH VersR 2004, 1177, 1179 (mit Auswirkungen auf die Handhabung des seit 2002 geltenden Berufungsrechts); OLG München OLGZ 1979, 355, 356 f.; vgl. auch Rechtsprechung des BAG zur Substantiierungspflicht im Kündigungsschutzprozess bei Kündigung wegen Erkrankungen, BAG NJW 1990, 2341, 2343; BAG NJW 1990, 2340, 2341.

Substantiierungslast kann sich allerdings insoweit aus der Natur des Sachverständigenbeweises ergeben, als der Sachverständige im Rahmen der Begutachtung kraft seiner Sachkunde selbständig Tatsachen ermitteln muss und die Gegenpartei deshalb nicht vor globalem Parteivortrag geschützt werden muss, der ihr anderenfalls die Prozessführung erschwert (vgl. dazu § 404a Rdn. 11). Legt die darlegungspflichtige Partei ein Privatgutachten vor, kann ihr allenfalls in Ausnahmefällen entgegengehalten werden, sie stelle rechtsmissbräuchlich Behauptungen „ins Blaue hinein" auf;[17] der Inhalt eines Parteigutachtens darf für die Beurteilung eines derartigen etwaigen Rechtsmissbrauchs nicht nach den Maßstäben überprüft werden, die für die richterliche Überzeugungsbildung nach § 286 an ein gerichtliches Gutachten anzulegen sind, darf also nicht wegen fehlender Vollständigkeit oder Widerspruchsfreiheit unbeachtet gelassen werden.[18] Fehlende Krankenunterlagen sind kein Beweiserhebungshindernis, weil diese Unterlagen vom Sachverständigen aufgrund einer Ermächtigung nach § 404a Abs. 4 beigezogen werden können.[19]

Unabhängig vom Grad der *prozessual gebotenen* Substantiierung ist das Bemühen um sachkundige **Spezifizierung** des eigenen Vortrags allerdings **taktisch zweckmäßig**, weil vom Wechselspiel des streitigen Vortrags der Grad der Substantiierung durch die Gegenpartei abhängt und damit zugleich der Sachverständige zu detaillierteren Ausführungen gedrängt wird. Soweit eine Partei mangels Sachkunde nur vermutete Tatsachen als Prozessbehauptungen aufstellen kann, liegt **kein** unzulässiger **Ausforschungsbeweis** vor.[20] **8**

III. Antragsrücknahme

Der Antrag kann als prozessuale Willenserklärung zurückgenommen[21] oder eingeschränkt[22] werden. Eine **konkludente Rücknahme** kann darin zu sehen sein, dass die beweisbelastete Partei sich endgültig weigert, dem Sachverständigen notwendige Untersuchungsobjekte zur Verfügung zu stellen bzw. zugänglich zu machen.[23] Im **selbständigen Beweisverfahren** hat die Möglichkeit der Rücknahme oder Beschränkung besondere Bedeutung wegen der damit verbundenen Minderung der Begutachtungskosten; der Antragsgegner kann also die ursprünglich beantragte Begutachtung nach einem Sinneswandel des Antragstellers nicht auf dessen Kosten erzwingen, sondern muss gegebenenfalls ein eigenes Verfahren einleiten.[24] **9**

IV. Auslagenvorschuss

S. dazu § 402 Rdn. 99 (zu § 379). **10**

---

17 BGH NJW-RR 2003, 69, 71.
18 BGH NJW-RR 2003, 69, 70.
19 BGH VersR 2011, 1432 Tz. 12.
20 BGH NJW 1974, 1710; BGH NJW 1995, 1160, 1161 = VersR 1995, 433 = BauR 1995, 734, 736 (dort: Gesundheitsschäden durch Ausgasung toxischer Stoffe nach Innenraumanwendung des Holzschutzmittels Xyladecor).
21 RGZ 46, 368, 370 f.
22 OLG Köln VersR 1994, 1328 (Beschränkung auf ein Gewerk im selbst. Beweisverfahren).
23 RG 46, 368, 370 f.
24 OLG Köln VersR 1994, 1328.

§ 404
Sachverständigenauswahl

(1) Die Auswahl der zuzuziehenden Sachverständigen und die Bestimmung ihrer Anzahl erfolgt durch das Prozeßgericht. Es kann sich auf die Ernennung eines einzigen Sachverständigen beschränken. An Stelle der zuerst ernannten Sachverständigen kann es andere ernennen.

(2) Sind für gewisse Arten von Gutachten Sachverständige öffentlich bestellt, so sollen andere Personen nur dann gewählt werden, wenn besondere Umstände es erfordern.

(3) Das Gericht kann die Parteien auffordern, Personen zu bezeichnen, die geeignet sind, als Sachverständige vernommen zu werden.

(4) Einigen sich die Parteien über bestimmte Personen als Sachverständige, so hat das Gericht dieser Einigung Folge zu geben; das Gericht kann jedoch die Wahl der Parteien auf eine bestimmte Anzahl beschränken.

Schrifttum

Kullmann Zuziehung und Auswahl medizinischer Sachverständiger und deren Nachprüfung durch das Revisionsgericht, FS Salger, 1995, S. 651; *Neuhaus/Krause* Die Auswahl des Sachverständigen im Zivilprozeß, MDR 2006, 605; *Rensen* Arzthaftung – Fachgleiche Begutachtung bei Fachgebietsüberschneidungen und -überschreitungen, MDR 2012, 497.

Übersicht

I. Sachverständigenauswahl aufgrund Ermessensentscheidung — 1
II. Sachkunde
   1. Fachgebiet/generelle Eignung
      a) Fachgebietszuordnung — 4
      b) Ungewisse wissenschaftliche Methodik — 6
   2. Qualifikation/individuelle Eignung — 11
   3. „Auswahlgutachten" — 14
   4. Delegation, Substitution
      a) Delegation des Bestimmungsrechts — 15
      b) Heranziehung von Mitarbeitern — 17
      c) Folgen unzulässiger Vertretung/Substitution — 18
III. Öffentlich bestellte Sachverständige
   1. Vorrangige Beauftragung — 20
   2. Rechtsstellung — 21
IV. Einigung der Parteien — 23
V. Ausländische Sachverständige — 25
VI. Beschränkte Kontrolle fehlerhafter Sachverständigenauswahl — 26

I. Auswahl des Sachverständigen aufgrund Ermessensentscheidung

1   Bereits die Entscheidung, ob überhaupt Sachverständigenbeweis erhoben werden soll, steht im Ermessen des Gerichts (§ 144; näher dazu § 402 Rdn. 42ff. und § 402 Rdn. 49). Ebenso trifft der Tatrichter die Auswahl des Sachverständigen nach seinem **Ermessen**,[1] das allerdings Bindungen unterliegt.[2] Insoweit kommt der einzelnen Partei kein Bestimmungsrecht zu. Das Gericht kann die Parteien aber auffordern, selbst Sachverständige zu benennen (§ 404 Abs. 3). Nur wenn die **Parteien** sich auf einen Sachverständigen **einigen** (§ 404 Abs. 4), ist das Gericht an deren Wahl **gebunden**. Die Benen-

---

1 BGH MDR 1961, 397.
2 Anders („freies Ermessen"), aber nur aufgrund unglücklicher Wortwahl: BGHZ 28, 302, 306; BGH NJW 1959, 293, 294; BayObLGZ 1987, 10, 14. Wie hier: BayObLG FamRZ 1987, 966, 967.

nung von Sachverständigen durch die Parteien nährt wechselseitig die Besorgnis, von der konkreten Person erwarte die vorschlagende Partei prozessuale Vorteile, weshalb vorsorglich widersprochen wird; im Regelfall sehen Gerichte dann von einer Ernennung ab. Haben beide Parteien Einblick in das betroffene Fachgebiet, empfiehlt sich ein Vorgehen nach der Praxis des X. Zivilsenats des BGH im Patentnichtigkeitsberufungsverfahren, nämlich den Parteien aufzugeben, jeweils mindestens zwei Sachverständige zunächst **ausschließlich** dem **Gericht** mitzuteilen, um Schnittmengen festzustellen.[3] Ist dies nicht gangbar, so in Arzthaftungssachen, ist darauf zu achten, dass um einen Vorschlag gebetene Institutionen wie die Ärztekammer **kein Listenverfahren** praktizieren, das eine durch tatsächliche Tätigkeit erworbene Kompetenz für das betroffene Fach(teil-)gebiet nicht gewährleistet.[4]

Das richterliche **Auswahlermessen** ist **begrenzt**. Das Gericht darf nur denjenigen zum Sachverständigen bestellen, der die erforderliche **Sachkunde** und **persönliche Eignung** besitzt.[5] Es macht also von seinem Ermessen fehlerhaften Gebrauch, wenn es einen Sachverständigen wählt, der die Beweisfrage mangels genügender Fachkunde für das zu beurteilende Sachgebiet nicht zuverlässig beantworten kann.[6] Dies gilt auch für Überschreitungen des Sachgebietes. Der Tatrichter darf die Aussagen des Sachverständigen nicht zur Beantwortung von Beweisfragen verwenden, für die er gar keine Sachkunde in Anspruch nimmt. Fehlerhaft ist es, den Verkehrswert eines mit Mängeln behafteten Gebäudes von einem bautechnischen Sachverständigen schätzen zu lassen, der lediglich Sachkunde für die Feststellung von Baumängeln besitzt,[7] oder von einem technischen Sachverständigen medizinische Sachverhalte aufzuklären zu lassen.[8] Der EGMR verlangt, zur Verkürzung der Dauer von Arzthaftungsprozessen schon bei der Gutachterbestellung darauf zu achten, ob diese für eine frühzeitige mündliche Erläuterung zur Verfügung stehen,[9] eine wohl eher lebensfremde und die Bestellung noch mehr erschwerende Anforderung. 2

Das Gericht kann den Auftrag an **mehrere Gutachter** zur **gemeinschaftlichen** Begutachtung erteilen.[10] Der dementsprechend von der Kommission für das Zivilprozessrecht vorgeschlagene Gesetzestext ist zwar nicht wörtlich übernommen worden, doch ergibt sich das Ergebnis aus § 404 Abs. 1. Beim sukzessiven Einholen von Gutachten ist auf die sachgerechte zeitliche Abfolge zu achten.[11] 3

---

3   So der Beschluss BGH GRUR 2013, 164 Tz. 18 – Führungsschiene.
4   Dazu *Schünemann* in: Arbeitsgemeinschaft Rechtsanwälte im Medizinrecht (Hrsg.), 25 Jahre Arbeitsgemeinschaft (2011), S. 269, 275; *Franzki* DRiZ 1991, 314, 317.
5   *Müller* Der Sachverständige im gerichtlichen Verfahren³ Rdn. 156a; *Kullmann* FS Salger S. 651, 653f.
6   BVerwG NJW 1984, 2645, 2647; BGH NJW 1953, 659f. (in BGHZ 9, 98 nicht enthalten); BGH NJW-RR 2008, 1380 Tz. 16 = VersR 2008, 1133 (Biomechaniker zum HWS-Schleudertrauma ohne Kompetenz zur Beurteilung der physischen Konstitution des Geschädigten); BGH NJW 2009, 1209 Tz. 18 = VersR 2009, 257 (Neurologe statt betroffener Radiologie gebilligt).
7   BGH NJW 1953, 659f.
8   OLG Köln VRS 1960, 122.
9   EGMR NJW 2011, 1055 Tz. 28.
10   Bericht der Kommission für das Zivilprozessrecht S. 140; Text des dort vorgeschlagenen § 404-E Abs. 2 S. 346.
11   OLG München NJW 2011, 3729: unfallanalytische vor medizinischer Begutachtung einer HWS-Distorsionsverletzung.

II. Sachkunde

1. Fachgebiet/generelle Eignung

4   **a) Fachgebietszuordnung.** Zuvörderst hat das Gericht zu prüfen, welche Sachkunde generell zur Beantwortung der Beweisfrage notwendig ist. Die **Zuordnung** zu einem bestimmten Fachgebiet kann im Einzelfall Schwierigkeiten bereiten.[12] U.U. nehmen **verschiedene Fachrichtungen** die Kompetenz zur Beantwortung der Beweisfrage in Anspruch, ohne dass eine Richtung über überlegene Forschungsmittel verfügt. Der Tatrichter ist in seiner **Wahl frei**, wenn ein Lebenssachverhalt betroffen ist, in dem sich die jeweilige Kompetenz von Sachverständigen verschiedener Fachrichtungen überschneidet.[13] Diese Problemstellung ist gehäuft, aber nicht ausschließlich im Strafprozess anzutreffen.[14] Das Problem verlagert sich allerdings in der Regel auf die Frage, ob auf Antrag ein weiteres Gutachten einzuholen ist.

5   Vorgelagert ist die Frage, ob **gleichwertige Sachkunde** gegeben ist. Gegebenenfalls hat sich der Tatrichter durch freibeweisliche Befragung der Sachverständigen zunächst die notwendige Sachkunde zu verschaffen, um die jeweilige generelle Eignung des Vertreters eines bestimmten Fachgebietes beurteilen zu können.[15]

6   **b) Ungewisse wissenschaftliche Methodik.** Problematisch ist die Zuordnung bzw. die Auswahl, wenn es darum geht, ob **neuartige wissenschaftliche Methoden** schon geeignet sind, Beweis zu erbringen. Diese Fragestellung taucht vorwiegend bei kriminalistischen Untersuchungen auf, ist aber nicht auf den Strafprozess beschränkt. Das Aufkommen der **DNA-Analyse** hat nach 1990 Anlass zu derartigen Erörterungen gegeben; sie sind dort wegen des wissenschaftlichen Fortschritts inzwischen obsolet geworden[16] (s. dazu § 372a Rdn. 20).

7   Auf eine **unausgereifte Untersuchungsmethode**, die als solche nicht zuverlässig arbeitet und deshalb nicht zu verwertbaren Ergebnissen führt, braucht sich das Gericht nicht einzulassen.[17] Ob eine Methode unerprobt oder unerforscht ist, ist gegebenenfalls im Wege des **Freibeweises** zu ermitteln.[18] Zu vergewissern hat sich der Tatrichter auch, ob die Ergebnisse des einzuholenden Gutachtens angesichts der angewandten Untersuchungsmethode nur **begrenzte Aussagekraft** besitzen. So ist das Gutachten eines Linguisten ohne stützende zusätzliche graphologische oder maschinenschriftliche Befunde

---

12 Für Heranziehung fachärztlicher Weiterbildungsordnungen BGH NJW 2009, 1209 Tz. 18.
13 BGH NJW 1993, 866 = JR 1993, 335 m. Anm. *Graul* (Gleichwertigkeit von Blutgruppen- und DNA-SV zum Ausschluss einer Person als Verursacher von Blutspuren).
14 Beispiele: Psychiater oder Psychologe bei Beurteilung der Schuldfähigkeit, BGHSt 34, 355, 357 f.; Psychiater oder Neurologe bei Beurteilung der Steuerungsfähigkeit wegen Schilddrüsenunterfunktion, BGH NStZ 1991, 80 f.; Psychiater oder Sexualwissenschaftler bei Sexualdelikt, BGH NJW 1990, 2944, 2945.
15 BGH NJW 1993, 866, 867.
16 Eingehend zur DNA-Analyse: BGH NJW 1993, 866; BGH NJW 1991, 749, 751 m.w.N. (Ergänzung von Blutgruppengutachten durch DNA-Analyse zur Abstammungsuntersuchung); BGH NJW 1990, 2944, 2945 (Spurendiagnostik im Strafverfahren); Obergericht Zürich Bl. Zürch. Rspr. 94 (1995), 21 ff. (Täterschaftsnachweis durch DNA-Analyse); Obergericht Zürich SchwJZ 88 (1992), 430 (Vaterschaftsnachweis durch DNA-Analyse). Zur fehlenden Validität von Grenzwerten bei der Anti-Doping-Kontrolle DIS-Schiedsgericht SpuRt 2013, 26, 27 (Verfahren Sinkewitz, hGH-Guidelines).
17 BGH NJW 1993, 866 f.; BGH NStZ 1993, 395, 396 (Ablehnung der beantragten Genomanalyse zur Identifizierung von Hundehaaren mit der Notwendigkeit, [im Jahre 1992] noch in halbjähriger Grundlagenforschung die Merkmalsvariabilität bei der Tierart zu ermitteln, beanstandet).
18 BGH NJW 1993, 866, 867.

zur Ermittlung der Urheberschaft eines anonymen Schreibens ungeeignet.[19] Die Eignung bestimmter Untersuchungsmethoden hat der Richter nach der Lebenserfahrung und dem Stand der wissenschaftlichen Erkenntnis zu beurteilen.[20]

Auch die Zugehörigkeit zu einer bestimmten **wissenschaftlichen Schule** kann Auswahlschwierigkeiten schaffen. Insoweit kann nur nachträglich die eventuell beschränkte Aussagekraft des Gutachtenergebnisses durch Aufdeckung der wissenschaftlichen Prämissen und deren Einfluss auf das konkrete Ergebnis ermittelt werden; gegebenenfalls ist ein weiteres Gutachten einzuholen. Es gibt für das Gericht weder eine schulmedizinische noch eine homöopathische, weder eine männliche noch eine weibliche, weder eine psychologische noch eine psychiatrische Wahrheit (s. auch § 402 Rdn. 3).

Problematisch ist, wie **wissenschaftlich nicht** (ausreichend) **fundierte Expertenmeinungen** vom Beweisverfahren **ferngehalten** werden können, ohne dass der Richter die Funktion eines Schiedsrichters über wissenschaftliche Streitigkeiten zufällt, die er nicht wahrnehmen kann. **Allgemeine Anerkennung** einer wissenschaftlichen oder fachlichen Auffassung ist **nicht Voraussetzung** der Akzeptanz eines Gutachtens. Eine derartige Beweisregel enthielt das Common Law seit der 1923 ergangenen Frye-Entscheidung des US Supreme Court.[21] Sie ist durch Rule 702 der Federal Rules of Evidence hinfällig geworden, wie der US Supreme Court erstmals 1993 in der Sache Daubert anerkannt hat.[22] Meinungsvielfalt gehört zum wissenschaftlichen Diskurs. Neuere Erkenntnisse sind von der Verwertung im Beweisrecht nicht solange auszuschließen, bis sie von den Angehörigen des Fachgebiets allgemein anerkannt sind. Der Richter hat sich bei der Überprüfung allerdings auf die flexible Anwendung von **Prüfungskriterien** zu beschränken, wie sie in der Daubert-Entscheidung beispielhaft genannt sind. Insbesondere kann es darauf ankommen, ob (1) die Theorie einer Überprüfung zugänglich ist oder überprüft wurde, ob (2) die Theorie einem peer review-Verfahren unterzogen oder veröffentlicht wurde, (3) wie die bekannte oder mögliche Fehlerquote ausfällt und (4) welche Kontrollstandards und Kontrollmechanismen existieren und angewandt wurden.

Wenn wissenschaftlich gesicherte Erkenntnisse nicht vorliegen, kann es berechtigt sein, auf **minder sichere fachliche Erfahrungen** zurückzugreifen. So hat es das OLG Karlsruhe im Arzthaftungsprozess genügen lassen, Beweiserleichterungen zur Feststellung der Kausalität, die wegen eines groben Diagnostikfehlers an sich zu gewähren waren, an starken Zweifeln scheitern zu lassen, die sich auf klinische Erfahrungen des Sachverständigen über das Wachstum eines Tumors (eines Retinoblastoms) stützten.[23] Gesammelt hatte er die Erfahrungen bei Erwachsenen und übertrug sie auf Kinder; gesicherte wissenschaftliche Erkenntnisse bei Kindern konnten nicht vorliegen, weil wegen der Gefährlichkeit des Tumors ein sofortiges therapeutisches Eingreifen notwendig ist und abwartende wissenschaftliche Untersuchungen dort nicht verantwortet werden können.

---

19 LAG Köln VersR 1995, 1074, 1075.
20 BGH NStZ 1993, 395, 396.
21 *Frye v. United States*, 54 App. D.C. 46, 47, 293 F. 1013, 1014 (1923).
22 *Daubert v. Merrell Dow Pharmaceuticals Inc.* 509 U.S. 579 (1993); nachfolgend bestätigt u.a. von *Kumho Tire Co. v. Carmichael* 526 U.S. 137, 119 S.Ct. 1167 (1999).
Rule 702 lautet in der Fassung vom 17.4.2000: If scientific, technical or other specialized knowledge will assist the trier of fact to understand the evidence of to determine a fact in issue, a witness qualified as an expert by knowledge, skill, experience, training, or education, may testify thereto in the form of an opinion or otherwise, if (1) the testimony is sufficiently based upon reliable facts or data, (2) the testimony is the product of reliable principles and methods, and (3) the witness has applied the principles and methods reliably to the facts of the case.
23 OLG Karlsruhe VersR 2005, 1246, 1247.

11   **2. Qualifikation/individuelle Eignung.** Da dem Gericht die notwendige Fachkunde zur Beantwortung der Beweisfrage fehlt, kann es in der Regel auch die Sachkunde des individuell ins Auge gefassten Sachverständigen nur eingeschränkt überprüfen bzw. beurteilen. Gibt es innerhalb eines Fachgebietes **interne Qualifikationsstandards**, so hat sich das Gericht im Zweifel daran zu orientieren. Betrifft die Beweisfrage beispielsweise ein medizinisches Fachgebiet, für das die Ärztekammern eine **Facharztqualifikation** eingeführt haben, hat sich das Gericht regelmäßig eines solchen Facharztes zu bedienen.[24] Die Hinzuziehung eines Arztes, der sich noch in der Weiterbildung zum Facharzt befindet, ist demgegenüber regelmäßig ermessensfehlerhaft.[25] Schwierigkeiten erwachsen daraus u.a., wenn Gutachten über stationär behandelte Patienten von einem Stationsarzt ohne Facharztanerkennung erstattet werden. Dessen gutachterliche Tätigkeit ist nicht schlechthin ausgeschlossen, doch muss die Sachkunde **einzelfallbezogen festgestellt** werden.[26] Dafür genügen formelhafte Wendungen nicht,[27] ebenso wenig die telefonische Bestätigung des Klinikleiters bei Einholung eines orthopädischen Gutachtens, der betreffende Assistenzarzt sei ein erfahrener Orthopäde.[28] Wird ein Gutachter beauftragt, dessen Sachkunde sich nicht ohne weiteres aus seiner Berufsbezeichnung oder aus der Art seiner Berufstätigkeit ergibt, ist seine Sachkunde in der gerichtlichen Entscheidung nachvollziehbar darzulegen.[29] Die Fachkunde fehlt nicht etwa deshalb, weil der Sachverständige sich über ein spezielles Gebiet erst durch das Studium einschlägiger Fachliteratur fachkundig machen muss.[30]

12   Ist ein Sachverständiger für ein bestimmtes Fachgebiet **öffentlich bestellt** und vereidigt, darf das Gericht ohne weiteres davon ausgehen, dass entsprechende **Sachkunde vorhanden** ist. Öffentlich bestellte Sachverständige sind vorzugsweise mit der Gutachtenerstattung zu beauftragen (§ 404 Abs. 2). Dementsprechend ist es den Parteien regelmäßig verwehrt, im Rahmen der mündlichen Erläuterung des Gutachtens (§§ 402, 397) die generelle Sachkunde des öffentlich bestellten Sachverständigen durch inquisitorische Befragung zu überprüfen;[31] überprüft werden kann aber die Vertrautheit mit speziellen Methoden oder mit sonstiger spezieller Sachkunde. Auch die Amtsstellung, etwa als Amtsarzt an einem staatlichen Gesundheitsamt, kann in Verbindung mit einer entsprechenden materiellrechtlichen Regelung die Vermutung erforderlicher Sachkunde begründen.[32]

13   Bereits bei der Auswahl des Sachverständigen ist zu beachten, dass dieser keine persönlichen Beziehungen zu einer der Prozessparteien unterhält oder andere **Umstände** in seiner **Person** erfüllt sind, die seine **Ablehnung** rechtfertigen könnten (zur Ablehnung allgemein näher § 406 Rdn. 17 ff.). Das BSG hält vor diesem Hintergrund Ärzte, die in der Versorgungsverwaltung beschäftigt sind, nur in Ausnahmefällen für geeignet,

---

24   OLG Hamm VersR 2001, 249: Zahnheilkunde; OLG Hamm VersR 2002, 613: Facharztstandard eines Orthopäden; BVerwG NJW 1984, 2645, 2647: Facharzt für Orthopädie.
25   BVerwG NJW 1984, 2645, 2647.
26   BayObLG NJW 1988, 2384: Fortdauer der Unterbringung in geschlossener Abteilung wegen schizophrener Psychose mit Selbst- und Fremdgefährdung; BayObLGZ 1986, 214, 218.
27   So jedoch BayOLG NJW 1988, 2384/2385: „LG konnte davon ausgehen", „Bedenken gegen die Sachkunde nicht hervorgetreten"; strenger wohl BayObLGZ 1986, 214, 218.
28   BVerwG NJW 1984, 2645, 2647.
29   BayObLG FamRZ 1997, 901, 902.
30   OLG Frankfurt VersR 2001, 848, 849 (Recherche nach kontrollierten klinischen Studien zur Anwendung der Schulmedizinklausel auf eine Behandlungsmethode).
31   LG Frankfurt NJW-RR 1991, 14, 15 (Mietpreissachverständiger).
32   Vgl. BayObLGZ 1987, 236, 240: vorläufige Unterbringung wegen psych. Erkrankung nach Bayr. UnterbrG. Kritisch zur psychiatrischen Fachkunde von Ärzten der bayerischen Gesundheitsämter BayObLG NJW-RR 1997, 1501; sie bedarf danach der Darlegung im Einzelfall.

Gutachten im sozialgerichtlichen Verfahren zu erstatten, etwa wenn sie praktisch als einzige über erforderliche besondere Kenntnisse und Erfahrungen verfügen.[33]

3. „Auswahlgutachter". Das Gericht darf zur Festlegung des **abstrakten Fachgebietes** einen „Auswahlgutachter" bestellen.[34] Die vom OLG Koblenz dagegen geäußerten Bedenken[35] überzeugen nicht. Zwar sind Auswahl und Ernennung des Sachverständigen originäre Aufgaben des Gerichts. Indessen ist mit dieser Feststellung nichts gewonnen, wenn dem Gericht bereits die Sachkunde zur Typisierung des Fachgebiets fehlt. Der Tatrichter ist nicht gehalten, im Wege des „trial and error" nacheinander Sachverständige aller denkbaren Fachgebiete zu beauftragen.[36]

4. Delegation, Substitution

a) Delegation des Bestimmungsrechts. Abzulehnen ist die Auffassung, das Gericht dürfe die Auswahl des konkreten Sachverständigen auf eine Einrichtung **delegieren**, die kraft Sachkunde besser zur Auswahl geeignet ist.[37] Das BVerwG (5. Senat) hat demgegenüber in NJW 1969, 1591 die Ansicht vertreten, die Beauftragung einer Universitätsnervenklinik im Beweisbeschluss verstoße nicht gegen § 404 und sei zur Ausnutzung differenzierter interner Arbeitsverteilung zweckmäßig;[38] die Vorgehensweise sei als Ernennung der zur Beantwortung der Beweisfrage „berufenen Ärzte der Klinik" zu verstehen. Zwar sieht sich diese Auffassung formal in Einklang mit dem Gebot individueller Begutachtung durch eine Einzelperson; als Sachverständiger im Sinne der §§ 402 ff. sei die von der angerufenen Institution benannte physische Einzelperson anzusehen. Faktisch läuft diese Verfahrensweise jedoch auf die Erstattung eines **unzulässigen Behördengutachtens** (näher dazu § 402 Rdn. 36 ff.) hinaus. Auch werden die **Rechte** der Parteien **verkürzt**. Dem kann nicht entgegengehalten werden, durch die Einführung des Gutachtens in den Prozess stehe die Identität des Sachverständigen fest und die Rechte aus § 406 könnten nunmehr geltend gemacht werden, wie auch die Sachkunde anhand des Gutachtens überprüft werden könne.[39] Der dann drohende Zeitverlust begründet die Gefahr, die Verwertbarkeit des einmal erstatteten Gutachtens „auf Biegen und Brechen" halten zu wollen.

Zutreffend hat das BVerwG (8. Senat) in NJW 1984, 2645 die Verfahrensweise seines 5. Senates kritisiert und die Bestellung eines **Klinikarztes „den es angeht"** als Verletzung der Auswahlpflicht des Prozessgerichts bewertet.[40] Gleichwohl wird dagegen häufiger verstoßen. Der BGH hat eine solche Delegation (auf eine deutsche Auslandsvertretung) für den Fall zugelassen, dass im BEG – Verfahren ein im Ausland lebender Kläger

---

33 BSG NJW 1993, 3022.
34 Dazu *Kullmann* FS Salger S. 651, 654 m.w.N.
35 OLG Koblenz VRS 36 (1969), 17, 18.
36 So wohl OLG Koblenz VRS 36 (1969), 17, 18.
37 A.A. *Müller* Der Sachverständige im gerichtlichen Verfahren[3] Rdn. 155; wohl auch OLG Karlsruhe MDR 1975, 670. Wie hier: OLG München NJW 1968, 202, 2034; BSG NJW 1973, 1438; BSG NJW 1968, 223; *Friederichs* FS Grüner (1982), S. 137, 141 (mit Hinweis auf unterschiedliche Umsetzungspraktiken der Leitungsebene, insbesondere starren Verteilungsmaßstäben zur Handhabung durch Nichtfachleute); *Friederichs* ZZP 83 (1970), 394, 404; *Friederichs* NJW 1972, 1114, 1115. Unklar die kostenrechtliche Entscheidung OLG München NJW 1974, 611, 612.
38 Dem folgend für die Beauftragung eines kommunalen Gesundheitsamtes VGH München NVwZ-RR 1996, 328.
39 BVerwG NJW 1969, 1591; *Müller* Der Sachverständige im gerichtlichen Verfahren[3] Rdn. 155.
40 S. auch OLG Düsseldorf FamRZ 1989, 1101.

auf seinen Gesundheitszustand untersucht werden sollte.[41] Darin ist ein nicht verallgemeinerungsfähiges Vorgehen in einem durch Besonderheiten gekennzeichneten, inzwischen erledigten Rechtsgebiet zu sehen.

17 **b) Heranziehung von Mitarbeitern.** Von der Delegation auf anonyme Angehörige einer Klinik oder eines Instituts ist die **zulässige Heranziehung** von **Mitarbeitern** des vom Gericht ernannten Sachverständigen zu unterscheiden, die § 404 Abs. 2 gestattet.[42] Sie ist angesichts der Häufung von Gutachtenaufträgen und der vorrangigen anderweitigen wissenschaftlichen oder fachlichen Aufgaben von Leitungspersonal unvermeidlich (näher dazu § 407a Rdn. 8ff.). Keine Hilfskräfte sind **Spezialisten** einer **anderen Fachrichtung**, die kraft autonomen Wissens im Rahmen der Befunderhebung Einzeluntersuchungen vornehmen.

18 **c) Folgen unzulässiger Vertretung/Substitution.** Wenn der gemäß § 404 ausgewählte Sachverständige nicht mit dem tatsächlichen Gutachtenverfasser übereinstimmt, ist das Gutachten nicht automatisch wertlos. Gemäß §§ 404 Abs. 1 Satz 3, 360 Satz 2 kann das Gericht den tatsächlichen Verfasser nachträglich zum Sachverständigen machen.[43] Das soll auch stillschweigend geschehen können.[44] Gemäß § 360 Satz 4 sind die Parteien zuvor jedoch zu hören. Die Änderung muss ihnen rechtzeitig vor Schluss der mündlichen Verhandlung bekannt gemacht werden; eine „heimliche" **Änderung des Beweisbeschlusses** ist unzulässig,[45] da u.a. die Parteirechte aus §§ 402, 397, 406 vereitelt würden.[46] Ist eine entsprechende Mitteilung unterblieben, kann § 295 keine Anwendung finden.[47] Die erneute Beauftragung des ursprünglich ausgewählten Sachverständigen, der seiner Verpflichtung zur persönlichen Begutachtung nicht nachgekommen ist und den Auftrag eigenmächtig einem Assistenzarzt übertragen hat, begründet das Recht zur Ablehnung des Sachverständigen wegen Besorgnis der Befangenheit.[48]

19 Fehlt es an den o.g. Voraussetzungen, darf das Gericht das Gutachten nicht als Sachverständigenbeweis zur Entscheidungsgrundlage machen.[49] Grundsätzlich verbleibt dem Tatrichter die Möglichkeit, das Gutachten im Wege des **Urkundenbeweises** (vgl. dazu § 411a Rdn. 5ff.) oder wie ein **Parteigutachten** zu verwerten; indessen muss er sich dann bei der Urteilsfindung bewusst sein, dass es sich nicht um ein Sachverständigengutachten im Sinne der ZPO handelt.[50] Im Übrigen darf das nicht sachkundige Gericht gegen den Verfasser gerichtete Rügen und weitergehende Beweisantritte einer Partei nicht unter Umgehung der §§ 402ff. übergehen, indem es die schriftliche Äußerung kurzerhand als Urkunde würdigt.[51] Die schriftliche Abfassung des Gutachtens durch einen Dritten ist

---

41 BGH MDR 1965, 733 = RzW 1965, 466 Nr. 17; BGH MDR 1967, 290. Zur Auswahl bei Beweiserhebung durch die Entschädigungsbehörde BGHZ 44, 75, 79.
42 OLG Koblenz VersR 2000, 339 (LS).
43 Vgl. BGH LM Nr. 1 zu § 360 ZPO, Bl. 2f. = MDR 1979, 126; OLG Zweibrücken VersR 2000, 605, 606; BayObLG NJW 2003, 216, 219; BSG NJW 1973, 1438.
44 BGH NJW 1985, 1399, 1400 = LM Nr. 60 zu § 286 (B) ZPO; BGH LM Nr. 1 zu § 360 ZPO; OLG Zweibrücken NJW-RR 1999, 1368, 1369.
45 BGH NJW 1985, 1399, 1400; BGH LM Nr. 1 zu § 360 ZPO.
46 BGH NJW 1985, 1399, 1400.
47 BGH LM Nr. 1 zu § 360 ZPO Bl. 3. Unklar die Bedeutung der Bezugnahme auf § 295 in OLG Zweibrücken NJW-RR 1999, 1368; zudem Widerspruch zur Entscheidung desselben Senats in OLG Zweibrücken VersR 2000, 605, 606.
48 LSG NRW NZS 1997, 200.
49 BGH NJW 1985, 1399, 1401; OLG Frankfurt MDR 1983, 849; BSG NJW 1965, 368; BSG NJW 1968, 223.
50 BSG NJW 1985, 1422, 1423; BSG NJW 1968, 223f.
51 BGH NJW 1985, 1399, 1401; BSG NJW 1985, 1422, 1423.

im Ergebnis unbeachtlich, wenn sich der gerichtlich bestellte Sachverständige dessen Ausführungen in vollem Umfang **zu eigen macht** und das Gutachten gemäß §§ 402, 397 im Termin erläutert und ergänzt.[52]

III. Öffentlich bestellte Sachverständige

1. Vorrangige Beauftragung. Das Gericht soll regelmäßig öffentlich bestellte Sachverständige mit der Gutachtenerstattung beauftragen. Allerdings stellt § 404 Abs. 2 eine bloße **Ordnungsvorschrift** dar; der Verstoß gegen sie ist mit Rechtsmitteln im Instanzenzug nicht angreifbar,[53] und zwar weder als Teil des Beweisbeschlusses, noch als Teil der Sachentscheidung. Die bestellenden Einrichtungen (zur Bestellung vor § 402 Rdn. 33f.) teilen die Personalien entsprechender Sachverständiger auf Anfrage mit. Für einen sonstigen Sachverständigen hat das Gericht die fachliche Qualifikation in der Entscheidung darzulegen.[54] 20

2. Rechtsstellung. Die öffentlich bestellten Sachverständigen nehmen eine **herausgehobene Stellung** ein. Sie haben dem Gutachtenauftrag Folge zu leisten (§ 407 Abs. 1). Sie werden nach dem VerpflichtungsG[55] regelmäßig auf die Einhaltung der **Schweigepflicht** förmlich verpflichtet und damit der Strafdrohung des § 203 Abs. 2 Nr. 5 StGB (Verletzung von Privatgeheimnissen) unterworfen. 21

Abzugrenzen sind die öffentlich bestellten Sachverständigen von den **amtlich anerkannten** und den **amtlich bestellten** Sachverständigen.[56] Hierbei handelt es sich regelmäßig um staatlich Beliehene (amtlich anerkannte Sachverständige) oder Beamte (amtlich bestellte Sachverständige), die **hoheitliche Kontrollen** durchführen (z.B. nach § 29a BImSchG, nach der StVZO, nach dem LFGB); die Erstattung von Gutachten gehört regelmäßig nicht zum Tätigkeitsbereich dieser Sachverständigen. Es erscheint daher zweifelhaft, ob § 404 Abs. 2 auf diese Gruppe von Sachverständigen entsprechend angewandt werden sollte. 22

IV. Einigung der Parteien

Einigen sich die Parteien auf einen bestimmten Gutachter, muss das Gericht ihn beauftragen (§ 404 Abs. 4). Umstritten ist, ob das Gericht **daneben** von Amts wegen einen **weiteren Sachverständigen** bestellen darf.[57] Da es dem Tatrichter nicht verwehrt ist, gemäß § 412 einen weiteren Sachverständigen zu beauftragen, falls das Gutachten des von den Parteien benannten Sachverständigen seine Überzeugung nicht herbeiführt, wird man ausnahmsweise auch die sofortige Ernennung eines weiteren Sachverständigen zulassen müssen, falls der Tatrichter begründete Zweifel an der Person des benann- 23

---

52 BVerwG Buchholz 310 § 98 VwGO Nr. 15.
53 RG JW 1900, 590 Nr. 8; BayObLG FamRZ 1991, 618, 619; BayObLGZ 1987, 10, 15; OLG München MDR 1971, 494.
54 Vgl. als Beispiel AG Kelheim NZM 1999, 309 (Mietzinserhöhungsgutachten durch Architekten).
55 Gesetz vom 2.3.1974, BGBl I S. 469, berichtigt S. 574.
56 Vgl. eingehend *Stober* Der öffentlich bestellte Sachverständige, 1991, S. 36ff.; s. ferner *Schulze-Werner* in Friauf, GewO (Stand: 2012) § 36 Rdn. 65; Tettinger/Wank/*Ennuschat* GewO[8] § 36 Rdn. 110.
57 So Stein/Jonas/*Leipold*[22] § 404 Rdn. 38; Zöller/*Greger*[29] § 404 Rdn. 4. Ablehnend MünchKomm/*Zimmermann*[4] § 404 Rdn. 10; Musielak/*Huber*[10] § 404 Rdn. 6; *Wagner* Prozessverträge S. 690; vgl. auch *Schlosser* Einverständliches Parteihandeln im Zivilprozess, 1968, S. 26 (differenzierend nach dem Exklusivitätswillen der Parteien).

ten Sachverständigen hegt.[58] Lässt man entgegen der hier vertretenen Auffassung die Delegation der Sachverständigenauswahl zu (s.o. § 404 Rdn. 15), so muss man den Parteien das Recht zusprechen, analog § 404 Abs. 4 die auswählende Stelle festzulegen.[59]

24 Die Einigung ist **Prozesshandlung**. Sie bindet das Gericht nur, wenn alle Parteien und die selbständigen Streithelfer (§ 69) sich erklärt haben; die Erklärung des unselbständigen Streithelfers genügt, solange die Hauptpartei nicht widersprochen hat, wird aber unbeachtlich, sobald die Hauptpartei sich erklärt (§ 67). Hat das Gericht bereits einen Sachverständigen ernannt, bevor sich die Parteien gemäß § 404 Abs. 4 erklärt haben, ist die **Einigung** bis zur Erstattung des Gutachtens durch den bereits ernannten Sachverständigen noch **nachholbar**.[60] Soweit ein Widerruf der Parteierklärung zeitlich noch zulässig ist, ist das Gericht nicht gezwungen, eine andere Person zu bestimmen; es erlangt durch den **Widerruf** die Wahlfreiheit zurück. Der Widerruf nach Gutachtenerstattung, etwa zur Erzwingung der Beauftragung eines anderen Sachverständigen, ist wirkungslos. Als Prozesshandlung unterliegt eine Einigungserklärung gem. § 78 ZPO dem Anwaltszwang.[61]

V. Ausländische Sachverständige

25 Auch Ausländer bzw. Personen mit Wohnsitz im Ausland können zu Sachverständigen im Sinne der §§ 402 ff. bestellt werden.[62] Personen, die nicht der deutschen Gerichtsbarkeit unterliegen, sind jedoch nicht den §§ 407, 409 ff. unterworfen.[63] Sofern sie das Gutachten erstatten (eine Verpflichtung gem. §§ 407 f. besteht nicht), handelt es sich um ein Beweismittel i.S.v. § 402 und keinesfalls um Urkundenbeweis o.ä. Auch ausländische Sachverständige sind ungeachtet fehlender Erzwingungsmöglichkeit zur Erläuterung des schriftlichen Gutachtens zu laden.[64]

VI. Beschränkte Kontrolle fehlerhafter Sachverständigenauswahl

26 Die Ermessensentscheidung des Tatrichters ist in höherer Instanz **nur** darauf zu überprüfen, ob ein **Ermessensfehlgebrauch** stattgefunden hat.[65] Wird der Sachverständige ermessensfehlerhaft ausgewählt, kann dies dazu führen, dass die auf dessen Gutachten beruhende Entscheidung im Ganzen durch einen Mangel an Sachkunde beeinflusst und somit fehlerhaft ist. Indessen kann die fehlerhafte Sachverständigenauswahl als verfahrensleitende Zwischenentscheidung (§ 355 Rdn. 64) nicht isoliert, sondern nur zusammen mit der Sachentscheidung angegriffen werden.[66] Im übrigen ist auf die Sachverständigenauswahl **§ 295** anwendbar.[67] Zum Verstoß gegen § 404 Abs. 2 s. oben § 404 Rdn. 20. Zur unzulässigen Substitution s. oben § 404 Rdn. 18 f.

---

58 Vgl. Stein/Jonas/*Leipold*[22] § 404 Rdn. 37.
59 A.A. Stein/Jonas/*Leipold*[22] § 404 Rdn. 35.
60 Ebenso MünchKomm/*Zimmermann*[4] § 404 Rdn. 10. **A.A.**: Baumbach/Lauterbach/*Hartmann*[71] § 404 Rdn. 8: bis zur Ernennung des Sachverständigen; Stein/Jonas/*Leipold*[22] § 404 Rdn. 35: bis zum Erlass des Beweisbeschlusses; Zöller/*Greger*[29] § 404 Rdn. 4: bis zur Verkündung des Beweisbeschlusses.
61 *Neuhaus/Krause* MDR 2006, 605, 606.
62 Vgl. BGH NJW 1965, 733; BGH MDR 1967, 290.
63 LSG Ba.-Wü. MedR 1985, 85, 87.
64 BGHZ 44, 75, 79.
65 BGH NJW 1959, 293, 294; BGH MDR 1961, 397.
66 RG JW 1900, 590 Nr. 8; BayObLG FamRZ 1987, 966, 967; OLG Hamm FamRZ 2008, 427.
67 OLG München NJW 1968, 202, 203; OLG Köln, Urt. v. 20.5.1985, 7 U 200/84.

Nicht gerügt werden kann die vom Gericht getroffene Auswahl mit der Begründung, 27
in der Person des Sachverständigen habe ein **Ablehnungsgrund** vorgelegen; das ist
schon deswegen unbeachtlich, weil das Verfahren gemäß § 406 Abs. 2 bis 5 vorgreiflich
ist.[68] Nichts anderes gilt, wenn das Berufungsgericht das Ablehnungsgesuch irrtümlich
nicht mit separatem Beschluss, sondern nur in den Urteilsgründen zurückgewiesen hat.[69]
Für das Revisionsgericht greift die Beschränkung des § 557 Abs. 2. Im übrigen unterliegt
die Auswahl des Sachverständigen nur eingeschränkter Kontrolle darauf, ob der Tatrichter seine aus **§ 286** folgende Pflicht zur **Sachaufklärung** dadurch verletzt hat, dass er
einen Antrag auf Hinzuziehung *weiterer* Sachverständiger abgelehnt hat.[70] Ihr Erfolg
setzt voraus, dass die Mängel der Begutachtung detailliert gerügt werden.[71] Näher dazu
§ 412 Rdn. 24 ff.

§ 404a
Leitung der Tätigkeit des Sachverständigen

(1) **Das Gericht hat die Tätigkeit des Sachverständigen zu leiten und kann ihm für Art und Umfang seiner Tätigkeit Weisungen erteilen.**
(2) **Soweit es die Besonderheit des Falles erfordert, soll das Gericht den Sachverständigen vor Abfassung der Beweisfrage hören, ihn in seine Aufgabe einweisen und ihm auf Verlangen den Auftrag erläutern.**
(3) **Bei streitigem Sachverhalt bestimmt das Gericht, welche Tatsachen der Sachverständige der Begutachtung zugrunde legen soll.**
(4) **Soweit es erforderlich ist, bestimmt das Gericht, in welchem Umfang der Sachverständige zur Aufklärung der Beweisfrage befugt ist, inwieweit er mit den Parteien in Verbindung treten darf und wann er ihnen die Teilnahme an seinen Ermittlungen zu gestatten hat.**
(5) **Weisungen an den Sachverständigen sind den Parteien mitzuteilen. Findet ein besonderer Termin zur Einweisung des Sachverständigen statt, so ist den Parteien die Teilnahme zu gestatten.**

Schrifttum

Daub Die Tatsachenerhebung durch den Sachverständigen, 1997; *Druschke* Das Anwesenheitsrecht der Verfahrensbeteiligten bei den tatsächlichen Ermittlungen des Sachverständigen im gerichtlichen Verfahren, Diss. Münster 1989; *Greger* Substanzverletzende Eingriffe des gerichtlichen Sachverständigen, FS Leipold (2009) S. 47; *Petra Höffmann* Die Grenzen der Parteiöffentlichkeit, insbesondere beim Sachverständigenbeweis, Diss. Bonn 1989; *Jessnitzer* Ortsbesichtigungen und Untersuchungen durch Bausachverständige und ihre gerichtliche Verwertung, BauR 1975, 73; *Kürschner* Parteiöffentlichkeit vor Geheimnisschutz im Zivilprozeß, NJW 1992, 1804; *Schikora* Einsichtnahme in die Handakten von Sachverständigen durch Gericht und Parteien, MDR 2002, 1033; *Friedrich E. Schnapp* Parteiöffentlichkeit bei Tatsachenfeststellungen durch den Sachverständigen?, FS für C.-F. Menger, S. 557; *Tropf* Die erweiterte Tatsachenfeststellung durch den Sachverständigen im Zivilprozeß, DRiZ 1985, 87; *Walterspiel* Augenscheineinnahme ohne Verständigung der Parteien, Der Sachverständige 1974, 117.

---

68 BGHZ 28, 302, 305 f.; BGH VRS 29 (1965), 430, 431 f.
69 BGH NJW 1959, 293, 294.
70 BAG NJW 1971, 263 (LS).
71 BGHZ 44, 75, 80 f.

Übersicht

I. Entstehungsgeschichte, Normzweck — 1
II. Rechtsverhältnis Gericht/Sachverständiger — 5
III. Kompetenzverteilung bei der Sachverhaltsaufklärung
   1. Terminologie: Anschluss-, Befund- und Zusatztatsachen — 7
   2. Allgemeine Leitungspflicht, Einweisung des Sachverständigen
      a) Weisungen, Belehrungen, Hinweise — 8
      b) Vorgaben des Parteivortrags — 11
      c) Erörterungstermin — 13
   3. Trennung von Rechts- und Tatsachenfragen — 14
IV. Sachverhaltsaufklärung des Sachverständigen (§ 404a Abs. 4)
   1. Ermittlung von Befundtatsachen — 16
   2. Ermittlung von Zusatztatsachen — 20
   3. Verschaffung der generellen Sachkunde — 25
   4. Überschreitung des Auftrags — 27
   5. Mitwirkungshandlungen der Parteien oder Dritter — 28
V. Anwesenheitsrecht der Parteien
   1. Grundsatz
      a) Richterrechtliche Rechtslage — 29
      b) Gesetzliche Rechtsgrundlage — 32
      c) Terminsnachricht — 34
   2. Grenzen des Anwesenheitsrechts
      a) Allgemein verwendbare Tatsachen — 35
      b) Tatsächliche Unmöglichkeit der Teilnahme — 36
      c) Rechtliche Unmöglichkeit der Teilnahme — 37
      d) Behinderung der Begutachtung — 38
      e) Ergebnisverfälschung — 39
      f) Geheimhaltungsinteressen — 40
   3. Folge unterbliebener Terminsnachricht — 41
VI. Unterrichtung der Parteien — 42

I. Entstehungsgeschichte, Normzweck

1 § 404a ist 1990 zusammen mit § 407a eingefügt worden. § 404a konkretisiert die Pflichten des Gerichts gegenüber dem Sachverständigen, § 407a diejenigen des Sachverständigen gegenüber dem Gericht. Vorbild für § 404a Abs. 1 war § 78 StPO.[1]

2 Die Aufgabe des Sachverständigen besteht nur darin, dem Gericht Erfahrungssätze mitzuteilen oder in Anwendung von Erfahrungssätzen bzw. Fachwissen Befundtatsachen zu ermitteln. Als Richtergehilfe untersteht er der **Leitung** durch das **Gericht**. § 404a bringt diesen selbstverständlichen Grundsatz zum Ausdruck, geht aber darüber hinaus, indem er das Gericht zu einer **aktiven Rolle** durch Ausübung einer Leitungsfunktion verpflichtet. Die Befugnis des Gerichts zur Erteilung verbindlicher Anordnungen findet ihre Grenzen an der fachlichen Unabhängigkeit und Verantwortlichkeit des Sachverständigen.[2]

3 Problematisch ist bei vielen Gutachtenerstattungen, **inwieweit** der Sachverständige befugt ist, im Rahmen des Gutachtenauftrages **Tatsachen** durch Befragung von Personen, Augenscheinseinnahme, Einholung amtlicher Auskünfte, Akteneinsicht etc. **zu ermitteln** und seinem Gutachten zu Grunde zu legen. Bereits vor der Schaffung des § 404a hat die Rechtsprechung eine unabhängige Aufklärungsbefugnis des Sachverständigen verneint.[3] Daran hat sich durch die Neuregelung nichts geändert. Die Kommission für das Zivilprozessrecht hatte zwar eine „**selbständige**" **Aufklärungsbefugnis** vorgeschlagen;[4] der Gesetzgeber hat diesen Vorschlag aber bewusst **nicht** übernommen.[5] Die Partei, der die Ermittlung vom Gegner nicht vorgebrachten Streitstoffes zum Nachteil ge-

---

1 RegE BT-Drucks. 11/3621, S. 39.
2 RegE BT-Drucks. 11/3621, S. 39.
3 RGZ 156, 334, 338; BGHZ 37, 389, 394; BGH VersR 1960, 998, 999; BFH BStBl. II 1990 515, 516.
4 Bericht der Kommission, S. 348 (§ 409 Abs. 4).
5 RegE BT-Drucks. 11/3621 S. 39.

reicht, kann den die Ermittlungsbefugnisse überschreitenden Sachverständigen wegen Besorgnis der **Befangenheit** (§§ 42, 406) ablehnen.[6]

Nach § 404a Abs. 4 bestimmt das **Gericht**, in welchem Umfang der Sachverständige die Aufklärung der Beweisfrage betreiben darf. Es darf § 404a Abs. 4 grundsätzlich nicht dazu verwenden, seinerseits den Sachverständige zur selbständigen Sachverhaltserforschung (im Sinne von Tatsachenbeschaffung) zu ermächtigen[7] (zu Ausnahmen bei der Erhebung von Befundtatsachen und Zusatztatsachen unten Rdn. 7). Prozessual folgt dies daraus, dass ausschließlich die Parteien den Prozessstoff bestimmen (Beibringungsgrundsatz; Dispositionsmaxime) und insoweit nicht einmal das Gericht eine eigene Kompetenz besitzt. § 404a Abs. 4 konstituiert (lediglich) die richterliche Pflicht, dem Sachverständigen die **Grenzen und Modalitäten** seiner zulässigen **Ermittlungstätigkeit** im den konkreten Fall rechtzeitig aufzuzeigen.[8]

II. Rechtsverhältnis Gericht/Sachverständiger

Die gerichtliche Bestellung ist als hoheitliche **innerprozessuale Maßnahme** (Beweisanordnung, §§ 273 Abs. 1 Nr. 4, 358, 358a) mit Eingriffscharakter und nicht etwa als (Justiz)Verwaltungsakt gegenüber dem Sachverständigen zu qualifizieren.[9] Ein Antrag auf gerichtliche Entscheidung gem. **§ 23 EGGVG** gegen die Bestellung oder Nichtbestellung in einem konkreten Verfahren kommt nicht in Betracht. In Erwägung zu ziehen ist ein solcher Antrag nur – vergleichbar der noch wenig geklärten Rechtsstellung von Bewerbern um das Amt des Insolvenzverwalters[10] – hinsichtlich der (Vorauswahl-)Entscheidung über die „Listung" des Bewerbers bei einem Gericht, sofern die Verwaltungsgeschäftsstelle eigene Listen führt, die nicht nur als Gedächtnisstütze mit Angaben über in der Vergangenheit beauftragte Sachverständige dienen. Gegen die **Entziehung** eines **Begutachtungsauftrages** hat der Sachverständige kein Beschwerderecht, da nicht einmal die Parteien Beweisanordnungen anfechten können.[11]

Durch die Ernennung wird zwischen dem Sachverständigen und dem Gericht ein **öffentlich-rechtliches Dienstverhältnis sui generis** begründet[12] (vor § 402 Rdn. 39). § 404a Abs. 1 verdeutlicht, dass es sich insoweit nicht um ein Gleichordnungs-, sondern um ein Subordinationsverhältnis handelt. Daraus ergibt sich allerdings nicht, dass das Gericht nach Belieben mit dem Sachverständigen verfahren kann; insbesondere hat es in der Beweiswürdigung des Gutachtens oder bei Entscheidungen über die Vergütung des Sachverständigen auf dessen Persönlichkeitsrechte Rücksicht zu nehmen.[13]

---

6 RegE BT-Drucks. 11/3621 S. 39.
7 Zu pauschal die gegenteiligen Formulierungen bei Thomas/Putzo/*Reichold*[33] § 404a Rdn. 5; ihnen folgend OLG München BauR 1993, 768, 769 (Ermächtigung des Bausachverständigen zur Einsichtnahme in Grundrisse und Schnitte, Baubeschreibung, Leistungsverzeichnisse, Bodenuntersuchungen bei den zuständigen Behörden; die Antragsgegnerin verweigerte im selbständigen Beweisverfahren die Vorlage dieser bei ihr befindlichen Unterlagen).
8 Vgl. RegE BT-Drucks. 11/3621 S. 39.
9 Klein, Rechtsstellung und Haftung des gerichtlich bestellten Sachverständigen, Diss. Mainz 1994, S. 23.
10 Vgl. dazu OLG Koblenz ZIP 2000, 507 m. Bespr. *W. Lüke* ZIP 2000, 485 und Anm. *Holzer*, EWiR § 23 EGGVG 1/2000, S. 175; OLG Hamm ZIP 2005, 269 f.; OLG Koblenz ZIP 2005, 1283, 1284; OLG Celle ZIP 2005, 1288, 1289. Vgl. auch die Erlangung der Stellung eines Zollbürgen.
11 OLG Brandenburg ZfBR 1996, 98, 99.
12 BGH NJW 1973, 554 (zur Staatshaftung für die Sachverständigentätigkeit); OLG München NJW 1971, 257, 258.
13 Vgl. die Kritik des OLG Brandenburg ZfBR 1996, 98 an der Vorinstanz.

III. Kompetenzverteilung bei der Sachverhaltsaufklärung

1. Terminologie: Anschluss-, Befund- und Zusatztatsachen. Zweckmäßig ist die Unterscheidung von Anschluss- (oder Anknüpfungs-), Befund- und Zusatztatsachen, damit wegen spezifischer rechtlicher Anforderungen die tatsächliche Basis des Sachverständigengutachtens von dessen Ermittlungsergebnissen abgegrenzt werden kann; die Terminologie ist allerdings nicht gefestigt. **Anschlusstatsachen** sind jene für die Erstattung des Gutachtens relevanten Tatsachen, die bereits von den Parteien in den Prozess eingeführt worden sind und deren Feststellung keines gesonderten Sachverstandes bedarf. Eine gesonderte Ermittlung durch den Sachverständigen ist definitionsgemäß nicht notwendig. Ihre Vorgabe ist immer Sache des Gerichts[14] bzw. der Parteien (Beibringungsgrundsatz). Soweit die Feststellung der Anschlusstatsachen (aus den Akten) dem Sachverständigen Schwierigkeiten bereiten kann, hat der Richter sie ihm ausdrücklich vorzugeben (§ 404a Abs. 1 und 3, Rdn. 12). **Befundtatsachen** sind jene Tatsachen, die der Sachverständige kraft seines Auftrages ermitteln soll und die nur kraft besonderer Sachkunde festgestellt bzw. wahrgenommen werden können. Unter **Zusatztatsachen** sind die (für das Gutachten relevanten) konkreten, streitgegenstandsbezogenen Tatsachen zu verstehen, die erstmals vom Sachverständigen in den Prozess eingeführt werden, die aber ohne besondere Sachkunde (von den Parteien) hätten festgestellt und in den Prozess eingeführt werden können.

2. Allgemeine Leitungspflicht, Einweisung des Sachverständigen

a) Weisungen, Belehrungen, Hinweise. § 404a Abs. 1 stellt eine **allgemeine Leitungspflicht** für die Tätigkeit des Sachverständigen auf, die in den weiteren Absätzen des § 404a näher spezifiziert wird. Die Leitung besteht in der Erteilung von Hinweisen bzw. Belehrungen sowie Weisungen. Nach § 404a Abs. 2 hat das Gericht den Sachverständigen in seine Aufgabe einzuweisen, was schriftlich oder in einem speziellen Einweisungstermin (§ 404a Abs. 5) geschehen kann. Diese Maßnahmen sind – wie alle prozessleitenden Anordnungen – nicht selbständig anfechtbar.[15] § 404a Abs. 2 sieht außerdem vor, dass das Gericht den Sachverständigen vor Abfassung der Beweisfrage hören soll, wenn dies die Besonderheit des Falles erfordern. Der **Sachverständige** nimmt damit bereits auf die **Formulierung des Beweisbeschlusses** Einfluss.[16] Das empfiehlt sich insbesondere, wenn das Gericht mit der Formulierung konkreter Fragen überfordert ist, weil die beweisbelastete Partei dazu selbst nicht substantiiert vortragen kann und ihre Darlegungslast deshalb herabgesetzt ist. Das trifft insbesondere auf den **Arzthaftungsprozess** zu. Konkrete statt pauschaler Beweisfragen können das Verfahren verkürzen, weil spätere Ergänzungsgutachten vermieden werden und schon frühzeitig die Fachkompetenzen geklärt werden.[17]

In erster Linie ist das Gericht zu Weisungen befugt, die der **Beachtung juristischer Standards** dienen. So kann es beispielsweise den Umgang des Sachverständigen mit den Parteien regeln (vgl. § 404a Abs. 4), um der Entstehung von Ablehnungsgründen (§ 406) vorzubeugen,[18] oder es hat ihn auf den rechtlich entscheidenden Punkt der Gut-

---

14 BGHZ 37, 389, 393 f.
15 BGH NJW-RR 2009, 995 Tz. 9; OLG Köln NJW-RR 2010, 1368.
16 Positiv dazu *Stamm* ZZP 124 (2011), 433, 449.
17 Dazu *Schünemann* in: Arbeitsgemeinschaft Rechtsanwälte im Medizinrecht e.V. (Hrsg.), 25 Jahre Arbeitsgemeinschaft – 25 Jahre Arzthaftung (2011), S. 269, 272 f.
18 RegE BT-Drucks. 11/3621 S. 39.

achtenerstattung hinzuführen.[19] Sofern die Erstattung des Gutachtens **Eingriffe** in die **Rechte Dritter oder** der **Parteien** erfordert, hat das Gericht, bevor es dem Sachverständigen eine entsprechende Weisung erteilt, die Zustimmung der Betroffenen einzuholen.[20] Der Sachverständige hat auch nach einer rechtswidrigen Weisung des Gerichts keine Befugnis, gegen den Willen des Verfügungsberechtigten Untersuchungen vorzunehmen. Im Regelfall ist die Weigerung des Gegners als Beweisvereitelung zu würdigen, jedoch kann der Beweisführer einen titulierten Besichtigungsanspruch (z.B. aus § 809 BGB) haben, der zerstörende Bauuntersuchungen einschließt (s. auch § 402 Rdn. 93 und unten Rdn. 16). Bei **zerstörenden Eingriffen** hat das Gericht eine restituierende Folgenbeseitigung anzuordnen,[21] deren Kosten in gleicher Weise zu verteilen sind wie die Kosten der Hinzuziehung von Hilfskräften für die Gutachtenvorbereitung. Im Insolvenzeröffnungsverfahren kann das Insolvenzgericht dem Sachverständigen nicht die Befugnis einräumen, gegen den Widerstand des Schuldners **Auskünfte von Dritten einzuholen**, Einsicht in Unterlagen zu nehmen oder Geschäftsräume zu betreten.[22] Zweckmäßig ist eine Belehrung über die Heranziehung von **Hilfskräften** und über das Verbot der Substitution, weil die rechtlichen Grenzen von Laien leicht verkannt werden. Das Gericht kann nach § 144 Abs. 1 Satz 2 anordnen, dass eine Partei dem Sachverständigen geheime Geschäftsunterlagen vorlegt.[23]

Das Gericht muss dem Sachverständigen **juristische Begriffe** oder Tatbestände, **10** die Grundlage der Beweistatsache sind, erläutern,[24] insbesondere wenn sie in disparaten Rechtsgebieten unterschiedliche Inhalte haben. So bedeutet z.B. Berufsunfähigkeit in der gesetzlichen Rentenversicherung etwas anderes als in der privaten Berufsunfähigkeitszusatzversicherung.[25] Entsprechendes gilt für **Beweiserleichterungen**. Im Anwendungsbereich des § 287 ist der Sachverständige zu instruieren, dass an die Feststellung des Kausalzusammenhangs nicht strenge naturwissenschaftliche Anforderungen zu stellen sind, sondern eine hinreichende Wahrscheinlichkeit der Schadensverursachung ausreicht.[26] Die eigentliche Rechtsanwendung bleibt jedoch immer Sache des Gerichts und darf nicht dem Sachverständigen überantwortet werden.[27] Die Einweisung im genannten Sinne soll lediglich verhindern, dass der Sachverständige Befundtatsachen ermittelt, die wegen Orientierung an juristischen Fehlvorstellungen rechtlich unbrauchbar sind.

b) Vorgaben des Parteivortrags. Im Hinblick auf die **tatsächlichen Grundlagen** **11** des Gutachtens ist es grundsätzlich Aufgabe des Gerichts, die Tatsachen zu bestimmen, die der Sachverständige seinem Gutachten zugrunde legen soll[28] (sog. **Anschlusstatsachen**). Die Anschlusstatsachen ergeben sich ausschließlich aus dem Parteivortrag (zur herabgesetzten Substantiierung s. § 403 Rdn. 6f.) bzw. aus der entsprechenden Vorgabe

---

19 BGH NJW 1989, 771, 773 (zur Verschuldensfeststellung wegen Nichtabbruchs einer fehlerhaften intraarteriellen Injektion).
20 OLG Brandenburg ZfBR 1996, 98, 100 (Zustimmung des Verfügungsberechtigten zur Öffnung einer Baukonstruktion); **a.A.** OLG Frankfurt NJW 1995, 2834.
21 OLG Düsseldorf MDR 1997, 886.
22 LG Göttingen NJW-RR 2003, 117, 118.
23 BGH NJW 2005, 3718, 3720.
24 BGH NJW 1993, 202.
25 BGH NJW 1993, 202; BGH VersR 1996, 959, 960.
26 OLG Hamm VersR 1994, 1322, 1323 = NJW-RR 1994, 481, 482.
27 Vgl. z.B. OLG Hamburg ZSW 1983, 43 ff.: unzulässige Berechnung der Minderung i.S.v. § 472 BGB a.F.
28 BGH NJW-RR 2008, 770 Tz. 4 (aussermedizinischer Sachverhalt); BGH NJW-RR 2007, 767 Tz. 9 (außermedizinischer Sachverhalt).

durch den Richter. § 404a Abs. 3 verpflichtet den Richter bei **streitigem Parteivortrag**, dem Sachverständigen die Anschlusstatsachen ausdrücklich vorzugeben. Es ist nicht Aufgabe des Sachverständigen, die Anschlusstatsachen auszuwählen oder gar eine Beweiswürdigung vorzunehmen.[29] Tatsachen, deren Feststellung zwar kein Fachwissen des Sachverständigen voraussetzt,[30] die aber wegen herabgesetzter Substantiierungslast von den Parteien nicht vorgetragen werden müssen, sind davon ausgenommen; so ist die Beschreibung des Augenscheinsobjekts (Baustelle etc.) entbehrlich, wenn der Sachverständige für die Begutachtung ohnehin eine Augenscheinseinnahme durchführen muss (näher zur Ermittlung von Zusatztatsachen § 404a Rdn. 20 ff.). Ausgenommen ist die richterliche Vorgabe erst recht, wenn der darlegungsbelasteten Partei nur geringer Sachvortrag abverlangt wird, weil sie zur detaillierten Substantiierung fachlich nicht imstande ist und/oder ohne Anleitung des Sachverständigen nicht vorhersehen kann, auf welche Tatsachen es ihm ankommt (z.B. im Arzthaftungsprozess); die Ermittlung gehört dann zu den Befundtatsachen (näher § 404a Rdn. 16 ff.). Sofern notwendige gerichtliche Feststellungen noch nicht getroffen worden sind, besteht die Möglichkeit **alternativer Vorgaben**[31] oder die Formulierung einer Arbeitshypothese.[32] Äußert sich der Sachverständige in seinem schriftlichen Gutachten zu dem Beweisthema nur unvollständig, weil ihm Anschlusstatsachen gefehlt haben, muss das Gericht ihm die Tatsachen nachträglich zur Erstattung eines Ergänzungsgutachtens an die Hand geben, ehe es den Beweis als gescheitert ansieht.[33]

12 Die richterliche Pflicht zu Einweisung des Sachverständigen in den für seine Begutachtung maßgeblichen Streitstoff geht über den in **§ 404a Abs. 3** normierten **Teilausschnitt** hinaus. Aus der **übergeordneten Leitungspflicht** (§ 404a Abs. 1) folgt, dass der Richter alles Notwendige zu veranlassen hat, um zu vermeiden, dass dem Gutachten des Sachverständigen wegen fehlender juristischer Kenntnisse Mängel anhaften, die zur Unverwertbarkeit führen.[34] Demgemäß kann das Gericht verpflichtet sein, dem Sachverständigen zur Gutachtenerstattung auch die **unstreitigen Anschlusstatsachen** ausdrücklich vorzugeben, wenn diese nicht evident sind.[35] Es ist nicht Aufgabe des Sachverständigen, die Schriftsätze der Parteien auszulegen und relationstechnisch auszuwerten;[36] dabei handelt es sich bereits um Rechtsanwendung des § 138.

13 **c) Erörterungstermin.** Ein Einweisungstermin (§ 404a Abs. 5) ist zweckmäßig, wenn komplexe tatsächliche und/oder rechtliche Erörterungen der Vorgehensweise unter Einbeziehung der Parteien notwendig sind. Erörterungen dienen aber nicht nur der einseitigen **Information des Sachverständigen**. Geboten sein kann die **Anhörung des Sachverständigen** auch, damit die Beweisfrage im Hinblick auf die Aufklärungsmög-

---

29 Vgl. BGHZ 37, 389, 393 f. = NJW 1962, 1770, 1771 = JZ 1963, 410, 411 m. Anm. *Schröder* BGH LM Nr. 3 zu § 144 ZPO Bl. 2; BGH VersR 1996, 959, 960 (Vortrag zur bisherigen Berufstätigkeit bei privatem Rentenanspruch wegen Berufsunfähigkeit); BGH NJW 1997, 3096, 3097 (durch Zeugenbeweis zu ermittelnde Auffälligkeiten im Verhalten einer Person als Hinweis auf zu begutachtende dementielle Entwicklung); RGZ 156, 334, 338.
30 Vgl. BGHZ 37, 389, 394; BGH LM Nr. 3 zu § 144 ZPO, Bl. 2.
31 BGHZ 119, 263, 266 = NJW 1993, 202, 203; BGH NJW-RR 1996, 345.
32 Bericht der ZPO-Kommission S. 141.
33 BGH VersR 2002, 1258, 1259 (Beurteilung des Zeitraums der Arbeitsunfähigkeit bei Streit um Krankentagegeld).
34 Vgl. BGH NJW 1993, 202.
35 OLG Hamburg MDR 1962, 414.
36 OLG Hamburg MDR 1962, 414.

lichkeiten des Gutachters sinnvoll gefasst wird[37] (§ 404a Abs. 2). Insbesondere vor der Einholung demoskopischer Gutachten ist ein Erörterungstermin unentbehrlich.[38]

3. Trennung von Rechts- und Tatsachenfragen. Zu unterscheiden ist zwischen Rechtsfragen, für die nur der Richter selbst zuständig ist, und Tatsachenfragen, für deren Beantwortung besondere fremde Sachkunde in Anspruch genommen werden muss. Beide Themenbereiche können ineinander verwoben sein, was eine **präzise Formulierung** des **Beweisbeschlusses** verlangt. 14

So ist z.B. die **Auslegung eines Patentanspruchs** eine **Rechtsfrage**,[39] die nicht dem Sachverständigen überlassen werden darf. Hilfe benötigt der Tatrichter aber u.U. bei der Aufklärung, welche objektiven technischen Gegebenheiten, welches Vorverständnis der auf dem betreffenden technischen Gebiet tätigen Sachverständigen, welche Kenntnisse, Fertigkeiten und Erfahrungen und welche methodische Herangehensweise dieser Fachleute das Verständnis des Patentanspruchs beeinflussen können.[40] Der gerichtliche Sachverständige hat insbesondere die Aufgabe, dem Gericht **Kenntnisse und Fähigkeiten des Fachmanns** sowie die Arbeitsweise zu vermitteln, mit der dieser technische Probleme seines Fachgebiets zu bewältigen trachtet.[41] Im Rahmen des Beibringungsgrundsatzes von den Parteien vorzutragende Anknüpfungstatsachen betreffen z.B. die technischen Zusammenhänge, die Merkmale des Durchschnittsfachmanns oder dessen Ausbildung als Grundlage der beruflichen Sicht.[42] 15

IV. Sachverhaltsaufklärung des Sachverständigen (§ 404a Abs. 4)

1. Ermittlung von Befundtatsachen. Tatsachen, die nur **kraft besonderer Sachkunde wahrgenommen** werden können und die zur Beantwortung der Beweisfrage notwendig sind, kann sich der Sachverständige im Rahmen seines Gutachtenauftrages selbst beschaffen.[43] § 485 Abs. 2 Nr. 1 legt diese Vorstellung erkennbar zugrunde, wenn dort der Zustand einer Person oder der Zustand einer Sache festzustellen ist; wegen der Gleichstellung des selbständig erhobenen Beweises mit einer Beweisaufnahme vor dem Prozessgericht ist in dieser Regelung keine Besonderheit nur des selbständigen Beweisverfahrens zu sehen.[44] § 372a geht ebenfalls inzident davon aus, dass die für Abstammungsfeststellungen notwendigen medizinischen Untersuchungen dem Sachverständigen obliegen. Demzufolge kann er beispielsweise in einem **Nachbarrechtsstreit Lärmmessungen** vornehmen und die ermittelten Werte bei der anschließenden Gutachtenerstattung verwenden. Gleiches gilt für die Untersuchung einer Person zum Zwecke der medizinischen Begutachtung.[45] Bei **medizinischen Untersuchungen** wird es sich häufig um Tatsachenfeststellung durch Erhebung der Anamnese oder durch Augen- 16

---

37 BAG NZA 1999, 324, 326.
38 Näher dazu Ahrens/*Spätgens* Der Wettbewerbsprozess, 7. Aufl. 2013, Kap. 28 Rdn. 20, 25.
39 BGHZ 160, 204, 212 – Bodenseitige Vereinzelungsausrichtung; BGH GRUR 2008, 779 Tz. 30 – Mehrgangnabe; BGH GRUR 2010, 314 Tz. 25 – Kettenradanordnung II (stg. Rspr.). Zum gleichartigen Problem in Österreich *Gassauer-Fleissner* ÖBl. 2005, 244 ff., und in der Schweiz *Bühler* sic! 2005, 715 ff.
40 BGH GRUR 2006, 131, 133 – Seitenspiegel; BGH GRUR 2008, 779 Tz. 31; BGH GRUR 2010, 314 Tz. 26 – Kettenradanordnung II; BGH GRUR 2010, 410 Tz. 40 – Insassenschutzsystemsteuereinheit.
41 BGH GRUR 2004, 411, 413 – Diabehältnis; BGH GRUR 2006, 131, 133 – Seitenspiegel.
42 BGH GRUR 2010, 314 Tz. 27. Zum Durchschnittsfachmann vgl. die Kriterien der AIPPI-Studie Q 213: Entschließung v. 6.10.2010 und deutscher Bericht von *Ehlers/Haft/Königer* GRUR Int. 2010, 815 ff.
43 BGHZ 37, 389, 394; *Druschke* Anwesenheitsrecht der Verfahrensbeteiligten S. 10 ff.; *Höffmann* Grenzen der Parteiöffentlichkeit S. 38 ff.; *Müller* Der Sachverständige im gerichtlichen Verfahren[3] Rdn. 548.
44 Vgl. *Daub* Tatsachenerhebung S. 35, 121, 126.
45 Vgl. BGH NJW 1970, 1919, 1921; VersR 1958, 512.

scheineinnahme handeln. In Betracht kommen neben der Befragung einer Partei auch die Befragung Dritter oder die Einholung behördlicher Auskünfte.[46] **Wahrnehmungen an Bauwerken** können darauf gerichtet sein, Geräusche oder Gerüche aufzunehmen oder die Oberflächen bestimmter Bauteile zu befühlen. Die Leistung der Sinnesorgane muss u.U. durch technische Mittel (z.B. Fernglas, Lupe, Mikroskop) verstärkt werden.[47] Sind zur Feststellung von Befundtatsachen **Bauteilöffnungen** erforderlich, wird die Substanz verletzt. Dafür hat der Sachverständige die Weisung des Gerichts einzuholen; das Gericht kann bei fehlender Einwilligung des Eigentümers oder Nutzungsberechtigten in den Grenzen der Zumutbarkeit eine Duldungsanordnung nach § 144 Abs. 1 Satz 3 erlassen, die die Art der Wiederherstellung zu umfassen hat[48] (s. auch oben Rdn. 9, § 485 Rdn. 10 und – zur Prüfung der Zumutbarkeit – § 387 Rdn. 21). Zieht der Sachverständige Fremdunternehmer als Handwerker hinzu, ist deren Werklohn für ihn eine erstattungsfähige Auslage (§§ 8 Abs. 1 Nr. 4, 12 Abs. 1 Satz 2 Nr. 1 JVEG, dazu § 413 Rdn. 4).

17 Da die **Feststellung von Befundtatsachen Bestandteil des Gutachtenauftrages** ist, geht es insoweit nicht um die Feststellung von Anschlusstatsachen,[49] sondern bereits um einen Teil der Beweisaufnahme. Darin ist ein **Teil der** dem Sachverständigen obliegenden **Materialbeschaffung** zu sehen.[50] Ein Verstoß gegen § 355 liegt nicht vor, weil der Richter jene Tatsachen definitionsgemäß nicht selbst feststellen kann; die Anwesenheit des Richters bzw. die Tatsachenfeststellung durch ihn wäre sinnlos.[51] Sowenig der Richter bei der Ermittlung von Befundtatsachen im Labor des Sachverständigen anwesend sein muss, muss er das bei der konkreten Wahrnehmung von Befundtatsachen, die etwa durch Befragung von Informanten, durch Betrachtung der Arbeitsleistung einer Maschine oder durch Probenziehung auf einer Baustelle oder in einem Lagerhaus festzustellen sind. Eine bestimmte Methode zur Ermittlung der Befundtatsachen hat der Richter nicht vorzugeben.[52]

18 Der Sachverständige hat die wesentlichen Ergebnisse seiner **Beobachtungen**, zu denen auch die Angaben befragter Personen (z.B. Patientenauskünfte) gehören, in seinem Gutachten **mitzuteilen**, damit sie den Parteien und dem Gericht unterbreitet werden.[53] Erst damit werden sie Prozessstoff.[54] Befundtatsachen, die der Beweisführer wegen mangelnder Sachkunde zunächst als vermeintlich ungünstig bestritten hat, kann er sich nach Vorlage des Gutachtens auch ohne ausdrückliche Erklärung zu eigen machen, wenn sie ihm in Wirklichkeit günstig sind.[55]

19 Befundtatsachen, die der Sachverständige kraft seiner Sachkunde feststellt, können **streitig werden**, etwa Angaben einer medizinisch begutachteten Partei, die der Sachverständige im Rahmen der Anamnese erhebt. Zweifelt die Gegenpartei die Zuverlässigkeit der gegenüber dem Sachverständigen gemachten Parteiangaben an, etwa Behauptungen zur Vorgeschichte einer Krankheit, so ist darüber **nachträglich** in einer dem § 355 ent-

---

46 Vgl. *Daub* Tatsachenerhebung S. 136 ff.
47 *Jessnitzer* BauR 1975, 73, 74.
48 Dazu *Greger* FS Leipold (2009), S. 47, 50 (mit anderer Terminologie, nämlich „Anschlusstatsachen").
49 So aber die Terminologie in BGHZ 37, 389, 394 und in OLG Stuttgart FamRZ 2003, 316, 317.
50 BGH VersR 1958, 512; ferner BGH VersR 1960, 998, 999.
51 *Höffmann* Grenzen der Parteiöffentlichkeit S. 40.
52 BGH (X.ZS) GRUR 2006, 575, 577 – Melanie (Sortenschutzverletzung, Pflanzenmerkmale).
53 BGH VersR 1958, 512, 513; OLG München OLGZ 1983, 355, 357.
54 *Pohle* Anm. zu BAG § 402 ZPO Nr. 1 Bl. 100 (Bl. 102 ff., 103).
55 So für den Arzthaftungsprozess BGH NJW 1991, 1541, 1542; für die Tierarzthaftung OLG Stuttgart VersR 1992, 979, 980.

sprechenden Weise **richterlicher Beweis** zu erheben.[56] Das kann – einzelfallbedingt – Zeugenbeweis sein, aber auch wiederum Sachverständigenbeweis.[57] Wird nur streitig, welche Angaben gegenüber dem Sachverständigen gemacht wurden, ist der Sachverständige darüber als Zeuge zu hören. Die gleichen Grundsätze gelten, wenn der Sachverständige ohne Rücksprache mit dem Gericht Zeugen fachkundig befragt hat, um – vorläufig – Tatsachenmaterial für das Gutachten zu sammeln, etwa zur Feststellung der Geschäftsfähigkeit einer Person wegen hirnateriosklerotischen Verwirrtheitszustandes.[58]

2. Ermittlung von Zusatztatsachen. Problematisch ist die Behandlung jener Fälle, 20 in denen der Sachverständige weitere streitgegenstandsbezogene Tatsachen ermittelt und seinem Gutachten zugrunde legt, deren **Feststellung** eigentlich **keine Sachkunde** voraussetzt. Als Beispiel sind die in der Praxis übliche Ortsbegehung durch Bausachverständige oder die Besichtigung des Unfallortes durch Kfz-Sachverständige zu nennen, die in erster Linie der Verschaffung weiterer Informationen dienen, welche die Parteien zwar vortragen könnten, deren Relevanz für das zu erstellende Gutachten von den Parteien aber nur vage eingeschätzt werden kann[59] und deren schriftsätzlicher Vortrag ausgesprochen umständlich wäre.

Gegen eine solche eigenständige Ermittlungstätigkeit des Sachverständigen wird 21 z.T. eingewandt, dass sie gegen den in § 355 normierten **Unmittelbarkeitsgrundsatz** verstieße.[60] Dabei wird übersehen, dass die Tatsachenermittlung durch den Sachverständigen anlässlich seiner Gutachtenerstattung, die sich definitionsgemäß ausschließlich auf die Feststellung von Befundtatsachen bezieht, keine Beweisaufnahme über die bei dieser Gelegenheit festgestellten Zusatztatsachen darstellt. Die Zusatztatsachen werden erstmals durch den Sachverständigen in den Prozess eingeführt, sind demgemäß **vorher noch kein Prozessstoff**, geschweige denn streitig. Der BGH bezeichnet ein solches Vorgehen als **vorläufiges Sammeln** des erforderlichen (Zusatz-)Tatsachenmaterials.[61] Ein Verstoß des Sachverständigen gegen § 355 liegt darin nicht.[62]

Die entsprechende Vorgehensweise des Sachverständigen könnte allenfalls als Ver- 22 stoß gegen den **Beibringungsgrundsatz** angesehen werden.[63] Auch das ist aber zu verneinen. Der BGH hat in diesem Zusammenhang zutreffend entschieden, dass die Parteien jene (Anschluss-)Tatsachen nicht ausdrücklich vortragen müssen, die der Sachverständige bei einer nach der Art des Beweisthemas gebotenen informatorischen Besichtigung des Beweisobjektes üblicherweise selbst feststellt.[64] Dort ging es um entgangenen Gewinn wegen untersagter Benutzung gemieteter Gaststättenräume, zu dem das Berufungsgericht kein Gutachten eingeholt hatte, weil es Sachvortrag zur Beschaffenheit des Lokals und dessen Umgebung vermisst hatte; der BGH sah es als „selbstverständlich" an, dass der Sachverständige das Mietobjekt ohnehin in Augenschein zu nehmen hatte,

---

56 BGH LM Nr. 3 zu § 144 ZPO; s. ferner BGHZ 37, 398, 394 f.; BGH VersR 1960, 998, 999; OLG Köln NJW 1994, 394; OLG München OLGZ 1983, 355, 357.
57 BGH LM Nr. 3 zu § 144 ZPO.
58 Vgl. BGHZ 23, 207, 214 f.
59 Darauf macht OLG Stuttgart ZfS 1995, 367, 368, in diesem Zusammenhang zutreffend aufmerksam; ebenso BFH BStBl II 1980 515, 516, der von „Hilfswahrnehmungen" spricht.
60 So wohl *Höffmann* Grenzen der Parteiöffentlichkeit S. 63; *Müller* Der Sachverständige im gerichtlichen Verfahren[3] Rdn. 548; wohl auch MünchKomm/*Zimmermann*[4] § 404a Rdn. 9.
61 BGHZ 23, 207, 214: Der psychiatrische Sachverständige, der die Prozessfähigkeit der verstorbenen Klägerin begutachten sollte, hatte u.a. zwei behandelnde frühere Ärzte der Klägerin persönlich befragt, statt bloß deren ärztliche Aufzeichnungen zu verwerten; vgl. auch OLG Stuttgart ZfS 1995, 367, 368.
62 Vgl. BFH BStBl II 1990, 515, 516; vgl. i.Ü. *Tropf* DRiZ 1985, 87, 88.
63 Verneint von OLG Stuttgart ZfS 1995, 367, 368.
64 BGH NJW-RR 1995, 715, 716.

um sich von dessen Eigenschaften ein Bild zu machen, so dass Sachvortrag dazu überflüssig gewesen sei. In Fällen, in denen eine Inaugenscheinnahme durch den Sachverständigen üblicherweise geboten ist (z.B. Baumängel- oder Verkehrswertgutachten), gelten also im Hinblick auf die zur Begutachtung notwendigen (Anschluss-)Tatsachen verminderte Anforderungen an die Substantiierungspflicht der Parteien; die Feststellungen dürfen vom Sachverständigen getroffen werden.

23   Aber auch in anderen Fällen, in denen der Sachverständige Tatsachen ermittelt und seinem Gutachten zugrunde gelegt hat, über die der **Parteivortrag nicht** von Rechts wegen **gemindert werden darf**, ist damit noch nichts über die Verwertbarkeit des Gutachtens gesagt. Kennzeichnet der Sachverständige in seinem Gutachten den ermittelten neuen Tatsachenstoff als solchen, so wird man im Zweifel anzunehmen haben, dass sich jene Partei, für die das Gutachten günstig ist, diese Tatsachen selbst ohne ausdrücklichen Hinweis zu eigen macht.[65] **Bestreitet** der **Gegner** die entsprechenden **Tatsachen nicht**, so gelten sie gemäß § 138 Abs. 3 als **unstreitig**.[66] Stellen die Parteien den neu eingeführten Tatsachenstoff unstreitig, so ist konsequenterweise die volle Verwendung des solchermaßen zustande gekommenen Gutachtens zulässig.[67]

24   Problematisch ist der Fall, dass eine Partei die durch den Sachverständigen eingeführten **Zusatztatsachen bestreitet**. In diesem Fall kann das Gutachten wegen der nunmehr streitigen Tatsachengrundlage nicht ohne weiteres zur Entscheidungsgrundlage gemacht werden.[68] Insbesondere darf das Gericht wegen § 355 nicht auf eine möglicherweise vom Sachverständigen bereits in seinem Gutachten vorgenommene „Beweiswürdigung" zurückgreifen.[69] Es spricht jedoch nichts dagegen, in jenen Fällen, in denen der Sachverständige weiteren, nunmehr streitigen Vortrag ins Verfahren einbringt, **nachträglich** über diese Tatsachen in geeigneter Weise (Zeugenvernehmung, richterliche Augenscheinseinnahme etc.) **Beweis zu erheben**,[70] auch wenn das Gesetz (vor allem aus Gründen der Prozessökonomie) verlangt, dass der zur Gutachtenerstattung notwendige Tatsachenstoff bereits vor Einholung des Gutachtens vollständig zu ermitteln und dem Sachverständigen vom Gericht vorzugeben ist (§ 404a Abs. 3, Abs. 1). Bestätigt die Beweisaufnahme die vom Sachverständigen zugrunde gelegten Tatsachen, so darf das bereits auf dieser Basis erstattete Gutachten verwertet werden.[71] Anderenfalls ist eine neues Gutachten auf der nunmehr bewiesenen Tatsachengrundlage einzuholen.

25   **3. Verschaffung der generellen Sachkunde.** Von der Ermittlung konkreter Prozesstatsachen ist die Tätigkeit des Sachverständigen abzugrenzen, die der Verschaffung oder Vertiefung seiner generellen Sachkunde dient.[72] Sie unterliegt keinen Beschränkungen, weil es irrelevant ist, ob einschlägige Fortbildung durch einen konkreten Gutachtenauftrag ausgelöst wird oder unabhängig davon stattfindet. Der Sachverständige kann

---

[65] Vgl. OLG Stuttgart VersR 1992, 979, 980: stillschweigendes Zueigenmachen eines günstigen Beweisergebnisses im Arzthaftungsprozess.
[66] *Müller* Der Sachverständige im gerichtlichen Verfahren³ Rdn. 550, der in diesem Zusammenhang aber missverständlich von „Anknüpfungstatsachen" spricht.
[67] BGH VersR 1960, 998, 999.
[68] BGH LM § 144 Nr. 3 Bl. 2; vgl. auch OLG Köln NJW 1994, 394; abweichend *Tropf* DRiZ 1985, 87, 89 f.
[69] OLG Köln NJW 1994, 394 (Bescheinigung der Glaubhaftigkeit von Angaben des Klägers zu seinem Gesundheitszustand vor einem Unfall vom Gericht trotz Bestreitens der Beklagten ohne weiteres übernommen).
[70] BGHZ 23, 207, 214 f.; BGH VersR 1960, 998, 999; OLG München OLGZ 1983, 355, 357; *Müller* Der Sachverständige im gerichtlichen Verfahren³ Rdn. 548.
[71] BGH VersR 1960, 998, 999; *Müller* Der Sachverständige im gerichtlichen Verfahren³ Rdn. 548.
[72] *Daub* Tatsachenerhebung S. 101 spricht insoweit von „Sachkundetatsachen".

sich die notwendige Sachkunde in beliebiger Weise außerhalb des Verfahrens und **ohne Zuziehung der Parteien** verschaffen.[73] Dazu gehört das Studium einschlägiger Fachliteratur.[74] Die **Quellen** seiner Sachkunde sind lediglich für die **Beurteilung der Qualität** seines Gutachtens bedeutsam. So kann der Sachverständige zur Ermittlung eines Handelsbrauchs Kaufleute befragen,[75] bei einem Bauamt zur Verkehrswertermittlung Unterlagen über Grundstückspreise im zu begutachtenden Zeitraum einsehen,[76] für die Bestimmung des Grundstücksertragswertes Vergleichsmieten ermitteln[77] oder für eine Mietzinserhöhung auf das Niveau der ortsüblichen Vergleichsmiete vergleichbare Mietobjekte besichtigen[78] und die entsprechenden Daten seinem Gutachten zugrunde legen. Die ermittelten Daten, zu denen auch die Lage der Vergleichsobjekte gehört, sind **Befundtatsachen**.

Von den zuvor (Nr. 2 und 3) erörterten Fällen der konkret streitgegenstandsbezogenen Sachverhaltsaufklärung unterscheiden sich diese Fälle dadurch, dass der Sachverständige Tatsachen feststellt, um zunächst den allgemeinen Erfahrungssatz zu formulieren, den er dem Gutachtenauftrag entsprechend auf den streitgegenständlichen Sachverhalt anwendet.[79] Die Vergleichspreisermittlung ist hier einzuordnen, obwohl sie mit der einzelfallbezogenen Ermittlung von Befundtatsachen eng verwandt ist, weil die Daten der Vergleichsobjekte für eine potentielle **Vielzahl von Verfahren** verwendbar sind. Aus diesem Grunde haben die Sachverständigen ein verständliches wirtschaftliches Eigeninteresse, die Daten geheim zu halten (dazu auch § 408 Rdn. 4). Ihre Gutachten sind wegen der Anforderungen des Rechtsstaatsprinzips (Verbot des Geheimprozesses,[80] zu Ausnahmen vor § 284 Rdn. 52) jedoch nur dann verwertbar, wenn diese **Befundtatsachen** den Verfahrensbeteiligten **offengelegt** werden.[81] Eine Ausnahme gilt jedoch, wenn der Sachverständige aus anerkennenswerten Gründen schweigt und die Nichtverwertung seines Gutachtens für eine Partei zum materiellen Rechtsverlust führen würde.[82] 26

4. Überschreitung des Auftrags. Überschreitet der Gutachter seinen Auftrag, indem er sich über das Beweisthema hinausgehend äußert, führt dies **nicht zur Unverwertbarkeit** des entsprechenden Gutachtenteils.[83] 27

5. Mitwirkungshandlungen der Parteien oder Dritter. Das deutsche Prozessrecht regelt nicht ausdrücklich die **Kooperation** des Sachverständigen mit den Parteien und Dritten in Bezug auf die Bereitstellung von Unterlagen, den Zugang zu Besichtigungsobjekten oder die Teilnahme an Untersuchungen. Demgegenüber sieht § 359 Abs. 2 österr. ZPO seit 2002 vor, dass der Sachverständige dem Gericht bei Verweigerung der Mitwir- 28

---

73 RG ZZP 60 (1936/37), 141; RG JW 1903, 66; BGH VersR 1960, 998, 999; *Höffmann* Grenzen der Parteiöffentlichkeit S. 36 f. m.w.N.
74 OLG Frankfurt VersR 2001, 848, 849.
75 RG ZZP 60 (1936/37), 141.
76 OLG Köln NJW 1962, 2161 f.
77 BGH NJW 1994, 2899.
78 BVerfGE 91, 176, 181 = NJW 1995, 40.
79 RG JW 1903, 66.
80 Vgl. dazu *Ahrens* JZ 1996, 738 in Anm. zu BGH – Anonyme Mitgliederliste.
81 BVerfGE 91, 176, 181 f. = NJW 1995, 40, 41; BVerfG NJW 1997, 1909; auf den Grundsatz des rechtlichen Gehörs (Art. 103 Abs. 1 GG) stellt BGH NJW 1994, 2899; s. auch BGH NJW-RR 1997, 459 (zur Individualisierung der Vergleichsobjekte); BGH NJW 1992, 1817, 1819 – Amtsanzeiger (Verwertung vertraulicher Geschäftsunterlagen einer Prozesspartei zur Schadensermittlung) m. Bspr. *Kürschner* NJW 1992, 1804 f.
82 BVerfGE 91, 176, 183; BVerfG NJW 1997, 1909; s. dazu auch LG München II WuM 1996, 422.
83 Offengelassen von BGH NJW 1998, 1784, 1786.

kung die notwendigen Mitwirkungshandlungen und die Hindernisse mitzuteilen hat, so dass das Gericht einen fristsetzenden Beschluss erlassen kann.[84] In gleicher Weise ist im deutschen Zivilprozess vorzugehen. Von der Spezialregelung in § 372a Abs. 2 für Abstammungsuntersuchungen abgesehen, kann gegen Parteien allerdings **kein unmittelbarer Zwang** ausgeübt werden (§ 372a Rdn. 80, § 402 Rdn. 94 und § 402 Rdn. 90). Statt dessen ist die beweisbelastete Partei nach erfolgloser Fristsetzung gem. § 356 mit dem Beweismittel auszuschließen; auf den Beweisgegner sind die Grundsätze über die Beweisvereitelung anzuwenden (§ 402 Rdn. 91).

V. Anwesenheitsrecht der Parteien

1. Grundsatz

29   **a) Richterrechtliche Rechtslage.** Bereits vor der Schaffung des § 404a war von der Rechtsprechung mehrheitlich als Grundsatz anerkannt,[85] dass die Parteien das Recht haben, an **Ortsbesichtigungen** des Sachverständigen (auf Baustellen, an Unfallorten, an Arbeitsplätzen etc.) teilzunehmen (s. dazu auch § 406 Rdn. 27). Diese Auffassung hat sich unter Aufgabe der gegenteiligen, zu Beginn des 20. Jahrhunderts formulierten Ansicht des Reichsgerichts[86] herausgebildet, **ohne dass** die **Rechtsgrundlagen klar** erkennbar, geschweige denn konsentiert waren. Teilweise ist auf § 357 Abs. 1 (Parteiöffentlichkeit der Beweisaufnahme) Bezug genommen worden,[87] der jedoch nicht einschlägig ist, weil die von einem Sachverständigen allein vorgenommene Augenscheinseinnahme ebenso wie dessen sonstige Tatsachenermittlungen keine Beweisaufnahme ist (§ 357 Rdn. 20). Auch der Grundsatz rechtlichen Gehörs (Art. 103 Abs. 1 GG) ergibt nicht,[88] dass die Parteien regelmäßig das Recht hätten, an einem bestimmten Stadium der **Gutachtenvorbereitung** teilzunehmen.

30   Allerdings ist die Teilnahme der Parteien aus Gründen der Prozessökonomie häufig **zweckmäßig**.[89] Sie kann bewirken, dass bei der Ortsbesichtigung ermittelte Tatsachen unstreitig werden und demgemäß das Gutachten ohne weiteres verwertet werden kann, also **Verfahrensverzögerungen abgewendet** werden. Jedenfalls ist es der Partei, die von ihrem Recht Gebrauch gemacht hat, nunmehr verwehrt, die durch den Gutachter eingeführten Tatsachen mit Nichtwissen zu bestreiten. Ebenso kann die Partei, die von

---

84   Dazu *Höllwerth* ÖJZ 2004, 251, 256 ff.
85   BAG AP § 402 ZPO Nr. 2 Bl. 911 (Bl. 912 R) m. Anm. *Diederichsen* (Arbeitsplatzbesichtigung); BFH BStBl II 1990, 515, 517 (Grundstücksbesichtigung); OLG Düsseldorf BauR 1974, 72; OLG Köln MDR 1974, 589 (L); OLG Düsseldorf MDR 1979, 409; OLG München NJW 1984, 807; OVG Lüneburg JurBüro 1990, 614, 615; OLG München NJW-RR 1991, 896; auch im selbst. Beweisverfahren: OLG Köln MDR 1974, 589 (L); *Schnapp* FS Menger, S. 557, 566; s. ferner BGH ZZP 67 (1954), 295, 297 (Geschäftsbücherprüfung); BAG AP § 402 ZPO Nr. 1 Bl. 100 (Bl.102) m. Anm. *Pohle* (Geschäftsbücherprüfung).
Gegen ein Teilnahmerecht: BVerwG, Beschl. v. 8.7.1954 – I B 127/53 bei *Koehler* MDR 1954, 652, 653; LG Berlin MDR 1964, 423 a.E.; *Druschke* Anwesenheitsrecht der Verfahrensbeteiligten S. 151 f.; s. auch OLG München OLGZ 1983, 355, 356 f.: Teilnahmerecht, wenn „sinnvoll".
86   Vgl. dazu die 2. Auflage dieses Werkes § 357 Anm. A II.
87   So z.B. OLG Düsseldorf MDR 1979, 409; OLG Köln WuM 1977, 47, 49; BAG AP § 402 ZPO Nr. 1 Bl. 100 (Bl. 102); Musielak/*Huber*[10] § 404a Rdn. 6; **a.A.** OLG München NJW 1984, 807; OLG München OLGZ 1983, 355; BVerwG Beschl. v. 8.7.1954 – I B 127/53 bei *Koehler* MDR 1954, 652, 653; *Druschke*, Anwesenheitsrecht der Verfahrensbeteiligten S. 59 ff.; *Daub*, Tatsachenerhebung S. 195. Ohne Normbenennung BGH NJW 1975, 1363 – Schulterpolster.
88   So aber BGHZ 116, 47, 58 (Einsicht in Geschäftsunterlagen); OLG München NJW 1984, 807; OLGZ 1983, 355, 356 f.; OLG Düsseldorf BauR 1974, 72; tendenziell auch BVerwG NJW 2006, 2058; **a.A.** *Daub*, Tatsachenerhebung S. 199 f., der selbst von einem „Recht auf effektiveren Rechtsschutz" spricht.
89   *Diederichsen* Anm. zu BAG AP § 402 ZPO Nr. 2.

der Teilnahmemöglichkeit keinen Gebrauch gemacht hat, nicht mehr mit der Rüge gehört werden, die Feststellungen des Sachverständigen seien in ihrer Abwesenheit erfolgt und mithin nicht Gegenstand der mündlichen Verhandlung gewesen,[90] auch wenn das Recht der Parteien unberührt bleibt, die Tatsachenfeststellung durch den Sachverständigen substantiiert zu bestreiten,[91] so dass dann Beweis (Zeugen; Augenschein) durch das Gericht (§ 355) zu erheben ist. Eine Teilnahme der Parteien **erleichtert** ihnen darüber hinaus, die tatsächlichen Grundlagen der **Begutachtung** nachzuvollziehen und **zu überprüfen**,[92] was um so bedeutsamer ist, je weniger das Gutachten auf Erfahrungswissen und je stärker es auf den zu erhebenden Befundtatsachen beruht.[93] Durch Hinweise auf Tatsachenhintergründe oder Detailtatsachen können die Parteien auch die **Einarbeitung** des Sachverständigen in das Verständnis der Konfliktsituation **fördern**.[94] Als **Bedenken** ist u.a. eingewandt worden, dass der forensisch nicht geschulte Sachverständige – insbesondere bei einer Teilnahme privat beauftragter Fachkundiger, zu deren Beiziehung die Parteien dann ebenfalls berechtigt sind[95] – in Streitgespräche verwickelt wird, mit denen Ablehnungsgründe produziert werden.

Unrichtig war von vornherein, das mit dem Rechtsprechungswandel geschaffene 31 Recht zur Teilnahme an Ortsbesichtigungen auf einen Grundsatz zu **erweitern**, die Parteien seien regelmäßig zur Teilnahme an **(sämtlichen) Tatsachenermittlungen** des Sachverständigen berechtigt. Diese unzutreffende Auffassung steht der Sache nach hinter der Entscheidung BAG AP § 402 ZPO Nr. 1 Bl. 100, mit der den Parteien das Recht attestiert wurde, bei der Entnahme von Daten aus Geschäftsbüchern durch den gutachtenden Wirtschaftsprüfer oder Steuerberater anwesend zu sein.[96] Sie beruht auf der unzutreffenden Anwendung des § 357. Der Entscheidung steht im übrigen entgegen, dass damit indirekt ein Einsichtsrecht in Geschäftsbücher für Fälle geschaffen wird, in denen es nicht schon spezialgesetzlich (etwa nach § 810 BGB) besteht.

b) Gesetzliche Rechtsgrundlage. Die Grundlage des Teilnahmerechts der Parteien 32 ist in **§ 404a Abs. 4** zu sehen, dem sich zugleich dessen Begrenzungen entnehmen lassen. Danach hat das Gericht (nach pflichtgemäßem Ermessen)[97] zu entscheiden, in welchem Umfang der Sachverständige die Teilnahme an seinen Ermittlungen zu gestatten hat. Der Regierungsentwurf zu § 404a hat diese Regelung aus dem Grundsatz der Parteiöffentlichkeit der Beweisaufnahme abgeleitet. Derartige fachwissenschaftliche Begründungen sind für die Interpretation nicht bindend, wohl aber der damit verbundene und in den Materialien ausgedrückte Regelungswille, dass der Sachverständige die Teilnahme an **Ortsbesichtigungen regelmäßig zu gestatten** habe.[98] Darauf ist das Teilnahmerecht im Wesentlichen beschränkt, auch wenn der Normwortlaut weitergehend schlechthin von „Ermittlungen" spricht; ausdrücklich hervorgehoben wird in den Materialien,

---

90 BGH ZZP 67 (1954), 295, 297.
91 A.A. *Tropf* DRiZ 1985, 87, 89 f.: antezipierter Rügeverzicht (mit Unklarheit, wann von einem Einverständnis der Parteien mit erweiternder Tatsachenfeststellung durch den Sachverständigen ausgegangen werden soll).
92 *Schnapp* FS Menger S. 557, 565.
93 OVG Koblenz NVwZ-RR 1999, 808, 809 (sensorische Prüfung von Wein wegen Erteilung der amtlichen Prüfungsnummer).
94 *Schnapp* FS Menger S. 557, 565.
95 So OLG Düsseldorf BauR 1974, 72; OLG Düsseldorf MDR 1979, 409; OLG München NJW 1984, 807 f.
96 Ebenso OLG Köln NJW-RR 1996, 1277; bei abweichender prozessualer Fragestellung auch BGH ZZP 67 (1954), 295, 297; BVerwG NJW 2006, 2058.
97 OVG Koblenz NVwZ-RR 1999, 808, 809.
98 RegE BT-Drucks. 11/3621 S. 40.

dass in anderen Fällen, etwa bei Laborarbeiten oder ärztlichen Untersuchungen eine Teilnahme „kaum in Betracht" komme. Ein weitergehendes Anwesenheitsrecht hatte noch der vorangegangene Regierungsentwurf von 1985[99] in dem Vorschlag eines § 407a Abs. 2 enthalten, der aber auf Kritik des Bundesrates gestoßen war.[100] Das Gericht soll nur in Zweifelsfällen eingreifen,[101] die in erster Linie die Grenzen des Teilnahmerechts bei Ortsbesichtigungen und die Fixierung der sonstigen Fälle betreffen. Ordnet das Gericht an, inwieweit den Parteien gestattet ist, an den Ermittlungen des Sachverständigen im Rahmen einer Betriebsbesichtigung teilzunehmen, handelt es sich um eine prozessleitende Anordnung, die grundsätzlich nicht selbständig anfechtbar ist.[102] Der **Schutz von Betriebsgeheimnissen** soll – unbefriedigend – in die Entscheidungsbefugnis der sich gefährdet sehenden Prozesspartei gelegt werden, die dem Gegner von einer Teilnahme unter Bezugnahme auf ihr Hausrecht ausschließen könne, was dann als etwaige Beweisvereitelung zu würdigen und mit der Endentscheidung überprüfbar sei.[103]

33   Das Anwesenheitsrecht *beider* Parteien folgt zudem aus dem vom Bundesverfassungsgericht akzentuierten Verfahrensgrundsatz der Waffengleichheit bzw. des **fairen Verfahrens**, wenn die Besichtigung im räumlichen Verfügungsbereich einer Partei stattfinden muss, die dann bereits kraft ihres Hausrechts eine Anwesenheitsbefugnis hat.[104] Damit wird zugleich dem Verdacht einseitiger Einflussnahme auf den Sachverständigen entgegengewirkt. Die **Verweigerung des Zutritts** für die Gegenpartei ist nach den Grundsätzen über die Beweisvereitelung zu behandeln.[105]

34   **c) Terminsnachricht.** Konsequenz des unter den nachfolgend erörterten Vorbehalten stehenden Teilnahmerechts ist, dass der Sachverständige die Parteien von dem bevorstehenden **Ortstermin** rechtzeitig zu **benachrichtigen** hat.[106] Verstöße sind nach Maßgabe des § 295 Abs. 1 heilbar,[107] können aber bei erfolgreicher Befangenheitsablehnung auch zur Unverwertbarkeit des Gutachtens führen. Unter Umständen hat eine Beweisaufnahme über die Tatsachenerhebungen des Sachverständigen stattzufinden (s. oben Rdn. 19, 24). Grund für eine Befangenheitsablehnung wird nur gegeben sein, wenn eine Partei einseitig bevorzugt wird.[108]

2. Grenzen des Anwesenheitsrechts

35   **a) Allgemein verwendbare Tatsachen.** Soweit der Sachverständige zur Verschaffung seiner generellen Sachkunde allgemein verwendbare, **nicht** unmittelbar **streitgegenstandsbezogene Tatsachen** ermitteln muss, besteht **kein** Recht der Parteien auf Anwesenheit. Soweit ein Recht zur Teilnahme grundsätzlich in Betracht kommt, können die Kriterien der **tatsächlichen Unmöglichkeit**, der **Unzulässigkeit** oder der **Unzumut-**

---

99   RegE BT-Drucks. 10/3054 S. 3 f.
100 Dazu *Daub* Tatsachenerhebung S. 197, jedoch mit zu weitgehenden eigenen Schlussfolgerungen aufgrund des reinen Wortlauts des § 404a Abs. 4.
101 RegE BT-Drucks. 10/3054 S. 3 f.
102 BGH GRUR 2009, 519 Tz. 8 f. – Hohlfasermembranspinnanlage = NJW-RR 2009, 995.
103 BGH GRUR 2009, 519 Tz. 13. f.
104 Diesen Grundsatz generell heranziehend OVG Lüneburg JurBüro 1990, 614, 615; OVG Koblenz NVwZ-RR 1999, 808, 809; s. ferner OLG München OLGZ 1983, 355, 356.
105 OLG München NJW 1984, 807, 808; *Höffmann* Grenzen der Parteiöffentlichkeit S. 140 ff.
106 Vgl. OLG Köln MDR 1974, 589; OLG München NJW-RR 1991, 896; OVG Lüneburg JurBüro 1990, 614, 615; BFH BStBl. II 1990, 515, 517.
107 *Schnapp* FS Menger S. 569.
108 *Daub* Tatsachenerhebung S. 194.

barkeit einer Teilnahme entgegen stehen.[109] Hinzu kommt der Ausnahmefall einer dadurch bedingten **Behinderung der** ordnungsgemäßen **Begutachtung**. Unbrauchbar ist die Kategorie des mangelnden Interesses.[110]

b) Tatsächliche Unmöglichkeit der Teilnahme. Unmöglichkeit wird an dem Schulfall der Ermittlungen an einem gesunkenen Schiff durch einen **Taucher** demonstriert. Zu dieser Fallgruppe gehören wohl auch Hindernisse aufgrund restringierender Sicherheitsvorschriften oder räumlicher Enge in einem Labor, die aber unter das Kriterium der Unzumutbarkeit gezogen werden können. 36

c) Rechtliche Unmöglichkeit der Teilnahme. Unzulässig bzw. rechtlich unmöglich ist die Teilnahme, wenn Rechte anderer Personen entgegen stehen. So gebietet es die grundrechtlich geschützte Intimsphäre des zu Untersuchenden (prozessrechtliche Konsequenz aus Art. 1 Abs. 1 GG – Verbürgung der Menschenwürde oder aus Art. 2 Abs. 1 GG mit Beachtung des hinter der Garantie des Art. 1 Abs. 1 stehenden Menschenbildes),[111] den Parteien bei sämtlichen **körperlichen Untersuchungen** oder bei Explorationen die Anwesenheit zu versagen.[112] Der Ausschluss ist nicht graduell danach abzustufen, wie stark die Persönlichkeitssphäre berührt wird. Auch das Öffnen der Mundhöhle[113] für eine zahnärztliche Begutachtung darf wegen möglicher Schmerzreaktionen sowie schon wegen der dem Betroffenen abverlangten Unterlegenheitshaltung nicht in Gegenwart des Prozessgegners, etwa des auf Schadensersatzleistung verklagten, früher tätigen Zahnarztes, oder sonstiger dritter Personen[114] erfolgen. Auch die ärztlich zu untersuchende Person kann nicht verlangen, dass ein Rechtsanwalt oder eine andere Vertrauensperson bei der Untersuchung anwesend ist;[115] weder die Parteiöffentlichkeit der Beweisaufnahme noch der Grundsatz des fairen Verfahrens rechtfertigen dieses Verlangen. 37

d) Behinderung der Begutachtung. Unzumutbar ist die Parteianwesenheit für den Sachverständigen, wenn seine **Arbeit** dadurch **wesentlich erschwert** wird oder wenn die Anwesenheit sonst unerträglich ist. Demgemäß scheidet ein Recht auf Teilnahme an **Laboruntersuchungen** des Sachverständigen oder ähnlichen Arbeiten (Fahrversuche, Erprobung einer Waffe auf einem Schießstand) regelmäßig aus.[116] 38

e) Ergebnisverfälschung. Als andere Art der Behinderung der Begutachtung erweist sich die Teilnahme, wenn eine **Blindbegutachtung** erfolgen muss, etwa bei der Lebensmittelprüfung neutralisierter Produkte, und die Parteianwesenheit die Anonymi- 39

---

109 *Diederichsen* Anm. zu BAG AP § 402 ZPO Nr. 2 Bl. 911 (Bl. 915).
110 A.A. *Daub* Tatsachenerhebung S. 204 f.
111 Zur Verankerung nur des Kerns des allgemeinen Persönlichkeitsrechts in Art. 1 Abs. 1 GG und zur weitergehenden Bezugnahme auf Art. 2 Abs. 1 GG v.Mangoldt/Klein/*Starck* GG 5. Aufl. Band 1 2005, Art. 1 Rdn. 117, Art. 2 Rdn. 14, 56 f. und 170.
112 Vgl. z.B. OLG Saarbrücken OLGZ 1980, 37, 40; OLG München NJW-RR 1991, 896; OLG Köln OLGZ 1993, 221 (beklagter Arzt); *Höffmann* Grenzen der Parteiöffentlichkeit S. 107 ff., 115.
113 Vgl. dazu OLG München NJW-RR 1991, 896; OLG Saarbrücken OLGZ 1980, 37, 40.
114 OLG Frankfurt MDR 2010, 652. A.A. *Daub* Tatsachenerhebung S. 203 (für zur berufsrechtlichen Verschwiegenheit verpflichtete Personen).
115 A.A. LSG Rhl.-Pf. NJW 2006, 1547, 1548 (Beschluss über Richterablehnung mit obiter dictum zur berechtigten Ablehnung des Sachverständigen).
116 RegE BT-Drucks. 11/3621 S. 40; *Höffmann* Grenzen der Parteiöffentlichkeit S. 123 f.; *Diederichsen* (Fn. 109).

tät aufhebt.[117] Die Teilnahme hat dann zu unterbleiben. Damit löst sich auch die in der Literatur umstrittene Frage, ob der Sachverständige von sich aus oder aufgrund einer Ermächtigung des Gerichts gleichsam wie ein Gerichtsdetektiv zu einer Augenscheinseinnahme ohne Benachrichtigung der Parteien befugt ist, wenn die Benachrichtigung den Zweck der Beweisaufnahme vereiteln könnte, weil die über das Beweisobjekt verfügende Partei die zu begutachtenden Funktionsabläufe (Abwässereinleitung, Lärmerzeugung etc.) gezielt für die Dauer der Testzeit in einem ihr günstigen Sinne manipulieren kann.[118] Das ist zulässig, sofern es nicht auf ein rechtsstaatswidriges Überlisten einer Partei hinausläuft. Im Einverständnis mit den Parteien kann das Gericht den Sachverständigen zu **unangekündigten Untersuchungen** ermächtigen, etwa zu Lärmmessungen unter realen Lebensbedingungen.[119] Die Zustimmungsverweigerung ist nach den Grundsätzen der Beweisvereitelung zu behandeln. Bei der Begutachtung in Sorgerechtssachen kann die Anwesenheit Dritter während der Befragung einer Bezugsperson des Kindes die Zuverlässigkeit der Feststellungen gefährden.[120]

40   **f) Geheimhaltungsinteressen.** Geheimhaltungsinteressen können der Teilnahme an der Prüfung durch einen Sachverständigen entgegenstehen.[121] Der Grundsatz der Gewährung **rechtlichen Gehörs** darf **nicht einseitig** gegen den aus dem Rechtsstaatsprinzip abgeleiteten Anspruch auf effektive Justizgewährung ausgespielt werden. Art. 7 der Richtlinie zur Durchsetzung der Rechte des geistigen Eigentums vom 29.4.2004[122] gebietet für diesen Bereich eine andere Lösung[123] (dazu vor § 284 Rdn. 47 ff.). Die nach § 174 Abs. 3 i.V.m. § 172 Nr. 2 und 3 GVG bestehende Möglichkeit, **richterliche Geheimschutzanordnungen** zu treffen, wird nur als Recht zum Ausschluss der Öffentlichkeit, nicht auch als Grundlage für eine Einschränkung der Parteiöffentlichkeit angesehen.[124]

41   **3. Folge unterbliebener Terminsnachricht.** Unterbleibt eine gebotene Terminsnachricht über eine Ortsbesichtigung, sei es wegen fehlender gerichtlicher Anordnung nach § 404a Abs. 4 oder wegen Missachtung der gerichtlichen Anordnung durch den Sachverständigen, ist das Verfahren der Begutachtung fehlerhaft.[125] Das **Gutachten** soll dann regelmäßig **unverwertbar** sein.[126] Die Beteiligten können allerdings auf die Einhaltung der Benachrichtigung nachträglich ausdrücklich oder konkludent durch rügelose Einlassung verzichten.[127] **Geheilt** werden kann der Verfahrensmangel durch Wiederholung der Ortsbesichtigung allein durch den Sachverständigen oder gemeinsam mit dem Gericht, jeweils in Anwesenheit der Parteien.[128]

---

117   OVG Koblenz NVwZ-RR 1999, 808, 809 (sensorische Prüfung neutralisierten Weins, Bekanntheit der sachverständigen Prüfer mit der das Produkt erzeugenden Partei).
118   So: *Walterspiel* DS 1974, 117 f.; *Jessnitzer* BauR 1975, 73, 76; abl. *Höffmann* Grenzen der Parteiöffentlichkeit S. 137 ff.; *Daub* Tatsachenerhebung S. 207.
119   OLG Koblenz VersR 2012, 922, 933 = MDR 2011, 1320.
120   OLG Stuttgart MDR 2003, 172 = FamRZ 2003, 316, 317.
121   **A.A.** für die Teilnahme an der Einsicht in Geschäftsunterlagen der Gegenpartei durch einen Wirtschaftsprüfer OLG Köln NJW-RR 1996, 1277.
122   Richtlinie 2004/48/EG, ABl. EU Nr. L 157 v. 30.4.2004 S. 45, berichtigt in ABl. EU Nr. L 195 v. 2.6.2004 S. 16 = GRUR Int. 2004, 615.
123   Dazu *Ahrens* GRUR 2005, 837 ff.
124   OLG München GRUR-RR 2005, 175, 176.
125   BVerwG NJW 2006, 2058.
126   BVerwG NJW 2006, 2058.
127   BVerwG NJW 2006, 2058.
128   BVerwG NJW 2006, 2058, 2059.

VI. Unterrichtung der Parteien

Das Gericht hat den Parteien die **an den Sachverständigen ergangenen Weisungen** mitzuteilen. Sie erhalten dadurch Gelegenheit, ihrerseits mit Gegenvorschlägen oder Anregungen zur Ergänzung auf eine zügige und sachgerechte Beweiserhebung hinzuwirken.[129]

§ 405
Auswahl durch den mit der Beweisaufnahme betrauten Richter

Das Prozeßgericht kann den mit der Beweisaufnahme betrauten Richter zur Ernennung des Sachverständigen ermächtigen. Er hat in diesem Falle die Befugnisse und Pflichten des Prozeßgerichts nach den §§ 404, 404a.

I. Übertragung des Auswahlrechtes

Die Auswahl des Sachverständigen kann das Prozessgericht dem beauftragten oder ersuchten Richter (§§ 361, 362) übertragen. Dieser Richterkommissar ist mit den örtlichen Verhältnissen am besten vertraut. Die Ermächtigung kann in dem Beweisbeschluss (§ 358), der vom Prozeßgericht zu erlassen ist, oder in einem Ergänzungsbeschluss (§ 360) ausgesprochen werden. **Ob** die Beweisaufnahme überhaupt auf den beauftragten oder ersuchten Richter **übertragen werden darf**, bestimmt sich nach §§ 402, 375. Sind diese Voraussetzungen erfüllt, steht es im Ermessen des Gerichts, auch die weitere Ermächtigung nach § 405 auszusprechen. **Analog anwendbar** ist die Regelung **auf die Beweisaufnahme im Ausland** im Wege der Rechtshilfe durch einen ersuchten ausländischen Richter oder einen deutschen Konsul.[1] Die Ermächtigung ist nicht anfechtbar.

II. Befugnisse des beauftragten oder ersuchten Richters

Der beauftragte oder ersuchte Richter hat die in § 404 und § 404a eingeräumten Rechte und Pflichten. Er kann einen oder mehrere **Sachverständige ernennen**; der ersuchte Richter sollte aber mit dem Prozessgericht kooperieren. Gemäß § 404 Abs. 4 ist der Richterkommissar an eine eventuelle Einigung der Parteien gebunden. Er kann gemäß § 360 Satz 3 i.V.m. Satz 2 den **Beweisbeschluss ändern**. Die Parteien sind in der Regel vorher zu hören, es sei denn, eine zügige und sachgerechte Beweisaufnahme wird dadurch behindert (vgl. § 360 Satz 4). Ein Verstoß ist nach § 295 heilbar.

Der Richterkommissar entscheidet gemäß § 406 Abs. 2 über **Ablehnungsanträge**. Gegen seine ablehnende Entscheidung ist die befristete Erinnerung des § 573 zulässig (näher: § 406 Rdn. 58). Über Ablehnungsanträge gegen den von einem ausländischen Rechtshilferichter bestellten Sachverständigen entscheidet jedoch von vornherein das deutsche Prozessgericht, weil es über die Wirkung der ausländischen Beweisaufnahme zu befinden hat (arg. § 369) und das lex fori-Prinzip einer Integration deutscher Rechtsbehelfe in ein Rechtshilfeverfahren vor einem ausländischen Richter entgegensteht. Ein mit der Sachverständigenbestellung beauftragter deutscher Konsul kann als Nichtgericht nicht über einen gerichtlichen Rechtsbehelf entscheiden.

---

[129] Musielak/*Huber*[10] § 404a Rdn. 7.

[1] Musielak/*Huber*[10] § 405 Rdn. 1.

§ 406
Ablehnung eines Sachverständigen

(1) Ein Sachverständiger kann aus denselben Gründen, die zur Ablehnung eines Richters berechtigen, abgelehnt werden. Ein Ablehnungsgrund kann jedoch nicht daraus entnommen werden, daß der Sachverständige als Zeuge vernommen worden ist.

(2) Der Ablehnungsantrag ist bei dem Gericht oder Richter, von dem der Sachverständige ernannt ist, vor seiner Vernehmung zu stellen, spätestens jedoch binnen zwei Wochen nach Verkündung oder Zustellung des Beschlusses über die Ernennung. Zu einem späteren Zeitpunkt ist die Ablehnung nur zulässig, wenn der Antragsteller glaubhaft macht, daß er ohne sein Verschulden verhindert war, den Ablehnungsgrund früher geltend zu machen. Der Antrag kann vor der Geschäftsstelle zu Protokoll erklärt werden.

(3) Der Ablehnungsgrund ist glaubhaft zu machen; zur Versicherung an Eides Statt darf die Partei nicht zugelassen werden.

(4) Die Entscheidung ergeht vor dem im zweiten Absatz bezeichneten Gericht oder Richter durch Beschluß.

(5) Gegen den Beschluß, durch den die Ablehnung für begründet erklärt wird, findet kein Rechtsmittel, gegen den Beschluß durch den sie für unbegründet erklärt wird, findet sofortige Beschwerde statt.

Schrifttum

Christopoulos/Weimann Frist zur Sachverständigenablehnung nach Erstattung des Gutachtens, MDR 2005, 1201; *Fezer* Die Folgen der Sachverständigenablehnung für die Verwertung seiner Wahrnehmungen, JR 1990, 397; *Kahlke* Der Sachverständige der Berufungsinstanz, ZZP 94 (1981) 50; *Lanz* Zweiklassenrecht durch Gutachterkauf, ZRP 1998, 337 (Erwiderung Marx ZRP 1999, 526); *Schimanski* Die Ablehnung des medizinischen Gutachters, SGb 1986, 404; *Schneider* Befangenheitsablehnung eines Sachverständigen nach Einreichung des Gutachtens, MDR 1975, 353; *Schneider* Verspätete Entscheidung über die Ablehnung eines Sachverständigen, JurBüro 1974, 439; *Schulze* Ablehnung von Sachverständigen im Beweissicherungsverfahren, NJW 1984, 1019; *Werthauer* Ungerechtfertigter Verlust des Ablehnungsrechts, NJW 1962, 1235.

Übersicht

I. Anwendungsbereich
  1. Behördengutachten/Amtliche Auskünfte —— 1
  2. Hilfspersonen des Sachverständigen, sachverständige Zeugen —— 3
  3. Selbständiges Beweisverfahren, vereinfachtes Verfahren, Schiedsgutachtenverfahren
    a) Selbständiges Beweisverfahren —— 5
    b) Vereinfachtes Verfahren —— 6
    c) Schiedsgutachter —— 7
  4. Verzicht, Verwirkung infolge Provokation —— 8
II. Ablehnungsgründe
  1. Gesetzliche Ausschließungsgründe —— 9
  2. Besorgnis der Befangenheit
    a) Prüfungsgrundsatz —— 16
    b) Persönliche Beziehungen —— 17
    c) Geschäftliche Beziehungen u.ä. —— 21
    d) Prozeßverhalten des Sachverständigen —— 26
III. Verfahren
  1. Ablehnungsantrag —— 31
  2. Zuständiges Gericht —— 35
  3. Zeitpunkt —— 37
  4. Weiterer Gang des Verfahrens
    a) Anhörung des Sachverständigen —— 44
    b) Rechtliches Gehör für die Parteien —— 45
  5. Entscheidungsform —— 46
  6. Rechtsbehelfe, Rechtsmittel
    a) Sofortige Beschwerde

aa) Statthaftigkeit —— 49
bb) Verhältnis zur Entscheidung in der Sache —— 52
cc) Neue Ablehnungsgründe —— 54
dd) Frist —— 55
b) Revisionsrechtliche Überprüfung —— 56
c) Entscheidung des beauftragten oder ersuchten Richters —— 58

IV. Kosten, Gebühren —— 59

I. Anwendungsbereich

1. Behördengutachten/amtliche Auskünfte. Das Recht zur Ablehnung wegen Besorgnis der Befangenheit (vgl. § 42) oder wegen eines gesetzlichen Ausschlussgrundes (vgl. § 41) bezieht sich auf einzelne natürliche Personen. Eine **Behörde** als solche kann deshalb **nicht** wegen Befangenheit **abgelehnt** werden[1] (s. auch § 402 Rdn. 35); gleiches gilt für deren kollegial besetzte Organe.[2] Dabei ist unerheblich, ob die Behörde eine Begutachtung im Rahmen des ihr gesetzlich zugewiesenen Aufgabenkreises vornimmt,[3] oder ob sie (soweit zulässig, vgl. dazu § 402 Rdn. 36ff. und § 404 Rdn. 15ff.) durch richterliche Entscheidung mit einer Gutachtenerstattung beauftragt worden ist.

Ob der jeweilige **Sachbearbeiter der Behörde** wegen Befangenheit abgelehnt werden kann, ist umstritten.[4] Dogmatische Bedenken bestehen, weil der jeweilige Sachbearbeiter nicht die prozessuale Stellung eines Sachverständigen im Sinne einer eigenverantwortlichen Beweisperson hat, soweit sich das Gericht lediglich an die Behörde und nicht an die Einzelperson gewandt hat. Verfasser der gutachtlichen Stellungnahme ist vielmehr die Behörde und nicht deren Sachbearbeiter. Gleichwohl ist **§ 406 entsprechend** anzuwenden. Die §§ 20, 21 VwVfG zeigen, dass der Beteiligte im Verwaltungsverfahren ein subjektives Recht auf unvoreingenommene Beurteilung durch die Behörde und ein entsprechendes Ablehnungsrecht hat. Das gleiche Recht steht dem Prozessbeteiligten zu, soweit der Sachverständige eine natürliche Person ist. Es widerspricht der Prozessökonomie, den Zivilprozess anders zu behandeln, nämlich dem Betroffenen ein Recht zur Ablehnung des innerhalb der Behörde tätigen Gutachtenerstellers zu verweigern und ihn darauf zu verweisen, dass das Gericht eventuellen Zweifeln an der Unvoreingenommenheit des Sachbearbeiters in der Beweiswürdigung ausreichend Rechnung tragen könne.[5] Außerdem ist zu bedenken, dass manche Behörden wegen der bei ihnen gesammelten Kenntnisse faktisch eine Monopolstellung besitzen, dass also behördliche Gutachten zu Spezialmaterien (z.B. kriminaltechnische Untersuchungen durch das BKA oder ein LKA) nur schwer zu substituieren sind.

2. Hilfspersonen des Sachverständigen, sachverständige Zeugen. Die **Hilfspersonen** des Sachverständigen können **nicht abgelehnt** werden.[6] Etwas anderes folgt

---

[1] OLG München MDR 1959, 667f.; *Müller* Der Sachverständige im gerichtlichen Verfahren[3], Rdn. 148.
[2] Vgl. OLG Nürnberg NJW 1967, 401 = MDR 1967, 221: Vorstand der Patentanwaltskammer.
[3] Zum Gutachterausschuss nach §§ 192ff. BauGB (bzw. früher nach dem BBauG, mit Streit darüber, ob SV-Gutachten oder amtliche Auskunft): BGHZ 62, 93, 94f.; OLG Frankfurt/M. NJW 1965, 306; KG NJW 1971, 1848; OLG Hamm NJW-RR 1990, 1471; LG Berlin NJW 1964, 672.
[4] Dafür: BVerwG NJW 1988, 2491; MünchKomm/*Zimmermann*[4] § 406 Rdn. 3; Stein/Jonas/*Leipold*[22] § 406 Rdn. 3; *Müller* Der Sachverständige im gerichtlichen Verfahren[3], Rdn. 149b. Dagegen: BGHZ 62, 93, 94f.; KG NJW 1971, 1848f.; OLG Stuttgart NJW-RR 1987, 190f.; OLG Hamm NJW-RR 1990, 1471; OLG Oldenburg FamRZ 1992, 451, 452.
[5] So aber OLG Hamm NJW-RR 1990, 1471, 1472; OLG Oldenburg FamRZ 1992, 451, 452.
[6] OLG Zweibrücken MDR 1986, 417 (für Vorbereitung eines medizinischen Gutachtens durch Oberarzt einer Universitätsklinik aufgrund Übertragung durch Klinikdirektor); OLG Düsseldorf MDR 2008, 104, 105 (konkret jedoch Ausnahme zulassend, da offenbar selbständiger Mitgutachter ohne Bestellung); Musielak/*Huber*[10] § 406 Rdn. 2; Zöller/*Greger*[29] § 406 Rdn. 2 in Verb. mit § 404 Rdn. 1a; widersprüchlich

auch nicht aus § 407a Abs. 2 Satz 2, wonach Name und Tätigkeitsumfang von Mitarbeitern mit nicht nur untergeordneter Hilfstätigkeit anzugeben sind (§ 407a Rdn. 18). Zwar ist diese Vorschrift u.a. eingeführt worden, um den Parteien die Möglichkeit zu geben, gegen Person oder Sachkunde der Mitarbeiter des Sachverständigen Einwendungen geltend machen zu können.[7] Indessen hätte der Gesetzgeber die Entscheidung für ein bis dahin unbekanntes Ablehnungsrecht deutlich markieren müssen. Entsprechende Vorschläge hat auch die Kommission für das Zivilprozeßrecht nicht gemacht.[8] Der knappe Wortlaut der Gesetzesbegründung kann nur so verstanden werden, dass auf der Grundlage der Information der Beweiswert des Gutachtens angreifbar gemacht werden soll; vorrangig soll Satz 2 das Delegationsverbot des § 407a Abs. 2 Satz 1 ergänzen. Der Verstoß gegen die Offenbarungspflicht des § 407a Abs. 2 rechtfertigt keinen Ablehnungsantrag.[9]

4   **Sachverständige Zeugen** (§ 414) können nicht wegen Besorgnis der Befangenheit abgelehnt werden.[10] Ihre eventuelle Voreingenommenheit ist im Rahmen der Beweiswürdigung zu berücksichtigen.[11] Ein erfolgreich abgelehnter Sachverständiger ist nach wie vor geeignet, als sachverständiger Zeuge vernommen zu werden (§ 414 Rdn. 11).

3. Selbständiges Beweisverfahren, vereinfachtes Verfahren, Schiedsgutachtenverfahren

5   **a) Selbständiges Beweisverfahren.** § 406 findet auch **im selbständigen Beweisverfahren** Anwendung.[12] Dies folgt aus dem Zweck der Neuregelung von 1991, die gewonnenen Erkenntnisse für den Hauptprozess verwertbar zu machen. Die Ablehnung wegen bekannter Gründe hat also bereits im Beweisverfahren und nicht erst im Hauptsacheverfahren zu erfolgen.[13] Jedoch ist die Ablehnung durch einen Streithelfer noch im Hauptverfahren zulässig, wenn er im selbständigen Beweisverfahren prozessual gehindert war, den Ablehnungsgrund vorzubringen; anderenfalls würde ihm trotz der grundsätzlichen Bindung an das Ergebnis der Beweiserhebung (vgl. die Beschränkungen des § 412) rechtliches Gehör verweigert.[14] Eingehend dazu § 492 Rdn. 16.

6   **b) Vereinfachtes Verfahren.** Ebenso wird angenommen, dass § 406 im vereinfachten **Verfahren gemäß § 495a** anzuwenden sei.[15] Daran dürfte richtig sein, dass es **ermessensfehlerhaft** wäre, wenn das Gericht das Urteil auf das Gutachten eines Sachverständigen stützen würde, gegen den der objektiv begründete Verdacht der Voreingenommenheit besteht. Jedoch ist zu bedenken, dass es dem Gericht freisteht, auf die formelle Erhebung des Sachverständigenbeweises überhaupt zu verzichten und sich die notwendigen Auskünfte freibeweislich zu verschaffen,[16] ohne dass insoweit verfahrensrechtliche Siche-

---

MünchKomm/*Zimmermann*[4]: wie hier in § 406 Rdn. 3, jedoch **a.A.** [Ablehnungsrecht bejahend] in § 407a Rdn. 6.
7   Begr. RegE BT-Drucks.11/3621 S. 40.
8   Vgl. Kommissionsbericht S. 141.
9   OLG Jena MDR 2006, 1011.
10 RGZ 59, 169f.; RG JW 1905, 116 Nr. 17.
11 BGH MDR 1974, 382 – Provence.
12 OLG Celle NJW-RR 1995, 1404f.; OLG Köln NJW-RR 1993, 63; OLG Frankfurt OLGZ 1993, 330f.; OLG Koblenz MDR 2008, 1298.
13 **A.A.** OLG Hamm ZMR 1990, 216ff. [alte Rechtslage].
14 BGH NJW-RR 2006, 1312 Tz. 13f. = VersR 2006, 1707.
15 LG Baden-Baden NJW-RR 1994, 1088; Baumbach/Lauterbach/*Hartmann*[71] § 495a Rdn. 34.
16 Vgl. BT-Drucks.11/4155 S. 11.

rungen der Parteien bestehen. Man wird daher im Verfahren nach § 495a wie folgt zu **differenzieren** haben: Der Richter darf seine Entscheidung nicht auf das Gutachten eines Sachverständigen stützen, gegen den der begründete Verdacht der Voreingenommenheit besteht. Hält er den Verdacht für unbegründet, so steht es ihm frei, das Gutachten zu verwerten und die Einwendungen der Parteien im Urteil abzuhandeln, ohne dazu einen Beschluss im Sinne von § 406 Abs. 5 fertigen zu müssen. Nur soweit der Ablehnungsantrag für begründet erachtet wird, ist ein Beschluss erforderlich.

c) Schiedsgutachter. Ein Schiedsgutachter, der sein Gutachten einseitig im Interesse einer Partei erstattet, **verliert** die **Eignung zur verbindlichen Bestimmung** der Leistung (vgl. § 317 BGB). Fehlt es an der vertraglichen Festlegung eines Ersatzgutachters, wird die Leistungsbestimmung durch einen von beiden Parteien bestellten Dritten unmöglich; analog § 319 Abs. 1 Satz 2 2. Hs. BGB **trifft** das **Gericht** die **Entscheidung** selbst.[17]   7

4. Verzicht, Verwirkung infolge Provokation. Die Parteien können auf das Ablehnungsrecht verzichten, sie können es auch verwirken. **Einigen sich** die **Parteien** auf einen bestimmten **Sachverständigen** (§ 404 Abs. 4), so bedeutet dies einen Verzicht auf die Geltendmachung von Ablehnungsrechten in Ansehung jener Umstände, die den Parteien zum Zeitpunkt der Einigung bekannt waren.[18] Entsprechendes hat zu gelten, wenn eine Partei auf Anfrage des Gegners im selbständigen Beweisverfahren erklärt, sie habe keine Einwände gegen den beauftragten Sachverständigen[19] oder wenn rügelos zur Sache verhandelt wird.[20] Äußert sich der Sachverständige gegenüber einer Partei in einer Schärfe, die sonst u.U. eine Ablehnung rechtfertige, scheidet § 406 gleichwohl aus, wenn die Partei den **Sachverständigen** zuvor **unsachlich angegriffen** und damit die Erwiderung rechtsmissbräuchlich provoziert hatte.[21] In diesem Falle darf ein schon erstattetes Gutachten verwertet werden[22] (zur Unverwertbarkeit § 413 Rdn. 13).   8

II. Ablehnungsgründe

1. Gesetzliche Ausschließungsgründe. Der Sachverständige kann aus den **gleichen Gründen** abgelehnt werden, die zur Ablehnung des **Richters** berechtigen. § 406 Abs. 1 Satz 1 verweist insoweit nicht nur auf § 42 (Ablehnung wegen **Besorgnis der Befangenheit**), sondern auch auf die **Ausschließungsgründe** des § 41, denn diese können gemäß § 42 ebenfalls als Befangenheitsgründe geltend gemacht werden. Dass § 41 miterfasst wird, ergibt sich im übrigen aus § 406 Abs. 1 Satz 2, der eine Ausnahmevorschrift zu § 41 Nr. 5 darstellt. Ungeachtet der Verweisungen auf die §§ 41ff. ist die **Neutralitätspflicht** des Sachverständigen **nicht** mit derjenigen des Richters **deckungsgleich**, wie bereits die abweichende Ausgestaltung von Detailregelungen zeigt.[23] Unterschiedlich sind die Wirkungen der Ablehnung, was auf die Großzügigkeit der Prüfung ihrer Voraussetzungen (vernünftige Gründe bei subjektiver Ausgangslage, näher § 406 Rdn. 16) zu-   9

---

17 BGH WM 1994, 1778, 1780.
18 RG JW 1903, 385 f. Nr. 12; OLG München MDR 1971, 494 (LS).
19 OLG Köln VersR 1993, 1502.
20 OLG Düsseldorf MDR 1994, 620; einschränkend Musielak/*Huber*[10] § 406 Rdn. 16: kein Unterlaufen der Frist des § 406 Abs. 2 S. 2.
21 OLG Düsseldorf BB 1976, 627 f. (Vorwurf gröblicher Pflichtverletzung, der Naivität und völliger Kenntnislosigkeit); OLG Celle MDR 1970, 243.
22 BGH NJW-RR 2007, 1293 Tz. 12; OLG Koblenz MDR 2010, 463.
23 Vgl. dazu *Daub* Die Tatsachenerhebung durch den Sachverständigen, 1997, S. 110 ff.

rückwirken kann. Die Ablehnung des Richters tangiert das Prinzip des gesetzlichen Richters. Unterschiedlich sind auch die wissenschaftlichen Denkansätze (empirisch statt normativ) mit Folgen für Arbeitsweise und Formulierungen, die juristische Erfahrung im Umgang mit prozessualen Ge- und Verboten, die durch Schulung gewonnene Selbstdisziplin im Umgang mit dem Neutralitätsgebot und (nicht selten) die sprachliche Fertigkeit zur emotionsfreien Darstellung von Arbeitsergebnissen.

10   Sofern der Sachverständige einen der Tatbestände des § 41 erfüllt, ist er **nicht** (wie der Richter) von Gesetzes wegen **automatisch ausgeschlossen**; vielmehr müssen die Parteien, den Ausschließungsgrund geltend machen.[24] Machen die Parteien davon keinen Gebrauch oder verzichten sie nachträglich auf die Ablehnung, kann das Gericht den Sachverständigen weiterhin als Beweisperson verwenden.[25] Die Ausschließungsgründe stellen im Rahmen des § 406 (wie bei der Richterablehnung) **absolute Befangenheitsgründe** dar. Das Gericht darf nicht nachprüfen, ob sie in concreto Misstrauen gegen die Unparteilichkeit des Sachverständigen (vgl. § 42 Abs. 2) rechtfertigen. In entsprechender Weise scheidet ein Richter ohne Rücksicht auf konkrete Befangenheit aus, wenn er wegen eines Ausschließungsgrundes abgelehnt wird. Die „Kann"-Form des § 406 Abs. 1 bezieht sich nur auf das Recht der Partei zur Ablehnung (sie darf ablehnen, muss es aber nicht). Absolute Ausschlussgründe können von jeder Partei geltend gemacht werden, nicht nur von derjenigen, der gegenüber der Sachverständige befangen ist.

11   Wegen der **einzelnen Ausschließungsgründe** (der Sachverständige ist selbst Partei oder hat die Stellung als Mitberechtigter, Mitverpflichteter, Regresspflichtiger; sein Ehegatte oder früherer Ehegatte oder einer der näher bestimmten Familienangehörigen ist Partei; er ist gesetzlicher Vertreter einer Partei) vgl. näher § 41 Rdn. 3ff. Zur Streitverkündung an den Sachverständigen und zur Folge eines Streitbeitritts s. vor § 402 Rdn. 59.

12   Gemäß § 406 Abs. 1 Satz 2 ist § 41 Abs. 1 Nr. 5 insoweit ausgenommen, als eine **frühere Vernehmung als Zeuge nicht** zur Ablehnung des Sachverständigen berechtigt. Die **vorhergehende Tätigkeit als Sachverständiger** wird in der Ausnahmeregelung des § 406 Abs. 1 Satz 2 nicht genannt. Daraus darf aber nicht geschlossen werden, § 41 Nr. 5 sei anwendbar, die frühere Tätigkeit als Sachverständiger stelle also einen Ausschließungsgrund dar. Das wiederholte Tätigwerden des Sachverständigen **innerhalb einer Instanz** stellt regelmäßig einen einheitlichen Vorgang dar;[26] § 412 nennt im Übrigen die wiederholte Begutachtung der Beweisfrage durch den gleichen Sachverständigen als eine Möglichkeit der Beweiserhebung.[27] Aber auch bei Begutachtung unterschiedlicher Beweisfragen innerhalb einer Instanz ist kein sachlicher Grund ersichtlich, den Sachverständigen, der bereits einmal mit der Sache befasst war, nunmehr als ausgeschlossen zu betrachten.[28]

13   Umstritten ist jedoch, ob der Sachverständige, der bereits in erster Instanz tätig war, **in der zweiten Instanz** gemäß § 406 in Verb. mit § 41 Nr. 5 (Vernehmung als Sachverständiger) oder § 41 Nr. 6 (Mitwirkung an der Entscheidung im früheren Rechtszug) abgelehnt werden kann.[29] Dies ist zu verneinen. Das Berufungsgericht ist gem. § 529 grundsätzlich an die in erster Instanz erhobenen Beweise gebunden; liegen die Voraus-

---

24 RG JR Rspr 1927, S. 766 Nr. 1265.
25 RG JR Rspr 1927, S. 766 Nr. 1265.
26 *Müller* Der Sachverständige im gerichtlichen Verfahren[3] Rdn. 225a.
27 *Müller* Der Sachverständige im gerichtlichen Verfahren[3] Rdn. 225a.
28 *Müller* Der Sachverständige im gerichtlichen Verfahren[3] Rdn. 225a.
29 Dafür: *Kahlke* ZZP 94 (1981), 50, 60, 64ff.; eingeschränkt zust. auch MünchKomm/*Zimmermann*[4] § 406 Rdn. 2; *Müller* Der Sachverständige im gerichtlichen Verfahren[3] Rdn. 226c.
    Dagegen: OLG Köln MDR 1990, 1121f.; Musielak/*Huber*[10] § 406 Rdn. 3; vgl. auch BGH MDR 1961, 397; Stein/Jonas/*Leipold*[22] § 406 Rdn. 6.

setzungen des § 412 vor, wäre es widersinnig, dem Berufungsgericht eine erneute Beauftragung desselben Sachverständigen zu verbieten,[30] sofern nicht aus Fachgründen ein völlig neuer Sachverständiger bestellt werden muss. § 41 Nr. 5 normiert nur die Unvereinbarkeit der Richterstellung mit der Stellung als Beweisperson. § 41 Nr. 6 scheidet bereits nach seinem Wortlaut aus, weil der Sachverständige nicht „bei dem Erlass der ... Entscheidung mitgewirkt hat".[31] Die Norm bezieht sich nur auf Gerichtspersonen; sie soll sicherstellen, dass nach Einlegung eines Rechtsmittels tatsächlich andere Richter mit der Sache befasst werden. Ebenso wenig schließen § 41 Nr. 5 und 6 aus, dass der Sachverständige gegen den Wunsch des Klägers im Zivilprozess dieselbe Gutachterfunktion wie im **vorangegangenen Strafverfahren** ausübt, etwa nach dortigem Freispruch des jetzigen Beklagten im Streit um Schadensersatz wegen eines Verkehrsunfalls,[32] oder dass er **in mehreren Zivilverfahren** gegen denselben Beklagten herangezogen wird.[33] Soll der Sachverständige im Hauptsacheverfahren gerichtlich beauftragt werden, nachdem er **zuvor** im Verfahren der **einstweiligen Verfügung** für eine Partei ein schriftliches Gutachten verfasst hat oder von ihr vorsorglich in der mündlichen Verhandlung gestellt worden ist,[34] kommt ebenfalls kein absoluter, wohl aber ein relativer Befangenheitsgrund in Betracht (vgl. § 406 Rdn. 23 ff.).

Etwas anderes hat nur dann zu gelten, wenn derjenige, der zum Sachverständigen **14** berufen werden soll, **kraft einer Amtsstellung** an einem vorhergehenden Verfahren beteiligt war. So ist die IHK, die gemäß § 380 Abs. 1 Nr. 1 FamFG (ex § 126 FGG) mit eigenen Rechten ausgestattet ist und im Handelsregisterverfahren von Gesetzes wegen zur Mitwirkung berufen ist, in einem Zivilprozess (auf Unterlassung des Führens einer Firma) analog § 41 Nr. 6 ausgeschlossen, wenn sie sich bereits im vorgelagerten Eintragungsverfahren zur Sache gemäß § 380 FamFG geäußert hatte.[35]

Die Vorbefasstheit des Sachverständigen kann im Einzelfall den **Vorwurf (relativer) 15 Befangenheit** (§§ 42, 406) rechtfertigen. Beispielsfälle: Der Sachverständige hatte zuvor als Polizist gegen die Partei ermittelt,[36] was aber nicht auf eine vorhergehende Tätigkeit als Sachverständiger für die Staatsanwaltschaft in parallel laufenden Strafverfahren erstreckt werden darf;[37] nach einer Tätigkeit als Gutachter der Schlichtungsstelle für Arzthaftungsfragen soll er im anschließenden Arzthaftungsprozess beauftragt werden;[38] er war als Sachverständiger im vorangegangenen PKH-Verfahren[39] oder in einem parallel laufenden Zivilverfahren[40] tätig.

2. Besorgnis der Befangenheit

a) **Prüfungsgrundsatz.** Der Sachverständige hat sein Gutachten unparteiisch zu er- **16** statten (vgl. die Eidesformel des § 410). Er kann wegen Besorgnis der Befangenheit (§ 42 Abs. 1 2. Alt.) abgelehnt werden. Ein Ablehnungsgrund ist gegeben, wenn **objektive Anhaltspunkte** bestehen, die aus **Sicht einer vernünftigen Partei** geeignet sind, Zweifel

---

30 So zutreffend OLG Köln MDR 1990, 1121, 1122.
31 OLG Köln MDR 1990, 1121, 1122.
32 OLG Köln MDR 1990, 1121, 1122.
33 OLG München VersR 1994, 704 (verschiedene Arzthaftungsprozesse gegen denselben beklagten Arzt).
34 Vgl. dazu OLG Stuttgart MDR 1964, 63 (mit zweifelhaftem Ergebnis der Befangenheitsbeurteilung).
35 OLG Düsseldorf NJW 1953, 792 m. abl. Anm. *Licht*.
36 OLG Hamburg MDR 1969, 489 f. (mit Vorwurf grobfahrlässiger Schiffsführung).
37 OLG Stuttgart MDR 1964, 63.
38 OLG Braunschweig MDR 1990, 730; OLG Frankfurt MDR 2011, 126, 127.
39 OLG Frankfurt/M. JW 1931, 2041 Nr. 10 (Armenrechtsverfahren).
40 OLG München VersR 1994, 704.

an der Unvoreingenommenheit des Sachverständigen zu rechtfertigen.[41] Es kommt insoweit nicht darauf an, ob der Sachverständige tatsächlich befangen ist.[42] Entscheidend ist nur, ob die Anhaltspunkte geeignet sind, **subjektives Misstrauen** einer Partei zu rechtfertigen (= Anschein der Parteilichkeit).[43] Rechtspolitisch zweckmäßig wäre die Einführung einer ausdrücklichen gesetzlichen Pflicht des Sachverständigen zur Offenbarung von Beziehungen, die einen Ablehnungsgrund bilden könnten.[44]

17 **b) Persönliche Beziehungen.** Persönliche Beziehungen des Sachverständigen zum Streitgegenstand[45] oder zu einer der Prozessparteien können die Ablehnung rechtfertigen, so z.B. die Mitgliedschaft des Sachverständigen in der Stadtverordnetenversammlung der beklagten Kommune[46] oder die Beschäftigung des Sohnes des Sachverständigen bei einer der Parteien.[47] Allein ein **freundschaftliches Verhältnis** zwischen dem Sachverständigen und dem *Prozessbevollmächtigten* einer der Parteien rechtfertigt die Ablehnung jedoch nicht, sofern nicht weitere Anhaltspunkte ersichtlich sind.[48] Derartige Anhaltspunkte liegen vor, wenn der Sachverständige den Prozessbevollmächtigten mit seiner anwaltlichen Vertretung in einer ähnlichen Sache betraut hat.[49]

18 Die **gleiche Berufszugehörigkeit** (Standeszugehörigkeit) von Sachverständigem und Prozesspartei rechtfertigt die Ablehnung nicht ohne weiteres. Vielmehr müssen weitere Anhaltspunkte dafür ersichtlich sein, dass sich der Gutachter möglicherweise von (unbewusster) *Standessolidarität* leiten lassen wird. Dies kann anzunehmen sein, wenn der Sachverständige bei einem Institut beschäftigt ist, das die Standesinteressen aktiv wahrzunehmen hat,[50] oder wenn der in einem Arzthaftungsprozess zum Gutachter bestellte Arzt in einer anderen Sache selbst aus Arzthaftung in Anspruch genommen wird.[51] Mangelnde Unabhängigkeit des Gutachters ist bei einer **akademischen Lehrer-Schüler-Beziehung** oder einer Vorgesetzten-Untergebenen-Beziehung anzunehmen.[52] Eine akademische Verbindung sollte nur bei engen persönlichen Kontakten, etwa infolge gleicher Fakultätszugehörigkeit, eine Gutachtenerstattung hindern.[53] Dies trifft auch zu bei gemeinsamer Verbindung in einem **Forschungsprojekt**.[54] Unschädlich ist ein beruflich bedingter **wissenschaftlicher** und fachlicher **Erfahrungsaustausch** auf Fachtagungen

---

41 BGH NJW 1975, 1363 = MDR 1975, 754 – Schulterpolster; OLG Köln NJW 1992, 762; OLG Rostock VersR 1996, 124 f.
42 BGH NJW 1975, 1363; OLG Köln NJW 1992, 762; OLG Rostock VersR 1996, 124 f.
43 BGH NJW 1975, 1363; BGH NJW-RR 1987, 893; OLG München NJW 1963, 1682; OLG München NJWE-WettbR 2000, 268.
44 Vgl. *Lanz* ZRP 1998, 337, 339.
45 Vgl. RG JW 1903, 272 Nr. 8: Gutachten eines Kreistierarztes in eigener Sache; vgl. auch OLG Köln JW 1925, 1146.
46 RGZ 66, 53, 54.
47 Vgl. OLG Köln VersR 1989, 210 f. (Facharztweiterbildung des Sohnes bei beklagter Klinik).
48 Vgl. OLG Frankfurt BauR 1988, 633, 634 (Duzfreundschaft).
49 Vgl. BGH NJW-RR 1987, 893 (Patentrechtsstreitigkeiten).
50 Vgl. VG Darmstadt GewArch 1990, 251 f.: Begutachtung der Abgrenzung Industrie/Handwerk durch den Leiter eines Instituts für Handwerkstechnik, das vielfältig mit Institutionen des Handwerks verflochten war.
51 Vgl. OLG Köln NJW 1992, 762 = MedR 1992, 114 (allerdings in concreto darauf abstellend, dass der Prozessbevollmächtigte der jeweiligen Kläger identisch war).
52 OLG Jena MDR 2010, 170; *Schneppokat/Neu* VersR 2001, 23, 24. Keine Beziehung bei 33 Jahre zurückliegender Ausbildung an Fachoberschule, OLG Celle MDR 2007, 105.
53 OLG Hamm MDR 2013, 169, 170.
54 OLG Hamm MDR 2012, 118, 119 (Mediziner); OLG Hamm MDR 2013, 169, 170 (Bauingenieure).
54 OLG München ZIP 2011, 1983.

oder infolge Zusammenarbeit bei der Herausgabe einer **Fachzeitschrift**.[55] Dasselbe gilt für **wissenschaftliche Veröffentlichungen** zum Thema des Gutachtens,[56] sofern die Publikation nicht zur Unterstützung einer Partei erfolgt war.[57]

Ein **gespanntes persönliches Verhältnis** des Sachverständigen zu einer der Partei- 19 en kann die Ablehnung rechtfertigen.[58] Der bloße Umstand, dass zwischen Sachverständigem und Partei einmal ein Rechtsstreit anhängig war, ist vom RG als noch nicht ausreichend angesehen worden.[59] Ist es in einem anderen Rechtsstreit zu persönlichen Angriffen zwischen Partei und Sachverständigem gekommen, rechtfertigt dies regelmäßig die Ablehnung; dies gilt auch, soweit derartige Spannungen zwischen dem Sachverständigen und den Prozessvertretern oder dem Haftpflichtversicherer der Partei entstanden sind.[60] In grober Weise verstößt es gegen die gebotene Objektivität, wenn ein medizinischer Sachverständiger einen zu begutachtenden Patienten mit grob beleidigenden Worten („Sie sind ein Säufer, Sie können mir nichts vormachen") empfängt und damit vor Untersuchungsbeginn nicht nur eine Missachtung, sondern auch eine vorgefasste negative Meinung zu erkennen gibt.[61] In der Diktion unangemessene Kritik einer Partei kann eine heftige Wortwahl des Sachverständigen rechtfertigen.[62]

Ein Sachverständiger, der in einer Geschmacksmustersache zur Schöpfungshöhe der 20 Gestaltung und zur Eigentümlichkeit des Musters Stellung nehmen soll, erweckt nicht den Eindruck der Voreingenommenheit, weil er leitend in einem Verein mitwirkt, der **medienwirksam** durch jährliche Vergabe einer Negativauszeichnung die Nachahmung von Gestaltungen **anprangert**, auch wenn diese keine Schutzrechtsverletzung bedeuten.[63]

c) Geschäftliche Beziehungen u.ä. Geschäftliche Beziehungen des Sachverständi- 21 gen zu den Prozessparteien oder ihren Anwälten[64] begründen u.U. den objektiven Anschein der Parteilichkeit, so z.B. wenn der Sachverständige **Konkurrent einer Partei** ist. Allerdings muss ein hinreichend konkretes Wettbewerbsverhältnis zwischen Sachverständigem und Partei bestehen.[65] Der bloße Umstand, dass Partei und Sachverständiger dasselbe Gewerbe innerhalb eines Bezirkes betreiben, wird per se regelmäßig nicht ausreichen.[66] Dasselbe gilt für geschäftliche Kontakte wissenschaftlicher Einrichtungen mit Wirtschaftsunternehmen, wenn der der Einrichtung angehörende Sachverständige in einem Prozess zwischen Unternehmen der Branche ein Gutachten erstatten soll.[67] Im Patentnichtigkeitsverfahren führt es nicht ohne weiteres zur Besorgnis der Befangenheit,

---

55 OLG Hamm MDR 2012, 118, 119 (Mediziner); OLG Hamm MDR 2013, 169, 170 (Bauingenieure).
56 OLG München ZIP 2011, 1983.
57 OLG München ZIP 2011, 1983, 1984.
58 Vgl. OLG München VersR 1968, 207, 208. Zur Verweisung im Briefkopf auf eine der Branche feindlich gesonnene Internetplattform LG Bochum NJW-RR 2010, 498.
59 RG JW 1898, 283 Nr. 21.
60 OLG München VersR 1968, 207, 208; vgl. auch OLG Köln NJW 1992, 762.
61 BGH NJW 1981, 2009, 2010.
62 Vgl. OLG Köln VersR 1997, 596.
63 OLG München NJWE-WettbR 2000, 268f. – Plagiarius.
64 BGH GRUR 2008, 191 Tz. 5, 8 (aktueller Auftrag). Anwalt als wichtiger Auftraggeber des Sachverständigen, OLG München MDR 2006, 1309.
65 Vgl. RG JW 1898, 672 Nr. 3; OLG München NJW-RR 1989, 1068 = MDR 1989, 828 = BauR 1990, 117; OLG Düsseldorf JurBüro 1980, 318 Nr. 109 (LS).
66 OLG München NJW-RR 1989, 1068; OLG Düsseldorf JurBüro 1980, 318 Nr. 109 (LS); weitergehend für Konkursverwalter OLG Köln NJW-RR 1990, 383 = EWiR § 86 KO 1/90, 391 (*Reimer*).
67 BGH NJW 2005, 2858 (LS).

wenn der Sachverständige für Schutzrechte eines Konkurrenten des Patentinhabers auf dem einschlägigen Gebiet als Erfinder benannt ist.[68]

22   Ebenso kann die **geschäftliche Verbundenheit** mit einer Partei den Vorwurf der Parteilichkeit begründen. Allerdings muss der geschäftliche Kontakt in quantitativer oder qualitativer Hinsicht erheblich sein.[69] Dies ist ohne Zweifel gegeben, wenn der Sachverständige von einer der Parteien wirtschaftlich abhängig ist, etwa weil er deren abhängiger **Arbeitnehmer** oder **Dienstverpflichteter** ist;[70] man muss nicht noch zusätzlich darauf abstellen, ob der Sachverständige bereits mit Sachen der zu begutachtenden Art vorbefasst war.[71] Kritisch sein kann **Sponsoring** von Veranstaltungen des Gutachters.[72]

Überzogen ist es jedoch, in einer Arzthaftungssache den Universitätsprofessor eines anderen Klinikums für befangen zu halten, nur weil das Bundesland, das für ihn Dienstherr ist, als Krankenhausträger verklagt ist;[73] es hängt von willkürlich ausgestalteten Organisationsgesetzen oder -erlassen der Länder ab, wer bei staatlichen Einrichtungen als Prozesspartei zu benennen ist oder wem die Dienstherrnfähigkeit zuerkannt wird. Die Tätigkeit des Sachverständigen in einem **akademischen Lehrkrankenhaus** steht der Begutachtung einer Arzthaftungssache der Universität entgegen;[74] umgekehrt gilt dies nicht.[75] Berechtigte Besorgnis kann die Häufung gemeinsamer Mitgliedschaften in Vorständen und Beiräten unterschiedlicher Institutionen begründen.[76] Der **EGMR** hat es als für die Unparteilichkeit unschädlich angesehen, wenn in einer Verwaltungsrechtsstreitigkeit ein Sachverständiger als Gutachter tätig wird, der die Stellung eines Beamten hat und der bereits im Verwaltungsverfahren hinzugezogen war.[77] Ein **Wirtschaftsprüfer** ist nicht deshalb abzulehnen, weil er **als Abschlussprüfer** für Tochtergesellschaften einer Prozesspartei tätig war; als Abschlussprüfer ist er nach § 319 Abs. 2 HGB ebenfalls unabhängiger Sachverständiger mit gesetzlich vorgegebenen Kontrollaufgaben.[78]

23   Auch die private Beauftragung des Sachverständigen ohne Begründung eines wirtschaftlichen Abhängigkeitsverhältnisses kann die Besorgnis der Befangenheit begründen, so z.B. die **vorprozessuale Mandatierung** des Sachverständigen.[79] Allerdings müssen insoweit regelmäßig weitere Umstände hinzukommen; der bloße Umstand, dass der

---

68   BGH GRUR 2002, 369.
69   Vgl. z.B. BGH GRUR-RR 2008, 365 (Miterfinder); BGH NJW-RR 2012, 1463 Tz. 8 = GRUR 2013, 100 (punktuelle Beratung); OLG Karlsruhe OLGZ 1984, 104, 105 f. (Überweisung von Patientinnen an Klinikdirektor durch beklagten Arzt); OLG München MDR 1998, 858 (Belieferung des Sachverständigen mit Waren, die für ihn anderweitig nicht zu beschaffen sind); OLG Oldenburg MDR 2008, 44 (regelmässige Patientenüberweisungen); OLG Karlsruhe VersR 2013, 77, 78. S. auch BVerfG NJW 2001, 1482 (erfolglose Ablehnung eines Bundesverfassungsrichters nach wissenschaftlichen Stellungnahmen für das federführende Ministerium).
70   RG JW 1899, 487 Nr. 16; RG JW 1898, 220 Nr. 10; OLG Hamburg MDR 1983, 412, 413.
71   Anders für Beamte als Sachverständige bei Klagen gegen den Dienstherrn: OVG Berlin NJW 1970, 1390; vgl. auch BSG NJW 1993, 3022: Angestellte der Versorgungsverwaltung sind als Sachverständige im sozialgerichtlichen Verfahren regelmäßig wegen der Gefahr der Voreingenommenheit ungeeignet.
72   Vgl. BGH NJW 2012, 1517 Tz. 11 f. = GRUR 2012, 855 (konkret verneint mit gewundener Begründung bei Not der Gutachterfindung).
73   Vgl. OLG München MDR 2002, 291, 292 (unklar mitgeteilter Sachverhalt); OLG Nürnberg MDR 2006, 469.
74   OLG Stuttgart OLGRep. 2008, 617; OLG Stuttgart VersR 2010, 499 (nicht im Verhältnis zu einem anderen Lehrkrankenhaus).
75   OLG Köln VersR 2012, 738 (obiter dictum); OLG Hamm MDR 2012, 118, 119.
76   OLG Düsseldorf GRUR 2007, 83, 85.
77   EGMR, Urt. v. 10.4.2003, Rs. 38.185/97 – Alge/Österreich, ÖJZ 2003, 816, 818.
78   Vgl. OLG Düsseldorf DB 2006, 1670 (zum Spruchstellenverfahren).
79   BGH NJW-RR 1987, 893: Befangenheit, wenn Sachverständiger von Partei privat mit der Anmeldung von Patenten betraut worden ist.

Sachverständige zuvor bereits einmal von einer der Parteien mandatiert worden ist, trägt den Vorwurf der Parteilichkeit nicht ohne weiteres.[80] Derartige Umstände können darin zu sehen sein, dass der Sachverständige **lange Zeit** für eine der Parteien **tätig** war und somit der Anschein besonderer Verbundenheit besteht,[81] dass sich die Begutachtung auf die **eigene vorprozessuale Tätigkeit** bezieht und der Sachverständige damit als Gutachter in eigener Sache tätig würde,[82] oder dass der Gegenstand der gerichtlichen Beauftragung mit einem vorprozessualen Auftrag identisch ist.[83] Unschädlich ist es, wenn der Dienstvorgesetzte der behandelnden Ärzte zum Gutachter bestellt wird.[84]

Hat der Sachverständige für eine der Parteien zu den Beweisfragen bereits **vorprozessual** ein **Privatgutachten** erstattet, ist er regelmäßig als befangen anzusehen, weil er das gerichtliche Gutachten unter dem Eindruck seiner früheren Festlegung erstatten wird.[85] Auch die Erstattung eines Privatgutachtens für einen nicht prozessbeteiligten Dritten berechtigt zur Ablehnung wegen **Voreingenommenheit**, wenn die Aufgabenstellung mit dem gerichtlichen Gutachtenauftrag übereinstimmt.[86] Die Neutralität ist nicht beeinträchtigt, wenn der Sachverständige zuvor ein Schiedsgutachten angefertigt hat, das auf eine Vereinbarung beider Parteien zurückgeht; unerheblich ist, ob die Wirksamkeit der Abrede streitig ist und deshalb die Auftragserteilung im Innenverhältnis lediglich durch eine Partei erfolgt ist.[87] Unschädlich ist die Bestellung eines Gutachters, der in derselben Sache zuvor schon für die **ärztliche Gutachter- und Schlichtungsstelle** als Gutachter tätig war.[88] 24

Soweit die Privatgutachtertätigkeit **nicht** den **Streitstoff des konkreten Rechtsstreits** betraf, kommt eine Ablehnung nur unter dem Gesichtspunkt der **(unbewussten) Parteinahme**, nicht aber der Voreingenommenheit in Betracht. Hier gilt, wie generell bei der Ablehnung wegen wirtschaftlicher oder persönlicher Verbundenheit (s. Rdn. 22), dass die Gutachtertätigkeit quantitativ oder qualitativ erheblich sein muss (z.B. „Haussachverständiger" eines Versicherers[89]), ohne dass allerdings eine wirtschaftliche Abhängigkeit in jedem Fall zu verlangen wäre.[90] Der Umstand, dass der bestellte Sachverständige „Schüler" eines von der Partei betrauten Privatgutachters ist, trägt den Vorwurf der Befangenheit regelmäßig nicht.[91] Verschweigt der Sachverständige seine vorprozessuale Gutachtertätigkeit für eine der Parteien, kann dies aus Sicht einer vernünftigen 25

---

80 Vgl. auch OLG Köln VersR 1992, 517 f. (privatärztliche Untersuchung im Rahmen eines Krankenhausaufenthaltes); *Schimanski* Sgb. 1986, 404, 410 ff.
81 Vgl. OLG Stuttgart MDR 1962, 910 f. m.w.Nachw.; OLG Köln VersR 1992, 517 f. für besonderes Vertrauensverhältnis zum behandelnden Arzt. Verneint für Privatgutachtertätigkeit für die Versicherungswirtschaft von OLG Celle NJW-RR 2003, 135.
82 Vgl. OLG Köln JW 1925, 1146; LG Hildesheim MDR 1963, 852.
83 Vgl. OLG Celle Nds. Rpflege 1966, 197 f.
84 OLG Karlsruhe FamRZ 1991, 965 (Gebrechlichkeitspflegschaft mit stationärer Unterbringung).
85 RG JW 1902, 545 Nr. 8; OLG Köln VersR 1993, 1502; OLG Hamm MDR 2000, 49 = VersR 2000, 998; OLG Jena MDR 2008, 587; vgl. auch OLG Stuttgart NJW 1958, 2122 f.; OLG Köln VersR 1992, 517, 518; Ausnahmen anerkennend BGH VersR 1962, 450, 451.
86 BGH NJW 1972, 1133, 1134: Gutachten für Haftpflichtversicherer des Beklagten; OLG Frankfurt MDR 1969, 225 (LS): Gutachten für Versicherer; OLG Stuttgart NJW 1958, 2122 f. Verneint von OLG Hamm MDR 2000, 49 = VersR 2000, 998, 999 mangels Parteiidentität; s. auch LG Karlsruhe VersR 2007, 226.
87 LG Bonn BauR 1988, 632, 633.
88 OLG Frankfurt MDR 2011, 126, 127.
89 Vgl. OLG Koblenz NJW-RR 1992, 1470, 1471; OLG Celle VersR 2003, 1593, 1594 (kein Ablehnungsgrund).
90 **A.A.** offenbar OLG Köln OLGZ 1993, 341 f. = VersR 1992, 849 (Chefarzt einer Klinik).
91 SchlOLG SchlHA 1979, 23.

Partei den Eindruck erwecken, der Sachverständige habe Grund, den Umfang seiner Verbundenheit zu verbergen.[92]

26 **d) Prozessverhalten des Sachverständigen.** Gibt der Sachverständige durch sein Verhalten im Prozess Anlass zu der Annahme, er sei befangen, kann er ebenfalls abgelehnt werden. Aus Sicht einer verständigen Partei liegt diese Befürchtung nahe, wenn der Sachverständige **mit der anderen Partei einseitig Kontakt** aufgenommen hat: So ist die Ablehnung begründet, wenn der Sachverständige den Sachstand nur mit der einen Partei (oder deren Hilfspersonen[93]) ohne Hinzuziehung der anderen Partei erörtert hat.[94] Wenn der zu begutachtende Stoff sehr komplex ist und zahlreiche Einzelerläuterungen einer Partei zwingend erforderlich sind (z.B. bei umfangreichen Buchprüfungen), rechtfertigen einseitige Rückfragen des Sachverständigen bei Auskunftspersonen der einen Partei die Ablehnung ausnahmsweise nicht, vorausgesetzt die Informationsquellen werden im Gutachten aufgedeckt.[95] Unbegründet ist ein Befangenheitsantrag gegen einen Tierarzt, der sich ein zu untersuchendes Pferd ohne Benachrichtigung der Gegenpartei zur Einstellung übergeben lässt, um später in Abwesenheit beider Parteien die Befunderhebung durchzuführen.[96] Der eine Kindeswohlgefährdung begutachtende Sachverständige darf die zuständigen Behörden bereits vor Einreichung des Gutachtens informieren, damit Schutzmaßnahmen ergriffen werden können, jedoch hat er zeitnah die Betroffenen in Kenntnis zu setzen, um ihnen angemessenen Rechtsschutz zu ermöglichen.[97]

27 Eine Ablehnung kommt in Betracht, wenn der Sachverständige **nur einer der Parteien Gelegenheit** gibt, der sachverständigen **Inaugenscheinnahme beizuwohnen**[98] (näher dazu § 404a Rdn. 33f.). Entscheidend ist insoweit, dass die abwesende Partei nicht weiß, welche Erläuterungen der Prozessgegner gegeben hat, und sie daher befürchten muss, der Gegenpartei seien Möglichkeiten zur Beeinflussung des Sachverständigen gewährt worden, die ihr versagt geblieben sind.[99] Es kommt nicht darauf an, ob die unterbliebene Hinzuziehung der anderen Partei auf einem Versehen beruhte.[100] Hat die Partei allerdings die Abwesenheit selbst zu verantworten (z.B. eigenmächtige Abwesenheit), scheidet eine Ablehnung aus (Verwirkung). In diesem Fall hat der Sachverständige dem Prozessgegner keine weitergehenden Rechte eingeräumt als der abwesenden Partei; die faktische Möglichkeit der einseitigen Beeinflussung des Sachverständigen hat die

---

92 Vgl. OLG Karlsruhe BauR 1987, 599 f.; zur Verwirkung des Entschädigungsanspruchs in diesem Fall, vgl. OLG Bamberg JurBüro 1989, 1169, 1170 f. und § 413 Rdn. 13 Zum Verschweigen von Ablehnungsgründen, die sich dem Sachverständigen aufdrängen müssen – auch solchen aus § 41 Nr. 1 bis 4 – als selbständiger Befangenheitsgrund ebenso Musielak/*Huber*[10] § 406 Rdn. 5 a.E.
93 OLG Hamm MDR 1973, 144: Angestellte.
94 OLG Dresden VersR 2007, 86; LG Wuppertal VersR 2007, 1675; dies gilt selbstverständlich auch im Falle **vor**prozessualer Erläuterung der Beweisfragen durch eine Partei, vgl. LG Mainz BauR 1991, 510, 511 m. Anm. *Wirth*.
95 Vgl. OLG Düsseldorf NJW-RR 1986, 740 f. (Befragung von Auskunftspersonen in verschiedenen Betrieben nach Schichtarbeit und Materialengpässen durch Wirtschaftsprüfer); OLG Saarbrücken MDR 2005, 233 (Ermittlung der Anknüpfungstatsachen aus Unterlagen einer Partei ohne ausdrückliche gerichtliche Ermächtigung).
96 OLG Stuttgart MDR 2006, 889.
97 OLG Hamm FamRZ 2012, 894.
98 BGH NJW 1975, 1363 = MDR 1975, 754 – Schulterpolster; OLG Celle MDR 1959, 1017; OLG München NJW 1963, 1682; OLG Bremen MDR 1963, 768 (LS); OLG Hamm NJW-RR 1990, 1471, 1472; OLG Jena MDR 2000, 169; OLG Karlsruhe MDR 2010, 1148; LG Wuppertal MDR 1960, 1017; BVerwG NJW 2006, 2058; **a.A.:** LG Berlin MDR 1964, 423; LG Bremen MDR 1997, 502.
99 Vgl. BGH NJW 1975, 1363; OLG Jena MDR 2000, 169.
100 OLG Hamburg MDR 1969, 489; OLG Karlsruhe MDR 2010, 1148, 1149.

Partei sich selbst zuzuschreiben.[101] Führt der Sachverständige **Ermittlungstätigkeiten im ausdrücklichen Auftrag des Gerichts** ohne Hinzuziehung irgendeiner Partei durch, scheidet eine Ablehnung grundsätzlich ebenfalls aus.[102] Dies gilt auch ohne ausdrückliche gerichtliche Beauftragung für Tatsachen, deren Relevanz das Gericht ohne sachverständige Beratung nicht beurteilen kann.[103] Ebenso wenig kommt eine Ablehnung in Betracht, wenn die abwesende Partei (ausnahmsweise) kein Anwesenheitsrecht hatte (z.B. bei körperlichen Untersuchungen des Gegners, näher dazu § 404a Rdn. 37).[104] Umgekehrt begründet die unübliche Anwesenheit einer dritten Person die Besorgnis der Befangenheit.[105]

Telefonate mit einer der Parteien rechtfertigen eine Ablehnung dann, wenn eine sachliche Erörterung des Gutachtens oder des Beweisthemas im weitesten Sinne stattgefunden hat,[106] hingegen nicht, wenn nur über die Kosten des Gutachtens gesprochen worden ist,[107] oder wenn lediglich Untersuchungsmaterial von einer Partei erbeten wurde.[108] Eine Ablehnung wegen einseitiger Kontaktaufnahme scheidet immer dann aus, wenn bei verständiger Betrachtung ausgeschlossen werden kann, dass eine Sacherörterung zwischen Partei und Sachverständigem stattgefunden hat. Der Sachverständige muss den Kontakt allerdings unaufgefordert offenbaren und erhaltene Unterlagen vorlegen.[109] Überbringt eine Partei dem Sachverständigen persönlich ein Beweisstück, das Gegenstand der Begutachtung werden soll, braucht der Sachverständige die Partei nicht wegzuschicken, um seine Unparteilichkeit zu erhalten.[110] Besorgnis der Befangenheit begründet aber die Entgegennahme und Verwertung von Unterlagen einer Prozesspartei, wenn davon Gericht und Gegenpartei erst aus dem Gutachten erfahren.[111] **28**

Inhaltliche Unzulänglichkeiten oder **Fehler des Gutachtens** rechtfertigen grundsätzlich keine Ablehnung des Sachverständigen,[112] desgleichen die eventuell **mangelnde Eignung** des Sachverständigen nicht.[113] Etwas anderes gilt, wenn der Gutachter seine Kompetenz überschreitet, indem er den Parteivortrag auf Schlüssigkeit untersucht und insoweit zu Gunsten einer Partei Stellung nimmt,[114] oder wenn er den Sachverhalt einseitig zu Gunsten einer Partei auswertet,[115] etwa unter Zugrundelegung nicht vorgegebener **29**

---

101   Vgl. OLG Saarbrücken MDR 2011, 1315, 1316 (Eilbedürftigkeit der Besichtigung). Zur Ablehnung wegen unterbliebener Terminverlegung durch den Sachverständigen vgl. LG Tübingen MDR 1995, 960.
102   Vgl. OLG Stuttgart zfs 1995, 367, 368 f. (Nachforschung nach polizeilichen Lichtbildern, die nicht zur Akte gelangt waren). OLG Saarbrücken MDR 1998, 492 (Bitte an das Gericht um Erlaubnis schalltechnischer Messungen ohne vorherige Information des Beklagten).
103   OLG Stuttgart MDR 2003, 172 (dort „Anknüpfungstatsachen" genannt, richtiger wohl: Befundtatsachen).
104   OLG Köln NJW 1992, 1568, 1569 = VersR 1993, 1111 = MedR 1993, 145.
105   OLG Frankfurt MDR 2010, 652 (Praxismitinhaber des Antragsgegners).
106   Vgl. OLG Frankfurt FamRZ 1989, 410; zu großzügig VGH München NJW 2004, 90, 91.
107   OLG Frankfurt FamRZ 1989, 410.
108   A.A. OLG Koblenz MDR 1978, 148.
109   OLG Stuttgart MDR 2011, 190; OLG Köln MDR 2011, 507, 508.
110   OLG Hamburg MDR 1986, 153.
111   OLG Koblenz MDR 2012, 994.
112   BGH NJW 2005, 1869, 1870; BGH NJW-RR 2011, 1555 Tz. 4 = GRUR 2012, 92 = WRP 2011, 1627; OLG Celle VersR 2003, 1593, 1594; OLG München MDR 1971, 494 (LS). Zu einer Ausnahme bei einer Häufung von Verfahrensfehlern OLG Karlsruhe MDR 2010, 230 = VersR 2010, 498.
113   OLG München VersR 1977, 939 (LS); RG JW 1903, 385, 386 Nr. 12.
114   Vgl. OLG Köln NJW-RR 1987, 1198, 1199; OLG Celle VersR 2003, 1593, 1594; OLG Nürnberg VersR 2003, 391, 392 (Urteil über Glaubwürdigkeit streitigen Parteivortrags); vgl. allerdings auch OLG Karlsruhe MDR 1994, 725 f.: keine Ablehnung, weil Sachverständiger nachteiligen Rechtsstandpunkt einnimmt.
115   Vgl. OLG Köln VersR 1992, 255 f.; OLG München NJW 1992, 1569 (breite Darstellung der Behauptung des Klägers ohne Erwähnung der entgegenstehenden Behauptung des Beklagten); OLG Köln MedR 1993,

Anknüpfungstatsachen.[116] Ausnahmsweise ist die Besorgnis der Befangenheit zu bejahen, wenn das Gutachten den Eindruck erweckt, ein Baumangel sei nicht gegeben, ohne dass gleichzeitig deutlich gemacht wird, dass diese Schlussfolgerung nur auf behaupteten Materialverwendungen eines Handwerkers beruht, nicht aber auf einer Bauteiluntersuchung.[117] Dasselbe gilt, wenn der Sachverständige trotz mehrfacher Aufforderung durch das Gericht auf konkret erhobene Einwendungen einer Partei nicht eingeht und dafür auch keine fachliche Erklärung bietet.[118] Das **Überschreiten des Beweisbeschlusses** und damit des Gutachtenauftrags rechtfertigt für sich genommen nicht die Ablehnung,[119] ebenso wenig das Ansprechen rechtlicher Fragen bei der Auslegung des Beweisthemas ohne Erörterung mit dem Gericht gem. § 404a Abs. 2.[120] Beweisbeschlüsse, von einem medizinischen Laien formuliert, können Probleme übersehen, die der Sachverständige sofort erkennt und dann auch ansprechen darf;[121] dies darf nicht davon abhängig gemacht werden, ob der Tatrichter ergänzend die salvatorische Formulierung in den Prüfungsauftrag aufgenommen hat, „ob sonstige für den behaupteten Schaden ursächliche Behandlungsfehler zu erkennen sind".[122] Die Erstattung des medizinischen Gutachtens ohne Berücksichtigung der ärztlichen Behandlungsdokumentation macht nicht befangen, wenn der Arzt der gerichtlichen Aufforderung zur Vorlage der Dokumentation nicht nachgekommen ist.[123] Verwertet der Sachverständige Aktenteile, die rechtswidrig (z.B. unter Verletzung einer beruflichen Schweigepflicht) zu den Akten gelangt sind, so dass eine erneute Begutachtung unter Außerachtlassung dieser Teile notwendig ist, ist er dafür nicht als befangen anzusehen.[124]

30   Die **Wortwahl des Gutachters** darf deutlich sein, damit die Sachaussagen verstanden werden,[125] sie darf aber nicht in eine beleidigende Herabsetzung einer Partei abgleiten[126] oder in die überzogene Herabsetzung eines Privatgutachters.[127] Einen Begleitbrief des Sachverständigen zur Gutachtenübersendung, aus dem sich offensichtlich Befangenheitsgründe ergeben, darf das Gericht den Parteien nicht vorenthalten.[128] Auf Angriffe auf den Beweiswert des Gutachtens darf der Sachverständige nicht mit übertriebener Schärfe reagieren.[129] Dasselbe gilt für Stellungnahmen zu einem gegen ihn gerichteten Ablehnungsantrag.[130] Massiven **unsachlichen Angriffen** auf seine Person, die ihn pro-

---

145, 146 f. (insoweit nicht abgedruckt in VersR 1993, 1111); OLG München VersR 2006, 1709; LG Dortmund MedR 1993, 110, 111.
116   OLG Nürnberg MDR 2007, 295; OLG Saarbrücken MDR 2008, 1121.
117   OLG Stuttgart NJW-RR 2012, 1109.
118   LG Kleve MDR 2010, 1419, 1420.
119   **A.A.** OLG Celle NJW-RR 2003, 135; OLG Jena MDR 2008, 164; OLG Saarbrücken NJW-RR 2008, 1087, 1089; OLG Oldenburg MDR 2008, 101; OLG München VersR 2008, 944; OLG Naumburg MDR 2012, 802.
120   OLG Nürnberg MDR 2002, 291.
121   So zu Recht *Spickhoff* NJW 2007, 1628, 1634.
122   Zur Zulässigkeit dieses Beweisbeschlusses OLG Oldenburg VersR 2008, 1711 (Entscheidung über richterliche Befangenheit).
123   OLG Köln VersR 1997, 596.
124   **A.A.** LSG Bremen NJW 1958, 278, 280 m. Anm. *Göppinger*.
125   OLG Saarbrücken MDR 2005, 548.
126   OLG Koblenz NJW-RR 2009, 1653, 1654 (Bezichtigung einer Täuschungshandlung); OLG Saarbrücken MDR 2005, 548; OLG Köln MDR 2002, 53 (Qualifizierung einer Parteiäußerung als „rüpelhaft" und „flegelhaft"); OLG Nürnberg MDR 2012, 365.
127   OLG Oldenburg NJW-RR 2000, 1166, 1167 (Äußerung über Radiologen bei orthopädischem Sachverhalt: „keine Ahnung"); OLG Zweibrücken NJW 1998, 912, 913 = VersR 1998, 1438, 1439 („Gefälligkeitsgutachten" zu noch nicht vorliegendem Gutachten).
128   BSG MDR 1999, 955.
129   OLG Saarbrücken NJW-RR 2008, 1087, 1089; KG VersR 2009, 566, 567, OLG Hamm MDR 2010, 653.
130   OLG Brandenburg MDR 2009, 288; KG FamRZ 2006, 1214.

vozieren sollen, darf er allerdings entschieden entgegentreten; daraus resultierende überzogene Ausdrucksweisen sind hinzunehmen.[131]

III. Verfahren

1. Ablehnungsantrag. Der Ablehnungsantrag untersteht den Regeln für Prozesshandlungen. Er ist bedingungsfeindlich; ein bedingter Antrag ist auch dann unzulässig, wenn er von einem innerprozessualen Ereignis abhängig gemacht wird (z.B. der Beweiswürdigung des Gerichts).[132] Der Antrag muss eindeutig sein und zu erkennen geben, dass der Sachverständige **als Beweismittel generell abgelehnt** wird.[133] Die ablehnende Würdigung eines Gutachtens stellt keine (konkludente) Ablehnung des Sachverständigen dar, sondern ist nur als Äußerung über den Beweiswert des Gutachtens anzusehen.[134] Für die Antragstellung gilt **kein Anwaltszwang**, weil der Antrag auch zu Protokoll der Geschäftsstelle erklärt werden kann (§§ 78 Abs. 3, 406 Abs. 2 Satz 3). Der Antrag kann also auch von der Naturalpartei selbst gestellt werden. 31

Der Antrag ist zu **begründen**, wofür Ablehnungstatsachen zu behaupten sind. Das folgt aus § 406 Abs. 3, wonach der Antragsgrund glaubhaft zu machen ist, und aus § 406 Abs. 2 Satz 2, der von dessen rechtzeitiger Geltendmachung spricht. Für die **Glaubhaftmachung** der Ablehnungsgründe gilt § 294. Eine eigene Versicherung an Eides statt (§ 294 Abs. 1) der ablehnenden Partei oder ihres gesetzlichen Vertreters ist jedoch unzulässig (§ 406 Abs. 3). Ansonsten können **alle präsenten Beweismittel** (§ 294 Abs. 2) verwendet werden. Insbesondere kann die Vernehmung des anwesenden Gegners (§ 445) oder des *anwesenden* Sachverständigen beantragt werden. Zugelassen ist auch eine „anwaltliche Versicherung". Entbehrlich ist jede Form des Beweises, wenn die Ablehnungstatsachen unstreitig sind.[135] 32

Umstritten ist, ob § 44 Abs. 2 Satz 2 entsprechende Anwendung findet,[136] ob die Partei also die Ablehnungsgründe durch **Bezugnahme auf ein Zeugnis des Sachverständigen** glaubhaft machen kann. Dabei geht es um den *nicht anwesenden* Sachverständigen, denn nur insoweit kommt § 44 Abs. 2 Satz 2 als Ausnahmevorschrift zu § 294 Abs. 2 eigenständige Bedeutung zu. § 406 Abs. 3 wiederholt den Inhalt des § 44 Abs. 2 Satz 2 nicht, wonach auf ein Zeugnis des abgelehnten Richters, nämlich dessen dienstliche Äußerung im Sinne des § 44 Abs. 3, Bezug genommen werden kann. § 406 Abs. 3 enthält keine Ausnahme zu § 294 Abs. 2, weil sich zwar der Richter gemäß § 44 Abs. 3 zur Ablehnung dienstlich zu äußern hat, eine entsprechende Norm für den Sachverständigen aber fehlt. Da § 44 Abs. 3 auf ihn keine analoge Anwendung findet (näher § 406 Rdn. 44), scheidet eine entsprechende Anwendung von § 44 Abs. 2 Satz 2 ebenfalls aus. 33

An der Beachtung von **Ausschließungsgründen** besteht ein öffentliches Interesse. Für sie gilt weder ein Begründungs- noch ein Glaubhaftmachungszwang. Sie sind **von Amts wegen** zu erforschen. 34

2. Zuständiges Gericht. Gemäß § 406 Abs. 4 entscheidet über das Ablehnungsgesuch der **Richter**, der den **Sachverständigen ernannt** hat. Bei ihm ist auch der Antrag 35

---
131 OLG Karlsruhe VersR 2013, 77, 78. Tendenziell ebenso OLG Brandenburg MDR 2009, 288, 289.
132 OLG Stuttgart NJW 1971, 1090f.
133 RG JW 1910, 481f.
134 Vgl. OLG Düsseldorf MDR 1994, 620.
135 BGH NJW 1972, 1133, 1134.
136 Bejahend: OLG Bamberg FamRZ 1993, 1097f.; Baumbach/Lauterbach/*Hartmann*[71] § 406 Rdn. 27. Verneinend: RG JW 1886, 445 Nr. 6 (mit Bezug auf die Entstehungsgeschichte); KG OLG Rspr 17, 331; MünchKomm/*Zimmermann*[4] § 406 Rdn. 10; Stein/Jonas/*Leipold*[22] § 406 Rdn. 59 (nicht generell).

zu stellen (§ 406 Abs. 2). Wenn die Ernennung durch den beauftragten oder ersuchten Richter erfolgte (§ 405), entscheidet dieser über die Ablehnung.[137]

36 Problematisch ist die Behandlung der Sonderfälle, in denen der Ablehnungsantrag erst **nach Abschluss einer Instanz** angebracht wird (dazu auch unten § 406 Rdn. 53). Unstreitig ist das Berufungsgericht dann zuständig, wenn es den erstinstanzlich ernannten Sachverständigen in zweiter Instanz erneut befragt und mit einer Neubegutachtung beauftragt.[138] Die Zuständigkeit des Berufungsgerichts ist aber auch dann zu befürworten, wenn das Berufungsgericht den Sachverständigen nicht erneut vernimmt.[139] Es ist nicht ersichtlich, warum das erstinstanzliche Gericht, das aus einer berechtigten Ablehnung keine Folgerungen mehr ziehen kann, insoweit noch zur Entscheidung berufen sein sollte. Der Wortlaut des § 406 Abs. 2 steht nicht entgegen, weil nicht angenommen werden kann, dass insoweit eine Regelung für die ausgesprochen seltenen Fälle einer Ablehnung nach Abschluss der Instanz getroffen werden sollte. § 406 Abs. 2 trifft insoweit nur eine horizontale, keine vertikale Zuständigkeitsabgrenzung. Soweit allerdings die Ablehnung nach Entscheidung durch das Oberlandesgericht beantragt wird, erscheint es angemessen, die Zuständigkeit des Oberlandesgerichts anzunehmen, um der Partei das Ablehnungsrecht zu erhalten, das in der Revision nicht geltend gemacht werden könnte.[140]

37 **3. Zeitpunkt.** Die Antragstellung setzt voraus, dass der Sachverständige **bereits ernannt** worden ist; eine zuvor erklärte Ablehnung geht ins Leere.[141] Ist der Sachverständige ernannt, muss die Ablehnung vor der Vernehmung, spätestens jedoch **zwei Wochen nach Ernennung** erklärt werden (§ 406 Abs. 2 Satz 1). Dies gilt auch im selbständigen Beweisverfahren; die Versäumung der Ablehnungsfrist führt zum endgültigen Verlust des Ablehnungsrechtes im Hauptsacheverfahren,[142] sofern nicht der im selbständigen Beweisverfahren rechtzeitig gestellte Antrag unbeschieden geblieben ist.[143]

38 Die Zwei-Wochen-Frist ist durch den Rechtsausschuss[144] entsprechend dem Vorschlag des Bundesrates[145] in der Formulierung der Gegenäußerung der Bundesregierung[146] in den Entwurf des Rechtspflegevereinfachungsgesetzes von 1990 eingefügt worden. Sinn dieser Fristenbindung ist es, den Aufwand an Arbeitskraft und Kosten der Begutachtung möglichst rational einzusetzen.[147] Die Frist ist **keine Notfrist**. Die Fristversäumung durch die Hauptpartei gilt auch für deren unselbständigen Streithelfer.[148] Unabhängig von der Frist des § 406 Abs. 2 Satz 1 ist die Partei mit ihrem Antrag analog § 43 immer dann ausgeschlossen, wenn sie in Kenntnis der Ablehnungsgründe **in der Sache ver-**

---

137 RG JW 1903, 48 Nr. 11.
138 OLG Düsseldorf WM 1970, 1305, 1306.
139 So zutreffend: OLG Köln MDR 1977, 57; OLG Koblenz OLGR 2000, 442, 443. **A.A.:** OLG Hamburg NJW 1960, 874; MünchKomm/*Zimmermann*[4] § 406 Rdn. 8; Musielak/*Huber*[10] § 406 Rdn. 15; Zöller/*Greger*[29] § 406 Rdn. 10.
140 So zutreffend OLG Düsseldorf MDR 1956, 305 f.
141 Vgl. OLG München NJW 1958, 1192.
142 Vgl. OLG Köln VersR 1993, 1502.
143 Vgl. OLG München ZIP 1983, 1515, 1516.
144 BT-Drucks. 11/8283 v. 25.10.1990, S. 10.
145 BT-Drucks. 11/3621 S. 69.
146 BT-Drucks. 11/3621 S. 74.
147 Vgl. OLG Celle NJW-RR 1995, 128 (im Zusammenhang mit der inzwischen überholten Frage nach der Auswirkung der Gerichtsferien auf den Fristenlauf).
148 OLG Koblenz MDR 1990, 161.

handelt;[149] unschädlich ist das Verhandeln nach Antragstellung vor der Entscheidung über die Ablehnung.[150]

Nach Ablauf der Frist des § 406 Abs. 2 Satz 1 ist die Ablehnung nur zulässig, wenn glaubhaft gemacht wird, dass die Partei **schuldlos** daran **gehindert** war, die Ablehnung **früher** geltend zu machen (§ 406 Abs. 2 Satz 2). Dies wird insbesondere dann der Fall sein, wenn ein späteres Prozessverhalten des Sachverständigen Anlass der Ablehnung ist (s. oben Rdn. 26 ff.), oder wenn sich die Ablehnungsgründe erst aus dem Gutachten ergeben.[151] Der Gesetzgeber hat sich bei der Formulierung des Satzes 2 an den Vorschriften der § 276 BGB und § 233 sowie an dem gleichzeitig neu geschaffenen § 411 Abs. 4 („angemessener Zeitraum") orientiert. Die Bewertung soll sich nach dem **Grad der prozessualen Sorgfalt** richten, die nach den Umständen des Einzelfalles von der Partei zu erwarten ist, wobei die zeitlichen Anforderungen an die Einwände gegen die Behandlung der Sachfrage im Gutachten nach § 411 Abs. 4 berücksichtigt werden sollen.[152] Mit dieser Maßgabe kann man auch die in der Rechtsprechung gängige Formulierung gebrauchen, der Antrag sei nur zulässig, wenn er ***unverzüglich*** (wie § 121 BGB[153]) **nach Kenntnis** des Ablehnungsgrundes gestellt werde.[154] Unvereinbar mit der Entscheidung des Gesetzgebers ist allerdings die Annahme, an die Ausnahme des Satzes seien „im Interesse einer geordneten Prozessführung strenge Anforderungen" zu stellen.[155] Auf grobe Nachlässigkeit kommt es nicht an.[156] Nachforschungen zur Unparteilichkeit muss die Partei allenfalls bis zu dem in § 406 Abs. 2 Satz 1 angegebenen Zeitpunkt anstellen[157] (dazu auch nachfolgend Rdn. 40). Soweit es um Umstände geht, die sich aus dem schriftlichen Gutachten ergeben, ist Bezugspunkt der Fristwahrung der Zeitpunkt, zu dem der Partei das Gutachten zugeht, nicht etwa der Termin einer eventuellen mündlichen Erläuterung des Gutachtens nach § 411 Abs. 3 oder §§ 402, 397.[158]

Die **Frist** ist aus Gründen der Rechtssicherheit **nicht** ausschließlich von der Beurteilung der **Umstände des Einzelfalls** durch das Prozessgericht abhängig zu machen.[159] Bedeutsam ist, ob sich die Partei zur Begründung ihres Antrag mit dem Inhalt des Gutachtens auseinandersetzen muss.[160] Je evidenter der Ablehnungsgrund, desto kürzer ist die Frist; eine angemessene Überlegungsfrist ist den Parteien einzuräumen.[161] Nutzt die Partei die Überlegungsfrist nicht aus, sondern nimmt sie zu dem schriftlichen Gutachten sofort Stellung, so muss sie auch die Ablehnung sofort geltend machen, soweit sie sich

---

149 OLG Düsseldorf MDR 1994, 620; OLG Karlsruhe MDR 1991, 161; OLG Karlsruhe NJW 1958, 188; OLG Köln VersR 2009, 1287; **a.A.** MünchKomm/*Zimmermann*⁴ § 406 Rdn. 7.
150 *Werthauer* NJW 1962, 1235 f.
151 Vgl. etwa OLG Köln VersR 1989, 210, 211; OLG Koblenz MDR 1994, 1147.
152 BT-Drucks. 11/3621 S. 74.
153 BGH NJW 2005, 1869; OLG Koblenz MDR 1990, 161 (zu § 406 Abs. 2 a.F.); OLG Koblenz NJW-RR 1992, 1470, 1471; OLG Bamberg VersR 2009, 1427, 1428; OLG Saarbrücken NJW-RR 2008, 1087, 1088.
154 OLG München NJW 1964, 1576; OLG Nürnberg MDR 1970, 150; OLG Oldenburg MDR 1975, 408, 409; OLG Oldenburg JurBüro 1996, 491; OLG Koblenz NJW-RR 1992, 1470, 1471; OLG Koblenz MDR 1994, 1147; OLG Düsseldorf NJW-RR 1998, 933, 934; OLG Nürnberg VersR 2001, 391, 392.
155 So AG Nürtingen MDR 1961, 605. Für „behutsame" Auslegung der Unverzüglichkeit im Sinne „alsbald nach angemessener Überlegungszeit" OLG Celle NJW-RR 1995, 128 = Nds. Rpflege 1994, 44; s. ferner OLG Köln VersR 1989, 210.
156 OLG Koblenz MDR 1990, 161.
157 OLG Düsseldorf GRUR 2007, 83, 84.
158 RG JW 1931, 2508 Nr. 3; OLG Düsseldorf NJW-RR 1998, 933, 934.
159 BGH NJW 2005, 1869, 1870 m. Bspr. *Christopoulos/Weimann* MDR 2005, 1201; **a.A.** BayObLG FamRZ 1995, 425, 426.
160 BGH NJW 2005, 1869, 1870.
161 OLG Frankfurt MDR 1989, 744 f.

auf Umstände stützt, die sich ohne weiteres aus dem Gutachten ergeben.[162] Die Überlegungsfrist dient nur dazu, der Partei Zeit zur Entscheidungsfindung zu gewähren, **nicht** dazu, den **weiteren Verlauf des Prozesses abzuwarten**, um die Ablehnung vom weiteren Ergebnis der Beweisaufnahme abhängig zu machen;[163] eine derartige Prozesstaktik soll § 406 Abs. 2 gerade verhindern. Dass das Gutachten bereits vorliegt und keine bei erfolgreicher Ablehnung überflüssigen Aktivitäten des Sachverständigen verhindert werden müssen, beeinflusst die Länge der Überlegungsfrist,[164] doch ist der Anspruch auf effektive, also rasche Justizgewährung auch in diesem Fall zu beachten. Die Parteien haben grundsätzlich **keine Pflicht**, über die Person des Sachverständigen **Erkundigungen einzuholen** oder Nachforschungen zu betreiben, um die Ablehnung möglichst frühzeitig beantragen zu können,[165] sofern nicht konkrete Anhaltspunkte für einen Ablehnungsgrund vorhanden sind.[166] Auch § 44 Abs. 4 stellt nur auf Kenntnis der Partei ab. Davon hat der X. ZS des BGH eine Ausnahme gemacht für Fachgebiete, auf denen die **Gewinnung** von Sachverständigen wegen der Besonderheiten des Sachverhalts **außergewöhnliche Schwierigkeiten** bereitet.[167] Die Parteien trifft dann die Obliegenheit, zur Qualifikation und zur Unabhängigkeit einfache Nachforschungen, etwa eine Internetrecherche, anzustellen, insbesondere wenn die Erklärung abgegeben wird, es bestünden keine Einwände gegen die vorgeschlagene Person.[168]

41 Eine vom Gericht gem. § 411 Abs. 4 Satz 2 gesetzte **Frist zur Äußerung in der Sache** ist für § 406 Abs. 2 Satz 2 **grundsätzlich maßgebend**, wenn die Ablehnung auf die Auswertung des Gutachteninhalts gestützt wird.[169] Macht die Partei Ablehnungsgründe, die sich aus dem schriftlichen Gutachten ergeben, erst nach Ablauf der vom Gericht gesetzten Frist geltend, so ist dies regelmäßig nicht unverzüglich.[170] Die Anknüpfung an die Stellungnahmefrist lässt andere Fristbestimmungen obsolet werden.[171]

42 Erlangt die Partei erst **nach** Erlass des Urteils (**Beendigung der Instanz**) Kenntnis von Ablehnungsgründen, so ist die Ablehnung auch noch nach Erlass des Urteils zulässig,[172] soweit ein Rechtsschutzbedürfnis besteht. Das kann regelmäßig nur angenommen werden, wenn gegen das Urteil ein Rechtsmittel eingelegt worden ist (zur Zuständigkeit § 406 Rdn. 36). Wird die Frist des § 406 Abs. 2 versäumt, so kann der Sachverständige grundsätzlich auch **nicht mehr** in der **Rechtsmittelinstanz** abgelehnt werden.[173] Das Regelungsziel des § 406 Abs. 2, die Parteien zu unverzüglicher Geltendmachung anzu-

---

162 OLG Frankfurt MDR 1989, 744 f.
163 Vgl. OLG München VersR 1994, 746; **a.A.** *Christopoulos/Weimann* MDR 2005, 1201, 1203.
164 Vgl. OLG Köln VersR 1989, 210.
165 OLG Karlsruhe MDR 1975, 670; OLG Brandenburg NJW-RR 2001, 1433; MünchKomm/*Zimmermann*[4] § 406 Rdn. 7; Zöller/*Greger*[29] § 406 Rdn. 11. **A.A.** RGZ 64, 429, 432 f.; OLG Oldenburg MDR 1978, 1028; OLG Düsseldorf GRUR 2007, 83, 84; OLG Saarbrücken NJW-RR 2008, 1087, 1088.
166 BGH NJW 2009, 84.
167 BGH NJW 2009, 84 Tz. 3 = GRUR 2009, 92; BGH NJW 2012, 1517 Tz. 7 = GRUR 2012 855.
168 BGH NJW 2012, 1517 Tz. 9.
169 BGH NJW 2005, 1869, 1870; OLG Brandenburg FamRZ 2007, 2094, 2095; OLG Bremen MDR 2010, 48; **a.A.** OLG Nürnberg MDR 1970, 150; OLG Koblenz NJW-RR 1999, 72, 73.
170 OLG Saarbrücken OLGZ 1982, 366, 367 f.; VGH Kassel NVwZ 2000, 211, 212.
171 Rechtsprechung aus der Zeit vor der BGH-Entscheidung: OLG Düsseldorf NJW-RR 1998, 933, 934 (ein Monat im selbständigen Beweisverfahren); OLG Brandenburg NJW-RR 2001, 1433 (Regelfrist zwei Wochen); OLG München MDR 2004, 228 und OLG München VersR 2004, 1594, 1595 (Regelfrist zwei Wochen). OLG Nürnberg VersR 2001, 391, 392 ließ 20 Tage als rechtzeitig gelten.
172 OLG Düsseldorf MDR 1956, 305 f.; OLG Hamburg NJW 1960, 874; MünchKomm/*Zimmermann*[4] § 406 Rdn. 7.
173 BayObLGZ 1986, 186, 187 f. m.w.N.; BayObLG NZM 2000, 1011, 1012 (dort: Rechtsbeschwerde in FGG-Sache); OLG Düsseldorf WM 1970, 1305, 1306; OLG Stuttgart NJW-RR 2011, 1242; MünchKomm/*Zimmermann*[4] § 406 Rdn. 17; **a.A.** RGZ 66, 277, 278.

halten, um den Prozess zu beschleunigen und nutzlosen Aufwand zu vermeiden, wird jedoch nicht beeinträchtigt, wenn der Sachverständige das in erster Instanz erstattete Gutachten nicht lediglich erläutern oder ergänzen, sondern eine komplett neues Gutachten erstellen soll,[174] oder wenn wesentliche Erweiterungen des ursprünglichen Gutachtens verlangt werden, die ohne Zeitverlust und zusätzliche Kosten von einem anderen Sachverständigen vorgenommen werden können. Dann kann der Sachverständige trotz Fristversäumung in erster Instanz noch in der Berufungsinstanz für die dortige Beweiserhebung abgelehnt werden.

Da die **Ablehnungsgründe** den Beweiswert des Gutachtens beeinträchtigen können, hat sich das Gericht, auch wenn der Ablehnungsantrag verfristet ist, im Rahmen der **Beweiswürdigung** mit den Einwänden auseinanderzusetzen. Die fehlende Würdigung der Ablehnungsgründe, die noch nicht Gegenstand eines Ablehnungsverfahrens in den Vorinstanzen waren, kann trotz §§ 557 Abs. 2, 567, 406 Abs. 5 vom Berufungsgericht oder Revisionsgericht als Verfahrensfehler (§ 286) überprüft werden[175] (vgl. auch § 412 Rdn. 22). 43

4. Weiterer Gang des Verfahrens

a) **Anhörung des Sachverständigen.** Die Entscheidung des Gerichts kann **ohne mündliche Verhandlung** ergehen (§ 406 Abs. 4 i.V.m. § 128 Abs. 4). Das Gericht kann jedoch über das Ablehnungsgesuch mündlich verhandeln; es kann insbesondere den Sachverständigen zum Zwecke der Sachverhaltsaufklärung anhören.[176] Umstritten ist, ob der **Sachverständige** analog § 44 Abs. 3 zwingend **anzuhören** ist bzw. ihm gemäß Art 103 GG rechtliches Gehör gewährt werden muss.[177] Dazu besteht **kein** rechtlich zwingender **Anlass**. Ob der Sachverständige angehört wird, ist eine reine Zweckmäßigkeitsfrage; die Anhörung wird oftmals sachdienlich sein.[178] Soweit dem Sachverständigen infolge der Ablehnung der Verlust des Gebührenanspruchs droht (näher dazu § 413 Rdn. 13), kann er seine Rechte hinreichend im Verfahren gemäß § 4 JVEG geltend machen; dem Ablehnungsverfahren kommt insoweit für das Vergütungsverfahren keine Bindungswirkung zu (näher dazu § 413 Rdn. 22). Es ist auch **nicht** geboten, dem Sachverständigen zum **Schutzes seines Persönlichkeitsrechtes** einen Anspruch auf Gehör zu geben.[179] Das Verfahren nach § 406 dient dem Schutz der Partei und nicht dem Interesse des Sachverständigen, vor Gericht unbescholten dazustehen. Außerdem hat das Gericht gar nicht darüber zu entscheiden, ob der Sachverständige tatsächlich voreingenommen ist, sondern nur darüber, ob er aus Sicht der Partei den Anschein der Parteilichkeit erweckt hat. 44

---

174 MünchKomm/*Zimmermann*[4] § 406 Rdn. 17. **A.A.** OLG Düsseldorf WM 1970, 1305, 1306: nur soweit sich der Ablehnungsgrund erst aus der Beweisanordnung in der Berufungsinstanz erstmals ergibt.
175 BGH NJW 1981, 2009, 2010; OLG Celle NZM 1998, 158, 160; Stein/Jonas/*Leipold*[22] § 406 Rdn. 55; MünchKomm/*Zimmermann*[4] § 407 Rdn. 17; Zöller/*Greger*[29] § 406 Rdn. 14a.
176 RG JW 1899, 303 Nr. 7.
177 Bejahend: OLG Koblenz NJW 1977, 395 (LS); OLG Karlsruhe OLGZ 1984, 104, 105; OLG Bamberg FamRZ 1993, 1097, 1098 (obiter dictum); Stein/Jonas/*Leipold*[22] § 406 Rdn. 61. Verneinend: RG JW 1899, 303 Nr. 7; OLG München WRP 1976, 396; OLG München Rpfleger 1981, 73; OLG Schleswig SchlHA 1979, 23; OLG Düsseldorf MDR 1994, 1050; MünchKomm/*Zimmermann*[4] § 406 Rdn. 11; Baumbach/Lauterbach/*Hartmann*[71] § 406 Rdn. 28.
178 So auch Musielak/*Huber*[10] § 406 Rdn. 17.
179 So aber Stein/Jonas/*Leipold*[22] § 406 Rdn. 61; Zöller/*Greger*[29] § 406 Rdn. 12a.

45 **b) Rechtliches Gehör für die Parteien.** Wird der Sachverständige angehört, muss das Gericht der ablehnenden Partei zu der Äußerung des Sachverständigen rechtliches Gehör gewähren, soweit sie bei der Entscheidung über die Ablehnung verwendet werden soll.[180] Ansonsten ist die Anhörung der Parteien entbehrlich. Insbesondere muss der Gegenpartei, die nicht Beteiligte des Ablehnungsverfahrens ist,[181] grundsätzlich **kein rechtliches Gehör** gewährt werden, weil in der Regel ein rechtliches Interesse an der Person des Sachverständigen fehlt.[182] Insoweit ist die Situation nicht vergleichbar mit der Richterablehnung, bei der sich der Anspruch auf rechtliches Gehör der Gegenpartei aus deren Recht auf den gesetzlichen Richter ergibt. Dies gilt aber nur, solange das Gutachten noch nicht erstattet ist und daher durch eine erfolgreiche Ablehnung keine nennenswerte Verfahrensverzögerung eintritt oder die Rechtsverfolgung nicht überhaupt – so bei dem nachträglichen Fehlschlag eines selbständigen Beweisverfahrens[183] – erschwert wird.

46 **5. Entscheidungsform.** Die Entscheidung über den Ablehnungsantrag erfolgt durch **gesonderten, zu begründenden**[184] **Beschluss** (vgl. § 406 Abs. 5; zur Zuständigkeit § 406 Rdn. 35). Nicht haltbar ist die Auffassung des Reichsgerichts,[185] die Anordnung der Vernehmung stelle eine konkludente Ablehnung des zuvor gestellten Befangenheitsantrages dar. Ergeht der Beschluss auf Grund mündlicher Verhandlung, ist er zu verkünden (§ 329 Abs. 1). Ansonsten ist er formlos mitzuteilen (§ 329 Abs. 2), es sei denn, die Ablehnung wird für unbegründet erklärt (§§ 329 Abs. 3, 406 Abs. 5 2. Hs., 569 Abs. 1 Satz 2: Zustellung). Ist der Antrag während der Befragung des Sachverständigen gestellt und zurückgenommen worden, ist damit das Fragerecht der Partei nicht erloschen;[186] außerdem muss noch über das Beweisergebnis verhandelt werden.[187]

47 Die **Bescheidung** des Ablehnungsantrags **in den Urteilsgründen** statt durch von der Endentscheidung getrennten Beschluss unmittelbar nach Antragstellung ist **unzulässig** und stellt einen Verfahrensfehler dar.[188] Dies führt in der Berufung zur **Aufhebung und** – bei Antrag einer Partei – zur **Zurückverweisung** gemäß § 538 Abs. 2 Nr. 1.[189] §§ 567, 574, 557 Abs. 2 verhindern zwar eine Sachprüfung durch das Revisionsgericht. Sie verbieten dem **Revisionsgericht** aber nicht, den Verfahrensverstoß zur Kenntnis zu nehmen und das Berufungsurteil deshalb aufzuheben und zurückzuverweisen.[190] Soweit die Kausalität dieses Verfahrensverstoßes für das Urteil grundsätzlich verneint wird,[191]

---

180 Vgl. BVerfG NJW 1968, 1621 [zur Richterablehnung]; OLG Koblenz NJW 1977, 395 (LS); OLG Koblenz VersR 1977, 231 (LS); MünchKomm/*Zimmermann*[4] § 406 Rdn. 11.
181 Vgl. OLG München Rpfleger 1987, 332.
182 MünchKomm/*Zimmermann*[4] § 406 Rdn. 11; Baumbach/Lauterbach/*Hartmann*[71] § 406 Rdn. 28; **a.A.** Stein/Jonas/*Leipold*[22] § 406 Rdn. 61; Zöller/*Greger*[29] § 406 Rdn. 12a.
183 Vgl. OLG Frankfurt/M. MDR 1984, 323.
184 Musielak/*Huber*[10] § 406 Rdn. 19; **a.A.** RG JW 1911, 52 Nr. 49.
185 RG JW 1911, 52 Nr. 49.
186 BGH ZIP 2002, 258, 260.
187 BGH ZIP 2002, 258, 260.
188 BGH MDR 1959, 112; BGH MDR 1979, 398 – Schaumstoffe; OLG Schleswig MDR 2001, 711; BAG JZ 1960, 606; BSG MDR 1976, 83; s. ferner OLG Zweibrücken MDR 1966, 423.
189 OLG Köln MDR 1974, 761; OLG Hamm MDR 1974, 499; OLG Düsseldorf JZ 1977, 564, 565; Musielak/*Huber*[10] § 406 Rdn. 20; *Schneider* JurBüro 1974, 437, 440. **A.A.** OLG Naumburg OLGRep. 2008, 67.
190 BAG JZ 1960, 606f.; ähnlich BSG MDR 1976, 83 zur unzutreffenden Behandlung durch das Berufungsgericht, nachdem das erstinstanzliche Gericht das Ablehnungsgesuch unrichtig im Urteil beschieden hatte. Unklar ist, ob BGH NJW 1959, 293f. = MDR 1959, 112 und NJW 1979, 720 = MDR 1979, 196 eine weitergehende Beschränkung enthalten. Musielak/*Huber*[10] § 406 Rdn. 20 und Zöller/*Greger*[29] § 406 Rdn. 14a halten das Problem wegen § 574 für erledigt.
191 *Schneider* JurBüro 1974, 437, 440.

ist dem mit *Zimmermann*[192] entgegenzutreten. Wird die Ablehnung erst im Urteil beschieden wird, ist nicht auszuschließen, dass sich das Gericht zuerst anhand des Gutachtens eine Überzeugung zur Entscheidung des Falles bildet und sich erst dann mit der Ablehnung auseinandersetzt. Bei dieser unzutreffenden Prüfungsreihenfolge[193] besteht die Gefahr, dass das Gericht den Ablehnungsantrag angesichts der bereits geleisteten Arbeit kritischer würdigt, als dies der Fall wäre, wenn es ohne Entscheidungsbildung in der Sache vorab entschieden hätte.

Wenn der Ablehnungsantrag durch begründeten Beschluss in der Sache zurückgewiesen wird, muss das Gericht in den Urteilsgründen auf die vorgebrachten Einwände nicht mehr eigens eingehen. Etwas anderes gilt dann, wenn über den Ablehnungsantrag **nicht in der Sache entschieden** worden ist.[194] Grundsätzlich ist es der Partei nicht verwehrt, den **Beweiswert** des Gutachtens mit Argumenten zur Voreingenommenheit des Sachverständigen **anzugreifen**, auch wenn zuvor das Ablehnungsgesuch der Partei abgewiesen wurde (§ 406 Rdn. 43 zur revisionsrechtlichen Überprüfung, s.u. § 406 Rdn. 56 f.).[195] **48**

6. Rechtsbehelfe, Rechtsmittel

a) Sofortige Beschwerde

aa) Statthaftigkeit. Gemäß § 406 Abs. 5 findet nur gegen den **ablehnenden Beschluss sofortige Beschwerde** (§ 567) statt. Der **stattgebende Beschluss** ist also unanfechtbar.[196] Auch der Sachverständige hat kein Beschwerderecht. **49**

Dem **Prozessgegner** der ablehnenden Partei ist **nicht** die Möglichkeit der **Anhörungsrüge** gem. § 321a eröffnet, wenn er nicht zum Ablehnungsantrag gehört worden ist. Er ist nicht Partei des Ablehnungsverfahrens[197] und hat grundsätzlich keinen Anspruch darauf, in diesem Verfahren gehört zu werden (oben § 406 Rdn. 45); insoweit kommt eine Verletzung seines Rechts auf Gehör nicht in Betracht. **50**

Eine die sofortige Beschwerde verwerfende oder zurückweisende Entscheidung des Beschwerdegerichts ist unanfechtbar, soweit nicht gem. § 574 die **Rechtsbeschwerde** statthaft ist. Für das **FGG-Verfahren** galt diese Reformregelung von 2001 zunächst nicht. Dort bestand der Beschwerdetyp der **weiteren Beschwerde** nach § 27 FGG fort. Sie ist durch § 70 FamFG ersetzt worden. **51**

bb) Verhältnis zur Entscheidung in der Sache. Die sofortige Beschwerde hat **keine aufschiebende Wirkung** (vgl. § 570 Abs. 1).[198] Daher kann genau genommen nicht davon gesprochen werden, dass es dem Gericht bis zur Erledigung eines möglichen Beschwerdeverfahrens verwehrt ist, das Gutachten in einem Endurteil zu verwerten.[199] Gleichwohl ist es zumindest zweckmäßig, vor der Entscheidung in der Sache das Ableh- **52**

---

192 MünchKomm/*Zimmermann*⁴ § 406 Rdn. 14.
193 Vgl. *Schneider* JurBüro 1974, 437, 440.
194 RG JW 1937, 3325 Nr. 37; BGHZ 28, 302, 305.
195 RGZ 43, 399, 402; 64, 429, 434; BGH NJW 1981, 2009, 2010; MünchKomm/*Zimmermann*⁴ § 406 Rdn. 17.
196 Generell so im Arbeitsgerichtsprozess BAG NJW 2009, 935 (zur verfassungsrechtlichen Zulässigkeit Tz. 17).
197 OLG München MDR 1994, 627 m.w.N.
198 Zu § 572 a.F.: BGH NJW 1972, 1133, 1134.
199 So aber RGZ 60, 110; OLG Düsseldorf JZ 1977, 564, 565; vgl. auch BayObLG FamRZ 1995, 425, 426.

nungsgesuch zu bescheiden.[200] Sofern gegen die Entscheidung in der Hauptsache kein Rechtsmittel möglich ist, ist es aus rechtsstaatlichen Gründen geboten, das Beschwerderecht der Parteien nicht durch eine Vorabentscheidung zu vereiteln.[201]

53 Soweit und solange gegen die Entscheidung in der Hauptsache ein Rechtsmittel möglich ist, kann auch **nach Erlass des Endurteils noch sofortige Beschwerde** eingelegt werden; sie wird durch Erlass des Endurteils nicht gegenstandslos.[202] Sieht man zur Entscheidung über den Ablehnungsantrag nach Beendigung der ersten Instanz das erstinstanzliche Gericht als weiterhin zuständig an (str., dazu § 406 Rdn. 36) und gibt es dem Ablehnungsantrag statt, so muss das Berufungsgericht das angefochtene erstinstanzliche Urteil ohne weiteres aufheben, weil das Urteil auf einer prozessual nicht ordnungsgemäß gewonnenen Grundlage beruht.[203] Eine inhaltliche Überprüfung des Beschlusses durch das Berufungsgericht scheidet wegen § 512 aus.[204]

54 cc) **Neue Ablehnungsgründe.** Mit der sofortigen Beschwerde gegen die Zurückweisung eines Ablehnungsantrags können neue Ablehnungsgründe geltend gemacht werden.[205]

55 dd) **Frist.** Die Beschwerdefrist, die eine **Notfrist** (§ 224 Abs. 1 Satz 2) ist, beträgt gemäß § 569 Abs. 1 Satz 1 **zwei Wochen**. Ist der Beschluss entgegen § 329 Abs. 2 Satz 2 nicht förmlich zugestellt worden, beginnt die Frist nicht zu laufen; eine Heilung des Zustellungsmangels kommt nicht in Betracht.[206] Bei **verkündeten Beschlüssen** beträgt die Frist **fünf Monate** ab Verkündung (§ 569 Abs. 1 Satz 2). Nach z.T. vertretener Auffassung ist § 569 Abs. 1 Satz 2 auf nicht verkündete und auch nicht zugestellte Beschlüsse analog anzuwenden; die Frist beginnt dann ab der formellen Bekanntgabe zu laufen.

56 b) **Revisionsrechtliche Überprüfung.** Auf die Behauptung der Befangenheit des Sachverständigen bzw. des Umstandes, dass der Sachverständige wegen seiner Voreingenommenheit unter Verletzung des in § 404 Abs. 1 eingeräumten Ermessens bestellt worden sei, kann die Revision wegen §§ 557 Abs. 2 nicht gestützt werden, wenn diese **Gründe im Ablehnungsverfahren** durch abweisenden Beschluss **beschieden** worden sind.[207] Unharmonisch ist die revisionsrechtliche Behandlung von Einwänden gegen die Auswahl des Sachverständigen gemäß § 404 und gegen die Beweiswürdigung des Gerichts, wenn ein **Ablehnungsantrag nicht gestellt** oder als unzulässig verworfen worden war. Der IVa. ZS des BGH[208] hat in einem Urteil vom 12.3.1981 die revisionsrechtliche Überprüfung der Beweiswürdigung unter dem Gesichtspunkt des § 286 als zulässig angesehen, weil die Ablehnungsgründe noch nicht Gegenstand eines Ablehnungsverfahrens gewesen waren. Demgegenüber hat der III. ZS des BGH[209] in einer Entscheidung vom 12.7.1965 die Auffassung vertreten, dass die Partei mit der Rüge einer fehlerhaften Aus-

---

200 So BGH NJW 1972, 1133, 1134 (zur Rechtslage unter Geltung des § 572 ZPO a.F.).
201 Ebenso MünchKomm/*Zimmermann*⁴ § 407 Rdn. 13.
202 BGH NJW 1972, 1133, 1134; OLG Zweibrücken MDR 1966, 423; KG JW 1926, 1597, 1598; RGZ 64, 429, 431 f.: für Versäumnisurteil; ebenso im FGG-Verfahren: BayObLG FamRZ 1995, 425, 426; KG NJW 1965, 1086 f.
203 BayObLG FamRZ 1995, 425, 426; MünchKomm/*Zimmermann*⁴ § 406 Rdn. 12 a.E.
204 BGH NJW 1972, 1133, 1134.
205 OLG Saarbrücken MDR 2005, 233.
206 OLG Köln VersR 1994, 1086 (LS).
207 BGHZ 28, 302, 305 f.; BGH VRS 21, 430, 432.
208 BGH NJW 1981, 2009, 2010.
209 BGH VRS 21, 430, 431 f.

übung des Auswahlermessens bei der Sachverständigenbestellung, die nicht zum Gegenstand eines Ablehnungsverfahrens gemacht worden war, in der Revision generell ausgeschlossen sei. Keinesfalls darf eine Partei, die es in der Tatsacheninstanz versäumt hat, den gesetzlich vorgesehenen Weg (der Ablehnung) zu beschreiten, im Revisionsverfahren besser gestellt sein als diejenige, die ihren Antrag vorschriftsgemäß gestellt hatte.[210] Zuzustimmen ist aber der Möglichkeit einer **Verfahrensrüge** der **unzutreffenden Beweiswürdigung**[211] (§ 406 Rdn. 43).

Soweit das Ablehnungsgesuch vom Tatsachengericht **im Urteil** und nicht vorab in gesondertem Beschluss **beschieden** worden ist, handelt es sich um einen revisiblen Verfahrensfehler (§ 406 Rdn. 47). 57

c) Entscheidung des beauftragten oder ersuchten Richters. Gegen den ablehnenden Beschluss des kommissarischen Richters (§ 405) über den Ablehnungsantrag ist zunächst die **Erinnerung des § 573 Abs. 1** innerhalb der Notfrist von zwei Wochen zu erheben, über die bei Nichtabhilfe das Prozessgericht entscheidet. Erst dessen gleichlautende Entscheidung ist beschwerdefähig; es gelten dann die normalen Regeln über die sofortige Beschwerde. 58

IV. Kosten, Gebühren

Der **Sachverständige** erhält für die Stellungnahme im Ablehnungsverfahren grundsätzlich **keine gesonderte Vergütung**; Gegenstand der Entschädigungspflicht (§ 413) ist nur die schriftliche oder mündliche Gutachtenerstattung und der damit unmittelbar zusammenhängende Aufwand.[212] Etwas anderes gilt, wenn er sich mit den Einwänden fachlich auseinandersetzen muss, weil seine fachliche Qualifikation in Zweifel gezogen wird.[213] Hat der Sachverständige die Ablehnung grob fahrlässig verursacht, kommt eine Verwirkung des bereits erworbenen Entschädigungsanspruchs in Betracht (näher § 413 Rdn. 13). 59

Gerichtsgebühren fallen im Ablehnungsverfahren nicht an. Im Beschwerdeverfahren ist bei Verwerfung oder Zurückweisung der sofortigen Beschwerde gem. KV Nr. 1811 zum GKG eine Gerichtsgebühr von 50 Euro zu zahlen. 60

Das Verfahren der Ablehnung des Sachverständigen gehört für den **Rechtsanwalt** gem. § 19 Abs. 1 Satz 2 Nr. 3 RVG zum Rechtszug, löst also keine zusätzliche Gebühr aus. Für die Vertretung im Beschwerdeverfahren erhält er eine Gebühr in Höhe von 0,5 gem. Nr. 3500 VergVerz zum RVG bzw. im Rechtsbeschwerdeverfahren in Höhe von 1,0 gem. Nr. 3502 VergVerz RVG. Daher ist eine Kostenentscheidung zu erlassen.[214] Der **Gegenstandswert** (§ 23 Abs. 2 RVG) beträgt regelmäßig 1/3 des Hauptsachestreitwertes.[215] Dass das Gutachten die gesamte Klageforderung betrifft und in ausschlaggebendem Umfang 61

---

210 BGH VRS 21, 430, 432.
211 Zu weitgehend ablehnend daher BVerwG NJW 1956, 923, 924.
212 OLG Düsseldorf MDR 1994, 1050; OLG München MDR 1994, 1050 f.; OLG Köln FamRZ 1995, 101 f.; der Tendenz nach ebenso OLG München Rpfleger 1981, 73; **a.A.** (die Stellungnahme als eine die Gutachtenerstattung unterstützende Tätigkeit ansehend) OLG Frankfurt Rpfleger 1993, 421.
213 OLG Köln MDR 2009, 1015.
214 OLG Celle MDR 2008, 1180.
215 BGH Beschl. v. 15.12.2003 – II ZB 32/03, ASG 2004, 159; OLG München MDR 2010, 1012; OLG Frankfurt MDR 1980, 145; OLG Hamburg NJW 1970, 1239 f.; **a.A.** OLG Köln MDR 1976, 322 (keine Koppelung an den Hauptsachestreitwert weil nichtvermögensrechtliche Streitigkeit).

den Streit entscheidet, berechtigt nicht dazu, für das Ablehnungsverfahren den vollen Wert der Hauptsache anzusetzen.[216]

62 Die gegnerische Prozesspartei ist nicht Partei des Ablehnungs- und Beschwerdeverfahrens.[217] Es handelt sich beim Beschwerdeverfahren **nicht** um ein **kontradiktorisches Verfahren** zwischen den Parteien; daher findet **keine Erstattung** der außergerichtlichen Kosten, also der Rechtsanwaltsgebühren, statt.[218]

§ 407
Pflicht zur Erstattung des Gutachtens

(1) Der zum Sachverständigen Ernannte hat der Ernennung Folge zu leisten, wenn er zur Erstattung von Gutachten der erforderten Art öffentlich bestellt ist oder wenn er die Wissenschaft, die Kunst oder das Gewerbe, deren Kenntnis Voraussetzung der Begutachtung ist, öffentlich zum Erwerb ausübt oder wenn er zur Ausübung derselben öffentlich bestellt oder ermächtigt ist.

(2) Zur Erstattung des Gutachtens ist auch derjenige verpflichtet, der sich hierzu vor Gericht bereit erklärt hat.

Schrifttum (öffentlich bestellte Sachverständige)

Bleutge Die neuere Rechtsprechung zu § 36 GewO, GewArch 1990, 113; *Broß* Ist das Verfahren der IHK für die öffentliche Bestellung von Sachverständigen verfassungswidrig? ZfBR 1992, 51; *Jahn* Zur Höchstgrenze für öffentlich bestellte und vereidigte Sachverständige, GewArch 1991, 247; *Jahn* Zur Bedürfnisprüfung im Sachverständigenwesen – BVerfG, NJW 1992, 2621; *Kamphausen* Zur Sachkundeüberprüfung bei der öffentlichen Bestellung von Sachverständigen (§ 36 GewO), GewArch 1991, 124; *Stober* Der öffentlich bestellte Sachverständige zwischen beruflicher Bindung und Deregulierung, Köln, Berlin, Bonn München 1991; *Tettinger/Pielow* Die aktuelle Rechtsentwicklung bei der öffentlichen Bestellung und Vereidigung von Sachverständigen, GewArch 1992, 1.

Übersicht

I. Zur Gutachtenerstattung Verpflichtete
  1. Öffentliche Bestellung oder Ermächtigung zur Gutachtenerstattung —— 1
  2. Öffentlich Ausübung zum Erwerb —— 3
  3. Öffentliche Bestellung/Ermächtigung —— 4
  4. Verpflichtung durch Bereiterklärung —— 6

II. Verfahren —— 7

I. Zur Gutachtenerstattung Verpflichtete

1 **1. Öffentliche Bestellung oder Ermächtigung zur Gutachtenerstattung.** Zur Erstattung des Gutachtens sind nur die in § 407 benannten Personengruppen verpflichtet. Die Regelung trägt dem Umstand Rechnung, dass der Sachverständige allgemeines Erfahrungswissen vermitteln soll und daher grundsätzlich ersetzbar ist.

---

216 **A.A.** OLG München JurBüro 1980, 1055.
217 OLG München MDR 1994, 627 m.w.N.; OLG Düsseldorf Rpfleger 1975, 257.
218 OLG Brandenburg MDR 2002, 1092 (mit Ausnahme bei Aufforderung zur Stellungnahme); OLG München MDR 1994, 627; OLG München Rpfleger 1987, 332; OLG Celle Rpfleger 1983, 173; OLG Düsseldorf Rpfleger 1975, 257; Zöller/*Herget*[29] § 91 Rdn. 13 „Sachverständigenablehnung" (mit Einschränkungen). **A.A.** (Erstattung): [zur wegen Art 101 GG abweichenden Konstellation der Richterablehnung] OLG Frankfurt Rpfleger 1981, 408; OLG Nürnberg MDR 1980, 1026; OLG Stuttgart AnwBl. 1979, 22; [zur Sachverständigenablehnung] OLG Hamburg MDR 1994, 522.

Diejenigen Sachverständigen, die öffentlich bestellt sind, haben dem Gutachtenauftrag des Gerichts nachzukommen, sofern nicht ausnahmsweise eine Gutachtenverweigerungsrecht gem. § 408 besteht. Von den öffentlich bestellten Sachverständigen sind amtlich anerkannte und amtlich bestellte Sachverständige zu unterscheiden (näher: § 404 Rdn. 22); sie fallen nicht unter § 407 Abs. 1. 2

2. Öffentliche Ausübung zum Erwerb. Der Begriff „öffentlich" setzt in der 2.Var. des § 407 keine öffentliche Gewalt voraus und ist daher nicht identisch mit dem gleichen Terminus der 3. Variante. Öffentliche Ausübung zum Erwerb bedeutet, dass die Tätigkeit, deren Kenntnis Voraussetzung der Begutachtung ist, dem Publikum gegenüber zum Lebenserwerb ausgeübt werden muss.[1] **Ausgeklammert** sind die Fälle, in denen eine Tätigkeit aus reiner **Liebhaberei** oder als **private Nebenbeschäftigung** ausgeübt wird.[2] Ob die Tätigkeit auf eigene oder fremde Rechnung (z.B. als Angestellter) ausgeübt wird, soll unerheblich sein, sofern nur der Erwerbstätige in dieser Eigenschaft in der Öffentlichkeit bekannt ist.[3] Eine *öffentliche* Tätigkeit ist bei Arbeitnehmern allerdings nur schwer vorstellbar. Erfasst wird jede Art von Tätigkeit; der Begriff des Gewerbes ist untechnisch gemeint und knüpft **nicht** an die GewO oder den **Gewerbebegriff des Handelsrechts** an, so dass auch Landwirte und Freiberufler dazu gehören. 3

3. Öffentliche Bestellung/Ermächtigung. Öffentlich bestellt sind in erster Linie beamtete **Hochschullehrer**[4] sowie alle sonstigen Beamten, deren Tätigkeit eine besondere, durch Gutachtenerstattung verwertbare Sachkunde erfordert (z.B. Amtsärzte[5]). Emeritierung oder Pensionierung befreien als solche diesen Personenkreis nicht. Die selbständige Gutachtertätigkeit (anders: Dienstgutachten) stellt keine Tätigkeit im Haupt- oder Nebenamt des Beamten dar.[6] 4

Mit öffentlicher Ermächtigung sind Tätigkeiten gemeint, deren Ausübung eine **staatliche Erlaubnis/Zulassung** (z.B. Approbation) voraussetzt, also z.B. Ärzte,[7] Tierärzte, Apotheker, Patentanwälte, Rechtsanwälte usw. Auf die öffentliche Ausübung zum Erwerb kommt es hierbei nicht an. 5

4. Verpflichtung durch Bereiterklärung. Ob der Sachverständige nur dann zur Gutachtenerstattung verpflichtet ist, wenn er sich dazu dem Gericht gegenüber ausdrücklich bereit erklärt hat,[8] oder ob es ausreicht, dass der Sachverständige das gerichtliche Ersuchen entgegen nimmt, ohne unverzüglich abzulehnen,[9] ist umstritten. Angesichts des Wortlauts des § 407 Abs. 1 („vor Gericht") ist eine **ausdrückliche Erklärung** zu verlangen. 6

---

1 RGZ 50, 391, 392f. (zu einem privat angestellten Oberingenieur).
2 RGZ 50, 391, 392f.
3 RGZ 50, 391, 392f.
4 Vgl. BayObLG JZ 1976, 482; VGH München NVwZ-RR 1996, 328, 329.
5 VGH München NVwZ-RR 1996, 328, 329.
6 BayObLG JZ 1976, 482; wohl anders VGH München NVwZ-RR 1996, 328, 329.
7 Vgl. z.B. LG Trier NJW 1987, 722, 723 (Ordnungsgeld wegen Verweigerung der Rektaluntersuchung verdächtiger Rauschgiftschmuggler).
8 So MünchKomm/*Zimmermann*[4] § 407 Rdn. 3.
9 So Zöller/*Greger*[29] § 407 Rdn. 5; Stein/Jonas/*Leipold*[22] Rdn. 5; ablehnend Musielak/*Huber*[10] § 407 Rdn. 2.

II. Verfahren

7 Zieht der Sachverständige die Voraussetzungen des § 407 in Zweifel, so macht er nicht von einem Gutachtenverweigerungsrecht im Sinne des § 408 Gebrauch, sondern verneint seine Verpflichtung bereits dem Grunde nach. Wegen der Vergleichbarkeit dieser Konstellationen sind jedoch die **§§ 386 ff. entsprechend** anzuwenden. Das Gericht entscheidet gem. §§ 402, 387 durch mit der sofortigen Beschwerde angreifbares Zwischenurteil. Danach kann gem. § 409 verfahren werden.

§ 407a
Weitere Pflichten des Sachverständigen

(1) Der Sachverständige hat unverzüglich zu prüfen, ob der Auftrag in sein Fachgebiet fällt und ohne die Hinzuziehung weiterer Sachverständiger erledigt werden kann. Ist das nicht der Fall, so hat der Sachverständige das Gericht unverzüglich zu verständigen.
(2) Der Sachverständige ist nicht befugt, den Auftrag auf einen anderen zu übertragen. Soweit er sich der Mitarbeit einer anderen Person bedient, hat er diese namhaft zu machen und den Umfang ihrer Tätigkeit anzugeben, falls es sich nicht um Hilfsdienste von untergeordneter Bedeutung handelt.
(3) Hat der Sachverständige Zweifel am Inhalt und Umfang des Auftrages, so hat er unverzüglich eine Klärung durch das Gericht herbeizuführen. Erwachsen voraussichtlich Kosten, die erkennbar außer Verhältnis zum Wert des Streitgegenstandes stehen oder einen angeforderten Kostenvorschuß erheblich übersteigen, so hat der Sachverständige rechtzeitig hierauf hinzuweisen.
(4) Der Sachverständige hat auf Verlangen des Gerichts die Akten und sonstige für die Begutachtung herbeigezogene Unterlagen sowie Untersuchungsergebnisse unverzüglich herauszugeben oder mitzuteilen. Kommt er dieser Pflicht nicht nach, so ordnet das Gericht die Herausgabe an.
(5) Das Gericht soll den Sachverständigen auf seine Pflichten hinweisen.

Schrifttum

Bleutge Die Hilfskräfte des Sachverständigen – Mitarbeiter ohne Verantwortung? NJW 1985, 1185; *Friederichs* Persönliche Gutachterpflicht in Kliniken und Obergutachten, DRiZ 1971, 312; *Greger* Substanzverletzende Eingriffe des gerichtlichen Sachverständigen, FS Leipold (2009) S. 47; *Hofmann* Einsatz von Mitarbeitern durch den gerichtlich bestellten Insolvenzsachverständigen, ZIP 2006, 1080; *Prütting* Datenschutz und Zivilverfahrensrecht in Deutschland, ZZP 106 (1993) 427; *Schikora* Einsichtnahme in die Handakten von Sachverständigen durch Gericht und Parteien, MDR 2002, 1033.

Übersicht

I. Entstehung und Normzweck des Pflichtenkatalogs — 1
II. Überprüfung der eigenen Kompetenz — 6
III. Pflicht zur persönlichen Begutachtung
   1. Hinzuziehung von Hilfskräften
      a) Delegationsverbot — 8
      b) Abgrenzungskriterien
         aa) Eigenständige Zuarbeit — 9
         bb) Begriff der Hilfskraft — 10
         cc) Kernbereich eigener Begutachtungstätigkeit — 12
         dd) Floskelhafte „Verantwortungsübernahme" — 15
      c) Irrelevante Kriterien
         aa) „Übliche" Gutachterpraxis — 16
         bb) Kammerordnungen — 17
   2. Nomination von Mitarbeitern — 18

IV. Rückfrage- und Hinweispflichten
   1. Klärung des Auftragsinhalts —— 20
   2. Kostenhinweise —— 22
V. Herausgabe von Unterlagen etc.
   1. Normzweck —— 25
   2. Herausgabeobjekte
      a) Untersuchungsergebnisse —— 26
      b) Beigezogene Unterlagen
         aa) Beiziehung und Überlassung —— 27
      bb) Eigentum einer Partei als Widerspruchsgrund —— 28
      cc) Eigentum Dritter —— 29
      dd) Entgegenstehende Persönlichkeitsrechte, Datenschutz —— 30
   3. Gegenrechte —— 31
   4. Herausgabeverlangen, Herausgabeanordnung —— 32
VI. Belehrung durch das Gericht —— 37

I. Entstehung und Normzweck des Pflichtenkatalogs

Die ZPO kannte bis zur Reform des Beweisrechts von 1990 nur wenige Sachverständigenpflichten. Sie werden seither hauptsächlich in § 407a aufgezählt. Der Gesetz gewordene Normtext bleibt inhaltlich hinter dem Vorschlag zurück, den die Kommission für das Zivilprozessrecht 1977 vorgelegt hat.[1] Das Gesamtanliegen besteht in der **Beschleunigung des Beweisverfahrens** durch rasche Erlangung verwertbarer Gutachten, also in der Steigerung der Effektivität der Justizgewährung. Art. 6 Abs. 1 EMRK gebietet den Vertragsstaaten, das Verfahren so zu gestalten, dass Verzögerungen u.a. bei der Einholung von Sachverständigenbeweisen durch Wahrnehmung der richterlichen Verfahrensverantwortung gegenüber dem Sachverständigen verhindert werden.[2] 1

Behandelt werden die Pflicht zur unverzüglichen Prüfung der **eigenen Sachkompetenz** (Abs. 1), die Sicherung **persönlicher Erfüllung** des Gutachtenauftrages (Abs. 2), die frühzeitige Klärung des Auftragsumfangs zur Vermeidung unnötiger Ermittlungen und Kosten (Abs. 3 Satz 1), die Pflicht zum Hinweis auf voraussichtlich **unverhältnismäßig hohe Kosten** (Abs. 3 Satz 2) und die Pflicht zur Herausgabe der Akten, der Untersuchungsergebnisse und von Begutachtungsunterlagen (Abs. 4). 2

Nicht in das Gesetz aufgenommen wurden die von der ZPO-Kommission vorgeschlagene (selbstverständliche) Pflicht zur **Verschwiegenheit** sowie die Pflicht, im Gutachten auf **abweichende Beurteilungsmöglichkeiten und verbleibende Zweifel** hinzuweisen. Von der zweiten Pflicht versprach sich die ZPO-Kommission die Vermeidung des möglichen Sachverständigenmissverständnisses, das Gericht erwarte von ihm stets ein alle Zweifel ausräumendes Gutachten und betrachte es als Schwäche oder Unentschlossenheit des Sachverständigen, wenn er auch auf andere Beurteilungsmöglichkeiten hinweise.[3] Die Pflicht zur **Unparteilichkeit** und **Gewissenhaftigkeit** hätte zwar auch zu § 407a gehört, ist aber in der Beeidigungsnorm des § 410 verblieben. 3

Eine Beschleunigung der Beweisaufnahme lässt sich nicht allein durch die Betonung von Sachverständigenpflichten erreichen. Die ZPO-Kommission hat zutreffend darauf hingewiesen, dass Verfahrenverzögerungen durch **frühzeitigen** unmittelbaren (fernmündlichen) **Kontakt des Richters** mit dem Sachverständigen vermieden werden können. Der Richter solle sich vor Auftragserteilung nach der gegenwärtigen Belastung des Sachverständigen erkundigen, eine entsprechende Fristabsprache mit ihm treffen und die Notwendigkeit der Unterrichtung über jede unvorhergesehene Verzögerung betonen.[4] 4

---

1 Kommissionsbericht S. 348 f. (dort: § 410) mit Begründung S. 141 f.
2 EGMR, Urt. v. 27.2.1991, Rs. 4/1991/256/327, Rs. Ridi/Italien, Ser. A no. 229-B = ÖJZ 1992, 518.
3 Kommissionsbericht S. 141.
4 Kommissionsbericht S. 141.

5   Neue **Sanktionen** für Pflichtverletzungen wollte die ZPO-Kommission nicht schaffen. Ihr Vorschlag für einen neuen § 412a sah nur die Zusammenfassung der Sanktionsmöglichkeiten der §§ 409 und 411 Abs. 2 vor, bei denen es geblieben ist. Danach können **Ordnungsgeld** bzw. die Erstattung der **Terminskosten** bei ungerechtfertigter Gutachtenverweigerung, bei Nichterscheinen zum Termin und bei Versäumung der Frist zur Ablieferung eines schriftlichen Gutachtens angeordnet werden. Im übrigen riskiert der Sachverständige lediglich, dass eine **Entschädigung verweigert** wird.

II. Überprüfung der eigenen Kompetenz

6   Der Sachverständige hat unverzüglich (§ 121 BGB: ohne schuldhaftes Zögern), seine **persönliche Eignung** zur Beantwortung der Beweisfrage zu überprüfen und das Gericht unverzüglich zu verständigen, wenn der Auftrag sein Fachgebiet überhaupt nicht oder nur am Rande berührt, oder wenn ihm für Teile der Beweisfrage die Sachkunde fehlt. § 407a Abs. 1 bezweckt die Beschleunigung des Beweisverfahrens; das Gericht soll den Sachverständigen gegebenenfalls möglichst zügig gemäß § 404 Abs. 1 Satz 3 austauschen können.[5] Der (ausgetauschte) Sachverständige erhält für diese Prüfung regelmäßig keine Entschädigung, soweit ihr Ergebnis für ihn ohne nähere Untersuchung aus den überlassenen Unterlagen zu ersehen ist.[6] Etwas anderes gilt nur, wenn die Vorprüfung einen nicht unerheblichen Arbeitsaufwand erfordert.[7]

7   Der Verstoß gegen § 407a Abs. 1 löst keine unmittelbaren Sanktionen aus. § 407a Abs. 1 ist kein Schutzgesetz im Sinne des § 823 Abs. 2 BGB zu Gunsten der Parteien, so dass Schadensersatzforderungen wegen der Verzögerung des Prozesses ausscheiden.[8] Allenfalls kommt im Einzelfall eine **Verwirkung des Vergütungsanspruchs** des Sachverständigen in Betracht (dazu § 413 Rdn. 10 f.). Dies setzte jedoch nach der bis 2013 ergangenen Rechtsprechung einen zumindest grob fahrlässigen Verstoß des Sachverständigen voraus, also eine eklatante Falscheinschätzung der eigenen Sachkunde, die zur inhaltlichen Unrichtigkeit und letztlich zur Unverwertbarkeit des Gutachtens führt (§ 413 Rdn. 17). Der 2013 geschaffene **§ 8a Abs. 2 Nr. 1 JVEG** lässt den Vergütungsanspruch bereits dann entfallen, wenn der Sachverständige einen Verstoß gegen die Verpflichtungen nach § 407a Abs. 1 bis 3 Satz 1 überhaupt zu vertreten hat.

III. Pflicht zur persönlichen Begutachtung

1. Hinzuziehung von Hilfskräften

8   **a) Delegationsverbot.** Nur das Gericht ist zur Auswechselung des Sachverständigen befugt. Es ist dem Sachverständigen **verboten**, den Gutachtenauftrag **zu delegieren**. Allerdings ist er nicht verpflichtet, alle für die Begutachtung notwendigen Arbeiten persönlich vorzunehmen, sondern ist berechtigt, geeignete und zuverlässige Hilfskräfte hinzuziehen[9] und deren Fachwissen zu verwerten.[10] In der Praxis besteht allerdings ein hohes Maß an **Unsicherheit, welchen Umfang** diese Hinzuziehung von Hilfskräften an-

---

5   Vgl. RegE BT-Drucks. 11/3621 S. 40.
6   BGH MDR 1979, 754; OLG Köln MDR 1993, 1024 = VersR 1994, 76; OLG Hamburg JurBüro 1993, 119.
7   KG MDR 1988, 330: bejaht dies bei einem halben Arbeitstag zur Schätzung der entstehenden Kosten; OLG Stuttgart Rpfleger 1985, 213: bejaht bei Erforderlichkeit „differenzierter" Erwägungen.
8   Musielak/*Huber*[10] § 407a Rdn. 7; **a.A.** MünchKomm/*Zimmermann*[4] § 407a Rdn. 3.
9   RG JW 1916, 1578 Nr. 8; BGH VersR 1972, 927, 929; BVerwG NVwZ 1993, 771, 772; OLG Hamburg VersR 1981, 787, 788; OLG Düsseldorf VersR 1981, 1147, 1148; OLG Frankfurt VersR 1994, 610, 611.
10 BGH VersR 1960, 998, 999.

nehmen darf. Die Praxis neigt teilweise zu Gesetzesungehorsam, der hinter verkleisternden Formulierungen versteckt bzw. hingenommen wird.

b) Abgrenzungskriterien

aa) Eigenständige Zuarbeit. Der Normtext selbst macht schon deutlich, dass zulässige Mitarbeit **mehr** bedeutet **als** die Erbringung von Hilfsdiensten mit **untergeordneter** Bedeutung, denn nur in Bezug auf die Beteiligung höherwertiger Mitarbeiter besteht die Nominierungspflicht des Abs. 2 Satz 2. Als Beispiel für diese Pflicht hat die Bundesregierung im Gesetzgebungsverfahren die Beauftragung leitender Klinikärzte und deren Heranziehung ärztlicher Mitarbeiter genannt.[11] Soweit allerdings nach derselben Äußerung der Gesetzesmaterialien die Heranziehung „bei Vorbereitung und Abfassung der Gutachten" erfolgen dürfen soll, handelt es sich um eine gefährlich laxe Formulierung, die den Missbrauch begünstigt. Sie wird von der – grundsätzlich richtigen – Überlegung getragen, es müsse auf die sonstige **persönliche Arbeitsbelastung** des Klinik- oder Institutsdirektors Rücksicht genommen werden. Dieser Gesichtspunkt ist jedoch vom Gericht zu beachten und nicht im Wege der Selbsteinschätzung durch den Sachverständigen durchzusetzen. Gegenteilige Praxis beruht auf mangelnder Abstimmung zwischen dem Gericht und dem ins Auge gefassten Sachverständigen vor dessen Ernennung.

9

bb) Begriff der Hilfskraft. Hilfskräfte, die mehr als Hilfsdienste von untergeordneter Bedeutung erbringen, sind nur Personen, deren Tätigkeit der Sachverständige nach seinem Fachwissen selbst übernehmen könnte, so dass er die Ordnungsmäßigkeit von deren Arbeitsweise überblicken kann.[12] **Keine Hilfskräfte** sind **Spezialisten** einer **anderen Fachrichtung**, die kraft autonomen Wissens im Rahmen der Befunderhebung Einzeluntersuchungen vornehmen, etwa ein von einem Internisten oder Chirurgen hinzugezogener Röntgenologe.[13] Deren Tätigkeit ohne ergänzende Beauftragung durch das Gericht ist zulässig, soweit sie nicht in eine fremde Teilbegutachtung umschlägt.

10

Mit der Heranziehung von Hilfskräften hat sich die Rechtsprechung vor allem bei der **Erstattung medizinischer Gutachten** befasst. Hilfskräfte werden aber auch von anderen Sachverständigen benötigt, etwa bei der eiligen Erstellung des Vermögensstatus im **Insolvenzantragsverfahren**.[14] Mitarbeitern darf die Ausführung technischer Vorgänge, etwa eine Laboruntersuchung, nicht jedoch die eigentliche ärztliche Befunderhebung überlassen werden.[15] Der bestellte Sachverständige darf sich auf Fremdarbeit von Hilfskräften nicht ohne Nachprüfung verlassen, er darf deren Mitarbeit nicht ohne weiteres mit seinem Namen decken. Der Insolvenzsachverständige darf Geschäftsunterlagen des Insolvenzschuldners durch qualifizierte Mitarbeiter nach von ihm vorgegebenen Leitgesichtspunkten durchsehen und Daten zusammenstellen lassen.

11

cc) Kernbereich eigener Begutachtungstätigkeit. Die **persönliche Verantwortung** des vom Gericht ausgewählten Sachverständigen darf durch die Mitarbeiterbeteiligung **nicht ausgeschlossen** werden.[16] Hilfsdienste dürfen das Gutachten nicht zu einem

12

---

11 Gegenäußerung zur Stellungnahme des Bundesrates, BT-Drucks. 11/3621 S. 69.
12 Zu letztgenanntem Erfordernis OLG Frankfurt/M. MDR 1983, 849.
13 OLG Frankfurt/M. MDR 1983, 849.
14 Dazu *Hofmann* ZIP 2006, 1080 ff.
15 OLG Frankfurt/M. MDR 1983, 849.
16 BGH VersR 1972, 927, 929; OLG Zweibrücken NJW-RR 2001, 667, 668; BVerwG NJW 1984, 2645, 2646.

fremden Werk stempeln.[17] Als Richtschnur hat zu gelten, dass der Sachverständige den Teil des Gutachtens, in dem es um die Anwendung von Fach- oder Erfahrungswissen auf bestimmte Sachverhalte geht, persönlich zu erstatten hat. Er soll *sein* **Erfahrungswissen** auf den gegebenenfalls von Hilfskräften vorermittelten Sachverhalt **anwenden** und daraus die entsprechenden Schlussfolgerungen ziehen.[18] Der Sachverständige darf also in erster Linie nur Vorarbeiten des eigentlichen Gutachtens (Materialsammlung, Laboruntersuchungen, Anamnese) seinen Mitarbeitern überlassen.[19] Die maßgebenden Feststellungen zu den Grundlagen des Gutachtens, die bereits besondere Sachkunde erfordern (z.B. Exploration bei psychologischem Gutachten), muss er demgegenüber selbst treffen oder zumindest eingehend kontrollieren.[20] Ein mündliches Gutachten bzw. die mündliche Erläuterung des schriftlichen Gutachtens (§§ 411 Abs. 3, 397 in Verb. mit § 402) hat der gerichtlich ernannte Sachverständige immer persönlich durchzuführen.[21] Bei einem schriftlichen Gutachten hat er dessen endgültigen Text selbst anzufertigen oder dafür zumindest eigene Vorgaben zu machen.

13   Die Hinzuziehung von Mitarbeitern darf **nicht** von vornherein der **unzulässigen Substitution verdächtigt** werden; auszugehen ist vielmehr von dem Arbeitsethos des Sachverständigen, durch Anleitung und Überprüfung der Mitarbeitertätigkeit gleichwohl eine eigene Begutachtung zu erstatten. Soweit der Mitarbeiter das schriftliche Gutachten abgefasst und unterschrieben hat, muss der bestellte Sachverständige durch den Zusatz zu seiner eigenen Unterschrift deutlich machen, dass er sich **für den Inhalt** des Gutachtens in allen Teilen der Befunderhebung und der Bewertung **persönlich verantwortlich** fühlt und es **nicht nur** im Sinne einer reinen **Plausibilitätskontrolle** billigt. Die Judikatur hat die eigenverantwortliche Tätigkeit durch Formulierungen wie „Einverstanden aufgrund eigener Untersuchung und Urteilsbildung", eventuell auch „Mit Befund und Beurteilung einverstanden" als dokumentiert gesehen[22] (dazu nachfolgend Rdn. 15). Nur den namentlich bestellten Sachverständigen treffen die prozessualen Pflichten. Zur mündlichen Erläuterung (§ 411 Abs. 3) ist nur er zu laden.

14   Eine akzeptable Arbeitsteilung mit eigenverantwortlicher Tätigkeit des bestellten Sachverständigen beschreibt OLG Frankfurt/M VersR 1994, 610, 611. Dort beruhte die Mitarbeit eines Oberarztes an einem orthopädischen Gutachten auf folgendem Konzept des Chefarztes: Anamnese durch den Mitarbeiter nach vorheriger Besprechung mit dem Sachverständigen; Exploration, an der der Sachverständige sich so lange beteiligte, bis er zu einer Meinungsbildung in der Lage war; Besprechung des Ergebnisses; Erstellung eines schriftlichen Konzepts durch den Mitarbeiter, Überarbeitung des Konzeptes durch beide, abschließendes Diktat durch den Mitarbeiter.

15   **dd) Floskelhafte „Verantwortungsübernahme".** Abzulehnen ist die in der Rechtsprechung zu beobachtende Neigung, es vor allem bei medizinischen Gutachten zu billigen, wenn der gesamte Arbeitsgang (Anamnese, Exploration, Diktat eines schriftlichen Gutachtens) von Mitarbeitern vorgenommen wurde, sofern der Sachverständige an-

---

17   RegE BT-Drucks. 11/3621 S. 40.
18   OLG Frankfurt MDR 1983, 849; OLG Zweibrücken NJW-RR 2001, 667, 668; *Bleutge* NJW 1985, 1185, 1186; Zöller/*Greger*[29] § 404 Rdn. 1a; vgl. auch *Friedrichs* FS für H. Grüner S. 137, 142.
19   BGH NJW 1970, 1242, 1243: Hinzuziehung eines Dolmetschers für Exploration eines Ausländers; OLG Zweibrücken VersR 2000, 605, 606: Heranziehung geeigneter und zuverlässiger ärztlicher Mitarbeiter zu einzelnen Untersuchungen und Wertungen.
20   OLG Frankfurt FamRZ 1981, 485 f.; s. auch OLG Brandenburg FamRZ 2001, 40.
21   BVerwG NJW 1984, 2645, 2647.
22   Vgl. BVerwG NJW 1984, 2645, 2646 (mit Differenzierung zu reinen „Aktengutachten"); OLG Koblenz VersR 2000, 339 (LS); s. auch BSG NJW 1973, 1438.

schließend nur die „persönliche Verantwortung" für das Arbeitsergebnis übernommen hat, was regelmäßig durch einen der Unterschrift vorangestellten Zusatz, wie „Einverstanden auf Grund eigener Untersuchung und Urteilsfindung" o.ä. geschieht.[23] **§ 407a Abs. 2 deckt** eine derartige **Praxis nicht.** Sie läuft darauf hinaus, dass sich der gerichtlich bestellte Sachverständige auf die Ausübung reiner Kontrollfunktionen, möglicherweise sogar auf eine reine Plausibilitätskontrolle beschränkt. Zu beobachten sind sogar rechtswidrige **Delegationskaskaden** vom Direktor der Universitätsklinik zum habilitierten Oberarzt und von dort zum Assistenzarzt mit anschließender Unterschrift aller drei Personen. Wenn sie von der Vorstellung geleitet werden, dass der Oberarzt für das zu begutachtende Gebiet der geeignete Spezialist ist, mag er anstelle des Chefarztes nach vorheriger Information der Parteien vom Gericht bestellt werden. Nicht selten dürften abweichende Handhabungen durch die pflichtwidrige richterliche Bequemlichkeit begünstigt werden, ohne vorherige telefonische Recherche pauschal den Kliniks- oder Institutsdirektor zu beauftragen.[24] Es ist also **nicht ausreichend**, wenn der gerichtlich ernannte Sachverständige ein **von Dritten angefertigtes Gutachten nur gegenzeichnet**, mag er auch durch einen wie immer gearteten Zusatz dokumentieren, dass er sich dieses Gutachten nachträglich zu eigen mache und die persönliche Verantwortung übernehme.[25] Bekämpfen ließe sich dieses Unwesen, wenn die Mitunterzeichnung schriftlicher Gutachten durch Mitarbeiter vollständig unterbliebe und der alleinunterzeichnende Sachverständige den Mitwirkungsanteil fremder Personen ausschließlich durch verbale Kennzeichnung gesondert dokumentieren würde (dazu unten § 407a Rdn. 18).

c) Irrelevante Kriterien

aa) „Übliche" Gutachterpraxis. Nicht zu folgen ist *Müller*,[26] der entscheidend darauf abstellt, inwieweit Tätigkeiten nach „den anerkannten Regeln des Fachgebiets" üblicherweise Hilfskräften überlassen werden dürfen, und der in diesem Zusammenhang meint, dass dies u.U. auch die gesamte Erarbeitung des Gutachtens umfassen könne. Die Festlegung beweisrechtlicher Standards ist nicht den Sachverständigen bzw. deren Fachverbänden zu überantworten. Andernfalls wären an den gerichtlich ernannten Sachverständigen u.U. geringere Anforderungen zu stellen als an das Gericht, das sich im Rahmen der Beweiswürdigung mit dem Gutachten auseinanderzusetzen, es gedanklich nachzuvollziehen und diesen Vorgang im Urteil zu dokumentieren hat (näher § 412 Rdn. 1). 16

bb) Kammerordnungen. Keine unmittelbare Bedeutung für das Beweisrecht haben Regeln der Sachverständigenordnungen, die von Industrie- und Handelskammern oder 17

---

23 OLG Koblenz VersR 2000, 339; BVerwG NVwZ 1993, 771, 772; BVerwG NJW 1984, 2645, 2646; BSG NZA 1989, 197; vgl. BGH VersR 1972, 927, 929: in diesem Fall komme der mündlichen Erläuterung durch den Sachverständigen besondere Bedeutung zu; OLG Hamburg VersR 1981, 787, 788 (obiter dictum). Kritisch zum bloßen Vermerk „Einverstanden" OLG Zweibrücken NJW-RR 2001, 667, 668; BVerwG NJW 1984, 2645, 2446 (dabei zwischen Gutachten nach Aktenlage und Gutachten nach eingehender klinischer Untersuchung differenzierend); BSG VersR 1990, 992, 993; BSG NJW 1985, 1422; Musielak/*Huber*[10] § 407a Rdn. 3.
24 Besonders eklatant ist die anonyme Beauftragung „des Chefarztes", so z.B. in OLG Düsseldorf VersR 1981, 1147, 1148; ebenso – dort aber als rechtswidrige Bestellung desjenigen Klinikarztes, den es „angeht", gegeißelt – BVerwG NJW 1984, 2645.
25 **A.A.:** BVerwG NVwZ 1993, 771, 772; BSG NJW 1985, 1422; vgl. auch BSG VersR 1990, 992, 993; BSG NJW 1973, 1438; BSG NZA 1989, 197.
26 *Müller* Der Sachverständige im gerichtlichen Verfahren[3] Rdn. 539.

anderen Körperschaften des öffentlichen Rechts auf der Grundlage des § 36 Abs. 4 GewO in Verb. mit landesrechtlichen Gesetzen erlassen worden sind.[27] Soweit danach **öffentlich bestellte Sachverständige** Hilfskräfte nur für *vorbereitende* Tätigkeiten einzusetzen dürfen, dürfen diese keine Tatsachenfeststellungen treffen, die bereits Sachkunde voraussetzen und einen wesentlichen Teil der Begutachtung ausmachen (z.B. Inaugenscheinnahme von Kfz im Rahmen einer Schadensbegutachtung). Der Verstoß gegen diese Regelung begründet einen Wettbewerbsverstoß gem. § 4 Nr. 11 UWG.[28] Das Beweisrecht sollte derartige Regeln als Anstoß zur Ausbildung einer strengeren eigenen Praxis begreifen.

18 **2. Nomination von Mitarbeitern.** Gemäß § 407a Abs. 2 Satz 2 soll der Sachverständige die zugezogenen **Mitarbeiter und deren Arbeitsanteil** benennen. Hierdurch soll es den Parteien ermöglicht werden, Einwendungen gegen Person oder Sachkunde des Mitarbeiters vorbringen zu können.[29] Der Sachverständige hat daher auch den **Ausbildungsstand** der zugezogenen Mitarbeiter anzugeben.[30] Allerdings kann § 407a Abs. 2 nicht entnommen werden, dass den Parteien ein förmliches Ablehnungsrecht gemäß § 406 in Bezug auf Mitarbeiter des Sachverständigen eingeräumt wird (§ 406 Rdn. 3). Lediglich bei Hilfsdiensten von untergeordneter Bedeutung sind Angaben entbehrlich. Angesichts der negativen Fassung des § 407a Abs. 2 Satz 2 2. Hs hat der Sachverständige im Zweifel den jeweiligen Mitarbeiter anzugeben. Andernfalls würde den Parteien und dem Gericht eine Beurteilung von vornherein unmöglich gemacht. Die Angaben müssen **nicht schon** im Zeitpunkt der Beauftragung oder **bei Beginn** der Gutachtenarbeiten gemacht werden. Eine entsprechende Regelung des RegE ist im Gesetzgebungsverfahren gestrichen worden.[31]

19 Der **Verstoß** gegen die Pflicht aus **§ 407a Abs. 2** ist nicht eigenständig sanktionsbewehrt.[32] Das Gutachten ist nicht per se unverwertbar.[33] § 407a Abs. 2 ist kein Schutzgesetz im Sinne von § 823 Abs. 2 BGB.[34] Jedoch wird der **Vergütungsanspruch** verwirkt, wenn das Gericht das Gutachten deshalb nicht verwertet, § 8a Abs. 2 Satz 1 Nr. 1, Satz 2 JVEG (näher: § 413 Rdn. 10, 17). Eine **Einsichtnahme** in die „Handakten" des Sachverständigen zur Kontrolle der Beachtung des § 407a Abs. 2 Satz 2 bzw. zur Aufdeckung gegenteiliger Indizien (z.B. handschriftlicher Vermerke von Mitarbeitern) kann auf der Grundlage des § 407a Abs. 4 angeordnet werden;[35] Feststellungen zur persönlichen Zuverlässigkeit des Sachverständigen sind Teil der umfassenden Würdigung des Gutachtens, die § 407a Abs. 4 ermöglichen will (vgl. dazu § 407a Rdn. 25).

IV. Rückfrage- und Hinweispflichten

20 **1. Klärung des Auftragsinhalts.** Der Sachverständige hat bei Zweifeln über den **Umfang des Auftrages** beim Gericht Rückfrage zu halten (§ 407a Abs. 3 Satz 1). Dies hat

---

27 Dazu Tettinger/Wank/*Ennuschat* GewO[8] § 36 Rdn. 106.
28 So zu § 1 UWG a.F. OLG Hamm WRP 1991, 250, 252.
29 RegE BT-Drucks. 11/3621 S. 40.
30 Vgl. OLG Frankfurt FamRZ 1981, 485, 486.
31 Gegenäußerung der BReg., BT-Drucks. 11/3621 S. 74; Beschluss des Rechtsausschusses, BT-Drucks. 11/8283 S. 10.
32 Kein Ablehnungsgrund, OLG Jena MDR 2006, 1011.
33 Heilbare Unverwertbarkeit annehmend *Schikora* MDR 2002, 1033, 1034. Zur Verwertung durch Bestellung des Substituten als Sachverständigen BGH NJW 1985, 1399, 1400.
34 MünchKomm/*Zimmermann*[4] § 407a Rdn. 9.
35 *Schikora* MDR 2002, 1033, 1035.

unverzüglich zu geschehen, um unnötige Ermittlungen und Kosten zu vermeiden.[36] Welchen Umfang die Arbeiten im Einzelfall haben müssen, kann der Sachverständige zumeist am besten beurteilen. Weist er das Gericht darauf hin, dass er weitere Arbeiten für notwendig hält, darf er daher, wenn er nichts Abweichendes vom Gericht hört, davon ausgehen, dass die Ausführung des Auftrages insoweit seiner Sachkunde überlassen bleibt.[37]

Verstößt der Sachverständige gegen § 407a Abs. 3 Satz 1, so erbringt er die Arbeiten 21 auf eigenes Risiko. **Vergütung** erhält er nur für objektiv erforderliche Arbeiten, ohne dass es insoweit auf ein etwaiges Verschulden ankäme (näher § 413 Rdn. 20).

2. Kostenhinweise. Soweit die zu erwartenden Kosten erkennbar außer Verhältnis 22 zum Streitwert stehen oder den Auslagenvorschuss erheblich übersteigen, hat der Sachverständige darauf rechtzeitig, also vor Entstehung der Kosten, hinzuweisen (§ 407a Abs. 3 Satz 2). Das Gericht darf wegen Art 103 Abs. 1 GG zwar nicht auf die Erhebung des Sachverständigenbeweises verzichten, weil die Kosten der Beweisaufnahme angesichts der Relation zum Streitwert unökonomisch ist[38] (dazu § 402 Rdn. 45), kann die Erhebung aber von einem **weiteren Kostenvorschuss** abhängig machen. Damit soll den Parteien das Kostenrisiko vor Augen geführt werden, so dass sie ihre Vergleichsbereitschaft überdenken können.[39]

Übersteigen die Kosten den eingezahlten Auslagenvorschuss um 20%, so ist dies er- 23 heblich.[40] Hat das Gericht versäumt, überhaupt einen Kostenvorschuss anzufordern, so dass der Sachverständige die Kostenvorstellungen des Gerichts und der Parteien nicht erkennen kann, besteht eine Hinweispflicht des Sachverständigen erst dann, wenn die Kosten **außer Verhältnis zum Streitwert** stehen. Bei einem Anteil von 53% soll dies noch nicht der Fall sein.[41]

Verstößt der Sachverständige gegen die Kostenhinweispflicht, kommt eine teilweise 24 Verwirkung des Vergütungsanspruchs in Betracht, § 8a Abs. 3–5 JVEG (näher: § 413 Rdn. 19).[42] Die gerichtliche Verwertbarkeit des Gutachtens wird durch eine **Kürzung der Entschädigung** nicht beeinflusst.[43] Ein **Recht zum Rückruf** des Gutachtens unter Verzicht auf Entschädigung besteht **nicht**[44] (s. auch § 411a Rdn. 18).

---

36 Vgl. RegE BT-Drucks. 11/3621 S. 40.
37 LG Bochum Rpfleger 1976, 32 (IPR- und Auslandsrechtsgutachten).
38 Vgl. BVerfG NJW 1979, 413, 414.
39 RegE BT-Drucks.11/3621 S. 40.
40 LG Osnabrück JurBüro 1996, 153, 154; LG Bückeburg NdsRpfl. 1996, 57, 58; Musielak/Huber[10] § 407a Rdn. 4. Höhere Prozentsätze werden genannt von: OLG Celle NJW-RR 1997, 1295: 20–25%; BayObLGZ 1997, 353, 355: 20–25%; OLG Zweibrücken JurBüro 1997, 96, 97: 20–25%; OLG Koblenz ZSW 1985, 106, 110: 25%; OLG München Rpfleger 1979, 158: das $1^1/_2$-fache des Vorschusses; MünchKomm/*Zimmermann*[4] § 407a Rdn. 11: 20–25%.
41 OLG Schleswig JurBüro 1989, 1173, 1174 (bejaht, wenn Streitwert erreicht oder überschritten wird); **a.A.:** MünchKomm/*Zimmermann*[4] § 407a Rdn. 11: 50%; Musielak/*Huber*[10] § 407a Rdn. 4: 50%.
42 OLG Düsseldorf NJW 1970, 1980, 1981; OLG Hamburg MDR 1981, 327 = JurBüro 1981, 410; KG MDR 1983, 678, 679; OLG Nürnberg NJW-RR 2003, 791.
43 *Müller* Der Sachverständige im gerichtlichen Verfahren[3] Rdn. 873 ff.; MünchKomm/*Zimmermann*[4] § 407a Rdn. 13.
44 MünchKomm/*Zimmermann*[4] § 407a Rdn. 13; **a.A.:** *Müller* Der Sachverständige im gerichtlichen Verfahren[3] Rdn. 877 f.

V. Herausgabe von Unterlagen etc.

25 **1. Normzweck.** Die Regelung des § 407a Abs. 4 will dem Gericht eine möglichst **umfassende Würdigung** des Sachverständigengutachtens **ermöglichen**. Außerdem sollen Kosten und Zeitverlust erspart werden, falls ein anderer oder ein **weiterer Sachverständiger** mit der Begutachtung beauftragt wird.[45] Das Gesetz nennt als mögliche Herausgabeobjekte die Akten und für die Begutachtung beigezogene Unterlagen sowie Untersuchungsergebnisse.

2. Herausgabeobjekte

26 **a) Untersuchungsergebnisse.** Mit Untersuchungsergebnissen sind jene Ergebnisse gemeint, zu denen der Sachverständige **auf Grund *eigener* Untersuchung** gelangt ist. Es kann sich auch um Zwischenergebnisse, etwa Messergebnisse, handeln.[46] Sind sie in einer Weise dokumentiert, die nicht zur Weitergabe geeignet ist (z.B. wegen Verwendung einer eigenen Kurzschrift), muss der Sachverständige sie dem Gericht in anderer Weise mitteilen.[47] Eine Pflicht zur umfassenden Dokumentation des Ablaufs der Untersuchung lässt sich aus § 407a Abs. 4 jedoch nicht ableiten. Das **Eigentumsrecht** des Sachverständigen ist für die öffentlich-rechtliche Herausgabepflicht **irrelevant**. Die Herausgabe muss allerdings bei verständiger Würdigung für prozessuale Zwecke erforderlich sein, etwa um das Gutachten inhaltlich überprüfen zu können oder einem weiteren Sachverständigen eine Beurteilungsgrundlage zu verschaffen.

b) Beigezogene Unterlagen

27 **aa) Beiziehung und Überlassung.** Unter beigezogenen **Unterlagen** sind beispielsweise Krankengeschichten, Röntgenaufnahmen, Lichtbilder und Aufzeichnungen medizinischer Geräte **anderer Stellen** zu verstehen.[48] § 407a Abs. 4 ist über seinen unmittelbaren Wortlaut hinaus auch auf die Herausgabe von Gegenständen anzuwenden, die dem Sachverständigen zum Zwecke der Begutachtung von den Parteien oder von Dritten **überlassen** wurden (z.B. gezogene Bodenproben, Blutproben etc.). Auf wessen Initiative der Sachverständige die Unterlagen erhalten hat, ist rechtlich irrelevant. Auch hier gilt einschränkend das Gebot prozessualer Erforderlichkeit (vorstehend Rdn. 26).

28 **bb) Eigentum einer Partei als Widerspruchsgrund.** An den Unterlagen hat der Sachverständige kein besseres Recht als die Prozessparteien, in deren Eigentum sie stehen können. Auf deren etwaigen Widerspruch kann er sich nicht berufen. Eine **Partei kann** der Vorlage aber u.U. erfolgreich **widersprechen**, wenn sie nachträglich **Geheimhaltungsinteressen** durchsetzen will und der Gegner keinen materiellrechtlichen Vorlegungsanspruch hat. Der Widerspruch führt allerdings zur Beweisfälligkeit dieser Partei oder ist unter dem Gesichtspunkt der Beweisvereitelung zu würdigen, da das deutsche Zivilprozessrecht grundsätzlich keinen Geheimprozess kennt und daher zur Gewährung rechtlichen Gehörs Inhalt und Grundlagen des Gutachtens einschließlich der Untersu-

---

45 RegE BT-Drucks. 11/3621 S. 40.
46 RegE BT-Drucks. 11/3621 S. 40.
47 RegE BT-Drucks. 11/3621 S. 40.
48 RegE BT-Drucks. 11/3621 S. 40.

chungsobjekte offenbart werden müssen[49] (s. auch § 404a Rdn. 26 und § 404a Rdn. 40 sowie vor § 284 Rdn. 47 ff.).

cc) Eigentum Dritter. Der Wortlaut der Norm unterscheidet nicht danach, in wessen 29 Eigentum die zur Untersuchung beigezogenen Unterlagen stehen.[50] Soweit es sich um Unterlagen Dritter handelt, welche die Unterlagen auf Veranlassung der Parteien dem Gutachter überlassen haben, ist ein Herausgabeverlangen durch § 407a Abs. 4 grundsätzlich gedeckt. Handelt es sich jedoch um Unterlagen, die sich der Sachverständige **selbständig von Dritten beschafft** hat, z.B. von diesem erarbeitete wissenschaftliche Vergleichsdaten, wird man ihm die Berufung auf die Unzumutbarkeit der Herausgabe an das Gericht gestatten müssen, wenn der Dritte damit wegen der mittelbar eröffneten Informationsmöglichkeit der Parteien nicht einverstanden ist und dem Sachverständigen für diesen Fall Nachteile von Seiten des Dritten drohen.[51]

dd) Entgegenstehende Persönlichkeitsrechte, Datenschutz. Einer weitergehen- 30 den Einschränkung der Herausgabepflicht unter dem Gesichtspunkt des Datenschutzes bzw. des Rechtes auf informationelle Selbstbestimmung der Parteien bedarf es nicht. § 407a Abs. 4 **verdrängt** als Spezialnorm das **Bundesdatenschutzgesetz**.[52] Soweit in den Unterlagen Umstände festgehalten sind, welche beispielsweise die Intimsphäre einer Partei berühren und deren Offenbarung eine Verletzung deren Persönlichkeitsrechts darstellen könnte, kann diesem Interesse dadurch Rechnung getragen werden, dass das Gericht die entsprechenden Teile der Gegenpartei nicht zugänglich macht (unten Rdn. 36). Der Sachverhalt ist mit jenen Fällen gleichzubehandeln, in denen das Anwesenheitsrecht der Partei bei ärztlichen Untersuchungen der Gegenpartei zum Schutz der Intimsphäre der Untersuchungsperson entfällt (vgl. § 404a Rdn. 37).

3. Gegenrechte. Dem Sachverständigen, der etwa die Entschädigung für zu gering 31 oder ein gegen ihn verhängtes Ordnungsmittel für unberechtigt hält, steht gegenüber dem Herausgabeverlangen **kein Zurückbehaltungsrecht** zu.[53] Allenfalls kann er sich im Einzelfall auf die Unzumutbarkeit der Herausgabe berufen, wenn er durch die Herausgabe an das Gericht die Rechte nicht prozessbeteiligter Personen verletzte (s. oben Rdn. 29f.).

4. Herausgabeverlangen, Herausgabeanordnung. Das Herausgabeverlangen ge- 32 mäß § 407a Abs. 4 Satz 1 kann durch den Vorsitzenden ausgesprochen werden; die Anordnung der Herausgabe erfolgt durch **Beschluss des Gerichts**. Die Herausgabeanordnung setzt trotz des Wortlautes von § 407a Abs. 4 kein vorheriges Herausgabeverlangen voraus, sondern kann sofort erfolgen. Nach § 407a Abs. 4 Satz 2 kann auch die Mitteilung der Untersuchungsergebnisse angeordnet werden, wenn die Herausgabe mangels geeigneter Dokumentation scheitert.[54]

---

49 Vgl. dazu *Ahrens* JZ 1996, 738 in Anm. zu BGH – Anonyme Mitgliederliste. Zur Vorenthaltung von Teilen einer Sachverständigenexpertise zum Schutze Dritter im Zürch. Zivilprozess vgl. Obergericht Zürich SchwJZ 1985, 269f.
50 Vgl. RegE. BT-Drucks. 11/3621 S. 40: „Als beigezogene Unterlagen kommen (...) Aufzeichnungen *anderer Stellen* in Betracht".
51 Vgl. auch Zöller/*Greger*[29] § 407a Rdn. 4.
52 *Prütting* ZZP 106 (1993), 427, 460.
53 RegE BT-Drucks. 11/3621 S. 40.
54 MünchKomm/*Zimmermann*[4] § 407a Rdn. 17.

33 Gemäß § 409 kann die Herausgabe der Akten und der sonstigen Unterlagen mit **Ordnungsmitteln** erzwungen werden. Die Herausgabe der Untersuchungsergebnisse kann erzwungen werden, obwohl diese in § 409 anders als in § 407a Abs. 4 nicht ausdrücklich erwähnt sind.[55] Der Gesetzgeber wollte auch die Untersuchungsergebnisse mit § 409 erfassen;[56] der Wortlautabweichung des § 409 darf also nicht die Bedeutung beigemessen werden, dass Untersuchungsergebnisse bewusst ausgespart werden sollten. Dokumentierte Untersuchungsergebnisse fallen unter den allgemeinen Oberbegriff „sonstige Unterlagen". Allerdings deckt der Wortlaut des § 409 nicht die Erzwingung der Mitteilung von Untersuchungsergebnissen, die nicht hinreichend dokumentiert worden sind.[57]

34 Gemäß §§ 1 Abs. 1 Nr. 2 b, 6 Abs. 1 JBeitrO,[58] § 883 ZPO kann die Herausgabe der Akten und sonstigen Unterlagen alternativ im Wege der **Wegnahme durch den Gerichtsvollzieher** vollstreckt werden. Dies erfasst auch die dokumentierten Untersuchungsergebnisse.[59]

35 **Gegen** die **Herausgabeanordnung** selbst wollte der Gesetzgeber dem Sachverständigen keinen **Rechtsbehelf** zur Verfügung stellen.[60] Dies ist problematisch, weil die Möglichkeit von Gegenrechten offenbar unzutreffend a limine verneint worden ist. Gegen die an eine Herausgabeverweigerung anschließende Festsetzung eines **Ordnungsgeldes** kann sich der Sachverständige gemäß § 409 Abs. 2 mit der Beschwerde zur Wehr setzen. Soweit das Gericht jedoch den Weg der **Herausgabevollstreckung** gemäß JBeitrO geht, ist der Sachverständige rechtlos gestellt, weil die JBeitrO einen geeigneten Rechtsbehelf nicht vorsieht.[61] *Greger* weist auf die Erinnerung nach § 766 i.V.m. § 6 Abs. 1 Nr. 1 JBeitrO hin,[62] die jedoch nicht zur Überprüfung der Anordnung führt. *Zimmermann*[63] verwirft eine entsprechende Anwendung des § 767 Abs. 1. Dem innerprozessualen Streit am nächsten steht **§ 409 Abs. 2** (sofortige Beschwerde), der **analog anzuwenden** ist. Die Erforderlichkeit der Herausgabe für das Verfahren bestimmt allerdings trotz der Beschwerdemöglichkeit allein das Prozessgericht.

36 Dem der Herausgabe **widersprechenden Antragsgegner** steht das Rechtsmittel der sofortigen Beschwerde ebenfalls nicht zu.[64] Mangels ausdrücklicher Regelung ist § 567 Abs. 1 Nr. 1 nicht einschlägig. Verneint man auch § 567 Abs. 1 Nr. 2, weil der Widerspruch kein Antrag ist, müssen schutzwürdige Belange des Antragsgegners, etwa Geheimhaltungsinteressen, bei der Entscheidung über die Gewährung von Akteneinsicht berücksichtigt werden[65] (s. auch oben Rdn. 30 und § 402 Rdn. 94).

VI. Belehrung durch das Gericht

37 Zur Beschleunigung des Verfahrens hat das Gericht **den Sachverständigen auf seine Pflichten hinzuweisen** (§ 407a Abs. 5), wofür die Verwendung eines Vordrucks

---

55 Verneinend MünchKomm/*Zimmermann*[4] § 409 Rdn. 5 (wegen Maßgeblichkeit des Gesetzeswortlauts bei Sanktion einer Ordnungswidrigkeit).
56 RegE BT-Drucks. 11/3621 S. 41.
57 Insoweit zutreffend MünchKomm/*Zimmermann*[4] § 407a Rdn. 17 und § 409 Rdn. 5.
58 Justizbeitreibungsordnung i.d.F. von Art. V KostÄndG v. 26.7.1957, BGBl I S. 861, zuletzt geändert durch Art. 48 FGG-ReformG v. 17.12.2008, BGBl 2008 I S. 2586, abgedruckt bei *Hartmann* Kostengesetze[42] IX A.
59 **A.A.** MünchKomm/*Zimmermann*[4] § 407a Rdn. 20 (wegen Nichterwähnung in der JBeitrO).
60 RegE BT-Drucks. 11/3621 S. 40.
61 Ausführlich MünchKomm/*Zimmermann*[4] § 407a Rdn. 21.
62 Zöller/*Greger*[29] § 407a Rdn. 4.
63 MünchKomm/*Zimmermann*[4] § 407a Rdn. 21.
64 OLG Karlsruhe NJW-RR 2006, 1655.
65 Zur Akteneinsicht nach § 475 StPO BVerfG NJW 2007, 1052 (begrenzender Grundrechtsschutz).

zweckmäßig ist. Handelt es sich um einen forensisch erfahrenen Sachverständigen, so ist die Belehrung entbehrlich.[66] Unterbleibt die Belehrung und verstößt ein unerfahrener Sachverständiger gegen § 407a, so ist dies bei der Entscheidung über eine etwaige Kürzung seiner Vergütung (näher: § 413 Rdn. 10 ff.) zu berücksichtigen.[67]

§ 408
Gutachtenverweigerungsrecht

(1) Dieselben Gründe, die einen Zeugen berechtigen, das Zeugnis zu verweigern, berechtigen einen Sachverständigen zur Verweigerung des Gutachtens. Das Gericht kann auch aus anderen Gründen einen Sachverständigen von der Verpflichtung zur Erstattung des Gutachtens entbinden.

(2) Für die Vernehmung eines Richters, eines Beamten oder einer anderen Person des öffentlichen Dienstes als Sachverständigen gelten die besonderen beamtenrechtlichen Vorschriften. Für die Mitglieder der Bundes- oder einer Landesregierung gelten die für sie maßgeblichen besonderen Vorschriften.

(3) Wer bei einer richterlichen Entscheidung mitgewirkt hat, soll über Fragen, die den Gegenstand der Entscheidung gebildet haben, nicht als Sachverständiger vernommen werden.

Schrifttum

H. Kühne Die begrenzte Aussagepflicht des ärztlichen Sachverständigen vor Gericht nach §§ 53 I Nr. 3 StPO, 203 I Nr. 1 StGB, JZ 1981, 647; *K. Müller* Das Aussageverweigerungsrecht des medizinischen Sachverständigen, MedSach 71 (1975) 52.

Übersicht

I. Gutachtenverweigerungsrecht	II. Gerichtlicher Dispens — 6
1. Ablehnung des Auftrages — 1	III. Beamtenrechtliche Schranken — 8
2. Offenbarung von Tatsachenkenntnissen — 3	IV. Frühere Mitwirkung als Richter — 11
3. Verweigerungsverfahren — 5	

I. Gutachtenverweigerungsrecht

1. Ablehnung des Auftrages. § 408 Abs. 1 Satz 1 erlaubt denjenigen **Sachverständigen, die nach § 407** grundsätzlich zur Übernahme des Gutachtenauftrages **verpflichtet** sind, die Erstattung des Gutachtens zu verweigern. Für alle anderen Sachverständigen ergibt sich das Recht zur Ablehnung des Gutachtenauftrages im Umkehrschluss aus § 407. § 408 gilt auch im selbständigen Beweisverfahren; § 487 Nr. 3 steht dem nicht entgegen.[1]

Die **Verweigerungsgründe** sind den **für Zeugen geltenden Vorschriften** §§ 383, 384 zu entnehmen; insoweit kann auf die dortige Kommentierung verwiesen werden. § 385 gewährt kein Verweigerungsrecht. Der Sachverständige kann die Gutachtenerstat-

---
66 Vgl. RegE BT-Drucks. 11/3621 S. 40.
67 **A.A.** MünchKomm/*Zimmermann*⁴ § 407a Rdn. 23: Gesetzeskenntnis sei vom Sachverständigen zu erwarten.

1 So OLG Karlsruhe OLGE 9, 138 zum Beweissicherungsverfahren.

tung nicht davon abhängig machen, dass das Gericht eine Zusage über die von ihm erhobene Gebühren- und Auslagenforderung erteilt.[2]

3   **2. Offenbarung von Tatsachenkenntnissen.** Von besonderer Bedeutung ist die Frage, inwieweit der Sachverständige Kenntnisse offenbaren muss, die er in seiner Eigenschaft als Sachverständiger gewonnen hat (vgl. §§ 383 Abs. 1 Nr. 6 ZPO, 203 Abs. 2 Nr. 5 StGB). Soweit es um Tatsachen geht, die **innerhalb *desselben* Verfahrens** gewonnen worden sind, in dem das Gutachten zu erstatten ist, besteht keine Schweigepflicht, sofern die Parteien mit der Informationsgewinnung einverstanden oder zu ihrer Duldung gesetzlich verpflichtet sind (etwa nach § 372a Abs. 1; allgemein zur Duldungspflicht der Parteien § 402 Rdn. 93).[3] Da der öffentlich bestellte Sachverständige gemäß § 203 Abs. 2 Nr. 5 StGB zur Verschwiegenheit verpflichtet ist, besteht jedoch ein (ggfs. partielles) Gutachtenverweigerungsrecht gemäß § 383 Abs. 1 Nr. 6, soweit es um *prozessexterne* **Tatsachen** geht, die der Sachverständige in seiner Eigenschaft als öffentlich bestellter Gutachter von Dritten erfahren hat.[4]

4   Zu Missverständnissen könnte BGH NJW 1994, 2899 Anlass geben. Der BGH hat zu einem nach dem Ertragswertverfahren erstatteten Verkehrswertgutachten, das Vergleichsmieten heranzog, ohne die Vergleichsobjekte und die Vergleichspreise zu benennen, formuliert, die Verschwiegenheitspflicht des Sachverständigen müsse hinter dem Anspruch der Parteien auf rechtliches Gehör zurücktreten; die Gewährung rechtlichen Gehörs erfordere in jedem Fall, dass der Sachverständige die tatsächlichen Grundlagen seines Gutachtens offenlege. Zwar ist ein „Geheimgutachten" nicht verwertbar[5] (vgl. § 404a Rdn. 26). Jedoch führt **Art. 103 GG nicht** zu einer **Offenbarungspflicht** des Sachverständigen.

5   **3. Verweigerungsverfahren.** Das Verfahren richtet sich nach den **§§ 386 bis 389**. Beruft sich der Sachverständige schriftlich auf ein Gutachtenverweigerungsrecht und macht er die zugrunde liegenden Tatsachen glaubhaft, so braucht er gem. § 386 Abs. 3 nicht zum Vernehmungstermin zu erscheinen.[6] Zuständig ist das Prozessgericht, nicht der ersuchte oder beauftragte Richter (§ 387 Abs. 1; zur Entbindung nach § 408 I 2 s. unten Rdn. 6f.). Es entscheidet durch **Zwischenurteil**, gegen das sofortige Beschwerde stattfindet (§ 387). Bei Verweigerung ohne Angabe von Gründen sind die Zwangsmittel des § 409 anzuwenden. Das Verfahren ist gerichtsgebührenfrei.

II. Gerichtlicher Dispens

6   Das Gericht kann den Gutachter gem. § 408 Abs. 1 Satz 2 nach **freiem Ermessen** von der Gutachtenerstattung **entbinden**; dieselbe Befugnis haben der beauftragte und der ersuchte Richter (§ 360 Abs. 1 Satz 3). Etwas anderes gilt nur für diejenigen Sachverständigen, die infolge einer – auch noch nachholbaren – Einigung der Parteien (§ 404 Abs. 4) bestellt worden sind; insoweit besteht eine Bindung des Gerichts. Gründe für die Entbindung nennt das Gesetz nicht. Die Abberufung kann aus **Zweckmäßigkeitserwägungen aller Art** erfolgen (zögerliche Gutachtenerstattung, nachträgliche Zweifel an der Eig-

---

2   OLG Bamberg BayJMBl. 1952, 237, 238.
3   *Müller* Der Sachverständige im gerichtlichen Verfahren[3] Rdn. 344; vgl. auch BGHZ 40, 288, 296.
4   *Müller* Der Sachverständige im gerichtlichen Verfahren[3] Rdn. 344 a.E.; vgl. auch BGHZ 40, 288, 296.
5   Im Ergebnis ebenso LG Krefeld BB 1979, 190, 191 (unter Verneinung einer gesetzlichen Duldungspflicht Dritter zur Verlautbarung ihrer Wohnungsdaten).
6   OLG Bamberg BayJMBl. 1952, 237, 238.

nung, Unzumutbarkeit für den Sachverständigen,[7] verspätet vorgebrachte Ablehnungsgründe, Unmöglichkeit der Vernehmung oder Vereidigung des Sachverständigen etc.).

Die **Entbindung** erfolgt **von Amts wegen** mit oder ohne Anregung der Prozessbeteiligten durch unanfechtbaren Beschluss.[8] §§ 386–389 sind auf das Verfahren nicht anwendbar: Eine mündliche Verhandlung muss daher nicht stattfinden; auch kann die Entscheidung durch den beauftragten oder ersuchten Richter erfolgen. 7

III. Beamtenrechtliche Schranken

Für beamtete Sachverständige sind gem. § 408 Abs. 2 die beamtenrechtlichen Regelungen (BeamtStG; BBG; Landesbeamtengesetze) zu beachten. Fällt die gutachterliche Tätigkeit unter die **Amtsverschwiegenheit** (z.B. § 37 BeamtStG,[9] § 67 BBG[10]), so hat das Prozessgericht (§§ 402, 376 Abs. 3) die erforderliche **Genehmigung** der obersten Dienstbehörde (vgl. z.B. § 67 Abs. 3 BBG) einzuholen. Sie kann versagt werden, wenn die Gutachtenerstattung den dienstlichen Interessen Nachteil bereiten würde. Da der Sachverständige grundsätzlich austauschbar ist, sind die beamtenrechtlichen Voraussetzungen für die Verweigerung der Genehmigung zur Gutachtenerstattung enger gefasst als beim (grundsätzlich unersetzbaren) Zeugen. Die Ausübung der Gutachtentätigkeit vor Gericht macht sie nicht zu einer Tätigkeit im öffentlichen Dienst, die der Beamte stets übernehmen muss. Für die mit Lehr- und Forschungstätigkeit von Beamten an Hochschulen zusammenhängende Gutachtertätigkeit sind die **hochschulrechtlichen Vorschriften** zu beachten. 8

Die zitierten Vorschriften des BBG gelten gemäß § 46 DRiG bzw. der Verweisungen der Landesrichtergesetze auf die Landesbeamtengesetze **für Richter entsprechend**. Für die **Mitglieder der Bundesregierung** und der Landesregierungen gelten die Ministergesetze. 9

Das Gericht muss sich nicht darum kümmern, ob der Beamte einer **Nebentätigkeitsgenehmigung** bedarf und eine solche gegebenenfalls eingeholt hat. Verstöße führen nur zu disziplinarischem Vorgehen gegen den Beamten. 10

IV. Frühere Mitwirkung als Richter

Wer als hauptberuflicher oder ehrenamtlicher (Schöffe; Handelsrichter, §§ 105 ff. GVG; Richter in der Berufsgerichtsbarkeit) **Richter oder** als **Schiedsrichter** (§ 1035)[11] an einer Entscheidung mitgewirkt hat, bei der er mit derselben Fragestellung befasst war, soll nach § 408 Abs. 3 nicht zum Sachverständigen bestellt werden bzw. von der Bestellung gemäß § 408 Abs. 1 Satz 2 entbunden werden. Die Norm ist vor allem im Hinblick auf die Beisitzer der Seeämter eingefügt worden ist.[12] Sie bezweckt, dass nur **unvoreingenommene Sachverständige** mit der Sache befasst werden,[13] dient also nicht dem Schutz der zum Sachverständigen berufenen Person. Dem **Sachverständigen** steht daher **kein Gutachtenverweigerungsrecht** im eigentlichen Sinne zu.[14] 11

---

7 Vgl. LG Bochum NJW 1986, 2890.
8 MünchKomm/*Zimmermann*[4] § 408 Rdn. 3.
9 Beamtenstatusgesetz v. 17.6.2008, BGBl I S. 1010 (Nachfolgeregelung zum BRRG).
10 BundesbeamtenG i.d.F. vom 5.2.2009, BGBl I S. 160.
11 MünchKomm/*Zimmermann*[4] § 408 Rdn. 5; Stein/Jonas/*Leipold*[22] § 408 Rdn. 12.
12 Stein/Jonas/*Leipold*[22] § 408 Rdn. 12.
13 Stein/Jonas/*Leipold*[22] § 408 bei Rdn. 12 in Fn. 6.
14 Stein/Jonas/*Leipold*[22] § 408 Rdn. 12.

§ 409
Folgen des Ausbleibens oder der Gutachtenverweigerung

(1) Wenn ein Sachverständiger nicht erscheint oder sich weigert, ein Gutachten zu erstatten, obgleich er dazu verpflichtet ist, oder wenn er Akten oder sonstige Unterlagen zurückbehält, werden ihm die dadurch verursachten Kosten auferlegt. Zugleich wird gegen ihn ein Ordnungsgeld festgesetzt. Im Falle wiederholten Ungehorsams kann das Ordnungsgeld noch einmal festgesetzt werden.
(2) Gegen den Beschluß findet sofortige Beschwerde statt.

Übersicht

I. Anwendungsbereich — 1	3. Aktenherausgabe — 5
II. Voraussetzungen	III. Auferlegung der Kosten/Festsetzung des Ordnungsgeldes — 6
1. Nichterscheinen, Gutachtenverweigerung — 3	IV. Rechtsmittel — 8
2. Eidesverweigerung — 4	

I. Anwendungsbereich

1 § 409 findet nur auf **Sachverständige** Anwendung, die **gemäß § 407** zur Erstattung des Gutachtens **verpflichtet** sind,[1] also auf Sachverständige, die zu der in § 407 Abs. 1 benannten Personengruppe gehören oder die sich gegenüber dem Gericht zur Übernahme des Gutachtens bereit erklärt haben (§ 407 Abs. 2).

2 Der unter § 407 fallende Sachverständige muss erscheinen, aussagen und gegebenenfalls seinen Eid leisten. Auf Verlangen des Gerichts (§ 407a Abs. 4) hat er die Akten, beigezogene Unterlagen und Untersuchungsergebnisse herauszugeben. Jede dieser Pflichten kann gemäß § 409 erzwungen werden. Bei **Säumigkeit** im Falle angeordneter **schriftlicher Begutachtung** (§ 411 Abs. 1) greift § 411 Abs. 2 und nicht § 409 ein.

II. Voraussetzungen

3 **1. Nichterscheinen, Gutachtenverweigerung.** Die Verhängung eines Ordnungsgeldes wegen Ausbleibens setzt die ordnungsgemäße (§ 377) und rechtzeitige (§ 381) **Ladung** des Sachverständigen zum Termin voraus.[2] Ferner muss er zum Erscheinen verpflichtet sein. Von dieser Pflicht ist er (vorläufig) befreit, wenn er seine Weigerung vor dem Termin gemäß §§ 386 Abs. 3, 402 schriftlich vorgebracht und glaubhaft gemacht hat (§ 408 Rdn. 5). Die Verhängung eines Ordnungsgeldes kommt in diesem Fall nur in Betracht, wenn die Weigerung offensichtlich unbegründet oder rechtskräftig verworfen ist. Dies gilt entsprechend, wenn sich der Sachverständige darauf beruft, nicht zu dem Personenkreis des § 407 zu gehören[3] (näher § 407 Rdn. 7). Die Verhängung des Ordnungsgeldes hat zu unterbleiben, wenn der Sachverständige sein Ausbleiben **genügend entschuldigt** (§§ 402, 381). Für die **Weigerung**, das Gutachten **zu erstatten**, gelten die vorgenannten Voraussetzungen entsprechend. Weigert sich der Sachverständige, zur mündlichen Erläuterung des Gutachtens zu erscheinen, kann ihm ohne vorherige Ordnungsgeldverhängung der Gutachtenauftrag entzogen werden.[4] Der Anspruch auf Ver-

---

1 RGZ 23, 337, 338 f.
2 KGJ 52, 11, 13.
3 VGH München NVwZ-RR 1996, 328, 329.
4 OLG Brandenburg MDR 2005, 1131.

gütung des schriftlichen Gutachtens entfällt damit aber nicht automatisch[5] (s. dazu § 413 Rdn. 12).

2. Eidesverweigerung. Der Sachverständige kann gemäß § 409 auch zur Leistung des Eides (§ 410) gezwungen werden. Wird der Sachverständigeneid nicht im schriftlichen Gutachten durch Bezugnahme gem. § 410 Abs. 2 erklärt, kann die Bezugnahme nicht gem. § 409 erzwungen werden. Das Gericht kann den Sachverständigen aber zur **Ableistung** des Eides **im mündlichen Termin** laden.[6]

3. Aktenherausgabe. Die Verhängung eines Ordnungsgeldes zur Erzwingung der Herausgabe von Akten und sonstigen Unterlagen setzt gemäß § 407a Abs. 4 eine vorhergehende (nicht anfechtbare[7]) **Herausgabeanordnung** des Gerichtes voraus (nicht auch ein Herausgabeverlangen, vgl. § 407a Rdn. 32). Nach Ablauf einer vom Gericht zu setzenden Frist kann ohne weiteres nach § 409 vorgegangen werden. Auch die Herausgabe der **Untersuchungsergebnisse** des Sachverständigen (vgl. § 407a Abs. 4) kann nach § 409 erzwungen werden.[8] Zwar sind diese in § 409 (anders als in § 407a Abs. 4) nicht ausdrücklich erwähnt, doch sollte § 409 nach dem Willen des Gesetzgebers[9] auch die Erzwingung der Untersuchungsergebnisse ermöglichen. Die Untersuchungsergebnisse lassen sich unter den Begriff der „sonstigen Unterlagen" subsumieren (näher: § 407a Rdn. 33).

III. Auferlegung der Kosten/Festsetzung des Ordnungsgeldes

§ 409 tritt an die Stelle der §§ 380, 390 bei der Zeugenvernehmung und kennt **keine Ersatzordnungshaft**. Sind die Voraussetzungen des § 409 erfüllt, sind dem Sachverständigen die **Verfahrensmehrkosten** aufzuerlegen. Ermessen, das zu Lasten der Parteien ginge, sieht § 409 nicht vor. Besondere Gerichtsgebühren entstehen nicht.

Gleichfalls zwingend ist ein Ordnungsgeld festzusetzen. **Ordnungsgeld** (in Höhe von 5,– bis 1.000,– Euro)[10] kann wegen desselben Umstands (wiederholtes Ausbleiben oder wiederholte Eidesverweigerung) **höchstens zweimal** festgesetzt werden.[11] Bei wiederholtem Ausbleiben des Sachverständigen gibt es anders als beim Zeugen **keine** erzwungene **Vorführung** und keine Erzwingungshaft. Die Entscheidung erfolgt durch begründeten **Beschluss**, der dem Sachverständigen wegen § 329 Abs. 3 förmlich zuzustellen ist und der den Parteien formlos mitgeteilt wird (§ 329 Abs. 3).

IV. Rechtsmittel

Statthaftes Rechtsmittel ist die sofortige Beschwerde (§ 567 Abs. 1 Nr. 1 i.V.m. § 409 Abs. 2), die gemäß § 570 Abs. 1 aufschiebende Wirkung hat. Für den Sachverständigen gilt kein Anwaltszwang (§ 569 Abs. 3 Nr. 3). Sofern der Kostenausspruch unterblieben ist,

---

5 **A.A.** wohl OLG Brandenburg MDR 2005, 1131.
6 LG Frankfurt/M. NJW-RR 1989, 574.
7 Vgl. RegE BT-Drucks. 11/3621 S. 40 zu § 407a Abs. 4.
8 **A.A.** MünchKomm/*Zimmermann*[4] § 409 Rdn. 5.
9 Vgl. RegE BT-Drucks. 11/3621 S. 40 zu § 407a und S. 41 zu § 409.
10 Art 6 Abs. 1 S. 1 EGStGB.
11 OLG Celle OLGZ 1975, 372, 373 ff.; OLG Dresden MDR 2002, 1088 (wegen des strafähnlichen Charakters); Stein/Jonas/*Leipold*[22] § 409 Rdn. 6; MünchKomm/*Zimmermann*[4] § 409 Rdn. 7; so auch OLG Karlsruhe NJW 1967, 2166 f. zum Zeugenbeweis. **A.A.** Zöller/*Greger*[29] § 409 Rdn. 2; KG NJW 1960, 1726 (zum Zeugenbeweis).

sind **beide Parteien** beschwerdebefugt.[12] Wird dem Sachverständigen eine Nachfrist gesetzt und gleichzeitig ein Ordnungsgeld angedroht, kann er bereits dagegen sofortige Beschwerde einlegen.[13]

§ 410
Sachverständigenbeeidigung

(1) Der Sachverständige wird vor oder nach Erstattung des Gutachtens beeidigt. Die Eidesnorm geht dahin, daß der Sachverständige das von ihm erforderte Gutachten unparteiisch und nach bestem Wissen und Gewissen erstatten werde oder erstattet habe.

(2) Ist der Sachverständige für die Erstattung von Gutachten der betreffenden Art im allgemeinen beeidigt, so genügt die Berufung auf den allgemeinen Eid; sie kann auch in einem schriftlichen Gutachten erklärt werden.

Schrifttum

E. Peters Sachverständigeneid ohne Gerichtsbeschluß, NJW 1990, 1832.

Übersicht

I.	Begrenzter Normzweck —— 1	III.	Gegenstand der Beeidigung —— 4
II.	Voraussetzungen der Beeidigung —— 2	IV.	Verfahren —— 7

I. Begrenzter Normzweck

1 § 410 regelt die **Eidesformel**[1] und bestimmt den **Zeitpunkt** der Vereidigung.[2] Die Pflicht, das Gutachten unparteiisch und nach bestem Wissen und Gewissen zu erstatten, wird vorausgesetzt. Über sie ist der Sachverständige zu **belehren**, auch wenn eine Beeidigung entbehrlich ist. Unter welchen Voraussetzungen der Eid abzulegen ist, wird in §§ 402, 391 bestimmt; § 410 regelt also nur die **Art und Weise einer Beeidigung**[3] (s. auch § 402 Rdn. 106, 118). § 410 ist **kein Schutzgesetz** im Sinne von § 823 Abs. 2 BGB zu Gunsten der Prozessparteien und kann daher bei unrichtiger Gutachtenerstattung keine Schadensersatzhaftung des Sachverständigen begründen (näher vor § 402 Rdn. 44).[4]

II. Voraussetzungen der Beeidigung

2 Gemäß § 402 findet § 391 auf den Sachverständigen Anwendung. Danach steht die Beeidigung im **tatrichterlichen Ermessen**, das nicht mit Beliebigkeit gleichgesetzt werden darf. Formuliert man § 391 auf den Sachverständigen um, hat eine Beeidigung dann

---

12 MünchKomm/*Zimmermann*[4] § 409 Rdn. 9; Musielak/*Huber*[10] § 409 Rdn. 3.
13 OLG München VersR 1980, 1078.

1 BGHZ 42, 313, 317; OLG Celle MDR 1960, 225.
2 OLG Celle MDR 1960, 225.
3 BGH NJW 1998, 3355, 3356.
4 BGHZ 42, 313, 318; ebenso BGH MDR 1974, 300, 301; OLG Celle MDR 1960, 225; LG Stuttgart NJW 1954, 1411, 1412; **a.A.** OLG Hamm MDR 1950, 221, 222 f.; *J. Blomeyer* Schadensersatzansprüche des im Prozess Unterlegenen wegen Fehlverhaltens Dritter, S. 124 ff., 156, 196 ff.; *Müller* Der gerichtliche Sachverständige[3] Rdn. 973a f. m.w.Nachw.

zu erfolgen, wenn das Gericht sie mit Rücksicht auf die Bedeutung des Gutachtens oder die Wiedergabe von Wahrnehmungen des Sachverständigen oder schließlich wegen eines nachdrücklichen Hinweises auf die Sorgfaltspflicht des Sachverständigen für geboten erachtet.[5] Damit ist nur wenig anzufangen. Bedeutsam ist das Gutachten immer schon dann, wenn das Gericht ihm folgen will. Von der Beeidigung bzw. deren Ankündigung ist **keine Verbesserung der Gutachtenqualität** zu erwarten. Der Beweiswert eines Gutachtens, das im Wesentlichen nur Erfahrungswissen mitteilt oder auf den vorgegebenen Sachverhalt anwendet, beruht auf der Überzeugungskraft der Argumentation, für die der Eid regelmäßig ohne Einfluss ist.[6] Hat der Tatrichter **Zweifel an der Richtigkeit** des Gutachtens, tauscht er den Sachverständigen besser aus, indem er z.B. nach § 412 vorgeht.[7] Eine Vereidigung ist danach **nur ausnahmsweise** geboten.[8] Ein Ausnahmefall ist gegeben, wenn der Sachverständige im Rahmen der Begutachtung **umfangreiche eigene Wahrnehmungen** mitteilt, die er kraft seiner Sachkunde gemacht hat.[9]

Müller[10] hält dieser Auffassung entgegen, der Richter könne der Argumentation des **3** Sachverständigen vielfach nicht im Detail folgen und übernehme dessen Sachaussage daher faktisch wegen der Glaubwürdigkeit des Sachverständigen; dies spreche dafür, den Sachverständigen wie einen Zeugen zu behandeln und ihn **regelmäßig zu beeiden**, sofern die Bedeutung der Aussagen dies gebiete. Diese Äußerung überschätzt die Appellfunktion des Eides gegenüber dem Sachverständigen. Der Gesichtspunkt der Schaffung eines potentiellen Wiederaufnahmegrundes nach § 580 Nr. 3 engt das Ermessen nicht ein.[11]

III. Gegenstand der Beeidigung

Der Eid deckt nicht nur die gewissenhafte Anwendung der **Erfahrungssätze** auf den **4** unterbreiteten Sachverhalt, sondern auch die von dem Sachverständigen im Rahmen seines Auftrages kraft besonderer Sachkunde wahrgenommenen **Befundtatsachen**.[12] Weiterhin erstreckt sich der Eid auf die vom Sachverständigen im Gutachten angegebene **Verfahrensweise**, in welcher er das Beweisergebnis ermittelt haben will.[13] Der Eid bezieht sich ferner auf Fragen zu seiner **Person**,[14] da der Gutachtenteil im engeren Sinne davon regelmäßig nicht abgespalten wird.

Demgegenüber werden tatsächliche **Wahrnehmungen** des Sachverständigen (auch **5** wenn sie besondere Sachkunde voraussetzten) nicht vom Sachverständigeneid erfasst, wenn der Sachverständige sie nicht als gerichtlich beauftragte Beweisperson, sondern **außerhalb des Verfahrens** machte; in diesem Fall ist der Sachverständige gegebenenfalls als sachverständiger Zeuge zu vernehmen.[15] Ebenso wenig deckt im umgekehrten

---

5   So ein (hier zusammengezogener) Umformulierungsversuch in RG DR 1939, 185.
6   Stein/Jonas/*Leipold*[22] § 410 Rdn. 2.
7   RG DR 1939, 185, 186; Zöller/*Greger*[29] § 410 Rdn. 1.
8   RG DR 1939, 185; OLG München VersR 1984, 590; Zöller/*Greger*[29] § 410 Rdn. 1.
9   RG DR 1939, 185. Zum Umfang der Wahrnehmungen des Sachverständigen kraft eigener Sachkunde vgl. BGH NJW 1956, 1526.
10 *Müller* Der Sachverständige im gerichtlichen Verfahren[3] Rdn. 474a.
11 Vgl. RG DR 1939, 186.
12 RGZ 9, 375, 378 f.; OLG Hamm NJW 1954, 1820.
13 RG Gruch 46, 999, 1002: durch Eid wird bewiesen, dass der Sachverständige die zu begutachtenden Proben von Abwässern an den von ihm bezeichneten Stellen geschöpft hat.
14 RGSt 6, 257, 267 f.; **a.A.** RGSt 12, 128, 129; RGSt 20, 235.
15 OLG Hamm NJW 1954, 1820, 1821.

Fall der Zeugeneid des sachverständigen Zeugen gutachterliche Äußerungen, die über die Wiedergabe der unmittelbaren Wahrnehmung hinausgehen.[16]

6 Dass sich der Sachverständigeneid **nicht** auf **Zusatztatsachen** (zum Begriff: § 404a Rdn. 7) bezieht, folgt bereits daraus, dass sich die Beweisaufnahme im Zivilprozess auf derartige, den Parteien bis zur Gutachtenerstattung unbekannte Tatsachen nicht beziehen kann. Werden diese Tatsachen eingeführt, indem sich eine Partei die Ausführungen des Sachverständigen zu eigen macht, ist dieser über seine Beobachtungen, soweit sie keinen besonderen Sachverstand voraussetzten, als Zeuge zu vernehmen (vgl. § 404a Rdn. 23 f.).

IV. Verfahren

7 Das Verfahren zur Abnahme des Eides richtet sich nach den §§ 478 ff. Die Anordnung erfolgt durch Beschluss des Prozessgerichts und hat auch **im Fall des § 410 Abs. 2 voranzugehen**.[17] Nach § 410 Abs. 1 Satz 1 kann die Beeidigung durch **Vor- oder Nacheid** erfolgen. Nachträgliche Ergänzungen des Gutachtens können, wenn bereits zuvor eine Beeidigung stattgefunden hat, durch Berufung auf den zuvor geleisteten Eid beeidet werden (§§ 398 Abs. 3, 402).[18] Erstattet der Sachverständige das Gutachten unter Berufung auf seinen Eid mündlich und ordnet das Gericht anschließend die schriftliche Begutachtung an, erfasst der anfangs geleistete Eid das schriftlich abgefasste Gutachten ebenfalls.[19]

8 **Allgemein beeidigte** Sachverständige können den Eid durch Berufung auf den allgemein geleisteten Eid leisten (§ 410 Abs. 2); eine Pflicht, den Eid gerade in dieser Weise zu leisten, besteht aber nicht.[20] Der Gutachterstempel unter dem Gutachten mit dem Hinweis auf die öffentliche Bestellung und allgemeine Beeidigung stellt noch keine Bezugnahme im Sinne von § 410 Abs. 2 dar.[21]

9 **Verweigert** der Sachverständige die Eidesleistung, so kann das Gericht nach § 409 ein **Ordnungsgeld** festsetzen. Die Bezugnahme im Sinne von § 410 Abs. 2 kann nicht erzwungen werden; das Gericht kann nur **Termin zur persönlichen Eidesabgabe** ansetzen, in dem der Zwang nach § 409 ausgeübt werden kann.[22]

§ 411
Schriftliches Gutachten

(1) Wird schriftliche Begutachtung angeordnet, soll das Gericht dem Sachverständigen eine Frist setzen, innerhalb derer er das von ihm unterschriebene Gutachten zu übermitteln hat.

(2) Versäumt ein zur Erstattung des Gutachtens verpflichteter Sachverständiger die Frist, so kann gegen ihn ein Ordnungsgeld festgesetzt werden. Das Ordnungsgeld muß vorher unter Setzung einer Nachfrist angedroht werden. Im Falle

---

16 RGZ 6, 1, 2 f.; RGSt 53, 269, 270; MünchKomm/*Zimmermann*[4] § 410 Rdn. 2. **A.A.** (ohne dass die Zeugenaussage zum Sachverständigengutachten wird) BGH GoldtArch 1976, 78, 79; BGH JR 1954, 271, 272.
17 *Peters* NJW 1990, 1832, 1833; Musielak/*Huber*[10] § 410 Rdn. 1; Zöller/*Greger*[29] § 410 Rdn. 2.
18 RGZ 9, 375, 377: ausdrückliche Bezugnahme aber erforderlich, der bloße Hinweis des Gerichts auf zuvor erfolgte Beeidigung reicht insofern nicht aus.
19 Vgl. OLG Jena SeuffArch 66 (1911), 418.
20 LG Frankfurt NJW-RR 1989, 574; Stein/Jonas/*Leipold*[22] § 410 Rdn. 12.
21 OLG München VersR 1984, 590; OLG Oldenburg VersR 1989, 108, 109.
22 LG Frankfurt NJW-RR 1989, 574.

wiederholter Fristversäumnis kann das Ordnungsgeld in der gleichen Weise noch einmal festgesetzt werden. § 409 Abs. 2 gilt entsprechend.

(3) Das Gericht kann das Erscheinen des Sachverständigen anordnen, damit er das schriftliche Gutachten erläutere.

(4) Die Parteien haben dem Gericht innerhalb eines angemessenen Zeitraums ihre Einwendungen gegen das Gutachten, die Begutachtung betreffende Anträge und Ergänzungsfragen zu dem schriftlichen Gutachten mitzuteilen. Das Gericht kann ihnen hierfür eine Frist setzen. § 296 Abs. 1, 4 gilt entsprechend.

Schrifttum

Ankermann Das Recht auf mündliche Befragung des Sachverständigen: Keine Wende, NJW 1985, 1204; *Gehle* Die Anhörung des Gutachters im Zivilprozeß, DRiZ 1984, 101; *Pantle* Die Anhörung des Sachverständigen, MDR 1989, 312; *Schrader* Die Ladung des Sachverständigen zur mündlichen Erläuterung seines Gutachtens, NJW 1984, 2806.

Übersicht

I. Das Beweismittel „Gutachten" — 1
II. Schriftliche Begutachtung
   1. Ermessen/Anordnung — 3
   2. Formelle Anforderungen — 4
III. Fristsetzung gegenüber dem Sachverständigen, verzögerte Erstattung des Gutachtens — 5
IV. Mündliche Erläuterung
   1. Anordnung von Amts wegen — 9
   2. Befragung auf Parteiantrag, bloße Parteianregung — 13
   3. Durchführung der mündlichen Erläuterung — 18

V. Fristen der Parteien
   1. Fristenbindung, Zurückweisung von Beweiseinreden
     a) Richterliche Fristen, allgemeine Prozessförderungspflicht — 21
     b) Berufungsinstanz — 23
     c) Fortbestehendes Antragsrecht — 24
   2. Vorbereitende schriftsätzliche Ankündigung
     a) Richterliche Fristsetzung — 25
     b) Fehlende Fristsetzung — 26
   3. Fristbemessung — 29

I. Das Beweismittel „Gutachten"

Gutachten im Sinne von § 411 sind nur diejenigen schriftlichen Äußerungen, die dem gerichtlich bestellten Sachverständigen zurechenbar sind.[1] Hat der Sachverständige die Tätigkeit rechtswidrig auf eine **Hilfsperson delegiert**, ohne – in den zulässigen Grenzen – die persönliche Verantwortung für das Gutachten übernommen zu haben (dazu § 407a Rdn. 15), kann die schriftliche Äußerung nicht als Beweismittel im Sinne des § 411 Abs. 1 angesehen werden.[2] Es bleibt dem Gericht jedoch unbenommen, der Äußerung der Hilfsperson durch **nachträglichen Beweisbeschluss** gemäß §§ 360 Satz 2, 404 Abs. 1 Satz 3 den Charakter eines Sachverständigengutachtens gemäß § 411 Abs. 1 zu geben (dazu § 404 Rdn. 18).[3] Weitere Voraussetzung für die Verwendung als Sachverständigengutachten ist, dass sich der Verfasser des Gutachtens in Kenntnis der nach seiner Bestellung für ihn geltenden Wahrheitspflicht zu den zuvor abgegebenen Äußerungen bekennt. 1

Das **schriftliche Gutachten** ist Sachverständigenbeweis und **nicht Urkundenbeweis**.[4] Als Urkundenbeweis sind allerdings *vorhandene* schriftliche Gutachten angese- 2

---

1 Vgl. BSG NJW 1965, 365.
2 BSG NJW 1965, 365.
3 A.A. BSG NJW 1965, 368.
4 Die Möglichkeit des Übergangs zum Urkundenbeweis offenlassend BSG NJW 1965, 365.

hen worden, die aus anderen Verfahren (nicht: dem zugehörigen selbständigen Beweisverfahren) beigezogen werden, oder die von den Parteien vorgelegt werden (näher: § 411a Rdn. 7). Diese Auffassung war nicht zutreffend. Richtig war allerdings die Annahme, dass sich die Parteien mit dem aus einem anderen Verfahren entnommenen Gerichtsgutachten nicht zufrieden geben mussten, sondern den unmittelbaren Sachverständigenbeweis fordern durften. Der Gesetzgeber hat mit § 411a eine neue Regelung geschaffen.

II. Schriftliche Begutachtung

3 **1. Ermessen/Anordnung.** Die Anordnung der **schriftlichen Begutachtung** steht im pflichtgemäßen **Ermessen des Gerichts**.[5] Einen Vorrang der mündlichen Begutachtung gibt es nicht.[6] Die Parteien haben insoweit keinen Einfluss auf die Entscheidung des Gerichts; insbesondere bedarf es ihres Einverständnisses zur schriftlichen Begutachtung nicht.[7] Die Parteirechte werden ausreichend durch das Fragerecht gemäß §§ 402, 397 (s. § 411 Rdn. 13) gewahrt. Begnügt sich das Gericht mit einer mündlichen Gutachtenerstellung, muss dem Befragungsergebnis gleichwohl die Qualität eines nachprüfbaren Gutachtens zukommen; der Sachverständige hat seine Tatsachenbasis, seine Befunderhebungsmethodik und seine Ergebnisse so detailliert zu Protokoll darzulegen, dass das Gericht seiner Pflicht zur Überprüfung nachkommen und sich ein eigenes Bild machen kann.[8]

4 **2. Formelle Anforderungen.** Gemäß § 411 Abs. 1 hat der Sachverständige das Gutachten unterschrieben auf der **Geschäftsstelle niederzulegen**. Er hat das Gutachten **eigenhändig** zu **unterschreiben**. Daran fehlt es, wenn eine dritte Person „für die Richtigkeit der Übertragung" unterschrieben hat.[9] **Mitarbeiter**, deren Mitwirkung nicht nur Hilfsdienste untergeordneter Art betreffen, hat er gem. § 407a Abs. 2 **namhaft** zu machen.[10] Weitere förmliche Voraussetzungen sind an das Gutachten nicht zu stellen: Weder ist die Beglaubigung der Unterschrift, noch eine protokollarische Erklärung gegenüber der Geschäftsstelle erforderlich, um die Identität des Urhebers nachzuweisen.[11] Ebenso wenig ist es notwendig, dass der allgemein beeidigte Sachverständige im Gutachten versichert, das Gutachten unter Bezugnahme auf den Eid erstattet zu haben. Eine **Begründung** ist nicht förmliche Voraussetzung eines schriftlichen Gutachtens.[12] Indessen wird ein Gutachten, das nur thesenartige Feststellungen trifft, regelmäßig unverwertbar sein, weil es nicht überprüfbar ist (näher § 412 Rdn. 10; zur Verwirkung des Entschädigungsanspruchs in derartigen Fällen § 413 Rdn. 17). Erstattet der Sachverständige ein schriftliches Gutachten, haben die Parteien einen Anspruch auf Übersendung einer **kostenfreien Ausfertigung**, die etwaige Fotos im Original enthält.[13]

---

5 RGZ 69, 371, 376; RG JW 1937, 2785; BGHZ 6, 398, 399.
6 Vgl. auch BGH VersR 1992, 1015, 1016 = NJW 1992, 2291: keine Verpflichtung des Berufungsgerichtes, ein schriftliches Gutachten einzuholen, nur weil das erstinstanzliche Gutachten, von dem es abweichen will, schriftlich erstattet worden ist.
7 RG JW 1937, 2785; BGHZ 6, 398, 400.
8 OLG Braunschweig NJWE-FER 2000, 322.
9 OVG Rheinl.-Pfalz ZfS 1993, 143, 144.
10 Musielak/*Huber*[10] § 411 Rdn. 4.
11 RGZ 9, 375, 376.
12 RG JW 1912, 303 Nr. 22.
13 LG Münster Rpfleger 1992, 225.

III. Fristsetzung gegenüber dem Sachverständigen, verzögerte Erstattung des Gutachtens

Gemäß § 411 Abs. 1 **kann** dem Sachverständigen zur Erstattung des schriftlichen **5** Gutachtens eine **Frist gesetzt werden**. § 411 Abs. 1 ist kein Schutzgesetz (§ 823 Abs. 2 BGB) zugunsten der Parteien.[14] Die frühere Kann-Regelung ist durch das 2. Justizmodernisierungsg v. 19.7.2006 im Interesse der Verfahrensbeschleunigung durch eine Soll-Regelung ersetzt worden. Von der Fristsetzung darf aufgrund besonderer Umstände des Einzelfalls abgesehen werden, etwa wenn trotz zu erwartender langer Bearbeitungsdauer wegen eines geringen Angebots an qualifizierten Sachverständigen keine Alternative zu dem bestellten Sachverständigen gegeben ist. Eine noch striktere Formulierung ist 2009 für die Parallelvorschrift des § 163 Abs. 1 FamFG gewählt worden. Versäumt hat der Gesetzgeber, § 407a zu ergänzen und den Sachverständigen zu verpflichten, das Gericht über eine mögliche Nichteinhaltung der gesetzten Frist unverzüglich zu unterrichten.[15] Das Gericht hat durch eigene **organisatorische Vorkehrungen** dazu beizutragen, dass der **Rechtsschutz effektiv** gewährt wird, etwa bei Beauftragung mehrerer Sachverständiger durch die Anfertigung von Zweitakten.[16] Unzumutbare Verzögerungen dürfen mit der Untätigkeitsbeschwerde angegriffen werden,[17] die aber keinen Vorrang vor der Verfassungsbeschwerde hat.[18]

Nach Setzung einer **Nachfrist und Androhung** eines Ordnungsgeldes kann die zü- **6** gige Erstattung des Gutachtens durch **Verhängung eines Ordnungsgeldes** erzwungen werden (§ 411 Abs. 2). Bei Säumigkeit im Falle mündlich zu erstattender Gutachten greift unmittelbar § 409 ein, ebenso bei ausdrücklicher Verweigerung der Gutachtenerstattung. Zuständig für die Nachfristsetzung und die Verhängung des Ordnungsgeldes ist bei einem Kollegialgericht das Kollegium, nicht der Vorsitzende.[19] Eine Ordnungsgeldfestsetzung und bereits deren Androhung[20] kann der Sachverständige mit der sofortigen Beschwerde (§§ 411 Abs. 2 Satz 4, 409 Abs. 2, 567 Abs. 1 Nr. 1) angreifen.

Die **Verhängung des Ordnungsgeldes** setzt ein **Verschulden** des Sachverständi- **7** gen voraus (vgl. § 381). Es liegt bereits vor, wenn der Sachverständige bei Übernahme des Auftrags nicht auf eine Überlastung hinweist, die ihm eine Erledigung in absehbarer Zeit unmöglich macht.[21] Den pauschalen Hinweis des Sachverständigen auf Arbeitsüberlastung braucht das Gericht nicht als Entschuldigungsgrund gelten zu lassen.[22] Zweckmäßig ist die Verbindung des Beschlusses über die Ordnungsgeldfestsetzung mit einer erneuten Androhung und Nachfristsetzung.[23]

Der **Gutachtenauftrag** kann dem Sachverständigen gem. § 404 Abs. 1 Satz 3 **entzo- 8 gen** werden. Dafür brauchen die maximalen Möglichkeiten der Ordnungsmittelverhängung nicht ausgeschöpft zu sein; die Beauftragung eines anderen anstelle des säumigen

---

14 *Klein* Die Rechtsstellung und Haftung des im Zivilprozess bestellten Sachverständigen, Diss. Mainz 1994, S. 156 f.
15 *Huber* JuS 2007, 236, 237.
16 BVerfG NJW 2008, 503, 504; BVerfG AnwBl. 2009, 801.
17 OLG Karlsruhe MDR 2007, 1393.
18 BVerfG NJW 2008, 503.
19 OLG Neustadt MDR 1956, 175 = ZZP 69 (1956), 80, 81; OLG Köln OLGR 1996, 182; Musielak/*Huber*[10] § 411 Rdn. 5a; MünchKomm/*Zimmermann*[4] § 411 Rdn. 6; **a.A.** zur Nachfristsetzung Zöller/*Greger*[29] § 411 Rdn. 7.
20 Vgl. OLG München MDR 1980, 1029; OLG Köln VersR 2003, 1281, 1282; Musielak/*Huber*[10] § 411 Rdn. 5.
21 OLG Celle NJW 1972, 1524.
22 OLG Celle NJW 1972, 1524.
23 Musielak/*Huber*[10] § 411 Rdn. 6.

Sachverständigen ist also keine dem Verhältnismäßigkeitsprinzip unterstehende Sanktionssteigerung. Mit dem Auftragsentzug **verwirkt** der Sachverständige seinen **Vergütungsanspruch** (§ 413 Rdn. 12). Zweckmäßig ist es, den Sachverständigen im Androhungsbeschluss auf diese Folgen hinzuweisen.

IV. Mündliche Erläuterung

9 **1. Anordnung von Amts wegen.** Gemäß § 411 Abs. 3 kann das Gericht die mündliche Erläuterung des schriftlich erstatteten Gutachtens von Amts wegen anordnen (auch im selbständigen Beweisverfahren).[24] Die Anordnung steht im **Ermessen** des Gerichts.[25] Die Ermessensausübung unterliegt der **revisionsgerichtlichen Überprüfung**. Eine fehlerhafte Ermessensausübung kann als unverzichtbarer Verfahrensverstoß nicht durch rügelose Einlassung geheilt werden.[26] Es handelt sich um einen wesentlichen Verfahrensmangel i.S.d. § 538 Abs. 2 Nr. 1, der das Berufungsgericht zur Zurückverweisung in die erste Instanz berechtigt.[27]

10 Der **Verzicht auf die Befragung** des Sachverständigen ist **rechtsfehlerhaft**, wenn sie zur Klärung von Zweifeln und Unklarheiten des schriftlich erstatteten Gutachtens unumgänglich gewesen wäre,[28] insbesondere wenn der Sachverständige von einem anderen Sachverhalt ausgegangen ist als das Gericht,[29] wenn das Gericht das schriftliche Gutachten für lückenhaft hält, ohne eigene Sachkunde zur Ergänzung der vermeintlichen Lücken aufzeigen zu können[30] (dazu auch § 412 Rdn. 10, 13). Allgemein gilt, dass der Tatrichter den Sachverständigen **regelmäßig** zuvor mündlich zu **befragen** hat, wenn er **von** dessen **schriftlichen** Feststellungen **abweichen** will, sofern er nicht eigene Sachkunde dartut.[31] Dasselbe gilt, wenn das Berufungsgericht, das über eine Wiederholung der Beweisaufnahme grundsätzlich nach pflichtgemäßem Ermessen entscheidet, das erstinstanzlich erstattete Gutachten anders auslegen will, als es das erstinstanzliche Gericht nach mündlicher Befragung getan hat, in der der Gutachter eine geänderte Sicht geäußert haben kann.[32] In gleicher Weise ist eine mündliche Befragung regelmäßig geboten, wenn eine Partei **das Gutachten mit** einem **Privatgutachten**, also mit substantiierten Parteivortrag, **angreift** und das Gericht mangels eigener Sachkunde, die sich nicht ohne weiteres aus dem Selbststudium von Fachliteratur ergibt,[33] nicht in der Lage ist, sich mit den Einwänden des Privatgutachters auseinanderzusetzen[34] (dazu § 402 Rdn. 72 u. § 412 Rdn. 15). Dies gilt auch, wenn sich das Privatgutachten gegen ein schriftliches Ergänzungsgutachten richtet, dessen Einholung das Gericht an die Stelle einer beantragten mündlichen Befragung des Gerichtsgutachters hatte treten lassen.[35]

---

24 OLG Düsseldorf MDR 1994, 939, 940.
25 RG JW 1899, 340 Nr. 14; BGH NJW 1981, 2009, 2010; BGH NJW 1982, 2874, 2875; BGH NJW-RR 1987, 339, 340.
26 OLG Zweibrücken NJW-RR 1999, 1156.
27 OLG Zweibrücken NJW-RR 1999, 1156. KG VersR 2008, 136, 137.
28 BGH NJW 1982, 2874, 2875; BGH NJW-RR 1998, 1527, 1528; BGH NJW 2001, 3269, 3270.
29 BGH NJW 1981, 2009, 2010.
30 BGH NJW 1984, 1408.
31 BGH NJW 1988, 3016, 3017; BGH NJW 1989, 2948, 2949; BGH NJW 1997, 1446.
32 BGH VersR 1993, 1550, 1551; BGH NJW 1993, 2380, 2381 = VersR 1993, 1110.
33 BGH NJW 1984, 1408; BGH NJW 1993, 2378.
34 Vgl. BGH NJW 1992, 1459 = VersR 1992, 722; BGH VersR 1994, 162, 163 = NJW-RR 1994, 219, 220; BGH NJW 2001, 3269, 3270; BGH NJW-RR 2009, 1192 Tz. 7; vgl. auch OLG Köln NJW 1994, 394 und i.Ü. die Kommentierung zu § 412.
35 BGH NJW-RR 2002, 1147, 1148.

Demgegenüber kann das Gericht, wenn es das Gutachten für überzeugend hält und 11
keine widerstreitenden gutachterlichen Äußerungen vorliegen, ohne Rechtsverstoß auf
die Anhörung des Sachverständigen verzichten. Davon **unberührt** bleibt das **Recht der
Parteien gemäß §§ 402, 397** (dazu unten Rdn. 13ff.), den Sachverständigen mündlich
zu befragen, das nur unter wesentlich engeren Voraussetzungen zurückgewiesen werden darf.[36] Der Antrag gemäß §§ 402, 397 ist von der bloßen Anregung an das Gericht zu
unterscheiden, nach § 411 Abs. 3 vorzugehen.[37] Einer Anregung braucht – anders als einem Antrag – dann nicht entsprochen zu werden, wenn die Überzeugung des Gerichts
bereits herbeigeführt ist und der Anregung nicht zu entnehmen ist, welche weitere Aufklärung geboten sein soll.[38] Entgegen der Auffassung des BSG[39] ist es demgegenüber unerheblich, ob die Anregung derart zeitig erfolgt, dass die Ladung des Sachverständigen
zum nächsten Termin noch erfolgen kann, denn wenn sich für das Gericht infolge der
Anregung Zweifel an der Vollständigkeit oder Nachvollziehbarkeit des schriftlichen Gutachtens ergeben, muss es gemäß § 411 Abs. 3 von Amts wegen den Sachverständigen
befragen. Der Verlust des Rechts aus §§ 402, 397 z.B. wegen Präklusion (§ 411 Rdn. 21)
führt nicht dazu, dass das Gericht von seiner Ermessensbetätigungspflicht nach § 411
Abs. 3 freigestellt ist.[40]

Ist der Sachverständige zu einem Termin geladen, in dem eine Partei säumig ist, darf 12
die mündliche Anhörung nach § 411 Abs. 3 erfolgen und ihr Ergebnis anschließend als
bisheriger Akteninhalt in eine **Entscheidung nach Lage der Akten** (§ 331a) einfließen,
die nach erneutem Eintritt in die mündliche Verhandlung ergeht.[41]

2. Befragung auf Parteiantrag, bloße Parteianregung. Nach §§ 402, 397 haben die 13
Parteien das Recht, den Sachverständigen mündlich zu befragen. Dem darauf bezogenen
Antrag gem. § 411 Abs. 4 Satz 1 ist grundsätzlich zu entsprechen,[42] gegebenenfalls
nach Zurückverweisung durch den BGH an die Tatsacheninstanz auch ein zweites Mal.[43]
Das Antragsrecht besteht **unabhängig von § 411 Abs. 3**[44] (zuvor Rdn. 11). Ob das Gericht
die Befragung für unerheblich hält, ist irrelevant.[45] Ein prozessrechtswidriges Übergehen
des Antrags stellt einen Verstoß gegen **Art. 103 Abs. 1 GG** dar. Er berechtigt im Verfassungsbeschwerdeverfahren zur Aufhebung der fachgerichtlichen Entscheidung;[46] zuvor
ist von § 321a Gebrauch zu machen. Durch Äußerungen des Vorsitzenden eines Kollegialgerichts, nach seiner Überzeugung sei dem eingeholten Gutachten zu folgen, wird kein
schutzwürdiges Vertrauen geweckt, dass der Spruchkörper mehrheitlich dieser Linie
folgt und die scheinbar begünstigte Partei von der Stellung von Anträgen zur weiteren
Aufklärung absehen kann.[47] Das Antragsrecht gilt auch im **selbständigen Beweisver-**

---

36 BGHZ 6, 399, 401; BGH NJW-RR 1987, 339, 340; BGH VersR 2005, 1555; BGH VersR 2006, 950 Tz. 6;
BGH VersR 2007, 1713 Tz. 3 = NJW-RR 2007, 1294.
37 BGH NJW-RR 2003, 208, 209; BSG SozR 1750 § 411 Nr. 2 S. 2f.
38 Vgl. BSG SozR 1750 § 411 Nr. 2 S. 2 a.E.
39 BSG SozR 1750 § 411 Nr. 2 S. 2/3.
40 BGH NJW 1992, 1459 = VersR 1992, 722; BGH NJW-RR 1997, 1487; OLG Zweibrücken NJW-RR 1999, 1156.
41 BGH NJW 2002, 301, 302.
42 BGHZ 35, 370, 371; BGH NJW 1983, 340, 341; BGH NJW 1994, 2959, 2960; BGH NJW 1996, 788, 789 =
VersR 1996, 211, 212; BGH NZBau 2000, 249; BGH VersR 2002, 120, 121; BGH NJW-RR 2003, 208, 209; BGH
VersR 2005, 1555; BGH NJW-RR 2006, 428; BVerwG MDR 1973, 339. Zum FGG-Verfahren BVerfG FamRZ
2001, 1285, 1286; OLG Zweibrücken FamRZ 2001, 639, 640.
43 BVerfG NJW 2012, 1346 Tz. 15; BGH NJW 1986, 2886, 2887; BGH VersR 2011, 1409 Tz. 36.
44 BGH NJW-RR 2003, 208, 209; BGH NJW-RR 2011, 704 Tz. 9.
45 BGH NJW-RR 2003, 208, 209; OLG Brandenburg VersR 2006, 1238; OLG München MDR 2008, 102.
46 BVerfG NJW-RR 1996, 183, 184; BVerfG NJW 1998, 2273.
47 Vgl. BSG NJW 2000, 3590, 3591.

fahren nach § 485 Abs. 2;[48] es kann jedoch noch im Hauptsacheprozess ausgeübt werden.[49] Hält das Gericht das Gutachten für nicht mehr entscheidungserheblich und verhandelt die Partei nach entsprechender Mitteilung, ohne den Antrag zu wiederholen, so liegt darin ein **schlüssiger Verzicht**.[50]

14 Der Antrag muss die konkreten Fragen, welche die Partei dem Sachverständigen stellen will, noch nicht enthalten; es ist vielmehr ausreichend, wenn die Richtung, in welche weitere Aufklärung erwünscht wird, erkennbar ist.[51] Die **erläuterungsbedürftigen Punkte** müssen zumindest derart **konkretisiert** sein, dass sich alle Beteiligten, insbesondere der Sachverständige, auf sie einstellen können;[52] die Stellung von Zusatzfragen, die sich erst aufgrund der mündlichen Erläuterungen ergeben, wird dadurch nicht ausgeschlossen.[53] Ergeben sich die Einwendungen gegen das Gerichtsgutachten aus vorgelegten Privatgutachten, ist dies ausreichend.[54] Nicht ausreichend ist die pauschale Mitteilung, dem Gutachter sollten „zahlreiche Fragen" gestellt werden,[55] oder die begründungslose Behauptung, der Gutachter habe Röntgenbilder nicht richtig ausgewertet.[56] Sind konkrete Fragen gestellt, reicht es aus, den Schriftsatz an den Sachverständigen zu übersenden mit der Bitte, zu den erhobenen „Einwendungen/Vorhalten" ergänzend Stellung zu nehmen.[57] Die herabgesetzte Substantiierungslast einer fachunkundigen Partei zu fachspezifischen Fragen, etwa des Patienten im Arzthaftungsprozess, setzt sich bei Einwendungen gegen das Gerichtsgutachten fort; die Partei muss keinen Privatgutachter konsultieren, um die Relevanz der Einwendungen zu untermauern, die den Antrag nach § 411 Abs. 4 stützen.[58] Die Ladung des Sachverständigen darf von der Zahlung eines **Vorschusses** (§§ 402, 379) abhängig gemacht werden[59] (§ 379 Rdn. 3).

15 Ein **förmlicher Antrag** darf (im **Gegensatz zur Anregung, nach § 411 Abs. 3 vorzugehen**), nicht bereits deshalb zurückgewiesen werden, weil das Gericht das Gutachten für überzeugend hält.[60] Eine **Zurückweisung** des rechtzeitig gestellten Antrages ist aber möglich, wenn er rechtsmissbräuchlich (z.B. in Prozessverschleppungsabsicht) gestellt wird,[61] wenn nur unerhebliche Fragen angekündigt werden,[62] wenn das Gutachten oh-

---

48 BGHZ 164, 94, 96f. = VersR 2006, 95.
49 BGH NJW-RR 2008, 303 Tz. 12.
50 KG VersR 2011, 1199.
51 BGHZ 24, 9, 15; BGH NJW 1994, 2959, 2960; BGH NZV 1997, 72, 73; BGH VersR 2003, 926, 927; BGH VersR 2005, 1555; BGH NJW-RR 2006, 1503 Tz. 3; BGH VersR 2006, 950 Tz. 6; BGH NJW-RR 2007, 212; BGH NJW-RR 2007, 1294 Tz. 3; BGH VersR 2007, 1697 Tz. 3; BGH NJW-RR 2011, 704 Tz. 10; OLG Oldenburg OLGZ 1970, 480, 482f.; KG VersR 2008, 136, 137; BVerwG MDR 1973, 339.
52 KG VersR 2008, 136, 137.
53 Begr. RegE zu § 411 Abs. 4, BT-Drucks. 11/3621 S. 41.
54 BGH NZV 1997, 72, 73. Allgemein zur Substantiierung durch Vorlage eines Privatgutachtens BGH NJW 2005, 1651, 1652.
55 BVerwG NJW 1996, 2318.
56 Vgl. OLG Köln NJW-RR 1999, 388, 389.
57 Missverständlich die abweichende Formulierung in OLG Bremen NJW-RR 2001, 213 = VersR 2001, 785.
58 Zur Prozessförderungspflicht der Partei in diesem Verfahrensstadium BGH VersR 2004, 83, 84 = NJW 2003, 1400f.; BGHZ 159, 245, 253 = VersR 2004, 1177, 1179; BGH VersR 2006, 242, 243 = NJW 2006, 152, 154.
59 BGH MDR 1964, 501, 502.
60 BVerfG NJW 1998, 2273; BVerfG NJW 2012, 1346 Tz. 15; BGH VersR 2011, 1409 Tz. 36; BGH NJW-RR 2011, 704 Tz. 9; BGH NJW 1997, 802 = VersR 1997, 509; BGH NJW 1998, 162, 163 = VersR 1998, 342, 343; BGH NJW-RR 2001, 1431, 1432; BGH VersR 2003, 926, 927; BGH NZBau 2000, 249; OLG Celle VersR 1993, 629, 630; OLG Köln VersR 1997, 511; OLG Zweibrücken VersR 1998, 1114, 1115; BSG NVwZ-RR 2001, 111, 112.
61 BVerfG NJW 1998, 2273; BGHZ 24, 9, 14; BGH NJW 1998, 162, 163 = VersR 1998, 342, 343; BGH NJW-RR 2007, 212 Tz. 2; BGH NJW-RR 2007, 1294 Tz. 3; BGH NJW-RR 2011, 704 Tz. 9; BAG MDR 1968, 529; OLG Oldenburg OLGZ 1970, 480, 482; OLG Celle VersR 1993, 629, 630; KG NJW-RR 2008, 371, 372.
62 OLG Hamm MDR 1985, 593.

nehin nicht mehr entscheidungserheblich ist,⁶³ wenn der Antragsteller in Wirklichkeit eine Erweiterung des Beweisthemas und gar keine vertiefende Aufklärung der begutachteten Fragen erstrebt,⁶⁴ oder wenn die Ladung lediglich für den Fall beantragt wird, dass „das Gericht den Ausführungen des Sachverständigen nicht folgt", weil im letzteren Falle gar keine Befragung des Sachverständigen, sondern lediglich eine generelle Einflussnahme auf die Entscheidungsfindung durch das Gericht erstrebt wird.⁶⁵ Als allgemeinen Zurückweisungsgrund hatte die ZPO-Kommission vorgeschlagen: „Auch ein rechtzeitig gestellter Ladungsantrag ist abzulehnen, wenn es nach Lage der Sache ausgeschlossen erscheint, dass die Vernehmung des Sachverständigen zu einer weiteren Klärung führen oder die Würdigung des schriftlichen Gutachtens beeinflussen kann".⁶⁶ Diese Formulierung hat der Gesetzgeber zwar nicht aufgegriffen, doch steht dies einer entsprechend begründeten Zurückweisung nicht entgegen, wenn sie unter Beachtung des Art. 103 Abs. 1 GG auf Ausnahmefälle beschränkt bleibt. Nicht zu entsprechen ist dem Antrag auf Anhörung eines früheren Gutachters, wenn dessen Gutachten als ungenügend erachtet und deshalb gem. § 412 Abs. 1 ein anderer Sachverständiger beauftragt wurde,⁶⁷ es sei denn, die Ladung ist zur Sachaufklärung, insbesondere zur Behebung von Lücken und Zweifeln, erforderlich.⁶⁸

Das Recht zur Befragung des Sachverständigen besteht grundsätzlich auch bei **aus-** 16 **ländischen Sachverständigen**.⁶⁹ Regelmäßig ist die Befragung jedoch nach den Vorschriften für die Beweisaufnahme im Ausland (§ 363) durchzuführen. Eine mündliche Erläuterung vor dem Prozessgericht kommt nur im Einverständnis mit dem ausländischen Sachverständigen in Betracht.⁷⁰ Sie kann als Videovernehmung erfolgen (§ 363 Rdn. 79).

Das Gericht kann vor einer Terminanberaumung eine **ergänzende schriftliche Stel-** 17 **lungnahme** des Sachverständigen herbeiführen, die in vielen Fällen Zweifelspunkte ausreichend klärt.⁷¹ Diese vorzugswürdige Verfahrensweise kann eine mündliche Erläuterung überflüssig machen, auch wenn das Befragungsrecht der Parteien dadurch nicht gegenstandslos wird. Leitet das Gericht die Parteistellungnahme dem Sachverständigen zu, können die Parteien nicht beanspruchen, dass dem Sachverständigen Rügen vorenthalten werden, die sich mit der Qualität der Begutachtung befassen.⁷²

3. Durchführung der mündlichen Erläuterung. Die Parteien haben das Recht, 18 dem Sachverständigen diejenigen Fragen vorlegen zu lassen, die sie zur Aufklärung des Sachverhalts für erforderlich halten (§ 397 Abs. 1). Dies können **Fragen zum** konkreten **Gutachten** sein. In gleicher Weise können die Parteien jedoch auch Fragen stellen, die auf eine **Überprüfung der Person** des Sachverständigen (vgl. §§ 397 Abs. 1 – „Verhältnisse" des Zeugen, 395 Abs. 2, 402) zielen.⁷³ In Betracht kommt die Aufklärung von Ausbildung, Qualifikation und forensischer Erfahrung.⁷⁴

---

63 BGH NJW-RR 1989, 953, 954.
64 BSG NJW 1992, 455.
65 OLG Oldenburg MDR 1975, 408.
66 Kommissionsbericht S. 349, Textvorschlag eines § 411 Abs. 3 S. 3.
67 BGH VersR 2011, 1409 Tz. 36; BGH NJW-RR 2011, 704 Tz. 12.
68 BGH NJW-RR 2011, 704 Tz. 12.
69 BGH MDR 1960, 659.
70 BGH MDR 1980, 931.
71 BGH NJW 1986, 2886, 2887.
72 OLG Celle MDR 2009, 1130.
73 **A.A.** LG Frankfurt NJW-RR 1991, 14, 15: kein Recht, die generelle Eignung des Sachverständigen durch Befragung zu überprüfen.
74 Musielak/*Huber*¹⁰ § 411 Rdn. 3.

19 Gemäß § 397 Abs. 3 entscheidet der Richter über die Zulässigkeit der Fragen; er hat die Befragung zu leiten.[75] Die Anhörung ist in der Berufungsinstanz regelmäßig vom Kollegium und nicht vom Einzelrichter durchzuführen.[76] Das **Ergebnis** der mündlichen Befragung ist **zu protokollieren;**[77] nicht ausreichend ist der Vermerk, der Sachverständige habe sein Gutachten ausführlich erläutert.[78] Möglich ist eine Befragung im Wege einer **Videokonferenz** (§ 128a Abs. 2). Enthält die Erläuterung **neue** und **ausführlichere Beurteilungen** im Verhältnis zum schriftlichen Gutachten, gebietet der Anspruch auf rechtliches Gehör, für die **Erörterung des Beweisergebnisses** abweichend von §§ 279 Abs. 3, 285 Abs. 1, 370 eine **Schriftsatzfrist** einzuräumen, wenn eine sofortige Äußerung zum Beweisergebnis nicht erwartet werden kann.[79]

20 Ist der Sachverständige **verstorben**, dessen mündliche Befragung beantragt worden war, ist ein neuer Sachverständiger zu ernennen und mit der Erläuterung zu betrauen.[80]

V. Fristen der Parteien

1. Fristenbindung, Zurückweisung von Beweiseinreden

21 **a) Richterliche Fristen, allgemeine Prozessförderungspflicht.** Gemäß der 1990 geschaffenen Vorschrift des § 411 Abs. 4 Satz 1 sind sämtliche Einwendungen, Anträge und Ergänzungsfragen betreffend das Gutachten **innerhalb** eines **angemessenen Zeitraumes** mitzuteilen. Das Gericht soll damit möglichst frühzeitig informiert werden, ob und wann ein neuer Termin zu bestimmen ist, ob der Sachverständige dazu zu laden ist und welche Vorbereitungen im Hinblick auf dessen Ladung oder schriftliche Gutachtenergänzung zu treffen sind.[81] Das Gericht kann eine **Frist bestimmen** (§ 411 Abs. 4 Satz 2 1. Hs); bei Fristüberschreitung ist das Vorbringen gem. § 296 Abs. 1 **als verspätet zurückweisen**. Die Fristsetzungsverfügung des Gerichts – nicht des Vorsitzenden allein[82] – muss klar und eindeutig abgefasst sein, so dass keine Fehlvorstellungen über die Folgen der Fristversäumung aufkommen können.[83] Ergeht keine richterliche Fristsetzung, bewirkt die Qualifizierung der Einwendungen, Anträge und Ergänzungsfragen als Beweiseinreden im Sinne des § 282 Abs. 1, dass das Zurückweisungsrecht des § 296 Abs. 2 anwendbar ist. Ihm kommt allerdings keine große praktische Bedeutung zu, da die Prozessförderungspflicht des § 282 Abs. 1 auf die mündliche Verhandlung bezogen ist.[84] In ihr wird der Sachverständige nur anwesend sein, wenn ihn das Gericht wegen eigener Zweifel am schriftlichen Gutachten geladen hatte. Wirkung zeigt die Sanktion des § 296 Abs. 2, wenn die Beweiseinrede erst nach Entlassung des Sachverständigen erhoben wird.

22 Die Bestimmung des § 411 Abs. 4 hat ältere Judikatur aufgegriffen: Der Antrag gemäß §§ 402, 397 musste grundsätzlich **spätestens** in dem Verhandlungstermin gestellt werden, in dem das schriftlich erstattete **Gutachten** durch mündliches Verhandeln der Par-

---

75 Vgl. LG Frankfurt NJW-RR 1991, 14.
76 BGH VersR 1987, 1089, 1091 a.E.
77 BGH VersR 1989, 189; BGH NJW 2001, 3269, 3270.
78 BGH NJW 2001, 3269, 3270.
79 BGH NJW-RR 2011, 428 Tz. 5; BGH NJW 2011, 3040 Tz. 6. Sehr rigide demgegenüber *Schäfer* NJW 2013, 654, 655.
80 BGH NJW 1978, 1633 (LS).
81 BGH NJW 2011, 1072 Tz. 25.
82 KG NJW-RR 2008, 371, 372.
83 BGH NJW-RR 2001, 1431, 1432 = VersR 2002, 120, 121; KG NJW-RR 2008, 371, 372.
84 Unzutreffend daher OLG Frankfurt VersR 2003, 927 (LS).

teien in den Prozess **als Prozessstoff eingeführt** worden war.[85] Nach diesem Zeitpunkt konnte er als verspätet zurückgewiesen werden. Zur Erzielung dieses Ergebnisses ist heute nicht mehr (über § 402) die Ermessensvorschrift des § 398 entsprechend anzuwenden;[86] vielmehr gelten mangels richterlicher Fristsetzung die §§ 282 Abs. 1, 296 Abs. 2. Für eine Anwendung des § 398 Abs. 1 mit von § 296 abweichender Bindung bzw. Freistellung der Ermessensausübung bleibt kein Raum.

b) Berufungsinstanz. Die **Bindung des Berufungsgerichts** an erstinstanzliche Tatsachenfeststellungen nach § 529 Abs. 1 Nr. 1 gilt auch für Tatsachen, die auf der Grundlage eines Sachverständigengutachten ohne Verstoß gegen die Pflicht zur Klärung von Zweifeln getroffen worden sind.[87] Sie entfällt, wenn konkrete Anhaltspunkte Zweifel an der Richtigkeit oder Vollständigkeit entscheidungserheblicher Feststellungen begründen; derartige Zweifel kann auch die Unvollständigkeit des Gutachtens wecken.[88] Der **in erster Instanz versäumte Antrag** auf Anhörung des Sachverständigen ist im Berufungsverfahren nur noch unter den **Voraussetzungen des § 531** zu berücksichtigen. § 398 Abs. 1 ist daneben nicht anzuwenden.[89] Dem in zweiter Instanz gestellten Antrag, der sich auf ein in erster Instanz erstattetes Gutachten bezieht, muss gem. § 531 Abs. 2 Satz 1 Nr. 1 bzw. 2 entsprochen werden, wenn die Voraussetzungen vorliegen, unter denen die erste Instanz von Amts wegen (§ 411 Abs. 3) die mündliche Erläuterung hätte anordnen müssen,[90] oder wenn der bereits in erster Instanz gestellte Antrag dort zu Unrecht übergangen worden ist.[91] Ein in der Berufungsinstanz vorgelegtes Privatgutachten, das vom erstinstanzlich eingeholten Gerichtsgutachten abweicht und von Amts wegen zur Sachaufklärung nötigt, kann nach § 531 Abs. 2 Nr. 3 zugelassen werden, wenn die Partei wegen herabgesetzter Substantiierungslast und darauf beruhender Fixierung der Prozessförderungspflicht nicht gezwungen war, sich erstinstanzlich um ein Gutachten zu bemühen.[92] Ein aus diesem Grunde schlüssiger Vortrag erster Instanz kann in der Berufungsbegründung konkretisiert werden, ohne dass dieses Vorbringen als neu zu qualifizieren ist.[93]

c) Fortbestehendes Antragsrecht. Man wird der Partei nach Erschöpfung der richterlich gesetzten oder der sich aus der allgemeinen Prozessförderungspflicht ergebenden Frist ein weiteres **(nachträgliches) Antragsrecht** zubilligen müssen, wenn neue Umstände offenbar werden, die aus Sicht der Parteien nunmehr zur Befragung des Sachverständigen Anlass geben;[94] in einem derartigen Fall kann u.U. auch eine wiederholte Be-

---

85 BGHZ 35, 370, 373; BGH VersR 1966, 637 f.; BGH NJW 1975, 2142, 2143.
86 So noch BGHZ 35, 373.
87 BGH VersR 2004, 1575, 1576.
88 BGH VersR 2005, 1555, 1556; s. auch BGH NJW 2006, 152, 153 = VersR 2006, 242, 243.
89 Anders noch für eine überholte Gesetzeslage BGHZ 35, 370, 374; BGH NJW-RR 1989, 1275; OLG Celle DAR 1969, 72, 73. BGH NJW-RR 1989, 1275: Ermessensausübung nach § 398 identisch mit der nach § 411 Abs. 3.
90 BGH NJW 2004, 2828; BGH VersR 2007, 376; s. ferner OLG Hamm NJW 2013, 545.
91 BGH VersR 2005, 1555.
92 Vgl. BGH VersR 2004, 83, 84 (noch zum alten Berufungsrecht); BGH VersR 2004, 1177, 1179 (zum neuen Berufungsrecht); BGH NJW 2008, 2846 Tz. 27. Eine Pflicht zur privaten Sachverständigenberatung bereits in erster Instanz und daher eine Nachlässigkeit i.S.d. § 531 II Nr. 3 verneinend BGH NJW 2007, 1531 Tz. 10.
93 BGH VersR 2004, 1177, 1179.
94 **A.A.**: BGH MDR 1964, 908 (dort: Widerlegung eines schriftlichen Gutachtens durch die weitere Beweisaufnahme); wie hier: *Pantle* MDR 1989, 312, 314.

fragung des Sachverständigen geboten sein.[95] Ebenso wenig wird durch § 411 Abs. 4 Satz 1 das Recht der Parteien berührt, etwaige **Zusatzfragen** zu stellen, die sich erst aus der mündlichen Erläuterung des Sachverständigen ergeben.[96] Macht der Sachverständige im Termin neue Ausführungen, so ist den Parteien Gelegenheit zur erneuten Stellungnahme zu geben (Art 103 Abs. 1 GG).[97] Dafür kann es notwendig sein, nach Vorlage des Protokolls über die Beweisaufnahme Zeit für die Einholung anderweitigen sachverständigen Rates zu gewähren, ehe die Parteien zum Beweisergebnis Stellung nehmen.[98] Dieser Grundsatz gilt im Arzthaftungsprozess nicht nur für den Patienten als die nicht sachkundige Partei, sondern auch für die Behandlungsseite.[99] Notfalls ist die **mündliche Verhandlung erneut zu eröffnen**.[100] Hatten die Parteien ursprünglich von ihrem Antragsrecht keinen Gebrauch gemacht, weil das Gericht selbst eine mündliche Befragung angeordnet hatte, so kann es noch ausgeübt werden, wenn das Gericht nachträglich von seiner ursprünglichen Absicht Abstand nimmt.[101]

2. Vorbereitende schriftsätzliche Ankündigung

25   a) **Richterliche Fristsetzung.** Hat das Gericht den Parteien für ihre Beweiseinreden eine Frist gesetzt, ergibt sich daraus zwanglos die Notwendigkeit, die Einreden in einem fristgerecht eingereichten Schriftsatz *vor* dem **Verhandlungstermin** zu erheben; die Sanktion im Falle der Fristüberschreitung folgt dann aus §§ 296 Abs. 1, 411 Abs. 4, Satz 2 2. Hs.

26   b) **Fehlende Fristsetzung.** Unbefriedigend gelöst ist dasselbe Problem, wenn eine Fristsetzung unterblieben oder nicht mit einer Belehrung über die Präklusionswirkung versehen[102] ist: § 296 Abs. 2 nimmt zwar nicht nur auf § 282 Abs. 1 Bezug, sondern auch auf die Pflicht zur rechtzeitigen Mitteilung gem. § 282 Abs. 2. Jedoch geht es in **§ 282 Abs. 2** um vorbereitende Schriftsätze, die der Gegenpartei eine rechtzeitige Informationsbeschaffung ermöglichen soll, was bei Beweiseinreden gegen ein schriftliches Sachverständigengutachten in aller Regel **nicht einschlägig** ist.

27   Unter der Geltung des alten Zurückweisungsrechts hat man auf § 279 Abs. 1 a.F. zugegriffen und verlangt, die Befragungsabsicht müsse bei Meidung einer Zurückweisung des Antrags als verspätet regelmäßig durch einen vorbereitenden Schriftsatz angekündigt werden, damit das Gericht die Möglichkeit habe, den Sachverständigen zum nächsten Verhandlungstermin zu laden oder mit ihm einen anderen zeitnahen Termin zu vereinbaren.[103] Die Kommission für das Zivilprozessrecht, auf deren Vorschlag § 411 Abs. 4 Satz 1 beruht, hat an dieser Sachlage offenbar nicht rütteln wollen. Vielmehr sollten die Parteien nach dem Kommissionsbericht „unverzüglich nach Eingang eines schriftlichen Gutachtens" auf dessen Inhalt reagieren müssen, und zwar unabhängig von der Wahrnehmung der gesondert genannten Möglichkeit zur Setzung einer richterlichen Frist.[104] Die Begründung des Gesetzentwurfs spricht von der Pflicht, Einreden „so zeitig vorzu-

---

95 BGH NJW 1986, 2886, 2887.
96 RegE BT-Drucks. 11/3621 S. 41 (zu § 411 Abs. 4).
97 BGH NJW 1984, 1823; OLG Zweibrücken NJW-RR 1989, 221, 222.
98 BGH VersR 2009, 1137 Tz. 8.
99 BGH NJW 2001, 2796, 2797.
100 BGH NJW 2001, 2796, 2797; OLG Frankfurt NJW-RR 2007, 19, 20.
101 RG Gruch 61, 147, 149.
102 So im Fall BGH NJW-RR 2006, 428.
103 BGH VersR 1972, 927, 928; OLG Celle DAR 1969, 72, 73.
104 Bericht der ZPO-Kommission S. 142.

bringen, wie es nach der Prozesslage einer sorgfältigen und auf Förderung des Verfahrens bedachten Prozessführung entspricht".[105] Andererseits sagt die Begründung in ihren allgemeinen Ausführungen aber auch, „die geltenden Präklusionsvorschriften (§ 282 Abs. 1, 296 Abs. 2 ZPO)" reichten „für Einwendungen gegen ein schriftliches Gutachten nicht aus".[106] Indes wird nichts an deren Stelle gesetzt. Für Sanktionen fehlt es deshalb an einer Rechtsgrundlage, soweit **§ 296 Abs. 2** nicht einschlägig ist. Diese Norm darf **nicht analog** angewandt werden; ein Verstoß dagegen verletzt Art. 103 Abs. 1 GG.[107]

Zur Geltung des § 411 Abs. 4 im selbständigen Beweisverfahren s. § 492 Rdn. 19 f.   28

3. Fristbemessung. Bei der Fristbemessung ist zu berücksichtigen, dass die **Par-**   29
teien zur Überprüfung des Gutachtens u.U. **ihrerseits sachverständigen Rat** in Anspruch nehmen müssen, damit sie dem Sachverständigen etwaige abweichende Lehrmeinungen vorhalten und auf mögliche Lücken oder Widersprüche der Begutachtung hinweisen können.[108] Mit der Einholung derartiger Fachinformationen darf, was eigentlich selbstverständlich sein sollte, bis nach dem Eingang des gerichtlichen Sachverständigengutachtens abgewartet werden.[109] Für den Arzthaftungsprozess hat der 6. ZS des BGH den Grundsatz der **Waffengleichheit** für die These bemüht, dass es dem Patienten, also der nicht sachkundigen Partei, regelmäßig gestattet sein müsse, sich sachverständig beraten zu lassen, um das vom gerichtlichen Sachverständigen erstattete Gutachten würdigen zu können.[110] Dieser Begründungsansatz lenkt von dem Erfordernis der Gewährung rechtlichen Gehörs ab und darf nicht zur Grundlage von Einschränkungen in Prozessen mit anderen Parteikonstellationen gemacht werden. **Fristsetzungen** haben sich **generell nach** dem Zeitbedarf zu richten, der durch den **Schwierigkeitsgrad** des Beweisergebnisses und die Möglichkeit der Beschaffung darauf bezogener Fachinformationen bestimmt wird.

§ 411a
Verwertung von Sachverständigengutachten aus anderen Verfahren

Die schriftliche Begutachtung kann durch die Verwertung eines gerichtlich oder staatsanwaltschaftlich eingeholten Sachverständigengutachtens aus einem anderen Verfahren ersetzt werden.

Schrifttum

Jayme Verwertung eines gerichtlich eingeholten Sachverständigengutachtens zum ausländischen Recht in einem anderen Verfahren – Zur Verfassungswidrigkeit des § 411a ZPO, IPRax 2006, 587; *Rath/Küppersbusch* Erstes Justizmodernisierungsgesetz – § 411a ZPO und seine Auswirkungen auf den Personenschadensprozeß, VersR 2005, 890; *Saenger* Grundfragen und aktuelle Probleme des Beweisrechts aus deutscher Sicht, ZZP 121 (2008), 139, 156; *E. Schneider* JuMoG – ZPO-Reform 2. Akt, AnwBl. 2003, 547; *Schulz* Die Verwendung von Sachverständigengutachten als Urkunden und das Fragerecht der Beteiligten im Verwaltungsprozeß, NVwZ 2000, 1367; *G. Vollkommer* Bindungswirkung des rechtskräftigen Strafurteils

---

105 BT-Drucks. 11/3621 S. 41.
106 BT-Drucks. 11/3621 S. 22/23.
107 BGH NJW 1982, 1533, 1534; BVerfG NJW 1982, 1635.
108 BGH NJW 1984, 1823; BSG NJW 1991, 2310 f.; s. ferner BGH VersR 1990, 737, 739; BGH VersR 2009, 1137 Tz. 8.
109 BGH NJW 1984, 1823.
110 BGH NJW 1984, 1823; BGH NJW 1988, 2302; BGH VersR 1992, 1015, 1016.

im nachfolgenden Schadensersatzprozeß des Geschädigten, ZIP 2003, 2061; *Volz* Neue Möglichkeiten der Beweisverwertung nach dem Justizmodernisierungsgesetz, PHI 2004, 16.

Übersicht

I. Kodifizierung von Richterrecht, weiteres Reformvorhaben —— 1
II. Verwertung fremder Gerichtsgutachten nach Richterrecht
 1. Beweissubstitution —— 3
 2. Qualifizierung als Urkundenbeweis
  a) Schwächen der herrschenden Meinung —— 5
  b) Verständnis als Parteivortrag —— 7
 3. Fortgeltung des Richterrechts —— 9

III. Gesetzliche Regelung
 1. Normzweck, Rechtsnatur der Beweiserhebung —— 10
 2. Gleichwertiges anderes Verfahren, Identität des Lebenssachverhalts —— 11
 3. Antragsrechte der Parteien und richterliches Ermessen —— 14
 4. Verwertungsentscheidung —— 16
 5. Persönlichkeitsschutz von Altparteien —— 17
 6. Rechte des Sachverständigen —— 18

I. Kodifizierung von Richterrecht, weiteres Reformvorhaben

1 § 411a ist durch das am 1. September 2004 in Kraft getretene Erste Justizmodernisierungsgesetz (JuMoG) geschaffen worden. Diese Norm regelt die Verwertung von Gutachten, die in anderen Verfahren erstattet worden sind. Sie verfolgt das Ziel, Gerichtsverfahren durch den Zugriff auf Beweisaufnahmen und Beweisergebnisse anderer Verfahren zu vereinfachen und effektiver zu gestalten, indem derartige Gutachten ohne Einverständnis der Parteien unmittelbar verwertet und dadurch **doppelte Beweisaufnahmen vermieden** werden.[1] Tangiert werden dadurch die Grundsätze der Beweisunmittelbarkeit (§ 355) und der Parteiöffentlichkeit (§ 357).[2]

2 Das 2. JuMoG hat § 411a auf **Gutachten** ausgedehnt, die die **Staatsanwaltschaft** gem. § 161a StPO im Ermittlungsverfahren eingeholt hat. Die Gutachten gelten als den richterlich in Auftrag gegebenen Gutachten gleichwertig. Dadurch soll der Opferschutz begünstigt werden. Konsequenzen sind aus dieser Zielsetzung des Gesetzgebers für die Handhabung von Nr. 184 ff. RiStBV (Akteneinsicht) im Sinne eines Aktenauskunfts- oder Akteneinsichtsanspruchs zu ziehen.

II. Verwertung fremder Gerichtsgutachten nach Richterrecht

3 **1. Beweissubstitution.** Nach h.M., wie sie vor Inkrafttreten des Ersten JuMoG entwickelt worden ist, konnten Gutachten aus anderen Verfahren (z.B. Straf-,[3] Verwaltungs-,[4] Sozialgerichts-,[5] Schlichtungs-[6] oder Schiedsverfahren[7]) zu einer **Ersetzung** des Sachverständigenbeweises i.S. der §§ 402 ff. führen,[8] **soweit** mit ihnen alle **klärungsbedürftigen**

---

[1] RegE BT-Drucks. 15/1508 S. 12.
[2] *Saenger* ZZP 121 (2008), 139, 157.
[3] Vgl. z.B. BGH VersR 1963, 195; BGH NJW 1998, 311, 312; BGH NJW 2000, 3072 = VersR 2001, 121 = MDR 2000, 1148; BGH NJW 2002, 2324, 2325; OLG Oldenburg VersR 1997, 318. Zur Verwertung eines Geständnisses im Strafverfahren s. BGH NJW-RR 2004, 1001, 1002; AG Berlin Tempelhof-Kreuzberg FamRZ 2005, 1260, 1261.
[4] Vgl. z.B. OVG Münster NVwZ-RR 1993, 129, 132.
[5] Vgl. BGH VersR 1997, 1158; OLG Koblenz r+s 1996, 403.
[6] Vgl. BGH VersR 1987, 1091 = MDR 1987, 1018, 1019; BGH VersR 2008, 1216 Tz. 6.
[7] Vgl. z.B. OLG Köln VersR 1990, 311.
[8] BGH VersR 1956, 63; BGH VersR 1963, 463, 464; VersR 1987, 1091, 1092; VersR 1997, 1158, 1159 = NJW 1997, 3381, 3382; **a.A.** *Müller* Der Sachverständige im gerichtlichen Verfahren³ Rdn. 57 ff.: Verstoß gegen § 355; ähnlich RG JW 1937, 2226.

Fragen beantwortet werden konnten.⁹ Das im **selbständigen Beweisverfahren** erstattete Gutachten eines gerichtlich bestellten Sachverständigen fiel nicht unter diese Rechtsprechung. Es ist kein Gutachten aus einem anderen Verfahren, sondern steht gemäß § 493 Abs. 1 der Beweiserhebung vor dem Prozessgericht gleich. Seine Verwertung im Prozess ist daher unproblematisch möglich und richtet sich nach den §§ 402 ff.; es macht die Erhebung eines weiteren Sachverständigenbeweises (abgesehen vom Fall des § 412) entbehrlich.¹⁰ Daran hat sich durch § 411a nichts geändert.

Den Parteien stand gegen die Verwertung der Gutachten **kein** formelles **Widerspruchsrecht** zu.¹¹ Jedoch durfte durch die Verwertung im Wege des Urkundenbeweises (dazu nachfolgend Rdn. 5), soweit das Gutachten den Sachverständigenbeweis i.S. der §§ 402 ff. ersetzen sollte, nicht das **Recht** der Parteien umgangen werden, dem Gutachter **Fragen zu stellen** (§§ 402, 397; dazu § 402 Rdn. 73).¹² Die infolge eines entsprechenden Beweisbeschlusses erfolgende Erörterung des Gutachtens mit dessen Verfasser war – wie die gegebenenfalls erforderliche Neubegutachtung – Sachverständigenbeweis.¹³ Unter den Voraussetzungen des § 412 konnte die Einholung eines neuen Gutachtens beantragt werden.¹⁴ Wegen dieser Parteirechte hatte das Gericht die Verwertungsabsicht in der mündlichen Verhandlung zu offenbaren. 4

2. Qualifizierung als Urkundenbeweis

a) Schwächen der herrschenden Meinung. Die h.M. vertrat die Auffassung, es 5 handele sich bei der Verwertung von Gutachten aus anderen Verfahren um einen Urkundenbeweis.¹⁵ Dem ist aus Gründen begrifflicher Klarheit zu widersprechen. Für Gutachten, welche in anderen Verfahren erstattet worden sind, galt wie für Privatgutachten, dass sie **keine Beweismittel** darstellten, soweit es um die Vermittlung der entscheidungserheblichen Sachkunde ging. Urkundenbeweis wäre nur zu erheben gewesen, um aufzuklären, ob der Gutachter die verkörperte Erklärung in dem anderen Verfahren abgegeben hatte. Nur dies kam als Beweisgegenstand des § 418 in Betracht.¹⁶ Nicht zu erklären vermochte die h.M. ihre Differenzierung zwischen Privatgutachten, die Parteivortrag darstellen sollten, und Gutachten aus anderen Verfahren, die im Wege des Urkundenbeweises verwertet werden sollten.

Die Qualifikation der h.M. führte zu **Folgeproblemen**. Wenn Gutachten im Wege 6 des Urkundenbeweises zu verwertende Beweismittel wären, hätte ihre Verwendung im Urkundenprozess statthaft sein müssen. Dies wurde jedoch mit dem Hinweis auf Sinn

---

9   BGH NJW 1995, 1295 = VersR 1995, 481; BGH NJW 1997, 3381, 3382; BGH VersR 2001, 121.
10   BGH NJW 1970, 1919, 1920; BVerwG NVwZ-RR 1990, 652, 653 (zum polnischen Staatsschutz-Strafrecht).
11   RG JW 1931, 1477; RG JW 1942, 905; BGH VersR 1970, 322.
12   BGH VersR 1956, 63; BGH NJW 1983, 121, 122; BGH NJW 2000, 3072, 3073; BGH NJW 2002, 2324, 2325 = VersR 2002, 911, 912; vgl. auch BGH NJW 1991, 2824, 2825 f.; VGH Kassel NVwZ 2000, 1428.
13   Stein/Jonas/*Leipold*²¹ vor § 402 Rdn. 54: dem Gehalt nach Sachverständigenbeweis, der äußeren Form nach Urkundenbeweis.
14   Vgl. BGH NJW 2000, 3072, 3073.
15   RG JW 1931, 1477; BGH VersR 1958, 340; BGH VersR 1956, 63; BGH NJW 1983, 121, 122; BGH NJW 1995, 1294; BGH NJW 1997, 3096; BGH NJW 1997, 3381, 3382; BGH NJW-RR 2008, 1311 Tz. 6; OLG Frankfurt MDR 1985, 853; OLG Köln VersR 1990, 311; Stein/Jonas/*Leipold*²¹ vor § 402 Rdn. 54 : „der Form nach Urkundenbeweis"; MünchKomm/*Damrau*² § 402 Rdn. 8 : „verfahrensrechtlich (...) trotz des Inhalts (...) Urkundenbeweis". Zum Verwaltungsgerichtsprozess BVerwG NVwZ-RR 1990, 652, 653; *Schulz* NJW 2000, 1367, 1369. Im Jahre 2010 immer noch so OLG Hamm VersR 2011, 206, 207.
16   So auch der RegE BT-Drucks. 15/1508 S. 20.

und Zweck des Urkundenprozesses verneint.[17] In gleicher Weise lehnte die h.M. unter Hinweis auf Sinn und Zweck der Norm die Urkundeneigenschaft von Gutachten ab, soweit es um die Restitution nach § 580 Nr. 7b geht.[18] Auch vermochte die h.M. nicht zu erklären, warum bei einem so gearteten Urkundenbeweis entgegen § 142 in der Fassung bis zum 31.12.2001 eine „Beweiserhebung" von Amts wegen möglich sein sollte.

7   b) **Verständnis als Parteivortrag.** Zutreffender war es, die Einführung eines Gutachtens aus einem anderen Verfahren **durch Vorlage einer Partei** als **Parteivortrag** einzuordnen. Ebenso zu qualifizieren war die **Beiziehung** ein solches Gutachten **auf Antrag einer Partei** durch das Gericht. Die Beiziehung durch das Gericht „**von Amts wegen**" war ebenfalls nicht als Beweiserhebung zu verstehen. Das Gericht machte in diesem Fall lediglich von seinem allgemeinen Recht Gebrauch, sich den notwendigen Sachverstand aus externen Quellen zu verschaffen. So wie der Richter sich die notwendige Sachkunde durch das Studium allgemeiner Fachliteratur verschaffen kann, ist es ihm erlaubt, konkrete gutachterliche Äußerungen zu diesem Zwecke zu studieren. Der Unterschied zur Verschaffung von Sachkunde durch das Studium von Fachliteratur bestand lediglich darin, dass Gutachten aus anderen Verfahren regelmäßig konkret streitgegenstandsbezogen sind und ihre Auswertung daher – anders als das Studium allgemeiner Fachliteratur – keine weitere Sachkunde des Gerichts voraussetzt.

8   **Im Ergebnis** folgten aus dieser abweichenden Einordnung **keine Unterscheide zur h.M.** Grundsätzlich kann ein Gutachten aus einem anderen Verfahren zur Ersetzung des Sachverständigenbeweises führen.[19] In diesem Zusammenhang ist zu berücksichtigen, dass ein solches Gutachten im Vergleich zum Privatgutachten unter höheren Richtigkeitsstandards zustande gekommen ist als ein Privatgutachten. Vereidigung, Ablehnungs- und Fragerechte im anderen Verfahren führen zu einer **erhöhten Richtigkeitsgewähr**, so dass das Gutachten aus einem anderen Verfahren wesentlich eher zu einer Ersetzung des Sachverständigenbeweises führen kann als das Privatgutachten.

9   **3. Fortgeltung des Richterrechts.** Die überkommene **Rechtspraxis** des Richterrechts ist **nur teilweise** durch die gesetzliche Neuregelung **ersetzt** worden. Deren Beschränkung auf bestimmte Gutachten (unten Rdn. 11) lässt Raum für die Verwendung anderer Gutachten nach richterrechtlichem Beweisrecht.[20]

III. Die gesetzliche Regelung

10   **1. Normzweck, Rechtsnatur der Beweiserhebung.** Der Gesetzgeber hat das Ziel verfolgt, die Einholung eines weiteren gerichtlichen Gutachtens auch dann zu vermeiden, wenn eine Partei der Verwertung eines früheren Gerichtsgutachtens nicht zustimmt. **Vermieden** werden soll **unnötiger Mehraufwand** bei Prozessen, in denen der zu klärende **Lebenssachverhalt im Wesentlichen identisch** ist.[21] Die Entscheidung über die Verwertung eines verfahrensfremden Gutachtens oder die Einholung eines neuen Gutachtens soll nach **Ermessen des Gerichts** erfolgen. Ein wesentlicher rechtlicher Unter-

---

17   BGH NJW 2008, 523 Tz. 15 u. 20; OLG Frankfurt WM 1975, 87.
18   Vgl. z.B. OLG Koblenz VersR 1995, 1374 f. m.w.Nachw.; umfassend zur Restitution bei naturwissenschaftlichem Erkenntnisfortschritt *Foerste* NJW 1996, 345 ff.
19   A.A. *Müller* Der Sachverständige im gerichtlichen Verfahren[3] Rdn. 57f: Verstoß gegen § 355.
20   So für Gutachten aus vorangegangenen Verfahren ärztlicher Schlichtungsstellen BGH VersR 2008, 1216 Tz. 6.
21   BT-Drucks. 15/1508 S. 20.

schied zur vorherigen Rechtspraxis wäre nur dann existent, wenn sich das Gericht über Parteianträge hinwegsetzen dürfte. Daran bestehen indes erhebliche Zweifel (näher unten Rdn. 15); die Regierungsbegründung hat die bei Beginn des Gesetzgebungsverfahrens bestehende Rechtslage nicht voll ausgelotet. Klargestellt ist nunmehr, dass es sich bei der Verwertung um einen Sachverständigenbeweis handelt.[22] Modifiziert wird nur die Einholung eines schriftlichen Gutachtens, indem an die Stelle einer aktuellen schriftlichen Begutachtung die Verwertung des verfahrensfremden früheren Gutachtens tritt.

2. Gleichwertiges anderes Verfahrens, Identität des Lebenssachverhalts. Gut- 11
achten anderer Verfahren müssen *gerichtlich* oder durch die *Staatsanwaltschaft* eingeholt worden sein. Die richterliche Beauftragung führt dazu, dass das gesamte Begutachtungsverfahren unter richterlicher Leitung steht, also der Sachverständige neutral ausgewählt und im Hinblick auf die materiell-rechtlichen Tatbestandserfordernisse richterlich angeleitet wird, idealiter durch Vorgabe der Anknüpfungstatsachen. Damit scheiden Gutachten aus **Verwaltungsverfahren** für die Anwendung des § 411a aus.[23] Medizinische Gutachten, die in der Sozialgerichtsbarkeit verwertet werden, stammen nicht selten bereits aus dem vorangegangenen Verwaltungsverfahren. Auf die Verwertung im nachfolgenden Gerichtsverfahren kommt es für § 411a nicht an, sondern auf die **richterliche oder staatsanwaltschaftliche Anordnung** der Gutachtenerstattung.[24]

Als Beispiele für **im Wesentlichen identische** Lebenssachverhalte nennt die Geset- 12
zesbegründung Mietprozesse gegen eine größere Gesellschaft als Vermieterin und Unfälle mit mehreren Geschädigten.[25] Ein medizinisches Gutachten kann auch dasselbe Opfer eines Unfalls betreffen, etwa bei vorangegangener Begutachtung in einem Sozialgerichtsverfahren.[26] Zu denken ist ferner an Gutachten, die in **Musterverfahren** eingeholt wurden. Eine Sonderregelung trifft dafür das **Kapitalanleger-Musterverfahrensgesetz**,[27] das einen bindenden Musterentscheid des Oberlandesgerichts über anspruchsbegründende oder anspruchsausschließende gemeinsame Tatbestandsvoraussetzungen vorsieht (§ 16 i.V.m. § 1 Abs. 1 KapMuG); es betrifft typischerweise Sachverständigengutachten zur Richtigkeit von Informationen, die in Vertriebsunterlagen der Anbieter von Vermögensanlagen erteilt worden sind.

Bei der Gutachtenübernahme ist auf **unterschiedliche Fragestellungen** zu achten, 13
die sich **aus** unterschiedlichen **Vorgaben materiell-rechtlicher Tatbestände** und ihrer richterrechtlichen Konkretisierung ergeben. So gelten im Sozialversicherungsrecht und im zivilen Schadensersatzprozess z.B. unterschiedliche Voraussetzungen für die Kausalitätsfeststellung und die strafrechtliche Verantwortlichkeit für ein Verhalten kann anders zu beurteilen sein als die zivilrechtliche Haftung.

3. Antragsrechte der Parteien und richterliches Ermessen. Die **Beiziehung** ver- 14
fahrensfremder Gutachten kann **auf Parteiantrag hin oder von Amts wegen** gem. § 144 Abs. 1 erfolgen.[28] Es besteht zwischen beiden wegen der Einführung kein Unterschied.[29] Die ermessensleitenden Umstände, die einer Verwertung oder einer Neubegutachtung

---

22 Musielak/*Huber*[10] § 411a Rdn. 5; *Völzmann-Stickelbrock* ZZP 118 (2005), 359, 382.
23 *Rath/Küppersbusch* VersR 2005, 890, 891.
24 *Rath/Küppersbusch* VersR 2005, 890, 893.
25 BT-Drucks. 15/1508 S. 20.
26 So in OLG Koblenz r+s 1996, 403.
27 Gesetz vom 16.8.2005, BGBl 2005 I S. 2437.
28 Vgl. BT-Drucks. 15/1508 S. 20.
29 **A.A.** Musielak/*Huber*[10] § 411a Rdn. 5: Parteiantrag führt zum Urkundenbeweis.

zugrunde liegen, soll das Gericht im Urteil darlegen müssen.[30] Die Anordnung einer Neubegutachtung bedarf indes keiner Rechtfertigung in den Entscheidungsgründen. Sie stellt den Regelfall dar[31] und ergibt sich wie im Falle des § 412 aus der Befugnis des Gerichts, sich die erforderliche Sachkunde nach eigener Überzeugung zu verschaffen. Für die Begründung einer Befugnis des Gerichts, Gutachten auch von Amts wegen heranzuziehen, hätte es ebenso wenig einer Schaffung des § 411a bedurft wie für die Befugnis zur Einholung eines neuen Gutachtens. Dem Gericht steht es grundsätzlich frei, wie es seine Sachkunde beschafft. Bei mangelnder Ergiebigkeit des verfahrensfremden Gutachtens gebietet es die Sachaufklärungspflicht des § 286, von Amts wegen die notwendigen Ergänzungen einzuholen oder ein weiteres Gutachten zu beschaffen[32] (näher dazu § 411 Rdn. 2 und § 412 Rdn. 24).

15   Ob eine Erweiterung der richterlichen Befugnisse mit § 411a verbunden ist, entscheidet sich am Umgang mit Parteirechten zur Erzwingung einer Begutachtung im aktuellen Verfahren. Der Regierungsentwurf ist davon ausgegangen, dass die Parteien das Recht haben, den Sachverständigen, der das verfahrensfremde Gutachten erstattet hat, wegen **Besorgnis der Befangenheit** abzulehnen.[33] Sie sollen auch eine **mündliche Erläuterung des Gutachtens** (§ 411 Abs. 3) beantragen können.[34] Ob das Gericht dem Antrag stattgibt, soll nach Vorstellung des Regierungsentwurfs Gegenstand einer Ermessensentscheidung sein.[35] Diese Auffassung steht nicht in Einklang mit dem **Anspruch auf rechtliches Gehör**.[36] Die Parteien dürfen nicht schlechter gestellt werden als nach § 411.[37] Der Anhörungsantrag ist so zu behandeln, als wäre er zu einem erstmals in dem aktuellen Verfahren erstatteten Gutachten gestellt worden (s. dazu § 411 Rdn. 13). Im Übrigen ersetzt § 411a nur die Neuerstellung eines schriftlichen Gutachtens (oben Rdn. 10). Einem **Antrag auf Neubegutachtung** ist wie in den Fällen des § 412 stattzugeben, wenn die Sachaufklärungspflicht dies erforderlich macht. Die **rechtliche Erweiterung** des § 411a besteht somit ausschließlich darin, dass das Gericht Parteianträge zur erneuten schriftlichen Begutachtung ablehnen darf, wenn eine mündliche Erläuterung des Gutachtens durch den Sachverständigen ausreicht.

16   **4. Verwertungsentscheidung.** Die Entscheidung zur Verwertung ist durch **Beweisbeschluss** zu erlassen. Den Parteien ist rechtliches Gehör zu gewähren, was die Übersendung des Gutachtens einschließt. Es ist zweckmäßig, eine **Frist zur Stellungnahme** nach § 411 Abs. 4 Satz 2 zu setzen.

17   **5. Persönlichkeitsschutz von Altparteien.** Ein verfahrensfremdes Gutachten kann eine Person betreffen, die nicht am aktuellen Prozess beteiligt ist. Die Heranziehung kann darauf beruhen, dass sich das Gericht von Amts wegen auf Erkenntnisse aus einem konkreten anderen Verfahren stützen möchte, oder ein Prozessbevollmächtigter von der Existenz eines derartigen Gutachtens Kenntnis hat und es vorlegt. **Datenschutzrechtliche Gründe** stehen dem **nicht** entgegen[38] (s. auch § 407a Rdn. 30). Es kann darin aber

---

30   BT-Drucks. 15/1508 S. 20. Zur Beiziehung wegen Weigerung einer Partei, sich der angeordneten Neubegutachtung zu unterziehen, OLG Koblenz r+s 1996, 403.
31   So auch Zöller/*Greger*[29] § 411a Rdn. 3.
32   Vgl. BGH NJW-RR 2008, 1311 Tz. 6.
33   BT-Drucks. 15/1508 S. 20.
34   BVerwG NJW 2009, 2614 Tz. 8.
35   BT-Drucks. 15/1508 S. 20: das Gericht „kann" anordnen.
36   Ebenso *E.Schneider* AnwBl. 2003, 547, 550; s. auch *Saenger* ZZP 121 (2008), 139, 157.
37   *Völzmann-Stickelbrock* ZZP 118 (2005), 359, 382.
38   So österr. OGH ÖJZ 2001, 17, 18 unter Würdigung der Datenschutzrichtlinie 95/46/EG.

ein Verstoß gegen das **allgemeine Persönlichkeitsrecht** der begutachteten Person zu sehen sein, wenn eine hinreichende Anonymisierung unter Berücksichtigung der Nachprüfungserfordernisse im aktuellen Verfahren nicht möglich ist. Das Gericht hat diese Verletzung von Amts wegen zu berücksichtigen.

6. Rechte des Sachverständigen. Der Sachverständige kann der Verwertung nicht widersprechen. Von seinen urheberrechtlichen Verwertungsrechten ist allenfalls das **Vervielfältigungsrecht des § 16 UrhG** betroffen, das jedoch unter der **Schranke des § 45 Abs. 1 UrhG** (Verwendung in gerichtlichen Verfahren) steht. Die Benutzung eines urheberrechtlich geschützten Werkes als solche, also der Werkgenuss z.B. in Form des Lesens, ist keine urheberrechtlich relevanter Vorgang.[39] Irrelevant ist das Rückrufrecht des § 42 UrhG.[40] Der Sachverständige kann allenfalls erklären, sein Gutachten bedürfe der inhaltlichen Korrektur, was er gegebenenfalls nach § 410 zu beeiden hat. 18

Eine **erneute Vergütung** nach dem JVEG ist nur geschuldet, soweit der Sachverständige mündlich gehört wird oder schriftlich Ergänzungsfragen beantwortet.[41] Bei bloßer Verwertung des fremden Gutachtens ist die **Haftungsnorm des § 839a BGB** nicht einschlägig (vor § 402 Rdn. 56). 19

§ 412
Neues Gutachten

(1) Das Gericht kann eine neue Begutachtung durch dieselben oder durch andere Sachverständige anordnen, wenn es das Gutachten für ungenügend erachtet.

(2) Das Gericht kann die Begutachtung durch einen anderen Sachverständigen anordnen, wenn ein Sachverständiger nach Erstattung des Gutachtens mit Erfolg abgelehnt ist.

Schrifttum

Broß Richter und Sachverständiger, dargestellt anhand ausgewählter Probleme des Zivilprozesses, ZZP 102 (1989), 413; *Schnorr* Teilabdankung des Richters? Zur Nachvollziehbarkeit von medizinischen Sachverständigengutachten, DRiZ 1995, 54; *Steinke* Der Beweiswert forensischer Gutachten, NStZ 1994, 16; *Walter/Küper* Die Einholung medizinischer Gutachten und Obergutachten im Zivilprozeß, NJW 1968, 184 ff. Zur Schweiz: *Bühler* Gerichts- und Privatgutachten im Immaterialgüterrechtsprozess, sic! 2007, 607.

Übersicht

I. Würdigung von Sachverständigengutachten
   1. Überzeugungsgrad, Erkenntnissicherheit
      a) Freiheit der Beweiswürdigung, Grenzen
         aa) Grundsatz —— 1
         bb) Grenzen der Überzeugungsbildung —— 2
      b) Einzelfälle —— 6

   2. Überprüfung des Gutachtens
      a) Nachvollziehbarkeit, Vollständigkeit, Widerspruchsfreiheit
         aa) Eigenverantwortliche Nachprüfung —— 9
         bb) Vollständigkeit des Gutachtens —— 12
         cc) Widerspruchsfreiheit —— 13

---

[39] BGHZ 112, 264, 278 = GRUR 1991, 449, 453 – Betriebssystem.
[40] A.A. Zöller/*Greger*[29] § 411a Rdn. 5.
[41] AG Hohenschönhausen IPRax 2006, 607 m. abl. Bespr. *Jayme* JPRax 2006, 587; zustimmend *Saenger* ZZP 121 (2008), 139, 157.

b) Zutreffende Anschlusstatsachen; juristische Wertungen
    aa) Anschlusstatsachen —— 17
    bb) Juristische Fehlvorstellungen —— 20
c) Sachkunde, Unvoreingenommenheit des Sachverständigen
    aa) Sachkunde —— 21
    bb) Unvoreingenommenheit —— 22
d) Abweichung des Richters vom Sachverständigengutachten —— 23
II. Einholung eines weiteren Gutachtens —— 24
III. Verfahren —— 31

I. Würdigung von Sachverständigengutachten

1. Überzeugungsgrad, Erkenntnissicherheit

a) Freiheit der Beweiswürdigung, Grenzen

1   **aa) Grundsatz.** Sachverständigengutachten unterliegen der freien Beweiswürdigung (§ 286 Abs. 1). Der Richter darf dem Gutachten folgen, wenn ihm das Gutachten einen **für das praktische Leben brauchbaren** Grad persönlicher Gewissheit vermittelt; **mathematische Sicherheit**, die jeden möglichen Zweifel ausschließt, ist regelmäßig **nicht** erforderlich.[1] Dabei hat sich das Gericht unter Berücksichtigung des Parteivorbringens eine eigene Meinung zum Gutachten zu bilden und diese im Urteil zu begründen; das Gutachten muss nachvollzogen werden.

2   **bb) Grenzen der Überzeugungsbildung.** Neben der Bestimmung von Ober- und Untergrenzen des maßgeblichen Gewissheitsgrades kommt es auf die Frage an, ob und wann der Beliebigkeit der Überzeugungsbildung durch **richterrechtlich** ausgebildete **Beweisgrundsätze** Grenzen gezogen sind; dazu gehört auch das Aufspüren fehlerhafter Beweisgrundsätze.

3   Es gibt **keine abstrakten** (Beweis-)**Regeln**, wonach bestimmten Gutachten ein **höherer Erkenntniswert** als anderen zukäme. Weder ist eine generelle Einstufung bzw. Differenzierung nach der **Qualifikation** des tätig gewordenen Sachverständigen möglich, noch eine solche nach dem Sachgebiet der Begutachtung. So haben z.B. Gutachten öffentlich vereidigter Sachverständiger keinen fachlichen Vorrang gegenüber denen sonstiger Sachverständiger oder Gutachten gerichtlich bestellter Sachverständiger gegenüber den Ausführungen von Privatgutachtern.[2] Ein Gutachten hat daher, auch wenn es von einem fachlich erfahrenen Sachverständigen stammt, **keine „Vermutung der Richtigkeit"** für sich, die vom Beweisgegner zu entkräften wäre,[3] oder die es dem Gericht erlaubte, auf eine persönliche Nachvollziehung zu verzichten. Von einer Differenzierung nach dem Sachverstand ist allerdings die Unterscheidung nach der **Objektivität** der Gutachter abzugrenzen, die z.B. bei einem privat in Auftrag gegebenen Gutachten durch Parteilichkeit getrübt sein kann, freilich nicht zwingend gemindert sein muss.

4   **Wissenschaftliche Gutachten** genießen grundsätzlich keinen gesteigerten Überzeugungswert, und zwar unabhängig davon, ob mit den bei seiner Erarbeitung ange-

---

1 BGH NJW 1978, 1919 f. (zum Kausalitätsgegenbeweis nach § 25 Abs. 3 VVG); BGH NJW 2008, 2846 Tz. 22; s. auch BGHZ 53, 245, 256 – Fall Anastasia.
2 Anders OVG Koblenz NJW 1990, 788, 789 unter Vermengung der Würdigungsgesichtspunkte Objektivität (Unparteilichkeit) und spezieller Sachverstand (zum gesteigerten Beweiswert amtsärztlicher Gutachten bei Beurteilung der Dienstfähigkeit von Beamten).
3 BGH MDR 1982, 212; OLG München NJW 2011, 3729, 3730.

wandten Untersuchungsmethoden die anerkannten Regeln der betreffenden Wissenschaft beachtet wurden. Wissenschaft verändert sich mit dem Erkenntnisfortschritt, so dass selbst gesichert erscheinende Erkenntnisse hinfällig werden können. Schon deshalb kann der **Gegenbeweis** gegen die von einem gerichtlichen Sachverständigen vermittelten Erkenntnisse **geführt werden**.

Allerdings darf der Tatrichter nicht unbeachtet lassen, dass **bestimmten** gutachterlichen **Methoden** von der Fachwelt eine **größere Beweiskraft** zugemessen wird als anderen Methoden. Das hat der BGH etwa für die – durch naturwissenschaftlichen Fortschritt überholte – Konkurrenz des Vaterschaftsausschlusses auf Grund von Blutgruppenmerkmalen gegenüber derjenigen auf Grund erbbiologischer Gutachten angenommen.[4] Der Richter muss einen von der Fachwissenschaft akzeptierten herausgehobenen Erkenntniswert, der sich bis zu einer konkreten Beweisregel verdichten kann, seinerseits anerkennen. Daher gibt es Sonderfälle, in denen dem Sachverständigengutachten ausnahmsweise eine **absolute**, jeden **Gegenbeweis ausschließende Beweiskraft** zukommt, wenn nämlich die absolute Erkenntnissicherheit der jeweiligen wissenschaftlichen Methode allgemein anerkannt ist. Das hat der BGH für den Vaterschaftsausschluss mittels serologischer Daten über den Vererbungsgang von Blutgruppeneigenschaften auf der Grundlage eines Gutachtens des Robert-Koch-Instituts[5] und für den Ausschluss mittels Haptoglobintypen auf der Grundlage eines Gutachtens des Bundesgesundheitsamtes bejaht.[6] Auch ohne Inanspruchnahme absoluter Beweiskraft eines Gutachtens kann bei sehr hohen, insbesondere statistisch errechneten Wahrscheinlichkeitswerten eine weitere Begutachtung wegen der im individuellen Prozess ermittelten Beweiskonstellation – angelehnt an § 244 Abs. 3 StPO – entbehrlich sein.[7] **DNA-Analysen** nach dem Verfahren des „genetischen Fingerabdrucks" können zu einer Identitätsbestimmung mit absolutem Beweiswert führen.

b) Einzelfälle. Medizinische Gutachten (etwa zum hypothetischen Verlauf oder zur Ursache der Verschlimmerung eines Leidens, in das das haftungsbegründende Ereignis interveniert hat) können zumeist keine absolute sichere Erkenntnis vermitteln; regelmäßig sind nur Aussagen mit naturwissenschaftlich begründeter Gewissheit möglich, insoweit aber auch ausreichend.[8] Werden nach einem Unfall Schmerzsymptome behauptet, kann der medizinische Gutachter nur deren Plausibilität aus somatischen Anknüpfungstatsachen ableiten, die aber ihrerseits nicht immer gegeben sind.[9] Für DNA-Analysen stehen unterschiedliche Methoden zur Verfügung, deren Ergebnisse unterschiedlichen Beweiswert haben.[10]

Ist das einem **Bauvertrag** zugrunde liegende Leistungsverzeichnis gem. §§ 133, 157 BGB auszulegen, wofür der Gutachter vor allem die gebräuchliche Fachsprache und Ver-

---

4 BGH FamRZ 1966, 447.
5 BGH NJW 1951, 558.
6 BGH FamRZ 1966, 447; ebenso OLG Köln NJW 1966, 405, 406.
7 So BGH NJW 1994, 1348, 1350 zur *positiven* Abstammungsfeststellung nach Einholung einer DNA-Analyse mit dem Wahrscheinlichkeitsergebnis 99,999999% und Beweisantrag auf Erweiterung der DNA-Analyse.
8 OLG München NJW 1965, 424, 425 (zur Beurteilung eines Verfolgungsschicksals, Entschädigungsanspruch nach BEG).
9 Zu den geringeren Anforderungen an die medizinische Erkenntnissicherheit bei Fehlen somatischer Anknüpfungstatsachen (z.B. nach HWS-Schleudertrauma) OLG München NZV 1993, 434 f.: Ausreichend sei, dass die vom Geschädigten geäußerten Beschwerden dem fachkundigen Arzt nach einer von ihm persönlich durchgeführten Untersuchung glaubhaft erscheinen.
10 Vgl. dazu die Strafsache BGH JZ 1993, 102 f. m. Anm. *Keller*.

kehrsüblichkeiten erläutern kann, hat das Gericht die vom Sachverständigen vermittelten Erkenntnisse gegenüber denen, die sich aus der individuellen Situation ergeben, in eigener Verantwortung abzuwägen.[11]

8   Eine **Zeugenaussage**, die in **Widerspruch zu** den Feststellungen eines (technischen oder sonstigen) **Sachverständigen** steht, ist selbst dann nicht geeignet, das Gutachtenergebnis zu neutralisieren oder gar zu überwinden, wenn der Sachverständige den Inhalt der gegenteiligen Zeugenaussage nicht völlig auszuschließen vermag und der Zeuge einen subjektiv glaubhaften Eindruck macht. Der Richter darf sich nicht einfach auf seinen persönlichen Gesamteindruck berufen, sondern hat den Fehlerquellen der Zeugenwahrnehmung besondere Aufmerksamkeit zu widmen[12] oder sich eingehend mit der inneren Wahrscheinlichkeit des Sachvortrags der beweisbelasteten Partei sowie anderen Anhaltspunkten (z.B. situativ angepasstem Prozessvortrag) auseinanderzusetzen.[13] Hat ein Sachverständiger Anstoßgeschwindigkeiten von Kfz nach den Gesetzen der Physik errechnet, kann das Ergebnis nicht durch Geschwindigkeitsschätzungen von Zeugen widerlegt werden.[14]

2. Überprüfung des Gutachtens

a) Nachvollziehbarkeit, Vollständigkeit, Widerspruchsfreiheit

9   **aa) Eigenverantwortliche Nachprüfung.** Der Richter darf die Einholung eines Sachverständigengutachtens nicht deshalb ablehnen, weil es für ihn schwierig und bis zu einem gewissen Grad unmöglich ist, sich unmittelbar und auf Grund eigener Sachkunde davon zu überzeugen, dass das ihm vorgelegte Gutachten fachlich einwandfrei unter Ausschöpfung der wissenschaftlichen Möglichkeiten erarbeitet worden ist.[15] Anderenfalls wären viele medizinische, naturwissenschaftliche oder technische Beweisthemen von einer Beweiserhebung durch Begutachtung ausgeschlossen.[16] Die **richterlichen Erkenntnisschwierigkeiten** haben **nicht** zur Konsequenz, dass der Richter nach der Beweiserhebung von einer **Überprüfung** des Sachverständigengutachtens **freigestellt** ist. Vielmehr hat er sich ungeachtet seines fehlenden oder beschränkten Vorwissens um eine **selbständige** und **eigenverantwortliche Überprüfung** zu bemühen.[17] Er hat dasjenige zu tun, was vernünftigerweise von ihm erwartet werden kann.[18] Wie der BGH in der Anastasia-Entscheidung formuliert hat, ist jedes Gericht verpflichtet, die Gutachten selbst weltberühmter und führender Sachverständiger kritisch zu beurteilen, da es nicht Aufgabe des Sachverständigen ist, den Prozess zu entscheiden. Jedoch hat der BGH die Einschränkung gemacht: „Gutachten müssen dabei für den Richter nur im Gedanken-

---

11 BGH NJW-RR 1995, 914, 915 = WM 1995, 1321, 1322.
12 Vgl. zum Versuch der Widerlegung eines SV-Gutachtens über die Unwahrscheinlichkeit „feindlichen Grüns" einer Ampelschaltung durch Zeugenaussagen OLG Hamm NZV 1993, 481, 482.
13 Vgl. BGH NJW 1995, 966 f. zur Würdigung eines Schriftsachverständigengutachtens über die Echtheit der Unterschrift auf einer Erlassvertragsurkunde bei nachträglicher Forderungsklage durch den zwischenzeitlich verstorbenen Gläubiger. S. auch OGHZ 3, 119, 125 zur Unvereinbarkeit von Blutgruppengutachten und Zeugenaussage.
14 OLG Koblenz VersR 2000, 199.
15 BGH NJW 1951, 558 f.; OGHZ 3, 119, 123 f. = NJW 1950, 308.
16 Vgl. OGHZ 3, 119, 124.
17 BGH NJW 1975, 1463, 1464; OLG Stuttgart NJW 1981, 2581.
18 BGH NJW 1951, 558, 559.

gang nachvollziehbar, dagegen für einen Fachmann in allen Schlussfolgerungen nachprüfbar sein".[19]

Damit wird zugleich die Gutachtenanforderung der **Nachvollziehbarkeit des Gedankengangs** aufgestellt.[20] Zur Benutzung von Fachtermini ist der Sachverständige gleichwohl berechtigt.[21] Nachvollziehbarkeit bedeutet u.a. logische Geschlossenheit,[22] Benennung der Anknüpfungs- und Befundtatsachen[23] und Einhaltung des – jedenfalls für die Überprüfung durch andere Sachverständige wichtigen – **wissenschaftlichen Transparenzgebotes**.[24] Der Sachverständige darf nicht nur das Ergebnis seiner Untersuchungen mitteilen, sondern muss es ermöglichen, den Gedankengängen nachzugehen, sie zu prüfen und sich ihnen anzuschließen oder sie abzulehnen.[25] Soweit dem Gericht für die Überprüfung Sachkenntnisse fehlen, hat der Sachverständige nicht, wie es das Kassationsgericht Zürich zutreffend ausgedrückt hat, durch den Umfang seiner Ausführungen volle Sicherheit zu verschaffen, wie sie bei demjenigen entstehen kann, der über profunde Kenntnisse verfügt; vielmehr darf „Raum für das Vertrauen des Gerichts in den vom Gericht bestellten Experten bleiben".[26] 10

Für die Überprüfung gibt es **verschiedene allgemeine**, nachfolgend erörterte **Gesichtspunkte**.[27] So muss das Gutachten vollständig und widerspruchsfrei sein.[28] 11

bb) Vollständigkeit des Gutachtens. Vollständigkeit des Gutachtens bedeutet nicht nur, dass der Sachverständige die Beweisfrage beantworten muss; er muss dies vielmehr unter Ausschöpfung aller ihm zu Gebote stehenden Erkenntnismöglichkeiten tun; gegebenenfalls ist ein weiteres Gutachten in Auftrag zu geben.[29] Das Gericht darf sich mit einer etwaigen Selbstbeschränkung des Sachverständigen nicht zufrieden geben. Bei der Begutachtung psychischer Zustände einer Person ist deren persönliche Untersuchung durch den Sachverständigen erforderlich, sofern nicht ausreichende Erkenntnisse aus anderen Untersuchungen zur Verfügung stehen.[30] Welche Untersuchungsmethoden zur Erlangung einer fundierten Aussage anzuwenden sind, richtet sich nach den Erkenntnissen des jeweils betroffenen Fachgebiets.[31] 12

---

19   BGH DB 1970, 1381, 1382 (in BGHZ 53, 245 und NJW 1970, 946 nicht mit abgedruckt); s. auch BGH (1. StS) NJW 1999, 2746, 2750; VGH Mannheim NVwZ-RR 1999, 165: Nicht jeder Laie muss einzelne Rechenschritte nachvollziehen können.
20   S. auch BGH (1.StS) NJW 1999, 2746, 2750.
21   OLG Oldenburg NJW 1991, 1241.
22   Vgl. OLG Stuttgart NJW 1981, 2581.
23   BGH NJW 1999, 2746, 2750.
24   BGH NJW 1999, 2750 (mit näheren Einzelheiten zu Glaubhaftigkeitsgutachten).
25   OLG Düsseldorf NJW-RR 1996, 189, 190.
26   KassG Zürich SchwJZ 1990, 70, 71. Ähnlich BGH NJW-RR 1996, 185, 186: „Je nach der konkreten Sachverhaltsgestaltung mag es unbedenklich sein, wenn sich das Gericht allein auf die Kompetenz des gerichtlich bestellten Sachverständigen stützt".
27   Dazu auch OLG München NJW 2011, 3729, 3730 (formale Standards, vollständige Tatsachenverwertung, Gesetzmäßigkeit der Befunderhebung, Beachtung zugrundeliegender juristischer Vorstellungen, Widerspruchsfreiheit, Schlüssigkeit); *Schnorr* DRiZ 1995, 54, 56f.
28   Vgl. z.B. BGH VersR 1994, 480, 482 = NJW 1994, 1596; BGH VersR 1994, 984, 985; BGH NJW 1996, 1597, 1598; BGHZ 159, 245, 249 = VersR 2004, 1177, 1178; BGH VersR 2004, 1575, 1576; BGH VersR 2006, 242, 243 = NJW 2006, 152, 153.
29   Vgl. BGH NJW 1996, 730, 731 = VersR 1996, 1257: Der Sachverständige hatte angeregt, die Ursächlichkeit eines bei der Folienproduktion zugefügten Additivs für einen vorzeitigen Verfall der Folie durch langdauernde Praxisversuche zu klären, diese Versuche jedoch nicht selbst angestellt; BGH NJW 1997, 803, 804.
30   BayObLG NJW-RR 1996, 457, 459 für Begutachtung der Testierfähigkeit bei seniler Demenz einer noch lebenden Person.
31   Vgl. zu psychischen Erkrankungen OLG Hamm FamRZ 2009, 811, 812.

13 **cc) Widerspruchsfreiheit.** Das Gutachten muss widerspruchsfrei sein; anderenfalls fehlt es an einer ausreichenden Grundlage für die Überzeugungsbildung des Tatrichters.[32] Dies betrifft sowohl Widersprüche zwischen einzelnen **Erklärungen desselben Sachverständigen**, als auch hinsichtlich von Widersprüchen zwischen Äußerungen **mehrerer Sachverständiger**, selbst wenn es dabei um Privatgutachten geht.[33] Die Aufklärung von Widersprüchen oder unrichtigen Annahmen eines gerichtlich eingeholten Gutachtens ist nicht deshalb entbehrlich, weil eine Partei substantiierte Angriffe dazu vorträgt und die Gegenpartei diesen neuen Vortrag nicht ihrerseits substantiiert bestreitet; die Gegenpartei kann sich vielmehr auf das bereits erstattete und ihr günstige Gutachten berufen.[34] Eventuelle Widersprüche lassen sich häufig **durch Befragung** des Sachverständigen **klären**. Diese Aufklärungsmöglichkeit muss der Tatrichter nutzen.[35] Wenn das Gericht den Sachverhalt von Amts wegen weiter aufzuklären hat (§ 411 Rdn. 9f.), steht der Anordnung einer mündlichen Erläuterung nach § 411 Abs. 3 nicht entgegen, dass die Partei ihr Antragsrecht wegen Verspätung verloren hat.[36] Soweit das Berufungsgericht annehmen will, der Sachverständige weiche im Rahmen der mündlichen Erläuterung von seiner schriftlichen Begutachtung ab, hat es diesen Punkt durch ausdrückliche Befragung zu klären und zur revisionsgerichtlichen Überprüfung hinreichend deutlich im **Protokoll** (vgl. §§ 160 Abs. 3 Nr. 4, 161 Abs. 1 Nr. 1) oder gegebenenfalls einem Berichterstattervermerk festzuhalten.[37] Auch sonstige Unklarheiten und Zweifel zwischen verschiedenen Bekundungen des Sachverständigen hat das Gericht durch gezielte Befragung zu klären.[38] Die Protokollierung soll die Nachprüfung ermöglichen, ob das Gericht den Sachverständigen richtig verstanden hat.[39]

14 Der Tatrichter ist bei widerstreitenden Gutachten mehrerer Gutachter **nicht stets** gezwungen, sich die Gutachten gem. § 411 Abs. 3 **mündlich erläutern** zu lassen oder gem. § 412 Abs. 1 ein weiteres **(Ober-)Gutachten** einzuholen (dazu auch unten § 412 Rdn. 24ff.).[40] Er kann im Rahmen der freien Beweiswürdigung einem der Gutachten folgen, wenn es seinerseits vollständig, frei von Widersprüchen und überzeugend ist[41] und er keine Zweifel an der überlegenen Sachkunde und Erfahrung des Gutachtenverfassers hegt.[42] Allerdings muss der Richter im Urteil einleuchtend und logisch **nachvollziehbar begründen**, weshalb er einem der Gutachten den Vorzug gibt, damit die Entscheidung

---

32 BGH VersR 1997, 698, 699; BGH NJW 2001, 1787, 1788; BGH NJW-RR 2008, 1380 Tz. 8; BGH NJW-RR 2011, 428 Tz. 9.
33 BGH VersR 1994, 480, 482 = NJW 1994, 1596; BGH VersR 1994, 984, 985; BGH NJW 1996, 1597, 1598 = VersR 1996, 647, 648; BGH NZV 1997, 72, 73; BGH NJW 1997, 794, 795; BGH NJW-RR 1998, 1527, 1528; BGH NJW 1998, 2735; BGH NJW 1998, 1784, 1786; BGH NJW-RR 1998, 1117 – Ladewagen; BGH VersR 1998, 853, 854; BGH GRUR 2000, 138, 139 f. = WRP 1999, 1297, 1299 – Knopflochnähmaschinen; BGH WM 2001, 1309, 1310; BGH VersR 2001, 783, 784; BGH VersR 2004, 1579; BGH NJW-RR 2004, 1679, 1680; BGH ZIP 2007, 1524 Tz. 9; BGH VersR 2009, 518 Tz. 8; BGH VersR 2009, 499 Tz. 7; BGH VersR 2011, 1409 Tz. 33; BVerwG NJW 2009, 2614 Tz. 7.
34 BGH NJW-RR 2009, 1100 Tz. 14.
35 BGH VersR 2009, 499 Tz. 7; BGH VersR 2009, 518 Tz. 8.
36 BGH NJW-RR 1998, 1527, 1528; BGH NJW-RR 1997, 1487; BGH NJW 1992, 1459; OLG Zweibrücken NJW-RR 1999, 1156.
37 BGH NJW 1995, 779, 780 = VersR 1995, 195, 196; BGH VersR 2006, 821, 823.
38 BGH VersR 2001, 859, 860.
39 BGH VersR 2006, 821, 823.
40 BGH VersR 1962, 231, 232; BGH VersR 1980, 533; vgl. auch BGH NJW 1987, 442; BGH NJW 1992, 2291, 2292 = VersR 1992, 1015; NJW 1994, 1596, 1597 (Diskrepanz von Gerichtsgutachten und Gutachten einer ärztlichen Schlichtungsstelle).
41 BayObLG v. 15.10.1986, 3 Z 67/86 bei *Goerke* Rpfleger 1987, 150.
42 BGH VersR 1962, 231, 232.

willkürfrei getroffen wird.[43] Dies bedeutet, dass er sich mit *beiden* Gutachten in den Gründen der Entscheidung auseinanderzusetzen hat.[44] Er darf einem der widerstreitenden Gutachten nur mit einleuchtender und logisch nachvollziehbarer Begründung den Vorrang geben.[45] Differenzen zwischen den Gutachterauffassungen können darauf beruhen, dass sie von verschiedenen tatsächlichen Annahmen ausgehen oder dass beide den Sachverhalt verschieden beurteilen; dann sind die maßgebenden Tatsachen weiter aufzuklären bzw. die abweichenden Wertungen kritisch zu würdigen.[46] **Ausnahmsweise** besteht die Pflicht zur Aufklärung der Begutachtungsdiskrepanz durch ein **weiteres Gutachten,** wenn es sich um besonders schwierige Fragen handelt, wenn die vorhandenen Gutachten grobe Mängel aufweisen oder wenn ein neuer Gutachter über überlegene Forschungsmittel verfügt (näher: unten Rdn. 24, 28).[47] Von einem **non liquet** zu Ungunsten der beweisbelasteten Partei darf das Gericht erst ausgehen, wenn es die divergierenden Gutachten gegeneinander abgewogen hat, es gleichwohl nicht imstande ist, einem der beiden den Vorzug zu geben, und keine weiteren Aufklärungsmöglichkeiten bestehen.[48]

Greift eine Partei das Gutachten eines gerichtlichen Sachverständigen mit einem **Privatgutachten** an, hat sich das Gericht mit den Einwendungen des Privatgutachters genauso auseinanderzusetzen wie mit dem Gutachten eines gerichtlichen Sachverständigen (dazu § 402 Rdn. 72 und § 411 Rdn. 10); kann die Entscheidung mangels eigener Sachkunde nicht ohne sachverständige Beratung getroffen werden, so ist die Einholung eines weiteren Gutachtens geboten.[49] In Betracht kommt auch, den Privatgutachter mündlich zu hören, jedenfalls wenn dies von der Partei beantragt wird.[50] Die Partei kann durch einen Ladungsantrag aber nicht erzwingen, dass das Gericht gerade diesen Weg zur Aufklärung von Widersprüchen wählt, und damit die Ermessensentscheidung über die Bestellung gerichtlicher Gutachter einschränken.[51] Das Gericht kann sich auch damit begnügen, dem gerichtlichen Sachverständigen Gelegenheit zu geben, sich mit den Einwendungen des Privatgutachters auseinanderzusetzen.[52] Wird der Privatgutachter nicht geladen, jedoch von der Partei sistiert, ermöglicht die Ausübung des Parteifragerechts eine persönliche Gegenüberstellung der beiden Gutachter.[53] 15

Stehen sich **nur** widersprechende **Parteigutachten gegenüber**, die nichts anderes als qualifiziert substantiierter Parteivortrag sind, darf der auf die Vermittlung fremder Sachkunde angewiesene Tatrichter die Beweisaufnahme durch Einholung eines Ge- 16

---

43 BGH VersR 1980, 533 = MDR 1980, 662; BGH NJW 1987, 442; BGH NJW 1992, 2291, 2292; BGH VersR 1994, 984, 986.
44 BGH VersR 1986, 467, 468.
45 BGH VersR 2008, 1676 Tz. 11; BGH VersR 2009, 817 Tz. 9; BGH VersR 2009, 975 Tz. 7.
46 BGH NJW 1987, 442. Zur Abweichung wegen Anlegung eines überhöhten, an den Möglichkeiten einer Universitätsklinik orientierten medizinischen Standards BGH NJW 1994, 1596, 1597.
47 BGH VersR 1980, 533 m.w.N.; BGH NJW 1999, 1778, 1779.
48 BGH NJW 1987, 442.
49 BGH NJW 1986, 1928, 1930; BGH VersR 1981, 752, 753; BGH VersR 1997, 698, 699; BGH NJW 2001, 77, 78 = VersR 2001, 525, 526; OLG Frankfurt NJW-RR 1998, 870, 872; vgl. auch BGH VersR 1986, 467, 477; BGH NJW 1991, 98, 99. Für das Strafverfahren BGH NJW 1999, 2746, 2747 (zur aussagepsychologischen Begutachtung).
A.A. für Österreich, wohl wegen Generalverdachts der Parteilichkeit gegen Privatgutachter: OLG Innsbruck bei *Delle-Karth* ÖJZ 1993, 21 Fn. 85; abweichend wegen der Möglichkeit fehlerhafter Befunderhebung des dortigen Gerichtssachverständigen OLG Wien ÖJZ 1995, 342, 343.
50 BGH VersR 1988, 82, 83: „am besten in Gegenüberstellung" mit dem gerichtlichen Sachverständigen.
51 So die richtige Tendenz von OLG Karlsruhe VersR 1990, 53, 54 in Auseinandersetzung mit BGH VersR 1988, 82, 83.
52 BGH NJW 2002, 1651, 1654; OLG Karlsruhe VersR 1990, 53, 54 f.
53 OLG Karlsruhe VersR 1990, 53, 54.

richtsgutachtens nicht dadurch umgehen, dass er die Beweisfrage allein auf der Grundlage des einen Privatgutachtens zu Lasten des anderen Gutachtens beantwortet.[54] Als Sachverständigengutachten im Sinne eines Beweismittels können Privatgutachten nur mit Zustimmung beider Parteien herangezogen werden.[55]

b) Zutreffende Anschlusstatsachen; juristische Wertungen

17 **aa) Anschlusstatsachen.** Die Überprüfungspflicht erstreckt sich auch darauf, ob der Sachverständige von zutreffenden **Anschlusstatsachen** ausgegangen ist (vgl. § 404a Abs. 3) und ob er alle erreichbaren Tatsachenfeststellungen beachtet und gewürdigt hat;[56] daher muss der Sachverständige die seiner Begutachtung zugrunde gelegten Tatsachen **angeben**.[57] Einwendungen der Parteien gegen die tatsächlichen Grundlagen des Gutachtens muss das Gericht nachgehen; dabei ist insbesondere zu prüfen, ob der Sachverständige den Sachverhalt richtig und vollständig gewürdigt hat.[58] Grundsätzlich hat das Gericht die Anschlusstatsachen vor der Begutachtung selbst zu ermitteln und dem Sachverständigen einen für ihn unverrückbaren Sachverhalt vorzugeben.[59] Konnte das Gericht vor Erstattung des Gutachtens nicht voraussehen, auf welche Anschlusstatsachen es ankommen würde, und greift der Sachverständige ohne Rücksprache mit dem Gericht selbst auf Tatsachen zu, sind dazu erforderliche Beweise wenigstens nachträglich vom Richter zu erheben; gegebenenfalls ist der Sachverständige zu einer weiteren Stellungnahme zu veranlassen.[60] Wird also die Tatsachengrundlage des Sachverständigengutachtens nachträglich streitig, macht das Sachverständigengutachten die Erhebung geeigneten Beweises nicht entbehrlich. Ebenso muss über nachträglich bekanntgewordene Indiztatsachen Beweis erhoben werden, soweit sie geeignet sind, den Beweiswert des Gutachtens zu beeinflussen.[61]

18 Sind benötigte **Anschlusstatsachen nicht mehr aufklärbar** und muss der Sachverständige daher – so oft bei Gutachten zur Rekonstruktion von Verkehrsunfällen – von erfahrungsmäßigen Annahmen und Mittelwerten ausgehen, so ist zu prüfen, welche Abweichungen von derartigen Erfahrungssätzen oder Mittelwerten im konkreten Fall in tatsächlicher Hinsicht vorgelegen haben können; bei spekulativer Annahme von Rekonstruktionswerten ist das Gutachten nicht verwertbar.[62]

19 Stützt der Sachverständige sein Gutachten auf **Anschlusstatsachen**, die einer oder beiden Parteien **nicht bekannt** sind (z.B. vertraulich behandelte Vergleichsobjekte und

---

54 BGH MDR 1993, 797.
55 BGH NJW 1993, 2382, 2383 = VersR 1993, 899, 900 = MDR 1993, 797; BGH NJW 1986, 3077, 3079; OLG Oldenburg NJW-RR 2000, 949, 950.
56 OLG Stuttgart NJW 1981, 2581; s. ferner BGH VersR 2004, 1579.
57 BGH MDR 1963, 830; OLG Stuttgart NJW 1981, 2581; OLG Düsseldorf FamRZ 1989, 889; BFH NJW 1982, 1608.
58 BayObLG FamRZ 1994, 1059, 1060.
59 BGH NJW-RR 2004, 1679 = VersR 2005, 676, 677: bei Berufsunfähigkeitsprüfung die Angaben zum vorgetragenen Beruf in seiner konkreten Ausgestaltung.
60 BGHZ 37, 389, 394. OLG Stuttgart NJW 1981, 1581 sieht darin unzutreffend eine Überprüfung von Tatsachenfeststellungen, die nur der Sachverständige kraft seiner besonderen Sachkunde hat treffen können; dann würde es sich statt um Anschlusstatsachen um Befundtatsachen handeln, die bereits Teil der eigentlichen Begutachtung sind.
61 Vgl. BGH NJW-RR 1996, 185 f.: Behauptung des zeitweiligen ungestörten Laufs einer Wärmerückgewinnungsanlage, die der Gutachter unter Übernahme von Messergebnissen der beanstandenden Partei aufgrund eigener Erfahrungen für funktionsuntauglich erklärt hatte.
62 OLG Koblenz VersR 1978, 676 f.

Vergleichspreise in einem Verkehrswertgutachten nach der Ertragswertmethode[63]) ist das Gutachten wegen Verstoßes gegen **Art. 103 Abs. 1 GG** regelmäßig nicht verwertbar, solange die Tatsachen nicht in den Prozess eingeführt werden[64] (zu Geheimhaltungsinteressen im Stadium der Ermittlung von Befundtatsachen § 404a Rdn. 40). Nicht dazu gehören allerdings individuelle Empfängerdaten aus Verkehrsbefragungen des Deutschen Industrie- und Handelstages oder einer einzelnen IHK bei angeschlossenen Mitgliedsunternehmen, wie sie etwa zur Feststellung von Handelsbräuchen durchgeführt werden. Nichtanonymisierte Angaben über die Empfänger der von der IHK ausgesandten Fragebögen können nicht verlangt werden,[65] weil es auf deren Individualität und damit deren Identifizierung ebenso wenig ankommt wie auf die Identität der für ein demoskopisches Gutachten befragten Personen. Ein medizinischer Gutachter muss Rohdaten zur Vorbereitung des Gutachtens nicht vorlegen.[66]

bb) Juristische Fehlvorstellungen. Sicherzustellen hat das Gericht, dass der Sachverständige hinsichtlich des Gutachtenauftrages keinen juristischen Fehlvorstellungen erliegt; das Gutachten ist auch darauf zu kontrollieren.[67] So ist der medizinische Sachverständige darauf hinzuweisen, dass im Haftpflichtrecht andere **Kausalitäts- und Beweisanforderungen** gelten als im Sozialrecht,[68] oder dass **Berufsunfähigkeit** im privatversicherungsrechtlichen Sinne nicht mit Erwerbsunfähigkeit im Sinne des gesetzlichen Rentenversicherungsrechts gleichgesetzt werden kann.[69] 20

c) Sachkunde, Unvoreingenommenheit des Sachverständigen

aa) Sachkunde. Das Gericht hat soweit möglich die **Sachkunde** des Gutachters zu überprüfen.[70] Will es darauf bezogene Erkenntnisse verwerten, die es aus Rechtsstreitigkeiten zwischen anderen Parteien gewonnen hat, müssen diese zuvor in den Prozess eingeführt werden, um den Parteien Gelegenheit zur Stellungnahme zu geben (Art. 103 Abs. 1 GG).[71] Stehen dem Sachverständigen mehrere methodische Wege für die Begutachtung zur Verfügung, die jeweils anerkannt sind, können aus seiner ermessensfehlerfrei getroffenen Auswahl keine Zweifel an der Sachkunde abgeleitet werden.[72] 21

bb) Unvoreingenommenheit. Zu kontrollieren hat das Gericht, ob der Sachverständige sein Gutachten unvoreingenommen erstattet hat. Objektive Zweifel an der Unvoreingenommenheit mindern den Beweiswert. Dieser Gesichtspunkt ist im Hinblick auf § 286 **revisibel** und selbst bei vorangegangenem Ablehnungsverfahren nicht durch 22

---

63 Vgl. dazu § 404a Rdn. 26.
64 BGH NJW 1994, 2899; OLG Stuttgart NJW 1981, 2581: Fehlende (fremd erstellte) gynäkologische Unterlagen zum amtsärztlichen Gerichtsgutachten über Arbeitsunfähigkeit der Unterhaltsgläubigerin. Zu Mietspiegeldaten BVerfG NJW 1995, 40 f.
65 So OLG Oldenburg BB 1973, 19 zu den Namen der dort befragten Makler.
66 OLG Köln VersR 2013, 349, 352.
67 BGH NJW-RR 1995, 914, 915 = WM 1995, 1321, 1322; vgl. auch BayObLG NJW 1992, 2200, 2101.
68 OLG Köln NJW-RR 1999, 720, 721 = VersR 1998, 1249.
69 BGH NJW-RR 2004, 1679, 1680 = VersR 2005, 676, 677.
70 BGH VersR 2004, 1575, 1576; OLG München NJW 2006, 1293, 1295.
71 BGH VersR 1993, 899, 900 = NJW 1993, 2382 (disqualifizierende Rückschlüsse aus auffälligem Gegensatz des behandelnden Arztes und Privatgutachters zu den Gerichtsgutachtern in zwei anderen Verfahren).
72 BGH NJW 1999, 2746, 2748 (zu Testverfahren der Glaubhaftigkeitsbeurteilung kindlicher und jugendlicher Zeugenaussagen bei Sexualdelikten).

§§ 406 Abs. 5, 567 Abs. 4, 548 von der Revision ausgeschlossen.[73] Besondere Bedeutung hat der Gesichtspunkt **bewusster** oder **unbewusster Standessolidarität**, sofern Gutachter und eine der Parteien demselben Berufsstand angehören und der Gutachtenauftrag die beruflichen Leistungen der Partei betrifft (so die Judikatur der 70er und 80er Jahren häufiger in Bezug auf Arzthaftungsprozesse wegen inzwischen beseitigter rechtswidriger Äußerungsbeschränkungen des berufsrechtlichen Satzungsrechts, abgeleitet aus dem Grundsatz ärztlicher Solidarität[74]). Die Gutachten sind kritisch darauf zu untersuchen, ob sich der Sachverständige von (häufig unbewusster) Solidarität mit seinem Berufsgenossen hat leiten lassen.[75] Anlass zur näheren Prüfung (z.B. durch eingehende Befragung des Sachverständigen in der mündlichen Verhandlung) geben ersichtlich zurückhaltende[76] oder gar wertlose Äußerungen, welche auf ein „Überspielen" der eigentlichen Beweisfrage hindeuten.[77]

23   **d) Abweichung des Richters vom Sachverständigengutachten.** Will das Gericht von einem Gutachten abweichen, muss es dafür eine ausreichende Begründung geben,[78] insbesondere seine eigenen **Erkenntnisquellen offenlegen**.[79] Die Begründung muss erkennen lassen, dass das Gericht die **notwendige Sachkunde** zur abweichenden Beantwortung der Beweisfrage hatte.[80] Insoweit haben die gleichen Grundsätze zu gelten wie bei der Frage, ob überhaupt Sachverständigenbeweis zu erheben ist[81] (dazu § 402 Rdn. 56). Das Gericht kann die abweichende Würdigung grundsätzlich mit originär eigener Sachkunde aus der wiederholten Entscheidung gleichgelagerter Fälle oder dem Studium der Fachliteratur oder mit der aus anderen Erkenntnisquellen, z.B. auch Privatgutachten,[82] vermittelten Sachkunde begründen.[83] Vorsicht ist vor richterlicher Wissensanmaßung geboten, die im Gewande eines Übergangs zur rechtlichen Beurteilung geschehen kann, etwa bei der Korrektur des berufsfachlichen Sorgfaltsmaßstabs mittels des Kriteriums der Verkehrserforderlichkeit des § 276 Abs. 2 BGB auf der Grundlage einer „rechtlichen Gesamtschau".[84] Die Sachkunde des Gerichts kann nicht zum Gegenstand einer Beweiserhebung gemacht werden.[85] Das Bundesverfassungsgericht sieht die be-

---

73 BGH VersR 1981, 546, 547.
74 So z.B. BGH NJW 1975, 1463, 1464.
75 Zum ärztlichen Behandlungsfehler („Kunstfehlerprozess") so BGH NJW 1975, 1463, 1464.
76 BGH NJW 1975, 1463, 1464 (dortiges Indiz der Gutachterhinweis auf die Schwierigkeit der Beantwortung einer präzisen Frage wegen der „großen Konsequenzen für den Prozess"); BGH NJW 1978, 587, 588 = MDR 1978, 215 (Gutachterformulierung, die angewandte Methode sei „*theoretisch*" erlaubt gewesen); BGH ZSW 1981, 36, 37 m. Anm. *Müller*; vgl. auch BGH NJW 1993, 1524, 1525 = VersR 1993, 835.
77 Vgl. BGH ZSW 1981, 36, 37.
78 BGH NJW 1951, 566 (strengere Anforderung des ärztlichen Gutachters); BGH VersR 1956, 191, 192; BGH NJW 1961, 2061 (Abweichung zugelassen für Beurteilung der Geschäftsfähigkeit eines Arteriosklerosepatienten); BGH VersR 1997, 510 (Kausalität zwischen Verkehrsunfall und behaupteter Wesensveränderung); BGH VersR 2001, 859, 860; vgl. auch BGH NJW-RR 1988, 1235; BayObLG ZSW 1984, 13, 16 m. Anm. *Müller*.
79 BGH VersR 1954, 531 (im Ergebnis zweifelhaft, weil Abweichung wohl in den *rechtlichen* Anforderungen an die Erforderlichkeit der Sorgfalt lag).
80 Vgl. BVerfG NJW 1999, 3623, 3624; BGH MDR 1982, 45; BGH VersR 2000, 984, 985; BGH VersR 2006, 821, 823.
81 Dazu BGH VersR 1957, 247.
82 Vgl. BGH VersR 1960, 470, 471.
83 Verworfen in BGH VersR 1971, 129, 130 für die urkundenbeweisliche Verwertung eines Gutachtens aus dem strafrechtlichen Ermittlungsverfahren über das technische Individualgeschehen eines Unfallverlaufs.
84 So in BGH NJW 1995, 776, 777 = VersR 1995, 659, 660 (höhere richterliche Anforderungen an Verminderung des Infektionsrisikos unter Abweichung vom gutachtlich festgestellten Standard deutscher Kliniken).
85 Zum Strafprozess ebenso BGH NStZ 2000, 156, 157.

weisrechtlichen Grundsätze zur Inanspruchnahme eigener Sachkunde bei Abweichung von einem Gerichtsgutachten als **Anwendung des Verfahrensrechts** an, die dem **materiellen Grundrechtsschutz** gerecht werden muss. In dieser Weise wird etwa die Entscheidung in Sorgerechtsverfahren durch Art. 6 Abs. 2 Satz 2 GG beeinflusst.[86] In gleicher Weise nimmt Art. 8 EMRK (Schutz der Familie) auf die Verfahrensgestaltung Einfluss und kann zur Einholung eines Sachverständigengutachtens zwingen.[87]

II. Einholung eines weiteren Gutachtens

Die Einholung eines weiteren Gutachtens steht im **Ermessen des Gerichts**.[88] Die Kommission für das Zivilprozessrecht hat davon abgesehen, eine an § 244 Abs. 4 StPO angelehnte Vorschrift in die ZPO zu übernehmen, weil die strafprozessuale Norm „in einigen Punkten Bedenken" begegne und „jedenfalls unvollständig" sei.[89] **§ 244 Abs. 4 StPO** ist allerdings das Ergebnis einer jahrzehntelangen Rechtsprechung und daher bei der Ermessensausübung **heranzuziehen**.[90] Auch im Zivilprozess und im Verfahren nach dem FamFG ist ein weiteres Gutachten entbehrlich, wenn durch das erste Gutachten bereits die Überzeugung des Gerichts herbeigeführt worden ist und das erste Gutachten nicht ungenügend ist.[91] Entsprechend § 244 Abs. 4 StPO muss der Richter ein weiteres Gutachten einholen, wenn die Sachkunde des ersten Gutachters zweifelhaft ist, der Erstgutachter von falschen Tatsachen ausgegangen ist, das erste Gutachten widersprüchlich ist oder der neue Gutachter über überlegene Forschungsmittel[92] verfügt.[93] Fragwürdig ist die Formulierung, ein weiteres Gutachten sei nicht schon deshalb einzuholen, weil ein anderer Gutachter „einer anderen Auffassung zuneigt";[94] dann besteht Anlass, nach den Gründen für das abweichende Ergebnis zu forschen. 24

Die Praxis hat für das neue Gutachten den Begriff **„Obergutachten"** geprägt, der jedoch missverständlich ist, weil er unzutreffend suggeriert, dem weiteren Gutachten komme ein wie auch immer gearteter Vorrang gegenüber dem oder den zuvor erstatteten Gutachten zu (zur generellen Gleichrangigkeit von Gutachten § 412 Rdn. 3). **Forschungs-** 25

---

86 BVerfG NJW 1999, 3623, 3624.
87 EGMR, Urt. v. 13.7.2000 – Rs. 25735/94, Elsholz/Deutschland, NJW 2001, 2315, 2317, Tz. 53.
88 Kein Verstoß gegen Art. 6 Abs. 1 EMRK, wenn nach Einholung eines Sachverständigengutachtens auf die Erhebung weiteren Sachverständigenbeweises verzichtet wird, EKMR, E. v. 2.3.1994, Beschw. Nr. 18.640/91 und 19.574/92 gegen Österreich (Fall Lucona), ÖJZ 1994, 853, 854.
89 Kommissionsbericht S. 142.
90 BGH NJW 1994, 1348, 1349; OLG Brandenburg NJW-FER 2001, 55, 56.
91 BGHZ 53, 245, 258 f. – Anastasia.
92 Vgl. BGH NJW 1964, 1184 (Neuentdeckung weiterer Blutgruppensysteme); BGH NJW 1994, 1348, 1349 (bisher nicht berücksichtigte wiss. Erkenntnisse); BGH VersR 2004, 1575, 1576 (neue wissenschaftliche Erkenntnismöglichkeiten).
Für erleichterte Zulassung der Restitutionsklage nach § 580 Nr. 7b bei Erkenntnisfortschritt, der sich aus einem neuen SV-Gutachten ergibt, *Foerste* NJW 1996, 345 ff.; abl. die h.M., vgl. nur OLG Koblenz VersR 1995, 1374 f. Anders für Österreich bei anderer Gesetzeslage: öOGH ÖJZ 1989, 243, 244.
Welch praktische Bedeutung die Zulassung der Restitutionsklage hätte, zeigt der Apfelschorf-Produkthaftungsfall: ca. 100 Haftpflichtprozesse im OLG-Bezirk Celle wurden auf der Grundlage der Begutachtung desselben Sachverständigen der Biologischen Bundesanstalt abgewiesen, während ein einzelnes an das OLG Frankfurt gelangte Verfahren aufgrund der Sachkunde eines schweizerischen Sachverständigen gegenteilig entschieden wurde; näher dazu *Kullmann* FS Salger S. 651, 660 f.
93 BGHZ 53, 245, 259 – Anastasia; BGH NJW 1994, 1348, 1349; OLG Saarbrücken VersR 1990, 968, 969 f.; KG VersR 2004, 350, 351. Ebenso im FGG-Verfahren: BayObLGZ 1971, 147; BayObLG ZSW 1983, 82, 84 m. Anm. *Müller*; BayObLGZ 1986, 145, 148. Für das Verwaltungsgerichtsverfahren ebenso VGH Kassel MDR 1996, 418.
94 So KG VersR 2002, 438, 440.

mittel, die denen des bisherigen Gutachters **überlegen sind**, sind nach der strafprozessualen Rechtsprechung nur Hilfsmittel und Verfahren für wissenschaftliche Untersuchungen, nicht jedoch persönliche Kenntnisse und Erfahrungen oder das Ansehen in der wissenschaftlichen Welt.[95] Für den Zivilprozess wird eine weitergehende Interpretation gewählt, bei der es nur darauf ankommt, ob der neue Sachverständige mit seinen Kenntnissen dem Richter festere Überzeugungen vermitteln kann.[96]

26 Die Rüge **mangelnder Sachkunde** muss nicht auf Fehler des Sachverständigen im konkreten Verfahren gestützt werden; sie kann sich auch aus der Tätigkeit des Sachverständigen in anderen Verfahren ergeben.[97] Verwendet der Sachverständige **wissenschaftlich umstrittene Kriterien**, die von jenen abweichen, welche die Billigung des BGH gefunden haben, darf das Gericht den Antrag auf Zuziehung eines weiteren Sachverständigen nicht ablehnen, ohne zuvor weitere sachverständige Hilfe in Anspruch genommen zu haben.[98] Für technische Gutachten, mit denen durch einen Schadensvergleich an Unfallfahrzeugen der Verdacht eines Kfz-Versicherungsbetruges aufgeklärt werden soll, sind regelmäßig Spezialkenntnisse der Kollisionsmechanik und der Kompatibilitätsanalyse erforderlich.[99]

27 Ist das Gutachten **widersprüchlich**, sind die Widersprüche durch Befragung des Sachverständigen zu klären.[100] Erst wenn sich insoweit keine Klarheit erzielen lässt, ist ein weiteres Gutachten erforderlich.[101] Zu widerstreitenden Gutachten oben Rdn. 13f.

28 In allen übrigen Fällen steht die Einholung eines weiteren Gutachtens im tatrichterlichen Ermessen. Die Rechtsprechung hat eine Pflicht zur Einholung eines weiteren Gutachtens auch dann bejaht,[102] wenn es um die **Beantwortung „schwieriger" Fragen** geht[103] oder das Gutachten **„grobe Mängel"** aufweist.[104] Diese Formeln sind isoliert gesehen belanglos, allerdings auch missverständlich.[105] Der Tatrichter darf seine Entscheidung nicht auf ein von ihm als mangelhaft erkanntes Gutachten stützen, weil er dann unberechtigterweise Sachkunde in Anspruch nimmt, die er mit Erteilung des Gutachtenauftrages verneint hatte. Auf das Vorliegen „grober Mängel" ist der Bedarf nach erneuter sachkundiger Beratung nicht beschränkt. Bei besonders „schwierigen" Fragen ist ein weiteres Gutachten nicht per se einzuholen, weil dies auf eine Gutachtenverdoppelung von Anfang an hinauslaufen würde. Statt dessen kommt es nur darauf an, ob sich der Richter zutrauen darf, detaillierte Parteiangriffe gegen ein Gutachten, die sich durch eine mündliche Anhörung des Sachverständigen nicht erledigen lassen, ungeachtet der Schwierigkeit des Beweisthemas kraft eigener Sachkunde zu beantworten. Insofern macht die Formel eine Selbstüberschätzung des Tatrichters revisibel.

29 Das Gutachten eines mit Erfolg **abgelehnten Sachverständigen** darf **nicht verwandt** werden (§ 412 Abs. 2). Zwar besteht kein Zwang zur Einholung eines neuen Gut-

---

95 BGHSt 23, 176, 186; *Kullmann* FS Salger S. 651, 655.
96 *Kullmann* FS Salger S. 651, 656.
97 BGH NJW 1989, 176f. (zu § 244 StPO).
98 BGH StrV 1989, 335, 336 (zu § 244 StPO).
99 OLG Hamm NJW-RR 1992, 1055.
100 Vgl. BGH NJW 1995, 779, 780 = VersR 1995, 195.
101 BGH NJW 2001, 1787, 1788; OLG Köln FamRZ 2008, 1362.
102 Obiter dicta z.B. in BGHZ 53, 245, 258f. – Anastasia; VersR 1980, 533; BayObLGZ 1971, 147; BayObLGZ 1986, 145, 148; BayObLG ZSW 1983, 82, 84 m. Anm. *Müller*.
103 Vgl. BGH NJW 1978, 751, 752: bei Schriftgutachten sei regelmäßig die Einholung eines Kontrollgutachtens geboten. Verneint für Beurteilung des Geisteszustandes von BayObLGZ 1986, 145, 148.
104 Vgl. BGH NJW 1999, 1778, 1779; OLG München NJW-RR 1986, 1142f.: Schallmessungen u.a. mit ungeeigneten Geräten, falscher Mikrophonaufstellung und zu kurzer Messzeit.
105 Daher hat *Leipold* noch in der 19. Aufl. des Stein/Jonas (§ 412 Fn. 19 zu Rdn. 10) Bedenken dagegen erhoben.

achtens („kann"), doch muss das Gericht seine zuvor verneinte Sachkunde dann auf eine Weise erlangen, die nicht aus dem Gutachten des Abgelehnten stammt.

Auf **Schiedsgutachten** finden die Grundsätze des § 412 entsprechende Anwendung.[106] 30

III. Verfahren

Die Anordnung der Neubegutachtung ergeht **ohne** notwendige **mündliche Verhandlung** durch unanfechtbaren Beschluss des Prozessgerichts. Die Ablehnung des Antrags auf Neubegutachtung ist **nicht selbständig anfechtbar**.[107] Ein darin liegender Verstoß gegen § 286 ist mit dem statthaften Rechtsmittel gegen das Endurteil geltend zu machen. Auch im **selbständigen Beweisverfahren** ist die Einholung eines weiteren Gutachtens nicht mittels sofortiger Beschwerde erzwingbar.[108] Eine Beweiswürdigung findet dort nicht statt; ausgenommen ist die Beachtung evidenter völliger Ungeeignetheit des Gutachtens.[109] 31

§ 413
Sachverständigenvergütung

Der Sachverständige erhält eine Vergütung nach dem Justizvergütungs- und -entschädigungsgesetz.

Schrifttum

Kommentare

Hartmann Kostengesetze, 43. Aufl. 2013, Teil V; *Meyer/Höver/Bach* Vergütung und Entschädigung von Sachverständigen (JVEG), 26. Aufl. 2013.

Aufsätze

(1) **zum ZSEG**: *Dück* Zuschläge zur Vergütung des Sachverständigen, JurBüro 1992, 140; *Hesse* Verlust des Entschädigungsanspruchs des gerichtlichen Sachverständigen, NJW 1969, 2263; *Jessnitzer* Rückforderung überzahlter Entschädigungsbeträge, Rpfleger 1980, 216; *Jessnitzer* Die Entschädigung des abgelehnten Sachverständigen, der als sachverständiger Zeuge vernommen wird, in: Der Sachverständige 1991, 268; *Kamphausen* Zur Entschädigung des gerichtlichen Sachverständigen bei Überschreitung des gerichtlichen Auslagenvorschusses, JurBüro 1982, 7; *Kamphausen* Verfassungsrechtliche Aspekte bei der Entschädigung gerichtlicher Sachverständiger, MDR 1984, 97; *Kamphausen* Sachverständigenentschädigung und verfassungskonforme Auslegung des ZSEG, MDR 1993, 21; *Kääb/Jandel* Sachverständigenhonorare – ein Faß ohne Boden? NZV 1998, 268.

(2) **zum JVEG**: *Fellner* Sachverständigenvergütung – Versagung wegen zögerlicher Auftragsbearbeitung, MDR 2012, 260; *Hansens* Kostenrechtsmodernisierungsgesetz-Änderungen im GKG und das neue JVEG, AnwBl. 2004, 142; *Ley* Die neue Vergütung des Sachverständigen im Insolvenzverfahren nach dem Justizvergütungs- und Entschädigungsgesetz, ZIP 2004, 1391.

---

106 BGH MDR 1984, 224 (zur offenbaren Unrichtigkeit im Sinne von § 319 BGB).
107 OLG Köln NJW-RR 2000, 729; OLG Hamm NVersZ 2001, 384.
108 **A.A.** OLG Frankfurt (4. ZS) MDR 2008, 585, 586.
109 OLG Frankfurt (19. ZS) NJW-RR 2007, 18, 19.

Übersicht

I. Grundlagen der Vergütung
  1. JVEG, öffentlich-rechtliches Leistungsverhältnis — 1
  2. Vergütungsbestandteile — 4
  3. Vergütungsfestsetzung — 7
II. Vergütungswürdigkeit, Verlust des Anspruches
  1. Verwirkung — 10
  2. Einzelfälle: Nichtleistung, Unverwertbarkeit, Übermaßleistung
     a) Nichterstattung des Gutachtens, unbefugte Übertragung — 12
     b) Unverwertbarkeit infolge Ablehnung — 13
     c) Unverwertbarkeit infolge inhaltlicher Mängel — 16
     d) Überziehen des Auslagenvorschusses — 19
     e) Überschreiten des Gutachtenauftrages (§ 407a Abs. 3 Satz 1) — 20
  3. Verfahren — 22
III. Anhang: Kostenerstattung für Privatgutachten — 25

I. Grundlagen der Vergütung

1. JVEG, öffentlich-rechtliches Leistungsverhältnis. Die Vergütung des Sachverständigen richtete sich für Aufträge, die vor dem 1. Juli 2004 erteilt worden waren, nach dem Gesetz über die Entschädigung von Zeugen und Sachverständigen (ZSEG). Es ist abgelöst worden durch das Justizvergütungs- und -entschädigungsgesetz (JVEG) i.d.F. des Art. 2 Kostenrechtsmodernisierungsgesetz vom 5. Mai 2004.[1] Dessen Regelung ist durch Art. 7 2. Kostenrechtsmodernisierungsgesetz vom 23. Juli 2013 geändert worden.[2]

Zwischen Gericht und Sachverständigem besteht ein **öffentlich-rechtliches Leistungsverhältnis**.[3] Der Vergütungsanspruch ist daher öffentlich-rechtlicher Natur,[4] seine Festsetzung im Rahmen der ordentlichen Gerichtsbarkeit jedoch durch das JVEG den ordentlichen Gerichten zugewiesen. Das JVEG findet Anwendung auf die Vergütung (früher: Entschädigung) von **Sachverständigen** (§ 1 Abs. 1 Nr. 1) sowie von **Behörden** und sonstigen öffentlichen Stellen, die vom Gericht zu Sachverständigenleistungen herangezogen werden (§ 1 Abs. 2). Ob die Inanspruchnahme einer Behörde im Wege der Amtshilfe erfolgte, ist für die Anwendung des JVEG bedeutungslos.[5] Wie das BVerfG zum ZSEG geurteilt hat, bewirken die begrenzten Vergütungssätze in Verbindung mit der Verpflichtung zur Gutachtenerstattung eine **Indienstnahme Privater für öffentliche Aufgaben**, die am Maßstab des **Art. 12 Abs. 1 GG** zu messen war.[6] Daran hat sich unter dem JVEG nichts geändert, auch wenn das Gesetz eine **leistungsgerechte Vergütung** anstrebt, die sich am Bild des selbständig und hauptberuflich Tätigen orientiert.[7]

Das JVEG ist eine **abschließende Spezialregelung**, die eine Berufung auf andere Anspruchsgrundlagen bzw. eine Geltendmachung in anderen Verfahren ausschließt.[8] Sie erlaubt aber in § 13 JVEG die Zahlung von Vergütungen abweichend von der gesetzlichen Regelung im Einverständnis der Parteien. Auf die privatrechtlich geschuldete Sachverständigenvergütung ist das JVEG nicht anzuwenden. Die Sätze sind aber heran-

---

[1] BGBl 2004 I S. 718.
[2] BGBl 2013 I S. 2586; dazu RegE BT-Drucks. 17/11471.
[3] BGH NJW 1973, 554; 1976, 1154; OLG München NJW 1979, 608, 609; OLG Koblenz JurBüro 1995, 151.
[4] OLG München NJW 1979, 608, 609.
[5] OLG Düsseldorf NStZ 1989, 581, 582 m.w.N. (zu Leistungen der Funkstörungsmessstelle der damaligen Bundespost).
[6] So zum ZSEG BVerfGE 33, 240, 244 = NJW 1972, 1891; BVerfGE 88, 145, 159 = MDR 1993, 21 m. Anm. *Kamphausen*; BVerfG NJW-RR 2002, 67; s. auch BVerfGE 101, 331, 347 (Berufsbetreuer). Zum JVEG BVerfG ZIP 2006, 86.
[7] Entwurf KostRMoG, BR-Drucks. 830/03 S. 2.
[8] Zum ZSEG: BGH NJW 1984, 870, 871 = ZSW 1984, 209 m. Anm. *Müller*.

zuziehen, wenn im einstweiligen Verfügungsverfahren ein Sachverständiger als präsentes Beweismittel sistiert wird, er nicht vernommen wird, jedoch die unterlegene Partei gleichwohl dessen Vergütung zu erstatten hat.[9]

2. Vergütungsbestandteile. Der Sachverständige erhält gem. § 8 Abs. 1 JVEG ein **Honorar** für seine Leistungen, das in §§ 9 und 10 JVEG näher bestimmt ist, ferner **Fahrtkostenersatz** (§ 5 JVEG) und **Entschädigung für Aufwand** (§ 6 JVEG) und sonstige Aufwendungen[10] (§ 7 JVEG). Besondere Auslagen, die über die Gemeinkosten und den üblichen Aufwand hinausgehen (z.B. Kosten für Hilfskräfte,[11] verbrauchte Stoffe und Werkzeuge, Lichtbilder[12]), werden nach § 12 Abs. 1 Satz 2 JVEG ersetzt (s. auch § 404a Rdn. 16). Die Hinzuziehung einer **qualifizierten Hilfskraft** darf nicht zu Doppelarbeiten führen.[13] Ein bei unpersönlicher Beauftragung vom Leiter einer Klinik oder eines Instituts für die Gutachtenerstellung bestimmter Klinikarzt ist selbst Sachverständiger und nicht Hilfskraft.[14] 4

Das **Honorar** richtet sich gem. § 9 nach der für die zur Gutachtenerstattung **aufgewandte Zeit**.[15] Zwischen Fachkunde und Zeitaufwand muss eine plausible Proportionalität bestehen.[16] Die Regelsätze differieren nach Honorargruppen, denen typische Leistungen tabellarisch zugeordnet sind; das Honorar für medizinisch-biologische Leistungen bestimmt sich nach dem Katalog der Anlage zu § 10 JVEG. Sachverständige, die häufiger zur Gutachtenerstattung herangezogen werden, also auch Berufssachverständige, können nach § 14 mit der obersten Landesbehörde oder einer von ihr bestimmten Stelle eine Vereinbarung über die Vergütung im Rahmen der gesetzlich vorgesehenen Vergütung treffen. Wichtige Sachverständigentätigkeiten werden von den Honorargruppen nicht erfasst. Dazu gehören z.B. die Tätigkeit des isolierten Sachverständigen, der im Insolvenzeröffnungsverfahren ein Massegutachten erstattet,[17] die Tätigkeit des Auslandsrechtssachverständigen, die Tätigkeit im Patentnichtigkeitsverfahren[18] oder die Beweisermittlung im gewerblichen Rechtsschutz z.B. nach § 140c PatG.[19] 5

Für die gemäß § 407a Abs. 1 erforderliche **Vorprüfung**, ob der Gutachtenauftrag in das eigene Fachgebiet fällt, erhält der Sachverständige regelmäßig **keine** Vergütung.[20] Etwas anderes gilt nur, wenn die Vorprüfung einen nicht unerheblichen Arbeitsaufwand 6

---

9 OLG Nürnberg MDR 2011, 889, 890.
10 Zum Streit um Eigenkopien des Gutachters: OLG Hamburg MDR 2006, 1135, 1136 (nein); OLG Koblenz FamRZ 2006, 1475 (nein); OLG Brandenburg MDR 2007, 868 (ja); OLG Oldenburg MDR 2009, 774 (nein).
11 Vgl. OLG Koblenz NJW-RR 2002, 1222: Hinzuziehung eines Klempners und Beschaffung eines Gerüsts. Keine Vergütung bei Ausgleich fehlendem Fachwissens durch Hilfskräfte, OLG Nürnberg OLG Rep. 2006, 770.
12 OLG Oldenburg NJW-RR 2003, 1655 (auch für nicht im Gutachten verwertete Bilder).
13 OLG München NJW-RR 1999, 73, 74 (kein Zeitaufwand für Konsilium mit dem Sachverständigen und für doppeltes Aktenstudium).
14 OLG Koblenz JurBüro 1995, 151, 152.
15 Zum Zeitbedarf: BGH GRUR 2007, 264 – Literaturrecherche; BGH GRUR-RR 2009, 120 – Fertigstellung; OLG Schleswig FamRZ 2009, 1706.
16 BGH GRUR-RR 2010, 272.
17 Dazu OLG Bamberg NJW-RR 2005, 563, 564; OLG München ZIP 2005, 1329, 1330; OLG Nürnberg Rpfleger 2006, 500, 501; OLG Hamburg ZInsO 2010, 634; AG Göttingen NJW-RR 2005, 58, 59; LG Hamburg ZIP 2011, 1119; zum „schwachen" vorläufigen Insolvenzverwalter BVerfG ZIP 2006, 86; OLG München NJW-RR 2006, 50 = Rpfleger 2005, 571; OLG Frankfurt NJW-RR 2006, 49; AG Göttingen ZIP 2013, 36. S. auch BGH ZIP 2009, 1630 (kein Vergütungsabschlag für späteren InsVerw.).
18 BGH GRUR 2007, 175 Tz. 5.
19 LG München I InstGE 13 Nr. 10 S. 63, 64.
20 Zum ZSEG: BGH MDR 1979, 754; BGH NJW 2002, 2253 = GRUR 2002, 732 – Massedurchfluss; OLG Köln MDR 1993, 1024 = VersR 1994, 76; OLG Hamburg JurBüro 1993, 119. Zum JVEG: BGH GRUR 2007, 175 Tz. 7.

erfordert.[21] Ebenfalls nicht vergütet wird die Stellungnahme zu einem Ablehnungsantrag;[22] sie dient weder der Vorbereitung, noch der Erstattung des Gutachtens. Dasselbe gilt für die Erläuterung seiner Rechnung.[23] Die Parteien können sich gem. § 13 JVEG mit einer **besonderen Vergütung** einverstanden erklären. Dies gilt für alle Vergütungsbestandteile.[24] Die Zustimmung muss eindeutig und unzweifelhaft erklärt werden.[25] Eine gesetzwidrige Zusage des Gerichts zur Zahlung einer besonderen Vergütung entfaltet aus Gründen des Vertrauensschutzes Bindungswirkung im Verhältnis zur Staatskasse.[26]

7 **3. Vergütungsfestsetzung.** Die Vergütung setzt einen Antrag des Sachverständigen voraus (§ 2 Abs. 1 JVEG). Der Anspruch ist innerhalb einer **Ausschlussfrist** von drei Monaten geltend zu machen. Dagegen ist Wiedereinsetzung möglich.[27] Er **verjährt** gem. § 2 Abs. 3 JVEG in zwei Jahren nach Ablauf des Jahres, in dem er entstanden ist. Entstehungszeitpunkt ist das erstmalige Zahlungsverlangen im Sinne von § 2 Abs. 1 JVEG.[28]

8 Die Vergütung wird regelmäßig von Amts wegen durch den **Urkundsbeamten** der Geschäftsstelle in einem Verwaltungsverfahren nach §§ 2 und 3 JVEG **ohne Beteiligung und Antragsrecht der Parteien** festgesetzt.[29] Eine **gerichtliche Festsetzung** erfolgt nur auf ausdrücklichen Antrag des Sachverständigen oder der Staatskasse (§ 4 Abs. 1 Satz 1 JVEG). Die gerichtliche Entscheidung ist für den Sachverständigen und die Staatskasse mit der fristlosen Beschwerde anfechtbar (§ 4 Abs. 3),[30] nicht aber für die Parteien; diese können sich gegen den Kostenansatz nur gemäß § 66 GKG wehren.[31]

9 Die von der Gerichtskasse gezahlte Vergütung zählt zu den **Auslagen des Gerichts**; sie sind Teil der Gerichtskosten.[32] Eine Partei, die mit Kosten einer nach dem JVEG nicht geschuldeten Sachverständigenentschädigung belastet wird, kann deren Rechtmäßigkeit ohne Bindung an ein gerichtliches Festsetzungsverfahren nach § 4 JVEG in vollem Umfang im **Erinnerungsverfahren des § 66 GKG** nachprüfen lassen;[33] gegebenenfalls besteht ein Erstattungsanspruch gegen die Gerichtskasse, nicht aber ein deliktischer Schadensersatzanspruch gegen den Sachverständigen[34] (s. auch unten Rdn. 23). In den Gerichtskosten enthaltene Umsatzsteueranteile des Sachverständigen sind im Verhältnis zur kostentragungspflichtigen Partei nicht auszuweisen, weil es an einer Berechtigung zum Vorsteuerabzug fehlt.[35]

---

21 KG MDR 1988, 330: bejaht bei einem halben Arbeitstag zur Schätzung der entstehenden Kosten; OLG Stuttgart Rpfleger 1985, 213: bejaht, wenn „differenzierte" Erwägungen erforderlich.
22 OLG Köln VersR 1995, 1508, 1509; OLG Koblenz MDR 2000, 416; OLG Koblenz VersR 2004, 130/131; **a.A.** OLG Frankfurt/M. OLGR 1993, 187 = MDR 1993, 484, 485.
23 OLG Koblenz MDR 2007, 493.
24 Vgl. zum ZSEG OLG Koblenz MDR 2001, 1077, 1078 (betr. Auslagen).
25 OLG Koblenz MDR 2010, 346; OLG Brandenburg MDR 2010, 1351.
26 Vgl. OLG Düsseldorf NJW-RR 2000, 139, 140 = MDR 2001, 1528; **a.A.** OLG Koblenz JurBüro 1995, 153.
27 OLG Koblenz MDR 2012, 428.
28 So zum ZSEG SchlHOLG JurBüro 1986, 421, 422; LG Hildesheim KostRspr § 15 ZSEG Nr. 1.
29 OLG Oldenburg NJW 1986, 256; OLG Koblenz Rpfleger 1981, 37; KG Rpfleger 1973, 38.
30 Zur Verwirkung des Beschwerderechts OLG Düsseldorf MDR 1997, 104 (Anfechtung nach 18 Monaten). Zum Beschwerdeausschluss nach § 9 Abs. 1 S. 6 JVEG: BVerfG NJW-RR 2006, 1500.
31 BGH NJW-RR 2012, 311 Tz. 9 (gegen Instanzrechtsprechung); OLG Oldenburg NJW 1986, 256.
32 Zur Zweitschuldnerhaftung OLG Düsseldorf ZIP 2009, 1172 (SV-Gutachten im Insolvenzverfahren).
33 BGH NJW 1984, 870, 871; BGH NJW-RR 2012, 311 Tz. 8 (Nichtmitteilung der Überschreitung des Vorschusses entgegen § 407a III 2); OLG Düsseldorf NJW-RR 1996, 189f.
34 BGH NJW 1984, 870, 871.
35 LG Karlsruhe NJW-RR 2003, 788.

II. Vergütungswürdigkeit, Verlust des Anspruches

1. Verwirkung. Im JVEG war bis 2013 nicht ausdrücklich geregelt, ob bzw. unter 10 welchen Umständen der Sachverständige seinen Vergütungsanspruch verliert. Die Rechtsprechung hat jedoch die Beurteilung der Vergütungswürdigkeit (Entschädigungswürdigkeit) im Wege ergänzender Auslegung der Regelungsmaterie des JVEG (ZSEG) zugeordnet[36] und bestimmte Fallgruppen anerkannt, in denen der Sachverständige durch die **schuldhaft herbeigeführte Unverwertbarkeit** des Gutachtens seinen Vergütungsanspruch wegen Verstoßes gegen Treu und Glauben[37] verwirkt. § 8a JVEG regelt die Tatbestände seither. Die Regelung orientiert sich an der bisherigen Rechtsprechung.[38]

Soweit früher teilweise auf § 8 Abs. 1 GKG a.F. (§ 21 Abs. 1 GKG n.F.) zurückgegriffen 11 wurde,[39] war zu differenzieren. Dort ist lediglich das **Verhältnis Staatskasse/Kostenschuldner** geregelt, das ohne Belang für die Frage ist, ob dem Sachverständigen ein Anspruch gegen die Staatskasse zusteht. Das **Verhältnis Sachverständiger/Staatskasse** wird durch das JVEG bestimmt, so dass für die Entscheidung über den Verlust des Vergütungsanspruchs auf den Rechtsgedanken von Treu und Glauben zurückzugreifen ist. Ist der Anspruch des Sachverständigen infolge schuldhaft unrichtiger Sachbehandlung verwirkt, besteht regelmäßig kein Bedürfnis zur Anwendung des § 21 Abs. 1 GKG im Verhältnis Staatskasse/Kostenschuldner, weil der Sachverständige seinerseits keinen Anspruch gegen die Staatskasse hat, der nach dem GKG auf die Parteien überwälzt werden könnte. Soweit der Staatskasse ausnahmsweise Kosten entstanden sind, weil eine Rückforderung der bereits ausgezahlten Entschädigung beim Sachverständigen erfolglos bleibt, ist § 21 Abs. 1 GKG hingegen einschlägig. Die gegenteilige Auffassung, die § 21 Abs. 1 GKG nur auf die unrichtige Sachbehandlung durch Organe der Rechtspflege anwenden will,[40] beschränkt den Anwendungsbereich der Norm ohne überzeugende Begründung über seinen Wortlaut hinaus.

2. Einzelfälle: Nichtleistung, Unverwertbarkeit, Übermaßleistung

a) Nichterstattung des Gutachtens, unbefugte Übertragung. Dem Sachverständi- 12 gen steht ein Entschädigungsanspruch erst zu, wenn er seine Verpflichtung voll erfüllt hat.[41] Für erbrachte **Teilleistungen** ist er nur zu vergüten, wenn diese für das Gericht bestimmungsgemäß **verwertbar** sind,[42] oder wenn er die **Beendigung** des Begutachtungsauftrages **nicht zu vertreten** hat.[43] Dies ist z.B. der Fall, wenn der Sachverständige erst nach umfangreicheren Nachforschungen feststellen kann, dass nicht genügend Anschlusstatsachen für eine erfolgreiche Begutachtung vorhanden sind.[44] Wird der Auftrag entzogen, entfällt der Vergütungsanspruch für Teilleistungen nur, wenn der Sachver-

---

36 BGH NJW 1984, 870, 871 m.w.N.
37 BGH NJW 1976, 1154, 1155; OLG München NJW 1971, 257, 258; OLG Stuttgart Rpfleger 1976, 189.
38 RegE BT-Drucks. 17/11471 S. 259.
39 So z.B. OVG Lüneburg JurBüro 1990, 614f.; dagegen z.B. OLG Hamburg JurBüro 1978, 898f.; OLG Düsseldorf VersR 1981, 538 (LS); OLG Koblenz KostRspr § 8 GKG Nr. 39.
40 OLG Hamburg JurBüro 1978, 898f.; OLG Düsseldorf VersR 1981, 538 (LS); OLG Koblenz KostRspr § 8 GKG Nr. 39 mit abl. Anm. *Schneider*.
41 OLG Hamm Rpfleger 1963, 314.
42 OLG Hamm Rpfleger 1963, 314; OLG Köln MDR 1970, 855.
43 OLG Hamm Rpfleger 1963, 314; OLG Celle JurBüro 1969, 754; OLG München Rpfleger 1978, 272, 273; OLG Düsseldorf OLGR 2002, 17 (Selbsttötung des Sachverständigen).
44 Vgl. OLG Celle JurBüro 1969, 754 (Fehlschlag der Buchprüfung wegen unzulänglicher Betriebsunterlagen); weitere Beispiele bei *Hesse* NJW 1969, 2263, 2266; anders wenn er den Erörterungstermin schuldhaft versäumt, OLG Köln NJW 1970, 1980 = MDR 1970, 855.

ständige zu der Entziehung grob fahrlässig Anlass gegeben hatte. Ist er nach Ansicht des Gerichts nicht willens oder fähig, das Gutachten überhaupt oder in angemessener Frist zu erstellen, ist grobe Fahrlässigkeit erst zu bejahen, wenn er mit dem Auftragsentzug rechnen musste, weil ihm zuvor nach § 411 Abs. 1 eine Frist gesetzt und ein Ordnungsgeld angedroht worden ist.[45] Dieser Fall wird von § 8a Abs. 2 Nr. 4 JVEG erfasst. Der Sachverständige hat keinen Anspruch auf entgangenen Gewinn, also auf Entschädigung für die entfallene Begutachtung.[46] Bei **unbefugter Übertragung** des Gutachtens auf einen Mitarbeiter entfällt die Vergütung selbst bei Mitunterzeichnung des ernannten Sachverständigen, wenn es unverwertet bleibt.[47] Darin liegt ein Verstoß gegen § 407a Abs. 2 Satz 1, den § 8a Abs. 2 Nr. 1 JVEG umfasst.

13 **b) Unverwertbarkeit infolge Ablehnung.** Das Gutachten des Sachverständigen kann nicht verwertet werden, wenn er gemäß § 406 wegen Befangenheit abgelehnt worden ist (s. auch § 406 Rdn. 8). Erhalten bleibt der Vergütungsanspruch, wenn das Gutachten trotz erfolgreicher Ablehnung verwertet wird, etwa als Basis eines Vergleichs der Parteien.[48] Dabei spielt es keine Rolle, ob die Verwertung im Verfahren erfolgt, oder ob die Parteien es in anderer Weise zugrunde legen, etwa bei der Durchführung von Reparaturen.[49] Die **leicht fahrlässig** herbeigeführte Ablehnung lässt den Anspruch grundsätzlich **nicht** entfallen.[50] Nur wenn der Sachverständige seine Ablehnung nach seiner Beauftragung **grob fahrlässig** oder **vorsätzlich** verschuldet, verwirkt er seinen Vergütungsanspruch.[51] Diese Rechtsprechung wird von § 8a Abs. 2 Nr. 3 JVEG aufgegriffen. Die Beschränkung auf grobe Fahrlässigkeit rechtfertigt sich (ebenso wie die entsprechende Beschränkung der Sachverständigenhaftung, vgl. dazu vor § 402 Rdn. 54) aus dem Bedürfnis, die innere Unabhängigkeit des Sachverständigen zu erhalten.[52] Er steht zwischen den Parteien mit ihren konträren Interessen, muss zur sachgerechten Erfüllung seiner Aufgabe zu Kritikpunkten eindeutig Stellung nehmen und kann auch bei ernsthaftem Bemühen um objektive Sachlichkeit nicht immer verhindern, in den Verdacht der Voreingenommenheit zu geraten,[53] insbesondere wenn ihn massive Angriffe einer Partei provozieren. Da ein Schutzbedürfnis nur für die innerprozessuale Tätigkeit des Sachverständigen besteht, verwirkt er den Entschädigungsanspruch weitergehend auch dann, wenn er **leicht fahrlässig** bereits bei Übernahme der Begutachtung vorhandene Ableh-

---

45 OLG München MDR 2002, 57 = FamRZ 2002, 765; rigider OLG München MDR 2012, 306 m. Bespr. *Fellner* MDR 2012, 260; wohl auch OLG Brandenburg MDR 2005, 1131 (bei Verweigerung der mündlichen Erläuterung).
46 OLG München Rpfleger 1978, 272, 273 a.E; OLG Hamburg MDR 2006, 1258.
47 OLG Koblenz MDR 2012, 1491 (Fall grob fahrlässiger Unverwertbarkeit).
48 OLG Koblenz MDR 2010, 463.
49 **A.A.** OLG Koblenz MDR 2010, 463.
50 BGH NJW 1976, 1154, 1155.
51 BGH NJW 1976, 1154, 1155 (offengelassen für grobe Fahrlässigkeit); OLG Schleswig SchlHA 1979, 58; OLG Koblenz BB 1988, 1490; OLG Bamberg JurBüro 1989, 1169, 1170f.; OLG München NJW 1971, 257, 258; OLG Hamburg MDR 1987, 233f.; OLG Stuttgart Rpfleger 1976, 189; KG MDR 1993, 289; OLG Frankfurt NJW 1977, 1502, 1503; OLG Hamm FamRZ 1994, 974f.; OLG Düsseldorf NJW-RR 1997, 1353; OLG Düsseldorf MDR 2001, 1262; OLG Koblenz VersR 1990, 1255; OLG Koblenz MDR 2004, 831; OLG Jena MDR 2008, 1307; OLG Koblenz MDR 2010, 463 = VersR 2010, 647; OLG Naumburg MDR 2012, 802, 803 (nach erheblicher Auftragsüberschreitung); LAG Köln NZA 1996, 560. **A.A.** (Verlust auch bei einfacher Fahrlässigkeit): OLG Hamburg MDR 1965, 755 (aufgegeben in OLG Hamburg MDR 1978, 237); auf den Einzelfall abstellend, aber unbedachte Äußerungen in der Regel ausschließend OLG München NJW 1970, 1240.
52 BGH NJW 1976, 1154, 1155; OLG Hamm FamRZ 1994, 974; OLG Düsseldorf NJW-RR 1997, 1353; anderer Begründungsansatz in OLG München NJW 1971, 257, 258 und bei *Hesse* NJW 1969, 2263, 2265f.: Anwendung der Grundsätze der gefahrgeneigten Arbeit.
53 OLG Düsseldorf NJW-RR 1997, 1353.

nungsgründe verschweigt, die er bei der Vorprüfung gem. § 407a zu offenbaren hat.[54] Dasselbe gilt, wenn er Mitarbeiter des Gutachtens nicht nach hindernden persönlichen Beziehungen zu den Parteien befragt.[55]

Ein **grob fahrlässiges Verhalten** wird hauptsächlich in jenen Fällen in Betracht **14** kommen, in denen der Sachverständige unmittelbar gegen die Verpflichtung zur Unparteilichkeit verstößt, wenn er z.B. durch parteiliche Äußerungen, die gegen eine Partei gerichtet sind, seine Ablehnung verursacht,[56] wenn er wirtschaftliche Verflechtungen zu einer Partei trotz Vorhaltes nicht offenbart[57] oder wenn er eine Partei nach seiner Bestellung einseitig berät oder außergerichtlich Geld von einer Partei entgegennimmt.[58] Demgegenüber wird bei der Verletzung von Nebenpflichten, welche die Pflicht zur Unparteilichkeit nicht unmittelbar berühren,[59] der Vorwurf grober Fahrlässigkeit nur ausnahmsweise gemacht werden können.[60] Einen Sachverständigen, der erstmals ein Gutachten erstattet und auf seine Pflichten vom Gericht nicht hingewiesen wurde, trifft kein schwerer Schuldvorwurf, wenn er zum Aufmaß im zweiten Ortstermin den Prozessgegner nicht lädt.[61] Regelmäßig ist die **Nichtladung einer Partei** aber als elementarer Pflichtverstoß des Sachverständigen zu bewerten.[62]

Die **Feststellungslast** für ein grob fahrlässiges Verhalten liegt bei der **Staatskasse**.[63] **15** Die Entscheidung im Ablehnungsverfahren, die auf bloßer Glaubhaftmachung (§ 406 Abs. 3) beruht, ist für die Entscheidung im Verfahren über die Festsetzung der Vergütung nicht bindend, da dafür das die Gutachtertätigkeit unmöglich machende Verhalten bewiesen werden muss.[64] Soweit sich die Parteien trotz der Ablehnung das Gutachten zu eigen machen, z.B. indem sie es als Grundlage eines Vergleichs verwenden, kommt eine Verwirkung des Vergütungsanspruchs nicht in Betracht, soweit das Gutachten trotz seines Mangels verwertet werden konnte.[65] Zur Vergütung für die Stellungnahme zum Ablehnungsantrag s. oben § 413 Rdn. 6.

c) Unverwertbarkeit infolge inhaltlicher Mängel. Der Vergütungsanspruch ist **16** grundsätzlich davon **unabhängig, ob** das Gericht oder die Parteien das Gutachten **inhaltlich für richtig halten**, solange es nur nicht infolge inhaltlicher Mängel unverwertbar ist.[66] Dies bedeutet, dass es für den Vergütungsanspruch nicht darauf ankommt, ob Parteien oder Gericht das Gutachten für überzeugungskräftig halten.[67] Eine unterschied-

---

54 OLG Koblenz VersR 2004, 130; OLG Koblenz MDR 2002, 1152; *Hesse* NJW 1969, 2263, 2267 sub 3.a und b; MünchKomm/*Zimmermann*³ § 413 Rdn. 7; Zöller/*Greger*²⁸ § 413 Rdn. 7.
55 OLG Celle MDR 2008, 164 (unzutreffend auf grobe Fahrlässigkeit abstellend, die zu verneinen gewesen wäre).
56 Vgl. z.B. OLG Hamburg MDR 1987, 333 f.; OLG Frankfurt NJW 1977, 1502, 1503 (anders bei Provokation unbedachter Äußerungen durch eine Partei); vgl. auch OLG München NJW 1971, 257, 259 (sehr großzügig).
57 OLG Bamberg JurBüro 1989, 1169, 1170 f.
58 OLG Hamm FamRZ 1994, 974.
59 So für Verletzung der Pflicht, beide Parteien von Ortsterminen zu benachrichtigen, OLG Stuttgart Rpfleger 1976, 189; KG MDR 1993, 289; abweichend OLG Düsseldorf BauR 1995, 435 (LS).
60 OLG Frankfurt NJW 1977, 1502, 1503.
61 OLG Koblenz MDR 2004, 831, 832.
62 OLG München NJW-RR 1998, 1687 = MDR 1998, 1123.
63 OLG Hamm MDR 1979, 942; KG Rpfleger 1973, 38.
64 OLG Hamm MDR 1979, 942.
65 OLG Celle JurBüro 1969, 752, 753 f.; LG Bayreuth JurBüro 1991, 437, 438.
66 OLG München FamRZ 1995, 1598; OLG Köln RPfleger 1967, 98 (LS); OLG Düsseldorf MDR 1992, 912 f.; VGH Mannheim NJW 2012, 3593.
67 OLG Düsseldorf MDR 1990, 453; NJW-RR 1992, 1087.

liche Bewertung der Verwertbarkeit im Instanzenzug geht nicht zu Lasten des Sachverständigen.[68]

17 Jedoch entfällt der Vergütungsanspruch, wenn das Gutachten infolge schwerwiegender Mängel **von vornherein unverwertbar** ist und das Gericht in eine Beweiswürdigung gar nicht erst eintreten kann.[69] § 8a Abs. 2 Nr. 2 JVEG greift diesen Sachverhalt auf. So ist entschieden worden, wenn der Sachverständige das Gutachten auf einen eigenverantwortlich handelnden Mitarbeiter delegiert[70] (jedoch nach § 8a Abs. 2 Nr. 1 JVEG bereits wegen Verstoßes gegen § 407a Abs. 2), wenn er die gestellte Beweisfrage nicht beantwortet,[71] wenn er die tatsächlichen Grundlagen seiner Begutachtung nicht darlegt und infolgedessen eine Überprüfung[72] und Nachvollziehung der Ergebnisse verhindert,[73] oder wenn er die zu begutachtenden Baumängel nicht selbst besichtigt hat.[74] Erst recht liegt ein inhaltlicher Mangel, der zum Wegfall der Vergütung führt, dann vor, wenn sich der Sachverständige auf die bloße Mitteilung des Beweisergebnisses beschränkt,[75] oder wenn das Gutachten schlicht unverständlich ist. Die Unverwertbarkeit muss endgültig sein, eine **Nachbesserung** durch Gutachtenergänzung also **ausgeschlossen** sein.[76] In all diesen Fällen ist der Vergütungsanspruch verwirkt, wenn dem Sachverständigen **grobe Fahrlässigkeit oder Vorsatz** vorzuwerfen ist.[77] Demgegenüber begründet leichte Fahrlässigkeit keine Verwirkung. An einem Verschulden des Sachverständigen fehlt es, wenn das Gutachten bei behaupteten Konstruktionsmängeln eines Bauwerks auf einer bloßen äußeren Besichtigung beruht, weil der Grundeigentümer (Beweisführer oder Beweisgegner) die zerstörende Konstruktionsöffnung, die vertiefte Erkenntnisse ermöglicht hätte, nicht vorgenommen hat; der Sachverständige ist zur Erteilung entsprechender Werkverträge nicht verpflichtet[78] (dazu § 404a Rdn. 9 und 16). Ein **Rückforderungsverlangen der Staatskasse** ist seinerseits treuwidrig, wenn das Gericht die Mängel des Gutachtens, die zum Anlass der Rückforderung genommen werden, bei Festsetzung der Entschädigung bereits gekannt hat.[79]

18 Unverwertbar sind auch **vorbereitende Teilleistungen** des Sachverständigen. Sie führen jedoch nur dann zum Wegfall des dafür entstandenen Vergütungsanspruchs, wenn der Sachverständige von der Fertigstellung des Gutachtens entbunden wird, weil er methodischen Weisungen des Gerichts nicht folgen will, ohne seine fachlichen Gründe mitgeteilt zu haben.[80] Nicht verantwortlich ist der Sachverständige für Hinderungsgründe, die auf mangelnde Mitwirkung der Parteien zurückzuführen sind.

---

68 OLG Düsseldorf MDR 1992, 912f.
69 Verwertet das erstinstanzliche Gericht das Gutachten trotz inhaltlicher Mängel, so kann das Berufungsgericht die Vergütung nicht nachträglich zurückfordern, OLG Düsseldorf MDR 1992, 912f.
70 KG VersR 2005, 1412.
71 OLG Frankfurt MDR 1977, 761, 762; AG Dortmund JurBüro 1995, 151.
72 OLG Düsseldorf FamRZ 1989, 889 = JurBüro 1989, 1169.
73 OLG Düsseldorf NJW-RR 1996, 189, 190 = JurBüro 1996, 323, 324.
74 LG Düsseldorf MDR 1991, 1207.
75 OLG Düsseldorf NJW-RR 1996, 189, 190; OLG Frankfurt/M. MDR 1977, 761, 762.
76 OLG Hamburg MDR 1997, 102 = JurBüro 1997, 96; OLG Naumburg OLG-NL 1998, 288.
77 OLG Düsseldorf MDR 1990, 453; OLG München FamRZ 1995, 1598; OLG Koblenz BB 1993, 1975 („erheblicher Schuldvorwurf"); OLG Düsseldorf NJW-RR 1996, 189, 190: „jedenfalls" bei grober Fahrlässigkeit; OLG Hamburg MDR 1997, 102 = JurBüro 1997, 96; KG MDR 2010, 719; Zöller/*Greger*[29] § 413 Rdn. 5; **a.A.**: *Hesse* NJW 1969, 2263, 2266; MünchKomm/*Zimmermann*[4] § 413 Rdn. 5 (leichte Fahrlässigkeit, auch bei Übernahmeverschulden wegen nicht ausreichender Sachkunde).
78 OLG Brandenburg ZfBR 1996, 98, 100.
79 LG Düsseldorf MDR 1991, 1207.
80 KG FamRZ 1999, 1515, 1516.

d) **Überziehen des Auslagenvorschusses.** Gemäß § 407a Abs. 3 Satz 2 hat der **19** Sachverständige unverzüglich das Gericht zu verständigen, wenn voraussichtlich **Kosten** entstehen werden, die **zum Streitgegenstand** erkennbar **außer Verhältnis** stehen **oder** den **Kostenvorschuss erheblich übersteigen** (dazu auch § 407a Rdn. 22). Verstößt der Sachverständige gegen diese Pflicht, indem er es unterlässt, das Gericht auf ein erhebliches Überschreiten des Auslagenvorschusses (bei ca. 20%)[81] oder ein Missverhältnis der Kosten zum Streitwert[82] hinzuweisen, kommt insoweit eine **Kürzung des Vergütungsanspruchs** unter dem Gesichtspunkt der Verwirkung in Betracht.[83] Allerdings ist zur weiteren Voraussetzung gemacht worden, dass jene **Unterlassung** des Sachverständigen **kausal** für die entstandenen Kosten geworden ist; eine Kürzung kommt also nur in Betracht, wenn weiterhin feststeht, dass bei Benachrichtigung durch den Sachverständigen eine weitere Begutachtung unterblieben wäre.[84] Die Feststellungslast trifft auch insoweit nicht den Sachverständigen.[85] Lässt sich demnach nicht feststellen, dass die Begutachtung nicht unterblieben wäre, darf der Vergütungsanspruch nicht weiterhin noch davon abhängig gemacht werden, dass die beweisbelastete Partei nachträglich einen die weiteren Kosten deckenden Vorschuss einzahlt.[86] Der Sachverständige erhält seine Vergütung auch dann, wenn das Gericht aus einer Zwischenrechnung ersieht, dass der Vorschuss bei weitem nicht ausreicht und gleichwohl untätig bleibt.[87] Detailliert regelt § 8a Abs. 3 u. 4 JVEG die Sachverhalte des fehlenden Hinweises auf die Unverhältnismäßigkeit der Kostennote in Relation zum Streitwert (Festsetzung nach billigem Ermessen) und des fehlenden Hinweises auf die erhebliche Überschreitung des Auslagenvorschusses (Vergütung nur in Vorschusshöhe), jeweils gem. § 8a Abs. 5 bei Verschulden des Sachverständigen.

e) **Überschreiten des Gutachtenauftrages (§ 407a Abs. 3 Satz 1).** Hat der Sachver- **20** ständige die Korrespondenz mit dem Gericht nicht genügend beachtet oder aus sonstigen für ihn ohne weiteres erkennbaren Gründen **überflüssige Arbeit** geleistet, entfällt insoweit sein Vergütungsanspruch.[88] Da der Sachverständige nur für den objektiv *erforderlichen* Zeitaufwand zu entschädigen ist (§ 8 Abs. 2 JVEG), kommt es auf ein Verschulden des Sachverständigen nicht an.[89] Daher erhält der Sachverständige im umgekehrten

---

81 OLG Stuttgart MDR 2008, 652; OLG Koblenz ZSW 1985, 106, 110 m. Anm. *Müller* (25%); OLG Zweibrücken JurBüro 1997, 96, 97; OLG Schleswig JurBüro 1997, 539; s. dazu auch LG Osnabrück JurBüro 1996, 322.
82 Noch nicht bei 53%, erst wenn Kosten Streitwert erreichen oder übersteigen, OLG Schleswig JurBüro 1989, 1173, 1174; **a.A.:** 50%, MünchKomm/*Zimmermann*⁴ § 407a Rdn. 11.
83 OLG Düsseldorf NJW-RR 1992, 1087; s. auch OLG Koblenz MDR 2005, 1258, 1259 (Auszahlungsablehnung bei Überschreitung um den achtfachen Betrag).
84 OLG Naumburg MDR 2013, 172; OLG Schleswig JurBüro 1997, 539; OLG Zweibrücken JurBüro 1997, 96, 97; OLG Düsseldorf NJW 1970, 1980, 1981; OLG Hamburg MDR 1981, 327; KG MDR 1983, 678, 679; OLG Düsseldorf JurBüro 1987, 1585; OLG Düsseldorf BauR 1988, 638 Nr. 8; OLG Düsseldorf MDR 1988, 874; LG Berlin FamRZ 2009, 803.
85 OLG Köln MDR 1990, 559; **a.A.** OLG Koblenz ZSW 1985, 106, 111; BayObLG NJW-RR 1998, 1294, 1295 = FamRZ 1998, 1456, 1458; OLG Nürnberg NJW-RR 2003, 791 = MDR 2003, 479; MünchKomm/*Zimmermann*⁴ § 407a Rdn. 12.
86 KG MDR 1983, 678, 679; OLG Düsseldorf MDR 1988, 874; **a.A.:** OLG Hamburg MDR 1981, 327.
87 OLG Zweibrücken JurBüro 1997, 96, 97.
88 OLG Hamm NJW 1970, 1240, 1241; KG Rpfleger 1957, 28; OLG Koblenz Rpfleger 1981, 248; OLG München FamRZ 1995, 1598; LG Mönchengladbach DWW 1997, 123. Zu einer überflüssigen Prüfung des Standes der Technik bei alleiniger Erkundigung des Gerichts nach Bereitschaft zur Gutachtenübernahme BGH NJW 2002, 2253 = GRUR 2002, 732 – Massedurchfluss.
89 Zutreffend OLG Koblenz Rpfleger 1981, 248; im Ergebnis so auch OLG München FamRZ 1995, 1598.

Fall, dass seine Mehrarbeiten sich im nachhinein als erforderlich herausstellen und im Urteil Verwendung finden, ohne weiteres seine darauf entfallende Vergütung.[90]

21 Welchen Umfang die Arbeiten **im Einzelfall** haben müssen, kann in vielen Fällen der Sachverständige am besten beurteilen. Weist er das Gericht in Befolgung des § 407a Abs. 3 Satz 1 darauf hin, dass er weitere Arbeiten für notwendig hält, darf er, wenn er nichts Abweichendes vom Gericht hört, davon ausgehen, dass die Ausführung des Auftrages seiner Sachkunde überlassen bleibt.[91]

22 **3. Verfahren.** Die Aberkennung der Vergütung erfolgt durch Beschluss. Der Sachverständige kann den Beschluss mit der **unbefristeten Beschwerde** gemäß § 4 Abs. 3 JVEG anfechten.[92] Die Parteien sind an diesem Verfahren nicht beteiligt.[93] Die Entscheidung über die Verwertbarkeit des Sachverständigengutachtens im Prozess entfaltet keine Bindungswirkung für die Beurteilung der Aberkennung der Vergütung[94] (§ 406 Rdn. 44). Umgekehrt entfaltet die **Festsetzung** der Sachverständigenvergütung **keine Bindungswirkung.**[95] Rügen die Parteien im Rechtsbehelfsverfahren nach § 66 GKG erfolgreich, die Staatskasse habe dem Sachverständigen eine zu hohe Vergütung gezahlt, kann deren Festsetzung im Kostenfestsetzungsverfahren wieder geändert werden;[96] eine Überprüfung des Gerichtskostenansatzes allein im Kostenfestsetzungsverfahren ist nicht zulässig.[97]

23 Die **kostenbelastete Partei** kann sich gemäß § 66 GKG gegen die Festsetzung der Sachverständigenvergütung wehren, sofern Verwirkung gegeben ist; demgegenüber ist es ihr verwehrt, die Kostenbelastung in einem eigenständigen Hauptsacheverfahren im Wege des Schadensersatzes gegenüber dem Sachverständigen geltend zu machen[98] (s. oben Rdn. 9). Ist die Vergütung bereits im selbständigen Beweisverfahren angefallen, ohne dass sich der dortige Kostenschuldner gegen sie zur Wehr gesetzt hat, kann die im späteren Hauptsacheverfahren unterlegene Partei deren mangelnde Erstattungsfähigkeit als nicht notwendige Kosten (§ 91) geltend machen.[99]

24 Ist die Sachverständigenvergütung bereits ausgezahlt worden, muss sie **vom Sachverständigen zurückgefordert** werden. Der Sachverständige kann sich gegenüber dem Rückforderungsverlangen nicht auf Wegfall der Bereicherung berufen.[100] Im Einzelfall kann die Rückforderung durch die Staatskasse jedoch verwirkt sein. Dies kann der Fall sein, wenn das Gericht die Vergütung zuvor in Kenntnis der Mängel des Gutachtens bewilligt hat; hier kann die Rückforderung treuwidrig sein.[101] Im Übrigen kommt **Verjährung** in Betracht (§ 4 Abs. 4 JVEG: 3 Jahre ab Ende des Kalenderjahres der Zahlung).

---

90 OLG Hamm Rpfleger 1962, 421, 422.
91 LG Bochum Rpfleger 1976, 32 (für ein Gutachten zum Auslandsrecht; dort werden die Vorfragen des IPR und der Internationalen Zuständigkeit von den auftraggebenden Gerichten vielfach falsch gesehen).
92 OLG Brandenburg ZfBR 1996, 98, 99. Zur Zuständigkeit in Familiensachen OLG München MDR 2010, 1484.
93 KG MDR 1973, 325 (LS).
94 KG MDR 1973, 325 (LS).
95 BGH NJW-RR 2012, 311 Tz. 8.
96 OLG Düsseldorf NJW-RR 1996, 189, 190 = JurBüro 1996, 323, 324; OLG Koblenz ZSW 1985, 106, 109.
97 BGH NJW-RR 2012, 311 Tz. 9.
98 BGH NJW 1984, 870, 871 = ZSW 1984, 209 m. Anm. *Müller.*
99 OLG Koblenz VersR 1990, 1255.
100 OLG Hamm Rpfleger 1973, 36 = NJW 1973, 574; OLG Frankfurt NJW 1975, 705, 706; **a.A.** OLG Hamm JMBlNRW 1971, 215 f.; OLG Koblenz MDR 1974, 1040 f.
101 LG Düsseldorf MDR 1991, 1207.

III. Anhang: Kostenerstattung für Privatgutachten

Das von einer Partei eingeholte Privatgutachten kann der **besseren Substantiie-** 25 **rung des Prozessvortrags** in der Klageschrift oder der Klageerwiderung dienen oder der späteren Kontrolle eines gerichtlich eingeholten Sachverständigengutachtens und darauf fußendem ergänzenden Sachvortrag, z.B. der Begründung eines Antrags nach § 412. Ein dem Gericht vorgelegtes Privatgutachten darf nicht ignoriert werden, wenn es sich kritisch mit den Ergebnissen eines Gerichtsgutachtens auseinandersetzt oder wenn das Gericht abweichende eigene Sachkunde in Anspruch nimmt (§ 402 Rdn. 69). Die **Kosten** für ein Privatgutachten sind gem. § 91 **erstattungsfähig**, wenn sie **prozessbezogen und notwendig** sind; bei diesen Tatbestandsvoraussetzungen handelt es sich um zwei getrennt zu prüfende Merkmale. Wenn die Voraussetzungen erfüllt sind, hat die Partei einen Anspruch auf Anordnung der Kostenerstattung; das Bedürfnis nach privatgutachterlicher Untermauerung des eigenen Sachvortrags wird von der verfassungsrechtlichen Garantie wirkungsvollen Rechtsschutzes (Art. 2 Abs. 1 GG in Verb. mit dem Rechtsstaatsprinzip, Art. 20 Abs. 3 GG) umfasst.[102]

Vorprozessual erstattete Privatgutachten sind als Vorbereitungskosten nur aus- 26 nahmsweise Kosten des Rechtsstreits; sie müssen sich unmittelbar auf den sich konkreten abzeichnenden Rechtsstreit beziehen und im Hinblick auf ihn in Auftrag gegeben worden sein.[103] **Unmittelbarer Prozessbezug** ist auf Beklagtenseite zu bejahen, wenn eine Klage bereits angedroht war.[104] Ausreichen sollte aber für beide Parteien, dass sich die Auseinandersetzung auf einen Rechtsstreits zuspitzte,[105] was sich insbesondere aus dem Inhalt des vorprozessualen Schriftverkehrs ergeben wird. Erforderlich ist regelmäßig ein enger zeitlicher Zusammenhang mit der Klageerhebung,[106] jedoch kann ein der Beweissicherung dienendes Privatgutachten auch bei größerem Zeitabstand prozessbezogen sein.[107] Eine ausschließliche Ausrichtung des Gutachtenauftrags auf den konkreten Prozess ist nicht erforderlich.[108] Eine Vorlage des Privatgutachtens im Verfahren ist ebenfalls nicht erforderlich,[109] wie umgekehrt die Vorlage für sich genommen noch nicht die Prozessbezogenheit begründet.[110] Zu bejahen ist die Prozessbezogenheit bei Verwertung des Privatgutachtens in der gerichtlichen Entscheidung oder bei Abschluss eines Vergleichs unter Berücksichtigung der Ermittlungen des Gutachtens.[111] Die tatsächliche

---

102 BVerfG NJW 2006, 136, 137 (zur Auslegung der Kostenerstattung nach § 494a Abs. 2 StPO).
103 BGH NJW 2003, 1398, 1399 = VersR 2003, 481 = ZZP 116 (2003), 498, 499 m.w.N. und Anm. *Meller-Hannich*; BGH NJW 2006, 2415 Tz. 6 = VersR 2006, 1236; BGH NJW 2012, 1370 Tz. 10 = VersR 2012, 920; OLG Koblenz VersR 2004, 802, 803; OLG Koblenz VersR 2007, 1100; OLG Brandenburg VersR 2008, 1132; OLG Jena MDR 2008, 211; OLG Koblenz MDR 2009, 471, 472. Sehr restriktiv demgegenüber die Rspr. der Verwaltungsgerichtsbarkeit: BVerwG NVwZ 2001, 919; BVerwG NJW 2012, 1827 Tz. 7f.; OVG Koblenz NJW 2006, 1689; anders OVG Lüneburg NJW 2012, 1828, 1829.
104 BGH NJW 2003, 1398, 1399; BGH NJW 2008, 1597 Tz.8 = VersR 2008, 801; OLG Bamberg VersR 2006, 287, 288.
105 *Meller-Hannich* ZZP 116 (2003), 504.
106 Offengelassen von BGH NJW 2003, 1398, 1399.
107 So bei Verdacht des gestellten Verkehrsunfalls und Begutachtung kurz nach dem der Versicherung angezeigten Ereignis; vgl. etwa BGH NJW-RR 2009, 422 Tz. 12; BGH VersR 2009, 563 Tz. 11; OLG Koblenz NJW-RR 2004, 286; OLG Karlsruhe VersR 2004, 931, 932 m. Anm. *Otto*; OLG Koblenz VersR 2007, 224; OLG Frankfurt VersR 2009, 1559, 1560 = NJW-RR 2009, 1076.
108 BGH NJW 2003, 1398, 1399; BGH NJW 2008, 1597 Tz. 9.
109 OLG Frankfurt OLGZ 1993, 254, 255; *Meller-Hannich* ZZP 116 (2003), 502; **a.A.** OLG Hamm NJW-RR 1996, 830, 831; OLG Celle NJW-RR 2011, 1057, 1058.
110 BGH NJW 2003, 1398, 1399; OLG Naumburg VersR 2005, 1704.
111 OLG Nürnberg Rpfleger 2002, 482 (Vergleich über Zugewinnausgleich nach Verkehrswertgutachten über Immobilie eines Ehepartners).

Verwertung ist jedoch nicht Voraussetzung der Erstattung, da es nur auf die Sicht im Zeitpunkt der Auftragserteilung ankommt.[112] Ein Prozessbezug fehlt, wenn ein Versicherer vorprozessual mittels des Gutachtens seine Deckungspflicht überprüfen will.[113] Bei **prozessbegleitend** erstatteten Privatgutachten ist der Prozessbezug evident.[114]

27   **Nowendig** ist die **Verursachung der Kosten** von Privatgutachten, wenn eine verständige und wirtschaftlich denkende vernünftige Partei die Einholung des Gutachtens als sachdienlich ansehen durfte. Das ist der Fall, wenn die Partei infolge **fehlender Sachkenntnisse** nicht zu einem sachgerechten Vortrag in der Lage war[115] oder wenn ein Abwarten auf eine gerichtliche Beweisaufnahme aus sonstigen Gründen nicht möglich war. Sonstiger Grund kann die **drohende Veränderung** des Zustandes einer Sache sein,[116] u.a. infolge zu befürchtender Manipulationen des Gegners. Die Partei kann nicht auf die Durchführung eines gerichtlich geleiteten selbständigen Beweisverfahrens verwiesen werden. Im **einstweiligen Verfügungsverfahren** muss eine Partei zwar mit überraschend vorgelegten Glaubhaftmachungsmitteln rechnen. Ein in einer Markensache zur potentiellen Glaubhaftmachung vorsorglich eingeholtes **kostspieliges demoskopisches Gutachten** ist gleichwohl nicht erstattungsfähig, es sei denn, der Antragsteller hat sich auf ein ihm günstiges Privatgutachten berufen oder führt Gesichtspunkte an, die sich anders nicht widerlegen lassen.[117] Ein demoskopisches Privatgutachten kann sowohl im Verfügungsverfahren als auch im ordentlichen Verfahren nach dem Verlust der ersten Instanz notwendig sein, um die Berufungsrichter zur Einholung eines gerichtlichen Gutachtens statt einer Entscheidung aufgrund eigener Sachkunde zu veranlassen.[118] Nicht erstattungsfähig sind Privatgutachterkosten, wenn das Gutachten im Prozess nicht verwendungsfähig war, etwa im Urkundenprozess.[119] Kosten für Rechtsgutachten zum inländischen Recht sind nicht erstattungsfähig.[120]

28   Die **Angemessenheit der Kosten** des Privatgutachters kann unter Heranziehung der Regelungen des JVEG geprüft werden, ohne dass dessen Sätze analog heranzuziehen sind.[121] Die erstattungsberechtigte Prozesspartei muss die Honorarforderung des Privat-

---

112   BGH NJW 2012, 1370 Tz. 11 (nach Zulassung der Rechtsbeschwerde durch BVerfG NJW 2011, 1276); OLG Hamm Rpfleger 2001, 616, 617.
113   OLG Naumburg VersR 2005, 1704.
114   Jedoch verneint für Hilfestellung bei Aushandlung eines Vergleichs von OLG Düsseldorf MDR 2012, 53.
115   BGH NJW 2003, 1398, 1399; BGH NJW 2006, 2415 Tz. 10; BGH NJW 2012, 1370 Tz. 13; OLG Rostock VersR 2005, 855 = MDR 2005, 754; OLG Koblenz MDR 2003, 1142; OLG Düsseldorf NJW-RR 1997, 1431, 1432; OLG Stuttgart VersR 1997, 630; OLG Zweibrücken MDR 2009, 415, 416; OLG Zweibrücken MDR 2009, 1254 (verneint, da Beratung durch Konkurrenzunternehmer); OLG Nürnberg VersR 2009, 1426, 1427; OLG Bremen VersR 2010, 132 (dort verneint); OLG Karlsruhe VersR 2010, 232 (verneint); OLG Köln NJW-RR 2010, 751, 752 (Teilerstattung); OLG Koblenz NJW-RR 2010, 1036 (bautechnischer Laie); OLG Koblenz NJW-RR 2012, 916, 917 (Beschreibung der Baumängelsymptome ausreichend); OLG Stuttgart NJW-RR 2011, 1242, 1243 (bejaht, Baumängel); s. ferner OLG Koblenz FamRZ 2006, 217 = MDR 2006, 56. Zu restriktiv die Formulierungen in OLG Hamburg MDR 1997, 785. Enger im Verwaltungsgerichtsprozess wegen der dort geltenden Inquisitionsmaxime BVerwG NVwZ 2001, 919; BVerwG NJW 2007, 453; OVG Lüneburg NJW 2010, 391; OVG Schleswig NJW 2010, 393.
116   Vgl. OLG Rostock VersR 2005, 855, 856 (Sicherung der Beweissituation bei Verdacht eines gestellten Verkehrsunfalls); OLG Düsseldorf VersR 2003, 524, 525 (Verdacht eines gestellten Verkehrsunfalls); LG Köln VersR 2013, 76 (Verdacht versuchten Versicherungsbetrugs).
117   OLG Koblenz GRUR-RR 2004, 312.
118   OLG München GRUR-RR 2005, 296 (Kosten: 17.500 Euro).
119   OLG Koblenz NJW 2012, 941, 942.
120   Vgl. OVG Lüneburg NJW 2010, 1301.
121   BGH NJW 2007, 1532 Tz. 11; OLG Frankfurt VersR 2009, 1559, 1560 = NJW-RR 2009, 1076, 1077. Zur Honorarbestimmung eines Gutachters BGH NJW 2006, 2472; BGH VersR 2007, 218; BGH JZ 2010, 205 m. Bespr. *Bauer* JZ 2010, 181 ff.

gutachters nicht durch Erhebung der Verjährungseinrede zu Fall bringen.[122] Wird ein Parteigutachten überflüssig, weil ein gerichtliches Gutachten zu der Beweisfrage in Auftrag gegeben wird, kann eine Rücknahme des noch nicht erledigten Gutachtenauftrags zwecks Kostenminimierung geboten sein.[123]

Arbeiten einer Partei zur Vorbereitung eins gerichtlichen Gutachtens sind erstattungsfähig, wenn dem Sachverständigen gleichartige Kosten durch Zuziehung einer Hilfsperson entstanden wären.[124] Es handelt sich gleichwohl nicht um Kosten des Sachverständigen und daher nicht um (fiktive) Gerichtskosten, die bei Kostenaufhebung anteilig zu erstatten sind.[125] Ein im einstweiligen Verfügungsverfahren vorgelegtes Gutachten soll entbehrlich sein, wenn der Gutacher in der mündlichen Verhandlung sistiert worden ist und durch dessen Vernehmung als sachverständiger Zeuge die relevanten Tatsachen glaubhaft gemacht werden können.[126] 29

Die Nichtfestsetzung von Privatgutachterkosten im Verfahren nach § 103 ZPO schließt eine **materiell-rechtliche Kostenerstattung**, etwa aus Vertrag, Verzug oder unerlaubter Handlung, nicht aus.[127] Voraussetzung ist jedoch, dass Umstände hinzukommen, die bei der prozessualen Kostenregelung nicht berücksichtigt werden konnten.[128] Dies gilt auch im umgekehrten Verhältnis. Jedoch steht die Abweisung eines materiell-rechtlichen Anspruchs dem prozessualen Erstattungsbegehren entgegen, wenn der ausschlaggebende Grund, etwa die verneinte Erforderlichkeit der Gutachterkosten, auch ein Merkmal des prozessualen Erstattungsanspruchs ist.[129] 30

§ 414
Sachverständige Zeugen

Insoweit zum Beweis vergangener Tatsachen oder Zustände, zu deren Wahrnehmung eine besondere Sachkunde erforderlich war, sachkundige Personen zu vernehmen sind, kommen die Vorschriften über den Zeugenbeweis zur Anwendung.

Schrifttum

Lent Zur Abgrenzung von Sachverständigen und Zeugen im Zivilprozeß, ZZP 60 (1936/37) 9; *Jessnitzer* Die Entschädigung des abgelehnten Sachverständigen, der als sachverständiger Zeuge vernommen wird, in: Der Sachverständige 1991, 268; *Schmidhäuser* Zeuge, Sachverständiger und Augenscheinsgehilfe, ZZP 72 (1959) 365.

Übersicht

I. Abgrenzung Sachverständiger/ sachverständiger Zeuge
   1. Wahrnehmung von Tatsachen als Beweisthema —— 1
   2. Ursachen des Abgrenzungsbedarfs —— 3
   3. Kriterien der Abgrenzung —— 5
II. Prozessuale Behandlung
   1. Allgemein —— 9

---

122 OLG Koblenz MDR 2008, 1179.
123 OLG Bremen MDR 2010, 719 (Rechtsgutachten zum ausländischen Recht).
124 OLG Koblenz MDR 2004, 1025 = VersR 2006, 242 (Freilegung einer Außenwand); OLG Koblenz FamRZ 2006, 51.
125 OLG Koblenz MDR 2004, 1025.
126 OLG Bamberg NJW-RR 2010, 1681, 1682 (zweifelhaft).
127 BGHVersR 2013, 248 Tz. 8.
128 BGH VersR 2013, 248 Tz. 8.
129 BGH VersR 2013, 248 Tz. 12.

a) Beweisantrag, Ablehnung, Vernehmung, Vereidigung —— 10

b) Entschädigung —— 13
2. Gemischte Aussagen —— 14

I. Abgrenzung Sachverständiger/sachverständiger Zeuge

1 **1. Wahrnehmung von Tatsachen als Beweisthema.** Gegenstand des Zeugenbeweises ist die Bekundung wahrgenommener Tatsachen, Gegenstand des Sachverständigenbeweises die Vermittlung von Fachwissen bzw. Sachkunde.[1] Bedeutung hat die Abgrenzung für die Anwendung der **unterschiedlichen Beweisvorschriften** der beiden Beweismittel sowie – dazu ergeht die Mehrzahl der Entscheidungen – für die Einstufung bei der **Entschädigungs- bzw. Vergütungsleistung.** Zur Abgrenzung auch § 402 Rdn. 5ff.

2 Gemäß § 414 sind diejenigen Beweispersonen, die **über Wahrnehmungen berichten**, die sie nur kraft besonderer Sachkunde machen konnten, als Zeugen anzusehen (dazu auch § 402 Rdn. 13). Weil ein sachverständiger Zeuge über in der Vergangenheit liegende konkrete Wahrnehmungen berichtet, ist er als Beweismittel unersetzlich. Demgegenüber soll ein Sachverständiger allgemeines Erfahrungswissen vermitteln oder anwenden, nämlich aufgrund seines Fachwissens aus Tatsachen Schlussfolgerungen ziehen, und ist dabei gegen eine gleichermaßen sachverständige Person beliebig auswechselbar.[2] Dadurch dass der Sachverständige **Befundtatsachen** in den Prozess einführt, die er kraft seiner Sachkunde aufgrund seiner formellen Stellung als gerichtlich bestellter Sachverständiger zuvor ermittelt hat, wird er **nicht teilweise** zum sachverständigen **Zeugen**; er bleibt vielmehr **einheitlich Sachverständiger**.[3]

3 **2. Ursachen des Abgrenzungsbedarfs.** Die Ladung einer fachkundigen Beweisperson als sachverständiger Zeuge kann darauf beruhen, dass sie **unabhängig von** einer **Begutachtungssituation Wahrnehmungen** getroffen hat, etwa als behandelnder Arzt einer Partei oder einer anderen Person. Häufig liegt der Grund darin, dass sie die Beweistatsachen **als Privatgutachter** oder als gerichtlich oder behördlich bestellter Sachverständiger in einem anderen Verfahren, u.U. auch in einem früheren Abschnitt desselben Verfahrens, wahrgenommen hat. Als früherer Privatgutachter könnte sie ohne Einverständnis beider Parteien nicht zum neutralen Gerichtsgutachter bestellt werden. Bei früherer Tätigkeit als Gerichts- oder Behördengutachter können Gericht und Parteien sich damit begnügen wollen, ein in dem anderen Verfahren schon erstattetes schriftliches Gutachten urkundenbeweislich zu verwerten. Zeuge kann schließlich auch der mit Erfolg **abgelehnte Sachverständige** sein.

4 Die **Vernehmung** einer derartigen Beweisperson als sachverständiger Zeuge kann unmerklich **in eine Sachverständigenbefragung übergehen**. Dies kann gezielt zur Ergänzung bereits vorliegender fachlicher Äußerungen geschehen, kann aber auch darauf beruhen,[4] dass ihr vom Gericht oder den Parteien über das Beweisthema hinausgehend

---

1 BGH NJW 1993, 1796, 1797 = WM 1993, 1603; BFH HFR 1965, 487, 488; BVerwG NJW 2011, 1983 Tz. 5; BPatG GRUR 1978, 358, 359 – Druckbehälter.
2 Vgl. BGH MDR 1974, 382 – Provence; OLG München JurBüro 1981, 1699; OLG Hamm NJW 1969, 567; OLG Düsseldorf VersR 1983, 544; OLG Hamm NJW 1972, 2003, 2204; OLG Hamm MDR 1988, 418; OLG Hamburg JurBüro 1975, 82, 83; OLG Düsseldorf JurBüro 1986, 1686 = Rpfleger 1987, 40; BVerwG NJW 1986, 2268; OVG Koblenz NVwZ-RR 1992, 592.
3 OLG Hamm NJW 1969, 567.
4 Vgl. die Situationsbeschreibungen in OLG Hamm NJW 1972, 2003, 2004 (gutachtliche Stellungnahme „in einem gewissen Umfang" über die Zeugenaussage hinaus); OLG Hamburg JurBüro 1975, 82, 83 und 1985, 1218, 1219; OLG Düsseldorf VersR 1983, 544, 545.

mehr oder weniger beiläufig Fragen gestellt werden, die Gegenstand eines Sachverständigenbeweises sein könnten, die aber nur eine vorläufige Orientierung bezwecken. Ebenso kann der Zeuge mehr oder weniger ungefragt von sich aus gutachtliche Äußerungen abgeben, u.U. bewusst in der Absicht, sich als Sachverständiger in das Verfahren hineinzudrängen. Die niedrigen Entschädigungssätze für Zeugen wecken in allen derartigen Mischfällen die Versuchung, nachträglich in die höhere Sachverständigenvergütung auszuweichen.

3. Kriterien der Abgrenzung. Die fachkundige, nicht selten freiberuflich oder sonst selbständig tätige **Beweisperson** ist **vor Ausbeutung ihres Wissens** durch versteckte Beweisermittlungen ebenso zu **schützen**, wie die Parteien vor aufgedrängter Sachkunde. Zudem sind Vorkehrungen gegen prozessual missbräuchliche Beweismittelverschiebungen zu treffen. 5

Für die Einordnung im konkreten Fall kommt es grundsätzlich nicht darauf an, unter welcher Bezeichnung die Beweisperson geladen oder im Terminprotokoll aufgeführt worden ist; entscheidend ist vielmehr, **was tatsächlich Gegenstand** ihrer (erfolgten oder beabsichtigten, jedoch unterbliebenen) **Vernehmung** war[5] bzw. in welchen Teilen die Aussage vom Gericht verwertet worden ist.[6] Soweit der sachverständige Zeuge in seiner Aussage auf sein Erfahrungswissen zurückgreift und dieses darlegt, um dem Gericht zu veranschaulichen, wie er seine Wahrnehmungen gemacht und die Erkenntnisse gewonnen hat, handelt es sich um einen notwendigen Bestandteil der Aussage als sachverständiger Zeuge, welcher nicht dazu führt, dass die Aussage insoweit bereits den Regeln des Sachverständigenbeweises unterworfen werden müsste.[7] Erst wenn von der Beweisperson darüber hinaus abstrakte Erfahrungssätze erfragt werden, sie um Anwendung von Erfahrungswissen auf andere Lebenssachverhalte gebeten wird[8] oder aber der sich nicht mehr erinnernde Zeuge zur Rekonstruktion des vergangenen Geschehens (unter vorrangiger Verwendung seines Erfahrungswissens) außerhalb des Verhandlungstermins aufgefordert wird,[9] handelt es sich der Sache nach insoweit um Sachverständigenbeweis. 6

Auch wenn für die Zuordnung eines Aussageteils in erster Linie dessen inhaltliche Würdigung maßgebend ist, kann zur Ausschaltung beiläufiger und daher irrelevanter Sachverständigenäußerungen auf **zusätzliche Abgrenzungskriterien** nicht verzichtet werden. Kommt es erkennbar zu einer gutachtlichen **Verwertung** in den Entscheidungs- 7

---

5   OLG Brandenburg VersR 2006, 237, 238 (missverständlich allerdings der gleichzeitige Hinweis auf den vom Gericht erteilten Auftrag); OVG Koblenz NVwZ-RR 1992, 592; OVG Lüneburg NJW 2012, 1307; Musielak/*Huber*[10] § 414 Rdn. 2. Zur Entschädigung so ebenfalls: RG JW 1902, 531; OLG Düsseldorf JurBüro 1986, 1686 = RPfleger 1987, 40 (dort nach vorangegangenem schriftlichen Sachverständigengutachten und Ladung als sachverständiger Zeuge); OLG Hamm NJW 1972, 2003, 2004; JurBüro 1975, 1259; VersR 1980, 855; MDR 1988, 418; OLG Hamburg JurBüro 1975, 82, 83 (dort mit Protokollierung der Sachverständigenäußerung); OLG Hamburg BauR 1987, 600; OLG Frankfurt/M. MDR 1993, 391; s. auch OLG Düsseldorf MDR 1975, 326.
6   OLG Hamm NJW 1972, 2003, 2004. Abweichend OLG Düsseldorf VersR 1983, 544, 545: Maßgeblich sei die formelle Beweisanordnung; gleichwohl erhalte der als sachverständiger Zeuge Geladene Entschädigung wie ein Sachverständiger, wenn das Gericht seine Aussage in dieser Weise verwertet habe; ebenso OLG München JurBüro 1981, 1699 f.
7   OLG Hamm MDR 1988, 418 (Befragung eines Privatgutachters zu den von ihm angelegten Kriterien der Ermittlung der Höhe eines Brandschadens).
8   Vgl. OLG Hamburg JurBüro 1975, 82, 83 (dort: Beantwortung von Fragen zur Häufigkeit unbemerkter Grundberührung von Schiffen und dadurch hervorgerufener Schäden an Ruder und Schraube); OLG Hamm VersR 1980, 855.
9   So in RG JW 1902, 531 (dort: mit Hilfe von Nachmessungen an einem Schiffsrumpf).

gründen, steht dies einer Beweisanordnung zur Einholung eines Gutachtens gleich,[10] wobei eine Beweiswürdigung der Zeugenaussage aber noch nicht als gutachtliche Verwertung anzusehen ist.[11] Fehlt es daran, etwa weil der Rechtsstreit durch Vergleich oder in sonstiger Weise ohne Urteil erledigt worden ist, kommt den **Protokollangaben** Bedeutung zu, die allerdings im Berufungsrechtszug unergiebig sind, wenn es an einer Aussagenprotokollierung fehlt. Hat der sachverständige Zeuge seine Wahrnehmung als **Privatgutachter** gemacht, der ohne Zustimmung der Gegenpartei nicht als Gerichtssachverständiger herangezogen werden kann, spricht eine Vermutung dagegen, dass seine Vernehmung als Sachverständiger beabsichtigt war und erfolgt ist. Ist die Beweisperson hingegen zuvor in einem anderen Verfahren Gerichtsgutachter gewesen, spricht das Überschreiten des Beweisthemas, das im aktuellen Verfahren zu ihrer Vernehmung als Zeuge geführt hat, für deren Behandlung als Sachverständiger.

8   Zur vergütungsrechtlichen und zivilprozessualen Behandlung gemischter Äußerungen unten Rdn. 15f.

II. Prozessuale Behandlung

9   **1. Allgemein.** Auf den sachverständigen Zeugen finden die zivilprozessualen **Vorschriften über Zeugen**, nicht die über den Sachverständigen Anwendung.

10   **a) Beweisantrag, Ablehnung, Vernehmung, Vereidigung.** Einem Zeugenbeweisantrag muss grundsätzlich entsprochen werden, wenn die Beweistatsache entscheidungsrelevant ist, während die Zuziehung eines Sachverständigen von der Sachkunde der Richter abhängt und dessen personelle Auswahl im Ermessen des Gerichts steht. **Worauf** ein **Beweisantrag gerichtet** ist, hat das **Gericht** unabhängig von der rechtlichen Qualifizierung durch den Antragsteller **zu entscheiden**. Wird die Vernehmung eines Fachmanns, etwa eines behandelnden Arztes, „als sachverständiger Zeuge" beantragt, obwohl das Beweisthema bei zutreffender Einordnung des Antrages die Anwendung von Erfahrungswissen zum Gegenstand hat, nämlich etwa die Bewertung eines Krankheitszustandes der behandelten Person, so muss das Gericht dem Vernehmungsantrag nicht folgen, weil der Beweisantrag auf die Erhebung eines Sachverständigenbeweises gerichtet ist.[12] Eine typische Verfahrenssituation tritt ein, wenn nach einem Verkehrsunfall und behauptetem HWS-Schleudertrauma der Arzt benannt wird, der die medizinische Erstuntersuchung vorgenommen hat; dessen Vernehmung als Zeuge zur Ursächlichkeit des Verkehrsunfalls für die vom Geschädigten geltend gemachten Beschwerden kann abgelehnt werden, weil die Beweisfrage ihrer Art nach nur durch einen Sachverständigen beantwortet werden kann.[13] Wird umgekehrt die Vernehmung eines Sachverständigen beantragt, der in einem zwischen anderen Parteien geführten selbständigen Beweisverfahren ein Gutachten erstattet hat und nunmehr zu den damals „vor Ort" getroffenen Feststellungen gehört werden soll, darf der Antrag nicht übergangen werden, wenn damit die Vernehmung als sachverständiger Zeuge gemeint ist.[14] Die Fest-

---

10   OLG Hamm NJW 1972, 2003, 2004.
11   OLG Düsseldorf VersR 1983, 544, 545.
12   BVerwG NJW 1986, 2268; s. ferner OLG Hamm VersR 2001, 249.
13   VfGH Berlin VersR 2009, 564, 566 unter Inbezugnahme von BGH NJW 2007, 2122, 2124; OLG Düsseldorf NJW 2011, 3043, 3044.
14   BGH NJW-RR 1991, 254, 255.

stellung des Wiederbeschaffungswertes eines Fahrzeugs kann nur aufgrund sachverständiger Bewertung getroffen werden.[15]

Die beantragte Vernehmung eines sachverständigen Zeugen kann nicht deshalb abgelehnt werden, weil das Gericht **Zweifel an der Sachkunde des Zeugen** (und damit an seiner Wahrnehmungsfähigkeit) hat.[16] Dies wäre eine verbotene vorweggenommene Beweiswürdigung; die Sachkunde des Zeugen ist gegebenenfalls durch Hinzuziehung eines Sachverständigen bei der Vernehmung des Zeugen zu ermitteln.[17] Der sachverständige Zeuge kann **nicht** wegen Besorgnis der **Befangenheit** abgelehnt werden.[18] Gründen, die eine Ablehnung rechtfertigen könnten, wenn der Zeuge Sachverständiger wäre, ist bei der Beweiswürdigung Rechnung zu tragen.[19] Umgekehrt kann der **abgelehnte Sachverständige** als (sachverständiger) Zeuge über die anlässlich der Begutachtung gemachten Wahrnehmungen (nicht über seine Schlussfolgerungen) vernommen werden.[20] Hat der Sachverständige durch eine Zeugenbefragung Tatsachen ermittelt, die später durch Vernehmung dieses Zeugen nicht prozessordnungsgemäß festgestellt werden können, weil er von seinem Zeugnisverweigerungsrecht Gebrauch macht, darf der Sachverständige über die ihm gegenüber gemachten Bekundungen nicht als Zeuge vernommen werden.[21] 11

Der sachverständige Zeuge ist **als Zeuge** zu belehren, zu vernehmen und zu **beeidigen**[22] (zur Reichweite des Sachverständigeneides im Hinblick auf tatsächliche Feststellungen des Sachverständigen näher § 410 Rdn. 4 ff.). 12

b) Entschädigung. Ein sachverständiger Zeuge ist **als Zeuge** zu **entschädigen**.[23] Maßgebend ist § 19 JVEG. Wird eine Beweisperson versehentlich als Sachverständiger statt als Zeuge geladen und ist der Irrtum für sie nicht zu erkennen, erhält sie für die Zeit, die sie zur Vorbereitung einer Gutachtenerstattung im Termin verwendet hat, Entschädigung als Sachverständiger.[24] 13

2. Gemischte Aussagen. Macht die als sachverständiger Zeuge geladene Beweisperson nicht nur Bekundungen über die Wahrnehmung vergangener Tatsachen, sondern weiterhin abstrakte Aussagen, die als Sachverständigenbeweis zu qualifizieren sind, **vereinigt** er in demselben Prozess die **Eigenschaften** eines **Sachverständigen und** eines **Zeugen**.[25] 14

Der Beweisperson gebührt eine **einheitliche**[26] **Vergütung als Sachverständiger**, wenn dieser Teil der Aussage überwogen hat und die Bekundungen auf Veranlassung 15

---

15 KG NJW-RR 2011, 608 = VersR 2011, 1154.
16 RG Gruch 30 (1886), 1024, 1029.
17 RG Gruch 30, 1029.
18 RGZ 59, 169, 170; Musielak/*Huber*[7] § 414 Rdn. 1.
19 BGH MDR 1974, 382 – Provence.
20 BGH NJW 1965, 1492; vgl. eingehend G. Fezer JR 1990, 397 ff.
21 So für den Strafprozess bei Angaben zum Tatgeschehen anlässlich der Exploration für eine Glaubhaftigkeitsprüfung BGH NJW 2001, 528, 529.
22 OLG Hamm NJW 1969, 567.
23 OLG Hamm NJW 1972, 2003, 2004; OLG München JurBüro 1981, 1699; anders die Vorauf. § 402 Anm. B Id.
24 KG JurBüro 1992, 633.
25 RG JW 1902, 531; OVG Lüneburg NJW 2012, 1307.
26 OLG Stuttgart JurBüro 1978, 1727, 1728; OLG Hamm JurBüro 1991, 1260; OLG Köln MDR 1993, 391, 392.

des Gerichts[27] oder der Parteien mit Duldung des Gerichts[28] geschahen. Unbeachtlich bleiben sachverständige Äußerungen infolge unprovozierten Mitteilungsdrangs des Zeugen.

16   **Zivilprozessual** kommt es auf ein wie auch immer geartetes Überwiegen des zeugenschaftlichen oder gutachtlichen Aussageteils nicht an. Die verschiedenen **Aussageteile** sind **differenziert zu behandeln**: die Beweisperson ist teilweise Zeuge und teilweise Sachverständiger.[29] Es bedarf daher eines entsprechend differenzierten Beweisanordnung, wenn beide Aussageteile verwertet werden sollen.[30] Den Parteien würde bei stillschweigender Verwertung abstrakter sachverständiger Äußerungen anlässlich der Vernehmung als sachverständiger Zeuge die Möglichkeit genommen, insoweit die Beweisperson abzulehnen bzw. bei Zweifeln an ihrer Sachkunde die Erhebung weiteren Sachverständigenbeweises (§ 412) zu beantragen. Die stillschweigende Verwertung abstrakter Ausführungen einer als sachverständiger Zeuge geladenen Beweisperson ist als Verfahrensfehler anzusehen. Die Beweisperson muss gegebenenfalls **beide Eide** leisten.[31]

TITEL 9
Beweis durch Urkunden

Vorbemerkungen
vor § 415

Schrifttum

Akca Moderne Kommunikationsmittel im Verfahren, Diss. Köln 2000, S. 125 ff.; *Lerch/Sandkühler* Bundesnotarordnung, 7. Auflage 2012; *Britz* Urkundenbeweisrecht und Elektroniktechnologie, 1996; *Faßbender/Grauel/Ohmen/Peter* Notariatsurkunde, 17. Aufl. 2007; *Greiner* Zivilrechtliche Ansprüche im Strafverfahren, ZRP 2011, 132; *Jansen* FGG, Bd. 3 BeurkG, 2. Aufl. 1971; *Keidel/Kuntze/Winkler* FGG, 15. Aufl. 2003; *Keidel* FamFG, 17. Aufl. 2011; *Reithmann* Allgemeines Urkundenrecht, Begriffe und Beweisregeln, 1972; *Reithmann/Albrecht* Handbuch der notariellen Vertragsgestaltung, 8. Aufl. 2001 m. Ergänzungsband; *Schreiber* Die Urkunde im Zivilprozeß, 1982; *Schippel/Bracker*, Bundesnotarordnung, 9. Aufl. 2011; *Schippel/Bracker* Bundesnotarordnung, 9. Aufl. 2011; *Teske* Der Urkundenbeweis im französischen und deutschen Zivil- und Zivilprozeßrecht, 1990; *Völzmann* Die Bindungswirkung von Strafurteilen im Zivilprozeß, 2006; *Winkler* Beurkundungsgesetz, 17. Aufl. 2013; *Wolfsteiner* Die vollstreckbare Urkunde, 3. Aufl. 2011.

Zur Anerkennung ausländischer Urkunden:

Kohler/Buschbaum Die „Anerkennung" öffentlicher Urkunden, IPRax 2010, 313; *Lange* Das geplante Europäische Nachlasszeugnis, DNotZ 2012, 168; *Mansel* Kritisches zur „Urkundsinhaltserkennung", IPRax 2011, 341; *Mansel/Coester-Waltjen/Henrich/Kohler* Stellungnahme im Auftrag des Deutschen Rats für IPR zum Grünbuch der EU-Kommission .... – KOM (2010), 747 endg., IPRax 2011, 335; *Rechberger* Europäische öffentliche Urkunde und Europäischer Erbschein, Wien 2010; *Rechberger* Das europäische Nachlasszeugnis und seine Wirkungen, ÖJZ 2012, 14; *Reithmann* Urkunden ausländischer Notare in inländischen Verfahren, IPRax 2012, 133; *Spellenberg* Der Beweiswert rechtsgeschäftlicher Urkunden im Kollisionsrecht, Fest-

---

27   RG JW 1902, 531.
28   OLG Hamburg JurBüro 1985, 1218, 1219; OLG Köln MDR 1993, 391, 392 m.w.Nachw.
29   So auch MünchKomm/*Zimmermann*³ § 414 Rdn. 3, der sich für diese Auffassung allerdings auf Entscheidungen stützt, die alle nur die Frage der Entschädigung betreffen und gerade nichts über die prozessrechtliche Behandlung besagen. OLG Frankfurt NJW 1952, 717 kann wohl, wie MünchKomm/ *Zimmermann* § 414 Fn. 4 meint, als Beleg der gegenteiligen Ansicht herangezogen werden.
30   Vgl. OLG Düsseldorf VersR 1983, 544, 545.
31   Vgl. BGH NStZ 1986, 323; näher dazu § 410 Rdn. 4 ff.

schrift Kaissis (2012), S. 915; R. *Wagner* Anerkennung von Personenstandsurkunden – was heißt das?, DNotZ 2011, 176.

Übersicht

I. Herausgehobener Beweiswert — 1
II. Urkundenbegriffe — 2
III. Urkunden und Augenscheinsobjekte — 7
IV. Beweiskraft
   1. Formelle und materielle Beweiskraft — 8
   2. Beweisbindung des Zivilrichters an Strafurteile, Urkundenbeweis statt Personalbeweises — 9
V. Beurkundungsverfahren — 13
VI. Das Beweisverfahren — 15
VII. Ausländische Urkunden — 17

I. Herausgehobener Beweiswert

Der Urkundenbeweis gilt als **zuverlässiges Beweismittel**, weil er die in der Urkunde verkörperten Gedanken unbeeinflusst und weitgehend unbeeinflussbar wiedergibt.[1] Zudem sichert der Straftatbestand des § 348 StGB (Falschbeurkundung im Amt) die korrekte Aufnahme öffentlicher Urkunden durch Amtsträger; hinzu tritt die Dienstaufsicht über Notare als institutionelle Sicherung. Von der Qualitätseinschätzung ausgehend hat der Gesetzgeber **Beweisregeln** aufgestellt, mit denen der Grundsatz der freien Beweiswürdigung (§ 286) durchbrochen wird. Der Gesetzgeber ist davon ausgegangen, dass Urkunden regelmäßig in der Absicht errichtet werden, Rechtsverhältnisse sicherzustellen. Die Beweisregeln sollten schon bei Errichtung der Urkunde kalkulierbar machen, welche Anforderungen der Richter später stellen wird, unter denen die Urkunde als beweiskräftig anzusehen ist; damit sollte die Sicherheit des Rechtsverkehrs gefördert werden.[2] Das nachträgliche Auffinden einer entscheidungserheblichen Urkunde berechtigt aus demselben Grund – anders als das Auffinden anderer Beweismittel – zur **Restitutionsklage** (§ 580 Nr. 7b).[3] Die Kommission zur Reform des Zivilprozessrechts hat in ihrem Bericht von 1977 in erster Linie Änderungsvorschläge gemacht, mit denen die Pflicht zur Vorlage von Urkunden erweitert werden sollte. Das ist mit der am 1.1.2002 in Kraft getretenen ZPO-Reform aufgegriffen worden. In der Praxis der Gerichte hat der Urkundenbeweis gleichwohl keine herausragende Bedeutung, weil das deutsche materielle Recht – anders als etwa das französische Recht – quantitativ gesehen nur geringe Anforderungen an die Form von Rechtsgeschäften stellt; darin wird als rechtspolitischer Vorteil die Vermeidung von Nachteilen für unerfahrene und ungewandte Teilnehmer des Rechtsverkehrs gesehen.[4] Allerdings ermöglicht der Beweis mittels Urkunden[5] die Durchführung eines beschleunigten Verfahrens nach §§ 592 ff., des **Urkundenprozesses**. Eine Beschränkung auf den Urkundenbeweis ordnet auch § 246a Abs. 2 Nr. 2 AktG für das dort geregelte Freigabeverfahren nach Anfechtung eines Hauptversammlungsbeschlusses an.[6]

1

---

1 Bericht der Kommission für das Zivilprozessrecht, S. 145.
2 *Hahn/Stegemann* S. 275 f. (zur freien Beweiswürdigung).
3 Darunter fallen keine schriftlichen Zeugenaussagen; BGH NJW1981, 2194; OVG Saarlouis NJW 2012, 871.
4 Kommissionsbericht S. 145.
5 Den Zeugenbeweis substituierende privatschriftliche Urkunden sind unzulässig; BGH NJW-RR 2012, 1243 Tz. 24.
6 Vgl. dazu KG ZIP 2011, 172, 173; OLG Hamm ZIP 2011, 2257, 2258; OLG Nürnberg ZIP 2012, 2052, 2054 (2056 auch zum Streit um die Anwendbarkeit des § 421 ZPO); OLG Frankfurt ZIP 2010, 986, 989; OLG Frankfurt ZIP 2012, 766.

II. Urkundenbegriffe

2   Die Beweisregelung knüpft an das Beweismittel der schriftlichen Urkunde, also der Verkörperung eines Gedankens durch übliche oder vereinbarte Schriftzeichen.[7] Sonstige Gedankenverkörperungen fallen in die Kategorie des Augenscheinsbeweises (näher § 371 Rdn. 8). Unerheblich ist, ob die schriftliche Urkunde von vornherein zum Beweis bestimmt war (**Absichtsurkunde**) oder ob sie erst später ein Beweismittel geworden ist (**Zufallsurkunde**). Das Material der Urkunde ist belanglos. Es kann sich um Papier, Stoff, Holz etc. handeln.[8]

3   Die ZPO unterscheidet hinsichtlich des Beweiswertes zwischen **öffentlichen Urkunden** (§§ 415, 417, 418) und **Privaturkunden** (§ 416), womit die Form der Urkunde zum Kriterium erhoben wird. Welche Qualität eine Urkunde haben muss, mit der ein **Urkundenprozess** geführt werden soll, ist für §§ 593 Abs. 2, 595 Abs. 2 unabhängig von der Urkundenqualität nach §§ 415 ff. zu bestimmen.[9]

4   Abseits vom Urkundenbeweis geregelt ist die **elektronische Signatur** (§ 371a), die im Jahre 2001 mit dem Gesetz zur Anpassung der Formvorschriften des Privatrechts und anderer Vorschriften an den modernen Rechtsgeschäftsverkehr zunächst als § 292a eingeführt worden ist.[10]

5   Eine den Urkundeninhalt betreffende Einteilung unterscheidet bezeugende Urkunden (auch berichtende oder Zeugnisurkunden genannt) und (be)wirkende Urkunden (auch konstitutive, Dispositiv- oder Tatbestandsurkunden genannt). **Bezeugende Urkunden** berichten über außerhalb ihrer selbst liegende Umstände, etwa ein Ereignis, einen Zustand, einen Seelenvorgang. Beispiele sind Protokolle von Behörden und Gerichten, standesamtliche Urkunden, Auszüge aus öffentlichen Registern, Zeugnisse, Bescheinigungen, Frachtbriefe, Geschäfts- und Tagebücher, Personalakten, Sachverständigengutachten aus anderen Prozessen, Krankengeschichten, ärztliche Zeugnisse.[11] Zeugnisurkunden beruhen nicht stets auf einer *persönlichen* Wahrnehmung der Urkundsperson, wie § 418 Abs. 3 zeigt,[12] jedoch kommt ihnen nur unter dieser Voraussetzung die Beweiswirkung des § 418 Abs. 1 zu. Die Zeugnisurkunde gibt schriftlich wieder, was die Urkundsperson auch mündlich als Zeuge aussagen könnte,[13] was dann aber nur Gegenstand freier Beweiswürdigung (§ 286) wäre. Nicht zu den notariellen Zeugnisurkunden gehören amtliche Urkunden wie notarielle Bescheinigungen (§ 21 BNotO, §§ 39, 50 BeurkG) oder Bestätigungen (Grundlage: kautelarjuristische Betreuung i.S.d. § 24 Abs. 1 BNotO);[14] § 418 ZPO ist auf sie nicht anwendbar, wohl aber kann für Bescheinigungen die Echtheitsvermutung des § 437 ZPO gelten und es können außerhalb der ZPO Beweisregeln bestehen (vgl. § 50 Abs. 2 BeurkG – Urkundenübersetzung, § 21 Abs. 1 Satz 2 BNotO – Registerbescheinigung).[15] **Wirkende Urkunden** enthalten unmittelbar den zu

---

7   BGHZ 65, 300, 301 = NJW 1976, 294; Musielak/*Huber*[10] § 415 Rdn. 4; Rosenberg/Schwab/*Gottwald*[17] § 119 Rdn. 1.
8   Rosenberg/Schwab/*Gottwald*[17] § 119 Rdn. 3.
9   Vgl. OLG Köln DB 1983, 104, 105 (zu nicht unterschriebenen Urkunden); der Sache, nicht der Formulierung nach ebenso Baumbach/Lauterbach/*Hartmann*[71] § 592 Rdn. 11; unklar MünchKomm/*Braun*[4] § 592 Rdn. 16.
10   BGBl 2001 I S. 876; RegE, BT-Drucks. 14/4987 v. 14.12.2000; dazu 1. SigÄndG v. 4.1.2005, BGBl I S. 2.
11   Rosenberg/Schwab/*Gottwald*[17] § 119 Rdn. 10.
12   A.A. *Reithmann* in: Schippel/Bracker[9] vor §§ 20–24 Rdn. 8; *Reithmann* Allg. Urkundenrecht S. 42.
13   *Reithmann* in: Schippel/Bracker[9] vor §§ 20–24 Rdn. 16.
14   *Reithmann* in: Schippel/Bracker[9] vor §§ 20–24 Rdn. 8 und 26 ff.
15   Dazu *Reithmann* in: Schippel/Bracker[9] vor §§ 20–24 Rdn. 41; *Reithmann* Allg. Urkundenrecht S. 4 ff., 59, 63, 64.

beweisenden Vorgang und verkörpern ihn, beispielsweise, gerichtliche Urteile, schriftliche Verwaltungsakte, rechtsgeschäftliche Urkunden mit privatrechtlichen Willenserklärungen wie Wechsel, Schecks, Ladescheine, Konnossemente, Testamente, Kündigungserklärungen.[16]

Zu unterscheiden ist bei Absichtsurkunden des Notars zwischen der **Urschrift** (Niederschrift) und den **Ausfertigungen** der Niederschrift (näher: § 435 Rdn. 14f.). Ausfertigungen vertreten gem. § 47 Abs. 1 BeurkG die Urschrift im Rechtsverkehr, wenn und weil die Urschrift in der Verwahrung des Notars verbleibt. Ausfertigungen sind wiederum von **beglaubigten Abschriften** zu unterscheiden, deren Beglaubigung nur die Übereinstimmung der Abschrift mit der Urkunde beweist.   6

III. Urkunden und Augenscheinsobjekte

Urkunden sind gegen Augenscheinsobjekte abzugrenzen, insbesondere weil zu den Augenscheinsobjekten gem. § 371 Abs. 1 Satz 2 auch **elektronische Dokumente** (näher: § 371 Rdn. 22 und § 371a Rdn. 17) gehören, die in gleicher Wiese wie Urkunden wegen des in ihnen verkörperten Gedankeninhalts als Beweismittel herangezogen werden, ohne jedoch formalisierten Beweisregeln zu unterliegen. Die Abgrenzung ist grundsätzlich erforderlich, weil die Einordnung in die richtige Kategorie des Strengbeweises über die Anwendung der für das jeweilige Beweismittel geltenden Spezialvorschriften entscheidet, sofern nicht Vorschriften einer anderen Kategorie methodisch einwandfrei analog angewandt werden dürfen. Die Schärfe des Abgrenzungsbedarfs ist seit der ZPO-Reform von 2001 entfallen; die zuvor für Augenscheinsobjekte diskutierte analoge Anwendung der Vorschriften des Urkundenbeweisrechts, die das Verfahren zur Vorlage von Urkunden im Besitz des Prozessgegners oder eines Dritten betreffen (§§ 422 bis 432), ist durch eine **gesetzliche Verweisungsanordnung** (§ 371 Abs. 2 Satz 2) ausdrücklich geregelt. Zur Abgrenzung von Augenscheinsobjekten und Urkunden näher § 371 Rdn. 8, 17 ff.   7

IV. Beweiskraft

1. Formelle und materielle Beweiskraft. Unterschieden wird zwischen **formeller** oder äußerer Beweiskraft und **materieller** oder innerer Beweiskraft (näher: § 415 Rdn. 28 ff.). Nur eine **echte** und **mangelfreie** (unversehrte) Urkunde kann Beweiskraft entfalten. Über die Echtheit (§ 438) und die Mangelfreiheit (§ 419) ist daher zunächst zu befinden. Stehen die Echtheit und die Mangelfreiheit fest, legt die formelle Beweiskraft mittels differenziert wirkender Beweisregeln unter Ausschaltung freier Beweiswürdigung fest, **wie** der **Beweis zu würdigen** ist. Ob ein Gegenbeweis (zu Terminologie und Inhalt § 415 Rdn. 35 und § 418 Rdn. 22) zulässig oder beschränkt bzw. ausgeschlossen ist, kann durch Bundes- oder Landesgesetze näher geregelt sein. Ist damit die Abgabe einer Erklärung bewiesen, entscheidet das Gericht in freier Beweiswürdigung über die inhaltliche Richtigkeit des Erklärten (materielle Beweiskraft). Die freie Beweiswürdigung hat ihrerseits **Erfahrungssätze** zu beachten, deren Außerachtlassung das Revisionsgericht zur Aufhebung der Entscheidung des Tatrichters berechtigt.   8

---

16   Rosenberg/Schwab/*Gottwald*[17] § 119 Rdn. 9.

2. Beweisbindung des Zivilrichters an Strafurteile, Urkundenbeweis statt Personalbeweises

9 **a)** Vorläufig gescheitert sind Gesetzgebungsvorschläge zur Bindung des Zivilrichters an rechtskräftige Urteile in Strafsachen und über Ordnungswidrigkeiten. Der Entwurf des 1. Justizmodernisierungsgesetzes (JuMoG)[17] sah die Schaffung eines § 415a über die Beweiskraft rechtskräftiger Strafurteile mit folgendem Text vor:

> „(1) Rechtskräftige Urteile über Straftaten und Ordnungswidrigkeiten begründen vollen Beweis der darin für erwiesen erachteten Tatsachen.
> (2) Auf begründeten Antrag ist über diese Tatsachen erneut Beweis zu erheben."

Ein Oppositionsentwurf für ein 1. Justizbeschleunigungsgesetz vom 20.5.2003,[18] den der Bundesrat in seiner Stellungnahme vom 19.7.2003 zum Entwurf des JuMoG aufgegriffen hat,[19] sah die Schaffung eines § 286 Abs. 3 mit folgendem Text vor:

> „An tatsächliche Feststellungen eines rechtskräftigen Strafurteils, auf denen dieses beruht, ist das Gericht gebunden, wenn der Grund des Anspruchs aus demselben Sachverhalt hergeleitet wird. Eine Bindungswirkung nach Satz 1 besteht nicht, soweit des Gericht Zweifel an der Richtigkeit oder Vollständigkeit der Feststellungen hat oder soweit Rechtsgründe eine abweichende Beweiswürdigung oder eine erneute Beweiserhebung gebieten."

10 Der RegE war von der Zielsetzung getragen, dem Opfer einer Straftat oder Ordnungswidrigkeit die Beweisführung im Zivilprozess zu erleichtern und eine **Wiederholung der Beweiserhebung** über solche anspruchsbegründenden Tatsachen zu **vermeiden**, von deren Richtigkeit das Strafgericht positiv überzeugt war. Zwischen verurteilenden und freisprechenden Erkenntnissen wurde nicht differenziert. Sogar gegen nicht an dem Strafverfahren beteiligte Parteien des Zivilprozesses sollte die Bindung wirken.[20] Dieselbe globale Zielsetzung verfolgte der Oppositionsentwurf, der zugleich die Zivilgerichte entlasten wollte und der ähnliche Regelungen in verschiedenen romanischen Rechtsordnungen als bewährte Vorbilder bezeichnete, der aber eine erga omnes-Wirkung ausschloss, weil das rechtliche Gehör als verletzt angesehen wurde, und der sich auf Strafurteile beschränkte.[21]

11 Der Rechtsausschuss des Bundestages hat die im Schrifttum geäußerte Kritik[22] aufgegriffen und den Vorschlag nicht in das JuMoG übernommen.[23] Die Bindung des Zivilrichters wird in Frankreich – bei dort weiterreichender Wirkung einer *autorité absolute*

---

[17] BT-Drucks. 15/1508 vom 2.9.2003.
[18] BT-Drucks. 15/999, aufgenommen vom Bundesrat als eigener Entwurf, BR-Drucks. 397/03 und BT-Drucks. 15/1491; dazu *Röttgen* ZRP 2003, 3461.
[19] BT-Drucks. 15/1508 S. 39.
[20] BT-Drucks. 15/1508 S. 20 f.
[21] BT-Drucks. 15/999 S. 17 f.; ebenso der Bundesrat in seiner Stellungnahme zum RegE des JuMoG, BT-Drucks. 15/1508 S. 40 f.
[22] *Huber* ZRP 2003, 268, 271 f.; *Knauer/Wolf* NJW-Sonderheft zum 2. Hannoveraner ZPO-Symposium, 2003, S. 23, 41 ff.; *G.Vollkommer* ZIP 2003, 2061. Positiv jedoch *Völzmann* Die Bindungswirkung von Strafurteilen (beschränkt auf strafrechtliche Verurteilungen). Zur Verwertung eines Strafurteils im Rahmen des § 286 ZPO KG MDR 2010, 265, 266.
[23] BT-Drucks. 15/3482 S. 17. Verfehlt ist der rechtspolitische Vorschlag, einen Zwang zur Durchführung eines strafrechtlichen Adhäsionsverfahrens durch Begründung einer Sperrwirkung in der ZPO zu fördern; so aber *Greiner* ZRP 2011, 132, 133.

de chose jugée – nicht so positiv gesehen,[24] wie es in der Begründung des Oppositionsentwurfs und der Stellungnahme des Bundesrates dargestellt worden ist. Die Möglichkeit der vereinfachten Übernahme von Beweisergebnissen aus einem Strafverfahren sollte mit einer ausdrücklichen Regelung bedacht werden; eine Verwertung von Beweisergebnissen im Wege des Urkundenbeweises, wie sie nach der gegenwärtigen Rechtspraxis etwa für Protokolle von Zeugenaussagen stattfindet, ist nicht sachgerecht.[25] Jedoch ist ein **Antragsrecht** zur Erzwingung einer erneuten Beweisaufnahme unverzichtbar, das an eine Begründung gebunden werden könnte. Die Prozessmaximen von Straf- und Zivilprozess sind unterschiedlich, was sich zwar nicht nach der theoretischen Konzeption, wohl aber nach der Lebenserfahrung auf die Qualität der Beweiserhebung auswirken kann. Falsche Vorstellungen über den Inhalt der Bindung des Zivilrichters kann ein Standort der Regelung innerhalb des Urkundenbeweisrechts hervorrufen: Die **Übernahme** der strafrechtlichen Beweiswürdigung als richtig ist den **formellen Beweisregeln** des Urkundenbeweises **qualitativ nicht gleichartig**. Weder handelt es sich bei einer erneuten Beweiserhebung im Zivilprozess um einen „Gegenbeweis", noch sind die formellen Urkundenbeweisregeln hinsichtlich der beurkundeten Erklärungen oder Tatsachenwahrnehmungen mit einer Richtigkeitsgewähr verbunden. Einschlägige Sachverhalte werden zumeist den mittelbaren Personalbeweis der Verwendung von Zeugenaussagen betreffen und sollten dort geregelt werden. In entsprechender Weise ist die Verwertung gerichtlich eingeholter Sachverständigengutachten aus anderen Verfahren durch das JuMoG in § 411a geregelt worden. Kein Thema der Beweisbindung des Zivilrichters ist dessen **Bindung** an rechtskräftige Entscheidungen des **Strafrichters im Adhäsionsverfahren** über vermögensrechtliche Ansprüche des Opfers gegen den Angeklagten (§§ 403f., 406 Abs. 3 StPO), etwa wenn im Strafverfahren nur ein Grundurteil ergangen ist.[26]

b) Die herrschende Praxis **verwertet Personalbeweise aus anderen Verfahren** 12 jeglicher Art (Protokolle von Zeugenaussagen, eidesstattliche Versicherungen) auf – nicht verzichtbaren[27] – Antrag der beweispflichtigen Partei mangels gesetzlicher Regelung systemwidrig, jedoch erzwungen durch den numerus clausus des Strengbeweises, **im Wege des Urkundenbeweises**, sofern nicht der Beweisgegner zur Durchsetzung des Unmittelbarkeitsgrundsatzes einen Antrag auf (erneute) Vernehmung stellt[28] (dazu § 355 Rdn. 17). Der Beweiswert ist wegen des fehlenden persönlichen Eindrucks im Allgemeinen geringer als eine unmittelbare Zeugenaussage oder kann auch gänzlich fehlen, wenn es auf eine Glaubwürdigkeitsbeurteilung ankommt.[29] Überwunden werden damit u.U. eine Verweigerung erneuter Aussage[30] oder die Unerreichbarkeit des Zeugen (vgl. § 251 Abs. 1 Nr. 1 bis 3 StPO). Das verwertende Gericht muss den geringeren Beweiswert des sachferneren Beweismittels berücksichtigen.[31]

---

24 Näher dazu *Wagner* in: Zimmermann (Hrsg), Grundstrukturen des Europäischen Deliktsrechts, 2003, S. 189, 211 f. m.Nachw.
25 Anders die BReg. in ihrer Gegenäußerung zur Stellungnahme des Bundesrates, BT-Drucks. 15/1508, S. 50.
26 BGH NJW 2013, 1163 Tz. 8.
27 Vgl. BVerfG NJW 1994, 1210, 1211; BGH NJW 1995, 2856, 2857.
28 BGH NJW-RR 1992, 1214, 1215; BGH NJW 1995, 2856, 2857; BGH NJW 2000, 1420, 1421 = VersR 2000, 610, 611 f.; OLG Köln VersR 2000, 1303; OLG Zweibrücken NJW-RR 2011, 496, 497.
29 BGH NJW 1995, 2856, 2857 m.w.Nachw.; BGH NJW 2000, 1420, 1421; *Lepa* VersR 2001, 265, 270.
30 So in BSG NJW 1999, 1573; OLG Hamm NVersZ 1998, 44.
31 BSG NJW 1999, 1573; s. auch BVerfG NJW 1981, 1719, 1725 – Zeuge vom Hörensagen.

V. Beurkundungsverfahren

13 Für die Qualifizierung als öffentliche Urkunde sind bestimmte Formalien zu beachten. Die Urkunde muss von einer Behörde oder einer mit öffentlichem Glauben versehenen Person herrühren, die ein bestimmtes Errichtungsverfahren zu beachten hat; sie muss sich innerhalb des ihr zugewiesenen Geschäftskreises bewegen und die vorgeschriebene Form einhalten. Für Notare ist die Verfahrensregelung im **Beurkundungsgesetz** enthalten. Grundsätzlich ist eine notarielle Niederschrift aufzunehmen (Protokollverfahren, §§ 8, 36 BeurkG); dies gilt für die Beurkundung von Willenserklärungen, aber auch für andere Erklärungen sowie für sonstige Tatsachen oder Vorgänge, es sei denn, es handelt sich um einfache Zeugnisse, darunter Unterschrifts- und Abschriftsbeglaubigungen, für die das Vermerkverfahren des § 39 BeurkG zugelassen ist.

14 Die **Ersetzung** einer **vernichteten** und das Aufgebot einer abhanden gekommenen **notariellen Urkunde** sind, soweit die Urschrift betroffen ist, in § 46 BeurkG geregelt. Ist nur eine Ausfertigung, eine einfache oder eine beglaubigte Abschrift betroffen, wird einem berechtigten Empfänger gem. § 51 BeurkG ein weiteres Exemplar erteilt. Bei **vollstreckbaren Urkunden** gelten für die Erteilung einer weiteren vollstreckbaren Ausfertigung die § 52 BeurkG, § 797 Abs. 3 ZPO; dem Notar muss das für seinen Amtssitz zuständige Amtsgericht zuvor eine Bewilligung erteilen. Für Ausfertigungen **gerichtlicher Entscheidungen** oder für Abschriften davon gilt § 299 Abs. 1 ZPO.

VI. Das Beweisverfahren

15 Der Ablauf der Beweiserhebung mittels Urkunde richtet sich danach, **in wessen Händen** sich die Urkunde befindet. Der Beweisführer muss eine Urkunde, die sich in seinem unmittelbaren Besitz befindet, dem Gericht vorlegen (§ 420). Der Beweis erledigt sich in diesem Falle vielfach dadurch, dass eine (Foto)Kopie vorgelegt wird, deren Echtheit nicht bestritten wird; der Inhalt der Urkunde wird der Entscheidung dann als unstreitiger Sachverhalt zugrunde gelegt. Hat der Prozessgegner die Urkunde im Besitz, wird der Beweis durch Benennung der Urkunde angetreten (§§ 421 ff., 424); vorzulegen ist sie dann vom Gegner. Ist ein **Dritter Besitzer** der Urkunde, sieht das Urkundenbeweisrecht ein selbständiges **Editionsverfahren** zur Herbeischaffung der Urkunde vor (§ 429), für dessen Durchführung das Hauptverfahren ausgesetzt wird. Eine weitere Sonderregelung findet sich in § 432 für den Fall, dass eine Behörde Dritter ist. Die **Vorlegung** kann gegenüber Parteien und Dritten gem. § 142 Abs. 1 auch **von Amts wegen angeordnet** werden (näher dazu § 422 Rdn. 14 und § 421 Rdn. 1). Hat eine Partei die Urkunde im Besitz, hängt die Anordnung von einer Ermessensausübung des Gerichts ab; im Verhältnis zu einem Dritten kann sie gem. §§ 428, 142 durch Parteiantrag erzwungen werden. Das Ermessen ist pflichtgemäß auszuüben und kann sich auf Null reduzieren.

16 Die Beweisaufnahme findet regelmäßig vor dem erkennenden Gericht statt; eine Vorlegung vor dem ersuchten oder beauftragten Richter kommt nur ausnahmsweise nach § 434 in Betracht. **Vorbereitet** wird die Beweisaufnahme, indem die Urkunde einem vorbereitenden Schriftsatz beigefügt wird (§ 131), auf der Geschäftsstelle – auch zur Einsichtnahme durch den Gegner – **niedergelegt** wird (§§ 134, 142 Abs. 1 Satz 2) oder von Anwalt zu Anwalt mitgeteilt wird (§ 135).

VII. Ausländische Urkunden

17 Ausländische **öffentliche Urkunden** sind inländischen öffentlichen Urkunden nicht völlig gleichgestellt, auch wenn sie grundsätzlich **dieselbe Beweiskraft** wie inländische

öffentliche Urkunden haben[32] (s. auch § 415 Rdn. 18, § 418 Rdn. 27). Für die Beurteilung ihrer Echtheit gilt § 438 und nicht die Echtheitsvermutung des § 437.[33] Die Beurteilung der Beweiskraft richtet sich, weil der Grundsatz freier Beweiswürdigung (§ 286) durch formelle Beweisregeln eingeengt wird, nach der inländischen **lex fori**.[34] Strengere ausländische Beweiswirkungen für eine nach ausländischem Recht errichtete Urkunde sind daher in Deutschland nicht beachtlich.[35] Es gilt folglich auch keine Bindungswirkung französischer Strafurteile für den deutschen Zivilprozess über denselben Sachverhalt, etwa eine nach französischem Recht des Deliktsortes zu beurteilende unerlaubte Handlung, die dort in einem Strafverfahren abgeurteilt worden ist.[36] Eine schwächere formelle Beweiswirkung nach ausländischem Recht ist bei Verwendung der Urkunde zu Beweiszwecken im inländischen Verfahren zu beachten, wird also nicht durch deutsche Vorschriften mit höherer Wirkungskraft ausgestattet.[37] Diese Wertung steht hinter Art. 57 Abs. 3 VO (EG) Nr. 44/2001 [= EuGVO].

Bei **Privaturkunden** unterscheidet § 416 nicht zwischen inländischen und ausländischen Urkunden.[38] Auch bei ihnen kommt einer ausländischem Vertragsstatut unterstehenden Urkunde, etwa dem Sparbuch einer ausländischen Bank, das deren inländischer Niederlassung vorgelegt wird, wegen Geltung der lex fori keine größere Wirkung zu, als § 416 dies vorsieht. 18

Inwieweit der Beweis durch eine ausländische Urkunde an die Stelle eines **unmittelbaren Personalbeweises** treten darf, ist als Frage der erforderlichen Reichweite des beweisrechtlichen Unmittelbarkeitsgrundsatzes nach der lex fori zu beurteilen. Ausländische **Beweismittelbeschränkungen**, die auch den Urkundenbeweis betreffen können, sind im Inland unbeachtlich,[39] sofern sie nicht verkappte materiellrechtliche Formvorschriften darstellen. 19

Zum **gemeinschaftsrechtlichen Diskriminierungsverbot** bei Verwendung ausländischer Urkunden aus anderen EU-Staaten s. § 418 Rdn. 27 und § 438 Rdn. 2. In Vorbereitung ist Gemeinschaftsgesetzgebung zur grenzüberschreitenden Anerkennung öffentlicher Urkunden. Der **Begriff „Anerkennung"** von Urkunden ist außerordentlich missverständlich. Soweit es um die Vollstreckung aus öffentlichen Urkunden geht, werden diese durch mehrere unionsrechtliche Rechtsakte den gerichtlichen Entscheidungen gleichgestellt (Art. 57 EuGVO [= „Brüssel I-VO"] bzw. in der ab 2015 geltenden Fassung[40] Art. 58; Art. 46 EuEheVO[41] [= „Brüssel IIa-VO"]; Art. 48 EuUnterhaltsVO;[42] Art. 60 EuErbVO).[43] Die Anerkennung öffentlicher Urkunden im Sinne einer **Wirkungserstreckung** auf einen anderen Mitgliedstaat ordnen die Art. 48 UnterhaltsVO und Art. 56 EuEheVO 20

---

32   Einschränkungsloser die Formulierung bei Nagel/*Gottwald*[6] Internationales Beweisrecht, 6. Aufl. 2006, § 9 Rdn. 125; OLG Düsseldorf IPRax 1996, 423, 424; BVerwG NJW 1987, 1159.
33   A.A. BGH NJW-RR 2007, 1006 Tz. 15.
34   Nagel/*Gottwald*[6] § 9 Rdn. 126; *Schack* Internationales Zivilverfahrensrecht, 5. Aufl. 2010, Rdn. 779. Kritisch *Spellenberg* FS Kaissis (2012), 915, 927 aufgrund Vergleichs mit dem französischen Recht.
35   OLG Hamm NJW-RR 2000, 406, 407; Nagel/*Gottwald*[6] § 9 Rdn. 126 ff. (mit Beispielen); *Schack*[5] Rdn. 779.
36   Ebenso Nagel/*Gottwald*[6] § 9 Rdn. 127 (ohne spezielle Ausrichtung auf Frankreich).
37   Übersehen von BGH NJW-RR 2007, 1006 (französ. Ermittlungsakte).
38   Nagel/*Gottwald*[6] § 9 Rdn. 128.
39   *Schack*[5] Rdn. 764 (m. Beispielen), 779 (zum Urkundenbeweis). Zu einem italienischen Beispiel Corte di Cass. RIW 2003, 866 (Foro it. 2003, I, 871).
40   VO (EU) Nr. 1215/2012, ABl. EU 2012 Nr. L 351 S. 1.
41   VO (EG) Nr. 2201/2003, ABl. EU 2003 Nr. L 338 S. 1.
42   VO (EG) Nr. 4/2009, ABl. EU Nr. L 7 S. 1.
43   VO (EU) Nr. 650/2012, ABl. EU 2012 Nr. L 201 S. 115; Geltung ab 17.8.2015.

an. Nicht zu diesen Urkunden gehören **Personenstandsurkunden**.[44] Bei ihnen geht es um die **Wirkungen formeller Beweiskraft**, die eine Anerkennung der Echtheit (vgl. dazu § 438 ZPO) zur Voraussetzung hat. Es handelt sich um die Verwendung der Urkunde als Beweismittel (instrumentum). „Anerkennung" kann im Übrigen die Freistellung von einer **Legalisation oder Apostille**, den Verzicht auf eine **Übersetzung** oder die Verwendung eines europäischen Formulars bedeuten.[45] Davon wiederum zu unterscheiden ist die Anerkennung der **inhaltlichen Richtigkeit** des beurkundeten Ereignisses (negotium),[46] was indes eine Frage des Internationalen Privatrechts ist. Die Verlässlichkeit der Echtheitsbeurteilung ist von der Einhaltung nationaler Formvorschriften über die Errichtung der Urkunde abhängig. Das einschlägige Grünbuch der EU-Kommission gem. Dokument KOM (2010) 747 endg. hält diese Themen nicht trennscharf auseinander. Legislativvorschläge sind für 2013 geplant. Die Initiative zur Anerkennung von Urkunden in Erbsachen sowie zur Einführung eines **Europäischen Nachlasszeugnisses** vom 14.10.2009[47] ist in die – thematisch weiterreichende – EuErbVO vom 4.7.2012 eingegangen. Der Nachweis der Stellung des Erben, des Vermächtnisnehmers mit unmittelbarer Berechtigung am Nachlass und der Befugnisse als Testamentsvollstrecker oder Nachlassverwalter kann gem. Art. 63 Abs. 1, 69 Abs. 2 mit dem Nachlasszeugnis grenzüberschreitend geführt werden. Die Beweiskraft erbrechtlicher Urkunden richtet sich nach derjenigen im Ursprungsstaat (Art. 59 Abs. 1). Einwände gegen die Authentizität sind bei den Gerichten des Ursprungsstaates zu erheben; während der Anhängigkeit der Sache halten sie die Beweiskraft auf (Art. 59 Abs. 2 und 3).

21   Zu elektronischen Signaturen mit ausländischem Zertifikat § 415 Rdn. 16 und § 371a Rdn. 61 ff.

§ 415
Beweiskraft öffentlicher Urkunden über Erklärungen

(1) Urkunden, die von einer öffentlichen Behörde innerhalb der Grenzen ihrer Amtsbefugnisse oder von einer mit öffentlichem Glauben versehenen Person innerhalb des ihr zugewiesenen Geschäftskreises in der vorgeschriebenen Form aufgenommen sind (öffentliche Urkunden), begründen, wenn sie über eine vor der Behörde oder der Urkundsperson abgegebene Erklärung errichtet sind, vollen Beweis des durch die Behörde oder die Urkundsperson beurkundeten Vorganges.
(2) Der Beweis, daß der Vorgang unrichtig beurkundet sei, ist zulässig.

Schrifttum

S. vor § 415. Ferner: *Bindseil* Konsularisches Beurkundungswesen, DNotZ 1993, 5; *Bindseil* Internationaler Urkundenverkehr, DNotZ 1992, 275; *Britz* Urkundenbeweisrecht und Elektroniktechnologie, 1996; *R. Geimer* Konsularisches Notariat, DNotZ 1978, 3; *Hecker* Handbuch der konsularischen Praxis, 1982; *Koch/Rudzio* Die Beweiskraft des Handelsregisters nach seiner Modernisierung, ZZP 122 (2009), 37; *Melz* Der Behördenbegriff des zivilprozessualen Urkundenbeweisrechts, 2006 (Diss. Osnabrück 2005); *Stürner* Die notarielle Urkunde im europäischen Rechtsverkehr, DNotZ 1995, 343.

---

44   *R. Wagner* DNotZ 2011, 176, 181.
45   *Wagner* DNotZ 2011, 176, 184.
46   *Wagner* DNotZ 2011, 176, 185; *Reithmann* IPRax 2012, 133, 134.
47   KOM (2009) 154 endg. Zu den praktischen Schwierigkeiten s. den (unrichtig entschiedenen) Fall OLG Bremen NJW-RR 2011, 1099 = FamRZ 2011, 1892 f.

Übersicht

I. Inhalt und Geltungsbereich der Norm
　1. Legaldefinition —— 1
　2. Zeugnis über Dritterklärungen —— 2
　3. Ausklammerung von Behördenerklärungen und sonstigen Erklärungen —— 3

II. Die öffentliche Urkunde
　1. Urkundendefinition —— 4
　2. Inhalt der Urkunde, Urkundenbeispiele —— 5

III. Voraussetzungen der öffentlichen Urkunde einer Behörde
　1. Behörde
　　a) Begriff der Behörde —— 8
　　b) Beispiele für öffentliche Behörden —— 12
　　c) Sonderproblem: Deutsche Post AG —— 13

　2. Errichtung innerhalb der Grenzen der Amtsbefugnisse —— 14
　3. Formvorschriften —— 16

IV. Öffentliche Urkunden anderer Urkundspersonen
　1. Begriff der Urkundsperson —— 17
　2. Errichtung der Urkunde innerhalb des Geschäftskreises —— 19
　3. Formvorschriften —— 21

V. Beweiskraft öffentlicher Urkunden
　1. Gesetzliche Beweisregel —— 26
　2. Formelle (äußere) Beweiskraft —— 28
　3. Materielle (innere) Beweiskraft —— 31

VI. „Gegenbeweis" (Beweis unrichtiger Beurkundung)
　1. Anwendungsbereich des Abs. 2 —— 32
　2. Anforderungen an den „Gegenbeweis" —— 34

I. Inhalt und Geltungsbereich der Norm

1. Legaldefinition. § 415 enthält in Abs. 1 die Legaldefinition der öffentlichen Urkunde (dazu unten Rdn. 4). Sie gilt im Recht des Urkundenbeweises sowohl für § 415 als auch für § 417 und § 418. Sowohl die öffentlichen als auch die privaten Urkunden müssen schriftlich abgefasst sein. Nichtschriftliche Urkunden sind im Beweisrecht der ZPO bewusst ausgeklammert worden.[1] 　**1**

2. Zeugnis über Dritterklärungen. § 415 Abs. 1 regelt ferner die Beweiskraft für einen Teilbereich der öffentlichen Urkunden. Die Norm bezieht sich insoweit nur auf solche öffentlichen Urkunden, die über eine **vor der Behörde** durch einen Dritten **abgegebene Erklärung** errichtet wurden. Damit sind jegliche Erklärungen Dritter gemeint: z.B. Willenserklärungen (§ 160 Abs. 3 Nr. 1), Wissenserklärungen (§ 160 Abs. 3 Nr. 4), Verfahrenserklärungen (§ 160 Abs. 3 Nr. 1–3, 8, 9; Registereintragungen: Handelsregister, § 12 HGB; Güterrechtsregister, § 1560 BGB; Grundbuch, § 13 GBO). § 415 umfasst damit die sog. **bezeugenden Urkunden** (vor § 415 Rdn. 5), d.h. Urkunden, die über einen außer ihnen liegenden Vorgang berichten und in denen die beurkundende Behörde am zu beurkundenden Vorgang nicht beteiligt ist.[2] Die Vorschrift des § 415 ist in anderen Verfahrensarten, etwa dem Grundbuchverfahren[3] und sonstigen Verfahren der Freiwilligen Gerichtsbarkeit,[4] entsprechend anzuwenden (vgl. § 30 FamFG). 　**2**

3. Ausklammerung von Behördenerklärungen und sonstigen Erklärungen. Öffentliche Urkunden über **von** einer **Behörde selbst abgegebene** Erklärungen werden von § 417 erfasst, öffentliche Urkunden sonstigen Inhalts von § 418. Dabei handelt es sich um sog. **bewirkende Urkunden** (vor § 415 Rdn. 5), die unmittelbar den zu beweisenden 　**3**

---

1 Hahn/Stegemann Mat. Bd. II/1, 2. Aufl. 1881, S. 320.
2 Vgl. BayObLG Rpfleger 1975, 315, 316 (betr. Handelsregisteranmeldung einer Kreissparkasse); LG Dresden Rpfleger 1995, 67 (zu § 29 GBO); Rosenberg/Schwab/*Gottwald*[17] § 119 Rdn. 10.
3 BayObLG DNotZ 1985, 220, 222.
4 BayObLG FamRZ 1994, 530, 531; BayObLG FamRZ 1994, 980 (Eintragung im Geburtenbuch); BayObLG DNotZ 1985, 220, 222; Keidel/*Sternal* FamFG, 17. Aufl., § 30 Rdn. 108.

Vorgang und die von der Behörde selbst abgegebene Erklärung enthalten.[5] Die **öffentliche Beglaubigung** (§ 129 BGB) einer schriftlichen Erklärung ist nur hinsichtlich des Beglaubigungsvermerks öffentliche Urkunde; die Erklärung über der beglaubigten Unterschrift bleibt Privaturkunde (§ 416).[6] Das Gleiche gilt für eine öffentlich verwahrte Privaturkunde (z.B. ein Testament).

II. Die öffentliche Urkunde

4   **1. Urkundendefinition.** § 415 definiert die öffentliche Urkunde unabhängig von der Art ihres Erklärungsinhalts; maßgebend ist die Erfüllung der in § 415 umschriebenen formalen Voraussetzungen.[7] Danach sind öffentliche Urkunden solche Urkunden, die von einer **öffentlichen Behörde** oder von einer **mit öffentlichem Glauben** versehenen **Urkundsperson** durch ein Handeln innerhalb ihrer **Amtsbefugnisse** bzw. ihres **Geschäftskreises** unter Beachtung der gesetzlichen **Formvorschriften** erstellt worden sind. Abzugrenzen sind öffentliche Urkunden von den Privaturkunden, deren Beweiskraft § 416 behandelt (zum Übergang zu § 416 bei Verfehlung des Begriffs der öffentlichen Urkunde unten Rdn. 5ff.).

5   **2. Inhalt der Urkunde, Urkundenbeispiele.** Das zugrunde liegende **Rechtsverhältnis** ist für die Qualifikation als öffentliche Urkunde irrelevant, weil es auf den Erklärungsinhalt nicht ankommt. Ebenso wenig ist erforderlich, dass die Ausstellung der Urkunde dem **hoheitlichen Tätigkeitsgebiet** des Ausstellenden zugehört; Handlungen des bürgerlich-rechtlichen Geschäftskreises reichen aus.[8] Eine öffentliche Urkunde kann folglich Erklärungen privatrechtlichen Charakters enthalten, wenn die Errichtung in den Amtsbereich der Behörde fällt.[9] Dies folgt aus der Tatsache, dass die Behörde frei ist, die Handlungsform – privatrechtlich oder öffentlich-rechtlich – bei Erfüllung ihrer Aufgaben zu wählen.

6   Das **Sparbuch** einer nach Landesrecht öffentlich-rechtlich organisierten Sparkasse ist als öffentliche Urkunde angesehen worden,[10] desgleichen richterliche Protokolle,[11] das von einem Gerichtsvollzieher aufgenommene **Protokoll** (§ 762) über eine fruchtlos betriebene Zwangsvollstreckung[12] oder über andere Vollstreckungshandlungen.[13] Obsolet geworden ist die Qualifizierung der von der Deutschen Reichsbahn bzw. nachfolgend der Deutschen Bundesbahn ausgestellten Frachtbriefe, die in der Zeit vor der Privatisierung als öffentliche Urkunden angesehen wurden; sie kann nur noch als genereller Beleg dafür dienen, dass der privatrechtliche Beförderungsvertrag dieser Bewertung nicht ent-

---

5   BayObLG Rpfleger 1975, 315, 316; LG Dresden Rpfleger 1995, 67; Rosenberg/Schwab/*Gottwald*[17] § 119 Rdn. 9. Verwechslung von § 415 und § 418 in BGH NJW-RR 2007, 1006, Tz. 17 (Abschlußbericht der französischen Polizei).
6   BGH MDR 1980, 299; BayObLG DNotZ 1985, 220, 222.
7   BGHZ 6, 304, 307 = NJW 1952, 1211; BGH NJW 1966, 1808, 1809; BayObLGZ 1954, 322, 329; BayObLG Rpfleger 1975, 315, 316.
8   BGHZ 3, 110, 117f. (zum Behördenbegriff für die Freistellung vom Anwaltszwang nach § 29 Abs. 1 S. 3 FGG); 6, 304, 307, 309; BGH NJW 1963, 1630, 1631; BayObLGZ 1954, 322, 325, 329.
9   BGHZ 6, 304, 307, 312 (betr. von staatlichen Eisenbahnen ausgestellte Fahrausweise, Frachtbriefe etc); BayObLG 54, 322, 329.
10   RGSt 71, 101, 102f.; 61, 126, 129; BGHSt 19, 19, 21; BGH NJW 1963, 1630, 1631 (jeweils zur Falschbeurkundung im Amt). Das Sparbuch fällt mangels vor der beurkundenden Person abgegebenen Erklärung unter § 418 statt § 415: BGHSt 19, 19, 21; BGH NJW 1963, 1630, 1631; BayObLG ZIP 1993, 1224, 1225.
11   BayObLG FamRZ 1994, 530, 531; OLG München OLGZ 1980, 465, 468.
12   LAG Schl.-Holstein Rpfleger 1989, 162, 163 (für Nachweis der Rechtsnachfolge gem. § 727 ZPO).
13   OLG Köln MDR 1991, 260.

gegen stand.[14] Dasselbe gilt für das Sparbuch der Bundespost bzw. der Deutschen Bundespost Postbank[15] seit der Umstrukturierung der Postbank in eine privatrechtliche Aktiengesellschaft. Auf Sparbücher anderer Banken ist ebenfalls nur § 416 anzuwenden.

Keine öffentlichen Urkunden sind Polizeiprotokolle,[16] Verfassungsschutzberichte[17] **7** und Dokumente aus dem Archiv des Bundesbeauftragten für Stasi-Unterlagen,[18] die Anmeldung eines Rundfunkgeräts gem. § 3 Abs. 1 Satz 1 RGebStV.[19] Dasselbe gilt, wenn die Behörde lediglich als Bevollmächtigte einer Privatperson handelt.[20] Art. 50 EuGVÜ = Art. 57 EuGVO, die Grundlage für die Vollstreckbarerklärung öffentlicher Urkunden in anderen EU-Staaten, knüpft nicht an § 415 an. Vorbild für diese Regelung war u.a. § 794 Abs. 1 Nr. 5 ZPO; sie setzt die Beurkundung durch eine Behörde oder eine andere staatlich ermächtigte Stelle voraus.[21] Eine Gerichtskostenrechnung soll in diesem Sinne keine öffentliche Urkunde sein.[22] Zur Behandlung von Fotokopien s. § 420 Rdn. 21ff.

III. Voraussetzungen der öffentlichen Urkunde einer Behörde

1. Behörde

a) Begriff der Behörde. Die Urkunde muss von einer öffentlichen Behörde ausge- **8** stellt worden sein. Der Begriff der Behörde ist in Judikaten aus der Zeit vor der Schaffung eines Verwaltungsverfahrensgesetzes des Bundes richterrechtlich ohne Bezug zu den Normzwecken der jeweils einschlägigen Gesetzesbestimmungen festgelegt worden.[23] Leitend war das Definitionsbemühen, den **Behördenbegriff** grundsätzlich **in allen** gesetzlichen **Vorschriften** im Sinne des Staats- und Verwaltungsrechts **einheitlich** aufzufassen.[24] Demgemäß wurde eine öffentliche Behörde definiert als „ein in den allgemeinen Organismus der Behörden eingefügtes Organ der Staatsgewalt, das dazu berufen ist, unter öffentlicher Autorität für die Erreichung der Zwecke des Staates oder der von ihm geförderten Zwecke tätig zu sein, gleichviel ob das Organ unmittelbar vom Staate oder einer dem Staate untergeordneten Körperschaft zunächst für deren eigene Zwecke bestellt ist, sofern diese Angelegenheiten grundsätzlich zugleich in den Bereich der be-

---

14 Zu Frachtbriefen und anderen mit Dienstsiegel versehenen Verladepapieren RGZ 107, 272, 274 f.; RG JW 1927, 1352, 1353. BGHZ 6, 304, 306 (aaO S. 308 ff. mit teilweiser Distanzierung von RGZ 107, 272 zur Verneinung der Anwendung des § 839 BGB).
15 BayObLG ZIP 1993, 1224 = NJW 1993, 2947 (zur Falschbeurkundung im Amt). Zur Behördeneigenschaft der Postunternehmen § 415 Rdn. 13.
16 OLG Düsseldorf NJW 1988, 217, 218 (zur mittelbaren Falschbeurkundung im Amt); **a.A.** BGH NJW-RR 2007, 1006 Tz. 13.
17 OLG München MMR 2002, 625 = NJW-RR 2002, 1048.
18 VG Greifswald DtZ 1995, 455; zu den vom Bundesbeauftragten geprüften Unterlagen des Staatssicherheitsdienstes vgl. ArbG Berlin NZA 1992, 593, 595; ebenso *Lansnicker/Schwirtzek* DtZ 1993, 106, 108 m.w.N. Zur mangelnden Eignung von Erkenntnissen des Ministeriums für Staatssicherheit der DDR zur Begründung eines dringenden Tatverdachts BGH NJW 1992, 1975, 1976.
19 Offengelassen von OVG Münster NJW 2004, 3505, 3506, bejaht von VG Mainz NVwZ 2000, 228 229 (bei gleichzeitiger Unterschrift von Rundfunkteilnehmer und Gebührenbeauftragtem der GEZ).
20 LG Kiel DNotZ 1987, 48 f.
21 Qualität als Vollstreckungstitel daher verneint für einen Schuldschein dänischen Rechts (Gaeldsbrev) trotz Eignung als Vollstreckungsgrundlage in Dänemark, EuGH, Urt. v. 17.6.1999, Slg. 1999 I-3715 – Unibank/Christensen.
22 OLG Schleswig RIW 1997, 513.
23 Zur Entwicklung des Behördenbegriffs in der zivil- und strafrechtlichen Rechtsprechung seit 1863 *Melz* Behördenbegriff S. 30 ff.
24 BGHZ 3, 110, 117; 25, 186, 194; 40, 225, 228; *Melz*, Behördenbegriff S. 132 f.

zeichneten Zwecke fallen".[25] Dazu sollten die unmittelbaren und mittelbaren verfassungsmäßigen Organe des Bundes, der Länder, der Gemeinden und Gemeindeverbände gehören sowie die gesetzlichen Vertreter der zu speziellen Zwecken errichteten sonstigen öffentlich-rechtlichen Körperschaften sowie Stiftungen und Anstalten des öffentlichen Rechts.[26] Ausgehend von den Kriterien der Definition sind **zwei Merkmale** als entscheidend angesehen worden: Erstens muss es sich um eine Stelle handeln, die in den Behördenorganismus derart eingefügt ist, dass der Bestand der Amtsstelle unabhängig ist von der Existenz, dem Wegfall oder dem Wechsel des Beamten oder der physischen Person, welcher die Besorgung der in den Kreis des Amtes fallenden Geschäfte anvertraut ist, und zweitens muss die organisatorische Stellung der Behörde auf öffentlichem Recht beruhen, sie muss also einen öffentlichen Charakter haben.[27] Entscheidend hierfür ist das am Ausstellungsort der Urkunde geltende Verwaltungsrecht.[28]

9 Die **Einheitlichkeit** der Anwendung des Behördenbegriffs, die in BGHZ 25, 186, 194 noch als grundsätzlich erforderlich bezeichnet wurde, soweit nicht schon damals spezialgesetzliche Abweichungen bestanden, ist in den konkret erzielten Ergebnissen der Leitentscheidungen aus der Nachkriegszeit **nicht durchgehalten** worden.[29] Ihr Gegenstand waren die Anwendung des § 29 Abs. 1 Satz 3 FGG, also die Freistellung vom Anwaltszwang in Beschwerdeverfahren der Freiwilligen Gerichtsbarkeit,[30] und der gleichartigen Vorschrift in § 18 Abs. 3 VertragshilfeG[31] sowie die Freistellung einer AOK von dem Erfordernis der öffentlichen Beglaubigung einer Eintragungsbewilligung oder der Vorlage einer öffentlichen Urkunde gem. § 29 Abs. 3 GBO;[32] normzweckbezogen wurden dort die Sozialversicherungsträger vom Behördenbegriff ausgenommen, was BGHZ 40, 225 für die BfA fortgesetzt hat.

10 Der auf die strafrechtliche Judikatur des Reichsgerichts zurückgehende Behördenbegriff stimmt **nicht** mit der weiten Legaldefinition des **§ 1 Abs. 4 VwVfG** überein, wonach Behörde jede Stelle ist, die Aufgaben der öffentlichen Verwaltung wahrnimmt.[33] Von dessen Definition werden auch natürliche und juristische Personen des Privatrechts erfasst.[34] Sie ist allerdings auf Bedürfnisse des Verwaltungsrechts verengt (funktionaler Behördenbegriff). Im Staatsrecht geht **Art. 35 GG** bei der Regelung der Amtshilfe von einem Behördenbegriff aus, der insoweit umfassender ist, als dort **auch Gerichte** gemeint sind, die im Zivilverfahrensrecht wegen der Einbeziehung richterlicher Protokolle in den Urkundenbegriff aufzunehmen sind. Die gesetzliche Regelung des § 1 Abs. 4 VwVfG (mit der Erweiterung um Gerichte) heute als Ausgangspunkt zu nehmen,[35] ent-

---

25 BGHZ 3, 110, 116 f. (im Anschluss an RGSt 18, 246, 249 f. und RG JW 1925, 351); BGHZ 25, 186, 188 f., 194; BGHZ 40, 225, 228; BGH WM 1955, 185, 187.
26 BayObLGZ 1954, 322, 325 f.
27 BGHZ 3, 110, 117 (im Anschluss an Forsthoff und Jellinek); s. ferner RGSt 18, 246, 250.
28 *Wiedenbrüg* NJW 1973, 301.
29 *Melz* Behördenbegriff S. 133.
30 BGHZ 3, 110 betraf ein privates Bankinstitut als beauftragte Stelle für Umstellungsgrundschulden im Lastenausgleich, BGHZ 40, 225 die Bundesanstalt für Angestelltenversicherung und deren Organe als bundesunmittelbare Körperschaft des öffentlichen Rechts.
31 BGH WM 1955, 185 betraf die Hamburger Staatsbank, die Körperschaft des öffentlichen Rechts mit Rechtsfähigkeit war.
32 BGHZ 25, 186, 194 (betr. AOK).
33 Dazu Knack/Henneke/*Schliesky* VwVfG, 9. Aufl. 2010, § 1 Rdn. 1 ff.; *Kopp/Ramsauer* VwVfG, 13. Aufl. 2012, § 1 Rdn. 51 ff.; Stelkens/Bonk/*Sachs*, VwVfG, 7. Aufl. 2008, § 1 Rdn. 236 ff.; *Melz* Behördenbegriff S. 55 ff., 133.
34 Knack/Henneke/*Schliesky*[9] VwVfG § 1 Rdn. 7.
35 Ablehnend VG Frankfurt/M. NJW 1997, 3329 (§ 415 enger als § 1 IV VwVfG, zur PostAG); MünchKomm/ *Schreiber*[4] § 415 Rdn. 14 (unter Beibehaltung der alten Definition).

spricht sowohl dem Erfordernis, eine – vorbehaltlich erkennbarer Besonderheiten – einheitliche Begriffsbestimmung zugrunde zu legen, als auch dem in der älteren Judikatur zum Ausdruck gekommenen Bedürfnis des (Zivil)Prozessrechts und des Strafrechts, sich an die „Definitionshoheit" des Staats- und Verwaltungsrechts anzulehnen. **Teleologische Korrekturen** werden dadurch nicht ausgeschlossen, dürften aber zur sachgerechten Abgrenzung öffentlicher und privater Urkunden wegen der ohnehin hinzutretenden weiteren (ausgrenzenden) Tatbestandsmerkmale einer öffentlichen Urkunde (s. oben Rdn. 4) kaum notwendig sein. Anders sieht es nur aus, wenn in verfahrensrechtlichen Normen zusätzliche Kriterien nicht genannt werden, wie in § 273 Abs. 2 Nr. 2 (amtliche Auskunft einer Behörde oder Einholung behördlicher Urkunden).[36] Die Definition des VwVfG ermöglicht es, die zunehmende **Privatisierung staatlicher Unternehmen** ebenso aufzugreifen wie die fortschreitende Wahrnehmung öffentlicher Aufgaben durch Privatrechtssubjekte unter gleichzeitiger staatlicher Beleihung.[37] Anderenfalls wären die von privatisierten Unternehmen errichteten Urkunden a limine aus dem Anwendungsbereich der §§ 415, 417, 418 herausgenommen.[38] Hinzuweisen ist nur auf das Beispiel der Deutschen Post AG.

Eine öffentliche Urkunde i.S.d. § 415 kann auch durch eine **ausländische Behörde** 11 hergestellt werden,[39] wie § 438 zeigt. Ob eine ausländische oder eine inländische öffentliche Urkunde vorliegt, richtet sich nach dem Staats- und Verwaltungsrecht der die betreffende Urkunde autorisierenden Staatsgewalt.[40]

b) Beispiele für öffentliche Behörden. Als Beispiele für öffentliche Behörden sind 12 zu nennen (zitierte Entscheidungen haben Verfahrensbezug, **überwiegend** aber **keinen Bezug zum Urkundenbeweisrecht**): Gericht,[41] der einen Testamentsvollstrecker berufende Gerichtspräsident,[42] Sozial- und Jugendamt,[43] Industrie- und Handelskammer,[44] Handwerkskammer, Rechtsanwaltskammer, Ärztekammer, evangelischer Kirchengemeinderat,[45] katholische Kirchenverwaltung als Vertreterin einer kirchlichen Stiftung des öffentlichen Rechts,[46] katholische Bruderschaft (Marianische Kongregation) und ihr Präfekt,[47] katholische Kirchengemeinde,[48] öffentliche Sparkasse,[49] Sparkassenvorstand,[50]

---

36   Dazu BGH NJW 1993, 2531, 2534 (zur Deutschen VersicherungsAG als der Beauftragten der ehemaligen Staatlichen Versicherung der DDR); Zöller/*Greger*[29] § 273 Rdn. 8.
37   *Melz* Behördenbegriff S. 134.
38   So bewusst VG Frankfurt/M. NJW 1997, 3329.
39   RG JW 1927, 1096, 1097; BGHZ 37, 389, 395; BVerwG NJW 1987, 1159; Rosenberg/Schwab/*Gottwald*[17] § 119 Rdn. 5; näher unten § 438 Rdn. 1 ff.
40   Zu Konsequenzen für die Strafbarkeit mittelbarer Falschbeurkundung *Wiedenbrüg* NJW 1973, 301.
41   KG MDR 1982, 329, 330 (zum richterlichen Protokoll nach § 182 GVG).
42   OLG Stuttgart NJW-RR 1986, 7, 8 (auch ohne ausdrückliche gesetzliche Aufgabenzuweisung).
43   LG Düsseldorf FamRZ 1984, 923 (zur Umschreibung eines Unterhaltstitels nach § 727 ZPO aufgrund Überleitungsanzeige des Sozialhilfeträgers); LG Duisburg Rpfleger 1984, 97 (beglaubigte Abschrift einer Überleitungsanzeige als öffentlicher Urkunde i.S.d. § 29 GBO); LG Kiel RPfleger 1990, 420 (Erbausschlagung als Amtsvormund).
44   OLG Karlsruhe Rpfleger 1963, 204, 205 (zu § 29 GBO).
45   RGZ 59, 329, 331 (zur Anwendbarkeit des heutigen § 71 Abs. 3 GVG i.V.m. § 39 PrAusfG GVG).
46   BayObLGZ 1956, 339, 341 (Beschwerdeberechtigung nach § 29 Abs. 1 S. 3 FGG).
47   BayObLGZ 1954, 322 (zur Form des § 29 GBO).
48   OLG Braunschweig FamRZ 1962, 193, 195 (Recht zur Einsicht in Personenstandsbücher nach § 61 Abs. 1 S. 1 PStG).
49   OLG Düsseldorf MDR 1991, 272 (Sparkasse zuständig zur Entgegennahme einer Versicherung an Eides Statt für die Kraftloserklärung von Sparkassenbüchern); s. auch BVerfGE 75, 192 = WM 1987, 801 = MDR 1987, 813 (zur Verneinung der Grundrechtsfähigkeit).
50   BGH NJW 1963, 1630, 1631; BGH NJW-RR 2011, 1024 Tz. 18; BayObLG Rpfleger 1975, 315, 316.

Landesbank und Girozentrale,[51] Landesparlament mit seinen Ausschüssen.[52] Ohne Bezug zum Urkundenbeweisrecht **verneint** für Bundesversicherungsanstalt für Angestellte,[53] Allgemeine Ortskrankenkasse,[54] Deutsche Versicherungs-AG als Rechtsnachfolgerin der staatlichen Versicherung der DDR.[55] **Juristische Personen des Privatrechts** wie der TÜV oder das Rotes Kreuz können mit der zuvor befürworteten Definitionserweiterung zwar im Rahmen einer staatlichen Aufgabenstellung Behörden sein, kommen aber gleichwohl nicht als Aussteller öffentlicher Urkunden in Betracht.

13   c) **Sonderproblem: Deutsche Post AG.** Bundesbahn[56] und Bundespost[57] waren als Sondervermögen des Bundes öffentliche Behörden. Nach Inkrafttreten des Poststrukturgesetzes vom 8.6.1989[58] (sog. Postreform I) blieb die Deutsche Bundespost zunächst öffentliche Behörde im Sinne des § 415.[59] Im Zuge der Postreform I wurde die Deutsche Bundespost lediglich in die drei öffentlichen Unternehmen Deutsche Bundespost POSTDIENST, Deutsche Bundespost TELEKOM und Deutsche Bundespost POSTBANK aufgeteilt, während die Hoheitsaufgaben bei dem Bundesministerium für Post und Telekommunikation verblieben. Die Postreform II ermöglichte die Privatisierung durch eine Verfassungsänderung, die mit Wirkung zum 3.9.1994 Art. 87f., 143b in das Grundgesetz einfügte.[60] Sie wurde durch das Gesetz zur Neuordnung des Postwesens und der Telekommunikation (PostneuordnungsG) vom 14.9.1994[61] vollzogen. Gemäß Art. 3 PostneuordnungsG wurden die drei Unternehmen zum 1.1.1995 in die Privatrechtsform von Aktiengesellschaften überführt.[62] Gleichzeitig wurde die Deutsche Post AG – bis dahin Deutsche Bundespost Postdienst – gem. § 16 Abs. 1 des Änderungsgesetzes über das Postwesen (Art. 6 PostneuordnungsG)[63] mit der **Durchführung der Zustellungen** beliehen und galt in den Grenzen der **Beleihung** als öffentliche Behörde.[64] Das ist mit der Definition der öffentlichen Behörde zu vereinbaren, denn die Beleihung beinhaltet den erkennbar gewordenen Staatswillen, die Deutsche Post AG im Bereich der Zustellung als dauernden Träger staatlicher Hoheitsrechte so anzuerkennen und einzurichten, dass sie nicht vom Dasein eines einzelnen „Beamten" abhängt. Für die **Deutsche Telekom AG** ist die Eigenschaft als öffentliche Behörde zu verneinen, weil es an einer solchen Beleihung fehlt. Das PostG vom 22.12.1997[65] hat erneut Änderungen gebracht. Die Beleihung für die Vornahme förmlicher Zustellungen ist seither in §§ 33ff. PostG in modifizierter Weise geregelt und auch auf andere Lizenznehmer erstreckt worden, die Briefzustelldienstleistungen erbringen.[66]

---

51 OLG Hamm JMBl NRW 1963, 116 (anwaltsfreie Beschwerdeberechtigung nach § 80 Abs. 1 S. 3 GBO).
52 Offengelassen von BGH NJW-RR 1994, 1242, 1243 = VersR 1123, 1124 (betr. Ausschussprotokoll).
53 BGHZ 40, 225, 230 (zu § 29 Abs. 1 S. 3 FGG).
54 BGHZ 25, 186, 200 (zu § 29 Abs. 3 GBO).
55 BGH NJW 1993, 2531, 2534.
56 OLG Köln OLGZ 1981, 16, 18 (Löschungsbewilligung der Bahn, § 29 Abs. 1 S. 2 GBO); s. auch *Kunz* MDR 1989, 588.
57 Bundespost: BGHZ 20, 102, 104 f. (zur Ausübung öffentlicher Gewalt); Deutsche Bundespost Postbank: BayObLG NJW 1993, 2947.
58 BGBl I S. 1026.
59 BayObLG NJW 1993, 2947.
60 BGBl 1994 I S. 2245.
61 BGBl 1994 I S. 2325.
62 BGBl 1994 I S. 2339.
63 BGBl 1994 I S. 2370.
64 So auch BGH NJW 1998, 1716; BFH NVwZ 2000, 239; BFH ZIP 1997, 2012; OLG Frankfurt NJW 1996, 3159. Ausführlich zu Zustellungsurkunden § 418 Rdn. 11 ff.
65 BGBl 1997 I S. 3294; dazu *Gramlich* NJW 1998, 866.
66 Dazu BGH NJW 2001, 832.

2. Errichtung innerhalb der Grenzen der Amtsbefugnisse. Bei Errichtung der Ur- 14
kunde muss die öffentliche Behörde innerhalb der ihr gesetzlich zugewiesenen Amtsbefugnisse gehandelt haben. Die Ausstellung der Urkunde muss in den **sachlichen Aufgabenbereich** der Behörde fallen. Zu verneinen ist dies für die Erklärung der Erbeinsetzung durch einen lebensbedrohlich erkrankten Zeugen gegenüber einem Richter in einem strafrechtlichen Ermittlungsverfahren.[67] Unerheblich ist, dass die Urkunde in den Amtsbereich der Behörde fallende Privatrechtsgeschäfte betrifft.[68] Eine öffentliche Sparkasse kann in ihren eigenen (privatrechtlichen) Angelegenheiten Erklärungen in Form einer öffentlichen Urkunde zur Anmeldung gegenüber dem Handelsregister abgeben.[69] Dasselbe gilt für die liegenschaftsrechtliche Bewilligung einer Gemeinde gegenüber dem Grundbuchamt.[70] Zur Erfüllung eines öffentlichen Zwecks wird die Behörde nicht tätig, wenn sie Niederschriften mit Feststellungen innerdienstlicher Art (z.B. Zeugnisse, Beurteilungen, Arbeitsplatzbeschreibungen) aufnimmt.[71]

Eine Verletzung der **örtlichen Zuständigkeit** bei der Errichtung der Urkunde kann 15
nur Einfluss auf die innere, nicht aber die äußere Beweiskraft der Urkunde haben; der Kreis der zugewiesenen Geschäfte bestimmt sich allein aus sachlichen, nicht aber aus örtlichen Kriterien.[72]

3. Formvorschriften. Einzuhalten ist die der Behörde **vorgeschriebene Form**. Bei 16
richterlichen Protokollen sind dies die Vorschriften des jeweils maßgeblichen Verfahrensrechts,[73] bei Protokollen von Parlamentsausschüssen die maßgeblichen Geschäftsordnungen.[74] Bei Eigenerklärungen einer Behörde muss der handelnde Beamte zur Unterzeichnung und Benutzung des Dienstsiegels berechtigt sein.[75] **Amtliche Beglaubigungen** gem. § 65 BeurkG, §§ 33, 34 VwVfG beziehen sich vornehmlich auf Dokumente zur Verwendung in Verwaltungsverfahren. Sie lassen **keine öffentliche Urkunde** entstehen, wie sie aus einer öffentlichen Beurkundung hervorgeht, weil die Beweiskraft auf den im Beglaubigungsvermerk genannten Verwendungszweck beschränkt ist (§ 65 Satz 2 BeurkG). Die **Legalisation** (Echtheitsbestätigung) von öffentlichen Urkunden[76] für den grenzüberschreitenden Rechtsverkehr (dazu auch § 438 Rdn. 16 ff.) ist multilateral im Haager Übereinkommen zur Befreiung ausländischer öffentlicher Urkunden von der Legalisation vom 5.10.1961 geregelt,[77] ferner im Londoner Europäischen Übereinkommen zur Befreiung der von diplomatischen oder konsularischen Vertretern errichteten Urkunden von der Legalisation vom 7.6.1968,[78] in bilateralen Staatsverträgen mit Belgien, Dänemark, Frankreich, Griechenland, Italien, Österreich und der Schweiz sowie vertragslos in §§ 13 und 14 KonsularG (für ausländische und inländische Urkunden). **Elektronische Signaturen** mit ausländischem qualifiziertem Zertifikat sind inländischen qualifizierten elekt-

---

67 Vgl. BayObLGZ 1979, 232, 237 (obiter dictum).
68 BGHZ 6, 304, 307; LG Kiel DNotZ 1987, 48.
69 BayObLGZ 1975, 222, 232.
70 LG Kiel DNotZ 1987, 48.
71 BGHZ 6, 307; MünchKomm/*Schreiber*⁴ § 415 Rdn. 17; Musielak/*Huber*¹⁰ § 415 Rdn. 9; **a.A.** Stein/Jonas/*Leipold*²² § 415 Rdn. 11.
72 Im Ergebnis ebenso Musielak/*Huber*¹⁰ § 415 Rdn. 8.
73 Vgl. zum Protokoll eines strafrechtlichen Ermittlungsrichters BayObLGZ 1979 232, 237.
74 Vgl. BGH NJW-RR 1994, 1242, 1243 (dort: fehlende Unterschrift des Ausschussvorsitzenden, Beweis einer Abgeordnetenäußerung).
75 Vgl. BGHZ 45, 362, 372.
76 Näher: *Bindseil* DNotZ 1992, 275.
77 BGBl 1965 II S. 876.
78 BGBl 1971 II S. 85.

ronischen Signaturen gleichgestellt, wenn die Bedingungen gem. § 23 des Gesetzes über Rahmenbedingungen für elektronische Signaturen v. 16.5.2001[79] eingehalten sind.

IV. Öffentliche Urkunden anderer Urkundspersonen

17 1. Begriff der Urkundsperson. Neben der öffentlichen Behörde können die mit öffentlichem Glauben versehenen Personen innerhalb des ihnen zugewiesenen Geschäftskreises öffentliche Urkunden ausstellen. Mit öffentlichem Glauben versehene Personen sind solche Urkundspersonen, die durch staatliche Ermächtigung bestellt sind.[80] Die Bestellung muss die Urkundsperson allgemein oder beschränkt zur Beurkundung ermächtigen. Durch das BeurkG v. 28.8.1969[81] ist das Beurkundungswesen grundsätzlich den Notaren übertragen worden (vgl. §§ 56, 60 BeurkG). Andere Urkundspersonen (vgl. § 1 Abs. 2 BeurkG), die öffentliche Beurkundungen vornehmen dürfen, sind nur noch die Konsularbeamten (§§ 10 ff. KonsularG[82]).

18 **Urkundspersonen** i.S.d. § 415 sind: Notare (vgl. dazu § 20 BNotO),[83] Urkundsbeamte der Geschäftsstelle (§ 153 GVG),[84] Gerichtsvollzieher (§§ 168, 176, 182, 192 f., 762),[85] Gerichtswachtmeister bei Zustellungen (§§ 168 Abs. 1, 176),[86] Standesbeamte bei der Beurkundung von Erklärungen (vgl. §§ 11 Abs. 1 Nr. 3, 29a, 29b, 31a PStG). Beamte oder Angestellte des Jugendamtes sind gem. § 59 SGB VIII zur Beurkundung verschiedener familienrechtlicher Erklärungen, darunter Vaterschafts- und Mutterschaftsanerkenntnissen sowie Unterhaltsverpflichtungen, befugt. Ein Konsul nimmt sowohl die Funktion einer öffentlichen Behörde als auch die Aufgabe einer öffentlichen Behörde wahr.[87] Postzusteller sind auch nach der Privatisierung der Deutschen Post AG infolge Beleihung gem. § 33 Abs. 1 PostG (zuvor: § 16 ÄndG über das Postwesen i.d.F. des Art. 6 PostNeuordnungsG, oben Rdn. 13) unabhängig von der Ausgestaltung ihres Dienstverhältnisses mit öffentlichem Glauben versehene Urkundspersonen.[88] **Ausländische Notare** sind geeignete Urkundspersonen, wenn das für sie maßgebliche Niederlassungsrecht[89] ihnen die Stellung einer mit öffentlichem Glauben versehenen Person zuerkennt; bewegt sich ihre Beurkundung in den Grenzen des zugewiesenen Geschäftszweiges und hält sie sich an die vorgeschriebene Form, ist auf ihre Urkunden – erfolgreiche Echtheitsprüfung nach § 438 vorausgesetzt – § 415 anzuwenden[90] (dazu vor § 415 Rdn. 17). **Keine Urkundspersonen** sind Handelsmakler (§§ 93 ff. HGB) und öffentlich bestellte und vereidigte Sachverständige.[91]

---

79 BGBl 2001 I S. 876.
80 BGHZ 78, 36, 39.
81 BGBl 1969 I S. 1513.
82 Gesetz über die Konsularbeamten, ihre Aufgaben und Befugnisse v. 11.9.1974, BGBl I S. 2317.
83 BGHZ 78, 36, 39; BGH DNotZ 1987, 441 = JZ 1987, 522 m. Anm. *H.Schumann*; OLG Frankfurt MDR 1990, 641 (not. Testament); OLG Hamm OLGZ 1991, 23, 25 (Beglaubigungsvermerk des Notars).
84 OLG München OLGZ 1980, 465, 468.
85 OLG Köln MDR 1991, 260 (Beweiskraft des Gerichtsvollzieherprotokolls).
86 Rosenberg/Schwab/*Gottwald*[17] § 119 Rdn. 5.
87 Stein/Jonas/*Leipold*[22] § 415 Rdn. 4. Zur konsularischen Beurkundung *Geimer* DNotZ 1978, 3; *Bindseil* DNotZ 1993, 5.
88 Zu anfänglichen Zweifeln an der Wirksamkeit der Zustellung durch Postbedienstete nach der Privatisierung der Bundespost s. § 418 Rdn. 13.
89 Vgl. RG JW 1927, 1096, 1097; *Mann* NJW 1955, 1177.
90 OLG Düsseldorf IPRax 1996, 423, 425.
91 **A.A.** LG Bonn DGVZ 1989, 12, 13 (zum Nachweis einer Zug-um-Zug-Vollstreckung gem. §§ 756, 765 ZPO).

2. Errichtung der Urkunde innerhalb des Geschäftskreises. Die Urkundsperson 19
muss bei Errichtung der öffentlichen Urkunde im Rahmen ihres gesetzlich zugewiesenen
Geschäftskreises handeln. In den Geschäftskreis des Notars fallen auch dessen Eigenurkunden, d.h. mit Amtssiegel versehene Erklärungen zur Ergänzung, Berichtigung oder
Anpassung verfahrensrechtlicher Erklärungen (z.B. Rücknahme eines in Vollmacht der
Beteiligten gestellten Antrags) kraft Vollmacht der Beteiligten.[92] Für Beurkundungen ist
in den meisten Fällen allein der Notar zuständig; die früher bestehende Befugnis anderer
Stellen ist 1969 zurückgedrängt worden (oben Rdn. 17).

Die **Verletzung** der **örtlichen Zuständigkeit** führt nicht zur Unwirksamkeit der öf- 20
fentlichen Urkunde (§ 2 Abs. 3 FamFG, § 2 BeurkG, § 11 Abs. 3 BNotO). Daraus dürfen allerdings keine Schlussfolgerungen für **Beurkundungen außerhalb der Staatsgrenzen**
gezogen werden.[93] Aus der Dienstleistungsfreiheit der Europäischen Union (Art. 49 EGV)
folgt nicht, dass inländische Notare im Ausland – wie umgekehrt ausländische Notare im
Inland – wirksam beurkunden können.[94] Mit der Errichtung notarieller Urkunden als Teil
der vorsorgenden Rechtspflege ist wegen der Möglichkeit der Vollstreckung, die in vielen
EU-Staaten nicht an einen besonderen Unterwerfungsakt gebunden ist, die Ausübung
hoheitlicher Gewalt untrennbar verbunden.[95] Dem Notar wird der Geschäftskreis durch
Gesetz zugewiesen, das der Staat nur mit Geltung für sein eigenes Staatsgebiet erlassen
kann. Der Geschäftskreis des Notars reicht daher über das eigene Staatsgebiet nicht hinaus;[96] im Ausland von einem deutschen Notar vorgenommene Beurkundungen erfüllen
nicht die Anforderungen an eine öffentliche Urkunde; die öffentliche Beurkundung eines
Notars in einem anderen Staat ist als Ausübung hoheitlicher Befugnisse völkerrechtswidrig.[97] Die Echtheit der **Urkunde einer ausländischen Behörde oder Urkundsperson** regelt § 438.

3. Formvorschriften. Urkunden i.S.d. § 415 kommt öffentlicher Glaube zu. Voraus- 21
setzung ist die Beachtung zwingender gesetzlicher **Formvorschriften**.[98] Solche Formvorschriften finden sich für notarielle Urkunden im BeurkG v. 28.8.1969[99] und in den
nach Landesrecht als Allgemeinverfügung bundeseinheitlich erlassenen DONot,[100] für den
Wechselprotest in Art. 80 ff. WG (entsprechend geltend für den Scheckprotest, Art. 55
Abs. 3 ScheckG), für Protokolle und Zustellungsurkunden in §§ 160, 182, 193 ZPO,[101] für
konsularische Urkunden in § 17 KonsularG. Formvorschriften für das notarielle Testament (§§ 2231 ff. BGB) gehören nicht dazu;[102] deren Nichtbeachtung hat die Nichtigkeit
der letztwilligen Verfügung zur Folge (§ 125 BGB), belässt der gem. §§ 8 ff., 30 BeurkG errichteten Niederschrift aber gleichwohl den Charakter einer öffentlichen Urkunde.

---

92 BGHZ 78, 36, 39.
93 *Jansen* FGG², BeurkG § 2 Rdn. 6 m.w.N.
94 BGH ZIP 2013, 886 Tz. 19 (Tz. 21 ff. zur fehlenden generellen Genehmigungsfähigkeit). Anders *Basedow* RabelsZ 55 (1991) 409, 430 ff.
95 *Stürner* DNotZ 1995, 343, 354 (m.w.N. in Fn. 44); s. ferner *Fischer* DNotZ 1989, 467; *Schippel* FS Lerche (1993) S. 499.
96 MünchKomm/*Schreiber*⁴ § 415 Rdn. 20; Musielak/*Huber*¹⁰ § 415 Rdn. 8.
97 *Geimer* in: Geimer/Schütze, Europäisches Zivilverfahrensrecht, 3. Aufl. 2010, A 1, Art. 57 Rdn. 32.
98 RGZ 86, 385, 390; OLG Schleswig DNotZ 1972, 556, 557.
99 BGBl 1969 I S. 1513.
100 Abdruck der Ordnung für Niedersachsen unter www.bnotk.de (Berufsrecht). Dort auch Angabe der Fundstellen; u.a. für Bayern: AV v. 25.1.2001, BayJMBl 2001, 32; für Niedersachsen: AV v. 21.11.2000, Nds.RPflege 2000, 340; für NRW: AV v. 23.3.2001, JMBl. 2001, 117.
101 Zur Nichtbeachtung der Formvorschriften für das gerichtliche Protokoll OLG Brandenburg FamRZ 2005, 1843.
102 MünchKomm/*Schreiber*⁴ § 415 Rdn. 21.

22 Abgegebene Erklärungen muss die Urkundsperson **persönlich entgegennehmen**. Sie beurkundet eine eigene sinnliche Wahrnehmung; das kann ihr von einer Hilfskraft auch dann nicht abgenommen werden, wenn die Hilfsperson zuverlässig und gewissenhaft ist.[103] Demzufolge kann ein Blinder nicht den Beruf des Notars ausüben.[104]

23 Eine Verletzung bloßer **Sollvorschriften** schadet dem öffentlichen Charakter der Urkunde nicht.[105] Notwendig ist nur die Einhaltung der wesentlichen Formvorschriften. Bei äußeren Mängeln ist über die Beweiskraft gem. § 419 in freier Überzeugung des Gerichts zu entscheiden.[106] Eine bloße Ordnungsvorschrift soll § 44 Satz 1 BeurkG darstellen, wonach mehrere Blätter mit Schnur und Prägesiegel zu verbinden sind.[107] Teilweise wird die Verbindung mehrerer Bogen einer Ausfertigung durch Klebestreifen statt durch Schnur und Siegel (§ 29 DONot) jedoch als Verstoß gegen ein zwingend vorgeschriebenes Formerfordernis i.S.d. § 415 angesehen,[108] so dass dann nur eine Privaturkunde (§ 416) vorliegt. Die Nichtfeststellung der Identität von Urkundsbeteiligten durch amtlichen Lichtbildausweis macht eine notarielle Urkunde nicht unwirksam.[109]

24 Ob die vorgeschriebene Form eingehalten ist, ergibt sich nur aus der Urkunde selbst oder aus Vorgängen, die mit der Errichtung in unmittelbarem Zusammenhang stehen.[110] Die Erklärung muss grundsätzlich persönlich entgegengenommen werden (oben Rdn. 22). Handschriftliche Änderungen und Ergänzungen am Urkundenrand (§ 44a Abs. 1 BeurkG) müssen wegen der Zweifel über den Zeitpunkt der Zufügung gesondert unterzeichnet sein (etwa: „eingefügt bei Beurkundung"), damit der Urkunde die Beweiskraft nach § 415 zukommt.[111] Die Niederschrift ist insgesamt zu verlesen[112] und von den Beteiligten eigenhändig zu unterschreiben (§ 13 BeurkG).

25 Wird die Einhaltung einer bestimmten **Form nicht gefordert**, sind nicht die Vorschriften des BeurkG (gem. dessen § 1 Abs. 2) ergänzend heranzuziehen,[113] vielmehr entfallen Formerfordernisse ganz,[114] so dass bei Vorliegen der sonstigen gesetzlichen Voraussetzungen eine öffentliche Urkunde gegeben ist. Auf eine Urkunde, die als öffentliche errichtet werden soll, die aber wegen Formmangels **unwirksam** ist, kann § 416 Anwendung finden[115] (§ 416 Rdn. 1).

V. Beweiskraft öffentlicher Urkunden

26 **1. Gesetzliche Beweisregel.** Eine öffentliche Urkunde erbringt **vollen Beweis des beurkundeten Vorgangs**; insoweit ist der Grundsatz der freien richterlichen Beweiswürdigung (§ 286) ausgeschlossen.[116] Das Wesen der öffentlichen Urkunde beruht auf

---

103 BGH NJW 1963, 1010, 1012; **a.A.** RGZ 61, 95, 99 für die Beurkundung vor dem Gehilfen eines württemb. Grundbuchbeamten.
104 BGH NJW 1963, 1010, 1012.
105 BGH NJW 1960, 2336; MünchKomm/*Schreiber*⁴ § 415 Rdn. 23; Musielak/*Huber*¹⁰ § 415 Rdn. 8; Stein/Jonas/*Leipold*²² § 415 Rdn. 13.
106 BGH NJW 1994, 2768 (betr. nichtunterschriebene Zufügung am Urkundenrand).
107 Stein/Jonas/*Leipold*²² § 415 Rdn. 13 Fn. 31.
108 OLG Schleswig DNotZ 1972, 556, 557.
109 OLG Celle NJW-RR 2006, 448, 450.
110 RGZ 86, 385, 390.
111 BGH NJW 1994, 2768 (anders bei Zufügungen am Schluss der Urkunde vor den Unterschriften).
112 BayObLGZ 1973, 213, 216 (keine Beschränkung auf diejenigen Teile, die nach materiellem Recht beurkundungsbedürftig sind).
113 So aber MünchKomm/*Schreiber*⁴ § 415 Rdn. 23.
114 Stein/Jonas/*Leipold*²² § 415 Rdn. 14.
115 BGH NJW 1962, 1149, 1151 f.
116 OLG Frankfurt MDR 1990, 641 = DNotZ 1991, 389, 390.

dem Vertrauen, dass die öffentliche Urkundsperson mit redlichem Willen und nach besten Kräften pflichtgemäß die vor ihr abgegebenen Erklärungen richtig beurkundet und die von ihr wahrgenommenen Tatsachen richtig bezeugt.[117] Voraussetzung der Beweiskraft sind die Echtheit (dazu § 437 Rdn. 5ff. und § 438 Rdn. 4ff.) der Urkunde sowie deren Mangelfreiheit (näher § 419 Rdn. 1). Der **Strafrechtsschutz** des **§ 348 StGB** bezieht sich nur auf solche rechtlich erheblichen Erklärungen, Verhandlungen oder Tatsachen, auf die sich der öffentliche Glaube der Urkunde erstreckt.[118]

Soweit die formelle Beweiskraft der öffentlichen Urkunde reicht, ist die **Beweiswürdigung** über den beurkundeten Vorgang dem Gericht durch § 415 **vorgegeben**, so dass für eine abweichende Beweiswürdigung kein Raum verbleibt. Grundsätzlich darf deshalb der die Urkunde Aufnehmende dazu auch nicht mehr als Zeuge vernommen werden.[119] Aus § 445 Abs. 2 ergibt sich, dass der Beweis einer unrichtigen Beurkundung gem. § 415 nicht durch Parteivernehmung nach § 445 geführt werden kann (näher unten Rdn. 36 und § 445).[120] 27

2. Formelle (äußere) Beweiskraft. Die Rechtsfolge des § 415 Abs. 1 bezieht sich nach dem Wortlaut der Vorschrift („beurkundeter Vorgang") nur auf die formelle (äußere) Beweiskraft.[121] Umfasst wird hiervon zunächst die Tatsache, **dass** die **Erklärung abgegeben** worden ist,[122] und zwar – anders als bei § 417 – durch einen vom Aussteller (der öffentlichen Urkundsperson) verschiedenen Dritten.[123] Bewiesen wird die Richtigkeit der Beurkundung, also die Abgabe der Erklärung nach Inhalt und Begleitumständen.[124] Der volle Beweis bezieht sich außerdem auf den **Ort und** die **Zeit** der Abgabe der Erklärung[125] sowie auf die Anwesenheit der Urkundsperson (statt allein einer die Verlesung übernehmenden Hilfsperson).[126] **Nicht** bewiesen wird hingegen die **inhaltliche Richtigkeit** der niedergelegten Erklärungen.[127] Bewiesen werden ferner die **Vollständigkeit** und die richtige Wiedergabe **der Erklärung**.[128] Bei notariellen Urkunden erstreckt sich der Beweis allerdings nur auf die dem Beurkundungszwang unterliegenden und getroffenen Vereinbarungen, nicht hingegen auf Hinweise, Informationen und dergleichen,[129] die von einer loyalen Vertragspartei geschuldet oder die zur Förderung des Vertragsabschlusses gegeben worden sind, die jedoch nicht Vereinbarungsgegenstand waren; daher ist der Urkunde z.B. nicht die (negative) Vermutung zu entnehmen, dass keine Aufklärung über hinweisbedürftige Umstände – etwa eine für das Kaufobjekt bestehende 28

---

117 RGZ 74, 421, 425.
118 BGH DNotZ 2002, 536, 537.
119 *Reithmann* DNotZ 1973, 152, 154f.
120 MünchKomm/*Schreiber*⁴ § 445 Rdn. 10; Musielak/*Huber*¹⁰ § 415 Rdn. 12.
121 Kritisch zu dieser wenig aussagekräftigen Terminologie *Britz* S. 144.
122 BGH NJW-RR 1993, 1379, 1380; BGH JZ 1987, 522 m. Anm. *Schumann*; BayObLG DNotZ 1993, 598, 599; BayObLGZ 1952, 52, 57; OLG Frankfurt/M. DNotZ 1991, 389, 390 = MDR 1990, 641.
123 BGH NJW 1962, 1149, 1162.
124 OLG Frankfurt DNotZ 1991, 389, 390.
125 OLG Hamm NJW-RR 2000, 406, 407 = VersR 2000, 1219, 1220 (Heiratsurkunde); RGZ 74, 421, 424, 426.
126 BGHSt 26, 47, 49 = NJW 1975, 940, 941.
127 BGH NJW-RR 1993, 1379, 1380 = ZIP 1993, 1170; BGH NJW 1980, 1000; BGH JZ 1987, 522; BayObLG DNotZ 1993, 598, 599; OLG Hamm OLGZ 1991, 23, 25; VGH Mannheim NJW 2009, 389.
128 BGH NJW 1994, 320, 321 (Beweis richtiger Protokollierung des Widerspruchs gegen Hauptversammlungsbeschluss); BGH DNotZ 1986, 78f.; BGH DNotZ 1971, 37, 39; BGH VersR 1960, 812, 813; *Reithmann* DNotZ 1973, 152, 154f. Demgegenüber geht *Schilken* Zivilprozessrecht, 6. Aufl., Rdn. 543 nur von einer richterrechtlich aufgestellten tatsächlichen Vermutung aus, die der freien Beweiswürdigung unterliege.
129 BGH DNotZ 1986, 78f. m. Anm. *Reithmann*.

Preisbindung – erteilt worden ist.[130] Die Beweiskraft wirkt **für und gegen jedermann**[131] und nicht nur zugunsten desjenigen, dem eine Ausfertigung der Urkunde erteilt worden ist.[132]

29   Auch die **Angaben zur** Herkunft der Erklärung von einer bestimmten, in der Urkunde namentlich bezeichneten **Person**, über die sich der Notar Gewissheit verschafft hat, werden von der Beweiskraft der notariellen Urkunde erfasst.[133] Die Abgabe der Erklärung durch die in der Urkunde bezeichnete Person betrifft nicht die inhaltliche Richtigkeit der Urkunde, die von der Beweiskraft nicht erfasst wird, sondern gehört zum beurkundeten Vorgang. Bewiesen wird damit auch die **Identität des Erklärenden mit dem Namensträger**, wenn sich der erschienene Beteiligte ausgewiesen hat oder von Person bekannt war (so das notarielle Vorgehen nach § 10 Abs. 1 BeurkG).[134] Der Gegenbeweis (§ 415 Abs. 2), dass das vorgelegte Ausweispapier gestohlen und/oder gefälscht war, ist möglich. Die Beweisregel bezieht sich auch dann auf die Identität, wenn die Unterschrift der Person notariell beglaubigt worden ist (vgl. die Verweisung in § 40 Abs. 4 BeurkG).[135] Sie gilt nicht für notarielle Urkunden, wenn sich der Notar keine Kenntnis über die Person verschaffen konnte und dies in der Urkunde vermerkt hat (§ 10 Abs. 2 Satz 2 BeurkG). Gehört die Identitätsfeststellung nicht zum verbindlich festgelegten Inhalt der Urkunde, kommt eine darauf bezogene Beweiskraft nach § 415 nicht in Betracht. Dies gilt etwa für ein Verhandlungsprotokoll nach § 496 (Klageerhebung zu Protokoll der Geschäftsstelle)[136] oder ein Sparbuch.[137] In diesen Fällen ist die Identität des Erklärenden nach § 286 zu beurteilen.

30   In verschiedenen Vorschriften finden sich **Sonderregelungen** betreffend die formelle Beweiskraft: z.B. in §§ 165, 314 ZPO, § 65 Satz 2 BeurkG, § 61 EVO.[138] Die Beweiskraft eines **gerichtlichen Protokolls** (näher: § 418 Rdn. 6ff.) reicht hinsichtlich der vorgeschriebenen Förmlichkeiten weiter, weil dagegen nur der Nachweis der Fälschung, d.h. der wissentlichen Falschbeurkundung,[139] zulässig ist (§ 165 Satz 2); sie entspricht im Übrigen aber derjenigen anderer öffentlicher Urkunden.[140] Es wird also bewiesen, dass eine protokollierte Partei- oder Zeugenaussage inhaltlich wie beurkundet abgegeben wurde,[141] ohne dass der Aussageinhalt an der erhöhten Beweiskraft i.S. von § 165 teilnimmt.[142] Die Beurkundungsfunktion des **Urteilstatbestandes** für das mündliche Parteivorbringen (im Sinne der Bezugnahme auf die Schriftsätze gem. § 137 Abs. 3) kann nach § 314 Satz 2 nur durch das Sitzungsprotokoll entkräftet werden, was gegebenenfalls zur Stellung eines fristgebundenen Tatbestandsberichtigungsantrages (§ 320) zwingt; Seine Versäumung

---

130   BGH DNotZ 1986, 78 f.
131   *Hahn/Stegemann* Mat. Bd. II/1, 1881, S. 320; s. auch OLG Karlsruhe NJW 1999, 1044 (zu § 348 StGB).
132   OLG Köln Rpfleger 2002, 197 (notarielle Vollmacht).
133   OLG Hamm OLGZ 1991, 25; LG Berlin DNotZ 1963, 250, 251; MünchKomm/*Schreiber*[4] § 415 Rdn. 27; Musielak/*Huber*[9] § 415 Rdn. 10; *Reithmann* DNotZ 1973, 152, 156; Stein/Jonas/*Leipold*[22] § 415 Rdn. 24.
134   So für notarielle Urkunden BGH NJW 2011, 778 Tz. 18; Stein/Jonas/*Leipold*[22] § 415 Rdn. 24; mit nicht überzeugender Differenzierung zwischen Identität und Überzeugung von der Identität a.A. BGH (2.StrS) NJW 2004, 3195 (wegen Subjektivität der Gewissheitsbeurkundung ohne Personaldokument). Die Identitätsfeststellung ebenfalls ausklammernd MünchKomm/*Schreiber*[4] § 415 Rdn. 27.
135   OLG Hamm JMBl NRW 1964, 53, 54; OLG Celle NJW-RR 2006, 448, 449.
136   RGSt 39, 346 (Unterzeichnung des Protokolls mit falschem Namen).
137   BGH NJW 1963, 1630, 1631.
138   Zu § 61 EVO (Eisenbahn-Verkehrsordnung, zuletzt geändert durch Art. 6 Abs. 133 des Gesetzes zur Neuordnung des Eisenbahnwesens [ENeuOG] vom 27.12.1993, BGBl I S. 2378, 2423): BGHZ 16, 217, 220 f.
139   BGH FamRZ 1994, 300, 301.
140   BGH FamRZ 1994, 300, 302.
141   BGH FamRZ 1994, 300, 302.
142   BGH NJW 1982, 1052, 1053; BGH FamRZ 1994, 300, 302.

kann in der Berufungsinstanz nicht etwa durch die Behauptung aktenwidriger Beurkundung des erstinstanzlichen Vorbringens überwunden werden, auch wenn § 529 Abs. 1 Nr. 1 bei konkreten Anhaltspunkten für Zweifel an der Richtigkeit der entscheidungserheblichen Feststellung eine erneute Feststellung gestattet. Die Regelung für den **Frachtbrief** der dem öffentlichen Verkehr dienenden Eisenbahnen (§ 61 EVO) betrifft nicht notwendig eine öffentliche Urkunde, sondern ist heute wohl nur als Spezialvorschrift zu § 409 HGB (Landfrachtbrief als Privaturkunde) zu verstehen.

3. Materielle (innere) Beweiskraft. Von der formellen (äußeren) Beweiskraft zu unterscheiden ist die Frage nach der **inhaltlichen Richtigkeit**, also nach der Wahrheit **der** abgegebenen **Erklärung** (materielle Beweiskraft). Hierauf bezieht sich die Beweiskraft der öffentlichen Urkunde nicht (oben Rdn. 28). Vielmehr ist der Erklärungsinhalt vom Gericht auszulegen und nach allgemeinen Grundsätzen (§ 286) frei zu würdigen. So erbringt eine Quittung vollen Beweis nur für die Abgabe der Erklärung; der Inhalt der Urkunde – Bekenntnis des Leistungsempfanges – unterliegt demgegenüber freier richterlicher Beweiswürdigung.[143] Hat der Notar die Erklärung eines Beteiligten im notariellen Protokoll abweichend vom Inhalt einer Vorbesprechung über den beabsichtigten Erklärungsinhalt formuliert und die Erklärung in der Endfassung der Niederschrift verlesen, kann der Erklärende, der die Niederschrift genehmigt und unterschrieben hat, die Beweiswirkung nicht durch die Behauptung ausräumen, er habe das Verlesen überhört; ihm bleibt nur die Anfechtung wegen Erklärungsirrtums.[144] Zur richterrechtlichen Vermutung der vollständigen und richtigen Wiedergabe von Erklärungen in Vertragsurkunden s. § 416 Rdn. 27.

31

VI. „Gegenbeweis" (Beweis unrichtiger Beurkundung)

1. Anwendungsbereich des Abs. 2. Gemäß § 415 Abs. 2 ist der Beweis der **unrichtigen Beurkundung** zulässig. Auf die inhaltliche Unrichtigkeit der Erklärung ist § 415 Abs. 2 nicht anzuwenden, da dies zur materiellen Beweiskraft der Urkunde gehört, nicht aber zum beurkundeten Vorgang. Der Beweis der Falschbeurkundung kann sich auf alle Aspekte beziehen, die an der formellen Beweiskraft teilhaben, beispielsweise Ort und Zeit der Beurkundung (oben Rdn. 28) und Abgabe der Erklärung durch die in der Urkunde namentlich bezeichnete Person (oben Rdn. 29). Eine unrichtige Beurkundung liegt ferner vor, wenn die beurkundete Erklärung nicht vorgelesen wurde oder wenn eine Beurkundung überhaupt völlig fehlt.

32

Das **Auseinanderfallen** von **Wille** und protokollierter **Erklärung**, das einer an der notariellen Verhandlung beteiligten Vertragspartei wegen hoher Lesegeschwindigkeit und/oder Monotonie der Stimme des Vorlesenden oder wegen Hör- und Aufmerksamkeitsschwächen nicht aufgefallen ist, ist nicht als Fall unrichtiger Beurkundung zu erfassen. Es ist deshalb auch nicht Gegenstand einer Beweiserhebung nach § 415 Abs. 2 (statt dessen Irrtumsanfechtung, s. oben Rdn. 31). Der Nachweis des Überhörens eines Erklärungsteils ist nur für den Beweis eines Anfechtungstatbestandes erheblich. Die Anfechtung wegen Irrtums kann allerdings materiell-rechtlich ausgeschlossen sein, wenn der Erklärende die Urkunde – etwa im Vertrauen auf einen Verhandlungsgehilfen[145] – in voller Unkenntnis des Urkundeninhaltes oder im Bewusstsein ihrer möglichen Unrichtigkeit

33

---

[143] BGH NJW-RR 1993, 1379, 1380; BGH WM 1979, 1157 und 1158 (jeweils zu § 416).
[144] BGHZ 71, 260, 262f. = NJW 1978, 1480, 1481 (unter Aufgabe von BGH NJW 1965, 1714 = LM Nr. 3 zu § 415 ZPO und Rpfleger 1957, 110).
[145] RGZ 77, 309, 312.

unterschrieben oder genehmigt hat;[146] dann fehlt es an einem Irrtum oder an der Irrtumskausalität.

34 **2. Anforderungen an den „Gegenbeweis".** Durch die in § 415 Abs. 1 gesetzlich angeordnete volle Beweiskraft des beurkundeten Vorgangs ist der Richter gehindert, eventuelle Zweifel, die sich auf den formellen Urkundeninhalt beziehen, im Wege freier Beweiswürdigung zu berücksichtigen. Dem hat der Beweis nach § 415 Abs. 2 Rechnung zu tragen. Die Anforderungen an den Nachweis einer unrichtigen Beurkundung entsprechen denen des Hauptbeweises. Es muss der **volle Beweis** über einen von der Niederschrift abweichenden Verlauf des Verhandlungs- und Beurkundungsvorgangs erbracht werden; bloße Zweifel an der Richtigkeit der Beurkundung sind nicht ausreichend.[147] Voraussetzung der Erhebung des Gegenbeweises ist ein substantiierter Beweisantritt; es muss eine gewisse Wahrscheinlichkeit für die Unrichtigkeit der beurkundeten Tatsache dargelegt werden.[148]

35 Im Sinne der terminologischen Einordnung, die zwischen Hauptbeweis (der beweisbelasteten Partei), Gegenbeweis (der nicht beweisbelasteten Partei) und Beweis des Gegenteils unterscheidet, handelt es sich **funktional** um einen **Beweis des Gegenteils**.[149] Von einem Beweis des Gegenteils spricht § 292 Satz 1, der aber nur für gesetzliche Vermutungen gilt. Der dort zur Vermutungswiderlegung geforderte Beweis des Gegenteils ist ein Hauptbeweis. Die Vermutung verschiebt die Beweislast dadurch zu Ungunsten der gegnerischen Partei, dass diese die Unrichtigkeit der Vermutung voll beweisen muss.[150] Bei einem **Gegenbeweis** sucht die nicht beweisbelastete Partei statt dessen nur die (Urkunden-)Hauptbeweisführung der beweisbelasteten Partei zu widerlegen, was schon dann gelungen ist, wenn die Überzeugung des Gerichts erschüttert ist, so dass eine Beweislastentscheidung zum Nachteil des Hauptbeweisführers ergeht.[151] **§ 415 Abs. 2 verlangt** einen **Hauptbeweis** zur Widerlegung einer gesetzlichen Beweisregel. Dieser Beweis – ebenso wie derjenige des § 418 Abs. 2 – wird gelegentlich „Gegenbeweis" genannt,[152] ohne dass dem eine Orientierung an der vorgenannten terminologischen Differenzierung zugrunde liegt. Zum Teil wird sogar völlig verwirrend der „Gegenbeweis" mit „Beweis des Gegenteils" gleichgesetzt.[153] Schlussfolgerungen auf die gewünschten Beweisanforderungen sind aus der benutzten Terminologie nicht zu ziehen.[154] Die Beweisregel ist auf das Vorhandensein von Tatsachen aus dem Beurkundungsvorgang gerichtet. Dadurch wird sie aber nicht zu einer tatsächlichen Vermutung, selbst wenn sich in ihr tatsächliches Erfahrungswissen über ein in der Regel korrektes Vorgehen professionell tätiger, zur Wahrung eines Berufsethos erzogener und staatlich kontrollierter Urkundspersonen niederschlägt. Inkonsequent ist die gegenteilige Einordnung von *Schrei-*

---

146 Zu den differenzierungsbedürftigen Sachverhaltskonstellationen MünchKommBGB/*Armbrüster*[6] § 119 Rdn. 50 ff.
147 RGZ 85, 120, 125; 131, 284, 288, 289 (zu § 418 Abs. 2); 161, 378, 382; BGHZ 16, 217, 227 f.; BayObLG Rpfleger 1981, 358, 359 (zu § 418 Abs. 2); OLG Düsseldorf NJW 2000, 2831, 2832; OLG Celle NJW-RR 2006, 448, 450; BVerfG NJW-RR 2002, 1008 (zu § 418 Abs. 2).
148 BVerwG NJW 1985, 1179, 1180; OLG Düsseldorf NJW 2000, 2831, 2832.
149 A.A. Musielak/*Huber*[10] § 415 Rdn. 12 (zugleich für die Verwendung der Gesetzesterminologie plädierend).
150 *Schilken* Zivilprozessrecht, 6. Aufl., Rdn. 482.
151 Vgl. *Schilken* ZPR[6] Rdn. 482.
152 Zöller/*Geimer*[29] § 415 Rdn. 6; BGH NJW 1964, 558 (Strafsache); BGH VersR 1975, 924, 925 (für § 418 Abs. 2). Terminologisch wie hier: BGH LM Nr. 3 zu § 415 ZPO = NJW 1965, 1714 (LS); BGHZ 16, 217, 228; der Sache nach ebenso RGZ 131, 284, 288.
153 BayObLGZ 1991, 224, 227.
154 Anders aber MünchKomm/*Schreiber*[4] § 415 Rdn. 30.

ber,[155] der daraus die rechtliche Schlussfolgerung zieht, es sei ein bloßer Gegenbeweis (im Sinne der obigen Terminologie) zu führen, an den dann jedoch strengere Anforderungen als gewöhnlich zu stellen seien.

Die Beweisregel des § 415 Abs. 1 ist **keine** gesetzliche **Vermutung i.S. des § 292**. Da sie auf Tatsachen gerichtet ist, müsste die Unrichtigkeit der Beurkundung anderenfalls nach § 292 Satz 2 mit Hilfe des Beweismittels der Parteivernehmung nach § 445 bewiesen werden können. Tatsächlich kann dieser Beweis wegen § 445 Abs. 2 jedoch **nicht** durch **Parteivernehmung** nach § 445 geführt werden.[156] Daran ist auch nach der Entscheidung des EGMR in der Rechtssache Dombo Beheer B.V./Niederlande[157] zur Waffengleichheit im Zivilprozess festzuhalten. Der vom EGMR entschiedene Fall war unter den denkbaren Konstellationen ein Extremfall der Waffenungleichheit. Ein solcher Fall ist nicht schon dann gegeben, wenn eine unrichtige Beurkundung in Rede steht. Es stellt keine mit dem Grundsatz des fairen Verfahrens unvereinbare Regelung dar, wenn für den Beweis der Unrichtigkeit des beurkundeten Vorgangs, der in unmittelbarem Zusammenhang mit der gesetzlichen Beweisregel steht, das Beweismittel einer Parteivernehmung nach § 445 ausgeschlossen ist. Hingegen kommt die Anordnung einer **Vernehmung nach § 448** in Betracht, wenn die Beweisaufnahme zu § 415 Abs. 2 nach Ausschöpfung aller Beweismittel eine gewisse Wahrscheinlichkeit für die Unrichtigkeit der Beurkundung erbracht hat und das Gericht von der Parteivernehmung die Ausräumung seiner restlichen Zweifel erwartet.[158]

36

Zum gerichtlichen Protokoll und zum Urteilstatbestand s. § 418 Rdn. 6 ff.

37

§ 416
Beweiskraft von Privaturkunden

Privaturkunden begründen, sofern sie von den Ausstellern unterschrieben oder mittels notariell beglaubigten Handzeichens unterzeichnet sind, vollen Beweis dafür, daß die in ihnen enthaltenen Erklärungen von den Ausstellern abgegeben sind.

Schrifttum

S. vor § 415. Ferner: *Beckemper* Die Urkundenqualität von Telefaxen, JuS 2000, 123; *Britz* Urkundenbeweisrecht und Elektroniktechnologie, 1996; *Britz* Beschränkung der freien Beweiswürdigung durch gesetzliche Beweisregeln, ZZP 110 (1997) 61; *Bergmann* Beweisprobleme bei rechtsgeschäftlichem Handeln im Internet, Gedächtnisschrift Meurer, 2002, S. 643; *Ebnet* Rechtsprobleme bei der Verwendung von Telefax, NJW 1992, 2985; *Faulhaber/Riesenkampff* Die Beweiskraft des OK-Vermerks des Telefax-Sendeberichts, DB 2006, 376; *Gregor* Der OK-Vermerk des Telefaxsendeprotokolls als Zugangsnachweis, NJW 2005, 2885; *Jandt/Wilke* Gesetzliche Anforderungen an das ersetzende Scannen von Papierdokumenten, K&R 2009, 96; *Mankowski* Wie problematisch ist die Identität des Erklärenden bei E-Mails wirklich? NJW 2002, 2822; *Mankowski* Zum Nachweis des Zugangs bei elektronischen Erklärungen, NJW 2004, 1901; *Mayer/Mayer* Vermutung der Richtigkeit und Vollständigkeit für privaturkundliche Datums- und Ortsangaben, ZZP 105 (1992) 287; *Riesenkampff* Beweisbarkeit der form- und fristgemäßen Übermittlung durch Telfaxgeräte, NJW 2004, 3296; *Riesenkampff* Die Beweisbarkeit der Übermittlung unverkörperter Willenserklärungen

---

155 MünchKomm/*Schreiber*[4] Rdn. 30.
156 BGH LM Nr. 3 zu § 415 ZPO = NJW 1965, 1714 (LS); **a.A.** *Schellhammer* Zivilprozess[13] Rdn. 585.
157 Urteil vom 27.10.1993, NJW 1995, 1413 m. Bespr. *Schlosser* NJW 1995, 1404.
158 Vgl. BGH NJW 1994, 320, 321 = ZIP 1993, 1867, 1869; Musielak/*Huber*[10] § 415 Rdn. 12.

unter Abwesenden in Deutschland, Österreich und England, 2009; *Rihm* E-Mail als Beweismittel im Zivilgerichtsverfahren, SJZ 96 (2000), 497; *Roßnagel/Pfitzmann* Der Beweiswert von E-Mail, NJW 2003, 1209.

Übersicht

I. Begriff der Privaturkunde —— 1
II. Voraussetzungen der Privaturkunde
   1. Tatbestands- und Zeugnisurkunden —— 2
   2. Unterschrift
      a) Inhalt und Form der Unterschrift —— 6
      b) Blankounterschrift, Blankettmissbrauch —— 10
   3. Notariell beglaubigtes Handzeichen —— 11
   4. Standort der Unterschrift —— 12
   5. Ergänzungen, Zeitpunkt der Unterschriftsleistung —— 13
   6. Beispiele für Privaturkunden —— 14

III. Beweiskraft
   1. Formelle Beweiskraft
      a) Gesetzliche Beweisregel
         aa) Grundsatz —— 15
         bb) Inverkehrgabe —— 18
         cc) Zugang, Willensmängel —— 20
         dd) Vorrang der Echtheitsprüfung —— 22
         ee) Inhaltliche Richtigkeit —— 23
      b) Ergänzenden richterrechtliche Vermutungen —— 24
   2. Materielle Beweiskraft —— 25
IV. „Gegenbeweis" —— 32

I. Begriff der Privaturkunde

1 Privaturkunden sind **alle** Urkunden, die **keine öffentlichen** Urkunden i.S. des § 415 Abs. 1 sind. Darunter fallen nicht nur die von Privatpersonen erstellten Urkunden, sondern auch Urkunden, die als öffentliche errichtet werden sollten, die aber unter einem Formmangel leiden (dazu § 415 Rdn. 25)[1] oder bei deren Errichtung die Behörde bzw. öffentliche Urkundsperson außerhalb ihres Geschäftskreises gehandelt hat (§ 415 Rdn. 19). Spezielle Formerfordernisse, die das Gesetz an die Errichtung öffentlicher Urkunden stellt, gelten für Privaturkunden nicht.[2] Eine öffentliche Beglaubigung der Unterschrift ändert nicht den Charakter der Urkunde als Privaturkunde.[3]

II. Voraussetzungen der Privaturkunde

2 **1. Tatbestands- und Zeugnisurkunden.** Öffentliche Urkunden gibt es in drei Kategorien: Zeugnisurkunden sind in § 418 geregelt,[4] Tatbestandsurkunden mit einer Eigenerklärung der Behörde in § 417 und Tatbestandsurkunden, die über Fremderklärungen errichtet wurden, in § 415. Für Privaturkunden hält das Gesetz nur § 416 bereit, der durch § 440 Abs. 2 ergänzt wird. Bei Privaturkunden scheiden Fremderklärungen im Regelfall aus; sie kommen nur vor, wenn die Errichtung einer formgerechten öffentlichen Urkunde missglückt ist und hilfsweise § 416 herangezogen wird. Privaturkunden über **Eigenerklärungen des Ausstellers**, bei denen eine *Abgabe* in Betracht kommt, fallen als **Tatbestandsurkunden** unter § 416; für sie soll nach dem Willen des Gesetzgebers eine besondere Beweiswirkung gelten.[5]

---

[1] BGHZ 37, 79, 90 = NJW 1962, 1149, 1151 f.; BGHZ 136, 357, 367 = NJW 1998, 58, 60.
[2] BGHZ 136, 357, 367.
[3] Musielak/*Huber*[10] § 416 Rdn. 1.
[4] *Britz* S. 191 f., 194.
[5] *Britz* S. 209, s. ferner 193 (zur Systematik des Urkundenbeweisrechts).

Streitig ist seit Schaffung der ZPO, ob § 416 auch für **Zeugnisurkunden** gilt.[6] Nach 3
dem Willen des Gesetzgebers sollten alle Urkunden, die private Erklärungen enthalten,
unter § 416 fallen.[7] Somit ist § 416 auch auf private Zeugnisurkunden anzuwenden.[8] Für
eine teleologische Reduktion auf Tatbestandsurkunden[9] besteht kein Anlass. Daher müssen **Quittungen** und **Schuldscheine**, wenn man in ihnen – nicht zwingend – reine Zeugniserklärungen, nämlich Bekenntnisse einer Tatsache sieht, nicht als rechtsgeschäftsähnliche Handlungen im Wege der Analogie unter § 416 gebracht werden[10] (sofern die
Anwendung des § 416 nicht ohnehin praktisch folgenlos ist und daher ein Bedarf fehlt;
zur materiellen Beweiskraft unten Rdn. 25 ff.). Zeugnisurkunde ist auch das vom Patienten unterzeichnete **Protokoll** über den Inhalt einer **ärztlichen Aufklärung**, die der Einwilligung in die Behandlung vorausgegangen ist.[11]

Eine **Differenzierung** zwischen den beiden Arten von Urkunden ist bezüglich der 4
materiellen Beweiskraft geboten, die die inhaltliche Richtigkeit der Erklärung betrifft
(s. unten Rdn. 25): Sie bleibt bei Zeugnisurkunden hinter der von Tatbestandsurkunden
zurück.[12] Beweisbedeutung für die Richtigkeit des bezeugten Vorgangs wird eine private
Zeugnisurkunde nur haben, wenn sie in einem Rechtsstreit vorgelegt wird, in dem sie
gegen den Aussteller Beweis erbringen soll oder wenn die Parteien unbeteiligte Dritte
sind.

Nicht jede einfache schriftliche Gedankenäußerung beliebigen Inhalts, die unter- 5
schrieben ist (z.B. eine Ansichtskarte), ist mangels abzugebender Erklärung automatisch
eine Zeugnisurkunde. Die Erklärung muss zumindest mit der Absicht abgefasst sein,
durch ihren Inhalt Zeugnis gegenüber Dritten abzulegen, nämlich die **Richtigkeit der
erklärten Tatsache betonen** wollen.[13] Urkunden der auszugrenzenden dritten Kategorie
können allerdings als Augenscheinsobjekte Beweisbedeutung erlangen.

2. Unterschrift

a) Inhalt und Form der Unterschrift. Aussteller ist die Person, die die in der Ur- 6
kunde enthaltene Erklärung abgegeben hat. Sie muss unterschrieben haben. § 416 verlangt – anders als der Wortlaut des § 126 Abs. 1 BGB, jedoch übereinstimmend mit § 2247
Abs. 3 BGB[14] – **keine Namensunterschrift**.[15] Der Verzicht darauf steht in Einklang mit
dem Normzweck, die **Authentizität der Erklärung** zu beweisen. Ausreichend ist, dass
sich die Person des Ausstellers zweifelsfrei unter Zuhilfenahme des Urkundeninhalts

---

6 Näher dazu *Britz* S. 210 f. Heute noch ablehnend *Jauernig/Hess*, Zivilprozessrecht, 30. Aufl. 2011, § 55 Rdn. 27; *Blomeyer*, Erkenntnisverfahren, 2. Aufl. 1985, § 77 III 2a und b, 3.
7 *Britz* S. 203, 212, 213.
8 Ebenso MünchKomm/*Schreiber*[4] § 416 Rdn. 8. So in der Sache OLG Naumburg WM 1998, 593, 594 f., unter Verwendung der schriftlichen Selbstbezichtigung eines Arbeitnehmers, der eine Scheckfälschung zu Lasten seines Arbeitgebers bekannt hatte, als Beweismittel im Rechtsstreit zwischen Arbeitgeber und Schecknehmer bei nachträglicher Zeugnisverweigerung des Arbeitnehmers gem. § 384 Nr. 2.
9 So *Britz* S. 194, 213.
10 Dazu *Britz* S. 199.
11 Vgl. OLG Koblenz NJW-RR 2003, 1607, 1608 = VersR 2004, 246 (dort zur Behauptung der nachträglichen Manipulation).
12 MünchKomm/*Schreiber*[4] § 416 Rdn. 8.
13 Vgl. dazu *Britz* S. 220 f.
14 OLG Celle NJW 1977, 1690 f.; BayObLG Rpfleger 1979, 336, 337 (str.).
15 MünchKomm/*Schreiber*[4] § 416 Rdn. 7; Musielak/*Huber*[10] § 416 Rdn. 2; Zöller/*Geimer*[29] § 416 Rdn. 3. Nicht eindeutig die Gesetzesmaterialien: Hahn/Stegemann, Materialien, Band 2/1, 2. Aufl. 1881, einerseits S. 647 (beiläufig der Abg. Dr. Bähr), andererseits S. 323 (abweichend von der Wechselordnung Gleichstellung der beglaubigten Handzeichen mit der „Namensunterschrift"). Mit anderer Zielsetzung eine Identität des Urkundenbegriffs des § 126 BGB mit dem des § 416 ZPO behauptend BGH NJW 1998, 58, 59.

ermitteln lässt.[16] Die Authentizität muss sich aus der Urkunde ergeben. Grundsätzlich reicht dafür die Unterschrift mit dem Familiennamen ohne Angabe der Vornamen. Anders kann dies bei sog. „Allerweltsnamen" (z.B. Meier, Müller etc.) sein, jedoch besteht auch dann die Möglichkeit, dass sich die Person des Ausstellers unter Berücksichtigung des Urkundeninhalts eindeutig ergibt. Enthält die Urkunde eine Namensunterschrift, sind § 439 Abs. 2 und § 440 Abs. 2 anwendbar. § 416 hat somit einen anderen Zweck als § 13 Abs. 1 Satz 1 BeurkG, der die Unterzeichnung einer von einem Notar errichteten Niederschrift durch einen Beteiligten betrifft. Dort sollen die Unterschriften als formelles Zeichen dokumentieren, dass die Beteiligten die Verantwortung für Geltung und Gültigkeit des beurkundeten Rechtsgeschäfts und für die Echtheit ihres beurkundeten Willens übernehmen,[17] hingegen geht es nicht um die Identifizierung der Beteiligten.[18] Dafür ist die Unterzeichnung mit den Namen bzw. Namensbestandteilen erforderlich, unter denen Beteiligte bei der Abgabe rechtsverbindlicher Erklärungen tatsächlich im Rechtsverkehr auftreten; das ist regelmäßig – Ausnahmen: kirchliche Würdenträger, Angehörige des Hochadels – der Familienname.[19]

7   Die Unterzeichnung mit dem Vornamen[20] **statt** des (gesetzlichen) **Familiennamens** oder mit einem rein tatsächlich geführten Namen, z.B. einem Kose-, Künstler- oder Spitznamen,[21] ist zulässig, sofern die eindeutige Identifizierung des Ausstellers hierbei möglich ist. Der Kaufmann kann mit der Firma (§ 17 HGB), unter der er im Handelsverkehr auftritt, unterschreiben;[22] dies gilt auch für die seit der Liberalisierung des Firmenrechts durch das HandelsrechtsreformG von 1998 zugelassene Firma, die unter Verwendung eines Sach- oder Phantasiebegriffs gebildet worden ist. Ebenso ist die Verwendung einer besonderen Geschäftsbezeichnung (§ 5 Abs. 2 MarkenG) zulässig.[23] Schließlich kann auch eine Verwandtschaftsbezeichnung (z.B. Vater, Mutter, Sohn, Tochter, Onkel, Tante) benutzt werden.[24] Die Unterzeichnung mit dem Wort „persönlich" ist auch bei Selbstbezeichnung des Ausstellers in der Urkunde hinsichtlich des Formerfordernisses gem. § 2247 Abs. 3 BGB als Unterschrift nicht ausreichend,[25] doch lässt sich dies bei handschriftlicher Abfassung des Textes nicht auf § 416 übertragen. Angaben zu **Ort und Zeit der Unterschriftsleistung** sind nicht erforderlich. Sie sind wegen der vom Gesetzgeber beobachteten Praxis des Vordatierens von Urkunden von der formellen Beweiskraft ausgeschlossen worden.[26]

8   Die Unterschrift muss grundsätzlich **nicht handschriftlich** erfolgen, um die Authentizität sicherzustellen.[27] Insoweit weicht § 416 von § 126 BGB ab, wo das Erfordernis der Handschriftlichkeit aus der im Tatbestand geforderten Eigenhändigkeit der Unterschrift abgeleitet wird. Ausnahmsweise ist eine handschriftliche Unterzeichnung zu verlangen, wenn der Aussteller nur durch die besonderen Charakteristika und individuellen

---

16 MünchKomm/*Schreiber*[4] § 416 Rdn. 7; Zöller/*Geimer*[29] § 416 Rdn. 3.
17 BGH NJW 2003, 1120.
18 BGH NJW 2003, 1120.
19 BGH NJW 2003, 1120.
20 RGZ 137, 213, 217 (für ein privatschriftliches Testament in Briefform). Anders zu § 13 Abs. 1 S. 1 BeurkG BGH NJW 2003, 1120.
21 BayObLG Rpfleger 1979, 336, 337 (zur Form des § 2247 Abs. 3 BGB).
22 BayObLG Rpfleger 1979, 336, 337.
23 So schon RG Gruchot 31, 902, 904 (für die Bezeichnung einer aus Künstlern bestehenden BGB-Gesellschaft).
24 BayObLG Rpfleger 1979, 336, 337; *Britz* S. 138.
25 BayObLG Rpfleger 1979, 336, 337.
26 *Hahn/Stegemann* S. 321 f. (II 3).
27 Ebenso MünchKomm/*Schreiber*[4] § 416 Rdn. 6; Stein/Jonas/*Leipold*[22] § 416 Rdn. 5; Zöller/*Geimer*[29] § 416 Rdn. 2. **A.A.** *Köhler* FS Schippel, 1996, S. 209, 217 (zu § 126 BGB).

Züge seiner Handschrift zweifelsfrei ermittelt werden kann. § 416 erfasst somit auch gedruckte, gestempelte oder in sonstiger Weise **mechanisch hergestellte Unterschriften** (Faksimilestempel,[28] Schreibautomaten, Fernschreiben, Telegramme, Telefaxe[29])[30] (ebenso bei der Echtheitsvermutung des § 440 Abs. 2, § 440 Rdn. 6 ff.). Daher genügt das empfangene Telegramm als Beweisurkunde, obwohl allenfalls das Aufgabetelegramm unterzeichnet worden ist.[31] Dieser Erleichterung entsprechend verlangt § 130 Abs. 6 seit dem 1.8.2001 für per Telefax übermittelte Schriftsätze nur die Unterschriftswiedergabe in Kopie.[32] Bei den genannten Urkunden kann der Echtheitsbeweis schwieriger zu führen sein (zur nachträglichen Anerkennung vgl. § 439). Die unpersönliche Unterzeichnung muss **mit Wissen und Wollen** des bezeichneten Ausstellers erfolgt.

§ 416 verlangt **keine eigenhändige** Unterschrift.[33] Auch das ergibt sich aus einem Vergleich mit der unterschiedlichen Fassung des § 126 BGB. Zulässig ist **Stellvertretung in der Unterschrift**. Wenn der Vertreter, was materiellrechtlich zulässig sein kann,[34] mit dem Namen des Vertretenen unterschreibt, ist die Erklärung dem Vertretenen zuzurechnen, sofern der Vertreter Vertretungsmacht hatte.[35] Von ihr hängt die Echtheit der Unterschrift ab. Aussteller i.S.d. § 416 ist in diesem Falle nicht die Person, die die Erklärung tatsächlich niederschreibt, sondern diejenige, der die in der Urkunde enthaltene Erklärung zugerechnet wird, also der Vertretene.[36] Entscheidend ist, dass die fremde (verschleiernde) Unterschriftsleistung **mit Wissen und Wollen** des Ausstellers erfolgt. Unterzeichnet ein Vertreter hingegen mit eigenem Namen, handelt es sich um dessen Erklärung (deren materiell-rechtliche Fremdwirkung von § 164 Abs. 1 BGB abhängt) und urkundenrechtlich um eine Privaturkunde des Vertreters. Urkundenrechtlich ist es somit nicht einerlei, wie ein Vertreter unterzeichnet.[37] Dass Eigenhändigkeit der Unterschrift kein generelles Urkundenerfordernis ist, lässt sich allerdings nicht aus der Regelung des § 40 Abs. 1 BeurkG ableiten, die die notarielle Beglaubigung der bloßen Anerkennung einer nicht vor dem Notar sondern anderweitig vollzogenen Unterschrift gestattet;[38] § 40 Abs. 3 BeurkG sorgt nämlich dafür, dass der Beglaubigungsvermerk die Person bezeichnet, die die Unterschrift anerkannt hat, wodurch die Identität in besonderem Maße gesichert wird.

Ein vorrangig materiellrechtliches, nämlich die Formwahrung betreffendes, aber auch urkundenrechtliches Problem ist die **Schreibhilfe eines Dritten** bei der Unterschriftsleistung. Sie ist zulässig, wenn die Authentizität der Erklärung gewährleistet bleibt, d.h. die Hand des Ausstellers nicht völlig unter der Herrschaft und Leitung des Schreibhelfers steht.[39] Eine Hilfeleistung darf nicht gegen den Willen des Ausstellers erfolgen. Wird dies behauptet, wird damit die **Echtheit der Unterschrift** bestritten (§ 440

---

28 Vgl. OLG Jena MDR 1999, 859 (zur Rechtsscheinhaftung).
29 **A.A.** OLG Köln NJW 1992, 1774 (jedoch dessen Urkundenqualität i.S.d. § 592 S. 1 bejahend).
30 Anders zu § 2247 Abs. 1 BGB BGHZ 47, 68, 70.
31 Vgl. OLG Marienwerder SeuffA 50 Nr. 229 (zur Einhaltung gewillkürter Schriftform).
32 Zu fristwahrenden Schriftsätzen mit eingescannter Unterschrift GmS OGB NJW 2000, 2340, 2341 (ausreichend).
33 MünchKomm/*Schreiber*[4] § 416 Rdn. 5; Musielak/*Huber*[10] § 416 Rdn. 2; Stein/Jonas/*Leipold*[22] § 416 Rdn. 5.
34 BGHZ 45, 193, 195 (Handeln unter fremdem Namen).
35 Stein/Jonas/*Leipold*[22] § 416 Rdn. 5.
36 Zöller/*Geimer*[29] § 416 Rdn. 2.
37 **A.A.** MünchKomm/*Schreiber*[4] § 416 Rdn. 5.
38 So aber MünchKomm/*Schreiber*[4] § 416 Rdn. 6.
39 BGHZ 47, 68, 71; BGH NJW 1981, 1900, 1901 (jeweils zum Eigenhändigkeitserfordernis des § 2247 Abs. 1 BGB).

Abs. 1).⁴⁰ Unproblematisch ist es, wenn ein Dritter die Erklärung niederschreibt und der eigentliche Aussteller sie nur noch unterschreibt.⁴¹ Dann liegt sogar eine eigenhändige Unterschrift vor.

10 **b) Blankounterschrift, Blankettmissbrauch.** Das Unterzeichnen der Urkunde in blanco oder unter Offenlassen bedeutender Teile des Erklärungstextes berührt die Beweiskraft nicht. Nach dem Wortlaut der Bestimmung kommt es auf das zeitliche Verhältnis von Urkundentext und Unterschrift nicht an. Die Unterschrift kann also bereits vor Erstellung des Textes geleistet werden.⁴² Das wird indirekt durch § 40 Abs. 5 BeurkG bestätigt, der sogar die Möglichkeit vorsieht, eine Blankounterschrift notariell zu beglaubigen und dafür lediglich einen Blankettvermerk des Notars verlangt. Eine andere Frage ist, ob in Fällen eines Blankettmissbrauchs ein Gegenbeweis gegen die Echtheit der Urkunde zulässig ist, vgl. § 440 Abs. 2 (dazu unten Rdn. 34 und § 440 Rdn. 8).

11 **3. Notariell beglaubigtes Handzeichen.** Was eine **Unterschrift** ist, ist häufig zu § 130 Nr. 6 streitig geworden. Verlangt wird, dass die **Identität** des Unterzeichnenden **durch** einen **individuellen Schriftzug** bzw. durch charakteristische Merkmale ausreichend gekennzeichnet wird, mag die Unterschrift auch infolge Undeutlichkeit oder Verstümmelung unleserlich sein.⁴³ **Nicht** ausreichend sind **Abkürzungen** bzw. Paraphen, wie sie im internen behördlichen Schriftverkehr verwendet werden.⁴⁴ Dann handelt es sich um ein Handzeichen,⁴⁵ das bei Analphabeten auch aus drei Kreuzen bestehen kann. Gleichgestellt sind Schriftzeichen, die in Deutschland nicht allgemein verständlich sind, z.B. stenografierte oder chinesische Zeichen. Ob es sich um eine Unterschrift oder um ein Handzeichen handelt, ist nicht nach dem Willen des Unterzeichnenden, sondern nach dem äußeren Erscheinungsbild zu entscheiden.⁴⁶ Ein Handzeichen reicht für § 416 nur, wenn es vor dem Notar geleistet oder anerkannt und beglaubigt worden ist (dazu § 40 Abs. 6 BeurkG).

12 **4. Standort der Unterschrift.** Die Unterschrift oder das notariell beglaubigte Handzeichen müssen den Urkundentext nach unten **räumlich abschließen**.⁴⁷ Erforderlich ist eine Anordnung unter der Urkunde in der Weise, dass die Erklärung dem Aussteller eindeutig zurechenbar ist. Dies ergibt sich aus dem eindeutigen Wortlaut der Bestimmung (s. auch § 440 Abs. 2) und aus der rechtlichen Bedeutung der Unterschrift (Abschluss- und Deckungswirkung). Ein oberhalb des Urkundentextes stehender Namenszug („**Oberschrift**"), der durch die Gestaltung von Überweisungsformularen der Kreditinstitute vorgegeben war, ist damit keine Unterschrift i.S. der §§ 416, 440 Abs. 2.⁴⁸ Die Rechtsprechung hat eine Analogie abgelehnt.⁴⁹ Auch für einen links neben dem Text stehenden Namenszug („**Nebenschrift**") gilt nichts anderes.⁵⁰

---

40 Britz S. 138.
41 OLG Karlsruhe NJW-RR 1993, 489, 490; Zöller/*Geimer*²⁹ § 416 Rdn. 8.
42 BGHZ 140, 167, 171; 104, 172, 176; 22, 128, 132; BGH NJW 1986, 3086. Zur Blankettform der Signature Pages amerikanischen Ursprungs *Marienfeld* RIW 2003, 660 ff.
43 BGH NJW 1967, 2310; OLG Düsseldorf NStZ-RR 2000, 371; s. ferner BGH MDR 1988, 128; BGH NJW 1994, 55; BGH FamRZ 1996, 543.
44 BGH NJW 1967, 2310, 2311; BGH NJW-RR 2007, 351 Tz. 10.
45 BGH NJW 1982, 1467; OLG Düsseldorf NStZ-RR 2000, 371.
46 BGH NJW 1994, 55; BGH NJW-RR 2007, 351 Tz. 10.
47 BGHZ 113, 48, 51 f. = NJW 1991, 487 m. Bespr. *Weber* JuS 1991, 543.
48 BGHZ 113, 48, 51.
49 BGHZ 113, 48, 51.
50 BGH NJW 1992, 829, 830; NJW 2002, 2707.

5. Ergänzungen, Zeitpunkt der Unterschriftsleistung. Grundsätzlich unerheblich 13 ist, ob die Unterschrift zeitlich vor oder nach Abfassung des Urkundentextes geleistet wurde.[51] Bei **Ergänzungen** der Urkunde entscheidet deren Standort über die Beweiskraft. Wird die Ergänzung unterhalb der Überschrift vorgenommen, nimmt sie von vornherein an der formellen Beweiskraft nicht teil (s. vorstehende Rdn. 12). Bei Ergänzungen, die **in den Text eingefügt** oder in sonstiger Weise auf die Urkunde gesetzt worden sind oder die eine Textänderung bedeuten, ist für die Einhaltung eines Schriftformerfordernisses keine gesonderte Unterschrift erforderlich, wenn der Zusatz oder die Änderung rein äußerlich von der vorhandenen Unterschrift gedeckt sind.[52] **Urkundenbeweisrechtlich** bedeutet eine Einfügung, dass eine **Einschaltung i.S.d. § 419** vorliegt. Sie begründet den Verdacht einer Verfälschung der Urkunde, so dass das Gericht ohne Bindung durch § 416 und § 440 Abs. 2 nach freier Überzeugung zu entscheiden hat, welchen Beweiswert die Urkunde besitzt.[53] Sinnlos ist es, darin die (gegebenenfalls positiv ausfallende) Entscheidung über die Geltung der formellen Beweiskraft zu sehen; vielmehr wird der Hauptbeweis dann nach § 286 geführt (näher § 419 Rdn. 3).

6. Beispiele für Privaturkunden. Als Beispiele für Privaturkunden mit formeller 14 Beweiskraft i.S.d. § 416 sind in der Rechtsprechung zu finden: Abholbescheinigung und Frachtbrief,[54] Abtretungsurkunde,[55] Arbeitsunfähigkeitsbescheinigung eines Arztes,[56] ärztliches mutterschutzrechtliches Beschäftigungsverbot,[57] briefliche Erklärung,[58] Empfangsbekenntnis eines Rechtsanwaltes,[59] Protokolle der Versammlungen von Wohnungseigentümern,[60] Vereinsmitgliedern[61] und Gesellschaftern,[62] Quittungen jeder Art,[63] Einlieferungsschein der Deutschen Post AG,[64] Empfangsbescheinigung des Frachtführers,[65] eidesstattliche Versicherung,[66] Schuldschein,[67] Versicherungsantragsformular,[68] Sparbuch.[69] **Verneint** für nicht unterschriebene Kontoblätter eines (Prämien-)Sparbuches[70]

---

51 BGH NJW 1974, 1083, 1084 (zu § 2247 BGB); MünchKomm/*Schreiber*[4] § 416 Rdn. 4; Stein/Jonas/*Leipold*[22] § 416 Rdn. 3.
52 BGH NJW 1974, 1083, 1084.
53 BGH NJW 1966, 1657, 1658.
54 OLG Düsseldorf NJW-RR 1996, 361; OLG Köln NJW-RR 1999, 112 (LS) = OLGR 1998, 10, 11.
55 RGZ 73, 276, 279; KG OLGZ 1977, 487 = MDR 1977, 674.
56 LAG München NJW 1989, 998, 999 = VersR 1989, 725 = BB 1989, 844 m. Anm. *Hunold* = LAGE § 63 HGB Nr. 8 m. Anm. *Schilken* (m.weit.Nachw.; sie selbst als Beweisindiz qualifizierend). Zum Beweiswert bei Bescheinigungen nach § 5 EFZG bzw. Art. 18 VO(EWG) Nr. 574/72: BAG NJW 1998, 2764; BAG NJW 1998, 2762; LAG Düsseldorf NZA-RR 2000, 13; LAG Hamm MDR 2001, 1248; BGH NJW 2002, 128 = VersR 2001, 1521 (Regress des Unternehmers gegen Unfallverursacher).
57 BAG FamRZ 1998, 477; NJW 1997, 819; BAG NJW 2002, 235.
58 RG JW 1932, 944.
59 BGH VersR 1990, 1026, 1027; BGH VersR 1994, 371.
60 BayObLG NJW-RR 1990, 210, 211 (Feststellung von Beschlussinhalt und Abstimmungsergebnis).
61 OLG Schleswig Rpfleger 2005, 317, 318.
62 BGH NJW-RR 1990, 737, 738.
63 BGH MDR 1997, 1107; OLG Köln MDR 1964, 155; OLG Karlsruhe MDR 1978, 667; Bankquittung: BGH NJW-RR 1988, 881; unter Mitwirkung eines Anwalts ausgestellte Zahlungsquittung: OLG Köln JMBl. NRW 1993, 153.
64 OLG Hamm OLGR 2001, 9 = TranspR 2000, 430 (Wertpaketquittung).
65 OLG Düsseldorf OLGR 1998, 15.
66 OLG Hamm WRP 2000, 413, 415.
67 BGH RIW 1998, 146 f. (zur Nichtanerkennung eines „Gaeldsbrev" dänischen Rechts als öffentliche Urkunde i.S. des Art. 50 EuGVÜ) im Anschluss an EuGH Slg. 1999 I-3715 – Unibank/Christensen.
68 OLG Karlsruhe NJW-RR 1993, 489, 490.
69 OLG Celle VersR 2008, 1702, 1703.
70 OLG Hamm NJW 1987, 964, 965; OLG München MDR 2008, 1353; OLG Celle VersR 2008, 1702, 1703.

und Handelsbücher.[71] Zu eigenständigen Beweisregeln für Frachtbriefe im internationalen Gütertransport s. § 418 Rdn. 17.

III. Beweiskraft

1. Formelle Beweiskraft

a) Gesetzliche Beweisregel

15 **aa) Grundsatz.** Echtheit (§§ 439, 440) und Mangelfreiheit (§ 419) vorausgesetzt erbringt die unterschriebene Privaturkunde nach der Beweisregel des § 416 den Beweis, dass die in ihr enthaltene Erklärung vom Aussteller abgegeben wurde.[72] Erforderlich ist dafür nach § 420 die **Vorlage der Urschrift**.[73] Einer **Fotokopie** fehlt grundsätzlich die formelle Beweiskraft[74] (zu Durchbrechungen s. § 420 Rdn. 23 ff.), und zwar mangels einer Gleichstellung der Privaturkunde mit öffentlichen Urkunden in § 435 selbst dann, wenn die Kopie notariell beglaubigt worden ist.[75] Gleichzustellen sind **Telefaxschreiben**.

16 Der Beweis ist nicht lediglich gegen den Aussteller und dessen Rechtsnachfolger gerichtet, sondern **wirkt** für und **gegen jedermann**.[76] Soweit die formelle Beweiskraft des § 416 reicht, ist die **freie Beweiswürdigung** (§ 286) **ausgeschlossen**. § 416 ist eine der lex fori unterliegende Bestimmung des Verfahrensrechts, die nicht als verdeckte Formvorschrift zu qualifizieren ist; ihre Anwendung wird daher durch Art. 11 Abs. 2 CISG (UN-Kaufrecht) nicht ausgeschlossen.[77]

17 Auf per **E-Mail** abgegebene Erklärungen ist § 416 nicht anzuwenden, weil es sich um ein elektronisches Dokument i.S.d. § 371 Abs. 1 Satz 2 handelt. Der Ausdruck der E-Mail hat allerdings Beweisbedeutung im Rahmen des Grundsatzes freier Beweiswürdigung. Ein **Anscheinsbeweis** spricht **nicht** für die Identität des Absenders und die Abgabe der Erklärung durch ihn, wenn es sich um eine **ungesicherte E-Mail** handelt[78] (zum Zugangsbeweis § 286 Rdn. 109). Dem steht nicht nur die fehlende Typizität des Geschehensablaufs entgegen, sondern vor allem die Wertung, die die Regelung des § 371a Abs. 1 Satz 2 für Dokumente mit qualifizierter elektronischer Signatur trägt.[79]

18 **bb) Inverkehrgabe.** Bewiesen wird auch die Äußerung (Entäußerung) bzw. Absendung der Erklärung,[80] also das **willentliche Inverkehrbringen** der Urkunde **durch den Aussteller**, wenn deren Aushändigung nach materiellem Recht erforderlich ist. Befürwortet man dieses Auslegungsergebnis, darf § 416 nicht auf den Sachverhalt der Inver-

---

71 RGZ 72, 290, 292; BGH MDR 1955, 92, 93; OLG Hamm NJW 1987, 964, 965.
72 Vgl. dazu BGH NJW-RR 2006, 847, 848 = VersR 2006, 992, 993; BGH NJW-RR 2003, 384; BGH NJW 2002, 2707; BGH VersR 1994, 371; BGH NJW-RR 1990, 737, 738; BGH NJW 1986, 3086; OLG Karlsruhe NJW-RR 1993, 489, 490; LG Fulda VersR 2012, 365, 366 (ärztliches Attest zur Arbeitsunfähigkeit).
73 BGH NJW-RR 1993, 1379, 1380 = WM 1993, 1801, 1802 = ZIP 1993, 1170, 1172; BGH NJW 1980, 1047, 1048.
74 OLG Hamm OLGR 1993, 344; LAG Düsseldorf MDR 1995, 612.
75 BGH NJW 1980, 1047, 1048; OLG Hamm OLGR 1993, 344.
76 *Britz* S. 207 f., 215.
77 Vgl. dazu *Ranker* IPRax 1995, 236, 237.
78 *Roßnagel/Pfitzmann* NJW 2003, 1209, 1211; **a.A.** *Mankowski* NJW 2002, 2822, 2827 f.; *Mankowski* CR 2003, 44, 45.
79 Ebenso *Roßnagel/Pfitzmann* NJW 2003, 1209, 1213; **a.A.** *Mankowski* NJW 2002, 2822, 2827.
80 BGH NJW-RR 2006, 847, 848; BGH FamRZ 2003, 669 = NJW-RR 2003, 384 = VersR 2003, 229 (dort als „Begebung" bezeichnet); MünchKomm/*Schreiber*[4] § 416 Rdn. 9; *Britz* S. 152 ff., 180, 210; Zöller/*Geimer*[29] § 416 Rdn. 9.

kehrgabe einer Willenserklärung (§ 130 BGB) beschränkt werden; gleich zu behandeln sind die wertpapierrechtlichen Tatbestände, die eine Begebung der Urkunde verlangen.[81] Beide Sachverhaltsgruppen betreffen den eigentlichen (schmalen) Anwendungsbereich des § 416. Erträglich ist diese Auslegung allerdings nur, wenn entgegen dem – aufgrund eines Vergleichs mit §§ 415 Abs. 2, 418 Abs. 2 eingeschränkt zu verstehenden – Normwortlaut des § 416 ein **Beweis der Unrichtigkeit analog § 415 Abs. 2** zugelassen wird (unten Rdn. 33).[82] Die Notwendigkeit eines Hauptbeweises der Unrichtigkeit bedeutet bereits eine Verschärfung der Beweislage zu Lasten des Ausstellers gegenüber einer Interpretation, die den Beweis der willentlichen Inverkehrgabe aus § 416 ausklammert. Nach der Gegenauffassung, die das Inverkehrbringen nicht unter § 416 subsumiert, kann der Beweisführer die Inverkehrgabe im Rahmen des § 286 indiziell z.B. durch den Urkundenbesitz beweisen; dagegen kann der Aussteller einen normalen Gegenbeweis führen, für den eine Erschütterung des Hauptbeweises ausreicht. **Zeit und Ort der Erklärungsabgabe** werden in keinem Falle von der formellen Beweiskraft erfasst[83] (s. auch unten Rdn. 23).

Überlagert wird das Beweisrecht durch **materiell-rechtliche Zurechnungsnormen**, 19 die die Geltendmachung des Abhandenkommens (Verlustes) oder der sonstigen unfreiwilligen Inverkehrgabe der urkundlich verbrieften Willenserklärung ausschließen. Die Behauptung der Unfreiwilligkeit kann wegen entgegenstehender, dem Verkehrsschutz Rechnung tragender Zurechnungskriterien irrelevant werden, so dass deshalb kein Beweis (der Unrichtigkeit) zu erheben ist. Eine Zurechnung würde etwa bei rechtsmissbräuchlicher Verwendung eines Faksimile-Namensstempels, der Dritten frei zugänglich ist, stattfinden.[84] Der BGH hat in der Entscheidung NJW-RR 2006, 847, 849 den prozessualen und den materiell-rechtlichen Weg zur Ausschaltung des Einwands des Abhandenkommens der Willenserklärung hintereinander geprüft, ohne sich zu dem Rangverhältnis der Prüfungen zu äußern. Vorrang hat der Weg, der eine Beweiserhebung vermeidet.

cc) Zugang, Willensmängel. Der **Zugang** bei empfangsbedürftigen Willenserklä- 20 rungen wird demgegenüber **nicht** von der formellen Beweiskraft erfasst.[85] Der Beweis des Zugangs spielt bei elektronischen Erklärungen[86] und bei per Fax übermittelten Schriftstücken[87] – dort hinsichtlich Form und Frist – u.a. wegen möglicher technischer Störungen und Bedienungsfehler eine erhebliche Rolle. Ein **Faxsendeprotokoll** hat wegen der Manipulierbarkeit durch den Absender für sich genommen nur indizielle Funktion für den Sendevorgang (§ 286 Rdn. 109); der lesbare Eingang im Empfangsgerät kann auch durch einen „o.K."-Vermerk im Sendeprotokoll nicht geführt werden.[88] Einen höheren indiziellen Beweiswert, jedoch keinen Anscheinsbeweis liefern **Empfangs- und Lesebestätigungen im E-Mail-Verkehr**.[89]

Dass der **Aussteller** der Urkunde beschränkt geschäftsfähig, **geschäftsunfähig**, 21 geistig gebrechlich[90] oder der Sprache, in der die Urkunde abgefasst wurde, nicht mäch-

---

81 A.A. MünchKomm/*Schreiber*[4] § 416 Rdn. 9; *Britz* S. 160.
82 Im Ergebnis ebenso BGH NJW-RR 2006, 847, 848. Anders jedoch *Britz* S. 152; MünchKomm/*Schreiber*[4] § 416 Rdn. 11.
83 BGH ZIP 1993, 1170, 1172 (Zeit der Ausstellung); Musielak/*Huber*[10] § 416 Rdn. 4.
84 Vgl. OLG Jena OLGR 1999, 149, 151 (dort ohne Angabe der Zurechnungskriterien).
85 BGH NJW-RR 1989, 1323, 1324; Musielak/*Huber*[10] § 416 Rdn. 4; Zöller/*Geimer*[29] § 416 Rdn. 9.
86 Überblick bei *Mankowski* NJW 2004, 1901 ff. m.w.Nachw.
87 Überblick bei *Riesenkampff* NJW 2004, 3296 ff. m.w.Nachw.; *Mankowski* NJW 2004, 1901, 1904.
88 BGH NJW 1995, 665, 666 f.; BGH NJW-RR 2002, 999, 1000; BGH VersR 2002, 1045, 1046.
89 Demgegenüber für Anscheinsbeweis *Mankowski* NJW 2004, 1901, 1907.
90 Vgl. OLG Köln MDR 1964, 155; OLG Karlsruhe MDR 1978, 667; Stein/Jonas/*Leipold*[22] § 416 Rdn. 10.

tig ist,[91] ändert an der formellen Beweiskraft nichts, ist aber bei der **materiellen Beweiswürdigung** über die inhaltliche Richtigkeit der Erklärung zu berücksichtigen.

22   **dd) Vorrang der Echtheitsprüfung.** In der praktischen Rechtsanwendung hat der Beweis der Echtheit des Urkundentextes (§ 440 Abs. 1), wenn sie bestritten wird, der Anwendung des § 416 voranzugehen.[92] Der Gegner des Beweisführers hat sich zur Urkundenechtheit (einschließlich der Echtheit einer Namensunterschrift) nach § 439 zu erklären. Wenn die Echtheit der Namensunterschrift feststeht, vermutet § 440 Abs. 2 (Vermutung i.S.d. § 292) die Echtheit des über der Unterschrift stehenden Textes.[93] Der Gegner des Beweisführers muss nicht etwa eine Fälschung der Unterschrift unter der Urkunde nachweisen.[94] Wegen § 440 Abs. 2 ist der Anwendungsbereich des § 416 sehr schmal, wenn die Regel nicht sogar sinnlos ist.[95] Die mangelnde Echtheit der Urkunde kann überdies aus Gründen des Verkehrsschutzes nach materiell-rechtlichen Zurechnungskriterien unbeachtlich sein. Dies betrifft Sachverhalte der „abhanden gekommenen" Willenserklärung (oben Rdn. 19).[96]

23   **ee) Inhaltliche Richtigkeit.** Die inhaltliche Richtigkeit der Erklärung, z.B. des in der Privaturkunde bestätigten Vorgangs, wird von der formellen Beweiskraft nicht erfasst,[97] sondern unterliegt der **freien Beweiswürdigung** nach § 286.[98] Dies gilt für alle Umstände der Abgabe der Erklärung. Ist ein **Datum** in der Erklärung enthalten, beweist die Urkunde lediglich die Angabe des Datums, nicht aber, dass es richtig angegeben wurde (s. schon oben Rdn. 18).[99] Ein solches Datum hat nicht einmal die tatsächliche Vermutung der Richtigkeit für sich.[100] Nicht bewiesen werden auch die Richtigkeit der Angabe über den Ort[101] und den Inhalt und das Zustandekommen des durch die Urkunde bestätigten Rechtsgeschäfts.[102] Ebenfalls nicht unter § 416 fällt die Auslegungsregel der Vollständigkeitsvermutung[103] (dazu unten Rdn. 27) Damit bleibt die Beweiskraft einer Privaturkunde wesentlich hinter der Beweiskraft öffentlicher Urkunden gem. §§ 415, 417, 418 zurück.

24   **b) Ergänzende richterrechtliche Vermutungen.** Die Rechtsprechung gleicht das Fehlen weiterreichender formeller Beweisregeln durch die Anwendung von Erfahrungs-

---

91   RG Gruchot 31, 902, 904.
92   Vgl. BGH NJW-RR 2006, 847, 848.
93   BGH NJW-RR 2006, 847, 848; BGHZ 104, 172, 177.
94   BGH WM 1995, 1107, 1109 (unter Aufhebung einer gegenteiligen Handhabung des Berufungsgerichts!); *Britz* S. 137.
95   So AK-ZPO/*Rüßmann* § 416 Rdn. 1; dazu *Britz* S. 145 ff.
96   Dazu *Britz* S. 162 ff.
97   BGH NJW 2002, 2707; BGH NJW-RR 1993, 1379, 1380; BGH NJW 1986, 3086; OLG Saarbrücken MDR 1997, 1107; LAG München NJW 1989, 998, 999; BayObLG NJW-RR 1990, 210, 211; OLG Karlsruhe NJW-RR 1993, 489, 490; OLG Düsseldorf NJW-RR 1996, 360, 361; OLG Dresden VuR 2000, 216, 217; *Britz* S. 150 f.
98   BGH NJW 2002, 2707; BGH NJW-RR 1993, 1379, 1380; OLG Karlsruhe NJW-RR 1993, 489, 490; OLG Düsseldorf NJW-RR 1996, 360, 361; OLG Köln VersR 1998, 1006, 1007 = OLGR 1998, 10; OLG Celle OLGR 1997, 221, 222; OLG Hamburg MDR 1999, 375.
99   BGH ZIP 1993, 1170, 1172; BGH NJW-RR 1990, 737, 738 = WM 1990, 638, m. Bespr. *Mayer/Mayer* ZZP 105 (1992), 287; RGZ 73, 276, 279; KG OLGZ 1977, 487, 488 = MDR 1977, 674.
100   A.A. KG OLGZ 1977, 487, 488; *Mayer/Mayer* ZZP 105 (1992), 287, 291 (unter Behauptung eines nicht existenten Erfahrungssatzes).
101   BGH NJW-RR 1990, 737, 738; BGH NJW-RR 1993, 1379, 1380.
102   BGH NJW-RR 1993, 1379, 1380; BGH NJW-RR 1989, 1323, 1324.
103   Unrichtig daher BGH (XII. ZS) ZIP 2005, 391, 393.

sätzen aus, die die freie Beweiswürdigung leiten und als solche revisibel sind. Näher dazu nachfolgend Rdn. 25.

2. Materielle Beweiskraft. Die materielle Beweiskraft unterliegt der freien Würdi- 25 gung des Gerichts und hängt vorbehaltlich generalisiert anzuwendender richterrechtlicher Erfahrungssätze vom Einzelfall ab. Die Beweiskraft richtet sich nach dem Beweisthema; sie bleibt bei Zeugnisurkunden in der Regel hinter der von Tatbestandsurkunden zurück. Bei **Tatbestandsurkunden** ist die Abgabe der (Willens-)Erklärung Beweisthema und dieser Beweis mit der Urkunde erbracht.[104] Die Auslegung der Erklärung und die Beurteilung ihrer rechtlichen Wirksamkeit liegen außerhalb der Beweiswürdigung. **Zeugnisurkunden** geben den Bericht einer Person über Vorgänge wieder, ohne dass der urkundlichen Fixierung ein erhöhter Beweiswert zukommt (anders: § 418); sie haben lediglich Indizwirkung für das berichtete Geschehen, die vom Gericht gem. § 286 frei zu würdigen ist.[105]

Zeugnisurkunde ist z.B. eine vom Aussteller unterschriebene **Quittung**. Sie enthält 26 ein außergerichtliches Geständnis des Leistungsempfangs und stellt als solches ein Indiz für die Wahrheit der zugestandenen Tatsache dar.[106] Der **Beweiswert einer Quittung** hängt von den Umständen des Einzelfalles[107] ab, insbesondere der allgemeinen Zuverlässigkeit des Ausstellers und der Bedeutung der Quittung für die beteiligten Verkehrskreise.[108] Der **Gegenbeweis** ist bereits dann geglückt, wenn die Überzeugung des Gerichts von der zu beweisenden Tatsache erschüttert wird;[109] nicht erforderlich ist also, dass die Tatsache – wie bei einem Gegenteilsbeweis – als unwahr erwiesen wird oder sich auch nur eine zwingende Schlussfolgerung gegen sie ergibt.[110] Der Beweiswert ist aber beispielsweise dann erschüttert, wenn der quittierte Betrag mit der noch offenen Restforderung nicht ansatzweise zu vereinbaren ist.[111] Ihr Wert ist ferner eingeschränkt, wenn sie von einer geschäftsunfähigen oder unter Pflegschaft stehenden Person ausgestellt wurde.[112] In der Rechtsprechung ist anerkannt, dass einer **Bankquittung** ein **hoher Beweiswert** zukommt, weil von Banken regelmäßig qualifiziertes Personal eingesetzt wird und die organisatorischen Kontrollmaßnahmen hoch sind.[113] Von dem Vertrauen in die Zuverlässigkeit der Kreditinstitute hängt die Funktionsfähigkeit der Geldmärkte ab. Für den hohen Beweiswert ist, da er nicht aus § 416 folgt, eine Belegunterschrift nicht erfor-

---

104 MünchKomm/*Schreiber*[4] § 416 Rdn. 9; Stein/Jonas/*Leipold*[22] § 416 Rdn. 10.
105 OLG Saarbrücken MDR 1997, 1107; OLG Naumburg WM 1998, 593, 595 (urkundliches Zeugnis zur Überwindung eines Zeugnisverweigerungsrechts nach § 383 Nr. 2). Beweislastumkehr für ein Sparbuch, auf dem jahrzehntelang keine Eintragung erfolgte, verneinend BGH NJW 2002, 2707, 2708; dazu auch OLG München WM 2001, 1761, 1763; LG Köln WM 2001, 1763; *Arendts/Teuber* MDR 2001, 546, 549f.
106 BGH NJW-RR 1988, 881; OLG Frankfurt NJW-RR 1991, 172, 173; OLG Köln NJW 1993, 3079, 3080 = ZIP 1993, 1156 = WM 1993, 1791, 1792. OLG Saarbrücken MDR 1997, 1107 spricht unzutreffend von einem prima-facie-Beweis.
107 OLG Celle OLGR 1997, 221, 222.
108 OLG Düsseldorf TranspR 1998, 30, 31 (erheblicher Wert der Empfangsquittung des Frachtführers auf Ladeliste); in der Würdigung der Quittung auf einem KVO-Frachtbrief davon abweichend OLG Köln VersR 1998, 1006, 1007.
109 BGH NJW-RR 1988, 881; OLG Frankfurt NJW-RR 1991, 172; OLG Köln NJW 1993, 3079, 3080.
110 BGH NJW-RR 1988, 881; OLG Celle OLGR 1997, 221, 222.
111 OLG Saarbrücken MDR 1997, 1107.
112 OLG Karlsruhe MDR 1978, 667; OLG Köln MDR 1964, 155.
113 BGH NJW-RR 1988, 881, 882; OLG Frankfurt NJW-RR 1991, 172, 173; OLG Köln NJW 1993, 3079, 3080; OLG Köln JMBl. NRW 1993, 153; OLG Köln WM 2001, 677, 678; s. auch LG Ingolstadt WM 1996, 2145, 2146. Ebenso für ein Sparbuch OLG Köln NJW-RR 2001, 188; OLG Köln WM 2004, 1475; OLG Frankfurt ZIP 2011, 1095. Zum Annahmevermerk auf einem Überweisungsträger BGH NJW 1998, 1640.

derlich.[114] Die hohen Anforderungen an die Erschütterung können nicht auf eine unter Mitwirkung eines Rechtsanwaltes ausgestellte Zahlungsquittung übertragen werden.[115] Klarstellende Bedeutung gegenüber der Rechtslage nach Partikularrechten vor Schaffung des BGB hat § 17 Abs. 1 EGZPO für Schuldscheine und Quittungen; deren Beweiskraft ist unbefristet. Die Richtigkeit einer Baumengenabrechnung, die durch den **Prüfvermerk** eines bevollmächtigten **Bauleiters** bestätigt worden ist, ist endgültig rechtsverbindlich nachgewiesen, wenn eine Überprüfung wegen nachfolgender Arbeiten nicht mehr möglich ist.[116]

27   **Vertragsurkunden** erbringen – gleich ob privatschriftlich verfasst oder notariell beurkundet (dann § 415) – im Verhältnis der Vertragsparteien (nicht auch in Bezug auf Dritte) die Vermutung dafür, dass sie die **Erklärungen vollständig und richtig** wiedergeben;[117] es besteht die Vermutung, dass die Vertragsurkunde den endgültigen, wohlüberlegten Willen der Parteien enthält.[118] Dasselbe gilt für Beweisurkunden, die als **gemeinsames Protokoll**[119] aufgenommen oder die im Rahmen von Vertragsbeziehungen zwar einseitig errichtet worden sind, die aber doch zur Verwendung durch den Vertragspartner bestimmt sind, etwa Frachtbriefe, die nicht die Anforderungen des § 409 HGB einhalten.[120] Die Vermutung der Vollständigkeit und Richtigkeit der Vertragsurkunde ist entkräftet, wenn die Parteien eine Nebenabrede getroffen haben, die nicht in der Urkunde enthalten ist.[121] Der Beweis für **abweichende mündliche Abreden** oder außerhalb der Urkunde liegende Umstände muss von der Partei geführt werden, die sich auf sie beruft.[122] Dasselbe gilt, soweit es um die Begebung der Urkunde geht und darauf nicht die formelle Beweisregel angewandt wird (dazu oben Rdn. 18),[123] jedoch spricht dann der Besitz der Urkunde für deren Aushändigung durch den Aussteller. Ein außerhalb der Urkunde liegender Umstand ist nicht gegeben, wenn der Urkundeninhalt mehrdeutig ist und darüber Beweis zu erheben ist; es gelten dann die allgemeinen Regeln der Beweislastverteilung.[124]

28   Eine Sonderstellung nimmt auch das **anwaltliche Empfangsbekenntnis** ein. Näher dazu § 418 Rdn. 10.

29   Privaturkunden, die **weder unterschrieben** noch mittels notariell beurkundeten Handzeichens unterzeichnet sind, etwa Eintragungen in **Handelsbüchern**,[125] Notizen oder nicht unterschriebene Telefaxe,[126] unterliegen der freien Beweiswürdigung gem. § 286.[127]

---

114   BGH NJW-RR 1988, 881.
115   OLG Köln JMBl. NW 1993, 153.
116   LG Köln NJW-RR 2013, 265, 266.
117   BGH NJW 1980, 1680, 1681; BGH ZIP 2005, 391, 393 (dort das Ergebnis unrichtig § 416 unterstellend); zu Datumsangaben: BGH NJW-RR 1990, 737, 738; KG OLGZ 1977, 487, 488; OLG Düsseldorf OLGR 1998, 194, 195. *Mayer/Mayer* ZZP 105 (1992), 287, 290, wollen den „Erfahrungssatz" auch auf einseitig erstellte Urkunden anwenden. Notarielle Verträge: BGH NJW-RR 1998, 1470; BGH NJW 2002, 3164, 3165; BGH NJW 1999, 1702, 1703 = VersR 1999, 1373, 1374; BGH DNotZ 2003, 696, 698. Zur AGB-Kontrolle von Beweislastklauseln, die von der Vollständigkeitsvermutung ausgehen, BGH NJW 2000, 207 f.
118   RGZ 88, 370, 372; KG OLGZ 1977, 487, 488 = MDR 1977, 674.
119   OLG Düsseldorf NJW-RR 2004, 300 (Abnahmeprotokoll nach Wohnungsräumung).
120   Vgl. OLG Düsseldorf NJW-RR 1996, 361 (fehlender Beschädigungsvermerk zum Transportgut).
121   BGH NJW 1989, 898.
122   BGH ZIP 2005, 391, 393; BGH NJW 2002, 3164, 3165; BGH NJW 1999, 1702, 1703.
123   MünchKomm/*Schreiber*⁴ § 416 Rdn. 9.
124   BGH WM 2002, 377, 380.
125   RGZ 72, 290, 292 (Aktienbuch); BGH MDR 1955, 92, 93.
126   Ein Telefax ist nicht mit einer Fotokopie gleichzusetzen: OLG Köln NJW 1992, 1774, 1775. S. dazu auch *Beckemper* JuS 2000, 123.
127   BGH NJW-RR 1988, 881; OLG München MDR 2008, 1353; OLG Hamm NJW 1987, 964, 965; OLG Köln DB 1983, 104, 105. Zum Fahrtenbuch im Einkommensteuerrecht BFH NJW 2000, 2376.

Mit ordnungsgemäß geführten Handelsbüchern für sich allein genommen kann der Richter einen Beweis als geführt ansehen; andere Umstände des Verhandlungsergebnisses und der Beweisaufnahme im konkreten Einzelfall können die Beweiskraft mindern oder erhöhen;[128] der Inhalt der Handelsbücher begründet keinen Anscheinsbeweis.[129] Der Auslieferungsbeleg des Postzustellers beim **Einwurf-Einschreiben** wird zwar unterschrieben und ist als solcher Zeugnisurkunde gem. § 416, doch wird er bei der elektronischen Archivierung, die drei Jahre vorgehalten wird, vernichtet; der Ausdruck ist Augenscheinsobjekt.[130]

Ungeklärt ist, unter welchen Voraussetzungen das **Sendeprotokoll** eines modernen **Faxgerätes** den Zugang des Faxschreibens beweist.[131] Auch wenn ein Anscheinsbeweis abzulehnen ist (§ 286 Rdn. 109), ist der indizielle Wert des Sendeprotokolls für die Übermittlung einer Sendung und deren Zugang im Empfangsgerät hoch[132] (zum Empfangszeitpunkt § 418 Rdn. 9 und 24). Nicht bewiesen wird damit, dass alle Blätter einer Sendung mit der Leseseite in das Sendegerät eingelegt wurden. Umstritten sein kann auch die Authentizität des Sendeprotokolls. 30

Die **materielle Beweiskraft** ist betroffen in folgenden Sachverhalten: Vom Auftraggeber unterzeichnete detaillierte Stundenlohnzettel für Bauarbeiten,[133] ärztliche Bescheinigung über ein Beschäftigungsverbot nach § 3 Abs. 1 MuSchG,[134] ärztliche Dokumentation statt papiergebundener Krankenblätter,[135] ärztliches Attest über die Arbeitsunfähigkeit (AU-Bescheinigung) oder über eine unfallbedingte Verletzung.[136] Die Arbeitsgerichte erkennen der **AU-Bescheinigung** einen hohen Beweiswert zu, den der Arbeitgeber nur mit konkreten Anhaltspunkten für eine Simulation erschüttern kann.[137] 31

IV. „Gegenbeweis"

§ 416 enthält keine den §§ 415 Abs. 2, 418 Abs. 2 entsprechende Regelung, die den Beweis gegen die formelle Beweisregel ermöglicht. Die Gesetzesmaterialien zu § 415 begründen die Regelung des § 415 Abs. 2 und die Abstinenz bei § 416 damit, dass öffentliche Urkunden wegen der notwendigen Mitwirkung einer Urkundsperson der Gefahr unrichtiger Beurkundung der von den Beteiligten abgegebenen Erklärungen durch Irrtümer beim Verstehen oder durch Fälschungen der Urkundsperson ausgesetzt seien und dass diese Gefahr für Privaturkunden „meist nicht vorliege".[138] Der Gesetzgeber hat danach den einzig bedeutsamen Fall der Beweisregelanwendung nicht erörtert, nämlich das Bestreiten willentlicher Entäußerung der privatschriftlichen Erklärung. 32

---

128 BGH MDR 1955, 92, 93.
129 BGH MDR 1955, 92, 93. Zur Abkehr von formellen Beweisregeln für Handelsbücher im 19. Jhdt. *Dunkmann* Die Beweiskraft der Handelsbücher, Diss. jur. Saarbrücken 2007, S. 279 ff.
130 Vgl. dazu OLG Düsseldorf VersR 2002, 1364 (LS); LG Potsdam NJW 2000, 3722; AG Hannover VersR 2004, 317; AG Paderborn NJW 2000, 3722; *Bauer/Diller* NJW 1998, 2795, 2796; *Jänich* VersR 1999, 535, 537; *Benedict* NVwZ 2000, 167; *Reichert* NJW 2001, 2523; *Saenger/Gregoritza* JuS 2001, 899, 900, 901; *Friedrich* VersR 2001, 1090, 1091; *Hunke* VersR 2002, 660, 663 f.
131 Für Anscheinsbeweis: *Faulhaber/Riesenkampff* DB 2006, 376, 379; *Gregor* NJW 2005, 2885, 2886.
132 Im Ergebnis so auch EuG GRUR Int. 2005, 680, 685 Rdn. 85 (Zustellungen des HABM von Spanien nach Österreich).
133 OLG Celle NJW-RR 2003, 1243.
134 BAG NJW 2002, 235.
135 Dazu *Muschner* VersR 2006, 621, 623.
136 gl. dazu LG Verden ZfSch 2004, 207, 208; LG Fulda VersR 2012, 365, 366 (jeweils Beweis eines unfallbedingten HWS-Syndroms).
137 AGE 74, 127 Tz. 36 = NZA 1994, 63; LAG Hessen LAGE § 626 BGB 2002 Nr. 26b.
138 *Hahn/Stegemann* Mat., 2. Aufl. 1881, Band II/1, S. 322.

33 Wird dieser Sachverhalt als von § 416 umfasst angesehen (h.M., dazu oben Rdn. 18), besteht ein praktisches Bedürfnis, entgegen dem Normwortlaut den Beweis der Unrichtigkeit durch den Beweisgegner zuzulassen. Die Lücke ist durch **analoge Anwendung des § 415 Abs. 2** zu schließen.[139] Zur Lückenschließung bei § 417 s. dort Rdn. 8. Durch die Zulassung des Beweises der Unrichtigkeit wird § 416 nicht faktisch entwertet. Der Beweis der Unrichtigkeit ist ein **Gegenteilsbeweis i.S.d. § 292 Satz 1**. Die Notwendigkeit eines Hauptbeweises der Unrichtigkeit bedeutet eine Verschärfung der Beweislage zu Lasten des Ausstellers gegenüber einer Interpretation, die den Beweis der willentlichen Inverkehrgabe von vornherein aus § 416 ausklammert. Diejenigen Stimmen, die das Inverkehrbringen nicht unter § 416 subsumieren, verweisen den Beweisführer darauf, die Inverkehrgabe im Rahmen des § 286 indiziell z.B. durch den Urkundenbesitz zu beweisen;[140] dagegen kann der Aussteller einen normalen Gegenbeweis führen, für den eine Erschütterung des Hauptbeweises ausreicht. Wird der Beweis fehlender Abgabe (= des Abhandenkommens) der Willenserklärung nicht geführt, kann dasselbe Ergebnis, nämlich **Unwirksamkeit** der Willenserklärung, **materiell-rechtlich** eintreten, wenn der Erklärende bei Unterzeichnung oder Abgabe nicht geschäftsfähig war.[141]

34 Wird die Echtheit des Urkundentextes der Vermutung des § 440 Abs. 2 zuwider bestritten, hat der Beweisgegner einen **Gegenteilsbeweis** i.S.d. § 292 Satz 1 zu führen.[142] Er kann wegen § 292 Satz 2 auch durch Parteivernehmung gem. § 445 erbracht werden, für den § 445 Abs. 2 nicht gilt.[143] Als Beweis gegen die Echtheit des Urkundentextes bei Echtheit der Namensunterschrift ist der Beweis anzusehen, dass die Urkunde durch einen **Blankettmissbrauch** entstanden ist.[144] Auf den Blankettmissbrauch ist § 416 also tatbestandlich nicht anwendbar.[145] Der Missbrauch kann durch den Beweis der Überschreitung der Vollmacht oder der unrichtigen Blankettausfüllung nachgewiesen werden, was allerdings wegen eines zurechenbar gesetzten Rechtsscheins materiell-rechtlich unerheblich sein kann.[146] Unzulässig ist der Einwand, dass der Aussteller die Urkunde **nicht gelesen** oder **nicht verstanden** hat. Es kommt lediglich die Anfechtung wegen Irrtums, Drohung oder Täuschung[147] sowie die Nichtigkeit als Scheingeschäft (§ 117 Abs. 1 BGB) oder wegen Scherzerklärung (§ 116 Satz 2 BGB) in Betracht,[148] sofern das materielle Recht derartige Einwände zulässt (s. § 415 Rdn. 33). Die Selbständigkeit der Widerlegung der Vermutung des § 440 Abs. 2 zeigt erneut, dass § 416 entweder keinen oder doch einen

---

139 In der Sache ebenso BGH NJW-RR 2006, 847, 848; Musielak/*Huber*[10] § 416 Rdn. 3; Rosenberg/Schwab/*Gottwald*[17] § 119 Rdn. 27. Offengelassen von BGH NJW-RR 2003, 384, 385 wegen fehlenden Beweisantritts für Gegenbeweis. Anders Baumbach/Lauterbach/*Hartmann*[71] § 416 Rdn. 7; MünchKomm/*Schreiber*[4] § 416 Rdn. 11; *Britz* S. 139; *Britz* ZZP 110 (1997), 61, 85.
140 So Stein/Jonas/*Leipold*[21] § 416 Rdn. 10.
141 BGH NJW-RR 2003, 384, 385 (Bezugsrechtsänderung zur Lebensversicherung durch Krebskranken im finalen Stadium unter Morphiumbehandlung).
142 BGH NJW-RR 2006, 847, 848.
143 BGHZ 104, 172, 177; MünchKomm/*Schreiber*[4] § 440 Rdn. 3; Rosenberg/Schwab/*Gottwald*[17] § 119 Rdn. 27; Stein/Jonas/*Leipold*[22] § 416 Rdn. 18. Autoren, die einen Gegenbeweis gegen die formelle Beweiskraft in der Richtung zulassen, dass die Urkunde dem Aussteller abhanden gekommen ist, lehnen in diesem Fall wegen § 445 Abs. 2 eine Parteivernehmung als zulässiges Beweismittel ab.
144 Vorausgesetzt in BGHZ 104, 172, 176f. (Fall des § 440 Abs. 2, nicht des § 416); OLG Hamm OLGR 1997, 169, 170; Musielak/*Huber*[10] § 416 Rdn. 3; *Britz* S. 160.
145 *Britz* S. 160; s. auch BGH NJW-RR 2006, 847, 849.
146 Vgl. BGH NJW 1963, 1971 (§ 172 Abs. 2 BGB analog bei Vollmachtsblankett); für § 2267 S. 1: OLG Hamm NJW-RR 1993, 269, 270. Anders bei schuldhaft ermöglichter Entwendung der Urkunde beim Geschäftsherrn, BGHZ 65, 13, 14f.
147 RGZ 88, 278, 282.
148 Stein/Jonas/*Leipold*[22] § 416 Rdn. 18.

(bei Einbeziehung des Beweises der willentlichen Inverkehrgabe) nur sehr schmalen Anwendungsbereich hat.[149]

In Bezug auf alle Umstände, die nicht an der formellen Beweiskraft des § 416 oder der Vermutung des § 440 Abs. 2 teilhaben, ist ein **Gegenbeweis** (im technischen Sinne, vgl. § 418 Rdn. 22)[150] zulässig. Er kann sich gegen die Richtigkeit und inhaltliche Wahrheit der Urkunde (s. oben Rdn. 33f.) richten. Diese Tatsachen unterliegen der freien Beweiswürdigung des Gerichts.

35

§ 416a
Beweiskraft des Ausdrucks eines öffentlichen elektronischen Dokuments

Der mit einem Beglaubigungsvermerk versehene Ausdruck eines öffentlichen elektronischen Dokuments gemäß § 371a Abs. 2, den eine öffentliche Behörde innerhalb der Grenzen ihrer Amtsbefugnisse oder eine mit öffentlichem Glauben versehene Person innerhalb des ihr zugewiesenen Geschäftskreises in der vorgeschriebenen Form erstellt hat, sowie der Ausdruck eines gerichtlichen elektronischen Dokuments, der einen Vermerk des zuständigen Gerichts gemäß § 298 Abs. 2 enthält, stehen einer öffentlichen Urkunde in beglaubigter Abschrift gleich.

Schrifttum

Chr. Berger Elektronische Dokumente in Gerichtsverfahren, in: Bär u.a. (Hrsg.), Rechtskonformes eGovernment – eGovernment-konformes Recht, 2005, S. 141; *Britz* Beschränkung der freien Beweiswürdigung durch gesetzliche Beweisregeln? ZZP 110 (1997) 61.

Übersicht

I. Entstehung der Norm — 1	III. Anforderungen an das elektronische Dokument
II. Transformation elektronischer Dokumente	1. Elektronisches Originaldokument — 5
1. Grundsätzlich kein Urkundenbeweis — 2	2. Öffentliches Dokument — 6
2. Sonderregelung für öffentliche elektronische Dokumente — 3	3. Signaturerfordernis — 9

I. Entstehung der Norm

§ 416a ist durch das Justizkommunikationsgesetz (JKomG) vom 22.3.2005[1] geschaffen worden. Die Norm steht in engem **Zusammenhang mit § 371a**, der in dieser Fassung ebenfalls auf das JKomG zurückgeht. Ihr **Wortlaut** ist in doppelter Hinsicht **misslungen** und bedarf der teleologischen Korrektur.

1

---

149 Dazu auch *Britz* S. 149.
150 OLG Köln WM 1998, 1682, 1883, setzt die Erschütterung des Beweiswertes eines Schuldscheins über ein Darlehen fehlerhaft in einen Gegensatz zu einem Gegenbeweis.

1 BGBl 2005 I S. 827 und S. 2022; RegE v. 13.8.2004, BT-Drucks. 15/4067.

II. Transformation elektronischer Dokumente

2 **1. Grundsätzlich kein Urkundenbeweis.** Elektronische Dokumente sind Augenscheinsobjekte und damit Gegenstand des **Augenscheinsbeweises** (§ 371 Rdn. 1 u. 17ff., § 371a Rdn. 17). Durch § 371 und § 371a werden allerdings Regelungen des Urkundenbeweisrechts in Bezug genommen oder es wird auf sie verwiesen. Werden elektronische Dokumente ausgedruckt und damit in ein Papierdokument überführt, kommt dem Ausdruck grundsätzlich **keine Urkundenqualität** zu. Insbesondere sind auf die Ausdrucke ohne Sonderregelung nicht die formellen Beweisregeln der §§ 415–418 anzuwenden. Derartige Ausdrucke haben selbst bei notarieller Beglaubigung des Ergebnisses der Medientransformation nicht den Charakter einer Urkunde. Sie sind Beweismittel, deren Wert im Rahmen **freier Beweiswürdigung** (§ 286) beurteilt werden muss.

3 **2. Sonderregelung für öffentliche elektronische Dokumente.** Wird ein **öffentliches** elektronisches Dokument ausgedruckt und mit einem Beglaubigungsvermerk versehen, entsteht dadurch ein Dokument, das der **beglaubigten Abschrift** einer öffentlichen Urkunde gleichgestellt ist. Sie reicht für einen Beweisantritt nach §§ 420, 435 aus. Damit **vertritt** der beglaubigte **Papierausdruck das** elektronische **Originaldokument** als Urkunde, soweit auf das Originaldokument nach § 371a Abs. 2 Satz 1 die formellen Urkundenbeweisregeln anzuwenden sind, also die Normen der **§§ 415, 417 und 418**.

4 Für **gerichtliche** elektronische **Dokumente** (§ 130b) gelten die **§§ 165, 314**. Bei ihnen tritt ein **Transfervermerk** an die Stelle einer Beglaubigung. Ein vollständiger Transfer von Aufzeichnungen einer im elektronischen Dokument eventuell enthaltenen Videosequenz (vgl. § 128a) kommt nicht in Betracht.[2]

III. Anforderungen an das elektronische Dokument

5 **1. Elektronisches Originaldokument.** Das elektronische Dokument muss als solches errichtet worden sein.[3] Die Norm gilt **nicht** für ein elektronisches Dokument, das durch **Einscannen** eines ursprünglichen Papierdokumentes entstanden ist (zum Einscannen s. auch § 371a Rdn. 26).

6 **2. Öffentliches Dokument.** Die Sonderregelung des § 416a gilt nur für öffentliche, **nicht** hingegen **für private** elektronische Dokumente. Weiterreichenden privaten Gesetzgebungsvorschlägen[4] ist der Gesetzgeber zu Recht nicht gefolgt.

7 Für öffentliche Dokumente von Behörden oder Notaren stellt der Wortlaut des § 416a keinen personellen **Zusammenhang** zwischen der **Errichtung** des elektronischen Dokuments **und** der **Beglaubigung** des Papierausdrucks her. Gestattet man es einer Behörde oder einem Notar, eine Beglaubigung des Ausdrucks eines **fremden** elektronischen **Dokuments** zu erteilen, ist die Wahrscheinlichkeit der Authentizität und Integrität des Originaldokuments insbesondere in den Fällen nicht gesichert, in denen das Originaldokument nicht qualifiziert signiert worden ist. Der **Wortlaut des § 416a** ist daher **einzuschränken**: Die Beglaubigung der Medientransformation muss von der Behörde oder Urkundsperson vorgenommen werden, die das elektronische Originaldokument errichtet hat. Wird diese Korrektur nicht vorgenommen, ist jedenfalls regelmäßig gem. §§ 371a

---

2 *Berger* Elektronische Dokumente S. 141, 146.
3 Zöller/*Geimer*[29] § 416a Rdn. 1.
4 *Geis* CR 1993, 653 ff.; dazu *Britz* ZZP 110 (1997) 61, 86.

Abs. 2 Satz 1, 435 Satz 1 von Amts wegen die Vorlage des Originaldokuments anzuordnen.

Für den Ausdruck eines **gerichtlichen Dokuments** mit Transfervermerk gem. § 298 Abs. 2 entsteht das Problem ungesicherter Authentizität und Integrität des Textes nicht. § 416a verlangt insoweit, dass der Vermerk vom **zuständigen Gericht** erteilt worden sein muss. Überdies schreibt § 130b eine qualifizierte elektronische Signatur vor. **8**

3. Signaturerfordernis. Das elektronische Dokument muss **nicht signiert** oder gar qualifiziert signiert worden sein.[5] § 416a verweist generell auf § 371a Abs. 2, der in Satz 2 eine qualifizierte Signatur nur für den Echtheitsbeweis nach § 437 fordert. Auf öffentliche elektronische Dokumente sind die formellen Beweisregeln des Urkundenbeweisrechts nach § 371a Abs. 2 Satz 1 schlechthin anzuwenden. Allerdings existieren für die wichtigsten Anwendungsbereiche **Sonderregelungen** (vgl. § 371a Rdn. 31), die die Beifügung einer qualifizierten Signatur verlangen. Dann kann dem Ausdruck eines in eine Papierform transformierten elektronischen Dokuments auch nur unter dieser Voraussetzung der Beweiswert der Abschrift einer öffentlichen Urkunde zukommen. Beglaubigte Abschriften öffentlicher elektronischer Dokumente **ohne qualifizierte Signatur** sind in derartigen Fällen nicht zur Beweisführung nach §§ 415, 417 oder 418 zuzulassen. **9**

§ 417
Beweiskraft öffentlicher Urkunden über amtliche Anordnung, Verfügung oder Entscheidung

Die von einer Behörde ausgestellten, eine amtliche Anordnung, Verfügung oder Entscheidung enthaltenden öffentlichen Urkunden begründen vollen Beweis ihres Inhalts.

Übersicht

I. Normzweck —— 1	III. Formelle Beweiskraft —— 6
II. Behördliche Erklärung —— 3	IV. „Gegenbeweis" —— 8

I. Normzweck, Abgrenzung zu § 415

Während § 415 die *vor* einer Behörde oder öffentlichen Urkundsperson abgegebenen *fremden* Erklärungen erfasst, betrifft § 417 öffentlichen Urkunden mit **von der Behörde selbst verfassten Erklärungen**. Es handelt sich um **bewirkende Urkunden** (dazu vor § 415 Rdn. 5 und § 415 Rdn. 3), die den zu beweisenden Vorgang unmittelbar verkörpern. Den in § 417 bezeichneten Urkunden kommt Beweiskraft zu, weil „die Urkunde selbst in authentischer Form die amtliche Anordnung, Verfügung, Entscheidung darstellt".[1] Insoweit beruht die Beweiskraft auf der Augenscheinsqualität der Urkunde.[2] **1**

Ebenso wie § 415 setzt § 417 eine **öffentliche Urkunde** (§ 415 Rdn. 1) voraus. Sie muss frei von Mängeln (§ 419), formgerecht errichtet (§ 415 Rdn. 16)[3] und echt (§ 437) **2**

---

[5] A.A. Thomas/Putzo/*Reichold*[33] § 416a Rdn. 2; MünchKomm/*Schreiber*[4] § 416a Rdn. 4.

[1] *Hahn/Stegemann* Mat., Band II/1, 1881, S. 323.
[2] *Bruns* Zivilprozessrecht, 2. Aufl., Rdn. 194b; MünchKomm/*Schreiber*[4] § 417 Rdn. 4.
[3] Bei Zivilurteilen ist demzufolge die Einhaltung der in §§ 313 ff., 315 aufgestellten Anforderungen zu beachten; die Folgen eines Formverstoßes sind dort eigenständig zu beurteilen.

sein. Darüber hinaus muss sie von einer Behörde ausgestellt worden sein und deren eigene Erklärung enthalten. Damit handelt sie bereits innerhalb der Grenzen ihrer Amtsbefugnisse (dazu § 415 Rdn. 14f.). Für die Beurkundungszuständigkeit ist die sachliche Zuständigkeit der Behörde zur Abgabe der betreffenden Erklärung irrelevant (anders bei Beurkundungen fremder Erklärungen, § 415 Rdn. 15). Ausschlaggebend ist nur, dass die Behörde die Anordnung, Verfügung oder Entscheidung getroffen hat; daraus folgt bereits die Ermächtigung, die Erklärung in Form einer öffentlichen Urkunde zu errichten.[4]

II. Behördliche Erklärung

3   Gegenstand der Urkunde kann nach dem Wortlaut der Vorschrift eine Anordnung, Verfügung oder Entscheidung der Behörde sein. Diese Aufzählung ist nicht im technischen Sinne zu verstehen. Jede **eigene, nach außen gerichtete Erklärung** einer Behörde, die innerhalb der Grenzen ihres Amtsbereichs abgegeben wird, wird von § 417 erfasst.[5] Rein intern bleibende Schriftstücke der Behörde (z.B. Arbeitsplatzbeschreibungen, zweifelhaft für die als Beispiel ebenfalls genannten Zeugnisse und Beurteilungen, sofern diese sich nicht auf künftige behördeninterne Willensbildungen beschränken) sind demzufolge keine Urkunde i.S. des § 417. Bei innerbehördlichen Angelegenheiten liegt schon gar keine öffentliche Urkunde vor (§ 415 Rdn. 14). Das der Urkunde zugrunde liegende Rechtsverhältnis kann privatrechtlicher Natur sein;[6] insoweit entspricht der Begriff der öffentlichen Urkunde dem des § 415 (dazu § 415 Rdn. 4). Unerheblich ist, ob die Erklärung der Behörde ausschließlich schriftlich erfolgt oder ob die Urkunde eine **ursprünglich mündlich** abgegebene Erklärung wiederholt.[7] Die schriftliche Fixierung der mündlichen Erklärung verändert nicht die Authentizität und löst gegebenenfalls zusätzliche Wirkungen aus (z.B. einen Fristenlauf). Eine **gerichtliche Entscheidung** ist nur hinsichtlich ihres Inhalts öffentliche Urkunde. Wird sie auf eine in ihren tragenden Gründen wiedergegebene privatschriftliche Urkunde gestützt, wird dadurch aus der in Bezug genommenen Privaturkunde keine öffentliche Urkunde; dies gilt auch dann, wenn durch einstweilige Verfügung entschieden und die Privaturkunde dem Beschluss zur abgekürzten Begründung beigefügt wird.[8]

4   Der Wortlaut des § 417 spricht von *behördlichen* Urkunden. Nimmt man dies vor dem Hintergrund des § 415 Abs. 1 wörtlich, sind **Eigenerklärungen** einer **öffentlichen Urkundsperson** mit Entscheidungscharakter, etwa die notarielle Erteilung einer vollstreckbaren Ausfertigung (§ 797 Abs. 2), ausgegrenzt. Das steht mit dem System der Beweisregeln nicht in Einklang. § 417 muss wegen der gleichartigen Augenscheinsqualität auf Eigenurkunden einer öffentlichen Urkundsperson angewandt werden.[9] Der Begriff Behörde schließt **Gerichte** ein. Daher bezieht sich § 417 auch auf gerichtliche Entscheidungen (Urteile, Beschlüsse, Strafbefehle, Erbscheine etc.). Eine im Entwurf des JuMoG von 2004 als § 415a vorgesehene Regelung zur Beweiskraft rechtskräftiger Strafurteile im Zivilprozess (dazu vor § 415 Rdn. 9) ist nicht realisiert worden.

5   Als Beispiele öffentlicher Urkunden mit behördlicher Erklärung sind zu nennen: Erbschein und Hoffolgezeugnis (ein auf die Hoffolge beschränkter Erbschein),[10] Negativ-

---

4   MünchKomm/*Schreiber*⁴ § 417 Rdn. 3.
5   BGH NJW-RR 2011, 1024 Tz. 19.
6   BGH NJW-RR 2011, 1024 Tz. 20.
7   MünchKomm/*Schreiber*⁴ § 417 Rdn. 5.
8   OLG Brandenburg OLGR 2003, 160, 162.
9   Ebenso MünchKomm/*Schreiber*⁴ § 417 Rdn. 4.
10 BGH NJW 1964, 558 (zur mittelbaren Falschbeurkundung).

attest des Finanzamtes auf der Grundlage des Lastenausgleichsgesetzes zum Nachweis der Nichtvalutierung einer Hypothek,[11] Erbausschlagung durch das Jugendamt als Amtsvormund,[12] Festsetzung einer Vergütung für den Nachlaßpfleger,[13] Bestallungsurkunde für gerichtlich zur Aufgabenwahrnehmung bestellte Person (z.B. Betreuer, § 290 FamFG ex § 69b Abs. 2 Satz 1 FGG; Insolvenzverwalter, § 56 Abs. 2 Satz 1 InsO), Bietvollmacht einer öffentlichen Sparkasse zur Vertretung im Zwangsversteigerungsverfahren.[14] Bedeutsam sind die Einordnungen regelmäßig im Hinblick auf **Rechtsfolgen außerhalb der Beweiskraftwirkung**, etwa den formgerechten Nachweis einer Erklärung (Verzicht auf zusätzliche öffentliche Beglaubigung) oder die Anwendung von Strafvorschriften.

III. Formelle Beweiskraft

Die formelle (äußere) Beweiskraft der Urkunde bezieht sich zunächst darauf, dass 6 die behördliche Erklärung tatsächlich abgegeben wurde. Es wird **voller Beweis für den Text** der in der Urkunde enthaltenen amtlichen Anordnung, Verfügung oder Entscheidung erbracht,[15] was freilich geringe Bedeutung hat. Darüber hinaus werden die Begleitumstände der behördlichen Erklärung bewiesen, nämlich die an der Erklärung teilnehmenden **Personen** sowie **Ort** und **Zeitpunkt** der Urkundenerrichtung.[16] In Bezug auf diese Umstände ist der Grundsatz der freien richterlichen Beweiswürdigung (§ 286) ausgeschlossen. Die Urkunde i.S.d. § 417 soll ihre Beweiskraft mangels ausdrücklicher gesetzlicher Anordnung im Einzelfall auch dann entfalten, wenn das **Dienstsiegel** der beurkundenden Behörde nicht neben der Unterschrift des Beamten auf der Urkunde vorhanden ist;[17] das entspricht nicht dem herrschenden Umgang mit ungesiegelten Urkunden und ist zu verneinen. Die Beweiskraft wirkt gegenüber jedermann.[18]

Nicht bewiesen wird durch § 417 die sachliche bzw. **inhaltliche Richtigkeit** der Er- 7 klärung.[19] Auf der Erklärung können aber **materiell-rechtliche Vermutungen** aufbauen. So ist ein Erbschein durch § 2365 BGB mit der Vermutung ausgestattet, dass das darin angegebene Erbrecht besteht. Diese Rechtsvermutung ist im Prozess analog § 292 nur durch den Gegenteilsbeweis zu widerlegen;[20] die Widerlegung hat also mit §§ 415 Abs. 2 und 418 Abs. 2 nichts zu tun.[21] Für ein Testamentsvollstreckerzeugnis gilt ebenfalls und unabhängig von § 417 die Wirksamkeitsvermutung der §§ 2368 Abs. 3, 2365 BGB.

IV. „Gegenbeweis"

Für die nicht an der formellen Beweiskraft teilhabende **inhaltliche Richtigkeit** der 8 Erklärung ist ein Hauptbeweis mit den Anforderungen nach § 286 erforderlich und insoweit auch ein Gegenbeweis möglich. Der Beweis der Echtheit richtet sich nach der Son-

---

11   OLG Neustadt NJW 1964, 2162, 2163 (mit sehr begrenzter Wirkung).
12   LG Kiel Rpfleger 1990, 420; LG Berlin Rpfleger 1994, 167.
13   OLG Koblenz Rpfleger 1985, 442, 443 (zu § 348 StGB).
14   BGH NJW-RR 2011, 1024 Tz. 17, 20.
15   RGZ 146, 133, 143 (Beweiskraft des gerichtlichen Protokolls über Vergleichstermin im Vergleichsverfahren).
16   OLG Koblenz Rpfleger 1985, 442, 443.
17   LG Berlin Rpfleger 1994, 167.
18   OLG Koblenz Rpfleger 1985, 442, 443; VG Berlin DGVZ 1989, 123, 124.
19   VG Berlin DGVZ 1989, 123, 124 (Disziplinarverfahren gegenüber Gerichtsvollzieher wegen Falschbeurkundung).
20   Jauernig/*Stürner* BGB, 14. Aufl. 2011, § 2365 Rdn. 2.
21   Wohl verkannt in der Strafentscheidung BGH NJW 1964, 558, die im übrigen auch § 417 übersieht.

dervorschrift des § 437. Für die von der formellen Beweiskraft erfassten Umstände ist der **Gegenteilsbeweis der Unrichtigkeit** analog §§ 415 Abs. 2, 418 Abs. 2 **zulässig**.[22] Die in diesem Zusammenhang im Schrifttum zitierte Entscheidung RGZ 146, 133, 143 behandelt die Frage nicht; sie befasst sich nur mit der erschwerten Widerlegung der Beweiskraft eines gerichtlichen Protokolls. Ein Gegenteilsbeweis ist **nicht** deshalb **überflüssig**, weil die behördliche Erklärung in der Urkunde selbst enthalten ist. Die Gefahr einer Falschbeurkundung ist dadurch nicht ausgeschlossen.[23] Nicht nur die Angabe von Ort, Zeit und beteiligten Personen kann unrichtig sein. Abweichen können auch die im Rechtsverkehr benutzten Ausfertigungen von der in den Amtsakten verbleibenden Urschrift der Urkunde. Der Echtheitsbeweis des § 437 ist dafür nicht einschlägig. **Fehlerquellen** können sich u.a. daraus ergeben, dass Ausfertigungen nicht zwingend auf der Grundlage der Urschrift erteilt werden. So bleibt die Urschrift eines Berufungs- oder Revisionsurteils bei den Sammelakten des Berufungs- bzw. Revisionsgerichts; das Gericht des ersten Rechtszuges erhält gem. § 541 Abs. 2 (in Verb. mit § 565) nur eine beglaubigte Abschrift, auf deren Grundlage der Urkundsbeamte der Geschäftsstelle des erstinstanzlichen Gerichts gem. § 724 Abs. 2 eine vollstreckbare Ausfertigung zu erteilen hat.[24]

9 Handelt es sich bei der Urkunde um ein **gerichtliches Protokoll** i.S. des § 160, ist die gesteigerte Beweiskraft des § 165 Satz 2 zu beachten; in Bezug auf die Förmlichkeiten ist der Nachweis der Fälschung erforderlich. Zu den Förmlichkeiten nach § 160 Abs. 3 Nr. 2 gehört nicht nur die Tatsache der Antragstellung sondern auch der Inhalt des Antrags.[25] Ein Gegenbeweis ist nicht deshalb überflüssig, weil die behördliche Erklärung in der Urkunde selbst enthalten ist. Der Beweis der Verkündung eines Urteils (§ 160 Abs. 3 Nr. 7) auf der Grundlage einer schriftlich abgefassten Urteilsformel, die für den Lauf der Berufungsfrist nach § 517 2. Alt. bestimmend ist, ist durch das Protokoll auch dann geführt, wenn unstreitig ist, dass das Urteil im Zeitpunkt der Verkündung nicht vollständig abgefasst vorlag und ein vollständiges Urteil dem Protokoll erst nachträglich als Anlage beigeheftet worden ist (kein Nachweis gem. § 165 Satz 2).[26] Zu gerichtlichen Protokollen eingehend § 418 Rdn. 6f.

§ 418
Beweiskraft öffentlicher Urkunden mit anderem Inhalt

(1) **Öffentliche Urkunden, die einen anderen als den in den §§ 415, 417 bezeichneten Inhalt haben, begründen vollen Beweis der darin bezeugten Tatsachen.**

(2) **Der Beweis der Unrichtigkeit der bezeugten Tatsachen ist zulässig, sofern nicht die Landesgesetze diesen Beweis ausschließen oder beschränken.**

(3) **Beruht das Zeugnis nicht auf eigener Wahrnehmung der Behörde oder der Urkundsperson, so ist die Vorschrift des ersten Absatzes nur dann anzuwenden, wenn sich aus den Landesgesetzen ergibt, daß die Beweiskraft des Zeugnisses von der eigenen Wahrnehmung unabhängig ist.**

---

22 Ebenso AK-ZPO/*Rüßmann* § 417; verneinend MünchKomm/*Schreiber*[4] § 417 Rdn. 7; Musielak/*Huber*[10] § 417 Rdn. 2; Rosenberg/Schwab/*Gottwald*[17] § 119 Rdn. 21.
23 **A.A.** MünchKomm/*Schreiber*[4] § 417 Rdn. 7.
24 AG Bergisch Gladbach Rpfleger 1989, 336 (zugleich die Anwendung des § 317 auf die beglaubigte Abschrift in Zweifel ziehend).
25 RGZ 146, 133, 143/144.
26 BGH VersR 1995, 1076.

Schrifttum

S. vor § 415. Ferner: *Dunkmann* Die Beweiskraft der Handelsbücher – Von den Anfängen bis zur Verabschiedung des ADHGB von 1861, 2007; *Foerster/Sonnabend* Rügeverkümmerung durch Protokollberichtigung im Zivilprozess, NJW 2010, 978; *Hahn* Die Beweiskraft von Familienstammbüchern im Erbscheinsantragsverfahren, Rpfleger 1996, 228; *Koch/Rudzio* Die Beweiskraft des Handelsregisters nach seiner Modernisierung, ZZP 122 (2009), 37.

Übersicht

I. Urkundeninhalt, Abgrenzung zu §§ 415, 417
II. Zeugnisurkunden und deren Beweiskraft
   1. Gerichtliches Verhandlungsprotokoll, Urteilstatbestand, Hinweisdokumentation
      a) Verhandlungsprotokoll — 6
      b) Urteilstatbestand — 8
   2. Eingangsstempel, Faxeingangsvermerk — 9
   3. Empfangsbekenntnis — 10
   4. Zustellungsurkunden — 11
   5. Postzustellungsurkunde als öffentliche Urkunde — 13
   6. Sonstige Beispiele — 16
III. Formelle Beweiskraft und deren Widerlegung
   1. Allgemeines — 18
   2. „Gegenbeweis" nach § 418 Abs. 2 — 21
   3. Beweiskraftbeschränkung bei fehlender eigener Wahrnehmung — 26

I. Urkundeninhalt, Abgrenzung zu §§ 415, 417

§ 418 erfasst die sog. **„Zeugnisurkunden"**, also öffentliche Urkunden über **Wahrnehmungen** oder **Handlungen** (s. auch vor § 415 Rdn. 5). Der Begriff der öffentlichen Urkunde entspricht dem des § 415 (dort Rdn. 4). Es kommen daher sowohl Behörden als auch Urkundspersonen als Aussteller in Betracht. Die Behörde oder Urkundsperson berichtet über selbst wahrgenommene Vorgänge. Die Urkunde muss frei von äußeren Mängeln (§ 419), echt (§ 437) und formgerecht (§ 415 Rdn. 16) sein, um volle Beweiskraft zu entfalten. **1**

Die **Abgrenzung** zu § 415 und § 417 ergibt sich **aus** dem **Inhalt der Urkunde**: § 415 erfasst die öffentlichen Urkunden über fremde Erklärungen; eigene Erklärungen der Behörde (Anordnungen, Verfügungen, Entscheidungen) werden in Urkunden nach § 417 niedergelegt. Die Urkunde nach § 418 bezeugt Wahrnehmungen anderer Art oder eigene Handlungen. **§ 418** ist ein **gefährliches** und – je nach Anforderungen an den Gegenbeweis – auch bedenkliches **Rechtsinstrument**, weil ein Amtsträger damit seiner Behörde ein Beweismittel ausstellt, das – weitergehend als § 417 – die **inhaltliche Richtigkeit** seiner bezeugten Amtshandlung beweist und daher Gegenstand eines Interessenkonflikts sein kann. Schon deshalb ist große Sorgfalt bei der Zuordnung des Urkundeninhalts zu § 417 oder § 418 anzuwenden. Wegen der Wirkungen des § 418 darf der Behördenbegriff des § 415 Abs. 1, der für §§ 415, 417 und 418 einheitlich gilt, nicht zu großzügig ausgeweitet werden. **2**

Ein und **dieselbe Urkunde** kann in ihren **unterschiedlichen Bestandteilen** sowohl nach **§ 418** als auch nach **§ 415** oder **§ 417** beurteilt werden.[1] Dies gilt insbesondere für gerichtliche Verhandlungsprotokolle (unten Rdn. 6). Ein notarielles Testament enthält sowohl die letztwillige Verfügung des Testators als auch eigene Feststellungen des Notars i.S.d. § 418, etwa zur Person des Testators, zu seiner Testierfähigkeit oder zu seiner mangelnden Sprechfähigkeit.[2] In Betracht kommt auch eine Kombination von öffentli- **3**

---

[1] Musielak/*Huber*[10] § 418 Rdn. 1; s. auch Zöller/*Geimer*[29] § 418 Rdn. 2.
[2] RGZ 108, 397, 402 (bis 1.8.2002 in § 2233 Abs. 3 BGB – zuvor § 2243 – enthalten).

cher und privater Urkunde, etwa bei der Erteilung einer privaten Kundenquittung auf einer öffentlichen Urkunde, die einen Leistungsempfang bezeugt.[3]

4   Wie sich aus § 418 Abs. 3 ergibt, setzt § 418 Abs. 1 **eigene Wahrnehmungen** der Behörde bzw. Urkundsperson voraus.[4] Erforderlich ist aber nicht, dass die Wahrnehmung von dem Amtsträger gemacht wird, der die Urkunde später ausstellt; Personenidentität ist nicht gefordert. Lediglich ein Amtsträger innerhalb der Behörde muss die zu bezeugende Tatsache wahrgenommen haben.[5] Die amtliche Erklärung darf nicht nur für den internen Dienstbetrieb bestimmt sein;[6] insofern gilt nichts anderes als bei § 417 (dort Rdn. 3). Soweit die Wahrnehmungswiedergabe auf einer subjektiven Bewertung durch die Urkundsperson (den Notar) beruht, etwa bei Feststellung der Testierfähigkeit oder der Geschäftsfähigkeit (dazu unten Rdn. 19), sind nur die dieser Bewertung zugrunde liegenden Tatsachen Gegenstand der formellen Beweiskraft. Das für die Anwendung des materiellen Rechts maßgebliche Bewertungsergebnis, also z.B. die Testierfähigkeit[7] oder die Geschäftsfähigkeit, ist nach § 286 im Wege freier Beweiswürdigung festzustellen; es kann mit Hilfe gegenläufiger Tatsachen, etwa zeitgleich erhobenen ärztlichen Befunden, in Zweifel gezogen werden.

5   § 418 gilt über § 30 FamFG auch in Verfahren der freiwilligen Gerichtsbarkeit.[8]

II. Zeugnisurkunden und deren Beweiskraft

1. Gerichtliches Verhandlungsprotokoll, Urteilstatbestand, Hinweisdokumentation

6   **a) Verhandlungsprotokoll.** Ein gerichtliches Verhandlungsprotokoll (§ 160) ist hinsichtlich der Aufnahme von Partei-, Zeugen- und Sachverständigenerklärungen (z.B.: Anträge, § 160 Abs. 3 Nr. 2;[9] Aussagen, § 160 Abs. 3 Nr. 4;[10] Verkündung, § 160 Abs. 3 Nr. 7;[11] Rechtsmittelverzicht, § 160 Abs. 3 Nr. 9;[12] Genehmigung von Feststellungen i.S.d. § 162 Abs. 1) eine **Urkunde i.S.d. § 415 Abs. 1**, jedoch hinsichtlich richterlicher Wahrnehmungen (z.B.: Augenscheinsergebnis, § 160 Abs. 3 Nr. 5) und Handlungen (z.B.: Belehrung von Zeugen etc.; Verlesen gem. § 162 Abs. 1) **Zeugnisurkunde i.S.d. § 418 Abs. 1**.[13] Hinsichtlich der Entscheidungen des Gerichts (§ 160 Abs. 3 Nr. 6) kann das Protokoll **Urkunde i.S.d. § 417** sein,[14] wenn der Inhalt textlich oder als Protokollanlage (§ 160 Abs. 5) wiedergegeben ist (zum Protokoll auch § 417 Rdn. 3f., 9) und es beispielsweise nicht bloß heißt, ein Beweisbeschluss sei seinem wesentlichen Inhalt nach verkündet worden (dann: § 418 Abs. 1). Das Protokoll kann über den durch §§ 160, 162 vorgeschriebenen Inhalt hinausgehen und Wahrnehmungen des Richters bezeugen wie z.B.

---

3   Vgl. OVG Hamburg NJW 1993, 277, 279 (zum Auszahlungsvorgang bei der Postbank im öffentlich-rechtlichen Sparverhältnis).
4   BGH NJW 1963, 1010, 1012.
5   AG Bergisch Gladbach Rpfleger 1989, 336.
6   RGZ 105, 255, 258.
7   Vgl. BayObLG DNotZ 1975, 555; Musielak/*Huber*[10] § 418 Rdn. 3; Zöller/*Geimer*[29] § 418 Rdn. 3.
8   Noch zum FGG: BayObLG NZM 2000, 245, 246; BayObLG FamRZ 1994, 530, 531 (zu § 415).
9   RGZ 146, 133, 143f.; BVerwG NJW 2012, 1612 (LS).
10 BGH FamRZ 1994, 300, 302; **a.A.** RGZ 149, 312, 316 (falsch statt dessen: § 418). Zum ersetzenden Berichterstattervermerk *Doms* MDR 2001, 73, 74.
11 BGH NJW-RR 2008, 804 Tz. 13; BGH NJW 2011, 1741 Tz. 10 u. 17.
12 BGH FamRZ 1994, 300, 301.
13 Zur Unterscheidung RGZ 129, 37, 43.
14 Unrichtig auf einen Beschluss zur Ablehnung von Beweisanträgen § 415 Abs. 1 anwendend BVerwG NJW 1989, 1233.

den Nachweis einer Vollmacht des Prozessvertreters einer Partei. Insoweit ist das Protokoll Urkunde i.S.d. § 418 Abs. 1.[15] Sie war im Fall RGZ 129, 37 unrichtig, weil der Richter die im Ausland ausgestellte Vollmacht nicht ausreichend geprüft hatte. Die Beurkundung gehört in derartigen Fällen nicht zu den vorgeschriebenen Förmlichkeiten i.S.d. § 165, die nur durch den Nachweis der Fälschung widerlegt werden können. Das Protokoll hat auch eine negative Beweiskraft.[16] Abzulehnen ist die Ansicht, ein **nachträglich hergestelltes Protokoll** sei unabhängig von den tatbestandlichen Voraussetzungen des § 160a mit der formellen Beweiskraft des § 165 ausgestattet.[17] Auch bei Befolgung der Gegenansicht muss das Protokoll zumindest innerhalb einer Frist von fünf Monaten ab Verkündung vorliegen, wie der Wertung des § 517 zu entnehmen ist.[18]

Für die **Unrichtigkeit** des gerichtlichen Protokolls, das nach § 164 berichtigt werden kann,[19] gilt die Sonderregel des **§ 165 Satz 2**; in Bezug auf die **Förmlichkeiten** ist der **Nachweis der Fälschung**, also der wissentlichen Falschbeurkundung[20] erforderlich. Von der Protokollberichtigung ist der Antrag auf Protokollaufnahme gem. § 160 Abs. 4 zu unterscheiden; er kann nur bis zum Schluss der mündlichen Verhandlung gestellt werden, über die das Protokoll errichtet wurde.[21] Die gesteigerte Beweiskraft des Protokolls gilt nur für das Verfahren, in dem es aufgenommen wurde und nur für das übergeordnete Gericht, das die Gesetzmäßigkeit des Verfahrens nachzuprüfen hat,[22] nicht aber für andere Rechtsstreitigkeiten,[23] etwa einen nachfolgenden Amtshaftungsprozess;[24] soweit die Sonderregel nicht einschlägig ist, aber die §§ 415, 417 oder 418 anwendbar sind, kann die Unrichtigkeit nach § 415 Abs. 2 bzw. § 418 Abs. 2 (in Analogie dazu auch bei § 417, s. dort Rdn. 8) bewiesen werden, und zwar ohne dass zuvor das Protokoll gem. § 164 berichtigt werden müsste.[25] Zu den Förmlichkeiten nach § 160 Abs. 3 Nr. 2 gehört nicht nur die Tatsache der Antragstellung, sondern auch der Inhalt des Antrags.[26] Der Inhalt einer **Partei- oder Zeugenaussage** nimmt **nicht** an der erhöhten Beweiskraft des § 165 teil.[27] Der Beweis der Verkündung eines Urteils (§ 160 Abs. 3 Nr. 7) auf der Grundlage einer schriftlich abgefassten Urteilsformel, die für den Lauf der Berufungsfrist nach § 517 2. Alt. bestimmend ist, ist durch das Protokoll auch dann geführt, wenn unstreitig ist, dass das Urteil im Zeitpunkt der Verkündung nicht vollständig abgefasst vorlag und ein vollständiges Urteil dem Protokoll erst nachträglich als Anlage beigeheftet worden ist (kein Nachweis gem. § 165 Satz 2).[28] Die Beweiskraft des Protokolls kann bei **offensichtlichen Mängeln**, die sich aus dem Protokoll selbst ergeben, entfallen. Diese zu der mit § 165 übereinstimmenden Vorschrift des § 274 StPO richterrechtlich entwickelte Regel[29] ist auf

---

15 RGZ 129, 37, 40 f.
16 Zu § 274 StPO: BGH NStZ 1999, 426.
17 BGH NJW 1985, 1782, 1783; offengelassen von BGH NJW 2011, 1741 Tz. 18 f.
18 BGH NJW 2011, 1741 Tz. 21.
19 Dazu OLG Düsseldorf VersR 2002, 254; OLG Schleswig MDR 2011, 751, 752.
20 BGH NJW 1985, 1782, 1783; BGH FamRZ 1994, 300, 301; BGH NJW-RR 2008, 804 Tz. 15; BAG NJW 2008, 1021 Tz. 5; zu § 274 S. 2 StPO: OLG Düsseldorf NJW 1997, 1718.
21 LG Schleswig MDR 2011, 751, 752.
22 BAG NJW 2008, 1021 Tz. 5 (Öffentlichkeit der Verhandlung).
23 Eingehend dazu Stein/Jonas/*Roth*[22] § 165 Rdn. 12.
24 BGH NJW 1963, 1060, 1062.
25 Stein/Jonas/*Roth*[22] § 165 Rdn. 12 (zu § 415 und § 418).
26 RGZ 146, 133, 143/144.
27 BGH FamRZ 1994, 300, 302; BGH NJW 1982, 1052, 1053; Stein/Jonas/*Roth*[22] § 165 Rdn. 18.
28 BGH VersR 1995, 1076. Gegen eine Überspannung der Anforderungen BGH NJW-RR 2008, 804 Tz. 15.
29 BGH NJW 2001, 3794, 3796; BGH NStZ 2000, 49. Zur Protokollberichtigung im Strafprozeß BGH (GS) NJW 2007, 2419 mit Billigung durch BVerfG NJW 2009, 1469 Tz. 86; dazu *Schumann* JZ 2007, 927; zur Geltung im Zivilprozeß *Foerster/Sonnabend* NJW 2010, 978.

den Zivilprozess zu übertragen. Der tatsächliche Verfahrensablauf ist dann im Wege des Freibeweises zu klären.[30]

8 **b) Urteilstatbestand.** Der Tatbestand des Urteils liefert Beweis für das tatsächliche Vorbringen der Parteien aufgrund mündlicher Verhandlung (§ 314 Satz 1); daran ist das Rechtsmittelgericht gebunden.[31] Wie das Protokoll hat der Tatbestand auch negative Beweiskraft, allerdings mit der Maßgabe, dass zum Parteivortrag auch gehört, was nach § 313 Abs. 2 Satz 2 in Bezug genommen wird.[32] Die Bindung entfällt, wenn die Feststellungen Widersprüche oder Unklarheiten aufweisen, was von Amts wegen zu berücksichtigen ist.[33] Im Übrigen gilt die **Sonderregel des § 314 Satz 2**. Eine etwaige Unrichtigkeit kann also nur im Berichtigungsverfahren nach § 320 behoben werden.[34] Bedeutung hat die Sonderregel – wie § 165 Satz 2 – nur für das Verfahren, in dem die Beurkundung stattgefunden hat. Sie gilt nicht, wenn das Gericht gem. § 161 Abs. 1 Nr. 1 darauf verzichtet hat, Aussagen in das Protokoll aufzunehmen, dann aber pflichtgemäß[35] den Aussageninhalt im Tatbestand oder – gleichgestellt – in den Entscheidungsgründen wiedergegeben hat.[36] Die Wiedergabe der Aussage im Urteil statt im Protokoll ist mit der Beweiskraft einer öffentlichen Urkunde ausgestattet, allerdings nicht nach § 418[37] sondern nach § 415. Die Beweiswirkung erstreckt sich auch darauf, ob eine bestimmte Behauptung bestritten wurde.[38] Sie setzt aber voraus, dass eine mündliche Verhandlung stattgefunden hat; für Entscheidungen im schriftlichen Verfahren gilt sie nur für früheres mündliches Parteivorbringen.[39] Die **Erteilung rechtlicher Hinweise** kann nach § 139 Abs. 4 Satz 2 nur durch den Inhalt der Akten bewiesen werden. Eine Beweisaufnahme durch Vernehmung des Richters ist unzulässig.[40] Gegen den Akteninhalt ist nur der Nachweis der Fälschung möglich (§ 139 Abs. 4 Satz 3).

9 **2. Eingangsstempel, Faxeingangsvermerk.** Gerichtliche oder behördliche Eingangsstempel erbringen den formellen Beweis für **Zeit und Ort des Eingangs** eines Schreibens bzw. Schriftsatzes.[41] Die VwGO verweist in § 98 auf den Urkundenbeweis der ZPO einschließlich seiner formellen Beweisregeln,[42] die FGO in § 82 hingegen nicht,[43] so dass in der FGO im Rahmen freier Beweiswürdigung auf den Erfahrungssatz zurückgegriffen wird, dass dem Stempel als öffentlicher Urkunde ein hoher Beweiswert für Zeit und Ort des Eingangs zukommt.[44] Zur Widerlegung unten Rdn. 24. Wird der Stempelauf-

---

30 BGH NJW 2001, 3794, 3796; BGH NStZ 2000, 49.
31 BGH WRP 2011, 1444 Tz. 11 = NJW-RR 2011, 1408 – Ford-Vertragspartner.
32 BGHZ 158, 269, 281 = NJW 2004, 1876, 1879.
33 BGH WRP 2011, 1444 Tz. 11.
34 BGH NJW 2001, 448, 449; BGH NJW-RR 2007, 1434 Tz. 11; BGH ZIP 2009, 70 Tz. 16.
35 RGZ 149, 312, 315.
36 RGZ 149, 312, 316.
37 So aber RGZ 149, 312, 316.
38 BGHZ 140, 335, 339; BGH NJW 2000, 3007; BGH NJW-RR 2007, 1434 Tz. 11; BGH NJW-RR 2008, 1566 Tz. 15.
39 BGH NJW-RR 2008, 1566 Tz. 16.
40 GH NJW-RR 2011, 1556 Tz. 5; OLG Frankfurt NJW-RR 2004, 428, 429.
41 BGH NJW-RR 2012, 701 Tz. 7; BGH NJW-RR 2010, 217 Tz. 6; BGH NJW 2007, 3069 Tz. 12; BGH NJW 2005, 3501; BGH NJW 2000, 1872, 1873 = VersR 2000, 868; BGH VersR 1998, 1439; BGH MDR 1998, 571; BGH VersR 1995, 1467, 1468; BGH VersR 1988, 1140; BGH NJW 1987, 2679, 2680; BGH MDR 1983, 749.
42 BGH VersR 1995, 1467, 1468; BVerwG NJW 1994, 535, 536; BVerwG NJW 1969, 1730, 1731; OVG Weimar NVwZ-RR 1995, 233, 234.
43 BFH NJW 1996, 679.
44 BFH NJW 1996, 679.

druck handschriftlich geändert, kann § 419 anwendbar sein.[45] Eine Zustellung nach § 174, also gegen Empfangsbekenntnis, setzt neben dem Anbringen des Eingangsstempels durch die Briefannahmestelle einer Behörde oder durch die Kanzleikraft eines Anwaltsbüros die willentliche Mitwirkung des Zustellungsadressaten voraus, bei öffentlichen Stellen also einer nach deren Dienstvorschriften befugten Person,[46] bei Anwaltskanzleien eines Rechtsanwalts.[47] Für die Ermittlung der Zustellung eines Urteils ist nicht der Eingangsstempel maßgebend, sondern das Datum der Unterzeichnung des anwaltlichen Empfangsbekenntnisses.[48] Das BPatG hat den **Faxvermerk** durch den Faxserver des Deutschen Patent- und Markenamtes, der funktional einem behördlichen Eingangsstempel entspricht, als öffentliche Urkunde im Sinne des § 418 Abs. 1 angesehen und daher einen Gegenteilsbeweis des Absenders über einen früheren Zugang einer Patentanmeldung verlangt.[49] Diese Qualifizierung ist unzutreffend. Eine **elektronische Aufzeichnung** kann allenfalls ein Augenscheinsdokument sein. Die Verweisung des § 371a Abs. 2 auf § 418 ist gleichwohl nicht einschlägig, weil dafür eine **verkörperte Gedankenerklärung erforderlich** ist, an der es bei einem automatischen technischen Aufzeichnungsvorgang fehlt.

3. Empfangsbekenntnis. Durch Empfangsbekenntnisse (§§ 174, 195 Abs. 2 ZPO, § 5 10
VwZG) werden der Zeitpunkt des Eingangs und die Entgegennahme des darin bezeichneten Schriftstücks als zugestellt bewiesen.[50] Die Unterzeichnung ist seit 2001 nicht konstitutiver Bestandteil der Zustellung, sondern dient nur deren Nachweis; gleichwohl ist erst der Zeitpunkt der anwaltlichen Unterzeichnung maßgeblich für einen Fristenlauf.[51] Das Empfangsbekenntnis eines Rechtsanwaltes – nicht: einer Büroangestellten[52] – ist in der Rechtsprechung ohne nähere Begründung häufig als öffentliche Urkunde i.S.d. § 418[53] bezeichnet worden. Das steht in Widerspruch zu der Legaldefinition des § 415 Abs. 1; der **Rechtsanwalt** ist nicht Urkundsperson. Eine Beleihung findet weder durch § 174 ZPO noch durch die Qualifizierung als Organ der Rechtspflege statt. Sein Empfangsbekenntnis ist also **Privaturkunde**.[54] Allerdings wird durch das Empfangsbekenntnis voller Beweis bezüglich des Zustellungszeitpunkts[55] und der willentlichen Entgegennahme[56] erbracht, so dass es faktisch wie eine öffentliche Urkunde nach § 418 behandelt wird.[57] Der mit Wirkung zum 1.8.2002 geschaffene[58] § 174 Abs. 4 Satz 1 stellt das Empfangsbekenntnis in seiner Beweiswirkung einer öffentlichen Zustellungsurkunde gleich, für die nach § 182 Abs. 1 Satz 2 der § 418 gilt. Zur Widerlegung unten Rdn. 23. Enthält das Empfangs-

---

45 BVerfG NJW 1993, 254, 255.
46 Stein/Jonas/*Roth*[22] § 174 Rdn. 6.
47 Stein/Jonas/*Roth*[22] § 174 Rdn. 12, 16.
48 GH NJW 2010, 3305 Tz. 11.
49 PatG NJW 2011, 2522, 2523.
50 BGH VersR 1994, 371; BGH VersR 1985, 142, 143; BVerwG NJW 1994, 535; BSG NJW 1966, 1382.
51 BFH NJW-RR 2007, 1001.
52 GH NJW 2010, 317 Tz. 9.
53 BGH VersR 2001, 733; BGH VersR 1987, 1116, 1117 = NJW-RR 1987, 1151 = MDR 1987, 821; BGH NJW 1987, 1335; BGH VersR 1985, 142, 143; BVerwG NJW 1994, 535, 536; BSG NJW-RR 2002, 1652; BSG NJW 1966, 1382; OVG Münster NJW 2010, 3385.
54 BGH NJW 2012, 2117 Tz. 6; BGH FamRZ 1995, 799; BGH VersR 1994, 371; BGH VersR 1990, 1026, 1027; OLG Köln VersR 1997, 469; LG Mannheim Rpfleger 1989, 72.
55 BGH VersR 1994, 371; BGH NJW 2006, 1206 Tz. 8; BGH NJW 2012, 2117 Tz. 6. S. ferner BGH NJW 1987, 325.
56 um Erfordernis der Empfangsbereitschaft OLG Hamm NJW 2010, 3380, 3381.
57 Stein/Jonas/*Roth*[22] § 174 Rdn. 23 (zugleich dahingestellt sein lassend, ob § 416 oder § 418 einschlägig ist).
58 OLGVertrÄndG, BGBl 2002 I S. 2850.

bekenntnis einen Eingangsstempel, der einen anderen Eingangsstempel mit früherem Datum überdeckt, so stellt dies einen äußeren Mangel i.S.d. § 419 dar, der den Beweis des früheren Datums hinfällig macht.[59] Fehlt eine Datumsangabe in dem Empfangsbekenntnis, wird die Zustellung dadurch nicht unwirksam.[60] Das Empfangsbekenntnis muss nicht unter Verwendung des üblichen Vordrucks erteilt werden; Empfang und Annahmewille können vielmehr auf beliebige Weise schriftlich bestätigt werden, etwa durch eine Zustellungsangabe in der Berufungsschrift.[61]

11   **4. Zustellungsurkunden.** Zustellungsurkunden bezeugen einen Vorgang;[62] unter die Rechtsfolge des § 418 Abs. 1 (so seit 1.7.2002 kraft einer ausdrücklichen Verweisung § 182 Abs. 1 Satz 2) fallen Zustellungsart, Zustellungszeitpunkt, Zustellungsort, die Verschlossenheit der Sendung[63] und die auf dem Umschlag des zuzustellenden Schriftstücks angegebene Bezeichnung. Notwendig ist eine volle (nicht notwendig lesbare) Unterschrift (dazu § 416 Rdn. 6 ff.) des Zustellers.[64] Eine ordnungsgemäße Unterschrift, die nur dem Nachweis dient, kann nachgeholt werden; die Urkunde ist dann – wegen § 419 ohne Bindung an § 418 – nach freier Überzeugung zu würdigen.[65] Von der Zustellungsurkunde nicht beurkundet wird die Übereinstimmung zwischen der auf dem Umschlag angegebenen Bezeichnung und dem im Umschlag enthaltenen Schriftstück;[66] diese **Übereinstimmung** kann **nur durch** den **Erledigungsvermerk** des Urkundsbeamten der Geschäftsstelle bzw. eines behördlichen Sachbearbeiters als einer weiteren bezeugenden öffentlichen Urkunde bewiesen werden. Im Fall einer **Ersatzzustellung durch Niederlegung** (§ 181) ergibt sich aus der Zustellungsurkunde der volle Beweis, dass der Postzusteller den Empfänger nicht angetroffen hat und einen **Benachrichtigungsschein** im Hausbriefkasten zurückgelassen hat[67] oder ihn mangels Briefkastens oder gleichgestellter Empfangsanlage[68] an der Tür befestigt hat (§ 181 Abs. 1 Satz 2 2.Alt.). Daraus ergibt sich zugleich, sofern nicht ungewöhnliche Umstände vorliegen, dass der Empfänger die Mitteilung erhalten hat und von ihr Kenntnis nehmen konnte.[69] Widerlegt ist der Empfang der Benachrichtigung, wenn der Zusteller die Mitteilung nur seitlich in einen Türspalt geschoben hat.[70] Der Zusteller muss in der Urkunde nicht angeben, in welche Empfangseinrichtung er das Schriftstück eingelegt hat;[71] auch braucht er eine dem Briefkasten ähnliche Einrichtung nicht näher zu bezeichnen.[72] Anders als bei einem Empfangsbekenntnis ist bei einer beurkundeten Zustellung durch einen Zusteller eine Emp-

---

59   BGH NJW-RR 1987, 1151 = VersR 1987, 1116, 1117.
60   BGH (Notarsenat) NJW 2005, 3216, 3217.
61   BGH NJW 1987, 2679, 2680. S. ferner BVerwG NJW 2007, 3223 Tz. 5.
62   OLG Düsseldorf OLGZ 1991, 229, 230.
63   OVG Münster NJW 1991, 3167, 3168.
64   BGH NJW-RR 2008, 218 Tz. 23 f.; OLG Düsseldorf NStZ-RR 2000, 371 (Zustellung in JVA).
65   BGH NJW-RR 2008, 218 Tz. 26.
66   Hess. FG BB 1987, 2362, 2363 m. Anm. *Sangmeister*.
67   BVerfG (Kammerentsch.) NJW-RR 2002, 1008; BVerfG NJW-RR 1992, 1084, 1085; BGH NJW 2006, 150, 151; OLG Düsseldorf NJW 2000, 2831, 2832; OLG Köln VersR 1993, 859 (LS) = FamRZ 1992, 1082; BayObLG FamRZ 1990, 428, 429. Zu den Anforderungen an den Zustellungsvermerk nach § 183 Abs. 2 Nr. 4 bei Niederlegung AG Neuruppin NJW 2003, 2249, 2250.
68   Zum Gemeinschaftsbriefkasten BGH NJW 2001, 832.
69   BGH VersR 1986, 787.
70   BFH BB 1981, 230.
71   BGH NJW 2006, 150, 152.
72   BGH NJW 2006, 150, 152.

fangsbereitschaft nicht erforderlich;[73] die Zustellung wird auch gegen den Willen des Zustelladressaten bewirkt.

Ob der **Empfänger** seine **Wohnung** tatsächlich – unabhängig von § 7 BGB, polizeilicher Meldung oder Lagerung des Hausrats – unter der angegebenen Adresse hat, also dort in der Regel lebt und schläft (Wohnungsbegriff i.S.d. § 178 ZPO),[74] wird demgegenüber nicht bewiesen.[75] Inhalt und Tragweite des Anspruchs auf **rechtliches Gehör** lassen eine Erstreckung auf diese Tatsache nicht zu.[76] Die Angabe in der Zustellungsurkunde kann aber ein Indiz dafür sein, dass der Empfänger unter der Zustellanschrift wohnt.[77] Das **Indiz** ist wegen der sehr begrenzten Wahrnehmungsmöglichkeiten des Zustellers (vgl. § 418 Abs. 3) für sich genommen nur schwach. Stärker wirkt es, wenn die Wohnungsangabe in der Zustellungsurkunde mit der in den Akten vom Zustellungsadressaten selbst angegebenen oder bestätigten Anschrift übereinstimmt.[78] Unabhängig davon muss der Zustellungsadressat zur Entkräftung der indiziellen Wirkung plausibel darlegen, dass er die ursprüngliche Wohnung aufgegeben und seinen Lebensmittelpunkt an einem anderen Ort begründet hat.[79] Nur diese Handhabung wird dem **Justizgewährungsanspruch** gerecht, dessen Effektivität nicht durch vorgeschobene Blockadebehauptungen und -handlungen des Zustellungsadressaten erschwert werden darf.[80] In keinem Fall handelt es sich um ein Beweisergebnis nach § 418 Abs. 1, das der Zustellungsadressat mit den Anforderungen des Beweises nach § 418 Abs. 2 zu widerlegen hat.[81] Die Meldebescheinigung ist wegen verbreiteter Nachlässigkeit im Umgang mit der polizeilichen Meldepflicht kein Indiz.[82] Bedeutungslos ist der Zustellervermerk: „Empfänger soll verzogen sein nach X.";[83] die Herkunft und Zuverlässigkeit dieser Information wird nicht festgehalten. Ohne Indizwirkung ist auch eine Anschriftenangabe in einem Postnachsendeantrag.[84]

5. Postzustellungsurkunde als öffentliche Urkunde. Vor der Privatisierung der Deutschen Bundespost (dazu § 415 Rdn. 13) war anerkannt, dass es sich bei Postzustellungsurkunden um öffentlichen Urkunden i.S.d. § 418 Abs. 1 handelte. Nach der zum 1.1.1995 wirksam gewordenen Postreform II[85] und der damit einer gehenden Umwandlung der Deutschen Bundespost POSTDIENST in die Deutsche Post AG war die Eigenschaft der Postzustellungsurkunde als öffentliche Urkunde umstritten. Ganz überwie-

---

73 OLG Hamm NJW 2010, 3380, 3381.
74 BVerfG (Kammerentsch.) NJW 1992, 224, 225; BGH NJW-RR 1994, 564; BGH NJW 1985, 2197 = MDR 1985, 216 (längere Abwesenheit zur Alkoholismusbehandlung); BGH NJW 1978, 1858. Zum „relativen" Lebensmittelpunkt OLG Köln MDR 1983, 139, 140.
75 BVerfG NJW 1992, 224, 225; NJW-RR 1992, 1084, 1085; BerlVerfGH NStZ-RR 2001, 337, 338; BGH BGHReport 2001, 481; BGH WM 1994, 225, 226 = NJW-RR 1994, 564; BGH NJW 1992, 1239, 1240; BGH NJW 1992, 1963 = MDR 1992, 809; OLG Hamm NJW-RR 1995, 223, 224. Überholt ist damit gegenteilige frühere Rechtsprechung, z.B. OLG Köln MDR 1983, 139.
76 BVerfG NJW 1992, 224, 225; OLG Nürnberg NJW-RR 1998, 495, 496; *Graßhof* FS Merz, 1992, S. 133, 139.
77 BVerfG NJW 1992, 224, 225; BVerfG NJW-RR 1992, 1084, 1085; BerlVerfGH NStZ-RR 2001, 337, 338; BGH BGHReport 2001, 481; BGH JW 1992, 1963; OLG Köln MDR 1996, 850, 851; *Graßhof* FS Merz, S. 133, 143.
78 OLG Köln MDR 1996, 850, 851.
79 BGH NJW-RR 1994, 564; BGH NJW 1992, 1963; Beschl. v. 4.10.1989 – IVb ZB 47/89, BGHR ZPO § 182 – Wohnung 2 = FamRZ 1990, 143; Beschl. v. 2.10.1991 – IX ZB 5/91, BGHR ZPO § 182 – Wohnung 3 = NJW 1992, 1239.
80 Vgl. BGH NJW 1985, 2197; *Graßhoff* FS Merz, S. 140 f.
81 **A.A.** OLG Köln MDR 1996, 850, 851.
82 Anders OLG Hamm VersR 1995, 1509.
83 OLG Hamm VersR 1995, 1509.
84 OLG Hamburg MDR 1982, 1041.
85 Postneuordnungsgesetz (PNeuOG) v. 14.9.1994, BGBl I, S. 2325.

gend ging die Rechtsprechung davon aus, dass die von den Postzustellern über den Zustellungsvorgang errichteten Urkunden **kraft Beleihung** der Deutschen Post AG mit dem Recht der förmlichen Zustellung nach den Regeln des Prozess- und Verfahrensrechts (§ 16 Abs. 1 PostG[86]) die Beweiskraft öffentlicher Urkunden hätten.[87] Diese Entscheidungen sind in der Literatur teilweise auf heftige Kritik gestoßen.[88] Auch das VG Frankfurt/M. sprach sich für die Eigenschaft einer Privaturkunde (§ 416) aus.[89]

14   Zu Unrecht ist in Zweifel gezogen worden, dass das Merkmal „öffentliche Behörde" bzw. „mit öffentlichem Glauben versehene Urkundsperson" (vgl. § 415) nicht mehr erfüllt sei. Die Beleihung hatte zur Folge, dass die Zusteller unabhängig von der Ausgestaltung ihres Dienstverhältnisses Bediensteten einer öffentlichen Behörde gleichgestellt wurden.[90] Auf die Einordnung als öffentliche Behörde kam es jedoch gar nicht an. Nach dem **Zweck der Neufassung** des § 16 Abs. 1 PostG sollte das Nachfolgeunternehmen Deutsche Post AG ermächtigt sein, Zustellungsurkunden mit der Wirkung des § 418 Abs. 1 auszustellen. Dies ergibt sich aus der Begründung des RegE zur Änderung des Postgesetz.[91] § 16 PostG war hinreichend klar und eindeutig formuliert, um Rechtsgrundlage für die wirksame Beleihung im gesamten Umfang zu sein. Die auf die „Nachfolgeunternehmen der Deutschen Bundespost POSTDIENST" bezogene Beleihung schloss deren Niederlassungen und Filialen nicht aus.

15   Der Gesetzgeber hat die Zweifel durch die in § 195 Abs. 2 Satz 3 ZPO (Fassung bis 30.6.2002) enthaltene, am 14.5.1998 in Kraft getretene Ergänzung ausgeräumt,[92] nach der § 418 für Postzustellungsurkunden entsprechend galt. Seit der ab 1.7.2002 geltenden Zustellungsreform ist § 168 Abs. 1 Satz 2 in Verb. mit § 33 Abs. 1 PostG an die Stelle getreten. Zugleich ist der **Postbegriff** erweitert worden. „Post" ist nicht mehr nur die Deutsche Post AG, sondern **jedes mit Zustellungsaufgaben** nach § 33 Abs. 1 PostG **beliehene Unternehmen**; dementsprechend ist nach § 182 Abs. 2 Nr. 8 das beauftragte Zustellungsunternehmen in der Zustellungsurkunde zu benennen. Postsendungen, die im Wege der Ersatzzustellung bei einer dafür von der Post bestimmten Stelle niederzulegen sind (§ 181 Abs. 1 Satz 1 Nr. 2), können bei einer Postagentur der Deutschen Post AG niedergelegt werden.[93]

16   **6. Sonstige Beispiele.** Weitere Beispiele für Zeugnisurkunden i.S.d. § 418 Abs. 1 sind in der Rechtsprechung zahlreich zu finden: Amtliche Auskunft (§ 273 Abs. 2 Nr. 2),[94]

---

[86] Neufassung des § 16 PostG, BGBl 1994 I S. 2370; dazu § 13 PostkundenschutzVO v. 19.12.1995, BGBl 1995 I S. 2016, 2019, außer Kraft getreten aufgrund § 58 Abs. 2 Nr. 2 PostG v. 22.12.1997.
[87] BGH NJW 1998, 1716; BFH NVwZ 2000, 239; BFH NJW 1997, 3264; OLG Frankfurt NJW 1996, 3159 f.; LG Köln MDR 1997, 381 f.; FG Niedersachen DStR 1997, 367 f.; LG Bonn DGVZ 1997, 88 f.; LG Bonn ZIP 1998, 401.
[88] *Löwe/Löwe* ZIP 1997, 2002; *Seltmann* AnwBl 1996, 403; *Späth* DStR 1996, 1723; *Späth* NJW 1997, 2155. Dagegen: *Messtorff* DStR 1997, 860; *Pahlke* DStR 1996, 2006.
[89] VG Frankfurt NJW 1997, 3329.
[90] BGH NJW 1998, 1716.
[91] BT-Drs. 12/8060, S. 199: „Die Änderung dient der Klarstellung. Damit wird deutlich, dass das Nachfolgeunternehmen der Deutschen Bundespost Postdienst auch zukünftig die hoheitliche Aufgabe wahrnehmen soll, nach der Zivilprozessordnung bzw. verwaltungsrechtlichen Vorschriften amtliche Schriftstücke förmlich zuzustellen. Diese Tätigkeit ist für die künftige Deutsche Post AG nur aufgrund einer Beleihung möglich. Die außerpostalischen Gesetze reichen hierfür nicht au, da sie keine ausdrückliche Übertragung der Hoheitsrechte auf einen privaten Rechtsträger beinhalten".
[92] Dazu OLG Saarbrücken MDR 2004, 51 (zur Niederlegung einer Benachrichtigung bei Unzustellbarkeit).
[93] BGH NJW 2001, 832 = VersR 2000, 80, 81 (noch zu § 182 ZPO i.d. bis 31.12.2001 geltenden Fassung).
[94] OLG Hamm FamRZ 1981, 915, 916.

(postalischer) Niederlegungsvermerk,[95] Zustellungszeugnis einer deutschen Auslandsvertretung,[96] Zustellungszeugnis der ersuchten Behörde nach § 183 Abs. 2 Satz 2 im Falle einer Auslandszustellung,[97] Rechtskraftzeugnis (§ 706),[98] Protokoll des Gerichtsvollziehers zum Nachweis des Angebots der Gegenleistung bei Vollstreckung eines Zug-um-Zug-Urteils,[99] Pfändungsprotokoll des Gerichtsvollziehers mit dem Vermerk erfolglosen Zutrittsbemühens zur Schuldnerwohnung,[100] Rückzahlungsschein der Postsparkasse während der öffentlich-rechtlichen Ausgestaltung des Rechtsverhältnisses,[101] Traumatrik (altkatholisches tschechisches Kirchenregister),[102] Zuspruchsvermerk auf dem Ankunftstelegramm,[103] notarielle Niederschrift über Hauptversammlung einer AG.[104] Zeugnisurkunden werden auch errichtet über die Feststellungen des Notars hinsichtlich der Ordnungsmäßigkeit des Ziehungsgerätes bei einer Lotterieausspielung oder der in der Hauptversammlung einer Aktiengesellschaft getroffenen Beobachtungen (z.B. zur Anwesenheit). Der **Beglaubigungsvermerk eines Notars** (§ 40 BeurkG) bezeugt, dass die im Vermerk bezeichnete Person die Unterschrift vor dem Notar geleistet oder anerkannt hat,[105] nicht aber das Datum des Vollzugs bzw. der Anerkennung der Unterschrift.[106] **Personenstandsregister** und **-urkunden** (§§ 54 ff. PStG 2007) erbringen vollen Beweis des durch sie beurkundeten Sachverhalts.[107] Ihnen kommt keine Beweiskraft hinsichtlich der korrekten Schreibweise des Familiennamens zu.[108] Die Beurkundung im Geburtenregister beweist seit der Reform von 2007 die Tatsache sowie Ort und Tag der Geburt, das Geschlecht und die Namen der Eltern, nicht aber Hinweise zum Status als eheliches oder nichteheliches Kind (vgl. §§ 21 Abs. 3; 54 Abs. 1 Satz 2 PStG).[109] **Keine öffentliche Urkunde** ist ein **Posteinlieferungsschein** der Deutschen Post AG[110] oder die Einzugsbestätigung eines Vermieters zur Vorlage bei der Ausländerbehörde.[111]

Gleichartige Beweisregeln für **Frachtbriefe** über **internationale Transporte** enthalten Art. 9 Abs. 2 CMR und Art. 11 Abs. 2 Warschauer Abkommen v. 1955,[112] obwohl es sich um Privaturkunden handelt.

17

---

95   BGH VersR 1986, 787.
96   OVG Münster NVwZ-RR 1995, 623, 624 (i.V.m. § 98 VwGO).
97   BGH NJW 2002, 521, 522 (zu § 202 Abs. 2 a.F., Klagezustellung durch britische Gerichtsbehörde); BGH NJW-RR 2013, 435 Tz. 12 (Klagezustellung gem. Bescheinigung des türkischen Justizmin.); Musielak/*Huber*[10] § 418 Rdn. 2; Stein/Jonas/*Roth*[22] § 182 Rdn. 46.
98   OLG Hamm FamRZ 1982, 508, 509.
99   OLG Köln MDR 1991, 260. Zum Protokoll einer Wohnungsräumung BayObLG NJW 1992, 1841 (kein Beweis ununterbrochener Anwesenheit des Gerichtsvollziehers während der Entfernung der dem Schuldner gehörenden Gegenstände).
100 OLG Köln NJW-RR 1986, 863; LG Berlin DGVZ 1990, 25 (als Voraussetzung richterlicher Durchsuchungsanordnung).
101 OVG Hamburg NJW 1993, 277, 278 (Bekundung der Wahrnehmung des Schalterbeamten über Vorlage der Ausweiskarte, Ausweisung durch den Personalausweis und Auszahlungssumme).
102 RG JW 1938, 1538, 1539.
103 RGZ 105, 255, 258 f.
104 BGH ZIP 2009, 460, 462.
105 OLG Karlsruhe NZG 2003, 38, 39; OLG Hamm OLGZ 1991, 23, 25; BayObLG Rpfleger 1985, 105; s. ferner OLG Celle NJW-RR 2006, 448, 449.
106 OLG Karlsruhe NJW 1999, 1044, 1045 (zu § 348 StGB).
107 BayObLGZ 1979, 326, 328; nach Zeitabschnitten gestaffelter Überblick bei *Hahn* Rpfleger 1996, 228 ff.
108 VGH Mannheim NJW-RR 1995, 1412, 1413.
109 BayObLGZ 1979, 326, 328.
110 OLG Hamm OLGR 2001, 9 = TranspR 2000, 430 (Wertpaketquittung).
111 OLG Köln NJW 2007, 1829 (zu § 271 StGB).
112 BGH NJW-RR 2004, 1482.

III. Formelle Beweiskraft und deren Widerlegung

18 **1. Allgemeines.** Ebenso wie bei § 415 sind bei Vorliegen der Voraussetzungen des § 418 Abs. 1 die in der Urkunde bezeugten Tatsachen bewiesen, soweit sie **auf der eigenen Wahrnehmung** der Behörde oder Urkundsperson beruhen oder eine **eigene Handlung** betreffen. Bei fehlender eigener Wahrnehmung greift die Beschränkung der Beweiskraft nach Abs. 3 ein (dazu Rdn. 26). Zu den bewiesenen Tatsachen gehören auch Ort und Zeit[113] der Urkundenausstellung, bei der Unterschriftsbeglaubigung die Echtheit der Unterschrift.[114] Glaubt sich das Gericht irrtümlich an eine formelle Beweisregel gebunden, obwohl der Grundsatz freier Beweiswürdigung (§ 286) gilt, ist die Tatsachenfeststellung verfahrensfehlerhaft getroffen.[115]

19 Von der Rechtsfolge des § 418 **ausgenommen** sind **subjektive Eindrücke des Notars** von der Geschäftsfähigkeit oder Testierfähigkeit eines Beteiligten (s. oben Rdn. 4), auch wenn er diesbezügliche Wahrnehmungen oder Zweifel festzustellen hat (§§ 11, 28 BeurkG).[116] Dasselbe gilt für die Sprachkundigkeit eines Beteiligten.[117] Andere als die bezeugten Tatsachen oder Schlussfolgerungen, die aus einer Tatsache gezogen werden können, werden von der Beweiskraft des § 418 ebenfalls nicht erfasst. Aus dem Inhalt einer Postzustellungsurkunde ergibt sich folglich nur, dass ein Benachrichtigungsschein abgegeben wurde, nicht aber, dass der Empfänger den Benachrichtigungsschein auch tatsächlich erhalten hat,[118] dass der Adressat unter der Zustellungsanschrift wohnt[119] oder dass im Falle einer Ersatzzustellung die Empfangsperson die Qualifikationsmerkmale des § 178 erfüllt.[120] Die Sterbeurkunde beweist nur den Tod, nicht aber die Todesursache.[121]

20 **Ausländischen** öffentlichen Urkunden i.S.d. § 418 Abs. 1 soll dieselbe Beweiskraft zukommen wie inländischen öffentlichen Urkunden[122] (s. jedoch auch vor § 415 Rdn. 17). Zu § 418 Abs. 3 bei ihnen s. unten Rdn. 27.

21 **2. „Gegenbeweis" nach § 418 Abs. 2.** Gemäß § 418 Abs. 2 ist der Beweis der Unrichtigkeit der bezeugten Tatsache zulässig. Diese Möglichkeit kann durch Bundes- oder Landesgesetz beschränkt oder ausgeschlossen werden. Der in § 418 Abs. 2 genannte Vorbehalt ist nur auf Urkunden anwendbar, die nach landesgesetzlichen Bestimmungen errichtet wurden. Bei Urkunden nach Bundesrecht kommt eine Beschränkung des Gegenbeweises auch durch Bundesgesetz (z.B. §§ 165 Satz 2, 314 Satz 2, § 80 ZVG) in Betracht.[123]

22 Nach der Gesetzessystematik sind an den Beweis i.S.d. § 418 Abs. 2 dieselben Anforderungen zu stellen wie bei § 415 Abs. 2. Es handelt sich also **funktional** um einen Ge-

---

113 Zur Entgegennahme einer Entscheidung lt. Empfangsbekenntnis BGH NJW 2006, 1206, 1207.
114 OLG Hamm OLGZ 1991, 23; AG Bergisch-Gladbach Rpfleger 1989, 336, 337.
115 BGH NJW 1963, 1060, 1061.
116 BayObLG DNotZ 1975, 555.
117 BGH DNotZ 2002, 536, 538.
118 OLG Hamm MDR 1982, 501.
119 BVerfG NJW-RR 1992, 1084, 1085; BGH NJW 2004, 2386, 2387; BGH NJW 1992, 1963; BGH NJW-RR 1994, 564.
120 BGH NJW 2004, 2386, 2387 (dort: beschäftigte Person, zu § 184 Abs. 1 a.F.).
121 BGH NJW 1962, 1770, 1771.
122 BGH NJW 1962, 1770, 1771 (bolivianische Sterbeurkunde); BGH NJW 2002, 521, 522 = VersR 2003, 345, 346 (zur britischen Auslandszustellungsurkunde des Senior Master); RG JW 1938, 1538 f. m. Anm. *Mößmer* BVerwG NJW 1987, 1159 (Beglaubigung durch rumänisches Staatsnotariat); Nagel/*Gottwald* Internationales Zivilprozessrecht, 5. Aufl. 2002, § 9 Rdn. 123.
123 MünchKomm/*Schreiber*[4] § 418 Rdn. 9; Rosenberg/Schwab/*Gottwald*[17] § 119 Rdn. 23.

genteilsbeweis, auch wenn häufig nur von „Gegenbeweis" die Rede ist.[124] Es gelten dieselben Anforderungen wie für einen **Hauptbeweis**.[125] Die Unrichtigkeit des Urkundeninhaltes muss zur vollen Überzeugung des Gerichtes feststehen; die Beweiswirkung der Urkunde muss vollständig entkräftet werden.[126] Bei einer Zustellungsurkunde bedeutet der Beweis eines anderen als des vom Zusteller beurkundeten Geschehens, dass ein Fehlverhalten des Zustellers und eine objektive Falschbeurkundung nachzuweisen ist.[127] Die bloße Möglichkeit der Unrichtigkeit[128] reicht ebenso wenig aus wie die ernstlich dargelegte Möglichkeit eines anderen Geschehensablaufs.[129] Der Beweis kann wegen § 445 Abs. 2 nicht durch Parteivernehmung erbracht werden (s. dazu § 415 Rdn. 27).

Der Empfangsbeweis eines datierten und unterschriebenen **Empfangsbekenntnisses** eines Rechtsanwalts wird, auch wenn § 418 darauf nach zutreffender Ansicht (oben Rdn. 10) nicht unmittelbar anwendbar ist, nur durch den vollen Ausschluss widerlegt, dass die Zustellungsangaben unrichtig sind; eine Erschütterung reicht nicht.[130] Wegen der Gleichstellung der kostengünstigen Zustellung nach § 174 mit derjenigen durch Zustellungsurkunde nach § 176 ist der Zustellungsnachweis des ausgefüllten Empfangsbekenntnisses (§ 174 Abs. 4 Satz 1) dem Beweismaß des für Zustellungsurkunden geltenden § 418 (vgl. § 177 Abs. 1 Satz 2) gleich zu achten, auch wenn die Verweisung des § 182 Abs. 1 Satz 1 den § 174 Abs. 4 Satz 1 nicht aufnimmt. Für die **Widerlegung** gilt der **Freibeweis**, so dass auch **eidesstattliche Versicherungen** zulässige Beweismittel sind.[131] Den Beweis der unbewussten Eintragung eines falschen Eingangsdatums auf dem Vordruck hat der BGH als geführt angesehen durch die eidesstattliche Versicherung des Anwalts über die Büropraxis bei Vorlage zuzustellender Entscheidungen in Verbindung mit der Vorlage von Originalen der Aktenverfügungen und der zustellungshalber übermittelten Urteilsausfertigung im Streitfall.[132] Zweifel an der zur Widerlegung vorgetragenen Version können sich aus dem zeitlichen Abstand ergeben, der zwischen „Ab"-Vermerk der Gerichtskanzlei bei Einlage in das Gerichtsfach des Anwalts und bewiesenem Abholvorgang einerseits und behauptetem Empfang andererseits liegt.[133] Da der Anwalt das Zustellungsdatum selbst auf dem Empfangsbekenntnis einträgt, ist sein Zustellungsvermerk ein sehr zuverlässiger Hinweis.[134] Der widerlegende Beweis kann **auch von der gegnerischen Partei** geführt werden, wenn es darum geht, ob in den Vordruck

23

---

[124] So z.B. in BGH NJW-RR 2001, 280; BGH VersR 1998, 1439; BGH VersR 1995, 1476, 1468; BGH MDR 1983, 749; BGH VersR 1976, 886, 887; OVG Hamburg NJW 1993, 277, 279.
[125] MünchKomm/*Schreiber*⁴ § 418 Rdn. 8; Stein/Jonas/*Leipold*²² § 418 Rdn. 12; Zöller/*Geimer*²⁹ § 418 Rdn. 4.
[126] BVerfG NJW-RR 2002, 1008; BVerfG NJW 1993, 254, 255; BGH VersR 1994, 442, 443; BGH ZIP 2009, 460, 462; KG VRS 83 (1992), 52, 53; RGZ 131, 284, 289; BVerwG NJW 1969, 1730, 1731.
[127] BGH NJW 2006, 150, 151.
[128] BGH NJW 1990, 2125 f.; OVG Hamburg NJW 1993, 277, 279; OLG Köln NJW-RR 1986, 863; OLG Saarbrücken MDR 2004, 51, 52.
[129] BVerwG NJW 1994, 535, 536. Zum Erfordernis umfassender Beweiswürdigung BGH NJW-RR 2001, 571.
[130] BVerfG NJW 2001, 1563, 1564; BGH NJW 2012, 2117 Tz. 6; BGH NJW 2006, 1206, 1207; BGH NJW 2003, 2460; BGH NJW 2002, 3027, 3028 = VersR 2002, 1171; BGH NJW 2001, 2722, 2723; BGH VersR 1997, 86 (zwei Entsch.); BGH NJW 1996, 3014; BGH NJW 1996, 2514, 2515; BGH FamRZ 1995, 799; BGH VersR 1994, 371; BSG NJW-RR 2002, 1652; OLG Düsseldorf NStZ-RR 1998, 110; OVG Münster NJW 2009, 1623, 1624; Stein/Jonas/*Roth*²² § 174 Rdn. 24.
[131] BGH NJW 2001, 2722, 2723; **a.A.** (förmliche Beweisaufnahme nach der ZPO) BayObLG NZM 2000, 245, 246.
[132] BGH NJW 1987, 325 (Verschiebung um einen Tag). S. auch OLG Bremen MDR 2011, 187, 188.
[133] Vgl. BGH NJW 1987, 1335. Keine Zweifel sah BGH NJW 2006, 1206, 1207 f. durch den konkreten Zeitabstand als begründet an.
[134] OVG Lüneburg NJW 2005, 3802.

zur willkürlichen Verlängerung der Rechtsmittelfrist manipulativ ein später liegendes Datum eingesetzt worden ist.[135] Der Beweis der Unrichtigkeit ist nicht schon dadurch geführt, dass der gerichtliche Eingangsstempel ein früheres Datum aufweist als das Empfangsbekenntnis selbst.[136] Der Wille des Anwalts, das Empfangsbekenntnis erst an einem späteren Tag absenden zu wollen als an dem Tag der durch einen Stempel dokumentierten Unterzeichnung ist unbeachtlich.[137]

24   Bei der Widerlegung des vom **Eingangsstempel** bezeugten verspäteten Eingangs einer Rechtsmittel- oder Einspruchsschrift ist die volle Überzeugung des Gerichts vom rechtzeitigen Eingang erforderlich.[138] Die Anforderungen an den Beweis nach § 418 Abs. 2 dürfen bei gerichts- bzw. behördeninternen Vorgängen nicht überspannt werden.[139] Beim Einwurf in einen **Nachtbriefkasten** hat das Gericht zunächst behördeninterne Aufklärung zu betreiben.[140] Nicht bewiesen werden muss, wie es zu dem unrichtigen Eingangsstempel (Stempelung am Folgetag) gekommen ist.[141] **Glaubhaftmachung** (§ 294) soll nicht genügen.[142] Diese Aussage ist jedoch aufzuspalten. Glaubhaftmachung kann nämlich zweierlei bedeuten: Herabsetzung der Überzeugungsbildung auf bloße Wahrscheinlichkeit und Zulassung des Beweismittels der eidesstattlichen Versicherung. Gegen die Verwendung eidesstattlicher Versicherungen ist kein Einwand zu erheben, wenn die Anforderungen an die Überzeugungsbildung von der Richtigkeit der Gegenbehauptung nicht abgesenkt werden.[143] Begründen lässt sich dies allerdings nicht mit § 236 Abs. 2 Satz 1, also einem Rückschluss aus den Voraussetzungen der Wiedereinsetzung in den vorigen Stand;[144] anderenfalls würden die Wiedereinsetzungsvoraussetzungen (fristgerechte Antragstellung, fehlendes Verschulden) überspielt. Eine Wiedereinsetzung setzt eine Fristversäumung voraus, während mit der Beweisentkräftung die Fristversäumung widerlegt werden soll. In der Vorlage einer anwaltlichen Versicherung, die als solche als nicht ausreichend bewertet wird, liegt ein Angebot des Anwalts auf Vernehmung als Zeuge; dieser Beweis ist dann zu erheben.[145] Für die Beweiserhebung – also die Beweismittel – gilt der **Freibeweis**.[146] Daraus ergibt sich die Zulässigkeit der eidesstattlichen Versicherung.[147] Der Versuch der **Entkräftung** des durch den Eingangsstempel begründeten Beweises und der für den Fall des Misslingens zu stellende **Antrag auf Wieder-**

---

135 LAG Köln MDR 1987, 699.
136 BGH NJW 1990, 2125.
137 OVG Münster NJW 2010, 3385.
138 BGH (V. ZS) NJW-RR 2012, 701 Tz. 7; BGH (XII. ZS) NJW-RR 2001, 280; BGH (VII. ZS) NJW 1998, 461 = VersR 1998, 1439 = MDR 1998, 57; BGH (XII. ZS) VersR 1995, 1467, 1468; BGH (IX. ZS) VersR 1984, 442, 443 (Defekt der Schaltuhr des Nachtbriefkastens); OVG Weimar NVwZ-RR 1995, 233, 234.
139 BGH (VI.ZS) NJW 2007, 3069 Tz. 12; BGH (III. ZS) VersR 2005, 1750f. = NJW 2005, 3501; BGH (VII. ZS) FamRZ 2005, 106; BGH VersR 1995, 1467, 1468; BGH (VIII. ZS) VersR 1977, 721, 722; OLG Köln FamRZ 1992, 1082.
140 BGH NJW 2008, 3501 Tz. 11; BGH NJW-RR 2012, 701 Tz. 7.
141 BGH NJW-RR 2012, 701 Tz. 10.
142 BGH NJW-RR 2010, 217 Tz. 8; BGH NJW 2005, 3501 = VersR 2005, 1750f.; BGH (XII. ZS) VersR 2001, 733 = NJW-RR 2001, 280; BGH (IX. ZS) NJW 2000, 1872, 1873 = VersR 2000, 868; BGH NJW 1998, 461; BFH NJW 1996, 679; BFH BB 1978, 245; **a.A.** BGH (XII. ZS) NJW 1996, 2038 (auch eidesstattliche Versicherung).
143 So denn auch BGH (XII. ZS) NJW 1996, 2038; wohl ebenso BGH VersR 2005, 1750f. = NJW 2005, 3501; OLG Naumburg MDR 1999, 501; insoweit unzutreffend **a.A.** BGH VersR 1973, 186, 187; BGH NJW-RR 2010, 217 Tz. 8.
144 BGH (VIII. ZS) VersR 1973, 186, 187; **a.A.** BGH (IX. ZS) MDR 1983, 749.
145 BGH NJW-RR 2010, 217 Tz. 9.
146 BGH NJW-RR 2012, 701 Tz. 7; BGH NJW-RR 2010, 217 Tz. 8; BGH VersR 2001, 733 = NJW-RR 2001, 280; BGH NJW 2000, 1872, 1873 = VersR 2000, 868; BGH NJW 1998, 461; BGH NJW 1996, 2038; BGH FamRZ 1993, 313; BGH NJW 1987, 2875, 2876; BVerwG NJW 1994, 535, 536.
147 BGH VersR 1975, 924, 925.

einsetzung gegen die dann anzunehmende Fristversäumung können miteinander verbunden werden.[148] Der **Eingangsvermerk** eines **Faxservers** hat einen ebenso hohen Beweiswert wie ein Empfangsbekenntnis (dazu Rdn. 23), auch wenn § 418 nicht anwendbar ist (oben Rdn. 9). Der vermerkte Eingangszeitpunkt kann durch einen abweichenden bestätigenden „OK-Status" auf dem Sendegerät widerlegt werden, der seinerseits durch ein geeignetes Beweismittel nachgewiesen wird, oder durch Vorlage der Telekomabrechnung, deren Zeitangabe durch § 5 Nr. 1 TKG gesetzlich vorgeschrieben ist und die regelmäßig mit einem Zeitnormal abgeglichen wird.[149]

Wenn der Behauptung nachgegangen werden soll, dass der Postzusteller bei einer Zu- 25 stellung mit Zustellungsurkunde **keinen Benachrichtigungszettel eingeworfen** hat, muss schon der Beweisantritt für die Behauptung unrichtiger Beurkundung substantiiert erfolgen, nämlich eine gewisse Wahrscheinlichkeit für die Unrichtigkeit darlegen.[150] Der Zustellungsadressat darf sich also nicht auf die schlichte Behauptung beschränken, er habe keine Benachrichtigung erhalten,[151] auch wenn dies glaubhaft gemacht wird (dazu auch oben Rdn. 22). Dasselbe gilt, wenn der Adressat geltend macht, eine Ersatzzustellung sei im Geschäftslokal einer dort nicht beschäftigten Person (vgl. § 178 Abs. 1 Nr. 2) ausgehändigt worden, obwohl § 418 darauf nicht anwendbar ist (oben Rdn. 19); der Zustellervermerk stellt ein starkes Beweisanzeichen für die Wahrung der Zustellungsform dar, das nur durch eine plausible und schlüssige Darstellung von gegenläufig wirkenden Tatsachen entkräftet werden kann.[152] Das Zustellunternehmen hat die Beweismöglichkeiten dadurch zu erleichtern, dass es die ladungsfähige Anschrift des Postzustellers bekannt gibt; die Nichterfüllung dieser Verpflichtung kann eine Haftung als Frachtführer begründen.[153]

3. Beweiskraftbeschränkung bei fehlender eigener Wahrnehmung. Grundsätz- 26 lich gelten nach § 418 Abs. 1 nur die Tatsachen als voll bewiesen, die auf eigener Wahrnehmung basieren. Urkunden, bei denen das Zeugnis nicht auf eigener Wahrnehmung der Urkundsperson beruht, haben diese Beweiskraft gem. § 418 Abs. 3 nur dann, wenn dies in einer **besonderen Gesetzesvorschrift** angeordnet ist. Unerheblich ist, ob es sich um Bundes- oder Landesgesetze handelt, auch wenn § 418 Abs. 3 von Landesgesetzen spricht. Fehlt eine entsprechende gesetzliche Bestimmung, so kommt nur eine freie Beweiswürdigung (§ 286) in Betracht. Von Bedeutung ist insbesondere § 54 PStG bezüglich der Eintragungen in **Personenstandsregister und Personenstandsurkunden**. Durch sie wird nicht nur die von dem Standesbeamten selbst vorgenommene Eheschließung bewiesen; Beweis begründen sie auch für die auf fremder Wahrnehmung beruhenden Tatsachen wie Geburt oder Tod einer Person. Ein Notar kann sich mangels erleichternder Vorschriften i.S.d. § 418 Abs. 3 nicht der Sinneskräfte einer Hilfsperson bedienen,[154] woraus die fehlende körperliche Eignung eines Blinden für das Amt eines Notars folgt. Unter § 418 fällt die Bescheinigung des Sozialamtes, dass Sozialhilfe an den Gläubiger eines

---

148 BGH (XII. ZS) NJW 1997, 1312; die Voraussetzungen nicht differenzierend BGH (I. ZS) VersR 1982, 652; BGH (IX. ZS) MDR 1983, 749.
149 BPatG NJW 2011, 2522, 2523.
150 BVerfG NStZ-RR 1998, 74; BVerwG NJW 1985, 1179, 1180; BVerwG NJW 1986, 2127, 2128; OLG Düsseldorf NJW 2000, 2831, 2832.
151 BGH NJW 2006, 150, 151; BGH VersR 1986, 787; BGH VersR 1984, 81, 82; s. ferner BayObLG FamRZ 1990, 428, 429; OLG Saarbrücken MDR 2004, 51, 52; **a.A.** wegen Verkürzung der Beweiskraft des § 418 Abs. 1 über den Erhalt des Benachrichtigungsscheins OLG Hamm MDR 1982, 501. Zur Notwendigkeit substantiierter Darlegung bei Scheitern von Abholversuchen BVerfG NJW-RR 2002, 1008.
152 BGH NJW 2004, 2386, 2387.
153 AG Bonn NJW 2003, 1130.
154 BGH NJW 1963, 1010, 1012.

Unterhaltstitels gezahlt worden ist;[155] das genügt im Verfahren nach § 727 zum Nachweis der Rechtsnachfolge,[156] wenn auch der bescheidgemäße technische Auszahlungsvorgang durch die Stadtkasse erfolgt und insoweit eine eigene Wahrnehmung des Sozialamtes fehlt.[157]

27 Auf **ausländische Geburtsurkunden** soll § 418 Abs. 3 mit der Maßgabe anzuwenden sein, dass das Recht des Errichtungsstaates eine vergleichbare Beweiswirkung für den Fall fehlender eigener Wahrnehmung anordnen muss[158] (zu ausländischen Urkunden vor § 415 Rdn. 17 ff.). Das ist in dieser Pauschalität abzulehnen. Die Grundlagen der Eintragung in ein ausländisches Personenstandsregister können wesentlich unsicherer als in Deutschland sein; dasselbe gilt für eine nachträgliche Berichtigung, wenn der Prüfungsmaßstab, der bei einer gerichtlichen Überprüfung anzuwenden ist, äußerst großzügig gehandhabt wird und nicht zu einer umfassenden, alle geeigneten Erkenntnisquellen ausschöpfenden Aufklärung von Amts wegen zwingt.[159] Das Sozialrecht hat darauf mit der Regelung des § 33a SGB I reagiert, wonach die erstmalige Angabe eines Geburtsdatums als rechtsbegründende Voraussetzung maßgebend ist und nach diesem Zeitpunkt ausgestellte Urkunden mit verändertem Geburtsdatum unberücksichtigt zu bleiben haben. Der EuGH hat darin keine mittelbare Diskriminierung aus Gründen der Staatsangehörigkeit gesehen.[160] Allerdings verstößt es nach der Entscheidung „Dafeki" gegen die **Freizügigkeit von Wanderarbeitern** aus der EU, wenn für die Geltendmachung von Ansprüchen, die tatbestandlich an die Vorlage von Personenstandsurkunden geknüpft sind, die Urkunden des Heimatstaates einschließlich deren Berichtigungen nicht anerkannt werden, sofern die Richtigkeit nicht durch konkrete, auf den jeweiligen Einzelfall bezogene Anhaltspunkte ernstlich in Frage gestellt ist.[161] Die unterschiedliche Behandlung inländischer und ausländischer Personenstandsurkunden ist aber **nicht** schlechthin als **gemeinschaftsrechtlich verbotene Diskriminierung** angesehen worden. Der EuGH hat vielmehr anerkannt, dass die Verlässlichkeit einer Geburts- oder sonstigen Personenstandsurkunde in hohem Maße davon abhängt, in welchem Verfahren und unter welchen Voraussetzungen des nationalen Rechts sie geändert werden kann. Daher sind Behörden und Gerichte eines Mitgliedstaates nach Gemeinschaftsrecht nicht verpflichtet, nachträgliche Berichtigungen von Personenstandsurkunden durch die zuständigen Behörden eines anderen Mitgliedstaates genauso zu behandeln wie entsprechende eigene Berichtigungen.[162]

---

155 OLG Hamburg FamRZ 1981, 980, 981; OLG Hamm FamRZ 1981, 915, 916.
156 OLG Hamm FamRZ 1981, 915, 916.
157 Anders aber OLG Hamburg FamRZ 1981, 980, 981.
158 Vgl. OLG Düsseldorf FamRZ 1994, 630; zu DDR-Personenstandsurkunden *Hahn* Rpfleger 1996, 228, 229, 230.
159 Vgl. die Vorlageentscheidungen des BSG zu EuGH EuZW 2000, 470, 473, Rs. C-102/98 – Kocak/LVA Oberfranken und Rs. C-211/98 – Örs/Bundesknappschaft, ebenda Tz. 45–48 (betr. türkische Urkunden).
160 EuGH EuZW 2000, 470, 473, Tz. 52; m. Bespr. *Stürmer* NZS 2001, 347.
161 EuGH Urt. v. 2.12.1997, Rs. C-336/94 – Dafeki/LVA Württemberg, Slg. 1997, I-6761, 6776, 6780, Tz. 19 = EuZW 1998, 47 = StAZ 1998, 117 m. Anm. *Otto*; ebenso OLG Köln FamRZ 2005, 1673 (LS; faktische Gleichstellung mit der Wirkung inländischer Personenstandsurkunden nach §§ 60, 66 PStG).
162 EuGH Slg. 1997, I-6780 Tz. 18.

§ 419
Beweiskraft mangelbehafteter Urkunden

Inwiefern Durchstreichungen, Radierungen, Einschaltungen oder sonstige äußere Mängel die Beweiskraft einer Urkunde ganz oder teilweise aufheben oder mindern, entscheidet das Gericht nach freier Überzeugung.

Schrifttum

S. vor § 415.

Übersicht

I. Nichtgeltung der gesetzlichen Beweisregeln —— 1
II. Urkundenmängel
   1. Formmängel, Inhaltsmängel —— 6
   2. Äußere Mängel
      a) Äußerliche Erkennbarkeit —— 7
      b) Radierungen, Durchstreichungen —— 9
      c) Einschaltungen —— 10
      d) Sonstige Mängel —— 16

I. Nichtgeltung der gesetzlichen Beweisregeln

Durch das Festlegen der Voraussetzungen, unter denen die Urkunde als beweiskräftig anzusehen ist, fördern die §§ 415 bis 418 das Bedürfnis des Rechtsverkehrs nach Rechtssicherheit (vor § 415 Rdn. 1). Formelle Beweiskraft kann nur **Urkunden** zuerkannt werden, **die zuverlässig** ergeben, dass sie vom Aussteller mit dem darin niedergelegten Text herrühren, also nach Unterschrift und Textinhalt echt sind. Der unklar formulierte § 419 zeigt die Grenze auf, bei deren Überschreiten dieser Schluss nicht mehr gerechtfertigt ist. Die Urkunde ist echt, wenn die Unterschrift dem Namensträger zugeordnet werden kann und die sich darüber befindende Schrift vom Aussteller stammt oder mit dessen Willen dort steht (zum Echtheitsbegriff im übrigen § 439 Rdn. 1ff.). Ist dies wegen äußerer Mängel der Urkunde unklar, sind die Beweisregeln der **§§ 415 ff. nicht** anwendbar.[1] Selbst bei unstreitig echter Unterschrift bietet die Urkunde in diesen Fällen keine Gewähr dafür, dass sie nicht nachträglich entgegen dem Willen des Ausstellers geändert wurde. **Ausgeschlossen** ist daher **auch** die Echtheitsvermutung des **§ 440 Abs. 2** für private Urkunden.[2] § 419 greift nicht nur ein, wenn feststeht, dass die bereits unterzeichnete Urkunde nachträglich geändert worden ist, sondern schon dann, wenn eine Änderung nach dem äußeren Erscheinungsbild lediglich möglich ist.[3] Die Norm erstreckt sich auf sämtliche in den §§ 415 ff. behandelten Urkunden, die einen äußeren Mangel aufweisen, also sowohl auf öffentliche als auch auf private Urkunden.[4] Anzuwenden ist sie nur bei Führung eines Urkundenbeweises, **nicht** bei Unterstützung des Parteivortrages durch Vorlage der **Fotokopie** eines Vertragstextes, in dem einzelne Bestimmungen geschwärzt sind.[5]

---

[1] BGH NJW 1988, 60, 62; BGH NJW 1992, 512, 513.
[2] BayObLG DNotZ 1985, 220, 222 (für eine Einschaltung und mit der Beschränkung darauf); LG Itzehoe DNotZ 1990, 519, 521 (Änderung am Text über beglaubigter Unterschrift); RG SeuffA 63 S. 294; MünchKomm/*Schreiber*⁴ § 440 Rdn. 6; unklar BGH DB 1965, 1665 = WM 1965, 1062.
[3] BGH NJW-RR 1987, 1151; BGH NJW 1980, 893; BGH NJW 1966, 1657, 1658; OLG Köln NJW-RR 1999, 1509.
[4] RGZ 29, 430, 431.
[5] Unrichtig daher BPatG GRUR 1991, 308, 309. BGH, Beschl. v. 4.6.1987, III ZR 139/86, BGHR ZPO § 440 Abs. 2 – Echtheitsvermutung 1.

2 Der Rechtsgedanke des § 419 lässt sich aufgrund der identischen Interessenlage **auch** auf **außerhalb der ZPO** niedergelegte Beweisregeln anwenden, etwa auf § 21 Abs. 1 Satz 2 BNotO (Vermutung der Richtigkeit von Handelsregisterbescheinigungen des Notars) oder § 50 Abs. 2 BeurkG (Vermutung der Richtigkeit der Übersetzung eigener Urkunden).[6] Eine nach § 438 Abs. 1 als echt anzusehende **ausländische öffentliche Urkunde** steht der Beweiskraft einer deutschen ausländischen Urkunde gleich[7] (vgl. vor § 415 Rdn. 17, § 438 Rdn. 5), so dass § 419 auch auf sie uneingeschränkt anzuwenden ist.

3 **An die Stelle** der gesetzlichen Beweisregeln **der §§ 415 bis 418** tritt die freie Beweiswürdigung nach **§ 286**.[8] Das Gericht darf sich nicht damit begnügen, die Unanwendbarkeit der gesetzlichen Beweisregeln festzustellen, sondern hat darzulegen, ob bzw. welche Schlüsse gleichwohl aus der Urkunde im Rahmen des § 286 zu ziehen sind.[9] Der Beweiswürdigung unterliegt die Urkunde insgesamt und nicht nur hinsichtlich ihrer fehlerhaften Teile.[10] Die von § 419 angeordnete freie Beweiswürdigung erstreckt sich auf die gesamte Beweiskraft der Urkunde, ist also nicht auf die Feststellung der Unverfälschtheit der Urkunde beschränkt,[11] nämlich die Frage, welcher Einfluss dem Mangel als solchem beizulegen ist.[12] Das Gericht kann der Urkunde Beweiskraft zusprechen,[13] hat dabei aber die gesamten Umstände zu berücksichtigen.[14] Bei ausreichender Begründung kann dies sogar volle Beweiskraft sein.[15] Dafür muss das Gericht allerdings deutlich machen, dass es die Urkunde gem. §§ 419, 286 geprüft hat.[16] Abzulehnen ist die Auffassung, die §§ 415 ff. seien trotz Vorliegens eines äußeren Mangels uneingeschränkt anzuwenden, wenn die Echtheit der Urkunde bewiesen sei.[17] Wohl nur missverständlich formuliert ist die zu einer mit Durchstreichungen und Einschaltungen versehenen notariellen Urkunde getroffene, in ähnliche Richtung deutbare Aussage des BGH, die „volle Beweiskraft wird gem. § 419 *eingeschränkt*".[18] Sind die **äußeren Mängel** wegen ihrer Geringfügigkeit **ohne Einfluss auf den Beweiswert** und steht die Echtheit der Unterschrift fest, wird deshalb nicht etwa § 440 Abs. 2 anwendbar; vielmehr handelt es sich insgesamt um eine Schlussfolgerung im Rahmen des § 286.[19] Wird ein Urkundentext über der echten Unterschrift nachträglich ergänzt, also eine Einschaltung vorgenommen, ist die **Vermutung des § 440 Abs. 2** nicht nur hinsichtlich dieser Ergänzung, sondern hinsichtlich des gesamten Textes **unanwendbar**.[20] Stammt nämlich die Ergänzung, deren Autorenschaft unklar ist, ebenso wie der übrige Text tatsächlich vom Unterzeichner, würde die teilwei-

---

6 *Reithmann* Allgemeines Urkundenrecht, S. 76. S. ferner BayObLG DNotZ 1985, 220, 222 (Geltung der Urkundenbeweiskraftregeln der ZPO auch für andere Verfahrensarten, z.B. das Grundbuchverfahren).
7 BVerwG NJW 1987, 1159.
8 BGH DB 1965, 1665; BGH NJW 1988, 60, 62; BGH NJW 1992, 512, 513; BGH NJW 1992, 829, 830; BayObLG FamRZ 1990, 98, 99; OLG Hamm NJW-RR 2008, 21, 22; RGZ 129, 165, 167; ebenso VGH Kassel NJW 1990, 467 und NJW 1996, 1075 (Entscheidung nach freier Überzeugung i.S.d. § 108 I VwGO).
9 Vgl. BGH NJW 1992, 512, 513.
10 Stein/Jonas/*Leipold*[22] § 419 Rdn. 1; **a.A.** *Winkler* BeurkG[16], § 1 Rdn. 15; *Reithmann* Allg. Urkundenrecht, S. 73, 79.
11 RGZ 29, 430, 433.
12 BGH NJW 1980, 893 OLG München OLGR 1999, 259, 260.
13 BGH NJW 1988, 60, 62; BGH NJW 1992, 512, 513; VGH Kassel NJW 1990, 467; VGH Kassel NJW 1996, 1075.
14 BGH NJW 1988, 60, 62.
15 RG SeuffA 63, S. 294; BGH VersR 1968, 309.
16 Vgl. BGH DNotZ 1956, 643, 645.
17 So aber *Reithmann* Allg. Urkundenrecht, S. 76, 79; *Reithmann* in Reithmann/Albrecht[8], Handbuch. der notariellen Vertragsgestaltung, Rdn. 268.
18 So BGH NJW 1994, 2768. Ähnlich sorglos die Formulierung in OLG Brandenburg MDR 2010, 713.
19 Möglicherweise **a.A.** BGH DB 1965, 1665 = WM 1965, 1062.
20 Vgl. OLG Düsseldorf MDR 2009, 1002, 1003. Möglicherweise enger BayObLG DNotZ 1985, 220, 222.

se Anwendung des § 440 Abs. 2 zu einer den Urheberwillen verfälschenden Echtheitsvermutung für einen Teiltext mit dem Zwang zum Gegenteilsbeweis (§ 292 Satz 1) führen. § 286 gestattet gleichwohl, ein solches Ergebnis zu erzielen, etwa wenn es nach den Umständen der konkreten Beweissituation nur auf die Zuordnung des unergänzten Textes ankommt.

Ob die äußere Gestaltung der Urkunde den **Verdacht einer Fälschung** rechtfertigt, 4 ist **in freier** richterlicher **Beweiswürdigung** (§ 286) zu entscheiden.[21] Der Beweis der Unverfälschtheit der Urkunde kann mit sämtlichen Beweismitteln geführt werden. Die Beurteilung eines Urkundenmangels, also dessen Feststellung sowie die daraus gezogene Schlussfolgerung, ist **Tatfrage**.[22] Dazu getroffene Feststellungen sind in der Revisionsinstanz über eine Rüge der Verletzung des § 286 angreifbar. Verneint das Berufungsgericht offensichtlich unrichtig die Mangelhaftigkeit der Urkunde, muss die Revisionsinstanz auf eine Verfahrensrüge hin die Entscheidung aufheben, wenn bei entgegengesetzter Würdigung andere tatrichterliche Feststellungen möglich gewesen wären und der Mangel nicht als unbedeutend einzustufen ist.

Der Ausschluss der Beweisregeln der §§ 415ff. führt auch dazu, dass der **Gegenbe-** 5 **weis** (nicht: Gegenteilsbeweis; zur Terminologie § 415 Rdn. 35) **uneingeschränkt** zulässig ist. Die Führung des Gegenbeweises bleibt insbesondere für den Fall unberührt, dass das Gericht der Urkunde trotz ihres Mangels volle Beweiskraft zubilligt. Die Sperre des § 445 Abs. 2 greift nicht ein.[23]

II. Urkundenmängel

1. Formmängel, Inhaltsmängel. Eine Urkunde kann in verschiedener Hinsicht 6 Mängel aufweisen. Deren Wirkungen können prozessrechtlich und materiellrechtlich unterschiedlich ausfallen. Die in § 419 genannten Veränderungen beziehen sich **nur** auf äußere Mängel, also **Mängel im Erscheinungsbild** der Urkunde, die den Verdacht einer nachträglichen Änderung begründen, sei es der verfälschenden Änderung gegen den bzw. ohne Willen des Urhebers der Urkunde, sei es der einen eventuellen Aufhebungswillen des Urhebers dokumentierenden Änderung. Begründet der äußere Mangel, z.B. eine Textergänzung, Zweifel an der Einhaltung der **Vorschriften über** das **Beurkundungsverfahren**, z.B. das Mitverlesen der Ergänzung, ist § 419 anwendbar (unten Rdn. 9). Welche Konsequenzen ein auf einer Nichtbeachtung des vorgeschriebenen Beurkundungsverfahrens beruhender **Formmangel** hat, wird hingegen nicht von § 419 erfasst. So kann die Nichteinhaltung von Formvorschriften des öffentlichen Rechts das Vorliegen einer öffentlichen Urkunde ausschließen mit der Folge, dass die Urkunde nur als Privaturkunde Wirkungen entfalten kann (näher § 415 Rdn. 25, § 416 Rdn. 1). Formmängel der notariellen Beurkundung eines Rechtsgeschäfts nehmen dem Erklärten nach § 125 BGB die rechtsgeschäftliche Wirksamkeit. Ist eine öffentliche Urkunde zwar formbeständig, fehlt darin aber eine zur Wirksamkeit vorgeschriebene Erklärung, so kann das Beurkundete ebenfalls unwirksam sein.

---

[21] BGH NJW 1980, 893; OLG Köln NJW-RR 1999, 1509; OLG Düsseldorf MDR 2009, 1002, 1003.
[22] Vgl. RG SeuffA 67, S. 293; s. auch BGH NJW 1988, 60, 62.
[23] **A.A.** MünchKomm/*Schreiber*⁴ § 419 Rdn. 4.

2. Äußere Mängel

7 **a) Äußerliche Erkennbarkeit.** Ein äußerer Mangel muss sich **aus der Urkunde selbst** ergeben.[24] So kann es sich etwa bei **Verwendung anderer Schriftzeichen**, einer anderen **Schriftfarbe** oder einer **ungewöhnlichen Zusammendrängung des Textes** verhalten. Dabei kommt es jedoch auf den Einzelfall an. Die Benutzung unterschiedlicher Schreibinstrumente oder Handschriften in ergänzungsbedürftigen Vordrucken kann unverdächtig darauf zurückzuführen sein, dass beide Vertragsparteien an der Errichtung oder Ergänzung der Urkunde beteiligt waren. Der Wechsel zwischen Maschinen- und Handschrift kann auf der Verwendung eines ergänzende Ausfüllungen vorsehenden Formulars beruhen. An einem äußerlich erkennbaren Mangel fehlt es auch, wenn ein versehentlich unvollständig ausgefülltes Empfangsbekenntnis i.S.d. § 174 Abs. 1 nach Zurücksendung an den Zustelladressaten um die Datumsangabe ergänzt wird und erst so eine vollständige Urkunde entsteht.[25] Unerheblich ist, ob ein Mangel den Verdacht einer bewussten Manipulation hervorruft oder ob erkennbar **Naturereignisse** (Lichteinwirkung, Wassereinbruch infolge Überschwemmung) Teile des Textes unleserlich gemacht haben.[26]

8 Auf äußerlich nicht als Einfügung erkennbare Zusätze ist § 419 nicht anzuwenden, selbst wenn der Charakter als Einfügung zwischen den Parteien unstreitig ist.[27] Wird ein Mangel behauptet, hat das Gericht dem eigenständig nachzugehen. Das Gericht ist umgekehrt auch nicht an die übereinstimmende Aussage der Parteien gebunden, die Urkunde sei als äußerlich mangelfrei zu bewerten. Das Vorliegen eines äußeren Mangels ist **objektiv**, also **unabhängig vom Parteiwillen** zu bestimmen; das ist nicht nur ein Gebot der Rechtssicherheit, sondern folgt überdies aus der richterlichen Freiheit der Beweiswürdigung.[28] Die §§ 415 bis 418 dienen nicht nur den Parteien des konkreten Rechtsstreits, sondern auch dem Schutz Dritter und sind deshalb **nicht** aufgrund der Verhandlungsmaxime **disponibel**.

9 **b) Radierungen, Durchstreichungen.** Durchstreichungen, Radierungen und Einschaltungen werden vom Gesetz beispielhaft[29] genannt. Ob damit ein äußerer Mangel vorliegt, ist einer Einzelfallprüfung unterworfen. Die Feststellung hat unter Beachtung von Sinn und Zweck des § 419 zu erfolgen. **Radierungen** zeichnen sich dadurch aus, dass etwas unleserlich gemacht wird. Für eine **Durchstreichung** kommt es nicht darauf an, ob der ursprüngliche Text noch erkennbar und nur der Geltungswille unklar ist, oder ob der Text völlig unleserlich gemacht worden ist.

10 **c) Einschaltungen.** Einschaltungen sind äußerlich erkennbare **Einfügungen**, die den Text **oberhalb der Unterschrift** ergänzen, etwa am seitlichen oder oberen Rand[30] oder in freien Zeilen.[31] Zusätze am Ende des Textes, die vor der Unterschrift stehen, werden von der Unterschrift gedeckt. Daraus ergibt sich jedoch allenfalls die Einhaltung einer vorgeschriebenen Form und damit die materiellrechtliche Wirksamkeit. Gesondert

---

24 Vgl. RGZ 47, 66, 68 (äußerlich mangelfreier Wechsel).
25 BGH VersR 1986, 371, 372 (zu § 212a a.F.).
26 *Reithmann* Allg. Urkundenrecht, S. 71.
27 RGZ 95, 70, 72; MünchKomm/*Schreiber*⁴ § 419 Rdn. 3; offengelassen von BGH NJW 1966, 1657, 1658.
28 Zur Beweiswürdigungsfreiheit RGZ 95, 70, 72.
29 Zur Ausschneidung einer Testamentszeile OLG Hamm NJW-RR 2008, 21.
30 BGH NJW 1994, 2768; OLG Koblenz DNotZ 1977, 46, 48.
31 BGH NJW 1966, 1657, 1658.

zu beurteilen ist, ob ein Zusatz, gleich ob am Rand oder im fortlaufenden Text eingefügt,[32] die Anwendung des § 419 gebietet.

Wie beurkundungsrechtlich mit Zusätzen in notariellen Urkunden umzugehen ist, regelt seit dem Jahre 1998 **§ 44a Abs. 1 Satz 1 BeurkG** (zuvor ebenso die eine Verwaltungsvorschrift darstellende DONot, zu ihr § 415 Rdn. 21, 23). Danach „sollen Zusätze und sonstige nicht nur geringfügige Änderungen am Schluss vor den Unterschriften oder am Rande vermerkt und im letzteren Falle von dem Notar besonders unterschrieben werden". Diese Sollvorschrift ermöglicht eine zuverlässig nachprüfbare Urkundenergänzung, die Zweifel i.S.d. § 419 ausschließt. Denselben Zweck verfolgt § 44a Abs. 2 BeurkG mit seiner Regelung über den Nachtragsvermerk bei Richtigstellung offensichtlicher Unrichtigkeiten. Durch ein korrektes Vorgehen im Beurkundungsverfahren kann die beweissichere Zugehörigkeit zum ursprünglichen Text dokumentiert werden.[33] Wird § 44a Abs. 1 Satz 1 BeurkG missachtet, hat dies die Anwendung des § 419 zur Konsequenz.[34] Dass es sich nur um eine Sollvorschrift handelt und dass deren Nichtbeachtung deshalb die Urkunde weder formunwirksam macht noch ihr den Charakter einer öffentlichen Urkunde nimmt, besagt nichts für die Anwendbarkeit bzw. den Ausschluss der gesetzlichen Beweisregeln der §§ 415 bis 418.[35] Sie sind zu rigide, als dass von der Bestimmung des § 419 freigestellt werden könnte, in der sich Lebenserfahrung mit Fälschungen niederschlägt. Bereits bloße **Zweifel über** den **Zeitpunkt** einer **Zufügung** durch den Notar, nämlich vor oder nach Verlesung und Unterzeichnung, begründen die Anwendung des § 419,[36] weil der Zeitpunkt an der Beweiskraft teilhat. Konsequent ergibt sich aus § 44a Abs. 2 Satz 2 BeurkG bei Korrektur offensichtlicher Unrichtigkeiten die Notwendigkeit einer Datumsangabe. Die Argumentation der Gegenauffassung, damit werde den Sollvorschriften des Beurkundungsverfahrensrechts im Urkundenbeweisrecht eine ihrem Sinn zuwiderlaufende Nichtigkeitssanktion zuerkannt,[37] berücksichtigt nicht ausreichend, dass die Beweiskraft der Urkunde durch § 419 nicht zwangsläufig ausgeschlossen wird (oben Rdn. 3). Dies stellt sich geradezu als der typische Fall dar, in dem der Urkunde trotz eines äußeren Mangels volle Beweiskraft zukommen kann. Im übrigen lässt nicht der Verstoß gegen die Sollvorschrift die formellen Beweisregeln entfallen, sondern der äußere Mangel der Urkunde, also die Einfügung mit unklarer Genese.

Von der Anwendung des § 419 **zu trennen** ist die **Beurteilung der Formwirksamkeit**. Dabei geht es z.B. um die Anwendung des § 125 BGB oder bei Änderungen des Textes über einer notariell beglaubigten Unterschrift durch den Notar um die Einhaltung des § 29 GBO.[38]

Auch bei einer **Privaturkunde** ist für nachträgliche Ergänzungen und Veränderungen, die durch die Unterschrift äußerlich gedeckt sind, zwischen der Beurteilung der Formerfordernisse und den Wirkungen im Urkundenbeweisrecht zu unterscheiden. Dass

---

32 A.A., nämlich differenzierend für Zusätze am Schluss der Urkunde vor der Unterschrift, *Reithmann* Allg. Urkundenrecht, S. 78.
33 BGH DNotZ 1956, 643, 644/ 645; BGH NJW 1994, 2768; Stein/Jonas/*Leipold*[22] § 419 Rdn. 2.
34 BGH DNotZ 1956, 643 (zu Art. 64 II PrFGG); BGH NJW 1966, 1747; s. auch OLG Hamm Rpfleger 1957, 113 (zu Art. 64 II PrFGG); mangels näherer Sachverhaltsangaben möglicherweise **a.A.** BayObLG FamRZ 1990, 98, 99 (bei zutreffendem Endergebnis).
35 So aber *Winkler* BeurkG[16] § 1 Rdn. 16; *Reithmann* Allg. Urkundenrecht, S. 79 (wenn die Echtheit unzweifelhaft ist); *Knur* DNotZ 1956, 645, 648.
36 BGH NJW 1994, 2768.
37 *Knur* DNotZ 1956, 645, 648; dem folgend *Reithmann* Allg. Urkundenrecht, S. 79; *Reithmann* in Reithmann/Albrecht, Hdb. der notariellen Vertragsgestaltung[8], Rdn. 268.
38 Zu letzterem – streitigen – Problem: OLG Celle Rpfleger 1984, 230; BayObLG DNotZ 1985, 220, 223; OLG Hamburg DNotZ 1951, 422 m. Anm. *Bäumler*; LG Itzehoe DNotZ 1990, 519, 520 f. S. auch OLG Brandenburg MDR 2010, 713 (Handelsregisteranmeldung mit Streichungen).

bei einer solchen Gestaltung z.B. die Einhaltung der Testamentsform des § 2247 BGB bejaht wird,[39] besagt nichts für § 419. Ein äußerer Mangel liegt nicht vor, wenn sich aus der Urkunde selbst die **Genehmigung einer Ergänzung** ergibt.[40] Wegen der Erkennbarkeit besteht keine Gefahr für den Rechtsverkehr. Der Urheber hätte auch eine neue Privaturkunde ausstellen können.[41] Der Zeitpunkt der Genehmigung bedarf keiner Feststellung, weil sich die Beweisregel des § 416 darauf nicht erstreckt (§ 416 Rdn. 13).

14 § 419 kann auch die Förmlichkeitenfeststellung in einem **gerichtlichen Sitzungsprotokoll** betreffen, etwa wenn das Schriftbild auf Unregelmäßigkeiten hindeutet.[42] Handschriftliche Eintragungen des Gläubigers auf einem dem Gerichtsvollzieher übergebenen **Vollstreckungstitel**, etwa der fragende Vermerk: „bezahlt?" auf einem Vollstreckungsbescheid, begründen keine Anwendung des § 419 und kein Recht des Gerichtsvollziehers zur Ablehnung der Vollstreckung.[43]

15 Nicht unter § 419 fallen Änderungen im weiteren Sinne, die unter Einhaltung der gesetzlichen Vorschriften in öffentlichen Urkunden erfolgen, z.B. **Randvermerke in Personenstandsbüchern** (vgl. §§ 22 Abs. 1 Satz 2, 20 Abs. 1, 29b Abs. 1, 31 Abs. 2 Satz 2 PStG).[44]

16 **d) Sonstige Mängel.** Die neben Durchstreichungen, Radierungen und Einschaltungen in Betracht kommenden sonstigen äußeren Mängel müssen den beispielhaft genannten Mängeln gleichwertig sein, also **qualitativ** einer **unautorisierten Verkürzung oder Erweiterung** des ursprünglichen Textes entsprechen. Entscheidend ist, ob die Urkunde infolge der äußeren Veränderung keine Gewähr mehr dafür bietet, dass der Wille des Unterzeichners einwandfrei zum Ausdruck kommt.[45]

17 Mängel im Sinne des § 419 sind anzunehmen bei einem Erscheinungsbild, das auf mögliche Veränderungen des Inhalts hindeutet.[46] Dazu zählen ein **auffälliges Schriftbild**, etwa ein Wechsel von Schreibschrift zu Druckschrift,[47] eine ungewöhnliche Anordnung der Erklärung auf dem Papier,[48] etwa ein unharmonisches, ungleichmäßiges Zusammenquetschen des Textes über der Unterschrift[49] oder auf dem Rand eines durch Abschneiden im Format gekürzten Blattes,[50] Zusätze die nicht in das Schriftbild oder den Zeilenabstand passen,[51] den Wechsel der Kugelschreiberfarbe,[52] eine Überstempelung,[53] Einschwärzungen,[54] Überklebungen,[55] das Fehlen von Teilen,[56] Risse, Löcher oder andere

---

39 So BGH NJW 1974, 1083, 1084.
40 Möglicherweise **a.A.** Thomas/Putzo/*Reichold*[33] § 419 Rdn. 1.
41 MünchKomm/*Schreiber*[4] § 419 Rdn. 3.
42 So in BGH VersR 1986, 487, 488 (nachträgliche Einfügung eines Verkündungsvermerks entgegen § 164 II).
43 **A.A.** LG Bremen DGVZ 1982, 8.
44 MünchKomm/*Schreiber*[4] § 419 Rdn. 3.
45 Vgl. BGH NJW 1980, 893 = MDR 1980, 385 = WM 1980, 340 = JR 1980, 376 mit Anmerkung *Olzen*.
46 BGH NJW 1980, 893.
47 OLG Köln NJW-RR 1999, 1509.
48 BGHR ZPO § 416 Beweiskraft 1; OLG Düsseldorf OLGR 1998, 194 (dort verneint).
49 OLG Köln NJW-RR 1999, 1509.
50 BGH NJW 1980, 893.
51 OLG Düsseldorf OLGR 1998, 194.
52 OLG Koblenz NJW-RR 2003, 1607, 1608 = VersR 2004, 246 (Protokoll über Gegenstand des ärztlichen Aufklärungsgesprächs als einer Zeugnisurkunde).
53 BGH NJW-RR 1987, 1151; BGH NJW 1992, 512.
54 BPatG GRUR 1991, 309; s. auch BFH NJW 2002, 2903 (dort: Schwärzung eines Postausgangsbuches zum Schutz eines Berufsgeheimnisses, Wiedereinsetzungsantrag).
55 VGH Kassel NJW 1990, 467 (Überkleben des Anschriftenfeldes einer Postzustellungsurkunde zur Beurkundung mehrerer aufeinander folgender Zustellungsversuche an unterschiedliche Adressen).
56 BGH VersR 1986, 487, 488; BGH NJW 1966, 1657, 1658.

Beschädigungen infolge der Einwirkung von Feuer, Wasser, Säuren etc.[57] oder sonstige die Unlesbarkeit begründende Umstände wie Farbkleckse,[58] aber auch **sich widersprechende Eintragungen** oder Stempelaufdrucke.[59] Ein Zerreißen oder Einreißen kann Ausdruck des Urheberwillens sein, die Erklärung durch Vernichtung aufzuheben.[60] Unerheblich ist es, ob die Mängel bereits im Zeitpunkt des Erstellens der Urkunde oder erst nachträglich entstanden sind, wenn nur nach dem äußeren Erscheinungsbild eine nachträgliche Veränderung möglich erscheint[61] und daher keine Gewähr mehr für die Unberührtheit der Urkunde nach der Unterzeichnung gegeben ist. Die **Berichtigung** eines **offensichtlichen Schreibfehlers** stellt keinen Mangel dar;[62] es muss sich aber um einen unwesentlichen Punkt handeln.

§ 420
Vorlegung durch Beweisführer; Beweisantritt

Der Beweis wird durch die Vorlegung der Urkunde angetreten.

Schriftum

S. vor § 415. Ferner: *Becker* Die Pflicht zur Urkundenvorlage nach § 142 Abs. 1 ZPO und das Weigerungsrecht der Parteien, MDR 2008, 1309; *Binder* Pflichten zur Offenlegung elektronisch gespeicherter Informationen im deutschen Zivilprozess am Beispiel der Unternehmensdokumentation, ZZP 122 (2009), 187; *Dilcher* Die prozessuale Verwendungsbefugnis, AcP 58 (1958) 469; *Gruber/Kießling* Die Vorlagepflichten der §§ 142 ff. ZPO nach der Reform 2002, ZZP 116 (2003) 305; *Heuer* Beweiswert von Mikrokopien bei vernichteten Originalunterlagen, NJW 1982, 1505; *Kapoor* Die neuen Vorlagepflichten für Urkunden und Augenscheinsgegenstände in der Zivilprozessordnung, 2009; *Katzenmeier* Aufklärungs-/Mitwirkungspflicht der nicht beweisbelasteten Partei im Zivilprozess, JZ 2002, 533; *Kellner* Verwendung rechtswidrig erlangter Briefe als Beweisurkunde in Ehesachen, JR 1950, 270; *Kraayvanger/Hilgard* Urkundenvorlegung im Zivilprozeß, Annäherung an das amerikanische „discovery"-Verfahren? NJ 2003, 572; *Leipold* Die gerichtliche Anordnung der Urkundenvorlage im reformierten deutschen Zivilprozeß, FS Gerhardt, 2004, S. 563; *Michel* Der Schriftsatz des Anwalts im Zivilprozeß, Teil 6, JuS 1983, 285; *Musielak* Zur Sachverhaltsaufklärung im Zivilprozess, Festschrift Vollkommer (2006), S. 237, 239 ff.; *Prütting* Informationsbeschaffung durch neue Urkundenvorlagepflichten, FS Nemeth, Budapest 2003, 701; *Schlosser* Französische Anregungen zur Urkundenvorlagepflicht nach § 142 ZPO, FS Sonnenberger, 2004, S. 135; *Egon Schneider* Beweis und Beweiswürdigung, 5. Aufl. 1994; *Schneider* Die Zumutbarkeit der Urkundenvorlage durch Dritte, MDR 2004, 1; *Schöpflin* Die Beweiserhebung von Amts wegen im Zivilprozeß, 1992; *Siegel* Die Vorlegung von Urkunden im Prozeß, 1904; *Söllner* Der Beweisantrag im Zivilprozeßrecht, Diss. jur. Erlangen 1992; *v. Sponeck* Beweiswert von Computerausdrucken, CR 1991, 269; *Spühler/Vock* Urkundenedition nach den Prozeßordnungen der Kantone Zürich und Bern, SJZ 95 (1999), 41; *Stadler* Inquisitionsmaxime und Sachverhaltsaufklärung, Erweiterte Urkundenvorlagepflichten von Parteien und Dritten nach der Zivilprozeßrechtsreform, FS Beys, 2. Band, Athen 2003, S. 1625; *Steeger* Die zivilprozessuale Mitwirkungspflicht der Parteien beim Urkunden- und Augenscheinsbeweis, Diss. jur. Berlin 1980; *Thole* Gläubigerinformation im Insolvenzverfahren – Akteneinsicht und Auskunftsrecht, ZIP 2012, 1533; *G. Wagner* Urkundenedition durch Prozeßparteien – Auskunftspflicht und Weigerungsrechte, JZ 2007, 706; *Zekoll/Bolt* Die Pflicht zur Vorlage von Urkunden im Zivilprozeß – Amerikanische Verhältnisse in Deutschland? NJW 2002, 3129; *Zoller* Die Mikro-, Foto- und Telekopie im Zivilprozeß, NJW 1993, 429.

---

57 BGH NJW 1966, 1657, 1658; BGH NJW 1980, 893.
58 BGH NJW 1966, 1657, 1658.
59 VGH Kassel NJW 1990, 467; VGH Kassel NJW 1996, 1075.
60 RG JW 1902, 128 (Nr. 16).
61 BGH NJW 1966, 1657, 1658; BGH NJW 1980, 893.
62 Für Notarurkunden *Winkler* BeurkG[16] § 1 Rdn. 16.

Übersicht

I. Regelungssystematik der §§ 422 ff.
  1. Das urkundenbeweisrechtliche Editionsverfahren von Partei wegen —— 1
  2. Beweiserhebung von Amts wegen —— 2
  3. Besitz der Urkunde zur Bestimmung des Editionspflichtigen —— 3
II. Prozessuale Pflichten zur Mitwirkung an der Beweisaufnahme
  1. Abkehr von rein privatrechtlicher Editionspflicht
    a) Sicht des historischen Gesetzgebers —— 4
    b) Neukonzeption —— 5
    c) Legitimationsgrund der Neukonzeption —— 8
  2. Qualifizierung als Pflicht statt als Last —— 9
  3. Fortwirkende Bedeutung der materiell-rechtlichen Vorlegungsgründe —— 10
III. Konkurrenz der Beweiserhebungen von Partei und von Amts wegen —— 11
IV. Beweisantritt nach § 420 durch Vorlegung der Urkunde
  1. Beweisantritt, Angabe des Beweisthemas —— 16
  2. Vorlegung statt Anerbieten der Vorlegung —— 17
  3. Vorlegung im Original —— 20
  4. Wert vorgelegter Kopien —— 21
  5. Vorlage oder Beiziehung von Akten und Urkundensammlungen —— 27
V. Verbot der Beweiserhebung und -verwertung —— 28
VI. Beweisaufnahme —— 29

I. Regelungssystematik der §§ 422 ff.

1 **1. Das urkundenbeweisrechtliche Editionsverfahren von Partei wegen.** Die §§ 420 bis 436 befassen sich mit dem Antritt und der verfahrensmäßigen Durchführung des Beweises durch Urkunden **von Partei wegen**. Gemeint ist grundsätzlich die Urschrift der Urkunde (§ 435). Nach dem Grundfall des § 420 erfolgt der Beweisantritt des Beweisführers durch **Vorlegung der Urkunde**. Hat nicht er selbst sondern der Prozessgegner oder ein Dritter die Urkunde im Besitz, kann er den Urkundenbeweis nur führen, wenn er gegen den Besitzer einen materiell-rechtlichen (§ 422) oder einen prozessualen (§ 423) Vorlegungsanspruch hat. Diese Regelungen gingen bis zum ZPO-ReformG 2001 davon aus, dass die freie Entscheidung des Prozessgegners und Prozessunbeteiligter über die Mitwirkung an der Beweiserhebung durch Urkunden jenseits derartiger Ansprüche gesichert bleiben sollte. Die **Editionspflicht des Gegners** richtet sich nach §§ 421 bis 427, diejenige **Dritter** nach §§ 428 bis 431 und die einer Behörde nach § 432.

2 **2. Beweiserhebung von Amts wegen.** Neben die Vorlageerzwingung durch Beweisantrag des Beweisführers tritt die Anordnung der Urkundenvorlegung durch das Gericht **von Amts wegen** gem. § 142, die durch das ZPO-ReformG 2001 erweitert worden ist (dazu § 142 und § 420 Rdn. 5, 9 ff.). Wie die gleichzeitige Erweiterung des § 144 für Augenscheinsobjekte zeigt, ist damit auf die in den letzten drei Jahrzehnten des 20. Jahrhunderts geführte Diskussion um die **prozessualen Mitwirkungspflichten** der Parteien und Dritter reagiert worden. Die Mitwirkungspflichten sollten in Bezug auf die Vorlage von Dokumenten jeder Art in vorsichtiger Orientierung am englischen und anglo-amerikanischen Prozessrecht ausgeweitet werden,[1] was die Sammlung des Tatsachenstoffs im Zivilprozess modernisieren sollte[2] (näher § 371 Rdn. 1 und § 420 Rdn. 5 ff.). Weitere Fälle einer Beweiserhebung von Amts wegen finden sich in §§ 143 (Aktenvorlegung), § 273 Abs. 2 Nr. 2 und 5 (Vorlegung zur Vorbereitung des Termins), § 258 HGB (Vorlegung der Handelsbücher) sowie in § 102 HGB (Vorlegung des Tagebuchs).

---

1 Vgl. Rosenberg/Schwab/*Gottwald*[17] § 119 Rdn. 46 („Kompromisslösung").
2 Rechtsvergleichend *Stadler* FS Beys (2003) S. 1625, 1631 ff.; speziell zum französischen Recht *Schlosser* FS Sonnenberger (2004) S. 135 ff.

3. Besitz der Urkunde zur Bestimmung des Editionspflichtigen. Wie und durch 3
wen eine Beweisurkunde vorzulegen ist, hängt nach den Vorlegungsvorschriften der
§§ 420 ff. und 142 f. davon ab, **wer** die **Urkunde im Besitz** hat. Ergänzt werden diese Vorschriften durch die Regeln der §§ 131, 134 über die Beifügung der in einem Schriftsatz in Bezug genommenen Urkunden, die sich in den Händen der den Schriftsatz einreichenden Partei befinden, und über die Einsichtsmöglichkeit des Gegners. Der Wortlaut der §§ 421, 423, 425, 430 und 432 verwendet nicht den Begriff „Besitz", sondern stellt darauf ab, wer die Urkunde „in Händen" hält.[3] Gleichbedeutend hiermit verwendet die ZPO in § 424 Satz 1 Nr. 4 und seit der Begriffserneuerung durch das ZPO-ReformG 2001 in § 428 und § 142 Abs. 1 den Begriff des „Besitzes". Näher zum **prozessrechtlichen Urkundenbesitz** § 421 Rdn. 6 ff.

II. Prozessuale Pflichten zur Mitwirkung an der Beweisaufnahme

1. Abkehr von rein privatrechtlicher Editionspflicht

a) Sicht des historischen Gesetzgebers. Die Materialien zur CPO belegen, dass der 4
Gesetzgeber die Vorlagepflicht des Dritten **ursprünglich nicht** wie die Zeugenpflicht als **allgemeine staatsbürgerliche Pflicht** ausgestalten wollte **sondern** als **privatrechtliche Verpflichtung**. Damit sind weiterreichende Regelungen in einzelnen Vorgängerrechtsordnungen und Entwürfen, die nur eine Zumutbarkeitsgrenze vorsahen, verworfen worden. Tragend waren folgende Erwägungen: Eine allgemeine Editionspflicht gehe über die Belastung hinaus, wie sie mit einer Zeugnispflicht verbunden ist, indem sie zu mühsamen Nachforschungen zwinge, und greife in das freie Verfügungsrecht des Inhabers von Urkunden ein, wenn nur er, nicht aber der „Gegner" ein Einsichtsrecht habe. Durch das Streben nach materieller Wahrheit sei dies nicht zu rechtfertigen.[4]

b) Neukonzeption. Diese **historischen Wertungen**, die offenbar auch für die Ur- 5
kundenvorlage durch den Beweisgegner gelten sollten, waren in Bezug auf den Beweisgegner schon insofern nicht voll mit dem Inhalt der Norm in Einklang zu bringen, als die beweisrechtliche Pflicht zur Edition im Prozess, auf der Gerichtsstelle und gegenüber dem Gericht eine originär prozessuale Folge des bestehenden materiellrechtlichen Vorlegungsgrundes war.[5] Ungeachtet dessen haben sie seit der ZPO-Reform 2001 auch in ihren zentralen Aussagen **keine Bedeutung mehr**. Zeugen war schon durch das Rechtspflege-Vereinfachungsgesetz von 1990 in § 378 Abs. 1 die Verpflichtung auferlegt worden, aussageerleichternde Unterlagen in zumutbarer Weise vorbereitend einzusehen und zum Termin mitzubringen, so dass Zeugen heute in begrenztem Umfang die Pflicht zu gedächtnisstützenden Nachforschungen trifft, auch wenn eine Pflicht zur Vorlage der Unterlagen nur nach Maßgabe der § 142 oder § 429 besteht. Durch die Neufassung des § 142, die dem Normwortlaut nach weitgehend voraussetzungslos – an den Urkundenbesitz geknüpft und in Absatz 2 nur für Drittbesitzer durch Zeugnisverweigerungsrechte sowie allgemeine Zumutbarkeitserwägungen begrenzt – die Anordnung der Urkundenvorlage von Amts wegen erlaubt und die die Befolgung der Anordnung mit Ordnungssanktionen wie gegen einen Zeugen (§ 390) erzwingt – ebenso § 144 für Augenscheinsob-

---

[3] Zur historischen Entwicklung dieses Begriffs *Schreiber* Die Urkunde im Zivilprozess, S. 123 m.w.N.
[4] *Hahn/Stegemann* Mat. Band II/1, 2. Aufl. 1883, S. 325 (zu § 381); dazu auch *Siegel* Die Vorlegung von Urkunden, 1904, S. 109; *Goldschmidt* Der Prozess als Rechtslage, 1925, S. 108 ff.
[5] Den prozessualen Charakter der Vorlegungspflicht nach § 422 hoben u.a. hervor: RGZ 12, 412, 413; *Siegel* aaO (Fn. 4), S. 111 ff.; *Lent* ZZP 67 (1954), 344, 354; **a.A.** *Goldschmidt* aaO (Fn. 4), S. 109 f.

jekte –, ist im Jahre 2001 eine **echte prozessuale Mitwirkungspflicht** bei der Beweisaufnahme zu Lasten des Prozessgegners und zu Lasten Dritter in Bezug auf die Edition von Urkunden und anderen Unterlagen geschaffen worden (dazu und allgemein zur Mitwirkung bei der Beweiserhebung vor § 284 Rdn. 1ff.).

6 Die Neubewertung gilt **unabhängig davon**, ob man mit einem Teil des Schrifttums entgegen der Rechtsprechung – auf schwacher Rechtsanalogiebasis – eine *allgemeine prozessuale Mitwirkungspflicht* der Parteien **bei der Stoffsammlung** (und damit vor allem auch bei der Sachverhaltsschilderung) bejaht.[6] Zu ihr hat der Reformgesetzgeber 2001 nicht ausdrücklich Stellung genommen.[7] Er hat aber, ohne dies in der Gesetzesbegründung expressis verbis auszuweisen und damit seine konzeptionelle Überlegung darzutun, mit der Regelung eine Diskussion des 61. DJT 1996 aufgegriffen,[8] die von vornherein auf die Schaffung einer Editionspflicht für Urkunden und Augenscheinsobjekte thematisch begrenzt war. Umfassender zu dieser Kontroverse § 371 Rdn. 39ff.

7 In der Begründung des Entwurfs zum ZPO-ReformG heißt es **zu der konzeptionellen Neuausrichtung**: Durch die Ausweitung des § 142 solle das Gericht „unabhängig von einem Beweisantritt der Parteien" die Möglichkeit erhalten, „sich *im Interesse der Sachaufklärung* möglichst früh einen umfassenden Überblick über den dem Rechtsstreit zugrunde liegenden Sachverhalt zu verschaffen".[9] In entsprechender Weise solle die Anordnungsbefugnis nach § 144 von einem Beweisantritt gelöst und erweitert werden. Das wird in der Begründung zu § 371[10] näher dahin verdeutlicht, der Erlass einer Vorlegungsanordnung werde „insbesondere in Betracht kommen, wenn eine materiellrechtliche Verpflichtung des Dritten ... gegenüber dem Beweisführer nicht besteht". In der Anordnung von Amts wegen wird ausdrücklich eine **„Alternative" zum Beweisantritt** bei bestehendem Herausgabe- oder Vorlegungsanspruch gesehen; das Gericht soll die Anordnung sogar erlassen müssen („hat dem Gesuch zu entsprechen").

8 **c) Legitimationsgrund der Neukonzeption.** Legitimiert wird die begrenzte Erweiterung der Vorlegungspflicht durch das Streben nach **Aufklärung der materiellen Wahrheit** in einem begonnenen Prozess.[11] Deren Verwirklichung bleibt im Geltungsbereich der Verhandlungsmaxime zwar **in erster Linie** den **Parteien** nach Maßgabe der ihnen jeweils zugewiesenen **Behauptungs- und Beweislast** überlassen. Die Tatsachenaufklärung scheitert im Bereich der Vorlage von Dokumenten (Urkunden und sonstigen Unterlagen einschließlich Augenscheinsobjekten) aber nicht schon deshalb, weil die Parteien nicht mittels ausreichend weit zugeschnittener materiellrechtlicher Auskunftsansprüche an die für eine substantiierte Darlegung jeweils notwendigen Informationen gelangen können, deren Vortrag ihnen von der Verhandlungsmaxime vorgeschrieben

---

6 Für eine generelle prozessuale Aufklärungspflicht *Peters* Ausforschungsbeweis im Zivilprozess, 1966, S. 103ff.; *Peters* ZZP 82 (1969), 200, 208; *Peters* FS Schwab S. 399, 407; *Stürner* Aufklärungspflicht der Parteien des Zivilprozesses, S. 92, 98ff., 146, 151; ablehnend Peter *Arens* ZZP 96 (1983), 1ff. Gegen eine Überschreitung der Grenzen der §§ 422, 423 Rosenberg/Schwab/*Gottwald* 15. Aufl., § 117 VI 2 und § 120 IV 2b, anders 17. Aufl., § 119 Rdn. 46.
7 Streitig ist die Zulässigkeit von Schlussfolgerungen aus der Reform auf eine *allgemeine* prozessuale Aufklärungspflicht: Bejahend MünchKomm-Aktb./*Peters* § 142 Rdn. 3; zurückhaltender MünchKomm/*Wagner*[4] §§ 142–144 Rdn. 10. Verneint von *Prütting* FS Nemeth (2003) S. 701, 708; Rosenberg/Schwab/*Gottwald*[16] § 118 Rdn. 47 (jedoch: „Kompromisslösung"); *Katzenmeier* JZ 2002, 533, 537; *Stadler* FS Beys (2003) S. 1625, 1626, spricht nur von einem „richtigen Schritt in die seit den 70er Jahren immer wieder geforderte allgemeine Aufklärungspflicht der Prozessparteien".
8 So auch *Prütting* FS Nemeth S. 703, 707.
9 BT-Drucks. 14/3750 v. 4.7.2000, S. 53 (zu Nr. 21); Kursivdruck vom Verf.
10 BT-Drucks. 14/3750 S. 63 (zu Nr. 54); Fettdruck vom Verf.
11 Ebenso *Stadler* FS Beys S. 1625, 1631, 1645.

wird;[12] vielmehr geht die Aufklärung unter Einsatz des § 142 weiter. Der notwendige **Schutz des Prozessgegners und Dritter vor übermäßigen Belastungen** durch ausforschende Informationsbegehren wird nicht mehr allein durch die Grenzen materiellrechtlicher Auskunftsansprüche (vgl. § 422 und den praktisch wenig bedeutsamen § 423) abgesteckt; statt dessen wird diese Grenze aufgrund der durch das ZPO-ReformG 2001 geschaffenen Rechtslage im Prozessrechtsverhältnis eigenständig durch den **variabel anwendbaren Oberbegriff der Unzumutbarkeit** gezogen, der differenzierte Schutzüberlegungen erlaubt. Derselbe Effekt lässt sich in materiellrechtlichen Rechtsverhältnissen zwar funktional gleichwertig durch die Anwendung des § 242 BGB sowohl in rechtsbegründender als auch in rechtsbegrenzender Funktion erzielen (s. dazu auch § 422 Rdn. 8, 14). Dessen Anwendung setzt aber voraus, dass immer dann ein materiellrechtliches Rechtsverhältnis existiert, wenn legitimer Informationsbedarf für Prozesszwecke zu befriedigen ist, was nicht zutrifft.

2. Qualifizierung als Pflicht statt als Last. Streitig war noch bis Ende des 20. Jahrhunderts, ob es sich bei der Regelung des § 422 um eine Last oder eine echte prozessuale Pflicht[13] handelt.[14] Aus § 427, wonach eine vom Beweisführer beigebrachte Abschrift der Urkunde bei Verletzung der Vorlegungspflicht als richtig angesehen werden kann, wurde zum Teil entnommen, dass es sich um eine prozessuale Last handele,[15] die an das Unterlassen einen rechtlichen Nachteil – die Rechtsfolge des § 427 – knüpfe, die Vorlegung der Urkunde aber in das Belieben des Beweisgegners stelle. Diese Auffassung ist **nach der Erweiterung des § 142** nicht mehr vertretbar. Der Gesetzgeber hat 2001 eine **prozessuale Pflicht** zu Lasten Dritter geschaffen (§ 423 Rdn. 1f.); die Normstruktur der Regelung zu Lasten des Beweisgegners kann davon nicht abweichen.

3. Fortwirkende Bedeutung der materiellrechtlichen Vorlegungsgründe. Ein **gleichartiger Effekt**, wie ihn eine generelle Urkundeneditionspflicht oder gar eine noch allgemeinere Pflicht zur Mitwirkung an der Stoffsammlung bewirkt, ist dadurch zu erzielen, dass die **materiellrechtlichen Pflichten** zur Herausgabe und Vorlage inhaltlich **ausgedehnt** werden, wodurch automatisch der Anwendungsbereich des § 422 zunimmt.[16] Sie auch weiterhin im materiellen Recht zu entwickeln, ist durch die Neuregelung der ZPO nicht sinnlos geworden, denn sie sind auf die jeweilige **Sonderverbindung** zugeschnitten und ermöglichen dadurch zugleich eine konkrete Anschauung von einzuhaltenden Zumutbarkeitsgrenzen, was für die Handhabung der Anordnung von Amts wegen nicht unbeachtet bleiben darf. Ihre Bedeutung liegt aber weniger in der Nutzbarmachung für den bereits begonnenen Prozess, als vor allem in ihrem Nutzen für die **vorprozessuale Sachaufklärung**.

---

12 Vgl. *Schlosser* FS Sonnenberger S. 135, 148: Wenn der Gesetzgeber die Verhandlungsmaxime vorschreibt, „muss er konsequenterweise auch dafür sorgen, dass die Parteien an die nötige Information gelangen können".
13 So *Lent* ZZP 67 (1954), 344, 352/354.
14 Zur Differenzierung zwischen prozessualen Pflichten und Lasten *Lent* 67, (1954), 344, 350 ff.; Rosenberg/Schwab/*Gottwald*[16] § 2 Rdn. 11 und 15; *Peters* ZZP 82 (1969), 200, 210; Stein/Jonas/*Schumann* 20. Aufl., Einl. (1979) Rdn. 233; *Stürner* Aufklärungspflicht der Parteien des Zivilprozesses, S. 71 ff., 74, 77, 81, der sich von einer reinen Rechtsfolgenanalyse löst und prüft, ob die prozesstypische Nachteilssanktion im Einzelfall Folge eines missbilligten Verhaltens – dann nicht selbständig durchsetzbare Verhaltenspflicht – ist; *Dölle* FS Riese, 1964, S. 279, 293 (zur Pflicht zur redlichen Prozessführung trotz Ausgestaltung als lex imperfecta).
15 Stein/Jonas/*Leipold*[22] § 422 Rdn. 1; *Goldschmidt* Prozess als Rechtslage, S. 110.
16 *Prütting* Gegenwartsprobleme der Beweislast, 1983, S. 138.

III. Konkurrenz der Beweiserhebungen von Partei und von Amts wegen

11   Die unterschiedlichen rechtspolitischen Grundkonzeptionen zur Sammlung des Tatsachenstoffes im Zivilprozess werden in die Interpretation der Einzelanforderungen zur Anwendung des § 142 hineinwirken. Einigkeit besteht jedoch darüber, dass Missbrauchsverhalten abgewehrt werden muss, wie es im discovery-Verfahren US-amerikanischer Prägung zutage tritt. Auf substantiierten und streitigen Parteivortrag (vgl. § 424 Nr. 2 und § 425 i.V.m. § 430) ist nicht zu verzichten; die **Verhandlungsmaxime** ist **nicht** durch die Untersuchungsmaxime **ersetzt** worden.[17] Das Gesetz verlangt deshalb eine **Bezugnahme** auf die Urkunde **durch eine Prozesspartei**.[18] Freilich wird nicht mehr verlangt.[19]

12   Eine den **Anwendungsbereich des § 142 einschränkende Auslegung** ist **abzulehnen**. Sie soll dadurch bewirkt werden, dass ein Zusammenhang zwischen dem Urkundenbesitz einer Prozesspartei, der Bezugnahme auf die Urkunde durch die gegnerische Partei und der Beweislastzuweisung an den Urkundenbesitzer hergestellt wird, um § 142 mit dem Urkundenbeweis von Partei wegen, insbesondere mit § 423, zu harmonisieren[20] (dazu auch § 423 Rdn. 9). § 423 greift nur ein, wenn der Gegner der beweisbelasteten Partei Urkundenbesitzer ist und selbst auf die Urkunde Bezug genommen hat. Die Bezugnahme des Beweisführers auf die Urkunde im gegnerischen Besitz wird nach dem restringierenden Vorschlag für prozessual irrelevant erklärt. Für die Anwendung des § 142 in Bezug auf Prozessparteien bliebe dann nur der in der Praxis bedeutungslose Sachverhalt übrig, dass die beweispflichtige Partei die sich in ihrem Besitz befindliche Urkunde entgegen § 420 nicht vorlegt und der Beweisgegner deshalb den Erlass einer Anordnung nach § 142 anregt. § 142 würde dadurch zu einer Modifikation des § 139 mutieren.[21] Die **mangelnde Abstimmung des § 142 mit § 423** ist evident.[22] Der Harmonisierungsvorschlag schafft indes andere gravierende Widersprüche. Er kann nämlich nicht erklären, warum ein Dritter für einen ihm fremden Prozess einen über die normale Zeugenpflicht hinausgehenden Einsatz erbringen soll, während der in den Prozess involvierte Gegner der beweispflichtigen Partei die Hände in den Schoß legen darf. Eine noch stärkere Einschränkung des § 142 bedeutet es, die Beweiserhebung von Amts wegen auszuklammern und § 142 darauf zu reduzieren, zur Informationsverbesserung des Gerichts bei zwar unstreitigem, aber unklarem oder lückenhaftem Vortrag der Parteien beizutragen.[23] Dass der Gesetzgeber Widersprüche nicht gesehen hat, rechtfertigt es methodisch nicht, nachträglich erkannte Widersprüche gegen das Grundanliegen des Gesetzgebers aufzulösen, sich damit auf eingefahrenen Gleisen fortzubewegen und eine rechtspolitisch sinnvolle Fortentwicklung des Rechts zu demontieren.

---

[17] Wieczorek/Schütze/*Smid*[3] § 142 Rdn. 2 und 7; Rosenberg/Schwab/*Gottwald*[17] § 119 Rdn. 44; Stein/Jonas/*Leipold*[22] § 142 Rdn. 4 und 9; *Stadler* FS Beys S. 1625, 1639; Musielak/*Stadler*[10] § 142 Rdn. 1; Zöller/*Greger*[29] § 142 Rdn. 2; *Wolf* ZZP 116 (2003), 523, 525; *Zekoll/Bolt* NJW 2002, 3129, 3130, 3132.
[18] Zu diesem Zusammenhang *Leipold* FS Gerhardt (2004) S. 563, 580; *Gruber/Kießling* ZZP 116 (2003), 305, 308; *Wagner* JZ 2007, 706, 711. S. auch OLG Stuttgart ZIP 2007, 1210, 1216.
[19] Vgl. den Wortlaut der Begründung zu § 142: „*eine* Partei", BT-Drucks. 14/3750 S. 53. Ebenso BGH NJW 2007, 2989 Tz. 20; BGH WM 2010, 1448 Tz. 25; *Stadler* FS Beys S. 1625, 1638; *Gruber/Kießling* ZZP 116 (2003), 305, 310 f.
[20] So *Leipold* FS Gerhardt S. 563, 582 f. Gegen eine Differenzierung nach der Beweislast Rosenberg/Schwab/*Gottwald*[17] § 119 Rdn. 43; *Stadler* FS Beys S. 1625, 1639; Zöller/*Greger*[29] § 142 Rdn. 2.
[21] Dies räumt *Leipold*, FS Gerhardt S. 563, 582, selbst ein; ebenso *Gruber/Kießling* ZZP 116 (2003), 305, 333 mit verfehltem Hinweis auf den systematischen Standort des § 142 im Gesetz.
[22] Deutlich sichtbar in OLG Stuttgart ZIP 2007, 1210, 1216.
[23] So *Gruber/Kießling* ZZP 116 (2003), 305, 314 f. Ablehnend *Musielak* FS Vollkommer (2006), S. 237, 242; *Wagner* JZ 2007, 706, 710 unter Hinweis auf § 428.

Umstritten wird sein, ob die Darlegung hinreichender **Anhaltspunkte für** die Exis- **13** tenz der **behaupteten Tatsachen** eine notwendige **Missbrauchsschwelle** ist.[24] Ein solches Erfordernis wäre zum Schutz des Urkundenbesitzers[25] zu begrüßen, würde allerdings ein Novum darstellen, weil im übrigen als Substantiierung des Tatsachenvortrags (bis zur Grenze willkürlicher Tatsachenbehauptung) nur dessen materiellrechtliche Relevanz gefordert wird, nicht aber zusätzlich eine Plausibilität des Vortrags.[26] Umstritten wird auch sein, **wie konkret** die vorzulegenden **Urkunden** bereits von der Partei **bezeichnet** werden müssen, die als Beweisführerin von der Vorlage begünstigt sein kann[27] (vgl. § 424 Nr. 1; zur Bezeichnung der Urkunde bei Stellung eines Parteiantrages s. § 420 Rdn. 27 und § 424 Rdn. 5). Stößt die beweispflichtige Partei auf Grenzen des Wissens bzw. Wissenkönnens bezüglich der Urkundenidentität, können die Spezifikationsanforderungen für eine Anordnung nach § 142 in gleicher Weise wie die Anforderungen an die Substantiierungslast herabgesetzt werden.[28] Eine Anordnung von Amts wegen setzt **Beweiserheblichkeit** der zu beweisenden Tatsache voraus[29] (vgl. § 425); deren Prüfung dienen regelmäßig die Angaben nach § 424 (§ 424 Rdn. 1). Auf einen materiellrechtlichen Vorlegungsanspruch des Beweisführers kommt es nicht an,[30] womit eine Angleichung an die öffentlich-rechtliche Zeugenpflicht bewirkt wird, der ebenfalls kein materiellrechtlicher Auskunftsanspruch zugrunde liegt;[31] § 142 begründet eine **originäre prozessuale Vorlagepflicht**.[32]

Die Vorlegungsanordnung gegenüber einer Partei steht im pflichtgemäßen **Ermes-** **14** sen des Gerichts („kann"). Gegenüber einem Dritten kann sie hingegen gem. § 428 Alt. 2 in Verb. mit § 142 durch **Beweisantrag** erzwungen werden (§ 428 Rdn. 2).[33] Bei der Ausübung des Ermessens sind neben dem Erkenntnisgewinn die Verhältnismäßigkeit und Belange des Geheimnis- und Persönlichkeitsschutzes zu beachten.[34] Das Ermessen des Gerichts kann **auf Null reduziert** sein.[35] Noch ungeklärt ist, wann das Unterlassen einer Anordnung von Amts wegen einen Verstoß gegen § 286 bedeutet, insbesondere ob die Rechtspraxis zum Beweis durch Sachverständige und Augenscheinsinnahme zu über-

---

24 Dafür Stein/Jonas/*Leipold*[22] § 142 Rdn. 10. Nur vom Erfordernis der Substantiierung sprechend BGH NJW 2007, 2989 Tz. 20; BGH WM 2010, 1448 Tz. 25; OLG Stuttgart ZIP 2007, 1210, 1216; OLG Schleswig SchlHA 2011, 404, 406.
25 Vgl. allgemein dazu Musielak/*Stadler*[10] § 138 Rdn. 6.
26 Aus der Rechtsprechung: BGH NJW 1991, 2707, 2709; BGH NJW 1992, 1967, 1968; BGH NJW 1992, 3106; BGH NJW 2000, 3286, 3287; BGH NJW-RR 1996, 1402; BGH NJW-RR 2000, 273, 275; BGH NJW-RR 2003, 69, 70 (Unbeachtlichkeit des Grades der Wahrscheinlichkeit der Sachverhaltsschilderung); BGH WM 2002, 1690, 1692; s. ferner BGH NJW-RR 2000, 208.
27 Vgl. dazu OLG Schleswig SchlHA 2011, 404, 406; Stein/Jonas/*Leipold*[22] § 142 Rdn. 11; *Schlosser* FS Sonnenberger S. 135, 146; *Wagner* JZ 2007, 706, 713. Kritisch zur Anordnung der Vorlage „der Krankenunterlagen" *Leipold* FS Gerhardt S. 563, 571, obwohl dies schon vor der ZPO-Reform gängige Praxis der Bezeichnung ärztlicher Aufzeichnungen in Arzthaftungsprozessen war.
28 Musielak/*Stadler*[10] § 142 Rdn. 4.
29 *Stadler* FS Beys S. 1625, 1639; Thomas/Putzo/*Reicheld*[33] § 142 Rdn. 1; s. dazu auch *Schlosser* FS Sonnenberger S. 135, 147 ff.
30 Rosenberg/Schwab/*Gottwald*[17] § 119 Rdn. 43; Stein/Jonas/*Leipold*[22] § 142 Rdn. 34 (jedoch zögernd); *Leipold* FS Gerhardt S. 563, 578 f.; *Stadler* FS Beys S. 1625, 1642; *Zekoll/Bolt* NJW 2002, 3129, 3132.
31 Hierauf hinweisend *Leipold* FS Gerhardt S. 563, 575; *Wolf* ZZP 116 (2003), 523, 526.
32 *Wagner* JZ 2007, 706, 710; Binder ZZP 122 (2009), 187, 217 (zugleich die Überwindung der Grenzen materiell-rechtlicher Vorlagepflichten in Bezug auf die Unternehmensdokumentation aufzeigend, S. 205 ff., 215, 221).
33 Stein/Jonas/*Leipold*[22] § 142 Rdn. 8 und 33; wohl auch *Zekoll/Bolt* NJW 2002, 3129, 3132.
34 BGH NJW 2007, 2989 Tz. 20; OLG Stuttgart ZIP 2007, 1210, 1216.
35 *Stadler* FS Beys S. 1625, 1643 f.; *Wolf* ZZP 116 (2003), 523, 526 (Widerspruchsfreiheit nur bei Interpretation als „muss"). Anders wohl Stein/Jonas/*Leipold*[22] § 142 Rdn. 7 (grundsätzlich kein Verfahrensfehler mit Rechtsmittelkontrolle).

tragen ist. Dort wird § 286 verletzt, wenn ein Sachverständigengutachten trotz mangelnder eigener Sachkunde nicht eingeholt wird, oder wenn ein Augenschein nicht eingenommen wird, obwohl das Gericht auf einen persönlichen Eindruck zwingend angewiesen ist. In gleicher Weise kann **Passivität** des Gerichts eine **unzureichende Sachaufklärung** bedeuten, wenn der Beweisführer nicht nach §§ 422, 423 vorgehen kann und dennoch von § 142 kein Gebrauch gemacht wird.[36] Ob und wie eingehend das Gericht eine **Begründung** für das Unterlassen einer Anordnung zu geben hat, ist umstritten.[37] Ohne Begründung ist eine (begrenzte) Kontrolle durch das Rechtsmittelgericht nicht möglich.

15   Jeweils sind in § 142 Abs. 2 Satz 1 und § 144 Abs. 2 Satz 1 **Grenzen der Mitwirkung** normiert worden, soweit es um die Anordnungen gegen Dritte geht, nämlich Zeugnisverweigerungsrechte und (sonstige) Gründe fehlender Zumutbarkeit.[38] Sie sind nicht mit den Grenzen für die Vorlage von Partei wegen abgestimmt. Die **Kosten der Vorlegung** werden Dritten nach § 23 JVEG erstattet.[39] Die Höhe der Aufwandsentschädigung für Personaleinsatz (§§ 23 Abs. 2, 7, 22 JVEG) beeinflusst die Zumutbarkeitserwägungen. Gegenüber Dritten bestehen nach §§ 142 Abs. 2 Satz 2, 390 **vorteilhafte Vollstreckungsmöglichkeiten**, die ein Vorgehen nach § 429 Satz 1 nicht bietet, nämlich die Möglichkeit der Verhängung von Ordnungsgeld und Ordnungshaft[40] (dazu § 429 Rdn. 9f. und 12).

IV. Beweisantritt nach § 420 durch Vorlegung der Urkunde

16   **1. Beweisantritt, Angabe des Beweisthemas.** Der Beweisantritt erfolgt in dem in § 420 geregelten Grundfall durch die **Vorlegung der Urkunde** in der mündlichen Verhandlung vor dem Prozessgericht, sofern nicht schon vorbereitend auf Anordnung des Gerichts (§ 142 Abs. 1) oder Aufforderung des Gegners (vgl. dazu § 423 Rdn. 1) gem. § 134 Abs. 1 eine Niederlegung auf der Geschäftsstelle geboten ist.[41] Dafür muss der Beweisführer die Urkunde selbst in Händen halten. Voraussetzung ist die Existenz einer bereits hergestellten Urkunde.[42] § 420 verfolgt in Abkehr von Vorläuferprozessordnungen vornehmlich das Ziel der Prozessbeschleunigung.[43] Im Unterschied zu der Regelung des § 420 setzen die §§ 421, 428 und 432, die die Rechtslage **bei fremdem Urkundenbesitz** betreffen, einen **Beweisantrag** als Beweisantritt voraus. Auch wenn die Vorlegung bereits eine Lektüre der Urkunde ermöglicht, ist damit doch nur ein Beweisantritt erfolgt. Er löste nach dem bis zum 30.6.2004 geltenden anwaltlichen Vergütungsrecht (BRAGO), das eine Beweisgebühr kannte, den Anfall dieser Gebühr noch nicht aus.[44] Für die eigentliche **Beweisaufnahme** ist die Kenntnisnahme durch das Gericht erforderlich (vgl.

---

36 *Stadler* FS Beys S. 1625, 1646; s. auch *Wagner* JZ 2007, 706, 711; **a.A.** wohl Wieczorek/Schütze/*Smid* § 142 Rdn. 13.
37 Befürwortend BGH NJW 2007, 2989 Tz. 21 f.; *Stadler* FS Beys S. 1625, 1644; ablehnend Stein/Jonas/*Leipold*[22] § 142 Rdn. 7.
38 Dazu *Schneider* MDR 2004, 1, 2; Stein/Jonas/*Leipold*[22] § 142 Rdn. 27; eingehend *Wagner* JZ 2007, 706, 215 ff.
39 Zeitlich noch nicht berücksichtigungsfähig durch *Schlosser* FS Sonnenberger S. 135, 151, bei dessen andersartigem Vorschlag.
40 Dazu *Leipold* FS Gerhardt S. 563, 579 f.
41 Vgl. dazu BGH NJW 1980, 428, 429.
42 OLG Düsseldorf MDR 1988, 593.
43 *Dilcher* AcP 158 (1958), 469, 487 f.; zustimmend *Konzen* Rechtsverhältnisse zwischen Prozessparteien, S. 247.
44 OLG Schleswig SchlHA 1979, 183. Der missverständlich formulierte § 34 Abs. 1 BRAGO war dafür irrelevant; er schloss *trotz* Beweiserhebung eine Beweisgebühr aus, OLG Schleswig SchlHA 1979, 183 m.w.N.; *Mümmler* JurBüro 1990, 606 in Anm. zu BayVGH; vgl. auch OLG Köln JurBüro 1992, 236, 237 m. Anm. *Mümmler*.

dazu unten Rdn. 29). Neben der Urkundenvorlage ist die schriftsätzliche Angabe des Beweisthemas erforderlich, für das die Urkunde Beweis erbringen soll. Aus § 434 ergibt sich, dass die Vorlegung außerhalb der mündlichen Verhandlung vor einem beauftragten oder ersuchten Richter den Anforderungen an den Beweisantritt nur bei vorheriger Anordnung seitens des Prozessgerichts genügt (vgl. § 434 Rdn. 3).[45]

2. Vorlegung statt Anerbieten der Vorlegung. Der Begriff der Vorlegung der Urkunde 17 ist in sämtlichen Vorschriften des Urkundenbeweises (vgl. außer § 420 auch die §§ 142, 421, 422, 423, 425, 426, 427, 431 Abs. 1, 432 Abs. 3, 434, 435, 436) einheitlich auszulegen. Die Vorlegung ist von dem bloßen **Anerbieten zur Vorlegung**, das nur in den Fällen des § 434 ausreicht, ebenso zu unterscheiden wie von einer bloßen **Einsichtgewährung**. Während der Urkundenbesitzer nach materiellem Recht nur verpflichtet ist, Einsicht in die Urkunde zu gewähren ohne den Besitz daran zu übertragen (§ 810 BGB), setzt das Vorlegen ein **Aushändigen an das Gericht** zur Einsichtnahme und – bei Anordnung gem. § 142 Abs. 1 Satz 2 – auch der Verwahrung auf der Geschäftsstelle voraus. Der Vorlegende muss die Urkunden also aus der Hand geben.[46] Werden Urkunden mit dem das Beweisthema benennenden Schriftsatz **zu den Gerichtsakten eingereicht**, ist der Beweisantritt vollzogen.

In der **schriftsätzlichen Ankündigung der Vorlegung** ist bloß ein Hinweis auf ei- 18 nen zukünftigen Beweisantritt zu sehen. Sie genügt als Beweisantritt ebensowenig[47] wie ein schriftlicher oder mündlicher Hinweis auf den Inhalt der Urkunde.[48] Schon bis zur Änderung des § 142 durch die ZPO-Reform von 2001 war das Gericht berechtigt, die Vorlegung einer in einem vorbereitenden Schriftsatz erwähnten Urkunde nach § 237 Abs. 2 Nr. 1 (nunmehr: Nr. 5) anzuordnen;[49] dies gilt erst recht auf der Grundlage des § 142 Abs. 1. Wenn eine frühere Vorlegung nicht veranlasst worden ist, muss eine in Bezug genommene bzw. als Beweismittel benannte Urkunde bis **spätestens** zum **Schluss der mündlichen Verhandlung** vorgelegt werden.[50] Die Verkennung der atypischen Regelung des § 420 kann einen richterlichen Hinweis an die vorlegungsverpflichtete Partei nach § 139 Abs. 1 gebieten, was von vornherein eine großzügige Anwendung des § 273 Abs. 2 Nr. 5 (unter gleichzeitiger Anwendung des § 134 Abs. 1) nahelegt. Ein Hinweis ist auf jeden Fall geboten, wenn der Beweisführer irrtümlich davon ausgeht, das Dokument befinde sich bereits bei den Gerichtsakten.[51] Eine Vorlegungsanordnung kann mit einer Frist versehen werden, deren Versäumung zur Anwendung des § 296 Abs. 1 in Verb. mit § 273 Abs. 2 Nr. 5 führt. Ohne Fristsetzung kann der Urkundenbeweis bei Nichtvorlage der Urkunde durch §§ 296 Abs. 2, 282 Abs. 1 präkludiert sein.

Wird die Urkunde nur **unvollständig vorgelegt**, kann seit dem ZPO-ReformG 2001 19 deren vollständige Vorlage von Amts wegen angeordnet werden, ohne dass darin ein Verstoß gegen die Verhandlungsmaxime zu sehen ist.[52] Das Gericht hat aber auch die Möglichkeit, sich auf eine freie richterliche Beweiswürdigung des vorgelegten Fragments zu beschränken, sofern nicht zuvor ein Hinweis nach § 139 Abs. 1 geboten ist.

3. Vorlegung im Original. Die Urkunde ist **grundsätzlich in Urschrift** vorzulegen, 20 weil nur dann Echtheit (§ 439) und Fehlerfreiheit (§ 419) sicher festgestellt werden kön-

---

45 Stein/Jonas/*Leipold*[22] § 420 Rdn. 4.
46 BAG WM 1985, 765, 767.
47 BGH NJW-RR 1993, 691, 693; BGH NJW 1991, 639, 640.
48 AK-ZPO/*Rüßmann* § 420 Rdn. 1.
49 Vgl. etwa BGH NJW 1986, 428, 429.
50 BGH NJW 1986, 428, 429.
51 So die Fallgestaltung in BGH NJW 1986, 428, 429.
52 Anders zur früheren Rechtslage Stein/Jonas/*Leipold*[21] § 420 Rdn. 6.

nen.⁵³ Eine Durchbrechung dieses Grundsatzes findet sich in § 435 für **öffentliche Urkunden**, die mangels gegenteiliger richterlicher Anordnung **in beglaubigter Abschrift** vorgelegt werden dürfen. Diese Ausnahme ist damit zu rechtfertigen, dass sich Urschriften öffentlicher Urkunden regelmäßig in amtlicher Verwahrung befinden und die Übereinstimmung zwischen Urschrift und Abschrift leichter festgestellt werden kann als bei Privaturkunden. Eine analoge Anwendung des § 435 auf Privaturkunden scheidet wegen der bewusst unterschiedlichen und nach wie vor überzeugenden gesetzlichen Ausgestaltung des Beweisantritts aus.⁵⁴ Dies gilt auch, wenn die Unterschrift unter der Urschrift der **Privaturkunde öffentlich beglaubigt** ist und der Beglaubigungsvermerk, der selbst eine öffentliche Urkunde ist, mit in die beglaubigte Abschrift aufgenommen wurde (zu den Beglaubigungsanforderungen § 42 Abs. 1 BeurkG);⁵⁵ das Original bleibt trotz der Unterschriftsbeglaubigung eine Privaturkunde.⁵⁶ Ist das Beweisdokument selbst nur eine Durchschrift (etwa eines Briefes oder einer Rechnung), die sich geschäftsüblich (oder gar verpflichtend nach § 257 Abs. 1 Nr. 3 HGB) in den Unterlagen seines Verfassers befindet, der das Original abgesandt hat,⁵⁷ handelt es sich dabei urkundenbeweisrechtlich um das Original, sofern man darin nicht überhaupt nur ein Augenscheinsobjekt sehen will.

21 **4. Wert vorgelegter Kopien.** Die **Vorlegung** von Privaturkunden **in** beglaubigter oder unbeglaubigter Abschrift bzw. **(Foto)Kopie** und die Vorlage öffentlicher Urkunden in unbeglaubigter Kopie erfüllen zwar nicht die Voraussetzungen eines Beweisantritts,⁵⁸ doch sind sie deshalb nicht rechtlich unbeachtlich. Die Parteien kennen das Original oftmals, so dass sie sich mit der Verwendung einer Kopie stillschweigend einverstanden erklären.⁵⁹ Ohne ausdrückliches Bestreiten der Fehlerfreiheit und der Echtheit des Originals und die Behauptung fehlender Übereinstimmung von Kopie und Original ist das in Ablichtung eingereichte **Dokument** als **insoweit unstreitig** anzusehen.⁶⁰ Das macht eine **Beweiserhebung** darüber **überflüssig**, allerdings nur soweit die Verhandlungsmaxime gilt. Wenn und soweit die Inquisitionsmaxime anzuwenden oder eine Prüfung von Amts wegen vorzunehmen ist, hat gleichwohl eine Beweisausnahme stattzufinden.

22 Der BGH hat für **Privaturkunden** der Vorlage einer **beglaubigten Abschrift**⁶¹ und sogar einer **unbeglaubigten Fotokopie**⁶² **Beweiswert** zuerkannt.⁶³ Der 5. Zivilsenat⁶⁴ hat

---

53 BGH NJW 1980, 1047, 1048; OLG Düsseldorf NJW-RR 1995, 737. Ohne weitere Begründung ebenso BGH NJW 1980, 1438 = WM 1986, 400; BGH NJW 1990, 1170, 1171; BGH NJW 1992, 829, 830; BGH NJW-RR 1993, 13790, 1380; speziell zum Nachweis der schriftlichen Prozessvollmacht (§ 80 Abs. 1) BGHZ 126, 266, 267 f. = NJW 1994, 2298 (Originalurkunde statt Telefax); BFH NJW 1996, 3366.
54 BGH NJW 1980, 1047, 1048 = JR 1980, 243 mit zust. Anm. *Baumgärtel*.
55 **A.A.** Vorauflage § 435 Anm. A Ia.
56 BGH NJW 1980, 1047, 1048. Ob auf die Abschriftenbeglaubigung anders als auf die Unterschriftsbeglaubigung die §§ 415, 418 anzuwenden sind, ist zweifelhaft; verneinend *Reithmann* Allgemeines Urkundenrecht, 1972, S. 59.
57 So in BGH NJW 1959, 2011, 2012 und OLG Düsseldorf DB 1989, 620.
58 BGH NJW 1992, 829, 830; OLG Koblenz MDR 2006, 888, 889 (Urkundenprozess).
59 *Schneider* Beweis und Beweiswürdigung, Rdn. 1358.
60 BGH NJW 1990, 1170, 1171; OLG Köln DB 1983, 104, 105; LG Mainz WuM 1979, 116, 117. Substantiiertes Bestreiten (der inhaltlichen Richtigkeit?) verlangt OLG Naumburg OLG-NL 1995, 81, 82.
61 BGH (5. ZS) NJW 1980, 1047, 1048.
62 BGH (4. ZS) NJW-RR 2006, 847, 849 = VersR 2006, 992, 994; BGH WM 1986, 400, 401 (insoweit nicht mit abgedruckt in NJW 1986, 1438); BGH NJW 1990, 1170, 1171. Sachlich zutreffend ist diese Lockerung in BGHZ 126, 266, 267 auf § 80 Abs. 1 nicht angewandt worden.
63 Schlüsse auf die Verwendbarkeit als Urkunde i.S.d. § 580 Nr. 7b ZPO sind daraus nicht zu ziehen. OLG Koblenz MDR 2006, 888, 889 will Fotokopien von Urkunden, deren Echtheit nicht bestritten wird, im Urkundenprozess zulassen.
64 BGH NJW 1980, 1047, 1048.

die Urkundenkopie im Jahre 1979 jedoch nicht mit formeller Beweiskraft ausgestattet, sondern ihr Beweiswert nur im Rahmen freier Beweiswürdigung (§ 286) zugesprochen, während der 4. Zivilsenat im Jahre 2006 auch die formelle Beweisregel des § 416 angewandt hat.[65]

Mit der zitierten Rechtsprechung hat der BGH – möglicherweise unbewusst, jedenfalls ohne begründende Rechtfertigung – im Laufe von 26 Jahren die **Anforderungen an die Urkundenvorlage** immer weiter **aufgeweicht**. Die laxe Einstellung zur Urkundenvorlage wird offenbar von der Überlegung getragen, dass bei **Unstreitigkeit von Echtheit, Fehlerfreiheit und Übereinstimmung** von Original und Kopie die Aussagekraft der lesbaren Kopie derjenigen des Originals nicht unterlegen und für den spezifisch urkundlichen Beweis gleichwertig ist.[66] Mit der Formstrenge des Gesetzes steht die Aufweichung nicht in Einklang und gibt der Verhandlungsmaxime angesichts der strikten Beweisrechtsfolge bedenklich breiten Raum. **Konsequenterweise** müssten dann die **formellen Beweisregeln** der §§ 415 bis 418 ganz **abgeschafft** werden; mit ihnen ist der gravierende Nachteil verbunden, dass der Beweisgegner zur Widerlegung des Beweisergebnisses einen vollen Gegenteilsbeweis zu führen hat. Zu bedenken ist auch, dass der Straftatbestand der Urkundenfälschung (§ 267 StGB) auf die Manipulation von Fotokopien und Telefaxschreiben wegen verneinter Garantiefunktion für die Richtigkeit des Inhalts nicht angewandt wird.[67] 23

Lässt man für § 416 bei Verwendung von Fotokopien die formelle Beweisregel wegfallen und kehrt zum Grundsatz freier Beweiswürdigung zurück, ist das Ergebnis **auf die öffentlichen Urkunden** und damit auf die §§ 415, 418 zu **übertragen**. In entsprechender Weise haben dort unbeglaubigte Kopien Beweiswert[68] (§ 435 Rdn. 10). 24

Die Entscheidung BGH NJW 1980, 1047, 1048 enthielt noch eine **weitere Einschränkung**. Sie nahm Bezug auf die Kommentierung von *Leipold*,[69] der für die Abschwächung der Anwendung des § 420 bis heute eine wesentliche Begrenzung aufstellt: Der Beweisführer hat glaubhaft zu machen, dass er **zur Vorlage der Urschrift nicht in der Lage** ist. Das ist unverzichtbar, wenn es sich um einen Urkundenbeweis handeln soll, auf den die Beweisregeln der §§ 415 bis 418 angewandt werden sollen. Nur soweit es nicht um einen eigentlichen Urkundenbeweis mittels dessen Beweisregeln geht, etwa weil sich die davon unberührte inhaltliche Richtigkeit des Urkundentextes im Streit befindet (zur Nichtgeltung der formellen Beweisregeln für die inhaltliche Richtigkeit bei Privaturkunden § 416 Rdn. 23 und bei öffentlichen Urkunden § 415 Rdn. 28, § 417 Rdn. 7, § 4/8 Rdn. 18 f., 26), ist die vorstehende Einschränkung belanglos und die Beweisführung mit einer Urkundenkopie zu gestatten. Dasselbe gilt für die unterstützende Verwendung von Dokumenten im Rahmen der Würdigung des Wertes anderer Beweismittel, für Beweise außerhalb des Strengbeweisrechts und für die Bewertung der Urkundenkopievorlage als Parteivorbringen[70] im Rahmen der Würdigung des sonstigen Inhalts der Verhandlung (§ 286). 25

Bei Privaturkunden stellt eine rügelose Hinnahme der Einreichung von Kopien oftmals **auch die Abgabe** der beurkundeten Erklärung **unstreitig**, was aber nicht zwin- 26

---

65 BGH NJW-RR 2006, 847; ebenso OLG Hamm OLG Rep. 1997, 169, 170.
66 So die Argumentation von *Zoller* NJW 1993, 429, 432.
67 OLG Zweibrücken NJW 1998, 2918 m.w. Nachw.
68 BVerwG NJW 1987, 1159.
69 Stein/Jonas/*Leipold*[21] § 435 Rdn. 4, 22. Aufl. Rdn. 5; ihm zustimmend *Zoller* NJW 1993, 429, 434 (jedoch noch darüber hinausgehend).
70 Vgl. *Zoller* NJW 1993, 429, 433.

gend ist.[71] Bei öffentlichen Urkunden wird man regelmäßig davon ausgehen müssen, dass der Inhalt einer beurkundeten Erklärung nebst zugehörigen Nebenangaben (Beurkundungszeitpunkt etc.) oder der bezeugte Vorgang mangels konkreten gegenteiligen Vortrags des Prozessgegners unstreitig gestellt werden und insoweit ein **Beweisbedarf entfällt**. Die Vorlegung dient dann nur noch dazu, das Vorhandensein einer Urkunde zu behaupten und das Gericht über deren genauen Wortlaut zu informieren.[72]

27 **5. Vorlage oder Beiziehung von Akten und Urkundensammlungen.** Wenn es sich bei dem vorgelegten (oder terminvorbereitend nach § 273 Abs. 2 Nr. 2 beigezogenen) Beweismaterial um ganze Akten(bündel) oder eine Urkundensammlung handelt, ist die **genaue Bezeichnung der beweiserbringenden Aktenteile** bzw. Urkunde(n) erforderlich,[73] etwa durch die Angabe von Blatt- oder Seitenzahlen.[74] Akten oder Aktenbündel sind keine „Urkunden" sondern Zusammenfassungen von Urkunden, internen Aufzeichnungen, Beweisstücken, Anlagen und sonstigen Sachen.[75] In gleicher Weise kann auch eine Pflicht zur Bezeichnung der Fundstelle innerhalb einer umfangreichen Urkunde bestehen.[76] Ebenso ist der **Antrag nach § 432** auf Beiziehung ganzer Akten kein zulässiger Beweisantrag. Vorgelagert ist der konkretisierende schriftsätzliche Sachvortrag zum in Bezug genommenen Akteninhalt (§ 137 Abs. 3). Es besteht im Geltungsbereich der Verhandlungsmaxime weder eine Pflicht noch ein Recht des Gerichts, sich die für die Entscheidung des Rechtsstreits relevanten Tatsachen selbst durch das Studium umfangreicher Akten zu beschaffen.[77] In der Praxis wird diese Voraussetzung eines echten Beweisantrages oftmals nicht beachtet und namentlich bei Verkehrsunfallprozessen pauschal die Beiziehung von Beiakten eines vorangegangenen Strafverfahrens beantragt, ohne dass das Gericht dies beanstandet. Darin kann nach Lage des Einzelfalles **noch hinnehmbar** die **bloß abkürzende Bezugnahme** auf polizeiliche Vernehmungsprotokolle oder eine Unfallskizze zu sehen sein.[78] Bei ungenügender Bezeichnung muss das Gericht darauf nach § 139 Abs. 1 hinweisen und dem Beweisführer die Möglichkeit zur Konkretisierung geben.[79] Sind die Akten anderer Gerichte oder Behörden trotz mangelhafter Bezeichnung nach §§ 273 Abs. 2 Nr. 2 oder 432 beigezogen worden, werden sie durch den Protokollvermerk, die Akten seien zum Gegenstand der mündlichen Verhandlung gemacht worden, insoweit kein Prozessstoff, als Aktenteile betroffen sind, auf den sich keine Partei substantiiert berufen hat.[80] Zur **Anordnung von Amts wegen** unter **erleichterten Voraussetzungen** der Urkundenidentifizierung[81] § 420 Rdn. 8, 11 ff.

---

71 Siehe den Fall BGH NJW-RR 2006, 847 = VersR 2006, 992. Vernachlässigt von *Schneider* Beweis und Beweiswürdigung Rdn. 1357.
72 *Schneider* Beweis und Beweiswürdigung Rdn. 1358; Stein/Jonas/*Leipold*[22] § 420 Rdn. 5 (unter Hinweis auf § 427 Satz 1 Schlusshalbsatz).
73 BGH DRiZ 1963, 60; BGH NJW 1994, 3295, 3296 (insoweit nicht in BGHZ 126, 217); BGH NJW 1998, 2280, 2281; für den Augenscheinsbeweis ebenso BGH NJW 1956, 1878.
74 MünchKomm/*Schreiber*[4] § 420 Rdn. 3; Musielak/*Huber*[10] § 420 Rdn. 2.
75 BGH DRiZ 1963, 60.
76 MünchKomm/*Schreiber*[4] § 420 Rdn. 3.
77 BGH NJW 1994, 3295, 3296; BGH NJW 1956, 1878.
78 Vgl. *Schneider* Beweis und Beweiswürdigung Rdn. 1338.
79 Musielak/*Huber*[10] 420 Rdn. 2; *Schneider* Beweis und Beweiswürdigung Rdn. 1338.
80 BGH NJW 1994, 3295, 3296.
81 Zu pauschal großzügiger *Schlosser* FS Sonnenberger S. 135, 149; *Zekoll/Bolt* NJW 2002, 3129, 3132.

V. Verbot der Beweiserhebung und -verwertung

§ 420 setzt nur Besitz der Urkunde voraus, stellt also keine besonderen Anforderungen an die Rechtsbeziehung des Beweisführers zu der vorzulegenden Urkunde, insbesondere nicht – wie § 422 – Voraussetzungen des materiellen Rechts. Es scheint damit die Möglichkeit der Beweisführung unabhängig von der außerprozessualen Vorlegungsberechtigung des Beweisführers bzw. der Art, wie er sich den Besitz beschafft hat, zu bestehen. Darin liegt ein wesentlicher Unterschied zum Beweisantritt nach den §§ 421, 423. Zweifelhaft ist, ob die Beweiserhebung auch zu gestatten ist, wenn der Beweisführer die **Urkunde durch ein rechtswidriges Verhalten** (Diebstahl etc.) **erlangt** hat (dazu B vor § 286 Rdn. 16 f.). Bis zur Prozessrechtsreform 2001 ist teilweise die Auffassung vertreten worden, der Grundsatz der Wahrheitsfindung durch Beweiserhebung müsse insofern hinter das Interesse der gegnerischen Partei am Schutz ihrer Rechtssphäre vor deliktischen Eingriffen zurücktreten.[82] Dafür ließ sich eine Analogie zu den Schranken der §§ 422 und 423 anführen[83] sowie das Argument, ohne Beschränkung der Beweiserhebung seien diese Grenzen stets durch die Vorlegung deliktisch erlangter Urkunden zu überwinden. Die beschränkende Argumentation durfte allerdings nicht ausblenden, ob der Beweisführer unabhängig von der deliktischen Besitzerlangung einen Anspruch auf Vorlage gehabt hätte und daher einem auf § 421 oder § 423 gestützten Beweisantrag hätte stattgegeben werden müssen.[84] Seit der Neufassung des § 142 und der dadurch gestatteten **Urkundenbeweiserhebung von Amts wegen** ist ein nur mit §§ 422, 423 begründetes Beweiserhebungsverbot obsolet. Die Grenzen der Erhebung und Verwertung von Urkundenbeweisen sind allerdings identisch mit den auch für andere Beweismittel geltenden Beschränkungen. Näher dazu beim Augenscheinsbeweis § 371 Rdn. 38 ff.

28

VI. Beweisaufnahme

Die Beweisaufnahme erfolgt durch **Einsichtnahme** in die Urkunde. Die Kenntnisnahme muss allerdings **zu Beweiszwecken** und nicht nur informationshalber erfolgt sein; sind Akten „zu Informationszwecken" beigezogen worden, bedarf es ausreichender Indizien, etwa einer Würdigung des Beweisergebnisses in der Entscheidung, wenn von einer Beweisaufnahme ausgegangen werden soll.[85] Die Einsichtnahme ist auch dem Gegner zu gestatten, dem die Urkunde hierfür (mit der Einschränkung nach § 259 Satz 2 HGB) zugänglich zu machen ist (§ 134 Abs. 2). Nach Vorlegung der Urkunde hat der Gegner sofort eine **Erklärung nach § 439** abzugeben. Wird auf die Urkunde unter den Voraussetzungen des § 436 verzichtet, darf das Gericht den Urkundeninhalt seit der ZPO-Reform 2001 auch **von Amts wegen** verwerten, ohne dass darin ein Verstoß gegen die Verhandlungsmaxime zu sehen ist.

29

---

82   *Dilcher* AcP 58 (1958), 469, 488: Garantie einer prozessfreien Sphäre des Gegners; *Kellner* JR 1950, 270 (zu rechtswidrig erlangten Briefen im Ehescheidungsprozess); *Konzen* Rechtsverhältnisse zwischen Prozessparteien S. 247 f.
83   *Dilcher* AcP 58 (1958), 469, 488.
84   Zutreffend differenzierend *Dilcher* AcP 58 (1958), 469, 490 f.; Stein/Jonas/*Leipold*[21] § 420 Rdn. 9 in Verb. mit § 284 Rdn. 58; ablehnend *Konzen* aaO (Fn. 82), S. 248; Stein/Jonas/*Leipold*[22] § 284 Rdn. 113.
85   Zur Anwendung des (durch das RVG aufgehobenen) § 34 Abs. 2 BRAGO in dieser Situation BGH NJW-RR 2004, 1577; OLG Koblenz Rpfleger 2002, 541; VGH Bad.-Württ. DÖV 1997, 81, 82 (für Prüfung der Urkundenechtheit unzutreffend verneint).

§ 421
Vorlegung durch den Gegner, Beweisantritt

Befindet sich die Urkunde nach der Behauptung des Beweisführers in den Händen des Gegners, so wird der Beweis durch den Antrag angetreten, dem Gegner die Vorlegung der Urkunde aufzugeben.

Schrifttum

S. vor § 415 und bei § 420.

Übersicht

I. Systematik des Beweises mit Urkunden im Besitz des Gegner
   1. Ziel des Editionsverfahrens, notwendiger Beweisantrag —— 1
   2. Materiellrechtlicher oder prozessualer Grund der Vorlagepflicht —— 2
   3. Anwendungsbereich —— 3
II. Begriff des Gegners —— 4
III. Prozessrechtlicher Urkundenbesitz —— 6
IV. Beweisantritt
   1. Prozessantrag —— 10
   2. Antragsberechtigte —— 13
V. Innerprozessuale und selbständige Erzwingung der Urkundenvorlage
   1. Indirekte Vorlageerzwingung im Prozess
      a) Beweisnachteil als Sanktion —— 14
      b) Sperrwirkung des innerprozessualen Editionsverfahrens —— 15
   2. Selbständige Herausgabeklage —— 17

I. Systematik des Beweises mit Urkunden im Besitz des Gegners

1   **1. Ziel des Editionsverfahrens, notwendiger Beweisantrag.** Hat nicht der Beweisführer (dann § 420) sondern dessen Gegner die Urkunde im Besitz, erfolgt der Beweisantritt durch die Stellung eines Vorlegungs- oder **Editionsantrags** nach Maßgabe der §§ 421 bis 427. Wer Beweisgegner ist, ist von der Parteirolle als Kläger oder Beklagter unabhängig. Der Antrag gem. §§ 421, 424 ist darauf gerichtet, dem Gegner die Vorlegung aufzutragen. Durch das Editionsverfahren soll die Urkunde innerprozessual (näher unten Rdn. 14 f.) zu Beweiszwecken herbeigeschafft werden.[1] Der Besitz der Urkunde muss nach begründeter Behauptung des Beweisführers (dazu § 424 Rdn. 10 f.) im Zeitpunkt der Antragstellung bestehen. Hat ein **Dritter** die Urkunde im Besitz, so gilt § 428. Entscheidend ist die tatsächliche Möglichkeit zur Vorlage. Bewiesen werden soll mit diesem Beweisverfahren der Inhalt der Urkunde; hingegen ist nicht Beweisthema, dass der Gegner die Urkunde in seinem Besitz hat oder dass ihm die Urkunde früher einmal zugegangen ist.[2] Ist der gegenwärtige Besitz streitig, ist über Besitz und Verbleib der Urkunde nach § 426 Beweis zu erheben.

2   **2. Materiellrechtlicher oder prozessualer Grund der Vorlagepflicht.** Zur Vorlegung auf Antrag des Beweisführers ist der Klagegegner nur unter den gesondert zu prüfenden Voraussetzungen der **§§ 422 oder 423** verpflichtet. Außerdem müssen die Antragsvoraussetzungen des § 424 beachtet worden sein. Als Grenze der Vorlegungspflicht wird das Verbot unzulässiger **Ausforschung** genannt; der Beweisführer soll sich durch die Einsichtnahme nicht ohne jeden konkreten Anhaltspunkt überhaupt erst die Grundlagen für einen Prozessvortrag gegen den Urkundenbesitzer verschaffen.[3] Damit wird

---

[1] RGZ 44, 422, 424.
[2] RGZ 44, 422, 425; *Siegel* Die Vorlegung von Urkunden im Prozess, 1904, S. 194 f.
[3] OLG Schleswig NJW-RR 1991, 1338.

aber nur eine Missbrauchsgrenze festgelegt; sie gilt im Übrigen auch für die Anordnung der Urkundenvorlage von Amts wegen nach § 142 (§ 420 Rdn. 1). Zur Geltung einer allgemeinen Urkundeneditionspflicht § 420 Rdn. 5 und zur Kontroverse um eine weitergehende allgemeine Mitwirkungspflicht der Parteien bei der Sammlung des Prozessstoffes in Bezug auf die Sachverhaltsschilderung und die Beweiserhebung § 371 Rdn. 39 ff.

3. Anwendungsbereich. Im **Urkundenprozess** ist ein Vorlegungsantrag nach § 421 (ebenso nach § 428) wegen § 595 Abs. 3 nicht zulässig.[4] Im **Eheverfahren** werden Zulässigkeit und Wirkung eines Vorlegungsantrags durch § 113 Abs. 4 Nr. 7 FamFG nicht berührt, obwohl dadurch die Parteiherrschaft eingeschränkt wird; umstritten ist nur die dortige Anwendbarkeit des § 427 über die Folgen der Beweisvereitelung (§ 427 Rdn. 12). Die Möglichkeit des Gerichts, die Vorlegung gem. § 142 von Amts wegen zu verlangen, berührt das Antragsrecht ebenfalls nicht. Kommt ausschließlich die Beweiserhebung durch Anordnung nach § 142 in Betracht, hat der Antrag die Bedeutung einer unverbindlichen Anregung.

II. Begriff des Gegners

Gegner im Sinne des § 421 ist die gegnerische Partei, wie sie durch den herrschenden **formellen Parteibegriff** bestimmt wird (allgemein dazu vor § 50 Rdn. 7 ff.). Abzustellen ist auf die Parteistellung im Zeitpunkt der Entscheidung über den Antrag des Beweisführers. Eine nach §§ 75 ff., 265 f. oder aufgrund gewillkürten Parteiwechsels ausgeschiedene Partei ist nicht mehr Beweisgegner. Der gegnerischen Partei gleichgestellt sind deren **Streitgenossen**. Die Stellung als vorlegungsverpflichteter Gegner ist für jeden Streitgenossen getrennt festzustellen (ebenso auf der Aktivseite die Antragsbefugnis von Streitgenossen nach § 421, unten Rdn. 13). Dabei ist zu berücksichtigen, dass die Vorlegungspflicht vom Besitz der Urkunde abhängt. **Streithelfer** der gegnerischen Partei sind dagegen **Dritte**, sofern sie nicht über § 69 als Streitgenossen der Hauptpartei gelten.[5] **Nicht** unter den Begriff des Beweisgegners fallen **Streitgenossen** und **Streitgehilfen des Beweisführers**. Vorlegungsansprüche der Hauptpartei gegen ihre Streitgenossen und streitgenössischen Streitgehilfen sind zwar nicht ausgeschlossen. Im Verhältnis zueinander sind sie jedoch als **Dritte** zu behandeln, so dass sich eine Vorlegungspflicht nur aus den §§ 428, 429 ergeben kann. Dasselbe gilt aus der Sicht des Streithelfers für die unterstützte Hauptpartei.[6]

Schreiber befürwortet, über den formellen Parteibegriff hinausgehend auch auf die materiell-rechtliche Beteiligung abzustellen und denjenigen als **Beweisgegner** anzusehen, **der kraft** seiner **prozessualen Stellung wirksam Prozesshandlungen** vornehmen kann und die **alleinige Verfügungsbefugnis** über die Urkunde besitzt.[7] Er befürchtet eine Aushöhlung des § 421, wenn die an derartige Dritte ausgehändigte Urkunde nach § 428 behandelt werden müsste, und meint, dies sei jedenfalls dann unangemessen, wenn dieser Dritte selbst **als Vertreter** am Prozess beteiligt ist.[8] Richtig ist, dass sich die

---

4 BGH NJW 1994, 3295, 3296; OLG Koblenz MDR 2006, 888, 889.
5 Musielak/*Huber*[10] 421 Rdn. 3; Stein/Jonas/*Leipold*[22] § 421 Rdn. 4; Seuffert/*Walsmann* § 421 Anm. 2b; *Walsmann* Die streitgenössische Nebenintervention, 1905, S. 229; *Siegel* Die Vorlegung der Urkunde im Prozess, S. 104; Streithelfer generell als Beweisgegner behandelnd MünchKomm/*Schreiber*[4] § 421 Rdn. 3.
6 *Siegel* aaO (Fn. 2), S. 104.
7 MünchKomm/*Schreiber*[4] § 421 Rdn. 3; *Schreiber* Die Urkunde im Zivilprozess, S. 46 f., 72; ablehnend Musielak/*Huber*[10] 421 Rdn. 3 Fn. 3.
8 MünchKomm/*Schreiber*[4] § 421 Rdn. 3; im Ergebnis ebenso für gesetzliche Vertreter Baumbach/Lauterbach/*Hartmann*[71] § 421 Rdn. 3.

Beweislage des Beweisführers wegen der unterschiedlichen Vorlegungsgründe nicht verschlechtern darf, indem eine durch Weisungen des Prozessgegners steuerbare Person als Dritter qualifiziert statt ihm als Beweisgegner zugerechnet wird. Andererseits darf die Rechtsfolge des § 427 nur auf den Prozessgegner angewandt werden, wenn er als Beweisgegner die Vorlage vereitelt hat. Insoweit kommt es auf seine tatsächlichen Zugriffsmöglichkeiten und deren Ausübung an. Die Erzielung sachgerechter Ergebnisse wird mit davon gesteuert, wie der prozessrechtliche Urkundenbesitz definiert wird (dazu unten Rdn. 6 ff.) und welche Zugriffsmöglichkeiten danach im Falle (materiell-rechtlich verstandener) Besitzdienerschaft und mittelbaren Besitzes bestehen. Zu lösen ist das Problem durch die **Zurechnung** des Gewahrsams bestimmter Personen **als Besitz des Prozessgegners**. Damit wird eine Ablösung des Begriffs „Beweisgegner" von den Figuren prozessualer Beteiligung vermieden. Im übrigen bedürfte die Missachtung der Editionspflicht spätestens bei der Sanktionierung einer Zurechnung zur Gegenpartei, denn nur sie kann der Beweisnachteil des § 427 treffen. Der **gesetzliche Vertreter ist** daher zwar nicht als Beweisgegner anzusehen, wohl aber dessen Gewahrsam als Urkundenbesitz der Partei.[9] Im Falle gesetzlicher oder gewillkürter **Prozessstandschaft** ist der Gewahrsam des **Rechtsträgers** dem Prozessstandschafter zuzurechnen, wenn und soweit die Prozessführung auch im Interesse des Rechtsträgers erfolgt, selbst wenn er sonst prozessual weitgehend wie ein Dritter behandelt wird.

III. Prozessrechtlicher Urkundenbesitz

6   Auf den prozessrechtlichen Begriff des Urkundenbesitz sind die materiell-rechtlichen Besitzvorschriften nur mit Einschränkungen anzuwenden. Deren Schutz- und Publizitätsfunktionen[10] sind im Urkundenbeweisrecht irrelevant. Der Unterschied zeigt sich insbesondere an der Regelung des Beweisantritts durch den Beweisführer nach § 420. Auch wenn sich die Urkunde nicht im Besitz des Beweisführers sondern einer Behörde befindet, sich der Beweisführer die Urkunde dort aber ohne Mitwirkung des Gerichts beschaffen kann, sieht § 432 Abs. 2 dies als die Möglichkeit an, den Beweis durch unmittelbare Vorlegung der Urkunde nach § 420 statt durch Antrag gegen die Behörde als Dritter nach § 432 Abs. 1 anzutreten. Es kommt somit auf die **tatsächliche Verfügungsgewalt** an. Dieser Rechtsgedanke ist auch auf Privaturkunden anzuwenden. Besitz des Beweisführers meint somit **vorhandenen Gewahrsam** oder die **jederzeitige faktische Möglichkeit zur Gewahrsamsbegründung**.[11] Letztere darf allerdings nicht mit der rechtlichen Möglichkeit und Notwendigkeit zur Beschaffung einer sich in den Händen eines Dritten befindlichen Urkunde verwechselt werden. In gleicher Weise ist der **Besitz des Beweisgegners** eigenständig aus den Bedürfnissen des Prozessrechts heraus zu bestimmen und die tatsächliche **Verfügungsbeschaffungsmöglichkeit** maßgebend.[12] Ist der Beweisgegner darauf angewiesen, einen rechtlichen Anspruch durchsetzen, so dass der Gewahrsamsinhaber im Verhältnis zum Beweisführer Dritter i.S.d. § 428 ist, ist dem Dritten die Vorlage regelmäßig zumutbar; das **Gericht** hat dann Anlass, die **Vorlage von Amts wegen** gem. § 142 anzuordnen.

---

9   So für den gesetzlichen Vertreter Stein/Jonas/*Leipold*[22] § 421 Rdn. 4; *Siegel* Die Vorlegung der Urkunde im Prozess, S. 104 f.
10   Vgl. dazu Westermann/*Gursky*/Eickmann Sachenrecht, 8. Auflage 2011, § 7 Rdn. 5 ff.
11   MünchKomm/*Schreiber*[4] § 420 Rdn. 2; *Schreiber* Die Urkunde im Zivilprozess, S. 132 f.; Zöller/*Geimer*[29] § 421 Rdn. 1; AK-ZPO/*Rüßmann* § 421 Rdn. 1.
12   **A.A.** RG SeuffArch 58 (1903) Nr. 180, S. 337.

Der **Besitzdiener** (§ 855 BGB), der häufig zugleich rechtsgeschäftlicher Vertreter des **7** Besitzherrn ist, hält die Urkunde zwar in seinen Händen, unterliegt aber der Weisungsbefugnis des **Besitzherrn**, so dass dieser eine **tatsächliche Beschaffungsmöglichkeit** besitzt und Urkundenbesitzer ist;[13] auf die rechtliche Besitzerstellung i.S.d. § 855 kommt es nicht an. Missachtet der Besitzdiener die Weisung, endet damit regelmäßig die Herrschaftsmacht des Besitzherrn. Er verliert dann aber nicht nur die tatsächliche Verfügungsmacht sondern auch die Stellung als unmittelbarer Besitzer und muss seinen Anspruch erst rechtlich durchsetzen; der nicht am Prozess beteiligte Besitzdiener ist dann als Dritter anzusehen.

Mittelbarer Besitz (§ 868 BGB) ist Urkundenbesitz des Beweisführers oder Beweis- **8** gegners, wenn er die Urkunde vom unmittelbaren Besitzer **jederzeit erlangen** kann.[14] § 428 steht diesem Verständnis nicht entgegen, sondern deckt lediglich die Fälle einer mangelnden Vorlegungsmöglichkeit ab. Andererseits ist auch der unmittelbare Besitzer wegen seines Gewahrsams Urkundenbesitzer i.S.d. § 421.[15] Nicht mehr als Besitz des Beweisgegners kann dessen bloße Zugriffsmöglichkeit außerhalb eines Besitzmittlungsverhältnisses qualifiziert werden.[16] Die Beweisvereitelungsrechtsfolgen sind freilich auch darauf – über § 427 hinausgehend – anzuwenden.

Der Besitz des Organs einer **juristischen Person** an deren Urkunden wird bürger- **9** lich-rechtlich dem Verband zugerechnet.[17] Der Besitz von **Personengesellschaften** wird teils als Besitz der Gesamthand,[18] teil als qualifizierter Mitbesitz der Gesellschafter[19] angesehen. Unabhängig von der dazu vertretenen Lösung sind immer die Herrschaftsverhältnisse des Einzelfalles maßgebend; es kann jedenfalls auch Allein- oder Mitbesitz der Gesellschafter gegeben sein. In den Fällen des **Mitbesitzes** an einer Urkunde, also der geteilten Sachherrschaft, kann schlichter oder qualifizierter Mitbesitz vorliegen. Qualifiziert ist der Mitbesitz, wenn nur alle Mitbesitzer gemeinsam (etwa bei Doppelverschluss des Urkundenbehältnisses) die Gewalt ausüben können. Urkundenbeweisrechtlich ist wiederum die tatsächliche Zugriffsmöglichkeit ausschlaggebend. Bei jederzeitiger tatsächlicher Gewahrsamserlangungsmöglichkeit ist auch der **Erbschaftsbesitzer** (§ 857 BGB) Urkundenbesitzer.[20]

IV. Beweisantritt

1. Prozessantrag. Der Beweisantrag nach § 421 ist unter Beachtung der Prozessför- **10** derungspflicht des § 282 Abs. 1 rechtzeitig zu stellen. Als **Prozessantrag** unterliegt er nicht der Form des § 297.[21] Der Antrag ist nach § 282 Abs. 2 in Verfahren mit mündlicher Verhandlung durch **vorbereitenden Schriftsatz anzukündigen** (§§ 129, 130 Abs. 1 Nr. 5). Im schriftlichen Verfahren (§ 128 Abs. 2 und 3) oder bei Entscheidung nach Aktenlage

---

13 MünchKomm/*Schreiber*[4] § 420 Rdn. 2.
14 Stein/Jonas/*Leipold*[22] § 421 Rdn. 7 (Verwahrungsverhältnisse mit Banken als Beispiel nennend); Zöller/*Geimer*[29] § 421 Rdn. 1; so wohl auch *Gruber/Kießling* ZZP 116 (2003), 305, 316.
15 Stein/Jonas/*Leipold*[22] § 421 Rdn. 7; MünchKomm/*Schreiber*[4] § 420 Rdn. 2. **A.A.** *Siegel* Die Vorlegung von Urkunden im Prozess, S. 151 (zur Vermeidung von Unbilligkeiten, wenn der unmittelbare Besitzer kein Gebrauchsrecht oder eigenes Besitzinteresse beansprucht und jederzeit zur Herausgabe an den mittelbaren Besitzer bereit ist); dies unter Hinweis auf die entstehende Ineffizienz ablehnend *Schreiber* Die Urkunde im Zivilprozess, S. 125.
16 So aber MünchKomm/*Schreiber*[4] § 420 Rdn. 2.
17 *K. Schmidt* Gesellschaftsrecht, 4. Aufl. 2002, § 10 III 1 m.w.N.
18 Dafür *K. Schmidt* Gesellschaftsrecht[4], § 10 III 3 und § 60 II 3 m.w.N. zum Streitstand.
19 BGHZ 86, 300, 307 = NJW 1983, 1114, 1115 f.; 86, 340, 344 = NJW 1983, 1123, 1124.
20 MünchKomm/*Schreiber*[4] § 420 Rdn. 2.
21 RG HRR 1933 Nr. 1466 = Warn. Rspr. 33 Nr. 86.

(§§ 251a, 331a) erfolgt die Antragstellung im Schriftsatz selbst. Zu beachten sind die **Voraussetzungen des § 424**.[22] Eine falsche Bezeichnung des Editionsantrags als Widerklage ist unschädlich und umzudeuten[23] (s. auch unten Rdn. 16). Sollen **Akten beigezogen** werden, müssen die beweiserbringenden Aktenteile hinreichend konkret angegeben werden[24] (vgl. § 420 Rdn. 27).

11 § 258 HGB, der die Möglichkeit zur Anordnung der Vorlegung von **Handelsbüchern** betrifft,[25] gewährt keinen materiellrechtlichen Anspruch i.S.d. § 422 (vgl. zur Vorlegung von Handelsbüchern auch § 422 Rdn. 8, 23). Ein Vorlegungsantrag nach dieser Vorschrift fällt daher nicht in den Regelungsbereich des § 421. Die Aufforderung nach § 134 Nr. 1 zur Niederlegung von Urkunden auf der Geschäftsstelle, auf die eine Partei in einem vorbereitenden Schriftsatz Bezug genommen hat, fällt ebenfalls nicht unter § 421. Die Kostenregelung des § 261 HGB für den Ausdruck von Unterlagen, die **auf Bild- oder Datenträger aufbewahrt** werden, gilt auch für die Urkundenvorlegung nach §§ 422, 423.[26]

12 Ein Beweisantrag nach § 421 ist nicht zwingende Voraussetzung der gerichtlichen Vorlegungsanordnung. Das Gericht kann die **Anordnung** nach § 142 **auch von Amts wegen** treffen. Die Möglichkeit der Anordnung von Amts wegen nach § 258 Abs. 1 HGB ist seit der Ausdehnung des § 142 mit der ZPO-Reform 2001 obsolet; sie geht darin auf.

13 **2. Antragsberechtigte.** Beweisführer kann jeder sein, der im Prozess prozessuale Handlungen vornehmen kann. Die **Partei**, ihre **Streitgenossen** und ihre **Streithelfer** können also einen Vorlegungsantrag nach § 421 stellen, sofern sie einen eigenen Vorlegungsanspruch nach §§ 422, 423 haben.[27] Der **Streithelfer** handelt dabei kraft eigenen Rechts und im eigenen Namen. Er kann den Antrag aber auch aufgrund der Privatrechtsansprüche seiner Hauptpartei stellen;[28] darin liegt keine unzulässige Verfügung über ein fremdes Recht.[29] Eine Beschränkung des streitgenössischen Streithelfers auf eigene materiellrechtliche Vorlegungsansprüche i.S.d. § 422[30] zwecks Gleichbehandlung mit Streitgenossen würde ihm weniger prozessuale Rechte einräumen als dem einfachen Streithelfer,[31] obwohl er durch § 69 seine Befugnisse erweitern und nicht einbüßen soll (vgl. § 69 Rdn. 38). In beiden Fällen darf der einfache Streithelfer nicht gegen den Widerspruch der Hauptpartei handeln (dazu § 67 Rdn. 1, 15ff.). Die **Hauptpartei** kann keinen Vorlegungsantrag auf Rechte ihres Streithelfers stützen.[32] **Gegen seine Hauptpartei** kann der Streithelfer keinen Vorlegungsantrag stellen; sie ist zwar für ihn Dritter, doch wäre dies eine feindliche Prozesshandlung.[33] Streitgenossen und auch streitgenössische Streithelfer[34] agieren unabhängig von der Hauptpartei. **Gegeneinander** sind Vorlegungansprü-

---

22 KG NJW 1993, 2879.
23 OLG Frankfurt WM 1980, 1246, 1247; RG Gruchot 1910, 437, 439.
24 BGH DRiZ 1963, 60; BGHZ 60, 275, 291.
25 Dazu Baumbach/*Hopt* HGB, 35. Aufl. 2012, § 258 Rdn. 1; GroßKommHGB/*Hüffer* (1988) § 258 Rdn. 1; MünchKommHGB/*Ballwieser* Band 4, 3. Aufl. 2013, §§ 258–260 Rdn. 2.
26 Baumbach/*Hopt* HGB[35] § 261 Rdn. 1.
27 *Siegel* Die Vorlegung von Urkunden im Prozess, S. 104. Zum Streitgenossen: RG HRR 33, Nr. 1466 = Warn. Rspr. 33 Nr. 86.
28 Stein/Jonas/*Leipold*[22] § 421 Rdn. 3.
29 *Siegel* aaO (Fn. 2), S. 107.
30 So Seuffert/*Walsmann* § 421 Anm. 2a (anders für § 423); *Walsmann* Die streitgenössische Nebenintervention, S. 228f.
31 Stein/Jonas/*Leipold*[22] § 421 Rdn. 3 Fn. 5.
32 *Siegel* aaO (Fn. 2), S. 108.
33 *Siegel* aaO (Fn. 2), S. 108.
34 Stein/Jonas/*Leipold*[22] § 421 Rdn. 2.

che aber innerprozessual nicht durchsetzbar; auf derselben Prozessseite stehend sind sie keine Beweisgegner.

V. Innerprozessuale und selbständige Erzwingung der Urkundenvorlage

1. Indirekte Vorlageerzwingung im Prozess

a) **Beweisnachteil als Sanktion.** Das Urkundenbeweisrecht kennt **weder** eine **Weg-** **nahme** der Urkunde durch unmittelbaren Zwang, **noch** eine Vorlageerzwingung durch Verhängung einer **Ungehorsamsstrafe**. Die Sanktion ist wie das gesamte Editionsverfahren **innerprozessual** ausgestaltet. Befolgt der Gegner die richterliche Anordnung des § 421 nicht, bestimmen sich die Rechtsfolgen nach § 427; es wird die Nichtvorlage als Beweisvereitelung angesehen, die zu für den Beweisgegner nachteiligen Beweisergebnissen führt. 14

b) **Sperrwirkung des innerprozessualen Editionsverfahrens.** Die Durchsetzung der Vorlegungspflicht *vor dem Prozessgericht* durch **gesonderte parallele Klage** inter partes oder durch **Widerklage** über den materiell-rechtlichen Herausgabe- oder Vorlegungsanspruch (§ 422) wird als **ausgeschlossen** betrachtet,[35] und zwar auch, wenn noch kein konkreter Beweisantrag nach § 421 gestellt worden ist.[36] Entscheidend soll die Anhängigkeit des Prozesses zwischen den streitenden Parteien sein.[37] Verneint wird das Rechtsschutzbedürfnis.[38] Des weiteren wird auf § 429 Satz 1 Hs 2 hingewiesen, der gegen Dritte ausdrücklich die klageweise Durchsetzung materiell-rechtlicher Herausgabeansprüche vorsieht, da der Prozessnachteil dort keine taugliche Sanktion ist.[39] Zumindest in dieser Pauschalität ist die Annahme einer Sperrwirkung **verfehlt**. Der Gläubiger eines materiell-rechtlichen Herausgabe- oder Vorlegungsanspruchs kann weitergehende Interessen an der Urkunde haben[40] und den Anspruch zwangsweise durchsetzen wollen; er darf nicht auf die minder weit reichende Folge des § 427 verwiesen werden. Man muss ihm deshalb jedenfalls gestatten, ein derartiges Interesse jederzeit erfolgreich zu behaupten. Richtiger Ansicht nach ist nicht einmal dies ausdrücklich erforderlich; das Rechtsschutzinteresse folgt bereits aus der Nichterfüllung des Anspruchs. Lediglich bei Angabe eines ausschließlichen Beweiszwecks für das laufende Verfahren ist das innerprozessuale Editionsverfahren vorrangig. § 429 wird überdehnt, wenn ihm eine Ausschlussfunktion beigemessen wird. 15

Ein etwaiger **Widerklageantrag** ist in einen Vorlegungsantrag nach § 421 **umzudeuten**, wenn nur ein innerprozessuales Editionsverfahren gewollt ist.[41] Dies scheidet 16

---

35 OLG Frankfurt WM 1980, 1246, 1247 = MDR 1980, 228; *Baumgärtel* FS Schima, S. 41, 46; *Grimme* JA 1985, 320, 323; MünchKomm/*Schreiber*⁴ § 421 Rdn. 1; *Stürner* Die Aufklärungspflichten der Parteien des Zivilprozesses, 1976, S. 257 f.; *Siegel* aaO (Fn. 2), S. 136 f. (Verneinung des Rechtsschutzbedürfnisses als kein tragfähiges Argument ansehend); Stein/Jonas/*Leipold*²² § 422 Rdn. 1; **a.A.** Seuffert/*Walsmann* § 421 Anm. 5.
36 OLG Frankfurt WM 1980, 1246, 1247.
37 OLG Frankfurt WM 1980, 1246, 1247; Zöller/*Geimer*²⁹ § 421 Rdn. 3; MünchKomm/*Schreiber*⁴ § 421 Rdn. 1.
38 Zöller/*Geimer*²⁹ § 421 Rdn. 3.
39 *Stürner* Die Aufklärungspflichten der Parteien des Zivilprozesses, S. 258; *Baumgärtel* FS Schima, S. 41, 46.
40 *Gottwald* Anm. in ZZP 92 (1979), 364, 366.
41 OLG Frankfurt WM 1980, 1246, 1247; RG Gruchot 1910, 437, 439.

aus, wenn kein Beweisantrag, sondern – trotz richterlichen Hinweises – ein Sachantrag gewollt ist.[42]

17   **2. Selbständige Herausgabeklage.** Unberührt bleibt auch nach h.M. die Möglichkeit, **außerhalb eines anhängigen Prozesses**, in dem ein Beweisantrag nach § 421 gestellt werden kann, den materiell-rechtlichen Herausgabe- oder Vorlegungsanspruch selbständig im Klagewege durchzusetzen. Die frühere Rechtshängigkeit des selbständigen Prozesses führt **nicht** zur **Einrede** der **Rechtshängigkeit** in dem später begonnenen Prozess, in dem die Urkundenedition nach § 421 verlangt wird; die anspruchsbegründenden materiell-rechtlichen Normen werden mit dem auf § 422 gestützten Beweisantritt nicht geltend gemacht, sondern begründen lediglich die Vorlegungspflicht (vgl. § 422 Rdn. 1 f.).[43] Auch ist der Prozess, in dem die Urkunde als Beweismittel verwendet werden soll, **nicht auszusetzen**.[44]

§ 422
Vorlegungspflicht des Gegners nach bürgerlichem Recht

Der Gegner ist zur Vorlegung der Urkunde verpflichtet, wenn der Beweisführer nach den Vorschriften des bürgerlichen Rechts die Herausgabe oder die Vorlegung der Urkunde verlangen kann.

Schrifttum

S. vor § 415 und bei § 420.
Ferner: *Sarres* Erbrechtliche Auskunftsansprüche, 2. Aufl. 2011.

Übersicht

I. Regelungssystematik
 1. Prozessuale Indienstnahme des materiellen Rechts —— 1
 2. Erfordernis materiellrechtlicher Ansprüche —— 3
 3. Entsprechende Anwendung —— 4
II. Generelle Anforderungen an materiell-rechtliche Ansprüche
 1. Grundlage der Herausgabe- oder Vorlegungsansprüche —— 5
 2. Durchsetzbarkeit des Anspruchs —— 11
 3. Rechtliches Interesse; überwiegendes Geheimhaltungsinteresse
   a) Informationsinteresse und Beweisinteresse —— 12
   b) Geheimhaltungsberechtigung, Zeugnisverweigerung —— 14
   c) Ausforschungsverbot —— 17
 4. Ort und Zeit der Vorlegung —— 18
 5. Vorlegung nach § 809 BGB —— 19
 6. Vorlegung nach § 810 BGB
   a) Allgemeines —— 20
   b) Drei Tatbestandsvarianten
    aa) Errichtung im Interesse des Vorlegungsersuchers —— 21
    bb) Beurkundung eines zwischen Anspruchsteller und einem anderen bestehendes Rechtsverhältnisses —— 22
    cc) Wiedergabe von Verhandlungen über ein Rechtsgeschäft —— 25
III. Rechtsfolgen der Nichtvorlage —— 26

---

42 Vgl. *Gottwald* ZZP 92 (1979), 364, 366.
43 *Siegel* Die Vorlegung von Urkunden S. 135.
44 *Siegel* aaO (Fn. 2), S. 135; **a.A.** *Seuffert/Walsmann* § 421 Anm. 5.

I. Regelungssystematik

1. Prozessuale Indienstnahme des materiellen Rechts. Die für einen Vorlegungs- 1
antrag nach § 421 erforderlichen **Vorlegungsgründe** bestimmen sich nach den §§ 422
und 423. § 422 verknüpft die innerprozessuale Vorlagepflicht mit dem Bestehen materiell-rechtlicher Ansprüche des Beweisführers gegen den Beweisgegner, § 423 mit einer prozessualen Bezugnahme des Beweisgegners auf die Urkunde. Nach § 422 ist der Beweisgegner prozessual zur Vorlegung der Urkunde verpflichtet, wenn der Beweisführer gegen ihn einen **materiell-rechtlichen Herausgabe- oder Vorlegungsanspruch** hat. Durch § 422 werden an die materiell-rechtlichen Pflichten zur Herausgabe oder Vorlage einer Urkunde, deren Erfüllung notfalls durch Urteil und Zwangsvollstreckung erzwingbar ist, weitere prozessuale Folgen geknüpft[1] (nachfolgend Rdn. 2). Die Möglichkeit, die Edition von Urkunden mittels **selbständiger Klage** zu verlangen, bleibt von den Regelungen des Urkundenbeweises grundsätzlich unangetastet. Nach Anhängigkeit eines Prozesses, in dem die Urkundenvorlage innerprozessual verlangt werden kann, soll die Geltendmachung dieser Ansprüche durch parallele Klage oder durch Widerklage allerdings ausscheiden (näher und kritisch dazu § 421 Rdn. 15). Gegen einen Dritten als Urkundenbesitzer kann die Vorlegung nach § 429 Satz 1 2. Hs immer nur im Wege der selbständigen Klage durchgesetzt werden.

Die **materiellrechtliche** und die **prozessuale Vorlegungspflicht** sind voneinander 2
zu trennen und zum Teil **inhaltlich unterschiedlich** ausgestaltet, etwa im Hinblick auf den Vorlegungsort (unten Rdn. 18). Der materiellrechtliche Anspruch auf Urkundeneinsicht wird nicht von Entscheidungen im innerprozessualen Editionsverfahren berührt, etwa der Wiederaufhebung einer gerichtlichen Anordnung zur Urkundenvorlegung. Die prozessuale Folge einer Pflichtverletzung ergibt sich aus § 427 (unten Rdn. 26ff.).

2. Erfordernis materiellrechtlicher Ansprüche. § 422 meint mit den Vorschriften 3
des „bürgerlichen Rechts" **alle Normen des materiellen Privatrechts**, nicht etwa nur solche des BGB,[2] das bei Schaffung der Beweisvorschrift noch gar nicht existierte. Rein **verfahrensrechtliche Befugnisse** zur Erlangung von Auskünften oder Einsichtnahmen, wie sie aufgrund der §§ 299, 915b Abs. 1 ZPO, §§ 99f. VwGO, § 9 Abs. 1 HGB, § 12 Abs. 1 GBO, §§ 79 Abs. 1, 1563, 1953 Abs. 3 Satz 1, 1957 Abs. 2, 2010, 2081 Abs. 2, 2146 Abs. 2, 2228, 2264, 2384 Abs. 2 BGB bestehen, oder **öffentlich-rechtliche Ansprüche** gegenüber Gerichten oder Behörden erfüllen die Voraussetzungen des § 422 **nicht**. Eine **analoge Anwendung** auf öffentlich-rechtliche Ansprüche kommt allerdings in Betracht, wenn es sich bei dem Beweisgegner um einen Träger öffentlicher Gewalt handelt.[3] Haben Behörden Urkunden als Dritte im Besitz, ist § 432 anzuwenden.

3. Entsprechende Anwendung. Die den Beweisgegner betreffenden Normen der 4
§§ 422 und 423 werden von § 429 für die **Vorlagepflicht eines Dritten** in Bezug genommen. Über § 441 Abs. 3 finden die §§ 421ff. auch auf die Vorlegung von Vergleichsmaterial zur **Schriftvergleichung** Anwendung. Mit der ZPO-Reform 2001 ist die Frage gegen-

---

1 *Peters* FS Schwab (1990) S. 399, 404; *Lent* ZZP 67 (1954), 344, 354.
2 *Siegel* Die Vorlegung von Urkunden im Prozess, 1904, S. 6. Die begriffliche Gleichsetzung findet sich auch in der Begründung zur Erweiterung des § 371 durch das ZPO-ReformG 2001; BT-Drucks. 14/3750 v. 4.7.2000, S. 63.
3 MünchKomm/*Schreiber*[4] § 422 Rdn. 2.

standslos geworden, ob in Analogie zu §§ 422 f. auch **Augenscheinsobjekte** vorzulegen sind.[4] § 371 Abs. 2 Satz 2 verweist seither ausdrücklich auf die §§ 422 ff.

II. Generelle Anforderungen an materiellrechtliche Ansprüche

5   **1. Grundlage der Herausgabe- oder Vorlegungsansprüche.** Die materiell-rechtlichen Ansprüche müssen dem Beweisführer als Herausgabe- oder als Vorlegungsansprüche zustehen. Mit Vorlegungsansprüchen identisch sind Ansprüche auf **Einsichtnahme**.[5]

6   Solche Ansprüche werden vielfach, aber nicht nur im Rahmen von **Dauerschuldverhältnissen** gewährt, insbesondere als Kontrollrechte in Gesellschaften (§ 716 Abs. 1 BGB;[6] §§ 118 Abs. 1, 157 Abs. 3, 166 Abs. 1, 233, 498 HGB; § 111 Abs. 2, 175 Abs. 2 AktG; § 51a GmbHG, § 24 VerlagsG). Anspruchsgrund kann sowohl ein **dingliches Recht** (§§ 952, 1144 BGB; § 167 InsO; § 62 Gesetz über Rechte an eingetragenen Schiffen und Schiffsbauwerken; § 62 LuftfahrzeugG), als auch ein **obligatorisches Recht** (neben den zuvor benannten Vorschriften: §§ 371 Satz 1, 402, 410 BGB; Art. 50 Abs. 1 WG; Art. 47 ScheckG) **aus Verträgen** oder aus **gesetzlichen Schuldverhältnissen** wie GoA, Delikt oder Bereicherung sein. Bei vertraglichen Vorlegungspflichten ist es unerheblich, ob es sich um **Haupt- oder Nebenpflichten** handelt. Nebenpflichten zur Einsichtnahme können aus § 242 BGB erwachsen, so etwa im Rahmen des ärztlichen Behandlungsvertrages;[7] dabei handelt es sich um ein selbständiges, nicht zu einem anderen Hauptanspruch akzessorisches Recht.[8] Für Dokumentationen im Rahmen von Vertragsbeziehungen ist zu prüfen, ob es sich um bloße **interne Aufzeichnungen** einer Partei handelt (Gesprächsprotokolle, Datenerfassungsbögen etc.); für sie besteht im Regelfall keine Herausgabepflicht nach § 667 BGB.[9]

Die in §§ 444 Abs. 1 Satz 1, 445 BGB a.F. ausdrücklich geregelte Nebenpflicht zur Herausgabe von Urkunden über das Kaufobjekt[10] oder gleichgestellte Gegenstände ist durch die Schuldrechtsreform 2001 aus dem Gesetzestext entfernt worden, gilt aber als ungeregelte Pflicht weiter. In Betracht kommen auch **ausdrücklich** vertraglich **vereinbarte** Herausgabe- oder Vorlegungsansprüche, die isoliert Gegenstand eines unbenannten entgeltlichen oder unentgeltlichen Rechtsgeschäfts (§ 311 BGB) sein können,[11] die aber auch als Nebenpflicht fixiert sein können, so beim Kauf auf Probe (§ 454 BGB) durch Übernahme der Pflicht zur Aufbewahrung der Probe mit dem Ziel, sie bei Streit über die Mangelhaftigkeit der gelieferten Ware zur Kontrolle durch einen Sachverständigen vor-

---

4   Befürwortend früher u.a.: *Peters* FS Schwab, S. 399, 405; *Peters* ZZP 82 (1969), 200, 208; *Dilcher* AcP 158 (1960), 469, 492 f.; *Konzen* Rechtsverhältnisse zwischen Prozessparteien, S. 233 f.; *Gottwald* ZZP 92 (1979), 362, 369; Rosenberg/Schwab/*Gottwald* 15. Aufl., § 120 II 1c; **a.A.** Stein/Jonas/*Berger*[21] vor § 371 Rdn. 33.
5   *Siegel* aaO (Fn. 2), S. 10 f.
6   Dazu BGH NJW 2010, 439 Tz. 7.
7   BGHZ 85, 327 = NJW 1983, 328. Ebenso bei tiermedizinischer Behandlung, OLG Köln VersR 2010, 1504, 1505. Verneint für Bericht über Sturz im Krankenhaus außerhalb der Behandlungsdokumentation von LG Bonn VersR 2010, 358. Kein Anspruch auf Versicherung der Authentizität der Behandlungsunterlagen an Eides statt, OLG München VersR 2007, 1130, 1131.
8   Infolge unzutreffender Ableitung aus der Rspr. **a.A.** *Schultze-Zeu* VersR 2009, 1050, 1051.
9   OLG Schleswig SchlHA 2011, 404, 406 (zum Anlageberatungsprotokoll einer Bank; Ergebnis überholt durch § 34 Abs. 2b WpHG i.d.F. 2009).
10 Dazu OLG Hamm NJW-RR 2000, 867 m.w.Nachw. (zur streitigen analogen Anwendung auf technische Unterlagen).
11 So in RGZ 151, 203, 208 (Vertrag über die Verpflichtung zur Vorlegung von Geschäftsbüchern an das Gericht zur Ermöglichung einer Restitutionsklage).

zulegen.¹² **Gesetzliche Auskunftsansprüche** haben nicht zwingend eine Rechtsverletzung zur Voraussetzung (so aber oftmals bei den Rechten des Geistigen Eigentums: § 101 UrhG, § 140b PatG, § 19 MarkenG), sondern können auch der Vorbereitung gesetzlicher Zahlungsansprüche dienen (vgl. § 54f UrhG, § 10a Abs. 6 SortSchG,¹³ Art. 10 Abs. 3 GemSortV).¹⁴ Sie sind **nicht zwingend akzessorischer** Natur, etwa der arzneimittelrechtliche Auskunftsanspruch nach § 84a AMG im Verhältnis zum Schadensersatzanspruch nach § 84 AMG.¹⁵ Zu beachten sind Begrenzungen, die sich immanent aus dem Rechtsverhältnis ergeben. So ist über von einem Telekommunikationsdienstleister gespeicherte Bestandsdaten über einen Anschlussinhaber nicht nach §§ 13a, 13 Abs. 1 UKlaG Auskunft zu erteilen, wenn damit eine Klage auf Vaterschaftsfeststellung ermöglicht werden soll.¹⁶ Die Richtlinien gegen Diskriminierung im Arbeitsleben begründen keinen unionsrechtlichen Anspruch des übergangenen Bewerbers, nach welchen Kriterien ein Mitbewerber ausgewählt wurde.¹⁷

Gleichgültig ist, ob die Urkunde **als Sache** (§§ 809, 867, 1005 BGB) oder wegen ihres **rechtsgeschäftlichen Gehalts** (§ 810 BGB) herauszugeben bzw. vorzulegen ist. Ausreichend ist ein Anspruch auf Vorlegung der Urkunde an eine Behörde wie das Grundbuchamt **statt an** den **Beweisführer persönlich** (§§ 896, 1145 BGB).¹⁸ Die Ansprüche können sowohl auf der Aktivseite¹⁹ als auch (durch Erbgang) auf der Passivseite²⁰ übergehen. 7

Erfasst werden **Ansprüche auf Rechnungslegung** (§ 666, in der Regel in Verb. m. verweisenden Normen wie §§ 675, 681 Satz 2, 713, 2218 BGB; §§ 1840f., 1908i BGB), die durch **§ 259 BGB** näher ausgestaltet und durch Vorlegung der vorhandenen Belege zu erfüllen sind, und **Ansprüche auf Einsichtnahme** (§§ 716, 809, 810 BGB; §§ 87c Abs. 4, 118 Abs. 1, 157 Abs. 3, 166 Abs. 1, 498 HGB; §§ 111 Abs. 2 Satz 1, 175 Abs. 2 AktG; § 24 VerlagsG; § 152 FGG). Der Rechnungslegungsanspruch ist eine besondere Form der Auskunftserteilung durch aus sich heraus verständliche Abrechnung über Einnahmen und Ausgaben und Vorlage von Belegen.²¹ Ohne ausdrückliche gesetzliche Regelung ergibt sich eine **Pflicht** zur Rechnungslegung **aus § 242 BGB**, wenn jemand (auch) fremde Angelegenheiten besorgt und es das Wesen des Rechtsverhältnisses mit sich bringt, dass der Berechtigte über Bestehen und Umfang seines Rechts im Ungewissen ist, während der Verpflichtete solche Auskünfte unschwer, ohne unbillig belastet zu sein, erteilen kann.²² Dies sind generell die Voraussetzungen, unter denen gem. § 242 in Verb. mit § 260 Abs. 1 BGB ein **unselbständiger Auskunftsanspruch** bestehen kann, der zu einem nachgewiesenen Hauptanspruch akzessorisch ist,²³ nämlich dessen Durchsetzung dem 8

---

12 Von *Peters* ZZP 82 (1969), 200, 206 gebildetes Beispiel.
13 BGH GRUR 2005, 638.
14 EuGH GRUR 2005, 236 – Saatgut/Brangwitz.
15 BGH NJW 2011, 1815 Tz. 10 – VIOXX (Konsequenzen für die Zulässigkeit einer Stufenklage nach § 254 ZPO).
16 LG Bonn K&R 2010, 836 = CR 2011, 379.
17 EuGH NJW 2012, 2497 Tz. 39 – Meister/Speech Design.
18 Stein/Jonas/*Leipold*²² § 422 Rdn. 10; **a.A.** *Siegel* aaO (Fn. 2), S. 11f. (ausschließlich Ansprüche auf Herausgabe oder Vorlegung an den Beweisführer selbst).
19 Vgl. BGHZ 107, 104, 110.
20 Vgl. BGHZ 104, 369, 372f.
21 *Teplitzky*, Wettbewerbsrechtliche Ansprüche und Verfahren, 10. Aufl. 2011, Kap. 39 Rdn. 1 i.V.m. 7; GroßkommUWG/*Köhler* vor § 13 B (1991) Rdn. 402 und 424.
22 BGHZ 10, 385, 386f.; BGH NJW 1979, 1304, 1305; BGH NJW 2007, 1806 Tz. 13 = GRUR 2007, 532 – Meistbegünstigungsvereinbarung; BGHZ 186, 13, 18 Tz. 14 = NJW 2011, 226 (Ermittlungen zum Familienunterhalt); BGH NJW 2012, 450 Tz. 19f. (Auskunft für Scheinvaterregress).
23 BGH LM § 810 Nr. 5 Bl. 2 = WM 1971, 565, 567; BGHZ 55, 201, 203; 95, 274, 278f. – Gema-Vermutung I; 95, 285, 287f. – Gema-Vermutung II; 126, 109, 113 – Arbeitnehmererfindung; 141, 307, 318

Umfang nach vorbereiten hilft. Der unselbständige Auskunftsanspruch ist in umfangreicher Rechtsprechung, die insbesondere sonderdeliktsrechtliche Hauptansprüche nach Rechtsverletzungen im Wettbewerbs- und Immaterialgüterrecht betrifft, zu Gewohnheitsrecht erstarkt. Er umfasst aber **nur in Ausnahmefällen** die Pflicht zur Vorlegung von **Belegen**.[24] Der I. Zivilsenat des BGH hat als wichtige Ausnahme anerkannt, dass die Belegvorlage verlangt werden kann, wenn sie für die Überprüfung der Verlässlichkeit der Auskunft erforderlich ist.[25] Für den **selbständigen Auskunftsanspruch**, wie er sich etwa aus § 19 MarkenG ergibt, wie er aber zum Schutz wettbewerbsrechtlicher Leistungspositionen auch aus § 242 BGB in Verbindung mit einem verschuldensunabhängigen Beseitigungsanspruch gewährt wird[26] und der ein Vorgehen des Verletzten gegen Dritte, also nicht den Auskunftspflichtigen, ermöglichen soll, hat der I. Zivilsenat die Belegvorlage ebenfalls auf Ausnahmefälle beschränkt.[27]

9 **Ansprüche auf Herstellung von Urkunden**, etwa von Quittungen nach § 368 BGB, genügen für § 422 **nicht**, da dessen Wortlaut eine bereits bestehende Urkunde voraussetzt.

10 Die Normen des materiellen Rechts, auf die § 422 Bezug nimmt, ergeben sich aus einer durch die Normen des IPR berufenen **ausländischen Rechtsordnung**, wenn das Rechtsverhältnis der Prozessparteien einem ausländischen Sachrecht untersteht.

11 **2. Durchsetzbarkeit des Anspruchs.** Die materiellrechtlichen Ansprüche müssen durchsetzbar sein, es dürfen ihnen also **keine dauernden materiellrechtlichen Einwendungen** oder **Einreden** einschließlich der Verjährungseinrede entgegenstehen.[28] Die Beachtung dieser Grenzen der materiellrechtlichen Vorlegungspflicht folgt aus der Abhängigkeit der prozessualen Aufklärungspflicht vom materiellen Recht, die dem § 422 als Prinzip zugrunde liegt. Einreden, die wie §§ 320 oder 273 BGB – lediglich ein Zurückbehaltungsrecht begründen, berühren den Anspruch selbst nicht und sind für § 422 unbeachtlich.[29]

3. Rechtliches Interesse; überwiegendes Geheimhaltungsinteresse

12 **a) Informationsinteresse und Beweisinteresse. § 810 BGB**, der den wichtigsten Fall eines materiellrechtlichen Vorlegungsanspruchs normiert, setzt ein rechtliches Interesse des Gläubigers an der Einsichtnahme in die Urkunde voraus. Er muss die Information **zur Erhaltung, Förderung, oder Verteidigung seiner rechtlich geschützten Interessen** benötigen.[30] Das ist auch der Fall, wenn der Beweisführer zwar selbst eine Ausfertigung der Urkunde erhalten hatte, diese Urkunde jedoch nicht mehr auffindbar ist.[31] Teilweise ist die Auffassung vertreten worden, das rechtliche Interesse sei in der

---

(Ausgleichsanspruch zwischen Eheleuten); BGH NJW 2002, 2475, 2476 – Musikfragmente; *Teplitzky*[10] Kap. 38 Rdn. 3 und 5.
24 BGH LM § 810 Nr. 5 Bl. 2.
25 BGHZ 148, 26, 37 = GRUR 2001, 841, 845 = WRP 2001, 918, 922 – Entfernung der Herstellungsnummer II; dazu *Teplitzky*[10] Kap. 38 Rdn. 27.
26 BGHZ 125, 322, 330f. = GRUR 1994, 630, 632f. – Cartier Armreif; BGH GRUR 1994, 635, 637 – Pulloverbeschriftung; GRUR 1995, 427, 429 – Schwarze Liste; dazu *Teplitzky*[10] Kap. 38 Rdn. 35ff.
27 BGH GRUR 2002, 709, 712 – Entfernung der Herstellungsnummer III.
28 *Siegel* aaO (Fn. 2), S. 126.
29 *Siegel* aaO (Fn. 2), S. 127; **a.A.** – mangels Differenzierungen – MünchKomm/*Schreiber*[4] § 422 Rdn. 3.
30 BGH LM Nr. 5 zu § 810 BGB = WM 1971, 565, 567; BGH NJW 1981, 1733; Staudinger/*Marburger* (Bearb. 2009) § 810 Rdn. 10.
31 So in BGH WM 2002, 1690, 1692 (Klage eines Insolvenzverwalters, Vertragsurkunde über Bauauftrag).

höchstpersönlichen Information des Anspruchstellers zu sehen.[32] Daraus ist dann abgeleitet worden, dass die Vorlagepflicht zu verneinen sei, wenn der Antragsteller vom Urkundeninhalt Kenntnis besitzt,[33] was notgedrungen dessen Behauptung provoziert, er habe ein schlechtes Gedächtnis oder habe etwaige Aufzeichnungen oder Kopien verloren. Außerdem wäre § 810 BGB nicht gegeben, wenn die Vorlegung der Urkunde an Dritte zur Beweisführung bezweckt ist,[34] was die Anwendung des § 422 vereiteln würde. Um diesen Widerspruch zu vermeiden, ist ein **bloßes Beweisinteresse** des Beweisführers unabhängig von vorhandener Kenntnis des Urkundeninhalts als ausreichend anzusehen.[35] Das Beweisinteresse ist bereits im Rahmen der Prüfung des § 810 BGB zu berücksichtigen; es bedarf keiner Sonderbehandlung des § 810 BGB, soweit diese Norm beweishalber im Rahmen des § 422 als Vorlegungsgrund herangezogen wird.[36] Dies entspricht den Beschlüssen der 1. Kommission zur Beratung des BGB, die § 810 BGB mit der prozessualen Editionspflicht Dritter harmonisieren wollte und das Erfordernis eines besonderen Interesses als Ersatz für die außerhalb eines anhängigen Prozesses fehlende richterliche Vorlageanordnung ansah.[37]

Soweit für Vorlegungs- bzw. Einsichtsansprüche auf **anderer Rechtsgrundlage** ein 13
rechtliches Interesse zur Voraussetzung gemacht wird, muss dort ebenfalls ausreichen, dass der Beweisführer den urkundlichen Nachweis einer bestimmten Tatsache erbringen will.

b) Geheimhaltungsberechtigung, Zeugnisverweigerung. Ungeklärt ist, ob und 14
nach Maßgabe welcher Umstände der materiellrechtliche Anspruch gegen ein **Geheimhaltungsinteresse** im Sinne der Tatbestände des § 384 abzuwägen ist. Die Schaffung des § 142 Abs. 2 durch die ZPO-Reform 2001 gebietet dazu neue Überlegungen. Soweit im prozessualen Editionsverfahren eine **Anordnung nach § 142** gegenüber einem **Dritten** ergeht, steht diesem ein Zeugnisverweigerungsrecht (u.a.) nach § 384 zu (§ 142 Abs. 2). Ein gleichartiges Verweigerungsrecht ist zur Vermeidung von Wertungsfriktionen auf die **Vorlage nach § 429** zu übertragen.[38] Der Gesetzgeber hatte keinen Anlass, für § 429 eine dem § 142 Abs. 2 entsprechende Regelung zu treffen, weil der Geheimnisschutz als Grenze der in Bezug genommenen materiellrechtlichen Ansprüche schon vorher anerkannt war. Der Geheimnisschutz wirkt dort unmittelbar gegen den materiellrechtlichen Anspruch aufgrund einer dem § 242 zu entnehmenden Zumutbarkeitsgrenze (s. auch vor § 284 Rdn. 45). Auskunftspflichten können auch durch **Grundrechte**, etwa durch das Recht auf Achtung der Privat- und Intimsphäre, begrenzt sein, was insbesondere bei Herleitung des Auskunftsanspruchs aus § 242 BGB zu prüfen ist.[39]

Diese **Argumentation** ist **auf den Beweisgegner** und damit auf § 422 **nicht über-** 15
tragbar, da dem Beweisgegner keine Zeugnisverweigerungsrechte zustehen. Daraus ist aber kein Umkehrschluss zu ziehen. Berücksichtigenswerte Geheimhaltungsinteressen sind auch beim Beweisgegner anzuerkennen; der materielle Anspruch wird nach Treu

---

32 OLG Braunschweig OLG Rspr. 27 (1931), 98, 99; *Siegel* aaO (Fn. 2), S. 22.
33 RG Gruchot 49 (1905), 832, 835 ff.; OLG Braunschweig, OLGRspr. 27 (1913), 98, 99; Staudinger/*Marburger* § 810 Rdn. 5, ferner vor § 809 Rdn. 1.
34 So ausdrücklich OLG Braunschweig OLG Rspr. 27 (1913), 98, 99.
35 OLG Frankfurt WM 1980, 1246, 1247; OLG Frankfurt JW 1933, 530, 531; Stein/Jonas/*Leipold*[22] § 422 Rdn. 4; MünchKomm/*Schreiber*[4] § 422 Rdn. 4.
36 So aber wohl *Siegel* aaO (Fn. 2), S. 117 f., 123 f.; Stein/Jonas/*Leipold*[21] § 422 Rdn. 4.
37 Zur Gesetzesgeschichte *Jacobs*, Die Beratung des BGB, Recht der Schuldverhältnisse III, §§ 652 bis 853, S. 749.
38 **A.A.** *Siegel* aaO (Fn. 2), S. 118 (bei damals anderer gesetzlicher Ausgangslage).
39 BGH NJW 2012, 450 Tz. 24 m. Anm. *Maurer*.

und Glauben begrenzt.[40] **Art. 43 TRIPS-Übereinkommen** verlangt die Bereitstellung geeigneter verfahrensrechtlicher Wege zur Schonung von Geheimhaltungsinteressen, wenn die Vorlage vertraulicher Informationen als Beweismittel gerichtlich angeordnet wird. Die **Richtlinie** 2004/48/EG zur **Durchsetzung der Rechte des geistigen Eigentums** vom 29.4.2004[41] greift das TRIPS-Übk. auf[42] und regelt in Art. 6 Abs. 1 Satz 1 in entsprechender Weise die Anordnung der Vorlage von Beweismitteln durch die gegnerische Partei, „sofern der Schutz vertraulicher Informationen gewährleistet wird"; unter denselben Vorbehalt stellt Art. 7 Abs. 1 Satz 1 die Anordnung der Sicherung rechtserheblicher Beweismittel vor Einleitung eines Hauptverfahrens durch einstweilige Maßnahmen.

16 Entfällt schon der materiellrechtliche Anspruch wegen eines überwiegenden Geheimhaltungsinteresses der grundsätzlich zur Vorlegung verpflichteten Partei, besteht keine Vorlegungspflicht nach § 422; es kommt nicht auf eine analoge Anwendung der Vorschriften zum Zeugnisverweigerungsrecht (§§ 383, 384) an.[43] Das **Gewicht der** gegnerischen **Geheimhaltungsinteressen** wird freilich durch die **Umstände der Vorlegung** mitbestimmt. Nicht nur der Kreis der Personen, die im Rahmen einer Beweiserhebung nach § 422 Kenntnis erlangen, ist größer, sondern es besteht bei Erörterung des Urkundeninhalts in öffentlicher Verhandlung grundsätzlich auch keine Geheimhaltungsverpflichtung. Den Geheimhaltungsinteressen kann allerdings durch verfahrensrechtliche Vorkehrungen Rechnung getragen werden, wie sie **§§ 172 Nr. 2, 173 Abs. 2, 174 Abs. 3 GVG** ermöglichen. Das beeinflusst wiederum die Abwägung der gegenüberstehenden Interessen. Ein vom Gericht angeordnetes **Schweigegebot** ist strafrechtlich durch **§ 353d Nr. 2 StGB** bewehrt; für einen eingeschalteten öffentlich bestellten Sachverständigen gilt § 203 Abs. 2 Nr. 5 StGB.[44]

17 c) **Ausforschungsverbot.** Das Verbot unzulässiger Ausforschung wirkt über den Grundsatz von Treu und Glauben bereits auf die materiellen Vorlegungsansprüche ein;[45] zu verneinen ist ein rechtliches Interesse. Es ist allerdings behutsam anzuwenden, weil die Ansprüche – vgl. nur § 809 2. Alt. BGB – **gerade zur Schließung von Informationslücken** des Gläubigers gewährt werden und auch der Erhärtung von Verdachtsmomenten dienen sollen. Dies wird allerdings durch völlig überzogene Formulierungen konterkariert, wie sie nicht nur in älteren Entscheidungen zu finden sind, wonach sich nicht auf ein schutzwürdiges Interesse berufen könne, wer sich durch die Urkundeneinsicht erst Unterlagen für seine Rechtsverfolgung beschaffen wolle, insbesondere den Zweck verfolge, den darlegungs- und beweispflichtigen Vorlegungssucher in die Lage zu versetzen, einen Schadensersatzprozess gegen den Urkundenbesitzer vorzubereiten und mit Erfolg geltend zu machen.[46] Worin sonst soll das legitime Beweisinteresse liegen? Das distanzlose Mitschleppen derartiger überkommener, Verwirrung stiftender Sentenzen ignoriert die ausgefeilte gegenteilige Rechtsprechung und Gesetzgebung zu den Sonder-

---

40 Vgl. zu § 810 BGB Staudinger/*Marbuger* § 810 Rdn. 5 und Vorbem. zu §§ 809–811 Rdn. 5 (Ergänzung des § 810 BGB nach Treu und Glauben); MünchKommBGB/*Habersack* 5. Aufl. 2009, § 810 Rdn. 11 (Schutzwürdigkeit als ungeschriebene Voraussetzung).
41 ABl. EU Nr. L 157 v. 30.4.2004 S. 45, berichtigt ABl. EU Nr. L 195 v. 2.6.2004 S. 16.
42 Erwägungsgrund 7.
43 So aber MünchKomm/*Schreiber*[4] § 422 Rdn. 5; *Schreiber* Die Urkunde im Zivilprozess, S. 173 ff., 181; Zöller/*Geimer*[29] § 422 Rdn. 4.
44 Dazu *Tilmann/Schreibauer* FS Erdmann (2002) S. 901, 922; *Gottwald* BB 1979, 1780, 1780 f.
45 Für § 810 BGB: BGHZ 109, 260, 267; BGH LM Nr. 5 zu § 810 (Blatt 2) = WM 1971, 565, 567; OLG Frankfurt WM 1980, 1246, 1248. Für § 809 BGB: BGHZ 93, 191, 205, 211 – Druckbalken.
46 BGH LM Nr. 5 zu § 810 BGB = WM 1971, 565, 567; BGHZ 109, 260, 267; OLG Frankfurt WM 1980, 1246, 1248.

schutzrechten des Immaterialgüterrechts und zum Wettbewerbsrecht. Richtig daran ist nur, dass die **zu beweisende Tatsache erheblich** (vgl. § 431 Abs. 1) und daher die Beweisführung mit der Urkunde erforderlich sein muss. Es muss also ein **gewisser Grad von Wahrscheinlichkeit** der Existenz des Hauptanspruchs gegeben sein;[47] damit findet eines Missbrauchsabwehr statt[48] (zur prozessualen Parallele s. § 424 Rdn. 13 und § 420 Rdn. 13).

4. Ort und Zeit der Vorlegung. Unterschiede zwischen dem materiellen Anspruch und der innerprozessualen Vorlegungspflicht bestehen bezüglich des Ortes, an dem diese Pflicht zu erfüllen ist. Während § 811 BGB für § 810 BGB anordnet, dass die Vorlegung der Urkunde an dem Ort zu erfolgen hat, an dem sich die Urkunde befindet, muss der Editionspflichtige die Urkunde dem Prozessgericht vorlegen.[49] § 811 BGB findet daher im Prozessrecht keine Anwendung.[50] Unanwendbar sind auch etwaige materiell-rechtliche Normen hinsichtlich einer bestimmten Vorlegungszeit.

5. Vorlegung nach § 809 BGB. § 809 BGB setzt einen Anspruch gegen den Besitzer einer Sache – worunter auch eine Urkunde fällt – in Ansehung dieser Sache voraus. Der Anspruch muss in einer rechtlichen Beziehung zu der Sache (Urkunde) stehen. Alternativ reicht es, wenn die Vorlegung dazu dienen soll, dem Anspruchsteller **Gewissheit über das Bestehen eines Anspruchs** zu verschaffen. Bedeutung hat diese Norm insbesondere bei der vorprozessualen Ermittlung **vermuteter Schutzrechtsverletzungen im Immaterialgüterrecht** durch private Augenscheinseinnahme unter Heranziehung eines Sachverständigen. Das Verhältnis zum Beweisrecht betrifft insoweit nicht den Urkundenbeweis sondern den Augenscheinsbeweis. Ein zu enges Verständnis der §§ 809 f. BGB hat den Besichtigungsanspruch hinter dem rechtspolitisch vorzugswürdigen Rechtszustand in Frankreich und Großbritannien zurückbleiben lassen. Die das Urheberrecht betreffende **Entscheidung „Faxkarte"** des I. Zivilsenats des BGH[51] hat für eine richterrechtliche Fortentwicklung gesorgt, der sich der X. Zivilsenat unter Überwindung seiner das Patentrecht betreffenden „Druckbalken"-Entscheidung[52] anschließen sollte. Gesetzgeberische Maßnahmen sind erforderlich, damit die befürwortete, wenngleich rechtlich zweifelhafte rasche Tenorierung des Besichtigungsanspruchs im Wege einstweiliger Verfügung[53] durch eine Ausweitung des selbständigen Beweisverfahrens ersetzt wird. Die Umsetzung der **Richtlinie 2004/48/EG** zur Durchsetzung der Rechte des Geistigen Eigentums v. 29.4.2004[54] hat in den Sonderprivatrechten des Geistigen Eigentums für Abhilfe gesorgt.

---

[47] Erman/*Wilhelmi* BGB 13. Aufl. 2011, § 810 Rdn. 3. In diesem Sinne wohl auch BGH NJW 1989, 3272, 3273 = WM 1989, 878, 879; *Stürner* Aufklärungspflicht der Parteien des Zivilprozesses, S. 345, spricht von „jedem guten Grund, jedem vernünftigen Anhaltspunkt für das Bestehen eines Hauptrechtes".
[48] In diesem Sinne ist wohl OLG Schleswig NJW-RR 1991, 1338 zu verstehen.
[49] Zu diesem Unterschied OLG Frankfurt WM 1980, 1246, 1248; *Lent* ZZP 54 (1967), 344, 354; *Siegel* aaO (Fn. 2), S. 112.
[50] Zur Aushändigung an den Berechtigten aus wichtigem Grund OLG Köln VersR 2010, 1504, 1506 (Röntgenbilder eines Pferdes).
[51] BGHZ 150, 377 = GRUR 2002, 1046 = WRP 2002, 1173 = NJW-RR 2002, 1617, mit Bspr. *Tilmann/ Schreibauer* GRUR 2002, 1015 und ausführlicher in FS Erdmann S. 901 ff.; Vorinstanz: OLG Hamburg GRUR-RR 2001, 289.
[52] BGHZ 93, 191 = GRUR 1985, 512; dazu die Eilentscheidung OLG Düsseldorf GRUR 1983, 745.
[53] So etwa in OLG Düsseldorf GRUR 1983, 745.
[54] ABl. EU vom 30.4.2004 Nr. L 195 S. 45 mit Berichtigung ABl. EU vom 2.6.2004 Nr. L 195 S. 16.

6. Vorlegung nach § 810 BGB

20   **a) Allgemeines.** In Erweiterung des § 809 BGB gewährt § 810 BGB einen allgemeinen materiellrechtlichen Anspruch gegen den Urkundenbesitzer auf Einsichtnahme in Urkunden. Stoßen das für § 810 BGB erforderliche „rechtliche Interesse" (dazu oben Rdn. 12) und **schutzwürdige Belange des Verpflichteten** aufeinander, bedarf es einer **Abwägung** dieser Interessen unter Beachtung des Grundsatzes der Verhältnismäßigkeit.[55] § 810 BGB nennt alternativ drei Sachverhalte der Einsichtnahme. Sie sind zwar nicht bloß beispielhaft aufgezählt, sind aber doch einer weiten Auslegung[56] und einer entsprechenden Anwendung auf ähnlich gelagerte Fälle zugänglich.[57] Gemeinsam ist ihnen, dass der Gläubiger an dem Rechtsverhältnis beteiligt sein muss, über das die Urkunde Auskunft geben soll.[58]

b) Drei Tatbestandsvarianten

21   **aa) Errichtung im Interesse des Vorlegungsersuchers.** Bei dieser Variante besteht der – nicht notwendig ausschließliche – Zweck der Urkunde (nicht: auch ihr Inhalt) darin, als Beweismittel zu dienen, also Rechtsverhältnisse des Anspruchstellers zu sichern oder seine rechtlichen Beziehungen zu fördern.[59] Die Urkunde muss sich also gerade auf die Person beziehen, für die sie errichtet wurde. Ob die **Handakten des Rechtsanwalts** in einem gegen ihn gerichteten Schadensersatzprozess unter § 810 1. Var. BGB fallen,[60] ist bedeutungslos, da sich ein Herausgabeanspruch nach Maßgabe des § 50 BRAO aus §§ 675, 667 BGB ergibt und ein Einsichtsrecht aus § 666 BGB.[61] Rechenschaft bedeutet dort die Darlegung der wesentlichen Einzelheiten des Handelns zur Auftragsausführung und Verschaffung der notwendigen Übersicht für den Auftraggeber über das besorgte Geschäft.[62] Dem Auskunftsanspruch aus § 666 steht nicht entgegen, dass sich der nach dieser Vorschrift Auskunftspflichtige einer strafbaren Handlung bezichtigen müsste; der Schutz des Auftraggebers hat Vorrang.[63] Da der Zweck anwaltlicher Handakten auch darin besteht, die Rechtsverhältnisse des Mandanten und die darauf bezogenen Aktivitäten des Anwalts zu dokumentieren und damit u.a. zur Überprüfung durch den Kammervorstand Beweis zu liefern, ist § 810 BGB ebenfalls zu bejahen. **Ärztliche Aufzeichnungen** haben, soweit sie naturwissenschaftliche Befunde und den Behandlungsverlauf betreffen, in gleicher Weise nicht nur den Zweck einer internen Gedächtnisstütze des Arztes, deren Anfertigung ins Belieben des Arztes gestellt ist, sondern werden dem Patienten geschuldet, damit z.B. bei Ausfall des Arztes im Interesse kontinuierlicher Behandlung die externe Information nachbehandelnder Ärzte ermöglicht wird; in sie ist

---

55   BVerfGE 27, 344, 351 f. (zur Verwertung von Scheidungsakten im Disziplinarverfahren und Art. 2 Abs. 1 in Verb. m. Art. 1 Abs. 1 GG). Dies kann zu einem Ausschluss oder einer Beschränkung des Rechts auf Einsichtnahme führen; vgl. für § 809 BGB BGHZ 93, 191, 202 und 211 (Gefährdung schutzwürdiger gewerblicher Interessen).
56   BGHZ 55, 201, 203; BGH WM 1963, 990, 991; BGH WM 1966, 255, 256.
57   Staudinger/*Marburger* § 810 Rdn. 12 m.w.N.; **a.A.** *Stürner* Aufklärungspflicht der Parteien, S. 342 f.
58   Staudinger/*Marburger* § 810 Rdn. 12; Erman/*Wilhelmi*[13] § 810 Rdn. 5.
59   BGH LM Nr. 5 zu § 810 BGB = WM 1971, 565, 566.
60   So OLG Frankfurt JW 1933, 530, 531; offengelassen von BGHZ 109, 260, 267.
61   BGHZ 109, 260, 263 f.
62   BGHZ 109, 260, 266.
63   BGHZ 109, 260, 268.

nach § 810 BGB Einsicht zu gewähren,[64] was auch durch Überlassung von Fotokopien geschehen kann.[65]

bb) Beurkundung eines zwischen Anspruchsteller und einem anderen bestehendes Rechtsverhältnisses. Anders als bei der 1. Var. ist auf den **Inhalt** der Urkunde abzustellen.[66] Aufzeichnungen mit rein internem Zweck, etwa zur Gedächtnisunterstützung, reichen nicht aus.[67] Ausreichend ist, dass zwischen dem beurkundeten Vorgang und dem fraglichen Rechtsverhältnis eine unmittelbare rechtliche Beziehung besteht.[68] Das Rechtsverhältnis kann beendet sein. Das Rechtsverhältnis selbst muss nicht beurkundet sein, jedoch müssen die beurkundeten Tatsachen in irgendeiner Weise zu dem Rechtsverhältnis gehören.[69] Der Urkundenbesitzer muss nicht zugleich „andere Partei" des Rechtsverhältnisses sein.[70]

22

Die Beurkundung des Rechtsverhältnisses oder des Vorgangs, der in einer unmittelbaren rechtlichen Beziehung zu dem Rechtsverhältnis steht, braucht nicht umfassend zu sein, eine **teilweise Beurkundung** ist ausreichend.[71] Die Grenze ist erst dort erreicht, wo der Urkunde für Rechtsverhältnis nichts mehr entnommen werden kann, da dann eine Vorlegung keinen Sinn mehr macht. Umgekehrt ist nicht erforderlich, dass die ganze Urkunde der Beurkundung des Rechtsverhältnisses dient. Bedeutsam ist dies für umfassende Dokumente, die der Beurkundung einer unbestimmten Zahl von Vorgängen im Geschäftsverkehr dienen, wie etwa Geschäftsbücher, Handelsbücher oder Bilanzen. Die Bücher sind dann auszugsweise vorzulegen.

23

Unter die 2. Variante fallen **Vertragsurkunden** und Dokumente über **einseitige Rechtsgeschäfte** wie Schuldscheine, Quittungen (§ 368 BGB) und Rechnungen; bei einseitigen Rechtsgeschäften muss der Beweisführer die Willenserklärung abgegeben oder empfangen haben.[72] Erfasst werden **Entscheidungen** von Gerichten und Behörden, **Behördenakten** dann, wenn sie privatrechtliche Rechtsverhältnisse beurkunden – vor allem im Bereich des fiskalischen Handelns der Behörden – und nicht ausschließlich dem inneren Dienst der Behörde dienen.[73]

24

cc) Wiedergabe von Verhandlungen über ein Rechtsgeschäft. Die Verhandlungen müssen zwischen demjenigen, der die Vorlegung verlangt und einem anderen oder zwischen einem von beiden und einem gemeinsamen Vertreter geführt worden sein, etwa Entwürfe und Briefe.[74] Darunter fällt insbesondere **vertragsbezogene Korrespondenz**, die einem Vertragsschluss vorausgeht oder – z.B. Mängelrügen betreffend – nach-

25

---

64 BGHZ 85, 327, 337 = NJW 1983, 328, 329; 85, 339, 345 = NJW 1983, 330, 331 (Grenzen in der Psychiatrie), beide Entscheidungen mit Bspr. *Ahrens* NJW 1983, 2609; BGH NJW 1983, 2627, 2629 (Einsichtsrecht der Erben); NJW 1985, 674, 675 (Psychiatrie); BGH NJW 1989, 764, 765 (Psychiatrie). Zur Anordnung nach § 142 gegen den Arzt als Dritten LG Saarbrücken VersR 2003, 234.
65 BGHZ 85, 327, 334.
66 Staudinger/*Marburger* § 810 Rdn. 14.
67 BGH WM 1973, 644, 649; RGZ 89, 1, 4.
68 BGHZ 55, 201, 203; BGH WM 1963, 990, 991; so auch BGH LM Nr. 3 zu § 810 BGB.
69 RG Gruchot 49 (1905), 832, 836. So bei Verbuchung der Zahlungen des Hauptschuldners in den Handelsbüchern des Gläubigers für den Beweis der Erfüllung der Hauptschuld durch den Bürgen, BGH NJW 1988, 906, 907.
70 BGH LM Nr. 3 zu § 810 BGB; BGH WM 1988, 1447, 1449: Anspruch richtet sich gegen jeden gegenwärtigen Urkundenbesitzer.
71 RGZ 117, 332, 333; 87, 10, 14; 56, 109, 112.
72 Stein/Jonas/*Leipold*[22] § 422 Rdn. 14.
73 Vgl. Staudinger/*Marburger* § 810 Rdn. 17; Erman/*Wilhelmi*[13] § 810 Rdn. 7.
74 RGZ 152, 213, 217.

folgt,[75] aber auch behördliche Aufzeichnungen, die im Interesse Dritter niedergelegt worden sind.[76] **Nicht** darunter fallen Notizen für den **internen Gebrauch** einer Partei[77] sowie die Korrespondenz zwischen einer der Parteien und ihrem alleinigen Stellvertreter. Dies gilt auch für die Schadensmeldung, die ein Schädiger seinem Haftpflichtversicherer übersandt hat,[78] oder ein Schadensgutachten, das der Versicherer aufgrund der Angaben des Einsicht begehrenden Versicherungsnehmers in Auftrag gegeben hat.[79]

III. Rechtsfolgen der Nichtvorlage

26   Besteht Streit über das Bestehen einer prozessualen Vorlegungspflicht nach § 422, so kann darüber durch **Zwischenurteil nach § 303** entschieden werden.[80]

Missachtet der Beweisgegner eine Vorlegungsanordnung nach den §§ 422, 423, 425, ist zwischen **innerprozessualen** und **außerprozessualen Wirkungen** zu unterscheiden. Die innerprozessualen Folgen richten sich im internationalen Zivilprozessrecht stets nach der **lex fori**, auch wenn der materielle Anspruch einer anderen Rechtsordnung untersteht (s. oben Rdn. 10).

27   **§ 427 Satz 2**, der ausschließlich das innerprozessuale Editionsverfahren betrifft, gestattet es, den vom Beweisführer behaupteten **Inhalt** der Urkunde **als bewiesen** anzusehen. Für den Spezialfall, dass der Beweisgegner einen Anspruch des Beweisführers auf Urkundenvorlegung vereitelt, indem er die Urkunde beseitigt oder sonst unbenutzbar macht, gilt § 444.

28   Ordnet das Gericht eine Vorlage **nach § 142 von Amts wegen** an, kommen ebenfalls weder unmittelbarer Zwang noch eine Ordnungssanktion (wie gegen einen Dritten) in Betracht, wohl aber die Anwendung des § 427.[81] § 427 ist dabei nicht bloß ein „Anhalt" oder eine „Richtlinie", wie vor der ZPO-Reform von 2001 angenommen wurde.[82] Unerheblich ist dafür, dass die Anordnung, von der § 427 ausgeht, ursprünglich nur § 425 in Bezug nahm, der sich seinerseits auf einen Beweisantrag nach § 421 bezieht. Die mangelnde Klarstellung der gesetzgeberischen Entscheidung im Gesetzestext ist ein redaktioneller Fehler.

29   Außerhalb des anhängigen Verfahrens kann der Herausgabe- oder Vorlegungsanspruch nach Titulierung im Wege der **Zwangsvollstreckung** nach **§ 883 oder § 888** erzwungen werden;[83] ferner kann der Beweisführer eventuell Schadensersatz verlangen.

---

75 OLG Celle BB 1973, 1192, 1193.
76 BGHZ 60, 275, 292 (betr. Ausübung eines gemeindlichen Vorkaufsrechts).
77 BGHZ 60, 275, 292; BGH WM 1973, 644, 649; RGZ 152, 213, 217; KG NJW 1989, 532, 533.
78 OLG Düsseldorf VersR 1980, 270 (LS).
79 LG Berlin VersR 2003, 95.
80 Vgl. BGH ZZP 92 (1979), 362, 363.
81 Entwurf des ZPO-ReformG 2001, BT-Drucks. 14/3750, S. 53/54.
82 So BAG DB 1976, 1020; ebenso *Schreiber* Die Urkunde im Zivilprozess, S. 146 ff., 149; Stein/Jonas/*Leipold*[21] § 427 Rdn. 5; Zöller/*Geimer*[25] § 422 Rdn. 5.
83 Im Einzelnen streitig; zu § 810 BGB MünchKommBGB/*Habersack*[5] § 810 Rdn. 17 i.V.m. § 809 Rdn. 17 (für §§ 887, 888 ZPO).

§ 423
Vorlegungspflicht des Gegners bei Bezugnahme

Der Gegner ist auch zur Vorlegung der in seinen Händen befindlichen Urkunden verpflichtet, auf die er im Prozeß zur Beweisführung Bezug genommen hat, selbst wenn es nur in einem vorbereitenden Schriftsatz geschehen ist.

Schrifttum
Siegmann Die Beweisführung durch „gegnerische" Urkunden, AnwBl 2008, 160.

Übersicht
I. Selbständiger Vorlegungsgrund, Normzweck —— 1
II. Bezugnahme zur Beweisführung —— 4
III. Vorlegungsverpflichtete, Verfahren, Rechtsfolge —— 7
IV. Verhältnis zu § 142 ZPO —— 9

I. Selbständiger Vorlegungsgrund, Normzweck

§ 423, der gem. § 371 Abs. 2 Satz 2 auch auf Augenscheinsobjekte anwendbar ist, enthält einen selbständigen Vorlegungsgrund neben § 422. Er hat nichts zu tun mit dem Anspruch nach § 134 auf Niederlegung von Urkunden zur Einsicht auf der Geschäftsstelle. § 423 gewährt ein **rein prozessuales Recht**[1] auf Urkundenedition **für den Beweisführer**. Es richtet sich gegen den Beweisgegner, wird durch § 429 Satz 1 aber auch auf Dritte erstreckt. Unberührt bleibt die Möglichkeit des Gerichts, die Vorlegung **von Amts wegen** nach § 142 Abs. 1 anzuordnen. 1

Die Handlungspflicht wird **aus vorangegangenem Tun** abgeleitet,[2] nämlich aus der prozessualen Bezugnahme des Vorlegungspflichtigen auf eine Urkunde. § 423 ist von der Beweislastverteilung unabhängig, trifft also auch die nicht beweisbelastete Partei. Vor der ZPO-Reform 2001 ist § 423 als eine Norm angesehen worden, der das Prinzip des **venire contra factum proprium** zugrunde liege.[3] **Dieses Verständnis ist aufzugeben**, um keine Inkongruenzen zu § 142 entstehen zu lassen.[4] Die Bezugnahme ist in beiden Normen als Tatbestandsmerkmal enthalten und sollte trotz weiterer Unterschiede des Normwortlauts übereinstimmend ausgelegt werden. Die Reform der §§ 142 und 144 wollte die Richtermacht bei der Sachaufklärung mittels Urkunden und Unterlagen, die Augenscheinsobjekte darstellen, im Interesse der Sachaufklärung und zur Verschaffung eines umfassenden Überblicks über den dem Rechtsstreit zugrundeliegenden Sachverhalt stärken (näher: § 420 Rdn. 7, 11 ff.). Die Regelung der Vorlageanordnung gem. § 142 Abs. 1 **gegenüber Dritten** ist nur mit der **Schaffung einer prozessualen Pflicht** zu erklären; als nicht oder nicht mehr am Prozess Beteiligter kann er sich nicht widersprüchlich verhalten (§ 420 Rdn. 9). Die Anordnungsmöglichkeit gegenüber der Partei, die sich auf eine in ihrem Besitz befindliche Urkunde bezogen hat, kann innerhalb derselben Norm nicht anders interpretiert werden und hinter der rechtlichen Qualifizierung des Vorlagegrundes zu Lasten Dritter zurückbleiben. Diese Deutung ist dann auch für § 423 bestimmend. Das venire contra factum proprium hat aber Bedeutung für die Beurteilung 2

---
1 Stein/Jonas/*Leipold*[22] § 423 Rdn. 1; MünchKomm/*Schreiber*[4] § 423 Rdn. 1.
2 *Gottwald* ZZP 92 (1979), 364, 366.
3 *Arens* ZZP 96 (1983), 1, 13.
4 Zum Gebot kongruenter Auslegung von § 142 und § 423 schon *Stürner* Aufklärungspflicht der Parteien des Zivilprozesses, S. 101.

von **Geheimhaltungsinteressen des Beweisgegners**; sich darauf nach vorheriger öffentlicher Inbezugnahme der Urkunde zu berufen wäre in der Regel widersprüchlich.[5] Die **§§ 383 Abs. 1, 384** sind **nicht** analog anzuwenden;[6] auch die damit nicht zwangsläufig identischen materiellrechtlichen Grenzen des § 422 (vgl. dazu § 422 Rdn. 12ff.) können nicht übertragen werden. Dem **Dritten** stehen die §§ 383 Abs. 1, 384 allerdings gem. § 142 Abs. 2 zur Seite, was dann auch für § 429 i.V.m. § 423 zu gelten hat.

3 § 423 ist in Verbindung mit weiteren Vorschriften als Basis für eine Rechtsanalogie genannt worden, die zur Anerkennung einer **allgemeinen prozessualen Aufklärungspflicht** führen könne.[7] Dem ist entgegengehalten worden, die prozessuale Vorlegungspflicht des § 423 sei dafür zu eng begrenzt und vom historischen Gesetzgeber als Ausnahmevorschrift angesehen worden.[8] Der Gesetzgeber des Jahres 2001 hat sich, von der Diskussion über dieses Problem und der Ablehnung einer derart weitreichenden Neuinterpretation des Prozessrechtsverhältnisses durch die Rechtsprechung ausgehend, für eine begrenzte Reform entschieden (§ 420 Rdn. 2, 5ff.) und eine Pflicht zur Edition von Urkunden und anderen Dokumenten geschaffen. Mit dieser Neukonzeption hat er die Sicht des historischen Gesetzgebers ohne Änderungen am Text des § 423 überwunden.

II. Bezugnahme zur Beweisführung

4 § 423 und – kraft Verweisung – § 429 sprechen von der Bezugnahme „zur Beweisführung". Demgegenüber verknüpft § 142 Abs. 1 Satz 1, der in der Neufassung die Anordnung von Amts wegen auch gegen dritte Urkundenbesitzer erlaubt, die Bezugnahme nicht mit dem Erfordernis eines Beweiszwecks. Die bis zur ZPO-Reform 2001 herrschende Ansicht interpretierte den Normwortlaut eng und verlangte die **Verfolgung eines Beweiszwecks**.[9] Die bezugnehmende Partei sollte über die Berücksichtigung der Urkunde im Beweisverfahren disponieren dürfen.[10] Auf der Grundlage von Entscheidungen des Reichsgerichts differenzierte die h.M. zwischen bloßer Bezugnahme auf den Inhalt der Urkunde und Bezugnahme zur Verwendung als Beweismittel.[11]

5 Die Entscheidungen des **RG** waren durch Sachverhaltsbesonderheiten gekennzeichnet, für deren Bewältigung die gewählten **Begründungen heute irrelevant** sind. In der Leitentscheidung RGZ 35, 105 ging es um die Wahrung von Geheimhaltungsinteressen, weil der Beweisführer dem Lieferanten des Dokuments, dessen Namen er abgetrennt hatte, Diskretion zugesichert hatte. Diese Zielsetzung ist anders zu erreichen. Im Falle der Nietzsche-Briefe – RGZ 69, 401 – waren ebenfalls Geheimhaltungsbemühungen maßgebend. Die Schwester Nietzsches stützte ihren Antrag, die Vervielfältigung und Verbreitung ihr nicht zugänglicher Briefabschriften zu untersagen, auf die Verletzung von Persönlichkeitsrechten (insoweit gemäß damaliger Rechtsansicht erfolglos) sowie auf Urheberrecht und begehrte die Vorlegung der Briefabschriften, die sich nach ihrer Behauptung im Besitz der Beklagten, nach deren Behauptung hingegen im Besitz eines Dritten befinden sollten, vorgeblich zum Beweis der urheberrechtlichen Werkqualität,

---

5 Ähnlich MünchKomm/*Schreiber*[4] § 423 Rdn. 2.
6 Musielak/*Huber*[10] § 423 Rdn. 1.
7 *Stürner* Aufklärungspflicht der Parteien, S. 100ff.; *Peters* FS Schwab S. 399, 402.
8 Vgl. nur *Arens* ZZP 96 (1983), 1, 13; *Gottwald* ZZP 92 (1979), 366.
9 RGZ 35, 105, 109; *Siegel* Die Vorlegung von Urkunden im Prozess, 1904, S. 92. Daran festhaltend MünchKomm/*Schreiber*[4] § 423 Rdn. 1; Stein/Jonas/*Leipold*[22] § 423 Rdn. 1; wie hier Zöller/*Geimer*[29] § 423 Rdn. 1.
10 *Schreiber* Die Urkunde im Zivilprozess S. 98.
11 RGZ 35, 105, 109; RGZ 69, 401, 405 – Nietzsche Briefe; RG HRR 1933 Nr. 1466 = Warn. Rspr. 1933 Nr. 86; ihnen weiterhin folgend Musielak/*Huber*[10] § 423 Rdn. 1.

nach dem offenbar nicht fernliegenden Argwohn der Beklagten jedoch zur Herstellung einer eigenen Publikation. In RG WarnRspr. 1933 Nr. 86 hatte der Beweisgegner die Urkunde nach seiner Behauptung nicht in Händen.

Die vom RG getroffene Unterscheidung ist ohne praktische Relevanz, wenn man davon absieht, dass die Urkunde ausdrücklich als Beweismittel bezeichnet wird,[12] und auf die bloße Erwähnung der Urkunde im Parteivortrag sogar die Vermutung des Beweisführungswillens stützt.[13] Die begrenzende Ansicht lässt sich **mit § 142 nicht in Einklang** bringen, der die Sachaufklärung von Amts wegen zum Normzweck erhebt. Dem sollte für § 423 gefolgt werden, so dass **jede Bezugnahme zu Aufklärungszwecken** ausreichend ist.[14]

III. Vorlegungsverpflichtete, Verfahren, Rechtsfolge

Bei mehreren Prozessbeteiligten ist nur derjenige zur Vorlegung verpflichtet, der selbst auf die Urkunde Bezug nimmt. Dies können neben dem **Beweisgegner** auch dessen **Streithelfer**[15] und **Streitgenossen** sein. Die Erwähnung einer Urkunde durch einen von ihnen benannten und in ihren Diensten stehenden Zeugen steht der eigenen Bezugnahme nicht gleich.[16] Im Verhältnis zur unterstützten Partei ist der Streithelfer Dritter.[17] Die Bezugnahme muss in der mündlichen Verhandlung oder in einem vorbereitenden Schriftsatz erfolgen. Maßgebend ist stets der Prozess, für den die Edition verlangt wird.[18] Der Vorlegungsgrund ist wie bei § 422 im Vorlegungsantrag des Beweisführers glaubhaft zu machen (§ 424 Nr. 5).

Wie bei § 422 bestimmen sich die **Rechtsfolgen** einer Verletzung nach den §§ 426, 427. Für die Vorlegungspflicht und damit auch für die Anwendbarkeit der §§ 426, 427 ist es **unerheblich**, ob der Beweisgegner später auf die Urkunde als Beweismittel **verzichtet**.[19] Die Urkunde ist stets unverändert vorzulegen, weshalb nach der die Vorlegungspflicht begründenden Bezugnahme einseitige Änderungen, etwa in Handelsbüchern, als Urkundenfälschung strafbar sind.[20]

IV. Verhältnis zu § 142 ZPO

§ 423 verliert faktisch an Bedeutung, wenn man mit dem BGH für eine Vorlegungsanordnung nach § 142 ausreichen lässt, dass sich der Beweisführer auf die Urkunde bezieht, die er selbst nicht vorlegen kann.[21] Einen **Wertungswiderspruch zu § 423** hat der BGH mit dem Argument verneint, dass § 423 einen Vorlegungszwang begründet, während die richterliche Anordnung im Ermessen steht, und die Sanktionen[22] (vgl. § 427) unterschiedlich sind (dazu auch § 420 Rdn. 11 f.).

---

12 *Schreiber* Die Urkunde im Zivilprozess S. 97.
13 So *Schreiber* Die Urkunde im Zivilprozess S. 98; MünchKomm/*Schreiber*[4] § 423 Rdn. 1.
14 So schon früher *Stürner* Aufklärungspflicht der Parteien, S. 101; zustimmend *Peters* FS Schwab S. 399, 402.
15 *Siegel* aaO (Fn. 9), S. 94; Stein/Jonas/*Leipold*[22] § 423 Rdn. 2; vgl. auch Zöller/*Geimer*[29] § 423 Rdn. 1.
16 BayObLG SeuffA 60, 124, 125.
17 *Siegel* aaO (Fn. 9), S. 95.
18 *Siegel* aaO (Fn. 9), S. 94.
19 MünchKomm/*Schreiber*[4] § 423 Rdn. 1; Stein/Jonas/*Leipold*[22] § 423 Rdn. 1; Zöller/*Geimer*[29] § 423 Rdn. 1.
20 RGSt 52, 88, 91.
21 So BGH NJW 2007, 2989 Tz. 20; BGH WM 2010, 1448 Tz. 25.
22 Dazu auch OLG Stuttgart ZIP 2007, 1210, 1216 (Beweisvereitelung).

§ 424
Antrag bei Vorlegung durch Gegner

Der Antrag soll enthalten:
1. die Bezeichnung der Urkunde;
2. die Bezeichnung der Tatsachen, die durch die Urkunde bewiesen werden sollen;
3. die möglichst vollständige Bezeichnung des Inhalts der Urkunde;
4. die Angabe der Umstände, auf welche die Behauptung sich stützt, daß die Urkunde sich in dem Besitz des Gegners befindet;
5. die Bezeichnung des Grundes, der die Verpflichtung zur Vorlegung der Urkunde ergibt. Der Grund ist glaubhaft zu machen.

Übersicht

I. Normzwecke — 1	3. Urkundeninhalt (Nr. 3) — 8
II. Zwingende Erfordernisse — 3	4. Urkundenbesitz des Beweisgegners (Nr. 4) — 10
III. Einzelne Antragsvoraussetzungen	5. Glaubhaftmachung des Vorlegungsgrundes (Nr. 5) — 12
1. Urkundenindividualisierung (Nr. 1) — 5	
2. Beweisthema (Nr. 2) — 7	

I. Normzwecke

1 § 424 benennt die **formellen Anforderungen** an den Beweisantrag nach § 421 gegen den Beweisgegner. Besitzt ein Dritter die Urkunde, werden die Anforderungen durch § 430 modifiziert. Die in § 424 Nr. 1 bis 5 verlangten Angaben sollen dem **Gericht ermöglichen**, die **Beweiserheblichkeit und Beweiseignung** der Urkunde sowie den **Verpflichtungsgrund zu prüfen**, bevor es die Entscheidung nach § 425 trifft.[1] Dadurch wird die gegnerische Prozesspartei vor unzulässiger Ausforschung und vor Verfahrensmissbräuchen geschützt, wie sie in der US-amerikanischen pre trial-Praxis zur Dokumentenvorlage zu beobachten sind. Die identifizierenden Angaben gem. Nr. 1 sollen außerdem dem **Beweisgegner** Klarheit über den Gegenstand seiner Vorlegungspflicht und der eventuellen Nachforschungspflicht (§ 426) verschaffen; die Angaben gem. Nr. 5 geben ihm Gelegenheit zur Verteidigung. Die Angaben entsprechen inhaltlich den in den §§ 421 ff. aufgestellten Voraussetzungen eines zulässigen Beweisantritts.

2 Ein „Antrag" auf **Anordnung** der Vorlage **von Amts wegen** gem. § 142 (dazu § 420 Rdn. 11 ff.) ist an diese Voraussetzungen nach dem Normwortlaut nicht gebunden. Er wird ohne sie aber regelmäßig schon aus praktischen Gründen keinen Erfolg haben, weil das Gericht auch für die Anwendung dieser Entscheidungsgrundlage die Urkunde identifizieren und deren Beweiserheblichkeit und Beweiseignung sowie den Urkundenbesitz prüfen muss; dispensiert wird lediglich von dem Erfordernis der Nr. 5. Zudem dienen die Angaben dem **Schutz** des Urkundenbesitzers **vor missbräuchlichen Beweisermittlungen** (§ 420 Rdn. 13). Allerdings können die Spezifikationsanforderungen den Wissensmöglichkeiten der beweispflichtigen Partei angepasst werden (§ 420 Rdn. 13 und unten Rdn. 3 f.).

---

[1] BGH NJW 1989, 717, 719 (zu Nr. 4 und 5).

II. Zwingende Erfordernisse

Trotz der Formulierung als **Sollvorschrift** handelt es sich um regelmäßig einzuhaltende Anforderungen,[2] wie sich aus den Materialien ergibt.[3] Der Antrag ist ein Prozess- und **kein Sachantrag**, weshalb **§ 297 nicht** gilt. Der Gesetzgeber hatte seine abgeschwächte Formulierung nur auf das Stadium der Einreichung des vorbereitenden Schriftsatzes beziehen wollen.[4] Nach heutiger Gesetzeslage ist eine ausreichende schriftsätzliche Ankündigung mit den Angaben zu § 424 im Hinblick auf **§ 282 Abs. 1** erforderlich. 3

Der Antrag ist zurückzuweisen, wenn die Anforderungen des § 424 nicht erfüllt werden.[5] Ihre Abschwächung ist in Betracht zu ziehen, wenn dem Antragsteller einzelne Informationen fehlen, so dass der Beweis zu scheitern droht. Nach § 139 hat das Gericht auf die Fehlerfreiheit des Antrags hinzuwirken. Die **Zurückweisung** kann in den **Gründen des Endurteils** oder durch selbständiges, nicht anfechtbares **Zwischenurteil nach § 303** erfolgen. Wird die Urkunde trotz Unvollständigkeit des Antrags vom Beweisgegner vorgelegt, sind die Antragsmängel gegenstandslos. Die Falschbezeichnung des Antrags, etwa als Widerklage, ist durch Auslegung überwindbar (vgl. § 421 Rdn. 16). 4

III. Einzelne Antragsvoraussetzungen

1. Urkundenindividualisierung (Nr. 1). Die Verpflichtung zur Bezeichnung der Urkunde erstreckt sich auf ihre eine Individualisierung ermöglichenden äußeren Merkmale. Hierzu gehören Angaben über den **Aussteller** sowie **Tag und Ort der Ausstellung**.[6] Ein bloßer Hinweis auf vorausgegangene Korrespondenz, Vertragsunterlagen und dergleichen reicht nicht aus. An dem Ziel, dem Beweisgegner eine Identifizierung der Urkunde zu ermöglichen, ist zu messen, ob eine eventuelle Ungenauigkeit der Bezeichnung schädlich ist. Ein ansonsten wirksamer Beweisantritt darf nicht scheitern, wenn dem Beweisführer eine genaue Bezeichnung nicht möglich ist, jedoch **für den Beweisgegner** nach Lage der Umstände **offensichtlich** ist, um welche Urkunde es sich handelt. Man darf dafür auf die in § 424 Nr. 3 enthaltene Einschränkung zurückgreifen und das Erfordernis auf eine „möglichst" genauen Bezeichnung reduzieren.[7] Grundsätzlich muss das Gericht die Voraussetzung aber ohne ergänzende Auskünfte des Prozessgegners prüfen können. Identifizierende Angaben können im Einzelfall auch erforderlich sein, um das Antragserfordernis des § 424 Nr. 5 beurteilen zu können, etwa zwecks Abgrenzung nicht vorzulegender interner Aufzeichnungen von Urkunden, die auch im Interesse anderer Personen errichtet worden sind.[8] Bei einer Urkundensammlung bzw. einem **Aktenbündel** ist eine genaue Bezeichnung der Fundstelle erforderlich (vgl. § 420 Rdn. 27). 5

Bezeichnet der Beweisführer eine bestimmte Urkunde, behauptet er damit zugleich deren Existenz. **Bestreitet** der Beweisgegner die **Existenz der Urkunde**, liegt darin das Bestreiten eigenen Urkundenbesitzes.[9] Es ist einheitlich vorzugehen[10] und der Beweisgegner dazu nach § 426 zu vernehmen. Unzulässig ist eine Vorlegungsvernehmung, 6

---

2 Musielak/*Huber*[10] § 424 Rdn. 1 („zwingend").
3 *Hahn/Stegemann* Mat. Band II/1, 2. Aufl. 1883, S. 325; dazu auch RG HRR 1933 Nr. 1466 = Warn. Rspr. 1933, Nr. 86.
4 *Hahn/Stegemann* Mat. S. 325.
5 KG NJW 1993, 2879 (Vorlage eines Kreditkartenbelastungsbelegs durch Kunden).
6 LG Berlin WoM 1986, 184 (zu Mieterhöhungserklärungen, die der klagende Vermieter nicht selbst vorlegte); KG NJW 1993, 2879 (fehlendes Datum eines Kreditkartenbelastungsbelegs).
7 MünchKomm/*Schreiber*[4] § 424 Rdn. 2.
8 BGHZ 60, 275, 292.
9 Stein/Jonas/*Leipold*[22] § 424 Rdn. 2.

wenn sich das Gericht bereits auf andere Weise von der Nichtexistenz der Urkunde überzeugt hat.

7 **2. Beweisthema (Nr. 2).** Die Darlegung des Beweisthemas dient der Prüfung, ob die durch die Urkunde zu beweisenden **Tatsachen rechtlich erheblich** und ob die dafür benannte **Urkunde beweisgeeignet** ist.[11]

8 **3. Urkundeninhalt (Nr. 3).** Auch die möglichst vollständige Bezeichnung des Urkundeninhalts dient der **Erheblichkeits- und Geeignetheitsprüfung**. Ihr kommt überdies Bedeutung wegen der **Rechtsfolge des § 427 Satz 2** zu, da der Inhalt der Urkunde nach dieser Regelung als bewiesen angesehen werden kann. Technisch am einfachsten ist die Vorlage einer Abschrift oder Fotokopie der Urkunde. Deren Vorlage durch den Beweisführer kann jedoch nicht verlangt werden.

9 Mit der Einschränkung „möglichst" hat der Gesetzgeber eine **Erleichterung** für den Beweisführer geschaffen, der den genauen Urkundeninhalt oftmals nicht kennt oder sich nur an Teile erinnert. Sie sorgt für einen Ausgleich zwischen dem Beweisinteresse des Beweisführers und der Schutzbedürftigkeit des Beweisgegners im Hinblick auf den eventuellen Versuch eines **Ausforschungsbeweises**. Daher darf der Antrag eines vom Gläubiger auf Zahlung in Anspruch genommenen Bürgen, gem. § 810 BGB die Handelsbücher des Gläubigers zum Beweis der Tilgung der Hauptschuld vorzulegen,[12] nicht deshalb abgelehnt werden, weil der Bürge keine Angaben über Zeit und Ort der Tilgung macht.

10 **4. Urkundenbesitz des Beweisgegners (Nr. 4).** Der Kläger muss nachvollziehbar Umstände vortragen, die den Schluss auf die **Verfügungsgewalt** (§ 421 Rdn. 6) des Beweisgegners zulassen; eine **Glaubhaftmachung** (§ 294) verlangt das Gesetz **nicht**. Ohne Vortrag dieser Umstände wäre ein substantiiertes Bestreiten des Beweisgegners oftmals nicht möglich.[13] Die Prüfung des Urkundenbesitzes ist vor allem wegen der Folgen erforderlich, die gem. § 427 mit der Nichtbeachtung einer Vorlegungsanordnung verbunden sind. Bedeutung erlangen die Indizien für den Urkundenbesitz auch bei der **Vorlegungsvernehmung** nach § 426, die dem Bestreiten des Urkundenbesitzes folgt. Dabei ist der Beweisgegner mit den Umständen zu konfrontieren, die für seinen Urkundenbesitz sprechen sollen.

11 Ausreichend ist die substantiierte Darlegung des **Urkundenbesitzes zu irgendeinem Zeitpunkt**; für die Fortdauer des Besitzes spricht eine Vermutung. Der Beweisgegner muss dann gegebenenfalls darlegen, wann und an wen er den Besitz weiter übertragen hat. An der Darlegung des Urkundenbesitzes fehlt es, wenn ein Kreditkartenherausgeber vom Karteninhaber verlangt, den unterzeichneten Originalbelastungsbeleg vorzulegen, obwohl das Original nach der Systemorganisation beim Vertragsunternehmen verbleiben soll.[14]

12 **5. Glaubhaftmachung des Vorlegungsgrundes (Nr. 5).** Neben der Bezeichnung des Verpflichtungsgrundes (§§ 422 oder 423) ist auch dessen **Glaubhaftmachung (§ 294)** erforderlich. Sie ist entbehrlich bei Nichtbestreiten (§ 138 Abs. 3) oder Zugestehen durch

---

10 Vgl. RGZ 92, 222, 225 zum Editionseid.
11 Zur Ungeeignetheit der Vorlage eines Kassenbuches für den Beweis eines Unternehmensverlustes RG JW 1911, 945 (Nr. 13).
12 Vgl. dazu BGH NJW 1988, 906, 907.
13 MünchKomm/*Schreiber*[a] § 424 Rdn. 4.
14 KG NJW 1993, 2879.

den Beweisgegner (§ 288). Die Vorlegungspflicht nach § 423 bedarf entgegen dem sich sowohl auf § 422 als auch § 423 beziehenden Wortlaut des § 424 Nr. 5 keiner Glaubhaftmachung, da die Bezugnahme auf die Urkunde aus den Akten ersichtlich ist.[15]

§ 425
Anordnung der Vorlegung durch Gegner

Erachtet das Gericht die Tatsache, die durch die Urkunde bewiesen werden soll, für erheblich und den Antrag für begründet, so ordnet es, wenn der Gegner zugesteht, daß die Urkunde sich in seinen Händen befinde, oder wenn der Gegner sich über den Antrag nicht erklärt, die Vorlegung der Urkunde an.

Übersicht

I. Zulässigkeit und Begründetheit des Beweisantrags — 1	III. Analoge Anwendung bei Anordnung nach § 142 — 8
II. Gerichtliche Entscheidung — 4	IV. Auslandsbelegenheit der Urkunde — 9

I. Zulässigkeit und Begründetheit des Beweisantrags

Der Beweisantrag muss die Zulässigkeitserfordernisse der §§ 421 und 424 erfüllen. **1** Die **Beweiserheblichkeit** der nach § 424 Nr. 2 bezeichneten **Tatsachen**, nämlich deren Entscheidungserheblichkeit und Beweisbedürftigkeit, die bei sämtlichen Beweismitteln vor einer Beweiserhebung festzustellen ist, jedoch beim Urkundenbeweis wegen des Schutzes des Beweisgegners (vgl. § 424 Rdn. 1) in § 425 besonders hervorgehoben wird, hängt davon ab, ob die Tatsachen vom Beweisgegner rechtserheblich bestritten werden.

Der Vorlegungsantrag ist begründet, wenn die zu beweisende Tatsache **entschei-** **2** **dungserheblich und beweisbedürftig** ist, die **Urkunde** im Hinblick auf diese Tatsache **beweisgeeignet** ist, der Beweisgegner **Urkundenbesitz** hat, worüber gegebenenfalls Feststellungen nach § 426 zu treffen sind, und ein **Vorlegungsgrund** nach § 422 oder § 423 besteht. Auf die substantiierte Behauptung des Urkundenbesitzes (§ 424 Nr. 4) kann der Beweisgegner unter Beachtung der Pflicht des § 282 Abs. 1 mit Bestreiten oder Zugestehen (§ 288) des Besitzes oder mit Nichterklären[1] (§ 138 Abs. 3) reagieren.[2] Ein rechtserhebliches Bestreiten des Besitzes (einschließlich der Existenz der Urkunde) zwingt zunächst zur Vernehmung nach § 426.

Auch die tatsächlichen Voraussetzungen eines **materiellrechtlichen Vorlegungs-** **3** **grundes** nach § 422 können **bestritten** werden. Streitig kann dabei sein, ob der Vorlegung Gründe entgegenstehen, die eine Beweiserhebung wegen beachtlicher Geheimhaltungsinteressen des Gegners oder höherrangiger Persönlichkeitsrechte sowie sonstiger Grundrechtspositionen verbieten; dabei können sich diese Gegengründe gegebenenfalls bereits auf den materiellrechtlichen Vorlegungsanspruch auswirken. Wird der materiellrechtliche Vorlegungsanspruch vom Beweisgegner nicht in Abrede genommen, darf das Gericht keine Rechtsprüfung mit gegenteiligem Ergebnis vornehmen,[3] da der Beweis-

---

[15] Musielak/*Huber*[10] § 424 Rdn. 2; vgl. auch MünchKomm/*Schreiber*[4] § 424 Rdn. 5.

[1] So in BGH WM 2002, 1690, 1692.
[2] Nicht begründet sind die Zweifel von Musielak/*Huber*[10] § 425 Rdn. 3; jedenfalls ist der Besitz eine Rechtstatsache.
[3] **A.A.** Musielak/*Huber*[10] § 425 Rdn. 3.

gegner die Urkunde auch freiwillig vorlegen kann; ausgeschlossen ist also, den Antrag wegen vermeintlich unzureichender tatsächlicher Substantiierung oder Glaubhaftmachung (vgl. § 425 Nr. 5) zurückzuweisen.

II. Gerichtliche Entscheidung

4 **Verneint** das Gericht die Voraussetzungen der Vorlegungspflicht, kann es darüber durch **Beschluss**, durch **Zwischenurteil** (§ 303) oder in den Gründen des **Endurteils** entscheiden. Entscheidungen durch Beschluss sind freilich **unzweckmäßig**, Entscheidungen durch Zwischenurteil in der Regel auch, es sei denn, das Verfahren kann nicht alsbald durch Endurteil abgeschlossen werden und es ist laufend weiterer schriftsätzlicher Vortrag zu erwarten.

5 Weder ein zurückweisender Beschluss noch ein entsprechendes Zwischenurteil sind selbständig anfechtbar. Insbesondere ist eine **sofortige Beschwerde** nach § 567 Abs. 1 Nr. 2 **unzulässig**. Sie ist entgegen dem scheinbar weiterreichenden Wortlaut des § 567 Abs. 1 Nr. 2 auch dann nicht zulässig, wenn ein selbständiges Rechtsmittel ausdrücklich ausgeschlossen ist.[4] So verhält es sich bei Zwischenurteilen. Die Anfechtbarkeit von Zwischenurteilen ist im Gesetz jeweils ausdrücklich angeordnet, so dass sie im Umkehrschluss für alle anderen Zwischenurteile ausgeschlossen ist. Sofern das Gericht über den Vorlegungsantrag abgesondert nicht durch Zwischenurteil sondern durch Beschluss entscheidet, kann nichts anderes gelten. Entschieden wird zudem nicht über das Verfahren, sondern inhaltlich in Bezug auf den Streitgegenstand. Eine derartige Entscheidung ist in gleicher Weise nur mit dem Endurteil anfechtbar wie ein Beweisbeschluss, für den die Rechtsmittelreform von 2001 ebenfalls keine Änderung erbracht hat.[5] Wird statt durch Zwischenurteil **unrichtig durch Teilurteil entschieden**, weil der Beklagte einen innerprozessualen Editionsantrag fälschlich als Widerklage bezeichnet hatte, obwohl sein tatsächliches Begehren durch Auslegung des Antrags zu ermitteln war, ist das Teilurteil über die Widerklage wegen drohender Vollstreckung **anfechtbar**.[6]

6 **Bejaht** das Gericht die Voraussetzungen, so ordnet es die Vorlegung der Urkunde durch **Beweisbeschluss** nach § 358 an. Bestreitet der Beweisgegner den Urkundenbesitz (einschließlich der Existenz einer entsprechenden Urkunde), ist durch Beweisbeschluss (§ 426 Satz 2 in Verb. mit § 450) die Vernehmung nach § 426 und u.U. die Beeidigung (§ 452) anzuordnen, nach deren Durchführung dann gegebenenfalls die Vorlegungsanordnung zu treffen ist (§ 426 Satz 3). Den Beweisbeschluss kann der **Beweisgegner nicht anfechten**, weil sein Widerspruch gegen die Beweiserhebung keinen Antrag im Sinne des § 567 Abs. 1 Nr. 2 darstellt.

7 Über einen **Zwischenstreit zu** den tatsächlichen oder rechtlichen Voraussetzungen eines **Vorlegungsgrundes** kann durch Zwischenurteil entschieden werden. An ein Zwischenurteil ist das Gericht bei Erlass des Endurteils gebunden. Dies gilt jedoch nicht für die Bejahung der Beweiserheblichkeit der durch die Urkunde zu beweisenden Tatsache in den Gründen des Zwischenurteils; sie kann das Gericht im Endurteil anders beurteilen.

---

4 MünchKomm/*Lipp*[4] § 567 Rdn. 14; Zöller/*Heßler*[29] § 567 Rdn. 37.
5 Rosenberg/Schwab/*Gottwald*[17] § 146 Rdn. 17.
6 BGH ZZP 92 (1979), 362.

III. Analoge Anwendung bei Anordnung nach § 142

Seit der ZPO-Reform 2001 kann das Gericht die **Vorlegungsanordnung** gem. § 142 **8**
Abs. 1 auch **von Amts wegen** treffen. Die scheinbar voraussetzungslose Entscheidung ist jedoch **nicht von** der Prüfung der Schutzerfordernisses des **§ 425 freigestellt** (§ 420 Rdn. 13). Nicht nur der Urkundenbesitz des Beweisgegners ist vorher festzustellen, sondern auch die Beweiserheblichkeit der mit der Urkunde zu beweisenden Tatsache und die Beweiseignung der Urkunde. Dies hat der Gesetzgeber in unvollständiger Form für dritte Urkundenbesitzer in der Begründung zur Einfügung des Hinweises auf § 142 in den Text des § 428 zum Ausdruck gebracht.[7] Der Beweisgegner ist nicht weniger schutzwürdig. Die Prüfung hat sich überdies darauf zu erstrecken, ob der Beweiserhebung **sonstige** berechtigte **Schutzbedürfnisse** des Beweisgegners, etwa Geheimhaltungsinteressen, entgegenstehen (vgl. § 422 Rdn. 14ff.), obwohl darauf in § 142 Abs. 2 nur für Dritte hingewiesen wird. Beweiserhebungsverbote oder Beweisverwertungsverbote sind trotz der lakonischen Kürze des Gesetzestextes und seiner Begründung nicht gegenstandslos.

IV. Auslandsbelegenheit der Urkunde

Besitzt der Prozessgegner Verfügungsgewalt über eine im Ausland belegene Urkun- **9** de, kann das Gericht deren **Verbringung nach Deutschland**, also in den Forumstaat, sowohl nach § 425 als auch nach § 142 anordnen. Das ist auch bei ausländischem Sitz oder Wohnsitz der betroffenen Partei **völkerrechtlich zulässig**.[8] Die Legitimation ergibt sich jedenfalls dann aus dem Prozessrechtsverhältnis, wenn die internationale Zuständigkeit des Gerichts völkerrechtlich nicht zu beanstanden ist.[9] Sanktionen mit Beugecharakter sind wegen der lediglich beweisrechtlichen Konsequenzen des § 427 nicht erforderlich.

§ 426
Vernehmung des Gegners über den Verbleib

Bestreitet der Gegner, daß die Urkunde sich in seinem Besitz befinde, so ist er über ihren Verbleib zu vernehmen. In der Ladung zum Vernehmungstermin ist ihm aufzugeben, nach dem Verbleib der Urkunde sorgfältig zu forschen. Im übrigen gelten die Vorschriften der §§ 449 bis 454 entsprechend. Gelangt das Gericht zu der Überzeugung, daß sich die Urkunde im Besitz des Gegners befindet, so ordnet es die Vorlegung an.

Übersicht
I. Gesetzesgeschichte — 1
II. Normzweck — 2
III. Vorlegungsvernehmung
   1. Verfahren — 3
   2. Nachforschungspflicht — 6

3. Beeidigung — 7
4. Streitgenossen und gesetzliche Vertreter als Beweisgegner — 8
5. Beweismittelbeschränkung — 10
IV. Rechtsfolgen — 11

---

[7] BT-Drucks. 14/3750 S. 64.
[8] *Musielak* FS Geimer (2002) S. 761, 773; *Stadler*, FS Geimer S. 1281, 1290.
[9] Schlechthin einen Auslandsbezug des hoheitlichen Gerichtshandelns verneinend *Musielak* aaO (Fn. 8).

I. Gesetzesgeschichte

1 Bis zur Novelle von 1933 sah § 426 die Anordnung zur Abgabe eines **Editionseides** durch den Beweisgegner vor. Mit Leistung des Eides, die Urkunde weder zu besitzen noch sie in Beweisvereitelungsabsicht beiseite geschafft zu haben und über ihren Verbleib nichts zu wissen, war der Nichtbesitz bewiesen. Andernfalls kam § 427 zur Anwendung. An die Stelle des Editionseides ist die **Vorlegungsvernehmung** getreten, deren Ergebnis frei zu würdigen ist.

II. Normzweck

2 § 426 will im Interesse des Beweisführers **zur Auffindung** des Beweismittels **beitragen**. Die Norm erfasst unmittelbar den Fall, dass der Beweisgegner seinen Urkundenbesitz bestreitet. **Bestreitet** der Beweisgegner die **Existenz** der Urkunde, steht dies dem Bestreiten des Besitzes gleich (§ 424 Rdn. 6); § 426 ist darauf **anzuwenden**[1] (s. jedoch auch § 426 Rdn. 3). Dem Beweisgegner darf nicht die Ausflucht gegeben werden, das Beweismittel trotz ausreichender Anhaltspunkte für den Besitz durch bloßes Bestreiten der Urkundenexistenz zu unterdrücken. Steht die Errichtung der Urkunde fest und gibt es konkrete Hinweise auf eine **Vernichtung** durch den Beweisgegner, ist eine Vorlegungsvernehmung zum Nachweis einer Beweisvereitelung erforderlich.[2] Sie ermöglicht es, die Behauptungen des Beweisführers über Beschaffenheit und Inhalt der Urkunde gem. § 444 als bewiesen anzusehen (vgl. § 444 Rdn. 15).

III. Vorlegungsvernehmung

3 **1. Verfahren.** Die Vernehmung des Beweisgegners ist **nicht** von einem besonderen **Vernehmungsantrag** abhängig. Sie setzt voraus, dass vom Urkundenbesitz abgesehen die Erfordernisse einer Anordnung nach § 425 bzw. des § 424 zu bejahen sind. Zu verlangen ist außerdem die vorläufige Überzeugung des Gerichts, dass die Urkunde überhaupt existiert.[3] Da es sich bei der Vorlegungsvernehmung um einen besonderen Fall der Parteivernehmung handelt, ergibt sich dies schon aus § 445 Abs. 2. Sind die genannten Voraussetzungen nicht gegeben, wird die Vorlegungsvernehmung durch **Beschluss, Zwischenurteil** oder in den Gründen des **Endurteils abgelehnt**. Eine Anfechtung kommt wie bei § 425 nur zusammen mit dem Endurteil in Betracht[4] (vgl. § 425 Rdn. 5f.). § 426 ist auch anzuwenden, wenn die **Urkundenvorlegung** von Amts wegen **gem. § 142 Abs. 1** angeordnet werden soll.

4 **Angeordnet** wird eine Vernehmung **durch Beweisbeschluss** (§ 450 Abs. 1 Satz 1 in Verb. mit § 426 Satz 3). Sie hat grundsätzlich vor dem Prozessgericht zu erfolgen, sofern nicht gem. §§ 451, 375 eine Vernehmung vor einem beauftragten oder ersuchten Richter beschlossen wird. Zur Vernehmung ist der Beweisgegner zu laden. Die Ladung ist ihm gem. § 450 Abs. 1 Satz 2 trotz Bestellung eines Prozessbevollmächtigten persönlich formlos mitzuteilen; auf eine Zustellung hat das ZPO-ReformG 2001 verzichtet.[5] **Mit der Ladung** ist dem Beweisgegner aufzugeben, sorgfältig **nach dem Verbleib** der Urkunde **zu forschen** (§ 426 Satz 2). Die Erfüllung der Nachforschungspflicht steht in der Regel einer

---

1 RGZ 92, 222, 225; möglicherweise **a.A.** Musielak/*Huber*[10] § 426 Rdn. 1.
2 MünchKomm/*Schreiber*[4] § 426 Rdn. 2.
3 Vgl. RGZ 92, 222, 225 (zum Editionseid).
4 Musielak/*Huber*[10] § 426 Rdn. 2; Zöller/*Geimer*[29] § 426 Rdn. 2.
5 BT-Drucks. 14/3750 S. 64.

sofortigen Vernehmung entgegen, auch wenn der Beweisgegner im Zeitpunkt der Beweisanordnung anwesend ist, es sei denn, weitere Nachforschungen sind im Einzelfall nicht erforderlich.[6] Dabei ist die Schutzfunktion des § 426 Satz 2 zu beachten.

Verweigert eine Partei die **Teilnahme** an einer Vorlegungsvernehmung oder erscheint sie nicht im zur Vernehmung bestimmten Termin, gilt § 446 aufgrund der Verweisungskette des § 426 Satz 3 in Verb. mit §§ 453 Abs. 2 und 454 Abs. 1. Das Gericht hat in freier Beweiswürdigung (§ 286) über den Urkundenbesitz des Beweisgegners zu entscheiden. Bejaht es den Besitz, hat es nach § 426 Satz 4 die Vorlegung anzuordnen. Weitergehende Schlussfolgerungen sind auf der Grundlage des § 446, der nur auf das Vernehmungsverfahren anwendbar ist, nicht zu ziehen.

2. Nachforschungspflicht. Die Vernehmung des Beweisgegners ist nicht auf seinen früheren oder gegenwärtigen Urkundenbesitz beschränkt, sondern von Anfang an auch **auf** die von ihm angestellten **Nachforschungen**[7] **sowie** generell auf sein **Wissen über** den gegenwärtigen **Verbleib** der Urkunde zu erstrecken; der Beweisgegner hat bei Verneinung des Besitzes seine Überzeugung zu bekunden, dass er nicht wisse, wo sich die Urkunde befindet.[8] Bei früherem Besitz hat er zu bekunden, an wen er die Urkunde weitergegeben oder wohin er sie verbracht hat. Eine Verletzung der Nachforschungspflicht ist nicht zu bejahen, wenn der Beweisgegner aussagt, die Urkunde nicht in Besitz gehabt oder den Besitz später verloren zu haben; Nachforschungen betreffen nur den eigenen Besitzbereich.[9]

3. Beeidigung. Nach § 452 Abs. 1, der über § 426 Satz 3 anwendbar ist, ist die **Vereidigung** nach Ermessen des Gerichts möglich. Sie sollte **regelmäßig** in Erwägung gezogen werden, wenn sich der Beweisgegner verneinend erklärt. Nach § 452 Abs. 3 kann der Beweisführer hierauf allerdings verzichten.

4. Streitgenossen und gesetzliche Vertreter als Beweisgegner. Stehen dem Beweisführer **mehrere Streitgenossen** als Beweisgegner gegenüber, ist für jeden Streitgenossen selbständig zu beurteilen, ob eine Vorlegungspflicht besteht (§ 421 Rdn. 4). Trifft dies auf mehrere Streitgenossen gleichzeitig zu, etwa bei schlichtem oder qualifiziertem Mitbesitz, entscheidet das Gericht nach Lage des Falles, ob – so regelmäßig – alle oder nur einzelne Streitgenossen zu vernehmen sind (§ 426 Satz 3 in Verb. mit § 449).

Anstelle einer prozessunfähigen Partei ist nach § 455 Abs. 1 Satz 2 deren **gesetzlicher Vertreter** zu vernehmen. Obwohl § 426 Satz 3 den § 455 nicht in Bezug nimmt, ist § 455 Abs. 1 entsprechend anzuwenden. Bei mehreren gesetzlichen Vertretern steht es dem Gericht nach § 455 Abs. 1 Satz 2 in Verb. mit § 449 frei, ob es einen oder mehrere gesetzliche Vertreter vernimmt. § 455 Abs. 2 ist nicht anzuwenden; die Nachforschungspflicht kann nur dem gesetzlichen Vertreter auferlegt werden und nur er darf darüber vernommen werden.[10]

---

6 Stein/Jonas/*Leipold*[22] § 426 Rdn. 5.
7 Musielak/*Huber*[10] § 426 Rdn. 2; **a.A.** MünchKomm/*Schreiber*[4] § 426 Rdn. 3.
8 So ausdrücklich die Materialien zum früheren Editionseid, *Hahn/Stegemann* Mat. Band II/1, 2. Aufl. 1883, S. 325 f.
9 Damit erledigen sich die Bedenken von MünchKomm/*Schreiber*[4] § 427 Rdn. 2.
10 Stein/Jonas/*Leipold*[22] § 426 Rdn. 9.

10 **5. Beweismittelbeschränkung.** Neben der Parteivernehmung sollen **andere Beweismittel nicht** in Betracht kommen,[11] obwohl die Parteivernehmung sonst nur ein subsidiäres Beweismittel ist. Das ist nicht überzeugend; vielmehr können die auf einen Besitz hindeutenden Indizien durch Zeugenbeweis oder Sachverständigenbeweis erhärtet werden.

IV. Rechtsfolgen

11 Gem. § 426 Satz 4 ist das Ergebnis der Vernehmung – entsprechend § 453 – **frei zu würdigen** (§ 286). Gelangt das Gericht zu der Überzeugung, dass sich die Urkunde im Besitz des Beweisgegners befindet, ordnet es die Vorlegung an. Die **Anordnung** erfolgt durch Beschluss oder Zwischenurteil, die beide nicht selbständig anfechtbar sind, oder in den Gründen des Endurteils. Kommt der Beweisgegner der Anordnung nicht nach, greift **§ 427** ein; eine Abschrift der Urkunde kann als richtig angesehen werden. Ist das Gericht überzeugt, dass der Beweisgegner nicht sorgfältig nach dem Verbleib der Urkunde geforscht hat, gilt § 427 Satz 1 2. Alt. ebenfalls. Wurde die Urkunde arglistig beseitigt, ist **§ 444** anzuwenden.

12 Gelangt das Gericht zu der Überzeugung, der Beweisgegner befinde sich nicht im Besitz der Urkunde, ist der **Vorlegungsantrag** des Beweisführers durch Beschluss, Zwischenurteil oder in den Gründen des Endurteils **zurückzuweisen**. Mit der Ablehnung ist der Beweis gescheitert und entfällt das Beweismittel endgültig. Eine **sofortige Beschwerde** nach § 567 Abs. 1 Nr. 2 kommt **nicht** in Betracht. Das Unterlassen der Anordnung ist nur zusammen mit dem Endurteil angreifbar.

13 Behauptet der Gegner, eine Urkunde nicht mehr im Besitz zu haben, zu deren Aufbewahrung ihn eine handelsrechtliche Pflicht trifft, kann das Gericht ihn auch ohne förmliche Beweiserhebung beim Wort nehmen und nach § 444 die Behauptungen des Beweisführers über den Urkundeninhalt als bewiesen ansehen.[12]

§ 427
Folgen der Nichtvorlegung durch Gegner

Kommt der Gegner der Anordnung, die Urkunde vorzulegen, nicht nach oder gelangt das Gericht im Falle des § 426 zu der Überzeugung, daß er nach dem Verbleib der Urkunde nicht sorgfältig geforscht habe, so kann eine vom Beweisführer beigebrachte Abschrift der Urkunde als richtig angesehen werden. Ist eine Abschrift der Urkunde nicht beigebracht, so können die Behauptungen des Beweisführers über die Beschaffenheit und den Inhalt der Urkunde als bewiesen angenommen werden.

Übersicht

I. Normzweck, innerprozessuale Sanktion — 1	2. Nichtvorlegung einer Abschrift — 10
II. Freie Beweiswürdigung	IV. Gegenbeweis — 11
1. Vorlegung einer Abschrift — 6	V. Allgemeine Bedeutung des § 427 — 12

---

11 RGZ 16, 395, 396.
12 OLG Düsseldorf MDR 1973, 592 (LS).

I. Normzweck, innerprozessuale Sanktion

Legt der Beweisgegner die Urkunde entgegen der Anordnung des Gerichts nicht vor, obwohl er dies nach Überzeugung des Gerichts könnte, so dass er eine pflichtwidrige **Beweisvereitelung** begeht, können ihn **Beweisnachteile** treffen; anders formuliert: er soll aus der von ihm verschuldeten Erschwerung des dem Beweisführer obliegenden Beweises keine Vorteile ziehen.[1] Mit der Abschaffung des Editionseides durch die ZPO-Novelle von 1933 ist zugleich eine zwingende Beweisregel beseitigt worden; seither gilt eine **Beweiserleichterung** auf der Grundlage des Prinzips freier Beweiswürdigung. Die vom Gesetz bloß als möglich bezeichneten Schlussfolgerungen werden nach der lex lata auch ohne genaue gesetzliche Vorgabe *in der Regel* berechtigt sein. Gleichgestellt ist der Fall, dass der Beweisgegner nach Überzeugung des Gerichts nicht sorgfältig nach der Urkunde geforscht hat, obwohl ihm dies mit der Ladung zum Vernehmungstermin aufgegeben wurde (§ 426 Satz 2). 1

Das Gericht kann eine **Abschrift** der Urkunde **als richtig** oder mangels Abschrift die **Behauptungen** des Beweisführers über **Beschaffenheit und Inhalt** der Urkunde **als bewiesen** ansehen. Beschaffenheit meint die Qualität z.B. als öffentliche oder private Urkunde, Inhalt den rein tatsächlichen Inhalt, also die Text- und Unterschriftsangaben (§ 424 Nr. 3). Nicht unmittelbar bewiesen ist aufgrund des § 427 die Tatsache, die mit der Urkunde bewiesen werden soll.[2] Beide Beweise können aber zusammenfallen. 2

Will sich der Beweisgegner entgegen seiner erstinstanzlichen Weigerung **in der Berufungsinstanz** vernehmen lassen oder den vergeblich geforderten Eid leisten, ist dies nur unter den Voraussetzungen des § 536 Abs. 1 zulässig, die zusätzlich zu § 531 Abs. 2 gelten. Holt der Beweisgegner die Vorlage der Urkunde in der Berufungsinstanz nach, gilt dafür ebenfalls die Schranke des § 531 Abs. 2. 3

Die Ausgestaltung des § 427 als **rein innerprozessuale Sanktion** schließt eine Durchsetzung der prozessualen Vorlegungs- und Nachforschungspflicht durch selbständige Klage oder Widerklage mit Zwangsvollstreckung nach § 883 aus.[3] Unberührt bleibt die unmittelbare Durchsetzung etwaiger materiellrechtlicher Ansprüche, wie sie dem § 422 zugrunde liegen.[4] Dem **Gericht** stehen gegen den Beweisgegner **keine Zwangsmittel** zur Durchsetzung der Vorlegungspflicht zur Verfügung. 4

An direkt wirkenden Zwangsmitteln fehlt es auch, wenn die Vorlegungsanordnung gegen den Beweisgegner auf **§ 142 Abs. 1** gestützt wird. § 427 ist dann analog anzuwenden;[5] die Norm ist nicht nur „ein Anhalt" oder „eine Richtlinie" im Rahmen des § 286,[6] was aber keinen praktischen Unterschied bewirkt. **Ordnungsmittel** sind **nach § 142 Abs. 2 Satz 2 nur gegen Dritte** zu verhängen, die eine amtswegige Vorlegungsanordnung nicht befolgen. 5

II. Freie Beweiswürdigung

1. Vorlegung einer Abschrift. Die Beweiswirkungen, die erst im Endurteil auszusprechen sind, hängen davon ab, **ob der Beweisführer eine Abschrift der Urkunde beigebracht** hat. Nach § 427 Satz 1 kann eine vom Beweisführer beigebrachte Abschrift der 6

---

[1] AK-ZPO/*Rüßmann* § 427 Rdn. 1.
[2] RG JW 1910, 68, 69; Stein/Jonas/*Leipold*[22] § 427 Rdn. 9.
[3] *Baumgärtel* FS Schima S. 41, 46 unter Hinweis auf § 429.
[4] Stein/Jonas/*Leipold*[22] § 427 Rdn. 3.
[5] Musielak/*Huber*[10] § 427 Rdn. 1.
[6] So aber BAG DB 1976, 1020.

Urkunde, die nicht selbst Urkundenqualität besitzt, in freier Beweiswürdigung (§ 286) als mit der Urschrift übereinstimmend angesehen werden. Der Abschrift kommt dann vom Beweisergebnis her Urkundenqualität zu; sie wird faktisch als echt angesehen. Da die freie Beweiswürdigung **gegenüber Streitgenossen einheitlich** erfolgt, wirkt sich § 427 auch zu Lasten derjenigen Streitgenossen aus, gegen die sich der Vorlegungsantrag mangels Urkundenbesitzes nicht gerichtet hatte.

7   Unerheblich für die *Rechtsfolgenseite* ist, ob die Voraussetzungen eines **Zeugnisverweigerungsrechts** vorliegen, das einer Prozesspartei nicht zusteht, die jedoch die Zurückhaltung der Urkunde verständlich machen können. Berechtigte Weigerungsgründe (dazu § 422 Rdn. 14 ff.) wirken sich nicht erst auf § 427 aus,[7] sondern **schließen schon** den **Vorlegungsanspruch aus**; es kommt also gar nicht erst zu einer Vorlegungsanordnung, die missachtet werden könnte. Für Nachforschungen zum Urkundenbesitz ist ein Zurückhaltungsrecht ohnehin belanglos.

8   Auf den **Zeitpunkt der Vorlegung** der Abschrift kommt es nach Wortlaut und Zweck des § 427 nicht an. Legt der Beweisführer erstmals in der Berufungsinstanz eine Abschrift vor, muss er die Hürde des **§ 531 Abs. 2** überwinden. Der Abschrift sollte Skepsis entgegengebracht werden, wenn diese erst vorgelegt wird, nachdem feststeht, dass der Beweisgegner seiner Vorlegungspflicht nicht nachkommen wird. Misstraut das Gericht der Abschrift, kann es den **Beweis** auch **als nicht erbracht** ansehen. Hierin liegt der Unterschied zu einer generellen Beweislastumkehr und auch zur Regelung des § 427 in der Fassung bis zur Novelle von 1933. Bevor der Beweis als endgültig gescheitert angesehen werden darf, müssen stets die Aussagen des Beweisführers über Beschaffenheit und Inhalt der Urkunde frei gewürdigt werden (§ 286). Die Situation ist mit dem in § 427 Satz 2 geregelten Fall vergleichbar, dass überhaupt keine Abschrift vorgelegt wurde.

9   Zur weitergehenden Möglichkeit, eine Abschrift im Falle einer **Beweismittelvernichtung** durch den Gegner als richtig anzuerkennen, vgl. § 444 Rdn. 2. Eine analoge Anwendung des § 427 kommt bei Nichtbefolgung einer Anordnung nach **§§ 102, 258 HGB** in Betracht (zu § 142 s. oben Rdn. 5).

10   **2. Nichtvorlegung einer Abschrift.** Hat der Beweisführer eine Abschrift nicht beigebracht, kann das Gericht nach § 427 Satz 2 seine substantiierten[8] **Behauptungen** über die Beschaffenheit und den Inhalt der Urkunde **als bewiesen** ansehen. Fehlt es bereits an Tatsachenbehauptungen, kommt § 427 überhaupt nicht in Betracht;[9] dann werden allerdings schon die Voraussetzungen des § 424 nicht erfüllt sein. Welche Bedeutung dies für den Prozess hat, ist frei zu würdigen (§ 286). Darüber hinaus besteht grundsätzlich die Möglichkeit, weiteren Beweis zu erheben.

IV. Gegenbeweis

11   Im Rahmen der freien Beweiswürdigung ist ein Gegenbeweis grundsätzlich möglich. Der Beweisgegner kann allerdings wegen § 445 Abs. 2 nicht die Vernehmung des Beweisführers beantragen, wenn das Gericht nach § 427 die Abschrift als richtig oder die Behauptungen des Beweisführers über Beschaffenheit oder Inhalt der Urkunde als erwiesen ansieht.

---

7   A.A. *Schreiber* Die Urkunde im Zivilprozess, S. 173 ff., 181; ihm anscheinend folgend Rosenberg/Schwab/*Gottwald*[17] § 119 Rdn. 36 Fn. 58.
8   Zu diesem Erfordernis BAG DB 1976, 1020.
9   BGH NJW-RR 1992, 1072, 1073 = ZIP 1992, 938.

V. Allgemeine Bedeutung des § 427

§ 427 normiert ähnlich wie die §§ 441 Abs. 3 Satz 3 und 444 sowie die §§ 453 Abs. 2 und 454 Abs. 1 für eine singuläre Gestaltung die prozessuale Sanktion einer Beweisvereitelung durch den Beweisgegner. Dem dahinter stehenden Gedanken, in den Fällen arglistiger Vereitelung oder sonstiger schuldhafter Erschwerung der Benutzung eines Beweismittels in freier Beweiswürdigung auf die Wahrheit des gegnerischen Vorbringens zu schließen oder wenigstens Beweiserleichterungen zu gewähren, kommt allgemeine Bedeutung zu.[10] Er ist auch auf Fälle einer fahrlässigen Vereitelung der Beweisführung zu erstrecken[11] und u.U. ist sogar das Verhalten eines Dritten der Prozesspartei zuzurechnen.[12] Einigkeit über die Rechtsfolge besteht nicht (näher zur Beweisvereitelung § 444 Rdn. 5 ff., 14 ff.). **12**

§ 428
Vorlegung durch Dritte; Beweisantritt

Befindet sich die Urkunde nach der Behauptung des Beweisführers im Besitz eines Dritten, so wird der Beweis durch den Antrag angetreten, zur Herbeischaffung der Urkunde eine Frist zu bestimmen oder eine Anordnung nach § 142 zu erlassen.

Schrifttum

S. vor § 420.

Übersicht

I. Außerprozessuale Urkundenbeschaffung — 1
II. Beweisantritt durch Fristsetzungantrag — 3
III. Anordnung von Amts wegen (§ 142) — 4

I. Außerprozessuale Urkundenbeschaffung

Befindet sich die Beweisurkunde nach der Behauptung des Beweisführers in den Händen eines Dritten, obliegt es nach den §§ 428 bis 431 dem Beweisführer, die Urkunde innerhalb einer vom Gericht nach § 431 Abs. 1 festzulegenden Frist zu beschaffen, durch die der **Hauptprozess** bis zur Erledigung der gegen den Dritten zu erhebenden Editionsklage (§ 429) **angehalten** wird. Besonderheiten gelten gem. § 432, wenn Dritter eine Behörde ist. Wegen § 595 Abs. 3 finden die §§ 428 ff. keine Anwendung auf den eilbedürftigen Urkundenprozess, wohl aber auf Ehe-, Kindschafts- und Lebenspartnerschaftsverfahren. **Dritter** ist derjenige, der am Prozess entweder gar nicht oder weder als Beweis- **1**

---

[10] BGH NJW 1963, 389, 390; BGHZ 72, 132, 139; 99, 391, 399; BGH NJW 1996, 315, 317; OLG Koblenz NJW 1968, 837; OLG Hamburg VersR 1989, 1281, 1282; BAG BB 1987, 1741, 1742; BSG NJW 1973, 535; *Konzen* Rechtsverhältnisse zwischen Prozessparteien, S. 232 ff.; *Gerhardt* AcP 169 (1969), 289, 295 ff.; *Prütting* Gegenwartsprobleme der Beweislast, S. 188 f.; *Baumgärtel* Beweislastpraxis des Privatrechts, 1996, Rdn. 111 ff., 120; *Baumgärtel* FS Kralik (1986) S. 63 ff.; *Musielak/Foerste*[10] § 286 Rdn. 62 ff.; *Musielak* Festgabe 50 Jahre BGH, 2000, Band III, S. 193, 221.
[11] BGHZ 6, 224, 227; BGH NJW 1963, 389, 390; BGH NJW 1976, 1315, 1316; BGH NJW 1986, 59, 60 f.; BGH NJW 1998, 79, 81; RGZ 128, 121, 125.
[12] RGZ 101, 197, 198.

gegner noch als deren Streitgenosse oder streitgenössischer Streithelfer beteiligt ist (zur Abgrenzung § 421 Rdn. 4f.).

2 Das Verfahren nach den §§ 428 ff. betrifft **ausschließlich** den Fall der **Vorlegungserzwingung** durch den Beweisführer. Sie erfolgt außerhalb des Hauptprozesses **mittels selbständiger Klage** (§ 429 Rdn. 4). Überlässt der Dritte die Urkunde dem Beweisführer freiwillig, wird dieser zum Urkundenbesitzer und kann den Beweis nach § 420 antreten. Ist der Dritte zwar zur **freiwilligen Vorlage** bereit, will die Urkunde aber unmittelbar dem Prozessgericht vorlegen, genügt es, dass die beweisführende Partei schriftsätzlich auf die Urkunde Bezug nimmt.

II. Beweisantritt durch Fristsetzungsantrag

3 Der nach § 430 zu begründende **Antrag** muss **auf Festsetzung einer Frist** zur Herbeischaffung der Urkunde gerichtet sein. Ein Antrag auf Herbeischaffung der Urkunde ist nicht zulässig,[1] kann aber in einen Antrag auf Fristsetzung umgedeutet werden. Nach § 431 Abs. 1 hat der Beweisführer lediglich Anspruch auf Gewährung einer Schonfrist für die Beschaffung der Urkunde durch selbständige Klage gegen den Drittbesitzer nach § 429 Satz 1 Hs 2. Da die klageweise Durchsetzung des Vorlegungsanspruchs eine gewisse Zeit in Anspruch nimmt, bedarf es der Frist, um das Beweismittel nach erfolgreicher Klage und Zwangsvollstreckung im Hauptprozess einsetzen zu können. Die durch Fristsetzung ermöglichte **Unterbrechung des Verfahrens** kommt einer Aussetzung gleich. Der Antrag kann auch **außerhalb der mündlichen Verhandlung** gestellt werden, wie sich aus § 431 Abs. 1 ergibt, wonach das Gericht die Frist durch Beschluss bestimmen kann (vgl. § 128 Abs. 4). Wegen der zu erwartenden erheblichen Verfahrensverzögerung muss der Fristsetzungsantrag im Hinblick auf § 282 Abs. 1 besonders zeitig gestellt werden.

III. Anordnung von Amts wegen (§ 142)

4 Aufgrund der Bezugnahme kann das Gericht von Amts wegen eine **Vorlageanordnung nach § 142** treffen. Die Anordnung nach § 142 kann auch gegen den widerstrebenden Dritten ergehen; dann ist der Beweisführer auf das Verfahren nach § 431 i.V.m. § 429 nicht angewiesen. Das Vorgehen nach § 142 ermöglicht einen schnelleren Zugriff als eine zeitraubende separate Vorlegungsklage.[2] Es kommt für § 142 nicht darauf an, dass ein materiell-rechtlicher Vorlegungsanspruch besteht (§ 420 Rdn. 8, 11ff.). Gerade bei fehlendem Zugang des Beweisführers zur Urkunde wirkt sich aus, dass das Gericht grundsätzlich (trotz des nicht eindeutigen Wortlauts der §§ 428 und 429) zur Anordnung verpflichtet ist (näher: § 420 Rdn. 14).

5 Der **Besitz des Dritten** wird in einem selbständigen Verfahren, das von Partei wegen außerhalb des Hauptverfahrens betrieben wird, als Tatbestandsmerkmal des Vorlegungs- bzw. Herausgabeanspruchs geprüft (s. auch § 429 Rdn. 7). Demgegenüber hat das Gericht bei einer Anordnung von Amts wegen die Prozessbehauptung des Beweisführers über den nach prozessrechtlichen Gesichtspunkten (§ 421 Rdn. 6) zu bestimmenden Besitz zunächst zugrunde zu legen. Mangelnde Verfügungsmöglichkeit des Dritten ist erst auf dessen Einwendung hin in einem **Zwischenverfahren** nach §§ 142 Abs. 2 Satz 2, 387 zu klären.[3] Gegen ein Zwischenurteil kann der Dritte nach § 387 Abs. 3, 567 Abs. 1 Satz 1 –

---

1 RGZ 135, 123, 131.
2 *Stadler* FS Beys (2003) S. 1625, 1642.
3 *Schlosser* FS Sonnenberger (2004) S. 135, 150.

anders als die Prozesspartei bei Nichtanordnung – nach §§ 387 Abs. 3, 567 Abs. 1 Nr. 1 – wie bei Nichtanerkennung von Weigerungsgründen[4] – das Rechtsmittel der sofortigen Beschwerde einlegen.

§ 429
Vorlegungspflicht Dritter

Der Dritte ist aus denselben Gründen wie der Gegner des Beweisführers zur Vorlegung einer Urkunde verpflichtet; er kann zur Vorlegung nur im Wege der Klage genötigt werden. § 142 bleibt unberührt.

Schrifttum

Wie bei § 428.

Übersicht

I. Die Vorlegungspflicht des Dritten — 1
II. Durchsetzung mittels eines selbständigen Prozesses
   1. Ordentliches Erkenntnisverfahren statt Editionsverfahren — 4
   2. Verfahrensgang — 6
   3. Zwangsvollstreckung — 9
III. Alternative Vorgehensweisen
   1. Zeugenbeweisantritt — 11
   2. Antrag auf Anordnung nach § 142 — 12

I. Die Vorlegungspflicht des Dritten

§ 429 Satz 1 regelt die Gründe und den Inhalt der Vorlegungspflicht des Dritten in Anlehnung an die Vorlegungspflicht des Beweisgegners, verweist also auf die **Vorlegungsgründe der §§ 422 und 423**. Der zum Beweisantritt erforderliche Beweisantrag (§ 428) setzt nach § 430 in Verb. mit § 424 Nr. 5 voraus, dass der Beweisführer den Grund der Vorlageverpflichtung glaubhaft macht. **1**

Eine **Verpflichtung nach § 423** kann sich nur für solche Urkunden ergeben, auf die der Dritte im laufenden Prozess entweder als zunächst beteiligte, inzwischen aber ausgeschiedene Partei oder als einfacher Streithelfer des Beweisgegners oder als Streitgenosse oder Streithelfer des Beweisführers Bezug genommen hat. Erforderlich ist, dass der Dritte die Urkunde selbst in Bezug genommen hat. Soweit der **Vorlageantrag auf § 422 gestützt** wird, ist der Dritte zur Vorlegung aus denselben materiellrechtlichen Gründen verpflichtet wie der Beweisgegner. Der materiellrechtliche Anspruch muss zwischen Beweisführer und Drittem bestehen. Bei der Vorlage im Prozess muss der Dritte auch die Einsichtnahme durch den Beweisgegner dulden. Da in § 441 Abs. 3 nicht auf die §§ 428 ff. verwiesen wird, besteht keine Vorlegungsverpflichtung des Dritten zum Zweck der Schriftvergleichung. **2**

Die **Vorlegung** der Urkunde durch den Dritten hat auch dann in einem Verhandlungstermin **vor dem Prozessgericht** zu erfolgen, wenn nach materiellem Recht die Vorlegung an einem anderen Ort geschuldet wird. Eine Vorlegung vor dem kommissarischen Richter kommt nur unter den in § 434 genannten Voraussetzungen in Betracht. **3**

---

4 Vgl. *Schneider* MDR 2004, 1, 4.

II. Durchsetzung mittels eines selbständigen Prozesses

4   **1. Ordentliches Erkenntnisverfahren statt Editionsverfahren.** Der Anspruch auf Vorlegung der Urkunde ist gegen einen Dritten zwangsweise nur im Wege einer **selbständigen Klage** außerhalb des Hauptverfahrens mit anschließender Zwangsvollstreckung nach § 883 durchzusetzen. Eine Vorlegungsanordnung nach § 425 im **Editionsverfahren** kann **nicht** beantragt werden. An die Stelle der Anordnung nach § 425 tritt die Fristbestimmung nach §§ 428, 430. Daher fehlt es auch an einer dem § 427 vergleichbaren Rechtsfolgenregelung.

5   Von der Einführung eines **Editionsverfahrens im Hauptprozess** nach dem Vorbild einiger früherer Landesprozessordnungen hat der Gesetzgeber der CPO Abstand genommen, um den Dritten nicht seinem gesetzlichen Richter, wie er sich aufgrund der Zuständigkeitsregeln der §§ 12ff. ergibt, zu entziehen.[1] Vermieden werden sollten zugleich Komplikationen aufgrund unterschiedlicher Eingangszuständigkeiten bei Rechtshängigkeit des Hauptprozesses vor einem Amtsgericht. Überdies sollten Inländer nicht ungünstiger behandelt werden als im Ausland ansässige Urkundenbesitzer, offenbar ausgehend von der Vorstellung, dass diese Personen im Inland nicht gerichtspflichtig sind und gegen sie aufgrund der Regeln über die internationale Zuständigkeit kein deutscher Gerichtsstand für eine Vorlageklage gegeben ist. Diese Argumente sind rechtspolitisch ebenso wenig überzeugend wie das zusätzliche Argument, über die Interessen eines am Hauptprozess unbeteiligten Dritten solle nicht aufgrund summarischer Prüfung entschieden werden.[2] Das wird nicht zuletzt durch die **Verfahrensgestaltung bei** einer **Anordnung von Amts wegen** gem. § 142 unterstrichen, für die § 142 Abs. 2 Satz 2 auf die §§ 386 bis 390 verweist, also auf das Zwischenstreitverfahren des § 387.

6   **2. Verfahrensgang.** Die **Klage** ist grundsätzlich vom **Beweisführer** zu erheben. Dies gilt auch dann, wenn der Streitgehilfe den Antrag auf Fristsetzung nach § 428 gestellt hat.[3] Hat der **Streithelfer** des Hauptprozesses nach §§ 422 oder 423 einen eigenen Vorlegungsanspruch gegen den Dritten, kann er auch selbst die Klage erheben.[4] Wer in dem Nebenprozess Streitgehilfe sein kann, ist unabhängig von der Streitgehilfenschaft im Hauptprozess zu beurteilen.[5] Ein besonderer **Gerichtsstand**, etwa am Ort des Hauptprozesses, steht nicht zur Verfügung.

7   Zu klagen ist auf **Vorlegung** der Urkunde **vor dem Prozessgericht**.[6] Das weicht in der Regel von dem Inhalt eines zugrunde liegenden materiellrechtlichen Anspruchs ab (vgl. etwa § 811 BGB). Die Klage ist **nur** dann **begründet**, wenn die gerichtliche **Fristsetzung nach § 430 nachgewiesen** wird,[7] sofern Vorlegung nach § 423 begehrt wird. Wird die Vorlegung auf § 422 gestützt, ist der Nachweis ebenfalls erforderlich, wenn der materiellrechtlich geschuldete Inhalt des Herausgabe- oder Vorlegungsanspruchs nach den Bedürfnissen der Beweissituation modifiziert wird, was wegen des abweichenden Vorlegungsortes und des Einsicht nehmenden Personenkreises regelmäßig der Fall sein wird. Der **Besitz des Dritten** an der Urkunde ist vom klagenden Beweisführer unter Einsatz

---

1   *Hahn/Stegemann* Materialien, Band II/1, 2. Aufl. 1883, S. 326; dies aufgreifend RGZ 12, 412, 414.
2   So die Rechtfertigung von *Siegel* Die Vorlegung von Urkunden im Prozess, 1904, S. 222.
3   MünchKomm/*Schreiber*⁴ § 429 Rdn. 2; Stein/Jonas/*Leipold*²² § 429 Rdn. 5.
4   MünchKomm/*Schreiber*⁴ § 429 Rdn. 2; Stein/Jonas/*Leipold*²² § 429 Rdn. 5.
5   Vgl. MünchKomm/*Schreiber*⁴ § 429 Rdn. 2.
6   AK-ZPO/*Rüßmann* §§ 428–431 Rdn. 4; MünchKomm/*Schreiber*⁴ § 429 Rdn. 2.
7   RGZ 12, 412, 415.

sämtlicher Beweismittel einschließlich der Parteivernehmung nach § 445 zu beweisen; § 426 gilt insofern nicht.

Fällt die **Beweiserheblichkeit** im Hauptprozess **fort**, sei es auch nur wegen nachträglicher Verkürzung der Fristsetzung (§ 431 Abs. 2), oder **erledigt sich** der **Hauptprozess** insgesamt während der Dauer des Nebenprozesses, erledigt sich die selbständige Vorlegungsklage, sofern der Kläger nicht aus anderen Gründen und mit geändertem Antrag das Nebenverfahren auf der Grundlage eines materiellrechtlichen Anspruchs weiter betreiben kann. Führt die Vollstreckung nicht zum gewünschten Ziel oder wird die **Klage** im Nebenprozess rechtskräftig **abgewiesen**, kommt die Urkunde als Beweismittel nicht mehr in Betracht.[8]   **8**

    3. **Zwangsvollstreckung.** Die Zwangsvollstreckung aus einem Vorlegungsurteil erfolgt **analog § 883**.[9] Die Vorlegung einer Urkunde zur Einsichtnahme fällt trotz des Unterschiedes zwischen Herausgabe und Vorlage unter die Herausgabevollstreckung,[10] weil die vorübergehende Wegnahme unter Anwendung direkten Zwangs des Gerichtsvollziehers das Wesentliche der Vollstreckung ist. Ein Verfahren zur Abgabe einer eidesstattlichen Versicherung nach §§ 883 Abs. 2, 899 kann sich anschließen. Vermieden wird mit der Anwendung des § 883 das schwerfälligere und u.U. weniger effektive Verfahren nach § 888. Unerheblich ist, dass die Vorlage nicht beim Gläubiger zu erfolgen hat. Zur Zwangsvollstreckung bei Anordnung nach § 142 s. unten Rdn. 12).   **9**

    Befindet sich die **Urkunde im Ausland**, kann deren Herbeischaffung in Deutschland gem. § 888 erzwungen werden.[11] Eine Vollstreckung analog § 883 scheitert daran, dass das Tätigwerden eines Gerichtsvollziehers auf das deutsche Hoheitsgebiet beschränkt ist. In Betracht kommt allerdings die Vollstreckung im Ausland auf der Grundlage eines dort ergangenen (ausländischen) Titels oder dort für vollstreckbar erklärten inländischen Titels nach den Regeln des dortigen Vollstreckungsrechts. **Zwangsmittel des Gerichts des Hauptprozesses**, nämlich Ordnungsmittel **nach § 390**, können nur auf der Grundlage einer Anordnung nach § 142 Abs. 1 kraft der Verweisung des § 142 Abs. 2 Satz 2 verhängt werden. Ist der Dritte im Ausland ansässig, ist die Anordnung (Übermittlungsbitte) durch einfachen Brief unter Verzicht auf die Androhung von Zwangsmitteln völkerrechtlich zulässig.[12] Zur Beweisaufnahme im Ausland s. § 363.   **10**

III. Alternative Vorgehensweisen

    1. **Zeugenbeweisantritt.** Der Beweisführer kann den Dritten in geeigneten Fällen auch als Zeugen zur Bekundung von Tatsachen benennen, die sich aus dem Urkundeninhalt ergeben, und zudem auf die Urkunde Bezug nehmen sowie anregen, dem Zeugen das Mitführen der Urkunde aufzutragen. Nach § 378 Abs. 1 Satz 1 hat der Zeuge gedächtnisstützende Unterlagen zum Termin mitzubringen. Er braucht sie dem Gericht zwar nicht vorzulegen, weil § 429 nach § 378 Abs. 1 Satz 2 unberührt bleiben soll. Das Gericht kann die bei der Vernehmung **verweigerte Urkundenvorlage** aber nach **§ 142 Abs. 1** von Amts wegen anordnen; auch diese Möglichkeit bleibt nach § 378 Abs. 1 Satz 2 unbe-   **11**

---

[8] Musielak/*Huber*[10] § 429 Rdn. 2.
[9] MünchKomm/*Schreiber*[4] § 429 Rdn. 2; Stein/Jonas/*Leipold*[22] § 429 Rdn. 4.
[10] OLG Hamm NJW 1974, 653; OLG Frankfurt NJW-RR 1992, 171; OLG Köln NJW-RR 1989, 568, 569; *Grimme* JA 1985, 323, 325; MünchKomm/*Gruber*[4] § 883 Rdn. 13; Wieczorek/Schütze/*Storz*[3] § 883 Rdn. 27.
[11] *Geimer* ZfRV 1992, 321, 336; Wieczorek/Schütze/*Storz*[3] § 883 Rdn. 25; Zöller/*Geimer*[29] § 429 Rdn. 3.
[12] *Musielak* FS Geimer (2002) S. 761, 774 in Verb. mit 770.

rührt. Eine unzulässige Umgehung des § 429 ist darin seit der ZPO-Reform 2001 nicht mehr zu sehen.

2. Antrag auf Anordnung nach § 142. Alternativ kommt seit der ZPO-Reform 2001 die Vorlegungsanordnung **von Amts wegen** gem. § 142 in Betracht, die lediglich die Bezugnahme einer Prozesspartei auf die Urkunde voraussetzt. Diese Vorschrift geht über die Gründe des § 422 und des § 423 hinaus (§ 420 Rdn. 11 ff., § 428 Rdn. 4). Das Gericht ist grundsätzlich verpflichtet, einen Antrag zum Vorgehen nach § 142 zu prüfen und eine **Nichtanordnung** im Urteil zur Vermeidung eines Verstoßes gegen § 286 zu **begründen** (§ 420 Rdn. 14, § 428 Rdn. 4 f.). Über Weigerungsgründe wird im Zwischenstreitverfahren nach § 387 entschieden (s. auch § 429 Rdn. 5). Eine Anordnung nach § 142 bietet die Möglichkeit der Zwangsvollstreckung durch Verhängung von Ordnungsmitteln nach §§ 142 Abs. 2 Satz 1, 390 (Ordnungsgeld, Ordnungshaft).[13]

§ 430
Antrag bei Vorlegung durch Dritte

Zur Begründung des nach § 428 zu stellenden Antrages hat der Beweisführer den Erfordernissen des § 424 Nr. 1 bis 3, 5 zu genügen und außerdem glaubhaft zu machen, daß die Urkunde sich in den Händen des Dritten befinde.

I. Modifikation des § 424

An den Antrag auf Fristbestimmung gem. § 428 werden, wenn auch eingeschränkt, dieselben formalen und inhaltlichen **Anforderungen des § 424** gestellt, wie sie für den Vorlegungsantrag nach § 421 gelten. Die Ausführungen zu § 424 Nr. 1 bis 3 und 5 sind entsprechend heranzuziehen. Der Vorlegungsanspruch (§ 424 Nr. 5) gegen den Dritten muss bereits in dem Zeitpunkt bestehen, in dem der Fristsetzungsantrags gestellt wird; nicht ausreichend ist eine künftige Abtretung des materiellrechtlichen Anspruchs an den Beweisführer.[1] Glaubhaftmachung eines Vorlegungsanspruchs aus § 423 ist als reiner Formalismus entbehrlich, weil sich die Bezugnahme einer Prozesspartei aus den Akten ergibt. **Über § 424 Nr. 4 hinausgehend**, der lediglich eine Darlegung der Umstände verlangt, aus denen sich der Urkundenbesitz ergeben soll, ist die **Glaubhaftmachung des Besitzes** des Dritten erforderlich; § 424 Nr. 4 passt nicht in die abweichende Konzeption der §§ 428 ff. Die Glaubhaftmachung kann entfallen, wenn der Besitz des Dritten unstreitig ist.

II. Gerichtliche Entscheidung

Die Voraussetzungen des Antrags werden vom **Gericht des Hauptprozesses** geprüft. Zwar sind der Urkundenbesitz und die weiteren Voraussetzungen des § 431 im nachfolgenden selbständigen Nebenprozess Gegenstand einer selbständigen Tatsachen- und Rechtsprüfung. Die **zusätzliche summarische Prüfung** im Hauptprozess ist aber erforderlich, weil dieses Verfahren nur bei Beweiserheblichkeit der Urkundenvorlage

---

13 LG Saarbrücken VersR 2003, 234, 235 (Nichtvorlage von Krankenunterlagen durch Arzt im Verfahren des Patienten gegen Krankenversicherer).

1 RGZ 135, 123, 131 f.

verzögert werden darf. Außerdem ist die Fristsetzungsentscheidung des § 431 Begründetheitsvoraussetzung im Nebenverfahren (vgl. § 429 Rdn. 8). Nur wenn die Voraussetzungen des § 431 erfüllt sind, darf das Gericht die Vorlegungsfrist bestimmen.

§ 431
Vorlegungsfrist bei Vorlegung durch Dritte

(1) **Ist die Tatsache, die durch die Urkunde bewiesen werden soll, erheblich und entspricht der Antrag den Vorschriften des vorstehenden Paragraphen, so hat das Gericht durch Beschluß eine Frist zur Vorlegung der Urkunde zu bestimmen.**
(2) **Der Gegner kann die Fortsetzung des Verfahrens vor dem Ablauf der Frist beantragen, wenn die Klage gegen den Dritten erledigt ist oder wenn der Beweisführer die Erhebung der Klage oder die Betreibung des Prozesses oder der Zwangsvollstreckung verzögert.**

Übersicht
I. Voraussetzungen für die Fristbestimmung —— 1
II. Inhalt der Fristbestimmung —— 4
III. Rechtsbehelfe —— 5
IV. Fortsetzung des Verfahrens nach § 431 Abs. 2 —— 6
V. Sonstige Möglichkeiten zur Verfahrensfortsetzung
  1. Vor Fristablauf —— 7
  2. Nach Fristablauf —— 9

I. Voraussetzungen der Fristbestimmung

Der Fristsetzungsbeschluss gem. § 431 Abs. 1 tritt bei Urkundenbesitz eines Dritten **1** an die Stelle der Beweisanordnung nach § 425 im Editionsverfahren gegen den Beweisgegner. Er ist aber selbst **kein Beweisbeschluss**.[1] Die Fristsetzung ist Voraussetzung der Unterbrechung des Hauptprozesses und zugleich Begründetheitserfordernis der Klage nach § 429 im Nebenverfahren gegen den Dritten. Der Fristsetzungsbeschluss geht auf den Beweisantritt nach § 428 zurück und muss den **Anforderungen der §§ 430, 424 Nr. 1 bis 3, 5** genügen.

Auf einen ordnungsgemäßen Beweisantritt hin hat das Gericht die **Erheblichkeit 2 der** zu beweisenden **Tatsache** zu prüfen. Für die Begründetheit des Antrags auf Fristsetzung ist – anders als bei einem Vorgehen nach §§ 428, 142 (§ 428 Rdn. 4f.) – außerdem erforderlich, dass die Voraussetzungen der **§§ 422 oder 423** erfüllt sind. Die Abweichungen vom Verfahrensgang gegenüber dem Beweisgegner (§§ 425 bis 427) hängen damit zusammen, dass der Dritte keinem innerprozessualen Editionsverfahren unterworfen wird, sondern gegen ihn nach § 429 ein selbständiges Verfahren zu führen ist. Dort ist auch erst festzustellen, ob der Dritte Urkundenbesitzer ist.

Wird ein unzulässiger Antrag trotz Hinweises nach § 139 nicht ergänzt, ist er **durch 3 Beschluss, Zwischenurteil** oder **im Endurteil zurückzuweisen**. Dasselbe gilt für einen unbegründeten Antrag.

---

[1] Stein/Jonas/*Leipold*[22] § 431 Rdn. 3; MünchKomm/*Schreiber*[4] § 431 Rdn. 2.

II. Inhalt der Fristbestimmung

4   Durch die Fristbestimmung wird dem Beweisführer die Möglichkeit gegeben, die **Urkunde mittels selbständiger Klage** gegen den Dritten **zu beschaffen**. Für die Dauer der Frist wird der Hauptprozess nicht fortgeführt. Die Fristenlänge hat sich am Zeitbedarf für eine derartige Klage im Einzelfall zu orientieren.[2] § 431 enthält eine lex specialis zu § 356. Die Fristbestimmung erfolgt durch Beschluss und damit ohne vorherige mündliche Verhandlung (§ 128 Abs. 4). Dem Beweisgegner, dessen Interesse an einer zügigen Entscheidung berührt wird, ist **rechtliches Gehör** zu gewähren,[3] auch wenn die §§ 428 ff. nur auf das Vorbringen des Beweisführers abstellen. Die richterliche Frist kann nach §§ 224 Abs. 2, 225 auf Antrag abgekürzt oder verlängert werden. Zur Wahrung der Frist ist es ausreichend, dass die Urkunde bis zu ihrem Ablauf zu den Akten eingereicht wird. Es kommt nicht darauf an, dass die Urkunde vor Ablauf der Frist auf der Geschäftsstelle hinterlegt wird, da es dort nur darum geht, dem Beweisführer die Möglichkeit zur Beschaffung der Urkunde zu ermöglichen.[4]

III. Rechtsbehelfe

5   Gegen die **Ablehnung des Fristsetzungsantrags** durch Beschluss oder Zwischenurteil ist die **sofortige Beschwerde** nach § 567 Abs. 1 Nr. 2 statthaft.[5] Die Prüfung der Beweis- und Entscheidungserheblichkeit sowie der Beweiseignung fällt jedoch in die ausschließliche Kompetenz des Prozessgerichts und darf nicht vom Beschwerdegericht vorgenommen werden.[6] Wird der Antrag unberechtigt übergangen, ist das Endurteil wegen Verstoßes gegen § 286 anfechtbar. Wird eine **Frist bestimmt**, kann der **Beweisgegner** gem. § 567 Abs. 1 Nr. 1 sofortige Beschwerde erheben, wenn man **§ 252 analog** anwendet; die Fristbestimmung kommt einer Aussetzung des Verfahrens i.S.d. § 252 gleich,[7] wenn die gesetzte Frist zu lang bemessen[8] oder zu unbestimmt ist.[9] Eine sofortige Beschwerde ist auch gegen die **Ablehnung** des gem. § 431 Abs. 2 gestellten **Fortsetzungsantrags** zulässig.[10] Der sofortigen Beschwerde unterliegen nur erstinstanzliche Entscheidungen der Amts- und Landgerichte (§ 567 Abs. 1).

IV. Fortsetzung des Verfahrens nach § 431 Abs. 2

6   § 431 Abs. 2 regelt die Fortsetzung des Verfahrens nach Fristsetzung auf **Antrag des Beweisgegners**. Der Antrag nach § 431 Abs. 2 ist auf die erneute Ladung der Parteien zu richten.[11] Die Terminsbestimmung erfolgt von Amts wegen nach § 216.[12] Dem Gegner steht das Antragsrecht vor Fristablauf unter der Voraussetzung zu, dass sich die **Klage** gegen den Dritten **erledigt** hat **oder** der Beweisführer die Klageerhebung, das Betreibung des

---

2 Stein/Jonas/*Leipold*[22] § 431 Rdn. 2; MünchKomm/*Schreiber*[4] § 431 Rdn. 2; AK-ZPO/*Rüßmann* §§ 428–431 Rdn. 4.
3 Stein/Jonas/*Leipold*[22] § 431 Rdn. 4.
4 Stein/Jonas/*Leipold*[22] § 431 Rdn. 7.
5 Musielak/*Huber*[10] § 431 Rdn. 1.
6 MünchKomm/*Schreiber*[4] § 431 Rdn. 3; Zöller/*Geimer*[29] § 431 Rdn. 1.
7 A.A. Thomas/Putzo/*Reichold*[33] § 431 Rdn. 2.
8 Musielak/*Huber*[10] § 431 Rdn. 1; AK-ZPO/*Rüßmann* §§ 428–431 Rdn. 5; Zöller/*Geimer*[29] § 431 Rdn. 1.
9 Stein/Jonas/*Leipold*[22] § 431 Rdn. 6.
10 MünchKomm/*Schreiber*[4] § 431 Rdn. 3.
11 Vgl. Stein/Jonas/*Leipold*[22] § 431 Rdn. 8.
12 MünchKomm/*Schreiber*[4] § 431 Rdn. 4.

Prozesses oder die Zwangsvollstreckung **verzögert**. Eine Verzögerung verstößt gegen den Zweck des § 431 Abs. 1, der keiner Prozessverschleppung Vorschub leisten möchte. Auf Grund des Ausnahmecharakters des § 431 Abs. 2 und der in der vorzeitigen Fortsetzung des Verfahrens liegenden Gefahr einer Behinderung der Beweisführung des Beweisführers sollte eine Verzögerung der Klage allerdings nicht vorschnell angenommen werden.[13]

V. Sonstige Möglichkeiten der Verfahrensfortsetzung

1. Vor Fristablauf. Ein **neuer Termin** wird nach § 216 vor Ablauf der Frist von Amts wegen anberaumt, wenn der Dritte die Urkunde dem Prozessgericht auf Grund seiner Verurteilung oder auch aus sonstigen Gründen vorlegt. Die Geschäftsstelle hat die Parteien darüber zu benachrichtigen. 7

Der **Beweisführer** hat die Möglichkeit, durch eine einseitige, gegenüber dem Gericht abzugebende Willenserklärung auf die Verfolgung des Vorlegungsanspruchs gegen den Dritten zu **verzichten**. Diese Erklärung, in der ein Verzicht auf das Beweismittel zu sehen ist,[14] ist bis zur Reaktion des Gerichts frei widerruflich. Ob bei einem Verzicht auf die Urkunde ein erneuter Verhandlungstermin von Amts wegen nach § 216[15] oder nur auf Antrag des Beweisführers festzusetzen ist,[16] ist streitig. Wenn der Dritte die Urkunde dem **Beweisführer** überlässt, steht es diesem frei, durch **Antrag** die Bestimmung eines Termins nach **§ 216** herbeizuführen. Die Urkunde muss dann durch Vorlegung nach § 420 in den Prozess eingeführt werden.[17] 8

2. Nach Fristablauf. Ist die Frist ohne Urkundenvorlage abgelaufen, hängt das weitere Vorgehen zunächst davon ab, ob das **Hindernis** für die Beschaffung der Urkunde **behebbar** ist. Dann ist § 356 anwendbar.[18] Kann das Hindernis **nicht behoben** werden, so gilt § 230.[19] Die richterliche Frist kann nach § 224 Abs. 2 verlängert werden. Im Übrigen ist von Amts wegen ein neuer Termin zur Fortsetzung des Verfahrens zu bestimmen.[20] 9

§ 432
Vorlegung durch Behörden oder Beamte; Beweisantritt

(1) Befindet sich die Urkunde nach der Behauptung des Beweisführers in den Händen einer öffentlichen Behörde oder eines öffentlichen Beamten, so wird der Beweis durch den Antrag angetreten, die Behörde oder den Beamten um die Mitteilung der Urkunde zu ersuchen.

(2) Diese Vorschrift ist auf Urkunden, welche die Parteien nach den gesetzlichen Vorschriften ohne Mitwirkung des Gerichts zu beschaffen imstande sind, nicht anzuwenden.

---

13 Zöller/*Geimer*[29] § 431 Rdn. 2 spricht diesbezüglich von einer *offensichtlichen* Verschleppung.
14 AK-ZPO/*Rüßmann* §§ 428–431 Rdn. 6.
15 Stein/Jonas/*Leipold*[22] § 431 Rdn. 9.
16 Musielak/*Huber*[10] § 431 Rdn. 2 und Zöller/*Geimer*[29] § 431 Rdn. 2 entnehmen den Verzicht erst dem Antrag; Thomas/Putzo/*Reichold*[33] § 431 Rdn. 3 (Fortsetzung stets nur auf Terminsantrag hin).
17 Stein/Jonas/*Leipold*[22] § 431 Rdn. 8.
18 Zöller/*Geimer*[29] § 431 Rdn. 2.
19 Zöller/*Geimer*[29] § 431 Rdn. 2.
20 Stein/Jonas/*Leipold*[22] § 431 Rdn. 9; Zöller/*Geimer*[29] § 431 Rdn. 2; **a.A.** AK-ZPO/*Rüßmann* §§ 428–431 Rdn. 6.

(3) Verweigert die Behörde oder der Beamte die Mitteilung der Urkunde in Fällen, in denen eine Verpflichtung zur Vorlegung auf § 422 gestützt wird, so gelten die Vorschriften der §§ 428 bis 431.

Schrifttum

Arnold Behördenakten als Beweismittel im Zivilprozeß, NJW 1953, 1283; *Holch* Zur Einsicht in Gerichtsakten durch Behörden und Gerichte, ZZP 87 (1974) 14.

Übersicht

I. Urkundenbeschaffung im Wege der Amtshilfe — 1	2. Selbstbeschaffung der Urkunde durch den Beweisführer — 7
II. Voraussetzungen des Beweisantritts nach § 432 Abs. 1	3. Vorlage- und Verwertungsverbot — 9
1. Urkundenqualität — 4	IV. Beweisbeschluss des Prozessgerichts — 11
2. Urkundenbesitz einer Behörde oder eines Beamten — 5	V. Die Vorlagepflicht der Behörden — 13
III. Beweisantrag	VI. Beweisantritt nach § 432 Abs. 3 — 22
1. Antragserfordernis — 6	

I. Urkundenbeschaffung im Wege der Amtshilfe

1 § 432 **erleichtert** dem Beweisführer die **Urkundenbeweisführung** durch Heranziehung öffentlicher Akten auf Anforderung des Prozessgerichts.[1] Das Prozessgericht nimmt dabei Amtshilfe (Art. 35 GG, § 168 GVG, §§ 4ff. VwVfG) in Anspruch. § 432 setzt voraus, dass die Behörde oder der öffentliche Beamte **Dritter im Sinne des § 428** sind.[2] Dies ergibt sich mittelbar aus Abs. 3. Wenn die öffentliche Behörde oder der öffentliche Beamte dem Beweisführer als Gegner in einem Zivilprozess gleichgeordnet gegenübersteht, kann der Beweisantritt nur nach den §§ 421, 424 erfolgen.

2 § 432 **verdrängt nicht** das selbständige **Editionsverfahren** nach den §§ 428 bis 431, wie sich aus § 432 Abs. 3 ergibt. Das Gericht kann den Beweisführer, der einen berechtigten Antrag gem. § 428 stellt, nicht auf den Weg des § 432 verweisen. Umgekehrt ist § 432 Abs. 1 auch nicht subsidiär gegenüber dem selbständigen Vorlegungsverfahren.[3] **Eigenständige Bedeutung** erlangt § 432 vor allem dann, wenn die Voraussetzungen des über § 429 anwendbaren § 422 nicht vorliegen, also **kein materiell-rechtlicher Vorlegungsanspruch** gegen die Behörde besteht.[4] Im Überschneidungsbereich bietet § 432 den Vorteil, dass der Beweisführer den umständlichen Weg der Vorlegungsklage des § 429 Satz 1 vermeidet.

3 **Nicht anwendbar ist § 432 Abs. 1**, wie sich aus Abs. 2 ergibt, wenn der Beweisführer sich eine **beglaubigte Abschrift** oder eine Ausfertigung der Urkunde beschaffen und diese gem. § 420 vorlegen kann, vorausgesetzt es kommt für den Beweiszweck nicht auf die Urschrift im Besitz der Behörde an (vgl. § 435). Nach § 595 Abs. 3 gilt § 432 nicht im Urkundenprozess.[5] Kraft der Verweisung des § 371 Abs. 2 gilt § 432 auch für Augenscheinsobjekte. Unabhängig von § 432 und damit ohne entsprechenden Antrag hat das Prozessgericht die Möglichkeit, eine Behörde nach **§ 273 Abs. 2 Nr. 2** in Vorbereitung des

---

1 Vgl. allgemein MünchKomm/*Schreiber*[4] § 432 Rdn. 1; Stein/Jonas/*Leipold*[22] § 432 Rdn. 4.
2 MünchKomm/*Schreiber*[4] § 432 Rdn. 3; Zöller/*Geimer*[29] § 432 Rdn. 2.
3 **A.A.** Musielak/*Huber*[10] § 432 Rdn. 4.
4 *Arnold* NJW 1953, 1283.
5 BGH NJW 1994, 3295, 3296 = JZ 1995, 468, 469 m. Anm. *Teske*.

Verhandlungstermins um Mitteilung von Urkunden zu ersuchen. **§ 142** ist hingegen **nicht anwendbar**, weil das Prozessgericht **gegenüber Behörden** keine „Anordnungen" (so der Terminus des § 142 Abs. 1) treffen darf, sondern ihnen gegenüber nur um Amtshilfe (Art. 35 GG und § 168 GVG) ersuchen kann. Dies hat wegen der Gleichstellung von Behörden und öffentlichen Beamten auch für die Beamten als Urkundenbesitzer zu gelten.

II. Voraussetzungen des Beweisantritts nach § 432 Abs. 1

1. Urkundenqualität. Nach der Systematik der §§ 415 ff. kommt es für § 432 nicht 4 darauf an, ob es sich um eine **öffentliche oder private Urkunde** handelt. Ein Beweisantritt analog § 432 Abs. 1 ist auch dann möglich, wenn die Urkunde erst noch hergestellt werden muss, etwa in Form eines Auszuges aus Registern oder Büchern.[6]

2. Urkundenbesitz einer Behörde oder eines Beamten. Öffentliche Behörden sind 5 **auch Gerichte**; näher zum Behördenbegriff § 415 Rdn. 8 ff. Zu den öffentlichen Beamten gehört nach § 1 BNotO insbesondere der **Notar**. Der Begriff des Beamten ist funktional und nicht im Sinne des Beamtenrechts zu verstehen. Der Beamte muss selbst unmittelbarer Urkundenbesitzer sein. Ist die Behörde als Organ des Bundes, eines Landes, einer Kommune oder einer sonstigen öffentlich-rechtlichen Körperschaft Besitzer der Urkunde, fällt der einzelne Beamte als **Besitzdiener nicht** unter § 432. Die Behörde oder der Beamte müssen die Urkunde **in dienstlicher Eigenschaft** besitzen;[7] bloßer Privatbesitz reicht nicht aus. Wird die Urkunde von einer Stelle des Prozessgerichts verwahrt, ist ein Antrag nach § 432 nicht erforderlich. Dies gilt auch für Akten einer anderen Abteilung oder Kammer. Ausreichend ist dann eine Berufung auf die Urkunde und deren formlose Beiziehung.[8]

III. Beweisantrag

1. Antragserfordernis. Der Beweisantritt nach § 432 Abs. 1 erfolgt durch den in der 6 mündlichen Verhandlung zu stellenden Beweisantrag, die Behörde bzw. den Beamten um Mitteilung der Urkunde zu ersuchen. Der Antrag muss **nicht** den besonderen Erfordernissen des **§ 424** genügen.[9] Dies gilt insbesondere für den Vortrag eines Vorlegungsgrundes und dessen Glaubhaftmachung (§ 424 Abs. 1 Nr. 5). § 432 Abs. 1 verlangt aber die Behauptung des Beweisführers, dass sich die Urkunde in den Händen einer öffentlichen Behörde oder eines Beamten befindet. Dafür ist die **Darlegung** von Umständen erforderlich, aus denen sich der **Urkundenbesitz** ergibt. Ein Beweisbeschluss setzt überdies voraus, dass sich die beweiserheblichen Tatsachen eindeutig dem Beweisantrag entnehmen lassen.

Ein echter Beweisantrag liegt dann nicht vor, wenn die Heranziehung ganzer Akten 7 oder Aktenbündel beantragt wird; bei ihnen handelt es sich nicht um Urkunden, sondern um Zusammenfassungen mehrerer Urkunden,[10] weshalb eine genaue **Bezeichnung der einzelnen Aktenteile** erforderlich ist (näher § 420 Rdn. 27 und § 424 Rdn. 1).[11] Wird einem Beweisantrag entgegen diesen Grundsätzen stattgegeben, wird damit wegen Ver-

---

6 Stein/Jonas/*Leipold*[22] § 432 Rdn. 11.
7 MünchKomm/*Schreiber*[4] § 432 Rdn. 2.
8 Stein/Jonas/*Leipold*[22] § 432 Rdn. 12.
9 **A.A.** wohl Musielak/*Huber*[10] § 432 Rdn. 3 (wegen entsprechender Geltung des § 430).
10 BGH DRiZ 1963, 60.
11 BGH NJW 1994, 3295, 3296; *Teplitzky* JuS 1968, 71, 72.

stoßes gegen den Beibringungsgrundsatz nicht ohne weiteres der gesamte Akteninhalt Gegenstand des Rechtsstreits.[12]

8 **2. Selbstbeschaffung der Urkunde durch den Beweisführer.** Nach § 432 Abs. 2 ist der Beweisantritt nach Abs. 1 unzulässig, wenn der Beweisführer sich die Urkunde ohne Mitwirkung des Prozessgerichts nach den gesetzlichen Vorschriften **einfacher** und regelmäßig auch **zeitsparender selbst beschaffen** und nach § 420 vorlegen kann.[13] Abs. 2 dient der Vermeidung unnötiger Belastungen des Gerichts.[14] Wegen § 435 reicht es bei einer öffentlichen Urkunde aus, dass der Beweisführer einen bloßen Anspruch auf Erteilung einer **beglaubigten Abschrift** hat. § 432 Abs. 1 greift jedoch ein, wenn es aus Beweisgründen (§ 435 Satz 1 2. Hs) auf die Urkundenurschrift ankommt.[15] Der **Herausgabe der Urschrift** einer notariellen Niederschrift (§ 36 BeurkG) steht § 45 Abs. 2 BeurkG entgegen. Dasselbe gilt für die besondere amtliche Verwahrung letztwilliger Verfügungen nach § 34 BeurkG, für die nach § 2258a Abs. 1 BGB die Amtsgerichte – in Baden-Württemberg die Amtsnotariate – zuständig sind.

9 Bloße Rechte auf **Einsicht** in Behörden- und Gerichtsaktenakten sowie öffentliche Register gewähren z.B. § 299 ZPO, §§ 34 Abs. 1 Satz 1, 78 Abs. 1 FGG, § 42 ZVG, §§ 4, 175 Abs. 1 Satz 2 InsO, § 9 Abs. 1 HGB, § 12 Abs. 1 GBO, § 62 Abs. 2 PStG, §§ 31,[16] 99 Abs. 3 PatG 1981, §§ 62, 82 Abs. 3 MarkenG und §§ 147, 406e Abs. 1, 475 Abs. 2 StPO, sowie §§ 46 Abs. 1, 49 OWiG, jeweils in Verb. mit den Nrn. 182ff., 296 RiStBV.[17] Zur Erteilung von **Ausfertigungen, Auszügen** und **beglaubigten Abschriften** sind Behörden – z.T. in Abhängigkeit von parallelen Einsichtsrechten – z.B. nach §§ 792, 896 ZPO, §§ 34 Abs. 1 Satz 2, 78 Abs. 2, 85, 162 FGG, § 9 Abs. 2 und 4 HGB, § 12 Abs. 2 GBO, § 62 Abs. 1 PStG verpflichtet. Soweit die Beschaffung von Urkunden aus Behördenakten durch den Beweisführer und deren anschließende Vorlage nach § 420 von einer behördlichen **Ermessensentscheidung** abhängt (dazu auch unten Rdn. 14ff.), darf der Beweisführer auf diesen Weg nicht verwiesen werden.[18] Die Selbstbeschaffung der Urkunde ist dann nicht der einfachste Weg und **§ 432 Abs. 2** daher **nicht anzuwenden**. Dasselbe gilt, wenn der Beweisführer lediglich die Möglichkeit der Einsichtnahme hat,[19] oder wenn ihm die Behörde die Erteilung der Urkunde entgegen einer rechtlichen Verpflichtung verweigert hat, auch wenn ihm dagegen Rechtsbehelfe zustehen.[20]

10 **3. Vorlage- und Verwertungsverbot.** Darf die Behörde die Urkunden aufgrund dem Gericht bekannter öffentlich-rechtlicher Normen im Zivilprozess nicht vorlegen, ist der Antrag abzulehnen.[21] Dürfen Akten bzw. Urkunden mangels Freigabe durch die übersendende Behörde **von den Parteien nicht eingesehen** werden, etwa aus datenschutzrechtlichen Gründen, so dürfen sie auch nicht zum Gegenstand der mündlichen Ver-

---

12 BGH NJW 1994, 3295, 3296.
13 OLG Hamburg JW 1918, 455 (Strafurteil gegen den Kläger im Regressprozess gegen seinen Verteidiger); MünchKomm/*Schreiber*[A] § 432 Rdn. 4; Stein/Jonas/*Leipold*[22] § 432 Rdn. 21.
14 *Arnold* NJW 1953, 1283.
15 *Heldmann* ZZP 42 (1912), 79, 81.
16 Zur Vorläufervorschrift RGZ 84, 142, 144.
17 Dazu KG AnwBl. 1973, 305, 306.
18 MünchKomm/*Schreiber*[A] § 432 Rdn. 5.
19 Stein/Jonas/*Leipold*[22] § 432 Rdn. 17.
20 Stein/Jonas/*Leipold*[22] § 432 Rdn. 21; **a.A.** *Arnold* NJW 1953, 1283 (bei sicherer Aussicht auf Erfolg); *Heldmann* ZZP 82 (1912), 79, 82.
21 Stein/Jonas/*Leipold*[22] § 432 Rdn. 13.

handlung gemacht und im Prozess verwertet werden;[22] sie scheiden damit als Beweismittel aus.[23] Das **Verfügungsrecht** steht **allein** der **ersuchten Behörde** zu, ohne dass das Prozessgericht ein Recht zur Nachprüfung hat.[24] Steht ein Einsichtsverbot schon fest, bevor das Amtshilfeersuchen gestellt worden ist, ist die Beschaffung durch das Gericht überflüssig. In der kommentarlosen Übersendung ist eine stillschweigende Zustimmung zur Einsichtsgewährung zu sehen, weil aus dem Anforderungsschreiben die Verwendung in einem konkreten Zivilprozess zu ersehen ist.[25]

Sind die Akten zwar übersandt, ist jedoch zugleich die Einsichtnahme verweigert worden, folgt ein Einsichtsrecht **nicht** aus **§ 299 Abs. 1**.[26] Diese Regelung erstreckt sich nur auf die Prozessakten; beigezogene fremde Akten werden nicht deren Bestandteil.[27] 11

IV. Beweisbeschluss des Prozessgerichts

Das Gericht gibt dem Beweisantrag durch einen Beweisbeschluss nach § 358 statt. 12
Liegen die Voraussetzungen nicht vor, ist ein eigenständiger Beschluss nicht erforderlich.[28] Die Ablehnung erfolgt dann in den Gründen des Endurteils. Eine dennoch ergehende **ablehnende Zwischenentscheidung** ist analog § 355 Abs. 2 **nicht selbständig beschwerdefähig**.

Auf der Grundlage des Beweisbeschlusses richtet der Vorsitzende analog § 362 Abs. 1 13
von Amts wegen ein Ersuchen an die betreffende Behörde. Es handelt sich dabei um ein Amtshilfe- und **nicht** um ein **Rechtshilfeersuchen** nach §§ 157 ff. GVG.[29]

V. Die Vorlagepflicht der Behörden

Wie sich aus § 168 GVG ergibt, richtet sich die **Verpflichtung** der Behörde oder des 14
Beamten, dem Ersuchen des Gerichts auf Mitteilung der Urkunde nachzukommen, **nach öffentlich-rechtlichen Vorschriften**.[30] Die Verpflichtung zur Vorlegung muss gegenüber dem Gericht bestehen; auf die beweisführende Prozesspartei kommt es nicht an.[31] Im Unterschied zu §§ 422, 423, 429 wird durch § 432 Abs. 1 keine besondere prozessuale Vorlegungspflicht geschaffen.[32]

Art. 35 Abs. 1 GG verpflichtet alle Behörden des Bundes und der Länder zur ge- 15
genseitigen Amtshilfe. Der dort verwendete weite Begriff der Behörde umfasst auch die Gerichte,[33] was dem Sprachgebrauch internationaler Abkommen entspricht. Konkretisierende Rechtsvorschriften für die Amtshilfe gegenüber Gerichten fehlen. **§ 5 VwVfG** re-

---

22 BGH NJW 1952, 305, 306 = ZZP 65 (1952), 271, 272; OLG Düsseldorf GRUR 1956, 386; *Schneider* MDR 1984, 108, 109; s. auch RGZ 84, 142, 144; die BGH-Entscheidung aufgreifend BVerwGE 30, 154, 158 = MDR 1969, 75, 76.
23 BGH NJW 1952, 305, 306.
24 BGH NJW 1952, 305, 306.
25 Vgl. BGH NJW 1952, 305, 306; Stein/Jonas/*Leipold*[22] § 299 Rdn. 15.
26 BGH NJW 1952, 305, 306.
27 MünchKomm/*Prütting*[4] § 299 Rdn. 6; Stein/Jonas/*Leipold*[22] § 299 Rdn. 11; *Schneider* MDR 1984, 108, 109.
28 Musielak/*Huber*[10] § 432 Rdn. 5.
29 Stein/Jonas/*Leipold*[22] § 432 Rdn. 17.
30 *Hahn/Stegemann* Motive S. 326 (zu § 384).
31 *Arnold* NJW 1953, 1283.
32 *Arnold* NJW 1953, 1283, 1284.
33 BVerwGE 30, 154, 157 = MDR 1969, 75, 76 (Akten der Bauaufsicht als Beweismittel im Honorarprozess eines Architekten gegen den Bauherrn); *Bonk/Schmitz* in: Stelken/Bonk/Sachs, VwVfG, 7. Aufl. 2008, § 4 Rdn. 3.

gelt – ebenso die gleichlautenden Verwaltungsverfahrensgesetze der Länder – die **Voraussetzungen und Grenzen der Amtshilfe**, die sich Behörden untereinander nach § 4 VwVfG zu leisten haben. § 5 Abs. 1 Nr. 4 VwVfG nennt speziell den Bedarf nach Urkunden und anderen Beweismitteln. Behörde im Sinne dieser Vorschriften sind nach der Definition des § 1 Abs. 4 VwVfG alle Stellen, die Aufgaben der öffentlichen Verwaltung wahrnehmen, wozu die Gerichte nicht gehören. Die Meistbegünstigungsvorschrift des **§ 168 GVG**, die speziell das Verhältnis von Behörden eines Bundeslandes zu Gerichten anderer Bundesländer regelt, erweitert die Anwendung des § 5 VwVfG nicht auf Ersuchen von Gerichten. Jedoch ist § 5 VwVfG hinsichtlich der **Weigerungsgründe** seiner Abs. 2 bis 4 analog anzuwenden.[34]

16 Für **Strafakten** gelten die spezielleren Regeln des § 474 Abs. 1 und 3 StPO, für die die Verwaltungspraxis durch die Nr. 185 und 187 Abs. 1 der Richtlinien für das Straf- und Bußgeldverfahren (RiStBV) konkretisiert wird. Für **Akten eines Zivilprozesses** bedarf es wegen Art. 35 GG nicht der analogen Anwendung des § 299 Abs. 2.[35] Die **Übermittlung personenbezogener Daten** richtet sich nach den §§ 12 ff. EGGVG, deren Handhabung in Zivilsachen durch die Anordnung über Mitteilungen in Zivilsachen (MiZi) und in Strafsachen durch die Anordnung über Mitteilungen in Strafsachen (MiStra) konkretisiert wird, sowie nach § 479 StPO.

17 Eine Behörde verletzt ihre Verpflichtung zur Amtshilfe, wenn sie das Mitteilungsersuchen **ohne Begründung** verweigert.[36] Im Einzelfall kann die Genehmigung einer vorgesetzten Dienststelle einzuholen sein. Der Urkundenmitteilung können ausdrückliche **Geheimhaltungsvorschriften** entgegenstehen, z.B. § 30 AO, § 96 StPO, Art. 10 GG, § 35 SGB I, §§ 68 ff. SGB X, § 203 Abs. 2 Nr. 1 und 2 StGB, §§ 10 ff. BDSG, § 30 VwVfG. Gemäß § 5 Abs. 2 Satz 2 VwVfG kann sich die Geheimhaltungspflicht außerdem aus dem Wesen der vorzulegenden Vorgänge ergeben. § 5 Abs. 2 Satz 1 Nr. 2 VwVfG untersagt die Hilfeleistung, wenn durch sie das Wohl des Bundes oder eines Landes erhebliche Nachteile erleiden würde. Dieser Fall ist nicht gegeben, wenn die ersuchte Behörde befürchtet, die Entscheidung des ersuchenden Gerichts könne die Erhebung von Schadensersatzansprüchen gegen den Träger der Behörde begünstigen;[37] sie stören nicht die Funktionsfähigkeit des Staatsapparates.[38]

18 Eine Grenze wird ferner durch **Persönlichkeitsrechte Dritter** (Art. 2 Abs. 1 in Verb. mit Art. 1 Abs. 1 GG) gezogen. So sind Akten eines Ehescheidungsverfahrens zwar nicht generell von einer Übersendung ausgeschlossen, da sie nicht zum schlechthin unantastbaren Bereich privater Lebensgestaltung gehören, jedoch bedarf es zur Wahrung des Verhältnismäßigkeitsgebotes einer Abwägung gegen das angestrebte Ziel unter Berücksichtigung aller wesentlichen persönlichen und tatsächlichen Umstände des Einzelfalles.[39] Werden Geheimhaltungsinteressen individueller Dritter berührt, kommt eine Mitteilung der Urkunde nur mit deren Zustimmung in Betracht.

---

34 Vgl. Kopp/*Ramsauer* VwVfG, 13. Aufl. 2012, § 4 Rdn. 3.
35 *Holch* ZZP 87 (1974), 14, 17; MünchKomm/*Prütting*⁴ § 299 Rdn. 20; Musielak/*Huber*¹⁰ § 299 Rdn. 3; Zöller/*Greger*²⁹ § 299 Rdn. 8; **a.A.** Stein/Jonas/*Leipold*²² § 432 Rdn. 14. Ausklammerung des § 299 Abs. 2 aus der Gewährung von Amtshilfe durch BGHZ (Richterdienstsenat) 51, 193, 197 = NJW 1969, 1302, 1303.
36 BVerwGE 30, 154, 160 = MDR 1969, 75, 77; Stein/Jonas/*Leipold*²² § 432 Rdn. 13.
37 *Arnold* NJW 1953, 1283, 1284 (mit dem Hinweis, dieses Motiv habe nach Behauptung der Revision die Weigerung im Fall BGH NJW 1952, 305 getragen). Nach *Bonk/Schmitz* in: Stelken/Bonk/Sachs⁷ § 5 VwVfG Rdn. 25 reichen „fiskalische Nachteile in der Regel nicht aus".
38 Ebenso Kopp/*Ramsauer*¹³ § 5 Rdn. 23.
39 BVerfGE 34, 205, 209 (Verwertung im Disziplinarverfahren).

Die von der ersuchten Behörde getroffene Entscheidung ist **verbindlich**.[40] Hält das ersuchende Gericht die Ablehnung des Ersuchens für rechtswidrig, verbleibt lediglich die Möglichkeit, die fachlich zuständige **Aufsichtsbehörde** um Entscheidung zu ersuchen (vgl. § 5 Abs. 5 VwVfG) oder in einem sonst zulässigen Verfahren auf die Änderung der Entscheidung hinzuwirken. Eine Beschwerde nach § 159 GVG scheidet aus, da es sich nicht um einen Fall der Rechtshilfe handelt. Da das Amtshilfeersuchen Teil der richterlichen Tätigkeit ist,[41] ist die Angelegenheit der Aufsichtsbehörde durch das Prozessgericht und nicht durch die Justizverwaltung zu unterbreiten.[42]

Das Gericht ist nicht verpflichtet, die Aufsichtsbehörde einzuschalten. Es bleibt dem **Beweisführer** überlassen, den **Verwaltungsrechtsweg** zu beschreiten. Nach § 42 Abs. 2 VwGO ist es erforderlich, dass der Kläger in eigenen Rechten verletzt zu sein geltend macht. Der Beweisführer hat zwar keinen strikten öffentlich-rechtlichen Anspruch auf Vorlegung der Urkunde gegen die ersuchte Behörde, weil die Pflicht zur Amtshilfegewährung das Verhältnis der Behörden zueinander betrifft.[43] Er hat aber ein **subjektives Recht auf fehlerfreie Ermessensausübung** bei der Entscheidung über die Aktenvorlage und -einsicht, wenn er ein berechtigtes Interesse an der Akteneinsicht dargelegt und glaubhaft gemacht hat.[44] Ein berechtigtes Interesse stützt sich nicht auf ein bereits vorhandenes Recht; vielmehr genügt jedes nach vernünftiger Erwägung durch die Sachlage gerechtfertigte Interesse.[45] Es ist gegeben, wenn die Akteneinsicht die Rechtsposition der Prozesspartei verbessern kann.[46]

Über die **Ablehnung** des Ersuchens hat die Geschäftsstelle den Beweisführer analog § 362 Abs. 2 2. Hs[47] zu **benachrichtigen**. Damit der Beweisführer den Rechtsweg beschreiten kann, ist ihm dafür **analog § 356** eine **Frist** zu gewähren.[48] Dasselbe gilt, wenn er die Vorlage in einem FGG-Verfahren erzwingen kann. Wenn der Beweisführer einen materiell-rechtlichen Vorlegungsanspruch nach § 422 hat, kann er gem. § 432 Abs. 3 auch nach den §§ 428 ff. vorgehen (dazu unten Rdn. 23). Zur entsprechenden Anwendung des § 423 in diesem Rahmen unten Rdn. 23.

Teilt die Behörde dem Gericht die Urkunde mit, sind die **Parteien** hiervon durch die Geschäftsstelle analog § 362 Abs. 2 2. Hs **in Kenntnis zu setzen**. Die Urkunde ist den Parteien in der mündlichen Handlung zur Einsichtnahme vorzulegen.

VI. Beweisantritt nach § 432 Abs. 3

Das Verfahren nach den §§ 428 ff. dient dazu, den Weg zu einer **zivilgerichtlichen Klage** gegen die nicht freiwillig vorlegende Behörde nach § 429 2.Hs freizumachen (vgl.

---

40 BGH NJW 1952, 305, 306; *Arnold* NJW 1953, 1283, 1284.
41 Vgl. BGHZ 51, 193, 197.
42 A.A. *Arnold* NJW 1953, 1283, 1285. Zum Fall der Einsichtgewährung in Gerichtsakten im Wege der Amtshilfe bei laufenden und abgeschlossenen Verfahren differenzierend *Holch* ZZP 87 (1974), 14, 20 ff.; s. ferner *Bonk/Schmitz* in: Stelken/Bonk/Sachs[7] § 5 VwVfG Rdn. 10.
43 BVerwGE 30, 154, 156 = MDR 1969, 75, 76; zu eingeschränkt BGH NJW 1952, 305, 306.
44 BVerwGE 30, 154, 159 f. = MDR 1969, 75, 76 f. (abgeleitet aus dem Rechtsstaatsprinzip); BVerwGE 61, 15, 22 f. (Akteneinsichtsrecht außerhalb eines Verwaltungsverfahrens) = NJW 1981, 535, 537; BVerwGE 69, 278, 280 (ebenso) = NJW 1984, 2590; BVerwG, Beschl. v. 15.6.1989 – 5 B 63/89, Jurisdok. Nr. WBRE 10165303; VGH München NVwZ 1999, 889, 890; OLG Frankfurt ZIP 2003, 2254, 2255 – Berliner Effektengesellschaft (Einsicht in Akten des BaFin).
45 OLG Frankfurt ZIP 2003, 2254, 2256.
46 Vgl. OLG Frankfurt ZIP 2003, 2254, 2256.
47 MünchKomm/*Schreiber*[4] § 432 Rdn. 10.
48 MünchKomm/*Schreiber*[4] § 432 Rdn. 10; *Arnold* NJW 1953, 1283, 1285.

oben Rdn. 21). Diese setzt nach allgemeinen Grundsätzen die Zulässigkeit des ordentlichen Rechtsweges voraus, die sich nicht aus § 432 Abs. 3 ergibt.[49] Auf einen **öffentlich-rechtlichen Anspruch** des Beweisführers gegen die ersuchte Behörde ist § 432 Abs. 3 **nicht** anzuwenden;[50] in diesem Fall ist eine Beibringungsfrist nach § 356 zu setzen (oben Rdn. 21). § 432 Abs. 3 bezieht sich infolge eines Redaktionsversehens[51] nur auf die Verpflichtung zur Urkundenvorlegung nach **§ 422**. Die Norm ist jedoch auch auf die seltenen Fälle anzuwenden, in denen die Behörde bzw. der Beamte als ausgeschiedene frühere Partei des Prozesses auf die Urkunde zur Beweisführung Bezug genommen hatte und so nach **§ 423** vorlegungspflichtig ist.[52]

§ 433
weggefallen

§ 434
Vorlegung vor beauftragtem oder ersuchtem Richter

Wenn eine Urkunde bei der mündlichen Verhandlung wegen erheblicher Hindernisse nicht vorgelegt werden kann oder wenn es bedenklich erscheint, sie wegen ihrer Wichtigkeit und der Besorgnis ihres Verlustes oder ihrer Beschädigung vorzulegen, so kann das Prozeßgericht anordnen, daß sie vor einem seiner Mitglieder oder vor einem anderen Gericht vorgelegt werde.

Übersicht

I. Durchbrechung des Unmittelbarkeitsgrundsatzes — 1	III. Anordnung der Vorlegung — 3
II. Vorlegungshindernisse, Besorgnis der Urkundenbeeinträchtigung — 2	IV. Beweisaufnahme im In- und Ausland — 4

I. Durchbrechung des Unmittelbarkeitsgrundsatzes

1   Abweichend vom Regelfall des § 355 Abs. 1 Satz 1, wonach die Beweisaufnahme vor dem Prozessgericht erfolgt und daher auch die Urkunde in der mündlichen Verhandlung vorzulegen und beweiseshalber einzusehen ist, gestattet § 434 die **Vorlage zur Beweisaufnahme** vor einem beauftragten Richter, also einem einzelnen Mitglied des Prozessgerichts (§ 361), oder vor einem ersuchten Richter, also einem anderen Gericht (§ 362, § 157 GVG). Der Grundsatz der Unmittelbarkeit der Beweiserhebung wird damit durchbrochen. § 434 ist auf alle Urkundenvorlagen **unabhängig von der Person des Urkundenbesitzers** anwendbar. Nach § 219 Abs. 1 kann das Prozessgericht auch die Vorlegung dort verlangen, wo sich die Urkunde befindet, indem – wie bei einer Augenscheinseinnahme – der Terminsort dorthin verlegt wird.

---

49 Stein/Jonas/*Leipold*[22] § 432 Rdn. 19 Fn. 12; **a.A.** *Siegel* Die Vorlegung von Urkunden im Prozess, S. 238; *Hedemann* ZZP 42 (1912), 79, 84.
50 *Arnold* NJW 1953, 1283, 1285.
51 *Arnold* NJW 1953, 1283, 1285 Fn. 28.
52 *Arnold* NJW 1953, 1283, 1285.

II. Vorlegungshindernisse, Besorgnis der Urkundenbeeinträchtigung

§ 434 macht zur Voraussetzung, dass die Vorlegung vor dem Prozessgericht entweder auf ein erhebliches Hindernis stößt oder das Risiko des Verlustes oder der Beschädigung der Originalurkunde im Hinblick auf deren Wichtigkeit nicht eingegangen werden darf. Die beiden Alternativen werden sich häufig decken. Notwendig ist, dass überhaupt das Original vorzulegen ist und nicht die Vorlegung einer beglaubigten Abschrift nach § 435 ausreicht, was auf öffentliche Urkunden zutrifft, bei denen keine Zweifel an der Übereinstimmung der Abschrift mit dem Original bestehen (§ 435 Rdn. 9). **Hindernisse** können aus rechtlichen wie tatsächlichen Gründen bestehen. Dies gilt etwa für die Urschrift des Grundbuches oder sonstiger Register, die nicht herausgegeben werden dürfen, oder für Handelsbücher, die im Geschäftsbetrieb unentbehrlich sind. Eine **unvertretbare Verlust- oder Beschädigungsgefahr** im Hinblick auf die Wichtigkeit der Urkunde besteht etwa bei Grund-, Register- und Nachlassakten, die deshalb nicht versandt werden sollen. Die Wichtigkeit richtet sich nach der Schwierigkeit einer Ersatzbeschaffung der Originale. 2

III. Anordnung der Vorlegung

Die Vorlegung außerhalb der mündlichen Verhandlung bedarf einer Anordnung des Prozessgerichts. Sie steht im **Ermessen** des Gerichts. Es bedarf keines förmlichen Antrags, jedoch des Vortrags, welcher Hinderungsgrund besteht. Dieser frei zu würdigende Vortrag obliegt der Prozesspartei oder dem Dritten, der die Urkunde vorzulegen hat. Die Anordnung erfolgt durch förmlichen **Beweisbeschluss** nach § 358 oder § 358a Nr. 1. Ist bereits ein Beweisbeschluss ergangen, kann die Anordnung als nachträgliche Ergänzung ohne erneute mündliche Verhandlung gem. § 360 Satz 2 getroffen werden. Falls erforderlich ist der Beweisbeschluss mit einer Fristsetzung nach §§ 431, 428, einer Vorlegungsanordnung nach § 425 oder einer Anordnung nach § 142 zu verbinden. Nach § 355 Abs. 2 ist die Anordnung **nur** zusammen **mit** dem **Endurteil anfechtbar.** 3

IV. Beweisaufnahme im In- und Ausland

Die Beweisaufnahme durch den beauftragten oder ersuchten Richter erfolgt nach den sonstigen für den Urkundenbeweis geltenden Vorschriften, nicht nach den Vorschriften über den Augenscheinsbeweis.[1] Erforderlich ist die Einsichtnahme in die Urkunde. Die **Protokollierung** dieses Vorgangs und der Wahrnehmungen des Richters ist in § 160 Abs. 3 nicht vorgesehen und daher auch **nicht zwingend** erforderlich.[2] Um jedoch allen Richtern des Prozessgerichts eine zuverlässige Kenntnis zu vermitteln, sollte der kommissarische Richter regelmäßig ein Protokoll aufnehmen und ihm eine beglaubigte Abschrift oder einen Auszug aus der Urkunde beifügen. Im Protokoll sollte über die Beschaffenheit der Urkunde im Hinblick auf ihre Echtheit und ihren Beweiswert berichtet werden. Nimmt ein beauftragter Richter die Beweisaufnahme vor und macht er anstelle eines Protokolls nur **interne Aufzeichnungen**, haben die Parteien kein Recht auf Einsichtnahme.[3] Wird die Vorlegung nur angeordnet, damit sich die **Gegenpartei über** die **Echtheit** der Urkunde erklären kann (§ 439 Abs. 1), ist deren Erklärung zu protokollieren. Wird die Echtheit bestritten, ist ein Protokoll über die richterliche Wahrnehmung 4

---

1 BGH DB 1962, 1438.
2 BGH DB 1962, 1438.
3 BGH DB 1962, 1438 (zu einem Schiedsgerichtsverfahren).

zur Beschaffenheit der Urkunde unentbehrlich. Vor dem kommissarischen Richter besteht **kein Anwaltszwang** (§ 78 Abs. 3). Die Urkunde sollte der vorlegenden Person unmittelbar nach Einsichtnahme zurückgegeben werden. Nach der Einsichtnahme hat der Richter gem. § 362 Abs. 2 zu verfahren.

5   Befindet sich die **Urkunde im Ausland**, hat die Beweisaufnahme gleichwohl grundsätzlich vor dem Prozessgericht zu erfolgen. Das Beweismittel ist zu diesem Zweck zu beschaffen. Soll die Beweisaufnahme wegen eines Hindernisses im Ausland erfolgen, ist der Rechtshilfeweg nach der EuBVO, § 363 oder einem vorrangigen Staatsvertrag, etwa dem Haager Beweisaufnahmeübereinkommen von 1970 (HBÜ), einzuschlagen. Die Beweisaufnahme durch einen **beauftragten Richter** im Ausland bedeutet die dortige Entfaltung von Hoheitsgewalt und kommt deshalb nur mit Zustimmung der Bundesregierung (vgl. Art. 32 Abs. 1 GG; § 38a ZRHO i.d.F. v. 23.3.1999) und des ausländischen Staates in Betracht; dies gilt vielfach auch für eine bloße Teilnahme an einer Rechtshilfegewährung gem. Art. 8 HBÜ. Im Geltungsbereich der EuBVO vom 28.5.2001[4] eröffnet deren Art. 2 den unmittelbaren Geschäftsverkehr zwischen den Gerichten und Art. 17 ermöglicht weitgehend die unmittelbare Beweisaufnahme des ersuchenden Gerichts auf dem Gebiet des ersuchten Mitgliedstaates.

§ 435
Vorlegung öffentlicher Urkunden in Urschrift oder beglaubigter Abschrift

Eine öffentliche Urkunde kann in Urschrift oder in einer beglaubigten Abschrift, die hinsichtlich der Beglaubigung die Erfordernisse einer öffentlichen Urkunde an sich trägt, vorgelegt werden; das Gericht kann jedoch anordnen, daß der Beweisführer die Urschrift vorlege oder die Tatsachen angebe und glaubhaft mache, die ihn an der Vorlegung der Urschrift verhindern. Bleibt die Anordnung erfolglos, so entscheidet das Gericht nach freier Überzeugung, welche Beweiskraft der beglaubigten Abschrift beizulegen sei.

Übersicht

I. Vorlegungserleichterung
    1. Beglaubigte Abschrift statt Urschrift — 1
    2. Urschrift und Abschrift
        a) Begriffliche Abgrenzungen — 4
        b) Abschriftsbeglaubigung — 7
II. Sachlicher Anwendungsbereich — 8
III. Anordnung zur Vorlage der Urschrift, Glaubhaftmachung von Hinderungsgründen — 9

I. Vorlegungserleichterung

1   **1. Beglaubigte Abschrift statt Urschrift.** § 435 enthält eine Ausnahme von dem Grundsatz, dass Urkunden in Urschrift vorgelegt werden müssen (§ 420 Rdn. 20), wobei als **Urschrift** im urkundenbeweisrechtlichen Sinne zur Vermeidung von Friktionen mit den Vorschriften des BeurkG **auch** die **Ausfertigung** (unten Rdn. 5) einer öffentlichen Urkunde anzusehen ist.[1] Die Ausfertigung vertritt die Urschrift im Rechtsverkehr (§ 47 BeurkG) und ist – obwohl selbst im weiteren Sinne Abschrift (§ 49 Abs. 1 BeurkG) – keine

---

4   ABl. EU 2001 Nr. L 174 S. 1.

1   Ebenso Stein/Jonas/*Leipold*[22] § 435 Rdn. 1; Zöller/*Geimer*[29] § 435 Rdn. 3.

beglaubigte Abschrift gem. der Terminologie des § 435 (vgl. auch die Differenzierung in § 51 Abs. 3 BeurkG); die Vorlage der Urschrift durch den Beweisführer würde an der Verwahrungspflicht der beurkundenden Stelle und dem regelmäßigen Verbot ihrer Herausgabe (für Notare: arg. § 45 Abs. 2 BeurkG) scheitern.

Bei öffentlichen Urkunden lässt § 435 anstelle der Urschrift (oder Ausfertigung) eine **beglaubigte Abschrift** genügen. Der Gesetzgeber hat damit die strengere Lösung des französischen Rechts verworfen, um Schikanemöglichkeiten auszuschließen, die in den Schwierigkeiten der Beschaffung von Urschriften liegen können.[2] Eine Abschriftsbeglaubigung beweist die **Übereinstimmung** der **Abschrift mit** der bei der Beglaubigungsstelle vorgelegten **Urkunde**.[3] Bei der zur Abschriftsbeglaubigung vorgelegten Urkunde kann es sich um eine Urschrift, eine Ausfertigung, eine beglaubigte oder eine einfache Abschrift handeln, was nach § 42 Abs. 1 BeurkG im Beglaubigungsvermerk festzuhalten ist. Die Erleichterung des § 435 führt dazu, dass eine beglaubigte Abschrift den vollen Beweis der in öffentlicher Urkunde abgegebenen Erklärung oder bezeugten Tatsache erbringt. Die Beglaubigung der Abschrift muss nicht von derjenigen Behörde stammen, die die Urkunde aufgenommen hat. 2

Die beglaubigte Abschrift einer öffentlichen Urkunde wird als Ersatz für deren Urschrift zugelassen, obwohl damit die Feststellung der Echtheit und Fehlerfreiheit erschwert wird. Da die beglaubigte Abschrift an die Stelle der Urschrift (oder deren Ausfertigung) treten soll, müssen beide Texte wortgetreu miteinander übereinstimmen und bei Vornahme der Beglaubigung verglichen worden sein. Dies ist bei Herstellung der beglaubigten Abschrift von einer beglaubigten Abschrift nicht möglich, unabhängig davon, dass eine derartige Abschriftsbeglaubigung beurkundungsrechtlich zulässig ist. Es fehlt an der Urschrift als dem Bezugsobjekt der Übereinstimmung. § 435 ist deshalb **auf beglaubigte Abschriften zu beschränken**, die von **der Urschrift oder** einer **Ausfertigung** hergestellt worden sind.[4] Für eine weitergehende Ausnahmeregelung besteht kein Bedürfnis, weil der Beweisführer regelmäßig eine beglaubigte Abschrift der Urschrift erlangen kann (vgl. § 51 Abs. 3 BeurkG für notarielle Urkunden über Eigenerklärungen und selbst veranlasste Wahrnehmungsniederschriften). 3

2. Urschrift und Abschrift

a) Begriffliche Abgrenzungen. Unter einer **Urschrift** versteht man das vom Verfasser eigenhändig unterzeichnete Schriftstück, welches späteren Ausfertigungen oder Abschriften zugrunde liegt. Sie darf nicht mit einem Urkundenentwurf verwechselt werden. Werden durch Bundes- oder Landesrecht besondere Anforderungen an die Urschrift gestellt, sind diese einzuhalten. Der Begriff „**Abschrift**" dient als **Oberbegriff für Zweitschriften jeder Art**, ungeachtet der Vervielfältigungsmethode (Handschrift, Maschinenschrift, Computerausdruck, Druck usw.) und des Vervielfältigungszeitpunktes (zeitgleich mit dem Original als Durchschrift oder später); insbesondere fallen beglaubigte Fotokopien hierunter.[5] 4

Unter einer **Ausfertigung** versteht man eine Abschrift, die einen Ausfertigungsvermerk trägt und als Ausfertigung bezeichnet ist. Sie tritt im Rechtsverkehr an die Stelle der bei der Behörde, dem Gericht oder dem Notar zu verwahrenden Urschrift (vgl. etwa §§ 45 Abs. 2, 47 BeurkG). Die Ausfertigung trägt denselben öffentlichen Glauben wie die 5

---

2 *Hahn/Stegemann* Mat. Bd. II/1, 2. Aufl. 1881, S. 327.
3 BGH NJW 1960, 33; BGHZ 36, 201, 204 = NJW 1962, 736, 738; BVerwG NJW 1987, 1159.
4 Stein/Jonas/*Leipold*[22] § 435 Rdn. 8.
5 BGH NJW 1974, 1383, 1384; BGHZ 36, 62 = NJW 1961, 2307.

Urschrift.[6] Ihr Charakter als Abschrift ändert sich hierdurch allerdings nicht; der Gegenbeweis der Nichtübereinstimmung mit der Urschrift bleibt möglich.[7]

6 Der **Auszug** aus einer notariellen Urkunde stellt ebenfalls eine Abschrift dar. Wird er beglaubigt, muss der Beglaubigungsvermerk den Gegenstand des Auszugs und dessen vollständige Erfassung bezeugen (§ 42 Abs. 3 BeurkG). Auszüge aus öffentlichen Urkunden können aber auch ihrerseits öffentliche Urkunden sein (und zwar nicht nur hinsichtlich eines Beglaubigungsvermerks), so die Personenstandsurkunden als Auszug aus den Personenstandsregistern (§ 55 Abs. 2 PStG). Der Gesetzgeber hat zur Vermeidung kasuistischer Bestimmungen in § 435 auf Sonderregeln für Auszüge verzichtet.[8]

7 **b) Abschriftsbeglaubigung.** Die Beglaubigung muss durch eine dazu nach Bundes- oder Landesrecht befugte Stelle unter Beachtung der dafür jeweils geltenden gesetzlichen Vorschriften erfolgt sein. Für den **Notar** ergeben sich die Regeln aus §§ 39, 42 BeurkG; erforderlich ist ein Beglaubigungsvermerk. Bei **behördlichen Beglaubigungen** unterscheidet § 65 BeurkG danach, ob die Beweiskraft auf ein vor der Behörde geführtes Verwaltungsverfahren beschränkt ist. **Rechtsanwälte** sind zwar befugt, beglaubigte Abschriften von ihnen eingereichter Schriftstücke zum Zwecke der Zustellung herzustellen (§ 169 Abs. 2 Satz 2), jedoch besteht keine Befugnis zur Beglaubigung im Sinne von § 435, der eine öffentliche Zeugnisurkunde verlangt. Ausfertigungen von Urkunden werden mangels sondergesetzlicher Regelung von der derjenigen Stelle hergestellt, die die Urschrift verwahrt (§ 48 Satz 1 BeurkG). Der Urkundsbeamte der Geschäftsstelle ist für die Ausfertigung von gerichtlich verwahrten Urschriften zuständig (§ 48 Satz 2 BeurkG).

II. Sachlicher Anwendungsbereich

8 § 435 gilt für **inländische und ausländische** öffentliche Urkunden einschließlich der Beglaubigungen ausländischer Behörden.[9] Keine öffentliche Urkunde ist die öffentlich beglaubigte Privaturkunde. Sie bleibt trotz der Unterschriftsbeglaubigung Privaturkunde; öffentliche Urkunde ist lediglich der Beglaubigungsvermerk als solcher (vgl. § 420 Rdn. 20). Auf **Privaturkunden** ist § 435 nicht anwendbar (§ 420 Rdn. 20).

III. Anordnung zur Vorlage der Urschrift, Glaubhaftmachung von Hinderungsgründen

9 Hegt das Gericht Bedenken wegen der Echtheit der beglaubigten Abschrift, kann es die Vorlage der **Urschrift** durch den nach § 420 zur Urkundenvorlage verpflichteten Beweisführer anordnen (§ 435 Satz 1 2. Hs). Damit soll ermöglicht werden, die inhaltliche Übereinstimmung der beglaubigten Abschrift mit der Urschrift zu prüfen.[10] Die Anordnung steht im Ermessen des Gerichts. Sie ist **ermessensfehlerhaft**, wenn sich die Urschrift in amtlicher Verwahrung eines Notars oder einer Behörde befindet und von der verwahrenden Stelle nicht herausgegeben werden darf. Kann sich der Beweisführer eine Ausfertigung beschaffen, ist die Anordnung in diesem Fall auf die Vorlage einer **Ausfertigung** zu richten. Ein Ermessensfehler wäre auch bei bloß routinemäßiger Anordnung gegeben. Ist dem Beweisführer die **Vorlage** der Urschrift oder Ausfertigung **unmöglich**,

---

6 BGH NJW 1960, 33; BGHZ 36, 201, 204.
7 Stein/Jonas/*Leipold*[22] § 435 Rdn. 6.
8 *Hahn/Stegemann* Mat. II/1 S. 327.
9 BVerwG NJW 1987, 1159.
10 BVerwG NJW 1987, 1159.

hat er **ersatzweise** diese Tatsachen glaubhaft zu machen (§ 294); diese Möglichkeit ist in die Anordnung mit aufzunehmen. Nach § 358 kann die Anordnung durch Beweisbeschluss auf Grund einer mündlichen Verhandlung ergehen. Sie darf analog § 360 Satz 2 aber auch ergänzend erfolgen.

Bleibt die Anordnung in beiden Alternativen erfolglos, wird also die Urkunde weder in Urschrift bzw. Ausfertigung vorgelegt noch die Unmöglichkeit der Vorlage glaubhaft gemacht, **entfallen** die **formellen Beweiswirkungen** der §§ 415, 417 oder 418. Die Urkunde verliert ihren Beweiswert aber nicht vollends; er ist vielmehr im Rahmen freier Beweiswürdigung zu ermitteln (§ 435 Satz 2).

§ 436
Verzicht nach Vorlegung

Der Beweisführer kann nach der Vorlegung einer Urkunde nur mit Zustimmung des Gegners auf dieses Beweismittel verzichten.

Übersicht

I. Verzicht vor erfolgter Urkundenvorlegung
   1. Einseitige Verzichtserklärung — 1
   2. Folgen des Verzichts — 2

II. Verzicht nach erfolgter Urkundenvorlegung — 4

I. Verzicht vor erfolgter Urkundenvorlegung

1. Einseitige Verzichtserklärung. § 436 befasst sich nur mit dem einseitigen Verzicht auf das Beweismittel **nach** Vorlegung der Urkunde. Aus seinem Wortlaut ist im Umkehrschluss zu entnehmen, dass der Beweisführer **bis zur Vorlegung** der Urkunde auf dieses Beweismittel auch ohne Zustimmung des Gegners verzichten kann. Maßgeblicher Zeitpunkt ist die Vorlegung der Urkunde entweder in der mündlichen Verhandlung oder im Falle des § 434 die Vorlage vor dem kommissarischen Richter oder bei Durchführung eines schriftlichen Verfahrens (§§ 128 Abs. 2, 251a) der die mündliche Verhandlung ersetzende Zeitpunkt. **Nicht** ausreichend ist die bloß vorbereitende **Niederlegung** der Urkunde **auf der Geschäftsstelle** gem. § 134 Abs. 1. Die Verzichtserklärung ist eine einseitige, dem Gericht gegenüber abzugebende prozessuale Willenserklärung; sie kann auch – wie der Verzicht auf die Vernehmung eines Zeugen gem. § 399[1] –konkludent abgegeben werden. Durch **erneute Benennung des Beweismittels** bzw. nunmehrige Vorlage der Urkunde ist der Verzicht trotz Unwiderruflichkeit im Ergebnis umkehrbar.[2] Allerdings kann dieser Beweisantritt nach §§ 296 Abs. 2, 282 oder § 531 Abs. 2 als verspätet zurückzuweisen sein.

2. Folgen des Verzichts. Der Verzicht auf das Beweismittel bewirkt die **Rücknahme des Beweisantritts**. Die Urkunde darf dann der Entscheidung des Gerichts trotz Kenntnis ihres Inhalts nicht zugrunde gelegt werden. Verzichtet die sich im Besitz der Urkunde befindliche Partei auf dieses Beweismittel, nachdem sie es schriftsätzlich benannt hatte, bleibt die durch diese **Inbezugnahme** ausgelöste Rechtsfolge des **§ 423** erhalten; der Anspruch der Gegenpartei auf Vorlegung der Urkunde durch den ursprünglichen Be-

---

[1] BGH NJW-RR 1987, 1403, 1404.
[2] BAG NJW 1974, 1349, 1350 (für den Antrag auf Partei- oder Zeugenvernehmung); Rosenberg/Schwab/*Gottwald*[17] § 110 Rdn. 33.

weisführer (nunmehr: Gegner i.S.d. § 423) geht nicht unter. Ist der Gegner des ursprünglichen Beweisführers selbst im Besitz der Urkunde, kann er diese unbeeinflusst von dem Verzicht des Beweisführers nach § 420 vorlegen. Die Vorlegung der Urkunde durch einen Dritten kann die Gegenpartei nur erreichen, wenn sie gegenüber dem Dritten einen eigenen Vorlegungsanspruch nach § 429 hat.

3   Das Gericht kann den Verzicht durch **Anordnung nach § 142** überwinden, ohne dass die Verhandlungsmaxime entgegen steht. Es gilt insoweit nichts anderes als bei einem Verzicht nach Urkundenvorlegung (dazu unten Rdn. 5).

II. Verzicht nach erfolgter Urkundenvorlegung

4   Nach Vorlegung der Urkunde durch den Beweisführer, seinen Gegner, einen Dritten oder eine öffentliche Behörde ist ein Verzicht des Beweisführers auf dieses Beweismittel **nur** noch **mit Zustimmung des Gegners** möglich. Die Zustimmung ist eine prozessuale, gegenüber dem Gericht abzugebende Willenserklärung. Auch nach einem wirksamen Verzicht kann der Beweis **erneut angetreten** werden. Dafür gelten dieselben Folgen wie bei einem vor Urkundenvorlage erklärten Verzicht. Bei einer Urkunde aus dem Besitz eines Dritten, die auf Betreiben des Beweisführers vorgelegt worden ist und die sich noch beim Gericht befindet, kann die Gegenpartei deren Verwertung verlangen, auch wenn sie keinen eigenen Vorlegungsanspruch gegen den Dritten nach §§ 422, 423 hatte. Der Dritte ist so anzusehen, als habe er für den Beweisführer vorgelegt.

5   Ungeachtet des übereinstimmenden Verzichts kommt eine **Anordnung** der Urkundenvorlegung **von Amts wegen nach § 142** in Betracht.[3] Dagegen wird für den Geltungsbereich der Verhandlungsmaxime die Parteiherrschaft angeführt.[4] Im Hintergrund steht also die generelle Frage, wie weit die Befugnis der Parteien reicht, über Beweismittel zu verfügen.[5] Die Feststellung des Tatsachenstoffes ist mit für den Richter bindender Wirkung nicht allein den Parteien überlassen, soweit das Gesetz Beweiserhebungen von Amts wegen gestattet.[6] Legitimes Feld für Dispositionen ist grundsätzlich das materielle Recht; dort stehen den Parteien die Rechtsfolgen ihres Handelns unmittelbar vor Augen, was für den Ausgang taktischer Überlegungen im Prozess, die auf eine richterliche Kognitionsbeschränkung zielen, seltener zutrifft. Denkbar ist, dass der Verzicht auf das Beweismittel **gleichzeitig** einen **Verzicht auf das materielle Recht** enthält, dessen Bestehen oder Nichtbestehen durch die Urkunde bewiesen werden sollte, oder dass die **zu beweisende Tatsache** zwischen den Parteien **unstreitig** geworden ist, und es deshalb generell auf die Urkunde nicht mehr ankommt.[7]

---

3 Stein/Jonas/*Leipold*[22] § 436 Rdn. 2.
4 Musielak/*Huber*[10] § 436 Rdn. 1; Baumbach/Lauterbach/*Hartmann*[71] § 436 Rdn. 3.
5 Großzügig zu Beweis(mittel)verträgen *G.Wagner*, Prozessverträge, 1998, S. 686ff.; gegen richterliche Bindung durch vertraglichen Ausschluss von Beweismitteln, die von Amts wegen erhoben werden können, Rosenberg/Schwab/*Gottwald*[17] § 113 Rdn. 9.
6 Rosenberg/Schwab/*Gottwald*[17] § 77 Rdn. 8 und § 113 Rdn. 9.
7 Darauf abstellend Zöller/*Geimer*[29] § 436 Rdn. 1.

§ 437
Echtheit inländischer öffentlicher Urkunden

(1) Urkunden, die nach Form und Inhalt als von einer öffentlichen Behörde oder von einer mit öffentlichem Glauben versehenen Person errichtet sich darstellen, haben die Vermutung der Echtheit für sich.

(2) Das Gericht kann, wenn es die Echtheit für zweifelhaft hält, auch von Amts wegen die Behörde oder die Person, von der die Urkunde errichtet sein soll, zu einer Erklärung über die Echtheit veranlassen.

Übersicht

I.	Systematik des Echtheitsbeweises — 1	2.	Echtheitszweifel — 7
II.	Inlandsurkunden — 3	3.	Gegenbeweis — 8
III.	Echtheitsvermutung	IV.	Entscheidung über die Echtheit — 9
	1. Gesetzliche Vermutung — 5		

I. Systematik des Echtheitsbeweises

Den nach §§ 420 ff. vorgelegten Urkunden kommt die in den §§ 415 bis 418 beschriebene Beweiskraft zu, wenn sie mangelfrei und echt sind.[1] Für den Beweis der **Mangelfreiheit** im Sinne des § 419 kommt jedes Beweismittel in Betracht; es gilt die freie Beweiswürdigung (§ 419 Rdn. 3). Die Anforderungen an den Beweis der **Echtheit** ergeben sich aus den §§ 437 bis 442, die in § 437 Abs. 1, § 438 Abs. 2, § 439 Abs. 3 und § 440 Abs. 2 mit formalisierten Beweisregeln operieren. 1

Differenziert wird nach der Art der Urkunde. Die Echtheit **öffentlicher Urkunden** ist gem. §§ 437 und 438, diejenige privater Urkunden gem. §§ 439 und 440 festzustellen. Die §§ 441 bis 443 sind auf alle Urkunden anwendbar. Der Begriff der öffentlichen Urkunde ist mit der Legaldefinition des § 415 nicht völlig identisch; anders als in § 415 wird in § 437 nicht zur Voraussetzung gemacht, dass die Behörde oder Urkundsperson „innerhalb der Grenzen ihrer Amtsbefugnisse" oder „innerhalb der vorgeschriebenen Form" tätig geworden ist.[2] Charakteristisch für die Form ist das Beidrücken eines **amtlichen Siegels** als eines Herkunftszeichens.[3] 2

II. Inlandsurkunden

§ 437 gilt nur für inländische öffentliche Urkunden[4] (zur Abgrenzung auch § 438 Rdn. 1 ff.). Maßgeblich ist, dass die Urkunde im **Zeitpunkt ihrer Errichtung** als **inländisch** zu qualifizieren war. Inländisch sind solche Urkunden, die im Geltungsbereich des § 1 des Gesetzes betreffend die Beglaubigung öffentlicher Urkunden[5] errichtet worden sind. Das ist das Staatsgebiet der Bundesrepublik Deutschland. Gleichzustellen sind Urkunden von **Behörden der EU** (näher § 438 Rdn. 2). Öffentliche Urkunden, die innerhalb der alten Grenzen des Deutschen Reiches während dessen Existenz errichtet wurden, 3

---

[1] BGH NJW 1980, 893 (zu § 416); *Winkler* DNotZ 1985, 224, 227 f. (Anm. zu BayObLG, Beschl. v. 23.11.1984, BReg. 2 Z 77/84).
[2] *Reithmann* Allgem. Urkundenrecht, 1972, S. 5 (deshalb auch den Begriff „amtliche Urkunde" befürwortend); Zöller/*Geimer*[29] § 437 Rdn. 1; **a.A.** *Schack* Internationales Zivilprozessrecht, 5. Aufl. 2010, Rdn. 781.
[3] *Reithmann* Allgem. Urkundenrecht, S. 4 und 9.
[4] Unrichtig **a.A.** BGH NJW-RR 2007, 1006 Tz. 15.
[5] Gesetz v. 1.5.1878, RGBl I S. 89 = BGBl III 318-1.

behalten ihren Charakter als inländische öffentliche Urkunden. Ausreichend ist darüber hinaus die Errichtung durch eine öffentliche Behörde oder eine mit öffentlichem Glauben versehene Person der früheren DDR; sie wurde prozessrechtlich nicht als Ausland angesehen.[6]

4   Unter § 437 fallen auch **Eigenurkunden** des Notars,[7] also nichtbezeugende Urkunden, in denen der Notar eine Willenserklärung – meist in Form einer Verfahrenserklärung – schriftlich niedergelegt hat.[8] Dasselbe gilt für Eigenurkunden von Behörden.[9]

III. Echtheitsvermutung

5   **1. Gesetzliche Vermutung.** Eine Urkunde ist echt, wenn sie nach Erscheinungsform und Inhalt von demjenigen herrührt, der nach dem Vorbringen des Beweisführers oder – bei Erhebung des Beweises von Amts wegen – nach der Behauptung der durch den Inhalt der Urkunde begünstigten Partei ihr Aussteller ist.[10] Bei Privaturkunden muss die Unterschrift dem Namensträger zuzuordnen sein und die darüber befindliche Schrift vom Aussteller selbst stammen oder mit dessen Willen dort stehen.[11] Eigenhändigkeit der Unterschrift ist für den zivilprozessualen Echtheitsbegriff nicht erforderlich.

6   Ist die Urkunde **nach Form und Inhalt** von einer öffentlichen Behörde oder von einer mit öffentlichem Glauben versehenen Person errichtet worden, bedarf es keiner Feststellung der Echtheit. Vielmehr wird die Echtheit nach § 437 Abs. 1 **gesetzlich vermutet**;[12] dafür gilt **§ 292**. Zu den Formalien gehören Unterschrift und Amtssiegel, nicht aber eine Legalisation durch einen Notar.[13] Die gesetzliche Echtheitsvermutung erstreckt sich auf den gesamten Text der Urkunde, allerdings nicht auf die Zuständigkeit zur Beurkundung oder die Beachtung sonstiger Formerfordernisse. Für den Beweis des Inhalts der Urkunde verbleibt es bei den §§ 415, 417, 418. Die Vermutung der Echtheit gilt ungeachtet eventueller Zweifel des Gerichts bis zum Beweis des Gegenteils oder der Feststellung der Unechtheit durch das Gericht. Urkunden mit äußeren Mängeln im Sinne des § 419 Abs. 1 werden von der Echtheitsvermutung nicht erfasst.[14] Die Echtheit einer mängelbehafteten Urkunde kann sich nur aus den Umständen des Einzelfalls ergeben.

7   **2. Echtheitszweifel.** Zweifel des Gerichts an der Echtheit sind im Urteil zu begründen (§ 286 Abs. 1 Satz 2). Das Gericht hat nach § 437 Abs. 2 (auch von Amts wegen) die Möglichkeit, die ausstellende Behörde zu einer **Erklärung über die Echtheit** zu veranlassen. Dies erleichtert die Führung des Gegenbeweises. Kommt das Gericht aufgrund der Anhörung der ausstellenden Behörde oder Urkundsperson zu dem Ergebnis, dass die Urkunde nicht echt ist, bedarf es des Gegenbeweises nicht mehr. An ein Bestreiten oder Anerkennen der Echtheit durch die Partei ist das Gericht nicht gebunden,[15] da § 437

---

6   Vgl. u.a. zur interlokalen Gerichtszuständigkeit und zur Rechtshilfe BGHZ 84, 17, 18; BVerfGE 37, 57, 64; BVerfGE 36, 1, 17 und 29 f. (jeweils für die Zeit nach Abschluss des Grundlagenvertrages v. 21.12.1972).
7   Vgl. BGHZ 78, 36, 39 = DNotZ 1981, 118, 120 (zur Reichweite des Begriffs der öffentlichen Urkunde); BayObLG DNotZ 1983, 434, 436 m. Anm. *Reithmann* DNotZ 1983, 438.
8   *Reithmann* DNotZ 1983, 438; vgl. auch *Reithmann*, Allgem. Urkundenrecht, S. 28 f.
9   Vgl. zu ihnen *Reithmann* Allgem. Urkundenrecht, S. 27.
10 Rosenberg/Schwab/*Gottwald*[17] § 119 Rdn. 11; vgl. auch BGH NJW 1980, 893.
11 BGHZ 104, 172, 176 = NJW 1988, 2741; vgl. auch BGH WM 1965, 1062, 1063.
12 Für eine gesetzliche Vermutung bereits *Hedemann*, Die Vermutung nach dem Recht des Deutschen Reiches, 1904, S. 254; **a.A.** *Rosenberg*, Die Beweislast, 5. Aufl. 1965, S. 221 Fn. 1 (§ 437 als eine den §§ 415 ff. entsprechende Beweisregel deutend).
13 BGH NJW-RR 2011, 1024 Tz. 16.
14 Stein/Jonas/*Leipold*[22] § 437 Rdn. 4.
15 Stein/Jonas/*Leipold*[22] § 437 Rdn. 5.

Abs. 2 ausschließlich auf die Überzeugung des Gerichts abstellt. § 437 Abs. 2 räumt trotz seines missverständlichen Wortlauts ("kann") **kein Ermessen** ein, sondern enthält eine Ermächtigung.[16] Die Aufforderung kann gem. § 273 Abs. 2 Nr. 2 auch außerhalb der mündlichen Verhandlung durch den Vorsitzenden getroffen werden. Der Aufforderung hat die Behörde oder Urkundsperson im Wege der Amtshilfe nach Art. 35 Abs. 1 GG nachzukommen. Ein **Notar** gibt eine **dienstliche Erklärung** ab; er ist nicht als Zeuge zu vernehmen.[17] § 437 Abs. 2 ist auf Zweifel an der Übereinstimmung von **beglaubigter Abschrift** und Urschrift analog anzuwenden.[18]

3. Gegenbeweis. Gegenüber der gesetzlichen Vermutung des § 437 ist nach § 292   8 Satz 1 der Hauptbeweis des Gegenteils, also der Unechtheit der Urkunde möglich. Nach § 292 Satz 2 kann dieser Beweis auch durch Antrag auf Parteivernehmung nach § 445 geführt werden.[19]

IV. Entscheidung über die Echtheit

Über die Echtheit der Urkunde wird in der Begründung des **Endurteils** oder durch   9 ein **Zwischenurteil** nach § 303 entschieden. Ein Zwischenfeststellungsantrag nach § 256 Abs. 2 scheidet aus,[20] weil davon nur vorgreifliche Rechtsverhältnisse betroffen sind; § 256 Abs. 1 grenzt die Feststellung von Rechtsverhältnissen und die Feststellung der Urkundenechtheit gegeneinander ab. Möglich ist eine selbständige **Klage auf Feststellung** der Echtheit oder Unechtheit der Urkunde nach § 256 Abs. 1, wenn ein Feststellungsinteresse besteht.

§ 438
Echtheit ausländischer öffentlicher Urkunden

(1) Ob eine Urkunde, die als von einer ausländischen Behörde oder von einer mit öffentlichem Glauben versehenen Person des Auslandes errichtet sich darstellt, ohne näheren Nachweis als echt anzusehen sei, hat das Gericht nach den Umständen des Falles zu ermessen.

(2) Zum Beweis der Echtheit einer solchen Urkunde genügt die Legalisation durch einen Konsul oder Gesandten des Bundes.

Schrifttum

Bindseil Internationaler Urkundenverkehr, DNotZ 1992, 275; *Bülow/Böckstiegel/Geimer/Schütze* Der Internationale Rechtsverkehr in Zivil- und Handelssachen, Nr. 760, Loseblattsammlung; *Coester-Waltjen* Internationales Beweisrecht, 1983; *Geimer* Vollstreckbare Urkunden ausländischer Notare, DNotZ 1975, 461; *Kierdorf* Die Legalisation von Urkunden, 1975; *Hans Köhler* (Hrsg.), Beglaubigungsverträge – Geltung ausländischer Vollmachten und öffentlicher Urkunden, Wien, 2. Aufl. 1980; *Langhein* Kollisionsrecht der Registerurkunden: Anglo-amerikanische notarielle Beglaubigungen, Bescheinigungen und Belehrungen im deutschen Registerrecht, 1995; *Langhein* Kollisionsrecht der Registerurkunden – Anglo-amerikanische

---

16   So auch MünchKomm/*Schreiber*[4] § 437 Rdn. 5.
17   Arndt/Lerch/*Sandkühler*, BNotO, 5. Aufl. 2003, § 20 Rdn. 25.
18   OLG Frankfurt/M. DNotZ 1993, 757, 759 mit zust. Anm. *Kanzleiter* DNotZ 1993, 759, 760.
19   **A.A.**, weil § 437 als Beweisregel deutend, *Rosenberg*, Die Beweislast, S. 221 Fn. 1 (unter Hinweis auf § 445 Abs. 2).
20   Stein/Jonas/*Leipold*[22] § 437 Rdn. 2.

notarielle Urkunden im deutschen Registerrecht, Rpfleger 1996, 45; *Leutner* Die vollstreckbare Urkunde im europäischen Rechtsverkehr, 1997; *Luther* Beglaubigung und Legalisation im zwischenstaatlichen Rechtsverkehr, MDR 1986, 10; *Nagel/Gottwald* Internationales Zivilprozeßrecht, § 9 (Ausländische Beweisrechte), 6. Aufl. 2006; *Reithmann* Beurkundung, Beglaubigung, Bescheinigung durch inländische und ausländische Notare, DNotZ 1995, 360; *Rechberger* (Hrsg.), Die vollstreckbare Urkunde, Wien 2002; *Schack* Internationales Zivilverfahrensrecht 5. Aufl. 2010, § 15 V 3 (Beweiskraft ausländischer Urkunden); *Wolfsteiner* Die vollstreckbare Urkunde, 2. Aufl. 2006.

Übersicht

I. Echtheit ausländischer öffentlicher Urkunden
   1. Begriff der ausländischen Urkunde — 1
   2. Einzelfallbezogene Echtheitsfeststellung — 4

II. Echtheitsfeststellung kraft Legalisation und Apostille
   1. Rechtsgrundlagen — 6
   2. Befreiung von der Legalisation — 7

III. Ausländische elektronische Signaturen — 10

I. Echtheit ausländischer öffentlicher Urkunden

1. Begriff der ausländischen Urkunde. Ausländische Urkunden sind **alle Urkunden, die nicht als inländische zu qualifizieren** sind (dazu § 437 Rdn. 3). Irrelevant ist der inländische Errichtungsort; eine ausländische Behörde mit Sitz im Inland, etwa ein ausländisches Konsulat in Deutschland oder eine supranationale Organisation, erzeugt ausländische öffentliche Urkunden. Zu ausländischen Notaren § 415 Rdn. 18.

Urkunden von **EG-Behörden** sind wie **inländische** Urkunden zu behandeln. Urkunden von **Behörden anderer EG-Staaten** sind grundsätzlich als **ausländische** Urkunden anzusehen, ohne dass darin ein Verstoß gegen das allgemeine **Diskriminierungsverbot** des Art. 18 AEUV (ex.Art. 12 EGV) liegt, auch wenn der grenzüberschreitende Waren- und Dienstleistungsverkehr in darauf bezogenen Zivilprozessen eher auf ausländische öffentliche Urkunden (z.B. Ursprungszeugnisse) angewiesen ist als der rein inländische Wirtschaftsverkehr. Es handelt sich nicht um eine sachfremde Rechtserschwernis für den Beweisführer, der sich auf eine ausländische Urkunde stützt, weil die Vermutungsregel des § 437 Abs. 1 mangels typisierbarer Lebenserfahrung unanwendbar ist und daraus nur die Rückkehr zum allgemeinen Grundsatz der freien Beweiswürdigung (§ 286) folgt.

Der **Beweiswert** einschließlich der Echtheit von Urkunden anderer Mitgliedstaaten im Rahmen von Verwaltungsverfahren, für die **Gemeinschaftsrecht** gilt, richtet sich nach Gemeinschaftsrecht. Für das Anerkennungs- und Vollstreckbarerklärungsverfahren von Gerichtsentscheidungen und ihnen gleichgestellten vollstreckbaren Urkunden sind die Anforderungen an die einzureichenden Urkunden den einschlägigen europäischen Verordnungen zu entnehmen (EuGVO, EuEheVO, EuVTVO, EuMVVO, EuGFVO; s. auch unten Rdn. 9).

2. Einzelfallbezogene Echtheitsfeststellung. Für ausländische Urkunden gilt per se **nicht** die **Echtheitsvermutung** des § 437 Abs. 1. Statt dessen bedarf es einer einzelfallbezogenen Feststellung aufgrund freier Beweiswürdigung[1] unter Verwendung sämtlicher Beweismittel,[2] es sei denn, eine inländische Legalisation gem. § 438 Abs. 2 ist erfolgt oder eine Legalisation ist aufgrund bilateraler oder multilateraler Staatsverträge entbehr-

---

1 OLG Düsseldorf IPRax 1996, 423, 425; BVerwG NJW 1987, 1159.
2 VGH Bad.-Württ. DÖV 1997, 81, 82.

lich. Der **Grund der Differenzierung** ist mehrschichtig: Mit der Form der Urkunden (vgl. § 437 Abs. 1) ausländischer Behörden oder Urkundspersonen sind deutsche Gerichte ebenso wenig vertraut wie mit deren Organisation und Befugnissen.[3] Darüber hinaus **fehlt** es an der Verpflichtung der ausländischen Behörde oder Urkundsperson, eine **Echtheitsauskunft** nach dem Vorbild des § 437 Abs. 2 zu erteilen. Derartige Nachprüfungsersuchen sind allerdings nach bilateralen Staatsverträgen möglich (dazu unten Rdn. 7). Ohne staatsvertragliche Regelung kann die Überzeugungsgewissheit gem. § 438 Abs. 2 durch Einschaltung der zuständigen deutschen Auslandsvertretung gewonnen werden.[4] Schließlich ist angesichts der vielfältigen Lebensverhältnisse **kein pauschales Vertrauen** gerechtfertigt, dass ausländische Amtspersonen bei ihrer Tätigkeit von demselben Berufsethos geleitet werden, wie es von Angehörigen einer inländischen Behörde bzw. Urkundspersonen erwartet und durch den der Straftatbestand des § 348 StGB flankierend gesichert wird; daher besteht keine hinreichende Lebenserfahrung, dass die ausländische Amtsführung in der Regel zur Produktion zuverlässiger Urkunden führt. Das Gericht hat allerdings regelmäßig keinen Anlass, die Echtheit in Zweifel zu ziehen, wenn diese von den Parteien nicht bestritten wird.

Wird eine mangelfreie ausländische öffentliche Urkunde als echt akzeptiert, kommt 5 ihr grundsätzlich **dieselbe Beweiskraft** wie einer inländischen öffentlichen Urkunde (§§ 415, 417, 418) zu, auch wenn der Strafrechtsschutz des § 348 StGB für sie nicht gilt. Die Beweiskraft kann allerdings nicht weiter reichen als nach dem Recht des Errichtungsstaates vorgesehen (vor § 415 Rdn. 17).

II. Echtheitsfeststellung kraft Legalisation und Apostille

1. Rechtsgrundlagen. Urkunden, die gem. § 438 Abs. 2 legalisiert sind oder deren 6 Legalisierung durch staatsvertragliche Vereinbarung[5] ersetzt worden ist, fallen unter § 437 Abs. 1.[6] Die **Legalisation im engeren Sinne** bestätigt die **Echtheit der Unterschrift**, die Eigenschaft, in welcher der Unterzeichner der Urkunde gehandelt hat und gegebenenfalls die Echtheit des Siegels, mit dem die Urkunde versehen worden ist (§ 13 Abs. 2 KonsularG v. 11.9.1974, BGBl I S. 2317). Eine **Legalisation im weiteren Sinne** darf bei zweifelsfreier Rechtslage bestätigen, dass der Aussteller zur Aufnahme der Urkunde zuständig war und dass die Urkunde in der den Gesetzen des Ausstellungsortes entsprechenden Form aufgenommen worden ist (§ 13 Abs. 4 KonsularG). Die Legalisation erfolgt durch einen auf die Urkunde gesetzten Bestätigungsvermerk des Konsularbeamten. Der Legalisierende muss im Rahmen seiner Zuständigkeit gehandelt haben. Nach § 13 Abs. 1 KonsularG ist erforderlich, dass die ausländische Urkunde im Amtsbereich des deutschen Konsularbeamten ausgestellt worden ist. Ob der Legalisation eine Beglaubigung durch eine ausländische Behörde vorangegangen ist, ist für § 438 Abs. 2 belanglos.

2. Befreiung von der Legalisation. Multilaterale Abkommen zur Befreiung von 7 der Legalisation sind: das **Luxemburger CIEC-Übereinkommen** über die kostenlose Erteilung von Personenstandsurkunden und den Verzicht auf ihre Legalisation v. 26.9.1957 (BGBl 1961 II S. 1067), das **Haager Übereinkommen** zur Befreiung ausländischer öffentlicher Urkunden von der Legalisation v. 5.10.1961 (BGBl 1965 II S. 876) und das **Londo-**

---

3 Darauf abstellend *Schack* Internationales Zivilverfahrensrecht[5] Rdn. 781.
4 BVerwG NJW 1987, 1159.
5 Abdruck von Verträgen mit Angabe ihres Geltungsbereichs u.a. in der in kurzen zeitlichen Abständen aktualisierten Gesetzestextausgabe *Jayme/Hausmann* Internationales Privat- und Verfahrensrecht.
6 Vgl. *Reithmann* DNotZ 1995, 360, 365.

ner **Europäische Übereinkommen** zur Befreiung der von diplomatischen oder konsularischen Vertretern errichteten Urkunden von der Legalisation v. 7.6.1968 (BGBl 1971 II S. 86). Darüber hinaus gibt es eine Reihe **bilateraler Abkommen** über die Befreiung von der Legalisation, so mit Belgien, Dänemark, Frankreich,[7] Griechenland, Italien, Österreich, der Schweiz; bilaterale Abkommen auf dem Gebiet des Personenstandswesens existieren mit Luxemburg, Österreich, der Schweiz. Eine Befreiung kann sich ferner aus **Meistbegünstigungsklauseln** in Bezug auf die Befugnisse der Konsuln aus Abkommen mit anderem thematischen Gegenstand ergeben. Abkommen über die **Soziale Sicherheit** verzichten ebenfalls auf eine Legalisation.

8   Das Haager Legalisationsbefreiungsübereinkommen lässt an die Stelle der Legalisation die **Apostille** treten, also eine Beglaubigung durch die zuständige Behörde des Errichtungsstaates.[8] In Deutschland sind das Bundesverwaltungsamt in Köln und der Präsident des Deutschen Patent- und Markenamtes für deren Ausstellung zuständig.[9] Bilaterale Befreiungsabkommen wie das deutsch-französische Abkommen (dort: Art. 6 ff.), die auf jegliche Förmlichkeit verzichten, enthalten die Möglichkeit, bei ernsthaften Echtheitszweifeln über das Bundesverwaltungsamt und eine ausländische Zentralstelle ein **Nachprüfungsersuchen** zu stellen.

9   Für **vollstreckbare öffentliche Urkunden**, die im räumlichen und sachlichen Geltungsbereich der Europäischen Gerichtsstands- und VollstreckungsVO [VO (EG) Nr. 44/2001] errichtet worden sind – zu ihnen gehören auch vor Verwaltungsbehörden beurkundete Unterhaltstitel , ist die Vollstreckbarerklärung in einem anderen Mitgliedstaat nach **Art. 57 EuGVO** ohne Legalisation möglich. Notwendig ist statt dessen die Vorlage einer Formblattbescheinigung nach Anhang VI in Verb. mit Art. 57 Abs. 4 EuGVO. Gleiches gilt für öffentliche Urkunden nach **Art. 46 EuEheVO**.

III. Ausländische elektronische Signaturen

10   Das Gesetz über Rahmenbedingungen für elektronische Signaturen v. 16.5.2001 (BGBl I S. 876) stellt in § 23 Abs. 1 unter den dort bezeichneten Voraussetzungen die elektronischen Signaturen mit einem **ausländischen qualifizierten Zertifikat** aus einem anderen Mitgliedstaat der EU oder aus einem anderen Vertragsstaat des Abkommens über den Europäischen Wirtschaftsraum gleich. Durch dieses Gesetz ist die Richtlinie 1999/93/EG des Europäischen Parlamentes und des Rates v. 13.12.1999 (ABl. EG 2000 Nr. L 13 S. 2) in nationales Recht transformiert worden.

§ 439
Erklärung über die Echtheit von Privaturkunde

(1) Über die Echtheit einer Privaturkunde hat sich der Gegner des Beweisführers nach der Vorschrift des § 138 zu erklären.
(2) Befindet sich unter der Urkunde eine Namensunterschrift, so ist die Erklärung auf die Echtheit der Unterschrift zu richten.

---

7   Dazu BGH NJW-RR 2007, 1006 (dort bezogen auf in Frankreich beglaubigte Abschrift einer französischen Ermittlungsakte).
8   So zur schwedischen Handelsregisterbescheinigung OLG Schleswig Rpfleger 2008, 498, 499.
9   § 1 VO über die Ausstellung der Apostille v. 9.12.1997, BGBl I S. 2872.

(3) Wird die Erklärung nicht abgegeben, so ist die Urkunde als anerkannt anzusehen, wenn nicht die Absicht, die Echtheit bestreiten zu wollen, aus den übrigen Erklärungen der Partei hervorgeht.

Übersicht

I. Echtheitsfeststellung kraft Parteivortrags
   1. Beweisbedarf, Zusammenspiel mit § 138 — 1
   2. Beweisführer, Beweisgegner — 3
II. Erklärung des Beweisgegners über die Echtheit
   1. Inhalt der Erklärung
      a) Unterschriebene Privaturkunde — 4
      b) Urkunden ohne Unterschrift — 6
   2. Zeitpunkt der Erklärung — 7
III. Anerkennung der Echtheit, Fiktion der Anerkennung — 9

I. Echtheitsfeststellung kraft Parteivortrags

1. Beweisbedarf, Zusammenspiel mit § 138. Nur echten Urkunden kommt die Beweiskraft der §§ 415 ff. zu. Die in den §§ 437 und 438 geregelte **Echtheitsvermutung** gilt nur für öffentliche, **nicht** aber für private Urkunden (zu Begriff und Bedeutung der Echtheit für § 416: § 437 Rdn. 5 f.). § 439 betrifft demgegenüber zusammen mit § 440 die Feststellung der Echtheit von Privaturkunden. Die **Beweiserhebung** über die Echtheit einer Privaturkunde (§ 440 Abs. 1) hängt vom Verhalten des Beweisgegners ab. Er hat sich über die Echtheit der Urkunde zu erklären und kann sie in der Erklärung **anerkennen oder bestreiten.** Dadurch unterliegt die Echtheit von Privaturkunden einer Parteidisposition. Ohne ausreichendes Bestreiten gilt die Echtheit gem. § 439 Abs. 3 als anerkannt, so dass es keines Beweises gem. § 440 Abs. 1 bedarf.[1] Die Erklärung oder die gerichtliche Aufforderung zur Erklärung gehören nicht zur Beweisaufnahme. Sie lassen deshalb – soweit auf ein Verfahren noch die BRAGO anzuwenden ist – keine Beweisgebühr entstehen. In Verfahren nach dem **FamFG** gilt § 439 Abs. 3 wegen der **Einschränkung der Parteiherrschaft** nicht.[2] Die Prüfung der Echtheit der Urkunde erfolgt dort im Rahmen des Untersuchungsgrundsatzes (§§ 26, 127, 177, 270 FamFG) von Amts wegen. Daraus ergibt sich allerdings nicht, dass die Urkundenechtheit in jedem Falle obligatorisch im Wege einer Beweiserhebung nach § 440 Abs. 1 festzustellen ist.

Die **Verweisung** des § 439 Abs. 1 **auf § 138** enthält nur eine Klarstellung, da sich nach § 138 Abs. 2 jede Partei über die vom Gegner behaupteten Tatsachen zu erklären hat. Das Gericht hat nach § 139 Abs. 1 Satz 2 auf die Erklärung des Gegners über die Echtheit hinzuwirken. Im **amtsgerichtlichen Verfahren** tritt die Echtheitsfiktion des § 439 Abs. 3 gem. § 510 überhaupt nur ein, wenn das Gericht den Beweisgegner zur Abgabe seiner Erklärung **aufgefordert** hat. **Erklären mit Nichtwissen** über die Echtheit ist gem. §§ 439 Abs. 1, 138 Abs. 4 unzulässig, wenn die Urkunde nach dem Vortrag des Beweisführers vom Gegner selbst oder – bei einer Fremdurkunde – in seiner Gegenwart unterschrieben wurde.

2. Beweisführer, Beweisgegner. Die Anordnung des § 439 Abs. 1 begründet eine prozessuale Last, keine Verpflichtung. Für die Bestimmung des Erklärungsbelasteten kommt es **nicht** auf die **Beweislastverteilung** an, sondern statt dessen auf die Rollenverteilung bei der Führung des Urkundenbeweises. Beweisführer im Sinne des § 439

---

[1] BGH ZIP 2013, 384 Tz. 16 = WM 2013, 426.
[2] Vgl. zu § 440 Abs. 2 BayObLG NJW-RR 2002, 1453.

Abs. 1 ist derjenige, der den Urkundenbeweis nach § 420 durch Urkundenvorlage angetreten hat. Abzugeben ist die Erklärung demzufolge von seinem Prozessgegner.

II. Erklärung des Beweisgegners über die Echtheit

1. Inhalt der Erklärung

4   **a) Unterschriebene Privaturkunde.** Wird die Urkunde in Urschrift zu Zwecken der Beweisführung vorgelegt (zur Vorlage in Urschrift § 420 Rdn. 20 und § 435 Rdn. 4), liegt hierin die Behauptung ihrer Echtheit durch den Beweisführer. Der Beweisgegner hat sich dazu nach § 439 Abs. 1 zu erklären. Der erforderliche Inhalt der Erklärung richtet sich danach, ob sich eine Namensunterschrift unter der Urkunde befindet (zur Unterschrift vgl. § 416 Rdn. 6 ff.). Ist die Urkunde unterschrieben, ist die Erklärung gem. § 439 Abs. 2 auf die Echtheit der Unterschrift zu richten, also darauf, ob die **Unterschrift dem Namensträger zuzuordnen** ist.[3] Dies reicht wegen § 440 Abs. 2 aus, wonach die festgestellte Echtheit der Unterschrift die Vermutung der Echtheit des über der Unterschrift stehenden Textes begründet. Ein gesondertes Bestreiten des Urkundentextes ist daneben möglich und wegen § 440 Abs. 2 (s. dort, auch zum Blankettmissbrauch) gegebenenfalls notwendig. Für die Echtheitsprüfung der Unterschrift kommt es grundsätzlich nicht auf die Handschriftlichkeit an, so dass auch mechanisch erstellte Unterschriften (z.B. mittels Schreibautomat, Faksimilestempel) erfasst werden.[4] Das Bestreiten der Echtheit muss positiv erfolgen; nicht ausreichend ist es, die Urkunde nur für rechtlich unerheblich zu erklären.

5   Urkunden, die mit **notariell beglaubigtem Handzeichen** unterzeichnet sind, bedürfen keiner Echtheitsfeststellung gem. § 439 Abs. 2 oder § 440 Abs. 1, weil insoweit nur die Echtheit der notariellen Beglaubigung angezweifelt werden kann; sie ist Gegenstand der Beweisvorschriften für öffentliche Urkunden.

6   **b) Urkunden ohne Unterschrift.** Ist die Privaturkunde nicht unterschrieben, kann sich die Erklärung nur auf den Text der Urkunde und die Zuordnung zu einem behaupteten Aussteller beziehen. Nicht unterschriebenen Urkunden stehen Urkunden gleich, die mit unbeglaubigtem Handzeichen versehen sind.

7   **2. Zeitpunkt der Erklärung.** Der Beweisgegner muss seine Erklärung nach den Grundsätzen des § 282 **unverzüglich nach Vorlegung** der Urkunde abgeben. Vorbehaltlich einer Zurückweisung wegen Verspätung nach §§ 296 Abs. 2, 530 f. ist spätester Zeitpunkt der Schluss der letzten Tatsachenverhandlung;[5] mit dieser Einschränkung ist ein Bestreiten auch noch im **Berufungsverfahren** möglich.[6] Im **Urkunden- und Wechselprozess** (§ 592) kommt ein Bestreiten der Echtheit noch im Nachverfahren (§ 600) in Betracht, wenn der Beklagte sich nicht schon im summarischen Vorverfahren zur Echtheit erklärt hat, wozu er nicht verpflichtet ist, weil ihm § 599 Abs. 1 gestattet, dem geltend gemachten Anspruch ohne Begründung zu widersprechen.[7] Ist die Echtheit im Vorverfahren anerkannt worden, bleibt die Geständniswirkung für das Nachverfahren erhalten.[8]

---

3 Vgl. BGHZ 104, 172, 176 = NJW 1988, 2741.
4 So auch MünchKomm/*Schreiber*[4] § 439 Rdn. 2.
5 BGHZ 82, 115, 119 = NJW 1982, 183, 184 = JR 1982, 333 mit zust. Anm. *Schreiber*.
6 Zur früheren Rechtslage: BGH VersR 1963, 530, 531; BGHZ 82, 115, 119.
7 BGHZ 82, 115, 119.
8 OLG Saarbrücken MDR 2002, 109.

Das Anerkenntnis der Echtheit vor Beginn des Prozesses durch ein **außergerichtli-** 8
ches Geständnis hindert das Bestreiten während des Prozesses nicht. Das außergerichtliche Geständnis kann jedoch im Rahmen der später zu erfolgenden Beweiswürdigung berücksichtigt werden;[9] es hat Indizwirkung zugunsten der Echtheit.

III. Anerkennung der Echtheit, Fiktion der Anerkennung

Wird durch die Erklärung nach § 439 Abs. 1 nur die Unterschrift als echt anerkannt, 9
greift hinsichtlich des Urkundentextes die Echtheitsvermutung des § 440 Abs. 2 ein. Erkennt der Beweisgegner zusätzlich die Echtheit des Textes an, bedarf es einer solchen Vermutung nicht. Das Anerkenntnis hat die Wirkung eines **bindenden Geständnisses** gem. §§ 288, 290 (gegebenenfalls in Verb. mit § 535).[10] Ein **Anerkenntnis i.S.d. § 307** kommt nur in den seltenen Fällen der Urkundenechtheitsfeststellungsklage (§ 256 Abs. 1) in Betracht.

Bei nicht oder nicht rechtzeitig erfolgter Erklärung des Beweisgegners greift die **Fik-** 10
tion des § 439 Abs. 3 ein. Sie wiederholt inhaltlich den § 138 Abs. 3, auf den bereits durch § 439 Abs. 1 verwiesen wird. Gegenüber § 138 Abs. 3 ist § 439 Abs. 3 die speziellere Norm. Das Nichtbestreiten gilt als Anerkenntnis. Wie im Fall des ausdrücklichen Anerkenntnisses der Urkunde als echt ist hierin kein Anerkenntnis nach § 307 zu sehen, sondern ein **Geständnis im Sinne des § 288**.[11] Die Echtheit der Privaturkunde ist nicht mehr beweisbedürftig. Dieses Geständnis steht nicht einem Geständnis nach § 290 gleich.[12] Wird die bestreitende Erklärung erst in der Berufungsinstanz abgegeben, steht § 290 also nicht entgegen (vgl. auch Rdn. 7);[13] allenfalls ist das Bestreiten wegen Verspätung unbeachtlich. Soweit die Erklärung wegen § 439 Abs. 2 auf die Echtheit der Unterschrift zu richten ist, ist auf ein fingiertes Anerkenntnis der Urkundenechtheit die Vermutung des § 440 Abs. 2 anzuwenden.

§ 440
Beweis der Echtheit von Privaturkunden

(1) Die Echtheit einer nicht anerkannten Privaturkunde ist zu beweisen.
(2) Steht die Echtheit der Namensunterschrift fest oder ist das unter einer Urkunde befindliche Handzeichen notariell beglaubigt, so hat die über der Unterschrift oder dem Handzeichen stehende Schrift die Vermutung der Echtheit für sich.

Übersicht

I. Gegenstand des Beweises nach § 440 Abs. 1 — 1
II. Verhältnis des § 440 Abs. 2 zu § 416 — 3
III. Echtheitsbeweis nach § 440 Abs. 1 — 4
IV. Echtheitsvermutung des § 440 Abs. 2 — 6
V. Beweis des Gegenteils — 11

---

9 MünchKomm/*Schreiber*[4] § 439 Rdn. 2.
10 OLG Saarbrücken MDR 2002, 109.
11 RGZ 97, 162, 163.
12 BGH VersR 1963, 530, 531.
13 BGH VersR 1963, 530, 531; RGZ 97, 162, 164.

I. Gegenstand des Beweises nach § 440 Abs. 1

1 § 440 steht im Zusammenhang mit § 416. Für den Beweis der Echtheit privater elektronischer Dokumente gilt § 371a Abs. 1 Satz 2. Echtheit[1] gem. §§ 439, 440 und Mangelfreiheit gem. § 419 vorausgesetzt erbringt die Privaturkunde nach der formellen Regel des § 416 Beweis dafür, dass die in ihr enthaltene Erklärung vom Aussteller abgegeben wurde. Für Privaturkunden gilt keine generelle Echtheitsvermutung, wie sie § 437 Abs. 1 für inländische öffentliche Urkunden aufstellt. Statt dessen schafft § 440 zusammen mit § 439 die Voraussetzung dafür, dass eine Urkunde als echt anzusehen ist und damit die prozessuale Wirkung des § 416 auslöst. Dies gilt gleichermaßen für unterschriftslose wie für unterzeichnete Urkunden (dazu § 416 Rdn. 6). Die **Echtheitsfeststellung** bezieht sich auf den **gesamten Inhalt der Urkunde, jedoch** sind dafür **Erleichterungen** vorgesehen.

2 Ist die Urkunde mit einer Namensunterschrift (zu den Unterschriftsmöglichkeiten § 416 Rdn. 7 ff.) versehen, die auf einen bestimmten Aussteller hinweist, kommt es für den Echtheitsnachweis **zunächst nur** auf die Feststellung der **Echtheit dieser Unterschrift** an. Ist die Echtheit der Namensunterschrift streitig, bedarf sie gem. § 440 Abs. 1 des Beweises. Bei diesem Beweisgegenstand greift § 440 Abs. 1 den § 439 Abs. 2 auf, der für mit Namensunterschrift versehene Urkunden **vorrangig** eine auf die Echtheit der Unterschrift bezogene **Erklärung des Beweisgegners** verlangt. Steht die Echtheit der Namensunterschrift kraft der (gegebenenfalls gem. § 439 Abs. 3 fingierten) Erklärung des Beweisgegners oder kraft richterlicher Beweiserhebung fest, begründet § 440 Abs. 2 **darauf aufbauend** die **Vermutung**, dass der über der Unterschrift stehende Text echt ist. Damit soll der Rechtsverkehr gesichert werden. Die Bedeutung der Erleichterung zeigt sich etwa bei behauptetem Blankettmissbrauch, wenn die Echtheit der Unterschrift feststeht.[2] Bei Urkunden **ohne Namensunterschrift** ist der Echtheitsbeweis von vornherein auf den Urkundentext zu richten. Zu den Urkunden ohne Unterschrift zählen auch solche mit **neben** oder **über** dem Urkundentext stehenden Namenszug (§ 416 Rdn. 12 und unten Rdn. 7).

II. Verhältnis des § 440 Abs. 2 zu § 416

3 Der Unterschied zwischen der Beweiswirkung des § 440 Abs. 2 und derjenigen des § 416 ist gering. Durch § 440 Abs. 2 wird bewiesen, dass die mangelfreie Urkunde nach Erscheinungsform und Inhalt **von demjenigen herrührt, der** als **Aussteller** der Urkunde festgestellt ist. Darauf aufbauend wird mit § 416 (bis zum zuzulassenden Beweis des Gegenteils, dazu § 416 Rdn. 32 ff.) bewiesen, dass der Aussteller die in der Urkunde enthaltene Erklärung willentlich in den Verkehr gegeben hat, sofern nicht materiell-rechtliche Zurechnungsnormen diesen Beweis überhaupt irrelevant machen (§ 416 Rdn. 19). Weitere materiell-rechtliche Wirksamkeitserfordernisse, etwa die für **wertpapierrechtliche** Tatbestände notwendige **Begebung** der Urkunde, werden durch § 440 Abs. 2 nicht bewiesen;[3] ob § 416 darauf anzuwenden ist, ist streitig (§ 416 Rdn. 18). § 416 setzt voraus, dass die Urkunde die Hürde des § 440 überwunden hat; Herkunft der Erklärung und

---

1 BGHZ 104, 172, 175 = NJW 1988, 2741; BGH NJW-RR 1989, 1323, 1324; BGH ZIP 2008, 1582 Tz. 20.
2 Vgl. BGHZ 104, 172, 176; BGH NJW 1986, 3086, 3087 (jedoch beide trotz Unterschriftsanerkennung unrichtig § 440 Abs. 1 zitierend).
3 Anders wohl OLG Düsseldorf JW 1925, 2149.

Echtheit der Urkunde sind äquivalent.[4] Die Vermutungsregel des § 440 Abs. 2 ist bedeutsamer als der § 416 selbst.[5]

III. Echtheitsbeweis nach § 440 Abs. 1

Die Echtheit des Urkundentextes oder der Namensunterschrift **bedürfen nur des** 4
Beweises, wenn sie **nicht** in der gem. § 439 Abs. 1 abzugebenden Erklärung **anerkannt** worden oder gem. § 439 Abs. 3 als anerkannt anzusehen sind. Trägt die Urkunde eine Namensunterschrift, deren Echtheit in der Erklärung gem. § 439 Abs. 1 und 2 bestritten worden ist, hat der Beweisführer die Echtheit der Unterschrift zu beweisen. Bei Urkunden ohne Namensunterschrift oder Unterzeichnung mittels notariell beglaubigten Handzeichens ist unmittelbar die Echtheit des Textes zu beweisen.

Die Führung des Echtheitsbeweises obliegt demjenigen, der sich als Beweisführer 5
auf die Urkunde beruft.[6] Für den **Beweis** gilt **§ 286**, und zwar ungeachtet der dort gem. § 595 Abs. 2 geltenden Beweismittelbeschränkung **auch im Urkunden- und Wechselprozess**.[7] Der Beweis kann schon aufgrund des Zustandes der Urkunde selbst (ohne Hinzutreten weiterer Umstände) als geführt angesehen werden,[8] etwa wenn ein zu Beweiszwecken vorgelegtes Handelsbuch nach Form und Inhalt korrekt ist und der Beweisgegner die Echtheitsbestreitung nicht substantiiert.[9] Der Echtheitsbeweis kann als **Vollbeweis**[10] durch **sämtliche Beweismittel** erbracht werden.[11] In Betracht kommt auch die Parteivernehmung nach §§ 445 ff. sowie – als urkundenbeweisrechtliche Besonderheit – die Schriftvergleichung nach den §§ 441 und 442. Zur Indizwirkung einer außergerichtlichen Anerkennung der Echtheit vgl. § 439 Rdn. 8.

IV. Echtheitsvermutung des § 440 Abs. 2

Die Echtheitsvermutung des § 440 Abs. 2 ist nicht an die Durchführung einer Be- 6
weisaufnahme gem. § 440 Abs. 1 gebunden. Sie greift vielmehr auch ein, wenn die Echtheit der Unterschrift aufgrund eines ausdrücklichen **Geständnisses des Beweisgegners** (§ 439 Abs. 2) feststeht, oder ein solches Geständnis nach § 429 Abs. 3 vermutet wird. Erst in letzter Linie kommt es auf den Beweis der bestrittenen Echtheit der Namensunterschrift gem. § 440 Abs. 1 an. Erforderlich ist eine **Namensunterschrift**, nicht eine beliebige andere Unterschrift, auch wenn diese für die Anwendung des § 416 ausreichend sein kann (§ 416 Rdn. 6). Ausreichend ist das Unterschreiben für den Aussteller mit dessen Namen durch einen Dritten;[12] eine nachträgliche Genehmigung der Unterschriftsvertretung ist möglich. Grundlage der Vermutung kann auch die als echt festgestellte

---

4 *Britz* ZZP 110 (1997), 61, 83.
5 Vgl. *Britz* ZZP 110 (1997), 61, 86.
6 BGH NJW 1995, 1683; BGHZ 104, 172, 176; BGH NJW 1986, 3086 = WM 1986, 1238; BGH NJW 2000, 1179, 1180 f.; BGH NJW 2001, 448, 449.
7 RGZ 72, 291, 292; OLG Köln DB 1983, 104, 105.
8 RGZ 72, 291, 292; OLG Köln DB 1983, 104, 105 (darin keine Beweisaufnahme sehend sondern eine sonstige Feststellung anhand des Sach- und Streitstandes; einen sehr hohen Grad an Wahrscheinlichkeit verlangend).
9 RGZ 72, 290, 292 (Aktienbuch zum Beweis der Aufsichtsratszustimmung zur Abtretung von Namensaktien).
10 BGH NJW 2001, 448, 449.
11 Musielak/*Huber*[10] § 440 Rdn. 2 (mit Ausnahme des Urkunden- und Wechselprozesses).
12 Vgl. BGHZ 104, 172, 176 = NJW 1988, 2741 („Unterschrift dem Namensträger zuzuordnen").

Unterschrift auf einem Telefax sein;[13] es darf kein Widerspruch zur großzügigeren Handhabung bei § 416 eintreten (§ 416 Rdn. 8).

7   Wie bei dem für inländische öffentliche Urkunden geltenden § 437 Abs. 1 handelt es sich bei § 440 Abs. 2 um eine **gesetzliche Vermutung i.S.d. § 292;**[14] darin liegt ein Unterschied zu den formellen Beweisregeln der § 415ff. (vgl. § 437 Rdn. 6). § 440 Abs. 2 unterscheidet sich aber von § 437 Abs. 1. Während § 437 Abs. 1 ZPO die Vermutung der Echtheit auf den gesamten Urkundeninhalt erstreckt, gilt die Echtheitsvermutung des § 440 Abs. 2 nur für den über der Unterschrift stehenden Text. Die Vermutung geht dahin, dass der **Text über der Unterschrift** vom Aussteller stammt oder – bedeutsam für die Blankettausfüllung – mit seinem Willen dort steht.[15] Eine analoge Anwendung auf einen unter der Unterschrift stehenden Text („Oberschrift") kommt wegen der Eindeutigkeit des Wortlauts und der Funktion der Unterschrift, den über ihr stehenden Text räumlich anzuschließen, nicht in Betracht.[16] Dasselbe gilt für einen neben dem Text stehenden Namenszug („Nebenschrift").[17]

8   Auf den Zeitpunkt, in dem die Schrift über den Text gesetzt wurde, kommt es nicht an, so dass die Echtheitsvermutung auch dann eingreift, wenn eine **Blankounterschrift** abgegeben wurde.[18] Erforderlich ist lediglich, dass der Text oberhalb der Unterschrift eingefügt wird. Dies gilt unabhängig davon, ob der Ausfüllende (später) seine Kompetenzen bei der Ausfüllung überschreitet (Fall des sog. Blankettmissbrauchs, dazu § 416 Rdn. 34). Die Vermutung erstreckt sich in diesem Fall auch darauf, dass das Blankett durch den Blankettempfänger nachträglich **vereinbarungsgemäß ausgefüllt** worden ist.[19] Ob der über der Unterschrift stehende Text den Inhalt einer getroffenen Vereinbarung zutreffend wiedergibt, ist damit nicht bewiesen. Das ist vielmehr ein Problem des materiellen Inhalts der beurkundeten Erklärungen, auf dessen Beweis sich die Vermutung des § 440 Abs. 2 nicht erstreckt; insoweit gilt § 286[20] (s. auch § 416 Rdn. 23). Bei der Entscheidungsbegründung ist Sorgfalt auf die Wahl der Formulierung zu legen, damit nicht der Eindruck entsteht, der Tatrichter habe sich bei seiner Beweiswürdigung an eine gesetzliche Regel gebunden gefühlt.

9   Wenn der Urkunde ein **äußerlicher Mangel** im Sinne des § 419, etwa in Form einer Durchstreichung, Radierung oder Einschaltung (= Ergänzung) anhaftet, diese also fehlerhaft ist, greift die Vermutung des § 440 Abs. 2 nicht ein[21] (§ 419 Rdn. 1). Die Feststellung der Echtheit der Urkunde obliegt dann insgesamt der freien Beweiswürdigung des Gerichts.[22] Ist der Text einer bereits öffentlich beglaubigten Erklärung nachträglich geändert worden, soll § 440 Abs. 2 nicht für die Ergänzung gelten,[23] sondern im Wege der freien Beweiswürdigung festzustellen sein, ob die Ergänzung mit dem Willen der Person

---

13 **A.A.** OLG Frankfurt MDR 2000, 1330 (gefaxter Banküberweisungsauftrag), im Ergebnis aber richtig wegen Streits über die Echtheit der Unterschrift.
14 BGHZ 104, 172, 177; BGH NJW-RR 1989, 1323, 1324; Für § 292 bereits *Hedemann* Die Vermutung nach dem Recht des Deutschen Reiches, S. 253ff.; **a.A.** wiederum *Rosenberg* Die Beweislast, 5. Aufl., S. 221 Fn. 1.
15 BGHZ 104, 172, 176; OLG München, VersR 1988, 1136; OLG München OLGR 1999, 259, 260; OLG Hamm OLGZ 1991, 23, 25.
16 BGHZ 113, 48, 51 = NJW 1991, 487.
17 BGH NJW 1992, 829, 830; BGH NJW 2002, 2707.
18 Gegebenenfalls abweichend die Beurteilung der Formwirksamkeit: BGH NJW-RR 1993, 269, 270 (für gemeinschaftliches eigenhändiges Ehegattentestament nach § 2267 S. 1 BGB).
19 BGHZ 104, 172, 176 = NJW 1988, 934; BGH NJW 2000, 1179, 1181.
20 BGH NJW-RR 1989, 1323, 1324.
21 BGHR ZPO § 416 – Beweiskraft 1 (Nichtannahmebeschluss v. 4.6.1987, III ZR 139/86); RG JW 1917, 106; RG SeuffA 63, Nr. 169 S. 294; OLG Düsseldorf MDR 2009, 1002, 1003; *Winkler* DNotZ 1985, 224, 228.
22 RG JW 1917, 106; RG SeuffA 63, S. 294.
23 BayObLG DNotZ 1985, 220, 222.

eingefügt worden ist, die die Unterschrift geleistet hat.[24] Zutreffender ist es, § 440 Abs. 2 dann überhaupt nicht anzuwenden.

§ 440 Abs. 2 ist **nicht in Verfahren** anzuwenden, in denen die **Amtsermittlungs-** 10 **pflicht** gilt, also wegen § 26 FamFG nicht in Familiensachen und in Angelegenheiten der freiwilligen Gerichtsbarkeit;[25] die Vermutung wird durch den Grundsatz der freien Beweiswürdigung (§ 286) ersetzt. Der hinter § 440 Abs. 2 stehende Erfahrungssatz darf jedoch bei der Beweiswürdigung berücksichtigt werden, so dass in der Regel keine unterschiedlichen Ergebnisse erzielt werden.[26] Im Unterschied zur Geltung der formellen Beweisregel ist der bestreitende Beweisgegner aber nicht auf die Führung eines Gegenteilsbeweises angewiesen.

V. Beweis des Gegenteils

Soweit die Echtheitsvermutung des § 440 Abs. 2 greift, kann der Beweisgegner die 11 Vermutung durch den Beweis des Gegenteils nach § 292 widerlegen.[27] Auch insoweit stehen sämtliche Beweismittel einschließlich des Antrags auf **Parteivernehmung** nach § 445[28] zur Verfügung. Bedeutung kommt dieser Möglichkeit vor allem in den Fällen des Blankettmissbrauchs in Gestalt einer Überschreitung der Vollmacht oder einer unrichtigen Ausfüllung zu.[29]

§ 441
Schriftvergleichung

(1) Der Beweis der Echtheit oder Unechtheit kann auch durch Schriftvergleichung geführt werden.

(2) In diesem Fall hat der Beweisführer zur Vergleichung geeignete Schriften vorzulegen oder ihre Mitteilung nach der Vorschrift des § 432 zu beantragen und erforderlichenfalls den Beweis ihrer Echtheit anzutreten.

(3) Befinden sich zur Vergleichung geeignete Schriften in den Händen des Gegners, so ist dieser auf Antrag des Beweisführers zur Vorlegung verpflichtet. Die Vorschriften der §§ 421 und 426 gelten entsprechend. Kommt der Gegner der Anordnung, die zur Vergleichung geeigneten Schriften vorzulegen, nicht nach oder gelangt das Gericht im Falle des § 426 zu der Überzeugung, daß der Gegner nach dem Verbleib der Schriften nicht sorgfältig geforscht habe, so kann die Urkunde als echt angesehen werden.

(4) Macht der Beweisführer glaubhaft, daß in den Händen eines Dritten geeignete Vergleichungsschriften sich befinden, deren Vorlegung er im Wege der Klage zu erwirken imstande sei, so gelten die Vorschriften des § 431 entsprechend.

---

24 BayObLG DNotZ 1985, 220, 222; s. auch BGH NJW 2000, 1179, 1181.
25 BayObLG NJW-RR 2002, 1453.
26 BayObLG NJW-RR 2002, 1453, 1454.
27 BGH NJW 2000, 1179, 1181; BGH NJW-RR 1989, 1323, 1324; BGH NJW 1986, 3086, 3087; BGHZ 104, 172, 177 = NJW 1988, 2741; OLG München OLGR 1999, 259, 260.
28 BGHZ 104, 172, 177 = NJW 1988, 2741.
29 BGHZ 104, 172, 177 = NJW 1988, 2741; BGH NJW 1986, 3086, 3087; OLG Hamm WM 1984, 829; OLG Düsseldorf VersR 1979, 626, 627.

Schrifttum

Becht Der Beweis der Echtheit der Urkunde im Urkundenprozeß; *Becht* Der Beweis der Echtheit einer Urkunde im Urkundenprozeß, NJW 1991, 1993; *Deitigsmann* Der gerichtliche Schriftsachverständige, JZ 1953, 494; *Deitigsmann* Grundlagen und Praxis der gerichtlichen Handschriftvergleichung, 1954; *Deitigsmann* Fehlurteile auf Grund von unrichtigen Schriftgutachten, NJW 1957, 1867; *Knobloch* Graphologie, 1971; *Langenbruch* Der Schriftsachverständige, JR 1950, 212; *Michel* Schriftvergleichung, in: Handwörterbuch der Kriminologie Bd. 3, 93 (1975); *Michel* Gerichtliche Schriftvergleichung, 1982; *Pfanne* Lehrbuch der Graphologie, 1961; *Pfanne* Handschriftenvergleichung für Juristen und Kriminalisten, 1971; *Schweighofer* Handschriftenanalyse und Persönlichkeitsrechte, RdA 78, 101.

Übersicht

I. Ziel, Gegenstand und Tauglichkeit des Beweises durch Schriftvergleichung
   1. Spezieller Echtheitbeweis —— 1
   2. Schriftvergleichungsmethodik —— 2
   3. Erfordernis eines individuellen Schriftbildes —— 4
II. Systematische Einordnung —— 6
III. Echtheit und Qualität der Vergleichsschrift —— 7
IV. Vergleichstextbeschaffung
   1. Urkundenrechtliche Vorlagepflicht, Anordnung von Amts wegen —— 10
   2. Herstellungsverweigerung —— 11
   3. Besitz der Vergleichsschrift
      a) Besitz einer Prozesspartei
         aa) Beweisführer —— 12
         bb) Beweisgegner —— 13
      b) Besitz Dritter —— 16
V. Durchführung des Schriftvergleichs —— 18

I. Ziel, Gegenstand und Tauglichkeit des Beweises durch Schriftvergleichung

1 **1. Spezieller Echtheitsbeweis.** §§ 441, 442 regeln den Beweis der Echtheit einer Urkunde speziell durch Schriftvergleichung. Der Beweis der nachträglichen Veränderung (in der Regel: Verfälschung) ist darin eingeschlossen. Aus der feststehenden Urheberschaft einer Vergleichsschrift soll auf die Urheberschaft der Beweisurkunde geschlossen und durch diese Urheberidentifizierung die Urkundenechtheit festgestellt werden. Im Strafprozess, für den Schriftgutachten häufiger Gegenstand von Entscheidungen sind, gilt § 93 StPO. Die Schriftvergleichung kann sich sowohl auf den **Urkundeninhalt** als auch auf die **Unterschrift** beziehen. Sie hat in erster Linie Bedeutung für Privaturkunden, kann aber auch bei öffentlichen Urkunden vorkommen; dem steht § 437 Abs. 2 nicht entgegen, der bei öffentlichen Urkunden eine Behördenerklärung über die Echtheit vorsieht. Schon der Wortlaut des § 441 Abs. 1 („auch") verdeutlicht, dass es alternative Wege zur Feststellung der Urkundenechtheit gibt, etwa den Personalbeweis, der auch kumulativ erhoben werden kann.[1] Grundsätzlich ist die Schriftvergleichung – wie jeder Augenscheinsbeweis (zur Qualifizierung unten Rdn. 6) – **Aufgabe des Prozessgerichts** selbst, wie sich aus § 442 ergibt. Ob es allerdings dafür die nötige Sachkunde besitzt oder von Amts wegen ein Sachverständigengutachten einzuholen hat (dazu § 442 Rdn. 2f.), ist nach den zu § 286 entwickelten Grundsätzen zu überprüfen.

2 **2. Schriftvergleichungsmethodik.** Zu vergleichen ist die Schrift auf der Urkunde, deren Echtheit zu beweisen ist, mit einer geeigneten anderen Schrift. Vorzunehmen ist eine **Analyse graphischer Tatbestände**.[2] Sie bezieht sich z.B. auf Neigungswinkel, Duktus, Schriftablauf, Strich- und Druckbeschaffenheit, Größenverhältnisse der Buchstaben, Bindungsweise, Oberzeichen und Interpunktion, Raumverteilung und Zahlenüberein-

---

1 Vgl. dazu den Fall OLG München NJW 1970, 1924, 1925.
2 LAG Köln VersR 1995, 1074, 1075.

stimmung.[3] Die Schriftvergleichung ist ein **taugliches Beweismittel**.[4] Es handelt sich um ein wissenschaftlich gesichertes und anerkanntes Verfahren, welches auf einer jahrzehntelangen kriminalistischen Erfahrung beruht.[5] Es kann alleinige Grundlage der Echtheitsfeststellung sein. Maßgeblich ist jedoch die Bewertung des Einzelfalles.

Die Methode der Schriftvergleichung ist **von der Graphologie abzugrenzen**, die es sich zur Aufgabe macht, aus der Handschrift einen Rückschluss auf den Charakter des Schreibers zu ziehen.[6] Während die Erstattung eines graphologischen Gutachtens mit dem allgemeinen Persönlichkeitsrecht des Schrifturhebers in Konflikt geraten kann, steht diese Rechtsposition einer Schriftvergleichung niemals entgegen.[7] Zu trennen ist die Schriftvergleichung des weiteren von der wissenschaftlichen Untersuchung von Vergleichsschriften auf linguistischer Grundlage, also anhand eines **Sprachvergleichs**.[8] Diese stellt nur eine Hilfswissenschaft der Schriftvergleichung dar. Zur Ermittlung des Schrifturhebers ist eine alleinige Sprachvergleichsuntersuchung ungeeignet, da textlinguistische Merkmale nicht einmalig und unveränderbar sind.[9] **Physikalische und chemische Methoden** zur Feststellung des Alters und der Zusammensetzung des Urkundenpapiers sowie des Schreibmaterials (Tinte etc.) sind ebenfalls abzugrenzen; sie haben für einen Schreibvergleich nur unterstützende Funktion, können allerdings auch isoliert als Sachverständigengutachten den Beweis über Echtheitsindizien liefern. 3

3. Erfordernis eines individuellen Schriftbildes. Die Schriftvergleichung bezieht sich in erster Linie auf **handschriftliche Texte**, weil diese durch individuelle Merkmale des Texturhebers gekennzeichnet sind. In Betracht kommt aber auch der Vergleich von **Maschinenschriften**[10] (zu maschinenschriftlichen Urkunden § 416 Rdn. 8 und § 439 Rdn. 4). Identifizierungsmöglichkeiten können sich bei ihnen aus der Besonderheit des Anschlags ergeben. Zu ihrer Feststellung wird in der Regel nur ein Sachverständiger die nötige Sachkunde besitzen. Bei einem Computerausdruck scheidet ein Schriftvergleich wegen der fehlenden Individualisierbarkeit des Druckerschriftbildes aus. In Zweifel gezogen wird die Eignung der Schriftvergleichung in Bezug auf bloße **Handzeichen**.[11] Im Hinblick auf den oftmals fließenden Übergang zur vollen Unterschrift ist eine Entscheidung im Einzelfall erforderlich. Sie richtet sich nach dem Grad der Individualisierbarkeit. 4

Die **Eignung** einer Vergleichsschrift **zur Echtheitsfeststellung** wird davon beeinflusst, in welchem Lebensalter die zu vergleichenden Schriften verfasst wurden, da sich das Schriftbild im Lebensablauf wandelt (Jugendschrift, Altersschrift).[12] Bei vorsätzlicher Variation des Schriftbildes kommt eine vorsätzliche Beweisvereitelung in Betracht (§ 444 Rdn. 4). Der Vergleich von Unterschriften hat zu beachten, dass Zeitdruck oder sonstige ungünstige Verhältnisse den Schriftzug verändern können.[13] Regelmäßig **ungeeignet** ist die Schriftvergleichung, wenn feststeht, dass die Urkunde in Text oder Unterschrift **von einem Dritten** stammt, und lediglich streitig ist, ob die Urkunde mit Willen des angeblichen Ausstellers erstellt wurde, ihm also der Text zugerechnet werden kann (dazu § 437 5

---

3 Vgl. BAG BB 1982, 117.
4 Kritisch aber *Michel* ZSW 1981, 266.
5 LAG Köln VersR 1995, 1074, 1075.
6 BAG BB 1982, 117. Terminologisch falsch BGH WM 2001, 1866, 1867.
7 Einschränkend BAG BB 1982, 117 („in der Regel").
8 Dazu LAG Köln VersR 1995, 1074, 1075.
9 LAG Köln VersR 1995, 1074, 1075 m.w.N.
10 Kritisch MünchKomm/*Schreiber*[4] § 441 Rdn. 1 wegen der Identifizierungsschwierigkeiten.
11 So Stein/Jonas/*Leipold*[22] § 441 Rdn. 3; MünchKomm/*Schreiber*[4] § 441 Rdn. 1.
12 Musielak/*Huber*[10] § 441 Rdn. 2 nennt als Unter- und Obergrenze der Schriftkonstanz 25 und 55 Jahre.
13 BGH WM 2001, 1866, 1867.

Rdn. 5). In Betracht kommt dann allenfalls die sich aus einer Schriftvergleichung ergebende Feststellung, dass die Beweisurkunde wegen einer Schriftbildabweichung unter psychischer Belastung geschrieben worden ist, deren Ursache eine Bedrohung gewesen sein mag.

II. Systematische Einordnung

6   Die Schriftvergleichung stellt einen **Hilfsbeweis im Rahmen des Urkundenbeweises** dar. Er ist auf die Feststellung von **Indizien**, nämlich die Übereinstimmung der individuellen Merkmale schriftlicher Texte gerichtet.[14] **Funktional** handelt es sich um einen Unterfall des **Beweises durch Augenschein** (§§ 371–372a).[15] Das Recht des Augenscheinsbeweises, etwa § 372 Abs. 2 oder § 144, ist aber nicht schon deshalb anwendbar.[16] Negative Schlüsse auf die Beweismöglichkeiten im Urkundenprozess sind daraus ebenfalls nicht zu ziehen. Dort ist der Beweis durch Augenschein zwar wegen § 595 Abs. 2 unzulässig, doch schließt dies eine Schriftvergleichung durch das mit dem Urkundenprozess befasste Gericht nicht aus.[17] Wird zur Würdigung der zu vergleichenden Schriften nach § 442 ein Sachverständiger herangezogen, handelt es sich **funktional** um einen **Beweis durch Sachverständige** (§§ 402ff.).[18] Ein Schriftvergleich mittels gesondert einzuholenden Sachverständigengutachtens ist im Urkundenprozess nicht mit § 595 Abs. 2 zu vereinbaren,[19] allerdings nicht, weil aus der funktionalen Qualifizierung eine Ableitung getroffen werden dürfte, sondern weil sich dies eigenständig aus der Wertung des § 595 Abs. 2 ergibt. Diese Norm verlangt für das summarische Verfahren des Urkundenprozesses Liquidität der Beweismittel und beschränkt nur unter diesem Aspekt deren Zulässigkeit.

III. Echtheit und Qualität der Vergleichsschrift

7   Vom Vergleichsstück soll auf die Urheberschaft der Beweisurkunde geschlossen werden. Das Vergleichsstück muss daher echt in dem Sinne sein, dass es nach Erscheinungsform und Inhalt von demjenigen herrührt, der nach dem Vorbringen des Beweisführers Aussteller der Beweisurkunde ist. Als Vergleichsstück kommen **alle Texte** in Betracht, die vom angeblichen Aussteller der Beweisurkunde handschriftlich erstellt wurden. Ob dem Vergleichsstück Urkundenqualität zukommt, ist unerheblich.[20] Das Vergleichsstück muss nicht von seinem angeblichen Aussteller unterzeichnet sein.[21]

8   Als Vergleichsschriften sind in der Regel **Originalschriftstücke** zu verwenden, weil Fotokopien auch bei guter technischer Qualität nicht alle Feinheiten der Schrift deutlich

---

14   Stein/Jonas/*Leipold*[22] § 441 Rdn. 2: Indizienbeweis mit Augenscheinsobjekten.
15   BAG BB 1982, 117 = AP Nr. 1 zu § 441 ZPO mit zust. Anm. *Walchshöfer*. *Britz* Urkundenbeweisrecht und Elektrotechnologie, S. 123, spricht sich gegen eine Aussonderung aus dem Urkundenbeweisrecht aus, hat dabei aber wohl nur – insoweit in Übereinstimmung mit der obigen Kommentierung – die Rechtsfolgen im Auge.
16   Wohl **a.A.** Musielak/*Huber*[10] § 441 Rdn. 1.
17   *Becht* NJW 1991, 1993, 1994 f.; ihm folgend MünchKomm/*Braun*[4] § 595 Rdn. 5. Zum Streitstand Wieczorek/Schütze/*Olzen*[3] § 595 Rdn. 21 ff.
18   Zöller/*Geimer*[28] § 441 Rdn. 1.
19   **A.A.** *Becht* NJW 1991, 1993, 1994 f. Zum Streitstand Wieczorek/Schütze/*Olzen* § 595 Rdn. 21 ff. Die in diesem Zusammenhang z.T. zitierte Entscheidung BGHZ 1, 218, 220 f. = NJW 1951, 361 (LS) betrifft eine andere Frage.
20   Stein/Jonas/*Leipold*[22] § 441 Rdn. 3.
21   Stein/Jonas/*Leipold*[22] § 441 Rdn. 3.

werden lassen.²² Zu suchen ist unbefangen entstandenes handschriftliches Vergleichsmaterial aus der privaten oder beruflichen Umgebung des Schreibers, etwa Schriftverkehr mit Bekannten oder Verwandten, Arbeitgebern, Geschäftspartnern, Behörden und sonstigen Institutionen wie z.B. Banken, Schulen, Verkehrsbetrieben, Krankenkassen, Vereinen. Ein Sachverständiger benötigt detaillierte Informationen über die Schriftentstehung (Zeit, Örtlichkeit, Schreibunterlage, Schreibhaltung, Schreibsituation, ungewöhnliche innere und äußere Einflüsse, psychische und physische Verfassung des Schreibers).

Wird die **Echtheit** der **Vergleichsschrift bestritten**, kann diese vom Gericht unter den Voraussetzungen des § 441 Abs. 3 Satz 3 bejaht werden. Ansonsten ist die Echtheit gem. § 441 Abs. 2 nach den Regeln des Urkundenbeweises zu beweisen. Handelt es sich bei dem Vergleichsstück um eine öffentliche Urkunde, gelten die §§ 437 und 438. Ist das Vergleichsstück demgegenüber eine Privaturkunde, richtet sich der Beweis der Echtheit nach den §§ 439 und 440. Sofern streitig ist, ob der handschriftliche Text einer unterschriebenen Vergleichsschrift von deren Unterzeichner niedergeschrieben wurde, ist **§ 440 Abs. 2** auf diesen Beweis **nicht** anzuwenden.²³ Die Vermutungsrichtung dieser Norm betrifft die Zurechnung des über der Unterschrift stehenden Textinhaltes zum Unterzeichner, also dessen geistige Urheberschaft, nicht aber die für den Schriftvergleich allein relevante Frage, von wessen Hand der Vergleichstext herrührt. Aus dem gleichen Grund und in demselben Umfang gilt auch die Vermutung des § 437 bei einer öffentlichen Urkunde nur eingeschränkt. Möglich ist der Beweis der handschriftlichen Urheberschaft des Vergleichstextes durch Personalbeweis. 9

IV. Vergleichstextbeschaffung

1. Urkundenrechtliche Vorlagepflicht, Anordnung von Amts wegen. Durch § 441 Abs. 2 bis 4 wird die Beschaffung der zum Vergleich geeigneten Schriften in Anlehnung an die **Vorlegung** von Urkunden nach den **§§ 420 ff.** geregelt. Differenziert wird danach, in **wessen Besitz** sich das Vergleichsdokument befindet. Die Prozessrechtsreform von 2001 hat neben einer Ausdehnung der prozessualen Mitwirkungspflichten beim Augenscheinsbeweis (§ 371 Abs. 2) in § 142 für den Urkundenbeweis die Grundlage für die Anordnung einer Dokumentenvorlage **von Amts wegen** geschaffen. Diese Regelung ist auch auf die Beschaffung von Vergleichsschriften anzuwenden. Damit ist eine früher im Schrifttum überwiegend vertretene Einschränkung obsolet geworden. 10

2. Herstellungsverweigerung. Die Vorlegung bezieht sich auf **bereits existierende Vergleichsstücke**. Weder der Beweisgegner noch ein Dritter (auch nicht als Zeuge) können zur Erstellung eines geeigneten Vergleichsstücks gezwungen werden. Mehrere bedeutende Vorläuferprozessordnungen der CPO kannten eine Schreibpflicht des Urkundenausstellers. Der Entwurf der CPO hat davon bewusst Abstand genommen, da diese Prozedur „anomal" sei und „erfahrungsgemäß kein Ergebnis von praktischem Wert" liefere.²⁴ Rechtspolitisch überzeugend ist dies zwar heute nicht mehr, jedoch in Bezug auf den **unmittelbaren Erfüllungszwang** gleichwohl bindend, so dass es dafür an einer Rechtsgrundlage fehlt. Verweigert allerdings der Gegner nach Aufforderung durch den Beweisführer seine freiwillige Mitwirkung, ist diese **Beweisvereitelung** (allgemein zu 11

---

22 OLG Celle Strafvert. 1981, 608; OLG Köln Strafvert. 1981, 539.
23 Ebenso MünchKomm/*Schreiber*⁴ § 441 Rdn. 6.
24 *Hahn/Stegemann* Mat. Bd. II/1, 2. Aufl. 1881, S. 329.

ihr § 427 Rdn. 12 und § 444 Rdn. 5 ff.) im Rahmen der freien Beweiswürdigung nach § 286 zu berücksichtigen.[25]

3. Besitz der Vergleichsschrift

a) Besitz einer Prozesspartei

12 **aa) Beweisführer.** Die Pflicht zur Vorlegung von Vergleichsstücken richtet sich danach, in wessen Händen sich die Vergleichsstücke nach dem Vortrag des Beweisführers befinden (§ 441 Abs. 2 bis 4). Befindet sich das Vergleichsstück in der Hand des Beweisführers, muss er dieses nach § 441 Abs. 2 (entspricht § 420) vorlegen.

13 **bb) Beweisgegner.** Hat der Beweisgegner ein geeignetes Vergleichsstück im Besitz, wird der Schriftvergleichsbeweis gem. §§ 441 Abs. 3 Satz 2, 421 durch den **Antrag des Beweisführers** angetreten, dem Beweisgegner die Vorlegung der Vergleichsschrift aufzugeben. Die näheren Voraussetzungen für dessen in § 441 Abs. 3 Satz 1 statuierte **Pflicht zur Vorlegung** der Vergleichsschrift richten sich aufgrund der Verweisung in § 441 Abs. 3 Satz 2 nach den §§ 421–426. Die **Spezifizierungsanforderungen des § 424** (insbesondere nach dessen Nr. 1 und 3) sind beim Antrag auf Vorlegung von Vergleichsschriften sachangemessen **abzuschwächen**, da es nicht – wie im unmittelbaren Anwendungsbereich des § 424 – auf ein spezifisches Dokument ankommt, nach dem der Gegner gegebenenfalls zu suchen hat, sondern nur auf eine beliebige handschriftliche oder maschinenschriftliche Begutachtungsgrundlage, die einen Vergleich ermöglicht. § 441 Abs. 3 Satz 3 spricht demgemäß auch nur allgemein von „zur Vergleichung geeigneten Schriften". Auf eine Glaubhaftmachung des Vorlagegrundes nach § 424 Nr. 5 kommt es nur an, wenn man das Erfordernis von Vorlagepflichten nach §§ 422, 423 auf Vergleichsschriften überträgt (dazu die nachfolgende Rdn. 14).

14 Ob die Vorlegungspflicht nach § 441 Abs. 3 Satz 1 über die Verweisung des Satzes 2 an die Voraussetzungen der §§ 422 oder 423 geknüpft wird, ist streitig. Die Vorauflage hat in **§ 441 Abs. 3 Satz 1** einen **eigenständigen Vorlegungsgrund** gesehen, der über §§ 422, 423 hinausgehe;[26] dafür spricht der von der Regelung der §§ 421 ff. abweichende Wortlaut des § 441 Abs. 3 Satz 1. Dem steht die Auffassung entgegen, dass wegen der Verweisung in § 441 Abs. 3 Satz 2 ein Vorlegungsgrund nach §§ 422, 423 gegeben sein müsse.[27] Die Gegenansicht bringt die Beweismöglichkeit des § 441 in der Regel faktisch zum Scheitern, es sei denn, man verlangt vom Beweisgegner ein substantiiertes Bestreiten der Urkundenechtheit in der Weise, dass er eine Abweichung der Urkundenschreibweise von in seinem Besitz befindlichen Vergleichsschriften zu behaupten hat und damit die Anwendungsmöglichkeit des § 423 eröffnet. Für eine ausdehnende Interpretation spricht auch, dass die Anordnung der Vorlage von Amts wegen gem. § 142 Abs. 1 Satz 1 gegenüber Prozessparteien nicht an das Vorliegen eines Vorlegungsgrundes gebunden ist, selbst wenn eine völlige Gleichschaltung der tatbestandlichen Voraussetzungen der Editionspflichten auf bloßes Parteiverlangen hin und auf Anordnung von Amts wegen angesichts der unterschiedlichen Missbrauchsgefahr nicht in Betracht kommt.

15 Legt der Beweisgegner das Vergleichsstück entgegen seiner Verpflichtung nicht vor oder gelangt das Gericht zu der Überzeugung, dass der Gegner nach dem Verbleib des

---

25 Musielak/*Huber*[10] § 441 Rdn. 2 nennt daneben § 446.
26 Vorauflage § 441 Anm. B II; wohl ebenso Stein/Jonas/*Leipold*[22] wie aus der Differenzierung zwischen Gegner und Dritten in § 441 Rdn. 7 und 8 zu entnehmen ist.
27 MünchKomm/*Schreiber*[4] § 441 Rdn. 3; Peters ZZP 82 (1969), 200, 205 f.; *Dilcher* AcP 58 (1958), 469, 483.

Vergleichsstücks nicht sorgfältig geforscht hat (vgl. § 427), bestimmen sich die **Rechtsfolgen** nach § 441 Abs. 3 Satz 3, der eine Wiederholung des § 427 darstellt. Die Urkunde kann hiernach vom Gericht als echt angesehen werden (§ 286). Wie bei § 427 handelt es sich um eine Beweiswürdigungsregel,[28] mit der auf eine **Beweisvereitelung** des Beweisgegners (näher: § 427 Rdn. 12 und § 444 Rdn. 5ff.) reagiert werden kann. Gegen eine negative Schlussfolgerung im Rahmen der Beweiswürdigung gibt es keine Möglichkeit zum Gegenbeweis.[29]

b) Besitz Dritter. Besitzer von Vergleichsschriften, die nicht am Prozess beteiligt sind, müssen vor unangemessenen Mitwirkungsverpflichtungen geschützt werden. Daher ist bei ihnen auf das Erfordernis eines **Vorlegungsgrundes** besonders zu achten. Die Prozessrechtsreform von 2001 hat auf dieses Schutzbedürfnis auch bei der Anordnung einer Edition von Amts wegen gem. § 142 Abs. 1 Satz 1 Rücksicht genommen. Nach § 142 Abs. 2 Satz 1 stellen **fehlende Zumutbarkeit** der Vorlegung oder ein Zeugnisverweigerungsrecht des Dritten eine Anordnungsgrenze dar. In der Regel wird die fehlende Zumutbarkeit gegeben sein, wenn es an einem Vorlegungsgrund, also einem klageweise durchsetzbaren Anspruch des Beweisführers gegen den Dritten fehlt. Sowohl bei Behörden (§§ 441 Abs. 2, 432, Abs. 3, 430) als auch bei sonstigen Dritten (§ 441 Abs. 4) ist **glaubhaft zu machen** (§ 294), dass sie Vergleichsschriften im Besitz haben und dass ein Vorlegungsgrund besteht, nämlich ein Anspruch des Beweisführers auf deren Vorlegung. Die darüber hinaus erforderliche Eignung zum Schriftvergleich und damit die Beweiserheblichkeit (vgl. § 441 Abs. 4 bzw. § 432 Abs. 3 jeweils in Verb. mit § 431 Abs. 1) ergibt sich aus dem Charakter als Vergleichsschrift. Soweit der Editionsanspruch gegen **Behörden** oder **öffentliche Beamte** gerichtet ist, müsste nach §§ 432 Abs. 3, 430 außerdem eine detaillierte Bezeichnung der Vergleichsschrift und ihres Inhalts erfolgen (vgl. die Verweisung auf § 424 Nr. 1 und 3), doch verlangt § 441 Abs. 4 dies bei sonstigen Dritten nicht. Die **Unterscheidung ist sinnwidrig** und zu korrigieren; sie hat der Gesetzgeber offenbar wegen der gewählten Verweisungstechnik übersehen.

Befindet sich ein Vergleichsstück in den Händen einer **öffentlichen Behörde** oder einen **öffentlichen Beamten**, erfolgt der Beweisantritt nach §§ 441 Abs. 2, 432 durch den Antrag, die Behörde um die Mitteilung eines Vergleichsstücks zu ersuchen. Der Begriff „öffentliche Behörde" folgt § 415. Urkundspersonen, also freiberuflich tätige **Notare**, fallen **nicht** darunter. Sie sind aber öffentliche Beamte im Sinne des § 432 Abs. 1. Das Gericht hat danach die Behörde oder den Notar aufzufordern, ihm das Vergleichsstück mitzuteilen. Kommt der Adressat der Aufforderung nicht nach, gelten über § 432 Abs. 3 die §§ 428 bis 431. Es muss dem Beweisführer also eine Frist zur Beschaffung des Vergleichsmaterials im Klagewege gesetzt werden. Für den Fall, dass sich Vergleichsstücke in Gerichtsakten befinden, etwa in Grundakten,[30] reicht deren **formlose Beiziehung** aus. Hat ein **sonstiger Dritter** das Vergleichsstück in Besitz, ist nach § 441 Abs. 4 zu verfahren. Das Gericht hat dem Dritten nach § 431 eine Frist zur Vorlegung der Urkunde zu bestimmen.

---

[28] *Gerhardt* AcP 169 (1969), 289, 295f.
[29] So aber MünchKomm/*Schreiber*⁴ § 441 Rdn. 3 mit dem Hinweis auf den Ausschluss einer Parteivernehmung nach § 445 Abs. 2.
[30] So in RG JW 1932, 944.

V. Durchführung des Schriftvergleichs

18 Das Gericht muss dem Antrag auf Schriftvergleichung entsprechen. Eine Grenze wird lediglich durch die allgemeinen Beweiserhebungs- und Beweisverwertungsverbote gezogen. Eine **Einwilligung des Schrifturhebers** ist mangels gesetzlicher Anordnung und fehlenden persönlichkeitsrechtlichen Bezuges **nicht** erforderlich[31] (oben Rdn. 3). Im Strafverfahren dürfen keine Schriftproben verwertet werden, zu deren Abgabe ein Beschuldigter durch unlautere Mittel gezwungen worden ist,[32] was jedoch nicht die Beschlagnahme und Verwertung von freiwillig geschriebenen Briefen eines in Untersuchungshaft sitzenden Beschuldigten hindert, die im Wege der Postkontrolle in den Besitz der Ermittlungsbehörde gelangt sind.[33] Soweit ein strafrechtliches Verwertungsverbot zur Vermeidung einer mittelbaren Selbstbeschuldigung besteht, ist es auf einen Zivilprozess nicht zu übertragen. Zur Notwendigkeit der Heranziehung eines Sachverständigen und zur Einholung des **Gutachtens** s. § 442. Wenn kein Sachverständiger hinzugezogen wird, weil das Gericht ausnahmsweise glaubt, aufgrund eigener Sachkunde entscheiden zu können, sind die Vergleichsschriftstücke gem. § 357 Abs. 1 zum Gegenstand der **mündlichen Verhandlung** zu machen.[34] Die Inspektion der Augenscheinsobjekte ist nämlich Beweisaufnahme. Den Parteien ist dabei Gelegenheit zu geben, sich zu den Vergleichsstücken zu erklären.[35] Die Übertragung der Schriftvergleichung auf einen beauftragten oder ersuchten Richter nach § 434 ist zwar nicht ausgeschlossen, sollte aber vermieden werden. S. auch § 442 Rdn. 4.

§ 442
Würdigung der Schriftvergleichung

Über das Ergebnis der Schriftvergleichung hat das Gericht nach freier Überzeugung, geeignetenfalls nach Anhörung von Sachverständigen, zu entscheiden.

Übersicht

I. Freie Beweiswürdigung —— 1
II. Eigene richterliche Sachkunde —— 2
III. Anforderungen an den Sachverständigenbeweis —— 4

I. Freie Beweiswürdigung

1 Das Gericht entscheidet in freier Beweiswürdigung über das Ergebnis der Schriftvergleichung. Insoweit wiederholt § 442 nur **inhaltsgleich** den allgemeinen Grundsatz des § 286.[1] Im Rahmen der Beweiswürdigung ist den mit der Schriftvergleichung verbundenen Unsicherheiten Rechnung zu tragen.

---

31 BAG BB 1982, 117.
32 BGHSt 34, 39, 46, 53.
33 BGH, Beschl. v. 5.12.1989 – 2 BGs 382/89 – BGHR StPO § 94 Beweismittel 1.
34 RG JW 1932, 944.
35 RG JW 1916, 964 (Nr. 13).

1 BGH NJW 1982, 2874 = MDR 1983, 35.

II. Eigene richterliche Sachkunde

Die tatbestandliche Formulierung „geeignetenfalls" darf nicht das Missverständnis auslösen, das Gericht genieße ein freieres Ermessen als bei der Entscheidung über die sachverständige Begutachtung anderer Tatfragen. Das Gericht darf sich auf seine eigenen Wahrnehmungsmöglichkeiten und -fähigkeiten nur so weit verlassen, als es über **genügend eigene Sachkunde** verfügt und diese in den Gründen **darzulegen** vermag.[2] Auf einen Beweisantrag kommt es für die Einholung eines Schriftvergleichsgutachtens – wie auch sonst beim Sachverständigenbeweis – nicht an.[3] Dem Antrag einer Partei auf Einholung eines (gegebenenfalls weiteren) Sachverständigengutachtens braucht bei ausreichender eigener Sachkunde nicht stattgegeben zu werden.[4] An das Ergebnis eines gerichtlichen Sachverständigengutachtens ist das Gericht nicht gebunden.[5] Es kann seine abweichende Auffassung auf eine sorgfältige und kritische Überprüfung des Gutachtens stützen, muss diese Überzeugung aber begründen und die Begründung muss erkennen lassen, dass die Beurteilung nicht durch einen Mangel an Sachkunde beeinflusst ist.[6] Einzubeziehen ist die Weigerung einer Partei, ein ihr vorliegendes Privatgutachten zur Echtheit vorzulegen.[7] Zur Beweiswürdigung auch unten Rdn. 4. 2

Der Verzicht auf ein Sachverständigengutachten ist wegen **zumeist fehlender richterlicher Sachkunde** nur in ganz eindeutigen Fällen vertretbar. Insbesondere bei sehr kurzen Texten, etwa der Beurteilung einer Unterschrift, oder bei maschinell gefertigten Texten ist das Einholen eines Sachverständigengutachtens angezeigt. In der strafgerichtlichen Rechtsprechung ist die Auffassung vertreten worden, dass es bei entsprechender Bedeutung des Beweises durch Schriftvergleichung geboten sein kann, mehrere von einander unabhängig arbeitende Sachverständige zu beauftragen, von denen einer wegen der besonderen Sachkunde und Forschungsmittel dem Bundeskriminalamt angehören sollte.[8] Dies gilt insbesondere, wenn nur wenig Schriftmaterial – so bei bloßen Unterschriften – zur Verfügung steht. Fehlbeurteilungen sind schon allein wegen der **verschiedenen Methoden** der Schriftsachverständigen möglich.[9] 3

III. Anforderungen an den Sachverständigenbeweis

Für die Einholung eines Gutachtens und die an den Sachverständigen zu stellenden Anforderungen ist auf die **allgemeinen Vorschriften** für den Sachverständigenbeweis zu verweisen. Dem Schriftsachverständigen sind die sonstigen Aktenbestandteile nicht vorzuenthalten.[10] Der Sachverständige kann Schlüsse aus dem graphischen Tatbestand vielfach nur ziehen, wenn er die **Entstehungsbedingungen der** zu begutachtenden **Schrift** (z.B. unebene oder senkrechte Unterlage, Sichtverhältnisse, Umgebungstemperatur, seelische Erregung, Alkohol- oder Medikamenteneinfluss etc.) kennt bzw. alternativ 4

---

2 Vgl. BGH NJW 1982, 2874; BGH WM 2001, 1866, 1867.
3 BGH NJW 1993, 534, 535.
4 RG JW 1892, 217 (Nr. 15).
5 Vgl. die krit. Würdigung in BayObLG NJW-RR 1999, 446, 447f. zur zweifelhaften Echtheit eines Testaments; s. auch die Würdigung in BayObLG FamRZ 2005, 1782, 1783.
6 BGH NJW 1982, 2874.
7 OLG Köln NJW-RR 1994, 396, 397 (Erbscheinerteilungsverfahren).
8 BGHSt 10, 116, 118 = NJW 1957, 598, 599; OLG Celle NJW 1974, 616, 617.
9 OLG Celle NJW 1974, 616, 617.
10 So aber OLG Celle NJW 1974, 616, 617 m. abl. Anm. *Pfanne* NJW 1974, 1439; einschränkend OLG Celle Strafvert. 1981, 608f. m. Anm. *Barton*.

erörtern kann.[11] In die Beweiswürdigung sind neben dem Inhalt eines Gutachtens sonstige Umstände einzubeziehen, etwa der wegen berufsrechtlicher Pflichten fernliegende Verdacht einer Fälschung.[12]

§ 443
Verwahrung verdächtiger Urkunden

Urkunden, deren Echtheit bestritten wird oder deren Inhalt verändert sein soll, werden bis zur Erledigung des Rechtsstreits auf der Geschäftsstelle verwahrt, sofern nicht ihre Auslieferung an eine andere Behörde im Interesse der öffentlichen Ordnung erforderlich ist.

Übersicht
I. Zweck der Verwahrung — 1
II. Ende der Verwahrung — 2
III. Rechtsmittel — 3

I. Zweck der Verwahrung

1   Vorgelegte Urkunden werden nicht Bestandteil der Gerichtsakten, wie sich aus der Differenzierung der Vorschriften über die Einsicht in Gerichtsakten (§ 299) und in niedergelegte Urkunden (§ 134) sowie aus § 142 Abs. 1 Satz 2 ergibt. Sie dürfen vom Gericht nicht unbestimmt lange zurückgehalten werden. Soweit es der Verfahrenszweck erfordert, kann nach § 142 Abs. 1 Satz 2 der Verbleib auf der Geschäftsstelle angeordnet werden. § 443 verfolgt den davon unabhängigen Zweck, den **Status** der Urkunden insbesondere im Hinblick auf die Gefahr weiterer Manipulationen zu **sichern** und die **Erledigung staatlicher Ordnungsaufgaben** zu erleichtern. Da § 443 ohne weitere Differenzierung von „Urkunden" spricht, ist er auf **jede Urkunde** anzuwenden, gleich von wem sie in Erfüllung welcher Verpflichtung vorgelegt wurde.

II. Ende der gerichtlichen Verwahrung

2   Nach Erledigung des Prozesses müssen die Urkunden **an denjenigen** zurückgegeben werden, **der** sie **vorgelegt** hat, also vorher in Besitz hatte. Der Urkundsbeamte der Geschäftsstelle hat sich vor jeder Rückgabe einer Urkunde beim Vorsitzenden nach deren Entbehrlichkeit zu erkundigen. Eine Rückgabe an den früheren Besitzer erfolgt nicht, wenn die Auslieferung der Urkunde an eine andere Behörde im Interesse der öffentlichen Ordnung erforderlich ist. Zu denken ist vornehmlich an eine **Auslieferung an** die **Staatsanwaltschaft** (insbesondere bei Verdacht der Urkundenfälschung, § 267 StGB), zur Durchführung eines Disziplinarverfahrens, oder zur Berichtigung öffentlicher Register bzw. standesamtlicher Urkunden etc. Der Begriff der öffentlichen Ordnung ist im Sinne der Generalklauseln des Polizei- und Ordnungsrechts zu verstehen, auch wenn die meisten Bundesländer von diesem Begriff in ihrem Gefahrenabwehrrecht Abstand genommen haben.

---

11   *Pfanne* NJW 1974, 1439.
12   BGH WM 2001, 1866, 1867 (anwaltliche Unterschrift unter Schriftsatz).

III. Rechtsmittel

Auf eine Verletzung der Aufbewahrungspflicht kann kein Rechtsmittel der Berufung 3
oder Revision gestützt werden. Bleibt die Urkunde in der Rechtsmittelinstanz für den
Rechtsstreit weiterhin von Interesse, hat das Rechtsmittelgericht mittels Anordnung
nach § 142 für eine Wiederbeschaffung der zu Unrecht zurückgegebenen Urkunde zu
sorgen.

§ 444
Folgen der Beseitigung einer Urkunde

Ist eine Urkunde von einer Partei in der Absicht, ihre Benutzung dem Gegner zu entziehen, beseitigt oder zur Benutzung untauglich gemacht, so können die Behauptungen des Gegners über die Beschaffenheit und den Inhalt der Urkunde als bewiesen angesehen werden.

Schrifttum

Baumgärtel Beweislastpraxis im Privatrecht: die Schwierigkeiten der Beweislastverteilung und die Möglichkeiten ihrer Überwindung, 1996; *Baumgärtel* Die Beweisvereitelung im Zivilprozeß, FS für Kralik, Wien 1986, S. 63 ff.; *Gerhardt* Beweisvereitelung im Zivilprozeß, AcP 169 (1969) 289 ff.; *Konzen* Rechtsverhältnisse zwischen Prozeßparteien, 1976, S. 232 ff.; *Kropoth* Die Rechtsfolgen der Beweisvereitelung im Zivilprozeß, 1996; *Laumen* Die „Beweiserleichterung bis zur Beweislastumkehr" – Ein beweisrechtliches Phänomen, NJW 2002, 3739; *Michalski* „Beweisvereitelung" durch beweisbelastete Partei und Nachholbarkeit in der Berufungsinstanz, NJW 1991, 2069 f.; *Musielak* Die Grundlagen der Beweislast im Zivilprozeß, 1975; *Musielak/M. Stadler* Grundfragen des Beweisrechts, 2. Teil Beweiswürdigung, JuS 1980, 739 ff.; *Nolte* Betriebliche Dokumentation und Beweismittelvernichtung in amerikanisch-deutschen Wirtschaftsprozessen, 1996; *Oberheim* Beweiserleichterungen im Zivilprozeß, JuS 1997, 61 ff.; *Ordemann* Ist § 444 ZPO eine prozesuale Strafbestimmung? NJW 1962, 1902 f.; *Peters* Beweisvereitelung und Mitwirkungspflicht des Beweisgegners, ZZP 82 (1969) 200 ff.; *Schatz* Die Beweisvereitelung in der Zivilprozeßordnung, Diss. Köln 1992; *E. Schneider* Die Beweisvereitelung, MDR 1969, 4 ff.; *Stürner* Die Aufklärungspflicht der Parteien im Zivilprozeß, 1976; *Taupitz* Prozessuale Folgen der „vorzeitigen" Vernichtung von Krankenunterlagen, ZZP 100 (1987) 287 ff.

Übersicht

I. Der unmittelbare Regelungsbereich
   1. Systematische Stellung der Norm —— 1
   2. Tatbestandsvoraussetzungen
      a) Objektive Tathandlung —— 2
      b) Subjektives Erfordernis —— 4

II. Allgemeiner Rechtsgedanke —— 5
   1. Grundsatz —— 5
   2. Anwendungsfälle —— 10
III. Rechtsfolge
   1. Vorsätzliche Beweisvereitelung —— 14
   2. Fahrlässige Beweisvereitelung —— 18

I. Der unmittelbare Regelungsbereich

1. Systematische Stellung der Norm. Das pflichtwidrige und schuldhafte Erschwe- 1
ren oder Vereiteln der Beweisführung durch den Gegner der beweisbelasteten Partei ist
nicht zentral geregelt. § 444 enthält eine Teilregelung wie diejenigen der §§ 371 Abs. 3,
427, 441 Abs. 3 Satz 3, 446, 453 Abs. 2 und 454 Abs. 1.[1] Es handelt sich nicht lediglich um

---

[1] Vgl. BGH NJW 1998, 79, 81.

eine besondere Ausprägung des Grundsatzes freier Beweiswürdigung (§ 286);[2] normiert ist eine **über** die **Beweiswürdigung hinausgehende Sanktionsmöglichkeit**.[3] Einen generellen Erfahrungssatz, dass das Hintertreiben einer Beweismöglichkeit den Schluss auf die Furcht vor einem dem Beweisgegner negativen Beweisergebnis und darauf aufbauend auf die Richtigkeit der Beweisbehauptung zulässt, gibt es nicht.[4] Das Beweisergebnis ist auch nicht völlig offen, sondern in der Regel wird von der Richtigkeit der Behauptung des Beweisführers auszugehen sein.[5] Nicht umgesetzt worden ist der Vorschlag der Kommission für das Zivilprozessrecht, die Sondertatbestände durch eine generelle Regelung in einem neu zu schaffenden § 286 Abs. 3 zu ersetzen.[6]

2. Tatbestandsvoraussetzungen

2   a) **Objektive Tathandlung.** Die Vorlage oder die Verwendung einer bereits vorhandenen Urkunde als Beweismittel muss durch eine Handlung des Beweisgegners unmöglich gemacht worden sein, indem die Urkunde nach dem Gesetzeswortlaut beseitigt oder zur Benutzung untauglich gemacht worden ist. Sie muss somit **vernichtet** worden sein oder dem Beweisführer in sonstiger Weise **vorenthalten** werden. Eine bloße Erschwerung der Urkundenbeweisführung erfasst der Wortlaut der Vorschrift ebenso wenig wie das Unterlassen der Herstellung einer Dokumentation, auf die ein Urkundenbeweis gestützt werden könnte. Unerheblich ist, ob das Ergebnis auf einem vorprozessualen Verhalten beruht oder auf einer Handlung, die während des Prozesses begangen worden ist.[7] Obwohl § 444 davon spricht, dass die Urkunde „von einer Partei" beseitigt wird, kommt es nicht auf Eigenhändigkeit der Vereitelungshandlung an. Der Beweisgegner muss sich Handlungen und **Verschulden Dritter zurechnen lassen**, wenn er für diese nach allgemeinen Rechtsgrundsätzen verantwortlich gemacht werden kann, etwa weil der Dritte auf Anordnung oder in Übereinstimmung mit dem Beweisgegner tätig geworden ist (kollusives Zusammenwirken).[8] Zugerechnet werden außerdem Handlungen des **Rechtsvorgängers** der Partei (z.B. eines Erblassers) oder gleichgestellter Personen wie des Gemeinschuldners im Prozess des Insolvenzverwalters.[9]

3   Die Urkunde wird der Benutzung nur dann entzogen, wenn den Beweisgegner eine **Pflicht zur Vorlegung** traf.[10] Soweit § 423 nicht eingreift, setzt § 444 also eine materiellrechtliche Pflicht im Sinne des § 422 voraus. Anderenfalls gibt es keinen Grund für eine Sanktionierung des Unterdrückungsverhaltens, da der Beweisführer keine Möglichkeit gehabt hätte, auf die Urkunde zuzugreifen. Die **Darlegungs- und Beweislast** für die Voraussetzungen des § 444 trägt derjenige, der die Urkunde als Beweismittel in den Prozess einführen will. Ohne weitere Beweismittel kann § 444 bejaht werden, wenn sich

---

2   A.A. RGZ 101, 197, 198; RGZ 128, 121, 125; LG Köln DB 1989, 1780.
3   *Prütting* Gegenwartsprobleme der Beweislast, S. 188; *Stürner* Aufklärungspflicht S. 240f.; Stein/Jonas/*Leipold*[22] § 444 Rdn. 3; *Peters* ZPP 82 (1969), 200, 212; s. ferner *Schneider* MDR 1969, 4, 7 (wegen Typizität der Sachlage Entscheidung *ohne konkrete Beweiswürdigung*).
4   Vgl. *Gerhardt* AcP 169 (1969), 289, 298.
5   Ebenso Stein/Jonas/*Leipold*[22] § 444 Rdn. 3.
6   Kommissionsbericht (1977), S. 121 ff.
7   BGH NJW 1986, 59, 60; RGZ 101, 197, 198; *Peters* ZZP 82 (1969), 200, 212.
8   RGZ 101, 197, 198.
9   RGZ 101, 197, 198.
10   MünchKomm/*Schreiber*[4] § 444 Rdn. 2 (dort mit unzutreffender Erweiterung auf § 432); Stein/Jonas/*Leipold*[22] § 444 Rdn. 7; Zöller/*Geimer*[29] § 444 Rdn. 2; *Arens* ZZP 96 (1983), 1, 23; *Blomeyer* AcP 158 (1959/60), 97, 99 ff.; *Peters* ZZP 82 (1969), 200, 205.

dessen Voraussetzungen unmittelbar aus einer Vorlegungsvernehmung nach § 426 ergeben (vgl. § 426 Rdn. 2, 11 ff.).

b) Subjektives Erfordernis. § 444 setzt **absichtliches Verhalten** voraus. Eine Partei handelt gegenüber dem Beweisführer, der auf die Urkunde angewiesen ist, auch dann arglistig, wenn sie zur Vernichtung der Urkunde – etwa als Eigentümerin – berechtigt ist;[11] es kommt nicht auf Rechtswidrigkeit im zivilrechtlichen Sinne an.[12] Die **fahrlässige Vereitelung** des Urkundenbeweises fällt nicht unter § 444, wohl aber unter den allgemeinen Rechtsgedanken, der in § 444 zum Ausdruck kommt.[13] Voraussetzung ist, dass die Partei eine aus Vertrag oder Treu und Glauben erwachsende Pflicht trifft, die Urkunde als Beweismittel aufzubewahren bzw. deren Beeinträchtigung zu unterlassen.[14] Der Schuldvorwurf hat einen doppelten **Bezugspunkt**, nämlich einerseits die Zerstörung bzw. **Entziehung des Beweisobjekts und** andererseits die **Beseitigung seiner Beweisfunktion**, also die nachteilige Beeinflussung der Beweislage des Gegners in einem gegenwärtigen oder künftigen Prozess.[15] Für eine vorsätzliche Beweisvereitelung spricht es, wenn der Beweiswert einer Unterschrift reduziert wird, indem sie bewusst in einer so großen Vielfalt und Variationsbreite geleistet wird, dass der Fälschungseinwand vom Unterzeichner erhoben und mit Hilfe eines Sachverständigengutachtens nicht widerlegt werden kann.[16]

II. Allgemeiner Rechtsgedanke

1. Grundsatz. In den allgemeinen Vorschriften über die Beweisaufnahme (§§ 286, 355 ff.) fehlt eine für alle Beweismittel geltende Regelung der Beweisvereitelung. Zur Ausfüllung dieser **Regelungslücke** ist der in den Teilregelungen zum Ausdruck kommenden Wertung allgemeine Bedeutung zuzuerkennen.[17] Sie wird auf **sämtliche Beweismittel**, auf **Unterlassungsverhalten** (Nichtherstellung eines Beweismittels)[18] und auf **fahrlässige Begehung** erstreckt. Zur besonders naheliegenden Einbeziehung von Augenscheinsobjekten bedarf es der Verallgemeinerung nicht mehr, seit im Jahre 2001 der § 371

---

11 MünchKomm/*Schreiber*[4] § 444 Rdn. 2; Musielak/*Huber*[10] § 444 Rdn. 2.
12 Stein/Jonas/*Leipold*[22] § 444 Rdn. 1.
13 BGH NJW 1963, 389, 390 (Röntgenfilm als Augenscheinsobjekt); BGH NJW 2004, 222 = WM 2003, 2325, 2326; BSG NJW 1973, 535; Stein/Jonas/*Leipold*[22] § 444 Rdn. 6.
14 OLG Bamberg VersR 1971, 769.
15 BGH VersR 1975, 952, 954; BGH NJW 1994, 1594, 1595; BGH NJW 2004, 222.
16 BGH NJW 2004, 222.
17 Zu diesem allgemeinen Rechtsgedanken unter Bezugnahme (u.a.) auf § 444: RGZ 101, 197, 198; BGH NJW 1963, 389, 390; BGH NJW 1986, 59, 60; BGH NJW 1987, 1482, 1483; BGH NJW 1998, 79, 81; BGH NJW 2004, 222; BGH NJW 2006, 434, 436; BSG MDR 1973, 170 = NJW 1973, 535; BSG NJW 1994, 1303; BVerwG MDR 1960, 949; OLG Hamburg VersR 1989, 1281, 1282; OLG Düsseldorf MDR 1976, 762; OLG Düsseldorf Rpfleger 1989, 201, 202; *Prütting* Gegenwartsprobleme der Beweislast, S. 188 f.; *Konzen* Rechtsverhältnisse zwischen Prozessparteien, S. 240; *Gerhardt* AcP 169 (1969), 289, 302 ff., 315; *Musielak/Stadler* Grundfragen des Beweisrechts Rdn. 189; einschränkend *Baumgärtel* Beweislastpraxis im Privatrecht Rdn. 112, 120, 122. Ohne ausdrückliche Erwähnung des § 444: BGH VersR 1965, 91, 92; BGH FamRZ 1986, 663, 664 = NJW 1986, 2371, 2372 = JZ 1987, 42 m. Anm. *Stürner* BGH FamRZ 1988, 482, 484 f. = NJW-RR 1988, 962, 963 f.; BGH NJW 1993, 1391, 1393; BGH NJW-RR 1996, 1534; BGH NJW 1997, 3311, 3312; OLG Celle NJW-RR 1997, 568, 570; OLG Koblenz NJW-RR 1991, 25, 26; OLG Karlsruhe VersR 1989, 375; OLG Köln NJW-RR 1989, 439, 440; OLG München NJW-RR 1987, 1021; OLG Frankfurt NJW 1980, 2758; BayObLGZ 23 (1973), 145, 149. Gegen eine Analogie, jedoch die Rechtsprechungsergebnisse schadensersatzrechtlich rechtfertigend *Blomeyer* AcP 158 (1959/60), 97, 98 f., 101; eingehend gegen diese Begründung *Gerhardt* AcP 169 (1969), 289, 300 f.
18 BGH NJW 1998, 79, 81; BGH NJW 2004, 222.

Abs. 3 neu geschaffen worden ist.[19] Das Gericht darf in freier Beweiswürdigung auf die Wahrheit des Vorbringens der beweisbelasteten Partei schließen, wenn der Gegner die Benutzung eines Beweismittels arglistig oder sonst schuldhaft vereitelt oder erschwert (vgl. bereits § 427 Rdn. 1f.; zur weitergehenden **These einer allgemeinen Aufklärungspflicht** der nicht beweisbelasteten Partei, die auch die Beschaffung von Beweismitteln gebieten kann s. vor § 284 Rdn. 16 ff., § 371 Rdn. 40 ff. und § 442 Rdn. 2).

6 Erforderlich ist, dass das pflichtwidrige Verhalten des Beweisgegners die beweisbelastete Partei in **Beweisnot** gebracht hat.[20] Das ist in der Regel nicht der Fall, wenn die benachteiligte Partei den Beweis selbst hätte sichern können.[21] Der hinter § 444 stehende Rechtsgedanke knüpft an die dem Prozessrechtsverhältnis zu entnehmende **Prozessförderungspflicht** an.[22] Zusätzlich sind aber auch **materiell-rechtliche Pflichten** aus dem Rechtsverhältnis der Prozessparteien maßgebend, da anderenfalls das vorprozessuale Verhalten nicht erfasst ist.[23] Der Pflichtverstoß stellt ein **missbilligenswertes und vorwerfbares Verhalten** dar, worin die Rechtsprechung den tragenden Grund für die beweisrechtliche Sanktion sieht.[24] Ob man den Beweisnachteil als eigenständige Sanktion der Pflichtverletzung versteht oder als unzulässiges venire contra factum proprium in der aktuellen Prozesssituation[25] gewissermaßen zur Abschöpfung daraus erwachsender Prozessvorteile – ist ohne Bedeutung. Unzutreffend hat der Versicherungssenat des BGH gemeint, auf einen Pflichtverstoß verzichten zu können, wenn der Versicherer das Original des Versicherungsantrages zur Nutzung bürotechnischer Rationalisierung mikroverfilmt und anschließend vernichtet hat, so dass ein Schriftsachverständiger nicht mehr aufklären kann, ob die Antragsunterschrift des Versicherungsnehmers gefälscht war und ein Fall rechtswidriger Rückwärtsversicherung vorlag.[26] Der BGH glaubte, sich statt dessen auf ein venire contra factum proprium stützen zu können, ohne die Nutzung der Rationalisierungsvorteile negativ qualifizieren zu müssen; auch dieser Begründungsweg kam in Wirklichkeit nicht ohne Vorwerfbarkeit der Vernichtung im Verhältnis zum Versicherungsnehmer aus.

7 An einem **Pflichtverstoß fehlt** es, wenn die (spätere) Partei, die ein Beweismittel an sich aufzubewahren hat, davon ausgehen darf, dass es auf das Beweismittel nicht mehr ankommt. So ist die Vernichtung des Beweismittels unschädlich, wenn der nicht beweisbelastete Beweismittelbesitzer nach längerem Zeitablauf darauf vertrauen durfte, dass der Gegner nicht mehr mit Ansprüchen hervortreten werde.[27] Dies gilt umgekehrt auch zugunsten der beweisbelasteten Partei, wenn der Beweisgegner der **Vernichtung zugestimmt** hat, etwa der Datenlöschung technischer Aufzeichnungen mit Einzelnachweisen von Telefongesprächen zum Beweis der Richtigkeit der Telefonkostenabrechnung durch den Telekomdienstleister.[28] Ein Beweisvertrag zur Vernichtung einer Urkun-

---

19 Übersehen von OLG Bremen MDR 2008, 1061, 1062.
20 BSG NJW 1994, 1303.
21 BSG NJW 1994, 1303 für den Fall, dass die beweisbelastete Partei ein Beweissicherungsverfahren nach § 76 SGG hätte durchführen können.
22 Baumbach/Lauterbach/*Hartmann*[71] § 444 Rdn. 1; *Peters* ZZP 82 (1969), 200, 208 ff.
23 So zutreffend *Gerhardt* AcP 169 (1969), 289, 297; *Peters* ZZP 82 (1969), 200, 206 f.
24 BGH NJW-RR 1996, 1534; BGH NJW-RR 2009, 995 Tz. 14 = GRUR 2009, 519 – Hohlfasermembranspinnanlage.
25 So *Gerhardt* AcP 169 (1969), 289, 304, 306; *Arens* ZZP 96 (1983), 1, 24; *Schneider* MDR 1969, 4, 10; ähnlich *Baumgärtel* Beweislastpraxis im Privatrecht Rdn. 120 (rechtsmissbräuchliche Verletzung des Gebots fairer Prozessführung); offengelassen von BGH NJW 1987, 1482, 1483.
26 BGH NJW-RR 2000, 1471, 1472 = VersR 2000, 1133, 1134.
27 Vgl. BGH MDR 1993, 26 (dort mit Verwirkung argumentierend); *Peters* ZZP 82 (1969), 200, 220.
28 OLG Celle NJW-RR 1997, 568, 570 (zur Datenlöschung auf Verlangen des Kunden nach § 6 Abs. 3 i.V.m. Abs. 4 UDSV).

de, den die Partei missachtet, die das Beweismittel im Besitz hat, so dass sie später damit den Beweis führen kann, erzeugt keine Wirkung gegen die Zulässigkeit des Beweisantritts, weil mit dem Vertrag unzulässig die Freiheit der richterlichen Beweiswürdigung eingeschränkt werden sollte.[29] Ein Pflichtverstoß ist nicht gegeben, wenn die Partei einen **anzuerkennenden Weigerungsgrund** hat.[30]

Über die vorprozessual oder während des Prozesses erfolgende Vernichtung von **8** Beweismitteln hinaus werden auch Fälle erfasst, in denen pflichtwidrig ein **Beweismittel nicht geschaffen** worden ist,[31] nämlich **Dokumentationen** im Vorfeld möglicher Schadensereignisse oder der Schadensereignisse selbst **unterblieben** sind und dadurch ein Aufklärungshindernis geschaffen worden ist. Dies gilt insbesondere dann, wenn der Dokumentationspflichtige bereits vorprozessual die Notwendigkeit späterer Beweisführung erkennen konnte (zur mangelhaften Dokumentation auch unten Rdn. 13).[32] Gleichgestellt ist das schuldhafte **Unterlassen dokumentationsfähiger Befunderhebungen** (verletzte Befundsicherungspflicht; dazu auch vor § 284 Rdn. 20f. und A vor § 286 Rdn. 62ff.).[33]

Einbezogen ist auch die **fahrlässige Beweisvereitelung**.[34] Verzichtbar kann ein **9** schuldhaftes Verhalten im eigentlichen Sinne sein, wenn die **Verschuldensfähigkeit** der Prozesspartei nicht gegeben ist.[35] Soweit der Beweisvereitelung in der Vernichtung eines Beweismittels besteht, muss sich der Vorwurf nicht bloß auf die Vernichtung des Gegenstandes, sondern darüber hinaus auf die Vereitelung seiner Beweisfunktion beziehen.[36]

2. Anwendungsfälle. Die Grundsätze der Beweisvereitelung greifen ein, wenn der **10** Käufer bei einem Kauf nach Probe das Kaufmuster verliert, anhand dessen die vertragsgemäße Beschaffenheit der Ware hätte überprüft werden können,[37] wenn ein verkehrsunsicherer Kanaldeckelrahmen nach einem Unfall heimlich plan gelegt wird,[38] wenn der Beweisgegner den nur ihm bekannten **Unfallzeugen nicht namhaft** macht,[39] wenn kaufmännische Aufzeichnungen fehlen, die nach dem HGB aufbewahrt werden mussten,[40] wenn ein Augenschein vereitelt wird, indem die Zahlung künftiger Instandsetzungskosten nach Stemmarbeiten des Bausachverständigen verweigert wird,[41] wenn ein unfallbeteiligtes Fahrzeug aus der Unfallposition weggefahren wird, obwohl eine polizeiliche Spurenvermessung geboten war,[42] wenn der Nachweis eines Zylinderkopfrisses misslingt, weil der Motor nur einem Zeugen gezeigt und vor der Erstattung eines Sachver-

---

29 OLG Köln VersR 1997, 597.
30 *Peters* ZZP 82 (1969), 200, 221.
31 BGH NJW 1998, 79, 81; BGH NJW 2004, 222.
32 BGH NJW 1986, 59, 61; BGH NJW 1983, 2935 = VersR 1983, 441, 442f.; OLG Karlsruhe VersR 1989, 375.
33 BGH NJW 1987, 1482, 1483.
34 BGH NJW 2006, 434, 436; BGH NJW-RR 1991, 25, 26: jeder Grad an Fahrlässigkeit reicht aus; BGH NJW 1986, 59, 60; BGH NJW 1976, 1315, 1316; BGH VersR 1975, 952, 954; OLG Köln NJW-RR 1989, 439, 440; OLG München NJW-RR 1987, 1021.
35 Möglicherweise kam dies im Fall BGH NJW 1993, 1391, 1393 in Betracht (Abstammungsprozess gegen einen psychisch Kranken); ansonsten war der dortige Verzicht auf ein Verschulden ein obiter dictum.
36 BGH VersR 1975, 952, 954; BGH NJW 1994, 1594, 1595; BGH NJW 2004, 222.
37 BGHZ 6, 224, 225 = NJW 1952, 867.
38 BGH VRS 7, 412, 413.
39 BGH NJW 1960, 821.
40 BGH ZIP 2012, 723 Tz. 16 (Folgen für Beweis des Eintritts der Insolvenzreife); OLG Düsseldorf MDR 1973, 592.
41 BayObLGZ 23 (1973), 145, 149.
42 LG Stade VersR 1980, 100.

ständigengutachtens entsorgt wird,[43] wenn die Zustimmung zur Verwertung einer Röntgenaufnahme widerrufen wird, die der gerichtlich bestellte Sachverständige gefertigt hat,[44] wenn einem **Sachverständigen eine Besichtigung** des Untersuchungsobjekts **unmöglich** gemacht wird,[45] wenn eine Obduktion mit Laboruntersuchungen vereitelt wird, die zur Feststellung der Todesursache eines in der Schutzhundausbildung befindlichen Hundes erforderlich ist,[46] wenn die von einem Arzt zu untersuchende Partei sich weigert, eine schriftliche Bestätigung über die erfolgte Risikoaufklärung zu unterzeichnen,[47] wenn einem im Ausland lebenden Mann die für eine Vaterschaftsfeststellung benötigten Körpermaterialproben nicht zwangsweise entnommen werden können und er eine freiwillige Entnahme verweigert,[48] wenn der fachkundige Mieter einer Fernsprechnebenstellenanlage, die wegen angeblicher Spannungsschwankungen im öffentlichen Stromnetz gestört sein soll, den Vermieter nicht auf diesen Ursachenverdacht hinweist, um ihn eigene Feststellungen treffen zu lassen,[49] wenn ein Waffenhersteller eine im Waffengesetz vorgeschriebene Beschussprüfung unterlässt oder die Waffe ohne gültiges amtliches Beschusszeichen in Verkehr gibt und die Waffe beim späteren Gebrauch explodiert,[50] wenn zur Feststellung von Mängeln einer Programmierleistung über Software dem Sachverständigen nicht die Originaldiskette vorgelegt wird,[51] wenn Unterschriften bewusst in großer Vielfalt und Variationsbreite geleistet werden,[52] wenn der Werkbesteller behauptete Mängel im Wege der Ersatzvornahme beseitigen lässt, ohne eine ausreichende Dokumentation anzulegen und ohne dem Unternehmer eigene Feststellungen zu ermöglichen.[53]

11   Gehäuft vorgekommen sind Fälle der **Nichtentbindung** eines Zeugen **von** seiner **Schweigepflicht** als Arzt, Rechtsanwalt, Notar, Steuerberater etc. (§ 385 Abs. 2).[54] Dazu gehört auch das ungerechtfertigte Ausnutzen des Bankgeheimnisses durch den auf Ersatz veruntreuter Verwahrgelder in Anspruch genommenen Rechtsanwalt.[55] Eine Beweisvereitelung ist mangels vorwerfbaren und missbilligenswerten Verhaltens nicht gegeben, wenn die Partei für das Beharren auf Einhaltung der Verschwiegenheitspflicht einen **triftigen Grund** hat,[56] etwa wenn die Partei aufgrund besonderer Umstände Anlass zu der Besorgnis hat, der Zeuge sei nicht mehr neutral, sondern stehe freiwillig oder unter Druck „im Lager" der Gegenpartei und werde einseitig deren Rechtsstandpunkt untermauern. Berufliche Abhängigkeit des Zeugen von einer Partei liefert aber nicht

---

43   AG Düsseldorf VersR 1986, 376.
44   BGH VersR 1981, 532, 533.
45   BGH NJW 1998, 79, 81 (Nichthinzuziehung eines Havariekommissars auf Flughafen mit Erschwerung der Erschütterung eines Anscheinsbeweises für Lufttransportschaden); BGH NJW 2006, 434, 436 (Nichtaufbewahrung eines defekten Turboladers durch beauftragte Reparaturwerkstatt bei Streit mit Verkäufer über Ursache des Defekts); LG Frankfurt/M. NJW-RR 1991, 13 (Besichtigung zwischenzeitlich an Dritte vermieteter Wohnung).
46   OLG Koblenz NJW-RR 1991, 25, 26; s. auch OLG Celle VersR 1989, 640, 641.
47   OLG Hamm MDR 2003, 1373, 1374.
48   BGH FamRZ 1986, 663, 664 = NJW 1986, 2371 = JZ 1987, 42, 43 m. Anm. *Stürner*; s. ferner BGH NJW 1993, 1391, 1393.
49   OLG Köln NJW-RR 1987, 439, 440.
50   OLG Karlsruhe VersR 1989, 375.
51   LG Köln NJW-RR 1994, 1487, 1488.
52   BGH NJW 2004, 222.
53   BGH NJW 2009, 360 Tz. 26.
54   BGH NJW-RR 1996, 1534; BGH FamRZ 1988, 482, 484 = NJW-RR 1988, 962; OLG Düsseldorf MDR 1976, 762; OLG Frankfurt/M. NJW 1980, 2758; OLG München NJW-RR 1987, 1021. Zur Befreiung eines Notars durch die Aufsichtsbehörde BGH DNotZ 2003, 780, 781.
55   BGH NJW 1967, 2012, 2013.
56   BGH NJW-RR 1996, 1534 (aufgrund mandantschaftlicher Verbundenheit); BGH FamRZ 1988, 482, 485 = NJW-RR 1988, 962.

schlechthin einen solchen Grund,[57] sondern ist erst im Rahmen der Beweiswürdigung zu beachten, die der Richter und nicht die Partei vorzunehmen hat. Auch reicht nicht jede prozesstaktische Überlegung.[58]

Um **Arzthaftung** ging es, soweit ein in der Operationswunde zurückgebliebener Tupfer, auf dessen Art und Größe es ankam, nach der Revisionsoperation entsorgt worden war,[59] ein möglicherweise fehlerhafter Tubus nach einem Narkosezwischenfall weggeworfen worden war,[60] das Krankenblatt unvollständig geführt und z.B. nach einer Operation kein Operationsbericht angefertigt wurde,[61] bei einem gelähmten Krankenhauspatienten die Pflegemaßnahmen zur Vorbeugung und Behandlung eines Durchliegegeschwürs nicht im Krankenblatt aufgezeichnet worden waren,[62] eine ärztlich vorgeschlagene Röntgenkontrolluntersuchung verweigert worden sein sollte, sich darüber jedoch keine Eintragung im Krankenblatt fand,[63] oder ein diagnostisches Präparat nicht aufbewahrt wurde, aus dessen erneuter Untersuchung sich hätte ergeben können, ob eine vorgeburtliche humangenetische Beratungspflicht zur Ermöglichung eines Schwangerschaftsabbruchs bestanden hatte.[64] 12

In den Arzthaftungsfällen sind auch Fälle **unterbliebener Dokumentation** enthalten. Deren Nichtanfertigung wurde auch in anderen Fällen beweisrechtlich beanstandet,[65] als der Betreiber einer Trinkwasserversorgungsanlage die Einhaltung festgesetzter Nitratgrenzwerte aufgrund vorgeschriebener Kontrolluntersuchungen nicht aufgezeichnet hatte,[66] der Zwangsverwalter eines Grundstücks bei dessen Inbesitznahme kein Verzeichnis der der Hypothekenhaftung unterliegenden Zubehörstücke aufgenommen hatte,[67] ein Transportschaden nur mangelhaft festgehalten worden war,[68] die eine Wohnungseinweisung anordnende Ordnungsbehörde nicht rechtzeitig Feststellungen über den Wohnungszustand getroffen hatte, die möglichen unsachgemäßen Gebrauch des Eingewiesenen aufklärbar gemacht hätten.[69] Von den Umständen des Einzelfalles, insbesondere dem jeweiligen Aufklärungszweck, hängt es ab, ob ein beklagter Krankenhausträger ladungsfähige Personalien des medizinischen und pflegerischen Personals mitteilen muss.[70] 13

III. Rechtsfolge

1. Vorsätzliche Beweisvereitelung. Die Rechtsfolgen des § 444 und der Beweislastvereitelung im Allgemeinen werden in Rechtsprechung und Literatur kontrovers beurteilt; die Auffassungen schwanken zwischen echter **Beweislastumkehr**[71] und bloßer 14

---

57 Vgl. OLG Frankfurt/M. NJW 1980, 2758.
58 BGH NJW-RR 1996, 1534.
59 BGH VersR 1955, 344, 345.
60 BGH VersR 1975, 952, 954.
61 BGHZ 85, 212, 217 f. = NJW 1983, 332; BGH NJW 1987, 1482, 1483.
62 BGH NJW 1986, 2365, 2366.
63 BGH NJW 1987, 1482.
64 OLG Düsseldorf VersR 2004, 792, 794.
65 Das österreichische Recht bejaht in diesen Fällen eine materiell-rechtliche Vermutung, dass die nicht dokumentierte Maßnahme unterblieben ist, OGH JBl. 2011, 253, 254.
66 BGH VersR 1983, 441, 442 = NJW 1983, 2935.
67 BGH NJW 1986, 59, 61.
68 OLG Hamburg VersR 1989, 1281, 1282.
69 BGH NJW 1996, 315, 317.
70 OLG Düsseldorf NJW-RR 2003, 1604.
71 Stein/Jonas/*Leipold*[22] § 444 Rdn. 9; *Nikisch* Zivilprozessrecht § 82 VI 3; *Ordemann* NJW 1962, 1902, 1903, sieht in der Beweislastumkehr einen gesetzlich besonders geregelten Fall freier Beweiswürdigung (unzutreffend).

Einflussnahme auf die **Beweiswürdigung**.[72] Der BGH praktiziert eine einzelfallbezogene Lösung in einem Kontinuum[73] von Beweiserleichterungen[74] bis hin zur Beweislastumkehr.[75]

15 § 444 sieht die Konsequenzen der absichtlichen Urkundenentziehung darin, dass der **Tatsachenvortrag** des Beweisführers über Inhalt und Beschaffenheit der Urkunde nach Ermessen des Gerichts („können") **als bewiesen** bewertet werden kann. Darin ist ein besonders geregelter Fall freier Beweiswürdigung gesehen worden.[76] Unbenommen bleibt dem Beweisgegner, einen vom Vorbringen der beweisbelasteten Partei **abweichenden** Urkundeninhalt **mit** einem **anderen Beweismittel** zu beweisen. Es entspricht der Lebenserfahrung, dass eine Partei besonders dann geneigt ist, eine Beweiserhebung zu vereiteln, wenn sie deren Ergebnis fürchtet,[77] so dass daraus Beweiswürdigungsschlüsse zu ihrem Nachteil gezogen werden dürfen.[78] Das Unterdrücken des Beweismittels ist dann Indiz für die Richtigkeit der zu beweisenden Tatsache. Für die Behandlung im Rahmen der Beweiswürdigung spricht, dass nach § 286 der gesamte Inhalt der Verhandlung einschließlich des Prozessverhaltens der Parteien zu würdigen ist.[79] Damit sind Beweisvereitelungsfälle aber nicht erschöpfend zu erfassen; selbst § 444 ist als Sanktion zu verstehen[80] (oben Rdn. 1).

16 Teilweise hat die Rechtsprechung eine **Beweislastumkehr** befürwortet.[81] Die Kommission für das Zivilprozessrecht hat mehrheitlich die Beweislastumkehr als generelle Sanktion empfohlen, allerdings nicht als obligatorische Rechtsfolge. Angemessen ist eine differenzierte Betrachtung im Einzelfall. Damit ist auch die Frage gelöst, ob im Beweisverfahren weiteren Beweisantritten des Beweisführers nachzugehen ist, was sich erübrigen würde, wenn eine starre Beweislastumkehr zur Regelfolge erhoben würde.[82] Nicht gerechtfertigt ist eine Beweislastumkehr zugleich gegenüber den einfachen oder notwendigen **Streitgenossen**.[83] Werden Zeugen nicht von der Verschwiegenheitspflicht eines Zeugen entbunden, ist dies nur bei der Beweiswürdigung zu berücksichtigen.[84]

---

72 MünchKomm/*Schreiber*[4] § 444 Rdn. 5. Ausdrücklich offengelassen etwa von BGH NJW 1986, 59, 61.
73 BGH NJW 1998, 79, 81.
74 BGH NJW 2004, 222.
75 BGH NJW 2004, 222; ebenso OLG Bremen MDR 2008, 1061, 1062.
76 RGZ 101, 197, 198; OLG München NJW-RR 1987, 1021, 1022.
Allgemein ebenso: RGZ 128, 121, 125; BGH NJW 1960, 821; BGH NJW 1963, 389, 390; BGH FamRZ 1986, 663, 664 = NJW 1986, 2371; OLG Karlsruhe FamRZ 1990, 521, 523; OLG Köln MDR 1968, 674; LG Köln DB 1989, 1780.
77 BGH NJW 1993, 1391, 1393; OLG Hamburg MDR 1968, 332; LG Kassel NJW 1957, 1193, 1194.
78 So etwa BGH NJW 1960, 821; BGH NJW 1967, 2012; *Gerhardt* AcP 1169 (1969), 289, 296; *Schneider* MDR 1969, 4, 7 (jedoch ohne konkrete Beweiswürdigung); Peters ZZP 82 (1969), 200, 218; *Bergmann* MDR 1974, 989, 990.
79 BGH NJW-RR 1996, 1534; BGH NJW 1960, 821; OLG München NJW 1980, 2758.
80 MünchKomm/*Prütting*[4] § 286 Rdn. 90f. (eigenständige Sanktion); *Prütting* Gegenwartsprobleme der Beweislast S. 188 f.; *Baumgärtel* Beweislastpraxis im Privatrecht Rdn. 129 (Abstufung des Beweismaßes).
81 BGH VRS 7, 412, 413; OLG Celle VersR 1989, 640, 641; OLG Bamberg VersR 1971, 769; OLG Hamburg MDR 1968, 332 (zwecks Gleichbehandlung mit fahrlässiger Beweisvereitelung); LG Stade VersR 1980, 100; ablehnend *Prütting* Gegenwartsprobleme S. 189; *Laumen* in Baumgärtel/Laumen/Prütting, Handbuch der Beweislast, Grundlagen, 2009, § 11 Rdn. 32; *Schneider* MDR 1969, 4, 8 f. (wegen Entwicklung zur Beweisregel entgegen § 286). Für den Verwaltungsgerichtsprozess gegen eine Beweislastumkehr BVerwG MDR 1960, 949. Ablehnend auch das österr. Recht, OGH JBl. 2011, 253, 255 a.E.
82 Auf dieses Problem hinweisend *Peters* ZZP 82 (1969), 200, 216 f.
83 Stein/Jonas/*Leipold*[22] § 444 Rdn. 4.
84 OLG München NJW-RR 1987, 1021; OLG Frankfurt NJW 1980, 2758; BGH NJW 1967, 2012; OLG Düsseldorf MDR 1976, 762; BGH NJW-RR 1996, 1534; BGH FamRZ 1988, 482, 484 f. = NJW-RR 1988, 962; für Umkehr der Beweislast demgegenüber BGH NJW 1972, 1131 (Beweis einer behaupteten Geisteskrankheit).

Hat die Partei, die über das Beweismittel verfügen kann, es noch in der Hand, die **17**
Beweiserhebungshindernisse zu **beseitigen**, ist ihr dafür eine Frist gem. § 356 zu setzen.

2. Fahrlässige Beweisvereitelung. In den Fällen fahrlässiger Beweisvereitelung **18**
sind ebenfalls **Schlüsse im Rahmen der Beweiswürdigung** gezogen oder als zulässig erachtet worden.[85] Auch wenn dies nicht möglich ist, ist es nicht gerechtfertigt, dem Beweisführer die nachteiligen Folgen des sorgfaltswidrigen Verhaltens der Gegenpartei aufzubürden.[86] Als Folge der Beweisvereitelung sind Beweiserleichterungen zu gewähren, die bis zu einer Umkehr der Beweislast führen können.[87] Eine Beweislastumkehr ist insbesondere beim Verstoß gegen Dokumentationspflichten in Betracht zu ziehen.[88] Die Beweiserleichterung kann auch darin bestehen, dass von mehreren möglichen Geschehensabläufen der **wahrscheinlichste Ablauf** zugunsten der Partei als **bewiesen** angesehen wird, die Opfer der Beweisvereitelung ist.[89]

TITEL 10
Beweis durch Parteivernehmung

Vorbemerkungen
vor § 445

Schrifttum

Zur historischen Entwicklung

Glücklich Parteivernehmung nach deutschem Zivilprozessrecht, 1938; *Goedecke* Die Parteivernehmung in ihrer Bedeutung für die prozessualen Grundbegriffe, 1935; *Jansen* Parteibefragung und Parteivernehmung im Zivilprozess in ihrem gegenseitigen Verhältnis zueinander, 1934; *Maelzer* Vernehmung der Partei und Parteieid, 1931; *Münks* Vom Parteieid zur Parteivernehmung in der Geschichte des Zivilprozesses, 1992; *Raab* Die Parteivernehmung im reichsdeutschen Zivilprozess, 1933; *Sändig* Der Beweis durch Parteivernehmung, 1934; *Schmidt* Die Parteivernehmung nach der neuen ZPO, JW 1933, 2884; *Schönke* Parteivernehmung und Parteibefragung, DGWR 1937, 329, 348; *Volkmar* Die Parteivernehmung nach der neuen ZPO, JW 1933, 2885; *Wandel* Der Parteieid im Zivilprozess und die Frage seiner Reformbedürftigkeit bzw. seiner Ersetzung durch die eidliche oder uneidliche Vernehmung der Parteien, 1933; *Wehmeier* Die Parteivernehmung im deutschen und österreichischen Zivilprozess, 1940.

---

85 BGH NJW 1963, 389, 390; BGH NJW 1967, 2012, 2013; BGH NJW-RR 2009, 995 Tz. 14; OLG Hamburg VersR 1989 1281, 1282; ablehnend OLG Hamburg MDR 1968, 332; kritisch auch Stein/Jonas/*Leipold*[22] § 444 Rdn. 11 (regelmäßig Beweislastumkehr).
86 OLG Hamburg MDR 1968, 332.
87 BGH NJW 2009, 360 Tz. 23; BGH NJW 2006, 434, 436; BGH NJW 1987, 1482, 1484; BGH NJW 1986, 59, 61; OLG Karlsruhe VersR 1989, 375. Eine Umkehr der Beweislast im Einzelfall nahmen an BGHZ 6, 224, 225 = NJW 1952, 867; BGH NJW 1963, 389, 390; OLG Köln NJW-RR 1989, 439, 440; vgl. auch BGH NJW 1976, 1315, 1316, wo eine Umkehr der Beweislast im Ergebnis jedoch nicht in Betracht kam. Für eine „elastische Reaktion" *Musielak/M.Stadler* Grundfragen des Beweisrechts Rdn. 189.
88 Explizit BGH NJW 1986, 59, 61; s. ferner BGHZ 72, 132, 139 (Beweiserleichterungen bis zur Beweislastumkehr) = NJW 1978, 2337; BGH NJW 1986, 2365, 2367; BGH NJW 1983, 332; BGH VersR 1982, 1193, 1195; BGH NJW 1984, 1408 = VersR 1984, 354, 355; BGH NJW 1984, 1403 = VersR 1984, 386, 387; BGH NJW 1987, 1482, 1483; BGH NJW 1983, 2935, 2936 = VersR 1983, 441, 442; BGH NJW 1996, 315, 317.
89 BGH NJW 2006, 434, 436.

Allgemeines Schrifttum

Brehm Die Bindung des Richters an den Parteivortrag und Grenzen freier Verhandlungswürdigung, 1982; *Born* Antrag auf Vernehmung des Beweisgegners, JZ 1981, 775; *Coester-Waltjen* Parteiaussage und Parteivernehmung am Ende des 20. Jahrhunderts, ZZP 113 (2000) 269; *Gehrlein* Warum kaum Parteibeweis im Zivilprozess, ZZP 110 (1997) 451; *Hülsmann* Kein Geständnis während der Parteivernehmung? NJW 1997, 617; *Kluth/Böckmann* Beweisrecht – Die zivilprozessuale Partei im Zeugenmantel, MDR 2002, 616; *Kollhosser* Parteianhörung und Parteivernehmung im deutschen Zivilprozess, FS für Beys, 2003, Bd. 1, 755; *Krönig* Die Bedeutung der Beweislast für die Parteivernehmung und -vereidigung, MDR 1949, 735; *Kwaschik* Die Parteivernehmung und der Grundsatz der Waffengleichheit im Zivilprozeß, 2004; *Lange* Parteianhörung und Parteivernehmung, NJW 2002, 476; *Meyke* Zur Anhörung der Parteien im Zivilprozess, MDR 1987, 358; *Müller* Parteien als Zeugen, 1991; *Nagel* Kann die Subsidiarität der Parteivernehmung in der deutschen ZPO noch vertreten werden, FS für Habscheid, 1989, 195; *Oberhammer* Parteiaussage, Parteivernehmung und freie Beweiswürdigung am Ende des 20. Jahrhunderts, ZZP 113 (2000) 295; *Oepen* Bericht über die Diskussion zum Thema „Parteiaussage und Parteivernehmung am Ende des 20. Jahrhunderts", ZZP 113 (2000) 247; *Polyzogopoulos* Parteianhörung und Parteivernehmung in ihrem gegenseitigen Verhältnis, 1976; *Stackmann* Frei oder streng – Erhebung und Verwertung von Parteiangaben, NJW 2012, 1249; *Sutter-Somm* Parteianhörung und Parteivernehmung am Ende des 20. Jahrhunderts aus schweizerischer Sicht, ZZP 113 (2000) 327; *Terbille* Parteianhörung und Parteivernehmung im Rechtsstreit um die Leistungspflicht des Versicherers aus Diebstahlversicherungsverträgen, VersR 1996, 408; *Tsai* Eine rechtsvergleichende Studie der europäischen Parteivernehmung, FS für Rammos, 1979, 907; *Wiewel* Kausalität und Parteivernehmung VuR 2012, 133; *Wittschier* Die Parteivernehmung in der zivilprozessualen Praxis, 1989; *Zwanziger* Arbeitsrechtliche Standardsituationen und Parteivernehmung, DB 1997, 776.

Übersicht

I. Historische Entwicklung — 1
II. Eckwerte der heutigen gesetzlichen Regelung
  1. Begriff — 3
  2. Arten der Parteivernehmung — 5
  3. Verpflichtete Personen — 6
III. Bedeutung der Parteivernehmung
  1. Zuverlässigkeit des Beweismittels — 7
  2. Kritik an der gesetzlichen Regelung — 8
  3. Typische Anwendungsfälle — 9
IV. Geltungsbereich
  1. Grundsatz — 11
  2. Ausnahmeregelungen
    a) Prozesskostenhilfeverfahren — 17
    b) Beweissicherungsverfahren — 18
    c) Wiederaufnahmeverfahren — 19
    d) Urkunds- und Wechselprozess — 20
    e) Arrest- und einstweiliges Verfügungsverfahren — 21
    f) Eheprozess — 22
    g) Schätzungs- und Vorlegungsvernehmung — 23
V. Abgrenzung vom Zeugenbeweis — 24
VI. Abgrenzung von der Anhörung — 25
  1. Trennung von Anhörung und Parteivernehmung — 26
  2. Beweiswert der Parteiaussage — 30
  3. Gerichtliche Kontrolle — 32
VII. Verwertung früherer Aussagen — 34
VIII. Verwertung der Aussage als Parteierklärung — 35

Vorbemerkungen

I. Historische Entwicklung

1   Vorläufer der Vorschriften über die Parteivernehmung war der sog. Parteieid, der bis zur Novelle 1898 in den §§ 410–439, danach in den §§ 445–455 geregelt war. Konnte die beweispflichtige Partei den Beweis mit anderen Mitteln nicht erbringen, stand ihr als subsidiäres Beweismittel die Möglichkeit offen, dem Gegner einen Eid zur Widerlegung der von ihr vorgetragenen Behauptungen zuzuschieben, den dieser dann entweder schwören oder an sie zurückschieben konnte. Darüber hinaus konnte auch das Gericht einer der Parteien einen Eid auferlegen und zwar auch ohne vorausgegangene Beweis-

aufnahme und unter Zurückweisung eines Beweisantrages.[1] Im Hinblick auf das Prinzip der freien Beweiswürdigung hatte man sich gegen die Subsidiarität des auferlegten Eides entschieden. Den zugeschobenen oder zurückgeschobenen Eid bezeichnete man als Schiedseid, den vom Gericht auferlegten Eid als richterlichen oder Noteid.[2] Beide Formen des Eides konnten nur über Tatsachen auferlegt werden, die von einer der Parteien behauptet und von der anderen bestritten worden waren. Der Parteieid war Beweismittel mit formeller Beweiskraft. Durch die Ablegung des Eides wurde voller Beweis der beschworenen Tatsache begründet, während durch die Verweigerung des Eides das Gegenteil der zu beschwörenden Tatsache als voll bewiesen galt.[3]

Die Kritik am Parteieid richtete sich sowohl gegen die von der richterlichen Überzeugung losgelöste formale Beweiswirkung, als auch gegen die Anknüpfung an der Beweislast. Durch die Eideszuschiebung konnte die beweisbelastete Partei ihre Pflicht zur Beweiserbringung auf den Gegner abwälzen und damit die Beweislast ungerechtfertigt umkehren. Es wurde daher eine umfassende Reform gefordert, deren Vorbild die Erfahrungen Österreichs waren, das bereits durch Gesetz vom 27.4.1873 die Parteivernehmung in Bagatellsachen nach dem Muster des englischen Rechts eingeführt hatte. In den §§ 371 ff. der österreichischen ZPO vom 1.8.1895 wurde dann der Parteieid generell durch die als subsidiäres Beweismittel zulässige eidliche Parteivernehmung ohne jede Bindung ersetzt.[4] Nachdem sich auch der 36. DJT 1930 mit überwältigender Mehrheit für die Entführung der Parteivernehmung anstelle des Parteieides ausgesprochen hatte, wurde 1931 ein Referentenentwurf veröffentlicht, dessen Vorschläge bis auf redaktionelle Änderungen mit der heutigen Fassung übereinstimmten.[5] Durch die Novelle 1933[6] wurde dann der bisherige Parteieid durch die Parteivernehmung ersetzt. 2

II. Eckwerte der heutigen gesetzlichen Regelung

1. Begriff. Unter den Begriff der Parteivernehmung fällt nach heutigem Recht nur die Abnahme einer mündlichen Aussage einer Partei unter den in den §§ 445 ff. geregelten formellen Voraussetzungen. Die Parteivernehmung gehört als spezielles Rechtsinstitut wie der frühere Parteieid zu den Beweismitteln der ZPO. Die an den Parteieid geknüpfte formelle Beweiskraft wurde durch die Reform jedoch beseitigt. Gesetzliche Beweisregeln bestehen nicht mehr. Die im Rahmen der Parteivernehmung gemachte Aussage unterliegt ebenso wie die Ablehnung der Vernehmung nach § 446 und die Verweigerung der Aussage nach § 453 Abs. 2 der freien richterlichen Beweiswürdigung. 3

Als einziges der fünf Beweismittel der ZPO gilt für die Parteivernehmung der Grundsatz der **Subsidiarität**. Sie ist nach der gesetzlichen Konzeption nur dann zulässig, wenn der Beweis bisher noch nicht vollständig erbracht ist und andere Beweismittel nicht mehr zur Verfügung stehen.[7] (Zur Kritik am Subsidiaritätsprinzip näher unter § 445 Rdn. 5) Eine unter Beachtung dieser Voraussetzungen durchgeführte Parteivernehmung stellt aber ein vollwertiges Beweismittel dar.[8] 4

---

1 Zum Aufbau der Vorschriften über den Parteieid *Wieczorek* 1. Aufl. § 445 Anm. A IIa.
2 Ausführlich dazu *Maelzer* S. 25 ff.; *Münks* S. 136 ff.; *Kwaschik* S. 77 ff.
3 *Münks* S. 136.
4 Zur Entwicklung *Nagel* FS Habscheid 1989, 195; *Tsai* FS Rammos, 1979, 907, 908; rechtsvergleichend auch *Roth* ZEuP 1996, 490, 495 f.
5 Zur Entwicklung ausführlich *Münks* S. 163 ff.
6 Gesetz zur Änderung des Verfahrens in bürgerlichen Rechtsstreitigkeiten, RGBl 1933 Teil I S. 780.
7 So die ganz hM; **a.A.** für die Parteivernehmung von Amts wegen nach § 448 *Jauernig* § 56 III 2.
8 *Zöller/Greger* § 445 Rdn. 1; *Gehrlein* ZZP 110 (1997) 453, 454.

5 **2. Arten der Parteivernehmung.** Die ZPO unterscheidet grundsätzlich zwischen zwei Arten von Parteivernehmung, der Parteivernehmung auf Antrag und der Parteivernehmung von Amts wegen. Kompliziert geregelt ist dabei vor allem die Parteivernehmung auf Antrag, bei der sowohl das Antragsrecht wie auch die Person des zu Vernehmenden abhängig von der Beweislast für die streitige Behauptung sind. Die nichtbeweisbelastete Partei kann unter den Voraussetzungen des § 445 nur die Vernehmung des Gegners, nicht aber ihre eigene Vernehmung beantragen. Dagegen kann der Beweislastträger auch seine Vernehmung beantragen. Er bedarf hierzu jedoch gemäß § 447 des Einverständnisses des Gegners. Das Gericht kann die amtswegige Parteivernehmung einer oder beider Parteien hingegen nach § 448 ohne Rücksicht auf die Beweislast anordnen. Zur Parteivernehmung in der Berufungsinstanz vgl. § 536.

6 **3. Verpflichtete Personen.** Der Parteivernehmung unterliegen alle diejenigen Personen, die nach dem formellen Parteibegriff der ZPO Partei im Sinne des § 50 sind.[9] Für die Parteistellung kommt es dabei nur auf das laufende Verfahren an.[10] Als Partei vernommen werden kann damit derjenige, der im Zeitpunkt der Parteivernehmung je nach Verfahrensart Kläger oder Beklagter, Antragsteller oder Antragsgegner, Gläubiger oder Schuldner ist. Den Parteien gleichgestellt ist der streitgenössische Nebenintervenient nach § 69, auch wenn § 449 dies im Gegensatz zu § 449 aF nicht mehr ausdrücklich bestimmt. Da er als Partei gilt, kann er nicht Zeuge sein, sondern nur als Partei vernommen werden.[11] Die Parteivernehmung bei mehreren Streitgenossen regelt im Übrigen § 449. Partei ist grundsätzlich der Vertretene, nicht der gesetzliche oder gewillkürte Vertreter. Im Falle der Prozessunfähigkeit einer Partei wird nach § 455 Abs. 1 der gesetzlicher Vertreter vernommen, sofern nicht eine der Ausnahmen des § 455 Abs. 2 vorliegt. (Zu weiteren Einzelheiten vgl. § 455.)

III. Bedeutung der Parteivernehmung

7 **1. Zuverlässigkeit des Beweismittels.** Welcher Wert der Parteivernehmung im heutigen Zivilprozess zukommt, wird in der Literatur sehr unterschiedlich beurteilt. Einerseits wird die Parteivernehmung aufgrund des Interesses der Parteien am Ausgang des Prozesses für sehr unzuverlässig gehalten und daher als ein fragwürdiges Beweismittel angesehen.[12] Da die Partei aber häufig über das beste Wissen bezüglich des streitigen Sachverhaltes verfügt, dessen Verwertung zur Wahrheitsfindung unerlässlich sei, wird die Parteivernehmung andererseits aber auch als bedeutendes Beweismittel angesehen und bedauert, dass hiervon in der Praxis nicht mehr Gebrauch gemacht wird.[13]

Das Unbehagen gegenüber der Parteivernehmung geht zurück auf die römischrechtliche Regel, dass niemand als Zeuge in eigener Sache soll auftreten können.[14] Auch diejenigen, welche der Parteivernehmung kritisch gegenüberstehen, halten diese aber

---

9 BGHZ 86, 160, 164; Stein/Jonas/*Bork* vor § 50 Rdn. 2; zur historischen Entwicklung auch *Glücklich* S. 68.
10 BGH VersR 1984, 160.
11 RGZ 46, 404, 405; OLG Hamm FamRZ 1978, 204, 205; Stein/Jonas/*Leipold* § 449 Rdn. 1; MünchKomm/ *Schreiber* § 449 Rdn. 1; **a.A.** *Glücklich* S. 73 ff., der aus dem Fehlen einer ausdrücklichen Anordnung in § 449 zu Unrecht schließt, dass im Gegensatz zu § 449 aF eine Sonderbehandlung des streitgenössischen Nebenintervenienten nicht vorgesehen ist.
12 *Musielak* Grundkurs Rdn. 452; *Schneider, E.*, Beweis und Beweiswürdigung Rdn. 1498.
13 Baumbach/Lauterbach/*Hartmann* Übers. § 445 Rdn. 7; *Gehrlein* ZZP 110 (1997) 451, 469 ff.; Stein/ Jonas/*Leipold* vor § 445 Rdn. 3.
14 „Nemo in propria causa testis esse debet", zur histor. Entwicklung *Roth* ZEuP 1996, 490, 494 ff.

als ultima ratio für unentbehrlich, da ansonsten in Fällen, wo der klagenden Partei keine anderen Beweismittel zur Verfügung stehen, die Rechtsverfolgung zwangsläufig zum Scheitern verurteilt wäre.[15] Den Kritikern der Parteivernehmung ist zuzugeben, dass selbst dann, wenn man die Redlichkeit einer Partei unterstellt, es oftmals sehr schwierig sein wird, in der eigenen Sache den Sachverhalt objektiv wiederzugeben. Auch birgt die Parteivernehmung das Risiko, dass die Partei dieses Beweismittel missbräuchlich ausnutzt, zumal sie durch die vorherige Ausschöpfung der anderen Beweismittel häufig nur noch auf diese Weise dem drohenden Prozessverlust entgehen kann. Gleichwohl bleibt die Parteivernehmung ein wichtiges und unentbehrliches Mittel zur Tatsachenfeststellung, da häufig andere Beweismittel nicht zur Verfügung stehen. Die möglichen Gefahren werden durch gesetzliche Zulässigkeits- und Würdigungsregeln begrenzt, §§ 447, 454.[16] Wichtigster Aspekt ist dabei die Ersetzung der formellen Beweiskraft der Parteiaussage durch den Grundsatz der freien Beweiswürdigung, welcher es dem Richter ermöglicht, bei der Beurteilung der Glaubwürdigkeit der Partei und der Glaubhaftigkeit der Aussage mitzuberücksichtigen, dass die Partei in eigener Sache aussagt und den streitigen Vorgang möglicherweise in einem ihr günstigen Sinne schildert.[17]

2. Kritik an der gesetzlichen Regelung. Die Regelung der Parteivernehmung spiegelt in großem Umfang Grundsätze des früheren Parteieides wider. Dies gilt sowohl für den Subsidiaritätsgrundsatz, für das Erfordernis eines Beweisbeschlusses mit Angabe des genauen Beweisthemas, für die Trennung zwischen der Parteivernehmung auf Antrag und von Amts wegen und insbesondere für die Anknüpfung an der Beweislast. Die sehr komplizierte, stark vergangenheitsorientierte Form der Parteivernehmung wird zum Teil als missglückt angesehen und insbesondere die Verquickung mit der Beweislast nicht als sinnvoll erachtet. In Anlehnung an die Regelung in Österreich treten etliche Autoren für eine generelle Zulässigkeit der Parteivernehmung ohne Rücksicht auf die Beweislast und auf andere Beweismittel ein.[18] Das österreichische Vorbild hatte von Anfang an die Vernehmung beider Parteien auf den Beschluss zur Parteivernehmung hin vorgesehen und zwar unabhängig von einem Antrag, von der Beweislast und von der vorherigen Ausschöpfung anderer Beweismittel.[19] Für eine entsprechende Regelung in Deutschland wird vorgebracht, dass die Parteivernehmung ihren vollen Wert erst dann entfalte, wenn beide Parteien gehört worden sind, da jede Partei infolge ihres Interesses an einem ihr günstigen Ausgang des Rechtsstreits keine zuverlässige Auskunftsperson sei und daher erst der Kontrast zwischen den Aussagen letztlich ihre Beurteilung ermögliche.[20] Betrachtet man aber die derzeitige Praxis der Parteivernehmung, so sind Fälle der Parteivernehmung nach § 445 und § 447 praktisch nicht sehr verbreitet. Bei der überwiegenden Anzahl von Parteivernehmungen handelt es sich trotz des Ausnahmecharakters der Vorschrift um amtswegige Parteivernehmungen nach § 448, was durch die Vielzahl der hierzu ergangenen Entscheidungen belegt wird. (Vgl. dazu § 448 Rdn. 7) Eine Erleichterung in der Wahrheitsfindung und eine größere Bedeutung der Parteivernehmung wäre daher auch bei einer stets möglichen Vernehmung beider Parteien von Amts wegen kaum zu erwarten. Entscheidend gegen die Erhebung der amtswegigen Parteivernehmung zum prozessualen Regelfall spricht zudem das Verständnis des deutschen Zivil-

---

15 *Jauernig* § 56 I, III 1.
16 Baumbach/Lauterbach/*Hartmann* Übers. § 445 Rdn. 2.
17 Rosenberg/Schwab/*Gottwald* § 123 I 1.
18 *Gehrlein* ZZP 110 (1997) 451, 452; Rosenberg/Schwab/*Gottwald* § 123 II 6.
19 Nachweise dazu bei *Nagel* FS Habscheid 1989, 195, 196.
20 Rosenberg/Schwab/*Gottwald* § 123 II 6, kritisch auch Musielak/*Huber* § 445 Rdn. 4.

prozesses als Parteiprozess, der vom Beibringungsgrundsatz beherrscht wird. Ihm liegt nicht nur die Anerkennung des mündigen Bürgers und der staatlichen Neutralität, sondern auch der Gedanke zugrunde, dass die gegenläufigen Interessen der Parteien am besten zur Wahrheitsermittlung beitragen. Aus diesem Grund sollte am Antragserfordernis und der Beweislastprüfung grundsätzlich festgehalten werden. (Zur Auseinandersetzung mit der Kritik am Subsidiaritätsgrundsatz vgl. § 445 Rdn. 6.) Soweit der Anwendungsbereich des § 448 eröffnet ist, darf aber nicht die Funktion der Parteivernehmung als von Amts wegen zu erhebender Beweis durch eine Anhörung ersetzt werden, die dann wie ein Beweismittel behandelt wird, was in der Praxis nicht selten der Fall ist.[21]

9 **3. Typische Anwendungsfälle.** Besondere Bedeutung kommt der Parteivernehmung in denjenigen Fällen zu, wo für bestimmte Geschehnisse keine sonstigen Beweismittel zur Verfügung stehen. Dies ist vor allem dort der Fall, wo die beweispflichtige Prozesspartei der Gegenseite allein ausgesetzt war und die Vorgänge nicht schriftlich festgehalten wurden, etwa bei mündlichem Vertragsschluss oder sonstigen telefonisch getroffenen Abreden.[22] Eine nicht unbedeutende Fallgruppe stellen dabei Unterredungen und Vereinbarungen zwischen Arbeitgeber und Arbeitnehmer dar, die von Bedeutung sind, wenn es um die Frage ordnungsgemäßer Abmahnung oder wirksame Zusage von Gehaltserhöhung geht.[23]

10 Ein weiterer Bereich, in dem die Partei häufig weder Zeugen noch Urkunden zur Hand haben wird, sind die unerlaubten Handlungen.[24] Hier kommt der Parteivernehmung besondere Bedeutung zu und zwar nicht nur im Verhältnis zum Schädiger, sondern auch dort, wo es um die Geltendmachung eines Anspruchs gegenüber der Versicherung geht.[25]

IV. Geltungsbereich

11 **1. Grundsatz.** Die Vorschriften über die Parteivernehmung gelten grundsätzlich in allen Verfahrensarten der ZPO.

12 Im arbeitsgerichtlichen Verfahren sind die Vorschriften über die Parteivernehmung entsprechend der allgemeinen Verweisung des ArbGG auf die ZPO in beiden Rechtszügen entsprechend anwendbar, vgl. §§ 46 Abs. 2, 64 Abs. 4 ArbGG. Die Grundsätze der §§ 445 ff. gelten auch für die Vernehmung von Beteiligten im arbeitsgerichtlichen Beschlussverfahren.[26]

13 Im verwaltungsgerichtlichen Verfahren tritt an die Stelle der Parteivernehmung die Vernehmung der Beteiligten nach § 96 Abs. 1 Satz 2 VwGO. Wegen des dort geltenden Amtsermittlungsgrundsatzes hat die Unterscheidung zwischen amtswegiger und auf Antrag erfolgender Parteivernehmung keine Bedeutung. Für entsprechend anwendbar erklärt wurden daher in § 98 VwGO nur die §§ 450 bis 455.

14 Gleiches gilt für die Beteiligtenvernehmung im finanzgerichtlichen Verfahren, bei dem in § 82 FGO ebenfalls nur die §§ 450 bis 455, nicht aber die §§ 445 bis 449 in Bezug

---

21 Kritisch dazu Stein/Jonas/*Leipold* § 448 Rdn. 3, 8 m.w.N.
22 Z.B. OLG Düsseldorf VersR 1999, 205; *Jauernig* § 56 I, III 1.
23 Ausführlich dazu *Zwanziger* DB 1997, 776; vgl. auch *Jauernig* § 56 I, III 1.
24 Z.B. BGH VersR 1980, 229; BGH VersR 1991, 351; OLG Hamm VersR 1991, 330; *Jauernig* § 56 I, III 1; *Tsai* FS Rammos 1979, 907, 910; *Gehrlein* ZZP 110 (1997), S. 451, 452.
25 *Terbille* VersR 1996, 408.
26 Hessischer VGH HessVGRspr 1988, 68.

genommen sind, da letztere durch die weite Generalklausel des § 81 Abs. 1 FGO ersetzt wurden.

Im sozialgerichtlichen Verfahren finden die Vorschriften der §§ 445 ff. über die Parteivernehmung keine Anwendung, da § 118 Abs. 1 SGG die Vorschriften über die Parteivernehmung aus der Verweisung auf die Vorschriften der ZPO über die Beweisaufnahme ausnimmt.[27] Der Vernehmung eines Beteiligten durch die Sozialgerichte im Wege der Rechtshilfe stehen die §§ 445 ff. aber nicht entgegen.[28]

Gemäß § 72 KO, § 4 InsO finden die Vorschriften der ZPO auch auf das Konkurs- bzw. Insolvenzverfahren Anwendung und ermöglichen damit die Vernehmung des Gemeinschuldners als Partei.[29]

2. Ausnahmeregelungen

a) Prozesskostenhilfeverfahren. Im Verfahren über die Bewilligung von Prozesskostenhilfe sieht § 118 Abs. 1 nur die im Rahmen der Amtsermittlung vorzunehmende Anhörung des Gegners vor. Bei dieser Anhörung wirft die Abgrenzung zur Parteivernehmung anders als im Klageverfahren keine Probleme auf. Da es sich bei dem Prozesskostenhilfeverfahren nicht um ein kontradiktorisches Verfahren handelt, ist der Gegner nicht Partei.[30] Auch wenn sich der Antragsteller nach §§ 118 Abs. 2, 294 grundsätzlich aller Beweismittel bedienen kann, ist mithin ein Antrag auf Parteivernehmung des Gegners unzulässig.[31]

b) Beweissicherungsverfahren. Nicht vorgesehen ist die Parteivernehmung weiterhin im Beweissicherungsverfahren, in welchem nach § 485 Satz 1 nur Augenscheinseinnahme sowie die Vernehmung von Zeugen und Sachverständigen zur Sicherung des Beweises angeordnet werden können.

c) Wiederaufnahmeverfahren. Ausgeschlossen ist der Antrag auf Parteivernehmung nach § 581 Abs. 2 auch bei der Restitutionsklage, da die Wiederaufnahmegründe von Amts wegen zu prüfen sind und nicht der Parteidisposition unterliegen. Eine Parteivernehmung von Amts wegen nach § 448 ist dagegen zulässig, es sei denn, es spricht nach dem Ergebnis der Verhandlung nichts für die Behauptung der beweispflichtigen Partei.[32]

d) Urkunds- und Wechselprozess. Aus der Rechtsnatur des Urkundsprozesses ergibt sich weiterhin, dass zum Beweis der anspruchsbegründenden Tatsachen im Urkunds- und Wechselprozess die Parteivernehmung ebenso wie die Vernehmung von Zeugen und Sachverständigen und der Augenschein ausscheidet, § 592 Satz 1. Bezüglich anderer Tatsachen, der Frage der Echtheit der Urkunde oder zum Beweis der Vorlegung des Wechsels ist der Antrag auf Parteivernehmung hingegen nach §§ 592 Abs. 2, 605 Abs. 1 als einziges Beweismittel neben der Urkunde bevorzugt zugelassen, so dass hier

---

27 BSG NJW 1957, 728.
28 LSG Niedersachsen MittRuhrKn 1956, 73.
29 Zu Einzelheiten und Abweichungen der Parteivernehmung in der Insolvenz vgl. *Schmitz-Herscheidt* KTS 1996, 517, 519 ff.
30 BGHZ 89, 65 = NJW 1984, 740; BGH NJW-RR 1992, 60.
31 Stein/Jonas/*Leipold* vor § 445 Rdn. 15; Stein/Jonas/*Bork* § 118 Rdn. 14; Baumbach/Lauterbach/ *Hartmann* Übers. § 445 Rdn. 4.
32 BGHZ 30, 60, 63 = NJW 1959, 1369; Stein/Jonas/*Grunsky* § 581 Rdn. 7 m.w.N.

der Grundsatz der Subsidiarität der Parteivernehmung nicht gilt. Unzulässig ist in diesen Fällen aber die Parteivernehmung von Amts wegen.[33]

21 **e) Arrest- und einstweiliges Verfügungsverfahren.** Nur eingeschränkt zulässig ist die Parteivernehmung im Arrest- und einstweiligen Verfügungsverfahren. Da bei einer Entscheidung über den Antrag durch Beschluss der Beweis nur durch präsente Beweismittel erbracht werden kann, muss in diesem Fall die Parteivernehmung ausscheiden. Sie ist jedoch auf Antrag aber auch von Amts wegen möglich, wenn die Entscheidung aufgrund mündlicher Verhandlung ergeht und die zu vernehmende Partei erschienen ist.[34]

22 **f) Eheprozess.** Teilweise abweichend geregelt ist die Parteivernehmung schließlich für die Vernehmung im Eheprozess in der dem öffentlichen Interesse an der Eheerhaltung dienenden Sondervorschrift des § 613,[35] nach der die Parteivernehmung von Amts wegen erfolgt und nicht subsidiär ist.

23 **g) Schätzungs- und Vorlegungsvernehmung.** Des Weiteren sind im Gesetz selbständig geregelt die so genannte Schätzungsvernehmung des Beweisführers nach § 287 Abs. 1 Satz 3, die der Ermittlung des Schadens und der Schadenshöhe dient und die Vorlegungsvernehmung in §§ 426, 441 Abs. 3 Satz 2, die im Rahmen des Urkundsbeweises eine Vernehmung des Prozessgegners über den Verbleib der Urkunde vorsieht, wenn er deren Besitz bestreitet. Im letzteren Fall ist die Parteivernehmung einzig zulässiges Beweismittel.

V. Abgrenzung vom Zeugenbeweis

24 Die ZPO bestimmt nicht, wer zum Zeugenbeweis zugelassen ist, sondern enthält nur Regelungen darüber, wer als Partei zu vernehmen ist. Die Abgrenzung der Zeugenvernehmung von der Parteivernehmung nach der Person des Verpflichteten erfolgt regelmäßig in Form einer Negativabgrenzung. Durch die Regelung über die Parteivernehmung werden bestimmte Personen von der Zeugnisfähigkeit ausgenommen. Zeugen können demnach alle Personen sein, die im konkreten Prozess nicht den Vorschriften über die Parteivernehmung unterstehen.[36] Als Partei, nicht aber als Zeuge vernommen werden kann grundsätzlich jeder prozessfähige Kläger oder Beklagte sowie der streitgenössische Nebenintervenient nach § 69.[37] Für die nicht prozessfähige Partei trifft § 455 eine Sonderregelung.

Da bei der Entscheidung, ob eine Zeugen- oder Parteivernehmung durchzuführen ist, auf den Zeitpunkt der Vernehmung abzustellen ist, werden ehemalige Parteien dann Zeugen, wenn sie rechtskräftig aus dem Prozess ausgeschieden sind. Dies gilt jedoch nicht für notwendige Streitgenossen, da deren Parteistellung erst mit Rechtskraft der Entscheidung gegenüber allen Streitgenossen endet.[38] Des Weiteren kann ein Streitgenosse im Fall des § 61 als Zeuge über alle Tatsachen vernommen werden, die ausschließ-

---

33 RG HRR 1935, 1705; Rosenberg/Schwab/Gottwald § 123 II 2.
34 *Wittschier* S. 15; vgl. auch OLG Düsseldorf MDR 1969, 850.
35 Zur Vernehmung einer prozessunfähigen Partei nach § 613 vgl. BGH MDR 1964, 126.
36 BGH NJW 1965, 2253, 2254; *Wittschier* S. 10, Stein/Jonas/*Chr. Berger* vor § 373 Rdn. 1 f.; Zöller/*Greger* § 373 Rdn. 4.
37 RGZ 46, 404, 405; OLG Hamm FamRZ 1978, 204, 205; Stein/Jonas/*Leipold* § 449 Rdn. 1; MünchKomm/*Schreiber* § 449 Rdn. 1; **a.A.** *Glücklich* S. 73 ff.
38 Vgl. dazu RG JW 1907, 313, 314; *Müller* S. 8 ff. m.w.N.

lich den anderen Streitgenossen betreffen. (Zur Abgrenzung von Partei- und Zeugenvernehmung bei Streitgenossen ausführlich § 449 Rdn. 2.)

Zu den Auswirkungen der irrtümlichen Vernehmung als Zeuge statt als Partei und umgekehrt vgl. § 455 Rdn. 14.

VI. Abgrenzung von der Anhörung

Bis zur Einführung der Parteivernehmung durch die Novelle 1933 bestand ein Konkurrenzverhältnis zu der bereits in § 132 der CPO von 1877 normierten Parteianhörung nicht, da der Parteieid alten Rechts nicht der Sachverhaltsaufklärung diente. Mit der Ersetzung des Parteieides durch die Parteivernehmung wurde es notwendig, die Parteivernehmung von anderen Aussagen der Parteien abzugrenzen. Die Grenzziehung zwischen der Parteivernehmung nach §§ 445ff. und der Anhörung der Partei nach § 141 bereitet dabei bis heute Probleme. Diese haben sich dadurch noch verstärkt, dass § 141 seit der Beschleunigungsnovelle vom 1.7.1977 nicht mehr als Kann-, sondern als Sollvorschrift ausgestaltet und daher die Parteianhörung in jedem Zivilprozess der gesetzlich vorgesehene Regelfall ist. Die Verstärkung der Bedeutung des § 141 ist darauf zurückzuführen, dass sich in der Praxis die Anordnung des persönlichen Erscheinens der Parteien und deren Anhörung zur Aufklärung des schriftsätzlich vorgetragenen Sachverhalts bewährt hat.[39] Mit der Einführung einer obligatorischen Güteverhandlung im Zivilprozess durch das zum 1.1.2002 in Kraft getretene ZPO-Reformgesetz,[40] in der das Gericht die Parteien nach § 278 Abs. 2 Satz 3 persönlich anhören und dazu nach § 278 Abs. 3 Satz 1 ihr persönliches Erscheinen anordnen soll, wächst die Bedeutung des § 141, der seinerseits unverändert geblieben ist, weiter. 25

1. Trennung von Anhörung und Parteivernehmung. Nach der de lege lata bestehenden gesetzlichen Konzeption sind Anhörung und Parteivernehmung strikt voneinander zu trennen. Weder nach dem Wortlaut noch nach seiner systematischen Stellung ist die Regelung des § 141 als Beweismittel anzusehen. Die Verfahren unterscheiden sich sowohl in ihrem Zweck und ihrer Durchführung als auch in der äußerlichen Gestaltung sehr deutlich. 26

Die Anhörung der persönlich erschienenen Partei zur Aufklärung des Sachverhalts nach § 141 dient anders als die Parteivernehmung nicht der Beweiserhebung über streitige Tatsachen. Sie hat nicht zum Ziel, das Gericht von der Wahrheit oder Unwahrheit einer Behauptung zu überzeugen. Ihre Aufgabe ist vielmehr die Aufklärung und Vervollständigung des Prozessstoffs. Durch Fragen an die Partei im Rahmen der Anhörung sollen Lücken, Unklarheiten und Widersprüche im Sachvortrag beseitigt werden, so dass das Vorbringen auf die eigentlich streitigen Punkte reduziert und präzisiert werden kann.[41] 27

Der Parteivernehmung hat stets ein förmlicher Beweisbeschluss nach § 450 vorauszugehen, der nach § 359 ein bestimmtes Beweisthema enthalten muss. Dagegen kann die Anhörung durch einfachen Gerichtsbeschluss nach § 329 Abs. 1 oder außerhalb der mündlichen Verhandlung durch Verfügung des Vorsitzenden, §§ 273 Abs. 2 Ziff 3, 329 Abs. 2, angeordnet werden.[42] Da es nicht um Wahrheitsermittlung, sondern um die Auf- 28

---

39 Vgl. dazu Nagel FS Habscheid 1989, 195, 197; *Münks* S. 175.
40 BGBl I 2001, 1887.
41 So schon *Jansen* S. 25 ff.; *Raab* S. 56 ff.; BGH NJW 1960, 100; OLG Stuttgart JZ 1978, 689, 690; Stein/Jonas/*Leipold* vor § 445 Rdn. 3.
42 Wittschier S. 7.

klärung des gesamten Sachverhalts geht, gibt es bei dem Beschluss, der das persönliche Erscheinen der Partei zum Zwecke der Anhörung anordnet, weder eine Beschränkung auf bestimmte Tatsachen noch die Beeidigung der Aussage.[43] Zwar gilt auch für die Anhörung nach § 138 die Wahrheitspflicht, im Rahmen der Anhörung können aber auch Vermutungen geäußert werden und beachtlich sein, wohingegen die Partei bei der Vernehmung nur ihr Wissen über Tatsachen kundzutun hat.[44] Während die Parteivernehmung nur subsidiär nach Ausschöpfung aller anderen Beweis möglich ist, kann die Anhörung in jedem Stand des Verfahrens erfolgen. Um ihrem Zweck gerecht zu werden, erfolgt sie zumeist zu Beginn des Verfahrens, während die Parteivernehmung erst den Abschluss der Beweisaufnahme bildet. Bei formloser Anhörung steht den Verfahrensbeteiligten anders als bei der Parteivernehmung auch kein Recht auf Anwesenheit zur Ausübung des Fragerechts zu.[45]

29   Die Ladung zur persönlichen Vernehmung nach §§ 141 Abs. 2 Satz 2, 329 Abs. 2 Satz 1 kann formlos erfolgen. Die Ladung zum Beweistermin, in dem eine Parteivernehmung erfolgen soll, erfordert indes nach §§ 450 Abs. 1 Satz 2, 329 Abs. 2 Satz 2 eine förmliche Zustellung. Während das persönliche Erscheinen einer Partei von Amts wegen durch Beschluss angeordnet und notfalls erzwungen werden kann, § 141 Abs. 1, 3 Satz 1, kann das Gericht die Parteivernehmung nicht erzwingen, sondern nur im Rahmen der freien Beweiswürdigung nach § 446 berücksichtigen.[46] Im Termin zur persönlichen Vernehmung kann sich die Partei nach § 141 Abs. 3 Satz 2 anders als bei der Parteivernehmung vertreten lassen. Nur für die Parteivernehmung gelten schließlich die §§ 160 3 4, 161, so dass nur diese im Verhandlungsprotokoll festgehalten werden muss.[47]

Wegen dieser deutlich unterschiedlichen Voraussetzungen und Wirkungen halten Rechtsprechung[48] und herrschende Lehre[49] zutreffend an der Trennung von Anhörung und Parteivernehmung fest. Ein einheitliches Beweismittel der Parteiaussage, wie dies in der Literatur vereinzelt gefordert wird,[50] ist mit der Systematik der ZPO de lege lata nicht in Einklang zu bringen.

30   **2. Beweiswert der Parteiaussage.** Verwischt werden die scheinbar scharfen Grenzen zwischen Anhörung und Parteivernehmung teilweise dadurch, dass das Gericht seine Überzeugung nach § 286 aus dem gesamten Inhalt der Verhandlung und dem Ergebnis der Beweisaufnahme zu gewinnen hat. Auch das eigene Vorbringen der Partei kann daher im Rahmen der freien Beweiswürdigung berücksichtigt werden.[51] Dem Tatrichter ist es darüber hinaus nicht verwehrt, das Parteivorbringen zur alleinigen Grundlage sei-

---

43 RGZ 149, 63, 64.
44 *Münks* S. 176; zur Abgrenzung von Willens- und Wissenserklärungen vgl. auch Stein/Jonas/*Leipold* vor § 128 Rdn. 178, 179; kritisch dazu *Brehm* S. 252ff.
45 BayObLG NJW 1960, 2287.
46 *Polyzogopoulos* S. 41; Baumbach/Lauterbach/*Hartmann* Übers. § 445 Rdn. 1; Rosenberg/Schwab/Gottwald § 123 I 2 und 4.
47 RGZ 149, 63, 64; BGH NJW 1969, 428; Rosenberg/Schwab/Gottwald § 123 I 2.
48 RGZ 149, 63, 64; KG JW 1934, 700; BGH NJW 1960, 100; BGHZ 40, 84, 85; BGH MDR 1967, 834; BGH KTS 1975, 111, 113; OLG Stuttgart JZ 1978, 689, 690.
49 *Brehm* S. 241; *Lange*, NJW 2002, 476, 481; Stein/Jonas/*Leipold* vor § 445 Rdn. 3f.; Zöller/*Greger* Vor § 445 Rdn. 1; Baumbach/Lauterbach/*Hartmann* Übers. § 445 Rdn. 1; MünchKomm/*Schreiber* § 445 Rdn. 2 alle m.w.N.
50 *Schöpflin*, NJW 1996, 2134; AK/*Rüßmann* vor § 445 Rdn. 4.
51 BGH LM Nr. 4 zu § 286 ZPO; BGH VersR 1965, 781, 783; BGH NJW 1992, 1558; BGH NJW-RR 1991, 983f., kritisch zu dieser Entscheidung Stein/Jonas/*Leipold* vor § 445 Rdn. 7.

ner Entscheidung zu machen[52] und dem Ergebnis einer Anhörung Vorzug vor den Bekundungen eines Zeugen zu geben.[53] Dies steht jedoch nicht im Widerspruch zu der herrschenden Auffassung, dass die Parteianhörung kein Beweismittel ist. Auch wenn Anhörung und Parteivernehmung gleichermaßen Erkenntnisquellen für den Richter sein können, darf dieser die Darlegungen einer Partei bei ihrer Anhörung nicht als Beweismittel werten.[54] Abzulehnen ist daher die in der gerichtlichen Praxis nicht unübliche Verfahrensweise, im Zuge der Parteianhörung auch Streitiges aufzuklären. Dies verstößt gegen den Grundsatz des Strengbeweises, der Erkenntnisse über streitige Tatsachen nur im Wege eines förmlichen Beweisverfahrens ermöglicht. Da die Anhörung nicht zu Beweiszwecken eingesetzt werden darf, steht bei der Würdigung der Parteibehauptungen der Inhalt der Parteierklärung im Vordergrund, während bei einer Parteivernehmung auch die Glaubwürdigkeit miteinbezogen werden kann.[55] Unzulässig ist es daher, wenn sich eine Entscheidung auf den persönlichen Eindruck bei einer Parteianhörung stützt. Diese Trennung ist praktisch oft nicht leicht zu vollziehen, da sich nicht verhindern lässt, dass der Richter während der Parteianhörung einen persönlichen Eindruck von den Parteien gewinnt. Es stellt jedoch keine unzulässige Hürde dar, wenn man eine Parteivernehmung fordert, sofern der Richter seine Entscheidung auf die Glaubwürdigkeit oder Unglaubwürdigkeit der Partei stützen will.[56] Dies muss selbst dann gelten, wenn die Parteiaussage nur neben anderen Beweismitteln berücksichtigt werden soll, da eine Auswirkung auf das Beweisergebnis nicht ausgeschlossen werden kann.[57]

Es ist daher unzutreffend, der Anhörung de lege lata eine Doppelnatur als Informations- und Beweismittel zuzusprechen und den Unterschied zur Parteivernehmung allein darin zu sehen, dass die Anhörung in einem früheren Verfahrensstadium stattfindet.[58] Auch die in der Literatur zum Teil befürwortete Verschmelzung der Institute der Parteianhörung und Parteivernehmung de lege ferenda[59] sowie die alternativ vorgeschlagene völlige Streichung der §§ 445 ff. unter Erhebung des § 141 zum Beweismittel[60] begegnet Bedenken. Dürfte die Anhörung gezielt dazu eingesetzt werden, die Partei zum Zeugen in eigener Sache zu machen, würde die grundsätzlich sinnvolle Subsidiarität der Parteivernehmung aufgegeben.[61] (Vgl. dazu § 445 Rdn. 6.) Zudem würde auch von dem für die Parteivernehmung auf Antrag nach §§ 445, 447 geltenden Beibringungsgrundsatz abgerückt und die Regelung des § 448 unterlaufen, die nach zutreffender Ansicht eine Ver- **31**

---

52   *Meyke* MDR 1987, 358, 359; *Kollhosser* ZZP 91 (1978), 102, 104; **a.A.** *Polyzogopoulos* S. 114: Hätte die Parteianhörung einen Beweiswert, so wäre die Parteivernehmung völlig überflüssig.
53   BGHZ 122, 115, 121 = NJW 1993 1638, 1640; BGH NJW 1998, 306; BGH NJW 1999, 363, 365; BGH NJW 2003, 3636; OLG Koblenz NJW-RR 2002, 630. Zur teilweise missverständlichen Interpretation dieser Aussage Stein/Jonas/*Leipold* vor § 445 Rdn. 7.
54   *Meyke* MDR 1987, 358, 360.
55   *Münks* S. 196 f.; *Brehm* S. 250 f.
56   BGH MDR 1967, 834; vgl. dazu auch *Münks* S. 196 f., die zu recht darauf hinweist, dass der Richter auch in anderen Bereichen z.B. sein privates Wissen nicht bei der Entscheidung verwerten darf.
57   Stein/Jonas/*Leipold* vor § 445 Rdn. 6.
58   *Schöpflin* NJW 1996, 2134, 2135 f.; dagegen *Gehrlein* ZZP 110 (1997) 451, 472 f.
59   *Polyzogopoulos* S. 143; zustimmend *Kollhosser* ZZP 91 (1978), 102, 106; kritisch dazu *Oberhammer*, ZZP 113 (2000), 295, 322 f.
60   Dafür AK/*Rüßmann* vor § 445 Rdn. 4.
61   Die Vereinigung der Zivilprozessrechtslehrer hat sich diesem Thema ausführlich auf ihrer Tagung im Jahr 2000 gewidmet. Auch wenn sich die Vortragenden alle für eine durchgreifende Reform des Rechts der Parteivernehmung ausgesprochen haben, wird an der grundsätzlichen Trennung von Anhörung und Vernehmung allgemein festgehalten, vgl. dazu *Coester-Waltjen*, ZZP 113 (2000), 269, 291; *Oberhammer*, ZZP 113 (2000), 295, 320 ff. sowie den Diskussionsbericht von *Oepen*, ZZP 113 (2000), 347 ff.

nehmung von Amts wegen nur zulässt, wenn bereits gewisser Beweis erbracht ist.[62] Auf dieses Kriterium kann auch nach der Entscheidung des EMRK zum Grundsatz der Waffengleichheit nicht generell verzichtet werden. (Ausführlich dazu § 448 Rdn. 30.)

32 **3. Gerichtliche Kontrolle.** Die Unterschiede zwischen Parteivernehmung und Anhörung manifestieren sich auch bei der gerichtlichen Überprüfung der jeweiligen Maßnahme. Wird ein Beweisantrag auf Parteivernehmung unberechtigt übergangen, stellt dies eine Verletzung rechtlichen Gehörs dar, der zur Zurückweisung durch das Berufungsgericht führen und als Verletzung des § 286 die Revision rechtfertigen kann.[63] Unterbleibt hingegen die beantragte Anordnung der Parteianhörung, ist das Urteil nicht mit der Verfahrensrüge angreifbar. Allenfalls kann eine Verletzung des § 139 geltend gemacht werden.[64]

33 Wird eine bei der Anhörung gemachte Aussage als Beweismittel gewertet, liegt darin ein Verfahrensfehler, der zur Aufhebung des Urteils zwingt.[65]

VII. Verwertung früherer Aussagen

34 Die Verwertung von Protokollen über frühere Aussagen ist Urkundenbeweis und unterliegt grundsätzlich nicht den Regeln über die Parteivernehmung.[66] Jedoch dürfen durch die Heranziehung früherer Parteiaussagen nicht die Regeln über die Parteivernehmung ausgehebelt werden. Auch die Parteivernehmung untersteht dem Unmittelbarkeitsgrundsatz. Dem Beweisantrag auf unmittelbare Vernehmung gebührt daher der Vorrang vor der Verwertung einer früheren Aussage.[67] Diese kann im Rahmen der Beweiswürdigung neben dem Ergebnis der Parteivernehmung verwertet werden, schließt aber die Parteivernehmung generell nicht aus. Der Vorteil der Parteivernehmung besteht für das erkennende Gericht darin, dass ein persönlicher Eindruck gewonnen werden kann, der gerade für die Bewertung der Glaubwürdigkeit der Partei unverzichtbar ist. Zudem kann nur bei einer unmittelbaren Vernehmung dem Anwesenheits- und Fragerecht des Gegners Rechnung getragen werden. Ein Antrag auf Parteivernehmung darf somit nicht mit der Begründung zurückgewiesen werden, dass zu den streitigen Tatsachen bereits eine Aussage der Partei aus einem früheren Verfahren vorliegt. Übergehen kann das Gericht den Antrag auf Parteivernehmung nach § 445 Abs. 2 nur, wenn dieser Tatsachen betrifft, deren Gegenteil das Gericht für bewiesen hält.[68]

Die frühere Vernehmung schließt auch eine Parteivernehmung von Amts wegen nicht aus. Bei der Entscheidung über deren Erforderlichkeit hat das Gericht zwar die frühere Aussage mitzuberücksichtigen. Reicht diese aber nicht aus, um die richterliche Überzeugung von der Wahrheit oder Unwahrheit einer Tatsache zu begründen, muss nach Ausschöpfung der anderen Beweismittel immer auch die Anordnung einer Parteivernehmung nach § 448 erwogen werden, bevor die beweisbelastete Partei für beweisfällig erklärt wird.

---

62 **A.A.** Stein/Jonas/*Leipold* § 448 Rdn. 28 ff., der auf die Anfangswahrscheinlichkeit aus verfassungsrechtlichen Gründen verzichten will.
63 BGH NJW 1992, 1768, 1769.
64 MünchKomm/*Peters* § 141 Rdn. 9; Baumbach/Lauterbach/*Hartmann* § 141, Rdn. 56.
65 BAG NJW 1963, 2340, 2341; BGH WM 1987, 1562; MünchKomm/*Schreiber* § 445 Rdn. 3; Stein/Jonas/ *Leipold* § 445 Rdn. 7; **a.A.** AK/*Rüßmann* vor § 445 Rdn. 5.
66 BGH WM 1969, 1052; Zöller/*Greger* Vor § 445 Rdn. 10; Stein/Jonas/*Leipold* vor § 445 Rdn. 9.
67 BGH VersR 1959, 46, 48; *Schneider, E.*, Beweis und Beweiswürdigung Rdn. 1504; Zöller/*Greger* § 445 Rdn. 6.
68 BGH FamRZ 1966, 566; Stein/Jonas/*Leipold* vor § 445 Rdn. 9.

VIII. Verwertung der Aussage als Parteierklärung

Lange Zeit umstritten war die Frage, ob die bei der Parteivernehmung gemachte 35 Aussage, sei sie für die Partei günstig oder nachteilig, unmittelbar als Parteierklärung gewertet werden darf. Besonders relevant wird dies dann, wenn der Beweisgegner im Rahmen seiner Vernehmung gemäß § 445 Abs. 1 eine bestrittene Tatsachenbehauptung zugesteht. Wäre hierin ein Geständnis im Sinne von § 288 zu sehen, würde dieses die Beweisbedürftigkeit der Klagebehauptung entfallen lassen. Das Reichsgericht hatte eine Geständniswirkung unter Hinweis auf die fehlende Postulationsfähigkeit zumindest für den Anwaltsprozess verneint. Ein gerichtliches Geständnis stelle eine Prozesshandlung dar, die im Anwaltsprozess nur von dem Prozessbevollmächtigten wirksam vorgenommen werden könne. Nur wenn sich auch der Prozessbevollmächtigte die Aussage zu Eigen mache und sie im Prozess vortrage, liege ein Geständnis im Sinne des § 288 vor.[69] Der BGH hatte zunächst darauf abgestellt, dass auch im Anwaltsprozess nach § 137 Abs. 4 die Partei Herr des Verfahrens bleibe und deshalb eine Geständniswirkung der von der Partei im Rahmen ihrer Vernehmung abgegebenen Erklärung bejaht.[70] Der BGH hat diese Auffassung nunmehr ausdrücklich aufgegeben und nimmt in Übereinstimmung mit der herrschenden Lehre an, dass Erklärungen der Partei im Rahmen der Parteivernehmung gemäß § 445 kein Geständnis enthalten.[71] Begründet wird dies zutreffend damit, dass die gesamte Aussage als Beweismittel frei zu würdigen ist. Die einheitliche Aussage aufzuspalten und einen Teil dieser Aussage als für das Gericht bindend anzusehen, widerspräche der beweisrechtlichen Natur der Parteivernehmung und würde die mündliche Verhandlung, für welche § 137 Abs. 4 gilt, unzulässig mit der Beweisaufnahme vermengen.[72] Auch wenn die Erklärung des Gegners nicht als Geständnis gewertet, sondern erst im Rahmen der freien Beweiswürdigung berücksichtigt werden kann, wird dies in der Regel aber zum selben Ergebnis führen, da eine andere Wertung kaum denkbar ist, wenn der Beweisgegner eine Behauptung der beweisbelasteten Partei bestätigt.[73] Gleichwohl ist der Streit deshalb nicht nur akademischer Natur. Zum einen kann die bei der Parteivernehmung gemachte Aussage ohne die Einschränkung des § 290 berichtigt werden, wenn man diese nicht als Geständnis wertet.[74] Zum anderen ergibt sich dann ein Unterschied, wenn die übrige Beweisaufnahme ergibt, dass die die Partei belastende eigene Erklärung nicht zutrifft. In diesem Fall kann im Rahmen der Beweiswürdigung die Erklärung übergangen werden, was nicht zulässig wäre, wenn man die Parteierklärung als Geständnis wertet, da dann auf die entgegenstehende Beweisaufnahme nicht eingegangen werden dürfte.

---

[69] RG JW 1936, 1778 mit abl. Anm. *Herriger* JW 1938, 1272; zust. aber AK/*Rüßmann* vor § 445 Rdn. 6; *Polyzogopoulos* S. 106 f.; *Tsai* FS Rammos 1979, 907, 911; *Orfanides* NJW 1990, 3174.
[70] BGHZ 8, 235 = NJW 1953, 621 mit abl. Anm. *Lent*; Rosenberg/Schwab/*Gottwald* § 123 I 3 anders noch in der 14. Aufl.
[71] So BGHZ 129, 108 = NJW 1995, 1432 = JR 1996, 65, 67 mit zust. Anm. *Preuß*; *Hülsmann* NJW 1997, 617, 621; Stein/Jonas/*Leipold* vor § 445 Rdn. 8; MünchKomm/*Schreiber* § 445 Rdn. 3; Zöller/*Greger* § 288 Rdn. 3b.
[72] BGHZ 129, 108, 110; *Lent* NJW 1953, 622; *Polyzogopoulos* S. 78; *Münks* S. 178.
[73] *Wittschier* S. 20.
[74] Stein/Jonas/*Leipold* vor § 445 Rdn. 8.

§ 445
Vernehmung des Gegners; Beweisantritt

(1) Eine Partei, die den ihr obliegenden Beweis mit anderen Beweismitteln nicht vollständig geführt oder andere Beweismittel nicht vorgebracht hat, kann den Beweis dadurch antreten, dass sie beantragt, den Gegner über die zu beweisenden Tatsachen zu vernehmen.

(2) Der Antrag ist nicht zu berücksichtigen, wenn er Tatsachen betrifft, deren Gegenteil das Gericht für erwiesen erachtet

Übersicht

I. Gegenstand der Parteivernehmung	2. Weitergehende Geltung
1. Tatsachenbeweis — 1	a) Direkter Gegenbeweis — 22
2. Eigene und fremde Wahrnehmungen — 2	b) Indirekter Gegenbeweis — 23
3. Sachkunde der Partei — 3	c) Anscheinsbeweis — 24
II. Zulässigkeitsvoraussetzungen	d) Beweis des Gegenteils — 25
1. Subsidiarität — 4	3. Vorweggenommene Beweiswürdigung — 26
2. Bedeutung der Beweislast — 8	4. Sonstige Beschränkungen — 27
a) Fehlen anderen Beweises — 9	IV. Verfahren — 28
b) Unvollständigkeit anderen Beweises — 10	1. Beweisanordnung — 29
c) Erschöpfung des Gegenbeweises — 11	2. Vernehmung — 31
3. Antrag	3. Protokollierung — 32
a) Antragsberechtigung — 12	V. Rechtsfolgen eines Verstoßes
b) Inhalt — 13	1. Verletzung der Vernehmungsreihenfolge — 33
c) Rücknahme — 18	2. Verletzung des § 445 Abs. 2 — 34
d) Form — 19	3. Verkennung der Beweislast
e) Zeitpunkt — 20	a) Verfahrensfehler — 35
III. Unzulässigkeit der Parteivernehmung	b) Heilung — 37
1. Unbeachtlichkeit des Antrags nach Abs. 2 — 21	

I. Gegenstand der Parteivernehmung

1. Tatsachenbeweis. Die Parteivernehmung ist wie alle anderen Beweismittel beschränkt auf Tatsachen.[1] Unzulässig ist eine Vernehmung zu Rechtsfragen. Bei Begriffen wie Kauf oder Miete, ist nicht auf die rechtliche Wertung, sondern auf die tatsächlichen Grundlagen abzustellen. Hinsichtlich der Art der Vernehmungstatsachen gibt es keine Beschränkung. Die Partei kann über äußerlich wahrnehmbare Tatsachen wie auch über innere Tatsachen befragt werden, etwa über eine bestimmte Absicht,[2] Kenntnis,[3] Überzeugung, Zweifel[4] oder Wissen und guten oder bösen Glauben. Unsittliche oder strafbare Handlungen können gleichfalls Inhalt der Parteivernehmung sein. Die Handlungen, über welche Auskunft erteilt wird, können in einem Tun, aber auch in einem Dulden oder Unterlassen bestehen.

---

1 Zum Tatsachenbegriff vgl. etwa BGH NJW 1981, 1562.
2 RG JW 1908, 76.
3 RGZ 57, 388.
4 RGZ 68, 130, 131 f.

2. Eigene und fremde Wahrnehmungen. Des Weiteren ist die Vernehmung nicht 2
auf eigene Handlungen und Wahrnehmungen der Partei begrenzt. Eine solche Beschränkung, wie sie der Parteieid anders als der Parteieid alten Rechts vorsah, gibt es heute nur noch in § 455 Abs. 2 für die Parteivernehmung der prozessunfähigen und der unter Betreuung oder Pflegschaft stehenden prozessfähigen Partei. Gegenstand der Vernehmung können folglich auch fremde, negative oder hypothetische Tatsachen sein, wie etwa das mutmaßliche Handeln eines Dritten.[5] Der Beweiswert der Aussage ist jedoch bei fremden Tatsachen ähnlich wie beim Zeugen vom Hörensagen gegenüber Tatsachen, die Gegenstände eigener Wahrnehmung waren, deutlich gemindert.[6]

3. Sachkunde der Partei. Auch Erfahrungssätze und technische Zusammenhänge 3
sind nicht im Wege der Parteivernehmung, sondern durch Sachverständigenbeweis zu ermitteln.[7] Dies schließt nicht aus, dass eine Partei, die sachkundig ist, auch zu bestimmten Fragen vernommen wird, die eine besondere Sachkunde erfordern. Die Tatsacheninstanz muss dann feststellen, ob eine Partei hinreichend sachverständig für ein von ihr gefordertes Urteil ist.[8] Die Parteivernehmung selbst ist in keinem Fall als reiner Sachverständigenbeweis zulässig. Die Partei kann auch dann nicht als Sachverständiger vernommen werden, wenn der Gegner zustimmt.

II. Zulässigkeitsvoraussetzungen

1. Subsidiarität. Die Parteivernehmung ist nach der gesetzlichen Konzeption ein 4
Hilfsbeweis, der nur subsidiär zulässig ist, wenn die Partei keine anderen Beweismittel vorgebracht hat oder der Beweis mit den vorhandenen Beweismitteln noch nicht vollständig erbracht ist. Bietet die beweispflichtige Partei andere Beweismittel an, muss das Gericht diese zunächst ausschöpfen. In der vom Gesetzgeber vorgesehenen Subsidiarität der Parteivernehmung manifestiert sich ein gewisses Misstrauen gegenüber dem Beweiswert der Parteiaussage, welches daraus resultiert, dass die Partei dem Prozess nicht wie eine neutrale Person gegenübersteht.[9]

Die Subsidiarität der Parteivernehmung wird in der Literatur zum Teil sehr kritisch 5
bewertet und de lege ferenda ihre Abschaffung weitestgehend befürwortet, da sie als ein im heutigen Prozess überflüssiges Relikt des Parteieides angesehen wird.[10] Während der frühere Parteieid wegen seiner formellen Beweiskraft durchaus als gefährliches Beweismittel nur subsidiär zulässig sein konnte, lasse sich dies bei der Parteivernehmung nicht mehr rechtfertigen. Da die Parteiaussage keinerlei bindende Beweiskraft habe, sei der Richter keiner Gefahr ausgesetzt. Ihm sei durch die freie Beweiswürdigung genügend Schutz gegen die Unzuverlässigkeit der Parteiaussage gegeben. Zudem werde der Prozess dadurch verzögert, dass der Richter erst alle Beweisantritte erledigen muss, auch wenn er überzeugt ist, erst die Parteivernehmung werde manche Fragen klären können. Würde die Parteivernehmung im Anschluss an die zu Beginn der Verhandlung stattfindende Anhörung durchgeführt, würde sich in vielen Fällen die Zeugenvernehmung er-

---

[5] RG JW 1936, 817; BGH VersR 1966, 1021; Stein/Jonas/*Leipold* § 445 Rdn. 4; Baumbach/Lauterbach/*Hartmann* § 445 Rdn. 6; MünchKomm/*Schreiber* § 445 Rdn. 5.
[6] MünchKomm/*Schreiber* § 445 Rdn. 5.
[7] Stein/Jonas/*Leipold* § 445 Rdn. 3; MünchKomm/*Schreiber* § 445 Rdn. 5; Baumbach/Lauterbach/*Hartmann* § 445 Rdn. 7.
[8] RGZ 7, 1, 2.
[9] Vgl. dazu auch Stein/Jonas/*Leipold* § 445 Rdn. 2.
[10] *Wehmeier* S. 60 ff; *Polyzogopoulos* S. 63 ff.; *Coester-Waltjen*, ZZP 113 (2000), 269, 291 ff.; *Oberhammer*, ZZP 113 (2000), 295, 324 f.; *Kwaschik* S. 20 ff., 64 ff.

übrigen. Zudem wären die Parteien bei ihrer früheren Vernehmung stärker bemüht, die Wahrheit zu sagen, weil sie damit rechnen müssen, dass ihre Aussagen durch spätere Zeugenaussagen widerlegt werden.[11] Dagegen könne die Subsidiarität dazu führen, dass die Partei, die inzwischen das Ergebnis der bisherigen Beweisaufnahme kennt, ihre Einlassung diesem Ergebnis entsprechend macht.[12] Hingewiesen wird weiterhin darauf, dass das österreichische Recht, welches als Vorbild für die deutsche Regelung diente, durch die Zivilverfahrensnovelle von 1983 die Subsidiarität der Parteivernehmung völlig beseitigt hat, so dass die Parteivernehmung Gleichrangigkeit mit den anderen Beweismitteln, insbesondere mit dem Zeugenbeweis, erlangt hat.[13] In praktischer Hinsicht werden vor allem die Manipulationsmöglichkeiten für eine Reform ins Feld geführt. Dass einer Partei etwa durch Abtretung Zeugenqualität verschafft wird oder umgekehrt durch subjektive Klagehäufung potentielle Zeugen der Gegenseite ausgeschaltet werden, ließe sich durch eine Gleichstellung der Parteivernehmung mit der Zeugenvernehmung verhindern.[14]

6   Trotz der angeführten Bedenken sprechen aber auch gewichtige Gründe dafür, an der Subsidiarität der Parteivernehmung festzuhalten. In welchem Umfang die Parteiaussage weniger zuverlässig ist als die Zeugenaussage, mag sich rechtstatsächlich nur schwer ermitteln lassen. Die Subsidiarität der Parteivernehmung beruht aber nicht nur auf der Unzuverlässigkeit der Partei als Beweismittel, sondern dient in erheblichem Umfang auch dem Schutz der Partei. Diese befindet sich in dem Dilemma, einerseits zur wahrheitsgemäßen Aussage verpflichtet zu sein und sich andererseits hierdurch schaden zu können. Sie soll daher diesem Interessenkonflikt nur dann ausgesetzt werden, wenn der Beweis in anderer Weise nicht zu erbringen ist.[15] Wäre die Parteivernehmung uneingeschränkt möglich, bestände zudem die Gefahr, dass der Richter sich auf die Parteiaussage als das bequemste und am leichtesten erreichbare Beweismittel beschränkt.[16] Zudem wirkt anders als beim Parteieid alten Rechts die Subsidiarität der Parteivernehmung nur relativ. Da sich an die Vernehmung der Partei keine formalen Beweisfolgen knüpfen, wird die Erhebung weiterer Beweise über dieselbe Tatsache nicht verhindert, die ihr entgegenstehen oder sie unterstützen, sofern der Beweis durch sie allein noch nicht als geführt anzusehen ist.[17] Die Parteivernehmung nach § 445 ist nur gegenüber den anderen auf Antrag anzuordnenden Beweismitteln subsidiär. Eine vorherige Ausschöpfung auch der amtswegigen Beweiserhebung nach §§ 142ff., 448 kommt nicht in Betracht.[18] (Zur Subsidiarität der Parteivernehmung von Amts wegen vgl. § 448 Rdn. 4.)

7   Nicht subsidiär ist die Parteivernehmung im Urkundenprozess bei anderen als anspruchsbegründenden Tatsachen, wo der Antrag auf Parteivernehmung nach §§ 592 Abs. 2, 605 Abs. 1 als einziges Beweismittel neben der Urkunde bevorzugt zugelassen ist sowie bei §§ 426, 441 Abs. 3 Satz 2, wo bei der Vernehmung des Prozessgegners über den Verbleib einer Urkunde die Parteivernehmung als einzig zulässiges Beweismittel vorgesehen ist.

---

11 Nagel FS Habscheid 1989, 195, 197.
12 *Schönke* DGWR 1937, 348, 349; *Wehmeier* S. 56 f.; *Polyzogopoulos* S. 65 m.w.N.
13 *Fasching* Rdn. 1023 ff.; *Volkmar* JW 1933, 2885; umfassend dazu *Oberhammer*, ZZP 113 (2000), 295 ff.
14 Zu den Missbrauchsmöglichkeiten näher *Lange*, NJW 2002, 476, 477 f.; *Kluth/Böckmann*, MDR 2002, 616 sowie die Diskussionsbeiträge von *Schlosser* und *Ahrens* bei *Oepen*, ZZP 113 (2000), 347, 351, 354.
15 *Glücklich* S. 101; MünchKomm/*Schreiber* § 445 Rdn. 6; Zöller/*Greger* § 445 Rdn. 3.
16 Kritisch dazu *Polyzogopoulos* S. 64 Fn. 69.
17 Stein/Jonas/*Leipold* § 445 Rdn. 12; Rosenberg/Schwab/Gottwald § 123 II 1.
18 Ausführlich dazu *Brüggemann* Judex statutor und judex investigator 1968, S. 449.

2. Bedeutung der Beweislast. Wegen der in § 282 niedergelegten Pflicht zur möglichst frühen Beibringung der Beweismittel, wird gelegentlich eine Parteivernehmung zu einem Zeitpunkt beantragt, in dem noch nicht feststeht, wer für die unter Beweis gestellten Tatsachen im konkreten Fall beweispflichtig ist. Nur die Partei, die den „ihr obliegenden Beweis" nicht geführt hat, kann die Vernehmung des Gegners verlangen. Es geht somit nicht darum, wer nach dem jeweiligen Stand des Verfahrens eine ihm günstige Tatsache beweisen muss, um den Prozessverlust von sich abzuwenden, denn das kann bei erbrachtem Hauptbeweis auch die Partei sein, welche den Gegenbeweis führen muss. Abgestellt wird bei § 445 Abs. 1 somit darauf, wer für ein bestimmtes Merkmal durch eigenes Tätigwerden abstrakt den Beweis zu erbringen hat, unabhängig von der konkreten Prozesssituation.[19] Das Gericht hat daher diese abstrakte Beweislast sorgfältig zu prüfen, bevor es über die Zulässigkeit der Parteivernehmung entscheiden kann.[20] Ein vorsorglich gestellter Antrag auf Parteivernehmung des Gegners ist unerheblich, wenn sich herausstellt, dass der Antragsteller für die Behauptungen, für welche er Beweis durch Parteivernehmung angetreten hat, nicht beweispflichtig ist. Bei Verkennung der Beweislast durch die Parteien hat das Gericht auf seine Auffassung von der Beweislastverteilung nach § 139 hinzuweisen. Ein vorsorglich unter Verkennung der Beweislast gestellter Antrag nach § 445 kann im Regelfall nicht in ein Einverständnis mit der Vernehmung der beweispflichtigen Partei nach § 447 umgedeutet werden. Es wird gewöhnlich nicht dem Willen des nicht beweisbelasteten Antragstellers entsprechen, der Gegenseite ihre Beweislast dadurch abzunehmen, dass man sie Beweis mittels ihrer eigenen Aussage erbringen lässt.[21] (Dazu ausführlich § 447 Rdn. 4.)

a) Fehlen anderen Beweises. Eine Parteivernehmung des Gegners kommt zunächst in Betracht, wenn der Beweispflichtige überhaupt keinen Beweis für die streitigen beweiserheblichen Tatsachen antritt. Der Beweispflichtige wird dies zwar regelmäßig nur dann tun, wenn keine anderen Beweismittel existieren. Er ist aber trotz des Subsidiaritätsgrundsatzes nicht zum Vorbringen anderer Beweismittel, etwa zur Benennung vorhandener Zeugen verpflichtet, sondern kann sich auch auf den Antrag auf Parteivernehmung beschränken. Auf diese Weise kann der Beweispflichtige die Subsidiarität der Parteivernehmung ausschalten. Er wird dies jedoch im Regelfall nicht tun, solange er noch über andere Erfolg versprechende Beweismittel verfügt, da er sich hierdurch der Gefahr aussetzt, dass ein zum selben Beweisthema gestellter Beweisantrag, mit dem er auf die anderen Beweismittel nachträglich zurückgreifen will, als verspätet zurückgewiesen wird. (Vgl. dazu § 450 Rdn. 8.).[22] Nicht zurückgewiesen werden darf ein nach der Parteivernehmung gestellter Beweisantrag dann, wenn er der Widerlegung der Parteiaussage dienen soll.[23]

---

[19] Vgl. dazu *Prütting*, Gegenwartsprobleme der Beweislast S. 7, 27; im Ergebnis ebenso AK/*Rüßmann* § 445 Rdn. 1, der von objektiver Beweislast spricht. Dagegen Zöller/*Greger* § 445 Rdn. 2, vor § 284 Rdn. 18: formelle = subjektive Beweislast, der jedoch darauf hinweist, dass im Geltungsbereich der Verhandlungsmaxime objektive und subjektive Beweislast nebeneinander treten. Wegen der Verwechslungsgefahr zwischen objektiver und subjektiver Beweislast erscheint die Differenzierung zwischen konkreter und abstrakter Beweislast besser geeignet, um den Regelungsinhalt des § 445 Abs. 1 zu verdeutlichen.
[20] *Born* JZ 1981, 775, 777; *Münks* S. 185 f.
[21] Stein/Jonas/*Leipold* § 445 Rdn. 10; Baumbach/Lauterbach/*Hartmann* § 445 Rdn. 6; MünchKomm/*Schreiber* § 445 Rdn. 9.
[22] MünchKomm/*Schreiber* § 445 Rdn. 7.
[23] Rosenberg/Schwab/*Gottwald* § 123 II 1; Musielak/*Huber* § 445 Rdn. 8.

10   **b) Unvollständigkeit anderen Beweises.** Die Parteivernehmung nach § 445 ist weiterhin auch dann möglich, wenn der Beweispflichtige zwar durch andere Beweismittel bereits Beweis angetreten hat und die von ihm behaupteten Tatsachen daher wahrscheinlich sind, aber die nach § 286 erforderliche an Sicherheit grenzende Wahrscheinlichkeit zur Überzeugung des Gerichts noch nicht vorliegt. Im Unterschied zur Vernehmung nach § 448 ist aber grundsätzlich nicht erforderlich, dass Anhaltspunkte oder eine gewisse Wahrscheinlichkeit für die unter Beweis gestellte Behauptung bestehen.[24]

11   **c) Erschöpfung des Gegenbeweises.** Aufgrund isolierter Betrachtung des Wortlauts des § 445 Abs. 1 wird zum Teil davon ausgegangen, nur die vom Beweispflichtigen angetretenen anderen Beweise müssten vor der Durchführung der Parteivernehmung erschöpft werden, nicht aber der Gegenbeweis. Das Gericht soll nach Ermessen entscheiden können, ob es zunächst die Gegenbeweise erheben oder die nicht beweisbelastete Partei vernehmen will, da diese keinen Anspruch darauf habe, vor ihrer eigenen Aussage den Ausgang der übrigen Beweisaufnahme abzuwarten.[25] Dem ist nicht zu folgen. Nach der Konzeption der §§ 445 ff. als Hilfsbeweis ist die Anordnung der Parteivernehmung nur dann zulässig, wenn für die streitige Tatsache keine weiteren Beweismittel mehr zur Verfügung stehen.[26] Dabei ist gleichgültig, ob diese von dem Beweisbelasteten oder der gegnerischen Partei benannt wurden. Aus dem Subsidiaritätsgedanken und der Regelung des § 445 Abs. 2 lässt sich mithin entnehmen, dass auch der Gegenbeweis des Gegners vor der Anordnung der Parteivernehmung erschöpft sein muss.[27]

2. Antrag

12   **a) Antragsberechtigung.** Zulässig ist der Antrag nur, wenn er von der beweisbelasteten Partei gestellt ist. Er setzt damit zunächst die richtige Erkenntnis der Beweislast nach § 282 voraus. Zu vernehmen ist somit die Partei, der nicht die Beweislast für die Tatsache obliegt, über die sie vernommen werden soll. Der Antrag geht vom Postulationsfähigen einer Partei aus, d.h. von der Partei selbst, ihrem gesetzlichen Vertreter oder Prozessbevollmächtigten. Der selbständige Streithelfe nach § 69 kann einen wirksamen eigenen Antrag stellen, der Antrag eines unselbständigen Streitgenossen ist dagegen nur dann wirksam, wenn er sich damit nicht in Widerspruch zur Partei setzt.

13   **b) Inhalt.** Der Antrag muss die Erklärung, dass der Gegner vernommen werden soll, und die Bezeichnung der in sein Wissen gestellten Tatsachen enthalten. Diese müssen im Antrag genau bestimmt sein. Die bloße Nennung der gesetzlichen Tatbestandsmerkmale reicht zur Konkretisierung nicht aus. Ist unklar, was mit dem gestellten Antrag gemeint ist oder ist dieser unvollständig, sollte das Gericht nach § 139 aufklären und auf die Stellung eines ordnungsgemäßen Antrags hinwirken. Eine Partei als Beweismittel für ihr eigenes Vorbringen zu hören, ist nur nach §§ 287 Abs. 1 Satz 3, 447 und 448 möglich, nicht aber im Rahmen des § 445. Der Antrag auf eigene Vernehmung fällt damit nicht unter § 445, sondern ist entweder eine prozessual unerhebliche Anregung zu einer amtswegigen Vernehmung oder aber die Einwilligung nach § 447.

---

[24] BGH NJW 2012, 2427; 2431; OLG Stuttgart NDR 2007, 545; Stein/Jonas/*Leipold* § 445 Rdn. 12; AK/*Rüßmann* § 445 Rdn. 3; Zöller/*Greger* § 445 Rdn. 3.
[25] MünchKomm/*Schreiber* § 445 Rdn. 7; Stein/Jonas/*Leipold* § 445 Rdn. 17.
[26] *Glücklich* S. 101 ff.; *Wehmeier* S. 7.
[27] *Polyzogopoulos* S. 60 Fn. 46.

Die zu vernehmende Gegenpartei braucht nicht namentlich benannt zu werden, selbst wenn sie aus mehreren Streitgenossen besteht oder wenn sowohl die Vernehmung des gesetzlichen Vertreters wie die der Partei zulässig ist. Wird jedoch die Vernehmung eines bestimmten, namentlich benannten Streitgenossen beantragt, ist das Gericht daran gebunden (Vgl. dazu § 449 Rdn. 7.). Ist der Antrag auf Vernehmung des gesetzlichen Vertreters der Gegenpartei gerichtet, ist er regelmäßig als abstrakter Antrag auf Vernehmung der Gegenpartei auszulegen, so dass das Gericht auch den Minderjährigen nach § 455 Abs. 2 vernehmen kann. **14**

Das Gericht darf die Parteivernehmung nicht davon abhängig machen, dass Anhaltspunkte für die Wahrheit der durch Parteivernehmung unter Beweis gestellten Tatsache vorliegen oder die Partei ihre Behauptung sogar wahrscheinlich macht. Der Antrag auf Parteivernehmung setzt nicht die Glaubhaftmachung oder Wahrscheinlichkeit der aufgestellten Behauptungen voraus.[28] Eine Begründung, weshalb die Gegenpartei etwas wissen soll, oder eine Darlegung der Umstände, durch welche die beweiserhebliche Tatsache dem Gegner bekannt geworden ist, kann nicht verlangt werden. Ausreichend ist, dass der Beweisführer die zu beweisenden konkreten Tatsachen bezeichnet.[29] **15**

Da eine Partei, welche die Parteivernehmung des Gegners beantragt, häufig nicht wissen kann, über welche Informationen die Gegenseite verfügt, sind zur Vermeidung von Beweisschwierigkeiten an die Begrenzung des Beweisthemas keine ganz so strengen Anforderungen zu stellen wie beim Zeugenbeweis. Das Beweisthema darf jedoch nicht zu weit gefasst werden. Nicht ausreichend ist beispielsweise die Behauptung einer Vertragsverletzung ohne Angabe konkreter Tatsachen zur Art und Weise des vertragswidrigen Handelns.[30] Nicht zugelassen hat die Rechtsprechung häufiger auch Beweisthemen, die eine bestimmte Beurteilung von der Partei verlangen wie etwa die Frage nach dem Vorliegen einer Notlage oder Überschuldung. Dabei ist jedoch die Abgrenzung zu Rechtsbegriffen, die in die Verkehrsanschauung eingegangen sind und unter denen sich eine Partei etwas vorstellen kann, oftmals schwierig. Unter Berücksichtigung der im Einzelfall vorliegenden Kenntnisse und des Bildungsstandes der Aussageperson dürfen einfache Rechtsbegriffe, wie Bürgschaft, Darlehen etc. oder die Frage nach dem Vorliegen einer Zahlungseinstellung als Tatsachenbegriffe gewertet und zum Gegenstand der Vernehmung gemacht werden.[31] Zu entscheiden ist danach, ob es um die Tatsachen oder um den Inhalt des Rechtsbegriffs geht. (Zu umfangreichen Nachweisen über die vom Reichsgericht zugelassenen und als zu weit gefasst abgelehnten Beweisthemen 2. Auflage § 445 Anm. C III d 1–3.) **16**

Grundsätzlich sind auch bei der Parteivernehmung Beweisantritte unzulässig, die darauf zielen, erst aufgrund der Beweisaufnahme die zur Konkretisierung des Parteivorbringens benötigten eigentlichen beweiserheblichen Tatsachen in Erfahrung zu bringen, die sodann behauptet, unter Beweis gestellt und damit zur Grundlage neuen Vortrags gemacht werden sollen (Ausforschungsbeweis).[32] Dabei ist jedoch zu berücksichtigen, dass es der Partei häufig nicht erspart bleiben wird, Tatsachen vorzutragen, über die sie keine genaue Kenntnis haben kann. Unzulässig wird dies erst dann, wenn die Partei ohne greifbare Anhaltspunkte für das Vorliegen eines bestimmten Sachverhalts willkür- **17**

---

28 BGHZ 33, 63, 65 f. = NJW 1960, 1950; BGH NJW-RR 1991, 888, 890.
29 LAG Hessen NJW 1948, 234.
30 Stein/Jonas/*Leipold* § 445 Rdn. 28.
31 Vgl. etwa RGZ 32, 407, 409.
32 BGH NJW 1958, 1491, 1492; BGH NJW 1972, 249, 250; BGH WM 1984, 1380, 1381; BGH NJW-RR 1991, 888, 890.

lich Behauptungen aufstellt.[33] (Nachweise zu zulässigen und als Ausforschungsbeweis unzulässigen Beweisantritten aus der Rechtsprechung des Reichsgerichts 2. Auflage § 445 Anm. C IIIb 1, 2.)

18   **c) Rücknahme.** Der Antrag ist eine einseitige, dem Gericht gegenüber abzugebende prozessuale Willenserklärung, welche bis zur Durchführung der Vernehmung wie jeder Beweisantrag zurückgenommen werden kann. Zwar ist ein Verzicht auf die Parteivernehmung nicht möglich, da in § 451 nicht auf § 399 als die entsprechende Vorschrift über den Zeugenbeweis verwiesen wird. Die aus dem Beibringungsgrundsatz resultierende Möglichkeit zur Rücknahme des Antrags wird hierdurch aber nicht ausgeschlossen, auch wenn diese sachlich einem Verzicht gleichkommt.[34] Die spätere Wiederholung des Antrags ist im Rahmen der Verspätungsvorschriften möglich, sofern nicht die Partei einen endgültigen Verzicht erklärt hat.[35] (Ausführlich dazu § 451 Rdn. 13.) Nach der durchgeführten Vernehmung der Partei ist die Rücknahme des Antrags ausgeschlossen und zwar auch dann, wenn der Antrag unter Verkennung der Beweislast gestellt und beschieden worden ist.[36]

19   **d) Form.** Eine bestimmte Form ist für den Antrag nicht vorgeschrieben, auch die Bezeichnung etwa als Antrag auf „Parteigehör" ist unschädlich, sofern nur deutlich wird, dass die förmliche Parteivernehmung des Gegners gewollt ist. Der Antrag auf Vernehmung des Gegners als Partei muss in der mündlichen Verhandlung nicht ausdrücklich gestellt werden. Ausreichend ist, wenn zu Beginn der mündlichen Verhandlung gemäß § 137 Abs. 3 auf die Klagebegründung Bezug genommen wurde, in welcher der Antrag auf Parteivernehmung angekündigt wurde. Die Bezugnahme auf den Schriftsatz reicht auch bezüglich des Beweisantritts aus.[37] Der Antrag ist im amtsgerichtlichen Verfahren nach § 510a zu protokollieren, während ansonsten nur die Erklärung über einen Antrag auf Parteivernehmung zu protokollieren ist, § 160 Abs. 3 Satz 3.

20   **e) Zeitpunkt.** Beantragt die Partei die Parteivernehmung des Gegners neben anderen Beweismitteln, ist der Subsidiaritätsgrundsatz zu beachten. Aus ihm ergibt sich, dass der Antrag erst nach Erschöpfung der anderen Beweismittel gestellt werden kann.[38] Ein bedingter Antrag auf Parteivernehmung für den Fall, dass die anderen Beweismittel das Gericht nicht überzeugen werden, ist daher unzulässig. Da der Antrag erst nach Erhebung der anderen Beweise wirksam gestellt werden kann, muss ein zuvor gestellter Antrag nach der sonstigen Beweisaufnahme wiederholt werden.[39] Sofern zu vermuten ist, dass die Partei nach Durchführung der Beweisaufnahme weiterhin Beweis durch Parteivernehmung antreten will und der fehlende Beweisantritt auf Unkenntnis beruht, ist nach § 139 aufzuklären, ob der Antrag erneut gestellt wird.[40] Wird ein nach § 445 Abs. 2 unzulässiger Antrag auf Parteivernehmung zulässig, weil das Gericht im Verlauf des Pro-

---

33   BGH NJW 1986, 246, 247; BGH NJW-RR 1991, 888, 891; BGH NJW 2012, 2427, 2431.
34   BAG NJW 1974, 1349, 1350 = AP Nr. 1 zu § 451 mit Anm. *Leipold*; BGH NJW-RR 1996, 1459; Musielak/*Huber* § 445 Rdn. 7; MünchKomm/*Schreiber* § 445 Rdn. 11.
35   BAG NJW 1974, 1349, 1350; Stein/Jonas/*Leipold* § 445 Rdn. 36.
36   OLG Hamburg MDR 1964, 414.
37   BGH NJW-RR 1996, 1459.
38   RGZ 154, 228, 229; *Glücklich* S. 100; *Polyzogopoulos* S. 61.
39   RGZ 154, 228, 229; OLG Oldenburg NJW-RR 1990, 125; Rosenberg/Schwab/Gottwald § 123 II 1; MünchKomm/*Schreiber* § 445 Rdn. 7.
40   BGH NJW-RR 1993, 2; Baumbach/Lauterbach/*Hartmann* § 445 Rdn. 1; MünchKomm/*Schreiber* § 445 Rdn. 7.

zesses seine Ansicht zur Verteilung der Beweislast geändert hat, hat das Gericht auf die Stellung eines neuen Antrags hinzuwirken. Denn für die Partei besteht ohne Kenntnis von der veränderten Beweislastsituation kein Anlass dazu, den Antrag von sich aus neu zu stellen.[41] Die Entscheidung darüber, ob eine anderweitige Beweisaufnahme die nach § 286 erforderliche Wahrscheinlichkeit noch nicht erbracht hat und die Parteivernehmung daher zulässig ist, kann erst im Anschluss an deren Durchführung getroffen werden. Das Gericht darf daher die Parteivernehmung auch erst nach Erschöpfung der anderen Beweismittel beschließen.[42] Die Zulässigkeitsvoraussetzungen für die Parteivernehmung müssen nicht nur im Zeitpunkt des Erlasses des Beweisbeschlusses, sondern noch im Zeitpunkt der Durchführung der Parteivernehmung vorliegen.[43]

III. Unzulässigkeit der Parteivernehmung

1. Unbeachtlichkeit des Antrags nach Abs. 2. Nach § 445 Abs. 2 ist der Antrag auf **21** Vernehmung des Beweisgegners nicht zu berücksichtigen, wenn er Tatsachen betrifft, deren Gegenteil das Gericht für erwiesen erachtet. Dies kann durch freie Würdigung anderer Beweise, infolge Offenkundigkeit bestimmter Tatsachen oder aufgrund einer gesetzlichen Beweisregel nach §§ 165, 415 – 418, 438 der Fall sein. Zu Recht für unzulässig erachtet wurde daher die Parteivernehmung dort, wo mit ihr ein Beweis gegen die formelle Beweiskraft einer (öffentlichen) Urkunde geführt werden sollte.[44] Insbesondere der Beweis einer unrichtigen Beurkundung gem. § 415 kann nicht durch Parteivernehmung geführt werden.[45] Der Antrag auf Parteivernehmung des Gegners ist hingegen zulässig, soweit er die materielle Beweiskraft einer durch die Urkunde bewiesenen privaten Erklärung betrifft, d.h. die Richtigkeit oder Wirksamkeit des Inhalts der Erklärung in Frage gestellt wird[46] oder die Vermutung der Echtheit der Urkunde nach § 440 Abs. 2 widerlegt werden soll.[47]

2. Weitergehende Geltung

a) Direkter Gegenbeweis. Die Regelung des Abs. 2 beruht ähnlich wie die Subsidia- **22** rität auf der Sondersituation der Partei als Beweismittel in eigener Sache. Beweismittel, welche für sich genommen bereits einen Beweis erbringen, sollen nicht durch eine Parteivernehmung zu Fall gebracht werden können.[48] Dies folgt bereits aus § 445 Abs. 1, wonach der nicht beweisbelasteten Partei der Beweis nicht obliegt. Aus diesem Regelungszweck kann über den in Abs. 2 speziell geregelten Fall hinaus geschlossen werden, dass die Parteivernehmung als nur hilfsweises Beweismittel unzulässig ist zur Führung des direkten Gegenbeweises. Für die Erhebung des Gegenbeweises besteht grundsätzlich solange kein Bedürfnis, wie nicht der Gegner den ihm obliegenden Hauptbeweis erbracht hat. Bis zu diesem Zeitpunkt ist der Gegenbeweisantrag unerheblich. Ist aber der Hauptbeweis erbracht, kann dieser nach § 445 Abs. 2 nicht mit einem Gegenbeweis durch Parteivernehmung entkräftet werden. Die zu vernehmende Partei wäre sonst ge-

---

41 BGH NJW 1991, 1290, 1291; Stein/Jonas/*Leipold* § 445 Rdn. 15.
42 A.A. Baumbach/Lauterbach/*Hartmann* Übers. § 445 Rdn. 7; wie hier OLG Oldenburg NJW-RR 1990, 125.
43 BGH MDR 1965, 287.
44 RGZ 15, 373, BGH MDR 1965, 818.
45 MünchKomm/*Schreiber* § 445 Rdn. 10.
46 Stein/Jonas/*Leipold* § 445 Rdn. 18.
47 BGHZ 104, 172, 177 = NJW 1988, 2741.
48 Stein/Jonas/*Leipold* § 445 Rdn. 8; MünchKomm/*Schreiber* § 445 Rdn. 10.

zwungen, ihre eigene günstige Prozesslage durch ihre Aussage zu gefährden.[49] Das Gericht muss jedoch bereits eine Überzeugung gewonnen haben. Es reicht nicht, dass es das Gegenteil für wahrscheinlich hält.[50] Auch darf die Parteivernehmung nicht mit der Begründung abgelehnt werden, das Gericht verspreche sich von ihr wegen des Bestreitens der Partei keinen Erfolg.[51]

23   **b) Indirekter Gegenbeweis.** Anders als beim direkten Gegenbeweis, wo die Tatsachen in Frage gestellt werden, von deren Gegenteil das Gericht überzeugt ist, will der indirekte Gegenbeweis die als bewiesen anzusehende Behauptung nicht unmittelbar widerlegen. Der Gegenbeweis erfolgt vielmehr mit Hilfe bestimmter Indizien, die möglicherweise einen Schluss auf die Unwahrheit oder Zweifelhaftigkeit der nach Auffassung des Gerichts schon erwiesenen Tatsache zulassen. Ein solcher indirekter Gegenbeweis wird durch § 445 Abs. 2 nicht ausgeschlossen, da die anderen Tatsachen selbständiges Beweisthema sind.[52] Die Vernehmung bezieht sich damit nicht auf die bewiesenen Tatsachen, sondern auf Umstände, deren Gegenteil noch nicht feststeht.

24   **c) Anscheinsbeweis.** Keinen Hauptbeweis führt auch diejenige Partei, welche einen Anscheinsbeweis zu Fall bringen will. Gleichwohl sollte die Parteivernehmung zugelassen werden. Dafür spricht zum einen die Unsicherheit des Anscheinsbeweises, der grundsätzlich eine Widerlegung ermöglichen sollte und zum anderen, dass nicht entgegen § 445 Abs. 2 die einzelnen Tatsachen angegriffen werden, von denen das Gericht überzeugt ist, sondern ein Sachverhalt dargelegt wird, der auf einen anderen Geschehensablauf hindeuten kann.[53]

25   **d) Beweis des Gegenteils.** Ausdrücklich zugelassen ist die Parteivernehmung zur Widerlegung einer gesetzlichen Vermutung in § 292 Satz 2. Diese Vorschrift soll für den Beweis des Gegenteils gegen eine gesetzliche Vermutung eine Ausnahme von § 445 Abs. 2 darstellen.[54] Bei richtiger Betrachtung wäre der Beweis des Gegenteils jedoch auch ohne die Regelung des § 292 Satz 2 nicht durch § 445 Abs. 2 ausgeschlossen, da die vermutete Tatsache nicht als bewiesene Tatsache, sondern gerade ohne Beweis vom Richter seiner Entscheidung zugrunde gelegt wird. Zudem ist der „Beweis des Gegenteils" kein Gegenbeweis, sondern Hauptbeweis der mit dem Beweis des Gegenteils belasteten Partei.[55]

26   **3. Vorweggenommene Beweiswürdigung.** Da die Parteivernehmung nur zulässig ist, soweit der Beweis noch nicht geführt oder das Gericht von Gegenteil der unter Beweis gestellten Tatsachen überzeugt ist, muss das Gericht vor der Anordnung der Parteivernehmung eine Würdigung der bisherigen Beweisaufnahme vornehmen.[56] Wird die Einholung angebotener Beweise abgelehnt, weil das Gericht das Gegenteil bereits als erwie-

---

[49] OLG Düsseldorf MDR 1995, 959; Baumbach/Lauterbach/*Hartmann* § 445 Rdn. 9; Zöller/*Greger* § 445 Rdn. 4; Stein/Jonas/*Leipold* § 445 Rdn. 8.
[50] BGHZ 33, 63, 65 = NJW 1960, 1950; Rosenberg/Schwab/Gottwald § 123 II 1; Musielak/*Huber* § 445 Rdn. 9.
[51] Baumbach/Lauterbach/*Hartmann* § 445 Rdn. 4; MünchKomm/*Schreiber* § 445 Rdn. 10.
[52] Rosenberg/Schwab/Gottwald § 123 II 1; Baumbach/Lauterbach/*Hartmann* § 445 Rdn. 9; Beispiel bei Musielak Grundkurs Rdn. 390.
[53] AK/*Rüßmann* § 445 Rdn. 2; Baumbach/Lauterbach/*Hartmann* § 445 Rdn. 9.
[54] BGHZ 104, 172, 177 = NJW 1988, 2741; Zöller/*Stephan* § 292 Rdn. 2.
[55] Rosenberg/Schwab/Gottwald § 123 II 1.
[56] RG JW 1935, 2432; BGH NJW 1952, 384; OLG Hamm VersR 1991, 330; Zöller/*Greger* § 445 Rdn. 4.

sen ansieht, liegt darin eine vorweggenommene Beweiswürdigung. Diese ist Ausfluss des Subsidiaritätsgrundsatzes und nach der gesetzlichen Regelung des § 445 Abs. 2 ausnahmsweise zulässig.[57]

4. Sonstige Beschränkungen. Unzulässig ist die Parteivernehmung auf Antrag nach § 445 weiterhin in den Fällen, in denen sie gesetzlich nicht vorgesehen ist wie beispielsweise im Prozesskostenhilfeverfahren, im Urkundenprozess zum Beweis der anspruchsbegründenden Tatsachen und im Restitutionsverfahren zum Beweis des Wiederaufnahmegrundes. (Vgl. dazu vor § 445 Rdn. 19.)

IV. Verfahren

Da die Parteivernehmung Beweismittel ist, gelten die allgemeinen Vorschriften für die Beweisaufnahme, §§ 355 ff.

1. Beweisanordnung. Die Anordnung einer Parteivernehmung erfordert in allen Fällen, gleichgültig ob diese auf Antrag einer Partei oder von Amts wegen erfolgt, einen förmlichen Beweisbeschluss.[58] Dieser muss inhaltlich den Anforderungen des § 359 genügen, insbesondere das Beweisthema genau zu bezeichnen. (Näher dazu § 450 Rdn. 5.) Das Fehlen des Beweisbeschlusses stellt einen Verfahrensverstoß dar, der durch Rügeverzicht nach § 295 heilbar ist.

Liegen die Voraussetzungen für die Vernehmung des Beweisgegners nicht vor oder steht § 445 Abs. 2 der Vernehmung entgegen, erfolgt keine ausdrückliche Zurückweisung des Antrags.[59] Sieht das Gericht den Antrag als unzulässig an, wird der Beweisantritt unerledigt gelassen und in den Entscheidungsgründen abgelehnt. Anzugeben sind im Fall des § 445 Abs. 2 in den Gründen des Endurteils insbesondere die Tatsachen, aufgrund derer das Gericht vom Gegenteil überzeugt ist.[60]

2. Vernehmung. Die Durchführung der Parteivernehmung erfolgt im Wesentlichen nach den Vorschriften über die Zeugenvernehmung, auf die § 451 verweist. (Zur Anwendbarkeit der einzelnen Vorschriften vgl. § 451 Rdn. 7.) Anders als ein Zeuge ist die Partei aber weder zum Erscheinen noch zur Aussage oder zum Eid verpflichtet. Die Weigerung der Partei, sich vernehmen zu lassen, kann nicht durch Zwangsmittel sanktioniert werden. Sie ist vom Gericht nach §§ 446, 453 Abs. 2 unter Berücksichtigung der gesamten Sachlage und der von der Partei gegebenenfalls vorgebrachten Weigerungsgründe frei zu würdigen. Sofern sich die Partei zur Aussage entschließt, unterliegt sie hinsichtlich der Wahrheit und Vollständigkeit ihrer Aussage denselben Pflichten wie ein Zeuge. Sie hat alles anzugeben, was mit dem Beweisthema erkennbar in Zusammenhang steht und für die Entscheidung erheblich ist, auch wenn sie danach nicht ausdrücklich gefragt wird. Neue Tatsachen, die vom Beweisthema nicht umfasst sind und die einer weiteren Begründung der Klage dienen könnten, muss die Partei nicht angeben.[61] Sie ist weiterhin nicht verpflichtet, sich beispielsweise bei Bedenken des Gegners an der fachlichen Eignung vor Gericht einer fachlichen Prüfung durch einen Sachverständigen zu unterziehen, der Fragen aufgrund eines von der Gegenseite aufgestellten Fragenkatalogs

---

57 Dagegen *Gehrlein* ZZP 110 (1997) 451, 468 f.
58 BGH KTS 1975, 113; BGH NJW-RR 1988, 395.
59 RG JW 1908, 203.
60 Musielak/*Huber* § 445 Rdn. 10; MünchKomm/*Schreiber* § 445 Rdn. 12.
61 RG JW 1936, 880; BGH JZ 1968, 570.

an ihn richtet. Keine Partei ist gehalten, dem Gegner für seinen Prozesssieg das Material zu verschaffen, über das er nicht schon von sich aus verfügt.[62]

32 **3. Protokollierung.** Die Aussage der vernommenen Partei ist nach § 160 Abs. 3 Ziff. 4 im Protokoll festzuhalten, sofern keiner der Ausnahmetatbestände des § 161 vorliegt. Des Weiteren ist nach § 162 Abs. 1 i.V.m. § 160 Abs. 3 Ziff. 4 die Feststellung über die Verlesung und Genehmigung der Aussage oder den Verzicht der Parteien hierauf nach § 162 Abs. 2 erforderlich. Die Protokollierung ist bei der Parteivernehmung von größerer Bedeutung als bei den anderen Beweismitteln, da sich im Nachhinein oftmals nur aus der Art der Protokollierung entscheidende Indizien dafür entnehmen lassen, ob eine Parteibefragung als förmliche Parteivernehmung oder als Parteianhörung nach § 141 einzustufen ist. (Zur Abgrenzung Vor § 445 Rdn. 25.)

V. Rechtsfolgen eines Verstoßes

33 **1. Verletzung der Vernehmungsreihenfolge.** Werden unter Missachtung des Subsidiaritätsgrundsatzes andere Beweise erst nach der Parteivernehmung erhoben, beispielsweise ein vorher oder gleichzeitig benannter Zeuge erst nach der Vernehmung des Gegners des Beweispflichtigen vernommen, lässt sich darauf kein Rechtsmittel stützen. Etwas anderes gilt nur dann, wenn das Gericht nach der Durchführung der Parteivernehmung von der Erhebung der anderen Beweise absieht und damit die Beweismittel nicht ausschöpft. Werden aber alle angetretenen Beweise erhoben, führt allein ein Fehler in der Reihenfolge nicht zur nachträglichen Aufhebung der Entscheidung. Da das Gericht alle Beweise frei zu würdigen hat, entsteht keinem der Prozessbeteiligten hierdurch ein Nachteil.[63]

34 **2. Verletzung des § 445 Abs. 2.** Wird die Parteivernehmung entgegen der Vorschrift des § 445 Abs. 2 zum Gegenbeweis angeordnet, wird zum Teil ebenfalls eine Verletzung des Subsidiaritätsgrundsatzes angenommen, die kein Rechtsmittel begründen soll.[64] Zwar wurzelt das Verbot, bereits erwiesene Tatsachen durch das „Hilfsbeweismittel" der Parteivernehmung zu Fall zu bringen, im Subsidiaritätsgedanken. Der Verstoß gegen § 445 Abs. 2 wird aber dann relevant, wenn durch die Parteivernehmung der Gegenbeweis als geführt angesehen wird. Geschieht dies, liegt ein Verfahrensfehler vor. Die Entscheidung wird jedoch aufrechterhalten, wenn der Mangel nicht bis zum Schluss der auf den Verstoß folgenden nächsten mündlichen Verhandlung gerügt wird.

3. Verkennung der Beweislast

35 **a) Verfahrensfehler.** Wird unter Verkennung der Beweislast auf Antrag der nicht beweisbelasteten Partei eine beweispflichtige Partei nach § 445 in eigener Sache vernommen, ist diese Aussage im Prozess grundsätzlich nicht zu verwerten, da sie verfahrensfehlerhaft zustande gekommen ist.[65] Der Verfahrensfehler besteht im Verhältnis zu

---

62 BGH NJW 1958, 1491, 1492; *Schneider, E.*, Beweis und Beweiswürdigung Rdn. 1517; Baumbach/Lauterbach/*Hartmann* § 445 Rdn. 7; **a.A.** Peters, Ausforschungsbeweis im Zivilrecht 1966, S. 105.
63 *Polyzogopoulos* S. 66 f.; MünchKomm/*Schreiber* § 445 Rdn. 7; Stein/Jonas/*Leipold* § 445 Rdn. 16; AK/*Rüßmann* § 445 Rdn. 3; Baumbach/Lauterbach/*Hartmann* § 445 Rdn. 5; kritisch dazu *Nagel* FS Habscheid 1989, 195, 198.
64 Rosenberg/Schwab/*Gottwald* § 123 II 1.
65 MünchKomm/*Schreiber* § 445 Rdn. 8; Baumbach/Lauterbach/*Hartmann* § 445 Rdn. 6; Musielak/*Huber* § 445 Rdn. 7; *Born* JZ 1981, 775, 779; *Schneider, E.*, Beweis und Beweiswürdigung Rdn. 193; **a.A.** Rosenberg/Schwab/*Gottwald* § 123 II 6; Stein/Jonas/*Leipold* § 445 Rdn. 11.

beiden Parteien. Der beweisbelasteten Partei wird durch die Anordnung unter Verkennung der Beweislast ermöglicht, als Beweismittel für die ihr günstigen Tatsachen auszusagen. Da sie jedoch der Wahrheitspflicht unterliegt, kann allein die Anordnung einer Aussage, zu der sie bei richtiger Beurteilung nicht berechtigt, aber auch nicht verpflichtet gewesen wäre, einen Nachteil begründen.[66]

Auch zum Nachteil der nicht beweisbelasteten Partei ist ein Verfahrensfehler anzunehmen. Die Gegenansicht,[67] welche hier einen Verfahrensfehler verneint, sieht zu Unrecht bereits in dem Beweisantrag der nicht beweispflichtigen Partei das Einverständnis mit der Vernehmung des Gegners. Eine solche Umdeutung des Antrags entspricht jedoch regelmäßig nicht dem Willen der Partei, die vorsorglich die Vernehmung des Gegners beantragt hat (vgl. dazu §§ 445 Rdn. 13). Der Verfahrensfehler entfällt somit nur dann, wenn der Gegner der beweisbelasteten Partei nach Belehrung über die Beweislast der Verwertung ausdrücklich zustimmt, da dann ein Einverständnis im Sinne des § 447 anzunehmen ist.[68]

36

b) Heilung. Bei der Frage, inwieweit der Verfahrensfehler nach § 295 geheilt wird, wenn der Mangel nicht bis zum Schluss der auf den Verstoß folgenden nächsten mündlichen Verhandlung gerügt wird, muss differenziert werden. Möglich ist eine Heilung durch Rügeverlust nur, soweit Vorschriften verletzt werden, die das Verfahren betreffen. Nach heute ganz herrschender Auffassung sind die Beweislastnormen jeweils dem Gebiet der Rechtsnorm zuzurechnen, deren tatsächliche Voraussetzungen unklar geblieben sind.[69] Der überwiegende Teil der Beweislastnormen gehört damit nicht dem Verfahrensrecht, sondern dem materiellen Recht an. Nur wenn die Beweislastnorm an eine durch Rüge verlierbare Verfahrensvorschrift anknüpft, kommt daher eine Heilung des Verstoßes nach § 295 in Betracht. Dagegen hat die Revisionsinstanz auch ohne Rüge die richtige Bewertung der Beweislast zu überprüfen, wenn die Beweislastnorm dem materiellen Recht zugehörig ist.[70] Ist die Verkennung der Beweislast nach § 295 heilbar und wird der Verfahrensfehler nicht gerügt, ist damit zwar in dem Beweisantrag allein noch kein Einverständnis mit der Vernehmung des Gegners zu sehen ist, wohl aber in dem Rügeverzicht.[71]

37

§ 446
Weigerung des Gegners

Lehnt der Gegner ab, sich vernehmen zu lassen, oder gibt er auf Verlangen des Gerichts keine Erklärung ab, so hat das Gericht unter Berücksichtigung der gesamten Sachlage, insbesondere der für die Weigerung vorgebrachten Gründe, nach freier Überzeugung zu entscheiden, ob es die behauptete Tatsache als erwiesen ansehen will.

---

66 Stein/Jonas/*Leipold* § 445 Rdn. 10; **a.A.** wohl *Wieczorek* 2. Auflage § 445 Anm. D I a 1, der nur die Rüge der nicht beweisbelasteten Partei für möglich hält.
67 So OLG Hamburg MDR 1964, 414; dagegen MünchKomm/*Schreiber* § 445 Rdn. 9; Stein/Jonas/*Leipold* § 445 Rdn. 10; *Born* JZ 1981, 775, 777.
68 *Münks* S. 186; Zöller/*Greger* § 445 Rdn. 7; Stein/Jonas/*Leipold* § 445 Rdn. 10.
69 Ausführlich dazu *Prütting*, Gegenwartsprobleme der Beweislast S. 175 ff.; Rosenberg/Schwab/Gottwald, § 114 III 1. **A.A.** *Wieczorek* 2. Auflage § 445 Anm. D Ia 1, der die Beweislastnormen einem zwischen dem außerprozessualen und dem prozessualen Recht stehenden dritten Recht zuordnet.
70 Musielak/*Huber* § 445 Rdn. 7; Stein/Jonas/*Leipold* § 445 Rdn. 10; **a.A.** Baumbach/Lauterbach/*Hartmann* § 445 Rdn. 6.
71 Stein/Jonas/*Leipold* § 445 Rdn. 10; so schon RGZ 53, 38 f.; RGZ 66, 211; RGZ 76, 327.

Übersicht

I. Regelungsinhalt —— 1
II. Folgen der Weigerung —— 3
   1. Bei Angabe von Gründen —— 4
   2. Ohne Angabe von Gründen —— 5
III. Anwendungsfälle —— 7
IV. Die Abgabe der Erklärung —— 8
   1. Zulässigkeit von Bedingungen —— 9
   2. Widerruflichkeit der Erklärung —— 10
   3. Anwendung der Verspätungsvorschriften —— 11
   4. Person des Erklärenden —— 12
   5. Hinweispflicht —— 13
   6. Protokollierung —— 14

I. Regelungsinhalt

1 Anders als die Zeugenvernehmung ist die Parteivernehmung grundsätzlich nicht erzwingbar. Die Weigerung, sich vernehmen zu lassen, führt im Gegensatz zum Parteieid nach altem Recht nicht zwingend zur Wahrunterstellung der beweisbedürftigen Tatsachen. Sie kann gleichwohl aber negative Auswirkungen für die Partei haben, welche ihre Vernehmung ablehnt. Die Regelungen über die Parteivernehmung bilden damit eine Ausnahme von dem Grundsatz, dass jede Partei aus eigener Kraft die ihr günstigen Tatsachen zu beweisen hat, indem sie eine prozessuale Mitwirkungspflicht der Parteien normieren. Um der risikobelasteten Partei nicht das oft einzige Beweismittel zu entziehen, wurde der Konflikt des Verpflichteten zwischen seinem Gewissen und dem Interesse am Prozessausgang hingenommen und sich für die Gewährung von Rechtsschutz ausgesprochen.[1]

2 Wenn sich der Gegner der beweispflichtigen Partei weigert, durch Offenlegung des eigenen Wissens zur Aufklärung der streitigen Tatsachen beizutragen, hat das Gericht nach freier Überzeugung zu würdigen, ob es die behauptete Tatsache als erwiesen ansehen will. Bei dieser Würdigung gilt der im gesamten Beweisrecht bestehende Grundsatz, dass auch das prozessuale Verhalten einer Partei Gegenstand der Beweiswürdigung sein kann.[2] Die Regelung gleicht damit den §§ 427, 444, welche die Beweisvereitelung durch den nicht beweisbelasteten Gegner sanktionieren. Wenn die Partei dem beweispflichtigen Gegner die Beweisführung z.B. durch Vernichtung von Beweismitteln vorwerfbar unmöglich macht oder erschwert, kann das Gericht wegen des darin liegenden Verstoßes gegen Treu und Glauben eine dem Vereiteler nachteilige Beweiswürdigung vornehmen,[3] teilweise wird sogar eine Umkehr der Beweislast befürwortet.[4] Anders als etwa bei § 444, wird bei § 446 nicht in jedem Fall ein Verstoß gegen Treu und Glauben vorliegen. Da der Unwertgehalt des beweisvereitelnden Verhaltens der Partei bei den verschiedenen Normen der ZPO unterschiedlich stark ist, gibt es keine für alle Fälle der Beweisvereitelung einheitliche Sanktion, sondern verschiedene Arten der Beweiserleichterung. Im Fall des § 446 findet das beweisvereitelnde Verhalten lediglich Eingang in die Beweiswürdigung, führt aber in keinem Fall zu einer Umkehr der Beweislast.[5]

---

1 *Peters*, Auf dem Weg zu einer allgemeinen Prozessförderungspflicht der Parteien, FS Schwab 1990, 399, 407 m.w.N.; vgl. dazu auch *Stürner*, Die Aufklärungspflicht der Parteien des Zivilprozesses S. 177 f.
2 Zöller/*Greger* § 446 Rdn. 1; MünchKomm/*Schreiber* § 446 Rdn. 1.
3 BGH NJW 1986, 60; Baumbach/Lauterbach/*Hartmann* Anh. § 286, Rdn. 27 m.w.N.
4 BGH NJW 1980, 888; OLG Köln VersR 1992, 356; Baumgärtel FS Kralik 1986, 63, 74.
5 Siehe dazu BGH DB 1985, 1019, 1020 m.w.N.

II. Folgen der Weigerung

Verweigert eine Partei ihre Mitwirkung, führt dies nicht zwingend zu einer nachteiligen Würdigung. Vielmehr sind die gesamten Umstände, insbesondere die von der Partei angegebenen Gründe für die Verweigerung zu berücksichtigen.[6] **3**

1. Bei Angabe von Gründen. Nur soweit die Partei vernünftige, nachvollziehbare **4**
Gründe angibt, wird sie eine nachteilige Würdigung ihrer Weigerung verhindern können. Hier lässt sich eine gewissen Parallele ziehen zu den Gründen, die beim Zeugen nach § 384 ein Zeugnisverweigerungsrecht aus sachlichen Gründen geben. Als denkbare Gründe kommen beispielsweise Unsittlichkeit, Unehrenhaftigkeit oder Strafbarkeit der zu bekundenden Handlung in Betracht. Aber auch andere gewichtige außerprozessuale Nachteile, wie etwa das Fehlen sicheren Geleits nach § 295 StPO, können gegebenenfalls zur Rechtfertigung der Weigerung angeführt werden.[7] Bei der Würdigung, inwieweit diese Aspekte die Verweigerung der Vernehmung als berechtigt erscheinen lassen, kommt es sehr stark auf die Umstände des Einzelfalles an. Dabei ist bei ihrer Akzeptanz insgesamt aber Zurückhaltung geboten. Es ist grundsätzlich nicht unbillig, wenn die Tatsache, dass anderen Interessen, wie etwa der Wahrung von Geschäfts- oder Betriebsgeheimnissen[8] der Vorrang gegeben wird, sich nachteilig auf den konkreten Prozess auswirkt. Dies gilt insbesondere dann, wenn sich eine Partei trotz einer erhöhten Pflichtenstellung ihrer Mitwirkung an der Aufklärung der streitigen Punkte entzieht.[9] Zum anderen werden diese Gründe oftmals nicht die Verweigerung der Vernehmung generell rechtfertigen, da ihnen auch schon durch Ausschluss der Öffentlichkeit oder durch Verweigerung der Aussage zu einzelnen Fragen Rechnung getragen werden kann.[10]

2. Ohne Angabe von Gründen. Eine ohne Gründe vorgebrachte Weigerung rechtfertigt regelmäßig nachteilige Schlüsse im Rahmen der Beweiswürdigung. Ebenso wenig **5**
wie bei § 427 und in den krasseren Fällen der Beweisvereitelung nach § 444 besteht aber ein Zwang zur nachteiligen Würdigung.[11] Eine unmotivierte Weigerung liegt auch dann vor, wenn die zu vernehmende Partei vorab erklärt, nichts zu wissen, obwohl der Gegner dargelegt hat, worauf das Wissen der Partei beruhen kann, da die Partei zu einer solchen eigenmächtigen Vorwegnahme des Vernehmungsergebnisses nicht berechtigt ist. Begründet verweigern kann die Partei die Vernehmung hingegen dann, wenn sich aus den Umständen ergibt, dass die Partei zu dem Beweisthema nichts beitragen kann, oder es sich um eine reine Ausforschung handelt.[12] In diesen Fällen scheitert die nachteilige Beweiswürdigung aber schon daran, dass dem Beweisantrag gar nicht hätte stattgegeben werden dürfen. Auch im Falle der Verkennung der Beweislast darf aus der Weigerung, sich vernehmen zu lassen, keine negative Schlussfolgerung gezogen werden. Die Anwendung des § 446 setzt in allen Fällen einen nach § 445 zulässigen Antrag voraus.[13] Eine unzulässige Parteivernehmung kann die Partei immer verweigern.

---

6   BGH MDR 1991, 689.
7   BGH NJW-RR 1991, 2500, 2501 (im Ergebnis ablehnend).
8   Kritisch dazu *Gottwald* BB 1979, 1780, 1783, der zu Recht nur Geheimhaltungspflichten gegenüber Dritten als beachtlichen Grund für eine Weigerung nach § 446 anerkennt.
9   BGH NJW-RR 1991, 888, 890 f.; Stein/Jonas/*Leipold* § 446 Rdn. 8.
10 So im Ergebnis auch Baumbach/Lauterbach/*Hartmann* § 446 Rdn. 5.
11 AK/*Rüßmann* § 446 Rdn. 1, siehe z.B. OLG Düsseldorf WM 1981, 369.
12 OLG Düsseldorf WM 1981, 369, 370; Zöller/*Greger* § 446 Rdn. 1; Stein/Jonas/*Leipold* § 446 Rdn. 7; vgl. hierzu auch *Meyke* MDR 1987, 358, 361.
13 *Volkmar* JW 1933, 2885.

6 Die nachteiligen Folgen für die grundlos ihre Vernehmung verweigernde Partei werden regelmäßig darin bestehen, dass das Gericht in der Beweiswürdigung davon ausgeht, die Parteivernehmung hätte Günstiges für den Beweisführer erbracht.[14] Es kann daraufhin entweder die behauptete Tatsache schon als erwiesen ansehen, oder aber nur die Wahrscheinlichkeit dieser Tatsache annehmen und zur Begründung seiner Überzeugung nunmehr den Beweispflichtigen nach § 448 vernehmen.

III. Anwendungsfälle

7 Die Vorschrift unterscheidet zwischen zwei Fällen. Die erste Alternative besteht darin, dass die Partei es ausdrücklich ablehnt, sich vernehmen zu lassen. Der Ablehnung steht es nach der zweiten Alternative des § 446 gleich, wenn die Partei trotz gerichtlichen Verlangens keine Erklärung darüber abgibt, ob sie sich vernehmen lässt. Nur auf die gänzliche Verweigerung der Vernehmung oder das Schweigen auf die Aufforderung des Gerichts ist § 446 unmittelbar anwendbar. Sofern die Partei im Vernehmungstermin erscheint und dann die Aussage zur Sache insgesamt oder hinsichtlich einzelner Fragen des Gerichts verweigert bzw. die Beeidigung der Aussage ablehnt, liegt kein Fall des § 446 vor,[15] jedoch findet § 446 über § 453 Abs. 2 entsprechende Anwendung. Bei Säumnis der Partei im Vernehmungstermin gilt dagegen § 454, der eine weitere Stufe enthält, da zunächst das Nichterscheinen frei zu würdigen ist. Nur wenn dieses als Verweigerung der Aussage zu würdigen ist, erfolgt dann über § 453 Abs. 2 letztlich die Würdigung nach § 446, welche Schlüsse aus der Weigerung zu ziehen sind.

IV. Die Abgabe der Erklärung

8 Die Erklärung, zur Vernehmung bereit oder nicht bereit zu sein, ist in Verfahren mit notwendiger mündlicher Verhandlung bis zum Schluss der mündlichen Verhandlung abzugeben, ihre Ankündigung in Schriftsätzen entfaltet noch keine Wirkung. Nur in Verfahren ohne mündliche Verhandlung kann sie auch schriftlich erfolgen. Erklärt sich die Partei nicht, ist sie dazu aufzufordern. Nur wenn das Gericht die zu vernehmende Partei zur Erklärung aufgefordert hatte, darf das Schweigen der Partei als Unterlassen angesehen werden. Bei mehreren Streitgenossen ist die Erklärung nur an denjenigen zu richten, dessen Vernehmung beabsichtigt ist. (Vgl. dazu § 449 Rdn. 10.)

9 **1. Zulässigkeit von Bedingungen.** Die Erklärung der Bereitschaft zur Vernehmung ist ebenso wie deren Verweigerung als Prozesshandlung einzustufen. Da die aus dieser Erklärung folgende Verfahrensgestaltung nicht ungewiss sein darf, kann die Erklärung grundsätzlich nicht unter eine Bedingung gestellt werden. Wird das Einverständnis aber nur für den Fall erklärt, dass zunächst über die erhobenen Einwendungen gegen die Zulässigkeit der Parteivernehmung entschieden wird, liegt darin keine unzulässige Bedingung.[16] Über die Frage der Zulässigkeit der Parteivernehmung hat das Gericht vor der Aufforderung zur Erklärung über die Vernehmungsbereitschaft zu entscheiden. Hält die Partei beispielsweise die angeordnete Parteivernehmung für unzulässig, da es sich um einen Ausforschungsbeweis handele, stellt dieser Einwand ein Verteidigungsmittel dar, über dessen Erheblichkeit das Gericht vor der Vernehmung zu entscheiden hat. Es muss

---

14 Musielak/*Huber* § 446 Rdn. 1; so zB LG Köln ZMR 2010, 535 für den Urkundenprozess.
15 RGZ 120, 91, 93.
16 A.A. Stein/Jonas/*Leipold* § 446 Rdn. 4; MünchKomm/*Schreiber* § 446 Rdn. 2; Baumbach/Lauterbach/*Hartmann* § 446 Rdn. 4.

der Partei daher auch das Recht zugebilligt werden, ihre Bereitschaft zur Vernehmung von der innerprozessualen Bedingung der Zulässigkeit der Parteivernehmung abhängig zu machen.

2. Widerruflichkeit der Erklärung. Zur Beachtlichkeit eines Widerrufs der Erklärung trifft § 446 anders als § 536 Abs. 1 für die Parteivernehmung in der Berufungsinstanz keine Aussage. Daraus kann aber nicht geschlossen werden, dass ein Widerruf der Bereitschaft zur Vernehmung oder eine Erklärung der Vernehmungsbereitschaft nach vorhergehender Weigerung in der ersten Instanz ausgeschlossen oder nur nach Maßgabe des § 536 möglich ist.[17] Vielmehr ist grundsätzlich von der freien Widerruflichkeit der Erklärung nach § 446 auszugehen, die erst mit der Aussage der Partei endet.[18] Die Norm des § 536 Abs. 1 sieht für die Berufungsinstanz die Möglichkeit der Vernehmung trotz Weigerung in der ersten Instanz nur eingeschränkt vor. Sie ist danach nur zulässig, wenn die Partei für die Weigerung berechtigte Gründe hatte und diese zwischenzeitlich weggefallen sind. Selbst in der zweiten Instanz werden diese einschränkenden Voraussetzungen zum Teil für zu eng gehalten und davon ausgegangen, dass eine Vernehmung auch dann erfolgen soll, wenn die Partei trotz Fortdauer der ursprünglichen Gründe aussage- oder eidesbereit ist.[19] Innerhalb der ersten Instanz, wo es eine dem § 536 Abs. 1 entsprechende Beschränkung nicht gibt, ist die nachträgliche Aussagebereitschaft der Partei und der darin liegende Widerruf der ablehnenden Erklärung uneingeschränkt zulässig.[20] Ebenso ist auch die Erklärung der Vernehmungsbereitschaft frei widerruflich. Die Partei kann nach § 453 Abs. 2 die Aussage grundsätzlich verweigern. Dies wird durch eine anderslautende Erklärung nach § 446 nicht ausgeschlossen.

3. Anwendung der Verspätungsvorschriften. Wird die Bereitschaft zur Aussage erst nachträglich erklärt, sind auf diese Erklärung grundsätzlich die Verspätungsvorschriften anwendbar, da es sich um ein Verteidigungsmittel im Sinne der nicht abschließenden Aufzählung des § 146 handelt.[21] Das Gericht kann daher die spätere Bereitschaft, sich vernehmen zu lassen nach §§ 282, 296 Abs. 2 zurückweisen und die Parteivernehmung ablehnen, wenn dadurch die Erledigung des Rechtsstreits verzögert würde und eine Verschleppungsabsicht anzunehmen ist.[22] Für eine weitergehende Einschränkung der nachträglichen Vernehmung besteht kein Anhaltspunkt, da § 536 eine spezielle Regelung nur für die zweite Instanz darstellt.[23] Große praktische Bedeutung hat die Möglichkeit der Zurückweisung als verspätet in der ersten Instanz nicht, da eine im Termin anwesende, nunmehr aussagebereite Partei grundsätzlich noch ohne Verzögerung des Rechtsstreits vernommen werden kann.

Eine erst in zweiter Instanz erklärte Bereitschaft kann hingegen als neues Verteidigungsmittel, das im ersten Rechtszug hätte vorgebracht werden können, aber ausdrücklich nicht vorgebracht wurde, weil der Beklagte seiner Vernehmung widersprochen hat,

---

17 So aber Baumbach/Lauterbach/*Hartmann* § 446 Rdn. 4; Stein/Jonas/*Leipold* § 446 Rdn. 11.
18 OLG Hamburg MDR 1964, 414.
19 MünchKomm/*Rimmelspacher* § 533 Rdn. 4.
20 MünchKomm/*Schreiber* § 446 Rdn. 2.
21 OLG Karlsruhe NJW-RR 1991, 200, 201; Zöller/*Greger* § 446 Rdn. 2; **a.A.** Stein/Jonas/*Leipold* § 446 Rdn. 10, der von einer Erklärung der Partei in ihrer Eigenschaft als Beweisperson spricht, jedoch die Erklärung gleichwohl als vom Prozessbevollmächtigten abzugebende prozessuale Willenserklärung ansieht (Rdn. 6).
22 Zöller/*Greger* § 446 Rdn. 2.
23 Für eine Heranziehung des Rechtsgedankens des § 533 aF (§ 536 nF) auch für die 1. Instanz dagegen Stein/Jonas/*Leipold* § 446 Rdn. 10.

nach § 530 als verspätet zurückgewiesen werden, wenn es den Rechtsstreit erheblich verzögern würde, weil dann die erstinstanzliche Beweisaufnahme wiederholt werden müsste.[24] Die weitergehende Einschränkung des § 536 Abs. 1, die eine Prüfung der Gründe für die Weigerung erfordert, entfaltet damit nur dann Wirkung, wenn nicht schon eine Zurückweisung als verspätet in Betracht kommt.

12 **4. Person des Erklärenden.** Für die Abgabe der Erklärung ist wie bei jeder anderen prozessualen Willenserklärung Postulationsfähigkeit erforderlich. Sie kann daher im Anwaltsprozess nur von dem Prozessbevollmächtigten wirksam abgegeben werden. Dem Prozessbevollmächtigten braucht aber keine Gelegenheit gegeben zu werden, die Entschließung der nicht anwesenden Partei herbeizuführen, weil die von ihm abgegebene Erklärung bis zur Durchführung der Vernehmung noch frei widerruflich ist. Von der als Prozesshandlung anzusehenden Erklärung nach § 446 ist aber die Aussageverweigerung nach § 453 Abs. 2 zu unterscheiden. Bei dieser handelt es sich um eine höchstpersönliche Erklärung der Partei in ihrer Eigenschaft als Beweismittel, welche nur durch die Partei selbst erfolgen kann.[25] Der Partei steht es daher frei, trotz der vom Prozessbevollmächtigten nach § 446 erklärten Bereitschaft zur Vernehmung später die Aussage zu verweigern.[26] Nicht möglich ist es der Partei hingegen umgekehrt, im Anwaltsprozess entgegen der vom Prozessbevollmächtigten erklärten Verweigerung ihre Aussagebereitschaft zu erklären, da nach der Konstruktion der §§ 446, 453 Abs. 2 eine solche Prozesserklärung seitens der nicht prozesshandlungsfähigen Partei unbeachtlich wäre.

13 **5. Hinweispflicht.** Verweigert die Partei ihre Vernehmung, sollte nach § 139 auf die möglichen nachteiligen Folgen gemäß § 446 grundsätzlich hingewiesen werden. Sinnvoll ist dabei im Hinblick auf die Wahrheitsermittlung vor allem ein Denkanstoß an die Partei, ob den Gründen für die Verweigerung der Vernehmung nicht auch dadurch Rechnung getragen werden kann, dass nach § 453 Abs. 2 nur zu einzelnen Punkten die Aussage verweigert wird.[27] (Zur Entbehrlichkeit eines Hinweises auf das Recht zur Verweigerung der Aussage vgl. § 451 Rdn. 4.)

14 **6. Protokollierung.** Die Verweigerung der Vernehmung ist nach § 160 Abs. 3 Ziff. 3, 162 zu protokollieren, was beim Amtsgericht im Übrigen auch aus § 510a folgt.

§ 447
Vernehmung der beweispflichtigen Partei auf Antrag

Das Gericht kann über eine streitige Tatsache auch die beweispflichtige Partei vernehmen, wenn eine Partei es beantragt und die andere damit einverstanden ist.

---

24 OLG Karlsruhe NJW-RR 1991, 200, 201; Baumbach/Lauterbach/*Hartmann* § 446 Rdn. 4.
25 MünchKomm/*Schreiber* § 446 Rdn. 2.
26 Stein/Jonas/*Leipold* § 446 Rdn. 5.
27 MünchKomm/*Schreiber*, dagegen Stein/Jonas/*Leipold* § 446 Rdn. 10.
OLG Karlsruhe NJW-RR 1991, 200, 201; Baumbach/Lauterbach/*Hartmann* § 446 Rdn. 4.
MünchKomm/*Schreiber* § 446 Rdn. 2.
Stein/Jonas/*Leipold* § 446 Rdn. 5.
MünchKomm/*Schreiber* § 446 Rdn. 4; Stein/Jonas/*Leipold* § 446 Rdn. 8.

Übersicht

I. Regelungsinhalt — 1
II. Antrag
   1. Anforderungen — 2
   2. Rücknahme — 3
III. Einverständnis
   1. Anforderungen — 4
   2. Bedeutung der Beweislast — 5
   3. Widerruf — 6
IV. Verfahren — 7
V. Verwertbarkeit — 9
VI. Würdigung — 10

I. Regelungsinhalt

Als speziell geregelte Ausnahme von § 445, der nur die Parteivernehmung des Gegners der beweispflichtigen Partei vorsieht, eröffnet § 447 die Möglichkeit der Vernehmung der beweisbelasteten Partei. Um zu verhindern, dass die beweisbelastete Partei ohne weiteres den ihr obliegenden Beweis durch ihre eigene Aussage erbringen kann, bedarf es hierzu des Einverständnisses des Gegners. Neben diesem zusätzlichen Erfordernis sind auch bei der Parteivernehmung nach § 447 die Voraussetzungen des § 445 zu beachten. Die Parteivernehmung nach § 447 ist wie diejenige nach § 445 und nach § 448 grundsätzlich nur bei Fehlen oder Unvollständigkeit anderen Beweises subsidiär zulässig und damit auch ausgeschlossen, wenn das Gegenteil bereits erwiesen ist. 1

II. Antrag

1. Anforderungen. Da § 447 der beweispflichtigen Partei ihre eigene Vernehmung ermöglicht, wird im Regelfall der Beweisführer im Einverständnis mit dem Gegner beantragen, sich vernehmen zu lassen. Möglich ist aber auch, dass vom Gegner die Vernehmung des Beweispflichtigen zum Zwecke des Gegenbeweises mit dessen Einverständnis beantragt wird. Welche der Parteien den Antrag stellt, ist gleichgültig, sofern nur das Einverständnis der anderen Partei vorliegt. Hinsichtlich der Anforderungen an die inhaltliche Bestimmtheit, Form und Zeitpunkt des Antrags gelten die gleichen Anforderungen wie bei § 445 (Vgl. § 445 Rdn. 12.). 2

2. Rücknahme. Während der Antrag nach § 445 nach einhelliger Auffassung bis zur Durchführung der Vernehmung zurückgenommen werden kann, besteht über die Möglichkeit der Antragsrücknahme bei § 447 keine Einigkeit. Unzweifelhaft ist auf der einen Seite, dass der Antrag nach Durchführung der Vernehmung nicht mehr zurückgenommen werden kann.[1] Auf der anderen Seite ist die Rücknahme des Antrags entsprechend § 399 uneingeschränkt möglich, solange das Einverständnis der anderen Partei noch nicht vorliegt.[2] Streit besteht dagegen über den dazwischen liegenden Zeitraum, in dem zu dem Antrag das Einverständnis der Gegenseite hinzugetreten ist und damit übereinstimmende Parteierklärungen vorliegen. Nach diesem Zeitpunkt wird teilweise nur ein übereinstimmender Widerruf der Parteierklärungen, nicht aber eine einseitige Rücknahme des Antrags für zulässig gehalten, da die Parteien an die übereinstimmenden Parteierklärungen gebunden seien.[3] Nach anderer Auffassung soll die Rücknahme des Beweisantritts zwar möglich sein, aber die entsprechende Anwendung der § 446 zur Fol- 3

---

[1] OLG Hamburg MDR 1964, 414; MünchKomm/*Schreiber* § 447 Rdn. 2; Baumbach/Lauterbach/*Hartmann* § 447 Rdn. 4; AK/*Rüßmann* § 447 Rdn. 1; *Münks* S. 187.
[2] Musielak/*Huber* § 447 Rdn. 1; Baumbach/Lauterbach/*Hartmann* § 447 Rdn. 4.
[3] Stein/Jonas/*Leipold* § 447 Rdn. 5.

ge haben.⁴ Da bei Rücknahme des Antrags auf die eigene Vernehmung die Beweisführung des Gegners nicht beeinträchtigt wird, liegt keine dem § 445 vergleichbare Situation vor, die eine entsprechende Anwendbarkeit des § 446 rechtfertigen könnte. Es muss daher auch für den Antrag auf Parteivernehmung der allgemeine Grundsatz gelten, dass ein Beweisantrag solange rücknehmbar ist, wie die Beweisaufnahme nicht erfolgt ist. Erst nach Beginn der Vernehmung wird man für die Rücknahme des Antrags die Zustimmung des Gegners verlangen müssen,⁵ da hier das Verfahren bereits so weit gediehen ist, dass die Position des Gegners schutzwürdig erscheint.

III. Einverständnis

4   **1. Anforderungen.** Das Einverständnis ist ebenso wie die Erklärung nach § 446 Prozesshandlung und unterliegt dem Anwaltszwang. Anders als nach §§ 445, 446 bedarf es keiner Erklärung der Gegenseite zu dem Antrag auf Parteivernehmung. Da dem Gegner des Antragstellers freisteht, sein Einverständnis mit der Vernehmung zu erklären, ist das Gericht nicht befugt, zugunsten der antragstellenden Partei einzugreifen und die Gegenseite zum Einverständnis aufzufordern. Es ist weiterhin auch nicht dazu verpflichtet, überhaupt auf eine Erklärung des Gegners zum Antrag nach § 447 hinzuwirken.⁶ Im bloßen Schweigen des Gegners kann keine Zustimmung gesehen werden, da die Gegenseite nicht dazu verpflichtet ist, dem Antrag zu widersprechen.⁷ Auch ein konkludentes Einverständnis in der Weise, dass aus dem Schweigen der Partei ein Wille dahin erkennbar wird, der Parteivernehmung zustimmen, ist nicht als ausreichend anzusehen.⁸ Da die nicht beweispflichtige Partei durch das Einverständnis mit der Vernehmung des Beweispflichtigen ihre prozessual günstige Position gefährdet, muss man im Rahmen des § 447 ein ausdrückliches, klares Einverständnis verlangen.⁹ Nicht erforderlich ist allerdings, dass das Einverständnis als solches bezeichnet wird. Möglich ist beispielsweise auch die Stellung eines gemeinsamen Antrags.

Das einmal erklärte Einverständnis bezieht sich grundsätzlich nur auf die konkret beantragte Parteivernehmung. Es ist mit einmaliger Vernehmung der Partei verbraucht und müsste vor einer wiederholten Vernehmung neu eingeholt werden.¹⁰

5   **2. Bedeutung der Beweislast.** Unterschiedlich beurteilt wird bei § 447 auch die Frage, ob in einem Antrag auf Vernehmung des Gegners nach § 445 ein Einverständnis im Sinne des § 447 zu sehen ist, wenn sich der Antragsteller irrtümlich für beweispflichtig hält. Zu einer Zulässigkeit der Parteivernehmung bei einem unter Verkennung der Beweislast gestellten Antrag gelangt man dann, wenn man den Beweisantritt nach § 447 für unabhängig von der Beweislast hält. Aus der besonderen Prozesssituation bei § 447 wird zum Teil geschlossen, dass der Beweislast keine Bedeutung für die Anordnung der Parteivernehmung zukommt. Wegen der durch das Einverständnis zum Ausdruck gekommenen Einigung der Parteien sei die Frage nach der Beweislast überflüssig und

---

4   Musielak/*Huber* § 447 Rdn. 1; Baumbach/Lauterbach/*Hartmann* § 447 Rdn. 4 zieht dies ebenfalls in Erwägung.
5   So auch Rosenberg/Schwab/*Gottwald* § 123 II 4 b; Zöller/*Greger* § 447 Rdn. 3.
6   Stein/Jonas/*Leipold* § 447 Rdn. 9.
7   VerfGH Berlin JR 1994, 499; 500; Zöller/*Greger* § 447 Rdn. 2; MünchKomm/*Schreiber* § 447 Rdn. 2; Baumbach/Lauterbach/*Hartmann* § 447 Rdn. 4.
8   **A.A.** LG Krefeld VersR 1979, 634.
9   Zöller/*Greger* § 447 Rdn. 2; MünchKomm/*Schreiber* § 447 Rdn. 2.
10 Zöller/*Greger* § 447 Rdn. 2.

könne offenbleiben.[11] Dieser Auffassung kann nicht gefolgt werden. Oftmals wird im Zeitpunkt der Stellung des Antrags auf Parteivernehmung noch nicht feststehen, wer aufgrund der konkreten Prozesslage beweispflichtig sein wird. Ein solcher vorsorglich gestellter Antrag ist unerheblich, wenn sich herausstellt, dass die unter Beweis gestellten Behauptungen gar keines Beweises bedürfen. Es würde ein unangemessenes Risiko für die nicht beweisbelastete Partei bedeuten, wenn durch die Umdeutung in ein Einverständnis die Fehleinschätzung der Beweislast der Gegenseite dazu verhelfen würde, den Beweis mittels ihrer eigenen Aussage zu erbringen.[12] Für die Eideszuschiebung hatte § 447 aF ausdrücklich bestimmt, dass eine Partei durch die Eideszuschiebung nicht die Beweislast übernimmt. Daraus folgt, dass das Gericht die Beweislastfrage stets vor der Entscheidung über die Eideszuschiebung zu klären hatte. Gleiches ist auch für die geltende Fassung des § 447 anzuerkennen. Das Gericht muss sich darüber im Klaren sein, ob es nach § 445 die nicht beweispflichtige oder nach § 447 die beweispflichtige Partei vernimmt und kann daher die Beweislast nicht außer acht lassen.[13] Auch die Vertreter der Gegenauffassung halten eine Belehrung der Parteien über die Beweislast für erforderlich, die aber nur darin bestehen kann, dass das Gericht die Parteien über seine Auffassung von der Verteilung der Beweislastverteilung informiert.[14] Da die nicht beweisbelastete Partei durch ihr Einverständnis mit der Vernehmung ihre prozessual günstige Position gefährdet, wird eine Umdeutung des Antrags in ein Einverständnis mit der Vernehmung der beweispflichtigen Partei dem Willen des Antragstellers in der Regel nicht entsprechen.[15] Auch die Auffassung, dass in dem Beweisantritt nach § 445 zumindest dann zugleich die Einwilligung in die Vernehmung nach § 447 liegt, wenn die Vernehmung nach § 445 sich zwangsläufig auch auf Tatsachen bezieht, für welche der zu Vernehmende beweispflichtig ist,[16] ist daher abzulehnen. Wegen der Gefahr für die nicht beweispflichtige Partei auf der einen und der Begünstigung der beweisbelasteten Partei auf der anderen Seite ist grundsätzlich ein ausdrückliches Einverständnis erforderlich.

3. Widerruf. Wie beim Antrag ist auch beim Einverständnis nach § 447 ein Widerruf 6 jedenfalls nach der Vernehmung ausgeschlossen.[17] Im Gegensatz zum Antrag ist das Einverständnis aber als eine bindende Prozesshandlung anzusehen, welche nach der Abgabe gegenüber dem Gericht nicht mehr durch einseitigen Widerruf beseitigt werden kann.[18] Die unterschiedliche Behandlung im Vergleich zum Antrag folgt daraus, dass es sich nicht um einen Beweisantritt handelt, von dem die Partei von sich aus wieder abrücken kann. Durch das Einverständnis ist eine schutzwürdige Situation für die Gegenpartei geschaffen worden, die dieser ein Recht auf die Durchführung ihrer Vernehmung gibt. Ebenso wie beim Geständnis wird man entsprechend § 290 eine Ausnahme vom Prinzip der Bindung aber anerkennen müssen, wenn aus bestimmten Gründen, insbe-

---

11 RGZ 53, 38, 39; OLG Hamburg MDR 1964, 414; Stein/Jonas/*Leipold* § 447 Rdn. 3; Baumbach/Lauterbach/*Hartmann* § 445 Rdn. 5.
12 OLG Stuttgart VersR 1958, 649; umfassend dazu *Born* JZ 1981, 775; 777 f.; *Münks* S. 185 f.
13 Zöller/*Greger* § 447 Rdn. 2; MünchKomm/*Schreiber* § 447 Rdn. 2.
14 MünchKomm/*Schreiber* § 447 Rdn. 2; *Born* JZ 1981, 775, 778.
15 So auch Stein/Jonas/*Leipold* § 447 Rdn. 1 Fn. 1.
16 OLG Stuttgart VersR 1958, 649.
17 OLG Hamburg MDR 1964, 414; MünchKomm/*Schreiber* § 447 Rdn. 2; Baumbach/Lauterbach/*Hartmann* § 447 Rdn. 4; AK/*Rüßmann* § 447 Rdn. 1.
18 Zöller/*Greger* § 447 Rdn. 3; Rosenberg/Schwab/Gottwald § 123 II 4 b; Stein/Jonas/*Leipold* § 447 Rdn. 5; Musielak/*Huber* § 447 Rdn. 1; Baumbach/Lauterbach/*Hartmann* § 447 Rdn. 4; **a.A.** MünchKomm/*Schreiber* § 447 Rdn. 2; *Gehrlein* ZZP 110 (1997) 451, 459.

sondere bei Täuschung und Irrtum des Einwilligenden, diesem ein Festhalten an seiner Erklärung nicht zumutbar ist.

In gewissem Umfang entwertet wird die Bindung an das Einverständnis aber dadurch, dass eine nicht beweispflichtige Partei nach Erklärung des Einverständnisses nachteiligen Folgen durch Benennung anderer Beweismittel entgehen kann. Da diese vorweg zu erheben und im Anschluss daran der Antrag der beweisbelasteten Partei auf ihre Vernehmung neu gestellt werden muss (Vgl. § 445 Rdn. 20), entfällt auch das zuvor erklärte Einverständnis und müsste neu eingeholt werden.[19]

IV. Verfahren

7   Ebenso wie die Parteivernehmung nach § 445 muss die Vernehmung der beweisbelasteten Partei durch Beweisbeschluss angeordnet werden. Das Einverständnis des Gegners ist nach § 160 Abs. 3 Ziff. 3, 510a, 162 zu protokollieren. Beantragt der Beweislastträger seine Vernehmung und stimmt der Gegner dem nicht zu, ist der Beweisantritt gescheitert.

8   Das Gericht hat jedoch vor der Endentscheidung eine Vernehmung nach § 448 in Betracht zu ziehen, zumal in dem Antrag auf Vernehmung der beweisbelasteten Partei auch zugleich die Anregung der Partei gesehen werden kann, diese nach § 448 amtswegig zu vernehmen. Das Gericht hat die Voraussetzungen des § 448 dabei gesondert zu prüfen, da in keinem Fall das fehlende Einverständnis durch eine sachwidrige Anwendung des § 448 unterlaufen werden darf.[20] Nach überwiegender Auffassung ist das Gericht auch bei übereinstimmendem Wunsch der Parteien nach Vernehmung des Beweisführers nicht hierzu verpflichtet, sondern kann nach freien Ermessen darüber entscheiden, ob es die Parteivernehmung gemäß § 447 durchführt oder davon absieht.[21] Diese Ansicht stützt sich auf den Wortlaut der Vorschrift, die anders als § 445 davon spricht, dass das Gericht die Partei vernehmen kann. Da das Gericht die angebotenen Beweise aber zu erschöpfen hat, sind keine Gründe ersichtlich, aus denen der Richter im Rahmen einer Ermessensabwägung von der von beiden Parteien gewünschten Parteivernehmung absehen könnte.[22] Insbesondere schließt ein außerdem gestellter Antrag auf Vernehmung des Gegners des Beweisführers nach § 445 die Vernehmung nach § 447, auf die sich die Parteien geeinigt haben, nicht aus.[23] Die Formulierung der Norm als Kann-Vorschrift will daher nur sicherstellen, dass die Beweiserheblichkeit der beantragten Parteivernehmung geprüft wird.[24] Wird diese bejaht und liegen neben Antrag und Einverständnis auch die übrigen Voraussetzungen vor, ist eine Wahlfreiheit des Gerichts bei der Entscheidung über die Parteivernehmung zu verneinen.

V. Verwertbarkeit

9   Erfolgt eine Parteivernehmung nach § 447 ohne Vorliegen der Voraussetzungen, so ist zu unterscheiden: Verfahrensmängel wie beispielsweise ein fehlender Antrag können ebenso wie bei § 445 nach § 295 durch Rügeverzicht geheilt werden.

---

19 MünchKomm/*Schreiber* § 447 Rdn. 2; Baumbach/Lauterbach/*Hartmann* § 447 Rdn. 5.
20 *Krönig* MDR 1949, 735; *Born* JZ 1981, 775, 778; *Münks* S. 187.
21 *Born* JZ 1981, 775, 778; Zöller/*Greger* § 447 Rdn. 1; MünchKomm/*Schreiber* § 447 Rdn. 1; Stein/Jonas/*Leipold* § 447 Rdn. 7 f.
22 Stein/Jonas/*Leipold* § 447 Rdn. 4; MünchKomm/*Schreiber* § 447 Rdn. 1; Musielak/*Huber* § 447 Rdn. 1; Baumbach/Lauterbach/*Hartmann* § 447 Rdn. 4.
23 **A.A.** Stein/Jonas/*Leipold* § 447 Rdn. 7.
24 Zur Herleitung dieses Ergebnisses aus § 450 aF *Wieczorek* 2. Auflage Anm. A.

In dem Fall, dass die beweispflichtige Partei ohne ausdrückliches Einverständnis des Gegners vernommen wurde, weil die Beweislast verkannt und die vernommene Partei irrtümlich für nicht beweispflichtig gehalten wurde, liegt ein Verfahrensfehler zum Nachteil beider Parteien vor. Die Aussage darf daher grundsätzlich nicht verwertet werden,[25] denn der Beweisantrag der nicht beweispflichtigen Partei enthält für sich gesehen noch kein Einverständnis mit der Vernehmung des Gegners.[26] Der Mangel ist jedoch durch Rügeverzicht heilbar, sofern die Beweislast an nach § 295 heilbaren Verfahrensnormen anknüpft.[27] In dem Rügeverzicht ist dann das fehlende Einverständnis nach § 447 zu sehen, welches hier ausnahmsweise auch ohne ausdrückliche Erklärung als ausreichend angesehen werden kann.[28] (Vgl. dazu auch § 445 Rdn. 37.)

VI. Würdigung

Indem das Gesetz die Vernehmung der beweispflichtigen Partei vom Einverständnis des Gegners abhängig macht, wird der Partei das prozessuale Recht eingeräumt, dieses zu verweigern oder hierzu keine Erklärung abzugeben. Da die Vernehmung somit letztlich vom Willen der hierdurch gefährdeten Partei abhängen soll, darf ihr kein Nachteil dadurch entstehen, dass sie von dem ihr zustehenden Recht Gebrauch macht. Bei der Würdigung des Ergebnisses der Beweisaufnahme darf das verweigerte Einverständnis daher anders als die Aussageverweigerung im Falle des § 446 nicht negativ bewertet werden.[29] 10

§ 448
Vernehmung von Amts wegen

Auch ohne Antrag einer Partei und ohne Rücksicht auf die Beweislast kann das Gericht, wenn das Ergebnis der Verhandlungen oder einer etwaigen Beweisaufnahme nicht ausreicht, um seine Überzeugung von der Wahrheit oder Unwahrheit einer zu erweisenden Tatsache zu begründen, die Vernehmung einer Partei oder beider Parteien über die Tatsache anordnen.

Schrifttum

Bruns Gespräche unter 4 Augen im Zivil- und Arbeitsgerichtsprozess, MDR 2010, 417; *Coester-Waltjen* Parteiaussage und Parteivernehmung am Ende des 20. Jahrhunderts, ZZP 113 (2000) 269; *Eschelbach/Geipel* Parteianhörung – Die Verwertung im Rahmen der Beweiswürdigung, MDR 2012, 198; *Gehrlein* Warum kaum Parteibeweis im Zivilprozess, ZZP 110 (1997) 451; *Kluth/Böckmann* Beweisrecht – Die zivilprozessuale Partei im Zeugenmantel, MDR 2002, 616; *Kocher* Für eine Gleichbehandlung von Parteien und Zeugen – Zum Beweis des Inhalts eines Vier-AugenGesprächs, NZA 2003, 1314; *Kwaschik* Die Parteivernehmung und der Grundsatz der Waffengleichheit im Zivilprozeß, 2004; *Lamberti/Stumpf* Die Parteivernehmung von Amts wegen – „Woher" und „Wohin", NJOZ 2009, 1860; *Lange* Parteianhörung und Parteivernehmung, NJW 2002, 476; *Oberhammer* Parteiaussage, Parteivernehmung und freie Beweiswürdigung am Ende des 20. Jahrhunderts, ZZP 113 (2000) 295; *Noethen* Parteivernehmung oder Parteianhörung bei einem allein zwischen Parteien geführten „Vier-Augen-Gespräch"? NJW 2008, 334; *Reinkenhof* Parteivernehmung und „Vier-Augen-Gespräche", JuS 2002, 645; *Schlosser* EMRK und Waffengleichheit im Zivilpro-

---

25 Zöller/*Greger* § 447 Rdn. 4; *Schneider, E.*, Beweis und Beweiswürdigung Rdn. 193.
26 Ausführlich dazu *Born* JZ 1981, 775, 779; **a.A.** OLG Hamburg MDR 1964, 414.
27 Musielak/*Huber* § 445 Rdn. 7; **a.A.** Baumbach/Lauterbach/*Hartmann* § 445 Rdn. 6.
28 RGZ 76, 313, 316; Stein/Jonas/*Leipold* § 445 Rdn. 10.
29 *Brehm* S. 267 f.

zess, NJW 1995, 1404; *Schmidt, B.* Die Begründung der Ablehnung einer Parteivernehmung nach § 448 ZPO, MDR 1992, 637; *Schmidt-Schondorf* Menschenrechte im Zivilprozess, JR 1996, 268; *Schöpflin* Die Beweiserhebung von Amts wegen im Zivilprozess, 1991; *Schöpflin* Die Parteianhörung als Beweismittel, NJW 1996, 2134; *Stickelbrock* Inhalt und Grenzen richterlichen Ermessens im Zivilprozeß, 2002; *Vollkommer* Der Grundsatz der Waffengleichheit im Zivilprozess – eine neue Prozessmaxime? FS Schwab, 1990, 503; *Wittschier* Die Parteivernehmung (§§ 447, 448) im Lichte der Entscheidung des Europäischen Gerichtshofes für Menschenrechte vom 27.10.1993, DRiZ 1997, 247.

Übersicht

I. Regelungsinhalt —— 1
II. Gegenstand der Vernehmung —— 2
III. Voraussetzungen
   1. Unzureichendes Beweisergebnis
     a) Geltung des Subsidiaritätsgrundsatzes —— 4
     b) Erschöpfung der Beweismittel —— 5
     c) Verhältnis zur Parteivernehmung auf Antrag —— 6
     d) Verhältnis zur Parteianhörung —— 7
   2. Gewisse Wahrscheinlichkeit —— 8
     a) Grad der Wahrscheinlichkeit —— 9
     b) Bewertungsgrundlagen —— 12
     c) Vorweggenommene Beweiswürdigung —— 14
     d) Geltungsbereich —— 15
   3. Überzeugungswert der Parteivernehmung
     a) Ausräumung restlicher Zweifel —— 16
     b) Vorweggenommene Beweiswürdigung —— 17
IV. Ermessen
   1. Bei Anordnung der Parteivernehmung —— 18
   2. Bei Auswahl der Vernehmungspartei —— 21
     a) Abwägungskriterien —— 22
     b) Vernehmung beider Parteien —— 23
V. Verfahren
   1. Anordnung der Parteivernehmung —— 24
   2. Absehen von Parteivernehmung —— 25
VI. Parteivernehmung aus Gründen der Waffengleichheit
   1. Die Entscheidung des EGMR vom 27.10.1993 —— 27
   2. Konsequenzen —— 27
     a) Verzicht auf einschränkende Voraussetzungen —— 29
     b) Waffengleichheit durch Parteianhörung —— 35
VII. Überprüfung
   1. Gesetzliche Voraussetzungen —— 40
   2. Ermessensentscheidung —— 41
   3. Heilung —— 42

I. Regelungsinhalt

1   Die in § 448 vorgesehene Parteivernehmung von Amts wegen stellt eine Ausnahme vom Beibringungsgrundsatz dar. Sie ersetzt den auf richterliche Anordnung ergehenden Parteieid alten Rechts, der zur Ergänzung der richterlichen Überzeugung dienen sollte.[1] Dementsprechend liegt auch der Zweck der amtswegigen Parteivernehmung darin, dem Gericht ein letztes Mittel zur Überwindung noch vorhandener Zweifel an der Wahrheit oder Unwahrheit einer zu erweisenden Tatsache zu geben.[2] Durch die Möglichkeit der amtswegigen Beweisaufnahme kann das Gericht verhindern, dass wichtiges Parteiwissen im Prozess wegen der starren Regeln der §§ 445, 447 nicht verwendet werden kann. Da dem Gericht durch § 448 ermöglicht wird, sich über die grundsätzlich geltenden Beweislastregeln hinwegzusetzen, birgt die Regelung aber zugleich eine erhebliche Gefahr. Richtigerweise stimmen Rechtsprechung und Literatur daher weitestgehend darin überein, dass von der Kann-Bestimmung des § 448 nur sehr zurückhaltend Gebrauch ge-

---

1 RG JW 1884, 46 Nr. 17; RGZ 21, 371, 374.
2 *Schmidt, B.* MDR 1992, 637, 638; ähnlich Zöller/*Greger* § 448 Rdn. 2.

macht werden darf.³ Der Ausnahmecharakter der Vorschrift zeigt sich bereits äußerlich darin, dass es sich bei § 448 um die einzige Vorschrift handelt, die ein ausschließlich von Amts wegen einzusetzendes Beweismittel betrifft.⁴ Sie ist demnach bereits nach allgemeinen Grundsätzen sehr einschränkend auszulegen. Dennoch hat die amtswegige Parteivernehmung in der Praxis eine deutlich größere Bedeutung erlangt als die Parteivernehmung auf Antrag. Da in der Praxis vielfach Fälle auftreten, wo sich ein Vertragspartner durch Abtretung formal die Zeugenstellung verschafft oder die Stellung gerade bei juristischen Personen häufig nur von der organisatorischen Ausgestaltung abhängig ist, entscheiden oftmals Zufälligkeiten darüber, ob eine Person als Zeuge oder als Partei vernommen werden kann. Hier soll eine erweiterte Zulässigkeit der Parteivernehmung von Amts wegen Abhilfe schaffen und auf diese Weise generell der Partei die Möglichkeit verschaffen, die eigene Behauptung durch Parteivernehmung unter Beweis zu stellen.⁵ Dies läuft jedoch der gesetzlichen Konzeption des § 448 entgegen und lässt sich nach derzeitiger Gesetzeslage nicht rechtfertigen. Wegen der Gefahr einer subjektiv gefärbten Aussage und dem mit ihr verbundenen Interessenkonflikt ist einer Partei nur ausnahmsweise und unter bestimmten Voraussetzungen Gelegenheit zu geben, als Beweismittel in eigener Sache aufzutreten. (Ausführlich hierzu § 448 Rdn. 36f.)

II. Gegenstand der Vernehmung

Die Vernehmung nach § 448 dient ebenso wie die Parteivernehmung auf Antrag **2** nicht der Klärung des Sachverhalts, sondern als Beweismittel zur Ermittlung des Wahrheitsgehaltes von Tatsachenbehauptungen. Sie ist daher von der Parteianhörung scharf abzugrenzen. Eine Vernehmung zur Aufklärung des Sachverhalts darf im Rahmen dieser Vorschrift nicht erfolgen.⁶ Gegenstand der Parteivernehmung nach § 448 können nur hinreichend bestimmte beweisbedürftige Tatsachen sein. Ein Ausforschungsbeweis ist ebenso wie bei §§ 445, 447 unzulässig. Dass es sich um eine amtswegige Vernehmung handelt, rechtfertigt keine geringeren Anforderungen an die Konkretisierung des Beweisthemas.⁷

Die Tatsachen, auf welche sich die Parteivernehmung bezieht, müssen von den Par- **3** teien eingebracht worden und bestritten sein. Die in § 448 normierte Ausnahme vom Beibringungsgrundsatz bezieht sich nur auf die Beweisanordnung. Sie erlaubt dem Gericht aber nicht, von sich aus Tatsachen in den Prozess einzubeziehen, auf welche sich die Parteien nicht bezogen haben.⁸

III. Voraussetzungen

1. Unzureichendes Beweisergebnis

a) Geltung des Subsidiaritätsgrundsatzes. Nach dem Wortlaut der Vorschrift ist **4** die Parteivernehmung von Amts wegen nur zulässig, wenn das Gericht aufgrund des Ergebnisses der Verhandlungen und einer etwaigen Beweisaufnahme zu keiner vollen

---

3 OLG München NJW-RR 1996, 958, 959 f.; AG Nürnberg NJW 1987, 660; Baumbach/Lauterbach/ *Hartmann* § 448 Rdn. 1.
4 *Brüggemann* Judex statutor und judex investigator, S. 449.
5 Rosenberg/Schwab/Gottwald § 123 II 6; *Gehrlein* ZZP 110 (1997), S. 451, 475; Stein/Jonas/*Leipold* § 445 Rdn. 2; § 448 Rdn. 21 f.; *Kluth/Böckmann* MDR 2002, 616, 621.
6 BGH VersR 1977, 1124, 1125; MünchKomm/*Schreiber* § 448 Rdn. 1.
7 Großzügiger dagegen Stein/Jonas/*Leipold* § 448 Rdn. 33.
8 Baumbach/Lauterbach/*Hartmann* § 448 Rdn. 6.

Überzeugung von der Wahrheit oder Unwahrheit einer Tatsache gelangt ist. Dies lässt die Parteivernehmung nach § 448 gegenüber den anderen Beweismitteln als nachrangig erscheinen.[9] Für die Beachtung des Subsidiaritätsgrundsatzes spricht weiterhin § 450 Abs. 2 Satz 1, der die Aussetzung der Parteivernehmung vorsieht, wenn andere Beweismittel eingebracht werden.[10] Dabei wird hinsichtlich der Aussetzung nicht unterschieden, ob eine Parteivernehmung auf Antrag oder von Amts wegen angeordnet war. Zudem spricht auch die systematische Stellung des § 450 dafür, dass bei sämtlichen Arten der Parteivernehmung auszusetzen ist.

Weiterhin lässt sich auch die Entstehungsgeschichte für die Subsidiarität der Vernehmung nach § 448 heranziehen. Der auf richterliche Anordnung ergehende Parteieid alten Rechts wurde von der Rechtsprechung des Reichsgerichts wie auch von der Literatur als subsidiäres Beweismittel behandelt. Ehe zum richterlichen Eid gegriffen werden konnte, mussten alle erheblichen Beweisantritte erledigt sein.[11] Dieser subsidiäre Charakter ist nach der Begründung des Entwurfs 1931 auch für die Parteivernehmung von Amts wegen vorgesehen.[12]

5   **b) Erschöpfung der Beweismittel.** Eine amtswegige Parteivernehmung darf nur angeordnet werden, sofern keine anderen Beweismittel mehr zur Verfügung stehen. Nicht zu folgen ist der Auffassung, dass die Erhebung weiterer angebotener Beweise und Gegenbeweise vorerst zurückgestellt werden kann, wenn das Gericht der Überzeugung ist, dass ihr Ergebnis doch nicht hinreichend sein wird, um die Parteivernehmung überflüssig zu machen.[13] Der Ausnahmecharakter der Vorschrift wird ignoriert, wenn andere Beweise, beispielsweise ein angetretener Zeugenbeweis übergangen werden. Insbesondere ist nicht zu billigen, wenn in vorweggenommener Beweiswürdigung ein angebotenes Beweismittel ohne Nachweis dafür als nicht ausreichend angesehen wird.[14] Nur ein offensichtlich nicht erheblicher Beweisantritt kann außer acht gelassen werden.

Da die sonstigen Beweismittel erschöpft sein müssen, ist die Parteivernehmung von Amts wegen nicht zulässig, wenn eine Partei einen ihr zumutbaren Beweis nicht antritt, indem sie beispielsweise vorhandene Zeugen nicht benennt. Es ist gegenüber dem Prozessgegner nicht zu verantworten, der beweispflichtigen Partei den Vorteil der eigenen Parteivernehmung einzuräumen, solange sie nicht alles Zumutbare unternommen hat, den umstrittenen Sachverhalt auf andere Weise einer Klärung zuzuführen.[15]

6   **c) Verhältnis zur Parteivernehmung auf Antrag.** Die Einschränkung, dass zunächst allen zulässigen und erheblichen Beweisantritten nachzugehen und die Beweisaufnahme vollständig durchzuführen ist, umfasst grundsätzlich auch die Parteivernehmung nach §§ 445, 447.[16] Sofern die beweispflichtige Partei einen zulässigen Antrag auf Parteivernehmung des Gegners gestellt hat, kann das Gericht diesen nicht übergehen

---

9   BGHZ 110, 363, 366 = NJW 1990, 1721; BGH NJW 1997, 1988 m.w.N.; *Polyzogopoulos* S. 62f.; *Gehrlein* ZZP 110 (1997), S. 451, 461; MünchKomm/*Schreiber*, § 448 Rdn. 2; **a.A.** *Jauernig* § 56 III 2; *Münks* S. 191 ff.
10 *Schöpflin* S. 267 f.
11 RGZ 97, 242; *Maelzer* S. 35.
12 *Volkmar* JW 1933, 2885; *Glücklich* S. 154 ff.; *Wehmeier* S. 9; *Polyzogopoulos* S. 62, 72.
13 Stein/Jonas/*Leipold* § 448 Rdn. 15.
14 RGZ 35, 105, 111.
15 OLG Hamburg MDR 1970, 58; BGH MDR 1997, 638; MünchKomm/*Schreiber* § 448 Rdn. 2; Baumbach/Lauterbach/*Hartmann* § 448 Rdn. 1; Stein/Jonas/*Leipold* § 448 Rdn. 17.
16 BGH FamRZ 1967, 473; BGH VersR 1984, 665, 666; Baumbach/Lauterbach/*Hartmann* § 448 Rdn. 3; Zöller/*Greger* § 448 Rdn. 3; MünchKomm/*Schreiber* § 448 Rdn. 2; **a.A.** *Glücklich* S. 160; *Wittschier* S. 38.

und anstelle dessen die Parteivernehmung des Beweisführers nach § 448 anordnen.[17] Zweifelhaft ist aber, ob der beweisbelasteten Partei die eigene Vernehmung nach § 448 schon deshalb zu versagen ist, weil sie nicht die Vernehmung des Beweisgegners nach § 445 beantragt. Da oftmals fraglich ist, ob eine Partei von dem bisher eingeführten Sachverhalt unter dem Eindruck einer Vernehmung abrücken wird,[18] erscheint die Parteivernehmung in manchen Fällen nicht als Erfolg versprechend. Es ginge daher zu weit, eine Beweismittelerschöpfung erst dann anzunehmen, wenn die beweispflichtige Partei auch auf ihren Beweisgegner als letztes Beweismittel zurückgegriffen hat.[19] Das Gericht kann daher die Anordnung der Beweiserhebung von Amts wegen nicht allein mit der Begründung versagen, die beweispflichtige Partei sei dazu verpflichtet gewesen, einen Antrag auf Vernehmung des Beweisgegners zu stellen. Noch weniger sinnvoll erscheint es, von der beweispflichtigen Partei zuvor einen Antrag auf eigene Vernehmung zu verlangen. In den allermeisten Fällen dürfte klar sein, dass der Beweisgegner hiermit aufgrund der für ihn günstigen Prozesslage wohl kaum einverstanden sein wird. Das Gericht kann dann seiner Entscheidung über die amtswegige Parteivernehmung nicht unter Hinweis auf die Möglichkeit eines Antrags nach § 447 ausweichen.[20] Im Verhältnis zur Parteivernehmung auf Antrag gilt daher nur eine relative Subsidiarität in der Weise, dass ein zulässiger Beweisantrag nicht übergangen werden darf.

d) Verhältnis zur Parteianhörung. Die Abgrenzung der Parteivernehmung von der Parteianhörung nach § 141 bereitet oftmals Schwierigkeiten. Diese beruhen vornehmlich darauf, dass die unterschiedlichen Funktionen beider Rechtsinstitute miteinander verquickt werden. Sieht man die Anordnung des persönlichen Erscheinens der Partei auch als Mittel zur Aufklärung des im Prozess streitigen Sachverhaltes,[21] so nimmt sie damit Funktionen der Beweiserhebung wahr.[22] Vorrangig dient die Anhörung nach § 141 aber der Beseitigung von Lücken und Unklarheiten im Sachvortrag.[23] Sie ist kein Instrument der Beweiserhebung (Ausführlich dazu auch § 141 Rdn. 1). Daran ändert sich auch nichts durch den erhöhten Stellenwert, den die Rechtsprechung der Parteianhörung als Mittel zur Gewährleistung prozessualer Waffengleichheit einräumt (dazu § 448 Rdn. 35 ff.). 7

2. Gewisse Wahrscheinlichkeit. Die Vorschrift des § 475 a.F., dem die heutige Fassung des § 448 nachgebildet ist, sah den richterlichen Eid nur als Mittel zur Ergänzung des Beweises. Ohne ein zugunsten der einen oder der andern Partei verwertbares Material kam der richterliche Eid nicht in Betracht.[24] Aus der Begründung zum Entwurf einer Zivilprozessordnung aus dem Jahre 1931 ergibt sich, dass das Gericht die Parteivernehmung von Amts wegen unter den gleichen Voraussetzungen anordnen kann, unter denen es den richterlichen Eid auferlegen durfte.[25] Rechtsprechung[26] und ganz herrschende 8

---

17 **A.A.** Stein/Jonas/*Leipold* § 448 Rdn. 15.
18 OLG Köln NJW 1986, 725, 726.
19 **A.A.** *Sändig* S. 75; *Wieczorek* 2. Auflage § 448 Anm. A Ib.
20 *Wittschier* S. 38.
21 MünchKomm/*Peters* § 141 Rdn. 1.
22 Kritisch dazu *Kocher* NZA 2003, 1314, 1315 f.; *Lamberti/Stumpf* NJOZ 2009, 1860, 1863.
23 So ausdrücklich BGH NJW 2002, 2247, 2250; BGH IBR 2011, 555; Zöller/*Greger*, § 141 Rdn. 1.
24 RGZ 15, 338, 339 f.; RGZ 21, 371, 374; *Volkmar* JW 1933, 2885.
25 Zur Entwicklung *Wittschier* S. 23 f.
26 StRspr. seit BGH VersR 1958, 601, 602; vgl. z.B. BGH WM 1981, 802; BGH NJW 1989, 3222; BGH NJW-RR 1994, 636; BGH NJW 1997, 3230; BGH NJW 1998, 814; BGH NJW 1999, 363, 364. Zusammenstellung der wichtigsten Entscheidungen bei *Wittschier* S. 27 f. Aus der Rechtsprechung der Obergerichte vgl. OLG Saarbrücken OLGZ 1984, 112, 113; OLG Karlsruhe NJW-RR 1991, 200, 201; OLG Hamm VersR 1992, 49; Brandenburgisches OLG VersR 2003, 344.

Lehre[27] haben daraus zu Recht geschlossen, dass die Anordnung der amtswegigen Beweisaufnahme nach § 448 voraussetzt, dass die Verhandlungen oder eine eventuelle, bereits durchgeführte Beweisaufnahme bereits irgendein, wenn auch noch unvollständiges Ergebnis hinsichtlich der beweisbedürftigen Tatsachen erbracht haben. Stehen sich die Parteibehauptungen gänzlich beweislos gegenüber oder ist einziger Anhaltspunkt die vorprozessuale Rüge der beweisbelasteten Partei, ist eine Parteivernehmung von Amts wegen ausgeschlossen.[28] Die bloße Vorlage von Schreiben, in denen die Tatsache vorprozessual von einer Partei behauptet wird, kann ohne Hinzutreten weiterer Umstände für sich allein keine Wahrscheinlichkeit für die Richtigkeit der Behauptung begründen.[29] In jüngerer Zeit mehren sich in der Literatur die Stimmen, welche eine Parteivernehmung von Amts wegen auch dann als statthaft ansehen, wenn das bisherige Verfahren ganz ergebnislos geblieben ist, folglich auf das Kriterium einer gewissen Anfangswahrscheinlichkeit ganz verzichten wollen.[30] Zur Begründung wird unter anderem auf den Vorrang der materiellen Wahrheit vor der Privatautonomie und den Grundsatz der freien richterlichen Beweiswürdigung abgestellt. Da der Richter in der Würdigung der Parteiaussage frei sei, stelle die Vernehmung der beweisbelasteten Partei ohne Anfangsbeweis keine unzulässige Benachteiligung der gegnerischen Partei dar.[31] Im Gegenteil wird es sogar als Verstoß gegen das Verbot vorweggenommener Beweiswürdigung bewertet, wenn an dem Erfordernis einer Anfangswahrscheinlichkeit festgehalten wird, da dies impliziere, dass das Ergebnis der Parteivernehmung nie so überzeugend sein könne, dass das Gericht seine Feststellungen nur darauf gründet.[32] Wenn das Gericht nach Erschöpfung anderer Beweismittel vor der Entscheidung steht, eine Partei in eigener Sache förmlich zu vernehmen, erscheint es nicht nur praktisch sinnvoll sondern auch dogmatisch folgerichtig, wenn das Gericht eine Parteivernehmung nur dann anordnet, wenn aufgrund des bisherigen Ergebnisses der Verhandlung einschließlich der Parteianhörung eine Beweisführung durch die Vernehmung ernstlich in Betracht kommt.[33] Entscheidend ist, dass mit einem Verzicht auf die gewisse Wahrscheinlichkeit das Gericht die beweisbelastete Partei von den Folgen der Beweisfälligkeit befreien würde. Dies ist mit dem verfassungsrechtlichen Gebot der Gleichbehandlung der Parteien nicht zu vereinbaren und widerspricht auch der Systematik der Vorschriften über die Parteivernehmung. Die Regelung des § 447, welche ein ausdrückliches Einverständnis des Prozessgegners mit der Vernehmung der beweispflichtigen Partei verlangt, würde vollständig ausgehöhlt, wenn das Gericht in jedem beliebigen Fall ohne einschränkende Voraussetzungen den Beweispflichtigen auch ohne Zustimmung des Gegners vernehmen könnte.[34] Verläuft eine Beweisaufnahme negativ und sprechen auch keinerlei Indizien für die beweisbedürftige Tatsachen, darf das Gericht daher von der Möglichkeit des § 448 keinen Gebrauch machen, sondern hat – wie in allen Fällen eines non-liquet – nach der Beweislast zu erkennen.

---

27 Stein/Jonas/*Leipold* § 448 Rdn. 5; Baumbach/Lauterbach/*Hartmann* § 448 Rdn. 3; MünchKomm/*Schreiber* § 448 Rdn. 3; Musielak/*Huber* § 448 Rdn. 3; Thomas/Putzo/*Reichold* § 448 Rdn. 1; Zöller/*Greger* § 448 Rdn. 4; Rosenberg/Schwab/Gottwald § 123 II 5; *Brehm* S. 242; *Meyke* MDR 1987, 358, 360.
28 BGH NJW 1989, 3222, 3223; Stein/Jonas/*Leipold* § 448 Rdn. 5 m.w.N. zu speziellen Fallkonstellationen.
29 BGH NJW 1989, 3222, 3223; BGH VersR 1969, 220; Stein/Jonas/*Leipold* § 448 Rdn. 7; Baumbach/Lauterbach/*Hartmann* § 448 Rdn. 5 m.w.N.
30 *Gehrlein*, ZZP 110 (1997), 451, 474; *Wittschier*, DRiZ 1997, 247, 250; *Coester-Waltjen*, ZZP 113 (2000), 269, 291; *Oberhammer*, ZZP 113 (2000), 295, 314 ff.
31 *Wittschier* S. 30 ff., 35; *Schöpflin* S. 269 ff., 275.
32 *Gehrlein*, ZZP 110 (1997), 451, 468 ff; *Oberhammer*, ZZP 113 (2000), 295, 315.
33 So zutreffend *Lange*, NJW 2002, 476, 481.
34 *Krönig* MDR 1949, 735.

a) Grad der Wahrscheinlichkeit. In den unterschiedlichen Entscheidungen finden 9
sich sehr verschiedene Begriffe zum Grad der für § 448 erforderlichen Wahrscheinlichkeit einer Behauptung. Neben dem wohl gebräuchlichsten Terminus der „gewissen Wahrscheinlichkeit",[35] fordert die Rechtsprechung teilweise eine „hinreichende Wahrscheinlichkeit",[36] „überwiegende Wahrscheinlichkeit"[37] oder „gewichtige Umstände".[38] In anderen Entscheidungen ist davon die Rede, dass eine Behauptung „anbewiesen"[39] sein muss oder die Darstellung „mindestens einigermaßen wahrscheinlich"[40] bzw. „nicht schlechthin unwahrscheinlich" erscheint.[41] Hieraus kann aber nicht auf verschieden strenge Anforderungen geschlossen werden. Es handelt sich lediglich um Formulierungsunterschiede ohne rechtliche Bedeutung. Diese sind darauf zurückzuführen, dass es sich bei der Prüfung des bisherigen Beweisergebnisses vor der Entscheidung über die Parteivernehmung um eine nicht pauschal zu treffende Einzelfallentscheidung handelt. Auch Abgrenzungsformeln dergestalt, dass mehr für als gegen die Richtigkeit der Behauptung sprechen muss oder Behauptung nicht gegen Behauptung stehen darf,[42] können bei dieser Entscheidung lediglich eine Hilfestellung geben.

Ist das Gericht vom Gegenteil einer Behauptung bereits überzeugt, ist eine Vernehmung nach § 448 von vornherein ausgeschlossen.[43] Sie scheidet aber nicht schon dann 10
aus, wenn das Gegenteil wahrscheinlicher ist oder für das Gegenteil ein Anscheinsbeweis spricht.[44]

Sofern das Gericht hinsichtlich der von der nicht beweisbelasteten Partei aufgestell- 11
ten Behauptungen eine gewisse Wahrscheinlichkeit bejaht, hiervon aber noch nicht überzeugt ist, ist eine Parteivernehmung von Amts wegen zu erwägen. Sie kann nicht mit der Begründung abgelehnt werden, dass damit der nicht beweispflichtigen Partei zugemutet würde, Gegenbeweis gegen eine unbewiesene Behauptung der beweispflichtigen Partei zu führen,[45] da die Vernehmung nach § 448 nach dem ausdrücklichen Wortlaut der Norm unabhängig von der Beweislast erfolgt. Die Parteivernehmung kann auch nicht grundsätzlich als entbehrlich angesehen werden, weil für den Prozesserfolg der nicht beweisbelasteten Partei ausreichend ist, wenn das Gericht keine Überzeugung von der Wahrheit der beweisbedürftigen Tatsache zu erlangen vermag.[46] Zwar müsste eine Beweislastentscheidung zugunsten der nicht beweisbedürftigen Partei ergehen, wenn das Gericht weder von der Wahrheit, noch von der Unwahrheit der beweisbedürftigen Tatsache überzeugt ist. Diese ist aber nur zulässig im Falle eines non-liquet, welches erst dann festgestellt werden kann, wenn das Gericht alles getan hat, was zur Aufklärung des streitigen Sachverhaltes erfolgen konnte. Zu den möglichen und prozessual zulässigen Beweismitteln, die das Gericht auszuschöpfen hat, gehört auch die Parteivernehmung von Amts wegen. Da deren Anordnung unabhängig von der Beweislast ist, kann sie zur Ge-

---

[35] Z.B. BGH VersR 1976, 587, 588; BGH FamRZ 1988, 482, 485; BGH NJW 1987, 3077, 3080.
[36] BGH NJW-RR 1989, 1222.
[37] BAG KTS 1988, 356.
[38] BGH NJW-RR 1994, 636.
[39] OLG Hamm ZIP 1994, 889 mit abl. Anm. *Schlosser* EWiR 1994, 623, 624.
[40] BGH VersR 1984, 665, 666.
[41] KG VersR 1958, 385.
[42] Polyzogopoulos S. 62.
[43] RGZ 144, 321, 324.
[44] So jetzt auch BGH NJW 2012, 1277, 1279; **a.A.** BGH NJW 1959, 1369; OLG Saarbrücken OLGZ 1984, 122; LG Krefeld VersR 1979, 634.
[45] **A.A.** *Wittschier* S. 38; Stein/Jonas/*Leipold* § 448 Rdn. 10.
[46] So aber Zöller/*Greger* § 448 Rdn. 4; *Münks* S. 188 f.

winnung einer richterlichen Überzeugung sämtlicher Tatsachen eingesetzt werden und ist damit auch zur Vervollständigung des Gegenbeweises zulässig.[47]

12   **b) Bewertungsgrundlagen.** Die gewisse Wahrscheinlichkeit kann sich nicht nur aus einer vorhergehenden Beweisaufnahme, sondern auch aus der Würdigung von Beweisanzeichen[48] oder dem sonstigen Ergebnis der Verhandlung ergeben. Auch aus einer formlosen Parteianhörung nach § 141 kann sich die hinreichende Wahrscheinlichkeit herleiten lassen.[49] Fehlt es an einer Erhebung sonstiger Beweise, ist aber erforderlich, dass sich wenigstens einige Anhaltspunkte für die Darstellung einer Partei ergeben haben oder aufgrund der Lebenserfahrung bestehen.[50] Dabei kann auch das bisherige Prozessverhalten der Parteien miteinbezogen werden.[51] Allein die Tatsache, dass eine Partei über keinerlei andere Beweismittel verfügt und sich daher in Beweisnot befindet, rechtfertigt aber nicht die Herabsetzung der Anforderungen an die Wahrscheinlichkeit ihrer Behauptungen.[52] Die bloße Behauptung der Tatsache reicht nicht zur Begründung einer gewissen Wahrscheinlichkeit aus, da diese unabhängig von der Parteiaussage gegeben sein soll.[53] Nicht ausgeschlossen ist dagegen, die Anfangswahrscheinlichkeit aus einer urkundsbeweislich verwertbaren Aussage der Partei in einem anderen Verfahren herzuleiten. Diese kann ein Indiz für die Richtigkeit der Tatsachenbehauptung im vorliegenden Prozess darstellen.[54] Ihr kommt jedoch kein ähnlich starker Beweiswert zu wie richterlichen Feststellungen, die in einem anderen Verfahren getroffen wurden.

13   Auch aus Feststellungen eines vorangegangenen Strafurteils kann die gewisse Wahrscheinlichkeit bestimmter Tatsachen resultieren. Da eine Bindung an die strafrichterliche Entscheidung jedoch nicht besteht, tritt diese Wirkung nicht automatisch ein. Der Zivilrichter hat vielmehr über die Beweiskraft der dort festgestellten Tatsachen im Einzelfall zu entscheiden.[55] Die gewisse Wahrscheinlichkeit für die vom Beweisführer behaupteten Tatsachen kann sich schließlich auch daraus ergeben, dass der als Partei vernommene Gegner des Beweisführers die Beeidigung seiner Aussage abgelehnt hat.[56]

14   **c) Vorweggenommene Beweiswürdigung.** Um über das Vorliegen einer gewissen Wahrscheinlichkeit für die Wahrheit der behaupteten Tatsachen entscheiden zu können, hat das Gericht vor der Entscheidung über die Anordnung oder das Absehen von einer amtswegigen Parteivernehmung das Ergebnis einer etwaigen vorhergehenden Beweisaufnahme und das Ergebnis der bisherigen mündlichen Verhandlung umfassend zu würdigen. Eine vorweggenommene Beweiswürdigung ist insofern ebenso wie bei § 445

---

47   MünchKomm/*Schreiber* § 448 Rdn. 3.
48   BGHZ 110, 363, 366= NJW 1990, 1721.
49   BGH NJW-RR 1990, 410; BGH NJW-RR 1991, 983, 984; AK/*Rüßmann* § 448 Rdn. 1; Baumbach/Lauterbach/*Hartmann* § 448 Rdn. 3, Stein/Jonas/*Leipold* § 448 Rdn. 7; *Eschelbach/Geipel* MDR 2012, 198, 200; *Wiewel* VuR 2012, 133, 136.
50   BGH MDR 1992, 137, 138; BGH NJW-RR 1991, 983, 984; BGH NJW 1987, 2510; AK/*Rüßmann* § 448 Rdn. 1; Baumbach/Lauterbach/*Hartmann* § 448 Rdn. 3; Stein/Jonas/*Leipold* § 448 Rdn. 7f; **a.A.** OLG Koblenz MDR 1998, 712; AG Nürnberg NJW 1987, 660.
51   MünchKomm/*Schreiber* § 448 Rdn. 2.
52   BGHZ 110, 363 = NJW 1990, 1721.
53   OLG München ZfS 1988, 118; AG Nürnberg NJW 1987, 660; Zöller/*Greger* § 448 Rdn. 4.
54   BGH VersR 1969, 220; MünchKomm/*Schreiber* § 448 Rdn. 3; Zöller/*Greger* § 448 Rdn. 4; so wohl jetzt auch Stein/Jonas/*Leipold* § 448 Rdn. 8.
55   BGH VersR 1984, 665f.; OLG Hamburg MDR 1982, 340, 341; MünchKomm/*Schreiber* § 448 Rdn. 3; *Gehrlein* ZZP 110 (1997) 451, 463; einschränkend Baumbach/Lauterbach/*Hartmann*, § 448 Rdn. 4.
56   ArbG Marburg AP § 448 Nr. 2 = BB 1965, 988.

Abs. 2 ausnahmsweise zulässig.[57] Solange noch Beweise angeboten sind, aus denen sich die Wahrscheinlichkeit noch ergeben könnte, darf jedoch über die Parteivernehmung von Amts wegen nicht ablehnend entschieden werden.

Maßgebend ist für die Beurteilung der Zulässigkeit der amtswegigen Parteivernehmung ist damit grundsätzlich die Beweislage bei Anordnung der Parteivernehmung. Jedoch liegt kein Verfahrensfehler vor, wenn eine im Zeitpunkt der Anordnung fehlende gewisse Wahrscheinlichkeit spätestens im Zeitpunkt der Vernehmung zu bejahen ist.[58]

d) Geltungsbereich. Auch in Verfahren mit freigestellter mündlicher Verhandlung kann eine Parteivernehmung nach § 448 erfolgen, beispielsweise im einstweiligen Verfügungsverfahren oder im Verfahren der freiwilligen Gerichtsbarkeit.[59]

Das Erfordernis, dass bereits einiger Beweis für die vom Beteiligten erhobene Behauptung erbracht ist, gilt nur für die Parteivernehmung im Zivilprozess. Sie findet ihre Rechtfertigung allein in der diesen beherrschenden Verhandlungsmaxime und soll verhindern, dass willkürlich zugunsten einer Partei die Folgen der ansonsten eintretenden Beweisfälligkeit abgewendet werden. Auf das Verfahren der freiwilligen Gerichtsbarkeit ist diese Beschränkung nicht übertragbar.[60]

3. Überzeugungswert der Parteivernehmung

a) Ausräumung restlicher Zweifel. Auch wenn das Ergebnis der Verhandlung und einer im übrigen völlig durchgeführten Beweisaufnahme zwar eine gewisse Wahrscheinlichkeit begründet, aber zur Überzeugungsbildung des Gerichts nicht vollständig ausreicht, hat eine Parteivernehmung nur dann zu erfolgen, wenn sich das Gericht von der Vernehmung die Ausräumung seiner restlichen Zweifel erwartet.[61] Dieser „Überzeugungswert", welcher der Parteivernehmung zukommen muss, ist nicht gleichzusetzen mit der allgemeinen Geeignetheit, die grundsätzlich immer Voraussetzung dafür ist, ein Beweismittel zu benutzen. Die vorausschauende Bewertung des Überzeugungswerts der Aussage stellt vielmehr eine Prognose über die Glaubwürdigkeit der Partei und die Glaubhaftigkeit ihrer erwarteten Aussagen dar.[62] In diese Prognose sind Kenntnisse über die Persönlichkeit und das bisherige Prozessverhalten der Partei einzubeziehen. Auch wenn zu erwarten ist, dass die Partei Angaben zu den beweiserheblichen Tatsachen machen kann, darf das Gericht etwa wegen der Persönlichkeit der Partei oder der Länge der verflossenen Zeit immer dann von der Vernehmung absehen, wenn diese dem Gericht auch keine Überzeugung verschaffen würde.[63]

b) Vorweggenommene Beweiswürdigung. In noch stärkerem Umfang als bei der Entscheidung über die gewisse Wahrscheinlichkeit erfordert die Prognose hinsichtlich des Überzeugungswerts der Aussage eine vorweggenommene Beweiswürdigung.[64] Deren Zulässigkeit folgt aus der Natur des § 448 als nur von Amts wegen anzuordnendem Be-

---

57 BGH WM 1968, 406, 407; Zöller/*Greger* § 448 Rdn. 4a; *Schmidt, B.* MDR 1992, 637, 638; **a.A.** *Gehrlein* ZZP 110 (1997) 451, 469; *Schöpflin* S. 282 f.
58 Stein/Jonas/*Leipold* § 448 Rdn. 5.
59 RGZ 54, 308, 311; OLG Düsseldorf MDR 1960, 850; BayObLGZ 1961, 139.
60 BayObLGZ 1970, 173, 176 f.; OLG Zweibrücken MDR 1998. 1244, 1245.
61 BGH WM 1968, 406; BGH FamRZ 1967, 473; BGH NJW 1994, 320; Zöller/*Greger* § 448 Rdn. 4a; *Gehrlein* ZZP 110 (1997) 451, 463 f.
62 BGH VersR 1958, 601, 602; OLG Hamm VersR 1991, 330, 331; *Schmidt, B.* MDR 1992, 637, 638.
63 BGH VersR 1981, 1176 m.w.N.
64 BGH WM 1968, 406, 407; *Schmidt, B.* MDR 1992, 637, 638; Zöller/*Greger* § 448 Rdn. 4a.

weismittel. Von einer beantragten Beweiserhebung darf das Gericht nicht schon deshalb absehen, weil das erhoffte Ergebnis nicht zu erwarten stehe. Für die amtswegige Beweiserhebung nach § 448 dagegen hat das Gericht die Freiheit der Prognose und des Absehens, wenn es sich von der Vernehmung keinen Überzeugungswert verspricht.[65] Neben der Feststellung, wie das bisherige Beweisergebnis lautet, hat das Gericht vor der Parteivernehmung auch Überlegungen zur Glaubwürdigkeit der Partei anzustellen.[66] Denn hiervon hängt anders als bei der Anordnung einer Zeugenvernehmung die Entschließung über die Anordnung der amtswegigen Parteivernehmung ab.[67] Schwerwiegende Bedenken gegen die Glaubwürdigkeit der Partei rechtfertigen es, von der Parteivernehmung nach § 448 abzusehen.[68]

Sofern sich das Gericht von der Parteiaussage einen Überzeugungswert versprochen und sie aus diesem Grunde angeordnet hat, bleibt es gleichwohl in seiner abschließenden Würdigung des Wertes dieses Beweismittels frei und kann auch eine zuvor als „anbewiesen" erachtete Behauptung nach Durchführung der Parteivernehmung für unwahr halten.

IV. Ermessen

18   **1. Bei Anordnung der Parteivernehmung.** Die Regelung der Parteivernehmung von Amts wegen ist ausgestaltet als Kann-Vorschrift. Daraus hat das Reichsgericht bereits in seiner ersten Entscheidung zur neuen Vorschrift des § 448 geschlossen, die Anordnung der Vernehmung liege im Ermessen des Tatrichters.[69] In nachfolgenden Entscheidungen wurde dies vielfach bestätigt. Dabei ist zum Teil von einem pflichtgemäßen Ermessen die Rede, ohne dass damit aber in der Sache eine Einengung des Ermessensspielraums verbunden war.[70] Auch der BGH geht in ständiger Rechtsprechung davon aus, dass das Gericht über die Parteivernehmung von Amts wegen nach pflichtgemäßem Ermessen entscheidet.[71] Lediglich in zwei Entscheidungen, bei denen es um Vorgänge ging, die sich allein zwischen Ehegatten abgespielt haben, wurde festgestellt, dass das Gericht in der Regel von der Vorschrift des § 448 durch Vernehmung beider Ehegatten Gebrauch zu machen hat.[72] Das Schrifttum ist weitestgehend der Einordnung des § 448 als Ermessensvorschrift gefolgt.[73] Zu den Aspekten, die im Rahmen der Ermessensabwägung beachtlich sein sollen, zählt vor allem die Beurteilung der gewissen Wahrscheinlichkeit, aber auch eine unverschuldete Beweisnot der beweisbelasteten Partei und ein von dieser gestellter Antrag auf eigene Vernehmung.[74] Unter den Voraussetzungen, dass

---

65   *Brüggemann* Judex statutor und judex investigator, S. 450 f.
66   BGH FamRZ 1987, 152, 153; OLG Hamm VersR 1991, 330; Baumbach/Lauterbach/*Hartmann* § 448 Rdn. 12; wohl auch Stein/Jonas/*Leipold* § 448 Rdn. 8 (**a.A.** 20. Aufl. Rdn. 2); dagegen *Schöpflin* NJW 1996, 2134, 2136.
67   BGH NJW 1952, 384; Rosenberg/Schwab/Gottwald § 123 II 5.
68   KG VersR 1958, 385; **a.A.** *Schöpflin* S. 281, der jedoch zu Unrecht nicht zwischen der Glaubwürdigkeit der Partei und der Glaubhaftigkeit der Aussage unterscheidet.
69   RGZ 144, 321, 323.
70   Z.B. RG JW 1935, 2432.
71   StRspr. vgl. BGHZ 110, 362 = NJW 1990, 1721; BGH NJW-RR 1989, 410; BGH NJW-RR 1994, 1143, 1144; BGH NJW 1999, 363, 364.
72   BGH FamRZ 1968, 592, 593; BGH NJW 1970, 896, 897.
73   Stein/Jonas/*Leipold* § 448 Rdn. 17; MünchKomm/*Schreiber* § 448 Rdn. 6; Baumbach/Lauterbach/*Hartmann* § 448 Rdn. 7; Musielak/*Huber* § 448 Rdn. 4; Thomas/Putzo/*Reichold* § 448 Rdn. 4; Zöller/*Greger* § 448 Rdn. 4a.
74   BGHZ 110, 362 = NJW 1990, 1721; BGH NJW-RR 1989, 410; BGH NJW 1987, 1381; OLG Koblenz MDR 1998, 712.

die eigene Parteivernehmung beantragt ist, sich die beweisbelastete Partei in Beweisnot befindet und für die Richtigkeit ihres Vortrags eine gewisse Wahrscheinlichkeit spricht, soll sich das Ermessen des Gerichts reduzieren. Jedoch nicht auf eine Anordnungspflicht, sondern nur auf die Verpflichtung, das Absehen von der nahe liegenden amtswegigen Parteivernehmung in nachprüfbarer Weise zu begründen.[75] Insbesondere müsse die Begründung erkennen lassen, dass sich das Gericht der Beweisnot der Partei bewusst gewesen ist.[76]

Die genannten Kriterien vermögen aber die Einordnung der Bestimmung des § 448 **19** als Ermessensvorschrift nicht zu rechtfertigen.[77] Versteht man die Beweisnot als das Misslingen der Beweisführung der beweisbelasteten Partei, reduziert sie sich auf eine Anwendungsvoraussetzung für § 448.[78] Aber auch wenn man unter Beweisnot das Fehlen anderer Beweismittel wie Zeugen oder Urkunden versteht, darf dies die Überzeugungsbildung des Tatrichters nicht beeinflussen. Soweit es die gewisse Wahrscheinlichkeit betrifft, hat der BGH selbst hervorgehoben, dass an sie keine unterschiedlichen Anforderungen zu stellen sind, je nachdem ob sich die beweisbelastete Partei in einer von ihr nicht zu vertretenden Beweisnot befindet oder nicht.[79] Auch ein unverschuldeter Mangel an Beweismitteln rechtfertigt keine Vergünstigung gegenüber dem Prozessgegner. Das Gericht darf die Behauptungen einer Partei nicht nur deshalb als wahrscheinlich ansehen, weil ihr keine anderen Beweismittel zur Verfügung stehen.[80] Der Antrag der beweisbelasteten Partei kann bei fehlendem Einverständnis des Gegners nur als Anregung zur amtswegigen Vernehmung angesehen werden.[81] Eine solche Anregung ist prozessual bedeutungslos und muss nicht beachtet werden. Es wäre eine nicht nachvollziehbare Benachteiligung derjenigen Partei, die auf einen solchen unbeachtlichen Antrag verzichtet hat, wenn ein solcher Antrag in die Überlegungen zur Anordnung der amtswegigen Beweiserhebung einfließen oder besondere Ausführungen erfordern würde.[82]

Die Formulierung des § 448, nach der das Gericht die Parteivernehmung anordnen **20** kann, wenn das Ergebnis der Verhandlungen oder einer etwaigen Beweisaufnahme zur Überzeugungsbildung nicht ausreicht, umschreibt zunächst die tatbestandlichen Anwendungsvoraussetzungen, welche in der Erschöpfung der Beweismittel, der gewissen Wahrscheinlichkeit für die Richtigkeit der Darstellung und dem Überzeugungswert der Parteivernehmung bestehen. Während die Erschöpfung der Beweismittel eindeutig festzustellen ist, handelt es sich bei der gewissen Wahrscheinlichkeit und dem voraussichtlichen Überzeugungswert um unbestimmte Rechtsbegriffe, die kein Ermessen eröffnen. Für ihre Konkretisierung hat das Gericht zwar das bisherige Verhandlungs- und Beweisergebnis zu würdigen. Eine Beweiswürdigung ist aber keine Ermessensausübung.[83] Ein Ermessensspielraum bei der Feststellung der Voraussetzungen steht dem Tatrichter somit nicht zu.[84] Es sind weiterhin auch keine Kriterien ersichtlich, nach denen sich ein richterliches Ermessen auf der Rechtsfolgenseite richten könnte, wenn die Vorausset-

---

75 BGH MDR 1983, 478 mit Anm. *Baumgärtel.*
76 BGHZ 110, 363, 366 = NJW 1990, 1721 f.
77 Umfassend dazu *Stickelbrock* S. 590 ff.
78 Zöller/*Greger* § 448 Rdn. 4a; *Schmidt, B.* MDR 1992, 637, 638 f.; *Stickelbrock* S. 594.
79 BGHZ 110, 363, 366 = NJW 1990, 1721.
80 *Schmidt, B.* MDR 1992, 637, 638.
81 *Schmidt, B.* MDR 1992, 637, 639 f.; *Stickelbrock* S. 594.
82 Zöller/*Greger* § 448 Rdn. 4 a; *Schmidt, B.* MDR 1992, 637, 638 f.
83 Zur Begründung eingehend *Stickelbrock* S. 351 ff.
84 *Peters*, Richterliche Hinweispflichten und Beweisinitiativen im Zivilprozess 1983, S. 93 f., 147; ähnlich auch *Stürner*, Die richterliche Aufklärung im Zivilprozess 1982, S. 16 f.; *Schöpflin* S. 263 f.

zungen für die Anwendung des § 448 gegeben sind. Es ist daher beim Vorliegen der Voraussetzungen des § 448 von einer Pflicht zur Anordnung der amtswegigen Parteivernehmung auszugehen.[85] Diese ist auch sachgerecht, da vor allem die praktisch bedeutsamere Vernehmung der beweispflichtigen Partei regelmäßig mangels Einverständnis des Gegners nur als amtswegige Vernehmung nach § 448 möglich ist. Bei Bejahung der gewissen Wahrscheinlichkeit und des mutmaßlichen Überzeugungswerts der Parteivernehmung sind keine vernünftigen Gründe mehr ersichtlich, das zur Verfügung stehende Beweismittel der Parteivernehmung nicht auszuschöpfen.[86]

21 **2. Bei Auswahl der Vernehmungspartei.** Da das Gericht an die Beweislast nicht gebunden ist, steht ihm, sofern es die Voraussetzungen des § 448 bejaht hat, ein Ermessen aber bei der Entscheidung der Frage zu, welche der Parteien zu vernehmen ist.[87]

22 **a) Abwägungskriterien.** Bei der Auswahl der Partei hat das Gericht die ihm bekannten Umstände gegeneinander abzuwägen. Ein maßgeblicher Abwägungsfaktor ist dabei, welche Partei die vermutlich nähere und bessere Kenntnis der Tatsachen besitzt, weil sie beispielsweise an den Verhandlungen selbst beteiligt war. Auch der Prozessgegner des Beweisführers kann daher zu vernehmen sein, wenn er zum Beweisthema eigene Wahrnehmungen bekunden kann.[88] Aber auch das bisherige Verhalten der Parteien im Prozess und die daraus resultierenden Schlussfolgerungen auf die Vertrauenswürdigkeit können bei der Auswahl ausschlaggebend sein.[89]

23 **b) Vernehmung beider Parteien.** Auch die Entscheidung, ob beide oder nur eine der Parteien zu vernehmen ist, steht im Ermessen des Gerichts.

Keinerlei Bedenken bestehen gegen die Vernehmung beider Parteien, soweit sich diese auf verschiedene selbständige Beweisthemen beziehen. In diesem Fall kann das Gericht ohne weiteres über den einen Tatsachenkomplex die eine und über den anderen die andere Partei vernehmen.[90] Dabei handelt es sich jedoch um zwei selbständige Parteivernehmungen, bei denen das Vorliegen der Zulässigkeitsvoraussetzungen gesondert zu prüfen ist.

Wegen der Unabhängigkeit des § 448 von Beweislastgrundsätzen ist darüber hinaus auch die Vernehmung beider Parteien zu denselben Tatsachen zulässig, sofern beide Parteien hierzu Kenntnisse besitzen, etwa weil sie beide an den Vertragsverhandlungen beteiligt waren. Untersagt ist durch § 452 Abs. 1 Satz 2 lediglich die Beeidigung beider vernommener Parteien, soweit sich ihre Aussagen widersprechen. Auch bei der Vernehmung beider Parteien ist jedoch die Grenze zur Anhörung zu beachten. Nicht zu folgen ist daher der Auffassung, eine Vernehmung beider Parteien sei grundsätzlich vorzuziehen, da erst die verschiedenen Darstellungen eine abschließende Überzeugungsbildung des Richters ermöglichten.[91] Dabei wird die Funktion der Parteivernehmung als Beweis-

---

[85] So schon *Glücklich* S. 164 f.; *Nikisch*, Zivilprozessrecht 1952, § 91 II 2; *Schmidt, J.P.*, Teilbarkeit und Unteilbarkeit des Geständnisses im Zivilprozess 1972, S. 120 Fn. 209; *Zettel*, Der Beibringungsgrundsatz 1977, S. 89; *Brüggemann* Judex statutor und judex investigator, S. 449 f.; ähnlich auch *Wittschier* S. 41.
[86] *Peters* S. 148; *Schöpflin* S. 263 f.
[87] RGZ 145, 271, 273; BGH VersR 1959, 199 f.; MünchKomm/*Schreiber* § 448 Rdn. 5; Zöller/*Greger* § 448 Rdn. 5; *Stickelbrock* S. 597 f.
[88] BGH NJW 1999, 363, 364.
[89] BGH NJW-RR 1991, 983 f.; BGH VersR 1969, 220; Stein/Jonas/*Leipold* § 448 Rdn. 17; Zöller/*Greger* § 448 Rdn. 5; Baumbach/Lauterbach/*Hartmann* § 448 Rdn. 12.
[90] Stein/Jonas/*Leipold* § 448 Rdn. 19 f.
[91] *Jauernig* § 56 III 2, Rosenberg/Schwab/Gottwald § 123 II 6; *Wittschier* S. 42; *Stickelbrock* S. 598.

mittel verkannt. Sie darf grundsätzlich nicht dazu verwendet werden, eine möglichst genaue Aufklärung der Vorgänge zu vermitteln, die unterschiedlichen Positionen und die eigentlichen Differenzpunkte herauszuarbeiten.[92] Dies hat im Rahmen der Anhörung zu erfolgen. Erst im Anschluss an die Klärung der streitigen Punkte ist dann die Entscheidung zu treffen, welche Partei zu vernehmen ist.[93] Für jede zu vernehmende Partei sind dabei die Zulässigkeitsvoraussetzungen zu prüfen und zu bejahen. Dabei kann ein Überzeugungswert der Parteivernehmung bei beiden Parteien im Grunde nur dann bejaht werden, wenn von beiden im Wesentlichen gleiche Bekundungen zu den Beweistatsachen zu erwarten sind.[94]

V. Verfahren

1. Anordnung der Parteivernehmung. Die Anordnung erfolgt wie bei der Parteivernehmung auf Antrag nach §§ 445, 447 stets durch formellen Beweisbeschluss, § 450 Abs. 1 Satz 1, der das Beweisthema genau bezeichnen muss, da die Vernehmung unter Umständen nur für bestimmte Fragen zulässig ist. Ob § 141 oder § 448 gewollt ist, muss klar erkennbar sein.[95] 24

Zuständig für die Entscheidung nach § 448 ist auch der Einzelrichter nach § 348, nicht aber der vorbereitende Einzelrichter im Berufungsrechtszug nach § 527 oder der Vorsitzende der Kammer für Handelssachen nach § 349. Die Anordnung der Vernehmung setzt eine vorweggenommene, wenn auch noch nicht abschließende Würdigung des bisherigen Ergebnisses der gesamten Verhandlung und der Beweisaufnahme voraus, die nur durch das Kollegium erfolgen kann.[96] Kommt daher eine Vernehmung in Betracht, sollte die betreffende Partei in dem vor der Kammer stattfindenden Termin nach § 141 zum persönlichen Erscheinen aufgefordert werden und über die Anordnung der Parteivernehmung erst in diesem Termin entschieden werden.[97]

Die Gründe für die Durchführung der Parteivernehmung sind im Urteil mitzuteilen. Um der Rechtsmittelinstanz die Überprüfung der Voraussetzungen für die Anordnung und der Würdigung zu ermöglichen, hat der Tatrichter insbesondere darzulegen, aus welchen Umständen er die „gewisse Wahrscheinlichkeit" für die Richtigkeit der streitigen Parteibehauptung und den voraussichtlichen Überzeugungswert der Parteivernehmung hergeleitet hat.

2. Absehen von Parteivernehmung. Bevor das Gericht eine Partei für beweisfällig erklärt, muss es die Parteivernehmung erwogen haben.[98] § 448 ist verletzt, wenn sich das Gericht der Möglichkeit, eine Parteivernehmung von Amts wegen anzuordnen, überhaupt nicht bewusst war. Nur selten ist jedoch so eindeutig erkennbar, dass sich das Gericht mit der Anregung einer Parteivernehmung überhaupt nicht auseinandergesetzt 25

---

[92] Für eine weitergehende Zulässigkeit der Parteivernehmung in diesen Fällen aber OLG Hamburg MDR 1970, 58; MünchKomm/*Schreiber* § 448 Rdn. 5; Musielak/*Huber* § 448 Rdn. 8; Rosenberg/Schwab/*Gottwald* § 123 II 6; *Jauernig* § 56 III 2; *Wittschier* S. 42; *Schöpflin* S. 265; **a.A.** Baumbach/Lauterbach/Hartmann § 448 Rdn. 11; Zöller/*Greger* § 448 Rdn. 6.
[93] Im Ergebnis zutreffend Stein/Jonas/*Leipold* § 448 Rdn. 20.
[94] Ebenso Baumbach/Lauterbach/*Hartmann* § 448 Rdn. 10.
[95] BAG NJW 1965, 2340.
[96] OLG Köln NJW 1972, 953; Stein/Jonas/*Leipold* § 448 Rdn. 34; MünchKomm/*Schreiber* § 448 Rdn. 6; **a.A.** *Wieczorek* 2. Auflage § 448 Anm. A.
[97] Stein/Jonas/*Leipold* § 448 Rdn. 34.
[98] BGH NJW-RR 1994, 1143, 1144; Baumbach/Lauterbach/*Hartmann* § 448 Rdn. 7; *Wittschier* DRiZ 1997, 247.

hat, wie in dem vom BAG entschiedenen Fall, dass eine Parteianhörung irrig als Parteivernehmung aufgefasst wurde.[99] Die Entscheidungen dazu, ob sich die Erwägungen zu § 448 auch in den Entscheidungsgründen widerspiegeln müssen, ergeben ein uneinheitliches Bild. Das Reichsgericht verlangte zum Teil eine Begründung nur, wenn die Parteivernehmung nahe gelegen hat,[100] in anderen Fällen genügte das Schweigen der Urteilsgründe, um der Revision stattzugeben.[101] Dagegen wurde in anderen Entscheidungen aber auch beiläufig erklärt, es könne nicht angenommen werden, dass die Vorinstanz ihre Befugnis aus § 448 übersehen habe.[102] Auch in der Rechtsprechung des BGH lassen sich für beide Extrempositionen Belege finden. In manchen Entscheidungen wird davon ausgegangen, dass auch bei Schweigen der Urteilsgründe grundsätzlich anzunehmen ist, dass sich das Gericht der Möglichkeit des § 448 bewusst war.[103] Andere Urteile sprechen im Gegensatz dazu aus, das Schweigen der Urteilsgründe rechtfertige die Schlussfolgerung, dass § 448 übersehen wurde.[104] Vorherrschend ist jedoch ein Mittelweg, wonach das Gericht nicht in jedem Fall im Endurteil ausdrücklich dazu Stellung nehmen muss, aus welchem Grund es von der Möglichkeit des § 448 keinen Gebrauch gemacht hat. Erforderlich soll eine nachprüfbare Darlegung dann sein, wenn sich die Vernehmung nach der Beweislage aufdrängt.[105] Dies wird zumindest dann bejaht, wenn sich die beweisbelastete Partei in Beweisnot befindet, ihre Parteivernehmung beantragt hat und für die Richtigkeit ihres Vortrags eine gewisse Wahrscheinlichkeit spricht. In diesem Fall soll das Gericht dazu verpflichtet sein, in nachprüfbarer Weise darzulegen, weshalb es von der Parteivernehmung abgesehen hat.[106]

26 Wie an früherer Stelle bereits gezeigt (§ 448 Rdn. 8), sind die Kriterien der Beweisnot und der bei § 448 prozessual unbeachtlichen Antragstellung aber nicht geeignet, die Überzeugungsbildung des Tatrichters zu stützen. Auf das Fehlen von Ausführungen hierzu kann es daher auch im Rahmen der Begründung nicht ankommen.[107] Um die von der unterbliebenen Parteivernehmung betroffene Partei nicht rechtlos zu stellen und die Nachprüfung durch die Parteien und die Rechtsmittelinstanz zu ermöglichen, hat das Gericht grundsätzlich seine Überlegungen zur Anordnung der Parteivernehmung in die Entscheidungsgründe einfließen zu lassen.[108]

Sieht das Gericht von der Parteivernehmung ab oder hört es nur eine Partei an, obwohl die erheblichen Tatsachen beiden Parteien bekannt waren, muss es die Gründe dafür benennen.[109] Ausdrückliche Ausführungen zu § 448 sind dann nicht erforderlich, wenn sich aus der in den Entscheidungsgründen niedergelegten Beweiswürdigung entnehmen lässt, dass der Tatrichter eine gewisse Wahrscheinlichkeit verneint hat.[110] Gleiches gilt dann, wenn deutlich wird, dass sich der Richter keinen Überzeugungswert verspricht oder die Partei nicht alles ihr Zumutbare unternommen hat, den umstrittenen Sachverhalt auf andere Weise einer Klärung zuzuführen.[111]

---

99 BAG NJW 1963, 2340, 2341.
100 RG JW 1935, 2432.
101 RG ZZP 60 (1936/37), 344.
102 RGZ 146, 343, 347.
103 BGH FamRZ 1988, 485 m.w.N., zust. Baumbach/Lauterbach/*Hartmann* § 448 Rdn. 9.
104 BGH NJW-RR 1994, 1143, 1144.
105 BGH NZM 1998, 449; Stein/Jonas/*Leipold* § 448 Rdn. 38; MünchKomm/*Schreiber* § 448 Rdn. 6; Baumbach/Lauterbach/*Hartmann* § 448 Rdn. 8.
106 BGH MDR 1983, 478 mit Anm. *Baumgärtel*; BGHZ 110, 363 = NJW 1990, 1721 m.w.N.
107 *Schmidt, B.* MDR 1992, 637, 639 f.
108 *Peters* S. 148.
109 Siehe dazu *Schmidt, B.* MDR 1992, 637.
110 BGH FamRZ 1988, 482, 485; BGH WM 1991, 150, 152; *Schmidt, B.* MDR 1992, 637, 639.
111 *Wittschier* S. 37.

VI. Parteivernehmung aus Gründen der Waffengleichheit

1. Die Entscheidung des EGMR vom 27.10.1993. Eine umfangreiche Diskussion 27 über Möglichkeiten und Grenzen der amtswegigen Parteivernehmung nach § 448 wurde in der Literatur ausgelöst durch das Urteil des EGMR vom 27.10.1993.[112] Im betreffenden Streitfall handelte es sich bei beiden Parteien um juristische Personen. Entscheidungserheblich waren Verhandlungen, die auf beiden Seiten von einem Mitarbeiter geführt worden waren. Da der eine Mitarbeiter als Geschäftsführer Partei war, konnte er im Gegensatz zu dem auf der anderen Prozessseite auftretenden Angestellten nach geltendem niederländischem Recht in eigener Sache generell nicht gehört werden. Nach Art. 6 Abs. 1 EMRK hat aber jedermann Anspruch darauf, dass seine Sache in billiger Weise gehört wird. Jeder Partei muss danach die vernünftige Möglichkeit eingeräumt werden, ihren Fall einschließlich ihrer eigenen Aussage vor Gericht unter Bedingungen zu präsentieren, die für sie keinen substantiellen Nachteil im Verhältnis zum Prozessgegner bedeuten. Der Grundsatz der Waffengleichheit erfordert daher nach der Entscheidung des EGMR, beide Gesprächspartner unabhängig von ihrer prozessualen Stellung über den Inhalt des Gesprächs zu vernehmen.[113]

2. Konsequenzen. Ob und wenn ja in welchem Umfang die Entscheidung des EGMR 28 Auswirkungen auf die Praxis der Parteivernehmung nach der deutschen ZPO hat, wird unterschiedlich beurteilt.

a) Verzicht auf einschränkende Voraussetzungen. Nach Ansicht einiger Autoren 29 besteht in Fällen, bei denen der einen Partei ein Zeuge zur Verfügung steht, zur Vermeidung einer Benachteiligung der Gegenseite ein Anspruch auf Parteivernehmung nach § 448, die nicht unter dem Gesichtspunkt des fehlenden Anfangsbeweises verweigert werden kann. Das Erfordernis der gewissen Wahrscheinlichkeit soll im Lichte der Entscheidung des EGMR nicht länger zu halten sein, da es dem Prinzip der Waffengleichheit zuwiderlaufe. Überwiegend wird ein solcher Anspruch auf Vernehmung auf Gespräche unter Vier-Augen beschränkt, bei denen einer Partei nicht ihr einziges Beweismittel, nämlich ihre eigene Person, genommen werden dürfe.[114]

Ohne jede einschränkende Voraussetzung für zulässig erachtet wird die amtswegige 30 Parteivernehmung weiterhin auch dann, wenn sich ein Vertragspartner durch Abtretung formal die Zeugenstellung verschafft hat.[115] In der hierfür herangezogenen Entscheidung des BGH war dem Gericht die Pflicht auferlegt worden, zu prüfen, ob der prozessuale Vorteil, den die eine Prozesspartei dadurch hatte, dass sie den auf ihrer Seite stehenden Gesprächspartner als Zeugen benennen konnte, durch eine amtswegige Parteivernehmung des anderen Gesprächspartner auszugleichen ist.[116] Damit wird jedoch nur der allgemeine Grundsatz bekräftigt, dass der Tatrichter bei Erschöpfung oder Nichtvorliegen anderer Beweismittel grundsätzlich zu prüfen hat, ob eine Parteivernehmung nach § 448 in Betracht kommt, bevor es eine Prozesspartei für beweisfällig erklärt. Allein die Aner-

---

112 EGMR NJW 1995, 1413 (Dombo Beheer) = ZEuP 1996, 484 mit Anm. *Roth* 490 ff.; dazu *Schlosser* NJW 1995, 1404; *Schmidt-Schondorf* JR 1996, 268; *Schöpflin* NJW 1996, 2134; *Wittschier* DRiZ 1997, 247.
113 EGMR NJW 1995, 1413 (Dombo Beheer), abweichend das Minderheitsvotum der Richter *Martens* und *Pettiti* NJW 1995, 1414.
114 *Zwanziger* DB 1997, 776, 777; *Roth* ZEuP 1996, 490, 491; Musielak/*Huber* § 448 Rdn. 7; differenziert *Kwaschik* S. 264 ff.
115 Stein/Jonas/*Leipold* § 448 Rdn. 19; Musielak/*Huber* § 448 Rdn. 7; *Wittschier* DRiZ 1997, 247, 250.
116 BGH WM 1980, 1071, 1073; umfassend dazu *Buß/Honert*, Die „prozesstaktische" Zession JZ 1997, 694, 696 f.

kennung eines beweisrechtlichen Nachteils der einen Partei bedeutet nicht zugleich einen Verzicht auf die einschränkenden Voraussetzungen des § 448. Besteht aufgrund des Ergebnisses der Verhandlung keine gewisse Wahrscheinlichkeit für die Aussage der Partei, die nicht über einen Zeugen verfügt und hätte die Parteivernehmung auch keinen voraussichtlichen Überzeugungswert, hat sie nicht zu erfolgen. Zudem kann der Tatrichter auch ohne Parteivernehmung der Aussage der Partei Vorzug vor den Bekundungen des Zeugen der Gegenseite geben,[117] so dass es einer Parteivernehmung zur Herstellung der Waffengleichheit nicht bedarf.

31 Über den entschiedenen Ausnahmefall hinaus wird vereinzelt die Entscheidung des EGMR als Beleg dafür herangezogen, auf das Erfordernis einer gewissen Wahrscheinlichkeit vollständig zu verzichten und dem Antrag einer Partei, zu dem Streitstoff selbst vernommen zu werden, durch amtswegige Parteivernehmung großzügig stattzugeben.[118] Dem ist nicht zu folgen. Da im Rahmen des § 448 das Begehren der Partei auf eigene Vernehmung nur Anregung zur Prüfung durch das Gericht ist, kann der vermeintliche Antrag bei der Entscheidung keine Rolle spielen.[119]

32 Noch weitergehender wird zum Teil aus dem verfassungsrechtlichen Anspruch auf effektiven Rechtsschutz ein Recht der Parteien auf Beweis und damit auf die Verwendung aller Beweismittel gefolgert. Daraus leite sich bei verfassungskonformer Auslegung des § 448 ein Anspruch auf amtswegige Parteivernehmung immer dann ab, wenn eine Partei über kein anders Beweismittel verfügt, ohne dass eine Anfangswahrscheinlichkeit verlangt werden dürfte.[120] Dagegen ist einzuwenden, dass das Recht der Partei auf Beweis nicht verletzt ist, da die Partei nicht grundsätzlich als Beweismittel ausgeschlossen wird.[121] Einschränkende Voraussetzungen für die Verwendung eines Beweismittels lassen den Justizgewährungsanspruch nicht entfallen. Der gleichermaßen verfassungsrechtlich abgesicherte Grundsatz richterlicher Unparteilichkeit, der Ausfluss des Gleichheitsgrundsatzes des Art. 3 Abs. 1 GG ist, erlaubt nicht, in die Risikoverteilung des zivilprozessualen Erkenntnisverfahrens dadurch einzugreifen, dass man eine Partei von ihrer Beweispflicht entlastet.[122] Wie bereits an anderer Stelle gezeigt (vgl. § 448 Rdn. 8) rechtfertigt die Beweisnot einer Partei keine Vergünstigung gegenüber dem Prozessgegner.[123]

33 Eine vom sonstigen Beweisergebnis unabhängige Pflicht zur Parteivernehmung in allen Fällen, in denen eine Partei sich in einer schlechteren Beweissituation befindet, lässt sich auch aus dem Grundsatz der Waffengleichheit nicht ableiten. Die Rechtsprechung lehnt eine grundlegende Neuinterpretation des § 448 im Lichte der Entscheidung des EGMR zutreffend ab. Es wird nicht als verfassungsrechtlich geboten angesehen, dem Zeugen als Waffe in der Hand der einen Partei die Parteivernehmung als Waffe in der Hand des Prozessgegners gegenüberzustellen. Vielmehr sei es grundsätzlich Sache der Parteien, beispielsweise durch schriftliche Niederlegung der Vereinbarungen, für den

---

117 BGH NJW-RR 1990, 1061, 1063; BGHZ 122, 115, 121 = NJW 1993, 1638, 1640; BGH NJW 1998, 306; BGH NJW 1999, 363, 365; OLG Koblenz NJW-RR 2002, 630, 631.
118 *Schlosser* NJW 1995, 1404, 1406; *Schlosser*, Anm. zu OLG Hamm, EWiR 1994 623, 624; *Schöpflin* NJW 1996, 2134, 2136; *Gehrlein* ZZP 110 (1997), 451, 468; *Coester-Waltjen*, ZZP 113 (2000), 269, 291; *Kocher* NZA 2003, 1314, 1316; *Lamberti/Stumpf* NJOZ 2009, 1860, 1868.
119 Unzutreffend daher *Schlosser* NJW 1995, 1404, 1406: von der Parteivernehmung ist Gebrauch zu machen, wenn die Partei darauf besteht. Missverständlich auch *Roth* ZEuP 1996, 490, 497 Fn. 38, die eine Anhörung nicht für ausreichend und eine Parteivernehmung für erforderlich hält, wenn eine Partei ihre Vernehmung beantragt.
120 *Gehrlein* ZZP 110 (1997), 451, 474 f.; Stein/Jonas/*Leipold* § 448 Rdn. 32.
121 Zum Recht auf Beweis *Walter*, Freie Beweiswürdigung 1979, S. 301 ff.; *Habscheid* ZZP 96 (1983), S. 306, 327 f.
122 Vgl. dazu BVerfG NJW 1979, 1925, 1928; *Schmidt-Schondorf* JR 1996, 268, 269.
123 BGHZ 110, 363, 366 = NJW 1990, 1721; BGH MDR 1992, 137, 138; OLG Düsseldorf VersR 1999, 205, 206.

Streitfall Vorsorge zu treffen.[124] Die Entscheidung des EGMR trifft keine allgemeine Aussage zu den Anforderungen an ein faires Verfahren, sondern bezieht sich nur auf den konkreten Sonderfall, in dem von zwei Repräsentanten der Parteien die eine Prozessseite überhaupt nicht gehört werden konnte. Unmittelbare Wirkungen für den deutschen Zivilprozess entfaltet die Entscheidung aber auch hinsichtlich dieses Sonderfalls eines Vier-Augen-Gesprächs nicht, da es dem nationalen Beweisrecht überlassen bleibt, wie es der prozessualen Waffengleichheit der Parteien Rechnung trägt.[125]

Nicht als Vier-Augen-Gespräch im Sinne der Entscheidung des EGMR ist ein Gespräch zwischen einer Prozesspartei und einem außenstehenden Dritten anzusehen. Hierbei handelt es sich lediglich um den häufigen Fall, dass nur einer Prozessseite ein Zeuge zur Verfügung steht. Eine vom sonstigen Beweisergebnis unabhängige Pflicht zur Parteivernehmung lässt sich in einem solchen Fall nicht allein aus dem Grundsatz der Waffengleichheit herleiten. Vielmehr ist nach ständiger Rechtsprechung im Rahmen des § 448 erforderlich, dass nach dem Ergebnis der bisherigen Verhandlung und Beweisaufnahme eine gewisse Wahrscheinlichkeit für die Richtigkeit der streitigen Behauptung spricht.[126] 34

b) Waffengleichheit durch Parteianhörung. Ob nach deutschem Recht im Spezialfall eines Geschehens unter vier Augen am Erfordernis einer gewissen Wahrscheinlichkeit als Voraussetzung der Parteivernehmung weiterhin festzuhalten ist, hat der BGH bislang offengelassen.[127] Die Rechtsprechung bejaht zwar in vergleichbaren Fällen, wie sie der Entscheidung des EGMR zugrunde liegen, eine Benachteiligung der Partei, die sich nicht auf einen Zeugen stützen kann, während auf der Gegenseite der einzige andere Beteiligte als Zeuge vernommen werden kann.[128] Ein Zwang zur Parteivernehmung wird hieraus aber richtigerweise nicht abgeleitet. Der Grundsatz der Waffengleichheit verlangt nicht zwingend, dass der Partei, welche Beweis nur mit Hilfe ihrer eigenen Aussage erbringen kann, diese auch generell als Beweismittel zur Verfügung gestellt wird.[129] Prozessuale Waffengleichheit als Konsequenz des Art. 3 Abs. 1 GG bedeutet nicht die Sicherung gleichwertiger Erfolgschancen im Prozess.[130] Ebenso wie das Prinzip des rechtlichen Gehörs nach Art. 103 Abs. 1 GG normiert Art. 6 Abs. 1 EMRK nur einen Anspruch jeder Partei darauf, dass ihre Sache in billiger Weise gehört und ihr kein substantieller Nachteil in der Beweisführung zugefügt wird. Der Grundsatz der Waffengleichheit kann daher bereits dadurch gewahrt werden, dass die durch ihre prozessuale Stellung bei der Aufklärung des Vier-Augen-Gesprächs benachteiligte Partei im Rahmen der Anhörung nach § 141 ihre Tatsachendarstellung dem Gericht unterbreiten kann.[131] Auch der EGMR 35

---

124 OLG München NJW-RR 1996, 958; OLG Düsseldorf OLGR 1996, 274; OLG Düsseldorf VersR 1999, 205, 206; LG Mönchengladbach NJW-RR 1998, 501; zust. Baumbach/Lauterbach/*Hartmann* § 448 Rdn. 7; *Wittschier* DRiZ 1997, 247.
125 *Wittschier* DRiZ 1997, 247; Zöller/*Greger* § 448 Rdn. 2a.
126 BGH NJW 1989, 3222, 3223; BGH NJW 2002, 2247, 2249.
127 BGH NJW 1998, 306; BGH NJW 1999, 363, 366; BGH NJW-RR 2003, 1003.
128 BGH NJW 1998, 306; BGH NJW 1999 363, 364; BGH NJW 2003, 3636; BGH WM 2006, 548; BAG NJW 2002, 2196, 2198; OLG Zweibrücken NJW 1998, 167; zust. *Schneider, E.* MDR 1998, 690, 693 f.
129 **A.A.** *Schöpflin* NJW 1996, 2134, 2136.
130 BVerfG NJW 1979, 1925, 1927; *Schmidt-Schondorf* JR 1996, 268, 269 m.w.N.
131 BGH NJW 1999, 363, 364; BGH NJW 2003, 3636; BGH WM 2006, 548; BAG NJW 2002, 2196, 2198; OLG Zweibrücken NJW 1998, 167; zust. *Schneider, E.* MDR 1998, 690, 693 f.; OLG Saarbrücken OLG Report 2000, 296 f.; OLG Koblenz NJW-RR 2002, 630; OLG Karlsruhe FamRZ 2007, 225; LAG Köln MDR 1999, 1085 f. und MDR 2001, 712; Sächsisches LAG MDR 2000, 724; LG Berlin MDR 2000, 882; Zöller/*Greger* § 448 Rdn. 2a; Musielak/*Huber* § 448 Rdn. 7; *Wittschier* DRiZ 1997, 247, 249; *Schlosser* NJW 1995, 1404, 1405 f.; *Schöpflin* NJW 1996, 2134, 2136; **a.A.** *Roth* ZEuP 1996, 490, 497 Fn. 38.

hat in einer späteren Entscheidung die Anforderungen an die Waffengleichheit dahingehend eingeschränkt, dass es nicht auf die formale Beweisposition, sondern nur auf die Berücksichtigung der Erkenntnisquellen ankommt.[132]

36 Zur problematischen Fallgruppe der Vier-Augen-Gespräche hat das BVerfG den Ansatz des BGH aufgegriffen und bejaht eine Verletzung des Anspruchs auf rechtliches Gehör aus Art. 103 Abs. 1 GG sowie des Anspruchs auf Gewährleistung eines wirkungsvollen Rechtsschutzes aus Art. 2 Abs. 1 i.V.m. Art. 20 Abs. 3 GG, wenn bezüglich des Inhalts eines Vier-Augen-Gesprächs ein Zeuge gehört wird und der Gegner nicht wenigstens im Rahmen des Gegenbeweises nach § 141 informatorisch angehört wird.[133] Wegen des Grundsatzes der freien Beweiswürdigung ist das Gericht nicht gezwungen, dem Zeugen zu folgen, sondern kann berücksichtigen, dass dieser aufgrund seiner Verbindung mit der gegnerischen Partei ein erhebliches Eigeninteresse am Verfahrensausgang hat und dem Ergebnis der Anhörung den Vorzug vor den Bekundungen des Zeugen geben.[134] Eine Beseitigung der Grenzen zwischen der Anhörung als Aufklärungs- und der Parteivernehmung als Beweismittel ist damit nicht verbunden. Indem man die Parteianhörung als Mittel zur Gewährleistung prozessualer Waffengleichheit ausreichen lässt, erhebt man diese nicht zum Beweismittel. Der Prüfung, ob im konkreten Fall eine Parteivernehmung nach § 448 durchzuführen ist, wird das Gericht hierdurch nicht enthoben. Will es die Glaubwürdigkeit der Partei würdigen, ist eine Parteivernehmung unentbehrlich. Diese kann jedoch nur bei Vorliegen der in § 448 zum Ausdruck kommenden Voraussetzungen angeordnet werden. Liegt nach dem Ergebnis der Verhandlungen und der Anhörung keine Anfangswahrscheinlichkeit vor und verneint das Gericht den voraussichtlichen Überzeugungswert der Parteiaussage, ist eine Parteivernehmung auch bei einem Gespräch unter vier Augen nicht durchzuführen. Der Prozessverlust der Partei beruht in diesem Fall nicht auf einem Verstoß gegen die Waffengleichheit, sondern ist Folge der freien Beweiswürdigung des Gerichts.[135]

37 Den Kritikern einer solchen Trennung von Parteivernehmung und Parteianhörung ist zuzugeben, dass es praktisch zu Schwierigkeiten führt zwischen den Erkenntnissen aus der Vernehmung und der Anhörung zu unterscheiden und eine spätere Vernehmung, bei der die Partei das bei der Anhörung bereits Geschilderte erneut vortragen muss, nicht sehr effizient erscheint. De lege lata ist es aber zum einen nicht möglich, die Anhörung als „Quasibeweismittel" ausreichen zu lassen,[136] zum anderen würde eine ohne eine gewisse Anfangswahrscheinlichkeit stets durchzuführende amtswegige Parteivernehmung zu Widersprüchen mit § 447 führen.[137] Nur bei einer grundlegenden Umgestaltung des Rechts der Parteivernehmung, wie sie in der Literatur de lege ferenda zum Teil gefordert wird,[138] lassen sich Verzerrungen im System der Beweismittel und vor allem der Beweislast vermeiden.

---

132 Ankerl v. Schweiz vom 23.10.1996; Report of Judgments and Decisions 1996 V.
133 BVerfG NJW 2001, 2531, 2532; BVerfG NJW 2008, 2170, 2171.
134 BGHZ 122, 115, 121 = NJW 1993, 1638, 1640; BGH NJW 1999, 363, BGH NJW 2003, 3636; BGH WM 2006, 548; Zöller/Greger § 448 Rdn. 2a; Wittschier DRiZ 1997, 247, 249.
135 Stickelbrock S. 595 f.
136 So auch Oberhammer ZZP 113 (2000), 295, 324; Reinkenhof JuS 2002, 645, 649; Lamberti/Stumpf NJOZ 2009, 1860, 1863; a.A. Stackmann NJW 2012, 1249, 1253.
137 Coester-Waltjen ZZP 113 (2000), 269, 293; MünchKomm/Schreiber, § 448 Rdn. 3.
138 Die Überlegungen in diesem Bereich sind noch nicht abgeschlossen. Der Gesetzgeber hat jedenfalls im Zuge des zum 1.1.2002 in Kraft getretenen ZPO-Reformgesetzes die Vorschläge der Tagung der Vereinigung der Zivilprozessrechtslehrer im März 2000 (vgl. dazu vor allem Coester-Waltjen ZZP 113 [2000], 269 ff., Oberhammer ZZP 113 [2000], 295 ff. sowie den Diskussionsbericht von Oepen ZZP 113 [2000], 347 ff.) nicht aufgegriffen und die Parteivernehmung in unveränderter Form beibehalten.

Das BAG hat mit Beschluss vom 22.5.2007 entschieden, dass bei einem allein zwi- **38** schen den Parteien geführten „Vier-Augen-Gespräch" die beweisbelastete Partei durch einen Antrag auf ihre eigene Anhörung oder Vernehmung Beweis antreten kann.[139] Das BAG stützt sich dabei zu Recht nicht auf den Grundsatz der Waffengleichheit, da ein solcher Verstoß nicht in Betracht kommt, soweit keiner der Parteien ein Zeuge für den Gesprächsinhalt zur Verfügung steht. Gestützt wird die Entscheidung vielmehr auf den vom 2. Senat des BVerfG[140] für das „Vier-Augen-Gespräch" bejahten Anspruch auf rechtliches Gehör aus Art. 103 Abs. 1 GG sowie die Gewährleistung eines wirkungsvollen Rechtsschutzes aus Art. 2 Abs. 1 i.V.m. Art. 20 Abs. 3 GG und überträgt dabei die Grundsätze der Entscheidung, die sich auf einen Fall beziehen, in dem auf einer Parteiseite ein Zeuge vorhanden war, auf das Gespräch allein zwischen den Parteien.[141] Für diesen Fall bejaht der 1. Senat des BVerfG zwar grundsätzlich eine Pflicht, die beweisbelastete Partei jedenfalls informatorisch anzuhören, hält jedoch richtigerweise weder den Anspruch auf rechtliches Gehör noch das rechtsstaatliche Gebot effektiven Rechtsschutzes für verletzt, wenn die betroffene Partei im Verhandlungstermin anwesend war und keinen Beweisantrag gestellt hat.[142] Damit erscheint für den Fall eines Beweisantrags die vom BAG getroffene Entscheidung als zutreffend.[143] Ein Abrücken von dem Erfordernis einer gewissen Wahrscheinlichkeit für die Parteivernehmung nach § 448 ist hierin jedoch nicht zu sehen (vgl. § 448 Rdn. 32). Fehlt es hieran, kommt nur eine Anhörung nach § 141 in Betracht.

Soweit aber der BGH eine amtswegige Parteivernehmung beider Parteien auch dann **39** für erforderlich hält, wenn es um den Inhalt eines 4-Augen-Gesprächs geht, an dem nur die Prozessparteien beteiligt waren,[144] ist dem nicht zu folgen. Der Grundsatz der prozessualen Waffengleichheit gebietet nicht generell eine Parteivernehmung, wenn auf keiner Seite ein Zeuge zur Verfügung steht und die beweisbelastete Partei keinen Beweisantrag gestellt hat.[145] In diesem Fall stehen Parteivernehmung und Anhörung nicht wahlweise nebeneinander, sondern es ist nur eine Anhörung nach § 141 zulässig.

VII. Überprüfung

1. Gesetzliche Voraussetzungen. Entschließt sich das Gericht zu einer Parteiver- **40** nehmung, ohne dass deren Voraussetzungen vorliegen, liegt ein Verfahrensfehler vor. Dieser führt zur Aufhebung der Entscheidung, wenn die Aussage der Partei der Entscheidung zugrunde gelegt wird.[146] Ein nachprüfbarer Verfahrensfehler liegt auch dann vor, wenn das Tatgericht die Parteivernehmung trotz Vorliegens der Voraussetzungen abgelehnt hat, etwa weil dieses die an eine gewisse Wahrscheinlichkeit der Parteibehauptung zu stellenden Anforderungen überspannt.[147] Die Beweisschöpfung, die gewisse Wahrscheinlichkeit und der vermutliche Überzeugungswert der Parteivernehmung stellen Anwendungsvoraussetzungen des § 448 dar, die grundsätzlich einer vollen Nachprüfung unterliegen.[148] Auch der BGH, der die Norm als Ermessensvorschrift einordnet, hat die

---

139 BAG NJW 2007, 2427; ablehnend *Noethen* NJW 2008, 334, 336.
140 BVerfG NJW 2001, 2531.
141 BAG NJW 2007, 2427, 2428.
142 BVerfG NJW 2008, 2170, 2171; ebenso im Anschluss daran OLG Oldenburg MDR 2010, 1078.
143 A.A. *Noethen* NJW 2008, 334, 337.
144 BGH NJW 2012, 1889, 1890.
145 Ebenso *Bruns* MDR 2010, 417, 420; LMK 2011, 324084.
146 BGH NJW 1989, 3222f.; BGH NJW-RR 1994, 636; Baumbach/Lauterbach/*Hartmann* § 448 Rdn. 14; Musielak/*Huber* § 448 Rdn. 5; *Gehrlein* ZZP 110 (1997) 451, 465.
147 BGH NJW-RR 1994, 636.
148 *Schöpflin* S. 263f.; *Peters* S. 93f., 148.

Erwägungen der Vorinstanz zur gewissen Wahrscheinlichkeit stets kritisch nachvollzogen.[149] So wurde beispielsweise eine Entscheidung aufgehoben, da die Voraussetzungen für eine Parteivernehmung nach § 448 vorlagen, wenn die Entscheidungsgründe den von einer Partei behaupteten Inhalt einer Vereinbarung als „durchaus möglich" erklären und das Gericht der Auffassung ist, für die Richtigkeit der Behauptung sprechen „gewichtige Gründe", die nicht hinreichend gewürdigt wurden.[150]

41 **2. Ermessensentscheidung.** Wird ein Fehler bei der Auswahl der zu vernehmenden Partei gerügt, gelten die Grundsätze für die Überprüfung von Ermessensentscheidungen. Das Berufungsgericht prüft die Ausübung des Ermessens in vollem Umfang nach.[151] Es hat zurückzuverweisen, soweit das erstinstanzliche Verfahren mangelhaft war. Das Revisionsgericht prüft hingegen nur die rechtlichen Voraussetzungen und die Grenzen der Ermessensausübung nach, d.h. ob die Vorinstanz von ihrem Ermessen in sachgemäßer Weise Gebrauch gemacht hat, die Grenzen ihres Ermessen überschritten oder ein Ermessen überhaupt nicht hat walten lassen, beispielsweise weil sich das Gericht zu Unrecht an die Beweislast gebunden glaubte.[152]

42 **3. Heilung.** Ein Verstoß gegen § 448 kann grundsätzlich nach § 295 Abs. 1 geheilt werden, wenn die betroffene Partei ihn in der nächsten mündlichen Verhandlung nicht gerügt hat, obgleich sie erschienen ist und ihr der Mangel bekannt war oder bekannt sein musste.[153] Ob der Richter beispielsweise die für eine Vernehmung nach § 448 erforderliche gewisse Wahrscheinlichkeit der zu erweisenden Tatsache zu Recht bejaht hat, kann die gegenerische Partei jedoch erst abschließend beurteilen, wenn ihr die Entscheidungsgründe des Urteils vorliegen. Denn dies hängt davon ab, wie das Gericht das Parteivorbringen und die anderen Beweismittel würdigt. Da hierüber erst die Entscheidungsgründe Aufschluss geben, muss eine verfahrensfehlerhafte Parteivernehmung nach § 448 ebenso behandelt werden wie ein Fehler bei der Urteilsfällung, von dem die Parteien bei der Schlussverhandlung noch keine Kenntnis haben können.[154] Ausreichend ist, wenn der Fehler in der Berufungsbegründung gerügt wird.[155] Eine Heilung der fehlerhaften Anordnung oder des fehlerhaften Absehens von einer Parteivernehmung nach § 448 durch Rügeverlust scheidet damit praktisch aus.

§ 449
Vernehmung von Streitgenossen

Besteht die zu vernehmende Partei aus mehreren Streitgenossen, so bestimmt das Gericht nach Lage des Falles, ob alle oder nur einzelne Streitgenossen zu vernehmen sind.

---

149 BGH FamRZ 1967, 473; BGH WM 1968, 406; BGH FamRZ 1970, 374; BGH VersR 1975, 155; BGH MDR 1976, 483.
150 BGH NJW-RR 1994, 636.
151 BGH VersR 1975, 155, 156; *Stickelbrock* S. 599 f.
152 Stein/Jonas/*Leipold* § 448 Rdn. 39.
153 BGH VersR 1981, 1175, 1176; Zöller/*Greger* § 448 Rdn. 6a; Musielak/*Huber* § 448 Rdn. 5; Stein/Jonas/*Leipold* § 448 Rdn. 36.
154 BGH VersR 1981, 1175, 1176; BGH NJW 1991, 1180; BGH NJW 1992, 1966, 1967; BGH NJW 1999, 363, 364.
155 Stein/Jonas/*Leipold* § 448 Rdn. 36.

Übersicht

I. Anwendungsbereich
   1. Grundsatz —— 1
   2. Besonderheiten bei einfacher Streitgenossenschaft
      a) Partei- oder Zeugenvernehmung —— 2
      b) Betroffenheit des Streitgenossen —— 3

II. Bestimmungsrecht
   1. Grundsatz —— 5
   2. Einschränkung —— 7
III. Kriterien der Ermessensausübung —— 9
IV. Verfahren —— 10
V. Beweiswürdigung —— 11

I. Anwendungsbereich

1. Grundsatz. Die Vorschrift gilt für alle Fälle der Streitgenossenschaft. Sowohl bei **1** der notwendigen, wie auch bei der einfachen Streitgenossenschaft und bei mehreren streitgenössischen Streithelfern nach § 69 muss das Gericht prüfen, ob es alle, nur einige oder nur einen von ihnen vernehmen will.[1] Entsprechende Anwendung findet die Norm nach § 455 Abs. 1 Satz 2 bei der Auswahl zwischen mehreren gesetzlichen Vertretern einer prozessunfähigen Partei.[2] (Vgl. § 455 Rdn. 3.) Keine Schwierigkeiten wirft die Vernehmung notwendiger Streitgenossen auf. Da die Entscheidung allen Streitgenossen gegenüber nur einheitlich ergehen kann, werden die Tatsachen, über die im Wege der Parteivernehmung Beweis erhoben werden soll, immer alle Prozessrechtsverhältnisse des Rechtsstreits betreffen, so dass notwendige Streitgenossen immer nur als Partei und nie als Zeuge im Prozess des anderen Streitgenossen vernommen werden können. Die Zeugnisunfähigkeit gilt bei notwendigen Streitgenossen bis zum rechtskräftigen Abschluss des gesamten Verfahrens, da ein vorheriges Ausscheiden des notwendigen Streitgenossen durch Verfahrenstrennung oder Teilurteil nicht möglich ist. Der notwendige Streitgenosse scheidet erst dann aus dem Prozess aus und verliert seine Parteistellung, wenn das Urteil gegenüber allen Streitgenossen rechtskräftig geworden ist.[3]

2. Besonderheiten bei einfacher Streitgenossenschaft

a) Partei- oder Zeugenvernehmung. Schwieriger ist die Situation bei der einfachen **2** Streitgenossenschaft. Das Reichsgericht hatte die Auffassung vertreten, ein einfacher Streitgenosse könne selbst dann nicht als Zeuge vernommen werden, wenn die beweisbedürftige Tatsachen nur das Recht des anderen Streitgenossen angeht, da jeder Streitgenosse nicht nur im Verhältnis zur Gegenseite, sondern auch zum eigenen Streitgenossen als Partei anzusehen sei.[4] Diese sehr formale Abgrenzung wird jedoch der prozessualen Stellung der einfachen Streitgenossen zueinander nicht gerecht. Trotz der gemeinsamen Klage oder der gemeinsamen Beklagtenstellung ändert sich im Wesentlichen nichts an der Unabhängigkeit und Selbständigkeit der miteinander verbundenen Prozessrechtsverhältnisse. Jeder Streitgenosse ist nach § 61 für sein Verfahren selbst verantwortlich und seine Prozesshandlungen haben für den anderen Streitgenossen weder vorteilhafte noch nachteilige Wirkung, so dass er nur in beschränktem Umfang in Bezug auf den anderen als Partei anzusehen ist.[5] Voraussetzung für die Vernehmung aller oder mehrerer Streitgenossen ist daher nach heute nahezu einhelliger Auffassung in der

---

[1] Allg. Ansicht vgl. nur Zöller/*Greger* § 449 Rdn. 1; MünchKomm/*Schreiber* § 449 Rdn. 1.
[2] LG Frankfurt Rpfl. 1993, 502.
[3] Vgl. dazu RG JW 1907, 313, 314; *Müller* S. 8 ff. m.w.N.
[4] RGZ 29, 370; RGZ 91, 37, 38.
[5] BAG JZ 1973, 58, 59.

höchstrichterlichen Rechtsprechung und der Literatur, dass die beweisbedürftige Tatsache in den Prozessen aller Streitgenossen erheblich ist. Betrifft sie nur den Prozess eines oder einzelner Streitgenossen, können die anderen nicht als Partei, sondern müssen als Zeugen vernommen werden.[6] Auf dies Weise kann auch der nicht seltenen Manipulation begegnet werden, dass zur Ausschaltung eines unbequemen Zeugen dieser als Streitgenosse mitverklagt wird, um seine Zeugenvernehmung zu vereiteln.[7] Einer ansonsten erforderlichen Trennung der Verfahren, um den anderen als Zeugen zu vernehmen, bedarf es nicht. Ist ein Antrag auf Parteivernehmung hinsichtlich eines Streitgenossen gestellt, der mangels Betroffenheit nur als Zeuge vernommen werden kann, hat das Gericht nach § 139 auf die Umstellung des Antrags zum Antritt des Zeugenbeweises hinzuwirken. Da die erforderliche Bestimmtheit des Antrags nach § 373 nur dann gegeben ist, wenn klar ist, ob eine Person als Zeuge oder als Partei aussagen soll, reicht eine bloße Umdeutung des Antrags durch das Gericht nicht aus.[8]

3 **b) Betroffenheit des Streitgenossen.** Betroffen von einer Beweisaufnahme ist der einfache Streitgenosse im Fall der Anspruchshäufung sowie bei Identität des Streitgegenstandes der mehreren miteinander verbundenen Klageansprüche.[9] Handelt es sich um unterschiedliche Klageansprüche, ist Betroffenheit des anderen Streitgenossen schon dann zu bejahen, wenn diese auf dem gleichen Sachverhalt beruhen.[10] So kann beispielsweise bei einem auf gleichartigem Tatsachenstoff beruhenden Anspruch auf Schadensersatz gegen einen und Herausgabe gegen den anderen Streitgenossen keiner als Zeuge hinsichtlich einer den anderen Anspruch betreffenden Tatsache vernommen werden. In diesem Fall gibt es nur die Möglichkeit der Parteivernehmung nach dem Grundsatz des § 449.

4 Ohne Einschränkung als Zeuge vernommen werden kann der Streitgenosse dann, wenn er rechtskräftig aus dem Prozess ausgeschieden ist, sei es durch Trennung der Verfahren, Parteiänderung, Rechtsnachfolge oder Beendigung des Rechtsstreits durch Vergleich oder Teilurteil.[11] Kontrovers behandelt wird in Rechtsprechung und Literatur die Frage, ob eine noch ausstehende Entscheidung über die Kosten die Zeugnisfähigkeit des ehemaligen Streitgenossen ausschließt. Auch hier sollte nicht allein auf den rein formalen Aspekt der Parteistellung abgestellt werden, sondern auf die fortbestehende Möglichkeit eines Interessenkonflikts, wenn die Vernehmungsperson durch das weitere Verfahren noch selbst betroffen ist.[12] Dies ist zu verneinen, soweit eine Verschlechterung der Kostenentscheidung im Schlussurteil nicht denkbar ist, sei es, weil der Streitgenosse in vollem Umfang unterlegen war oder weil der Streitgenosse durch Teilurteil voll obsiegt hat und daher nicht mit Kosten belastet werden kann.[13] Gleiches gilt, wenn sich die Kostenfolge wie (im Regelfall) bei §§ 269 Abs. 3 und bei § 516 Abs. 3 unmittelbar aus dem

---

6 OLG Düsseldorf MDR 1971, 56; BAG JZ 1973, 58; KG OLGZ 1977, 244, 245; BGH MDR 1984, 47; BGH NJW-RR 1991, 256; Rosenberg/Schwab/*Gottwald* § 123 II 3; AK/*Rüßmann* § 449 Rdn. 1; Zöller/*Greger* § 449 Rdn. 3; MünchKomm/*Schreiber* § 449 Rdn. 1; Stein/Jonas/*Leipold* § 449 Rdn. 1; **a.A.** nur *Wieczorek* 2. Auflage, § 449 Anm. A, § 373 Anm. B II a 3.
7 **A.A.** *Wieczorek* 2. Auflage, § 449 Anm. A I b, der denjenigen, welcher ohne begründeten Anlass in den Streit hineingezogen wurde, vor den übrigen als Partei vernehmen will. Dies ist von Amts wegen jedoch nur unter der einschränkenden Voraussetzung der gewissen Wahrscheinlichkeit und damit nicht in allen Fällen möglich.
8 **A.A.** Stein/Jonas/*Leipold* § 449 Rdn. 1.
9 Zöller/*Greger* § 373 Rdn. 5a.
10 MünchKomm/*Damrau* § 373 Rdn. 15.
11 RGZ 91, 37, 38.
12 Gegen eine formale Abgrenzung von Zeugen- und Parteistellung allgemein *Müller* S. 19 ff. m.w.N.
13 OLG Celle NJW-RR 1991, 62, 63.

Gesetz ergibt.[14] Wegen der im übrigen bei der streitigen Kostenentscheidung grundsätzlich bestehenden Möglichkeit, die einen nicht mehr beteiligten Streitgenossen betreffende Kostenentscheidung der Vorinstanz im Rechtsmittelverfahren zu ändern,[15] darf der ausgeschiedene Streitgenosse im weiteren Verfahren gegen den anderen Streitgenossen nicht als Zeuge, sondern nur als Partei vernommen werden.[16]

II. Bestimmungsrecht

1. Grundsatz. Das Bestimmungsrecht des § 449 bezieht sich nach Wortlaut, systematischer Stellung und Sinn und Zweck der Regelung auf alle Fälle der Parteivernehmung, gleichgültig ob diese auf Antrag oder von Amts wegen vorgenommen werden soll. Nur bei der Parteivernehmung von Amts wegen ist die Auswahl jedoch stets der Bestimmung des Gerichts überlassen.[17] Bei der beantragten Parteivernehmung sind hingegen verschiedene Fälle zu unterscheiden: 5

Ist nur pauschal die Vernehmung der gegnerischen Partei beantragt und keiner der mehreren Streitgenossen namentlich benannt, tritt das Bestimmungsrecht in Kraft. Das Gericht kann auch dann von der Vernehmung einzelner Streitgenossen absehen, wenn der Antragsteller ausdrücklich die Vernehmung aller Streitgenossen beantragt oder alle namentlich benannt hat.[18] Zwar ist das Gericht grundsätzlich verpflichtet, die vom Beweispflichtigen prozessual korrekt, insbesondere rechtzeitig angetretenen Beweise zu erheben. Dies gilt jedoch aus Gründen der Prozessökonomie, die nicht nur von den Parteien, sondern auch vom Gericht die Wahl des einfachsten und billigsten Weges zur Entscheidungsreife verlangt, nur für die *entscheidungserheblichen* Beweise.[19] Wenn aber das Gericht im vorhinein nicht sicher ausschließen kann, dass ein Streitgenosse zur Klärung der beweisbedürftigen Tatsache in keiner Weise beitragen kann, sollte es dem Parteiantrag folgen, wenn der Antragsteller entschieden auf der Vernehmung aller zur Partei zählenden Personen besteht.[20] 6

2. Einschränkung. Einer einschränkenden Auslegung der Norm bedarf es im Rahmen der Parteivernehmung auf Antrag dann, wenn nur einer oder mehrere bestimmte Streitgenossen ausdrücklich benannt sind. Eine solche Beschränkung auf eine oder mehrere bestimmte Personen ist im Rahmen des Antrags auf Parteivernehmung nach § 445 grundsätzlich zulässig.[21] Den vom Beweisführer namentlich benannten Streitgenossen muss das Gericht vernehmen.[22] Es ist nicht befugt, von der Vernehmung des Benannten 7

---

14 KG MDR 1981, 765.
15 BGH MDR 1981, 928.
16 RGZ 91, 37, 38; KG MDR 1981, 765; OLG Celle NJW-RR 1991, 62, 63; Baumbach/Lauterbach/*Hartmann* Übers. § 373 Stichwort Streitgenosse; ausführlich *Schneider, E.*, Der Streitgenosse als Zeuge MDR 1982, 373; **a.A.** OLG Düsseldorf FamRZ 1975, 100, 101; MünchKomm/*Damrau* § 373 Rdn. 15; Zöller/*Greger* § 373 Rdn. 5a.
17 Stein/Jonas/*Leipold* § 449 Rdn. 3.; MünchKomm/*Schreiber* § 449 Rdn. 1; Baumbach/Lauterbach/*Hartmann* § 449 Rdn. 1.
18 Baumbach/Lauterbach/*Hartmann* § 449 Rdn. 1.
19 BVerfG NJW 1990, 3260; BGH JZ 1988, 614; vgl. zur Erschöpfung der Beweismittel auch BGH NJW-RR 1991, 446; KG MDR 1993, 797.
20 **A.A.** Baumbach/Lauterbach/*Hartmann* § 449 Rdn. 4, der dem Gericht hier weitergehende Befugnisse zubilligen will, sich jedoch zugleich für eine behutsame Handhabung der Norm ausspricht.
21 **A.A.** *Wieczorek* 2. Auflage § 449 Anm. A IIa, der hierfür das Einverständnis der gegnerischen Partei verlangt.
22 AK/*Rüßmann* § 449 Rdn. 2; Baumbach/Lauterbach/*Hartmann* § 449 Rdn. 4; **a.A.** *Wieczorek* 2. Auflage § 449 Anm. A IIa, der dem Gericht noch eine Auswahl unter den

abzusehen und an seiner Stelle andere Streitgenossen zu vernehmen. Aus dem Beibringungsgrundsatz, der sich im Rahmen der Parteivernehmung im Antragsrecht der Partei manifestiert, folgt das Recht der Partei, denjenigen Streitgenossen zu benennen, der über seine Tatsachenwahrnehmung vernommen werden soll.[23] Der Antrag auf Parteivernehmung ist Beweisantritt hinsichtlich der namentlich benannten Person, die ebenso wenig übergangen und durch eine andere Person ersetzt werden kann, wie beim Zeugenbeweis.[24] Ein Bestimmungsrecht des Gerichts ist deshalb im Wege restriktiver Auslegung des § 449 bei einem auf die Vernehmung eines bestimmten Streitgenossen gerichteten Antrag zu verneinen. Sofern mehr als ein Streitgenosse namentlich benannt ist, gilt ebenfalls, dass deren Ersetzung durch die Vernehmung anderer nicht benannter Streitgenossen ausgeschlossen ist. Unter der beschränkten Zahl der benannten Streitgenossen verbleibt dem Gericht jedoch die Wahl, sofern der Verzicht auf einzelne der benannten Streitgenossen mit dem Grundsatz der Erschöpfung aller entscheidungserheblichen Beweismittel in Einklang zu bringen ist.

8 Im Anschluss an die auf Antrag erfolgte Vernehmung des oder der namentlich benannten Streitgenossen kann das Gericht unter den Voraussetzungen des § 448 zusätzlich auch nicht benannte Streitgenossen von Amts wegen vernehmen.[25]

III. Kriterien der Ermessensausübung

9 Die Festlegung, welcher der Streitgenossen zu vernehmen ist, liegt in den Fällen, in denen ein uneingeschränktes Bestimmungsrecht des Gerichts gegeben ist, im Ermessen des Gerichts.[26] Bei einem einheitlich festzustellenden Rechtsverhältnis werden eher alle Streitgenossen zu vernehmen sein als bei einfacher Streitgenossenschaft.

Die Auswahl, wie viele und welche Streitgenossen gehört werden sollen, bestimmt sich regelmäßig danach, bei welchem Streitgenossen im Einzelfall die beste Kenntnis der streitigen Tatsachen erwartet werden kann.[27] Indiz für eine sichere Tatsachenkenntnis ist in erster Linie die unmittelbare Wahrnehmung, so dass sich beispielsweise bei Streit über den Inhalt einer Vereinbarung vorrangig die Vernehmung desjenigen Streitgenossen anbietet, der die streitigen Verhandlungen geführt hat. Umgekehrt werden an erster Stelle diejenigen Streitgenossen auszuscheiden sein, bei denen nach den Umständen des Falles keine Kenntnisse bestehen können. Auch nach der Glaubwürdigkeit kann differenziert werden, wenn das bisherige Verhalten der Streitgenossen, etwa im Rahmen einer Anhörung nach § 141, nahe legt, dass von bestimmten Streitgenossen keine wahrheitsgemäße Aussage zu erwarten ist.

IV. Verfahren

10 Das Verfahren unterscheidet sich grundsätzlich nicht von demjenigen bei Vernehmung einer einzelnen Partei. Die Anordnung der Parteivernehmung mehrerer Streitgenossen erfolgt durch einen Beweisbeschluss, der gegebenenfalls unterschiedliche Beweisthemen enthält.

---

23 MünchKomm/*Schreiber* § 449 Rdn. 2; Stein/Jonas/*Leipold* § 449 Rdn. 4; Thomas/Putzo/*Reichold* § 449 Rdn. 1.
24 Stein/Jonas/*Leipold* § 449 Rdn. 4.
25 Stein/Jonas/*Leipold* § 449 Rdn. 4; Zöller/*Greger* § 449 Rdn. 1; AK/*Rüßmann* § 449 Rdn. 2; MünchKomm/*Schreiber* § 449 Rdn. 2.
26 Stickelbrock S. 612.
27 MünchKomm/*Schreiber* § 449 Rdn. 2.

Nur an den oder die im Beweisbeschluss angeführten Streitgenossen ist die Aufforderung zu richten, sich nach § 446 über die beantragte Vernehmung zu erklären. Weigert sich einer der benannten oder vom Gericht ausgewählten Streitgenossen, sich vernehmen zu lassen oder gibt er keine Erklärung ab, kann das Gericht die Parteivernehmung mit den restlichen im Beweisbeschluss angeführten Streitgenossen durchführen.[28] Das Gericht kann aber auch seine Beweisanordnung in entsprechender Anwendung des § 360 Satz 2 ohne vorherige mündliche Verhandlung ändern und ergänzen, also nachträglich noch andere Streitgenossen hören, wenn sich das vor oder nach der Vernehmung der vom Gericht zunächst ausgewählten Streitgenossen als geboten erweist.[29]

V. Beweiswürdigung

Das Gericht kann grundsätzlich das Verhalten und die Erklärungen aller Streitgenossen auch im Verhältnis zu den anderen Streitgenossen frei würdigen, beispielsweise auch das Geständnis des einen Streitgenossen als Indiz gegenüber dem Bestreiten des anderen.[30] Des Weiteren hat das Gericht die Verweigerung der Aussage oder des Eides bzw. das Unterlassen der Erklärung nach § 446 frei zu würdigen. Dies gilt nicht nur für die notwendige, sondern auch für die einfache Streitgenossenschaft. Die grundsätzliche Selbständigkeit der Streitgenossen im Falle einfacher Streitgenossenschaft, bei der Handlungen und Unterlassungen des einen Streitgenossen sich für den anderen nicht vorteilhaft oder nachteilig auswirken dürfen, steht nicht entgegen. Unmittelbar nachteilige Folgen ergeben sich aus der Verweigerung der Aussage oder der Eidesleistung durch einen Streitgenossen für den anderen nicht, da § 446 die Bewertung dieses Verhaltens der freien Überzeugung des Gerichts überlässt und damit in den Bereich der Beweiswürdigung verlegt.[31] Ergeben die Vernehmungen mehrerer Streitgenossen unterschiedliche Ergebnisse, muss das Gericht würdigen, ob es die Behauptung der beweisbelasteten Partei als bewiesen ansieht oder nicht, da im Bereich der freien Beweiswürdigung über die Wahrheit derselben Tatsachen nur eine Entscheidung ergehen kann.[32] Unterschiedliche Ergebnisse gegen einzelne Streitgenossen sind ausgeschlossen.[33] Die Beweise sind wegen der Einheitlichkeit des Verfahrens bei allen Formen der Streitgenossenschaft nur einmal zu erheben und auch allen Streitgenossen gegenüber einheitlich zu würdigen.[34]

§ 450
Beweisbeschluss

(1) Die Vernehmung einer Partei wird durch Beweisbeschluss angeordnet. Die Partei ist, wenn sie bei der Verkündung des Beschlusses nicht persönlich anwesend ist, zu der Vernehmung unter Mitteilung des Beweisbeschlusses von Amts wegen zu laden. Die Ladung ist der Partei selbst mitzuteilen, auch wenn sie einen Prozessbevollmächtigten bestellt hat; der Zustellung bedarf die Ladung nicht.

---

28 Stein/Jonas/*Leipold* § 449 Rdn. 5.
29 Baumbach/Lauterbach/*Hartmann* § 449 Rdn. 5; Zöller/*Greger* § 449 Rdn. 2; MünchKomm/*Schreiber* § 449 Rdn. 2.
30 RG JW 1903, 21; *Lindacher*, Die Streitgenossenschaft JuS 1986, 379, 381.
31 Stein/Jonas/*Leipold* § 449 Rdn. 6.
32 Stein/Jonas/*Bork* § 61 Rdn. 10.
33 BGH WM 1992, 242, 243 m.w.N.
34 RGZ 41, 419; Musielak/*Huber* § 449 Rdn. 1; MünchKomm/*Schreiber* § 449 Rdn. 3.

(2) Die Ausführung des Beschlusses kann ausgesetzt werden, wenn nach seinem Erlass über die zu beweisende Tatsache neue Beweismittel vorgebracht werden. Nach Erhebung der neuen Beweise ist von der Parteivernehmung abzusehen, wenn das Gericht die Beweisfrage für geklärt erachtet.

Übersicht

I. Beweisbeschluss
   1. Erforderlichkeit —— 1
   2. Inhalt —— 2
   3. Vernehmung —— 3
II. Ladung
   1. Erforderlichkeit —— 4
   2. Inhalt —— 5
   3. Zustellung —— 6

III. Aussetzung der Parteivernehmung —— 7
   1. Mündliche Verhandlung —— 11
   2. Schriftliches Vorbringen —— 12
IV. Absehen von Parteivernehmung —— 14
V. Rechtsmittel —— 17

I. Beweisbeschluss

1   **1. Erforderlichkeit.** Jede Form der Parteivernehmung (§§ 445, 447, 448) erfordert einen förmlichen Beweisbeschluss, der vom Prozessgericht gefasst werden muss. Dies gilt weitergehend als nach § 358 nicht nur, wenn die Beweisaufnahme ein besonderes Verfahren einleitet und daher eine Vertagung notwendig macht, sondern auch dann, wenn die zu vernehmende Partei im Termin anwesend ist und ihre Vernehmung sofort erfolgen könnte. Der Grund für die verschärften Anforderungen an die Notwendigkeit des Beweisbeschlusses bei der Parteivernehmung liegt darin, allen Beteiligten deutlich zu machen, dass nunmehr eine Beweisaufnahme erfolgt und nicht lediglich eine Anhörung nach § 141 stattfindet.[1]

2   **2. Inhalt.** Für den Inhalt des Beweisbeschlusses ist die Beweisaufnahmeregelung des § 359 maßgebend. Anzugeben ist zunächst das Beweisthema. Dieses muss wegen der Subsidiarität der Parteivernehmung und der möglichen Konflikte, die sich aus dem persönlichen Interesse der Partei am Prozessausgang ergeben können, exakt eingegrenzt werden.[2] Insbesondere bedarf es der Mitteilung, ob die Parteivernehmung nach §§ 445, 447 auf Antrag der beweispflichtigen Partei oder nach § 448 von Amts wegen erfolgt. Des Weiteren bedarf es der Bezeichnung der zu vernehmenden Partei. Diese muss im Regelfall nicht namentlich benannt werden. Notwendig ist die Namensnennung nur dann, wenn es auf die einzelne Person ankommt, etwa bei der Vernehmung eines von mehreren Streitgenossen oder eines von mehreren gesetzlichen Vertretern. Der Beweisbeschluss ist zu verkünden. Seine Abänderung ist entsprechend § 360 Satz 2 möglich.

3   **3. Vernehmung.** Die bei der Verkündung des Beweisbeschlusses anwesende Partei sollte im Interesse der Beschleunigung und Konzentration des Verfahrens möglichst sofort vernommen werden.[3] Jedoch wird man nicht pauschal behaupten können, dass eine für die Partei überraschende Vernehmung grundsätzlich den Beweiswert der Aussage erhöht.[4] In keinem Fall darf die sofortige Vernehmung die Überrumpelung der Partei beabsichtigen. Dies würde den Grundsätzen eines fairen Verfahrens zuwiderlaufen. Gerade bei komplizierten, umfangreichen Beweisthemen kann es daher geboten sein, von der sofortigen Vernehmung der Partei abzusehen und einen Termin zur Vernehmung der

---

1 BAG NJW 1963, 2340; Stein/Jonas/*Leipold* § 450 Rdn. 1; MünchKomm/*Schreiber* § 450 Rdn. 1.
2 MünchKomm/*Schreiber* § 450 Rdn. 1; Musielak/*Huber* § 450 Rdn. 1.
3 OLG Stuttgart JZ 1978, 689, 690.
4 Davon geht aber Musielak/*Huber* § 450 Rdn. 2 aus.

Partei zu verkünden, sofern er vor dem Prozessgericht stattfinden soll.[5] Ausgeschlossen sind sowohl die sofortige Vernehmung wie auch die Verkündung eines Beweistermins, wenn die durch das Prozessgericht angeordnete Parteivernehmung ausnahmsweise nach § 375 auf den beauftragten oder ersuchten Richter übertragen werden soll sowie im umgekehrten Fall, wenn die Parteivernehmung nach § 349 Abs. 1 Satz 2 durch den Vorsitzenden der Kammer für Handelssachen oder nach § 527 Abs. 2 Satz 2 durch den Einzelrichter in der Berufungsinstanz angeordnet worden ist, die Parteivernehmung aber durch das Prozessgericht vorgenommen werden soll. (Zur Durchführung der Vernehmung im Einzelnen nachfolgend § 451 Rdn. 4ff.)

II. Ladung

1. Erforderlichkeit. Eine Ladung der zu vernehmenden Partei ist erforderlich, sofern diese bei der Verkündung des Beweisbeschlusses nicht persönlich anwesend war. Gleiches gilt dann, wenn die Partei zwar anwesend war, der Termin zur Parteivernehmung aber noch nicht bekannt gegeben wurde, etwa weil zuvor noch eine andere auswärtige Beweisaufnahme abgewartet werden sollte oder weil einer der in der vorhergehenden Rdn. 3 angeführten Fälle vorliegt, in dem Anordnung und Durchführung der Beweisaufnahme durch unterschiedliche Stellen erfolgen.[6]   4

2. Inhalt. Der Beweisbeschluss braucht in der Ladung nicht vollständig wiedergegeben zu werden. Ausreichend ist die Mitteilung seines wesentlichen Inhalts. Aus der Ladung muss aber zumindest eindeutig zu entnehmen sein, worüber die Partei vernommen werden soll, da die erforderliche, besonders exakte Eingrenzung des Beweisthemas im Beweisbeschluss sonst ihren Zweck nicht erfüllen kann. Des Weiteren muss aus der Ladung ersichtlich sein, ob es sich um eine amtswegige oder eine beantragte Parteivernehmung handelt und vor allem, dass es sich um eine Beweisaufnahme durch Parteivernehmung handelt und nicht lediglich um eine Anordnung des persönlichen Erscheinens.[7]   5

Gegenüber der Partei in ihrer Funktion als Beweismittel bedarf es ebenso wie gegenüber Zeugen und Sachverständigen im Prinzip keiner Beachtung der Ladungsfrist des § 217.[8] Da der Beweistermin zum Zweck der Parteivernehmung ein echter Termin ist, muss die Ladungsfrist jedoch hinsichtlich der Parteien und damit im Ergebnis auch gegenüber der zu vernehmenden Partei eingehalten werden. Dies gilt wegen des Grundsatzes der Parteiöffentlichkeit nicht nur vor dem Prozessgericht sondern auch bei einer Parteivernehmung durch den beauftragten oder ersuchten Richter.[9]

3. Zustellung. Seit dem Gesetz zur Reform des Zivilprozesses vom 27.7.2001 bedarf die Ladung nicht mehr der Zustellung. Dies wird damit begründet, dass in aller Regel eine Partei im eigenen Interesse den Termin, in dem sie als Partei vernommen werden soll, wahrnimmt. Die förmliche Zustellung bleibt aber weiter zulässig. Sie ist insbesondere dann ratsam, wenn im Einzelfall Grund zu der Annahme besteht eine Partei werde   6

---

5 MünchKomm/*Schreiber* § 450 Rdn. 1.
6 Stein/Jonas/*Leipold* § 450 Rdn. 5.
7 MünchKomm/*Schreiber* § 450 Rdn. 2; Stein/Jonas/*Leipold* § 450 Rdn. 7.
8 Stein/Jonas/*Roth* § 217 Rdn. 6.
9 Heute allg. Ansicht vgl. OLG Köln NJW 1973, 856; *Teplitzky* NJW 1973, 1675; Baumbach/Lauterbach/*Hartmann* § 217 Rdn. 3; Zöller/*Stöber* § 217 Rdn. 1; Stein/Jonas/*Roth* § 217 Rdn. 2; anders noch RG JW 1932, 1137 und die ältere Literatur.

im Termin nicht erscheinen und sich darauf berufen, sie habe die Ladung nicht erhalten, in der Absicht, den Rechtsstreit zu verzögern. Nicht zulässig ist die Ladung der Partei über den Prozessbevollmächtigten, was sich aus der Anordnung der persönlichen Ladung in § 450 Abs. 1 Satz 3 ergibt.[10] Erscheint die Partei, ohne Kenntnis von der beabsichtigten Einvernahme als Partei erlangt zu haben, kann sie gleichwohl vernommen werden, da die Vernehmung einer im Termin anwesenden Partei grundsätzlich möglich ist. Sie ist vor der Vernehmung aber über den Inhalt des Beweisbeschlusses zu informieren.

III. Aussetzung der Parteivernehmung

7   Die Regelung des § 450 Abs. 2 Satz 1 ermöglicht dem Gericht sowohl bei der Parteivernehmung auf Antrag nach §§ 445, 447 als auch bei der amtswegigen Parteivernehmung nach § 448, erst nach Erlass des Beweisbeschlusses über die Parteivernehmung vorgebrachte andere Beweise vorrangig zu erheben. Nicht entscheidend ist, von welcher Partei die neuen Beweise vorgebracht werden. Die Vorschrift ist Ausfluss des Grundsatzes der Subsidiarität der Parteivernehmung, markiert aber zugleich auch die Grenze der Subsidiarität im Verhältnis zur Prozessökonomie, indem sie die Aussetzung der bereits beschlossenen Parteivernehmung nicht zwingend vorschreibt. Absolute Geltung beansprucht der Subsidiaritätsgrundsatz nur bei der Anordnung der Parteivernehmung, die nicht erfolgen darf, wenn vor Erlass des Beweisbeschlusses andere Beweismittel vorgebracht worden sind. Werden diese jedoch erst nach Erlass des Beweisbeschlusses vorgebracht, **kann** das Gericht aussetzen. Diese Befugnis wird allgemein als Wahlrecht des Gerichts zwischen der Durchführung der angeordneten Parteivernehmung und deren Aussetzung zugunsten der vorherigen Erhebung des neu angetretenen Beweises interpretiert.

8   Bei der Anerkennung einer Ermessensfreiheit des Gerichts ist jedoch Zurückhaltung geboten.

Da die Verspätungsvorschriften grundsätzlich Anwendung finden,[11] hat das Gericht vor einer Abwägung zwischen Aussetzung und Durchführung der Parteivernehmung zunächst zu prüfen, ob der neue Beweisantritt nicht verspätet im Sinne des § 269 Abs. 1 oder Abs. 2 ist. In diesem Fall darf nicht die Parteivernehmung ausgesetzt, sondern muss das neue Beweismittel zurückgewiesen werden. Umgekehrt ist die bereits angeordnete Parteivernehmung immer auszusetzen, wenn das „neue" Beweismittel die bisherige Partei ist, d.h. wenn diejenige Person, welche als Partei oder anstelle der Partei vernommen werden sollte, nunmehr als Zeuge vernommen werden kann und die Partei dies beantragt. Dies betrifft beispielsweise den Fall, dass der handelnde gesetzliche Vertreter als solcher wegfällt und damit als Zeuge frei wird. In diesem Fall darf die Parteivernehmung nicht mehr durchgeführt werden, da diese nur dann zulässig ist, wenn die Parteistellung im Zeitpunkt der Vernehmung noch besteht.

9   Nicht zuzustimmen ist der Ansicht, die nur dann eine Aussetzung befürwortet, wenn der neue Beweis sofort erhoben werden kann, es sich also um vorgelegte Urkunden oder vom Beweisführer gestellte Zeugen handelt, im übrigen die Aussetzung wegen der damit verbundenen Verzögerung nur dann für sachgerecht hält, wenn die begründete Aussicht besteht, dass sich durch die Erhebung des neuen Beweises die Parteivernehmung erübrigen wird.[12] Wollte man den Wert der Aussage eines neu benannten Zeugen schon vor

---

10   BGH NJW 1965, 1598.
11   Stein/Jonas/*Leipold* § 450 Rdn. 11.
12   Stein/Jonas/*Leipold* § 450 Rdn. 11; Zöller/*Greger* § 450 Rdn. 3; *Wieczorek* 2. Auflage § 450 Anm. B I; Thomas/Putzo/*Reichold* § 450 Rdn. 2.

seiner Vernehmung beurteilen, läge darin eine nicht nur kaum mögliche, sondern auch unzulässige Vorwegnahme der Beweiswürdigung. Der Gedanke der Subsidiarität der Parteivernehmung darf nicht in dieser Weise zugunsten einer Verfahrensbeschleunigung vollständig aufgegeben werden. Grund für die Ausgestaltung des § 450 Abs. 1 Satz 1 als Kann-Regelung war unter anderem, zu vermeiden, dass eine Partei durch missbräuchliche Benennung anderer Beweismittel versucht, ihrer Vernehmung zu entgehen. Die Bewertung eines Beweisantrags als bloße Verfahrensverzögerung ist aber nur dann möglich, wenn das angeführte Beweismittel offensichtlich zur Klärung der streitigen Tatsachen in keiner Weise beitragen kann. In diesen Fällen kann das Gericht von der Aussetzung der Parteivernehmung absehen und diese trotz ihres subsidiären Charakters anstelle der Erhebung der neuen Beweise durchführen. Bestehen aber gegen die Zulässigkeit der neuen Angriffs- und Verteidigungsmittel keine Bedenken und versprechen diese Erfolg, ist das Gericht verpflichtet, die neuen Beweise zu erheben.[13]

Um das Verfahren für die Parteien transparent zu machen, sollte die Aussetzung durch einen gerichtlichen Beschluss angeordnet werden. Es stellt jedoch keinen Verfahrensmangel dar, wenn die Aussetzung nur konkludent durch Erhebung des neuen Beweises erfolgt.[14] **10**

1. Mündliche Verhandlung. Im Termin zur Parteivernehmung darf der zu vernehmenden Partei nicht die Möglichkeit genommen werden, vorab neue Beweismittel vorzubringen.[15] Zwar sieht § 370 grundsätzlich eine Fortsetzung der mündlichen Verhandlung erst nach der Beweisaufnahme vor. Hätte die Partei aber im Beweistermin keine Gelegenheit zur Stellung von Beweisanträgen vor der Durchführung der Parteivernehmung, müsste die Partei neue Beweismittel grundsätzlich vor dem Beweistermin schriftlich vorbringen. Eine solche Beschränkung der Art und Weise und des Zeitraums für die Anbringung neuer Beweismittel lässt sich aber aus § 450 Abs. 2 Satz 1 nicht entnehmen. **11**

Nicht zulässig ist es daher, die Vernehmung von präsenten Zeugen mit der Begründung zurückzuweisen, der Verhandlungstermin sei bereits durch eine Beweisvernehmung zum gleichen Thema ausgelastet.[16]

2. Schriftliches Vorbringen. Tragen die Parteien schriftlich neue Beweisangebote vor, kann das Gericht die Durchführung der Parteivernehmung auch ohne vorherige mündliche Verhandlung aussetzen. Hinsichtlich der Erhebung der neuen Beweise ist aber zu unterscheiden: Die Änderung des Beweisbeschlusses ist entsprechend § 360 Satz 2 auf Antrag oder von Amts wegen ohne erneute mündliche Verhandlung möglich, sofern der Gegner zustimmt. Fehlt es hieran, ist umstritten, ob nach § 360 Satz 2 das Gericht auch die Vernehmung von nachträglich benannten Zeugen anstelle der Parteivernehmung ohne mündliche Verhandlung anordnen kann. Unmittelbar gestattet § 360 Satz 2 nur die Auswechslung von Zeugen und Sachverständigen, nicht aber den Übergang von einem Beweismittel zu einem anderen. Obwohl Zeugenvernehmung und Parteivernehmung sich hinsichtlich ihrer Voraussetzungen voneinander unterscheiden, ist eine entsprechende Anwendung des § 360 Satz 2 auf die Änderung des auf Parteiver- **12**

---

[13] MünchKomm/*Schreiber* § 450 Rdn. 3; Baumbach/Lauterbach/*Hartmann* § 450 Rdn. 5; Musielak/*Huber* § 450 Rdn. 3; **a.A.** Stein/Jonas/*Leipold* § 450 Rdn. 11; Zöller/*Greger* § 450 Rdn. 3; *Wieczorek* 2. Auflage § 450 Anm. B I.
[14] MünchKomm/*Schreiber* § 450 Rdn. 3; Zöller/*Greger* § 450 Rdn. 3.
[15] Stein/Jonas/*Leipold* § 450 Rdn. 10 spricht hier von einer partiellen Vorverlagerung der mündlichen Verhandlung.
[16] BGH NJW 1991, 1181, 1182; Stein/Jonas/*Leipold* § 445 Rdn. 14.

nehmung lautenden Beweisbeschlusses in einen auf Zeugenvernehmung lautenden Beschluss zu bejahen.[17] Dafür spricht zunächst, dass die Durchführung der Beweisaufnahme bei der Parteivernehmung sehr stark an die Zeugenvernehmung angenähert ist. Die Partei sagt zwar nicht als Zeuge aber wie ein Zeuge aus. Des Weiteren sind Zeugen- wie Parteiaussage in gleicher Weise frei zu würdigen. (Vgl. dazu § 453 Rdn. 2.) In bestimmten Fällen ist nur schwer zu unterscheiden, ob eine Aussageperson Zeugen- oder Parteistellung innehat. Auch wenn offen geblieben ist, ob eine Partei- oder eine Zeugenvernehmung stattgefunden hat, soll dies aber einer Verwertung der Aussage nicht entgegenstehen.[18] Zeugen- und Parteivernehmung sind folglich eng miteinander verwandt. Dies rechtfertigt es, auf eine erneute mündliche Verhandlung auch im Interesse der Prozessökonomie zu verzichten, wenn anstelle der im Beschluss aufgeführten Partei nunmehr ein Zeuge vernommen werden soll. Den Interessen der Parteien wird durch § 360 Satz 4 hinreichend Rechnung getragen, der eine vorherige Gelegenheit zur Stellungnahme, zumindest aber die Mitteilung der Änderung des Beweisbeschlusses vorsieht.

13 Ausgeschlossen ist eine Änderung des Beweisbeschlusses dann, wenn die Erhebung der neuen Beweise ein besonderes Verfahren erfordert, was beispielsweise der Fall ist, wenn ein neues Sachverständigengutachten angefordert oder die Beweisaufnahme auf den beauftragten oder ersuchten Richter übertragen werden soll. In diesem Fall bedarf es nach § 358 eines neuen Beweisbeschlusses, der – abgesehen von den Ausnahmefällen des § 358a – nicht ohne mündliche Verhandlung ergehen kann.[19]

IV. Absehen von Parteivernehmung

14 Endgültig abgesehen werden muss von der Parteivernehmung dann, wenn die anderen Beweismittel die Beweisfrage geklärt haben. Da die Voraussetzung, dass der Beweis mit anderen Beweismitteln noch nicht vollständig geführt ist, nicht mehr vorliegt, ist die Parteivernehmung unzulässig.[20] Dies gilt sowohl für den Fall, dass das Gericht die beweisbedürftige Tatsache für erwiesen hält, als auch dann, wenn es vom Gegenteil überzeugt ist, im selben Umfang wie bei § 445 Abs. 2. Abzusehen ist von einer zuvor angeordneten und ausgesetzten Parteivernehmung auch dann, wenn die Beweisfrage zwar noch nicht endgültig geklärt ist, sich aber die Beweislage verschoben hat. Beispielsweise weil die Voraussetzungen des § 448 weggefallen oder diese Voraussetzungen zugunsten der beweisbelasteten Partei eingetreten sind, so dass nunmehr die andere Partei zu vernehmen ist.

Ist nach Ansicht des Gerichts die Beweisfrage geklärt und die Parteivernehmung damit unzulässig, hat das Gericht den Beschluss auf Parteivernehmung aufzuheben. Dies sollte aus Gründen der Transparenz der gerichtlichen Entscheidungen durch Beschluss erfolgen, zumindest dann, wenn die Aussetzung der Parteivernehmung nicht durch Beschluss, sondern nur stillschweigend durch Erhebung der neuen Beweise erfolgt ist. Lag hingegen eine förmliche Aussetzung vor, begründet das Fehlen einer endgültigen Aufhebung des Beweisbeschlusses keinen Verfahrensmangel, da für die Parteien ersichtlich

---

17 So auch MünchKomm/*Musielak* § 360 Rdn. 10; Thomas/Putzo/*Reichold* § 450 Rdn. 2; **a.A.** Stein/Jonas/*Leipold* § 450 Rdn. 10.
18 BGH ZZP 71 (1958) 114; Stein/Jonas/*Chr. Berger*, vor § 373 Rdn. 2; Zöller/*Greger* § 373 Rdn. 7.
19 MünchKomm/*Musielak* § 358 Rdn. 4; MünchKomm/*Schreiber* § 450 Rdn. 3; Stein/Jonas/*Leipold* § 450 Rdn. 12.
20 BGH NJW 1974, 56.

ist, dass eine Parteivernehmung nicht erfolgen wird, ohne dass das Gericht die Aussetzung aufhebt und diese anordnet.[21]

Die abschließende Beweiswürdigung, aus der sich die Gründe für die Entbehrlichkeit der Parteivernehmung ergeben, ist in den Entscheidungsgründen des Endurteils darzulegen und kann nur zusammen mit diesem angefochten werden.[22] **15**

Wird der Beweis nach Aussetzung der Parteivernehmung und Erhebung der neuen Beweise als nicht geführt angesehen, ist im Falle der amtswegigen Parteivernehmung das Beweisverfahren durch Erledigung der Parteivernehmung fortzuführen. Bei der beantragten Parteivernehmung gilt grundsätzlich, dass der vor Ausschöpfung der anderen Beweisantritte gestellte Antrag auf Parteivernehmung nach der anderweitigen Beweisaufnahme zu wiederholen ist.[23] Die Situation ist bei § 450 Abs. 2 Satz 2 jedoch eine andere. Während der nach § 445 zu früh gestellte Antrag unzulässig ist, lag im Falle des nachträglichen Vorbringens neuer Beweismittel bereits ein wirksamer Antrag vor, aufgrund dessen die Parteivernehmung beschlossen und dann vom Gericht ausgesetzt wurde. Das Gericht hat diese Aussetzung ausdrücklich oder konkludent wieder aufzuheben und die Parteivernehmung durchzuführen, wenn die neuen Beweise keine Klärung erbracht haben, ohne dass es einer Wiederholung des Antrags durch den Beweisführer bedarf.[24] **16**

V. Rechtsmittel

Erfolgt eine Parteivernehmung, ohne dass diese durch Beweisbeschluss angeordnet war, stellt dies einen Verfahrensfehler dar. Dieser wird nach § 295 Abs. 1 geheilt, wenn der Mangel nicht bis zum Schluss der auf den Verstoß folgenden nächsten mündlichen Verhandlung gerügt wird. Dies setzt jedoch nicht nur voraus, dass die Partei den Mangel kannte oder hätte kennen müssen, sondern auch, dass für die Parteien erkennbar war, dass eine Parteivernehmung stattgefunden hat.[25] Da die selbständige Anfechtung des die Beweisaufnahme anordnenden Beschlusses nach § 355 Abs. 2 nicht zulässig ist, können Rügen gegen die Anordnungen oder Unterlassungen nach § 450 nur durch Anfechtung des Endurteils erhoben werden.[26] **17**

§ 451
Ausführung der Vernehmung

Für die Vernehmung einer Partei gelten die Vorschriften der §§ 375, 376, 395 Abs. 1, Abs. 2 Satz 1 und der §§ 396, 397, 398 entsprechend.

---

21 Ähnlich Stein/Jonas/*Leipold* § 450 Rdn. 14; restriktiver hingegen Rosenberg/Schwab/Gottwald § 123 II 1, der dafür eintritt, dass der Beweisbeschluss in jedem Fall aufgehoben werden muss.
22 Stein/Jonas/*Leipold* § 450 Rdn. 13; MünchKomm/*Schreiber* § 450 Rdn. 3.
23 RGZ 154, 228, 229; OLG Oldenburg NJW-RR 1990, 125; BGH NJW 1991, 1290, 1291; Rosenberg/Schwab/*Gottwald* § 123 II 1.
24 So im Ergebnis auch Stein/Jonas/*Leipold* § 450 Rdn. 15; **a.A.** Musielak/*Huber* § 450 Rdn. 3, der zwar die Rechtsprechung zu § 445 zur Notwendigkeit der Wiederholung des Antrags auf § 450 Abs. 2 S. 2 überträgt, dies dann aber zu Recht kritisiert und einen richterlichen Hinweis nach § 139 für geboten hält.
25 RGZ 76, 314, 316: BGH MDR 1959, 638, 639; BGH FamRZ 1965, 212, 213; vgl. auch BGH WM 1987, 1562.
26 MünchKomm/*Schreiber* § 450 Rdn. 3; **a.A.** AK/*Rüßmann* § 450 Rdn. 2.

Übersicht

I. Anwendbare Vorschriften — 1
   1. Unmittelbarkeit — 2
   2. Aussagegenehmigung — 3
   3. Durchführung der Vernehmung — 4
II. Unanwendbare Vorschriften — 7
   1. Beweisantritt, Ladung, Unterlagen — 8
   2. Vorschuss, Entschädigung — 9
3. Zwangsmittel, Zeugnisverweigerungsrecht — 10
4. Beeidigung — 11
5. Einzelvernehmung — 12
6. Verzicht auf Parteivernehmung — 13
7. Verordneter Richter — 15

I. Anwendbare Vorschriften

1 Die Vorschrift regelt die Durchführung der Parteivernehmung im Wege einer Verweisung auf einzelne Vorschriften über den Zeugenbeweis. Die Parteivernehmung richtet sich damit nach den §§ 445–455 in Verbindung mit den für anwendbar erklärten Normen über den Zeugenbeweis. Geltung beanspruchen danach die folgenden Grundsätze und Normen:

2 **1. Unmittelbarkeit.** Die Parteivernehmung hat grundsätzlich unmittelbar vor dem Prozessgericht stattzufinden, im landgerichtlichen Verfahren damit vor dem Kollegium, sofern die Entscheidung nicht nach § 348 auf den Einzelrichter übertragen wurde. Eine Parteivernehmung durch den vorbereitenden Einzelrichter in der zweiten Instanz nach § 527 Abs. 2 oder die Beweiserhebung durch den Vorsitzenden der Kammer für Handelssachen nach § 349 Abs. 1 erscheint nicht sinnvoll, da das Berufungsgericht bzw. die ehrenamtlichen Richter das Beweisergebnis insbesondere die Glaubwürdigkeit der aussagenden Partei ohne unmittelbaren eigenen Eindruck von der Beweisaufnahme nicht sachgemäß würdigen können.[1] Eine Parteivernehmung durch den beauftragten oder ersuchten Richter kann nur in den in § 375 Ziff. 1–3 geregelten Ausnahmefällen erfolgen, in denen auch ein Zeuge nicht vor dem Prozessgericht vernommen zu werden braucht. Wegen der meist streitentscheidenden Bedeutung der Parteivernehmung und der aus dem Eigeninteresse der Vernehmungsperson am Prozessausgang folgenden Unsicherheit kommt es in besonderem Masse auf den persönlichen Eindruck an. Ausnahmen vom Unmittelbarkeitsgrundsatz sollten daher streng gehandhabt werden.[2] Umstritten ist aber, ob ein Verstoß gegen den Unmittelbarkeitsgrundsatz einen nach § 295 Abs. 1 durch Rügeverzicht heilbaren oder aber einen nicht heilbaren Verfahrensmangel darstellt.[3] Die höchstrichterliche Rechtsprechung geht von der Heilung des Verstoßes aus, wenn er nicht in der auf den Verstoß folgenden mündlichen Verhandlung gerügt wird.[4] Um dem Zweck des Unmittelbarkeitsgrundsatzes gerecht zu werden, wäre grundsätzlich die Annahme eines wesentlichen Verfahrensmangels sinnvoll. Solange aber § 355 Abs. 2 in diesem Fall die separate Anfechtung des Beweisbeschlusses ausschließt, kann auch hierdurch das Unterlaufen des Unmittelbarkeitsgrundsatzes nicht verhindert werden.

3 **2. Aussagegenehmigung.** Richter, Beamte und andere Personen, welche der Verpflichtung zur Amtsverschwiegenheit unterliegen, bedürfen nach der für entsprechend anwendbar erklärten Vorschrift des § 376 für ihre Vernehmung als Partei einer Aussage-

---

[1] Vgl. dazu Stein/Jonas/*Grunsky* § 524 Rdn. 9; Zöller/*Gummer* § 527 Rdn. 8.
[2] Rosenberg/Schwab/Gottwald § 123 III 2; Baumbach/Lauterbach/*Hartmann* § 451 Rdn. 3; Musielak/*Huber* § 451 Rdn. 1.
[3] Überblick über den Meinungsstand bei Baumbach/Lauterbach/*Hartmann* § 295 Rdn. 53.
[4] BGHZ 40, 179 = NJW 1964, 108; 109; BGH NJW 1979, 2518; **a.A.** z.B. OLG Köln NJW 1977, 249, 250.

genehmigung. Wird die Genehmigung verweigert, entsteht für das Gericht eine problematische Situation. Auf der einen Seite kann die Versagung der Genehmigung nicht ohne weiteres wie eine Aussageverweigerung nach § 453 Abs. 2 behandelt werden.[5] Auf der anderen Seite darf aber auch die Gegenpartei nicht dadurch schlechter stehen, dass der anderen Partei von der zuständigen Behörde die Aussage nicht gestattet wird.[6] Das Gericht hat zwar die Gründe für die Verweigerung der Genehmigung besonders sorgfältig zu würdigen. Die Entscheidung über die Genehmigung ergeht aber durch Verwaltungsakt und kann vom Gericht grundsätzlich nicht überprüft werden. Der betroffenen Partei bleibt dann nur die Möglichkeit, der Klage vor dem Verwaltungsgericht.[7] Erfolgt die Aussage ohne Erteilung einer Aussagegenehmigung, ist sie verwertbar, da der bezweckte Geheimnisschutz durch die Aussage hinfällig geworden ist.[8]

3. Durchführung der Vernehmung. Die Partei wird wie ein Zeuge vernommen. Sie ist vor der Vernehmung nach § 395 Abs. 1 auf ihre Wahrheitspflicht und die Möglichkeit einer Beeidigung hinzuweisen.[9] Nicht zwingend erforderlich ist im Gegensatz zum Strafprozess der Hinweis auf ein Aussageverweigerungsrecht, welches dort dem Schutz des Angeklagten vor einer Selbstbelastung dient.[10] Die Rechtsstellung der Partei im Zivilprozess ist eine andere. Sie ist nach § 138 Abs. 1, 2 verpflichtet, ihre Erklärung über tatsächliche Umstände wahrheitsgemäß abzugeben. Soweit eine Partei offensichtlich nicht aussagen will, sich aber irrtümlich hierzu verpflichtet hält, ist nach den Grundsätzen eines fairen Verfahrens ein Hinweis auf §§ 446, 453 Abs. 2 geboten.[11] 4

Die Vernehmung selbst beginnt mit Fragen zur Person. Auch die Partei hat nach § 395 Abs. 2 Satz 1 die üblichen Personaldaten anzugeben. Nicht verwiesen ist hingegen auf § 395 Abs. 2 Satz 2, der beim Zeugen auch Fragen über solche Umstände vorsieht, die seine Glaubwürdigkeit, insbesondere seine Beziehung zur Partei betreffen. Da die Fragen nach dem persönlichen Verhältnis zur Partei bei Zeugen den ganz überwiegenden Teil der Glaubwürdigkeitsfragen ausmachen, erklärt sich die fehlende Bezugnahme auf § 395 Abs. 2 Satz 2 daraus, dass solche Fragen bei der Vernehmung der Partei schon aus der Natur der Sache heraus ausgeschlossen sind. Daraus kann aber nicht generell der Schluss gezogen werden, das Gericht dürfe überhaupt keine ihre Glaubwürdigkeit betreffenden Fragen an die Partei richten.[12] Auch bei einer Partei sind bestimmte Umstände denkbar, die beispielsweise das eigene Interesse am Prozessausgang besonders hoch oder umgekehrt auch gering erscheinen lassen, wie etwa der Eintritt einer Versicherung im Falle einer Verurteilung und die daher für die Glaubwürdigkeit von Bedeutung sein können.[13] Auch diejenigen, welche Glaubwürdigkeitsfragen an die Partei für ausgeschlossen halten, erkennen deren Notwendigkeit an, halten Zweifel an der Glaubwürdigkeit der Partei aber nur im Rahmen der sachlichen Vernehmung oder durch andere Beweismittel für aufklärbar.[14] Die Nichtaufnahme des § 395 Abs. 2 Satz 2 kann aber nicht dem Zweck dienen, durch eine indirekte Fragestellung zur Beurteilung der Glaubwür- 5

---

5   Stein/Jonas/*Leipold* § 451 Rdn. 2.
6   MünchKomm/*Schreiber* § 451 Rdn. 1.
7   OVG Münster NJW 1961, 476; OLG Hamm MDR 1977, 849.
8   BGH NJW 1956, 500; OLG Celle VersR 1977, 361; *Schneider, E.*, Beweis und Beweiswürdigung Rdn. 177.
9   BGH NJW-RR 1988, 395.
10 OLG Celle VersR 1977, 361.
11 Für die generelle Erteilung eines Hinweises Baumbach/Lauterbach/*Hartmann* § 451 Rdn. 3.
12 MünchKomm/*Schreiber* § 451 Rdn. 1; Zöller/*Greger* § 451 Rdn. 1; Stein/Jonas/*Leipold* § 451 Rdn. 14 (**a.A.** 21. Auflage Rdn. 15); **a.A.** auch *Wieczorek* 2. Auflage § 451 Anm. B IIa.
13 Baumbach/Lauterbach/*Hartmann* § 451 Rdn. 3.
14 *Wieczorek* 2. Auflage § 451 Anm. B IIa.

digkeit der Partei die Vernehmung zu erschweren. Dem Gericht sind daher bei seiner Fragestellung keine Einschränkungen gegenüber der Zeugenvernehmung aufzuerlegen.

6 Hinsichtlich des Umfangs der Aussagepflicht unterliegt die Partei den gleichen Anforderungen wie ein Zeuge. Wenn sie sich entschließt auszusagen, hat sie alles anzugeben, was mit dem Beweisthema erkennbar in Zusammenhang steht und für die Entscheidung erheblich ist, auch wenn sie danach nicht ausdrücklich gefragt wird. Neue Tatsachen, die vom Beweisthema nicht umfasst sind und einer weiteren Begründung der Klage dienen könnten, braucht die Partei hingegen nicht anzugeben.[15] Die Bekundungen der Partei haben nach § 396 Abs. 1 im Zusammenhang zu erfolgen. Erst im Anschluss daran kann der Vorsitzende sowie die anderen Mitglieder des Gerichts nach § 396 Abs. 2 und 3 ihr Fragerecht ausüben. Gemäß § 397 ist die Partei verpflichtet, auf Fragen des Gegners und dessen oder des eigenen Prozessbevollmächtigten zu antworten. Auch die wiederholte und nachträgliche Vernehmung ist bei der Parteivernehmung vorgesehen. Die hierfür maßgebliche Bestimmung des § 398 Abs. 1 ZPO stellt es in das Ermessen des Rechtsmittelgerichts, ob es einen in erster Instanz gehörten Zeugen erneut vernimmt. Dieses Ermessen ist jedoch auf Null reduziert, wenn das Berufungsgericht die Glaubwürdigkeit eines im ersten Rechtszug vernommenen Zeugen abweichend vom Erstrichter beurteilen will und es hierfür auf den persönlichen Eindruck ankommt, den der Zeuge hinterlässt.[16] In diesem Fall ist das Gericht verpflichtet, den Zeugen erneut zu vernehmen. Dieser Grundsatz gilt nach § 451 für die Parteivernehmung entsprechend. Von der Würdigung der Aussage einer Partei darf das Rechtsmittelgericht nicht abweichen, ohne die Partei erneut vernommen zu haben, denn ihm fehlt der unmittelbare Eindruck, um die Wahrheitsliebe der Partei selbst beurteilen zu können.[17]

II. Unanwendbare Vorschriften

7 Die ausdrückliche Aufzählung einzelner anwendbarer Vorschriften ist grundsätzlich ein gewichtiges Indiz dafür, dass andere als die in der Verweisung genannten Bestimmungen für die Parteivernehmung nicht gelten, die Verweisung somit abschließend ist.[18] Sofern im Recht der Parteivernehmung durch die unterbliebene Inbezugnahme einzelner Regelungen Lücken entstehen, ist aber im Einzelfall zu klären, ob diese entgegen dem Wortlaut des § 451 durch Heranziehung bestimmter Regelungen über die Zeugenvernehmung zu schließen sind.

Die Unanwendbarkeit eines Großteils der Vorschriften über den Zeugenbeweis hat vor allem zwei Gründe: die Schaffung von Sonderregelungen für bestimmte Bereiche durch die §§ 445 ff. und die unterschiedlichen Voraussetzungen und Folgen der Parteivernehmung, welche bestimmte Schutzmechanismen überflüssig machen.

8 **1. Beweisantritt, Ladung, Unterlagen.** Die Regelung des Beweisantritts in § 373 ist ersetzt durch die §§ 445–449. An die Stelle der Ladungsvorschrift des § 377 Abs. 1 und 2 tritt § 450 Abs. 1, der die Ladung der Partei abweichend regelt. Nicht zulässig ist bei der Parteivernehmung die schriftliche Auskunft nach § 377 Abs. 3. Dies erscheint sinnvoll, da die Fälle einfach zu erteilender Auskunft, in welchen beim Zeugen eine schriftliche Aussage in Betracht kommt, bei der Parteivernehmung nicht denkbar sind und es zudem auf den Eindruck des Gerichts von der Glaubwürdigkeit hier entscheidend ankommt. Aus

---

15 RG JW 1936, 880; BGH JZ 1968, 570.
16 BGH NJW 1991, 3285, 3286; BGH NJW 1999, 363, 364.
17 BGH NJW 1974, 56; 57; BGH VersR 1981, 1175, 1176; BGH NJW 1999, 363, 364.
18 Baumbach/Lauterbach/*Hartmann* § 451 Rdn. 1; MünchKomm/*Schreiber* § 451 Rdn. 2.

ähnlichen Erwägungen brauchte auch § 378 nicht in Bezug genommen zu werden. Es ist davon auszugehen, dass die Partei von sich aus Aufzeichnungen und Unterlagen zum Gegenstand des Verfahrens machen wird, die zum Prozesserfolg beitragen könnten.

2. Vorschuss, Entschädigung. Eine Vorschusspflicht des Beweisführers nach § 379 besteht nicht, da die Partei nicht wie der Zeuge und Sachverständige einen Anspruch auf Auslagenersatz aus der Staatskasse nach § 401 i.V.m. dem ZSEG hat. Die der Partei durch die Vernehmung entstehenden Aufwendungen für Zeitversäumnis, Reisekosten etc. sind aber im Verhältnis zum Gegner notwendige Prozesskosten im Sinne des § 91 Abs. 1. Sie sind damit nach § 92 Abs. 1 Satz 2 ausgleichs- und erstattungsfähig, jedoch erst nach abschließender Kostenentscheidung und Kostenfestsetzung.[19] Auch wenn der Partei Prozesskostenhilfe gewährt worden ist, sind ihr daher die Aufwendungen nicht aus der Staatskasse zu ersetzen bzw. vorzuschießen. Die arme Partei hat aber einen Anspruch auf Vorschuss der Reisekosten zum Vernehmungstermin.[20] Dieser richtet sich nach der bundeseinheitlichen VerwAO vom 1.8.1977.[21] Wird dieser Vorschuss gewährt, gehören die Aufwendungen zu den gerichtlichen Auslagen nach KV 9008 zu § 11 GKG.[22]

9

3. Zwangsmittel, Zeugnisverweigerungsrecht. Die die Folgen des Ausbleibens regelnden §§ 380, 381 und die Zwangsmittel anordnende Vorschrift des § 390 sind ersetzt durch § 454. Da die Partei nicht zur Aussage gezwungen werden kann, benötigt sie kein Vernehmungsverweigerungsrecht, so dass auf die Normierung spezieller Aussageverweigerungsgründe bewusst verzichtet wurde.[23] Wegen der Möglichkeit, die Vernehmung abzulehnen, die Aussage oder den Eid zu verweigern und zum Vernehmungstermin nicht zu erscheinen, finden daher auch die §§ 383–389 über das Zeugnisverweigerungsrecht für die Parteivernehmung keine Anwendung. Gründe für die Weigerung, die denen des Zeugnisverweigerungsrechts entsprechen, hat das Gericht aber im Rahmen der freien Beweiswürdigung anzuerkennen, da auch hier ein Gewissenskonflikt vermieden werden sollte. Dabei ist jedoch zu berücksichtigen, dass die Partei zum Prozess als ihrer eigenen Angelegenheit eine andere Beziehung hat als der Zeuge. Von ihr als unmittelbar Beteiligter ist eine größere Bereitschaft zur Mitwirkung bei der Wahrheitsermittlung zu erwarten, die eine strengere Würdigung der Gründe rechtfertigen kann.[24] Ein gewisses Spannungsverhältnis zwischen wahrheitsgemäßer Aussage und dem Wunsch nach einer der eigenen Sache dienlichen Aussage wird sich daher nicht immer vermeiden lassen und ist der Partei auch zuzumuten.

10

Nicht für anwendbar erklärt worden ist auch die Regelung über die Vernehmung von Mitgliedern der Bundesregierung usw. an ihrem Amtssitz oder Aufenthaltsort, § 382. Maßgebend sind insoweit nur die für anwendbar erklärten Vorschriften des § 375 Abs. 1 Ziff. 2, 3,[25] was hinsichtlich des ohnehin geringfügigen Anwendungsbereichs der Vorschrift hinnehmbar erscheint.

4. Beeidigung. Die §§ 391, 392, 393 sind durch § 452 ersetzt worden. Eine dem § 393 entsprechende Vorschrift über die Eidesmündigkeit fehlt für die Parteivernehmung, was zur Folge hätte, dass das Gericht – anders als bei der Zeugenvernehmung – prinzipiell

11

---

19 Stein/Jonas/*Leipold* § 451 Rdn. 17.
20 RGZ 145, 357, 359; Stein/Jonas/*Leipold* § 451 Rdn. 16; AK/*Rüßmann* § 451 Rdn. 1.
21 BayJMBl. 1977, 199; weitere *Fundstellen* bei Hartmann, Kostengesetze, Anh. I nach § 18 ZSEG.
22 Zöller/*Greger* § 451 Rdn. 2.
23 Dazu *Münks*, S 179.
24 *Jauernig* § 56 IV; *Münks* S. 180.
25 Stein/Jonas/*Leipold* § 451 Rdn. 10.

jede prozessfähige Partei, auch den Minderjährigen unter sechzehn Jahren, vereidigen könnte. Die unterschiedliche Regelung dürfte darauf beruhen, dass Minderjährige unter sechzehn nach § 455 Abs. 2 im Regelfall schon nicht als Partei vernommen werden, also auch nicht beeidigt werden dürfen. Soweit ausnahmsweise die Vernehmung nicht schon durch § 455 Abs. 2 ausgeschlossen ist, liegt eine regelwidrige Gesetzeslücke vor. Grundsätzlich ist die Parteivernehmung eines Minderjährigen in eingeschränkterem Maße zulässig als die Zeugenvernehmung. Es ist kein Grund dafür ersichtlich, dass der Gesetzgeber hiervon bei der Vereidigung des Minderjährigen abweichen und diese weitergehend zulassen wollte. Die Lücke sollte daher aus Gründen des Schutzes des Minderjährigen durch entsprechende Anwendung des § 393 Abs. 1 Satz 1 geschlossen werden. Die herrschende Auffassung, welche die Entscheidung über die Vereidigung in diesen Fällen in das Ermessen des Richters stellt und bei dessen pflichtgemäßer Ausübung von der Vereidigung absehen will,[26] wird praktisch zumeist zum gleichen Ergebnis kommen, überlässt diese Entscheidung aber letztlich dem entscheidenden Richter und birgt damit ein größeres Maß von Rechtsunsicherheit.

12 **5. Einzelvernehmung.** Nicht für anwendbar erklärt wurde weiterhin § 394. Der Grund hierfür liegt hinsichtlich des § 394 Abs. 1 darin, dass eine Vernehmung der Partei in Abwesenheit der anderen das Fragerecht der anderen Partei ausschalten würde. Wegen des in § 357 niedergelegten Grundsatzes der Parteiöffentlichkeit hat die Vernehmung der Partei somit in Anwesenheit der anderen Partei zu erfolgen.[27] Sofern beide Parteien vernommen werden, erfolgt deren Vernehmung gleichwohl nicht zusammen, sondern nacheinander. Eine Gegenüberstellung mit der anderen Partei nach § 394 Abs. 2 bei widersprechenden Aussagen ist gleichfalls nicht vorgesehen und sollte wegen der starken gegensätzlichen Interessen am Parteiausgang auch unterbleiben, da es nicht Aufgabe des Richters ist, zu weiterer Konfrontation der Parteien beizutragen, sondern die Glaubhaftigkeit der gegensätzlichen Aussagen zu würdigen.[28]

13 **6. Verzicht auf Parteivernehmung.** Auch § 399, der für den Zeugenbeweis die Rechtsfolgen des Verzichts auf die Vernehmung eines Zeugen regelt, gehört nicht zu den Vorschriften, die nach § 451 bei der Parteivernehmung entsprechend anwendbar sind. Der Verzicht auf die Parteivernehmung ist mithin gesetzlich nicht vorgesehen. Auch für die Parteivernehmung gilt aber der auf der Beibringungsmaxime beruhende Grundsatz, dass Beweisanträge grundsätzlich bis zur Durchführung der Beweisaufnahme zurückgenommen werden können. Die fehlende Inbezugnahme des § 399 kann nicht als Ausschluss eines solchen Rechts interpretiert werden. Grund für die Unanwendbarkeit des § 399 im Rahmen der Parteivernehmung ist vielmehr nur, dass die in dieser Vorschrift enthaltenen Rechtsfolgen für die Parteivernehmung nicht passen. Insbesondere berechtigt der Verzicht die Gegenpartei nicht dazu, nunmehr entgegen § 445 ihre eigene Vernehmung zu verlangen.[29] Der Antrag auf Parteivernehmung kann daher grundsätzlich bis zur Vernehmung zurückgenommen werden, auch wenn dies sachlich einem Verzicht auf die Parteivernehmung gleichkommt.[30]

---

26 Stein/Jonas/*Leipold* § 452 Rdn. 18; MünchKomm/*Schreiber* § 452 Rdn. 3.
27 Zöller/*Greger* § 451 Rdn. 2; Baumbach/Lauterbach/*Hartmann* § 451 Rdn. 4; Stein/Jonas/*Leipold* § 451 Rdn. 13 noch weitergehend auch für das Verhältnis zu Zeugen.
28 **A.A.** Rosenberg/Schwab/Gottwald § 123 III 3; *Jauernig* § 56 IV.
29 *Leipold* Anm. zu AP Nr. 1 zu § 451 ZPO; Stein/Jonas/*Leipold* § 451 Rdn. 15.
30 BAG NJW 1974, 1349, 1350 = AP Nr. 1 zu § 451 ZPO mit Anm. *Leipold*; BGH NJW-RR 1996, 1459; Baumbach/Lauterbach/*Hartmann* § 451 Rdn. 4; Zöller/*Greger* § 451 Rdn. 2.

Die Rücknahme des Antrags auf Parteivernehmung kann ebenso wie der Verzicht **14** auf die Vernehmung eines Zeugen auch durch schlüssiges Verhalten erfolgen.[31] In einem bloßen Stillschweigen nach Beweisantritt ist ein Verzicht aber ausnahmsweise nur dann zu sehen, wenn die Partei erkennen konnte, dass das Gericht seine Aufklärungstätigkeit als erschöpft angesehen hat und sie den Antrag gleichwohl nicht wiederholt.[32] Auch hinsichtlich der späteren, erneuten Benennung der Partei als Beweismittel muss für die Parteivernehmung das gleiche gelten wie für die spätere Benennung von Zeugen, auf die zunächst verzichtet wurde.[33] Eine Partei, die auf einen Zeugen zunächst verzichtet hat, ist folglich durch § 399 nicht gehindert, den Zeugen im selben Rechtszug später erneut doch zu benennen.[34] Die Parteivernehmung kann somit auch nach Rücknahme eines Antrags auf Parteivernehmung nach § 445 erneut beantragt werden.

7. Verordneter Richter. Obwohl die Übertragung der Parteivernehmung auf den **15** verordneten Richter grundsätzlich möglich ist, gelten die ihm durch § 400 eingeräumten Befugnisse nicht. Sinnvoll erscheint dies nur für solche Anordnungen, die bei der Parteivernehmung nicht zulässig sind, wie das Vorgehen nach § 380 beim Ausbleiben und nach § 390 bei der Zeugnisverweigerung. Vorgehensweisen, die auch bei der Parteivernehmung zulässig sind, wie etwa die vorläufige Entscheidung über die Zulässigkeit einer Frage nach § 397 und die Vornahme der nochmaligen Vernehmung nach § 398, sind hingegen auch dem verordneten Richter möglich. Dies folgt – auch wenn man § 400 wegen der fehlenden Inbezugnahme für unanwendbar hält – bereits aus den allgemeinen Grundsätzen der Prozessförderung und Prozessökonomie.

§ 452
Beeidigung der Partei

(1) **Reicht das Ergebnis der unbeeidigten Aussage einer Partei nicht aus, um das Gericht von der Wahrheit oder Unwahrheit der zu erweisenden Tatsache zu überzeugen, so kann es anordnen, dass die Partei ihre Aussage zu beeiden habe. Waren beide Parteien vernommen, so kann die Beeidigung der Aussage über dieselben Tatsachen nur von einer Partei gefordert werden.**
(2) **Die Eidesnorm geht dahin, dass die Parteien nach bestem Wissen die reine Wahrheit gesagt und nichts verschwiegen habe.**
(3) **Der Gegner kann auf die Beeidigung verzichten.**
(4) **Die Beeidigung einer Partei, die wegen wissentlicher Verletzung der Eidespflicht rechtskräftig verurteilt ist, ist unzulässig.**

---

[31] Die Frage eines konkludenten Verzichts stellt sich bei der Parteivernehmung aber anders als beim Zeugenbeweis nur, soweit zwischenzeitlich keine anderen Beweise erhoben wurden. Während bei der Benennung von Zeugen aber im Regelfall nicht von einem Verzicht auszugehen ist, wenn ein zuvor gestellter Antrag nach Durchführung einer neuen Beweisaufnahme nicht wiederholt wird, bedarf es bei der Parteivernehmung stets der Wiederholung des Antrags, da dieser erst nach der anderweitigen Beweisaufnahme wirksam gestellt werden kann. (Vgl. dazu § 445 Rdn. 20.)
[32] So für die Zeugenvernehmung BGH NJW-RR 1987, 1403, 1404; BGH NJW 1994, 329, 330. Für die Übertragung dieser Grundsätze auf die Parteivernehmung BGH NJW-RR 1996, 1459, 1460.
[33] So auch *Leipold* Anm. zu AP Nr. 1 zu § 451 ZPO; Baumbach/Lauterbach/*Hartmann* § 451 Rdn. 4.
[34] BAG NJW 1974, 1349, 1350 m.w.N.

Übersicht

I. Entscheidung über Beeidigung	III. Verfahren — 12
1. Grundsatz — 1	IV. Unzulässigkeit der Vereidigung
2. Ermessen oder Beeidigungspflicht — 2	1. Verzicht — 14
II. Beeidigung nur einer Partei — 7	2. Eidesunfähigkeit — 15
1. Auswahlkriterien — 8	3. Sonstige Fälle — 17
2. Ausnahmen — 9	4. Folgen des Verstoßes — 18
3. Beeidigung in der 2. Instanz — 11	

I. Entscheidung über Beeidigung

1   **1. Grundsatz.** Das Gesetz geht davon aus, dass die Partei im Regelfall nur uneidlich vernommen wird. Dies lässt sich daraus schließen, dass § 452 Abs. 1 Satz 1 die Anordnung der Beeidigung einer Aussage nur für den Fall vorsieht, dass die unbeeidigte Aussage nicht zur richterlichen Überzeugungsbildung ausreicht.

2   **2. Ermessen oder Beeidigungspflicht.** Die wohl herrschende Meinung entnimmt der Formulierung des § 452 Abs. 1 Satz 1 als Kann-Vorschrift, dass das Prozessgericht über die Frage der Vereidigung nach pflichtgemäßem Ermessen zu entscheiden hat.[1] Dem ist nicht zu folgen. Vielmehr ist wie bei § 448 davon auszugehen, dass mit dem Gebrauch des Wortes „kann" auch in dieser Vorschrift nur die gesetzliche Ermächtigung zur Vornahme der Beeidigung ausgedrückt wird.[2] Nach dem Sinn und Zweck des § 452 Abs. 1 Satz 1 ist das Gericht zur Anordnung der Beeidigung verpflichtet, wenn die Voraussetzungen der Vorschrift vorliegen. Das Gericht hat daher zu beeidigen, wenn das Ergebnis der uneidlichen Vernehmung nicht ausreicht, um es von der Wahrheit oder Unwahrheit einer bestimmten Tatsache zu überzeugen, es der eidlichen Aussage aber Glauben schenken würde.[3] Ausgeschlossen ist die Vereidigung der vernommenen Partei damit, wenn schon die uneidliche Bekundung zur Überzeugungsbildung ausreicht, da es dann an den Voraussetzungen einer Beeidigung fehlt. Dies wird regelmäßig dann der Fall sein, wenn die Partei zu ihren Ungunsten ausgesagt hat, indem sie entweder die in ihr Wissen gestellte gegnerische Behauptung bestätigt oder aber bei einer Parteivernehmung von Amts wegen die ihr günstige Darstellung nicht bestätigt hat.[4] Kein Anlass zur Vereidigung besteht weiterhin auch dann, wenn die Partei keine Angaben zu den beweisbedürftigen Tatsachen gemacht hat, da die Beeidigung einer unergiebigen Aussage keinen Nutzen bringt.

3   Nach überwiegender Auffassung[5] hat das Gericht eine Vereidigung der Partei nicht nur dann in Betracht zu ziehen, wenn die Eidesleistung geeignet wäre, der Parteiaussage ein stärkeres Gewicht zu verleihen, sondern auch dann, wenn erwartet werden kann, dass die Partei ihre Darstellung unter Eid nicht aufrechterhält oder den Eid verweigert (zur Beweiswürdigung der Eidesverweigerung vgl. § 453 Rdn. 7). Dem ist nicht zu folgen, denn die Vereidigung ist nach ihrem Sinn und Zweck nicht dazu bestimmt, eine unter dem Verdacht der Falschaussage stehende Partei zu „läutern". Aus diesem Grund hat die

---

[1] MünchKomm/*Schreiber* § 452 Rdn. 1; Zöller/*Greger* § 452 Rdn. 2.
[2] Umfassend dazu *Stickelbrock*, S. 616 ff.
[3] Baumbach/Lauterbach/*Hartmann* § 452 Rdn. 4; *Peters*, Richterliche Hinweispflichten und Beweisinitiativen im Zivilprozess 1983, S. 149.
[4] RGZ 145, 271, 272; hiervon gehen auch die Befürworter eines Ermessensspielraums des Gerichts aus: vgl. Stein/Jonas/*Leipold* § 452 Rdn. 4; MünchKomm/*Schreiber* § 452 Rdn. 1.
[5] BGH MDR 1964, 490, 491; BGHZ 43, 368, 371 = NJW 1965, 1530 = ZZP 79 (1966), 140 mit kritischer Anm. *Grunsky*; OLG Koblenz NJW-RR 2002, 630, 631; MünchKomm/*Schreiber* § 452 Rdn. 1.

Beeidigung zu unterbleiben, wenn das Gericht die Aussage für unglaubhaft hält und auch einer beeideten Aussage keinen Glauben schenken würde, denn in diesem Fall kann die Vereidigung nicht ihren Zweck erfüllen, der Aussage im Verhältnis zum Gegner ein höheres Gewicht zu verleihen.[6] Die Partei, welche sich durch die vorsätzlich falsche Aussage anders als der Zeuge nicht nach § 153 strafbar gemacht hat,[7] soll auch nicht vom Gericht in einen Meineid getrieben werden.[8] Dass es nicht beabsichtigt ist, die Partei zum Beschwören einer unwahren Aussage zu verleiten, zeigt besonders deutlich § 452 Abs. 1 Satz 2, wo bei der Entscheidung, welche von zwei widersprüchlichen Aussagen beeidet werden soll, die Glaubwürdigkeit des Aussagenden eine entscheidende Rolle spielt.[9]

Falls sich die Partei durch ihre Aussage begünstigt, indem sie eine ihr ungünstige Tatsache verneint oder diese mit Nichtwissen bestreitet, obwohl sie nach Lage des Falles davon Kenntnis haben müsste, hat das Gericht die Vereidigung in Betracht zu ziehen.[10] Richtlinien, wie diejenige, dass bei Vernehmung des Beweislastträgers nach § 447 regelmäßig die Beeidigung zur Erhöhung des Beweiswertes vorzunehmen ist,[11] sind nicht anzuerkennen. Ob die Entscheidung für oder gegen die Vornahme der Beeidigung ausfällt, steht nicht im Ermessen des Gerichts, sondern richtet sich nach den in § 452 Abs. 1 Satz 1 genannten Voraussetzungen. Ist das Gericht der Auffassung, dass es durch die Beeidigung die zum Beweise erforderliche Gewissheit erlangt, muss es beeidigen.[12] Sofern das Gericht an der Richtigkeit einer Aussage zweifelt, es dieser aber folgen will, hat es die Partei auch deshalb zu vereidigen, weil nur die beeidete Parteiaussage nach § 580 Ziff. 1 unmittelbar einen Restitutionsgrund gibt, wenn sich im nachhinein deren Unwahrheit herausstellt.[13]

Aus dem Charakter der Entscheidung über die Vereidigung als Ermessensentscheidung wird weiterhin geschlossen, dass das Gericht die Eidesleistung auf einzelne Aussageabschnitt begrenzen darf.[14] Die Befugnis des Gerichts zu einem solchen Vorgehen ist zu bejahen. Sie resultiert aber nicht aus einem Ermessensspielraum, sondern daraus, dass eine Beeidigung der Aussage nur erfolgen soll, soweit diese auch erforderlich ist. Eine solche Beschränkung auf den entscheidungserheblichen Teil empfiehlt sich gerade bei umfangreichen Aussagen.[15]

Eine Pflicht zur Eidesleistung besteht für die Partei nach § 453 Abs. 2 nicht, da sie auch nicht aussagepflichtig ist. Eine Belehrung hierüber ist nicht vorgesehen, ggf. empfiehlt sich aber ein Hinweis auf mögliche nachteilige Folgen der Eidesverweigerung gemäß §§ 453 Abs. 2, 446.[16]

---

6 Stein/Jonas/*Leipold* § 452 Rdn. 5.
7 Die unbeeidete Falschaussage kann jedoch ebenso wie die beeidete Falschaussage einen versuchten Prozessbetrug darstellen, bei dem Ersatzansprüche aus § 823 Abs. 2 BGB i.V.m. § 263 StGB gewährt werden.
8 Baumbach/Lauterbach/*Hartmann* § 452 Rdn. 1; MünchKomm/*Schreiber* § 452 Rdn. 1; noch weitergehend für ein freies, nicht nachprüfbares Ermessen *Wieczorek* 2. Auflage § 452 Anm. A Ia 1.
9 RGZ 145, 271, 273.
10 BGH MDR 1964, 490; Rosenberg/Schwab/Gottwald § 123 III 1; Stein/Jonas/*Leipold* § 452 Rdn. 4.
11 So aber Musielak/*Huber* § 452 Rdn. 1, wohl auch OLG Koblenz NJW-RR 2002, 630, 631.
12 RGZ 145, 271, 272.
13 BGH MDR 1964, 490.
14 MünchKomm/*Schreiber* § 452 Rdn. 1.
15 Stein/Jonas/*Leipold* § 452 Rdn. 9; Rosenberg/Schwab/*Gottwald* § 123 III 1.
16 Zöller/*Greger* § 452 Rdn. 1.

II. Beeidigung nur einer Partei

7 Die Regelung des § 452 Abs. 1 Satz 2 schränkt die Entscheidung des Gerichts über die Vereidigung insofern ein, als beide Parteien nur dann vereidigt werden dürfen, wenn sie entweder über verschiedene, voneinander unabhängige Tatsachen vernommen worden sind oder sich die Aussagen nicht widersprechen.[17] Gerade im letzteren Fall wird das Gericht aber wohl schon den unbeeideten Aussagen folgen. Sind aber die beiden Parteien zum gleichen Beweisthema vernommen worden und hat das Gericht unterschiedliche Darstellungen erhalten, darf es hinsichtlich derselben Tatsache nur eine Partei vereidigen. Das Gericht hat bei zwei eideswilligen Parteien daher auszuwählen, welche der Parteien die Tatsache beschwören darf.

8 **1. Auswahlkriterien.** Die Auswahl zwischen den Parteien trifft der Richter grundsätzlich unabhängig von der Beweislast zum einen danach, welche Partei die bessere Kenntnis von den Vorgängen besitzt, z.B. über eigene Handlungen und Wahrnehmungen berichten konnte. Zum anderen ist maßgebend, welche Angaben glaubhafter wirken und welche Partei im bisherigen Verlauf des Verfahrens als glaubwürdiger erschienen ist und daher das höhere Vertrauen verdient.[18] Nur wenn nach diesen Kriterien nichts für oder gegen die eine oder andere Partei spricht, insbesondere beide gleich vertrauenswürdig sind, ist es zweckmäßig, der nicht beweisbelasteten Partei den Vorzug zu geben und diese zu vereidigen.[19]

9 **2. Ausnahmen.** Die Vorschrift des § 452 Abs. 1 Satz 2 gilt nur im Verhältnis der Parteien verschiedener Parteiseiten, d.h. für gegnerische Parteien. Sind mehrere Parteien derselben Parteiseite vernommen worden, können alle zur Eidesleistung herangezogen werden, sofern sie übereinstimmend ausgesagt haben. Haben sie sich jedoch widersprechend erklärt, wird das Gericht zu entscheiden haben, ob und wenn ja welchem der Vernommenen überhaupt Glauben zu schenken ist. In entsprechender Anwendung des § 452 Abs. 1 Satz 2 wird auch hier die Beeidigung widersprechender Bekundungen zu vermeiden sein. Lehnt die Partei den Schwur ab, kann die Beeidigung der anderen Partei angeordnet werden, wenn die Voraussetzungen des § 452 Abs. 1 Satz 1 vorliegen, die Beeidigung folglich zur Überzeugungsbildung des Gerichts erforderlich ist.[20] Oftmals wird die Weigerung der gewählten Partei, den Eid zu leisten, aber nicht zur Vereidigung der anderen Partei führen, sondern für das Gericht Anlass sein, gemäß § 453 Abs. 2 das Gegenteil des von dem Weigernden Bekundeten für wahr zu halten.[21]

10 Umstritten ist, ob das Gericht nach der Vereidigung der einen Partei noch die der anderen Partei anordnen darf, wenn es nachträglich erkennt, dass die Voraussetzungen für die Beeidigung der zuerst ausgewählten Partei nicht gegeben waren, etwa weil irrtümlich ein Antrag nach § 445 oder ein Einverständnis nach § 447 angenommen oder die Voraussetzungen des § 448 verkannt und daher die falsche Partei ausgewählt wurde.[22] Ausdrücklich schreibt § 536 Abs. 2 nur für die Berufungsinstanz vor, dass auch die andere Partei vereidigt werden darf, wenn die Vereidigung der einen Partei unzulässig war.

---

17 OLG Düsseldorf VRS 90, 287; Baumbach/Lauterbach/*Hartmann* § 452 Rdn. 4.
18 RGZ 145, 271, 273; Baumbach/Lauterbach/*Hartmann* § 452 Rdn. 5; MünchKomm/*Schreiber* § 452 Rdn. 1; **a.A.** *Wieczorek* 2. Auflage § 452 Anm. A IIb.
19 Musielak/*Huber* § 452 Rdn. 2; MünchKomm/*Schreiber* § 452 Rdn. 1; Rosenberg/Schwab/*Gottwald* § 123 III 2; Zöller/*Greger* § 452 Rdn. 3.
20 ArbG Marburg AP § 448 Nr. 2 = BB 1965, 988.
21 MünchKomm/*Schreiber* § 452 Rdn. 1.
22 Abl. Rosenberg/Schwab/Gottwald § 123 III 3.

Die Bestimmung gilt jedoch auch dann entsprechend, wenn das Berufungsgericht selbst die Vereidigung beschlossen hat und nach Aufhebung und Zurückverweisung wieder mit der Entscheidung befasst wird.[23] Da dem Gegner aus dem Fehler des Gerichts kein Nachteil erwachsen soll, kann § 536 Abs. 2 auch in der ersten Instanz entsprechend angewendet werden, denn es besteht kein Grund, die Korrektur eines erkannten Fehlers erst in der Berufungsinstanz zuzulassen.

3. Beeidigung in der 2. Instanz. Auch für die Rechtsmittelinstanz gilt, dass einander widersprechende Eide vermieden werden sollen. Das Rechtsmittelgericht ist daher bei ordnungsgemäßer Auswahl einer Partei grundsätzlich an die Wahl der Vorinstanz gebunden und darf nicht nach Belieben nunmehr die andere Partei vereidigen. Etwas anderes gilt jedoch, wenn die vorhergehende Vernehmung oder Beeidigung nach § 536 Abs. 2 unzulässig war. In diesem Fall hat die Aussage einer Partei nur den Beweiswert einer unbeeidigten Aussage, so dass nunmehr der Gegner der in erster Instanz beeidigten Partei zur Eidesleistung aufgefordert werden kann.[24] 11

III. Verfahren

Die Anordnung der Beeidigung hat durch Beschluss des Prozessgerichts zu erfolgen, da nur dieses über die Voraussetzungen der §§ 452 Abs. 1, 455 Abs. 2 entscheiden kann. Der Beschluss erfolgt grundsätzlich nur auf eine mündliche Verhandlung und ist zu verkünden. Hat die Vernehmung in Anwesenheit der Gegenpartei stattgefunden, ist den Parteien zunächst Gelegenheit zu geben, über die Frage der Beeidigung mündlich zu verhandeln.[25] Da es sich in der Sache um eine Ergänzung des Beweisbeschlusses handelt, ist es zulässig, die Beeidigung entsprechend § 360 auch ohne mündliche Verhandlung anzuordnen. Es bedarf in diesem Fall der Zustimmung des Gegners, der aber wegen der Möglichkeit des Verzichts auf die Vereidigung nach § 452 Abs. 3 zweckmäßigerweise schon vor der Entscheidung anhört werden sollte. 12

Grundsätzlich ist der Beschluss über die Vereidigung nach der Vernehmung zu treffen. In dem Ausnahmefall, dass die Vernehmung durch einen beauftragten oder ersuchten Richter stattfindet, sollte das Prozessgericht nach Möglichkeit bereits im Beweisbeschluss zur Frage der Vereidigung Stellung nehmen, um Verfahrensverzögerungen durch mehrmaliges Hin- und Hersenden der Akten zu vermeiden.[26] (Vgl. dazu § 479 Rdn. 2.)

Die Entscheidung über die Vereidigung ergeht von Amts wegen ohne Antrag. Entscheidet sich das Gericht trotz eines Antrags auf Vereidigung gegen deren Durchführung, bedarf diese Entscheidung daher keines separaten Beschlusses. Ausreichend ist die Begründung in den Entscheidungsgründen des Urteils, warum dem Antrag nicht gefolgt und von der Beeidigung abgesehen wurde.[27] Die Anordnung der Vereidigung, wie auch ihr Unterbleiben, ist nur zusammen mit dem Endurteil anfechtbar. 13

Die Eidesleistung selbst unterscheidet sich nicht von der des Zeugen. Auch bei der Partei ist nur der Nacheid zulässig. Den Inhalt der Eidesleistung regelt die Eidesnorm des § 452 Abs. 2. Das Verfahren richtet sich nach §§ 478 ff., wobei die Eidesleistung selbst

---

23 RGZ 145, 271, 274; Wieczorek/*Rössler* § 533 Anm. C.
24 MünchKomm/*Schreiber* § 452 Rdn. 1.
25 Stein/Jonas/*Leipold* § 452 Rdn. 12.
26 Stein/Jonas/*Chr. Berger* § 391 Rdn. 20 f.; Stein/Jonas/*Leipold* § 452 Rdn. 8.
27 Zöller/*Greger* § 452 Rdn. 4; Baumbach/Lauterbach/*Hartmann* § 452 Rdn. 6.

nach § 481 Abs. 1, 2 mit oder ohne religiöse Beteuerung erfolgt bzw. durch die Bekräftigung nach § 484 ersetzt wird.

IV. Unzulässigkeit der Vereidigung

14 **1. Verzicht.** Nicht vereidigt werden darf eine Partei nach Abs. 3, wenn der Gegner darauf verzichtet. Praktisch denkbar ist ein solcher Verzicht zumeist nur dann, wenn die beweisbelastete Partei nach § 447 oder § 448 vernommen worden ist. Zur Widerruflichkeit des Verzichts gilt das zum Einverständnis nach § 447 Gesagte entsprechend. (Vgl. § 447 Rdn. 6) Nicht zulässig ist der Verzicht auf die Beeidigung des Gegners nach § 617 im Eheprozess, wo die Dispositionsfreiheit der Ehegatten wegen des öffentlichen Interesses an der Erhaltung der Ehe eingeschränkt ist.

Die Bekundung ist im Falle des Verzichts wie eine eidliche zu werten,[28] wobei aber zu berücksichtigen ist, dass auch die beeidete Aussage der freien Beweiswürdigung unterliegt.

15 **2. Eidesunfähigkeit.** Nach Abs. 4 ist die Vereidigung weiterhin unzulässig, wenn die vernommene Partei wegen wissentlicher Verletzung der Eidespflicht verurteilt worden ist. Die Eidesunfähigkeit tritt erst mit Rechtskraft der Verurteilung ein. Eine wissentliche Verletzung der Eidespflicht liegt nicht nur beim Meineid, sondern auch bei allen anderen vorsätzlich begangenen Eidesdelikten vor. Beachtlich sind damit Verurteilungen nach §§ 154–156, 159, 160 StGB.[29] Nicht ausreichend ist hingegen eine fahrlässige Eidesstraftat.[30] Ob ein solches Delikt begangen und bestraft wurde, ist von Amts wegen festzustellen. Eine dahingehende Amtsermittlung durch Anforderung einer Auskunft aus dem Bundeszentralregister wird das Gericht aber nur dann einleiten, wenn Anhaltspunkte für eine solche Vorstrafe bekannt oder erkennbar sind.[31]

16 Angesichts der Aufhebung des Eidesverbots als strafrechtliche Nebenfolge nach § 161 StGB im Jahre 1969 und der gleichzeitigen Aufhebung dieses Eidesverbots in § 393 Nr. 2 wird teilweise davon ausgegangen, dass die unterbliebene Aufhebung des § 452 Abs. 4 ein Redaktionsversehen des Gesetzgebers darstellt.[32] Die bestehende gültige Regelung kann aber nicht ohne weiteres als aufgehoben betrachtet werden, da nicht auf § 393 Nr. 2 verwiesen, sondern in § 452 eine selbständige Regelung für die Parteivernehmung getroffen wurde, mag diese sich auch an der Regelung für Zeugen und Sachverständige orientiert haben. Das Gericht hat daher bei Vorliegen der Voraussetzungen des Abs. 4 von der Beeidigung abzusehen.

17 **3. Sonstige Fälle.** Über die im Gesetz genannten Ausnahmefälle hinaus ist die Beeidigung immer auch dann unzulässig, wenn bereits die Parteivernehmung unzulässig war.[33] Wurde eine von beiden Parteien gesetzwidrig vernommen, ist immer auch von der

---

28 MünchKomm/*Schreiber* § 452 Rdn. 3.
29 **A.A.** Stein/Jonas/*Leipold* § 452 Rdn. 15 Fn. 6, der sich gegen die Einbeziehung des § 160 ausspricht. Zweifelhaft, da sich dem Wortlaut des § 452 Abs. 4 nicht entnehmen lässt, dass ein Verstoß gegen die eigene Eidespflicht zu verlangen ist, so dass die Fälle der Anstiftung ausscheiden. Des Weiteren wird der Begriff der Eidespflicht sehr eng interpretiert. Er soll bei Abgabe einer falschen eidesstattlichen Versicherung nach § 156 nicht vorliegen, weil ja gerade kein Eid geleistet wird.
30 RGZ 46, 395; Zöller/*Greger* § 453 Rdn. 3; Baumbach/Lauterbach/*Hartmann* § 452 Rdn. 8.
31 Zöller/*Greger* § 452 Rdn. 3.
32 Stein/Jonas/*Leipold* § 452 Rdn. 15.
33 Zöller/*Greger* § 452 Rdn. 3.

Vereidigung dieser Partei abzusehen.[34] Bei Minderjährigen geht grundsätzlich § 455 Abs. 2 vor.[35] (Zur entsprechenden Anwendung der Regelung über die Eidesmündigkeit von Zeugen vgl. § 451 Rdn. 11.)

4. Folgen des Verstoßes. Wird eine Partei vereidigt, die nach § 452 Abs. 3, 4 oder aus sonstigen Gründen nicht hätte vereidigt werden dürfen, oder wird auch die zweite Partei unter Verstoß gegen § 452 Abs. 1 Satz 2 vereidigt, hindert dies das Gericht nicht an der Berücksichtigung der Aussage im Rahmen der Beweiswürdigung.[36] Umstritten ist jedoch, ob dem Eid in diesen Fällen eine Bedeutung zukommt und die Aussage damit als eidliche Aussage[37] oder aber nur als uneidliche Aussage zu würdigen ist.[38] Es lässt sich bezweifeln, ob der Richter die ihm gegenwärtige Tatsache der Eidesleistung als ungeschehen betrachten kann.[39] Letztlich kommt es hierauf aber nicht an, da die beeidete Aussage in gleicher Weise der freien Beweiswürdigung unterliegt wie die unbeeidete Aussage. (Zur Würdigung der beeideten Aussage und der Eidesverweigerung vgl. § 453 Rdn. 5, 7.) Die strafrechtliche Ahndung der Aussage nach § 154 StGB wird durch den Verfahrensfehler des Gerichts bei der Vereidigung beider Parteien trotz widersprüchlicher Aussagen entgegen § 452 Abs. 1 Satz 2 nicht ausgeschlossen.[40]

18

§ 453
Beweiswürdigung bei Parteivernehmung

(1) Das Gericht hat die Aussage der Partei nach § 286 frei zu würdigen.
(2) Verweigert die Partei die Aussage oder den Eid, so gilt § 446 entsprechend.

Übersicht

I.	Freie Beweiswürdigung — 1	II.	Würdigung der beeideten Aussage — 5
	1. Umfang — 2	III.	Folgen der Aussageverweigerung — 6
	2. Verhältnis zu anderen Beweismitteln — 4		

I. Freie Beweiswürdigung

Die Vorschrift des § 453 Abs. 1 stellt eine reine Wiederholung des in § 286 niedergelegten Grundsatzes der freien Beweiswürdigung dar und hat als solche nur klarstellende Bedeutung. Es sollen die Konsequenzen aus der Änderung der Novelle 33 verdeutlicht werden, durch welche der Richter von den bis dahin bestehenden formellen Beweisregeln der §§ 462, 463, 464 a.F. entbunden worden ist, denen der Parteieid unterstellt war.

1

1. Umfang. Es ist dem Tatrichter nach § 286 grundsätzlich erlaubt, allein aufgrund des Vortrags der Parteien ohne Beweiserhebung festzulegen, was für wahr und was für

2

---

34 Baumbach/Lauterbach/*Hartmann* § 452 Rdn. 5.
35 Baumbach/Lauterbach/*Hartmann* § 452 Rdn. 1.
36 So zur (wortgleichen) Vorläufervorschrift des § 533 Abs. 2: Stein/Jonas/*Grunsky* § 553 Rdn. 11; MünchKomm/*Rimmelspacher* § 533 Rdn. 11; a.A. Baumbach/Lauterbach/*Albers* § 533 Rdn. 5.
37 *Wieczorek* 2. Auflage § 391 Anm. B IIa.
38 Baumbach/Lauterbach/*Hartmann* § 391 Rdn. 7.
39 Kritisch dazu *Schneider, E.*, Beweis und Beweiswürdigung Rdn. 184.
40 OLG Düsseldorf NStZ-RR 1996, 137 (Obiter dictum, im entschiedenen Fall war § 452 Abs. 1 S. 2 nicht anwendbar, da die Parteien übereinstimmend falsch ausgesagt hatten).

unwahr zu erachten ist.¹ Demnach ist auch zulässig, Äußerungen einer Partei anlässlich ihrer persönlichen Anhörung nach § 141 zu würdigen, auch wenn es sich dabei nicht um eine Beweiswürdigung nach erfolgter Beweisaufnahme mittels Parteivernehmung handelt. Rechtsfehlerhaft ist es hingegen, wenn die Angaben im Rahmen der Anhörung als Parteivernehmung gewürdigt werden, da diese im Gegensatz zur Parteivernehmung kein Beweismittel ist.² (Zur Abgrenzung von Anhörung und Parteivernehmung Vor § 445 Rdn. 25.) Neben dem Inhalt der Aussage unterliegen auch die äußeren Umstände ihrer Abgabe, wie beispielsweise die Art, der Zusammenhang und der Zeitpunkt des Vorbringens der freien Beweiswürdigung. Das Urteil muss die angestellten Erwägungen erkennen lassen. Für die Durchführung der Beweiswürdigung und die dort geltenden Erfahrungssätze gelten im Übrigen die Ausführungen zu § 286.

3   Ist die Vernehmung ausnahmsweise durch den beauftragten oder ersuchten Richter erfolgt oder hat ein Richterwechsel stattgefunden, kann grundsätzlich nur der nach § 160 Abs. 3 Ziff. 4 protokollierte Inhalt der Aussage gewürdigt werden. Darüber hinausgehende Eindrücke des vernehmenden Richters wie etwa Nervosität der Partei, Zögern, Berichtigungen etc. können nur dann berücksichtigt werden, wenn diese im Protokoll festgehalten sind.³ Da gerade bei einer entscheidungserheblichen Parteivernehmung der persönliche Eindruck des Gerichts hinsichtlich der Glaubwürdigkeit der Partei unentbehrlich ist, wird die Parteivernehmung regelmäßig wiederholt werden müssen.⁴

4   **2. Verhältnis zu anderen Beweismitteln.** Einer der Gründe für die Subsidiarität der Parteivernehmung liegt darin, dass die am Prozessausgang interessierte Partei als weniger wertvolles Beweismittel angesehen wird. Die Subsidiarität der Parteivernehmung begründet daher im praktischen Ergebnis ein Rangverhältnis der Zuverlässigkeit von gesetzlichen Beweismitteln, bei dem die Parteivernehmung auf der untersten Stufe steht.⁵ Problematisch erscheint dies vor allem im Verhältnis zum Zeugen, der ebenso wie die Partei Wahrnehmungen über streitige Tatsachen oder Zustände zu berichten hat und bei dem gleichfalls häufig keine Objektivität gewährleistet sein wird. Da auch der Zeuge durch vielfältige Arten der Beziehung zu einer der Parteien ebenso wie die Partei in einem Interessenkonflikt stehen kann, ist es nicht gerechtfertigt, eine Parteiaussage von vornherein in ihrer Glaubhaftigkeit als geringer zu bewerten als eine Zeugenaussage.⁶ In aussagepsychologischer Hinsicht müssen vielmehr für die Würdigung der Parteiaussage dieselben Grundsätze gelten, wie sie zum Zeugenbeweis entwickelt worden sind.⁷ Das Gericht hat sich ebenso wie bei der Zeugenaussage darüber Klarheit zu verschaffen, inwieweit die Aussageperson glaubwürdig und die Glaubhaftigkeit der Aussage durch bewusste oder unbewusste Verfälschungen beeinträchtigt ist. Ein Faktor, der den Wert der Parteiaussage im Gegensatz zur Zeugenaussage aber mindern kann, ist die Tatsache, dass die Partei wegen des Grundsatzes der Parteiöffentlichkeit und der Unanwendbarkeit des § 394 bei der Beweisaufnahme und auch der eventuellen Aussage des Gegners anwesend sein darf. Bei der Würdigung der Parteiaussage ist daher mitzuberücksichtigen, ob der Partei die bisherigen Beweisergebnisse und die bei der Vernehmung von Zeugen und Gegenpartei deutlich gewordene Einstellung des Gerichts bei ihrer Aussage

---

1   BGHZ 82, 13, 20.
2   RGZ 149, 63, 64; BAG NJW 1963, 2340, 2341; BGH KTS 1975, 111, 113; BGH WM 1987, 1562.
3   BGH VersR 1958, 256.
4   BGH NJW 1974, 56, 57; Zöller/*Greger* § 453 Rdn. 1; MünchKomm/*Schreiber* § 453 Rdn. 1; Stein/Jonas/*Leipold* § 453 Rdn. 2; **a.A.** BAG NJW 2002, 2196, 2198.
5   *Schneider, E.*, Beweis und Beweiswürdigung Rdn. 148.
6   AK/*Rüßmann* § 453 Rdn. 1.
7   Siehe dazu aus strafrechtlicher Sicht BGHSt 17, 134; BGHSt 18, 238.

bekannt war oder nicht.[8] Weiterhin kann für den Beweiswert einer Aussage auch eine Rolle spielen, ob eine Partei nur für sie Günstiges oder auch Nachteiliges aussagt.[9] An der grundsätzlich bestehenden Freiheit der Beweiswürdigung ändern diese Aspekte jedoch nichts. Das Gericht ist nicht gehindert, im Rahmen der Würdigung des gesamten Inhalts der Verhandlungen und des Ergebnisses der Beweisaufnahme einer Parteierklärung, auch wenn sie außerhalb einer förmlichen Parteivernehmung erfolgt ist, den Vorzug vor den Bekundungen eines Zeugen zu geben.[10] Des Weiteren sprechen auch keine verfahrensrechtlichen Gründe dagegen, der persönlichen Aussage einer Partei den Vorzug vor einer von ihrem Prozessbevollmächtigten aufgestellten abweichenden Behauptung zu geben.[11]

II. Würdigung der beeideten Aussage

Auch die beeidete Aussage unterliegt grundsätzlich der freien Beweiswürdigung. 5 Anders als beim Parteieid alten Rechts, zwingt die Eidesleistung das Gericht nicht, von der Richtigkeit der beschworenen Aussage auszugehen. Eine feste Beweisregel dahingehend, dass der beeideten Aussage der Partei schon allein wegen der Eidesleistung generell ein höherer Beweiswert zukommt als der nichtbeeideten, existiert ebenso wenig wie bei der Zeugenaussage.[12] Die Partei befindet sich zwar insoweit in einer anderen Situation als der Zeuge, als sie erst mit der Beeidigung einer falschen Parteiaussage die Schwelle zur Strafbarkeit überschreitet. Dass sich mit der Bereitschaft zur Eidesleistung das Risiko erhöht, ändert jedoch nichts daran, dass dem Eid als solchem kein Beweiswert zukommt. Er ist kein Beweismittel, sondern lediglich Bekräftigung einer Aussage. (Vgl. dazu Vor § 478 Rdn. 5.) Bei zwei sich widersprechenden Parteiaussagen kann und darf der Richter daher die Beeidigung nicht dazu verwenden, die Ungewissheit zu beheben, welcher Aussage zu folgen ist.[13] Auch eine unter Eid abgegebene Parteiaussage ist anhand der sonst geltenden Bewertungsmerkmale sorgfältig auf ihre Glaubhaftigkeit zu prüfen. Bei der abschließenden freien Beweiswürdigung ist es dem Gericht daher prinzipiell nicht untersagt, der unbeeidigten Aussage zu glauben, der eidlichen hingegen nicht zu folgen.[14] Praktisch wird ein solcher Fall jedoch selten sein, da die Frage der Glaubwürdigkeit der Partei und der Glaubhaftigkeit der Aussage bereits vor der Anordnung der Eidesleistung zu prüfen und vorläufig zu würdigen ist. Speziell bei einander widersprechenden Aussagen, bei denen nach § 452 Abs. 1 Satz 2 nur eine Partei zu vereidigen ist, würde sich das Gericht zu seinem eigenen Verhalten in Widerspruch setzen, wenn es sich dazu entschließt, eine der beiden Parteien auf ihre Aussage zu beeiden und dann nachfolgend diese beeidete Aussage für nicht glaubhaft zu erklären.[15] In der Auswahl zwischen zwei vernommenen und eideswilligen Parteien liegt eine gewisse Vorentscheidung über den Beweiswert der Aussage, von der im Nachhinein nicht ohne weiteres wieder abgerückt werden kann. Regelmäßig werden daher nur nach der Beeidigung neu

---

8 Zöller/*Greger* § 453 Rdn. 1; Baumbach/Lauterbach/*Hartmann* § 453 Rdn. 4; Musielak/*Huber* § 453 Rdn. 2.
9 *Schneider, E.*, Beweis und Beweiswürdigung Rdn. 1503; Musielak/*Huber* § 453 Rdn. 2.
10 BGH NJW-RR 1990, 1061, 1063; BGHZ 122, 115, 121 = NJW 1993, 1638, 1640; BGH NJW 1998, 306, 307; BGH NJW 1999, 363, 365.
11 BGH VersR 1962, 283; BGH VersR 1969, 58.
12 **A.A.** Musielak/*Huber* § 453 Rdn. 2.
13 *Schneider, E.*, Beweis und Beweiswürdigung Rdn. 1506.
14 MünchKomm/*Schreiber* § 452 Rdn. 3; Zöller/*Greger* § 452 Rdn. 6, Baumbach/Lauterbach/*Hartmann* § 453 Rdn. 3.
15 *Nagel* FS Habscheid 1989, 195, 196 f.; AK/*Rüßmann* § 452 Rdn. 1.

eingetretene oder erst dann bekannt gewordene Umstände dem Gericht einen Grund dafür liefern, der vereidigten Partei keinen Glauben zu schenken.[16]

III. Folgen der Aussageverweigerung

6 Abs. 2 der Vorschrift stellt klar, dass eine Partei weder zur Aussage noch zur Eidesleistung gezwungen werden kann. Durch Verweisung auf § 446 wird die Möglichkeit eröffnet, die Aussage- bzw. Eidesverweigerung nachteilig zu würdigen. Durch die Norm wird wie in § 446 die Weigerung erfasst, durch Offenlegung des eigenen Wissens zur Aufklärung der streitigen Tatsachen beizutragen. Ein solches Verhalten stellt einen Fall der Beweisvereitelung dar,[17] der nach § 446 dadurch sanktioniert ist, dass das Gericht die behauptete Tatsache als erwiesen ansehen kann. Das Gericht ist jedoch auch bei § 453 Abs. 2 in seiner Beweiswürdigung frei. Es kann diese Schlussfolgerung aus der Aussageverweigerung ziehen, muss dies aber nicht tun. (Vgl. zur Würdigung der Weigerung der Partei § 446 Rdn. 4 f.)

7 Der Aussageverweigerung gleichgestellt ist die Eidesverweigerung. Negativ gewertet werden darf jedoch nicht die Verweigerung des Eides aus religiösen oder weltanschaulichen Gründen. Für diesen Fall ermöglicht § 484 die Abgabe einer eidesgleichen Bekräftigung. Nur für den Fall, dass auch die eidesgleiche Bekräftigung abgelehnt wird, gilt die Verweisung auf § 446 mit der Möglichkeit der nachteiligen Würdigung. Sanktioniert werden soll nur, wenn die Partei sich aus mit der Aussage zusammenhängenden Gründen weigert, diese zu beeiden oder zu bekräftigen. Nur bei einem solchen Verständnis des § 453 Abs. 2 ist es gerechtfertigt, aus der Eidesverweigerung auf die Wertlosigkeit der vorher gemachten Aussage schließen. Gründe dafür, eine Aussage trotz nachfolgender Eidesverweigerung zu Gunsten der Partei zu würdigen, sind kaum vorstellbar.[18]

§ 454
Ausbleiben der Partei

(1) Bleibt die Partei in dem zu ihrer Vernehmung oder Beeidigung bestimmten Termin aus, so entscheidet das Gericht unter Berücksichtigung aller Umstände, insbesondere auch etwaiger von der Partei für ihr Ausbleiben angegebener Gründe, nach freiem Ermessen, ob die Aussage als verweigert anzusehen ist.

(2) War der Termin zur Vernehmung oder Beeidigung der Partei vor dem Prozessgericht bestimmt, so ist im Falle ihres Ausbleibens, wenn nicht das Gericht die Anberaumung eines neuen Vernehmungstermins für geboten erachtet, zur Hauptsache zu verhandeln.

Übersicht

I. Regelungsinhalt —— 1	b) Kein Ermessensspielraum —— 8
1. Voraussetzungen —— 2	c) Zeitpunkt —— 9
2. Kein Erscheinungszwang —— 3	III. Verfahren vor dem Prozessgericht
II. Sanktionen des Ausbleibens —— 4	1. Ausbleiben (nur) der Vernehmungs-
1. Nachteilige Kostenfolge —— 5	partei —— 10
2. Würdigung des Nichterscheinens —— 6	a) Genügende Entschuldigung —— 11
a) Pflicht zur Vertagung —— 7	b) Ungenügende Entschuldigung —— 12

---

16 MünchKomm/*Schreiber* § 452 Rdn. 3; Rosenberg/Schwab/*Gottwald* § 123 III 1.
17 BGH DB 1985, 1019, 1020; Baumbach/Lauterbach/*Hartmann* § 453 Rdn. 5.
18 Musielak/*Huber* § 453 Rdn. 4; Stein/Jonas/*Leipold* § 453 Rdn. 4; MünchKomm/*Schreiber* § 453 Rdn. 2.

c) Fehlende Entschuldigung — 14
2. Ausbleiben von Streitgenossen — 15
3. Ausbleiben sonstiger Prozessbeteiligter
   a) Prozessbevollmächtigter der Vernehmungspartei — 16
   b) Gegenpartei und deren Prozessbevollmächtigter — 18
4. Nachträgliche Aussagebereitschaft — 20
IV. Verfahren vor dem kommissarischen Richter — 21

I. Regelungsinhalt

Die Vorschrift regelt die Folgen des Nichterscheinens der Partei, deren Vernehmung nach §§ 445, 447 auf Antrag oder nach § 448 von Amts wegen zulässigerweise angeordnet worden ist. **1**

1. Voraussetzungen. Bei dem von der zu vernehmenden Partei versäumten Termin muss es sich um einen Termin zur förmlichen Parteivernehmung oder Eidesleistung handeln. Das Fernbleiben in einem Termin, zu dem lediglich das persönliche Erscheinen der Partei zur Aufklärung des Sachverhaltes nach §§ 141, 273 Abs. 2 Ziff 3, 279 Abs. 2 angeordnet worden ist, löst nicht die Rechtsfolgen des § 454 aus. Es bedarf weiterhin der ordnungsgemäßen Verkündung des Termins in Anwesenheit der Partei oder deren persönlicher Ladung nach § 450 Abs. 1 Satz 2 im Wege förmlicher Zustellung unter Einhaltung der Ladungsfrist des § 217.[1] Eine Säumnis im Sinne des § 454 liegt dann vor, wenn die zu vernehmende Partei nach ordnungsgemäßem Aufruf der Sache bis zum Schluss des Termins nicht erscheint, auch wenn ein zur Verhandlung legitimierter Prozessbevollmächtigter oder ein gesetzlicher Vertreter anwesend ist, da es nicht um Wahrnehmung des Termins, sondern um das Erscheinen der Beweisperson geht. Aus diesem Grund liegt auch kein Fall des § 454 vor, wenn die Partei zwar erscheint, aber nichts sagt. In diesem Fall liegt keine Säumnis nach § 333 wie beim Nichtverhandeln, sondern eine Aussageverweigerung nach § 453 Abs. 2 vor.[2] **2**

2. Kein Erscheinungszwang. Anders als bei der Anordnung des persönlichen Erscheinens einer Partei, wo nach § 141 Abs. 3 bei Nichterscheinen gegen die betreffende Partei wie gegen einen im Vernehmungstermin nicht erschienenen Zeugen ein Ordnungsgeld verhängt werden kann, sind beim Nichterscheinen der Partei zum Vernehmungstermin keine Sanktionen wie Ordnungs- oder Zwangsmittel vorgesehen. Diese unterschiedliche Behandlung von Anhörung und Parteivernehmung erklärt sich daraus, dass die Anordnung des persönlichen Erscheinens der näheren Darlegung des Parteivorbringens dient. Diese kann das Gericht von der Rechtsschutz begehrenden Partei grundsätzlich verlangen,[3] wohingegen aber die Partei nicht dazu gezwungen werden kann, sich als Beweismittel für die gegnerische Partei zur Verfügung zu stellen. **3**

II. Sanktionen des Ausbleibens

Da das Erscheinen der Partei zum Vernehmungstermin nicht erzwungen werden kann, bedurfte es anderer Regelungen, um zu verhindern, dass die Partei durch ihr Aus- **4**

---

[1] Baumbach/Lauterbach/*Hartmann* § 454 Rdn. 3; MünchKomm/*Schreiber* § 454 Rdn. 2; Zöller/*Greger* § 454 Rdn. 3.
[2] Thomas/Putzo/*Reichold* § 454 Rdn. 3.
[3] Stein/Jonas/*Leipold* § 454 Rdn. 1.

bleiben den Beweis vereitelt und das Ausbleiben im Vernehmungstermin zum Stillstand des Verfahrens führt.

5 **1. Nachteilige Kostenfolge.** In den Vorschriften über die Parteivernehmung ist nicht nur kein Ordnungs- und Zwangsmittel, sondern auch keine nachteilige Kostenfolge bei Ausbleiben der Partei vorgesehen. Daraus wird in Verbindung mit der fehlenden Aussagepflicht zum Teil geschlossen, dass eine Verurteilung in die durch das Ausbleiben entstandenen Kosten durch Beschluss nicht zulässig ist.[4] Dem ist nicht zu folgen. Während die Nichtanführung des § 390 in der Verweisungsvorschrift des § 451 die Anwendung der für den Zeugen geltenden Zwangs- oder Ordnungsmittel ausschließt, gibt es eine solche Ausschlussregelung für die kostenrechtlichen Grundsätze der ZPO und des GKG über die Bewertung von Parteiverhalten nicht. Sofern sich die Partei nicht so rechtzeitig entschuldigt, dass eine Abladung der anderen Beteiligten zu dem Vernehmungstermin noch möglich ist, können ihr daher bei schuldhaftem Nichterscheinen die besonderen Kosten, die durch ihr Ausbleiben entstanden sind, beispielsweise die Reisekosten der Gegenpartei zu dem vergeblichen Termin, nach § 95 auferlegt werden.[5] Ebenso kann auch eine Verzögerungsgebühr nach § 38 GKG festgesetzt werden.[6] Während die Auferlegung der Verzögerungsgebühr durch Beschluss möglich ist, darf die Kostenentscheidung nach § 95 nur durch Urteil ergehen, da es sich um Teile der gesetzlichen Prozesskosten handelt, über welche nach §§ 308, 321 durch Urteil zu entscheiden ist.[7]

6 **2. Würdigung des Nichterscheinens.** Die entscheidende Sanktion des § 454 besteht darin, das Nichterscheinen der zu vernehmenden Partei als Aussageverweigerung anzusehen und dies über §§ 453 Abs. 2, 446 zu ihrem Nachteil zu würdigen.[8] Nach der Gesetzesformulierung entscheidet das Gericht unter Berücksichtigung aller Umstände nach freiem Ermessen, inwieweit das Ausbleiben als Aussage- oder Eidesverweigerung anzusehen ist. Trotz dieses Wortlautes kann die Norm aber nicht als Ermessensvorschrift betrachtet werden, bei welcher der Partei grundsätzlich kein Recht auf eine Vertagung zusteht.[9]

7 **a) Pflicht zur Vertagung.** Das Gericht darf die Aussage nicht für verweigert erklären, sondern muss von Amts wegen vertagen und einen neuen Termin ansetzen oder die Wiederholung des Termins vor dem kommissarischen Richter veranlassen, wenn eine der erforderlichen Voraussetzungen fehlt, etwa die Partei nicht ordnungsgemäß geladen war. Ebenso muss auch dann verfahren werden, wenn das Gericht das Ausbleiben für hinreichend entschuldigt hält.

8 **b) Kein Ermessensspielraum.** Die Verwendung des Begriffs des freien Ermessens in § 454 dient nur dazu, den Unterschied zu der nach früherem Recht geltenden Beweisregel zu verdeutlichen. In der Sache handelt es sich aber nicht um eine Ermessensermächtigung, sondern um eine der freien Beweiswürdigung nach §§ 446, 286 entsprechende Würdigung, die sich auf eine Vorstufe der Endentscheidung bezieht. Das Gericht

---

[4] MünchKomm/*Schreiber* § 454 Rdn. 1; Zöller/*Greger* § 454 Rdn. 8; Musielak/*Huber* § 454 Rdn. 4.
[5] Stein/Jonas/*Leipold* § 454 Rdn. 9; Baumbach/Lauterbach/*Hartmann* § 454 Rdn. 4.
[6] Zum Beschwerderecht der Partei in diesem Fall KG MDR 1968, 850.
[7] OLG Oldenburg Rpfl. 1965, 316, 317; Stein/Jonas/*Leipold* § 454 Rdn. 9.
[8] AK/*Rüßmann* § 454 Rdn. 1.
[9] *Stickelbrock* S. 373 ff. **A.A.** Stein/Jonas/*Leipold* § 454 Rdn. 6; Baumbach/Lauterbach/*Hartmann* § 454 Rdn. 3; Musielak/*Huber* § 454 Rdn. 4; *Wieczorek* 2. Auflage § 454 Anm. B.

hat Gründe für das Nichterscheinen der Partei frei zu würdigen, um den Schluss aus dem tatsächlichen Ausbleiben der Partei auf die Aussageverweigerung ziehen zu können.[10]

Die Regelung des § 454 Abs. 1 ist im Zusammenhang mit den §§ 453 Abs. 2, 446 zu sehen und wie diese den Beweisvereitelungsvorschriften zuzuordnen.[11] Maßgeblicher Aspekt für die Würdigung ist daher, ob aus dem Nichterscheinen die Schlussfolgerung auf den Willen gezogen werden kann, nicht als Partei auszusagen.

c) Zeitpunkt. Da die abschließende Würdigung des Ausbleibens der Partei erst in den Gründen der Endentscheidung erfolgen kann, handelt es sich bei der freien Würdigung der für das Ausbleiben vorgebrachten Gründe nur um eine vorläufige Würdigung, auf die sich die der Endentscheidung vorgelagerte Entscheidung stützt, einen neuen Verhandlungstermin zu bestimmen oder zur Hauptsache zu verhandeln.[12]

III. Verfahren vor dem Prozessgericht

1. Ausbleiben (nur) der Vernehmungspartei. Sofern die Partei im Vernehmungstermin trotz ordnungsgemäßer Ladung nicht erscheint, richtet sich die weitere Verfahrensweise des Gerichts danach, ob es das Ausbleiben als ausreichend entschuldigt ansieht oder nicht.

a) Genügende Entschuldigung. Liegt eine genügende Entschuldigung vor, hat das Gericht zu vertagen und nach § 368 von Amts wegen einen neuen Termin zu bestimmen. Da es bei § 454 um das Erscheinen der Partei in ihrer Funktion als Beweisperson geht, ist sie auch im Anwaltsprozess wie ein Zeuge dazu berechtigt, die Gründe für ihr Ausbleiben selbst vorzubringen. Sofern sich die Partei nicht selbst entschuldigt hat, kann aber auch der im Termin anwesende Prozessbevollmächtigte die Gründe für das Ausbleiben seiner Partei vorbringen.[13] Hinsichtlich der Gründe, welche das Ausbleiben rechtfertigen, kann auf die Rechtsprechung zu § 381 verwiesen werden. Hierzu zählen insbesondere Krankheitsfälle, ggf. aber auch unaufschiebbare geschäftliche Verpflichtungen.[14] Als genügende Entschuldigung wird es speziell bei der Parteivernehmung weiterhin anzusehen sein, wenn die Partei nach Erlass des Beweisbeschlusses neue Beweismittel vorgebracht und deshalb die Aussetzung der Vernehmung beantragt hat, jedenfalls solange darüber nicht abschlägig entschieden ist.[15]

b) Ungenügende Entschuldigung. Möglich ist eine nachteilige Beweiswürdigung bei einer unzureichenden Entschuldigung dann, wenn diese erkennbar nur als Vorwand für die tatsächlich gewollte Aussageverweigerung dient. Im übrigen kann das Gericht eine ungenügende Entschuldigung, z.B. eine Urlaubsreise oder das Vergessen des Termins nur dann als Aussageverweigerung würdigen, wenn es der Partei gegenüber bereits zuvor zum Ausdruck gebracht hat, dass es den von der Partei vorgebrachten Entschuldigungsgrund nicht für stichhaltig hält, etwa durch Ablehnung eines Gesuchs um Terminverlegung. Wegen der weitreichenden Folgen einer Würdigung als Aussageverweigerung

---

10 Umfassend dazu *Stickelbrock* S. 373 ff.; *Schiffczyk*, Das „freie Ermessen" des Richters im Zivilprozessrecht 1979, 96 ff.; *Schmidt-Lorenz*, Richterliches Ermessen im Zivilprozess 1983, S. 112 f.
11 BGH DB 1985, 1019, 1020.
12 Stein/Jonas/*Leipold* § 454 Rdn. 11.
13 MünchKomm/*Schreiber* § 454 Rdn. 3; Stein/Jonas/*Leipold* § 454 Rdn. 7.
14 Siehe dazu die Nachweise bei § 381 Rdn. 19 ff.; Zöller/*Greger* § 381 Rdn. 3.
15 Musielak/*Huber* § 454 Rdn. 3.

ist aber auch in diesen Fällen im Zweifel Vertagung geboten. Dabei ist es sinnvoll, die Partei darauf hinzuweisen, dass ein nochmaliges Ausbleiben als Aussageverweigerung gewürdigt werden kann.[16] Das Ausbleiben in einem zweiten zur Vernehmung bestimmten Termin ist gleichwohl frei zu würdigen. Es wird jedoch eher auf eine Weigerung hindeuten als das erste Nichterscheinen.[17]

13 Wertet das Gericht die ungenügende Entschuldigung als Verweigerung der Aussage oder des Eides,[18] ist der Beweisbeschluss als erledigt anzusehen und nach § 370 Abs. 1 zur Hauptsache zu verhandeln. Erachtet das Gericht den Rechtsstreit hiernach als entscheidungsreif, so sollte bei unzureichender Entschuldigung der Partei aber Gelegenheit zur Nachbesserung gegeben werden. Dies kann erfolgen, indem ein nicht zu naher Verkündungstermin bestimmt wird, bis zu dem die Partei die Möglichkeit hat, ihr Ausbleiben nachträglich zu rechtfertigen.[19] Geht bis zum Termin eine hinreichende Erklärung ein, ist lediglich ein neuer Vernehmungstermin zu verkünden. Ansonsten ergeht in dem Termin eine Entscheidung, d.h. zumeist ein Endurteil, in dem das Verhalten der Partei nach § 453 Abs. 2 gewürdigt wird. Möglich bleibt aber auch ein anderer Beweisbeschluss, da das Gericht an die vorläufige Bewertung des Parteiverhaltens nicht gebunden ist.[20]

14 **c) Fehlende Entschuldigung.** Liegt keine Entschuldigung der Partei vor und ist auch der im Termin anwesende Prozessbevollmächtigte der Partei nicht informiert, kann sich das Gericht in der Verhandlung kein Bild davon machen, ob die Partei am Erscheinen verhindert war oder sich der Vernehmung oder Vereidigung entziehen wollte. Aus der bloßen Tatsache des erstmaligen Ausbleibens wird regelmäßig noch nicht der Schluss auf eine Aussageverweigerung gezogen werden können.[21] Bestehen keine Anhaltspunkte für ein absichtliches Ausbleiben und rechnet das Gericht mit einer unverschuldeten Verhinderung der Partei, wofür spricht, wenn auch der Prozessbevollmächtigte von dem Ausbleiben der Partei überrascht ist,[22] ist ein neuer Termin zu bestimmen. Wertet das Gericht hingegen das Nichterscheinen vorläufig als Aussageverweigerung, so ist auch hier in die Verhandlung einzutreten und bei Entscheidungsreife ein nicht zu naher Verkündungstermin mit Spielraum für die Partei zur Erklärung des Ausbleibens zu bestimmen.

15 **2. Ausbleiben von Streitgenossen.** Bei mehreren Streitgenossen, deren Vernehmung angeordnet und die ordnungsgemäß geladen wurden, ist bei jedem einzeln zu entscheiden, ob das Ausbleiben hinreichend entschuldigt ist. Anders als im Fall des § 62 kann ein zur Parteivernehmung geladener notwendiger Streitgenosse nicht durch einen zum Termin erschienenen anderen notwendigen Streitgenossen vertreten werden. Die Wirkung des § 62 bezieht sich nur auf die Wahrnehmung des Termins, bezüglich der Parteiaussage ist jeder notwendige Streitgenosse wie eine einzelne Beweisperson zu behandeln.[23]

---

[16] Zöller/*Greger* § 454 Rdn. 4; Stein/Jonas/*Leipold* § 454 Rdn. 8.
[17] Stein/Jonas/*Leipold* § 454 Rdn. 10.
[18] So z.B. OLGR Naumburg 1996, 45.
[19] Thomas/Putzo/*Reichold* § 454 Rdn. 7.
[20] Vgl. dazu Stein/Jonas/*Leipold* § 454 Rdn. 11.
[21] Anders in einem konkreten Fall das LG Kiel SchlHA 1977, 117 (zweifelhaft).
[22] Stein/Jonas/*Leipold* § 454 Rdn. 13.
[23] Stein/Jonas/*Leipold* § 454 Rdn. 3.

3. Ausbleiben sonstiger Prozessbeteiligter

a) Prozessbevollmächtigter der Vernehmungspartei. Soweit die nicht erschienene Partei im amtsgerichtlichen Verfahren nicht vertreten oder im Anwaltsprozess auch ihr Prozessbevollmächtigter ausgeblieben ist, muss das Gericht zunächst anhand der Würdigung der Entschuldigungsgründe entscheiden, ob es einen neuen Termin bestimmen oder in die Verhandlung eintreten will. Wird ein neuer Termin bestimmt, ist mangels Abschluss der Beweisaufnahme kein Raum für einen Antrag auf ein Versäumnisurteil.[24] Wird hingegen unmittelbar im Anschluss an den versäumten Vernehmungs- oder Vereidigungstermin verhandelt, kann auf Antrag der gegnerischen Partei bzw. deren Prozessbevollmächtigten nach Maßgabe der §§ 330 ff. ein Versäumnisurteil erlassen werden oder gemäß § 331a eine Entscheidung nach Lage der Akten ergehen. 16

Erscheint im Anwaltsprozess nur die zu vernehmende Partei, nicht aber ihr Prozessbevollmächtigter, ist die Parteivernehmung nach § 367 Abs. 1 durchzuführen. Bei der sich darauf anschließenden Verhandlung über das Beweisergebnis hat der Prozessbevollmächtigte der gegnerischen Partei dann die Möglichkeit, ein Versäumnisurteil oder eine Entscheidung nach Aktenlage zu beantragen. 17

b) Gegenpartei und deren Prozessbevollmächtigter. An der Verfahrensweise des Gerichts ändert sich durch das Ausbleiben der Gegenpartei nichts, da das Gericht ohne Antrag des Beweisgegners von Amts wegen das Ausbleiben der Vernehmungspartei zu würdigen hat. Wird das Ausbleiben der Partei vorläufig als Aussageverweigerung gewertet und in die Verhandlung eingetreten, hat auch der Prozessbevollmächtigte der säumigen Partei die Möglichkeit, gegen den ebenfalls abwesenden Gegner ein Versäumnisurteil zu erwirken, sofern kein Fall der §§ 335, 337 vorliegt. 18

Erscheint keiner der Parteivertreter, hat eine Entscheidung nach Aktenlage gemäß § 251a zu ergehen. Bei Nichtvorliegen der Voraussetzungen ist zu vertagen bzw. das Ruhen des Verfahrens anzuordnen. 19

4. Nachträgliche Aussagebereitschaft.
Sofern noch keine Endentscheidung ergangen ist, bzw. nach einem Einspruch gegen ein Versäumnisurteil, kann sich die Partei grundsätzlich nachträglich zur Vernehmung oder Eidesleistung anbieten, selbst wenn sie ihr Ausbleiben nicht entschuldigt. Die Erklärung, aussagen zu wollen, ist selbst nach einer erstinstanzlichen Entscheidung noch beachtlich. (Vgl. aber § 536 Abs. 1.) Auch wenn dadurch eine Verzögerung eintritt, wird regelmäßig das Erbieten der Parteien nicht zurückweisbar sein, da §§ 283 Abs. 2, 529 nicht unmittelbar für diesen Fall gelten. Das nachträgliche Erbieten zur Aussage ist jedoch Verteidigungsmittel, welches nach §§ 282 Abs. 2, 296, 528 den Verspätungsvorschriften unterliegt.[25] (Vgl. dazu § 446 Rdn. 11.) 20

IV. Verfahren vor dem kommissarischen Richter

Sofern der Termin ausnahmsweise vor dem beauftragten oder ersuchten Richter stattgefunden hat, ist das Ausbleiben der Partei zu Protokoll festzustellen und zu prüfen, ob wegen Fehlens einer Voraussetzung des § 454 vertagt werden muss. Ist dies nicht der Fall, hat der beauftragte oder ersuchte Richter die Akten an das Prozessgericht zurückzusenden, welches dann von Amts wegen einen Verhandlungstermin anzuberaumen 21

---

24 Stein/Jonas/*Leipold* § 454 Rdn. 16, 17.
25 **A.A.** *Wieczorek* 2. Auflage § 454 Anm. B III.

hat.[26] Rechnet der Richter jedoch mit einem unverschuldeten Ausbleiben der Partei, ist es zweckmäßig, mit der Rücksendung der Akten einige Tage abzuwarten, um der Partei Gelegenheit zu geben, ihr Ausbleiben zu entschuldigen. Erfolgt dies, darf er einen neuen Termin anberaumen.[27]

22 Die Würdigung des Verhaltens der Partei als Aussageverweigerung kann als eine der Endentscheidung vorhergehende Beweiswürdigung nur vom Prozessgericht vorgenommen werden.[28] Der nicht zur Entscheidung beauftragte oder ersuchte Richter ist zur Entscheidung über diese Frage nicht befugt. Aus dem gleichen Grund kann auch der vorbereitende Einzelrichter im Sinne des § 527 oder der Vorsitzende der Kammer für Handelssachen nach § 349 im Regelfall nicht darüber entscheiden, ob im Ausbleiben der Partei eine Weigerung liegt, sondern hat die Sache an die Kammer zu verweisen. Eine Ausnahme gilt nur, soweit der Einzelrichter nach § 527 Abs. 3, 4 bzw. der Vorsitzende der Kammer für Handelssachen nach § 349 Abs. 2, 3 unmittelbar entscheiden darf, insbesondere bei einer Säumnis- oder Aktenlageentscheidung.

§ 455
Prozessunfähige

(1) Ist eine Partei nicht prozessfähig, so ist vorbehaltlich der Vorschrift im Absatz 2 ihr gesetzlicher Vertreter zu vernehmen. Sind mehrere gesetzliche Vertreter vorhanden, so gilt § 449 entsprechend.

(2) Minderjährige, die das sechzehnte Lebensjahr vollendet haben, können über Tatsachen, die in ihren eigenen Handlungen bestehen oder Gegenstand ihrer Wahrnehmung gewesen sind, vernommen und auch nach § 452 beeidigt werden, wenn das Gericht dies nach den Umständen des Falles für angemessen erachtet. Das gleiche gilt von einer prozessfähigen Person, die in dem Rechtsstreit durch einen Betreuer oder Pfleger vertreten wird.

Schrifttum

Barfuss Die Stellung besonderer Vertreter gem. § 30 BGB in der zivilprozessualen Beweisaufnahme, NJW 1977, 1273; *Bertram* Zeugenvernehmung des 15 Jahre alten Klägers, VersR 1965, 219; *Findeisen* Der minderjährige Zeuge im Zivilprozess, 1992.

Übersicht

I. Stellung des gesetzlichen Vertreters
   1. Vernehmung als Partei —— 1
   2. Mehrere gesetzliche Vertreter —— 3
II. Stellung der prozessunfähigen Partei
   1. Vernehmung als Zeuge —— 4
   2. Vernehmung als Partei —— 7
      a) Erfasster Personenkreis —— 8
      b) Umfang der Vernehmung —— 9
      c) Verfahren —— 10
      d) Beeidigung —— 11
III. Veränderungen der Stellung von Partei oder Vertreter —— 12
IV. Folgen fehlerhafter Vernehmung —— 14
V. Kritik an der Regelung —— 17

---

26 Baumbach/Lauterbach/*Hartmann* § 454 Rdn. 6.
27 Stein/Jonas/*Leipold* § 454 Rdn. 19.
28 Baumbach/Lauterbach/*Hartmann*, § 454 Rdn. 4; **a.A.** Thomas/Putzo/*Reichold* § 454 Rdn. 8; Zöller/ *Greger* § 454 Rdn. 6.

I. Stellung des gesetzlichen Vertreters

1. Vernehmung als Partei. Die Regelung des § 455 Abs. 1 Satz 1 hat überwiegend klarstellende Bedeutung. Sie bestimmt, dass im Bereich der Parteivernehmung ebenso wie im übrigen Prozess der gesetzliche Vertreter an die Stelle eines Prozessunfähigen tritt und als Partei zu vernehmen ist.[1] In Prozessen von juristischen Personen können daher ihre Organe, d.h. der Vorstand bzw. der Geschäftsführer als Partei vernommen werden. Ist am Prozess eine OHG oder KG beteiligt, sind ihre vertretungsberechtigten Gesellschafter oder Liquidatoren als Partei zu vernehmen. Da diejenigen Personen, welche im konkreten Prozess nicht den Vorschriften über die Parteivernehmung unterstehen, grundsätzlich Zeugen sein können,[2] ist es möglich, nicht vertretungsberechtigte persönlich haftende Gesellschafter[3] und Kommanditisten[4] als Zeugen zu vernehmen. (Vgl. zur Problematik der Abgrenzung von Partei und Zeuge vor § 445 Rdn. 24.)

In den Prozessen der Insolvenzverwalter, Testamentsvollstrecker, Nachlass- oder Zwangsverwalter sind diese nach § 455 Abs. 1 als Partei zu vernehmen, unabhängig davon, ob man ihre Stellung als die einer Partei kraft Amtes oder eines gesetzlichen Vertreters auffasst.[5] Der Gemeinschuldner, Erbe oder Schuldner ist in diesen Verfahren entsprechend § 53 als nicht prozessfähig anzusehen. Er wird daher von der Parteivernehmung nicht erfasst und kann als Zeuge vernommen werden.[6]

2. Mehrere gesetzliche Vertreter. Für die Durchführung der Parteivernehmung bei Vorhandensein mehrerer gesetzlicher Vertreter wird auf § 449 verwiesen. Das Gericht hat auch im Falle der Gesamtvertretung zu prüfen, ob es alle oder nur einzelne der gesetzlichen Vertreter vernehmen will.[7] Es wird seine Auswahl wie bei Streitgenossen danach richten, welcher der Vertreter über die betreffenden Tatsachen am ehesten Auskunft zu geben vermag und z.B. bei mehreren gesamtvertretungsberechtigten Geschäftsführern denjenigen vernehmen, in dessen Geschäftsbereich die Streitsache fällt. In die Auswahl miteinbezogen werden dürfen aber nicht alle gesetzlichen Vertreter, sondern nur diejenigen, welche die Partei im Prozess vertreten. Sind beispielsweise die Eltern von der Vertretung ausgeschlossen, weil die Angelegenheit einem Pfleger übertragen ist, kann nur dieser als Partei, am Prozess nicht beteiligte gesetzliche Vertreter dagegen nur als Zeugen vernommen werden.[8] Ist bei einer Parteivernehmung nach §§ 445, 447 der Antrag auf die Vernehmung eines oder mehrerer bestimmter Vertreter gerichtet, ist das Gericht hieran wie bei § 449 gebunden und hat diese zu vernehmen.[9]

---

[1] BGH NJW 1965, 2253, 3354; OLG Köln MDR 1976, 937; MünchKomm/*Schreiber* § 455 Rdn. 1; *Müller, J.* S. 11; **a.A.** noch RGZ 32, 398, 399.
[2] *Wittschier* S. 10, Stein/Jonas/*Chr. Berger* vor § 373 Rdn. 1.
[3] BGHZ 42, 230 = NJW 1965, 106.
[4] BGH NJW 1965, 2253, 2254.
[5] Siehe z.B. BGHZ 88, 331, 334; Baumbach/Lauterbach/*Hartmann* § 455 Rdn. 4.
[6] RGZ 29, 29, 38; BGHZ 49, 11, 16 (zum Konkursverwalter); BGHZ 38, 282, 283f., (zum Zwangsverwalter); Stein/Jonas/*Leipold* § 455 Rdn. 5; *Müller* S. 13 m.w.N.; **a.A.** *Wieczorek* 2. Auflage § 455 Anm. B IIb 3.
[7] Stein/Jonas/*Leipold* § 455 Rdn. 9; LG Frankfurt Rpfl. 1993, 502 will die §§ 455 Abs. 1 S. 2, 449 entsprechend auf das Verfahren zur Abgabe der eidesstattlichen Versicherung nach §§ 807ff. anwenden (zweifelhaft).
[8] Z.B. OLG Karlsruhe FamRZ 1973, 104 (zur zwischenzeitlich aufgehobenen Regelung der §§ 1706, 1707).
[9] MünchKomm/*Schreiber* § 455 Rdn. 1; Stein/Jonas/*Leipold* § 455 Rdn. 9.

II. Stellung der prozessunfähigen Partei

4 **1. Vernehmung als Zeuge.** Die Vernehmung der prozessunfähigen Partei selbst ist – vom Ausnahmefall des § 455 Abs. 2 abgesehen – als Parteivernehmung nicht möglich. Die prozessunfähige Partei, die nach Abs. 1 nicht als Partei vernommen werden kann, steht jedoch trotz ihrer Stellung als Partei grundsätzlich als Zeuge zur Verfügung. Dies folgt daraus, dass von der Zeugenstellung nicht generell die Partei ausgenommen ist, sondern als Zeugen nach § 373 alle Personen in Betracht kommen, die im konkreten Prozess nicht den Vorschriften über die Parteivernehmung unterstehen.[10]

5 Anders als in § 455 Abs. 2 ist ein Mindestalter für die Zeugnisfähigkeit grundsätzlich nicht vorgesehen.[11] Ist der Gegner oder das Gericht folglich der Auffassung, dass über eine bestimmte Tatsache gerade die prozessunfähige Partei am besten Auskunft zu erteilen vermag, kann diese auf Antrag oder von Amts wegen als Zeuge vernommen werden.[12] Auch der gesetzliche Vertreter kann sich auf das Zeugnis der von ihm vertretenen prozessunfähigen Partei berufen. Die darin liegende gegenseitige Ergänzung von Partei- und Zeugenvernehmung vermeidet Lücken bei der Ausnutzung aller Beweismittel und dient damit der vollständigen Sachaufklärung.[13] In der Einräumung der Zeugenstellung kann keine Besserstellung der prozessunfähigen gegenüber der prozessfähigen Partei gesehen werden, da der Gegenstand der Parteivernehmung dem der Zeugenvernehmung entspricht und das Gericht die Parteiaussage genauso frei zu würdigen hat wie die Zeugenaussage.[14] Möglichen Zweifeln an der Zuverlässigkeit der Aussage des Prozessunfähigen kann das Gericht bei der Bemessung des Beweiswertes der Zeugenaussage Rechnung tragen.

6 Nach derzeitiger Rechtslage kann somit ein Minderjähriger, der das sechzehnte Lebensjahr noch nicht vollendet hat, zwar als Zeuge vernommen werden,[15] nicht aber als Partei und auch nach diesem Zeitpunkt nur in beschränktem Umfang.[16] Dieser kaum zu rechtfertigende Unterschied sollte aber nicht dadurch beseitigt werden, dass man auch die Zeugenstellung des Minderjährigen entsprechend § 455 Abs. 2 beschneidet. Sinnvoller erscheint de lege ferenda eine Erweiterung der Möglichkeit zur Parteivernehmung prozessunfähiger Parteien nach § 455,[17] wie sie bereits die Zivilprozessrechtskommission im Jahre 1977 vorgeschlagen hatte.[18] Dem entspricht die Regelung im Eheprozess nach § 613, wo die Vernehmung der prozessunfähigen Partei ohne die Einschränkung des § 455 Abs. 2 möglich ist.[19]

7 **2. Vernehmung als Partei.** Das Gericht kann unter den in § 455 Abs. 2 genannten Voraussetzungen ausnahmsweise auch den Prozessunfähigen selbst neben oder anstelle

---

10 BGH NJW 1965, 2253, 2254; *Wittschier* S. 10, Stein/Jonas/*Chr. Berger* vor § 373 Rdn. 1.
11 Stein/Jonas/*Chr. Berger* vor § 373 Rdn. 5.
12 Siehe z.B. OLG Hamm OLGR Hamm 1998, 284 und OLGR Hamm 2003, 181.
13 Heute ganz hM vgl. Rosenberg/Schwab/Gottwald § 123 II 3; Zöller/*Greger* § 455 Rdn. 1; Stein/Jonas/ *Leipold* § 455 Rdn. 1; *Bertram* VersR 1965, 219 m.w.N. auch zum älteren Schrifttum; **a.A.** *Wieczorek* 2. Auflage § 455 Anm. A Ib, § 373 Anm. B IIa 1.
14 *Bertram* VersR 1965, 219.
15 So zuletzt OLG Hamm OLGR Hamm 2003, 181.
16 Siehe dazu etwa OVG Münster FamRZ 1981, 699, 700, das eine informatorische Anhörung eines Minderjährigen unter sechzehn Jahren erwägt, die jedoch nach derzeitiger Rechtslage als Versuch der Umgehung des Verbots der Parteivernehmung als unzulässig anzusehen ist. Ebenso Stein/Jonas/*Leipold* § 455 Rdn. 1 Fn. 1.
17 Zum genauen Wortlaut der Neufassung und deren Vorteilen ausführlich *Wittschier* S. 11 f.
18 Bericht der Kommission für das Zivilprozessrecht 1977 S. 154 f.
19 BGH MDR 1964, 126.

des gesetzlichen Vertreters vernehmen.[20] Wo die prozessunfähige Partei als solche vernommen wird, kann ihr Vertreter daneben als Zeuge dienen.[21]

a) Erfasster Personenkreis. Voraussetzung für die Parteivernehmung einer minderjährigen Partei ist, dass diese im Zeitpunkt der Vernehmung das sechzehnte Lebensjahr vollendet hat. In gleicher Weise ermöglicht § 455 Abs. 2 Satz 2 auch die Parteivernehmung einer grundsätzlich prozessfähigen Partei, die im Rechtsstreit einem Betreuer oder Pfleger unterstellt ist. Durch das Betreuungsgesetz vom 12.9.1990[22] wurde Abs. 2 der Vorschrift geändert und durch die Ergänzung in Satz 2 auch die Vernehmung der unter Betreuung gestellten Personen als Partei ermöglicht. Die entsprechende Anwendung auf andere prozessunfähige Parteien ist wegen des Ausnahmecharakters der Vorschrift nicht möglich.[23] Umgekehrt lässt sich aber eine Beschränkung des Anwendungsbereichs auf Fälle der Gebrechlichkeitspflegschaft dem Gesetz nicht entnehmen. In zahlreichen Fällen der Pflegerbestellung, z.B. bei der Abwesenheitspflegschaft nach § 1911, scheidet eine Vernehmung des Vertretenen allerdings bereits aus der Natur der Sache aus. Die Frage nach der Vertrauenswürdigkeit einer minderjährigen oder unter Pflegschaft bzw. Betreuung stehenden Partei betrifft wie bei der Vernehmung dieser Personen als Zeugen den Beweiswert der Parteiaussage und ist von der grundsätzlichen Zulässigkeit der Vernehmung zu trennen.

Ohne die Einschränkungen des § 455 Abs. 2 grundsätzlich als Partei vernommen werden können minderjährige Parteien, die in bestimmten Angelegenheiten nach §§ 112, 113 BGB unbeschränkt prozessfähig sind.[24]

b) Umfang der Vernehmung. Die Vernehmung der in § 455 Abs. 2 angeführten Personen ist beschränkt auf Tatsachen, die in eigenen Handlungen der Partei bestehen oder die Gegenstand der eigenen Wahrnehmung gewesen sind. Zwar kann man zum Gegenstand der eigenen Wahrnehmung auch gesprächsweise Gehörtes rechnen. Mit der Begrenzung auf Handlungen der Partei wird aber zumindest die Vernehmung über Handlungen des Gegners, des Rechtsvorgängers oder des Vertreters der Partei ausgeschlossen.[25] Sie kann daher nicht als überflüssig betrachtet werden.[26]

c) Verfahren. Der Beweisbeschluss oder Beeidigungsbeschluss muss den Vertretenen besonders bezeichnen. Das Gericht kann zunächst den Vertreter oder zunächst den Vertretenen vernehmen.[27] Es ist dabei an die Parteianträge nicht gebunden. Da die Vernehmung des Vertreters den gesetzlich vorgesehenen Regelfall darstellt, sind bei Vernehmung der Partei nach § 455 Abs. 2 Satz 1 oder 2 die Gründe, warum diese und nicht der Vertreter vernommen wird, im Urteil zu erörtern.

d) Beeidigung. Bei der Entscheidung über die Beeidigung des als Partei vernommenen gesetzlichen Vertreters bestehen keine Abweichungen gegenüber der Beeidigung der prozessfähigen vernommenen Partei. Ausdrücklich bestimmt § 455 Abs. 2 durch

---

20 MünchKomm/*Schreiber* § 455 Rdn. 2; Baumbach/Lauterbach/*Hartmann* § 455 Rdn. 4.
21 *Wittschier* S. 11; Zöller/*Greger* § 455 Rdn. 3; MünchKomm/*Schreiber* § 455 Rdn. 2.
22 BGBl I 1990, 2002, 2009.
23 Thomas/Putzo/*Reichold* § 455 Rdn. 2; MünchKomm/*Schreiber* § 455 Rdn. 2; Stein/Jonas/*Leipold* § 455 Rdn. 15.
24 Stein/Jonas/*Leipold* § 455 Rdn. 13.
25 Baumbach/Lauterbach/*Hartmann* § 455 Rdn. 4; MünchKomm/*Schreiber* § 455 Rdn. 2.
26 **A.A.** AK/*Rüßmann* § 455 Rdn. 2.
27 Baumbach/Lauterbach/*Hartmann* § 455 Rdn. 6.

Verweisung auf § 452, dass die vernommene prozessunfähige oder unter Betreuung bzw. Pflegschaft gestellte Partei vereidigt werden darf. Auch wenn diese Personen formell eidesmündig sind, müssen aber die Umstände des Falles, insbesondere die Einsichtsfähigkeit und Zuverlässigkeit der Partei, besonders sorgfältig geprüft werden. Um falsche Eide zu verhindern, hat die Vereidigung zu unterbleiben, wenn die Aussageperson die volle Tragweite ihres Handelns nicht übersieht. In diesem Fall wird der Aussage aber regelmäßig bereits ein Beweiswert abzusprechen sein. (Zur Problematik der Vereidigung von Minderjährigen unter sechzehn Jahren vgl. § 451 Rdn. 11.) Da der gesetzliche Vertreter und die prozessunfähige Partei auf der gleichen Parteiseite stehen, ist es grundsätzlich zulässig, beide zu vereidigen.[28] Bei widersprüchlichen Aussagen wird aber in entsprechender Anwendung des § 452 Abs. 1 Satz 2 von der Beeidigung beider Aussagen abzusehen sein.

III. Veränderungen der Stellung von Partei oder Vertreter

12   Wer als Partei vernommen werden darf, bestimmt sich nach der Parteistellung im Zeitpunkt der Vernehmung. Ein Wechsel zwischen der Stellung als Partei und als Zeuge kann in den Fällen des § 455 beispielsweise dadurch eintreten, dass die bisher prozessunfähige Partei nach Erlass des Beschlusses zur Parteivernehmung prozessfähig wird und dadurch ihren gesetzlichen Vertreter verliert, der nunmehr als Zeuge fungieren kann. Umgekehrt liegt der Fall, wenn eine Partei während des Prozesses, z.B. durch die Eröffnung eines Insolvenzverfahrens, prozessunfähig wird. Bei Personen- und Kapitalgesellschaften wechselt oftmals im Verlauf des Prozesses der gesetzliche Vertreter, zuweilen auch mit dem Ziel der Verbesserung der Beweissituation, da derjenige, welcher früher als Partei zu vernehmen gewesen wäre, durch die veränderten Umstände als Zeuge frei wird.[29]

13   Ist dem Gericht der vor der Vernehmung eingetretene Wechsel bekannt, hat es nicht nur von der Parteivernehmung von Amts abzusehen, sondern darf auch die beantragte Parteivernehmung nach §§ 445, 447 nicht mehr durchführen, da diese unzulässig ist, wenn die Vernehmungsperson nicht mehr Partei des Rechtsstreits ist.[30] Die antragstellende Partei darf ihrerseits sowohl den Beweisantritt wie auch die Einverständniserklärung nach § 447 widerrufen und die vormalige Partei als Zeugen benennen. Dieser neue Beweisantritt kann nicht als verspätet zurückgewiesen werden, da es nach der Prozesslage nicht möglich war, das Beweismittel im Sinne des § 282 zeitiger vorzubringen.

IV. Folgen fehlerhafter Vernehmung

14   Die Verwertung der Aussage im Rahmen der Beweiswürdigung wird durch die Wahl eines falschen Beweisverfahrens nicht ausgeschlossen. Soweit jemand irrtümlich als Zeuge statt als Partei vernommen wird, bedarf es keiner Wiederholung der Aussage. Diese kann als Parteiaussage gewertet und der Verfahrensfehler damit bei der Beweiswürdigung ausgeglichen werden.[31] Im umgekehrten Fall der Vernehmung als Partei statt als Zeuge, ist die Vernehmung dagegen zu wiederholen. Die unwahre Aussage des Zeugen unterliegt wegen § 153 StGB strengeren Sanktionen als die Parteiaussage, worüber der Zeuge vor seiner Aussage zu belehren ist. Eine Wiederholung der Vernehmung wird auch

---

28 Baumbach/Lauterbach/*Hartmann* § 455 Rdn. 6.
29 Baumbach/Lauterbach/*Hartmann* § 455 Rdn. 3.
30 **A.A.** wohl *Wieczorek* 2. Auflage § 455 Anm. C IIIa.
31 BGH WM 1977, 1007.

dann häufig erforderlich sein, wenn die Aussage verweigert wurde, da die Weigerungsgründe und die sich an die Weigerung anschließenden Sanktionen und Rechtsfolgen bei Parteivernehmung und Zeugenvernehmung unterschiedlich sind.[32]

Auch wenn Zeugenbeweis und Parteivernehmung nicht als wesensverschiedene Beweismittel gesehen werden, da die Partei wie ein Zeuge aussagt, und die Aussagen in gleicher Weise frei zu würdigen sind, kann nicht grundsätzlich dahingestellt bleiben, ob eine Partei- oder Zeugenvernehmung stattfindet. Für möglich gehalten hat die Rechtsprechung dies nur in einem Sonderfall, bei dem wegen der verwickelten Verhältnisse innerhalb eines Konzerns nicht eindeutig war, ob die Vernehmungsperson gesetzlicher Vertreter und damit als Partei oder aber als Zeuge zu vernehmen war. Das Gericht hatte diese Frage offengelassen, den Betreffenden als Partei vernommen und darüber belehrt, dass seine Vernehmung unter Umständen eine solche als Zeuge sei.[33] Verallgemeinern lässt sich diese Entscheidung aber nicht. Für die Vernehmungsperson muss grundsätzlich Klarheit darüber bestehen, ob ihre Vernehmung als Partei oder als Zeuge erfolgt. 15

Großzügig behandelt die Rechtsprechung auch die fehlerhafte Würdigung einer Parteiaussage als Zeugenaussage. Diese soll unschädlich sein, wenn kein Anhaltspunkt dafür vorliegt, dass das Gericht die Aussage höher bewertet als eine Parteiaussage.[34] Überträgt man diesen Gedanken auf den umgekehrten Fall der fälschlichen Würdigung einer Zeugenaussage als Parteiaussage, müsste auch diese folgenlos bleiben, soweit das Gericht die Aussage nicht geringer bewertet als eine Zeugenaussage. Gegen eine Generalisierung dieser einzelnen Entscheidungen des BGH bestehen jedoch erhebliche Bedenken.[35] Da im Urteil nur die wesentlichen Grundlagen der Beweiswürdigung zum Ausdruck kommen, wird sich den Entscheidungsgründen nur schwer entnehmen lassen, wie die Aussage richtiger Einstufung des Beweismittels gewürdigt worden wäre. Lässt sich nicht ausschließen, dass in die Würdigung mit eingeflossen ist, die Parteiaussage habe nach der Lebenserfahrung als Aussage in eigener Sache weniger Wert als die Aussage eines Zeugen, unterliegt die Entscheidung der Anfechtung im Wege der Revision. 16

V. Kritik an der Regelung

An der Regelung des § 455 ist in der Literatur zu Recht seit langem Kritik geübt worden. Diese richtet sich gegen das inkonsequente Ergebnis, dass die nicht prozessfähige Partei grundsätzlich nicht als Partei, wohl aber als Zeuge vernommen werden kann, obwohl die strengeren Voraussetzungen für die Parteivernehmung nicht vorliegen. Kaum sachlich zu rechtfertigen ist auch, dass ein gesetzlicher Vertreter selbst dann von der Zeugenvernehmung ausgeschlossen ist, wenn es sich um Wahrnehmungen handelt, die er wie ein unbeteiligter Dritter, etwa bei einem Verkehrsunfall gemacht hat.[36] Die Regelung diente nach altem Recht dazu, den Eid als Beweismittel ausnahmsweise der nicht prozessfähigen Partei zuzuschieben, ergibt aber angesichts der freien Beweiswürdigung der Parteiaussage keinen Sinn mehr.[37] Zudem stellt sich die Norm im Hinblick auf die aufgezeigten geringen Auswirkungen eines Verstoßes gegen § 455 als unnötig kompli- 17

---

32 Stein/Jonas/*Leipold* vor § 445 Rdn. 14.
33 BGH ZZP 71 (1958), 114.
34 BGH WM 1968, 1099; BGH WM 1977, 1007.
35 Kritisch auch *Münks* S. 182.
36 *Wittschier* S. 11 f.; *Münks* S. 180, 183.
37 So zu Recht *Münks* S. 181.

ziert dar. Eine Vereinfachung in Anlehnung an die Ausführungen der Zivilprozessrechtskommission aus dem Jahre 1977[38] erscheint daher sinnvoll.

§§ 456–477
weggefallen

TITEL 11
Abnahme von Eiden und Bekräftigungen

Vorbemerkungen
vor § 478

Schrifttum

Zu den historischen Wurzeln des Eides: *Hirtzel* Der Eid, 1902; *Kroener* Der Eid als Mittel der Wahrheitserforschung, 1939; *Teutsch* Die Entwicklung der Theorie einer nichtreligiösen Eidesformel unter Berücksichtigung des philosophischen, theologischen und juristischen Schrifttums und der Gesetzgebungsmaterialien, 1966.
Hirsch Über die Gesellschaftsbezogenheit des Eides, FS Heinitz, 1972, 139; *Jaekel* Zur Zulässigkeit des Eideszwanges, 1972; *Jasper* Treue und Eid, MDR 1983, 282; *Marx* Der Eid, VR 1997, 318; *Müller* Wer ist nach deutschem Recht zur Abnahme von Eiden befugt? DRiZ 1965, 330; *Nagel* Gedanken zum gerichtlichen Eid, DRiZ 1970, 231; *Niemeier* Ich schwöre, 1968; *Peters* Sachverständigeneid ohne Gerichtsbeschluss? NJW 1990, 1832; *Schneider, E.* Die Beeidigung des Zeugen im Zivilprozess, MDR 1969, 429; *ders.*, Abschied vom Zeugeneid, ZAP 2013, 3; *Schneider, H.* Zeugeneid und Aufklärungspflicht des Gerichts, NJW 1966, 333; *Schröder* Der Eid als Beweismittel, ZZP 64 (1950/51) 216.

Übersicht

I.	Historische Entwicklung —— 1	III.	Anwendungsbereich —— 6–9
II.	Bedeutung —— 2–5		

I. Historische Entwicklung

1 Das Verfahren zur Abnahme von Eiden war bis zur Novelle 1898 geregelt in den §§ 440–446 CPO, die jedoch bereits sehr weitgehend der jetzigen Regelung der §§ 478–484 ZPO entsprachen. Ursprünglich wurde der Eid verstanden als Versicherung der Wahrheit einer Aussage, die durch göttliche Mitwirkung verstärkt wurde. Von seinen Wurzeln her ist der Eidesbegriff damit religiös geprägt.[1] Obwohl bereits die Art. 136 Abs. 4, 177 der Weimarer Reichsverfassung eine weltliche Eidesformel ohne den Zusatz „so wahr mir Gott helfe" geschaffen hatten, die nach Art. 140 GG Bestandteil des Grundgesetzes ist, wurden die Vorschriften der Prozessordnungen über die Eidesformel zunächst nicht geändert. In der ZPO wurde der Zwang zur Benutzung einer religiösen Eidesform erst durch die Novelle 1950[2] aufgegeben und die Möglichkeit eröffnet, den Eid ohne religiöse Beteuerung zu leisten. Weitere inhaltlich bedeutsame Änderungen erfuhr

---

38 Bericht der Kommission für das Zivilprozessrecht 1977 S. 154 f.; *Wittschier* S. 12; *Münks* S. 183.

1 *Hirtzel* S. 11; *Teutsch* S. 4 m.w.N.
2 Gesetz zur Wiederherstellung der Rechtseinheit auf dem Gebiete der Gerichtsverfassung, der bürgerlichen Rechtspflege, des Strafverfahrens und des Kostenrechts vom 12.11.1950 (BGBl S. 455).

das Eidesrecht der ZPO durch das Gesetz zur Ergänzung des Ersten Gesetzes zur Reform des Strafverfahrensrechts vom 20.12.1974.[3] Hierdurch wurde § 480 um die Belehrung über die Möglichkeit der Eidesleistung ohne religiöse Beteuerung ergänzt, der Inhalt der Eidesformel für den Eid ohne religiöse Beteuerung in § 481 Abs. 2 näher ausgestaltet und gestattet, dieser Eidesformel weitere konfessionelle Bekräftigungen hinzuzufügen, § 481 Abs. 3. Die tiefgreifendste Änderungen erfuhr § 484, wonach der Schwurpflichtige anstelle der Eidesleistung eine dem Eid gleichstehende Bekräftigung abgeben kann, in der auf das Wort „schwören" verzichtet wird.

II. Bedeutung

Der Eid wie auch die eidesgleiche Bekräftigung dienen im Zivilprozess dazu, Wahrheit und Vollständigkeit der Aussage von Zeugen, Sachverständigen, Dolmetschern und vernommenen Parteien zu fördern.[4] Bei der Unterscheidung von beeideten und unbeeideten Aussagen wird davon ausgegangen, dass die Eidesabnahme ein geeignetes Mittel darstellt, den Schwurpflichtigen zu einer wahrheitsgemäßeren Aussage zu veranlassen, und dass daher die beeidete Aussage zuverlässiger und besser ist als die unbeeidete.[5] Diese Funktion des Eides wird abgesichert durch die Strafbarkeit des Meineides nach § 154 StGB, dem die Bekräftigung hinsichtlich der strafrechtlichen Verantwortlichkeit nach § 155 StGB gleichgestellt ist. Durch die Strafbarkeit auch der falschen uneidlichen Aussage nach § 153 StGB wird dieses Instrument zur Erlangung einer wahrheitsgemäßeren Aussage jedoch wieder entschärft. Auch wenn die Strafe für Meineid höher ist, spricht manches dafür, dass derjenige, welcher sich durch die Strafandrohung des § 153 StGB nicht von der unwahren Aussage abhalten lässt, sich auch von der des § 154 StGB nicht abschrecken lassen wird.[6] Ein unabhängig davon bestehender religiöser oder ethischer Druck wird heute zum Teil als Widerspruch zur weltlichen Natur des modernen Staates empfunden.[7] 2

Die Legitimität des Eides als Mittel der Wahrheitserforschung war zu keiner Zeit unumstritten. Schon Kant hat ihn als „bürgerliches Erpressungsmittel", Schopenhauer als „metaphysische Eselsbrücke der Juristen" bezeichnet.[8] Aus weltanschaulichen wie auch aus rechtspolitischen Gründen haben weite Kreise bereits zu Beginn des 20. Jahrhunderts die Beseitigung des Eides gefordert.[9] Der deutsche Gesetzgeber hat jedoch wie alle anderen westlich orientierten Staaten bis heute an der Tradition des gerichtlichen Eides festgehalten.[10] Anders als im Strafprozess ist der Eid im Zivilprozess dabei auf wenige Fälle begrenzt. So hat ein Zeuge gemäß § 391 seine Aussage nur dann zu beeiden, wenn das Gericht dies mit Rücksicht auf die Bedeutung der Aussage oder zur Herbeiführung einer wahrheitsgemäßen Aussage für erforderlich hält. Die Beeidigung einer Aussage bildet damit im Zivilprozess die Ausnahme, von der die Gerichte nur äußerst selten Gebrauch machen. 3

---

3 BGBl I, S. 3686, 3689.
4 *Marx* VR 1997, 318.
5 BGH MDR 1964, 490; BGHZ 43, 368 = NJW 1965, 1530 = ZZP 79 (1966), 140 mit kritischer Anm. *Grunsky*; *Schröder* ZZP 64 (1950/51), 216, 218; MünchKomm-ZPO/*Schreiber* § 452 Rdn. 1; Zöller/*Greger* § 452 Rdn. 2.
6 *Schröder* ZZP 64 (1950/51), 216, 219; *Schneider, E.* MDR 1969, 429, 430.
7 *Jaeke* S. 99 ff.; *Jasper* MDR 1983, 282, 284; AK/*Klein* vor § 478 Rdn. 4 m.w.N.
8 Wobei sich vor allem letzteres aber in erster Linie nicht gegen den Eid als solchen, sondern gegen die dem Parteieid nach § 428 a.F. zukommende volle Beweiskraft hinsichtlich der beschworenen Tatsachen richtete. Vgl. dazu auch *Heimann-Trosien* JZ 1973, 609, 611.
9 Dazu umfassend *Kroener* S. 51 ff.
10 Siehe dazu die rechtsvergleichende Studie von *Nagel*, Die Grundzüge des Beweisrechts im europäischen Zivilprozess 1967, S 144 ff.; *ders.* DRiZ 1970, 231, 232.

4   Der Einschätzung, der Eid sei zu völliger Bedeutungslosigkeit herabgesunken,[11] muss gleichwohl widersprochen werden. Sicher ist nicht zu leugnen, dass der eine Mensch mehr, der andere weniger durch den Eid beeindruckt wird und seine Bedeutung den wissentlich falsch Aussagenden häufig nicht erreichen wird. Dies gilt aber auch für jedes andere Mittel zur Erforschung der Wahrheit.[12] Unabhängig davon, ob dabei höhere Mächte angerufen werden oder nicht, bedeutet der Eid auch heute noch für viele Menschen etwas Besonderes, eine Versicherung höchster Verpflichtung zur Wahrhaftigkeit,[13] die sie veranlasst, ihre Aussage nochmals kritisch zu überprüfen. Gerade bei labilen Zeugen kann der Eid den Ausschlag zur Wahrhaftigkeit geben.[14] In der Praxis gibt es dementsprechend auch immer wieder Fälle, in denen ein Zeuge seine Aussage verbessert, wenn er diese beschwören soll. Der Wert des Eides kann daher — unabhängig davon, ob er mit oder ohne religiöse Beteuerung erfolgt – vor allem darin gesehen werden, dass der Schwurpflichtige durch ihn zu größerer Konzentration und damit zur Vermeidung auch unbeabsichtigter Fehler veranlasst wird. Die feierliche Formel ist dabei für den Prozess durchaus erwünscht, weil sie dem Schwurpflichtigen seine Pflicht nochmals eindringlich vor Augen führt. Insbesondere dann, wenn nicht nur ohne religiöse Beteuerung geschworen, sondern aus Glaubens- oder Gewissensgründen anstelle des Schwurs eine eidesgleiche Bekräftigung nach § 484 erfolgt, muss in besonderem Masse der Vorstellung entgegengewirkt werden, es handele sich um eine unwichtige Formalität.[15] Es ist Aufgabe des Richters, in der Belehrung dem Erklärenden seine Verantwortung gegenüber der Gemeinschaft und seinem Gewissen eindrücklich klar zu machen.

5   Soweit es die Bewertung beeideter im Vergleich zu unbeeideten Aussagen betrifft, ist jedoch festzuhalten, dass dem Eid als solchem kein Beweiswert zukommt. Er ist kein eigenständiges Beweismittel, sondern stellt lediglich die Bekräftigung einer Aussage dar. Bei deren Wertung ist der Richter im Rahmen der freien Beweiswürdigung nicht gebunden. Er muss einer unter Eid geleisteten Aussage nicht den Vorzug vor einer unbeeideten geben, sondern kann beispielsweise dem vereidigten Zeugen trotzdem keinen Glauben schenken und dem unbeeidigt gebliebenen in seinem Urteil folgen.[16] Eine verbindliche Beweisregel dahingehend, dass die eidliche Aussage prozessual vorzuziehen ist, existiert nicht.

III. Anwendungsbereich

6   Die Vorschriften des elften Titels gelten für alle zivilprozessualen Wahrheitseide, d.h. für die Eidesleistung der Parteien nach §§ 452, 426 S. 3, 287 Abs. 1 S. 3, der Zeugen nach §§ 391, 392 und des Sachverständigen nach § 410. Die Regelungen sind weiterhin anwendbar auf den Eid der Dolmetscher nach § 189 GVG, in Angelegenheiten der Freiwilligen Gerichtsbarkeit nach § 15 Abs. 1 S. 1 FGG sowie im arbeitsgerichtlichen Verfahren nach §§ 46 Abs. 2, 64 Abs. 4 ArbGG mit der in § 58 Abs. 2 S. 1 ArbGG niedergelegten Einschränkung.

7   Für entsprechend anwendbar erklärt wurden die Vorschriften über die Eidesleistung auch in der allgemeinen und besonderen Gerichtsbarkeit, in § 98 VwGO, § 82 FGO und § 118 Abs. 1 SGG.

---

11 *Schneider, E.* MDR 1969, 429, 430; *ders.* ZAP 2013, 3; *Nagel* FS Habscheid 1989, 195, 197.
12 *Kroener* S. 53.
13 *Schröder* ZZP 64 (1950/51), 216, 221.
14 *Nagel* DRiZ 1970, 231, 232; *Lange* FS Gallas 1973, 427, 436.
15 *Heimann-Trosien* JZ 1973, 609, 613.
16 *Schröder* ZZP 64 (1950/51), 216, 217.

Analog angewandt werden können die Vorschriften über die Eidesleistung bei der 8
Abnahme von Affidavits durch den Notar.[17] Im Wege der Verweisung auf einzelne Bestimmungen gelten schließlich die §§ 478 bis 480, 483 auch entsprechend bei der Abgabe der eidesstattlichen Versicherung nach §§ 807 Abs. 3 S. 2, 883 Abs. 4, 889 Abs. 1 S. 2 ZPO und § 79 S. 4 FGG.[18]

Keine Anwendung finden die zivilprozessualen Vorschriften über die Eidesleistung 9
hingegen auf die Treueeide der Staatsoberhäupter z.B. in Art. 56, 64 Abs. 2 GG, der Richter, ehrenamtlicher Richter, Rechtsanwälte und Notare nach §§ 38, 45 DRiZ, § 26 BRAO, § 13 BNotO, der Beamten, § 23 BRRG, § 28 BBG und Soldaten, § 9 SoldG.[19] Bei diesen werden in den einzelnen Vorschriften eigene Voraussetzungen für die Eidesleistung aufgestellt, die insbesondere eine erweiterte Eidesformel beinhalten.

§ 478
Eidesleistung in Person

Der Eid muss von dem Schwurpflichtigen in Person geleistet werden.

I. Schwurpflicht

Die Schwurpflicht folgt aus den Vorschriften, welche die Eidesleistung durch Zeugen, Sachverständige, Parteien oder Dolmetscher anordnen, §§ 391, 410, 452 ZPO, § 189 GVG in Verbindung mit einer Aufforderung zur Eidesabgabe durch das Gericht. Schwurpflichtig sind nach §§ 393, 455 Abs. 2 nur Personen, welche das 16. Lebensjahr vollendet haben und die Bedeutung des Eides zu erkennen vermögen. Wo ein gesetzlicher Vertreter an Stelle der Partei vernommen wird, ist dieser nach § 455 Abs. 1 auch selbst schwurpflichtig. Ist ein Zeuge nach §§ 383 ff. zur Aussageverweigerung berechtigt, kann er auch die Eidesleistung verweigern und zwar unabhängig davon, ob er von seinem Recht zur Aussageverweigerung Gebrauch macht oder nicht.[1] Ebenso kann auch der als Partei Vernommene nach § 453 Abs. 2 nicht zur Eidesleistung gezwungen werden. Das Gericht hat dann gemäß § 446 nach freier Überzeugung zu entscheiden, inwieweit eine behauptete Tatsache als bewiesen anzusehen ist. Dabei sind die Gründe für die Eidesverweigerung mitzuberücksichtigen.

Bei grundloser Eidesverweigerung kann gegen den Zeugen gemäß § 390 Ordnungsgeld, im Wiederholungsfall Ordnungshaft, gegen den Sachverständigen nur Ordnungsgeld festgesetzt werden, § 409. Bei der Eidesverweigerung einer Partei gilt § 453 Abs. 2. Bei Verweigerung der eidesstattlichen Versicherung ist gemäß §§ 888, 889 Abs. 2 zu verfahren und Zwangsgeld, ersatzweise Zwangshaft festzusetzen. Die Eidesverweigerung des Dolmetschers ist nicht durch Zwangsmittel sanktioniert. Eine analoge Anwendung der zivilprozessualen Sanktionsvorschriften scheidet wegen deren strafähnlichen Charakters aus, vgl. Art. 103 Abs. 2 GG.[2] Bei Eidesverweigerung aus Glaubens- oder Gewissensgründen kommt § 484 zur Anwendung.

---

17 Siehe dazu *Brambring* DNotZ 1976, 726, 728.
18 MünchKomm-ZPO/*Schreiber* § 478 Rdn. 1; Stein/Jonas/*Leipold* vor § 478 Rdn. 5.
19 Stein/Jonas/*Leipold* vor § 478 Rdn. 4; *Marx* VR 1997, 318, 319.

1 BGHZ 43, 368 = NJW 1965, 1530 = ZZP 79 (1966), 140 mit kritischer Anm. *Grunsky*.
2 MünchKomm/*Schreiber* § 478 Rdn. 3.

II. Höchstpersönlichkeit

3 Eine Vertretung bei der Eidesleistung ist ausgeschlossen. Es kommt stets, auch bei Sachverständigen, auf den Aussagenden selbst an. Dies folgt daraus, dass sich die Strafandrohung für einen falschen Eid oder eine falsche eidesstattliche Versicherung nur auf denjenigen beziehen kann, der selbst falsch schwört.[3] Bei den §§ 153 ff. StGB handelt es sich demgemäß um eigenhändige Delikte, bei denen Mittäterschaft und mittelbare Täterschaft ausgeschlossen sind.

§ 479
Eidesleistung vor beauftragtem oder ersuchtem Richter

(1) Das Prozessgericht kann anordnen, dass der Eid vor einem seiner Mitglieder oder vor einem anderen Gericht geleistet werde, wenn der Schwurpflichtige am Erscheinen vor dem Prozessgericht verhindert ist oder sich in großer Entfernung von dessen Sitz aufhält.
(2) Der Bundespräsident leistet den Eid in seiner Wohnung vor einem Mitglied des Prozessgerichts oder vor einem anderen Gericht.

Übersicht
I. Grundsatz —— 1
II. Übertragung der Eidesabnahme
   1. Anwendungsbereich —— 2
   2. Voraussetzungen —— 4
III. Eidesleistung des Bundespräsidenten —— 8

I. Grundsatz

1 Aus dem Grundsatz der Unmittelbarkeit der Beweisaufnahme in § 355 folgt, dass auch der Eid grundsätzlich vor dem Prozessgericht zu leisten ist. Im landgerichtlichen Verfahren ist der Eid damit vor dem Kollegium zu leisten. Sofern die Entscheidung nach § 348 dem Einzelrichter obliegt, nimmt dieser auch die Vereidigung vor.[1] Problematischer liegt der Fall bei einer Übertragung der Beweisaufnahme auf den Einzelrichter in der zweiten Instanz nach § 527 Abs. 2.[2] Das Berufungsgericht muss hier in der Lage sein, dass Beweisergebnis auch ohne unmittelbaren eigenen Eindruck von der Beweisaufnahme sachgemäß zu würdigen. Gerade bei der Beeidigung kommt es für eine Würdigung regelmäßig auf den unmittelbaren Eindruck des Berufungsgerichts an. Sofern bei einer Zeugenvernehmung mit der Notwendigkeit einer Beeidigung der Aussage zu rechnen ist, sollte daher bereits von der Beweisaufnahme durch den Einzelrichter abgesehen werden. Ein Verbot der Vereidigung durch den Einzelrichter ergibt sich aus § 527 Abs. 2 jedoch nicht. Sofern die Vernehmung zulässigerweise durch den Einzelrichter erfolgt ist, muss ihm wegen des engen Zusammenhangs mit der Beweisaufnahme auch das Recht zur Anordnung der Beeidigung im Anschluss an die von ihm durchgeführte Vernehmung zugebilligt werden. Dies führt auch nicht zu einer Verfahrensverzögerung, da nur durch Zuweisung der Entscheidung über die Beeidigung an das Kollegium eine sachgemäße Würdigung des

---

[3] AK/*Klein* § 478 Rdn. 2.

[1] *Stein/Jonas/Leipold* § 479 Rdn. 1.
[2] Die gleiche Problematik stellt sich auch bei Beweiserhebung durch den Vorsitzenden der Kammer für Handelssachen nach § 349 Abs. 1. Vgl. dazu Stein/Jonas/*Grunsky* § 349 Rdn. 7 ff.

Beweisergebnisses nicht immer gewährleistet sein wird. Erforderlichenfalls müssen Beweisaufnahme und Vereidigung vor dem Berufungsgericht wiederholt werden.[3]

II. Übertragung der Eidesabnahme

1. Anwendungsbereich. Entsprechend der in § 375 geregelten Möglichkeit der Übertragung der Beweisaufnahme auf ein Mitglied des Prozessgerichts als beauftragten Richter oder auf ein anderes Gericht als ersuchten Richter sieht § 479 die Übertragung der Eidesabnahme auf diese Personen vor. Der Anwendungsbereich der Vorschrift ist schon deshalb sehr gering, weil sich im Regelfall die Vereidigung unmittelbar an die Vernehmung anschließt. Er wird zusätzlich dadurch geschmälert, dass bei Fällen, in denen bereits die Beweisaufnahme nach §§ 375, 402, dem beauftragten oder ersuchten Richter übertragen wurde, dieser auch zur Abnahme des Eides berufen ist.[4] Die Entscheidung über die Vornahme der Vereidigung obliegt jedoch dem Prozessgericht.[5] Hält das Prozessgericht nachträglich eine Beeidigung der Aussage für erforderlich, hat diese vor dem beauftragten oder ersuchten Richter zu erfolgen, ohne dass es einer Übertragung der Eidesabnahme nach § 479 bedarf.[6] Um Verfahrensverzögerungen durch das Hin- und Hersenden der Akten und eine zweimalige Zeugenladung zu vermeiden, sollte das Prozessgericht bereits im Beweisbeschluss zur Frage der Vereidigung Stellung nehmen.[7]

Die Übertragung der Eidesleistung nach § 479 betrifft damit nur den seltenen Fall, dass die Vernehmung des Schwurpflichtigen vor dem Prozessgericht stattgefunden hat, das erst im weiteren Verlauf des Verfahrens die Vereidigung als notwendig erachtet und diese nunmehr durch einen beauftragten oder ersuchten Richter erfolgen soll.

Da dem Wortlaut des § 479 eine Beschränkung auf im Inland zu leistende Eide nicht zu entnehmen ist, ist die Regelung grundsätzlich auch auf die Eidesabnahme im Ausland anzuwenden, sofern sich nicht aus den §§ 363, 364, 369 etwas anderes ergibt.[8] Da inländische Richter im Ausland nicht wirksam vereidigen können, ist im Wege der Rechtshilfe um Vereidigung zu ersuchen, § 157 GVG. Das Ersuchen um Eidesabnahme darf nach § 114 GKG von einem Kostenvorschuss abhängig gemacht werden.[9]

2. Voraussetzungen. Die Übertragung der Eidesabnahme stellt eine Durchbrechung des Unmittelbarkeitsgrundsatzes des § 355 dar. Sie ist daher als Ausnahmeregelung restriktiv zu handhaben.[10] Betrauter Richter kann das beauftragte Mitglied des Prozessgerichts, § 355 Abs. 1 Satz 2, oder aber das ersuchte Gericht, § 157 GVG sein. Ein anderes Gericht ist gemäß § 157 GVG das Amtsgericht, in dessen Bezirk der Eid zu leisten ist. Die Voraussetzungen der Übertragung der Eidesabnahme entsprechen denen des § 375 Abs. 1 Ziff. 2 und 3. Die fehlende Bezugnahme auf § 375 Abs. 1 Ziff. 1 ist unbeachtlich, da Gründe für eine Vereidigung an Ort und Stelle anders als bei der Vernehmung nicht ersichtlich

---

3 Stein/Jonas/*Grunsky* § 524 Rdn. 9, 11; **a.A.** MünchKomm/*Rimmelspacher*, § 524 Rdn. 12.
4 Stein/Jonas/*Chr. Berger* § 391 Rdn. 20; AK/*Klein* § 479 Rdn. 1.
5 Zöller/*Greger* § 391 Rdn. 1; Baumbach/Lauterbach/*Hartmann* § 391 Rdn. 7; *Peters* NJW 1990, 1832.
6 Kritisch zu dieser Verfahrensweise AK/*Klein* § 479 Rdn. 1.
7 Stein/Jonas/*Chr. Berger* § 391 Rdn. 20 f.; Baumbach/Lauterbach/*Hartmann* § 391 Rdn. 7. Umstritten ist, ob sich der beauftragte oder ersuchte Richter sonst auf die unbeeidigte Vernehmung beschränken muss, so Rosenberg/Schwab/Gottwald § 120 VI; Zöller/*Greger* § 391 Rdn. 6, Musielak/*Huber* § 391 Rdn. 3; oder auch ohne Ermächtigung vereidigen darf, Stein/Jonas/*Chr. Berger* § 391 Rdn. 21; MünchKomm/*Damrau* § 391 Rdn. 8; Baumbach/Lauterbach/*Hartmann* § 391 Rdn. 7.
8 RGZ 44, 366, 367; Stein/Jonas/*Leipold* § 479 Rdn. 9; MünchKomm/*Schreiber* § 479 Rdn. 2.
9 OLG Hamburg OLGRspr 43, 145.
10 Zöller/*Greger* § 479 Rdn. 1; Musielak/*Huber* § 479 Rdn. 1.

sind. Die Anordnung ergeht durch Beschluss nach § 355 Abs. 2, dessen selbständige Anfechtung ausgeschlossen ist.[11] Jedoch kann die fehlerhafte Annahme der Übertragungsvoraussetzungen wirksam mit Rechtsmitteln gerügt werden.[12]

5   Die Anordnung kann nach § 360 Satz 2 aufgrund oder auch ohne mündliche Verhandlung ergehen.[13] Wird der Beschluss über die Vereidigung vor dem beauftragten oder ersuchten Richter nicht verkündet, ist er den Parteien nach § 360 Satz 4 von Amts wegen mitzuteilen, da die Parteien nach § 357 ein Anwesenheitsrecht bei der Beweisaufnahme haben, zu der auch die Eidesleistung gehört.[14] Für den Fall der Leistung eines Parteieides nach altem Recht nimmt die Rechtsprechung an, dass ein Verstoß gegen den Grundsatz der Parteiöffentlichkeit nicht zur Folge hat, dass der Gegner die Eidesleistung nicht gegen sich gelten zu lassen braucht. Dabei ist zu bedenken, dass beim Parteieid durch diesen die Wahrheit oder Unwahrheit einer Tatsache ohne Rücksicht auf die Überzeugung des Richters formell festgestellt wurde (Vor § 445 Rdn. 1.).[15] Der Gegner hatte folglich ein sehr viel größeres Interesse, bei der Eidesleistung zugegen zu sein und dem Schwurpflichtigen Vorhalte zu machen, die dazu geeignet waren, die Leistung des Eides zu verhindern. Gleichwohl war man der Auffassung, dass die Interessen des Gegners nicht erheblich tangiert würden, da der Gegner des Schwurpflichtigen bei der Eidesabnahme nicht mitzuwirken habe und es letztlich der Entschluss des Schwurpflichtigen sei, den Eid zu leisten oder nicht.[16] Nach der Ersetzung des Parteieides durch die Parteivernehmung ist der Eid kein Beweismittel mehr, sondern bekräftigt lediglich eine Aussage (Vor § 478 Rdn. 5). Dem Eid kommt keine formale Beweiskraft mehr zu, so dass Fragen und Vorhalte der Parteien zum Zwecke der Verhinderung der Eidesleistung erheblich an Bedeutung verloren haben. Seitdem auch die beeidete Aussage der freien richterlichen Beweiswürdigung unterliegt, muss daher erst recht gelten, dass die fehlende Anwesenheit der Parteien beim bloßen formalen Akt der Eidesabnahme nicht dazu berechtigt, die Wiederholung der Eidesleistung zu verlangen.[17]

6   Bei Streit über die Eidespflicht vor dem kommissarischen Richter gilt § 366, d.h. bestreitet der Vernommene seine Pflicht zu Eidesleistung, ist wiederum das Prozessgericht zur Entscheidung berufen.[18]

7   Im arbeitsgerichtlichen Verfahren gilt die Bestimmung im Rahmen der §§ 13, 58 Abs. 1 ArbGG.

III. Eidesleistung des Bundespräsidenten

8   Der Abs. 2 des § 479 gehört hinsichtlich der Bezeichnung des Staatsoberhauptes zu den am häufigsten geänderten Teilen des Eidesrechts der ZPO.[19] Die heutige Fassung beruht auf der Novelle 1950. Es handelt sich um eine zwingende Regelung, nach der für den Bundespräsidenten Besonderheiten hinsichtlich der Eidesleistung bestehen. Diese

---

11   RGZ 46, 366, 367.
12   HM vgl. OLG Düsseldorf NJW 1976, 1103, 1104; OLG Köln NJW 1977, 249, 250; *Müller* DRiZ 1977, 305, 306; Stein/Jonas/*Chr. Berger* § 375 Rdn. 1; MünchKomm/*Musielak* § 355, Rdn. 18. **A.A.** *Wieczorek* 2. Auflage § 479 Anm. B II, § 355 Anm. B III.
13   RGZ 16, 411.
14   RGZ 76, 101, 102; Musielak/*Huber* § 479 Rdn. 1; Baumbach/Lauterbach/*Hartmann* § 479 Rdn. 3.
15   *Maelzer* S. 24; *Münks* S. 170 ff.
16   RGZ 76, 101, 103 f.
17   So im Ergebnis auch Stein/Jonas/*Leipold* § 480 Rdn. 1.
18   Zöller/*Greger* § 479 Rdn. 2; MünchKomm/*Schreiber* § 479 Rdn. 1; Thomas/Putzo/*Reichold* § 479 Rdn. 1.
19   Änderungen erfuhr § 479 Abs. 2 durch die Novelle 1898 sowie durch die Neubekanntmachungen des Textes der ZPO nach der Novelle 1924 und der Novelle 1933.

resultieren daraus, dass der Bundespräsident nach § 219 Abs. 2 nicht verpflichtet ist, persönlich an der Gerichtsstelle zu erscheinen, sondern gemäß § 375 Abs. 2 in seiner Wohnung zu vernehmen ist. Die Wohnung des Bundespräsidenten kann der Amtssitz, aber auch jede von ihm gewählte Privatwohnung sein.[20] Es reicht aus, dass ein Mitglied des Prozessgerichts oder ein anderes, vollständig besetztes Gericht den Eid abnimmt.

Entsprechend gilt § 479 Abs. 2 für Exterritoriale, die sich durch Immunitätsverzicht aufgrund Art. 32 des Wiener Übereinkommen über diplomatische Beziehungen vom 18.4.1961[21] zur Vereidigung in dieser Weise bereit erklärt haben. Auch ausländische Konsuln haben gemäß dem Wiener Übereinkommen über konsularische Beziehungen vom 24.4.1963[22] dieses Vorrecht nach Staatsverträgen. 9

§ 480
Eidesbelehrung

Vor der Leistung des Eides hat der Richter den Schwurpflichtigen in angemessener Weise über die Bedeutung des Eides sowie darüber zu belehren, dass er den Eid mit religiöser oder ohne religiöse Beteuerung leisten kann.

Übersicht

I. Regelungsinhalt — 1
II. Durchführung der Belehrung — 2
   1. Befragung über die persönlichen Verhältnisse — 3
   2. Rechte der Parteien — 4
   3. Umfang der Belehrungspflicht
     a) Orientierung am Einzelfall — 5
     b) Arten der Eidesleistung — 6
     c) Zusätzliche Beteuerungsformel — 7
     d) Eidesgleiche Bekräftigung — 8
   4. Protokollierung — 10
III. Rechtsfolgen des Verstoßes — 11

I. Regelungsinhalt

Die Belehrung dient dazu, dem Schwurpflichtigen die Bedeutung und Tragweite des Eides vor Augen zu führen. Er soll den Ernst des Augenblicks erkennen, um selbstkritisch prüfen zu können, ob er bei seiner Aussage bleiben oder sie gegebenenfalls revidieren will. (Siehe dazu auch Vor § 478 Rdn. 4.) Um diesem Zweck gerecht zu werden, ist eine vor Beginn der Aussage vorgenommene Belehrung gegebenenfalls vor der Vereidigung zu wiederholen, wenn dies ratsam erscheint, um dem Schwurpflichtigen die Möglichkeit zu geben, im Hinblick auf die besondere Bedeutung des Eides seine Aussage erneut zu überdenken. 1

II. Durchführung der Belehrung

Die Belehrung über die Bedeutung des Eides hat durch den Vorsitzenden des Prozessgerichts, § 136, bzw. den beauftragten oder ersuchten Richter zu erfolgen. Eine Ermahnung durch die Partei ersetzt die Eidesbelehrung durch das Gericht nicht.[1] 2

---

20 Baumbach/Lauterbach/*Hartmann* 479 Rdn. 5.
21 BGBl 1964 II, S. 957 ff.
22 BGBl 1969 II, S. 1585.

1 RGZ 76, 101, 103.

3   **1. Befragung über die persönlichen Verhältnisse.** Vor der Vernehmung von Zeugen, Sachverständigen und Parteien ist nach §§ 395, 402, 451 eine Befragung über die persönlichen Verhältnisse vorgeschrieben. Sofern die Identität des Schwurpflichtigen nicht bereits aufgrund dieser Vorschriften festgestellt worden ist, muss dies etwa bei der eidesstattlichen Versicherung nach § 807 vor der Vereidigung noch erfolgen.[2]

4   **2. Rechte der Parteien.** Bei der Vereidigung von Zeugen und Sachverständigen haben die Parteien nicht mitzuwirken. Gleiches gilt auch für den Gegner der schwurpflichtigen Partei im Falle der Vereidigung einer Partei im Anschluss an die Parteivernehmung. Die Eidesabnahme selbst ist ausschließlich Sache des Richters und kann daher, anders als die Erhebung von Zeugen- und Sachverständigenbeweis, auch ohne die Zulassung des Gegners formal ordnungsgemäß vor sich gehen.[3] Im Rahmen der Vernehmung steht den Parteien jedoch ein Fragerecht nach §§ 397, 402, 451 zu. Auf von einer Partei vorgelegte erhebliche Fragen hat der Schwurpflichtige vor dem Schwur zu antworten.[4] Im Rahmen des Fragerechts kann das Gericht darüber hinaus den Parteien nach § 397 Abs. 2 gestatten, dem Schwurpflichtigen unmittelbar Vorhalte zu machen. Diese dienten beim Parteieid nach altem Recht zumeist dazu, die Leistung des Eides wegen der sich an ihn anschließenden Wirkung zu verhindern.[5] Da der Eidesleistung jedoch heute keine formale Beweiswirkung mehr zukommt (vgl. auch Vor § 445 Rdn. 3), ist die Bedeutung derartiger Vorhalte praktisch nicht mehr sehr hoch einzuschätzen. Die Beeidigung ist daher auch dann wirksam, wenn eine Partei hierüber nicht benachrichtigt wurde (siehe dazu § 479 Rdn. 5).[6]

3. Umfang der Belehrungspflicht

5   **a) Orientierung am Einzelfall.** Die Belehrung hat in angemessener Weise zu erfolgen. Das bedeutet, dass der Richter seine Belehrung auf die Besonderheiten des Einzelfalles auszurichten hat. Er muss die Art und den Umfang der Belehrung den Sprachkenntnissen, dem Bildungsstand und der Verständigkeit des jeweiligen Schwurpflichtigen anpassen. Auch sein bisheriger Eindruck von der Glaubwürdigkeit des Schwurpflichtigen und der Situation kann eine Rolle dabei spielen, wie eindrücklich die Belehrung zu erfolgen hat. Der Hinweis auf die Strafbarkeit einer falschen eidlichen Aussage ist im Gesetz nicht ausdrücklich vorgeschrieben, hat aber stets zu erfolgen, wobei auch die Strafbarkeit des fahrlässigen Falscheides angesprochen werden sollte.[7] Die Belehrung umfasst sowohl die Erläuterung der allgemeinen Bedeutung des Eides, als auch den Hinweis auf die Bedeutung des konkreten Eidesthemas,[8] um Zweifel oder Missverständnisse des Schwurpflichtigen über den vom Eid gedeckten Inhalt der konkreten Aussage zu vermeiden. Letzteres ist vor allem dann von Bedeutung, wenn nur ein Teil der Aussage vom Eid erfasst werden soll.

6   **b) Arten der Eidesleistung.** Des Weiteren ist stets auf die Wahlfreiheit des Schwurpflichtigen hinzuweisen, den Eid mit oder ohne religiöse Beteuerung zu schwören. Zweckmäßig, wenn auch nicht zwingend vorgeschrieben ist dabei der Hinweis, dass hin-

---

2   Stein/Jonas/*Leipold* § 480 Rdn. 4; MünchKomm/*Schreiber* § 478 Rdn. 2.
3   RGZ 75, 101, 103.
4   Stein/Jonas/*Leipold* § 480 Rdn. 1.
5   RGZ 76, 101, 104.
6   Stein/Jonas/*Leipold* § 480 Rdn. 1.
7   MünchKomm/*Schreiber* § 480 Rdn. 2; Zöller/*Greger* § 480 Rdn. 1.
8   OLG Hamburg SeuffArch 52, 223, 224; Stein/Jonas/*Leipold* § 480 Rdn. 2.

sichtlich der Strafbarkeit eines Meineids bzw. eines fahrlässigen Falscheides zwischen beiden Eidesformen kein Unterschied besteht.[9]

c) Zusätzliche Beteuerungsformel. Eine Belehrung über die Möglichkeit einer zusätzlichen Beteuerungsformel nach § 481 Abs. 3 ist nicht vorgesehen. Sie wird auch im Schrifttum einhellig verneint. Der Schwurpflichtige soll erst dann über diese Möglichkeit zu informieren sein, wenn er von sich aus angibt, eine Zusatzformel verwenden zu wollen.[10] Dem ist für den Regelfall zuzustimmen im Hinblick darauf, dass die zusätzliche Beteuerungsformel keine Auswirkungen auf die Gültigkeit des Eides hat. Ist dem Gericht jedoch bekannt oder liegt angesichts der Nationalität des Schwurpflichtigen zumindest die Vermutung nahe, dass es sich nicht um einen Anhänger des christlichen Glaubens handelt, sollte der Richter von sich aus auf die Möglichkeit des Abs. 3 hinweisen. Bei einer solchen Verfahrensweise wird vermieden, dass Angehörige anderer Konfessionen den Eid ansonsten nach Abs. 1 bei einem Gott schwören, der nicht ihr Gott ist, und sich dementsprechend an den Eid nicht gebunden fühlen.[11] Eine zusätzliche Belehrung auch über die Möglichkeit des Abs. 3 kann daher in diesen Fällen das Gefühl der Verpflichtung zur Wahrhaftigkeit und damit den Wert des geleisteten Eides erhöhen. 7

d) Eidesgleiche Bekräftigung. Keine amtswegige Aufklärung sieht das Gesetz des Weiteren darüber vor, dass anstelle des Eides die Möglichkeit einer eidesgleichen Bekräftigung nach § 484 als Ersatzform in Betracht kommt. Zur Begründung hierfür wird angeführt, dass von demjenigen, dem seine Glaubens- oder Gewissensüberzeugung auch die Leistung eines weltlichen Eides verbietet, erwartet werden kann, dass er seine Gewissensbedenken vorbringt. Außerdem wird befürchtet, dass ein Schwurpflichtiger durch eine Belehrung über drei verschiedene Formen der Wahrheitsbestätigung überfordert werden könnte.[12] In dieser Begründung äußert sich der Vorbehalt des Gesetzgebers gegenüber einer völligen Gleichstellung von Eid und Bekräftigung. Es wird damit letztlich an der Tradition festgehalten, nach welcher der Eid als die stärkste Form der Wahrheitsbeteuerung angesehen wird, von der nur in krassen Ausnahmefällen abgewichen werden soll. Indem über die Möglichkeit der eidesgleichen Bekräftigung nicht belehrt wird, nimmt man in Kauf, dass mancher, der Unbehagen gegenüber dem Einsatz einer transzendenten Beteuerung, die im Eid liegt, empfindet, gleichwohl in die Eidesleistung gedrängt wird.[13] 8

Auch wenn § 480 dies nicht ausdrücklich vorschreibt, ist aber ein Hinweis auf § 484 immer dann unverzichtbar, wenn der Schwurpflichtige aus Glaubens- oder Gewissensgründen die Eidesleistung verweigert. Dabei ist auf die strafrechtliche Gleichstellung der eidesgleichen Bekräftigung mit dem Eid nach § 155 StGB hinzuweisen. Ohne einen solchen Hinweis dürfen an die Weigerung des Schwurpflichtigen keine Sanktionen geknüpft werden,[14] da nach der Entscheidung des BVerfG vom 11.4.1972 die Eidesverweigerung durch das Grundrecht der Glaubensfreiheit nach Art. 4 Abs. 1 GG geschützt ist (ausführlich dazu § 484 Rdn. 3f).[15] 9

---

9   Stein/Jonas/*Leipold* § 480 Rdn. 2.
10 Baumbach/Lauterbach/*Hartmann* § 482 Rdn. 3; MünchKomm/*Schreiber* § 481 Rdn. 2.
11 *Leisten* MDR 1980, 636, 637.
12 BT-Drucks. 7/2526, S. 13; Musielak/*Huber* § 480 Rdn. 1.
13 *Baumann* ZRP 1975, 38, 40.
14 Musielak/*Huber* § 480 Rdn. 1; Baumbach/Lauterbach/*Hartmann* § 480 Rdn. 3; MünchKomm/*Schreiber* § 480 Rdn. 2; Zöller/*Greger* § 480 Rdn. 1.
15 BVerfGE 33, 23 = NJW 1972, 1183.

10 **4. Protokollierung.** Wegen eines möglichen späteren Strafverfahrens ist der gesamte Vorgang der Beeidigung einschließlich der Vornahme der Belehrung in der Niederschrift zu protokollieren. Dies folgt aus § 160 Abs. 3 Ziff. 4, da der Eid als Bestandteil der Vernehmung anzusehen ist.[16] Im Übrigen ergibt sich eine Protokollierungspflicht für einen separat – etwa nach § 479 abgenommenen Eid – weiterhin aus § 160 Abs. 2, da die Eidesleistung immer einen wesentlichen Vorgang der Verhandlung darstellt.[17] Vorhaltungen oder Bedenken einer Partei gegen eine Beeidigung sollten aus diesem Grund gleichfalls protokolliert werden, auch wenn die Partei dies nicht ausdrücklich beantragt hat.[18]

Hinsichtlich der Belehrung genügt in der Regel der Vermerk im Protokoll, dass diese in gesetzmäßiger Weise erfolgt ist.

III. Rechtsfolgen des Verstoßes

11 Welche Folgen die unterbliebene Belehrung nach sich zieht, hängt von den Umständen des Einzelfalles ab. Grundsätzlich wird davon auszugehen sein, dass der Vereidigte sich auch ohne einen ausdrücklichen Hinweis darüber im Klaren ist, dass es strafrechtliche Konsequenzen hat, wenn er trotz feierlicher Beteuerung der Wahrheit einer Aussage die Unwahrheit sagt. Auch bei fehlender oder unzulänglicher Belehrung durch das Gericht ist der geleistete Eid daher grundsätzlich als gültig anzusehen.[19]

12 Fehler des Gerichts bei der Belehrung können jedoch einen beachtlichen Verfahrensmangel darstellen, der zur Aufhebung und Zurückverweisung der Sache an das Gericht 1. Instanz führt, wenn die Eidesleistung als solche fehlerhaft ist und dies auf einem Verstoß gegen den § 480 beruht. Eine fehlerhafte Eidesleistung liegt dann vor, wenn der Schwurpflichtige durch die unterbliebene, unvollständige oder falsche Belehrung dazu veranlasst worden ist, etwas zu schwören, was er so nicht schwören wollte. Probleme können vor allem dort auftauchen, wo sich die Eidesleistung nur auf einen bestimmten Teil der Aussage beziehen soll und dem Schwurpflichtigen nicht hinreichend deutlich gemacht wird, auf welche Tatsachen sich sein Eid erstreckt. Die Rechtsprechung hat dementsprechend einen rügbaren Verfahrensmangel dann angenommen, wenn der Beklagte nur allgemein auf die Heiligkeit und Wichtigkeit des Eides und nicht auf die Bedeutung des konkreten Eidesthemas hingewiesen wurde.[20]

§ 481
Eidesleistung; Eidesformel

(1) Der Eid mit religiöser Beteuerung wird in der Weise geleistet, dass der Richter die Eidesnorm mit der Eingangsformel:
„Sie schwören bei Gott dem Allmächtigen und Allwissenden"
vorspricht und der Schwurpflichtige darauf die Worte spricht (Eidesformel):
„Ich schwöre es, so wahr mir Gott helfe".
(2) Der Eid ohne religiöse Beteuerung wird in der Weise geleistet, dass der Richter die Eidesformel mit der Eingangsformel:

---

16 So Stein/Jonas/*Leipold* § 481 Rdn. 2.
17 Baumbach/Lauterbach/*Hartmann* § 480 Rdn. 1.
18 Baumbach/Lauterbach/*Hartmann* § 480 Rdn. 1.
19 Zöller/*Greger* § 480 Rdn. 1.
20 OLG Hamburg SeuffArch 52, 223.

„Sie schwören"
vorspricht und der Schwurpflichtige hierauf die Worte spricht (Eidesformel):
„Ich schwöre es".

(3) Gibt der Schwurpflichtige an, dass er als Mitglied einer Religions- oder Bekenntnisgemeinschaft eine Beteuerungsformel dieser Gemeinschaft verwenden wolle, so kann er diese dem Eid anfügen.

(4) Der Schwörende soll bei der Eidesleistung die rechte Hand heben.

(5) Sollen mehrere Personen gleichzeitig einen Eid leisten, so wird die Eidesformel von jedem Schwurpflichtigen einzeln gesprochen.

Schrifttum

Jünemann Probleme bei der Leistung des Eides, MDR 1970, 725; *Leisten* Probleme bei der Beeidigung von Mohammedanern, MDR 1980, 636.

Übersicht

I. Bestandteile des Eides
   1. Grundsatz —— 1
   2. Besonderheiten —— 3
II. Arten des Eides
   1. Wahlrecht des Eidesleistenden —— 4
   2. Zusätzliche Beteuerungsformeln
     a) Grundsatz —— 6
     b) Arten —— 8
III. Formanforderungen —— 10
IV. Vereidigung mehrerer —— 13

I. Bestandteile des Eides

1. Grundsatz. Der Eid besteht aus drei Teilen, der Eingangsformel, die auch als Vorspruch bezeichnet wird, der Eidesnorm und der vom Schwurpflichtigen gewählten Eidesformel. Die maßgebliche Eidesnorm ist für den Zeugeneid § 392 Satz 3, für den Sachverständigeneid § 410 Abs. 1 Satz 2, für den Dolmetschereid § 189 Abs. 1 GVG und für den Eid der Partei § 452 Abs. 2. Anders als für den bis 1970 zu leistenden Offenbarungseid gilt § 481 als besondere Formvorschrift für den Eid für die eidesstattliche Offenbarungsversicherung nach §§ 807 Abs. 3, 883 Abs. 2, 4 nicht.[1] 1

Die Eidesleistung vollzieht sich in zwei Schritten. Der Richter spricht die Eingangsformel und die Eidesnorm vor. Diese sind der Art des zu leistenden Eides nach Abs. 1 oder Abs. 2 und der Rolle des Schwurpflichtigen als Zeuge, Sachverständiger, Partei oder Dolmetscher angepasst. Der Schwurpflichtige hat daraufhin nur die von ihm gewählte Eidesformel nach Abs. 1 oder Abs. 2 nachzusprechen. Dabei ist der Ausspruch der Worte „ich schwöre" unabdingbar für eine wirksame Eidesleistung. Die religiöse Beteuerungsformel allein reicht nicht.[2] Wird auf das Wort „schwören" verzichtet, liegt kein Eid, sondern nur eine Bekräftigung nach § 484 vor. Da die Eidesformeln ihrem Wortlaut nach gesetzlich festgelegt sind, ist eine Abänderung oder Umstellung dieser Formeln unzulässig. 2

2. Besonderheiten. Ist der Schwurpflichtige der deutschen Sprache nicht mächtig, hat er den Eid gemäß § 188 GVG in der ihm geläufigen Fremdsprache zu leisten. Dabei ist nach § 185 GVG regelmäßig ein Dolmetscher hinzuzuziehen, der dem Schwurpflichtigen die Eingangsformel und die Eidesnorm vorspricht. Kennt der Dolmetscher den Wortlaut 3

---

[1] Zur Rechtslage bis 1970: *Jünemann* MDR 1970, 725.
[2] Stein/Jonas/*Leipold* § 481 Rdn. 1; Baumbach/Lauterbach/*Hartmann* § 481 Rdn. 4; Musielak/*Huber* § 481 Rdn. 2; Zöller/*Greger* § 481 Rdn. 4; MünchKomm/*Schreiber* § 481 Rdn. 2; **a.A.** Heimann-Trosien JZ 1973, 609, 612.

des vom Schwurpflichtigen zu leistenden Eides, ist nicht erforderlich, dass der Richter zuvor dem Dolmetscher den Eideswortlaut vorspricht.[3]

Nur in Gegenwart des Richters wird geschworen. Rechtspfleger dürfen die Eidesleistung weder anordnen noch abnehmen, § 4 Abs. 2 Satz 1, 3 RPflG, ebenso wenig Referendare, § 10 Abs. 1 Satz 2 GVG.

II. Arten des Eides

4   **1. Wahlrecht des Eidesleistenden.** Neben der Eidesleistung mit religiöser Beteuerung nach Abs. 1 kann nach dem durch die Novelle 1950[4] eingefügten Abs. 2 der Vorschrift die Eidesleistung auch ohne religiöse Beteuerung erfolgen. Nach der Systematik der Vorschrift, die den Eid mit religiöser Beteuerung an den Anfang stellt, ist die religiöse Fassung des Eides die Regel. Das Weglassen der religiösen Beteuerungsformel wird allgemein als Ausnahme betrachtet.[5] Gleichwohl kann zwischen den beiden Möglichkeiten frei gewählt werden. Eine Berufung auf Glaubens- oder Gewissensgründe ist anders als bei § 484 nicht erforderlich. Es bedarf keiner Erklärung des Schwurpflichtigen für den Wunsch, den Eid ohne religiöse Beteuerung leisten zu wollen. Des Weiteren dürfen an das Fehlen der religiösen Beteuerung weder strafrechtliche noch prozessuale Folgen geknüpft werden. Eine richterliche Beweiswürdigung, welche einer Aussage deswegen einen geringeren Beweiswert zusprechen würde, weil die Eidesleistung ohne religiöse Beteuerung erfolgt ist, würde einen Verstoß gegen Art. 3 Abs. 3, Art. 4 Abs. 1 GG darstellen.

5   Der Richter hat im Anschluss an die Belehrung über beide Möglichkeiten der Eidesleistung nach § 480 vor Beginn der Vereidigung danach zu fragen, ob der Eid mit oder ohne religiöse Beteuerung geleistet werden soll. Bei Wahl der Eidesleistung ohne religiöse Beteuerung hat der Richter auch die Eingangsformel nach Abs. 2 anzupassen und den religiösen Bestandteil fortzulassen.

2. Zusätzliche Beteuerungsformeln

6   **a) Grundsatz.** Die Hinzufügung konfessioneller Zusätze oder Gebräuche ist nach Abs. 3 zulässig.[6] Die Eidesformel wird dadurch nicht ersetzt. Beteuerungsformeln anderer Bekenntnisgemeinschaften werden nicht in den Vorspruch aufgenommen. Es bleibt dem Schwurpflichtigen überlassen, ob er diese den Worten „Ich schwöre es" anfügen will. Über die Möglichkeit des Abs. 3 braucht das Gericht anders als über die Zulässigkeit der Eidesleistung mit oder ohne religiöse Beteuerung im Regelfall nicht zu belehren. (Ausführlich dazu § 480 Rdn. 8.)

7   Da es nach Abs. 3 ausreicht, wenn der Schwurpflichtige angibt, Mitglied in einer Religions- oder Bekenntnisgemeinschaft zu sein, hat das Gericht die Richtigkeit dieser Behauptung nicht nachzuprüfen. Eine Überprüfung der Angaben durch das Gericht wäre auch dann untunlich, wenn begründete Zweifel an der Wahrheit der Behauptung des Schwurpflichtigen hinsichtlich seiner Mitgliedschaft in einer bestimmten Religions- oder Bekenntnisgemeinschaft bestehen, da die Beteuerungsformel nur nach Belieben des

---

3   RGSt 45, 304, 305.
4   Gesetz zur Wiederherstellung der Rechtseinheit auf dem Gebiete der Gerichtsverfassung, der bürgerlichen Rechtspflege, des Strafverfahrens und des Kostenrechts vom 12.11.1950 (BGBl S. 455).
5   Z.B. *Hirsch* FS Heinitz 1972, 139, 150; *Heimann-Trosien* JZ 1973, 609, 612.
6   RGSt 10, 181.

Schwurpflichtigen an den Schwur nach Abs. 1 oder Abs. 2 angehängt wird und auf die Wirksamkeit des Eides in keiner Hinsicht Auswirkungen hat.[7]

b) Arten. Die Entscheidung darüber, welche Arten von zusätzlichen Beteuerungs- 8 formeln zulässig sind, obliegt dem Gericht und ist im jeweiligen Einzelfall zu treffen. Allgemeingültige Regeln können nur schwer aufgestellt werden. Grundsätzlich soll der Richter religiösen oder weltanschaulichen Wünschen möglichst weitgehend Rechnung tragen, solange diese den Prozess nicht unnötig verzögern, die Würde des Gerichts in Frage stellen oder in einer freiheitlich demokratischen Rechtsordnung nicht akzeptabel sind. Im Hinblick auf den wachsenden Zustrom von Menschen verschiedener Konfessionen und die mit dem Eid erstrebte Gewissensbindung sollte hierbei großzügig verfahren werden. Es bestehen daher nicht nur keine Bedenken dagegen, sondern es ist sogar wünschenswert, einen Mohammedaner „bei Allah" schwören zu lassen. Da anders als in § 481 Abs. 1 und 2 kein bestimmter Wortlaut für eine um diesen Zusatz ergänzte Eidesformel vorgeschrieben ist, kann diese dem Wunsch des Schwurpflichtigen entsprechend formuliert werden. Ihm sind dabei keine Einschränkungen aufzuerlegen. Es kann nicht Aufgabe des Gerichts sein, die nach der jeweiligen Konfession zulässige Eidesformel zu ermitteln und beispielsweise die Formulierung „bei Allah dem Allmächtigen und Allwissenden" als Pleonasmus zu kritisieren[8] oder den Schwur „beim Propheten" als unzulässig zurückzuweisen.[9] Die Gebräuchlichkeit der Beteuerungsformel hat das Gericht ebenso wenig zu prüfen wie die Zugehörigkeit zu einer bestimmten Konfession.[10]

Auch bei den Bekenntnisgemeinschaften ist eine weite Auslegung sinnvoll. Zuzulas- 9 sen sind neben den Beteuerungsformeln religiöser Bekenntnisgemeinschaften auch solche weltlicher Bekenntnisgemeinschaften.[11] Auch wenn ein Interesse an möglichst großer Zuverlässigkeit der Aussage besteht, dürfte aber eine Grenze dort zu ziehen sein, wo gewünschte Beteuerungsformeln mit der freiheitlich demokratischen Grundordnung nicht mehr in Einklang zu bringen sind.[12] Des Weiteren ist ein Begehren dann abzulehnen, wenn mit dem Zusatz offensichtlich eine Missachtung des Gerichts zum Ausdruck gebracht werden soll oder er eine Ungebühr des Schwurpflichtigen darstellt, die nach § 178 GVG mit einem Ordnungsgeld belegt werden kann.[13]

III. Formanforderungen

Bei der während des Sprechens der Eidesformel vorgesehenen Erhebung der rechten 10 Hand handelt es sich um eine Sollvorschrift, die sich ihrer Systematik nach auf beide Formen der Eidesleistung bezieht. Ob es sich hierbei um einen religiös motivierten Brauch handelt, ist nicht unumstritten. Dagegen wird vorgebracht, dass das Erheben der Hände in früherer Zeit allein als Zeichen der Friedfertigkeit diente.[14] Nahe liegender erscheint es jedoch, das Erheben der rechten Hand auf die Schwurfinger als Symbole christlichen Bekenntnisses zurückzuführen. Unter Herausstrecken von drei Fingern wurde

---

7 BT-Drucks. 7/2526, 19, 26; Stein/Jonas/*Leipold* § 481 Rdn. 8; MünchKomm/*Schreiber* § 481 Rdn. 2; so im Erg. wohl auch Baumbach/Lauterbach/*Hartmann* § 481 Rdn. 4.
8 *Jünemann* MDR 1970, 725, 727.
9 So aber *Leisten* MDR 1980, 636, 637.
10 BT-Drucks. 7/2526, 19, 16; Stein/Jonas/*Leipold* § 481 Rdn. 8; Baumbach/Lauterbach/*Hartmann* § 481 Rdn. 4.
11 MünchKomm/*Schreiber* § 481 Rdn. 2; Zöller/*Greger* § 481 Rdn. 5; *Heimann-Trosien* JZ 1973, 609, 612.
12 Siehe beispielsweise zur Zulässigkeit eines Eides „bei Lenin" *Heimann-Trosien* JZ 1973, 609, 612.
13 MünchKomm/*Schreiber* § 481 Rdn. 2; Zöller/*Greger* § 481 Rdn. 5.
14 *Heimann-Trosien* JZ 1973, 609, 610 m.w.N.

die Dreieinigkeit Gottes angerufen.[15] Bei einer solchen Einstufung als religiösem Brauch dürfte die Handerhebung bei einer Eidesleistung ohne religiöse Form nicht gefordert werden. Aber auch im Fall des § 481 Abs. 1 ist die Einhaltung dieser Form für die Gültigkeit des Eides ohne Belang. Es handelt sich lediglich um eine Ordnungsvorschrift, bei der ein Verstoß prozessual belanglos ist, so dass auch keine Bedenken dagegen bestehen, einen Linkshänder entgegen dem Wortlaut von Abs. 4 mit der linken Hand schwören zu lassen, wenn er das wünscht. Nicht hinzunehmen ist es hingegen, wenn der Schwurpflichtige durch andere Gesten oder Verhaltensweisen, etwa das Kreuzen der Finger der anderen Hand zu erkennen gibt, dass er in Wahrheit nicht schwören will. Der Schwurpflichtige ist aufzufordern, dies zu unterlassen, anderenfalls ist von einer Eidesverweigerung auszugehen.[16]

11 Es ist allgemeine Übung, dass bei der Ableistung des Eides nicht nur der Schwurpflichtige, sondern alle Anwesenden – auch die Richter – stehen, um der Bedeutung der Eidesleistung Respekt zu zollen. Die Aufforderung des Gerichts, aufzustehen, ist daher als Ordnungsbefehl im Sinne des § 177 GVG anzusehen.[17] Andere Förmlichkeiten können vom Schwurpflichtigen nicht verlangt werden[18] Wünscht er selber die Einhaltung bestimmter Gebräuche, sollte das Gericht dies jedoch ermöglichen, sofern dadurch nicht die Würde des Gerichts verletzt bzw. der Ablauf der Verhandlung erheblich gestört wird. Zulässig ist beispielsweise die Bereitstellung eines Schwurkreuzes auf Verlangen des Eidespflichtigen.[19] Gleiches muss gelten für das Anliegen, bei der Eidesleistung die Hand auf den Koran zu legen, oder zuvor rituelle Waschungen vorzunehmen, sofern dadurch das Verfahren nicht unangemessen verzögert wird.[20]

12 Der gesamte Vorgang der Beeidigung ist nach § 160 Abs. 3 Ziff. 4 in der Niederschrift zu protokollieren (vgl. § 480 Rdn. 10). Da die beiden Formen der Eidesleistung in § 481 Abs. 1 und 2 gleichwertig sind, braucht keine Angabe der vom Schwurpflichtigen gewählten Art der Eidesleistung im Protokoll zu erfolgen.[21] Eine Verletzung der Art. 3 Abs. 3, Art. 4 GG kann jedoch allein in der Aufnahme der Art des Eides im Protokoll nicht gesehen werden.[22] Sie liegt erst dann vor, wenn bei der Würdigung des Beweiswertes einer Aussage darauf abgestellt wird, ob der Eid mit oder ohne religiöse Beteuerung geleistet wird.

IV. Vereidigung mehrerer

13 In den Eidesnormen ist eine gleichzeitige Vereidigung mehrerer Personen nur vorgesehen bei mehreren Zeugen nach § 392 Satz 2 und bei mehreren Sachverständigen über die Verweisungsnorm des § 402. Ungeschriebene Voraussetzung des § 392 Satz 2 ist dabei, dass die mehreren Personen in derselben Sache vernommen worden sind. Aus der Formulierung des Abs. 5 folgt, dass der Richter bei gleichzeitiger Vereidigung mehrerer Personen nach gemeinsamer Eidesbelehrung die Eidesnorm nur einmal vorzusprechen braucht. Nur die Eidesformel ist einzeln zu sprechen. Eine gemeinsame Vereidigung kommt damit nur dann in Betracht, wenn sich die Schwurpflicht aus demselben Rechts-

---

15 *Woesner* NJW 1973, 169, 170, der zu Recht darauf hinweist, dass die Frage, ob ein Schwur mit zwei oder drei Fingern erfolgt und was die Fingerhaltung symbolisiert, in der Theologie seit Jahrhunderten diskutiert wird.
16 Baumbach/Lauterbach/*Hartmann* § 481 Rdn. 5.
17 Zöller/*Greger* § 481 Rdn. 4.
18 Stein/Jonas/*Leipold* § 481 Rdn. 10.
19 BVerfGE 35, 366, 373.
20 *Leisten* MDR 1980, 636, 637; zweifelnd *Jünemann* MDR 1970, 725, 727.
21 So auch Stein/Jonas/*Leipold* § 481 Rdn. 2; **a.A.** Baumbach/Lauterbach/*Hartmann* § 481 Rdn. 2.
22 **A.A.** aber *Maier* DRiZ 1988, 179 zum Strafprozess.

grund ergibt. Soweit schon die Eidesnormen unterschiedlich sind, wie bei Zeugen und Sachverständigen, ist eine gemeinsame Vereidigung ausgeschlossen. Die gemeinsame Vereidigung mehrerer Zeugen wird sich in der Praxis zudem nur dann anbieten, wenn keine differenzierte Belehrung der einzelnen Schwurpflichtigen über das konkrete Eidesthema erforderlich ist. Theoretisch nicht ausgeschlossen ist eine gemeinsame Vereidigung auch dann, wenn von den mehreren Schwurpflichtigen ein Teil mit, der andere ohne religiöse Beteuerung schwören oder nach § 484 seine Aussage nur bekräftigen will, da jeder einzelne die Eides- bzw. Beteuerungsformel selbständig sprechen muss. Da in diesem Fall aber auch in der Eingangsformel differenziert werden muss, erscheint angesichts der Gefahr der Verwirrung eine gemeinsame Vereidigung praktisch nicht sinnvoll.

Die Zulässigkeit einer entsprechenden Anwendung dieser Vorschrift auf die Vereidigung von Dolmetschern und Parteien wird im Schrifttum unterschiedlich beurteilt.[23] Da § 481 Abs. 5 nur die Form der Vereidigung mehrerer regelt, nicht aber deren Zulässigkeit, stellt sich im Grunde nur die Frage nach der entsprechenden Anwendung des § 392 Satz 2 auf Parteien und Dolmetscher. Zwar fehlt es hier an einer dem § 402 vergleichbaren Verweisungsnorm. In Bedeutung und Tragweite der Eidesleistung besteht aber kein Unterschied zu den Aussagen von Zeugen und Sachverständigen, so dass grundsätzliche Bedenken gegen eine gemeinsame Vereidigung von Dolmetschern und Parteien nicht bestehen.[24] Dies dürfte jedoch bei Dolmetschern wenig praxisrelevant sein, da diese zumeist allgemein beeidigt sind, vgl. § 189 GVG. Bei der gemeinsamen Vereidigung mehrerer Parteien ist § 452 Abs. 1 Satz 2 zu beachten, wonach nur eine der Parteien vereidigt werden darf, wenn beide Parteien über dieselbe Tatsache vernommen worden sind und sich die Aussagen widersprechen. Eine gleichzeitige Vereidigung mehrerer Parteien kommt damit nur dann in Betracht, wenn sie auf der gleichen Parteiseite stehen oder übereinstimmend ausgesagt haben. (Vgl. § 452 Rdn. 9.) **14**

Bei Offenbarungsversicherungen mehrerer Schuldner nach §§ 807 Abs. 3, 883 Abs. 2, 4 gilt § 481 nicht, so dass diese grundsätzlich getrennt aufzunehmen sind, zumal sie meist verschiedene Prozesse betreffen.[25] **15**

§ 482
weggefallen

§ 483
Eidesleistung sprach- oder hörbehinderter Personen

(1) **Stumme, die schreiben können, leisten den Eid mittels Abschreibens und Unterschreibens der die Eidesnorm enthaltenden Eidesformel.**
(2) **Stumme, die nicht schreiben können, leisten den Eid mit Hilfe eines Dolmetschers durch Zeichen.**

Die Vorschrift gilt unmittelbar für Stumme und Taubstumme. Ihnen ist der Text der Eidesnorm, aus der sich die Schwurpflicht ergibt, sowie die zu leistende Eidesformel vorzulegen. Soweit diese den Text nicht abschreiben und unterschreiben können, ist ein Dolmetscher für Zeichensprache einzuschalten. Sofern auch auf diesem Weg keine Mög- **1**

---

23 Befürwortend Stein/Jonas/*Leipold* § 481 Rdn. 11; abl. MünchKomm/*Schreiber* § 481 Rdn. 4.
24 **A.A.** MünchKomm/*Schreiber* § 481 Rdn. 4.
25 Baumbach/Lauterbach/*Hartmann* § 481 Rdn. 6.

lichkeit der Verständigung mit dem Schwurpflichtigen über den Eid und seine Bedeutung besteht, hat die Vereidigung zu unterbleiben, vgl. § 393. In den meisten Fällen dürfte dann aber das Beweismittel ohnedies als untauglich zurückzuweisen sein.[1]

2   Auf Taube findet die Vorschrift entsprechende Anwendung. Auch bei Schwerhörigen Personen sollte eine schriftliche Eidesleistung entsprechend § 483 in Betracht gezogen werden, um Missverständnisse und daraus resultierende Fehler bei der Eidesleistung zu vermeiden.[2]

§ 484
Eidesgleiche Bekräftigung

(1) Gibt der Schwurpflichtige an, dass er aus Glaubens- oder Gewissensgründen keinen Eid leisten wolle, so hat er eine Bekräftigung abzugeben. Diese Bekräftigung steht dem Eid gleich; hierauf ist der Verpflichtete hinzuweisen.
(2) Die Bekräftigung wird in der Weise abgegeben, dass der Richter die Eidesnorm als Bekräftigungsnorm mit der Eingangsformel:
„Sie bekräftigen im Bewusstsein Ihrer Verantwortung vor Gericht"
vorspricht und der Verpflichtete darauf spricht:
„Ja".
(3) § 481 Abs. 3, 5, § 483 gelten entsprechend.

Schrifttum

Ebert Der Eid als prozessuales Instrument, JR 1973, 397; *Engelmann* Glaubensfreiheit und Eidespflicht, MDR 1973, 365; *Heimann-Troisien* Zur Beibehaltung und Fassung des Eides, JZ 1973, 609; *Knoche* Zur Gewissensfreiheit beim Eideszwang, DRiZ 1973, 55; *Lange* Zur Problematik der Eidesverweigerung, FS Gallas, 1973, 427; *Nagel* Glaubensfreiheit und prozessuale Eidespflicht nach dem Beschluss des BVerfG vom 11.4.1972, JR 1972, 413; *Rauschert* Beteuerungsformeln statt des Eides, DRiZ 1961, 50; *v. Schlotheim* Thesen zur Eidesfrage, DRiZ 1972, 391; *Stolleis* Eideszwang und Glaubensfreiheit, JuS 1974, 770; *Woesner* Der Gerichtseid als Fremdkörper in der verfassungsmäßigen Ordnung, NJW 1973, 169.

Übersicht

I. Recht zur Eidesverweigerung
   1. Historische Entwicklung —— 1
   2. Der Beschluss des BVerfG vom 11.4.1972 —— 3
   3. Neufassung —— 5
II. Form der Bekräftigung —— 7
III. Geltung der Eidesvorschriften —— 9

I. Recht zur Eidesverweigerung

1   **1. Historische Entwicklung.** Ein Recht zur Verweigerung der Eidesleistung stand nach der bis 1974 geltenden Fassung des § 484 nur Mitgliedern von Religionsgemeinschaften zu, denen das Gesetz den Gebrauch gewisser Beteuerungsformeln anstelle des Eides gestattete. Dieses Privileg bezog sich auf die in den vorigen Jahrhunderten verfolgten und bedrohten Anhänger der heimischen Kirchen, denen die Landesherren Wehr- und Eidesfreiheit gewährten, um ihnen ein Leben nach den Geboten ihres Glaubens zu ermöglichen. Solche Religionsgemeinschaften waren die Mennonitengemeinden in der ganzen Bundesrepublik, ferner auf dem Gebiet des ehemaligen Königreichs Hannover die Herrnhuter Brü-

---

1 Zöller/*Greger* § 483 Rdn. 1; Musielak/*Huber* § 483 Rdn. 1.
2 Baumbach/Lauterbach/*Hartmann* § 483 Rdn. 1.

derunität, im früheren Württemberg die Brüdergemeinde Korntal, dazu einige Sekten wie Nazarener oder Philipponen, die in der Bundesrepublik wenn überhaupt nur noch vereinzelte Anhänger haben.[1] Die Rechtsnormen, welche ihnen den Gebrauch besonderer Beteuerungsformeln gestatten, waren landesherrliche Verordnungen meist aus der 1. Hälfte des 19. Jahrhunderts.[2] In Anbetracht der geringen Zahl von Mitgliedern dieser Religionsgemeinschaften war die Vorschrift im 20. Jahrhundert praktisch kaum mehr von Bedeutung.

Häufiger waren hingegen die Fälle, in denen ein Schwurpflichtiger, der keiner dieser privilegierten Gemeinschaften angehört, die Eidesleistung verweigerte. Bestimmte Religionsgemeinschaften, zu denen etwa die Zeugen Jehovas gehören, verweigern die Eidesleistung, weil sich nach ihrem Glauben aus dem Text der Bibel ein Verbot des Schwurs ergibt,[3] und ihnen die im Eid liegende Selbstverfluchung als mit der christlichen Lehre unvereinbar erscheint. Auch in der evangelischen Theologie ist die Erlaubtheit des Eides ernsthaft umstritten,[4] so dass die Eidesleistung auch von Angehörigen evangelischer Landeskirchen teilweise verweigert wird. Mit der Einbeziehung der Art. 136, 137 der Weimarer Reichsverfassung in das Grundgesetz durch Art. 140 GG geht das Grundgesetz grundsätzlich von der Zulässigkeit des Eides und des Eideszwanges aus.[5] Angehörigen dieser Religionsgemeinschaften wurde demgemäß in den meisten Bundesländern kein Recht zur Eidesverweigerung aus religiösen Gründen und zur Ersetzung der Eidesleistung nach § 484 zugebilligt.[6] Nur Bayern und Rheinland-Pfalz hatten landesrechtliche Regelungen, die ganz allgemein den Mitgliedern von Religionsgemeinschaften, deren Bekenntnis die Eidesleistung untersagt, an Stelle des Eides die Beteuerung nach § 484 gestatteten.[7] Die auf der unterschiedlichen Rechtslage beruhende Ungleichbehandlung wurde allgemein als unbefriedigend empfunden, da keine sachlichen Gründe dafür bestanden, auf die Gewissensbedenken bei einigen Religionsgemeinschaften Rücksicht zu nehmen und sie bei anderen für unbeachtlich zu halten.[8]

2. Der Beschluss des BVerfG vom 11.4.1972. Ausschlaggebend für die Neufassung des § 484 war letztlich der Beschluss des BVerfG vom 11.4.1972.[9] In diesem hat das BVerfG auf die Verfassungsbeschwerde eines die Eidesleistung verweigernden evangelischen Pfarrers festgestellt, dass die Glaubensüberzeugung, welche den Eid auch in seiner nichtreligiösen Form als von Gott verbotene Handlung ansieht, durch das Grundrecht der Glaubensfreiheit gemäß Art. 4 Abs. 1 GG geschützt ist. Die durch Art. 140 GG, Art. 136 Abs. 4 WRV normierte Eidespflicht wird damit durch das nach Stellung und Ge-

---

1 *Rauschert* DRiZ 1961, 50.
2 Z.B. Preußische Verordnung vom 11.3.1827 für Mennoniten; Hannoversche Verordnung vom 16.10.1856, Nds. GVBl. Sb III 1806–1918, S. 171; zu weiteren landesspezifischen Regelungen Stein/Jonas/*Schumann*/*Leipold*, 19. Aufl. § 484 und *Jünemann* MDR 1970, 725.
3 Die Verweigerung der Eidesleistung in diesen Fällen wird zumeist gestützt auf die Bergpredigt Matth. 5, 33–37, vgl. dazu OLG Düsseldorf NJW 1966, 1933, oder auf den Jakobusbrief 5, 12.
4 Nachweise dazu in BVerfG 33, 23, 30.
5 OLG Düsseldorf NJW 1966, 1933.
6 OLG Koblenz NJW 1952, 278; OLG Düsseldorf NJW 1966, 1933.
7 Stein/Jonas/*Schumann*/*Leipold*, 19. Aufl. § 484.
8 *Rauschert* DRiZ 1961, 50, 51; *Jünemann* MDR 1970, 725, 726; Stein/Jonas/*Schumann*/*Leipold*, 19. Aufl. § 484 Fn. 6; **a.A.** *Lange* FS Gallas 1973, 427, 432, der einen sachlichen Grund darin erkennen will, dass bestimmten Gemeinschaften das Privileg deshalb zugestanden worden ist, weil sie es erfahrungsgemäß mit Wahrheit und Wahrhaftigkeit besonders genau nahmen. Ähnlich auch das Minderheitsvotum zum Beschluss des BVerfG vom 11.4.1972 von *v. Schlabrendorff*, BVerfGE 33, 35, 42. Andere Religionsgemeinschaften werden sich aber zu recht dagegen verwehren, dass ihnen von vornherein ein geringeres Maß an Wahrheitsliebe unterstellt wird.
9 BVerfGE 33, 23 = NJW 1972, 1183 = JZ 1972, 515 mit abl. Anm. *Peters*.

wicht bedeutsamere Grundrecht des Art. 4 Abs. 1 GG überlagert. Keine Rolle spielt nach der Entscheidung des BVerfG die umstrittene Frage, ob der Eid auch ohne religiöse Beteuerung ein sakral bestimmtes, im Transzendenten verankertes Institut bleibt,[10] oder ob schwören nicht anders zu qualifizieren ist als geloben.[11] Denn obwohl der Eidesleistung ohne religiöse Beteuerungsformel nur die Bedeutung eines rein weltlichen Gelöbnisses beigelegt wird, unterfällt eine entgegenstehende religiöse Auffassung gleichwohl dem Schutz des Art. 4 Abs. 1 GG, unabhängig davon, ob sie der Sache nach zutrifft.[12] Die Entscheidung des BVerfG ist in der Literatur, die bereits seit längerem eine einheitliche Regelung für alle Religionsgemeinschaften gefordert hatte,[13] denen ihr Glaube die Eidesleistung verbietet, überwiegend begrüßt worden. Eine Vielzahl von auch kritischen Auseinandersetzungen mit diesem Beschluss hat zahlreiche Anregungen hervorgebracht, die zum Teil in die Reform des § 484 eingeflossen sind.[14]

4   Des Weiteren hat das BVerfG auch das von den Gerichten zuvor abgelehnte Recht zur Eidesverweigerung unter Berufung auf das Grundrecht des Art. 4 Abs. 1 GG wegen eines im Gerichtssaal befindlichen Kreuzes anerkannt.[15] Die betreffende Entscheidung stellte jedoch insofern einen Sonderfall dar, als die Betroffenen Juden waren, bei denen vor dem Hintergrund der Verfolgung auch unter dem Kreuz anzuerkennen war, dass sie sich durch das Kruzifix in besonderem Masse in ihrer religiösen Überzeugung verletzt sahen. In der neueren Entscheidung zur Unvereinbarkeit der Anbringung von Kruzifixen in Schulen mit Art. 4 Abs. 1 GG[16] zieht das BVerfG auch den Beschluss zur Eidesverweigerung heran und wertet parallel die Anbringung von Kruzifixen im Gerichtssaal als unzulässige Identifikation des Staates mit dem christlichen Glauben. Man wird daher die Entscheidung des BVerfG nicht länger als bloße Ausnahme für Juden werten können,[17] sondern muss ihr über den Einzelfall hinaus die allgemeine Aussage entnehmen, dass bei Anbringung von Kruzifixen im Gerichtssaal der Eid generell unter Berufung auf Art. 4 Abs. 1 GG verweigert werden kann.

5   **3. Neufassung.** Aufgrund des Beschlusses des BVerfG vom 11.4.1972 war der Gesetzgeber aufgerufen, eine Regelung zur Eidesverweigerung aus Glaubens- und Gewissensgründen zu treffen, die mit Art. 4 Abs. 1 GG in Einklang steht. Zur Herstellung eines verfassungsgemäßen Zustandes wurde demgemäß § 484 durch Art. 2 des Gesetzes zur Ergänzung des Ersten Gesetzes zur Reform des Strafverfahrensrechts vom 20.12.1974[18] neu gefasst. Nach dieser Neuregelung ist das Recht zur Eidesverweigerung nicht mehr auf wenige Religionsgemeinschaften beschränkt, sondern steht jedermann zu. Unter Berufung auf das Grundrecht aus Art. 4 Abs. 1 GG darf der Schwurpflichtige aus Glaubens- oder Gewissensgründen statt des Eides die Bekräftigung wählen. Gewissensgründe erfassen dabei auch nichtreligiöse, z.B. weltanschauliche Motive.[19] Auch wenn § 484 damit im System des Eidesrechts als begründungsbedürftige Ausnahme konzipiert ist, ergeben sich keine unzumutbaren Schwierigkeiten für die Betroffenen, denn aus der Berufung auf das Recht zur

---

10   *Woesner* NJW 1973, 169, 170.
11   *Hirsch* FS Heinitz 1972, 139, 156 f.
12   BVerfGE 33, 23, 26.
13   Z.B. Stein/Jonas/*Schumann*/Leipold, 19. Aufl. § 484.
14   Siehe dazu die Schrifttumsnachweise zu § 484.
15   BVerfGE 35, 366, 373 = NJW 1973, 2196, 2197; anders noch OLG Nürnberg NJW 1966, 1926; BayVerfGH 20, 87, 95.
16   BVerfGE 93, 1 = NJW 1995, 2477.
17   So aber Zöller/*Greger* § 383 Rdn. 3.
18   BGBl I, S. 3686, 3689.
19   Baumbach/Lauterbach/*Hartmann* § 481 Rdn. 4.

Eidesverweigerung aus Glaubens- oder Gewissensgründen folgt die Befreiung von der Eidespflicht. Das Gericht hat nicht zu überprüfen, ob Glauben oder Gewissen des Verweigernden der Eidesleistung tatsächlich entgegenstehen. Die bloße Angabe des Schwurpflichtigen, aus Glaubens- oder Gewissensgründen keinen Eid leisten zu wollen, genügt.[20]

Ein Recht zur Verweigerung auch der eidesgleichen Bekräftigung besteht nicht. Die 6 Bekräftigung der eigenen Ausführungen im Bewusstsein der Verantwortung vor dem Gericht ist nichts anderes als eine Beteuerung der Wahrheit der Aussage, zu welcher der Aussagende ohnehin verpflichtet ist und die generell verlangt werden kann. Bei Verweigerung der eidesgleichen Bekräftigung können damit die bei der Eidesverweigerung vorgesehenen Ordnungsmittel der §§ 390, 409 festgesetzt werden.[21] (Vgl. dazu § 478 Rdn. 2.)

II. Form der Bekräftigung

Die Bekräftigung besteht wie der Eid aus drei Teilen und vollzieht sich wie die Beeidi- 7 gung in zwei Schritten. Der Richter spricht die in § 484 Abs. 2 vorgesehene Eingangsformel und die Eidesnorm vor, die Rechtsgrundlage auch für die Pflicht zur eidesgleichen Bekräftigung ist und an die Eingangsformel ansonsten wortgleich angeschlossen wird. Hierauf hat der Verpflichtete entsprechend der Bekräftigungsformel mit „Ja" zu antworten.

Die Abgabe der Bekräftigung ist wie die Eidesleistung im Protokoll zu vermerken. 8 Der Inhalt der nachgesprochenen Beteuerungsformel braucht aber in das Protokoll nicht aufgenommen zu werden.[22]

III. Geltung der Eidesvorschriften

Auf das Erheben der Hand als Ausdruck des Schwurs wurde bei der eidesgleichen 9 Bekräftigung verzichtet. Zulässig ist jedoch auch hier sowohl die Beifügung zusätzlicher Beteuerungsformeln als auch die gleichzeitige Vereidigung mehrerer durch die Bezugnahme auf § 481 Abs. 3, 5. Stumme und Taube leisten die eidesgleiche Bekräftigung in der Form des § 483.

Aus der fehlenden Verweisung auf § 480 und der Formulierung dieser Vorschrift 10 wird geschlossen, dass keine Verpflichtung zum Hinweis auf die Möglichkeit der Eidesverweigerung besteht. Von demjenigen, der den Eid mit seinem Glauben oder Gewissen für unvereinbar hält, könne erwartet werden, dass er sich auch ohne Belehrung hierauf beruft (Zur Kritik an dieser Begründung vgl. § 480 Rdn. 8). Vorgeschrieben ist lediglich in § 484 Abs. 1 Satz 2 der Hinweis, dass die Bekräftigung hinsichtlich ihrer Wirkungen dem Eid gleichsteht, vor allem auch hinsichtlich der Strafbarkeit, vgl. § 155 StGB. Da eine Eidesverweigerung gegebenenfalls auch nur auf Bedenken hinsichtlich der religiösen Fassung beruhen kann, sollte der Eidesverweigerer in jedem Fall auch auf die Möglichkeit des § 481 Abs. 2 hingewiesen werden, da trotz der Gleichstellung von Eid und Bekräftigung die Beeidigung der Aussage der gesetzlich vorgesehene Regelfall ist und damit grundsätzlich ein Interesse an der Eidesleistung besteht.

Obwohl auf §§ 478, 479 nicht ausdrücklich verwiesen wird, ist von deren entspre- 11 chender Geltung im Rahmen des § 484 auszugehen. Auch die eidesgleiche Bekräftigung muss von dem Schwurpflichtigen in Person geleistet werden. Sie kann ebenso wie die Eidesleistung auch auf einen beauftragten oder ersuchten Richter übertragen werden.

---

20 AK/*Klein* § 484 Rdn. 2; MünchKomm/*Schreiber* § 484 Rdn. 1; einschränkend Baumbach/Lauterbach/*Hartmann* § 484 Rdn. 3, der im Ergebnis eine Überprüfung aber auch für untunlich hält.
21 Zöller/*Greger* § 484 Rdn. 1; Baumbach/Lauterbach/*Hartmann* § 481 Rdn. 4.
22 RGSt 57, 342.

Vor § 485 —— Zweites Buch – Verfahren im ersten Rechtszug

TITEL 12
Selbständiges Beweisverfahren

Vorbemerkungen
vor § 485

Schrifttum

Altschwager Das Schiedsgutachtenverfahren nach § 18 Nr. 3 VOB/B – ein vergessenes Verfahren?, BauR 1991, 157; *v. Bernuth* Schiedsgutachterabreden und die Durchführung selbständiger Beweisverfahren, ZIP 1998, 2081; *Bischof* Streitwert- und Kostenentscheidungsprobleme des neuen selbständigen Beweisverfahrens, JurBüro 1992, 779; *Bork* Effiziente Beweissicherung für den Urheberrechtsverletzungsprozeß – dargestellt am Beispiel raubkopierter Computerprogramme, NJW 1997, 1665; *Cuypers* Das selbständige Beweisverfahren in der juristischen Praxis, NJW 1994, 1985; *Cuypers* Die Streitverkündung im Bauprozeß und selbständigen Beweisverfahren, ZfBR 1998, 163; *Cuypers* Bauvertragsrecht, 1998; *Cuypers* Die Beteiligung mehrerer in selbständigen Beweisverfahren in Bausachen – eine Bilanz nach 10 Jahren, MDR 2004, 314; *Cuypers* Feststellungen im selbständigen Beweisverfahren – eine Bilanz nach 10 Jahren, MDR 2004, 244; *Eibner* Das Ende des Streits um die Streitverkündung im selbständigen Beweisverfahren? BauR 1998, 497; *Enaux* Rechtliche Probleme bei der Streitverkündung im selbständigen Beweisverfahren in Bausachen, FS Walter Jagenburg, 2002, S. 147; *Fink* Das selbständige Beweisverfahren in Bausachen, 2005; *Garger* Das Sachverständigenverfahren im Versicherungsvertragsrecht, 2002; *Gniadek* Die Beweisermittlung im gewerblichen Rechtsschutz und Urheberrecht, 2011 (Rezension *Götz* GRUR Int. 2012, 595); *Greim, Stephan* Probleme des neuen selbständigen Beweisverfahrens am Beispiel von Bausachen, Diss. jur. Potsdam 1996; *Hansens* Selbständiges Beweisverfahren – Anwaltsvergütung, Gegenstandswert, Kostenerstattung Rpfleger 1997, 363; *Hoek* Zum Anspruch auf Beweissicherung auf fremdem Grund und Boden, BauR 1999, 221; *Hoeren* Streitverkündung im selbständigen Beweisverfahren, CR 108 (1995) 343; *Kleine-Möller/Merl* Handbuch des privaten Baurechts, 4. Aufl. 2009, § 17; *Kniffka/Koeble* Kompendium des Baurechts, 3. Aufl. 2008; *Kroppen/Heyers/Schmitz* Beweissicherung in Bausachen, 1982; *Motzke/Bauer/Seewald* (Hrsg.) Prozesse in Bausachen, 2009; *Mugler* Das selbständige Beweisverfahren nach dem Rechtspflege-Vereinfachungsgesetz, BB 1992, 797; *Pauly* Das selbständige Beweisverfahren in Bausachen, JR 1996, 269; *Pauly* Das selbständige Beweisverfahren in der Baurechts-Praxis, MDR 1997, 1087; *Schilken* Grundlagen des Beweissicherungsverfahrens, ZZP 92 (1979), 238; *Schreiber* Das selbständige Beweisverfahren, NJW 1991, 2600; *Seibel* Selbständiges Beweisverfahren, 2013; *Siegburg* Gewährleistung beim Bauvertrag, 3. Aufl. 1994, Rdn. 663 ff.; *Sommer, Barbara* Die Beweisbeschaffung im einstweiligen Rechtsschutz, Diss. Saarbrücken 2013; *Sturmberg* Selbständiges Beweisverfahren und Beweisaufnahme im Zivilprozeß, 1998; *Sturmberg* Die Beweissicherung, 2003; *Thieme* Das „neue" selbständige Beweisverfahren, MDR 1991, 938; *Ulrich* Grundzüge des selbständigen Beweisverfahrens im Zivilprozeß, AnwBl. 2003, 26 (1. Teil), 78 (2. Teil), 144 (3. Teil); *Ulrich* Selbständiges Beweisverfahren mit Sachverständigen, 2. Aufl. 2008; *G. Weber* Die Verdrängung des Hauptsacheverfahrens durch den einstweiligen Rechtsschutz in Deutschland und Frankreich, 1993, S. 73 ff.; *Weise* Praxis des selbständigen Beweisverfahrens, 1. Aufl. 1994 und 2. Aufl. 2002; *Werner/Pastor* Der Bauprozeß, 14. Aufl. 2013, Rdn. 1 ff.; *Weyer* Erste praktische Erfahrungen mit dem neuen selbständigen Beweisverfahren BauR 1992, 313; *Wussow* Das gerichtliche Beweissicherungsverfahren in Bausachen, 2. Aufl. 1981; *Wussow* Probleme der gerichtlichen Beweissicherung in Baumängelsachen, NJW 1969, 1401; *Zwanziger* Das selbständige Beweisverfahren in der Arbeitsgerichtsbarkeit, ZZP 109 (1996) 79.

Übersicht

I. Funktionen des selbständigen Beweisverfahrens
  1. Vorsorgliche Beweiserhebung —— 1
  2. Prozessverhütung durch endgültige Streiterledigung —— 3
  3. Regelungsprobleme —— 5

  4. Tatsachenfeststellung ohne Wahrheitserkenntnis —— 8
  5. Vorprozessuale Tatsachenermittlung —— 9
  6. Verfassung und isolierte Beweiserhebung —— 11

II. Qualifizierung als streitiges Verfahren — 12
III. Abgrenzung zu § 410 Nr. 2 FamFG/Schiedsgutachtenverfahren — 13
IV. Streitverkündung und Nebenintervention
 1. Analoge Anwendung der §§ 66 ff. ZPO — 18
 2. Verjährungshemmung, Alternativverfahren — 22
 3. Kostenerstattung — 24
V. Kosten, Prozesskostenhilfe — 25
VI. Verjährung
 1. Eintritt der Hemmungswirkung — 27
 2. Wegfall der Hemmungswirkung — 30
VII. Analoge Anwendung — 32
VIII. Ausländische vorgezogene Beweis(sicherungs)verfahren — 35
IX. Grenzüberschreitende Beweiserhebung
 1. Beweisbeschaffung im Ausland — 45
 2. Rechtshilfecharakter
  a) Achtung ausländischer Souveränität — 46
  b) Insbesondere: Sachverständigenbeweis — 48

3. Vollzug der Beweiserhebung nach HBÜ, EuBVO und EuGVO
 a) Abgrenzungsbedarf — 53
 b) Entscheidungen i.S.d. Art. 32 EuGVO (Art. 25 EuGVÜ) — 56
4. Internationale Zuständigkeit für selbständige Beweiserhebungen, Verwertbarkeit der Ergebnisse
 a) Anwendbares Recht — 59
 b) Ausländische Beweisverfahren für den künftigen oder bereits anhängigen Inlandsprozess — 61
 c) Inländische Beweisverfahren mit Auslandsbezug
  aa) Nicht ausgeübte deutsche Hauptsachezuständigkeit — 63
  bb) Nur ausländische Hauptsachezuständigkeit — 64
X. Einfluss des Gemeinschaftsrechts und völkerrechtlicher Verträge — 67
XI. Sonstiges — 70

I. Funktionen des selbständigen Beweisverfahrens

1. Vorsorgliche Beweiserhebung. Das Beweissicherungsverfahren der am 1.10.1879 **1** in Kraft getretenen CPO beruhte auf der gemeinrechtlichen Lehre des „Beweises zum ewigen Gedächtnis" (probatio ad perpetuam rei memoriam).[1] Es war ebenfalls schon ein verselbständigtes Verfahren, allerdings mit dem beschränktem Verfahrenszweck der vorsorglichen Beweisführung. Eine vom streitigen Verfahren abgelöste Beweisaufnahme sollte möglich sein, wenn der **Verlust** oder die erschwerte Benutzung des **Beweismittels** drohte. Sofern ein rechtliches Interesse vorlag, ließ § 485 a.F. ZPO auch die Feststellung des Zustandes einer Sache zu. Außerdem kam nach altem Recht eine Beweissicherung in Betracht, wenn der Gegner einer solchen zustimmte.

Mit dem am 1.4.1991 in Kraft getretenen **Rechtspflege-Vereinfachungsgesetz** vom **2** 17.12.1990[2] sind die §§ 485 ff. des ehemaligen Beweissicherungsverfahrens **grundlegend reformiert** und zu einem selbständigen Beweisverfahren ausgestaltet worden. Die Beweissicherungsfunktion ist mit der Neuregelung nicht obsolet geworden, sondern wird von dem Verfahren auch weiterhin erfüllt.

2. Prozessverhütung durch endgültige Streiterledigung. Mit der Neuregelung **3** von 1990 sollten die Aufgaben des Verfahrens nach §§ 485 ff. deutlich erweitert werden.[3] Ausgangspunkt war die Überlegung, dass sich in einer Vielzahl von Fällen der Streit der Parteien auf tatsächliche Fragen beschränkt. Tatsachenfeststellung hilft die Prozessaussichten klären. Unter prinzipieller Aufrechterhaltung der aus dem Prinzip der Beweis-

---

1 *Hahn* Die gesamten Materialien zu den Reichs-Justizgesetzen, Bd. 2/I, S. 342 f.; *Marcus* Gruchots Beiträge 34 (1890), 365, 366; *Schilken* ZZP 92 (1979), 228, 241; vgl. zum „Beweis zum ewigen Gedächtnis" *Endemann* Das deutsche Zivilprozessrecht, 1868, § 161 (S. 607 ff.).
2 BGBl I S. 2847.
3 Begründung zum RegE-RpflVG, BT-Drucks. 11/3621 S. 23.

unmittelbarkeit zu rechtfertigenden tatbestandlichen Anforderungen des § 485 a.F. (§ 485 Abs. 1 n.F.) sind die Voraussetzung für die schriftliche Begutachtung durch einen Sachverständigen in § 485 Abs. 2 gelockert worden. Hierdurch sollen die Parteien die Möglichkeit erhalten, ohne Klageerhebung ihren Streit auf eine gesicherte Tatsachengrundlage zu stellen und somit einen Prozess zu vermeiden. Mit diesem Ziel der **Prozessvermeidung** korrespondieren weitere 1991 in Kraft gesetzte Änderungen, insbesondere die in § 492 Abs. 3 vorgesehene Möglichkeit einer Erörterung nebst Protokollierung eines gerichtlichen Vergleichs.

4   Auch soweit es um Prozessvermeidung als Verfahrensziel geht, handelt es sich nicht um ein Streitentscheidungsverfahren. **Art. 6 Abs. 1 EMRK** ist daher **nicht** auf das selbständige Beweisverfahren **anwendbar**, so wie alle interlokutorischen Verfahren ausgenommen sind.[4]

5   **3. Regelungsprobleme.** Für ein verselbständigtes Beweisverfahren muss u.a. festgelegt werden, über welche tatsächlichen Sachverhalte es stattfinden soll, auf welche Beweismittel des Strengbeweises es erstreckt werden darf, ob in eine richterliche Beweiswürdigung des Wertes der Beweismittel einzutreten ist und ob bzw. inwieweit die Beweiserhebung nur für etwaige zukünftige Prozesse oder auch außerhalb eines bereits anhängigen Prozesses zulässig ist.

6   Nicht selbstverständlich ist die Ausklammerung der **Parteivernehmung**, die etwa nach Art. 222 der bernischen ZPO bei Gefahr des Ablebens der Partei oder wegen deren bevorstehender längerer Abwesenheit zulässig ist. Die Nichtberücksichtigung in der ZPO ist nach Abschaffung des gestabten Parteieides und Einführung der Parteivernehmung ein Anachronismus. **Urkunden** sind in der ZPO an anderer Stelle berücksichtigt worden. Deren Echtheit oder Unechtheit kann mit der Klage nach § 256 Abs. 1 festgestellt werden. Dieses selten benutzte Verfahren ergänzt das selbständige Beweisverfahren der §§ 485 ff.

7   Ausgeklammert ist aus § 485 Abs. 2 auch die **Augenscheinseinnahme**. Daraus resultieren Abgrenzungsprobleme, wenn es um die Erhebung von Befundtatsachen geht, die nur ein Sachverständiger als Augenscheinsmittler feststellen kann, ohne dass zugleich ein Gutachten erstattet werden soll. Bei einer Kombination von Augenscheinseinnahme durch den Sachverständigen und Gutachtenerstattung ist ein einheitlicher Sachverständigenbeweis gegeben, der unter § 485 Abs. 2 fällt. Dies sollte aber auch bei bloßer Erhebung von Befundtatsachen gelten (dazu auch § 372 Rdn. 6). Bedeutung hat dies für die Realisierung von **Besichtigungsansprüchen nach § 809 BGB** zur Aufklärung von Schutzrechtsverletzungen bei den Rechten des geistigen Eigentums. Sie ist im Vorfeld eines Verletzungsprozesses zu ermöglichen, wie Art. 7 der Richtlinie 2004/48/EG zur Durchsetzung der Rechte des geistigen Eigentums und Art. 43 TRIPS-Abkommen vorschreiben (dazu vor § 284 Rdn. 23 ff. und § 485 Rdn. 6). **Rechtspolitische Alternative** dazu ist der Einsatz des einstweiligen Verfügungsverfahrens, in dem der Anspruch aus § 809 BGB – die Hauptsache des Besichtigungsanspruchs vorwegnehmend – tenoriert wird. Dieser Weg führt über § 892 sogar zur direkten Erzwingung der Besichtigung, während ein rein beweisrechtliches Vorgehen über einen erweiterten § 485 Abs. 2 bei Weigerung des zur Duldung der Besichtigung verpflichteten Antragsgegners nur mittelbare Sanktionen unter dem Gesichtspunkt der Beweisvereitelung auslösen würde. Die Ausnahme des unmittelbaren Zwangs kennt nur § 372a Abs. 2. Tatsächlich handelt es sich

---

[4] EGMR, 25.3.2004, Rs. 71888/01 – Lamprecht/Österreich, ÖJZ 2004, 818, 819 (zum österr. Beweissicherungsverfahren).

um einen Zwitter aus Beweiserhebung durch einen Sachverständigen und materiellrechtlicher Zugangsverschaffung zum Beweisobjekt.[5]

4. Tatsachenfeststellung ohne richterliche Wahrheitserkenntnis. Von welchem 8
Sachverhalt der Richter im Prozess auszugehen hat, wird weitgehend vom beiderseitigen Parteivortrag bestimmt. Behaupten, Bestreiten, Nichtbestreiten und Geständnis entscheiden über den Umfang der Beweisbedürftigkeit. Nur widerstreitende tatsächliche Behauptungen bedürfen der Feststellung durch Beweiserhebung. Vorprozessual ist darüber wenig oder nichts bekannt. Ein isoliertes Beweisverfahren kann daher nur auf **Vermutungen** des Antragstellers über mögliche **künftige Beweisbedürftigkeit** aufbauen und sich auf vorprozessual bereits konkret erkennbare Streitpunkte ausrichten oder sich an anwaltlicher Lebenserfahrung orientieren. Es fehlt außerdem die Steuerung durch Prüfung der rechtlichen Relevanz des Tatsachenvortrags im Rahmen einer richterlichen **Schlüssigkeitsprüfung.** Anlass für eine richterliche Überzeugungsbildung von der Wahrheit einer Tatsachenbehauptung besteht deshalb in dieser Situation nicht.

5. Vorprozessuale Tatsachenermittlung. Die Beschaffung von Informationen über 9
den Prozessstoff des Zivilprozesses kann auch Informationsbeschaffung durch Beweispersonen und Beweisobjekte in einer vorweggenommenen Beweisaufnahme bedeuten. Der englische und der US-amerikanische Zivilprozess kennen ein vorgelagertes Verfahrensstadium zur Vorbereitung der konzentrierten Hauptverhandlung (trial), in dem eine Sichtung der Beweismittel (**pretrial discovery** bzw. **disclosure**) üblich ist (unten Rdn. 41 ff.). Es dient der Beweisbeschaffung, wobei die Reichweite der Ausforschung und die Möglichkeit zum Missbrauch der Institution für verfahrensfremde Zwecke in den einzelnen Prozessordnungen unterschiedlich begrenzt werden; überwiegend findet danach eine Hauptverhandlung gar nicht mehr statt. Der andere Verfahrenshintergrund erlaubt keine Gleichsetzung mit dem selbständigen Beweisverfahren der ZPO. **Funktionale Äquivalente** zur vorprozessualen Information sind im deutschen Recht materiell-rechtliche Auskunftsansprüche sowie im Umfang variierende Substantiierungslasten und differenzierende Verteilungen von Darlegungs- und Beweislasten im Prozess (eingehend zu Mitwirkungspflichten der Parteien bei der Stoffsammlung; vor § 284 Rdn. 17 ff. sowie oben Rdn. 7).

Ausforschung soll mit dem selbständigen Beweisverfahren nicht betrieben werden 10
dürfen[6] (näher dazu § 485 Rdn. 4). Die Grenzen sind aber vage, was mangels richterlicher Schlüssigkeitsprüfung auch nicht verwundert. So kann das Verfahren gegen mehrere Antragsgegner betrieben werden, um den richtigen Anspruchsgegner herauszufinden[7] (§ 487 Rdn. 4), und der Schadenserforschung durch Sachverständige dienen (§ 485 Rdn. 51f.).

6. Verfassung und isolierte Beweiserhebung. In der Schweiz ist die Frage nach 11
einem verfassungsrechtlich fundierten „**Recht auf Beweis**" aufgeworfen worden, vor dem sich Bereitstellung und Reichweite bzw. Beschränkung der vorsorglichen Beweisführung rechtfertigen sollen.[8] In Deutschland ließe es sich aus dem Anspruch auf effektive Justizgewähr (Art. 19 Abs. 4 GG, Rechtsstaatsprinzip)[9] ableiten.[10] Beschränkun-

---

5 Näher dazu *Ahrens* FS Loschelder (2010), S. 1, 2.
6 Vgl. nur RegE Rpfl.VereinfG, BT-Drucks. 11/ 3621 S. 41.
7 OLG Frankfurt/M. BauR 1995, 275.
8 *Kofmel* Das Recht auf Beweis im Zivilverfahren, Bern 1992.
9 Vgl. dazu Wieczorek/Schütze/*Prütting*[3] Einl. Rdn. 94 f.
10 Zur Bereitstellung wirksamen Rechtsschutzes in angemessener Zeit BVerfGE 54, 39, 41; BVerfGE 55, 349, 369; 60, 253, 269; 93, 1, 13.

gen bestehen insbesondere durch den numerus clausus der zugelassenen Beweismittel und das Erfordernis eines in § 485 näher ausformulierten rechtlichen Verfahrensinteresses. Die Abklärung der Aussichten eines künftigen Rechtsstreits verbunden mit der Chance vereinfachter Streiterledigung („Vermeidung eines Rechtsstreits" – § 485 Abs. 2 Satz 2) muss vom Gesetzgeber von Verfassungs wegen nicht ermöglicht werden. Auch die Vermeidung künftiger Beweisnot infolge Beweismittelverlustes steht unter Abwägungsvorbehalt des **Gesetzgebers,** der das Prinzip der Beweisunmittelbarkeit dagegen in **voller Gestaltungsfreiheit** austarieren darf.[11]

II. Qualifizierung als streitiges Verfahren

12   Unterschiedlich beantwortet wird die Frage, ob das selbständige Beweisverfahren, das von „Partei" und „Gegner", nicht aber von „Beteiligten" spricht, ein Teil der streitigen Gerichtsbarkeit ist.[12] Ein Beweisverfahren kann allerdings **ohne bezeichneten Gegner** stattfinden (§ 494); die verjährungsunterbrechende Wirkung des selbständigen Beweisverfahrens (§ 204 Abs. 1 Nr. 7 BGB) tritt in diesem Fall nicht ein (vgl. § 494 Rdn. 11). Gleichwohl hat auch das gegnerlose Verfahren prozesspräparatorischen Charakter. Es ist daher ebenfalls der streitigen Gerichtsbarkeit zuzuordnen.[13] Eine praktische Relevanz des Streits besteht nicht, es sei denn, daraus sollten Schlüsse auf die Anwendbarkeit allgemeiner Verfahrensregeln gezogen werden, was jedoch nicht erkennbar ist und abzulehnen wäre. Zweifelsfragen über die Anwendbarkeit von Normen der ZPO wie z.B. der Streitverkündung (§§ 72ff.; dazu unten Rdn. 18ff.) sind jeweils eigenständigen Wertungen folgend zu lösen.

III. Abgrenzung zu § 410 Nr. 2 FamFG/Schiedsgutachtenverfahren

13   § 410 Nr. 2 FamFG (ex § 164 FGG) sieht die Ernennung eines Sachverständigen durch ein Amtsgericht vor, wenn dem Antragsteller nach den Vorschriften des Bundesrechts (BGB oder anderer Bundesgesetze) ein materiell-rechtlicher Anspruch auf **Untersuchung einer Sache** zusteht, durch die deren Zustand oder Wert festgestellt werden soll. Beispiele hierfür finden sich in den §§ 1034, 1067 Abs. 1 Satz 2, 1075 Abs. 2 BGB (Feststellung des Zustandes bzw. Wertes einer mit einem Nießbrauch belasteten Sache), § 1377 Abs. 2 Satz 3 BGB (Bestimmung des Anfangsvermögens bei Zugewinngemeinschaft), § 2122 BGB (Zustand einer Sache bei Nacherbschaft) sowie im Transportrecht (veraltete Regelungen über die Feststellung von Transportschäden zur Vermeidung des Anspruchsverlustes gegen den Frachtführer, §§ 438 Abs. 2 und 3 HGB,[14] 611 Abs. 2 HGB).

14   § 410 Nr. 2 FamFG dient der Verwirklichung eines materiell-rechtlichen **Anspruchs auf Begutachtung**, während die §§ 485ff. ZPO zur Durchsetzung eines materiell-rechtlichen Anspruches eine Tatsachenfeststellung ermöglichen. Das Verfahren nach § 410 Nr. 2 FamFG löst im Gegensatz zum selbständigen Beweisverfahren (vgl. § 493 Abs. 1 ZPO) keinerlei Bindungswirkung aus.[15] Beide Verfahren stehen zur freien Auswahl des Antragstellers selbständig nebeneinander.

---

11   A.A. für das Schweizer. Recht *Kofmel* aaO (Fn. 8), S. 278f.
12   Bejahend *Schilken* ZZP 92 (1979), 238, 239ff.; Rosenberg/Schwab/*Gottwald*[17] § 117 Rdn. 1; Stein/Jonas/ *Leipold*[22] vor § 485 Rdn. 2; differenzierend *Hoeren* ZZP 108 (1995), 343, 349f., 352f.; s. auch Zöller/*Herget*[29] vor § 485 Rdn. 3.
13   Generell in diesem Sinne *Schilken* ZZP 92 (1979), 238, 241f.; vgl. ferner *Hahn* Mat. 2/1, S. 343; *Marcus* Gruchot 34 (1890), 365, 368.
14   Vgl. dazu MünchKommHGB/*Herber/Eckardt* Band 7, 2. Aufl. 2009, § 438 Rdn. 13ff., 22.
15   Vgl. BayObLG OLGRspr. 43 (1924), 207f.

Mit der Einleitung des einen Verfahrens geht nicht schlechthin das Rechtsschutz- 15 bedürfnis für das andere Verfahren verloren.[16] Allerdings darf eine aus den Feststellungen des nach § 410 Nr. 2 FamFG bestellten Sachverständigen eventuell resultierende materiell-rechtliche Bindungswirkung nicht durch ein selbständiges Beweisverfahren umgangen werden (vgl. dazu die Ausführungen zum Schiedsgutachtervertrag § 486 Rdn. 15). Es ist sorgfältig zu prüfen, was Gegenstand der Sachverständigenbegutachtung (nur dann stellt sich überhaupt die Abgrenzungsfrage) sein soll. Feststellungen **materiell-rechtlicher Anspruchsvoraussetzungen**, die auf entsprechender gesetzlicher Grundlage dem Sachverständigen obliegen, erfolgen nach § 410 Nr. 2 FamFG, ansonsten kommt § 485 ZPO zur Anwendung. Ein selbständiges Beweisverfahren auf Einnahme richterlichen Augenscheins oder Vernehmung von Zeugen (§ 485 Abs. 1, 1. Variante, 2. Variante) ist neben einem Verfahren nach § 410 Nr. 2 FamFG unbeschränkt zulässig.

Entsprechendes gilt für das Verhältnis der Sachverständigenverfahren nach **§ 84** 16 **VVG** zum selbständigen Beweisverfahren der §§ 485 ff.[17] Es handelt sich bei ihnen um **Schiedsgutachtenverfahren**.[18] Ferner kann das Schiedsgutachtenverfahren nach **§ 18 Nr. 3 VOB/B** mit dem selbständigen Beweisverfahren kumulativ zusammentreffen.[19] Durch eine Schiedsgutachtervereinbarung wird das Vorgehen nach §§ 485 ff. nicht ausgeschlossen.[20] Wesentliche Unterschiede bestehen darin, dass das Gericht auf eine sachgerechte und zügige Begutachtung mehr Einfluss nehmen kann als die Parteien auf einen von ihnen beauftragten Schiedsgutachter, was bei Eilbedürftigkeit der Beweiserhebung bedeutsam ist, und dass die justizförmige Beweiserhebung regelmäßig bindend ist, während ein Schiedsgutachten bei Streit über die Wirksamkeit der Abrede eventuell nachträglich für nichtbindend erklärt wird.[21] Kann allerdings nach Einholung des Gerichtsgutachtens noch eine Schiedsgutachterbeurteilung stattfinden und ist die zugrunde liegende Vereinbarung rechtswirksam, hat das Schiedsgutachten Vorrang bei der nachfolgenden Streitentscheidung; durch Einleitung eines selbständigen Beweisverfahrens darf sich der Antragsteller nicht seinen vertraglichen Bindungen, die u.a. die Auswahl eines personell bestimmten Sachverständigen betreffen können, entziehen.[22]

Verfahren mit Unterschieden, aber auch Parallelen zum selbständigen Beweisver- 17 fahren finden sich für Binnenschiff- und Floßunfälle in dem **Verklarungsverfahren** der §§ 11 ff. Binnenschiffahrtsgesetz.[23] Auch das Verklarungsverfahren ist ein Verfahren der freiwilligen Gerichtsbarkeit (§ 375 Nr. 2 FamFG).[24]

---

16   A.A. Stein/Jonas/*Leipold*[22] vor § 485 Rdn. 5.
17   Noch weitergehend LG München NJW-RR 1994, 255 f., welches anscheinend immer ein selbständiges Beweisverfahren nach §§ 485 ff. neben einem Verfahren nach § 84 (ex § 64 VVG) für möglich hält (Grund: mögliche Einigung der Parteien und Verzicht auf Schiedsgutachten nach Vorlage des gerichtlichen Sachverständigengutachtens).
18   BGH VersR 1976, 821, 823.
19   Vgl. dazu *Altschwager* BauR 1991, 157, 161 ff.; *Ulrich* AnwBl. 2003, 26, 28.
20   OLG Brandenburg NJW-RR 2002, 1537, 1538; *v. Bernuth* ZIP 1998, 2081, 2084; **a.A.** OLG Hamm NJW 1998, 689 („unnütze Beweiserhebung" nach Einleitung des Sachverständigenverfahrens gem. § 14 AKB).
21   OLG Brandenburg NJW-RR 2002, 1537, 1538.
22   Vgl. dazu *v. Bernuth* ZIP 1998, 2081, 2084 f.
23   Gesetz v. 15.6.1895 i.d.F. der Bekanntmachung vom 20.5.1898, RGBl S. 369, 868, geändert durch Gesetz zur Änderung der Haftungsbeschränkung in der Binnenschifffahrt v. 25.8.1998, BGBl I S. 2485. Zum dortigen Verfahren SchiffOG Karlsruhe NZV 1993, 441; Wussow/*Kürschner* Unfallhaftpflichtrecht, 15. Aufl. 2002, Kap. 67 Rdn. 9 ff.; *v. Waldstein* Das Verklarungsverfahren im Binnenschifffahrtsrecht, 1992, S. 118 ff.
24   SchiffOG Karlsruhe NZV 1993, 441 (gegen analoge Anwendung des § 494a).

IV. Streitverkündung und Nebenintervention

18 **1. Analoge Anwendung der §§ 66 ff. ZPO.** Trotz des eindeutigen Votums des Gesetzgebers für eine analoge Anwendung der §§ 66 ff. auf das selbständige Beweisverfahren[25] ist nach der Novellierung von 1991 streitig geblieben, ob Streitverkündung und Nebenintervention im selbständigen Beweisverfahren möglich sind. Die herrschende Meinung bejaht dies.[26] Trotz der zustimmenden Entscheidungen des BGH vom 5.12.1996 und 2.10.1997 haben ablehnende Stimmen[27] nicht an Gewicht verloren. Der Beitritt des Streitverkündungsempfängers muss vor der Beendigung des selbständigen Beweisverfahrens erfolgen[28] (zur Bestimmung dieses Zeitpunkts unten Rdn. 30).

19 Die analoge Anwendung der §§ 66 ff. soll das rechtliche Gehör für den Dritten gewährleisten, dem der Streit verkündet werden soll; sie soll ferner dem Zweck der Neuregelung des selbständigen Beweisverfahrens dienen, widersprüchliche Prozessergebnisse zu vermeiden sowie die Zahl der Prozesse zu verringern, indem dem Streitverkündungsempfänger eine frühzeitige Einflussnahme auf das Verfahren ermöglicht wird. **Dritten** wird vom BGH ein **eigenständiges Interesse** an der Nebenintervention (zu diesem Kriterium der Interpretation § 66 Rdn. 13) und an der Streitverkündung im selbständigen Beweisverfahren attestiert.[29] In Betracht kommen Konstellationen im Bauprozess, bei denen Rückgriffsansprüche des Generalunternehmers (und Antragstellers oder Gegners im selbständigen Beweisverfahren) gegen einen Subunternehmer bestehen können. In diesem Fall kann der Subunternehmer ein rechtliches Interesse daran haben, dass im selbständigen Beweisverfahren unter Berücksichtigung eigenen Spezialwissens tatsächliche Feststellungen getroffen werden, die einem materiell-rechtlichen Anspruch gegen den Generalunternehmer die Grundlage entziehen und damit das Entstehen einer Regresslage verhindern.

20 Die **Entscheidung des BGH ist fragwürdig.** Das Zusammenziehen von Nebenintervention und Streitverkündung in der Argumentation verdeckt, dass es auf eine eigene Interessenverfolgung des Dritten nur bei der Nebenintervention ankommt, während die Streitverkündung ausschließlich den Interessen des Streitverkünders dient.[30] Im baurechtlichen Schrifttum wird der Nutzen der Analogie für den Bauprozess in Zweifel gezo-

---

25 Rechtsausschuss, BT-Drucks. 11/8283 S. 48.
26 BGHZ 134, 190, 192 f. = NJW 1997, 859 = VersR 1997, 855 f. = JZ 1998, 260 m. Anm. *Gottwald/Malterer* BGH BauR 1998, 172, 173; BGH NJW 2009, 3240 Tz. 11; OLG Karlsruhe NJW 2010, 621 (zur Bedingungsfeindlichkeit des Beitritts); weitere Nachweise bei Wieczorek/Schütze/*Mansel*[3] § 66 Rdn. 14 (in Fußn. 37). Nach Abschluss der Kommentierung von *Mansel* haben die Möglichkeit von Streitverkündung und Nebenintervention bejaht: OLG Karlsruhe NJW 1998, 238, 239; KG VersR 2001, 602, 603; OLG Oldenburg NJW-RR 1995, 829, 830; OLG Frankfurt BauR 1995, 426 f.; OLG Koblenz MDR 1994, 619 f. = OLGZ 1994, 231, 232; OLG Köln OLGZ 1993, 485, 486; Stein/Jonas/*Leipold*[22] § 487 Rdn. 7; *Kunze* NJW 1997, 1290 f. und NJW 1996, 102, 104; *Hoeren* ZZP 108 (1995), 343, 357; Kleine-Möller/Merl/*Oelmaier*[2] § 17 Rdn. 10 (unter Aufgabe der gegenteiligen Ansicht der Vorauflage); *Quack* BauR 1994, 153; *Werner/Pastor* Der Bauprozess[14] Rdn. 47 ff.; *Koeble* Gewährleistung und selbständiges Beweisverfahren in Bausachen[2] S. 112; *Weller* Selbständiges Beweisverfahren und Drittbeteiligung, Diss. iur. Bonn 1994, S. 148.
27 Nachweise bei Wieczorek/Schütze/*Mansel*[3] § 66 Rdn. 14 (in Fn. 37); dieser Kommentierung zeitlich nachfolgend OLG Hamm OLG-Report 1993, 204; MünchKomm/*Schreiber*[4] § 485 Rdn. 23; *Cuypers* NJW 1994, 1985, 1991; *Cuypers* MDR 2004, 314, 316 f.; *Bohnen* BB 1995, 2333, 2337 (wegen fehlender Interventionswirkung).
28 OLG Karlsruhe MDR 1998, 238, 239.
29 BGHZ 134, 190, 193 = NJW 1997, 859. Zu Gegenanträgen des Streithelfers OLG München NJW-RR 1996, 1277 f.; *Enaux* FS Jagenburg, 2002, S. 147, 158; generell zu Gegenanträgen Wieczorek/Schütze/*Ahrens*[4] § 485 Rdn. 13 ff.
30 Vgl. *Cuypers* ZfBR 1998, 163, 170; *Eibner* BauR 1998, 497, 498.

gen.³¹ Unklar ist, worin die **Streitverkündungswirkungen** des Beweisverfahrens mangels eigenständiger richterlicher Entscheidung (vgl. §§ 72 Abs. 1, 68) und angesichts bloßer Gutachtenniederlegung bestehen sollen, sieht man von der Verjährungshemmung (§ 204 Abs. 1 Nr. 6 BGB) ab. In Betracht kommen dafür nur der Ausschluss neuer Begutachtung nach §§ 485 Abs. 3, 412 und das Abschneiden von Einwendungen gegen die Qualität des im selbständigen Beweisverfahren eingeholten Sachverständigengutachtens, weil nicht fristgerecht nach §§ 411 Abs. 4, 492 Abs. 1 Anträge zur Begutachtung gestellt oder Ergänzungsfragen mitgeteilt worden sind. Relevant wird dies, wenn der Streitverkünder gegen den Empfänger der Streitverkündung prozessiert und das Gutachten vom Streitverkünder analog § 493 Abs. 1 benutzt wird.³² Der Empfänger der Streitverkündung ist freilich nicht gehindert, ein eigenes Beweisverfahren zu beantragen.³³ Folgeprobleme entstehen hinsichtlich der **Kosten des Streitverkündungsempfängers**, der selbst bei Beteiligung am Beweisverfahren nur beschränkt über § 494a Abs. 2 vorgehen kann (dazu unten Rdn. 24 und § 494a Rdn. 24 ff.). Zweckmäßig ist es, die **Zulässigkeit des Beitritts** mittels rechtzeitiger **Rüge** (§ 71) im Beweisverfahren prüfen zu lassen.

Streitverkündungen dürfen nicht zu dem **Beschleunigungszweck** des selbständi- 21 gen Beweisverfahrens in Widerspruch treten. Das kann der Fall sein, wenn Streitverkündungsempfänger ihrerseits den Streit an weitere Nachunternehmer verkünden wollen. In der Praxis des Bauprozesses sind ganze „Bäume" an Streitverkündungen zu beobachten.³⁴ Derartige weitere Streitverkündungen sollten als unzulässig angesehen werden.³⁵ Jedenfalls kann der Streithelfer keine Gegenanträge stellen, die nur für sein Verhältnis zu einem weiteren Streithelfer bedeutsam sind.³⁶

2. Verjährungshemmung, Alternativverfahren. Mit der Zulassung der Streitver- 22 kündung ist zugleich das Verjährungsrisiko des Streitverkünders und damit das Regressrisiko seines Anwalts gebannt. Da die Streitverkündungsschrift ohne Prüfung der Zulässigkeit der Streitverkündung zugestellt wird³⁷ und eine Prüfung erst im Folgeprozess als Voraussetzung der Interventionswirkung erfolgt,³⁸ bestand bis zu der positiven Entscheidung des BGH die Gefahr, dass sich erst dort und nach Ablauf der Verjährungsfrist die Wirkungslosigkeit der Streitverkündung³⁹ herausstellte. Der BGH hatte der **Streitverkündung** im selbständigen Beweisverfahren verjährungsunterbrechende Wirkung analog § 209 Abs. 2 Nr. 4 BGB a.F. zuerkannt.⁴⁰ Die Schuldrechtsreform von 2001 hat daraus in § 204 Abs. 1 Nr. 6 BGB eine **verjährungshemmende Wirkung** gemacht. Für die Erhebung einer Feststellungsklage, die als Alternative zur Streitverkündung genutzt wurde, fehlt es seit Klärung der Grundsatzfrage am Feststellungsinteresse.

Der Antragsteller kann **alternativ** Beweisverfahren **gegen alle** in Betracht kommen- 23 den Anspruchsgegner einleiten (vgl. dazu § 487 Rdn. 4). Auch der Antragsgegner kann

---

31 *Cuypers* ZfBR 1998, 163, 170 ff.; anders aber wohl *Enaux* FS Jagenburg S. 147, 155 (zur „technischen Schützenhilfe" des Empfängers der Streitverkündung).
32 Vgl. BGH BauR 1998, 172; Musielak/*Huber*¹⁰ § 493 Rdn. 2.
33 BGH NJW-RR 2012, 224 Tz. 24.
34 *Cuypers* MDR 2004, 314, 316; *Schwenker* Anm. zu BGH NJW 2012, 2810, 2813 („kaum mehr praktikabel").
35 LG Berlin BauR 1996, 435; **a.A.** *Enaux* FS Jagenburg S. 147, 157.
36 OLG Karlsruhe MDR 2008, 1354.
37 OLG München NJW 1993, 2756.
38 BGHZ 100, 257, 259; BGH NJW 1982, 281, 282; OLG München NJW 1993, 2756, 2757.
39 Nur eine zulässige Streitverkündung löst deren prozessuale und materiell-rechtliche Wirkungen aus, OLG München NJW 1993, 2756, 2757.
40 BGH NJW 1997, 859, 860.

seinerseits bei eventuellen Regressmöglichkeiten selbständige Beweisverfahren gegen Dritte einleiten. Ob solche weiteren selbständigen Beweisverfahren nach § 147 mit dem Ausgangsverfahren verbunden werden können, was grundsätzlich zu bejahen ist, wird mit unterschiedlichen Ergebnissen diskutiert.[41] Wenn eine Verbindung vorgenommen wird, besteht lediglich eine faktische, aus der Identität der Beweisaufnahme resultierende Bindung. Die Streitverkündung ist deshalb vorzuziehen, wenn sie eine weitergehende Wirkung hat (zu Zweifeln vorstehend Rdn. 18 ff.).

24   **3. Kostenerstattung. Streitverkündungskosten** sind, da die Streitverkündung nicht der Rechtsverfolgung gegenüber dem Gegner dient, nicht erstattungsfähig.[42] Bei **Nebenintervention** bestimmt sich die Kostenerstattung nach § 101 (dazu auch § 494a Rdn. 26). Hat der Nebenintervenient im Beweisverfahren auf Seiten des späteren Klägers gestanden, tritt er dann jedoch im Hauptprozess auf Seiten des Beklagten bei, so kann er im Kostenfestsetzungsverfahren des Prozesses nicht Erstattung der ihm im Beweisverfahren entstandenen Kosten vom Kläger verlangen.[43] Versagt werden sollte die Anwendung des § 101 auch, wenn der Streitverkündungsempfänger dem Gegner des Streitverkünders beitritt.[44] Zur Anwendung des § 494a s. dort Rdn. 24 ff.

V. Kosten, Prozesskostenhilfe

25   Zu den **Kosten** des selbständigen Beweisverfahrens vgl. Wieczorek/Schütze/*Steiner*[3] § 91 Rdn. 39 und Wieczorek/Schütze/*Ahrens*[4] § 494a, dort insbesondere Rdn. 51 ff. und 67 ff.

26   Nach zutreffender[45] – wenn auch für §§ 485 ff. ZPO a.F. nicht unbestrittener – Ansicht[46] kann für das selbständige Beweisverfahren **Prozesskostenhilfe** gewährt werden. Die Gegenansicht verkennt die streitschlichtende Funktion des selbständigen Beweisverfahrens und treibt die Parteien eventuell aus Kostengründen in ein an sich überflüssiges streitiges Verfahren. Auch für den Antragsgegner kommt die Bewilligung von Prozesskostenhilfe in Betracht.[47] Selbst nach Entscheidung über den Antrag kann dem Antragsgegner noch Prozesskostenhilfe bewilligt werden. Die entgegengesetzte Ansicht[48] verkennt, dass auch nach diesem Zeitpunkt das Verfahren von den Parteien beeinflusst werden kann (z.B. durch Antrag auf Ergänzung des Sachverständigengutachtens, Anhörung des Sachverständigen, § 411 Abs. 3, Abs. 4 ZPO) und dass eine mündliche Erörterung (§ 492 Abs. 3 ZPO) in Betracht kommt, in der anwaltliche Vertretung geboten sein kann. Die Prüfung der Erfolgsaussichten bezieht sich auf Seiten des Antragstellers nur auf die Zulässigkeit der selbständigen Beweiserhebung, nicht auf die etwaige spätere

---

41   Bejahend KG BauR 1989, 241, 243; LG Bonn BauR 1984, 306; *Cuypers* ZfBR 1998, 163, 171; Werner/*Pastor*[14] Rdn. 94; ablehnend *Weise*[1] Rdn. 332 f.
42   Vgl. Wieczorek/Schütze/*Steiner*[3] § 91 Rdn. 102.
43   OLG Hamburg MDR 1989, 825 f.
44   Zulässigkeit verneinend OLG Dresden IBR 2004, 175; bejahend OLG Nürnberg BauR 2008, 570; OLG Köln NJW-RR 2010, 1679, 1681.
45   OLG Köln VersR 1995, 436 f. = Rpfleger 1995, 303; OLG Oldenburg MDR 2002, 910; OLG Saarbrücken MDR 2003, 1436; OLG Stuttgart MDR 2010, 169; LG Kiel SchlHA 1989, 44; LG Köln NJW-RR 1987, 319; Wieczorek/Schütze/*Steiner*[3] vor § 114 Rdn. 3.
46   LG Bonn MDR 1985, 415; prinzipiell ablehnend auch LG Flensburg SchlHA 1987, 154.
47   Wieczorek/Schütze/*Steiner*[3] vor § 114 Rdn. 3; **a.A.** LG Hannover JurBüro 1986, 765.
48   LG Karlsruhe MDR 1993, 914.

Hauptsacheklage,⁴⁹ und auf Seiten des Antragsgegners auf eine berechtigte Interessenverteidigung.⁵⁰

VI. Verjährung

1. Eintritt der Hemmungswirkung. Bis zur Schuldrechtsreform von 2001 sahen die speziellen Vorschriften der §§ 477 Abs. 2, 639 BGB a.F. vor, dass die Einleitung eines selbständigen Beweisverfahrens die Verjährung kauf- und werkvertraglicher Gewährleistungsansprüche unterbrach. Diese Regelung erweiterte den durch § 209 Abs. 2 BGB a.F. aufgestellten Katalog der generell zur Unterbrechung geeigneten Handlungen, in dem das Beweisverfahren nicht genannt wurde. Eine entsprechende Anwendung der §§ 477 Abs. 2, 639 BGB im Mietrecht wurde von der Rechtsprechung abgelehnt, so dass dem selbständigen Beweisverfahren dort keine verjährungsunterbrechende Wirkung zukam.⁵¹ Diese Problematik ist durch die generelle Regelung des **§ 204 Abs. 1 Nr. 7 BGB** obsolet geworden. Nach dessen genereller Regelung wirkt die Zustellung des Antrags auf Durchführung eines selbständigen Beweisverfahrens auf den Lauf der Verjährungsfrist ein, allerdings mit der Wirkung bloßer **Verjährungshemmung** (§ 209 BGB) statt eines Neubeginns der Verjährungsfrist (vgl. § 212 BGB) durch Unterbrechung.⁵² Zustellung im Sinne des § 204 Abs. 1 Nr. 7 BGB ist nur die **förmliche Zustellung** im Sinne des § 166.⁵³ Der BGH sieht in dem Antrag auf Durchführung des selbständigen Beweisverfahrens einen Sachantrag i.S.d. § 270 Satz 1.⁵⁴ Eine Zustellung des Beweisbeschlusses soll die Zustellung des Antrags jedenfalls dann nicht ersetzen können, wenn der Beweisbeschluss auf den Antrag nur Bezug nimmt, ihn aber nicht wiedergibt.⁵⁵ Offen gelassen hat der BGH die Möglichkeit einer Anwendung des § 295.⁵⁶ In Anwendung der Heilungsvorschrift des § 189 soll die formlose Übersendung des Antrags die Verjährung hemmen, wenn mit der Bekanntgabe der Wille des Gerichts zum Ausdruck gebracht wird, das Verfahren einzuleiten.⁵⁷

Die Hemmungswirkung tritt nur ein, wenn der **Antragsteller anspruchsberechtigt** ist.⁵⁸ Erlangt der Antragsteller die Anspruchsberechtigung erst während des selbständigen Beweisverfahrens, wird die Verjährung von diesem Zeitpunkt an gehemmt. Eine Offenlegung im Verfahren ist dafür nicht erforderlich.⁵⁹ Eine Rückabtretung von Gewährleistungsansprüchen nach Eintritt der Verjährung kann diese nicht rückwirkend hemmen.⁶⁰ Die Hemmungswirkung betrifft nur solche Ansprüche, für deren Nachweis die vom Gläubiger zum Gegenstand des Beweisverfahrens gemachten Tatsachenbehauptungen von Bedeutung sind.⁶¹ Leitet der Werklohngläubiger ein selbständiges Beweisverfahren ein mit dem Ziel, die Abwesenheit von Mängeln feststellen zu lassen, bewirkt der

---

49 OLG Köln VersR 1995, 436, 437; OLG Oldenburg MDR 2002, 910, 911; OLG Stuttgart MDR 2010, 169; OLG Naumburg MDR 2010, 403, 404; LG Dortmund NJW-RR 2000, 516; LG Stade MDR 2004, 469, 470.
50 OLG Naumburg MDR 2010, 403, 404; OLG Saarbrücken MDR 2003, 1436.
51 BGH NJW 1995, 252f.; OLG Düsseldorf NJW-RR 1991, 208.
52 Zur Überleitung des Verjährungsrechts BGH NJW 2012, 2263 Tz. 9; OLG Frankfurt MDR 2013, 393.
53 BGH NJW 2011, 1965 Tz. 29 = VersR 2011, 1278; **a.A.** – formloser Zugang – OLG Karlsruhe NJW-RR 2008, 402, 403; OLG Naumburg BauR 2009, 1015 (LS).
54 BGH NJW 2011, 1965 Tz. 36 m. krit. Anm. *Grothe*.
55 BGH NJW 2011, 1965 Tz. 30.
56 BGH NJW 2011, 1965 Tz. 32.
57 BGH NJW 2011, 1965 Tz. 47 mit 43.
58 BGH NJW 1993, 1916 = VersR 1993, 1288; OLG Köln VersR 1995, 1455 = BauR 1995, 702ff.
59 BGH NJW 1993, 1916 = VersR 1993, 1288.
60 OLG Köln VersR 1995, 1455.
61 BGHZ 175, 161 Tz. 30 = NJW 2008, 1729; BGH NJW 2012, 1140 Tz. 6; BGH NJW 2012, 2263 Tz. 10.

Antrag keine Verjährungshemmung für seinen nach Werkabnahme bereits fälligen Werklohnanspruch.[62] Anders ist die Sachlage, wenn der Besteller die Abnahme wegen behaupteter Mängel verweigert hatte und die Feststellung der Mangelfreiheit die Fälligkeit des Vergütungsanspruchs herbeiführen soll.[63]Von der Hemmungswirkung eines vom Besteller eingeleiteten Beweisverfahrens werden diejenigen Mängel erfasst, die der Antrag in der **äußeren Erscheinungsform des Mangels** beschreibt; eine Beschränkung auf die vom Antragsteller bezeichneten oder vermuteten Ursachen findet nicht statt.[64] Der Antrag darf nicht als unstatthaft zurückgewiesen worden sein.[65] Ob er als unzulässig hätte zurückgewiesen werden können, ist unerheblich.[66] Eine Beweissicherung gegen einen **unbekannten Gegner** (§ 494) hemmt die Verjährung nicht,[67] ebenso nicht ein selbständiges Beweisverfahren, das neben einem in Stillstand geratenen Hauptverfahren betrieben wird.[68] Zur Hemmung durch **Streitverkündung** oben vor § 485 Rdn. 22.

29   Ungeklärt ist, ob die Einleitung eines **ausländischen Beweisverfahrens** die Verjährung hemmt.[69] In einem Sonderfall (selbständiges Beweisverfahren im Saargebiet nach §§ 485 ff. bei fehlender deutscher Justizhoheit) billigte das RG dem Beweisverfahren verjährungsunterbrechende Wirkung zu.[70] Einer ausländischen Klageerhebung ist jedenfalls dann eine verjährungshemmende Wirkung beizumessen, wenn auf die Klage hin eine nach der EuGVO, nach internationalen Abkommen oder nach § 328 anerkennungsfähige Entscheidung ergehen kann;[71] z.T. wird unabhängig davon generell eine Hemmungswirkung bejaht.[72] Macht man die Anerkennungsfähigkeit der das Verfahren abschließenden Entscheidung bei der Beurteilung einer *Klage* zur Voraussetzung, ist damit für den Antrag im selbständigen Beweisverfahren nichts gewonnen, da ausländische Beweisaufnahmen trotz grundsätzlicher Verwertbarkeit im deutschen Hauptsacheverfahren nicht den Charakter anerkennungsfähiger Entscheidungen haben (dazu unten vor § 485 Rdn. 53). Richtig ist es jedoch, auch für die Klage von der Einschränkung abzusehen, da die Hemmungswirkung ausschließlich an die Zustellung des verfahrenseinleitenden Schriftstücks geknüpft wird. Maßgebend sollte dann auch für ein selbständiges Beweisverfahren sein, ob durch die Einleitung des ausländischen Verfahrens **für den Gegner erkennbar** wird, dass der **Anspruch weiterverfolgt** werden soll und ob das nichtdeutsche Verfahren dem inländischen Verfahren in seinen wesentlichen Zügen entspricht.

---

62 OLG Saarbrücken NJW-RR 2006, 163, 164. Offen gelassen von BGH NJW 2012, 1140 Tz. 6.
63 BGH NJW 2012, 1140 Tz. 7 = VersR 2012, 733.
64 BGH WM 1992, 1416, 1417 = MDR 1992, 780 (z.B.: Eindringen von Feuchtigkeit durch das Dach); BGH VersR 1999, 67, 68; OLG Düsseldorf NJW-RR 1996, 1527, 1528.
65 BGH NJW 1998, 1305, 1306.
66 BGH NJW 1998, 1305, 1306.
67 BGH NJW 1980, 1458 f.
68 BGH NJW 2001, 218, 220 = VersR 2001, 1165, 1167.
69 Von LG Hamburg TranspR 1999, 35 = EWiR § 477 BGB 1/99, 345 m. Anm. *Mankowski* = IPRax 2001, 45, 47 m. Bspr. *Spickhoff* IPRax 2001, 37 ff., verneint (jedoch mangels internationaler Zuständigkeit des angerufenen französischen Gerichts, insoweit unzutreffend).
70 RG Seufferts Archiv 83 (1929), Nr. 104, S. 164, 166 f.
71 RGZ 129, 385, 389; *Taupitz* ZZP 102 (1989), 288, 307 ff.; *Taupitz* IPRax 1996, 140, 145.
72 So MünchKommBGB/*Grothe* 6. Aufl. Band 1, 2012, § 204 Rdn. 9 m.w.N.; *McGuire* Verfahrenskoordination und Verjährungsunterbrechung, 2004, S. 222 ff., 234, 309 ff. (mit eigener Lösung zum Schuldnerschutz); *Budzikiewicz* ZEuP 2010, 415, 431 f.; *Schack* Internat. Zivilverfahrensrecht, 5. Aufl., Rdn. 872 f. Gegen die Verknüpfung der Verjährungshemmung mit dem Erfordernis der Gegenseitigkeitsverbürgung des § 328 Abs. 1 Nr. 5 *Geimer* Internationales Zivilprozessrecht, 6. Aufl. 2009, Rdn. 2831 f., der jedoch bei unbeschränkter Verjährungsfristverlängerung durch jede ausländische Klageerhebung Missbräuche befürchtet.

2. Wegfall der Hemmungswirkung. Die Hemmung endet nach § 204 Abs. 2 Satz 1 **30**
BGB sechs Monate nach Eintritt der formellen Rechtskraft der Entscheidung oder nach
anderweitiger **Beendigung des eingeleiteten Verfahrens**. Für das selbständige Beweisverfahren kommt nur die 2. Alternative in Betracht. Zur Rechtslage vor 1990, also zum
alten Beweissicherungsverfahren, hat der BGH angenommen, dass das Verfahren (beim
Sachverständigenbeweis) mit **Übergabe des schriftlichen Sachverständigengutachtens** an die Parteien beendet ist, sofern eine Anhörung des Sachverständigen nicht stattfindet, anderenfalls mit dem Verlesen des Sitzungsprotokolls (§ 162 Abs. 1) über die
Vernehmung des Sachverständigen.[73] Diese Ansicht ist auf die Einholung von Sachverständigengutachten nach den neu gefassten §§ 485 ff. unter Betonung wortlautnaher
Auslegung übertragen worden.[74] Sie gilt nicht nur für die Verjährungsunterbrechung
nach dem BGB a.F., sondern auch für die Verjährungshemmung des § 204 BGB. Es
kommt somit nicht auf den unsicher festzustellenden Ablauf einer angemessenen Frist
nach §§ 411 Abs. 4 Satz 1, 492 Abs. 1 an,[75] der von der Entscheidung abhinge, wie viel Zeit
die Parteien zur Überprüfung der Feststellungen des Sachverständigen benötigen; eventueller Ergänzungsbedarf wird u.U. erst nach einem fehlgeschlagenen Mangelbeseitigungsversuch erkannt.[76] Wenn der Zugang des Sachverständigengutachtens das Verfahren nicht beenden soll, muss der **Antrag** auf Erläuterung (§§ 492 Abs. 1, 411 Abs. 3) oder
auf Einholung eines Ergänzungsgutachtens in **engem zeitlichen Zusammenhang** mit
der Zustellung des Gutachtens gestellt werden[77] (dazu § 492 Rdn. 19 f.). Wird ein **Erörterungstermin** anberaumt (§ 492 Abs. 3), stellt dieser Termin (nicht: der Zugang des Protokolls[78]) das Verfahrensende dar. Setzt das Gericht eine Frist zur Stellungnahme[79] zu
dem Sachverständigengutachten – was empfehlenswert ist –, endet das Beweisverfahren
mit dem ungenutzten Ablauf der Frist.[80] Dafür muß die Fristsetzung ordnungsgemäß zugestellt worden sein.[81] Ein Beschluss über die Beendigung ergeht nicht.[82] Wird er gleichwohl erlassen, hat er beendende Wirkung.[83] Beendet wird das Beweisverfahren auch,
wenn das Gericht in anderer Weise zum Ausdruck bringt, dass es die Beweisaufnahme
nicht fortsetzen will, etwa indem es Einwendungen zurückweist, und dagegen in **angemessener Frist** keine Einwände erhoben werden.[84] Welche Frist angemessen ist, hängt
insbesondere von Umfang und Schwierigkeitsgrad des schriftlichen Gutachtens und der
Notwendigkeit interner sachverständiger Beratung ab.[85] Ein Zeitraum von sechs Wochen

---

73 BGHZ 120, 329, 330 f. = NJW 1993, 851 = VersR 1993, 451, 452.
74 BGHZ 150, 55, 59 = NJW 2002, 1640, 1641; BGH NJW-RR 2009, 1243, 1244; BGH NJW 2011, 594 Tz. 11;
BGH NJW 2011, 1965 Tz. 50; OLG Hamm NJW-RR 2007, 600; OLG Frankfurt NJW 2007, 852; OLG Celle
OLGRep. 2009, 443.
75 BGH NJW 2002, 1640, 1641.
76 Vgl. OLG Düsseldorf NJW-RR 1996, 1527, 1528 (dort: zehn Wochen).
77 BGH NJW-RR 2001, 385; BGH NJW 2002, 1640, 1641; BGH NJW 2011, 594 Tz. 11; BGH NJW 2011, 1965
Tz. 50; OLG Düsseldorf MDR 2009, 863; OLG Koblenz MDR 2005, 825, 826; OLG Düsseldorf NJW-RR 1996,
1527, 1528; OLG Düsseldorf MDR 2004, 1200; OLG Köln NJW-RR 1998, 210; OLG Nürnberg MDR 2002, 538;
OLG München OLGR 1995, 140, 141; OLG Frankfurt BauR 1994, 139, 140; OLG Braunschweig BauR 1993, 251.
Zum Rechtsmissbrauch eines wiederholten Anhörungsantrags OLG Saabrücken NJW-RR 2013, 185, 186.
78 So aber OLG München OLGRep. 1995, 140.
79 Nicht ausreichend ist es, „Gelegenheit zu einer eventuellen Stellungnahme" zu geben, OLG
Saarbrücken NJW-RR 2013, 185.
80 OLG München NJW-RR 2007, 675, 676.
81 OLG Celle NJW-RR 2009, 1364, 1365.
82 OLG Hamm NJW-RR 2007, 600; OLG Celle OLGRep. 2009, 443.
83 Daher Zulassung der Beschwerde dagegen durch OLG Düsseldorf NJW-RR 2013, 346, 347.
84 BGH NJW 2011, 594 Tz. 14.
85 BGH NJW 2011, 594 Tz. 17.

ist bei einem kurzen und leicht verständlichen Gutachten sowie eigener Sachkunde der betroffenen Partei schon unangemessen.[86]

31 Werden **mehrere**, voneinander **unabhängige Mängel** eines Bauvorhabens zum Gegenstand mehrerer Sachverständigengutachten gemacht, so endet die Verjährungshemmung mit Abschluss der einzelnen Beweiserhebung. Dies gilt selbst dann, wenn die Mängel und ihre Begutachtungen, also mehrere Beweisthemen, formal in einem Verfahren zusammengefasst werden.[87] Davon zu unterscheiden ist die Benennung einzelner Beweisthemen zu einem Gesamtmangel des Werks, etwa der Fehlplanung einer Glasdachkonstruktion.[88]

VII. Analoge Anwendung

32 Kraft der Verweisung des § 46 Abs. 2 Satz 1 ArbGG sind die Vorschriften der §§ 485 ff. im arbeitsgerichtlichen Urteilsverfahren anwendbar. §§ 80 Abs. 2 und 87 Abs. 2 ArbGG dehnen dies mittelbar auf Beschlussverfahren aus. Bedeutung hat das selbständige Beweisverfahren im **Arbeitsrechtsstreit** kaum,[89] am ehesten in der Form der Beweissicherung. Die Notzuständigkeit des Amtsgerichts (§ 486 Abs. 3) gilt auch hier.[90]

33 Auf Verfahren der **Freiwilligen Gerichtsbarkeit**, die als streitige Verfahren zu qualifizieren sind, sind die §§ 485–494a gemäß § 30 FamFG anzuwenden.[91] Das traf früher für Wohnungseigentumssachen zu,[92] die inzwischen aber ohnehin der ZPO unterstellt sind (s. dazu auch § 494a Rdn. 49).

34 Die **Strafprozessordnung** kennt eigene Beweissicherungsmaßnahmen, die der **Beweisgewinnung** dienen (Beschlagnahme, Durchsuchung, Überwachung und Aufzeichnung des Fernmeldeverkehrs, §§ 94 ff. StPO; körperliche Untersuchung, Aufnahme von Lichtbildern und Fingerabdrücken, §§ 81a ff. StPO; Leichenschau und Obduktion, §§ 87 ff. StPO). Eigenständig geregelt sind auch die Beweissicherungsmöglichkeiten der Verfahrensgesetze anderer **Gerichtszweige mit Amtsermittlungsprinzip** (vgl. § 98 VwGO, § 76 SGG,[93] § 82 FGO); sie sind bewusst auf Beweissicherung beschränkt geblieben, weil die Sachverhaltsermittlung einschließlich der Beweiserhebung außerhalb eines anhängigen gerichtlichen Verfahrens grundsätzlich **Aufgabe der Behörden** ist.[94]

VIII. Ausländische vorgezogene Beweis(sicherungs)verfahren

35 Ausländische Prozessrechte kennen ebenfalls Beweisverfahren, die formell von einem Hauptverfahren getrennt vor oder während dessen Anhängigkeit stattfinden und entweder beweissichernden Charakter tragen oder darüber hinausgehende Verfahrenszwecke verfolgen. Das ist entgegen AG Frankfurt/M. JZ 1960, 540 m. Anm. *Cohn* **nicht selbstverständlich**, weil die Grundsätze der Unmittelbarkeit der Beweisaufnahme und eventuell der Mündlichkeit dadurch durchbrochen und ihnen im jeweiligen nationalen

---

86 BGH NJW 2011, 594 Tz. 18.
87 BGH VersR 1993, 451, 452 = NJW 1993, 851; OLG München NJW-RR 2007, 675, 676.
88 OLG München NJW-RR 2010, 824, 826 (a.E.).
89 S. jedoch LAG Hamm NZA-RR 1997, 103f. (Schimmelpilzbefall am Arbeitsplatz).
90 Zum Beweisverfahren in der Arbeitsgerichtsbarkeit *Zwanziger* ZZP 109 (1996), 79 ff.
91 Zum FGG: BayObLG NJW-RR 1996, 528.
92 BayObLG NJW-RR 1996, 528 = MDR 1996, 144; OLG Hamburg OLGZ 1993, 320 f. = ZMR 1993, 183 f.
93 Zum Zusammenhang zwischen schuldhafter Beweisvereitelung des Gegners und unterlassener eigener Einleitung eines Beweisverfahrens BSG NJW 1994, 1303.
94 RegE Rpfl.VereinfG BT-Drucks. 11/ 3621 S. 24.

Recht ein höherer Wert als der Vermeidung eines Beweismittelverlustes zuerkannt werden kann.

Frankreich bedient sich des **référé-Verfahrens** (Art. 484 ff., 808 ff. NCPC), um Beweise isoliert zu erheben (Art. 143 ff. NCPC).[95] Ein hinreichendes Beweisinteresse (motif légitime, Art. 145 NCPC) wird nicht nur durch drohenden Beweismittelverlust begründet; Verfahrenszweck kann auch sein, zur Beurteilung der Erfolgsaussichten zu gelangen und als deren Folge – wie nach § 485 Abs. 2 – einen künftigen Hauptprozesses durch endgültige Beilegung des Rechtsstreits zu vermeiden.[96] Das référé-Verfahren ist ein kontradiktorisches Eilverfahren, das im Verhältnis zum Hauptverfahren in völliger Autonomie stattfindet. Zur Beweiserhebung eingesetzt dient es in quantitativ erheblichem Umfang dazu, Begutachtungen durch Sachverständige durchführen zu lassen (ordonnance de référé expertise). Angeordnet werden kann aber auch die Herausgabe beweisgeeigneter Dokumente und Urkunden an den Antragsteller oder die Vernehmung von Zeugen. Maßnahmen der Aufklärung können ferner bei gebotener Überraschung des Gegners auf einseitigen Antrag hin als ordonnances sur rêquete (Art. 493 ff. NCPC) angeordnet werden. Beweisermittlungen ermöglicht die **saisie contrefaçon**, die in Art. L 615-5 des Code de la Priorété Industrielle vorgesehen ist und durch Ordonnance des Präsidenten ausgewählter Tribunals de Grande Instance erlassen wird.[97]

36

Italien regelt **procedimenti di istruzione preventiva** in Art. 692 ff. cpc. Dieses Beweissicherungsverfahren betrifft die Zeugenvernehmung (Art. 692) und die Feststellung des Zustandes von Örtlichkeiten oder der Eigenschaften oder Beschaffenheit von Gegenständen durch einen Sachverständigen oder im Wege richterlichen Augenscheins (Art. 696). Für die Zeugenvernehmung ist in erster Linie das mögliche Hauptsachegericht zuständig (Art. 693 Abs. 1). Der Inhalt der Ansprüche oder der Einwendungen, auf die der Zeugenbeweis gerichtet ist, sind kurz zu umreißen (Art. 693 Abs. 3). Die vorsorgliche Beweisaufnahme kann auf ihre Zulässigkeit oder Erheblichkeit hin im Hauptsacheverfahren überprüft werden; eine Wiederholung der Beweisaufnahme wird durch sie nicht ausgeschlossen (Art. 698 Abs. 2). Erst wenn das Hauptsachegericht die Beweismittel für zulässig erklärt hat, dürfen die Protokolle der vorsorglichen Beweisaufnahme in das Hauptsacheverfahren direkt oder indirekt eingeführt werden (Art. 698 Abs. 3). Beweissicherung ist auch im Laufe des Rechtsstreits zulässig (Art. 699). Das Gesetz zum Schutz des Geistigen Eigentums (CPI) vom 10.2.2005 regelt in seinen Art. 128 ff. die Voraussetzungen der ex parte-Anordnung einstweiliger Verfügungen, die die Beschreibung von Verletzungsgegenständen durch den Gerichtsvollzieher im Beisein eines Gutachters ermöglichen.[98]

37

Spanien hat die Beweissicherung dem deutschen Verfahren ähnlich in Art. 293 ff. LEC (von 2000) geregelt. Für die **Niederlande** finden sich die Regeln über die Beweissicherung in Art. 186 f. (Zeugenbeweis) und Art. 202 ff. (Sachverständigenbeweis) Wetboek van Burgerlijke Rechtsvordering. **Belgien** ermöglicht die Anordnung einer Verfügung

38

---

95 G. *Weber* Die Verdrängung des Hauptsacheverfahrens durch den einstweiligen Rechtsschutz in Deutschland und Frankreich, 1993, S. 73 ff.; *Dörschner* Beweissicherung im Ausland, 2000, S. 109 ff.; *Endrös* PHI 1998, 77 ff. (zur référé-expertise in Produkthaftungssachen).
96 G. *Weber*, in: Blankenburg/Leipold/Wollschläger, Neue Methoden im Zivilverfahren, 1991, S. 143, 155, 157 f., 174.
97 Beschl. des Tribunal de Grande Instance de Paris, 14.5.1999, GRUR Int. 2000, 1031 m. Anm. *Treichel* m.w.N.; ausführlich dazu *Treichel* Die französische Saisie-contrefaçon im europäischen Patentverletzungsprozess, GRUR Int. 2001, 690 ff.; *Pierre Véron* Saisie-contrefaçon, Paris, 2. Aufl. 2005.
98 In dieser Zusammenfassung der Gesetze über gewerbliche Schutzrechte – ohne das Urheberrecht – sind die seit 1996 bestehenden Beweisermittlungsmöglichkeiten gem. Art. 58bis MarkenG und Art. 77 PatentG aufgegangen.

zur Beschreibung von Verletzungen der Rechte geistigen Eigentums („saisie déscription") auf der Grundlage von Art. 1481 Gerechtelijk Wetboek.[99]

39 **Österreich** hat die **Beweissicherung** in §§ 384ff. öZPO geregelt. Augenscheinseinnahme und Zeugen- und Sachverständigenvernehmung, nicht jedoch eine Parteivernehmung, können vor Beginn und in jeder Lage des Rechtsstreits zu Sicherungszwecken erfolgen, darüber hinaus bei rechtlichem Interesse des Antragstellers die – eng auszulegende – Feststellung des gegenwärtigen Zustandes einer Sache (§ 384 Abs. 1 und 2). Streitig ist die Erstreckung auf den Urkundenbeweis[100] und die Parteivernehmung.[101] Der Beweismittelverlust muss außerhalb der Einflusssphäre des Antragstellers drohen.[102] Die Sachverständigenauswahl obliegt wie im Hauptsacheverfahren dem Gericht (§ 351). Zur Vermeidung von Ausforschungen („Erkundungsbeweis") muss der Antrag konkrete Beweisthemen bezeichnen (vgl. § 385 Abs. 1).[103] Die Zulassungsvoraussetzungen sind auf Verlangen des Gerichts glaubhaft zu machen. Das Verfahren kann bei unbekanntem Gegner auch gegnerlos – eventuell unter Bestellung eines Kurators – geführt werden (§ 386 Abs. 1 und 3). Bei besonderer Dringlichkeit darf mit der Beweisaufnahme ohne vorherige Anhörung des bekannten Gegners begonnen werden (§§ 386 Abs. 1, 387 Abs. 2). Die Beweisergebnisse können von jeder Partei im Rechtsstreit benutzt werden (§ 389 Abs. 1). Eine Ergänzung oder Wiederholung der Beweisaufnahme kann dort angeordnet werden (§ 389 Abs. 3), insbesondere wenn das Beweismittel noch zur Verfügung steht und eine der Parteien eine neuerliche Beweisaufnahme beantragt.[104]

40 Die bis 2010 massgeblichen Zivilprozessordnungen der **Schweizer Kantone** lassen die außerhalb eines Urteilsverfahrens stehende „**vorsorgliche Beweisführung**" zu.[105] Voraussetzung ist die Glaubhaftmachung der Notwendigkeit der Beweissicherung.[106] Unterschiedlich geregelt ist die Art der Gewährung rechtlichen Gehörs bei Anordnung der Beweisabnahme;[107] zu deren Durchführung ist die Gegenpartei aber zuzulassen. Der Kanton **Zürich** trifft die Regelung über die vorläufige Beweisaufnahme in §§ 231ff. ZürchZPO.[108] Die Parteivernehmung ist ausgeschlossen, weil erst der erkennende Richter aufgrund des gesamten Beweisergebnisses über deren Zulassung entscheiden soll.[109] Der Kanton **Bern** trifft seine Regelung in Art. 222ff. BernZPO, mit der bernischen Besonderheit, dass nicht nur drohender Beweismittelverlust ein rechtliches Interesse begründet, sondern auch die Absicht des Gesuchstellers, vor Klagerhebung die Beweisaussichten klären zu wollen.[110] In Ansätzen kennen dies auch die Kantone **Basel-Stadt** und **Basel-**

---

99 Belg. Cour de Cass., Urt. v. 3.9.2000, GRUR Int. 2001, 73, 74 – Sanac/Variantensystemen: wegen des Bestehens einer allgemeinen Rechtsgrundlage im Prozessrecht auch – bei Fehlen eines belgischen Patents – zur Ermittlung der Verletzung ausländischer Patente.
100 Am Wortlaut festhaltend *Konecny* Der Anwendungsbereich der einstweiligen Verfügung (1992) S. 240; *Rassi* in Fasching, ZPO-Komm III² § 384 Rdn. 19; **a.A.** *Rechberger* in Rechberger, ZPO-Komm³ § 384 Rdn. 5.
101 Für eine analoge Anwendung auf die Parteivernehmung: *Konecny* Der Anwendungsbereich der einstweiligen Verfügung (1992) S. 240; *Rassi* in Fasching, ZPO-Komm III² § 384 Rdn. 18; *Rechberger* in Rechberger ZPO-Komm³ § 384 Rdn. 5.
102 LGZ Graz MietSlg. 52.744 [2000]; LGZ Graz MietSlg. 46.658 [1994]; krit. *Rassi* in Fasching, ZPO-Komm III² § 384 Rdn. 15.
103 *Rassi* in Fasching, ZPO-Komm III² § 385 Rdn. 4.
104 *Rassi* in Fasching, ZPO-Komm III² § 385 Rdn. 3; *Rechberger* in Rechberger, ZPO-Komm² § 389 Rdn. 3.
105 Zusammenstellung der Rechtsfolgen bei *Vogel/Spühler* Grundriss des Zivilprozessrechts und des internationalen Prozessrechts der Schweiz, 7. Aufl. Bern 2001, 10. Kapitel Rdn. 91.
106 *Vogel/Spühler* 10. Kapitel Rdn. 90.
107 Zum Kanton Zürich: *Walder-Richli* Zivilprozessrecht, Zürich, 5. Aufl. 2009, § 37 Rdn. 30.
108 Dazu *Walder-Richli* § 37 Rdn. 27 ff.
109 *Walder-Richli* § 37 Rdn. 29.
110 *Kummer* Grundriss des Zivilprozessrechts, 2. Aufl. Bern 1984, S. 184.

Land.[111] Bemerkenswert ist, dass in Basel-Land der vorsorglich erhobene Beweis seine Beweiskraft verliert, wenn der streitige Anspruch nicht binnen drei Monaten geltend gemacht wird (§ 193 ZPO BL).[112] Die 2011 in Kraft tretende gesamtschweizerische ZPO regelt die vorsorgliche Beweisführung knapp in Art. 158.

Im **angloamerikanischen Rechtskreis** ist zur Vorbereitung der (später häufig gar 41 nicht stattfindenden) mündlichen Verhandlung (trial = Hauptverfahren) nach Einreichung einer sehr summarischen Klageschrift und einer Klagerwiderung im pre-trial-Verfahren das Beweismaterial zusammenzutragen und zu sichten. Dabei bestehen zwischen den USA (Rules 26–37 der Federal Rules of Civil Procedure, FRCP) und England (Civil Procedure Rules, CPR Part 31) erhebliche Unterschiede. England hat mit der Zivilprozessrechtsreform von 1999 auch terminologische Unterschiede geschaffen.

Die in den **USA** weitgehend in der Hand der Parteien liegende **pre-trial discovery** 42 bezieht sich u.a. auf die schriftliche Beantwortung von Fragenkatalogen (written interrogatories to parties, rule 33 FRCP), auf die Auflistung und Vorlage schriftlicher Unterlagen (production of documents einschließlich elektronisch gespeicherter Informationen, rule 34 FRCP),[113] die Erlaubnis zum Betreten von Grundstücken oder den Zugang zu Gegenständen (entry upon land for inspection and other purposes, rule 34 (a)(2) FRCP) oder auf die zu Protokoll gegebene Vernehmung der Parteien und Dritter (depositions, rule 30 FRCP). Sie erregt hinsichtlich der weitreichenden, auf Prüfung der Relevanz für die Streitsache weitgehend verzichtenden Ausforschungsmöglichkeiten nach US-amerikanischem Prozessrecht („fishing expeditions") in Europa (einschließlich Großbritanniens) Misstrauen.[114] In England wird die discovery, die seit der Prozessrechtsreform disclosure genannt wird, stärker auf Prozessrelevanz geprüft.[115]

In den **USA** sind nach den Federal Rules vorab (before action) Beweissicherun- 43 gen möglich; die Regelungen sind enthalten in rule 27(a), dort insbesondere in 27(a)(3) in Verb. mit rules 34 und 35 FRCP. Außerhalb des gerichtlichen Verfahrens wird das Institut der Early Neutral Evaluation praktiziert, das zu den Methoden alternativer Streit-

---

111   *Staehelin/Sutter* Zivilprozessrecht, 1992, § 14 IX Rdn. 111.
112   *Staehelin/Sutter* § 14 IX Rdn. 115.
113   Insoweit Begrenzungen der deutschen Rechtshilfegewährung durch Art. 23 HBÜ und § 14 HBÜAusfG; dazu § 363 Rdn. 120 und *Geimer* Internationales ZPR[6] Rdn. 2473; *Schlosser* EU-Zivilprozessrecht[3] Art. 23 HBÜ Rdn. 5 f.
Zur electronic discovery *Thöle/Gauck* RIW 2012, 417.
114   Vgl. dazu *Habscheid* (Hrsg.), Der Justizkonflikt mit den Vereinigten Staaten von Amerika, 1986, u.a. *Stürner* ebenda S. 11 ff., 25, 55 f.
Zur discovery (erhebliche Änderungen 1993): *A.Junker* Discovery im deutsch-amerikanischen Rechtsverkehr, 1987, S. 39 ff.; *Hay,* Informationsbeschaffung über schriftliche Unterlagen und Augenscheinsobjekte im Zivilprozess unter besonderer Berücksichtigung des anglo-amerikanischen Rechts, in: *Schlosser* (Hrsg.), Die Informationsbeschaffung für den Zivilprozess – Die verfahrensmäßige Behandlung von Nachlässen, ausländisches Recht und Internationales Zivilprozessrecht, 1997, S. 1 ff.; *A. Junker* Die Informationsbeschaffung für den Zivilprozess: Informationsbeschaffung durch Beweispersonen, in: *Schlosser* (Hrsg.) – wie vorstehend – S. 63; *St.Lorenz* ZZP 111 (1998), 35, 44 ff.; *Schack* Einführung in das US-amerikanische Zivilprozessrecht, 3. Aufl. 2003; *Schack* Internat. Zivilverfahrensrecht[5] Rdn. 820.
Zu den am 1.12.1993 in Kraft getretenen Änderungen: *Reimann* IPrax 1994, 152 ff.; *Röhm/Koch* RIW 1995, 465 f. Zur Beachtung eines Rechtshilfeersuchens auf Herausgabe hinreichend spezifizierter Dokumenten in Frankreich auf der Grundlage des HBÜ: Cour d'Appel de Paris IPRax 2005, 451 m. Bspr. *Reufels/Scherer* IPRax 2005, 456 ff.
115   Zur disclosure in England: *Andrews* in: Birks, English Private Law, vol. II 2000, Chapt. 19 H; *Andrews* ZZP Int. 4 (1999), 3, 19 f.; *M.Stürner* ZVglRw 99 (2000), 310, 323; *Weber* ZZP Int. 5 (2000), 59, 70 ff.; *Rauscher/v. Hein* Europ. Zivilprozessrecht, Bearb. 2010, Art. 1 EG-BewVO Rdn. 46 ff. Zur früheren discovery: *Petra Schaaf* Discovery und andere Mittel der Sachverhaltsaufklärung, 1983.

beilegung (ADR) gehört und dessen Verwendung als Vorverfahren verpflichtend sein kann.[116]

44 Losgelöst von einem anhängigen Verfahren kann in **England** zur Offenlegung von Dokumenten eine pre-action disclosure stattfinden, für die eine Order in Form einer injunction erlassen wird (CPR 31.16).[117] Eine sog. **Anton Piller Order,**[118] die seit der Prozessrechtsreform formell search order genannt wird (CPR 25.1.[1] [h] in Verb. mit 25.5. und einer Practice Direction), ermöglicht es, das Fortschaffen oder Vernichten von Beweismitteln z.B. in Fällen der Produktpiraterie zu verhindern.[119] Sie wird ohne mündliche Verhandlung auf einseitiges Vorbringen hin (ex parte) durch einstweilige Verfügung erlassen und wird unter der Überwachung eines neutralen Solicitor vollzogen. Dem Gegner wird aufgegeben, das Betreten der Wohn- oder Geschäftsräume durch den Antragsteller zuzulassen, damit nach Beweismaterial gesucht oder es sichergestellt werden kann. Der Eintritt kann nicht mit Gewalt erzwungen werden; die Verweigerung zieht aber Sanktionen nach sich.

IX. Grenzüberschreitende Beweiserhebung

45 **1. Beweisbeschaffung im Ausland.** Extraterritoriale Beweisbeschaffung hat erhebliche praktische Bedeutung. Sie betrifft den Zugriff auf **alle** aus der Sicht des Gerichtsstaates im **Ausland belegenen Informationsquellen**, schließt also alle Beweismittel ein, die in Deutschland dem Strengbeweis zugeordnet sind, erstreckt sich u.U. auf Mitwirkungshandlungen und Mitwirkungspflichten von Parteien, Mitarbeitern und sonstigen Personen im Weisungs- oder Einflussbereich der Parteien sowie von außenstehenden Dritten, die dem deutschen Prozessrecht insgesamt oder doch in der konkreten Situation fremd sind und sieht eventuell die Einschaltung von Privatpersonen vor, die zur Informationserhebung ermächtigt worden sind (Zeugen- und Parteivernehmung, u.U. durch einen privaten Kommissar (commissioner) und unter abweichender Qualifizierung der Beteiligtenstellung sowie andersartiger Regelung der Beurteilung von Weigerungsrechten, Sachverständigenermittlungen, Augenscheinseinnahme, Urkundenvorlagen aus betrieblichen Aktenbeständen mit Nähe zur Durchsuchung, Duldung einer Grundstücksbesichtigung, Filmen von Produktionsabläufen, Hingabe einer Blut-, Körperzellen- oder Urinprobe, medizinische Untersuchungen mit Mitwirkungszwang etc.).

2. Rechtshilfecharakter

46 **a) Achtung ausländischer Souveränität.** Beweiserhebungen im Ausland werden grundsätzlich als Eingriff in fremde staatliche Souveränität angesehen. In welchem Umfang dies der Fall ist, kann von den Staaten unterschiedlich bewertet werden. Wo die durch Völkergewohnheitsrecht gezogenen **Grenzen** verlaufen, ist **streitig**.[120] Eine stren-

---

116 Dazu *Hilber* BB-Beilage Supplement Mediation & Recht 2001, S. 22 ff.
117 *Zuckerman* Civil Procedure (2003) Rdn. 14.71 ff.
118 Begriff nach dem erstmaligen Einsatz in Sachen *Anton Piller v. Manufacturing Processes Ltd.* [1976] Ch. 55, [1976] 1 All ER 799 (C.A.). Dazu *Norrenberg* Die Anton-Piller Order: ein Beweissicherungsmittel, 1998.
119 Dazu *Zuckerman* Civil Procedure Rdn. 14.30 und 14.176 ff.
120 Vgl. dazu *Geimer* Internat. ZPR⁶ Rdn. 432 ff. und 2426 ff.; *Daoudi* Extraterritoriale Beweisbeschaffung im deutschen Zivilprozess, 2000, S. 81 ff.; *Dörschner* Beweissicherung im Ausland, 2000, S. 172 ff.; *Junker* Discovery im deutsch-amerikanischen Rechtsverkehr, 1987, S. 368 ff., 392 ff.; *Leipold* Lex fori, Souveränität, discovery – Grundfragen des IZPR, 1989; *Mössle* Extraterritoriale Beweisbeschaffung im internationalen Wirtschaftsrecht, 1990. S. 307 ff.; *Schabenberger* Der Zeuge im Ausland im deutschen Zivilprozess, Diss.

ge ausländische Betrachtungsweise ist als Möglichkeit in Rechnung zu stellen. Nach verbreitetem europäischem Denken wird der **Schutz der eigenen Staatsbürger** vor ausufernden grenzüberschreitenden Beweisaufnahmen zur Aufgabe des Staates gezählt und daher als von der staatlichen Souveränität umfasst gedacht. Dieser Gedanke steht z.B. hinter der Restriktion des Art. 16 HBÜ in Verb. mit § 11 HBÜAusfG, der auf Deutschland angewandt die Vernehmung deutscher Staatsangehöriger durch einen diplomatischen oder konsularischen Vertreter des ausländischen Gerichtsstaates untersagt; Deutschland will dadurch die eigenen Staatsangehörigen schützen.[121] Ein weiteres Beispiel liefert Art. 3 HBÜ. Das darin enthaltene Gebot der Spezifizierung von Rechtshilfeersuchen ist eine Schutznorm zugunsten der Beweispersonen.[122] Generell lässt sich sagen, dass der um eine Beweisaufnahme ersuchte Staat kontrollieren will, ob für die Beweisaufnahmeperson ausreichende rechtsstaatliche Verfahrensgarantien bereitstehen und ob der Beweisaufnahmeumfang eine größere Reichweite hat, als nach eigenem Prozessrecht zulässig ist. Mit dem Schutz privater Interessen können öffentliche Interessen verbunden sein, etwa der Schutz der heimischen Wirtschaft.

Beweisaufnahmen über die Grenze hinweg (eingehend dazu § 363 Rdn. 1 ff.) sind **47** Maßnahmen der **internationalen Rechtshilfe**. Innerstaatlich werden sie in Deutschland durch die **ZRHO** geregelt, die keinen Rechtsnormcharakter hat. Im Verhältnis zu vielen Staaten einschließlich der USA gilt als multilateraler Staatsvertrag das Haager Beweisaufnahmeübereinkommen (**HBÜ**) vom 18.3.1970.[123] Art. 1 Abs. 2 HBÜ lässt in Zivil- und Handelssachen Beweisaufnahmeersuchen zu, die zur Verwendung in einem „künftigen gerichtlichen Verfahren bestimmt sind". Das HBÜ ist daher auf selbständige Beweisaufnahmen anwendbar.[124] Es hat keinen Ausschließlichkeitscharakter, lässt also die Anwendung anderer Beweisaufnahmeregeln zu (str.).[125] Im Verhältnis der EU-Staaten untereinander (Ausnahme: Dänemark) gilt die Europäische BeweisaufnahmeVO (**EuBVO**).[126] Auch sie hat keinen exklusiven Charakter.[127] Das selbständige Beweisverfahren der §§ 485 ff. wird davon erfasst.[128]

b) Insbesondere: Sachverständigenbeweis. Das Rechtshilfeverfahren kommt auch **48** beim Sachverständigenbeweis in Betracht. Kritische Punkte sind die grenzüberschreitende Ernennung eines ausländischen Sachverständigen, Befunderhebungen des Sachverständigen im Ausland und die grenzüberschreitende Ladung des Sachverständigen zur ergänzenden Anhörung.

Freiburg 1996, S. 142 ff.; *A.Stadler* Der Schutz des Unternehmensgeheimnisses im deutschen und US-amerikanischen Zivilprozess und im Rechtshilfeverfahren, 1989, S. 270 ff.; *Stürner* in Habscheid, Der Justizkonflikt mit den Vereinigten Staaten von Amerika, 1986, S. 23 ff., 33, 49.
121 BT-Drucks. 8/217 S. 51; dazu *Geimer* Internat. ZPR[6] Rdn. 2432 und 2507.
122 *Geimer* Internat. ZPR[6] Rdn. 2475; *Pfeil-Kammerer* Deutsch-amerikanischer Rechtsverkehr in Zivilsachen, 1987, S. 253.
123 BGBl 1977 II S. 1442, sowie Bek. BGBl 1979 II S. 780 und 1980 II S. 1290. Kommentierung: *Schlosser* EU-Zivilprozessrecht[3], 2009; MünchKomm/*Heinrich*[3] Int. ZPR Anh. C. 3.
124 So schon *Ahrens* FS Schütze, 1999, S. 1, 8; zustimmend Rauscher/*v. Hein* Europ. Zivilprozessrecht[(2010)] Art. 1 EG-BewVO Rdn. 51; *Schlosser* EU-Zivilprozessrecht[3] Art. 1 HBÜ Rdn. 2; *Stadler* FS Geimer, 2002, S. 1281, 1303.
125 *Schlosser* EU-Zivilprozessrecht[3] Art. 1 HBÜ Rdn. 5 m.w.N.; *Schack* Internat. Zivilverfahrensrecht[5] Rdn. 825.
126 ABl. EU v. 27.6.2001 Nr. L 174 S. 1. Kommentierung: *Schlosser* EU-Zivilprozessrecht[3] 2009; *Rauscher* (Hrsg.), Europäisches Zivilprozessrecht, Bearb. 2010.
127 EuGH, Urt. v. 6.9.2012, Rs. C-170/11 – Lippens/Kortekaas Tz. 27, IPRax 2013, 262; EuGH Urt. v. 21.2.2013, Rs. C-332/11 – ProRail Tz. 45; EuZW 2013, 313; Rauscher/*v. Hein* Europ. Zivilprozessrecht[(2010)], Art. 1 EG-BewVO Rdn. 18 m.w.N.
128 Rauscher/*v. Hein* Europ. Zivilprozessrecht[(2010)], Art. 1 EG-BewVO Rdn. 51 f.

49 Keine größeren Probleme bereitet die **Bestellung** eines ausländischen Sachverständigen für eine inländische Beweisaufnahme, wenn der Experte zu einer Mitwirkung bereit ist. Die Gutachtenerstattungspflicht nach § 407 Abs. 1 gilt für den im Ausland ansässigen Experten nicht, so dass eine Rechtshilfedurchsetzung dafür nicht in Betracht kommt. Für die gerichtliche Anfrage und die **Ernennung** ein Rechtshilfeersuchen zu verlangen, ist abzulehnen.[129] Die schriftliche Befragung eines im Ausland lebenden Zeugen sollte wegen der graduell unterschiedlichen Eingriffsintensität nicht als Parallele angesehen und deren – kontroverse[130] – Bewertung nicht auf den Sachverständigenbeweis übertragen werden. Die Bestellung eines ausländischen Sachverständigen wird jedoch schon wegen Kommunikationsschwierigkeiten, aber auch wegen mangelnder Vertrautheit ausländischer Experten mit den Bedürfnissen des Inlandsverfahrens selten sinnvoll sein. Sie findet aber z.B. in Arzthaftungsprozessen gelegentlich statt. Alternativ kommt die Bestellung eines inländischen Experten in Betracht, der dann einzelne Auslandshandlungen vorzunehmen hat.

50 Auf die **Anhörung** eines Auslandssachverständigen (vgl. § 411 Abs. 3) wendet der BGH die Regeln über die internationale Rechtshilfe an. Der Sachverständige kann im ersuchten Staat befragt werden, ist aber **nicht** förmlich vor das inländische Gericht zu **laden**.[131]

51 Der Beweisaufnahme sind durch Art. 1 Abs. 1 HBÜ „andere gerichtliche Handlungen" als Inhalt von Rechtshilfeersuchen gleichgestellt, was **Befunderhebungen** eines **Sachverständigen** auf deutschem Boden umfasst, der von einem ausländischen Gericht ernannt worden ist.[132] Gleich zu bewerten ist der spiegelbildliche Fall. Untersuchungshandlungen eines inländischen Sachverständigen für ein inländisches Beweisverfahren, die im Ausland vorzunehmen sind, bedürfen daher der Rechtshilfezustimmung des ausländischen Staates[133] (dazu auch § 363 Rdn. 78). Die Befunderhebung des Sachverständigen ist eine richterliche Augenscheinsmittlung im Sinne des § 372 Abs. 1 und damit eine hoheitliche Handlung, auch wenn sie in Abwesenheit des Richters erfolgt und wegen der anschließenden Begutachtung insgesamt dem Sachverständigenbeweis zugeordnet wird. **Art. 1 EuBVO** enthält anders als Art. 1 HBÜ nicht das Merkmal „andere gerichtliche Maßnahme", jedoch ist der Begriff „Beweisaufnahme" weit auszulegen,[134] so dass die Informationsbeschaffung des Sachverständigen unter Aufsicht der Justiz darunter zu fassen ist. Mittelbar ergibt sich dies auch aus Art. 17 Abs. 3 EuBVO, der der unmittelbaren Beweisaufnahme auf freiwilliger Grundlage und ohne Zwangsmaßnahme durch einen Gerichtsangehörigen die Beweisaufnahme durch eine andere Person wie etwa einen

---

129 Ebenso *Schlosser* EU-Zivilprozessrecht³ Art. 1 HBÜ Rdn. 9; s. ferner *Wussow* FS Korbion, 1986, S. 493, 494 (insgesamt zu undifferenziert); **a.A.** MünchKomm/*Heinrich*⁴ § 363 Rdn. 4 (mit Hinweis auf § 40 ZRHO).
130 Für grundsätzliche Zulässigkeit: *Mann* NJW 1990, 618; MünchKomm/*Heinrich*⁴ § 363 Rdn. 3; *Musielak* FS Geimer S. 761, 769; *Geimer* Internat. ZPR⁶ Rdn. 437 und 2384; Zöller/*Geimer*²⁹ § 363 Rdn. 11. Dagegen: BGH NJW 1984, 2039; OLG *Hamm* NJW-RR 1988, 703; Musielak/*Stadler*¹⁰ § 363 Rdn. 10; *Stadler* FS Geimer S. 1281, 1291; *Stürner* JZ 1987, 44, 45. Ausführlich dazu *Schabenberger* Der Zeuge im Ausland im deutschen Zivilprozess, Diss. Freiburg 1996, S. 196 ff. m.w.N.
131 BGH MDR 1980, 931, 932; BGH MDR 1981, 1014, 1015; BGH IPRax 1981, 57, 58; MünchKomm/*Heinrich*⁴ § 363 Rdn. 4; *Schlosser* EU-Zivilprozessrecht³ Art. 1 HBÜ Rdn. 9 (dort einen nicht ersichtlichen Gegensatz zum BGH behauptend).
132 *Schlosser* EU-Zivilprozessrecht³ Art. 1 HBÜ Rdn. 9; *Stadler* FS Geimer S. 1281, 1287.
133 Vgl. *Dörschner* Beweissicherung im Ausland S. 179 ff.; *Schlosser* EU-Zivilprozessrecht³ Art. 1 HBÜ Rdn. 9; *Hau* RIW 2003, 822, 823 f. **A.A.**, also gegen Rechtshilfequalifizierung *Geimer* Internat. ZPR⁶ Rdn. 445; Zöller/*Geimer*²⁹ § 363 Rdn. 155, Rdn. 16; *Daoudi* Extraterritoriale Beweisbeschaffung S. 108; *Gronstedt* Grenzüberschreitender einstweiliger Rechtsschutz, 1994, S. 186 (sofern kein Zwang notwendig ist); *Wussow* FS Korbion S. 493, 495; unentschlossen *Meilicke* NJW 1984, 2017 f.
134 *Schlosser* EU-Zivilprozessrecht³ Art. 1 EuBVO Rdn. 6.

Sachverständigen ausdrücklich gleichstellt.[135] Notwendig ist ein **Beweisaufnahmeersuchen nach Formblatt J** des Anhangs zur EuBVO.

Befunderhebungen sind demnach **grundsätzlich** auch dann als Handlungen anzusehen, die der **Rechtshilfegewährung bedürfen**, wenn der Sachverständige jenseits der Grenze ein Bauwerk,[136] eine in einem Betrieb montierte Maschine oder eine Unfallstelle in Augenschein nimmt, ohne dass es zur Anwendung von Zwangsmitteln kommt. Es reicht nicht aus, dass der Sachverständige gewissermaßen wie ein Tourist einen Blick auf das Untersuchungsobjekt wirft. Ein Mindestmaß an Mitwirkung einer Partei wird schon deshalb erforderlich sein, weil sich der Befunderhebungsort in ihrem Herrschaftsbereich befindet. Auch können Probeläufe einer Maschine unter realen Arbeitsbedingungen notwendig sein. Befunderhebungen laufen im übrigen nicht regellos ab. So hat der Sachverständige beiden Parteien die Anwesenheit zu ermöglichen, damit sachgerechte Hinweise gegeben werden können und kontrolliert werden kann, ob der Sachverständige seine Aufmerksamkeit in die richtige Richtung lenkt. Behinderungen, die eine Partei zu vertreten hat, haben typischerweise Beweisnachteile zur Folge, lösen also mittelbare Sanktionen bei Beweisverwertung und richterlicher Entscheidung aus. Für **Befunderhebungen** ohne unmittelbare Ausübung hoheitlicher Gewalt und ohne Verstoß gegen Rechtsvorschriften des Mitgliedstaates, in dem die Befunderhebung stattfindet, hat der **EuGH** allerdings in der Rechtssache ProRail Begutachtungsvorbereitungen für unbedenklich angesehen, die außerhalb der EuBVO stattfinden (dazu näher § 363 Rdn. 16, 78, 98). 52

3. Vollzug der Beweiserhebung nach HBÜ, EuBVO und EuGVO

a) Abgrenzungsbedarf. Gerichtliche Entscheidungen über vorgezogene Beweisaufnahmen, die von einem Hauptsacheverfahren formell getrennt ergehen, bedürfen zum **Auslandsvollzug** außerhalb des Staatsgebietes der dortigen **Anerkennung**. Art. 1 Abs. 3 HBÜ klammert „Maßnahmen der Sicherung oder der Vollstreckung" ausdrücklich aus dem Merkmal „andere gerichtliche Handlung" (Art. 1 Abs. 1) aus. Maßnahmen der Beweismittelsicherung sind nicht als derartige von Art. 1 Abs. 3 HBÜ ausgeschlossene Sicherungsmaßnahmen zu betrachten; sie gehören grundsätzlich zu den nach Art. 1 Abs. 1 HBÜ zulässigen Handlungen.[137] Andererseits fällt die *Anerkennung* von Entscheidungen oder Ergebnissen aus Verfahren mit vorgezogener sichernder oder sonstige Zwecke verfolgender Beweiserhebung nach dem Typ der §§ 485 ff. nicht in den Anwendungsbereich der EuGVO,[138] was allerdings nicht auf informationsbeschaffende Entscheidungen in Verfahren des einstweiligen Rechtsschutzes nach dem Typ der §§ 935 ff. zu übertragen ist. 53

Maßnahmen des einstweiligen Rechtsschutzes können nicht nach dem HBÜ oder der EuBVO vollzogen werden, sondern bedürfen einer eigenständigen Anerkennungs- und Vollstreckbarerklärung, etwa in **Anwendung der EuGVO** und deren speziellen Verfahrensregeln. Die Rechtshilfegewährung nach HBÜ und EuBVO kennt kein dem EuGVO 54

---

135 Ebenso Rauscher/*v. Hein* Europ. Zivilprozessrecht[(2010)], Art. 1 EG-BewVO Rdn. 25 m.w.N.; *Hau* RIW 2003, 822, 824; *Heß/Müller* ZZP Int. 6 (2001), 149, 175; s. auch OLG Oldenburg MDR 2013, 547. Gleichwohl gegen einen Rückschluss daraus auf Völkergewohnheitsrecht *Geimer* Internat. ZPR[6] Rdn. 445; darum geht es freilich nicht sondern um die mögliche Souveränitätsverletzung.
136 **A.A.** OLG Oldenburg MDR 2013, 547 (LS).
137 *Schlosser* EU-Zivilprozessrecht[3] Art. 1 HBÜ Rdn. 4.
138 Vgl. EuGH, 28.4.2005, Rs. C-104/03 – St. Paul Dairy Industries; *Stadler* FS Geimer S. 1281, 1303; *Geimer* in Geimer/Schütze, Europ. Zivilverfahrensrecht[3] Art. 32 A.1 Rdn. 39 und 43, Art. 31 A.1 Rdn. 32; **a.A.** *Heß* JZ 1998, 1021, 1030. Eingehend dazu *Ahrens* FS Loschelder (2010), 1 ff.

entsprechendes ausgeformtes Anerkennungs- und Vollstreckbarerklärungsverfahren, das im ersuchten Staat durchzuführen wäre, nennt aber Grenzen für die Rechtshilfegewährung, die z.T. – wie in Deutschland – auf der Ausübung staatsvertraglich vorgesehener Vorbehalte beruhen.

55 Aus der Differenzierung der Rechtsgrundlagen ergeben sich Schwierigkeiten, weil sich eine vorgezogene Beweisaufnahme (Beweissicherung) in ausländischen Rechtsordnungen der Verfahrensform des einstweiligen Rechtsschutzes bedienen kann. Mehrere Funktionen hat z.B. das référé-Verfahren des französischen Prozessrechts (dazu oben Rdn. 36). Die deutschen summarischen Verfahren der selbständigen Beweisaufnahme und der einstweiligen Verfügung sind zwar theoretisch gegeneinander abzugrenzen, doch kann das eV-Verfahren funktional zur Beweismittelbeschaffung eingesetzt werden, etwa wenn dort ein Besichtigungsanspruch nach § 809 BGB – den Zugang zum Beweisobjekt vorbereitend – tenoriert wird (dazu oben vor § 485 Rdn. 7 und Rdn. 9, § 485 Rdn. 6). Das englische Prozessrecht trennt demgegenüber nicht in dieser Weise beim Erlass einer gerichtlichen Order außerhalb eines anhängigen Verfahrens (pre action), etwa einer Anton Piller Order zur Ermittlung einer Schutzrechtsverletzung durch Besichtigung eines Sachsubstrats, in dem sich die Verletzung eines Rechts des geistigen Eigentums nach Behauptung des Antragstellers niederschlägt. Die **Abgrenzung** von **Beweisaufnahmeverfahren** und **einstweiliger Verfügung** innerhalb summarischer, nämlich institutionell auf Zeitüberbrückung gerichteter Verfahren sowie die Zuordnung von Maßnahmen zu einer der Verfahrensarten darf für das Gemeinschaftsrecht (EuGVO, EuBVO) und das Völkerrecht (HBÜ) nicht nach der Systematik des nationalen (deutschen) Prozessrechts vorgenommen werden. Geboten ist eine autonome Auslegung.[139] Betroffen ist davon die **Abgrenzung** der Anwendungsbereiche von **EuGVO und EuBVO**; dazu fehlt es bisher weitgehend an eingehenderen Erörterungen[140] (dazu § 363 Rdn. 86f.).

56 **b) Entscheidungen i.S.d. Art. 32 EuGVO (Art. 25 EuGVÜ). Abzugrenzen** sind demnach Rechtshilfemaßnahmen der **Beweiserhebung von** (meist summarischen) **gerichtlichen Entscheidungen, die selbständig anerkennungs- und vollstreckungsfähig** sind und insbesondere in den Anwendungsbereich der EuGVO fallen.[141] Soweit sie dem Entscheidungstyp nach in den Anwendungsbereich der EuGVO fallen können, fehlt ihnen die Anerkennungsfähigkeit gleichwohl, wenn sie auf einseitigen Antrag ohne Anhörung des Gegners erlassen worden sind. Der EuGH verlangt auch bei einstweiligen Maßnahmen ein vorangehendes kontradiktorisches Verfahren;[142] ausreichen lässt es der EuGH allerdings wohl, wenn gegen einen Gerichtsbeschluss, der auf einseitiges Vorbringen hin ergangen ist, nach dessen Bekanntgabe Einwände oder Rechtsmittel hätten erhoben werden können,[143] so dass die Entscheidung letztlich nicht ausschließlich auf ein-

---

139 *Mankowski* JZ 2005, 1144, 1145.
140 Dazu *Chr. Heinze* Einstweiliger Rechtsschutz im europ. Immaterialgüterrecht, 2007, S. 107ff.; *Ahrens* FS Loschelder (2010), 1ff.
141 Auf diesen Aspekt geht *Mankowski* JZ 2005, 1144, 1146ff. nicht ein. Im Sinne dieser Unterscheidung EuGH, 28.4.2005, Rs. C-104/03 – St. Paul Dairy Industries/Unibel Exser, JZ 2005, 1166.
142 EuGH 21.5.1980, Slg. 1980, 1553, Rs. C-125/79 – Denilauler/Couchet Frères = IPrax 1981, 95; BGH GRUR 2007, 813, 814; *Kropholler/v. Hein* Europäisches Zivilprozessrecht[9] Art. 32 Rdn. 22f.; Rauscher/*Leible* Europ. Zivilprozessrecht[(2011)], Art. 31 Brüssel I-VO Rdn. 36, Art. 32 Rdn. 12a (am Fortbestand dieser Rspr. unter der EuGVO zugleich Zweifel äußernd); *Schlosser* EU-Zivilprozessrecht[3] Art. 32 EuGVVO Rdn. 6. Für eine Änderung der EuGH-Rspr. wegen Unübertragbarkeit auf Art. 32 *Geimer* in Geimer/Schütze, Europ. Zivilverfahrensrecht[3] Art. 31 A. 1 Rdn. 97, Art. 34 Rdn. 107.
143 Vgl. EuGH 14.10.2004, Rs. C-39/02 – Maersk/de Haen, Tz. 59 und 62, IPRax 2006, 262ff. Dazu *Kropholler/v. Hein* Europäisches Zivilprozessrecht[9] Art. 32 Rdn. 22; s. auch *Schlosser* IPRax 2006, 300, 305.

seitigem Vorbringen beruhte und keinen Überraschungscharakter hatte. Jedenfalls an diesem Erfordernis würde die Vollstreckbarerklärung von Maßnahmen wie der englischen Anton Piller order (search order) oder der französischen saisie contrefaçon unter dem Regelwerk der EuGVO scheitern, da diese Maßnahmen zur Beweisermittlung bei Rechtsverletzungsverdacht unter Ausnutzung eines Überraschungseffekts eingesetzt werden sollen.[144] Für die Anerkennungsfähigkeit nach der EuGVO ist jeweils zu prüfen, ob die Entscheidung unter den **Entscheidungsbegriff des Art. 32 EuGVO** zu subsumieren ist. Das ist für eine sasie contrefaçon oder eine Anton Piller order zu verneinen.

Werden **materiellrechtliche Ansprüche auf Erteilung von Auskünften** oder auf 57 Verschaffung sonstiger Informationen im Wege des einstweiligen Rechtsschutzes tituliert, so erfüllen die Entscheidungen die Anforderungen des **Art. 32 EuGVO**[145] (§ 363 Rdn. 87). Soweit das im Ausgangsstaat bestehende Prozessrechtsverhältnis, das u.U. durch eine sehr summarische Klagerhebung begründet wird, die Grundlage der Informationspflicht bildet, kann deren Anordnung wie eine Sachentscheidung zu behandeln sein, auf die Art. 32 EuGVO anwendbar ist.[146] Zu beachten ist dafür die funktionelle Äquivalenz prozessualer Anordnungen mit der Titulierung materiellrechtlicher Informationsansprüche. Die Vollstreckung einer Besichtigungs- und Duldungspflicht (vgl. § 809 BGB) im Wege unmittelbaren Zwangs nach § 932 ZPO unter Einschaltung eines Gerichtsvollziehers, etwa nach Art. 7 der Richtlinie 2004/48/EG, ist als Beweiserhebung nach der EuBVO anzusehen (§ 363 Rdn. 80 ff.).[147]

Handelt es sich um gerichtliche **Anordnungen mit lediglich innerprozessualer** 58 **Bedeutung** für die spätere Endentscheidung, ist der Rechtshilfeweg und damit das HBÜ oder die EuBVO heranzuziehen. Sie können zwar nach dem Sprachgebrauch gerichtliche Entscheidungen sein (Grundurteil nach § 304 ZPO, Beweisbeschluss, jugement d'avant dire droit – so der Abschnittstitel vor Art. 482 franz. CPC) doch sind es **Zwischenentscheidungen über den Verfahrensfortgang**, die **nicht** unter Art. 32 EuGVO zu subsumieren sind.[148] Die innerprozessuale Bedeutung geht nicht dadurch verloren, dass die Beweisaufnahmehandlung einem Hauptverfahren zeitlich vorgeschaltet und die Vermeidung der Einleitung eines solchen Hauptverfahrens möglicher zusätzlicher Verfahrenszweck ist. Das trifft etwa zu für die Bestellung eines Sachverständigen durch französische ordonnance de référé expertise.[149] Sie war Gegenstand einer die Anerkennung nach dem EuGVÜ zutreffend ablehnenden Entscheidung des OLG Hamm;[150] für einen

---

144 Ebenso *Schlosser* EU-Zivilprozessrecht³ Art. 31 EuGVVO Rdn. 34.
145 *Schlosser* EU-Zivilprozessrecht³ Art. 32 EuGVVO Rdn. 9 und Art. 31 Rdn. 27; Rauscher/*Leible* Europ. Zivilprozessrecht$^{(2011)}$ Art. 32 Brüssel I-VO Rdn. 8a.
146 *Schlosser* EU-Zivilprozessrecht³ Art. 32 Rdn. 9; so wohl auch Rauscher/*Leible* Europ. Zivilprozessrecht$^{(2011)}$ Art. 32 Brüssel I-VO Rdn. 8a. Für die Vollstreckung von Anton-Piller-Orders ausdrücklich im Ergebnis ebenso *Stadler* FS Geimer S. 1281, 1303 Fn. 64.
147 Eingehend dazu *Ahrens* FS Loschelder (2010), 1 ff.
148 *Kropholler/v. Hein* Europ. Zivilprozessrecht⁹ Art. 32 Rdn. 24; Rauscher/*Leible* Europ. Zivilprozessrecht$^{(2011)}$ Art. 32 Brüssel I-VO Rdn. 8; *Geimer* in Geimer/Schütze, Europ. Zivilverfahrensrecht³ Art. 32 A.1 Rdn. 43; *Schlosser* EU-Zivilprozessrecht³ Art. 32 EuGVVO Rdn. 8. Gegen anerkennungsfähigen Inhalt der Ergebnisse selbständiger Beweisverfahren nach Art. 32 ff. EuGVO: *Stadler* FS Geimer S. 1281, 1303; MünchKomm/*Gottwald*³ IZPR Art. 31 EuGVO Rdn. 2; für die Anerkennung: *Heß* JZ 1998, 1021, 1030. Einem französischen Beweisverfahren – bei vertraglich vereinbarter Zuständigkeit des LG Hamburg – die Wirkung der Verjährungsunterbrechung absprechend wegen Unanwendbarkeit des Art. 25 EuGVÜ (Art. 32 EuGVO): LG Hamburg EWiR § 477 BGB 1/99 S. 345 = TranspR 1999, 35 = IPRax 2001, 45, 47 m. abl. Bspr. *Spickhoff* IPRax 2001, 37 ff.
149 *Kropholler/v. Hein* Europ. Zivilprozessrecht⁹ Art. 32 Rdn. 24; *Schlosser* EU-Zivilprozessrecht³ Art. 32 EuGVVO Rdn. 7.
150 OLG Hamm RIW 1989, 566 f. m. abl. Anm. *Bloch*; beispielhaft und zustimmend zitiert von Rauscher/*Leible* Europ. Zivilprozessrecht$^{(2011)}$ Art. 32 Brüssel I-VO Rdn. 8; *Kropholler/v. Hein* Europ.

französischen Rechtsstreit über eine in Essen errichtete Anlage zur Anreicherung von Grundwasser mit Ozon war ein französischer Sachverständiger ermächtigt worden, die Anlage zu besichtigen, sich Beweisunterlagen vorlegen zu lassen und unter Anhörung von Personen Feststellungen über Änderungen an der Anlage zu treffen. Das OLG Hamm hat die ordonnance de référé expertise (Art. 145, 484 ff. Nouv. CPC) einer deutschen Beweissicherungsmaßnahme nach § 485 ZPO (a.F.) gleichgestellt.[151] Für deren grenzüberschreitenden Vollzug ist heute die EuBVO heranzuziehen.

4. Internationale Zuständigkeit für selbständige Beweiserhebungen, Verwertbarkeit der Ergebnisse

59 **a) Anwendbares Recht.** Nicht geregelt ist die Verwertbarkeit der Ergebnisse isolierter Beweisverfahren in der HBÜ und der EuBVO.[152] Die Abgrenzung von EuBVO und EuGVO ist für die **Verwertbarkeit** im nachfolgenden Hauptsacheverfahren belanglos, weil der Hauptsacherichter darüber nach seiner lex fori entscheidet.

60 Unabhängig davon, ob Art. 32 EuGVO (ab 2015: Art. 2 lit. a) auf Ergebnisse von selbständigen Beweisverfahren angewandt wird, ist die **Zuständigkeit** nach Art. 31 EuGVO (ab 2015: Art. 35) zu beurteilen; dessen Anwendung ist streitig.[153] Bei alleiniger Anwendung der EuBVO auf die Beweisermittlung von Verletzungen der Rechte des geistigen Eigentums, etwa nach der „descrizione" des ital. Rechts (Art. 128 CPI), der „saisie déscription" des belg. Rechts (Art. 1481 Ger.W.)[154] oder der „saisie contrefaçon" des französischen Rechts (Maßnahmen nach Art. 7 der Richtlinie zur Durchsetzung der Rechte des geistigen Eigentums v. 29.4.2004[155]), die hier befürwortet wird, ist die Zuständigkeit des beweiserhebenden Prozeßgerichts für den Vollzug durch ein ausländisches Rechtshilfegericht ohne Belang.

61 **b) Ausländische Beweisverfahren für den künftigen oder bereits anhängigen Inlandsprozess.** Wenn eine deutsche internationale Hauptsachezuständigkeit besteht, die sich bindend aus der EuGVO, dem Lugano-Übereinkommen, aus einem anderen (bilateralen) Staatsvertrag oder aus dem autonomen Prozessrecht ergeben kann, kann gleichwohl nach einer ausländischen Rechtsordnung gleichzeitig eine dortige internationale Zuständigkeit für ein selbständiges Beweisverfahren gegeben sein. Ordnet der ausländische Richter **vorprozessual Beweiserhebungen** in seinem Staat an, sind deren Ergebnisse grundsätzlich **im deutschen Hauptsacheverfahren verwertbar**.[156] Näher dazu § 493 Rdn. 12. Dies gilt innerhalb der EU jedenfalls dann, wenn sich die Zuständig-

---

Zivilprozessrecht[9] Art. 32 Rdn. 24; *Schlosser* EU-Zivilprozessrecht[3] Art. 32 EuGVVO Rdn. 7; zustimmend ferner *Geimer* Anerkennung ausländischer Entscheidungen in Deutschland, 1995, S. 171 f. Insoweit ebenso und nur insoweit zutreffend OLG Hamburg MDR 2000, 53 = IPRax 2000, 530.
151 A.A. OLG Hamburg MDR 2000, 53.
152 *Stadler* FS Geimer S. 1281, 1303.
153 Dazu (überwiegend ohne Einordnung in den oben hergestellten Zusammenhang): *Mankowski* Anm. zu LG Hamburg EWiR § 477 BGB 1/99 S. 345, 346; *Meilicke* NJW 1984, 2017, 2018; *Musielak/Stadler*[10] Art. 31 EuGVO Rdn. 2; *Nagel/Gottwald* IZPR[6] § 15 Rdn. 72; *Spickhoff* IPRax 2001, 37, 39; *Stadler* FS Geimer S. 1281, 1303; *Stürner* IPrax 1984, 299, 300; *Thomas/Putzo/Hüßtege*[33] Art. 31 EuGVO Rdn. 2; Rauscher/*v. Hein* Europ. Zivilprozessrecht[(2010)], Art. 1 EG-BewVO Rdn. 52; *Geimer* in Geimer/Schütze, Europ. Zivilverfahrensrecht[3] Art. 31 A.1 Rdn. 33 (einen Vorschlag der Kommission, Art. 31 ausdrücklich auf Beweissicherungsmaßnahmen auszuweiten, als „systematisch verfehlt" qualifizierend).
154 Belg. Cour de Cass. GRUR Int. 2001, 73, 74 für ein ausländisches Hauptsacheverfahren.
155 ABl. EU Nr. L 195 v. 2.6.2004 S. 16 (berichtigte Fassung).
156 *Ahrens* FS Schütze S. 1, 13; zustimmend *Stadler* FS Geimer S. 1281, 1304; *Spickhoff* IPRax 2001, 37, 41; **a.A.** OLG Köln NJW 1983, 2779 (da kein Beweissicherungsverfahren nach §§ 485 ff.); wohl auch OLG

keit aus Art. 31 EuGVO in Verb. mit einer nationalen Regelung ergibt, sollte aber gar nicht von Zuständigkeitsfragen abhängig gemacht werden. Das ausländische Beweisverfahren darf nicht der **Umgehung inländischer Beweisbeschränkungen** Vorschub leisten.[157]

Eine Prozesspartei kann auch **während des anhängigen deutschen Hauptsache-** **verfahrens** eine Dringlichkeit der Beweisaufnahme im Ausland annehmen. Nach § 486 Abs. 1 ist für sie aus deutscher Sicht das (deutsche) Prozessgericht zuständig, dessen Beweisbeschluss dann jedoch zeitraubend im Rechtshilfeweg ausgeführt werden müsste. Erfolgt die Beweisaufnahme im ersuchten Staat in dieser Weise, handelt sich um ein **deutsches Verfahren mit ausländischer Rechtshilfe**, für das **§ 493 Abs. 1** gilt. Erlässt ein ausländischer Richter zeitverkürzend ohne vorheriges deutsches Rechtshilfeersuchen eine eigene Beweisanordnung, steht der Berücksichtigung ihrer Ergebnisse § 486 Abs. 1 nicht entgegen. Aus dieser Norm darf **keine ausschließliche** deutsche internationale **Zuständigkeit** abgeleitet werden. Zu akzeptieren ist grundsätzlich ein missbrauchsfrei auszuübendes Wahlrecht der Parteien zwischen beiden Arten des Vorgehens.[158] Zur Verjährungsunterbrechung s. vor § 485 Rdn. 27 ff. 62

c) Inländische Beweisverfahren mit Auslandsbezug

aa) Nicht ausgeübte deutsche Hauptsachezuständigkeit. Ist nach der EuGVO oder nach autonomem deutschen Recht eine internationale Zuständigkeit (allein oder wahlweise) für ein inländisches Hauptsacheverfahren gegeben, die **Hauptsache** aber **noch nicht anhängig**, so darf im Inland ein selbständiges Beweisverfahren eingeleitet werden, dessen örtliche Zuständigkeit sich aus § 486 Abs. 2 Satz 1 ergibt.[159] Wird die Hauptsache später in Deutschland eingeleitet, ist § 493 Abs. 1 für die Verwertung einschlägig. 63

bb) Nur ausländische Hauptsachezuständigkeit. Für einen **künftigen ausländischen Hauptsacheprozess** ohne internationale deutsche Hauptsachezuständigkeit kann ein **inländisches** selbständiges **Beweisverfahren** nach §§ 485 ff. nur eingeleitet werden, wenn dafür eine internationale Zuständigkeit besteht. Dasselbe Problem stellt sich, wenn eine mehrfache internationale Zuständigkeit gegeben ist, unter der sich auch eine inländische Zuständigkeit befindet, jedoch der Hauptprozess **im Ausland bereits anhängig** ist und für das Inland wegen Anerkennungsfähigkeit des künftigen ausländischen Urteils die Rechtshängigkeitssperre des Art. 27 EuGVO oder des § 261 ZPO greift. Ist der Hauptsacheprozess in einem anderen EU-Staat bereits anhängig, fehlt das rechtliche Interesse i.S.d. § 485 Abs. 2 für ein inländisches Beweisverfahren.[160] 64

Im Anwendungsbereich der **EuGVO** ergibt sich die Beweiserhebungszuständigkeit aus der internationalen Hauptsachezuständigkeit der Art. 2 ff. EuGVO. Ist eine solche Zu- 65

Hamburg MDR 2000, 53 = IPRax 2000, 530 (nicht nach § 493 Abs. 1) m. insoweit abl. Bspr. *Försterling* IPRax 2000, 499, 500.
157 Zur Missbrauchsabwehr ist vorgeschlagen worden, die Ablehnungsgründe der Art. 34 EuGVO/§ 328 ZPO entsprechend heranzuziehen: *Dörschner* Beweissicherung im Ausland, 2000, S. 201 ff.; vorsichtig zustimmend *Stadler* FS Geimer S. 1281, 1304 Fn. 66.
158 *Stürner* IPrax 1984, 299, 301; wohl ebenso Rauscher/*v. Hein* Europ. Zivilprozessrecht[(2010)], Art. 1 EG-BewVO Rdn. 54.
159 Obsolet geworden sind die Zuständigkeitsüberlegungen von *Meilicke* NJW 1984, 2017 und *Stürner* IPrax 1984, 300 (sub II 2), jeweils im Anschluss an OLG Köln NJW 1983, 2779.
160 OLG Köln VersR 2012, 1058 (Beweisverfahren wegen zahnärztl. Behandlungsfehlers, Zahnarzthonorarklage in Belgien).

ständigkeit nicht vorhanden, ist für die Beweisanordnung **Art. 31** heranzuziehen, wenn man Maßnahmen darunter fallen lässt, die die Wahrheitsfindung im Erkenntnisverfahren sichern. Die von Art. 31 EuGVO freigegebene Regelung betrifft nur sichernde und andere einstweilige Maßnahmen. Daher kann **nur** die **Beweismittelgefährdung** ein legitimes Verfahrensinteresse begründen, **nicht** aber die **Rechtsstreitvermeidung** (§ 485 Abs. 2 Satz 2). Zu beurteilen ist die Gefährdung unter Berücksichtigung des Zeitverbrauchs für ein alternatives Vorgehen, also für eine Beweiserhebung durch das ausländische Hauptsachegericht im Rechtshilfeweg. Da Art. 31 EuGVO nur den Weg für internationale Zuständigkeiten außerhalb der allgemeinen und besonderen Zuständigkeitsfestlegungen der EuGVO öffnet, ist daneben die Begründung einer internationalen Zuständigkeit nach nationalem deutschem Prozessrecht notwendig. Diese **deutsche internationale Zuständigkeit** ist aus der Regelung über die örtliche Zuständigkeit abzuleiten, also **aus § 486 Abs. 3** (Amtsgericht des Belegenheitsortes bei dringender Gefahr).[161] Außerhalb des Anwendungsbereiches des EuGVO und ohne dessen Begrenzungen ist § 486 Abs. 3 ebenfalls zur Gewinnung einer internationalen Zuständigkeit analog anzuwenden. Für ein **Schiedsgerichtsverfahren** mit Schiedsort im **Ausland** können Beweissicherungsmaßnahmen nach § 485 Abs. 1 erforderlich werden. Dafür ist gem. § 1033 ein staatliches Gericht zuständig (s. auch § 486 Rdn. 13). § 1033 ist gem. § 1025 Abs. 2 auch dann anwendbar, wenn der formelle Schiedsgerichtsort im Ausland belegen ist. § 493 ist darauf wegen § 1042 Abs. 4 Satz 1 nicht unmittelbar anwendbar, stellt jedoch auch kein Hindernis dar.[162] Die deutsche internationale Zuständigkeit ergibt sich wie für Beweiserhebungen zugunsten eines staatlichen Auslandsverfahrens aus § 486 Abs. 3.

66   Wird der Beweis im Inland erhoben, entscheidet die **ausländische lex fori** des in der Hauptsache zuständigen Gerichts über die anschließende **Verwertung**.[163] Unerheblich ist, ob die für den Hauptsacheprozess maßgebliche ausländische lex fori selbst ein vorgezogenes Beweisverfahren kennt.[164] Etwas anderes ist ausnahmsweise anzunehmen, wenn eine Verwendung des Beweisergebnisses ausschließlich in einem bestimmten ausländischen Staat in Betracht kommt und dessen Prozessrecht jegliche Verwertung zwingend ausschließt. Etwaige **Beweisbeschränkungen** der im ausländischen Hauptsacheprozess anwendbaren lex fori oder des maßgeblichen fremden Sachstatuts dürfen nicht durch Einleitung eines inländischen selbständigen Beweisverfahrens unterlaufen werden.

X. Einfluss des Gemeinschaftsrechts und völkerrechtlicher Verträge

67   Die Anwendung **nationalen Prozessrechts** kann trotz fehlender Zuständigkeit der EU zur Rechtsetzung auf diesem Gebiet ausnahmsweise **durch** Normzwecke des **Gemeinschaftsrechts modifiziert** werden. Erörtert worden ist dies u.a. für das Zeugnisverweigerungsrecht in einem vorgezogenen Beweisverfahren nach der niederländischen ZPO von 1988. Die Ergebnisse der Zeugenaussagen leitender Mitarbeiter der beklagten Postbank konnten mögliche kartellrechtliche Verstöße der Beklagten gegen Art. 101 und 102 AEUV offenbaren. Der EuGH, der es bereits als fundamentalen Grundsatz des Gemeinschaftsrechts bezeichnet hatte, sich gegenüber der Kommission keines Rechtsver-

---
161   Rauscher/*v. Hein* Europ. Zivilprozessrecht[(2010)], Art. 1 EG-BewVO Rdn. 53; *Geimer* Internat. Zivilprozessrecht[6] Rdn. 2540; *Schack* Internat. Zivilverfahrensrecht[5] Rdn. 491; *Dörschner* Beweissicherung im Ausland S. 154 ff.; s. auch *Stürner* IPrax 1984, 299, 300.
162   *Steinbrück* IPRax 2010, 424, 426; **a.A.** OLG Düsseldorf IPRax 2010, 442, 444.
163   Rauscher/*v. Hein* Europ. Zivilprozessrecht[(2010)], Art. 1 EG-BewVO Rdn. 53.
164   AG Frankfurt/M. JZ 1960, 540, 541 m. Anm. *Cohn*.

stoßes bezichtigen zu müssen, verneinte ein daraus folgendes gemeinschaftsrechtliches Aussageverweigerungsrecht mit Wirkung für den privatrechtlichen Streit der Parteien und deren niederländisches Beweisverfahren. Informationen, die daraus erlangt seien und der Kommission zur Kenntnis gebracht würden, dürften von der Kommission in einem Verfahren mit Sanktionscharakter weder als Beweis für einen Wettbewerbsverstoß noch als Indiz zur Einleitung einer vorausgehenden Untersuchung verwertet werden.[165]

Nationale Gerichte dürfen aufgrund ihrer Prozessregeln über eine vorgezogene Beweiserhebung nicht im Wege einer gegen die EG-Kommission gerichteten einstweiligen Maßnahme eine Begutachtung durch einen Sachverständigen anordnen, die Sachverhaltsfeststellungen für eine **künftige Schadensersatzklage gegen die EU** auf der Grundlage der Art. 268 i.V.m. 340 AEUV (ex Art. 235 i.V.m. 288 EGV) treffen soll. Für die Beurteilung der Haftung der EG wegen Fehlern und Versäumnissen von Gemeinschaftsorganen sind ausschließlich die Gemeinschaftsgerichte zuständig.[166] **68**

Aufgrund der **Richtlinie 2004/48/EG** zur Durchsetzung der Rechte des geistigen Eigentums und aufgrund des **TRIPS-Übereinkommens**,[167] eines WTO-Nebenabkommens, hat Deutschland für diesen Sachbereich **effektive Beweissicherungs- und Beweisermittlungsmaßnahmen** in das nationale Recht eingeführt. **69**

XI. Sonstiges

Nach § 104 Abs. 2 VVG 2008 ist der Versicherungsnehmer verpflichtet, seiner **Haftpflichtversicherung** die Einleitung eines selbständigen Beweisverfahrens anzuzeigen.[168] Ob mit Einleitung des Beweisverfahrens zugleich die Frist des § 15 VVG (§ 12 VVG a.F.) über die Verjährung des Haftpflicht-Deckungsanspruchs des Versicherungsnehmers gegen den Versicherer zu laufen beginnt, hängt von den Umständen des Einzelfalles ab.[169] **70**

Den Rechtsanwalt kann nach Mandatserteilung die Pflicht treffen, Beweise – ggf. durch ein selbständiges Beweisverfahren – sichern zu lassen. Aus der Verletzung dieser **anwaltlichen Beweissicherungspflicht** kann ein Schadensersatzanspruch gegen den Rechtsanwalt entstehen.[170] Kommt es für § 172 darauf an, ob eine Partei einen Bevollmächtigten bestellt hat, kann es naheliegen, dass der **Prozessbevollmächtigte** des selbständigen Beweisverfahrens auch für das Hauptverfahren bestellt ist.[171] Der mit der Durchführung des Beweisverfahrens beauftragte Rechtsanwalt muss nicht ungefragt auf das Entstehen von Mehrkosten hinweisen, wenn erwartungswidrig ein nachfolgender Hauptsacheprozess zu führen ist.[172] **71**

---

165 EuGH, Urt. v. 10.11.1993, Slg I-5683, 5713 Tz. 20 Rs. C-60/92 – Otto BV/Postbank BV.
166 EuGH, Urt. v. 26.11.2002, Rs. C-275/00 – EG/First und Franex (auf Vorlage in einem belgischen selbständigen Beweisverfahren).
167 „Übereinkommen über handelsbezogene Aspekte der Rechte des geistigen Eigentums", BGBl 1994 II 1730.
168 Zu § 153 VVG a.F. BGH NJW-RR 2004, 1261, 1262; OLG Stuttgart VersR 2004, 511; OLG Stuttgart NJW 1999, 799; OLG Köln VersR 1991, 872f.
169 BGH NJW-RR 2004, 1261, 1262 (strikter die Vorinstanz KG VersR 2003, 1246).
170 BGH NJW 1993, 2676, 2677.
171 OLG Düsseldorf MDR 1991, 1197, 1198.
172 OLG Nürnberg MDR 1999, 1530.

§ 485
Zulässigkeit

(1) Während oder außerhalb eines Streitverfahrens kann auf Antrag einer Partei die Einnahme des Augenscheins, die Vernehmung von Zeugen oder die Begutachtung durch einen Sachverständigen angeordnet werden, wenn der Gegner zustimmt oder zu besorgen ist, daß das Beweismittel verloren geht oder seine Benutzung erschwert wird.

(2) Ist ein Rechtsstreit noch nicht anhängig, kann eine Partei die schriftliche Begutachtung durch einen Sachverständigen beantragen, wenn sie ein rechtliches Interesse daran hat, daß
1. der Zustand einer Person oder der Zustand oder Wert einer Sache,
2. die Ursache eines Personenschadens, Sachschadens oder Sachmangels,
3. der Aufwand für die Beseitigung eines Personenschadens, Sachschadens oder Sachmangels

festgestellt wird. Ein rechtliches Interesse ist anzunehmen, wenn die Feststellung der Vermeidung eines Rechtsstreits dienen kann.

(3) Soweit eine Begutachtung bereits gerichtlich angeordnet worden ist, findet eine neue Begutachtung nur statt, wenn die Voraussetzungen des § 412 erfüllt sind.

Schrifttum

Siehe vor § 485. Ferner: *Bockey* Das selbständige Beweisverfahren im Arzthaftungsrecht, NJW 2003, 3453; *Dodegge* Selbständiges Beweisverfahren zur Feststellung der Geschäftsfähigkeit eines Vollmachtgebers bei Errichtung oder Widerruf der Vollmacht, FamRZ 2010, 1788; *Enaux* Rechtliches Interesse und allgemeines Rechtsschutzbedürfnis beim selbständigen Beweisverfahren, FS Vygen, 1999, S. 386; *Pauly* Das selbständige Beweisverfahren in der Baurechts-Praxis, MDR 1997, 1087; *Pauly* Das selbständige Beweisverfahren in Bausachen, JR 1996, 269; *Rehborn* Selbständiges Beweisverfahren im Arzthaftungsrecht? MDR 1998, 16; *Rinke/Balser* Selbständiges Beweisverfahren bei Streit über die medizinische Notwendigkeit einer vorgesehenen Heilbehandlung – zulässig?, VersR 2009, 188; *Scholl* Selbständiges Beweisverfahren zur Feststellung der Höhe einer Mietminderung? NZM 1999, 108; *Vogel* Beweisbeschlüsse in Bausachen – eine unendliche Geschichte?! FS Thode, 2005, S. 325.

Übersicht

I. Funktionen des selbständigen Beweisverfahrens
 1. Beweiskonservierung, § 485 Abs. 1 — 1
 2. Rechtsstreitvermeidung, § 485 Abs. 2 — 3
 3. Beweiserhebung statt Informationsermittlung, Beweisermittlungen wegen Verdachts der Verletzung geistigen Eigentums — 4
II. Antrag und Gegenantrag — 11
III. Zulässigkeitsvoraussetzungen gem. § 485 Abs. 1
 1. „während oder außerhalb eines Streitverfahrens"
  a) Vorrang des Hauptprozesses — 17
  b) Parallelität von Beweisverfahren und Hauptprozess — 18
  c) Unzulässige Wiederholung der Beweiserhebung — 20
  d) Offensichtliche Nutzlosigkeit — 23
 2. Zustimmung des Gegners — 25
 3. Besorgnis des Verlustes/der erschwerten Benutzung des Beweismittels
  a) Veränderung von Augenscheins- oder Begutachtungsobjekten — 28
  b) Zeugenbeweis — 31
  c) Rechtsschutzinteresse, Missbrauch — 34
  d) Bevorstehender Ablauf der Verjährungsfrist — 37
 4. Umfang der Beweisaufnahme — 38

IV. Zulässigkeitsvoraussetzungen gem. § 485 Abs. 2
1. Fehlende Anhängigkeit des Hauptverfahrens — 40
2. Gegenstand der Feststellung; zulässiges Beweismittel
   a) Beweismittelbeschränkung, schriftliche Sachverständigenbegutachtung — 42
   b) Zulässige Themen der Begutachtung
      aa) Feststellungsbeschränkung — 45
      bb) Zustands- und Wertbegutachtung — 46
      cc) Mangel- oder Schadensursache — 49
      dd) Schadensbeseitigungsaufwand — 53
3. Rechtliches Feststellungsinteresse
   a) Regelbeispiel: Rechtsstreitvermeidung — 54
   b) Streitentschlossenheit des Antragsgegners — 58
   c) Sonstige rechtliche Interessen — 59
   d) Einzelfälle
      aa) Zu bejahendes Interesse — 60
      bb) Zu verneinendes Interesse — 62
4. Erneute Begutachtung — 65
V. Entscheidung — 66
VI. Übergang der Zuständigkeit auf Prozessgericht — 67

I. Funktionen des selbständigen Beweisverfahrens

1. Beweiskonservierung, § 485 Abs. 1. § 485 Abs. 1 2. u. 3. Alt. betrifft die Ursprungsform des Verfahrens, den „Beweis zum ewigen Gedächtnis". Dem Antragsteller wird es ermöglicht, ein **Beweismittel** für eine spätere Auseinandersetzung zu **konservieren**. Für dieses Verfahren kann auch heute noch die bis 1991 geltende Titelüberschrift „Beweissicherungsverfahren" verwendet werden. 1

Ergänzt wird § 485 Abs. 1 2. und 3. Alt. durch das **einverständliche** Beweisverfahren nach § 485 Abs. 1 1. Alt., bei dem der **Gegner** der vorweggenommenen Beweiserhebung **zugestimmt** hat. Diese schon in der alten Fassung des § 485 enthaltene Alternative entbindet das Gericht von der Prüfung einer Verlustgefahr.[1] Zugleich wurde damit bereits vor der Novellierung des § 485 Abs. 1 den Parteien ermöglicht, Vergleichsverhandlungen auf eine gerichtlich gesicherte Tatsachenbasis zu stellen. Dem Beweissicherungsverfahren konnte also die – praktisch kaum genutzte – Möglichkeit der Streitschlichtung zufallen. 2

2. Rechtsstreitvermeidung, § 485 Abs. 2. Die Einfügung des § 485 Abs. 2 war der Grund für die Änderung der Titelüberschrift vor § 485 in „selbständiges Beweisverfahren". Das Beweisverfahren nach Abs. 2 des § 485 ist unabhängig von einem Sicherungsbedarf des Antragstellers zulässig, wenn ein **rechtliches Interesse** an der Verfahrensdurchführung besteht. § 485 Abs. 2 Satz 2 nennt hierfür als **Regelbeispiel** die „Vermeidung eines Rechtsstreits". Insofern kann das selbständige Beweisverfahren nach § 485 Abs. 2 – unter Einbeziehung der in § 492 Abs. 3 2. Alt. vorgesehenen Möglichkeit, einen Vergleich zu protokollieren – auch als „streitschlichtendes Beweisverfahren"[2] bezeichnet werden. 3

3. Beweiserhebung statt Informationsermittlung, Beweisermittlungen wegen Verdachts der Verletzung geistigen Eigentums. Das deutsche Prozessrecht gewährt den Prozessparteien nur sehr eingeschränkt Informationsrechte auf prozessualer Basis. Statt dessen sind Beteiligte eines Rechtsverhältnisses zur Informationsbeschaffung auf 4

---

1 Stein/Jonas/*Leipold*[22] § 485 Rdn. 7.
2 *Cuypers* NJW 1994, 1985, 1986.

materiell-rechtliche Informationsansprüche angewiesen. Hinzu treten prozessbezogen Absenkungen bzw. Erleichterungen der **Darlegungs- und Beweislast** im Rahmen des Beibringungsgrundsatzes. Der Grad der Substantiierungslast wird seinerseits durch das – im Einzelfall häufig strittige – Verbot der Behauptung „ins Blaue hinein" (**Verbot der Ausforschung**) gesteuert. An dieser Grundstruktur des Zivilprozesses ändert sich durch die Bereitstellung eines Nebenverfahrens zur isolierten Beweiserhebung nichts. Näher zu den Mitwirkungspflichten der Parteien bei der Sammlung des Tatsachenstoffes einschließlich der Beweise vor § 284 Rdn. 10 ff., vor § 485 Rdn. 9; speziell zur Beweisermittlung vor § 485 Rdn. 5 ff. und vor § 284 Rdn. 23 ff.

5   Mit dem auf Besorgnis des Beweismittelverlustes gestützten Antrag darf – vorbehaltlich gesonderter Regelungen – nicht das Ziel verfolgt werden, die begrenzenden Voraussetzungen eines Informationsanspruches zu umgehen, um Kenntnis von Tatsachen zu erlangen, deren Vortrag für die Schlüssigkeit einer Klage im Hauptprozess erforderlich sind.[3] Die Verfolgung eines solchen verfahrensfremden Zieles ist etwa angenommen worden für den Antrag auf Einnahme eines richterlichen Augenscheins über Kontounterlagen einer Bank, der auf die Behauptung gestützt wurde, die kontierten Guthabenbestände eines halben Jahres müssten vor manipulativen Veränderungen geschützt werden.[4] Ebenso wenig kann der durch rechtskräftiges Urteil als nichtehelicher Vater Festgestellte die Mitwirkung des Kindes und dessen Mutter an der Erstellung eines Gutachtens erzwingen, mit dessen Hilfe er ein Wiederaufnahmeverfahren nach § 641i betreiben will[5] (zur Neuordnung dieses Rechtsbereichs § 372a Rdn. 3). Das selbständige Beweisverfahren ermöglicht also grundsätzlich **keine „getarnte" Beweisermittlung** (s. aber auch unten Rdn. 46 ff.).

6   **Materiell-rechtliche Informationsansprüche** oder **sonstige Mitwirkungsansprüche** (z.B. **Duldungsansprüche**) können u.U. im Wege einstweiliger Verfügung tenoriert werden. Nicht nur für grenzüberschreitende Beweisverfahren (näher: vor § 485 Rdn. 7 und 53 ff.) ist es geboten, das einstweilige **Verfügungsverfahren vom** selbständigen **Beweisverfahren abzugrenzen**. Beide Verfahren unterscheiden sich im **Rechtsschutzziel**.[6] Ist das Begehren des Antragstellers auf die Sicherung tatsächlicher Feststellungen – mit Blick auf ein zukünftiges Erkenntnisverfahren – gerichtet, will er also lediglich die Beweisaufnahme eines zukünftigen Erkenntnisverfahrens zeitlich „vorziehen", kommt ein selbständiges Beweisverfahren in Betracht. Soll dagegen die künftige Vollstreckbarkeit eines materiell-rechtlichen Anspruchs gesichert (§ 935), eine Rechtsstreitigkeit zwecks vorläufigen Interessenausgleichs interimistisch geregelt (§ 940) oder ein Anspruch einstweilen durchgesetzt werden, ist das Verfügungsverfahren der richtige Weg. Soweit wegen des Verdachts der **Verletzung** von Rechten des **Geistigen Eigentums Beweisermittlungen** zuzulassen sind (**Besichtigungsansprüche** gem. § 140c PatG, § 24c GebrMG, § 19a MarkenG, § 101a UrhG, § 46a GeschmMG) treffen in einer **Hybridform** das selbständige Beweisverfahren und das einstweilige Verfügungsverfahren zusammen, was der Gesetzgeber nicht gesehen hat. Die Praxis behilft sich mit einer Kombination von Duldungsverfügung (mit der Möglichkeit der Vollstreckung nach §§ 890, 892) und Beweisverfahren nach § 485 Abs. 2.[7] Zu beachten sind die daraus folgenden

---

3   OLG Frankfurt NJW 1992, 2837; *Ulrich* AnwBl. 2003, 26, 31.
4   OLG Frankfurt NJW 1992, 2837.
5   OLG Köln FamRZ 1995, 369, 370.
6   *Schilken* ZZP 92 (1979) 238, 246; ansatzweise ebenso OLG Nürnberg NJW 1972, 2138, 2139.
7   Muster dafür in OLG München GRUR-RR 2009, 191 = InstGE 10 Nr. 25, S. 186 – Laser-Schweißverfahren als Vorinstanz zu BGH GRUR 2010, 318 – Lichtbogenschnürung.

unterschiedlichen Rechtsmittelmöglichkeiten.[8] Häufige Streitpunkte sind die Wahrscheinlichkeit einer Rechtsverletzung und die Aufhebung der Geheimschutzanordnung für das eingeholte Sachverständigengutachten[9] (dazu auch § 357 Rdn. 23 f.). Auf die Feststellung der Dringlichkeit kommt es für den Erlass der Besichtigungsverfügung nicht an.[10] Die gegenteilige Ansicht[11] ist wegen Verstoßes gegen Art. 7 Abs. 1 Satz 1 RL 2004/48/EG unionsrechtswidrig.

Konsequenzen hat die Differenzierung auch für die **Mitwirkungsverweigerung** 7 **des Antragsgegners.** Im selbständigen Beweisverfahren ist der Antragsgegner grundsätzlich nicht zur Mitwirkung verpflichtet. Als Gegenpartei des Beweisführers trifft ihn keine Pflicht, die Durchführung einer Beweisaufnahme zu ermöglichen. Ist z.B. ein Ortstermin zur Augenscheinseinnahme geplant, kann der Antragsgegner dem Gericht den Zutritt zu seinem Grundstück verweigern.[12] Ebenso kann ein Antragsgegner die Durchführung einer bei ihm selbst vorzunehmenden ärztlichen Untersuchung verweigern. Der Antragsgegner läuft bei **beweisvereitelndem Verhalten** allerdings Gefahr, dass es im Hauptprozess im Rahmen der freien Beweiswürdigung zu Beweiserleichterungen für den Antragsteller oder sogar zu einer Beweislastumkehr kommt.[13] **Tenorierte Duldungspflichten** (z.B. nach § 809 BGB)[14] können dagegen unter **Brechung des Schuldnerwiderstandes** (§ 892) im Wege unmittelbaren Zwangs vollstreckt werden.

Noch wenig geklärt ist die Möglichkeit der **Beweisanordnung von Amts wegen** 8 nach §§ 142, 144 zur Überwindung einer Mitwirkungsverweigerung[15] (vor § 284 Rdn. 17).

Paradigmatisch für die vorstehenden Abgrenzungsprobleme ist ein Fall des OLG 9 Nürnberg[16] zu behandeln. Es ging um das Begehren eines Treibstoffhändlers und Tankstelleneigentümers, die Tanks seines Tankstellenpächters zur Feststellung der vorhandenen Füllmenge peilen zu lassen, weil der Pächter vertragswidrig mit Befüllung und Verkauf konkurrierender Treibstoffprodukte begonnen habe. Der Verfügungsantrag auf Peilungsduldung wurde abgewiesen; § 809 BGB wurde nicht in Erwägung gezogen. Ein Unterlassungsanspruch war mit der Peilung nicht zu sichern. Für die Sicherung eines auf Geld gerichteten Schadensersatzanspruchs wäre bei Vorliegen eines Arrestgrundes ein Arrest in Betracht gekommen. Der Befüllungsstand war für den Umfang des Ersatzanspruchs bedeutsam und wäre durch Beweissicherung feststellbar gewesen. Ein eventuelles Grundstücksbetretungsverbot des Pächters hätte in einem derartigen Verfahren die Beweiserhebung unüberwindbar vereitelt; aus ihm hätten erst im Hauptprozess Folgerungen gezogen werden können.

---

8   Vgl. etwa OLG Frankfurt InstGE 13, 254 = GRUR-RR 2012, 322 (LS); OLG München InstGE 12 Nr. 29, S. 186 – Presseur.
9   Vgl. etwa OLG Düsseldorf InstGE 10 Nr. 27, S. 198; OLG München InstGE 12 Nr. 31, S. 192.
10 OLG Düsseldorf InstGE 12 Nr. 14, S. 105, 106; OLG Düsseldorf GRUR-RR 2011, 289, 290.
11 OLG Köln OLGR 2009, 258 = CR 2009, 289; OLG Hamm ZUM-RD 2010, 27.
12 OLG Koblenz NJW 1968, 897.
13 BGHZ 72, 132, 139; OLG Koblenz NJW 1968, 897.
14 Vgl. dazu OLG Karlsruhe NJW-RR 2002, 951: Anspruch auf Grundstücksbesichtigung bei Gefahr des Abrutschens auf Nachbargrundstück; OLG Hamburg ZMR 2002, 71 f.: Zugang zur angemieteten Nachbarwohnung zwecks Schallmessung aufgrund Gemeinschaftsverhältnisses der Wohnungseigentümergemeinschaft.
15 Befürwortend *Ulrich* AnwBl. 2003, 78, 80 (Anordnung der Herausgabe vom Sachverständigen benötigter Gegenstände); *Schlosser* FS Sonnenberger (2004), S. 135, 150 (Urkundenvorlage zur Begutachtung durch Sachverständigen).
16 OLG Nürnberg NJW 1972, 2138 m. Anm. *Habscheid* NJW 1973, 375 f.; dazu eingehend *Schilken* ZZP 92 (1979), 238, 243 ff.

10 Den **Sichtwandel** belegt eine Entscheidung des KG vom 21.10.2005 zur Anwendung des § 144 Abs. 1.[17] Der antragstellende Bauherr eines zwischenzeitlich an den Streitverkündeten veräußerten Bürogebäudes wollte im selbständigen Beweisverfahren gegen den Antragsgegner, der das Gebäude errichtet hatte, Mängel im baulichen Brandschutz klären lassen. Gegen den Streitverkündeten als Dritten wurde die **Duldung der Begutachtung** im selbständigen Beweisverfahren **gem. § 144** angeordnet. Für ihn wurde die Duldung als zumutbar angesehen, weil Eingriffe des Sachverständigen in die Substanz des Gebäudes (dazu § 404a Rdn. 9 und 16) ohne großen Aufwand und ohne größere Belästigung erfolgen sollten, Substanzverletzungen sofort wieder beseitigt werden konnten und die Klärung grundsätzlicher Fragen des Brandschutzes auch im Interesse des Streitverkündeten sowie der Allgemeinheit lag.

II. Antrag und Gegenantrag

11 Das selbständige Beweisverfahren wird auf Antrag eingeleitet. Sein notwendiger Inhalt ist in § 487 geregelt. Einzureichen ist der Antrag bei dem in § 486 bezeichneten Gericht. **Antragsgegner** ist bei schon anhängigem Prozess jeder, der auf der Gegenseite steht, sonst derjenige, der vom Antragsteller als Gegner bezeichnet wird. Das gegnerlose Verfahren richtet sich nach § 494.

12 Der Antrag allein bewirkt **nicht** die **Rechtshängigkeit des Anspruchs**, um dessentwillen das selbständige Beweisverfahren eingeleitet wird. Mangels eigenen Streitgegenstandes des Beweisverfahrens gibt es für mehrfache identische selbständige Beweisverfahren keine Rechtshängigkeitssperre, wohl aber gilt das Verbot missbräuchlicher Doppelverfolgung. Die **Rücknahme** des Antrags ist einseitig bis zu dem in §§ 399, 402 genannten Zeitpunkt für die dort genannten Beweismittelverzichte möglich. Wird der Antrag zurückgenommen, gilt § 269 Abs. 3 entsprechend (näher: § 494a Rdn. 53 ff.).

13 Der Antragsgegner kann – wie häufig etwas unscharf formuliert wird – „**Gegenanträge**" stellen.[18] Insoweit sind zwei Fallgruppen zu unterscheiden: Der Gegner hat grundsätzlich die Möglichkeit, **zusätzliche Beweismittel** zu benennen oder eine **Erweiterung der Beweisthemen** im Verhältnis zum Antragsteller zu beantragen.[19] Er kann aber auch selbst ein **selbständiges Beweisverfahren** einleiten. In beiden Fällen müssen die allgemeinen Zulässigkeitsvoraussetzungen erfüllt sein.[20]

14 **Nicht zulässig** ist es, zu demselben Beweisthema ein **inhaltlich identisches** zweites Beweisverfahren mit umgekehrtem Rubrum einzuleiten[21] (dazu auch Rdn. 65). Dieses Vorgehen wurde vor der Reform empfohlen, um der Sachverständigenbenennung des

---

17 KG NJW-RR 2006, 241.
18 OLG Hamm NJW 2009, 1009; OLG Düsseldorf (21.ZS) BauR 1996, 896, 897; OLG Düsseldorf (23.ZS) BauR 1995, 430; OLG München OLGR 1996, 81; OLG Jena MDR 1997, 1160; KG OLGR 1996, 94, 95; OLG Hamm BauR 2003, 1763, 1764; OLG Nürnberg OLGR 2003, 92; NJW-RR 2001, 859; OLG Hamburg MDR 2001, 1012; LG Köln BauR 1994, 407 f.; *Jagenburg* NJW 1989, 2859, 2868; *Bergmann/Streitz* NJW 1992, 1726; Musielak/*Huber*[10] § 485 Rdn. 6a. **A.A.** OLG München BauR 1993, 365, 366; OLG Hamm BauR 1988, 762, 763; OLG Köln VersR 1994, 1328 (zur Besonderheit, dass der ASt. seinen Antrag aus Kostengründen eingeschränkt hatte und der AGg. die Aufrechterhaltung der Begutachtung für notwendig hielt, Vermeidung von Kosten zu Lasten des ASt.).
19 OLG Düsseldorf BauR 1995, 430; OLG Hamburg MDR 2001, 1012; LG Bonn CR 2009, 86; *Wussow* NJW 1969, 1401, 1405. Darin kostenrechtlich ein einheitliches Verfahren sehend OLG München (11. ZS) NJW-RR 1997, 318, 319. Unklare Reichweite der Ablehnung in OLG Frankfurt/M. NJW-RR 1990, 1023, 1024.
20 So wohl auch *Wussow* NJW 1969, 1401, 1405. **A.A.** – bei Gegenanträgen im laufenden Beweisverfahren auf eine Glaubhaftmachung des Verfahrensinteresses verzichtend – OLG Düsseldorf BauR 1996, 896, 897.
21 OLG Köln OLGZ 1992, 495, 496 = VersR 1992, 1152; OLG Frankfurt/M. BauR 1997, 167 (reine Negation des ersten Antrags).

ersten Antragstellers einen „eigenen" Sachverständigen entgegenzusetzen. Dafür besteht kein Bedarf mehr, weil Auswahl und Ernennung des Sachverständigen ausschließlich dem Gericht vorbehalten sind und das Hauptsachegericht dessen Begutachtung grundsätzlich übernimmt (§ 493 Abs. 1). Das identische Zweitverfahren ist durch §§ 485 Abs. 3, 412 ebenso beschränkt wie ein Antrag auf (Zweit)Begutachtung durch einen Gegensachverständigen bei bereits angeordneter Begutachtung.[22]

Die **Zulassung von Gegenanträgen dient der Streiterledigung** und vermeidet eine 15 Verfahrensverdoppelung. In die Dispositionsbefugnis des Antragstellers, der auch im selbständigen Beweisverfahren den Verfahrensgegenstand bestimmt, wird dadurch nicht eingegriffen. Die Möglichkeit bloßer Verbindung gegenläufig betriebener Verfahren stößt auf Schwierigkeiten, insbesondere wenn verschiedene Gerichte angerufen worden sind. Der teilweise vertretenen Gegenansicht ist zuzugeben, dass Erweiterungen des Beweisverfahrens auf Antrag des Gegners zu Verfahrensverzögerungen und sonstigen Erschwernissen (einschließlich der späteren Kostenverteilung[23]) führen können.[24] Sie sind allerdings nicht von vornherein in der Notwendigkeit zu sehen, weitere Sachverständige anderer Fachgebiete beauftragen zu müssen.[25]

Zu begrenzen sind Erweiterungen auf Fragestellungen, die mit dem Beweisantrag 16 des ersten Antragstellers in unmittelbarem sachlichen Zusammenhang stehen[26] und die – von der Streitverkündung abgesehen – das Beweisverfahren nicht auf Dritte ausdehnen.[27] Die gegnerischen Beweisthemen müssen als solche im Beweisbeschluss ausgewiesen werden.[28] Umstritten ist die **zeitliche Grenze**, bis zu deren Erreichen ein Gegenantrag gestellt und in einer Erweiterung des Beweisbeschlusses verarbeitet werden kann. Genannt werden die Absendung der Akten an den Sachverständigen und alternativ ein Zeitpunkt kurz vor Durchführung eines Ortstermins durch den Sachverständigen.[29] Der thematische Zusammenhang von Antrag und Gegenantrag hat zu Folge, dass die **Hemmung der Verjährung** bis zum Ablauf der letzten Beweiserhebung andauert, auch wenn insoweit über ein Thema des Gegenantrages Beweis erhoben wird.[30] Mit dem eigenständigen Beweisantrag führt der Antragsgegner einen selbständigen Angriff und ist hinsichtlich der **Verfahrenskosten** als Antragsteller zu behandeln.[31]

---

22 Dazu: OLG München (27.ZS) NJW-RR 1996, 1277, 1278; OLG Düsseldorf BauR 1996, 896, 897.
23 Dies leugnend OLG München NJW-RR 1996, 1277, 1278.
24 OLG München MDR 1993, 380 f.; OLG Nürnberg NJW-RR 2001, 859, 860 = MDR 2001, 51, 52.
25 So möglicherweise OLG Düsseldorf BauR 1995, 430; ausdrücklich LG Konstanz NJW-RR 2003, 1379, 1380; LG Münster MDR 1998, 1500, 1501 (wenn Verfahrensverzögerung eintritt). Wie hier: OLG München NJW-RR 1996, 1277, 1278.
26 So OLG Düsseldorf BauR 1996, 896, 897; OLG Düsseldorf BauR 1995, 430; OLG Nürnberg NJW-RR 2001, 859, 860; LG Konstanz NJW-RR 2003, 1379, 1380; Musielak/*Huber*[10] § 485 Rdn. 6a; *Ulrich* AnwBl. 2003, 78, 84; Zusammenhang verneint in OLG Jena OLG-NL 2000, 20, 21 (Antrag des Bauherrn gegen Architekt und Bauunternehmer, Gegenantrag des Architekten bei Bedeutung seines Feststellungsbegehrens allein für den Innenausgleich zum Bauunternehmer).
27 OLG Düsseldorf BauR 1996, 896, 897; OLG Düsseldorf BauR 1995, 430; OLG Hamm NJW 2009, 1009, 1010; LG Köln MDR 1994, 202.
28 Das war in OLG Frankfurt/M. NJW-RR 1990, 1023, 1024 möglicherweise nicht beachtet worden.
29 OLG Jena MDR 1997, 1160, 1161.
30 BGH NJW-RR 2001, 385 = WM 2001, 820, 821.
31 OLG Koblenz JurBüro 1998, 547.

III. Zulässigkeitsvoraussetzungen gem. § 485 Abs. 1

1. „Während oder außerhalb eines Streitverfahrens"

17 a) **Vorrang des Hauptprozesses.** Das selbständige Beweisverfahren ist sowohl während als auch außerhalb eines laufenden Streitverfahrens zulässig, sofern eine der drei in § 485 Abs. 1 genannten Voraussetzungen vorliegt. Während eines schon begonnenen kontradiktorischen Verfahrens hat das Bemühen um **Beweisaufnahme auf Veranlassung des Prozessgerichts** auch bei dringlicher Beweissicherung **Vorrang**. Eine Beweisaufnahme des Prozessgerichts gewährleistet, dass die Beweiserhebung durch eine **Relevanzprüfung** des Tatsachenstoffes gesteuert und beschränkt wird. Außerdem sind die allgemeinen Vorschriften für das Beweisverfahren anwendbar (§ 492 Abs. 1); die Richtigkeitsgewähr der Tatsachenfeststellung steigt mit Wahrung des Prinzips formeller Beweisunmittelbarkeit.

18 b) **Parallelität von Beweisverfahren und Hauptprozess.** Ausnahmsweise kommt die Einleitung eines selbständigen Beweisverfahrens bei laufendem Hauptprozess in Betracht, wenn der Erlass eines Beweisbeschlusses und die Durchführung einer Beweisaufnahme wegen der konkreten Verfahrenssituation nicht möglich sind. Das ist der Fall bei **Unterbrechung** und **Aussetzung** des Verfahrens (Wirkung: § 249)[32] sowie während der Dauer eines **Revisionsverfahrens**. Das **Ruhen** des Verfahrens kann hingegen bei notwendig werdender Beweissicherung stets behoben werden. Zur **Aussetzung** eines **Hauptsacheverfahrens** bei Anhängigkeit eines selbständigen Beweisverfahrens s. § 490 Rdn. 7.

19 Mit dem in einer Tatsacheninstanz anhängigen streitigen Verfahren konkurriert das selbständige Beweisverfahren ferner dann, wenn der Verlust eines Beweismittels droht und sich das **Beweismittel weit entfernt vom Ort des Hauptprozesses** befindet. Es kann dann erforderlich sein, bei dem in Fällen dringender Gefahr zuständigen **Amtsgericht des Aufenthaltsortes** bzw. des Ortes, an dem sich die in Augenschein zu nehmende oder zu begutachtende Sache befindet (§ 486 Abs. 3), eine Beweissicherung zu beantragen. Da das selbständige Beweisverfahren durch Behauptung einer solchen Situation dazu missbraucht werden kann, eine Beweisaufnahme zu erzwingen, die vom Hauptsachegericht für irrelevant gehalten wird, sind die Zulässigkeitsvoraussetzungen streng zu prüfen, auch wenn es ansonsten im selbständigen Beweisverfahren vor Durchführung des Hauptprozesses grundsätzlich nicht auf die Erfolgsaussichten und die Erheblichkeit der Beweisfrage für den späteren Prozess ankommt. **Vorzug** verdient die **Beweisaufnahme durch** ein **Rechtshilfegericht** (§§ 355 Abs. 1 Satz 2, 157 GVG) auf Ersuchen des Prozessgerichts oder die Beweisaufnahme durch dessen **beauftragten Richter** (§ 355 Abs. 1 Satz 2).

20 c) **Unzulässige Wiederholung der Beweiserhebung.** Der Antrag ist nicht zulässig, wenn die **Beweise** in dem oder für den Hauptprozess **schon erhoben** worden sind oder ihre **Erhebung** in ihm bei laufendem Verfahren bereits **angeordnet** worden ist. Ob **dasselbe Beweisthema** betroffen ist, ergibt sich in erster Linie aus dem formellen Beweisbeschluss (§ 359). Der Erlass eines Beweisbeschlusses, auf den die Praxis zunehmend verzichtet, ist gegebenenfalls nachzuholen. Beweisanordnungen zu anderen Beweis-

---

[32] In dieser Verfahrenssituation sind Prozesshandlungen des Gerichts – wie der Erlass eines Beweisbeschlusses – unzulässig und auch unwirksam: BGHZ 43, 135, 136.

themen als denen, die der Antragsteller im selbständigen Beweisverfahren geklärt haben will, schließen die selbständige Beweiserhebung nicht aus.

Ob die **Beweise zu dem Beweisthema schon erhoben** sind, ist in erster Linie dem **Beweisaufnahmeprotokoll** (§ 160 Abs. 3 Nr. 4 und 5) zu entnehmen, also dem dort niedergelegten Ergebnis der Zeugen- oder Sachverständigenvernehmung oder der Augenscheinseinnahme, oder einem eingeholten schriftlichen Sachverständigengutachten. Ist das Ergebnis nicht schriftlich fixiert, so ist ein **Berichterstattervermerk** anzufertigen. Lag der Beweiserhebung ein abweichender Beweisbeschluss zugrunde, sind die Bekundungen aber darüber hinausgegangen, sind die tatsächlichen Beweisthemen maßgebend. Hat das Prozessgericht die **Erhebung** der Beweise bereits **angeordnet**, ist die Beweiserhebung beschleunigt vom Prozessgericht statt im Wege des selbständigen Beweisverfahrens vorzunehmen.[33] 21

Sieht eine Partei Grund zur **nochmaligen Vernehmung** von Zeugen (§ 398) und billigt das Prozessgericht erster oder zweiter Instanz diesen Grund, führt es selbst die erneute Beweisaufnahme durch. Ist das Verfahren in der Revisionsinstanz anhängig, kann ein selbständiges Beweisverfahren angeordnet werden, wenn die in der Tatsacheninstanz beantragte Wiederholungsvernehmung ermessensfehlerhaft unterblieben ist und dagegen eine Verfahrensrüge erhoben worden ist oder noch erhoben werden soll. Ist über die Behauptung bereits in einem **anderen Verfahren** Beweis erhoben worden, kann der Antragsteller nicht auf die Möglichkeit verwiesen werden, die dortige, in einem Protokoll oder Urteil erfolgte Beurkundung **urkundenbeweislich** in das Verfahren einzuführen. Ein Antrag auf erneute Zeugenvernehmung hätte auch sonst Vorrang vor einer Verwertung der früheren Aussage im Wege des Urkundenbeweises. Hat bereits ein **früheres selbständiges Beweisverfahren** stattgefunden, so ist sein Ergebnis in allen Verfahren zwischen denselben Parteien zu verwenden. Die erneute Augenscheinseinnahme oder die erneute Zeugenvernehmung sind nur unter den erschwerten Umständen des § 398 zulässig.[34] Die Wiederholung einer Sachverständigenbegutachtung auf Antrag einer anderen Partei unterliegt der Beschränkung der §§ 485 Abs. 3, 412; da die Auswahl der Sachverständigen seither von Amts wegen erfolgt, besteht anders als nach früherem Recht kein Bedürfnis, eine einseitige Parteiauswahl des Sachverständigen auszugleichen. Eine Wiederholung des Beweisverfahrens ist auch nicht zu dem Zweck zulässig, den Lauf der Verjährungsfrist erneut zu hemmen.[35] 22

d) Offensichtliche Nutzlosigkeit. Unzulässig ist der Antrag, wenn er **nicht durchführbar** ist, weil die erforderliche Zustimmung eines Dritten verweigert wird, etwa zum Betreten eines Grundstücks, zur Vorlage des Augenscheinsobjektes oder zur Exhumierung und Sektion einer Leiche. Besteht ein Anspruch auf Zustimmung oder auf Duldung (vgl. etwa § 809 BGB), der durch einstweilige Verfügung durchsetzbar ist, kann dadurch die Voraussetzung für die Verfahrensdurchführung geschaffen werden. Außerdem kann das Gericht des Beweisverfahrens eine **Vorlegungsanordnung** nach § 144 Abs. 1 Satz 2 oder eine **Duldungsanordnung** nach § 144 Abs. 1 Satz 3 treffen. 23

Nach Eintritt der **Rechtskraft** des Hauptprozesses kommt eine Beweismittelverwendung und damit ein Beweismittelverlust nicht mehr in Betracht. Allerdings kann bei Einlegung einer Verfassungsbeschwerde oder im Hinblick auf ein Wiederaufnahmever- 24

---

[33] OLG Düsseldorf JurBüro 1981, 616; OLG Braunschweig JurBüro 1990, 1045, 1046.
[34] BGH MDR 1965, 116.
[35] BGH NJW 1998, 1305, 1306.

fahren[36] etwas anderes gelten. Zur selbständigen Beweiserhebung bei schwebendem **ausländischen Hauptsacheverfahren** s. vor § 485 Rdn. 61.

25 **2. Zustimmung des Gegners.** § 485 Abs. 1 ermöglicht das selbständige Beweisverfahren in zwei qualitativ verschiedenartigen Fällen: bei Zustimmung des Gegners (Abs. 1 1. Alt.) und bei Besorgnis des Verlustes bzw. der Erschwerung der Benutzung des Beweismittels (Abs. 1 2. und 3. Alt.). Die **Zustimmung ist** eine **Prozesshandlung**. Für deren Wirksamkeit und Widerruf gelten die allgemeinen Regeln. Die Einverständniserklärung ist also grundsätzlich **unwiderruflich** und **nicht anfechtbar**.[37] Auch ein Widerruf entsprechend § 290 scheidet aus; die Erklärung ist im Gegensatz zum Geständnis – keine Wissenserklärung, so dass eine Analogiebasis fehlt.[38] Die Zustimmung kann gegenüber dem Gericht oder gegenüber dem Antragsteller erklärt werden.

26 Bloße **Glaubhaftmachung** der erteilten Zustimmung durch den Antragsteller ist **nicht ausreichend**.[39] Darin liegt kein Widerspruch zu § 487 Abs. 4, wonach die zulässigkeitsbegründenden Tatsachen – nur – glaubhaft gemacht werden müssen. Gegenstand von Glaubhaftmachungen sind tatsächliche Behauptungen (vgl. § 294). Glaubhaftmachung der Zulässigkeitsvoraussetzungen eines Beweisverfahrens zu verlangen hat den Sinn, ein Wahrscheinlichkeitsurteil über die Zulässigkeit eines nicht ins Belieben des Antragstellers gestellten Nebenverfahrens zu ermöglichen, ohne der Verfahrenseinleitung unzumutbare Hürden entgegenzustellen. Dieselbe Erleichterung für eine dem Gericht gegenüber abzugebende prozessuale Willenserklärung des Gegners zu gewähren, steht mit dem Normzweck des § 487 Nr. 4 nicht in Einklang. Ein Bedürfnis dafür ist auch nicht erkennbar.

27 Wird dem Antrag auf Durchführung des einvernehmlichen selbständigen Beweisverfahrens die Zustimmungserklärung des Gegners nicht beigefügt, kann das Gericht dem **Gegner** den Antrag unter **Fristsetzung** zuleiten, damit dieser seine Zustimmung erklären kann.[40] Eine entsprechende Pflicht des Gerichts besteht wegen des Beibringungsgrundsatzes aber nicht.[41] Hat der Antragsgegner der Durchführung des selbständigen Beweisverfahrens zugestimmt, aber gleichzeitig einen Gegenantrag gestellt, so kann im Einzelfall zweifelhaft sein, ob eine den Anforderungen des § 485 Abs. 1 1. Alt. genügende Zustimmungserklärung vorliegt. Die Zustimmung des Antragsgegners hat als Prozesshandlung **unbedingt** zu erfolgen. In einem gegnerlosen Verfahren kann die Zustimmung nicht von dem gem. § 494 Abs. 2 gerichtlich zu bestellenden Vertreter erteilt werden.[42]

3. Besorgnis des Verlustes/der erschwerten Benutzung des Beweismittels

28 **a) Veränderung von Augenscheins- oder Begutachtungsobjekten.** Ohne Zustimmung des Antragsgegners ist das selbständige Beweisverfahren nach § 485 Abs. 1 zulässig, wenn die Besorgnis des Verlustes oder der erschwerten Benutzung des Beweismittels besteht. Die Möglichkeit späterer Erhebung von Augenscheins- oder Sachverständigenbeweisen ist bedroht, wenn Veränderungen am Objekt der Augenscheinseinnahme bzw. der Begutachtung oder dessen Untergang bevorstehen. Beispielhaft zu nennen ist der

---

36 Zweifelnd OLG Köln FamRZ 1995, 369.
37 *Wussow* NJW 1969, 1401 f.; *Schilken* ZZP 92 (1979), 238, 260 f.; Musielak/*Huber*[10] § 485 Rdn. 9.
38 *Schilken* ZZP 92 (1979), 238, 260 f.
39 *Schilken* ZZP 92 (1979), 238, 266; **a.A.** MünchKomm/*Schreiber*[4] § 485 Rdn. 5; Musielak/*Huber*[10] § 485 Rdn. 9; Zöller/*Herget*[29] § 485 Rdn. 2.
40 MünchKomm/*Schreiber*[4] § 485 Rdn. 5.
41 **A.A.** *Werner/Pastor* Der Bauprozess[14] Rdn. 11 („hat zuzuleiten").
42 Musielak/*Huber*[10] § 485 Rdn. 9.

drohende Verderb einer Ware. Die Durchführung eines Verfahrens nach § 485 Abs. 1 an einem Unfallfahrzeug, die die verlängerte Zahlung einer Nutzungsausfallentschädigung zur Folge hat, darf nicht als Verstoß gegen die Schadensminderungspflicht (§ 254 Abs. 2 BGB) gewertet werden.[43]

Unerheblich ist, ob die Veränderung von einer **Einwirkung des Antragstellers** abhängig ist. Die von ihm geplante Beseitigung von Mängeln genügt für § 485 Abs. 1 2. Alt., selbst wenn er das Objekt ohne Kostenbelastung oder Hinnahme erheblicher sonstiger Behinderungen in seinem Zustand erhalten könnte.[44] Der Wunsch nach Herstellung ungestörter Nutzungsmöglichkeit ist zu respektieren. Eine weit hinausgeschobene Grenze bildet lediglich der eindeutige Rechtsmissbrauch (unten Rdn. 34).[45] Umgekehrt kann der andere Teil in dieser Situation die Erhaltung des Beweismittels mangels Unterlassungsanspruchs nicht durch einstweilige Verfügung sichern wollen; ihm steht nur seinerseits das selbständige Beweisverfahren zur Verfügung.[46] Das Verfügungsverfahren ist also kein Hilfsverfahren für das selbständige Beweisverfahren, um interimistisch das Beweisobjekt gegen Veränderungen seitens des Antragsgegners abzuschirmen. Werden während eines selbständigen Beweisverfahrens (also nach Kenntnis von der Antragstellung) tatsächliche Gegebenheiten verändert, die die Durchführung des selbständigen Beweisverfahrens unmöglich machen oder das Ergebnis der Beweisaufnahme verfälschen können, droht der Vorwurf der **Beweisvereitelung**.[47] 29

Unter § 485 Abs. 1 2. Alt. fallen die durch **Baufortschritte** bedingte Beseitigung von Baumängeln sowie die spätere Unzugänglichkeit der Bauteile. Die zulässigen **Beweiserhebungen** dürfen, wenn das Verfahrensinteresse mit der Notwendigkeit einer Beweiskonservierung begründet wird, **nicht zu eng** gefasst werden. Das Beweisverfahren ist nicht auf die Feststellung des Zustandes der Sache und auf die Erforschung der unmittelbaren Mängelursache beschränkt; zulässig ist auch die Beweiserhebung über tatsächliche Voraussetzungen der Verantwortlichkeit für die festgestellten Mängel.[48] In entsprechender Weise darf das Gutachten eines Baumpflegesachverständigen zur Aufklärung der Ursachen des durch einen umstürzenden Baum ausgelösten Unfalls auf die Feststellung erstreckt werden, ob äußere Anzeichen der Baumbeschaffenheit vorhanden waren, die für einen Laien vor dem Unfallzeitpunkt die drohende Gefahr des Umstürzens erkennbar machten. Das meint ein Beweisbeschluss, der in etwas laxer Formulierung nach der **Erkennbarkeit der Verantwortlichkeit** fragt.[49] Der Beweisantrag wird damit nicht auf die rechtliche Beurteilung der Verantwortlichkeit gerichtet, die dem Sachverständigen selbstverständlich nicht obliegt. Die Gefahr des Beweismittelverlustes infolge Veränderung eines Bauwerkszustandes gestattet ferner die sachverständige Feststellung von Baumängelbeseitigungsmaßnahmen.[50] 30

---

43 OLG Düsseldorf NJW-RR 2008, 1711, 1712.
44 OLG Köln MDR 1994, 94 = OLGZ 1994, 349, 350 = VersR 1994, 1327; OLG Hamm NJW-RR 2010, 1035 = MDR 2010, 714; s. ferner OLG Bamberg JurBüro 1992, 629.
45 Vgl. OLG Köln MDR 1994, 94.
46 OLG Köln VersR 1996, 733, 734.
47 OLG Köln VersR 1992, 355, 356 (Gemeinde baut in Kenntnis des Beweisverfahrensantrages und des Vorwurfs einer Verkehrssicherungspflichtverletzung eine Straße im Bereich einer Unfallstelle um).
48 OLG Bamberg JurBüro 1992, 629; s. ferner OLG Düsseldorf BauR 1996, 896, 897 (Bauplanungsfehler als Mangelursache).
49 **A.A.** OLG München OLGZ 1992, 470 f.
50 OLG Karlsruhe NJW-RR 1989, 1465.

31 Ein sicherndes selbständiges Beweisverfahren gegen einen **Zahnarzt** ist zulässig, wenn vor einer Anschlussbehandlung der Status des Gebisses gesichert werden soll;[51] eine prothetische Versorgung muss regelmäßig in situ begutachtet werden.[52] Das Beweisverfahren schafft allerdings selbst keinen Anspruch auf Herausgabe des Gebissabdrucks an den Sachverständigen. Das Gericht des Beweisverfahrens kann aber **eine Vorlageanordnung nach § 144 Abs. 1 Satz 2** treffen. Hingegen folgt ein gegebenenfalls durch einstweilige Verfügung tenorierbarer materiell-rechtlicher Vorlageanspruch aus § 809 BGB sowie über § 242 BGB – wie bei sonstigen Krankenunterlagen – aus dem Behandlungsvertrag. Ferner drohen im Hauptprozess Beweisnachteile.[53] Derselbe Beweissicherungsbedarf gilt in **Arzthaftungssachen** bei notwendigen Folgebehandlungen oder bei zeitbedingter Veränderung medizinisch-biologischer Abläufe.[54] In der Regel wird sich das Verfahrensinteresse freilich auch mit § 485 Abs. 2 begründen lassen.[55]

32 **b) Zeugenbeweis.** Die Besorgnis des Zeugenbeweisverlustes besteht, wenn der Zeuge an einer lebensgefährlichen Erkrankung leidet oder wenn er eine längere Auslandsreise plant. **Hohes Alter** des potentiellen Zeugen genügt als alleinige Zulässigkeitsvoraussetzung.[56] Die Gegenansicht, der Gesundheitszustand müsse die Besorgnis alsbaldigen Todes begründen,[57] zwingt das Gericht zu einer unzumutbaren und spekulativen Prüfung des Gesundheitszustandes des Zeugen und Prognose über dessen Lebenserwartung. Als „hohes Alter" ist die deutliche Überschreitung der durchschnittlichen Lebenserwartung anzusehen. Im Übrigen bleibt es unbenommen, eine Mischbetrachtung aus Alter und Gesundheitszustand vorzunehmen.

33 Der Verlust des Zeugenbeweises droht auch dann, wenn der Zeuge an einer Krankheit leidet, die zu einer raschen kontinuierlichen Abnahme seiner intellektuellen Leistungsfähigkeit führt und daher befürchten lässt, dass der Zeuge in einem späteren Hautsacheprozess keine Bekundungen mehr machen kann (z. Bsp. **Alzheimer-Erkrankung**, Creuzfeldt-Jakob-Erkrankung). Der Verlust eines Beweismittels droht ferner, wenn ein Zeuge aufgrund einer bevorstehenden Entwicklung aus Rechtsgründen nicht mehr als Zeuge vernommen werden kann (Bsp.: Der als Zeuge in Betracht kommende Mitarbeiter einer GmbH oder AG soll zum Geschäftsführer bzw. Vorstand ernannt werden).[58] Dann ist aber dem Missbrauchsaspekt (nachfolgend Rdn. 34) Beachtung zu schenken.

34 **c) Rechtsschutzinteresse, Missbrauch.** Für den Antrag nach § 485 Abs. 1 muss ein Rechtsschutzinteresse gegeben sein. Daran sind deutlich geringere Anforderungen zu stellen als an das nach § 485 Abs. 2 erforderliche rechtliche Interesse.[59] Wegen der Eilbedürftigkeit des Verfahrens genügt es, wenn eine Änderung des Sach- und Streitstandes möglich und nicht offensichtlich fernliegend ist. Die Einleitung eines selbständigen Beweisverfahrens kann **missbräuchlich** sein. Der Antrag ist nach einheitlicher Ansicht

---

51 *Rinke/Balser* VersR 2009, 188, 189. Zum schweizerischen Recht abweichend, aber primär unter tatsächlichen Gesichtspunkten, OG Zürich Bl. f. Zürch. Rechtspr. 1994, 91 f.
52 OLG Köln VersR 2003, 375 (bei damals im übrigen restriktiver Anwendung des § 485 Abs. 2 auf Arzthaftungssachen, dazu unten Rdn. 49 f.).
53 Zur Verweigerung einer nicht selbständig erzwingbaren Augenscheinseinnahme auf dem Grundstück einer Partei OLG *Koblenz* NJW 1968, 897.
54 Musielak/*Huber*[10] § 485 Rdn. 10.
55 Vgl. OLG Düsseldorf MedR 1996, 132, 133.
56 OLG Nürnberg NJW-RR 1998, 575 = MDR 1997, 594 (84 Jahre); KG JurBüro 1977, 1627 (92 Jahre).
57 OLG Nürnberg BayJMBl. 1953, 36; Zöller/*Herget*[29] § 485 Rdn. 5.
58 **A.A.** KG JW 1921, 1251.
59 OLG Hamm NJW-RR 1998, 933.

unzulässig, wenn es dem Antragsteller **zumutbar** ist, das vom Verlust bedrohte Beweismittel zu erhalten.[60] Differenziert betrachtet wird aber, was zumutbar ist. Nicht erforderlich ist, bei der Verfahrenseinleitung eine intensive Überprüfung vorzunehmen. Nachvollziehbare Gründe des Antragstellers reichen aus.[61] Abzulehnen ist daher die Forderung nach einer umfassenden Interessenabwägung, bei der das Interesse des Antragstellers an der Veränderung des gegebenen Zustandes gegen das Bedürfnis nach Veränderung abgewogen werden soll und die das Antragstellerinteresse nur überwiegen sieht, wenn ihm die Belassung des Zustandes bis zur Durchführung einer Beweisaufnahme in einem ordentlichen Verfahren erhebliche Nachteile (Kosten, Schäden, wesentliche Behinderungen etc.) aufbürdet.[62]

Nicht erforderlich ist, dass die sichernd festzustellende **Tatsache streitig** ist. Gerade der Verlust eines Beweismittels kann später die Neigung des Beweisgegners fördern, entsprechende Tatsachenbehauptungen aus taktischen Gründen streitig zu stellen. Aus dem unstreitigen Zustand eines (Bau-)Werks können Auseinandersetzungen über die Art und Weise der Mängelbeseitigung erwachsen, so dass eine sachverständige Prüfung der Behebungsmaßnahmen vor weiteren Bauarbeiten notwendig sein kann.[63]

35

Von Beweissicherung kann nicht gesprochen werden, wenn offenkundig von vornherein **kein Anspruch existiert**, unter den die zum Verfahrensgegenstand zu machenden Beweistatsachen subsumierbar wären (zum vergleichbaren Problem bei § 485 Abs. 2 unten Rdn. 63). Es könnte dann auch nicht ernsthaft an die nachfolgende Erhebung einer Klage gedacht werden, von der die Kostenregelung des § 494a ausgeht. Mangels eines materiell-rechtlichen Anspruchs ist es daher nicht möglich, einen **potentiellen Erblasser** zu Lebzeiten daraufhin untersuchen zu lassen, ob er zum Zeitpunkt der Testamentserrichtung testierfähig (§ 2229 Abs. 4 BGB) war.[64]

36

d) Bevorstehender Ablauf der Verjährungsfrist. Drohende Verjährung begründet **nicht** die Besorgnis des Verlustes oder der erschwerten Benutzung eines Beweismittels.[65] Die Verjährung hat keine Auswirkung auf den Bestand oder die Benutzung eines Beweismittels. Sie ermöglicht es dem Verpflichteten lediglich, die Leistung zu verweigern (§ 214 Abs. 1 BGB). Diese rechtliche Veränderung der Anspruchsdurchsetzung hat keinerlei Auswirkungen auf die Verfügbarkeit von Beweismitteln. Bevorstehende Verjährung begründet **aber** ein rechtliches Interesse an der Durchführung eines selbständigen Beweisverfahrens nach **§ 485 Abs. 2** (vgl. unten Rdn. 61).

37

4. Umfang der Beweisaufnahme. § 485 Abs. 1 ermöglicht die Anordnung des Augenscheinsbeweises, die Zeugenvernehmung und die Begutachtung durch einen Sachverständigen. Streitig ist der zulässige Umfang einer Beweisaufnahme gemäß § 485 Abs. 1 2. Alt. Teilweise wird die Ansicht vertreten, § 485 Abs. 1 gestatte seit der Novellierung von 1990 nur noch eine „reine Tatsachenfeststellung"; Feststellungen im Sinne des

38

---

60 OLG Köln VersR 1994, 1327 = MDR 1994, 94; MünchKomm/*Schreiber*[4] § 485 Rdn. 10; Stein/Jonas/*Leipold*[22] § 485 Rdn. 13; *Schilken* ZZP 92 (1979), 238, 261 f.; s. ferner OLG Bamberg JurBüro 1992, 629.
61 MünchKomm/*Schreiber*[4] § 485 Rdn. 10.
62 *Schilken* ZZP 92 (1979), 238, 262 f.
63 OLG Karlsruhe NJW-RR 1989, 1465.
64 Vgl. zu dieser Situation LG Frankfurt/M. Rpfleger 1997, 165 f. (künftiges Erbscheinsverfahren als Hauptsacheverfahren von übergangenen gesetzlichen Erben benannt). Ablehnend auch bei entsprechender Fallgestaltung im schweizerischen Recht OG Zürich Bl. f. Zürch. Rechtspr. 1993, 283 f. (Alzheimer-Patientin).
65 LG Amberg BauR 1984, 93, 94; Musielak/*Huber*[10] § 485 Rdn. 10; MünchKomm/*Schreiber*[4] § 485 Rdn. 11; Zöller/*Herget*[29] § 485 Rdn. 5; **a.A.** Baumbach/Lauterbach/*Hartmann*[71] § 485 Rdn. 7.

Abs. 2 mittels verlustbedrohter Beweismittel seien allein unter den Voraussetzungen des § 485 Abs. 2 zulässig.[66] Diese Ansicht ist abzulehnen.[67] Der Begriff der „reinen Tatsachenfeststellung" ist unscharf. Auch stützt der Wortlaut des § 485 Abs. 1 die einschränkende Interpretation nicht.

39   Das selbständige Beweisverfahren nach § 485 Abs. 1 eröffnet also auch die Möglichkeit, die in Abs. 2 Nr. 1–3 genannten Feststellungen (z.B. Mangelursachen und Beseitigungsaufwand) zu treffen. Die Beweisfragen müssen im Beweisbeschluss nach § 485 Abs. 1 **nicht eng** gefasst werden. Beweis kann somit nicht nur über das Vorhandensein von Mängeln, sondern wie nach § 485 Abs. 2 Nr. 2 auch über deren **Ursachen** erhoben werden.[68] Ebenso kann sich die stattgebende Entscheidung auf die Feststellung von **Mängelbeseitigungskosten** (vgl. Abs. 2 Nr. 3) erstrecken. Durch einen Sachverständigen geklärt werden kann die **Verantwortlichkeit** für bestehende Mängel (s. oben Rdn. 30).[69] Soll die Verantwortlichkeit für einen Baumangel durch einen Sachverständigen festgestellt werden, kann es bei beabsichtigter Fortsetzung der Erstellung eines Bauwerkes geboten sein, die Tatsachenfeststellung auf Umstände zu erstrecken, die – noch – unstreitig sind. Das Gericht darf die Beweiserhebung nicht wegen fehlenden Streites der Parteien über den Umstand ablehnen.[70]

IV. Zulässigkeitsvoraussetzungen gem. § 485 Abs. 2

40   **1. Fehlende Anhängigkeit des Hauptverfahrens.** Ebenso wie das Beweisverfahren nach § 485 Abs. 1 wird das Verfahren nach § 485 Abs. 2 durch einen Antrag eingeleitet. Zulässig ist der Antrag – im Unterschied zur Regelung des Abs. 1 – ausschließlich, wenn ein **Rechtsstreit** noch **nicht anhängig** (nicht: rechtshängig) ist.[71] Damit wird keine Aussage über einen Streitgegenstand des Beweisverfahrens und über Rechtshängigkeitsfolgen bei Gegenstandsidentität von Nebenverfahren und Hauptverfahren getroffen. Vermieden werden soll nur eine Konkurrenzsituation, wenn der Bedarf nach einer Beweiserhebung durch den Streitstoff des Hauptprozesses erkennbar wird und in Anwendung des Beibringungsgrundsatzes prozessökonomisch steuerbar ist. Das selbständige Beweisverfahren ist dann nicht geeignet, den Hauptprozess zu vereinfachen und entlasten, sondern begründet statt dessen zusätzliche Kosten.[72]

41   Die Klage muss nicht gerade von der Partei eingereicht worden sein, die den Antrag im selbständigen Beweisverfahren stellt. Auch durch eine **Klage des Antragsgegners** wird die Zulässigkeitssperre des § 485 Abs. 2 Satz 1 ausgelöst.[73] In Betracht kommen dafür vor allem Konstellationen im Werkvertragsrecht, etwa wenn sich die Beweisvorbereitung von Mängelbeseitigungs- oder Gewährleistungsklagen des Bestellers mit einer negativen Feststellungsklage oder einer Werklohnklage des Werkunternehmers kreuzt.

---

66   MünchKomm/*Schreiber*[4] § 485 Rdn. 12.
67   So auch OLG Bamberg JurBüro 1992, 629; Zöller/*Herget*[29] § 485 Rdn. 5. Wegen gleichzeitiger Anwendbarkeit des § 485 Abs. 2 den Streit als bedeutungslos ansehend Musielak/*Huber*[10] § 485 Rdn. 10a.
68   OLG Bamberg JurBüro 1992, 629; Zöller/*Herget*[29] § 485 Rdn. 5.
69   OLG Bamberg JurBüro 1992, 629; OLG Karlsruhe NJW-RR 1989, 1465.
70   OLG Karlsruhe NJW-RR 1989, 1465.
71   OLG Hamm FamRZ 2004, 956 (Grundstückswertermittlung zur Vorbereitung des Zugewinnausgleichs bei bereits anhängiger Stufenklage um Zugewinnausgleich auf Stufe der Auskunftserteilung). Zur Anhängigkeitsbeurteilung *Weise*[1] Rdn. 200 in Verb. mit 43 ff.
72   Vgl. OLG Düsseldorf NJW-RR 1996, 510.
73   Vgl. OLG Dresden NJW-RR 1998, 1101 (Bauprozess).

2. Gegenstand der Feststellung; zulässiges Beweismittel

a) Beweismittelbeschränkung, schriftliche Sachverständigenbegutachtung. Anders als § 485 Abs. 1 sieht § 485 Abs. 2 eine Beschränkung der Beweismittel auf die schriftliche Begutachtung durch einen Sachverständigen vor. Gerechtfertigt wird dies damit, dass durch Erstellung eines schriftlichen Sachverständigengutachtens der Grundsatz der **Unmittelbarkeit der Beweisaufnahme (§ 355) am wenigsten betroffen** wird.[74] Eine Gleichstellung des Beweisaufnahmeumfangs mit § 485 Abs. 1 liefe auf die Durchführung eines bruchstückhaften Hauptprozesses ohne richterliche Bewertungen hinaus. Nicht zulässig ist damit die reine Feststellung von Befundtatsachen durch einen Sachverständigen, bei der er wie ein Augenscheinsmittler tätig wird. Der Sachverständige darf seine Untersuchung nicht auf **streitige Anschlusstatsachen** erstrecken, die zuvor im Wege einer Augenscheinseinahme oder Zeugenvernehmung festzustellen wären; zu einer derartigen Feststellung ist das Gericht wegen der Beweismittelbeschränkung des § 485 Abs. 2 nicht befugt[75] (s. aber auch unten Rdn. 62).

Trotz der Beschränkung auf schriftliche Begutachtung ist es zulässig, dass der Sachverständige das von ihm erstellte Gutachten **mündlich erläutert**.[76] Dies folgt aus der Verweisung des § 492 Abs. 1 auf §§ 402, 397, 411 Abs. 3. Die Regelung des § 485 Abs. 2 geht ihr nicht vor. Durch eine mündlichen Anhörung werden typische Verständnisschwierigkeiten überwunden, die mit einem Sachverständigengutachten verbunden sein können, eine spätere **erneute Begutachtung** vermieden und insgesamt die Bereitschaft zur einvernehmlichen Einigung (§ 492 Abs. 3, § 485 Abs. 2 Satz 2) begünstigt. Gemäß § 485 Abs. 3 ist nach gerichtlicher Anordnung einer Begutachtung eine erneute Begutachtung nur unter den Voraussetzungen des § 412 Abs. 1 (ungenügendes Gutachten) bzw. Abs. 2 (Ablehnung des Sachverständigen) zulässig.[77]

Die **Vorlage von Urkunden** kann nicht Gegenstand einer Beweiserhebung nach § 485 Abs. 2 sein. In Betracht kommt aber die Einholung eines Sachverständigengutachtens über eine Urkunde, etwa über das Alter des Papiers oder die Person des Ausstellers (Fälschung). Ein materiell-rechtlicher Vorlageanspruch kann nicht über § 485 Abs. 2 durchgesetzt werden.[78] Dafür kommt allenfalls eine einstweilige Verfügung in Betracht, die aber regelmäßig am Verbot der Vorwegnahme des Hauptsacheverfahrens scheitern wird. **§ 142** kann auch im selbständigen Beweisverfahren eingesetzt werden, doch darf die Urkundenvorlegung nicht das Hauptziel des Verfahrens sein.

b) Zulässige Themen der Begutachtung

aa) Feststellungsbeschränkung. Welche Feststellungen zulässig sind, bestimmt § 485 Abs. 2 Satz 1 Nr. 1–3. Überwunden werden können die Beschränkungen mit Zustimmung des Gegners gem. § 485 Abs. 1. Auf eine besondere Dringlichkeit kommt es für

---

74 Hinweis auf § 355 in OLG München OLGR 2000, 346, 347; LG Köln WuM 1998, 110 m. krit. Anm. *Scholl* WuM 1998, 77; Zöller/*Herget*[29] § 485 Rdn. 8.
75 OLG München OLGR 2000, 346, 347 (dort: Auswertung eines Videofilms bei Klärung der Wasserdichtigkeit eines Kellers).
76 RegE zum RpflVereinfG BT-Drucks. 11/3621 S. 42; BGH NJW 2003, 1741, 1742 a.E. (zur Arzthaftung); BGHZ 164, 94, 96 f. = VersR 2006, 95 (Zahnarzthaftung); OLG Düsseldorf BauR 1993, 637, 638; Zöller/*Herget*[29] § 485 Rdn. 8.
77 Vgl. dazu BGHZ 164, 94, 96 f.; OLG Düsseldorf JurBüro 1992, 435, 426; ferner OLG Köln OLGZ 1992, 495, 496.
78 OLG Köln OLGR 2002, 129, 130 (vor der Neuregelung des § 142 ergangen); *Ulrich* AnwBl. 2003, 26, 29.

§ 485 Abs. 2 nicht an.[79] Wie jede Beweisaufnahme muss das Verfahren auf die Feststellung von Tatsachen gerichtet sein; es dient nicht der Beantwortung von Rechtsfragen.[80]

46 **bb) Zustands- und Wertbegutachtung.** Feststellungen über den Zustand einer **Person** oder den Zustand oder Wert einer **Sache** (Nr. 1) müssen sich auf die Person bzw. die Sache selbst beziehen. Sie können sich auch auf die Feststellung eines **vergangenen Zustandes** richten.[81] Zustand einer Sache kann der **Arbeitsplatz** sein.[82] Die Wertermittlung kann den Wert eines Unternehmens für Zwecke des Zugewinnausgleichs betreffen,[83] ebenso den Wert von Grundbesitz der in Scheidung lebenden Eheleute.[84] Nur als Formulierungsnachlässigkeit ist es anzusehen, wenn dem Sachverständigen aufgegeben wird, „Mängel" festzustellen.[85] Allerdings ist es nicht Aufgabe des Sachverständigen, im selbständigen Beweisverfahren nach Nr. 1 die vertragliche Sollbeschaffenheit einer Sache zu bestimmen; der Richter hat den Beweisbeschluss so klar zu formulieren, dass der Sachverständige die vorgegebenen Anknüpfungstatsachen mitgeteilt erhält bzw. weiß, nach welchen Befundtatsachen er zu forschen hat.[86] Verneint worden ist, den Prozentsatz einer Mietminderung zum Gegenstand eines Sachverständigengutachtens zu machen.[87] Das ist ebenfalls nur eine laxe Formulierung; es geht in der Sache um die Feststellung des Umfangs der Gebrauchsbeeinträchtigung.[88] Geht es um die Feststellung von Arglist des Verkäufers zur Überwindung eines Ausschlusses der Haftung für Mängel eines Grundstücks, kommt es auf die tatsächliche **Erkennbarkeit von Bauschäden** unter Berücksichtigung der Wahrnehmungsfähigkeiten eines Laien an; das kann ein Bausachverständiger als Tatsachengrundlage der rechtlichen Würdigung ermitteln.[89]

47 Unzulässig soll ein Antrag sein, der bezweckt, die auf dem Nachbargrundstück ankommenden **Geräuschimmissionen einer Anlage** o.ä. festzustellen; ein solcher Antrag sei nicht auf Feststellung des beständigen Zustandes der geräuschverursachenden Maschine selbst, sondern auf Feststellung der Immissionen gerichtet, die unabhängig von der Maschineneigenart durch Produktionsentscheidungen des Betriebes bestimmt werden und das Gutachten zur variablen Momentaufnahme machen.[90] Diese Eingrenzung ist gekünstelt, da Verfahrensgegenstand auch der **Betriebszustand einer Sache** sein kann.[91] Erst recht soll die Emission von **Geräuschen einer Gaststätte** nicht als Zustand einer Sache angesehen werden können, weil die Geräusche je nach Anzahl der anwesenden Gäste und deren jeweiliger Befindlichkeit variieren können und deshalb keine gleichbleibenden Geräusche bei gleichbleibenden Bedingungen messbar seien.[92] Dabei wird übersehen, dass auch im Hauptprozess Lärmpegelmessungen notfalls über

---

79 OLG Frankfurt/M. VersR 1992, 1151, 1152. Anders die Rechtslage nach § 231 Zürch. ZPO: OG Zürich Bl. f. Zürch. Rspr. 1994, 89, 90 (Begutachtung eines zahnärztlichen Behandlungsfehlers).
80 BGH NJW-RR 2010, 233 Tz. 10 = VersR 2010, 1055.
81 OLG Oldenburg MDR 1995, 746 f. (Erkennbarkeit von Baumängeln in vergangenen Jahren); KG KGR 1994, 130; **a.A.** wohl OLG Frankfurt VersR 1992, 1151, 1152 (Wert des Kaufgegenstandes im Zeitpunkt der Übergabe); LG Cottbus BauR 1995, 284 (bei vergangener Bauausführung angefallene Grundwassermenge).
82 LAG Hamm NZA-RR 1997, 103 f. (Feststellung von Schimmelpilzbefall).
83 OLG Koblenz FamRZ 2009, 804.
84 OLG Köln FamRZ 2010, 1585; OLG Naumburg FamRZ 2011, 1531, 1532.
85 **A.A.** *Cuypers* NJW 1994, 1985, 1987.
86 Vgl. *Ulrich* AnwBl. 2003, 26, 29.
87 LG Berlin MDR 1991, 444.
88 OLG Hamm NJW-RR 2002, 1674; KG NJW-RR 2000, 513; *Scholl* NZM 1999, 108, 109 f.
89 BGH NJW-RR 2010, 233 Tz. 11 f. = VersR 2010, 1055.
90 OLG Düsseldorf MDR 1992, 807 = OLGZ 1992, 335, 336; Musielak/*Huber*[10] § 485 Rdn. 12.
91 Insoweit übereinstimmend auch OLG Düsseldorf MDR 1992, 807.
92 LG Hamburg MDR 1999, 1344; Musielak/*Huber*[10] § 485 Rdn. 12.

einen längeren Zeitraum durch einen Sachverständigen vorgenommen werden müssen, damit die Lärmbelästigung erforscht werden kann. Schwankungen im Lärmpegel, die Messungen über einen längeren Zeitraum erforderlich machen, stellen kein spezifisches Problem des selbständigen Beweisverfahrens dar. Gerade die Flüchtigkeit der Geräuschemissionen lässt ein selbständiges Beweisverfahren sinnvoll erscheinen, um für einen bestimmten Zeitraum, für den eine Mietminderung erfolgen soll, den Lärmpegel sachverständig zu dokumentieren. Verfehlt ist deshalb auch die Annahme, die Voraussetzungen des § 485 Abs. 1 lägen nicht vor, weil die Besorgnis eines Beweismittelverlustes nicht ersichtlich seien.[93] Die zeitliche Koppelung von Mietminderung und Emission begründet zwangsläufig die Gefahr des Beweismittelverlustes; Zeugenaussagen sind kaum geeignet, die Lärmbelästigung zu quantifizieren.

Der Ertragswert einer Wohnung ist nicht als Wert einer Sache zu verstehen, so dass **48** der **ortsübliche Mietzins** nicht im selbständigen Beweisverfahren festzustellen ist.[94] Wert bedeutet Verkehrswert;[95] in Betracht kommt auch der Minderwert einer Sache nach einem Unfall.[96] Feststellbar durch einen Sachverständigen ist das Maß der Beeinträchtigung einer Mietsache zur Ermittlung der angemessenen Mietminderung.[97] Feststellbar sind der fehlerhafte Einbau oder die fehlerhafte Konstruktion eines Kaminofens, auch wenn der Antragsteller für den behaupteten Mangel keine Ursache benennt.[98]

cc) Mangel- oder Schadensursache. Auf die Feststellung der Ursache eines Perso- **49** nenschadens, Sachschadens oder Sachmangels kommt es in Nr. 2 an. Dazu gehört die Aufklärung eines **ärztlichen** oder **zahnärztlichen Behandlungsfehlers** durch einen medizinischen Sachverständigen.[99] Der Gesetzgeber ist davon ebenfalls ausgegangen.[100] Unschädlich ist, dass nicht sämtliche für die Beurteilung eines Arzthaftungsprozesses notwendigen tatsächlichen Feststellungen, etwa zum Verschulden oder zur Kausalität der Verletzung für den Schaden, geklärt werden können.[101] Die vom BGH formulierte Einschränkung bzgl. des Verschuldens ist missverständlich. Zwar kann man nicht feststellen lassen, ob ein bestimmter Verschuldensgrad (z.B. grober Behandlungsfehler) vorliegt, da es sich insoweit um eine Rechtsfrage handelt, jedoch ist zwanglos mit dem Gesetzeswortlaut zu vereinbaren, festzustellen, ob ein bestimmter Personenzustand, der von einem Gesundheitszustand negativ abweicht, seine Ursache in der **Nichteinhaltung**

---

93 LG Hamburg MDR 1999, 1344 (nicht näher begründet).
94 LG Berlin NJW-RR 1997, 585, 586; LG Köln NJWE-MietR 1996, 268; LG Köln WuM 1996, 484; LG Braunschweig WuM 1996, 291. **A.A.** LG Köln WuM 1995, 490; *Scholl* WuM 1997, 307, 308; Zöller/*Herget*[29] § 485 Rdn. 9.
95 LG Berlin NJW-RR 1997, 585, 586; LG Köln NJWE-MietR 1996, 268.
96 LG Köln NJWE-MietR 1996, 268.
97 KG VersR 2001, 602.
98 OLG Celle MDR 2011, 385.
99 BGHZ 153, 302, 307 f. = NJW 2003, 1741, 1742 = VersR 2003, 794, 795 f.; OLG Düsseldorf MedR 1996, 132, 133; OLG Koblenz MDR 2002, 352, 353; OLG Düsseldorf MDR 1998, 1241; OLG Düsseldorf NJW 2000, 3438; OLG Karlsruhe (7.ZS) MDR 1999, 496 = VersR 1999, 887, 888 (Zahnarzthaftung); OLG Karlsruhe (13.ZS) VersR 2003, 374, 375 (Zahnarzthaftung mit Behauptung von Einschränkungen bei streitigen Anknüpfungstatsachen); OLG Stuttgart NJW 1999, 874, 875; OLG Saarbrücken VersR 2000, 891, 892; OLG Düsseldorf VersR 2010, 1056, 1057; unentschieden Zöller/*Herget*[29] § 485 Rdn. 9. **A.A.** OLG Nürnberg MDR 1997, 501; OLG Köln MDR 1998, 224, 225 m. zust. Anm. *Rehborn* = NJW 1999, 875 = VersR 1998, 1420, 1421, aufgegeben von OLG Köln VersR 2009, 1515, 1516 (jedoch weiterhin mit verkapptem Widerstand). Widerstand auch weiterhin erkennbar in OLG Köln VersR 2011, 1419 und OLG Köln VersR 2012, 123 m. krit. Anm. *Rinke*.
100 RegE BT Drucks. 11/3621 S. 23.
101 BGH NJW 2003, 1741, 1742.

eines medizinisch oder zahnmedizinisch zu befolgenden **Behandlungsstandards** hat[102] und ob der Verstoß gegen einen Behandlungsstandard schlechterdings nicht unterlaufen darf.[103] Kein Gegengrund ist, dass die tatsächliche Grundlage des einzuholenden Gutachtens unsicher sein kann; dieses Problem ist keine Besonderheit des Arzthaftungsrechts, sondern gehört generell zum Risiko des Antragstellers.[104] Der Patient als Antragsteller hat die Möglichkeit, seinem Antrag die **medizinische Dokumentation beizufügen**,[105] die er sich mittels seines vertraglichen Informationsanspruchs beschaffen kann. So wie der Gutachter im Hauptsacheverfahren die tatsächlichen Grundlagen seiner medizinischen Bewertung eigenständig der ärztlichen Dokumentation entnimmt, geht er auch im selbständigen Beweisverfahren vor.[106] Wie auch im Hauptverfahren hat der Antragsgegner kein Recht, an der Untersuchung des Patienten durch den Sachverständigen teilzunehmen, selbst wenn er als Arzt der Schweigepflicht unterliegt.[107] Feststellbar ist die Erfolgsaussicht einer künstlichen Befruchtung als Begutachtung des körperlichen Zustandes,[108] nicht aber die ausreichende **Aufklärung** eines Patienten.[109]

50 **Teilursachen** und **mittelbare Ursachen** reichen aus. Nicht erforderlich ist, dass der Stoff eines späteren Prozesses im selbständigen Beweisverfahren umfassend gelöst werden kann.[110] Zulässig ist die Prüfung der Vorhersehbarkeit oder **Erkennbarkeit bestimmter Geschehensabläufe**. Sie läuft nicht auf eine Verschuldensfeststellung durch den Sachverständigen hinaus (str.; s. oben Rdn. 30).[111] Zur Ursachenforschung gehört die Aufklärung der tatsächlichen Voraussetzungen für die rechtliche Beurteilung der Verantwortlichkeit von Beteiligten der Bauwerkerrichtung.[112] Die Feststellung eines Sachmangels kann auch die Festlegung der Quote der Verursachung aus technischer Sicht durch den Sachverständigen umfassen.[113]

51 § 485 Abs. 2 Nr. 2 **begünstigt** Beweisermittlungen.[114] Soweit sie als **Ausforschungsbemühungen** qualifiziert werden,[115] ist die darin mitschwingende Negativbewertung durch Assoziation des Begriffs Ausforschungsbeweis verfehlt,[116] weil es sich um vom Zivilprozessrecht und vom materiellen Recht zugelassene Ermittlungen handelt (zum Fehlverständnis der Mitwirkungspflichten der Parteien bei der Beweisaufklärung vor § 284 Rdn. 17; s. auch oben Rdn. 4 ff.). Der Sachverständige darf umfassend Schadensursachen abklären, ohne dass der Antragsteller zuvor konkrete Ursachen benannt hat,[117] die letztlich nur mit fester Stimme vorgetragen werden könnten, obwohl sie spekulativ

---

102 Vgl. OLG Koblenz VersR 2012, 336 (Befunderhebungsfehler); OLG Oldenburg VersR 2009, 805 = MDR 2008, 1059; OLG Oldenburg MDR 2010, 715; unklar die Einschränkung in OLG Saarbrücken MDR 2011, 880).
103 So das von OLG Karlsruhe als Vorinstanz zu BGH NJW 2011, 3371 formulierte Beweisthema.
104 OLG Düsseldorf NJW 2000, 3438, 3439; OLG Stuttgart NJW 19998, 874, 875 = MDR 1999, 482.
105 So der Sachverhalt in OLG Düsseldorf NJW 2000, 3438; dies unzutreffend als unzureichend ansehend Musielak/*Huber*[10] § 485 Rdn. 14.
106 Dies vernachlässigen Musielak/*Huber*[10] § 485 Rdn. 14 und Stein/Jonas/*Leipold*[22] § 485 Rdn. 23.
107 OLG München OLGR 2000, 213.
108 OLG Köln MDR 2011, 318 (Erstattungsfähigkeit in privater Krankenversicherung).
109 OLG Oldenburg MDR 2010, 715.
110 BGH NJW 2003, 1741, 1742; OLG Karlsruhe VersR 1999, 887, 888.
111 OLG Düsseldorf BauR 1996, 896, 897 (Planungsfehler als Mangelursache); **a.A.** München OLGZ 1992, 470, 471.
112 OLG Düsseldorf NJW-RR 1997, 1312.
113 OLG München MDR 1998, 495; Musielak/*Huber*[10] § 485 Rdn. 12.
114 OLG Frankfurt/M. MDR 2003, 772.
115 So etwa OLG Düsseldorf JurBüro 1992, 426; Musielak/*Huber*[10] § 485 Rdn. 14a; *Vogel* FS Thode S. 325, 334.
116 Eine diffuse Ausforschungsbehauptung enthält OLG Jena OLG-NL 1998, 118 f.
117 *Cuypers* NJW 1994, 1985, 1987.

ermittelt worden sind. Der Antragsteller muss nur die Erscheinungsform der Mängel benennen (s. auch § 487 Rdn. 9). Die Filterfunktion der richterlichen Substantiierungsprüfung fehlt im selbständigen Beweisverfahren. Auch wenn der Antragsgegner als Inhaber der Sachherrschaft über den zu begutachtenden Gegenstand rechtlich nicht zur Mitwirkung an Untersuchungshandlungen des Sachverständigen gezwungen ist, ist er faktisch doch prozessualen Konsequenzen (Vorwurf der Beweisvereitelung) ausgesetzt, die ohne anhängigen Hauptprozess schwer kalkulierbar sind. Dem Antragsteller wird damit im Ergebnis ein „Untersuchungsanspruch" eingeräumt.

Ursachenforschung kann auch bedeuten, dass die **Person des Verursachers ermittelt** werden muss, also ein Schaden einem bestimmten Verursacher zugeordnet wird.[118] Sofern **mehrere Schadensverursacher** in Betracht kommen, darf der Antragsteller das selbständige Beweisverfahren **gegen alle** in Betracht kommenden Schadensverursacher einleiten,[119] allerdings ggf. mit der Kostenfolge des § 494a (vgl. § 487 Rdn. 4ff.). In den typischen Fällen wird es sich um Fälle der Beweissicherung nach § 485 Abs. 1 handeln. Verwehrt ist ihm die Einleitung eines Verfahrens gegen einen unbekannten Gegner (§ 494 Abs. 1; s. dort Rdn. 6).

dd) Schadensbeseitigungsaufwand. § 485 Abs. 2 Nr. 3 ermöglicht es, den Aufwand für die Beseitigung eines Personen- bzw. Sachschadens oder eines Sachmangels[120] zu begutachten. Aufwand ist jede Leistung, auch von Dritten, in Zeit oder Geld.[121] Der Begriff umfasst auch die Möglichkeit der Schadensbeseitigung; der Beseitigungsaufwand hängt von der Art der Beseitigungsmaßnahmen ab.[122] Im selbständigen Beweisverfahren kann dem Sachverständigen daher aufgegeben werden, die technischen Möglichkeiten zur Schadensbeseitigung auszuloten.[123] Demgegenüber eröffnet § 485 Abs. 2 Nr. 3 nicht die Möglichkeit, dem Sachverständigen – in dieser Fragestellung – aufzugeben, die „Unverhältnismäßigkeit" einer bestimmten Mangelbeseitigung (§ 633 Abs. 2 Satz 3 BGB) zu prüfen.[124] Die Abwägung betrifft eine vom Gericht zu prüfende Rechtsfrage. Sachverständige Beratung kann freilich hinsichtlich der Kostenalternativen notwendig sein. Als Aufwand zur Beseitigung eines Personenschadens hat der BGH die Feststellung des erlittenen Erwerbsschadens einschließlich entgangenen Gewinns angesehen,[125] was allerdings wegen der häufig notwendigen Anwendung des § 287 wenig zweckmäßig ist; ein Hauptsacheverfahren dürfte dann kaum zu vermeiden sein.

3. Rechtliches Feststellungsinteresse

a) Regelbeispiel: Rechtsstreitvermeidung. Das selbständige Beweisverfahren ist nach § 485 Abs. 2 nur zulässig, wenn der Antragsteller ein **rechtliches Interesse** an den zuvor genannten Feststellungen hat. Ein solches Interesse ist nach Satz 2 „anzunehmen", wenn die Feststellung der Vermeidung eines Rechtsstreits „dienen kann". Das in Satz 1 enthaltene Merkmal „rechtliches Interesse" bildet den Oberbegriff; die „Vermei-

---

[118] *Ulrich* AnwBl. 2003, 26, 29.
[119] Dies unzutreffend als unzulässige Ausforschung qualifizierend OLG Frankfurt/M. NJW-RR 1995, 831, 832 = BauR 1995, 275.
[120] Dazu OLG Düsseldorf BauR 1995, 740 (LS).
[121] MünchKomm/*Schreiber*[4] § 485 Rdn. 16.
[122] Stein/Jonas/*Leipold*[22] § 485 Rdn. 27.
[123] *Cuypers* NJW 1994, 1985, 1988; a.A. Musielak/*Huber*[10] § 485 Rdn. 12.
[124] *Cuypers* NJW 1994, 1985, 1988.
[125] BGH VersR 2010, 133 Tz. 7 = NJW-RR 2010, 946.

dung eines Rechtsstreits" ist lediglich ein in Satz 2 genanntes Regelbeispiel.[126] Die Formulierung „ist anzunehmen" schließt andere Möglichkeiten der Begründung eines rechtlichen Interesses nicht aus. Vemieden wird ein Rechtsstreit auch, wenn das Gutachtenergebnis den Antragsteller zur Abstandnahme von einer ursprünglich beabsichtigten Klage veranlassen kann.[127]

55 Das Merkmal „rechtliches Interesse" ist im Rahmen der Zulässigkeitskriterien des Gesetzes **weit auszulegen**.[128] Die Zulässigkeitsschranke des § 485 Abs. 2 erschöpft sich in der enumerativen Aufzählung der Feststellungsgegenstände. Die Begründung eines Verfahrensinteresses nach § 485 Abs. 1 wird nicht durch eine weite Auslegung des Absatzes 2 obsolet, wie sich aus der Beweismittelbeschränkung des Absatzes 2 auf schriftliche Sachverständigengutachten, aus dem beschränkten Katalog der Begutachtungsgegenstände und aus den unterschiedlichen Zuständigkeiten (§ 486 Abs. 2 u. 3) ergibt.[129] Notwendig ist, dass über einen **Tatsachenbefund** gestritten wird; es reicht nicht, dass in verkappter Form um eine Rechtsfrage gestritten wird[130] (s. auch Rdn. 49 zur Arzthaftung). Der Beweisantrag muss sich also auf bestimmte Tatsachen beziehen.[131] An die Darlegung des rechtlichen Interesses sind keine besonderen Anforderungen zu stellen, sofern nur ein Rechtsverhältnis und ein möglicher Prozessgegner ersichtlich sind.[132] Der **Hauptsacherechtsstreit** darf noch **nicht anhängig** sein.[133] Wird die Hauptsacheklage während des selbständigen Beweisverfahrens erhoben, werden dadurch die Einholung eines Ergänzungsgutachtens oder eine mündliche Anhörung des Sachverständigen nicht hinfällig.[134] Die damit angestrebte abschließende Klärung der Beweisfrage ist weiterhin prozessökonomisch sinnvoll und kann den Hauptsacheprozess abkürzen. Vermieden werden damit zugleich Obstruktionen, die der Kläger eventuell mit seiner Terminierung der Klageerhebung beabsichtigt. Das Verfahrensziel des selbständigen Beweisverfahrens, ein Hauptsacheverfahren zu vermeiden, scheitert nicht daran, dass der **Hauptprozess** über die Beweisthemen des selbständigen Beweisverfahrens hinausgehend **zusätzliche Tatsachenfeststellungen** erfordern kann, über die dort weiterer Beweis zu erheben wäre.[135]

56 Das Erfordernis eines rechtlichen Interesses darf **nicht** zum Einfallstor einer generellen **Prüfung der Beweiserheblichkeit** für den Hauptprozess[136] **oder** gar der **Erfolgsaus-**

---

126 OLG Zweibrücken MDR 1992, 1178 = OLGZ 1993, 218, 219; OLG Köln JurBüro 1996, 371; OLG Frankfurt/M. MDR 1991, 989; OLG Celle BauR 1992, 405, 406; *Thieme* MDR 1991, 938, 939; *Mugler* BB 1992, 797.
127 OLG Celle NJW-RR 2011, 536, 537; w.N. Rdn. 58 Fn. 132.
128 BGH NJW-RR 2010, 946 Tz. 6; OLG Stuttgart BauR 2000, 923, 924; OLG Bamberg NJW-RR 1995, 893, 894; OLG Köln VersR 1995, 436, 437; OLG Celle BauR 1992, 405, 406; KG MDR 1992, 179, 180; OLG Frankfurt/M. MDR 1991, 989; OLG Zweibrücken MDR 1992, 1178, 1179; LG München NJW-RR 1994, 355; *Pauly* JR 1996, 269, 273; *Zwanziger* ZZP 109 (1996), 79, 81. **A.A.** MünchKomm/*Schreiber*[4] § 485 Rdn. 13.
129 Vgl. OLG Zweibrücken MDR 1992, 1178, 1179; LAG Hamm NZA-RR 1997, 103, 104.
130 OLG München OLGZ 1993, 252, 253 (Zahl der Stellplätze als Ansatz für die Klärung ihrer Errichtungsverpflichtung). Zum fehlenden Streit gerade zwischen Antragsteller und Antragsgegner KG VersR 2001, 602f.
131 OLG Düsseldorf JurBüro 1992, 426; *Pauly* MDR 1997, 1087, 1088.
132 OLG Düsseldorf NJW-RR 2001, 1725, 1726 = VersR 2003, 130, 131; OLG Bamberg NJW-RR 1995, 893, 894; KG MDR 1992, 179, 180; LAG Hamm NZA-RR 1997, 103, 104.
133 LG Hanau NJW-RR 2000, 688.
134 **A.A.** OLG Schleswig OLGR 2005, 39; LG Hanau NJW-RR 2000, 688; Musielak/*Huber*[10] § 485 Rdn. 11; Zöller/*Herget*[29] § 485 Rdn. 7.
135 So die Konstellation in OLG Düsseldorf NJW-RR 1996, 510 (Hauptprozess über Grundstückskaufvertrag mit Wertminderung infolge unrichtiger Altersangaben des Verkäufers, Wertfeststellung des Grundstücks im Beweisverfahren begehrt).
136 BGH NJW-RR 2010, 946 Tz. 6 = VersR 2010, 133; OLG Hamm NJW-RR 1998, 68; OLG Düsseldorf NJW-RR 2001, 1725, 1726; *Ulrich* AnwBl. 2003, 26, 30.

sichten des Hauptprozesses[137] gemacht werden. Lediglich ausnahmsweise ist das rechtliche Interesse zu verneinen, wenn das Beweismittel zur Beweiserbringung offensichtlich ungeeignet ist,[138] oder wenn die Rechtsverfolgung offensichtlich aussichtslos ist.[139] Das ist der Fall, wenn der Streit über einen im selbständigen Beweisverfahren festzustellenden Mangel durch gerichtlichen Vergleich einvernehmlich beigelegt war.[140]

Kein prozessualer Nutzen ist darin zu sehen, neben dem rechtlichen Interesse i.S.d. § 485 Abs. 2 das **allgemeine Rechtsschutzinteresse** zu prüfen.[141]   57

b) Streitentschlossenheit des Antragsgegners. Ein selbständiges Beweisverfahren   58
muss nicht – nach spekulativer Prognose des Richters im Beweisverfahren – mit Sicherheit oder mit einer hohen Wahrscheinlichkeit zur Vermeidung eins ansonsten beabsichtigten Rechtsstreits führen.[142] Es ist auch dann zulässig, wenn der **Antragsgegner „jede gütliche Einigung" ablehnt.**[143] Anderenfalls hätte der Antragsgegner ein nicht vorgesehenes absolutes Widerspruchsrecht gegen die Verfahrensdurchführung.[144] Anfängliche Ablehnungen können taktisch motiviert sein. Ein erweiterter Kenntnisstand in Bezug auf die Tatsachenlage ist geeignet, eine Neubeurteilung auszulösen und Vergleichsbereitschaft zu begründen. Falsch ist ferner der einseitige Blick auf den Antragsgegner. Gefördert wird die Vermeidung eines Rechtsstreits auch, wenn der **Antragsteller** aufgrund des Beweisergebnisses von einer gerichtlichen Rechtsverfolgung Abstand nimmt.[145] Aus den gleichen Gründen ist es unerheblich, ob noch **weitere Streitpunkte** bestehen.[146] Das selbständige Beweisverfahren ist auch dann zulässig, wenn bei Streit um die Höhe eines Kfz-Schadens die Versicherung bereits ein Schiedsgutachterverfahren nach § 14 AKB eingeleitet hat, bevor der Versicherungsnehmer ein selbständiges Beweisverfahren beantragt hat,[147] oder bei Streit um Leistungspflichten aus einer Unfallversicherung der Versicherer das vertragliche Recht hat, seinerseits eine ärztliche Untersuchung des Versicherungsnehmers zu verlangen.[148]

---

137 BGH NJW 2004, 3488, 3489 (ungeklärte Grundsatzfragen der Haftung nach § 839a BGB); BGH NJW-RR 2010, 946 Tz. 6; OLG Hamm NJW-RR 1998, 68; OLG Köln NJW-RR 1996, 573, 574 = JurBüro 1996, 371; OLG Düsseldorf (21. ZS) MDR 2001, 50; OLG Düsseldorf (22. ZS) NJW-RR 2001, 1725, 1726; OLG Celle NJW-RR 2011, 536; OLG Celle NJW-RR 2011, 1180, 1181 = VersR 2011, 1418.
138 OLG Hamm NJW-RR 1998, 68.
139 BGH NJW 2004, 3488; BGH NJW-RR 2006, 1454; BGH NJW-RR 2010, 946 Tz. 6; BGH NJW-RR 2012, 224 Tz. 25; OLG Hamm NJW-RR 1998, 68; OLG Stuttgart MDR 2005, 98, 99 (keine Aussichtslosigkeit bei Streit um Strahlungswirkung einer Mobilfunkantenne); OLG Nürnberg NJW-RR 2011, 1216 = MDR 2011, 750.
140 LG Deggendorf NJW-RR 2000, 514, 515; Musielak/*Huber*[10] § 485 Rdn. 14a. S. auch OLG Nürnberg NJW-RR 2011, 1216.
141 A.A. *Enaux* FS Vygen S. 386, 391 ff.
142 Vgl. OLG Saarbrücken VersR 2000, 891, 892.
143 OLG Celle NJW-RR 2011, 1180, 1181; OLG Koblenz MDR 2005, 888 (Arzthaftungssache); OLG Stuttgart MMR 2005, 98, 99; OLG Hamm MDR 1999, 184 f.; OLG Oldenburg MDR 1995, 746, 747; OLG Bamberg NJW-RR 1995, 893, 894; KG MDR 1992, 179, 180; OLG Zweibrücken MDR 1992, 1178 = OLGZ 1993, 218, 219; LAG Hamm NZA-RR 1997, 103, 104; *Mugler* BB 1992, 797; *Enaux* FS Vygen, 1999, S. 386, 388.
144 KG MDR 1992, 179, 180.
145 So richtig KG MDR 1992, 179, 180; OLG Zweibrücken MDR 1992, 1178; OLG *Bamberg* NJW-RR 1995, 893, 894; OLG Saarbrücken NJW 2000, 3439 m.w.N.; OLG Nürnberg MDR 2008, 997; OLG Celle NJW-RR 2011, 536, 537; LAG *Hamm* NZA-RR 1997, 103, 104; LG Passau NJW-RR 1992, 767; Zöller/*Herget*[29] § 485 Rdn. 7a.
146 Inzident a.A. LG Berlin NJW-RR 1997, 585, 586.
147 LG München I NJW-RR 1994, 355, 356.
148 OLG Celle NJW-RR 2011, 1180, 1181 = VersR 2011, 1418.

59 **c) Sonstige rechtliche Interessen.** Da nach hier vertretener Ansicht das Interesse an der Vermeidung eines Rechtsstreits lediglich ein Regelbeispiel ist, kommen daneben **weitere Gründe** für die Begründung eines rechtlichen Interesses in Betracht. Sie gewinnen aber wohl nur dann an Bedeutung, wenn – abweichend von der hier vertretenen Auslegung – an das Erfordernis der Vermeidung eines Rechtsstreits strenge Anforderungen gestellt werden. Das Interesse muss aber immer **rechtlicher Natur** sein; nicht ausreichend sind ein ausschließlich wirtschaftliches Interesse oder schlichte Neugier.[149]

d) Einzelfälle

60 **aa) Zu bejahendes Interesse.** Ein rechtliches Interesse an der Durchführung eines selbständigen Beweisverfahrens besteht nach zutreffender Ansicht des OLG Frankfurt bereits dann, wenn der Zustand einer Sache die Grundlage **für** einen **beliebigen materiell-rechtlichen Anspruch** bilden kann.[150] Bei dieser Fallgruppe ist es auch möglich, ein selbständiges Beweisverfahren gegen einen **Bürgen** des Gewährleistungsschuldners einzuleiten.[151] Das rechtliche Interesse entfällt nicht schon, wenn bereits ein Sachverständigengutachten erstellt ist. Es kann dann noch ein **weiterer Antragsgegner** in das Verfahren einbezogen werden. Er hat die Möglichkeit, einen Antrag auf Anhörung des Sachverständigen zu stellen.[152] Die Existenz eines Privatgutachtens schließt die Durchführung eines selbständigen Beweisverfahrens zu denselben Fragen nicht aus.[153]

61 Ein rechtliches Interesse ist auch gegeben, wenn durch die Einleitung des Beweisverfahrens die **drohende Verjährung** gehemmt werden soll (dazu vor § 485 Rdn. 27 ff.).[154] Die Verjährungshemmung hält die Möglichkeit einer gütlichen Streitbeilegung offen und verhindert eine Klageerhebung, die zu demselben Zweck vorgenommen wird. Sind allerdings alle in Betracht kommenden Ansprüche eindeutig verjährt, fehlt ein rechtliches Interesse.[155]

62 **bb) Zu verneinendes Interesse.** Das rechtliche Interesse fehlt, wenn das Verfahren **nicht auf Tatsachenfeststellungen gerichtet** ist, die der Begutachtung durch einen Sachverständigen bedürfen, etwa wenn lediglich „banale Zählvorgänge"[156] vorgenommen werden sollen. Sofern im streitigen Verfahren statt eines Sachverständigengutachtens ein richterlicher Augenschein ohne Zuziehung eines Sachverständigen in Betracht käme, ist ein zeitlich vorgelagertes selbständiges Beweisverfahren unzulässig. Die Möglichkeit der Vermeidung eines Rechtsstreits begründet für sich allein, also ohne Hinzutreten statthafter Tatsachenklärungen, nicht die Zulässigkeit des selbständigen Beweisverfahrens.[157] Die Beweismittelbeschränkungen des § 485 Abs. 2 sollen der Einholung eines Gutachtens entgegenstehen, für das zuvor die **streitigen Anknüpfungstatsachen**

---

149 Vgl. OLG Köln NJW-RR 1996, 573, 574 = JurBüro 1996, 371; KG MDR 1992, 179, 180; *Enaux* FS Vygen S. 386, 390.
150 OLG Frankfurt/M. MDR 1991, 989.
151 OLG Frankfurt/M. MDR 1991, 989. Zur Haftung des Bürgen für die Kosten des Beweisverfahrens § 494a Rdn. 85.
152 OLG Düsseldorf NJW-RR 1995, 1216 = BauR 1995, 878.
153 *Ulrich* AnwBl. 2003, 26, 30.
154 LG Amberg BauR 1984, 93, 94; s. auch OLG Zweibrücken MDR 1992, 1178, 1179; *Enaux* FS Vygen S. 386, 389; Stein/Jonas/*Leipold*[22] § 485 Rdn. 33.
155 OLG Karlsruhe VersR 1999, 887, 888; s. auch OLG Karlsruhe NJW-RR 2002, 951; **a.A.** OLG Düsseldorf BauR 2001, 128; *Ulrich* AnwBl. 2003, 26, 31.
156 OLG München OLGZ 1993, 252f. (Zahl der Stellplätze) = OLG München BauR 1993, 117, 119.
157 Vgl. LG Cottbus BauR 1995, 284.

durch richterliche Beweisaufnahme geklärt werden müssten[158] (s. oben Rdn. 42). Davon sind jedenfalls Sachverhalte auszunehmen, in denen der Sachverständige ohne erheblichen zusätzlichen Aufwand sein Gutachten auf alternativer Sachverhaltsgrundlage erstatten kann.[159] Auch im Übrigen ist die Verneinung des rechtlichen Interesses zweifelhaft, weil das Risiko eines späteren Fehlschlags der Streitbeilegungsbemühungen oder der Unerheblichkeit des Gutachtens in einem Prozess den Antragsteller trifft und die Verfehlung des Zwecks vorgezogener Beweiserhebung vom Gesetzgeber in Kauf genommen wurde.[160]

Ein rechtliches Interesse fehlt auch, wenn ein **Anspruch** des Antragstellers **offensichtlich** auch bei Bestätigung der Beweisfrage **nicht gegeben** sein kann,[161] z.B. weil über den behaupteten Anspruch bereits rechtskräftig entschieden wurde und auch kein Wiederaufnahmeverfahren in Betracht kommt,[162] oder weil die beantragte Beweiserhebung unter keinem denkbaren Gesichtspunkt einem Rechtsstreit zugeordnet werden kann, etwa wenn kein Rechtsverhältnis und kein möglicher Prozessgegner ersichtlich sind.[163] Nicht gleichzustellen ist der Fall, dass – angeblich – kein Streit besteht.[164] Die vorgenannten Einschränkungen gelten **nur** für **evidente Fälle**. Nicht zulässig ist es, damit indirekt eine Prüfung einzuführen, ob die mögliche Prozessführung Erfolgsaussichten hat und die Beweisfrage für den späteren Prozess erheblich ist (s. oben Rdn. 56). Fragwürdig ist die Evidenzbehauptung in Verbindung mit der Formulierung, der zugrunde gelegte Anspruch werde ins Blaue hinein behauptet[165] bzw. diene allein der Ausforschung.[166] Ausnahmsweise kann das rechtliche Interesse an sachverständiger Begutachtung zu verneinen sein, wenn außerdem streitige Tatsachen durch umfangreiche Zeugenbeweisaufnahme festzustellen sind.[167]

63

Gegenüber einem **unbekannten Gegner** (§ 494) kann ein rechtliches Interesse im Sinne des Abs. 2 niemals bestehen.[168] In diesen Fällen kommt ein selbständiges Beweisverfahren nur nach § 485 Abs. 1 in Betracht.

64

4. Erneute Begutachtung. Die **Einschränkung** der erneuten Begutachtung **durch § 485 Abs. 3** gilt auch für Verfahren, die auf der Grundlage des § 485 Abs. 2 betrieben werden. Unerheblich ist, dass das erneute Verfahren vom Antragsgegner eingeleitet wird.[169] Um eine erneute Begutachtung handelt es sich nicht, wenn die Beweisthemen bei Identität des zu untersuchenden Gegenstandes ausgeweitet werden, weil nachträglich weitere Ursachen eines Schadens diskutiert werden.[170] § 485 Abs. 3 ist zu entneh-

65

---

158 Zur Unzulässigkeit vorangehender Feststellung der Anknüpfungstatsachen durch Zeugenvernehmung OLG Köln VersR 2008, 1340; LG Marburg VersR 2009, 201.
159 S. dazu OLG Hamm NJW-RR 2011, 238, 239.
160 OLG Celle NJW-RR 2011, 536, 537.
161 OLG Köln (22. ZS) NJW-RR 1996, 573, 574; OLG Köln (15.ZS) NJW-RR 2009, 159, 160; OLG Köln (20.ZS) VersR 2008, 1340; OLG Celle NJW-RR 2011, 536; VGH Bad.Württ. NVwZ-RR 1996, 125, 126; s. auch OLG Köln (13. ZS) VersR 1995, 436, 437 = Rpfleger 1995, 303, 304.
162 LG Berlin MDR 1993, 1015; *Enaux* FS Vygen S. 386, 391.
163 KG MDR 1992, 179, 180; OLG Bamberg NJW-RR 1995, 893, 894; OLG Düsseldorf NJW-RR 2001, 1725, 1726; LAG Hamm NZA-RR 1997, 103, 104.
164 A.A. VGH Bad.-Württ. BWVBl. 1994, 67, 68.
165 So OLG Nürnberg MDR 2008, 997.
166 So OLG Oldenburg MDR 2008, 1059, 1060 (dort wegen – nur ungeschickter (?) – Antragsbegründung, ob Operation lege artis ausgeführt).
167 OLG Köln VersR 2008, 1340.
168 BT-Drucks. 11/3621 S. 42.
169 OLG Düsseldorf OLGRep. 1998, 160; LG Köln MDR 2009, 347; *Ulrich* AnwBl. 2003, 26, 31.
170 OLG Naumburg NJW-RR 2012, 1418.

men, dass **Beweisverfahren nicht doppelt anhängig** gemacht werden dürfen[171] (dazu auch Rdn. 14); verschiedene Sachverständigengutachten mit divergierenden Ergebnissen sollen vermieden werden.[172] Dies gilt analog §§ 265, 325 auch für den Zessionar einer Forderung, zu deren anspruchsbegründenden Tatsachen der Zedent bereits vor der Abtretung ein Beweisverfahren eingeleitet hatte[173] (s. näher § 493 Rdn. 8).

V. Entscheidung

66 Über den Antrag nach § 485 Abs. 2 entscheidet das Gericht durch Beschluss, § 490 Abs. 1. § 485 Abs. 1 scheint dem Gericht ein Ermessen bei der Entscheidung einzuräumen („kann ... angeordnet werden"). Der jüngere Absatz 2, der nicht in bewusstem Gegensatz zu Absatz 1 geschaffen wurde, enthält eine solche Formulierung nicht. Für die Verfahren nach beiden Absätzen ist ein **Ermessen des Gerichts abzulehnen**. Bei Vorliegen der Zulässigkeitsvoraussetzungen besteht eine Pflicht des Gerichts zum Erlass der begehrten Entscheidung. Nur diese Interpretation wird dem verfassungsrechtlichen Anspruch auf effektiven Rechtsschutz gerecht. Zu **Beschlussinhalt und -anfechtung** vgl. § 490.

VI. Übergang der Zuständigkeit auf Prozessgericht

67 Wird das Hauptsachegericht nachträglich angerufen, geht die Zuständigkeit erst dann auf das Prozessgericht über, wenn es eine Beweisaufnahme für erforderlich hält und deshalb die Akten des Beweisverfahrens anfordert,[174] und dies auch nur im Umfang der für erforderlich gehaltenen Beweisaufnahme, also der Identität der Beweisfragen.[175]

§ 486
Zuständiges Gericht

(1) **Ist ein Rechtsstreit anhängig, so ist der Antrag bei dem Prozeßgericht zu stellen.**

(2) **Ist ein Rechtsstreit noch nicht anhängig, so ist der Antrag bei dem Gericht zu stellen, das nach dem Vortrag des Antragstellers zur Entscheidung in der Hauptsache berufen wäre. In dem nachfolgenden Streitverfahren kann sich der Antragsteller auf die Unzuständigkeit des Gerichts nicht berufen.**

(3) **In Fällen dringender Gefahr kann der Antrag auch bei dem Amtsgericht gestellt werden, in dessen Bezirk die zu vernehmende oder zu begutachtende Person sich aufhält oder die in Augenschein zu nehmende oder zu begutachtende Sache sich befindet.**

(4) **Der Antrag kann vor der Geschäftsstelle zu Protokoll erklärt werden.**

---

171 BGH NJW-RR 2012, 224 Tz. 14.
172 BGH NJW-RR 2012, 224 Tz. 14.
173 BGH NJW-RR 2012, 224 Tz. 13 u. 20.
174 BGH MDR 2005, 45 = BauR 2004, 1656; OLG Schleswig BauR 2010, 124; OLG Köln VersR 2011, 1419; s. ferner OLG Hamm NJW-RR 2010, 1035, 1036 = MDR 2010, 714.
175 OLG Hamm NJW-RR 2010, 1035, 1036.

Übersicht

I. Regelungsgegenstand —— 1
II. Zuständigkeit bei Anhängigkeit der Hauptsache, § 486 Abs. 1
　　1. Zuständigkeit des Prozessgerichts
　　　　a) Sicherung der Beweisunmittelbarkeit —— 2
　　　　b) Zuständigkeitsfestlegungen —— 3
　　　　c) Nachträgliche Zuständigkeitsänderung —— 5
　　　　d) Verweisung —— 7
　　2. Unmaßgeblichkeit des Streitgegenstandsbegriffs —— 8
III. Zuständigkeit mangels Anhängigkeit der Hauptsache, § 486 Abs. 2 —— 9
IV. Konkurrierende nichtstaatliche Verfahren
　　1. Schiedsgerichtsvereinbarung —— 13
　　2. Schiedsgutachtervereinbarung —— 15
V. Notzuständigkeit des Amtsgerichts, § 486 Abs. 3 —— 16
VI. Mehrfachzuständigkeiten —— 20

I. Regelungsgegenstand

§ 486 regelt primär die Zuständigkeit für das selbständige Beweisverfahren. § 486 Abs. 4 enthält – falsch zugeordnet – eine Regelung zur Form des Antrages auf Durchführung des selbständigen Beweisverfahrens (vgl. hierzu § 487 Rdn. 1). **1**

II. Zuständigkeit bei Anhängigkeit der Hauptsache, § 486 Abs. 1

1. Zuständigkeit des Prozessgerichts

a) Sicherung der Beweisunmittelbarkeit. Bei anhängiger – nicht: rechtshängiger[1] (§ 261) – Hauptsache muss der Antrag beim **Gericht der Hauptsache** gestellt werden. Der Grundsatz der Unmittelbarkeit der Beweisaufnahme soll damit soweit als möglich gewährleistet werden.[2] Deshalb ist das Revisionsgericht nicht für die Beweissicherung von Tatsachen zuständig, deren tatsächliche Erörterung und Feststellung dort nicht erfolgen kann.[3] Auf ein schwebendes einstweiliges Verfügungs- oder Arrestverfahren ist § 486 Abs. 1 nicht entsprechend anwendbar.[4] **2**

b) Zuständigkeitsfestlegungen. Einzuhalten sind die örtliche, sachliche und funktionelle Zuständigkeit und die Zuweisungen der Geschäftsverteilung. Bei Zuständigkeitsstreitigkeiten ist § 36 Abs. 1 Nr. 6 anwendbar,[5] allerdings nicht mehr nach Beginn der Beweisaufnahme.[6] Solange der **Einzelrichter** (§§ 348, 348a, 526, 527 Abs. 4) tätig ist, ist dieser zur Entscheidung über den Antrag zuständig. Entsprechendes gilt für den Vorsitzenden der Kammer für Handelssachen (§ 349). Der beauftragte Richter hat demgegenüber keine Entscheidungsmacht. Für selbständige Beweisverfahren in **WEG-Sachen** ist die WEG-Abteilung des Amtsgerichts zuständig.[7] Das **Mahngericht** ist für Beweiserhebungen nicht zuständig. Die Anhängigkeit nach § 486 Abs. 1 bezieht sich auf ein streitentscheidendes Prozessgericht; das ist nur das Gericht, an das die Mahnsache nach § 696 **3**

1　OLG Frankfurt/M. NJW 1965, 306.
2　BGHZ 17, 117 = NJW 1955, 908.
3　BGHZ 17, 117, 118.
4　OLG Frankfurt/M. NJW 1985, 811.
5　OLG Brandenburg MDR 2005, 1184.
6　Vgl. OLG Hamm MDR 2013, 116.
7　Musielak/*Huber*[10] § 486 Rdn. 2; Zöller/*Herget*[29] § 486 Rdn. 3; **a.A.** *Mollenkopf* ZMR 2000, 582.

Abs. 1 abgegeben worden ist. Maßgeblicher Zeitpunkt ist der Eingang der Akten beim Empfangsgericht (§ 696 Abs. 1 Satz 4).

4 § 486 Abs. 1 kann auch eine Zuständigkeit des **Berufungsgerichts** für die Durchführung des selbständigen Beweisverfahrens begründen. Ist das Verfahren bereits in die Revisionsinstanz gelangt, bleibt das Berufungsgericht nach dem Normzweck des § 486 Abs. 1 für Tatsachen zuständig, deren Feststellung nicht vor dem Revisionsgericht möglich ist.[8] Verzögerungen durch notwendigen Aktenversand können eine gesteigerte Dringlichkeit im Sinne des § 486 Abs. 3 begründen.

5 **c) Nachträgliche Zuständigkeitsänderung.** Zuständigkeitsänderungen, die das Hauptsachegericht betreffen – auch solche der sachlichen Zuständigkeit, die auf Gesetzesänderung (z.B. zur Streitwertgrenze) zurückzuführen sind , sind unerheblich (s. auch unten Rdn. 11). Es verbleibt vielmehr bei der Zuständigkeit des Gerichts oder Spruchkörpers, bei dem der Beweisantrag ursprünglich gestellt wurde.[9] Die einmal begründete Zuständigkeit wird auch durch Verweisung des Hauptsachestreites nicht beseitigt. Nachträgliche **Streitwertänderungen** durch Feststellung der Mangelbeseitigungskosten sind **irrelevant**.[10] Damit setzt sich die Eilbedürftigkeit der Anträge nach § 485 Abs. 1 gegen den Grundsatz der Beweisunmittelbarkeit durch, der im Zivilprozess ohnehin brüchig ist. Bei Anträgen nach § 485 Abs. 2 ist § 486 Abs. 1 nicht einschlägig. Beim **Wechsel der Instanz** ist das Berufungsgericht erst nach Einreichung der Berufungsschrift (§ 519 Abs. 1) zuständig.

6 Die **Rücknahme der Klage** lässt die nach § 486 Abs. 1 begründete Zuständigkeit nicht entfallen.[11] Wird das Verfahren durch dieses Ereignis unzulässig, hat die Zuständigkeit für den Verfahrensabschluss Bedeutung.

7 **d) Verweisung.** Der Antragsteller des selbständigen Beweisverfahrens kann dessen **Verweisung beantragen,**[12] nicht hingegen der Antragsgegner.[13] Verweisungsbeschlüsse sind analog § 281 Abs. 2 Satz 4 bindend, wenn der Antrag auf Verfahrensdurchführung dem Antragsgegner bereits übersandt worden ist.[14] Eine Ausnahme ist zu machen, wenn der Verweisungsbeschluss ohne Antrag ausgesprochen wurde und das verweisende Gericht durch Erlass eines Beweisbeschlusses bereits eine Sachentscheidung getroffen hatte;[15] dann würde eine Verzögerung bewirkt, die auf Willkür beruht.

8 **2. Unmaßgeblichkeit des Streitgegenstandsbegriffs.** Für die **Beurteilung der Anhängigkeit** des Rechtsstreits i.S.d. § 486 Abs. 1 kommt es auf den **tatsächlichen Streitstoff** an und nicht auf die Angabe eines Streitgegenstandes, der mit dem Streitgegenstand der anhängigen Hauptsache übereinstimmend ist. § 493 stellt für die Verwertung der Ergebnisse des selbständigen Beweisverfahrens auf Tatsachen und nicht auf Streit-

---

8 BGHZ 17, 117 f.
9 OLG München BauR 1993, 502, 503; OLG Frankfurt NJW-RR 1998, 1610; OLG Schleswig NJW-RR 2010, 533; *Fischer* MDR 2001, 608, 610; s. auch Musielak/*Huber*[10] § 486 Rdn. 3. Zum „Verbrauch" eines Zuständigkeitswahlrechts Zöller/*Herget*[29] § 486 Rdn. 3.
10 OLG Frankfurt NJW-RR 1998, 1610; OLG Schleswig NJW-RR 2010, 533; *Fischer* MDR 2001, 608, 610.
11 MünchKomm/*Schreiber*[4] § 486 Rdn. 2; Zöller/*Herget*[29] § 486 Rdn. 3.
12 OLG Frankfurt NJW-RR 1998, 1610.
13 OLG Frankfurt NJW-RR 1998, 1610, 1611; OLG Brandenburg MDR 2005, 1184. *Fischer* MDR 2001, 608, 611.
14 BGH NJW-RR 2010, 891 Tz. 11.
15 OLG Frankfurt NJW-RR 1998, 610; generelle Bindung annehmend Stein/Jonas/*Leipold*[22] § 486 Rdn. 34; *Fischer* MDR 2001, 608, 611.

gegenstände ab. Beruht das selbständige Beweisverfahren auf der Geltendmachung von Gewährleistungsansprüchen, ist der Hauptprozess nicht nur dann anhängig, wenn dort ebenfalls aktiv (durch Klage oder Widerklage) Gewährleistungsansprüche geltend gemacht werden.[16] Die Zuständigkeit des § 486 Abs. 1 ist auch gegeben, wenn gegenüber einer Klage des Antragsgegners auf Kaufpreis- oder Werklohnzahlung Gewährleistungsrechte einredeweise (§§ 438 Abs. 4 Satz 2, 634a Abs. 4 Satz 2 BGB) geltend gemacht werden. Bei gegenteiliger Lösung bestünde die Gefahr eines Wettlaufs der Beweisaufnahmen.

III. Zuständigkeit mangels Anhängigkeit der Hauptsache, § 486 Abs. 2

Ist die Hauptsache nicht anhängig, so ist nach § 486 Abs. 2 dasjenige Gericht für die Durchführung des selbständigen Beweisverfahrens zuständig, das zur **Entscheidung der Hauptsache** berufen wäre. 9

Heranzuziehen sind die allgemeinen Vorschriften über die örtliche und sachliche Zuständigkeit. Für die Zuständigkeitsbestimmung ist der **Vortrag des Antragstellers maßgebend**.[17] Damit wird Streit über die Zuständigkeit vermieden. Dies gilt **auch für** die **streitwertabhängige Abgrenzung** der Eingangszuständigkeit,[18] sofern nicht offensichtlich ein krasses Missverhältnis zwischen den Angaben des Antragstellers zum Streitwert und dem tatsächlichen Wert besteht. Der Antragsteller muss Angaben zu Art und Umfang des Streitgegenstandes der – von ihm oder dem Gegner – beabsichtigten oder möglichen Hauptsacheklage machen, weil anderenfalls keine Streitwertbeurteilung möglich ist.[19] Nicht zu verwechseln ist die zuständigkeitsrelevante Streitwertangabe für das Hauptsacheverfahren mit der Angabe des Streitwertes für das selbständige Beweisverfahren. Maßgeblich ist bei behaupteten Baumängeln der Kostenaufwand für deren Beseitigung. §§ 348 und 348a (**Einzelrichterzuständigkeit**) gelten auch für das selbständige Beweisverfahren.[20] 10

Für die Zuständigkeitsbestimmung ist stets der **Zeitpunkt** der **Einreichung des Antrages** maßgebend, nicht derjenige der Beweisanordnung. Nachträgliche Änderungen der Hauptsachezuständigkeit des § 486 Abs. 2, etwa infolge einer Zuständigkeitsvereinbarung, sind ohne Einfluss auf das selbständige Beweisverfahren[21] (s. auch oben Rdn. 5). Bei nachträglicher Anhängigkeit eines Rechtsstreits bleibt die nach § 486 Abs. 2 begründete Zuständigkeit bis zum Ende des Beweisverfahrens bestehen.[22] Nach gegenteiliger Ansicht tritt mit Anhängigkeit des Rechtsstreits[23] oder jedenfalls mit dem Beginn der Beweisverwertung durch Anordnung der Aktenbeiziehung[24] ein Zuständigkeitswechsel auf das Prozessgericht ein. Zwar würde ein Zuständigkeitswechsel dem Grundsatz der Beweisunmittelbarkeit Rechnung tragen, doch vermindert die **perpetuatio fori** die Prozessbelastung aller Verfahrensbeteiligten und beschleunigt das Verfahren (vgl. auch § 261 Abs. 3 Nr. 2, § 17 Abs. 1 Satz 1 GVG). Wird allerdings im Hauptprozess die Beweis- 11

---

16 So aber die Prämisse von OLG Düsseldorf NJW-RR 1995, 1216.
17 *Fischer* MDR 2001, 608, 609.
18 Dazu *Bischof* JurBüro 1992, 779, 780. Zum Streitwert auch unten § 494a Rdn. 67 ff.
19 *Fischer* MDR 2001, 608, 609; Musielak/*Huber*[10] § 486 Rdn. 4.
20 Musielak/*Huber*[10] § 486 Rdn. 2a; Stein/Jonas/*Leipold*[22] § 486 Rdn. 5; *Geffert* NJW 1995, 506 f.
21 BGH NJW-RR 2010, 891 Tz. 9; OLG München BauR 1993, 502, 503 = OLGZ 1994, 229, 230.
22 OLG Nürnberg NJW 1989, 235, 236 (zur dortigen Bestimmung des Verfahrensendes s. Rdn. 30 vor § 485).
23 OLG Braunschweig Nds.Rpfl. 1983, 141.
24 OLG München OLGZ 1982, 200, 201; *Fischer* MDR 2001, 608, 612; vgl. auch OLG Bamberg BauR 1991, 656.

aufnahme schnell angeordnet, darf im (verzögerten) selbständigen Beweisverfahren regelmäßig keine Beweisanordnung mehr ergehen, wenn sich das Verfahrensinteresse nur aus § 485 Abs. 2 ergibt. Auf Antrag des Antragstellers ist eine **Verweisung** möglich[25] (s. auch oben Rdn. 7). Zu mehrfachen Zuständigkeiten unten Rdn. 20f.

12   § 486 Abs. 2 Satz 2 **präkludiert Zuständigkeitsrügen** des Antragstellers als Beklagter im nachfolgenden Streitverfahren. Durch die **Wahl eines** von mehreren örtlich zuständigen **Hauptsachegerichten** für das selbständige Beweisverfahren oder durch die Angabe zur sachlichen Zuständigkeit des Eingangsgerichts wird der Antragsteller für das nachfolgend von ihm eingeleitete Hauptsacheverfahren **nicht gebunden**.[26] Der Antragsgegner kann sich auf die Unzuständigkeit im nachfolgenden Hauptsacheverfahren berufen; § 39 gilt nicht.[27]

IV. Konkurrierende nichtstaatliche Verfahren

13   **1. Schiedsgerichtsvereinbarung.** Die Einrede der Schiedsgerichtsvereinbarung steht dem selbständigen Beweisverfahren nach **§ 486 Abs. 1** vor dem staatlichen Gericht selbst dann nicht entgegen, wenn das Schiedsgericht schon konstituiert ist bzw. schnell konstituiert werden kann.[28] § 1033 lässt vorläufige oder **sichernde Maßnahmen** vor dem staatlichen Gericht sowohl vor als auch nach Beginn des schiedsrichterlichen Verfahrens zu (zur Sicherung für ein Verfahren mit ausländ. Schiedsgerichtsort s. vor § 485 Rdn. 65). Darunter fallen auch Beweisverfahren nach **§ 485 Abs. 2** mit sicherndem Charakter, etwa solche zur Verjährungsunterbrechung, nicht aber Verfahren mit dem Ziel der Streitvermeidung.[29]

14   Die Gewährung effektiven Rechtsschutzes durch das staatliche Gericht konkurrierend zum Schiedsgericht hat über **§ 486 Abs. 3** zu erfolgen. Auf den Zuständigkeitsgleichlauf von Beweisverfahren und Hauptprozess, den § 486 Abs. 2 gewährleisten will, kommt es nicht an.[30]

15   **2. Schiedsgutachtenvereinbarung.** Eine Schiedsgutachtenvereinbarung soll der Durchführung eines selbständigen Beweisverfahrens ebenfalls nicht entgegenstehen.[31] Zwar hat das selbständige Beweisverfahren eine andere Zielrichtung als die bloße Tatsachenfeststellung durch einen Schiedsgutachter, doch kann der Zweck der Schiedsgutachtenvereinbarung mit der **Verfahrensverdoppelung** durchkreuzt werden. Das Ge-

---

25   OLG Frankfurt NJW-RR 1998, 1610; Musielak/*Huber*[10] § 486 Rdn. 3.
26   OLG Celle NJW-RR 2000, 1737, 1738; OLG München BauR 1993, 502, 503 = OLGZ 1994, 229, 231; Stein/Jonas/*Leipold*[22] § 486 Rdn. 12; Zöller/*Herget*[29] § 486 Rdn. 4 (Bindung aber im Passivprozess des Antragstellers); *Fischer* MDR 2001, 608, 612. **A.A.** OLG Frankfurt NJW-RR 1998, 1610, 1611; OLG Zweibrücken BauR 1997, 885; OLG Schleswig NJW-RR 2010, 533, 534.
27   OLG Celle NJW-RR 2000, 1737, 1738; OLG Frankfurt NJW-RR 1998, 1610, 1611; OLG Schleswig NJW-RR 2010, 533, 534; Musielak/*Huber*[7] § 486 Rdn. 4; Zöller/*Herget*[28] § 486 Rdn. 4.
28   OLG Koblenz MDR 1999, 502 („jedenfalls" für die Zeit vor Konstituierung); Stein/Jonas/*Leipold*[22] § 486 Rdn. 36; Stein/Jonas/*Schlosser*[22] § 1033 Rdn. 1; Zöller/*Herget*[29] § 486 Rdn. 3. Ablehnend für die Zeit *nach* Konstituierung des Schiedsgerichts aufgrund teleologischer Reduktion (wegen § 1050) MünchKomm/*Münch*[3] § 1033 Rdn. 8.
29   Generell gegen § 485 Abs. 2 Musielak/*Huber*[10] § 486 Rdn. 3. Ohne Einschränkung für § 485 Abs. 2 MünchKomm/*Münch*[3] § 1033 Rdn. 7.
30   OLG Frankfurt/M. BauR 1993, 504, 505.
31   OLG Köln NJW-RR 2009, 159, 160; LG Hanau MDR 1991, 989; Stein/Jonas/*Leipold*[22] § 486 Rdn. 37 (jedoch zurückhaltend hinsichtlich des Verfahrensinteresses); *Köble* BauR 2007, 1116, 1118; *Thieme* MDR 1991, 938, 939; s. ferner *Altvater* BauR 1991, 157, 161; **a.A.** OLG Bremen NJW-RR 2009, 1294; Musielak/*Huber*[10] § 485 Rdn. 14.

richt darf im Hauptprozess die vom **Schiedsgutachter** zu ermittelnden Tatsachen nicht selbst feststellen, sondern ist an dessen **Feststellungen** im Rahmen der §§ 317 bis 319 BGB **gebunden**.[32] Gleichlaufende Feststellungen dürfen folglich auch nicht im selbständigen Beweisverfahren getroffen werden. Vgl. auch vor § 485 Rdn. 15.

V. Notzuständigkeit des Amtsgerichts, § 486 Abs. 3

§ 486 Abs. 3 begründet eine streitwertunabhängige besondere Zuständigkeit des **Amtsgerichts** in den Fällen gesteigerter **Gefahr des Verlustes** des Beweismittels. Zuständig ist das Amtsgericht, in dessen Bezirk sich das Beweismittel befindet. Es handelt sich um eine Zuständigkeit, die neben diejenige nach § 486 Abs. 1 u. 2 tritt. Sie endet mit der Anordnung des Hauptsachegerichts zur Beiziehung der Akten gem. § 493.[33] 16

Die zu vernehmende oder zu begutachtende Person bzw. die zu begutachtende oder in Augenschein zu nehmende Sache muss sich **im Bezirk des Amtsgerichts** befinden, bei dem der Antrag gestellt wird. Vor der Novelle von 1990 wurde ganz überwiegend die Ansicht vertreten, dass auch der Aufenthaltsort des vom Antragsteller zu benennenden Sachverständigen eine örtliche Zuständigkeit des Amtsgerichts begründe.[34] Das ist mit der Novellierung hinfällig geworden, weil die Auswahl des Sachverständigen nunmehr dem Gericht obliegt (§ 490 Abs. 2) und dessen Aufenthaltsort vor der Entscheidung des Gerichts gar nicht feststeht.[35] 17

„**Dringende Gefahr**" bedeutet eine Steigerung des schon von § 485 Abs. 1 2. Alt. geforderten Verlustrisikos. Die Notzuständigkeit ist wegen der Durchbrechung des Grundsatzes der Unmittelbarkeit der Beweisaufnahme eng zu fassen.[36] Das Amtsgericht muss nach der unter Zeitdruck und unter Berücksichtigung der möglichen Verzögerungsfolgen zu treffenden Prognose das selbständige Beweisverfahren zügiger durchführen können als das nach § 486 Abs. 1 oder 2 primär zuständige Gericht. Abstrakte Erwägungen zur Auslastung der Gerichte und zur Entscheidungsgeschwindigkeit bei Kollegialorganen sind verfehlt.[37] 18

Zu **§ 486 Abs. 4** siehe § 487 Rdn. 1. 19

VI. Mehrfachzuständigkeiten

Mehrfachzuständigkeiten kommen sowohl nach § 486 Abs. 2 als auch nach § 486 Abs. 3 in Betracht. Der Antragsteller ist nicht verpflichtet, von der Möglichkeit des § 486 Abs. 3 Gebrauch zu machen, sondern kann selbst bei gesteigerter Eilbedürftigkeit das nach § 486 Abs. 1 bzw. Abs. 2 zuständige Gericht anrufen. 20

Befinden sich vom Verlust bedrohte Beweismittel in mehreren Amtsgerichtsbezirken, kann das zuständige Gericht **analog § 36** bestimmt werden.[38] Die „dringende Gefahr" des § 486 Abs. 3 dürfte allerdings häufig zu verneinen sein, wenn Zeit für eine vorherige Gerichtsstandsbestimmung gegeben ist. Unvermeidbar ist die Zuständigkeitsbestimmung, 21

---

32 BGH NJW-RR 1988, 506; OLG Frankfurt VersR 1982, 759; OLG Bremen NJW-RR 2009, 1294; Wieczorek/Schütze[3] § 1025 Rdn. 27. S. ferner BGH NJW 2013, 1296 Tz. 13.
33 BGH MDR 2005, 45 = BauR 2004, 1656.
34 OLG Schleswig MDR 1974, 761, 762; OLG München Rpfleger 1986, 263, 264; BayObLG BauR 1988, 252 = MDR 1988, 60 f.; LG Frankfurt MDR 1989, 828 f. = NJW-RR 1989, 1464.
35 *Cuypers* NJW 1994, 1985, 1988; *Schreiber* NJW 1991, 2600, 2602.
36 *Cuypers* NJW 1994, 1985, 1988; Musielak/*Huber*[10] § 486 Rdn. 5.
37 Vgl. die diesbezüglichen Ansätze bei Zöller/*Herget*[29] § 486 Rdn. 6.
38 OLG Frankfurt NJW-RR 1998, 1610; BayOLG MDR 1988, 60 f.; OLG München Rpfleger 1986, 263, 264; Wieczorek/Schütze/*Hausmann*[3] § 36 Rdn. 31.

wenn mehrere Zeugen einander in demselben Verfahren gegenüberzustellen sind. § 36 Nr. 3 ist ebenfalls analog anzuwenden, wenn das selbständige Beweisverfahren gegen **mehrere Gegner** gerichtet werden soll.[39] In Bausachen ist allerdings der gemeinsame besondere Gerichtsstand des Erfüllungsortes (§ 29 Abs. 1) am Belegenheitsort des Bauwerkes zu beachten.[40]

§ 487
Inhalt des Antrages

Der Antrag muß enthalten:
1. die Bezeichnung des Gegners;
2. die Bezeichnung der Tatsachen, über die Beweis erhoben werden soll;
3. die Benennung der Zeugen oder die Bezeichnung der übrigen nach § 485 zulässigen Beweismittel;
4. die Glaubhaftmachung der Tatsachen, die die Zulässigkeit des selbständigen Beweisverfahrens und die Zuständigkeit des Gerichts begründen sollen.

Übersicht

I. Regelungsgegenstand — 1
II. Form des Antrags, anwaltliche Vertretung — 2
III. Bezeichnung des Antragsgegners — 3
IV. Bezeichnung der Beweistatsachen — 6
V. Bezeichnung der Beweismittel — 9
VI. Pflicht zur Glaubhaftmachung — 12

I. Regelungsgegenstand

1 § 487 legt die inhaltlichen Anforderungen fest, die an einen Antrag auf Einleitung des selbständigen Beweisverfahrens zu stellen sind. Mit § 487 im Zusammenhang steht § 486 Abs. 4.

II. Form des Antrags, anwaltliche Vertretung

2 Der Antrag kann als Prozesshandlung schriftlich oder – während eines anhängigen Rechtsstreits – mündlich in der Verhandlung gestellt werden. Nach § 486 Abs. 4 kann er ferner zu Protokoll der Geschäftsstelle (§ 129a Abs. 1) erklärt werden. Für die **Antragstellung** besteht daher **kein Anwaltszwang**, § 78 Abs. 5 (zum Anwaltszwang für den Antrag nach § 494a Abs. 1 s. unten § 494a Rdn. 28). Diese Freistellung beschränkt sich nach Auffassung des BGH[1] entgegen einer verbreiteten Praxis der Instanzgerichte,[2] die nur die mündliche Verhandlung ausnahm, auf die bloße Antragstellung. **Alle weiteren Verfahrenshandlungen** sind danach **nicht** vom Anwaltszwang gem. § 78 Abs. 1 und 2 **befreit**. Hingegen unterwirft der BGH die bloße **Beitrittserklärung** eines **Nebenintervenienten** nicht dem Anwaltszwang.[3] Für die Ergänzung oder Berichtigung eines bereits gestellten

---

39 OLG Zweibrücken NJW-RR 2000, 1084; OLG Frankfurt/M. MDR 1993, 683 f.; BayObLG NJW-RR 1999, 1010; NJW-RR 1998, 209; BayObLG MDR 1992, 183.
40 BayObLG NJW-RR 1998, 209; OLG Zweibrücken NJW-RR 2000, 1084.

1 BGH NJW 2012, 2810 Tz. 19.
2 Eingehend zuvor OLG Nürnberg NJW 2011, 1613 m.w.N.; dem folgend OLG Köln MDR 2012, 934; OLG Stuttgart NJW-RR 2012, 511.
3 BGH NJW 2012, 2810 Tz. 21.

Beweisantrages, mit dem sich der BGH nicht befasst hat, gilt wegen § 486 Abs. 4 kein Anwaltszwang.[4] Wird der Antrag zu Protokoll der Geschäftsstelle erklärt, tritt eine verjährungshemmende Wirkung wegen § 129a Abs. 2 Satz 2 erst ein, wenn das Protokoll bei dem für das selbständige Beweisverfahren zuständige Gericht eingegangen ist. Vor dem Amtsgericht ist die Vollmacht eines nichtanwaltlichen Prozessbevollmächtigten von Amts wegen zu prüfen (§ 88 Abs. 2).

III. Bezeichnung des Antragsgegners

Nach § 487 Nr. 1 muss die Antragsschrift die Bezeichnung des Antragsgegners enthalten. Dies dient der genauen Bestimmung der Verfahrensbeteiligten und macht das Beweisverfahren zu einem kontradiktorischen Verfahren (näher dazu vor § 485 Rdn. 12) mit Konsequenzen z.B. für die Zulässigkeit der Streitverkündung (dazu vor § 485 Rdn. 18 ff.). Eine Ausnahme von § 487 Nr. 1 enthält § 494 (selbständiges Beweisverfahren gegen **unbekannten Gegner**). 3

Das selbständige Beweisverfahren kann gleichzeitig gegen **mehrere Antragsgegner** gerichtet werden.[5] Es darf mit dem Ziel betrieben werden, den Schadensverursacher festzustellen,[6] da für die Prüfung der Zulässigkeit des selbständigen Beweisverfahrens nicht zu untersuchen ist, ob dem Antragsteller ein materiell-rechtlicher Anspruch gegen den Antragsgegner zusteht, und da die zulässige Suche nach der unklaren Schadensursache (vgl. § 485 Abs. 2 Nr. 2) die Aufklärung über den Verursacher einschließt. Hinzunehmen ist, dass die Antragsgegner zur Abwendung des späteren Vorwurfs der Beweisvereitelung faktisch Mitwirkungspflichten haben (vgl. dazu § 485 Rdn. 7), die dem Antragsteller eine **Ausforschung des Schadensverursachers** ermöglichen. Allerdings heißt es im Entwurf des Rechtspflegevereinfachungsgesetzes ausdrücklich, der Gegner eines etwaigen Anspruches müsse feststehen, da ansonsten die vorprozessuale Beweiserhebung „leicht auf eine Ausforschung mit gerichtlichen Mitteln hinauslaufen" könne.[7] Damit sind aber mehrere isolierte Verfahren nicht zu verhindern; die Zusammenfassung dient der Prozessökonomie. 4

Ein selbständiges Beweisverfahren kann auch dann noch auf weitere Antragsgegner erstreckt werden, wenn das Sachverständigengutachten bereits vorliegt. Für später dazukommende Antragsgegner muss allerdings noch die Möglichkeit bestehen, einen Antrag auf Anhörung des Sachverständigen zu stellen, so dass sie eigenen Einfluss auf die Beantwortung der Beweisfragen nehmen können.[8] 5

Zur Bestimmung der **örtlichen Zuständigkeit** bei mehreren Antragsgegnern § 486 Rdn. 20 f. Zu **Kostenproblemen** bei mehreren Antragsgegnern Wieczorek/Schütze/*Steiner* § 91 Rdn. 39 (bei Fn. 194) und § 494a Rdn. 23. 6

IV. Bezeichnung der Beweistatsachen

Angelehnt an die tatbestandlichen Voraussetzungen des Beweisantritts beim Strengbeweis (vgl. §§ 359 Nr. 1, 371, 373, 403) ist es im selbständigen Beweisverfahren erforder- 7

---

4 OLG Naumburg JurBüro 1998, 267, 268.
5 OLG Frankfurt/M. MDR 1994, 1244 = BauR 1995, 275 = NJW-RR 1995, 831 f.; *Werner/Pastor* Der Bauprozess[14] Rdn. 43.
6 OLG Frankfurt/M. NJW-RR 1995, 831 f.
7 BT-Drucks. 11/3621 S. 41 (zu § 485 RegE). In diesem Sinne schon OLG Düsseldorf MDR 1981, 324: „Das Verfahren dient der Sicherung des Beweises, nicht der Ausforschung".
8 OLG Düsseldorf NJW-RR 1995, 1216.

lich, die Beweistatsachen im Antrag zu bezeichnen. An die konkrete Bezeichnung sind geringere Anforderungen als im streitigen Verfahren zu stellen. Die **Substantiierungslast** ist im selbständigen Beweisverfahren **abgemildert**.[9] Der Antragsteller muss sich also nicht vorab anderweitig genaue Kenntnisse über zu begutachtende Einzelheiten verschaffen.[10] Die Bezeichnung der Tatsachen im selbständigen Beweisverfahren entspricht von der Funktion her nicht den Vorbereitungs- und Mitwirkungsobliegenheiten im streitigen Prozess. Es genügt eine **zweifelsfreie Abgrenzung des Beweisgegenstandes** und die Einschätzbarkeit für den Sachverständigen, welche Tätigkeit ihm nach Art und Umfang übertragen wird.[11] Die Gegenansicht verlangt eine Konkretisierung der Tatsachen, über die Beweis erhoben werden soll, in dem Maße, wie sie im streitigen Verfahren erforderlich ist.[12] Ob damit unterschiedliche praktische Ergebnisse erzielt werden, erscheint zweifelhaft. Auch nach der hier vertretenen Ansicht dürfen keine Behauptungen „ins Blaue hinein" aufgestellt werden,[13] eine Qualifizierung, mit der der BGH im Prozess allerdings zurückhaltend ist;[14] auf eine Prüfung der Beweisbedürftigkeit kann es mangels Kenntnis der für den Streitgegenstand relevanten Tatbestandsmerkmale sowie des streitigen Verhandlungsstoffes nicht ankommen. Der Antragsteller bestimmt in eigener Verantwortung den Gegenstand der Beweisaufnahme, weshalb das Gericht an Tatsachenbehauptungen des Antragstellers gebunden ist.[15] Ob daraus folgt, dass das Gericht an die Formulierung der Beweisfragen gebunden ist[16] ist zweifelhaft.

8   Strengere **Konkretisierungsanforderungen** ergeben sich nicht aus § 493 Abs. 1, wonach das selbständige Beweisverfahren einer Beweisaufnahme vor dem Prozessgericht gleichsteht. Die daraus resultierende Verwertungsmöglichkeit kann der Antragsteller immer nur anstreben, ohne deshalb der Gefahr zu entgehen, die Beweisaufnahme durch geringe oder in die falsche Richtung weisende Konkretisierungen wertlos zu machen. In diesen Grenzen ist es unvermeidbar, die Gerichte mit unnützen (weil unverwertbaren) selbständigen Beweisverfahren zu belasten.

9   Für Werkmängel vertritt der BGH in ständiger Rechtsprechung die Ansicht, dass der Besteller den Werkmangel mit einer hinreichend genauen Beschreibung von **zutage getretenen Mangelerscheinungen** zum Gegenstand des Beweisverfahrens machen kann (s. auch § 485 Rdn. 49); eine Beschränkung auf die angegebenen Stellen oder die vermuteten Ursachen ist damit nicht verbunden.[17] Über diese sog. „Symptomtheorie" hinausgehende Anforderungen werden auch im Hauptprozess nicht an die Substantiierungslast gestellt. Keinesfalls darf der Antragsteller gezwungen werden, zuvor selbst die Ursachen eines Mangels sachverständig begutachten zu lassen.[18] Unzulässig ist die Fragestellung, ob ein Mangel vorliegt.[19] Werden Mängel von EDV-Hardware oder -Software gerügt, muss

---

9   OLG Stuttgart MMR 2005, 98, 99 – Mobilfunkantenne; OLG Karlsruhe VersR 2003, 374, 375 (Zahnarzthaftung); OLG Düsseldorf MDR 1981, 324 (mit Beispiel eines unzulässigen Antrags); OLG Hamburg MDR 1978, 845; *Th. Schmitz* BauR 1981, 40, 41.
10 KG NJW-RR 1992, 575 = WuM 1992, 76, 77 = MDR 1992, 410.
11 BGH NJW-RR 2010, 946 Tz. 9; KG NJW-RR 1992, 575; KG MDR 1999, 564, 565.
12 LG Berlin MDR 1961, 152, 153; *P. Schmitz* BauR 1980, 95, 96; anders wohl Zöller/*Herget*[29] § 487 Rdn. 4.
13 OLG Frankfurt NJW-RR 1995, 832.
14 Unzulässig sind *willkürliche* Tatsachenbehauptungen unter Beweisantritt, vgl. nur BGH NJW 1984, 2888, 2889; BGH NJW 1991, 2707, 2709; BGH NJW 1995, 2111, 2112; Zöller/*Greger*[29] vor § 284 Rdn. 5.
15 BGH NJW 2000, 960, 961; s. auch BGHZ 153, 302, 308 = NJW 2003, 1741, 1742.
16 So OLG Köln VersR 2009, 1515, 1516; OLG Köln VersR 2012, 123, 124 (bei durchscheinender Abneigung gegen die Verfahrensanwendung in Arzthaftungssachen); OLG Hamm NJW 2010, 622; OLG Saarbrücken MDR 2011, 880.
17 BGH WM 1992, 1416, 1417 m.w.N. = MDR 1992, 780 (nur teilw. Abdruck) = NJW-RR 1992, 913, 914.
18 OLG Celle MDR 2011, 385.
19 AG Halle (Saale) NJW-RR 2010, 25, 26 (aber möglicherweise nur ungeschickte Formulierung).

auch ein Laie das Fehlerbild mitteilen; nicht ausreichend ist die Formulierung, die gelieferte Hard- und Software sei „fehlerhaft" und erfülle nicht „die betrieblichen Anforderungen der Antragstellerin".[20]

V. Bezeichnung der Beweismittel

§ 487 Nr. 3 verlangt die Benennung der Zeugen bzw. die Bezeichnung der übrigen nach § 485 zulässigen Beweismittel. Bei der Benennung von **Zeugen** ist wie im Falle des § 373 deren **Name** mit **ladungsfähiger Anschrift** anzugeben.[21] Die Mitteilung der ladungsfähigen Anschrift ist zugleich für die Bestimmung der Notzuständigkeit nach § 486 Abs. 3 wesentlich. **10**

Zur Bezeichnung der Beweismittel gehört es abweichend von der alten Fassung des § 487 Nr. 3 **nicht** mehr, beim Sachverständigenbeweis den **Sachverständigen namentlich** zu benennen. Davon ist der Gesetzgeber abgerückt.[22] Dem Bericht der Kommission für das Zivilprozessrecht (1977, Satz 159) folgend sollen Auswahl und Ernennung des Sachverständigen dem Gericht vorbehalten sein.[23] Dafür sprechen Praktikabilitätsgesichtspunkte. Die Gefahr der Ablehnung eines Sachverständigen ohne sachlichen Grund, etwa aus reinen Verdachts- oder Prestigegründen, wird vermindert und damit eine Quelle von Verfahrensverzögerungen beseitigt. Dementsprechend wird der **Sachverständige** nach § 492 Abs. 1 in Verbindung mit § 404 Abs. 1 **vom Gericht bestimmt**.[24] Die Parteien können zwar einen Vorschlag machen, doch ist das Gericht bei der von ihm zu treffenden Auswahl frei.[25] Zweckmäßig ist es, von einem schriftlichen Ernennungsvorschlag überhaupt Abstand zu nehmen, um die Nachteile der früheren Verfahrenshandhabung zu vermeiden. Die Benennung allein erzeugt allerdings keinen Ablehnungsgrund nach § 406 Abs. 1. **11**

Zur Ablehnung des Sachverständigen § 492 Rdn. 15 ff. **12**

VI. Pflicht zur Glaubhaftmachung

Nach § 487 Nr. 4 muss der Antragsteller die Tatsachen, die die Zulässigkeit des selbständigen Beweisverfahrens und die Zuständigkeit des angerufenen Gerichts begründen, glaubhaft (§ 294) machen. Die Glaubhaftmachungspflicht erstreckt sich also auf die Tatsachen, die die Voraussetzungen der §§ 485, 486 ausfüllen, z.B. den **Gefährdungsgrund**. Findet das Verfahren nach § 485 Abs. 1 mit **Zustimmung** des Gegners statt, darf deren Glaubhaftmachung nicht verlangt werden; die Zustimmung ist dem Gericht gegenüber in der gleichen Form wie der Antrag zu erklären (§ 485 Rdn. 25). Unterlässt der **13**

---

20 OLG Köln MDR 2000, 226, 227.
21 *Cuypers* NJW 1994, 1985, 1989.
22 RegE RpflVereinfG BT-Drucks. 11/3621 S. 42 (zu § 487 ZPO).
23 BT-Drucks. 11/3621 S. 23.
24 OLG Celle NJW-RR 1995, 1404; OLG Frankfurt/M. NJW-RR 1993, 1341, 1342; OLG München MDR 1992, 520; OLG Düsseldorf OLGZ 1994, 85; *Cuypers* NJW 1994, 1985, 1989; *Schreiber* NJW 1991, 2600, 2602; *Siegburg* Gewährleistung bei Bauvertrag, Rdn. 683; so auch schon zum alten Recht LG Köln NJW 1978, 1866. Nichtgeltung des § 404 Abs. 1 behauptend Baumbach/Lauterbach/*Hartmann*[71] § 487 Rdn. 6 (daraus Pflicht zur Ernennung des vom Antragsteller benannten Sachverständigen ableitend).
25 OLG München MDR 1992, 520; OLG Frankfurt/M. NJW-RR 1993, 1341, 1342; OLG Düsseldorf OLGZ 1994, 85 (mit der Einschränkung: Abweichung vom Antrag regelmäßig nur bei Zweifeln an der Eignung). **A.A.** Baumbach/Lauterbach/*Hartmann*[71] § 487 Rdn. 6.

Antragsteller die notwendige Glaubhaftmachung, hat der Zurückweisung des Antrages ein gerichtlicher Hinweis voranzugehen.[26] Dies folgt aus § 139 Abs. 1.

14   Das „**rechtliche Interesse**" im Sinne des § 485 Abs. 2 ist grundsätzlich ebenfalls glaubhaft zu machen. Eine Pflicht zur Glaubhaftmachung besteht auch, wenn es darum geht, ob die Feststellung des selbständigen Beweisverfahrens der „Vermeidung eines Rechtsstreits dienen kann" (so das Regelbeispiel des § 485 Abs. 2 Satz 2).[27] Bei diesem Merkmal steht allerdings die rechtliche Bewertung im Vordergrund. Vorzutragen ist – und insoweit ist der Vortrag der Glaubhaftmachung zugänglich , welches **streitige materiell-rechtliche Rechtsverhältnis** mit welchem möglichen Prozessgegner besteht, dem das Beweisverfahren zugeordnet werden kann.[28] An die Beurteilung der Streitsituation sind nur geringe Anforderungen zu stellen, weil über die zukünftige Entwicklung der Parteibeziehungen nur Spekulationen angestellt werden können.[29] Auszugrenzen sind lediglich Missbrauchsfälle[30] und Fälle offensichtlicher Ungeeignetheit der Beweisaufklärung für das behauptete Rechtsverhältnis.[31] Die bloße Erklärung des Gegners, den behaupteten Anspruch erfüllen zu wollen, ohne dass ein Anerkenntnis abgegeben wurde, begründet wegen des möglichen Sinneswandels regelmäßig noch keinen Missbrauchsfall. Das rechtliche Interesse ist nicht zu verneinen, wenn die Gegenseite ernsthaft und endgültig erklärt, es auf einen Prozess ankommen lassen zu wollen (§ 485 Rdn. 58).[32]

§ 488 und § 489 sind aufgrund der Nov. 1898 und der Nov. 1924 in § 485 aufgegangen.

§§ 488, 489
weggefallen

§ 490
Entscheidung über den Antrag

(1) Über den Antrag entscheidet das Gericht durch Beschluß.

(2) In dem Beschluß, durch welchen dem Antrag stattgegeben wird, sind die Tatsachen, über die der Beweis zu erheben ist, und die Beweismittel unter Benennung der zu vernehmenden Zeugen und Sachverständigen zu bezeichnen. Der Beschluß ist nicht anfechtbar.

Schrifttum

Voit Die Auswirkungen der Eröffnung des Insolvenzverfahrens auf das selbständige Beweisverfahren, FS Thode, 2005, S. 337. Siehe ferner vor § 485.

---

26   Zöller/*Herget*[29] § 487 Rdn. 6.
27   Möglicherweise ebenso OLG Celle BauR 1992, 405, 406. **A.A.** *Weise*[1] Rdn. 159. Keine oder geringe Anforderungen verlangend KG NJW-RR 1992, 574, 575.
28   KG NJW-RR 1992, 574. VGH Bad.-Württ. VBlBW 1994, 57, 58, spricht zu eng von der Darlegung des zu verfolgenden materiell-rechtlichen „Anspruchs".
29   KG NJW-RR 1992, 574.
30   Dies meint wohl OLG Celle BauR 1992, 405, 406.
31   Darunter wohl einzuordnen VGH Bad.-Württ. VBlBW 1994, 57, 58.
32   KG NJW-RR 1992, 574, 575.

Übersicht

I. Verfahren
 1. Fakultative mündliche Verhandlung, Antragsrücknahme — 1
 2. Rechtliches Gehör — 3
 3. Einwendungen des Antragsgegners — 4
 4. Ruhen, Unterbrechung, Aussetzung — 5
 5. Entscheidungsmöglichkeiten — 8
 6. Entscheidungsbekanntgabe — 9
 7. Weitere Verfahrensfragen — 11
II. Beschlussinhalt — 12
III. Anfechtung des Beschlusses
 1. Stattgebender Beschluss — 16
 2. Ablehnender Beschluss — 20

I. Verfahren

1. Fakultative mündliche Verhandlung, Antragsrücknahme. Über den Antrag 1 auf Durchführung des selbständigen Beweisverfahrens entscheidet das Gericht durch **Beschluss** nach **fakultativer mündlicher Verhandlung** (§§ 490 Abs. 1, 128 Abs. 4). Inhaltlich ergeht ein Beweisbeschluss (vgl. § 359). Sofern eine mündliche Verhandlung stattfindet, richtet sich deren Ablauf nach den §§ 129 bis 165. Zu beachten sind die §§ 491 f. Unter den Voraussetzungen des § 78 Abs. 1 besteht bei Durchführung der mündlichen Verhandlung Anwaltszwang (§ 487 Rdn. 2).

Der Antrag kann wieder **zurückgenommen** oder auch eingeschränkt werden.[1] Ausgeschlossen ist dies, wenn die Beweisaufnahme durchgeführt ist. 2

2. Rechtliches Gehör. Auch bei Entscheidung ohne mündliche Verhandlung ist 3 dem Antragsgegner **rechtliches Gehör** zu gewähren.[2] Eine konkrete Ausprägung dieses Grundsatzes findet sich in § 491 Abs. 1. Dabei meint rechtliches Gehör im Grundsatz – wie stets – die der Entscheidung **vorangehende** Gehörsgewährung.[3] Der **Eilzweck** des selbständigen Beweisverfahrens (dazu auch nachfolgend Rdn. 5) kann allerdings eine sofortige Entscheidung ohne vorherige schriftliche Anhörung des Gegners erfordern. Dies wird insbesondere in Fällen der §§ 485 Abs. 1 2. Variante, 486 Abs. 3 (drohender Beweismittelverlust) in Betracht kommen. Bei Entscheidung auf einseitiges Vorbringen hin ist das rechtliche Gehör **nachträglich** zu gewähren. § 490 Abs. 2 Satz 2 steht der Aufhebung aufgrund nachträglichen Vorbringens des Antragsgegners nicht entgegen. Wird die Beweisaufnahme ohne rechtzeitige Ladung des Gegners durchgeführt, ist deren Verwertbarkeit wegen § 493 Abs. 2 eingeschränkt. Allerdings bildet § 493 Abs. 2 kein Hindernis, wenn der mit der Beweiserhebung überraschte Gegner daran trotz fehlender Ladung teilnimmt, etwa weil die Beweisaufnahme in seinen Geschäftsräumen stattfindet;[4] für durch Sachverständige zur Gutachtenvorbereitung abgehaltene Ortstermine gilt § 493 Abs. 2 nicht (näher dazu § 493 Rdn. 19).

3. Einwendungen des Antragsgegners. Der Antragsgegner kann **gegen** die **An-** 4 **ordnung der Beweiserhebung** Einwendungen erheben, die deren Zulässigkeit verneinen. Hebt ein Änderungsbeschluss (vgl. dazu § 490 Rdn. 14) die Anordnung auf, steht dem Antragsteller dagegen die sofortige Beschwerde (§ 567) zu. Bei beachtlicher Zuständigkeitsrüge ist das Verfahren auf Antrag des Antragstellers an das zuständige Gericht zu verweisen (§ 281 Abs. 1). Werden die Einwendungen des Antragsgegners zurückgewie-

---

1 OLG Köln VersR 1994, 1328.
2 OLG Karlsruhe MDR 1992, 1026 f.; OLG München NJW-RR 1986, 1189.
3 Insoweit ist der in OLG Karlsruhe MDR 1992, 1026, 1027 hinsichtlich des Zeitpunktes der Gehörsgewährung benutzte Terminus „Ermessen" verfehlt.
4 *Bork* NJW 1997, 1665, 1667 Fn. 22.

sen, was auch stillschweigend durch Eintritt in die Beweisaufnahme geschehen darf, ist dagegen nach § 490 Abs. 2 kein Rechtsmittel gegeben.

5   **4. Ruhen, Unterbrechung, Aussetzung.** Das Ruhen des Verfahrens (§ 251) kann angeordnet werden, wenn die **Eilbedürftigkeit** nicht entgegensteht,[5] was jedoch nur im Rahmen der Zweckmäßigkeitsprüfung nach § 251 Satz 1 zu berücksichtigen ist. Nicht jedes Beweisverfahren ist eilbedürftig, wie bereits die alternative Zulässigkeitsvoraussetzung der Gegnerzustimmung des § 485 Abs. 1 erkennen lässt. Vor Abschaffung der Gerichtsferien (§ 199 GVG a.F.) wirkten sich unterschiedliche Vorstellungen über die Eilbedürftigkeit auch in dem Streit aus, ob bzw. in welchem Umfang die Gerichtsferien den Verfahrensfortgang hinderten, ob nämlich selbständige Beweisverfahren kraft Gesetzes oder nur kraft Antrags Feriensachen waren. Die Eilbedürftigkeit hängt nicht nur vom Verfahrensziel, sondern auch vom Verfahrensstadium ab. Ein Ruhen des Verfahrens kann insbesondere in Betracht kommen, wenn **nach Feststellung der Beweistatsachen** Zeit verbrauchende **Vergleichsverhandlungen** schweben (vgl. § 492 Abs. 3, ferner § 485 Abs. 2 Satz 2); deren Erfolg kann z.B. von der Beobachtung abhängen, ob Mangelbeseitigungsmaßnahmen Wirkung zeigen.

6   Durch Eröffnung des **Insolvenzverfahrens** wird das selbständige Beweisverfahren **nicht** gem. § 240 **unterbrochen**,[6] solange die Beweisaufnahme noch nicht abgeschlossen ist. Dem steht die Eilbedürftigkeit des Nebenverfahrens entgegen. Sie gilt zwar nicht schlechthin, doch lassen sich keine generellen Abgrenzungen danach treffen, welche Angaben der Antragsteller zur Begründung seines Verfahrensinteresses gemacht hat, ob er also § 485 Abs. 1 oder § 485 Abs. 2 benannt hat. Wenn die Voraussetzungen des § 485 Abs. 2 gegeben sind, wie das bei behaupteten Baumängeln in der Regel zutrifft, wird auf § 485 Abs. 2 vereinfachend auch dann abgestellt, wenn die Voraussetzungen der Beweissicherung gegeben sind. Verfahren, die auf der Grundlage des § 485 Abs. 2 eingeleitet wurden, können also durchaus eilbedürftig sein. Die unterschiedliche Behandlung von Verfahren des Arrestes und der einstweiligen Verfügung ist gerechtfertigt, weil sie zu Vollstreckungstiteln führen.[7] Im Rubrum des fortgeführten Verfahrens ist der Insolvenzverwalter aufzuführen, sofern er nicht die Aufnahme des Verfahrens ablehnt;[8] nur dann ist eine Verwertungsmöglichkeit nach § 493 gesichert. Der Insolvenzverwalter kann das Verfahren faktisch unterbrechen, wenn er einen angeforderten Vorschuss auf die Sachverständigenvergütung nicht einzahlt. Wenn der Insolvenzverwalter auf den Fortgang des Verfahrens keinen Einfluss nehmen kann, hat der **Kostenerstattungsanspruch** des Antragsgegners nach § 494a Abs. 2 den Rang einer **einfachen Insolvenzforderung**.[9] Der **Ausschluss** der Anwendung **des § 240** ist **nicht** mehr **gerechtfertigt**, wenn die Beweisaufnahme abgeschlossen ist und nur noch nach § 494a um die Kosten gestritten wird.[10] Das Klageverfahren, das auf Fristsetzungsantrag eines in die Rolle des Antragsgegners einrückenden Insolvenzverwalters nach § 494a Abs. 1 durchzuführen ist, ist eine **Fest-**

---

5   KG NJW-RR 1996, 1086; OLG Düsseldorf NJW-RR 2009, 496.
6   BGH NJW 2004, 1388, 1389; BGH NZBau 2005, 42, 43 = BauR 2005, 133, 134; BGH NJW 2011, 1679 Tz. 7; OLG Frankfurt NJW-RR 2008, 1552, 1553; OLG Hamm ZIP 1997, 552; **a.A.** OLG München NJW-RR 2002, 1053; OLG Frankfurt/M. ZIP 2003, 2043; OLG Hamm ZIP 2004, 431; *Voit* FS Thode (2005), S. 337, 348 ff. (kritisch zum BGH insbesondere wegen Bedenken in Bezug auf die Bestimmung der Partei und die daraus folgende Behandlung von Mitwirkungsrechten mit Konsequenzen für § 493).
7   BGH NJW 2004, 1388, 1389.
8   Grundlegend anders *Voit* FS Thode, S. 337, 346, 348.
9   *Bierbach/Schmitz* EWiR § 240 ZPO 1/05 S. 93, 94; s. ferner *Voit* FS Thode, S. 337, 346, 351.
10 BGH NJW 2011, 1679 Tz. 7.

stellungsklage; zuvor muss der Anspruch, dessen Tatsachengrundlage – z.B. behauptete Baumängel – streitig ist, als Insolvenzforderung **zur Tabelle angemeldet** werden.[11]

Beim **Tod eines Beteiligten** ist das selbständige Beweisverfahren **nicht** gem. § 246 **auszusetzen**,[12] es sei denn, die generell anzunehmende Eilbedürftigkeit fehlt im Einzelfall erkennbar[13] oder die Beweisaufnahme ist bereits abgeschlossen. Ein **Hauptsacheverfahren** ist wegen einer selbständigen Beweisaufnahme analog § 148 auszusetzen, wenn das selbständige Beweisergebnis gem. § 493 Abs. 1 verwertbar ist.[14] Zulässig ist ein Abwarten auf das Beweisergebnis ohne Aussetzung nach § 148, wenn sich die Parteien mit der Verwertung einverstanden erklärt haben, um eine erneute Beweisaufnahme zu vermeiden; diese Erklärungen sind unwiderruflich.[15]

5. Entscheidungsmöglichkeiten. Der Beweisantrag ist **zurückzuweisen**, wenn es an einer besonderen Voraussetzung für das selbständige Beweisverfahren fehlt oder wenn er aus anderen Gründen unzulässig ist; anderenfalls ist dem Antrag **stattzugeben**.[16] Das Gericht darf über den Antrag nicht hinausgehen (§ 308).[17] Grundsätzlich kann das Gericht den Beweisbeschluss nicht wegen **fehlender Beweisbedürftigkeit** oder fehlender Entscheidungserheblichkeit der behaupteten Tatsachen ablehnen,[18] etwa mit der Begründung, der erforderliche Beweis sei schon durch ein Gutachten zu einem anderen Beweisthema erhoben worden.[19] Zu beachten ist aber – entgegen der uneingeschränkten und daher missverständlichen Formulierung des BGH, dass die Wiederholung einer Beweiserhebung zu demselben Beweisthema unzulässig ist (§ 485 Rdn. 20) oder dass dem Antrag ausnahmsweise das allgemeine Rechtsschutzinteresse (§ 485 Rdn. 34ff.) oder das besondere rechtliche Feststellungsinteresse (§ 485 Rdn. 54ff.) fehlen kann. Der Antragsteller disponiert mit dem Antrag auch über die materiell-rechtlichen Rechtsfolgen, die das Gesetz an die Eröffnung des selbständigen Beweisverfahrens knüpft, etwa den Eintritt der Verjährungshemmung. Diese Wirkung muss er verlässlich beurteilen können, was die gerichtlichen Entscheidungsmöglichkeiten zwingend begrenzt.[20]

6. Entscheidungsbekanntgabe. Verkündung und Zustellung des Beschlusses bestimmen sich nach § 329. Sofern eine mündliche Verhandlung nicht stattgefunden hat, genügt eine formlose Mitteilung der Entscheidung, § 329 Abs. 2 Satz 1. Die Entscheidung bedarf der Zustellung (von Amts wegen) gemäß § 329 Abs. 2 Satz 2, wenn zugleich eine **Terminbestimmung**, z.B. zur Beweisaufnahme, getroffen wird.

Nach mündlicher Verhandlung muss der Beschluss gemäß § 329 Abs. 1 Satz 1 verkündet werden. Diese Norm gilt auch für Beschlüsse aufgrund freigestellter mündlicher

---

11 Bierbach/Schmitz EWiR § 240 ZPO 1/05 S. 93, 94.
12 **A.A.** OLG München MDR 2004, 170 = OLGR 2004, 39.
13 So im Fall OLG München MDR 2004, 170 (vierjähriges Verfahren).
14 BGH NJW-RR 2007, 456 Tz. 7; BGH NJW-RR 2007, 307 Tz. 7; OLG Köln MDR 2009, 526. In obiter dicta befürwortend BGH NJW 2004, 2597 und BGH NJW 2003, 3057. Generell ablehnend OLG Dresden MDR 1998, 493 = NJW-RR 1998, 1101; OLG Düsseldorf MDR 2004, 292f. = NJW-RR 2004, 527; Ulrich AnwBl. 2003, 78, 85.
15 BGH NJW 2004, 2597, 2598.
16 BGH NJW 2000, 960, 961 = MDR 2000, 224.
17 Der RegE des RpflVereinfG hat zu § 404a ausdrücklich den Vorschlag der Kommission für das Zivilprozessrecht (Bericht S. 348 zu § 409 Abs. 4) verworfen, das Gericht dürfe bei der Anleitung des Sachverständigen zur Auftragsausführung (im Hauptprozess) über das Parteivorbringen hinausgehen.
18 BGH NJW 2000, 960, 961.
19 BGH NJW 2000, 960, 961.
20 Vgl. BGH NJW 2000, 960, 961.

Verhandlung.[21] Für die Ausfertigung gelten § 317 Abs. 2 Satz 1 und Abs. 3. Eine Zustellung der Ausfertigung ist nicht erforderlich: § 329 Abs. 1 verweist nicht auf § 317 Abs. 1. Erfolgt eine Terminbestimmung, ist die Entscheidung auch in den Fällen des § 329 Abs. 1 zuzustellen, sofern dies nicht wegen § 218 entbehrlich ist. Zuzustellen sind Beschlüsse, die der sofortigen Beschwerde unterliegen (§§ 329 Abs. 3, 567); sie findet nach § 567 Abs. 1 Nr. 2 statt gegen die Antragsabweisung (unten Rdn. 20f.) oder nach § 567 Abs. 1 Nr. 1, soweit dies im Gesetz ausnahmsweise bestimmt ist (z.B. nach § 406 Abs. 5 gegen die Zurückweisung einer Sachverständigenablehnung, § 492 Rdn. 16).

11   **7. Weitere Verfahrensfragen.** Zur Streitverkündung s. vor § 485 vgl. Rdn. 18 ff.; zur Prozesskostenhilfe vor § 485 vgl. Rdn. 25 ff. Bei Untätigkeit des Gerichts ist eine Untätigkeitsbeschwerde zulässig.[22]

II. Beschlussinhalt

12   Der **stattgebende Beschluss** muss die Tatsachen, über die Beweis erhoben werden soll, sowie die Beweismittel unter Benennung von Zeugen und Sachverständigen bezeichnen, § 490 Abs. 2 Satz 1. Sein Inhalt entspricht damit demjenigen eines Beweisbeschlusses gemäß § 359 Nr. 1 und 2. Die Bezeichnung des Beweisführers (vgl. § 359 Nr. 3) ist nicht vorgeschrieben und auch überflüssig, weil er sich mit dem Antragsteller deckt, wobei gleichgültig ist, ob er in Bezug auf einen später zu erhebenden Anspruch einen Haupt- oder einen Gegenbeweis führen will.

13   Eine **Begründung** ist grundsätzlich nicht erforderlich. Der Beschluss ist hingegen zu begründen, wenn vom Antrag abgewichen oder wenn ein bereits ergangener Beschluss geändert oder aufgehoben wird.[23] Die **Beschränkung der Begründungspflicht** steht in inhaltlichem Zusammenhang mit der Regelung des § 490 Abs. 2 Satz 2 über die grundsätzliche Unanfechtbarkeit des Beschlusses. Sie folgt auch aus einem Umkehrschluss aus § 490 Abs. 2 Satz 1. Nicht überzeugend ist hingegen das Argument, es handle sich beim stattgebenden Beschluss um einen Beweisbeschluss, durch den nicht unmittelbar in die Rechte einer Partei eingegriffen werde.[24] Wird vom Antrag abgewichen, muss der Antragsteller wegen der Anfechtungsmöglichkeit die Gründe der Ablehnung erfahren. Aus einem stattgebenden Beschluss sollte aber hervorgehen, auf welcher Grundlage der Beschluss gefasst wurde, wenn die Rechtslage streitig war.

14   **Änderungen** des Beschlusses sind nicht an die Voraussetzungen des § 360 gebunden, der mit Einführung des § 358a zumindest faktisch sinnlos geworden ist (str.). Aufgehoben werden darf er z.B., wenn die Beweisanordnung unzulässig war bzw. bis zur Beweiserhebung unzulässig geworden ist, hingegen nicht mehr, wenn die Beweise erhoben worden sind.

15   Der Beschluss hat den **Streitwert** festzusetzen. Eine **Kostengrundentscheidung** ergeht bei Zurückweisung des Antrags vor Beendigung der Beweiserhebung (dazu § 494a Rdn. 58).

---

21   Zöller/*Vollkommer*[29] § 329 Rdn. 12; Rosenberg/Schwab/*Gottwald*[17] § 79 Rdn. 58. S. ferner BGH NJW-RR 2011, 5 Tz. 11: Verkündung zulässig.
22   OLG Frankfurt NJW 2007, 852; **a.A.** OLG Koblenz NJW-RR 2008, 974.
23   Zöller/*Herget*[29] § 490 Rdn. 2; wohl auch LG Frankfurt JR 1966, 182. **A.A.** – durchgehende Begründungspflicht – Baumbach/*Lauterbach/Hartmann*[71] § 490 Rdn. 7.
24   So LG Frankfurt/M. JR 1966, 182.

III. Die Anfechtung des Beschlusses

1. Stattgebender Beschluss. Nach § 490 Abs. 2 Satz 2 ist ein stattgebender Beschluss **nicht anfechtbar**, was bei hinnehmbarer Belastung des Antragsgegners der Verfahrensbeschleunigung dient und damit den Anspruch auf effektiven Rechtsschutz gewährleistet. Der generelle Vorbehalt für **Fälle greifbarer Gesetzeswidrigkeit**, die gegen das verfassungsrechtliche Willkürverbot (Art. 3 Abs. 1 GG) verstoßen, bleibt davon unberührt,[25] auch wenn es seit der Neuregelung des Beschwerderechts durch die ZPO-Reform von 2001 keinen außerordentlichen Rechtsbehelf mehr gibt;[26] analog anzuwenden ist § 321a. Gibt das Beschwerdegericht einem Antrag auf Durchführung des Beweisverfahrens abweichend von der Eingangsinstanz statt, ist eine Rechtsbeschwerde nicht statthaft und kann nicht zugelassen werden.[27] 16

Nicht angreifbar ist die **Ernennung** eines anderen als des vom Antragsteller gewünschten **Sachverständigen**.[28] In ihr ist keine ablehnende Entscheidung zu sehen, weil das Gericht in der Auswahl frei ist.[29] Auch die Ablehnung eines **Antrages auf Aufhebung** des stattgebenden Beschlusses unterliegt nicht der Beschwerde, da sonst der Normzweck des § 490 Abs. 2 Satz 2 umgangen werden könnte.[30] Dasselbe gilt für einen Beschluss, der die Beweistatsachen unzulänglich konkretisiert und den der Gegner deshalb mit der Behauptung unzulässiger Ausforschung angreift,[31] sowie für einen anordnenden Beschluss, der unter Verletzung der Dispositionsbefugnis des Antragstellers über dessen Antrag hinausgreift und zum gleichen Beweisthema Beweistatsachen aus einem vom Antragsgegner beantragten Beweis(sicherungs)verfahren aufnimmt, wodurch die Gegnerstellung (vgl. §§ 491, 493 Abs. 2) verändert wird (zur Zulässigkeit von Gegenanträgen § 485 Rdn. 13 ff.).[32] Nicht anfechtbar ist die Anforderung eines Kostenvorschusses.[33] 17

Anfechtbar ist hingegen – trotz Verweisung des § 492 auf das normale Beweisverfahren – die **Abweisung eines Antrages auf Erweiterung** und Ergänzung eines Beschlusses im selbständigen Beweisverfahren;[34] sie steht dem vollständig ablehnenden Beschluss gleich. 18

Zur Beschwerde gegen die Zurückweisung der Ablehnung eines Sachverständigen wegen Befangenheit vgl. § 492 Rdn. 16. 19

2. Ablehnender Beschluss. Ein abweisender Beschluss kann mit der fristgebundenen **sofortigen Beschwerde** nach **§ 567 Abs. 1 Nr. 2** angegriffen werden, da ein das Verfahren betreffendes Gesuch zurückgewiesen wird.[35] Die Verweisung des § 492 Abs. 1 auf die für die Aufnahme des betreffenden Beweismittels geltenden allgemeinen Vorschrif- 20

---

25 Vgl. dazu OLG Frankfurt/M. MDR 1991, 1193; NJW-RR 1990, 1023, 1024; LG Berlin NJW-RR 1997, 585 f. Wohl noch weiter gehend, jedoch heute überholt OLG Karlsruhe Justiz 1975, 271 (bei Gesetzwidrigkeit der Anordnung).
26 BGHZ 150, 133, 135 = NJW 2002, 1577.
27 BGH NJW 2011, 3371 Tz. 5 = VersR 2011, 1588.
28 OLG München MDR 1992, 520; OLG Frankfurt NJW-RR 1993, 1341 f.
29 OLG Frankfurt/M. NJW-RR 1993, 1341, 1342.
30 LG Mannheim MDR 1978, 323; **a.A.** Zöller/*Herget*[29] § 490 Rdn. 4.
31 Zweifelnd OLG Frankfurt/M. MDR 1991, 1193 (unter dem Aspekt greifbarer Gesetzeswidrigkeit).
32 Ebenso wohl Thomas/Putzo/*Reichold*[33] § 490 Rdn. 2; **a.A.** OLG Frankfurt NJW-RR 1990, 1023, 1024 (mit der Behauptung greifbarer Gesetzeswidrigkeit).
33 BGH NJW-RR 2009, 1433 Tz. 7.
34 LG Mannheim MDR 1969, 931.
35 OLG Frankfurt NJW 1992, 2837; OLG Frankfurt NJW-RR 1993, 1341; OLG Hamburg ZMR 1993, 183 = OLGZ 1993, 320; OLG Köln VersR 2012, 123.

ten umfasst nicht auch das dortige Verbot der Anfechtung von Beweisanordnungen oder der Ablehnung von Beweisanträgen.[36] Im normalen Prozess soll sich das Rechtsmittel aus Konzentrationsgründen erst gegen das später ergehende Endurteil richten. Diese Erwägung gilt für das selbständige Beweisverfahren nicht, weil dort keine Entscheidung getroffen wird. Gleichwohl nicht anfechtbar ist die Ablehnung des Antrags auf **Einholung eines weiteren Gutachtens** (§ 412), weil die Beweismöglichkeiten nicht weiter gehen als im Hauptsacheverfahren.[37] Diese Ansicht verweigert im Ergebnis zutreffend die Austragung von Gutachtenstreitigkeiten in einem Nebenverfahren und wird der Verweisung des § 492 Abs. 1 auf § 355 Abs. 2 und den darin zum Ausdruck kommenden allgemeinen Rechtsgedanken gerecht. Die Klärung komplexer Begutachtungsthemen gehört in das Hauptverfahren, das der Antragsteller ohne weiteres einleiten kann.

21   Die sofortige Beschwerde muss nach sonstigem Recht zulässig sein, also den Instanzenzug und das Erfordernis der Beschwer beachten. Gegen Entscheidungen der Oberlandesgerichte ist sie **unzulässig**. Dies gilt auch, wenn das Oberlandesgericht über einen Antrag auf Durchführung des selbständigen Beweisverfahrens während einer Anhängigkeit der Hauptsache in der Revisionsinstanz entschieden hat.

22   Die Vorschriften gelten, gleichviel ob das **Prozessgericht oder** das **Amtsgericht** angegangen worden ist. Hat es das Amtsgericht nach § 486 Abs. 3 abgelehnt, einen Fall der Dringlichkeit anzunehmen, geht die Beschwerde nicht an das Prozessgericht, sondern an das übergeordnete Landgericht (§ 72 GVG).

23   Eine **Rechtsbeschwerde** (§ 574) ist statthaft, wenn sie vom Beschwerdegericht, vom Berufungsgericht oder vom erstinstanzlich entscheidenden Oberlandesgericht zugelassen worden ist.[38]

24   Wird die zurückweisende Entscheidung nicht mit der Beschwerde angegriffen, ist ein **neuer Antrag**, der die Mängel des ersten Verfahrens behebt, jederzeit zulässig. Der Antragsteller hat also u.U. die Wahl zwischen einem neuen Antrag und der Beschwerde. Der neue Antrag ist nur insoweit unzulässig, wie er die Mängel nicht behebt. Dies folgt aus der Rechtskraft, sofern man Entscheidungen im – summarischen – selbständigen Beweisverfahren für rechtskraftfähig hält,[39] sonst aus einem Wiederholungsverbot, das sich aus dem Verbot des Rechtsmissbrauchs ergibt.

§ 491
Ladung des Gegners

(1) Der Gegner ist, sofern es nach den Umständen des Falles geschehen kann, unter Zustellung des Beschlusses und einer Abschrift des Antrags zu dem für die Beweisaufnahme bestimmten Termin so zeitig zu laden, daß er in diesem Termin seine Rechte wahrnehmen kann.

(2) Die Nichtbefolgung dieser Vorschrift steht der Beweisaufnahme nicht entgegen.

---

36   BGHZ 164, 94, 95 = VersR 2006, 95; OLG Hamburg OLGZ 1993, 320 f.; LG Mannheim MDR 1969, 931; OVG Münster NJW 1969, 1318 f.
37   BGH (VI. ZS) VersR 2010, 1241 Tz. 7 = BauR 2010, 932; BGH (VIII. ZS) WuM 2012, 47; BGH (VII. ZS) MDR 2011, 746 = BauR 2011, 1366. Ebenso OLG Koblenz MDR 2007, 736; OLG Rostock MDR 2008, 999; OLG Schleswig MDR 2009, 1304, 1305; OLG Hamm MDR 2010, 169 f.; OLG Stuttgart MDR 2011, 319; OLG Celle MDR 2011, 318. **A.A.** OLG Frankfurt MDR 2008, 585, 586; OLG Stuttgart NJW-RR 2009, 497, 498.
38   BGHZ 164, 94, 95.
39   So *Schilken* ZZP 92 (1979), 238, 257 ff.

Übersicht

I. Allgemeines — 1
II. § 491 Abs. 1 — 5
III. § 491 Abs. 2 — 7

I. Allgemeines

Ähnlich wie §§ 357, 364 Abs. 4 konkretisiert § 491 den Grundsatz des **rechtlichen** 1
Gehörs. Der Gegner soll die Möglichkeit erhalten, seine Rechte im selbständigen Beweisverfahren wahrzunehmen. Diese Rechte ergeben sich aus der Verweisung des § 492 Abs. 1 auf die allgemeinen Vorschriften des Beweisrechts (§§ 357 Abs. 1; 397 Abs. 1 und 2; 399; 402 in Verb. m. 397).

Der Gegner erfährt von dem Antrag, dem Beschluss und dem Termin zur Beweisauf- 2
nahme durch **Zustellung**, es sei denn, er hat die Abschrift im (fakultativen) Verhandlungstermin (vgl. § 490 Abs. 1) erhalten (oder sie geht ihm sonst zu, § 189) und Beschluss und Beweistermin sind **verkündet** worden (s. auch § 490 Rdn. 9f.). Ausreichend ist die Verkündung des Beweistermins im Verhandlungstermin (§ 218) auch dann, wenn der Gegner nicht erschienen, jedoch ordnungsgemäß geladen war.

Die Ladung eröffnet dem Gegner die tatsächliche Möglichkeit, seine Rechte wahrzu- 3
nehmen. Erscheint der Gegner mangels rechtzeitiger Ladung nicht, darf die Beweisaufnahme nach § 493 Abs. 2 nicht verwertet werden. Der **Ladungsmangel** begründet also die Gefahr der Durchführung eines **wertlosen Beweisverfahrens**.

Findet ein Beweisaufnahmetermin nicht statt, genügt eine formlose Mitteilung des 4
Beweisbeschlusses.[1] Wegen der verjährungshemmenden Wirkung des selbständigen Beweisverfahrens ist jedoch eine förmliche Zustellung aus Beweisgründen auch dann ratsam. Die Pflicht zur Zustellung stellt sich als Konkretisierung der richterlichen Fürsorgepflicht gegenüber dem Antragsteller dar.[2]

II. § 491 Abs. 1

Die Ladung zur Beweisaufnahme erfolgt von Amts wegen (§ 214). Zu laden ist „**so** 5
zeitig", dass der Gegner seine Rechte im Termin wahrnehmen kann. Die Ladungsfrist richtet sich nicht nach § 217 und der in § 224 Abs. 2 vorgesehenen Abkürzungsmöglichkeit.

Beschränkt wird das Ladungserfordernis **durch** das die **Eilbedürftigkeit** und die 6
Erreichbarkeit des Gegners berücksichtigende Merkmal „sofern es nach den Umständen des Falles geschehen kann". Diese Ausnahme ist wegen der Vorschrift des § 493 Abs. 2 sehr eng auszulegen. Die Bestellung eines Vertreters nach § 494 Abs. 2 ist für den bekannten Gegner nicht zulässig. Erwägenswert ist eine restriktive Auslegung des § 493 Abs. 2 in dieser Situation. Sprechen zwingende Gründe gegen eine Ladung bzw. eine zeitigere Ladung, muss die Beweisaufnahme verwertbar sein, jedenfalls wenn man bei einem Verfahren gegen einen unbekannten Gegner – unter den engen Voraussetzungen des § 494 – die prozessualen Wirkungen des § 493 eintreten lässt.[3]

---

1 BGH NJW 1970, 1919, 1921.
2 Zur richterlichen Fürsorgepflicht im Zusammenhang mit den Prozessbeschleunigungsvorschriften BVerfGE 75, 183, 188f.; BVerfGE 81, 264, 273; Rosenberg/Schwab/*Gottwald*[17] § 81 Rdn. 6.
3 So zu § 494 – ohne Erörterung – *Weise*[1] Rdn. 108.

III. § 491 Abs. 2

7 Nach § 491 Abs. 2 können die Beweise auch dann erhoben werden, wenn der nichterschienene Gegner nicht bzw. nicht rechtzeitig geladen worden ist. In Anbetracht der Verwertungssperre des § 493 Abs. 2 ist ein solches Vorgehen aber nicht ratsam. Vorzuziehen ist eine zur Behebung des Mangels zu nutzende Vertagung, sofern die Beweisaufnahme nicht völlig unaufschiebbar ist. Gegebenenfalls tritt sonst die Amtshaftung nach § 839 BGB in Verb. m. Art. 34 GG ein.

8 Das **Ausbleiben** des **Antragstellers** ist nach § 367 Abs. 1 unerheblich, soweit die Beweisaufnahme ohne sein Zutun bewirkt werden kann (anders evtl. bei notwendigen Angaben zur Erhebung von Befundtatsachen durch einen Sachverständigen, bei der Duldung von Untersuchungen nach § 372a oder bei der Zeugenvernehmung des gesetzlichen Vertreters eines Prozessunfähigen nach § 455 Abs. 2).

§ 492
Beweisaufnahme

(1) Die Beweisaufnahme erfolgt nach den für die Aufnahme des betreffenden Beweismittels überhaupt geltenden Vorschriften.

(2) Das Protokoll über die Beweisaufnahme ist bei dem Gericht, das sie angeordnet hat, aufzubewahren.

(3) Das Gericht kann die Parteien zur mündlichen Erörterung laden, wenn eine Einigung zu erwarten ist; ein Vergleich ist zu gerichtlichem Protokoll zu nehmen.

Übersicht

I. Allgemeines — 1
II. Wirkung der Verweisung
  1. Verweisungsumfang — 5
  2. Beweisverfahren im Allgemeinen
    a) Anwendbare Vorschriften — 6
    b) Mangelnde Anwendbarkeit — 8
    c) Rechtsbehelfe — 9
  3. Augenscheinsbeweis — 10
  4. Zeugenbeweis
    a) Anwendbare Vorschriften — 11
    b) Vernehmung durch Richterkommissar — 12
    c) Schriftliche Zeugenaussagen — 13
    d) Mangelnde Anwendbarkeit — 14
  5. Sachverständigenbeweis
    a) Ablehnung des Sachverständigen — 15
    b) Anwendbare Vorschriften — 18
    c) Anhörung des Sachverständigen — 19
III. Aufbewahrung des Protokolls — 21
IV. Vergleichsabschluss — 23
V. Verfahrensende — 24

I. Allgemeines

1 § 492 Abs. 1 und 2 regeln die **Durchführung** der **Beweisaufnahme**. Absatz 3 ist durch das Rechtspflegevereinfachungsgesetz vom 17.12.1990 eingefügt worden. Dem Gericht wird dadurch die Möglichkeit eingeräumt, bei zu erwartender Einigung der Parteien einen Termin zur mündlichen Verhandlung anzuberaumen. In diesem Termin kann ein **Vergleich** gerichtlich **protokolliert** werden.

2 Die erhobenen Beweise sollen möglichst Bestand haben.[1] Sie sollen **vollständig und endgültig erhoben** werden, damit die Beweisaufnahme abgeschlossen ist und ihre Er-

---

[1] Vgl. RegE BT-Drucks. 11/3621 S. 42 (zu § 492).

gebnisse in einem nicht vermeidbaren Hauptsacheprozess verwendet werden können.[2] Mit Einführung des Beweisergebnisses in einen Hauptprozess steht die selbständige Beweiserhebung gem. § 493 Abs. 1 derjenigen im Hauptprozess gleich.[3]

Der Antragsgegner muss Einwendungen und **Einreden gegen** die **Art der Beweis-** 3 **erhebung** nicht im selbständigen Beweisverfahren vorbringen, sondern kann dies auch noch vor dem Prozessgericht tun, soweit nicht § 295 anwendbar ist (vgl. § 493 Rdn. 17 f.), der Zweck der Sicherstellung einer verwertbaren Beweisaufnahme entgegen steht (zur Anwendung des § 406 unten Rdn. 15, zur rechtzeitigen Anwendung des § 411 Abs. 3 unten Rdn. 19) oder der Vorwurf der Beweisvereitelung eingreift (vgl. § 493 Rdn. 18). Das Prozessgericht ist auch zuständig, wenn der Gegner mit seinen Einwendungen im selbständigen Beweisverfahren nicht durchgedrungen ist.

Zum Einfluss des Gemeinschaftsrechts s. vor § 485 Rdn. 67 ff. 4

II. Wirkung der Verweisung

1. Verweisungsumfang. Für die Durchführung des selbständigen Beweisverfahrens 5 verweist § 492 Abs. 1 auf die „für die Aufnahme des betreffenden Beweismittels" geltenden Vorschriften. Diese Verweisung betrifft sowohl die allgemeinen Vorschriften des Beweisrechts (§§ 355 bis 370)[4] als auch die für das jeweilige Beweismittel geltenden Vorschriften, also die §§ 371 ff. für die Augenscheinseinnahme, die §§ 373 ff. für den Zeugenbeweis und die §§ 402 ff. für den Sachverständigenbeweis. Hinzu treten Regeln, die aus höherrangigen Rechtsnormen abgeleitet werden, etwa aus dem verfassungsrechtlichen Grundsatz eines fairen Verfahrens.

2. Beweisverfahren im Allgemeinen

a) Anwendbare Vorschriften. Anzuwenden sind: **§ 355** insoweit, als das Prozessge- 6 richt unanfechtbar über die formelle Beweisunmittelbarkeit entscheidet;[5] **§ 357**, wegen § 491 jedoch nicht dessen Abs. 2; **§ 361**; **§ 362**, wobei der außerhalb eines anhängigen Rechtsstreits (vgl. § 486 Abs. 2 und 3) zuständige Richter des selbständigen Beweisverfahrens nicht unter § 362 Abs. 2 fällt (vgl. auch § 492 Abs. 2); **§ 363–§ 369**, wobei § 367 Abs. 2 als Beschleunigungsvorschrift gegenstandslos ist und bei § 367 Abs. 1 hinsichtlich des Gegners § 491 zu beachten ist (zur selbständigen grenzüberschreitenden Beweisaufnahme: vor § 485 Rdn. 45 ff.). Das **Anwesenheitsrecht der Parteien** bei der **Ortsbesichtigung** durch den Sachverständigen – § 493 Abs. 2 gilt nur für Gerichtstermine (str., § 493 Rdn. 20 f.) – ist zu beachten, gleichgültig ob es auf eine Analogie zu § 357[6] gestützt wird oder auf das Recht auf ein faires Verfahren;[7] dieses Recht besteht jedenfalls dann, wenn der Sachverständige im Ortstermin Informationen von der Gegenpartei entgegennimmt.[8]

---

2 Vgl. auch OLG Düsseldorf BauR 1993, 637, 638; OLG Celle NJW-RR 1995, 1404.
3 OLG Frankfurt/M. NJW-RR 1990, 768 (mit der dunklen weiteren Formulierung, „insoweit" seien beide Verfahren „als eine verfahrensrechtliche Einheit anzusehen").
4 Ohne Begründung **a.A.** OLG Düsseldorf NZBau 2000, 385, 386; ihm folgend OLG Frankfurt MDR 2008, 585, 586; OLG Stuttgart NJW-RR 2009, 497, 498.
5 Gegen die Anwendbarkeit des § 355 (unter dem Gesichtspunkt einer daraus abzuleitenden unerwünschten Rechtsmittelbeschränkung) OLG Düsseldorf NZBau 2000, 385, 386 (mit unhaltbarer Begründung).
6 So Musielak/*Stadler*[10] § 357 Rdn. 2.
7 OLG Celle NZM 1998, 159, 160.
8 OLG Celle NZM 1998, 159, 160 (dort: Rekonstruktion eines Gaststättenzustandes anhand von Fotos und Gesprächen).

7   Zu den **Duldungs- und Mitwirkungspflichten** der Parteien und Dritter bei der Beweisaufnahme s. vor § 284 Rdn. 10 ff. und § 485 Rdn. 4 ff. Die materiell-rechtliche Pflicht zur Duldung einer Augenscheinseinnahme ist im Wege der einstweiligen Verfügung durchsetzbar.

8   **b) Mangelnde Anwendbarkeit.** Nicht anzuwenden sind: **§ 356**, da im selbständigen Beweisverfahren eine Beweismittelpräklusion zur Verfahrensbeschleunigung nicht denkbar ist; **§ 358**, der wegen § 490 Abs. 2 gegenstandslos ist; **§ 358a** wegen § 490 Abs. 2 und zugleich wegen der Beschränkung in § 485 Abs. 1 Satz 1; **§ 359**, der hinsichtlich der Nr. 1 und 2 von § 490 Abs. 2 Satz 1 aufgegriffen wird; **§ 360**, vgl. dazu § 490 Rdn. 14; **§ 370** als Vorschrift zur Beschleunigung des Prozessverfahrens, vgl. jedoch § 492 Abs. 3 (Erörterungstermin).

9   **c) Rechtsbehelfe.** Gegen das Abschneiden von Rechten des Gegners in der Beweisaufnahme – z.B. bei Ausübung des Fragerechts (§ 397) – gibt es **keinen Rechtsbehelf**. Geltend zu machen ist dies bei der Verwertung des Beweisergebnisses **vor dem Prozessgericht**. § 295 zwingt nicht, Rügen schon im Beweisaufnahmetermin vorzubringen. Eine Richterablehnung soll rechtzeitig noch im Hauptsacheverfahren erfolgen können.[9]

10   **3. Augenscheinsbeweis.** Anzuwenden sind die §§ 371 bis 372a. Satz auch oben Rdn. 6. Das Gericht kann nicht die Einnahme des Augenscheins durch den Antragsteller anordnen.[10]

4. Zeugenbeweis

11   **a) Anwendbare Vorschriften.** Anwendbar sind: **§ 373**, der jedoch durch § 487 Nr. 2 und 3 aufgenommen wird; **§§ 376, 377 Abs. 1 und 2, 379–390, 392–397, 399–401; § 391** mit der Maßgabe, dass der Zeuge außerhalb eines anhängigen Rechtsstreits seine Aussage mangels Verzichts der Parteien stets zu beeiden hat, wenn er etwas für den Antragsteller Günstiges bekundet, weil die „Bedeutung der Aussage" im selbständigen Beweisverfahren nicht übersehbar ist und ihre Erheblichkeit nicht geprüft werden darf;[11] **§ 398 Abs. 2 und 3** (vgl. jedoch zum Richterkommissar die Einschränkung gem. § 375, nachfolgend Rdn. 12).

12   **b) Vernehmung durch Richterkommissar. § 375** schränkt die Möglichkeit der Beweisaufnahme durch den **beauftragten oder ersuchten Richter** ein, weil sie den Grundsatz der Beweisunmittelbarkeit durchbricht. Für das selbständige Beweisverfahren gilt die Vorschrift nur modifiziert.[12] Zu beachten ist sie, wenn das Prozessgericht das selbständige Beweisverfahren bei anhängigem Hauptprozess durchführt.[13] Außerhalb eines anhängigen Rechtsstreits, insbesondere in den Fällen der Eilzuständigkeit des § 486 Abs. 3, aber auch in den Fällen des § 486 Abs. 2 ist die Beschränkung des § 375 funktions-

---

9 OLG Zweibrücken NJW-RR 2013, 383.
10 So der verfehlte Antrag in BayObLGZ 1987, 289; dazu Stein/Jonas/*Leipold*[22] § 492 Rdn. 12.
11 Generell für eine Entscheidung im späteren Hauptsacheverfahren Zöller/*Herget*[29] § 492 Rdn. 3. Für eine Entscheidung durch das Prozessgericht in Fällen des § 486 Abs. 3 Musielak/*Huber*[10] § 492 Rdn. 2.
12 Ähnlich MünchKomm/*Schreiber*[4] § 492 Rdn. 1. Für unbeschränkte Übertragung der Vernehmung auf einen Richterkommissar: Thomas/Putzo/*Reichold*[33] § 492 Rdn. 1; für Anwendung des § 375: Baumbach/Lauterbach/*Hartmann*[71] § 492 Rdn. 4.
13 Musielak/*Huber*[10] § 492 Rdn. 1; **a.A.** Thomas/Putzo/*Reichold*[33] § 392 Rdn. 1.

los, weil die Beweiserhebung von vornherein nicht durch das Prozessgericht vorgenommen wird.

c) Schriftliche Zeugenaussagen. Die schriftliche Beantwortung der Beweisfragen 13
durch Zeugen (**§ 377 Abs. 3**) ist auch im selbständigen Beweisverfahren **grundsätzlich zulässig**.[14] Trotz schriftlicher Beantwortung kann der Zeuge gem. § 377 Abs. 3 Satz 3 geladen werden. Möglich ist die Ladung des Zeugen auch im Hauptsacheprozess, wenn sie *unverzüglich* beantragt wird.[15]

d) Mangelnde Anwendbarkeit. Nicht anwendbar ist die Vorschrift des § 398 Abs. 1 14
über die **wiederholte Vernehmung**, es sei denn, dass eine Gegenüberstellung erforderlich wird. Nach Abschluss des selbständigen Beweisverfahrens kann nur ein neues Verfahren eingeleitet werden.

5. Sachverständigenbeweis

a) Ablehnung des Sachverständigen. Vor der Neufassung der §§ 485 ff. war strei- 15
tig, in welchem Umfang eine Ablehnung des Sachverständigen gem. § 406 in Betracht kam. Ausgangspunkt verneinender Stellungnahmen war die Regelung des § 487 Abs. 1 Nr. 3 (a.F.), nach der der Sachverständige vom Antragsteller zu benennen war.[16] Seit der Neufassung des § 487 von 1990 wird der Sachverständige vom Gericht bestimmt (§ 487 Rdn. 11). **§ 406** ist dem ausdrücklichen Willen des Gesetzgebers entsprechend[17] seither **uneingeschränkt anzuwenden**.[18] Im Einzelfall kann die Eilbedürftigkeit einer Beweissicherung allerdings so groß sein, dass die Beweiserhebung den Vorrang hat.[19]

Der **Ablehnungsantrag** muss grundsätzlich **schon im selbständigen Beweisver-** 16
fahren gestellt werden, damit über die Verwertbarkeit des Gutachtens und die etwaige Notwendigkeit anderweitiger Begutachtung (§ 412 Abs. 2) rasche Klarheit geschaffen wird.[20] Eine Ablehnung erst im Hauptprozess ist nur dann zulässig, wenn der Ablehnungsgrund vorher nicht bekannt war;[21] die Parteien sollen nicht einen Pfeil im Köcher aufsparen dürfen. Nur dies entspricht dem 1990 neu eingeführten § 406 Abs. 2,[22] der eine Parallelvorschrift zu dem gleichzeitig eingefügten § 411 Abs. 4 darstellt. Ist der Ablehnungsantrag im selbständigen Beweisverfahren zurückgewiesen worden, kann die Ablehnung **im** nachfolgenden **Hauptverfahren nicht** mit demselben Ablehnungsgrund

---

14 Musielak/*Huber*[10] § 492 Rdn. 1.
15 Zöller/*Herget*[29] § 492 Rdn. 1.
16 Vgl. *Schilken* ZZP 92 (1979), 238, 252 ff.
17 BT-Drucks. 11/3621 S. 42.
18 OLG Hamm VersR 1996, 911; OLG Celle (2.ZS) ZMR 1996, 211; OLG Celle (8.ZS) NJW-RR 1995, 1404 f. = BauR 1996, 144 f.; OLG Düsseldorf BauR 1995, 876; OLG Düsseldorf NJW-RR 1997, 1428; OLG Köln VersR 1993, 72, 73 = OLGZ 1993, 127; OLG Frankfurt OLGZ 1993, 330 f.; OLG München BauR 1993, 636. Noch zum alten Recht: ablehnend OLG Hamm ZMR 1990, 216, 217; zustimmend OLG Karlsruhe NJW-RR 1989, 1465. Baumbach/Lauterbach/*Hartmann*[71] § 487 Rdn. 6 hält daran fest, dass das Gericht den vom Antragsteller bezeichneten Sachverständigen bestellen muss.
19 Vgl. OLG Hamm VersR 1996, 911, 912; OLG Celle ZMR 1996, 211, 212; OLG Düsseldorf BauR 1995, 876.
20 OLG Düsseldorf BauR 1995, 876; OLG Köln VersR 1993, 1502; OLG Köln OLGZ 1993, 127, 128; OLG München NJW 1984, 1048 f.; *Schulze* NJW 1984, 1019, 1020; *Ulrich* AnwBl. 2003, 78, 81. Offengelassen von OLG Frankfurt/M. NJW-RR 1990, 768.
21 OLG Köln VersR 1993, 1502; OLG München NJW 1984, 1048 f.; OLG Bamberg BauR 1991, 656; *Schulze* NJW 1984, 1019, 1020; s. auch OLG Hamm VersR 1996, 911.
22 Eingefügt durch den Rechtsausschuss, BT-Drucks. 11/8283 S. 10, 47, nach dem Vorschlag der BReg. in deren Gegenäußerung zum BRat, BT-Drucks. 11/3621 S. 74, ohne spezielle Bezugnahme auf das selbständige Beweisverfahren.

wiederholt werden.[23] Die Zurückweisung ist mit der sofortigen Beschwerde angreifbar (§§ 492, 406 Abs. 5).[24]

17   Ist der Sachverständige **erfolgreich abgelehnt** worden, kann im Kostenfestsetzungsverfahren eingewandt werden, die **Kosten des Sachverständigen** seien keine notwendigen Kosten (§ 91) des Hauptsacheverfahrens.[25] Die erfolgreiche Ablehnung, für die eine subjektive Besorgnis genügt, eine objektive Befangenheit also nicht erforderlich ist, führt jedoch nicht automatisch zum Verlust des Gebührenanspruchs.[26] Von den unterschiedlichen Anforderungen der §§ 406, 42 einerseits und des § 8 JVEG andererseits abgesehen soll eine Beeinträchtigung der inneren Unabhängigkeit des (eine staatsbürgerliche Pflicht nach § 407 erfüllenden) Sachverständigen durch Drohung eines allzu raschen Verlustes der Entschädigung vermieden werden (§ 413 Rdn. 13). Der Sachverständige verliert seinen Vergütungsanspruch, wenn er nach Auftragsannahme grob fahrlässig einen Ablehnungsgrund entstehen lässt und dadurch seine Ablehnung herbeiführt.[27] Lag schon bei Entgegennahme des Gutachtenauftrages ein Ablehnungsgrund vor, genügt bereits leichte Fahrlässigkeit[28] (§ 406 Rdn. 59).

18   **b) Anwendbare Vorschriften.** Die Durchführung des Sachverständigenbeweises bestimmt sich nach den allgemeinen Vorschriften. Anwendbar sind aufgrund der Neuregelung von 1990 über die Ernennung des Sachverständigen durch das Gericht auch die **§§ 404–406, 412**,[29] **§ 404a** jedoch nur mit der Maßgabe, dass ausschließlich der Antragsteller über die Beweistatsachen bestimmt. **§ 412** begrenzt gem. § 485 Abs. 3[30] bereits die Zulässigkeit des selbständigen Beweisverfahrens. Da im selbständigen Beweisverfahren keine Beweiswürdigung stattfindet,[31] ist § 412 nur dann anzuwenden, wenn das Gutachten grobe Mängel aufweist und evident ungeeignet erscheint.[32] Anwendbar ist ferner **§ 411**.[33] Soweit die Vorschriften über den Zeugenbeweis nicht zur Geltung kommen, können sie auch nicht für den Sachverständigenbeweis gelten (§ 402). Ein Vorschuss kann nach §§ 379, 402 für die *Beauftragung* des Sachverständigen angefordert werden; die Weiterleitung des erstatteten Gutachtens darf davon aber nicht abhängig gemacht werden.[34] Die Ergänzung des Gutachtens auf Antrag des Gegners setzt eine Vorschussleistung des Eigners voraus.[35]

19   **c) Anhörung des Sachverständigen.** Eine Anhörung des Sachverständigen ist nach **§ 411 Abs. 3** grundsätzlich möglich[36] und einem entsprechenden Antrag der Parteien

---

23 OLG Frankfurt/M. NJW-RR 1990, 768.
24 OLG Celle NJW-RR 1995, 1404; OLG Celle ZMR 1996, 211.
25 OLG Koblenz JurBüro 1990, 733.
26 OLG Koblenz Rpfleger 1981, 37; OLG Düsseldorf NJW-RR 1997, 1353.
27 OLG Hamburg MDR 1987, 333 f.; OLG Hamburg JurBüro 1999, 426; OLG Koblenz FamRZ 2001, 114; OLG Koblenz Rpfleger 1981, 37; OLG Koblenz JurBüro 1990, 733. Vgl. auch BGH NJW 1976, 1154, 1155 (Fahrlässigkeit genügt jedenfalls nicht).
28 Zöller/*Greger*[29] § 413 Rdn. 7.
29 Zu § 412: OLG Saarbrücken NJW-RR 1994, 787, 788; OLG Frankfurt NJW-RR 2007, 18, 19; OLG Frankfurt MDR 2008, 585, 586.
30 Eingefügt durch den Rechtsausschuss, BT-DR. 11/8283, S. 12, 47, nach dem Vorschlag der BReg., BT-Drucks. 11/3621 S. 69 f.
31 OLG Hamm NJW 2010, 622.
32 OLG Frankfurt (19.ZS) NJW-RR 2007, 18, 19. **A.A.** OLG Frankfurt (4.ZS) MDR 2008, 585, 586.
33 BGH NJW 1970, 1919.
34 OLG Frankfurt MDR 2004, 1255, 1256.
35 OLG Köln NJW-RR 2009, 1365; LG Berlin NJW-RR 2007, 674, 675.
36 BGHZ 164, 94, 96 = VersR 2006, 95; OLG Saarbrücken NJW-RR 1994, 787, 788; OLG Düsseldorf BauR 1993, 637; LG Frankfurt BauR 1985, 683. S. auch BGH NJW 2002, 1640, 1641.

wegen der Beschränkungen des § 412 in der Regel stattzugeben.[37] Dies folgt bereits aus dem Grundsatz rechtlichen Gehörs[38] und aus § 397.[39] Bei Zweifeln und Unklarheiten ist eine Anhörung des Sachverständigen sogar von Amts wegen geboten.[40] Die beschriebene Anwendung des § 411 Abs. 3 entspricht dem ausdrücklichen Willen des Gesetzgebers; die erhobenen Beweise sollen im streitigen Verfahren möglichst Bestand haben.[41] Sie ist nicht auf Fälle eilbedürftiger Beweiserhebung begrenzt. Der **Anhörungsantrag** ist zur Vermeidung erfolgreicher Verspätungsrügen bereits **im selbständigen Beweisverfahren** zu stellen.[42] Dies gilt auch, wenn der Hauptprozess inzwischen anhängig gemacht worden ist.[43] Im Hauptprozess kann ein neues Gutachten nur unter den engen Voraussetzungen des § 412 eingeholt werden.[44] Dort ist zudem § 531 Abs. 2 zu beachten. Die Zurückweisung des Anhörungsantrags ist mit der sofortigen Beschwerde (§ 567 Abs. 1) angreifbar.[45] Die Anhörung kann nicht mit der Begründung abgelehnt werden, es sei von ihr keine weitere Klärung des Sachverhalts zu erwarten.[46]

Eine Begrenzung folgt aus § 411 Abs. 4 Satz 1 durch dessen **Fristgrenze** („innerhalb 20 eines angemessenen Zeitraums") und das Erfordernis, Einwendungen und Ergänzungsfragen mitteilen zu müssen.[47] Die Angemessenheit der Frist wird durch den Prüfungsbedarf unter Heranziehung eines Privatgutachters bestimmt.[48] Das können – abhängig vom Umfang und Schwierigkeitsgrad der Prüfung – durchaus drei Monate sein.[49] Zur Schaffung von Fristenklarheit (unten Rdn. 24) – auch im Hinblick auf die Verjährungshemmung – ist es zweckmäßig, nach Eingang eines Sachverständigengutachtens eine richterliche Frist für Anträge auf Gutachtenergänzung oder mündliche Erläuterung des Gutachtens zu setzen;[50] die Frist kann bei Bedarf verlängert werden. Bei Fristsetzung ist das Gutachten förmlich zuzustellen.

---

37 BGHZ 164, 94, 97; OLG Saarbrücken NJW-RR 1994, 787, 788; OLG Düsseldorf BauR 1993, 637; OLG Düsseldorf BauR 1995, 885 f.; OLG Düsseldorf NZBau 2000, 385, 386; OLG Celle MDR 2001, 108.
38 BGHZ 164, 94, 97; *Cuypers* NJW 1994, 1985, 1989.
39 Generell zu § 411 Abs. 3: BGH NJW 1994, 1286, 1287.
40 OLG Düsseldorf BauR 1993, 637; OLG Saarbrücken NJW-RR 1994, 787, 788.
41 BT-Drucks. 11/3621, S. 42.
42 Vgl. BGH NJW 2010, 2873 Tz. 27; OLG Düsseldorf BauR 1993, 637, 638; OLG Frankfurt NJW 2012, 1153. BGH (VI.ZS) NJW-RR 2007, 1294 = VersR 2007, 1713 ist nicht als Eröffnung beliebiger Wahl des Zeitpunktes eines Ladungsantrags zwischen Beweisverfahren und Hauptverfahren zu verstehen; **a.A.** wohl Zöller/*Herget*[29] § 492 Rdn. 1.
43 *Ulrich* AnwBl. 2003, 78, 83; **a.A.** OLG Braunschweig BauR 2001, 990, 991.
44 OLG Saarbrücken NJW-RR 1994, 787, 788; RegE BT-Drucks. 11/3621 S. 24.
45 OLG Saarbrücken NJW-RR 1994, 787; OLG Köln BauR 1995, 885; OLG Düsseldorf NZBau 2000, 385, 386; LG Frankfurt/M. MDR 1985, 149 f.; **a.A.** OLG Köln NJW-RR 2000, 729; OLG Hamm NVersZ 2001, 384; OLG Düsseldorf NJW-RR 1998, 933 = BauR 1998, 366; Zöller/*Herget*[29] § 490 Rdn. 4.
46 LG Frankfurt/M. BauR 1985, 603, 606. Generell zum Sachverständigenbeweis ebenso (ohne Erwähnung des seit 1991 geltenden § 411 Abs. 4 ZPO) BGH NJW 1994, 1286, 1287.
47 Zum Umfang der Substantiierung BGH NJW 1994, 1286, 1287. Zur Verspätung im Beweisverfahren OLG Köln BauR 1995, 885, 886; OLG Düsseldorf NZBau 2000, 385, 386; OLG Frankfurt NJW-RR 2007, 17,18; OLG Koblenz VersR 2007, 132, 133.
48 OLG Düsseldorf NZBau 2000, 385, 386.
49 OLG Celle MDR 2001, 108, 109; s. auch OLG Düsseldorf MDR 2004, 1200. Anders nach Ablauf von 6 oder 8 Monaten, OLG Köln NJW-RR 1997, 1220. Wegen der Kürze des Gutachtens Verspätung nach 4 Monaten bejaht von OLG Köln NJW-RR 1998, 210. OLG München MDR 2001, 531 nennt vier Monate als Obergrenze auch bei schwierigen und umfangreichen Gutachten; OLG Frankfurt NJW-RR 2007, 17, 18: mehr als drei Monate ungewöhnlich; OLG Frankfurt NJW 2007, 852: je nach Komplexität bis zu sechs Monate.
50 Musielak/*Huber*[10] § 492 Rdn. 3; Zöller/*Herget*[29] § 492 Rdn. 4. Nur das Interesse der Verfahrensbeschleunigung anführend OLG Düsseldorf MDR 2004, 1200, 1201; OLG München OLGR 1998, 330.

III. Aufbewahrung des Protokolls

21 Nach § 492 Abs. 2 ist die Beweisaufnahme **beim anordnenden Gericht** aufzubewahren. Die Vorschrift sichert die spätere Verwertbarkeit der Beweisaufnahme (§ 493 Abs. 1). Sie gilt auch für Beweisaufnahmen durch den ersuchten Richter (§ 362 Abs. 2).

22 Die **Protokollierung** hat **stets nach § 160** zu erfolgen. Das Gericht des selbständigen Beweisverfahrens ist nicht Prozessgericht im Sinne des § 161 Abs. 1 Nr. 1, auch nicht in den Fällen des § 486 Abs. 1.

IV. Vergleichsabschluss

23 Der 1990 eingefügte § 492 Abs. 3 ist § 118 Abs. 1 Satz 3 nachgebildet. Er unterstreicht die **Streitschlichtungsfunktion** des selbständigen Beweisverfahrens und bezweckt eine zügige und kostengünstige Erledigung des Streits. Bei zu erwartender Einigung kann das Gericht die Parteien zur Erörterung laden und einen – vollstreckbaren (§ 797 Abs. 1 Nr. 1 a.E.) – Vergleich protokollieren. Hat der Gegner dem selbständigen Beweisverfahren zugestimmt, ist es immer ratsam, nach Durchführung der Beweisaufnahme einen Erörterungstermin zu bestimmen. In den übrigen Fällen sollte das Gericht eine **Erörterung anregen** und notfalls die Parteien über die Möglichkeit eines Vergleichsabschlusses informieren. Zur Vermeidung der Kostenregelung des § 98 ist eine **umfassende Kostenvereinbarung** zu treffen. Der Vergleich ist Vollstreckungstitel (§§ 794 Abs. 1 Nr. 1, 724, 795). Für die mündliche Verhandlung besteht Anwaltszwang nach Maßgabe des § 78.[51]

V. Verfahrensende

24 Von der Beendigung des Verfahrens hängt das Ende der **Verjährungshemmung** ab (§ 204 Abs. 2 Satz 1 BGB); zur Bestimmung des Beendigungszeitpunktes s. vor § 485 Rdn. 30. Derselbe Zeitpunkt entscheidet über die Anwendbarkeit des § 494a Abs. 1 (Fristsetzung zur Erhebung einer Hauptsacheklage)[52] und über die Dauer der sechsmonatigen Frist zur **Streitwertfestsetzungsbeschwerde** gem. §§ 68 Abs. 1 Satz 3, 63 Abs. 3 Satz 2 GKG.[53] Nach der Beendigung des Verfahrens sind Beweisergänzungsanträge verspätet.[54]

§ 493
Benutzung im Prozeß

(1) Beruft sich eine Partei im Prozeß auf Tatsachen, über die selbständig Beweis erhoben worden ist, so steht die selbständige Beweiserhebung einer Beweisaufnahme vor dem Prozeßgericht gleich.

(2) War der Gegner in einem Termin im selbständigen Beweisverfahren nicht erschienen, so kann das Ergebnis nur benutzt werden, wenn der Gegner rechtzeitig geladen war.

---

51 **A.A.** *Ulrich* AnwBl. 2003, 78, 79 (da Erörterungstermin keine Verhandlung i.S.d. § 78 sei).
52 OLG Düsseldorf NJW-RR 2002, 1654, 1655; OLG Jena OLG-NL 1997, 283, 284.
53 **A.A.** für den Fall eines nachfolgenden Hauptsacheverfahrens KG NJW-RR 2003, 133 = MDR 2002, 1453 (Abschluss des Hauptsacheverfahrens); OLG Celle MDR 1993, 1019; OLG Naumburg MDR 1999, 1093; OLG Düsseldorf MDR 1997, 692 = JurBüro 1997, 532; Zöller/*Herget*[28] § 492 Rdn. 4; *Schneider* MDR 2000, 1230, 1232. Ohne Einschränkung wie hier: OLG Koblenz MDR 2005, 825, 826; OLG Köln, Beschl. v. 4.3.2013 – 16 W 41/12; *Cuypers* MDR 2004, 244, 247. Offen gelassen von OLG Nürnberg MDR 2002, 538, 539.
54 OLG München OLGRep. 1998, 330.

Übersicht

I. Beweiserhebungswirkung
   1. Beweisbenutzungspflicht —— 1
   2. Unmittelbare Beweisverwertung —— 3
   3. Mittelbare Verwertung —— 4
II. Tatbestandliche Voraussetzungen
   1. Parteiidentität
      a) Grundsatz —— 5
      b) Sonderlagen —— 6
   2. „auf Tatsachen berufen" —— 9
   3. Relevante Beweiserhebungen, ausländische Beweisverfahren —— 10
III. Einzelprobleme der Gleichstellungswirkung
   1. Fiktive Beweisunmittelbarkeit —— 14
   2. Gesetzeskonforme Beweisaufnahme —— 15
   3. Überwindung von Beweisaufnahmefehlern —— 17
IV. Verwertungssperre bei Nichtladung des Gegners
   1. Unterbliebene Ladung zur richterlichen Beweisaufnahme —— 19
   2. Erneute Beweisaufnahme, fortbestehende Verwertungsmöglichkeiten —— 23
   3. Verhältnis zu § 494 —— 25
V. Kosten bei Verwertung im nachfolgenden Prozess —— 26

I. Beweiserhebungswirkung

1. Beweisbenutzungspflicht. § 493 Abs. 1 stellt die Beweisaufnahme des selbständigen Beweisverfahrens mit einer Beweisaufnahme im streitigen Verfahren gleich. Die Norm begründet nicht bloß ein Recht zur Benutzung des Beweisergebnisses[1] nach Wahl der beweisführenden Partei. Vielmehr ist die Beweisaufnahme in einem nachfolgenden Verfahren **von Amts wegen zu berücksichtigen**, sofern sich eine der Parteien auf Tatsachen beruft, über die Beweis erhoben worden war.[2] Das Gericht des Hauptprozesses zieht die Akten des Beweisverfahrens bei. Beschrieben werden durch § 493 die Voraussetzungen einer Verwertung der erhobenen Beweise. § 493 ist auch im Verfahren der einstweiligen Verfügung anwendbar.[3]

Damit ist 1990 eine **Rechtsänderung** eingetreten. Zuvor lautete der Normtext des Absatzes 1: „Jede Partei hat das Recht, die Beweisverhandlungen in dem Prozess zu benutzen". Er sollte keine Partei verpflichten, die Beweiserhebung zu benutzen, und das Gericht sollte die Benutzung nur erzwingen können, soweit es die Beweise – wie den Augenscheins- und Sachverständigenbeweis, nicht aber den Zeugenbeweis – auch von sich aus erheben durfte. Der Gesetzgeber hat sich von der Neuregelung eine Förderung der gütlichen außergerichtlichen Einigung versprochen, „weil die beweisführende Partei sich künftig nicht mehr ohne weiteres auf andere Beweise stützen können soll".[4] Die vorangehende Formulierung der Regierungsbegründung, die Norm „gestattet den Parteien ... zu benutzen" ist nicht als Festhalten an der früher vertretenen Auffassung zu verstehen.

2. Unmittelbare Beweisverwertung. Die vorgezogene Beweisaufnahme wirkt wie eine unmittelbar im Hauptsacheverfahren selbst durchgeführte Beweisaufnahme.[5] Es handelt sich also **nicht** um eine Verwertung des Protokolls im Wege des **Urkundenbeweises**, ein Weg, der sonst zur Verwertung der Beweisergebnisse anderer Verfahren beschritten werden kann.[6] Die Unterschiede zeigen sich insbesondere, wenn der Beweis-

---
1 So aber Baumbach/Lauterbach/*Hartmann*[71] § 493 Rdn. 2.
2 Musielak/*Huber*[10] § 493 Rdn. 1; Zöller/*Herget*[29] § 493 Rdn. 1; Rosenberg/Schwab/*Gottwald*[17] § 116 Rdn. 19.
3 OLG Koblenz JurBüro 1995, 481, 482; *Ulrich* AnwBl. 2003, 144.
4 BT-Drucks. 11/3621 S. 43.
5 Vgl. BGH NJW-RR 1991, 254, 255; BGH NJW 1970, 1919, 1920; OLG Frankfurt/M. MDR 1985, 853.
6 BGHZ 7, 116, 121 f.

führer eine Beweisaufnahme unter Benennung desselben Beweismittels vor dem Prozessgericht begehrt: Die Vernehmung desselben Zeugen wäre eine der Beschränkung des § 398 Abs. 1 unterliegende wiederholte Vernehmung;[7] die Anordnung des Sachverständigengutachtens zielte auf ein neues Gutachten im Sinne des § 412.

4 3. **Mittelbare Verwertung.** Scheitert die unmittelbare Benutzbarkeit an den tatbestandlichen Voraussetzungen des § 493, z.B. an fehlender Parteiidentität (dazu nachfolgend Rdn. 5 ff.), kommen **andere Verwertungen** in Betracht. Auf Antrag des Beweisführers kann ein Sachverständigengutachten **im Wege des Urkundenbeweises** verwertet werden.[8] Dasselbe gilt für eine Zeugenaussage. Ebenso besteht die Möglichkeit, den Sachverständigen als **sachverständigen Zeugen** (§ 414) über Beobachtungen anlässlich eines Ortstermins anzuhören.[9] Sofern eine Partei im Prozess beantragt, ein Sachverständigengutachten erläutern zu lassen (§ 411 Abs. 3), das in einem gegen einen Dritten geführten selbständigen Beweisverfahren erstellt wurde, kann dieser Antrag dahin zu interpretieren sein, dass der Sachverständige als sachverständiger Zeuge vernommen werden soll.[10] Beantragt der Beweisgegner zur Entkräftung des Urkundenbeweises, (scheinbar „nochmals") Sachverständigenbeweis oder Zeugenbeweis zu erheben, ist diesem Antrag stattzugeben; er ist auf unmittelbare und im Hauptprozess erstmalige Beweiserhebung gerichtet,[11] so dass die Beschränkungen des § 412 Abs. 1 bzw. des § 398 nicht gelten.[12] Für ein nach dem 1.9.2004 anhängig gemachtes Verfahren hat die **Verwertung nach § 411a** den Vorrang. Der Ausschluss des Sachverständigenbeweises im Urkundenprozess (§ 592) kann nicht durch Einführung des Gutachtens als Urkunde umgangen werden.[13]

II. Tatbestandliche Voraussetzungen

1. Parteiidentität

5 **a) Grundsatz.** Die unmittelbare Wirkung der Beweiserhebung setzt Identität der Parteien von Hauptprozess und selbständigem Beweisverfahren voraus.[14] Das selbständige Beweisverfahren ist daher z.B. nicht in dieser Weise zu verwenden, wenn bei anfänglich unklarer Verursachung von Baumängeln der Hauptprozess aufgrund des im selbständigen Beweisverfahren erzielten Beweisergebnisses gegen einen anderen Unternehmer geführt wird. Es ist daher ratsam, den Dritten bereits am selbständigen Beweisverfahren zu beteiligen (als Gegner oder im Wege der Streitverkündung, vgl. vor § 485 Rdn. 19).

6 **b) Sonderlagen.** Im Falle einer **Streitgenossenschaft** (§ 61) kann das Tatsachenvorbringen der Streitgenossen voneinander abweichen; der eine Streitgenosse kann eine Behauptung bestreiten, die ein anderer zugesteht.[15] Da nur über streitiges Vorbringen

---

[7] BGH NJW 1970, 1919, 1920. Anders bei einem Zeugenbeweisantritt zur Überwindung der Urkundenverwertung, BGHZ 7, 122.
[8] OLG Frankfurt/M. MDR 1985, 853.
[9] BGH NJW-RR 1991, 254, 255.
[10] BGH NJW-RR 1991, 254, 255.
[11] OLG Frankfurt/M. MDR 1985, 853.
[12] *Weller* Selbständiges Beweisverfahren und Drittbeteiligung, Diss. jur. Bonn 1994, S. 38.
[13] BGH ZIP 2008, 40 Tz. 19 f.
[14] BGH NJW-RR 1991, 254, 255; OLG Düsseldorf NVwZ-RR 1993, 339; OLG Frankfurt/M. MDR 1985, 853.
[15] Wieczorek/*Schütze*[3] § 61 Rdn. 10 m.w.N.

Beweis zu erheben ist, hat die vorgezogene Beweisaufnahme außerhalb eines anhängigen Rechtsstreits von vornherein nur für den Prozess desjenigen Streitgenossen Beweisbedeutung, in dem die Beweisbehauptungen des selbständigen Beweisverfahrens streitig sind. Die Verwertungspflicht und die unmittelbare Beweiswirkung des § 493 Abs. 1 bestehen zur Wahrung rechtlichen Gehörs im Grundsatz nur zwischen den Parteien, die auch am selbständigen Beweisverfahren beteiligt waren.[16] Der nach § 493 Abs. 1 „gebundene" Prozessgegner eines „ungebundenen" Streitgenossen darf jedoch keine Beweisvorteile daraus ziehen, dass ihm im Hauptprozess mehrere Parteien gegenüberstehen. Er könnte sonst eine Wiederholung der Beweisaufnahme erzwingen und die **Benutzungspflicht** des § 493 Abs. 1 faktisch **abschütteln**, da die Beweiswürdigung einheitlich vorzunehmen ist. Bedarf es für die verbundenen Prozesse der mehreren Streitgenossen insgesamt einer Beweisaufnahme, kommt gegenüber Streitgenossen, die nicht beteiligt waren, auf Antrag die urkundenbeweisliche Verwertung in Betracht.

Im Falle einer **Streitverkündung** wirkt das Ergebnis der selbständigen Beweisaufnahme im Prozess des Streitverkünders gegen den Empfänger der Streitverkündung (zu den unklaren Folgen vor § 485 Rdn. 18 ff.). **7**

Tritt der Forderungsinhaber (und Beteiligte am selbständigen Beweisverfahren) den **Anspruch**, über dessen Tatbestandsvoraussetzungen Beweis erhoben wird, bei laufendem selbständigem Beweisverfahren **ab**, so wird das Verfahren zwischen seinen bisherigen Parteien fortgeführt. Außerhalb eines anhängigen Rechtsstreits über die Forderung folgt das zwar nicht unmittelbar aus § 265 Abs. 2, da die isolierte Beweisaufnahme nicht eindeutig der Forderung als späterem Streitgegenstand zuzuordnen ist. **§ 265 Abs. 2** ist aber **analog** anzuwenden,[17] weil die Norm das Ziel verfolgt, unnötige Doppelprozesse zu vermeiden, und von diesem Regelungszweck auch die Neuregelung des § 493 Abs. 1 bestimmt wird. Unerheblich ist dabei, ob die Zession in der Person des Antragstellers oder des Antragsgegners stattfindet; die Reihenfolge des Rubrums kann bei Streit um Beweistatsachen von zeitlichen Zufällen bestimmt sein. Da auf § 265 die Regelung des § 325 basiert, ist damit die Lösung für die Behandlung der Beweisergebnisse vorgezeichnet: Das Ergebnis des selbständigen Beweisverfahrens bleibt kraft **analoger Anwendung des § 325 Abs. 1** verwertbar.[18] **8**

2. „Auf Tatsachen berufen". § 493 Abs. 1 setzt voraus, dass sich eine Partei auf „Tatsachen beruft", über die ein selbständiger Beweis erhoben worden ist. Erforderlich ist also ein **streitiger Sachvortrag**, der bereits Gegenstand des selbständigen Beweisverfahrens war. Nicht erforderlich ist, dass sich die Partei zusätzlich auf die Beweiserhebung beruft. **9**

3. Relevante Beweiserhebungen, ausländische Beweisverfahren. Ob die Regelung außer für das selbständige Beweisverfahren der §§ 485 ff. auch für andere Beweiserhebungen gilt, ist streitig und wenig geklärt. **10**

Das **Verklarungsverfahren** in Binnenschifffahrtsachen (§§ 11 ff. Binnenschifffahrtsweg) steht einem selbständigen Beweisverfahren nach §§ 485 ff. nicht gleich;[19] es handelt sich um ein Schiedsgutachtenverfahren (vor § 485 Rdn. 17). **11**

---

16 Weise[2] Rdn. 565.
17 So wohl auch KG MDR 1981, 940 (zur Begründung einer Kostenentscheidung).
18 Dem folgend BGH NJW-RR 2012, 224 Tz. 21; KG MDR 1981, 940; OLG Frankfurt MDR 1984, 238.
19 Die Gleichstellungsbehauptung in BGH MDR 1965, 116 bezieht sich nur auf die Verwertung von Zeugenaussagen, die im Verklarungsverfahren gemacht wurden.

12 **Ergebnisse ausländischer Beweisverfahren** – sie sind von deutschen Verfahren mit ausländischer Rechtshilfegewährung zu unterscheiden – sind im Hauptsacheprozess grundsätzlich zu verwerten[20] (vor § 485 Rdn. 61). Das OLG Köln hat dies allerdings im Rahmen einer an einen deutschen Hauptsacheprozess anschließenden Kostenfestsetzungsentscheidung für ein französisches Beweissicherungsverfahren verneint, da es sich nicht um ein Beweissicherungsverfahren i.S.d. §§ 485 ff. (a.F.) gehandelt habe.[21] Diese Entscheidung ist – bei Zugrundelegung der veröffentlichten Entscheidungsgründe – nicht nur hinsichtlich der letztgenannten Qualifizierung falsch. Ausgeschlossen ist lediglich eine unmittelbare Übernahme gem. § 493 Abs. 1. Die Verwertung im deutschen Verfahren erfolgt, indem die Ergebnisse der ausländischen Beweisaufnahme im Wege des Urkundsbeweises eingeführt und frei gewürdigt werden (§ 286).[22] Für die Verwertung bedarf es keiner Anerkennungs- oder Vollstreckbarerklärungsentscheidung nach Art. 33 bzw. Art. 38 EuGVO oder nach § 328 bzw. § 722;[23] in der Beweisaufnahme ergeht keine Sachentscheidung i.S.d. Art. 32 EuGVO (näher dazu vor § 485 Rdn. 58).

13 Die grundsätzliche Verwertbarkeit im Inlandsprozess zwingt dazu, die **ausländischen Kosten** als erstattungsfähig anzusehen, wenn die Beweissicherung im Zeitpunkt ihrer Beantragung notwendig schien;[24] die Kostenfestsetzung setzt nicht voraus, dass das Beweisverfahren nach deutschem Prozessrecht durchgeführt wurde und nach § 493 Abs. 1 zu verwerten ist.[25] Zur **Verjährungshemmung** durch ein ausländisches Beweissicherungsverfahren vgl. vor § 485 Rdn. 29.

III. Einzelprobleme der Gleichstellungswirkung

14 **1. Fiktive Beweisunmittelbarkeit.** Im Hauptprozess wird die Beweiserhebung des selbständigen Beweisverfahrens **verwertet, als sei sie vom Prozessgericht** vorgenommen worden. Das Gericht der Hauptsache nimmt die Beweiswürdigung selbst vor.[26] Die Parteien haben das Beweisergebnis gem. § 285 vor dem Prozessgericht vorzutragen, wofür eine Bezugnahme auf das Protokoll der Beweisaufnahme i.S.d. § 137 Abs. 3 ausreicht, und darüber zu verhandeln. Das Prozessgericht entscheidet, ob und in welchem Umfang das Ergebnis der selbständigen Beweisaufnahme verwertbar ist.[27]

15 **2. Gesetzeskonforme Beweisaufnahme.** Verwertet werden kann und muss die Beweisaufnahme des selbständigen Beweisverfahrens, wenn sie gesetzgemäß erfolgt ist. Das Kriterium der **Gesetzeskonformität** bezieht sich auf die durch § 492 Abs. 1 bestimmte inhaltliche **Ausgestaltung der Beweisaufnahme**, nicht auf die Zulässigkeit der Verfahrensanordnung. Eine örtliche oder sachliche Unzuständigkeit des Beweisgerichts steht der Verwertung nicht entgegen, § 486 Abs. 2 Satz 2. Gleiches gilt, wie die Regelung

---

20 Stein/Jonas/*Leipold*[22] § 493 Rdn. 8; **a.A.** Musielak/*Huber*[10] § 493 Rdn. 2.
21 OLG Köln NJW 1983, 2779 m. abl. Bespr. *Stürner* IPrax 1984, 299 ff. Das OLG Köln bezeichnet nicht genau, um welche Verfahrensart es sich gehandelt hat. Wahrscheinlich war in Frankreich ein référé-Verfahren durchgeführt worden; dazu vor § 485 Rdn. 36.
Zur Beweissicherung durch eine ordonnance de référé s. auch OLG Hamm RIW 1989, 566.
22 *Stürner* IPrax 1984, 299, 301; *Ulrich* AnwBl. 2003, 78, 87; Zöller/*Geimer*[29] § 363 Rdn. 155; **a.A.** Stein/Jonas/*Leipold*[22] § 493 Rdn. 8 wegen des dann möglichen Antrags auf erneute Zeugenvernehmung oder Begutachtung.
23 Vgl. *Stürner* IPrax 1984, 299, 301.
24 *Stürner* IPRax 1984, 299, 301; **a.A.** OLG Hamburg MDR 2000, 53 = IPRax 2000, 530 (französisches Verfahren); Stein/Jonas/*Leipold*[22] § 493 Rdn. 9.
25 **A.A.** OLG Hamburg MDR 2000, 53.
26 *Weise*[1] Rdn. 585.
27 OLG Düsseldorf NJW-RR 1995, 1216.

über die Unanfechtbarkeit (§ 490 Abs. 2 Satz 2) zeigt, wenn einem unzulässigen Beweisantrag stattgegeben worden ist.[28]

Zu einem **Verwertungsverbot** führt – auf Beweiseinrede der Partei hin – eine **Nichtberücksichtigung** des Fragerechts (§ 397) oder anderer **Parteimitwirkungsrechte**. Ebenso wirken sich die für Beweisaufnahmen allgemein anerkannten Verwertungssperren aus, wenn der jeweilige Rechtsverstoß im selbständigen Beweisverfahren stattgefunden hat. Hierzu zählen die **Verletzung der Parteiöffentlichkeit** (§ 357),[29] die unvollständige und unpräzise Protokollierung einer Zeugenaussage mit der Folge, dass die (objektive) Ergiebigkeit des Aussageinhalts nicht beurteilt werden kann,[30] sowie die Nichtvereidigung eines Dolmetschers entgegen § 189 GVG.[31] Gleiches gilt für die **Nichtbelehrung eines Zeugen** über ein eventuelles Zeugnisverweigerungsrecht[32] oder für (nicht schon von §§ 357, 397 erfasste) Verstöße gegen den Grundsatz rechtlichen Gehörs.[33] Wird der Gegner zu einem gerichtlichen Termin im selbständigen Beweisverfahren nicht geladen und erscheint deshalb nicht, greift das besondere Verwertungsverbot des § 493 Abs. 2 ein (dazu unten Rdn. 19). 16

3. Überwindung von Beweisaufnahmefehlern. Zu beachten ist § 295. Bei **verzichtbaren Rügen** sind Einwendungen in der auf den Verfahrensfehler folgenden mündlichen Verhandlung zu erheben. Gegebenenfalls ist die Beweisaufnahme zu wiederholen bzw. fortzusetzen (vgl. § 398). Nicht unmittelbar nach § 493 Abs. 1 verwertbare Beweisaufnahmen können auf der Grundlage des **§ 286 Abs. 1 Satz 1** gleichwohl bedeutsam sein. 17

Bisher wenig diskutiert worden ist, ob das (Unterlassungs-)**Verhalten im** selbständigen **Beweisverfahren** prozessuale Konsequenzen für den Hauptprozess nach sich ziehen kann. Das OLG Düsseldorf[34] hat offengelassen, ob – wie in der Literatur vertreten[35] das Unterlassen einer möglichen und zumutbaren Einwendung im Beweisverfahren deren Unbeachtlichkeit im Hauptprozess begründet; jedenfalls treffe denjenigen, der eine Einwendung unterlasse, die volle Beweislast dafür, dass das im Beweisverfahren erzielte „Beweisergebnis" unrichtig sei. Auch wenn das selbständige Beweisverfahren nicht auf eine Entscheidung über den Anspruch ausgerichtet ist (§ 485 Abs. 1), kann das Verhalten eines Verfahrensbeteiligten dennoch nach den Regeln über die **schuldhafte Beweisvereitelung** gewürdigt werden.[36] Den Beteiligten ist regelmäßig bekannt, dass nach Durchführung des selbständigen Beweisverfahrens eine tatsächliche Veränderung in Bezug auf das Beweisobjekt droht und deshalb anschließend die tatsächliche Grundlage der Einwendungen nicht mehr festgestellt werden kann. 18

---

28 *Weise*[1] Rdn. 573.
29 RGZ 136, 299, 300 (ausländ. Rechtshilfevernehmung; zugleich Verstoß gegen § 397).
30 Vgl. BGH VersR 1985, 341, 342.
31 BGH NJW 1994, 941, 942 (nicht heilbar durch Rügeverzicht).
32 BGH NJW 1985, 1158, 1159 (Rügeerfordernis, § 295).
33 *Weise*[1] Rdn. 580.
34 ZMR 1988, 174, 175 (Unterlassen von Einwendungen gegen Feststellungen eines Sachverständigen im Ortstermin über den Zustand des Mietobjekts).
35 *Wussow* NJW 1969, 1401, 1405 f.; *Werner/Pastor* Der Bauprozess[14] Rdn. 118.
36 Ähnlich Stein/Jonas/*Leipold*[22] § 492 Rdn. 16 Fn. 24: Ausschluss von Einwendungen des Gegners im Hauptsachestreit bei Arglist, sonst Berücksichtigung bei Beweiswürdigung.

IV. Verwertungssperre bei Nichtladung des Gegners

19   **1. Unterbliebene Ladung zur richterlichen Beweisaufnahme.** Ergänzend stellt § 493 Abs. 2 ein besonderes Verwertungsverbot auf. Das Ergebnis des Beweisverfahrens ist entgegen § 493 Abs. 1 nicht zu benutzen, wenn der Gegner mangels ordnungsgemäßer Ladung nicht zu einem Termin erschienen ist (s. auch § 490 Rdn. 3). Es handelt sich um die Sanktionierung einer Verletzung des **rechtlichen Gehörs** (vgl. § 491 Abs. 1).

20   Erforderlich ist die Anberaumung eines **gerichtlichen Termins**.[37] Ein solcher ist der Termin zur Vernehmung eines Zeugen (§ 485 Abs. 1 Satz 1) oder zur Einnahme eines Augenscheins. Es gilt der Grundsatz der **Parteiöffentlichkeit** (§ 357 Abs. 1).

21   Die **Tatsachenermittlung durch** den **Sachverständigen** ist nicht „Beweisaufnahme" im Sinne des § 357.[38] Der vom Sachverständigen selbständig anberaumte Ortstermin ist nicht als Termin im Sinne des § 493 Abs. 2 anzusehen.[39] Dennoch muss der Sachverständige die Parteien grundsätzlich zu einer **Orts- oder Gegenstandsbesichtigung** hinzuziehen[40] (dazu § 485 Rdn. 49 und § 492 Rdn. 6). Die Teilnahmemöglichkeit ergibt sich aus einer Analogie zu § 357[41] oder aus dem Grundsatz der Waffengleichheit und dem Recht der Parteien auf ein faires Verfahren.[42] Die Parteien müssen daher zum Besichtigungstermin geladen werden. Belanglos ist, ob die Unverwertbarkeit als Folge des § 493 Abs. 2 oder der Anwendung allgemeiner Grundsätze angesehen wird, weil in beiden Fällen § 295 einschlägig ist. Ein Verstoß gegen § 493 Abs. 2 liegt nicht vor, wenn der Sachverständige für sein Gutachten **unstreitige Tatsachen** verwertet, die er bei der Durchführung eines Ortstermins in einem *anderen* selbständigen Beweisverfahren ermittelt hat, an dem der „Gegner" i.S. des § 493 Abs. 2 nicht beteiligt war.[43] Keine Ladung ist geboten, wenn eine Untersuchung durch einen ärztlichen Sachverständigen erfolgen soll.[44] Hier lassen das allgemeine Persönlichkeitsrecht und das Grundrecht des Menschenwürdeschutzes das Prinzip der Parteiöffentlichkeit zurücktreten.

22   **Unerheblich** ist ein eventuelles **Verschulden des Antragstellers** am Ausbleiben der Ladung. Seit der Neufassung zum 1.4.1991 sieht § 493 Abs. 2 nicht mehr die Möglichkeit vor, das Beweisergebnis zu verwerten, sofern das Unterbleiben der rechtzeitigen Ladung nicht vom Antragsteller zu vertreten war. Grund der Verschärfung ist die nunmehrige Pflicht des § 493 Abs. 1 zur Verwertung der Beweisaufnahme.[45]

23   **2. Erneute Beweisaufnahme, fortbestehende Verwertungsmöglichkeiten.** Die Verwertungssperre des § 493 Abs. 2 begründet **kein absolutes Beweisverwertungsver-**

---

37   Stein/Jonas/*Leipold*[22] § 493 Rdn. 12.
38   OLG München NJW 1984, 807.
39   OLG Celle NZM 1998, 159, 160; *Cuypers* NJW 1994, 1985, 1991; **a.A.** OLG Köln MDR 1974, 589; *Weise*[2] Rdn. 576.
40   OLG Düsseldorf BauR 1974, 72; OLG Köln MDR 1974, 589; OLG München NJW 1984, 807 f. (Zutrittsverweigerung = Beweisvereitelung); OLG Celle NZM 1998, 159, 160; *Müller* Der Sachverständige im gerichtlichen Verfahren, 3. Auflage 1988, Rdn. 554 ff.; s. auch OLG Köln NJW 1992, 1568 (Ablehnungsgrund).
41   Musielak/*Stadler*[10] § 357 Rdn. 2; MünchKomm/*Heinrich*[4] § 357 Rdn. 8 spricht vom allgemeinen Rechtsgedanken des § 357.
42   Vgl. zu diesen verfassungsrechtlichen Grundlagen des Zivilprozessrechts Wieczorek/Schütze/ *Prütting*[3] Einl. Rdn. 96 f.
43   OLG Düsseldorf NJW-RR 1994, 283.
44   OLG Saarbrücken OLGZ 1980, 37, 40 f.; OLG München NJW-RR 1991, 896; OLG Köln NJW 1992, 1568, 1569 (kein Anwesenheitsrecht des beklagten Arztes).
45   Vgl. RegE RpflVG, BT-Drucks. 11/3621 S. 43.

bot, wie §§ 491, 494 zeigen.[46] Der Antragsgegner erhält lediglich die Möglichkeit, im Prozess ohne Beschränkungen Beweis anzutreten; es gilt also nicht § 493 Abs. 1. Weitere Konsequenz ist, dass der Antragsgegner verpflichtet ist, die **fehlende Ladung** gemäß § 295 Abs. 1 zu **rügen**, ggf. unverzüglich im Hauptprozess, wenn das Gericht von der Möglichkeit des § 492 Abs. 3 („Gütetermin") keinen Gebrauch gemacht hat. Ungeachtet der Verwertungssperre des § 493 Abs. 2 verbleibt dem Antragsteller die Möglichkeit, das Ergebnis der Beweisaufnahme im Wege des **Urkundenbeweises** in den Hauptprozess einzuführen.[47] Auch gilt **§ 286 Abs. 1**.

Zulässig ist die Verwertung, wenn im **Gefahrenfall** (§ 485 Abs. 1 2. Var.) eine Ladung des Gegners unterblieben ist (§ 491 Rdn. 6).

3. Verhältnis zu § 494. Bei Durchführung eines **Beweisverfahrens gegen einen unbekannten Gegner** (§ 494) ist § 493 Abs. 2 grundsätzlich nicht anzuwenden.[48] Ein unbekannter Gegner kann nicht geladen werden. Wäre das Verwertungsverbot des § 493 Abs. 2 einschlägig, so wären Verfahren nach § 494 von vornherein zwecklos. Das durch § 493 Abs. 2 geschützte rechtliche Gehör wird durch § 494 Abs. 2 gewährleistet. **Zu laden** ist dann allerdings der **bestellte Vertreter**. Auch müssen die Voraussetzungen des § 494 Abs. 1 vorliegen, was im Hauptverfahren nachprüfbar ist.

V. Kosten bei Verwertung im nachfolgenden Prozess

Allgemein zu Kostenfragen des selbständigen Beweisverfahrens Wieczorek/Schütze/ *Steiner* § 91 Rdn. 39 und § 494a Rdn. 1 ff.

Die Verwertung des selbständigen Beweisverfahrens im Hauptsacheprozess hat auf die **Gerichtskosten** keine Auswirkungen. Die Gerichtsgebühr in Höhe von 1,0 nach **Nr. 1610 KV GKG** fällt isoliert für das selbständige Beweisverfahren an. Für Verklarungsverfahren nach dem BinnenschifffahrtsG gilt § 50 Abs. 2 KostO bzw. ab Inkrafttreten des GNKostG dessen KV Nr. 13500 i.V.m. Vorbem. 1.3.5 Nr. 1 (Gebühr: 2,0).

Die im selbständigen Beweisverfahren anfallende **Verfahrensgebühr des Rechtsanwalts** wird nach Vorbemerkung V vor Teil 3 des VergVerz RVG (= vor Nr. 3100) auf die Verfahrensgebühr für das Hauptsacheverfahren angerechnet.[49] Demgegenüber wurden unter Geltung der BRAGO die nach § 48 BRAGO in Verbindung mit § 31 Abs. 1 BRAGO entstehenden Anwaltsgebühren gemäß § 37 Ziff. 3 BRAGO auf das streitige Verfahren angerechnet. Das selbständige Beweisverfahren gehörte schon vor Anhängigkeit der Hauptsache zum Rechtszug, so dass ein Anwalt insgesamt nur 3 und nicht 5 Gebühren nach § 31 Abs. 1 BRAGO erhielt, wenn er eine Partei zunächst im selbständigen Beweisverfahren und dann in der Hauptsache vertrat.[50] Für den Anwalt bestand also kein „gebührenrechtlicher Reiz", einen Gütetermin nach § 492 Abs. 3 scheitern zu lassen, um ein zusätzliches Hauptsacheverfahren zu provozieren. Das **Gebührenrecht des RVG fördert die Streiterledigung durch Vergleichsabschluss** nach § 492 Abs. 2 zusätzlich. Unter Geltung des RVG fällt die Termingebühr der Nr. 3104 VergVerz RVG doppelt an. Allerdings ist die Einigungsgebühr der Nr. 1000 VergVerz RVG mit dem Satz von 1,5 hö-

---

[46] Zöller/*Herget*[29] § 493 Rdn. 5.
[47] Vgl. OLG Frankfurt/M. MDR 1985, 853. Ablehnend zur Verwendung des Protokolls der Zeugenaussage im Urkundenprozess KG JW 1922, 498.
[48] BGH NJW 1980, 1458.
[49] Dazu BGH NJW 2007, 3578 Tz. 17 (dort: Beweisverfahrensgegenstand nur teilweise Gegenstand des Hauptsacheverfahrens).
[50] OLG Koblenz MDR 1994, 522 f.; OLG Zweibrücken Rpfleger 1994, 39 f.; OLG München Rpfleger 1994, 317.

her als eine zusätzliche Terminsgebühr im Hauptsacheverfahren nach einem Satz von 1,2. Bei gleichzeitiger Anhängigkeit des Hauptsacheverfahrens beträgt der Satz der Einigungsgebühr im selbständigen Beweisverfahren nach Nr. 1003 VergVerz RVG 1,0.

29 **Soweit** die **BRAGO noch anwendbar** ist, gilt folgendes für die Anwaltsgebühren: Die Beweisverwertung nach § 493 Abs. 1 ist keine Beweisaufnahme im Hauptprozess.[51] War eine Partei im selbständigen Beweisverfahren noch nicht anwaltlich vertreten, so fällt keine Beweisgebühr nach § 31 Abs. 1 Nr. 3 (§ 48) BRAGO an.[52] Dies gilt auch dann, wenn sich der Gegenstandswert der Beweisaufnahme dadurch erhöht, dass der Antragsteller vom ursprünglichen Mängelbeseitigungsinteresse im Hauptsacheprozess zur Wandlung übergeht.[53] Findet eine Verwertung im Wege des Urkundsbeweises statt, gilt nach der Wertung des § 34 Abs. 1 BRAGO nichts anderes.[54] Die Beweisgebühr des Hauptsacheverfahrens setzt nicht voraus, dass die selbständige Beweisaufnahme verwertet worden ist; ausreichend ist, dass sich eine Partei auf Tatsachen beruft, über die Beweis erhoben worden ist.[55]

§ 494
Unbekannter Gegner

(1) Wird von dem Beweisführer ein Gegner nicht bezeichnet, so ist der Antrag nur dann zulässig, wenn der Beweisführer glaubhaft macht, daß er ohne sein Verschulden außerstande sei, den Gegner zu bezeichnen.

(2) Wird dem Antrag stattgegeben, so kann das Gericht dem unbekannten Gegner zur Wahrnehmung seiner Rechte bei der Beweisaufnahme einen Vertreter bestellen.

Übersicht

I. Ausnahme vom kontradiktorischen Verfahren — 1
II. Zulassungsvoraussetzungen
   1. Glaubhaftmachung fehlender Kenntnis — 2
   2. Veränderungen im laufenden Verfahren — 5
   3. Analoge Anwendung — 6
III. Vertreterbestellung — 7
IV. Wirkungen — 10

I. Ausnahme vom kontradiktorischen Verfahren

1 § 487 Nr. 1 verlangt, den Gegner des selbständigen Beweisverfahrens zu bezeichnen. **Nur ausnahmsweise** ist der Antrag gem. § 494 Abs. 1 zulässig, wenn der Antragsteller glaubhaft macht, dass er ohne Verschulden außerstande ist, den Gegner zu bezeichnen. Selbst dann ist er nicht generell zuzulassen. In Betracht kommen dafür nur Verfahren **nach § 485 Abs. 1**; ein rechtliches Interesse nach § 485 Abs. 2 kann gegenüber einem unbekannten Gegner nicht bestehen.[1] § 494 Abs. 1 beruht auf einer Abwägung zwischen dem Beweissicherungsinteresse des Antragstellers und dem Interesse des Antragsgegners, nach Möglichkeit am Verfahren beteiligt zu werden und rechtliches Gehör zu erhalten.

---

51 OLG Koblenz NJW-RR 1994, 825, 826 = MDR 1994, 103; OLG Hamm JurBüro 1993, 396, 397.
52 OLG Koblenz NJW-RR 1994, 825, 826; OLG Hamm JurBüro 1992, 396, 397.
53 OLG Koblenz NJW-RR 1994, 825, 826 (dort Streitwerterhöhung von DM 5.000 auf DM 322.000).
54 Vgl. OLG Koblenz NJW-RR 1994, 825, 826; OLG Hamm JurBüro 1992, 396, 397.
55 OLG Schleswig JurBüro 1997, 586.

1 BT-Drucks. 11/3621 S. 42.

II. Zulassungsvoraussetzungen

1. Glaubhaftmachung fehlender Kenntnis. Dem Antragsteller muss es **schuldlos** **unmöglich** sein, den Antragsgegner zu benennen. In Betracht kommt dies etwa gegen den flüchtigen Verursacher eines Unfalls, gegen den sonst unbekannten Schädiger aus einer unerlaubten Handlung oder gegen den z.B. nach Straßen- oder Haustürgeschäften unauffindbaren Vertragsschuldner.[2] § 494 ist restriktiv auszulegen. An die Nachforschungen des Antragstellers sind strenge Anforderungen zu stellen.

§ 494 Abs. 1 ist **nicht anwendbar**, wenn als Verursacher eines Schadens **mehrere Schädiger** in Betracht kommen, oder wenn im werkvertraglichen Bereich ungewiss ist, wer von mehreren Schuldnern für einen Mangel verantwortlich ist; ein Beweisverfahren ist also unzulässig.[3] Dem Antragsteller ist es dann möglich, alle potentiellen Anspruchsgegner als Gegner im selbständigen Beweisverfahren zu benennen.[4] Zur Hemmung der Verjährung von Gewährleistungsansprüchen ist ein solches Vorgehen geboten (unten Rdn. 11).

Die Unmöglichkeit, den Gegner zu benennen, ist nach § 294 Abs. 1 glaubhaft zu machen. Die **Glaubhaftmachungspflicht** bezieht sich auch auf die Bemühungen des Antragstellers, den Antragsgegner ausfindig zu machen.

2. Veränderungen im laufenden Verfahren. Der Gegner kann **während** der Durchführung des selbständigen **Beweisverfahrens bekannt werden**. Dann entfällt die Zulässigkeitsvoraussetzung des § 494 Abs. 1 für die Zukunft.[5] Dem Antragsteller ist allerdings die Möglichkeit einzuräumen, das Verfahren gegen den dann zu bezeichnenden Antragsgegner entsprechend den Regeln über den **Parteiwechsel** fortzuführen. Das u.U. schon gefundene Beweisergebnis bleibt verwertbar, soweit es dies sonst gewesen wäre, auch wenn der nunmehr bekannte (und nicht nach § 494 Abs. 2 vertretene) Antragsgegner den bisherigen Verfahrensverlauf nicht, wie es möglich ist, genehmigt. War ein Vertreter nach § 494 Abs. 2 bestellt, bleiben die Prozesshandlungen des Vertreters wie in den Fällen des § 57 wirksam.

3. Analoge Anwendung. Entsprechend anzuwenden ist § 494, wenn während eines selbständigen Beweisverfahrens die **Partei verstirbt** oder ihr gesetzlicher Vertreter wegfällt.[6] Gleiches gilt, wenn eine Partei **insolvent** wird und ein Verwalter noch nicht ernannt ist (s. auch § 490 Rdn. 6).

III. Vertreterbestellung

Das Gericht kann für den unbekannten Gegner einen Vertreter bestellen. Der Gesetzeswortlaut legt eine Ermessensentscheidung nahe. Die Entscheidung steht indes nicht im Belieben des Gerichts. Wegen der Bedeutung des rechtlichen Gehörs muss die **Vertreterbestellung** der **Regelfall** sein. Dafür spricht auch die Sicherung der Verwertbar-

---

2 So die von BGH NJW 1980, 1458 genannten Beispiele.
3 Zutreffend *Weise*[1] Rdn. 109, allerdings mit unzutreffender Berufung auf BGH NJW 1971, 134, 136; *Ulrich* AnwBl. 2003, 26, 31.
4 Für eine Benennung aller ernsthaft in Betracht kommenden Schadensverursacher auch bei Begründung des Verfahrensinteresses nach § 485 Abs. 2 (Rechtsstreitvermeidung) OLG Frankfurt MDR 1994, 1244 = BauR 1995, 275; vgl. i.e. § 487 Rdn. 4 f.
5 Zum Erfordernis der Zulässigkeitsvoraussetzungen beim Abschluss des streitigen Verfahrens BGH NJW 1980, 520; BGHZ 18, 98, 106.
6 OLG Stuttgart OLGRspr. 40 (1920), S. 379.

keit der Beweisaufnahme. Eine **Pflicht zur Übernahme** der Vertretung besteht für die ausgewählte Person **nicht**.

8   Die Rechtsstellung des nach § 494 Abs. 2 bestellten Vertreters soll der eines **gesetzlichen Vertreters** nach § 51 Abs. 1 entsprechen.[7] Näherliegend ist der Vergleich mit § 57 Abs. 1, da die Bestellung gezielt für das Verfahren erfolgt. Materiell-rechtlich hat die Qualifikation keine Auswirkungen, da der Vertreter des § 57 Abs. 1 für den Prozess einem gesetzlichen Vertreter gleichgestellt ist.[8] Der Vertreter hat nicht die Befugnis, eine Kostenentscheidung durch Anträge nach § 494a herbeizuführen.[9] Gegen einen unbekannten Gegner – nicht zu verwechseln mit einem Gegner unbekannten Aufenthaltsortes i.S.d. § 185 Nr. 1 – kann kein Hauptsacheprozess geführt werden. Es besteht dafür im Hinblick auf § 494a Abs. 2 Satz 1 auch kein Bedürfnis, weil der Antragsteller ohnehin die Kosten des Vertreters zu tragen hat (nachfolgend Rdn. 9).

9   Ein **Kostenerstattungsanspruch** gegen die **Gerichtskasse** steht dem Vertreter nicht zu.[10] Daher besteht auch keine Vorschusspflicht (nach § 17 GKG). Die Ansprüche des Vertreters **gegen die Parteien** sind in Parallele zu § 57 zu beurteilen. Im Falle des § 57 hat der Vertreter gegen den *Beklagten* einen Anspruch analog §§ 683, 670, 1835 Abs. 2 BGB.[11] Damit lässt sich bei einem unbekannt bleibenden Gegner nichts anfangen. Statt dessen ist dem Vertreter ein Anspruch gegen den Antragsteller zu gewähren.[12] Ihm erwächst aus der Bestellung des Vertreters ein Verfahrensvorteil, der es rechtfertigt, den Antragsteller als Geschäftsherrn anzusehen. Im **nachfolgenden Prozess** sind die Kosten des Vertreters nach § 91 Abs. 1 zu verteilende außergerichtliche Kosten.[13]

IV. Wirkungen

10   Das Ergebnis einer zulässigen Beweisaufnahme ist **nach § 493 zu verwerten**[14] (s. auch § 493 Rdn. 25). In dieser Hinsicht unterliegt das Beweisverfahren des § 494 keinen Einschränkungen. Denkbar ist, dass ein vernommener Zeuge oder ein bestellter Sachverständiger selbst nachträglich zur Prozesspartei wird, oder dass im Verhältnis zur ursprünglich unbekannten Partei ein Zeugnis- oder Gutachtenverweigerungsrecht (§§ 383 f., 408) gegeben ist. Die Verwertung wird dadurch grundsätzlich nicht gehindert, doch hat die Beweisperson in beiden Fällen ein nachträgliches Weigerungsrecht, dessen Ausübung die Verwertung wie bei unterbliebener Belehrung ausschließt.

11   Die **Gleichstellung** des gegnerlosen Beweisverfahrens mit dem gegen einen bestimmten Gegner geführten Verfahren gilt **nicht** in Bezug auf die **Hemmung der Verjährung** von Gewährleistungsansprüchen.[15] Selbst bei Bestellung eines Vertreters wirkt das Beweisverfahren gegen Unbekannt nicht hemmend.[16]

---

7   Musielak/*Huber*[10] § 494 Rdn. 1; Zöller/*Herget*[29] § 494 Rdn. 2.
8   OLG München MDR 1972, 155.
9   Stein/Jonas/*Leipold*[22] § 494 Rdn. 3; *Cuypers* MDR 2004, 244, 251.
10   *Weise*[1] Rdn. 107.
11   KG JW 1939, 566 f. Für Entschädigung entsprechend § 1835 BGB Baumbach/Lauterbach/*Hartmann*[71] Einf. vor § 57 Rdn. 4. Einen Anspruch ohne abschließende dogmatische Einordnung bejahend MünchKomm/*Lindacher*[4] § 57 Rdn. 24 Fn. 31; diffus Wieczorek/Schütze/*Hausmann*[3] § 57 Rdn. 25 mit Fn. 58 und 59.
12   Kleine-Möller/Merl/*Praun*[4] § 19 Rdn. 110.
13   *Weise*[1] Rdn. 107.
14   BGH NJW 1980, 1458.
15   So zur Verjährungsunterbrechung nach § 477 Abs. 2 BGB a.F.: BGH NJW 1980, 1458; OLG Köln VersR 1971, 378, 380; Stein/Jonas/*Leipold*[21] § 486 Rdn. 18.
16   BGH NJW 1980, 1458, 1459.

§ 494a
Frist zur Klageerhebung

(1) Ist ein Rechtsstreit nicht anhängig, hat das Gericht nach Beendigung der Beweiserhebung auf Antrag ohne mündliche Verhandlung anzuordnen, daß der Antragsteller binnen einer zu bestimmenden Frist Klage zu erheben hat.

(2) Kommt der Antragsteller dieser Anordnung nicht nach, hat das Gericht auf Antrag durch Beschluß auszusprechen, daß er die dem Gegner entstandenen Kosten zu tragen hat. Die Entscheidung unterliegt der sofortigen Beschwerde.

Schrifttum

Enaux Rechtliche Probleme bei der Streitverkündung im selbständigen Beweisverfahren in Bausachen, FS Walter Jagenburg, 2002, S. 147; *Kießling* Die Kosten der Nebenintervention im selbständigen Beweisverfahren der §§ 485 ff. ZPO außerhalb des Hauptsacheverfahrens, NJW 2001, 3668; *Loof* Kostenentscheidung nach Erledigung des selbständigen Beweisverfahrens, NJW 2008, 24; *Schneider* Die Streitwertänderungsfrist im selbständigen Beweisverfahren, MDR 2000, 1230; *Seeber* Kostenrechtliche Fragen im selbständigen Beweisverfahren, 2007.
S. ferner vor § 485.

Übersicht

I. Kostenerstattungsbedürfnis
  1. Dilemma der Akzessorietät der Kostengrundentscheidung —— 1
  2. Rechtstechnik des § 494a
     a) Prozessuale Kostenerstattung als Regelungsziel —— 2
     b) Zweistufiges Verfahren —— 3
     c) Regelungslücken —— 6
     d) Zielsetzungen des Lückenschlusses —— 7
II. Unsichere Zuordnung des Beweisverfahrens zu einem Hauptsacheverfahren —— 8
III. Anordnung der Klageerhebung
  1. Erfordernis fehlender Anhängigkeit
     a) Bereits bestehende Anhängigkeit —— 12
     b) „Streitgegenstand" —— 13
  2. Beendigung des Beweisverfahrens —— 15
  3. Nicht statthafte Anordnung
     a) Klage des Antragsgegners, Aufrechnung —— 16
     b) Erfüllung —— 18
     c) Nachträglicher Anspruchsverzicht —— 20
     d) Feststellungsklage —— 21
     e) Vermeidung von Teilkostenentscheidungen —— 22
IV. Verfahren der Fristsetzungsanordnung
  1. Antragsberechtigte
     a) Antragsgegner —— 23
     b) Streithelfer —— 24

  2. Anwaltszwang —— 28
  3. Vorheriger Abschluss der Beweisaufnahme —— 29
  4. Entscheidung
     a) Fristbestimmung —— 30
     b) Streitgegenstandsfixierung —— 31
     c) Entscheidungsform, Rechtsbehelfe —— 32
     d) Belehrung —— 33
V. Der Kostenbeschluss nach Fristversäumung
  1. Notwendiger zweiter Antrag, Nachholung der Klage —— 35
  2. Versäumung der Klagefrist
     a) Streitgegenstandsentsprechung —— 38
     b) Anspruchserfüllung, Anspruchsverzicht, erfolglose Beweisaufnahme —— 39
     c) Teilklage —— 40
     d) Widerklage, Aufrechnung des Antragstellers, Zurückbehaltungsrecht —— 43
     e) Klage auf Kostenersatz —— 46
  3. Beschlussentscheidung —— 47
VI. Ausnahmsweise: isolierte Kostenentscheidung im Beweisverfahren
  1. Sonderfälle außerhalb des § 494a —— 51
  2. Antragsrücknahme vor Ende der Beweisaufnahme
     a) Kein nachfolgendes Hauptsacheverfahren

aa) Beweisergebnis zuungunsten des Antragstellers —— 53
bb) Erfüllung und gleichgestellte Ereignisse —— 56
b) Anhängiges Hauptsacheverfahren —— 57
3. Zurückweisung des Antrags als unzulässig —— 58
4. Erledigung des Beweisinteresses nach Beendigung der Beweisaufnahme —— 59
5. Rücknahme der Hauptsacheklage —— 60
6. Sonstige Verfahrenserledigungen —— 61

VII. Besondere Kostenprobleme des selbständigen Beweisverfahrens
1. Streitwert —— 67
2. Kosten (Gebühren, Auslagen)
   a) Gerichtskosten —— 71
   b) Anwaltsgebühren —— 73
3. Festsetzung im Hauptverfahren, Kostenquotierung, Notwendigkeit der Kosten —— 75
4. Kosten des Verfahrens nach § 494a —— 82
5. Materiell-rechtliche Kostenerstattung —— 83
6. Sonstiges —— 85

I. Kostenerstattungsbedürfnis

1. Dilemma der Akzessorietät der Kostengrundentscheidung. Im selbständigen Beweisverfahren ergeht **grundsätzlich keine Kostenentscheidung**.[1] Dem liegt der Gedanke zugrunde, dass seine Verfahrenskosten **Kosten des späteren Hauptprozesses** darstellen[2] und dort darüber zu entscheiden ist.[3] Für akzessorische prozessuale Kostengrundentscheidungen, die ohne selbständige Verteilungsbewertung vereinfachend an den Prozesserfolg anknüpfen soll, ist grundsätzlich Voraussetzung, dass eine verfahrensabschließende Entscheidung ergangen ist. Im selbständigen Beweisverfahren fehlt es daran, insbesondere wird das Beweisergebnis nicht vorweggenommen bewertet.[4] Vielmehr wird eine solche Entscheidung durch das verselbständigte Nebenverfahren nur vorbereitet.

2. Rechtstechnik des § 494a

a) Prozessuale Kostenerstattung als Regelungsziel. Die Zurückhaltung beim Erlass einer Kostenentscheidung im Beweisverfahren kann zu **unbilligen Ergebnissen zu Lasten des Antragsgegners** führen, wenn weder ein Vergleich (§ 492 Abs. 3) geschlossen, noch ein streitiges Verfahren über den Anspruch durchgeführt wird, etwa weil der Antragsteller aufgrund des Beweisergebnisses keine hinreichenden Erfolgschancen sieht. Der in der Vorwurfsabwehr erfolgreiche Antragsgegner erlangt dann keinen prozessualen Kostenerstattungsanspruch, der zur Festsetzung der Kosten des Beweisverfahrens berechtigt. **Materiell-rechtliche Erstattungsansprüche wegen** der **Abwehr** der mit dem selbständigen Beweisverfahren behaupteten Ansprüche bestehen in der Regel nicht. Dem soll **§ 494a zugunsten des Antragsgegners** entgegenwirken.[5] Der seit 1991

---

1 BGH NJW-RR 2004, 1005; BGH (7. ZS) NJW-RR 2005, 1688.
2 BGH (8. ZS) NJW 2003, 1322, 1323; BGH (5. ZS) NJW 2005, 294; Wieczorek/Schütze/*Steiner*[3] § 91 Rdn. 39 m.w.N.
3 BGHZ 132, 96, 104 = NJW 1996, 1749, 1751; BGH NJW-RR 2003, 1240, 1241; BGH NJW-RR 2005, 1688; BGH NJW-RR 2010, 674 Tz. 14 = VersR 2010, 1186; BGH NJW 2011, 1292 Tz. 7; OLG Celle NJW 2013, 475, 476 m. Anm. *Busche*.
4 Zu diesem Aspekt der Zurückhaltung des Gesetzes OLG Köln (22. ZS) OLGZ 1994, 237, 238; OLG Hamm (7. ZS) NJW-RR 1997, 959.
5 BGH NJW-RR 2004, 1005; BGH NJW-RR 2004, 1580, 1581; BGH NJW-RR 2005, 1688, 1689.

geltende § 494a bereitet den **Weg zu** einer **prozessualen Kostenerstattung**.[6] Ein Kostenbeschluss nach § 494a über die prozessuale Kostenerstattung schließt eine Klage über einen gegenläufigen materiell-rechtlichen Kostenerstattungsanspruch nicht aus, der nicht Gegenstand einer Hauptsacheklage hätte sein können.[7]

b) Zweistufiges Verfahren. § 494a ist wie § 926 **zweistufig** aufgebaut: Nach Absatz 1 ist dem Antragsteller auf Antrag aufzugeben, innerhalb einer vom Gericht zu bestimmenden Frist Klage zu erheben. Bleibt die Fristsetzung unbeachtet, tritt eine Kostenfolge nicht automatisch ein. Vielmehr kann dann nach Absatz 2 beantragt werden, dem Antragsteller die seinem Gegner entstandenen Kosten durch Beschluss aufzuerlegen. Der **Antragsgegner** soll bei trotz Fristsetzung unterbliebener Klagerhebung so gestellt werden, **als habe er obsiegt**. 3

Das Vorgehen nach § 494a **ähnelt** der **Erzwingung des Hauptsacheverfahrens nach § 926**, bereitet aber, da die Vorschrift im Gesetzgebungsverfahren undurchdacht geblieben und **mangelhaft ausgearbeitet** worden ist, noch mehr Anwendungsprobleme als § 926. Erfasst werden sollen nach dem Willen des Rechtsausschusses auch diejenigen Fälle, in denen die (erzwungene) Klage zurückgenommen oder als unzulässig abgewiesen worden ist.[8] Die Parallele zu § 926 ist falsch gezogen worden; § 926 steht in innerem Zusammenhang mit der Summarietät der Eilentscheidung und deren fehlender materieller Rechtskraft. Nicht zu Unrecht ist § 494a wegen vielfältiger Folgeprobleme als Fehlkonstruktion bezeichnet worden.[9] 4

Der BGH hat § 494a als „Ausnahmevorschrift" bezeichnet und in ein Komplementärverhältnis zum **Grundsatz** der **Einheitlichkeit der Kostenentscheidung** des Hauptsacheverfahrens gesetzt.[10] Aus dieser dogmatischen Sicht, für die es keinen Anhalt in den Gesetzesmaterialien gibt, werden problematische Schlüsse bei lediglich teilweiser Entsprechung der Gegenstände von Beweisverfahren und Hauptsacheverfahren hergeleitet. 5

c) Regelungslücken. § 494a Abs. 2 setzt voraus, dass ein Fristsetzungsantrag nach § 494a Abs. 1 gestellt worden ist. Dessen Zulässigkeit ist an die **Beendigung der Beweiserhebung** geknüpft,[11] so dass Ereignisse, die zum **vorherigen Stillstand** oder Abbruch des Beweisverfahrens führen, eine Kostenentscheidung nach § 494a Abs. 2 vereiteln. § 494a Abs. 2 ist im Übrigen **nur zugunsten des Antragsgegners** geschaffen worden und daher keine Basis für weitergehende Kostengrundentscheidungen im Interesse des Antragstellers.[12] Erledigen sich die Ansprüche, für die der Antragsteller die Beweise festgestellt sehen wollte, was in der Regel durch Erfüllung geschieht, hat der **Antragsteller** ein **Interesse an** einem **prozessualen** Anspruch auf **Kostenerstattung**. 6

---

6 § 494a wurde auf nachträgliche Anregung des BMJ in die Beschlussempfehlung des
Bundestagsrechtsausschusses aufgenommen (BT-Drucks. 11/8283 S. 48). Der Rechtsausschuss befürchtete das Fehlen eines Kostenerstattungsanspruchs schlechthin, ohne an die Möglichkeit eines – allerdings selten bereitstehenden – materiell-rechtlichen Anspruchs zu denken.
7 OLG Düsseldorf NJW-RR 2006, 571. Zum Verhältnis zwischen materiell-rechtlicher und prozessualer Erstattungspflicht allgemein Stein/Jonas/*Bork*[22] vor § 91 Rdn. 19.
8 BT-Drucks. 11/8283 S. 48. Für analoge Anwendung des § 269 Abs. 3 bei Rücknahme der nicht nach § 494a Abs. 1 erzwungenen Klage OLG Düsseldorf (12. ZS) BauR 1997, 349, 351.
9 *Cuypers* MDR 2004, 314, 316.
10 BGH (7. ZS) NJW 2004, 3121.
11 OLG Düsseldorf NJW-RR 2002, 1654, 1655 (dort zum Zeitpunkt der Beendigung; s. auch § 490 Rdn. 8); OLG München NJW-RR 2001, 1580, 1581.
12 BGH NJW-RR 2004, 1005; OLG Nürnberg MDR 2010, 889, 890 (m. Konsequenzen bei wechselseitigen Verfahren).

Dafür fehlt eine klare gesetzliche Regelung, wenn die Erledigung vor Erhebung einer Leistungsklage eintritt.

7   **d) Zielsetzungen des Lückenschlusses.** Soweit die unvollständige gesetzliche Regelung methodengerecht aufzufüllen ist, sind folgende Grundsätze leitend: (1) Es besteht ein Bedürfnis nach **prozessualer Kostenerstattung**. (2) Soweit als möglich ist ein Hauptsacheverfahren, das eine **Bewertung des Beweisaufnahmebedürfnisses** ermöglicht, zur Grundlage der relevanten Kostengrundentscheidung zu machen; die Kostengrundentscheidung hat dann im Hauptsacheverfahren zu ergehen. (3) Zwiespältig ist das Bemühen, ein Hauptsacheverfahren unter allen Umständen zu erzwingen, so dass nur wegen der Kosten des Beweisverfahrens ein Folgerechtsstreit zu führen ist. Soweit **einfacher** eine Kostenentscheidung **im Beweisverfahren** selbst ergehen kann, ist dieser Weg vorzuziehen. (4) Zwiespältig ist es aber auch, dem Grundsatz der Einheitlichkeit der Kostenentscheidung im Hauptsacheverfahren zu starke Bedeutung beizumessen, wie es offenbar der BGH tut.[13]

II. Unsichere Zuordnung des Beweisverfahrens zu einem Hauptsacheverfahren

8   Die Übertragung der Regelungstechnik des § 926 auf das selbständige Beweisverfahren stößt auch deshalb auf erhebliche Schwierigkeiten, weil es im Beweisverfahren entgegen teilweise unsorgfältiger gegenteiliger Terminologie **keinen Streitgegenstand sondern nur Beweisthemen** gibt. Während bei § 926 der durch die Eilentscheidung gesicherte Anspruch ohne größere Schwierigkeiten mit dem im Hauptsacheverfahren geltend gemachten Streitgegenstand verglichen werden kann, liegt dem selbständigen Beweisverfahren kein bestimmter Anspruch zugrunde und der Streitgegenstand der zu erhebenden Klage kann nach Qualität und Umfang **ungewiss** sein. Die **Beweistatsachen können** innerhalb desselben Rechtsverhältnisses **mehrfach relevant** sein. Ist etwa beim Werkvertrag das Vorhandensein von Werkmängeln streitig, sind die Beweistatsachen aus der Sicht des Bestellers für die Ansprüche auf Neuherstellung, Mangelbeseitigung, Aufwendungsersatz, Vorschuss für die Selbstbeseitigung oder Schadensersatz bedeutsam, aus der Sicht des Werkunternehmers hingegen für die Ansprüche auf Werklohn oder Abnahme, und dies jeweils auch mit dem Ziel der Abwehr gegnerischer Einwendungen. Daraus resultieren nicht nur Schwierigkeiten unmittelbar bei der Anwendung des § 494a Abs. 2, sondern auch bei ausnahmsweise zulässigen (dazu unten Rdn. 51) isolierten Kostenentscheidungen.

9   Mit der Streitgegenstandsunsicherheit geht einher, dass die **Relevanz der Beweisthemen für einen Streitgegenstand unsicher** ist. Dies gilt etwa für Baurechtsstreitigkeiten, bei denen der Bauherr das Beweisverfahren zur Überwindung seines fachlichen Wissensmangels anstrengt und vorsorglich mehrere ihm plausibel erscheinende Schadensursachen angibt, aus denen er ihm plausibel erscheinende Beweisthemen formuliert. Erst aus dem Ergebnis eines Sachverständigengutachtens ergibt sich dann, auf welche Beweisthemen es im Verhältnis zu welchem Anspruchsgegner ankommt. **Nicht jeder „Überschuss" an Beweiserhebung** ist als **Unterliegen** des Antragstellers zu werten. Es kann nur um eine grobe Zuordnung zu einem Hauptsachestreitgegenstand gehen. Daraus resultieren Probleme, wenn im Laufe des Beweisverfahrens oder des nachfolgenden Hauptsacheverfahrens der **Anlass des Beweisbegehrens** (z.B. Baumängel) durch

---

[13] Vgl. BGH (5. ZS) NJW 2005, 294; BGH (7. ZS) NJW 2004, 3121; BGH (7. ZS) NJW-RR 2055, 1668; s. ferner BGHZ 132, 96, 104; BGH (7. ZS) NJW-RR 2003, 1240, 1241.

volle Anspruchserfüllung **beseitigt** worden ist und dieser Fall von einer **teilweisen Erfüllung abzugrenzen** ist, bei der die Kosten zu quoteln sind.

Bei der Bestimmung des relevanten Rechtsstreits bzw. der den Beweisthemen des Beweisverfahrens zugehörigen Klage ist von dem Zweck des § 494a auszugehen, eine **prozessuale Kostenentscheidung** herbeizuführen, die (nach dem Unterliegensprinzip, § 91) **akzessorisch** zu einer Hauptsacheentscheidung ergeht, für die ihrerseits die **Beweisthemen entscheidungserheblich** sind, weil die Beweistatsachen (§ 493 Abs. 1) unter Tatbestandsmerkmale eines streitgegenständlichen Anspruchs zu subsumieren sind.

Bei mehreren möglichen Streitgegenständen hat der Antragsteller des Beweisverfahrens im vorgenannten Rahmen die **Wahl, welchen Streitgegenstand** er der Klage zugrunde legen will. Er muss nicht denjenigen Anspruch wählen, den er zur Begründung des Verfahrensinteresses nach § 495 Abs. 2 benannt hat. Damit kann er bei unterschiedlichen Streitwerten das Verlustrisiko steuern. Dasselbe gilt für den quantitativen Umfang des Streitgegenstandes, etwa bei einem Schadensersatzbegehren nach behaupteter ärztlicher Fehlbehandlung. Der Kläger und frühere Antragsteller kann der Hauptsache Minimalpositionen zugrunde legen, sich etwa unter Ausklammerung materieller Schadenspositionen auf ein Niedrigstschmerzensgeld beschränken. Auch bei einer Klageerhebung, die nicht über § 494a Abs. 1 erzwungen wird, ist der Antragsgegner nicht dagegen geschützt, dass er wegen befürchteter Streitfolgen für das Beweisverfahren nach einem höheren Gegenstandswert **erstattungslose Anwaltskosten** zu zahlen hat.

III. Anordnung der Klageerhebung

1. Erfordernis fehlender Anhängigkeit

a) Bereits bestehende Anhängigkeit. § 494a ist nur auf das selbständige Beweisverfahren außerhalb eines streitigen Hauptsacheverfahrens (§ 486 Abs. 2 und 3) anwendbar. Ist ein streitiges Verfahren bereits **anhängig**, so ist eine **Anordnung** nach § 494a Abs. 1 **unzulässig** und kann folgenlos ignoriert werden, wenn sie gleichwohl ergeht. Die im anhängigen Hauptsacherechtsstreit ergehende Kostenentscheidung umfasst die Kosten des selbständigen Beweisverfahrens (näher unten Rdn. 75).

b) „Streitgegenstand". Der einfach klingende Grundsatz der Erzwingbarkeit des Hauptsacheverfahrens ist schwierig durchzuführen, weil dem selbständigen Beweisverfahren kein bestimmter Anspruch zugrunde liegt. Näher dazu oben Rdn. 8. Nur durch einen **Vergleich der Gegenstände beider Verfahren** lässt sich jedoch klären, ob der Antragsteller einer Fristsetzungsanordnung nachgekommen ist. Eine *wesentliche* Übereinstimmung ist ausreichend.[14]

Bei Baumängeln können verschiedene Mängel Teile eines einheitlichen Mängelbeseitigungsanspruchs sein. Gegenstand des Beweisverfahrens können aber auch Beweisthemen sein, die mehreren voneinander unabhängigen Ansprüchen zuzuordnen sind und **ähnlich** einer **objektiven Klagehäufung** miteinander verbunden werden; so verhält es sich, wenn Eigentumsstörungen in der behaupteten Umsturzgefahr von grenznahen Bäumen des Nachbargrundstücks sowie im Überhang der Äste eines der Bäume gesehen werden.[15]

---

14 BGH NJW 2005, 294, 295.
15 So im Fall BGH NJW 2005, 294 (Standfestigkeit erwiesen, Beseitigungsklage wegen des Überhangs).

15   **2. Beendigung des Beweisverfahrens.** Eine Fristsetzung gem. § 494a Abs. 1 ist erst *nach* Beendigung der Beweisaufnahme zulässig[16] (oben Rdn. 6). Aus welchem Grund das Beweisverfahren nicht beendet wurde, ist unerheblich. Mangels Beendigung und mangels Hauptsacheverfahrens ergeht eine Kostenentscheidung nach den Regeln, die zur Füllung der Gesetzeslücke (oben Rdn. 7) entwickelt wurden (unten Rdn. 51 ff.). Eine Beendigung erfolgt durch sachliche Erledigung des Antrags.[17]

3. Nicht statthafte Anordnung

16   **a) Klage des Antragsgegners, Aufrechnung.** In Betracht kommen kann, dass der Antragsteller das **Beweisverfahren zur Verteidigung** gegen eine Forderung des Antragsgegners betreibt. Erhebt der Antragsgegner Hauptsacheklage, in die der Antragsteller und Beklagte das Beweisergebnis einwendungsweise einführt, reicht dieses ordentliche Verfahren zur Entscheidung über die Kosten des Beweisverfahrens aus.[18] Die Stellung eines Fristsetzungsantrages nach § 494a Abs. 1 ist rechtsmissbräuchlich. Für eine negative Feststellungsklage des Antragstellers könnte ein Feststellungsinteresse nur aus einer reinen Wortlautinterpretation des § 494a Abs. 1 abgeleitet werden.

17   Die **Aufrechnung** im Prozess begründet trotz § 322 Abs. 2 und der grundsätzlichen Deckung von Rechtskraftumfang und Rechtshängigkeit **keine Rechtshängigkeit** der zur Aufrechnung gestellten Forderung.[19] Demnach könnte der Antragsgegner des selbständigen Beweisverfahrens einen Antrag nach **§ 494a Abs. 1** – mit der Konsequenz der Kostenerstattung nach § 494a Abs. 2 – auch dann stellen, wenn der Antragsteller mit der Forderung, die er im Beweisverfahren zur Begründung des Verfahrensinteresses benannt hat, in einem anderen Prozess zwischen ihm und dem Antragsgegner die Aufrechnung erklärt hat. Diese Auffassung ist abzulehnen. Solange über die Aufrechnungsforderung noch entschieden werden kann, ist die Aufrechnung für § 494a Abs. 2 ausreichend[20] (näher dazu Rdn. 44 f.). Dann fehlt dem Antragsgegner schon für den Antrag nach § 494a Abs. 1 ein Rechtsschutzbedürfnis.

18   **b) Erfüllung.** Wenn der Antragsgegner den **Anspruch des Antragstellers vollständig erfüllt** (Beispiel: Mangelbeseitigungsanspruch des Antragstellers als Besteller vom Antragsgegner als Unternehmer erfüllt) oder wenn er auf seinen vom Antragsteller **bekämpften Anspruch verzichtet** hat (Beispiel: Werklohnforderung des Antragsgegners standen vom Antragsteller als Besteller gerügte Werkmängel entgegen), ist es **rechtsmissbräuchlich**, einen Antrag nach **§ 494a Abs. 1** zu stellen.[21] Einem Antrag nach § 494a Abs. 2 ist nicht mehr zu entsprechen.[22] Dasselbe gilt bei vorbehaltloser Erfüllungsbereit-

---

16 OLG Stuttgart NJW-RR 2010, 1462.
17 OLG Stuttgart NJW-RR 2010, 1464.
18 OLG Nürnberg BauR 2000, 442, 443; *Ulrich* AnwBl. 2003, 144, 146.
19 BGHZ 57, 242, 243 m. abl. Anm. *Bettermann* ZZP 85 (1972), 486, 488; BGH NJW 1986, 2767; BGH NJW-RR 1994, 379, 380; Rosenberg/Schwab/*Gottwald*[17] § 102 Rdn. 25.
20 BGH NJW-RR 2005, 1688; OLG Hamm OLGR 1997, 299, 300; OLG Karlsruhe NJW-RR 2008, 1196 Tz. 11. **A.A.** OLG Düsseldorf MDR 1994, 201; OLG Köln BauR 1997, 517 = NJW-RR 1997, 1293; OLG Dresden NJW-RR 2003, 305, 306.
21 BGH NJW-RR 2003, 454; BGH NJW-RR 2004, 1580, 1581; BGH NJW 2010, 1460 Tz. 9; OLG Düsseldorf MDR 2006, 1253; OLG Hamm MDR 2007, 621; OLG Düsseldorf (22. ZS) BauR 1995, 877 f.; OLG Dresden NJW-RR 1999, 1516; OLG Hamm MDR 1999, 1406; OLG München NJW-RR 2001, 1580, 1581; LG Mönchengladbach MDR 2006, 229.
22 BGH NJW-RR 2003, 454; OLG Düsseldorf (22. ZS) BauR 1995, 877, 878; OLG Düsseldorf (10. ZS) MDR 1994, 201 = OLGZ 1994, 464, 465 f.; OLG Jena NJW-RR 2011, 1219, 1220; s. ferner OLG München BauR

schaft des Antragsgegners[23] und bei Abwarten mit der Antragstellung bis zum Eintritt der Anspruchsverjährung.[24] Erfüllt ist der den Beweisthemen zugrunde liegende Anspruch auch, wenn bei festzustellenden Baumängeln nicht der Antragsgegner selbst, sondern ein mithaftender Unternehmer die Mängel beseitigt hat.[25] Zum Schutz des Antragstellers s. Rdn. 52. Bei **teilweiser Erfüllung** darf im Beweisverfahren keine Kostenentscheidung – etwa unter Heranziehung des § 91a – ergehen;[26] dies würde dem Verlangen des BGH nach einheitlicher Kostenentscheidung im Hauptsacheverfahren widersprechen (dazu Rdn. 64).

Der 5. Zivilsenat des BGH hat angenommen, bei **Fristsetzung** zur Klageerhebung **unter Missachtung** von deren **Unzulässigkeit** sei der Antragsteller des Beweisverfahrens verpflichtet, eine Hauptsacheklage zu erheben, um die Kostenfolge des § 494a Abs. 2 zu vermeiden.[27] Diese Auffassung steht nicht in Einklang mit der gefestigten Rechtsprechung zur Vorbildnorm des § 926 Abs. 1 und 2 bei Erledigung des Anspruchs.[28] Vielmehr **darf** der Antragsteller die gesetzte **Frist sanktionslos unbeachtet lassen**. Allerdings muss er sich auf die damit verbundene Bewertungsunsicherheit nicht einlassen, sondern kann eine Klage auf Feststellung erheben, dass der Antragsgegner den für die Beweiserhebung relevanten Anspruch zu erfüllen verpflichtet war[29] (nachfolgend Rdn. 21). 19

c) Nachträglicher Anspruchsverzicht. Verzichtet der Antragsteller nach der Beweiserhebung auf den zur Verfahrensbegründung benannten Anspruch, ohne dass vollständige Erfüllung des dem Beweisantrag zugrundeliegenden Anspruchs eingetreten ist (dazu zuvor Rdn. 18), wird der **Fristsetzungsantrag** nach § 494a Abs. 1 dadurch **nicht unzulässig**, solange der Antragsteller nicht auch die Kosten des Beweisverfahrens erstattet hat.[30] Auch **ohne Fristsetzung** und Fristablauf können dem Antragsteller die dem Gegner entstandenen Kosten in diesem Falle **analog § 494a Abs. 2** auferlegt werden,[31] es sei denn, der Antragsgegner begehrt die Erstattung arglistig, weil die Klageerhebung wegen zwischenzeitlichen Vermögensverfalls des Antragsgegners unterblieben ist.[32] 20

d) Feststellungsklage. Ob eine **Fristsetzung unzulässig** ist, kann schwierig zu beurteilen sein. Dem Antragsteller das **Beurteilungsrisiko** zuzuweisen, ob er die Fristsetzung unbeachtet lassen darf oder ob er vorsorglich eine eventuell unbegründete Leistungsklage erheben sollte, bedeutet eine unzumutbare Schmälerung seiner Rechtsschutzmöglichkeiten. Als Ausweg bleibt die Erhebung einer **Feststellungsklage** (s. zuvor 21

1997, 167, 168; zust. *Ende* MDR 1997, 123, 124; **a.A.** OLG Düsseldorf (21. ZS) BauR 1995, 279 f.; OLG Hamm OLGZ 1994, 585 (LS).
23 OLG Düsseldorf MDR 1994, 201 = OLGZ 1994, 464, 466.
24 BGH NJW 2010, 1460 Tz. 10.
25 Vgl. OLG München MDR 1999, 639.
26 **A.A.** OLG Düsseldorf (5. ZS) MDR 2003, 534, 535; *Ende* MDR 1997, 123, 124 f.
27 BGH NJW-RR 2004, 1580, 1581; dem folgend Zöller/*Herget*[28] § 494a Rdn. 3.
28 Vgl. nur BGH NJW 1974, 503; *Ahrens*, Der Wettbewerbsprozess[7] Kap. 61 Rdn. 46 m.w.N. in Fn. 81.
29 BGH NJW-RR 2004, 1005; BGH NJW-RR 2004, 1580, 1581.
30 **A.A.** OLG Jena NJW-RR 2011, 1219 (Rechtsschutzbedürfnis verneinend). Anders auch die Handhabung des LG in OLG Karlsruhe MDR 1996, 1303.
31 OLG Karlsruhe MDR 1996, 1303 = JurBüro 1996, 375; OLG Köln VersR 1996, 1522 = MDR 1997, 105; OLG Jena NJW-RR 2011, 1219; Zöller/*Herget*[29] § 494a Rdn. 4. **A.A.** LG Mainz MDR 1995, 1271.
32 Vgl. dazu OLG Rostock BauR 1997, 169. Anders OLG Dresden ZIP 1999, 1814, 1815 bei Vermögensverfall schon im Zeitpunkt der Einleitung des Beweisverfahrens; OLG Hamm BauR 2007, 2118; OLG Frankfurt NJW-RR 2008, 1552, 1553.

Rdn. 19). Für sie ein Feststellungsinteresse zu verneinen,[33] wie es in gleicher Weise bei der Parallelproblematik des § 926 geschehen ist,[34] ist rechtsstaatswidrig. Zur Erhebung einer Feststellungsklage sollte der Antragsteller nicht gezwungen sein, wenn die Erfüllung des Anspruchs eingetreten ist, nachdem die Frist gem. § 494a Abs. 1 gesetzt war.[35]

22 e) **Vermeidung von Teilkostenentscheidungen.** Der BGH ist bemüht, über die Kosten des Beweisverfahrens **möglichst einheitlich im Hauptsacheverfahren** entscheiden zu lassen, um damit widersprüchliche gerichtliche Entscheidungen zu vermeiden.[36] **Teilkostenentscheidungen nach § 494a Abs. 2 Satz 1**, die wegen lediglich teilweiser Rechtshängigkeit des Gegenstandes des Beweisverfahrens im Hauptsacheverfahren in Betracht kommen könnten, sieht er deshalb als unzulässig an[37] (dazu unten Rdn. 78).

IV. Verfahren der Fristsetzungsanordnung

1. Antragsberechtigte

23 a) **Antragsgegner.** Antragsberechtigt nach § 494a Abs. 1 ist **jeder Gegner** des selbständigen Beweisverfahrens, **nicht** hingegen der **Vertreter** eines **unbekannten Gegners** (§ 494 Abs. 2; dort Rdn. 8). Alle Antragsberechtigten des § 494a Abs. 1 sind berechtigt, nachfolgend gegebenenfalls den Antrag nach § 494a Abs. 2 zu stellen.

24 b) **Streithelfer.** Antragsberechtigt ist **der Streitverkündete**, der dem Beweisverfahren auf Seiten des Antragsgegners als Streithelfer **beigetreten** ist, jedoch nicht in Widerspruch zum unterstützten Antragsgegner.[38] Dabei kann es nur um die Fristsetzung zur Klageerhebung gegen den Antragsgegner, **nicht** aber um eine **Klage** des Antragstellers **gegen** den **Streithelfer** gehen.[39] Den Streitverkündungsempfänger des Antragsgegners hat sich der Antragsteller nicht ausgesucht; in einen Prozess mit ihm, für den überhaupt jede Anspruchsgrundlage fehlen kann, darf er nicht gezwungen werden.[40]

25 Die Erwägung einer **analogen Anwendung des § 494a** ist eine Folge der zweifelhaften Grundentscheidung (vor § 485 Rdn. 18 ff.), die Streitverkündung im selbständigen Beweisverfahren zuzulassen, obwohl die Folgewirkungen unzureichend durchdacht bzw. gesetzlich geregelt worden sind, statt den Antragsgegner auf ein eigenes Beweisverfahren gegen den Streitverkündungsempfänger mit gemeinsamer Beweisaufnahme zu verweisen. Für die analoge Anwendung fehlen weitere Verfahrensvoraussetzungen. Soweit ein Fristsetzungsantrag des Streithelfers für eine Klageerhebung des Antragstellers gegen den Antragsgegner wegen § 67 davon abhängig gemacht wird, dass der Antragsgegner einverstanden sein müsse oder jedenfalls nicht widersprechen dürfe, zwingt dies zur Einführung eines **Anhörungsrechts des Antragsgegners**. Statt wegen der Streitver-

---

33 So OLG Düsseldorf (22. ZS) BauR 1995, 877; OLG Hamm MDR 1999, 1406.
34 Vgl. dazu *Ahrens*, Der Wettbewerbsprozess[7] Kap. 61 Rdn. 23 und 40.
35 **A.A.** OLG Hamm MDR 2007, 621.
36 BGH (7. ZS) NJW 2004, 3121; BGH (5. ZS) NJW 2005, 294.
37 BGH (7. ZS) NJW 2004, 3121; BGH (5. ZS) NJW 2005, 294; BGH (7. ZS) NJW-RR 2006, 810, 811.
38 BGH NJW-RR 2008, 261; BGH NJW 2009, 3240 Tz. 8. S. ferner OLG Karlsruhe BauR 1999, 1210; OLG Celle NJW-RR 2003, 1509, 1510 (jedenfalls dann, wenn der Antragsgegner nicht ausdrücklich erklärt, keinen Antrag stellen zu wollen); OLG Oldenburg NJW-RR 1995, 829, 830; LG Göttingen BauR 1998, 590; *Enaux* FS Jagenburg, S. 147, 159; *Kießling* NJW 2001, 3668, 3672f. Ablehnend OLG Koblenz NJW-RR 2001, 1726; OLG Koblenz NJW-RR 2003, 880.
39 BGH NJW 2009, 3240 Tz. 8.
40 *Cuypers* MDR 2004, 314, 317.

kündungszulassung zu immer weiteren skurrilen Folgemaßnahmen zu greifen, sollte der Streithelfer mangels Hauptsacheverfahrens auf einen materiell-rechtlichen Kostenerstattungsanspruch verwiesen werden.[41]

Findet ohnehin ein Hauptsacheverfahren statt, ist wegen der **Kosten des Streithelfers des Beweisverfahrens**, der nicht auch dem Hauptverfahren beigetreten ist, unter dem Gesichtspunkt kostenmäßiger Verfahrenszusammengehörigkeit eine **Kostengrundentscheidung im Hauptverfahren** zu erlassen.[42] Auf den Streithelfer ist § 101 Abs. 1 (analog) anzuwenden.[43] Wird der Erlass der Kostengrundentscheidung verweigert, ist dagegen analog § 99 Abs. 2 die sofortige Beschwerde gegeben.[44] Unerheblich soll sein, ob der Antragsteller die Klage wegen eines Gegenstandes des Beweisverfahrens erhoben hat, der den Streithelfer gar nicht betrifft;[45] insoweit soll § 494a gleichwohl versperrt sein.[46] Eine Kostenerstattung nach § 101 Abs. 1 findet freilich nur statt, wenn der Antragsteller des Beweisverfahrens als Gegner der unterstützten Hauptpartei die Kosten des Rechtsstreits zu tragen hat; anderenfalls hat der Streithelfer des Antragsgegners im Beweisverfahren seine Kosten selbst zu tragen.[47] Unangemessen kann es sein, dem Streithelfer die Gebühren seines Rechtsanwalts nach dem Wert des Beweisverfahrens zu erstatten, wenn seine Streithilfe darauf beschränkt war, lediglich beobachtend das Ergebnis eines Sachverständigengutachtens zur Kenntnis zu nehmen.[48] Auch diese dubiose Folge der Streitverkündung gilt es zu überdenken. Ergibt die selbständige Beweisaufnahme kein vertragswidriges oder deliktsrechtlich zurechenbares Verhalten des Streithelfers, auf den ein Anspruch des Antragsgegners gegen ihn gestützt werden könnte, bliebe schon der Versuch erfolglos, ihn in einem Hauptsacheverfahren des Antragstellers gegen den Antragsgegner mittels erneuter Streitverkündung zur Streithilfe zugunsten des beklagten Antragsgegners zu veranlassen; die Voraussetzungen des § 72 für eine zulässige Streitverkündung lägen nicht vor, was bei einem gleichwohl erfolgten Beitritt auf Antrag des klagenden Antragstellers nach § 71 durch Zwischenurteil festzustellen wäre. Ist der Streithelfer nur einem von mehreren Antragsgegnern beigetreten, gegen den die Hauptsacheklage später nicht erhoben wird, soll er die Anträge nach § 494a erfolgreich stellen können.[49]

Schließen Antragsteller und Antragsgegner einen **Vergleich oder erfüllt** der **Antragsgegner**, steht dem **Streithelfer** der Weg nach § 494a auf keinen Fall offen.[50]

2. Anwaltszwang. § 78 Abs. 1 soll nach z.T. vertretener Ansicht **nicht** anzuwenden sein, weil § 486 Abs. 4 die Verfahrenseinleitung ohne Beiziehung eines Anwaltes ermöglicht.[51] Die Gegenansicht argumentiert mit dem Fehlen einer § 486 Abs. 4 vergleichbaren Regelung.[52] Da der BGH das Beweisverfahren als streitiges Verfahren ansieht, für das nur

---

41 Vgl. *Cuypers* MDR 2004, 314, 318. Anders OLG Frankfurt NJW-RR 2008, 1552, 1553.
42 OLG Celle NJW-RR 2003, 1509, 1510; OLG Frankfurt NJW-RR 2008, 1552, 1553; OLG Düsseldorf MDR 2009, 894; OLG Köln NJW-RR 2010, 1679, 1680.
43 BGH NJW 2009, 3240 Tz. 12 (offenlassend ob Beitritt im Hauptsacheverfahren erforderlich).
44 OLG Celle NJW-RR 2003, 1509, 1510; OLG Köln NJW-RR 2010, 1679, 1680.
45 OLG Düsseldorf MDR 2009, 894.
46 OLG Düsseldorf MDR 2009, 894.
47 OLG Düsseldorf MDR 2009, 894.
48 *Cuypers* MDR 2004, 314, 317/318.
49 BGH NJW 2009, 3240 Tz. 18.
50 BGH NJW-RR 2008, 261 Tz. 8 (wegen verbotenen Widerspruchs zur unterstützten Hauptpartei). *Ulrich* AnwBl. 2003, 144, 149.
51 OLG Jena MDR 2000, 783; OLG Düsseldorf NJW-RR 1999, 509; OLG Schleswig BauR 1996, 590; OLG Karlsruhe BauR 1995, 135; Musielak/*Huber*[10] § 494a Rdn. 2b.

der einleitende Antrag vom Antragszwang befreit sei,[53] spricht diese Bewertung für die zweitgenannte Auffassung. Für den lediglich auf Abschluss des Verfahrens zielenden Antrag nach § 494a Abs. 1 gilt damit eine strengere Regelung als für die Verfahrenseinleitung.

29   **3. Vorheriger Abschluss der Beweisaufnahme.** Dem Antrag kann erst **nach Beendigung** der Beweiserhebung stattgegeben werden. Der Abschluss ist – bei Einholung eines Sachverständigengutachtens – eingetreten, wenn das Gutachten des Sachverständigen vorliegt und eine evtl. Erläuterung erfolgt bzw. nicht mehr zu erwarten ist.[54]

4. Entscheidung

30   **a) Fristbestimmung.** Die Bestimmung der Fristenlänge hat die Schwierigkeit der Sach- und Rechtslage angemessen zu berücksichtigen. Eine **Verlängerung** der nach § 222 zu berechnenden Frist ist nach § 224 Abs. 2 möglich. Gegen die Gewährung einer Fristverlängerung kann keine Beschwerde erhoben werden.[55]

31   **b) Streitgegenstandsfixierung.** Das Gericht soll – so das OLG Düsseldorf – wegen möglicher Unklarheiten über die zugehörige Hauptsache und der Notwendigkeit schematisierenden Vorgehens bei der Anwendung des § 494a Abs. 2 bereits mit Anordnung der Klageerhebung den **Streitgegenstand** genau **bezeichnen** müssen.[56] Maßgebend seien die Umstände des Einzelfalles, insbesondere die Klageabsichten, die der Antragsteller in der Antragsschrift des Beweisverfahrens geäußert habe. Diese Auffassung ist zugunsten **begrenzter Wahlfreiheit** des Antragstellers abzulehnen (s. oben Rdn. 11). Der Normzweck wird mit dem hier vorgeschlagenen Vorgehen ebenfalls verwirklicht. Zudem wird vermieden, dass u.U. eine Streitgegenstandsvermehrung eintritt. Außerdem würde die Entlastung der Entscheidung nach § 494a Abs. 2 durch eine **Erschwerung der Fristsetzungsentscheidung** nach § 494a Abs. 1 erkauft. Es trifft im übrigen nicht zu, dass der Antragsteller durch §§ 486 Abs. 2, 487 Nr. 4 gezwungen wird, bei Einleitung des Beweisverfahrens den in der späteren Hauptsache zu stellenden Klageantrag vorzutragen und glaubhaft zu machen,[57] was anderenfalls die Vorgehensweise bei Anwendung des § 494a Abs. 1 vereinfachen würde.

32   **c) Entscheidungsform, Rechtsbehelfe.** Über den Antrag ist durch **Beschluss** zu entscheiden. Zuständig ist der Richter, der die Beweisanordnung getroffen hatte, nicht der Rechtspfleger. Vor der Entscheidung ist dem Antragsteller **rechtliches Gehör** zu gewähren. Der fristsetzende Beschluss ist nach § 329 Abs. 2 Satz 2 **zuzustellen**, sofern eine sofortige Beschwerde zulässig ist.

33   Lehnt es das Gericht ab, eine Frist zur Klageerhebung zu bestimmen, kann der **Antragsgegner** des selbständigen Beweisverfahrens nach § 567 Abs. 1 **sofortige Beschwerde** erheben. Demgegenüber kann der **Antragsteller** des selbständigen Beweisverfahrens eine Klagefristsetzung **nicht** nach § 567 Abs. 1 angreifen, da das Gericht kein das Verfah-

---

52 OLG Zweibrücken NJW-RR 1996, 573 = BauR 1995, 587 f. = MDR 1995, 744 f.; MünchKomm/*Schreiber*[4] § 494a Rdn. 2; Thomas/Putzo/*Reichold*[33] § 494a Rdn. 1; Zöller/*Herget*[29] § 494a Rdn. 6.
53 BGH NJW 2012. 2810 Tz. 22 (mit beiläufiger Erwähnung des § 494a).
54 Zur Beendigung des selbständigen Beweisverfahrens s. vor § 485 Rdn. 30 und § 492 Rdn. 24.
55 OLG Düsseldorf JurBüro 1993, 622.
56 OLG Düsseldorf BauR 1995, 279 f. **A.A.** Musielak/*Huber*[10] § 494a Rdn. 3.
57 So aber beiläufig OLG Celle Nds.Rpfl. 1994, 367; **a.A.** beiläufig OLG Köln VersR 1995, 436, 437 (kein Vortrag der für den Hauptprozess vorgesehenen Ansprüche).

ren betreffendes Gesuch abgewiesen hat und eine dem § 494a Abs. 2 Satz 3 entsprechende Regelung fehlt.[58] Diese Regelung ist unzweckmäßig in den Fällen, in denen die Fristsetzung nicht statthaft und daher gegenstandslos ist, die Beurteilung dieser Frage jedoch rechtlich schwierig ist.

d) Belehrung. Über die Folgen einer **Fristversäumung** hat das Gericht den Antragsteller des selbständigen Beweisverfahrens im stattgebenden Beschluss zu **belehren**, sofern man § 231 Abs. 1 für dahin interpretierbar hält, dass im Falle eines Antragserfordernisses (wie hier nach § 494a Abs. 2) die in Hs 1 vorgesehene regelmäßige Entbehrlichkeit der Androhung von Säumnisfolgen entfällt und mangels klaren gesetzlichen Ausschlusses von einer Belehrungspflicht[59] ausgegangen wird. 34

V. Der Kostenbeschluss nach Fristversäumung

1. Notwendiger zweiter Antrag, Nachholung der Klage. Ohne Fristsetzungsantrag nach § 494a Abs. 1 und ohne erfolgte **Fristsetzung** darf keine **Kostenentscheidung** nach § 494a Abs. 2 ergehen.[60] Hat von mehreren Antragsgegnern, etwa unterschiedlichen Baubeteiligten, nur einer die Klagefrist beantragt, kann allein er den Antrag nach § 494a Abs. 2 stellen.[61] Unbegründet ist der Kostentragungsantrag bereits dann, wenn die Erhebung der Klage oder eine gleichgestellte Maßnahme (Mahnantrag) zu einem Zeitpunkt erfolgt ist, zu dem der Kostenbeschluß gemäß Abgangsvermerk der Geschäftsstelle das Gericht noch nicht verlassen hat.[62] Ein vom Antragsgegner des Beweisverfahrens eingeleitetes aber nicht betriebenes Mahnverfahren reicht nicht aus.[63] 35

Der Kostenbeschluss darf **trotz Fristüberschreitung nicht** mehr ergehen, wenn der Antragsteller des Beweisverfahrens die Hauptsacheklage verspätet erhebt.[64] Dies gilt auch, wenn die Hauptsacheklage trotz verspäteter Einzahlung des Prozesskostenvorschusses noch vor Erlass des Kostenbeschlusses hätte zugestellt werden können.[65] Erfüllt wird der Fristsetzungsbeschluss auch dann, wenn von mehreren vertraglich verbundenen Antragstellern nur einer die Hauptsacheklage erhebt, weil der Antragsgegner dann hinsichtlich seines Kostenerstattungsinteresses ausreichend geschützt ist;[66] eine Ausnahme gilt nur für den Fall des Rechtsmißbrauchs wegen Mittellosigkeit dieses Klägers.[67] Ein anhängig gemachtes ausländisches Hauptsacheverfahren reicht aus, wenn es im Inland die Rechtshängigkeitssperre auslöste. Für eine Erledigungserklärung durch den Antragsgegner besteht – anders als in der Parallelsituation des § 926 Abs. 2[68] kein Bedarf, weil das Kostenbeschlussverfahren kein selbständiges weiteres Verfahren mit eigenen Kosten darstellt (vgl. dazu unten Rdn. 59). 36

---

58 BGH NJW-RR 2010, 1318 Tz. 9; OLG Düsseldorf BauR 1995, 279, 280.
59 Vgl. dazu BVerfG NJW 1995, 3173, 3175; ablehnend zur Fürsorgepflicht bei noch fristgerecht behebbaren Formmängeln des Rechtsmittels OLG Hamm FamRZ 1997, 1141 f.
60 OLG Düsseldorf NJW-R 2002, 1654, 1655.
61 OLG Stuttgart MDR 2000, 1094.
62 OLG Karlsruhe NJW-RR 2008, 1196, Tz. 14.
63 OLG Hamm MDR 2009, 1187 (so schon zur Fristsetzung nach § 494a Abs. 1).
64 BGH NJW 2007, 3357 Tz. 11; BGH NJW-RR 2008, 330 Tz. 7; OLG München MDR 2001, 833; OLG Düsseldorf NJW-RR 1998, 359; Musielak/*Huber*[10] § 494a Rdn. 4a; *Ulrich* AnwBl. 2003, 144, 147. **A.A.** OLG Frankfurt NJW-RR 2001, 862, 863.
65 OLG Düsseldorf NJW-RR 1998, 359. Auf den Eingang beim Gericht abstellend OLG Karlsruhe NJW-RR 2008, 1196 Tz. 15 (bei Beachtung der Zustellungsrückwirkung des § 167).
66 BGH NJW-RR 2008, 330 Tz. 9.
67 BGH NJW-RR 2008, 330 Tz. 10.
68 Dazu *Ahrens* Der Wettbewerbsprozess[7] Kap. 61 Rdn. 56.

37   Der Antrag nach Absatz 2 kann mit dem Antrag nach Absatz 1 **verbunden** werden. Eine unzulässige Bedingung („Wird Klage nicht erhoben …") liegt darin nicht, da der Fortgang des Verfahrens von keinem Ereignis außerhalb des Verfahrens abhängig gemacht worden ist.[69]

2. Versäumung der Klagefrist

38   a) **Streitgegenstandsentsprechung.** Wird eine Hauptsacheklage erhoben, müssen die Beweisthemen des Beweisverfahrens dafür potentiell erheblich sein. Die Schwierigkeiten der Bestimmung des dem Beweisverfahren zuzuordnenden Streitgegenstandes (näher dazu oben Rdn. 9 und Rdn. 13) schlagen damit auf die Beurteilung durch, ob die Klagefrist eingehalten wurde.

39   b) **Anspruchserfüllung, Anspruchsverzicht, erfolglose Beweisaufnahme.** Zur Rechtslage bei vorheriger **vollständiger Anspruchserfüllung** des Antragsgegners und bei **Anspruchsverzicht** des Antragstellers s. oben Rdn. 18 ff.

40   c) **Teilklage.** Probleme bereitet die Erhebung einer bloßen Teilklage. Zur Erhebung einer Teilklage über einen – u.U. sehr geringen Teilbetrag – wird es insbesondere kommen, wenn der Antragsgegner nach der Beweiserhebung einen **Teil des Anspruchs erfüllt**, also vor allem bei einem Mangelbeseitigungsbegehren einen Teil der Werkmängel durch Nachbesserung beseitigt. Die **Teilklage reicht dann** aus, um die Kostenfolge des § 494a Abs. 2 abzuwenden[70] (zur Erfüllung s. oben Rdn. 18, zur Quotierung bei Teilklagen unten Rdn. 78).

41   Eine Klage mit niedrigem Streitwert kann der Antragsteller erheben, wenn entweder die Beweiserhebung teilweise ungünstig war oder wenn das Prozessrisiko unabhängig vom Ergebnis der Beweisaufnahme, also aus anderen tatsächlichen oder rechtlichen Gründen, als hoch erscheint.[71] **Deckt** der **Streitgegenstand** die **Beweisthemen voll** ab, ist es unerheblich, dass der Streitwert des Hauptsacheverfahrens niedriger ist als der Wert des Beweisverfahrens. Für die Anwendung des § 494a Abs. 2 ist aber auch dann kein Raum, wenn es sich um eine Klage mit **bloßer Teilidentität des Streitstoffes** handelt. Vielmehr hat im Hauptsacheverfahren eine Entscheidung über die **gesamten Kosten des Beweisverfahrens** zu ergehen, gegebenenfalls unter Anwendung des § 96 auf die Kostengrundentscheidung (näher dazu unten Rdn. 78). Für eine Kostenentscheidung im Verfahren nach **§ 494a** ist **kein Raum**, da das selbständige Beweisverfahren nach seiner Struktur keine Anspruchsbeurteilung vorsieht. Daran darf sich auch nichts durch Erlass bzw. Bedarf nach einer gequotelten Kostenentscheidung ändern. § 92 oder § 91a sind im selbständigen Beweisverfahren nicht anwendbar,[72] sieht man von übereinstimmenden Erledigungserklärungen ab (dazu unten Rdn. 63 f.).

---

69   Zur Zulässigkeit innerprozessualer Bedingungen Rosenberg/Schwab/*Gottwald*[17] § 65 Rdn. 25.
70   BGH (7. ZS) NJW 2004, 3121; BGH (5. ZS) NJW 2005, 294 = NZBau 2005, 43, 44; OLG Zweibrücken MDR 2002, 476; OLG Schleswig MDR 2001, 836, 837; OLG Düsseldorf OLGZ 1993, 342 f. = BauR 1993, 370 f. **A.A.** *Ulrich* AnwBl. 2003, 144, 147.
71   Vgl. dazu OLG Düsseldorf BauR 1993, 370 f. = OLGZ 1993, 342 f. (Klage auf Zahlung in Höhe von DM 850 erhoben, nachdem Gegenstand des selbständigen Beweisverfahrens Mängel waren, für deren Beseitigung nach Angabe des Antragstellers mehr als DM 10.000 aufzuwenden waren); dem OLG Düsseldorf zustimmend *Cuypers* NJW 1994, 1985, 1990.
72   **A.A.** OLG München NJW-RR 2001, 1580, 1582; *Herget* MDR 1991, 314; *Ende* MDR 1997, 123, 125. Wie hier: OLG Düsseldorf (10. ZS) OLGZ 1994, 464, 466, insoweit nicht abgedruckt in MDR 1994, 201. Zu den Kosten bei Teilverwertung s. auch unten VII 3.

Eine Entscheidung über die **„erledigten" Kosten** kann nur das mit der Teilklage be- 42
fasste Hauptsachegericht treffen. Es muss das Beweisergebnis ohnehin würdigen und
hat zur Abgrenzung und kostenmäßigen Gewichtung erledigter und nicht erledigter Mängel eine größere Sachnähe.

d) Widerklage, Aufrechnung des Antragstellers, Zurückbehaltungsrecht. Die 43
Erhebung einer **Widerklage** ist ausreichend.[73]

Zweifelhaft ist die Bewertung einer Versäumung der Klagefrist, wenn der Antragstel- 44
ler des selbständigen Beweisverfahrens statt Klage zu erheben in einem anderen Prozess
mit dem Antragsgegner die **Aufrechnung** mit der Forderung erklärt, deren tatsächliche
Grundlage Gegenstand des Beweisverfahrens war. Die Aufrechnung **soll** einer **Klageerhebung** wegen ungesicherter Rechtskraftfähigkeit (§ 322 Abs. 2) **nicht gleichstehen**,[74]
was zur Erhebung mindestens einer Widerklage zwingen würde. Diese Ansicht ist **für** die
Hauptaufrechnung abzulehnen[75] (s. auch oben Rdn. 17).

Der Antragsgegner läuft im Falle der Aufrechnung nicht Gefahr, trotz für ihn günsti- 45
gen Ausgangs des selbständigen Beweisverfahrens seine Kosten selber tragen zu müssen. Wird über die **zur Aufrechnung gestellte Forderung entschieden**, wirkt sich dies
auf die akzessorische Kostengrundentscheidung aus. Kommt es nicht zu einer rechtskräftigen Entscheidung (vgl. § 322 Abs. 2) über die Aufrechnungsforderung, steht der
Weg des § 494a wieder offen.[76] Bei bloßer **Hilfsaufrechnung** sind allerdings die Unsicherheiten zu groß, ob es zu einer Entscheidung über die Aufrechnung kommt, so dass
dem Antragsgegner ein Abwarten mit den Anträgen des § 494a Abs. 1 oder Abs. 2 nicht
zuzumuten ist.[77] Dasselbe gilt für eine Einführung der Beweistatsachen durch bloße Geltendmachung eines auf die Mängel gestützten **Zurückbehaltungsrechts**.[78]

e) Klage auf Kostenersatz. Da die Kosten des Beweisverfahrens Teil der im Haupt- 46
verfahren festzusetzenden Kosten werden sollen, muss die Hauptsacheklage zum Erlass
einer dafür geeigneten Kostengrundentscheidung führen können. Das ist **nicht** der Fall,
wenn der Antragsteller des selbständigen Beweisverfahrens gegen den Antragsgegner
eine Klage (allein) auf Erstattung der Kosten des Beweisverfahrens erhebt, also **lediglich**
einen **materiellrechtlichen Kostenerstattungsanspruch** geltend macht.[79] Dieser Anspruch ist nicht Gegenstand der Fristsetzung nach § 494a Abs. 1.[80]

3. Beschlussentscheidung. Bei **Versäumung der Klagefrist** hat das Gericht anzu- 47
ordnen, dass der Antragsteller des selbständigen Beweisverfahrens die dem Gegner entstandenen Kosten zu tragen hat. Über den Antrag nach § 494a Abs. 2 ist durch Beschluss
zu entscheiden.

Die Durchführung einer **mündlichen Verhandlung** ist **fakultativ** (§ 494a Abs. 2 48
Satz 2 ZPO), empfiehlt sich aber bei möglichen Schwierigkeiten der Beurteilung der Ver-

---

73 BGH NJW-RR 2003, 1240, 1241.
74 OLG Düsseldorf MDR 1994, 201 = OLGZ 1994, 583f.; OLG Köln (11. ZS) BauR 1997, 517, 518 = NJW-RR 1997, 1295; OLG Dresden NJW-RR 2003, 305, 306.
75 Ebenso BGH NJW-RR 2005, 1688. Weitergehend – auch für Hilfsaufrechnung – OLG Hamm OLGRep. 1997, 299, 300; *Herget* MDR 1991, 314, 315.
76 BGH NJW-RR 2005, 1688, 1689.
77 Ohne diese Einschränkung BGH NJW-RR 2005, 1688, 1689.
78 Vgl. zu dieser Situation OLG Hamm JurBüro 1996, 376 (bei Abweisung der unschlüssigen Klage); OLG Dresden NJW-RR 2003, 305, 306. **A.A.** AG Stuttgart-Bad Cannstatt NJW-RR 1999, 1370.
79 BGH (5. ZS) NJW-RR 2004, 1580, 1581 m.w.N.; OLG Nürnberg OLGZ 1994, 240, 241.
80 BGH NJW-RR 2004, 1580, 1581.

fahrensgegenstände.

49 Gegen den Beschluss ist **sofortige Beschwerde** zulässig (§§ 494a Abs. 2 Satz 2, 567 Abs. 1 Nr. 1). Sofortige Beschwerde kommt für beide Seiten in Betracht.[81] Die Beschwerderegelung ist auf selbständige Beweisverfahren in **WEG-Sachen** analog angewandt worden;[82] mit der Umstellung der WEG-Verfahren auf die ZPO (vgl. § 43 WEG) ist § 567 direkt anwendbar. Soweit in privatrechtlichen Streitsachen der freiwilligen Gerichtsbarkeit über § 30 FamFG eine vorsorgliche Beweisaufnahme stattfindet, ist bei Entscheidungen nach § 494a das geänderte Beschwerderecht zu beachten. Die vor der FGG-Reform analog § 574 Abs. 1 Nr. 2 und Abs. 3 zugelassene **sofortige weitere Beschwerde**[83] (§ 29 Abs. 2 FGG) ist entfallen zugunsten der Rechtsbeschwerde nach § 70 FamFG.

50 Entscheidungen nach § 494a Abs. 2 Satz 1 sind der **formellen Rechtskraft** fähig.[84] Sie können durch das Gericht der Hauptsache nicht abgeändert werden.[85]

VI. Ausnahmsweise: isolierte Kostenentscheidung im Beweisverfahren

51 **1. Sonderfälle außerhalb des § 494a.** Losgelöst von der Regelung des § 494a ist in Sonderfällen eine **isolierte Kostenerstattung** im selbständigen Beweisverfahren erforderlich, um dem **Antragsgegner** einen **prozessualen Erstattungsanspruch** zu verschaffen, u.a. bei Rücknahme des Beweisverfahrensantrages oder bei dessen Abweisung als unzulässig. Der Gesetzgeber hat derartige Fälle nicht ausdrücklich erfasst, was aber nicht auf einem gegenteiligen Regelungswillen beruht. Die von ihm gewollte Einbeziehung der Rücknahme einer nach § 494a erzwungenen Klage und der Abweisung der Klage durch Prozessurteil macht aber deutlich, dass es nur auf den Eintritt einer Prozesslage ankommt, in der das Unterliegensprinzip die Kostenverteilungsrichtung vorgeben kann und sich der regelmäßig nur vorbereitende Charakter des Nebenverfahrens erledigt hat.[86] Schwierigkeiten erwachsen allerdings bei der Bestimmung des Streitgegenstandes, der die Berechnung der zu erstattenden Gebühren betrifft (näher dazu oben Rdn. 8). Nicht eindeutig ist die Rechtslage ferner, wenn der **Antragsteller** an einer prozessualen Kostenerstattung interessiert ist, weil der Anlass für die Beweiserhebung weggefallen ist, insbesondere weil der zu beweisende **Anspruch ohne Hauptsacheurteil erfüllt** worden ist. Ist das Beweisverfahren von einem **Zwangsverwalter** betrieben worden, dessen Amtsstellung danach geendet hat, darf ein Antrag nach § 494a Abs. 1 nicht mehr zugelassen werden, weil dessen Prozeßführungsbefugnis für ein Hauptsacheverfahren entfallen ist.[87]

52 Sowohl zugunsten des Antragsgegners als auch zugunsten des Antragstellers muss berücksichtigt werden, **aus welchem Grunde** sich das Beweisverfahren vorzeitig **erledigt** hat oder nach dessen Beendigung ein Hauptsacheverfahren nicht mehr begonnen worden ist oder nicht mehr beendet wird. Häufige Gründe sind entweder der **ungünstige Ausgang der Beweisaufnahme** oder die **Erfüllung** des beweisbedürftigen Anspruchs. Der BGH verlagert die Entscheidung über die Kostenerstattung soweit als möglich in ein nachfolgendes Hauptsacheverfahren. Insbesondere lässt er **keine einseitige Erledi-**

---

81 BGH NJW-RR 2010, 1318 Tz. 9; OLG München NJW-RR 2001, 1580, 1581.
82 BayObLG MDR 1996, 144 = NJW-RR 1996, 528.
83 Vgl. dazu BGH NJW 2004, 3412, 3413 m.w.N.
84 BGH NJW 2004, 3121.
85 BGH NJW 2004, 3121.
86 Vgl. dazu OLG Köln OLGZ 1994, 237, 238 ff.; s. ferner OLG Nürnberg MDR 1994, 623 f.
87 A.A. OLG Düsseldorf MDR 2008, 1060.

gungserklärung[88] oder eine analoge Anwendung des § 494a Abs. 2 im Beweisverfahren zu.[89] Statt dessen muss der Antragsteller bei Anspruchserfüllung **Hauptsacheklage auf Feststellung** der zuvor bestehenden materiell-rechtlichen Leistungspflicht des Antragsgegners erheben.[90] Die Feststellungsklage hat gegenüber einer Feststellungsentscheidung im Beweisverfahren auf einseitige Erledigungserklärung hin den Vorteil, dass immer das Hauptsachegericht entscheidet. Nachteilig ist, dass sich u.U. ein zweites Gericht in die Sache einarbeiten muss, nur um eine Entscheidung über die Kostenverteilung zu erzielen, in deren Erlass allein das Feststellungsinteresse zu sehen ist. Fällt das Beweiserhebungsinteresse nachträglich weg und gibt der Antragsteller eine einseitige Erledigungserklärung ab, ist diese regelmäßig in eine **Antragsrücknahme** mit der Kostenfolge des **§ 269 Abs. 3 Satz 2 umzudeuten**.[91]

2. Antragsrücknahme vor Ende der Beweisaufnahme

a) Kein nachfolgendes Hauptsacheverfahren

aa) Beweisergebnis zu Ungunsten des Antragstellers. Bei Antragsrücknahme *vor* 53 Durchführung der **Beweisaufnahme** ist **§ 269 Abs. 3** zu Lasten des Antragstellers **analog anzuwenden**,[92] wobei die Rücknahme auch konkludent durch eine einseitige Erledigungserklärung zum Ausdruck gebracht werden kann, wenn das gerichtliche Beweisverfahren damit nach dem Willen des Antragstellers endgültig beendet sein soll.[93] Der Antragsgegner kann in diesen Fällen mangels Beendigung der Beweisaufnahme kein Hauptsacheverfahren nach § 494a Abs. 1 erzwingen und es ist regelmäßig offen, ob ein solches Verfahren stattfindet.[94] Vor Durchführung der Beweisaufnahme kann das Beweisverfahren auch keinen Einfluss auf einen späteren Hauptsacheprozess haben und sich die isolierte Kostenentscheidung nicht in Widerspruch zu einer Wertung des Beweisergebnisses im Hauptsacheverfahren setzen. **Keine Antragsrücknahme** liegt in einer Änderung der Beweisfragen.[95] Die **Nichteinzahlung** eines gem. §§ 379, 402, 492

---

88 BGH (5. ZS) NJW-RR 2004, 1005; BGH (7. ZS) NZBau 2005, 42, 43 = BauR 2005, 133, 134; BGH (4. ZS) NJW 2007, 3721 Tz. 7; BGH (8. ZS) NJW 2011, 1292 Tz. 9; ebenso OLG Celle MDR 2010, 519; OLG Stuttgart NJW-RR 2010, 1462.
89 BGH (5. ZS) NJW-RR 2004, 1005; **a.A.** OLG München NJW-RR 2001, 1580, 1582.
90 BGH NJW-RR 2004, 1005 a.E.
91 BGH (8. ZS) NJW 2011, 1292 Tz. 8 u. 10; BGH (7. ZS) NJW-RR 2011, 932 Tz. 8; OLG Stuttgart NJW-RR 2010, 1462, 1463; **a.A.** OLG Düsseldorf OLGRep. 2005, 453, 454; OLG Schleswig NJW-RR 2009, 656. Keine Umdeutung bei entsprechender gegenteiliger Erklärung: OLG Stuttgart NJW-RR 2010, 1464.
92 BGH (7. ZS) NZBau 2005, 42, 43 = BauR 2005, 133, 134 = MDR 2005, 227; OLG Stuttgart NJW-RR 2010, 1462.
Aus der Instanzrechtsprechung: OLG Brandenburg JurBüro 1996, 372; OLG Köln (22. ZS) OLGZ 1994, 237, 239; OLG Köln (3. ZS), MDR 1993, 1131 = OLGZ 1994, 236f. = VersR 1994, 1088; OLG Köln (12. ZS) VersR 1994, 1088f.; KG (26. ZS) MDR 1996, 968f.; KG (4. ZS) NJW-RR 1992, 1023f.; OLG Düsseldorf (5. ZS) BauR 1995, 286 (LS); OLG Hamm (21. ZS) MDR 2000, 790; OLG Hamm (12. ZS) OLGZ 1994, 233, 234f.; OLG München MDR 1994, 624; OLG München MDR 2001, 1011, 1012; OLG Frankfurt/M. OLGZ 1994, 441, 442; OLG Frankfurt/M. MDR 1999, 1223; OLG Karlsruhe NJW-RR 1992, 1406, 1407 = WRP 1992, 582f.; OLG Karlsruhe MDR 1991, 993f.; OLG Koblenz (8. ZS) MDR 2000, 478f.; OLG Zweibrücken NJW-RR 2004, 821; OLG Saarbrücken NJW-RR 2011, 500; LG Hamburg MDR 1993, 288.
A.A. OLG Koblenz (9. ZS) NJW-RR 1996, 384 = MDR 1996, 101 (u.a. unrichtig ein Prozessrechtsverhältnis verneinend); OLG Köln (27. ZS) OLGZ 1992, 492, 493 = VersR 1992, 638, 639 = JurBüro 1992, 632.
93 BGH (7. ZS) NZBau 2005, 42, 43 = BauR 2005, 133, 134 = MDR 2005, 227; BGH (4. ZS) NJW 2007, 3721 Tz. 7 = ZZP 121 (2008), 95 m. Anm. *Fischer*. Gegen eine Auslegung der einseitigen Erledigungserklärung als Rückname des Antrags OLG Schleswig NJW-RR 2009, 437, 438; **a.A.** OLG Celle MDR 2010, 519.
94 BGH NZBau 2005, 42, 43 = BauR 2005, 133, 134.
95 OLG Stuttgart NJW-RR 2010, 1679.

Abs. 1 angeforderten **Kostenvorschusses** ist zwar nicht in eine Antragsrücknahme umzudeuten, jedoch soll § 269 Abs. 3 Satz 2 darauf analog angewandt werden, damit keine Kostenerstattungslücke zu Lasten des Antragsgegners entsteht.[96]

54 § 269 Abs. 3 ist **nicht** anzuwenden, wenn die Antragsrücknahme mit Blick auf das ungünstige Beweisergebnis erst *nach* **der Beweiserhebung** erfolgt, weil dann eine Ergebnisverwertung in einem nachfolgenden Hauptsacheverfahren stattfinden kann.[97] Die Beweisaufnahme ist noch nicht beendet, wenn der Antragsteller den Antrag zurücknimmt, nachdem ein Sachverständigengutachten erstattet worden ist, der Antragsteller jedoch dessen Ergänzung für notwendig erachtet;[98] da § 494a Abs. 1, der von „Beendigung" der Beweiserhebung spricht, dann nicht anwendbar ist, bleibt nur der Weg über § 269 Abs. 3.

55 Der Kostenbeschluss nach § 269 Abs. 3 zu Lasten des Antragstellers umfasst in Verb. mit § 101 auch die einem **Streithelfer des Antragsgegners** erwachsenen Kosten.[99]

56 **bb) Erfüllung und gleichgestellte Ereignisse. Offengelassen** hatte der **BGH** zunächst, ob über die Anwendung des § 269 Abs. 3 Satz 2 anders zu entscheiden ist, in denen der Antragsteller sein Interesse an der Durchführung des Beweisverfahrens im Zeitpunkt der Antragsrücknahme noch nicht verloren hat.[100] Bejaht hatte er das fortbestehende Beweisinteresse, sofern das Beweisthema weiterhin rechtlich klärungsbedürftig war, selbst wenn der Antragsgegner insolvent geworden ist[101] oder wenn ein schneller erstattetes Privatgutachten den behaupteten Baumangel bestätigt hat.[102] Seit 2010 ist durch Entscheidungen des 7. und 8. Zivilsenats für die Praxis geklärt, dass § 269 Abs. 3 Satz 2 generell auf den Fall der Antragsrücknahme anzuwenden ist.[103] Die **Anspruchserfüllung** ist ein Ereignis, das „das Interesse des Antragstellers an der Beweiserhebung entfallen"[104] lässt. Der Antragsteller muss dann zur Vermeidung einer Kostenbelastung eine Feststellungsklage erheben (s. Rdn. 19, 21, 52).

57 **b) Anhängiges Hauptsacheverfahren. Findet** ein **Hauptsacheverfahren statt**, soll **dort** über die Kosten des selbständigen Beweisverfahrens auch **bei Rücknahme des Beweisantrages** entschieden werden.[105] Dabei wird nicht ausdrücklich darauf abgestellt, ob das durch Rücknahme abgebrochene Beweisverfahren für das Hauptsacheverfahren hätte erheblich sein können; das ist jedoch erforderlich, wenn die Verschiebung in das Hauptsacheverfahren sinnvoll sein soll, auch wenn es nicht auf eine tatsächliche Verwertung ankommt (dazu unten Rdn. 77). Zur Klärung der potentiellen Beweiserheblichkeit ist der Ausgang des Hauptsacheverfahrens abzuwarten. Ein Hauptsacheverfahren, dem das Beweisverfahren zugeordnet werden kann, liegt auch vor, wenn der

---

96 OLG Saarbrücken NJW-RR 2011, 500, 501.
97 Wohl wie hier OLG München MDR 2001, 1011, 1012; **a.A.** OLG Köln VersR 1994, 957, 958 = MDR 1994, 315.
98 Vgl. OLG Jena OLG-NL 1997, 283, 284.
99 BGH NZBau 2005, 42, 43 = BauR 2005, 133, 134; OLG München BauR 1998, 592.
100 BGH NZBau 2005, 42, 43 = BauR 2005, 133, 135; BGH NJW-RR 2005, 1015.
101 BGH NZBau 2005, 42, 43.
102 BGH NZBau 2005, 42, 43.
103 BGH (8. ZS) NJW 2011, 1292 Tz. 12; BGH (7. ZS) NJW-RR 2011, 932 Tz. 8.
104 So die allgemeine Formulierung in BGH NZBau 2005, 42, 43; BGH NJW-RR 2005, 1015; s. ferner BGH NJW-RR 2004, 1005.
105 BGH (7. ZS) NJW-RR 2005, 1015, 1016 = MDR 2005, 944; OLG Hamm MDR 2000, 790; OLG Jena OLG-NL 1997, 283, 284; anders das Vorgehen in OLG München MDR 1999, 636 (dort: Kostenfestsetzungsverfahren). **A.A.** OLG Frankfurt MDR 1998, 128 (Hauptsacheverfahren war dort zum Ruhen gebracht worden); OLG Nürnberg MDR 1994, 623, 624.

Gegenstand des Beweisverfahrens durch eine **Aufrechnungsforderung** des beklagten Antragsgegners oder durch ein von ihm geltend gemachtes **Zurückbehaltungsrecht** in das Hauptverfahren eingeführt wurde[106] (abweichend bei der Entscheidung nach § 494a Abs. 2, s. oben Rdn. 44f.). Ein Verfahren der **einstweiligen Verfügung** ist **kein** Verfahren, dessen Kostengrundentscheidung zur Festsetzung der Kosten des Beweisverfahrens berechtigt.[107]

3. Zurückweisung des Antrags als unzulässig. Im Beweisverfahren ist das Unterliegensprinzip anzuwenden, wenn der Antrag auf Einleitung des Beweisverfahrens als unzulässig zurückgewiesen wird.[108] Die **im Beweisverfahren** zu erlassende Kostenentscheidung beruht dann auf **§ 91**. Ein Hauptsacheverfahren kann zwar u.U. stattfinden, jedoch ist dem Antragsteller ein Abwarten auf dessen Ausgang nicht zuzumuten. Fehlt eine Kostengrundentscheidung, kann der Beschluss analog § 321 Abs. 1 innerhalb der zweiwöchigen Frist des § 321 Abs. 2 ergänzt werden.[109] 58

4. Erledigung des Beweisinteresses nach Beendigung der Beweisaufnahme. Erfüllt der Antragsgegner *nach* dem Abschluss der Beweisaufnahme den zu beweisenden Anspruch des Antragstellers, lässt der BGH **keine einseitige Erledigungserklärung** im Beweisverfahren zu, sondern zwingt den Antragsteller zu einer **Feststellungsklage** als Hauptsacheklage; die dortige Kostengrundentscheidung umfasst dann auch die Kosten des Beweisverfahrens[110] (s. Rdn. 52). 59

5. Rücknahme der Hauptsacheklage. Die Instanzrechtsprechung stand z.T. auf dem Standpunkt, bei Rücknahme der (freiwillig erhobenen oder nach § 494a erzwungenen) Hauptsacheklage seien die Kosten des Beweisverfahrens **auf** der **Grundlage** der dort ergehenden Kostenentscheidung nach **§ 269 Abs. 3 nicht festzusetzen**,[111] weil keine abschließende Entscheidung über die Hauptsache getroffen werde oder diese sich nicht sonst endgültig erledige.[112] **Statt dessen** solle das **Erzwingungsverfahren nach § 494a Abs. 1** mit der Kostenentscheidungsmöglichkeit nach § 494a Abs. 2 – gegebenenfalls erneut – angewandt werden.[113] Dies ist nur zutreffend, wenn das selbständige Beweisergebnis noch einem anderen Hauptsacheverfahren zugeordnet werden kann,[114] was auch der Fall ist, wenn der zunächst klageweise geltend gemachte Anspruch in einem anderen Verfahren umgekehrten Rubrums vom Antragsteller zum Gegenstand einer Auf- 60

---

106 OLG Köln Rpfleger 1999, 508.
107 OLG München NJW-RR 1999, 655, 656 = AnwBl. 1999, 234.
108 OLG Brandenburg BauR 1996, 584, 585 = JurBüro 1996, 372; OLG Stuttgart BauR 1995, 278f.; OLG Hamm (7. ZS) NJW-RR 1997, 959; OLG Hamm (12. ZS) OLGZ 1994, 233, 235; OLG Frankfurt MDR 1998, 128 (sogar bei laufendem Hauptsacheverfahren); OLG Karlsruhe MDR 2000, 975, 976; OLG Celle NJW-RR 2010, 1676; LG Berlin NJW-RR 1997, 585, 586; LG Hannover VersR 2001, 1099, 1100; *Ulrich* AnwBl. 2003, 144, 145.
109 OLG Celle NJW-RR 2010, 1676.
110 BGH NJW-RR 2004, 1005.
111 OLG Köln BauR 1994, 411; OLG München MDR 1999, 893; OLG München MDR 1998, 307, 308 = JurBüro 1998, 200; OLG Schleswig SchlHA 1995, 51, 52 = JurBüro 1995, 36; OLG Koblenz VersR 2004, 1151 = MDR 2003, 1080. **A.A.** OLG Düsseldorf (12. ZS) BauR 1997, 349, 351; OLG Frankfurt NJW-RR 2004, 70, 71; OLG Jena MDR 2007, 172, 173. Offengelassen in BGH (7. ZS) NJW-RR 2003, 1240, 1241. Zur Rücknahme der vom Antragsgegner zunächst erhobenen Hauptsacheklage OLG Oldenburg OLGRep. 1994, 327 (keine analoge Anwendung des § 494a Abs. 2 S. 1).
112 OLG Köln NJW-RR 1998, 1078; OLG Düsseldorf (23. ZS) NJW-RR 2006, 1028.
113 OLG Köln MDR 2002, 1391, 1392; OLG Düsseldorf NJW-RR 2006, 1028.
114 So die Konstellation in OLG Koblenz MDR 2003, 1080; dazu ferner OLG Hamburg MDR 1998, 1124.

rechnung gemacht wird.[115] Anderenfalls ist maßgebend, dass es für die Kostenfestsetzung selbst in einem zu Ende geführten Hauptsacheverfahren nicht auf eine Verwertung des Beweisergebnisses ankommt[116] (dazu unten Rdn. 77). Der BGH hat den Streit der Instanzgerichte zugunsten einer Einziehung der Beweisverfahrenskosten in die Entscheidung nach § 269 Abs. 3 Satz 2 entschieden.[117]

61 6. Sonstige Verfahrenserledigungen. Die **Nichtzahlung** des angeforderten **Auslagenvorschusses**, die die Beweiserhebung unterbindet, ist grundsätzlich einer Antragsrücknahme gleichzustellen, also § 269 Abs. 3 statt § 494a Abs. 1 im Beweisverfahren anzuwenden,[118] es sei denn, die Rücknahme beruht auf einer zwischenzeitlichen Erfüllung durch den Antragsgegner oder durch einen Mithaftenden und das Beweisinteresse fällt dadurch weg (s. oben Rdn. 56). Der Antragsteller darf klarstellend eine Feststellungsklage als Hauptsacheklage erheben.

62 Aus denselben Gründen darf eine Kostenentscheidung analog § 269 Abs. 3 ergehen, wenn die **Fortsetzung** des Verfahrens **aus anderen Gründen scheitert**,[119] etwa weil der Antragsteller den Sachverständigen auffordert, sein Gutachten nicht fertigzustellen und die Gebühren abzurechnen.[120] Wiederum ist anders zu entscheiden, wenn das Beweisinteresse wegen Erfüllung fortgefallen ist.

63 Wird **im Beweisverfahren** ein **Vergleich** ohne Kostenregelung geschlossen, ist § 98 anzuwenden.[121] Einigen sich die Parteien im selbständigen Beweisverfahren vergleichsweise nur über dessen Hauptsache und überlassen die Verteilung der Kosten dem Gericht, ist darüber nach § 91a zu entscheiden[122] (s. auch nachfolgend Rdn. 64); § 98 ist dann bei der Ermessensentscheidung nicht anzuwenden.[123] Wird ein **Vergleich im Hauptsacheverfahren** geschlossen, ist dessen Kostenverteilung im Zweifel auf das selbständige Beweisverfahren zu übertragen.[124] Werden im Vergleich getrennte Kostenregelungen getroffen und damit der Wille zu einer Separatbehandlung zum Ausdruck gebracht, kann bei der Kostenfestsetzung nicht eingewandt werden, ein Anwaltswechsel sei nicht notwendig gewesen.[125] Der Abschluss eines **außergerichtlichen Vergleichs** hindert eine Kostenentscheidung nach § 91a oder § 269 Abs. 3.[126]

64 Eine **Entscheidung nach § 91a** aufgrund **beiderseitiger Erledigungserklärung** sollte entgegen der Ansicht des BGH[127] ergehen dürfen, obwohl dafür eine materiell-recht-

---

115 Vgl. die Konstellation in OLG Frankfurt NJW-RR 2004, 70, 71 (dort aber nur Hilfsaufrechnung); OLG Hamburg MDR 1998, 1124 (obiter dictum; ebenso für Geltendmachung qua Zurückbehaltungsrecht).
116 BGH (7. ZS) NZBau 2005, 44, 45.
117 BGH (12. ZS) NJW 2007, 1279 Tz. 18 f. und 1282 Tz. 9.
118 OLG Frankfurt NJW-RR 1995, 1150 = MDR 1995, 751; *Notthoff/Buchholz* JurBüro 1996, 5, 8 f. **A.A.** OLG Düsseldorf MDR 2002, 603; *Ulrich* AnwBl. 2003, 144, 145. Offengelassen in OLG Hamburg MDR 1998, 242, 243.
119 OLG München MDR 2001, 768, 769; OLG Hamm MDR 2000, 790; OLG Celle NJW-RR 1998, 1079; OLG Koblenz MDR 2005, 291.
120 So die Sachlage in OLG München MDR 2001, 768.
121 Bei Einigung der Parteien für Kostenentscheidung im Beweisverfahren: OLG Celle (7. ZS) MDR 1993, 914 f. (ohne Erwähnung des § 98); OLG Dresden JurBüro 1999, 594, 595. Keine Kostenentscheidung: LG Stade MDR 1995, 1270; offengelassen in BGH (8. ZS) NJW 2003, 1322, 1323 a.E.
122 LG Stuttgart NJW-RR 2001, 720.
123 LG Stuttgart NJW-RR 2001, 720.
124 OLG Nürnberg MDR 1998, 861 f.; OLG Nürnberg AnwBl. 2002, 666; OLG Jena OLG-NL 2000, 115, 116; OLG Saarbrücken NJW 2013, 1250 (LS).
125 OLG Koblenz NJW-RR 1998, 718 = JurBüro 1999, 33.
126 OLG Dresden JurBüro 1999, 594, 595. Anders bei Vergleich mit nur einem von mehreren Antragsgegnern, OLG Celle MDR 2010, 519.
127 BGH (4. ZS) NJW 2007, 3721 Tz. 8 = ZZP 121 (2008), 95 m. zust. Anm. *Fischer*; BGH (7. ZS) NJW-RR 2011, 931 Tz. 8.

liche Prüfung stattfinden muss, die dem selbständigen Beweisverfahren an sich fremd ist.[128] Maßgebend für die Ermessensentscheidung ist die festgestellte Sachlage. Damit wäre eine angemessene Kostenverteilung bei nachträglicher Mängelbeseitigung im Werkvertragsrecht zu ermöglichen.

Verzichtet der Antragsteller nachträglich auf die bisher geltend gemachten Ansprüche (z.B. auf Gewährleistung), ist § 494a Abs. 2 anzuwenden (s. oben Rdn. 20).[129] Von einem derartigen Kostenbeschluss ist ausnahmsweise abzusehen, wenn die Klageerhebung trotz günstiger Beweisaufnahme nur wegen Vermögensverfalls des Antragsgegners unterbleibt.[130] 65

Die Entscheidung über die Kostenverteilung ist mit der **sofortigen Beschwerde** angreifbar.[131] 66

VII. Besondere Kostenprobleme des selbständigen Beweisverfahrens

1. Streitwert. Maßgebend für den Streitwert (§ 3) ist das Interesse des Antragstellers an der Durchführung des selbständigen Beweisverfahrens. Für den Streithelfer gilt derselbe Wert wie für die unterstützte Partei; ein abweichendes Interesse bezogen auf seine eventuelle Regresshaftung lässt sich im Beweisverfahren nicht näher bestimmen.[132] Ausgehend von der weitgehenden Wirkung, die der Beweisaufnahme gemäß § 493 Abs. 1 beigemessen wird, nimmt die h.M. an, dass der **Streitwert** des selbständigen Beweisverfahrens **dem der Hauptsache** entspricht.[133] Sie kann für sich in Anspruch nehmen, dem 67

---

128 OLG München BauR 2000, 139; OLG München MDR 2001, 1011, 1012; OLG Dresden BauR 2003, 1608; OLG Hamm MDR 2000, 790; OLG Frankfurt/M. OLGZ 1994, 441, 443; OLG Celle MDR 1993, 914, 915; *Notthoff/Buchholz* JurBüro 1996, 5, 8. S. dazu auch OLG München BauR 1997, 167, 168. **A.A.** OLG Hamburg MDR 1998, 242, 243 (möglicherweise einseitige Erledigungserklärung); OLG Dresden JurBüro 1999, 594, 595; OLG Stuttgart BauR 2000, 445; KG MDR 2002, 422 (unter Aufgabe von NJW-RR 1992, 1023 f.); LG Tübingen MDR 1995, 638. Offengelassen in BGH (5. ZS) NJW-RR 2004, 1005 (jedoch mit verbaler Bevorzugung der Anwendung) und BGH (7. ZS) NZBau 2005, 42, 43.
129 OLG Karlsruhe MDR 1996, 1303 = JurBüro 1996, 375 = BauR 1997, 355 f. (LS); Zöller/*Herget*[29] § 494a Rdn. 4.
130 OLG Rostock BauR 1997, 169.
131 OLG Frankfurt/M. NJW-RR 1995, 1150; OLG Köln OLGZ 1994, 237, 238; OLG Karlsruhe NJW-RR 1992, 1406.
132 OLG Karlsruhe NJW-RR 2013, 533, 534.
133 BGH (3. ZS) NJW 2004, 3488, 3489; OLG Karlsruhe MDR 2010, 1418; OLG Celle FamRZ 2008, 1197; OLG Düsseldorf (21. ZS) NJW-RR 2003, 1530; OLG Düsseldorf (24. ZS) MDR 2001, 354; OLG Düsseldorf (7. ZS) NJW-RR 1996, 383 f.; OLG Düsseldorf (21. ZS) NJW-RR 1996, 319, 320 = BauR 1995, 879; OLG Brandenburg NZBau 2001, 30; OLG Hamm (21. ZS) AnwBl. 1996, 411; OLG Celle (13. ZS) Nds.Rpfl. 1994, 367; OLG Celle (4. ZS) Nds.Rpfl. 1994, 367, unter Aufgabe von OLG Celle MDR 1994, 415 = Rpfleger 1994, 227; OLG Köln (2. ZS) JurBüro 1996, 30; OLG Köln (1. ZS) MDR 1994, 734; OLG Köln (2. ZS) NJW-RR 1994, 761 f. = MDR 1994, 414 f. = Rpfleger 1994, 306; OLG Köln (9. ZS) VersR 1993, 858, 859; OLG Köln (19. ZS) JurBüro 1992, 700 = VersR 1992, 1111 (dabei jedoch den Mittelwert aus zwei denkbaren Streitgegenständen des Hauptsacheverfahrens bildend); OLG München (28. ZS) MDR 2002, 357; OLG München BauR 1994, 408, 409; OLG München (28. ZS) MDR 1993, 287; OLG München (28. ZS) NJW-RR 1992, 1471, 1472 = Rpfleger 1992, 409; OLG Frankfurt (1. ZS) NJW-RR 2003, 647; OLG Frankfurt (1. ZS) JurBüro 1994, 495 (zumindest bei Eignung zur abschließenden Erledigung der streitigen Angelegenheit); OLG Frankfurt (17. ZS) BauR 1993, 639; OLG Frankfurt (22. ZS) JurBüro 1993, 554; OLG Rostock NJW-RR 1993, 1086, 1087 = BauR 1993, 367 ff. m. Anm. *Wirth*; OLG Koblenz (1. ZS) JurBüro 1998, 267; OLG Koblenz (14. ZS) MDR 1993, 287 = Rpfleger 1993, 83 f.= ZfS 1993, 27; OLG Koblenz (5. ZS) MDR 1993, 188; LG Itzehoe SchlHA 1995, 110; LG Hamburg MDR 1993, 288; *Bischof* JurBüro 1992, 779, 780; Wieczorek/Schütze/*Gamp*[3] § 3 Rdn. 117, 183 „selbständiges Beweisverfahren".
Im Ansatz ebenso, jedoch mit dem Abschlag einer Feststellungsklage OLG Karlsruhe (17. ZS) MDR 1992, 615, 616; OLG Karlsruhe JurBüro 1992, 559. S. ferner OLG Stuttgart BauR 1996, 145, 147 = JurBüro 1996, 373 (vor schematischer Gleichsetzung warnend).

Streiterledigungsziel des selbständigen Beweisverfahrens (§ 485 Abs. 2) Rechnung zu tragen. Dem steht die Ansicht gegenüber, der Streitwert betrage regelmäßig nur einen Bruchteil des Hauptsacheverfahrens,[134] was für Verfahren mit dem Ziel bloßer Beweiserhaltung angemessen ist. Voller Wert der Hauptsache bedeutet dabei Wert der Beweisaufnahme im Hauptsacheverfahren, der vom übrigen Gebührenstreitwert des Hautsacheverfahrens abweichen kann. Bei der Feststellung von **Mängelbeseitigungskosten** ist **deren vom Gutachter angegebener Wert**, gegebenenfalls der Mittelwert eines Kostenrahmens anzusetzen;[135] damit wird eine objektive Bewertung der vom Antragsteller genannten Tatsachen vorgenommen statt die zu Verfahrensbeginn geäußerte subjektive Einschätzung des Antragstellers zugrunde gelegt. Eine konsequente Fortsetzung dieser Begründung verlangt die Zugrundelegung der zwischenzeitlich feststehenden tatsächlichen statt der vom Sachverständigen vorausgesagten Mangelbeseitigungskosten.[136] Bestätigt der Sachverständige keine oder nur einen Teil der behaupteten Mängel sind die Beseitigungskosten der „überschießenden" Mängel zusätzlich zu dem vom Sachverständigen angegebenen Beseitigungsaufwand nach objektiven Kriterien zu schätzen.[137] Ein höherer Mängelbeseitigungswert kann auch anzusetzen sein, wenn der Antragsteller eine bestimmte Sanierungsvariante geklärt wissen will, als der Sachverständige für erforderlich hält.[138] Will der Antragsteller noch **weitere Ansprüche** vorbereiten als nur Mängelbeseitigungsverlangen, ist deren zusätzlicher Wert zu berücksichtigen.[139]

68 In **zeitlicher Hinsicht** ist auf die Tatsachenbehauptungen zu **Beginn des Beweisverfahrens** abzustellen;[140] ein nachträglicher höherer Streitwert der tatsächlich erhobe-

---

Zum Abzug der Vorsteuer bei der Streitwertfestsetzung OLG Düsseldorf NJW-RR 1996, 1469.
134 OLG Köln (5. ZS) VersR 1995, 360, 361 („Hauptsachewert nur ausnahmsweise"); OLG Köln (22. ZS) MDR 1992, 1190 = OLGZ 1993, 248, 249 = VersR 1993, 247; OLG Schleswig MDR 2004, 229 (i.d.R. $^1/_2$ des Hauptsachewertes); OLG Schleswig VersR 1995, 1254; OLG Schleswig SchlHA 1993, 154; OLG Düselldorf (9. ZS) NZM 2001, 55, 56 (1/2 des Hauptsachewertes) = MDR 2000, 1339; OLG Hamm (5. ZS) BauR 1995, 430, 431 ($^1/_2$ des Hauptsachewertes); OLG Bamberg JurBüro 1992, 629 (1/3 des Hauptsachewertes) und OLG Bamberg JurBüro 1998, 95, anders OLG Bamberg MDR 2003, 835, 836. Für das alte Recht differenzierend nach dem Grund der Anordnung des selbständigen Beweisverfahrens Knacke NJW 1986, 36.
135 BGH (3. ZS) NJW 2004, 3488, 3489; BGH (12. ZS) NJW-RR 2005, 1011; OLG Karlsruhe MDR 2010, 1418; OLG Frankfurt NJW 2010, 1822; OLG Karlsruhe NJW-RR 2011, 22, 23; OLG Stuttgart MDR 2009, 234; OLG Celle NJW-RR 2004, 234; OLG Düsseldorf NJW-RR 2003, 1530; OLG Düsseldorf MDR 2001, 649; OLG Köln (7. ZS) NJW-RR 2000, 802; OLG Köln (16. ZS) NJW-RR 1997, 1292; OLG Naumburg MDR 1999, 1093; OLG Jena OLG-NL 2001, 95; OLG Frankfurt NZBau 2000, 81; OLG Frankfurt NJW-RR 2003, 647; OLG Hamburg NJW-RR 2000, 827, 828 = NZBau 2000, 342; OLG Koblenz (10. ZS) VersR 2003, 131; OLG Koblenz JurBüro 1998, 267; OLG Stuttgart JurBüro 1996, 373; *Schneider* MDR 1998, 252, 255.
A.A. OLG Karlsruhe (3. ZS) JurBüro 1997, 531, 532; OLG Celle Rpfleger 1997, 452 (mit nachfolgender indirekter Korrektur durch Quotierung bei der Kostenfestsetzung); OLG Köln (8. ZS) OLGR 1998, 6; OLG Bamberg MDR 2003, 835, 836 (zur Vermeidung einer Reduzierung auf Null bei Verneinung der Existenz von Mängeln); OLG Bamberg JurBüro 1998, 95; OLG Koblenz (15. ZS) MDR 2001, 356; OLG München MDR 2002, 357 (wenn im Hauptsacheverfahren nicht Mangelbeseitigung, sondern Rückabwicklung verlangt wird).
136 *Ulrich* AnwBl. 2003, 144, 150. So auch OLG Stuttgart Beschl. v. 19.4.2010 – 3 W 21/10 (insoweit nicht in BauR 2010, 1113, LS), jedoch nur bei Feststellung innerhalb der 6-Monats-Frist des § 63 Abs. 3 S. 2 GKG.
137 BGH NJW 2004, 3488, 3490; OLG Frankfurt NJW 2010, 1822; OLG Stuttgart NJW-RR 2012, 91 = MDR 2011, 1198, 1199; OLG Saarbrücken MDR 2012, 733, 734.
138 Vgl. OLG Karlsruhe NJW-RR 2011, 22, 24.
139 OLG Stuttgart (12. ZS) MDR 2011, 1198; OLG Saarbrücken MDR 2012, 733, 734; **a.A.** OLG Stuttgart (3. ZS) BauR 2010, 1113 (LS).
140 BGH NJW 2004, 3488, 3490; OLG Celle NJW-RR 2004, 234; OLG Köln (13. ZS) JurBüro 1996, 31.

nen Hauptsacheklage hat außer Betracht zu bleiben.[141] Bei höherer Wertfestsetzung im späteren Hauptsacheverfahren und Verwertung des Beweisergebnisses kann der in beiden Verfahren tätige Anwalt die Gebührendifferenz im Hauptsacheverfahren liquidieren.[142]

Wegen der Selbständigkeit des Beweisverfahrens kann im Hauptsacheverfahren 69 keine **Streitwertbeschwerde** für das Nebenverfahren eingelegt werden.[143] Zur Berechnung der Beschwerdefrist § 492 Rdn. 24. Gebunden ist das Gericht an die Wertfestsetzung, die es für die Zuständigkeitsbestimmung vorgenommen hat.[144]

Für **mehrere** selbständige **Beweisverfahren**, also auch für Antrag und Gegenan- 70 trag, ist jeweils ein eigener Streitwert ohne wechselseitige Anrechnung festzusetzen.[145]

2. Kosten (Gebühren, Auslagen)

a) **Gerichtskosten.** Das selbständige Beweisverfahren ist gerichtskostenrechtlich als 71 eigenständige Verfahrensart ausgestaltet und löst eine Gebühr in Höhe von 1,0 (KV GKG Nr. 1610) aus. Diese ist nicht auf ein eventuelles streitiges Verfahren anrechenbar. Die **Gerichtskosten des Beweisverfahrens** (Gebühren und Auslagen, insbesondere Kosten eines Sachverständigen) zählen zu den Gerichtskosten des Hauptprozesses und **nicht** zu dessen **außergerichtlichen Prozessvorbereitungskosten**.[146] Dafür spricht die enge Zusammengehörigkeit der beiden Verfahren. Eine angemessene Überprüfung der Notwendigkeit der Kosten des Beweisverfahrens ist ausreichend gewährleistet, weil im Kostenfestsetzungsverfahren die Identität von Parteien und Streitgegenstand sowie Verwertung der Beweisergebnisse im Hauptprozess stattzufinden hat und § 96 es ermöglicht, die Kosten eines erfolglosen Beweisverfahrens dessen Antragsteller abweichend vom Ausgang des Hauptprozesses aufzuerlegen.[147] Ein **Beschwerdeverfahren** (gegen einen ablehnenden Beschluss nach § 490 Abs. 1 oder eine Entscheidung nach § 494a) ist unter den Voraussetzungen der Nr. 1811 KV GKG gebührenpflichtig.

Gegenüber der **Staatskasse** ist gem. § 22 Abs. 1 Satz 1 GKG der Antragsteller eines 72 Verfahrens alleiniger Kostenschuldner, solange kein Entscheidungsschuldner i.S.d. § 29 Nr. 1 GKG (mit dem Haftungsvorrang des § 31 Abs. 2 Satz 1 GKG) bestimmt worden ist. Wird in einem Verfahren ein Gegenantrag gestellt, ist hinsichtlich dieser Beweisthemen der **Gegenantragsteller Erstschuldner** i.S.d. § 22 GKG.[148]

b) **Anwaltsgebühren.** Nach VergVerz RVG Nr. 3100 erhält der Anwalt für das selb- 73 ständige Beweisverfahren eine **Verfahrensgebühr** und, wenn mündlich verhandelt wird, nach Nr. 3104 zusätzlich eine **Terminsgebühr** in Höhe von 1,2. Wird ein Vergleich

---

141 Vgl. OLG Köln (13. ZS) JurBüro 1996, 31; *Hansens* Rpfleger 1997, 363, 366; *Bischof* JurBüro 1992, 779, 780.
142 OLG Schleswig VersR 1995, 1254, 1255 (allerdings zur Beweisgebühr nach der BRAGO und insoweit unrichtig, weil die Verwertung im Hauptsacheverfahren keine Beweisgebühr auslöste).
143 OLG Köln VersR 1997, 601.
144 Vgl. *Cuypers* MDR 2004, 244, 246.
145 OLG Karlsruhe JurBüro 1997, 531, 532.
146 BGH (8. ZS) NJW 2003, 1322, 1323; OLG Zweibrücken MDR 1996, 1078 = JurBüro 1997, 534; OLG Karlsruhe Rpfleger 1996, 375 = JurBüro 1997, 533, 534; OLG Nürnberg (4. ZS) OLGZ 1994, 351, 352 = JurBüro 1994, 103, 104; OLG Düsseldorf BauR 1993, 406 f. = Rpfleger 1994, 181 = OLGR 1994, 5 (unter Aufgabe der früheren Rspr.); OLG Koblenz MDR 2003, 718; *Stollmann* JurBüro 1989, 1069 ff. m.w.N. **A.A.** OLG Nürnberg (9. ZS) BauR 1995, 275, 276 = JurBüro 1996, 33 f.; *Brossette/Mertes* AnwBl. 1992, 418, 420 f.
147 BGH NJW 2003, 1322, 1323; BGH (7. ZS) NJW-RR 2003, 1240, 1241 a.E.
148 OLG Koblenz NJW-RR 1997, 1024 = JurBüro 1998, 547. Zur gleichzeitigen Kostenbefreiung des ASt. KG MDR 2007, 986.

geschlossen, fällt eine Einigungsgebühr von 1,5 an (VergVerz RVG Nr. 1000). Auf ein eventuelles Hauptsacheverfahren ist die im selbständigen Beweisverfahren anfallende **Verfahrensgebühr anzurechnen**; Beweisverfahren und Hauptprozess bilden insoweit gebührenrechtlich eine Einheit.[149] Bei Gegenstandsgleichheit der Verfahren ist die Beteiligung unterschiedlicher Rechtsanwälte ohne Bedeutung.[150]

74   Zur in Altfällen anzuwendenden BRAGO s. § 493 Rdn. 28f.

75   **3. Festsetzung im Hauptverfahren, Kostenquotierung, Notwendigkeit der Kosten.** Über die Kosten des Beweisverfahrens ergeht grundsätzlich **keine gesonderte Tenorierung** im Hauptsacheverfahren, da sie zu den Kosten des Rechtsstreits gehören[151] (s. oben Rdn. 1); die Kosten des Beweisverfahrens werden von der im Hauptsacheverfahren getroffenen Kostenentscheidung mit umfasst.[152] Die **Geltendmachung** erfolgt **im Festsetzungsverfahren**.[153] Wegen der u.U. schwierigen Kostenzuordnung (nachfolgend Rdn. 76ff.) ist der Verzicht auf eine Behandlung in der Kostengrundentscheidung allerdings unzweckmäßig;[154] zumindest sollte die Begründung der Kostenentscheidung die Kosten des Beweisverfahrens ansprechen. Eine **Tenorierung** muss vorgenommen werden, wenn **gem. § 96** für die Kosten des Beweisverfahrens eine abweichende Kostenverteilung erfolgt.[155] Eine Korrektur der Kostengrundentscheidung im Wege der Kostenfestsetzung ist nicht zulässig;[156] die § 96 missachtende Kostengrundentscheidung ist für die gesamten Kosten des Beweisverfahrens zugrunde zu legen, auch wenn der Gegenstand des Beweisverfahrens über den Streitgegenstand des Hautsacheverfahrens hinausging.[157]

76   Die Kosten des Beweisverfahrens sind Kosten des Hauptsacheverfahrens, wenn die **Parteien und** der „Streitgegenstand" (terminologisch richtig:[158] **Gegenstand**) beider Verfahren **identisch** sind.[159] Teilweise Parteiidentität ist ausreichend,[160] ebenso teilweise Gegenstandsidentität[161] (zur Quotierung in diesen Fällen nachfolgend Rdn. 79f.). Ein **Streithelfer** auf seiten des Antragsgegners ist an einen Kostenvergleich zwischen Antragsteller und Antragsgegner gebunden, so dass er bei Kostenaufhebung seine außergerichtlichen Kosten selbst zu tragen hat.[162]

---

149 BGH NJW 2007, 3578 Tz. 17 u. 20 (zur Teilidentität). Ebenso für die Prozessgebühr nach der BRAGO BGH NJW-RR 2006, 810, 811.
150 OLG Hamburg MDR 2007, 559.
151 BGHZ 20, 4, 15; BGH NJW 1996, 1749, 1750 f.; OLG Nürnberg OLGZ 1994, 351 = JurBüro 1994, 103 f.
152 BGH NJW-RR 2004, 1651.
153 OLG Düsseldorf NJW-RR 1995, 1108, 1109 = BauR 1995, 854, 856, lehnt daher einen materiellrechtlichen Erstattungsanspruch ab.
154 Vgl. das Kostenfestsetzungsproblem in OLG Koblenz JurBüro 1996, 375 f.
155 BGH (7. ZS) NJW-RR 2006, 810, 811; vgl. ferner BGH NJW-RR 2003, 1240, 1241.
156 BGH (7. ZS) NJW-RR 2006, 810, 811; BGH (7. ZS) NZBau 2005, 44, 45; BGH (8. ZS) NJW 2003, 1322, 1323.
157 BGH NJW-RR 2006, 810, 811.
158 Vgl. die korrekte Terminologie des Kostenrechtsgesetzgebers in Vorbem. V vor Nr. 3100 VergVerz RVG.
159 BGH (8. ZS) NJW 2003, 1322, 1323; BGH (7. ZS) NJW-RR 2004, 1651; BGH (5. ZS) NJW 2005, 294 = NZBau 2005, 43, 44; BGH (7. ZS) NZBau 2005, 44, 45. Fehlende Parteiidentität in OLG Koblenz MDR 2004, 840 = WM 2004, 2253, 2254; OLG Köln MDR 2007, 1347.
160 BGH NJW-RR 2004, 1651; OLG München MDR 2000, 603; OLG Bamberg NZBau 2000, 82; KG NJW 2009, 3587 = NJW-RR 2009, 1439.
161 BGH (7. ZS) NJW 2004, 3121; BGH (5. ZS) NJW 2005, 294 = NZBau 2005, 43, 44 = MDR 2005, 295, 296; BGH (7. ZS) NJW-RR 2006, 810, 811; OLG München MDR 2000, 726, 727 = Rpfleger 2000, 353 (verneint nach Klageänderung im Hauptsacheverfahren).
162 BGH NJW-RR 2008, 261 Tz. 11.

Die Erstattungsfähigkeit der Kosten des Beweisverfahrens im zugehörigen[163] Haupt- 77
verfahren setzt **nicht** voraus, dass dort **tatsächlich** eine **Verwertung** stattgefunden
hat;[164] die Festsetzung darf also nicht mit der Begründung verneint werden, die Kosten
des Beweisverfahrens seien mangels Verwertung nicht notwendig gewesen.[165] Diese Situation kann z.B. eintreten, wenn die Beweistatsachen nach der Beweisaufnahme unstreitig geworden sind, jedoch der Rechtsstreit gleichwohl nicht vermeidbar war, oder
wenn der Anspruch, für den die Beweisaufnahme vorgesehen war, als unschlüssig, also
aus Rechtsgründen, abgewiesen wird.[166] Notwendig ist nur, dass das Beweisverfahren
aus der Sicht des Antragstellers eine zur zweckentsprechenden Rechtsverfolgung **notwendige Maßnahme** war.[167] Das Ergebnis des Beweisverfahrens besagt nicht zwangsläufig, wie das Hauptsacheverfahren ausgeht; der Antragsteller kann trotz für ihn erfolgreicher Beweisaufnahme das ordentliche Verfahren verlieren. Die mögliche Inkongruenz
der Ergebnisse beider Verfahren belegt, dass die Verwertung der Beweisergebnisse keine
zwingende Voraussetzung der Kostenverteilung im Hauptsacheverfahren sein kann. Wegen der Irrelevanz der Verwertung kann auch bei **Rücknahme** der **Hauptsacheklage**
auf der Grundlage des Beschlusses nach § 269 Abs. 4 (dazu oben Rdn. 60) oder bei **Abweisung** der Hauptsacheklage **als unzulässig** eine Festsetzung der Beweisverfahrenskosten erfolgen (gegebenenfalls nach Kostengrundentscheidung gem. § 96).

War der **Streitwert des Beweisverfahrens höher als** der des **Hauptverfahrens**, 78
kann es geboten sein, nur eine **Quote** der Kosten des Beweisverfahrens zu erstatten.[168]
Eine volle Erstattung ist zutreffend, wenn derselbe Anspruch in beiden Verfahren lediglich unterschiedlich bewertet worden ist,[169] oder wenn ein Teil des Anspruchs statt durch
Klage im Wege einer Aufrechnung unangreifbar getilgt worden ist.[170] Bei bloßer **Teilidentität des Streitstoffes** sollen die Kosten des Beweisverfahrens nach Auffassung des
BGH im Interesse einer einheitlichen Kostenentscheidung insgesamt in die Kosten des
Hauptsacheverfahrens einbezogen werden.[171] Unabhängig vom Ergebnis des Hauptsacheverfahrens sind die Kosten des irrelevanten Beweisergebnisteils durch **Quotierung**
zu berücksichtigen.[172] Über die **Kosten des überschießenden Teils** des Beweiserhebungsgegenstandes ist deshalb im Hauptsacheverfahren eine **Kostengrundentscheidung analog § 96** zu erlassen, nicht aber ein Verfahren nach § 494a Abs. 2 zu betreiben.[173] Diese Lösung ist nicht unproblematisch. Der Antragsteller kann u.U. anstreben,

---

163 Vgl. dazu OLG München JurBüro 1996, 36; OLG Koblenz NJW-RR 1994, 1277; OLG Koblenz NJW-RR 1994, 574; OLG Hamburg MDR 1990, 1127.
164 BGH (7. ZS) NZBau 2005, 44, 45; BGH (7. ZS) NJW-RR 2003, 1240, 1241; OLG Hamburg MDR 1998, 1124; KG NJW-RR 1997, 960 = JurBüro 1997, 319, 320; OLG Koblenz JurBüro 1996, 34, 35; OLG Hamm NJW-RR 1993, 1044, 1046; s. auch BGH NJW 1996, 1749, 1751. **A.A.** BGH (8. ZS) NJW 2003, 1322, 1323; wohl auch anders *Cuypers* MDR 2004, 244, 250.
165 BGH NZBau 2005, 44, 45.
166 So in den Fällen BGH NZBau 2005, 44; BGH NJW-RR 2005, 1240, 1241; KG NJW-RR 1997, 960 (Verneinung der Prozessführungsbefugnis).
167 OLG Jena OLGR 2001, 252; OLG Koblenz JurBüro 1996, 34, 35; OLG Nürnberg JurBüro 1996, 35; OLG Düsseldorf BauR 1995, 889 (LS); OLG Köln NJW-RR 1997, 960; *Ulrich* AnwBl. 2003, 144, 148.
168 OLG Karlsruhe JurBüro 1996, 36, 37.
169 OLG München MDR 1999, 1347 = OLGR 2000, 133, 134.
170 OLG München MDR 1999, 1347.
171 BGH (7. ZS) NJW 2004, 3121; BGH (5. ZS) NJW 2005, 294; BGH (7. ZS) NJW-RR 2006, 810, 811.
172 BGH (7. ZS) NJW-RR 2004, 1651; BGH (5. ZS) NJW 2005, 294; OLG Hamm NJW-RR 2008, 950, 952. OLG Koblenz NJW-RR 2004, 1006, 1007; OLG Koblenz NJW-RR 2000, 1239 = MDR 2000, 669; OLG Düsseldorf (7. ZS) NJW-RR 1998, 210, 211; OLG Düsseldorf (22. ZS) 1998, 358; OLG Hamburg MDR 1993, 1130, 1131 = JurBüro 1994, 105; OLG München MDR 1993, 1131 = JurBüro 1993, 543, 544 = Rpfleger 1993, 462.
173 BGH NJW 2004, 3121; BGH NJW 2005, 294; BGH NJW-RR 2006, 810, 811; OLG Düsseldorf (22. ZS) NJW-RR 1998, 358, 359; OLG Düsseldorf (22. ZS) MDR 2006, 1253; OLG Düsseldorf NJW-RR 2010, 1244, 1245.

den überschießenden Teil in einem gesonderten Hauptsacheverfahren zu verwerten. Das ist durch die Fristsetzung nach § 494a Abs. 1 zu klären. Wird dann die Hauptsacheklage nach Teilerfüllung des Antragsgegners wegen unbestätigt gebliebener sonstiger Beweisbehauptungen des Antragstellers auf Fristsetzung hin nicht erhoben, könnte die Quotelung im Beschluss nach § 494a Abs. 2 erfolgen.[174] Für die Quotelung – gleich auf welcher Grundlage – ist erforderlich, dass der Gegenstand der Klage *wesentlich* hinter dem Gegenstand des Beweisverfahrens zurückbleibt.[175]

79 Wird das Beweisverfahren **in mehreren Hauptsacheverfahren verwertet**, sind die Kosten anteilmäßig zu verteilen.[176] Keine Quotierung hat zu erfolgen, wenn – bei Identität des Verfahrensgegenstandes – nur eine **Teilidentität der Parteien** besteht.[177] Betrafen einzelne von mehreren Beweisthemen (z.B. Baumängel) nur Antragsgegner, die am Hauptsacheverfahren nicht beteiligt sind, sind die darauf entfallenden anteiligen Kosten bei der Festsetzung auszuscheiden,[178] also anders zu behandeln als beim wesentlichen Zurückbleiben des Verfahrensgegenstandes im Hauptsacheverfahren der Beteiligten eines parteiidentischen Beweisverfahrens (dazu zuvor Rdn. 78).

80 Soweit eine Quotelung erfolgen muss, werden **Teilgegenstandswerte** gebildet und zueinander in Beziehung gesetzt. Rechtspolitisch sinnvoller wäre es, den Zeitaufwand der Gutachtenerstellung in Bezug auf einzelne Beweisthemen zur Verteilungsgrundlage zu machen.[179] Dafür wäre nur erforderlich, dass der Sachverständige in seine Rechnung regelmäßig eine aufgeschlüsselte Zeitangabe aufnimmt.

81 Hauptsacheverfahren kann nur ein **ordentliches Verfahren** sein, **nicht** aber ein einstweiliges **Verfügungsverfahren**, in dem die Glaubhaftmachung mittels der Ergebnisse des Beweisverfahrens erfolgt.[180] Auch wenn das Eilverfahren durch Abgabe einer Abschlusserklärung faktisch nicht selten zur endgültigen Streiterledigung führt, steht der Anwendung des § 493 die institutionelle Verfahrensakzessorietät des summarischen Eilverfahrens zum ordentlichen Verfahren entgegen.

82 **4. Kosten des Verfahrens nach § 494a.** Für den Antrag nach § 494a Abs. 1 und nach § 494a Abs. 2 entstehen keine (weiteren) **Gerichtskosten**. Die Tätigkeit des **Anwalts** ist bereit durch die Verfahrensgebühr von 1,3 nach VergVerz RVG Nr. 3100 abgegolten (§ 19 Abs. 1 Satz 1 RVG). Sofern über den Antrag nach Abs. 2 verhandelt wird, fällt eine Terminsgebühr nach VergVerz Nr. 3104 in Höhe von 1,2 aus dem Kostenstreitwert an, sofern nicht vorher schon eine Terminsgebühr nach dem vollen Wert angefallen war.[181] Für ein eventuelles **Beschwerdeverfahren** bestimmen sich die Anwaltsgebühren nach VergVerz RVG Nr. 3500; für die Gerichtsgebühren gilt KV GKG Nr. 1811 (50 EUR bei Verwerfung oder Zurückweisung der Beschwerde).

---

174 OLG Düsseldorf (5. ZS) MDR 2003, 534, 535; OLG Düsseldorf (23. ZS) MDR 2003, 1132; OLG Düsseldorf (7. ZS) NJW-RR 1998, 210, 211 = MDR 1997, 979; OLG Koblenz NJW-RR 2000, 1239; OLG Koblenz JurBüro 1997, 319; OLG München (13. ZS) BauR 1997, 167, 168; s. ferner OLG Schleswig MDR 2001, 836, 837.
175 BGH NJW 2005, 294, 295.
176 OLG München MDR 1989, 548 f.
177 BGH (7. ZS) NJW-RR 2004, 1651. Für Quotierung OLG Bamberg NZBau 2000, 82. Zur Klage eines Wohnungseigentümers nach Betreiben der Beweissicherung durch die Gemeinschaft OLG Koblenz MDR 2008, 294 = Rpfleger 2007, 685 f.
178 Vgl. BGH (7. ZS) NJW-RR 2004, 1651.
179 Dafür *Cuypers* MDR 2004, 244, 250 f.
180 OLG München NJW-RR 1999, 655, 656 = AnwBl. 1999, 234. **A.A.** OLG Koblenz JurBüro 1995, 481 f.
181 Musielak/*Huber*[10] § 494a Rdn. 8.

5. Materiell-rechtliche Kostenerstattung. Sofern eine prozessuale Kostenentscheidung nicht in Betracht kommt, ist zu prüfen, ob dem Antragsteller nach allgemeinen Vorschriften ein **materiell-rechtlicher Kostenerstattungsanspruch** (z.B. aus vertraglicher Pflichtverletzung, Delikt) zusteht.[182] Das Betreiben des Beweisverfahrens selbst ist allerdings rechtmäßig und löst keinen derartigen Anspruch aus. Wird nach Abschluss einer Mangelbeseitigung ein Privatgutachter mit der Kontrolle des Erfolgs beauftragt, handelt es sich bei den Gutachtenaufwendungen nicht um ersatzpflichtige Mängelbeseitigungskosten.[183]

83

Der **prozessuale** Kostenerstattungsanspruch **verdrängt nicht** schlechthin den **materiell-rechtlichen** Kostenerstattungsanspruch.[184] Die eventuelle Möglichkeit künftiger Festsetzung der Kosten in einem Hauptsacheverfahren ist kein einfacherer Weg im Verhältnis zu einer Aufrechnung des Antragstellers mit dem materiell-rechtlichen Erstattungsanspruch gegenüber einer rechtshängigen (Werklohn-)Forderung des Antragsgegners.[185] Solange kein Hauptsacheprozess eingeleitet worden ist, kann ein prozessualer Erstattungsanspruch nicht entstehen, weshalb ein materiell-rechtlicher Anspruch auf Erstattung der Beweisverfahrenskosten ohne Beschränkung geltend gemacht werden kann.[186]

84

6. Sonstiges. Für das selbständige Beweisverfahren kann **Prozesskostenhilfe** bewilligt werden (vor § 485 Rdn. 26). Ein **Bürge** haftet nach § 767 Abs. 2 BGB auch für die Kosten eines selbständigen Beweisverfahrens des Gläubigers gegen den Hauptschuldner.[187]

85

---

[182] OLG Nürnberg MDR 2010, 889, 890; OLG Hamm NJW-RR 1993, 1044 f.; OLG Düsseldorf MDR 1991, 259; OLG Köln, VersR 1983, 1269, 1270 (kein Ersatz bei befürchteter Schädigung und vorbeugender Statussicherung); LG Aachen NJW-RR 1992, 472. Zur materiell-rechtlichen Kostenerstattung in WEG-Sachen BayObLG NJWE-MietR 1996, 36, 37.
[183] OLG Köln NJW-RR 2013, 530, 531 Tz. 7.
[184] Zum umstrittenen Verhältnis von prozessualem und materiell-rechtlichem Kostenerstattungsanspruch BGH NJW-RR 2010, 674 Tz. 13 m.w.N.; BGH NJW 2012, 1291 Tz. 8 = VersR 2013, 248; OLG München NJW 2011, 3375, 3379; Wieczorek/Schütze/*Steiner*³ vor § 91 Rdn. 9.
[185] OLG Dresden NJW-RR 2003, 305, 306. Rechtsschutzbedürfnis bei möglicher Festsetzung mit Kosten des Hauptsacheverfahrens verneinend OLG Karlsruhe NJW-RR 2007, 818, 819; OLG Hamm NJW-RR 2008, 950, 951.
[186] BGH NJW-RR 2010, 674 Tz. 15 = VersR 2010, 1186; OLG Celle NJW 2013, 475, 476.
[187] A.A. (zum alten Recht) OLG Hamburg MDR 1990, 1020.

ZWEITER ABSCHNITT
Verfahren vor den Amtsgerichten

§ 495
Anzuwendende Vorschriften

(1) Für das Verfahren vor den Amtsgerichten gelten die Vorschriften über das Verfahren vor den Landgerichten, soweit nicht aus den allgemeinen Vorschriften des Buches 1, aus den nachfolgenden besonderen Bestimmungen und aus der Verfassung der Amtsgerichte sich Abweichungen ergeben.

Schrifttum

Laumen Das Rechtsgespräch im Zivilprozess, Köln, Berlin, Bonn, München 1984.

Übersicht

I. Die Vorschriften für das Verfahren vor den Amtsgerichten	2. Die Zuständigkeit nach § 23 GVG — 17
1. Die Regelung des § 495 — 1	3. Die Zuständigkeit gemäß § 23a GVG — 19
2. Abweichungen aufgrund der allgemeinen Vorschriften — 4	4. Die Zuständigkeit gemäß § 27 GVG — 20
3. Abweichungen aus der Verfassung der Amtsgerichte — 8	III. Die Korrespondenz von Zuständigkeit, Verfassung und Verfahren der Amtsgerichte
4. Die besonderen Bestimmungen der §§ 495a ff. — 11	1. Der Zweck der Zweigleisigkeit — 26
5. Weitere Spezialvorschriften für das Verfahren vor den Amtsgerichten — 13	2. Die Beschleunigung des Verfahrens — 30
6. Keine Anwendbarkeit des § 495 in Familien- und Familienstreitsachen — 14	3. Die Kostenersparnis gegenüber dem Verfahren vor dem Landgericht — 32
II. Der Anwendungsbereich des § 495	4. Der Preis der Schnelligkeit — 34
1. Das Verfahren vor den Amtsgerichten — 15	5. Richterliche Fürsorgepflichten — 38

I. Die Vorschriften für das Verfahren vor den Amtsgerichten

1. Die Regelung des § 495. Vom Allgemeinen zum Besonderen fortschreitend regelt die Zivilprozessordnung zunächst im Dritten Abschnitt des Ersten Buches das Verfahren im Allgemeinen. **Es folgen** sodann im Zweiten Buch **ergänzende Vorschriften** für das Verfahren im ersten Rechtszug und zwar zunächst im Ersten Abschnitt in den §§ 253 ff. für das Verfahren vor den Landgerichten und im Zweiten Abschnitt in den §§ 495 ff. **für das Verfahren vor den Amtsgerichten.** 1

Für das Verfahren vor den Amtsgerichten gelten danach prinzipiell die gleichen Vorschriften wie für das Verfahren vor den Landgerichten, jedoch mit den Abweichungen, die sich „aus den allgemeinen Vorschriften des ersten Buches" (hierzu vgl. Rdn. 4 ff.) oder aus der spezifischen „Verfassung der Amtsgerichte" (hierzu vgl. Rdn. 8) ergeben oder aber „aus den nachfolgenden besonderen Bestimmungen" der §§ 495a ff. Diese sollen den Besonderheiten Rechnung tragen, die sich aus den Abweichungen vom landgerichtlichen Verfahren und aus den Unterschieden der Gerichtsverfassungen ergeben, die ihrerseits wiederum mit den Besonderheiten korrespondieren, deretwegen die betroffenen Sachen in die Zuständigkeit der Amtsgerichte fallen. 2

Wenn zu dieser Systematik angemerkt wird: „Grundsätzlich verfehlt regelt die ZPO das für die Rechtssuchenden wichtigste Verfahren, das amtsgerichtliche, hilfsweise hin- 3 ter dem landgerichtlichen",[1] kann dem nicht gefolgt werden: Es ist prinzipiell gleichgültig, ob erst das Verfahren vor den Landgerichten geregelt wird und dann die Besonderheiten des Verfahrens vor den Amtsgerichten folgen oder ob umgekehrt die Vorschriften des amtsgerichtlichen Verfahrens vorangehen und die Besonderheiten des Verfahrens vor den Landgerichten gefolgt wären. Und wieso das Verfahren vor den Amtsgerichten nur „hilfsweise" geregelt worden sein soll, ist vollends unerfindlich. Eine andere Frage freilich ist, ob nicht die Regelung des amtsgerichtlichen Verfahrens zumal in der Anfangsphase der Geltung der ZPO viele Wünsche offen gelassen hatte; aber insoweit geht es um den Inhalt der Regelung und nicht um die Systematik der ZPO.

2. Abweichungen aufgrund der allgemeinen Vorschriften. Gemäß § 495 gelten für das Verfahren vor den Amtsgerichten die Vorschriften über das Verfahren vor den Landgerichten nur, „soweit nicht aus den allgemeinen Vorschriften des ersten Buches ... sich Abweichungen ergeben". Das bedeutet aber nicht etwa, dass die allgemeinen Vorschriften hier entgegen der Regel den spezielleren Vorschriften vorgehen, sondern lediglich, dass es in Kollisionsfällen bei den allgemeinen Vorschriften bleibt, weil die Vorschriften über das Verfahren vor den Landgerichten ja eben speziell hierfür gelten und insoweit in § 495 eben nicht auf das landgerichtliche Verfahren verwiesen wird; zudem ergibt sich schon aus den betroffenen allgemeinen Vorschriften selbst, dass sie nicht für das Verfahren vor den Amtsgerichten gelten: 4

a) So bestimmt die Vorschrift des § 78 Abs. 1 Satz 1: 5

„Vor den Landgerichten und Oberlandesgerichten müssen sich die Parteien durch einen Rechtsanwalt vertreten lassen."

Diese Vorschrift gilt schon nach ihrem Wortlaut nicht für das Verfahren vor den Amtsgerichten. In Ansehung nur ihrer besteht daher im Verfahren **vor den Amtsgerichten kein Anwaltszwang**.

Bei Inkrafttreten der ZPO galt dieses noch uneingeschränkt. Inzwischen ist nun aber durch § 23a Abs. 1 Nr. 1 GVG die Zuständigkeit der Amtsgerichte für Familiensachen und für diese durch die Vorschrift des § 114 Abs. 1 FamFG Anwaltszwang nach Maßgabe dieser Vorschriften begründet worden. Indessen ist das Verfahren in Familiensachen im Zweiten Buch des Gesetzes über das Verfahren in Familiensachen und in den Angelegenheiten der freiwilligen Gerichtsbarkeit (§§ 111 bis 270 FamFG) gesondert geregelt worden und zwar gelten nach § 113 Abs. 1 Satz 2 FamFG in Ehesachen und Familienstreitsachen „die Vorschriften der Zivilprozessordnung über das Verfahren vor den Landgerichten entsprechend" und nicht die für das Verfahren vor den Amtsgerichten und also auch nicht die Vorschriften der §§ 495ff.[2] 6

b) Als Abweichung vom landgerichtlichen Verfahren wird auch angesehen „die grundsätzliche Entbehrlichkeit" einer Vorbereitung durch Schriftsätze.[3] Indessen stellt die Regel des § 129 Abs. 1 – „In Anwaltsprozessen wird die mündliche Verhandlung durch Schriftsätze vorbereitet" – schon selbst auf Anwaltsprozesse ab; auch wird zu Recht darauf hingewiesen, dass sie nicht zu den Vorschriften des ersten Abschnittes des 7

---

1 Baumbach/Lauterbach/Albers/*Hartmann* Rdn. 1 vor § 495.
2 Zöller/*Philippi* § 114 FamFG Rdn. 1; Prütting/Gehrlein/*Schelp* § 495 Rdn. 1.
3 Hierzu vgl. Baumbach/Lauterbach/Albers/*Hartmann* Rdn. 2 vor § 495; Prütting/Gehrlein/*Schelp* § 495 Rdn. 5.

zweiten Buches gehört, die das Verfahren vor den Landgerichten betreffen, sondern zum dritten Abschnitt des ersten Buches betreffend die allgemeinen Vorschriften für das Verfahren. Daraus folgt allerdings nicht, dass „die Formulierung des § 495 ... verfehlt ist",[4] sondern nur, dass sie falsch gelesen wird.

8   **3. Abweichungen aus der Verfassung der Amtsgerichte.** In § 495 als der zentralen Vorschrift für das Verfahren vor den Amtsgerichten werden diese als Spruchkörper verstanden. Das Amtsgericht als Spruchkörper unterscheidet sich von dem Landgericht insoweit – und nur insoweit , als das Amtsgericht notwendig durch einen Richter entscheidet (vgl. § 22 Abs. 1, Abs. 4 GVG), wohingegen das Landgericht primär als Kollegium von drei Richtern – darunter den Vorsitzenden – entscheidet. Infolgedessen kann im Verfahren vor den Amtsgerichten – anders als im Verfahren vor den Landgerichten – nicht zwischen dem Gericht und dessen Vorsitzenden und daher auch nicht zwischen den Funktionen des Vorsitzenden und denen des Kollegiums unterschieden werden. Bedingt hierdurch ergeben sich Abweichungen für das Verfahren vor den Amtsgerichten gegenüber den Vorschriften über das Verfahren vor den Landgerichten:

9   **a)** Da im Verfahren vor den Amtsgerichten die Funktionen des Gerichts und des Vorsitzenden von ein und demselben Richter ausgeübt werden,[5] dieser also gleichsam sein eigener Vorsitzender ist, ist er sowohl dann berufen, wenn
- wie in den Vorschriften der §§ 270 Satz 1, 273 Abs. 1, 275 Abs. 3, 278 Abs. 1, Abs. 5, 279 Abs. 3, 280, 281, 283, 286 Abs. 2, 287, 289, 291, 293, 296, 300, 301, 304, 305a, 308, 308a, 318, 319, 320, 329 Abs. 1, 364, 372, 377, 379, 387, 398, 404, 404a, 425, 426, 431, 434, 437 Abs. 2, 438, 442, 447, 448, 449, 452, 453, 454, 455 und 472 Abs. 2 – auf das Gericht abgestellt wird als auch dann, wenn es
- wie in den Vorschriften der §§ 272 Abs. 2, 273 Abs. 2, 274 Abs. 2 Satz 2, 275 Abs. 1 Satz 1, 276, 311 Abs. 4, 329 Abs. 2, 359, 360, 362 und 397 Abs. 2 – auf den Vorsitzenden ankommt.

10   **b)** Bezüglich solcher Vorschriften, die mehrere Richter voraussetzen, ist zu differenzieren: So gilt beispielsweise nach § 273 Abs. 2, dass „zur Vorbereitung jedes Termins ... der Vorsitzende oder ein von ihm bestimmtes Mitglied des Prozessgerichts" bestimmte Maßnahmen treffen kann. Im Verfahren vor den Amtsgerichten kann der Vorsitzende nun zwar keine Mitglieder des Prozessgerichts zu irgendetwas bestimmen, weil er allein das Gericht ist und die ihm nach § 22 Abs. 4 GVG obliegenden Geschäfte als Einzelrichter zu erledigen hat; dessen ungeachtet ist aber die Vorschrift des § 273 Abs. 2 von der Alternative „oder ein von ihm bestimmtes Mitglied des Prozessgerichts" abgesehen durchaus im Verfahren vor den Amtsgerichten anzuwenden. Entsprechendes gilt für die Vorschriften der §§ 275 Abs. 1, 375, 434 und 479. Die Vorschrift des § 320 Abs. 4 Satz 3

– „Ist ein Richter verhindert, so gibt bei Stimmgleichheit die Stimme des Vorsitzenden und bei dessen Verhinderung die Stimme des ältesten Richters den Ausschlag" –

hingegen ist für das Verfahren vor den Amtsgerichten ersichtlich gegenstandslos. Entsprechendes gilt für die Vorschriften der §§ 348, 348a, 349, 361 Abs. 1, 372 Abs. 2, 388, 396 Abs. 3, 397 Abs. 3 und 405.

---

[4] So MünchKomm/*Deubner* Rdn. 5.
[5] Stein/Jonas/*Leipold* Rdn. 5; MünchKomm/*Deubner* Rdn. 6; Baumbach/Lauterbach/Albers/*Hartmann* Rdn. 2 vor § 495; Thomas/Putzo/*Reichhold* Rdn. 2.

4. Die besonderen Bestimmungen der §§ 495a ff. Schon ein flüchtiger Blick über 11
die Vorschriften der §§ 495a ff. lässt erkennen, dass eine bewegte Gesetzgebungsgeschichte vorausgegangen ist:[6] Die Vorschriften der §§ 500–503, 505 und 509 sind weggefallen; neu eingefügt worden waren die Vorschriften der §§ 495a, 499a, 510a bis c und alle diese Vorschriften sind inzwischen wieder weggefallen, wobei § 510c in der jetzigen Vorschrift des § 495a weiterlebt. Die aufgehobenen Vorschriften sind keineswegs ersatzlos entfallen, sondern sind zum Teil gerade im Gegenteil auch schon für das Verfahren vor den Landgerichten eingeführt worden.[7]

Die Vorschriften der § 495 ff. bringen den Amtsgerichten im Beschleunigungsinteres- 12
se größere Freiheit im Verfahren – so in den Vorschriften der §§ 495a, 497, 498, 510a und 510b –, legen ihm andererseits im Interessen nicht anwaltlich vertretener Parteien aber auch besondere Fürsorgepflichten auf (hierzu vgl. Rdn. 38 ff.), so in den Vorschriften der §§ 496, 499, 504, 506, 510.

5. Weitere Spezialvorschriften für das Verfahren vor den Amtsgerichten. Auch 13
unter Einbeziehung der Vorschriften, auf die in § 495 verwiesen wird, regeln die §§ 495 ff. das Verfahren vor den Amtsgerichten keineswegs abschließend. Ganz selbstverständlich gelten die allgemeinen Vorschriften auch für das Verfahren vor den Amtsgerichten, soweit sie nicht durch speziellere Vorschriften verdrängt werden. Aber auch solche Vorschriften, die speziell für das Verfahren vor den Amtsgerichten bestimmt sind und nur hierfür Bedeutung haben, finden sich im ersten Buch, nämlich jeweils infolge des Sachzusammenhanges mit anderen Regelungen, so in den Vorschriften des § 45 Abs. 2 (Vorlage an einen „anderen Richter" bei der Entscheidung über Befangenheitsanträgen), § 79 (Möglichkeiten der Prozessführung durch die Partei selbst oder durch jede prozessfähige Person als Bevollmächtigter), § 83 Abs. 2 (Möglichkeit der Beschränkung der Prozessvollmacht auf einzelne Prozesshandlungen), § 87 Abs. 1 (rechtliche Wirksamkeit der Kündigung des Vollmachtvertrages gegenüber Gegner und Gericht durch Anzeige des Erlöschen der Vollmacht), § 88 Abs. 2 (Prüfung des Mangels der Prozessvollmacht von Amts wegen, wenn als Bevollmächtigter kein Rechtsanwalt auftritt), § 90 (Möglichkeit der Partei, mit jeder prozessfähigen Person als Beistand zu erscheinen), § 121 Abs. 2 (Beiordnung eines Rechtsanwalts auf Antrag, wenn die Vertretung durch einen Rechtsanwalt erforderlich erscheint oder der Gegner durch einen Rechtsanwalt vertreten ist), §§ 129 Abs. 2, 129a (Möglichkeit der Vorbereitung der mündlichen Verhandlungen durch zu Protokoll der Geschäftsstelle abzugebende Erklärungen), § 163 Abs. 2 Satz 1 Hs 2 (Möglichkeit der Unterzeichnung des Sitzungsprotokolls allei durch den zur Protokollführung hinzugezogenen Urkundsbeamten der Geschäftsstelle im Falle der Verhinderung des Amtsrichters), § 217 (Mindestladungsfrist von 3 Tagen).

6. Keine Anwendbarkeit des § 495 in Familien- und Familienstreitsachen. In 14
Familien- und Familienstreitsachen gelten nicht die Vorschriften für das Verfahren vor den Amtsgerichten, sondern infolge ausdrücklicher Bestimmung in § 113 Abs. 1 Satz 2 FamFG **die Vorschriften über das Verfahren vor den Landgerichten entsprechend** (hierzu vgl. Rdn. 6).

---

[6] Hierzu vgl. Stein/Jonas/*Leipold* Rdn. 1 ff. vor § 495; MünchKomm/*Deubner* Rdn. 1.
[7] MünchKomm/*Deubner* Rdn. 1; Baumbach/Lauterbach/Albers/*Hartmann* Rdn. 1 vor § 495.

II. Der Anwendungsbereich des § 495

15 **1. Das Verfahren vor den Amtsgerichten.** § 495 und in der weiteren Konsequenz die Vorschriften der §§ 495 ff. betreffen nur Verfahren, die in den Zivilrechtsstreitigkeiten vor den Amtsgerichten stattfinden und zwar ohne Rücksicht darauf, ob das Amtsgericht auch sachlich zuständig ist oder nicht. So setzt die Vorschrift des § 504, nach welcher das Amtsgericht, wenn es sachlich oder örtlich unzuständig ist, „darauf und auf die Folgen einer rügelosen Einlassung zur Hauptsache hinzuweisen" hat, geradezu voraus, dass es an sich unzuständig ist.

16 Indessen ist das Verfahren vor den Amtsgerichten ausgerichtet auf die Verfahren, für welche die Amtsgerichte auch sachlich zuständig sind. Diese sachliche Zuständigkeit wird primär (hierzu vgl. Rdn. 20 ff.) gemäß § 1 „durch das Gesetz über die Gerichtsverfassung bestimmt".

17 **2. Die Zuständigkeit nach § 23 GVG.** Nach § 23 Nr. 1 GVG ist das Amtsgericht für „Streitigkeiten über Ansprüche, deren Gegenstand an Geld oder Geldeswert die Summe von fünftausend Euro nicht übersteigt" und denen also nach der relativ geringen Höhe des Gegenstandswertes eine relativ geringe Bedeutung zukommt (hierzu vgl. Rdn. 29). Die Streitwertgrenze gilt unabhängig davon, ob der geltend gemachte Anspruch vermögensrechtlicher oder nicht vermögensrechtlicher Natur ist.

18 Ohne Rücksicht auf den Wert des Streitgegenstandes ist nach § 23 Nr. 2 GVG das Amtsgericht für einen Katalog dort aufgelisteter Sachen, in denen den Parteien an einer möglichst schnellen Entscheidung gelegen sein muss, zuständig. Hierzu gehören Streitigkeiten aus Wohnraummietverhältnissen (Nr. 2a), Reisestreitigkeiten (Nr. 2b) wie z.B. Zechschulden, Übernachtungskosten, Fuhrlohn, Binnenstreitigkeiten nach dem Wohnungseigentumsgesetz (Nr. 2c) nach § 43 Nr. 1 bis 4, 6 WEG, Streitigkeiten wegen Wildschadens (Nr. 2d) sowie Ansprüche aus einem mit der Überlassung eines Grundstücks in Verbindung stehenden Leibgedings, Leibzuchts-, Altenteils- oder Auszugsvertrags (Nr. 2g).

19 **3. Die Zuständigkeit gemäß § 23a GVG.** Anders als bei Inkrafttreten des GVG sind die Amtsgerichte gemäß § 23a GVG ferner zuständig für
1. Familiensachen;
2. Angelegenheiten der freiwilligen Gerichtsbarkeit, soweit nicht durch gesetzliche Vorschriften eine anderweitige Zuständigkeit begründet ist.

Der Begriff der Familiensachen ist legaldefiniert in § 111 FamFG. Er umfasst Ehesachen, Kindschaftssachen, Abstammungssachen, Adoptionssachen, Ehewohnungs- und Haushaltssachen, Gewaltschutzsachen, Versorgungsausgleichssachen, Unterhaltssachen, Güterrechtssachen, sonstige Familiensachen sowie Lebenspartnerschaftssachen.
Angelegenheiten der freiwilligen Gerichtsbarkeit sind
1. Betreuungssachen, Unterbringungssachen sowie betreuungsgerichtliche Zuweisungssachen,
2. Nachlass- und Teilungssachen,
3. Registersachen,
4. unternehmensrechtliche Verfahren nach § 375 des Gesetzes über das Verfahren in Familiensachen und den Angelegenheiten der freiwilligen Gerichtsbarkeit,
5. die weiteren Angelegenheitern der freiwilligen Gerichtsbarkeit nach § 419 des Gesetzes über das Verfahren in Familiensachen und in den Angelegenheiten der freiweilligen Gerichtsbarkeit

6. Verfahren in Freiheitsentziehungssachen nach § 415 des Gesetzes über das Verfahren in Familiensachen und in den Angelegenheiten der freiweilligen Gerichtsbarkeit,
7. Aufgebotsverfahren,
8. Grundbuchsachen,
9. Verfahren nach § 1 Nr. 1 und 2 bis 6 des Gesetzes über das gerichtliche Verfahren in Landwirtschaftssachen,
10. Schiffsregistersachen sowie
11. sonstige Angelegenheiten der freiwilligen Gerichtsbarkeit, soweit sie durch Bundesgesetz den Gerichten zugewiesen sind.

4. Die Zuständigkeit gemäß § 27 GVG. Nachdem für die Zuständigkeit zunächst in § 1 auf das Gesetz über die Gerichtsverfassung verwiesen wurde, verweist dieses in § 27 GVG ergänzend zurück auf die ZPO: „Im Übrigen wird die Zuständigkeit und der Geschäftskreis der Amtsgerichte durch die Vorschriften dieses Gesetzes und der Prozessordnungen bestimmt". In der Tat ergibt sich aus der ZPO noch eine Reihe weiterer Zuständigkeiten des Amtsgerichts, für die allerdings überwiegend die Vorschriften der §§ 495 ff. a limine nicht anwendbar sind, weil es gar nicht um vor den Amtsgerichten stattfindende Verfahren geht. Nach § 689 Abs. 1 wird das Mahnverfahren von den Amtsgerichten durchgeführt. Weitere Aufgaben fallen den Amtsgerichten in der Zwangsvollstreckung – §§ 764 Abs. 1, 797 Abs. 3 – zu. 20

Für den Anwendungsbereich der §§ 495 ff. von Bedeutung sind aber die Vorschriften des § 38, nach welcher im dort gegebenen Rahmen die Zuständigkeit des Amtsgerichts vereinbart werden kann und die des § 39, nach welcher die Zuständigkeit des Amtsgerichts als vereinbart gilt, wenn der Beklagte zur Hauptsache mündlich verhandelt, ohne die an sich bestehende Unzuständigkeit geltend zu machen, es sei denn, dass die im Verfahren vor dem Amtsgericht gemäß § 504 erforderliche Belehrung unterblieben ist. 21

Bedeutsam für den Anwendungsbereich der §§ 495 ff. sind schließlich auch noch weitere Zuständigkeiten, die sich aus dem achten Buch – Zwangsvollstreckung – und zwar aus dessen fünften Abschnitt – Arrest und einstweilige Verfügung – ergeben, nämlich aus den Vorschriften der §§ 919, 942. Die sich hieraus ergebenden Gerichtsstände sind zwar gemäß § 802 „ausschließliche", aber jeweils neben dem ebenfalls „ausschließlich" zuständigen Gericht der Hauptsache im Sinne von § 943, so dass der Gläubiger gemäß § 35 die Wahl hat: 22

Nach § 919 ist „für die Anordnung eines Arrestes" außer dem Gericht der Hauptsache auch „das Amtsgericht zuständig, in dessen Bezirk der mit Arrest zu belegende Gegenstand oder die in ihrer persönlichen Freiheit zu beschränkende Person sich befindet" und zwar gleichviel, ob die Hauptsache schon anhängig ist oder nicht und ob es sich um einen „dringenden Fall" handelt oder nicht und auch dann, wenn in der Hauptsache gar kein ordentliches Gericht im Geltungsbereich der ZPO zuständig sein würde.[8] 23

Im Verfahren auf Erlass einer einstweiligen Verfügung ist § 919 zwar trotz der Verweisungsvorschrift des § 936 unanwendbar, weil hier gemäß § 937 Abs. 1 das Gericht der Hauptsache zuständig ist und zwar gemäß § 802 ausschließlich. Jedoch kann gemäß § 942 Abs. 1 „in dringenden Fällen ... das Amtsgericht, in dessen Bezirk sich der Streitgegenstand befindet, eine einstweilige Verfügung erlassen" und zwar „unter Bestimmung einer Frist, innerhalb der die Ladung des Gegners zur mündlichen Verhandlung über die 24

---

[8] Stein/Jonas/*Grunsky* § 919 Rdn. 12; Zöller/*Vollkommer* § 919 Rdn. 10; MünchKomm/*Heinze* § 919 Rdn. 13; Baumbach/Lauterbach/Albers/*Hartmann* § 919 Rdn. 6.

Rechtmäßigkeit der einstweiligen Verfügung bei dem Gericht der Hauptsache zu beantragen ist". Die Zuständigkeit der Amtsgerichte in Verfügungssachen gemäß § 942 Abs. 1 ist mithin gegenüber der in Arrestsachen gemäß § 919 sehr eingeschränkt, nämlich einmal beschränkt auf „dringende Fälle" und weiter darauf, die einstweilige Verfügung erst einmal zu erlassen. Darüber, ob diese rechtmäßig ist, entscheidet dann aber das Gericht der Hauptsache, wenn der Gläubiger die Ladung des Gegners zur mündlichen Verhandlung über die Rechtmäßigkeit der einstweiligen Verfügung bei dem Gericht der Hauptsache beantragt. Unterlässt der Gläubiger dieses, dann hat das Amtsgericht gemäß § 942 Abs. 3 auf Antrag des Antragsgegners die erlassene einstweilige Verfügung wieder aufzuheben.

25   Schließlich kann sich eine Zuständigkeit des Amtsgerichts auch noch aus der Vorschrift des § 942 Abs. 2 ergeben. Nach dieser Vorschrift kann „die einstweilige Verfügung, auf Grund deren eine Vormerkung oder ein Widerspruch gegen die Richtigkeit des Grundbuches, des Schiffsregisters oder des Schiffsbauregisters eingetragen werden soll, ... von dem Amtsgericht erlassen werden, in dessen Bezirk das Grundstück belegen ist oder der Heimathafen oder der Heimatort des Schiffes oder der Bauort des Schiffsbauwerks sich befindet" und zwar auch dann, wenn es sich nicht um einen dringenden Fall handelt. Liegt der Heimathafen des Schiffes nicht im Inland, dann kann die einstweilige Verfügung vom Amtsgericht in Hamburg erlassen werden. Eine Frist zur Ladung des Gegners zur mündlichen Verhandlung hat nur auf Antrag des Gegners bestimmt zu werden. Auch diese einstweiligen Verfügungen sind gemäß § 942 Abs. 3 nach fruchtlosem Fristablauf der Frist auf Antrag des Antragsgegners vom Amtsgericht wieder aufzuheben.

III. Die Korrespondenz von Zuständigkeit, Verfassung und Verfahren der Amtsgerichte

26   **1. Der Zweck der Zweigleisigkeit.** Die Antwort auf die sich aufdrängende Frage, warum es zwei unterschiedlich verfasste Eingangsgerichte mit jeweils unterschiedlich geregelten Verfahren gibt, nämlich neben dem Landgericht noch das Amtsgericht, ergibt sich, wenn man die Fälle ansieht, für die das Amtsgericht zuständig ist und zwar – wie cum grano salis hinzuzufügen ist – eben, weil Verfassung und Verfahren der Amtsgerichte auf diese Fälle zugeschnitten sind:

27   a) In die Zuständigkeit der Amtsgerichte fallen gemäß den Vorschriften des § 23 Nr. 2 GVG (hierzu vgl. Rdn. 18) und gemäß der Vorschrift der §§ 919, 942 (hierzu vgl. Rdn. 23 ff.) **Rechtsstreitigkeiten, die ihrer Natur nach besonders dringlich** sind. Dem tragen die Verfassung des und das Verfahren vor dem Amtsgericht in besonderem Maße Rechnung (hierzu vgl. Rdn. 31 ff.).

28   b) In die Zuständigkeit der Amtsgerichte fallen gemäß § 23 Nr. 1 GVG aber auch Rechtsstreitigkeiten, die nach dem Gegenstandswert von relativ geringer Bedeutung sind, so dass ein Verfahren vor dem Landgericht unverhältnismäßig sein würde. Dem tragen die Verfassung des und das Verfahren vor dem Amtsgericht ebenfalls Rechnung (hierzu vgl. Rdn. 35 ff.).

29   c) Nun wird allerdings zu recht betont,[9] es sei „die relativ geringere Bedeutung ... ein Argument, das mit jeder Wertgrenzenerhöhung fragwürdiger wird". Auch trifft es zu,

---

9 Zöller/*Herget* Rdn. 3.

dass für viele Parteien auch in die Zuständigkeit des Amtsgerichts fallende Streitigkeiten von existentieller Bedeutung sein können.[10] Indessen hat der Gesetzgeber mit der Zuständigkeit der Amtsgerichte für die hiervon betroffenen Sachen und mit den Besonderheiten des amtsgerichtlichen Verfahrens sich keineswegs leichtfertig für die Schnelligkeit vor Richtigkeit entschieden; denn die größere Schnelligkeit, mit welcher in amtsgerichtlichen Verfahren entschieden werden kann, muss nicht auf Kosten der Richtigkeit gehen (hierzu vgl. Rdn. 34 ff.) und der Verzicht auf den Anwaltszwang nicht auf Kosten der nicht anwaltlich vertretenen Partei (hierzu vgl. Rdn. 38 f.).

2. Die Beschleunigung des Verfahrens. Dass Verfahren vor den Amtsgerichten regelmäßig weniger Zeit in Anspruch nehmen als Verfahren vor den Landgerichten, liegt nur zu einem kleinen Teil an den Vorschriften über das Verfahren vor den Amtsgerichten, etwa daran, dass gemäß § 217 die Ladungsfrist mit mindestens drei Tagen kürzer ist als in Anwaltsprozessen, in denen sie mindestens eine Woche beträgt; denn für die Dauer der Verfahren kommt es nicht darauf an, wie lange vor dem Termin geladen wird, sondern wie schnell ein Termin stattfinden kann. Das aber hängt davon ab, wie viele Sachen anfallen. 30

Sehr viel mehr als der eine oder andere Unterschied im Verfahren schlägt daher die Unterschiedlichkeit der Gerichtsverfassung zu Buch: Weil im Verfahren vor dem Landgericht regelmäßig drei Richter entscheiden, im Verfahren vor dem Amtsgericht aber nur einer, ist – ceteris paribus – schon dieserhalb die Kapazität des Amtsgerichts dreimal so hoch wie die des Landgerichts. Hinzu kommt die Ersparnis an Arbeitsaufwand, die daraus resultiert, dass der Amtsrichter sich nicht mit mehreren Richtern beraten und abzustimmen braucht. In den Bagatellfällen der Vorschrift des § 495a kann er darüber hinaus Zeit ersparen durch Anpassung des Verfahrens an die Besonderheiten des konkreten Falles. 31

3. Die Kostenersparnis gegenüber dem Verfahren vor dem Landgericht. Daraus, dass im Verfahren vor den Amtsgerichten immer nur ein Richter entscheidet, resultiert zugleich eine erhebliche Kostenersparnis gegenüber dem Verfahren vor dem mit drei Richtern besetzten und damit notwendig kostenaufwendigeren Landgericht. Diese Mehrkosten treffen allerdings nur den Fiskus, nicht aber die rechtsuchenden Parteien als solche; denn die Gerichtskosten werden durch den Gegenstandswert bestimmt, aber ohne Rücksicht darauf, ob im Einzelfall nun das Amtsgericht oder das Landgericht zur Entscheidung berufen ist. 32

Für die Parteien hingegen ist von Bedeutung, dass im Verfahren vor den Amtsgerichten kein Anwaltszwang herrscht. Die mit der Beauftragung eines Rechtsanwaltes verbundenen Kosten kann die Partei sich daher ersparen. Eine andere Frage freilich ist, ob es wirklich klug ist, auf anwaltlichen Rat zu verzichten, wenn man sich in der Sache eine Chance ausrechnet. Will man hingegen in der Sache gar nicht streiten, weil man sich im Unrecht weiß – etwa nach anwaltlicher Beratung –, dann sollte man sich wenigstens die Kosten des Anwaltes als Prozessbevollmächtigten ersparen – etwa ebenfalls aufgrund anwaltlicher Beratung – und zwar gleichviel, ob im Verfahren vor dem Amtsgericht oder vor dem Landgericht. 33

4. Der Preis der Schnelligkeit. Angesichts der Tatsache, dass Amtsgerichte schon aufgrund ihrer Verfassung – es entscheidet ein Einzelrichter statt eines Kollegiums von 34

---

10 Stein/Jonas/*Leipold* Rdn. 1 vor § 495; Baumbach/Lauterbach/Albers/*Hartmann* Rdn. 3 vor § 495.

drei Richtern – zügiger entscheiden können als Landgerichte, stellt sich die oben (hierzu vgl. Rdn. 26) aufgeworfene Frage, warum es neben den Landgerichten noch Amtsgerichte gebe, nunmehr andersherum: Warum gibt es außer den Amtsgerichten noch Landgerichte? Die Antwort liegt auf der Hand: Weil der Gesetzgeber, der ja mit der Möglichkeit unrichtiger Urteile rechnet, sich von Urteilen des Landgerichts eine höhere Richtigkeitsgewähr verspricht und zwar eben, weil statt eines Richters deren drei entscheiden.

35 Wenn der Gesetzgeber zwar von der größeren Richtigkeitsgewähr, die das Landgericht bietet, ausging, für die hiervon betroffenen Fälle aber dennoch die Zuständigkeit der Amtsgerichte begründet hat, dann hat er sich cum grano salis für Schnelligkeit vor Richtigkeit entschieden. Diese Entscheidung für das weniger zeit- und weniger kostenaufwendige Verfahren entspricht für die hier betroffenen Fälle aber auch dem wohlverstandenen Interesse der Parteien:

36 Die Vorteile des Verfahrens vor dem Amtsgericht – Zeit- und Kostenersparnis – wirken sich in jedem Fall aus, die Nachteile wirken sich aber nur in den relativ seltenen Fällen aus, in denen eine Kollegialgericht anders entschieden haben würde als der Amtsrichter und in diesen Fällen kann die Entscheidung des Landgerichts immer noch herbeigeführt werden, wenn es sich nicht gerade um Bagatellfälle im Sinne von § 495a handelt, in denen die Berufungssumme des § 511 nicht erreicht wird.

37 Für die größere Richtigkeitsgewähr der Entscheidungen der Landgerichte spricht bei prinzipiell gleicher Eignung der Richter von Amtsgerichten und von Landgerichten recht eigentlich nur, dass sechs Augen mehr sehen können als zwei. Nicht selten wird aber dem Vernehmen nach auch in Kollegialgerichten durch die Brille des Berichterstatters gesehen. Der Vorteil, den die Beratung in einem Kollegium für die Rechtsfindung bietet oder doch bieten kann, ist nun zwar für gewöhnlich nicht zu unterschätzen; in den typischen Amtsgerichtssachen wird aber regelmäßig weniger Bedarf für eine kollegiale Beratung bestehen, wird dafür aber verstärkt das Verantwortungsbewusstsein des Richters, der Berichterstatter, Vorsitzender und Kollegium in einer Person ist, gefordert sein.

38 **5. Richterliche Fürsorgepflichten.** Auch im Verfahren vor den Amtsgerichten, in denen kein Anwaltszwang besteht, können sich die Parteien anwaltlich vertreten lassen und viele machen von dieser Möglichkeit auch Gebrauch,[11] zumal, wenn sie nach Lage der Dinge im konkreten Fall mit Erstattung der Anwaltskosten durch den Gegner rechnen können. Andere Parteien verzichten auf anwaltliche Beratung, sei es, weil sie über eine Rechtsabteilung verfügen, die ständig damit befasst ist, die Außenstände einzuziehen oder sei es gerade im Gegenteil, weil sie um ihre Verpflichtung wissen, ihr nur nicht nachkommen können oder warum auch immer.

39 Nicht selten sind Parteien auch deshalb nicht anwaltlich vertreten, weil sie im Vertrauen auf das Gericht meinen, die Anwaltskosten sparen und sich selbst vertreten zu können. Dieses Vertrauen darf das Gericht nicht enttäuschen: Bei etwa aufgrund der Vorschriften des § 139 gebotenen Hinweisen hat der Richter darauf zu achten, dass diese von den Empfängern auch verstanden werden, bei ihnen „ankommen".[12] Auch wird bei nicht anwaltlich vertretenen Parteien häufiger Anlass zu Hinweisen sein.[13] Es ist daran zu erinnern, dass die sich aus § 139 ergebende Hinweispflicht primär für das Verfahren vor den Amtsgerichten vorgesehen war, bevor sie „1924 in die noch heute geltende Fassung des § 139 Abs. 1 übernommen worden ist".[14]

---

11 Hierzu vgl. AK-*Menne* Rdn. 9 ff. vor § 495.
12 Hierzu vgl. insbesondere *Laumen* Das Rechtsgespräch im Zivilprozess S. 97 f.
13 AK-*Menne* Rdn. 18 vor § 495.
14 MünchKomm/*Deubner* Rdn. 1.

Verständnisprobleme mit noch nicht anwaltlich vertretenen Parteien möchten es **40** zuweilen als wünschenswert erscheinen lassen, dass auch diese Parteien sich anwaltlich vertreten lassen. Indessen begegnet es Bedenken, hierauf hinzuwirken: Wenn die betroffene Partei nach Ansicht des Gerichts auch ohne anwaltlichen Beistand obsiegen würde, würde, wenn sie stattdessen mit anwaltlichem Beistand obsiegt, ihr Gegner, und wenn sie trotz anwaltlichem Beistand unterliegen sollte, sie selbst mit sonst vermiedenen Anwaltskosten belastet werden. Aber auch dann, wenn das Gericht noch offen ist, wie es entscheiden wird, würde der Entschluss der Partei, nun doch noch einen Anwalt hinzuziehen, Kosten verursachen, die letztlich der einen oder anderen Partei zur Last fallen. Das Gericht wird daher allenfalls die Frage aufwerfen, warum die Partei trotz der schwierigen Sach- und Rechtslage keinen Anwalt beauftragt.

Erfährt das Gericht dann, dass die Partei sich aus Kostengründen nicht in der Lage **41** sehe, einen Anwalt zu beauftragen, kann es im Rahmen seiner Fürsorgepflicht auf die Möglichkeit der Prozesskostenhilfe hinweisen und insbesondere auf die Vorschrift des § 121 Abs. 2, wonach „der Partei auf ihren Antrag ein zur Vertretung bereiter Rechtsanwalt ihrer Wahl beigeordnet" wird, „wenn die Vertretung durch einen Rechtsanwalt erforderlich erscheint oder der Gegner durch einen Rechtsanwalt vertreten ist".[15]

Gleichviel aber, ob eine Partei anwaltlich vertreten ist oder nicht, hat sie gemäß **42** § 499 „mit der Aufforderung nach § 276 … auch über die Folgen eines schriftlich abgegebenen Anerkenntnisses" belehrt zu werden und nach § 504, wenn das Landgericht sachlich oder örtlich zuständig ist, hierauf „und auf die Folgen einer rügelosen Einlassung zur Hauptsache". Solange die Belehrung gemäß § 499 fehlt, darf kein Anerkenntnisurteil im schriftlichen Verfahren ergehen und solange die Belehrung nach § 504 fehlt, kann die Rüge der Unzuständigkeit noch nachgeholt werden.

§ 495a
Verfahren nach billigem Ermessen

Das Gericht kann sein Verfahren nach billigem Ermessen bestimmen, wenn der Streitwert sechshundert Euro nicht übersteigt. Auf Antrag muss mündlich verhandelt werden.

Schrifttum

Bartels Verfahren nach § 495a ZPO, DRiZ 1992, S. 106; *Bergerfurth* Das neue „Bagatellverfahren" nach § 495a ZPO, NJW 1991, 961; *Borck* Vom rechtlichen Gehör, WRP 98, 368 ff.; *Borck* Wiederaufnahme wegen „greifbarer Gesetzeswidrigkeit"? WRP 99, 478 ff.; *Deppert* Nichtigkeitsklage analog § 579 Abs. 1 Nr. 4 ZPO bei Verletzung des Art. 103 Abs. 1 GG? FS Geiss, Köln, Berlin, Bonn, München 2000; *Fischer* § 495a ZPO Eine Bestandsaufnahme des „Verfahrens nach billigem Ermessen", MDR 1994, 978; *Hennrichs* Verfassungswidrigkeit des neuen § 495a ZPO? NJW 1991, 2815; *Kahlke* Zulassung der Berufung wegen Verletzung des rechtlichen Gehörs, NJW 85, 2231 ff.; *Kunze* § 495a ZPO – mehr Rechtsschutz ohne Zivilprozessrecht? NJW 95, 2750; *Kunze* Das amtsgerichtliche Bagatellverfahren nach § 495a ZPO, Bielefeld 1995; *Laws* Anm. zu LG Paderborn, MDR 2000, 171 ff.; 173; *Pasker* § 495a ZPO – Keine Vorschrift für das Landgericht? ZRP 91, 417; *Peglau* Säumnis einer Partei und kontradiktorisches Urteil im Verfahren nach § 495a ZPO, NJW 97, 2222; *Schneider* Anm. zu BGH, MDR 99, 247 f., 697; *Schütt* Anm. zu BGH, MDR 1999, 247 f., 248; *Schopp* Anm. zu AG Traunstein, ZMR 1992, 159 f., 159 ff.; *Schumann* Die Wahrung des Grundsatzes des richterlichen Gehörs – Dauerauftrag für das BVerfG? NJW 1985, 1134; *Schwarze* Außerordentliche Anfechtbarkeit zivilge-

---

[15] MünchKomm/*Wachs* § 121 Rdn. 27; Baumbach/Lauterbach/Albers/*Hartmann* § 121 Rdn. 30 und AK-Deppe-*Hilgenberg* § 121 Rdn. 3.

richterlicher Entscheidungen wegen offensichtlicher Gesetzeswidrigkeit? ZZP 115 (2002) 25 ff.; *Sendler* Blüten richterlicher Ermessensausübung, NJW 98, 1282 ff.; *Städing* § 495a II ZPO und § 313a I ZPO: (fast) gleiche Schwestern für Entscheidungen ohne Tatbestand und Gründe, MDR 95, 1102 ff.; *Städing* Anwendung des § 495a ZPO in der Praxis, NJW 96, 691 ff.; *Stickelbrock* Inhalt und Grenzen richterlichen Ermessens im Zivilprozeß (2002), 622 ff.; *Stollmann* Zur Verfassungsmäßigkeit des neuen § 495a ZPO, NJW 1991, 1719; *Wollschläger* Bagatelljustiz? Eine rechtshistorische, rechtsvergleichende und empirische Untersuchung zur Einführung des vereinfachten Verfahrens am Amtsgericht, in: Blankenburg/Leipold/Wollschläger (Hrsg.), Neue Methoden im Zivilverfahren (1991), 13 ff.; *Zeiss* Restitutionsklage und Klage aus § 826 BGB – BGHZ 50, 115, JuS 1969, 362 ff.

Übersicht

I. Zur Genealogie des § 495a — 1
II. Zu Zweifeln an der Verfassungsgemäßheit von § 495a — 6
III. Das Verfahren nach billigem Ermessen
   1. Die Voraussetzungen des Verfahrens nach billigem Ermessen — 9
   2. Veränderungen des Streitwertes während des Verfahrens — 15
   3. Die Doppelrolle des Ermessens — 25
   4. Der Begriff „Sein Verfahren" im Sinne von § 495a S. 1 — 29
   5. Der Verzicht auf die mündliche Verhandlung — 34
   6. Der Antrag auf mündliche Verhandlung — 38
   7. Zur Konkurrenz von § 495a mit den Vorschriften des § 128 Abs. 2 und 3 — 43
   8. Zur Konkurrenz von § 495a mit der EG-Verordnung Nr. 861/2007 — 48
   9. Die Beweisaufnahme im Verfahren nach billigem Ermessen — 49
   10. Fristen und Folgen von Säumnissen — 59
   11. Zur praktischen Bedeutung von § 495a S. 1 — 65
   12. Von den Grenzen des Verfahrens nach billigem Ermessen — 69
   13. Die Entscheidung für ein Verfahren nach billigem Ermessen — 76
IV. Das Urteil im Verfahren nach billigem Ermessen
   1. Urteile ohne Tatbestand — 82
   2. Urteile ohne Entscheidungsgründe — 86
   3. Zum Urteil im Übrigen — 92
V. Rechtsmittel und Rechtsbehelfe gegen Urteile im Verfahren nach billigem Ermessen
   1. Die Regel: Keine Berufung — 94
   2. Die Ausnahmen von der Regel — 95
   3. Die Berufung wegen Versagung des rechtlichen Gehörs — 98
   4. Die Rüge der Verletzung des Anspruches auf rechtliches Gehör — 99
   5. Die außerordentliche Berufung wegen „greifbarer Gesetzeswidrigkeit" — 102
   6. Wiederaufnahmeklage analog § 579 Abs. 1 Nr. 4 — 105
   7. Wiederaufnahmeklage wegen „greifbarer Gesetzeswidrigkeit" analog § 580 Nr. 5 — 107
   8. Abhilfe bei Verletzung des Anspruchs auf rechtliches Gehör — 109
VI. Gebühren — 111

I. Zur Genealogie des § 495a

1 Der heutige § 495a wurde durch das Rechtspflegergesetz vom 17.12.1990[1] eingeführt und zwar zunächst für Verfahren, deren „Streitwert eintausend Deutsche Mark nicht übersteigt". Diese Streitwertgrenze wurde dann aber schon durch das Gesetz zur Entlastung der Rechtspflege vom 11.1.1993[2] auf DM 1.200,– erhöht. Sie gilt gemäß § 26 Nr. 2 EGZPO weiter für Verfahren, die am 1.1.2002 schon anhängig waren.

2 **Der Vorgänger des § 495a** war durch die Novelle 1924 – die Verordnung über das Verfahren in bürgerlichen Rechtsstreitigkeiten vom 13.2.1924[3] – eingeführt worden, betraf das obligatorische Güteverfahren und wurde durch die Novelle 1950 – und also

---

1 BGBl I 1990, 2847 ff.
2 BGBl I 1993, 50 ff.
3 RGBl I 1924, 135.

durch das Gesetz zur Wiederherstellung der Rechtseinheit auf dem Gebiet der Gerichtsverfassung, der bürgerlichen Rechtspflege des Strafverfahrens und des Kostenrechts vom 12.9.1950[4] – wieder aufgehoben.

Vorläufer der heutigen Vorschrift des § 495a finden sich in mehreren früheren Vorschriften.[5] **Unmittelbare Vorläufer** der Vorschriften des § 495a aber sind die Vorschriften des § 510c in der Fassung der Novelle 1950,[6] die bis zum Inkrafttreten der Vereinfachungsnovelle – Gesetz zur Vereinfachung und Beschleunigung gerichtlicher Verfahren (Vereinfachungsnovelle) vom 3.12.1976[7] – galt. 3

Durch das Zivilprozessreformgesetz (ZPO-RG) vom 27.7.2001[8] wurde die Streitwertgrenze bei Umstellung von D-Mark auf Euro auf sechshundert Euro (= DM 1.173,50) geringfügig gesenkt. Für die Fälle, die am 1.2.2002 schon bei Gericht anhängig waren, gilt die frühere Streitwertgrenze (§ 26 Nr. 2 EGZPO). Die neue Streitwertgrenze gilt mithin nicht für Fälle, die **ab** dem 1.1.2002 bei Gericht anhängig werden, sondern für Fälle, die **nach** dem 1.1.2002 bei Gericht anhängig werden. 4

Mit der Neufassung des § 495a durch das ZPO RG ist der Absatz 2 dieser Vorschrift, wonach „das Gericht ... über den Rechtsstreit durch Urteil, das keines Tatbestandes bedarf", entscheidet und das Urteil keine Entscheidungsgründe zu enthalten brauche, „wenn ihr wesentlicher Inhalt in das Protokoll aufgenommen worden ist", entfallen. Damit sind aber nicht auch die Bestimmungen des früheren Absatz 2, entfallen, sie sind vielmehr in die Vorschrift des § 313a aufgenommen worden und gelten jetzt nicht nur für das sogenannte Bagatellverfahren des § 495a, sondern für alle Fälle, in denen „ein Rechtsmittel gegen das Urteil unzweifelhaft nicht zulässig ist" (§ 313a Abs. 1 Satz 1). 5

II. Zu Zweifeln an der Verfassungsgemäßheit von § 495a

In der Literatur ist vereinzelt die Verfassungsgemäßheit des § 495a in Zweifel gezogen worden.[9] Soweit demgegenüber darauf hingewiesen wird,[10] dass „in den wenigen Entscheidungen, in denen sich das BVerfG bisher mit § 495a befasst hat, ... von einer möglichen Verfassungswidrigkeit dieser Vorschrift nicht die Rede" ist, ist daran zu erinnern, dass in § 495a mehrere Vorschriften enthalten sind und die etwaige Verfassungswidrigkeit der einen oder anderen dieser Vorschriften nicht notwendig die Verfassungswidrigkeit auch der übrigen Vorschriften des § 495a nach sich ziehen muss. In der in diesem Zusammenhang[11] erwähnten Entscheidung des BVerfG vom 10.2.1992[12] wurde § 495a nur beiläufig erwähnt – „Auch § 495a ZPO rechtfertigt nicht, dass das Gericht ohne jede Fristsetzung die Bf. mit ihrer noch geraume Zeit vor der mündlichen Verhandlung vorgelegten Erwiderung auf das Vorbringen der Bekl. ausschloss." –: Es kam für diese Entscheidung gar nicht darauf an, ob § 495a verfassungswidrig ist oder nicht. 6

Der Regelungsgehalt der Vorschrift des § 495a n.F. ist – darüber besteht Einigkeit[13] – **verfassungskonform**: Dass nach Absatz 1 Satz 2 „auf Antrag ... mündlich ver- 7

---

4 BGBl I 1950, 455.
5 Zum „Historischen Hintergrund" vgl. *Fischer* MDR 94, 978 ff., 978.
6 BGBl I 1950, 455.
7 BGBl I 1976, 3281.
8 BGBl I 2001, 1887.
9 *Stollmann* NJW 91, 1719 ff., hiergegen *Hennrichs* NJW 91, 2815 f.
10 *Fischer* MDR 94, 978 ff., 978.
11 *Fischer* MDR 94, 978 ff., 978.
12 NJW 93, 1319.
13 Baumbach/Lauterbach/Albers/*Hartmann* Rdn. 1; *Fischer* MDR 94, 978 ff.; *Stollmann* NJW 91, 1719, 1720.

handelt werden" muss, spricht deutlich eher für als gegen die Verfassungsgemäßheit und Absatz 1 Satz 1 sieht als einzige Rechtsfolge vor, dass „das Gericht ... sein Verfahren nach billigem Ermessen bestimmen" kann und eine Bestimmung, die nicht mit dem Grundgesetz zu vereinbaren ist, kann auch nicht „billigem Ermessen" entsprechen, so dass eine **verfassungskonforme Auslegung** unschwer möglich und daher auch **geboten** ist.[14]

8   Bezüglich der gegenüber der bisherigen Vorschrift des § 495a Abs. 2 erhobenen verfassungsrechtlichen Bedenken[15] ist jetzt nur noch anzumerken, dass sie letztlich nicht durchgreifen, weil eine verfassungskonforme Auslegung der Vorschriften des § 495a Abs. 2 a.F. und jetzt entsprechend des § 313a n.F unschwer möglich ist.

III. Das Verfahren nach billigem Ermessen

1. Die Voraussetzungen des Verfahrens nach billigem Ermessen

9   **a)** Nach Satz 1 kann das Gericht „sein Verfahren nach billigem Ermessen bestimmen" (Rechtsfolge) (hierzu vgl. Rdn. 25 f.), **„wenn der Streitwert sechshundert Euro nicht übersteigt"**. Einziges Tatbestandsmerkmal, einzige Voraussetzung der Anwendbarkeit dieser Vorschrift ist mithin nach dem Gesetzestext, dass die Streitwertgrenze, die bei Inkrafttreten des § 495a bei DM 1.000,–, lag und jetzt bei sechshundert Euro liegt, nicht überschritten ist.

10 **b)** Da das Verfahren nach § 495a nur stattfinden darf, wenn der vorgegebene Streitwert nicht überschritten wird, ist es objektiv Sachen von geringerer Bedeutung vorbehalten. Daher finden sich in der Literatur Bezeichnungen wie „Bagatellverfahren"[16] und „Kleinverfahren",[17] die auf die geringere Bedeutung der möglicherweise betroffenen Sachen abstellen wollen. Aber abgesehen davon, dass solche Bezeichnungen schon sprachlich verfehlt sind – richtig wäre „Verfahren in Bagatellsachen", „Verfahren in kleineren Sachen" – und dass Sachen mit Streitwerten über Euro sechshundert für die betroffenen Parteien keine Bagatellsachen mehr sind, sollte die Bezeichnung das Wesen des Bezeichneten kenntlich machen; es wird daher hier vorgezogen, mit den Worten des Gesetzes[18] vom „Verfahren nach billigem Ermessen" zu sprechen.

11 **c)** Wird die Streitwertgrenze nicht überschritten, kann **das Gericht** sein Verfahren nach billigem Ermessen bestimmen, nur dem Wortlaut nach unter Umständen also auch ein Landgericht. Indessen ist nach der Stellung des § 495a im zweiten Abschnitt – „Verfahren vor den Amtsgerichten" – unzweifelhaft, dass als Gericht im Sinne von § 495a **nur das Amtsgericht** in Betracht kommt. „Eine entsprechende Anwendung auf das Verfahren vor den Landgerichten ist wegen der eindeutigen gesetzlichen Regelung ausgeschlossen".[19]

---

14 *Stollmann* NJW 91, 1719, 1720.
15 Hierzu vgl. *Fischer* MDR 94, 978 ff.; *Hennrichs* NJW 91, 2815 ff. und *Stollmann* NJW 91, 1799 ff. und die jeweils zit. Rechtsprechung.
16 *Zimmermann* Rdn. 1, *Bergerfurth* NJW 91, 961 ff.
17 Baumbach/Lauterbach/Albers/*Hartmann* Rdn. 5.
18 Und mit Zöller/*Herget*, Musielak/*Wittschier* und Thomas/Putzo/*Reichhold* jeweils in Überschrift zu § 495a.
19 MünchKomm/*Deubner* Rdn. 4, übereinst. Stein/Jonas/*Leipold* Rdn. 8.

d) Umstritten ist allerdings, ob § 495a den gleichen Anwendungsbereich hat wie die 12
übrigen Vorschriften der §§ 495 ff. oder aber „nur für das normale Erkenntnisverfahren
gilt, nicht also für das Arrest- oder einstweilige Verfügungsverfahren, das Mahnverfahren, den Urkunden-, Wechsel- oder Scheckprozess"[20] oder etwa nur für „Verfahren", die
„die endgültige Klärung des Streitfalls erstreben"[21] oder zwar prinzipiell auch für die
genannten Sonderverfahren, „aber mit der Einschränkung, dass ihre Spezialvorschriften
nicht durch die Gestaltungsfreiheit des Richters außer Kraft gesetzt werden dürfen".[22]

Zu diesem Meinungsstreit gibt es bezeichnenderweise keine Rechtsprechung; denn 13
er geht an der Praxis vorbei und übersieht die Stellung des § 495a im Rahmen der Vorschriften über das Verfahren vor den Amtsgerichten: Innerhalb dieses Rahmens spielt
§ 495a zwar insoweit eine Sonderrolle, als diese Vorschrift nur für Verfahren gilt, in denen die Streitwertgrenze nicht überschritten wird; dessen ungeachtet gehört § 495a aber
in den Rahmen der § 495 ff. und unterliegt den gleichen Konkurrenzverhältnissen wie die
übrigen Vorschriften dieses Abschnittes. Was für das Amtsgericht durch speziellere Vorschriften außerhalb der §§ 495 ff. bestimmt wird, gilt gleichermaßen für das Verfahren
mit Streitwerten unter-/oder oberhalb der Streitwertgrenze des § 495a.[23]

So kann unter den Voraussetzungen des § 495a auch im Urkundenprozess auf 14
mündliche Verhandlung verzichtet werden, wenn diese nicht beantragt wird. Im Falle
eines hierauf gerichteten Antrages müsste jedoch gemäß § 495a Satz 2 mündlich verhandelt werden. Andererseits kann die Entscheidung über ein Arrestgesuch gemäß § 921
Abs. 1 ohne mündliche Verhandlung ergehen und zwar auch, wenn die Streitwertgrenze
des § 495 Satz 1 nicht überschritten und mündliche Verhandlung beantragt wird. Denn
§ 395 Satz 2 hat nur die Bedeutung gegenüber § 495a Satz 1, nicht aber gegenüber der
spezielleren Vorschrift des § 921 Abs. 1.

2. Veränderungen des Streitwertes während des Verfahrens

a) Nach § 128 Abs. 3 Satz 1 a.F. hing die Zulässigkeit des schriftlichen Verfahrens u.a. 15
davon ab, dass **„der Wert des Streitgegenstandes bei Einreichung der Klage eintausendfünfhundert Deutsche Mark nicht übersteigt"** und auch die frühere Vorschrift
des § 510c stellt für die Zulässigkeit des Schiedsverfahrens auf diesen Zeitpunkt ab. Eine
entsprechende Vorschrift fehlt in der Vorschrift des § 495a Satz 1. Bedingt hierdurch werden für den „relevanten Zeitpunkt" unterschiedliche Ansichten vertreten. So soll es nach
der wohl überwiegenden Ansicht gleichwohl auf den Wert im Zeitpunkt der Einreichung
der Klage ankommen,[24] wohingegen eine andere Ansicht[25] auf den Zeitpunkt der Klagezustellung abstellt, – „Das regelwidrige Abstellen auf den Zeitpunkt der Einreichung der
Klage im früheren § 510c ZPO ist für § 495a ZPO nicht übernommen worden"[26] – und eine
dritte auf den „Streitwert im Augenblick der Verfahrensverhandlung".[27] Bei näherer Betrachtung verflüchtigen sich allerdings die Unterschiede:

---

20 Wie aber *Bergerfurth* NJW 91, 961, 962 annimmt, übereinst. Stein/Jonas/*Leipold* Rdn. 11.
21 Baumbach/Lauterbach/Albers/*Hartmann* Rdn. 7; *Kunze* Bagatellverfahren, S. 76.
22 MünchKomm/*Deubner* Rdn. 6.
23 MünchKomm/*Deubner* Rdn. 8 ff.; Zöller/*Herget* Rdn. 4; *Fischer* MDR 94, 978, 979.
24 Stein/Jonas/*Leipold* Rdn. 14; MünchKomm/*Deubner* Rdn. 8; Zöller/*Herget* Rdn. 3; Baumbach/
Lauterbach/Albers/*Hartmann* Rdn. 5; Musielak/*Wittschier* Rdn. 4.
25 *Bergerfurth* NJW 91, 961, 962 r.Sp.; *Kunze* Bagatellverfahren, S. 82.
26 *Bergerfurth* NJW 91, 961, Fn. 16.
27 *Zimmermann* Rdn. 2; übereinst. Thomas/Putzo/*Reichhold* Rdn. 1.

16 b) So besteht weitgehend Einigkeit darüber, dass es, wenn der Streitwert sich im Laufe des Rechtsstreits ändert, von diesem Zeitpunkt an jedenfalls dann auf den neuen Wert ankommt, wenn mit der Änderung des Streitwertes „zugleich eine Änderung des Streitgegenstandes verbunden ist".[28]

17 Allerdings erscheint die Berechtigung dieser Einschränkung als fragwürdig; sie wird auch nicht näher begründet, vielmehr wohl unreflektiert aus § 4 Abs. 1 hergeleitet. Nach dieser Vorschrift ist „für die Wertberechnung ... der Zeitpunkt der Einreichung der Klage ... entscheidend" und das gilt wegen § 2, wonach § 4 für alle Vorschriften der ZPO, nach denen es auf den Wert des Streitgegenstandes ankommt, auf den ersten Blick auch für § 495a Satz 1. Es bleibt aber zu fragen, ob § 495a nicht als das jüngere Gesetz insoweit vorgeht, als hierin eben nicht auf den Wert bei Einreichung der Klage abgestellt wird. In der Tat ist es schwer einzusehen, dass das Verfahren nach billigem Ermessen zwar durch eine Teilklagrücknahme zulässig werden kann, nicht aber dadurch, dass der Wert des Streitgegenstandes im Laufe des Rechtsstreits unter die Streitwertgrenze sinkt.

18 Sicherlich folgt dann daraus, dass Satz 1 ganz allgemein auf den Streitwert abstellt – und nicht speziell auf den Streitwert bei Einreichung der Klage, nicht, dass es auf den Zeitpunkt der Zustellung ankäme. § 495a wendet sich primär an das Gericht: Ihm wird das Verfahren nach billigem Ermessen freigestellt, „wenn der Streitwert sechshundert Euro nicht übersteigt". Dem Gericht begegnet die Klage aber schon vor Zustellung, nämlich schon bei Einreichung und schon jetzt soll sich das Gericht für das Verfahren nach billigem Ermessen entscheiden können, schon damit die Zustellung der Klage mit der Ladung und dem Hinweis auf das Verfahren nach billigem Ermessen verbunden werden kann. Der Verzicht auf die Einschränkung „bei Einreichung der Klage" verbietet nicht, schon bei Einreichung der Klage nach billigem Ermessen zu verfahren, ermöglicht dieses vielmehr auch für die Fälle, in denen der Streitwert zwar bei Einreichung der Klage noch oberhalb der Streitwertgrenze lag, im Laufe des Verfahrens aber unter diese Grenze gesunken ist.

19 Richtig ist daher jedenfalls, dass das Gericht sein Verfahren solange nicht gemäß § 495a Satz 1 nach billigem Ermessen bestimmen kann, solange die Streitwertgrenze überschritten ist, wohl aber von dem Zeitpunkt ab, in dem der Streitwert durch eine Änderung des Streitgegenstandes soweit gemindert ist, dass er die Streitwertgrenze nicht mehr übersteigt.[29] Solche Minderungen des Wertes können sich insbesondere infolge von Teilrücknahmen der Klage, Teilerledigungen, aber auch durch Prozesstrennung gemäß § 145 ergeben. Nach der hier vertretenen Ansicht wird das Verfahren nach billigem Ermessen aber auch dann zulässig, wenn der Streitgegenstand zwar unverändert bleibt, sein Wert aber im Laufe des Rechtsstreits unter die Streitwertgrenze fällt.

20 c) Ebenso richtig ist, dass das Gericht sein Verfahren gemäß § 495a Satz 1 jedenfalls solange nach billigem Ermessen bestimmen kann, solange die Streitwertgrenze nicht überschritten wird, dass das Verfahren nach billigem Ermessen aber von dem Zeitpunkt ab unzulässig wird, in dem durch eine Abänderung des Streitgegenstandes die Streitwertgrenze überschritten wird.[30] Dieses kann dadurch bewirkt werden, dass die Klage erweitert wird oder durch Verbindung mehrerer Sachen gemäß § 147, nach der hier vertretenen Meinung aber auch durch Werterhöhung bei unverändertem Streitgegenstand.

---

28 Zöller/*Herget* Rdn. 3; übereinst. MünchKomm/*Deubner* Rdn. 8; Baumbach/Lauterbach/Albers/Hartmann Rdn. 5; *Bergerfurth* NJW 91, 961, 962; *Fischer* MDR 978 ff., 797 r.Sp.; *Kunze* Bagatellverfahren, S. 82f.
29 H.M.; außer den Anm. 26 Zit. auch Thomas/Putzo/*Reichhold* Rdn. 1; *Zimmermann* Rdn. 2.
30 *Zimmermann* Rdn. 2.

d) Wird gegenüber einer Klage, deren Streitwert unterhalb der Streitwertgrenze 21
liegt, eine **Widerklage** erhoben, deren Wert für je für sich oberhalb der Streitwertgrenze
liegt, dann darf jedenfalls das Verfahren bezüglich der Widerklage nicht nach billigem
Ermessen bestimmt werden. Für das Verfahren bezüglich der Klage werden zwei unterschiedliche Ansichten vertreten: Nach der einen Ansicht[31] kann das Verfahren bezüglich
der Klage weiter nach billigem Ermessen bestimmt werden, nach der anderen Ansicht[32]
ist in solchen Fällen § 495a auch gegenüber der Klage unanwendbar. Übersteigt der Wert
der Widerklage die Streitwertgrenze nicht, soll das Verfahren nach billigem Ermessen
zulässig bleiben, auch wenn die Summe der Werte von Klage und Widerklage die Streitwertgrenze übersteigt[33] und zwar wegen der Vorschrift des § 5, nach welcher der Gegenstand der Klage und der der Widerklage nicht zusammengerechnet werden.

e) Indessen fragt sich auch hier, ob nicht die Vorschrift des § 495a Satz 1 als jüngeres 22
Gesetz der für ganz andere Zusammenhänge gedachten Vorschrift des § 5 dahin vorgeht,
dass es im Falle von Klage und Widerklage im Rahmen von Satz 1 auf die Summe der
Streitwerte ankommt: Wird insgesamt um mehr als sechshundert Euro gestritten, ist die
Streitwertgrenze des § 495a Satz 1 auch nach dem Sinn der gesetzlichen Regelung, die
das Verfahren nach billigem Ermessen Streitigkeiten von geringerer Bedeutung vorbehalten will, überschritten.[34]

f) Wenn das Amtsgericht sein Verfahren zunächst zulässigerweise nach billigem 23
Ermessen bestimmt hatte, dann aber wegen Überschreitens der Streitwertgrenze zum
Normalverfahren übergehen musste, dann sollen „rechtlich fehlerfrei vorgenommene
Prozesshandlungen und bereits erhobene Beweise ... vollwirksam verwertbar" bleiben,[35]
nach einer anderen Ansicht hingegen dürfen, „entfallen die Voraussetzungen für das
vereinfachte Verfahren ..., die in ihm gewonnenen Verfahrensergebnisse für das weitere
Verfahren nicht verwandt werden"[36] und nach einer noch weitergehenden Ansicht[37]
muss das Verfahren wegen der Berufungsfähigkeit als ordentliches Verfahren wiederholt
werden. Indessen erscheinen diese Ansichten als zu allgemein und zu apodiktisch. Man
wird danach differenzieren müssen, in welcher Hinsicht das Verfahren nach billigem
Ermessen im konkreten Fall vom Normalverfahren abgewichen war und in welchem Stadium des Rechtsstreits die Streitwertgrenze überschritten wurde.

Prozesshandlungen der Parteien – Anträge, Geständnisse, Anerkenntnisse, etc. – 24
die wirksam sein würden, bliebe es beim Verfahren nach billigem Ermessen, bleiben
auch nach dem Übergang in das Normalverfahren wirksam. Beweisergebnisse, die im
Verfahren nach billigem Ermessen ausreichen würden, können nach Überschreiten der
Streitwertgrenze nur noch zugrunde gelegt werden, wenn sie auch den Anforderungen
des Normalverfahrens genügen; denn „die Rechtfertigung für den Verzicht auf die höhere Wahrheitsgarantie des ordentlichen Verfahrens liegt in der geringeren Bedeutung des
Verfahrens. Sie entfällt daher, wenn das Verfahren durch die Erhöhung des Streitwertes

---

31 *Zimmermann* Rdn. 2.
32 MünchKomm/*Deubner* Rdn. 8.
33 Stein/Jonas/*Leipold* Rdn. 15; MünchKomm/*Deubner* Rdn. 8; Zöller/*Herget* Rdn. 5; Musielak/*Wittschier*
Rdn. 4; *Kunze* Bagatellverfahren, S. 84.
34 *Kunze*, Bagatellverfahren, S. 85.
35 Zöller/*Herget* Rdn. 3; übereinst. Baumbach/Lauterbach/Albers/*Hartmann* Rdn. 5; *Bergerfurth* NJW 91,
961 ff., 962; *Fischer* MDR 94, 978 ff., 980.
36 MünchKomm/*Deubner* Rdn. 10; zust. *Zimmermann* Rdn. 2.
37 *Zimmermann* Rdn. 2.

eine größere Bedeutung gewinnt".[38] Eben deshalb darf auch zugunsten des Teils der erhöhten Klage, der zwar vor der Streitwerterhöhung endentscheidungsreif war, hernach aber nicht mehr, auch kein Teilurteil mehr ergehen: Nach der Grenzüberschreitung gilt nur noch das Normalverfahren.

3. Die Doppelrolle des Ermessens

25 **a)** Das Ermessen spielt in Satz 1 eine Doppelrolle: Wird die Streitwertgrenze nicht überschritten, **kann das Gericht** sein Verfahren nach billigem Ermessen bestimmen und also abweichend vom Normalverfahren gestalten. Ob es von dieser Möglichkeit Gebrauch machen will oder nicht, ist eine Frage seines Ermessens:[39] **Es kann**, muss aber nicht. Entscheidet sich das Gericht dazu, sein Verfahren abweichend vom Normalverfahren zu gestalten, dann ist es insoweit nicht frei, muss es sein Verfahren vielmehr „nach billigem Ermessen bestimmen". „**Ermessen**" spielt also recht besehen zweimal eine Rolle: Einmal obliegt es dem Ermessen des Gerichts, ob es überhaupt vom Normalverfahren abweichen will, entscheidet es sich aber hierzu, muss das dann zu bestimmende Verfahren „billigem Ermessen" genügen.

26 **b)** In der Praxis wird allerdings die dem Gericht vorschwebende Abweichung vom Normalverfahren im Vordergrund stehen und nur wenn das Gericht zu der Ansicht gelangt, dass die Bestimmung eines entsprechenden Verfahrens – objektiv betrachtet – billigem Ermessen entsprechen würde, wird es sich im Rahmen seines – subjektiven – Ermessens schlüssig werden, ob es sich für diese Abweichung vom Normalverfahren entscheidet oder nicht.

27 **c)** Cum grano salis entscheidet das Gericht darüber, ob es sein Verfahren nach billigem Ermessen bestimmen will oder nicht, nach freiem Ermessen. Aber auch das freie Ermessen ist ein **pflichtgemäßes Ermessen**[40] und hat insbesondere den Zweck zu beachten, dessentwegen dem Gericht die Freiheit, vom Normalverfahren abzuweichen, gewährt wird.

28 **d)** Die Grenzen für das Ermessen bei Anwendung des § 495a – sowohl für die des freien als auch für die des billigen Ermessens – sind allerdings sehr weit gezogen. Ein Maßstab ergibt sich aus der Vorschrift des § 495a Satz 2, wonach prinzipiell sogar auf die mündliche Verhandlung verzichtet werden kann, wenn diese nicht ausdrücklich beantragt wird.

4. Der Begriff „Sein Verfahren" im Sinne von § 495a Satz 1

29 **a)** „Mit dem Begriff ‚Sein Verfahren' ist nicht das vor dem Gericht anhängige Verfahren gemeint, sondern das Vorgehen des Gerichts in den bei ihm anhängig werdenden Rechtsstreitigkeiten",[41] jedoch bezogen je auf den konkreten Fall: „Sein Verfahren" ist nicht schon das spezifische Verfahren eines bestimmten Amtsgerichts, sondern das spe-

---

38 MünchKomm/*Deubner* Rdn. 10.
39 Stein/Jonas/*Leipold* Rdn. 18; MünchKomm/*Deubner* Rdn. 11; Baumbach/Lauterbach/Albers/ *Hartmann* Rdn. 10; Musielak/*Wittschier* Rdn. 5; Thomas/Putzo/*Reichhold* Rdn. 2; *Bergerfurth* NJW 91, 961 f., 962; *Fischer* MDR 94, 978 ff., 978.
40 Baumbach/Lauterbach/Albers/*Hartmann* Rdn. 10; Thomas/Putzo/*Reichhold* Rdn. 2.
41 MünchKomm/*Deubner* Rdn. 13.

zifische Verfahren, für welches sich ein bestimmtes Amtsgericht in einer bestimmten Sache entscheidet. Das Gericht ist auch unter den Voraussetzungen des Satzes 1 frei, von Fall zu Fall ein unterschiedliches Verfahren zu bestimmen. Es muss noch nicht einmal im konkreten Fall sein Verfahren ein für alle Mal bestimmen, ihm bleibt vielmehr unbenommen, zum Normalverfahren zurückzukehren oder ein anderes Verfahren nach billigem Ermessen – welches dann eben „sein Verfahren" wird – zu bestimmen.[42]

b) Nur sein **Verfahren** kann das Amtsgericht frei bestimmen, an das materielle Recht bleibt es gebunden[43] und zum materiellen Recht gehören auch die Vorschriften, die Beweislastregelungen treffen.[44] 30

c) Zur Disposition der Amtsgerichte stehen im Rahmen von Satz 1 nicht nur die Vorschriften der §§ 495 ff., die ausdrücklich das Verfahren vor den Amtsgerichten betreffen, sondern wegen der Verweisung in § 495 auch die Vorschriften, die das Verfahren vor den Landgerichten betreffen und die allgemeinen Vorschriften, soweit sie das Verfahren betreffen. „Damit geht es mindestens um die §§ 128 bis 510b".[45] 31

Allerdings erweist sich der Spielraum für abweichende Bestimmungen des Verfahrens bei näherer Betrachtung doch als viel kleiner, als er auf den ersten Blick erscheint: So kommen viele Vorschriften – beispielsweise die nur das Verfahren vor dem Einzelrichter betreffenden der § 348 f. – a limine nicht für das Amtsgericht in Betracht oder doch – wie die des § 504, wonach auf die Folgen rügeloser Einlassung zur Hauptsache hinzuweisen ist – nicht für das Verfahren nach billigem Ermessen; andere können nicht außer Acht gelassen werden, ohne dass der Rahmen billigen Ermessens verlassen würde, wie etwa die des § 499, nach welcher „über die Folgen eines schriftlich abgegebenen Anerkenntnisses zu belehren ist". 32

Da zudem der Verzicht auf die mündliche Verhandlung und die Erleichterungen beim Abfassen des Urteils gesondert geregelt sind, führt die Vorschrift des § 495a Satz 1 in der Tat im Wesentlichen nur zu „einer Freistellung des Gerichts von der Bindung an die ‚Vorschriften der §§ 355 bis 455'.[46] 33

5. Der Verzicht auf die mündliche Verhandlung

a) Dass nach Satz 2 „auf Antrag ... mündlich verhandelt werden" muss, impliziert, dass das Gericht ohne einen solchen Antrag auf die mündliche Verhandlung verzichten und also **im schriftlichen Verfahren entscheiden** kann und also auch dann, wenn die Voraussetzungen der Vorschriften des § 128 Abs. 2 und Abs. 3 nicht gegeben sind. 34

b) Der Verzicht auf die mündliche Verhandlung darf **nicht** zur **Versagung des rechtlichen Gehörs** führen; denn gemäß Artikel 103 Abs. 1 GG hat „vor Gericht ... jedermann Anspruch auf rechtliches Gehör". Dieses kann allerdings außerhalb der mündlichen Verhandlung entgegen dem Wortsinn – der auch in Wendungen wie „Audiator et altera pars" und „Eines Mannes Rede ist keines Mannes Rede ..." anklingt – auch da- 35

---

42 MünchKomm/*Deubner* Rdn. 12; Zöller/*Herget* Rdn. 3.
43 MünchKomm/*Deubner* Rdn. 14; Stein/Jonas/*Leipold* Rdn. 23; Baumbach/Lauterbach/Albers/ *Hartmann* Rdn. 13; Musielak/*Wittschier* Rdn. 5.
44 MünchKomm/*Deubner* Rdn. 16; Baumbach/Lauterbach/Albers/*Hartmann* Rdn. 13; Musielak/ *Wittschier* Rdn. 5.
45 *Fischer* MDR 94, 978, 979.
46 MünchKomm/*Deubner* Rdn. 13; Musielak/*Wittschier* Rdn. 6.

durch gewährt werden, dass die Parteien schriftlich zu Wort kommen. Einseitiges Telefonieren hingegen ist zwar „mündliches Verhandeln", aber hinter dem Rücken jeweils der anderen Partei und sollte daher besser unterbleiben.

36 c) In Fällen, in denen der Sachverhalt übersichtlich ist und nur um einige wenige, klar umrissene Fragen gestritten wird oder in denen gar mit einem Versäumnisurteil oder einem Anerkenntnisurteil zu rechnen ist, wird rechtliches Gehör auch schriftlich in ausreichendem Maße gewährt werden können. Dazu genügt aber nicht die bloße Bereitschaft des Gerichts, schriftliche Anträge der Parteien entgegenzunehmen und zu berücksichtigen; es ist vielmehr unerlässlich, dass die Parteien wissen, dass nach der Absicht des Gerichts keine mündliche Verhandlung stattfinden wird, aber auch, dass das Gericht Termin zur mündlichen Verhandlung anzuberaumen hat, wenn wenigstens eine Partei dieses beantragt.

37 Sogar in Anwaltsprozessen stellt sich nicht selten erst in der mündlichen Verhandlung heraus, dass ein für unstreitig gehaltener Sachverhalt in Wirklichkeit höchst kontrovers ist, etwa weil entscheidungserhebliche Divergenzen unter ungenauer und mehrdeutiger Formulierung verborgen waren. Umgekehrt erweist sich oftmals auch, dass die Parteien entgegen dem schriftlich hervorgerufenen Eindruck hinsichtlich des objektiv Geschehenen divergieren. Im Zweifel wird daher das Gericht – zumal, wenn die Parteien nicht anwaltlich vertreten sind – Termin zur mündlichen Verhandlung anberaumen und in dieser alles zur Sprache bringen, was nach seinem Dafürhalten entscheidungserheblich ist.

6. Der Antrag auf mündliche Verhandlung

38 a) Auf den Antrag, mündlich zu verhandeln, kann es nur ankommen, wenn das Gericht ohne diesen Antrag auch ohne mündliche Verhandlung entscheiden würde. Beabsichtigt das Gericht dieses aber, dann ist der Antrag auf mündliche Verhandlung eine notwendige Bedingung der Terminsanberaumung, weil ohne diesen Antrag ja ohne mündliche Verhandlung entschieden würde, aber auch eine hinreichende Bedingung, weil das Gericht, wenn es beantragt wird, mündlich zu verhandeln hat. Die Vorschrift des Satzes 2 wurde eingeführt, um der Garantie einer öffentlichen Verhandlung vor Gericht durch Art. 6 Abs. 1 der Europäischen Menschenrechtskonvention Rechnung zu tragen.[47]

39 b) Der **Antrag auf mündliche Verhandlung** kann **auch konkludent** gestellt werden.[48] Hält das Gericht zwar für möglich, dass ein bestimmtes Verhalten oder eine bestimmte Wendung erkennen lasse, dass die betreffende Partei eine mündliche Verhandlung wünscht oder jedenfalls davon ausgeht, dass diese stattfinden wird, hat das Gericht diese Partei zu befragen, ob sie beantragen will, dass mündlich verhandelt wird oder nicht. Ohne einen besonderen Anlass braucht das Gericht aber „nicht nachzufragen, ob die Parteien einen Antrag auf einen Verhandlungstermin stellen".[49]

40 c) Einen Antrag auf einen Verhandlungstermin zu stellen, hat eine Partei allerdings nur dann Veranlassung, wenn ihr bewusst ist, dass nur aufgrund eines solches Antrages mündliche verhandelt werden wird. Deshalb muss das Gericht, wenn es auf die mündli-

---

47 Stein/Jonas/*Leipold* Rdn. 34; Prütting/Gehrlein/*Schelp* Rdn. 12.
48 Baumbach/Lauterbach/Albers/*Hartmann* Rdn. 18.
49 *Fischer* MDR 94, 970 ff., 979.

che Verhandlung verzichten will, die Parteien hierauf hinweisen, aber auch darauf, dass dennoch mündlich verhandelt wird, wenn eine der Parteien dieses beantragt.

Der Ansicht, es reiche aus, den Parteien mitzuteilen, das Gericht „werde im Verfahren nach § 495a" vorgehen[50] oder dass das Gericht „die Voraussetzungen des § 495a ZPO für gegeben erachtet",[51] kann schon deshalb nicht gefolgt werden, weil aus diesen Hinweisen für Laien noch nicht einmal folgt, dass auf die mündliche Verhandlung verzichtet werden kann und auch für Volljuristen nicht, dass just auf die mündliche Verhandlung verzichtet werden soll. Es ist vielmehr geboten, dass das Gericht den Parteien reinen Wein einschenkt: „Wenn keine Partei mündliche Verhandlung beantragt, wird das Gericht im schriftlichen Verfahren entscheiden". 41

Der Ansicht,[52] es sei „stets eine Hinweisfassung ratsam, die nicht zu Folgen wie in §§ 139, 278 III führt, Vorschriften, die im Kern auch im Verfahren nach § 495a mitbeachtlich sind", ist mit der Maßgabe zu folgen, dass dieses keineswegs nur „in einer geraumen Anlaufzeit seit Inkrafttreten des § 495a (1.4.1991)" gilt; denn nach dem Grundsatz des § 128 Abs. 1 verhandeln „die Parteien ... über einen Rechtsstreit vor dem erkennenden Gericht mündlich" und hierauf dürfen die Parteien vertrauen, wenn sie nicht ausdrücklich darauf hingewiesen werden, dass das Gericht ohne ausdrücklichen Antrag auch ohne mündliche Verhandlung entscheiden werde. 42

7. Zur Konkurrenz von § 495a mit den Vorschriften des § 128 Abs. 2 und 3

a) Insoweit als § 495a Satz 1 erlaubt, ohne mündliche Verhandlung zu entscheiden, besteht **ein Konkurrenzverhältnis zu** den Vorschriften des **§ 128 Abs. 2 und 3**, da auch nach Maßgabe dieser Vorschriften auf die mündliche Verhandlung verzichtet werden kann. Jedoch ergeben sich aus dieser Konkurrenz keine besonderen Probleme. 43

b) Unter den Voraussetzungen des Satz 1 kann das Gericht von der mündlichen Verhandlung absehen, solange keine Partei beantragt, dass mündlich verhandelt werde und also gleichviel, ob die Voraussetzungen, unter denen nach den Vorschriften des § 128 Abs. 2 und 3 von der mündlichen Verhandlung abgesehen werden darf, vorliegen oder nicht. Da das Gericht im Rahmen von Satz 1 sein Verhalten nach billigem Ermessen gestalten kann und nicht ausdrücklich auf die Vorschriften des § 128 Abs. 2 Satz 2 und 3, Absatz 3 verwiesen wird, finden diese auch keine Anwendung, wenn es dem Gericht auch unbenommen bleibt, sein Verfahren auch an diesen Vorschriften zu orientieren. 44

c) Wird im weiteren Verlaufe des Verfahrens von einer Partei Antrag auf mündliche Verhandlung gestellt, ohne dass die Parteien einer Entscheidung ohne mündliche Verhandlung zugestimmt hätten, kommt ein schriftliches Verfahren nach § 128 Abs. 2 nicht mehr in Betracht, weil diese Vorschrift Zustimmung beider Parteien voraussetzt. 45

d) Hatten aber beide Parteien der Entscheidung ohne mündliche Verhandlung zugestimmt, dann kann diese Zustimmung auch, wenn zugleich die Voraussetzungen des § 495a vorliegen, nur nach Maßgabe des § 128 Abs. 2 widerrufen werden; denn § 495a Satz 2 gilt nur gegenüber § 495a. 46

Ist nur noch über die Kosten zu entscheiden, kann diese Entscheidung gemäß § 128 Abs. 3 n.F. ohne mündliche Verhandlung ergehen; denn diese Vorschrift geht als jüngere 47

---

50 Baumbach/Lauterbach/Albers/*Hartmann* Rdn. 19.
51 *Bergerfurth* NJW 91, 961, 963.
52 Baumbach/Lauterbach/Albers/*Hartmann* Rdn. 19.

derjenigen des § 495a Satz 2 vor. Es wäre ja auch absurd, wenn im Verfahren nach § 495a über die Kosten auch mündlich verhandelt werden müsste, obwohl dies nicht einmal im „Normalverfahren" erforderlich ist.

48 **8. Zur Konkurrenz von § 495a mit der EG-Verordnung Nr. 861/2007.** Bei grenzüberschreitenden Sachverhalten innerhalb der Europäischen Union mit Ausnahme Dänemarks gilt alternativ nach der freien Wahl des Antragsstellers für Streitwert bis € 2.000 die EG-Verordnung Nr. 861/2007 über ein europäisches Verfahren für geringfügige Forderungen (EuGFVO) mit den deutschen Durchführungsbestimmungen in §§ 1097 bis 1109. Bei einer Überschneidung im Streitwertrahmen bis € 600 ist durch Nachfrage oder Auslegung zu ermitteln, ob der Kläger anstelle des Verfahrens nach § 495a, welches das Gericht nach freiem Ermessen wählen kann, ein Verfahren nach der EG-Verordnung hat einleiten wollen.[53]

9. Die Beweisaufnahme im Verfahren nach billigem Ermessen

49 **a)** Zwar bieten sich ein Verfahren nach billigem Ermessen und insbesondere der Verzicht auf die mündliche Verhandlung **vornehmlich an, wenn** es keiner Beweisaufnahme bedarf, weil **der Sachverhalt unstreitig ist**. Prinzipiell können aber auch Beweisaufnahmen im Verfahren nach billigem Ermessen und ohne mündliche Verhandlung durchgeführt werden und es wird sogar angenommen, dass „die möglichen Erleichterungen des vereinfachten Verfahrens vor allem für die Beweisaufnahme Bedeutung gewinnen".[54] Indessen wird zu differenzieren sein:

50 **b)** So kann schon außerhalb des Rahmens von § 495a Satz 1 – nämlich gemäß § 377 Abs. 3 Satz 1 – „das Gericht ... eine schriftliche Beantwortung der Beweisfrage anordnen, wenn es dies im Hinblick auf den Inhalt der Beweisfrage und die Person des Zeugen für ausreichend erachtet". Im Verfahren nach billigem Ermessen ist darüber hinaus ein besonderer Beweisbeschluss entbehrlich.[55] Auch kann an die Stelle der schriftlichen die telefonische Befragung eines Zeugen treten,[56] aber auch die der einen oder anderen Partei, eines Sachverständigen oder wessen Befragung auch immer das Gericht als sachdienlich ansieht, gleichviel, ob es von einer Partei beantragt worden ist oder nicht.[57]

51 Das Gericht ist auch frei, sonst erforderliche Sachverständigengutachten durch vorhandene eigene Sachkunde zu ersetzen[58] und ihm vorliegende Urkunden, insbesondere auch herangezogene Akten und hierin enthaltene Beweisprotokolle zu verwerten (hierzu vgl. Rdn. 52), sowie Sachen und Örtlichkeiten in Augenschein zu nehmen und ist hieran besonders nicht durch die Vorschriften der §§ 345 bis 455 gehindert:[59] Im Verfahren nach billigem Ermessen ist es, solange es sich nur innerhalb der diesem Verfahren immanenten Grenzen (hierzu vgl. Rdn. 69ff.) hält, allein seine Sache, wie es sich die Überzeugung verschafft, welcher Sachverhalt seinem Urteil zugrunde zu legen ist.

---

53 Prütting/Gehrlein/*Schelp* Rdn. 4.
54 *Bergerfurth* NJW 91, 961, 963.
55 MünchKomm/*Deubner* Rdn. 33; Baumbach/Lauterbach/Albers/*Hartmann* Rdn. 42; *Zimmermann* Rdn. 3; *Fischer* MDR 94, 978ff., 981.
56 Zöller/*Herget* Rdn. 10; *Fischer* MDR 94, 978.
57 MünchKomm/*Deubner* Rdn. 34; *Bergerfurth* NJW 91, 961ff., 963; *Zimmermann* Rdn. 3; *Fischer* MDR 94, 978.
58 *Zimmermann* Rdn. 3; *Fischer* MDR 94, 978.
59 MünchKomm/*Deubner* Rdn. 34.

c) Andererseits hat das Gericht alles, was es bei seiner Entscheidung verwerten will, 52
zuvor den Parteien zu offenbaren,[60] schon, damit es nicht zu Überraschungsentscheidungen kommt, gegen die allerdings regelmäßig die Rüge der Verletzung des rechtlichen Gehörs (vgl. Rdn. 98) möglich ist.

Insbesondere hat das Gericht außerhalb der mündlichen Verhandlung an die eine 53
oder andere Partei oder an Dritte gestellte Fragen und die Antworten hierauf den Parteien bekanntzugeben.[61] Nicht selten wird sich ergeben, dass sich aufgrund der Antwort, zuweilen aber auch schon aufgrund der Fragestellung durch das Gericht bei der einen oder anderen Partei das Bedürfnis regt, selbst an die befragte Person ergänzende Fragen zu stellen. Auch mag sich ergeben, dass das Gericht zwar eine Sache oder Örtlichkeit in Augenschein genommen, aber gerade das Moment übersehen hat, auf welches es nach Ansicht einer Partei ankommt. Es mag sich mit einem Vernehmungsprotokoll begnügen wollen, welches gar nicht die jetzt in das Wissen des Zeugen gestellte Tatsache betrifft, so dass die Beschränkung auf die Verwertung des Protokolls der Sache nach Übergehung eines Beweisantrages und damit Verletzung des Rechts auf rechtliches Gehör ist.[62] In solchen und vielen ähnlichen Fällen wird wieder in die Beweisaufnahme einzutreten sein, um den Parteien die Ausübung eines Fragerechts zu ermöglichen. Das muss wiederum nicht in mündlicher Verhandlung geschehen, das Gericht kann auch „den Parteien anheimstellen, schriftliche Fragen zu formulieren und diese dann der Informationsperson vorlegen",[63] obzwar auf die Gefahr hin, dass die schriftlichen Antworten dann weitere Fragen nach sich ziehen.

d) Jedenfalls, wenn vorhersehbar ist, dass es mit einer einfachen telefonischen oder 54
schriftlichen Frage und deren Beantwortung nicht getan sein wird, weil mit Komplikationen zu rechnen ist, wird sich der Verzicht auf die Beweisaufnahme in mündlicher Verhandlung und in Gegenwart der Parteien nicht empfehlen. Denn „Solch ein telefonisch/schriftlicher Beweisaufnahmezwitter kostet Zeit, belastet Schreibdienste und birgt kaum die Chance einer Einigung. Wie viel einfacher ist da doch ein Termin zur Beweisaufnahme vor dem Prozessgericht".[64]

Hingegen wird bei einfachen Fragen an neutrale Auskunftspersonen, deren Anga- 55
ben von den Parteien anzunehmenderweise hingenommen werden, der Verzicht auf die mündliche Verhandlung zu einer Entlastung des Gerichts, aber auch der Parteien führen. Wo diese Hoffnung besteht – ob sie besteht, ist eine Frage des richterlichem Ermessen , kommt es auf einen Versuch an: Führt der anfängliche Verzicht auf die mündliche Verhandlung zu Schwierigkeiten, kann immer noch mündliche Verhandlung angeordnet werden.

e) Wenn eine Partei mündliche Verhandlung beantragt, muss zwar wegen Satz 2 56
mündlich verhandelt werden, kann aber dessen ungeachtet die Beweisaufnahme außerhalb der mündlichen Verhandlung erfolgen, wenn diese nur der Beweisaufnahme nachfolgt,[65] so dass die Parteien Gelegenheit haben, in mündlicher Verhandlung zur Beweisaufnahme Stellung zu nehmen. Allerdings wird der auf die mündliche Verhandlung gerichtete Antrag einer Partei oftmals den Ausschlag geben, die Beweisaufnahme, da nun

---

60 MünchKomm/*Deubner* Rdn. 36.
61 MünchKomm/*Deubner* Rdn. 36.
62 MünchKomm/*Deubner* Rdn. 35.
63 MünchKomm/*Deubner* Rdn. 37.
64 Zöller/*Herget* Rdn. 10.
65 MünchKomm/*Deubner* Rdn. 41.

doch mündlich verhandelt werden muss, mit der mündlichen Verhandlung zu verbinden in der Hoffnung, die Sache in einem Termin zum Abschluss zu bringen.

57   **f)** Im Verfahren nach billigem Ermessen findet **keine Amtsermittlung** statt:[66] Zwar kann das Gericht Beweis erheben, auch ohne ausdrücklich hierauf gerichteten Antrag[67] und also von Amts wegen, aber nur über solche Behauptungen tatsächlicher Art, die sowohl erheblich als auch beweisbedürftig sind, nicht aber über unstreitigen Sachvortrag, mag es selbst auch Zweifel haben.[68] Ebenso wenig darf das Gericht von Amts wegen verwerten, was ihm zwar bekannt, aber nicht vorgetragen worden ist.[69]

58   **g)** „Andererseits bleibt die richterliche Überzeugungsbildung Eckpfeiler auch des vereinfachten Verfahrens".[70] Das Gericht darf sich daher nicht mit bloßer Glaubhaftmachung begnügen,[71] wo diese nicht auch außerhalb des Verfahrens nach billigem Ermessen ausreichen würde.

10. Fristen und Folgen von Säumnissen

59   **a) Fristen**, die das Verfahren betreffen, können in den Grenzen von Satz 1 (hierzu vgl. Rdn. 68 ff.) und abweichend von § 226 Abs. 1 auch ohne Antrag verkürzt werden.[72] Dies soll allerdings nicht gelten, „soweit das Gesetz eine Frist und ihre Dauer für das ‚Normalverfahren' zwingend festsetzt".[73] Indessen sind die das Verfahren vor dem Amtsgericht betreffenden Vorschriften unter den Voraussetzungen des Satz 1 eben wegen dieser Vorschrift nicht zwingend.

60   **b)** Auch im Verfahren nach billigem Ermessen gelten die Vorschriften des § 296 ZPO.[74] Zwar kann „das Gericht ... eigene Präklusionsfristen setzen",[75] zu recht wird aber auch auf Artikel 103 Abs. 1 GG hingewiesen und daran erinnert, dass „die Zurückweisung von Vorbringen ... in den Schutzbereich dieser Vorschrift" eingreift und daher „einer gesetzlichen Grundlage" bedürfe.[76] Präklusionsfristen dürfen daher nicht so bemessen werden, dass die Zurückweisung von Vorbringen gegenüber dem „Normalverfahren" erleichtert wird; insbesondere dürfen die für das Normalverfahren geltenden Fristen nicht unterschritten werden.[77] Die Missachtung zu kurz bemessener Fristen darf nicht zur Zurückweisung führen.[78]

61   **c)** Andererseits soll das Gericht im Verfahren nach billigem Ermessen „zugunsten einer säumigen Partei auch zwingende Präklusionsvorschriften unberücksichtigt las-

---

66 Stein/Jonas/*Leipold* Rdn. 38; Baumbach/Lauterbach/Albers/*Hartmann* Rdn. 15; Prütting/Gehrlein/*Schelp* Rdn. 11.
67 *Zimmermann* Rdn. 3; *Bergerfurth* NJW 91, 961 ff., 963.
68 Stein/Jonas/*Leipold* Rdn. 19; MünchKomm/*Deubner* Rdn. 31.
69 MünchKomm/*Deubner* Rdn. 31.
70 *Bergerfurth* NJW 91, 961, 963.
71 *Bergerfurth* NJW 91, 961; *Fischer* MDR 94, 978 ff., 980.
72 Zöller/*Herget* Rdn. 9; Baumbach/Lauterbach/Albers/*Hartmann* Rdn. 48; Prütting/Gehrlein/*Schelp* Rdn. 8.
73 Baumbach/Lauterbach/Albers/*Hartmann* Rdn. 48.
74 MünchKomm/*Deubner* Rdn. 27.
75 *Bergerfurth* NJW 91, 961, 963.
76 MünchKomm/*Deubner* Rdn. 28.
77 MünchKomm/*Deubner* Rdn. 28.
78 MünchKomm/*Deubner* Rdn. 27.

sen"[79] dürfen. Indessen widerspricht es dem Zweck des § 495a, der Entlastung und der Beschleunigung zu dienen, in Sachen unterhalb der Streitwertgrenze noch Vorbringen zu berücksichtigen, das nicht berücksichtigt werden dürfte, wenn die Streitwertgrenze überschritten wäre.

d) Auch unter den Voraussetzungen des § 495a Satz 1 kann das Gericht bei **Säumnis beider Parteien** im Termin gemäß § 251a Abs. 1 nach Lage der Akten entscheiden.[80] Diese Entscheidung kann aber abweichend vom Normalverfahren entgegen der Vorschrift des § 251a Abs. 2 Satz 1 auch schon ohne vorangegangene mündliche Verhandlung ein Urteil sein, wenn die Parteien nur zuvor auf diese Möglichkeit hingewiesen worden sind.[81] Im Fall eines Urteils nach Lage der Akten sind die Vorschriften des § 251a Abs. 2 Sätze 2 bis 4 zu beachten. 62

Unter den gleichen Voraussetzungen kann das Gericht statt nach Lage der Akten auch durch Versäumnisurteil entscheiden und zwar auch ohne hierauf gerichteten Antrag;[82] denn das Versäumnisurteil ist für die betroffenen Partei jedenfalls gegenüber dem Urteil nach Aktenlage das „mildere Mittel", weil Einspruch möglich ist. Allerdings wird das Gericht bei Säumnis beider Parteien regelmäßig vorziehen, gemäß § 251a Abs. 3 das Ruhen des Verfahrens anzuordnen, schon weil es mit der Möglichkeit rechnen muss, dass der Rechtsstreit inzwischen außergerichtlich erledigt, aber unterlassen worden ist, das Gericht zu informieren, was zumal in Parteiprozessen nicht eben selten unterläuft. 63

e) Ist nur eine Partei säumig, wird das Gericht, wenn die Voraussetzungen sowohl einer Entscheidung nach Lage der Akten als auch des Erlasses eines Versäumnisurteils vorliegen, dem Antrag entsprechen, den zu stellen die erschienene Partei sich entscheidet. Die Ansicht, „dass im Falle der Säumnis einer Partei kein streitiges Endurteil ergehen darf, sondern nur ein Versäumnisurteil",[83] übersieht die Vorschrift des § 331a, nach welcher selbst im Normalverfahren statt durch Urteil auch durch streitiges Urteil, nämlich durch eine Entscheidung nach Lage der Akten entschieden werden darf. 64

11. Zur praktischen Bedeutung von § 495a Satz 1

a) Die praktische Bedeutung von Satz 1 ist umstritten: Einerseits wird angenommen, dass die – wegen Artikel 103 Abs. 1 GG gebotene – „Gewährung rechtlichen Gehörs fast zwanglos zu einem Verfahren führen muss, das von dem allgemeinen Verfahren kaum abweicht",[84] andererseits wird eine entsprechende Regelung auch für das Verfahren vor den Landgerichten gefordert.[85] Richtig ist nun, dass sich nicht für jede Sache Abweichungen von der ZPO – immerhin „eine durchdachte, gute und praxisgerechte Verfahrensordnung"[86] – empfehlen wird. Die Vorschrift des Satz 1 ermöglicht aber dem Richter, dort vom Normalverfahren abzuweichen, wo er sich von einer bestimmten Abweichung eine Vereinfachung des Verfahrens verspricht, die zur Beschleunigung und zur Entlas- 65

---

79 MünchKomm/*Deubner* Rdn. 30.
80 BVerfG NJW 2007, 3486; Prütting/Gehrlein/*Schelp* Rdn. 18.
81 Baumbach/Lauterbach/Albers/*Hartmann* Rdn. 21; *Bergerfurth* NJW 91, 961; *Fischer* MDR 94, 978 ff., 981.
82 *Fischer* MDR 94, 978 ff., 981.
83 *Peglau* NJW 97, 2222, 2224.
84 MünchKomm/*Deubner* Rdn. 2; zust. Zöller/*Herget* Rdn. 8.
85 *Pasker* ZZP 91, 417.
86 Thomas/Putzo/*Reichhold* Rdn. 2.

tung führen könnte. Dieses wird nicht eben selten der Fall sein, wie die vorstehend behandelten Möglichkeiten zeigen.

66   Je nach Lage der Dinge im konkreten Einzelfall kommen aber auch weitere Möglichkeiten der Vereinfachung des Verfahrens in Betracht: So kann etwa „auf die förmliche Zustellung bellangloser Dinge ... verzichtet werden" oder es können „erforderlich bleibende Zustellungen auch durch ein schriftliches Empfangsbekenntnis erfolgen"[87] und dergleichen mehr.

67   **b)** In diesem Zusammenhang ist auch an die Vorschrift des § 295 zu erinnern, nach Maßgabe welcher im Normalverfahren die Verletzung einer das Verfahren betreffende Vorschrift durch rügelose Einlassung geheilt werden kann. Die große praktische Bedeutung dieser Vorschrift beruht darauf, dass im Vertrauen auf sie nicht selten sehenden Auges das Verfahren betreffende Vorschriften verletzt werden, weil sich das Gericht in den betreffenden Fällen im Interesse aller Beteiligten zu einer sich dort anbietenden Vereinfachung entschlossen hat. Diese Möglichkeit wird in den Grenzen des § 495a Satz 1 gewährt, auch ohne dass es einer Heilung gemäß § 295 Abs. 1 bedarf.

68   **c)** Die praktische Bedeutung der Vorschrift des § 495a Satz 1 besteht mithin darin, dass das Gericht innerhalb der Grenzen, die der Anwendung dieser Vorschriften gezogen sind (hierzu vgl. Rdn. 68 ff.), frei ist, vom Normalverfahren abzuweichen, wenn diese Abweichung im konkreten Fall zu einer Vereinfachung des Verfahrens führt. Cum grano salis ist § 495a also eine zivilprozessuale Generalklausel, obzwar nur für einen verhältnismäßig engen Anwendungsbereich.

12. Von den Grenzen des Verfahrens nach billigem Ermessen

69   **a)** Wegen der Aufnahme der Vorschrift des § 495a in den zweiten Abschnitt des zweiten Buches der Zivilprozessordnung „Verfahren vor den Amtsgerichten" kann nur das Amtsgericht sein Verfahren gemäß § 495a nach billigem Ermessen bestimmen und dieses wegen § 495a Satz 1 auch nur dann, wenn die Streitwertgrenze nicht überschritten wird. Eine analoge Anwendung auf Verfahren vor den Landgerichten kommt auch dann nicht in Betracht, wenn der Streitwert die Streitwertgrenze nicht überschreitet.[88]

70   **b)** Wenn das Gericht nach § 495a Satz 1 **sein Verfahren** nach billigem Ermessen bestimmen darf, kann hiermit nicht die vor dem Amtsgericht anhängige Streitsache gemeint sein, über die das Amtsgericht zu entscheiden hat. Gemeint ist vielmehr die Vorgehensweise, in welcher das Gericht zur Entscheidung über „das Verfahren i.S. von Streitsache" kommt:[89] „Verfahren" meint die Weise, in der das Gericht verfährt, um zu einer Entscheidung zu kommen, nicht die Sache, über die entschieden wird. Daher bleibt das Gericht auch unter den Voraussetzungen von § 495a nicht nur an das materielle Recht gebunden,[90] sondern auch an alle Vorschriften der ZPO, die nicht die Verfahrensweise betreffen.[91]

---

[87] *Fischer* MDR 94, 978 ff., 981.
[88] *Bergerfurth* NJW 91, 961.
[89] MünchKomm/*Deubner* Rdn. 13.
[90] MünchKomm/*Deubner* Rdn. 14.
[91] MünchKomm/*Deubner* Rdn. 13.

So darf ein nicht zuständiges Gericht nicht dahin von der Zivilprozessordnung ab- 71
weichen, dass es sich für zuständig erklärt.[92] Ist das Amtsgericht zwar örtlich unzuständig, würde es aber bei rügeloser Einlassung gemäß § 39 zuständig werden, dann würde es zwar **nach rügeloser Einlassung** – aber auch erst dann – sein Verfahren nach billigem Ermessen bestimmen dürfen. Bis dahin aber bleibt die Vorschrift des § 504 zu beachten, wonach der Beklagte vor der Verhandlung zur Hauptsache auf die Unzuständigkeit und auf die Folgen einer rügelosen Einlassung zur Hauptsache hinzuweisen ist.

Ist das Amtsgericht an sich sachlich unzuständig, kann es zwar unter Beachtung der 72
Vorschrift des § 504 durch rügelose Einlassung zuständig werden, soweit das Landgericht nicht – wie in den Fällen des § 71 Abs. 2 GVG – ausschließlich zuständig ist und also in den Fällen des § 71 Abs. 1 GVG, in denen das Landgericht nur zuständig ist, weil es sich um Streitsachen handelt, deren Gegenstand an Geld oder Geldeswert die Summe von fünftausend Euro übersteigt; denn andernfalls wäre ja gemäß § 23 Ziff. 1 ohnehin das Amtsgericht zuständig. In diesen Fällen aber kommt die Anwendung des § 495a Satz 1 a limine nicht in Betracht, weil notwendig zugleich auch die Streitwertgrenze dieser Vorschrift überschritten ist.

Auch die Vorschrift des § 308 Abs. 1 Satz 1, wonach das Gericht nicht befugt ist, „ei- 73
ner Partei etwas zuzusprechen, was nicht beantragt ist", bleibt zu beachten; denn durch diese Vorschrift wird für das Gericht bindend bestimmt, worüber es zu entscheiden hat und nicht, wie es auf dem Weg zu dieser Entscheidung verfahren darf.[93]

c) Grenzen für Abweichungen von der ZPO ergeben sich schließlich auch noch aus 74
dem vorrangigen Verfassungsrecht,[94] insbesondere aus Art. 103 Abs. 1 GG, so dass sich cum grano salis sagen lässt, „die Entscheidungen des BverfG, die sich mit der Auslegung des Art. 103 Abs. 1 GG befassen, werden im vereinfachten Verfahren zur Prozessordnung. Das Ermessen des Gerichts wird dadurch in erheblichem Umfang eingeschränkt".[95]

d) Allerdings würde, was gegen das Grundgesetz verstößt, auch schon die immanen- 75
ten Grenzen des Verfahrens nach billigem Ermessen überschreiten: Was grundgesetzwidrig ist, kann nicht billigem Ermessen entsprechen. Im Rahmen billigen Ermessens liegen vielmehr nur solche Abweichungen vom „Normalverfahren", von denen das Gericht im konkreten Fall annehmen darf, dass sie dem wohlverstandenen Interesse aller Prozessbeteiligten entsprechen und daher von Parteien, denen an einer schnellen und dennoch richtigen Entscheidung gelegen ist, vernünftigerweise gebilligt werden.

13. Die Entscheidung für ein Verfahren nach billigem Ermessen

a) Im Hinblick auf § 495a Satz 1 steht der Richter nicht etwa vor der Frage, ob er sich für 76
das Verfahren nach billigem Ermessen entscheiden soll oder nicht: Es gibt ja gar kein als solches bestimmtes Verfahren nach billigem Ermessen, sondern nur die Möglichkeit, im Rahmen des billigen Ermessens in der einen oder anderen Hinsicht oder auch in mehreren Hinsichten vom „Normalverfahren" abzuweichen. Bedingt hierdurch kommt auch eine Vielzahl unterschiedlicher möglicher Verfahren nach billigem Ermessen in Betracht und dem Richter obliegt daher, sich für **ein** – nicht: das – Verfahren zu entscheiden, das eines von vielen nach billigem Ermessen, das aber auch das „Normalverfahren" sein kann.

---

92 *Fischer* MDR 91, 961 ff., 962; *Bergerfurth* NJW 91, 961 ff., 962.
93 MünchKomm/*Deubner* Rdn. 17; *Fischer* MDR 94, 978 ff., 980.
94 MünchKomm/*Deubner* Rdn. 16; *Fischer* MDR 94, 978 ff., 980.
95 MünchKomm/*Deubner* Rdn. 17.

77 **b)** Eben die Vielzahl möglicher Abweichungen vom Normalverfahren ist ja, was das Gericht in die Lage versetzt, von Fall zu Fall die Vorgehensweise zu wählen, die den Besonderheiten des konkreten Falles am ehesten gerecht wird. Daher wäre es denn auch verfehlt, feste Regeln für ein Verfahren nach billigem Ermessen ein für alle Mal festzulegen. Dessen ungeachtet steht es jeden Richter frei, sich an einem eigenen Schema, das von seinem Temperament und seinen Erfahrungen geprägt wird, zu orientieren. Auch kann er sich zwar versuchsweise zunächst für ein bestimmtes Verfahren entscheiden, daher auch hiervon wieder Abstand nehmen, wenn es sich dann doch als unzweckmäßig erweist.

78 So wird sich oftmals empfehlen, schriftlich zu sondieren, ob die Parteien überhaupt unterschiedlich vortragen und Termin erst anzuberaumen, wenn es gilt, Widersprüche aufzuklären. Nicht selten wird sich dann ergeben, dass in der Sache gar keine Divergenzen bestehen, dass vielmehr lediglich juristische Termini unterschiedlich verstanden werden, eine Gefahr, die zumal – aber nicht nur – im Parteiprozess besteht. Nun ist zwar die mündliche Verhandlung der rechte Ort, von der Vorschrift des § 139 ZPO Gebrauch zu machen, gerade im Verfahren nach billigem Ermessen kann es aber schon das Kosteninteresse der Parteien gebieten, von der mündlichen Verhandlung abzusehen und jedenfalls zunächst eine schriftliche Aufklärung zu versuchen.

79 **c)** Nach § 278 Abs. 1 soll „das Gericht ... in jeder Lage des Verfahrens auf eine gütliche Beilegung des Rechtsstreits oder einzelner Streitpunkte bedacht sein". Hierfür kann und wird sich nicht selten die mündliche Verhandlung empfehlen. Es kann aber auch einmal gerade umgekehrt ausschlaggebend für eine Partei sein, einen begründeten gerichtlichen Vergleichsvorschlag anzunehmen, dass sie sich hierdurch den mit der Wahrnehmung eines Termins verbundenen Zeit- und Kostenaufwand erspart.

80 Da das Gericht sogar auf die mündliche Verhandlung verzichten kann, wenn diese nicht gemäß Satz 2 ausdrücklich beantragt wird, kann es erst recht von der in § 278 Abs. 2 vorgesehenen Güteverhandlung absehen.

81 **d)** Gleichviel aber, für welche Abweichungen vom Normalverfahren sich ein Gericht entscheidet, es sollte die Partei hierauf hinweisen und auch erklären, warum die Abweichung für zweckdienlich gehalten wird. Zuweilen wird dann eine Partei – etwa eine anwaltlich vertretene – das Gericht davon überzeugen können, dass sich die vorgesehene Abweichung gerade nicht empfiehlt und warum dieses nicht der Fall ist. Denn über die eigentlichen Hintergründe von Rechtsstreitigkeiten pflegen die Parteien mehr zu wissen, als das ja vom Parteivortrag abhängige Gericht.

IV. Das Urteil im Verfahren nach billigem Ermessen

1. Urteile ohne Tatbestand

82 **a)** Nach der Vorschrift des § 495a Abs. 2 Satz 1 a.F. bedurfte das Urteil nicht des Tatbestandes. Nachdem diese Vorschrift ersatzlos entfallen ist, gilt an deren Stelle nunmehr die allgemeinere Vorschrift des § 313a Abs. 1 Satz 1, nach welcher es des Tatbestandes nur dann nicht bedarf, „wenn ein Rechtsmittel gegen das Urteil unzweifelhaft nicht zulässig ist".

83 Indessen ergibt sich aus dieser Beschränkung gegenüber dem früheren Rechtszustand für die Praxis kein relevanter Unterschied: Zwar kommen nach der Vorschrift des § 511 Abs. 2 Berufungen gegen Urteile im Verfahren nach billigem Ermessen in Betracht, aber nur, wenn das Gericht die Berufung im Urteil zulässt (§ 511 Abs. 2 Nr. 2). Das aber

setzt gemäß § 511 Abs. 4 voraus, dass entweder „die Rechtssache grundsätzliche Bedeutung hat" (Abs. 4 Nr. 1) oder „die Fortbildung des Rechts oder die Sicherung einer einheitlichen Rechtsprechung eine Entscheidung des Berufungsgerichts erfordert" (Abs. 4 Nr. 2). Und in solchen, nicht eben häufigen Fällen ist ein Tatbestand allerdings auch angebracht.

In den Regelfällen des § 495a, auf welche die Vorschriften des § 511 Abs. 2 Nr. 2 nicht zutreffen, ist die Berufung nicht zulässig, weil für diese § 511 Abs. 2 Nr. 1 fordert, dass „der Wert des Beschwerdegegenstandes sechshundert Euro übersteigt", die Vorschrift des § 495a aber darauf abstellt, dass der Streitwert sechshundert Euro **nicht** übersteigt. 84

b) Zu beachten ist aber die Vorschrift des § 313a Abs. 4: Nach dieser Vorschrift finden die Vorschriften der Absätze 1 bis 3 in den in Absatz 4 genannten Fallgruppen keine Anwendung, so dass es in diesen Fällen doch eines Tatbestandes bedarf. Eine vollständige Fassung ist bei einem Urteil auf künftig fällige wiederkehrende Leistungen nach § 258 ZPO erforderlich. Schließlich ist eine vollständige Fassung erforderlich in Fällen,, in denen „zu erwarten ist, dass das Urteil im Ausland geltend gemacht werden wird". In Fällen, in denen zulässiger Weise nach § 495a ZPO verfahren wurde, gelten gemäß § 313a Abs. 5 „die Vorschriften über die Vervollständigung von Versäumnis- und Anerkenntnisurteilen entsprechend". 85

2. Urteile ohne Entscheidungsgründe

a) Die Vorschrift des § 495a Abs. 2 Satz 2 a.F. ist keineswegs ersatzlos entfallen, hat vielmehr Aufnahme in die allgemeineren und daher auch für das Verfahren gemäß § 495a geltenden Vorschriften des § 313a gefunden und zwar in dessen Absatz 1 als Satz 2: „In diesem Fall bedarf es auch keiner Entscheidungsgründe, wenn die Partei auf sie verzichtet oder wenn ihr wesentlicher Inhalt in das Protokoll aufgenommen worden ist". 86

Wegen der Verweisung auf § 313a Abs. 1 Satz 1 – „in diesem Fall ..." – sind die Entscheidungsgründe aber nur dann entbehrlich, „wenn ein Rechtsmittel gegen das Urteil unzweifelhaft nicht zulässig ist", so dass für die Entscheidungsgründe mutatis mutandis das für den Tatbestand Angemerkte gilt (Vgl. Rdn. 82ff.). 87

b) Entscheidungsgründe im Sinne der Vorschrift des § 495a Abs. 2 Satz 2 a.F. und des § 313a Abs. 1 Satz 2 sind nicht die Gründe, die das Gericht bewogen haben, zu entscheiden, wie geschehen, nicht also die eigentlichen Entscheidungsgründe – diese sind unverzichtbar –, sondern die ebenfalls „Entscheidungsgründe" genannte schriftliche Wiedergabe der eigentlichen Entscheidungsgründe im Urteil. 88

c) Auf diese **Wiedergabe der Entscheidungsgründe** können die Parteien verzichten, obzwar nur unter der weiteren Voraussetzung, dass „ein Rechtsmittel gegen das Urteil unzweifelhaft nicht zulässig ist". Liegt diese Voraussetzung vor, erübrigt sich auch die Aufnahme des wesentlichen Inhalts der Entscheidungsgründe in das Protokoll. 89

d) Verzichtet die Partei auf die Wiedergabe der eigentlichen Entscheidungsgründe im Urteil, ist diese nur entbehrlich unter der weiteren Voraussetzung, dass ein Rechtsmittel unzweifelhaft nicht zulässig ist, wenn der wesentliche Inhalt der Entscheidungsgründe in das Protokoll aufgenommen worden ist. 90

Da schon nach der allgemeinen Vorschrift des § 313 Abs. 3 die Entscheidungsgründe des Urteils nur „eine kurze Zusammenfassung der Erwägungen, auf denen die 91

Entscheidung in tatsächlicher und rechtlicher Hinsicht beruht", enthalten müssen, wird „ihr wesentlicher Inhalt" im Protokoll noch knapper ausfallen können, erforderlich bleibt aber, dass die Erwägungen anhand des im Protokoll wiedergegebenen „wesentlichen Inhalts" gedanklich nachvollziehbar sind oder mit anderen Worten: „Auch bei der Mitteilung des ‚wesentlichen Inhalts' muss das Gericht unter Würdigung des Sachverhalts und der Rechtslage darlegen, wie es zu seinem Urteil gelangt ist".[96]

3. Zum Urteil im Übrigen

92 **a)** Nachdem die Vorschriften des Absatz 2 entfallen sind, gibt es für Urteile im Verfahren nach § 495a keine Besonderheiten. Insbesondere für die Tenorierung und das Rubrum gelten die allgemeinen Vorschriften. Auch muss das Urteil nicht etwa als „Urteil im Verfahren nach billigem Ermessen" oder ähnlich bezeichnet werden.[97] Die Bezeichnung des Urteils als „Schiedsurteil" ist zwar „nicht verboten",[98] sollte aber besser unterbleiben, da sie jetzt allenfalls geeignet ist, Missverständnisse herbeizuführen.

93 **b)** Anders als im „Normalverfahren" und als insbesondere auch im schriftlichen Verfahren gemäß § 128 Abs. 2 und 3 ist eine Verkündung des Urteils entbehrlich.[99] Sie kann durch Zustellung des Urteils ersetzt werden;[100] jedenfalls, wenn eine mündliche Verhandlung vorausgegangen ist, sollte aber auch Termin zur Verkündung einer Entscheidung anberaumt werden,[101] schon, damit diese nicht „auf die lange Bank geschoben wird".

V. Rechtsmittel und Rechtsbehelfe gegen Urteile im Verfahren nach billigem Ermessen

94 **1. Die Regel: Keine Berufung.** Gemäß § 511 Abs. 1 findet „gegen die im ersten Rechtszug erlassenen Endurteile" die Berufung statt. Das gilt prinzipiell auch für Urteile im Verfahren nach billigem Ermessen. Jedoch ist – einstweilen abgesehen von der Vorschrift des § 511 Abs. 2 Nr. 2 (hierzu vgl. Rdn. 94) – gemäß § 511 Abs. 2 Nr. 1 die Berufung nur zulässig, wenn „der Wert des Beschwerdegegenstandes sechshundert Euro übersteigt" und das kann in den Fällen des § 495a niemals der Fall sein, weil diese Vorschrift voraussetzt, dass ein Streitwert von sechshundert Euro nicht überstiegen wird. Es kann daher festgehalten werden, dass gegen Urteile im Verfahren gemäß § 495a die Berufung in aller Regel unzulässig ist, eine Regel freilich, die Ausnahmen erleidet.

2. Die Ausnahmen von der Regel

95 **a)** Gemäß § 511 Abs. 2 Nr. 2 ist jetzt die Berufung auch zulässig, wenn zwar der Wert des Beschwerdegegenstandes sechshundert Euro nicht übersteigt, aber „das Gericht des ersten Rechtszuges die Berufung im Urteil zugelassen hat". Diese Vorschrift ist gerade für solche Fälle von Bedeutung, für die auch § 495a einschlägig ist; denn wenn der Be-

---

96 MünchKomm/*Deubner* Rdn. 44.
97 Baumbach/Lauterbach/Albers/*Hartmann* Rdn. 23.
98 Baumbach/Lauterbach/Albers/*Hartmann* Rdn. 22.
99 Prütting/Gehrlein/*Schelp* Rdn. 16.
100 MünchKomm/*Deubner* Rdn. 47; zust. Zöller/*Herget* Rdn. 12.
101 Baumbach/Lauterbach/Albers/*Hartmann* Rdn. 27.

schwerdegegenstand sechshundert Euro übersteigt, bedarf es keiner ausdrücklichen Zulassung der Berufung.

Nun soll zwar das Gericht des ersten Rechtszuges die Berufung immer dann, aber auch nur dann – und also genau dann – zulassen, wenn „die Rechtssache grundsätzliche Bedeutung hat oder die Fortbildung des Rechtes oder der Sicherung einer einheitlichen Rechtsprechung eine Entscheidung des Berufungsgerichts erfordert". Jedoch ist das Berufungsgericht gemäß § 511 Abs. 4 an die Zulassung gebunden und also auch dann, wenn das Gericht des ersten Rechtszuges nach Ansicht des Berufungsgerichts die Berufung gar nicht hätte zulassen dürfen. 96

b) Eine weitere Ausnahme ergibt sich aus § 514 Abs. 2; denn nach Satz 1 dieser Vorschrift unterliegt „ein Versäumnisurteil, gegen das der Einspruch an sich nicht statthaft ist, ... der Berufung oder Anschlussberufung insoweit, als sie darauf gestützt wird, dass der Fall der schuldhaften Versäumnis nicht vorgelegen habe" und nach Satz 2 ist „§ 511 Abs. 2 ... **nicht** anzuwenden", so dass die Berufung zulässig ist, auch wenn der Wert des Beschwerdegegenstandes sechshundert Euro nicht übersteigt. 97

3. Die Berufung wegen Versagung des rechtlichen Gehörs. Der Ansicht, wenn im schriftlichen Verfahren der Einspruch auf Gewährung rechtlichen Gehörs verletzt worden ist, sei die Vorschrift des § 513 – jetzt 514 – entsprechend dahin anzuwenden, dass die Berufung zulässig sei, auch wenn die Berufungssumme nicht erreicht werde,[102] welcher auch das Bundesverfassungsgericht aufgeschlossen gegenüberstand,[103] ist jetzt durch die seit dem 2.1.2002 geltende Vorschrift des § 231a der Boden entzogen worden (hierzu vgl. Rdn. 98 ff.). 98

4. Die Rüge der Verletzung des Anspruches auf rechtliches Gehör. Der durch das ZPO-RG als § 321a eingefügten Rüge der Verletzung des Anspruches auf Gewährung rechtlichen Gehörs kommt gerade für das Verfahren nach billigem Ermessen besondere Bedeutung zu, weil sich diese Rüge gemäß § 321a Abs. 1 Satz 1 nur gegen solche Urteile richten kann, gegen die eine Berufung gemäß § 511 Abs. 2 nicht zulässig ist, was aber typischerweise auf Urteile im Verfahren nach § 495a zutrifft. 99

Da die der Entlastung des Bundesverfassungsgerichts dienenden[104] Vorschriften des § 321a eine sehr eingehende Regelung der betroffenen Materie enthalten, ist hier nur die auf Kommentierung zu § 321a zu verweisen. 100

Festzuhalten ist, dass diese Rüge kein Rechtsmittel, vielmehr an den iudex a quo zu richten ist (§ 321a Abs. 2 Satz 2) und falls statthaft, zulässig und begründet, dazu führt, dass das Gericht den Prozess fortführt (§ 321 Abs. 5 Satz 1). Zwar kann die Fortführung des Prozesses dazu führen, dass in Folge der nachgeholten Gewährung des rechtlichen Gehörs nunmehr anders entschieden wird, es mag jedoch nach Lage der Dinge im konkreten Fall aber auch die ursprüngliche Entscheidung wiederholt werden. Insofern gilt gemäß § 321a Abs. 5 Satz 3 § 343 entsprechend. 101

5. Die außerordentliche Berufung wegen „greifbarer Gesetzeswidrigkeit". Eine außerordentliche Berufung entsprechend der außerordentlichen Beschwerde wegen „greifbarer Gesetzeswidrigkeit" wird vom Bundesgerichtshof und zwar im Ergebnis zu 102

---

[102] Stein/Jonas/*Leipold* § 128 Rdn. 104; Stein/Jonas/*Grunsky* § 513 Rdn. 18 f.; MünchKomm/*Rimmelspacher* § 511a Rdn. 7; *Kahlke* NJW 85, 2231 ff.
[103] Zuletzt NJW 97, 1301.
[104] Baumbach/Lauterbach/Albers/*Hartmann* § 321a Rdn. 2.

Recht nicht für zulässig gehalten: „Nach einer weit verbreiteten Ansicht sei zwar bei *Beschlüssen* das *Rechtsmittel* der Beschwerde auch dann zulässig, wenn es zwar im Gesetz nicht vorgesehen ist, die angeforderte Entscheidung aber eine ‚greifbare Gesetzeswidrigkeit' enthält oder, anders ausgedrückt, wenn sie jeder gesetzlichen Grundlage entbehrt und inhaltlich dem Gesetz fremd ist. Die für das Beschwerdeverfahren entwickelten Grundsätze können aber auf das Urteilsverfahren nicht übertragen werden".[105]

103 Soweit von der außerordentlichen Beschwerde angenommen wird,[106] dass sie wegen § 321a „künftig entbehrlich" sei, kann dem nicht ganz gefolgt werden: § 321a betrifft lediglich die Verletzung des Anspruches auf rechtliches Gehör. Aber nicht mit jeder „greifbaren Gesetzeswidrigkeit" geht auch eine Verletzung des rechtlichen Gehörs einher. Deshalb soll „nach Erschöpfung des Ergänzungsverfahrens nach § 321a ausnahmsweise" auch die Berufung wegen greifbarer Gesetzeswidrigkeit in Betracht kommen.[107]

104 Indessen ist daran zu erinnern, dass nach der ständigen Rechtsprechung des Bundesgerichtshofes zur ebenfalls fragwürdigen „außerordentlichen Beschwerde wegen greifbarer Gesetzeswidrigkeit" eine Entscheidung zwar nur, aber immerhin dann „greifbar gesetzeswidrig" ist, „wenn sie mit der geltenden Rechtsordnung schlechthin unvereinbar ist, weil sie jeder Grundlage entbehrt und inhaltlich dem Gesetz fremd ist".[108] Gerade das aber trifft auf die Entscheidung zu, eine noch nicht einmal statthafte Berufung als zulässig zu behandeln. Diese Entscheidung verstieße aber darüber hinaus gegen Art. 101 Abs. 1 GG; denn sie würde dazu führen, dass anstelle des gesetzlichen Richters – des iudex a quo – ein anderer Richter – der iudex ad quem – entscheiden würde, so dass die Zulassung der außerordentlichen Berufung gleichsam hieße, den Teufel durch den Beelzebub auszutreiben".[109]

105 **6. Wiederaufnahmeklage analog § 579 Abs. 1. Nr. 4.** Die mit beachtlichen Gründen vertretene Ansicht, es sei „bei einer Gehörsverletzung im Rahmen des laufenden Verfahrens die **Wiederaufnahmeklage analog § 579 Abs. 1 Nr. 4** zuzulassen",[110] ist durch die Einführung des § 321a ebenso überholt, wie die Forderung, es sollte ein „Wiederaufnahmegrund des Verstoßes gegen das Recht auf rechtliches Gehör in die Zivilprozessordnung eingeführt werden".[111]

106 Eine analoge Anwendung von § 579 Abs. 1 Nr. 4 auf solche Fälle „greifbarer Gesetzeswidrigkeit", denen nicht die Versagung des rechtlichen Gehörs zugrunde liegt, kommt ebenso wenig in Betracht, wie die analoge Anwendung von § 321a in solchen Fällen: Jeweils geht es um die Entlastung des Bundesverfassungsgerichts von Gehörsrügen in Bagatellsachen und insoweit enthält § 321a eine abschließende Regelung.

7. Wiederaufnahmeklage wegen „greifbarer Gesetzeswidrigkeit" analog § 580 Nr. 5

107 a) Wenn eine Entscheidung dann und nur dann „greifbar gesetzeswidrig" ist, „wenn sie mit der geltenden Rechtsordnung schlechthin unvereinbar ist, weil sie jeder Grund-

---
105 In NJW 89, 2578; vgl. auch BGH NJW 99, 290 = MDR 99, 247 mit Anm. von *Schütt* MDR 99, 248 f. und *Schneider* MDR 99, 697; **a.A.** *Schwarze* ZZP 115 (2002), 25 f.
106 Musielak/*Wittschier* Rdn. 11.
107 Baumbach/Lauterbach/Albers/*Hartmann* Rdn. 30.
108 BGH NJW 98, 1715.
109 *Borck* WRP 99, 478.
110 MünchKomm/*Braun* § 579 Rdn. 23 unter Hinw. auf Rechtsprechung und Literatur Fn. 76.
111 *Deppert* FS Geiss, S. 95; *Kunze* NJW 95, 2750, 2753.

lage entbehrt und inhaltlich dem Gesetz fremd ist",[112] dann begeht ein Richter, der sehenden Auges eine solche „greifbare Gesetzeswidrigkeit" begeht, Rechtsbeugung und macht sich daher im Sinne von § 580 Nr. 5 „in Beziehung auf den Rechtsstreit einer strafbaren Verletzung seiner Amtspflichten gegen die Partei", die durch die Entscheidung benachteiligt wird, schuldig, so dass § 580 Nr. 5 unmittelbar einschlägig ist und sich die Frage nach der – bloß analogen Anwendung von § 580 Nr. 5 für solche ohnehin kaum vorkommenden Fälle gar nicht erst stellt.

b) Nun ist es zwar für die durch ein unrichtiges und also „gesetzwidriges" Urteil belasteten Partei nur von untergeordneter Bedeutung, ob der Richter sich zudem strafbar gemacht hat oder nicht: Sie leidet nicht so sehr unter der Strafbarkeit, als vielmehr unter der Gesetzeswidrigkeit des Urteils. Dessen ungeachtet kann die „Gesetzeswidrigkeit" allein die analoge Anwendung von § 580 Nr. 5 nicht rechtfertigen; denn, dass der Gesetzgeber ausdrücklich die Strafbarkeit fordert, hat seinen guten Grund: Für alle Restitutionsgründe des Kataloges des § 580 ZPO gilt, dass „die Restitution nach der Intention des Gesetzgebers nur stattfinden" soll, wenn die Unrichtigkeit des Urteils in besonders evidenter Weise dargetan werden kann. Nur die vorgängige strafgerichtliche Verurteilung wegen der in Nr. 1–5 des § 580 ZPO genannten Delikte macht die Unrichtigkeit des Urteils in einer Weise offenbar, dass deswegen die Aufhebung unumgänglich ist.[113] Der nachvollziehbare Zweck des § 581 ZPO und damit die teleologische Bedeutung der Strafbarkeit besteht mithin darin, die Restitutionsklage auf solche Fälle zu beschränken, in denen die Grundlagen des Urteils evident – um nicht zu sagen: „greifbar" – erschüttert sind.[114]

8. Abhilfe bei Verletzung des Anspruchs auf rechtliches Gehör. Die sogenannten „greifbar gesetzeswidrigen" Entscheidungen nun entbehren kraft Definition von vornherein jeglicher Grundlage. Das ist dem iudex a quo zwar bei Erlass der Entscheidung nicht bewusst – sonst würde er ja anders entscheiden oder aber Rechtsbeugung begehen, würde ihm aber sogleich bewusst werden, wenn ihm durch Gegenvorstellungen – oder eben durch eine Wiederaufnahmeklage – Problembewusstsein vermittelt wird, sei es, dass er versehentlich über einen so gar nicht gestellten Antrag entschieden hat, dass er die Aufhebung eines Gesetzes übersehen oder umgekehrt ein noch gar nicht geltendes Gesetz vorzeitig angewendet hat oder warum auch immer.

„Greifbar gesetzeswidrige" Entscheidungen unterlaufen zuweilen sogar hohen und höchsten Gerichten,[115] öfter aber bei den überlasteten Amtsgerichten, zumal in Verfahren nach § 495a. Deshalb ist die analoge Anwendung von § 580 Nr. 5 durch den iudex a quo jedenfalls dann geboten, wenn dieser durch das Vorbringen in der Wiederaufnahmeklage problembewusst geworden, nun selbst erkennt, dass die angefochtene Entscheidung „greifbar gesetzeswidrig" ist.[116]

---

112 BGH NJW 98, 1715.
113 So *Zeiss* JuS 69, 362 ff., 369 unter Hinw. auf *Gaul* Grundlagen des Wiederaufnahmerechts und die Ausdehnung der Wiederaufnahmegründe, 1965, S. 66 ff.
114 *Borck* WRP 99, 481.
115 Hierzu vgl. *Borck* WRP 98, 368, 372.
116 *Borck* WRP 99, S. 482.

VI. Gebühren

111 Die **Terminsgebühr** fällt für den Rechtsanwalt nach RVG VV Nr. 3104 an, auch dann, wenn ohne mündliche Verhandlung entschieden oder ein schriftlicher Vergleich geschlossen wurde. Dies gilt auch dann, wenn der Beklagte sich im Verfahren gar nicht verteidigt und anstelle eines Versäumnisurteils und das Gericht anstelle eines möglichen Versäumnisurteils ein streitiges Endurteil erlässt.[117] Die **Gerichtsgebühr** ermäßigt sich auch dann nicht, wenn das Urteil gemäß § 313a Abs. 1 keinen Tatbestand und keine Entscheidungsgründe enthält. Findet keine mündliche Verhandlung statt, so bestimmt sich die eventuell gebührenermäßigende Wirkung einer Klagerücknahme nach GKG KV Nr. 1211 Ziff. 1c.

§ 496
Einreichung von Schriftsätzen; Erklärungen zu Protokoll

Die Klage, die Klageerwiderung sowie sonstige Anträge und Erklärungen einer Partei, die zugestellt werden sollen, sind bei dem Gericht schriftlich einzureichen oder mündlich zum Protokoll der Geschäftsstelle anzubringen.

Übersicht

I. Anträge und Erklärungen auch zu Protokoll
   1. Die von § 496 betroffenen Anträge und Erklärungen —— 1
   2. Die durch § 496 getroffene Regelung —— 7
   3. Zur Konkurrenz von § 129 Abs. 2 —— 12

II. Zum Protokoll der Geschäftsstelle
   1. Die zuständige Geschäftsstelle —— 13
   2. Die Pflichten zur und bei der Protokollierung —— 14
   3. Das weitere Schicksal des Protokolls —— 21

III. Keine Kosten der Erklärung zu Protokoll —— 23

I. Anträge und Erklärungen auch zu Protokoll

1. Die von § 496 betroffenen Anträge und Erklärungen

1 **a)** Von § 496 betroffen werden außer der Klage und der Klagerwiderung nicht **Anträge und Erklärungen** schlechthin, sondern nur Anträge und Erklärungen **einer Partei** und von diesen auch nur solche, **die zugestellt werden sollen**. Die Klage und Klagerwiderung werden zwar gesondert aufgeführt, würden aber auch sonst von § 496 betroffen werden, weil es sich hierbei um Anträge und Erklärungen jeweils einer Partei handelt, die zugestellt werden sollen. Davon geht auch das Gesetz aus und stellt daher nach Anführung der Klage und der Widerklage nicht auf „Anträge und Erklärungen", sondern auf „sonstige Anträge und Erklärungen" ab.

2 **b)** Betroffen werden Anträge und Erklärungen **einer Partei**, nicht hingegen Erklärungen des Gerichts oder von Dritten – etwa von Sachverständigen oder Zeugen –, auch wenn diese den Parteien zugestellt werden sollen.

---

[117] OLG Düsseldorf JurBüro 2009, 364. AG Kleve, AGS 2006, 542. Unzutreffend AG München AGS 2007, 442 mit abl. Anm. *Schons*.

Auch der Beitritt des Nebenintervenienten erfolgt gemäß § 70 Abs. 1 Satz 1 durch **3**
Einreichung eines Schriftsatzes, der gemäß § 70 Abs. 1 Satz 2 beiden Parteien zuzustellen
ist. Nun ist der Nebenintervenient zwar keine Partei,[1] jedoch soll die Vorschrift des § 496
„wegen ihres Normzwecks auf die Nebenintervention entsprechend anzuwenden" sein.[2]
Nach praktisch einhelliger, obzwar nirgendwo näher begründeter Ansicht ist § 496 sogar
ohne weiteres unmittelbar auf die Nebenintervention anzuwenden.[3] In der weiteren Konsequenz muss § 496 dann auch und erst recht auf „sonstige Anträge und Erklärungen"
des Nebenintervenienten, die zugestellt werden sollen, anzuwenden sein.

c) „Zugestellt werden **sollen**" im Sinne von § 496 alle Anträge und Erklärungen ei- **4**
ner Partei, von denen diese will, dass sie zugestellt werden und die dann gemäß § 496
entweder schriftlich einzureichen oder mündlich zu Protokoll anzubringen sind. Nun
bezweckt § 496 aber gerade, im Parteiprozess schreibungewandten Parteien die Möglichkeit zu eröffnen, statt Schriftsätze einzureichen, ihr Anliegen mündlich zu Protokoll
der Geschäftsstelle anzubringen (hierzu vgl. Rdn. 13 ff.): „Die Zulassung von Anträgen
und Erklärungen zu Protokoll soll die Lage anwaltlich nicht vertretener Parteien verbessern".[4] Gerade die Parteien aber, für die § 496 gedacht ist, werden in aller Regel gar nicht
wissen, was eine Zustellung ist und welche Erklärungen der Zustellung bedürfen, um
wirksam zu werden. Hierauf kommt es indessen auch gar nicht an, sondern gleichsam
auf eine „Parallelwertung in der Laiensphäre": Es genügt, dass die Partei will, dass mit
ihrer Erklärung, sei sie nun schriftlich oder mündlich zu Protokoll, das geschieht, was
erforderlich ist, damit sie wirksam werde. Soweit hierzu die Zustellung erforderlich ist –
etwa bei der Klage –, ist bei Einreichung der schriftlichen oder Anbringung der mündlichen Erklärung inzidenter, wenn auch unbewusst gewollt, dass die Zustellung erfolgen
soll. Betroffen von der Vorschrift des § 496 werden daher alle Parteierklärungen, die von
Gesetzes wegen der Zustellung bedürfen, um wirksam zu werden.

d) Nach der Vorschrift des § 270 Satz 1 sind „mit Ausnahme der Klageschrift und sol- **5**
cher Schriftsätze, die Sachanträge enthalten, ... Schriftsätze und sonstige Erklärungen
der Parteien, sofern nicht das Gericht die Zustellung anordnet, ohne besondere Form
mitzuteilen", bedürfen also nicht der Zustellung. Im Parteiprozess kann nun aber gemäß
§ 129 Abs. 2 „den Parteien durch richterliche Anordnung aufgegeben werden, die mündliche Verhandlung durch Schriftsätze oder Protokoll der Geschäftsstelle abzugebender
Erklärungen vorzubereiten". Geschieht dies zu Protokoll der Geschäftsstelle, ist dieses Protokoll zwar nicht zuzustellen, wohl aber dem Gegner gemäß § 270 Satz 1 formlos mitzuteilen, nämlich durch Übersendung einer Abschrift des Protokolls (hierzu vgl.
Rdn. 21 ff.). Wie aber, wenn die schreibungewandte Partei zur Vorbereitung des Rechtsstreits auch ohne richterliche Anordnung durch solche Erklärungen vorbereiten möchte,
die keiner Zustellung bedürfen? Die hier aufscheinende Lücke zwischen der Regelung
des § 496 und derjenigen des § 129 Abs. 2 – jeweils bezüglich der Erklärung zu Protokoll
– ist im Wege der Analogie dahin zu schließen, dass solche Parteierklärungen, die der
Vorbereitung des Rechtsstreits dienen, aber nicht zugestellt werden sollen, auch ohne
richterliche Anordnung zu Protokoll der Geschäftsstelle abgegeben werden können.

---

1 Wieczorek/Schütze/*Mansell* § 70 Rdn. 13.
2 Im Ergebnis übereinst. die in Fn. 3 genannten.
3 Stein/Jonas/*Bork* § 70 Rdn. 1; MünchKomm/*Schilken* § 70 Rdn. 3; Zöller/*Vollkommer* § 70 Rdn. 1;
Baumbach/Lauterbach/Albers/*Hartmann* § 70 Rdn. 1.
4 MünchKomm/*Deubner* Rdn. 1 unter Hinw. auf BT-Drucks. 7/2729, S. 56 und Stein/Jonas/*Leipold* § 129a
Rdn. 1.

6 Im praktischen Ergebnis ist „zugestellt" im Relativsatz „die zugestellt werden" jedenfalls nicht technisch zu verstehen : „Zustellung in § 496 ist im Sinne von Bekanntmachung an den Prozessgegner zu verstehen".[5] § 496 „gestattet für alle Parteierklärungen ... neben der schriftlichen Einreichung ... wahlweise und abweichend vom LG-V die Anbringung zu Protokoll".[6] **Es werden mithin** von der Regelung des § 496 **alle Parteierklärungen betroffen**, mögen sie Anträge enthalten, der Zustellung bedürfen, auf richterliche Anordnung zurückgehen oder nicht.

2. Die durch § 496 getroffene Regelung

7 **a)** § 496 sieht für die von dieser Vorschrift betroffenen Anträge und Erklärungen einer Partei zwei unterschiedliche Möglichkeiten der Vorbereitung vor, deren eine der für den Anwaltsprozess geltenden entspricht und deren andere der Möglichkeit Rechnung trägt, dass auch schreibungewandte Parteien im Verfahren vor den Amtsgerichten selbst vortragen können: Anträge und Erklärungen **können** wie im Anwaltsverhältnis schriftlich eingereicht, aber auch mündlich zu Protokoll der Geschäftsstelle angebracht werden.

8 In § 496 ist zwar nicht die Rede davon, dass Anträge und Erklärungen schriftlich eingereicht oder mündlich zu Protokoll der Geschäftsstelle erklärt werden **können**, es heißt vielmehr ausdrücklich, sie **sind** „schriftlich einzureichen oder mündlich zu Protokoll der Geschäftsstelle anzubringen". Indessen handelt es sich hierbei der Sache nach weder um eine Soll- noch um eine Kannvorschrift. Um wirksam zu sein, müssen die von § 496 betroffenen Anträge und Erklärungen zwar entweder schriftlich eingereicht oder mündlich zu Protokoll der Geschäftsstelle erklärt werden. Dessen ungeachtet kann die Partei aber auch ganz auf Anträge und Erklärungen verzichten und wenn sie wirksam vorbereiten will, sich frei entscheiden, von welcher der beiden Möglichkeiten, wirksam Anträge zu stellen und Erklärungen abzugeben, sie Gebrauch machen will. Insbesondere ist es auch nicht anwaltlich vertretenen Parteien unbenommen, schriftlich, und Anwälten, zu Protokoll der Geschäftsstelle vorzubreiten.[7]

9 Die „Oder-Verknüpfung" der beiden Möglichkeiten der Vorbereitung in § 496 ist nicht alternativ, sondern kumulativ: Sie begründet nicht etwa ein Verhältnis der Alternativität dahin, dass eine Partei sich ein für alle Mal entscheiden müsse, ob sie nun schriftlich oder mündlich vorbereiten wolle, es bleibt vielmehr jeder Partei unbenommen, sowohl durch Schriftsätze als auch mündlich zu Protokoll der Geschäftsstelle Anträge zu stellen und Erklärungen abzugeben: Sie kann von beiden Möglichkeiten nebeneinander Gebrauch machen.

10 **b)** Für die schriftsätzliche Vorbereitung ergibt sich aus § 496 lediglich, dass sie auch im Verfahren vor dem Amtsgericht möglich ist;[8] bezüglich der an die Schriftsätze und an ihre Erklärungen zu stellenden Anforderungen gelten die allgemeinen Vorschriften der §§ 130 ff. und insbesondere für die Klage die des § 253.[9]

11 **c)** Die eigentliche Bedeutung des § 496 aber besteht darin, dass wegen dieser Vorschrift im Verfahren vor dem Amtsgericht Anträge und Erklärungen einer Partei **auch zu**

---

5 MünchKomm/*Deubner* Rdn. 3.
6 MünchKomm/*Deubner* Rdn. 1.
7 MünchKomm/*Deubner* Rdn. 3; Zöller/*Herget* Rdn. 1.
8 MünchKomm/*Deubner* Rdn. 1.
9 MünchKomm/*Deubner* Rdn. 2; Zöller/*Herget* Rdn. 2.

Protokoll der Geschäftsstelle angebracht werden können, was impliziert, dass die Geschäftsstelle zur Entgegennahme der Anträge und Erklärungen und zu deren Protokollierung verpflichtet ist und – da es in § 496 primär um Anträge und Erklärungen geht, die zugestellt werden sollen – weiter auch zur Zustellung an die andere Partei (hierzu vgl. § 498 Rdn. 2).

3. Zur Konkurrenz von § 129 Abs. 2. Nach § 129 Abs. 2 kann den Parteien „in anderen Prozessen" – nämlich in anderen als den in Abs. 1 behandelten Anwaltsprozessen und als in Parteiprozessen – „durch richterliche Anordnung aufgegeben werden, die mündliche Verhandlung durch Schriftsätze oder zu Protokoll der Geschäftsstelle abzugebende Erklärungen vorzubereiten". Hieraus ist hergeleitet worden, dass „durch gerichtl. Anordnungen gem. § 129 II ... wo das sachlich geboten ist, das Wahlrecht der Parteien eingeschränkt werden" kann.[10] Diese Ansicht ist zu recht abgelehnt worden.[11] Sie verkennt, dass § 129 Abs. 2 nicht eine Ausnahme von § 496, sondern eine Ergänzung von § 129 Abs. 1 ist und gerade insoweit mit § 496 korrespondiert: Gemäß § 129 Abs. 2 wird durch richterliche Anordnung den Parteien aufgegeben, die mündliche Verhandlung vorzubereiten und zwar – insoweit der Vorschrift des § 496 Rechnung tragend – „durch Schriftsätze oder zu Protokoll der Geschäftsstelle abzugebende Erklärungen", obzwar dieses nach Wahl der Parteien, die zwar zur Vorbereitung angehalten, aber doch nicht durch Einengung der Wahlmöglichkeit in der Vorbereitung behindert werden sollen.

II. Zum Protokoll der Geschäftsstelle

1. Die zuständige Geschäftsstelle. In Ansehung nur der Vorschrift des § 496 möchte man für die Protokollierung die Geschäftsstelle des Amtsgerichts für zuständig halten, für welche die fraglichen Anträge oder Erklärungen bestimmt sind. Indessen wird § 496 durch § 129a ergänzt und nach dem ersten Absatz dieser Vorschrift können „Anträge und Erklärungen, deren Abgabe vor dem Urkundsbeamten der Geschäftsstelle zulässig ist, ... vor der Geschäftsstelle eines jeden Amtsgerichtes zu Protokoll abgegeben werden". Der Urkundsbeamte sowie der Rechtspfleger in den Fällen des § 24 Abs. 2 RPflG dürfen wegen §§ 167, 129a die Niederschrift nicht wegen Unzuständigkeit des Gerichts ablehnen.[12]

2. Die Pflichten zur und bei der Protokollierung

a) Mit dem Recht einer Partei, Anträge und Erklärungen mündlich zu Protokoll der Geschäftsstelle anzubringen, korrespondieren die Pflichten der Geschäftsstelle, diese Anträge und Erklärungen entgegenzunehmen und in einem Protokoll festzuhalten. Dieses Protokoll hat außer dem Antrag und der Erklärung der Partei festzuhalten, von welcher Geschäftsstelle und von welchem Urkundsbeamten es aufgenommen worden ist. Es ist von dem Aufnehmenden zu unterschreiben und zweckmäßigerweise auch von der erklärenden Partei.[13]

---

10 Zöller/*Herget* Rdn. 1; übereinst. Baumbach/Lauterbach/Albers/*Hartmann* § 129 Rdn. 53.
11 Stein/Jonas/*Leipold* § 129 Rdn. 3; MünchKomm/*Peters* § 129 Rdn. 3.
12 Thomas/Putzo/*Reichhold* Rdn. 1.
13 MünchKomm/*Deubner* Rdn. 7; AK-*Menne* Rdn. 3.

15 **b) Zum Protokoll** kann nur Anträge stellen oder Erklärungen abgeben, wer bei der Protokollaufnahme zugegen ist.[14] Zwar können auch telefonisch gestellte Anträge und telefonisch abgegebene Erklärungen in einem Protokoll festgehalten werden, aber dann handelt es sich um die Protokollierung eines Telefongesprächs oder einer telefonisch abgegebenen Erklärung, aber nicht um eine Erklärung **mündlich zum Protokoll der Geschäftsstelle**, so dass hierdurch den Anforderungen des § 496 nicht genügt wird.

16 So hat der BGH in seinem Beschluss vom 26.3.1981,[15] der zwar speziell die Einlegung der Berufung zum Protokoll der Geschäftsstelle in einer Strafsache betraf, dessen Begründung aber unschwer verallgemeinerungsfähig ist, auf die Aufgaben, Rechte und Pflichten des Urkundsbeamten abgestellt (vgl. Rdn. 18), zu denen gehören „Gewissheit über die Personen des Erklärenden und Klarheit über den Inhalt seiner Erklärung zu erhalten", welche Gewissheit nur dann erreicht werde, „wenn der Erklärende bei der Verhandlung körperlich anwesend" sei. Diese Gewissheit aber sei schon „deshalb erforderlich, weil das Protokoll als öffentliche Urkunde vollen Beweis dafür erbringt, dass eine bestimmte Erklärung von der im Protokoll bezeichneten Person abgegeben wurde".[16]

17 Eine andere Frage ist, ob „die Entgegennahme einer telefonischen Erklärung ... unzulässig" ist[17] oder aber die Geschäftsstelle „zur Entgegennahme und Protokollierung telefonischer Erklärungen" zwar „berechtigt, aber nicht verpflichtet" ist.[18] Hier wird man differenzieren müssen : § 496 betrifft primär – und nach seinem Wortlaut ausschließlich – „Anträge und Erklärungen einer Partei, die zugestellt werden sollen", will heißen (vgl. oben Rdn. 4) : die zu ihrer Wirksamkeit der Zustellung bedürfen. Solche Anträge und Erklärungen, die in den Kernbereich von § 496 fallen, dürfen nicht telefonisch entgegengenommen und dann protokolliert werden. Vielmehr ist der Anrufende, der der Geschäftsstelle Vertrauen entgegen bringt, darauf hinzuweisen, dass die fragliche Erklärung, um wirksam zu werden, entweder schriftlich eingereicht oder aber mündlich – und nicht nur fernmündlich – zum Protokoll der Geschäftsstelle angebracht werden müsse. Anträge und Erklärungen hingegen, die keiner Zustellung bedürfen und daher auch nicht zugestellt werden sollen, dürfen auch telefonisch entgegengenommen und schriftlich festgehalten werden.

18 **c)** Die Pflichten des Urkundsbeamten der Geschäftsstelle erschöpfen sich nicht darin, Anträge und Erklärungen einer Partei entgegenzunehmen und schriftlich festzuhalten, er hat sich vielmehr zunächst Gewissheit über die Person desjenigen, der einen Antrag oder eine Erklärung zum Protokoll der Geschäftsstelle anbringen will, zu verschaffen (vgl. oben Rdn. 17) und hat – entsprechend dem Zweck von § 496, nicht anwaltlich vertretenen Parteien die Prozessführung zu erleichtern – erforderlichenfalls auf Bedenken hinsichtlich der Form und des Inhalts aufmerksam zu machen, Änderungen und Vervollständigen anzuregen, aber nicht, wie der Vorsitzende gemäß § 139 ZPO in Gegenwart beider Parteien in der mündlichen Verhandlung, sondern einseitig zugunsten der vorstellig gewordenen Partei: Er erfüllt – um es mit den Worten des Beschlusses des BGH vom 12.4.1957[19] zu sagen – „ähnlich einem Rechtsanwalt die Aufgabe eines Beistandes des rechtsuchenden Publikums".[20] In der Konsequenz dessen kann auch von der Ver-

---

14 MünchKomm/*Deubner* Rdn. 7 unter Hinw. auf BGHSt NJW 81, 1627.
15 NJW 1981, 1627.
16 NJW 1981, 1627, 1628 unter Hinw. auf § 415 ZPO.
17 MünchKomm/*Deubner* Rdn. 7; Musielak/*Wittschier* Rdn. 2.
18 Stein/Jonas/*Leipold* Rdn. 7; Zöller/*Herget* Rdn. 3.
19 NJW 57, 990 f., 991 r. Sp.
20 Zust. BGH NJW 91, 1627 f., 1627 r. Sp. und MünchKomm/*Deubner* Rdn. 8.

folgung der betreffenden Sache ganz abgesehen werden. Bestehen die Parteien aber auf ihrem Antrag, ihrer Erklärung, dann hat sich der Urkundsbeamte zu beugen: Er darf nur raten, nicht entscheiden und darf also auch nicht etwa „mit der Begründung, dass eine Klage aussichtslos sei, die Protokollierung ablehnen".[21]

Die wörtliche Protokollierung offenbar sinnloser oder beleidigender Erklärungen kann allerdings abgelehnt werden.[22] 19

Schließlich hat der Urkundsbeamte dafür zu sorgen, dass das Protokoll der Erklärung deren eigentlichen Adressaten erreicht (vgl. Rdn. 21). 20

3. Das weitere Schicksal des Protokolls

a) § 496 gilt primär für Anträge und Erklärungen, „die zugestellt werden sollen"; dementsprechend hat der Urkundsbeamte der Geschäftsstelle, welcher das Protokoll aufgenommen hat, dann, wenn dieses die Geschäftsstelle des Gerichts ist, an das der Antrag oder die Erklärung gerichtet ist, dafür zu sorgen, dass das Protokoll zur Akte gelangt und die Zustellung veranlasst wird (hierzu vgl. § 498 Rdn. 6). 21

b) Bei Anträgen und Erklärungen, die gemäß § 129a Abs. 1 zu Protokoll der Geschäftsstelle eines anderen Gerichts abgegeben worden sind, hat die Geschäftsstelle gemäß § 129a Abs. 2 Satz 1 „das Protokoll unverzüglich an das Gericht zu übersenden, an das der Antrag oder die Erklärung gerichtet ist". Weil aber gemäß § 129a Abs. 2 Satz 2 die Wirkung einer Prozesshandlung frühestens eintritt, wenn das Protokoll bei dem Gericht, an welches der Antrag und Erklärung gerichtet sind, eingeht, kann gemäß § 129a Abs. 2 Satz 3 „die Übermittlung des Protokolls ... demjenigen, der den Antrag oder die Erklärung zu Protokoll abgegeben hat, mit seiner Zustimmung überlassen werden". 22

III. Keine Kosten der Erklärung zu Protokoll

Erklärungen zu Protokoll verursachen keine besonderen Kosten gegenüber der schriftlichen Vorbereitung. Insbesondere sind die Gerichts- und die Anwaltskosten die nämlichen, gleichviel, ob eine Klage schriftlich erhoben oder aber mündlich zu Protokoll der Geschäftsstelle angebracht wird.[23] 23

§ 497
Ladungen

(1) Die Ladung des Klägers zu dem auf die Klage bestimmten Termin ist, sofern nicht das Gericht die Zustellung anordnet, ohne besondere Form mitzuteilen. § 270 Satz 2 gilt entsprechend.

(2) Die Ladung einer Partei ist nicht erforderlich, wenn der Termin der Partei bei Einreichung oder Anbringung der Klage oder des Antrages, auf Grund dessen die Terminsbestimmung stattfindet, mitgeteilt worden ist. Die Mitteilung ist zu den Akten zu vermerken.

---

21 MünchKomm/*Deubner* Rdn. 9.
22 Zöller/*Herget* Rdn. 3; Baumbach/Lauterbach/Albers/*Hartmann* Rdn. 2.
23 MünchKomm/*Deubner* Rdn. 11.

Übersicht

I. Die Ladung im Verfahren vor den Amtsgerichten
   1. Die Bedeutung des § 497 — 1
   2. Die Entbehrlichkeit der Zustellung der Ladung des Klägers — 2
   3. Die Entbehrlichkeit der Ladung — 3
II. Die Regelung der Vorschrift des § 497 Abs. 1
   1. Die Voraussetzungen des § 497 Abs. 1 Satz 1 — 4
   2. Die Rechtsfolge des § 497 Abs. 1 — 9
III. Die Regelung des § 497 Abs. 2
   1. Die Voraussetzung des § 497 Abs. 2 Satz 1 — 15
   2. Die Rechtsfolgen des § 497 Abs. 2 — 23

I. Die Ladung im Verfahren vor den Amtsgerichten

1. Die Bedeutung des § 497. § 497 enthält **keine abschließende Regelung** der Ladungen im Verfahren vor den Amtsgerichten, vielmehr werden die Vorschriften über das Verfahren vor den Landgerichten, die Ladungen betreffen und die ohne § 497 gemäß § 495 uneingeschränkt auch für das Verfahren vor den Amtsgerichten gelten würden, durch § 497 ergänzt mit dem Ziel, das Verfahren bei der Ladung zu vereinfachen[1] und zwar einmal durch Verzicht auf die Zustellung der Ladung des Klägers (hierzu vgl. Rdn. 2 und 4 ff.) und weiter durch Verzicht auf die Ladung zu einem der Partei bereits bekannten Termin (hierzu vgl. Rdn. 3 und 15 ff.).

2. Die Entbehrlichkeit der Zustellung der Ladung des Klägers. § 497 ist ohne Bedeutung für Termine, „die in verkündeten Entscheidungen bestimmt sind", weil für diese Termine gemäß § 218 „eine Ladung der Partei ... nicht erforderlich" ist. Zwar bleibt die Vorschrift des § 141 Abs. 2 unberührt, nach welcher eine Partei, deren persönliches Erscheinen angeordnet worden ist, von Amts wegen zu laden ist, wobei es aber gemäß § 141 Abs. 2 Satz 2 der Zustellung der Ladung nicht bedarf. Terminsbestimmungen aber, die in nicht verkündeten Beschlüssen oder Verfügungen enthalten sind, sind gemäß § 329 Abs. 2 Satz 2 zuzustellen. Von dieser Regelung ist die Vorschrift des § 497 Abs. 1 eine Ausnahme,[2] weil nach Maßgabe dieser Vorschrift die Zustellung der Ladung des Klägers entbehrlich ist.

3. Die Entbehrlichkeit der Ladung. Ladung ist nicht schon die Benachrichtigung von einem Termin als solche, sondern „die Aufforderung, zum Termin zu erscheinen".[3] Eine solche Ladung selbst – und nicht nur deren Zustellung – ist unter den Voraussetzungen des § 497 Abs. 2 in Verfahren vor den Amtsgerichten entbehrlich.

II. Die Regelung der Vorschrift des § 497 Abs. 1

1. Die Voraussetzungen des § 497 Abs. 1 Satz 1. Von der Regelung der Vorschrift des § 497 Abs. 1 werden nur solche Ladungen betroffen – mit der Folge, dass sie ohne besondere Form mitzuteilen sind (vgl. Rdn. 9 ff.), die folgenden drei Voraussetzungen genügen:

---

1 Stein/Jonas/*Leipold* Rdn. 2; MünchKomm/*Deubner* Rdn. 1.
2 Baumbach/Lauterbach/Albers/*Hartmann* Rdn. 1; Thomas/Putzo/*Reichhold* Rdn. 1; *Zimmermann* Rdn. 1; Prütting/Gehrlein/*Schelp* Rdn. 2.
3 MünchKomm/*Deubner* Rdn. 1; *Zimmermann* § 214 Rdn. 1.

a) Es muss sich um **die Ladung des Klägers** handeln; die Ladung des Beklagten „zu **5** dem auf die Klage bestimmten Termin" ist in jedem Fall zuzustellen (vgl. aber Rdn. 19), weil der Beklagte – anders als der Kläger – mit der Ladung nicht rechnen kann und deshalb gar nicht bemerken wird, wenn eine nur formlos mitgeteilte Ladung verloren geht, wohingegen der Kläger mit der letztlich von ihm selbst veranlassten Ladung rechnen muss und daher entsprechend reagieren kann, wenn sie wider Erwarten zu lange auf sich warten lässt.

b) Es muss sich um die **Ladung zu dem auf die Klage bestimmten Termin** han- **6** deln und also zu „einem frühen ersten Termin zur mündlichen Verhandlung" im Sinne von § 272 Abs. 2, 275.[4] Der Ansicht,[5] „der Wortlaut und Sinn von I. spricht aber auch nicht dagegen, überhaupt jeden der Reihenfolge nach ersten Verhandlungstermin hierher zu zählen, also auch den Haupttermin nach vorangegangenem schriftlichen Vorverfahren", kann nicht gefolgt werden; denn ein Termin, der erst nach schriftlichem Vorverfahren bestimmt wird, wurde nicht schon auf die Klage hin bestimmt. Auch ist der Kläger nach schriftlichem Vorverfahren hinsichtlich der Erwartung der Ladung in der gleichen Situation, wie der Beklagte, so dass auch die ratio dieser Vorschrift nicht greift.

Entsprechendes gilt gegenüber der Ansicht,[6] dass zwar Termin im Sinne von § 497 **7** Abs. 1 „nur der frühe erste Termin" sei, es sich aber „auch bei seiner Verlegung ..." noch um den „auf die Klage bestimmten Termin" handele : Wird der zunächst auf die Klage bestimmte frühe erste Termin „aufgehoben und ein weiterer Termin anberaumt ..., so ist die Ladung zuzustellen".[7] Hier wäre in der Tat „ein rechter Sinn ... nicht ersichtlich",[8] die Ladung des Klägers abweichend von der des Beklagten zu regeln.

c) Schließlich tritt die Rechtsfolge des § 497 Abs. 1 – Mitteilung der Ladung ohne be- **8** sondere Form (hierzu vgl. Rdn. 9) – nur ein, „**sofern nicht das Gericht die Zustellung anordnet**", was zwar als selbstverständlich erscheint, aber immerhin impliziert, dass das Gericht die Zustellung ausdrücklich anordnen kann.

2. Die Rechtsfolge des § 497 Abs. 1

a) Wenn die Voraussetzungen des § 497 Abs. 1 Satz 1 vorliegen, dann ist „die Ladung **9** des Klägers ... ohne besondere Form mitzuteilen". Auch in den Fällen des Absatz 1 bedarf es also – anders als in den Fällen des Absatz 2[9] – durchaus der Ladung auch des Klägers, nur, dass diese Ladung diesem nicht zuzustellen, sondern in anderer Weise, für die keine besondere Form vorgesehen ist, mitzuteilen ist.

b) Ladung im Sinne von § 497 Abs. 1 ist nicht schon die Aufforderung, zum Termin **10** zu erscheinen, wie sie gemäß § 274 Abs. 1 durch die Geschäftsstelle zu veranlassen ist, sondern das konkrete Schriftstück, um dessen Zustellung es in § 274 Abs. 2 geht und dessen Zustellung nach § 497 Abs. 1 nicht vom Gericht angeordnet worden sein darf. Ladung ist hier „die förmliche und schriftliche (heute durchweg mittels Vordruck) vorgenomme-

---

4 Zöller/*Herget* Rdn. 2; MünchKomm/*Deubner* Rdn. 3.
5 Baumbach/Lauterbach/Albers/*Hartmann* Rdn. 5.
6 Zöller/*Herget* Rdn. 2.
7 MünchKomm/*Deubner* Rdn. 3.
8 Zöller/*Herget* Rdn. 2.
9 MünchKomm/*Feiber* § 214 Rdn. 2.

ne Mitteilung von einem nach Ort, Tag und Uhrzeit bezeichneten Gerichtstermin ... verbunden mit der Aufforderung, zu diesem Termin erscheinen".[10]

11 c) Um die Ladung im Sinne von § 497 **mitzuteilen**, genügt es entgegen einer im Schrifttum vertretenen Ansicht nicht,[11] dem Adressaten der Ladung deren Inhalt mündlich oder fernmündlich mitzuteilen (vgl. Rdn. 23ff.). Die Ladung als Schriftstück kann nur dadurch mitgeteilt werden, dass sie dem Adressaten **übermittelt** wird. § 497 Abs. 1 Satz 1 hebt auch keineswegs – wie aber angenommen wird[12] – „für die Ladung des Klägers ... jegliche Formbindung auf", verzichtet vielmehr lediglich für die Mitteilung der Ladung auf eine „besondere Form", insbesondere auf die Zustellung. Die Ladung selbst aber bedarf der **Schriftform**.

12 d) Von der Schriftformbedürftigkeit der Ladung geht auch die Vorschrift des **§ 497 Abs. 1 Satz 2** aus, nach welcher „§ 270 Satz 2 ... entsprechend" gilt; denn hierdurch wiederum wird bestimmt, dass „bei Übersendung durch die Post ... die Mitteilung, wenn die Wohnung der Partei im Bereich des Ortsbestellverkehrs liegt, an dem folgenden, im übrigen an dem zweiten Werktage nach Aufgabe zur Post als bewirkt" gilt, „sofern nicht die Partei glaubhaft macht, dass ihr die Mitteilung nicht oder erst in einem späteren Zeitpunkt zugegangen ist". Auf den Zugang der Ladung und auch auf den Zeitpunkt des Zuganges der Ladung kann es ankommen, wenn der Kläger nicht zum Termin erscheint und dieserhalb gegen ihn gemäß § 330 der Erlass eines Versäumnisurteils beantragt wird; denn dieser Antrag ist gemäß § 335 Abs. 1 Ziffer 2 zurückzuverweisen, „wenn die nicht erschienene Partei nicht ordnungsgemäß, insbesondere nicht rechtzeitig geladen war". Insoweit stellt § 497 Abs. 1 Satz 2 keine Vermutungsregelung des Zugangs der Ladung dar und bürdet dem Kläger nicht die Beweislast für das Nichterhalten der Ladung auf.[13]

13 e) Der Hinweis auf § 270 Satz 2 schreibt nicht die Übersendung der Ladung per Post vor, zeigt aber, dass die Ladung als Schriftstück auch per Post übersendet werden kann. Da die Ladung nun aber gerade nach § 497 Abs. 1 Satz 1 „ohne besondere Form mitzuteilen" ist, muss dann auch die Übersendung des Schriftstückes „Ladung" per Kurier oder durch das Gerichtsfach des Anwaltes, telegrafisch, per Telefax oder e-Mail ausreichen, wobei zweckmäßig eine Empfangsbestätigung gefordert werden sollte, damit erforderlichenfalls der Zugang der Ladung und deren Zeitpunkt festgestellt werden kann.[14]

14 f) Telefonische und mündliche Benachrichtigungen von einem Termin und die Aufforderung, hierzu zu erscheinen, sind zwar keine „Ladungen" im Sinne von § 497 Abs. 1, sondern nur möglicher Inhalt einer solchen Ladung. Dessen ungeachtet kann in der Praxis von dieser Möglichkeit Gebrauch gemacht werden. Wenn dann der Kläger zum Termin erscheint und verhandelt – und also im Regelfall –, werden sich keine Probleme ergeben, aber nicht wegen der Vorschrift des § 497 Abs. 1 Satz 1, sondern wegen der normativen Kraft des Faktischen, sanktioniert durch § 295 Abs. 1.

---

10 Wohl **a.A.** MünchKomm/*Deubner* Rdn. 2.
11 MünchKomm/*Deubner* Rdn. 2.
12 MünchKomm/*Deubner* Rdn. 2.
13 Stein/Jonas/*Leipold* Rdn. 4.
14 MünchKomm/*Deubner* Rdn. 4.

III. Die Regelung des § 497 Abs. 2

1. Die Voraussetzung des § 497 Abs. 2 Satz 1

a) Die Rechtsfolge des § 497 Abs. 2 Satz 1 – dass „die Ladung einer Partei ... nicht erforderlich" ist (hierzu vgl. Rdn. 23 ff.) –, hängt davon ab, dass der Termin – zu dem die Partei sonst zu laden sein würde – „der Partei bei Einreichung oder Anbringung der Klage oder des Antrages, auf Grund dessen die Terminsbestimmung stattfindet, mitgeteilt worden ist". 15

b) Anders als Absatz 1, der nur die Ladung eines Klägers betreffen kann, stellt Absatz 2 auf die **Ladung einer Partei** ab, woraus sich ergibt, das prinzipiell auch die Ladung eines Beklagten gemäß Absatz 2 entbehrlich sein kann. Dann aber kann Absatz 2 – wiederum anders als Absatz 1 – nicht auf Ladungen „zu dem auf die Klage bestimmten Termin" beschränkt sein, kommt vielmehr auch für die Ladung zu späteren Terminen in Betracht, etwa, wenn nach dem Scheitern von Vergleichsgesprächen oder mit dem Einspruch gegen ein Versäumnisurteil um Terminsanberaumung gebeten wird, gleichviel, von welcher Partei. 16

c) Partei, deren Ladung gegebenenfalls entbehrlich ist, kann nur die Partei sein, die den Termin, zu dem geladen werden soll, veranlasst hat – sei es durch Einreichung oder Anbringung der Klage oder sei es durch Einreichung oder Anbringung des Antrages, auf Grund dessen die Terminsbestimmung stattfindet – und dieses auch nur, wenn ihr der Termin bei dieser Gelegenheit – und also während sie wegen der Einreichung oder Anbringung zu Protokoll der Geschäftsstelle auf dieser anwesend ist – mitgeteilt worden ist. 17

Ist wegen der Einreichung oder der Anbringung der Klage oder des die Terminsbestimmung auslösenden Antrages zwar nicht die Partei persönlich auf der Geschäftsstelle, aber eine Person, die für die Partei zustellungsbevollmächtigt ist – gesetzlicher Vertreter, Prozessbevollmächtigter – erschienen, kann dieser der Termin mit Wirkung gegen die Partei mitgeteilt werden,[15] wie ja auch eine Zustellung an diese gegen die Partei wirken würde. Die Mitteilung an einen Boten hingegen, der eine Klage oder einen Schriftsatz nur abliefern soll, macht die Ladung der Partei nicht entbehrlich.[16] 18

d) Umstritten, praktisch aber auch ohne Bedeutung ist, ob **die Ladung der Gegenpartei** entbehrlich ist, wenn die Gegenpartei bei gleicher Gelegenheit wie die den Termin veranlassende Partei diesen Termin mitgeteilt bekommt[17] oder ob die Gegenpartei auf jeden Fall zu laden ist.[18] Richtig ist, dass die Gegenpartei Anspruch auf die Ladung behält, ohne Ladung darf kein Versäumnisurteil gegen sie ergehen. Anders als die den Termin auslösende Partei ist sie auf die Mitteilung des Termins gar nicht vorbereitet und würde zudem oftmals gar nicht wissen, dass sie keine weitere Ladung mehr erhalten soll. Sie nicht zu laden, würde daher unter Umständen bedeuten, ihr das rechtliche Gehör zu versagen. 19

---

15 Stein/Jonas/*Leipold* Rdn. 8; MünchKomm/*Deubner* Rdn. 6; Baumbach/Lauterbach/Albers/*Hartmann* Rdn. 10.
16 Stein/Jonas/*Leipold* Rdn. 8; MünchKomm/*Deubner* Rdn. 6; Baumbach/Lauterbach/Albers/*Hartmann* Rdn. 10.
17 So MünchKomm/*Deubner* Rdn. 5.
18 Stein/Jonas/*Leipold* Rdn. 7; Baumbach/Lauterbach/Albers/*Hartmann* Rdn. 8.

20 Wenn allerdings bei Einreichung einer Klage auf der Geschäftsstelle der gegnerische Prozessbevollmächtigte zugegen und damit einverstanden ist, dass ihm der Termin ladungsersetzend formlos mitgeteilt wird, werden sich in aller Regel keine Probleme ergeben.

21 e) Absatz 2 findet auch Anwendung auf Nebenintervenienten, auf die die Voraussetzungen des Absatz 2 im übrigen zutreffen.[19]

22 f) Da die bloße Mitteilung des Termins die ausdrückliche Ladung nur dann entbehrlich macht, wenn sie **bei** Einreichung oder Anbringung von Klage oder Antrag erfolgt und nur gegenüber der anbringenden oder einreichenden Partei ausreicht, also an sehr enge Voraussetzungen geknüpft ist, kann der Ansicht,[20] die Anwendung auf fast gleichliegende Fälle ist an sich zulässig; das gilt z.B. dann, wenn die Mitteilung der Partei bei ihrem späteren Erscheinen gemacht wird, nicht gefolgt werden.[21]

2. Die Rechtsfolgen des § 497 Abs. 2

23 a) Unter den Voraussetzungen des § 497 Abs. 2 ist nicht nur die Zustellung der Ladung, sondern **die Ladung** der betroffenen Partei selbst **nicht erforderlich**. Ladung ist hier im Sinne von § 214 und 274 Abs. 1 zu verstehen, nämlich als Aufforderung, zum Termin zu erscheinen. Diese Ladung ist entgegen § 214, 274 Abs. 1 nicht mehr zu veranlassen, so dass es gar kein die Ladung enthaltendes Schriftstück gibt.

24 Nach der Terminologie des Gesetzes ist die Mitteilung von Terminen bei Gelegenheit der Einreichung oder Anbringung nicht etwa als Ladung anzusehen; denn diese wird ja doch ausdrücklich als „nicht erforderlich" bezeichnet. Dessen ungeachtet wird der Urkundsbeamte der Geschäftsstelle in seiner Eigenschaft als „Quasi-Rechtsbeistand" (vgl. aber § 496 Rdn. 18) die die Klage oder den Antrag einreichende oder anbringende Partei über die Bedeutung des Termins und seine Wahrnehmung und darüber, dass keine Ladung mehr erfolgen wird, zu belehren haben: § 497 will ja doch gerade nicht anwaltlich vertretenen Parteien das Prozessieren erleichtern.

25 b) Das einer Partei bei Einreichung oder Anbringung einer Klage oder eines Antrages der Termin mitgeteilt worden ist, ist gemäß **§ 497 Abs. 2 Satz 2** ausdrücklich „zu den Akten zu vermerken". Kann ein solcher Vermerk nicht festgestellt werden, darf bei Ausbleiben der Partei im Termin mangels ordnungsgemäßer Ladung kein Versäumnisurteil ergehen.

§ 498
Zustellung des Protokolls über die Klage

Ist die Klage zum Protokoll der Geschäftsstelle angebracht worden, so wird an Stelle der Klageschrift das Protokoll zugestellt.

---

19 Stein/Jonas/*Leipold* Rdn. 9; Zöller/*Herget* Rdn. 3.
20 Baumbach/Lauterbach/Albers/*Hartmann* Rdn. 8.
21 Stein/Jonas/*Leipold* Rdn. 7; MünchKomm/*Deubner* Rdn. 5.

Übersicht

I. Die Bedeutung des § 498 — 1
II. Korollarien aus § 498
   1. Das für die Zustellung zuständige Amtsgericht — 2
   2. Der Eintritt der Rückwirkung gemäß § 167 — 4
   3. Analoge Anwendung von § 498? — 6

I. Die Bedeutung des § 498

Im Verfahren vor den Landgerichten erfolgt gemäß § 253 Abs. 1 „die Erhebung der Klage ... durch Zustellung eines Schriftsatzes (Klageschrift)". Im Verfahren vor den Amtsgerichten kann die Klage gemäß § 496 zwar auch schriftlich eingereicht werden und dann gilt gemäß § 496 ebenfalls die Vorschrift des § 253 Abs. 1. Anders als im Verfahren vor den Landgerichten kann die Klage vor den Amtsgerichten gemäß § 496 aber auch mündlich zum Protokoll der Geschäftsstelle (§ 129a) angebracht werden. In diesem Fall – und nur für diesen Fall hat § 498 Bedeutung[1] – fehlt es an einer gemäß § 253 Abs. 1 zuzustellenden Klageschrift. Daher bestimmt § 498–§ 253 Abs. 1 für das Verfahren vor den Amtsgerichten ergänzend –, dass „hier anstelle der Klageschrift das Protokoll zugestellt" wird. Die Klage wird also nicht etwa schon durch Anbringung zum Protokoll der Geschäftsstelle, sondern erst durch Zustellung des Protokolls erhoben. Diese Regelung war zwar naheliegend, entgegen einer im Schrifttum vertretenen Ansicht[2] aber keineswegs überflüssig.

II. Korollarien aus § 498

1. Das für die Zustellung zuständige Amtsgericht. Wird die Klage zum Protokoll der Geschäftsstelle des Amtsgerichts angebracht, an welches die Klage gerichtet ist, dann hat diese Geschäftsstelle auch die Zustellung des Protokolls zu veranlassen und zwar gemäß § 270 Satz 1 von Amts wegen und gemäß § 271 Abs. 1 unverzüglich.

Ist die Klage jedoch gemäß § 129a Abs. 1 zum Protokoll der Geschäftsstelle eines anderen Amtsgerichts angebracht worden, hat diese das Protokoll gemäß § 129a Abs. 2 Satz 1 unverzüglich an den eigentlichen Adressaten weiterzuleiten und dessen Geschäftsstelle hat dann gemäß § 270 Satz 2 und 271 Abs. 1 von Amts wegen das Protokoll unverzüglich zuzustellen.

2. Der Eintritt der Rückwirkung gemäß § 167. Soll durch die Zustellung der Klageschrift oder an deren Stelle des Protokolls „eine Frist gewahrt oder die Verjährung unterbrochen werden, so tritt die Wirkung" gemäß § 167 bereits ein mit der Anbringung der Klage zum Protokoll der Geschäftsstelle des Amtsgerichts, an welches die Klage gerichtet ist. Ist die Klage jedoch zum Protokoll eines anderen Amtsgerichtes angebracht worden, dann tritt die Wirkung aus § 167 gemäß § 129a Abs. 2 Satz 2 frühestens dann ein, wenn das Protokoll bei dem Amtsgericht eingeht, an welches die Klage gerichtet ist.[3]

Eben deshalb kann die Übermittlung des Protokolls gemäß § 129a Abs. 2 Satz 2 mit seiner Zustimmung dem Kläger überlassen werden.

---

[1] Für die schreibungewandte Partei ist diese Vorschrift von Bedeutung.
[2] MünchKomm/*Deubner* Rdn. 1; Musielak/*Wittschier* Rdn. 1.
[3] Stein/Jonas/*Leipold* Rdn. 3; Zöller/*Herget* Rdn. 1; Baumbach/Lauterbach/Albers/*Hartmann* Rdn. 4; Prütting/Gehrlein/*Schelp* Rdn. 2.

6 **3. Analoge Anwendung von § 498?** Nach einer im Schrifttum vertretenen Ansicht[4] soll § 498 – weit davon entfernt, überflüssig zu sein – „sinngemäß" auch gelten „für bloße Übersendung beglaubigter oder einfacher Abschriften von Protokollen, die der Urkundsbeamte im Rahmen des § 494 aufgenommen hat". Daran ist immerhin richtig, dass § 498 bereits davon ausgeht, dass eine schriftlich eingereichte Klage gemäß § 270 Abs. 1 unverzüglich von Amts wegen zuzustellen ist und daher nur eine – von einer anderen Ansicht[5] für überflüssig gehaltene – Ergänzung für die mündlich zum Protokoll der Geschäftsstelle angebrachte Klage getroffen hat. Auch für diese wird die Notwendigkeit der Zustellung bereits vorausgesetzt und nur bestimmt, dass anstelle der ja fehlenden – imaginären – Klageschrift eben das Protokoll zuzustellen ist. Ebenso ist der Gesetzgeber davon ausgegangen, dass die Anträge und Erklärungen, die zugestellt werden sollen und deshalb gemäß § 496 schriftlich eingereicht werden, gemäß § 270 Satz 1 von Amts wegen zuzustellen sind und das gilt auch für gemäß § 496 mündlich zu Protokoll der Geschäftsstelle angebrachte Anträge und Erklärungen, wie sich daraus ergibt, dass § 167 die Rückwirkung nach demnächst erfolgter Zustellung auch für die Anbringung eines Antrages oder einer Erklärung vorsieht; denn insoweit kommt ja nur die Zustellung des Protokolls in Betracht. § 498 war lediglich als Ergänzung für § 253 Abs. 1 geboten. Eine analoge Anwendung kommt daher nicht in Betracht. Auch besteht kein Bedürfnis hierfür.

§ 499
Belehrungen

(1) Mit der Zustellung der Klageschrift oder des Protokolls über die Klage ist der Beklagte darüber zu belehren, dass eine Vertretung durch einen Rechtsanwalt nicht vorgeschrieben ist.

(2) Mit der Aufforderung nach § 276 ist der Beklagte auch über die Folgen eines schriftlich abgegebenen Anerkenntnisses zu belehren.

Übersicht
I. Die Regelung des § 499 —— 1
II. Die Voraussetzungen des § 499 —— 2
III. Die Rechtsfolgen aus § 499
    1. Die Pflicht zur Belehrung des Beklagten —— 4
    2. Die Folgen eines schriftlich abgegebenen Anerkenntnisses —— 5
    3. Die Anforderungen an die Belehrung —— 8
IV. Die Folgen der Verletzung des § 499 —— 11

I. Die Regelung des § 499

1 § 499 begründet für den Richter im Parteiprozess zum Schutze insbesondere der nicht anwaltlich vertretenen Partei die Pflicht (hierzu vgl. Rdn. 4), unter den Voraussetzungen des § 499 (hierzu vgl. Rdn. 2) den Beklagten „auch über die Folgen eines schriftlich abgegebenen Anerkenntnisses zu belehren" (hierzu vgl. Rdn. 8 ff.). Unterbleibt diese Belehrung, ist der Erlass eines Anerkenntnisurteils im schriftlichen Verfahren unzulässig (hierzu vgl. Rdn. 11 f).

---

4 AK-*Menne* Rdn. 1.
5 MünchKomm/*Deubner* Rdn. 1.

II. Die Voraussetzungen des § 499

Beim Wort genommen wird durch § 499 lediglich eine Pflicht des Richters begründet 2 (hierzu vgl. Rdn. 4), ohne das weitere Voraussetzungen hierfür aufgestellt werden. Indessen ergibt sich aus der Stellung dieser Vorschrift im zweiten Abschnitt – „Verfahren vor den Amtsgerichten" – des zweiten Buches, dass ein Verfahren vor den Amtsgerichten vorausgesetzt wird. Eine analoge Anwendung auf das Verfahren vor anderen Gerichten kommt schlechthin nicht in Betracht. Andererseits ist § 499 auch in den Verfahren vor den Amtsgerichten zu beachten, in denen Anwaltszwang besteht und in den Verfahren, in denen kein Anwaltszwang besteht, auch dann, wenn der Beklagte anwaltlich vertreten ist. Allerdings kann gemeinhin die Belehrung einer anwaltlich vertretenen Partei kursorischer ausfallen (hierzu vgl. Rdn. 10).

Da die Belehrung „mit der Aufforderung nach § 276" zu verbinden ist, setzt die Anwendung von § 499 inzidenter weiter voraus, dass ein schriftliches Vorverfahren gemäß § 276 durchgeführt werden soll, ist ein solches nicht vorgesehen, wäre die Belehrung gemäß § 499 allerdings auch sinnlos. 3

III. Die Rechtsfolgen aus § 499

1. Die Pflicht zur Belehrung des Beklagten. Adressat der Vorschrift des § 499 ist 4 der Vorsitzende; denn dieser ist es, der gemäß § 276 Abs. 1, wenn er keinen frühen ersten Termin zur mündlichen Verhandlung bestimmt, „den Beklagten mit der Zustellung der Klage" auffordert, „wenn er sich gegen die Klage verteidigen wolle, dieses binnen einer Notfrist von zwei Wochen nach Zustellung der Klageschrift dem Gericht schriftlich anzuzeigen". Und mit dieser Aufforderung hat der Vorsitzende gemäß § 499 die Belehrung über die Folgen eines schriftlichen Anerkenntnisses zu verbinden.

2. Die Folgen eines schriftlich abgegebenen Anerkenntnisses

a) § 499 stellt **nicht** ab auf **die Folge**, sondern auf **die Folgen** eines schriftlichen 5 Anerkenntnisses. In der Tat kann ein schriftliches Anerkenntnis zwei unterschiedliche Folgen nach sich ziehen:

b) Einmal ist der Beklagte gemäß § 307 Satz 2, wenn er „auf eine Aufforderung nach 6 § 276 Abs. 1 Satz 1" erklärt, „dass er den Anspruch des Klägers ganz oder zum Teil anerkenne", „ohne mündliche Verhandlung dem Anerkenntnis gemäß zu verurteilen".

c) Weiter aber kann der Beklagte gemäß § 93, hat er „nicht durch sein Verhalten zur 7 Erhebung der Klage Veranlassung" gegeben, durch sein schriftliches Anerkenntnis im schriftlichen Vorverfahren erreichen, dass die Prozesskosten dem Kläger zur Last fallen[1] und zwar gleichviel, ob der Kläger den Erlass eines Anerkenntnisurteils beantragt oder nicht. Allerdings wird überwiegend angenommen,[2] dass sich die Belehrungspflicht aus § 499 nicht auf die mögliche Kostenfolge aus § 93 erstreckt (vgl. Rdn. 9).[3]

---

[1] Stein/Jonas/*Bork* § 93 Rdn. 5; Zöller/*Herget* § 93 Rdn. 4; Baumbach/Lauterbach/Albers/*Hartmann* § 93 Rdn. 97; Thomas/Putzo/*Reichhold* § 93, Rdn. 9.
[2] Stein/Jonas/*Leipold* Rdn. 4; Zöller/*Herget* Rdn. 1; MünchKomm/*Deubner* Rdn. 7; Baumbach/Lauterbach/Albers/*Hartmann* Rdn. 1.
[3] Prütting/Gehrlein/*Schelp* Rdn. 3.

3. Die Anforderungen an die Belehrung

8   **a)** Die in § 499 vorgeschriebene Belehrung „bezweckt den Schutz des Beklagten":[4] Er soll wissen, welche Folgen eintreten können, wenn er ein Anerkenntnis abgibt. Daher muss die Belehrung so abgefasst werden, dass sie von dem konkreten Beklagten des Einzelfalles auch verstanden werden kann, sie muss den Empfängerhorizont treffen.[5] Dem Beklagten muss aber nicht nur die Folge eines etwaigen Anerkenntnisses vor Augen geführt werden, sondern auch, was ein „Anerkenntnis" ist, schon, damit er nicht noch einen Anspruch „anerkennt", den er meint, schon erfüllt zu haben oder gegen den er aufrechnen will.

9   **b)** Die Belehrung des Beklagten über die Folgen eines Anerkenntnisses wäre unvollständig und verleitete den Beklagten möglicherweise zu verfehlten Dispositionen verleiten, wenn ihm nur das Risiko eines Anerkenntnisses gezeigt, aber die mögliche Chance, erfolgreich gegen die Kosten zu protestieren, verschwiegen wird. Deshalb gehört entgegen der herrschenden Meinung[6] auch die Belehrung über die mögliche Kostenfolge des Anerkenntnisses gemäß § 93 zur Pflicht des Vorsitzenden aus
§ 499: Diese Vorschrift stellt nicht auf die Folge des Anerkenntnisses speziell bezüglich der Vorschrift des § 307 Abs. 2 ab, sondern ganz allgemein auf „die Folgen eines schriftlich abgegebenen Anerkenntnisses" und eine dieser Folgen ist eben auch die aus § 93.

10   **c)** Ist der Beklagte anwaltlich vertreten oder verfügt er über eine Rechtsabteilung, ist nach der mit der Klage überreichten Vorkorrespondenz mit einem streitigen Verfahren zu rechnen oder aus anderen Gründen zu erkennen, dass ein Anerkenntnis ohnehin nicht in Betracht kommt, kann die Belehrung entsprechend kürzer und formaler ausfallen, als gegenüber einem unerfahrenen Beklagten geboten, zumal die Unterlassung der Belehrung ohne Auswirkung bleiben muss, wenn gar kein Anerkenntnis abgegeben wird (hierzu vgl. Rdn. 11).

IV. Die Folgen der Verletzung des § 499

11   § 499 ergänzt die Vorschrift des § 276 dahin, dass der Beklagte im Verfahren vor den Amtsgerichten mit der Aufforderung gemäß § 276 Abs. 1, „wenn er sich gegen die Klage verteidigen wolle, dies binnen einer Notfrist von zwei Wochen nach Zustellung der Klageschrift dem Gericht schriftlich anzuzeigen, auch über die Folgen eines schriftlichen Anerkenntnisses zu belehren ist". Fehlt es an dieser Belehrung, fehlt es an einer ordnungsgemäßen Aufforderung nach § 276 Abs. 1 Satz 1 im Sinne von § 499 Abs. 2, so dass noch kein Anerkenntnisurteil im schriftlichen Vorverfahren ergehen darf.[7] Der Ansicht,[8] „ein Verstoß gegen die Belehrungspflicht, der auch bei einer falschen, unvollständigen, verspäteten Belehrung vorliegen kann, hindert ein Anerkenntnisurteil nach § 307 nicht, sofern wenigstens eine ordnungsgemäße Belehrung nach § 276 Abs. 2 Satz 1 erfolgt ist",

---

4   Stein/Jonas/*Leipold* Rdn. 2.
5   MünchKomm/*Leipold* Rdn. 9.
6   Stein/Jonas/*Leipold* Rdn. 4; Zöller/*Herget* Rdn. 1; MünchKomm/*Deubner* Rdn. 7; Baumbach/Lauterbach/Albers/*Hartmann* Rdn. 1.
7   Stein/Jonas/*Leipold* Rdn. 7; Zöller/*Herget* Rdn. 2; MünchKomm/*Deubner* Rdn. 2; AK-*Menne* Rdn. 1; Musielak/*Wittschier* Rdn. 3; Prütting/Gehrlein/*Schelp* Rdn. 5.
8   Baumbach/Lauterbach/Albers/*Hartmann* Rdn. 4.

ist entgegenzuhalten, dass es ja eben auch an einer ordnungsgemäßen Belehrung nach § 276 Abs. 2 Satz 1 fehlt, wenn der Beklagte nicht gemäß § 499 „mit der Aufforderung nach § 276 Abs. 1 Satz 1 auch über die Folgen eines schriftlich abgegebenen Anerkenntnisses belehrt wird".

§ 499 soll helfen, den Beklagten vor einem Anerkenntnis zu bewahren, dessen Folgen er möglicherweise übersieht. Deshalb bleibt in der Tat „praktisch die Unterlassung der Belehrung dann sanktionslos, wenn der Beklagte tatsächlich ein Anerkenntnis im Sinne des § 307 abgeben wollte und das Anerkenntnisurteil erlassen wird".[9] Auch kann trotz Fehlens der Belehrung ein Anerkenntnisurteil gemäß § 307 Satz 1 ergehen, wenn es doch noch zur mündlichen Verhandlung kommt und der Beklagte in dieser anerkennt.[10] Die Belehrung kann aber auch noch im schriftlichen Vorverfahren nachgeholt werden – und zwar, wenn der Beklagte schon vorauseilend anerkannt hatte, mit der Aufforderung, sich zu erklären, ob er sein Anerkenntnis aufrechterhalte – und wenn dann anerkannt oder das frühere Anerkenntnis wiederholt oder bestätigt wird, kann noch ein Anerkenntnisurteil im schriftlichen Vorverfahren gemäß § 307 Satz 2 ergehen.[11]

§§ 499a–503
weggefallen

§ 504
Hinweis bei Unzuständigkeit des Amtsgerichts

Ist das Amtsgericht sachlich oder örtlich unzuständig, so hat es den Beklagten vor der Verhandlung zur Hauptsache darauf und auf die Folgen einer rügelosen Einlassung zur Hauptsache hinzuweisen.

Schrifttum

Müller Besteht die Belehrungspflicht des Amtsgerichts nach § 504 ZPO auch bei nachträglicher Unzuständigkeit nach § 506 Abs. 1 ZPO? MDR 81, 11 ff.; *Vossler* Bindungswirkung von Verweisungsbeschlüssen und Gerichtsstand für anwaltliche Honorarklagen NJW 2003, 1164.

Übersicht

I. Die Regelung des § 504 — 1
II. Die Voraussetzungen des § 504
  1. Die anfängliche Unzuständigkeit des Amtsgerichts — 2
  2. Die nachträgliche sachliche Unzuständigkeit — 3
  3. Das Drohen von Folgen — 7
III. Die Rechtsfolgen aus § 504
  1. Die Belehrungspflicht — 8
  2. Die Belehrung über die Unzuständigkeit — 11
  3. Die Belehrung über die Folgen rügbarer Einlassung — 12
  4. Die Belehrung über die Folgen der Rüge der Unzuständigkeit — 13
IV. Die Folgen der Verletzung der Hinweispflicht aus § 504
  1. Das Amtsgericht bleibt unzuständig — 14

---

9 AK-*Menne* Rdn. 2.
10 Stein/Jonas/*Leipold* Rdn. 7; Zöller/*Herget* Rdn. 2; MünchKomm/*Deubner* Rdn. 6; Prütting/Gehrlein/*Schelp* Rdn. 5.
11 MünchKomm/*Deubner* Rdn. 6; Prütting/Gehrlein/*Schelp* Rdn. 5.

2. Der Eintritt in die mündliche Verhandlung —— 15
3. Bindungswirkung eines Verweisungsbeschlusses —— 16
4. Konsequenzen in der zweiten Instanz —— 17

I. Die Regelung des § 504

1 § 504 will den Beklagten nicht davor bewahren, dass er sich vor einem an sich unzuständigen Amtsgericht rügelos einlässt – das mag im Einzelfall durchaus Vorteile bieten (vgl. Rdn. 13) –, sondern nur davor, dass er dieses ohne Problembewusstsein und also unversehens tut.[1] Deshalb verpflichtet § 504 den Vorsitzenden dazu, den Beklagten darauf hinzuweisen, dass das Amtsgericht unzuständig ist – sei es nun sachlich oder örtlich – und weiter darauf, dass durch die rügelose Einlassung die zuvor nicht gegebene Zuständigkeit begründet werden würde. Mit der Vorschrift des § 504 korrespondiert diejenige des § 39 Satz 2, nach welcher die rügelose Einlassung die Zuständigkeit nicht begründet, wenn die Belehrung nach § 504 unterblieben ist.

II. Die Voraussetzungen des § 504

2 **1. Die anfängliche Unzuständigkeit des Amtsgerichts.** Die Anwendung des § 504 setzt lediglich voraus, dass das Amtsgericht sachlich oder örtlich unzuständig ist. Umstritten ist allerdings, ob die anfängliche Unzuständigkeit, die jedenfalls genügt, auch erforderlich ist oder ob § 504 unanwendbar bleibt, wenn das Amtsgericht zwar unzuständig ist, zunächst aber zuständig war (hierzu vgl. Rdn. 3). Auch wird bei Anwendung des § 504 die Vorschrift des § 40 Abs. 2 Satz 1 bedeutsam (hierzu vgl. Rdn. 4).

3 **2. Die nachträgliche sachliche Unzuständigkeit.** War das Amtsgericht zwar zunächst zuständig, verlor es dann aber seine anfängliche Zuständigkeit dadurch, dass – um es mit den Worten der Vorschrift des § 506 zu sagen – „durch Widerklage oder durch Erweiterung des Klageantrages (§ 264 Nr. 2, 3) ein Anspruch erhoben" wird, „der zur Zuständigkeit der Landgerichte gehört oder ... nach § 256 Abs. 2 die Feststellung eines Rechtsverhältnisses beantragt" wird, „für das die Landgerichte zuständig sind", dann ist es von diesem Zeitpunkt ab sachlich nicht mehr zuständig, so dass § 504 anzuwenden und also dem Beklagten der hierin vorgesehene Hinweis zu geben ist.[2]

4 Der Ansicht, § 504 betreffe „lediglich den Fall, dass das Amtsgericht von Anbeginn entweder örtlich oder sachlich unzuständig ist",[3] kann nicht gefolgt werden:[4] § 504 differenziert nicht nach anfänglicher und nachträglicher Unzuständigkeit; eine sachliche Unterscheidung wäre auch nicht angebracht gewesen, da die Interessenlage die nämliche ist, gleichviel, ob die Unzuständigkeit von Anbeginn besteht oder sich erst später ergibt.

---

[1] MünchKomm/*Deubner* Rdn. 1.
[2] Stein/Jonas/*Leipold* Rdn. 2 und § 506 Rdn. 7; MünchKomm/*Deubner* Rdn. 3; Zöller/*Herget* § 506 Rdn. 3; Musielak/*Wittschier* Rdn. 2; Thomas/Putzo/*Reichhold* Rdn. 1; Prütting/Gehrlein/*Schelp* Rdn. 2. **A.A.** wohl LG Hamburg MDR 1978, 940; Baumbach/Lauterbach/Albers/*Hartmann* Rdn. 2.
[3] LG Hamburg MDR 78, 940, übereinst. Baumbach/Lauterbach/Albers/*Hartmann* Rdn. 2; AK-*Menne* Rdn. 1.
[4] Hiergegen insbes. *Müller* MDR 81, 11 ff. mit eingehender und überzeugender Begründung. Ebenso LG Hannover MDR 1985, 772.

Auch der Hinweis darauf, dass § 39 Satz 2 nur darauf abstellt, dass „die Belehrung 5
nach § 504 unterblieben ist", § 506 aber nicht einmal erwähnt,[5] geht fehl: Die Pflicht zur
Belehrung ergibt sich ja eben aus § 504 und nicht aus § 506.

Schließlich ist es auch nicht richtig, dass „§ 504 schon deswegen nicht anwendbar" 6
ist, „weil das Amtsgericht erst, wenn es sich nach § 506 für unzuständig erklärt hat, unzuständig geworden ist":[6] Das Amtsgericht wird im Rahmen von § 506 durchaus unzuständig und hat diese Unzuständigkeit durch Beschluss zu erklären, „sofern eine Partei vor weiterer Verhandlung zur Hauptsache darauf anträgt". Unterbleibt aber ein solcher Antrag, wird das Amtsgericht wieder zuständig und zwar jetzt durch rügelose Einlassung.

3. Das Drohen von Folgen. Die Belehrung gemäß § 504 bezweckt den Schutz des 7
Beklagten vor von ihm nicht erwarteten Folgen einer rügelosen Einlassung; sie ist daher entbehrlich, weil sinnlos, in solchen Fällen, in denen aus der Rüge der Einlassung gar keine Folgen resultieren können. Das ist immer dann der Fall, wenn auch die rügelose Einlassung die Zuständigkeit des an sich unzuständigen Amtsgerichts nicht begründen könnte und also gemäß § 40 Abs. 2 Satz 2 in den Fällen des § 40 Abs. 2 Satz 1, nämlich dann, „wenn der Rechtsstreit andere als vermögensrechtliche Ansprüche betrifft oder wenn für die Klage ein ausschließlicher Gerichtsstand begründet ist".

III. Die Rechtsfolgen aus § 504

1. Die Belehrungspflicht. Unter den Voraussetzungen des § 504 **hat** das Amtsgericht 8
auf zweierlei **hinzuweisen** – und zwar „vor der Verhandlung zur Hauptsache" (hierzu vgl. Rdn. 10) –, nämlich einmal darauf, dass es unzuständig ist (hierzu vgl. Rdn. 11) und weiter auf die Folgen einer etwaigen rügelosen Einlassung (hierzu vgl. Rdn. 13).

Die Pflicht, auf etwas hinzuweisen, entspricht der Pflicht, hierüber zu belehren. Aus 9
der von der Vorschrift des § 499 abweichenden Wortwahl ergibt sich kein sachlicher Unterschied, wie schon ein Blick auf § 39 Satz 2 zeigt: Hier ist ausdrücklich die Rede von der „Belehrung nach § 504". So kann aus der unterschiedlichen Wortwahl insbesondere nicht hergeleitet werden, dass ein Hinweis mit geringerer Intensität auskomme als eine Belehrung: Jeweils wird der Pflicht nur genügt, wenn der Beklagte erkennt, was er nach dem Willen des Gesetzgebers erkennen soll.[7]

Die nach § 504 gebotenen Hinweise können in der mündlichen Verhandlung erfol- 10
gen, wenn es nur vor der Verhandlung zur Hauptsache geschieht; in der Regel wird sich jedoch schon im Hinblick auf § 281 ein schriftlicher Hinweis empfehlen, um den Parteien, aber auch dem Gericht einen Termin zu ersparen, der sich voraussehbar als überflüssig herausstellen wird.

2. Die Belehrung über die Unzuständigkeit. Nach § 504 hat das Gericht, wenn es 11
sachlich oder örtlich unzuständig ist, hierauf hinzuweisen. Ein solcher Hinweis ist an sich auch dann möglich, wenn ein anderes Gericht ausschließlich zuständig ist. Da in solchen Fällen die rügelose Einlassung aber keine Folgen haben kann (vgl. Rdn. 7), ist hier der Hinweis an den Beklagten nicht geboten, würde vielmehr der Kläger der richtige Adressat sein, weil die Klage ja als unzulässig abzuweisen sein würde, wenn der Kläger nicht rechtzeitig Verweisung beantragt.

---

5 LG Hamburg MDR 78, 940.
6 AK-*Menne* Rdn. 4.
7 Stein/Jonas/*Leipold* Rdn. 8 ff; MünchKomm/*Deubner* Rdn. 7; AK-*Menne* Rdn. 3.

12 **3. Die Belehrung über die Folgen rügeloser Einlassung.** Für den Beklagten ist der Hinweis auf die Unzuständigkeit vornehmlich dann von Bedeutung, wenn er ohne den Hinweis Gefahr liefe, durch bloße Untätigkeit Nachteile zu erleiden.[8] Diese Gefahr besteht aber auch dann noch, wenn der Beklagte von der Unzuständigkeit erfährt, aber nicht erkennt, dass die Unzuständigkeit ja gerade behoben wird, wenn er sich rügelos zur Hauptsache einlässt. Gerade, dass das Gericht zuständig wird, wenn die Unzuständigkeit nicht ausdrücklich gerügt wird, muss dem Beklagten deutlich gemacht werden.

13 **4. Die Belehrung über die Folgen der Rüge der Unzuständigkeit.** Zur Belehrung über die Folgen der rügelosen Einlassung gehört auch die Belehrung über die weiteren Folgen der Rüge der Unzuständigkeit. Dem Gericht mag schon geholfen sein, wenn der Beklagte, belehrt über die Folgen rügeloser Einlassung, nunmehr die Unzuständigkeit rügt. Der Beklagte aber muss, bevor er eine seinen Interessen gerecht werdende Entscheidung trifft, auch wissen, dass die Rüge der Unzuständigkeit nur selten zur Klagabweisung, vielmehr zumeist nur zur Verweisung an ein anderes Gericht führt. Hieraus kann sich für ihn ein willkommener Zeitgewinn ergeben, es kann aber auch dazu führen, dass er etwa eine Quittung statt sogleich, erst in einem neuen Termin vorlegen kann und daher im Ergebnis zweimal – obzwar zu unterschiedlichen Gerichten – anreisen muss. Vor allem aber : Durch Rügen der sachlichen Unzuständigkeit bringt sich der Beklagte um die Möglichkeit, sich selbst zu vertreten; denn wenn ein Amtsgericht sachlich unzuständig ist, führt die Verweisung für gewöhnlich an ein Gericht, bei dem Anwaltszwang herrscht. Auch über diese Folge rügeloser Einlassung ist der Beklagte zu belehren.

IV. Die Folgen der Verletzung der Hinweispflicht aus § 504

14 **1. Das Amtsgericht bleibt unzuständig.** Wenn und solange „die Belehrung nach § 504 unterblieben ist", tritt gemäß § 39 Satz 2 die Rechtsfolge der rügelosen Einlassung gemäß § 39 Satz 1 – die Begründung der Zuständigkeit des zuvor unzuständigen Amtsgerichts – nicht ein, so dass das Amtsgericht also unzuständig bleibt.[9] In der weiteren Konsequenz bleibt nicht nur das Rügerecht des Beklagten erhalten, kommt es recht besehen auf dieses, solange der Hinweis nicht nachgeholt wird, gar nicht einmal an, vielmehr ist die Klage mangels Zuständigkeit des Amtsgerichts als unzulässig abzuweisen.

15 **2. Der Eintritt in die mündliche Verhandlung.** Wenn das an sich unzuständige Amtsgericht seiner Hinweispflicht nicht genügt, kann dieses einmal daran liegen, dass es seine Unzuständigkeit nicht vor Schluss der mündlichen Verhandlung erkennt oder aber übersehen hat, den bei richtiger Erkenntnis gebotenen Hinweis zu geben. Bemerkt es seine Unzuständigkeit oder das Unterlassen des gebotenen Hinweises nach Schluss der mündlichen Verhandlung, dann darf es der Klage nicht stattgeben, weil es ja nun weiß, dass es unzuständig war und mangels Hinweises an den Beklagten geblieben ist. Es darf aber auch nicht die Klage als unzulässig abweisen, weil es zuvor dem Kläger gemäß § 139 Abs. 2 Gelegenheit zur Äußerung geben müsste, so dass also in die mündliche Verhandlung wieder eingetreten werden muss.[10]

16 **3. Bindungswirkung eines Verweisungsbeschlusses.** Verweist das Amtsgericht den Rechtsstreit unter Verletzung der Hinweispflicht mangels sachlicher Zuständigkeit

---

[8] Stein/Jonas/*Leipold* Rdn. 9.
[9] Stein/Jonas/*Leipold* Rdn. 11.
[10] Stein/Jonas/*Leipold* Rdn. 7; MünchKomm/*Deubner* Rdn. 8; Prütting/Gehrlein/*Schelp* Rdn. 7.

an das Landgericht, so entfaltet der Verweisungsbeschluss keine Bindungswirkung.[11] Aus § 504 folgt ein Anspruch des Beklagten, sich für oder gegen eine (weitere) rügelose Verhandlung zu entscheiden. Der Belehrungspflicht des Gerichts nach § 504 ist nicht dadurch Rechnung getragen, dass dem Beklagten lediglich die Möglichkeit zur Stellungnahme zum Verweisungsantrag eingeräumt wird.

4. Konsequenzen in der zweiten Instanz. Verkennt das Amtsgericht seine Unzuständigkeit oder seine Hinweispflicht oder die Verletzung derselben nachhaltig und entscheidet in der Sache, dann wird der Beklagte nicht beschwert, wenn die Klage abgewiesen wird. Wird der Beklagte verurteilt, obwohl das Amtsgericht an sich örtlich unzuständig war und wegen Verletzung der Hinweispflicht geblieben ist, dann kann gleichwohl die Berufung gemäß § 513 Abs. 2 „nicht darauf gestützt werden, dass das Gericht des ersten Rechtszuges seine Zuständigkeit zu Unrecht angenommen hat"; denn nach der gesetzlichen Fiktion sind alle Amtsgerichte gleichwertig, eine Fiktion, welche aber erst ab zweiter Instanz gilt. 17

§ 505
weggefallen

§ 506
Nachträglich sachliche Unzuständigkeit

(1) Wird durch Widerklage oder durch Erweiterung des Klageantrages (§ 264 Nr. 2, 3) ein Anspruch erhoben, der zur Zuständigkeit der Landgerichte gehört, oder wird nach § 256 Abs. 2 die Feststellung eines Rechtsverhältnisses beantragt, für das die Landgerichte zuständig sind, so hat das Amtsgericht, sofern eine Partei vor weiterer Verhandlung zur Hauptsache darauf anträgt, durch Beschluss sich für unzuständig zu erklären und den Rechtsstreit an das zuständige Landgericht zu verweisen.
(2) Die Vorschriften des § 281 Abs. 2, Abs. 3 Satz 1 gelten entsprechend.

Schrifttum

Butzer Die Erweiterung des Klageantrages in der Berufungsinstanz – Gilt § 506 ZPO analog? NJW 93, 2649 ff.; *Frank* Anspruchsmehrheiten im Streitwertrecht, 1986; *Müller* Besteht die Belehrungspflicht des Amtsgerichts nach § 504 ZPO auch bei nachträglicher Unzuständigkeit nach § 506 Abs. 1 ZPO? MDR 81, S. 11 ff.

Übersicht

I. Die Regelung des Absatzes 1
   1. Das Verhältnis zu den §§ 261, 281 — 1
   2. Die Voraussetzungen des Absatzes 1 — 4
   3. Die Rechtsfolge des Absatzes 1 — 5
II. Die drei Fälle des Absatzes 1
   1. Der Fall der Widerklage — 6
   2. Der Fall der Erweiterung der Klage — 10
   3. Der Fall der Zwischenfeststellungsklage — 12
III. Der rechtzeitige Verweisungsantrag einer Partei
   1. Die Notwendigkeit eines Verweisungsantrages — 14

---

11 BayObLG NJW 2003, 366; Stein/Jonas/*Leipold* Rdn. 13; Prütting/Gehrlein/*Schelp* Rdn. 7. **A.A.** Musielak/*Wittschier* Rdn. 3; *Vossler* NJW 2003, 1164 ff.

2. Die prinzipielle Gleichberechtigung der Parteien hinsichtlich des Verweisungsantrages —— 17
3. Die Rechtzeitigkeit des Verweisungsantrages —— 19
4. Die Verweisung an das zuständige Landgericht —— 21
5. Divergierende Verweisungsanträge —— 28

IV. Die Entscheidung des Amtsgerichts über den Verweisungsantrag
1. Die Entscheidung über einen begründeten Verweisungsantrag —— 31
2. Die Entscheidung über einen unbegründeten Verweisungsantrag —— 37
3. Die Entscheidung bei unterbliebenem Verweisungsantrag —— 40
4. Verweisung an die Kammer für Handelssachen —— 42

V. Der Verweisungsantrag in der Berufungsinstanz
1. Der in der ersten Instanz zurückgewiesene Verweisungsantrag —— 43
2. Der erst in der zweiten Instanz gestellte Verweisungsantrag —— 44

VI. Die Vorschriften des § 506 Abs. 2
1. Die entsprechend anzuwendenden Vorschriften des § 281 —— 47
2. Die nicht entsprechend anzuwendenden Vorschriften des § 281 —— 48

VII. Gebühren und Kosten
1. Rechtsanwaltsgebühren —— 51
2. Gerichtskosten —— 52

I. Die Regelung des Absatzes 1

1. Das Verhältnis zu den §§ 261, 281

1 **a)** Gemäß § 495 gelten für das Verfahren vor den Amtsgerichten die Vorschriften über das Verfahren vor den Landgerichten – und zu diesen gehören die der §§ 261, 281 – nur, soweit sich aus den dem § 495 nachfolgenden besonderen Bestimmungen keine Abweichungen ergeben. Abweichungen ergeben sich aber aus § 506 einmal im Hinblick auf § 261 Abs. 3 Nr. 2 (hierzu vgl. Rdn. 2) und weiter im Hinblick auf § 281 Abs. 2 (hierzu vgl. Rdn. 3).

2 **b)** Nach § 261 Abs. 2 Nr. 2 hat die Rechtshängigkeit die Wirkung, dass „die Zuständigkeit des Prozessgerichts ... durch eine Veränderung der sie begründenden Umstände nicht berührt" wird. Dieses gilt jedoch nicht, wenn die Voraussetzungen des § 506 vorliegen (hierzu vgl. Fn. 4); denn unter diesen Voraussetzungen hat das Amtsgericht trotz anfänglicher Zuständigkeit den Rechtsstreit antragsgemäß an das zuständige Landgericht zu verweisen (hierzu vgl. Rdn. 21).

3 **c)** Im Falle der anfänglichen Zuständigkeit findet die Verweisung gemäß § 281 Abs. 1 Satz 1 nur auf Antrag des Klägers statt, im Falle des § 506 aber auch auf Antrag des Beklagten. Im Falle des § 281 bedarf es eines Antragsrechts auch des Beklagten nicht, weil ohne klägerischen Verweisungsantrag die Klage abzuweisen sein würde. In den Fällen des § 506 aber kann gerade auch dem Beklagten daran gelegen sein, die Sache vor das Landgericht zu bringen, wenn dieses für seine Widerklage oder seine Zwischenfeststellungsklage zuständig ist.

4 **2. Die Voraussetzungen des Absatzes 1.** Die Rechtsfolge des § 506 Abs. 1 (hierzu vgl. Rdn. 5) setzt lediglich voraus, dass infolge einer Widerklage (hierzu vgl. Rdn. 6 ff.), einer Klageerweiterung (hierzu vgl. Rdn. 10 f.) oder einer Zwischenfeststellungsklage (hierzu vgl. Rdn. 12 f.) anstelle des anfänglich zuständigen Amtsgerichts das Landgericht zuständig geworden ist und dass eine Partei (hierzu vgl. Rdn. 17) aus diesem Grunde rechtzeitig Verweisung an das Landgericht beantragt (hierzu vgl. Rdn. 18).

3. Die Rechtsfolge des Absatzes 1. Liegen die Voraussetzungen des § 506 Abs. 1 5
vor, dann **hat das Amtsgericht** sich durch Beschluss für unzuständig zu erklären und
den Rechtsstreit an das zuständige Landgericht zu verweisen (hierzu vgl. Rdn. 3f.).

II. Die drei Fälle des Absatzes 1

1. Der Fall der Widerklage

a) Die Verweisung an das Landgericht kann beantragt werden, wenn „durch Wider- 6
klage ... ein Anspruch erhoben" wird, „der zur Zuständigkeit der Landgerichte gehört".
Hierbei kommt es auf den zur Widerklage gestellten Anspruch je für sich an, da gemäß § 5 der Gegenstand der Klage und der Widerklage nicht zusammengerechnet werden.[1]

b) Die Widerklage muss zulässig sein;[2] der Beklagte kann nicht durch Erhebung 7
einer unzulässigen Widerklage die Zuständigkeit des Landgerichts auch für die Klage,
für die an sich das Amtsgericht zuständig ist, erzwingen.

c) Die im Schrifttum vertretene Ansicht,[3] die Anwendbarkeit von § 506 setze gemäß 8
§ 33 Abs. 1 voraus, dass der mit der Klage geltend gemachte Gegenanspruch „mit dem in
der Klage geltend gemachten Anspruch oder mit einem gegen ihn vorgebrachten Verteidigungsmittel im Zusammenhang stehen (§ 33)" müsse, ist hingegen abzulehnen:[4] § 33
regelt nicht die Zulässigkeit von Widerklagen, setzt deren prinzipielle Zulässigkeit vielmehr bereits voraus und begründet eine weitere örtliche Zuständigkeit – die des Gerichtsstandes der Klage – für solche Widerklagen, deren Gegenstand „mit dem in der
Klage geltend gemachten Anspruch oder mit dem gegen ihn vorgebrachten Verteidigungsmitteln im Zusammenhang steht".

Wird gegen eine Klage, für die das Amtsgericht zuständig ist, Widerklage erhoben, 9
kann das Gericht gemäß § 145 Abs. 2 dann, wenn „der Gegenanspruch mit dem in der
Klage geltend gemachten Anspruch nicht in rechtlichem Zusammenhang steht" anordnen, dass über die Klage und die Widerklage – die dann zu einer Klage umgekehrten
Rubrums wird – „in getrennten Prozessen verhandelt" werde.

2. Der Fall der Erweiterung der Klage

a) Die Verweisung an das zuständige Landgericht kann auch dann beantragt wer- 10
den, wenn durch Erweiterung des zunächst in die Zuständigkeit des Amtsgerichts fallenden Klagantrages schließlich „ein Anspruch erhoben" wird, „der zur Zuständigkeit
der Landgerichte gehört". Das kann nach den ausdrücklich in Bezug genommenen Vorschriften des § 264 Nr. 2, 3 dann der Fall sein, wenn – so § 264 Nr. 2 – der Klageantrag in
der Hauptsache oder in Bezug auf Nebenforderungen erweitert ... wird" oder – so § 264
Nr. 3 – wenn „statt des ursprünglich geforderten Gegenstandes wegen einer später eingetretenen Veränderung ein anderer Gegenstand oder das Interesse gefordert wird". Solche

---

1 Stein/Jonas/*Leipold* Rdn. 7; MünchKomm/*Deubner* Rdn. 3.
2 Stein/Jonas/*Leipold* Rdn. 3.
3 MünchKomm/*Deubner* Rdn. 2; Rosenberg/Schwab/*Gottwald* § 98 II. 2c; *Frank* Anspruchsmehrheiten im Streitwertrecht (1986), S. 278 ff.
4 Stein/Jonas/*Leipold* Rdn. 3 dort Fn. 1 und insbes. Stein/Jonas/*Roth* § 33 Rdn. 3 ff.; Prütting/Gehrlein/
Schelp Rdn. 2.

Erweiterungen des Klagantrages sind nach § 264 nicht „als eine Änderung der Klage ... anzusehen".

11 b) Wird durch eine eigentliche **Klagänderung** bewirkt, dass anstelle des zunächst zuständig gewesenen Amtsgerichts das Landgericht zuständig wird, kann die Vorschrift des § 506 keine Anwendung finden, bleibt es vielmehr bei der Regelung des § 281.[5]

3. Der Fall der Zwischenfeststellungsklage

12 a) Die Verweisung an das zuständige Landgericht kann schließlich auch beantragt werden, wenn „nach § 256 Abs. 2 die Feststellung eines Rechtsverhältnisses ..., für das die Landgerichte zuständig sind", beantragt wird und also **im Falle einer Zwischenfeststellungsklage**, die den Voraussetzungen des § 256 Abs. 2 genügt.

13 b) **Die Zwischenfeststellungsklage** nach § 256 Abs. 2 ist – nämlich, wenn sie vom Beklagten erhoben wird – eine **Widerklage** oder aber – nämlich wenn sie vom Kläger erhoben wird – eine **Klagerweiterung**, aber beides mit der Besonderheit, dass eine Prozesstrennung gemäß § 145 Abs. 2 nicht in Betracht kommt, weil sich der rechtliche Zusammenhang notwendig aus dem streitigen Rechtsverhältnis, um dessen Feststellung es geht, ergibt.

III. Der rechtzeitige Verweisungsantrag einer Partei

1. Die Notwendigkeit eines Verweisungsantrages

14 a) Verliert das Amtsgericht seine sachliche Zuständigkeit infolge einer Klagerweiterung oder einer Widerklage, darf es nicht von Amts wegen an das dann zuständige Landgericht verweisen, hat es vielmehr einen hierauf gerichteten Antrag abzuwarten.

15 b) In den Fällen, in denen eine rügelose Einlassung gemäß § 39 zur Zuständigkeit des Amtsgerichts führen würde, hat es den Beklagten gemäß § 504 auf die Unzuständigkeit und auf die Folgen einer rügelosen Einlassung zur Hauptsache hinzuweisen (hierzu vgl. § 504 Rdn. 1). Dieses kann im Termin zur mündlichen Verhandlung in Anwesenheit des Klägers geschehen, geschieht es schriftlich, hat der Kläger eine Abschrift zu erhalten, so dass er den gleichen Informationsstand wie der Beklagte erhält.

16 c) Rügt der Beklagte zwar die Unzuständigkeit, aber ohne einen Verweisungsantrag zu stellen, oder würde das Amtsgericht auch bei rügeloser Einlassung des Beklagten unzuständig bleiben – nämlich in den Fällen des § 40 Abs. 2 (hierzu vgl. § 504 Rdn. 7) –, hat es gemäß § 139 Abs. 2 den Kläger auf die Unzuständigkeit hinzuweisen, um ihm Gelegenheit zu geben, selbst die Verweisung gemäß § 506 zu beantragen. Unterbleibt der Verweisungsantrag auch des Klägers, ist die Klage als unzulässig abzuweisen.

---

[5] Stein/Jonas/*Leipold* § 281 Rdn. 11; MünchKomm/*Prütting* § 281 Rdn. 29; Baumbach/Lauterbach/Albers/*Hartmann* § 281 Rdn. 7.

2. Die prinzipielle Gleichberechtigung der Parteien hinsichtlich des Verweisungsantrages

a) Für die Rechtsfolge des § 506 ist ohne Bedeutung, welche Partei Verweisung beantragt.[6] Es kann insbesondere die Partei, deren Klagerweiterung oder Widerklage die Unzuständigkeit des Amtsgerichts bewirkt hat, Verweisung beantragen und der Kläger kann durch einen Verweisungsantrag verhindern, dass der Beklagte sich durch rügelose Einlassung die Zuständigkeit des Amtsgerichts erhält.   17

b) Die Gleichberechtigung der Parteien hinsichtlich des Verweisungsantrages ist aber nur eine prinzipielle: Sie gilt zwar uneingeschränkt, wenn nur eine Partei die Verweisung beantragt, wenn aber divergierende Verweisungsanträge gestellt werden, wird der Vorrang der einen oder anderen Partei bedeutsam (hierzu vgl. Rdn. 28 ff.).   18

3. Die Rechtzeitigkeit des Verweisungsantrages

a) Ein Verweisungsantrag ist nur dann beachtlich, wenn er rechtzeitig gestellt wird, nämlich **vor weiterer Verhandlung zur Hauptsache** der Partei, welche die Verweisung beantragt. Ob vor der die Zuständigkeit des Landgerichts begründenden Klagerweiterung oder Widerklage schon verhandelt worden war oder nicht, ist ohne Bedeutung: Entscheidend für die Zulässigkeit des Verweisungsantrages nach § 506 ist allein, dass er nach Begründung der Zuständigkeit des Landgerichts, aber vor weiterer Verhandlung zur Hauptsache gestellt wird.   19

b) Nach weiterer Verhandlung kann zwar auch der Beklagte den Verweisungsantrag nicht mehr nachholen. War er aber nicht gemäß § 504 über die Unzuständigkeit des Amtsgericht und die Folgen einer rügelosen Einlassung belehrt worden, kann er die Unzuständigkeit noch rügen (hierzu vgl. § 504 Rdn. 14) mit der Folge, dass die Klage als unzulässig abgewiesen wird, wenn nicht der Kläger seinerseits noch Verweisung beantragt, was dem Kläger, wenn sein Antrag aus § 506 nicht mehr rechtzeitig käme, aufgrund von § 281 Abs. 1 Satz 1 noch möglich ist. Erforderlichenfalls hat das Amtsgericht gemäß § 139 Abs. 2 darauf aufmerksam zu machen, dass wegen der Rüge der Beklagten Bedenken hinsichtlich der Zuständigkeit des Amtsgerichts bestehen.   20

4. Die Verweisung an das zuständige Landgericht

a) Im Regelfall des § 506 ist das Amtsgericht anfangs sowohl örtlich als auch sachlich zuständig, verliert dann aber infolge einer Klagerweiterung oder einer Widerklage die sachliche Zuständigkeit. Sachlich zuständig wird **das im Instanzenzug übergeordnete Landgericht**, welches örtlich ohnehin aus den gleichen Gründen zuständig sein muss, aus denen das Amtsgericht örtlich zuständig war.   21

War das Amtsgericht lediglich aufgrund rügeloser Einlassung zuständig geworden, bleibt diese örtliche Zuständigkeit bei Verweisung des Rechtsstreits an das übergeordnete Landgericht erhalten.   22

Probleme ergeben sich auch dann nicht, wenn das zunächst angerufene Amtsgericht zwar örtlich unzuständig, der Rechtsstreit aber schon auf klägerischen Antrag gemäß § 281 an das örtlich zuständige Amtsgericht verwiesen worden war: Auch hier führt die   23

---

6   Stein/Jonas/*Leipold* Rdn. 8; MünchKomm/*Deubner* Rdn. 7; Prütting/Gehrlein/*Schelp* Rdn. 4.

anschließende Verweisung gemäß § 506 an das übergeordnete Landgericht an ein zugleich auch örtlich zuständiges.

24 **b)** Als problematisch erscheinen können **aber die Fälle**, in denen bei der zur sachlichen Unzuständigkeit führenden Klagerweiterung oder Widerklage schon feststeht, dass es **auch an der örtlichen Zuständigkeit** des Amtsgerichts und in der weiteren Konsequenz des diesem übergeordneten Landgerichts fehlt. In solchen Fällen müsste auf Antrag des Klägers gemäß § 281 an das örtlich zuständige Amtsgericht und gemäß § 506 auf Antrag einer Partei an das zuständige Landgericht verwiesen werden. Eine solche „Doppelverweisung" kann jedenfalls dann sogleich an das auch örtlich zuständige Landgericht erfolgen, wenn „außer dem Antrag einer der Parteien nach § 510 auch der Antrag des Klägers nach § 281" vorliegt.[7] Die Zulässigkeit dieser sogenannten[8] „Diagonalverweisung" wurde bei der Neufassung des § 506 durch die Vereinfachungsnovelle 1976 verdeutlicht, da es seither im Gesetzestext „an das zuständige Landgericht" statt zuvor „an das Landgericht" hieß.[9] Bei der Neubekanntmachung der ZPO im Jahre 2005[10] wurde das Wort „zuständige" aus redaktionellen Gründen gestrichen. Diese redaktionelle Änderung sollte aber keine inhaltliche Änderung der bisher geltenden Gesetzeslage zeitigen.

25 Nach einer anderen, noch weitergehenden Ansicht werde die Befugnis des Amtsgerichts zur Diagonalverweisung aufgrund schon des Antrages einer Partei gemäß § 506 – und also, ohne dass es des klägerischen Antrages aus § 281 bedarf –, „durch die Formulierung ‚an das zuständige Landgericht' in § 506 Abs. 1 klargestellt".[11]

26 Diese weitergehende Ansicht ist abzulehnen. Zwar ist die Einfügung des Wortes „zuständige" vor Landgericht für beide Ansichten unergiebig; denn „das zuständige Landgericht" kann nach dem Sachzusammenhang immer nur „das anstelle des Amtsgerichts zuständige Landgericht" und also das dem zunächst zuständig gewesenen Amtsgericht übergeordnete Landgericht meinen. Beide Ansichten zur „Diagonalverweisung" würden daher an ein zuständiges Landgericht führen. Indessen spricht gegen die weitergehende Ansicht die Konkurrenz von § 506 zu § 281: Bei nachträglich entfallender Zuständigkeit des Amtsgerichts gibt § 504 beiden Parteien Gelegenheit, den Rechtsstreit an das Landgericht zu bringen, weil insoweit beide Parteien ein Interesse an der Verweisung haben können (vgl. Rdn. 17). Hinsichtlich der örtlichen Zuständigkeit aber bleibt dem Beklagten die Möglichkeit der rügelosen Einlassung zur Hauptsache und auch, wenn nach Ansicht des Amtsgerichts und des Beklagten die Klage ohne Verweisungsantrag des Klägers mangels örtlicher Zuständigkeit des Amtsgerichts abzuweisen sein würde, überlässt es § 281 dem Kläger, seine etwa andere Ansicht zur Zuständigkeit weiter zu verfolgen, in dem er den Verweisungsantrag eben nicht stellt.

27 Will ein Kläger Verweisung an ein anderes Landgericht als das dem zunächst angerufenen Amtsgericht übergeordnete Landgericht erreichen – sei es, weil er von der auch örtlichen Unzuständigkeit des Amtsgerichts inzwischen überzeugt ist, sei es, weil er das Risiko der Prozessabweisung scheut –, wird er ausdrücklich die Diagonalverweisung an das konkret zu benennende Landgericht beantragen und zwar auch dann, wenn schon ein Antrag des Beklagten vorliegt; denn der Beklagte kann eben wegen § 281 gar nicht die Verweisung wegen örtlicher Unzuständigkeit beantragen, weil ihm ja schon mit der

---

7 So Stein/Jonas/*Leipold* Rdn. 15.
8 Von Stein/Jonas/*Leipold* Rdn. 15.
9 So Stein/Jonas/*Leipold* Rdn. 15.
10 Vgl. BGBl I 3205ff.
11 MünchKomm/*Deubner* Rdn. 11; Musielak/*Wittschier* Rdn. 3; übereinst. AK-*Menne* Rdn. 7.

Prozessabweisung mangels klägerischen Antrages nach § 281 geholfen sein würde (vgl. Rdn. 20).[12]

5. Divergierende Verweisungsanträge

a) Nicht selten sind für eine Sache mehrere Amtsgerichte und damit auch mehrere Landgerichte örtlich zuständig, so dass der Kläger Verweisung an ein anderes Landgericht beantragen könnte als der Beklagte. In einem solchen Fall soll, „da bei mehreren Gerichtsständen der Kläger grundsätzlich das Wahlrecht hat (§ 35) an das vom Kläger bezeichnete zuständige Landgericht zu verweisen"[13] sein. Dieser Ansicht kann nicht gefolgt werden; es ist vielmehr zu differenzieren: 28

b) Zwar ist richtig, dass der Kläger gemäß § 35 „unter mehreren zuständigen Gerichten ... die Wahl" hat. Dieses Wahlrecht wird aber mit der Entscheidung für das Amtsgericht, vor dem die Klage erhoben wird, verbraucht; der Kläger kann keineswegs nach Belieben das Gericht wechseln, er kann insbesondere auch den Beklagten nicht daran hindern, sich vor einem an sich unzuständigen Amtsgericht rügelos einzulassen. Der Verweisungsantrag des Klägers kann daher, wenn das Amtsgericht örtlich zuständig war, nur dahin gehen, den Rechtsstreit an das dem Amtsgericht übergeordnete Landgericht zu verweisen. Ist das Amtsgericht örtlich unzuständig, dann kann der Kläger und nur der Kläger gemäß § 281 Abs. 1 und 506 Abs. 1 die „Diagonalverweisung" an ein auch örtlich zuständiges Landgericht seiner Wahl beantragen (vgl. Rdn. 24). 29

c) Der Beklagte hingegen hat nur die Möglichkeit, unter den Voraussetzungen des § 506 Verweisung an das dem befassten Amtsgericht übergeordnete Landgericht zu beantragen. War das Amtsgericht örtlich zuständig, würde auch das zugehörige Landgericht örtlich zuständig sein, so dass dem Antrag des Beklagten zu entsprechen ist, auch wenn der Kläger Verweisung an ein anderes – möglicherweise ebenfalls zuständiges – Landgericht beantragt. Danach könnten zwar divergierende Verweisungsanträge gestellt werden, können zulässige Verweisungsanträge aber niemals divergieren. 30

IV. Die Entscheidung des Amtsgerichts über den Verweisungsantrag

1. Die Entscheidung über einen begründeten Verweisungsantrag

a) Wird das Amtsgericht infolge des Eintritts eines der drei Fälle des § 506 sachlich unzuständig, dann hat es, wenn eine Partei dieses rechtzeitig beantragt (hierzu vgl. Rdn. 18), „durch Beschluss sich für unzuständig zu erklären und den Rechtsstreit an das Landgericht zu verweisen". Dies gilt auch dann, wenn das Amtsgericht sich für örtlich unzuständig oder die Klage aus einem anderen Grund für unzulässig hält; denn nach rechtzeitiger Stellung eines Verweisungsantrages gemäß § 506 sind alle anderen Entscheidungen außer dem Verweisungsantrag vom Landgericht zu treffen.[14] 31

b) Hat nur der Beklagte die Verweisung beantragt, ist der Rechtsstreit an das dem Amtsgericht übergeordnete Landgericht zu verweisen und zwar auch dann, wenn das 32

---

12 Prütting/Gehrlein/*Schelp* Rdn. 6.
13 AK-*Menne* Rdn. 7.
14 Stein/Jonas/*Leipold* Rdn. 20; MünchKomm/*Deubner* Rdn. 10.

Amtsgericht sich für örtlich unzuständig hält und auch der Beklagte die Unzuständigkeit gerügt hat.

33   c) Auch auf Antrag des Klägers gemäß § 506 ist der Rechtsstreit prinzipiell an das übergeordnete Landgericht zu verweisen. Hat jedoch der Beklagte die örtliche Zuständigkeit zu Recht gerügt, kann der Kläger „Diagonalverweisung" an ein örtlich zuständiges Landgericht seiner Wahl beantragen und hat das Amtsgericht diesem Antrag zu entsprechen (hierzu vgl. Rdn. 29).

34   d) Handelt es sich um eine Handelssache im Sinne von § 95 GVG und wünscht der Kläger die Verhandlung vor der Kammer für Handelssachen, so hat er gemäß § 96 Abs. 2 GVG „den Antrag auf Verhandlung vor der Kammer für Handelssachen vor dem Amtsgericht zu stellen". Dies gilt für den Beklagten dann entsprechend, wenn er in einer Handelssache Widerklage erhebt.[15]

35   e) Die Verweisung an das Landgericht erfolgt durch Beschluss und dieser ist gemäß §§ 506 Abs. 2, 281 Abs. 2 Satz 1 unanfechtbar.[16]

36   f) Auch, wenn die Voraussetzungen des § 506 nicht vorliegen, kann eine Verweisung noch in Betracht kommen, nämlich gemäß § 281 Abs. 1 auf Antrag des Klägers nach Rüge der Zuständigkeit durch den Beklagten.[17] In einem solchen Fall bleibt es jedoch wegen der Vorschrift des § 261 Abs. 3 Ziff. 2 bezüglich des zunächst rechtshängig gewordenen Anspruches bei der Zuständigkeit des Amtsgerichts, verwiesen werden kann der Rechtsstreit nur im Übrigen.

2. Die Entscheidung über einen unbegründeten Verweisungsantrag

37   a) Unbegründete Verweisungsanträge sind nicht durch Beschluss, sondern durch Urteil zurückzuweisen und zwar entweder durch Zwischenurteil oder in den Gründen des Endurteils.[18]

38   Ein Zwischenurteil ist nur dann rechtsmittelfähig gemäß § 280 Abs. 2, wenn hierdurch der Verweisungsantrag des Gegners der Partei zurückgewiesen wird, die den Anspruch erhoben hat.[19]

39   b) Hat das Amtsgericht den Verweisungsantrag zu Unrecht zurückgewiesen, kann die Berufung hierauf gestützt werden; § 513 Abs. 2 betrifft lediglich den Fall, „dass das Gericht des ersten Rechtszuges seine örtliche Zuständigkeit zu Unrecht angenommen hat" (hierzu vgl. Rdn. 42).

3. Die Entscheidung bei unterbliebenem Verweisungsantrag

40   a) Soweit das Amtsgericht durch rügelose Einlassung zuständig geworden ist, bleibt die vorübergehende Unzuständigkeit ohne Auswirkung. Ist sie aber gerügt worden oder

---

15 Stein/Jonas/*Leipold* Rdn. 25.
16 Stein/Jonas/*Leipold* Rdn. 17.
17 MünchKomm/*Deubner* Rdn. 12.
18 Stein/Jonas/*Leipold* Rdn. 21; MünchKomm/*Deubner* Rdn. 13; Zöller/*Herget* Rdn. 6; Baumbach/Lauterbach/Albers/*Hartmann* Rdn. 9; Thomas/Putzo/*Reichhold* Rdn. 8.
19 Stein/Jonas/*Leipold* Rdn. 21.

ist das Landgericht durch Klagerweiterung oder Widerklage ausschließlich zuständig geworden, hat insoweit (hierzu vgl. Rdn. 41) durch Endurteil Klagabweisung als unzulässig zu erfolgen.[20]

b) Ist nur die Zwischenfeststellungsklage oder nur die Widerklage unzulässig, kann über die Klage in der Sache entschieden werden. Ist die Klage aber so erweitert worden, dass für sie das Landgericht zuständig ist, ist das Amtsgericht auch für den zunächst erhobenen und in seine Zuständigkeit fallenden Teil nicht mehr zuständig, ist also die Klage vollen Umfangs als unzulässig abzuweisen.[21] **41**

4. Verweisung an die Kammer für Handelssachen. Die Verweisung erfolgt an die Kammer für Handelssachen, wenn der Kläger dies vor dem Amtsgericht beantragt, § 96 Abs. 2 GVG. Dies schließt eine spätere Verweisung an die Zivilkammer nicht aus, wenn es sich um keine Handelssache im Sinne von § 95 GVG handelt und der Beklagte die Verweisung beantragt, § 97 Abs. 1 GVG. Eine Verweisung von der Kammer für Handelssachen an die Zivilkammer ist auch *von Amts wegen* möglich, wenn die Widerklage, derentwegen die Verweisung gemäß § 506 erfolgte, nicht vor die Kammer für Handelssachen gehört, § 97 Abs. 2 GVG. Die Verweisung von Amts wegen kann indes nicht aus dem Grund erfolgen, dass der Beklagte nicht Kaufmann ist, § 97 Abs. 2 Satz 2 GVG. Umgekehrt kann auch der Beklagte die Verweisung von der Zivilkammer an die Kammer für Handelssachen beantragen, wenn die Klage eine Handelssache darstellt, § 98 Abs. 1 GVG. Dies gilt jedoch dann nicht, wenn die erhobene Widerklage, die zur Verweisung an das Landgericht geführt hatte, nicht vor die Kammer für Handelssachen gehört, § 98 Abs. 2 GVG. **42**

V. Der Verweisungsantrag in der Berufungsinstanz

1. Der in der ersten Instanz zurückgewiesene Verweisungsantrag. Der in der ersten Instanz zurückgewiesene Verweisungsantrag kann in der Berufungsinstanz nicht mehr weiter verfolgt werden, weil nach § 513 Abs. 2 die Berufung nicht darauf gestützt werden kann, dass das Gericht des ersten Rechtszuges seine Zuständigkeit zu Unrecht angenommen hat. Dies gilt auch in den Fällen, in denen nachträglich die Voraussetzungen nach § 506 eingetreten waren. **43**

2. Der erst in der zweiten Instanz gestellte Verweisungsantrag

a) War schon in erster Instanz ein Fall des § 506 eingetreten, kommt der erst in zweiter Instanz gestellte Verweisungsantrag ersichtlich zu spät. Wird der die erstinstanzliche Zuständigkeit des Landgerichts begründende Anspruch aber erst in zweiter Instanz durch Klagerweiterung oder Widerklage erhoben, kommt eine Verweisung aus § 506 an das Landgericht schon deshalb nicht in Betracht, weil die Sache ja schon vor dem Landgericht anhängig ist und weil die Vorschrift des § 506 nur im Verfahren vor den Amtsgerichten gilt.[22] **44**

---

20 Stein/Jonas/*Leipold* Rdn. 22; Zöller/*Herget* Rdn. 5; Baumbach/Lauterbach/Albers/*Hartmann* Rdn. 9.
21 Stein/Jonas/*Leipold* Rdn. 22.
22 RGZ 119, 379ff.; BGH NJW-RR 1996, 891; KG NJW-RR 2000, 804; LG Zweibrücken NJW-RR 1994, 1087; Stein/Jonas/*Leipold* Rdn. 27; Zöller/*Herget* Rdn. 4; Baumbach/Lauterbach/Albers/*Hartmann* Rdn. 7; Thomas/Putzo/*Reichhold* Rdn. 5; Musielak/*Wittschier* Rdn. 1. **A.A.** OLG Oldenburg NJW 1973, 810; LG Hamburg NJW-RR 2001, 932; LG Aachen NJW-RR 1990, 704; LG Stuttgart NJW-RR 1990, 704.

45 **b)** Die Ansicht, § 506 gelte auch, wenn die erstinstanzliche Zuständigkeit des Landgerichts erst in der Berufungsinstanz begründet werde mit der Folge, dass auch in diesem Fall das Landgericht als Berufungsgericht den Rechtsstreit an das Landgericht als Gericht erster Instanz zu verweisen habe,[23] läuft auf eine analoge Anwendung von § 506 auch auf das Verfahren vor den Landgerichten hinaus, wie sie auch von einigen Instanzgerichten[24] für richtig gehalten wird. Eine solche Analogie ist abzulehnen, weil in Ansehung des § 506 keine Regelungslücke besteht.[25]

46 Soweit der auch hier vertretenen Ansicht entgegengehalten wird,[26] nach ihr könne „die klagende Partei durch Klagerweiterung, Klageänderung oder Widerklage in der Berufungsinstanz in erheblichem Umfang des vom Gesetz vorgesehenen dreistufigen Instanzenzuges durch die Entscheidung des Berufungsgerichts ersetzen", ist daran zu erinnern, dass dieses nicht an der Vorschrift des § 506 liegt, sondern daran, dass die Klagerweiterung und Erhebung einer Widerklage auch noch in der Berufungsinstanz zulässig sind und zwar auch in den viel gravierenderen Fällen, in denen das Landgericht sogleich in erster Instanz befasst war, so dass hier für den erst in zweiter Instanz geltend gemachten Teil auch dann der Verlust der ersten Tatsacheninstanz eintritt, wenn man für die vor den Amtsgerichten begonnenen Sachen § 506 analog anwenden wollte.

VI. Die Vorschriften des § 506 Abs. 2

1. Die entsprechend anzuwendenden Vorschriften des § 281.

47 Nach § 506 Abs. 2 gelten für den Verweisungsantrag aus § 506 Abs. 1 von den Vorschriften des § 281 nur die des Absatz 2 und aus Absatz 3 die des Satzes 1 entsprechend. Ohne die Vorschrift des § 506 Abs. 2 würden die hierin in Bezug genommenen Vorschriften nicht anwendbar sein, da § 281 an sich nur die Verweisung bei anfänglicher örtlicher oder sachlicher Unzuständigkeit betrifft.

2. Die nicht entsprechend anzuwendenden Vorschriften des § 281

48 **a)** In § 506 Abs. 2 wird nicht auf § 281 Abs. 1 verwiesen, weil hierfür kein Bedürfnis besteht: § 281 Abs. 1 Satz 1 findet seine Entsprechung schon in § 506 Abs. 1 und die entsprechende Anwendung von § 281 Satz 2 kann schon deshalb nicht in Betracht kommen, weil es in § 506 nur um die Verweisung an das sachlich zuständige Landgericht geht, dies aber immer das dem Amtsgericht übergeordnete ist, so dass in Ansehung nur des § 506 Abs. 1 ein Wahlrecht des Klägers aus tatsächlichen Gründen gar nicht in Betracht kommt. Im Falle einer „Diagonalverweisung" aber findet § 281 Abs. 1 ohnehin per se Anwendung (hierzu vgl. Rdn. 26).

49 **b)** § 281 Abs. 3 Satz 2 gilt deshalb nicht entsprechend, weil in den Fällen des § 506 der Kläger ja gar kein unzuständiges Gericht angerufen hat und zudem die spätere Unzuständigkeit des Amtsgerichts ja auch durch Widerklage oder Zwischenfeststellungsklage des Beklagten verursacht worden sein kann.

50 Im Übrigen können Mehrkosten in den Fällen des § 506 praktisch nur dadurch entstehen, dass nach der Verweisung ein Anwaltswechsel erforderlich wird, weil eine Partei

---

23 MünchKomm/*Deubner* Rdn. 16; Rosenberg/Schwab/*Gottwald* § 39 II.2.b.
24 Beispielsweise vom LG Hannover MDR 85, 329 f. vgl. hierzu die bei *Butzer* NJW 93, 2649 ff. in Fn. 2 zit. Rechtsprechung.
25 Gegen analoge Anwendung mit eingehender und überzeugender Begründung *Butzer* NJW 93, 2649 ff.
26 MünchKomm/*Deubner* Rdn. 16.

zunächst einen bei dem örtlich zuständigen Landgericht gar nicht zugelassenen Anwalt bemüht hatte. Dessen Kosten aber werden regelmäßig ohnehin nicht erstattungsfähig, weil nicht notwendig gewesen sein.[27] In dem Fall der „Diagonalverweisung" aber kommt wiederum § 281 Abs. 1 zum Zuge (hierzu vgl. Rdn. 26), so dass dann dieserhalb § 281 Abs. 3 Satz 2 gilt.[28]

VII. Gebühren und Kosten

1. Rechtsanwaltsgebühren. Das Verfahren vor dem Amtsgericht und dem Landgericht sind gebührentechnisch ein Rechtszug. Die Gebühren fallen daher nur einmal an (§ 20 Satz 1 in Verbindung mit § 15 Abs. 2 Satz 1 RVG). 51

2. Gerichtskosten. Gerichtsgebühren werden weder für den Verweisungsbeschluss noch ein Zwischenurteil oder ein abweisendes Prozessurteil erhoben. Das Verfahren vor dem Amts- und Landgericht gelten gebührenrechtlich als Verfahren einer einzigen Instanz, § 4 Abs. 1 GKG. 52

§§ 507–509
weggefallen

§ 510
Erklärung über Urkunden

Wegen unterbliebener Erklärung ist eine Urkunde nur dann als anerkannt anzusehen, wenn die Partei durch das Gericht zur Erklärung über die Echtheit der Urkunde aufgefordert ist.

Übersicht
I. Die Bedeutung von § 510
  1. Die Bedeutung für Privaturkunden —— 1
  2. Keine Bedeutung des § 510 für öffentliche Urkunden —— 3
II. Die Voraussetzungen der Anwendung von § 510
  1. Das Unterbleiben einer Erklärung gemäß § 439 Abs. 1 —— 4
  2. Das Unterbleiben der Aufforderung, eine Erklärung abzugeben —— 6
III. Konsequenzen aus § 510 für das Gericht
  1. Die unmittelbare Folge aus § 510 —— 7
  2. Die gedankliche Vorwegnahme der Sperrwirkung —— 10
  3. Die Behebung der Folge des § 510 —— 15

I. Die Bedeutung von § 510

1. Die Bedeutung für Privaturkunden. § 510 ist zu verstehen als Ausnahme zur Vorschrift des § 439 Abs. 3:[1] Nach § 439 Abs. 1 hat sich der Gegner des Beweisführers „über die Echtheit einer Privaturkunde ... nach der Vorschrift des § 138 zu erklären" und § 439 Abs. 3 bestimmt für den Fall, dass die Erklärung nicht abgegeben wird, dass „die 1

---

27 MünchKomm/*Deubner* Rdn. 22 unter Hinw. auf das LG Koblenz MDR 87, 781.
28 Stein/Jonas/Leipold Rdn. 23; Zöller/Herget Rdn. 7.

1 Stein/Jonas/*Leipold* Rdn. 1; Baumbach/Lauterbach/Albers/*Hartmann* Rdn. 1; Thomas/Putzo/*Reichhold* Rdn. 1; *Zimmermann* Rdn. 1.

Urkunde als anerkannt anzusehen" ist, „wenn nicht die Absicht, die Echtheit bestreiten zu wollen, aus den übrigen Erklärungen der Partei hervorgeht". § 510 nun schränkt diese Regel für das Verfahren vor den Amtsgerichten dahin ein, dass die „Urkunde nur dann als anerkannt anzusehen" ist, „wenn die Partei durch das Gericht zur Erklärung über die Echtheit der Urkunde aufgefordert ist".

2   Solange die Partei nicht durch das Gericht zur Erklärung über die Echtheit der Urkunde aufgefordert worden ist, tritt also im Verfahren vor dem Amtsgericht – anders als im Verfahren vor dem Landgericht – die Wirkung des § 439 Abs. 3 nicht ein, so dass also § 510 – wie auch § 504 – eine „Sperrwirkung" ausübt.[2]

3   **2. Keine Bedeutung des § 510 für öffentliche Urkunden.** In § 510 ist zwar – anders als in § 439 Abs. 1, auf den sich § 439 Abs. 3 bezieht – nicht speziell von Privaturkunden die Rede, sondern ganz allgemein von Urkunden; dennoch besteht kein Zweifel daran, dass § 510 nur die unterbliebene Erklärung über Privaturkunden betrifft;[3] denn die Echtheit öffentlicher Urkunden wird gemäß § 437 Abs. 1 vermutet, so dass hierfür eine bloße Erklärung der Partei ohnehin ohne Bedeutung sein würde.

II. Die Voraussetzungen der Anwendung von § 510

4   **1. Das Unterbleiben einer Erklärung gemäß § 439 Abs. 1.** § 510 setzt voraus, dass der Gegner des Beweisführers entgegen § 439 Abs. 1 keine Erklärung über die Echtheit einer vorgelegten Privaturkunde abgegeben hat. Denn wenn eine solche Erklärung abgegeben worden ist, mag zwar in dieser Erklärung die Urkunde anerkannt worden sein, jedenfalls aber ist die Urkunde nicht schon „wegen unterbliebener Erklärung ... als anerkannt anzusehen".

5   Eine Urkunde ist gemäß § 439 Abs. 3 aber auch nicht als anerkannt anzusehen, wenn zwar keine ausdrückliche Erklärung abgegeben worden ist, aber „die Absicht, die Echtheit bestreiten zu wollen, aus den übrigen Erklärungen der Partei hervorgeht", so dass auch in diesem Fall § 510 gegenstandslos ist.

6   **2. Das Unterbleiben der Aufforderung, eine Erklärung abzugeben.** Dass eine Partei keine Erklärung über die Echtheit einer vorgelegten Urkunde abgegeben hat, haben die Fälle des § 510 mit denen des § 439 Abs. 3 gemeinsam und wenn die Erklärung der Partei unterblieben war, obwohl das Gericht sie gefordert hatte, bleibt es auch bei der Regel des § 439 Abs. 3. Spezifisches Erfordernis für die Anwendung von § 510 ist demgegenüber, dass das Gericht unterlassen hat, zu einer Erklärung über die Echtheit der Urkunde aufzufordern: Solange diese Aufforderung unterbleibt, hält die Sperrwirkung des § 510 an.

III. Konsequenzen aus § 510 für das Gericht

7   **1. Die unmittelbare Folge aus § 510.** Liegen die – negativen – Voraussetzungen des § 510 vor – das Unterbleiben sowohl der Erklärung als auch der Aufforderung hierzu –, tritt als einzige Folge lediglich die sogenannte „Sperrwirkung" ein (hierzu vgl. Rdn. 5 f.): Trotz unterlassener Erklärung über die Echtheit einer Urkunde ist diese entgegen § 439 Abs. 3 solange nicht als anerkannt anzusehen, solange die Sperrwirkung anhält.

---

2 MünchKomm/*Deubner* Rdn. 4.
3 Zöller/*Herget* Rdn. 1; *Zimmermann* Rdn. 1.

Andere Konsequenzen resultieren nicht aus § 510, es wird in dieser Vorschrift insbesondere nicht die Pflicht des Gerichts begründet, die betreffende Partei zur Erklärung aufzufordern. Eine solche Pflicht ergibt sich aber in der Regel aus § 139. Hierbei ist zu beachten, dass eben wegen der Sperrwirkung die Aufforderung zur Erklärung im Interesse des Beweisführers und nicht der zur Erklärung aufgeforderten Partei liegt. 8

Das Gericht kann unter Umständen sehenden Auges auf die Aufforderung verzichten, nämlich wenn es auf die Echtheit der Urkunde gar nicht ankommt, sei es, weil der betreffende Vortrag unerheblich, unbestritten oder sei es, weil er anderweitig bewiesen worden ist. 9

2. Die gedankliche Vorwegnahme der Sperrwirkung

a) Wenn es nach Lage der Dinge im konkreten Fall auf die Echtheit der Urkunde ankommt, wird das Gericht die drohende Sperrwirkung gedanklich vorwegnehmen und zur Erklärung über die Echtheit der Urkunde auffordern. 10

b) Da § 510 selbst nicht die Pflicht zur Aufforderung begründet, ergibt sich aus § 510 auch nicht, dass über die Folgen der unterlassenen Erklärung zu belehren ist.[4] Diese Pflicht ergibt sich aber aus § 139 Abs. 1 Satz 1, wonach „das Gericht ... dahin zu wirken hat", „dass die Parteien über alle erheblichen Tatsachen sich vollständig erklären" und ein zweckmäßigeres Mittel, auf eine Erklärung hinzuwirken, als das Aufzeigen der Folge, die eintritt, wenn die Erklärung unterblieben ist, ist kaum vorstellbar. Zudem gebietet auch der Schutzzweck, den § 510 verfolgt, jedenfalls der nicht anwaltlich vertretenen Partei klarzumachen, womit sie rechnen muss, wenn sie keine Erklärung abgibt. 11

c) Die Aufforderung kann zur Vorbereitung der mündlichen Verhandlung gemäß § 273 Abs. 2 Nr. 1 schriftlich erfolgen, aber auch mündlich im Termin zur mündlichen Verhandlung.[5] 12

Da die Entscheidung eines Rechtsstreits davon abhängen kann, ob eine Urkunde als anerkannt anzusehen ist und mithin davon, ob der Gegner des Beweisführers zur Erklärung über die Urkunde aufgefordert worden ist, handelt es sich bei der mündlichen Aufforderung um einen wesentlichen Vorgang der Verhandlung, der gemäß § 160 Abs. 2 in das Protokoll aufzunehmen ist.[6] 13

Nach der überwiegenden Ansicht in der Literatur ist es allerdings ausreichend, wenn die Aufforderung statt im Protokoll im Tatbestand des Urteils festgehalten wird[7] oder nach § 139 Abs. 4 aktenkundig gemacht wird.[8] 14

3. Die Behebung der Folge des § 510

a) Ist infolge des Unterlassens der Aufforderung die Sperrwirkung eingetreten, kann diese durch den Vorsitzenden wieder aufgehoben werden, in dem er die Aufforderung nachholt. 15

---

4 MünchKomm/*Deubner* Rdn. 2.
5 MünchKomm/*Deubner* Rdn. 3.
6 MünchKomm/*Deubner* Rdn. 3; Musielak/*Wittschier* Rdn. 2.
7 Stein/Jonas/*Leipold* Rdn. 1; Zöller/*Herget* Rdn. 2; Baumbach/Lauterbach/Albers/*Hartmann* Rdn. 1; Zimmermann Rdn. 1; AK-*Menne* Rdn. 1.
8 Prütting/Gehrlein/*Schelp* Rdn. 2.

16　**b)** War die mündliche Verhandlung bereits geschlossen, hat der Vorsitzende, wenn er die Erheblichkeit der Sperrwirkung erkennt, in die Verhandlung wieder einzutreten und dann die Aufforderung nachzuholen.

17　**c)** Wird der Vorschrift des § 510 ungeachtet trotz anhaltender Sperrwirkung gemäß § 439 Abs. 3 eine Urkunde als echt angesehen, obschon gar keine Erklärung des Gegners des Beweisführers angegeben worden war, kann in der Berufungsinstanz die Echtheit noch bestritten werden. Jetzt bedarf es allerdings keiner Aufforderung mehr, um die Wirkung aus § 439 Abs. 3 eintreten zu lassen, weil § 510 nur das Verfahren vor dem Amtsgericht betrifft und vor dem Berufungsgericht ohnehin Anwaltszwang herrscht.

18　**d)** In den Fällen, in denen eine Berufung nicht statthaft ist, kommt jetzt die Rüge wegen Versagens des rechtlichen Gehörs gemäß § 321a in Betracht.

§ 510a
Inhalt des Protokolls

Andere Erklärungen einer Partei als Geständnisse und Erklärungen über einen Antrag auf Parteivernehmung sind im Protokoll festzustellen, soweit das Gericht es für erforderlich hält.

Schrifttum

Gernhuber Die Erfüllung und ihre Surrogate, Tübingen 1983.

Übersicht

I. Die Bedeutung von § 510a als Ergänzung von § 160 Abs. 4 Satz 1 —— 1
II. Die von § 510a betroffenen Parteierklärungen —— 3
III. Protokollierung nach pflichtgemäßem Ermessen —— 5

I. Die Bedeutung von § 510a als Ergänzung von § 160 Abs. 4 Satz 1

1　Nach § 160 Abs. 4 können „die Beteiligten ... beantragen, dass bestimmte Vorgänge oder Äußerungen in das Protokoll aufgenommen werden. Diese Vorschrift wird für das Verfahren vor den Amtsgerichten erweitert,[1] nämlich dahin ergänzt, dass das Gericht bestimmte Erklärungen einer Partei (hierzu vgl. Rdn. 3f.) von Amts wegen „im Protokoll festzustellen" hat, „soweit es das Gericht für erforderlich hält" (hierzu vgl. Rdn. 5f.).

2　Die Pflicht des Gerichts, die von § 510a betroffenen Erklärungen (hierzu vgl. Rdn. 3f.) im Protokoll festzustellen, ergibt sich nicht etwa – wie aber zuweilen angenommen wird[2] – schon aus § 160 Abs. 2: Nach dieser Vorschrift sind nur „die wesentlichen Vorgänge der Verhandlung ... aufzunehmen" und also der Hergang der Verhandlung festzuhalten, nicht aber ihr Inhalt.[3] In § 510a hingegen geht es gerade auch um den Inhalt der Erklärungen, die auch gemäß § 160 Abs. 5 als Anlage dem Protokoll beigefügt werden können und dann im Protokoll als Anlage zum Protokoll zu bezeichnen sind.[4]

1　Zöller/*Herget* Rdn. 1.
2　MünchKomm/*Deubner* Rdn. 2; Baumbach/Lauterbach/Albers/*Hartmann* Rdn. 1.
3　Stein/Jonas/*Roth* § 160 Rdn. 1, 3; MünchKomm/*Peters* § 160 Rdn. 2; Zöller/*Stöber* § 160 Rdn. 3.
4　Stein/Jonas/*Leipold* Rdn. 2.

II. Die von § 510a betroffenen Parteierklärungen

Von § 510a betroffen werden „andere Erklärungen einer Partei als Geständnisse und Erklärungen über einen Antrag auf Parteivernehmung" und zwar alle anderen Erklärungen. **3**

Für die Erklärungen einer Partei, auf die sich § 510a ausdrücklich nicht bezieht – für „Geständnisse und Erklärungen über einen Antrag auf Parteivernehmung" also – ergibt sich die Pflicht zur Protokollierung schon aus § 160 Abs. 3 Nr. 3 und zwar nach dieser Vorschrift schlechthin[5] und nicht nur, „soweit das Gericht es für erforderlich hält". **4**

III. Protokollierung nach pflichtgemäßem Ermessen

Die von § 510a betroffenen Erklärungen (hierzu vgl. Rdn. 3) sind im Protokoll festzustellen, **soweit das Gericht es für erforderlich hält**. Hält das Gericht die Protokollierung für erforderlich, dann hat es zu protokollieren, auch wenn dieses lästig ist. **5**

Bei der Beantwortung der Vorfrage, ob nach seinem Dafürhalten die Protokollierung erforderlich sei, hat das Gericht zwar einen Spielraum im „kognitiven Ermessen", hat diese Vorfrage aber dann nach pflichtgemäßem Ermessen[6] zu beantworten und dementsprechend zu verfahren. **6**

Im Zweifel wird das Gericht die Protokollierung lieber veranlassen als unterlassen und zwar immer dann, wenn es um Erklärungen oder Teile von Erklärungen geht, die einerseits erheblich sind und andererseits in Gefahr, im weiteren Verlaufe der Verhandlung in Vergessenheit zu geraten, sei es beim Gericht, sei es bei der Gegenpartei, beispielsweise mündlicher Vortrag, auf den die Gegenseite sich nicht sogleich erklären kann,[7] oder überraschendes Bestreiten, welches Beweisantritt erforderlich macht. **7**

Nicht erforderlich hingegen ist die Protokollierung bereits schriftsätzlich vorgetragener Erklärungen, von Rechtsausführungen oder von solchem Vorbringen, das ersichtlich neben der Sache liegt. **8**

§ 510b
Urteil auf Vornahme einer Handlung

Erfolgt die Verurteilung zur Vornahme einer Handlung, so kann der Beklagte zugleich auf Antrag des Klägers für den Fall, dass die Handlung nicht binnen einer zu bestimmenden Frist vorgenommen ist, zur Zahlung einer Entschädigung verurteilt werden; das Gericht hat die Entschädigung nach freiem Ermessen festzusetzen.

Übersicht

I. Zur Bedeutung von § 510b als Ergänzung von § 255 Abs. 1 — 1
II. Die Voraussetzungen des § 510b
   1. Die Verurteilung zur Vornahme einer Handlung — 5
   2. Der unbedingte Antrag auf bedingte Verurteilung — 10
   3. Der materiell-rechtliche Anspruch auf Zahlung einer Entschädigung — 18

---

5 Stein/Jonas/*Leipold* Rdn. 1.
6 Thomas/Putzo/*Reichhold* Rdn. 1; Prütting/Gehrlein/*Schelp* Rdn. 2.
7 AK-*Menne* Rdn. 1.

4. Vom Einfluss des Entschädigungsanspruchs auf Gegenstandswert und Zuständigkeit —— 20
III. Die Rechtsfolgen des § 510b
  1. Die Ermächtigung zu drei Ermessensentscheidungen —— 24
  2. Das pflichtgemäße Ermessen bezüglich der Grundentscheidung —— 26
  3. Die Bestimmung einer angemessenen Frist —— 33
  4. Das freie Ermessen bezüglich der Höhe der Entschädigung —— 40
IV. Besondere Aufklärungspflichten
  1. § 139 bei Anwendung von § 510b —— 45
  2. Der gebotene Hinweis auf § 510b —— 46
  3. Der gebotene Hinweis auf § 888a —— 49
  4. Der gebotene Hinweis auf die Konkurrenz der §§ 255, 259 —— 50
  5. Der gebotene Hinweis auf die Bedeutung des richterlichen Ermessens —— 53
V. Verteidigungsmöglichkeiten gegenüber dem Entschädigungsanspruch
  1. Die Verteidigung gegen den Primäranspruch —— 55
  2. Die Verteidigung gegen die Entschädigungspflicht —— 56
  3. Die Aufrechnung gegenüber dem Entschädigungsanspruch —— 57
VI. Mögliche Entscheidungen und die Rechtsmittel
  1. Die Klage wird abgewiesen —— 59
  2. Es wird zur Vornahme der Handlung verurteilt unter Klageabweisung im Übrigen —— 61
  3. Es wird nur zur Vornahme der Handlung verurteilt —— 65
  4. Es wird zur Vornahme der Handlung und zur Zahlung einer Entschädigung verurteilt —— 72
  5. Verurteilung hinsichtlich Primär- und Entschädigungsanspruch unter Klagabweisung im Übrigen —— 79

I. Zur Bedeutung von § 510b als Ergänzung von § 255 Abs. 1

1 § 510b bringt für das Verfahren vor den Amtsgerichten eine **Ergänzung der Vorschrift des § 255 Abs. 1**, nach welcher der Kläger, wenn er „für den Fall, dass der Beklagte nicht vor dem Ablauf einer ihm zu bestimmenden Frist den erhobenen Anspruch befriedigt, das Recht. Schadensersatz wegen Nichterfüllung zu fordern" hat, schon mit der Klage auf Erfüllung weiter „verlangen" kann, „dass die Frist im Urteil bestimmt wird".

2 Unter den Voraussetzungen des § 510b (hierzu vgl. Rdn. 5 ff.) kann das Gericht darüber hinaus dem Beklagten „zugleich auf Antrag des Klägers für den Fall, dass die Handlung nicht binnen einer zu bestimmenden Frist vorgenommen ist, zur Zahlung einer Entschädigung" verurteilen (hierzu vgl. Rdn. 24 ff.), welche nach § 510b, zweiter Halbsatz vom Gericht „nach freiem Ermessen festzusetzen" ist (hierzu vgl. Rdn. 40 ff.).

3 § 255 Abs. 1 bietet dem Gläubiger lediglich die Möglichkeit, die Frist, binnen welcher der in erster Linie erhobene Anspruch zu erfüllen ist, schon mit dem Urteil über diesen Anspruch durch das Gericht bestimmen zu lassen. Die sich hieraus ergebende Zeitersparnis kann nur gering sein. Immerhin kann aber bei Fristsetzung durch das Gericht dem Gläubiger nicht entgegengehalten werden, dass die Frist unangemessen kurz gewesen sei. Wenn der Schuldner aber nicht fristgerecht erfüllt und sich auch weigert, Schadensersatz wegen Nichterfüllung zu leisten, wird hierüber ein zweiter Rechtsstreit zu führen sein, wenn nicht die Voraussetzungen des § 259 vorliegen.

4 Diesen weiteren Rechtsstreit kann sich der Gläubiger in den Fällen des § 510b ersparen. Macht er aber von dieser Möglichkeit Gebrauch, dann kommt es zur Anwendung von § 888a mit der Folge, dass der Kläger, wenn der Schuldner die Handlung nicht fristgerecht vornimmt, nur noch wegen der Entschädigung vollstrecken kann, nicht aber wegen der primär geschuldeten Leistung und wird der Beklagte infolgedessen zur Zahlung der Entschädigung verurteilt, dann ist gemäß § 888a „die Zwangsvollstreckung aufgrund der Vorschriften der §§ 887, 888 ausgeschlossen": Wenn der Beklagte die in erster Linie geschuldete Leistung nicht fristgerecht freiwillig erbringt, kann der Kläger nur noch versuchen, die zuerkannte Entschädigung durchzusetzen.

II. Die Voraussetzungen des § 510b

1. Die Verurteilung zur Vornahme einer Handlung

a) Die Rechtsfolge des § 510b – die mögliche Verurteilung zur Zahlung einer Entschädigung – setzt voraus, dass in erster Linie zur Vornahme einer Handlung verurteilt wird. 5

b) „Handlung" in diesem Sinne ist nicht schon jedes positive „Tun" im Gegensatz zum „Unterlassen" oder „Dulden".[1] Vielmehr kommt als „Handlung" im Sinne von § 510b nur in Betracht, was gemäß § 887, 888 zu erzwingen sein würde,[2] gäbe es nicht die Vorschrift des § 888a (vgl. Rdn. 4). 6

c) Keine Handlung im Sinne von § 510b ist die Abgabe einer Willenserklärung.[3] Wird zur Abgabe einer Willenserklärung verurteilt, so gilt diese gemäß § 894 Abs. 1 „als abgegeben, sobald das Urteil die Rechtskraft erlangt", so dass gar kein Raum für die Nichtabgabe einer Willenserklärung bleibt. 7

d) Die **Abgabe einer eidesstattlichen Versicherung** hingegen ist eine – darum gemäß § 889 Abs. 2 nach § 888 durchzusetzende – unvertretbare Handlung.[4] 8

Die Verurteilung zur **Herausgabe oder Lieferung von Sachen**, aber auch von Grundstücken oder Schiffen ist keine Vornahme einer Handlung im Sinne von § 510b;[5] denn solche Urteile werden nicht nach den Vorschriften der §§ 883ff. vollzogen, sondern nach denen der §§ 888ff. Auch wird schon in den Überschriften des dritten Abschnitts des 8. Buches der ZPO ausdrücklich zwischen der „Erwirkung der Herausgabe von Sachen" und der „Erwirkung von Handlungen" unterschieden. 9

2. Der unbedingte Antrag auf bedingte Verurteilung

a) Die Rechtsfolge des § 510b – dass nämlich der Beklagte „für den Fall, dass die Handlung nicht binnen einer zu bestimmenden Frist vorgenommen ist, zur Zahlung einer Entschädigung verurteilt werden kann" – setzt einen hierauf gerichteten **Antrag des Klägers** voraus. Dieser Antrag ist zwar auf eine bedingte Verurteilung gerichtet, weil die Entschädigung ja nur gezahlt werden soll, wenn die primär geschuldete Handlung fristgerecht vorgenommen wird. Der Antrag selbst aber wird unbedingt gestellt.[6] 10

Die Verbindung des Antrages auf Verurteilung zur Vornahme einer Handlung mit dem Antrag auf Verurteilung zur Zahlung einer Entschädigung für den Fall, dass die Handlung nicht fristgerecht vorgenommen wird, führt daher nicht zu einer echten, sondern nur zu einer „uneigentlichen oder unechten eventuellen Klagenhäufung".[7] 11

---

1 Stein/Jonas/*Leipold* Rdn. 3; MünchKomm/*Deubner* Rdn. 2.
2 Stein/Jonas/*Leipold* Rdn. 3; Zöller/*Herget* Rdn. 2; Baumbach/Lauterbach/Albers/*Hartmann* Rdn. 1; Thomas/Putzo/*Reichhold* Rdn. 1; AK-*Menne* Rdn. 2.
3 MünchKomm/*Deubner* Rdn. 2; Musielak/*Wittschier* Rdn. 1.
4 MünchKomm/*Deubner* Rdn. 2; Musielak/*Wittschier* Rdn. 1.
5 Prütting/Gehrlein/*Schelp* Rdn. 2.
6 Zöller/*Herget* Rdn. 1.
7 Rosenberg/Schwab/*Gottwald* § 65 VI.3a.

§ 510b — Zweites Buch – Verfahren im ersten Rechtszug

12 **b)** Der Antrag auf bedingte Verurteilung zur Zahlung einer Entschädigung muss nicht schon mit der Klage, kann vielmehr im Laufe des Rechtsstreits auch noch nachträglich gestellt werden und zwar jedenfalls bis zum Schluss der mündlichen Verhandlung erster Instanz.[8]

13 In der Berufungsinstanz kann § 510b als Vorschrift für das Verfahren vor den Amtsgerichten an sich keine Anwendung finden. Auch würde es regelmäßig dem pflichtgemäßen Ermessen widersprechen, den Beklagten durch Zulassung des Antrages auf bedingte Verurteilung noch in zweiter Instanz um eine Instanz zu bringen. Gleichwohl ist nach wohl herrschender Meinung[9] die Stellung des Antrages auf bedingte Verurteilung auch in der Berufungsinstanz noch zulässig und zwar weil das Berufungsgericht auch die entsprechende Entscheidung des Amtsgerichts überprüfen könne[10] und „die Entscheidungsbefugnis des Amtsgerichts in vollem Umfang auf das Berufungsgericht übergegangen" sei.[11] Indessen besteht die spezifische Entscheidungsbefugnis des Amtsgerichts aus § 510b nur gegenüber vor dem Amtsgericht gestellten Anträgen und die Überprüfung durch das Berufungsgericht betrifft nur die Entscheidung des Amtsgerichts.

14 Aber auch die weniger weitgehende Ansicht, „über einen erstmals in der Berufungsinstanz gestellten Entschädigungsantrag sollte das Berufungsgericht entscheiden dürfen, sofern der Gegner einwilligt oder das Gericht den Antrag für sachdienlich hält (arg. § 263)",[12] ist mit der Stellung des § 510b im zweiten Buch „Verfahren vor den Amtsgerichten" schlechthin nicht zu vereinbaren.

15 Immerhin lässt sich aber im Hinblick auf § 295 die Entscheidung über den erst in der Berufungsinstanz gestellten Entschädigungsantrag dann rechtfertigen, wenn der Beklagte hiermit einverstanden ist. Ein solches Einverständnis liegt dann nahe – zumal ja das Urteil des Berufungsgerichts in Rechtskraft erwächst –, wenn der Beklagte seine Entscheidung, ob er lieber die primär geschuldete Handlung vornehmen oder aber Entschädigung zahlen will, von der Höhe der gegebenenfalls zu zahlenden Entschädigung abhängig machen möchte.

16 **c) Die Frist zur Vornahme der Handlung zu bestimmen** und zwar auch hinsichtlich ihrer Länge, ist Sache des Gerichts (hierzu vgl. Rdn. 33). Diese Frist ist aber nicht von Amts wegen zu setzen,[13] sondern nur auf Antrag des Klägers, der zweckmäßigerweise ausdrücklich gestellt wird, sich regelmäßig aber auch konkludent aus dem Antrag auf Verurteilung zur Zahlung einer Entschädigung für den Fall der nicht fristgerechten Vornahme der Handlung ergeben wird.

17 **d) Die Höhe der Entschädigung** hängt vom materiell-rechtlichen Entschädigungsanspruch ab (hierzu vgl. Rdn. 18). Nach wohl herrschender Meinung[14] braucht jedoch kein bezifferter Antrag gestellt zu werden, kann die Höhe der Entschädigung vielmehr auch in das Ermessen des Gerichts gestellt werden (hierzu vgl. Rdn. 40).

---

8 Stein/Jonas/*Leipold* Rdn. 4; Zöller/*Herget* Rdn. 3; MünchKomm/*Deubner* Rdn. 5; Baumbach/Lauterbach/Albers/*Hartmann* Rdn. 2; Zimmermann Rdn. 1; Rosenberg/Schwab/*Gottwald* § 98 I 1a.
9 Stein/Jonas/*Leipold* Rdn. 9; MünchKomm/*Deubner* Rdn. 24; Zöller/*Herget* Rdn. 3; Thomas/Putzo/*Reichhold* Rdn. 6; AK-*Menne* Rdn. 3.
10 MünchKomm/*Deubner* Rdn. 24.
11 MünchKomm/*Deubner* Rdn. 24.
12 Stein/Jonas/*Leipold* Rdn. 9.
13 MünchKomm/*Deubner* Rdn. 5.
14 Stein/Jonas/*Leipold* Rdn. 7; MünchKomm/*Deubner* Rdn. 3; Zöller/*Herget* Rdn. 3; Musielak/*Wittschier* Rdn. 7.

3. Der materiell-rechtliche Anspruch auf Zahlung einer Entschädigung. Durch 18
die Vorschrift des § 510b wird nicht etwa ein materiell-rechtlicher Anspruch begründet
für den Fall, dass eine geschuldete Leistung nicht fristgerecht vorgenommen werde, wird
vielmehr ein solcher materiell-rechtlicher Entschädigungsanspruch für diesen Fall bereits vorausgesetzt und lediglich die auf das Verfahren vor den Amtsgerichten beschränkte Möglichkeit eröffnet, den – bedingten – Anspruch auf Entschädigung für den
Fall der Nichtvornahme schon zugleich mit dem Anspruch auf Vornahme der Handlung
geltend zu machen.

b) Der Antrag auf Verurteilung zur Entschädigung ist ohne weiteres zulässig, wenn 19
primär Verurteilung zur Vornahme einer Handlung beantragt wird; er **bedarf** daher
„**keiner prozessualen Begründung**".[15] Die Frage, ob er auch sachlich begründet ist,
stellt sich nur im Falle der Verurteilung zur Vornahme der primär geschuldeten Handlung.

**4. Vom Einfluss des Entschädigungsanspruchs auf Gegenstandswert
und Zuständigkeit**

a) Wenn zunächst auf Vornahme einer Handlung und erst dann auf Schadensersatz 20
wegen Nichtvornahme dieser Handlung geklagt wird, dann entstehen im ersten Rechtsstreit die Gebühren nach dem Wert dieses Rechtsstreits und im folgenden Rechtsstreit
noch einmal nach dem Wert des Entschädigungsanspruchs, ohne dass insofern eine –
auch sachlich nicht gebotene – Anrechnung stattfände. In den Fällen des § 510b, in denen der Entschädigungsanspruch zugleich mit dem primären Anspruch auf Vornahme
einer Handlung verfolgt wird, werden nicht etwa die Gegenstandswerte addiert, bleibt es
vielmehr prinzipiell beim Gegenstandswert des primären Anspruchs:[16] „Primär- und
Zweitantrag sind nicht zusammenzurechnen, da sie sich wirtschaftlich gesehen auf den
gleichen Gegenstand richten".[17]

b) Umstritten ist, ob es auf die Höhe des Gegenstandswertes des primären Anspruchs auch dann ankommt, wenn ein höherwertiger Entschädigungsanspruch zuerkannt wird.[18] Da in diesem Zusammenhang die Zuständigkeitsgrenze keine Rolle spielen kann[19] und über den Entschädigungsanspruch entschieden worden ist, muss dessen höherer Wert gerade so maßgebend sein, wie er es wäre, wenn der Kläger von vornherein nach fruchtlosem Fristablauf nur den Antrag auf Verurteilung zur Zahlung einer Entschädigung gestellt haben würde.

In der weiteren Konsequenz ist der Kläger, der einen überhöhten Entschädigungs- 22
anspruch stellt, mit den hierdurch bedingten Mehrkosten zu belasten. Das würde, wie
zutreffend hervorgehoben wird,[20] nicht möglich sein, wenn stets der – sei es auch niedrigere – Wert des primären Anspruchs zugrunde zu legen wäre.

---

15 Stein/Jonas/*Leipold* Rdn. 7.
16 Stein/Jonas/*Leipold* Rdn. 5; MünchKomm/*Deubner* Rdn. 27; Zöller/*Herget* Rdn. 4; Baumbach/Lauterbach/Albers/*Hartmann* Rdn. 2; Thomas/Putzo/*Reichhold* Rdn. 5; AK-*Menne* Rdn. 3.
17 MünchKomm/*Deubner* Rdn. 27.
18 Stein/Jonas/*Leipold* Rdn. 6; Zöller/*Herget* Rdn. 4.
19 So LG Köln MDR 84, 501; MünchKomm/*Deubner* Rdn. 27 und *Schneider* Anm. zu LG Köln MDR 84, 853 f., jeweils unter Hinweis auf § 19 Abs. 4 Gerichtskostengesetz.
20 Vom LG Köln aaO a.E.

23   c) Ohne Bedeutung bleibt der etwa an sich die Zuständigkeitsgrenze des Amtsgerichts übersteigende Wert des Entschädigungsanspruchs für die Zuständigkeit des Amtsgerichts[21] und zwar schon deshalb, weil gemäß § 893 Abs. 1 durch Titulierung des primären Anspruchs und die hierauf beruhende Möglichkeit der Zwangsvollstreckung insoweit „das Recht des Gläubigers ..., Leistung des Interesses zu verlangen" nicht berührt wird und gemäß § 893 Abs. 2 der Gläubiger „den Anspruch auf Leistung des Interesses ... im Wege der Klage bei dem Prozessgericht des ersten Rechtszuges geltend zu machen" hat und also in den Fällen des § 510b ebenfalls bei dem Amtsgericht.

III. Die Rechtsfolgen des § 510b

24   **1. Die Ermächtigung zu drei Ermessensentscheidungen.** Liegen die Voraussetzungen des § 510b vor – Verurteilung zur Vornahme einer Handlung, Antrag des Klägers (hierzu vgl. Rdn. 10) und materiell-rechtlicher Anspruch auf Entschädigung für den Fall nicht fristgerechter Vornahme der Handlung (hierzu vgl. Rdn. 18) –, dann kann der Beklagte zur Zahlung einer Entschädigung verurteilt werden, hat also das Gericht die prozessuale Möglichkeit zu einem entsprechenden Urteil. Ob das Gericht von dieser Möglichkeit Gebrauch machen will oder nicht, hat es nach seinem Ermessen zu entscheiden,[22] welches aber ein pflichtgemäßes Ermessen ist (hierzu vgl. Rdn. 26).

25   **b) Wenn** das Gericht sich für die Verurteilung zur Zahlung einer Entschädigung entscheidet, hat es dem Beklagten eine Frist zu setzen, binnen welcher die Handlung vorzunehmen ist, zu deren Vornahme der Beklagte zugleich verurteilt wird (hierzu vgl. Rdn. 38) und die Entschädigung festzusetzen (hierzu vgl. Rdn. 40).

2. Das pflichtgemäße Ermessen bezüglich der Grundentscheidung

26   **a)** § 510b bestimmt **nicht**, dass der Beklagte unter den Voraussetzungen dieser Vorschrift „zur Zahlung einer Entschädigung verurteilt" zu werden **hat, sondern nur**, dass er hierzu verurteilt werden **kann**, was impliziert, dass die Verurteilung auch unterbleiben kann. § 510b überlässt es mithin dem Ermessen des Gerichts, für welche dieser beiden Möglichkeiten es sich entscheiden will.[23]

27   Die Ansicht,[24] durch „das Wort ‚kann'," werde „nicht ins Ermessen (...), sondern nur in die Zuständigkeit" gestellt, ist nicht haltbar : auch ohne § 510b ergibt sich die Zuständigkeit des Amtsgerichts, nämlich aus § 893 Abs. 2. Die spezifische Wirkung des § 510b besteht darin, dass sie dem Amtsgericht erlaubt, schon zur Zahlung einer Entschädigung zu verurteilen, solange noch offen ist, ob die strittige Handlung nicht aufgrund der Verurteilung zur Vornahme doch noch vorgenommen wird.

28   **b) Das Ermessen** des Gerichts **ist** allerdings ein **pflichtgemäßes:**[25] Hält das Gericht nach Lage der Dinge im konkreten Einzelfall für sachdienlich, antragsgemäß zugleich über die Entschädigung zu entscheiden, hat es die Frist zur Vornahme der Handlung zu

---

21 Stein/Jonas/*Leipold* Rdn. 5; MünchKomm/*Deubner* Rdn. 28; Zöller/*Herget* Rdn. 4; Baumbach/Lauterbach/Albers/*Hartmann* Rdn. 2; Thomas/Putzo/*Reichhold* Rdn. 5.
22 Stein/Jonas/*Leipold* Rdn. 8; MünchKomm/*Deubner* Rdn. 10; Zöller/*Herget* Rdn. 4.
23 Stein/Jonas/*Leipold* Rdn. 8; MünchKomm/*Deubner* Rdn. 10; Zöller/*Herget* Rdn. 4; Thomas/Putzo/*Reichhold* Rdn. 6.
24 Baumbach/Lauterbach/Albers/*Hartmann* Rdn. 3.
25 MünchKomm/*Deubner* Rdn. 10.

bestimmen (hierzu vgl. Rdn. 33) und die Höhe der Entschädigung festzusetzen (hierzu vgl. Rdn. 40); andernfalls hat es diese weitere Ermessensentscheidung zu unterlassen.

c) Da die Anwendung von § 510b voraussetzt, dass der Beklagte zur Vornahme einer Handlung verurteilt wird und der Kläger beantragt hat, dem Beklagten für den Fall nicht fristgerechter Vornahme der Handlung zur Zahlung einer Entschädigung zu verurteilen, wird jedenfalls dann, wenn auch der Entschädigungsanspruch endentscheidungsreif ist, sachdienlich und daher nach pflichtgemäßem Ermessen geboten sein, zugleich zur Zahlung der Entschädigung zu verurteilen, weil auf diese Weise den Parteien die Kosten eines weiteren Rechtsstreits erspart bleiben. 29

d) Macht hingegen der Entschädigungsanspruch – der mit der Vornahme der Handlung, die primär geschuldet wird, ohnehin wieder entfallen würde –, noch eine Beweisaufnahme erforderlich, wird das pflichtgemäße Ermessen eher dazu führen, nur zur Vornahme der primär geschuldeten Handlung zu verurteilen.[26] 30

In solchen Fällen kann das Gericht aber auch nach Beweisaufnahme über beide Anträge zugleich entscheiden.[27] Es wird daher regelmäßig Veranlassung bestehen, gemäß § 139 (hierzu vgl. Rdn. 45ff.) darauf hinzuweisen, dass zwar der primäre, nicht aber auch der Entschädigungsanspruch endentscheidungsreif ist : Es könnte sich dann ergeben, dass der Kläger – und nur diesem kann an Beschleunigung gelegen sein[28] – eine spätere Entscheidung zugleich auch über den Entschädigungsanspruch vorzieht oder, dass sich die Parteien über die Höhe der eventuell zu zahlenden Entschädigung einigen, sei es, weil der Beklagte lieber die Entschädigung zahlen als die Handlung vornehmen will, sei es auch umgekehrt, dass ihm die Höhe der Entschädigung deshalb gleichgültig ist, weil er die Handlung, wenn er hierzu verurteilt wird, auch vornehmen will. 31

Unzulässig ist es, durch Teilurteile zunächst nur zur Vornahme der primär geschuldeten Handlung zu verurteilen;[29] denn nur mit dieser Verurteilung **zugleich**, nicht aber danach kann zur Zahlung der Entschädigung verurteilt werden. 32

3. Die Bestimmung einer angemessenen Frist

a) Wenn das Gericht gemäß § 510b zur Zahlung einer Entschädigung verurteilen will, hat es zugleich eine Frist zu bestimmen, binnen derer die primär geschuldete Handlung vorgenommen werden kann. Bei dieser Frist handelt es sich – wie auch im Falle des § 255 Abs. 1 – um eine materiell-rechtliche Frist,[30] die außerhalb des Rechtsstreits zu setzen Sache des Klägers ist und die **angemessen** zu sein hat. Die Frage, welche Frist angemessen ist, hat das Gericht unter Berücksichtigung der Besonderheiten des konkreten Einzelfalles nach pflichtgemäßem Ermessen zu beantworten. 33

b) Der Kläger kann die dem Beklagten zu setzende Frist in das Ermessen des Gerichts stellen,[31] er kann aber auch beantragen, dass dem Beklagten eine hinsichtlich der Länge vom Kläger bestimmte Frist gesetzt werde.[32] Diese Frist darf dann mit Rücksicht 34

---

26 Stein/Jonas/*Leipold* Rdn. 8; MünchKomm/*Deubner* Rdn. 10; Zöller/*Herget* Rdn. 4; Thomas/Putzo/*Reichhold* Rdn. 6.
27 MünchKomm/*Deubner* Rdn. 10.
28 Stein/Jonas/*Leipold* Rdn. 8.
29 MünchKomm/*Deubner* Rdn. 20; Zöller/*Herget* Rdn. 4.
30 Stein/Jonas/*Leipold* Rdn. 11; MünchKomm/*Deubner* Rdn. 3.
31 MünchKomm/*Deubner* Rdn. 5.

auf § 308 vom Gericht nicht unterschritten werden,[33] weil es „dem Gläubiger ... nach Belieben freisteht, dem Schuldner auch eine längere Frist einzuräumen als die angemessene".[34] Andererseits hat aber das Gericht eine von ihm für zu kurz befundene Frist unter entsprechender Klagabweisung durch eine angemessene Frist zu ersetzen.[35]

35   c) Handelt es sich um eine Frist, die nach materiellem Recht erst ab Rechtskraft des Urteils über den Primäranspruch zu laufen zu beginnen hat – wie beispielsweise nach § 283 Abs. 1 BGB –, dann ist die Frist auch im Urteil gemäß § 510b so zu bestimmen, dass sie erst mit der Rechtskraft beginnt.[36]

36   d) Fristen aber, die nach materiellem Recht auch unabhängig von einer vorausgegangenen Verurteilung laufen können – wie etwa die gemäß § 326 Abs. 1 BGB zu setzende Frist – können auch so bestimmt werden, dass diese mit der Zustellung oder der Verkündung des Urteils zu laufen beginnen: auch kann in solchen Fällen, da die Rechtskraft keine Rolle spielt, im Urteil des Fristende mit einem genauen Darum bestimmt werden.[37]

37   Wird der Rechtsstreit in der Berufungsinstanz fortgesetzt, trifft hinsichtlich des Primäranspruches mit Fristablauf Erledigung in der Hauptsache ein, weil insoweit die Zwangsvollstreckung gemäß § 888a ausgeschlossen ist.

38   e) **Angemessen** ist nur eine Frist, die so bestimmt ist, dass sie die Interessen beider Parteien tunlichst auf einen Nenner bringt: Sie muss insbesondere so bemessen sein, dass der Beklagte sich nach Verurteilung noch schlüssig werden kann, ob er lieber den primären Anspruch erfüllen oder lieber Entschädigung zahlen will und ihm darüber hinaus Zeit lässt, nach Abschluss seiner Überlegungen die Handlung doch noch vorzunehmen.

39   Das Interesse des Beklagten wird oftmals auch dann, wenn die Fristsetzung materiell-rechtlich nicht die Rechtskraft der Verurteilung des Primäranspruches voraussetzt, dahin gehen – zumal, wenn er meint, zur Vornahme der Handlung gar nicht verpflichtet zu sein – die Vornahme der primär geschuldeten Handlung zurückstellen zu können, bis über den Primäranspruch rechtskräftig entschieden ist. Diesem Interesse Rechnung zu tragen wäre indessen unangemessen, weil der Beklagte materiell-rechtlich ja noch nicht einmal Anspruch darauf hat, dass die Frist, binnen welcher der Primäranspruch zu erfüllen ist, mit der Verurteilung zu laufen beginnt, vielmehr die geschuldeten Handlung recht eigentlich schon vor Klagerhebung vorzunehmen hatte.

4. Das freie Ermessen bezüglich der Höhe der Entschädigung

40   a) Wenn das Gericht zur Zahlung einer Entschädigung verurteilt, hat es deren Höhe gemäß § 510b zweiter Halbsatz „nach freiem Ermessen festzusetzen", aber unter Berücksichtigung der konkreten Umstände des Einzelfalles: Die Nachteile, die der Kläger erleidet, wenn der Beklagte die geschuldete Handlung nicht vornimmt, sollen ausgeglichen werden. Im Ergebnis entscheidet das Gericht bei Festsetzung der Entschädigung wie in

---

32 MünchKomm/*Deubner* Rdn. 5.
33 MünchKomm/*Deubner* Rdn. 5; AK-*Menne* Rdn. 4.
34 MünchKomm/*Deubner* Rdn. 5.
35 MünchKomm/*Deubner* Rdn. 5.
36 MünchKomm/*Deubner* Rdn. 14.
37 Stein/Jonas/*Leipold* Rdn. 14.

§ 287 Abs. 1 Satz 1 über die Höhe eines bereits eingetretenen Schadens „unter Würdigung aller Umstände nach freier Überzeugung".

§ 510b zweiter Halbsatz führt dazu, dass § 287 für die Festsetzung der Entschädigung 41 entsprechend anwendbar ist.[38] Dieser Vorschrift bedarf es, weil es in § 287 allein lediglich um die Höhe eines bereits entstandenen Schadens oder einer bereits bestehenden Forderung geht, wohingegen § 510b die Fälle betrifft, in denen primär die Vornahme einer Handlung geschuldet wird und eine Entschädigung nur für den Fall festzusetzen ist, dass die an sich geschuldete Handlung unterbleibt.

b) Auch das „freie Ermessen" ist ein pflichtgemäßes Ermessen. Hiermit vereinbar ist 42 jedoch, die Entschädigung im Zweifel lieber zu hoch als zu niedrig festzusetzen; denn anders als in den Fällen, in denen es um Ersatz für bereits eingetretenen Schaden geht, bleibt es in den Fällen des § 510b dem Beklagten, wenn er Kenntnis von der Verurteilung und damit von der Höhe der ausgeurteilten Entschädigung erhält, unbenommen, die Handlung doch noch fristgemäß vorzunehmen, wohingegen der Kläger wegen § 888a keine Möglichkeit mehr hat, die Vornahme der Handlung zu erzwingen, auch wenn ihm die Entschädigung als unzureichend erscheint.

c) Der Antrag kann von vorneherein auf Festsetzung der Entschädigung nach dem 43 Ermessen des Gerichts gerichtet sein (vgl. Rdn. 17). Stellt der Kläger aber einen bezifferten Antrag, darf das Gericht wegen § 308 nicht hierüber hinausgehen.[39] Andererseits hat es die Klage insoweit abzuweisen, als es mit der Verurteilung zur Entschädigung hinter dem Antrag des Klägers zurückbleibt. Zu Kostennachteilen kann das aber dann nicht führen, wenn der Gegenstandswert – wie es in der Regel der Fall ist (Rdn. 20) –, durch den Wert des primären Anspruchs bestimmt wird.

d) Wenn die Parteien sich über die Höhe der Entschädigung, die gegebenenfalls zu 44 zahlen sein würde, einig sind – etwa aufgrund eines geschlossenen Zwischen-Vergleiches – dann darf das Gericht die Höhe der Entschädigung nicht anderweitig festsetzen.[40]

IV. Besondere Aufklärungspflichten

1. § 139 bei Anwendung von § 510b. § 139 gilt zwar schlechthin für alle Verfahren 45 der ZPO und für jedes Stadium eines Rechtsstreits, geht es aber um die Anwendung von § 510b, wird oftmals besondere Veranlassung bestehen, der Vorschrift des § 139 Aufmerksamkeit zu schenken: Im Verfahren vor den Amtsgerichten besteht kein Anwaltszwang und selbst anwaltlich vertretenen Parteien werden nicht immer von sich aus die möglichen Folgen – erwünschte und unerwünschte –, die aus der Anwendung von § 510b resultieren können, realisieren. Auf solche möglichen Folgen hinzuweisen und sie mit den Parteien zu erörtern, ist insbesondere auch deshalb geboten, weil § 510b den Gerichten viel Spielraum im Ermessen lässt.

2. Der gebotene Hinweis auf § 510b

a) Nicht jede Partei, die Klage auf Vornahme einer Handlung erhebt, weiß um die 46

---

38 Stein/Jonas/*Leipold* Rdn. 15; Zöller/*Herget* Rdn. 8; Baumbach/Lauterbach/Albers/*Hartmann* Rdn. 4; AK-*Menne* Rdn. 6.
39 Stein/Jonas/*Leipold* Rdn. 15; AK-*Menne* Rdn. 6.
40 Stein/Jonas/*Leipold* Rdn. 15.

rechtliche Möglichkeit, qua § 510b zugleich mit der Verurteilung zur Vornahme der geschuldeten Handlung eine Verurteilung zur Zahlung einer Entschädigung für den Fall, dass die Handlung nicht innerhalb einer im Urteil bestimmten Frist vorgenommen wird, zu erreichen. Daher liegt der näher erläuterte Hinweis auf § 510b durchaus im Interesse des Klägers (vgl. aber Rdn. 47f.): Ob dieser dann Konsequenzen aus diesem Hinweis herleiten will oder nicht, bleibt allein seine Sache.

47 **b)** Durch einen Hinweis auf § 510b ergreift das Gericht keineswegs einseitig die Partei des Klägers; denn dieser Hinweis dient auch dem wohlverstandenen Interesse jedenfalls des redlichen Beklagten: Dieser Hinweis bleibt nämlich in den Fällen, in denen der Kläger der Anregung nicht folgt oder in denen dann doch schon die Klage auf Vornahme der Handlung abgewiesen wird, ohne Auswirkungen auf den Beklagten. Gerade aber, wenn der Kläger diese Anregung aufgreift und der Beklagte in der weiteren Konsequenz nicht nur zur Vornahme der Handlung verurteilt wird, sondern zugleich zur Zahlung einer Entschädigung, profitiert auch der Beklagte hiervon; denn er kann sich nun in Kenntnis der Höhe der zu zahlenden Entschädigung entscheiden, ob er lieber tun will, was er tun soll oder lieber die Entschädigung zahlen will und läuft nicht Gefahr, nach Verweigerung der vorzunehmenden Handlung in einem späteren Rechtsstreit möglicherweise zu einer unerwartet hohen Entschädigung verurteilt zu werden.

48 **c)** Zudem ersparen beide Parteien durch die Verbindung beider Ansprüche Kosten.

49 **3. Der gebotene Hinweis auf § 888a.** Der Kläger ist darauf hinzuweisen, dass er wegen der Vorschrift des § 888a, wenn er mit dem Anspruch auf Vornahme einer Handlung zugleich Vornahme zur Zahlung einer Entschädigung verlangt, aus dem beantragten Urteil nur wegen der Entschädigung vollstrecken könnte, aber nicht wegen der primär geschuldeten Handlung.[41] Ein solcher Hinweis ist zumal dann geboten, wenn das Gericht von sich aus auf die Möglichkeit, zugleich Verurteilung zur Zahlung einer Entschädigung zu beantragen, hinweist.

4. Der gebotene Hinweis auf die Konkurrenz der §§ 255, 259

50 **a)** Theoretisch denkbar – wenn auch praktisch wohl eher weniger bedeutsam – sind Fallkonstellationen, in denen sowohl die Voraussetzungen des § 510b als auch die der §§ 255, 259 in Betracht kommen. Hierzu wird die Ansicht vertreten,[42] der Antrag nach § 510b habe „**das gleiche Rechtsschutzziel** wie eine auf die **§§ 255, 259 gestützte Zusatzklage**", der Kläger habe „daher beim Anbringen des Antrages nicht anzugeben, ob er nach § 510b oder nach §§ 255, 259 vorgehen will. Ob die allgemeinen Vorschriften oder erst die Spezialvorschriften des § 510b zum Ziel führen, hängt allein davon ab, ob die Voraussetzungen des § 259 erfüllt sind. Das Gericht hat, da nur ein Anspruch zur Entscheidung steht, die für den Kläger günstigere Norm anzuwenden, und das ist der § 259".

51 **b)** Dieser Ansicht kann jedoch nicht gefolgt werden, weil sie außer Acht lässt, dass die Entscheidung für das Verfahren gemäß §§ 255, 239 gegenüber dem Verfahren gemäß §§ 510b keineswegs nur Vorteile für den Kläger bietet : Dem einzigen Vorteil – § 888a findet keine Anwendung, so dass während der Frist zur Vornahme der Handlung wegen

---

41 Stein/Jonas/*Leipold* Rdn. 4.
42 MünchKomm/*Deubner* Rdn. 9.

der Verurteilung zu dieser Vornahme noch vollstreckt werden kann – steht der Nachteil gegenüber, dass die Erhebung der Klage aus § 259 zu einer Erhöhung des Gegenstandswertes und daher zu einer Erhöhung der Kosten, eventuell auch zum Verlust der Zuständigkeit des Amtsgerichts führen kann.

c) Die Entscheidung, welchen Weg der Kläger gehen will – über § 255, 259 oder über 52 § 510b –, kann das Gericht dem Kläger nicht ohne weiteres abnehmen, es hat vielmehr gemäß § 139 auf eine Erklärung hinzuwirken. Vor die Frage gestellt, was sie denn nun eigentlich wolle, wird sich eine gut beratene Partei in aller Regel gerade für den Weg über § 510b entscheiden.

5. Der gebotene Hinweis auf die Bedeutung des richterlichen Ermessens. Wird 53 vom Kläger beantragt, zugleich mit der primär beantragten Verurteilung zur Vornahme einer Handlung für den Fall, dass diese Handlung nicht binnen einer vom Gericht zu bestimmenden Frist vorgenommen werde, zu einer vom Gericht nach freiem Ermessen festzusetzenden Entschädigung zu verurteilen, besteht jedenfalls gegenüber nicht anwaltlich vertretenen Parteien Veranlassung, darauf hinzuweisen, dass es im Ermessen des Gerichts liege, ob es diesem Antrag entsprechen wolle und dass gegebenenfalls auch die Dauer der Frist und die Höhe der Entschädigung im Ermessen des Gerichts lägen. Auch sollte die vorläufige Ansicht des Gerichts insbesondere auch dann über die Dauer der etwaigen Frist und die Höhe der gegebenenfalls zu zahlenden Entschädigung offenbar werden mit der Anheimgabe, Stellung zu nehmen und Gegenvorstellungen zu entwickeln.

In diesem Stadium des Verfahrens wird es oftmals nahe liegen, durch einen Zwi- 54 schenvergleich Einigung wenigstens bezüglich der Frist und der allfälsigen Entschädigung zu erzielen, weil die Interessen insoweit gar nicht gar so weit divergieren (vgl. Rdn. 43), auch wenn die Parteien weiter darüber streiten wollen, ob die Vornahme der fraglichen Handlung überhaupt geschuldet werde oder nicht.

V. Verteidigungsmöglichkeiten gegenüber dem Entschädigungsanspruch

1. Die Verteidigung gegen den Primäranspruch. Da es bei dem Entschädigungs- 55 anspruch über die Entschädigung für die Nichtvornahme der primär geschuldeten Handlung geht, spricht alles, was in erster Linie gegen den Primäranspruch vorgebracht wird, inzidenter auch gegen den Grund des Entschädigungsanspruchs.

2. Die Verteidigung gegen die Entschädigungspflicht. Daraus, dass ein Anspruch 56 zur Vornahme einer Handlung nicht erfüllt wird, kann – und wird in der Regel – dem Gläubiger ein materieller Schadensersatzanspruch erwachsen. Aber nicht jedes Unterlassen der Vornahme einer geschuldeten Handlung muss zu einem materiellen Schadensersatzanspruch führen und selbst in den Fällen, in denen die Schadensersatzpflicht dem Grunde nach auf der Hand liegt, wird man oftmals noch über die Höhe streiten können. Dass der Beklagte alle Verteidigungsmittel, die er gegenüber einen gesondert geltend gemachten Schadensersatzanspruch vorbringen könnte, auch gegenüber dem Entschädigungsanspruch geltend machen kann, ist prinzipiell – mit einer Ausnahme (vgl. Rdn. 57) – auch einhellige Meinung.[43]

---

[43] Stein/Jonas/*Leipold* Rdn. 12; MünchKomm/*Deubner* Rdn. 17; Zöller/*Herget* Rdn. 7; Baumbach/Lauterbach/Albers/*Hartmann* Rdn. 4; Thomas/Putzo/*Reichhold* Rdn. 9.

3. Die Aufrechnung gegenüber dem Entschädigungsanspruch

57 **a)** Gegenüber einem je für sich geltend gemachten Anspruch auf Schadensersatz wegen Nichterfüllung kann sich der Beklagte auch durch Aufrechnung mit einer Gegenforderung verteidigen. Dieses soll aber nicht möglich sein gegenüber dem Entschädigungsanspruch, weil dieser noch nicht „aufrechnungsfähig" sei,[44] vielmehr erst „im Falle der Nichterfüllung des ersten Anspruchs aufrechnungsfähig" werde.[45]

58 **b)** Indessen ist mangels näherer Erläuterung nicht recht zu erkennen, wieso der Entschädigungsanspruch nicht „aufrechnungsfähig" sein soll. Es handelt sich ja doch aus der Sicht des aufrechnenden Beklagten um eine sogenannte „Passivforderung",[46] die zwar im Augenblick der Aufrechnung noch nicht fällig und auch noch auflösend bedingt ist – nämlich durch die Vornahme der primär geschuldeten Handlung – dessen ungeachtet aber doch „erfüllbar" und damit auch „aufrechnungsfähig" ist: Zwar kann der Kläger seinerseits nicht mit dem Entschädigungsanspruch aufrechnen, die Aufrechnung des Beklagten aber ist durchaus möglich.[47]

VI. Mögliche Entscheidungen und die Rechtsmittel

1. Die Klage wird abgewiesen

59 **a)** Wird der Primäranspruch für unbegründet befunden, ist die Klage insoweit abzuweisen. Infolgedessen fehlt es an einer Verurteilung zur Vornahme einer Handlung, so dass weder eine Fristsetzung in Betracht kommt, noch eine Entscheidung über den Entschädigungsanspruch.[48]

60 **b)** Gegen das die Klage abweisende Urteil ist die Berufung nach Maßgabe der §§ 511 ff. gegeben. Mit dem Anspruch auf Vornahme der Handlung können auch in der Berufungsinstanz der Antrag auf Fristsetzung und der Entschädigungsanspruch weiter verfolgt werden (hierzu vgl. Rdn. 67 ff.).

2. Es wird zur Vornahme der Handlung verurteilt unter Klageabweisung im Übrigen

61 **a)** Wird zwar der Anspruch auf Vornahme der Handlung für begründet befunden, der Anspruch auf Zahlung der Entschädigung aber als unbegründet, dann ist zur Vornahme der Handlung zu verurteilen, die Klage im übrigen aber – nämlich hinsichtlich des Antrages auf Fristsetzung und des Entschädigungsanspruches – abzuweisen.

62 **b)** Da in diesem Falle § 888a keine Anwendung findet, weil der Beklagte gar nicht zur Zahlung einer Entschädigung verurteilt wird, ist das Urteil, „wenn der Gegenstand der Verurteilung in der Hauptsache eintausendzweihundertfünfzig Euro nicht übersteigt", gemäß § 708 Ziff. 11 für vorläufig vollstreckbar ohne Sicherheitsleistung zu erklären, andernfalls § 709 Satz 1 „gegen eine der Höhe nach zu bestimmende Sicherheit".

---

44 Stein/Jonas/*Leipold* Rdn. 12; Baumbach/Lauterbach/Albers/*Hartmann* Rdn. 4.
45 Stein/Jonas/*Leipold* Rdn. 12.
46 *Gernhuber*, Die Erfüllung und ihre Surrogate, S. 231.
47 *Gernhuber*, Die Erfüllung und ihre Surrogate, S. 233 sub. b.
48 MünchKomm/*Deubner* Rdn. 12.

c) Gegen das Urteil kann der Beklagte wegen der Verurteilung zur Vornahme der Handlung Berufung einlegen, wenn die Berufungssumme des § 511a erreicht wird. Unter der gleichen Voraussetzung kann der Kläger wegen der Abweisung des Entschädigungsanspruches Berufung einlegen.[49] 63

Erreicht nur die Beschwer des Beklagten, nicht aber die des Klägers die Berufungssumme, kann der Kläger immerhin gemäß § 524 Anschlussberufung einlegen. 64

3. Es wird nur zur Vornahme der Handlung verurteilt

a) Hält das Gericht den Primäranspruch für begründet, macht aber von seinem Ermessen pflichtgemäß dahin Gebrauch, dass es über den Entschädigungsanspruch und über den Antrag auf Fristsetzung nicht entscheidet, dann verurteilt es nur zur Vornahme der Handlung, ohne die Klage im übrigen abzuweisen. Dass und warum das Gericht nicht auch über den Entschädigungsanspruch und den Anspruch auf Fristsetzung entscheidet, ist in den Gründen des Urteils festzuhalten.[50] 65

b) Hinsichtlich der vorläufigen Vollstreckbarkeit ergibt sich kein Unterschied gegenüber der Rechtslage bei Verurteilung zur Vornahme einer Handlung unter Abweisung der Klage im Übrigen (hierzu vgl. Rdn. 62) und auch nicht hinsichtlich der Berufung des zur Vornahme der Handlung verurteilten Beklagten (hierzu vgl. Rdn. 63). 66

c) Für den Kläger ergibt sich aber insoweit ein Unterschied, als der Antrag auf Fristsetzung und der Entschädigungsanspruch gar nicht abgewiesen worden, sondern unbeschieden geblieben sind. Dem Kläger bleibt infolgedessen die Möglichkeit der Vollstreckung wegen des primären Anspruchs erhalten, weil § 888a keine Anwendung findet. Auch bleibt ihm die materiell-rechtliche Möglichkeit der Fristsetzung erhalten und auch der etwaige Anspruch auf Schadensersatz wegen Nichterfüllung des Primäranspruches. 67

d) Gleichwohl soll nach einer verbreiteten Ansicht[51] **Berufung auch gegen die Ablehnung der Entscheidung** über den Entschädigungsanspruch eingelegt werden können. Indessen findet die Berufung gemäß § 511 nur „gegen die im ersten Rechtszuge erlassenen Endurteile statt". 68

Soweit in diesem Zusammenhang auf § 512 verwiesen wird,[52] ist daran zu erinnern, dass nach dieser Vorschrift zwar „der Beurteilung des Berufungsgerichts ... auch diejenigen Entscheidungen, die dem Endurteil vorangegangen sind", unterliegen, dessen ungeachtet aber keineswegs selbständig mit der Berufung angefochten werden können. 69

Legt der Beklagte Berufung gegen die Verurteilung zur Vornahme der Handlung ein, bleibt dem Kläger die Möglichkeit der Anschlussberufung gemäß § 524. Legt der Beklagte hingegen keine Berufung ein, würde ein gut beratener Kläger in aller Regel selbst dann von einer Berufung wegen der unterlassenen Entscheidung über den Entschädigungsanspruch absehen, wenn eine Berufung zulässig wäre; er würde vorziehen, ungehindert von § 888a vollstrecken und dann immer noch eine Nachfrist setzen und Schadensersatz wegen Nichterfüllung verlangen zu können. 70

---

49 Stein/Jonas/*Leipold* Rdn. 9; MünchKomm/*Deubner* Rdn. 23; Zöller/*Herget* Rdn. 5.
50 Stein/Jonas/*Leipold* Rdn. 8; MünchKomm/*Deubner* Rdn. 15; Zöller/*Herget* Rdn. 5; Thomas/Putzo/ *Reichhold* Rdn. 6.
51 Stein/Jonas/*Leipold* Rdn. 9; MünchKomm/*Deubner* Rdn. 23; Thomas/Putzo/*Reichhold* Rdn. 6.
52 Stein/Jonas/*Leipold* Rdn. 9.

71   e) Anders ist die Rechtslage allerdings dann, wenn es nicht um die Anwendung von § 510b geht, sondern der Kläger unabhängig hiervon gemäß § 255 Antrag auf Fristsetzung gestellt hatte: In einem solchen Fall bestand kein Ermessensspielraum und durfte der Antrag daher auch nicht übergangen werden. Auch gegen diese Unterlassung kann aber nicht die Berufung helfen, ist vielmehr gemäß § 321 Abs. 1 Satz 1 „auf Antrag das Urteil durch nachträgliche Entscheidung zu ergänzen".

4. Es wird zur Vornahme der Handlung und zur Zahlung einer Entschädigung verurteilt

72   a) Hält das Gericht sowohl den Primäranspruch als auch den Entschädigungsanspruch für begründet, dann verurteilt es zur Vornahme der Handlung binnen bestimmter Frist und für den Fall der nicht fristgerechten Vornahme der Handlung zur Zahlung einer Entschädigung.

73   b) Gegen dieses Urteil kann nur der Beklagte Berufung gemäß §§ 511 ff. einlegen, weil der Kläger nicht beschwert ist.

74   c) Auch ein Urteil, durch welches gemäß § 510b zugleich zur Vornahme einer Handlung und für den Fall nicht fristgerechter Vornahme dieser Handlung zu einer Entschädigung dafür verurteilt wird, dass die Handlung nicht vorgenommen wird, ist nach Maßgabe der §§ 708 f. für vorläufig vollstreckbar zu erklären,[53] wenngleich wegen der Vorschrift des § 888a „die Zwangsvollstreckung aufgrund der Vorschriften der §§ 887, 888 ausgeschlossen" ist.

75   Gegenüber der Ansicht, „das den Primäranspruch zusprechende Urteil ist, wenn über den Zweitanspruch nur gemäß § 510b entschieden werden kann, im Hinblick auf § 888a nicht für vorläufig vollstreckbar zu erklären",[54] ist daran zu erinnern, dass es bei Anwendung des § 510b ja gar nicht zu einem „den Primäranspruch zusprechenden Urteil" kommend darf, da „eine Entscheidung über den Primäranspruch durch Teilurteil ... unzulässig" ist.[55] Daher trifft denn auch der Hinweis „die Anordnung der Vollstreckbarkeit hat zu unterbleiben, wenn ein Urteil keinen vollstreckungsfähigen Inhalt hat oder seine Vollstreckbarkeit ausgeschlossen ist",[56] auf die hier behandelten Urteile nicht zu: Es kann ja wegen der Kosten und des Entschädigungsanspruches vollstreckt werden.

76   d) Hinsichtlich des zuerkannten Entschädigungsanspruches darf zwar erst nach Ablauf der dem Beklagten zur Vornahme der Handlung gesetzten Frist vollstreckt werden und auch das nur, wenn die Vornahme der Handlung unterblieben ist. Gleichwohl ist die Vollstreckungsklausel sogleich zu erteilen;[57] gegen noch unzulässige oder schon zulässige Zwangsvollstreckung ist der Beklagte anderweitig geschützt:

77   Zwar darf die Zwangsvollstreckung gemäß § 751 Abs. 1 erst nach Ablauf der Frist beginnen;[58] wann die Frist abläuft, ist aber ja aus dem Urteil zu entnehmen.[59]

---

53 Stein/Jonas/*Leipold* Rdn. 16; Zöller/*Herget* Rdn. 10; Baumbach/Lauterbach/Albers/*Hartmann* Rdn. 7; Zimmermann Rdn. 2.
54 MünchKomm/*Deubner* Rdn. 21.
55 MünchKomm/*Deubner* Rdn. 20.
56 MünchKomm/*Deubner* Rdn. 21.
57 Stein/Jonas/*Leipold* Rdn. 19; Zöller/*Herget* Rdn. 10; Baumbach/Lauterbach/Albers/*Hartmann* Rdn. 7; Thomas/Putzo/*Reichhold* Rdn. 10; Zimmermann Rdn. 3.
58 Stein/Jonas/*Leipold* Rdn. 19.
59 Stein/Jonas/*Leipold* Rdn. 19; MünchKomm/*Deubner* Rdn. 18.

Zwar darf die Zwangsvollstreckung nicht betrieben werden, wenn der Beklagte innerhalb der ihm nachgelassenen Frist die primär geschuldete Handlung vorgenommen hat.[60] Der Beweis hierfür obliegt aber dem Beklagten.[61] Der Kläger kann daher zunächst die Zwangsvollstreckung betreiben.[62] Ist aber die Handlung fristgemäß vorgenommen worden, kann sich der Beklagte gegen die dann nicht mehr zulässige Zwangsvollstreckung mit der Vollstreckungsabwehrklage gemäß § 767 wehren.[63] **78**

5. Verurteilung hinsichtlich Primär- und Entschädigungsanspruch unter Klagabweisung im Übrigen

a) Verurteilt das Amtsgericht zwar sowohl zur Vornahme der Handlung als auch zur Entschädigung, bleibt aber in Bezug auf die Dauer der Frist oder auf die Höhe der Entschädigung hinter dem Antrag des Klägers zurück, dann hat es die Klage insoweit abzuweisen. **79**

b) Diese Teilabweisung führt aber nur dann zu einer Kostenbelastung des Klägers, wenn durch den gestellten Entschädigungsanspruch der Gegenstandswert des Entschädigungsanspruches höher wird als der des Primäranspruches; denn andernfalls können durch die Zuvielforderung des Klägers keine Mehrkosten verursacht worden sein (hierzu vgl. Rdn. 21). **80**

c) Durch die Teilabweisung der Klage hinsichtlich der Länge der vom Kläger beantragten Frist oder der Höhe der vom Kläger beantragten Entschädigung ändert sich nichts in Bezug auf die vorläufige Vollstreckbarkeit und auf die Möglichkeit des Beklagten, Berufung einzulegen, wohl aber kann bei teilweiser Klagabweisung auch eine Berufung des Klägers in Betracht kommen. **81**

Ist der Kläger allerdings nur dadurch beschwert, dass das Amtsgericht der Beklagten eine längere Frist zur Vornahme der Handlung gesetzt hat, wird die Beschwer des Klägers wohl niemals die Höhe der Berufungssumme des § 511a erreichen können. **82**

Die Differenz zwischen der beantragten und der zuerkannten Höhe der Entschädigung hingegen dürfte nicht selten die Berufungshöhe erreichen oder doch zumindest eine Anschlussberufung nahe legen. **83**

§ 510c
weggefallen

---

60 MünchKomm/*Deubner* Rdn. 21.
61 MünchKomm/*Deubner* Rdn. 21.
62 MünchKomm/*Deubner* Rdn. 18.
63 Stein/Jonas/*Leipold* Rdn. 20; MünchKomm/*Deubner* Rdn. 18; Zöller/*Herget* Rdn. 11; Baumbach/Lauterbach/Albers/*Hartmann* Rdn. 7; Thomas/Putzo/*Reichhold* Rdn. 12; Zimmermann Rdn. 3.